O DIREITO ADMINISTRATIVO NA ATUALIDADE

Estudos em homenagem ao centenário de HELY LOPES MEIRELLES
(1917-2017)
Defensor do Estado de Direito

O DIREITO ADMINISTRATIVO NA ATUALIDADE

Estudos em homenagem ao centenário de Hely Lopes Meirelles *(1917-2017)
Defensor do Estado de Direito*

Arnoldo Wald
Marçal Justen Filho
Cesar Augusto Guimarães Pereira
(Organizadores)

Prefácio do
Ministro Gilmar Ferreira Mendes

O DIREITO ADMINISTRATIVO NA ATUALIDADE
Estudos em homenagem ao centenário de
HELY LOPES MEIRELLES (1917-2017)
Defensor do Estado de Direito
© ARNOLDO WALD, MARÇAL JUSTEN FILHO e
CESAR AUGUSTO GUIMARÃES PEREIRA (Orgs.)

Direitos reservados desta edição por
MALHEIROS EDITORES LTDA.
Rua Paes de Araújo, 29, conjunto 171
CEP 04531-940 – São Paulo – SP
Tel.: (11) 3078-7205 – Fax: (11) 3168-5495
URL: www.malheiroseditores.com.br
e-mail: malheiroseditores@terra.com.br

Composição: PC Editorial Ltda.

Capa
Criação: Vânia Lúcia Amato
Arte: PC Editorial Ltda.

Impresso no Brasil
Printed in Brazil
08.2017

Dados Internacionais de Catalogação na Publicação (CIP)

D598 O direito administrativo na atualidade : estudos em homenagem ao centenário de Hely Lopes Meirelles (1917-2017) defensor do estado de direito / Arnoldo Wald, Marçal Justen Filho, Cesar Augusto Guimarães Pereira (organizadores) ; prefácio do Ministro Gilmar Ferreira Mendes. – São Paulo : Malheiros, 2017.
1208 p. ; 23 cm.

Inclui bibliografia.
ISBN 978-85-392-0381-9

1. Direito administrativo - Brasil. 2. Administração pública. I. Wald, Arnold. II. Justen Filho, Marçal. III. Pereira, Cesar Augusto Guimarães. IV. Mendes, Gilmar Ferreira. V. Meirelles, Hely Lopes.

CDU 342.9(81)
CDD 342.8106

Índice para catálogo sistemático:
1. Direito administrativo : Brasil 342.9(81)
(Bibliotecária responsável: Sabrina Leal Araujo – CRB 10/1507)

SUMÁRIO

Prefácio – GILMAR FERREIRA MENDES 9

Apresentação – O centenário de HELY LOPES MEIRELLES 11

Curriculum Vitae do Homenageado 15

Bibliografia de HELY LOPES 19

Retrato de HELY LOPES MEIRELLES – EURICO DE ANDRADE AZEVEDO 29

Discurso de saudação a Hely Lopes Meirelles (prêmio Pontes de Miranda, conferido pelo Instituto dos Advogados do Distrito Federal) – HENRIQUE FONSECA DE ARAUJO 43

Sobre os Autores 49

Do Plano Diretor de Desenvolvimento Integrado à Concessão Urbanística – ADILSON ABREU DALLARI 59

A ressignificação da eficiência nas empresas estatais à luz da Lei 13.303/2016 – ALÉCIA PAOLUCCI NOGUEIRA BICALHO 73

Considerações sobre as relações do Estado e do Direito na Economia – ALEXANDRE SANTOS DE ARAGÃO 91

A evolução do conceito jurídico de autorização na doutrina brasileira – ALEXANDRE WAGNER NESTER 108

A dimensão humana de Hely Meirelles – ALICE MARIA GONZALEZ BORGES 129

Autorização de serviços públicos de transporte coletivo de passageiros de titularidade dos Estados: reflexões a partir da obra de Hely Lopes Meirelles – AMAURI FERES SAAD ... 132

O construtivismo pragmático de Hely Lopes Meirelles e o seu legado para o direito administrativo brasileiro – ANDRÉ CASTRO CARVALHO e OTAVIO AUGUSTO VENTURINI DE SOUSA 162

Um jurista e suas publicações: um diálogo com a produção acadêmica de Hely Lopes Meirelles (1959-1989) – ANDRÉ RODRIGUES JUNQUEIRA 183

A política agressora da suspensão de segurança em face dos tratados e convenções internacionais sobre direitos humanos – ANTÔNIO SOUZA PRUDENTE 193

Natureza, efeitos e vícios das recomendações do Ministério Público – ARAKEN DE ASSIS e GIANFRANCESCO GENOSO 204

Os atos bifaces no Direito Bancário – ARNOLDO WALD 211

Conexão e continência no Processo Administrativo – ARRUDA ALVIM 228

Panorama acerca da nova Lei de Mediação e os seus reflexos na Administração Pública – AUGUSTO NEVES DAL POZZO e ANA CRISTINA FECURI 240

O direito à fruição "in natura" da concessão pública e sua expropriação indireta abusiva – Carlos Ari Sundfeld 251

Mandado de Segurança e CPC de 2015: homenagem a Hely Lopes Meirelles – Cassio Scarpinella Bueno 262

Efeitos Patrimoniais da Sentença do Mandado de Segurança – Cesar A. Guimarães Pereira 284

Corrupção nas licitações e contratações públicas: sinais de alerta segundo a Transparência Internacional – Cristiana Fortini e Fabrício Motta 296

Elementos para configuração do ato de improbidade administrativa – Edgar Guimarães 315

A natureza jurídica da responsabilidade administrativa por dano ambiental – Édis Milaré 333

Passado, presente e futuro: ensaio sobre a história do controle judicial da administração no Brasil – Eduardo Jordão 350

Atos administrativos negociais – Egon Bockmann Moreira 363

A obra de Hely Lopes Meirelles na formação do direito administrativo brasileiro – Fernando Menezes de Almeida 372

Direito administrativo como controle – Fernando Vernalha Guimarães 387

Responsabilidade extracontratual das empresas estatais – Fernão Justen de Oliveira 403

Mutabilidade nos contratos concessionais: aspectos endocontratuais e procedimentais – Flavio Amaral Garcia 426

Direito claramente determinado: a necessária evolução da aplicação do princípio da moralidade nos processos sancionadores – Flavio Jaime de Moraes Jardim e Flávio Henrique Unes Pereira 442

A cláusula de "Step-in Rights" no contexto das concessões de serviços públicos – Floriano de Azevedo Marques Neto e Carlos Eduardo Bergamini Cunha 457

A teoria do órgão e suas implicações na representação judicial dos Poderes da República – Grace Maria Fernandes Mendonça 484

Assimetria regulatória no setor de transporte coletivo de passageiros: a constitucionalidade do art. 3º da Lei 12.996/2014 – Gustavo Binenbojm 502

"Convênio é acordo, mas não é contrato": contributo de Hely Lopes Meirelles para a evolução dos acordos administrativos no Brasil – Gustavo Justino de Oliveira 516

Novos contornos da autocontenção judicial: discricionariedade nas fronteiras da judicialização – Irene Patrícia Nohara 528

As sociedades em conta de participação e a participação de sócios ocultos com serviços – Ives Gandra da Silva Martins 548

Raízes da regulação no Brasil – Jacintho Arruda Câmara e Filipe Natal de Gaspari 555

O regime jurídico das oportunidades de negócios para as estatais – Joel de Menezes Niebuhr 575

A Capital Federal – Brasília – José Afonso da Silva 592

SUMÁRIO

A origem e o futuro do Direito Administrativo – José Eduardo Martins Cardozo 607

Hely Lopes Meirelles, o doutrinador. Recordações – José Emmanuel Burle Filho 627

Uma breve genealogia do interesse público – José Guilherme Giacomuzzi 635

Direito Administrativo e Inovação: limites e possibilidades – José Vicente Santos de Mendonça 665

Agentes públicos de linha de frente: a ponta criadora do Direito Administrativo – Juliana Bonacorsi de Palma 681

Regimes da desapropriação: a crítica de Hely Lopes Meirelles – Karlin Olbertz Niebuhr 701

Direito Administrativo – Lucas Rocha Furtado 719

Estado Democrático de Direito e controle judicial de uma Administração Pública complexa – Breves reflexões – Luiz Edson Fachin e Roberto Dalledone Machado Filho 748

Imprevisão, incompletude e risco: uma contribuição da teoria econômica aos contratos administrativos – Luiz Fux e Andréa Magalhães 760

Serviços de interesse econômico geral no Brasil: os invasores – Marçal Justen Filho 785

O combate à corrupção: faltam instrumentos jurídicos? – Marcelo Figueiredo 820

Da extensão do controle judicial da Administração Pública em face do princípio da moralidade administrativa – Márcio Cammarosano 836

O mundo que Hely não viu: governança democrática e fragmentação do Direito Administrativo. Diálogo entre a teoria sistêmica de Hely e os paradigmas atuais do Direito Administrativo – Marcos A. Perez 851

O Mandado de Segurança antes e depois de Hely Lopes Meirelles – Marcus Vinicius Furtado Coêlho 870

O direito administrativo da crise – Maria Sylvia Zanella Di Pietro 885

O uso remunerado da faixa de domínio por concessionária de serviços públicos na visão do STJ – Mauro Luiz Campbell Marques 897

Variações sobre um tema de Hely: moralidade administrativa – Odete Medauar 910

Disposições constitucionais transitórias na reforma da previdência: proteção da confiança e proporcionalidade – Paulo Modesto 915

Dever de coerência na Administração Pública: precedentes administrativos, praxe administrativa, costumes, teoria dos atos próprios e analogia – Rafael Carvalho Rezende Oliveira 955

Reabilitação de empresas declaradas inidôneas pela Administração Pública – Rafael Wallbach Schwind 974

Conceitos jurídicos indeterminados e discricionariedade administrativa: revisitando o tema – Regina Helena Costa 993

Mecanismos de prevenção e combate à corrupção: as leis anticorrupção e os códigos de ética no âmbito dos municípios brasileiros – Regina Maria Macedo Nery Ferrari 1015

Limitações administrativas sobre a arte (exercício do poder de polícia – visão em paralaxe)
– REGIS FERNANDES DE OLIVEIRA 1029

Hely Lopes Meirelles e o direito retributivo dos servidores públicos – RICARDO DIP 1051

A tradicionalidade e os requisitos estabelecidos pelo STF como fundamentos constitucionais dos processos administrativos de demarcação das terras indígenas – ROBERTA
JARDIM DE MORAIS e RAFAELLA DORTAS 1056

Serviço social autônomo. "Sistema S" – ROBERTO ROSAS 1077

Ética pública e moralidade administrativa no Estado Democrático de Direito – ROMEU
FELIPE BACELLAR FILHO 1085

A execução de título extrajudicial contra a Fazenda Pública no CPC de 2015 – SERGIO
BERMUDES 1100

Por uma nova (e diferente) Lei de Licitações – SERGIO FERRAZ 1105

Integração metropolitana e a prestação de serviços públicos de interesse comum – SÉRGIO
GUERRA 1115

Duração de convênios administrativos: aspectos gerais e o caso dos convênios de regulação de serviços de saneamento básico por consórcio público – THIAGO MARRARA ... 1130

Análise crítica do Substitutivo ao Projeto de Lei 3.729, de 2004 – TOSHIO MUKAI 1151

A interpretação do Direito Administrativo – VALMIR PONTES FILHO 1167

Como o Estado pode celebrar Contrato de Impacto Social/CIS? – VERA MONTEIRO e
ANDRÉ ROSILHO 1172

Revisitando os poderes do administrador público – VITOR RHEIN SCHIRATO 1189

PREFÁCIO

O mestre Hely Lopes Meirelles sempre ostentou a incrível perspicácia de pensar o Direito como instrumento social a serviço do homem, que deve se prestar, acima de tudo, a promover justiça aos cidadãos e a gerar equilíbrio social. Sua produção literária é, sem dúvida, um dos mais importantes marcos da evolução do Direito Administrativo brasileiro. A profundidade com que os mais diversos institutos jurídicos são abordados em sua obra, somada à clareza e à objetividade de seus ensinamentos, fazem dele jurista imortal, que deve sempre acompanhar os estudos daqueles que se dedicam à seara do Direito Público.

Prestando homenagem aos 100 anos de seu nascimento, a presente obra reúne relevantes contribuições acadêmicas de autores de grande prestígio, como Araken de Assis, Arnoldo Wald, Arruda Alvim, Carlos Ari Sundfeld, Cassio Scarpinella Bueno, Édis Milaré, Ives Gandra da Silva Martins, José Afonso da Silva, José Eduardo Cardozo, Lucas Rocha Furtado, Luiz Edson Fachin, Marçal Justen Filho, Maria Sylvia Di Pietro, Mauro Campbell, Regina Helena Costa, entre tantos outros nomes de peso.

Trata-se, portanto, de obra literária que homenageia brilhantemente a virtuosa imagem de Hely Lopes Meirelles e representa importante fonte de aprendizagem para os que buscam alimentar o conhecimento jurídico.

Desejo a todos uma agradável e proveitosa leitura!

Gilmar Ferreira Mendes

APRESENTAÇÃO
O Centenário de Hely Lopes Meirelles

A publicação da 42ª edição do *Direito Administrativo Brasileiro* e da 37ª edição do *Mandado de Segurança e Ações Constitucionais* de Hely Lopes Meirelles levou seus amigos a homenageá-lo, como uma meditação a respeito dos vários aspectos do Direito na segunda década do nosso século, reunindo artigos de magistrados, professores e advogados, especializados nas diversas áreas do Direito, que comungam na admiração que lhes inspira a obra e na estima que têm pelo Jurista que tanto influenciou nosso direito público, nos últimos 50 anos.

Sem cometer injustiça, é possível afirmar que o direito administrativo do nosso País no século XX se dividiu em dois períodos: o anterior e o posterior à obra de Hely Lopes Meirelles. Seu livro marcou uma época na evolução da doutrina por sua sistemática, clareza de exposição, riqueza de informação e constante atualização, que se tornou, para o autor, uma verdadeira obrigação perante a comunidade. O espírito de síntese, o exame das questões mais polêmicas e a vontade de apresentar soluções práticas e equitativas fizeram com que o Autor pudesse oferecer às várias gerações de magistrados, advogados, estudantes e estudiosos do Direito critérios seguros para o julgamento das questões, a defesa dos interesses coletivos e individuais e a compreensão global do Direito e de sua função social.

Por outro lado, na sua excelente monografia sobre *Mandado de Segurança e Ações Constitucionais*, que também está alcançando a 37ª edição, Hely conseguiu resumir e analisar, com extraordinária felicidade, toda a regulamentação vigente a respeito de dois institutos da maior importância no Direito no nosso País, que correspondem aos instrumentos privilegiados de defesa do indivíduo e da própria sociedade. Criticando tanto os abusos do Governo como os litigantes temerários que distorcem a função dos instrumentos processuais, apreciando as inconstitucionalidades, trazendo sempre em dia a experiência jurisprudencial, a monografia tornou-se o livro de cabeceira dos estudiosos tanto do direito administrativo como do direito judiciário.

Para os publicistas, *Licitações e Contratos* revela o panorama dinâmico e sempre renovado da nossa legislação e nossa jurisprudência no plano federal e no estadual, enfrentando as novas situações que o Direito se viu na contingência de criar, numa fase crítica da nossa economia, quando as fórmulas clássicas se tornaram obsoletas, em virtude da inflação.

A presença de Hely, jurista polivalente, ainda se fez sentir com o seu trabalho clássico sobre *Direito de Construir*, o livro pioneiro sobre *Direito Municipal Brasileiro*, do qual destacou a obra intitulada *Finanças Municipais*, e, finalmente, com seus 11 volumes de *Estudos e Pareceres de Direito Público*, que constituem um rico repertório de análises de casos concretos, com soluções oferecidas para quase todos os problemas básicos do nosso direito administrativo.

O que caracterizou Hely Lopes Meirelles foi sua visão concreta dos fatos aos quais aplicou as normas jurídicas, atendendo tanto às minúcias da lei e da regulamentação quanto aos princípios gerais básicos que inspiram o Estado de Direito. Publicista de formação, mas também defensor enérgico e intransigente dos direitos individuais, encontrou soluções equilibradas e equitativas, na difícil arte de conciliar adequadamente os interesses do indivíduo e os da coletividade.

Ao mesmo tempo Jurista e Advogado, à sabedoria e cultura jurídicas daquele uniu a coragem cívica serena, constante e heroica que caracterizou o causídico, impondo as fórmulas racionais e harmônicas e inovando, sempre que necessário, para garantir a prevalência da Justiça e da Moral. Há, assim, uma complementação natural entre os princípios básicos fixados na obra teórica e os pareceres, que atendem à dinâmica da vida. Autor clássico que respeitou as boas tradições do direito administrativo, que asseguram sua continuidade no tempo, mestre Hely foi também um verdadeiro construtor do Direito, participando da chamada "engenharia jurídica", quando introduziu em nosso País novas formas contratuais, como o gerenciamento, ou institucionalizou regras de justiça comutativa e de equidade, ao consagrar a teoria da recomposição dos preços nos contratos administrativos.

San Tiago Dantas fez a adequada distinção entre os juristas que sem mantêm na retaguarda do Direito, dedicando-se a meras manipulações técnicas, e aqueles que estão no *front*, no campo de batalha da renovação jurídica. É incontestável que a obra de Hely Lopes Meirelles, sem prejuízo da importância que adquire pelo seu caráter sistemático, o coloca entre os juristas dinâmicos conscientes do momento histórico que atravessamos, pois, defensor incansável do Estado de Direito, sempre colou a Ciência Jurídica a serviço do homem e da coletividade, considerando-a como instrumento de paz social e de realização da justiça. Neste sentido podemos vislumbrar em Hely Lopes Meirelles o "bom jurista" ao qual se referia Paul Roubier, o jurista engajado na luta constante pelo Direito, ou seja, pelo aperfeiçoamento das instituições e do ordenamento jurídico.

A importante participação de Hely Lopes Meirelles na elaboração de textos legislativos, sua colaboração na criação do direito municipal, sua preciosa e fecunda experiência de magistrado e sua presença na vida política do País, ocupando sucessivamente várias Secretarias de Estado, no Governo Abreu Sodré, complementam o quadro das atividades de quem sempre foi, essencialmente, em todos os cargos e funções que ocupou, um jurista, um defensor do homem e do Direito, ou seja, do Direito a serviço do homem.

Falando em Hely Lopes Meirelles, não há como esquecer a figura humana, pela sua simplicidade, cordialidade, fidelidade aos princípios e aos amigos, em todas as horas de sua vida, exemplo de coerência e de tolerância, de extraordinária capacidade de trabalho e de convívio dos mais agradáveis, ensinando a todos, com humildade, as lições do Direito e da vida.

Há 32 anos, cerca de 20 juristas, abrangendo ministros da Suprema Corte, professores da Faculdade de Direito da USP, membros do Ministério Público e advogados, decidiram homenagear Hely Lopes Meirelles, publicando um livro que foi editado pela Revista dos Tribunais, então dirigida por Álvaro Malheiros, intitulado *O Direito na Década de 80*. Foi o reconhecimento da importância dos trabalhos de Hely pelos juristas do século passado. Hoje, a presente obra, com mais de 70 colaboradores, representa uma visão da sua contribuição ao direito público e à defesa do cidadão, reunindo juízes, membros do magistério e advogados do século XXI, numa publicação da Malheiros Editores, que continua editando suas obras.

APRESENTAÇÃO

Disse Rafael Bielsa que certos povos passaram a merecer o respeito dos demais pela sua vocação de defender o Direito contra o Poder Público. Poder-se-ia afirmar, completando a frase do ilustre Jurista argentino, que a criação e o desenvolvimento de mecanismos adequados de defesa dos direitos do homem contra a hipertrofia estatal engrandecem os Países tanto quanto suas mais relevantes conquistas no campo científico, industrial ou econômico. Os homens que são os catalisadores do progresso jurídico merecem, pois, a homenagem de todos nós.

ARNOLDO WALD
MARÇAL JUSTEN FILHO
CESAR AUGUSTO GUIMARÃES PEREIRA

CURRICULUM VITAE DO HOMENAGEADO

HELY LOPES MEIRELLES – Natural de Ribeirão Preto/SP, nascido em 5.9.1917 – Filho de Godofredo de Souza Meirelles e D. Vera Leite Lopes Meirelles

I – CURSOS

1. Bacharel em Ciências Jurídicas e Sociais pela Faculdade de Direito da USP, Turma de 1942 – Inscrito na OAB/Seção de São Paulo, como Advogado, sob o n. 24.109

2. Técnico de Administração – Inscrito no Conselho Federal de Técnicos de Administração, Carteira Profissional 209

3. Especialista em legislação urbanística – Cadastrado no Serviço Federal de Habitação e Urbanismo sob o n. RI-173

4. Curso de Administração Municipal da Escola de Engenharia de São Carlos, da USP – 1955

5. Curso de Administração de Pessoal, da Reitoria da USP – 1958

6. Curso Intensivo de Planejamento do Instituto de Arquitetos do Brasil, Departamento de São Paulo – 1959

7. Curso do CPOR de São Paulo – 2º Ten. Inf. R/2

II – ATIVIDADES PROFISSIONAIS EXERCIDAS

1. Funcionário da Secretaria da Agricultura de São Paulo (1935 a 1945)

2. Advogado militante em São Paulo (1943)

3. Professor de Direito Administrativo, ministrando aulas em Cursos de Especialização promovidos por diversas Faculdades, tais como a PUC/SP (III Curso de Especialização em Direito Administrativo, 1974), Faculdade de Direito da USP (Curso de Direito Tributário, 1975), Faculdade de Engenharia de Moji das Cruzes (1980)

4. Membro Honorário do *Instituto Argentino-Brasileño de Derecho Administrativo*, com sede em Buenos Aires/Argentina

5. Juiz de Direito (1947). Aposentado por tempo de serviço como Juiz do TASP (1965)

6. Secretário de Estado dos Negócios do Interior/SP (1967 e 1968)

7. Secretário de Estado dos Negócios da Segurança Pública/SP (1968 e 1969)

8. Secretário de Estado dos Negócios da Justiça/SP (1969 e 1970) e também Secretário de Estado Interino dos Negócios da Educação (abril-julho/1970)

9. Professor do Curso de Administração Hospitalar da Faculdade de Higiene da USP (1950)

10. Professor de Direito e Administração Municipal da Universidade Católica de Campinas (1958)

11. Professor do Curso de Direito de Construir e Contratos de Construção do Instituto de Engenharia de São Paulo (1959)

12. Professor do Curso de Direito e Administração Municipal da ONU no Instituto de Administração Municipal, para funcionários municipais latino-americanos, no Rio de Janeiro (julho/1960, 1961, 1962, 1963 e 1964)

13. Professor do Curso de Direito Municipal da Faculdade de Direito de Taubaté/SP (1960)

14. Professor do Curso de Legislação Urbanística promovido pelo Instituto de Arquitetos do Brasil, Departamento do Rio Grande do Sul, em Porto Alegre (1961 e 1962)

15. Assessor Jurídico do CEPEU da USP (1958 e 1959)

16. Assessor Jurídico do Setor de Planejamento Municipal Integrado do Ministério do Planejamento (1965 e 1966)

17. Assessor Jurídico da Comissão do Código de Edificações de Brasília (1967)

18. Examinador do Concurso de Cátedra da Escola de Arquitetura da Universidade de Minas Gerais para o provimento da Cadeira de Administração Municipal (1962 e 1964)

19. Examinador do Concurso de Livre-Docência da Cadeira de Urbanismo da Faculdade de Arquitetura e Urbanismo da USP (1965)

20. Membro da Comissão de Juristas designada pelo Congresso Nacional de Tribunais de Contas para elaborar o Anteprojeto de Lei de Prestação de Contas das Sociedades de Economia Mista e Empresas Públicas (1972 e 1973)

21. Membro da Comissão Nacional de Regiões Metropolitanas e Política Urbana/CNPU, órgão da Secretaria de Planejamento da Presidência da República, Instituto de Planejamento Econômico e Social/IPEA

22. Colaborador da *Folha de S. Paulo*, seção "Assuntos Administrativos" (1959 a 1967)

23. Colaborador das seguintes revistas técnicas: *Revista dos Tribunais* (São Paulo), *Revista de Direito Público* (São Paulo), *Revista de Direito Administrativo* (Rio de Janeiro), *Revista de Administração Municipal* (do IBAM), *Revista de Direito da Guanabara, Revista Jurídica de Portugal, Revista de Estudios Administrativos de España, Revista do TCU, Revista do Tribunal de Contas do Distrito Federal, Revista do Tribunal de Contas do Estado de São Paulo*

III – ASSOCIAÇÕES TÉCNICAS E PROFISSIONAIS A QUE PERTENCEU

1. Instituto de Direito Público da Faculdade de Direito da USP
2. OAB/Seção de São Paulo
3. Associação dos Advogados de São Paulo
4. Associação Paulista de Municípios
5. Instituto Brasileiro de Direito Tributário
6. *Instituto Argentino-Brasileño de Derecho Administrativo*, com sede em Buenos Aires/Argentina

IV – CONGRESSOS E SIMPÓSIOS DE QUE PARTICIPOU

1. Congressos Nacionais de Municípios
2. Congressos de Municípios do Estado de São Paulo
3. Congresso Latino-Americano de Municípios, realizado em Louisville, Kentucky/USA (Membro da Delegação Oficial Brasileira) (outubro/1964)
4. Simpósio para Adaptação das Constituições Estaduais à Constituição do Brasil, no setor municipal, promovido pelo IBAM, no Rio de Janeiro (abril/1967)
5. Simpósio sobre Regiões Metropolitanas, promovido pelo Serviço Federal de Habitação e Urbanismo/SERPHAU, no Rio de Janeiro (junho/1967)
6. Congresso Hispano-Luso-Filipino-Americano de Municípios, realizado em Santiago do Chile (Chefe da Delegação de São Paulo) (novembro/1969)
7. Congresso dos Tribunais de Contas do Brasil, realizado em São Paulo (setembro/1972)
8. II Encontro Mato-Grossense de Magistrados, realizado em Três Lagoas/MT (dezembro/1974)
9. I Congresso Brasileiro de Direito Administrativo, realizado em Curitiba/PR (fevereiro/1975)
10. VIII Congresso dos Tribunais de Contas do Brasil, realizado em João Pessoa/PB (novembro/1975)
11. IX Congresso dos Tribunais de Contas do Brasil, realizado em Guarapari/ES (setembro/1977)
12. Seminário sobre Segurança Metroviária, realizado em São Paulo/SP (junho/1977)

V – PRÊMIOS E CONDECORAÇÕES

1. Medalha "Marechal Caetano de Faria", conferida pelo Ministério da Justiça, pela organização e direção do I Curso de Direito e Administração Municipal, na Faculdade de Engenharia de São Carlos, da USP (1955)

2. Prêmio "Teixeira de Freitas", conferido pela Associação Brasileira de Municípios, pelo livro *Direito Municipal Brasileiro* (ed. 1957) (1959)

3. Prêmio "Aarão Reis", conferido pelo Conselho Federal de Engenharia e Arquitetura, pela tese *A Construção Civil e a Regulamentação de seus Profissionais* (ed. 1960) (1960)

4. Medalha "Honra ao Mérito", conferida pela Associação Paulista de Municípios, pelos estudos de Direito e Administração Municipal (1966)

5. Medalha do "Mérito Policial", conferida pelo Governo do Estado de São Paulo (1970)

6. "Colar do Mérito Judiciário", conferido pelo TJSP (1982)

7. Comenda "Martim Afonso de Souza", conferida pelo Instituto Histórico e Geográfico Guarujá-Bertioga (1983)

8. Prêmio "Pontes de Miranda", conferido pelo Instituto dos Advogados do Distrito Federal (1983)

9. Medalha "João Mangabeira", conferida pelo Instituto dos Advogados Brasileiros/RJ (1984)

VI – HOMENAGENS

1. Livro coordenado por Arnoldo Wald, *O Direito na Década de 80: Estudos Jurídicos em Homenagem a Hely Lopes Meirelles*. São Paulo, Ed. RT, 1985

2. Um dos *"Brasileiros do Séculos"* – Edição Especial da revista *IstoÉ* (1999)

3. Fórum de São Paulo – passou a ser chamado Fórum Hely Lopes Meirelles – 2003, conforme Portaria 7.089/2003, do Presidente do TJSP, Dr. Sergio Augusto Nigro Conceição

4. Evento – Estudo de Direito Administrativo, em homenagem a Hely Lopes Meirelles, organizado pela Roca Projetos em Educação Ltda., com apoio do Departamento de Pós--Graduação da Universidade Federal Fluminense/UFF (2005)

5. Homenagem do TJSP em razão do "Dia do Patrono" (evento inserido no Programa "Agenda 150 anos de Memória Histórica do Tribunal Bandeirante", instituído pela Portaria 9.023/2014, comemorado na data do natalício da personalidade que dá nome às edificações pertencentes ao Poder Judiciário do Estado de São Paulo) (2014)

6. Inauguração do Memorial Hely Lopes Meirelles – TJSP (2015), pelo então Presidente, Des. José Renato Nalini, e pela Juíza-Diretora do fórum, Dra. Cynthia Thomé

BIBLIOGRAFIA DE HELY LOPES

LIVROS

1. *Direito Municipal Brasileiro*. 1ª ed., 2 vols., 1957; atualmente na 18ª ed. (1 vol.), São Paulo, Malheiros Editores, 2017.

2. *Legislação para Engenheiros, Arquitetos e Urbanistas* (coletânea de leis anotada). Departamento de Publicações da Escola de Engenharia de São Carlos, 1960.

3. *Direito de Construir*. 1ª ed., 1961; atualmente na 11ª ed. São Paulo, Malheiros Editores, 2013.

4. *Direito Administrativo Brasileiro*. 1ª ed., 1964; atualmente na 42ª ed. São Paulo, Malheiros Editores, 2016.

5. *Assuntos Municipais* (em colaboração com o Dr. Eurico de Andrade Azevedo). Porto Alegre, Instituto de Direito Municipal do Rio Grande do Sul, 1965.

6. *Mandado de Segurança e Ação Popular*. 1ª ed., 1967; atualmente na 37ª ed. São Paulo, Malheiros Editores, 2016.

7. *Licitação e Contrato Administrativo*. 1ª ed., 1973, atualmente na 15ª ed. São Paulo, Malheiros Editores, 2010.

8. *Finanças Municipais*. São Paulo, Ed. RT, 1979.

9. *Estudos e Pareceres de Direito Público*. vol. I (São Paulo, Ed. RT, 1977):

1. Contrato Administrativo – Reajuste de Preço. 2. Concorrência Pública (a). 3. Concorrência Pública (b). 4. Concessão e Permissão para Transporte Coletivo. 5. Reversão de Bens na Concessão. 6. Concessão Remunerada de Uso. 7. Fundações Instituídas pelo Poder Público. 8. Cargos Privativos de Engenheiro e Arquiteto. 9. Polícia Sanitária. 10. Fundamentos Legais para o Combate à Poluição das Águas. 11. Aspectos Legais Relacionados com a Poluição do Ar. 12. Aspectos Legais Relativos a Piscinas. 13. Terras Devolutas. 14. Retificação de Rio Público. 15. Fixação de Quotas de Moagem de Trigo. 16. Diretório de Partido Político. 17. Natureza, Conteúdo e Implicações do Ato Institucional n. 5. 18. O Regime Municipal Brasileiro. 19. Regime Especial de Administração de Núcleos Urbanos. 20. Orçamento Municipal. 21. Rendas Locais. 22. Comissões Intermunicipais. 23. Concessão e Permissão de Uso de Bens Municipais. 24. Reponsabilidade de Ex-Prefeito. 25. Loteamento Urbano (a). 26. Loteamento Urbano (b). 27. Atraso no Pagamento de Fornecedores e Empreiteiros de Prefeitura. 28. Majoração de Vencimentos do Funcionalismo da Prefeitura. 29. Acordo Geral sobre Tarifas e Comércio – GATT (General Agreement on Tariffs And Trade). 30. Pedágio – Condições para sua Cobrança. 31. Contribuição de Melhoria. 32. Imposto Adicional. 33. Base de Cálculo de Imposto. 34. Isenção Tributária Condicionada

10. *Estudos e Pareceres de Direito Público*. vol. II (São Paulo, Ed. RT, 1977):

1. O Poder de Polícia, o Desenvolvimento e a Segurança Nacional. 2. Contratação de Serviços Técnicos com Profissional ou Firma de Notória Especialização. 3. Concorrência (a). 4. Concorrência (b). 5. Concorrência (c). 6. Contrato de Obra Pública (a). 7. Contrato de Obra Pública (b). 8. Contrato de Obra Pública (c). 9. Contrato entre Autarquia e Entidades Paraestatais. 10. Contrato de Obras e Serviços com Firma Estrangeira. 11. Construção de Casas Populares. 12. Reserva Florestal – Interdição do Uso da Pro-

priedade. 13. Sociedade de Economia Mista – Metrô. 14. Jazida e Concessão de Lavra. 15. Incorporação de Sociedade Vencedora de Licitação. 16. Registro de Auditor Independente. 17. Exercício da Medicina Veterinária. 18. Acumulação de Cargos. 19. Adicional por Tempo de Serviço. 20. Cargo Público – Provimento por Acesso. 21. Concurso para Cargo Público – Prazo de Validade. 22. Incompatibilidade de Função Pública. 23. Fundação Educacional. 24. Controle Administrativo de Autarquia. 25. Nomeação de Diretores no Ensino Superior. 26. Transporte Coletivo Intermunicipal (a). 27. Transporte Coletivo Intermunicipal (b). 28. Transporte Coletivo Intermunicipal (c). 29. Transporte Coletivo Intermunicipal (d). 30. Transporte Coletivo Intermunicipal (e). 31. Transporte Coletivo Intermunicipal (f). 32. Desapropriação para Urbanização. 33. As Restrições de Loteamento e as Leis Urbanísticas Supervenientes. 34. Plano de Urbanização e Embargo de Obras. 35. Embargo de Obra. 36. Desvio de Verba Municipal. 37. Transporte Coletivo Urbano (a). 38. Transporte Coletivo Urbano (b). 39. Transporte Coletivo Urbano (c). 40. Supermercados – Limites de sua Comercialização. 41. Supermercados – Regulamento de seu Funcionamento. 42. Incompatibilidades Funcionais de Vereadores. 43. Processo Legislativo Municipal. 44. Doação de Bens Municipais. 45. Imposto Devido por Serviços de Concretagem. 46. Incidência sobre Serviços de Terraplanagem e Pavimentação de Estradas. 47. Cobrança de Taxa d'Água ou Tarifa

11. *Estudos e Pareceres de Direito Público*. vol. III (São Paulo, Ed. RT, 1981):

1. Contrato de Gerenciamento – Novo Sistema para a Realização de Obras Públicas. 2. A Licitação nas Entidades Paraestatais. 3. Sociedade de Economia Mista – Seleção de Contratantes. 4. Licitação – Dispensa – Produto de Fabricação Exclusiva. 5. Licitação – Adjudicação – Anulação. 6. Licitação – Conteúdo dos Envelopes. 7. Licitação – Conceito de Obra e Serviço. 8. Licitação – Oferta Grátis. 9. Licitação – Anulação de Concorrência sem Fundamentação. 10. Licitação – Recurso Administrativo. 11. Concorrência – Condições de Participação. 12. Concorrência – Nulidades do Edital. 13. Concorrência – Habilitação. 14. Concorrência – Limitação de Ofertas – Princípios – Habilitação e Julgamento. 15. Concorrência – Julgamento. 16. Concorrência – Serviço Social Autônomo. 17. Participação em Concorrência – Empresas do Mesmo Grupo. 18. Concorrência de Preço-Base. 19. Concorrência – Anulação Judicial. 20. Concorrência e Contrato – Efeitos da Adjudicação Homologada e do Contrato Preliminar. 21. Contrato Administrativo – Rescisão por Interesse Público. 22. Contrato Administrativo – Alteração Unilateral. 23. Contrato Administrativo – Revisão Extraordinária de Preços. 24. Contrato de Obra Pública. 25. Contrato de Subconcessão de Obra Rodoviária. 26. Licitação de Entidade Paraestatal – Princípios Atendíveis. 27. Licitação – Alteração de Edital. 28. Licitação – Sociedades de Economia Mista – Adjudicação Compulsória. 29. Concorrência – Exigências Ilegais. 30. Concorrência – Proposta Desvinculada do Edital – Desclassificação. 31. Concorrência – Vantagem Não Prevista no Edital. 32. Concorrência – Anulação Imotivada. 33. Concorrência de Técnica e Preço – Observância dos Princípios da Vinculação e da Isonomia. 34. Concorrência de Menor Preço-base. 35. Serviço Técnico – Notória Especialização. 36. Contrato Administrativo – Características – Alteração. 37. Contrato Administrativo – Prorrogação por Força Maior. 38. Empreitada de Obra Pública – Normas Regedoras. 39. Empreitada em Regime de Autofinanciamento. 40. Contratações de Subsidiária de Sociedade de Economia Mista. 41. Contratações das Sociedades de Economia Mista – Inexigibilidade de Licitação

12. *Estudos e Pareceres de Direito Público*. vol. IV (São Paulo, Ed. RT, 1981):

1. O Sistema Global de Segurança Metroviária. 2. Necessidade de Reformulação e Unificação das Normas de Desapropriação. 3. Reitor Universitário. 4. Exploração de Jazidas. 5. Serviço Telefônico – Números e Listas de Assinantes. 6. Expedição de Guias de Importação. 7. Nomeação de Conselheiros – Aprovação pela Assembleia Legislativa com Restrições. 8. Patrimônio de Sociedade Civil e Ação Popular. 9. Empresa Pública – Limites de seus Privilégios. 10. Alienação de Terras Públicas e Usucapião. 11. Repressão ao Abuso do Poder Econômico. 12. Distrito Industrial – Formação. 13. Distrito Industrial – Condições para Desapropriação e Alienação aos Interessados. 14. Transformação de Autarquia em Empresa Pública – Situação de seus Servidores. 15. Transporte Coletivo Intermunicipal. 16. Transporte Coletivo Intermunicipal – Regime de Delegação. 17. O Conceito de Poder Nacional. 18. Poder de Polícia – Taxação de Florestas. 19. Obra Pública Lesiva a Vizinho – Indenização. 20. Dominialidade de Lagos e Lagoas. 21. Direito de Construir – Marinas. 22. Empresa Pública e Sociedade de Economia Mista – Elementos Distintivos. 23. Desapropriação – Anulação do Ato Expropriatório. 24. Desapropriação – Loteamento Não Registrado. 25. Fundação Instituída por Autarquia. 26. Ministério Público – Órgão Independente. 27. Conselho Federal de Engenharia, Arquitetura e Agronomia – CONFEA. 28. Violação de Patente Industrial

13. *Estudos e Pareceres de Direito Público.* vol. V (São Paulo, Ed. RT, 1981):

1. Assuntos Municipais – Loteamento Urbano – Restrições. 2. Direito de Construir – Loteamento Urbano. 3. Construção – Alvará Denegado Ilegalmente. 4. Alvará de Loteamento – Omissão do Prefeito – Responsabilidades. 5. Construção – Interpretação do Código de Obras. 6. Alvará de Funcionamento de Indústria – Abuso de Poder. 7. Perímetro Urbano – Fixação. 8. Organização do Funcionalismo Municipal – Acesso. 9. Cassação de Mandato de Prefeito. 10. Extinção de Mandato de Vereador. 11. Verba de Representação de Presidente de Câmara. 12. Transporte Coletivo Municipal. 13. Parque de Estacionamento de *Shopping Center.* 14. Isenção Tributária Condicionada – Irrevogabilidade. 15. Imposto sobre Serviços de Telecomunicações. 16. Bem Público – Alienação sem Autorização Legislativa. 17. Alvará – Efeitos – Cassação. 18. Loteamento Urbano – Transferência das Ruas e Espaços Livres. 19. Loteamento Urbano – Aprovação e Impugnação pela Prefeitura. 20. Loteamento Urbano – Requisitos Exigíveis. 21. Nunciação de Obra Nova – Embargo de Obra. 22. Nunciação de Obra Nova – Infringência de Regulamentos Administrativos. 23. Construção – Alvará de Conservação. 24. Construção Urbana – Regulamentação do Município. 25. Composição do Funcionalismo de Câmara Municipal. 26. Auditoria do Tribunal de Contas em Departamentos de Despesa de Câmara Municipal. 27. Subvenção Orçamentária – Obrigação de Pagamento. 28. ICM de Estabelecimento Situado em Dois Municípios. 29. Extinção de Mandato e Inelegibilidade de Vereador

14. *Estudos e Pareceres de Direito Público.* vol. VI (São Paulo, Ed. RT, 1982):

1. Reajustamento e Recomposição de Preços em Contrato Administrativo. 2. Desburocratização das Licitações. 3. Licitação – Inexigibilidade. 4. Licitação – Impugnação do Edital. 5. Licitação em Autarquia – Inabilitação de Concorrente. 6. Concorrência – Elaboração das Propostas. 7. Conceito Legal de Empresa Nacional e Igualdade nas Licitações. 8. Contrato de Autarquia – Inadimplência. 9. Contrato Administrativo – Alteração do Projeto com Aumento de Custo. 10. Contrato Administrativo – Alteração de Projeto. 11. Contratação de Projeto – Proibição de Concorrência de Preço. 12. Caução para Garantia de Contrato. 13. Contrato Administrativo – Revisão. 14. Reajustamento Contratual de Preços – Decreto-lei 185/1967. 15. Contrato de S/A sob Controle de Entidade de Economia Mista. 16. Empreitada de Obra Pública – Paralisação por Conveniência da Administração. 17. Empreitada e Subempreitada de Obra Pública. 18. Concessão de Transporte Coletivo – Venda de Passagem por Estação Rodoviária. 19. Permissão – Cassação e Restabelecimento. 20. Serviço Público de Telefonia. 21. Ato Administrativo Nulo. 22. Empreitada – Contrato Misto. 23. Desapropriação – Justa Indenização. 24. Desapropriação e Doação de Terrenos para Indústrias. 25. Ação de Desapropriação Indireta. 26. Controle da Poluição – Competência Concorrente. 27. Reflorestamento – Imposição de Reflorestar e Incentivo Fiscal. 28. Proteção Florestal. 29. Alienação de Bens Públicos. 30. Petróleo – Extração sob o Mar – Torres Articuladas. 31. Sociedade de Economia Mista e Administração Indireta. 32. Participação do Estado em Empresa Privada. 33. *Leasing* no Âmbito das Paraestatais. 34. Regimento Interno – Conceito e Abrangência. 35. Servidor sob Regime da CLT em Face da Lei 6.708/1979. 36. Concurso para Professor Titular da USP. 37. Construção para Incorporação de Condomínio. 38. Dominialidade de Lagoas. 39. Concessão de Serviço Público – Prorrogação. 40. Fiscalização de Tributo. 41. Ação de Nunciação de Obra Nova – Conceito de Obra Concluída. 42. Aprovação de Loteamento Urbano. 43. Área Urbana Escavada

15. *Estudos e Pareceres de Direito Público.* vol. VII (São Paulo, Ed. RT, 1983):

1. O Estado e suas Empresas. 2. Licitação de Paraestatal (a). 3. Licitação de Paraestatal (b). 4. Licitação – Revogação. 5. Licitação – Opção por Fiança Bancária. 6. Licitação – Inabilitação de Consórcio de Empresas. 7. Concorrência – Inabilitação. 8. Concorrência – Desclassificação de Propostas. 9. Contrato Administrativo – Vinculação ao Edital. 10. Contrato Administrativo – Rescisão Indireta. 11. Contrato Administrativo de Paraestatal. 12. Contratação de Subsidiária de Paraestatal. 13. Reajustamento de Preço em Contrato Administrativo. 14. Recomposição de Preços em Contrato Administrativo. 15. Serviços Técnicos Especializados – Contratação sem Licitação. 16. Projeto de Engenharia – Conceituação Técnica. 17. Concessão de Canais de Televisão. 18. Transporte Coletivo Intermunicipal. 19. Fundação Instituída pelo Estado. 20. Pesquisa e Lavra de Minérios. 21. Igualdade Perante a Lei. 22. Lei Depende de Regulamento. 23. Intervenção no Domínio Econômico – Limitações Constitucionais. 24. Participação do Estado em Empresa Privada. 25. Tratado Internacional e Legislação Nacional. 26. Competência Tributária. 27. Tarifa – Referendo pelo Legislativo – Inconstitucionalidade. 28. Isenção Fiscal Condicionada. 29. Empréstimo com Garantia

do ICM. 30. Desapropriação – Fundamentos Conflitantes e Desvio de Finalidade. 31. Desapropriação Indireta da Posse. 32. Loteamento Fechado. 33. Ministério Público Estadual – Organização. 34. Licença de Vereador. 35. Direitos Autorais – Pagamento pela Possibilidade de Gravação de Emissões de Radiodifusão

16. *Estudos e Pareceres de Direito Público.* vol. VIII (São Paulo, Ed. RT, 1984):

1. Anteprojeto de Lei de Desenvolvimento Urbano. 2. Lei de Iniciativa do Executivo. 3. Licitação – Preclusão Administrativa. 4. Licitação de Entidade Paraestatal. 5. Licitação – Impugnação do Edital. 6. Concorrência de Menor Preço – Oferta Grátis. 7. Concorrência de "Preço Médio". 8. Concorrência – Habilitação. 9. Serviço Técnico Profissional – Notória Especialização. 10. Contrato Administrativo – Reajustamento de Preços. 11. Contrato Administrativo – Atraso no Pagamento. 12. Contrato Administrativo – Atualização de Pagamentos em Atraso. 13. Contrato Administrativo Nulo. 14. Contrato Administrativo em Regime de *Cost-Plus*. 15. Empreitada de Obra Pública – Serviços Extraordinários. 16. Transporte Coletivo Intermunicipal (a). 17. Transporte Coletivo Intermunicipal (b). 18. Estação Rodoviária. 19. Transporte Marítimo. 20. Desapropriação de Ações. 21. Compromisso de Compra e Venda de Terreno Desapropriado. 22. Concessão de Serviço Público – Prorrogação Automática do Contrato. 23. Novação de Dívida. 24. Direito de Construir – Substituição de Projeto. 25. Direito de Construir – Doação de Área para Alargamento de Avenida. 26. Licença para Construir. 27. Loteamento Urbano – Condições para a Sucessão do Loteador. 28. Loteamento e Venda de Lotes pelo Município. 29. Parque Florestal – Desapropriação e Tombamento. 30. Proteção de Mananciais. 31. Construção de Cemitério Particular Vertical. 32. Incorporação de Banco. 33. Fundação de Ensino. 34. Administrativo – Autoexecutoriedade. 35. Substitutos de Escrivães Extrajudiciais. 36. Ensino Oficial de 1º e 2º Graus – Enquadramento de Professores. 37. Lançamento Fiscal – Revisão. 38. Tributos Extrafiscais. 39. Sobretarifa dos Serviços de Telecomunicações

17. *Estudos e Pareceres de Direito Público.* vol. IX (São Paulo, Ed. RT, 1986):

1. Formação, Efeitos e Extinção dos Atos Administrativos Negociais. 2. Tombamento e Indenização. 3. Licitação – Dispensa. 4. Licitação – Impugnação de Edital. 5. Concorrência – Julgamento. 6. Concorrência – Recurso na Fase de Habilitação. 7. Concorrência para Venda de Imóveis. 8. Contrato Administrativo – Anulação. 9. Contratos Administrativos – Correção Monetária. 10. Contrato Administrativo – Interpretação. 11. Contrato Administrativo – "Anulação" pelo Tribunal de Contas. 12. Contrato Administrativo de Paraestatal. 13. Contratações de Paraestatais. 14. Reajustamento Contratual de Preços no Âmbito das Paraestatais. 15. Reajustamento de Preços e Correção Monetária. 16. Limitação Contratual de Responsabilidade. 17. Contrato *Cost-Plus* – Adicionais Compulsórios. 18. Contrato *Cost-Plus* – Reembolso de Despesas. 19. Desapropriação – Gleba Urbana. 20. Protocolo Administrativo – Ato Biface. 21. Contrato de Obra Pública a Cargo de Paraestatal. 22. Concessão de Serviço Público. 23. Serviço Público de Telefonia. 24. Concessão de Serviço Público – Encampação. 25. Serviço Telefônico. 26. Listas Telefônicas – Edição. 27. Controle Acionário de Banco. 28. Transporte Coletivo Urbano – Permissão. 29. Transporte Coletivo Intermunicipal. 30. Transporte Coletivo Interestadual. 31. Mineração – Lavra Experimental. 32. Poluição Ambiental. 33. Região Metropolitana – Zona Industrial. 34. Loteamento Urbano – Anulação de Alvará. 35. Loteamento Urbano. 36. Solo Criado. 37. Requisição de Bens – Perigo Público Iminente. 38. Patente de Invenção – Nulidade. 39. Ação Popular – Invalidação de Lei. 40. Prescrição da Pena Administrativa. 41. Processo Administrativo Fiscal. 42. Processo Legislativo Municipal. 43. Empréstimo Externo do Município. 44. Imposto Único sobre Energia Elétrica – Participação dos Municípios no Produto de sua Arrecadação. 45. Imposto Único sobre Energia Elétrica – Participação dos Municípios no Produto de sua Arrecadação. 46. Imposto Único sobre Minerais. 47. Conselho Nacional do Petróleo. 48. Conselho Regional de Farmácia. 49. Direito Eleitoral – Indicação de Candidato a Vice-Presidente da República

18. *Estudos e Pareceres de Direito Público.* vol. X (São Paulo, Ed. RT, 1988):

1. Ação Civil Pública. 2. Polícia de Manutenção da Ordem Pública e suas Atribuições. 3. Licitação – Exigências do Edital. 4. Licitação – Esclarecimentos aos Licitantes. 5. Licitação – Garantia de Qualidade. 6. Licitação de Paraestatal. 7. Concorrência – Proposta Alternativa. 8. Concorrência de Melhor Técnica. 9. Concorrência de Técnica e Preço. 10. Contrato Administrativo Não Formalizado. 11. Contrato Administrativo – Fato do Príncipe. 12. Contrato Administrativo – Interpretação. 13. Contrato Administrativo – Rescisão por Fato Superveniente. 14. Contrato de Obra Pública – Prazo Contratual. 15. Obra Pública – Falta de Licitação e Contrato Formal. 16. Contrato de Fornecimento e Transporte de Materiais. 17. Contrato de

Concessão – Tarifa. 18. Concessão de Serviço Público. 19. Contrato de Obras e Serviços – Paralisação da Obra e Pagamento das Faturas de Medição Vencidas. 20. Contrato de Empreitada de Obra Pública – Fato da Administração. 21. Contrato de Concessionária de Serviço Público Federal. 22. Contrato de Empreitada – Execução e Validade. 23. Contrato Administrativo – Correção Monetária de Pagamento em Atraso. 24. Tarifa de Transporte Coletivo Urbano. 25. Serviços de Engenharia e Arquitetura. 26. Engenheiros Químicos – Registro e Fiscalização Profissional. 27. Serviços Técnicos Profissionais – Notória Especialização – Agência de Propaganda. 28. Radiodifusão – Decreto de Outorga e Contrato de Concessão. 29. Edição de Listas Telefônicas. 30. Listas Telefônicas – Preços para as Publicações dos Assinantes. 31. Iluminação Pública. 32. Poluição Ambiental. 33. Zoneamento Urbano. 34. Licença de Construção e Demolição – Efeitos. 35. Decreto Expropriatório – Anulação por Ação Direta. 36. Silêncio ou Omissão da Administração Pública – Cabimento do Mandado de Segurança. 37. Terras Indígenas – Demarcação. 38. Aerolevantamento. 39. Elevação de Distrito ou Subdistrito a Município. 40. Licença para Exploração Industrial. 41. Tombamento. 42. Isenção sobre Serviços Auxiliares da Construção Civil

19. *Estudos e Pareceres de Direito Público*. vol. XI (São Paulo, Ed. RT, 1991):

1. Licitação – Caso de Inexigibilidade com Base no Art. 23, I, do Decreto-lei 2.300/1986. 2. Licitação – Inexigibilidade. 3. Dispensa de Licitação – Emergência. 4. Licitação – Proposta Alternativa. 5. Concorrência de Técnica e Preço. 6. Concorrência de Técnica e Preço-Base – Julgamento Nulo. 7. Licitação – Julgamento Objetivo. 8. Licitação – Registro no CREA. 9. Concorrência Internacional – Prevalência da Legislação Local. 10. Licitação – Aplicação de Penalidades. 11. Licitação de Fundações Públicas e Paraestatais. 12. Concorrência Internacional – Sistemas de Computação. 13. Contrato Administrativo – Manutenção da Equação Financeira Inicial. 14. Contrato Administrativo – Equilíbrio Econômico-Financeiro. 15. Contrato Administrativo – Alteração Unilateral da Cláusula de Reajustamento – Inadmissibilidade. 16. Contrato Administrativo – Recomposição de Preços (a). 17. Contrato Administrativo – Recomposição de Preços (b). 18. Contrato Administrativo – Revisão. 19. Contrato Administrativo – Revisão de Cláusula Econômica – Juizo Arbitral. 20. Contrato Administrativo – Serviços Complementares. 21. Contrato Administrativo – Atraso no Pagamento dos Serviços Contratados. 22. Contrato Administrativo – Anulação. 23. Contrato Administrativo – Rescisão Ilegal. 24. Contrato de Concessão – Rescisão. 25. Concessão de Serviço Público – Lei Autorizativa – Anulação de Contrato Administrativo. 26. Obra Pública – Contrato por Prazo Determinado. 27. Contrato Administrativo – Limpeza Urbana. 28. Desestatização – Venda de Ações em Bolsa. 29. Tribunal de Contas e Contrato Administrativo. 30. Autarquia Educacional – Autonomia. 31. Fundação – Autonomia. 32. Ato Administrativo – Ação Popular. 33. Ato Administrativo – Legitimidade para Anulação. 34. Alvará – Expedição. 35. Desapropriação. 36. Desapropriação – Nulidade do Ato Expropriatório. 37. Desapropriação de Bem Móvel. 38. Empréstimo por Antecipação de Receita. 39. Direito de Construir – Dever de Obediência às Restrições Convencionais do Condomínio. 40. Legislação sobre Meio Ambiente – Competência Supletiva do Município. 41. Poluição Ambiental – Ruídos Provocados por Obra Pública. 42. Infração Político-Administrativa – Validade do Decreto-lei 201/1967. 43. Votação na Câmara de Vereadores (a). 44. Votação na Câmara de Vereadores (b). 45. Comissão Parlamentar de Inquérito. 46. Serventuários Substitutos – Direitos Constitucionais

TESES, PROJETOS, ARTIGOS, CONFERÊNCIAS E PARECERES

20. "Autarquias Intermunicipais". São Paulo, 1959 – Aprovada pelo V Congresso Estadual de Municípios de São Paulo

21. "A Construção Civil e a Regulamentação de seus Profissionais". Rio de Janeiro, 1960 – Premiada pelo CONFEA

22. "A Competência Estatal para o Planejamento Urbanístico". São Carlos/SP, 1960 – Aprovada pelo II Congresso Brasileiro de Urbanismo, realizado em Recife em 1961

23. "Sugestões para a Reforma da Lei Orgânica dos Municípios de São Paulo". São Paulo, 1964 – Aprovada pelo IX Congresso Estadual de Municípios de São Paulo

24. "O Sistema Municipal Brasileiro". Louisville (Kentucky/USA), 1964 – Aprovada pelo X Congresso de Municípios Interamericanos, realizado em outubro/1964 em Louisville, Estado de Kentucky/Estados Unidos da América do Norte

25. "Projeto de Reforma da Constituição Federal no Setor Municipal" – Solicitado pelo Ministério da Justiça em 1964

26. "Projeto da Lei de Loteamento Urbano" – Solicitado pelo Ministério do Planejamento em 1964

27. "Parecer sobre a Situação Jurídica da CMTC, para a Permissão de Linhas a Particulares" – Solicitado por sua Diretoria em 1965

28. "Parecer sobre a Concessão de Uso de Imóveis do Governo do Rio Grande do Norte" – Solicitado pelo Governo do Estado em 1965

29. "Parecer sobre a Permissão de Uso de Locais do CEASA" – Solicitado por sua Diretoria em 1965

30. "Projeto da Lei de Ação Popular" – Solicitado pelo Ministério da Justiça em 1964, convertido na Lei 4.717, de 20.6.1965

31. "Projeto de Lei para o Plano Diretor de Curitiba" – Em 1965, convertido na Lei 2.828, de 31.7.1966

32. "Projeto de Lei para a Fundação de Ensino Superior de Marília/SP" – 1966

33. "Parecer sobre as Terras Devolutas do Estado do Pará" – Solicitado pelo Governo do Estado em 1967

34. "Projeto de Lei de Responsabilidade dos Prefeitos e Vereadores" – Solicitado pelo Ministério da Justiça em 1967, convertido no Decreto-lei 201, de 27.2.1967

35. "Projeto de Reforma da Constituição do Estado de São Paulo" – Solicitado pelo Governo do Estado e remetido à Assembleia Legislativa em 1967 (Constituição de 13.5.1967)

36. "Projeto da Lei Orgânica dos Municípios do Estado de São Paulo" – Solicitado pelo Governo do Estado e remetido à Assembleia Legislativa em 1967 (Lei 9.842, de 19.9.1967)

37. "Projeto de Lei Complementar das Regiões Metropolitanas" – Solicitado pelo Ministério da Justiça em 1967

38. "Projeto de Emenda da Constituição do Estado de São Paulo, para Adaptação à Emenda Constitucional 1/1969" – Convertido na atual Emenda Constitucional 2, promulgada pelo Governador do Estado, em 30.10.1969 (Presidente da Comissão e Relator do Projeto)

39. "Projeto de Lei de Obras, Serviços, Compras e Alienações da Administração Centralizada e Autárquica do Estado" – Convertido na Lei 10.395, de 17.12.1970

40. "Projeto de Lei sobre a Obrigatoriedade de Prestação de Contas das Sociedades de Economia Mista e Empresas Públicas aos Tribunais de Contas" – Solicitado pelo TCU em 1973

41. "Projeto de Lei sobre a Segurança do Transporte Metroviário" – Solicitado pela Cia. do Metropolitano de São Paulo/"Metrô", convertido na Lei 6.149, de 2.12.1974, sancionada pelo Exmo. Sr. Presidente da República

42. "Minuta de Projeto de Reformulação da Lei de Ação Popular" – Solicitado pela Presidência da República em 1979

43. "Sugestões para Integração dos Órgãos de Segurança Interna" – Estudo apresentado ao I Seminário de Segurança Interna, promovido pela Inspetoria-Geral das Polícias Militares em Brasília, em fevereiro/1969.

44. "O Regime Municipal Brasileiro" – Comunicação apresentada ao V Congresso Hispano-Luso-Filipino-Americano de Municípios, realizado em Santiago/Chile em novembro/1969

45. "Orçamento-Programa" – Estudo divulgado pela Secretaria do Interior, para orientação dos prefeitos, em 1969

46. "O Poder de Polícia, o Desenvolvimento e a Segurança Nacionais" – Conferência pronunciada na ESG (Rio) em 1.7.1975

47. "Legislação de Segurança Nacional" – Conferência pronunciada na ESG em 2.9.1976

48. "Responsabilidades Decorrentes da Obra Pública" – Conferência pronunciada no IX Congresso dos Tribunais de Contas do Brasil, realizado em Guarapari/ES em setembro/1977

49. "O regime municipal brasileiro em confronto com o de outros Países" – *RT* 236/3 (São Paulo); *RDA* 42/30 (Rio)

50. "Municipalização dos serviços públicos" – *RT* 246/3

51. "Os Poderes do administrador público" – *RT* 266/13

52. "O uso da propriedade e as restrições de vizinhança" – *RT* 277/22

53. "Limitações urbanísticas ao uso da propriedade" – *RT* 281/7; *RDA* 53/12

54. "Responsabilidade civil decorrente de obra pública" – *RT* 307/37; *Revista de Administração Municipal* 46/257 (do Instituto Brasileiro de Administração Municipal/IBAM); *RDA* 62/16

55. "O Município na Federação Brasileira" – *RT* 315/205

56. "Autarquias e entidades paraestatais" – *RT* 322/19; *RDA* 68/17; *RF* 204/26 (Rio)

57. "Revogação e anulação de ato administrativo" – *RT* 327/700; *RDA* 75/31

58. "Roteiro para o processo de *impeachment* de prefeito" – *RT* 331/611

59. "Vencimentos e vantagens" – *RT* 345/7; *Revista Jurídica* 64/17 (Rio Grande do Sul)

60. "Condomínio e incorporações" – *RT* 353/465

61. "Isenção condicionada de tributos" – *RT* 363/37

62. "Doação de imóvel municipal a entidade privada" – *RT* 366/38; *RDA* 87/383

63. "Ação popular e sua lei regulamentar" – *RT* 369/14; *RDA* 84/1

64. "Concorrência pública" – *RT* 370/55

65. "Loteamento urbano" – *RT* 378/60

66. "Preço do serviço público" – *RT* 394/42

67. "Natureza, conteúdo e implicações do AI-5" – *RT* 398/419; *RDA* 20/1; Secretaria da Segurança Pública de São Paulo (janeiro/1969)

68. "Aspectos legais relativos às piscinas" – *RT* 416/441; *Revista de Direito da Procuradoria-Geral* 24/1 (Rio)

69. "Licitações e contratos administrativos" – *RT* 428/127; *RDA* 105/14

70. "Pedágio – Condições para sua cobrança" – *RT* 430/33; *RDA* 104/374

71. "Conceito de aplicação indevida de verbas públicas" – *RT* 440/309

72. "Poder de polícia e segurança nacional" – *RT* 445/287

73. "Construção" – *RT* 450/39; *Revista da Consultoria-Geral do Estado do Rio Grande do Sul* 4/79 (acolhido pelo TACivSP no julgamento da ACi 163.395 – *RT* 450/127), São Paulo, 1971

74. "As restrições de loteamento e as leis urbanísticas supervenientes" – *RT* 462/23; *RDA* 120/479; *Revista da Procuradoria-Geral do Estado de São Paulo* 5/25

75. "O processo administrativo" – *RT* 483/11

76. "Contratação de serviços técnicos com profissional ou firma de notória especialização" – *RT* 488/11; *RDP* 32/31 (São Paulo)

77. "Responsabilidade do prefeito" – *RT* 497/273; *RF* 257/25; *RDA* 128/36

78. "Formação de distrito industrial" – *RT* 499/37

79. "Serviço telefônico – Número e listas de assinantes" – *RT* 506/37

80. "A representação partidária e a EC 11/1978" – *RT* 522/39

81. "Auditoria do Tribunal de Contas em Departamento de Despesa de Câmara Municipal" – *RT* 532/35

82. "Contrato de gerenciamento – Novo sistema para a realização de obras públicas" – *RT* 533/11; *Revista da Procuradoria-Geral do Estado de São Paulo* 13/15

83. "Construção – Alvará de conservação" – *RT* 537/36

84. "Reajustamento e recomposição de preços em contrato administrativo" – *RT* 540/11

85. "Contratação de projeto – Proibição de concorrência" – *RT* 542/33

86. "Professor adjunto da USP – Distinção entre título e função" – *RT* 549/41

87. "O Estado e suas empresas" – *RT* 558/9; *RF* 284/43

88. "Conceito legal de empresa nacional e igualdade nas licitações" – *RT* 567/31

89. "Empréstimo com garantia do ICM" – *RT* 574/36; *RF* 290/197

90. "'Incorporação de banco" – *RT* 577/33

91. "Desapropriação de ações" – *RT* 580/41

92. "Desburocratização das licitações" – *RT Informa* 253/171

93. "Estudo sobre o GATT" – *RDP* 1/64

94. "Preço de serviço público" – *RDP* 4/94

95. "Aspectos legais do orçamento-programa" – *RDP* 11/304

96 "O regime municipal brasileiro" – *RDP* 11/283

97. "Contribuição de melhoria" – *RDP* 16/362

98. "Jazida e concessão de lavra" – *RDP* 18/94; *RDA* 109/283

99. "A Administração Pública e seus controles" – *RDP* 23/32; *Jurisprudência e Instruções* (revista do Tribunal de Contas do Estado de São Paulo) 32/133

100. "Licitação e sociedade de economia mista" – *RDP* 30/51

101. "Verba de representação de presidente de Câmara" – *RDP* 34/229

102. "Regulamentação das obras e serviços de engenharia: um decreto inconstitucional para os Estados e Municípios" – *RDP* 37-38/306

103. "Urbanismo e proteção ambiental" – *RDP* 39-40/38

104. "Imposto sobre serviços de telecomunicações" – *RDP* 47-48/47

105. "Empreitada – Contrato misto" – *RDP* 53-54/105

106. "A licitação nas entidades paraestatais" – *RDP* 59-60/73; *RF* 261/49; *RDA* 132/32

107. "Direito dos Estados à participação no imposto único sobre energia elétrica" – *RDP* 69/73

108. "Loteamento fechado" – *RDI* 9/1 (São Paulo). *Revista da Procuradoria-Geral do Rio Grande do Sul* 36/131

109. "Os fundamentos legais para o combate à poluição das águas" – *Revista de Direito da Procuradoria-Geral* 14/56 (Rio)

110. "Perímetro urbano e tributação" – *Revista de Administração Municipal* 44/38

111. "Técnica legislativa" – *Revista de Administração Municipal* 45/163

112. "A Carta dos Andes" – *Revista de Administração Municipal* 49/487

113. "Alienação de praça pública" – *Revista de Administração Municipal* 51/104

114. "Permissão de serviço público" – *Revista de Administração Municipal* 53/271

115. "O poder de polícia no Município" – *Revista de Direito da Prefeitura do Distrito Federal* 4/55

116. "Comissões legislativas municipais" – *Revista de Direito da Prefeitura do Distrito Federal* 6/288

117. "Direito de construir e as responsabilidades decorrentes das construções" – *Revista de Direito da Prefeitura do Distrito Federal* 8/15

118. "Educação, ensino e cultura no Município" – *Revista Brasileira de Estudos Pedagógicos* 25/17

119. "Problemas do mandado de segurança" – *RDA* 73/38

120. "A organização administrativa brasileira" – *Revista Jurídica de Portugal* 14/23

121. "Dominialidade de lagos e lagoas" – *RF* 265/156

122. "Sistema global de segurança metroviária" – *Justitia* 101/89

123. "O conceito de poder nacional" – *O Estado de S. Paulo* ed. de 13.8.1978

124. "Concessão de serviço público" – *Revista da Procuradoria-Geral do Estado de São Paulo* 2/9

125. "Concessão de transporte coletivo urbano" – *Revista da Consultoria-Geral do Estado do Rio Grande do Sul* 3/15

126. "Desapropriação" – Tese aprovada pelo XIX Congresso Estadual de Municípios, realizado em Campos do Jordão em maio/1975, publicada em separata pela Empresa Gráfica da Revista dos Tribunais

127. "Parecer sobre a reurbanização dos Bairros de Santana e Jabaquara" – Divulgado em publicação da EMURB, São Paulo, Empresa Gráfica da Revista dos Tribunais, 1973 (acolhido pelo TJSP nos MS 220.706, 220.707 e 222.643, *RT* 459/58, 461/55 e 464/69)

128. "O processo administrativo e em especial o tributário" – Estudo publicado em separata pela *Resenha Tributária* em coedição com o Instituto Brasileiro de Direito Tributário/IBDT em outubro/1975

129. "O Tribunal Federal de Recursos e o contencioso administrativo" – *RF* 286/433

130. "Competência em assuntos urbanísticos" – *RDP* 74/151

131. "Tombamento e indenização" – *RDA* 161/1; *RT* 600/15; *Revista do Advogado-AASP* 17/23

132. "Direito urbanístico. Competências legislativas" – *RDP* 73/95

133. "Formação, efeitos e extinção dos atos administrativos negociais" – *RF* 296/33, *Revista da Procuradoria-Geral do Rio Grande do Sul* 42/27; *RT* 592/12; *RDA* 158/15

134. "Contrato administrativo – Atraso de pagamento" – *RF* 293/174; *RT* 590/41

135. "Desapropriação por Município para fins de reforma agrária – Inadmissibilidade" – *RT* 656/7

136. "Tabelamento de juros" – *RDP* 88/174

137. "As consequências do atraso de pagamento em contrato administrativo" – *RDA* 174/12; *RT* 633/7

138. "Proteção ambiental e ação civil pública" – *RF* 301/37; *Revista da Procuradoria-Geral do Rio Grande do Sul* 45/17; *Justitia* 135/8; *RDA* 165/1; *RT* 611/7

139. "Licitação – Julgamento objetivo" – *RDA* 176/15; *RT* 642/7

RETRATO DE HELY LOPES MEIRELLES[1]

EURICO DE ANDRADE AZEVEDO

Hely Lopes Meirelles nasceu em Ribeirão Preto, em 5 de setembro de 1917, mas, quando tinha pouco mais de um ano, ficou órfão de mãe, que faleceu em decorrência da terrível gripe espanhola que grassou em quase todos os Países, no último ano da Primeira Guerra Mundial. Foi educado pelos avós paternos em uma fazenda na cidade de Fartura, no sul do Estado, e veio depois para São Paulo, realizando o curso secundário no Colégio Rio Branco, onde fez várias amizades duradouras, entre as quais o futuro Governador Roberto de Abreu Sodré. Passou, então, a cursar a Faculdade de Direito da Universidade de São Paulo, tendo se formado em 1942. Iniciou-se na advocacia com alguns amigos e pouco depois casou-se com D. Consuelo Celidônio Meirelles. Após alguns anos, fez concurso para a magistratura, assumindo a sua primeira comarca em dezembro de 1949 – Ituverava.

O Magistrado

Como magistrado, Hely Lopes Meirelles revela-se logo estudioso, austero, enérgico e extremamente corajoso. Na sua primeira comarca, Ituverava, aconteceu um episódio que merece ser contado: um rico fazendeiro, militar reformado, conhecido por sua valentia e truculência, é processado por sequestro de uma anciã, de cujos bens desejava extrair vantagens. Ao final de seu interrogatório, Hely, que tinha apenas 32 anos de idade, se convence da necessidade de decretação da prisão preventiva do acusado e o faz, determinando fosse ele imediatamente recolhido à prisão. Surpreendido pela coragem do Juiz, o réu solicita permissão para falar com sua mulher, que se encontrava na sala e dela recebe uma arma, escondendo-a sob o paletó. Voltando ao seu lugar e dirigindo-se ao Juiz, como que desejando parlamentar, saca do revólver e dispara três tiros no peito do magistrado. Ferido gravemente, foi socorrido pelo então Promotor Público da comarca, Dr. Nereu César de Moraes, futuro desembargador e presidente do Tribunal de Justiça de São Paulo. Esse mesmo réu, alguns anos depois, atirou também contra os três desembargadores que estavam julgando o seu caso no Tribunal.

Vindo de Ituverava para São Paulo, como juiz auxiliar das Varas Cíveis, logo se destacou ao proferir sentença em um caso pioneiro contra a Companhia Telefônica Brasileira, nos idos de 1950. Havia uma enorme dificuldade na obtenção de telefone, e um dos inscritos na fila propôs ação cominatória contra a Companhia para a obtenção do serviço. Com base na doutrina e na jurisprudência estrangeiras – pois até então não se admitia entre

---

1. Discurso de posse na Academia Paulista de Direito. Publicado originalmente na *Revista de Direito Administrativo*, vol. 204, abr.-jun. 1996, pp. 121-134. Autorizada a sua republicação, conforme contato telefônico com seu Editor, Dr. Joaquim Falcão.

nós a ação do usuário contra o concessionário –, Hely julgou procedente a ação, firmando o princípio de que o usuário de serviço público concedido tem ação direta contra o concessionário, para constrangê-lo a prestar o serviço, sob pena de lhe pagar perdas e danos ou a multa correspondente, cominada na sentença. Tal decisão, posteriormente confirmada pelos Tribunais superiores, foi o *leading case* de reconhecimento dos direitos dos usuários nos contratos de concessão, o que acaba de ser sacramentado pela recentíssima Lei 8.987, de 13.2.1995, que dispõe sobre o regime de concessão dos serviços públicos no Brasil, quarenta e cinco anos depois!

Mais tarde, foi para a comarca de São Carlos, onde permaneceu vários anos até ser promovido para São Paulo. Foi naquela cidade que vim a conhecê-lo pessoalmente, quando para lá fui como Promotor de Justiça. Hely tinha uma capacidade de trabalho e uma aptidão organizacional fora do comum. A única Vara da Comarca acumulava todos os serviços cíveis, criminais, de Júri, de Menores, Eleitoral e Trabalhista. No entanto, a pauta de audiências era de apenas trinta dias! Porque ele sabia distribuir o serviço: jamais designava uma audiência sem verificar, antes, a complexidade do tema e o número de testemunhas a serem ouvidas. E não se atrasava nas sentenças, porque acompanhava de perto os processos e se utilizava com mestria do despacho saneador.

Nas eleições, era um dos primeiros juízes a terminar a apuração, pois convidava para as Mesas apuradoras os bancários da cidade, sob o argumento de que sabiam contar cédulas...

Na área de menores e incapazes, alertava sempre o Curador para verificar *in loco* o imóvel que se pretendia vender e qual o seu valor de mercado. No campo dos menores abandonados, aplicava e acompanhava com rigor a dotação então destinada às comarcas, para auxiliar as famílias que pudessem "adotar" menores de rua, em lugar de interná-los na FEBEM da época. Chegou a apresentar um trabalho, na Semana dos Menores – seminário que o Tribunal de Justiça realizava anualmente para estudo do tema – demonstrando que o custo de um menor internado nos órgãos estaduais era três vezes mais elevado do que se pagava por uma aluna interna nos colégios mais caros de São Paulo na época, o "Sion" e o "Des Oiseaux".

Não titubeou em condenar o Prefeito local por desvio de verba, sustentando com vigor a tese da independência das responsabilidades penal e político-administrativa, aquela de competência da Justiça comum e esta da Câmara Municipal, o que hoje é pacífico em nossa jurisprudência. Foi então que começou a escrever o *Direito Municipal Brasileiro*, ao perceber que poucos estudos existiam a respeito dos problemas enfrentados pelos nossos Municípios. E passou a ministrar os cursos de Direito e Administração Municipal, patrocinados pela Associação Paulista dos Municípios, sempre preocupado em aprimorar a administração local, como condição básica para a melhoria da administração pública brasileira.

Criada a Escola de Engenharia de São Carlos, como um braço da Universidade de São Paulo, foi convidado para lecionar as matérias jurídicas de interesse para os engenheiros. Deu-se conta, então, da defasagem de nosso direito em relação aos progressos da construção civil e aos problemas do desenvolvimento urbano. Resolveu escrever seu segundo livro: *Direito de Construir*, fruto de suas aulas naquela Escola. No prefácio da primeira edição, comentou:

É inegável o entrosamento do direito de construir com os processos da construção. À medida que a técnica aprova uma regra de construção, o direito a encampa, transformando-a em norma legal. É o fenômeno da legalização da técnica, que se vai generalizando naquelas atividades que afetam mais de perto o bem-estar social e, por isso mesmo, não podem ficar exclusivamente ao sabor da liberdade individual. Exigem limites e condicionamentos legais.

A legislação pátria, lamentavelmente, não tem acompanhado o aperfeiçoamento da construção civil, achando-se em sensível atraso com os progressos da Engenharia, da Arquitetura e do Urbanismo. Por outro lado, a doutrina e a jurisprudência se mantêm apegadas a conceitos superados do clássico direito de construir, que desconhece os novos materiais e os modernos processos da construção contemporânea.

Urge, pois, uma mudança de atitude no estudo e interpretação desse esgalho do direito privado, para adaptá-lo à realidade e pô-lo em condições de solucionar os problemas atuais da construção civil e da planificação urbanística.

Nesse afã aproximamos textos. Interpretamos normas. Enunciamos conceitos. Sistematizamos princípios. Ordenamos ideias. Provavelmente nada inovamos. Nem avançamos no campo do direito de construir. Apenas apresentamos rumos novos para um direito velho.

E o *Direito de Construir* aí está em sua sétima edição, atualizada por nós, com a colaboração de duas jovens juristas da nova geração, Beatriz di Giorgio e Flávia Piovesan, e o concurso do ilustre Engenheiro Joaquim da Rocha Medeiros, que se responsabilizou por toda a parte referente às avaliações e perícias judiciais.

Ainda em São Carlos, vale recordar episódio ocorrido com os estudantes da Escola de Engenharia, que mostra bem a personalidade do nosso homenageado. O Centro Acadêmico promoveu pesquisa entre os alunos para avaliar o desempenho dos professores e depois a remeteu, por ofício, à diretoria da Escola, a título de colaboração. Foi uma revolução. A Congregação se reuniu para apreciar o pedido – feito por professores indignados – de expulsão do presidente do Grêmio e suspensão de outros líderes estudantis. Mas o Dr. Hely, a quem os estudantes haviam recorrido, com toda a calma e segurança, assegurou na reunião da Congregação que eles haviam apenas exercido o seu direito de representação, garantido na Constituição Federal, pois o ofício estava dirigido de forma respeitosa e nada havia de ofensivo na avaliação feita. Podia dizer isso com tranquilidade, pois a avaliação por ele obtida era inferior à de seu assistente, mas o mérito era seu, pois fora ele quem escolhera o assistente...

Em 1961 foi promovido para São Paulo, assumindo a 1ª Vara da Fazenda Federal, uma vez que as questões federais eram então decididas pela Justiça estadual, em Varas especializadas. Eram Varas difíceis, com problemas complexos ligados à importação e exportação, concessão de serviços públicos, exportação de minérios, acordos internacionais, enfim, temas a que não estavam familiarizados os juízes, nem por sua formação na Faculdade, nem por sua experiência adquirida nos anos de judicatura no interior. Bastaram poucos meses para que Hely começasse a se destacar, quer no campo jurídico propriamente dito, quer no campo de sua energia contra os contrabandistas e funcionários inescrupulosos da alfândega. Era comum a importação ilegal de mercadorias, inclusive automóveis, para depois abandoná-las na alfândega e arrematá-las nos leilões preparados com o escopo de legalizá-las. A respeito do tema, ele anotou em seu livro *Direito Administrativo Brasileiro*:

Quando juiz da 1ª Vara da Fazenda Nacional em São Paulo, tivemos oportunidade de anular leilões alfandegários realizados com tais formalismos e exigências burocráticas que evidenciavam o intuito de afastar licitantes. Além disso, as mercadorias só eram apresentadas globalmente ou em lotes tão grandes que desestimulavam os pequenos arrematadores e criavam uma espécie de exclusividade para grandes firmas do ramo e até mesmo para os próprios contrabandistas, que deixavam apreender e leiloar seus contrabandos para que eles mesmos os arrematassem, legalizando, assim, a mercadoria contrabandeada. Essa experiência leva-nos a sugerir simplificação dos leilões, com a dispensa de exigências inúteis que afugentam os interessados e com a venda individual dos objetos em reduzidos lotes ou quantidades, que possibilitem a aquisição tanto pelos grandes quanto pelos pequenos arrematadores.[2]

Essa nota evidencia uma das características marcantes da personalidade de Hely Lopes Meirelles: *o horror à improbidade administrativa e ao formalismo inútil*. Perpassam por todos os seus ensinamentos de direito administrativo estes três aspectos: *atendimento ao interesse público, exigência de moralidade administrativa e repúdio ao formalismo inútil*.

Poucos anos depois foi conduzido ao Tribunal de Alçada Civil, onde se aposentou ao completar 30 anos de serviço, não aguardando sua promoção ao Tribunal de Justiça, por ter sido convidado a participar da administração superior do Estado de São Paulo pelo seu ex-colega Roberto Costa de Abreu Sodré. Hely viu, naquela ocasião, a oportunidade de pôr em prática seus ensinamentos de direito municipal. Por isso, em vez de assumir a Secretaria da Justiça, que seria seu destino natural, escolheu a Pasta do Interior, com a condição de efetuar uma administração eminentemente técnica.

E assim passamos para uma outra face de sua atuação, a do administrador.

O Administrador

A Secretaria de Estado do Interior, que havia sido desmembrada da Secretaria da Justiça pouco antes, ao final do Governo Adernar de Barros, não se encontrava ainda estruturada, funcionando precariamente em uma antiga garagem, na Avenida Duque de Caxias, 61. Tudo estava por fazer. Hely convidou para compor sua equipe um grupo de jovens, que iriam depois se destacar na administração e no direito: para a chefia de gabinete, José Afonso da Silva; para oficiais, Adilson Abreu Dallari e Hélio Quaglia Barbosa; e para auxiliares, Dalmo do Valle Nogueira Filho e José Augusto Meirelles. Com mais alguns assessores de confiança, entre os quais eu me encontrava, compôs o quadro que iria prestar assistência aos Municípios.

Logo em seguida à posse, ocorreu a catástrofe de Caraguatatuba, quando chuvas torrenciais fizeram deslizar vários trechos da estrada que ligava o alto da Serra do Mar ao litoral norte do Estado, deixando as cidades de Caraguatatuba, São Sebastião e Ubatuba completamente isoladas, sem comunicação com o restante do Estado, a não ser por via marítima. Incumbido de socorrer aquelas populações, Hely se revelou de uma agilidade sem par, criando um escritório especial para atendimento às vítimas, escritório dirigido pessoalmente por Adilson Abreu Dallari, que se desincumbiu da tarefa com grande competência e coragem, de maneira a possibilitar a volta à normalidade alguns meses depois.

2. Hely Lopes Meirelles, *Direito Administrativo Brasileiro*, 20ª ed., São Paulo, Malheiros Editores, 1995, p. 292; 42ª ed., atualizada até a EC 90, de 15.9.2015, São Paulo, Malheiros Editores, 2016, p. 397.

Naquela época, a Secretaria do Interior se limitava a responder às consultas formuladas pelos Municípios, principalmente na área jurídica, mas Hely queria mais; ele não se contentava em fornecer o peixe, queria ensinar o administrador municipal a pescar. E rápida pesquisa efetuada demonstrou que os Municípios pequenos eram extremamente carentes nas áreas de contabilidade, orçamento, organização administrativa e tributos. Por isso, em convênio com o Serviço Nacional dos Municípios/SENAM e com a Prefeitura do Município de Valinhos, que acabara de construir um prédio novo para seu funcionamento, resolveu montar ali uma "Prefeitura Modelo", que serviria de Escola para todos os funcionários municipais. Promoveu um concurso e selecionou professores para as áreas de Direito, Tributos, Orçamento, Contabilidade e Planejamento Urbano, núcleo que propiciou a disseminação de uma série de cursos pelo interior do Estado e que mais tarde se transformaram na Escola de Administração Municipal, cujo curso foi aprovado pelo Conselho Estadual de Educação, com diploma de grau médio, e mantido até hoje pelo CEPAM, em várias cidades do interior do Estado.

Desejando transformar a experiência em algo permanente, em dezembro de 1967, Hely Lopes Meirelles preparou decreto para a criação do CEPAM/Centro de Estudos e Pesquisas de Administração Municipal, órgão dotado de autonomia técnica e administrativa, inspirado no *Centro de Estudios de Administración Local de Madrid*, Espanha, onde os estudos de administração municipal estavam muito adiantados, a despeito do regime unitário do País.

O CEPAM, que inicialmente foi dirigido por mim, serviu de modelo a órgãos similares de vários outros Estados brasileiros e, desde aquela época, vem prestando relevantes serviços aos Municípios de São Paulo e do Brasil. Mais tarde, foi transformado em Fundação, recebendo o nome do grande Prefeito Faria Lima, passando por sua direção eminentes juristas, como Adilson Abreu Dallari, Vicente Greco Filho e Cláudio Ferraz de Alvarenga.

Entrementes, Hely trabalhou no projeto da nova Lei Orgânica dos Municípios, em face da Carta Constitucional de 1967, pois, àquela época, cabia aos Estados organizar os Municípios. A Lei 9.842/1967, então aprovada pela Assembleia Legislativa de São Paulo, é uma perfeição em matéria organizacional dos Municípios, tanto assim que foi praticamente copiada por todos os Estados e até hoje é o padrão comumente seguido, com as alterações decorrentes de nova ordem constitucional. Nela passaram a ter os administradores locais o seu código de trabalho, estando previstos desde os aspectos de criação e instalação de novos Municípios, até disposições especiais sobre o Município de São Paulo, passando pelas matérias de competência local; as atribuições do Prefeito e da Câmara; o processo legislativo; os casos de extinção e cassação de mandato; a forma de administração dos bens e serviços, com exigência de licitação; a organização das finanças e a elaboração dos orçamentos; a fiscalização orçamentária e as normas para o desenvolvimento urbano. Ainda naquele ano, Hely promoveu uma primeira reunião de juristas, para discutir assuntos de interesse dos Municípios, entre os quais o problema do *impeachment* dos Prefeitos e a cobrança da contribuição de melhoria, para cuja reunião convidou alguns dos nossos maiores especialistas, como Paulo Brossard de Souza Pinto, então advogado no Rio Grande do Sul, e o então jovem e saudoso Geraldo Ataliba, ambos com teses recentes sobre aqueles temas.

Lamentavelmente, porém, Hely não pôde continuar seu profícuo trabalho na Secretaria do Interior, por ter sido convocado pelo Governador Sodré para assumir a Secretaria de Segurança Pública, em face de crise naquele setor. Hely, na época, era o único Secretário de

Segurança Civil em todo o País. Era uma função indesejada por ele, mas da qual não pôde se eximir em razão das circunstâncias do momento. Seu principal assessor era o Professor José Afonso da Silva. *Ali permaneceu enquanto possível, procurando conciliar o inconciliável: o respeito às liberdades civis num regime autoritário federal.* Certa ocasião, recebeu um mandado de prisão contra um líder da oposição, que sabia não ser subversivo e, por isso, ficou tentando a revogação do mesmo. Nesse entretempo, Franco Montoro, pois esse era o seu nome, lhe telefonava constantemente e Hely se negava a atendê-lo, pois, caso contrário, teria de ordenar sua prisão. Mandou chamar-me e disse: "Avise o Montoro para desaparecer por algum tempo, enquanto eu consigo a revogação do seu mandado de prisão...", o que realmente foi obtido pouco depois.

A sua saída da Secretaria de Segurança se deu em virtude de um episódio que precisa ser contado para lhe fazer justiça. Numa manifestação estudantil na Praça da República, Hely havia recomendado ao Comandante da Polícia Militar, então um Coronel do Exército, que não utilizasse os cães pastores na operação. Foi desobedecido e exigiu do Governador a demissão do Comandante. A saída do militar foi condicionada à saída do civil, indo Hely para a Secretaria da Educação, também para resolver uma situação emergencial. Pouco depois, contudo, tomou-se Secretário da Justiça, onde pôde realizar uma obra mais duradoura.

Com a experiência de magistrado, preocupou-se com a construção de edifícios adequados, para o funcionamento dos fóruns do interior, cujos projetos eram elaborados por arquitetos sem conhecimento do exercício efetivo da Justiça, como por exemplo a necessidade de salas de espera para testemunhas. Mas seu objetivo principal era a elaboração de um projeto de lei de licitações e contratos administrativos, já que, durante os anos anteriores havia encontrado muita dificuldade para a execução de obras, serviços e compras por parte do Estado, em que se pudesse obter a melhor proposta, em procedimento rápido e transparente. Com autorização do Governador do Estado, instituiu uma comissão com representantes dos principais órgãos e entidades da Administração, que realizassem obras, efetuassem compras ou contratassem serviços. E assim surgiu a Lei estadual 10.395, de 17.12.1970, que se transformou no modelo de todas leis posteriores sobre a matéria, inclusive federais. Nessa lei havia uma norma programática que bem refletia o espírito público de Hely Meirelles:

> Art. 8º. Nos projetos de obras e serviços, serão considerados principalmente os seguintes requisitos:
>
> I – segurança;
>
> II – funcionalidade e adequação ao interesse público;
>
> III – economia na execução, conservação e operação;
>
> IV – possibilidade de emprego de mão-de-obra, materiais e matérias-primas existentes no local para execução, conservação e operação;
>
> V – facilidade na execução, conservação e operação, sem prejuízo da durabilidade da obra ou serviço;
>
> VI – adoção das normas técnicas adequadas.

Em 1986, quando foi editado o Decreto-lei 2.300, de 21.11.1986, regulando as licitações no âmbito federal, assim se manifestou o Consultor Geral da República, Saulo Ramos, em sua Exposição de Motivos ao Presidente da República: "O texto ora submetido à elevada consideração de V. Exa. inspirou-se, basicamente, no ordenamento jurídico do Estado de São Paulo..."

Para depois finalizar:

> Não posso concluir a presente Exposição de Motivos sem proclamar a *decisiva e fundamental importância* de que se revestiu, na elaboração deste decreto-lei, a participação do eminente jurista e mestre consumado de Direito Público, Professor Hely Lopes Meirelles, a cuja orientação segura e superior muito deve a Consultoria Geral da República.

Ainda como Secretário de Justiça, trabalhou arduamente na elaboração da primeira lei, que estabeleceu a paridade de vencimentos e vantagens entre os funcionários civis dos três Poderes do Estado, em cumprimento ao antigo art. 92, V, da Constituição do Estado (Decreto-lei Complementar 11, de 2.3.1970). E elaborou, com uma Comissão de Procuradores da Justiça, a primeira Lei Orgânica do Ministério Público de São Paulo (Decreto-lei Complementar 12, de 9.3.1970), onde procurou dar à instituição a estrutura compatível com suas relevantes funções, repartindo-a em órgãos de administração superior, órgãos de execução e órgãos auxiliares, cada qual com sua conceituação, constituição e atribuições corretamente definidas.

Ao término do Governo Abreu Sodré, em março de 1970, Hely passou a advogar intensamente, como consultor e parecerista, ao mesmo tempo em que procurou atualizar os livros já publicados.

O Jurista

Hely Lopes Meirelles já se destacara sobremaneira como magistrado e como homem público, mas o que o marcou definitivamente, o que o distinguiu de forma extraordinária de seus contemporâneos – e o que justifica a sua escolha para patrono da cadeira 45 desta Academia – foi a sua figura de *jurista*. Trazia no sangue o amor ao direito e a convicção de que o direito existia para resolver os conflitos humanos. Não compreendia o direito como um conjunto de concepções teóricas que servissem a elucubrações científicas; para ele o direito estava a serviço do homem, como instrumento da paz social e da realização da justiça. Daí por que suas obras tiveram o êxito que todos conhecemos. Sem esquecer os princípios básicos e os ensinamentos doutrinários, seus livros visaram sempre apresentar solução para os problemas existentes.

Já nos referimos ao aparecimento do *Direito Municipal Brasileiro*, fruto de um decênio de judicatura pelo interior do Estado e de professor em cursos destinados a prefeitos, vereadores e funcionários municipais. Percebeu ali que inexistia em nossa literatura jurídica uma obra que pudesse guiar os administradores locais na difícil tarefa de governar suas comunas e essa falta era angustiante, pois estávamos numa fase de agudo crescimento urbano, com problemas graves a solucionar e sem diretrizes correspondentes. Àquela época, discutia-se mesmo se os Municípios brasileiros eram entidades político-administrativas e tinham competência para aprovar leis, ou se não passavam de meras corporações administrativas que só podiam expedir posturas locais. Hely começou seu trabalho de doutrinação, ministrando cursos, escrevendo artigos, mobilizando outros estudiosos em seminários, até poder lançar, em 1957, em dois volumes, o *Direito Municipal Brasileiro*, "a luz oportuna e necessária cujo brilho iria resplandecer sempre com maior intensidade, dotando o País de moderno e operativo Direito Municipal, um dos mais avançados do mundo", como bem se expressou Ovídio Bernardi,[3] um dos especialistas nessa área. Com ele, passaram as Prefeituras e Câmaras Municipais a ter um roteiro seguro, no campo jurídico, para suas atividades. E os Tribunais já tinham em quem amparar-se, doutrinariamente, para a solução das questões locais.

Para se ter ideia do pioneirismo de Hely Meirelles, foi esse o primeiro livro jurídico do País a ter um capítulo especial sobre "Urbanismo e Plano Diretor". Estava ele impressionado com o crescimento desordenado das cidades: loteamentos campeavam por toda parte, sem quaisquer restrições de caráter urbanístico. Costumava dizer que as cidades brasileiras eram verdadeiras ilhas, constituídas por casas cercadas de loteamentos por todos os lados. Vigorava entre nós o velho Decreto-lei 58, de 1937, que regulava apenas os aspectos de natureza civil da compra e venda de lotes em prestações e do registro imobiliário do loteamento. Nenhuma referência fazia aos aspectos urbanísticos, que eram relegados a segundo plano pelo loteador, ávido do lucro imediato, e pelo Município, por desconhecimento de suas atribuições. O autor passa a defender a competência do Município para impor as limitações convenientes e necessárias ao bem-estar da população local. Veja-se o que diz a respeito:

> O urbanismo, no entender atual, tem em mira a ordenação espacial e racional do desenvolvimento das comunidades urbanas, em sentido integral e extensivo à cidade e ao campo. (...) interessada a todos, porque a todos intenta beneficiar com a melhoria do ambiente, da função e do organismo urbano, de modo a deter os impulsos egoísticos dos afortunados e a estender as vantagens do progresso e os recursos da civilização a todos os membros da coletividade humana. Para a consecução de tais objetivos, impõe-se o planejamento físico das áreas de habitação e trabalho – cidade e campo – ou seja, o Plano Diretor do Município.[4]

E como Hely era um homem prático, termina o capítulo apresentando um modelo de projeto de lei, com a devida justificativa, instituindo a Comissão do Plano Diretor do Município... Curitiba, a capital do Paraná, é hoje considerada uma cidade modelo. Pois bem, a lei do primeiro Plano Diretor de Curitiba foi elaborada por ele, mediante solicitação do então Arquiteto Jaime Lerner, presidente do IPUC, Instituto de Pesquisas Urbanísticas de Curitiba, e hoje Governador daquele Estado.

Em 1961, edita o seu segundo livro, *Direito de Construir*, fruto de suas aulas na Escola de Engenharia de São Carlos, ao qual já nos referimos anteriormente. No prefácio da primeira edição, dizia o eminente Professor Vicente Ráo – patrono da cadeira ocupada pelo ilustre confrade Antonio Chaves:

> São escassas, em nossa literatura jurídica, as monografias sobre esta matéria versadas, as mais das vezes, como simples capítulo de cursos ou manuais de direito civil. O maior mérito do autor é, como em seu *Direito Municipal*, o de haver sistematizado, neste seu novo trabalho, os princípios doutrinários, a legislação e a jurisprudência. Mas, para alcançar esse resultado, coube-lhe a tarefa de adaptar nossa legislação antiquada e tumultuária, seja à mais moderna doutrina, seja às normas científicas e técnicas, contemporâneas, da construção.

3. Ovídio Bernardi. *O Direito na Década de 80, Estudos Jurídicos em Homenagem a Hely Lopes Meirelles*, Coord. Arnoldo Wald, São Paulo, Ed. RT, 1985, p. 10.
4. Hely Lopes Meirelles, *Direito Municipal Brasileiro*, 1ª ed., São Paulo, Ed. RT, 1957, vol. I, p. 380. *[V. 18ª ed., São Paulo, Malheiros Editores, 2017.]*

E prossegue:

> (...) o Autor nos oferece, assim, um estudo completo como não há similar em nossa bibliografia jurídica.

Depois desse elogio do Prof. Ráo, pouca coisa precisa ser dita, mas, nesse livro, o Autor aprofundou o estudo das limitações urbanísticas; distinguiu-as das restrições legais e convencionais de vizinhança; examinou com proficiência os problemas de zoneamento urbano e os decorrentes da pré-ocupação do bairro; defendeu a possibilidade de preservação da estética urbana, e tudo isso tendo como base a *função social da propriedade*. Fecha o seu capítulo primeiro com esta frase lapidar: "Evoluímos, assim, da *propriedade-direito* para a *propriedade-função*".

Alguns anos mais tarde, por sugestão de Álvaro Malheiros, então editor da Revista dos Tribunais, resolve retirar do *Direito Municipal Brasileiro* toda a matéria de Direito Administrativo, que constituía o primeiro volume daquela obra, a fim de desenvolvê-la e aprofundá-la, vindo a concretizar-se no seu *Direito Administrativo Brasileiro*, cuja primeira edição veio a lume em 1964 e que, por ironia do destino, como ele mesmo se expressou, passou a ser considerado o "carro-chefe" de todos os seus livros. Basta dizer que novas edições e reimpressões foram se sucedendo ao longo dos anos, estando para sair a 21ª edição, atualizada por nós, desde a sua morte, em 1990. Segundo os livreiros especializados, com exceção dos códigos, é a obra jurídica de maior circulação no País, com uma saída média de 20 a 30 mil exemplares por ano. Qual o seu segredo, em tema que a maioria dos estudantes de Direito considera bastante árido? Responde o próprio Hely:

> O Direito – para nós – é instrumento de trabalho e não tertúlia acadêmica. É, simultaneamente, teoria, realidade e vivência. Daí por que colocamos ao lado da doutrina a legislação e a jurisprudência. Não compreendemos o Direito divorciado da lei e da orientação dos tribunais.
>
> A exposição doutrinária e o Direito Comparado só são utilizados, por nós, até o limite necessário à compreensão e solução dos problemas da nossa Administração Pública. O que nos preocupa é o estudo do ordenamento jurídico-administrativo nacional.
>
> Procuramos não ser prolixos no óbvio e no inútil. Evitamos o superado e o inaplicável ao Brasil. Não discutimos teorias obsoletas, nem polemizamos questões bizantinas. Fomos ao que ocorre cotidianamente na nossa Administração, na nossa legislação e na nossa Justiça.
>
> Pode não ser o melhor método para o estudo do Direito Administrativo. É, porém, o mais útil e o mais consentâneo com a realidade.
>
> Não é livro para mestres, nem para teóricos do Direito. É um modesto compêndio para estudantes e para os que se defrontam, na prática, com problemas jurídicos de Administração Pública.[5]

Na verdade, o sucesso do livro está na sua clareza; na sua sistematização; na coragem de enfrentar temas polêmicos; no empenho de apresentar soluções novas para problemas novos; no esforço de deslindar as questões concretas da administração pública brasileira; na sua permanente atualização, que o levou a dizer, na 14ª edição, que o livro havia sido praticamente reescrito, para acrescentar: "E é possível que ainda tenha que reescrevê-lo

---

5. Hely Lopes Meirelles, *Direito Administrativo Brasileiro*, 1ª ed., São Paulo, Ed. RT, 1964; 42ª ed., atualizada até a EC 90, de 15.9.2015, São Paulo, Malheiros Editores, 2016, p. 11.

de novo, de acordo, aliás, com o *meu sistema* de trabalho". Vale transcrever, a propósito, o testemunho de um antigo chefe da Assessoria Jurídica de uma autarquia do Estado de São Paulo, o Dr. Carlos Ferreira Neto:

> E foi então que encontrei na obra do Professor Hely, *literalmente*, tudo o que precisava. Após participar de um curso de pós-graduação de Direito Público, essa conclusão se cristalizou em minha mente. O que eu precisava mesmo era me aprofundar no estudo das obras do Professor Hely Lopes Meirelles se quisesse bem desempenhar a minha função de Assessor Jurídico. O que se esperava de mim eram soluções práticas e não longos e inconclusivos pareceres jurídicos.[6]

Mas, a despeito dessa sua preocupação de ser simples, direto e prático, Hely Lopes Meirelles não deixava de ser um grande doutrinador. A sua contribuição para o Direito Administrativo brasileiro – e para o direito público em geral – é inestimável. Basta lembrar a ênfase por ele dava aos *princípios básicos da Administração Pública: legalidade, moralidade, finalidade e publicidade*. Não que o tema constituísse novidade, mas a sistematização por ele empregada e a sua invocação constante para o deslinde dos mais variados problemas da Administração fizeram com que acabassem por se incorporar ao próprio texto constitucional (art. 37, *caput*). O Tribunal de Justiça de São Paulo já reconheceu que a só infringência do princípio da moralidade administrativa acarreta a nulidade do ato administrativo (*RJTJSP* 135/31), o que era impensável até algum tempo atrás.

Outro tema abordado com grande proficiência por Hely foi a questão da *invalidação dos atos administrativos*. Os Tribunais confundiam, à época, revogação com anulação. Demonstrou ele que a revogação repousa sobre motivos de conveniência e oportunidade, e só pode ser determinada pela Administração Pública, operando *ex nunc*; a anulação, de seu lado, assenta-se em motivos de ilegalidade, podendo ser decretada pela própria Administração ou pelo Poder Judiciário, atuando *ex tunc*. Esse ensinamento consolidou-se ao longo dos anos, cristalizando-se na Súmula 473 do e. Supremo Tribunal Federal:

> A Administração pode anular seus próprios atos, quando eivados de vícios que os tomam ilegais, porque deles não se originam direitos; ou revogá-los por motivo de conveniência e oportunidade, respeitados os direitos adquiridos e ressalvada, em todos os casos, a apreciação judicial.

Esses e outros exemplos podem ser recolhidos com abundância na obra de Hely Lopes Meirelles. Daí por que o eminente Prof. Arnoldo Wald – nosso ilustre confrade – anotou com toda a sua autoridade:

> Sem cometer injustiça, é possível afirmar que o Direito Administrativo do nosso País no século XX se divide em dois períodos: o anterior e o posterior à obra de Hely Lopes Meirelles. O seu livro marcou uma época na evolução da doutrina por sua sistemática, clareza de exposição, riqueza de informação e constante atualização, que se tomou, para o autor, uma verdadeira obrigação, perante a comunidade. O espírito de síntese, o exame das questões mais polêmicas e a vontade de apresentar soluções práticas e equitativas fizeram com que o autor pudesse oferecer, às várias gerações de magistrados, advogados, estudantes e estudiosos do Direito,

---

6. Carlos Ferreira Neto, artigo sobre "Hely Lopes Meirelles", *Suplemento Jurídico do DER*, n. 140, p. 2, jul.-set. 1990.

critérios seguros para o julgamento das questões, a defesa dos interesses coletivos e individuais e a compreensão global do Direito e de sua função social.[7]

Em 1967, apresenta a monografia *Mandado de Segurança e Ação Popular*, resultado de sua experiência na 1ª Vara da Fazenda Federal, onde tivera de julgar centenas de impetrações. Divergiam autores e tribunais sobre o *conceito de direito líquido e certo*. Hely foi claro e incisivo: "Direito líquido e certo é o que se apresenta manifesto na sua existência, delimitado na sua extensão e apto a ser exercido no momento da impetração". O seu conceito foi tão bem acolhido, que é difícil, hoje em dia, encontrar-se qualquer parecer, acórdão ou decisão relacionada ao tema em que não se invoque a lição do mestre. A monografia já se encontra na sua 15ª edição, atualizada agora pelo eminente confrade Amoldo Wald, que a ampliou para exame da ação civil pública, mandado de injunção e "*habeas data*".

Numa fase crítica da nossa economia, quando fórmulas clássicas se tornaram obsoletas em virtude da infração, Hely aprofundou os estudos sobre o *contrato administrativo*, acabando por publicar novo livro em 1973 – *Licitações e Contrato Administrativo* – em que faz a distinção importantíssima entre a teoria da imprevisão e o reajustamento de preços no contrato administrativo. Aquela decorrente de fatos imprevisíveis, este, ao contrário, da previsibilidade da infração. Defendeu, ainda, o pagamento de correção monetária pelos atrasos de parcelas ativas devidas pela Administração, o que acabou consagrado pela Lei atual de Licitações e Contratos.

No exercício de sua atividade intensa de parecerista emérito, passou a publicar os volumes dos *Estudos e Pareceres de Direito Público*, reunindo os artigos dispersos pelas revistas especializadas, as conferências proferidas em congressos e seminários e os pareceres expedidos em casos concretos. São *onze volumes* – de 1971 a 1991 (este último *post mortem*) – que constituem um repositório riquíssimo de soluções jurídicas para os mais variados problemas de direito público, nos ramos do direito municipal, direito urbanístico e direito administrativo. Conversando com ele, às vezes, a respeito desses casos e comentando como eram complicados, respondia-me: "Sem dúvida, os casos simples eles não me trazem ...". Num desses pareceres, defendeu a possibilidade de *desapropriação para fins urbanísticos*, por solicitação do Metrô, que então programava a renovação urbana dos bairros de Santana e Jabaquara. A sua tese, depois de prolongada demanda, acabou aprovada pelo Supremo Tribunal Federal e é hoje pacificamente aceita.

O Construtor do Direito

"San Tiago Dantas fez a adequada distinção entre os juristas que se mantêm na retaguarda do Direito, dedicando-se a meras manipulações técnicas, e aquelas que estão no *front*, na frente de batalha da renovação jurídica",[8] Hely Lopes Meirelles insere-se entre os últimos; toda a sua obra é marcada pelo sentido de renovação, de mudança, de modificação para melhor. Dele não se poderia dizer o que escreveu Machado de Assis em uma de suas obras: "se não tens força, nem originalidade para renovar um assunto gasto, melhor é que te cales e te retires".[9]

7. Arnoldo Wald, *O Direito na Década de 80*, cit., Prefácio, p. VII.
8. *Apud* Arnoldo Wald, ibidem.
9. Machado de Assis, *Histórias sem Data*, pp. 4-5.

Foi o introdutor entre nós da *concessão de uso do espaço aéreo* (Decreto-lei 271, de 27.2.1967), que agora passou a ser utilizado para a construção de obras e prestação de serviços sobre vias e logradouros públicos.

Foi o primeiro a insistir, em artigo na *Folha de São Paulo*, em 1964, sobre a necessidade do planejamento integrado da megacidade de São Paulo e Municípios vizinhos, defendendo a criação da respectiva *Região Metropolitana*. Para isso, encaminhou proposta ao então Ministro da Justiça Milton Campos, cuja redação era superior à que acabou prevalecendo na Carta Constitucional de 1967:

> A União ou o Estado poderá estabelecer regiões metropolitanas, constituídas por Municípios que integrem a mesma comunidade socioeconômica, cujas obras e serviços de interesse regional serão planificados e realizados em conjunto, por uma administração unificada, de caráter intermunicipal. As regiões metropolitanas deverão receber subvenções federal e estadual que lhes permita a realização das obras e serviços essenciais à comunidade, na forma que a lei estabelecer.

Já nos referimos ao seu empenho na introdução do *plano diretor* nas administrações municipais. Pois bem, hoje, o plano diretor é exigência constitucional para todas as cidades brasileiras com mais de 20 mil habitantes, como instrumento básico da política de desenvolvimento e de expansão urbana (art. 182, § 1º).

O chamado *solo criado*, ou seja, a construção acima do coeficiente de aproveitamento do lote previsto pela legislação urbanística, mediante retribuição do particular interessado ao Poder Público Municipal, foi por ele defendido como o mais eficiente instrumento de controle do uso do solo urbano e de justiça distributiva dos encargos públicos da urbanização.[10] E é exatamente essa figura jurídica que está permitindo à Prefeitura de São Paulo realizar as chamadas "operações urbanas", entre as quais a da Avenida Brigadeiro Faria Lima.

No campo administrativo, introduziu a nova modalidade contratual do *gerenciamento*, visando a propiciar à Administração Pública uma condução técnica especializada dos grandes e complexos empreendimentos de engenharia, que exigem tecnologia especial e diversificada para sua realização, nem sempre disponíveis nos órgãos e empresas governamentais.

No campo legislativo, foram incontáveis os projetos de que participou, já referidos ao longo desta exposição. Convém recordar a sua colaboração na *Lei da Ação Popular* (Lei 4.717/1965), com outro eminente publicista, o ínclito Seabra Fagundes; os *projetos sobre loteamentos*, de que resultaram o Decreto-lei 271/1967 e a Lei 6.766/1979. O Dec.-lei 201/1967, que estabelece a *responsabilidade dos Prefeitos Municipais*; e *as Leis reguladoras das Licitações e Contratos Administrativos*.

Por volta de 1977, Hely é chamado ao Palácio do Governo Paulista, onde o Governador Paulo Egydio Martins lhe transmite o convite do Presidente da República para ocupar uma vaga no Supremo Tribunal Federal – vaga paulista, como se dizia, decorrente da aposentadoria do Ministro Pedro Chaves. Hely agradece e recusa, tendo em vista os interesses familiares. Mas toma a liberdade de indicar o ilustre magistrado José Geraldo Rodrigues de Alckmin, cuja memória foi resgatada pelo nosso confrade Arnoldo Wald, ao indicá-lo para patrono de sua Cadeira.

---

10. Hely Lopes Meirelles. *Direito de Construir*, 6ª ed., 1994, p. 106. *[V. 11ª ed., São Paulo, Malheiros Editores, 2013.]*

O Homem

Uma última palavra sobre o homem Hely Lopes Meirelles: trabalhador incansável, nunca perdia a cordialidade com que tratava a todos, inclusive os subalternos; exercia grande autoridade, sem ser autoritário; fiel aos amigos, era um verdadeiro líder, sem temer a sombra dos auxiliares, os quais sempre foram por ele estimulados. Basta lembrar que de sua equipe inicial, José Afonso da Silva é Professor e Secretário da Segurança Pública; Adilson Abreu Dallari é Professor e jurista de renome; Dalmo do Valle Nogueira Filho, também Professor e Secretário Adjunto do Governo; Hélio Quaglia Barbosa é desembargador do nosso Tribunal de Justiça.

Dotado de inegável senso de humor, não perdia a oportunidade de utilizá-lo até mesmo em suas lides judiciais. Certa vez, em um processo criminal, em que o advogado de defesa insistia na audiência de uma testemunha já falecida, Hely simplesmente despachou: "Expeça-se precatória para o Juízo Final..."

No âmbito familiar, Hely sempre teve a seu lado D. Consuelo Celidônio Meirelles, a quem dedicou seu principal livro, de forma comovedora:

À minha dedicada esposa, Consuelo, pelas infindáveis horas de estudo roubadas ao seu convívio.

Sempre discreta, prestativa, amorosa, companheira, Consuelo propiciou ao marido o clima necessário para que pudesse realizar o trabalho. Teve quatro filhos, um deles falecido em plena mocidade, o que muito o abalou. Mas os outros três lhe deram a alegria de ver a família crescer e multiplicar, com os netos povoando a casa.

Seu escritório era um reflexo de sua pessoa: simples, informal, aberto a todos, principalmente aos colegas mais jovens, que nele sempre encontraram o estímulo necessário para seus afazeres e que, posteriormente, lhe dedicaram os livros que escreveram, como Raul Armando Mendes, Antonio Marcello da Silva, Toshio Mukai. Entre os vários prêmios e distinções recebidas, vale destacar o "Colar do Mérito Judiciário", conferido pelo Tribunal de Justiça de São Paulo, em 1982; o prêmio "Pontes de Miranda", outorgado pelo Instituto dos Advogados do Distrito Federal, em 1983; e a medalha "João Mangabeira", conferida pelo Instituto dos Advogados Brasileiros, em 1984.

Em 1985, recebeu a honraria mais sensível a um homem do direito: 22 dos mais eminentes juristas do País, sob a coordenação do Professor Arnoldo Wald, resolveram publicar uma coletânea de estudos em sua homenagem: *O Direito na Década de 80*, fato que o deixou extremamente comovido, pois ali estavam Alberto Xavier, Antonio Chaves, Caio Tácito, o Ministro Carlos Mário da Silva Velloso, Celso Antônio Bandeira de Mello, José Afonso da Silva, José Cretella Junior, Seabra Fagundes e vários outros.

Depois do primeiro derrame, que o deixou semiparalisado do lado direito, sua maior queixa era de não poder datilografar em sua tradicional máquina portátil, por ter perdido o tato nos dedos da mão direita...

Assim era Hely Lopes Meirelles, silencioso na dor, operário do direito até os últimos instantes de sua vida.

Por tudo isso, pelo exemplo que nos deixou como homem e pela obra jurídica que legou a este País, a sua indicação para patrono de uma das Cadeiras deste sodalício – ao lado das mais ilustres figuras jurídicas do nosso século – representa o justo coroamento de sua existência, pois

os homens que são catalisadores do progresso jurídico merecem toda a nossa homenagem.[11]

11. Arnoldo Wald, ob. cit.

DISCURSO DE SAUDAÇÃO
A HELY LOPES MEIRELLES[1]

Henrique Fonseca de Araujo

Exmo. Sr. Dr. Roberto Rosas, DD. Presidente do Instituto dos Advogados do Distrito Federal;

Exmo. Sr. Min. Cordeiro Guerra, DD. Presidente do colendo STF;

Exmo. Sr. Min. Coqueijo Costa, DD. Vice-Presidente do TST;

Exmo. Sr. Des. Heládio Toledo, DD. Presidente do TJDF;

Exmas. Autoridades, Srs. Advogados, minhas Sras., meus Srs., Exmo. Sr. Professor Hely Lopes Meirelles:

Honra-me, sobremodo, o mandato que me conferiu nosso eminente Presidente, professor Roberto Rosas, para, em nome do Instituto dos Advogados do Distrito Federal, saudar a V. Exa., preclaro professor Hely Lopes Meirelles, por motivo da outorga que lhe fez este sodalício do Prêmio "Pontes de Miranda", pela primeira vez concedido. Só encontro explicação para a escolha no fato de, pela mão de outro eminente jurista e administrativista, o professor Ruy Cirne Lima, ter me transformado no aprendiz que, por longos anos, no meu Estado natal, como aqui em Brasília, vem procurando, na disciplina em que é Mestre insigne nosso homenageado, retransmitir aos jovens estudantes as suas lições.

A simples enumeração de seus títulos justifica, por si mesma, que, entre tantos e eminentes juristas de nossa Pátria, tenha sido o professor Hely Lopes Meirelles o agraciado com o Prêmio que leva o nome do grande e saudoso jurista que, em qualquer parte do mundo, faria jus, por sua extensa e fecunda obra, aos mais altos lauréis entre os cultores do pensamento jurídico, de todas as épocas.

Hely Lopes Meirelles, nosso homenageado, paulista de Ribeirão Preto, bacharelou-se em Ciências Jurídicas e Sociais, no ano de 1942, pela tradicional Faculdade de Direito da USP, vindo ainda a concluir outros cursos, como o de Especialista em Legislação Urbanística, o de Administração Municipal, da Escola de Engenharia de São Paulo; o de Administração de Pessoal, da Reitoria da USP, e o Curso Intensivo de Planejamento, do Instituto de Arquitetos do Brasil.

Autor de inúmeras obras, versando temas de sua especialidade, muitas delas verdadeiros clássicos do direito administrativo, publicou, em 1957, seu *Direito Municipal Brasileiro*, em dois volumes, trabalho refundido para o aparecimento de sua 3ª edição, em 1977, a que se seguiu a 4ª edição, em 1981; o *Direito de Construir*, aparecido em 1961,

---

1. Discurso por ocasião do Prêmio "Pontes de Miranda", conferido pelo Instituto dos Advogados do Distrito Federal (1983). Publicado na *Revista dos Advogados* 3/157-164, Brasília, 1984.

datando de 1967 a 3ª edição, refundida; o já clássico *Direito Administrativo Brasileiro*, o mais difundido, hoje já em sua 9ª edição, datando a 1ª de 1964; *Mandado de Segurança e Ação Popular*, consubstanciando, em não muitas páginas, os mais importantes problemas que esses dois institutos suscitam; *Licitação e Contrato Administrativo*, a mais completa obra sobre a matéria, aparecido em 1973 e já em sua 5ª edição, lançada no corrente ano de 1983; *Finanças Municipais*, o mais novo trabalho, de 1979; e seus *Estudos e Pareceres de Direito Público*, onde compendia mais de 200 pareceres e estudos, atualmente já no 6º volume, editado em 1983, datando o primeiro de 1971.

Entre teses, artigos e conferências, que já somam meia centena, vem abordando os mais palpitantes temas, vinculados, direta ou indiretamente, ao direito administrativo, diante dos problemas que a vida, em seu constante evoluir, apresenta aos administradores e administrados, podendo ser lembrados ou assim intitulados: "Autarquias intermunicipais", "A construção civil e a regulamentação de seus profissionais", "A competência estatal para o planejamento urbanístico", "O sistema municipal brasileiro", "Administração Pública e seus controles", "Estudo sobre o GATT", "Limitações urbanísticas ao uso da propriedade", "Os fundamentos legais para o combate à poluição das águas", "Perímetro urbano e tributação", "A Carta dos Andes", "Permissão de serviço público", "Poder de polícia no Município", "Municipalização dos serviços públicos", "Os poderes do administrador público", "Direito de construir e as responsabilidades decorrentes das construções", "O Município na Administração brasileira", "Autarquias e entidades paraestatais", "Revogação e anulação do ato administrativo", "A organização administrativa brasileira", "Orçamento-Programa", "Técnica legislativa", "As restrições de loteamento e as leis urbanísticas", "O poder de polícia", "O desenvolvimento e a segurança nacional", "O processo administrativo e em especial o tributário", "Contratação de serviços técnicos com profissional ou firma de notória especialização", "Legislação de segurança nacional", "Responsabilidades decorrentes de obras públicas", "Responsabilidade do prefeito", "O conceito de poder nacional" e "Contrato de gerenciamento para a realização de obras públicas".

É, ainda, autor de vários projetos, muitos deles convertidos em lei, como o da Ação Popular (Lei 4.717/1965), o do Plano Diretor de Curitiba; o de Responsabilidade dos Prefeitos e Vereadores, convertido no Decreto-lei 201/1967 ; o da Lei de Obras, Serviços, Compras e Alienações da Administração Centralizada e Autárquica do Estado (Lei 10.395/1970); o da Segurança do Transporte Metroviário (Lei 6.149/1974), além de muitos outros, sempre por solicitação das Administrações Federal e Estadual, versando a reforma da Constituição Federal, da Lei de Loteamento Urbano; reforma da Constituição do Estado; da Lei Orgânica dos Municípios; da Lei Complementar sobre Regiões Metropolitanas; e o de reformulação da Lei da Ação Popular.

Dos pareceres que emitiu, já sem conta, torna-se difícil destacar os mais completos, eruditos e fundamentados, valendo, porém, lembrar os que dizem respeito ao pedágio e às condições jurídicas para sua cobrança; ao embargo de obras para fins de urbanização; sobre a Reserva Florestal e a obrigação de indenizar, estes dois últimos acolhidos pelo TACivSP; sobre a aplicação indevida de verbas públicas; doação de imóvel municipal a entidade privada; preço de serviço público; concessão de transporte coletivo; sobre jazida e concessão de lavra; sobre serviço telefônico, números e listas de assinantes; sobre a licitude da participação de empresas do mesmo grupo econômico em uma mesma concorrência; sobre dominialidade dos lagos e lagoas; e, com destaque especial, pelo ineditismo do tema, o parecer sobre a reurbanização dos Bairros de Santana e Jabaquara, em São Paulo, acolhido pelo TJSP e, em grau de recurso extraordinário, depois de larga discussão e do pronunciamento de eruditos, pelo colendo STF.

Iniciando-se, após concluir o curso, como advogado, ingressou na Magistratura Paulista, como Juiz de Direito, vindo a se aposentar como Juiz do Tribunal de Alçada. Não negou sua colaboração à Administração do Estado, exercendo, de 1967 a 1968, o cargo de Secretário de Estado dos Negócios do Interior; a seguir, até 1969, o cargo de Secretário de Estado dos Negócios da Segurança Pública; e, desse ano até 1970, o de Secretário de Estado dos Negócios da Justiça.

Dedicou-se também ao Magistério, sendo Professor do Curso de Direito e Administração Municipal; do Curso de Direito de Construir e Contratos de Administração, do Instituto de Engenharia de São Paulo; de Direito e Administração Municipal, da ONU, no Instituto de Administração Municipal para funcionários municipais latino-americanos; de Direito Municipal, da Faculdade de Direito de Taubaté; e de Legislação Urbanística.

Examinador em Bancas de Concurso para Cátedra na Escola de Arquitetura da Universidade de Minas Gerais e para Livre-Docência da Cadeira de Urbanismo da Faculdade de Arquitetura e Urbanismo da USP. Membro da Comissão de Juristas designada pelo Congresso Nacional de Tribunais de Contas para elaborar o Projeto de Lei de Prestações de Contas das Sociedades de Economia Mista e Empresas Públicas; membro da Comissão Nacional de Regiões Metropolitanas e Política Urbana/CNPU – órgão da Secretaria de Planejamento da Presidência da República; colaborador das mais importantes revistas técnicas, entre elas a *Revista dos Tribunais*; a *Revista de Direito Administrativo*; a *Revista de Administração Municipal*, do Instituto Brasileiro de Administração Municipal; *Revista de Direito da Guanabara*; *Revista de Estudios Administrativos de España*; *Revista do TCU*, do *Tribunal de Contas do Distrito Federal* e do *Tribunal de Contas de São Paulo*.

Atualmente dedica-se o professor Hely Lopes Meirelles à Advocacia e ao Magistério Superior, ministrando aulas em Cursos de Especialização promovidos por diversas Faculdades, tais como a PUC/SP, Faculdade de Direito da USP e Faculdade de Engenharia de Moji das Cruzes.

Pertence o ilustre agraciado ao Instituto de Direito Público da Faculdade de Direito da USP, à OAB/Seção de São Paulo, à Associação dos Advogados de São Paulo e à Associação Paulista de Municípios, ao Instituto Brasileiro de Direito Tributário e ao *Instituto Argentino--Brasileño de Derecho Administrativo*, com sede em Buenos Aires.

Tem participado ativamente de congressos e simpósios: Congressos Nacionais de Municípios, Congressos de Municípios do Estado de São Paulo, Congresso Latino-Americano de Municípios, realizado em Louisville, nos Estados Unidos; Congresso Hispano-Luso--Filipino-Americano de Municípios, realizado em Santiago do Chile, em 1969; I, VIII e IX Congressos dos Tribunais de Contas do Brasil, realizados, respectivamente, em Curitiba, João Pessoa e Guarapari.

É detentor, ainda, o eminente professor Hely Lopes Meirelles do Prêmio "Teixeira de Freitas", 1969, conferido pela Associação Brasileira de Municípios, pela publicação de seu livro *Direito Municipal Brasileiro*; do Prêmio "Aarão Reis", 1960, conferido pelo Conselho Federal de Engenharia e Arquitetura, pela tese *A Construção Civil e a Regulamentação de seus Profissionais*; da Medalha "Caetano de Faria", conferida pelo Ministério da Justiça, em 1955, pela organização e direção do I Curso de Direito e Administração Municipal, na Faculdade de Engenharia de São Carlos, da USP; da Medalha "Honra ao Mérito", conferida pela Associação Brasileira de Municípios; Medalha do "Mérito Policial", conferida pelo Governo do Estado de São Paulo, em 1970; e, ainda, do "Colar do Mérito Judiciário", conferido pelo egrégio TJSP, em 1982.

Como vemos, tais, tantos e tão altos são os títulos que ostenta o nosso homenageado, que sua simples rememoração, como dissemos inicialmente, explica e justifica porque, dentre tantos ilustres juristas de que se orgulha o Brasil, foi o Instituto dos Advogados do Distrito Federal escolher o professor Hely Lopes Meirelles para lhe conferir o prêmio que hoje lhe é entregue, o "Prêmio Pontes de Miranda".

Realmente, que poderia alguém acrescentar à riqueza desse currículo para que, à unanimidade, se reconheça a justiça da homenagem, em que o homenageado se situa à altura do saudoso jurista que empresta seu nome ao prêmio conferido?

Não é possível, porém, deixar de ressaltar a magnífica contribuição de nosso homenageado no desenvolvimento e no alto nível que alcançou entre nós o direito administrativo.

Lanço meus olhos para o passado, para os tempos de Faculdade, em que pobre, quantitativamente, era a literatura nacional sobre o direito administrativo, a qual, sem prejuízo do alto renome dos juristas que sobre ele escreviam, representava muito mais estudos sobre a organização administrativa do Estado, com as atribuições e competência de cada órgão.

Já bem ao final da década de 1930 surge a obra desse extraordinário jurista que é Ruy Cirne Lima, com seus despretensiosos, mas ricos de conteúdo, *Princípios de Direito Administrativo*, imprimindo organicidade ao estudo dessa disciplina, trabalho recentemente reeditado graças ao meritório trabalho de nosso querido Geraldo Ataliba.

Mas o desenvolvimento, o progresso e o crescimento, em ritmo acelerado, que passou a viver nosso País, com a transformação de uma economia essencialmente agrícola e rural para uma economia industrial, dando início a um súbito e crescente intervencionismo estatal, em que se ampliam as próprias finalidades do Estado, vieram a tornar necessário que, paralelamente, se desenvolvessem os estudos do direito administrativo, eis que se multiplicavam e complicavam as relações entre Administração e administrados, e entre os próprios órgãos da Administração, decorrentes, em grande parte, da descentralização administrativa, com o surgimento de novos entes, classificados como paraestatais, tudo a exigir uma nova normatividade jurídica, em constante renovação.

É aqui que se revela a contribuição incessante, e ainda em pleno curso, do eminente professor Hely Lopes Meirelles, um constante estudioso dos problemas desse campo da Ciência Jurídica, em contínua e permanente transformação, a determinar, em consequência, uma permanente e contínua reformulação do seu diciplinamento jurídico.

Ainda não se pode avaliar, em toda sua extensão, embora constatável à mais simples observação, o alcance, a importância e a direta contribuição da obra de nosso homenageado, sem falar no interesse e nas vocações que despertou, no estímulo que semeou, na verdadeira escola que criou, comprovados e materializados no surgimento de administrativistas do mais alto merecimento, pelas obras que passaram a se multiplicar, proporcionando o mais amplo debate sobre os mais palpitantes temas desse ramo da Ciência Jurídica.

Livro de uso voluntariamente obrigatório – permita-se o paradoxo – passou a ser o seu *Direito Administrativo Brasileiro*, hoje já em 9ª edição, sem falar nas numerosas reimpressões, lido e absorvido por milhares e milhares de universitários, que passam a aplicá-lo na vida diária, tão logo se veem investidos nas altas funções da Magistratura, do Ministério Público, da Advocacia e na própria Administração Pública. Pode-se daí calcular o que a ordem jurídica já está a dever à obra inexcedível de Hely Lopes Meirelles.

Deu-lhe, ainda, Deus o dom da clareza e da simplicidade, sem prejuízo da perfeição da forma e da profundidade dos conceitos, o que lhe permite abordar os mais intricados e complexos temas do direito administrativo, com uma linguagem límpida, sem rebuscamentos e esoterismos, a todos acessível e compreensível.

Não se tem limitado sua atividade, por outro lado, aos estudos gerais e desinteressados da disciplina jurídica em que se especializou e notabilizou, mas tem feito constante aplicação desses estudos a casos concretos, através de pareceres, reunidos já em seis alentados volumes, neles demonstrando uma singular virtude, a coerência e a probidade intelectual – reveladoras da perfeita sintonia entre as lições do professor e os pronunciamentos do jurista.

Ressalte-se, por fim, não por ser o menor, mas, ao contrário, um de seus mais altos méritos, e, certamente, a faceta marcante de seu espírito, de sua formação jurídica, posta à prova ao largo desses longos anos de atividade de jurista e administrativista, de magistrado e administrador público: a posição de justo equilíbrio que tem sabido guardar entre o "interesse público", perseguido como meta constante pelo direito administrativo, e os direitos e garantias individuais.

Ninguém negará a verdade contida na observação do professor Ruy Cirne Lima de que o direito administrativo se constituiu em torno do conceito de "interesse público", assim como o direito comercial se estruturou em torno do fenômeno do lucro. Mas a que risco, a que desastrosas consequências, tem conduzido a falsa ou indevida invocação do interesse público!

Efetivamente, os longos, agitados e tumultuosos dias que o mundo tem vivido, sobretudo depois da primeira conflagração mundial, que viriam a se agravar com a eclosão do segundo conflito universal, e, mesmo após este, a crescente intervenção estatal, muitas vezes sob a inspiração de doutrinas totalitárias, trouxeram e trazem como corolário o tremendo perigo, prenhe de desastrosas consequências, de, em nome e sob a invocação do "interesse público", serem sacrificados e comprometidos os direitos e garantias individuais, com a supressão, declarada algumas vezes, mas as mais das vezes mascarada, do verdadeiro Estado de Direito.

Disse com sua autoridade Marcel Waline que a grande problemática, a ideia dominante do direito administrativo, é a conciliação entre o exercício das cláusulas exorbitantes do direito comum e a salvaguarda dos direitos do cidadão.

Na verdade, não se compreende e se torna inconcebível um direito administrativo que não contenha e não faça uso, em larga escala, do poder de império da Administração, decorrente da própria soberania, e que lhe dá posição de preeminência nas relações jurídicas das quais a mesma participa com particulares, através do se denominou de cláusulas exorbitantes do direito comum.

Essa constatação, porém, que ninguém ousa negar, traz consigo, permanentemente, o perigo de que o Poder Público, a pretexto da satisfação do interesse público, acabe por comprometer os direitos e garantias do cidadão. E daí a necessidade de procurar salvaguardar e garantir estas últimas, através do controle pelo Poder Judiciário, com a adoção de meios adequados e eficientes, como o mandado de segurança, admitida sua concessão liminar.

Pois quem examine a obra do eminente professor Hely Lopes Meirelles há de se constatar que, fiel à observação de Waline, soube sempre realizar a conciliação, nem sempre fácil, entre o interesse público, que se confunde com o bem comum, e a salvaguarda dos direitos e garantias individuais.

E o que é mais importante. Como se viu de seu extenso e invejável currículo, sua trajetória de administrativista, sua vocação de jurista e professor, na qual vem esbanjando, com prodigalidade, os frutos de sua cultura e de seus ensinamentos, em benefício de quantos se socorrem de suas lições, não se confinou Hely Lopes Meirelles aos trabalhos de gabinete, de pura e abstrata elucubração doutrinária, mas teve a oportunidade de entremear essa atividade com o exercido da Magistratura e das altas funções de Secretário de Estado. Quer na primeira, predominantemente no exercício da jurisdição em matéria de Fazenda Pública, quer na segunda, atividade propriamente administrativa, teve a oportunidade de, fiel à pregação de Ruy Barbosa, demonstrar, mais pelo exemplo do que pela palavra, sua arraigada convicção de jurista e a cabal possibilidade de conciliação entre as cláusulas exorbitantes do direito comum, instituídas em nome do interesse público, com o mais rigoroso respeito aos direitos e garantias individuais.

Talvez por isso, por ter demonstrado no cadinho da experiência a sinceridade de seus ensinamentos de jurista e professor no campo do direito público, e, mais especificamente, na área do direito administrativo, é que seu prestígio e seu renome são por todos proclamados, tornando-o, sem contestação, digno, entre os mais dignos, de receber o Prêmio que lhe conferiu o Instituto dos Advogados do Distrito Federal.

Receba-o, pois, eminente professor Hely Lopes Meirelles, como prova da maior admiração e do maior reconhecimento deste Instituto, que, neste momento, representa, sem dúvida, o pensamento e o sentimento do mundo jurídico brasileiro, pela obra que V. Exa. vem realizando no campo do direito administrativo, com os votos, que são uma certeza, de que ainda muito tem a dar de si pelo aprimoramento da cultura e da ordem jurídica em nossa Pátria.

SOBRE OS AUTORES

ADILSON ABREU DALLARI – Professor Titular de Direito Administrativo da Faculdade de Direito da PUC/SP. Membro do Conselho Científico da Sociedade Brasileira de Direito Público-*sbdp*; membro do Conselho Superior de Assuntos Jurídicos e Legislativos-CONJUR, da FIESP; membro do Núcleo de Altos Temas-NAT, do SECOVI; membro do Conselho Superior de Direito da FECOMÉRCIO; membro do Instituto dos Advogados de São Paulo-IASP, e Presidente da Comissão Permanente de Estudos de Urbanismo e Mobilidade. Consultor jurídico.

ALÉCIA PAOLUCCI NOGUEIRA BICALHO – Consultora em contratações públicas, infraestrutura e regulatório. Advogada.

ALEXANDRE SANTOS DE ARAGÃO – Professor Titular de Direito Administrativo da UERJ. Doutor em Direito do Estado pela USP. Mestre em Direito Público pela UERJ. Procurador do Estado do Rio de Janeiro. Advogado.

ALEXANDRE WAGNER NESTER – Mestre em Direito do Estado pela UFPR. Doutorando em Direito do Estado pela USP. Sócio da *Justen Pereira, Oliveira e Talamini* (nester@justen.com.br).

ALICE MARIA GONZALEZ BORGES – Professora da Faculdade de Direito da Universidade Católica do Salvador e Procuradora do Estado aposentada.

AMAURI FERES SAAD – Doutor e Mestre em Direito Administrativo pela PUC/SP. Presidente da Associação Paulista de Direito Administrativo. Advogado e Consultor jurídico.

ANA CRISTINA FECURI – Especialista em Direito Contratual e Pós-Graduanda em Direito Administrativo, ambos pela PUC/SP. Advogada.

ANDRÉ CASTRO CARVALHO – Mestre, Doutor e Pós-Doutorando em Direito pela USP, tendo sua tese de Doutorado recebido o Prêmio CAPES de Tese de 2014. Foi Pesquisador visitante de Pós-Doutorado no Massachusetts Institute of Technology. Foi *Visiting Researcher* na Karl Franzens Universität Graz, e *Visiting Scholar* e Professor na Nankai University (Tianjin) e na JiLin University (Changchun).

ANDRÉ RODRIGUES JUNQUEIRA – Procurador do Estado de São Paulo. Doutor em Direito pela Faculdade de Direito da USP e Mestre pela FGV-Direito/SP. Pesquisador da Sociedade Brasileira de Direito Público-*sbdp*.

ANDRÉ ROSILHO – Professor da Pós-Graduação *lato sensu* da FGV-Direito/SP. Doutor em Direito pela USP e Mestre em Direito pela FGV-Direito/SP. Pesquisador do Grupo Público da FGV-Direito/SP e da Sociedade Brasileira de Direito Público-*sbdp*.

ANDREA MAGALHÃES – Assessora de Ministro do Supremo Tribunal Federal. Mestre em Direito Público pela UERJ.

ANTÔNIO SOUZA PRUDENTE – Mestre e Doutor em Direito Público Ambiental pela UFPE. Professor Decano de Direito Processual Civil e de Direito Ambiental nos Cursos de Graduação e Pós-Graduação e fundador do Curso de Direito da Universidade Católica de Brasília. Desembargador Federal do TRF da 1ª Região.

ARAKEN DE ASSIS – Professor Emérito da PUC/RS. Professor Titular (aposentado) da Faculdade de Direito da PUC/RS na Graduação e na Pós-Graduação (Cursos de Mestrado em Direito e Doutorado em Direito). Doutor em Direito pela PUC/SP. Desembargador (aposentado) do TJRS. Membro efetivo do Instituto dos Advogados Brasileiros (Rio de Janeiro); do Instituto dos Advogados do Rio Grande do Sul (Titular da Comenda "Jurista Eminente"); do Instituto de Direito Privado (São Paulo); Instituto Brasileiro de Direito Processual (Brasília); Instituto Ibero-Americano de Direito Processual (Buenos Aires).

ARNOLDO WALD – Professor Catedrático de Direito Civil da Faculdade de Direito da UERJ. Doutor *Honoris Causa* da Universidade de Paris. Advogado,

AUGUSTO NEVES DAL POZZO – Professor de Direito Administrativo e Fundamentos de Direito Público na PUC/SP. Especialista em Direito do Estado, Mestre e Doutorando em Direito Administrativo pela PUC/SP. Professor convidado do Curso de Pós-Graduação em Direito Administrativo da Universidad de Belgrano/Argentina, do Grupo de Investigación de Derecho Público Global da Universidad la Coruña (España). Pós-Graduação em *Infrastructure in a Market Economy* pela Harvard University. Pós-Graduação Executiva na Yale School of Management. Presidente do Instituto Brasileiro de Estudos Jurídicos da Infraestrutura. Membro do *Comité de Coordinadores Nacionales* da Red Iberoamericana de Contratación Pública. Diretor do Instituto de Direito Administrativo Paulista-IDAP. Membro da *Asociación Argentina de Derecho Administrativo*. Membro da *American Bar Association* e da *International Bar Association*. Membro do Instituto dos Advogados de São Paulo. Advogado.

CARLOS ARI SUNDFELD – Professor Titular da Escola de Direito de São Paulo da Fundação Getúlio Vargas. Presidente da Sociedade Brasileira de Direito Público-*sbdp*. Doutor e Mestre pela Faculdade de Direito da PUC/SP

CARLOS EDUARDO BERGAMINI CUNHA – Mestre em Direito do Estado pela USP. Advogado em São Paulo.

CASSIO SCARPINELLA BUENO – Mestre, Doutor e Livre-Docente em Direito Processual Civil, pela Faculdade de Direito da PUC/SP. Professor-Doutor de Direito Processual Civil nos Cursos de Graduação, Especialização, Mestrado e Doutorado. Foi *Visiting Scholar* da Columbia University (Nova York). É Vice-Presidente do Instituto Brasileiro de Direito Processual, membro do Instituto Ibero-Americano de Direito Processual e membro da Associação Internacional de Direito Processual.

CESAR A. GUIMARÃES PEREIRA – Doutor e Mestre em Direito – PUC/SP. *Fellow of the Chartered Institute of Arbitrators*. Sócio de Justen, Pereira, Oliveira e Talamini.

SOBRE OS AUTORES

CRISTIANA FORTINI – Professora de Direito Administrativo da UFMG. Doutora em Direito Administrativo pela UFMG. *Visiting Scholar* na George Washington University. Diretora do Instituto Brasileiro de Direito Administrativo. Ex-Controladora-Geral e Ex-Procuradora--Geral adjunta de Belo Horizonte. Advogada.

EDGAR GUIMARÃES – Pós-Doutorando em Direito pela Università del Salento (Itália). Doutor e Mestre em Direito Administrativo pela PUC/SP. Professor nos Cursos de Pós--Graduação do Instituto de Direito Romeu Felipe Bacellar, da Universidade Positivo, da UNIBRASIL e PUC/SP. Consultor jurídico (aposentado) do Tribunal de Contas do Estado do Paraná. Presidente do Instituto Paranaense de Direito Administrativo. Membro dos Institutos Brasileiro de Direito Administrativo, do Instituto dos Advogados do Paraná e do Conselho Científico do Instituto Romeu Felipe Bacellar. Árbitro da Câmara de Arbitragem e Mediação da FIEP/PR. Advogado.

ÉDIS MILARÉ – Procurador de Justiça aposentado, foi o primeiro Coordenador das Promotorias de Justiça do Meio Ambiente e Secretário do Meio Ambiente do Estado de São Paulo. Doutor e Mestre em Direitos Difusos e Coletivos pela PUC/SP. Professor de Direito Ambiental. Advogado e Consultor jurídico.

EDUARDO JORDÃO – Professor da FGV-Direito/Rio. Doutor em Direito Público pelas Universidades de Paris (Panthéon-Sorbonne) e de Roma (Sapienza), em cotutela. *Master of Laws* (*LL.M.*) pela London School of Economics and Political Science. Mestre em Direito Econômico pela USP. Foi pesquisador visitante na Yale Law School/Estados Unidos e pesquisador bolsista nos Institutos Max-Planck de Heidelberg e de Hamburgo/Alemanha.

EGON BOCKMANN MOREIRA – Mestre e Doutor em Direito. Professor de Direito Econômico da Faculdade de Direito da UFPR. Professor visitante na Faculdade de Direito de Lisboa. Professor-palestrante na Escola de Direito da FGV/RJ. Advogado e árbitro.

EURICO DE ANDRADE AZEVEDO – Foi Procurador de Justiça do Estado de São Paulo, Secretário de Planejamento do Estado (1970-1971). Presidente da Empresa de Planejamento da Grande São Paulo-EMPLASA (1968-1970) e da Fundação Prefeito Faria Lima-CEPAM. Atualizador das obras de Hely Lopes Meirelles *Direito Administrativo Brasileiro* (1992-2011) e *Licitação e Contrato Administrativo* (1991-2007).

FABRÍCIO MOTTA – Professor de Direito Administrativo da UFGO. Doutor em Direito do Estado (USP). Mestre em Direito Administrativo (UFMG). Procurador do Ministério Público de Contas (MPC/TCMGO).

FERNANDO MENEZES DE ALMEIDA – Professor Titular da Faculdade de Direito da USP.

FERNANDO VERNALHA GUIMARÃES – Doutor e Mestre em Direito do Estado (UFPR). Professor de Direito Administrativo convidado de diversas instituições. Pesquisador convidado da Columbia Law School (NY/EUA). Advogado e Consultor em Direito Público.

FERNÃO JUSTEN DE OLIVEIRA – Doutor e Mestre em Direito pela UFPR. Sócio de Justen, Pereira, Oliveira e Talamini Sociedade de Advogados.

FILIPE NATAL DE GASPARI – Mestrando em Direito Constitucional pela USP. Membro do grupo "Constituição, política & instituições" da USP. Membro do Grupo de Pesquisa Regulação Administrativa, da PUC/SP, entre 2015-2016. Colaborador da Escola de Formação Pública da Sociedade Brasileira de Direito Público-*sbdp*.

FLAVIO AMARAL GARCIA – Professor de Direito Administrativo da Pós-Graduação da FGV/Rio. Procurador do Estado do Rio de Janeiro e Advogado Sócio do Escritório Juruena e Associados.

FLÁVIO HENRIQUE UNES PEREIRA – Doutor e Mestre em Direito Administrativo pela UFMG. Presidente do Instituto de Direito Administrativo do Distrito Federal. Coordenador e Professor do Curso de Pós-Graduação em Direito Administrativo do IDP. Advogado.

FLAVIO JAIME DE MORAES JARDIM – Mestre em Direito Americano pela Universidade de Boston e em Direito Constitucional pelo Instituto Brasiliense de Direito Público. Doutorando em Direito Americano pela Universidade Fordham. Procurador do Distrito Federal. Advogado.

FLORIANO DE AZEVEDO MARQUES NETO – Professor Titular de Direito Administrativo da Faculdade de Direito da USP. Advogado em São Paulo.

GIANFRANCESCO GENOSO – Mestre em Direito do Estado pela USP. Ex-Professor de Direito Processual Civil na PUC/SP. Procurador do Município de São Paulo.

GRACE MARIA FERNANDES MENDONÇA – Advogada-Geral da União. Especialista em Direito Processual Civil e Mestranda em Direito Constitucional. Professora da Universidade Católica de Brasília (2002-2015) nas disciplinas de Direito Constitucional, Direito Administrativo e Direito Processual Civil. Foi Secretária-Geral de Contencioso da Advocacia-Geral da União (2003-2016), Adjunta do Advogado-Geral da União (2002-2003) e Coordenadora-Geral do Gabinete do Advogado-Geral da União (2001-2002).

GUSTAVO BINENBOJM – Professor Titular de Direito Administrativo da Faculdade de Direito da UERJ. Doutor e Mestre em Direito Público pela UERJ. *Master of Laws* (*LL.M.*) pela Yale Law School/EUA. Procurador do Estado do Rio de Janeiro. Advogado no Rio de Janeiro e em Brasília.

GUSTAVO JUSTINO DE OLIVEIRA – Professor Doutor de Direito Administrativo na USP.

HENRIQUE FONSECA DE ARAUJO (1913-1996) – Foi Procurador-Geral da República de 1975 a 1979. Professor da PUC/RS. Membro fundador do Instituto de Advogados de Brasília.

IRENE PATRÍCIA NOHARA – Livre-Docente. Doutora e Mestre em Direito do Estado pela Faculdade de Direito da USP. Professora pesquisadora do Programa de Pós-Graduação em Direito Político e Econômico da Universidade Mackenzie. Advogada.

IVES GANDRA DA SILVA MARTINS – Professor Emérito das Universidades Mackenzie, UNIP, UNIFIEO, UNIFMU, do CIEE/O Estado de São Paulo, das Escolas de Comando e Estado-Maior do Exército, Superior de Guerra e da Magistratura do TRF da 1ª Região. Professor Honorário das Universidades Austral (Argentina), San Martin de Porres (Peru) e Vasili

Goldis (Romênia). Doutor *Honoris Causa* das Universidades de Craiova (Romênia) e da PUC/PR, e Catedrático da Universidade do Minho (Portugal). Presidente do Conselho Superior de Direito da FECOMERCIO/SP. Fundador e Presidente Honorário do Centro de Extensão Universitária-CEU/Instituto Internacional de Ciências Sociais-IICS.

JACINTHO ARRUDA CÂMARA – Professor da Faculdade de Direito da PUC/SP e da Pós-Graduação *lato sensu* da FGV-Direito/SP. Líder do Grupo de Pesquisa Regulação Administrativa, da PUC/SP. Doutor e Mestre em Direito pela PUC/SP. Vice-Presidente da Sociedade Brasileira de Direito Público-*sbdp*.

JOEL DE MENEZES NIEBUHR – Advogado. Doutor em Direito do Estado pela PUC/SP.

JOSÉ AFONSO DA SILVA – Professor Titular aposentado da Faculdade de Direito da USP.

JOSÉ EDUARDO MARTINS CARDOZO – Advogado. Professor de Direito da PUC/SP, da UniCEUB, da Escola Paulista de Direito e do Damásio Educacional. Ex-Ministro de Estado da Justiça. Ex-Advogado Geral da União.

JOSÉ EMMANUEL BURLE FILHO – Foi Procurador-Geral de Justiça do Estado de São Paulo e Professor na Faculdade Católica de Direito e da Universidade Metropolitana, ambas de Santos/SP, e Diretor da Escola Superior do MPSP. Atualizador da obra *Direito Administrativo Brasileiro* de Hely Lopes Meirelles.

JOSÉ GUILHERME GIACOMUZZI – Professor de Direito Administrativo (UFRS). *Master of Laws* e Doutor em Direito pela *The George Washington University Law School*, Washington-D.C./EUA. Pesquisador visitante na *Columbia Law School*, New York/EUA. Bolsista CAPES/Fullbright. Professor adjunto de Direito Administrativo junto ao Departamento de Direito Público e Filosofia do Direito da UFRGS. Promotor de Justiça no Rio Grande do Sul.

JOSÉ MANOEL DE ARRUDA ALVIM NETTO – Doutor e Livre-Docente. Advogado em São Paulo, Brasília, Rio de Janeiro e Porto Alegre. Professor Titular da Pós-Graduação *stricto sensu* (Mestrado e Doutorado) da PUC/SP.

JOSÉ VICENTE SANTOS DE MENDONÇA – Doutor em Direito Público pela UERJ. Professor adjunto de Direito Administrativo da UERJ. Professor da Universidade Veiga de Almeida. Procurador do Estado. Advogado.

JULIANA BONACORSI DE PALMA – Doutora e Mestre pela Faculdade de Direito da USP. *Master of Law* pela Yale Law School. Professora da FGV-Direito/SP, da GV*Law* e da Faculdade de Direito da Universidade São Judas Tadeu. Coordenadora do Grupo Público da FGV-Direito/SP. Consultora em São Paulo.

KARLIN OLBERTZ NIEBUHR – Mestre em Direito pela USP.

LUCAS ROCHA FURTADO – Subprocurador-Geral do Ministério Público junto ao TCU. Professor da Faculdade de Direito da UnB.

Luiz Edson Fachin – Ministro do STF. Professor Titular da Faculdade de Direito da UFPR.

Luiz Fux – Ministro do STF. Vice-Presidente do TSE. Professor Titular da UERJ. Doutor em Direito Processual Civil pela UERJ. Membro da Academia Brasileira de Letras Jurídicas. Membro da Academia Brasileira de Filosofia.

Marçal Justen Filho – Mestre e Doutor em Direito do Estado pela PUC/SP.

Marcelo Figueiredo – Advogado e Consultor jurídico em São Paulo. Professor Associado de Direito Constitucional nos Cursos de Graduação e Pós-Graduação da PUC/SP. Presidente da Associação Brasileira de Constitucionalistas Democratas, Seção Brasileira do Instituto Ibero-Americano de Direito Constitucional e Vice-Presidente da Associação Internacional de Direito Constitucional.

Márcio Cammarosano – Doutor e Mestre em Direito do Estado pela PUC/SP. Professor de Direito Administrativo e Urbanístico nos Cursos de Graduação e Pós-Graduação da PUC/SP. Presidente da Comissão de Direito Administrativo do Conselho Federal da OAB. Presidente da Comissão de Estudos do Combate à Corrupção e à Improbidade Administrativa da OAB/SP. Advogado e Parecerista em São Paulo.

Marcos A. Perez – Professor Doutor de Direito Administrativo da Faculdade de Direito da USP.

Marcus Vinicius Furtado Coêlho – Advogado. Doutor em Direito pela Universidade de Salamanca. Presidente Nacional da OAB (2013-2016). Presidente da Comissão Constitucional da OAB Nacional (2016-2019). Membro da Comissão do Senado Federal que elaborou o atual Código de Processo Civil.

Maria Sylvia Zanella Di Pietro – Ex-Procuradora do Estado de São Paulo. Professora Titular aposentada do Curso de Graduação em Direito da USP. Professora de Direito Administrativo do Programa de Pós-Graduação em Direito da USP.

Mauro Luiz Campbell Marques – Ministro da Corte Especial do STJ. Membro efetivo do Conselho da Justiça Federal.

Odete Medauar – Professora Titular aposentada da Faculdade de Direito da USP. Presidente da Fundação Arcadas.

Otavio Augusto Venturini de Sousa – Mestre em Direito e Desenvolvimento pela Escola de Direito da FGV/SP. Membro da International Society for Third-Sector Research. Advogado e Consultor em Direito Público.

Paulo Modesto – Professor de Direito Administrativo da UFBA. Presidente do Instituto Brasileiro de Direito Público e do Instituto de Direito Administrativo da Bahia. Membro do Ministério Público da Bahia, da Academia de Letras Jurídicas da Bahia e do Conselho Científico da Cátedra de Cultura Jurídica da Universidade de Girona (Espanha). Doutorando em Direito Público pela Universidade de Coimbra. Conselheiro Técnico da Sociedade Brasileira de Direito Público. Membro do Conselho de Pesquisadores do Instituto Internacional de Estudos de Direito do Estado.

RAFAEL CARVALHO REZENDE OLIVEIRA – Pós-Doutor pela Fordham University School of Law (NY/USA). Doutor em Direito pela UVA/RJ. Mestre em Teoria do Estado e Direito Constitucional pela PUC/RJ. Especialista em Direito do Estado pela UERJ. Membro do Instituto de Direito Administrativo do Estado do Rio de Janeiro. Professor Titular de Direito Administrativo do IBMEC. Professor de Direito Administrativo da EMERJ. Professor dos Cursos de Pós-Graduação da FGV e Cândido Mendes. Advogado, árbitro e Consultor jurídico.

RAFAEL WALLBACH SCHWIND – Doutor e Mestre em Direito do Estado pela USP. *Visiting Scholar* na Universidade de Nottingham. Autor e coordenador de diversos livros e artigos na área de Direito Administrativo, Econômico e Portuário. Membro do Chartered Institute of Arbitrators/Londres/UK. Advogado.

RAFAELLA DORTAS – Especialista (MBA) em Gestão e Tecnologias Ambientais.

REGINA HELENA COSTA – Livre-Docente em Direito Tributário. Doutora e Mestre em Direito do Estado pela PUC/SP. Professora de Direito Tributário dos Cursos de Graduação e Pós--Graduação da mesma Universidade. Ministra do STJ.

REGINA MARIA MACEDO NERY FERRARI – Doutora em Direito do Estado pela UFPR. Mestre em Direito do Estado pela PUC/SP. Coordenadora-Geral do Instituto de Direito Romeu Felipe Bacellar.

REGIS FERNANDES DE OLIVEIRA – Professor Titular aposentado da USP. Ex-Desembargador do TJSP. Ex-Deputado Federal. Advogado.

RICARDO DIP – Desembargador do TJSP, presidindo, atualmente, sua Seção de Direito Público. Acadêmico de honra da Real de Jurisprudencia y Legislación de Madri. Membro Fundador do Instituto Jurídico Interdisciplinar da Faculdade de Direito da Universidade do Porto, do Conselho Científico da *Revista Internacional de Filosofía Práctica* (Buenos Aires). Dirige a Seção de Direito Natural do Conselho de Estudos Hispânicos Felipe II (Madri). Foi Professor convidado da Pós-Graduação (Doutoramento) na Faculdade de Direito da PUC/Argentina (Buenos Aires).

ROBERTA JARDIM DE MORAIS – Doutora em Ciências Jurídico-Econômicas e Pós-Doutora em Direitos Humanos pela Faculdade de Direito da Universidade de Coimbra. Mestre em Direito Econômico pela UFMG. Especialista em Direito da Concorrência pela UFMG. Especialista em *Diritto del Commercio Internazionale* pelo Instituto Universitario Europeo.

ROBERTO DALLEDONE MACHADO FILHO – Assessor de Ministro do STF. Doutorando pela UnB. Professor do IDP/Instituto Brasiliense de Direito Público.

ROBERTO ROSAS – Advogado. Professor universitário. Ex-Secretário Jurídico do STF. Ex--Ministro do TSE.

ROMEU FELIPE BACELLAR FILHO – Professor Titular de Direito Administrativo nos Cursos de Graduação, Mestrado e Doutorado da UFPR e da PUC/PR. Doutor em Direito do Estado pela UFPR. Professor visitante do Instituto Nacional de Administração Pública da Espanha, da Universidade Notarial de Buenos Aires, da Universidade de Belgrano e da Universidade Católica de Salta/Argentina. Presidente do Instituto de Direito Romeu Felipe Bacellar. Ex-Presidente da Associação Iberoamericana de Direito Administrativo, da Associação de Direito Público do MERCOSUL, do Instituto Brasileiro de Direito Administrativo e do Instituto Paranaense de Direito Administrativo. Membro da Associação Argentina de Direito Administrativo, da Associação Peruana de Direito Administrativo, do Instituto Chileno de Direito Administrativo e do Instituto Iberoamericano de Direito Constitucional. Membro da Académie Internationale de Droit Comparé. Membro Catedrático da Academia Brasileira de Direito Constitucional. Membro do Instituto dos Advogados do Brasil e do Instituto dos Advogados do Paraná. Ex-Conselheiro Federal da OAB. Advogado.

SERGIO BERMUDES – Professor de Direito Processual Civil da PUC/RJ. Advogado

SERGIO FERRAZ – Membro da Academia Brasileira de Letras Jurídicas. Ex-Decano do Conselho Federal da OAB. Presidente do Instituto dos Advogados Brasileiros. Professor Titular de Direito Administrativo da PUC/RJ. Advogado.

SÉRGIO GUERRA – Pós-Doutor (*Visiting Researcher*, Yale Law School). Doutor e Mestre em Direito. Pós-Doutor em Administração Pública. Professor Titular de Direito Administrativo, Vice-Diretor de Ensino, Pesquisa e Pós-Graduação e Coordenador do Mestrado em Direito da Regulação da FGV-Direito/RJ. Coordenador Geral do Curso *Internacional Business Law* da University of California-Irvine. Árbitro da Câmara FGV de Mediação e Arbitragem, da Câmara Brasileira de Mediação e Arbitragem e da Câmara de Arbitragem da Federação da Indústria do Paraná e do Centro Brasileiro de Mediação e Arbitragem. Consultor jurídico da Comissão de Direito Administrativo da OAB/RJ.

THIAGO MARRARA – Professor Associado de Direito Administrativo da USP na Faculdade de Direito de Ribeirão Preto. Livre-Docente (USP). Doutor pela Universidade de Munique. Advogado e Consultor.

TOSHIO MUKAI – Mestre e Doutor em Direito do Estado pela USP. Ex-Professor de Direito Administrativo da Faculdade de Direito da Universidade Mackenzie. Membro das Comissões de Direito Ambiental e de Direito Administrativo do Instituto dos Advogados Brasileiros (RJ), da Comissão de Infraestrutura, Logística e Desenvolvimento Sustentável da OAB/SP e membro Consultor da Comissão de Direito Ambiental do Conselho Federal da OAB. Secretário Geral da Sociedade Brasileira de Direito do Meio Ambiente.

VALMIR PONTES FILHO – Professor Titular de Direito Administrativo da UFCE. Mestre em Direito Constitucional pela PUC/SP. Ex-Procurador-Geral do Município de Fortaleza.

VERA MONTEIRO – Professora da FGV-Direito/SP. Professora da Sociedade Brasileira de Direito Público-*sbdp*. Doutora em Direito pela USP e Mestre em Direito pela PUC/SP

VITOR RHEIN SCHIRATO – Professor Doutor de Direito Administrativo da Faculdade de Direito da USP. Doutor em Direito do Estado pela Faculdade de Direito da USP. Mestre em

Direito Administrativo Econômico pela Universidade de Osnabrück/Alemanha. Membro da Associazione Italiana dei Professori di Diritto Amministrativo. Secretário Acadêmico do Centro de Estudos de Direito Administrativo, Ambiental e Urbanístico. Advogado.

DO PLANO DIRETOR DE DESENVOLVIMENTO INTEGRADO À CONCESSÃO URBANÍSTICA

ADILSON ABREU DALLARI

1. Introdução. 2. Urbanismo e Direito Urbanístico. 3. Desapropriações urbanísticas. 4. As operações consorciadas no Estatuto da Cidade. 5. A concessão urbanística no Município de São Paulo. 6. Conclusões.

1. Introdução

Hely Lopes Meirelles foi um dos grandes precursores do Direito Urbanístico no Brasil. Além de muitos estudos e pareceres versando sobre questões urbanísticas, esse tema foi bastante aprofundado em duas de suas obras: *Direito Municipal Brasileiro* e *Direito de Construir*. Não por acaso, dois de seus assistentes inauguraram os primeiros cursos de Mestrado em Direito Urbanístico, em São Paulo: José Afonso da Silva, na USP, e o signatário deste artigo na PUC/SP. Até então, planejamento urbano e urbanismos eram assuntos afeitos apenas aos arquitetos.

Diversos autores conceituavam o urbanismo como a atividade do Poder Público voltada para a organização conveniente dos espaços habitáveis. Em apertadíssima síntese, caberia à Administração Pública disciplinar a atuação dos particulares, no tocante a empreendimentos imobiliários, com vistas à salvaguarda do interesse público.

Tal conceituação remonta aos tempos em que as normas legais e as ações administrativas concretas em matéria de urbanismo estavam contidas em um segmento do Direito Administrativo normalmente designado como Poder de Polícia. Atualmente, a disciplina jurídica da atuação urbanística passa a ser enquadrada em uma província do Direito Público que caminha no sentido de ganhar autonomia, qual seja, o Direito Urbanístico.

Mas essa talvez não seja a transformação mais significativa. Parece mais importante destacar que, nessa linha de evolução, ganha corpo uma tendência a eliminar a oposição rígida entre o interesse particular e o interesse público, especialmente com a consagração, no texto da Constituição Federal, dos chamados direitos de terceira geração: os direitos coletivos e difusos, conforme destaca Diogo de Figueiredo Moreira Neto, outro consagrado pioneiro do Direito Urbanístico e grande inovador do Direito Administrativo.

Especialmente após a promulgação da Emenda Constitucional 19, de 4.6.1998, que serviu como ponto de partida para a reforma do aparelho do Estado, ou Reforma Administrativa, a doutrina tem destacado a necessidade de se atentar para a mudança havida naquele tradicional enfoque:

A diversificação dos interesses protegidos pela ordem jurídica já não mais se enquadra na clássica *summa divisio* entre privados e públicos. A caracterização dos interesses coletivos e dos difusos, interpenetrando-se e compondo-se com aqueles tradicionais, tem apagado a confortável nitidez que existia e criado perplexidades classificatórias.

Não obstante, mesmo sem profunda reflexão, é inegável que há grandes coincidências entre o interesse difuso e o público, como as há entre este e inúmeros interesses coletivos. A sociedade, tomada em seu conjunto ou considerada em segmentos diferenciados, porfia em assumir distintas posturas e de se expressar por variadas formas de atuação direta quando se trata da sustentação de certos interesses, que refletem valores particularmente mais sensíveis para ela, ou para aquelas frações.[1]

O foco da atuação da Administração Pública em matéria de urbanismo não está mais centrado no proprietário do imóvel, como alguém que precisa ser contido para não comprometer o interesse público, mas, sim, está mais disseminado pelo corpo social, pela coletividade, pelo conjunto indissolúvel da população urbana, tomando o investidor imobiliário privado não mais apenas como um inimigo, mas considerando o relevante papel que este pode e deve desempenhar como coadjuvante efetivo da atuação governamental.

2. Urbanismo e Direito Urbanístico

O papel desempenhado por Hely Lopes Meirelles nesse processo de evolução começa pelo enunciado do seu conceito de urbanismo, que revela uma clara alteração no sentido e na abrangência (com relação à antiga concepção) para dar maior ênfase à colaboração entre todos os participantes dessa atividade:

> O conceito de *Urbanismo* evoluiu do estético para o social. Nos seus primórdios fora considerado unicamente arte de embelezar a cidade – *embellir la ville* –, segundo a expressão dos precursores da Escola Francesa. Posteriormente o conceito francês foi superado pela concepção inglesa do desenvolvimento integral dos recursos da área planificada, visando à unidade fundamental entre a Natureza e o Homem – *unity of Nature and Mankind* –, aproximando e relacionando a cidade e o campo, para obtenção do bem-estar da coletividade em todos os espaços habitáveis.
>
> (...).
>
> Para nós, *Urbanismo é o conjunto de medidas estatais destinadas a organizar os espaços habitáveis, de modo a propiciar melhores condições de vida ao homem na comunidade*. Entendam-se por espaços habitáveis todas as áreas em que o homem exerce coletivamente qualquer das quatro funções sociais: *habitação, trabalho, circulação, recreação*.
>
> Assim sendo, o Urbanismo é incumbência de todos os níveis de governo e se estende a todas as áreas da cidade e do campo onde as realizações humanas ou a preservação da Natureza possam contribuir para o bem-estar individual e coletivo. Mas, como nas cidades se concentram as populações, suas áreas exigem mais e maiores empreendimentos urbanísticos, visando a oferecer *o maior bem para o maior número* – objetivo supremo do moderno Urbanismo.
>
> Dentro dessa concepção, as imposições urbanísticas podem e devem abranger todas as atividades e setores que afetam o bem-estar social, na cidade e no campo, nas realizações individuais e na vida comunitária. Para isto, o Urbanismo prescreve e impõe normas de desenvolvimento, de funcionalidade, de conforto e de estética da cidade, e planifica suas adjacências, racionali-

---

1. Diogo de Figueiredo Moreira Neto, *Mutações do Direito Administrativo*, Rio de Janeiro, Renovar, 2000, pp. 127, 137 e 138.

zando o uso do solo, ordenando o traçado urbano, coordenando o sistema viário e controlando as construções que vão compor o agregado humano, a *urbe*.²

Com sua concepção marcadamente pragmática do Direito, ao conceituar o Direito Urbanístico cuidou logo de separar o seu campo próprio, da área que continua sendo objeto de disciplina pelo Direito Civil:

> O Direito Urbanístico não se confunde com o direito de construir, nem com o direito de vizinhança, embora mantenham íntimas conexões e seus preceitos muitas vezes se interpenetrem, sem qualquer colisão, visto que protegem interesses diversos e se embasam em fundamentos diferentes. Realmente, o direito de construir e o direito de vizinhança são de ordem privada e disciplinam a construção e seus efeitos nas relações com terceiros, especialmente com os confinantes, enquanto o Direito Urbanístico ordena o espaço urbano e as áreas rurais que nele interferem, através de imposições de ordem pública, expressas em normas de uso e ocupação do solo urbano ou urbanizável, ou de proteção ambiental, ou enuncia regras estruturais e funcionais da edificação urbana coletivamente considerada.³

Nas décadas de 1960 e 1970 essa abrangência do planejamento urbano levou a que se criasse a figura do Plano Diretor de Desenvolvimento Integrado, que era de elaboração obrigatória para os Municípios e que, por ser de desenvolvimento "integrado", abrangia todas as áreas de competência da administração municipal. Ou seja, além dos espaços físicos deveria também cuidar de educação, saúde, transporte, desenvolvimento econômico etc.

Entretanto, com o tempo, percebeu-se que a reunião de tudo isso num só Plano, tornava sua aplicação ou artificial, ou francamente inviável. Daí o recuo estratégico no sentido de que os planos urbanísticos deveriam cuidar dos aspectos físicos da cidade, abrangendo os equipamentos urbanos, as vias de comunicação e os transportes, ou mobilidade urbana.

De imediato, já se pode ver que necessariamente haverá a participação de muitos agentes desse processo, envolvendo a Administração Pública e os particulares. Cabe, agora um breve estudo, de caráter exemplificativo, sobre um dos instrumentos de atuação urbanística, para tentar demonstrar a necessidade e a viabilidade da atuação conjunta desses agentes.

3. *Desapropriações urbanísticas*

Por força de expressas disposições da Constituição Federal (arts. 5º, XXIII e 170, III) a garantia da propriedade privada está vinculada ao cumprimento de sua função social. Tal característica é ainda mais acentuada com relação à propriedade imóvel urbana, em razão das disposições sobre política urbana delineadas pelo art. 182.

Tradicionalmente, a desapropriação sempre foi entendida como um instrumento por meio do qual o Poder Público adquire a propriedade privada, para lhe dar uma destinação de interesse público ou social. O resultado primeiro e essencial da desapropriação sempre foi havido como o ingresso de um determinado bem no patrimônio de uma entidade pública.

---

2. Hely Lopes Meirelles, *Direito Municipal Brasileiro*, 18ª ed., atualizada por Giovani da Silva Corralo, São Paulo, Malheiros Editores, 2017, pp. 545-547.

3. Hely Lopes Meirelles, *Direito de Construir*, 11ª ed., atualizada por Adilson Abreu Dallari, Daniela Libório di Sarno, Luiz Guilherme da Costa Wagner Jr. e Mariana Novis, São Paulo, Malheiros Editores, 2013, pp. 108-110.

Com base nos ensinamentos hauridos de Hely Lopes Meirelles, Eurico Andrade Azevedo e José Afonso da Silva, em trabalho escrito há mais de quarenta anos, já salientamos que, em matéria de urbanismo, para finalidades urbanísticas, para dar ao imóvel uma utilização socialmente conveniente, nem sempre era necessário que o bem passasse a integrar o patrimônio público:

> É preciso observar, porém, que nem sempre a satisfação do interesse público depende da aquisição do bem por parte do Poder Público. Ou seja, não é estritamente necessário que o bem desapropriado passe a integrar o patrimônio público para se alcançar o fim qualificado pela lei.
>
> Muitas vezes os outros instrumentos de que dispõe o Poder Público para condicionar o uso de um bem por seu proprietário (regulamentação, parafiscalidade) são insuficientes, restando apenas a sua aquisição, por via da desapropriação, se necessário, para uma subsequente entrega a quem lhe dê a utilização socialmente conveniente.[4]

Para que determinado imóvel passe a ter uma utilização urbanisticamente conveniente, muitas vezes basta mudar o seu uso, sem retirá-lo do domínio privado. O papel do Poder Público se resume em fazer com que um particular interessado em dar ao imóvel a utilização conveniente para a coletividade possa adquirir a propriedade, tendo como condição dessa aquisição exatamente a específica destinação assinalada pelo Poder Público.

Tem-se entendido na doutrina, com perfeito respaldo jurisprudencial, que, nos casos expressamente previstos na legislação que disciplina a desapropriação, é perfeitamente possível que o Poder Público desaproprie um bem, pague o valor correspondente à indenização e, depois, subsequentemente, entregue o mesmo bem a outro particular, que lhe dará a destinação que serviu de fundamento para exercício da competência expropriatória.

A distinção entre a desapropriação tradicional e a desapropriação urbanística, bem como o mecanismo pelo qual esta se efetua, são detalhadamente descritos no estudo doutrinário que se transcreve em seguida:

> A desapropriação tradicional é o procedimento administrativo através do qual o Poder Público compulsoriamente despoja alguém de uma propriedade e a adquire para si, mediante indenização, fundada em um interesse público. Assim, a desapropriação administrativa visa a bem determinado, que atenda a finalidade exposta pelo expropriante, calcada nos requisitos de utilidade pública ou de interesse social. Distingue-se a desapropriação urbanística naquele primeiro ponto, pois esta não atinge bem específico, incidindo, sim, genericamente, sobre áreas delineadas num plano urbanístico, instituído por lei, cuja existência constitui-se em verdadeiro pressuposto de sua viabilidade.
>
> Somente se admite a desapropriação urbanística se utilizada como instrumento desse plano urbanístico, geral ou parcial, que deverá prever expressamente as áreas e os objetivos da intervenção que se pretende implementar, sem o que se a descaracteriza, restando ao poder público a utilização da desapropriação tradicional.
>
> Efetivada a desapropriação e implantado pelo expropriante o plano urbanístico que a ensejou, com a execução das obras necessárias, via de regra os imóveis envolvidos serão postos em mercado, alienados novamente a particulares. Se na desapropriação tradicional a alienação posterior do imóvel pelo poder expropriante representa verdadeiro desvio de finalidade, ensejador de sua reversão ao antigo proprietário, na desapropriação urbanística essa alienação pode se demonstrar

---

4. Adilson Abreu Dallari, *Desapropriações para fins Urbanísticos*, Rio de Janeiro, Forense, 1981, pp. 43 e 44.

imprescindível ao atingimento da finalidade; não há, nesta hipótese como naquela, um interesse específico do expropriante na utilização do bem; a utilidade pública é a própria urbanização, de forma que, após efetuada, a permanência do bem no patrimônio público é desnecessária e nada obsta a sua alienação àqueles que aceitem utilizá-lo em conformidade com o estabelecido no plano. Ressalte-se que somente a recusa dos antigos proprietários em dar ao imóvel o uso estipulado pelo plano urbanístico é que justifica a desapropriação.[5]

O que já se aceita com certa tranquilidade é que o bem, após regularmente desapropriado (depois de paga a indenização correspondente pelo Poder Público expropriante) seja alienado a um terceiro particular que lhe dará o uso de interesse público ou social. O que se questiona, o que não é absolutamente pacífico, é a possibilidade de que a desapropriação já seja feita em favor desse terceiro, que já arcaria com o ônus da indenização.

Sobre isso também já tivemos oportunidade de nos manifestar, há muitos anos, em um breve estudo que se apresentava como verdadeira heresia, na qual se sustentava a possibilidade de ser a desapropriação efetivada, pelo pagamento da correspondente indenização, diretamente pelo terceiro particular, comprometido com a destinação urbanisticamente conveniente do imóvel:

> A desapropriação em favor de terceiros também é um caso sério. É possível desapropriar em favor de terceiros? O Poder Público tem que desapropriar para si o bem desapropriado? Ele necessariamente deve integrar o patrimônio público? Não vejo exigência constitucional nesse sentido. Diz a Constituição que a desapropriação tem como condição a prévia e justa indenização em dinheiro, mas ela deve se destinar a um fim de utilidade pública ou interesse social. Ora, nada impede que essa destinação de utilidade pública, necessidade pública e interesse social seja dada por um outro particular.
>
> Há casos de desapropriação que necessariamente contêm o benefício a um terceiro, um particular: as desapropriações para renovação urbana, para a constituição de distrito industrial.
>
> Tomo um caso específico de desapropriação que já deu muita discussão e vai dar ainda mais: um dos casos que a lei prevê a utilidade pública ou aceita como utilidade pública é a construção de estádios. O estádio é um equipamento urbano. E eu pergunto: pode ser feita uma desapropriação para que um clube de futebol construa um estádio? O estádio sendo feito por um clube deixa de ser um equipamento urbano? Deixa de cumprir uma finalidade de utilidade pública?
>
> Se o Poder Público desapropriar uma área para que uma cooperativa habitacional ou uma empresa imobiliária desenvolva um projeto de habitação popular, pode ou não pode? O que a Constituição exige é a finalidade pública. Hoje, o que parece um completo absurdo para nós (desapropriar em favor de um particular) é comum em sistemas jurídicos estrangeiros, que já atentaram para isso.
>
> O importante na desapropriação não é quem vai ficar com o bem, mas o destino, o uso que vai ser dado ao bem. O que está no cerne da desapropriação é a mudança do uso, não de proprietário. Isto não tem sentido. Portanto, vejo amplas possibilidades de se desapropriar em favor de terceiro, desde que se observe uma outra regra constitucional, que é o princípio da isonomia. Asseguradas iguais possibilidades de participação a todos os eventuais interessados, não vejo problema algum em se desapropriar em favor de terceiro, para que o particular dê ao bem a destinação de interesse da comunidade.[6]

---

5. Edésio Fernandes, *Direito Urbanístico*, Belo Horizonte, Del Rey, 1998, p. 30.
6. Adilson Abreu Dallari, "Desapropriação: conceitos e preconceitos", in *Curso de Direito Administrativo*, coord. Celso Antônio Bandeira de Mello, São Paulo, Ed. RT, 1986, pp. 44 e 45.

4. As operações consorciadas no Estatuto da Cidade

É pacífico no direito brasileiro que um concessionário de serviço público, por exemplo, uma empresa privada concessionária de serviços de geração de energia elétrica, pode desapropriar, ou, mais exatamente, pode protagonizar o processo expropriatório, desde que a declaração de utilidade ou necessidade pública seja feita pelo Poder Público.

Na concessão de serviço público tradicional, o Poder Público nada paga ao concessionário. Este é que deverá, por sua conta, proceder às desapropriações eventualmente necessárias, realizar as obras indispensáveis para a instalação do serviço e cuidar da sua prestação. O particular concessionário faz todos os investimentos necessários e, depois, ao longo do tempo, obtém o reembolso do que despendeu (e mais a remuneração do capital investido) diretamente das pessoas beneficiadas pelo serviço implantado.

A questão estava em saber se esse mesmo processo poderia ser utilizado quando o "serviço" fosse, exatamente, a implantação de um projeto de urbanização ou renovação urbana, por meio da outorga ao particular interessado em desenvolver tal projeto de uma concessão urbanística.

Essa possibilidade já era sustentada por um dos mais autorizados doutrinadores brasileiros, em obra escrita antes do advento do Estatuto da Cidade (Lei 10.257, de 10.7.2001), com apoio na doutrina e na prática estrangeiras e não obstante a ausência (até então) de regulamentação normativa específica, admitindo a concessão urbanística como uma modalidade de concessão de obra pública:

> A concessão urbanística consiste numa espécie de concessão de obras públicas não para a exploração de serviço subsequente e ressarcimento mediante a cobrança de tarifa. Tratar-se-á, então, de uma concessão pura de obras públicas, não concessão mista de obras e serviços, figura que desponta na Dogmática Jurídica ainda muito timidamente. O já citado Francisco Lliset Borrell dá-nos o essencial de sua configuração, quando preleciona nos termos seguintes: "A concessão pura de obra pública tem por objeto a transferência de faculdades próprias da Administração a um particular para a execução de obras de uso e aproveitamento gerais e de construções destinadas a serviços que se achem a cargo do Estado, província ou Municípios, de cujo custo o concessionário se integrará não através de tarifas de prestação de serviços ou de oferecimento de bens ao uso público, mas através da exploração de mais-valias ou subprodutos da obra mesma". É o caso, por exemplo, de o Poder Público municipal elaborar um plano de reurbanização ou de renovação urbana de alguma área; sendo esta de propriedade privada, será desapropriada para a execução do plano – execução, esta, que poderá ser feita diretamente pelos órgãos da Prefeitura ou por empresa pública desta, como a EMURB (Empresa Municipal de Urbanização de São Paulo), ou por via de concessão; por esta, o concessionário assume os encargos da execução do plano, com o direito de venda de parcelas ou de novas edificações da área urbanificada. O concessionário, portanto, cobrirá seus custos e terá seus lucros precisamente com as vendas de lotes ou de edificações (conforme os termos do instrumento de concessão) que sobrarem em consequência da execução do plano de urbanificação da área delimitada. No sistema brasileiro ainda não há regulamentação dessa forma de concessão, como, de resto, também não há na Espanha. Daí por que sua aplicação exige cuidados especiais, para não resvalar para a ilegitimidade, especialmente tendo-se em mente que o concessionário somente poderá ser escolhido mediante licitação.[7]

---

7. José Afonso da Silva, *Direito Urbanístico Brasileiro*, 7ª ed., São Paulo, Malheiros Editores, 2012, pp. 322-323.

Antes mesmo da promulgação do Estatuto da Cidade, já era comportada pelo sistema jurídico brasileiro a outorga de uma concessão urbanística, por meio da qual poderia um particular promover a desapropriação de uma área, indenizando os proprietários dos imóveis nela existentes, para, depois, implantar um plano de urbanização de renovação urbana, remunerando-se pela alienação das novas unidades imobiliárias, delineadas de maneira a melhor atender ao interesse público, dando concreção ao princípio da função social da propriedade.

Entendemos, entretanto, que a concessão urbanística não configura, exatamente uma modalidade de concessão de obra pública, mas, sim, consiste num instituto específico do Direito Urbanístico, que, conforme foi salientando, vem ganhando corpo e autonomia, tendo, agora, após a edição da Lei 10.257/2001 (Estatuto da Cidade) um início de unidade normativa, apresentando institutos e princípios próprios.

A concessão urbanística está fortemente respaldada no princípio da subsidiariedade, "pelo qual se confere preferência aos particulares na implementação do planejamento urbanístico, desde que estes possam fazê-lo de maneira adequada e suficiente", conforme afirma Regina Helena Costa em notável estudo monográfico sobre a principiologia do Direito Urbanístico.[8]

Como se pode notar, no moderno tratamento jurídico das questões urbanísticas, o investidor privado passa a ser mais que um simples coadjuvante, cabendo-lhe desempenhar um papel de destaque na organização conveniente dos espaços habitáveis.

As eventuais dúvidas e resistências com relação às concessões urbanísticas, que existiram no passado, tendem a desaparecer, dado o seu acolhimento entre as disposições da Lei 10.257/2001 (Estatuto da Cidade), que, em seu art. 2º, elenca entre suas diretrizes gerais a cooperação entre o Poder Público e os particulares, dando positividade ao princípio da subsidiariedade.

Com efeito, diz o mencionado art. 2º que a política urbana tem por objetivo ordenar o pleno desenvolvimento das funções sociais da cidade e da propriedade urbana, mediante:

> III – cooperação entre os governos, a iniciativa privada e os demais setores da sociedade no processo de urbanização, em atendimento ao interesse social.

Não há menção expressa à subsidiariedade, mas apenas à cooperação. Todavia, é preciso lembrar que o Estatuto da Cidade surge como mais um instrumento do processo de transformação dos costumes, práticas e valores na Administração Pública brasileira, deflagrado pela Emenda Constitucional 19/1998, que tem como um dos vetores exatamente a maior participação dos particulares na vida pública, passando aos investidores privados, primordialmente, tudo aquilo que eles podem levar adiante, reservando para o aparelho estatal as atividades indelegáveis.

A fundamentação legal para a utilização de concessões urbanísticas figura no Estatuto da Cidade, na parte que cuida da disciplina das operações consorciadas:

> Art. 32. Lei municipal específica, baseada no plano diretor, poderá delimitar área para aplicação de operações consorciadas.

---

8. "Princípios de direito urbanístico na Constituição de 1988", in *Temas de Direito Urbanístico* 2, Adilson Abreu Dallari e Lúcia Valle Figueiredo (coords.), São Paulo, Ed. RT, 1991, p. 127.

§ 1º. Considera-se operação urbana consorciada o conjunto de intervenções e medidas coordenadas pelo Poder Público municipal, com a participação dos proprietários, moradores, usuários permanentes e investidores privados, com o objetivo de alcançar em uma área transformações urbanísticas estruturais, melhorias sociais e a valorização ambiental.

A participação dos investidores privados poderá ser maior ou menor, conforme as circunstâncias do caso concreto, mas deverá sempre observar a orientação firmada pelo Poder Público.

Cada operação urbana consorciada deverá ser aprovada por lei específica, que poderá autorizar a outorga da concessão urbanística, definindo seus termos e cuidando de tudo mais que consta do art. 33 do Estatuto da Cidade:

> Art. 33. Da lei específica que aprovar a operação urbana consorciada constará o plano de operação urbana consorciada, contendo, no mínimo:
> I – definição da área a ser atingida;
> II – programa básico de ocupação da área;
> III – programa de atendimento econômico e social para a população diretamente afetada pela operação;
> IV – finalidades da operação;
> V – estudo prévio de impacto de vizinhança;
> VI – contrapartida a ser exigida dos proprietários, usuários permanentes e investidores privados em função da utilização dos benefícios previstos nos incisos I, II e III do § 2º do art. 32 desta Lei. (*Redação dada pela Lei 12.836, de 2013*)
> VII – forma de controle da operação, obrigatoriamente compartilhado com representação da sociedade civil;
> VIII – natureza dos incentivos a serem concedidos aos proprietários, usuários permanentes e investidores privados, uma vez atendido o disposto no inciso III do § 2º do art. 32 desta Lei. (*Incluído pela Lei 12.836, de 2013*)

As finalidades, os objetivos e os conteúdos possíveis de uma operação urbana consorciada foram objeto de uma extraordinária síntese feita por Paulo Villela Lomar no texto que se transcreve:

> A operação urbana, assim compreendida, implica a recuperação de ambientes degradados e a adequação da infraestrutura urbana, serviços e edificações a novas funções e novas tecnologias dentro da perspectiva de adaptação das cidades aos atuais processos de transformação econômica, social e cultural. Esta orientação mais recente expressa uma certa descrença quanto à eficácia dos instrumentos apenas normativos de planejamento e se apresenta como estimuladora da adoção de uma modalidade de planejamento estratégico mais interventiva sobre a realidade urbana, mediada por ampla negociação entre os diversos agentes públicos, empreendedores privados e a sociedade civil.
> Em princípio, de acordo com o planejamento urbanístico, a operação urbana consorciada comporta um conjunto de alterações na área de sua realização, que pode abranger, por exemplo, a modificação ou ampliação do sistema viário, criação ou ampliação de espaços públicos, recuperação e modernização da infraestrutura urbana de saneamento básico, energia elétrica e telecomunicações, a recuperação de áreas envelhecidas e degradadas, maior adensamento populacional, a construção de habitações de interesse social, a criação ou a revitalização de áreas centrais de bairros ou distritos no âmbito de um processo de descentralização urbana e reurbanização com a regularização fundiária de áreas ocupadas por populações de baixa renda.[9]

9. "Operação Urbana Consorciada", Paulo Villela Lomar, in *Estatuto da Cidade*, coordenadores Adilson Abreu Dallari e Sérgio Ferraz, 3ª ed., São Paulo, Malheiros Editores, 2014, pp. 254-255.

Outra significativa, bastante prática e objetiva, manifestação doutrinária, enfoca mais diretamente os aspectos financeiros, dando destaque à apropriação da mais valia decorrente das melhorias executadas no ambiente urbano:

> A intervenção urbanística proposta pela OUC, voltada à requalificação urbana de uma área específica da cidade, se materializa sobretudo por meio da realização de obras públicas, financiadas, por sua vez, por meio das contrapartidas financeiras pagas pelos empreendedores pela compra de parâmetros urbanísticos flexibilizados. Assim, a atração de investimentos não é a finalidade maior da Operação Urbana Consorciada, mas apenas o meio pelo qual serão obtidos os recursos financeiros necessários à implementação da OUC.
>
> (...)
>
> A depender do que preveja a lei específica da Operação Urbana Consorciada, as contrapartidas podem ser prestadas não só em espécie, como também *in natura*, por exemplo, por meio do oferecimento de áreas à fruição pública, da execução de obras viárias às expensas do empreendedor ou ainda da reserva de áreas para a futura execução de melhoramentos no viário auxiliando a diminuir o custo e o tempo despendido em eventuais desapropriações.
>
> Independentemente da forma do seu pagamento, essas contrapartidas operam como instrumentos de captação das mais-valias urbanísticas a serem geradas pela própria Operação Urbana.[10]

Em síntese, mediante lei municipal específica, que atenda aos requisitos estabelecidos pela norma geral federal, é juridicamente viável a utilização da concessão urbanística como instrumento de implantação de planos urbanísticos, como uma forma de cooperação entre o Poder Público e a iniciativa privada.

5. A concessão urbanística no Município de São Paulo

O Município de São Paulo, desde longo tempo, já se vale de operações urbanas para promover a revitalização de áreas específicas. A configuração e a abrangência de tais instrumentos de intervenção urbanística foram-se alterando ao longo do tempo.

A legislação mais antiga e mais significativa disciplinando essa forma de atuação se referia a um instituto urbanístico denominado "operação interligada", objeto das Leis Municipais 10.209, de 9.12.1986, que "dispõe sobre a construção de habitações de interesse social, para moradores de habitação subnormal", e 11.773, de 18.5.1995, que "dispõe sobre o programa 'Direito à Moradia', visando a obtenção de recursos para construção de residências destinadas a moradores de habitação subnormal".

A operação interligada, referida por essas leis, como meio para a obtenção de recursos destinados à satisfação daqueles interesses públicos mencionados em suas ementas, permitiu, àqueles que a elas aderiram, a alteração de parâmetros urbanísticos do terreno onde pretendiam ver aprovado um empreendimento em troca de pagamento de determinado valor ao Município, exatamente para fins de construção de moradias sociais. Trata-se, em suma, de um instrumento legal de captação de recursos a serem utilizados pelo Município em sua política habitacional destinada aos mais necessitados.

---

10. Debora Sotto, *Mais-Valia Urbanística e Desenvolvimento Urbano Sustentável – Uma Análise Jurídica*, Rio de Janeiro, Lumen Juris, 2016, p. 236.

Destaque-se, de imediato, o caráter contratual, bilateral, desse ajuste. O acréscimo permitido não era um favor ao proprietário do terreno, um benefício, uma benesse de interesse unilateral, mas, ao contrário, era uma medida ditada pelo interesse público. Operações interligadas foram possíveis porque a legislação municipal as qualificou como sendo de interesse público.

Posteriormente, foram instituídas por diversas leis municipais específicas algumas operações urbanas referidas a áreas determinadas (como, por exemplo, a Operação Urbana Faria Lima), que eram mais amplas, não tinham esse caráter diretamente contratual, de troca, mas que, nas áreas por elas abrangidas, permitiam um tratamento diferenciado com relação ao ordenamento geral de uso do solo, possibilitando uma utilização mais intensiva, de acordo com os equipamentos urbanos disponíveis ou projetados, tendo como contrapartida o pagamento pela construção de áreas em quantidade superior ao potencial geral de edificabilidade (solo criado), feito por meio da aquisição de CEPACs (Certificados de Potencial Adicional de Construção) vinculados a cada uma dessas operações urbanas e cujos recursos deveriam ser aplicados na respectiva área.

Como regra geral, a organização do espaço urbano ainda deve ser feita mediante um zoneamento de uso, mas, paralelamente, com relação a algumas específicas e delimitadas áreas urbanas, é possível e necessário dar um tratamento especial, diferenciado, dotado de maior plasticidade, comportando um tratamento normativo peculiar, visando à obtenção de determinados objetivos urbanísticos. Ao instituir uma operação urbana, por meio de lei específica, o Poder Público adota uma postura ativa, promovendo e fomentando o desenvolvimento.

Um dado elementar às operações urbanas é exatamente o tratamento diferenciado, em razão de objetivos diferenciados. O zoneamento visa a evitar comportamentos indesejáveis, ao passo que as operações urbanas visam a obter comportamentos desejados, mediante o oferecimento de incentivos ou vantagens aos eventuais interessados.

Na senda aberta pela previsão de operações urbanas consorciadas, pelo Estatuto da Cidade, a legislação municipal paulistana já cuidou de contemplar a figura da concessão urbanística, entre os diversos instrumentos consignados no Plano Diretor Estratégico do Município de São Paulo (aprovado pela Lei 13.430, de 13.9.2002) para a realização da política urbana, nestes termos:

> Art. 239. O Poder Executivo fica autorizado a delegar, mediante licitação, à empresa, isoladamente, ou a conjunto de empresas, em consórcio, a realização de obras de urbanização ou de reurbanização de região da Cidade, inclusive loteamento, reloteamento, demolição, reconstrução e incorporação de conjuntos de edificações para implementação de diretrizes do Plano Diretor Estratégico.
>
> § 1º. A empresa concessionária obterá sua remuneração mediante exploração, por sua conta e risco, dos terrenos e edificações destinados a usos privados que resultarem da obra realizada, da renda derivada da exploração de espaços públicos, nos termos que forem fixados no respectivo edital de licitação e contrato de concessão urbanística.
>
> § 2º. A empresa concessionária ficará responsável pelo pagamento, por sua conta e risco, das indenizações devidas em decorrência das desapropriações e pela aquisição dos imóveis que forem necessários à realização das obras concedidas, inclusive o pagamento do preço de imóvel no exercício do direito de preempção pela Prefeitura ou o recebimento de imóveis que forem doados por seus proprietários para viabilização financeira do seu aproveitamento, nos termos do artigo 46 da Lei Federal n. 10.257, de 10 de julho de 2001, cabendo-lhe também a

elaboração dos respectivos projetos básico e executivo, o gerenciamento e a execução das obras objeto da concessão urbanística.

§ 3º. A concessão urbanística a que se refere este artigo reger-se-á pelas disposições da Lei Federal n. 8.987, de 13 de fevereiro de 1995, com as modificações que lhe foram introduzidas posteriormente, e, no que couber, pelo disposto no artigo 32 da Lei Estadual n. 7.835, de 8 de maio de 1992.

Como se pode notar, nesse moderno tratamento jurídico das questões urbanísticas, existe mais do que um simples incentivo, pois o empreendedor privado, atuando em nome da Municipalidade, passa a ser mais que um simples coadjuvante, cabendo-lhe desempenhar um papel ativo, como protagonista na organização conveniente dos espaços habitáveis.

Havendo previsão expressa da possibilidade de instituição da concessão urbanística na lei do Plano Diretor paulistano, foi possível editar uma lei disciplinando genericamente esse novo instituto jurídico. Essa lei municipal é exatamente a Lei 14.917, de 7.5.2009, que "Dispõe sobre a concessão urbanística no Município de São Paulo", cujo art. 1º tem o seguinte teor:

Art. 1º. A concessão urbanística constitui instrumento de intervenção urbana estrutural destinado à realização de urbanização ou de reurbanização de parte do território municipal a ser objeto de requalificação da infraestrutura urbana e de reordenamento do espaço urbano com base em projeto urbanístico específico em área de operação urbana ou área de intervenção urbana para atendimento de objetivos, diretrizes e prioridades estabelecidas na lei do plano diretor estratégico.

Parágrafo único. São diretrizes que podem justificar a realização de intervenção urbana mediante a concessão urbanística:

I – elevar a qualidade do ambiente urbano, por meio da preservação dos recursos naturais e da proteção do patrimônio histórico, artístico, cultural, urbanístico, arqueológico e paisagístico;

II – racionalizar o uso da infraestrutura instalada, em particular a do sistema viário e de transportes, evitando sua sobrecarga ou ociosidade;

III – promover e tornar mais eficientes, em termos sociais, ambientais, urbanísticos e econômicos, os investimentos dos setores público e privado;

IV – prevenir distorções e abusos no desfrute econômico da propriedade urbana e coibir o uso especulativo da terra como reserva de valor, de modo a assegurar o cumprimento da função social da propriedade;

V – permitir a participação da iniciativa privada em ações relativas ao processo de urbanização;

VI – recuperar áreas degradadas ou deterioradas visando à melhoria do meio ambiente e das condições de habitabilidade;

VII – estimular a reestruturação e requalificação urbanística para melhor aproveitamento de áreas dotadas de infraestrutura, estimulando investimentos e revertendo o processo de esvaziamento populacional ou imobiliário;

VIII – estimular o adensamento de áreas já dotadas de serviços, infraestrutura e equipamentos, de forma a otimizar o aproveitamento da capacidade instalada e reduzir custos;

IX – adequar a urbanização às necessidades decorrentes de novas tecnologias e modos de vida;

X – possibilitar a ocorrência de tipologias arquitetônicas diferenciadas e facilitar a reciclagem das edificações para novos usos.

Em seguida, o art. 2º apresenta um conceito de concessão urbanística e, em seu parágrafo único, deixa bem clara a forma de remuneração do particular pelos investimentos feitos na área:

> Art. 2º. Para os fins desta lei, concessão urbanística é o contrato administrativo por meio do qual o poder concedente, mediante licitação, na modalidade concorrência, delega a pessoa jurídica ou a consórcio de empresas a execução de obras urbanísticas de interesse público, por conta e risco da empresa concessionária, de modo que o investimento desta seja remunerado e amortizado mediante a exploração dos imóveis resultantes destinados a usos privados nos termos do contrato de concessão, com base em prévio projeto urbanístico específico e em cumprimento de objetivos, diretrizes e prioridades da lei do plano diretor estratégico.
>
> Parágrafo único. A empresa concessionária obterá sua remuneração, por sua conta e risco, nos termos estabelecidos no edital de licitação e no contrato, dentre outras fontes, por meio da alienação ou locação de imóveis, inclusive dos imóveis desapropriados e das unidades imobiliárias a serem construídas, da exploração direta ou indireta de áreas públicas na área abrangida pela intervenção urbana ou qualquer outra forma de receita alternativa, complementar ou acessória, bem como pela receita de projetos associados.

Não cabe, neste breve estudo, uma análise completa dessa lei, mas alguns pontos merecem especial destaque, como é o caso do art. 7º, que condiciona a abertura de licitação para a concessão urbanística à realização prévia, pelo Poder Público, de estudos para a definição dos objetivos, diretrizes e parâmetros de interesse público específico para a elaboração do projeto urbanístico específico da intervenção a ser realizada por meio da concessão, compreendendo, no mínimo, estudos de viabilidade econômica, estudos de impacto ambiental ou de vizinhança; demonstrativo quantitativo e qualitativo dos custos e benefícios sociais, urbanísticos e ambientais da intervenção urbana a ser realizada e, ainda, a realização de audiências públicas possibilitando a interação com proprietários, moradores, usuários permanentes e investidores privados eventualmente interessados.

Nos termos do art. 8º, o projeto urbanístico específico da intervenção urbana a ser realizada por meio da concessão urbanística deverá contemplar a definição das modificações no sistema viário; a localização e definição da infraestrutura urbana e dos equipamentos comunitários; a localização e definição dos espaços públicos de uso comum e especial; a definição dos parâmetros e diretrizes urbanísticos, ambientais e sociais; e, por último, um programa de atendimento econômico e social para a população diretamente afetada pela intervenção urbana.

Tal projeto deverá ser submetido a uma consulta pública, conforme determina o art. 9º, para que sejam expostas as justificativas para a concessão, com a identificação do objeto, do prazo de duração do contrato e do valor estimado e as minutas do edital e do contrato, fixando-se um prazo para a apresentação de sugestões.

Mais adiante, no art. 25, a lei enumera as incumbências do poder concedente, tais como declarar a utilidade pública ou interesse social da área para fins de desapropriação, regulamentar e fiscalizar a execução da intervenção urbana concedida, proceder às alterações necessárias para melhor atender ao interesse público, zelar pela boa qualidade da intervenção urbana e pela efetiva concretização dos interesses públicos a que se destina e, se for o caso, intervir na concessão urbanística, retomá-la e extinguir a concessão nas hipóteses e nas condições previstas em lei e no contrato.

Também são enumeradas as incumbências da empresa concessionária, no art. 26, consistentes em executar a intervenção urbana de acordo com o projeto urbanístico específico, proceder à aquisição e venda ou locação dos imóveis destinados a usos privados, inclusive mediante incorporação imobiliária, exercer o direito de preempção, em nome da Prefeitura Municipal, receber doações de proprietários de imóveis situados no perímetro da concessão urbanística para futura doação de unidades imobiliárias devidamente urbanizadas, promover as desapropriações, judicial ou amigavelmente, na forma autorizada na concessão, efetuando o pagamento das indenizações devidas, franquear o acesso dos encarregados da fiscalização, a qualquer momento, aos locais das obras, e prestar contas periódicas à Prefeitura Municipal e à sociedade civil do cumprimento integral e fiel da concessão.

A disciplina estabelecida pela lei municipal assegura ao concessionário todas as condições necessárias para a execução do contrato com vistas à obtenção do justo lucro almejado, ao mesmo tempo em que confere prerrogativas à Municipalidade para impedir desvios ou falhas na execução do contrato de concessão, de tal forma que a empresa concessionária somente obterá os lucros almejados se efetivamente der fiel execução ao contrato.

Com base nos dispositivos que delineiam a concessão urbanística no Município de São Paulo, Mariana Novis destacou os traços essenciais que permitem identificar a natureza jurídica desse instituto:

> Entre os traços singulares que caracterizam a concessão urbanística destaca-se, em primeiro lugar, o fato de que o seu objeto não se enquadra perfeitamente à noção constitucional de serviço público em sentido estrito, donde resulta de que o instrumento de política urbana em questão não se confunde com a concessão de serviços públicos prevista nos moldes tradicionais da Lei Nacional n. 8.987/95.
>
> Primeiro porque a lógica da remuneração que rege a concessão urbanística se mostra totalmente distinta da racionalidade presente na concessão de serviço público pura. No primeiro caso estaremos basicamente diante da prática de preços privados decorrentes da exploração comercial de empreendimentos imobiliários por meio de operações de venda, aluguel e outras possíveis fórmulas passíveis de aplicação nas transações envolvendo terrenos e unidades imobiliárias localizadas nas áreas concedidas. No segundo caso, o modelo básico de remuneração consiste no sistema tarifário, embora mesmo nessa categoria haja exceções conhecidas de longa data.
>
> E, depois, no âmbito de uma reformulação urbana não está contemplada propriamente a prestação de um serviço público nos termos conceituais da expressão descritos anteriormente. Na realidade, a concessão urbanística envolve a execução de um complexo conjunto de obras das mais diversas naturezas – pública e privada –, mas sempre predisposto, em primeiro lugar, a uma finalidade de interesse público fundamentalmente relacionado à melhoria da qualidade de vida no complexo urbano.[11]

Trata-se, portanto, de uma modalidade peculiar de contrato administrativo, no qual o particular contratado executa obras e melhoramentos de interesse público, determinados pela Prefeitura concedente, e se remunera com a mais valia gerada por seus investimentos, sem ônus para os cofres públicos.

Quem ganha com tudo isso é a coletividade, que participou da elaboração do projeto, acompanhou a sua execução e que passará, no final, a dispor de uma área urbana inteira-

---

11. Mariana Novis, *O Regime Jurídico da Concessão Urbanística*, Belo Horizonte, Fórum, 2011, pp. 102-103.

mente requalificada e apta a cumprir a função social da cidade, prescrita no art. 182 da Constituição Federal.

6. Conclusões

No campo da atuação urbanística é perfeitamente possível viabilizar a cooperação entre a Administração Pública e a iniciativa privada, desde que, conforme se espera, o empirismo, a improvisação, o descaso e, até mesmo, a corrupção sejam substituídos pelo planejamento urbano, elaborado e implantado de maneira participativa, conforme manda a Constituição.

Um importantíssimo instrumento de implantação dessa nova ordem é, exatamente, a concessão urbanística. Mediante sua utilização será possível promover a renovação de áreas degradadas existentes em meio ao espaço urbanizado, otimizando-se os investimentos em equipamentos urbanos e sociais.

Esses objetivos podem ser atingidos sem que o Poder Público tenha que aplicar recursos do erário. Caberá ao concessionário de determinado projeto urbanístico fazer os investimentos necessários, inclusive o pagamento das indenizações, remunerando-se com a venda ou locação dos novos espaços imobiliários criados de acordo com as prescrições estabelecidas pela lei autorizadora específica.

O que se tem hoje, especialmente nas grandes cidades, é o caos urbano, o predomínio da violência, da poluição e, em síntese, da má qualidade de vida. Tal estado de coisas pode e deve ser revertido com o auxílio da iniciativa privada.

Em matéria de desenvolvimento urbano é preciso aproveitar as experiências levadas a efeito em outros setores, facilitando a atuação adequada dos investidores privados e redobrando os meios de controle, para evitar eventuais desvios.

A concessão urbanística, conforme foi visto, pode ser um importantíssimo instrumento desse processo, mas para isso será necessário repensar certos conceitos e eliminar preconceitos profundamente enraizados depois de séculos do predomínio de uma concepção individualista da propriedade.

O foco da atuação da Administração Pública em matéria de urbanismo não está mais centrado no proprietário do imóvel, como alguém que precisa ser contido para não comprometer o interesse público, mas, sim, está mais disseminado pelo corpo social, pela coletividade, pelo conjunto indissolúvel da população urbana, tomando o empreendedor imobiliário privado não mais apenas como um inimigo, mas considerando o relevante papel que este pode e deve desempenhar como coadjuvante efetivo ou mesmo como parceiro da atuação governamental.

A RESSIGNIFICAÇÃO DA EFICIÊNCIA NAS EMPRESAS ESTATAIS À LUZ DA LEI 13.303/2016

ALÉCIA PAOLUCCI NOGUEIRA BICALHO

1. Introdução. 2. Delimitação do tema. 3. Perspectivas de renovação da eficiência e da boa administração nas empresas estatais. 4. Prenúncios de uma nova era das estatais brasileiras. 5. Amplitude da simbiose entre público e privado nas sociedades de economia mista. 6. Protagonismo da governança corporativa e do "compliance" no controle de eficiência das estatais. 7. Conclusões.

1. Introdução

Minhas palavras iniciais são de agradecimento aos organizadores desta obra, os ilustres juristas Marçal Justen Filho, Arnoldo Wald e Cesar A. Guimarães Pereira, que me honraram com o presente de homenagear o Professor Hely Lopes Meirelles, fio condutor do meu interesse pelo Direito Público.

Homenageá-lo é retornar aos bancos da Faculdade e às origens do direito administrativo contemporâneo, hoje com uma visão crítica do direito e da sociedade, amadurecida pelo estudo e pela prática guiada por outro gigante do Direito Público, cuja memória jamais me omitirei em reverenciar. Assim como Hely, o Professor Carlos Pinto Coelho Motta foi um homem de ideias à frente de seu tempo.

Este estudo tem por referência Hely Meirelles de 1989, a 14ª edição do seu *Direito Administrativo Brasileiro* atualizada pela Constituição de 1988, pela qual tive o primeiro contato com sua obra.

2. Delimitação do tema

Neste trabalho traçamos um curto cenário da evolução do caráter das empresas estatais e de suas formas de controle em relação ao ambiente trabalhado por Hely Meirelles, do Decreto-lei 200/1967, sob a égide da então recente Constituição Federal de 1988.

Abordamos especificamente o vigor observado na Lei de Responsabilidade das Estatais (Lei 13.303/2016) ao, a um só tempo, tutelar a atuação do acionista controlador, o Estado, fomentar o cumprimento eficiente dos objetivos institucionais destas empresas, e monitorar objetivamente o atingimento de sua função social.

Analisamos como esse plexo de ações e de sujeitos estatais deverão ter seus papéis doravante bem definidos com vistas à *eficiência* e à *boa administração*, segundo a concepção formatada por Hely Meirelles, de tais princípios da Administração Pública.

Trata-se de dar vida ao interesse público definido na letra do § 1º do art. 8º da Lei 13.303/2016, a ser realizado por estas entidades, expresso na conjunção do respeito às razões que motivaram a autorização legislativa de criação da empresa e o alinhamento entre seus objetivos e aqueles de políticas públicas.

À guisa de introdução, nesse percurso evolutivo, desde o período do estudo adotado como paradigma, conduzido pelo Prof. Hely Meirelles, observa-se *prima facie* a busca pela melhoria da *eficiência* no desempenho da Administração Pública, entendida *lato sensu*, conforme consignado na Reforma Administrativa Federal introduzida pelo Decreto-lei 200/1967, quando

> (...) submete toda atividade do Executivo ao *controle de resultado* (arts. 13 e 25, V), fortalece o *sistema de mérito* (art. 25, VII), sujeita a Administração indireta à *supervisão ministerial* quanto à *eficiência administrativa* (art. 26, III) e recomenda a *demissão* ou *dispensa* do servidor comprovadamente *ineficiente* ou *desidioso* (art. 100)[1] [*g.n.*].

Especificamente quanto às empresas públicas e sociedades de economia mista, naquela ocasião o autor já alertava para dois aspectos de especial preocupação acadêmica: o recorrente desrespeito pelo Estado dos limites constitucionais autorizativos da criação das estatais, e a necessidade de controles mais eficazes sobre estas entidades.

Quanto ao primeiro aspecto, Hely Meirelles comenta o desbordamento da ordem constitucional, sob a seguinte ótica:

> *O objeto da sociedade de economia mista* tanto pode ser um serviço público ou de utilidade pública, como uma atividade econômica empresarial. Quando for serviço público ou de utilidade pública a sua liberdade operacional é ampla e irrestrita; *quando for atividade econômica fica limitada aos preceitos constitucionais da subsidiariedade* e da não competitividade com a iniciativa privada, sujeitando-se às normas aplicáveis às empresas congêneres particulares e ao regime tributário comum, pois é dever do Estado dar preferência, estímulo e apoio à iniciativa privada para o desempenho de atividade econômica (Constituição da República, art. 173 e §§). Entretanto, a *realidade vem demonstrando que as empresas estatais estão sendo criadas com desrespeito aos mandamentos constitucionais*, invadindo a área reservada ao empresariado particular e fazendo-lhe aberta concorrência desleal. Urge que se ponha um paradeiro a essa conduta inconstitucional e prejudicial à economia privada[2] [*g.n.*].

E noticia os excessos cometidos por estas entidades, bem como as correlatas medidas mitigadoras então adotadas pela União, em reforço aos sistemas de controle:

> Em princípio, as entidades paraestatais (*empresas públicas, sociedades de economia mista, fundações instituídas ou mantidas pelo Poder Público e serviços sociais autônomos*) têm autonomia administrativa e financeira, sendo apenas *supervisionadas* pelo Ministério a que estiverem *vinculadas* (não *subordinadas*), mas os *desmandos* e *abusos na administração dessas entidades*, notadamente nas empresas públicas e sociedades de economia mista, criaram tal *endividamento e tantos gastos supérfluos, que a União viu-se forçada a instituir rigorosos controles administrativos e financeiros, através de normas legais e regulamentares em complemento das*

---

1. Hely Lopes Meirelles, *Direito Administrativo Brasileiro*, 14ª ed., São Paulo, Ed. RT, 1989, p. 86. *[V. 42ª ed., São Paulo, Malheiros Editores, 2016.]*
2. Hely Lopes Meirelles, *Direito...*, cit., p. 327. *[V. 42ª ed., São Paulo, Malheiros Editores, 2016.]*

disposições do Decreto-lei 200, de 25.2.1967, que estabelecia apenas a supervisão ministerial para essas entidades (arts. 19 a 28)[3] [g.n.].

De lá para cá, tais controles não revelaram a eficácia pretendida.

Estas empresas continuaram a ser judiadas por mandos e desmandos, como mostrou o esquema de corrupção descortinado pela Força-Tarefa da Operação Lava-Jato, localizado na maior estatal brasileira, que nesse episódio lograram a proeza de aniquilar.

O tal esquema é a "prova provada" de que as estatais brasileiras têm se prestado a integrar um aparato estatal destinado à manutenção do poder e ao enriquecimento pessoal.

E como acertadamente destacou Murilo Queiroz Melo Jacoby Fernandes,

os episódios delatados têm pouca relação com as facilidades do regulamento próprio de licitações, mas têm muita relação com a *ausência de uma matriz de responsabilidade e marco legal de negócios de estatais*[4] [g.n.].

Em que pesem as práticas já consolidadas e os controles a que já se submetem algumas estatais de maior porte, a maioria de diversas outras destas empresas carece de planejamento, gestão e controle eficazes, sendo inconcebível que entidades criadas à imagem e semelhança das empresas privadas prescindam de instrumentos de governança corporativa essenciais a garantir-lhes condições de competitividade,[5] além de transparência no cumprimento de seus objetivos institucionais.

Ciente de que o tema mereceria maior aprofundamento, nesse trabalho nos limitamos a fazer uma visita crítica às transformações na evolução do papel das empresas estatais e de suas formas de controle, hoje reforçadas por técnicas gerenciais típicas de sua roupagem

---

3. À época para tanto foi criada a Secretaria de Controle das Estatais – SEST (Decreto 84.128, de 29.10.1979), como superórgão integrado à então Secretaria de Planejamento da Presidência da República – SEPLAN, com poder de controle amplo e geral sobre os recursos e gastos dessas entidades que utilizassem ou pudessem utilizar dinheiros públicos (abrangendo as autarquias, com designação genérica e imprópria, de "empresas estatais"). Os controles foram intensificados por vários Decretos-leis posteriormente revogados pelo Decreto 2.036, de 28.6.1983, restando o 2.037 de mesma data, e o 2.065, de 26.10.1983, cuidando o primeiro do controle prévio de dispêndios, e o segundo de aumento salarial; o 94.684, de 24.7.1987 dispensou sua aplicação a essas entidades no que se refere aos critérios de reajuste de preços nos contratos públicos. Sobre a empresa pública Hely Meirelles comentava o Relatório da Conferência (Associação Internacional de Ciências Jurídicas, Praga, 1958, para estudo da empresa pública), Conclusão XXIV, que debulhou a gênese da empresa pública como a forma do Estado se introduzir no setor de economia pública em estrutura descentralizada; supondo justamente a conservação dessa descentralização, o respeito à autonomia da empresa pública, e exigindo sua colocação sob a autoridade hierárquica de órgãos ou agentes do Estado. Isto porque a estatal age "livremente dentro de seus estatutos" e sua autonomia subsiste se o Estado definir as obrigações das unidades do setor econômico sob a forma de planos gerais, o que atrai o si diferentes formas de controle pelo Estado, administrativo, financeiro, jurisdicional, parlamentar. "Esses controles têm como finalidade verificar se a empresa está sendo gerida convenientemente. Permitem corrigir uma administração infeliz ou irregular" (Hely Lopes Meirelles, *Direito...*, cit., p. 315 *[V. 42ª ed., São Paulo, Malheiros Editores, 2016]*). V. sobre o tema Pedro Paulo de Almeida Dutra, *Controle de Empresas Estatais*, São Paulo, Saraiva, 1991. E, mais recentemente, Mario Engler Pinto Júnior, *Empresa Estatal – Função econômica e dilemas societários*, 2ª ed., São Paulo, Atlas, 2013.

4. Murilo Queiroz Melo Jacoby Fernandes, "Lei n. 13.303/2016: novas regras de licitações e contratos para as estatais", *Revista Síntese – Licitações, Contratos e Convênios*, n. 34, Ano VI, ago.-set. 2016, pp. 9-13.

5. V. artigo de Sérgio Lazzarini, publicado na *Revista Veja* de 28.9.2016, p. 28.

societária, na condição de empresas privadas que são, e conforme lhes foram introduzidas pela Lei 13.303/2016.

Um dos méritos da Lei, no que se refere às rígidas regras de governança, será a tutela do protagonismo estatal inerente a sua gestão, cujas distorções têm sido causa de mazelas, como demonstra a recente história brasileira.

Tais regras impõem ao Estado controlador um maior comprometimento e transparência em relação ao cumprimento da função social que justifica a própria existência destas empresas, que doravante terão seu controle otimizado sob duas vertentes: da empresa em si, e do controlador, o Poder Público.

Nesse quadrante, a Lei de Responsabilidade das Estatais reforçou a natureza orgânica privada conferida a estas empresas pela Constituição da República e incrementou seus controles *interna corporis*, além daquele administrativo, decorrente de sua paraestatalidade – ambos legítimos e conciliáveis entre si, nas palavras de Hely Meirelles.[6]

Finalmente, propomos que a inteligência de tais controles seja compreendida à luz da *eficiência* e da *boa administração*, na latitude com que tais princípios foram trabalhados por Hely Meirelles, cuja doutrina os abordou sob uma ótica pioneira no Brasil.

3. Perspectivas de renovação da eficiência e da boa administração nas empresas estatais

Bem antes da Emenda 19/1998 introduzir à Constituição Federal a *eficiência* entre os princípios da Administração Pública, Hely Lopes Meirelles destacava o *dever de eficiência* do agente público como o mais moderno princípio da função administrativa, que

> já não se contenta em ser desempenhada apenas com legalidade, exigindo resultados positivos para o serviço público e satisfatório atendimento das necessidades da comunidade e de seus membros.[7]

O Professor cita a propósito a doutrina italiana, lembrada por Carvalho Simas, que vincula a *eficiência* ao *dever da boa administração*, consagrado em nosso sistema via Reforma Administrativa do Decreto-lei 200/1967, como já anotado.

---

6. Hely Lopes Meirelles afirmava sobre a atuação estatal em caráter suplementar à iniciativa privada: "O que a Constituição submete às normas do direito privado não é, portanto, a instituição e a organização da empresa ou da sociedade; é a sua atividade empresarial. Esta, sim, não pode afastar-se das normas civis, comerciais, trabalhistas e tributárias pertinentes, para que não se faça concorrência desleal à iniciativa privada. Mas, nada impede o Poder Público estruture e organize suas empresas públicas e sociedades de economia mista diferentemente das sociedades particulares, ou adapte estas para o desempenho dos objetivos econômicos de interesse coletivo, ou de seus próprios serviços públicos. Nessa adaptação administrativa, é lícito ao Poder Público estabelecer novos e maiores controles para as empresas paraestatais, paralelamente aos peculiares de sua organização societária ou institucional privada. Daí por que é perfeitamente admissível que o Estado faça verificações em seus negócios e determine a prestação de contas dessas empresas ao Tribunal de Contas, mesmo que revistam a forma de sociedade anônima, e tenham o controle societário de seus conselhos fiscais: *este permanece como controle institucional da empresa; aquele será um controle administrativo decorrente de sua paraestatalidade. Ambos, legítimos e conciliáveis entre si*" [g.n.] (Hely Lopes Meirelles, *Direito...*, cit., pp. 312-313 *[V. 42ª ed., São Paulo, Malheiros Editores, 2016]*).

7. Hely Lopes Meirelles, *Direito...*, cit., pp. 86 e 94. *[V. 42ª ed., São Paulo, Malheiros Editores, 2016.]*

Lastreados aos deveres de *eficiência* e da *boa administração*, e segundo a conotação que lhes conferiu o autor, são pontos fortes na obra de Hely Meirelles os *poderes* e *deveres* do Administrador Público, *expressos em lei, impostos pela moral administrativa e exigidos pelo interesse da coletividade.*

Referimo-nos em especial ao *poder-dever*, na acepção do doutrinador, segundo o qual:

> Poder tem para o agente público o significado de dever para com a comunidade e para com os indivíduos, no sentido de que quem o detém está sempre na obrigação de exercitá-lo; e que o *poder do administrador público, revestindo ao mesmo tempo o caráter de dever para a comunidade*, é insuscetível de renúncia pelo seu titular, o que importaria fazer liberalidades com o direito alheio, e o Poder Público não é, nem pode ser, instrumento de cortesias administrativas[8] [g.n.].

Com efeito, a índole e a dimensão do poder detido pelos representantes eleitos e pelo administrador público – na condição de ferramentas necessárias a aparelhá-los ao exercício de seus *poderes* e *deveres* – impõe-lhes a observância de princípios caros à democracia: legalidade, impessoalidade, moralidade, publicidade e eficiência, ou dever da boa administração.

Em suma, as instituições de Governo e seus agentes, todos *lato sensu*, existem para sob essa ótica servir ao coletivo.

Afinal, as prerrogativas do gestor público têm por destinatário o administrado-cidadão, empoderado pela Constituição ao exercício da democracia representativa e participativa, além de titular da dignidade constitucional balizada pelos princípios inerentes a nosso regime político.

O contrapeso de tais *deveres* e *poderes* situa-se nos correlatos mecanismos de transparência e de controle de seus atos relacionados à coisa pública.

Nesse contexto, tais agentes têm suas atribuições e responsabilidades muito bem caracterizadas especialmente no ambiente das empresas estatais, legitimadas que são a existirem em razão de sua função social estabelecida na lei autorizativa de sua criação.

Mas a letargia legislativa opera contra as próprias diretrizes de evolução do sistema, definidas pelo constituinte, vivendo o processo legislativo no encalço dos fatos e seus momentos sociais, o que na Europa se acentuou no Estado de Direito na órbita do Estado Providência, como analisa Jacques Chevallier.[9]

No Brasil, a atividade legislativa tem caráter nitidamente reativo, aquecendo-se normalmente face à necessidade de dar respostas à sociedade em períodos de crise, como muito oportunamente critica Diogo de Figueiredo Moreira Neto:

> O clamor das ruas, que desde 2013 tem sido cada vez mais intenso, deve ser entendido como um significativo alerta, com sentido de uma *cobrança popular pela adoção de políticas*

---

8. Hely Lopes Meirelles, *Direito...*, cit., p. 84. *[V. 42ª ed., São Paulo, Malheiros Editores, 2016.]*

9. Jacques Chevallier, *O Estado de Direito*, trad. Antônio Araldo Ferraz Dal Pozzo e Augusto Neves Dal Pozzo, Belo Horizonte, Fórum, 2013, p. 82. O jurista analisa a tendência de textos legais cada vez menos genéricos e não longevos, cada vez mais especiais, de acentuado conteúdo técnico e detalhista – além de regularmente em atraso –, o que compromete sua criação e sua perenidade no tempo e no espaço. E anota que a necessidade de ajustes incessantes, sob pena de obsolescência, é um fenômeno decorrente da vontade, ou da necessidade de fixar de perto a realidade social.

públicas articuladas – ou seja, de *providências de Estado e não de meros anúncios de providências cosméticas de governo*, nas quais sempre sobrevém o desmedido acúmulo de novas leis, a somarem-se ao arsenal legislativo existente e pouco operante, que não é mais que um ridículo arremedo de progresso, pois, como já nos advertia Cícero há mais de dois milênios – *plurimae legis corruptíssima republica* – em tradução livre, quanto mais leis mais corrupta a republica – pois o excesso de leis acaba por banalizá-las e torná-las mais fácil e impunemente transgredidas (...)[10] [*g.n.*].

Assim, vários aspectos das "providências de Estado" indicadas entre as diretrizes da Reforma de 1967 não encontraram seu rumo até hoje, das quais pode ser citada a *avaliação de desempenho do servidor*, cujo tratamento do Decreto-lei – prosseguido na Constituição de 1988 – ainda não se materializou.

O tema, trazido pelo Projeto de Lei Complementar 248/1998, que regulamenta o inciso III do § 1º do art. 41 e o art. 247 da CF/1988, foi recentemente ventilado em tramitação retomada apenas há poucos meses pela Câmara dos Deputados.

Também tradicionalmente, muitas destas iniciativas legislativas, é certo, resultam de pressões externas provenientes de acordos formalizados com organismos multilaterais, como medida de inserção do país na economia globalizada – o que não lhes tira o mérito, e menos ainda a utilidade.

Um exemplo mais remoto e talvez o paradigma mais genuíno dessa realidade – considerado o marco inicial da mudança de eixo cultural e legal do tratamento da coisa pública no Brasil – é a Lei Complementar n. 101/2000, Lei de Responsabilidade Fiscal, que instituiu a *responsividade fiscal do gestor público*.[11]

Foi preciso a crise e o movimento das ruas para que surgisse a Agenda Brasil, conhecida como o pacote de respostas legislativas aos impactos sociais causados pela Operação Lava-Jato e destinado a cumprir um *script* de atualização legislativo-cultural com vistas à paulatina adequação da legislação brasileira às melhores práticas não "cosméticas".

Veio ali então a providência determinada há vinte anos pela Emenda Constitucional 19/1998, ou seja, o estabelecimento, por lei, do estatuto jurídico das empresas estatais e de suas subsidiárias, que dispusesse sobre as matérias elencadas nos incisos I a V do § 1º do art. 173.

Nessa esteira, dando musculatura à moralidade traçada nas Leis de Licitações, Lei 8.666/1993, de Improbidade, Lei 8.429/1992, e do CADE, Lei 12.529/2011, e também inspirada em práticas e pressões estrangeiras, a Lei Anticorrupção, Lei 12.846/2013, sacolejou a realidade das empresas brasileiras ao impor-lhes a *responsabilidade objetiva* pela prática de atos contra a Administração Pública, inserindo-as de forma irreversível no universo do *compliance*.

---

10. Diogo Figueiredo Moreira Neto, "Corrupção, democracia e aparelhamento partidário do Estado", *Revista de Direito Administrativo*. v. 273, Rio de Janeiro, set.-dez. 2016, p. 485.

11. Naquela ocasião, instituições internacionais fomentaram em todo o mundo a criação de legislações pautadas no controle de despesas e endividamento, conforme recomendações do FMI, do Banco Mundial, e da OCDE. No Brasil, o objetivo da então nova lei foi bem ilustrado por Diogo de Figueiredo Moreira Neto ao afirmar que a LRF caracterizava uma mudança de hábitos, marcando a "desejável passagem do patrimonialismo demagógico para o gerenciamento democrático". V. Diogo de Figueiredo Moreira Neto, "A lei de responsabilidade fiscal e seus princípios jurídicos", *RDA* 221/71-93, Rio de Janeiro, jul.-set. 2000.

Apenas para registro, em paralelo, integrando esse *portfolio* reformista, cite-se o PL 6.621/2016, que cuida das Agências Reguladoras, na mesma linha de despolitização e profissionalização adotada pelo projeto antecessor dedicado às estatais e por ele parametrizado.

Com gênese semelhante, noticia-se a retomada da PEC 239/2013, de criação do Conselho Nacional dos Tribunais de Contas, com finalidades similares àquelas exercidas pelo CNJ, no âmbito do Judiciário, e pelo CNMP, no âmbito do Ministério Público, relacionadas ao planejamento e organização de atividades, e à fiscalização de condutas.

Aguarda-se ainda a tramitação pela Câmara do PL 6.814/2017, de modernização da Lei de Licitações, aprovada pelo Senado em dezembro último, no PLS 559/2013;[12] as reformas trabalhista e previdenciária; o PLS 85/2017, que trata do abuso de autoridade;[13] e o Projeto 1.202/2007, retomado em Substitutivo da Câmara, que regulamenta o *lobby*, ora rebatizado de atividades de relações governamentais e representação de interesses.[14]

Nesse plexo legal, a Lei de Acesso à Informação, Lei 12.527/2011, tem exercido seu papel na ampliação do acesso e do controle social sobre as decisões estatais, e encontrará reforço na aplicação do Decreto de 7.3.2017, que criou o Conselho Nacional para a Desburocratização – Brasil Eficiente, incumbido de desburocratizar e ampliar a participação social nas decisões estatais.[15]

Ao fim e ao cabo, as feições desse conjunto de diplomas agradam em título e conteúdo, sob a ótica do reforço às formas de controle da *eficiência*, da *boa administração*, e, enfim, do *poder-dever* do administrador público na boa lida com a coisa pública.

Assim, a Lei de Responsabilidade das Estatais, Lei 13.303/2016, tardou, mas veio com o objetivo que pode ser resumido na despolitização e profissionalização dos quadros destas empresas, além da adoção de estruturas de governança corporativa e de mecanismos de *compliance*, enfatizando as práticas de transparência e *accountability*, segundo o roteiro constitucional.

---

12. A própria Lei 8.666/1993 seria fruto de uma resposta ao *impeachment* do Presidente Collor.

13. V. Cristiana Fortini, "Novo marco legal sobre abuso de autoridade é mais do que oportuno", in *www.conjur.com.br*, em 20.4.2017.

14. A nosso ver, o art. 7º do Substitutivo aprovado pela Câmara merece críticas ao tornar *facultativo* o registro dos profissionais de relações governamentais, frustrando o controle das atividades na forma eficiente proposta pelo Projeto originário.

15. Segundo Hélio Beltrão, "A concentração das decisões no nível central da Administração representa uma sobrevivência deplorável de nosso passado colonial. E não se coaduna com a urgência de nossos problemas e a dimensão de nosso país. Ela não é apenas a causa principal do lamentável retardamento das decisões do Administrativo Federal; é também responsável pela inibição do dinamismo econômico e social, pelo esvaziamento da Federação e pela marginalização dos mecanismos e lideranças locais. Como fator agravante, *o centralismo burocrático acarreta inevitavelmente a padronização das soluções. Provoca a exacerbação de uma ótica excessivamente central dos problemas nacionais, que tende a aplicar soluções uniformes a um país imenso e heterogêneo, que exige, pelo contrário, decisões ajustadas a suas diversidades e peculiaridades.* Dificilmente alcançaremos a prática efetivada Federação se não intensificarmos a descentralização dentro da Administração Federal. A grande transformação a operar neste país, é, a do *controle ao excessivo centralismo burocrático, que passou a constituir, no plano interno, o obstáculo mais sério às nossas aspirações de desenvolvimento econômico, social e político*" [g.n.]. V. Hélio Beltrão, "Desburocratização, descentralização e liberdade: a aterrissagem no Brasil real (Documentos Históricos)", *RDA* 273/491, Rio de Janeiro, set.-dez. 2016.

Esta Lei é, por assim dizer, a vertente pública do binômio *responsividade fiscal--accountability*, bandeiras da LRF ora inseridas no ambiente da personalidade jurídica de direito privado em que gravitam as estatais,[16] fomentando a *eficiência* e a *boa administração* nestas empresas.

4. Prenúncios de uma nova era das estatais brasileiras

As estatais brasileiras sofrem de duas ordens de patologias crônicas e sobrepostas.

A primeira delas identifica-se na falta de autonomia de seus dirigentes e, assim, da própria empresa, o que se consolidou em parte pela tradição e mentalidade que consideram natural sejam estas empresas geridas por quadros compostos por indicações políticas normalmente desvinculadas de critérios técnicos.

Outro problema recorrente na gestão das estatais reside no *management override*, ou o "excesso de (in)gerência" do acionista controlador, que resulta da ausência de clareza quanto a seu papel, o que acaba turbando o cumprimento das finalidades institucionais e programáticas destas empresas e desvirtuando seus resultados, quando não a própria função social que justificou sua criação.

As consequências dessa realidade estrutural e os danos sofridos pelas empresas administradas em ambiente de alta politização e baixa profissionalização dispensam maiores digressões, pois já foram suficientemente expostas no episódio Petrobras, que flagrou o uso das estatais como instrumento de Governo, e não de Estado.

Aliado a estes fatores, a carência de técnicas de gestão empresarial eficientes, em grande parte das estatais brasileiras, conduz à incerteza sobre sua missão e suas metas objetivas, que devem estar atreladas a planos concretos definidos em planejamento estratégico de longo prazo e no acompanhamento da *performance* tanto da empresa quanto de seus dirigentes.

Portanto, as inovações legislativas nesse campo dão novas luzes ao controle de desempenho e de resultados das estatais, de seus administradores e, em última instância, à *eficiência* do próprio acionista controlador, de forma a mitigar o risco de desvirtuamento destas dispendiosas estruturas estatais e seu uso na condição distorcida de ferramentas governamentais e políticas.

Assim, a Lei 13.303/2016 impõe ao ente controlador um desafio primário, relacionado à necessária reflexão e possível revisão, nesse momento, do próprio papel do Estado na intervenção no domínio econômico, à luz das condições de mercado e da capacidade de autogestão e fiscal da Administração Pública no atual cenário do país.

Em breve retrospectiva, as estatais brasileiras começaram a ser criadas no início da Era Vargas, quando o País estava voltado para o desenvolvimento nacional, via aceleração do processo de industrialização por substituição de importações, ocasião em que o Estado

---

16. Nesse sentido, alerte-se que, observadas as exceções, as próprias empresas estatais se submetem às sanções previstas na Lei Anticorrupção. Lei 13.303/2016, art. 94: "Aplicam-se à empresa pública, à sociedade de economia mista e às suas subsidiárias as sanções previstas na Lei n. 12.846, de 1º de agosto de 2013, salvo as previstas nos incisos II, III e IV do *caput* do art. 19 da referida Lei". As estatais são excepcionadas, portanto, das seguintes sanções da LAC: (i) suspensão ou interdição parcial de suas atividades; (ii) dissolução compulsória; e (iii) proibição de receber incentivos, subsídios, subvenções, doações ou empréstimos de órgãos ou entidades públicas e de instituições financeiras públicas ou controladas pelo Poder Público.

assumiu papel pesado no setor produtivo de bens e serviços para promover o desenvolvimento. Com esse núcleo, as estatais, o Estado ampliava a atividade de fomento ao desenvolvimento industrial, donde o acelerado ritmo de criação destas empresas entre os anos de 1930 e 1950.[17]

No Governo JK, o Estado Desenvolvimentista foi aquecido com o Plano de Metas, atingindo essa euforia seu ápice nas décadas de 60 e 70, com criação de mais estatais;[18] entre 1966 e 1976 foram criadas 50% das empresas públicas, fundações e autarquias – a partir do que os governos militares começaram a perder o controle da expansão do setor paraestatal semi-independente.

Àquela época já vigorava o Decreto-lei 200/1967, pautaudo nos princípios de descentralização administrativa e delegação de competência. Esse texto foi exaltado por Hely Meirelles, sob a ótica da eficiência, e por Bresser Pereira, sob aquela econômica, que o identificou como marco inicial da administração pública gerencial no Brasil.

No entanto, a despeito de suas virtudes, a prática demonstrou que o Decreto não alcançou as finalidades para que foi cunhado, ou talvez o país não estivesse estruturado, sob o ponto de vista das administrações locais, para o pleno aproveitamento dos benefícios da administração gerencial descentralizada.

De qualquer forma, enquanto isso, o modelo estatal keynesiano do Estado-Providência dava sinais de esgotamento na Europa, admitindo o Governo inglês a inviabilidade do Estado de custeá-lo, o que deu início à Era do Neoliberalismo, marco histórico do gradual desmonte do Estado de Bem-Estar inglês a partir da política de privatização das empresas públicas.

As influências das ideologias neoliberais de globalização na linha de redução do tamanho e do custo do Estado, somadas à crise fiscal e poucos recursos para investimentos, ecoaram no Brasil nos anos de 1980, gerando uma reação ao excesso de Estado e culminando com as privatizações dos anos de 1990.

A "culpa" desse processo, se é que se pode assim dizer, não foi ideológica, mas decorreu de fatos: a capacidade gerencial do Estado encontrava-se debilitada e seus recursos limitados por uma severa crise fiscal.

Àquela altura, concretizado o processo de redemocratização e promulgada a Constituição de 1988, sobreveio a Reforma do Estado e do Aparelho do Estado, Plano Diretor do MARE/Ministério da Administração Federal e Reforma do Estado – afinal convertida na Emenda Constitucional 19/1998.

Entre as inovações, a reforma (re)introduziu entre os princípios da Administração a *eficiência*, ora em sede constitucional, forçando uma transição para a Administração Pública

17. Nesse período foram criadas pelo menos 50 estatais (Vale, CSN, Petrobrás, Telebras, BNDES). A fase do Estado-Administrativo foi fundamental para a evolução da gestão pública brasileira, na implantação de técnicas de gestão e de organização da Administração Pública Burocrática, no modelo weberiano, que profissionaliza, dá parâmetros de gestão de pessoal, enfim, implanta processos organizados para atingir objetivos determinados. A Administração Pública Burocrática, primeiro modelo estruturado de Administração Pública no Brasil, surgiu no Governo Militar e se desenvolveu na ditadura, chegando a ser considerada a melhor burocracia estatal da América Latina, com núcleos ótimos mobilizados na Administração Pública Federal.

18. Por volta de 1964 as estatais criadas nos anos de 1950 viabilizavam o grande projeto de industrialização.

gerencial, na trilha de uma gestão explícita e diretamente voltada para o interesse público, sem confusão com o interesse do próprio Estado (ou de fortalecimento do Estado, leia-se "Governo"), voltada ao controle de resultados e não de meios, além da eliminação dos excessos formais e anacrônicos do modelo burocrático tradicional.

Mas essa concepção não vingou *ipso facto*, e chegou-se ao reconhecimento do uso político, eleitoreiro, além de ruinoso de uma das maiores estatais nacionais, que a seu turno expôs, em efeito cascata, toda uma gama de disfunções do próprio sistema vigente e à constatação do que o ilustre tributarista Sacha Camon Navarro Coelho identifica como os mais graves problemas nacionais: o excesso de leis e de burocracia e o excesso de Estado.[19]

Abstraindo de questões ideológicas,[20] esse histórico, aliado à atual conjuntura do núcleo estatal composto pelas empresas estatais, impõem uma reflexão sobre a perspectiva da redefinição do papel destas empresas, a partir da redefinição do próprio papel do acionista controlador.

A pergunta se repete: até onde o Estado deve e tem condições de intervir no domínio econômico atuando diretamente na prestação de bens e serviços; e quando deverá considerar os desinvestimentos e as parcerias?

Como dito, a resposta a estas questões não estará na ideologia, mas no chão da realidade, em especial na consideração de movimentos cíclicos que afetam os rumos das estatais de tempos em tempos.

O art. 170 da Constituição Federal confere ao mercado a exploração da atividade econômica em regime de livre iniciativa e de livre concorrência, figurando o Estado como ente regulador pronto a atuar na *falha de mercado*, ou seja, a explorar diretamente a atividade econômica, quando tal intervenção for necessária aos imperativos da segurança nacional ou ao atendimento de relevante interesse coletivo (CF, art. 173).

Portanto, a diretriz constitucional indica o caráter suplementar da atuação estatal, em relação à iniciativa privada, conferindo liberdade administrativa aos entes estatais que julguem conveniente descentralizar seus serviços ou explorar atividades econômicas, e nessa condição fazê-lo, com vistas a suprir a falha de mercado.

Ocorre que tanto a iniciativa privada quanto o Estado estão constantemente expostos a aspectos exógenos, oscilações sazonais ditadas pelas novas conformações de mercado, pelo ritmo de atualização das demandas sociais, e também pela capacidade de autogestão estatal, enfim, por variadas e dinâmicas contingências que afetam ambos os setores, público e privado, cada qual a seu modo, operando-se ora a falha de mercado, ora aquela de Estado.

Trata-se de um movimento intermitente, que enseja replanejamentos periódicos da modulação da presença do Estado na economia.[21]

19. O Professor Sacha Calmon comenta que o "excesso absurdo da presença do Estado em si mesmo, nas suas atribuições e competências e na sua interferência na economia, a ponto de parecermos um Estado semissocialista e, por isso, não causa espanto nossa situação. O Estado não resolve os problemas, é a causa deles, ou seja, o problema é o Estado. Ele é, virou moda dizer – a mãe de todos os problemas". E passa a elencar os bens da União, suas competências legislativas e diversos aspectos do que critica como excesso constitucional de Estado (Sacha Calmon Navarro Coelho, *blogdosacha*, postagem em 2.5.2017).

20. Segundo Arnaldo Jabor, é evidente que o problema nacional atual não é ideológico, mas político e, precipuamente, contábil e fiscal.

21. No plano federal, a Secretaria de Coordenação e Governança das Empresas Estatais/SEST anunciou que a União pretende manter as empresas que tenham um *core business* bem específico. Juntamente

Mas essa constante atividade revisional também é *poder-dever* do ente controlador, primeiro, na condição de processo inerente à gestão eficiente das estatais, cujo esforço deve ser direcionado a aperfeiçoar o desempenho do acionista controlador e a potencializar os investimentos das estatais, em benefício da sociedade.

Reflete ainda uma atividade de alinhamento com o art. 173 da Constituição, repetido no art. 27 da LRE, que, não custa lembrar, atribuem às estatais uma função social de realizar o interesse coletivo ou atender a imperativo da segurança nacional expressa no instrumento que tenha autorizado sua criação.

Portanto, sob o aspecto constitucional, é um momento de retorno do pêndulo, de revisão do papel das estatais e de seu acionista controlador estatal, com vistas a um necessário alinhamento do dever de eficiência e da boa administração, ao comando constitucional.

Sob outro aspecto, é também a oportunidade de se utilizar de forma equilibrada e criativa as inúmeras alternativas de aproveitamento do potencial conferido pela legislação que regulamenta diversos modelos contemporâneos de associação entre público e privado.

5. Amplitude da simbiose entre público e privado nas sociedades de economia mista

Tratando especificamente das sociedades de economia mista, Hely Meirelles destacou seu caráter híbrido, e a simbiose em que convivem o empreendimento particular e público, contando com o amparo estatal.[22]

Em sua visão sempre ampliada, o Professor combatia a interpretação restritiva desse tipo de entidade como mera conjugação de capitais públicos e privados, já que a participação estatal comporta formas diversas, não limitadas ao aspecto financeiro – característica que muitas vezes assegura a necessária atratividade ao setor privado.

Em sua lição, Hely destacava como essencial a associação e participação ativa do Estado e do particular nestas empresas, no capital, ou na sua direção, ou seja, elementos do Estado com os do indivíduo, que podem se traduzir tanto em *participação pecuniária*, como *técnica, administrativa, científica ou cultural*, ou seja, a conjugação do público e do privado na "economia interna da companhia, na mais ampla acepção do vocábulo".[23]

A esse propósito, e como já tivemos a oportunidade de comentar,[24] a título de exemplo, o legislador da Lei 13.303/2016 andou bem ao prever a dispensa de licitação para a

com a CGPAR/Comissão Interministerial de Governança Corporativa e de Administração de Participações Societárias da União (de 2007) estão conduzindo um processo de radiografia do cenário atual, de avaliação do que se espera das estatais, além de uma reordenação da participação do Estado na economia.

22. "Inegável, assim, o caráter híbrido da sociedade de economia mista, que, associando o capital particular ao investimento público, erige-se em entidades de direito privado, mas realiza determinadas atividades de interesse estatal, por delegação do Poder Público. Concilia-se desse modo, a estrutura das empresas privadas, com os objetivos de interesse público. Vivem, portanto, em simbiose, o empreendimento particular com o amparo estatal" Hely Lopes Meirelles, *Direito...*, cit., p. 324. *[V. 42ª ed., São Paulo, Malheiros Editores, 2016.]*

23. Desde então, o Professor destacava que nem sempre o capital se identifica como elemento propulsor das atividades societárias, pois o "fomento estatal, através de incentivos oficiais ou ajuda técnica poderá ser tão eficiente e decisivo para o sucesso de determinadas empresas, como a ajuda financeira na constituição de seu capital" (idem, ibidem).

24. Alécia Paolucci Nogueira Bicalho, "Lei de Responsabilidade das Estatais: fomento e perspectivas às estatais prestadoras de serviço público de saneamento básico", *Revista de Direito Administrativo Contemporâneo*, vol. 27, ano 4, São Paulo, Ed. RT, nov.-dez. 2016, pp. 211-236.

contratação nos casos em que a escolha do parceiro esteja associada a suas características particulares e vinculada a oportunidades de negócio definidas e específicas, que justifiquem a inviabilidade de procedimento competitivo (art. 28, § 3º, II).

Estas disposições consolidam importante vetor de fomento às estatais, ampliando as perspectivas de parcerias com a iniciativa privada, necessárias a viabilizar a conjugação da capacidade de governança, gestão, financiamento e operativa destas empresas, com as utilidades de interesse público que cabem ao Estado prover, num ambiente de maior segurança jurídica proporcionado pela LRE.

A Lei vem reconhecer o *ponto de não retorno* do Estado-Empresário, ora legitimado em sede legislativa a trafegar em seus negócios mediante formas variadas de associação com o setor privado, destinadas a atender a diversidade de situações no plano da desestatização, doravante ampliadas pelas parcerias societárias ou contratuais.

Atente-se para a amplitude e diversificação dos modelos de contratos alcançados pela Lei, que, segundo Marçal Justen Filho, criou o gênero contratos de parcerias,[25] ao definir *contratos de parceria* como a

> concessão comum, a concessão patrocinada, a concessão administrativa, a concessão regida por legislação setorial, a permissão de serviço público, o arrendamento de bem público, a concessão de direito real e os outros negócios público-privados que, em função de seu caráter estratégico e de sua complexidade, especificidade, volume de investimentos, longo prazo, riscos ou incertezas envolvidos, adotem estrutura semelhante.

Nesse quadrante, o Estado brasileiro passa pela modificação comentada pelo Professor Luciano Ferraz citando o jurista português Moreira Vital ao se referir ao *polimorfismo organizatório* da Administração Pública, imposto pelas diversas formas de atuação do Estado, consoante as necessidades de cada tempo, e partindo-se do reconhecimento da existência de um processo contínuo de reformulação e reconfiguração na estrutura do processo orgânico decisório da Administração Pública.[26]

6. Protagonismo da governança corporativa e do "compliance" no controle de eficiência das estatais

Essa mais ampla aproximação entre público e privado no âmbito das estatais impõe não apenas a modernização de sua gestão, mas, sobretudo, um adequado controle a sua natureza híbrida, em especial, repita-se, à luz da *eficiência* e do *dever da boa administração*, que demandam do gestor público bem atuar.

A esse propósito, a governança calha no contexto do comentário do Professor Hely, ao afirmar que na "autarquia a prerrogativa estatal é a regra, por inerente à sua condição de Poder Público; na entidade paraestatal é a exceção, por impresumível nas pessoas jurídicas de direito privado"; e que "o que a Constituição submete às normas do direito privado não é, portanto, a instituição e a organização da empresa ou da sociedade; é a sua atividade empresarial".[27]

---

25. V. depoimento ao *Consultor Jurídico* (www.conjur.com.br).
26. Luciano Ferraz, "Além da sociedade de economia mista", *RDA* 266/49-68, Rio de Janeiro, maio-ago. 2014.
27. Hely Lopes Meirelles, *Direito...*, cit., pp. 310-312. *[V. 42ª ed., São Paulo, Malheiros Editores, 2016.]*

Portanto, a Lei 13.303/2016 cria um ambiente de equilíbrio ordenado nestas entidades, considerando a presença e a atuação do acionista estatal e as normas de funcionamento e de gestão da empresa, conferindo ordem a essa simbiose empresarial entre público e privado.

Por isso seu ponto alto situa-se, sem dúvida, nas normas de *governança corporativa* do Título I, que contém as *disposições aplicáveis às empresas públicas e às sociedades de economia mista*, distribuídas em três Capítulos tratando das *disposições preliminares*; do *regime societário*; e da *função social* destas empresas.

Tais disposições incorporam a atual tônica das melhores práticas privadas, adaptadas à administração das empresas estatais, conjugando ética empresarial e eficiência de gestão com eficácia de desempenho prosseguida e acompanhada por mecanismos de controle via canais de transparência e prestação de contas.

Atente-se que governança corporativa é um sistema de freios e contrapesos articulado de maneira eficiente e sustentado em dois pilares fundamentais: gestão eficiente e controles (transparência, *accountability*, supervisão de condutas). Seu lastro se vincula ao *compliance*, que não é função nem tema jurídico, mas um organismo cujo funcionamento perene e operacionalidade material pressupõem vínculo permanente e direto ao Conselho, ao quotidiano da empresa.

O tempero da Lei está na especificidade de conteúdo e em sua abrangência, pois o diploma se aplica a todas as estatais, inclusive as dependentes,[28] excluindo de seus comandos (e em termos) apenas algumas delas, em função de sua receita operacional, conforme regulamentação dos respectivos Executivos, e observadas as diretrizes da Lei federal.

Submetem-se à LRE também as empresas públicas e as sociedades de economia mista que participem de consórcio, na condição de operadora, bem como as Sociedades de Propósito Específico controladas por empresa pública ou por sociedade de economia mista.[29]

28. V. Alécia Paolucci Nogueira Bicalho, "A interpretação do conceito de empresa estatal dependente na Lei de Responsabilidade Fiscal", *FCGP*, n. 3, ano 1, mar. 2002; e Alécia Paolucci Nogueira Bicalho e Andreia Barroso Gonçalves, "Organização administrativa brasileira", in Carlos Pinto Coelho Motta (coord.), *Curso Prático de Direito Administrativo*, 3ª ed., Belo Horizonte, Del Rey, 2011, p. 70.

29. Este tema tem sido objeto de constante acompanhamento pelo Tribunal de Contas da União, desde a "privatização híbrida" da Infraero, vinculada às desestatizações dos primeiros aeroportos nacionais, cujas concessões foram assumidas por SPEs com participação acionária conjunta da estatal e de empresas privadas. V. a respeito do tema os inúmeros problemas detectados no AC-1865-28/16-P, relatado pelo Min. Augusto Nardes, relacionado à "Auditoria operacional. Avaliação da atuação da Infraero e da ANAC no acompanhamento dos contratos de concessões aeroportuárias. Monitoramento do Acórdão 548/2014-TCU-Plenário". Anote-se que nos termos do § 7º do art. 1º da Lei das Estatais, no caso de participação societária, sem controle acionário estatal, as empresas deverão adotar, no exercício do dever de fiscalizar, práticas de governança e controle proporcionais à relevância, à materialidade e aos riscos do negócio do qual participem, considerando para esse fim os elementos indicados nos incisos I a VII, a saber: São eles: I – documentos e informações estratégicos do negócio e demais relatórios e informações produzidos por força de acordo de acionistas e de Lei considerados essenciais para a defesa de seus interesses na sociedade empresarial investida; II – relatório de execução do orçamento e de realização de investimentos programados pela sociedade, inclusive quanto ao alinhamento dos custos orçados e dos realizados com os custos de mercado; III – informe sobre execução da política de transações com partes relacionadas; IV – análise das condições de alavancagem financeira da sociedade; V – avaliação de inversões financeiras e de processos relevantes de alienação de bens móveis e imóveis da sociedade; VI – relatório de risco das contratações para execução de obras, fornecimento de bens e prestação de serviços relevantes para os interesses da investidora; VII – informe sobre execução de projetos relevantes para os

A Lei cuidou de início de despolitizar e de profissionalizar estas empresas, fixando critérios objetivos de legalidade para a composição de seus quadros, visando a fortalecer-lhes a autonomia, mediante redução de interferências de cunho meramente político em sua direção, além de profissionalizar sua gestão com dirigentes tecnicamente capacitados.

Cabe ao Comitê Estatutário de Indicação a função de verificar a conformidade do processo de indicação e avaliação dos membros dos Conselhos de Administração e Fiscal, auxiliando o acionista controlador nessas indicações, mediante verificação do cumprimento da política de indicação.

Os requisitos positivos a serem comprovados por documentação se relacionam à experiência profissional, formação acadêmica compatível com o cargo, e não enquadramento nas hipóteses de inelegibilidade. Seu atendimento (ou não) constituirá o fundamento de aprovação ou recusa pelo Conselho das indicações apresentadas pelo controlador.

Já as vedações, ou requisitos negativos, comprováveis mediante autodeclaração do indicado, pautam-se, em suma, nas diversas hipóteses de conflito de interesses, à luz da Lei 12.813/2013.[30]

Seguindo o mesmo conceito, o Conselho de Administração deverá ser composto por no mínimo 25% de conselheiros independentes, ou seja, que não detenham qualquer tipo de vínculo com a sociedade ou com o controlador.

Os órgãos internos desempenham papéis fundamentais na governança, cabendo à Diretoria elaborar o planejamento finalístico e de controle; fiscalizar o cumprimento dos compromissos de metas e resultados específicos a serem alcançados; e apresentar para a aprovação do Conselho de Administração o plano de negócios para o exercício anual seguinte, além da estratégia de longo prazo atualizada com análise de riscos e oportunidades para, no mínimo, os próximos cinco anos.

Ao Conselho, entre outras competências indicadas no art. 18 da Lei, cabe cuidar da aplicação e execução do *compliance*, monitorar a governança, supervisionar os sistemas de gestão de riscos em sua prevenção e mitigação; deverá, ainda, sob pena de seus integrantes responderem por omissão, promover anualmente análise de atendimento das metas e resultados na execução do plano de negócios e da estratégia de longo prazo, com conclusões publicadas e informadas ao Congresso Nacional, às Assembleias Legislativas, às Câmaras e aos respectivos Tribunais de Contas.

O Min. Augusto Nardes dá a medida do alcance da governança pública, que, *mutatis mutantis*, se amolda aos mesmos princípios e finalidades da governança corporativa no âmbito do organismo empresarial, em especial no que se refere às expectativas relacionadas ao controle de resultados:

interesses da investidora; VIII – relatório de cumprimento, nos negócios da sociedade, de condicionantes socioambientais estabelecidas pelos órgãos ambientais; IX – avaliação das necessidades de novos aportes na sociedade e dos possíveis riscos de redução da rentabilidade esperada do negócio; X – qualquer outro relatório, documento ou informação produzido pela sociedade empresarial investida considerado relevante para o cumprimento do comando constante do *caput*.

30. V. Portaria n. 3, de 30.9.2016, da SEST, e Resolução n. 15 da CGPAR, de 10.5.2016, que estabelecem os procedimentos operacionais para verificação de requisitos e violações dos representantes do Ministério do Planejamento, Desenvolvimento e Gestão em Conselhos de Administração e fiscal das empresas estatais e diretorias das entidades vinculadas ao Ministério.

O tema *Governança* é mais amplo. Não se vincula exclusivamente à legalidade e controle. Uma boa governança é aquela que traça um horizonte, define um propósito, alinha as estruturas, desdobra os objetivos e metas e tem um sistema robusto de processos críticos que sustentam suas estratégias, garantindo uma execução e um controle de excelência.[31]

As regras estatutárias delineadas no art. 6º da Lei, relacionadas à *governança corporativa, transparência* e *estrutura, práticas de gestão de riscos e de controle interno, composição da administração e mecanismos de proteção aos acionistas*,[32] obrigam os gestores a imprimir eficiência e transparência na condução das finalidades públicas institucionais – e empresariais – destas entidades.

Portanto, a LRE qualifica objetivamente o interesse público a ser realizado pela estatal, mediante indicadores explícitos, mensuráveis e aferíveis pelo controle interno, externo, além da sociedade, via ampla publicidade de dados e informações e, com isso, amplia o controle sobre o acionista controlador, especialmente quanto ao risco de interferência indevida e suas consequências em caso de abuso de poder.

Essa estrutura tende a reforçar o controle nos resultados, sob a ótica do empreendedorismo e administrativo, como anotado, à luz da *eficiência* e da *boa administração*.

Nesse quadrante, outro grande desafio das estatais será sua adaptação às novas regras de eficiência de gestão e de ética empresarial trazidas pela LRE, que devem refletir na evolução do conceito de controle destas empresas, como bem ponderou Bernardo Strobel Guimarães:

> Mais do que isso, a própria dinâmica das estatais tem de ser interpretada em linha com a Constituição, que as define como modos de atuação do estado em regime empresarial. Nessa linha, cumpre elucidar o que, em nossa percepção, representa o ponto de ruptura da nova lei. Analisando os dispositivos da norma de maneira holística, apresenta-se relevante o fato de que seu escopo foi fortalecer as estatais como entes autônomos, em que o Estado controlador está sujeito a orientar seu poder de modo a prestigiar os fins estatutários que levaram a criação da empresa em detrimento de suas conveniências políticas.[33]

Na verdade, o controle haverá de se adaptar a uma nova conotação, com uma fiscalização de visão mais ampla, considerando o aspecto empresarial dos resultados obtidos por estas empresas, na roupagem de Estado-Empresário, e na latitude de sua atuação nesse ambiente de novos paradigmas introduzidos pela Lei 13.303/2016, em especial em consonância com a agilidade de seus negócios.

Apesar disso, o art. 85 foi seco, ao fazer menção à fiscalização da legitimidade, economicidade e eficiência da aplicação dos recursos pelas estatais, sob ponto de vista contábil, financeiro, operacional e patrimonial.

---

31. João Augusto Nardes, Claudio Sarian Altounian e Luís Afonso Gomes Vieira, *Governança Pública – O Desafio do Brasil*, 2ª ed., Belo Horizonte, Fórum, 2016, p. 153.
32. V. Referencial Básico de Governança aplicável a órgãos e entidades da Administração Pública, 2ª versão, de 2014 (Portaria TCU 25, de 1º.1.2014); Referencial para Avaliação da Governança do Centro de Governo, de 2016; e Instrução Normativa Conjunta do Ministério do Planejamento e CGU 01/2016, que dispõe sobre controles internos, gestão de riscos e governança no âmbito do Executivo Federal.
33. Bernardo Strobel Guimarães, "A nova Lei das Estatais e seu caráter original", *Revista Zênite ILC*, n. 271, set. 2016, p. 877.

Já os instrumentos de prestação de contas, *accountability*, envolvem regras relacionadas a estruturas e práticas de gestão de riscos e de controle interno integrados por Auditoria Interna, Comitê de Auditoria Estatutária, e Conselho Fiscal com funcionamento permanente e vinculados a *compliance*.

Os instrumentos de transparência são tratados nos arts. 8º e 9º e envolvem a carta anual de governança corporativa, onde caberá ao Conselho explicar os compromissos de consecução de objetivos de políticas públicas, em atendimento ao interesse coletivo ou ao imperativo de segurança nacional que justificou a criação da empresa; definir os recursos que serão empregados no atingimento desses compromissos, além dos impactos econômico-financeiros mensuráveis por indicadores objetivos.

A política de divulgação conterá informações relevantes sobre atividades desenvolvidas, estrutura de controle, fatores de risco, dados econômico-financeiros, comentários sobre desempenho, políticas e práticas de governança corporativa e descrição da composição e remuneração da administração.

Além destes, serão divulgadas a política de transações com partes relacionadas e de dividendos, o relatório integrado ou de sustentabilidade, reforçados pelo *compliance* e pelo acompanhamento da Auditoria interna, do Comitê de Auditoria Estatutária, além de canal aberto de denúncias.

Todo esse arcabouço legislativo, a ser transposto em sede estatutária, potencializa os mecanismos de eficiência e de controle de desempenho, de resultados e assim da própria da *raison d'être* do esforço estatal e do custo social da criação e manutenção destas estruturas empresariais estatais.

7. Conclusões

Neste estudo vimos que a doutrina do Professor Hely Lopes Meirelles tratou pioneiramente do princípio da *eficiência*, como o mais moderno princípio da função administrativa, traduzido no *poder-dever da boa administração*.

Exortando a eficiência propugnada pelo texto do Decreto-lei 200/1967, o Professor já alertava para as falhas de controle nas estatais, além dos excessos do Estado em relação a seus limites constitucionais de intervenção na economia, via empresas estatais.

A Operação Lava-Jato expôs a corrupção institucionalizada e o comércio eleitoreiro, numa dinâmica de práticas criminosas convergentes à sustentação de um sistema em franco desmantelamento, que se instalou especificamente no ambiente das empresas estatais.

Paradoxalmente, a Operação mudou o eixo do país para melhor, colocando-o na trilha da atualização e da superação de cacoetes culturais, reeditando o "Muda Brasil"[34] numa sociedade digitalizada e confiante nas instituições judiciais e policiais, e impondo um surto de urgente moralização.

Entre as respostas legislativas a esses eventos, a Lei de Responsabilidade das Estatais veio preencher uma lacuna de 20 anos, segundo a diretriz constitucional de adoção nas estatais de um controle de eficiência mais afinado com a realidade contemporânea, pautado

---

34. V. discurso do Deputado Ulysses Guimarães na promulgação da Constituição Cidadã.

em melhores práticas, e cujos mecanismos de governança devem permitir a conciliação do controle institucional do aspecto estatal destas empresas com aquele administrativo, decorrente de sua paraestalidade.

Na condição de cidadãos e estudiosos do direito queremos crer que não apenas, mas também por força da nova lei a que se submetem as empresas estatais, estas e o Estado acionista terão seus papéis obrigatoriamente revistos e alinhados à Constituição e ao poder--dever da boa administração e da eficiência.

Estas perspectivas positivas são motivadas em especial pelo protagonismo exercido pela governança corporativa no âmbito da Lei, que impõe às estatais processos e rotinas típicos da administração empresarial, com objetivos nítidos e planejados no que diz respeito à condução das finalidades públicas assumidas por estas empresas, a serem apresentados de forma transparente.

Tais mecanismos terão doravante função central na qualidade e na estabilidade dos controles de desempenho empresarial, administrativo e social das estatais.

Referências bibliográficas

BELTRÃO, Hélio. "Desburocratização, descentralização e liberdade: a aterrissagem no Brasil real" (Documentos Históricos), *RDA*, vol. 273. Rio de Janeiro, set.-dez. 2016.

BICALHO, Alécia Paolucci Nogueira. "A interpretação do conceito de empresa estatal dependente na Lei de Responsabilidade Fiscal", *FCGP*, n. 3, ano 1, mar. 2002.

_____. "Lei de Responsabilidade das Estatais: fomento e perspectivas às estatais prestadoras de serviço público de saneamento básico", *Revista de Direito Administrativo Contemporâneo*, vol. 27, ano 4. São Paulo, Ed. RT, nov-dez, 2016, pp. 211-236.

BICALHO, Alécia Paolucci Nogueira e GONÇALVES, Andreia Barroso. "Organização administrativa brasileira", in MOTTA, Carlos Pinto Coelho (coord.). *Curso Prático de Direito Administrativo*. 3ª ed. Belo Horizonte, Del Rey, 2011.

CHEVALLIER, Jacques. *O Estado de Direito*. Trad. Antônio Araldo Ferraz Dal Pozzo e Augusto Neves Dal Pozzo, Belo Horizonte, Fórum, 2013.

COELHO, Sacha Calmon Navarro. In *http://blogdosacha.com.br/*, postagem em 2.5.2017.

DUTRA, Pedro Paulo de Almeida. *Controle de Empresas Estatais*. São Paulo, Saraiva, 1991.

FERNANDES, Murilo Queiroz Melo Jacoby. "Lei n. 13.303/2016: novas regras de licitações e contratos para as estatais", *Revista Síntese – Licitações, Contratos e Convênios*, n. 34. Ano VI, ago.-set. 2016, pp. 9-13.

FERRAZ, Luciano. "Além da sociedade de economia mista", *RDA*, vol. 266. Rio de Janeiro, maio-ago. 2014, pp. 49-68.

FORTINI, Cristiana. "Novo marco legal sobre abuso de autoridade é mais do que oportuno", In *www.conjur.com.br*, em 20.4.2017.

GUIMARÃES, Bernardo Strobel. "A nova Lei das Estatais e seu caráter original", *Revista Zênite ILC*, n. 271, set. 2016.

MEIRELLES, Hely Lopes. *Direito Administrativo Brasileiro*. 14ª ed. São Paulo, Ed. RT, 1989. *[V. 42ª ed., São Paulo, Malheiros Editores, 2016.]*

MEIRELLES, Hely Lopes; BURLE Filho, José Emmanuel; e BURLE, Carla Rosado. *Direito Administrativo Brasileiro*. 42ª ed., atualizada até a EC 90, de 15.9.2015. São Paulo, Malheiros Editores, 2016.

MOREIRA NETO, Diogo de Figueiredo. "A lei de responsabilidade fiscal e seus princípios jurídicos", *RDA*, vol. 221. Rio de Janeiro, jul.-set. 2000.

_____. "Corrupção, democracia e aparelhamento partidário do Estado", *Revista de Direito Administrativo*, vol. 273. Rio de Janeiro, set.-dez. 2016.

NARDES, João Augusto; ALTOUNIAN, Claudio Sarian e VIEIRA, Luís Afonso Gomes. *Governança Pública – O Desafio do Brasil*. 2ª ed. Belo Horizonte, Fórum, 2016.

PINTO JÚNIOR, Mario Engler. *Empresa Estatal – Função econômica e dilemas societários*. 2ª ed. São Paulo, Atlas, 2013.

CONSIDERAÇÕES SOBRE AS RELAÇÕES DO ESTADO E DO DIREITO NA ECONOMIA

Alexandre Santos de Aragão

A visão da economia como um espaço privado, infenso a objetivos coletivos e, consequentemente, à atuação do Estado como um dos veículos de satisfação das necessidades e desejos da sociedade,[1] nunca se concretizou totalmente na realidade empírica das sociedades.[2]

Esse fato se deve a três razões.

Em primeiro lugar, a economia, ou seja, a destinação dos bens e serviços necessários e úteis à vida das pessoas,[3] é um dos elementos centrais de uma sociedade harmônica e, a partir do momento em que o Estado busca se legitimar entre os membros da sociedade, auferindo as suas próprias receitas para dar conta das funções necessárias a tanto e disciplinando os comportamentos humanos perniciosos (inclusive os de caráter econômico), de alguma maneira será inevitável influenciar os fluxos econômicos.

1. Quanto à ascensão dos liberais ao poder, referência deve ser feita à célebre frase de Eric Hobsbawn, segundo o qual "em tempos de revolução nada é mais poderoso do que a queda de símbolos. A queda da Bastilha, que fez do *14 de julho* a festa nacional francesa, ratificou a queda do despotismo e foi saudada em todo o mundo como o princípio de libertação". Como bem narra o historiador, a Revolução Francesa alterou fortemente o quadro político de uma França absolutista, em especial no período de 5 de maio de 1789 e 9 de novembro de 1799 (Eric Hobsbawn, *A Era das Revoluções: 1789-1848*, 19ª ed., São Paulo, Paz e Terra, 2005, pp. 83-94). Anterior à Revolução Francesa, cabe menção, notadamente, à Guerra de Independência Americana, de 1776, a qual fora a primeira revolução liberal, anticolonialista e antimercantilista vitoriosa (Paulo Fagundes Visentini, *História Mundial Contemporânea (1776-1991): da independência dos Estados Unidos ao colapso da União Soviética*, 3ª ed., rev. atual., Brasília, FUNAG, 2012, p. 34).

2. Segundo Ferrarese, a ideologia liberal tem um valor sobretudo prescritivo. O conceito prescritivo de mercado não regulado é superado pela "representação do mercado como arena de conflito, com vencedores e perdedores". A existência de conflitos permanentes, no corpo social, invalida a ideia de liberdade pacífica de mercado (Maria Rosaria Ferrarese, *Diritto e Mercato: il caso degli Stati Uniti*, Torino, G. Giappichelli, 1992, pp. 38-40).

3. Para Edwin Cannan. "o objetivo da Economia Política ou da economia é a explicação das causas gerais do bem-estar material de que os homens dependem" (Edwin Cannan, *Elementary Political Economy*, 3ª ed., London, Oxford University Press, p. 1). Na mesma linha conceitual de Cannan, para Alfred Marshall "a economia política ou a economia é o estudo de como os homens pensam, se movem e vivem nos negócios comuns da vida. Examina-se essa parte da ação individual e social que está mais conectada com a realização e com o uso dos requisitos materiais do bem-estar" (Alfred Marshall, *Principles of Economy*, 8ª ed., London, Macmillan and Co., 1920, p. 1). Lionel Robbins propõe um conceito analítico de economia, definindo-a como "a ciência que estuda o comportamento humano como uma relação entre os fins determinados e os recursos escassos, os quais têm usos alternativos" (Lionel Robbins, *Essays on Nature and Significance of Economic Science*, 2ª ed., London, Macmillan and Co.,1945, p. 16). O conceito de economia envolve a circulação de bens e serviços que geram utilidade por meio do consumo. O fluxo desses bens e serviços é determinado por um conjunto de escolhas racionais em um mundo no qual os recursos são limitados em relação aos desejos individuais.

Na verdade, a própria existência do Estado e de outros entes a ele similares, como blocos regionais, é já, por si só, uma intervenção na economia.[4]

Todo Estado historicamente teve que tributar as atividades econômicas nem que fosse para pelo menos manter a sua própria máquina, prescrever o exercício de algumas delas, estabelecer requisitos, por mais básicos que fossem, para o seu exercício e atender necessidades que o mercado não supria, não só as necessidades dos mais hipossuficientes, como também provendo as infraestruturas necessárias ao próprio exercício de atividades econômicas dos particulares.[5]

Em segundo lugar, o próprio mercado é uma criação do Direito emanado do Estado.[6] O mercado, tal como apresentado nas economias capitalistas contemporâneas, é indissociável do direito estatal. Não obstante a mão invisível do mercado constitua o ideal do pensamento liberal clássico, o direito é indispensável para a normatização e solidificação de categorias econômicas essenciais, como a propriedade, os títulos de crédito e as sociedades comerciais.[7]

A estruturação do direito contribuiu decisivamente para o desenvolvimento do capitalismo e do mercado, que demanda previsibilidade e garantia das transações e dos fluxos de bens e serviços, assegurados por uma ordem jurídica estruturada.[8] Richard Posner chega a atribuir o fracasso econômico de certos países ao baixo nível de estruturação e organização do sistema jurídico e, portanto, à ineficiência da garantia dos contratos e das propriedades privadas. O mercado, dessa maneira, é reflexo e criação do direito estatal.[9]

Não desconsideramos que as trocas econômicas em comunidades primitivas, em valores pouco significativos ou em operações de troca imediatas poderiam se dar sem a guarida do Estado. Porém, o mercado enquanto instituição, enquanto interação permanente

---

[4]. "A própria existência do Estado e da ordem jurídica significa uma intervenção: o Estado e a ordem jurídica são pressupostos inerentes à economia", cf. Vital Moreira, *A Ordem Jurídica do Capitalismo*, Coimbra, Centelha, 1973, pp. 198-199.

[5]. As possibilidades de promoção de infraestrutura pelos Estados não é consensual entre as diferentes teorias econômicas. Os economistas clássicos e neoclássicos propõem uma separação mais sensível entre o Estado e o mercado. Teorias econômicas clássicas mais ortodoxas, como a de Adam Smith, em *A Riqueza das Nações*, sustentam que as funções básicas do Estado devem restringir-se à defesa, ao direito como regulador de alguns fatos sociais, como a propriedade privada, a estrutura da competição e da cooperação e, por fim, a ordem. As teorias estruturalistas, as quais defendem uma atuação mais extensiva do Estado na economia, defendem que as funções do Estado extrapolam a capacidade de determinação e garantia do sistema jurídico, devendo também criar as condições materiais de produção, mais comumente conhecida como a infraestrutura, além de garantir a mediação entre salário e capital. A respeito James E. Alt, K. Alec Chrystal, *Political Economics*, Berkeley, University of California Library, 1983, pp. 175-197. Na prática, sempre se proveu infraestrutura para os empresários, mesmo no liberalismo.

[6]. O mercado, a fim de sobreviver como instituição, não pode prescindir de proteção externa. Para tal função protetiva o direito tem sido tradicionalmente presente. "Sem esta garantia externa, por conseguinte, o mercado não tem um elemento muito importante para a sua institucionalização" (Maria Rosaria Ferrarese, *Diritto e Mercato: il caso degli Stati Uniti*, Torino, G. Giappichelli, 1992, p. 72).

[7]. Joseph William Singer, "Democratic States: Property Law in a Free and Democratic Society", *Harvard Public Law Working Paper*, n. 08-42, 2008, p. 50 (disponível em *http://ssrn com/abstract=1278136*, acesso em 10.12.2014).

[8]. Max Weber, *A Ética Protestante e o Espírito do Capitalismo*, 2ª ed., São Paulo, Martin Claret, 2007, pp. 68-69.

[9]. Richard Posner, *Economic Analysis of Law*, Austin, Wolters Kluwer Law & Business, 2007, p. 258.

do conjunto de atores sociais, é criado, limitado, garantido e fomentado pelo Estado. Para a segurança das relações econômicas é necessário o *placet* do Estado. Por mais que haja sanções informais do próprio mercado e mecanismos sociais de *soft law*,[10] ainda não é possível se imaginar operações econômicas de grandes proporções sem terem, ao menos potencialmente, a coercitividade estatal contra eventuais inadimplementos, má-fé ou controvérsias interpretativas.[11]

Nesse sentido, devemos lembrar também as atuações estatais em defesa da concorrência, que limitam a liberdade de mercado para assegurar a sua própria subsistência, ou que levam o Estado a também atuar no mercado, já que o sucesso de agentes privados pode prejudicar a existência e o dinamismo do próprio mercado, dificultando ou mesmo impedindo a entrada de concorrentes. O Estado, portanto, paradoxalmente, para assegurar a existência do mercado, tem que limitar a liberdade dos seus agentes.[12] Tudo se passa como se, no mundo econômico, o Estado tivesse que fomentar e garantir a existência de batalhas entre os agentes econômicos, mas sempre zelando para que nenhum deles obtenha a vitória definitiva na guerra.

Fernando Herren Aguillar explica que as normas da concorrência, embora limitadoras da liberdade, são necessárias à manutenção do próprio sistema de livre-mercado, estando inseridas entre as chamadas "normas de ajuste". "Onde quer que existam normas de controle da concorrência, supõe-se alguma espécie de disfunção do mercado livre".[13] Em outras

10. As *soft laws* são "pautas meramente interpretativas que, apesar de possuírem estrutura jurídica, não têm conteúdo obrigatório" (Rodrigo Garcia Schwarz, "Judicialização de políticas: uma introdução à temática do controle judicial sobre as respostas dos poderes públicos às demandas sociais", in *Direito Administrativo Contemporâneo*, Rio de Janeiro, Elsevier, 2010, pp. 1-28, p. 4). A chamada *soft law* é por vezes relacionada ao Direito Administrativo Global e é uma nomenclatura bastante comum ao Direito Internacional. Sobre o direito administrativo global, remete-se às lições de Sabino Cassese, que vai inserir a *soft law* na sistemática das relações globais, contrapondo-a à *hard law*, juridicamente vinculante. Para mais considerações acerca do tema, Sabino Cassese, "Global Administrative Law: an introduction", *Journal of International Law and Politics*, vol. 37, n. 4, pp. 663-694, Summer 2005.
11. Não obstante algumas escolas econômicas defendam que o livre funcionamento do mercado leva naturalmente à satisfação do bem comum, na prática, não se verificou, até os dias de hoje, modelo pleno de autorregulação autônoma do mercado. Segundo Marçal Justen Filho, "a intervenção estatal é condição de possibilidade da existência do mercado" (Marçal Justen Filho, *Curso de Direito Administrativo*, 10ª ed., São Paulo, Ed. RT, 2013, p. 693). A respeito também: Maria Rosaria Ferrarese, *Diritto e Mercato: il caso degli Stati Uniti*, Torino, G. Giappichelli, 1992, p. 72; Eros Roberto Grau, "O discurso neoliberal e a teoria da regulação", in Ricardo A. L. Camargo (org.), *Desenvolvimento Econômico e Intervenção do Estado na Ordem Constitucional. Estudos Jurídicos em homenagem ao Professor Washington Peluso Albino de Souza*, Porto Alegre, Sergio Antonio Fabris, 1995; e Eros Roberto Grau, *A Ordem Econômica na Constituição de 1988*, 4ª ed., São Paulo, Malheiros Editores, 1998; 18ª ed., revista e atualizada, São Paulo, Malheiros Editores, 2017.
12. Fábio Ulhoa Coelho, "Reforma do Estado e Direito Concorrencial", in *Direito Administrativo Econômico*, 1ª ed., 3ª tir., São Paulo, Malheiros Editores, 2006, pp. 195-196.
13. Fernando Herren Aguillar, *Direito Econômico: do Direito Nacional ao Direito Supranacional*, 1ª ed., São Paulo, Atlas, 2006, pp. 226-227. A existência dos mercados competitivos é precipuamente assegurada por dois princípios centrais, o da livre-iniciativa e o da livre-concorrência. A livre-iniciativa é fundamental para que os agentes econômicos possam desenvolver suas atividades no mercado, ao passo que a livre-concorrência deve ser assegurada pelo direito da concorrência, ou regulação da concorrência, para garantir a existência do mercado. O objetivo do direito de concorrência, o qual limita a ação de determinados agentes, é impedir distorções econômicas que inviabilizam o próprio mercado, distorções estas

palavras, sem as normas estatais do direito da concorrência, o próprio livre-mercado fica comprometido, não pela ação do Estado, mas dos próprios agentes econômicos.

Em terceiro e último lugar, entre as razões que levam à incindibilidade entre Estado e economia, há atividades em que, seja pela sua importância social somada à impossibilidade de o mercado supri-las adequadamente, seja por interesses estratégicos da sociedade ou por necessidades estruturais internas do próprio Estado, se opta, em maior ou menor escala, por sua prestação estatal, decidindo-se politicamente em cada conjuntura pela necessidade de serem prestadas sem os riscos inerentes ao mercado. Seria o âmbito do que no direito brasileiro chamamos de serviços e monopólios públicos.[14]

Fixada a relação indivorciável entre Estado e economia, devemos tecer uma crítica à tradicional expressão "intervenção do Estado na economia".[15]

O verbo intervir pressupõe a ideia de se imiscuir em terreno que não lhe é próprio, quando acima pudemos concluir que a existência do Estado pressupõe em si algum tratamento por ele de matérias econômicas, e que o mercado enquanto instituição só pode existir e proliferar em razão da existência do Estado e do seu Direito. Sendo assim, não se pode afirmar que o direito é um terreno exógeno à economia, nem vice-versa. Nesse sentido, Fernando Facury Scaff:

> Qualquer expressão que denote "intervenção" do Estado no domínio econômico é, em si, temerária, pois induz a crer que o Estado e a economia são coisas distintas, e que ao agir no domínio econômico o Estado o faz em um lugar que não lhe é próprio. Cremos que tal concepção de separação entre o econômico e o político não tem como subsistir.[16]

Sendo assim, mais correto seria falar de *atuação* do Estado[17] em relação à economia (e também o vice-versa, de atuação da economia sobre o Estado), do que se referir a "intervenção" ou a "interferência" do Estado na economia. Todos esses subsistemas sociais (direito e economia) são estruturalmente acoplados e, consequentemente, inter-relacionados.[18]

---

como o abuso do poder de mercado das grandes empresas e prática anticompetitivas (Carlos Emmanuel Joppert Ragazzo, "A regulação da concorrência", in Sérgio Guerra (org.), *Regulação no Brasil: uma visão multidisciplinar*, Rio de Janeiro, Editora FGV, 2013, pp. 158-159).

14. Alexandre Santos de Aragão, *Direito dos Serviços Públicos*, 3ª ed., Rio de Janeiro, Forense, 2013, pp. 1 e ss.

15. "Intervenção indica (...) atuação estatal em área de titularidade do setor privado; *atuação estatal*, simplesmente, ação do Estado tanto na área de titularidade própria quanto em área de titularidade do setor privado. Em outros termos, teremos que intervenção conota atuação estatal no campo da *atividade econômica em sentido estrito*; *atuação estatal*, ação do Estado no campo da *atividade em sentido amplo*", cf. Eros Roberto Grau, *A Ordem Econômica na Constituição de 1988*, 18ª ed., revista e atualizada, São Paulo, Malheiros Editores, 2017, p. 89.

16. Fernando Facury Scaff, "Ensaio sobre o conteúdo jurídico do princípio da lucratividade", *RDA* 224/334, 2001. No mesmo sentido, criticando o termo "intervenção": Washington Peluso Albino de Sousa, *Direito Econômico*, São Paulo, Saraiva, 1980, p. 398.

17. Esse será o termo preferencialmente adotado por nós. Todavia, sendo apenas questão de nomenclatura e já feito esse esclarecimento semântico, poderemos vez ou outra lançar mão também do tradicional termo "intervenção".

18. Partindo da ideia trazida pela Teoria Sistêmica do Direito, Gunther Teubner ilustra que o Direito não pode ser apenas visto por sua dimensão normativa, mas também por sua dimensão fática e social. O autor destaca que há uma dupla autopoiese, jurídica e social, devendo o direito se valer dos fatos de modo a se modificar e se ajustar à sociedade. É partindo dessa ideia que podemos relacionar, ainda, o direito e a

As formas e intensidades dessa atuação do Estado em relação à economia variam de acordo com o contexto político-ideológico prevalente em cada sociedade e momento, conforme positivado pelo legislador e pelo Poder Executivo, obedecidos os limites mínimos e máximos de atuação estatal fixados na ordem econômica constitucional, que, na maioria dos Estados contemporâneos, deixa uma ampla margem de opção à política majoritária.

Gustavo Zagrebelsky expõe esse fenômeno explicando que as

> sociedades pluralistas atuais, ou seja, as sociedades marcadas pela presença de uma variedade de grupos sociais portadores de interesses, ideologias e projetos diferenciados, mas na qual nenhum tem força suficiente para reivindicar exclusividade ou preponderância, nem, por consequência, para fornecer a base material da soberania estatal no sentido do passado, o que também quer dizer, as sociedades dotadas, no seu conjunto, de um certo grau de relativismo, atribuem à Constituição a função de realizar as condições que tornem possível a vida em comum, mas não aquela de realizar diretamente um projeto pré-determinado de vida comum. Sobre a base de uma constituição, plataforma de partida que oferece uma garantia de legitimidade a todos os grupos da sociedade podem se engajar para competir para moldar concretamente o Estado em uma direção ou outra [*maior ou menor estatização, acresceríamos*], dentro do quadro de possibilidades ofertadas pelo compromisso constitucional.[19]

Apesar das imperfeições inerentes a toda classificação,[20] podemos dividir a atuação do Estado em relação à economia em *atuação indireta*, geralmente coincidente com a atuação regulatória, pela qual o Estado fixa externamente normas para pautar o comportamento dos agentes econômicos privados; e *atuação direta*, na qual, por diversas razões (sociais, estratégicas, desenvolvimentistas etc.),[21] o Estado exerce – ele próprio – determinada atividade econômica.

economia. O meio econômico também deve ser essencial para a transformação do direito, permitindo que a sua regulação e a produção de normas jurídicas se ajustem às necessidades econômicas que surgirem, e vice--versa. Assim, também partindo das ideias de Teubner, vislumbra-se uma interação circular entre o direito e a economia (Gunther Teubner, *O Direito como Sistema Autopoiético*, trad. José Engrácia Antunes, Lisboa, Fundação Calouste Gulbenkian, 1993, p. 139). Teubner, em *Direito, Sistema e Policontextualidade*, reitera que a autonomia dos sistemas do direito e da economia não reflete a independência dos mesmos. A autonomia do sistema jurídico autopoiético consiste apenas na característica circular de produção do direito, e não no isolamento deste em relação aos outros sistemas, tal como a economia (Günther Teubner, *Direito, Sistema e Policontextualidade*, Piracicaba, UNIMEP, 2004, pp. 137-141). A teoria dos sistemas distingue-se, assim, das teorias marxistas sobre as relações entre o direito e economia por não determinar necessariamente o direito (superestrutura) em razão da economia (infraestrutura). A relação entre a economia e o direito, na teoria dos sistemas, deve ser entendida a partir da distinção dos conceitos de independências, autonomia e autopoiesis. Em síntese, os sistemas jurídico e econômico são autônomos, mas não independentes.

19. Gustavo Zagrebelsky, *Le Droit en Douceur – Il Diritto Mite*, trad. Michel Leroy, Paris, Econômica, 2000, p. 11.

20. Sousa Franco e Guilherme Martins afirmam que a classificação entre atuação direta e indireta do Estado na economia "pode ser útil, no domínio dos conceitos institucionais de política econômica; mas não tem interesse jurídico e, pela multiplicidade de critérios que se entrecruzam, torna-se confusa" (António L. Sousa Franco e Guilherme d'Oliveira Martins, *A Constituição Económica Portuguesa: ensaio interpretativo*, Coimbra, Almedina, 1993, p. 223).

21. A atuação direta do Estado na economia é justificada para o desenvolvimento de políticas sociais, de educação, de ciência e tecnologia, da infraestrutura e concessão de crédito a setores produtivos, muitas vezes sendo a única forma, nos países de industrialização tardia, de viabilizar o desenvolvimento. "Todos os países que conseguiram transpor a barreira do subdesenvolvimento e ingressaram no seleto clube dos

No primeiro caso o Estado atua *sobre* a economia: ele não realiza operações econômicas, mas apenas tenta influenciar atividades econômicas exercidas por terceiros, seja mediante a emissão de normas jurídicas coercitivas (contratos de delegação de atividades públicas ou poder de polícia), seja por normas incentivadoras (de fomento).[22] Prevista no art. 174, da CF, se dá quando o Estado atua concretamente "no fomento, na regulamentação, no monitoramento, na mediação, na fiscalização, no planejamento, na ordenação da economia".[23] Marçal Justen Filho trata da atuação indireta do Estado associando-a, não apenas com a produção de normas cogentes, mas também a "manifestações estatais de incentivo, orientação e sugestão".[24]

Já na segunda espécie de atuação do Estado em relação à economia (atuação direta), ele atua *na* economia: ele próprio realiza as atividades econômicas, vendendo, comprando, prestando ou tomando serviços. Ele é o próprio agente econômico,[25] nos termos precipuamente dos arts. 173, 175 e 177, da nossa CF.

Celso Antônio Bandeira de Mello aborda a intervenção estatal no domínio econômico, explicitando a possibilidade de atuação empresária do Estado, quando este "se propõe a agir como protagonista da exploração econômica". A atuação do Estado como empresário, porém, é, fora dos casos previstos pela Constituição, subsidiária à privada, tendo em vista o princípio da livre iniciativa, consagrado na Constituição Federal.[26]

Adotamos a nomenclatura de "atuação do Estado na economia", que se cinge à sua atuação direta, sem perdermos de vista que muitas vezes pode haver alguma fungibilidade entre a atuação direta e a indireta, como ocorre nas atuações diretas com finalidades indiretas de influenciar os agentes privados, em que o Estado se vale de técnicas de fomento ou de constrição não jurídicas *stricto sensu*, mas econômicas.

Entretanto, mesmo nessas hipóteses, o meio adotado pelo Estado não é a emissão de regras jurídicas ou de incentivos, mas a realização de operações econômicas pelo próprio Estado. Nesses casos, ainda que com objetivos regulatórios ou de fomento, o Estado é o próprio agente econômico.

A importância das atividades empresariais do Estado sempre foi denotada pela doutrina e pela jurisprudência do direito administrativo econômico.[27]

---

países desenvolvidos, não o fizeram sem políticas especificamente voltadas para esse fim, formuladas e executadas por governos comprometidos (...), como chama a atenção um relatório internacional patrocinado pelo Banco Mundial e os governos da Austrália, Holanda, Suécia e Reino Unido" (Josué Gomes da Silva, "Para uma estratégia de desenvolvimento", in João Sicsú e Armando Castelar (orgs.), *Sociedade e Economia: estratégias de crescimento e desenvolvimento*, Brasília, IPEA, 2009, p. 47).

22. Luis Solano Cabral de Moncada, *Direito Econômico*, 2ª ed., Coimbra, Coimbra Editora, 1998, p. 184.

23. Floriano Azevedo Marques Neto, "A nova regulação estatal e as agências independentes", in Carlos Ari Sundfeld (coord.), *Direito Administrativo Econômico*, São Paulo, Malheiros Editores, 2006, p. 74.

24. Marçal Justen Filho, *Curso de Direito Administrativo*, 3ª ed., rev., atual e ampl. São Paulo, Ed. RT, 2008, pp. 532 e 539.

25. Alberto Venâncio Filho, *A Intervenção do Estado no Domínio Econômico: o Direito Público Econômico no Brasil*, Rio de Janeiro, Renovar, 1998, p. 387.

26. Celso Antônio Bandeira de Mello, "O Estado e a ordem econômica", *RDP* 62/37, São Paulo, abr.-jun. 1982 (pp. 34-46).

27. A título exemplificativo, Carlos Ari Sundfeld (org.), *Direito Administrativo Econômico*, 1ª ed., 3ª tir., São Paulo, Malheiros Editores, 2006.

Com variadas nuances a atuação direta do Estado na economia apresentou-se nos mais diversos Estados, desde os países socialistas, em que tal presença absorvia quase todas as atividades econômicas,[28] até os Estados Unidos, que, ao contrário do que poderia se pensar em razão do seu tradicional liberalismo econômico, teve desde o início do século XX uma forte atuação empresarial estatal, ainda mais se considerarmos o setor imobiliário do Governo Federal e as empresas estaduais e dos governos locais.[29]

Na Europa, foram as mais diversas razões que determinaram a atuação direta do Estado na economia, desde estratégicas e sociais a econômicas, como evitar que monopólios naturais ficassem em mãos privadas, passando por salvamento de empresas privadas em dificuldades, esforços de guerra, combate ao desemprego, interesses fiscais (como nas estatais do tabaco e do jogo), desenvolvimento de regiões que não recebiam os necessários investimentos privados, até a expropriação de empresas por pertencerem a grupos ligados a ex-inimigo bélico, geralmente de cidadãos que colaboraram com a ocupação nazista.[30]

Na América Latina a maior ou menor atuação do Estado na economia variou de acordo com as tendências ideológicas predominantes em cada contexto e com as necessidades desenvolvimentistas de cada momento, inversamente proporcionais à disponibilidade de capitais privados para supri-las, tendo sido também instrumentalizada para fomentar empresas privadas, por exemplo, através da venda deficitária/subsidiada de insumos metalúrgicos para a indústria privada de transformação.

Implantação de infraestruturas elétricas e de telecomunicações, salvamento de empresas privadas em dificuldades, necessidades sociais (como saneamento básico) e searas estratégicas (como petróleo e atividades nucleares) também fizeram eclodir um sem número de empresas estatais, sendo o Brasil um importante exemplo ilustrativo desse fenômeno.

A importância da atividade empresarial do Estado na história ocidental e brasileira é marcante. Basta lembrarmos que toda a expansão marítima europeia dos séculos XV e XVI foi feita por companhias mistas[31] entre os Estados absolutistas e capitais privados, para a compra e venda de matérias-primas das colônias.

28. O regime socialista é marcado pelo controle dos meios de produção pelo Estado. Cf. José Cretella Júnior, *Empresa Pública*, São Paulo, Edusp, 1973, p. 42.
29. O movimento de regulação estatal (atuação indireta) do mercado norte-americano começou a ter maior expressão ao final do século XIX, com a criação da *Interstate Commerce Commission (ICC)* em 1887. Porém, paralelamente à atuação regulatória do Estado americano, "tanto as autoridades federais quanto as estaduais impulsionavam as iniciativas de rodovias com pedágios, das vias fluviais e da construção de canais, assim como do estabelecimento do primeiro e segundo Banco dos Estados Unidos". A atuação direta do Estado americano também pode ser observada com a formação da Panama Canal Company (1903), a Alaska Railroad (1923) e a Tennessee Valley Authority (1935). Na década de 1970, houve ainda a estatização do serviço postal e de algumas rodovias. Cf. Pier Angelo Toninelli, *The Rise and Fall of State-Owned Enterprise in the Western World*, New York, Cambridge University Press, 2000, p. 12.
30. Raymond Vernon, "Introduction", in *State-Owned Enterprise in the Western Economies*, New York, Routledge, 1981, pp. 8 e ss.
31. Sobre o tema e o papel das companhias na expansão marítima Europeia, cf. Roberto Chacon de Albuquerque, "A Companhia das Índias Ocidentais: uma sociedade anônima?", *Revista da Faculdade de Direito da Universidade de São Paulo*, 105, p. 4, jan.-dez. 2010. A título ilustrativo, os comerciantes holandeses buscaram criar associações em companhias, as quais tinham o objetivo de controlar o comércio tanto com as Américas quanto com a África Ocidental, que culminariam, mais tarde, na fundação da Companhia Holandesa das Índias Ocidentais.

No Brasil, a primeira empresa fundada em nosso solo foi uma "estatal", o Engenho da Vila de São Vicente, fundado em 1533 por Martim Afonso de Sousa e administrada pelo Padre Gonçalo Monteiro.[32] Os moldes do sistema colonialista brasileiro condicionariam o desenvolvimento de suas atividades econômicas até o século XIX.[33]

A partir daí a atuação direta do Estado aumentou progressivamente nos séculos que seguiram.[34] No Estado liberal, o intuito foi criar infraestrutura e insumos necessários ao desempenho de outras atividades econômicas, como a produção siderúrgica e a exploração de ferrovias, o que, no Brasil, em face do seu desenvolvimento tardio, só veio a ocorrer no século XX, havendo até então apenas algumas poucas delegações à iniciativa privada, como as ferrovias concedidas ao Barão de Mauá.[35]

De 1930 a 1970, o número de empresas estatais brasileiras aumentou de 17 para 131.[36] Na década de 1930, observa-se uma mudança no paradigma agroexportador brasileiro, em razão da crise econômica de 1929, tornando-se necessária a implementação de padrão fundado na produção industrial de bens de consumo não duráveis.[37] Nesse momento, surgem empresas estatais com o objetivo de dar prosseguimento ao processo de acumulação do capital privado.[38]

O nacionalismo, associado aos impactos das guerras para o abastecimento do mercado interno e internacional, contribuiu para a expansão das empresas estatais, sobretudo em áreas de abastecimento básico, tais como a Companhia Vale do Rio Doce, a Fábrica Nacional de Motores, a ACESITA, a Companhia Hidrelétrica do São Francisco.[39] Ainda na década de 1950, a criação da Petrobras e o investimento no setor energético são representativos do crescimento das estatais em setores ditos estratégicos e nos quais os recursos privados eram insuficientes. O aumento do número de empresas estatais se deu principalmente para fornecer bens e serviços necessários ao projeto industrial da época.

32. Nestor Goulart Reis, "Os engenhos da baixada santista e os do litoral norte de São Paulo", *Revista USP*, n. 41, pp. 62-73, São Paulo, mar.-maio 1999.
33. Alberto Venancio Filho, *A Intervenção do Estado no Domínio Econômico: o Direito Público Econômico no Brasil*, Rio de Janeiro, Renovar, 1998, p. 21.
34. Paul Hugon, *História das Doutrinas Econômicas*, 14ª ed., São Paulo, Atlas, 1995, p. 412. O autor destaca que o intervencionismo estatal foi uma decorrência da necessidade de o Estado prover à sociedade a aquisição de rendimentos, paralelamente ao desenvolvimento da economia e à realização de obras públicas.
35. Jorge Caldeira, *Mauá: O Empresário do Império*, São Paulo, Companhia das Letras, 1995.
36. Isabel Noêmia Rückert, "Alguns aspectos das empresas estatais no Brasil", *Ensaios FEE*, vol. 2, n. 1, Porto Alegre, 1981, pp. 75-93, pp. 85.
37. A Era Vargas foi inicialmente marcada pela conjuntura crítica resultante da crise de 1929, bem como pela queda de preços do café, o que gerou a reação governamental para que a produção excedente do produto fosse diminuída, a fim de garantir o preço (Caio Prado Júnior, *História Econômica do Brasil*, São Paulo, Brasiliense, 1980, p. 294). A consequente queda nas reservas estrangeiras e a redução da capacidade do país em importar mercadorias levaram à estimulação do desenvolvimento da indústria nacional, desde o primeiro período de Vargas (Fernando Herren Aguillar, *Direito Econômico: do Direito Nacional ao Direito Supranacional*, 1ª ed., São Paulo, Atlas, 2006, p. 114).
38. Sérgio Henrique Abranches, "A questão da empresa estatal: economia, política e interesse público", *Revista de Administração de Empresas*, 19(4)/95-97, Rio de Janeiro, out.-dez. 1979 (pp. 95-105).
39. Isabel Noêmia Rückert, "Alguns aspectos das empresas estatais no Brasil", *Ensaios FEE*, vol. 2, n. 1, Porto Alegre, 1981 (pp. 75-93), p. 79.

Em 1951 essa tendência se cristalizou no Plano Nacional de Reaparelhamento Econômico (Plano Lafer), que tem como objetivos principais o desenvolvimento da indústria de base e o desenvolvimento da estrutura viária e de transportes.[40]

Em todo o mundo, durante as duas Grandes Guerras, o Estado também se viu compelido a entrar diretamente no esforço de guerra, produzindo bens necessários às campanhas.[41]

No pós-guerra, em tendência já verificada desde o início do século XX, com o advento do sufrágio universal,[42] as atividades empresariais do Estado se multiplicaram igualmente por razões sociais, atendendo parcelas da população que não seriam adequadamente satisfeitas pelos serviços ofertados em livre mercado.[43] Estiveram igualmente presentes razões ideológicas, pois parte do pensamento de esquerda via a estatização de empresas como uma etapa do seu desejado processo de socialização,[44] se centrando na prestação de serviços públicos econômicos e em atividades consideradas estratégicas, como energia elétrica, telecomunicações, aviação e indústria de base.[45]

Mas no Brasil a grande expansão das empresas estatais ainda estava por vir. Ao final da década de 1960 e ao longo da década de 1970 houve, além de um crescimento expressivo, a sua diversificação por meio de subsidiárias, surgindo *holdings* empresariais públicas setoriais, que aumentaram o leque das atividades das estatais: no setor de energia a Eletrobras, a Telebras nas telecomunicações, na siderurgia a SIDEBRAS, no petróleo a Petrobras, e na

---

40. Jaqueline Angelica Hernandez Haffner, *A CEPAL e a Industrialização Brasileira (1950-1961)*, 1ª ed., Porto Alegre, EDIPUCRS, 2002, p. 54.

41. É no início do século XX que surgem as chamadas "economias de guerra", mobilizando as atividades econômicas do Estado para uma finalidade bélica. Cf. Alberto Venâncio Filho, *A Intervenção do Estado no Domínio Econômico: o Direito Público Econômico no Brasil*, Rio de Janeiro, Renovar, 1998, pp. 10-11.

42. Em lições clássicas, Massimo Severo Giannini explica que "o Estado burguês, como ordenamento jurídico fundado sobre o princípio de atribuições de direitos eleitorais a apenas uma classe, à burguesia, é em sua substância estrutural um Estado oligárquico, no sentido de que atribui o poder a apenas uma classe política. (...). Ora, é indiscutível que a luta pelo sufrágio universal caracterizou em toda a parte o último período dos estados burgueses, para terminar, indistintamente, com a introdução do sufrágio universal, e, da mesma forma, com o consequente alargamento da base eleitoral – todos os cidadãos são eleitores –, e a consequente introdução do princípio pelo qual todas as classes sociais tornaram-se classe política. Nasce o Estado pluriclasse, como tipo de Estado novo, integrado por quase todos os países importantes da terra" (Massimo Severo Giannini, *Diritto Pubblico dell'Economia*, Milano, Il Mulino, 1995, pp. 31-32).

43. Segundo Modesto Carvalhosa, neste período o Estado passa a se utilizar de técnicas de Direito Público e de Direito Privado para modificar as relações de mercado – o estabelecimento de empresas públicas e sociedades de economia mista seria um exemplo dessa tendência (Modesto Souza Barros Carvalhosa, *Direito Econômico*, São Paulo, Ed. RT, 1973, p. 145).

44. A atuação direta do Estado na economia, por meio das empresas estatais, foi fundamental nas economias comunistas e para as democracias sociais do ocidente. "Os programas de estatização eram baseados na crença de que o aumento das propriedades públicas poderia abrir o caminho para uma mudança fundamental na distribuição de poder na sociedade, gerando, assim, um novo equilíbrio socioeconômico baseado na diminuição de poder do capital privado e no crescimento do poder do trabalho" (Pier Angelo Toninelli, *The Rise and Fall of State-Owned Enterprise in the Western World*, New York, Cambridge University Press, 2000, pp. 5-6).

45. Em muitos países ocidentais, a era das grandes estatizações aconteceu nas três décadas subsequentes à grande depressão; todavia, no pós-Primeira Guerra Mundial, já se pode observar expressiva intervenção direta do Estado na economia tanto em atividades já existentes como na criação de novas empresas. O maior investimento dos Estados ocorreu nas áreas de comunicação (correio, telégrafo, telefone), petróleo e transporte aéreo. Para mais detalhes sobre essas empresas estatais, cf. Pier Angelo Toninelli, *The Rise and Fall of State-Owned Enterprise in the Western World*, New York, Cambridge University Press, 2000, pp. 14-17.

mineração a Vale do Rio Doce.[46] Mesmo estatais já existentes, mas de maneira atomizada, foram se transformando em *holdings* públicas, controlando uma série de outras empresas.

Apesar de ao longo das épocas e dos países haver algumas razões comumente invocadas para justificar a atividade empresarial do Estado, como as estratégicas e as de falta de interesse da iniciativa privada, não existe um critério único para identificá-las, tendo em grande parte se dado por razões políticas casuísticas e pragmáticas. "Muitos fatores explicam a escolha de nacionalização de empresas privadas ou o estabelecimento de empresas estatais ou empresas gerenciadas pelos Estados". Algumas vezes *"os motivos para essa escolha são múltiplos, e algumas vezes esses motivos não são claramente definidos ou são até mesmo contraditórios"*.[47] Não obstante a indeterminação, Toninelli indica três razões que historicamente justificaram as empresas estatais: razões políticas ou ideológicas, razões de desenvolvimento social (criação de empregos e desenvolvimento da indústria) e razões de ordem econômica (correção de falhas de mercado).[48]

Contra a estatização comumente é invocada a ineficiência das empresas estatais em relação às suas congêneres privadas, ponto no qual devemos, todavia, evitar maniqueísmos.[49] Apesar dos muitos casos de ineficiência estatal, há exemplos de empresas estatais com resultados positivos, como também há empresas privadas ineficientes.[50]

> De outro ângulo, é de se reconhecer que o próprio conceito de eficiência pode gerar controvérsias sobre o sucesso ou fiasco de uma atuação empresarial pública. Pode-se entender que, a despeito de certos prejuízos, há resultados satisfatórios. Veja-se, *e.g.*, o movimento de industrialização no Brasil nos anos 1950, que, dificilmente, teria partido da iniciativa privada, e cujo sucesso deve ser colocado muito além de uma avaliação de eficiência econômica pontual da empresa detida pelo ente público.[51]

46. Werner Baer, Isaac Kerstenetzky e Annibal Villela, "As modificações do papel do Estado na economia brasileira", *Pesquisa e Planejamento Econômico*, Rio de Janeiro, IPEA, 3(4)/883-897, dez. 1976 (pp. 896-972).
47. Pier Angelo Toninelli, *The Rise and Fall of State-Owned Enterprise in the Western World*, New York, Cambridge University Press, 2000, p. 5 – grifamos.
48. Pier Angelo Toninelli, *The Rise and Fall of State-Owned Enterprise in the Western World*, New York, Cambridge University Press, 2000, pp. 5-7.
49. Joseph Stiglitz et al., *The Economic Role of the State*, (ed. Arnold Heertje), Oxford e Cambridge, Basil Blackwell, 1989, p. 20.
50. "No entanto, o fracasso de uma empresa privada conduzirá à falência, que, por sua vez, estancará o processo de perdas. A empresa detida pelo Estado, no entanto, não se sujeita a essa barreira (cfr. art. 2º, I, da Lei 11.101/2005), correndo-se o risco de que as perdas sejam perduradas no tempo, com prejuízos para o erário e para o desenvolvimento de outras políticas públicas. (...) deve-se reconhecer, com Stiglitz, que apesar de a ineficiência não ser uma realidade presente apenas no setor público, e deixando de lado as dificuldades sobre o próprio conceito de sucesso, as perdas tendem a ser maiores no caso das empresas controladas pelo Poder Público diante dos limites a que as mesmas se sujeitam, e dos incentivos a que seus agentes se submetem. (...) Ainda que se reconheça que possa haver gestão estatal exitosa, ou que a empreitada tem sua razão de ser em função de outros interesses públicos – *e.g.*, justamente, reverter um cenário de crise econômica – deve-se admitir que as empresas detidas pelo Estado são permeadas de fortes incentivos a que se proliferem perdas" (André Rodrigues Cyrino, "Até onde vai o empreendedorismo estatal? Uma análise econômica do art. 173 da Constituição", in Alexandre Santos de Aragão (coord.), *Empresas Públicas e Sociedades de Economia Mista*, Belo Horizonte, Fórum, 2015, pp. 63-64).
51. André Rodrigues Cyrino, "Até onde vai o empreendedorismo estatal? Uma análise econômica do art. 173 da Constituição", in Alexandre Santos de Aragão (coord.), *Empresas Públicas e Sociedades de Economia Mista*, Belo Horizonte, Fórum, 2015, p. 62.

A partir da década de 1980 começou a haver um refluxo daquela tendência estatizadora, devido a um crescente déficit público, à derrota do bloco socialista na Guerra Fria, à liberalização de mercados e à globalização.[52] Em todo o Ocidente e no Leste Europeu foram criados programas de desestatização, nos quais foi alienada para a iniciativa privada grande parte das empresas estatais até então existentes, focando-se então o Estado na sua atuação indireta, regulatória, sobre a economia, sobretudo no que toca às atividades delegadas ou transferidas à iniciativa privada.[53]

Foi o advento do chamado "Estado Regulador", em contraposição ao "Estado Empresário" anterior, que fez com que a doutrina administrativista, da qual não constituímos exceção, se focasse, nos anos que seguiram, na análise dos institutos jurídicos típicos da regulação, como as agências reguladoras, as concessões de serviços públicos etc.,[54] ficando em segundo plano a produção bibliográfica sobre institutos mais clássicos do Direito Administrativo, como atos administrativos e servidores públicos, e outros relativamente menos antigos, como os instrumentos da atuação direta do Estado na economia.

Em relação às empresas estatais o grosso da produção administrativista se deu nas décadas de 1950 a 1970,[55] momento, como vimos, de sua maior expansão, e apenas bem recentemente estão sendo retomadas reflexões relevantes sobre o tema.[56]

52. Fernando Aguillar dedica um capítulo de sua obra à relação entre direito econômico e globalização, ressaltando que "a globalização é um dos frutos da liberalização dos mercados nacionais, de sua abertura ao comércio e aos investimentos internacionais por meio da flexibilização de suas barreiras alfandegárias". O autor ainda ressalta que a liberalização é uma "exigência do capitalismo internacional contemporâneo" e que essa nova conjuntura interfere, até mesmo, nos controles tradicionais exercidos pelo Estado sobre a sua economia (Fernando Herren Aguillar, *Direito Econômico: do Direito Nacional ao Direito Supranacional*, 1ª ed., São Paulo, Atlas, 2006, pp. 57-58).

53. Jorge Vasconcelos, "O Estado Regulador", in *A Regulação em Portugal*, Lisboa, Entidade Reguladora do Setor Elétrico, 2000, p. 176. O Programa Nacional de Desestatização foi promovido, por meio do Governo Federal, como instrumento de política pública pautado na Lei 8.031, de 12.4.1990, a qual foi sucedida pela Lei 9.491, de 10.9.1997. Conforme Egon Bockmann Moreira, a legislação do PND brasileiro abrange "tanto o tipo de empreendimentos que podem ser desestatizados como as respectivas formas operacionais e a competência da comissão diretora do programa, autorizando-a a definir administrativamente quais empresas estatais serão alienadas à iniciativa privada" (Egon Bockmann Moreira, *Direito das Concessões de Serviço Público. A inteligência da Parte Geral da Lei 8.987/1995*, São Paulo, Malheiros Editores, 2010, pp. 19-20).

54. *Verbi gratia,* Alexandre Santos de Aragão, *Agências Reguladoras e Evolução do Direito Administrativo Econômico*, 2ª ed., Rio de Janeiro, Forense, 2004; Marcos Juruena Villela Souto, *Direito Administrativo Regulatório*, 1ª ed., Rio de Janeiro, Lumen Juris, 2002; Marçal Justen Filho, *O Direito das Agências Reguladoras Independentes*, São Paulo, Dialética, 2002.

55. *V.g.*, Bilac Pinto, "O declínio das sociedades de economia mista e o advento das modernas empresas públicas", *RDA* 32, Rio de Janeiro, 1954; Bilac Pinto, "Justificação ao Projeto 3.945-53, que transforma o Banco do Brasil em empresa pública", *RF* 151/550-558, jan.-fev. 1954; Roger Pinto, "A empresa pública autônoma de caráter econômico, industrial ou comercial em direito comparado", *Revista de Direito Público e Ciência Política*, vol. 2 (2), jul.-dez. 1959, pp. 240-262; Alfredo Lamy Filho, "A empresa pública e de economia mista", *Revista de Direito Público e Ciência Política*, vol. 7 (2), maio-ago. 1964, pp. 5-72; Haroldo Valladão, "Atividades industriais e comerciais do Poder Público na forma do Direito Privado", *RT* 252/51-62, out. 1956; José Cretella Junior, *Empresa Pública*, São Paulo, Edusp, 1973; Caio Tacito, "Controle das Empresas do Estado (Públicas e Mistas)", *RDA* 111/1-9, jan.-mar. 1973; Celso Antônio Bandeira de Mello, *Prestação de Serviços Públicos e Administração Indireta*, São Paulo, Ed. RT, 1973.

56. Filipe Machado Guedes, "As empresas estatais e o direito societário", *Revista de Direito Administrativo Contemporâneo*, vol. 3, Rio de Janeiro, Ed. RT, nov.-dez. 2013; Marçal Justen Filho, "As empresas

Mas, na verdade, as visões do Estado apenas como "Estado empresário" ou apenas como "Estado regulador" seriam equivocadas: quando da expansão das atividades empresárias do Estado ele também exercia numerosas e relevantes competências regulatórias, como, mesmo durante a desestatização e criação das agências reguladoras, o Estado continuou a ter grandes empresas estatais, inclusive em setores bastante importantes como correios, petróleo e energia elétrica.

Nesse ponto faz-se referência a Diogo de Figueiredo Moreira Neto, para quem a atuação do Estado como agente econômico empresarial, no pós-desestatização, continuou existindo, dando-se por meio de uma intervenção tendencialmente concorrencial no domínio econômico.[57]

Com a crise econômica de 2008, também chamada de crise do *subprime*, em parte causada por uma excessiva liberalização de mercados financeiros,[58] houve um certo retorno do pêndulo da atuação econômica do Estado na economia,[59] com o investimento e o apoio estatal se tornando essenciais para evitar uma catástrofe econômica ainda maior.[60] A doutrina europeia destaca que

privadas com participação estatal minoritária", *Revista de Direito Administrativo Contemporâneo*, vol. 2, Rio de Janeiro, Ed. RT, set.-out. 2013; Itiberê de Oliveira Castellano Rodrigues e Luiz Gustavo Kaercher Loureiro, "Prestação de serviços públicos de energia elétrica mediante associações interestatais aplicada às prorrogações de concessões de energia elétrica", *RDA* 262/263-296, Rio de Janeiro, jan.-abr. 2013; Carlos Ari Sundfeld, "Reforma do Estado e empresas estatais: a participação privada nas empresas estatais", in *Direito Administrativo Econômico*, 1ª ed., 3ª tir., São Paulo, Malheiros Editores, 2006, pp. 264-285; Mario Engler Pinto Junior, *Empresa Estatal. Função econômica e dilemas societários*, São Paulo, Atlas, 2010.

57. Diogo de Figueiredo Moreira Neto, *Curso de Direito Administrativo*, 16ª ed., Rio de Janeiro, Forense, 2014, p. 527.

58. Como já de conhecimento geral, gargalos no setor dos créditos de risco de hipoteca (*subprime mortgage*) e a falência do tradicional Banco Lehman Brothers levaram o pânico ao sistema financeiro mundial com quebras ou possíveis quebras de uma série de outras instituições ao longo do globo, reação em cadeia essa que só não foi bem maior em virtude da atuação do Estado. Os EUA editaram o *Emergency Economic Stabilization Act of 2008* (EESA), autorizando que o Governo gastasse até 700 bilhões de dólares com esse objetivo, passando com isso a ser sócio relevante ou até mesmo controlador de diversas empresas, tais como a *General Motors (GM)* e o *Citigroup*. O Reino Unido implantou o *Strategic Investment Fund* com similares objetivos. Marcel Kahan e Edward B. Rock, "When the Government is the Controlling Shareholder", *Texas Law Review*, vol. 89:1.293, 2011 (pp. 1.308-1.309). Para maior aprofundamento, Ioannis Glinavos, "Regulation and the Role of Law in Economic Crisis (June 25, 2009)", *European Business Law Review*, vol. 21, n. 4, 2010; e Joseph Stiglitz, *Freefall: America, Free Markets and the Sinking of the World Economy*, New York, W.W. Norton & Company, jan. 2010.

59. Luiz Carlos Bresser Pereira, "O caráter cíclico da intervenção estatal", *Revista de Economia Política*, vol. 9, n. 3, jul.-set. 1989. No Direito Público Econômico, de maneira mais restrita, Caio Tácito também identifica o mesmo movimento periódico de alternância, uma "dança do pêndulo entre extremos em busca do equilíbrio estável da perfeição". Cf. Caio Tácito, "O retorno do pêndulo: serviço público e empresa privada. O exemplo brasileiro", *RF* 334/18, ano 92, abr.-jun. 1996.

60. "Governo britânico nacionaliza parcialmente os bancos para conter crise", notícia disponível em *http://economia.uol.com.br/ultnot/2008/10/08/ult1767u130540.jhtm*, acesso em 25.11.2008. No Brasil, a Medida Provisória 443, de 21.10.2008, previu instrumento semelhante: "Art. 2º. O Banco do Brasil S.A. e a Caixa Econômica Federal, diretamente ou por intermédio de suas subsidiárias, poderão adquirir participação em instituições financeiras, públicas ou privadas, sediadas no Brasil, incluindo empresas dos ramos securitário, previdenciário, de capitalização e demais ramos descritos nos arts. 17 e 18 da Lei n. 4.595, de 31 de dezembro de 1964, além dos ramos de atividades complementares às do setor financeiro, com ou sem o controle do capital social, observado o disposto no art. 10, inciso X, daquela Lei. § 1º. Para

o consenso (formado na década de 1980 quanto às políticas de privatização) não está mais claro, como consequência da desilusão com alguns dos resultados da privatização da infraestrutura e de setores industriais relacionados e, principalmente, das recentes e fortes falhas do mercado seguidas por uma série de resgates estatais durante a recessão de 2008-2010.[61]

Alguns pensadores, sobretudo após a crise de 2008, vêm sustentando estarmos, apesar das variações de país a país,[62] em um momento de retorno do pêndulo da relação Estado/Direto-Economia/Mercado, com o aumento da participação do Estado na economia como agente do mercado, tudo, no entanto, em uma nova conjuntura.

Ian Bremmer, por exemplo, trazendo dados sobre a grande presença do Estado na economia nas últimas décadas, presença esta que teria sido apenas mitigada durante os processos de privatização das décadas de 1980/1990,[63] se refere ao atual período como de advento de um "Capitalismo de Estado",[64] enumerando as seguintes fases até o momento de aparente ápice: 1ª) o poder econômico e geopolítico adquirido pelos Estados produtores de hidrocarbonetos, a partir da crise do petróleo de 1973;[65] 2ª) a ascensão de governos com uma visão estadocêntrica da sociedade; 3ª) a adoção do capitalismo pelos países do leste europeu, que mantiveram grande poder direto (através de estatais) ou indireto (através de mecanismos societários ou de subsídios) sobre a economia, mas agora com forte influência sobre o capitalismo globalizado, o qual passaram a integrar; 4ª) com a crise de 2008/2009, o aumento da regulação e fomento estatais, com apoio aos chamados "campeões nacionais" (grandes empresas nacionais, geralmente exportadoras),[66] e até mesmo a estatização de companhias através da assunção pelo Estado do controle de empresas que estavam em vias de quebrar (ex., algumas instituições financeiras e a General Motors nos EUA[67]).

a aquisição prevista no *caput*, o Banco do Brasil S.A. e a Caixa Econômica Federal poderão contratar empresas avaliadoras especializadas, mediante procedimento de consulta simplificada de preços, na forma do regulamento, observada sempre a compatibilidade de preços com o mercado. (...) Art. 3º. A realização dos negócios jurídicos mencionados nos arts. 1º e 2º poderá ocorrer por meio de incorporação societária, incorporação de ações, aquisição e alienação de controle acionário, bem como qualquer outra forma de aquisição de ações ou participações societárias previstas em lei".

61. Franco Amatori, Robert Millward e Pier Angelo Toninelli, *Reappraising State-owned Enterprise*, New York/London, Routledge, 2011, p. 3.

62. Julia Black, "Learning from Regulatory Disasters" (November 6, 2014), *LSE – Legal Studies Working Paper* n. 24/2014, p. 8.

63. No Brasil, por exemplo, o Estado detém 40% do mercado bancário, da produção de petróleo e 70% da geração de energia: Mirian Leitão e Leonardo Zanelli, "Capitalismo estatal", *O Globo* (2009) (disponível em *http://oglobo.globo.com/economia/miriam/posts/2009/05/03/capitalismo-estatal-182005. asp*, último acesso em 9.1.2015).

64. Ian Bremmer, "State capitalism comes of age. The end of the free market?", *Foreign Affairs*, vol. 88, n. 3, maio-jun. 2009.

65. As empresas estatais controlam mais de três quartos das reservas de petróleo conhecidas no planeta ("New masters of the universe", Revista *The Economist*, publicado na edição de 21-27.1.2012, "Special Report", p. 6).

66. Francisco José Zagari Rigolon, "A retomada do crescimento e o papel do BNDES", *BNDES*, maio 1996; Mariana Jesus Lourenço Gonçalves, *Os Efeitos do Financiamento do BNDES sobre o Lucro e o Crescimento das Empresas*, dissertação apresentada à Escola Brasileira de Administração Pública e de Empresas da Fundação Getúlio Vargas para a obtenção do grau de Mestre, Rio de Janeiro, 2013.

67. Sobre as empresas controladas pelo Estado nos EUA após a crise de 2008, ver Marcel Kahan e Edward B. Rock, "When the Government is the controlling shareholder", *Texas Law Review*, vol. 89:1.293 (2011).

Grande parte desse apoio tem se dado através da participação acionária do Estado em empresas privadas, mas ficando com parte minoritária do capital, às vezes acompanhada de *golden shares* (e.g., o apoio dado pelo Governo francês à indústria de automóveis, mas obtido em troca inclusive *golden share* para evitar que ela transfira suas fábricas para outros países).[68]

Segundo Dani Rodrik, os governos, as empresas estatais e a atuação direta do Estado na economia têm papel importante a desempenhar, estimulando o desenvolvimento econômico e possibilitando que os mercados funcionem bem.[69] As visões econômicas, a respeito da atuação do Estado na economia, são muito polarizadas.

O termo adotado por Ian Bremmer, como visto acima e em voga em vários círculos,[70] "capitalismo de Estado",[71] é um pouco exagerado, pelo menos nos países ocidentais, que apenas aumentaram a sua atuação na economia. O que vemos é mais um momento do eterno movimento pendular do Estado em relação à economia, lembrando que, tanto em momentos liberalizantes como opostos, *o pêndulo volta para o lado anterior, mas em uma posição diferente*. O processo de expansão e contração da atuação estatal na economia acontece de maneira pendular ou cíclica, e *a cada novo ciclo, a forma de atuação do Estado se modifica*.

Isso acontece porque o crescimento econômico não é necessariamente equilibrado e o aumento da presença do Estado pode gerar disfuncionalidades e retração do desenvolvimento econômico. No momento em que o excesso de intervenção estatal começa a gerar consequências demasiadamente nocivas ao crescimento econômico, há uma tendência de reversão do pêndulo, ou seja, de contração da atuação direta do Estado na economia.[72]

68. Sob a mesma perspectiva, em obra cuja parte final do seu título é por si só eloquente, Andrea Pisaneschi, *Dallo Stato Imprenditore allo Stato Regolatore e Ritorno?*, Torino, Giappichelli, 2009. O autor, às pp. 161 e ss., faz interessante observação: como o aumento da atuação do Estado na economia para ajudar empresas em crise deve ser mais parcimoniosa para empresas que não sejam de caráter financeiro, já que em relação a elas inevitavelmente há critérios discriminatórios em relação a outras empresas também em dificuldade. Já em relação à ajuda do Estado a instituições financeiras o autor é mais complacente, pois o Estado tem o papel de garantidor de "última instância" da moeda.
69. Dani Rodrik, *One Economics Many Recipes: Globalization, Institutions and Economic Growth*, New Jersey, Princeton University Press, 2007, pp. 99-101.
70. Andrew Szamosszegi e Cole Kyle, *An Analysis of State-owned Enterprises and State Capitalism in China*, Washington DC, US-China Economic and Security Review Commission.
71. Lazzarinni indica que o termo capitalismo de Estado é relacionado às novas formas de governança, em que o Estado atua conjuntamente com os investidores privados. Ele define mais precisamente o conceito como "ampla influência do governo na economia, seja por possuir participação majoritária ou minoritária em empresas, seja por fornecer crédito subvencionado ou outros privilégios para empresas privadas". Ainda, segundo o autor, nessa nova forma de capitalismo de Estado os governos não mais gerenciam ou possuem as empresas como extensão da burocracia pública (Aldo Musacchio e Sergio G. Lazzarinni, *Reinventing State Capitalism: Leviathan in Business Brazil and Beyond*, Massachusetts, Harvard University Press, 2014, p. 2).
72. No período de expansão, há um crescente papel do Estado na coordenação da atuação dos agentes econômicos, nas decisões alocativas de recursos e na distribuição de renda. Contudo, depois de um tempo, a economia começa a ficar disfuncional. A atuação do Poder Público passa a ser um entrave ao invés de um estímulo e se verificam sucessivos e significativos déficits públicos. Nesse momento, é hora de o Estado contrair-se, buscando a desregulação e a privatização, tendo por fim a obtenção de um equilíbrio na relação entre mercado e intervenção estatal. Tal equilíbrio "irá necessariamente variar no curso da história e de acordo com o caráter cíclico e em permanente transformação da intervenção do Estado na economia" (Luiz Carlos Bresser Pereira, "O caráter cíclico da intervenção estatal", *Revista de Economia Política*, vol. 9, n. 3, jul.-set. 1989).

Bresser Pereira sintetiza:

(...) a intervenção estatal expande-se e contrai-se ciclicamente, e que *a cada novo ciclo o modo de intervenção muda.*[73]

Por exemplo, o momento liberalizante da desestatização da década de 1980/1990 foi completamente distinto do liberalismo do século XVIII, no qual sequer havia necessidades sociais a serem supridas, considerando não haver nesta época sufrágio universal. Igualmente, *a atuação direta do Estado na economia hoje também se dá de forma bem distinta da que era verificada no Estado intervencionista do pós-guerra ("welfare state"). A atuação direta do Estado na economia contemporânea ocorre em um contexto globalizado e com exigências de eficiência anteriormente inexistentes ou não tão intensas.*

Egon Bockmann Moreira pronuncia que a ideia de um único pêndulo e seu movimento oscilatório deve ser superada. A realidade do Direito Público Econômico, na verdade, comportaria uma multiplicidade de pêndulos simultâneos, a depender do setor da economia que se toma como referencial, que "tendem a nunca parar".[74]

Se sempre existiu atuação direta empresarial do Estado na economia, essa atuação hoje se dá, como é da substância da história, em um novo contexto, que exige novas estratégias e novos instrumentos de ação empresarial estatal. Não é concebível hoje, por exemplo, uma grande estatal sem perspectiva de atuação internacional e de parcerias com agentes particulares, valendo-se de mecanismos privados para aumentar a sua eficiência, como a abertura do seu capital em níveis que lhe demandam requisitos de governança mais rígidos.[75]

Independentemente do movimento pendular pós-crise de 2008, o próprio processo de desestatização foi acompanhado de choques de gestão no aparelho estatal, inclusive nas estatais; o próprio rumo da história faria com que as empresas do Estado evoluíssem no sentido de uma maior eficiência e lógica de mercado desde a década de 1990.

Hoje, aliás, já estamos em pleno momento de um novo movimento do pêndulo da relação do Estado com a economia, com déficits fiscais que estão levando o Estado a alienar participações em empresas ou a, pelo menos, não adquiri-las mais. A tudo isso se acresce o desgaste ou derrota eleitoral de governos latino-americanos de viés mais intervencionista, bem como o esgotamento das medidas intervencionistas tomadas em países do capitalismo mais avançado durante a crise de 2008, mas que agora já cumpriram sua função, tendo o Estado retornado para o mercado uma série de participações então adquiridas.

73. Luiz Carlos Bresser Pereira, "O caráter cíclico da intervenção estatal", *Revista de Economia Política*, vol. 9, n. 3, jul.-set. 1989, p. 7 – grifamos.

74. Egon Bockmann Moreira, "Passado, presente e futuro da regulação econômica no Brasil", *Revista de Direito Público da Economia*, n. 44, ano 11, Belo Horizonte, Fórum, out.-dez. 2013, p. 110.

75. A articulação do capital privado nas empresas estatais varia segundo o modelo de participação do governo. Novas formas de interação de capital privado e público são implementadas para o aumento da eficiência das empresas. Nos exemplos de participação estatal majoritária, como o caso do *Agricultural Bank of China*, o Estado é ainda o maior acionista, mas a empresa é regida por regras que viabilizam a participação de investidores privados. O governo também pode lançar as empresas estatais na bolsa de valores de modo a continuar com o controle e atrair investidores privados minoritários. Nos modelos de participação minoritária do Estado, há maior renúncia do controle estatal em suas empresas, embora haja ampla previsão de empréstimos realizados por bancos de desenvolvimento ou instituições financeiras públicas às empresas privadas. A respeito, Aldo Musacchio e Sergio G. Lazzarinni, *Reinventing State Capitalism: Leviathan in Business Brazil and Beyond*, Massachusetts, Harvard University Press, 2014, pp. 2, 8, 9.

Até pela hiperaceleração do tempo inerente à pós-modernidade, também chamada de compressão espaço-temporal, é possível que o movimento pendular da relação do Estado com a economia, que antes variava por um espaço de duas ou mais décadas, esteja variando por lapsos temporais mais curtos, ou que, talvez, esteja havendo até mesmo a fusão desses diferentes movimentos, que deixariam de ser sucessivos, ainda que por espaços de tempo menores, para passarem a ser paradoxalmente concomitantes.[76]

De toda sorte, independentemente de em determinado momento termos mais ou menos atuação direta do Estado na economia, o fato é que a globalização e as dela derivadas desestatização e liberalização dos mercados colocaram as estatais em um novo contexto extremamente modificado, passando a conviver em um mercado com concorrentes, inclusive internacionais, concorrentes estes que muitas vezes também se tornam parceiros para facilitar a sua expansão e mitigar a assunção de riscos.

Essas circunstâncias, independentemente de movimentos pendulares episódicos, prevalecerão pelo menos no médio prazo, uma vez que pelo menos por enquanto não há no horizonte histórico sinal de um possível retrocesso substancial na globalização dos mercados.

Todos esses fatores, associados ao mencionado relativo vácuo bibliográfico das últimas décadas, agravado pela recente edição do Estatuto das Estatais – Lei 13.303 de 30.6. 2016 –, demonstram a necessidade de a atuação direta do Estado na economia e das estatais serem objeto de novas abordagens, devendo todas as regras a elas pertinentes, das mais vetustas às do Estatuto, serem interpretadas e aplicadas evolutivamente.[77]

A realidade econômica e a prática institucional brasileira fizeram com que novas estratégias de atuação das empresas estatais se impusessem empiricamente, sem maiores reflexões doutrinárias prévias. Nesse contexto, enquanto se pode simplesmente considerá--las, pelos padrões tradicionais do direito administrativo, ilegítimas, poder-se-ia também

---

76. Não é o caso de nessa oportunidade nos aprofundarmos nas discussões sobre a pós-modernidade. Mas para os autores que a defendem está havendo uma fusão entre passado, presente e futuro, que se unem e formam um presente contínuo, com o futuro nele permanentemente se introduzindo. Hoje todo o sistema econômico acaba "introduzindo o tempo futuro no tempo presente de maneiras estarrecedoras" (David Harvey, *Condição Pós-Moderna*, 11ª ed., São Paulo, Loyola, 2002, p. 154).

77. A interpretação evolutiva consiste na atribuição de novos conteúdos à norma legal, sem que o seu texto seja modificado. A necessidade de atribuição de novos sentidos às normas deriva da transformação dos fatos sociais, insuscetíveis de previsão pelo Poder Legislativo (Luís Roberto Barroso, *Interpretação e Aplicação da Constituição: fundamentos de uma dogmática constitucional transformadora*, 7ª ed., rev., São Paulo, Saraiva, 2009, pp. 282-283). Na doutrina nacional, o tema de interpretação evolutiva é mesmo abordado principalmente no âmbito do direito constitucional, em razão do caráter rígido da Constituição Federal. Na hermenêutica constitucional, o método de interpretação evolutiva pode possibilitar a mutação constitucional, que "consiste em uma alteração do significado de determinada norma da Constituição, sem a observância do mecanismo constitucionalmente previsto para as emendas e, além disso, sem que tenha havido qualquer modificação de seu texto. Esse novo sentido ou alcance do mandamento constitucional pode decorrer de uma mudança na realidade fática ou de uma nova percepção do Direito" (Luís Roberto Barroso, *Curso de Direito Constitucional Contemporâneo*, Rio de Janeiro, Saraiva, 2013, pp. 148-149). A respeito do tema, ver também Gilmar Ferreira Mendes, Inocêncio Mártires Coelho, Paulo Gustavo Gonet Branco, Curso de Direito Constitucional, 5ª ed., São Paulo, Saraiva, 2010. Para mais detalhes sobre interpretação evolutiva e mutação constitucional, o clássico Georg Jellinek, *Reforma y Mutación de la Constitución*, trad. espanhola de Christian Förster, Madrid, Centro de Estudios Constitucionales, 1991, pp. 15-35.

admiti-las acriticamente por um imperativo prático. Em ambas as alternativas algumas dessas novas estratégias ficariam em estado de semianomia, em um limbo jurídico.[78]

O Estatuto das Estatais de 2016, tratando exaustivamente de temas fulcrais – como o próprio conceito delas, sua governança corporativa, requisitos da inserção de preocupações de interesse público em suas atividades, suas licitações e contratos –, demanda um esforço de atualização considerável. E isso não se deve tanto ao fato de ser um novo diploma legislativo, com quase cem artigos, ou de a legislação anterior datar de décadas atrás. Esses são fatores relevantes, mas o mais forte deles é o Estatuto das Estatais conter normas materialmente mais modernas, algumas delas exigindo mesmo uma mudança cultural em relação às estatais.[79]

---

78. Não desconhecemos, naturalmente, o papel que os princípios podem e devem ter em temas novos para lhes dar alguma disciplina, mas, sobretudo em temas tão concretos, como a participação minoritária de estatais, o exercício das suas atividades fora do território do ente federativo que as instituiu etc. há de se ter bastante cautela. Sobre problemas relacionados ao uso frequente e desparametrizado de princípios, sobretudo no âmbito do direito administrativo, Carlos Ari Sundfeld, "Princípio é preguiça", in *Direito Administrativo para Céticos*, 2ª ed., São Paulo, Direito GV/Malheiros Editores, 2012, pp. 205-229.

79. A atividade de delimitação do sentido de dispositivos legais e construção de conceitos e teorias voltados à orientação dessa tarefa é crucial para a adequada disciplina dos fenômenos jurídicos, cf. Robert Alexy, *Teoria da Argumentação Jurídica*, trad. Zilda Hutchinson S. Silva, 2ª ed., São Paulo, Landy, 2005, p. 249. A atividade hermenêutica desempenha um papel fundamental para o desenvolvimento do direito ao longo do tempo, mesmo sem a alteração de regras legais ou constitucionais, já que almeja adequar o sentido da legislação à realidade na qual deve ser aplicada, especialmente se se considera que "toda a interpretação da lei está, até certo ponto, condicionada pela época" (Karl Larenz, *Metodologia da Ciência do Direito*, trad. José Lamego, 3ª ed., Lisboa, Fundação Calouste Gulbenkian, 1997, p. 443).

A EVOLUÇÃO DO CONCEITO JURÍDICO DE AUTORIZAÇÃO NA DOUTRINA BRASILEIRA

ALEXANDRE WAGNER NESTER

1. Introdução. 2. O conceito de autorização antes da Constituição de 1988. 3. O conceito de autorização após a Constituição de 1988: 3.1 A dificuldade decorrente da redação constitucional; 3.2 A solução da doutrina tradicional; 3.3 A solução cogitada pela doutrina mais recente. 4. Conclusão.

1. Introdução

O estudo da autorização administrativa foi desenvolvido pelos manuais e cursos de Direito Administrativo, mais especificamente nos capítulos que tratam das categorias formais de manifestação da Administração Pública em relação às atividades privadas. Assim é que a autorização tem aparecido na doutrina tradicional do Direito Administrativo brasileiro, ora como manifestação do poder de polícia, ora classificada ao lado dos institutos da concessão e da permissão.

Embora os trabalhos específicos tenham sido escassos, houve quem dedicasse maior atenção ao tema, como José Cretella Júnior, no artigo lançado em 1976, com o título "Definição da autorização administrativa",[1] e Cid Tomanik Pompeu, que lançou obra específica intitulada *Autorização Administrativa*,[2] com a primeira edição em 1992.

A baixa atenção acabou resultando em certa imprecisão terminológica – tanto por parte da doutrina quanto pela jurisprudência e pelo direito positivo – e, consequentemente, acarretando confusão entre a autorização e outros institutos afins, mas ontologicamente distintos, como a concessão, a permissão e a licença.[3]

Não obstante, é preciso reconhecer que houve, durante algum tempo, relativo consenso na doutrina a respeito da definição e dos usos para a autorização administrativa. Em geral, e por longo tempo, a autorização foi utilizada para indicar um ato administrativo expedido

---

1. *Revista da Faculdade de Direito da Universidade de São Paulo*, vol. 71, São Paulo, jan. 1976, pp. 99-121.
2. *Autorização Administrativa*, 3ª ed., São Paulo, Ed. RT, 2010.
3. Caio Tácito, "Autorização administrativa", *Temas de Direito Público: estudos e pareceres*, vol. 1, Rio de Janeiro, Renovar, 1997, p. 735. Ainda: "No direito brasileiro, o conceito de *autorização* tem trazido inúmeras confusões ao espírito dos doutrinadores, penetrando o próprio direito positivo, confundindo-se, não raro, a autorização com a *permissão*, a *admissão*, a *licença* e a *concessão*" (José Cretella Júnior, "Definição da autorização administrativa", *Revista da Faculdade de Direito da Universidade de São Paulo*, vol. 71, São Paulo, jan. 1976, p. 100).

no uso do poder de polícia, com o objetivo de habilitar um particular ao desempenho de uma atividade privada em princípio proibida pelo ordenamento, ou para conferir o direito de uso de um bem público. Mais tarde, passou-se a cogitar se a autorização se prestaria para outorgar ao particular um serviço com relevância perante terceiros ou vinculado à satisfação de um interesse coletivo.[4]

Essas diferentes visões, algumas demasiadamente genéricas, são insuficientes para apreender a complexidade do instituto tal como aparece atualmente no nosso Direito Positivo.

Daí porque esse cenário de relativo desinteresse sobre a autorização administrativa tem sido paulatinamente alterado. Cada vez mais se observa a evolução da noção de autorização para algo mais amplo do que a doutrina tradicional enxergava. Cada vez mais percebe-se que a autorização pode servir para situações muito mais amplas que outrora se vislumbrava. E cada vez mais a doutrina tem se dedicado a explorar o instituto da autorização, para desvendar as suas diversas facetas.

Esse desenvolvimento tem ocorrido a partir do texto da Constituição de 1988 (em especial do art. 21, XI e XII), de alguns regimes jurídicos diferenciados para determinadas atividades, estabelecidos por Lei, assim como de posicionamentos doutrinários mais inovadores. Mas, acima de tudo, esse desenvolvimento surge a partir da própria evolução dos fatos e da constatação da insuficiência dos mecanismos atuais, por meio dos quais o Poder Público delega atividades aos particulares.

Neste breve artigo, dedicado a homenagear um dos maiores expoentes do Direito Administrativo brasileiro, que certamente contribuiu para formar as bases do estudo do tema aqui analisado, procura-se desenhar uma linha de evolução do conceito jurídico de autorização administrativa na doutrina brasileira, chamando a atenção para as possibilidades que esse instituto jurídico pode abrir no futuro próximo.

2. O conceito de autorização antes da Constituição de 1988

Durante muito tempo prevaleceu na doutrina a noção de autorização como uma manifestação do poder de polícia estatal, utilizada para habilitar eventuais interessados ao exercício de atividades vedadas pela Lei.

O exemplo mais recorrente era o porte de armas: uma atividade sujeita a proibição geral por questão de segurança, mas que poderia ser autorizada mediante requerimento do interessado, a critério da Administração Pública e desde que preenchidos determinados requisitos.

Esse ato administrativo autorizatório da atividade vedada, portanto, seria exercido de forma discricionária e precária. A autorização seria concedida por conveniência da Administração Pública e poderia ser revogada a qualquer tempo pelo mesmo motivo, ou seja, por "interesse público".

Isso é o que se extrai a partir da doutrina de mestres como Themístocles Brandão Cavalcanti, Oswaldo Aranha Bandeira de Mello, José Cretella Júnior e Hely Lopes Meirelles, aqui transcritos para representar esse legado.[5]

---

4. Marçal Justen Filho, Curso de Direito Administrativo, 12ª ed., São Paulo, Ed. RT, 2016, p. 257.
5. Sem prejuízo de outros tantos, tais como Mário Masagão, Rui Cirne Lima e Pontes de Miranda.

Themístocles, no tópico sobre "Autorização ou permissão de polícia" do seu *Curso de Direito Administrativo*, explicava que

> Uma das modalidades por que se manifesta o poder de polícia consiste na concessão, permissão licença ou autorização de polícia.[6]

Mencionando o exemplo do porte de armas, o autor definia a autorização como uma medida de natureza preventiva e excepcional, de caráter restrito, tolerável em virtude de condições peculiaríssimas:

> O caráter excepcional e discricionário é que define a permissão de polícia. Pressupõe, no entretanto, precipuamente, a competência da autoridade para conceder o privilégio dentro das normas gerais traçadas pela lei.[7]

Para Oswaldo Aranha, que traduz bem a noção tradicional,

> Autorização seria o ato administrativo discricionário, unilateral, pelo qual se faculta, a título precário, o exercício de determinada atividade material, que sem ela seria vedado.[8]

Os exemplos elencados pelo autor seriam o porte de armas e a pesquisa e lavra de jazidas. Para essas atividades, "o atendimento ao pedido do interessado ficaria a critério da Administração Pública, tendo em vista considerações de conveniência e oportunidade públicas".[9] E em razão do seu caráter precário, a autorização pode ser

> revogada livremente, e a qualquer tempo, por motivo de interesse público, salvo disposição de lei em contrário, ou se dada a prazo certo.[10]

Oswaldo Aranha preocupava-se em sistematizar as manifestações estatais, classificando os atos administrativos constitutivos de direito,[11] distinguindo-os em concessão, permissão, autorização, aprovação, dispensa, ordem, sanção administrativa e renúncia. A figura estaria então ligada apenas às hipóteses de atividade material em princípio vedada por lei, que é desenvolvida no interesse do sujeito autorizado e pode ser revogada com base no interesse público.

Sob esse aspecto, a autorização seria diferente da concessão (por meio da qual se atribui poderes e deveres que devem ser exercidos no lugar do concedente para a prática

---

6. Themistocles Brandão Cavalcanti, *Curso de Direito Administrativo*, 3ª ed., Rio de Janeiro, Freitas Bastos, 1954, p. 129.
7. Idem, ibidem, p. 130.
8. Oswaldo Aranha Bandeira de Mello, *Princípios Gerais de Direito Administrativo*, vol. I, 3ª ed., São Paulo, Malheiros Editores, 2007, pp. 560-561.
9. Idem, ibidem.
10. Idem, ibidem.
11. Estes, ao lado dos atos administrativos declaratórios (admissão, licença, homologação, isenção, recusa, decisão e habilitação) e dos atos administrativos de conhecimento (visto, parecer, proposta, assentamento ou documentação, certidão, participação, comunicação, publicação, citação, intimação, notificação e voto), segundo a classificação dos atos jurídicos quando à causa formal (Oswaldo Aranha Bandeira de Mello, *Princípios Gerais de Direito Administrativo*, vol. I, 3ª ed., São Paulo, Malheiros Editores, 2007, pp. 555-556).

de atos jurídicos, a construção de obras ou a prestação de serviços públicos), da permissão (que faculta a execução de obras e serviços de utilidade pública ou mesmo o uso excepcional de bem público e a prática de ato jurídico de oficio público), da aprovação (pela qual a Administração Pública controlaria a prática de outro ato jurídico, facultando os atos a serem praticados ou dando eficácia aos já praticados), da dispensa (por meio da qual, em caráter de exceção, se exonera o particular de observar determinada exigência legal), da ordem (que se prestaria a impor uma ação ou omissão), da sanção administrativa (ato pelo qual se aplicam sanções pela inobservâncias de deveres) e da renúncia (ato pelo qual se abdica de um direito).

Já Cretella, no escopo de estabelecer unidade terminológica e adequação dos termos à realidade prática, valia-se da doutrina italiana para pontuar que "autorização é o ato unilateral do Poder Público, mediante o qual, por provocação do interessado, a Administração remove o obstáculo legal para facultar-lhe o exercício de uma atividade, de outro modo, proibida" – ou seja, para aquele autor, removida a barreira, surge o direito.[12] A autorização teria a natureza jurídica de ato discricionário, "porque a Administração, ao editá-lo, consulta apenas a *oportunidade* ou a *conveniência* da medida".[13]

O autor também mencionava a figura da autorização de uso:

> Ainda entre nós autorização é o ato administrativo unilateral e discricionário, mediante o qual a Administração faculta ao particular a utilização privativa do bem público.

E explicava o caráter precário da autorização sem prazo:

> A autorização pode ser simples, quando outorgada sem *termus ad quem* fixado, e *qualificada*, quando outorgada por determinado tempo. No primeiro caso, é *precária*, no segundo, caso, é *irrevogável* durante a fluência do prazo outorgado, a não ser que haja "distorção" da outorga, pelo interessado.[14]

Hely Lopes Meirelles, por sua vez, representou um certo avanço em relação à doutrina que até então classificava a autorização como um ato liberatório para o exercício de atividade privada legalmente proibida. Na sua obra *Direito Administrativo*, editada pela primeira vez em 1964, ele tratou do tema no capítulo dedicado aos serviços públicos, após definir os serviços concedidos e os permitidos.

Assim, Hely definiu os *serviços autorizados* como

> aqueles que o Poder Público, por ato unilateral, precário e discricionário, consente na sua execução por particular, para atender interesses coletivos instáveis ou emergência transitória. São serviços delegados e controlados pela Administração autorizante, normalmente sem regulamentação específica, e sujeitos, por índole, a constantes modificações no modo de sua prestação ao público e a supressão a qualquer momento, o que agrava a sua precariedade.[15]

12. José Cretella Júnior, "Definição da autorização administrativa", *Revista da Faculdade de Direito da Universidade de São Paulo*, vol. 71, São Paulo, jan. 1976, pp. 101 e 120.
13. Idem, ibidem, p. 102.
14. Idem, ibidem, p. 120.
15. Hely Lopes Meirelles, *Direito Administrativo Brasileiro*, 14ª ed., São Paulo, Ed. RT, 1989, p. 352. Nesse artigo, tendo em vista o objetivo de resgate da evolução do instituto em questão ao longo do

Os exemplos mencionados pelo autor englobavam os casos que, embora tratem de "atividade pública típica" (e daí a necessidade de o Poder Público conhecer e credenciar os prestadores, bem como controlar a sua atuação), não exigiriam execução pela própria Administração, nem demandariam especialização na sua prestação, tais como serviços de táxi, despachantes, pavimentação de ruas pelos moradores, guarda particular de estabelecimentos ou residências.[16]

Esses estudos, portanto, revelam ter havido, mesmo antes da Constituição de 1988, uma evolução no entendimento da doutrina sobre a noção e os usos da autorização.

Inicialmente, a figura prestar-se-ia apenas para habilitar um particular ao exercício de uma atividade legalmente proibida (*e.g.* porte de armas) no seu interesse próprio. Essas atividades, enfim, estariam adstritas ao domínio econômico privado, em princípio sem relevância para nenhum interesse coletivo. Logo, a autorização serviria para controlar (no exercício do poder de polícia) a atividade do particular. Pela autorização, a Administração Pública admite que o particular desempenhe determinada atividade em princípio vedada por motivo de segurança, saúde ou economia, precisamente por entender que o desempenho da atividade não acarretaria ameaça à coletividade.

Cogitava-se ainda da autorização de uso de bem público: ato que faculta ao particular o uso de um bem que, embora público, passa a servir preponderantemente ao seu interesse privado. Exemplos seriam a autorização para acesso a uma fonte de água, para o uso do passeio para instalação de banca de jornal, das ruas para instalação de barracas de feira ou para eventos culturais ou esportivos.

Depois, passou-se a falar da autorização como ato que habilita o particular ao exercício de determinadas atividades de interesse coletivo. Ou seja, atividades que extrapolariam a esfera própria do particular e que, portanto, precisariam de maior atenção da Administração Pública no momento de autorizar o seu exercício. Os exemplos seriam as situações temporárias de interesse coletivo, de caráter emergencial, para as quais o Poder Público não tivesse tido tempo suficiente para conferir a solução jurídica mais elaborada, como a autorização para empresas de turismo explorarem o serviço de transporte urbano em período de greve.

Estabeleceu-se, por outro lado, um certo consenso sobre determinados aspectos da autorização administrativa: seria definida com base nos seguintes elementos: (i) ato administrativo (e não contrato) praticado unilateralmente pelo Poder Público; (ii) com caráter precário, ou seja, que pode ser desfeito a qualquer tempo sem direito à indenização do particular interessado; e (iii) discricionário, isto é, praticado segundo um critério de conveniência e oportunidade do Poder Público.

3. O conceito de autorização após a Constituição de 1988

As ideias acima indicadas passaram a servir de postulado para o desenvolvimento da doutrina desde então. Os autores que se dedicaram ao tema sempre partiram dessas premissas para continuar trabalhando com uma noção de autorização "liberatória" (ou "autorização

tempo, tal como tratado pela doutrina brasileira, será levado em conta apenas o texto originalmente escrito pelo mestre homenageado, extraído da 14ª edição atualizada pela Constituição de 1988, que foi a última edição por ele lançada em vida.

16. Idem, ibidem, p. 353.

de polícia"), que apenas habilita o particular ao exercício de uma determinada atividade exclusivamente privada, ou de interesse coletivo, mas em caráter excepcional.

Mas não havia ainda quem defendesse, na doutrina brasileira, a utilização da figura da autorização como mecanismo de intervenção do Poder Público nos setores regulados da esfera econômica.

Caio Tácito descrevia a autorização como

> o ato administrativo que habilita ao exercício de um direito individual sujeito a controle preventivo. Não cria direito novo, mas possibilita a eficácia de direito preexistente que a lei condicionou, para sua efetiva fruição, à manifestação liberatória do Poder Público, em atenção a interesse coletivo respeitável.[17]

O autor buscava base na doutrina alemã e italiana (entre Otto Mayer, Flaminio Franchini e Renato Alessi)[18] para concluir que a autorização tem sentido "desinibitório", pois remove um limite imposto pela lei ao exercício espontâneo do direito pelo seu titular. Assim:

> A autorização tem conteúdo constitutivo na medida em que é essencial para transformar o direito potencialmente válido em uma situação jurídica plenamente eficaz.[19]

Segundo Tácito, a autorização funcionaria como um ato de controle preventivo, que se caracteriza pela função de condicionamento da eficácia de uma situação jurídica precedente. Logo:

> O titular de um direito é, em suma, legítimo portador de um direito, mas não dispõe da faculdade de exercê-lo, até que seja autorizado.[20]

Para Marcos Juruena Villela Souto, a autorização é definida como

> um ato administrativo unilateral, discricionário e precário, incluído na categoria dos atos negociais ou receptícios, porque envolve uma provocação do interessado, a cuja aceitação fica condicionada a sua eficácia.[21]

Para esse autor, a autorização:

> Difere da licença, que também é formalizada por um alvará, porque esta é ato vinculado e definitivo, não podendo, em regra, ser negada nem desfeita pelo Poder Público se preenchidos

---

17. Caio Tácito, "Serviço de utilidade pública. Autorização. Gás liquefeito de petróleo", in *Temas de Direito Público: estudos e pareceres*, vol. 2, Rio de Janeiro, Renovar, 1997, p. 1.233.
18. Flaminio Franchini, em obra exaustiva dedicada ao tema, pontuou que a autorização "rimuovere un limite all'esercizio di un diritto che già appartiene all'autorizzato, sai pure allo stato potenziale" (*Le Autorizzazioni Amministrative costitutive di Rapporti Giuridici fra l'Amministrazione e i Privati*, Milão, 1957).
19. Tácito, Caio. "Serviço de utilidade pública. Autorização. Gás liquefeito de petróleo", in *Temas de Direito Público: estudos e pareceres*, vol. 2, Rio de Janeiro, Renovar, 1997, p. 1.235.
20. Caio Tácito, "Autorização administrativa", in *Temas de Direito Público: estudos e pareceres*, vol. 1, Rio de Janeiro, Renovar, 1997, p. 736.
21. Marcos Juruena Villela Souto, "Gestão alternativa de serviços públicos", *RDA* 219/193, Rio de Janeiro, Renovar, jan.-mar. 2000.

os requisitos exigidos em lei para a sua outorga. Assemelha-se à permissão, que também é discricionária e precária, porque nesta ocorre um equilíbrio entre o interesse público e o privado, ao passo que na autorização predomina o interesse público.[22]

Daí que, ao outorgar uma autorização,

> o Poder Público chancela um interesse privado em atividade definida como serviço público desde que não afete, segundo seu juízo de conveniência e oportunidade (variável a qualquer tempo) o interesse da coletividade. Não se trata de delegação de serviço público, mas de controle de atividades e interesses privados em setores legalmente definidos como serviços públicos.[23]

Portanto, nos casos em que o interesse público prevalecer sobre o particular, não se deve utilizar a autorização, mas sim a concessão ou a permissão, precedidas de licitação:

> Se o interesse que predomina é privado, não deve ser outorgada a autorização em hipóteses que violem direitos ou interesses de terceiros, o que, em matéria de serviços públicos, exigiria licitação e a definição de obrigações em termo circunstanciado que assegurasse um mínimo de direitos para o Poder Público, usuários e para o fornecedor do bem ou serviço.[24]

Diversos outros juristas seguiam mais ou menos essa linha de entendimento. Em obra bem esquematizada, Cid Tomanik Pompeu concluiu pela definição da autorização administrativa como:

> Ato administrativo discricionário, pelo qual se faculta a prática de ato jurídico ou de atividade material, objetivando atender diretamente interesse público ou privado, respectivamente, de entidade estatal ou de particular, que sem tal outorga seria proibida.[25]

Odete Medauar afirmou que:

> Em geral, pela autorização se transferem a particulares serviços pouco complexos, nem sempre com remuneração por tarifas. É o caso da autorização para conservação de praças, jardins ou canteiros de avenidas, em troca da afixação de placa com nome da empresa.[26]

Para Lúcia Valle Figueiredo:

> A autorização, sim, é ato administrativo, unilateral e precário, que se presta para serviços públicos *emergenciais, não constantes*.[27]

22. Idem, ibidem.
23. Idem, ibidem.
24. Idem, ibidem.
25. Cid Tomanik Pompeu, *Autorização Administrativa*, 3ª ed., São Paulo, Ed. RT, 2010, p. 199.
26. Odete Medauar, *Concessão de Serviço Público*, São Paulo, Ed. RT, 1995, p. 16.
27. Em sentido semelhante: Dinorá Adelaide Musetti Grotti, *O Serviço Público e a Constituição Brasileira de 1988*, São Paulo, Malheiros Editores, 2003; Cármen Lúcia Antunes Rocha, *Estudos sobre Concessão e Permissão de Serviço Público no Direito Brasileiro*, São Paulo, Saraiva, 1996, p. 175; Marcus Vinicius Corrêa Bittencourt, *Manual de Direito Administrativo*, Belo Horizonte, Fórum, 2005, p. 226.

Portanto, ela "conserva suas características de ato (e não de contrato), de conteúdo parcialmente discricionário, unilateral e precário, porque passível de ser revogado, quando necessário ao interesse público".[28] Como exemplo de situação de necessidade aleatória e passageira, a autora menciona a autorização para empresas de turismo prestarem serviços de transporte durante greves.

Alexandre Santos de Aragão reconhece a possibilidade de "autorizações vinculadas", a serem conformadas pela lei ordinária, necessárias para conferir segurança jurídica aos empreendimentos nos setores da economia onde são utilizadas.[29] Porém, nega a possibilidade de uma autorização "contratual", afirmando o seguinte:

> Quando leis que regulam setores de serviços públicos se referem à autorização administrativa pode haver duas circunstâncias: ou a atividade em questão integra o setor, mas não é serviço público (ex.: serviço de telefonia móvel, autogeração de energia), e a autorização será então um ato de poder de política; ou, caso verse realmente sobre serviço público, recebendo inclusive uma estrutura contratual em razão da titularidade estatal da atividade, estaremos materialmente diante não de uma autorização, mas sim de uma delegação de serviço público (concessão caso haja bens reversíveis, e, caso não os haja, em princípio permissão...). Teremos, portanto, uma autorização em sentido apenas nominal; teremos uma "autorização" contratual.[30]

Maria Sylvia Zanella Di Pietro também definiu a autorização administrativa

> como o ato administrativo unilateral, discricionário e precário pelo qual a Administração faculta ao particular o uso privativo de bem público, ou o desempenho de atividade material, ou a prática de atos que, sem esse consentimento, seriam legalmente proibidos.[31]

A autora menciona a autorização de serviço público, prevista no art. 21, inc. XII, mas ressalva que "ela inexiste como delegação de serviço público prestado ao público; na autorização, o serviço é prestado no interesse exclusivo do autorizatário".[32]

Mais adiante, Maria Sylvia rejeita a utilização do termo autorização como ato vinculado, tal como previsto na Lei Geral de Telecomunicações. Afirma que

> esse emprego do vocábulo, utilizado para dar a impressão de que a lei se afeiçoa aos termos do artigo 21, XI, da Constituição (que fala em concessão, permissão e autorização) não está corretamente utilizado, não se amoldando ao conceito doutrinário. O uso indevido do vocábulo não justifica a alteração do conceito.[33]

28. Lúcia Valle Figueiredo, *Curso de Direito Administrativo*, 9ª ed., São Paulo, Malheiros Editores, 2008, p. 112. Em sentido similar: Cármen Lucia Antunes Rocha, *Estudo sobre Concessão e Permissão de Serviço Público no Direito Brasileiro*, São Paulo, Saraiva, 1996, p. 176.
29. Alexandre Santos Aragão, *Direito dos Serviços Públicos*, Rio de Janeiro, Forense, 2007, pp. 218-219. Também em: "Atividades privadas regulamentadas: autorização administrativa, poder de polícia e regulação", *Revista de Direito Público e Economia*, n. 10, Belo Horizonte, Fórum, abr.-jun. 2005, pp. 9-48.
30. Idem, ibidem, p. 27.
31. Maria Sylvia Zanella Di Pietro, *Direito Administrativo*, 17ª ed., São Paulo, Atlas, 2004, p. 219. A partir da 18ª edição de sua obra, a autora passou a adotar entendimento diverso, acrescentando a autorização para prestação de serviço público.
32. Idem, ibidem.
33. Idem, ibidem, p. 220.

3.1 A dificuldade decorrente da redação constitucional

Mas o fato é que a Constituição trouxe algo novo, bastante diverso do conceito de autorização meramente liberatória. Previu a autorização tanto para atividades tipicamente provadas (art. 170), quanto para atividades qualificadas como serviço público (art. 21, XI e XII).

E mais, o direito positivo também inovou ao estabelecer a possibilidade de o Poder Público delegar, por meio de concessão, permissão e autorização, a prestação de determinadas atividades até então qualificadas como serviço público e submetidas ao regime jurídico próprio.

Seriam elas: serviços de telecomunicações (art. 21, XI);[34] os serviços de radiodifusão sonora e de sons e imagens; os serviços e instalações de energia elétrica e o aproveitamento energético dos cursos de água, em articulação com os Estados onde se situam os potenciais hidroenergéticos; a navegação aérea, aeroespacial e a infraestrutura aeroportuária; os serviços de transporte ferroviário e aquaviário entre portos brasileiros e fronteiras nacionais, ou que transponham os limites de Estado ou Território; os serviços de transporte rodoviário interestadual e internacional de passageiros; e os portos marítimos, fluviais e lacustres (art. 21, XII).

Apesar da resistência da doutrina em reconhecer esse fenômeno, foi o que aconteceu concretamente nos setores de energia elétrica (Lei 9.074/1995), de petróleo e gás (Lei 9.478/1997), de telecomunicações (Lei 9.742/1997) e de portos (Lei 10.233/2001 e, depois, Lei 12.815/2013), em que se estabeleceram por Lei regimes jurídicos inovadores para a autorização de serviços.

Não que tenha havido uma definição e sistematização precisas sobre o assunto. Muito ao contrário. São usuais as ressalvas sobre a falta de clareza tanto do texto constitucional sobre os instrumentos de concessão, permissão e autorização, quanto das diferentes leis que se valeram da figura para regular setores distintos da economia.

Vera Monteiro, por exemplo, ressalva que

> não há um projeto constitucional único em relação ao modo como o Estado deve prestar serviços públicos à coletividade ou autorizar o uso de seu patrimônio por particulares. Daí porque a menção a concessão, permissão e autorização em alguns dispositivos não é suficiente para afirmar que haja mecanismos de exploração uniformizados ou regime jurídico universal com relação a eles e objetivos comuns a atingir.[35]

---

34. Ressalve-se que a redação atual do inc. XI do art. 21 foi introduzida pela EC 8/1995, no bojo do processo de desestatização experimentado no Brasil na década de 1990 (sobre o assunto: Alexandre Wagner Nester, *Regulação e Concorrência: compartilhamento de infraestrutura e redes*, São Paulo, Dialética, 2006, pp. 243-246). A redação original do inc. XI do art. 21 não falava em autorização: "XI – explorar, diretamente ou mediante concessão a empresas sob controle acionário estatal, os serviços telefônicos, telegráficos, de transmissão de dados e demais serviços públicos de telecomunicações, assegurada a prestação de serviços de informações por entidades de direito privado através da rede pública de telecomunicações explorada pela União".

35. Vera Monteiro, *Concessão*, São Paulo, Malheiros Editores, 2010, pp. 78-79. E a autora completa: "Assim, a partir da constatação de que não há um conceito constitucional para *concessão*, *permissão* e *autorização*, é a doutrina que, tradicionalmente, tem definido os institutos" (p. 79).

Mas o fato é que a Constituição alterou o panorama ao estabelecer que determinadas atividades qualificadas como serviço público, de competência da União, poderiam ser prestadas por particulares também por meio de autorização. Criou-se com isso um impasse de difícil solução, capaz de atormentar os adeptos da doutrina clássica.

Ou seja, houve uma ampliação das normas e dos mecanismos pelos quais se dá a participação da iniciativa no terreno no serviço público. Além da concessão e da permissão, diversas leis passaram a admitir também a autorização. Daí a questão: será isso possível? Poderá o Poder Público delegar a prestação de um serviço público por *mera* autorização? A resposta extraída do texto Constitucional é uma incógnita: pelo disposto nos arts. 25, § 2º, 30, V, e 175, não. Mas pelo teor dos arts. 21, XI e XII, e 223, sim.[36]

Seja como for, o fato é que, a partir desse ponto, perdeu o sentido falar que a concepção tradicional de autorização, meramente liberatória, seria a única possível. Essa noção de autorização ("de polícia") não pode ser praticada no setor público da economia, conforme bem destacado por Egon Bockmann Moreira:

> Quando se confere ao termo "autorização administrativa" este sentido tradicional (ou equivalente), não se está a falar de bens e direitos de competência da União (e a recíproca é verdadeira: quando a Constituição se refere à autorização para execução de atividades cometidas à União, não está a tratar das autorizações do setor provado da economia). Tais autorizações liberatórias não podem ser praticadas no setor público da economia, tal como definido pela Constituição. O que se tem é, no setor econômico privado, a necessidade do exame e da liberação administrativa como condição ao exercício de determinadas atividades próprias, de titularidade das pessoas privadas (e, reitere-se, este é apenas um dos sentidos jurídicos da palavra).[37]

Nas palavras de Jacintho Arruda Câmara, essa polêmica se evidencia no descompasso entre a doutrina tradicional (que apregoa, como visto, a autorização como ato discricionário e precário que, por isso, pode ser revogado unilateralmente sem direito à indenização pelo autorizado) e o direito positivo (que muitas vezes confere à autorização segurança e estabilidade jurídica).

Focando na Lei Geral de Telecomunicações (Lei 9.472/1997, que foi editada na esteira do art. 21, XI, da CF), Jacintho alerta sobre o

> conflito entre o conceito de autorização arraigado na Teoria Geral do Direito Administrativo e a opção seguida pelo legislador. O conflito, para muitos, levaria a uma conclusão inevitável: a LTG traria um erro grosseiro na aplicação que previu para as autorizações.[38]

3.2 A solução da doutrina tradicional

Esse momento da evolução doutrinária sobre o instituto da autorização foi capitaneado por outro grande expoente do nosso Direito Administrativo. Foi especialmente Celso

---

36. Idem, ibidem, pp. 84-85.
37. Egon Bockmann Moreira, *Portos e seus Regimes Jurídicos: a Lei n. 12.815/2013 e seus desafios*, Belo Horizonte, Fórum, 2014, p. 61. Do mesmo autor: *Direito das Concessões de Serviço Público: inteligência da Lei 8.987/1995 (Parte Geral)*, São Paulo, Malheiros Editores, 2010, pp. 58-60.
38. Jacintho Arruda Câmara, "Autorizações administrativas vinculadas: o exemplo do setor de telecomunicações", in Alexandre Santos de Aragão, Floriano de Azevedo Marques Neto (coord.), *Direito Administrativo e seus novos Paradigmas*, 2ª ed., Belo Horizonte, Fórum, 2017, p. 587.

Antônio Bandeira de Mello quem defendeu que o uso do termo "autorização" pelo texto da Constituição seria equivocado.

Na 13ª edição do seu *Curso de Direito Administrativo*, ao diferenciar os serviços público "privativos" (que são os relacionados no art. 21, XII, da Constituição, prestados diretamente ou mediante autorização, concessão ou permissão) dos serviços públicos "não privativos" do Estado, o autor acrescenta nota afirmando que

> O Texto Constitucional usa as expressões "autorização, concessão ou permissão", por uma insuficiência técnica. Deveria ter-se referido a "concessão ou permissão", pois a autorização diz respeito a atividades privadas que supõem, para seu exercício, prévia manifestação aquiescente do Poder Público, ao passo que a permissão, quanto a isso análoga à concessão, concerne a atividades de alçada do Estado, suscetíveis, entretanto, de serem exercitadas por particulares desde que o Poder Público os invista em tal poder.[39]

Da mesma forma, Maria Sylvia Zanella Di Pietro, fazendo referência à Lei Geral de Telecomunicações, afirmou que:

> Na realidade, a doutrina do direito administrativo brasileiro é praticamente unânime em distinguir autorização e licença pela discricionariedade da primeira e pela vinculação da segunda. No caso de que se trata, tem-se que entender que o vocábulo autorização, da Lei 9.472, foi utilizado indevidamente, no lugar de licença.[40]

Posteriormente, Celso Antônio alterou em parte seu enfoque e passou a defender uma posição mais conciliatória para o texto constitucional, mas ainda conferindo um papel coadjuvante para as autorizações do art. 21.[41]

Cabe transcrever o raciocínio completo do mestre, para compreender o seu ponto de vista:

> 26. A Constituição, afora o uso do termo "concessão", ao falar da prestação de serviços públicos tanto usa da expressão "autorização" como dá voz a "permissão". Nota-se que no art. 21, para referir sua outorga a terceiros do direito de prestar um serviço público, faz uso destas três expressões. Já no art. 175 sua dicção é específica ao dizer que: "Incumbe ao Poder Público, na forma da lei, diretamente ou sob regime de *concessão* ou *permissão* (...), a prestação de serviços públicos". Ou seja, neste versículo fica bastante claro que só contempla duas formas normais de outorga a terceiros de titulação para prestar serviços públicos.
>
> Como conciliar os preceptivos em apreço?
>
> Atualmente, nosso entendimento é o de que a resposta se encontra no art. 175, que é aquele que cogita da normalidade da prestação de serviços públicos por sujeitos titulados pelo Estado. Já a expressão "autorização", que aparece no art. 21, XI e XII, tem em mira duas espécies de situações:
>
> (a) uma, que corresponde a hipóteses em que efetivamente há serviço de telecomunicação, como o de radioamador ou de interligação de empresas por cabos de fibras óticas, *mas não*

---

39. Celso Antônio Bandeira de Mello, *Curso de Direito Administrativo*, 13ª ed., São Paulo, Malheiros Editores, 2001, p. 608, nota de rodapé n. 12.

40. Maria Sylvia Zanella Di Pietro, *Parcerias da Administração Pública*, 5ª ed., São Paulo, Atlas, 2005, p. 155.

41. Esse entendimento passou a constar da 14ª edição do *Curso de Direito Administrativo*, lançada em 2002 *[33ª ed., 2ª tir., São Paulo, Malheiros Editores, 2017, p. 715]*.

propriamente serviço público, mas serviço de interesse privado delas próprias. Aí, então, a palavra "autorização" foi usada no sentido corrente em direito administrativo para exprimir o ato de "polícia administrativa", que libera alguma conduta privada, propriamente dita, mas cujo exercício depende de manifestação administrativa aquiescente para verificação se com ela não haverá gravames ao interesse público;

(b) outra, a de abranger casos em que efetivamente está em pauta um serviço público, mas se trata de resolver emergencialmente dada situação, até a adoção dos convenientes procedimentos por força dos quais se outorga permissão ou concessão. Por isto mesmo, a palavra "autorização" está utilizada também no art. 223 da CF.[42]

Ou seja, para Celso Antônio, a autorização prevista no art. 21 presta-se (i) para as situações em que o serviço é executado no interesse do próprio autorizado (e, portanto, corresponderia à hipótese da tradicional autorização liberatória), ou (ii) para os casos de serviços públicos, efetivamente, que são autorizados em caráter de emergência – algo que, como já observado, foi consignado também por outros autores como Odete Medauar e Lúcia Valle Figueiredo.

Ou seja, apesar da alteração de panorama promovida pela Constituição e pela Lei, a maior parte da doutrina jurídica, arraigada nos conceitos até então desenvolvidos, recusou-se a admitir a utilização da autorização como instrumento de delegação de serviços públicos. Reafirmou a autorização como ato discricionário, concessivo de um direito a título precário, com possibilidade de extinção unilateral a qualquer tempo por conveniência e oportunidade da Administração Pública.

Lucas Rocha Furtado, embora se atendo ao conceito tradicional de autorização (como instrumento para o exercício do poder de polícia do Estado, que define as condições para o exercício de atividade privada) admite haver situações excepcionais

em que a *autorização assume função distinta e serve para transferir a particulares serviços públicos*. São casos, como dito, excepcionais e dependem de previsão legal [*o exemplo citado pelo autor é o da Lei 9.472/97*].[43]

Marçal Justen Filho, por seu turno, abraça a tese de que a referência à autorização, contida na Constituição, decorre da possibilidade de certas atividades configurarem ora serviço público ora atividade econômica em sentido estrito, conforme as circunstâncias e as características da atividade em si. Ou seja, as atividades descritas no art. 21 poderão ou não ser qualificadas como serviços públicos, de acordo com as circunstâncias e segundo a estruturação que se verificar necessária.

Na sua obra *Teoria Geral das Concessões*, lançada em 2003, Marçal afirma que a expressão autorização é incompatível com a existência de um serviço público. A expressão "autorização de serviço público" seria destituída de sentido lógico-jurídico.[44] Para o Autor, o exercício de determinadas atividades (os chamados *serviços públicos virtuais*) exige auto-

---

42. Celso Antônio Bandeira de Mello, *Grandes Temas de Direito Administrativo*, São Paulo, Malheiros Editores, 2009, pp. 287-288.
43. Lucas Rocha Furtado, *Curso de Direito Administrativo*, 4ª ed., Belo Horizonte, Fórum, 2013, p. 494.
44. Marçal Justen Filho, *Teoria Geral das Concessões de Serviço Público*, São Paulo, Dialética, 2003, p. 40.

rização estatal prévia, destinada a verificar o preenchimento dos requisitos necessários pelo particular interessado. Essa autorização (que não atinge a natureza do serviço nem altera o regime jurídico sob o qual ele se desenvolve) configura ato meramente declaratório, que não se confunde com a transferência, para o particular, do exercício de uma atividade pública.[45]

Daí a afirmar que:

> concedem-se serviços públicos; autorizam-se serviços privados. Obviamente, são distintos entre si os regimes jurídicos de autorização, permissão e concessão. Os poderes, direitos e deveres que decorrem para as partes, nas três hipóteses, são inconfundíveis entre si. É impossível substituição de concessão e permissão por autorização. Não são três institutos fungíveis entre si, cuja adoção dependeria de mera opção da Administração Pública.[46]

Em sua obra mais atual, Marçal reconhece o problema da utilização do vocábulo *autorização* para situações incompatíveis com a noção de ato discricionário (como ocorre com o art. 170, parágrafo único, e o art. 21, XI e XII, da CF) e reitera ser

> indispensável identificar o sentido jurídico atribuído ao vocábulo "autorização" em cada caso concreto. Se a autorização tiver sido outorgada por prazo certo, condicionada ou não ao preenchimento de determinados requisitos, não se admite a sua revogação mediante simples invocação de conveniência administrativa.[47]

Para ele, as atividades prescritas no art. 21 podem ou não ser qualificadas como serviço público, de acordo com as circunstâncias – isto é, a depender da constatação de que as necessidades coletivas relacionadas com a atividade podem ser adequadamente satisfeitas pelos mecanismos de mercado ou não. Em caso positivo, pode ocorrer a despublicização da atividade, que caracterizará atividade econômica em sentido estrito, inclusive sem perder o interesse econômico geral.

E conclui:

> Adota-se a orientação de que o art. 21, XI e XII, da CF/1988 utiliza a expressão *autorização* no segundo sentido [*a que se destina a remover um impedimento ao desempenho de atividades privadas quando isso for exigido por lei*]. Nessas passagens, a Constituição reconhece que determinadas atividades podem constituir objeto de serviço público (prestadas diretamente pelo Estado ou delegadas a particulares mediante concessão ou permissão) como também podem ser qualificadas como atividades econômicas provadas (exploradas por particulares mediante uma autorização).[48]

Ou seja, é possível observar a partir dessas passagens que já estava em curso uma significativa mudança, no sentido de admitir que as autorizações não se resumem apenas a atos discricionários revogáveis a qualquer tempo. Parte da doutrina passou a reconhecer a possibilidade de autorização vinculada, que obriga e que não pode ser revogada por mera

---

45. Idem, ibidem, pp. 129-130.
46. Idem, ibidem, p. 130.
47. Marçal Justen Filho, *Curso de Direito Administrativo*, 12ª ed., São Paulo, Ed. RT, 2016, pp. 257-258.
48. Idem, ibidem, p. 558.

conveniência e oportunidade da Administração Pública – ainda que para situações excepcionais e expressamente previstas em lei ordinária.

3.3 A solução cogitada pela doutrina mais recente

Em que pese o esforço de vários autores em explicar a autorização do art. 21, XI e XII, da Constituição como "hipóteses de exceção", o fato é que o direito positivo e a doutrina mais recente têm caminhado para outro sentido.

Após a promulgação da Constituição de 1988, a noção de autorização de polícia torna-se insuficiente, pois não consegue mais contemplar as diferentes possibilidades conferidas pelo texto constitucional.

Surge então a preocupação em explicar como a noção de autorização se encaixa no texto da Constituição, por força do que consta expresso no art. 21, XI e XII, concomitantemente com a de concessão e de permissão previstas no art. 175 (tidas como as formas básicas que a Administração Pública deve fazer uso para a prestação indireta dos serviços públicos).

Ou seja, como haveria de ser interpretada à luz do que a doutrina já havia fixado ao longo do tempo para definir o instituto da autorização, a locução expressa do art. 21, XI e XII. Seria essa uma terceira modalidade de delegação, ou teria sido mesmo um equívoco do legislador constitucional?

Carlos Ari Sundfeld, com habitual perspicácia, contribuiu para estabelecer as fundações dessa nova perspectiva em torno das autorizações, quando chamou a atenção para o debate, "um tanto surdo", que estava em curso no Brasil a propósito da

> possibilidade de exploração de serviço de titularidade estatal, como os de telecomunicações e energia elétrica, ser feita *em regime privado*, com base nas leis de reestruturação.[49]

O autor, portanto, nega a existência de um regime jurídico único (público) para a exploração por particulares das atividades reservadas ao Estado e conclui que caberá à lei disciplinar os direitos e deveres dos prestadores, dos usuários e do Poder Público.

E propõe aos administrativistas:

> que a abandonemos nosso hábito de viajar por mundos e galáxias com duas ou três ideias românticas e vagas sobre o Estado ideal. A partir de agora, ou nos enfronhamos nas particularidades – não só as normativas, mas inclusive as técnicas e as econômicas – de cada setor da economia ou nada teremos a dizer sobre o Direito vigente. É claro que as visões de síntese são possíveis e necessárias, mas elas devem surgir como resultado da comparação – isto é, do exame cuidadoso das diferenças e semelhanças –, jamais, como tem sido com frequência, como alguma espécie de *revelação*, piedosamente oferecida à Humanidade por juristas místicos.[50]

Tratando especificamente sobre as autorizações no setor do petróleo, Carlos Ari registra que

---

49. Carlos Ari Sundfeld, "Introdução às agências reguladoras", in Carlos Ari Sundfeld (coord.), *Direito Administrativo Econômico*, São Paulo, Malheiros Editores, 2000, p. 33.
50. Idem, ibidem, p. 34.

a doutrina do Direito Administrativo Brasileiro fascinou-se com os seus próprios equívocos. É que a autorização jamais esteve ligada, na Constituição, à ideia de instrumento necessariamente precário. As referências constitucionais a ela sempre foram neutras, não contendo a indicação de seu regime jurídico quanto ao ponto. A ideia de precariedade como sinônimo de autorização também não tem fundamento no Direito Comparado, no qual se registra um histórico multifacetário em torno dessa expressão. Mesmo o Direito Positivo legislado é rico e complexo. Desde tempos imemoriais, na legislação, há autorização precária para uma série de atividades, especialmente no âmbito municipal. Mas também há autorização com o significado de ato de outorga estável.[51]

Outro autor que se debruçou sobre o tema, destoando da doutrina que rechaçava a possibilidade de uma autorização vinculante, foi Almiro do Couto e Silva. Em trabalho abrangente, ao cotejar o disposto no art. 175 com o art. 21, XI e XII, o autor ponderou que:

> Em lugar de lapso, uma impropriedade ou um "cochilo" do legislador constituinte, isto parece ser, antes, um forte indício de que sua intenção – que, no caso, se confunde com a própria *ratio legis* – foi a de possibilitar maior flexibilidade à atuação da União em face de certas atividades econômicas de interesse coletivo. A ela será dado escolher entre a execução direta da atividade ou do serviço ou permitir a execução por particulares, mediante autorização, concessão ou permissão.[52]

Ainda:

> Conquanto um critério de definição de serviço público a partir das formas ou espécies pelas quais ele possa ser delegado a terceiros seja lógica e cientificamente insustentável, de qualquer maneira, a coexistência desses três termos, autorização, concessão e permissão, no corpo da Constituição, a qual não pode ter expressões incongruentes, excrescentes ou inúteis, obriga o intérprete a buscar o adequado sentido de cada um deles dentro do sistema.[53]

Diante disso, e após uma acurada análise (partindo da premissa de que se deve começar a interpretar a Constituição a partir da própria Constituição), o autor conclui:

> Por certo, se a Constituição ao usar determinada expressão ou conceito o faz invariavelmente no sentido que lhe atribui a doutrina, ao qual não se contrapõem princípios contidos, expressa ou implicitamente na própria Constituição, poder-se-á daí tirar acertadamente a conclusão de que a Constituição incorporou ao seu texto conceito em sentido rigorosamente técnico-jurídico. Ocorre, porém, que nem todos os conceitos jurídicos são unívocos e aceitos indiscrepantemente na doutrina. Por outro lado, no ponto que nos interessa, parece ter ficado claro que a Constituição nem sempre emprega a palavra "autorização" como sinônimo de ato administrativo discricionário, concessivo de alguma vantagem, geralmente a título precário. Ou, com outras palavras, o conceito constitucional de "autorização" é mais amplo do que o corrente no direito administrativo nacional, compreendendo tanto atos discricionários, como atos vinculados, que a doutrina chama de licença.
>
> Seguindo essa linha de pensamento, chega-se a perceber que a autorização para prestar serviço público de telecomunicações em regime privado, com a natureza de ato vinculado, como

---

51. Carlos Ari Sundfeld, "Regime jurídico do setor petrolífero", in Carlos Ari Sundfeld (coord.), *Direito Administrativo Econômico*, São Paulo, Malheiros Editores, 2000, p. 394.

52. Almiro do Couto e Silva, "Privatização no Brasil e o novo exercício de funções públicas por particulares. Serviço público 'à brasileira'?", *RDA* 230/59, Rio de Janeiro, Renovar, out.-dez. 2002.

53. Idem, ibidem.

prevista na legislação ordinária, está em perfeita harmonia com a Constituição, não só no que tange às disposições do inciso XI, do art. 21, como também com o princípio da igualdade.[54]

Mais recentemente, vários autores brasileiros passaram a desenvolver ideias mais avançadas sobre o tema da autorização, com o objetivo de explicar essa nova realidade. As noções de serviço público e atividade econômica em sentido estrito, embora possuam inquestionável fim didático, passaram a ser bem mais fluídas. Da mesma forma, os meios de delegação da prestação de alguns serviços para a iniciativa privada. Como visto, o direito positivo passou a conformar essas novas possibilidades.

Essa nova fase da doutrina, portanto, procurou ater-se ao que consta do direito positivo, em vez de prestar deferência plena aos postulados doutrinários tradicionais, desenvolvidos fora do contexto da Constituição de 1988, ou quando menos com base em conceitos oriundos de uma realidade já ultrapassada.

Um desses autores, Egon Bockmann Moreira, já mencionado, reconhece nas autorizações do art. 21 um caráter constitutivo (e não meramente declaratório), com forte carga mandamental, e finaliza o raciocínio com uma passagem que já se tornou recorrente:

> Com a devida licença pelo jogo de palavras e números, é preciso dissociar as autorizações do século XIX das autorizações do art. 21 – estas, sim, apropriadas ao Direito Administrativo deste século XXI. Afinal, não mais vivemos no Estado liberal oitocentista, em que as pessoas provadas eram definitivamente proibidas de ingressar no setor público da economia (e, se excepcionalmente o fizessem, só haveria duas modalidades a permitir essa extravagância: a concessão e a permissão de serviços públicos). Em suma, talvez seja mais adequada a interpretação constitucional a partir da própria Constituição – e não por meio de lentes cognitivas oriundas de outros séculos.[55]

Floriano de Azevedo Marques Neto seguiu a mesma linha afirmando que

> Assim como o sistema jurídico cunhou a interpretação conforme à Constituição para permitir o fechamento do sistema e o aplainamento de contradições internas ao ordenamento, sem a retirada de normas supostamente colidentes com o texto constitucional (o que levaria à criação de lacunas normativas comprometedoras do próprio sistema), a configuração dos ordenamentos setoriais procede, informal e tacitamente, a interpretações conformes não à Constituição, mas interpretações conformes da própria Carta Maior, de modo a adequar suas preconizações às necessidades e especificidades de cada subsistema. Bom exemplo deste processo nos fornece o conceito de "autorização" referido em alguns dispositivos do artigo 21 da Constituição Federal, bem como no seu artigo 173. De modo a viabilizar a estruturação dos diversos arcabouços normativos setoriais (ou tais subsistemas), o conceito de "autorização" foi apropriado de forma distinta por vários setores.[56]

Em obra completa sobre serviços públicos, Floriano destaca a dificuldade cada vez maior de se delimitar os campos do serviço público e das atividades econômicas (em sentido

---

54. Idem, ibidem, pp. 70-71.
55. Egon Bockmann Moreira, *Portos e seus Regimes Jurídicos: a Lei n. 12.815/2013 e seus desafios*, Belo Horizonte, Fórum, 2014, p. 62.
56. Floriano de Azevedo Marques Neto, "Regulação econômica e suas modulações", *Revista de Direito Público da Economia*, n. 28, Belo Horizonte, Fórum, out.-dez. 2009, pp. 27-39.

estrito), mas que ela confere um modo didaticamente útil para compreender a diferença entre os institutos da concessão e da autorização e as transformações que esta última atravessa atualmente.[57]

Nesse escopo, ele observa que a própria diferença entre concessão e autorização mostra-se insuficiente e vaga, especialmente em razão da multiplicidade de espécies de autorização e da sua utilização para franquear a prestação de serviços públicos em regime de liberdade (e não em regime público).[58]

Ao fim, conclui que a noção de autorização atual afasta-se paulatinamente da concepção administrativista clássica, tornando-se plúrima e bastante diferenciada:

> Assim, com vistas a assegurar o investimento privado em áreas que dele dependiam para o seu desenvolvimento e para a construção da infraestrutura do país, diversos setores econômicos promoveram a revisão das características tradicionais da autorização, o que culminou em marcos regulatórios que passaram a prever *autorizações vinculadas e estáveis*, de acordo com as especificidades do setor regulado.[59]

Outro representante dessa nova linha de pensamento, também já mencionado, é Jacintho Arruda Câmara, que reage à tendência de se interpretar os institutos jurídicos com base na doutrina, sem relevar o direito positivo. Tratando das telecomunicações, o autor esclarece a incompatibilidade, para esse setor, do conceito tradicional de autorização, em especial pelo caráter vinculado da autorização prevista no art. 131, § 1º, da Lei 9.472/1997.[60]

No mesmo sentido, Juliane Erthal de Carvalho conclui que

> essa concepção de autorização de polícia de caráter unilateral, precário e discricionário não é compatível com todas as hipóteses em que é prevista a possibilidade de emprego da autorização, tal como no caso da previsão contida no art. 21, inc. XII, da CF/1988. Isso porque, nesse caso, a autorização é empregada em relação às atividades econômicas de interesse coletivo, o que envolve a satisfação de interesses da mais alta relevância e não apenas a habilitação de um particular para exercer determinada atividade econômica.[61]

---

57. Floriano de Azevedo Marques Neto, Aline Lícia Klein, "Funções administrativas do Estado", in Maria Sylvia Zanella Di Pietro (coord.), *Tratado de Direito Administrativo*, vol. 4, São Paulo, Thompson Reuters/Ed. RT, 2014, p. 159.
58. Idem, ibidem, p. 160.
59. Idem, ibidem, p. 163. Aliás, algo que o próprio autor já havia observado especificamente a propósito dos setores de telecomunicações (Floriano de Azevedo Marques Neto, "Direito das Telecomunicações e Anatel", in Carlos Ari Sundfeld (coord.), *Direito Administrativo Econômico*, São Paulo, Malheiros Editores, 2000, p. 135); da energia elétrica ("Regime jurídico dos bens públicos empregados na geração de energia", *RDA* 232/345, Rio de Janeiro, Renovar, 2003); e do etanol (Floriano de Azevedo Marques Neto, Tatiana Matiello Cymbalista, Marina Fontão Zago, "Extensão e limites da nova regulação do etanol – A Lei n. 12.490/11 e a exigência de prévia autorização", *Revista de Direito Público da Economia*, n. 38, Belo Horizonte, Fórum, abr.-jun. 2012, pp. 57-85).
60. Jacintho Arruda Câmara, "Autorizações administrativas vinculadas: o exemplo do setor de telecomunicações", in Alexandre Santos de Aragão, Floriano de Azevedo Marques Neto (coord.), *Direito Administrativo e seus novos Paradigmas*, 2ª ed., Belo Horizonte, Fórum, 2017, p. 590.
61. Juliane Erthal de Carvalho, "A natureza jurídica da autorização para exploração da infraestrutura portuária", in Cesar Augusto Guimarães Pereira, Rafael Wallbach Schwind, *Direito Portuário Brasileiro*: *Lei 12.815, porto organizado, poligonal, arrendamento e autorização, arbitragem*, São Paulo, Marcial Pons, 2015, pp. 524-525.

E também Juarez Freitas, ao propor uma releitura da autorização de serviço público. Solidamente embasado no direito comparado, ele observa a evolução da legislação brasileira para concluir que "tudo leva a crer que as autorizações de serviços públicos não podem mais ser vistas e controladas fora dos parâmetros exigidos pela noção da menor precariedade possível"; e que

> já não se deve sustentar a possibilidade de revogação puramente discricionária da autorização, faculdade cada vez mais criticável em todas as esferas do Direito Administrativo. Ou seja, não se deve simplesmente dizer que as autorizações administrativas são revogáveis sumariamente sem direito à indenização.[62]

Vera Monteiro, por sua vez, tece crítica à doutrina tradicional e destaca a possibilidade de autorização como instrumento de transferência de atividades públicas (tradicionalmente tidas como serviço público) a particulares, como ocorre no setor de telecomunicações. De forma objetiva, ela pontua que

> a depender do que se entende por "serviço público", é possível aceitar que a autorização seja instrumento para a transferência do serviço público a particulares.[63]

A autora reconhece a existência, no nosso ordenamento, de autorizações vinculadas e, apesar de destacar a ausência de referência – tanto na literatura quanto na legislação – de autorização o tipo contratual, admite que

> em tese, e a partir de uma análise estritamente constitucional, não haveria impedimento para que lei atribuísse à autorização a natureza de contrato administrativo, e não de ato administrativo.[64]

Por fim, conclui afirmando que:

> O melhor enfrentamento do problema não está em decidir entre o bom e o mau, mas em aceitar que a concessão, a permissão e a autorização são *instrumentos de regulação*, os quais podem assumir múltiplos formatos [*em nota: inclusive a autorização de cunho contratual*], conforme a conveniência e as peculiaridades de um dado setor econômico e das partes envolvidas.[65]

4. Conclusão

As opiniões e as passagens acima transcritas revelam que a autorização administrativa é uma figura em evolução. Mais do que isso, é um instituto polissêmico e de multiuso.

A noção tradicional de autorização atendia às necessidades da época anterior à realidade vivenciada a partir da Constituição de 1988. A evolução do conceito veio a reboque da evolução dos fatos e da necessidade de o direito dar conta de cenários cada vez mais

---

62. Juarez Freitas, "Direito fundamental à boa administração pública e o reexame dos institutos da autorização de serviços público, da convalidação e do 'poder de polícia administrativa'", in Alexandre Santos de Aragão, Floriano de Azevedo Marques Neto, *Direito Administrativo e seus novos Paradigmas*, 2ª ed., Belo Horizonte, Fórum, 2017, pp. 313 e 314.
63. Vera Monteiro, *Concessão*, São Paulo, Malheiros Editores, 2010, p. 87.
64. Idem, ibidem, p. 88.
65. Idem, ibidem, p. 94.

complexos, com a ampliação das situações concretas a serem atendidas e conformadas pelos instrumentos jurídicos.

Logo, se outrora a noção de autorização como ato unilateral, precário e discricionário – que habilita o favorecido ao exercício de uma atividade privada em princípio vedada pela lei, ou faculta o uso de um bem público – era suficiente, isso não mais ocorre.

Conforme bem exposto por Egon Bockmann Moreira:

> Em assim sendo, de duas uma: ou se atribui um e somente um significado à palavra "autorização", como se fossemos reféns de um dicionário antigo, tornando eterna e estática a compreensão outrora cunhada para as "autorizações de polícia" – e assim se defende a confusão entre os conceitos, os setores econômicos e os preceitos da Constituição brasileira (como se tudo fosse uma coisa só e os artigos 21, 170 e 175 tratassem da mesma coisa), ou se dissociam as autorizações administrativas tradicionais (art. 170) das autorizações do art. 21 da Constituição – e, em decorrência, se firma a autonomia destas autorizações em face do art. 175. Isso com a densidade normativa que vier a ser dada para os respectivos setores econômicos – tanto em consequência das previsões ao art. 22 (competência normativa da União) como daquela do próprio art. 175 (a demandar a lei para as concessões e permissões).[66]

A figura da autorização pode se prestar a diversos usos, sem prejuízo da concessão e da permissão. É o que se tem visto nos diferentes setores em que ela tem sido empregada, mesmo a contragosto da doutrina.

É preciso saber aproveitar a elasticidade do conceito de autorização para aplicá-lo onde puder ser utilizado de forma eficiente e eficaz. Essa tarefa cabe ao direito positivo, conforme a realidade o exigir. À doutrina cabe o papel de interpretar o direito positivo, sem engessamento que prejudique o manejo adequado dos instrumentos postos à disposição.

Referências bibliográficas

ARAGÃO, Alexandre Santos. *Direito dos Serviços Públicos*. Rio de Janeiro, Forense, 2007.

_____. "Atividades privadas regulamentadas: autorização administrativa, poder de polícia e regulação", *Revista de Direito Público e Economia*, n. 10. Belo Horizonte, Fórum, abr.-jun. 2005, pp. 9-48.

BITTENCOURT, Marcus Vinicius Corrêa. *Manual de Direito Administrativo*. Belo Horizonte, Fórum, 2005.

CÂMARA, Jacintho Arruda. "Autorizações administrativas vinculadas: o exemplo do setor de telecomunicações", in ARAGÃO, Alexandre Santos de; MARQUES NETO, Floriano de Azevedo (coord.). *Direito Administrativo e seus novos Paradigmas*. 2ª ed. Belo Horizonte, Fórum, 2017.

CARVALHO, Juliane Erthal de. "A natureza jurídica da autorização para exploração da infraestrutura portuária", in PEREIRA, Cesar Augusto Guimarães; SCHWIND, Rafael Wallbach. *Direito Portuário Brasileiro: Lei 12.815, porto organizado, poligonal, arrendamento e autorização, arbitragem*. São Paulo, Marcial Pons, 2015.

CAVALCANTI, Themistocles Brandão. *Curso de Direito Administrativo*. 3ª ed. Rio de Janeiro, Freitas Bastos, 1954.

---

66. Egon Bockmann Moreira, *Portos e seus Regimes Jurídicos: a Lei n. 12.815/2013 e seus desafios*, Belo Horizonte, Fórum, 2014, p. 62.

COUTO E SILVA, Almiro do. "Privatização no Brasil e o novo exercício de funções públicas por particulares. Serviço público 'à brasileira'?", *RDA* 230. Rio de Janeiro, Renovar, out.-dez. 2002.

CRETELLA JÚNIOR, José. "Definição da autorização administrativa", *Revista da Faculdade de Direito da Universidade de São Paulo*, vol. 71. São Paulo, jan. 1976, pp. 99-121.

DI PIETRO, Maria Sylvia Zanella. *Direito Administrativo*. 17ª ed. São Paulo, Atlas, 2004.

_____. *Parcerias da Administração Pública*. 5ª ed. São Paulo, Atlas, 2005.

FIGUEIREDO. Lúcia Valle. *Curso de Direito Administrativo*. 9ª ed. São Paulo, Malheiros Editores, 2008.

FREITAS, Juarez. "Direito fundamental à boa administração pública e o reexame dos institutos da autorização de serviços público, da convalidação e do 'poder de polícia administrativa'", ARAGÃO, Alexandre Santos de; MARQUES NETO, Floriano de Azevedo. *Direito Administrativo e seus novos Paradigmas*. 2ª ed. Belo Horizonte, Fórum, 2017.

FURTADO, Lucas Rocha. *Curso de Direito Administrativo*. 4ª ed. Belo Horizonte, Fórum, 2013.

GROTTI, Dinorá Adelaide Musetti. *O Serviço Público e a Constituição Brasileira de 1988*. São Paulo, Malheiros Editores, 2003.

JUSTEN FILHO, Marçal. *Curso de Direito Administrativo*. 12ª ed. São Paulo, Ed. RT, 2016.

_____. *Teoria Geral das Concessões de Serviço Público*. São Paulo, Dialética, 2003.

MARQUES NETO, Floriano de Azevedo. "Regulação econômica e suas modulações", *Revista de Direito Público da Economia*, n. 28. Belo Horizonte, Fórum, out.-dez. 2009, pp. 27-39.

_____. "Direito das Telecomunicações e Anatel", in SUNDFELD, Carlos Ari (coord.). *Direito Administrativo Econômico*. São Paulo, Malheiros Editores, 2000.

_____. "Regime jurídico dos bens públicos empregados na geração de energia", *RDA* 232. Rio de Janeiro, Renovar, 2003.

MARQUES NETO, Floriano de Azevedo; CYMBALISTA, Tatiana Matiello; ZAGO, Marina Fontão. "Extensão e limites da nova regulação do etanol – A Lei n. 12.490/11 e a exigência de prévia autorização", *Revista de Direito Público da Economia*, n. 38. Belo Horizonte, Fórum, abr.-jun. 2012.

MARQUES NETO, Floriano de Azevedo; KLEIN, Aline Lícia. "Funções administrativas do Estado", in DI PIETRO, Maria Sylvia Zanella (coord.). *Tratado de Direito Administrativo*, vol. 4. São Paulo, Thompson Reuters/Ed. RT, 2014.

MEDAUAR, Odete. *Concessão de Serviço Público*. São Paulo, Ed. RT, 1995.

MEIRELLES, Hely Lopes. *Direito Administrativo Brasileiro*. 14ª ed. São Paulo, Ed. RT, 1989 *[42ª ed., São Paulo, Malheiros Editores, 2016.]*.

MELLO, Celso Antônio Bandeira de. *Curso de Direito Administrativo*. 13ª ed. São Paulo, Malheiros Editores, 2001 *[33ª ed., 2ª tir., São Paulo, Malheiros Editores, 2017]*.

_____. *Grandes Temas de Direito Administrativo*. São Paulo, Malheiros Editores, 2009.

MELLO, Oswaldo Aranha Bandeira de. *Princípios Gerais de Direito Administrativo*. 3ª ed. Vol. I. São Paulo, Malheiros Editores, 2007.

MONTEIRO, Vera. *Concessão*. São Paulo, Malheiros Editores, 2010.

MOREIRA, Egon Bockmann. *Portos e seus Regimes Jurídicos: a Lei n. 12.815/2013 e seus desafios*. Belo Horizonte, Fórum, 2014.

_____. *Direito das Concessões de Serviço Público*: Inteligência da Lei 8.987/1995 (Parte Geral). São Paulo, Malheiros Editores, 2010.

NESTER, Alexandre Wagner. *Regulação e Concorrência*: compartilhamento de infraestruturas e redes. São Paulo, Dialética, 2006.

POMPEU, Cid Tomanik. *Autorização Administrativa*. 3ª ed. São Paulo, Ed. RT, 2010.

ROCHA, Cármen Lúcia Antunes. *Estudos sobre Concessão e Permissão de Serviço Público no Direito Brasileiro*. São Paulo, Saraiva, 1996.

SOUTO, Marcos Juruena Villela. "Gestão alternativa de serviços públicos", *RDA* 219. Rio de Janeiro, Renovar, jan.-mar. 2000.

SUNDFELD, Carlos Ari. "Introdução às agências reguladoras", in SUNDFELD, Carlos Ari (coord.). *Direito Administrativo Econômico*. São Paulo, Malheiros Editores, 2000.

_____. "Regime jurídico do setor petrolífero", in SUNDFELD, Carlos Ari (coord.). *Direito Administrativo Econômico*. São Paulo, Malheiros Editores, 2000.

TÁCITO, Caio. "Autorização administrativa", in *Temas de Direito Público: estudos e pareceres*, vol. 1. Rio de Janeiro, Renovar, 1997.

_____. "Serviço de utilidade pública. Autorização. Gás liquefeito de petróleo", in *Temas de Direito Público: estudos e pareceres*, vol. 2. Rio de Janeiro, Renovar, 1997.

A DIMENSÃO HUMANA DE HELY MEIRELLES[1]

ALICE MARIA GONZALEZ BORGES

Que outros enalteçam a figura de Hely Meirelles como extraordinário jurista, o grande sistematizador do Direito Administrativo brasileiro; o autor e coautor de algumas das mais importantes leis do País; o escritor lido, relido e treslido, com devoção, por uma geração inteira de brasileiros, desde os estudiosos e profissionais do Direito até administradores ou simples servidores burocratas; o fenômeno editorial, neste Brasil onde tão pouco se lê, alcançando tiragens de meio milhão de exemplares; o combativo advogado que, através de luminosos pareceres, sempre defendeu os direitos dos administrados.

Tratarei aqui da grande dimensão humana do eminente mestre, há pouco falecido; do seu exemplo significativo de vida, do acendrado amor ao Direito, da coragem e dignidade frente à adversidade, do inquebrantável espírito de luta contra as dificuldades, da simplicidade e humildade que enobrecem a grandeza dos realmente grandes.

Nunca chegamos a conhecer-nos pessoalmente. Vi-o, de relance, uma vez, pronunciando uma conferência no Salvador Praia Hotel. Ele, nem isso. Nunca sequer me viu.

Conhecemo-nos da maneira mais curiosa. Remeti-lhe um volume da *Revista da Procuradoria-Geral do Estado*, dedicada ao Seminário de Licitações e Contratos Administrativos que precedeu a elaboração da primeira lei baiana sobre a espécie. Sendo do modo de ser desse homem nunca deixar nenhuma correspondência sem resposta, remeteu-nos uma curiosa carta, mais ou menos nestes termos: "Prezado Diretor ou Diretora da Revista da PGE: tendo recebido de vocês uma carta com assinatura ilegível, fiquei sem saber a quem me dirigir para agradecer-lhes a remessa. Procurei os nomes do Corpo de Redação, mas nele há nomes de homem e de mulher. Pelo traço masculino da letra, julguei tratar-se de um homem, mas, pela gentileza da dedicatória, suponho ser uma mulher. Se não for, me desculpe, mas gostei muito da Revista e agradeceria receber outros números".

É claro que lhe respondi, desculpando-me de uma letra que sempre foi o horror dos datilógrafos. A partir daí, através de correspondência e de telefonemas, mantidos por quase 10 anos, soubemos construir uma preciosa amizade, que muito me honra e enriquece.

Hely Meirelles tinha a inaudita delicadeza, tão rara entre nós, tão difícil para um homem de tantas ocupações, de ler, efetivamente, todos os trabalhos que as pessoas lhe remetiam por mais obscuras que fossem. Tinha o cuidado e a humildade de – trabalhador infatigável que era – anotar escrupulosamente qualquer pequenina informação que julgasse útil. Fazia-lhes observações oportunas e incentivadoras. Foi assim que minha tese ao IX Congresso de Procuradores do Estado passou a figurar, em nota de rodapé, nas referências do seu *Direito Administrativo Brasileiro*.

1. Publicado originalmente no Jornal *A Tarde*, Salvador, 2.10.1990.

Tudo nele era espontâneo e simples. Certa vez, tivemos, na área estadual, um difícil problema, para regularização imobiliária do Centro Administrativo. Pensávamos em umas soluções tão audaciosas, que nos davam medo. Resolvemos consultá-lo, perguntando se daria ao governo estadual um parecer circunstanciado, caso oficialmente provocado. Com sua imensa generosidade, escreveu-me uma carta que já era um verdadeiro parecer, apontando soluções inteligentes, e – o que foi mais gratificante – apoiando inteiramente nossas ousadias.

Em 1984 ou 1985, convidamos o mestre para vir à Bahia, inaugurar um Seminário de Licitações e Contratos. A princípio acedeu, com a maior boa vontade. Mas, ainda antes da realização do evento, nos telefonou, preocupado, comunicando que os médicos não o deixariam sair de São Paulo. Só então tomei conhecimento de seu precário estado de saúde. Diabético, hipertenso, cardíaco, já perdera dois dedos da mão direita, e estava aprendendo escrever com a mão esquerda. Mais tarde, sofreu um derrame cerebral que lhe paralisou inteiramente o braço direito.

E, no entanto, esse homem lutou bravamente contra a doença e as deficiências físicas. Continuou escrevendo, incansavelmente, até o fim. Todos os anos, atualizava suas obras. Acompanhou as mudanças da Constituição, reestudou, reescreveu e repensou muito do que havia escrito nas edições anteriores. Ao falecer, em 29 de junho último, ainda deixou no prelo as mais novas edições do seu *Direito Municipal* e do seu *Direito de Construir*, inteiramente atualizadas e refeitas.

Espírito sempre aberto para as coisas novas, extremamente afeiçoado à Bahia, acompanhou, com grande interesse, a elaboração das Leis 3.853/1980 e 4.660/1986. Não perdia ocasião de recomendar às pessoas – e o fez à própria Consultoria Geral da República, durante os acalorados debates que precederam à revisão da primeira versão do Dec.-lei 2.300/1986 – que tomassem como padrão a lei baiana, segundo ele a "melhor e mais completa do País". Ele mesmo, afirmava, se fizesse outra lei paulista de licitações, tomá-la-ia como modelo, em muitas coisas.

Receptivo às ideias alheias, submeteu-me o anteprojeto da sua última lei de licitações a paulista de n. 6.544/1989, com a mesma alegria com que anuncia um novo filho.

Mandei-lhe os originais de meu livro sobre normas gerais do Dec.-lei 2.300/1986, lançado pela Editora Revista dos Tribunais. Leu-o atentamente, dando-me o maior incentivo, embora não concordasse integralmente com minhas afirmações. Com todas as limitações físicas, que, já agora constantemente o prendiam ao leito, prontificou-se a escrever um prefácio para minha obra – prefácio que somente pude ler após seu falecimento.

Assim era Hely Meirelles. Generoso, bom, capaz das atitudes mais firmes e das maiores delicadezas. Conta-se que, em pleno regime autoritário, sendo secretário da Justiça no governo de São Paulo, convidara ilustre jurista para seu chefe de gabinete e auxiliar imediato. Foi advertido por uma alta patente militar, pois se tratava de alguém notoriamente conhecido por sua formação marxista. Mansamente, sem alterar-se, respondeu-lhe: "O doutor Fulano é uma pessoa da mais alta competência jurídica e dos mais sólidos princípios morais, merecendo toda minha confiança. Por isso só trabalho com ele". E encerrou o assunto.

Necessitando ir a São Paulo, reservei mais um dia de minha rápida estadia para atender ao insistente e amável convite do amigo e, enfim, nos conhecermos pessoalmente. Não o quis a fatalidade. Vinte dias antes da minha viagem, Hely Meirelles faleceu.

Visitei, com verdadeira unção, seu escritório. Uma peça simples, desataviada, tendo por único ornamento, atrás de sua cadeira um grande crucifixo. Ao lado, uma sala com paredes cobertas de livros e uma grande mesa de reuniões – peça indispensável para quem tanto amava o debate.

Com a mais viva e compreensível emoção, folheei a pasta de papelão, com meu nome na capa, que colecionava todas as cartas e trabalhos que lhe remeti. Era o seu sistema de trabalho, dentro de uma notável capacidade de organização. Separado, o último livro editado, que iria me enviar, e no qual já não pôde ditar sua indefectível dedicatória, sempre assinada com um rabisco de mão esquerda.

Ante a imensa lacuna que nos deixa seu falecimento, *O Estado de São Paulo* lhe fez expressiva homenagem, com a manchete "O Direito perde Hely Meirelles".

Mas pessoas assim, em verdade, não morrem. Como o velho castanheiro do poema de Guerra Junqueiro, desfazem-se em luz.

AUTORIZAÇÃO DE SERVIÇOS PÚBLICOS DE TRANSPORTE COLETIVO DE PASSAGEIROS DE TITULARIDADE DOS ESTADOS: REFLEXÕES A PARTIR DA OBRA DE HELY LOPES MEIRELLES

AMAURI FERES SAAD

1. Introdução: um artigo em homenagem a Hely Lopes Meirelles. 2. Ainda à guisa de introdução: a "quaestio" do presente trabalho. 3. As objeções. 4. "Sed contra". 4.1 Da autorização como instituto jurídico-administrativo geral; 4.2 Da autorização de serviços públicos na Constituição Federal; 4.3 Consequências jurídicas da "autonomia" dos entes federativos e o exercício da titularidade dos serviços de transporte coletivo; 4.4 O regime jurídico dos serviços públicos autorizados; 4.5 O dever de licitar e as autorizações. 5. "Respondeo".

1. Introdução: um artigo em homenagem a Hely Lopes Meirelles

A edição de mais uma obra coletiva[1] em homenagem a Hely Lopes Meirelles é um ato de justiça: Hely é um gigante de nosso Direito Administrativo. Produzida ao longo de quase cinco décadas de ininterrupto trabalho,[2] a sua monumental obra significou a um só tempo a *consolidação* e a *construção* de nossa disciplina. Tendo exercido a carreira jurídica nas suas mais variadas posições – como juiz, professor, secretário de Estado do interior, secretário de Estado da segurança pública e advogado parecerista – Hely foi capaz de atingir uma coerência poucas vezes vista entre a produção teórica e a prática jurídica. Suas formulações teóricas só valiam enquanto solucionadoras de problemas; e os problemas reais eram a inspiração de seu pensamento. Praticava a teoria e teorizava como um prático. Vivia o que pensava, e afastava-se daquilo que não era essencial para viver. Não se iludia pelo pensamento abstrato, tantas vezes causador de erros e injustiças. Tinha os pés no chão, numa época em que os administrativistas já iniciavam a sua longa viagem (ainda hoje sem volta) ao positivismo e ao neopositivismo. Foi cima de tudo um *realista*, com todas as dificuldades que advêm desta escolha, enquanto parte significativa da doutrina posterior preferiu o aconchego confortável das formulações de escolas de pensamento, o mais das

---

1. A primeira foi editada ainda em vida do autor: trata-se da obra *O Direito na Década de 80. Estudos jurídicos em homenagem a Hely Lopes Meirelles* (São Paulo, Ed. RT, 1985), coordenada pelo Prof. Arnoldo Wald, um dos coordenadores da presente obra.

2. Hely graduou-se bacharel em Direito pela Faculdade de Direito do Largo São Francisco em 1942 e morreu, ainda em atividade profissional, a 4.8.1990, contando 72 (setenta e dois) anos de idade. Um relato da vida e obra de Hely pode ser encontrado no artigo "Retrato de Hely Lopes Meirelles", de Eurico de Andrade Azevedo (publicado originalmente na *RDA* 204/121-134, abr.-jun. 1996, e constante deste volume).

vezes ideologicamente orientadas, ainda que sob uma roupagem "científica". E tudo isto em detrimento da *realidade*.

Se é certo que o direito administrativo brasileiro modificou-se, para melhor, *por meio* e *a partir* da obra de Hely; é também certo que se teria desenvolvido ainda mais se a doutrina tivesse sabido aproveitar os caminhos abertos por aquele mestre. No presente artigo o que procuramos é analisar um problema relativamente singelo: é possível, no direito brasileiro, a adoção da *autorização* como modalidade de delegação de serviços públicos de transporte coletivo de passageiros, especialmente quando tais serviços forem de titularidade de Estados, Distrito Federal e municípios? – E o faremos, tanto quanto possível, recorrendo ao pensamento de Hely, aqui, repise-se uma vez mais, merecidamente homenageado.

2. Ainda à guisa de introdução: a "quaestio" do presente trabalho

A prática administrativa, nos planos federal, estadual e municipal, tem avançado, no tocante ao serviço público de transporte coletivo de passageiros. Conquanto costumeiramente prestados sob as figuras da *concessão* e da *permissão*, tem-se recentemente adotado a modalidade de *autorização*.

Sob autorizativo específico da Constituição Federal (art. 21, XII, "e"[3]), a União, por meio da Lei Federal 12.815, de 5.6.2013, que alterou a Lei Federal 10.233, de 5.6.2001, passou a adotar a modalidade de autorização para parcela significativa dos serviços de transporte titularizados por aquele ente, incluindo-se aí o serviço regular de transporte rodoviário interestadual e internacional de passageiros.

Na esteira da legislação federal, outros entes federativos têm adotado a modalidade de autorização para a outorga dos serviços públicos de transporte coletivo sob as respectivas titularidades. É o caso, por exemplo, do Estado de Goiás, que adotou a autorização como modalidade de outorga dos serviços de transporte rodoviário intermunicipal de passageiros,[4] com características semelhantes às do modelo federal.

No mesmo sentido, o Estado de São Paulo conta com previsão legislativa expressa quanto à figura da autorização de serviços públicos em geral, e de transporte de passageiros em particular. Apesar de a Constituição Estadual e a Lei Estadual 7.835/1992 serem omissas acerca da figura da *autorização* de serviço público – fazendo menção, apenas, à *concessão* e à *permissão* –, a Lei Estadual 9.361/1996, que trata do Programa Estadual de Desestatização, ao estabelecer as modalidades por meio das quais é permitido ao Estado de São Paulo delegar (na dicção da lei: "desestatizar") os serviços públicos de sua titularidade, *expressamente consigna a figura da autorização de serviço público*. In verbis:

> Art. 1º. Fica criado o Programa Estadual de Desestatização – PED, com os seguintes objetivos:
>
> I – reordenar a atuação do Estado, *propiciando à iniciativa privada*:
>
> a) a execução de atividades econômicas exploradas pelo setor público; e

---

3. "Art. 21. Compete à União: (…) XII – explorar, diretamente ou mediante *autorização*, concessão ou permissão: (…); e) os serviços de transporte rodoviário interestadual e internacional de passageiros; (…)" (grifos nossos).

4. Lei Estadual de Goiás 18.673, de 21.11.2014.

b) *a prestação de serviços públicos* e a execução de obras de infraestrutura, possibilitando a retomada de investimentos nessas áreas; (...).

Art. 2º. Ficam incluídas no PED:

I – *a execução dos serviços* e obras públicas, *objeto de* concessão, permissão ou *autorização*, observado o disposto nesta Lei e na Lei n. 7.835, de 8 de maio de 1992; (...).

Artigo 3º. O PED será implementado mediante projetos de desestatização, que poderão compreender as *seguintes modalidades*: (...)

VIII – concessão, permissão ou *autorização de serviços públicos*, (...).

Ainda, a Lei Complementar 914/2002, ao estabelecer o rol de competências da ARTESP, contemplou, expressamente, a modalidade autorizativa aos serviços por ela regulamentados. Vejamos:

Artigo 1º. Fica instituída a Agência Reguladora de Serviços Públicos Delegados de Transporte do Estado de São Paulo – ARTESP, autarquia de regime especial, vinculada à Secretaria de Estado dos Transportes, dotada de autonomia orçamentária, financeira, técnica, funcional, administrativa e poder de polícia, com sede e foro na cidade de São Paulo, e prazo de duração indeterminado, com a finalidade de regulamentar e fiscalizar todas as modalidades de serviços públicos de transporte *autorizados, permitidos ou concedidos*, no âmbito da Secretaria de Estado dos Transportes, a entidades de direito privado. (...).

§ 3º. Cabe ao poder concedente, *por meio de decreto*, aprovar o plano geral de outorgas. (...).

Artigo 3º. Constituem objetivos fundamentais da ARTESP:

I – fiscalizar o cumprimento dos contratos de concessão, permissão ou *autorização* de prestação de serviços públicos de transportes; (...).

Artigo 4º. A ARTESP, no âmbito dos serviços compreendidos em suas finalidades, terá as seguintes atribuições: (...)

X – aplicar as penalidades regulamentares e as definidas nos contratos, e nos termos de permissão ou *autorização*; (...)

§ 3º. Os atos de outorga de *autorização*, concessão ou permissão a serem editados e celebrados pela ARTESP obedecerão ao disposto na Lei Federal n. 8.987/95, na Lei Federal n. 9.074/95 e na Lei Estadual n. 7.835/92, e nas regulamentações complementares a serem editadas pelas ARTESP.

§ 4º. No cumprimento de suas atribuições, a ARTESP deverá coibir a prática de serviços de transporte de passageiros não concedidos, permitidos ou *autorizados*.

Artigo 23. Deverão ser pagos diretamente ao poder concedente:

I – produto da arrecadação de multas previstas nos regulamentos, nos contratos ou nos termos de permissão ou *autorização*; (...).

Artigo 26. A remuneração dos trabalhos de gerenciamento e fiscalização será arrecadada diretamente pela ARTESP junto aos contratados ou titulares de termos de permissão ou de *autorização*, de acordo com critérios estabelecidos em lei complementar, em contrato ou no instrumento de outorga.

Artigo 31. A infração a esta lei complementar e o descumprimento dos deveres estabelecidos no contrato de concessão, no termo de permissão e na *autorização* sujeitará o responsável às seguintes sanções, aplicáveis pela ARTESP, sem prejuízo das de natureza civil e penal:

I – advertência;

II – multa;

III – suspensão;

IV – cassação;
V – declaração de inidoneidade.
Artigo 38. Na ocorrência de infração grave, apurada em processo regular instaurado na forma do regulamento, a ARTESP *poderá cassar a autorização*.

Na sistemática paulista, a escolha do modelo de outorga se dá mediante decreto do governador. Isto significa que a decisão pelo emprego de formas contratuais, como a concessão e a permissão, e não contratuais, caso da autorização, obedecem a um juízo eminentemente administrativo, que deve, naturalmente, ser embasado em estudos de viabilidade técnica, econômica e jurídica consistentes.

Entre as características mais relevantes da modalidade de autorização, e tomamos por referência o modelo adotado no âmbito federal,[5] estão:

(i) não realização de licitação para seleção dos prestadores;

(ii) operação em regime de liberdade de preços dos serviços, tarifas e fretes, e em ambiente de livre e aberta competição;

(iii) não adoção de prazo de vigência ou termo final, sendo passíveis de extinção somente pela plena eficácia, por renúncia, anulação ou cassação; e

(iv) ausência de garantia de exclusividade, exceto em caso de "inviabilidade operacional", isto é, quando a concomitância de prestadores tornar a prestação ruinosa para os autorizados ou prejudicar a própria qualidade dos serviços.

A questão proposta neste trabalho, acerca da juridicidade de tal figura, não é tão simples quanto parece. Abordá-la impõe enfrentar uma série de objeções, a seguir referidas.

3. As objeções

A primeira: a doutrina majoritariamente encontra-se presa às fórmulas clássicas da *concessão* e da *permissão* como mecanismos de outorga da prestação de serviços públicos a particulares. Quanto à autorização, tomada na qualidade de instituto jurídico, a doutrina também tende a compreendê-la no sentido em que tradicionalmente empregada na história do direito administrativo, ou seja, como figura inserida no capítulo do poder de polícia, consistente no "ato administrativo pelo qual a Administração permite ao particular o exercício de atividade que, sem tal permissão, seria proibida".[6] Assim, se *ce n'est pas dans le manuel*, boa parte de nossos doutrinadores não acredita. Este é o primeiro problema a ser enfrentado.

A segunda ordem de objeções relaciona-se ao fato de que as referências constitucionais à matéria podem induzir à compreensão de que, conforme veremos adiante, haveria diversas soluções, a depender de qual serviço público e de qual ente federativo se tratasse. Assim, no caso específico dos serviços públicos de transporte coletivo de passageiros, seria admissível a autorização como modalidade de delegação *apenas* para a União, *porque a Constituição assim o prevê no art. 21, XII, "d" e "e"*, sendo vedada tal modalidade para os serviços de transporte coletivo de passageiros de titularidade de Estados, Distrito Federal e municípios, para os quais a constituição prevê *aparentemente* apenas as modalidades de concessão e de

---

5. Cf. Lei Federal 10.233/2001, arts. 43 e 47-A.
6. José Cretella Jr., *Manual de Direito Administrativo*, 3ª ed., Rio de Janeiro, Forense, 1971, p. 191.

permissão, *ex vi* dos arts. 25, § 1º, 30, V, e 32, § 1º, em leitura combinada com o art. 175 da Carta. Esta é a interpretação literalista.

A terceira ordem de objeções, relacionada à segunda, consiste na ideia de hiperconstitucionalização da Administração Pública e do direito administrativo em geral. Plasma-se, a partir de uma leitura mecânica e às vezes enviesada do texto constitucional, a ideia de que *todas* as decisões da vida administrativa já foram tomadas pelo Constituinte de 1988, o que impediria, por exemplo, a *heresia* de se pretender adotar modalidades de delegação de serviços públicos com contornos diversos daquelas que são referidas expressamente no texto constitucional.

A quarta ordem de objeções consiste na suposta violação, pelo modelo de autorização, do dever de licitar assinalado à Administração Pública na Constituição Federal, em pelo menos dois dispositivos da máxima relevância: o art. 37, XXI, e o art. 175. A adoção do modelo de autorização como técnica de delegação representaria mais uma manifestação da tão propagada "fuga" do direito administrativo, propiciando um desvirtuamento do sentido dos referidos dispositivos constitucionais. É essa, aliás, a fundamentação da inicial da ADI 5.549-DF,[7] ajuizada pelo Procurador-Geral da República contra os dispositivos da Lei Federal 12.996, de 18.6.2014, que deu nova redação a dispositivos da Lei Federal 10.233, de 5.6.2001, introduzindo dita modalidade. Nas palavras do senhor Procurador-Geral da República (fls. 5-6 da inicial):

> Consoante o art. 175 da Constituição da República, cabe ao poder público prestar serviços públicos, diretamente ou sob regime de concessão ou permissão, mediante licitação e na forma da lei. Consagrou o dispositivo constitucional a imprescindibilidade de prévio procedimento licitatório para delegação, por concessão ou permissão, de serviços públicos a particulares. Em se tratando de serviço de transporte interestadual e internacional de passageiros, a competência para realizar o procedimento licitatório e conceder a outorga é exclusiva da União, nos termos do art. 21, XII, e, da Constituição de 1988.
>
> O art. 37, XXI, da Constituição, por sua vez, é taxativo ao estabelecer que, ressalvados os casos especificados em lei, serviços públicos prestados por particulares serão contratados mediante processo de licitação que garanta igualdade de condições a todos os concorrentes.
>
> A exigência de licitação prévia garante a todos a possibilidade de acesso à prestação do serviço público, quando este for passível de exploração por particulares. Concretiza, assim, o princípio da isonomia e prestigia os princípios da livre concorrência e da defesa do consumidor, uma vez que propicia ao usuário serviços públicos de melhor qualidade e com tarifas mais econômicas.

Vejamos, agora, as posições contrárias a tais objeções.

4. "Sed contra"

4.1 Da autorização como instituto jurídico-administrativo geral

O cacoete de analisar os institutos jurídicos *sub especie aeternitatis* é um dos maiores defeitos da doutrina jurídica brasileira. Dito de outro modo: muitos autores tendem a definir

---

7. A ADI 5.549-DF foi distribuída, em 21.6.2016, à relatoria do Min. Luiz Fux. Até a data do fechamento desta edição permanece pendente de decisão quanto ao pedido de liminar.

institutos jurídicos, e proceder à sua classificação em face dos demais, tendo por fundamento a pressuposição de um conteúdo essencial e, por isso mesmo, *definitivo*, do fenômeno que analisam. O resultado desta operação é que as formulações dogmáticas passam a ser dotadas de uma pretensão de universalidade; têm por objetivo não apenas *descrever* o direito, exercendo a sua função precípua de mediadora e facilitadora das relações humanas que subjazem às próprias relações jurídicas, mas também, e sobretudo, condicioná-lo, convertendo-se, de fato, em fonte jurídica primária.

Assim é que, por exemplo, muitos doutrinadores rejeitam as parcerias público-privadas *porque o seu modelo jurídico-positivo prevê o pagamento de contraprestação pelo Estado ao parceiro privado, o que desnaturaria, em sua opinião, o conceito "tradicional" de concessão, que prevê a remuneração por tarifa*.[8] De igual modo, haverá doutrinadores que rejeitarão a terceirização de atividades da Administração Pública porque a Constituição Federal, em seu art. 39, determina que a União, os Estados, o Distrito Federal e os Municípios "instituirão, no âmbito de sua competência, regime jurídico único e planos de carreira para os servidores da Administração Pública direta, das autarquias e das fundações públicas" – dispositivo que em nenhum momento, como se depreende da sua mera leitura, exclui outras formas de colaboração na função administrativa por agentes privados,[9] sujeitos ao regime de contratação privada: extraem, os doutrinadores de que ora cogitamos, da locução "regime jurídico único", presente no citado dispositivo constitucional, a proposição universal segundo a qual "só podem tomar parte nas coisas públicas os sujeitos investidos de cargo público remissível ao regime jurídico único de que trata o art. 39 da Constituição", o que é evidentemente um magnífico equívoco. E como esses, muitos outros exemplos poderiam ser citados.

As consequências práticas de tais exercícios doutrinários são evidentemente danosas, quer porque o regime jurídico-administrativo que deles deriva torna a Administração Pública excessivamente rígida e refratária a melhoramentos; quer porque fulmina, antecipadamente, qualquer intenção criativa da parte do administrador público, o qual, se não quiser ser responsabilizado (inclusive por improbidade administrativa), deve ficar circunscrito às fórmulas consagradas; quer, por último, porque torna impossível que incrementos de eficiência, decorrentes de novas formas de organização, sejam trazidos ao seio do aparato estatal. Vê-se que, desta forma, *o que é prejudicado, em última análise, é o interesse público*, frustrando-se as finalidades que informam a Administração Pública.

Com o instituto da autorização, não é outra coisa o que ocorre. Tendo surgido, entre nós, como uma figura encartada no capítulo do poder de polícia, a autorização sempre sofreu, da parte da doutrina, uma descrição que assinalava os caracteres específicos daquele capítulo, ignorando-se, de um lado, as variações que o direito positivo imprimia à figura *dentro* do poder de polícia, e, de outro lado, o emprego da técnica autorizativa em outros capítulos do direito administrativo, como os do direito ambiental, dos bens públicos, e – o que nos interessa diretamente aqui – dos serviços públicos.

---

8. Ver o nosso: "Liberdade das formas nas contratações públicas", in Sérgio Ferraz (coord.), *Direito e Liberdade: conservadorismo, progressismo e o Estado de Direito*, São Paulo, Editora do IASP, 2017, pp. 283-350.

9. A propósito, na Constituição Federal não existe nenhum dispositivo que vede a colaboração de trabalhadores privados terceirizados nos misteres administrativos.

A autorização, deste modo, sempre foi descrita como um arquétipo, que tinha por notas essenciais: (i) constituir um instrumento precário; (ii) ter sua outorga um caráter discricionário; (iii) referir-se a atividades econômicas privadas ou uso de bens públicos; (iv) corresponder à retirada de um obstáculo para o exercício de direitos titularizados pelo particular; e (v) não gerar neste qualquer expectativa de ressarcimento por prejuízos decorrentes da atuação estatal sobre as atividades autorizadas.

A doutrina, como dito, reflete, com uma ou outra diferença, tais caracteres. Veja-se, por exemplo, o que escreve Cid Tomanik Pompeu, em monografia sobre o tema:

> 11. Como sempre deve haver norma jurídica estabelecendo a sua exigência para a generalidade dos casos, a autorização administrativa é a *condition juris* para a prática do ato autorizado. (...)
> 13. A autorização é ato discricionário porque ao sujeito ativo cabe decidir a respeito da oportunidade e conveniência de editá-lo, e porque o sujeito passivo, no tocante a ela, tem apenas interesse e não direito. (...)
> 16. A autorização administrativa não altera a capacidade jurídica do sujeito, mas, apenas, a sua *capacidade de agir*. A autorização é constitutiva de direito e não declaratória, pois, o beneficiário, antes da outorga, dela não tinha direito, mas somente interesse. Quando a autorização for a *condition juris* para a prática de um ato, dele será *condição de validade*; quando for elemento acessório, será *condição de eficácia*. Outorgada em relação a ato determinado, a autorização somente aprova os atos anteriormente praticados se a autoridade outorgante tiver o dever de examiná-los. (...)
> 21. A recusa de autorização *fere apenas interesse e não direito, por se tratar de ato discricionário*. (...)
> 24. *A autorização é ato administrativo precário e, portanto, revogável a qualquer momento*, desde que não haja ofensa a direito subjetivo do beneficiário.[10]

Oswaldo Aranha Bandeira de Mello, muito antes, já assim definia a figura da autorização:

> *Autorização é o ato administrativo discricionário, unilateral, pelo qual se faculta, a título precário, o exercício de determinada atividade material, que sem ela seria vedada.* A respeito, é de recordar-se o porte de armas. Salvo os agentes encarregados da segurança pública, ninguém mais pode trazer consigo armas sem prévia autorização da repartição policial competente. O atendimento ao pedido do interessado, entretanto, fica a critério da Administração Pública, tendo em vista considerações de conveniência e oportunidade públicas. Outro exemplo se encontra na pesquisa e lavra de jazidas.
>
> *Pode ser, ante o seu caráter precário, revogada livremente, e a qualquer tempo, por motivo de interesse público*, salvo disposição de lei em contrário, ou se dada a prazo certo. Neste caso, sujeita a Administração a compor os danos e naquele não pode prevalecer por violar texto legal.[11]

Hely Lopes Meirelles define a autorização no mesmo sentido, quase que com as mesmas palavras:

---

10. Cid Tomanik Pompeu, *Autorização Administrativa. De acordo com a Constituição Federal de 1988*, São Paulo, Ed. RT, 1992, pp. 177-178. Grifos não coincidentes com os do original.
11. Oswaldo Aranha Bandeira de Mello, *Princípios Gerais de Direito Administrativo*, vol. I, 3ª ed., São Paulo, Malheiros Editores, 2007, pp. 560-561.

Autorização é o ato administrativo *discricionário e precário* pelo qual o Poder Público torna possível ao pretendente a realização de certa atividade, serviço ou utilização de determinados bens particulares ou públicos, de seu exclusivo ou predominante interesse, que a lei condiciona à aquiescência prévia da Administração, tais como o uso especial de bem público, o porte de arma, o trânsito por determinados locais etc. Na autorização, embora o pretendente satisfaça as exigências administrativas, *o Poder Público decide discricionariamente sobre a conveniência ou não do atendimento da pretensão do interessado ou da cessação do ato autorizado*, diversamente do que ocorre com a *licença* e a *admissão*, em que, satisfeita as prescrições legais, fica a Administração obrigada a licenciar ou a admitir.

Não há qualquer direito subjetivo à obtenção ou à continuidade da autorização, daí por que a Administração pode negá-la ao seu talante, como pode cassar o alvará a qualquer momento, sem indenização alguma (...).[12]

Divergindo quanto ao caráter *declaratório* ou *constitutivo* da autorização, parcela igualmente autorizada da doutrina também fez questão de pontuar um *conceito nuclear e essencial* da figura. Veja-se a lição de Caio Tácito:

A autorização ou permissão é o ato administrativo que habilita ao exercício de um direito individual sujeito a controle preventivo. Não cria direito novo, mas possibilita a eficácia de direito preexistente que a lei condicionou, quanto a seus efeitos, à permissão da autoridade pública, em atenção a interesses coletivos respeitáveis.[13]

E de Miguel Reale:

Daí a tendência a enquadrá-la antes no instituto da *"autorização"*, empregando-se esta palavra para designar o ato pelo qual a Administração Pública, à vista da satisfação pelo particular de determinadas condições previamente estabelecidas, remove o obstáculo legal que antes lhe impedia a prática de determinada atividade. A Administração, em tais casos, *autoriza* o que lhe é pedido, por reconhecer o atendimento de certas condições exigidas por lei, por motivos de ordem ou de interesse público, resultando dessa decisão uma situação jurídica, que poderá implicar o estabelecimento de um regime jurídico ao qual deverá se sujeitar o "autorizado" para poder continuar no desfrute garantido do *status* reconhecido em seu favor, como ocorre na hipótese da autorização concedida para funcionamento de um estabelecimento de crédito.[14]

A doutrina estrangeira, tratando da autorização, tem sido historicamente mais realista, evitando adotar conceitos definitivos acerca do instituto. Michel Stassinopoulos, ao analisar a doutrina alemã sobre o tema, *aponta o equívoco de se pretender inferir uma natureza única, ou mesmo um sentido apriorístico, do instituto da autorização*. Para o autor grego,

a noção de autorização de polícia compreende um grande número de atos administrativos, dos quais alguns certamente não criam direitos (como as permissões de passagem), enquanto

---

12. Hely Lopes Meirelles, *Direito Administrativo Brasileiro*, 23ª ed., Atualizado por Eurico de Andrade Azevedo, Délcio Balestero Aleixo e José Emmanuel Burle Filho, São Paulo, Malheiros Editores, 1998, p. 167; 42ª ed, São Paulo, Malheiros Editores, 2016, p. 213.

13. Caio Tácito, "Autorização administrativa", in *Temas de Direito Público*, vol. 1, Rio de Janeiro, Renovar, 1997, pp. 735-740.

14. Miguel Reale, "Natureza jurídica da permissão e da autorização", in *Direito Administrativo*, Rio de Janeiro, Forense, 1969, p. 154.

outros formam situações que devem ser protegidas pelo juiz; tal é o caso da autorização para instalação de uma fábrica.[15]

Igualmente, Fritz Fleiner defende que, na transição do Estado de Polícia para o Estado de Direito, a regra é a liberdade do indivíduo, a quem, na ausência de lei expressa, é permitido exercer todas as atividades econômicas sem qualquer oposição do Estado ou de terceiros. Disto resulta que a autorização deverá ser, em regra, ato vinculado, ao qual corresponde o direito subjetivo do particular que atender às exigências legais. Ressalta, no entanto, e este é o traço de realismo que nos interessa, *que a discricionariedade pode ser legalmente atribuída ao Poder Público em matéria de autorização, tudo dependendo, portanto, da conformação que der o legislador às competências administrativas em cada caso.*[16] Ou seja: para este autor, acertadamente, não se deveria apontar o grau de liberdade deferido pelo ordenamento ao administrador para a prática do ato como característica essencial da autorização, porque, na incalculável seara das normas positivadas, encontrar-se-ão autorizações "vinculadas", "discricionárias", e situadas no imenso intervalo entre umas e outras.

A variação das notas características das figuras que são rotuladas como *autorização* levou Eduardo García de Enterría e Tomáz-Ramón Fernández a afirmarem a reduzida utilidade de uma "explicação unitária" do fenômeno autorizativo. Salientam, a propósito, os mencionados autores:

> Inclusive no âmbito mais concreto das autorizações em sentido próprio, que é a figura central desse amplo gênero e à que vamos dedicar por isto especial atenção, *há razões de peso para tomar com receio os esquemas e construções unitárias, cuja generalização, como vamos ver em seguida, é em boa parte a causa da crise pela qual o conceito atravessa.* Uma certa cautela é, pois, imprescindível à hora de analisar a técnica autorizadora, que sofreu, quiçá como nenhuma outra, as consequências da profunda mudança da realidade socioeconômica sobre a que a Administração opera.[17]

O pano de fundo das afirmações, acima transcritas, de Enterría e Fernández, é a constatação de que o conceito tradicional de autorização, inicialmente desenhado para situações compreendidas no conceito de *ordem pública*, em sua tríplice dimensão de *tranquilidade*, *segurança* e *salubridade*, passou a abranger também a *intervenção do Estado no domínio econômico*, transformando-se, este, de um mero vigilante estático das atividades dos particulares, em um verdadeiro planejador e regulador da ordem econômica. Tais situações, na visão dos autores, implicarão muitas vezes um grau sensivelmente maior de discricionariedade da parte da Administração Pública na atividade autorizativa.

No caso brasileiro, além dessa dimensão de intervenção no domínio econômico, por si só suficiente para exigir uma revisão das concepções tradicionais acerca da técnica autorizativa, importa destacar que se verificou *ope legis*, via Constituição, um outro âmbito de sua incidência, a saber, o dos *serviços públicos*. Como se verificará no tópico seguinte

---

15. Michel Stassinopoulos, *Traité des Actes Administratifs*, Atenas: L'Institut Français D'Athènes, 1954, pp. 260-261, tradução livre.

16. Fritz Fleiner, *Les Principes Généraux de Droit Administratif Allemand*, trad. de Charles Eisenmann, Paris, Librairie Delagrave, 1932, pp. 248-251.

17. Eduardo García de Enterría, Tomaz-Ramón Fernández, *Curso de Direito Administrativo*, trad. de Arnaldo Setti, São Paulo, Ed. RT, 1991, p. 848.

deste artigo, a Constituição Federal de 1988 consignou, de forma expressa, a autorização como modalidade de outorga de serviços públicos, permitindo expressamente o seu emprego pela Administração Pública.[18]

A consideração do cenário normativo acima referido – e que será, repise-se, objeto dos tópicos subsequentes – é um imperativo decorrente do *princípio da inegabilidade dos pontos de partida*, segundo o qual, como bem descrito por Tércio Sampaio Ferraz Jr., o estudioso do direito não pode se afastar da análise do direito positivo sob pena de deslegitimar o seu raciocínio. O estudioso, dito de outro modo, não pode ignorar o direito positivo, não pode atuar dogmaticamente desconsiderando as normas vigentes. Isto significa que, caso entenda inválida ou ineficaz uma determinada norma ou matriz normativa positivas, deve explicitar, no curso da sua argumentação, as razões pelas quais assim o entende.

> Um exemplo de premissa desse gênero, no direito contemporâneo, é o princípio da legalidade, inscrito na Constituição, e que o obriga o jurista a pensar os problemas comportamentais com base na lei, conforme à lei, para além da lei, mas nunca contra a lei.[19]

Argumentar contra a lei, ou pelo menos ignorar solenemente matrizes normativas inteiras, perfeitamente válidas e eficazes, é exatamente, renovadas as vênias, o que faz a parcela da doutrina que insiste em *negar* os variados caracteres que o direito positivo tem imprimido às autorizações de serviços públicos. De atos precários, revogáveis a qualquer tempo, as autorizações passaram a admitir, em alguns casos, termo ou prazo determinado; podem, as autorizações, ser, de acordo com a conformação normativa, atos discricionários ou vinculados; podem referir-se não apenas ao exercício do poder de polícia sobre atividades privadas, ou bem ao uso de bens públicos, mas também à outorga de serviços públicos; se antes não se admitia a geração de qualquer direito em benefício do autorizado, agora poder-se-á admitir o direito a indenização, em caso de prejuízos que a ação do poder concedente autorizador possa lhe trazer.

Jacintho Arruda Câmara, examinando o setor de telecomunicações, que adotou a autorização como uma das modalidades de outorga para a prestação dos serviços de titularidade estatal, manifesta-se fortemente sobre a necessidade de a reflexão jurídica acompanhar, com fidelidade, as modificações introduzidas, sobretudo a partir da Constituição de 1988, sobre o instituto. *In verbis*:

---

18. Embora tenha sido a Constituição de 1988 a mais pródiga em referências à figura da autorização, deve-se destacar que algumas das constituições anteriores já previam a autorização de serviços públicos. A Constituição de 1967 (com a Emenda n. 1/1969) previa que os serviços de telecomunicações, energia elétrica, navegação aérea e transporte marítimo ou terrestre interestadual ou internacional seriam prestados mediante autorização ou concessão (art. 8º, XV). A Constituição de 1946 previa que "os serviços de telégrafos, de radiocomunicação, de radiodifusão, de telefones interestaduais e internacionais, de navegação aérea e de vias férreas que liguem portos marítimos a fronteiras nacionais ou transponham os limites de um Estado" (art. 5º, XII) e os aproveitamentos dos recursos minerais e de energia hidráulica (art. 153) seriam explorados mediante concessão ou autorização. Mais remotamente, a Constituição de 1937 previa que a exploração de minérios e energia hidráulica dependia de autorização da União (art. 143). A Constituição de 1934, em dispositivo muito similar (art. 119) permitia a exploração de minas e aproveitamentos hidrelétricos mediante autorização ou concessão federal.

19. Tércio Sampaio Ferraz Jr., *Introdução ao Estudo do Direito. Técnica, decisão, dominação*, 4ª ed., São Paulo, Atlas, 2003, p. 48.

Quando se pensa numa teoria geral, que tenha por base um determinado ramo do direito, espera-se que essa teoria reflita o que se encontra de comum sobre o objeto estudado. *A teoria busca (ou deveria buscar) extrair aquilo que se constata a partir da análise de seu objeto de estudo. Não tem por propósito negar, omitir ou mesmo lutar contra uma dada realidade (normativa). O papel do jurista é explicá-la.*

A crítica doutrinária feita ao regime jurídico atribuído à autorização para prestar o serviço de telecomunicações contraria esse senso comum. *Constatada a discrepância entre a teoria e seu objeto (texto de lei definidor de um dado instituto jurídico), ao invés de se reformular a teoria, busca-se rejeitar e negar a realidade pesquisada.*

A doutrina se autoproclama fonte normativa superior ao próprio Texto Constitucional, como se não fosse dado ao legislador mudar ou construir conceitos jurídicos. No caso em exame o que mais surpreende é a falta de conexão entre o que se apresenta como consenso doutrinário e a realidade normativa (e até mesmo ao que se diz nos meios acadêmicos de outros países). Construiu-se uma realidade virtual, sem comprovação empírica (extraível de normas jurídicas ou do direito comparado) e, a partir dela, passou-se a refutar a validade de normas postas no País.

A análise do direito posto (e também do direito comparado contemporâneo) *revela que não se pode advogar a existência de um conceito único de autorização* (algo que acredito jamais ter existido fora dos manuais...).[20]

E prossegue Jacintho Arruda Câmara, ressaltando a necessidade de uma compreensão realista da figura da autorização:

A realidade jurídica revela a convivência de diversas acepções do termo autorização. O conceito de autorização nos serviços de radiodifusão não é o mesmo do empregado nos de telecomunicações. O setor elétrico possui a sua concepção, *o de serviços de transporte de passageiros já emprega outra.* A mesma expressão (autorização) que serve para legitimar a instalação de uma banca de jornal também é empregada pelo legislador como instrumento de regularização do funcionamento de bancos (instituições financeiras). E nessa linha pode se seguir com infindáveis exemplos de aplicações próprias do termo.

A ausência de um modelo pode ser frustrante ou angustiante para quem se acostumou com fórmulas pré-concebidas (mesmo que artificiais). No entanto, esta é a situação presente no ordenamento jurídico brasileiro de há muito. A utilização dada ao termo na LGT, certamente por sua notoriedade e repercussão, chamou a atenção da doutrina para o descompasso entre suas lições e a prática. Seria importante que, ao invés de tratar esse eloquente exemplo de defasagem como um "equívoco" do legislador, a doutrina aproveitasse a oportunidade para reformular suas afirmações em torno do instituto.

Para tanto, *acredito que o caminho básico é abandonar a pretensão de se cunhar um conceito único do instituto.* Na verdade, é impossível adotar, com base num exame fiel do direito positivo, um conceito geral que envolva todas as aplicações do instrumento autorização. É o que se extrai do ordenamento jurídico brasileiro, com respaldo na experiência internacional.[21]

No mesmo sentido é a posição de Maria Sylvia Zanella Di Pietro, que recentemente passou a admitir a existência da autorização de serviço público para os serviços federais expressamente referidos na Constituição de 1988:

---

20. Jacintho Arruda Câmara, "As autorizações da Lei Geral de Telecomunicações e a teoria geral do Direito Administrativo", *Revista de Direito de Informática e Telecomunicações*, n. 3, ano 2, Belo Horizonte, jul.-dez. 2007, pp. 55-68 (disponível em *www.bidforum.com.br/bid/PDI0006.aspx?pdiCntd=49841*, acesso em 1.10.2015, grifos da transcrição).

21. Idem, ibidem.

Na terceira acepção a autorização é o ato administrativo unilateral e discricionário pelo qual o Poder Público delega ao particular a exploração de serviço público, a título precário. Trata-se da *autorização de serviço público*. Esta hipótese está referida, ao lado da concessão e da permissão, como modalidade de delegação de serviço público de competência da União. Até a 17ª edição, vínhamos entendendo que a autorização não existe como forma de delegação de serviço prestado ao público, porque o serviço é prestado no interesse exclusivo do autorizatário. A partir da 18ª edição, esse entendimento foi reformulado. Os chamados serviços públicos autorizados, previstos no artigo 21, XI e XII, da Constituição Federal, são de titularidade da União, podendo ou não ser delegados ao particular, por decisão discricionária do Poder Público; e essa delegação pode ser para atendimento de necessidades coletivas, com prestação a terceiros (caso da concessão e da permissão), ou para execução no próprio benefício do autorizatário, o que não deixa de ser também de interesse público. A essa conclusão chega-se facilmente pela comparação entre os serviços de telecomunicações, energia elétrica, navegação aérea e outros referidos no artigo 21, XI e XII, com os serviços não exclusivos do Estado, como educação e saúde. Estes últimos, quando prestados pelo Estado, são serviços públicos próprios; quando prestados por particular, são serviços públicos impróprios, porque abertos à iniciativa privada por força da própria Constituição; no primeiro, existe *autorização de serviço público*; no segundo, existe autorização como ato de polícia.[22]

Rejeitando-se um conceito único para o instituto da autorização, há que se buscar no direito positivo, em suas mais variadas manifestações, os elementos para a análise jurídica.

4.2 Da autorização de serviços públicos na Constituição Federal

A Constituição Federal apresenta um regramento bastante detalhado quando trata de serviços públicos e demais atividades a cargo das pessoas políticas.

Primeiramente, no que tange à distribuição de competências. O art. 21 aloca entre as competências da União: (i) o serviço postal (inc. X); (ii) os serviços de telecomunicações (inc. XI); (iii) os serviços de radiodifusão sonora e de sons e imagens (inc. XII, "a"); (iv) os serviços e instalações de energia elétrica (inc. XII, "b"); (v) a navegação aérea, aeroespacial e infraestrutura aeroportuária (inc. XII, "c"); (vi) os serviços de transporte ferroviário e aquaviário entre portos brasileiros e fronteiras nacionais, ou que transponham os limites de Estado ou Território (inc. XII, "d"); (vii) os serviços de transporte rodoviário interestadual e internacional de passageiros (inc. XII, "e"); (viii) os portos marítimos, fluviais e lacustres (inc. XII, "f"). Para os serviços mencionados nos incs. XI e XII, a Constituição Federal expressamente faculta a prestação indireta mediante *concessão*, *permissão* ou *autorização*.

Aos municípios estão consagradas as competências para organizar e prestar, diretamente ou sob regime de *concessão* ou *permissão*, os serviços públicos de interesse local, incluído o de transporte coletivo, que tem caráter essencial (art. 30, V). Entre os serviços que normalmente são assumidos como de interesse local, estão os serviços funerários e de cemitérios, a iluminação pública, a coleta de lixo urbano, saneamento básico (exceto quando se tratar de região metropolitana, caso em que a competência passa ao Estado), entre outros.

Aos Estados são outorgadas as competências para a prestação, mediante *concessão*, dos serviços de gás canalizado (art. 25, § 2º) e para a prestação dos serviços que não estejam expressamente assinalados à União ou aos Municípios pelo Texto Constitucional (art. 25,

---

22. Maria Sylvia Zanella Di Pietro, *Direito Administrativo*, Rio de Janeiro, Forense, 2016, pp. 271-272.

§ 1º). Os serviços de transporte coletivo rodoviário intermunicipal nos limites do Estado são compreendidos pacificamente como serviços de competência estadual, por força do mencionado art. 25, § 1º, da Constituição Federal. A propósito, já em 1969, Pontes de Miranda ressaltava que aos

> Estados-membros é que toca explorar ou autorizar ou fazer concessão de exploração de serviços de transportes intraestaduais, porque lhes cabem os poderes que a Constituição não conferiu à União ou ao Município.[23]

Os serviços públicos de saúde, de competência comum entre União, Estados, Distrito Federal e Municípios, são centralizados no Sistema Único de Saúde (SUS), nos termos do art. 196 e seguintes, da Carta Federal. Tais serviços podem ser prestados de forma livre pela iniciativa privada (art. 199).

Os serviços públicos de educação, disciplinados pelos arts. 205 a 214 da Constituição, são gratuitos, cabendo aos Municípios atuar "prioritariamente no ensino fundamental e na educação infantil" (art. 211, § 2º), aos Estados e ao Distrito Federal, atuar "prioritariamente no ensino fundamental e médio" (art. 211, § 3º), e à União, a organização da rede pública de ensino e seu planejamento, e atuar de forma supletiva em relação aos demais entes federativos. Assim como no caso da saúde, os serviços educacionais são livres à iniciativa privada, desde que observadas as normas gerais da educação nacional e mediante *autorização* e avaliação de qualidade pelo Poder Público (art. 209).

Em paralelo a tais dispositivos, mencione-se o art. 175 da Constituição Federal, transcrito:

> Art. 175. Incumbe ao Poder Público, na forma da lei, *diretamente ou sob regime de concessão ou permissão, sempre através de licitação, a prestação de serviços públicos.*
> Parágrafo único. A lei disporá sobre:
> I – o regime das empresas concessionárias e permissionárias de serviços públicos, o caráter especial de seu contrato e de sua prorrogação, bem como as condições de caducidade, fiscalização e rescisão da concessão ou permissão;
> II – os direitos dos usuários;
> III – política tarifária;
> IV – a obrigação de manter serviço adequado.

A interpretação literal do artigo transcrito, no que toca ao tema do presente trabalho, leva à compreensão inicial de que a prestação de serviços públicos, quando realizada de forma delegada, somente poderá ser realizada sob a figura da concessão ou da permissão – em ambos os casos mediante licitação. A compatibilização do mandamento contido no art. 175 com os demais dispositivos constitucionais que preveem a modalidade de autorização pode levar a duas conclusões, ambas erradas: (i) a de que a figura da autorização ficaria reservada às atividades que não configurassem serviço público; e (ii) de que para os serviços não referidos na Constituição Federal como passíveis de delegação mediante autorização só restaria o caminho da concessão ou permissão, vedando-se, implicitamente, a utilização da autorização.

---

23. Francisco Cavalcanti Pontes de Miranda, *Comentários à Constituição de 1967 (com a emenda n. 1, de 1969)*, t. I, 2ª ed., São Paulo, Ed. RT, 1973, p. 576. O autor comenta o art. 13, § 1º, da Constituição de 1969, de teor idêntico ao art. 25, § 1º, da atual Constituição.

Ambas as conclusões pecam porque, de um lado, confundem a noção de serviço público *como definidora de um grupo de atividades socialmente relevantes* com o próprio regime de sua prestação e, de outro lado, ignoram, pelo menos no tocante aos Estados, Distrito Federal e Municípios, variadas regras – também de estatura constitucional – que permitem a tais entes organizarem o regime da prestação dos serviços que titularizam da forma que julgarem mais conveniente ao atendimento do interesse público que tutelam. É o que se demonstrará nos tópicos seguintes.

4.3 *Consequências jurídicas da "autonomia" dos entes federativos e o exercício da titularidade dos serviços de transporte coletivo*

A República Federativa do Brasil, como indica sua própria denominação, organiza-se sob o regime federativo (arts. 1º e 60, § 4º, I[24]). Não se trata, como é sabido, de inovação da vigente Constituição: desde o advento da república, o Brasil, sob forte influência norte-americana, tem se mantido, em todos os regimes constitucionais subsequentes, como federação.[25] A única inovação que peculiariza a atual ordem constitucional em face das anteriores, de fora parte a própria distribuição das competências entre os entes federados, talvez seja a admissão expressa dos municípios como pessoas federadas, ao lado dos Estados, do Distrito Federal e dos territórios, novidade esta que causou o entusiasmo de parcela da doutrina identificada com o "municipalismo", havendo quem sustentasse que a vigente Constituição não tenha sido suficientemente pródiga na distribuição de competências e prerrogativas aos municípios, agora elevados à maior estatura constitucional na história brasileira.[26]

24. Cf. "Art. 1º. A República Federativa do Brasil, formada pela *união indissolúvel* dos Estados e Municípios e do Distrito Federal, constitui-se em Estado Democrático de Direito e tem como fundamentos: (...)"; "Art. 60. (...) § 4º. *Não será objeto de deliberação* a proposta de emenda tendente a abolir: I – *a forma federativa de Estado*; (...)" (grifos aditados).

25. Cf.: os arts. 1º, 6º, "2º)", e 90, § 4º, da Carta de 1891; os arts. 1º e 178, § 5º, da Constituição de 1934; o art. 3º da Constituição de 1937; arts. 1º e 217, § 6º, da Constituição de 1946; arts. 1º e 50, § 1º, da Constituição de 1967; e arts. 1º e 47, § 1º da Constituição de 1969. Ainda em 1889, o Decreto n. 1, de 15 de novembro, editado pelo governo provisório do Marechal Deodoro, mencionava expressamente a república federativa como "forma de governo da nação brasileira" (art. 1º) e determinava que o governo central não reconheceria "nenhum governo local contrário à forma republicana" (art. 7º).

26. Dinorá Adelaide Musseti Grotti descreve as principais preocupações da doutrina municipalista: "Porém, a preocupação maior de todos os que defendem a causa federalista está em encontrar um equilíbrio satisfatório nas relações federativas para possibilitar maior eficiência à ação governamental nos diferentes níveis de poder.

"Ao repensar a atual composição de forças, refutam alguns autores o esquema clássico e sustentam que o remanejamento de poderes por si só não seria uma solução viável para se atingir o equilíbrio almejado, sugerindo, por exemplo, o Federalismo das Regiões ou Federalismo Regional como alternativa, com a instituição de pessoas regionais, com capacidade, inclusive, política. Nessa linha, entre outros, Paulo Bonavides, Paulo Lopo Saraiva, Clémerson Marlin Cléve e Marcela Moraes Peixoto.

"Já outros preconizam que uma adequada reformulação da repartição de competências poderia restaurar o equilíbrio perdido, revigorando o federalismo. Raul Machado Horta partilha de tal posicionamento.

"A Constituição de 1988 inclinou-se por opção do gênero e, embora tenha contribuído para a consolidação do processo de democratização do País, sob o ângulo da repartição de poderes não conseguiu encontrar o equilíbrio nas relações federativas, pois persiste uma excessiva concentração de poderes na União, pouco restando para os Estados no que se refere à sua capacidade legislativa, continuando seus poderes remanescentes esvaziados de conteúdo e de significado prático" (Dinorá Adelaide Musseti Grotti,

O princípio federativo, conforme salienta José Horácio Meirelles Teixeira, desdobra-se em duas diretrizes básicas, sem o que não se pode cogitar verdadeiramente de federação: (i) divisão do poder político entre um governo central e governos regionais; e (ii) uma constituição rígida que garanta a eficácia de tal divisão, evitando intromissões e conflitos entre os entes federados.[27] Oswaldo Aranha Bandeira de Mello, no mesmo sentido, leciona:

> Os Estados-membros de uma federação nunca teriam as suas atribuições garantidas se elas não fossem prefixadas por uma constituição rígida. Reputamos esse elemento de grande relevo para se caracterizar um Estado federal, *pois, sem esse meio assecuratório das suas atividades, os Estados federados se transformariam, naturalmente, em circunscrições tuteladas, sujeitas ao livre alvedrio do governo federal.* Eis aí um característico importante do Estado federal, reconhecido pelos tratadistas de língua inglesa que têm abordado esse problema (...).[28]

O federalismo, que reúne em torno da figura indissolúvel da União os demais entes federados, iguais e autônomos entre si, objetiva, na síntese feliz de Dalmo de Abreu Dallari, "a consecução de ambas, a unidade e a diversidade".[29] E qual a fórmula empregada pelo Constituinte de 1988 para garantir "a unidade e a diversidade"?

A primeira delas, já esboçada no tópico 4.2, precedente, relaciona-se com a própria divisão de competências entre os entes federados. Como visto, a Constituição relaciona competências *administrativas* e *legislativas* entre os entes federativos, garantindo que o poder estatal seja exercido de forma complementar e cooperativa entre União, Estados, Distrito Federal e Municípios (arts. 20 a 33, sobretudo).

Mas há outros pontos de relevo a salientar. A doutrina constitucionalista, abordando o tema da federação brasileira, descreve a autonomia estadual em quatro aspectos fundamentais: a capacidade de *auto-organização*, a capacidade de *autogoverno*, a capacidade de *autolegislação* e a capacidade de *autoadministração*.

A capacidade de *auto-organização* é o primeiro elemento da autonomia estadual e consiste na capacidade de dar-se a própria constituição. O art. 25 da Constituição é claro ao estabelecer que "os Estados organizam-se pelas Constituições que adotarem". "Significa", no dizer autorizado de José Afonso da Silva,

> que as Constituições estaduais implicam a existência de um Poder especial que, por meio delas, organiza, forma, *constitui* os respectivos Estados federados, e é o Poder Constituinte pertinente ao povo de cada uma dessas unidades federadas.[30]

"A federação brasileira como forma de descentralização do poder", *Revista de Direito Constitucional e Internacional*, vol. 18, jan. 1997, p. 130). Cf., também: Thais Novaes Cavalcanti, "O princípio da subsidiariedade e a dignidade da pessoa: bases para um novo federalismo", *Revista de Direito Constitucional e Internacional*, vol. 67, 2009, versão eletrônica, p. 2; Marta Marques Avila, "A federação brasileira, a entidade municipal e a repartição de competências: aspectos controversos", *Interesse Público – IP*, n. 75, ano 14, Belo Horizonte, set.-out. 2012, p. 8.

27. José Horácio Meirelles Teixeira, *Curso de Direito Constitucional*, organizado por Maria Garcia, 2ª ed., São Paulo, Conceito, 2011, p. 568.

28. Oswaldo Aranha Bandeira de Mello, *Natureza Jurídica do Estado Federal*. São Paulo, Prefeitura de São Paulo, 1948, p. 52. Grifos não coincidentes com os do original.

29. Dalmo Abreu Dallari, *O Estado Federal*, São Paulo, Ática, 1986, p. 51.

30. José Afonso da Silva, *Curso de Direito Constitucional Positivo*, 40ª ed., São Paulo, Malheiros Editores, 2017, p. 618.

Os limites ao poder constituinte estadual são dados, conforme compreensão já tradicional da doutrina constitucionalista, por suas ordens de princípios: (i) os chamados *princípios constitucionais sensíveis*; e (ii) os *princípios constitucionais estabelecidos*.

Os princípios sensíveis são aqueles de evidente identificação, notórios; trata-se daqueles fixados no art. 34, VII, da Constituição, que determinam que os Estados deverão organizar-se obedecendo: (a) a forma republicana do governo; (b) o sistema representativo e o regime democrático; (c) os direitos da pessoa humana; (d) a autonomia municipal; e (e) a prestação de contas da Administração direta e indireta (mandamento reforçado pelos preceitos dos arts. 70 a 75 da Carta).

Os princípios constitucionais ditos estabelecidos são aqueles que limitam a capacidade organizatória dos Estados. São, como menciona José Afonso da Silva com amparo nas lições de Raul Machado Horta,

> aquelas regras que revelam, previamente, a matéria de sua organização e as *normas* constitucionais de caráter vedatório, bem como os princípios de organização política, social e econômica, que determinam o retraimento da autonomia estadual, cuja identificação reclama pesquisa no texto da Constituição.[31]

Quanto a tais princípios, Uadi Lammêgo Bulos traz um rol *exaustivo*, extraído a partir da análise abrangente do texto da Constituição:

> Limites explícitos – também chamados de expressos, são aqueles que vêm previstos de modo taxativo na Constituição Federal. Decorrem, portanto, da manifestação constituinte originária, e, por isso, são de observância obrigatória pelos agentes do poder constituinte decorrente, que, ao elaborar, ou reformar, as cartas estaduais, devem acatá-los, incondicionalmente. *Uns trazem proibições materiais*, como aquelas ligadas ao núcleo substancial das constituições, a exemplo dos princípios federativo e republicano (art. 12, *caput*), da dignidade humana (art. 12, III), da isonomia (art. 52, *caput*), da legalidade (art. 52, II), da moralidade (art. 37), do combate às desigualdades regionais (art. 43), da previsão do fundo de participação tributária especial para as regiões norte, nordeste e centro-oeste (art. 159), do plano plurianual regionalizado (art. 165, § 12), do rateio de fundos (art. 159, I), das diretrizes econômicas, financeiras e sociais (arts. 170 a 181 e 193 a 204) etc. *Outros, formais.* Estes são importantíssimos. Consagram vedações de forma. Proíbem os deputados estaduais de inserirem nas cartas estaduais assuntos contrários aos princípios estabelecidos na constituição federal. E que princípios são esses? A resposta a essa pergunta só pode ser obtida pela prospecção dos limites expressos formais, numa ordem constitucional positiva determinada. É o caso do ordenamento brasileiro. Se esmiuçarmos os limites expressos do poder decorrente, contidos na Constituição de 1988, veremos que eles podem ser *vedatórios ou mandatários*. Ambos têm natureza formal. *Os limites vedatórios proíbem os Estados de praticarem atos ou seguirem procedimentos contrários à manifestação constituinte originária.* Exemplos: arts. 19, 35, 150 e 152. *Já os limites mandatários ao poder constituinte estadual são os que determinam, de modo direto e taxativo, o rol de matérias que devem constar, necessariamente, na constituição do Estado-membro.* Compelem os agentes do poder decorrente a observarem as diretrizes constitucionais que contenham restrições à liberdade organizatória. Exemplos: arts. 18, § 42, 29, 31, § 12, 37 a 42, 92 a 96, 98, 99, 125, § 22, 127 a 130, 132, 134, 135 e 144, IV e V, §§ 42 a 72, da Carta de 1988.[32]

31. José Afonso da Silva, *Curso de Direito Constitucional Positivo*, cit., p. 622.
32. Uadi Lammêgo Bullos, *Curso de Direito Constitucional*, 8ª ed., São Paulo, Saraiva, 2014, p. 431, grifos da transcrição.

A doutrina ainda refere os chamados *princípios implícitos*, que limitariam a capacidade de auto-organização dos Estados-membros:

> Limites implícitos – também rubricados de indiretos, inerentes, silenciosos ou tácitos, não vêm positivados, *ipsis litteris*, na letra dos dispositivos constitucionais. Possuem um sentido particularizado, pois são implícitos. *Subsumem-se das próprias pautas jurídicas expressas, visto que promanam da lógica geral da carta magna.* Exemplo: os Estados não poderão interceder em matérias de estrita competência da União (arts. 21 e 22) e dos Municípios (art. 30), sob pena, neste último caso, de intervenção federal (art. 34, VII, "c"). Pondere-se que esses limites implícitos não podem ser invocados como barreiras impeditivas do exercício equilibrado do poder decorrente, inicial e reformador. *O que se busca através deles é evitar invasões de competência, violando a manifestação constituinte de primeiro grau.* Nada impede, e. g., o legislador estadual de instituir regiões metropolitanas, aglomerações urbanas e microrregiões (art. 25, § 3º), desde que siga os critérios prescritos pela Constituição brasileira, dentre os quais a organização tributária federal (arts. 145 e 155), a separação de Poderes (art. 2º), o respeito à Assembleia Legislativa e ao Governador do Estado (arts. 27, 28, 92, VII, e 125), a estrutura unicameral do Poder Legislativo Estadual e do Executivo unipessoal (arts. 27 e 28).[33]

Como se verifica do complexo arranjo normativo que condiciona o exercício da capacidade de auto-organização dos Estados-membros, *não há nenhuma regra ou princípio atinente às condições de prestação dos serviços públicos de titularidade do Estado*. O Constituinte de 1988 não impõe regras ou modalidades de prestação dos serviços públicos a cargo dos Estados, a serem refletidas nas respectivas constituições, e a nosso ver o faz acertadamente, *porque tal matéria é de nítido interesse da auto-organização de tais entes federados*.

Reitere-se que, no plano da hermenêutica constitucional, as regras que limitem a auto-organização dos Estados-membros devem ser interpretadas todas de modo a favorecer a autonomia, pois "sem autonomia não se pode falar em Estado-membro, pois ela configura o seu elemento essencial".[34]

Com relação à matéria, deve-se subscrever a lição abalizada de Elival da Silva Ramos e Fernanda Dias Menezes de Almeida, abaixo transcrita:

> A única exegese das disposições constitucionais limitadoras à capacidade organizatória dos Estados-membros, que se compadece com a tábua axiológica adotada pela Carta Magna, é aquela da qual resulta uma intelecção estrita ou restritiva dessas disposições, na medida em que favorece a autonomia estadual.[35]

E também de José Afonso da Silva, *in verbis*:

> Tais princípios limitam, como se viu, a autonomia organizatória do Constituinte Estadual. Significa isso que se cogita de normas limitativas de um dos princípios fundamentais da ordem constitucional brasileira: a autonomia dos Estados (art. 18), *verdadeira decisão política funda-*

---

33. Idem, ibidem, p. 432, grifos aditados.
34. Idem, ibidem, p. 933.
35. Elival da Silva Ramos, Fernanda Dias Menezes de Almeida, "Auto-organização dos Estados federados", *Doutrinas Essenciais de Direito Constitucional*, vol. 3, São Paulo, Ed. RT, 2011, p. 460, grifos não coincidentes com os originais.

mental, que é o princípio federativo que descansa na autonomia das unidades federadas, fulcro da estrutura do Estado brasileiro, tão importante o considerou o constituinte nacional que o erigiu em núcleo imutável por via de emenda constitucional (art. 60, § 4º). Daí sua preeminência em relação àqueles princípios que constituem limitações à capacidade organizatória dos Estados, salvo quanto aos que decorrem do sistema constitucional, há pouco mencionados, porquanto estes são superiores, dado que revelam os fins e fundamentos do próprio Estado brasileiro.

Afora a consideração desses últimos, *os demais princípios enumerados ou estabelecidos pela Constituição Federal, que impliquem limitações à autonomia estadual – cerne e essência do princípio federalista –, hão que ser compreendidos e interpretados restritivamente e segundo seus expressos termos. Admitir o contrário seria superpor a vontade constituída à vontade constituinte.*[36]

Diante da capacidade de auto-organização deferida pela Constituição Federal aos Estados-membros, como manifestação fundamental da estrutura federativa do Estado brasileiro, não resta dúvida de que aos Estados *se permite a discricionariedade legislativa e administrativa* para adotar, entre as modalidades em direito admitidas, aquelas formas de outorga que julgar mais convenientes ou oportunas para a prestação indireta dos serviços públicos que titulariza. Do contrário, resultaria muito pouco a disciplinar no interior da autonomia que a Constituição outorga a tais entes – situação que, como já exposto, contraria frontalmente a própria ideia de federação. Os Estados-membros, nessa ordem de ideias, apesar de formalmente autônomos, configurariam meros "preenchedores de papelada do Constituinte de 1988", solução que não pode ser concebida à luz da Constituição Federal e que, mesmo quando entre nós vigia um arranjo nacional unitário, nunca foi praticada.[37]

Por tais razões, é que se deve rejeitar posições como a de André Luiz Freire, para quem:

> (...) a regra geral na matéria é que, para a delegação a particulares, seja utilizada a concessão e a permissão, conforme prevê o art. 175 da Constituição. Se um Estado pretender delegar algum serviço público de sua titularidade (ex.: transporte intermunicipal de passageiros) por meio de autorização, ele não poderá. O mesmo vale para o Distrito Federal e para os Municípios. Isso porque *a autorização de serviços públicos está admitida apenas para os serviços previstos no art. 21, XI e XII, da Constituição, todos de titularidade da União.* Do contrário, se fosse possível a entes políticos diversos da União delegar serviço público por meio de autorização, tal instituto estaria previsto no art. 175 da Lei Maior.[38]

---

36. José Afonso da Silva, *Curso de Direito Constitucional Positivo*, cit., p. 626, grifos não coincidentes com os originais.

37. Basta lembrar que a monumental Constituição de 1824, reconhecia (art. 71) "o direito de intervir todo o Cidadão nos negócios de sua Província, e que são imediatamente relativos a seus interesses peculiares", prevendo que o parlamento provincial, o Conselho Geral, teria competência para "propor, discutir e deliberar sobre os negócios mais interessantes das suas Províncias, formando projetos peculiares, e acomodados às suas localidades e urgências" (art. 81). Posteriormente, a Lei 16/1834, editada pelo governo regencial, modificou a Constituição para ampliar o rol de competências das províncias, determinando que coubesse às Assembleias Provinciais (nova denominação dos Conselhos Gerais) legislar sobre "obras públicas, estradas e navegação no interior da respectiva Província, que não pertençam à administração geral do Estado" (art. 10) e "regular a administração dos bens provinciais" (art. 11). Nem mesmo no Império, portanto, poder-se-ia negar aos entes locais o disciplinamento dos serviços de sua titularidade.

38. André Luiz Freire, *O Regime de Direito Público na Prestação de Serviços por Pessoas Privadas*, tese de doutorado, São Paulo, PUC/SP, 2013, p. 364.

Tal raciocínio peca porque, desconsiderando o conselho de Almiro do Couto e Silva, segundo quem "se deve começar a interpretar a Constituição a partir da própria Constituição",[39] esquece de referir-se à autonomia federativa dos Estados-membros e ao arcabouço normativo que permite a tais entes estabelecer constituição própria (art. 25), estatuir legislação peculiar (art. 25), gerir os próprios negócios, pela ação administrativa do governador, com base nas competências administrativas, legislativas e tributárias previstas na Constituição (art. 25, § 1º), e organizar o seu próprio governo, mediante a eleição de representantes, seja no âmbito executivo, seja no legislativo, seja, ainda, pela organização de sua própria estrutura judiciária (arts. 27, 28 e 125).

Resultado da incidência direta de tais competências – que consubstanciam, repise-se, o fundamento do regime federativo brasileiro – é a plena juridicidade do emprego, pelos Estados-membros, da figura da *autorização como modalidade de outorga de serviços públicos*. Lembre-se que a autorização é ato administrativo e, portanto, figura não submetida ao modelo rígido das figuras contratuais de outorga (concessão e permissão), que se encontram disciplinadas no já mencionado art. 175 da Constituição e, por força da competência contida no art. 22, XXVII, igualmente do Texto Maior, também pela Lei Federal 8.987, de 13.2.1995. Trata-se, ao contrário, de ato administrativo próprio dos entes federados, para dispor sobre a execução de serviços que titularizam.

Diante do quanto exposto, só se pode admitir uma compreensão do art. 175 da Constituição de forma *combinada* e *harmonizada* com as disposições, também de estatura constitucional, que garantem aos Estados-membros a competência para dispor, legislativa e administrativamente, sobre os serviços públicos de sua titularidade. As disposições do art. 175 serão obrigatórias sempre que a delegação de serviços públicos pelos entes federados se der mediante formas contratuais. Se a delegação, por outro lado, se der mediante formas não contratuais, e nada impede que isto aconteça, então caberá ao ente federado delegante formalizar a deleção mediante ato administrativo (autorização).

Não é outro o entendimento que esposa Diogo de Figueiredo Moreira Neto, cujas palavras são transcritas a seguir:

> Os autorizados de serviços públicos são entes privados, executores de administração associada de interesses públicos de natureza econômica por parceria, instrumentada por ato administrativo que delega precariamente a um particular a execução de certos serviços públicos em caráter instável, emergente ou transitório. *Desde logo, esclareça-se que o preceito constitucional, do art. 175, "caput", que trata exclusivamente do regime de delegação contratual de serviços públicos, não deve ser tomado como excludente de outros regimes constitucionalmente possíveis para instrumentar uma delegação.*
>
> Vários exemplos de que não há vedação de emprego de quaisquer outros regimes de delegação, salvo, por óbvio, os contratuais, se encontram expressamente previstos na própria Constituição, como através de atos administrativos complexos, que resultem da cooperação entre entes públicos, desde logo referido no art. 23, parágrafo único, ao tratar da execução de serviços comuns. Também na Constituição, no art. 25, § 3º, está previsto o cometimento de serviços públicos de interesse comum nas regiões metropolitanas, aglomerações urbanas e microrregiões, que admitem também regimes complexos, públicos ou privados, e, neste caso, através de convênios que podem envolver empresas privadas especializadas. E, ainda

---

39. Almiro do Couto e Silva, "Privatização no Brasil e o novo exercício de funções públicas por particulares. Serviço público 'à brasileira'?", *RDA* 230/70, out.-dez. 2002, pp. 45-74.

na Constituição, igualmente estão previstos inúmeros regimes unilaterais, instrumentados por autorizações, que são atos administrativos precários, para instrumentar a delegação de serviços públicos de telecomunicações, radiodifusão sonora de sons e imagens, serviços e instalações de energia elétrica e aproveitamento energético de cursos de água, de navegação aérea, aeroespacial e infraestrutura portuária, serviços de transporte ferroviário e aquaviário entre portos brasileiros e fronteiras nacionais, ou que transponham os limites de Estado ou Território, de transporte rodoviário interestadual e internacional de passageiros, e de exploração de portos marítimos, fluviais e lacustres (CF, art. 21, XI e XII).

Não há, portanto, qualquer vedação à União, Estados, Distrito Federal ou Municípios para, no exercício de suas respectivas autonomias político-administrativas, disporem, como melhor lhes parecer, sobre os regimes que mais lhes convier para prestarem serviços públicos, somente limitados, no caso de pretenderem se valer especificamente das formas contratuais da concessão e da permissão, modelos constitucionalmente uniformizados (CF, art. 175).[40]

O juízo de eficiência da Administração pode resultar na constatação, e portanto na imposição, de que o serviço deve depender direta e exclusivamente da autoridade; é o caso em que a Administração decide pela prestação direta do serviço aos usuários. Todavia ela pode, ao contrário, descarregar numa pessoa privada a gestão corrente e limitar-se a intervir em alguns pontos fundamentais. "Em caso extremo passa-se, por uma transição pouco sensível, do 'direito de ter a última palavra', que a autoridade exerce sobre o serviço público mesmo confiado a um particular, para o poder que ela conserva de simples controlo sobre certas actividades privadas".[41] Consequência de tais ponderações será a adoção da concessão, da permissão ou da autorização como modalidade de delegação dos serviços a particulares.

O que se demonstrou, nas linhas precedentes, é que a decisão sobre a modalidade de outorga de serviços públicos não se encontra pré-determinada pelo texto constitucional. Ao lado das obrigatórias formas contratuais (concessão e permissão), o direito positivo, por força da autonomia dos entes federados, permite a adoção de outras modalidades de outorga, notadamente as de natureza não contratual, que são formalizadas mediante ato administrativo próprio do ente público concedente.

Tais conclusões, além de serem, na opinião deste signatário, inevitáveis a partir de uma compreensão sistemática da Constituição, encontram amparo sólido na prática administrativa de Estados e Municípios e na jurisprudência de nossas cortes superiores.

O Supremo Tribunal Federal, no acórdão abaixo ementado, já aceitou a possibilidade de emprego de autorização para outorga de serviços de saneamento básico por parte de Municípios. Nota à parte: como já ressaltado no item 4.2, acima, o art. 30, V, da Constituição, determina que o Município é competente para prestar os serviços públicos de interesse local "mediante concessão ou permissão" – dispositivo que não foi considerado limitador da adoção de modelo jurídico diverso. É ver-se:

Ementa. Tributário. ICMS. Fornecimento de água tratada por concessionárias de serviço público. Não incidência. Ausência de fato gerador. 1. O fornecimento de água potável por empresas concessionárias desse serviço público não é tributável por meio do ICMS. 2. *As águas em estado natural são bens públicos e só podem ser exploradas por particulares mediante con-*

---

40. Diogo de Figueiredo Moreira Neto, *Curso de Direito Administrativo*, 16ª ed., Rio de Janeiro, GEN/Forense, 2014, pp. 392-393 (versão eletrônica).
41. Jean Rivero, *Direito Administrativo*, trad. de Rogério Ehrhardt Soares, Coimbra, Almedina, 1981, p. 497.

cessão, permissão ou autorização. 3. O fornecimento de água tratada à população por empresas concessionárias, permissionárias ou autorizadas não caracteriza uma operação de circulação de mercadoria. 4. Precedentes da Corte. Tema já analisado na liminar concedida na ADI 567, de relatoria do Ministro Ilmar Galvão, e na ADI 2.224-5-DF, Relator o Ministro Néri da Silveira. 5. Recurso extraordinário a que se nega provimento.⁴²

O exemplo talvez mais emblemático do quanto se vem de afirmar é a prática geral de Estados, Distrito Federal e Municípios, sob a égide da Constituição de 1967 (com a Emenda n. 1/1969), e mesmo antes dela, de empregar a figura da *permissão* para outorga dos serviços de transporte coletivo urbano e de transporte intermunicipal rodoviário de passageiros. Como já expusemos no item 4.1, nota de rodapé n. 9, *nenhum dos regimes constitucionais anteriores à Constituição de 1988 continha qualquer menção à permissão de serviços públicos e, no entanto, não se colocava por parte da comunidade jurídica qualquer estranheza ou dúvida quanto à plena constitucionalidade do seu emprego.*

O Supremo Tribunal Federal, em sede de recurso extraordinário, relatado pelo Ministro Aldir Passarinho, em que se discutia o deferimento de permissão de serviço público por parte de governo estadual, decidiu pelo desprovimento ao recurso *por não considerar tratar-se de matéria constitucional. Rectius:* ao rejeitar o extraordinário tendo por matéria de mérito a outorga de permissão de serviços públicos, a Suprema Corte entendeu que não havia sido "maltratado preceito constitucional". Veja-se:

> Recurso Extraordinário. Serviços de transporte coletivo rodoviário intermunicipal de passageiros. Não há maltrato ao disposto no art. 167 da CF o ter a autoridade estadual competente dado autorização para funcionamento de empresas de transportes, em outras linhas, e em razão do que se julga prejudicada a impetrante. E como, no caso, *somente na hipótese de haver o acórdão recorrido maltratado preceito constitucional*, em face do disposto no art. 325 do RI/STF, na sua atual redação (emenda regimental n. 2/85), para que possa caber o extraordinário, justifica-se o indeferimento de seu processamento. Agravo Regimental desprovido.⁴³

No mesmo sentido são os seguintes arrestos, também de nossa Suprema Corte:

> 1. *Permissão para se explorar o negócio de transporte coletivo por meio de auto-ônibus. É um ato unilateral, precário, que, por isso, pode ser desfeito ou revogado. Não gera direito subjetivo para o permissionário, como sucede na concessão.* 2. Recurso extraordinário pelo fundamento de violação a direito federal. Caso em que não se configura o requisito do prequestionamento. Verbetes 282 e 356 da Súmula do STF. 3. Não sendo pelo menos razoável o fundamento pelo qual se argui a inconstitucionalidade, no caso, de ato de governo local contestado em face da Constituição, não se conhece do recurso extraordinário que se baseia no art. 119, III, "c", da Carta Política (Súmula, verbete 285). 4. Divergência jurisprudencial arguida como fundamento do recurso extraordinário. Deve ser provada em termos analíticos. Súmula, verbete 291. 5. Recurso extraordinário não conhecido.⁴⁴

Poder de Polícia. Apreensão de veículos coletivos. Indenização negada. (Constituição Federal, art. 15, II; Código Nacional do Trânsito, arts. 43, 94 e 95). 1. O art. 157, § 8º, da

---

42. STF, RE 607.056, rel. Min. Dias Toffoli, Tribunal Pleno, j. 10.4.2013, Repercussão Geral – Mérito, *DJe*-091, 16.5.2013, grifos aditados.

43. STF, AI 115.795 AgR, rel. Min. Aldir Passarinho, 2ª T., j. 17.6.1988, *DJU* 16.9.1988, grifos aditados.

44. STF, RE 76.543, rel. Min. Antonio Neder, 1ª T., j. 9.6.1981, *DJU* 3.7.1981, grifos aditados.

Constituição Federal de 1967 (ou art. 163 da Constituição Federal de 1969) rege a monopolização de indústrias e atividades privadas pela União em lei, mas não impede que Município organize sociedade mista sob seu controle acionário, a fim de que explore com exclusividade linhas municipais de transporte coletivo. 2. *No exercício do poder de polícia, na área de seu peculiar interesse (Constituição Federal de 1969 art. 15, II), o Município pode conceder ou permitir a exploração de linhas de transportes, regular sua exploração, tipo de equipamento, horários e tarifas, observadas as normas do Código Nacional de Trânsito, que lhe dá poderes de apreender e remover veículos, que transgridam as regras legais e regulamentares.* 3. Não cabe indenização pelo ato lícito da Prefeitura apreendendo e removendo do tráfego veículos que recalcitram em explorar linha, cuja permissão caiu em caducidade e foi conferida a empresa municipal de transportes.[45]

Mandado de Segurança. Transporte coletivo de passageiros. Linhas intermunicipais. *Permissão pelo Estado. Alteração de itinerário local, com assentimentos das autoridades do Município. Legalidade, porém com correção de tarifa para obstar garantia constitucional e legal.* Deferimento parcial. II. Recurso extraordinário não conhecido por falta de seus pressupostos.[46]

O que se verifica, a partir da análise dos julgados acima colacionados, é que o Supremo Tribunal Federal historicamente soube reconhecer que as modalidades de outorga de serviços públicos relacionam-se, de modo indissociável, com a própria autonomia dos entes federativos. Dito de outro modo: *ser titular de um serviço segundo a Constituição Federal implica a competência discricionária para, do modo mais amplo, decidir as características jurídicas, regulatórias e operacionais que melhor se amoldem ao interesse público subjacente à atuação de cada ente federativo.*

O Supremo Tribunal Federal, no Recurso Extraordinário 73.295-MG, de relatoria do Min. Oswaldo Trigueiro,[47] considerou constitucional a regulamentação de município que permitiu a prestação, em regime de livre concorrência, dos serviços funerários, serviços que, como se sabe, são pacificamente compreendidos como encartados nas competências municipais. Ou seja, reconheceu a Suprema Corte que a titularidade de um serviço público implica inclusive a possibilidade de o Estado franquear a sua prestação a todo e qualquer interessado. É nesse sentido, falando especificamente do setor de transporte intermunicipal de passageiros, a compreensão de Vladimir da Rocha França, transcrita abaixo:

> Uma vez que os Estados Federados têm competência residual, *as suas Constituições e leis podem perfeitamente tipificar os serviços de transporte intermunicipal de passageiros como serviços públicos estaduais*. Na ausência de dispositivo constitucional ou legal, *entende-se que se tratará de atividade econômica sujeita ao poder de polícia da Administração estadual*.
>
> Respeitada a legislação federal, compete ao Estado Federado legislar sobre a organização e funcionamento dos serviços de transporte de passageiros por ônibus que se encontrem na sua esfera de atribuições constitucionais e legais.[48]

---

45. STF, RE 71.632, rel. Min. Aliomar Baleeiro, 1ª T., j. 15.6.1973, *DJU* 28.9.1973, *RTJ* 67-03/742, grifos aditados.
46. STF, RE 74.931, rel. Min. Thompson Flores, 2ª T., j. 18.5.1973, *DJU* 29.6.1973, grifos aditados.
47. STF, rel. Min. Oswaldo Trigueiro, 1ª T., j. 18.4.1972, *DJU* 5.6.1972, *RTJ* 62-01/197.
48. Vladimir da Rocha França, "Os serviços de transporte de passageiros por ônibus e as inovações da Lei Federal n. 11.445/2007", *Interesse Público IP*, n. 62, Belo Horizonte, ano 12, jul.-ago. 2010 (disponível em *www.bidforum.com.br/bid/PDI0006.aspx?pdiCntd=68827*, acesso em 1.10.2015, grifos da transcrição não coincidentes com os originais).

Destaque-se que, se se admite a solução mais drástica, que é desqualificar uma atividade como serviço público, com muito mais razão deve-se admitir a adoção de modelos que, sem retirar dela o rótulo de serviço público, envolvam diferentes formas de regular o relacionamento entre o poder concedente e o particular, e, no caso específico da autorização, o relacionamento *competitivo* entre prestadores privados.

4.4 O regime jurídico dos serviços públicos autorizados

Referimos, na parte final do subtópico 4.3, acima, o equívoco cometido, a partir da leitura do art. 175 da Constituição Federal, de considerar que, fora das hipóteses contidas em tal dispositivo (concessão e permissão), ficaria interditada a adoção de outras modalidades de outorga para prestação de serviços públicos. Isto porque as atividades qualificadas como "serviço público" somente poderiam, por sua natureza, ser prestadas em regime de direito público, o que não ocorreria se de autorização se cuidasse.

Trata-se, como dito, de um equívoco, porque a qualificação de uma atividade como serviço público não acarreta, por si só, a adoção do rígido regime de concessões e permissões. Nem, inversamente, a adoção do regime de autorização significará uma "despublicização" de serviços públicos prestados sob a sua égide.

A locução *serviço público*, na acepção que dela tem este signatário, faz referência às atividades qualificadas pelo direito (constituição e leis) como de *competência estatal* (nas esferas federal, estadual, distrital e municipal) e que concomitantemente sejam de *relevância social*, compreendida nesta expressão não apenas a importância intrínseca da atividade, mas também a necessidade de que um ente coletivo seja responsável pela sua prestação. Resultam desta definição, de um lado, um *critério formal* (a existência de norma jurídica que assinale ao Estado a competência, e logo o *dever*, de assegurar aos cidadãos a sua prestação) e, de outro, um *critério material*, contido na própria natureza das atividades analisadas (importância social e necessidade de seu provimento por meio do Estado). Assim, uma atividade de inegável relevância coletiva, como, *v.g.*, a produção de alimentos, não poderá ser considerada um serviço público porque nem a Constituição, nem as leis atribuem competência quer para a sua produção, quer para a sua distribuição, a qualquer das esferas de governo. Do mesmo modo, imaginando-se que o Estado qualificasse normativamente como serviço público a produção de alimentos, tal qualificação seria inválida pelo fato de que a produção e o fornecimento de alimentos, apesar de relevante socialmente, não demandam, em condições normais, a intervenção estatal (o setor privado já atende de forma eficiente essa necessidade social).

A titularidade de serviços públicos corresponde às prerrogativas instrumentais necessárias à sua prestação. Ser titular de um serviço público significa ter o dever de disponibilizar o serviço à população e ser dotado dos meios jurídicos para promover a sua realização. Traduz-se em deveres e prerrogativas de *organização*, *regulação* e *operação*, os quais podem ser exercidos pelo Estado diretamente, por seus órgãos ou pelas pessoas da Administração indireta, ou indiretamente, mediante o emprego de qualquer das modalidades de outorga admitidas juridicamente, com a cooperação de particulares. O fato de delegar a prestação a particulares, mediante, por exemplo, concessão, permissão ou autorização, não significa que a Administração Pública renuncie às prerrogativas e deveres inerentes à titularidade. Esta, como qualquer competência, é irrenunciável.[49]

Feitas essas considerações preambulares, importa questionar: o regime de autorização é suficiente para "descaracterizar" ou de alguma forma prejudicar a prestação dos serviços de titularidade de um ente federativo? Mais ainda: o fato de ser prestado mediante autorização retira de uma atividade o caráter de serviço público?

A resposta é obviamente negativa, para ambas as questões.

Começando pela última, é um erro flagrante supor que o regime de prestação mediante autorização significará a "despublicização" de um serviço público. Aqueles que fazem afirmações nesse sentido argumentam que, em regime de autorização (caracterizado, *v.g.*, pelo livre acesso de prestadores e pela liberdade tarifária), garantias fundamentais do regime de direito público seriam perdidas, tais como a modicidade tarifária, deveres de universalização, continuidade etc.

Tal argumentação não é procedente, na medida em que, ingressando, via autorização, na prestação de um serviço público, nada impede que o Poder Público estabeleça a obrigatoriedade de atendimento de uma série de condições e obrigações por parte do autorizatário. Pelo contrário, é dever do Poder Público estabelecer o regulamento dos serviços autorizados, provendo sobre as condições de sua prestação. É como pensa Egon Bockmann Moreira, em trecho que se transcreve, *in verbis*:

> Mais do que isso: o acesso a tal mercado [*via autorização*] poderá (*rectius*: "deverá") ser instruído com uma cesta de prestações a serem cumpridas pelo futuro autorizado (compartilhamento de infraestrutura, regime especial de controle, serviço universal, encargos de serviço público, encargos ambientais etc.) *O sujeito privado sabe de antemão que, caso deferida a autorização por ele requerida, deverá se submeter à lista de encargos predefinida no regime estatutário do serviço – e, assim, será supervisionado pela autoridade competente.*[50]

Ainda sobre a influência do regime de prestação, deve-se destacar que mesmo a questão da modicidade tarifária pode ser melhor atingida em um regime que permita que múltiplos operadores possam competir entre si, do que no regime tradicional de concessão. Aliás, foi reconhecendo esse fato que o Poder Público, no setor de aviação civil, delegado, como se sabe, mediante concessão, introduziu o regime de liberdade tarifária, estimulando a competição entre as concessionárias prestadoras, produzindo benefícios sensíveis à modicidade tarifária e à melhoria da qualidade dos serviços.

Com isso, pretende-se demonstrar que o regime de autorização, longe de ser uma "fuga do direito administrativo", representa um novo gênero de prestação, com defeitos, é verdade, mas também com virtuosidades que podem ser aproveitadas em prol do interesse público. É nesse sentido que leciona Egon Bockmann Moreira, em trecho que vale a transcrição:

---

49. A Lei Nacional de Processo Administrativo (Lei Federal 9.784, de 29.1.1999) determina, em seu art. 11: "A competência é irrenunciável e se exerce pelos órgãos administrativos a que foi atribuída como própria, salvo os casos de delegação e avocação legalmente admitidos".

50. Egon Bockmann Moreira, *Direito das Concessões de Serviço Público. Inteligência da Lei 8.987/1995 (parte geral)*, São Paulo, Malheiros Editores, 2010, p. 68, grifos não coincidentes com os originais.

A rigor, a autorização tornou-se um *tertium genus*: não é o regime próprio dos tradicionais serviços públicos, nem tampouco do extrato comum a todas as atividades econômicas privadas. (...)

Neste ponto, surge uma pergunta relevante: afinal, por que autorizar alguns serviços públicos sob este regime? Seria somente para fugir aos rigores da licitação e da Lei Geral de Concessões? Não há sinal de que a resposta seja tão singela – *so much trouble for nothing*. A racionalidade aqui é outra, estampada em ordem de motivos assim sintetizada: *submeter a prestação de específicos serviços ao regime de direito privado administrativo combinado com exigências típicas de um mercado competitivo. Isso significa que os agentes econômicos se submetem a requisitos para a entrada e a muita regulamentação intrusiva combinada com deveres legais e obrigações contratuais. Mas não imperam sozinhos em mercados monopolistas, pois entram em setores públicos onde já há quando menos um operador* (desfazendo o eventual monopólio histórico).

Além disso, as autorizações tendem a impor a determinados serviços públicos *a dinamicidade tecnológica que incrementa os ganhos de escala em alguns setores econômicos*. Logo, aqueles que lá estão sabem que novas exigências virão, não mais oriundas apenas da competição licitatória *ex ante* seguida da estabilidade subjetiva do prestador. *As futuras autorizações visam a subverter a estabilidade dos concessionários, que tenderiam a ficar numa situação de conforto por décadas*. Estabilidade, essa, que tende a gerar abusos, assimetrias e instabilidade. Na medida em que a qualquer instante pode haver concorrentes, o concessionário histórico terá constantes exigências. *Já, o ingressante se submeterá a quando menos duas ordens de regras: aquelas do poder autorizatário e as do respectivo mercado*. Desta forma confere-se ritmo mais apurado a tais setores de interesse público, sem se curvar às estruturas monopolísticas e sem permitir que haja a redução de um serviço tido constitucionalmente como público às vicissitudes dos mercados. *Não se ingressa na cilada do regime público monopolístico, nem na dos mercados não regulados. Autorizar por meio de atos administrativos negociais é menos que conceder e permitir, mas é muito mais do que só regular e muitíssimo mais que liberalizar.*

A autorização para a exploração de certos serviços sob o regime de direito privado administrativo será vinculada ou discricionária (respeitante dos princípios da isonomia e razoabilidade), como leciona Almiro do Couto e Silva. A depender do caso concreto, ou terá a natureza de *ato administrativo contratual* ou de *contrato administrativo de adesão*. Porém – e reitere-se –, nas duas alternativas este ato/contrato autorizará o exercício da atividade em regime de direito privado administrativo em sua execução, no relacionamento do autorizado com a Administração autorizadora, com os concorrentes na prestação do serviço e os respectivos usuários.[51]

Muito menos se diga que a atividade fica despida da condição de serviço público, em caso de prestação por meio de autorização. Concorda-se inteiramente, neste aspecto, com Eros Roberto Grau, que, retificando sua posição sobre o assunto, leciona que o regime de prestação não afeta a natureza de serviço público de uma atividade, pois o

> *raciocínio assim desenrolado era evidentemente errôneo, visto ter partido de premissa equivocada, qual seja, a de que a mesma atividade caracteriza ou deixa de caracterizar serviço público conforme esteja sendo empreendida pelo Estado ou pelo setor privado. Isso, como se vê, é inteiramente insustentável.*[52]

---

51. Idem, ibidem, pp. 69-70, grifos não coincidentes com os do original.
52. Eros Roberto Grau, *A Ordem Econômica na Constituição de 1988*, 18ª ed., São Paulo, Malheiros Editores, 2017, p. 118, grifos adicionados.

E prossegue o ex-Ministro do Supremo Tribunal Federal e Professor Titular Aposentado da Faculdade de Direito da Universidade de São Paulo:

> Assim, o que torna os chamados serviços públicos não privativos distintos dos privativos é a circunstância de os primeiros poderem ser prestados pelo setor privado independentemente de concessão, permissão ou autorização, *ao passo que os últimos apenas poderão ser prestados pelo setor privado sob um desses regimes.*
>
> Há, portanto, serviço público mesmo nas hipóteses de prestação dos serviços de educação e saúde pelo setor privado. Por isso mesmo que os arts. 209 e 199 declaram expressamente serem livres à iniciativa privada a assistência à saúde e o ensino – não se tratassem, saúde e ensino, de serviço público razão não haveria para as afirmações dos preceitos constitucionais.
>
> *Não importa quem preste tais serviços – União, Estados-membros, Municípios ou particulares; em qualquer hipótese haverá serviço público.*[53]

À luz do quanto exposto, quando se decide pela prestação de um serviço público mediante autorização, a Administração Pública não se despe das prerrogativas de Poder Concedente, nem, muito menos, descaracteriza a natureza da própria atividade autorizada, que permanece um serviço público. Delegar a prestação de um serviço público, mediante autorização, não significa uma "fuga do direito administrativo", pois continuará o serviço submetido a um regime publicístico. A maior flexibilidade do modelo de autorização, em comparação com seus congêneres concessão e permissão, nunca significará a renúncia das competências próprias da titularidade. Por isso é que se afirma que, do ponto de vista da natureza da atividade, é indiferente a modalidade de outorga. Esta se encontra em plano diverso, das relações entre o Poder Concedente e o delegatário, e entre este último e seus concorrentes, quando houver. O dever do Poder Concedente em fornecer o serviço aos usuários, nota característica da noção de serviço público que guia este trabalho, permanece intacto, e o grande desafio da Administração Pública na regulamentação de regimes alternativos de delegação (dos quais a autorização é apenas uma das possibilidades) está em conceber modelos aptos à prestação de um serviço adequado. Descabe, portanto, ao analista prejulgar modelos, concluindo, sem mesmo analisar os marcos regulatórios concretos e as experiências decorrentes de sua aplicação, que são incapazes de servir à consecução do interesse público subjacente a tais atividades.

4.5 *O dever de licitar e as autorizações*

A regra geral, para as contratações e para o acesso a vantagens públicas, é a realização de licitação. Tal obrigação decorre do mandamento explícito contido no art. 37, XXI, da Constituição Federal, *in verbis*:

> Art. 37. (...)
>
> XXI – *ressalvados os casos especificados na legislação*, as obras, serviços, compras e alienações serão contratados *mediante processo de licitação pública que assegure igualdade de condições a todos os concorrentes*, com cláusulas que estabeleçam obrigações de pagamen-

---

53. Idem, ibidem.

to, mantidas as condições efetivas da proposta, nos termos da lei, o qual somente permitirá as exigências de qualificação técnica e econômica indispensáveis à garantia do cumprimento das obrigações.

O valor a ser concretizado pela licitação é o *princípio da igualdade*. Se há algum benefício estatal a ser ofertado (um contrato de concessão que garante o monopólio da prestação de um serviço público, por exemplo), deve-se promover a ampla competição de interessados para que, dentre eles, em igualdade de condições, resulte um vencedor.

Considerando que o regime de autorização pressupõe o amplo acesso de todos os interessados, que satisfaçam às condições subjetivas e objetivas fixadas pela Administração Pública, à execução da atividade autorizada, então verifica-se que a competição prévia (licitação) fica esvaziada, a uma porque não haverá propriamente nenhum benefício estatal em jogo (um contrato de concessão que garante a exploração monopolística de uma atividade, para nos determos no exemplo acima), a duas porque a própria competição antecipada será impossível, já que a disputa verdadeira ocorrerá entre os prestadores, *após a outorga da autorização*.

Assim é que dois fatores devem se colocar para que a licitação, no caso das autorizações, seja inexigível ou dispensável: (i) a fixação de requisitos objetivos para o deferimento da autorização, de modo a tornar o ato administrativo negocial de deferimento um *ato vinculado*; e (ii) a instituição, mesmo após um período de transição, de um ambiente de competição entre prestadores. É nesse sentido a lição autorizada de Almiro do Couto e Silva, transcrita abaixo:

> Na delegação de serviços públicos, a exigência de prévia licitação para a concessão e a permissão satisfaz ao princípio isonômico. Mas o mesmo não se poderá dizer, pelo menos em muitas hipóteses, relativamente à autorização, concebida como ato de exercício de competência discricionária. *O ato administrativo de delegação de serviço público, como ato vinculado, afasta a dificuldade, conformando-o com a regra constitucional da igualdade.*[54]

É claro que a Administração Pública tem o dever de limitar, em caso de concorrência ruinosa, o acesso de novos interessados,[55] como prevê a legislação federal aplicável ao regime de autorizações para o serviço de transporte rodoviário interestadual.[56] De todo modo, desde que esta barreira aos entrantes não converta os atuais autorizatários em verdadeiros monopolistas, a sua imposição não ferirá o princípio da igualdade.

De se notar que, recentemente, o Poder Judiciário, analisando o regime federal de outorgas de autorização para serviços públicos de transporte rodoviário interestadual e

---

54. Almiro do Couto e Silva, "Privatização no Brasil e o novo exercício de funções públicas por particulares. Serviço público 'à brasileira'?", cit., p. 70, grifos aditados.

55. Themístocles Brandão Cavalcanti encarece este aspecto, ao pontuar: "Nem sempre tais licenças [*autorizações*] são concedidas a uma só pessoa; é da sua essência, mesmo, a possibilidade de serem dadas a diversas pessoas, *a menos que haja impossibilidade material*" (*Tratado de Direito Administrativo*, vol. III, 3ª ed., São Paulo, Freitas Bastos, 1956, p. 346).

56. O art. 47-B da Lei Federal 10.233/2001 (transportes interestaduais e internacionais) determina que o número de autorizações será ilimitado, exceto em caso de "inviabilidade operacional", caso em que a ANTT poderá promover um procedimento licitatório para seleção de interessados.

internacional de passageiros, regido pela Lei Federal 10.233/2001, pronunciou-se pela constitucionalidade e legalidade da dispensa de licitação nele instituída. É ver-se:

> A opção do Poder Público pela autorização modifica totalmente o quadro do transporte interestadual de passageiros, visto que, a partir da alteração legislativa, esse serviço público *não mais se enquadra na necessidade de licitação*. De fato, o art. 37, XXI, da Constituição, acima transcrito, prevê como ressalva à licitação os "casos especificados na legislação". A hipótese de que trata os autos passou a se enquadrar na *ressalva constitucional*, por estar estabelecido em lei que o transporte coletivo interestadual de passageiros deve ser outorgado *mediante autorização, independentemente de licitação*. Assim, rejeito a alegação de inconstitucionalidade do art. 14, III, "j", da Lei n. 10.233/2001, com a redação dada pelo art. 3º da Lei n. 12.996/2014.[57]

Diante do exposto, conclui-se, sem maiores dificuldades, pela constitucionalidade da instituição de um regime de outorgas de autorização que dispense a realização de licitação, posto que este procedimento competitivo não se amolda à *ampla competitividade* e *multiplicidade* de prestadores, fatores inerentes ao ambiente de prestação de serviços públicos mediante autorização.

5. *"Respondeo"*

Diante do que se vem de expor, importa consignar algumas considerações, que servirão de remate ao presente estudo:

A primeira, de ordem geral, é a que sustenta que a escolha da modalidade de outorga de serviços públicos não se resume ou restringe, por definição, às modalidades indicadas no texto constitucional.

A segunda, de que a titularidade dos serviços públicos implica, conaturalmente, a competência não apenas de escolher a modalidade de outorga, mas também de definir a própria qualificação jurídica da atividade, tornando-a aberta, se assim o entender o Poder Público, a um regime de livre concorrência (hipótese que compreende, *mutatis mutandis*, o regime de autorização).

A terceira – e com exemplos abundantes no que tange ao serviço de transporte de passageiros –, de que a outorga mediante ato administrativo (*permissão*, no regime anterior ao da atual Constituição, e *autorização*, no período pós-1988) é uma manifestação intrínseca à ideia de titularidade, não podendo ser tolhida sem que, com isso, se vulnere a titularidade ela própria.

O verdadeiro "fetichismo constitucional", que pretende interpretar a Constituição Federal com o objetivo único de acomodá-la ao entendimento de uma parcela – progressivamente diminuta e menos influente – da doutrina, e, mais ainda, desprezando solenemente a autonomia das pessoas políticas, base do sistema federativo brasileiro, não é nem nunca foi prevalecente entre nós.

E, aqui, em justiça ao pensamento de Hely Lopes Meirelles, destaque-se que tais lições já haviam sido dadas pelo autor, de forma intuitiva, a partir da observação da realidade. Tal

---

57. TRF1, Agravo de Instrumento 0015250-83.2015.4.01.0000-DF, rel. Des. Daniel Paes Ribeiro, decisão monocrática proferida em 12.6.2015.

fato, conforme brevemente se explicará, é uma amostra do gênio realista daquele grande administrativista.

Para Hely, escrevendo no regime constitucional anterior ao atual, o que se entende hoje por autorização de serviço público era assimilado à figura da permissão, definida como

> ato unilateral, discricionário e precário, de caráter negocial, pelo qual se faculta ao particular a execução de serviços de interesse coletivo, ou o uso especial de bens públicos, a título gratuito ou oneroso, nas condições impostas pela Administração.[58]

Exatamente as definições atuais de autorização (ver subitem 4.1, acima). No mesmo estudo, Hely entende haver, no espectro possível das permissões, tanto aquelas constituídas nos estritos termos da definição dada, que ele denomina "permissão pura", quanto aquelas em que predomina um aspecto contratual, que ele denomina "permissão condicionada", a qual "assemelha-se à concessão".[59]

Em outro parecer, Hely também adota a terminologia da "permissão condicionada", para referir a outorga que, embora instituída por ato administrativo, tem caráter similar ao contratual (ou *semi-contratual*), e adota expressamente, para contrastar com tal figura, o termo autorização. A

> "*autorização*" para a prestação de serviço de utilidade pública (como o transporte coletivo de passageiros) é também ato administrativo discricionário e precário, mas sempre *incondicionado*, pois são de sua natureza a *mutabilidade* do modo de prestação e a sua *revogabilidade a qualquer tempo*, à vista das conveniências da Administração.[60]

Tal distinção, pode-se afirmar, veio amadurecendo no pensamento do autor, que, em parecer anterior, publicado em 1971, adotava a distinção entre "permissão" e "autorização", para significar "permissão condicionada" e "permissão pura", nas acepções dadas nos parágrafos precedentes.[61]

A questão foi colocada em termos incontroversos pelo autor em parecer de 1974, publicado em 1981, no qual leciona:

> Como serviço público, ou, mais precisamente, de utilidade pública, o transporte coletivo tanto pode ser explorado diretamente pelo Município como, indiretamente, por delegação a particulares, através de uma das três modalidades clássicas, consagradas pela doutrina e pela jurisprudência e previstas no art. 44 do Código Nacional de Trânsito: *concessão, permissão* e *autorização*. A *concessão*, a *permissão* e a *autorização* são institutos afins, mas diversos na sua natureza jurídica e consequências administrativas: a primeira é *contratual* e *vinculante*; a segunda é *unilateral, precária* e *discricionária*, embora seja outorga e mantida em consonância com as condições previamente estabelecidas pelo permitente; a terceira é também *unilateral*,

---

58. Hely Lopes Meirelles, "Transporte coletivo urbano – permissão", *Estudos e Pareceres de Direito Público*, vol. IX, São Paulo, Ed. RT, 1986, p. 253.

59. Idem, ibidem, p. 255.

60. Hely Lopes Meirelles, "Transporte coletivo intermunicipal", in *Estudos e Pareceres de Direito Público*, vol. VIII, São Paulo, Ed. RT, 1984, p. 145.

61. Hely Lopes Meirelles, "Concessão e permissão para transporte coletivo", in *Estudos e Pareceres de Direito Público*, vol. I, São Paulo, Ed. RT, 1971, p. 45.

precária e *discricionária*, mas independe de quaisquer condições prévias, ficando o autorizatário sujeito sempre às ordens *imediatas* do autorizante.[62]

Note-se que o autor, nos trabalhos acima, em nenhum momento questionou a constitucionalidade de tais modalidades de outorga, as quais, à época, ainda como hoje, não contavam com previsão constitucional para a sua adoção pelas administrações públicas de Estados e municípios.[63] Para ele, assim como para nós, a validade da sua adoção era algo evidente em si, posto ser ínsita à própria ideia de titularidade dos serviços.

Em síntese do quanto exposto, o regime de autorizações não ofende a qualquer disposição da Constituição Federal, sendo, pelo contrário, a sua adoção, por Estados-membros, manifestação direta e inequívoca da força e prevalência da estrutura federativa do Estado brasileiro, podendo ser adotada tanto nos serviços públicos de transporte de passageiros quanto nos demais serviços de sua titularidade, a depender da viabilidade técnica, econômica e operacional.

---

62. Hely Lopes Meirelles, "Transporte coletivo intermunicipal", in *Estudos e Pareceres de Direito Público*, vol. V, São Paulo, Ed. RT, 1981, pp. 115-116.

63. O autor ainda publicou, sobre o tema: (i) no vol. II dos seus *Estudos e Pareceres de Direito Público* (São Paulo, Ed. RT, 1977), seis pareceres, todos intitulados "Transporte coletivo intermunicipal" (pp. 339-346, pp. 347-360, pp. 361-372, pp. 373-386, pp. 387-402 e pp. 403-418); (ii) no vol. IV dos seus *Estudos e Pareceres de Direito Público* (São Paulo, Ed. RT, 1981), dois pareceres, "Transporte coletivo intermunicipal" (pp. 180-195) e "Transporte coletivo intermunicipal – Regime de delegação" (pp. 196-206); e (iii) no vol. VII da mesma obra (São Paulo, Ed. RT, 1983), o parecer "Transporte coletivo intermunicipal" (pp. 153-168). Em todos eles, manteve o mesmo posicionamento acima exposto.

O CONSTRUTIVISMO PRAGMÁTICO DE HELY LOPES MEIRELLES E O SEU LEGADO PARA O DIREITO ADMINISTRATIVO BRASILEIRO

André Castro Carvalho
Otavio Augusto Venturini de Sousa

Introdução. 1. O construtivismo pragmático de Hely Lopes Meirelles. 2. O desconstrutivismo teórico no Direito Administrativo brasileiro. 3. O construtivismo pragmático no controle da atividade administrativa. 4. O construtivismo pragmático nas políticas de recursos humanos do Estado. 5. O construtivismo pragmático nas contratações e parcerias com o Poder Público. Conclusão.

Introdução

O ano de 2017 marca o centenário do nascimento de Hely Lopes Meirelles e o vigésimo sétimo ano de seu falecimento.[1] Foi uma vida profissional dedicada à construção dos alicerces do direito público brasileiro, motivo pelo qual o momento é mais do que oportuno para aquilatar o papel e a relevância do legado deixado pela obra desse ilustre publicista, que certamente figura como um dos maiores nomes da história do Direito Administrativo nacional.

Mesmo após quase três décadas do seu falecimento, o autor continua a ser referência nas universidades, concursos públicos, peças forenses, pareceres jurídicos, artigos científicos, e toda outra forma de produção jurídica nacional. Isso talvez se deva ao fato de que, muito mais do que um brilhante sistematizador, o insigne publicista tenha contribuído como poucos para a própria construção do nosso Direito Administrativo.

Por essa razão, o presente texto procura abordar uma das características mais marcantes nos escritos de Hely Lopes Meirelles: a sua compreensão *construtivista pragmática* do Direito Administrativo, que representou a assunção de uma postura investigativa de natureza indutiva, na qual o jurista buscava definir soluções jurídicas organizadas a partir de problemas significativos verificados na prática administrativa e na gestão pública.

Com intuito de alcançar uma melhor compreensão da relevância da postura investigativa presente nas obras de Hely Lopes Meirelles, procuramos contrastá-la com o seu oposto ideal: o *desconstrutivismo teórico*, isto é, postura de natureza dedutiva, em que se parte direta e exclusivamente de postulados teóricos *per se*, abandonando-se a resolução de problemas ou mesmo desconstruindo as formulações existentes por não se encaixarem nas premissas que os fundamentam. Trata-se esta de uma de leitura que entende que a

---

1. Hely Lopes Meirelles nasceu em 5 de setembro de 1917 e veio a falecer em 1990, aos 72 anos.

ação administrativa deve ser conformada a categorias pré-determinadas, deixando pouco espaço de formulação criativa para o gestor público.

Ressaltamos, no entanto, que o objetivo do artigo não é "absolutizar" o *construtivismo pragmático* de Hely Lopes Meirelles ou negar a importância das sólidas construções de natureza teórica presentes em nosso Direito Administrativo, que sequer podem ser confundidas com o que denominamos de *desconstrutivismo teórico*. Com efeito, a finalidade desse ensaio é apenas indicar como o *construtivismo pragm*ático foi e ainda poderia ser muito relevante à evolução do Direito Administrativo nacional.

Nesse sentido, o artigo procura desenvolver um "retrato" e uma compreensão da relevância da postura investigativa de Hely Lopes Meirelles, a partir da análise dos escritos deixados pelo próprio autor. Em especial, a investigação foi realizada com apoio nas primeiras e nas últimas edições de suas obras clássicas, até a data de seu falecimento, além de alguns poucos textos biográficos sobre o aclamado administrativista.

Após a descrição do perfil investigativo, a proposta do ensaio é indagar, sem nenhuma pretensão de trazer soluções definitivas, como alguns dos temas mais sensíveis de Direito Administrativo poderiam ser beneficiados por essa compreensão *construtivista pragmática*, especialmente: o controle da atividade administrativa, as políticas de recursos humanos do Estado e as parcerias e contratações públicas com o Poder Público.

Por fim, enfatizamos que as críticas expostas ao que denominamos de *desconstrutivismo teórico* não possuem destinatários ou correntes específicas de pensamento, tendo por finalidade apenas ilustrar o ponto central deste texto, que é a justa homenagem à postura investigativa indutiva do nosso consagrado publicista.

1. O construtivismo pragmático de Hely Lopes Meirelles

Um dos fundadores do direito administrativo alemão, Otto Mayer, dizia que "o direito constitucional passa, o direito administrativo fica" ("Verfassungsrecht vergeht, Verwaltungsrecht besteht").[2] É bem verdade que a afirmação mayeriana precisaria ser contextualizada à luz dos movimentos de constitucionalização do Direito e da valorização dos direitos subjetivos públicos dos administrados. De todo modo, ela faz transparecer uma característica muito própria do Direito Administrativo: a sua ancoragem nas estruturas do aparelho estatal e na realidade cotidiana da atividade administrativa.

A ancoragem justifica-se na medida em que o Direito Administrativo foi pensado para ser o ramo que organiza e instrumentaliza toda atividade estatal.[3-4] É justamente essa

---

2. Cf. Otto Mayer, *Deutsches Verwaltungsrecht*, vol. I, Berlin, Duncker und Humblot, 1924; reimpressão: Berlin, 1969, Prefácio à 3ª ed., p. II.

3. Organização do aparelho estatal, regime de servidores públicos, regime de licitação e contratações públicas, planejamento, poder de polícia, prestação de utilidades públicas, regulação, desenvolvimento de infraestrutura, ordenamento do uso e ocupação do solo urbano, terceiro setor, fomento, dentre outras.

4. A evolução do Direito Administrativo alemão a partir do final do século XIX trouxe ênfase à proteção dos direitos subjetivos públicos dos administrados em relação à atuação da Administração Pública, ainda bastante autoritária à época. Nesse sentido, também é possível enfatizar uma função protetiva do Direito Administrativo. No entanto, essa dimensão protetiva não afasta a sua função organizadora, mas sim modela a organização da atividade administrativa em consonância com os valores de proteção dos direitos dos administrados.

função de carga bastante pragmática que o estabiliza, pois as mudanças no texto constitucional nem sempre repercutem com rapidez nas estruturas consolidadas da Administração Pública e na praxe administrativa.

Hely Lopes Meirelles foi alguém que captou como poucos essa intencionalidade pragmática do Direito Administrativo, adotando uma postura investigativa, de natureza indutiva, condizente com tal característica. O conceito de Direito Administrativo formulado pelo autor na primeira edição de seu manual evidencia essa sua compreensão:

> conjunto harmônico de princípios jurídicos que regem atividades públicas tendentes *a realizar concreta, direta e imediatamente os fins desejados pelo Estado*.[5-6]

É dessa compreensão que entendemos decorrer o *construtivismo pragmático* do publicista. O *construtivista pragmático*, sob a nossa concepção,[7] é o tipo de jurista que busca construir soluções jurídicas organizadas a partir de problemas relevantes verificados no cotidiano. A sua atuação racional é sempre ancorada na realidade e as formulações que estabelece são guiadas por uma intencionalidade solucionadora de questões que a própria realidade impõe ao operador do Direito.

O próprio Hely Lopes Meirelles faz transparecer o seu perfil de construtivista pragmático no prefácio da primeira edição de sua obra mais consagrada: *Direito Administrativo Brasileiro*, em 1964. Nas palavras do próprio publicista:

> O Direito – para nós – é instrumento de trabalho, e não, tertúlia acadêmica.[8]

Mais do que isso, o autor enfatiza que a sua obra

> pretende ser uma síntese do Direito Administrativo Brasileiro. Tem objetivos práticos e didáticos. Afasta-se, propositadamente, do *teorismo em que vai descambando o ensino do Direito no Brasil*.[9]

E arremata que

> não é livro para mestres, nem para os teóricos do Direito. É um modesto compêndio para os estudantes e *para os que se defrontam, na prática, com problemas jurídicos de Administração Pública*.[10]

---

5. Hely Lopes Meirelles, *Direito Administrativo Brasileiro*, 1ª ed., São Paulo, Ed. RT, 1964, p. 8, grifo nosso. *[V. 42ª ed., São Paulo, Malheiros Editores, 2016.]*

6. Em edição posterior de seu livro, o autor introduz uma pequena mudança: "conjunto harmônico de princípios jurídicos que regem os órgãos, os agentes e as atividades públicas tendentes a realizar concreta, direta e imediatamente os fins desejados pelo Estado" (Hely Lopes Meirelles, *Direito Administrativo Brasileiro*, 3ª ed., São Paulo, Ed. RT, 1975, p. 6). *[V. 42ª ed., São Paulo, Malheiros Editores, 2016.]*

7. Em uma brevíssima pesquisa sobre o tema, encontramos diferentes manifestações do *construtivismo pragmático* em diversas ciências, como Filosofia, Relações Internacionais, Sociologia, dentre outras. Todavia, para o presente ensaio, trata-se apenas de uma criação nossa para representar a postura metodológica do mestre Hely Lopes Meirelles, sem qualquer pretensão de esgotar ou confrontar o conceito com outras formulações já existentes.

8. Hely Lopes Meirelles, *Direito Administrativo Brasileiro*, 1ª ed., São Paulo, Ed. RT, 1964, "Nota ao leitor". *[V. 42ª ed., São Paulo, Malheiros Editores, 2016.]*

9. Idem, ibidem, grifo nosso. *[V. 42ª ed., São Paulo, Malheiros Editores, 2016.]*

10. Idem, ibidem, grifo nosso. *[V. 42ª ed., São Paulo, Malheiros Editores, 2016.]*

Todavia, é preciso ressaltar que o ilustre administrativista não se limitou a descrever-se como um jurista construtivista pragmático; mais do que isso, empregou efetivamente essa postura nas suas investigações. A nota do autor na primeira edição de *Direito de Construir*, em 1961, demonstra bem o seu método de trabalho:

> A *observação de que o direito de construir se vem mantendo distanciado da técnica da construção levou-nos a tentar a aproximação de ambos, num estudo conjunto dos preceitos legais e das normas científicas da construção civil.*
>
> É inegável o entrosamento do direito de construir com os processos da construção. À medida que a técnica aprova uma regra de construção, o direito o encampa, transformando-a em norma legal. É o fenômeno da legalização da técnica, que se vai generalizando naquelas atividades que afetam mais de perto o bem estar social, e, por isso mesmo, não podem ficar exclusivamente ao sabor da liberdade individual. Exigem limites e condicionamentos legais.
>
> A *legislação pátria, lamentavelmente, não tem acompanhado o aperfeiçoamento da construção civil, achando-se em sensível atraso com os progressos da Engenharia, da Arquitetura e do Urbanismo. Por outro lado, a doutrina e a jurisprudência se mantêm apegadas a conceitos superados do clássico direito de construir que desconhece os novos materiais e os modernos processos da construção contemporânea.*
>
> Urge, *pois uma mudança de atitude no estudo e interpretação desse esgalho do direito privado, para adaptá-lo à realidade e pô-lo em condições de solucionar os problemas atuais da construção civil e da planificação urbanística.*
>
> Nesse afã *aproximamos textos. Interpretamos normas. Enunciamos conceitos. Sistematizamos princípios. Ordenamos ideias.* (...).[11]

Como se extrai da nota de *Direito de Construir*, o festejado administrativista era um investigador que integrava a realidade, elementos e normas de natureza técnica nas suas formulações jurídicas. Sua atividade racional era muito mais organizadora de respostas às questões colocadas pela prática do que de pura abstração teórica.

Em nosso entender, é justamente essa postura pragmática, de construir soluções de maneira extremamente organizada a partir das suas reflexões acerca de problemas sensíveis da realidade administrativa, que tornou tão relevantes e perenes as formulações, conceitos e princípios jurídicos enunciados pelo mestre.

Vale consignar ainda que a sua relevância não ficou adstrita ao âmbito dos juristas e da academia. A obra de Hely Lopes Meirelles foi além, com ressonâncias muito intensas na legislação brasileira – e sobretudo na própria gestão pública e praxe administrativa. A consagração na administração dos municípios do País de institutos pioneiramente tratados em *Direito Municipal Brasileiro*, lançado em dois volumes no ano de 1957, é um bom exemplo para ilustrar a transcendência que tiveram as suas formulações em relação ao âmbito acadêmico/jurídico.[12]

Eurico de Andrade Azevedo, administrativista que conviveu durante muito tempo com Hely, além de ter sido atualizador de sua obra, observa que *Direito Municipal Bra-*

---

11. Hely Lopes Meirelles, *Direito de Construir*, 1ª ed., São Paulo, Ed. RT, 1961, "Nota ao leitor", grifos nossos. *[V. 13ª ed., São Paulo, Malheiros Editores, 2013.]*

12. Hely Lopes Meirelles, *Direito Municipal Brasileiro*, 1ª ed., vol. I, São Paulo, Ed. RT, 1957, "Nota ao leitor". *[V. 18ª ed., São Paulo, Malheiros Editores, 2017.]*

sileiro foi o primeiro livro jurídico do País a ter um capítulo especial sobre "Urbanismo e Plano Diretor" e destaca o grande empenho pessoal de Hely Lopes Meirelles na defesa do plano diretor nas administrações municipais, como meio de impor limitações ao crescimento desordenado das cidades, em defesa do bem-estar da população local. Atualmente, o plano diretor é uma exigência constitucional para todas as cidades brasileiras com mais de 20 mil habitantes, como instrumento básico da política de desenvolvimento e de expansão urbana (art. 182, § 1º, da CF),[13-14] do que se constata que o *construtivismo pragmático* do jurista homenageado impunha tal velocidade à evolução do direito público que até mesmo para a legislação era difícil acompanhá-lo.

Isso sem mencionar a relevância que teve o seu *Direito Administrativo Brasileiro* para o desempenho das atividades administrativas em todo País. A capacidade de organização e sistematização do complexo emaranhado das quase incompreensíveis normas jurídicas que regulavam a atividade administrativa no Brasil, a clareza de exposição e a intensa aplicabilidade dos seus postulados aos problemas cotidianos da Administração Pública tornaram esse manual consulta "obrigatória" para qualquer operador do Direito Administrativo. Tamanha era a sua influência que talvez não fosse exagerado dizer à época, ainda que em tom jocoso, que uma mudança profunda no Direito Administrativo nacional só seria possível com a "revogação" do manual do professor Hely Lopes Meirelles.[15]

Esse breve relato inicial já nos indica a relevância de uma postura investigativa como o *construtivismo pragmático* de Hely Lopes Meirelles. Consoante afirmou-se, o Direito Administrativo tem um forte apelo pragmático, uma vez que foi pensado para ser o ramo que organiza e instrumentaliza toda a atividade estatal, que é de interesse da coletividade.

Dessa primeira constatação, verifica-se que o *construtivismo pragmático* se mostra extremamente adequado às finalidades de um ramo responsável por viabilizar a movimentação da máquina pública em prol da sociedade. Todavia, no caso do Direito Administrativo brasileiro, há uma outra característica que torna a postura construtivista pragmática de Hely Lopes Meirelles ainda mais relevante: o papel da doutrina na construção do Direito Administrativo.

À doutrina administrativista nacional não coube apenas interpretar, organizar e até mesmo criticar o conteúdo da legislação. Com efeito, foi responsável por formular e sistematizar, ela mesma, boa parte do conteúdo do nosso Direito Administrativo. Para que se compreenda bem esse protagonismo doutrinário, vale lembrar que, diante do trata-

---

13. Eurico de Andrade Azevedo, "Retrato de Hely Lopes Meirelles" (publicado originalmente na *RDA* 204/121-134, abr.-jun. 1996, e constante deste volume), esp. p. 133.

14. Afora outras noções relevantíssimas introduzidas pelo publicista como, *v.g.*, a de solo chamado "solo criado" e a "modalidade contratual do gerenciamento". Para um estudo aprofundado das inovações introduzidas por Hely, ver: Eurico de Andrade Azevedo, "Retrato de Hely Lopes Meirelles", cit. Sobre o contrato de gerenciamento, ver: Hely Lopes Meirelles, "Contrato de gerenciamento – Novo sistema para a realização de obras públicas", *RDA* 135/1-9, 1980.

15. Um dos autores ouviu anedota semelhante em palestra proferida em Lisboa, no ano de 2013, pelo ilustre publicista português Vasco Pereira da Silva em relação ao consagrado *Manual de Direito Administrativo* do também português e já falecido professor Marcello Caetano. Guardadas as nítidas diferenças de perfil metodológico entre Hely e Caetano, entendemos que tal expressão também cabe ao brasileiro devido à relevância de sua obra que, por vezes, foi mais consultada do que a própria lei, como uma espécie de manual operativo para as Administrações Públicas de todo o País.

mento impreciso, incompleto e por vezes disforme dado pela legislação, coube à doutrina nacional a elaboração da teoria do ato administrativo, por exemplo.[16]

Bem por isso, o intuito propositivo de um jurista como Hely Lopes Meirelles era e ainda é extremamente relevante para a evolução do Direito Administrativo nacional. Em um contexto em que o doutrinador possui a responsabilidade de ser mais do que um mero sistematizador de postulados legais, merece ser louvada a capacidade de um jurista dialogar com a realidade e propor soluções organizadas para problemas relevantes.

2. O desconstrutivismo teórico no Direito Administrativo brasileiro

Nos antípodas do *construtivismo pragmático* de Hely Lopes Meirelles, é possível pensar-se em um conceito de *desconstrutivismo teórico*.

Importante destacar que o *desconstrutivismo teórico* a que fazemos referência diz respeito a uma formulação fictícia, com o intuito de marcar a relevância da postura propositiva de Hely Lopes Meirelles e, em certa medida, realizar uma crítica ao teorismo descomprometido com a realidade em que vai se perdendo parcela da nossa doutrina administrativista.

De todo modo, o modelo representa apenas uma caricatura genérica, sem destinatários ou correntes específicas de pensamento, e que, por vezes, também pode acometer os doutrinadores construtivistas – de acordo com a especificidade do caso concreto.

Sendo assim, o *desconstrutivismo teórico* representa para nós a postura que se descola da resolução de problemas ou mesmo desconstrói formulações existentes por apego a teorismos ensimesmados, por vezes indo de encontro ao próprio bom senso que exige a atuação estatal em nome de uma principiologia inaplicável ao caso concreto. São correntes que pensam o mundo a partir de pressupostos teóricos imexíveis e que desconstituem propostas de solução quando elas não se encaixam nos postulados aos quais seus defensores se filiam. Muitas vezes, as suas posições são frutos de agrupamentos ou "tertúlias" acadêmicas que procuram manter seus postulados por meio da mera reprodução autoral. Isso é verificável não só no direito administrativo, mas também em outras áreas do Direito, sobretudo no direito público – o Direito Tributário é um outro bom exemplo de ocorrência desse mesmo fenômeno.

Em contraponto ao *construtivismo pragmático* – o qual, por sua natureza indutiva, exibe soluções jurídicas organizadas a partir de problemas verificados no cotidiano, promovendo a evolução inovadora do direito público diante da realidade apresentada –, o *desconstrutivismo teórico* tem uma índole conformadora, por sua própria natureza dedutível, impondo, por vezes, entraves à inovação ou mudanças que podem ser necessárias no seio da Administração Pública. Um exemplo pode ser encontrado nas críticas não propositivas ao uso da arbitragem no setor público, ou mesmo à possibilidade de

---

16. Para um aprofundamento na historiografia da atividade administrativa no Brasil e da construção da teoria do ato administrativo pela doutrina nacional, ver nosso Otavio Augusto Venturini de Sousa, "O paradigma 'atocêntrico' da atividade administrativa", *Revista Brasileira de Estudos da Função Pública – RBEFP*, vol. 11, pp. 9-29, 2015; e "A crise do paradigma 'atocêntrico' da atividade administrativa", *Revista Brasileira de Estudos da Função Pública – RBEFP*, vol. 11, pp. 31-54, 2015.

desestatização de alguns setores, a despeito da existência de previsões na legislação, doutrina ou jurisprudência que as autoriza, ainda que de maneira balizada.

Ressalte-se, no entanto, que não se trata de uma crítica a doutrinadores com robusta formação e perfil teórico, o que, aliás, é essencial para o aprimoramento de qualquer ciência, inclusive o Direito Administrativo ora em debate. Critica-se, na verdade, o teorismo "assemblear", mais preocupado em preservar suas próprias postulações do que em oferecer uma crítica teórica fundamentada às soluções apresentadas.

Outro apontamento é que o descolamento dos problemas fáticos para o aprofundamento teórico exige do pesquisador uma árdua tarefa racional que não pode ser confundida com formulações conceituais rasas ou sincretismo filosóficos inadequados, de modo que também se critica as incursões que o teorismo tem realizado em ciências como a Filosofia, sem o embasamento teórico ou métodos de investigação próprios que exigem o complexo estudo dessa área do conhecimento humano.

Para ilustrar esse ponto, vale destacar a noção do princípio da finalidade em Hely Lopes Meirelles. De acordo com Hely:

> O fim a que se endereça o ato administrativo deve ser aquele expresso na norma legal. Esse fim é insubstituível por qualquer outro, ainda que de interesse público, porque a finalidade é sempre específica e não genérica quando se trata de administração pública.[17]

Ainda com o administrativista:

> no desempenho dos encargos administrativos, o agente do Poder Público não tem a liberdade de procurar outro objetivo, ou de dar fim diverso do prescrito em lei para a atividade.[18]

Verifica-se, portanto, que o publicista adota uma postura extremamente pragmática ao assumir que o fim é aquele expresso na norma legal. Hely não realiza formulações de natureza metafísica acerca da finalidade ou do interesse público: limita seu campo ao que é definido pela lei e, a partir daí, ancora suas investigações em problemas colocados pela prática administrativa.

O *desconstrutivismo teórico*, por sua vez, vai buscar a fundamentação dos princípios da finalidade e do interesse público, não na vontade da lei, mas em razões metafísicas encontradas acriticamente em trechos "soltos" de obras de filósofos clássicos, mediante uma argumentação forçada e ampliativa dos seus conteúdos. Nesse sentido, o desconstrutivismo teórico goza de certa vantagem em comparação ao construtivismo pragmático em razão da sua liberdade de formas no momento de justificar alguma decisão prática consubstanciada nas implicações teóricas que ela porventura possa ter.

Portanto, enfatizamos que não se trata de criticar a postura teórica em si mesma, mas sim o modo com pouco embasamento como o teorismo realiza as suas apropriações. Se, por um lado, o *construtivismo pragmático* está ancorado em aspectos da realidade, ainda que isso signifique uma redução do espectro criativo (mas não inovativo), por outro lado o *desconstrutivismo teórico* se funda em pouco ou nenhum elemento de ordem prática – e

---

17. Hely Lopes Meirelles, *Direito Administrativo Brasileiro*, 1ª ed., São Paulo, Ed. RT, 1964, p. 57. *[V. 42ª ed., São Paulo, Malheiros Editores, 2016.]*

18. Idem, ibidem, p. 54. *[V. 42ª ed., São Paulo, Malheiros Editores, 2016.]*

a sua fundamentação teórica, definida ao seu modo de realizar apropriações filosóficas, também não lhe oferece a coerência necessária para orientá-lo.

Essa distinção traz nítidas repercussões práticas: o *desconstrutivismo teórico* se operacionaliza por meio de conceitos e princípios jurídicos de baixa densidade normativa, definidos sem muito rigor metodológico,[19] e por isso torna-se maleável para os seus utilizadores, seja para defender soluções conformadas aos seus pontos de vista, seja para desconstituir soluções que não se enquadram aos seus pressupostos teóricos.

Princípios jurídicos como, por exemplo, o da "vedação ao retrocesso" conferem uma margem hermenêutica extremamente ampla e apartada da necessidade de qualquer referência legal para desconstituir soluções definidas pelo Poder Executivo, em uma espécie de hermenêutica que se fundamenta no princípio *per se*. O resultado é que, muitas vezes, ao invés de uma postura crítica e propositiva que aponte eventuais riscos à ação pública, surgem posturas negativas e meramente reativas: o simples "não se pode fazer" em lugar do propositivo "é possível, desde que...".

Ademais, em razão da baixa densidade normativa, a própria compreensão desses conceitos pode variar ao longo do tempo por influência de posições político-ideológicas ou outras circunstâncias. A difícil relação de tensão entre a teoria do "desvio de finalidade" (que se destina à anulação de ato administrativo) com o princípio da "separação de poderes" (que justifica a preservação de margem decisória dos Poderes) exemplifica bem essa possibilidade de variação. Se olharmos para os recentes casos de nomeações de ministros pelos Presidentes da República, é possível sustentar que houve alternações não só em posições doutrinárias já consolidadas como também nas teses adotadas pelas instâncias julgadoras.[20]

19. No que diz respeito aos princípios jurídicos indeterminados, não podemos deixar de ressaltar que a leitura das principais obras nacionais de Direito Administrativo revela uma profusão de princípios jurídicos definidos sem um critério ou rigor metodológico apurável. Só em relação aos princípios gerais de Direito Administrativo, as obras indicam 22 princípios jurídicos distintos; se somar-lhes os princípios setoriais de licitação, serviços públicos, processo administrativo, Administração Indireta, intervenção estatal na propriedade e no domínio econômico, esse número chega a uma incrível monta. Entre os princípios jurídicos gerais da Administração Pública encontram-se: 1) moralidade; 2) impessoalidade; 3) legalidade; 4) publicidade; 5) eficiência; 6) supremacia do interesse público; 7) autotutela; 8) indisponibilidade; 9) continuidade do serviço público; 10) segurança jurídica ou proteção à confiança; 11) precaução; 12) razoabilidade; 13) proporcionalidade; 14) presunção de legitimidade ou de veracidade; 15) especialidade; 16) controle ou tutela; 17) hierarquia; 18) motivação; 19) finalidade; 20) devido processo legal e ampla defesa; 21) responsabilidade do Estado por atos administrativos; 21) princípio da boa administração; 22) boa-fé objetiva da Administração Pública etc. No que toca aos princípios setoriais, tem-se: a) Princípios da licitação: 1) igualdade; 2) legalidade; 3) impessoalidade; 4) moralidade e probidade; 5) vinculação ao instrumento convocatório; 6) julgamento objetivo; 7) adjudicação compulsória; 8) ampla defesa; 9) licitação sustentável; 10) competitividade; 11) formalismo moderado; 12) indistinção; 13) vinculação ao edital; 14) formalismo procedimental; 15) vedação à oferta de vantagens; 16) princípio da obrigatoriedade etc. b) Princípios dos serviços públicos: 1) generalidade; 2) continuidade; 3) eficiência; 4) modicidade; 5) cortesia; 6) dever inescusável de o Estado promover-lhe a prestação; 7) adaptabilidade; 8) impessoalidade; 9) transparência; 10) motivação; 11) controle etc. Entre outros princípios setoriais: do processo administrativo; dos servidores públicos; da Administração Indireta; e da intervenção estatal na propriedade e no domínio econômico. Cf. Otavio Augusto Venturini de Sousa, "A crise do paradigma 'atocêntrico' da atividade administrativa", cit., pp. 41-44.

20. Em casos bastante similares e em um intervalo de tempo de apenas 11 meses, o Min. Gilmar Mendes deferiu medida liminar para suspender a eficácia da nomeação de Luiz Inácio Lula da Silva para

Por tudo isso é que a postura investigativa de Hely Lopes Meirelles, a que denominamos *construtivismo pragmático*, mostrou-se tão relevante à formação do Direito Administrativo nacional e hoje é carecida nas formulações que procuram dar respostas aos problemas da atividade administrativa e gestão pública.

Nesse sentido, o passo seguinte do ensaio é trazer algumas reflexões acerca da ausência desse *construtivismo pragmático* às questões mais sensíveis do Direito Público e indagar, sem nenhuma pretensão de traçar soluções definitivas, como poderiam ser beneficiadas por essa compreensão.

3. O construtivismo pragmático no controle da atividade administrativa

A tarefa dos gestores públicos, quer oriundos de um ente federativo, quer de uma pequena e longínqua repartição pública, vem sofrendo significativa mudança ao longo das últimas décadas: o aumento da intensidade e consequência do escrutínio dos órgãos de controle sobre a discricionariedade administrativa.

Essa mudança foi impulsionada, sobretudo, por dois deslocamentos normativos e pelo fortalecimento institucional dos atores do controle. Em relação aos deslocamentos normativos, merecem destaque: a) as crescentes previsões legais de controle sobre a atividade administrativa e b) as igualmente crescentes previsões legais de controle e punição sobre o próprio agente público.[21] No que toca aos atores do controle, deve-se ressaltar o fortalecimento institucional dos órgãos que atuam nas suas diferentes atividades, quais sejam: a) fiscalização, b) investigação e c) punição.

A título de ilustração da complexidade do nosso desenho institucional de controle da Administração Pública, vale traçar um brevíssimo e simplificado quadro dos atores que vêm exercendo o controle sobre a Administração Pública federal: afora o controle interno, em boa medida concentrado no Ministério da Transparência, Fiscalização e Controladoria-Geral da União (MTFCGU), a atividade de fiscalização é desempenhada pelo Tribunal de Contas da União (TCU). A investigação, por sua vez, fica a cargo, mormente, da Polícia Federal (PF) e do Ministério Público Federal (MPF). E a punição é centralizada no exercício jurisdicional por parte do Poder Judiciário, com a possibilidade de imposição de algumas sanções pelas instâncias administrativas, mas sempre passíveis de revisão ou anulação pelo Poder Judiciário.

Por tudo isso, verifica-se que o gestor público, ao desempenhar a função administrativa, submete-se a uma trama de controle dotada de inúmeras normas e múltiplos órgãos com atividades complementares e muitas vezes sobrepostas.

Vele enfatizar que a ampliação do controle sobre a atividade do administrador público é relevantíssima e incontornável para qualquer Estado Democrático de Direito. No entanto, ao modo disfuncional como tem sido colocado em prática no Brasil, o controle

---

o cargo de ministro chefe da Casa Civil (MS 34070 e 34071), sob o argumento do "desvio de finalidade", ao passo que o Min. Celso de Mello indeferiu liminar para que a posse de Moreira Franco como secretário--geral da Presidência fosse suspensa (MS 34609 e 34615), com apoio nos argumentos da presunção *juris tantum* de legitimidade dos atos do Poder Executivo e da preservação do princípio da separação dos poderes.

21. São exemplificativas desses deslocamentos a Lei de Ação Civil Pública (Lei 7.347/1985), a Lei de Improbidade (Lei 8.429/1992) e a Lei Anticorrupção (Lei 12.846/2013).

vem promovendo uma dupla desmotivação para o agente público que, ao mesmo tempo em que enxerga dificuldade em tomar decisões discricionárias, ante a possibilidade de ver alterada a sua decisão pelos órgãos de controle, receia ser responsabilizado e punido por suas escolhas que possam ser consideradas equivocadas à luz do raciocínio do órgão de controle respectivo.

Entendemos que um dos fatores críticos do controle da Administração Pública no Brasil não está na sua dimensão, que, aliás, deve ser ampla, mas sim na sua intencionalidade, uma vez que tem sido guiada por uma postura muito mais *desconstrutivista teórica* do que por uma *construtivista pragmática*.

Trata-se de um modelo de controle que possibilita a desconstituição pelo controlador de soluções traçadas pelo gestor público com base em princípios ou valores jurídicos genéricos, sem a necessidade de considerar a realidade administrativa ou aferir as consequências práticas da decisão – ainda que haja, por exemplo, previsão legal para a tomada de decisão.[22]

Além disso, verifica-se uma relação de desequilíbrio entre a responsabilização do gestor público e o controle exercido, em algumas ocasiões, de maneira irresponsável por parte dos órgãos controladores. Para que o gestor público tenha sua decisão vergastada ou mesmo seja responsabilizado pessoalmente, basta que ele supostamente viole princípios abstratos da atividade administrativa (ao passo que os controladores dificilmente são responsabilizados, ainda que adotem decisões equivocadas e geradoras de graves prejuízos à Administração Pública). Uma decisão administrativa fartamente consubstanciada em pareceres internos pode ser facilmente afastada por órgãos de controle de maneira abstrata.

É o que Nassim Nicholas Taleb define como "skin in the game": ou seja, ele defende que as pessoas que estão no topo e tomam as decisões públicas devam suportar os riscos de eventuais erros.[23] Verificamos que, no Brasil, os servidores e agentes públicos no Poder Executivo que possuem poderes para a tomada de decisão estão com muito "skin in the game"; por sua vez, os controladores possuem muito pouco ou quase nenhum "skin in the game", o que faz com que suas decisões de controle sejam pouco sujeitas ao próprio controle – *quis custodiet ipsos custodes?*

Em resumo, tem-se um modelo de controle em que, em regra, o controlador não é cobrado a mensurar as consequências fáticas de seus atos e tampouco a prestar contas das suas decisões, ainda que maculadas por erro grosseiro e geradoras de gravames à coletividade. Portanto, um controle pouco responsivo, sobre o qual não há mecanismos eficazes de *accountability*.

---

22. Cite-se, por exemplo, uma decisão do Tribunal de Contas da União – TCU que interferiu na previsão de arbitragem para questões econômico-financeiras em contratos de concessões rodoviárias federais. Cf. André Castro Carvalho, "Restrições à arbitragem pelo Tribunal de Contas: comentários ao acórdão TCU-Plenário 2573/2012", *Revista de Arbitragem e Mediação*, vol. 36, a. 10, jan.-mar. 2013, pp. 325-357.

23. Cf. Nassim Nicholas Taleb, Constantine Sandis, "The *Skin In The Game* Heuristic for Protection Against Tail Events (October 1, 2013)", *Review of Behavioral Economics* 1/1-21, 2014 (disponível em *https://ssrn.com/abstract=2298292* ou *http://dx.doi.org/10.2139/ssrn.2298292*). Cf. também Nassim Nicholas Taleb, *Inequality and Skin in the Game. How to go bankrupt and be loved by the many – Piketty's Equals*, 2016 (disponível em *https://medium.com/incerto/inequality-and-skin-in-the-game-d8f00bc0cb46*, acesso em 25.5.2017).

O problema é que esse quadro tem promovido certa vacilação por parte dos agentes públicos que, ao recear o controle que pode ser exercido sobre seus atos que inauguram práticas na Administração Pública, inovam muito pouco e preferem contar com a chancela antecipada dos órgãos controladores. Incentiva-se, assim, postura defensiva que coloca a gestão pública em uma espécie de "piloto automático" e favorece o *in dubio pro status quo*.

Nesse contexto, é difícil pensar em projetos transformadores, sobretudo no âmbito municipal, em que é extremamente dificultoso para o gestor público alienar bens, fazer intervenções que tenham aspecto urbanístico ou ambiental, cobrar tarifas ou taxas dos munícipes e, finalmente, obter endividamento de longo prazo – por exemplo, via securitização de recebíveis. À guisa de exemplificação, um projeto urbanístico como o *Gardens by the Bay*,[24] feito em Cingapura, dificilmente seria possível por aqui – algum órgão de controle questionaria o custo de quase US$ 1 bilhão.

O gestor público sofre para propor ideias revolucionárias e inovadoras, e o investidor – sobretudo o estrangeiro – não encontra ambiente institucional favorável a parcerias e contratações com o Poder Público, uma vez que paralisações de atividades administrativas com graves repercussões econômicas e sociais são possíveis sem a consideração dos elementos fáticos das suas consequências. Ou seja, sempre paira a sombra da dúvida sobre os atos administrativos, os quais podem ser questionados por órgãos de controle.

Se pensarmos em termos de metodologia jurídica, o *construtivismo pragmático* estimula a abertura cognitiva da interpretação do Direito Público para a observância de dados concretos da realidade e finalísticos das políticas públicas. Nesse passo, os órgãos decisórios buscariam elementos fundamentadores das suas decisões para além das tradicionais fontes do direto ("letra fria" da lei, construção doutrinária ou jurisprudencial), procurando observar também os resultados práticos da aplicação do Direito. Trata-se de uma orientação que não se limita à mera normatividade, ressaltando o caráter funcional do Direito.

Aplicada ao controle da Administração Pública, o *construtivismo pragmático* poderia incentivar uma atuação menos passiva dos gestores públicos e, em grande medida, contribuir com a segurança jurídica das decisões administrativas, uma vez que a sua anulação exigiria por parte dos órgãos controladores a consideração de elementos da realidade administrativa, bem como a aferição das consequências práticas da sua decisão e elementos de culpabilidade por parte do gestor público. Nesse quadro, em que, por conta de toda gama e intensidade do controle, o gestor público parece já não mais decidir isoladamente as opções que melhor atendam à finalidade do interesse público, torna-se plenamente justificável compartilhar responsabilidades com os órgãos controladores e integrá-los a uma postura mais realista e construtivista pragmática.[25]

---

24. Trata-se de um parque central de aterro marítimo resultado de uma competição internacional de projetos, dentro da estratégia de ação pública de transformar Cingapura em uma "cidade dentro de um jardim".

25. A postura construtivista pragmática no controle da atividade administrativa, representando a abertura cognitiva da interpretação do Direito Público para a observância de dados concretos da realidade e finalísticos das políticas públicas, parece ser viável em nosso ordenamento e possui pontos de contato com alguns projetos de lei, como, por exemplo, o PLS 349/2015, que visa a promover alterações na Lei de Introdução às Normas do Direito Brasileiro (Decreto-lei 4.657, de 1942), com o intuito de assegurar mais segurança jurídica e eficiência à utilização do Direito Público brasileiro. O art. 20 do mencionado projeto

4. O construtivismo pragmático nas políticas de recursos humanos do Estado

De 1949 a 1970, Hely Lopes Meirelles serviu ao Estado em cargos de naturezas diversas. Ao longo desse período, o insigne administrativista foi magistrado, Secretário de Estado do Interior, Secretário de Segurança Pública, Secretário de Educação e Secretário de Justiça, sempre pelo Estado de São Paulo. Sua atuação foi marcada pelos atributos da organização, produtividade e, sobretudo, proatividade na busca de soluções organizadas para os problemas mais significativos da gestão pública.[26] Em suma, a postura de Hely Lopes Meirelles, enquanto magistrado e Secretário de Estado, pode ser considerada paradigma daquilo que se espera de um agente público.

O relato vem a calhar, pois um dos temas mais sensíveis do Direito Administrativo é justamente a política de recursos humanos do Estado, mormente em um contexto como o nosso em que são bastante comuns as críticas em relação à ineficiência e à falta de

---

estabelece que: "Nas esferas administrativa, controladora e judicial, não se decidirá com base em valores jurídicos abstratos sem medir as consequências práticas da decisão".

26. Eurico de Andrade Azevedo traz alguns relatos que demonstram bem esse caráter. Em relação à sua capacidade de organização e produtividade, vale trazer à colação os seguintes relatos: "(...) Hely tinha uma capacidade de trabalho e uma aptidão organizacional fora do comum. A única Vara da Comarca acumulava todos os serviços cíveis, criminais, de Júri, de Menores, Eleitoral e Trabalhista. No entanto, a pauta de audiências era de apenas trinta dias! (...) Nas eleições, era um dos primeiros juízes a terminar a apuração, pois convidava para as Mesas apuradoras os bancários da cidade, sob o argumento de que sabiam contar cédulas (...)". No que toca ao seu modo proativo e propositivo de atuar, Eurico Azevedo descreve que: "Em 1961 foi promovido para São Paulo, assumindo a 11ª Vara da Fazenda Federal, uma vez que as questões federais eram então decididas pela Justiça estadual, em Varas especializadas. (...) Bastaram poucos meses para que Hely começasse a se destacar, quer no campo jurídico propriamente dito, quer no campo de sua energia contra os contrabandistas e funcionários inescrupulosos da alfândega. (...) A respeito do tema, ele anotou em seu livro *Direito Administrativo Brasileiro*: 'Quando juiz da 1ª Vara da Fazenda Nacional em São Paulo, tivemos oportunidade de anular leilões alfandegários realizados com tais formalismos e exigências burocráticas que evidenciavam o intuito de afastar licitantes. Além disso, as mercadorias só eram apresentadas globalmente ou em lotes tão grandes que desestimulavam os pequenos arrematadores e criavam uma espécie de exclusividade para grandes firmas do ramo e até mesmo para os próprios contrabandistas, que deixavam apreender e leiloar seus contrabandos para que eles mesmos os arrematassem, legalizando, assim, a mercadoria contrabandeada. Essa experiência leva-nos a sugerir simplificação dos leilões, com a dispensa de exigências inúteis que afugentam os interessados e com a venda individual dos objetos em reduzidos lotes ou quantidades, que possibilitem a aquisição tanto pelos grandes quanto pelos pequenos arrematadores'". A sua postura propositiva teve ainda mais destaque quando assumiu as secretarias do Estado de São Paulo. Foram diversas iniciativas pensadas para a resolução de problemas sensíveis à Administração Pública: na condição de Secretário do Estado do Interior, Hely promoveu a criação do CEPAM (Centro de Estudos e Pesquisas de Administração Municipal), órgão dotado de autonomia técnica e administrativa, inspirado no Centro de Estudios de Administración Local de Madrid, Espanha, criado com o intuito de servir de Escola de formação para todos os servidores municipais, tendo em conta que os Municípios pequenos eram extremamente carentes nas áreas de contabilidade, orçamento, organização administrativa e tributos; na condição de Secretário de Justiça, "o publicista preocupou-se com a construção de edifícios adequados, para o funcionamento dos fóruns do interior, cujos projetos eram elaborados por arquitetos sem conhecimento do exercício efetivo da Justiça, como por exemplo a necessidade de salas de espera para testemunhas." Tudo isso sem mencionar os projetos de lei em que Hely Lopes Meirelles teve participação fundamental, dentre os quais merecem destaque: a Lei estadual 9.842/1967, sobre matéria organizacional dos Municípios, e a Lei estadual 10.395/1970, sobre licitações, que veio a se tornar um modelo para leis posteriores sobre a matéria, inclusive federais (Decreto-lei 2.300/1986). Cf. Eurico de Andrade Azevedo, "Retrato de Hely Lopes Meirelles", cit.

iniciativa dos servidores públicos – não por culpa dos servidores públicos, cada vez mais qualificados em razão do alto grau de competitividade oriundo dos concursos públicos, mas pelo pouco ou mau aproveitamento das habilidades específicas de cada um.

Por conseguinte, não nos parece acertado simplesmente comparar a postura *construtivista pragmática* do aclamado administrativista com o modo de atuação dos agentes públicos em geral. Na realidade, a questão fundamental é saber se o nosso direito público estimula ou oferece condições para uma atuação propositiva e inovadora por parte daqueles que lidam hodiernamente com a administração pública.

Para tanto, é preciso considerar que uma política de recursos humanos do Estado contempla vários aspectos estruturantes, dentre os quais: a) acesso e seleção, b) estrutura de carreira, c) estratégia de capacitação, d) remuneração, e e) avaliação de desempenho. Todos são aspectos extremamente relevantes para moldar o perfil e estimular o rendimento esperado do agente público.[27]

O Estado brasileiro positivou algumas das suas opções mais significativas na Constituição de 1988, dentre as quais: a) a exigência de concurso público para todas as categorias de cargos e empregos públicos, o que inclui as pessoas jurídicas de direito privado da Administração Pública indireta; b) sistema remuneratório pouco variável; c) plano de carreira sem grandes possibilidades de progressão e pouco flexível; e d) benefício da estabilidade para um número elevado de servidores, incluindo os não concursados à época, nos termos da art. 19 da ADCT.

As opções constitucionalizadas vieram como respostas às práticas clientelistas que se afirmaram no País até então, quando diretores e servidores eram nomeados para as estatais não por mérito, mas em função de interesses políticos, o que se convencionou chamar de "cabide de empregos".

Ocorre, todavia, que as soluções de 1988 foram guiadas por formulações simples e unidirecionais, responsáveis por uniformizar rigidamente todo o regime de servidores públicos, mas sem se atentar para o fato de que a natureza dos problemas exigia medidas de natureza complexa. Demonstrou-se muita preocupação com a forma de seleção e ingresso no serviço público, mas pouco se fez em relação à estrutura e progressão na carreira, bem como no que toca à política remuneratória – o que permitiu a proliferação da criação de penduricalhos como forma de contornar essa falta de política remuneratória tal como existente na iniciativa privada.

Mais especificamente, os desenhos dos cargos foram definidos com ênfase em tarefas rotineiras e em moldes muito estreitos, isto é, sem amplitude de competências para que o servidor pudesse experimentar alguma mobilidade funcional ou pudesse também atuar de forma construtivista pragmática, tal como se destacam os empregados de empresas privadas que oferecem soluções "fora da caixa".

Ademais, as regras de progressão na carreira e de política remuneratória mostraram-se geradoras de incentivos contraproducentes, na medida em que premiam mais o tempo de serviço do que o rendimento do servidor, além de não se verificar diferenças salariais

---

27. Cf. Nelson Marconi, "Políticas integradas de recursos humanos para o setor público", in Evelyn Levy, Pedro Aníbal Drago (org.), *Gestão Pública no Brasil Contemporâneo*, São Paulo, Edições Fundap, 2005, p. 335.

significativas entre os níveis da carreira a ponto de estimular o agente a empenhar-se de maneira efetiva para a sua progressão por meios que não sejam o mero transcurso do tempo. Adicione-se a isso, como já pontuado no tópico anterior, que o Direito Administrativo brasileiro estabeleceu um formato de controle na Administração Pública e *accountability* que estimula uma postura *desconstrutivista* e defensiva por parte do agente público.

Em apertada síntese, as opções definiram um modelo que premia a estabilidade e o perfil *low profile*, mas que oferece poucos mecanismos eficientes para estimular a evolução dos agentes públicos.

É conveniente ressaltar que a comparação da Administração Pública com a iniciativa privada não é justa em termos gerais, pois o funcionamento do Estado é pautado por pressupostos totalmente distintos dos de uma empresa. No entanto, em relação às políticas de incentivos para aprimoramento dos recursos humanos, que deveriam estar presentes em ambas as esferas, é notável a disparidade existente. Assim, se em uma empresa privada o funcionário que se destaca é aquele que busca posições no topo da organização, no setor público a fórmula é inversa: a estratégia é evitar problemas, pois "pouco a pouco se chega lá". Em uma conversa que um dos autores travou com um advogado chinês, foi interessante o comentário ouvido a respeito do mesmo *modus operandi* no setor público chinês: "o menos é mais!". Se o servidor não se envolver em problemas e executar o seu trabalho na medida do minimamente esperado, é promovido com o passar do tempo; se, por outro lado, arriscar a inovar e ter "dor de cabeça" com eventuais questões que podem exsurgir, corre o risco de perder a sua promoção. Como todos reagimos a incentivos, essa é a "cenoura" mais perversa que se pode utilizar no setor público.

Logo, supondo que se queira montar quadros mais propensos à inovação, quais são os incentivos existentes? Atualmente, são eles puramente pessoais e valorativos (contribuir com a sociedade onde se vive para fazer com que ela seja cada vez melhor). Mas o servidor de carreira tem poucos incentivos políticos (eventualmente colher algum dividendo de acordo com a gestão partidária do governo do momento) e profissionais (ser contratado por alguma empresa em razão de sua experiência prévia na administração pública).

Os comissionados e os agentes políticos podem querer se "arriscar" mais para deixar a sua marca enquanto estão em algum cargo na administração pública. Porém, assumir o risco, sob o aspecto econômico, compensa? Cumpre destacar que esse tipo de risco não é segurável no mercado, é dizer, não há seguros no estilo D&O (*Directors & Officers Liability Insurance*) para agentes públicos.[28-29] Ou seja, se for pessoalmente responsabilizado em uma ação administrativa ou judicial, o próprio agente terá que arcar com as custas, honorários advocatícios e eventuais indenizações.

28. Trata-se de seguro de responsabilidade de administradores e diretores. A primeira apólice de *D&O* foi comercializada pelo Lloyd's Bank em 1934 após o *crash* da bolsa de Nova Iorque em 1929, em razão do movimento de responsabilização dos administradores face à aprovação de medidas tendentes à proteção dos investidores. A ideia é que o segurado (administrador) transfira o risco para o segurador, não tendo de suportar as despesas de defesa e as indenizações a que seja condenado. O *D&O* pode representar um incremento do dinamismo da gestão, na medida em reduz a aversão ao risco e facilita o recrutamento de administradores independentes.

29. Embora, para a Administração Indireta, a Lei 13.303/2016 tenha previsto essa figura no seu art. 17, § 1º.

A EC 19/1998 incorporou esforços significativos para melhorar esse quadro, máxime ao prever o procedimento da avaliação periódica da qualidade dos servidores e a exoneração no caso de insuficiência de desempenho (art. 41, II, da CF). Demais disso, previu a criação, mediante lei, de estatuto próprio para regular os mandatos, a avaliação de desempenho e a responsabilidade dos administradores das estatais (art. 173, § 1º, da CF). Ocorre, entretanto, que o procedimento da avaliação periódica de desempenho tem se mostrado pouco efetivo na prática, muito em razão da subjetividade com a qual se definem e se julgam os critérios de avaliação e por uma tendência de complacência natural por parte dos avaliadores, que fazem parte da mesma instituição e "se colocam" no lugar dos avaliados enquanto agentes públicos. O regramento específico da atividade dos administradores das estatais (aprovado com a Lei 13.303/2016), por sua vez, embora traga alterações benfazejas, é muito restrito para representar uma política proporcionadora da mudança de postura dos agentes públicos em geral.

Em síntese, adotar uma postura *construtivista pragmática* na Administração Pública brasileira, comprometendo-se em buscar soluções inovadoras para os problemas mais relevantes que se colocam no dia a dia da gestão pública, tem os seguintes empecilhos: a) risco pessoal não segurável pelo Estado, com consequências financeiras e patrimoniais; b) maior carga de trabalho para justificar a inovação junto a órgãos de controle; e c) falta de incentivos econômicos que compensam o risco e o trabalho adicional que se terá com posturas mais inovadoras.

Nesse sentido, e em tom apenas especulativo, cabe indagar quais transformações seriam capazes de incentivar uma postura mais proativa nos servidores públicos brasileiros. Entendemos que o caminho passa principalmente pela reconfiguração das estruturas dos cargos públicos e das políticas de incentivo remuneratório e de progressão na carreira.

Dada a diversidade das atividades administrativas e a complexidade do aparelho estatal, é importante reconhecer novas formas contratuais e novos regimes de trabalho para uma melhor adequação das relações de trabalho às diversas realidades que perfazem as estruturas do Estado.

Além disso, parece ser relevante a modernização dos planos de cargos e carreiras, prevendo-se competências mais amplas que permitam alguma mobilidade funcional do agente ao longo da sua progressão. A ideia seria superar a criação de cargos em moldes muito restritos, modelo pensado para atividades operacionais ou rotineiras. Além de ser mais estimulante para o agente, que ao longo de sua carreira poderá buscar novas funções, a definição de cargos mais amplos diminui o risco da configuração do desfio de função, muito comum em razão da rigidez e estreiteza com a qual se distribui competências e atribuições no Estado.[30]

Com isso, busca-se superar a postura reativa presente nas repartições públicas, de cumprimento estrito de meras atividades operacionais ao modo "balcão", atividades repetitivas que poderiam ser executadas por meio de tecnologia, deixando a cargo do agente público funções mais criativas.

Entendemos também ser necessário definir mecanismos de avaliação mais eficazes e com metas e critérios pré-definidos para evitar-se o subjetivismo avaliativo. O mais

---

30. Cf. Nelson Marconi, "Políticas integradas de recursos humanos para o setor público", cit., pp. 330-348.

adequado é integrar os mecanismos de capacitação, avaliação, progressão e de amplitude remuneratória em uma política que incentive o empenho e a evolução constante do agente público ao longo da sua carreira.

Talvez um sistema de bônus na administração pública por projetos bem-sucedidos para todos os servidores envolvidos possa mitigar esse problema de falta de incentivos, bem como a realização de seguros para os que assumem cargos de direção ou cargos políticos – ou seja, os tomadores de decisão –, sobretudo para fazer frente a despesas com advogados em caso de questionamentos por parte de órgãos de controle, tal como delineado no item anterior. Embora aparentemente possa onerar mais a Administração Pública em um primeiro momento, os incentivos gerados podem compensar e trazer retornos crescentes por meio de ideias inovadoras que podem "deslanchar" com certos mecanismos adequados de incentivos. É certo que, se ficar comprovado que houve má-fé ou locupletamento ilícito por parte do servidor ou agente, ele deverá ressarcir os cofres públicos – inclusive quanto a essas verbas meritocráticas, visto que esse tipo de conduta invalidaria o mérito subjacente à remuneração.

Esse nosso exercício, um tanto quanto especulativo, longe de apontar qualquer solução definitiva, serve para demonstrar que os problemas complexos das políticas de recursos humanos do Estado brasileiro exigem soluções complexas, tendo em conta que as respostas unidirecionais adotadas pós-1988 não se mostraram até então eficazes para estimular uma postura proativa e eficiente do agente público. É preciso combater a corrupção e evitar-se a prática venal de "cabide de emprego", mas isso não pode significar o engessamento da atuação dos servidores, do contrário estaremos desincentivando aqueles que atuam com dedicação e procuram promover soluções inovadoras e organizadas para os problemas da gestão pública – tal como fez Hely Lopes Meirelles na sua atuação como servidor público e agente político.

5. O construtivismo pragmático nas contratações e parcerias com o Poder Público

Talvez seja as parcerias com o setor privado a situação que mais exija um construtivismo pragmático, sobretudo pela tradição do direito brasileiro em repelir ações público-privadas em razão do alto grau de corrupção que elas podem ensejar. Contudo, em pleno século XXI, a sinergia entre o setor público e a iniciativa privada é quase que mandatória para que possa fazer frente às crescentes e complexas necessidades públicas.

Por essa razão que correntes doutrinárias que continuem a ver com desconfiança a interação entre setor público e iniciativa privada são representações claras de um desconstrutivismo teórico que está alheio à realidade atual de relacionamentos público-privados cada vez mais intensos e complexos. É, inclusive, interessante observar o anacronismo que se faz ao se aplicarem institutos interpretativos desenvolvidos por autores clássicos em problemas atuais, com mais de meio século de distância entre o desenvolvimento doutrinário e o problema prático a ser enfrentado.

Causou estranheza a um dos autores certa vez escutar que há uma corrente doutrinária que defende, por exemplo, que as concessões de serviços públicos devam ser uma opção ao Estado caso não se comprove a vantajosidade da prestação diretamente pelo Estado – requisito que sequer consta na legislação brasileira e mundial. O problema da aplicação de doutrina estrangeira de tradição clássica francesa em situações mais modernas é justamente o seu anacronismo, criando paradoxos jurídicos de difícil resolução.

Não somente a doutrina deve estar alerta aos novos arranjos possíveis entre setor público e iniciativa privada, mas o Poder Judiciário também deve estar preparado para as questões controvertidas que podem emergir dessas relações, sobretudo em contratos incompletos nos quais as controvérsias costumam ser mais constantes e resultar em discussão judicial. Entende Hely Lopes Meirelles que a jurisprudência tem uma característica muito mais nacional, aliada às idiossincrasias locais. Ademais, afirma também que

a jurisprudência tem um caráter mais prático, mais objetivo, que a doutrina e a lei.[31]

Nesse sentido, uma jurisprudência atenta a esses novos arranjos é necessária para que possa construir o arcabouço necessário de segurança jurídica a novos investimentos – esse fator de previsibilidade é importante para que os *players* no setor de parcerias possam investir em novos projetos a partir de uma perspectiva dos problemas enfrentados anteriormente pelo Poder Judiciário.

Curiosamente, no Brasil, a jurisprudência de Direito Administrativo acabou perdendo a sua grande vantagem, que é o caráter prático e objetivo. Não raro, as decisões relacionadas a direito público possuem tantas ilações de ordem política, econômica, social, sobretudo as oriundas de tribunais superiores, que fica difícil extrair uma *rationale*, abusando da criação de situações *sui generis* e tornando as relações público-privadas cada vez mais imprevisíveis.

A jurisprudência também, diferentemente da doutrina, acabou tendo um olhar mais internacional que nacional – sobretudo no aspecto principiológico –, o que trouxe à prática do direito administrativo uma falta de previsibilidade ímpar. Considerando que a jurisprudência está cada vez mais pendente ao uso das teorias de princípios extraídas do direito estrangeiro, sobretudo alemão, em casos de mera gestão administrativa, a imprevisibilidade das decisões judiciais no aspecto administrativo atingiu níveis alarmantes. Isto é, as teorias estrangeiras que foram concebidas para *hard cases* e situações que envolvem questões muito mais de interesse nacional e de direito constitucional como um todo passaram a ser parte da rotina de Municípios ou Estados da federação.

Os impactos mais comuns de estrangeirismos na jurisprudência ocorrem, por exemplo, em decisões judiciais que negam reajustes de contratos de concessão com fundamento em princípios genéricos. Mais interessante – e preocupante – são decisões baseadas em discussões meramente "experimentais" em outros países, como o direito à felicidade. Sob a ótica de um investidor estrangeiro, tal nível de interferência na ação do Poder Executivo por parte do Poder Judiciário gera um nível de insegurança ao se inferir que isso fatalmente ocorrerá em contratos de parceria firmados com o poder público.

Em suma, o Brasil acabou adotando as desvantagens das suas searas de aplicação do direito, e nenhuma de suas vantagens: boa parte da doutrina administrativista é extremamente nacionalista e arredia a conceitos estrangeiros; a jurisprudência de direito administrativo abusa de estrangeirismos, trazendo insegurança jurídica e falta de objetividade e previsi-

---

31. Hely Lopes Meirelles, *Direito Administrativo Brasileiro*, 1ª ed., São Paulo, Ed. RT, 1964, p. 17. *[V. 42ª ed., São Paulo, Malheiros Editores, 2016.]*

bilidade. O contexto é propício para situações de proliferação do direito administrativo desconstrutivista.

Os reflexos dessa insegurança acabam sendo, inclusive, extracontratuais nas parcerias com o setor público e a iniciativa privada. No Brasil, os custos de transação são tão elevados que se fomentou uma sociedade da desconfiança. As partes não confiam entre si, o que traz extrema burocracia nas relações negociais. A maior prova disso é quando temos que autenticar ou reconhecer firma de centenas de documentos, outra prática rara nos dias atuais em qualquer país do mundo.

Na maioria dos países, um dos *players* mais confiáveis para se fazer negócios é o setor público, em função do gigantismo da sua demanda (e de certa maneira garantida pelo orçamento estatal), sua perenidade e previsibilidade (o Estado, teoricamente, não vai à falência) e sua capacidade organizacional (o Estado é, geralmente, uma das maiores "empresas" de um determinado país). Diante disso, o Estado vai construindo certa *reputação* ao longo do tempo, onde estados funcionais tendem a ter cada vez mais força negocial em comparação aos seus pares disfuncionais.

Salvo melhor juízo, o Brasil é um dos poucos – senão o único – países que têm o regime de pagamento no setor público constitucionalizado e deveras complexo. Assim como uma Lei de Falências que seja muito pró-devedor estimula o calote, o regime de precatórios, tamanha a estrutura de garantias ao setor público e regulação do pagamento ao particular, acaba cumprindo com a mesma função. O regime que foi tão meticulosamente previsto na Constituição Federal, em razão da sua tamanha ineficiência prática, acaba servindo como "carta na manga" em qualquer relacionamento público-privado.

Não raro, observa-se no seio da administração opiniões no sentido de que "se o particular não concordar, o problema é dele, ele que se submeta ao regime de precatórios". Quase que como alegando a própria torpeza, o Estado utiliza a ineficiência do regime, que deveria funcionar sob sua responsabilidade, contra o administrado, minando a reputação estatal oriunda do bom cumprimento das obrigações contratuais firmadas.

Isso vai desde o próprio cumprimento de um contrato administrativo como em uma renegociação, ou mesmo, o pleito de um direito por parte do administrado. Um bom exemplo foi o regime de garantias traçado pelo art. 8º da Lei das PPPs, o qual constantemente sofre ataques quanto à sua constitucionalidade à luz do art. 100 da Constituição Federal. Isso enseja a elaboração de sistema de garantias mais "conservadoras", sobretudo em PPPs municipais, o que acaba inibindo arranjos mais sofisticados e que poderiam servir como garantias mais robustas a esses projetos.

Ou seja, há uma situação inusitada na qual uma garantia jurídica, que visa justamente a mitigar os riscos jurídicos em um contrato, também é, ela própria, objeto de risco jurídico, pois pode sofrer restrições quanto à sua aplicabilidade em função de interpretações desconstrutivistas alheias à realidade.

Nesse sentido, cumpre destacar o quanto a postura construtivista pragmática de Hely Lopes Meirelles poderia contribuir com o tema das concessões e parcerias com o Poder Público.[32] É esse tipo de pensamento que deve permear as parcerias entre o setor público

---

32. No tema das contratações públicas, a postura construtivista pragmática orientou Hely Lopes Meirelles na elaboração da Lei estadual 10.395/1970, do Estado de São Paulo, sobre licitações, que veio

e a iniciativa privada, afastando-se eventuais ideologias que ensejem interpretações descontrutivistas teóricas.

Conclusão

Devemos boa parte das instituições de Direito Administrativo utilizadas até hoje a Hely Lopes Meirelles e o presente ensaio procurou compreender as razões disso. A sua postura investigativa, a qual denominamos de *construtivista pragmática*, foi certamente o elemento mais relevante para a consolidação e perenidade da obra do autor, guiando-o na proposição de inúmeros institutos e soluções jurídicas para alguns dos problemas mais significativos verificados na prática administrativa e na gestão pública. Com o seu método e protagonismo doutrinário, Hely impôs velocidade à evolução do direito público e contribui como poucos para que a atividade estatal seja possível.

Sem a intenção de hipostasiar a postura investigativa de Hely Lopes Meirelles ou mesmo negar a importância das sólidas construções de natureza teórica presentes em nosso Direito Administrativo, que sequer podem ser enquadradas nas críticas que formulamos ao *desconstrutivismo teórico*, o texto tentou evidenciar como o *construtivismo pragmático* foi e ainda poderia ser muito relevante à evolução do direito público nacional.

Claro que há nomes atualmente que seguem próximos a essa toada propositiva e inovativa, mas entendemos que a postura *construtivista pragmática* ainda poderia trazer maiores contribuições a temas sensíveis do Direito Administrativo se fosse conscientemente refletida pelos autores brasileiros. Nesse sentido, e sem nenhuma pretensão de trazer soluções definitivas, o ensaio promoveu a discussão de quais poderiam ser as respostas do *construtivismo pragmático* aos problemas presentes no controle da atividade administrativa, nas políticas de recursos humanos do Estado e nas parcerias e contratações públicas com o Poder Público.

Em nossa opinião, o *construtivismo pragmático* poderia incentivar uma atuação mais responsiva dos órgãos controladores, definindo a necessidade de consideração de elementos da realidade administrativa e aferição das consequências práticas das suas decisões. Isso poderia trazer mais segurança jurídica às decisões administrativas e ao ambiente institucional para investimento e parcerias, na medida em que se compartilhariam responsabilidades

---

a se tornar um modelo para leis posteriores sobre a matéria. Além disso, o seu esforço construtivista é demonstrado na criação do instituto do contrato de gerenciamento. Atento às necessidades fáticas da gestão pública, ressaltou o consagrado administrativista: "conclui-se facilmente que o contrato de gerenciamento visa propiciar à Administração Pública uma condução técnica especializada dos grandes e complexos empreendimentos de engenharia, que exigem tecnologia especial e diversificada para sua realização. É notório que os órgãos públicos, as autarquias e as entidades paraestatais destinados a outras atividades, nem sempre possuem um corpo de especialistas para esses trabalhos de engenharia, com obras especiais e equipamentos sofisticados, ainda pouco generalizados e conhecidos no serviço público. Já se disse, e é a realidade, que esses empreendimentos envolvem tamanha variedade de fatores a serem controlados e dominados, que se torna impossível implantá-los corretamente sem o concurso de especialistas em administração, planejamento, programação e tecnologias especiais, e sem a integração operativa do *know how* de projetistas, construtores, fabricantes e montadores de equipamentos, fornecedores de materiais, e, em muitos casos, até mesmo técnicos em pré-operação. Daí por que a execução desses empreendimentos requer uma autoridade única e capacitada para dirigir os diversos segmentos da obra, dando pronta solução aos problemas técnicos e administrativos que forem surgindo no decorrer dos trabalhos" (Hely Lopes Meirelles, "Contrato de gerenciamento – Novo sistema para a realização de obras públicas", *RDA* 135/8-9, 1980).

com os órgãos de controle relativamente a decisões equivocadas e geradoras de graves prejuízos à Administração Pública.

Para as políticas de recursos humanos do Estado brasileiro, sustentamos que a formação de agentes públicos com o perfil *construtivista* passa principalmente pela reconfiguração das estruturas dos cargos e das políticas de incentivo remuneratório e de progressão na carreira. Ou seja, promover uma efetiva política de incentivos para o servidor que se propõe a atuar com dedicação e, de algum modo, a promover soluções inovadoras para problemas relevantes verificados no seu cotidiano.

No que toca à temática das contratações e parcerias com o Poder Público, entendemos que o Direito Administrativo não pode ficar alheio à realidade atual de relacionamentos público-privados cada vez mais intensos e complexos. Não somente a doutrina deve estar alerta aos novos arranjos possíveis entre setor público e iniciativa privada, mas o Poder Judiciário também deve estar preparado para as questões controvertidas que podem emergir dessas relações, sobretudo em contratos incompletos nos quais as controvérsias costumam ser mais constantes e resultar em discussão judicial. Nas relações da Administração Pública com terceiros (mediante parcerias ou contratações), a preocupação demonstrada pela postura construtivista pragmática com as consequências práticas das opções encampadas pelo Direito Administrativo também poderia ser um fator estimulante para políticas de fortalecimento da reputação estatal, elemento essencial para a melhora do ambiente institucional de relação entre Poder Público, iniciativa privada e terceiro setor, com vantagens para todos os *players*.

Ao traçar temas que representam *bottlenecks* ao Direito Administrativo brasileiro, o ensaio procurou demonstrar como o perfil investigativo de Hely Lopes Meirelles continua atual e poderia nos orientar nas respostas a esses desafios. Muito mais do que os institutos e categorias deixados pelo autor, que inevitavelmente sofrerão o desgaste do tempo, o grande legado de Hely Lopes Meirelles foi o seu método e a sua postura investigativa que certamente ainda têm muito a contribuir com evolução do nosso Direito Administrativo, quanto mais em tempos em que os problemas parecem se agravar e as respostas tornar-se cada vez mais difíceis. E, se o incansável Hely já não está entre nós para agarrar a árdua tarefa de fazer evoluir o Direito Administrativo e contribuir para o desenvolvimento da atividade estatal, cabe a nós, estudiosos críticos do direito público, realizarmos essa reflexão e enfrentarmos os novos desafios impostos pela realidade.

Referências bibliográficas

AZEVEDO, Eurico de Andrade. "Retrato de Hely Lopes Meirelles", *RDA* 204/121-134, abr.-jun. 1996, e constante deste volume.

CARVALHO, André Castro. "Restrições à arbitragem pelo Tribunal de Contas: comentários ao acórdão TCU-Plenário 2573/2012", *Revista de Arbitragem e Mediação*, vol. 36, a. 10, jan.-mar. 2013, pp. 325-357.

MAYER, Otto. *Deutsches Verwaltungsrecht*, vol. I. Berlin, Duncker und Humblot, 1924; reimpressão: Berlin, 1969, Prefácio à 3ª ed.

MARCONI, Nelson. "Políticas integradas de recursos humanos para o setor público", in LEVY, Evelyn; DRAGO, Pedro Aníbal (org.). *Gestão Pública no Brasil Contemporâneo*. 1ª ed. São Paulo, Edições Fundap, 2005, pp. 330-348.

MEIRELLES. Hely Lopes. *Direito Municipal*, vol. I. 1ª ed. São Paulo, Ed. RT, 1957. *[V. 18ª ed., São Paulo, Malheiros Editores, 2017.]*

_____. *Direito de Construir*. 1ª ed. São Paulo, Ed. RT, 1961. *Construir [V. 13ª ed., São Paulo, Malheiros Editores, 2013.]*

_____. *Direito Administrativo Brasileiro*. 1ª ed. São Paulo, Ed. RT, 1964; 3ª ed. São Paulo, Ed. RT, 1975. *[V. 42ª ed., São Paulo, Malheiros Editores, 2016.]*

_____. "Contrato de gerenciamento – Novo sistema para a realização de obras públicas", *RDA* 135/1-9, 1980.

SOUSA, Otavio Augusto Venturini de. "O paradigma 'atocêntrico' da atividade administrativa", *Revista Brasileira de Estudos da Função Pública – RBEFP*, vol. 11, 2015, pp. 31-54.

_____. "A crise do paradigma 'atocêntrico' da atividade administrativa", *Revista Brasileira de Estudos da Função Pública – RBEFP*, vol. 11, 2015, pp. 9-29.

TALEB, Nassim Nicholas. *Inequality and Skin in the Game. How to go bankrupt and be loved by the many – Piketty's equals*. 2016 (disponível em *https://medium.com/incerto/inequality--and-skin-in-the-game-d8f00bc0cb46*, acesso 25.5.2017).

_____; SANDIS, Constantine. "The Skin In The Game. Heuristic for protection against tail events (October 1, 2013)", *Review of Behavioral Economics* 1/1-21, 2014 (disponível em *https://ssrn.com/abstract=2298292* or *http://dx.doi.org/10.2139/ssrn.2298292*).

UM JURISTA E SUAS PUBLICAÇÕES: UM DIÁLOGO COM A PRODUÇÃO ACADÊMICA DE HELY LOPES MEIRELLES (1959-1989)

André Rodrigues Junqueira

Introdução. 1. O contexto histórico de um autor. 2. Considerações sobre a obra de Hely Lopes Meirelles: 2.1 Um percursor do direito urbanístico – 2.2 O equilíbrio entre as partes no contrato administrativo – 2.3 O julgamento objetivo da licitação. 3. Conclusões.

Introdução

Hely Lopes Meirelles é um autor presente na memória do operador do Direito, principalmente em razão de suas obras clássicas. A maior parte dos estudantes de Direito conhece os livros *Direito Administrativo Brasileiro* (42ª ed., São Paulo, Malheiros Editores, 2016), *Mandado de Segurança e Ações Constitucionais* (37ª ed., São Paulo, Malheiros Editores, 2016), *Licitação e Contrato Administrativo* (15ª ed., São Paulo, Malheiros Editores, 2010) ou *Direito de Construir* (11ª ed., São Paulo, Malheiros Editores, 2013). Sua definição de "direito líquido e certo"[1] é muito explorada em arrazoados forenses, e sua capacidade de sistematizar o conhecimento do direito administrativo de seu tempo é lembrada até hoje.

Contudo, a compreensão da importância do legado de Hely Lopes Meirelles pode partir de uma abordagem pouco comum de seu trabalho: o estudo de sua produção acadêmica, em artigos e pareceres publicados em periódicos nacionais entre 1959 e 1989, período de maior atividade intelectual de tal jurista.

Essa é a proposta do presente estudo, que buscará destacar o pioneirismo de um autor preocupado com a resolução de questões práticas da Administração Pública, cujos estudos influenciaram importantes previsões legislativas e avanços institucionais para o Estado Brasileiro.

1. O contexto histórico de um autor

Hely Lopes Meirelles nasceu em 1917 e se graduou pela Faculdade de Direito da USP em 1942. Ocupou o cargo de Juiz de Direito em São Paulo entre 1949 e 1965. Exerceu a

---

1. "*Direito líquido e certo* é o que se apresenta manifesto na sua existência, delimitado na sua extensão e apto a ser exercitado no momento da impetração. Por outras palavras, o direito invocado, para ser amparável por mandado de segurança, *há de vir expresso em norma legal e trazer em si todos os requisitos e condições de sua aplicação ao impetrante: se sua existência for duvidosa*, se sua extensão ainda não tiver delimitada, se seu exercício depender de situações e fatos ainda indeterminados, não rende ensejo à segurança, embora possa ser defendido por outros meios judiciais" (Hely Lopes Meirelles, *Mandado de Segurança e Ações Constitucionais*, cit., 37ª ed., p. 38).

Advocacia e a docência. Destacou-se profissionalmente também como Secretário de Estado do Interior, da Segurança Pública, da Educação e da Justiça em governos paulistas.[2]

No plano jurídico foram cinco Constituições que permearam sua vida adulta: 1934, 1937, 1946, 1967 (com o posterior Ato Institucional/AI-5) e 1988. Em seu tempo o direito administrativo se aproximava mais de um sistema efetivador da autoridade do que garantidor de liberdades[3] (basta recordar que boa parte de sua carreira profissional se desenvolveu sob a égide de um regime não democrático). Sua produção acadêmica representou um contraponto a esse estado da arte.

Hely Lopes Meirelles acompanhou o movimento de sistematização da legislação de direito administrativo, que ao longo do século XX se transformou de um cenário de baixa densidade normativa para um sistema centralizador e onipresente na vida do administrado. O jurista pôde vivenciar a aplicação do Código de Contabilidade Pública da União (Decreto 4.536, de 28.1.1922), considerado um dos primeiros instrumentos normativos a dispor sobre contratações públicas. Anos mais tarde foi promulgado o Decreto-lei 200, de 25.2.1967, que reorganizou a Administração Pública Federal e estabeleceu diretrizes para a Reforma Administrativa.[4] Nessa época o professor Hely já havia se consagrado e muitas de suas lições sobre descentralização administrativa foram incorporadas ao instrumento normativo federal.[5]

Após o início do processo de redemocratização, o Brasil contou com um novo estatuto sobre licitações e contratos públicos, o Decreto-lei 2.300, de 21.11.1986, que trouxe extensa disciplina jurídica sobre licitações e contratos administrativos, revogando o Título XII do Decreto-lei 200/1967. A redação de seu Anteprojeto contou com colaboração ativa de Hely Lopes Meirelles, conforme consta na "Exposição de Motivos" enviada ao Presidente da República, subscrita por Saulo Ramos, então Consultor-Geral da República.[6]

2. Eurico de Andrade Azevedo, *Retrato de Hely Lopes Meirelles*, disponível em *http://bibliotecadigital.fgv.br/ojs/index.php/rda/article/viewFile/46758/46388* (acesso em 28.5.2017).

3. Essa bipolaridade do direito administrativo foi explicitada por Floriano de Azevedo Marques Neto, nos seguintes termos: "A história oficial do direito administrativo foi escrita com base na contraposição autoridade *versus* liberdade e em todas as dicotomias que dela decorriam, como público-privado e indivíduo-coletivo. Contudo, premido pelos dois polos, o direito administrativo se transformou, de um direito que se pretendia assecuratório da liberdade, garantidor do indivíduo em face do poder, em um direito da exorbitância, um direito da efetivação da autoridade. Isso em grande parte pela necessidade de se afirmar como conteúdo e como método perante os outros ramos, em especial perante o direito comum" (*A Concessão como Instituto do Direito Administrativo*, tese apresentada ao concurso para provimento de cargo de Professor Titular, São Paulo, Faculdade de Direito da USP, 2013, p. 489).

4. "Examinando o texto do Decreto-lei 200/1967, verifica-se que o sentido instrumental do texto legal aprovado, defendido pelos personagens acima mencionados, acabou prevalecendo. Os arranjos institucionais previstos no Decreto-lei 200/1967 visavam, acima de tudo, a garantir a efetividade da reforma administrativa. A preocupação na elaboração de um texto técnico-jurídico harmonioso cedeu lugar à necessidade de construção de arranjos institucionais dotados de funcionalidade. Essa estratégia baseava-se na crença de que a intervenção legislativa mal formulada constituía um dos principais males da Administração Pública brasileira" (Natasha Schmitt Caccia Salinas, "Reforma administrativa de 1967: a reconciliação do legal com o real", in Carlos Guilherme Mota e outra (coords.), *Os Juristas na Formação do Estado-Nação Brasileiro: 1930-Dias Atuais*, São Paulo, Saraiva, 2010, p. 480).

5. Hely Lopes Meirelles, "Autarquias e entidades paraestatais", *RT* 322/19, Ano 19, São Paulo, Ed. RT, agosto/1962.

6. Disponível em: *http://bibliotecadigital.fgv.br/ojs/index.php/rda/article/view/45345/43832* (acesso em 27.5.2017).

Hely Lopes Meirelles faleceu em 4.8.1990, de modo que teve pouco tempo para vivenciar a Constituição/1988 e não pôde assistir à promulgação da Lei federal 8.666, de 21.6.1993, que estabeleceu um regime jurídico único para as licitações e contratos administrativos. Provavelmente o autor teria contribuído para o movimento de governança pública que se seguiu para diminuir o tamanho do Estado, transferir atividades para a iniciativa privada e aumentar a eficiência dos serviços públicos.

Aqueles que se dedicaram ao estudo da obra de um jurista tão relevante não encontram apenas um compêndio doutrinário datado e despido de relevância para os dias atuais. A obra de Hely permanece viva e ainda influencia o desenvolvimento de institutos do direito administrativo. É o que se procurará demonstrar nos itens a seguir.

2. Considerações sobre a obra de Hely Lopes Meirelles

Hely Lopes Meirelles pertenceu a uma geração de agentes públicos preocupados com a racionalização administrativa, que até meados dos anos 60 do século XX funcionou com uma perspectiva excessivamente patrimonialista. A despeito de trabalhar como homem de governo em um período de restrição democrática, o depoimento de Adilson Abreu Dallari, que o assessorou na Secretaria do Interior no Governo Abreu Sodré em São Paulo (1967-1971), retratou um profissional voltado a uma atuação técnica e respeitador das opiniões divergentes.[7]

Esse método de trabalho está presente em sua produção bibliográfica, de conteúdo sistemático e propositivo, pouco influenciada pelo academicismo deslumbrado com a doutrina estrangeira (tão comum em seu tempo) ou por ideologias partidárias (típicas de alguns autores contemporâneos). Para se chegar a essa conclusão é necessário vasculhar os periódicos da época e compreender o contexto histórico de cada publicação, para posterior verificação da importância de cada artigo.

No trabalho de pesquisa que ensejou o presente artigo foram encontrados 9 livros e cerca de 109 publicações que podem ser classificadas como pareceres, trabalhos técnicos ou artigos. A infinidade de temas abordados é latente, mas a maior incidência de assuntos gravita em torno do direito urbanístico, do direito municipal, licitação, contrato administrativo, descentralização administrativa e organização do Estado.

Nos limites de tempo e espaço da presente proposta investigativa, foram selecionados três temas, cuja contribuição do jurista é representativa de sua importância intelectual e que continuam a exercer papel relevante na prática administrativa brasileira.

---

7. "Recém-graduado em Direito, Adilson Dallari ingressou, em 1967, na Administração Estadual de São Paulo, como Oficial de Gabinete do jurista Hely Lopes Meirelles, então Secretário do Interior no Governo 'biônico' de Abreu Sodré. Hely era, pelo posto que ocupava, um homem a serviço do regime. Seu Chefe de Gabinete, no entanto, o professor José Afonso da Silva, era simpatizante da Esquerda, condição que o próprio Adilson se atribuía. Nada disso impediu uma convivência até mesmo afetuosa entre eles, que se sentiam identificados não pela política, mas pela atividade jurídica.

"Na visão de Adilson, o que eles faziam – e que os unia – era uma atividade técnica. Na acepção do grupo, ao menos em seu segmento jovem, não havia sentido político em uma atuação na Administração Estadual. 'Hely não queria saber se José Afonso da Silva ou eu éramos de Esquerda. Ele dizia que naquela Secretaria não era permitido perguntar qual é o partido de quem. Isso realmente não interessava, pois cuidávamos de Direito. Direito administrativo' – lembra" (Carlos Ari Sundfeld, "Ordem dos publicistas", in Carlos Ari Sundfeld, *Direito Administrativo para Céticos*, 2ª ed., 2ª tir., São Paulo, Malheiros Editores, 2017, p. 94).

2.1 Um percursor do direito urbanístico

Em tempos recentes o direito urbanístico é disciplina lecionada na maioria dos cursos jurídicos, de sorte que o reconhecimento de sua importância é praticamente indiscutível pelos operadores do Direito.

Como sabido, o domínio urbano exerce algumas funções sociais fundamentais, como a função provedora, apta a concretizar o direito da população urbana ao acesso a serviços públicos; a função integradora, preocupada com a integração social e a autodeterminação cultural; e a função de trânsito, para promover a circulação de pessoas e bens nas cidades.[8] Assim, a compreensão dos arranjos institucionais e da disciplina jurídica em torno de tais temas tem relevância reconhecida, em especial nos ambientes urbanos de Países em desenvolvimento, cujas cidades, em geral, cresceram sem planejamento. Essa percepção depende de uma interdisciplinaridade, a qual demorou a ser verificada no ambiente jurídico.

De forma pioneira, Hely Lopes Meirelles dialogou com outros ramos do conhecimento humano. Ao que tudo indica, o exercício da docência na Escola de Engenharia de São Carlos da USP propiciou uma visão capaz de compreender a importância da regulamentação do espaço urbano para o adequado desenvolvimento do ambiente social.

Em 1959 publicou "Limitações urbanísticas ao uso da propriedade",[9] no qual defendia a natureza administrativa das limitações urbanísticas, para regulação do uso do solo, das construções e do desenvolvimento urbano, com o objetivo de melhorar as condições de vida da coletividade. Cabe lembrar que em tal período predominava uma concepção individualista da propriedade, típica do direito privado do século XIX, que influenciou os contornos do Código Civil/1916.[10] Na vanguarda do pensamento da época, o autor se posicionava nos seguintes termos:

> Quem constrói a casa está construindo a cidade. Mas a cidade não é do proprietário da casa; é de todos. E, sendo de todos, há de predominar o interesse da coletividade sobre o do particular.[11]

---

8. Thiago Marrara, *Bens Públicos, Domínio Urbano, Infraestruturas*, Belo Horizonte, Fórum, 2007, p. 237.

9. Hely Lopes Meirelles, "Limitações urbanísticas ao uso da propriedade", *RT* 281, Ano 7, São Paulo, Ed. RT, março/1959.

10. Sobre o ambiente social existente à época da promulgação do Código Civil/1916 e sua influência na definição dos pressupostos regulamentares da novel legislação: "Dois fatos, no entanto, devem ser destacados para melhor compreensão de certos fenômenos superestruturais, notadamente o jurídico. O primeiro é a contradição ideológica entre os setores predominantes da camada superior. Enquanto a burguesia mercantil aspirava a um regime político e jurídico que lhe assegurasse a mais ampla liberdade de ação, tal como preconizava a ortodoxia liberal, a burguesia agrária temia as consequências da aplicação, ao pé da letra, dos princípios dessa filosofia política, consciente, como classe, de que a democratização de fundo liberal se faria ao preço do seu sacrifício. Essa contradição não provocou o antagonismo entre os dois setores, não só porque seus interesses econômicos imediatos coincidiam, mas também porque a superestrutura política era, em verdade, de fachada. O regime representativo, por sua desfiguração através do coronelismo, permitia ao proprietário da terra resguardar-se de investidas contra seus interesses fundamentais. Por outro lado, o sistema de franquias liberais aproveitava, tão somente, a reduzido número, sendo estranho à grande maioria da população miserável e inculta. E, desse modo, sem grandes abalos, arrastava-se o País pelos corredores da História" (Orlando Gomes, *Raízes Históricas e Sociológicas do Código Civil Brasileiro*, São Paulo, Martins Fontes, 2006, p. 29).

11. Hely Lopes Meirelles, *Direito de Construir*, 11ª ed., São Paulo, Malheiros Editores, 2013, p. 497.

Com o objetivo de reforçar o pioneirismo de Hely Lopes Meirelles no estudo do direito urbanístico, cabe pontuar que tal disciplina passou a fazer parte da grade curricular da USP somente em 1975 – portanto, quase 15 anos após a publicação do estudo acima mencionado. Tal fato foi descrito pelo professor José Afonso da Silva:

> Diante da situação existente, mas reconhecendo a necessidade de dar tratamento científico-universitário à disciplina, propusemos, em 1975, a criação de um Curso de Direito Urbanístico, ao nível de pós-graduação, junto ao Departamento de Direito Econômico e Financeiro da Faculdade de Direito da USP, de que somos professor titular. Nossa proposta foi acolhida e até incentivada pelo então Coordenador dos Cursos de Pós-Graduação da nossa Faculdade, Professor Titular Dalmo de Abreu Dallari, de tal sorte que foi implantado, e começou a funcionar a partir do primeiro semestre de 1976, com duração de dois semestres.[12]

É possível afirmar que o desenvolvimento do direito urbanístico se valeu das bases de ensinamentos de Hely Lopes Meirelles. O princípio da função social da propriedade, presente no Estatuto da Cidade (Lei federal 10.257/2001) e Código Civil/2002 (Lei federal 10.406/2002), reflete, em parte, as ideias transcritas acima. Em sentido semelhante, as modernas operações urbanas consorciadas e o correspondente uso do potencial construtivo como bem urbanístico, através de Certificado de Potencial Adicional de Construção/CEPAC, dependeram, em certa medida, de objetivos de integração urbanística, cujo embrião já era verificável no jurista que seria considerado o introdutor do direito municipal e urbanístico no Brasil.[13]

Assim, o que se preconiza contemporaneamente é o desenvolvimento harmônico das infraestruturas para prestação dos serviços públicos, com a expansão ordenada do território urbano.[14] Nessa ordem de ideias, não se pode imaginar, por exemplo, um projeto de concessão de modais de transporte urbano ou empreendimentos de habitação de interesse social que não levem em consideração a integração urbana e o bem-estar social, defendidos por Hely Lopes Meirelles em meados do século passado.

2.2 O equilíbrio entre as partes no contrato administrativo

A possibilidade de a Administração Pública celebrar contratos era controvertida à época de Hely Lopes Meirelles. Considerava-se uma contradição que o Estado, centro de

---

12. José Afonso da Silva, *A Faculdade e meu Itinerário Constitucional*, São Paulo, Malheiros Editores, 2007, p. 579.
13. Cf. Ovídio Bernardi, "Hely Lopes Meirelles e o direito municipal brasileiro", in Arnoldo Wald (org.), *O Direito na Década de 80: Estudos Jurídicos em Homenagem a Hely Lopes Meirelles*, São Paulo, Ed. RT, 1985, p. 9.
14. "A expansão das infraestruturas de prestação dos serviços públicos deverá estar de acordo com as diretrizes de crescimento e expansão do território urbano, de forma a que não possa haver um descasamento, sob pena de descumprimento do Plano Diretor. Em segundo lugar, não poderão haver a construção e a expansão de infraestruturas que desrespeitem os termos e condições do planejamento urbanístico aplicável, sob pena de violação da competência municipal de regramento dos temas de interesse social.

"Ademais, com base no Plano Diretor, os Municípios devem estabelecer, ainda, leis de zoneamento e ocupação do solo, nos termos das quais ficam decretadas as zonas da área urbana que contemplam os tipos específicos de uso de cada parcela do solo urbano. Evidentemente, assim como ocorre com relação ao Plano Diretor, essas normas terão influência decisiva na construção e na expansão das infraestruturas dos serviços públicos" (Vitor Rhein Schirato, "Ordenações urbanísticas das infraestruturas de utilidade pública", in Alexandre J. Carneiro Cunha Filho e outros (orgs.), *Direito Urbanístico: Ensaios por uma Cidade Sustentável*, São Paulo, Quartier Latin, 2016, pp. 127-135).

autoridade, pudesse participar de um liame obrigacional com base na autonomia da vontade, exceto para os casos em que houvesse autorização legislativa específica para a Administração firmar vínculos regidos pelo direito civil (contratos da Administração). Nas hipóteses que envolvessem a prestação de um serviço público haveria a necessidade de promover atos administrativos bilaterais.[15]

Esse pensamento foi superado com s ajuda do jurista. No artigo "Reajustamento e recomposição de preços em contrato administrativo", o professor Hely defendia:

> Daí por que os princípios gerais dos contratos tanto se aplicam aos ajustes de direito privado (civis e comerciais) quanto aos contratos públicos, de que é espécie o contrato administrativo nas suas várias modalidades.[16]

A despeito da paulatina aceitação do contrato administrativo ao longo do século XX, permaneceu o pensamento de que a Administração Pública não poderia se igualar ao particular, tanto por uma alegada condição de superioridade quanto por sua prerrogativa de alteração unilateral do quanto previsto na avença original (poderes extroversos). Para equilibrar essa relação jurídica, foi reforçada a necessidade de manter, ao menos, a equação econômico-financeira do contrato.[17]

A necessidade de manutenção do equilíbrio econômico-financeiro do contrato administrativo tem origem na jurisprudência do Conselho de Estado francês, que se debruçou sobre o tema em um arresto de 1910.[18] Em referida oportunidade reconheceram-se poderes à Administração Pública para alterar unilateralmente os contratos administrativos, especificamente quanto às cláusulas regulamentares, com o objetivo de adequá-las à melhor prestação do serviço público. Todavia, em contrapartida, seria garantido ao contratado o reequilíbrio contratual, com o objetivo de manter o equilíbrio econômico e financeiro inicialmente avençado.

Em geral a ideia da manutenção do equilíbrio econômico-financeiro contratual compreende que a relação entre as condições econômicas iniciais e os encargos atribuídos ao particular contratado e à Administração deve se manter ao longo da execução da avença, respeitados os riscos assumidos por cada uma das partes. Destaca-se que esse descompasso entre as prestações das partes pode decorrer tanto de determinações unilaterais do Poder Público quanto de eventos alheios à vontade das partes, em razão de fatos não contratuais.

Em paralelo, o contrato administrativo precisa prever, ainda, a necessidade de reajuste contratual de preços, consistente na elevação de valores unitários ou globais, para atender a majorações naturais de mercado pelo efeito do tempo. Em um período de descontrole inflacionário o trabalho doutrinário de Hely Lopes Meirelles trouxe luzes a esse tema.[19]

---

15. Floriano de Azevedo Marques Neto, "Do contrato administrativo à Administração contratual", *Revista do Advogado* 107/74-82, Ano XXIX, dezembro/2009.

16. Hely Lopes Meirelles, "Reajustamento e recomposição de preços em contrato administrativo", *RT* 540, Ano 11, São Paulo, Ed. RT, outubro/1980.

17. "Equação econômico-financeira é a relação que as partes estabelecem inicialmente no contrato administrativo entre os encargos do particular e a retribuição devida pela entidade ou órgão contratante, para a justa remuneração do seu objeto" (Hely Lopes Meirelles, ob. cit., p. 920).

18. Eugênia Cristina Cleto Marolla, *Concessões de Serviço Público: a Equação Econômico-Financeira dos Contratos*, São Paulo, Verbatim, 2011, p. 40.

19. "Reajustamento contratual de preços, na acepção corrente, é a majoração dos valores unitários ou de partes do valor global, de acordo com o estabelecido no contrato, para atender às previsíveis elevações

No momento histórico no qual o contrato não era respeitado, posto que a posição de superioridade do Estado o autorizava a desrespeitar o quanto pactuado, em nome de um indefinido interesse público (o que era sufragado pelos tribunais nacionais), Hely Lopes Meirelles defendeu a necessidade de preservação da remuneração do contratado, tanto no que diz respeito aos necessários reajustes e reequilíbrios econômico-financeiros quanto pela indenização por prejuízos causados pelo atraso no adimplemento das obrigações do Estado.[20]

2.3 O julgamento objetivo da licitação

As manifestações acerca da necessidade de um procedimento licitatório para as contratações públicas remontam aos primórdios da história do Brasil. Contudo, compreende-se que a sistematização de sua disciplina jurídica ocorre a partir do início do século XX, com a promulgação do Código de Contabilidade Pública da União (Decreto 4.536, de 28.1.1922).[21] Referido diploma normativo dispunha que o empenho da despesa deveria ser precedido de contrato e concorrência pública para fornecimentos e obras públicas acima de determinado valor, bem como trazia alguns requisitos de validade para os contratos administrativos. Seu detalhamento foi instrumentalizado pelo Decreto 15.783, de 8.11.1922, que aprovou o regulamento para execução do Código de Contabilidade Pública da União.

A despeito das previsões normativas supramencionadas, a necessidade de concorrência objetiva entre possíveis interessados em prestar serviços ou comercializar bens para a Administração Pública ainda não era, na época de Hely Lopes Meirelles, prática incorporada ao cotidiano dos gestores.

Em 1966, ao analisar um certame licitatório cujo critério de seleção da entidade interessada em executar uma obra pública era o menor preço, com "preferência" (termo indefinido, não explicitado no edital) por prazos mais curtos de execução das atividades, o jurista afirmava:

> Por estas definições se evidencia que a concorrência é um procedimento administrativo, ou seja, uma sucessão ordenada de atos, que principia com o edital de sua abertura e se finda com a entrega da obra ou serviço ao melhor proponente. Tais atos – edital, verificação de idoneidade, julgamento, adjudicação em contrato – não admitem discricionarismo na sua realização, porque as normas legais e o próprio edital vinculam inteiramente a Administração e os proponentes. Pode a Administração escolher livremente o momento, os requisitos e o critério de julgamento da concorrência, mas, uma vez estabelecidos no edital, não poderá mais afastar-se de seus termos.[22]

do mercado, ocasionadas pela desvalorização da moeda ou pelo aumento geral dos custos, no período de sua execução. Trata-se de conduta contratual legítima, autorizada por lei (para a Administração centralizada e autárquica) ou por ato próprio da entidade paraestatal (empresa pública e sociedade de economia mista), para corrigir os efeitos ruinosos da inflação presumida. Não é decorrência de imprevisão das partes contratantes; pelo contrário, é previsão de uma realidade que vem alterando a conjuntura econômica em índices preestimados pelas partes, para viger durante a execução de obras e serviços de média e longa duração" (idem, p. 922).

20. Hely Lopes Meirelles, "Contrato administrativo: atraso no pagamento", *RT* 590, Ano 44, São Paulo, Ed. RT, dezembro/1984.

21. Themístocles Cavalcanti, *Curso de Direito Administrativo*, 4ª ed., Rio de Janeiro, Freitas Bastos, 1956, pp. 78, 80 e 89.

22. Hely Lopes Meirelles, "Concorrência pública: o conceito de concorrência e a função do edital", *RT* 370/61, Ano 55, São Paulo, Ed. RT, agosto/1966.

Passados mais de 20 anos do estudo acima mencionado, já sob a égide do Decreto-lei 2.300/1986, ainda persistiam algumas dúvidas sobre a abrangência e a delimitação dos critérios de escolha dos contratados pelo Estado.

Em 1989 o professor Hely novamente expôs sua opinião contrária aos certames cujos critérios de escolha não traziam a necessária objetividade na seleção do contratado, valendo-se de características pessoais dos interessados. Naquela época ainda era comum a confusão entre as fases de habilitação e julgamento da licitação. Na tentativa de esclarecer tais equívocos, o Professor lecionava:

> Do exposto, resulta que, pela sistemática adotada pelo Estatuto (a mesma do Decreto-lei 200/1967), ou o licitante não tem idoneidade (em sentido amplo) para participar do certame e, por razões jurídicas válidas, é inabilitado na sua fase vestibular, ou a tem, caso em que, devidamente habilitado, adquire o direito de ver sua proposta confrontada com as demais, em *igualdade de condições com os outros proponentes*, vale dizer, sem quaisquer restrições de caráter pessoal.[23]

Como pode ser notado, o labor profissional e acadêmico de Hely Lopes Meirelles contribuiu para o aprimoramento da governança pública nos procedimentos licitatórios. Ainda que o ambiente contemporâneo seja permeado por desvios para fraudar as seleções públicas, a noção de que deve haver um julgamento objetivo, em procedimento dividido por fases bem delineadas, ficou sedimentado em lei, doutrina, jurisprudência e orientações das Cortes de Contas. Certamente, o trabalho desse importante jurista contribuiu para isso.

3. Conclusões

O operador do Direito, em geral, costuma associar Hely Lopes Meirelles aos ensinamentos contidos em seus manuais, que se apresentam como fonte rica do direito administrativo, mas acabaram por perder espaço para outros livros, em razão das inúmeras transformações ocorridas nesse campo do conhecimento jurídico após seu falecimento. O trabalho exercido pelos atualizadores de sua obra é bastante completo e busca manter a linha de coesão com o pensamento do autor, mas representará, sempre, um ponto de vista sobre o trabalho de outrem.

Outra forma de compreender o legado do jurista é dissecar sua produção acadêmica por temas específicos, decorrentes de artigos e pareceres publicados. Esse trabalho revela o esforço de Hely Lopes Meirelles em sedimentar as bases de uma disciplina ainda em construção.

A leitura dos manuais e livros de caráter geral publicados por Hely Lopes Meirelles não é suficiente para que se reconheça a relevância de seu legado. Aqueles que se dedicarem ao estudo de suas publicações entre os anos 60 e 80 do século XX encontrarão um conjunto de ideias para aprimorar a Administração Pública brasileira. A pequena amostra apresentada nestas páginas se esforçou por demonstrar essa afirmação.

---

23. Hely Lopes Meirelles, "Licitação: julgamento objetivo", *RT* 642/9, Ano 78, São Paulo, Ed. RT, abril/1989.

Bibliografia

AZEVEDO, Eurico de Andrade. *Retrato de Hely Lopes Meirelles*. RDA 204/121-134, abr.-jun. 1996 (e constante deste volume) e em *http://bibliotecadigital.fgv.br/ojs/index.php/rda/article/viewFile/46758/46388* (acesso em 28.5.2017).

BERNARDI, Ovídio. "Hely Lopes Meirelles e o direito municipal brasileiro". In: WALD, Arnoldo (org.). *O Direito na Década de 80: Estudos Jurídicos em Homenagem a Hely Lopes Meirelles*. São Paulo, Ed. RT, 1985.

CAVALCANTI, Themístocles. *Curso de Direito Administrativo*. 4ª ed. Rio de Janeiro, Freitas Bastos, 1956.

CUNHA FILHO, Alexandre J. Carneiro, e outros (orgs.). *Direito Urbanístico: Ensaios por uma Cidade Sustentável*. São Paulo, Quartier Latin, 2016.

GOMES, Orlando. *Raízes Históricas e Sociológicas do Código Civil Brasileiro*. São Paulo, Martins Fontes, 2006.

MAROLLA, Eugênia Cristina Cleto. *Concessões de Serviço Público: a Equação Econômico-Financeira dos Contratos*. São Paulo, Verbatim, 2011.

MARQUES NETO, Floriano de Azevedo. *A Concessão como Instituto do Direito Administrativo*. Tese apresentada ao concurso para provimento de cargo de Professor Titular. São Paulo, Faculdade de Direito da USP, 2013.

_____. "Do contrato administrativo à Administração contratual". *Revista do Advogado* 107. Ano XXIX. Dezembro/2009.

MARRARA, Thiago. *Bens Públicos, Domínio Urbano, Infraestruturas*. Belo Horizonte, Fórum, 2007.

MEIRELLES, Hely Lopes. "Autarquias e entidades paraestatais". *RT* 322. Ano 19. São Paulo, Ed. RT, agosto/1962.

_____. "Concorrência pública: o conceito de concorrência e a função do edital". *RT* 370. Ano 55. São Paulo, Ed. RT, agosto/1966.

_____. "Contrato administrativo: atraso no pagamento". *RT* 590. Ano 44. São Paulo, Ed. RT, dezembro/1984.

_____. *Direito Administrativo Brasileiro*. 42ª ed. São Paulo, Malheiros Editores, 2016.

_____. *Direito de Construir*. 11ª ed. São Paulo, Malheiros Editores, 2013.

_____. "Licitação: julgamento objetivo". *RT* 642. Ano 78. São Paulo, Ed. RT, abril/1989.

_____. *Licitação e Contrato Administrativo*. 15ª ed. São Paulo, Malheiros Editores, 2010.

_____. "Limitações urbanísticas ao uso da propriedade". *RT* 281. Ano 7. São Paulo, Ed. RT, março/1959.

_____. *Mandado de Segurança e Ações Constitucionais*. 37ª ed. São Paulo, Malheiros Editores, 2016.

_____. "Reajustamento e recomposição de preços em contrato administrativo". *RT* 540. Ano 11. São Paulo, Ed. RT, outubro/1980.

MOTA, Carlos Guilherme, e SALINAS, Natasha Schmitt Caccia (coords.). *Os Juristas na Formação do Estado-Nação Brasileiro: 1930-Dias Atuais*. São Paulo, Saraiva, 2010.

SALINAS, Natasha Schmitt Caccia, e MOTA, Carlos Guilherme (coords.). *Os Juristas na Formação do Estado-Nação Brasileiro: 1930-Dias Atuais*. São Paulo, Saraiva, 2010.

SCHIRATO, Vitor Rhein. "Ordenações urbanísticas das infraestruturas de utilidade pública". In: CUNHA FILHO, Alexandre J. Carneiro, e outros (orgs.). *Direito Urbanístico: Ensaios por uma Cidade Sustentável*. São Paulo, Quartier Latin, 2016 (pp. 127-135).

SILVA, José Afonso da. *A Faculdade e meu Itinerário Constitucional*. São Paulo, Malheiros Editores, 2007.

SUNDFELD, Carlos Ari. *Direito Administrativo para Céticos*. 2ª ed., 2ª tir. São Paulo, Malheiros Editores, 2017. 2012.

WALD, Arnoldo (org.). *O Direito na Década de 80: Estudos Jurídicos em Homenagem a Hely Lopes Meirelles*. SãoPaulo, Ed. RT, 1985.

A POLÍTICA AGRESSORA DA SUSPENSÃO DE SEGURANÇA EM FACE DOS TRATADOS E CONVENÇÕES INTERNACIONAIS SOBRE DIREITOS HUMANOS

Antônio Souza Prudente

1. Introdução. 2. O perfil histórico do Poder Judiciário Republicano no Estado Democrático de Direito. 3. A reforma processual civil no contexto das garantias constitucionais do Estado Democrático de Direito. 4. A política agressora da suspensão de segurança em violação ao Estado de Direito Ecológico-Ambiental no contexto da licença de operação da Hidrelétrica Belo Monte. 5. Conclusão.

1. Introdução

Na conjuntura atual de uma globalização econômica cada vez mais insensível em seus projetos de acumulação de riqueza material em poder dos mais fortes e dominadores, numa ação gananciosa e aniquiladora dos valores fundamentais da pessoa humana e dos bens da natureza, há de se exigir, por imperativos de ordem pública, na instrumentalidade do processo civil, atualizado aos reclamos dos novos tempos, uma ação diligente e corajosa de um *Judiciário republicano e independente, na defesa de uma ordem jurídica justa para todos*, no exercício de uma tutela jurisdicional oportuna e efetiva, visivelmente comprometida com a defesa dos direitos e garantias tutelados pela Constituição da República Federativa do Brasil, na dimensão dos Tratados e Convenções internacionais.

Com a edição da Medida Provisória 2.180-35, de 24.8.2001, revigorando os cadáveres normativos do regime de exceção, para assegurar a política governamental das privatizações de empresas estatais, e, agora, também, o programa energético do Governo Federal, devastador das florestas brasileiras e, sobretudo, do bioma amazônico, bem assim, de seu patrimônio sociocultural, instalou-se no ordenamento processual do Brasil o terror jurídico-ditatorial da suspensão de segurança, no perfil arrogante da ideologia capitalista neoliberal, em permanente agressão ao princípio da proibição do retrocesso no Estado Democrático de Direito, com respaldo, na contraditória Emenda Constitucional 32, de 2001, publicada no *Diário Oficial* de 12.9.2001, que, embora visando a conter o abuso na edição dessas medidas provisórias, com proibição expressa para tratar de matéria de direito processual civil, dentre outras, ali, elencadas, permitiu, expressamente, que as medidas provisórias editadas em data anterior à da publicação dessa Emenda continuassem em vigor até que medida provisória ulterior as revogue explicitamente ou até deliberação definitiva do Congresso Nacional (art. 2º da EC 32/2001).

A infeliz Medida Provisória 2.180-35, de 24.8.2001, corrompeu, visceralmente, o ordenamento jurídico-processual brasileiro, com a blindagem protetiva de caráter permanente, que obtivera logo após sua abusiva edição, ante o comando contraditório e inconstitucional do pré-falado art. 2º da EC 32, de 11.9.2001, em manifesta agressão à cláusula pétrea de proteção dos direitos e garantias individuais, coletivos e difusos, constitucionalmente protegidos (CF, art. 60, § 4º, IV, c/c os §§ 1º e 2º do art. 5º da mesma Carta Política Federal), afrontando expressamente as garantias fundamentais do pleno acesso à justiça (CF, art. 5º, XXXV), da segurança jurídica, que resultam da proteção constitucional do ato jurídico processual perfeito e da coisa julgada formal (CF, art. 5º, XXXVI), da proibição expressa do retrocesso e do juízo de exceção (CF, art. 5º, XXXVII), do devido processo legal (CF, art. 5º, LIV), das tutelas de segurança e de urgência dos mandados de segurança individual e coletivo, nos marcos regulatórios de suas hipóteses de incidência constitucional (CF, art. 5º, LXIX e LXX, "a" e "b"), da razoável duração do processo e dos meios que garantam a celeridade de sua tramitação (CF, art. 5º, LXXVIII) e da eficácia plena e imediata dos direitos e garantias fundamentais, expressos em nossa Carta Magna e de outros decorrentes do regime e dos princípios por ela adotados, ou dos tratados internacionais em que a República Federativa do Brasil seja parte (CF, art. 5º, §§ 1º e 2º).[1]

Nesse contexto, a suspensão de segurança praticada pela egrégia presidência do TRF/1ª Região nos autos da SLAT 0053298-77.2016.4.01.0000-PA, que suspendeu a eficácia da bem fundamentada decisão liminar proferida pela douta Juíza Federal da Subseção Judiciária de Altamira no estado do Pará, enquadra-se no cenário abusivo da suspensão de segurança, aqui descrito, como atentatório aos direitos humanos fundamentais tutelados pela Carta Política Federal na linha de proteção dos tratados e convenções internacionais de que o Brasil é signatário.

2. O perfil histórico do Poder Judiciário Republicano no Estado Democrático de Direito

No ideário de instalação de um Estado Democrático de Direito e de Justiça, as Constituições modernas, que consagram a divisão tripartite de poderes, apontam os juízes como legítimos representantes da soberania popular, resgatando-os do perfil fossilizante de seres inanimados, que, apenas, anunciam as palavras da lei, sem poder algum para lhe controlar o arbítrio e o rigor. Nesse sentido, advertia João Barbalho, em comentários à primeira Constituição Republicana do Brasil, nas letras seguintes:

> A magistratura que agora se instala no país, graças ao regime republicano, não é um instrumento cego ou mero intérprete na execução dos atos do Poder Legislativo. Antes de aplicar a lei, cabe-lhe o direito de exame, podendo dar-lhe ou recusar-lhe sanção se ela lhe parecer conforme a lei orgânica. (...) Aí está posta a profunda diversidade de índole que existe entre o Poder Judiciário, tal como se achava instituído no regime decaído, e aquele que agora se inaugura, calcado sobre os moldes democráticos do sistema federal. De poder subordinado, qual era, transforma-se em poder soberano, apto, na elevada esfera de sua autoridade, para interpor a benéfica influência de seu critério decisivo, a fim de manter o equilíbrio, a regularidade e a própria independência dos outros poderes, assegurando ao mesmo tempo o livre exercício dos direitos do cidadão.[2]

---

1. Constituição da República Federativa do Brasil, de 5.10.1988.
2. João Barbalho de Uchoa Cavalcanti, *Constituição da República Federativa do Brasil*, Rio de Janeiro, Typographia da Companhia Litho, 1902, p. 222.

Neste visor, merece destaque, aqui, a sábia reflexão do Min. Sálvio de Figueiredo Teixeira, ainda na qualidade de Presidente da Escola Nacional da Magistratura, em prol de "um novo processo, uma nova Justiça", nestes termos:

> O Estado Democrático de Direito não se contenta mais com uma ação passiva. O Judiciário não mais é visto como mero Poder equidistante, mas como efetivo participante dos destinos da Nação e responsável pelo bem comum. Os direitos fundamentais sociais, ao contrário dos direitos fundamentais clássicos, exigem a atuação do Estado, proibindo-lhe a omissão. Essa nova postura repudia as normas constitucionais como meros preceitos programáticos, vendo-as sempre dotadas de eficácia em temas como dignidade humana, redução das desigualdades sociais, erradicação da miséria e da marginalização, valorização do trabalho e da livre iniciativa, defesa do meio ambiente e construção de uma sociedade mais livre, justa e solidária. Foi-se o tempo do Judiciário dependente, encastelado e inerte. O Povo, espoliado e desencantado, está nele a confiar e reclama sua efetiva atuação através dessa garantia democrática que é o processo, instrumento da jurisdição. É de convir-se, todavia, que somente procedimentos rápidos e eficazes têm o condão de realizar o verdadeiro escopo do processo. Daí a imprescindibilidade de um processo ágil, seguro e moderno, sem as amarras fetichistas do passado e do presente, apto a servir de instrumento à realização da Justiça, à defesa da cidadania, a viabilizar a convivência humana e a própria arte de viver.[3]

3. A reforma processual civil no contexto das garantias constitucionais do Estado Democrático de Direito

Com essa inteligência, a sistemática do Código de Processo Civil em vigor, com eficácia plena desde 18.3.2016, visa a implantar no ordenamento jurídico nacional, o perfil republicano do juiz brasileiro, como garantia fundamental do processo justo e do acesso pleno à Justiça, na determinação de que o processo civil será ordenado, disciplinado e interpretado conforme os valores e os princípios fundamentais estabelecidos na Constituição da República Federativa do Brasil, não se excluindo da apreciação jurisdicional ameaça ou lesão a direito, ressalvados os litígios voluntariamente submetidos à solução arbitral, na forma da lei.

Em busca da realização do objetivo fundamental da República Federativa do Brasil, visando a "construir uma sociedade livre, justa e solidária" (CF, art. 3º, I), a garantia constitucional da inafastabilidade da jurisdição e do pleno acesso à justiça (CF, art. 5º, XXXV e LXXVIII), se bem instrumentalizada, *na procedimentabilidade do processo justo* e na força determinante de sua auto-aplicabilidade protetora e de eficácia imediata (CF, art. 5º, § 1º), com a técnica processual moderna da tutela mandamental-inibitória negativa ou positiva (antecipatória ou final) reprimirá os abusos, em tempo de evitar, em muitos casos, que a prática do ilícito aconteça (CPC, arts. 294 e 536), livrando, assim, o cidadão e a coletividade de correr atrás do prejuízo, em busca de uma indenização quase sempre injusta, ainda que tardia e materialmente possível.

A dimensão da tutela jurisdicional assim prevista no ordenamento jurídico-processual brasileiro, com natureza mandamental e específica, ilumina-se nos ensinamentos de Cân-

---

3. Sálvio de Figueiredo Teixeira, *Estatuto da Magistratura e Reforma do Processo Civil*, Belo Horizonte, Del Rey, 1993, pp. 26-27.

dido Dinamarco, quando afirma que *"a reforma pretendeu armar o juiz de poderes muitos intensos, destinados a combater a resistência do obrigado, em todos os casos"*, pois

> inexiste tutela jurisdicional enquanto o comando na sentença permanecer só na sentença e não se fizer sentir de modo eficaz na realidade prática da vida dos litigantes. Agora, tudo depende da tomada de consciência dos juízes e da energia com que venham a exercer esses poderes, a bem da efetividade da tutela jurisdicional e da própria respeitabilidade de sua função e dos seus comandos.[4]

Destacam-se, nesse contexto de afirmação das garantias fundamentais do processo justo, dentre outras, as normas supressoras do duplo juízo de admissibilidade recursal, as que autorizam a tutela cautelar de urgência, na determinação judicial do efeito suspensivo dos recursos, bem assim as que visam a afastar riscos ao direito das partes, garantindo o resultado útil do processo, como também aquelas que determinam a concessão da tutela de evidência, independentemente da demonstração de risco de dano irreparável ou de difícil reparação, quando ficar caracterizado o abuso do direito de defesa ou o manifesto propósito protelatório da parte requerida, bem assim quando um ou mais dos pedidos cumulados ou parcelas deles mostrar-se incontroverso, a exigir, de logo, solução definitiva da lide, ou, ainda, quando a matéria for unicamente de direito e houver tese firmada em julgamento de recursos repetitivos ou resultar de enunciado de súmula vinculante.

Não se cuida, assim, na sistemática do processo civil moderno, da implantação de um "ativismo judicial irresponsável", como fator determinante de uma "ditadura do Judiciário", a ferir postulados históricos de uma míope exegese privatista do direito, sob a luminosidade restrita dos tempos de Napoleão, mas, de um sistema de normas processuais, revelador do autêntico perfil constitucional do Juiz, como agente da soberania nacional, no exercício pleno de seu poder geral de cautela, que de há muito rompera as mordaças da doutrina liberal, para garantir os direitos do cidadão, neste novo século, no exercício de uma comunhão difusa de sentimentos e de solidariedade, que se ilumina na inteligência criativa e serviente à aventura da vida, no processo de construção de uma democracia plenamente participativa.

A tutela jurisdicional-inibitória do risco ambiental, como instrumento de eficácia do princípio da precaução, resulta, assim, dos comandos normativos do art. 5º, *caput* e incs. XXXV e LXXVIII, e respectivo § 2º, c/c o art. 225, *caput*, da CF/1988, visando a garantir a inviolabilidade do direito fundamental à sadia qualidade de vida, bem assim a defesa e preservação do meio ambiente ecologicamente equilibrado, em busca do desenvolvimento sustentável e da minimização de riscos para as presentes e futuras gerações, em toda sua dimensão cósmico-difusa, planetária e global.

No contexto dessas garantias constitucionais expressas, não há mais como se admitir a figura do juiz medroso, covarde e formalista, comprometido apenas com seus projetos egoístas de autopromoção política, a esconder-se em todo tempo, nas técnicas embaraçosas dos procedimentos tradicionais, sem o vigor psicológico e intelectual do *juiz republicano, legitimado pela soberania popular*, no perfil de coragem e independência, traçado na Carta Política Federal, *como figura indispensável à concessão das tutelas de urgência, estruturadas nas vertentes do moderno processo civil brasileiro.*

---

4. Cândido Rangel Dinamarco, *A Reforma do Código de Processo Civil*, vol. II, São Paulo, Malheiros Editores, 1995, pp. 143-144.

Na conjuntura atual de uma globalização econômica cada vez mais insensível em seus projetos de acumulação de riqueza material em poder dos mais fortes e dominadores, numa ação gananciosa e aniquiladora dos valores fundamentais da pessoa humana e dos bens da natureza, há de se exigir, por imperativos de ordem pública, na instrumentalidade do processo civil, atualizado aos reclamos dos novos tempos, uma ação diligente e corajosa de um *Judiciário republicano e independente, na defesa de uma ordem jurídica justa para todos*, no exercício de uma tutela jurisdicional oportuna e efetiva, visivelmente comprometida com a defesa dos direitos e garantias tutelados pela Constituição da República Federativa do Brasil.

4. *A política agressora da suspensão de segurança em violação ao Estado de Direito Ecológico-Ambiental no contexto da licença de operação da Hidrelétrica Belo Monte*

Ao proferir voto-vogal no julgamento do agravo interno interposto pelo Ministério Público Federal contra a decisão política do Presidente do TRF/1ª Região, nos autos da Suspensão de Segurança (SLAT 0053298-77.2016.4.01.0000-PA), perante a Corte Especial do egrégio TRF/1ª Região, assim me pronunciei nestas letras:

> Observo que este egrégio Tribunal, por meio de sua colenda 5ª Turma, preventa para todas essas questões relativas às ações coletivas intentadas pelo douto Ministério Público Federal em face do Complexo Hidrelétrico Belo Monte, decidiu, por meio de acórdão proferido, à unanimidade, nos autos do AgRgAp 000968-19.2011.4.01.3900-PA, com data de 16 de dezembro de 2013, dentre outras questões aqui resolvidas o seguinte:
>
> "Decisão concessiva da antecipação da tutela recursal mantida, em nível de órgão judicial colegiado, perante o fenômeno processual da substituição da decisão agravada por decisão colegiada de eficácia plena (CPC, art. 512), para determinar a imediata suspensão do licenciamento ambiental e das obras de execução, do empreendimento hidrelétrico UHE Belo Monte, no Estado do Pará, até o efetivo e integral cumprimento de todas as condicionantes estabelecidas na Licença Prévia n. 342/2010, restando sem eficácia as Licenças de Instalação e as Autorizações de Supressão de Vegetação – ASV já emitidas ou que venham a ser emitidas antes do cumprimento de tais condicionantes, e ordenar ao Banco Nacional de Desenvolvimento Econômico e Social – BNDES que se abstenha de repassar qualquer tipo de recurso (ou celebrar qualquer pacto nesse sentido) enquanto não cumpridas as aludidas condicionantes, sob pena de multa pecuniária no valor de R$ 500.000,00 (quinhentos mil reais) por dia de atraso no cumprimento deste julgado, a contar da data de sua intimação, nos termos do art. 11 da Lei 7.347/1985 e do art. 461, §§ 4º e 5º, do CPC, sem prejuízo das sanções criminais, cabíveis na espécie (CPC, art. 14, inciso V e respectivo parágrafo único)."[5]
>
> Na mesma data, este egrégio Tribunal julgou a Ap 000968-19.2011.4.01.3900-PA, em que é apelante o Ministério Público Federal e em que a mesma colenda 5ª Turma deste egrégio Tribunal, dentre outras questões ali decididas, pontuou o seguinte:
>
> "Há de se destacar, na espécie, a inteligência revelada pelo colendo Tribunal de Contas da União, na Cartilha de Licenciamento Ambiental, elaborada com a colaboração do Instituto Brasileiro do Meio Ambiente e dos Recursos Naturais Renováveis – IBAMA, com a determinação de que: 'Ao conceder a licença de instalação, o órgão gestor do meio ambiente terá verificado o atendimento das condicionantes determinadas na licença prévia', dentre outros requisitos, firme no entendimento de que o órgão ambiental não poderá admitir a postergação de estudos

---

5. Agravo Regimental na Apelação Cível 000968-19.2011.4.01.3900-PA.

de diagnóstico próprios da fase prévia para as fases posteriores sob a forma de condicionante do licenciamento (Acórdão 1.869/2006 – Plenário – TCU, item 2.2.2)."[6]

Logo a seguir, a mesma colenda Turma, na sua composição colegiada e à unanimidade, naquela mesma data de 16.12.2013, assim decidiu:

"Apelação provida (...) para julgar-se, de logo, procedente a demanda, para declarar a nulidade da Licença Parcial de Instalação 770/2011, bem assim das demais que lhe sucederam, especialmente, a Licença de Instalação n. 795/2011, e, também, a Autorização de Supressão de Vegetação (ASV) 501/2011, emitidas pelo Instituto Brasileiro do Meio Ambiente e dos Recursos Naturais Renováveis – IBAMA para o UHE BELO MONTE, devendo a referida autarquia se abster de emitir licenças outras, enquanto não integralmente cumpridas, pela promovida NORTE ENERGIA S/A, as condicionantes previstas na Licença Prévia 342/2010, abstendo-se, também, o Banco Nacional de Desenvolvimento Econômico e Social — BNDES de repassar qualquer tipo de recurso (ou celebrar qualquer pacto nesse sentido), enquanto não supridas as aludidas omissões, sob pena de multa pecuniária, no valor de R$ 500.000,00 (quinhentos mil reais), por dia de atraso no cumprimento deste julgado, a contar da data de sua intimação, nos termos do art. 461, §§ 4º e 5º, do CPC, sem prejuízo das sanções criminais, cabíveis na espécie (CPC, art. 14, inciso V e respectivo parágrafo único)."[7]

De ver-se, ainda, que a referida egrégia Quinta Turma desse colendo TRF/1ª Região, no julgamento da Apelação Cível 0025999-75.2010.4.01.3900-PA, com data de 26.3.2014, à unanimidade, decidiu nestes termos:

"Apelação parcialmente provida. Sentença reformada, em parte, para julgar parcialmente procedentes os pedidos e declarar: *(a)* a nulidade da Licença Prévia n. 342/2010, outorgada pelo Instituto Brasileiro do Meio Ambiente e dos Recursos Naturais Renováveis – IBAMA, em favor da UHE Belo Monte, devendo a referida autarquia se abster de emitir nova licença enquanto não integralmente sanadas as irregularidades apontadas; *(b)* a invalidade da Declaração de Reserva de Disponibilidade Hídrica – DRDH, a que se reporta a Resolução/ANA n. 740/2009, devendo a emissão de outra declaração ser precedida de análise, pela Agência Nacional de Águas – ANA, da nova situação surgida com a alteração do hidrograma apresentado no EIA/RIMA; e *(c)* a inviabilidade ambiental do projeto UHE Belo Monte e do Hidrograma proposto pelo órgão licenciador do Trecho da Vazão Reduzida – TVR, no contexto aqui exposto."[8]

Como se vê, o complexo Hidrelétrico Belo Monte até hoje não cumpriu essas condicionantes, sobretudo a condicionante, eu diria, fundamental, que diz respeito ao núcleo essencial da garantia constitucional do meio ambiente sadio, que é exatamente o saneamento básico a permitir que essas populações possam ter condições de vida, como assim sensivelmente já destacou na carta social ecológica *Laudato Si* o eminente Papa Francisco, nos termos seguintes:

"Um problema particularmente sério é o da qualidade da água disponível para os pobres, que diariamente ceifa muitas vidas. Entre os pobres, são frequentes as doenças relacionadas com a água, incluindo as causadas por microorganismos e substâncias químicas. A diarreia e a cólera, devidas a serviços de higiene e reservas de água inadequados, constituem um factor significativo de sofrimento e mortalidade infantil. Em muitos lugares, os lençóis freáticos estão ameaçados pela poluição produzida por algumas actividades extractivas, agrícolas e industriais, sobretudo em países desprovidos de regulamentação e controles suficientes. Não pensamos apenas nas descargas provenientes das fábricas; os detergentes e produtos químicos que a população utiliza em muitas partes do mundo continuam a ser derramados em rios, lagos e mares."[9]

---

6. Apelação Cível 000968-19.2011.4.01.3900-PA.
7. Apelação Cível 000968-19.2011.4.01.3900-PA.
8. Apelação Cível 0025999-75.2010.4.01.3900-PA.
9. Carta Encíclica *Laudato Si* do Santo Padre Francisco sobre o cuidado da casa comum, São Paulo, Edições Loyola Jesuítas, 2015, p. 25, item 29.

Com a mesma inteligência, o acordo internacional sobre biodiversidade, que foi objeto de discussões da maior relevância na 10ª Conferência das Partes da Convenção sobre Biodiversidade, realizada na cidade de Nagoya, no Japão, entre os dias 18 e 29 de outubro de 2010, quando os 193 países participantes aprovaram o "Plano Estratégico de Nagoya 2011-2020", por meio do qual foram estabelecidas as novas metas que irão orientar o comportamento da comunidade internacional relativamente à conservação da diversidade biológica e dos serviços ecológicos delas decorrentes, o que se repetiu, com ênfase, na Conferência de Cancun (México), em dezembro de 2016, destacando-se, no referido plano de Nagoya, os vinte objetivos centrais, conhecidos como *aichi targets*, que foram rediscutidos com ênfase, e dessa discussão eu participei com muito interesse por representar esta egrégia Corte Federal, que jurisdiciona sobre os maiores biomas deste Brasil continental, sobretudo o bioma amazônico, e representando também a Universidade Católica de Brasília, por delegação expressa do magnífico reitor dessa universidade e, ainda, na condição de delegado especial da ONU, onde lá recebi o *pin* mais destacado dessa conferência. A temática mais importante, dentre aquelas destacadas nessa importante conferência mundial, fora exatamente a da preservação da biodiversidade, sobretudo nos termos das metas de *aichi*, que, no seu item XIV assim estabelece:

"Que até o ano de 2020, os ecossistemas que proveem serviços essenciais, inclusive aqueles relacionados à água e à saúde, estejam salvaguardados ou restaurados, tomando-se em conta as necessidades das mulheres, povos indígenas, comunidades locais e populações pobres menos favorecidas."[10]

A doutrina autorizada tem destacado a importância desses serviços ecossistêmicos, porque se trata de recursos naturais considerados essenciais para a sustentabilidade do planeta, e o *convênio sobre biodiversidade biológica*, que foi objeto também dessa conferência de Cancun, de que participamos no período de 4 a 17 de dezembro de 2016, destacando-se, no seu art. 10, o seguinte:

[*Cada parte contratante, na medida do possível e de acordo com o que deve ser estabelecido:*]

"a) Integrará el examen de la conservación y la utilización sostenible de los recursos biológicos en los procesos nacionales de adopción de decisiones;

"b) Adoptará medidas relativas a la utilización de los recursos biológicos para evitar o reducir al mínimo los efectos adversos para la diversidad biológica;

"c) Protegerá y alentará la utilización consuetudinaria de los recursos biológicos, de conformidad con las prácticas culturales tradicionales que sean compatibles con las exigencias de la conservación o de la utilización sostenible;

"d) Prestará ayuda a las poblaciones locales para preparar y aplicar medidas correctivas en las zonas degradadas donde la diversidad biológica se há reducido; y

"e) Fomentará la cooperación entre sus autoridades gubernamentales y su sector privado en la elaboración de métodos para la utilización sostenible de los recursos biológicos."[11]

Portanto, a Conferência de Cancun, realizada em dezembro do ano passado (2016), discutiu amplamente nesse período de intensas e ricas análises dessas questões ambientais relevantes, a começar pela 13ª Reunião da Conferência das Partes na Convenção sobre Diversidade Biológica (COP 13), a 8ª Reunião da Conferência das Partes na qualidade de Reunião das Partes no Protocolo de Cartagena sobre Biossegurança (COP-MOP 8) e a 2ª Reunião da Conferência das Partes na qualidade de Reunião das Partes no Protocolo de Nagoia, sobre acesso e repartição dos benefícios (NP-MOP 2), sempre em defesa da biodiversidade planetária e do Meio Ambiente sadio e ecologicamente equilibrado para as presentes e futuras gerações.

---

10. *Metas de Aichi sobre Biodiversidade:* "Plano Estratégico de Nagoia 2011-2020, Japão, 18-29.10.2010", Cancún (México), COP-13 sobre Diversidade Biológica, de 4-17.12.2016.
11. *Metas de Aichi sobre Biodiversidade:* "Plano Estratégico de Nagoia 2011-2020, Japão, 18-29.10.2010", Cancún (México), COP-13 sobre Diversidade Biológica, de 4-17.12.2016.

Esse direito fundamental e difuso tem eficácia imediata, nos termos do que dispõe o art. 5º, § 1º, da Carta Política Federal, quando estabelece que as normas definidoras dos direitos e garantias fundamentais têm aplicação imediata, portanto não se trata aqui de norma programática e, nesse sentido, a eminente constitucionalista Cármen Lúcia Antunes Rocha já tem obra clássica na inteligência de que a Constituição do Brasil, ao estabelecer normas relativas a garantias e direitos fundamentais, não estabelece uma promessa vã para os cidadãos, mas uma garantia que deve ser efetivada pelas autoridades competentes, e é por isso que o art. 225, *caput*, da Constituição da República, ao estabelecer a garantia do meio ambiente ecologicamente equilibrado como bem de uso comum de todos e essencial à sadia qualidade de vida de todos, determina não só ao poder público como a toda coletividade o dever de preservar e defender esse meio ambiente sadio para as presentes e futuras gerações. Nisso reside um conceito maior de sustentabilidade ambiental e, no mesmo dispositivo do § 1º, VI, a Constituição da República determina ao poder público que, para garantir a efetividade desse direito ao meio ambiente sadio, compete a esse poder público promover a educação ambiental em todos os níveis de ensino e a conscientização pública para a preservação do meio ambiente sadio. Ora, dando eficácia plena a esse dispositivo constitucional, a Lei federal 9.795, de 27 de abril de 1999, estabelece uma política pública que, lamentavelmente, não tem sido cumprida pelos governos federais, estaduais, municipais e até distrital, sobre a educação ambiental como uma garantia constitucionalmente estabelecida. No art. 1º desta lei, está escrito:

"Art. 1º Entendem-se por educação ambiental os processos por meio dos quais o indivíduo e a coletividade constroem valores sociais, conhecimentos, habilidades, atitudes e competências voltadas para a conservação do meio ambiente, bem de uso comum do povo, essencial à sadia qualidade de vida e sua sustentabilidade."[12]

No art. 3º, esta lei federal estabelece que, como parte do processo educativo mais amplo, todos têm direito à educação ambiental incumbindo:

"V – às empresas, entidades de classe, instituições públicas e privadas, promover programas destinados à capacitação dos trabalhadores, visando à melhoria e o controle efetivo sobre o ambiente de trabalho, bem como sobre as repercussões do processo produtivo no meio ambiente."[13]

A decisão monocrática da Presidência do TRF/1ª Região, que suspende os efeitos da bem fundamentada decisão da culta Juíza Federal, Dra. Maria Carolina Valente do Carmo, da Subseção Judiciária de Altamira, no Estado do Pará, reconhece que "para o deferimento da suspensão prevista no art. 4º da Lei 8.437/1992, basta que se constate a existência de potencial risco de grave lesão à ordem, à saúde, à economia e à segurança pública advinda da execução da decisão *a quo*".

Não vejo como se possa enquadrar a respeitável decisão singular da Juíza Federal de Altamira, *plenamente motivada pelos princípios dirigentes da prevenção, da responsabilidade social e do desenvolvimento sustentável, que resultam das Convenções Internacionais de Estocolmo ((1972), Rio de Janeiro (ECO-92), Rio + 20, Declaração de Paris (1998 e COP-21), Declaração Universal da ONU sobre os direitos da Água (1992), as Metas de Aichi de Biodiversidade (Meta 14), as Conferências de Cancún sobre Biodiversidade e Biossegurança (2016), os postulados fundamentais da Constituição da República Federativa do Brasil em vigor sobre o direito ao meio ambiente ecologicamente equilibrado, essencial à sadia qualidade de vida das presentes e futuras gerações (CF, art. 225, caput, respectivo § 1º, incisos I a VII e parágrafos 3º a 6º), os princípios dirigentes e os objetivos fundamentais da Política Nacional do Meio Ambiente equilibrado*, nos termos da Lei Federal n. 6.938, de 31.8.1981 (art. 2º, incisos I a X e art. 4º in-

---

12. Lei 9.795, de 27.4.1999, dispõe sobre a educação ambiental, institui a Política Nacional de Educação Ambiental e dá outras providências.

13. Lei 9.795, de 27.4.1999 dispõe sobre a educação ambiental, institui a Política Nacional de Educação Ambiental e dá outras providências.

cisos I a VII) e os princípios básicos e objetivos fundamentais da Política Nacional da Educação Ambiental, nos termos da Lei Federal n. 9.795, de 27.4.1999 (art. 4º, incisos I a VII e 5º, incisos I a VII), dentre outros diplomas garantidores do sistema de biossegurança internacional, bem assim harmonizada com as decisões colegiadas da 5ª Turma deste Tribunal, como visualizá--la atentatória à ordem, à economia e à segurança pública, *quando, a rigor, a decisão, aqui impugnada está, exatamente, buscando preservar a ordem, a economia e a segurança pública, num cenário de graves desvios das verbas públicas e de vergonhosos canais de propinodutos e corrupções já investigados pela Polícia Federal e pelo Ministério Público Federal?*

Nesse propósito, merece ser prestigiada a decisão singular, ora impugnada, que, dentre outros fundamentos, assim pontuou, com precisão, um dos aspectos relevantes da matéria posta nos autos, *in verbis*:

"Como bem delineado pelo MPF, 'mesmo diante de estudos que sinalizavam para danos ambientais e de saúde pública evidentes, devido à ausência de saneamento básico em conjunto com a construção da Usina Hidrelétrica de Belo Monte, os réus desta Ação Civil Pública quedaram-se inertes, desrespeitando o Princípio da Prevenção e não adotando as cautelas necessárias antes da efetiva execução das atividades poluidoras e utilizadoras de recursos naturais por parte da Usina'.

"Ainda que fosse verídica a informação constante no Relatório do Processo de Licenciamento de novembro de 2015, no sentido de que as obrigações do empreendedor para a implantação do Projeto de Saneamento em Altamira restaram cumpridas – o que, repita-se, não é o caso –, o fato é que a autarquia ambiental, com base no princípio da prevenção, não deveria ter admitido a concessão da licença de operação no contexto por ela própria identificado, *in verbis*:

"'41. Contudo, para a efetiva coleta e direcionamento do esgoto para o tratamento e disposição final, eliminando o lançamento do esgoto *in natura* nos cursos d'água, há necessidade de realizar as ligações dos imóveis à rede construída. A Norte Energia não programou a ligação das unidades por entender que tal responsabilidade recairia para o responsável pela operação do sistema'."[14]

Há de se registrar, por ora, que, em sessão histórica de julgamento, datada de 6.4.2017, a Corte Especial Judicial do Egrégio Tribunal Federal da 1ª Região, acolhendo, por maioria expressiva, a divergência por mim inaugurada, nos termos do voto supracitado, cassou a decisão política do Presidente do aludido Tribunal, nos autos da suspensão de segurança n. 0053298-77.2016.4.01.0000-PA, dando provimento ao Agravo Regimental do Ministério Público Federal, para restabelecer a eficácia plena da decisão liminar proferida pela douta Juíza Federal da Subseção Judiciária de Altamira, no Estado do Pará, Dra. Maria Carolina Valente do Carmo, restando o Acórdão assim ementado:

"*Ementa.* Constitucional, Administrativo e Processual Civil. Licença de operação do Complexo Hidrelétrico Belo Monte. Suspensão de segurança. Agravo Regimental do Ministério Público Federal. Provimento. Inexistência dos pressupostos legais da Suspensão de Segurança, na espécie dos autos.

"I – No caso em exame, verificando-se o descumprimento de condicionantes impostas na licença de instalação do empreendimento hidrelétrico de Belo Monte, em Altamira, no estado do Pará, impõe-se a suspensão da licença de operação n. 1317/2015, emitida pelo IBAMA até que sejam integralmente cumpridas as obrigações decorrentes da condicionante do saneamento básico (LI 795/2011, item 2.10), inclusive: a) limpeza e desativação das fossas rudimentares e de todos os meios inadequados de disposição e destino final de esgotos, em todo perímetro urbano da cidade de Altamira; b) limpeza e desativação dos poços de água de toda a área urbana de Altamira; c) fornecimento de água potável encanada e efetivo funcionamento do sistema de esgotamento sanitário, incluindo as ligações intradomiciliares, em todo perímetro urbano

14. Ação Civil Pública, Processo n. 0000269-43.2016.4.01.3903-PA.

da cidade de Altamira, implementando-se Campanha de Educação Ambiental, nos termos da decisão monocrática do Juízo Federal da Subseção Judiciária de Altamira (PA).

"II – A decisão liminar, que suspendeu a licença de operação n. 1.317/2015 – IBAMA não causa nenhuma lesão à ordem pública, no viés da ordem administrativa nem à economia pública, por supostamente atrasar a conclusão da usina e sua operacionalização, pois o próprio corpo técnico do IBAMA atesta, na hipótese dos autos, que o atraso se deve única e exclusivamente à omissão da Norte Energia, posto que sequer fora instalada ainda ou iniciada a construção da linha de transmissão UHE Belo Monte que levaria energia ao sudoeste, tendo ocorrido a entrega de apenas um terço das torres que "um dia" seriam erguidas num total de 1.508 torres, a demonstrar inexistir fato que poderia, com a suspensão da licença de operação, repercutir na economia pública. Ademais, a falta de saneamento do esgoto da área urbana de Altamira viola diretamente os direitos humanos relacionados ao meio ambiente ecologicamente equilibrado e à saúde pública, que a própria lei de suspensão de segurança busca tutelar na espécie dos autos.

"III – Nesse contexto, a respeitável decisão liminar do Juízo Federal da Subseção Judiciária de Altamira (PA), plenamente motivada pelos princípios dirigentes da precaução, da prevenção, da responsabilidade social e do desenvolvimento sustentável, que resultam das Convenções Internacionais de Estocolmo (1972), Rio de Janeiro (ECO-92), Rio + 20, Declaração de Paris (1998 e COP-21), Declaração Universal da ONU sobre os direitos da Água (1992), as Metas de Aichi de Biodiversidade (Meta 14), as Conferências de Cancún sobre Biodiversidade e Biossegurança (2016), os postulados fundamentais da Constituição da República Federativa do Brasil em vigor sobre o direito ao meio ambiente ecologicamente equilibrado, essencial à sadia qualidade de vida das presentes e futuras gerações (CF, art. 225, *caput*, respectivo § 1º, incisos I a VII e parágrafos 3º a 6º), os princípios dirigentes e os objetivos fundamentais da Política Nacional do Meio Ambiente equilibrado, nos termos da Lei Federal n. 6.938, de 31.8.1981 (art. 2º, incisos I a X e art. 4º, incisos I a VII) e os princípios básicos e objetivos fundamentais da Lei Federal n. 9.795, de 27.4.1999 (art. 4º, incisos I a VII e 5º, incisos I a VII), que regula a Política Nacional da Educação Ambiental, dentre outros diplomas garantidores do sistema de biossegurança internacional, bem assim harmonizada com as decisões colegiadas da egrégia Quinta Turma deste Tribunal, não se enquadra como atentatória à economia e à segurança pública, pois, a rigor, a aludida decisão singular merece ser tutelada pela própria Lei da Suspensão de Segurança, que nela encontra seus objetivos integralmente cumpridos num cenário de graves desvios de verbas públicas e de vergonhosos canais de corrupções, já postos na linha de investigação da Força-Tarefa 'Lava-Jato' da Polícia Federal e do Ministério Público Federal, que comanda essa ação judicial.

"IV – Agravo Regimental provido. (Rel. para Acórdão, Desembargador Federal Souza Prudente. Corte Especial Judicial do TRF/1ª Região)."

5. Conclusão

Afigura-se, assim, inaceitável a postura incoerente e abusivamente autoritária de Presidentes de Tribunais que cassam, reiteradamente, em nível de suspensão de segurança, com argumentos surrados e sem razoável base jurídica, contrariando a supremacia do interesse público ambiental, as bem fundamentadas decisões de Juízes lotados e desestimulados nas varas ambientais, por aquelas mesmas contraditórias presidências, pois a Carta Política Federal, que preordena a República Federativa do Brasil em suas relações internacionais a respeitar, dentre outros relevantes princípios, o da *prevalência dos direitos humanos* (CF, art. 4º, II), erigindo os tratados e convenções internacionais sobre direitos humanos a nível constitucional (CF, art. 5º, § 3º) e destacou o meio ambiente, em sua norma-matriz (CF, art. 225, *caput*), como *direito humano difuso e fundamental*, essencial à sadia qualidade de vida de todos os seres vivos, *passou a exigir um novo perfil de juiz, com postura republicana, legitimado pela soberania popular, no grau de sua coragem e indeclinável independência, na determinação das tutelas de urgência, em defesa dos direitos humanos fundamentais e do desenvolvimento sustentável, como garantia maior das presentes e futuras gerações.*

Brasília/DF, em 10.6.2017

NATUREZA, EFEITOS E VÍCIOS DAS RECOMENDAÇÕES DO MINISTÉRIO PÚBLICO

ARAKEN DE ASSIS
GIANFRANCESCO GENOSO

1. Atribuições constitucionais do Ministério Público. 2. Natureza e efeitos das recomendações do Ministério Público. 3. Vícios das recomendações do Ministério Público.

1. Atribuições constitucionais do Ministério Público

Emprestou a CF/1988 a importância e a estrutura consentâneas com as elevadas funções do Ministério Público. Claramente, fixou a independência do poder político, consagrando-lhe garantias similares às do Poder Judiciário. Seguiu, nesse passo, forma institucional do Ministério Público italiano.[1] Na CF/1988, o Ministério Público recebeu – na verdade, a questão essencial – a atribuição de velar a de

> zelar pelo efetivo respeito dos Poderes Públicos e dos serviços de relevância pública aos direitos assegurados nesta Constituição (art. 129, II),

o que, rigorosamente, abrange todas as funções concebíveis, inclusive a defesa do regime democrático (art. 127, caput, da CF/1988).

Cuida-se de evolução expressiva, considerando as origens modestas da instituição. Foram as necessidades da administração da Justiça Pública, na área criminal, que inspiraram o célebre texto legislativo de 25.3.1302, de Felipe IV, em França, que exigiu juramento dos seus procuradores. Em seguida, outros diplomas reconheceram a instituição preexistente. É inegável a influência francesa na criação e desenvolvimento da instituição.[2] Legou a terminologia que a acompanha até hoje: a de *Parquet* (assoalho), retratando a posição inferior então ocupada, "uma vez que seus agentes, nos primeiros tempos, permaneciam em lugar separado, na sala de audiências, e, não no estrado" reservado aos magistrados.[3] Posteriormente, quando seus integrantes já sentavam ao lado dos juízes (*magistrature assise*), os procuradores do rei sustentavam a acusação oralmente, e de pé, motivo pelo qual receberam a alcunha de *magistrature débout*. Tal excelente qualificação prestava tributo à altivez desse corpo. A expressão *Ministère Public* é recente, tornando-se comum a partir da segunda metade do século XVIII.

---

1. Antoinette Perrodet, *Étude pour un Ministère Publique Européen*, Paris, LGDJ, 2001, n. 306, p. 334.
2. Roger Perrot, *Institutions Judiciaires*, Paris, Montchristien, 1983, n. 277, pp. 270-271.
3. Paulo Pinto de Carvalho, "Uma incursão do Ministério Público à luz do direito comparado: França, Itália, Alemanha, América do Norte e União Soviética", in Voltaire Lima Moraes, *Ministério Público, Direito e Sociedade*, Porto Alegre, Fabris, 1986, p. 83.

Se o Ministério Público apareceu nas Ordenações Afonsinas (Livro I, Título VII), por meio da menção do Procurador da Coroa, ou dos feitos da Fazenda Pública,[4] e nas Ordenações Filipinas eram três as figuras análogas – Procurador dos Feitos da Coroa, Procurador dos Feitos da Fazenda, Promotor de Justiça da Casa de Suplicação, função ocupada por um dos desembargadores –, é certo que, ainda no século XIX, o desenvolvimento da instituição era incompleto,

sem centro, sem ligação, sem unidade, inspeção e harmonia.[5]

A República, através do Decreto 848, de 11.10.1890, outorgou organicidade à instituição. A exposição de motivos desse diploma explicou que competia aos procuradores

velar pela execução das leis, decretos e regulamentos que devam ser aplicados pela Justiça Federal e promover a ação pública onde ela convier.[6]

A CF/1891 contentou-se em mencionar o Procurador-Geral da República (art. 58, § 2º), e legitimá-lo concorrentemente na proposição da revisão criminal (art. 81, § 1º), e estabelecer a respectiva escolha pelo Presidente da República dentre os ministros do STF.[7]

À CF/1934 deve-se a institucionalização inicial do Ministério Público, organizando-o sob a forma federativa. Ela destacou o Ministério Público dos três poderes – o Legislativo, o Executivo e o Judiciário –, situando-o em posição particular.

É de realçar não assumir a localização formal do Ministério Público particular relevo no que tange à identidade e à independência no exercício das funções.[8] Na democrática Alemanha, amante da paz, o Ministério Público, cuja atuação como interveniente cessou em 1998,[9] integra o Executivo.[10]

Por sua vez, a CF/1937 volveu à configuração de 1891, felizmente abandonada na CF/1946 (arts. 125 a 128). Logo, o tratamento legislativo não primou pela homogeneidade, no que tange à posição constitucional,[11] nem pela constância.

Não se pode abstrair o período iniciado com a CF/1967 e seu sucedâneo na CF/1969. Na vigência dessa Carta outorgada, o art. 1º da LC 40/1981, conferiu ao Ministério Público a sua feição contemporânea. Rezava o art. 1º deste diploma:

4. João Francisco Sauwen Filho, *O Ministério Público brasileiro e o Estado Democrático de Direito*, Rio de Janeiro, Renovar, 1999, pp. 101-103.
5. José Antônio Pimenta Bueno, *Apontamentos sobre o Processo Criminal Brasileiro*, 3ª ed., Rio de Janeiro, Jacintho Ribeiro dos Santos, 1911, p. 128.
6. Fernando Antônio Negreiros Lima, *A intervenção do Ministério Público no Processo Civil Brasileiro*, São Paulo, Método, 2007, n. 1.4.3, p. 43.
7. M. I. Carvalho de Mendonça, *O Poder Judiciário no Brasil*, Curitiba, Adolpho Guimarães, 1899, p. 252.
8. Alcides de Mendonça Lima, "Atividade do Ministério Público no processo civil", *Revista de Processo* 10, São Paulo, Ed. RT, 1978, n. 3, p. 64.
9. Othmar Jauernig, *Zivilprozessrecht*, 26ª ed., Munique, C. H. Beck, 2006, § 17, p. 52.
10. Valdir Sznick, "Ministério Público no direito germânico", *Justitia*, vol. 126, São Paulo, MPSP, 1984, p. 124.
11. João Francisco Sauwen Filho, *O Ministério Público brasileiro e o Estado Democrático de Direito*, Rio de Janeiro, Renovar, 1999, p. 191.

O Ministério Público, instituição permanente e essencial à função jurisdicional do Estado, é responsável, perante o Judiciário, pela defesa da ordem jurídica e dos interesses indisponíveis da sociedade, pela fiel observância da Constituição e das leis (...).

Volvendo ao regime constitucional em vigor, as funções constitucionais do Ministério Público encontram-se no art. 127, *caput*, c/c art. 129.

Existem valores que essa instituição permanente cura objetivamente: a ordem jurídica, o regime democrático e os interesses sociais e individuais indisponíveis (art. 127, *caput*, da CF/1988). Para a consecução dessa missão constitucional, o art. 129 da CF/1988 arrola as seguintes funções na área civil: (a) promover as medidas necessárias (inclusive judiciais) para garantir o efetivo respeito dos Poderes Públicos e dos serviços de relevância pública aos direitos assegurados na Constituição (art. 129, II); (b) promover a ação civil pública, instaurando, se for o caso, o respectivo inquérito civil para a investigação preliminar, visando à proteção "do patrimônio público e social, do meio ambiente e de outros interesses difusos e coletivos" (art. 129, III); (c) promover o controle concentrado de inconstitucionalidade e a representação para fins de intervenção da União e dos Estados (art. 129, IV); (d) defender judicialmente os direitos e interesses das populações indígenas; (e) "exercer outras funções que lhe forem conferidas, desde que compatíveis com sua finalidade, sendo-lhe vedada a representação judicial e a consultoria jurídica de entidades públicas" (art. 129, IX).

Essas funções explícitas não se mostram exaustivas. O art. 129, IX, da CF/1988, permite que a lei, em sentido formal, outorgue outras funções ao Ministério Público, compatíveis com a sua finalidade. O conjunto demonstra que o Ministério Público defende os interesses da sociedade, em sentido lato. É nesse contexto que aparece a "recomendação" do art. 27, parágrafo único, da Lei 8.625/1993 (Lei Orgânica do Ministério Público).

2. Natureza e efeitos das recomendações do Ministério Público

O art. 27, parágrafo único, IV, da Lei 8.625/1993 (Lei Orgânica do Ministério Público), dentre outras disposições de igual teor, autoriza o Ministério Público, no campo da sua atuação institucional, a expedir recomendações aos órgãos públicos, aos concessionários e aos permissionários de serviço público, às entidades que exerçam outra função delegada do Estado ou do Município.

Logo surge o problema da natureza desse ato em particular. Por óbvio, só pode ter natureza administrativa, pois o Ministério Público só desempenha, no processo civil, as funções de parte principal (autor ou réu) ou de parte coadjuvante (*v.g.*, art. 178 do CPC de 2015).

A recomendação constitui ato administrativo por meio da qual o Ministério Público insta o destinatário a tomar as providências para prevenir a repetição ou determinar a cessação de eventuais violações à ordem jurídica,

> *servindo como clara advertência que as medidas judiciais cabíveis poderão ser adotadas a persistir determinada conduta.*[12]

---

12. Gustavo Milaré Almeida, *Poderes investigatórios do Ministério Público nas Ações Coletivas*, São Paulo, Atlas, 2010, n. 4.2.5, p. 105.

Ora, a recomendação não assume caráter impositivo. A sua força é, sobretudo, política, porque originada de Instituição que granjeou "respeito e tradição na defesa da comunidade",[13] e, ademais, ostenta poder de iniciativa em juízo. Nesse sentido, o Ministério Público exerce controle externo da Administração Pública, conforme notou Maria Sylvia Zanella Di Pietro, *in verbis*:

> (...) não tem função sancionatória. Mas investiga, analisa, pesquisa, colhe elementos suficientes para que o Judiciário exerça a sua função judicante. Na realidade, o Ministério Público participa do controle da Administração Pública na medida em que provoca o controle jurisdicional.[14]

No tocante à obrigatoriedade, Gustavo Milaré Almeida assevera o seguinte:

> Não obstante, impende ressaltar que as recomendações (assim como as audiências públicas) não são autoexecutórias ou coercitivas, não obrigando diretamente o destinatário ao cumprimento do seu conteúdo, mas tão somente a sua resposta, muito embora, como já mencionado, sirva de clara advertência sobre as consequências jurídicas que poderão advir do seu desatendimento.[15]

O Supremo Tribunal Federal, enfrentando recomendações expedidas pelo Ministério Público de Pernambuco, reconheceu a ausência de caráter impositivo, entendendo inadmissível reclamação contra atos dessa natureza.[16] Nesse ponto, declara a ementa do julgado, repercutindo a decisão liminar do Min. Sepúlveda Pertence, *in verbis*:

> Ausência de caráter impositivo dos atos reclamados, o que afasta a necessidade de intervenção do Poder Judiciário a fim de obstar a produção de seus efeitos.

Entenda-se bem: o Supremo Tribunal Federal rejeitou reclamação, porque a recomendação do Ministério Público do Estado de Pernambuco, por si mesma, não obriga à Administração. Por óbvio, o quadro mudaria de figura se a Administração, por ação ou omissão, perfilhasse o recomendado.

A recomendação constitui, sem embargo, poderoso instrumento de pressão política e psicológica e, na prática, nenhuma autoridade administrativa permanecerá indiferente ou arrostará com ânimo leve sua força persuasiva intrínseca.

Como quer que seja, concretamente, a recomendação é ato administrativo e, por esse motivo, submete-se aos requisitos de validade gerais dessa peculiar espécie de ato jurídico em sentido estrito.

---

13. Hugo Nigro Mazzilli, *Regime Jurídico do Ministério Público*, 2ª ed., São Paulo, Saraiva, 1995, p. 404.

14. Maria Sylvia Zanella Di Pietro, "O Ministério Público como instituição essencial à Justiça", in Carlos Vinícius Alves Ribeiro (org.), *Ministério Público – Reflexões sobre princípios e funções institucionais*, São Paulo, Atlas, 2010, n. 3, p. 10.

15. Gustavo Milaré Almeida, *Poderes investigatórios do Ministério Público nas Ações Coletivas*, cit., n. 4.2.5, p. 106.

16. Pleno do STF, AgRg na Rcl 4.907-PE, 11.4.2013, rel. Min. Dias Toffoli, *DJe* 20.5.2013.

3. Vícios das recomendações do Ministério Público

Um dos elementos do ato administrativo é a competência do agente. Entende-se por tal o exercício da função pública, ou seja, de determinada atribuição, dentro da esfera que a lei traçou à atuação do agente.

Mas, a lei não é a única fonte concebível, admitindo-se que derive de atos administrativos organizacionais.[17] São duas as características da competência administrativa: (*a*) inderrogabilidade, não se transferindo de um órgão para outro por mútuo acordo ou em virtude do assentimento do órgão competente; (*b*) improrrogabilidade, segundo a qual a incompetência não se transforma em competência, salvo modificação legislativa superveniente. É nulo o ato praticado por agente incompetente, aduz Diógenes Gasparini,[18] invocando o art. 2º, "a", e parágrafo único, "a", da Lei 4.717/1965. Realmente, como admitiu o Superior Tribunal de Justiça, a

> competência é a condição primeira de validade do ato administrativo quer seja vinculado ou discricionário.[19]

Não se vá longe demais, entretanto, visualizando incompetência unicamente no caso de descumprimento da lei em sentido formal.[20] O requisito tem igual aplicação na extrapolação das atribuições conferidas em provimentos administrativos.

Em geral, nas grandes comarcas, especialmente nas capitais dos Estados-membros, o Ministério Público estadual organiza-se em procuradorias, previstas na lei local, e cujas atribuições decorrem de provimentos do Procurador Geral de Justiça. Concebe-se, em mais de um caso, relativa sobreposição de atribuições. Assim, em Porto Alegre, há uma Promotoria do Meio Ambiente e uma Promotoria da Habitação e Defesa da Ordem Urbanística.

Verdade que há um meio ambiente artificial,

> consistente no complexo de edificações (chamado de espaço urbano fechado), e pelos equipamentos públicos (espaço urbano aberto).[21]

Figure-se, entretanto, o caso de a Procuradoria do Meio Ambiente expedir recomendação ao Município, atinente à previsão de equipamentos urbanos indispensáveis à ocupação de prédios em determina área da cidade, a fim de que se abstenha de expedir carta de habitação. Se, na organização do Ministério Público, compete à Promotoria de Habitação e Defesa da Ordem Urbanística, consoante o art. 5º, XVIII, do Provimento n. 12/2000, na redação do Provimento 15/2005, promover ação civil pública para proteção da ordem urbanística, e a previsão de equipamentos urbanos respeita a tal matéria, viciada é a recomendação expedida pela Promotoria do Meio Ambiente. Por força dessa especialização de

---

17. José dos Santos Carvalho Filho, *Manual de Direito Administrativo*, 4ª ed., Rio de Janeiro, Lumen Juris, 1999, p. 67.
18. Diógenes Gasparini, *Direito Administrativo*, 5ª ed., São Paulo, Saraiva, 2000, p. 56.
19. 1ª T. do STJ, AgRg no REsp. 635.949-SC, 21.10.2004, rel. Min. Luiz Fux, *DJe* 29.11.2004, p. 252.
20. Nesse sentido, porém, Maria Sylvia Zanella Di Pietro, *Direito Administrativo*, 11ª ed., São Paulo, Atlas, 1999, n. 7.7.1, p. 189.
21. Celso Antonio Pacheco Fiorillo, *Curso de Direito Ambiental Brasileiro*, São Paulo, Saraiva, 2000, p. 196.

atribuições entre órgãos, é incompetente a Procuradoria do Meio Ambiente para ocupar-se do meio ambiente artificial, do qual encarrega-se, ao invés, a Promotoria de Habitação e Defesa da Ordem Urbanística.

No caso figurado, também se concede vício quanto à motivação. Por exemplo, a recomendação ao Município, com o fito de expedir a carta de habitação para as edificações, invoca motivo – a impossibilidade de ocupação das edificações sem as obras viárias de adequação do espaço urbano aberto –, não demonstrado, *a priori*, caso em que inexistirá correspondência entre o motivo de fato e o motivo legal, de per si viciando o ato. Eventualmente, se o objetivo da recomendação é outro, visando a obrigar a construtora dos prédios a prover os equipamentos urbanos, haverá desvio de poder: a recomendação objetiva satisfazer finalidade alheia à sua natureza e ao seu objetivo expresso. Se a finalidade não corresponde ao motivo, estampa-se vício do ato, como explica Celso Antônio Bandeira de Mello, *in verbis*:

> É certo, entretanto, que o frequente, o comum, é que exista vício de intenção, o qual poderá ou não corresponder ao desejo de satisfazer um apetite pessoal. Contudo, o ato será sempre viciado por não manter relação adequada com a finalidade em vista da qual poderia ser praticado. O que vicia, portanto, não é o defeito de intenção, quando existente – ainda que através disto se possa, muitas vezes, perceber o vício –, mas o desacordo *objetivo* entre a finalidade do ato e a finalidade da competência.[22]

Essas considerações demonstram que a recomendação, enquanto ato administrativo, apesar de originário do Ministério Público, submete-se ao regime geral das invalidades do direito administrativo.

Referências bibliográficas

ALMEIDA, Gustavo Milaré. *Poderes investigatórios do Ministério Público nas Ações Coletivas*. São Paulo, Atlas, 2010.

BANDEIRA DE MELLO, Celso Antônio. *Curso de Direito Administrativo*. 33ª ed., 2ª tir. São Paulo, Malheiros Editores, 2017.

BUENO, José Antônio Pimenta. *Apontamos sobre as Formalidades do Processo Criminal*, 3ª ed. Rio de Janeiro, Jacintho Ribeiro dos Santos, 1911.

CARVALHO, Paulo Pinto de. "Uma incursão do Ministério Público à luz do direito comparado: França, Itália, Alemanha, América do Norte e União Soviética", in MORAES, Voltaire Lima. *Ministério Público, Direito e Sociedade*. Porto Alegre, Fabris, 1986.

CARVALHO DE MENDONÇA, Manuel Inácio. *O Poder Judiciário no Brasil*. Curitiba, Adolpho Guimarães, 1899.

CARVALHO FILHO, José dos Santos. *Manual de Direito Administrativo*. 4ª ed. Rio de Janeiro, Lumen Juris, 1999.

DI PIETRO, Maria Sylvia Zanella. *Direito Administrativo*. 11ª ed. São Paulo, Atlas, 1999.

_____. "O Ministério Público como instituição essencial à Justiça", in RIBEIRO, Carlos Vinícius Alves (org.). *Ministério Público – Reflexões sobre princípios e funções institucionais*. São Paulo, Atlas, 2010.

---

22. Celso Antônio Bandeira de Mello, *Curso de Direito Administrativo*, 33ª ed., 2ª tir., São Paulo, Malheiros Editores, 2017, p. 420.

FIORILLO, Celso Antonio Pacheco. *Curso de Direito Ambiental Brasileiro*. São Paulo, Saraiva, 2000.

GASPARINI, Diógenes. *Direito Administrativo*. 5ª ed. São Paulo, Saraiva, 2000.

JAUERNIG, Othmar. *Zivilprozessrecht*. 26ª ed. Munique, C. H. Beck, 2006.

LIMA, Alcides de Mendonça. "Atividade do Ministério Público no processo civil", *Revista de Processo* 10. São Paulo, Ed. RT, 1978.

LIMA, Fernando Antônio Negreiros. *A Intervenção do Ministério Público no Processo Civil Brasileiro como "Custos Legis"*. São Paulo, Método, 2007.

MAZZILI, Hugo Nigro. *Regime Jurídico do Ministério Público*. 2ª ed. São Paulo, Saraiva, 1995.

PERRODET, Antoinette. *Étude pour un Ministère Public européen*. Paris, LGDJ, 2001.

PERROT, Roger. *Institutions Judiciaires*. Paris, Montchristien, 1983.

SAUWEN FILHO, João Francisco. *O Ministério Público brasileiro e o Estado Democrático de Direito*. Rio de Janeiro, Renovar, 1999.

SZNICK, Valdir. "Ministério Público no direito germânico", *Justitia*, vol. 126. São Paulo, MPSP, 1984.

OS ATOS BIFACES NO DIREITO BANCÁRIO

Arnoldo Wald

1. Introdução. 2. O sistema financeiro e sua regulamentação. 3. Os atos bifaces. 4. A posição da doutrina estrangeira. 5. A doutrina brasileira de Hely Lopes Meirelles e de Caio Tácito. 6. Aspectos internacionais. 7. Conclusões.

1. Introdução

Já tivemos o ensejo de definir a importância de Hely Lopes Meirelles, ao afirmamos que a sua obra constitui a linha divisória a partir da qual surge o direito administrativo moderno, com uma nova sistemática e um espírito didático, que garantiram o seu sucesso durante os últimos cinquenta anos. Na realidade, além de um consolidador, Hely foi também um inovador, tendo renovado vários conceitos e institutos e criado outros, como bem salientou Eurico de Andrade Azevedo na biografia que escreveu e que republicamos na presente obra.[1] E entre os novos conceitos, que não encontramos em outros juristas, está o de atos bifaces, a respeito do qual ambos escrevemos[2] e que foi objeto de vários pareceres seus,[3] abrindo novos horizontes em relação a questões complexas, com repercussões teóricas e práticas.

Decidimos focalizar o artigo que escrevemos em homenagem ao Professor Hely Lopes Meirelles nos atos bifaces, cuja primeira análise foi feita em relação à incorporação de bancos, abrangendo sucessivamente a decisão comercial das partes e a aprovação da autoridade no uso de poder discricionário.

2. O sistema financeiro e sua regulamentação

1. A importância crescente das instituições financeiras, em todos os países, fez com que nos chamasse a atenção o estudo dos problemas do direito público bancário. Embora se tivesse admitido a existência no direito bancário, de normas de direito privado e de direito público, estas últimas ainda não mereceram, por parte da jurisprudência e da doutrina, um estudo sistemático, que nos parece oportuno.

---

1. Eurico de Andrade Azevedo, "Retrato de Hely Lopes Meirelles", publicado inicialmente na *RDA*, 204/131-134, abr.-jun. 1996.

2. Hely Lopes Meirelles, *Direito Administrativo Brasileiro*, 42ª ed., São Paulo, Malheiros Editores, 2016, p. 211 e Arnoldo Wald, "Aspectos peculiares do direito bancário: o regime jurídico dos atos bifaces", *Revista de Direito Mercantil* 48/5-15, out.-dez. 1982.

3. Pareceres de 6.10.1982 e 26.11.1984, publicados respectivamente em *Estudos e Pareceres de Direito Público*, São Paulo, Ed. RT, 1984, vol. 8, pp. 306-322 e vol. 9, pp. 181-190.

2. A ausência de bibliografia na matéria se explica pelo fato de se ter considerado tradicionalmente o direito bancário como sendo "o mais comercial dos ramos do direito mercantil", cuja autonomia só recentemente foi reconhecida. É, assim, na área do direito privado que se multiplicaram os estudos referentes aos aspectos jurídicos das operações bancárias, enquanto a legislação e a regulamentação tratavam também da vertente de direito público. Ressalvadas algumas poucas referências encontradas eventualmente nas obras que, no Brasil, trataram do direito econômico,[4] o conflito negativo estabelecido entre comercialistas e administrativistas, quanto aos aspectos publicísticos do direito bancário, fez com que não fossem examinados em profundidade até o presente momento, embora abrangendo matérias controvertidas a merecer a analise dos estudiosos, tanto no plano teórico quanto prático.

3. O amplo movimento de publicização do direito privado, em virtude do qual se receava que "o direito administrativo pudesse vir a devorar o direito civil",[5] transformou-se numa espécie de simbiose entre elementos de direito público e de direito privado, em virtude da alegada "comercialização do direito administrativo". Efetivamente, do mesmo modo que, na conquista de Roma pelos bárbaros, o elemento cultural do povo mais culto, embora vencido, acabou prevalecendo sobre o do menos desenvolvido, algumas das técnicas do direito comercial e, em particular, do direito societário foram sendo progressivamente adotadas pelo direito público na regulamentação das novas áreas por ele ocupadas,[6] como se verifica no caso das sociedades de economia mista e até nas empresas públicas e nas parcerias público-privadas.

4. Efetivamente, em vez da anexação pura dos territórios antes pertencentes ao direito comercial, preferiu o direito público (por ocasião das nacionalizações), utilizar as técnicas mais sofisticadas do "protetorado", em virtude do qual ou o Estado se substitui aos particulares, continuando a aplicar aos bancos públicos determinadas normas de direito comercial ou, então, delega a atividade bancária aos particulares, num sistema de tutela, supervisão, liberdade vigiada e regulamentação imperativa.[7]

5. A área bancária sofreu, pois, em todos os países, uma crescente publicização na medida em que o controle da moeda pelo Estado passou a ser mais intenso e em que toda a economia nacional sofreu as consequências da concentração das instituições financeiras, do desenvolvimento tecnológico, do dirigismo estatal e da crescente interdependência econômica e política entre os Estados, com a globalização.

4. Geraldo de Camargo Vidigal, *Teoria Geral do Direito Econômico*, São Paulo, Ed. RT, 1977 e *Disciplina dos Órgãos de Direção, Monetária*, tese mimeografada, São Paulo, 1964, e ainda Eros Roberto Grau, *Elementos de Direito Econômico*, São Paulo, Ed. RT, 1981; José Wílson Nogueira de Queiroz, *Direito Econômico*, Rio de Janeiro, Forense, 1982; José Nabantino Ramos, *Sistema Brasileiro de Direito Econômico*, São Paulo, Resenha Tributária, 1977 e Orlando Gomes e Antunes Varela, *Direito Econômico*, São Paulo, Saraiva, 1977.

5. A frase é de Radbruch citado por Caio Tácito no seu artigo "Evolução histórica do direito administrativo", *Temas de Direito Público. Pareceres*, Rio de Janeiro, Renovar, 1997, vol. 1, pp. 1-8. No mesmo sentido, Arnoldo Wald, *A Evolução do Direito e a Absorção da Administração Privada pela Administração Pública*, Rio de Janeiro, Imprensa Nacional, 1953.

6. Roger Houin, "La gestion des entreprises publiques et les méthodes du droit commercial", *Archives de Philosophie du Droit*, Paris, Recueil Sirey, 1952, p. 79.

7. Neste sentido, Jean Rivero, *Droit Public et Droit Privé: conquête ou "statu quo"*, Paris, Dalloz, 1947, p. 65.

6. A utilização dos depósitos à vista considerados como forma de moeda escritural fez com que os Estados não mais pudessem controlar a evolução de sua moeda sem acompanhar e fiscalizar as operações bancárias e, especialmente, as realizadas pelos bancos comerciais, que recebem depósitos à vista e que se tornam, assim, os catalisadores do famoso milagre da "multiplicação dos pães". Essa alavancagem pode ter, infelizmente, na sua forma atual como eventual consequência, o risco do desaparecimento dos recursos, que ocorre quando o banco não consegue mais reaver os valores por ele emprestados em virtude das crises sistêmicas, e com os quais pretendia reembolsar os depositantes.

7. Assim, os economistas esclarecem que, ao lado do papel-moeda, existe a "moeda escritural", "*bank money*" ou "*deposit currency*", que abrange os depósitos bancários à vista, representados pela expressão esotérica M^1. A moeda em circulação consiste, pois, tanto no papel-moeda (denominado simplesmente M) como nos depósitos bancários à vista ou moeda bancária M^1, que representam, pois, um importante múltiplo do valor do papel-moeda.[8]

8. Verificamos, assim, que, na realidade, os bancos comerciais criam moeda, exercendo verdadeira ação multiplicadora da função emissora do Banco Central. Deste modo, podemos até afirmar que, enquanto o Banco Central é o órgão emissor por atacado, os bancos comerciais são os multiplicadores da moeda que a redistribuem a varejo, em virtude do sistema de reservas, que os autoriza a emprestar valores superiores àqueles por eles recebidos em depósito.[9] Assim, ao princípio tradicional *deposits make loans*, acrescentou-se a sua inversão: *loans make deposits*.

9. Sendo o Estado moderno titular do monopólio da emissão do papel-moeda, e cabendo-lhes dirigir a política monetária, ele acaba de fato delegando, em parte, essa faculdade aos bancos comerciais em virtude da utilização da moeda escritural, cabendo aos bancos centrais a função básica de controlar a política monetária e creditícia, ou seja, o ritmo da emissão da moeda escritural, que aumenta a velocidade da circulação da moeda. O Banco Central é, pois, o "guardião da moeda".[10]

10. Evidencia-se, pois, a importância do papel que desempenha o Banco Central no mundo contemporâneo. Já houve, aliás, quem dissesse que, desde a criação do mundo houve três grandes invenções: o fogo, a roda e o Banco Central. Por outro lado, com injustificada maldade, o economista liberal americano Milton Friedman, parodiando uma frase de Georges Clémenceau, chegou a afirmar que "a moeda é uma coisa excessivamente séria para ser confiada aos Bancos Centrais".[11]

11. O sistema bancário como um todo, abrangendo tanto o Banco Central como a totalidade dos bancos comerciais que recebem depósitos à vista, constitui, pois, uma unidade

---

8. Paul A. Samuelson, *Economics*, 9ª ed., Nova York, Mac-Graw Hill, 1973, pp. 277-281; Henri Guitton, Gérard Bramoullé, *La Monnaie*, 4ª ed., Paris, Dalloz, 1978, p. 194; Paul Hugon, *A Moeda*, São Paulo, Livraria Pioneira/Edusp, 1967, p. 46 e Eugênio Gudin, *Princípios de Economia Monetária*, vol. 1, 3ª ed., Rio de Janeiro, Agir, 1954, p. 61.

9. Herculano Borges da Fonseca, *Instituições Financeiras do Brasil*, Rio de Janeiro, Crown, 1970, p. 43.

10. Sobre o Banco Central, ver o recente artigo de Gustavo Loyola, "Banco Central: invenção da dupla Campos/Bulhões", no livro *Lanterna na Proa*, organizado por Ives Gandra da Silva Martins e Paulo Rabello de Castro, São Luís, Resistência Cultural, 2017, pp. 96-100.

11. Jean Pierre Patat, *Les Banques Centrales*, Paris, Sirey, 1972, p. 1.

orgânica que tem uma verdadeira função de serviço público, incumbindo-se do exercício do poder monetário, que, na realidade, é um poder-dever.

12. É estranho que só recentemente os juristas tenham passado a analisar, em profundidade, as repercussões jurídicas da moeda e do poder monetário. Além de algumas digressões, poucas foram as obras jurídicas que se dedicaram ao estudo do fenômeno monetário, antes da Primeira Guerra Mundial. Podemos dizer que foi com os livros de Tullio Ascarelli, Arthur Nussbaum e F. A. Mann[12] que se criou nova focalização dos aspectos jurídicos da moeda e dos efeitos da inflação no mundo do Direito. Quanto ao poder monetário exercido pelo Estado moderno, não tem merecido a necessária atenção dos mestres do direito público e só recentemente tem sido pontualmente apreciado pela jurisprudência.

13. Há cerca de 50 anos, o Prof. Herculano Borges da Fonseca proferiu, no Instituto dos Advogados Brasileiros, uma importante conferência na qual defendia a existência autônoma do direito monetário, como ramo do direito público, e reconhecia o surgimento, no Estado contemporâneo, de um novo poder – tão importante quanto os três poderes tradicionais aos quais aludia Montesquieu o Poder Monetário. Para o economista e jurista brasileiro, estava ocorrendo uma evolução em virtude da qual

> o que era, no passado, de interesse privado, assumiu, nos tempos atuais, caráter público à medida que se tornam mais complexas e difundidas as funções dos Bancos Centrais e mais íntimas as suas ligações com os Bancos Comerciais, criadores de moeda bancária. As atividades dos banqueiros deixaram de ser assunto de natureza (puramente) privada.[13]

14. Dentro desse espírito houve, progressivamente, o reconhecimento do fato de constituir a atividade bancária, especialmente no campo dos bancos comerciais, uma verdadeira delegação do poder estatal, importando na aplicação ao direito bancário de normas tanto de direito privado como de direito público, interpenetrando-se umas com as outras.

15. Essa conceituação foi amplamente discutida na Europa e, especialmente, na França e na Itália, divergindo os doutrinadores menos quanto à função exercida pelos bancos do que no tocante à adequação técnica da terminologia escolhida. Em meados do século XX, autores franceses, como o Professor Roger Houin, definiram a instituição financeira como sendo o instrumento de um serviço público de distribuição e regulação do crédito, considerando que estaria exercendo "um verdadeiro serviço público" ou, ainda, que a "função bancária é próxima do serviço público".[14]

---

12. Tullio Ascarelli, *Studi Giuridici sulla Moneta*, Milão, A. Giuffrè, 1952; Arthur Nussbaum, *Teoría Jurídica del Dinero: el dinero en la teoría y en la práctica del derecho alemán y extranjero*, Madrid, Lebrería General de Victoriano Suárez, 1929; Fritz Alexander Mann, *The Legal Aspect of Money: with special reference to comparative private and public international*, Oxford, At The Clarendon Press, 1971.

13. Herculano Borges da Fonseca, *Instituições Financeiras do Brasil*, cit., p. 318.

14. A ideia foi lançada inicialmente por Roger Houin em artigo publicado na *Revue Trimestrielle de Droit Commercial*, 1955, p. 150, e 1964, p. 164, sendo adotada por Rives-Lange e Jack Vezian *(Jurisclasseurs Banque et Bourse,* 1970, t. I, fasc. 8, n. 173) e por Christian Gavalda *(Jurisclasseurs,* cit., fasc. 30, cad. II, 1966, n. 8). Em trabalhos posteriores a doutrina francesa salientou que não se tratava de um autêntico serviço público mas de uma situação próxima ou equiparada ao serviço público em virtude de sua importância econômica e social (Christian Gavalda, Jean Stoufflet, *Droit de la Banque*, Paris, Puf, 1974, n. 3, p. 9 e n. 214, p. 252; René Rodière, Jean-Louis Rives-Lange, *Précis de Droit Bancaire*, Paris, Dalloz, 1973, n. 5, p. 4 e Jack Vezian, *La Responsabilité du Banquier*, Paris, Librairies Téchniques, 1977, n. 172, p. 152).

16. Os tribunais franceses chegaram a admitir essa tese, ao decidir que os bancos participam do serviço público da distribuição do crédito e que, consequentemente, a sua responsabilidade pode decorrer de faltas cometidas no exercício dessa função.[15]

17. Posteriormente, sob a influência do Prof. Michel Vasseur, a matéria foi objeto de uma certa revisão, pela doutrina francesa, que melhor definiu a vocação de serviço público dos bancos como uma ideia-força, eventualmente desvinculada do conceito técnico, que o serviço público tem em direito administrativo. Os autores esclarecem que se trata de salientar, no caso, a importância excepcional e a missão econômica própria que tem a instituição financeira no mundo moderno.[16]

18. É preciso salientar, todavia, que o próprio Michel Vasseur, que foi o maior crítico das consequências que se pretendia tirar do conceito de serviço público bancário no campo da responsabilidade civil, reconhece que a relação de direito administrativo existe entre o banqueiro e o Estado, em virtude da delegação que lhe foi confiada de conceder crédito, que se equipara economicamente à emissão da moeda. Entendia, todavia, que essa subordinação ao direito público não deveria, porém, ser ampliada para reger as operações realizadas entre o banco e os seus clientes que estão sujeitos ao direito comercial.[17] Daí a criação de uma situação híbrida, regida tanto pelo direito privado como pelo direito público e, já agora acrescentamos também, o direito do consumidor ao qual, pela jurisprudência, foram equiparados, para certos fins, os mutuários e os depositantes.

19. De qualquer modo, reconheceu-se que o banqueiro não é um comerciante comum, pelo fato de estar criando uma mercadoria diferente das demais ou crédito, ou seja, a própria moeda, que constitui "o sangue da economia".[18]

20. Já se afirmou até haver uma vinculação entre a moeda e a liberdade. Os economistas costumam citar a frase de Dostoievski na *Casa dos Mortos*, de acordo com a qual a moeda é a liberdade cunhada pelo Estado. A moeda seria, pois, um grau de liberdade e, por sua vez, a liquidez abrangeria as noções de disponibilidade e de liberdade. E já se escreveu que "o que constitui o grau de liquidez para um corpo torna-se o grau de liberdade na escala do comportamento humano".[19]

21. Explica-se, pois, a presença do direito público na área bancária, embora nem sempre lhe tenham dado a devida importância os especialistas da matéria e pouco se tenha estudado a verdadeira natureza da relação entre o Estado e o sistema bancário.

22. Assim mesmo, a doutrina italiana teve o ensejo de examinar o ordenamento setorial existente na área financeira e vislumbrou um instrumento ainda mais penetrante do que a concessão, pois nele se agregaria ao poder de direção, a competência para estabelecer uma normatividade interna ao qual estão sujeitas todas as instituições financeiras, tanto públicas

---

15. *Apud* Michel Vasseur, *La Responsabilité Civile du Banquier Dispensateur de Crédit*, 3ª ed., Paris, Banque, 1978, pp. 9 e ss., e Georges Pratt, *La Responsabilité du Banquier*, Paris, Technique et Documentation, 1981, p. 12.
16. Ver nota 14 supra.
17. Michel Vasseur, *La Responsabilité Civile du Banquier Dispensateur de Crédit*, cit., p. 66.
18. Jean Stoufflet, "Devoirs et responsabilité du banquier", in Christian Gavalda (org.), *Responsabilité Professionnelle du Banquier*, Paris, Economica, 1978, p. 23.
19. Henri Guitton, Gérard Bramoullé, *La Monnaie*, cit., pp. 64-65.

como privadas.[20] Também na Itália, reconhece-se que o sistema financeiro constitui objetivamente um serviço público cujas normas mesclam elementos de direito comercial e de direito administrativo.[21]

23. No Direito brasileiro, a Constituição Federal atribui à União Federal a competência exclusiva para emitir moeda (art. 21, VII), legislar sobre o sistema monetário (art. 22, VI), administrar as reservas cambiais (art. 22, VIII) e fiscalizar as operações de crédito (art. 21, VIII). As Constituições anteriores determinavam que só podiam funcionar no país bancos de depósitos quando fossem brasileiros os seus acionistas (art. 145 da Constituição de 1937) tendo sido a norma posteriormente transferida para a lei ordinária (art. 149 da Constituição de 1946) e atualmente não mais prevalecendo.

24. A regulamentação do Sistema Financeiro Nacional consta na Lei 4.595, de 31.12.1964, que é Lei Complementar. O sistema é integrado pelo Conselho Monetário Nacional, pelo Banco Central, pelo Banco do Brasil e pelas demais instituições financeiras públicas e privadas.

25. Enquanto o Conselho Monetário Nacional tem competência de caráter normativo, ao Banco Central cabe, basicamente, a função de fiscalizar o sistema bancário tanto privado como público. Assim, determina a Lei que o Banco Central deve exercer o controle do crédito, a fiscalização das instituições financeiras e a aplicação de penalidades às mesmas, tendo poderes para autorizar as instituições financeiras para que possam funcionar no país, instalar ou transferir a sua sede ou dependências, ser transformadas, fundidas, incorporadas ou encampadas, alterar os seus estatutos etc. (art. 10 da Lei 4.595, de 31.12.1964). Por outro lado, a autoridade monetária também aprova os nomes dos administradores eleitos para gerir as instituições financeiras (art. 33 da Lei 4.595/1964), e autoriza a alienação de controle de estabelecimento bancário que seja sociedade de capital aberto (art. 255 da Lei 6.404, de 15.12.1976, com a redação dada pela Lei 9.457, de 5.5.1997).

26. A legislação brasileira considera, outrossim, a compensação bancária como atividade essencial (art. 10, XI, da Lei 7.783, de 28.6.1989).

27. Os tribunais brasileiros têm admitido, embora sem maior análise de mérito, que a instituição financeira exerce uma função concedida pelo Poder Público, razão pela qual a autorização para financiar que lhe foi concedida pode ser cancelada, quando a entidade paralisa as suas atividades, não cumprindo assim as suas obrigações.[22]

28. Na área administrativa, as autoridades têm preferido reconhecer que se trata de uma atividade autorizada de natureza especial em relação à qual a fiscalização contínua realizada pelo Banco Central adquire uma densidade especial, de tal modo que os principais atos da vida bancária não têm validade ou eficácia sem o *placet* da autoridade administrativa.

---

20. Massimo Severo Giannini, *Diritto Pubblico dell'Economia*, Bolonha, Società Editrice di Mulino, 1977, p. 200.

21. Paolo Vitale, *Pubblico e Privato nell'Ordinamento Bancario*, Milão, A. Giuffrè, 1977, *passim* e especialmente p. 159.

22. Acórdão unânime do Plenário do antigo Tribunal Federal de Recursos no MS 94.668, julgado em 3.12.1981. Alguns autores também consideram que os bancos são, no fundo, concessionários de um serviço público ou equiparados aos concessionários (R. Martin Mateo, F. Sosa Wagner, *Derecho Administrativo Económico*, Madri, Pirámide, 1974, p. 81).

3. Os atos bifaces

29. Verificamos, assim, que quando se trata da alteração da diretoria, da modificação dos estatutos de um banco, de sua transferência de controle ou de sua incorporação ou fusão, a operação só se concretiza mediante a simbiose de duas ou mais declarações de vontades sucessivas à dos particulares, que se rege pelo direito comercial, e à do Estado, sob a forma de autorização ou aprovação do Banco Central, que está sujeita às normas de direito administrativo. O mesmo ocorre, em certos casos, em relação aos atos que necessitam da aprovação da CVM, do CADE ou de outros órgãos públicos embora o problema tenha sido examinado, pela primeira vez, em direito bancário.

30. Essa situação nos parece peculiar e importante, pois exige, para a sua análise, o exame simultâneo de duas posições que obedecem a regulamentações distintas. Tanto para verificar a validade do ato, como para eventualmente desconstituí-lo, torna-se necessário compatibilizar normas de dois sistemas que podem estar em conflito ou, ao contrário, ser complementares.

31. Trata-se de problema que tem surgido nos tribunais brasileiros nos quais se discute, por exemplo, a desconstituição de uma incorporação de instituição financeira, em virtude da qual foi extinta a carta patente de um banco. Até que ponto é viável, em tal hipótese, examinar a validade e eficácia da incorporação sob o prisma exclusivo do direito comercial, podendo eventualmente restabelecer a existência de um banco, já agora sem autorização para funcionar. Ou se, ao contrário, é necessário proceder simultaneamente à anulação do ato administrativo, para que possa ocorrer o restabelecimento da situação anterior na sua totalidade? E sendo a concessão e a extinção da carta patente ou de autorização um poder discricionário do Banco Central, será ou não possível restabelecê-la, por via judicial, quando já extinta pela autoridade monetária, considerando-se que se trata de poder discricionário da mesma?

32. Essas perguntas de natureza prática envolvem, inclusive, questões processuais, quanto à Justiça competente para resolver o eventual conflito e a posição exata da autoridade administrativa no litígio, que aparentemente, em certos casos, pode travar-se entre particulares como os acionistas das duas empresas (alienante e adquirente do controle acionário). Evidencia-se que o debate não é puramente acadêmico, mas tem importância no próprio desenvolvimento da vida econômica do país, especialmente em momento de dificuldades financeiras nacionais e internacionais que obrigam os poderes públicos a uma atuação rápida e segura.

33. Cabe salientar que, no Direito brasileiro, a competência dada na matéria ao Banco Central não é vinculada, mas sim discricionária, de modo que as autoridades podem aprovar ou recusar-se a aprovar uma operação de acordo com os critérios gerais de oportunidade e conveniência, consideradas as condições do mercado, sem prejuízo da eventual responsabilidade no caso de desvio ou abuso de poder. Acresce que, no campo do poder discricionário, não cabe ao Juiz se substituir à autoridade, podendo, tão somente, responsabilizar aqueles que atuaram contra a lei, com culpa ou dolo, de modo que, em tese, qualquer litígio desse tipo se resolverá, necessária e exclusivamente, em perdas e danos, não se admitindo a desconstituição do ato praticado, nem podendo, em tese, a decisão judicial fazer o milagre de ressuscitar o banco cujas atividades foram extintas e vedadas pela autoridade administrativa, a não ser nos casos de usurpação de competência ou de desvio de poder pelos órgãos do Banco Central.

34. Acresce que em certos casos, como os previstos na redação originária do art. 255 da Lei das Sociedades Anônimas,[23] a norma jurídica tinha como destinatário o próprio Banco Central ao qual cabia zelar para que fosse assegurado um tratamento equitativo aos acionistas minoritários da entidade financeira, cujo controle estava sendo adquirido. Em tais hipóteses, a instituição financeira que adquiria o controle se limitava a obedecer aos critérios fixados pela autoridade competente. Cabia, então, indagar até que ponto poderia o vendedor das ações ser responsabilizado, caso o critério adotado não fosse considerado o adequado, sem que houvesse a desconstituição prévia do ato administrativo. Essa desconstituição era ou não um requisito prévio para qualquer discussão entre as partes?

4. A posição da doutrina estrangeira

35. Pensamos que estamos nessas hipóteses diante de atos mistos ou complexos que preferimos denominar bifaces. Efetivamente, o ato administrativo complexo tem a sua conceituação própria no direito administrativo, mas a sua estrutura está tradicionalmente vinculada à existência de várias declarações de vontades, todas elas da mesma natureza, ou seja, dentro da sistemática administrativa, que obedece exclusivamente ao direito público. O ato misto tem, por sua vez, a sua definição vinculada aos atos unilateralmente comerciais, ou seja, realizados entre um comerciante e um não comerciante, ambos sujeitos ao direito privado. Donde pensarmos no ato *biface* como sendo uma forma de ato complexo abrangendo manifestações de vontades situadas, respectivamente, na área privada e na área pública, ou seja, no direito comercial e no direito administrativo.

36. Não deixa de haver uma certa analogia de estrutura entre os atos básicos de direito bancário aos quais nós nos referimos e outros da vida civil nos quais o Estado também participa, como ocorre no direito de família, em relação ao casamento e, no passado, em certas legislações, em relação à adoção ou à legitimação por decreto.[24] Cabe, todavia, salientar que, nos atos de direito de família, a posição do Estado geralmente se limita a examinar requisitos formais, enquanto, no direito bancário, as autoridades exercem um poder discricionário.

---

23. A redação do art. 255 da Lei 6.404 era a seguinte:
"Art. 255. A alienação do controle de companhia aberta que dependa de autorização do governo para funcionar e cujas ações ordinárias sejam por força de lei, nominativas ou endossáveis, está sujeita à prévia autorização do órgão competente para aprovar a alteração do seu estatuto.

"§ 1º- A autoridade competente para autorizar a alienação deve zelar para que seja assegurado tratamento equitativo aos acionistas minoritários, mediante simultânea oferta pública para a aquisição das suas ações, ou o rateio, por todos os acionistas, dos intangíveis da companhia, inclusive autorização para funcionar.

"§ 2º- Se a compradora pretender incorporar a companhia, ou com ela se fundir, o tratamento equitativo referido no § 1º será apreciado no conjunto das operações."

Atualmente, em virtude das modificações introduzidas pela Lei 9.457, de 5.5.1997 é a seguinte:
"Art. 255. A alienação do controle de companhia aberta que dependa de autorização do governo para funcionar está sujeita à prévia autorização do órgão competente para aprovar a alteração do seu estatuto. (Redação dada pela Lei n. 9.457, de 1997).

"§§ 1º e 2º (Revogados pela Lei n. 9.457, de 1997)."

24. Roberto de Ruggiero, *Instituições de Direito Civil*, vol. 2, 3ª ed., São Paulo, Saraiva, 1972, pp. 9-10.

37. A doutrina não tem dado a devida atenção ao ato complexo, invocando, todavia, eventualmente o ensinamento dos administrativistas[25] e fazendo a devida distinção entre as situações nas quais o Estado tem uma situação meramente passiva, como no caso da função executada pelo registro de imóveis, não podendo a autoridade recusar o seu concurso, sempre que preenchidos os requisitos e as finalidades legais, e aquelas em que desempenha um papel ativo e concorre com uma declaração de vontade, que atende aos interesses sociais, e se fundamenta no exercício de poder discricionário. No primeiro caso, o Estado não passa de um órgão de registro ou de controle de requisitos formais, sendo mero espectador, enquanto, no segundo, a sua vontade é substancial e *constitutiva* para a existência do negócio, pois não se limita a registrar o ato, mas dele participa ativamente e só após a aprovação da autoridade que é o ato passa a ter eficácia.

38. A doutrina italiana definiu o ato complexo como aquele no qual há um feixe de vontades que funcionam como uma vontade única, fazendo os autores a distinção entre a complexidade interna e externa. É interna quando as várias manifestações emanam de um mesmo órgão e externa quando se originam de entidades diversas.[26] Mas em geral, mesmo a chamada complexidade externa, tem como pressuposto que as diversas entidades do qual emanam os atos sejam da mesma natureza, ou seja, integram o mesmo sistema, sendo ambas emanadas ou de órgãos públicos ou de entidades privadas. O ato biface seria assim, um ato duplamente misto, pelo número de pessoas que dele participam e pela natureza diferente das mesmas, uma (ou umas) sendo de direito privado e outra (outras) de direito público.

39. Por outro lado, reconhece-se que a aprovação ou a autorização do Banco Central não é simples condição suspensiva para a eficácia do ato, mas verdadeiro requisito para sua própria existência, não havendo, assim, como confundir a autorização com a condição, tanto mais que a própria autorização pode eventualmente ser condicional.[27] A não ser que se admita existir no caso, uma *conditio juris* decorrente da lei.

40. Na doutrina francesa, aludiu-se recentemente ao ato misto, comportando uma parte administrativa e outra privada, nele se vislumbrando um contrato com efeitos regulamentares, como acontece, por exemplo, no caso da convenção coletiva de trabalho, da qual se pode dizer que ela tem "o corpo do contrato e a alma da lei". Os mestres franceses também reconheceram a dupla natureza da concessão de serviços públicos, entendendo que ela é, de um lado, um contrato entre concedente e concessionário e, de outro, um regulamento que existe em relação aos usuários do serviço público. Defendida por Léon Blum, no Conselho de Estado, e por Léon Duguit e Maurice Hauriou, na doutrina, essa tese nos leva a reconhecer a existência do ato misto, simultaneamente contratual e regulamentar.[28] Mas o Estado seria parte em ambos os atos, seriam mistos mas não bifaces. De modo análogo, nada impediria que no direito bancário se reconhecesse a dupla natureza de certos atos, que seriam simultaneamente comerciais e administrativos e entre os quais haveria uma

---

25. Darcy Bessone de Oliveira Andrade, *Da Compra e Venda*, Belo Horizonte, Bernardo Álvares, 1960, p. 83.
26. Arturo Lentini, *Istituzioni di Diritto Amministrativo*, vol. 1, Milão, Società Editrice Libraria, 1939, p. 186.
27. Rafael Bielsa, *Derecho Administrativo*, t. II, 6ª ed., Buenos Aires, La Ley, 1964, pp. 168-169.
28. Sobre a matéria existe excelente monografia do Prof. Yves Madiot, da Faculdade de Direito de Poitiers, intitulada *Aux Frontières du Contrat et de l'Acte Administratif Unilatéral: recherches sur la notion d'acte mixte en Droit Public Français*, Paris, LGDJ, 1971, *passim*.

vinculação de tal densidade que não poderiam ser separados um do outro, como se fossem verdadeiros irmãos siameses embora um deles fosse de direito privado e o outro de direito público. Tratar-se-ia dos atos bifaces.

41. Em tal hipótese, a aprovação do ato pelo Banco Central lhe daria uma espécie de "blindagem", na feliz expressão do Prof. Wilson do Egito Coelho, que foi consultor jurídico do Banco Central, impedindo que o acordo comercial se desfizesse sem a simultânea desconstituição do ato administrativo.[29] Por outro lado, a desconstituição definitiva do ato da autoridade (autorização ou aprovação) levaria, necessariamente, ao desfazimento do ato comercial, sem prejuízo da eventual responsabilidade de uma das partes, se tivesse culpa ou dolo.

42. Neste sentido, já se manifestou a doutrina alemã para a qual o ato aprovado pela administração não pode ser desfeito sem a intervenção da mesma.[30]

5. A doutrina brasileira de Hely Lopes Meirelles e de Caio Tácito

43. No direito administrativo brasileiro, Hely Lopes Meirelles esboçou o conceito do *ato negocial administrativo* que corresponde ao "acto administrativo-negocio jurídico" castelhano, aos "atti amministrativi negoziali" do Direito italiano e aos "rechtsgeschäftliches Verwaltungsakte" do Direito alemão, entre os quais inclui as autorizações e aprovações administrativas concebidas como atos unilaterais da administração que encerram um conteúdo tipicamente negocial, de interesse recíproco da administração e do administrado, mas não se adentram à esfera contratual.[31]

44. Não chegou inicialmente o ilustre administrativista brasileiro a examinar especificamente, nas primeiras edições do seu livro, o problema das aprovações e autorizações vinculadas a atos de direito comercial, que existem no direito bancário, matéria que só analisa a partir das edições posteriores.

45. Em parecer datado de 6.10.1982, que deu a meu pedido, o Prof. Hely Lopes Meirelles reconheceu a natureza de ato-condição da autorização dada pelo Banco Central do Brasil e admitiu a existência na incorporação de banco, de um verdadeiro ato biface. Escreveu a este respeito, o mestre dos administrativistas brasileiros que:

> A autorização do Banco Central do Brasil para a incorporação de Banco é um típico ato-condição de natureza negocial, principal, e integrante da operação a realizar. É ato negocial porque contém uma declaração de vontade da Administração coincidente com a pretensão do particular e se destina a permitir a efetivação do negócio desejado pelas partes, no caso, a incorporação; é principal porque sem ele a operação incorporativa não se viabiliza; é integrante do negócio porque deste não pode dissociar-se (cf. nossa obra citada, pp. 139 e ss.). *A incorporação de um Banco por outro apresenta uma face administrativa e outra comercial. É um ato biface, que se forma com a justaposição da vontade da Administração à pretensão dos particulares. Ambas são distintas, mas inseparáveis: aquela é regida pelo direito administrativo e esta pelo direito privado, mas uma não sobrevive sem a outra, e assim sendo, para invalidar-se ou alterar-se o*

---

29. "Da responsabilidade dos administradores das sociedades por ações em face da nova Lei e da Lei 6024/74", *Revista de Direito Mercantil* 40/37-49, out.-dez. 1987.
30. Ernst Forsthoff, *Traité de Droit Administratif Allemand*, Bruxelas, Bruylant, 1969, p. 424.
31. Hely Lopes Meirelles, *Direito Administrativo Brasileiro*, cit., p. 211.

negócio há que se desconstituir ou modificar, primeiro, o ato administrativo, para depois se alterar o ato comercial, pois aquele é que plasma este e o acompanha em todas as suas mutações.[32]

46. E analisando as consequências do seu entendimento, concluiu que:

> Nessa conformidade, o ato administrativo que precede, acompanha ou sucede um negócio privado civil ou comercial só pode ser invalidado pelo Judiciário com o chamamento da autoridade, entidade ou órgão, que o praticou, na ação em que se pretende alterar ou anular o negócio realizado com aquiescência do Poder Público. Ainda que o ato administrativo contenha vício de fundo ou emane de autoridade incompetente, traz em si a presunção de legitimidade e, por isso mesmo, só pode ser desconstituído, desconsiderado ou anulado após a intervenção da Administração na lide em que se discute a legalidade ou as condições do negócio impugnado. Não se nega ao Poder Judiciário a faculdade de invalidar qualquer ato administrativo, mas exige-se o devido processo legal e a Justiça competente para conhecer e decidir qualquer causa que importe negação de efeitos ou de vigência dos atos da Administração interessada.[33]

47. Em outra hipótese na qual havia um protocolo administrativo e um contrato, funcionando o primeiro como ato-condição, o Professor Hely voltou a examinar a matéria, em parecer de 26.11.1984, tecendo a respeito as seguintes considerações:

> Quando, porém, a Administração Pública participa ou interfere em atos juntamente com o particular, os denominamos atos bifaces, porque *de um lado contêm a manifestação de vontade da Administração e, de outro, a do particular*, sendo aquela regida pelo Direito Administrativo e esta pelo Direito Privado (civil ou comercial). *Os dois fatos são distintos e inconfundíveis, permanecendo justapostos um ao outro de modo indissolúvel, por integrarem o conteúdo total da manifestação de vontade de ambas as partes. Não podem ser cindidos, porque isso os inviabilizaria, embora possam ter disciplina diferente e efeitos diversos.*
>
> No que tange à Administração Pública, nos atos bifaces, ela realiza um ato administrativo, no exercício da supremacia do poder e na manifestação unilateral de sua vontade, estabelecendo aquilo que é de sua competência privativa; ao passo que o outro ato pode ter caráter negocial, entre duas ou mais partes, sem que a Administração tenha qualquer ingerência ou assuma obrigações.
>
> Essa interferência de atos administrativos em negócios particulares, e vice-versa, é corrente no Direito Público, como sustentam os mais autorizados publicistas pátrios e estrangeiros, como também a nossa jurisprudência reconhece e admite a ingerência do Poder Público em negócios civis ou comerciais (cf. nosso *Direito Administrativo Brasileiro*, 10ª ed., São Paulo, 1984, p. 149 *[V. 42ª ed., São Paulo, Malheiros Editores, 2016, p. 217.]*). Muitas vezes *o ato administrativo (no ato biface) é o ato-condição à realização do negócio pretendido pelas outras partes*.
>
> No âmbito do Direito Administrativo, o ato negocial é todo aquele que contém uma declaração de vontade da Administração apta a concretizar determinado negócio jurídico ou a deferir certa faculdade ao particular, nas condições impostas ou consentidas pelos Poder Público.
>
> Nesta conceituação enquadram-se os atos administrativos de licença, autorização, permissão, admissão, visto, aprovação, homologação, dispensa e renúncia. Esses atos não se confundem com os atos negociados de Direito Público, porque a Administração não interfere com o intuito de lucro, mas sim por força de seu poder de polícia, embora, em certas circunstâncias, esses

---

32. Hely Lopes Meirelles, "Incorporação de Bancos", in *Pareceres de Direito Público*, vol. 8, São Paulo, Ed. RT, 1984, p. 309.
33. Hely Lopes Meirelles, *Pareceres de Direito Público*, cit., vol. 8, p. 310.

fatos se tornem necessários à efetivação de determinado negócio particular. Estabelecida essa condição, o particular pode contratar livremente. Exemplo disso é a atividade bancária de um modo geral, que precede uma autorização do Banco Central e é por este fiscalizada, mas, a partir daí as avenças resultam da manifestação de vontade das partes. É como diz o festejado Prof. Arnoldo Wald: *"Os principais atos da vida bancária não têm validade ou eficácia sem o placet da autoridade administrativa"* (*RDM* 48/49).

Em outras situações, como nos casos de importação de mercadorias estrangeiras, a Administração, por intermédio da CACEX – do Banco do Brasil, interfere como elemento da balança do comércio internacional. Na espécie, os particulares podem efetuar contratos de compra no exterior, ficando, no entanto, limitados às restrições impostas pela Administração, com vistas à evasão de divisas e à proteção da indústria nacional. Mas esses contratos, realizados dentro das normas estabelecidas pelo Poder Público, obrigam os signatários em todas as suas cláusulas, podendo a inadimplência ser resolvida em perdas e danos, por acordo ou pela via judicial.[34]

48. Finalmente no seu *Direito Administrativo Brasileiro* Hely define o ato biface, com seu estilo didático, nos seguintes termos:

> Os atos administrativos negociais, que acabamos de ver, são normalmente seguidos de atos de Direito Privado que completam o negócio jurídico pretendido pelo particular e deferido pelo Poder Público. É o que ocorre, p. ex., quando a Administração licencia uma construção, autoriza a incorporação de um banco, aprova a criação de uma escola ou emite qualquer outro ato de consentimento do Governo para a realização de uma atividade particular dependente da aquiescência do Poder Público. *São atos bifaces.*
>
> *Os dois atos são distintos e inconfundíveis, mas permanecem justapostos um ao outro de modo indissociável.* Daí por que não podem as partes – Administração e particular – alterá-los ou extingui-los unilateralmente, sendo sempre necessária a conjunta manifestação de vontade dos interessados para qualquer modificação ou supressão do negócio jurídico objetivado.
>
> Nessa conformidade, o ato administrativo que precede, acompanha ou sucede a atuação do particular só pode ser impugnado pelo devido processo legal, no âmbito interno da Administração ou na via judicial competente, sempre com a intervenção de ambas as partes. Quanto ao ato administrativo, traz em si a presunção de legitimidade e, por isso mesmo, opera seus efeitos enquanto não for desconstituído ou modificado regularmente.
>
> Por sua vez, o ato do particular, arrimado no ato da Administração, há que obedecer fielmente aos preceitos deste, para sua eficácia e legitimidade. *Qualquer processo judicial decorrente do negócio deferido pelo Poder Público deve ser requerido no juízo privativo da Administração interessada.*
>
> Essa interferência de atos administrativos em negócios particulares e vice-versa é corrente no Direito Público, como sustentam os mais autorizados publicistas pátrios e estrangeiros, como, também, a nossa jurisprudência reconhece e admite a ingerência do Poder Público em negócios civis ou comerciais.[35]

49. A discussão é interessante tanto pelas soluções que pode dar como pelos problemas que suscita.

50. Enquanto a doutrina consolidou no direito administrativo o ato complexo como sendo a simbiose de dois atos simultâneos ou sucessivos, mas ambos de direito adminis-

---

34. Hely Lopes Meirelles, "Protocolo administrativo – ato biface", in *Estudos e Pareceres de Direito Público*, vol. 9, São Paulo, Saraiva, 1986, pp. 184-185.
35. Hely Lopes Meirelles, *Direito Administrativo Brasileiro*, cit., pp. 216-217.

trativo, ou, ao menos, de direito público, a peculiaridade do ato biface, que justifica a sua introdução na terminologia jurídica, é o fato de reunir atos com regimes jurídicos distintos, um de direito administrativo e o outro de direito privado. Assim, não havia dúvida que o ato complexo se opunha ao ato unilateral, mas ambos estavam na área do direito administrativo, conforme a melhor lição da doutrina.

51. Citando Otto Gierke e Santi Romano, Ruy Cirne Lima já concluia que o ato complexo é a expressão "de mera unidade extrínseca, em conexão com a unidade do órgão de que promanam", reconhecendo a unidade material do conteúdo das manifestações de vontade que reúne.[36] Até os atos corporativos poderiam ser considerados complexos, mas desde que se enquadrassem na mesma aérea, ou seja, em tese no direito administrativo.

52. Resumindo a evolução que ocorreu no direito comparado e na doutrina nacional, Caio Tácito[37] esclarece a respeito que:

> Atos administrativos complexos são aqueles cuja formação exige mais de uma manifestação de vontade, sucessivamente emitida pela Administração, através de autoridades ou órgãos diversos, para que se considerem perfeitos e acabados. (...)
>
> O conceito de ato complexo é usual em Direito Administrativo, como aquele em que "várias vontades individuais se somam e se manifestam numa declaração única", conforme a lição de Seabra Fagundes.
>
> Oriunda da doutrina germânica, a noção se divulgou, sobretudo, por intermédio do direito administrativo italiano, que lhe deu ampla acolhida. Ocorrendo identidade de conteúdo e de fins, as sucessivas manifestações de vontade se adicionam para formação do ato complexo, que não se torna perfeito enquanto não se congregam as fases de sua constituição.
>
> "Atti complessi" – ensina Zanobini – "sono quelli risultanti dal concorso della volontà di più organi e di più soggetti della pubblica amministrazione", ou – como define d'Alessio – "quelli nei quali l'effetto giuridico discende della manifestazione di volontà diverse o di vari soggetti, in tesse i soggetti come vani ente pubblici, o di vari organi dello stesso soggetto o dello stesso organo del medesimo soggetto, però in momenti e come forma diverse".
>
> Observa Sayagues Laso que: "lo característico del acto complejo es que la declaración de voluntad administrativa se forma mediante la intervención conjunta o sucesiva de dos o más órganos, cuyas respectivas manifestaciones de voluntad pasan a integrar aquella".
>
> No ato complexo há "o concurso de vontades para um determinado fim, a conjugação de vontades que se completam e que não subsistem nem produzem efeito isoladamente" (Temístocles Cavalcanti), porque o ato "só se aperfeiçoa pelas manifestações de vontade convergentes de várias autoridades" (Vítor Nunes Leal).[38]

53. Caio Tácito também admite a distinção de Hely entre atos compostos e atos complexos, mas não chega a se manifestar em relação aos atos bifaces, como se verifica pelo seguinte trecho do seu parecer de 13.10.1990:

> A deliberação *ad referendum* – insista-se – não é essencial ao ato definitivo, a excluir, portanto, a qualidade de ato complexo. Não há, no caso, fusão de vontades a produzir, geneticamente, um ato único.

---

36. *Princípios de Direito Administrativo*, 7ª ed., São Paulo, Malheiros Editores, 2007, pp. 235 e ss.
37. *Temas de Direito Público. Pareceres*, vol. 1, Rio de Janeiro, Renovar, 1997, p. 305.
38. Caio Tácito, *Temas de Direito Público: estudos e pareceres*, vol. 1, Rio de Janeiro, Renovar, 1997, pp. 303-304.

Verifica-se antes a existência de atos autônomos, ainda que a sobrevivência do primeiro dependa da emissão do outro, confirmatório daquele, de eficácia provisória em curso.

Desenha-se, na espécie, como antes indicado, um ato composto que, na definição de Hely Lopes Meirelles, é aquele que "se apresenta com um ato principal e com um ato complementar que o ratifica ou aprova" (*Direito Administrativo Brasileiro*, 14ª ed., p. 134 *[V. 42ª ed., São Paulo, Malheiros Editores, 2016, p. 182.]*). Há, em suma, atos próprios de autoridades diversas, que se sucedem e se completam, a contrário do ato complexo em que as vontades parciais e inoperantes se fundem em um ato único, de eficácia final.[39]

54. Por sua vez Gabino Fraga esclarece que nos atos complexos:

(...) las diversas voluntades que concurren no se funden en un solo acto, sino que dan nacimiento cada una de ellas a actos que sucesivamente se condicionan.[40]

55. Não se tratando de duas autoridades, de dois atos administrativos, mas de um ato administrativo e de um ato de direito privado, justificar-se-ia a denominação do ato *biface*, pois também não se identifica com o ato composto, do qual se aproxima pela sua natureza, mas se distingue por não se realizar, na sua totalidade, na área administrativa. Ora, Hely Lopes Meirelles faz as distinções necessárias e define com clareza o ato composto, escrevendo que:

(...) é o que resulta da vontade única de um órgão, mas depende da verificação por parte de outro, para se tornar exequível. Exemplo: uma autorização que dependa do visto de uma autoridade superior. Em tal caso a autorização é o ato principal e o visto é o complementar que lhe dá exequibilidade. O ato composto distingue-se do ato complexo porque este só se forma com a conjugação de vontades de órgãos diversos, ao passo que aquele é formado pela vontade única de um órgão, sendo apenas ratificado por outra autoridade. Essa distinção é essencial para se fixar o momento da formação do ato e saber-se quando se torna operante e impugnável.[41]

56. Com esses estudos de Hely Lopes Meirelles, o primeiro passo foi dado para que se examinasse o regime jurídico dos atos bifaces no Direito brasileiro.

57. Embora a análise da matéria possa se tornar mais sofisticada, a classificação de Hely Lopes Meirelles nos parece satisfatória e pragmática não só do ponto de vista teórico, mas também em relação aos efeitos práticos que deve ter, sabendo-se que o direito não é uma ciência de classificações, mas um instrumento pragmático de eficiência da administração e de distribuição da justiça.

6. Aspectos internacionais

58. O problema da criação de um ato biface regido simultaneamente por normas de direito privado e de direito público não se limita, aliás, às operações nacionais. Estamos sentindo a necessidade progressiva de estabelecer normas em relação ao mercado internacional e os bancos centrais já reconhecem a inviabilidade da manutenção do sistema

---

39. *Temas de Direito Público*, vol. 2, Rio de Janeiro, Renovar, 1997, p. 1.100.
40. Gabino Fraga, *Derecho Administrativo*, 4ª ed., México, Porrúa, 1948, p. 145.
41. Hely Lopes Meirelles, *Direito Administrativo Brasileiro*, cit., p. 197.

atual no qual o excesso de liberdade está levando à criação de um mercado inseguro e de inúmeras fraudes.

59. Quando o Brasil começou a regulamentar as atividades das instituições financeiras, comentou-se que, "depois da liberdade do Faroeste, era preciso que chegasse o xerife para pôr a casa em ordem". É o que está ocorrendo atualmente no mercado internacional. Desde 1974, vários Bancos Centrais sustentaram a necessidade de se estabelecer um controle efetivo das operações internacionais, cada Banco Central devendo acompanhar a captação e os financiamentos das instituições financeiras do seu país. Neste sentido, manifestaram-se inicialmente o Governador do Banco da Inglaterra e o Presidente do Banco Nacional Suíço, seguidos por autoridades de outros países.

60. Numerosos são hoje aqueles que defendem a criação de um controle internacional que, no momento, é feito unilateralmente pelos Estados Unidos, que aplicam a sua legislação aos demais países. Fazem inclusive incidir pesadas multas sobre os bancos estrangeiros que não obedecem às normas do governo norte-americano, às quais ele atribui vigência extraterritorial, fazendo-as incidir sobre todas as operações realizadas em dólares fora do seu território. Desde a falência do Banco Herstatt, o Banco de Regulamentos Internacionais (BRI) criou um comitê especial para tratar das regras e práticas de controle das operações internacionais também denominado "Comité Cook".[42] A constante ameaça de crises internacionais justificaria certamente uma ação mais eficiente no plano mundial para evitá-los, em vez de ter que tomar medidas difíceis e onerosas após terem ocorrido.[43]

61. Não há dúvida que, com o fortalecimento do Fundo Monetário Internacional, também no campo das relações externas um certo controle informal foi estabelecido, ensejando uma colaboração entre os banqueiros e as autoridades tanto nacionais quanto internacionais que funcionou na última crise, embora não tivesse conseguido evitá-la. É, pois, possível que muito breve tenhamos um direito monetário internacional, a completar as normas do direito bancário interno, sendo difícil prever se o direito internacional econômico continuará sendo um mito ou poderá ser uma realidade.[44]

62. Entendemos que há, no caso, um campo novo, que deve merecer a atenção dos juristas e que consiste justamente na harmonização adequada das normas de direito privado e de direito público, a fim de evitar que, considerando ambos os campos, como linhas paralelas que nunca se tocam, o direito seja levado a situações caóticas e de impasse que acabam engendrando soluções contrárias ao interesse público. Foi o caso da nacionalização total ou parcial dos bancos, realizada, recentemente, em vários países, em virtude de estarem insolventes ou sofrerem de profunda falta de liquidez, em detrimento do próprio desenvolvimento da economia, no plano nacional e internacional.

42. Jean-Bernard Blaise, Philippe Fouchard, Philippe Kahn, *Les Euro-Crédits*, Paris, Librairies Téchniques, 1981, pp. 369 e ss.
43. A respeito da falta de regulação internacional do sistema financeiro, entre as obras mais recentes, destacam-se os livros de David Allouche e Isabelle Prigent, *Marchés financiers sans foi ni loi*?, Paris, Puf, 2016, *passim*, e Dominique Morisod e Myret Zaki, *La Finance de l'Ombre a pris le Contrôle. Le risque systémique a quadruplé en 12 ans. Les spéculateurs remplacent les banques. Quelle sera la facture de la prochaine crise*?, Paris-Lausanne, Favre, 2016, *passim*.
44. Prosper Weil, "El derecho internacional económico: mito o realidad", in *Estudios de Derecho Económico*, vol. 1, México, Universidad Nacional Autónoma de México, 1977, p. 173.

7. Conclusões

63. A posição dos juristas que se recusaram a examinar e compreender os problemas econômicos fizeram com que, por longos anos, vivêssemos num mundo fictício, que foi dominado pelo mito da estabilidade monetária. Foi a época em que, em vários países, os economistas pretenderam substituir os advogados e tornaram-se legisladores e intérpretes da lei, ensejando a prevalência de uma tecnocracia sem a adequada formação jurídica. Agora, nas últimas décadas, os legisladores e os juristas da maioria dos países reconheceram a necessidade de encarar os fatos econômicos, de conviver com eles, e, consequentemente, de aderir, com maior ou menor entusiasmo, ao realismo monetário, rejeitando mitos e presunções descabidas ou ultrapassadas.

64. No plano bancário, a situação é um pouco parecida. Não há como garantir a sobrevivência dos bancos, num mundo tumultuado como o nosso, sem a presença vigorosa e constante de um Banco Central considerado como elemento catalisador e orientador da economia nacional e com o qual os bancos privados devem colaborar na construção de uma economia concertada. Desconhecer essa realidade só pode levar a soluções fictícias. Todos os bancos necessitam ou podem necessitar do redesconto, que atualmente constitui um verdadeiro seguro para a instituição financeira, mas alguns deles pretendem manter um liberalismo já inviável e não condizente com a adequada proteção dos depositantes e a própria orientação da economia nacional. Assim sendo, John Kenneth Galbraith salientou que todos os bancos querem gozar dos benefícios decorrentes da existência dos bancos centrais, mas nem sempre lhes apraz obedecer às normas baixadas pelas autoridades monetárias, ou seja, pagar o preço correspondente, o prêmio do seguro.[45] Ora é evidente que o Estado moderno não pode abrir mão do exercício do poder de polícia, que deve exercer com cautela e moderação, mas com energia, na área bancária, no próprio interesse dos bancos e da sociedade civil.

65. Ao jurista cabe, pois, a missão de zelar para que este poder de polícia dos Bancos Centrais seja exercido de acordo com normas prévias e claras e com o necessário respeito dos direitos individuais, mas também com a eficiência e a rapidez necessárias para fazer prevalecer os superiores interesses da economia nacional.

66. Alcançar este justo equilíbrio entre interesses individuais e sociais, entre a liberdade de iniciativa e a responsabilidade decorrente, entre o espírito do direito comercial e o poder de polícia, regulamentado pelo direito administrativo, passa a ser, nos dias de hoje, uma meta básica do advogado e do jurista. Não lhes é lícito desconhecer nem a realidade econômica, nem a escala de valores, pois a sua função consiste basicamente, em submeter a vida econômica aos princípios morais, como bem lembrava Carnelutti.

67. A palavra crise em chinês é representada por dois sinais, um sombrio evocando as dificuldades do momento e o outro significando a esperança de novas soluções. A crise mundial obriga o jurista a aceitar os desafios do seu tempo e a sair da sua trincheira para construir novas soluções, não mais nas manipulações de retaguarda, mas sim no *front* do direito, ao qual aludia San Tiago Dantas.[46] Essa luta exige uma mobilização de privatistas,

---

45. John Kenneth Galbraith, *A Moeda*, São Paulo, Pioneira, 1977, p. 76.
46. San Tiago Dantas, *Palavras de um Professor*, Rio de Janeiro, Forense, 2001, p. 41.

publicistas e comparatistas para que as soluções dos vários países sejam examinadas e possam ensejar novas construções jurídicas pois sabemos que, como já dizia George Ripert,[47]

> a única realidade que fica, após as grandes revoluções, é o trabalho do jurista que transforma, em realidades concretas, as ideias e proclamações baseadas na poesia e na retórica.

Hely Lopes Meirelles foi um idealista, mas também um construtor do direito, dando soluções pragmáticas e éticas aos problemas concretos, tanto nos seus livros como nos seus pareceres que nos ensinam a conciliar os interesses privados como o interesse público.

---

47. *Aspects Juridiques du Capitalisme Moderne*, Paris, LGDJ, 1946, p. 342.

CONEXÃO E CONTINÊNCIA NO PROCESSO ADMINISTRATIVO

ARRUDA ALVIM

Nota Introdutória. 1. A conexão de causas e a continência no Código de Processo Civil. 2. A conexão e a continência de causas no processo administrativo: suficiência da identidade parcial de elementos da causa e relevância do direito material para determinar a reunião de processos 3. A conexão e a continência à luz das particularidades do processo administrativo sancionatório ou limitativo de direitos. Conclusões.

Nota introdutória

O presente artigo tem por finalidade a análise da conexão de causas em processo administrativo – em especial, no processo administrativo punitivo.

As principais questões enfrentadas no que concerne ao assunto dizem respeito aos pressupostos necessários à caracterização da conexão – e, também, da continência – entre processos administrativos e à existência de prejuízo processual decorrente de eventual instrução independente dos processos.

Serão, ainda, tecidas algumas considerações sobre a possibilidade de solução consensual conjunta em situações de conexão e continência de processos administrativos.

1. A conexão de causas e a continência no Código de Processo Civil[1]

A conexão de causas pode ser definida como hipótese de modificação da competência que tem por principal objetivo evitar decisões contraditórias e prejuízos ao exercício da atividade jurisdicional.[2] Secundariamente, tem-se na economia processual outro fundamento para determinar a reunião de causas conexas. Se há parcial identidade de processos, a apreciação desses, num só juízo, trará economia, pois os atos processuais (incluídos os atos probatórios) serão praticados apenas uma vez – e não de forma duplicada. Do mesmo modo, as questões comuns serão apreciadas apenas uma vez e pelo mesmo órgão judicante.[3]

---

1. Escrevemos sobre a matéria em nosso *Manual de Direito Processual Civil*, 17ª ed., São Paulo, Ed. RT, 2017, capítulo 9, item 9.9.

2. Sobre o tema, cf. Paulo Henrique dos Santos Lucon, *Relação entre Demandas*, Brasília, Gazeta Jurídica, 2016, pp. 83-84.

3. Justamente por se tratar de hipótese de *modificação* de competência (art. 54, CPC/2015) – e não de *determinação* desta – a conexão só pode se referir à modificação da competência relativa, não interferindo a identidade parcial de causas na competência absoluta. Assim, exemplificativamente: STJ, 2ª T., AI no AREsp 928.045-SP, rel. Min. Herman Benjamin, j. 18.10.2016, *DJe* 25.10.2016; STJ, 2ª T., AgRg no REsp 1.463.148-SE, rel. Min. Mauro Campbell Marques, j. 2.9.2014, *DJe* 8.9.2014.

Dispõe o texto legal (CPC/2015), em sua literalidade, que a conexão de causas ocorrerá quando lhes for comum o pedido ou a causa de pedir. Não é necessária, portanto, a identidade de partes para a configuração da conexão, bastando a identidade entre um dos demais elementos constitutivos da ação.

Diante da conexão de causas, deverão ser reunidos os processos (art. 55, § 1º, do CPC/2015), sem prejuízo de o juiz analisar o grau ou intensidade da conexão, bem como a utilidade da reunião das causas em juízo único, a partir das circunstâncias do caso.[4]

Trata-se, porém, como já observamos noutro lugar,[5] de uma liberdade limitada, tendo em vista a clareza das disposições legais e os objetivos, já referidos, do instituto. Por isso, sendo intensa a conexão, e havendo risco de os resultados das sentenças a serem proferidas separadamente por juízes distintos virem a ser totalmente antagônicos, não haverá liberdade para o juiz não determinar a junção dos processos. E, uma vez determinada a reunião das causas, o correto será julgá-las conjuntamente, como determinado pela parte inicial do § 3º do art. 55 do CPC/2015.[6] Embora possam existir decisões que sejam logicamente incompatíveis, mas não *incompatíveis* (e, por isso mesmo, sobreviveriam ambas, sem antagonismo prático insolúvel), não é esta a situação desejada pelo sistema.

Evidentemente, se não houver mais utilidade na junção de causas, no sentido da economia processual, ou outro motivo para a junção, esta poderá ser dispensada. Assim, *v.g.*, se uma das causas for complexa e já estiver madura (pronta para julgamento), não há porque reuni-las. Do mesmo modo, não há que se falar em conexão entre duas causas, estando uma delas já julgada, conforme expressamente excepciona a parte final do § 1º do art. 55 do CPC/2015, encampando, inclusive, entendimento da Súmula 235 do STJ.[7]

Outra causa modificadora da competência é a continência (art. 56 do CPC/2015). Esta ocorre quando duas ações têm as mesmas partes, a mesma causa de pedir, sendo o pedido de uma delas mais amplo (causa continente), abrangendo o conteúdo do pedido da outra (causa contida). Nesse caso, estarão presentes as mesmas razões que justificam a reunião das causas conexas: os objetivos de se evitarem decisões contraditórias e de que não se desenvolva uma atividade processual inútil.

Contudo, a continência apresenta certa dinâmica própria entre as causas continente (maior e mais abrangente) e a contida (menor). Se a causa continente for proposta antes

---

4. STJ, AgRg nos EDcl no AREsp 677.314-DF, 4ª T., j. 4.2.2016, rel. Min. Raul Araújo, *DJe* 22.2.2016; STJ, AgRg no REsp 1.204.934-RJ, 1ª T., j. 14.4.2015, rel. Min. Benedito Gonçalves, *DJe* 23.4.2015; STJ, REsp 1.366.921-PR, 3ª T., j. 24.2.2015, rel. Min. Ricardo Villas Bôas Cueva, *DJe* 13.3.2015; e STJ, REsp 1.496.867-RS, 3ª T., j. 7.5.2015, rel. Min. João Otávio Noronha, *DJe* 14.5.2015.

5. *Manual de Direito Processual Civil*, 17ª ed., São Paulo, Ed. RT, 2017, n. 9.9.

6. Sobre o tema, *vide* Bruno Silveira de Oliveira, "Comentário ao art. 55 do CPC/2015", in Teresa Arruda Alvim Wambier *et al.*, *Breves Comentários ao novo Código de Processo Civil*, 2ª ed., São Paulo, Ed. RT, 2016, p. 240, onde considera que o conceito de conexidade não deve ser determinado pela lei, mas pela doutrina, o que tornava desnecessária a disposição legal. Já Fábio Caldas de Araújo denomina a hipótese do citado § 3º do art. 55 de "conexão por homogeneidade", enfatizando que, neste dispositivo, o Código atenuou o formalismo do *caput*, aderindo à posição jurisprudencial (Fábio Caldas de Araújo, *Curso de Processo Civil*, t. I: Parte Geral, São Paulo, Malheiros Editores, 2016, p. 457). Foi, de fato, o que ocorreu, como demonstraremos ao longo do texto. Ainda sobre o assunto *cf.*: Luiz Dellore, "Comentário ao art. 55 do CPC/2015", in Fernando da Fonseca Gajardoni *et. al.*, *Teoria Geral do Processo. Comentários ao CPC de 2015. Parte geral*, Rio de Janeiro, Gen/Forense/Método, 2015, pp. 200-201.

7. Súmula 235 do STJ: "A conexão não determina a reunião dos processos, se um deles já foi julgado".

da contida, não há que se cogitar da reunião, como bem determina o art. 57 do CPC/2015. O ajuizamento posterior da causa menor, englobada pela anterior, implicará o reconhecimento de que a causa menor já estava pendente, isso, claro, se já tiver ocorrido a citação na causa continente, uma vez que é a citação que induz litispendência (art. 240 do CPC/2015), e se houver identidade integral entre a causa contida e a parte da causa continente correspondente.[8]

Já na hipótese cronológica inversa, ou seja, se a causa contida (a menor) for proposta antes da continente (a maior), elas devem ser reunidas no juízo prevento (art. 58 do CPC/2015), à semelhança do que se verifica com a conexão.[9]

Em síntese, o que é relevante, para fins de configuração da conexão e da continência de causas, é estabelecer se uma ação é ligada a outra ação, a ponto de a decisão de uma influir na da outra. Nesse caso, sendo isso abstratamente possível, os ordenamentos jurídicos preveem fórmulas para afastar a perspectiva de um conflito de decisões que poderão ser contraditórias, como diz expressamente o § 3º do art. 55 do CPC/2015.

De fato, não é sequer necessária a estrita identidade de pedidos ou causas de pedir para que se declare a conexão de causas. Tal já se entendia antes mesmo do CPC/2015, à míngua de disposição legal análoga ao citado art. 55, § 3º.

Nessa direção, em voto proferido no REsp 3.511, o Min. Eduardo Ribeiro enfatizou a necessidade de "interpretar-se com cuidado o dispositivo [*art. 103 do CPC/1973*]", sob pena de "chegar-se a resultados verdadeiramente inaceitáveis, negando exista conexão em situações onde o próprio bom senso reclame a união de processos". Segundo esse julgado, é importante que se compreenda que o CPC não exige identidade absoluta entre o objeto ou a causa de pedir de cada uma das ações. No caso relatado pelo Min. Eduardo Ribeiro, entendeu-se que "Ainda que na causa de pedir pudesse apontar-se alguma diferença, o fato de a obrigação ter a mesma origem bastaria para que aquela pudesse reputar-se comum". O Min. Waldemar Zveiter, a seu turno, relator do recurso, afirmou que "o objetivo da norma inserta no art. 103, bem como do disposto no art. 106, ambos do CPC [*1973*], é evitar decisões contraditórias; por isso, a indagação sobre o objeto ou a causa de pedir, que o artigo por primeiro (art. 103, CPC [*1973*]) quer seja comum, deve ser entendida em termos, não se exigindo perfeita identidade, senão que haja um liame que os faça passíveis de decisão unificada".[10] No mesmo caso, do REsp 3.511-RJ, do voto do Min. Cláudio Santos, lê-se,

---

8. Nessa hipótese, o tratamento jurídico a ser dado não será o de junção das causas e modificação da competência, mas sim o da litispendência, que tem por consequência a extinção da segunda ação sem resolução do mérito (art. 485, V, do CPC/2015). Cf., nesse sentido, o nosso *Manual de Direito Processual Civil*, 17ª ed., São Paulo, Ed. RT, 2017, n. 9.10, onde dissemos, ainda: "Inegavelmente, os fenômenos da conexão, da continência e da litispendência têm um elemento comum: a pendência simultânea de dois ou mais processos com lides conexas ou idênticas. Porém, em que pese isso, o sistema fornece, por assim dizer, uma solução prática distinta para cada um dos institutos. Tratando-se de conexão, dever-se-ão reunir os processos, nos moldes que pontuamos no item precedente; solução semelhante se dá na hipótese de continência, com as ressalvas que fizemos há pouco; porém, se for caso de litispendência, o processo em que tiver ocorrido primeiro a citação será o que prevalecerá, devendo o outro ser extinto sem resolução do mérito".

9. Rigorosamente, nessa segunda situação, correta será a extinção, sem resolução de mérito, da ação continente na parte que for idêntica à contida, uma vez que, no que tange à parte idêntica à ação menor e contida, já em curso, não deveria ter sido proposta, havendo litispendência parcial da causa continente (art. 337, §§ 1º e 3º do CPC/2015).

10. STJ, REsp 3.511-RJ, 3ª T., j. 10.12.1990, m.v., rel. para o acórdão Min. Waldemar Zveiter, *DJU* 11.3.1991, p. 2.391, votos dos Mins. Eduardo Ribeiro, Waldemar Zveiter, Cláudio Santos, *apud* Theotônio

acompanhando o Min. Waldemar Zveiter, "por entender que a causa é uma só e sua origem é a mesma" e, mais ainda, porque "há um entrelaçamento entre as questões, o que recomenda que as mesmas sejam julgadas num só juízo".

Na sequência desse acórdão, tal entendimento foi reforçado por inúmeros julgados,[11] sendo de se registrar aquele em que Min. Luiz Fux asseverou, com base em lição doutrinária anterior, que

> O instituto da conexão tem (...) como sua maior razão de ser, evitar o risco das decisões inconciliáveis. Por esse motivo, diz-se, também, que são conexas duas ou mais ações quando, em sendo julgadas separadamente, podem gerar decisões inconciliáveis sob o ângulo lógico e prático.[12]

E, nessa perspectiva consideram-se conexas, nas palavras do Min. Luiz Fux,

> não só as ações que se relacionam com outras por um de seus elementos de identificação, mas, também, todas aquelas que, sendo julgadas em separado, podem gerar o risco de decisões contraditórias.[13]

Em senso análogo, Luiz Guilherme Marinoni atenta para a possibilidade da ocorrência de conexão imprópria,

> quando existem duas ações ou causas diferentes, mas que dependem total ou parcialmente da resolução das questões idênticas.[14]

A reunião das referidas causas valora os princípios da economia processual e da duração razoável do processo (art. 5º, LXXVIII da CF), em razão do contato com a prova, conhecimento do fato e do direito envolvido, custos das provas, decisões não conflitantes etc.[15]

Negrão, *Código de Processo Civil e Legislação Extravagante*, 29ª ed., edição eletrônica, com inteiro teor do acórdão do REsp 3.511-RJ do STJ.

11. Por exemplo: "Recurso Especial. Medida cautelar de sequestro vinculada à ação declaratória de extinção de condomínio florestal. Efeito translativo. Instância especial. Inaplicabilidade. Prequestionamento. Ausência. Súmula n. 282/STF. Conexão reconhecida. Inexistência de obrigatoriedade de julgamento conjunto. (...) 5. Segundo a jurisprudência desta Corte, a reunião dos processos por conexão configura faculdade atribuída ao julgador, sendo que o art. 105 do Código de Processo Civil concede ao magistrado certa margem de discricionariedade para avaliar a intensidade da conexão e o grau de risco da ocorrência de decisões contraditórias. (...)" (STJ, REsp 1.366.921-PR, 3ª T., j. 24.2.2015, rel. Min. Ricardo Villas Bôas Cueva, *DJe* 13.3.2015); STJ, REsp 1.484.162-PR, 3ª T., j. 24.2.2015, rel. Min. Ricardo Villas Bôas Cueva, *DJe* 13.3.2015; STJ, EDcl no REsp 1.394.617-SC, 1ª T., j. 13.5.2014, rel. Min. Ari Pargendler, *DJe* 20.5.2014; e STJ, CC 126.601-MG, 1ª S., j. 27.11.2013, rel. Min. Mauro Campbell Marques, *DJe* 5.12.2013).

12. Luiz Fux, *Curso de Direito Processual Civil*, Rio de Janeiro, Forense, 2001, pp. 188-196, citado pelo próprio autor no voto proferido no CC 81.290-SP, 1ª Seção, j. 12.11.2008, *DJe* 15.12.2008, de que foi relator.

13. Idem, ibidem.

14. Luiz Guilherme Marinoni, Daniel Mitidiero, *Código de Processo Civil*, São Paulo, Ed. RT, 2008, p. 164.

15. Marcelo Abelha Rodrigues, *Manual de Direito Processual Civil*, 4ª ed., São Paulo, Ed. RT, 2008, p. 107.

2. A conexão e a continência de causas no processo administrativo: suficiência da identidade parcial de elementos da causa e relevância do direito material para determinar a reunião de processos

Por primeiro, importa ressaltar ser inequívoca a possibilidade de conexão e continência em processos administrativos, diante de fatos e alegações comuns. E, para que tais institutos se configurem, não se faz necessária, a exemplo do que já se verifica na jurisprudência de nossos tribunais, a identidade plena dos elementos da demanda.

Com efeito, a lei processual civil (art. 55 do CPC/2015), subsidiariamente aplicável ao processo administrativo (art. 83 da Lei 8.884/1994), investiu o órgão julgador do poder de reunir processos – modificando a competência – que possam, eventualmente, produzir decisões que não se conciliem caso sejam julgados separadamente. Nesse sentido, como já foi mencionado, reconhece o Superior Tribunal de Justiça que a conexão de causas tem por finalidade precípua evitar decisões contraditórias sobre temas afins. Assim, considerando as causas à luz da teoria da tríplice identidade,[16] vislumbrada a possibilidade de contradição, devem elas ser reunidas no juízo prevento (art. 58 do CPC/2015), ou seja, naquele em que uma das causas foi registrada ou distribuída em primeiro lugar.

No âmbito do processo administrativo, podem-se citar, com extremo proveito, a jurisprudência do CADE e do Tribunal de Contas da União no tocante aos fatores que podem ocasionar a união de processos conexos, em sintonia com os entendimentos já mencionados.

Com efeito, os julgados proferidos pelo CADE, bem como os pareceres por ele acolhidos, atestam que a identidade (ainda que parcial) de causas de pedir, de pedido e, até mesmo, de partes, ensejam a união de processos.[17] No mesmo sentido, o TCU já chegou a regulamentar a matéria, admitindo a coincidência parcial de objeto da causa como fator determinante à reunião de processos.[18]

---

16. V. Edward Carlyle Silva (*Conexão de Causas*, São Paulo, Ed. RT, 2006), sobre a tríplice identidade ou a teoria tradicional envolvendo a teoria de Matteo Pescatore (*Sposizione compendiosa della procedura civile e criminale*, Turim, UTET, 1864, pp. 63 a 70), as críticas quanto à teoria tradicional (ob. cit., pp. 70 a 74); a teoria de Francesco Carnellutti (*Istituzioni del Processo Civile Italiano*, 5ª ed., Roma, Foro Italiano, 1956, pp. 74 a 79); e a contribuição de Enrico Redenti (*Il Giudizio Civile con Pluralità di Parti*, Milão, Giuffrè, 1960, pp. 79 a 82).

17. Nessa linha: "14. Deve ser notado que para que se caracterize a conexão, logicamente, não se exige a perfeita identidade entre as ações, mas tão somente a identidade de elementos que permitam afirmar a existência de um liame ou de uma ligação entre as causas devido à sua semelhança. 15. De fato, esse entendimento se encontra bem sedimentado na jurisprudência judicial, conforme se pode depreender das emendas infratranscritas: '*A configuração do instituto da conexão não exige perfeita identidade entre as demandas, senão que, entre elas preexista um liame que as torne passíveis de decisões unificadas*' (CC 22.123-MG, rel. Min. Demócrito Reinaldo, STJ). '*O instituto da conexão tem como sua razão maior de ser, evitar o risco de decisões conflitantes. Para que tal figura processual se configure, é necessária a identidade parcial dos elementos que compõem a lide, a teor do art. 103, CPC*' (*Código de Processo Civil Interpretado*, coord. Antônio Carlos Marcato, Atlas, pp. 294-295). (...) 19. Em prol da segurança jurídica, os casos conexos devem ser julgados pelo mesmo juízo, a quem foi distribuído o primeiro Processo Administrativo, a fim de evitar a existência de decisões conflitantes. Isso sem contar a economia processual gerada, já que evita que dois órgãos julgadores apreciem concomitantemente duas causas semelhantes" (Parecer ProCADE n. 167/2007; Processo Administrativo n. 08012.006519/2001-63; 08012006518/2001-19; 08012.006517/2001-74; 08012.006516/2001-20, 19.3.2007 – destaques aditados). O conteúdo do parecer transcrito foi acolhido e incorporado ao acórdão proferido nos processos administrativos em referência.

18. "39. No âmbito do TCU, não existe, hoje, uma definição do que seriam os processos conexos. Antigamente, a Resolução 136/2000, hoje revogada, havia definido algo acerca desse assunto: 'Art. 4º. Para

Busca-se, com isso, atender aos fundamentos do aproveitamento dos atos processuais, mormente no tocante à prova produzida e da prevenção de decisões contraditórias, em atenção à segurança jurídica.

A propósito da identidade (ainda que parcial) de causas de pedir, é pertinente a afirmação de que equivale à identidade de fundamentos fáticos e jurídicos, donde se extrai ser totalmente dispensável a identidade de "categorização" jurídica.

Os "fundamentos jurídicos" que integram a causa de pedir devem ser entendidos como o nexo de causalidade (relação de "causa e efeito") entre os fatos ocorridos e o pedido, e não como os fundamentos legais, apontamentos de artigos ou capitulações legais.

Para José Carlos Barbosa Moreira, *a causa de pedir é constituída pelos fatos ou conjunto de fatos suscetível de produzir o efeito jurídico pretendido.*[19]

Tais considerações são especialmente relevantes para efeito de processos administrativos disciplinares em que, eventualmente, o mesmo conjunto fático pode ser enquadrado em condutas diversas. Pode ocorrer, até mesmo, que um dos processos seja mais abrangente que outro, vindo a descrever condutas e objetivos mais amplos e genéricos, abrangendo, assim, fatos já descritos em processos anteriores.

Tenha-se como exemplo a coexistência de processos administrativos instaurados no âmbito do CADE, versando condutas praticadas por empresas de determinado setor, todas indicativas da formação de suposto cartel, tendente à verticalização do domínio de mercado, em prejuízo da atuação de empresas independentes. A imputação contida nos dois processos coincidiria em parte, se, ilustrativamente: no primeiro processo administrativo, houvesse referência à recusa, manipulação de preços ou criação de todo tipo de problema no fornecimento, às empresas independentes, de quaisquer espécies de produto que não aquele produzido pelos réus; no segundo processo administrativo, a descrição seria mais ampla e diria respeito a mecanismos de manipulação da oferta de determinadas espécies do produto com idêntico objetivo de prejudicar as empresas independentes. A segunda acusação incluiria, certamente, a primeira.

No exemplo particular, não se pode perder de vista um aspecto diferencial, muito comum no direito de concorrência, determinado pelo direito substantivo, que conduz à inexorável conclusão da identidade de causas de pedir e necessidade de julgamento conjunto dos

---

efeitos desta Resolução, considera-se: (...) IV – processos conexos: quando seus objetos forem comuns, total ou parcialmente, ainda que um deles seja de maior abrangência'; 40. Essa resolução não está mais em vigor; foi revogada pela Resolução 191/2006, que não tratou especificamente do assunto. No entanto, usando a definição acima apenas como guia, é possível identificar que o TCU já teve entendimento similar ao que ocorre no âmbito do processo civil, de que, para haver conexão entre processos, é necessário que o seu objeto seja comum, ainda que parcialmente. No âmbito do TCU, seria o caso, por exemplo, de representações sobre irregularidades em órgãos públicos que, caso conhecidas e providas, podem ter impacto negativo sobre as contas do gestor. 41. Para não ficar apenas em um exemplo, imagine-se a seguinte situação hipotética: um cidadão apresenta denúncia, relatando diversas irregularidades ocorridas na gestão de um órgão federal. O Tribunal, ao apurar a denúncia, verifica que, de fato, as informações prestadas pelo denunciante são fidedignas. Assim, ao analisar as contas do responsável pelas irregularidades, aquele processo de denúncia deve ser levado em consideração, por dizer respeito à gestão de um responsável em um determinado exercício. Por isso, são processos conexos, ou seja, possuem similaridade de objetos e podem impactar o seu desfecho" (Acórdão 1750/2016; ata 26/2016; Plenário, 6.7.2016; rel. André de Carvalho).

19. José Carlos Barbosa Moreira, *O novo Processo Civil Brasileiro*, 26ª ed., Rio de Janeiro, Gen/Forense, 2008, p. 19.

processos. Cuida-se do próprio conceito de cartel (já que este é o ilícito imputado), que não pode ser compreendido senão como ilícito *continuado* e caracterizado por uma *variedade de condutas* (e, portanto, de situações fáticas) voltadas para um objetivo comum, qual seja, de dominar o mercado mediante estratégias anticompetitivas.[20] Dessa forma, ainda que as condutas a serem apuradas não viessem a ser exatamente iguais, a comunhão de objetivos e a identidade de partes serviriam para estabelecer a conexão, pois seria, de fato, absurdo que, a cada estratégia empresarial anticompetitiva adotada por um cartel tivesse que ser aberto um novo processo administrativo.

Sob esse aspecto, a definição ampla e exemplificativa do ilícito a ser apurado, trazida pelo direito material, influencia decisivamente na apuração da identidade, conexão e/ou continência das causas de pedir, sendo inafastável a consideração de que "o perfeito entendimento sobre as relações entre direito material e direito processual constitui fator imprescindível para a demarcação do objeto litigioso do processo"[21] e, por igual, da *causa petendi*.

No caso exemplificado, justamente porque o instituto de direito material analisado não pode partir de condutas isoladas e, tampouco, de fatos segmentados por classificações que levam em conta critérios diversos e aleatórios, é que se deveria aderir à ponderação de Bedaque, segundo a qual "identifica-se e individualiza-se uma ação com dados da relação substancial. É em função dessa individualização e desses dados que serão concebidos outros fenômenos tipicamente processuais, como a conexão, a litispendência e a coisa julgada. Evidencia-se, mais uma vez, a íntima relação entre direito e processo, entre o instrumento e seu objeto".[22]

Ora, se a *finalidade* das condutas é decisiva para a caracterização ou não do ilícito imputado aos réus em ambos os processos administrativos punitivos, as acusações deverão ser analisadas em conjunto.

No exemplo em questão, relativo ao abuso do poder econômico por empresas de determinado setor, a análise conjunta teria o objetivo de apurar se, na forma do art. 173, § 4º, da CF, o comportamento global dos réus visava à "dominação dos mercados, à eliminação da concorrência" ou "ao aumento arbitrário dos lucros". Mais especificamente, deveria ser analisada a aptidão das condutas das acusadas, sempre consideradas em conjunto (*i.e.*, do ponto de vista do "plano empresarial" e do tratamento "sistemático" aludidos por Salomão Filho), para prejudicar as empresas independentes, tanto nos âmbitos regionais como no âmbito nacional. Além disso, os *efeitos* – ou seja, *a desvantagem sistemática* – ocasionados pela conduta imputada, também deveriam ser apurados.[23] E tudo isso deveria ser feito

---

20. A natureza continuada do ilícito descrito pode ser facilmente corroborada pela lição de Calixto Salomão Filho: "Para a existência da intenção é preciso que haja um plano empresarial. (...) O objeto do acordo deve ser (...) justamente a discriminação entre concorrentes, isto é, o tratamento sistematicamente desigual, e não justificado por situações de mercado, entre os participantes do acordo e seus demais concorrentes. Na desvantagem sistemática dos demais concorrentes fica configurada a conduta estratégica dos participantes da colusão objetivando dominação de mercado" (Calixto Salomão Filho, *Direito Concorrencial: as condutas*, São Paulo, Malheiros Editores, 2007, p. 292).

21. José Roberto dos Santos Bedaque, *Direito e Processo: influência do direito material sobre o processo*, 5ª ed., São Paulo, Malheiros Editores, 2009, p. 115, com remissão a outras referências doutrinárias na nota de rodapé n. 83.

22. Idem, ibidem.

23. "A prática intencional descrita não é punível se não acompanhada dos efeitos potenciais. É preciso que essa prática deixe os demais concorrentes da empresa praticante da colusão em situação desfavorável,

mediante instrução probatória conjunta, pois o contrário poderia redundar em conclusões contraditórias e até absurdas.

Por fim, ainda que não haja perfeita coincidência de elementos, a conexão ou continência de causas, sem a necessária reunião dos processos (ou mesmo, como se disse no tópico precedente, no caso da conexão, a extinção parcial de um deles, quando tal se fizer necessário) revela evidente risco de *bis in idem* ou de decisões inconciliáveis acerca dos mesmos fatos.

3. A conexão e a continência à luz das particularidades do processo administrativo sancionatório ou limitativo de direitos

Como já foi observado, o processo administrativo reproduz, de maneira acertada, os critérios para a configuração da conexão e da continência.

A aplicação desses critérios que "ampliavam" a literalidade do art. 103 do revogado CPC, incorporada no art. 55, § 3º, do CPC/2015, é ainda mais imperativa no processo administrativo voltado à aplicação de sanções ou limitações de direitos.

Isso porque a prevenção de decisões contraditórias é um critério que deve ser absoluto e determinante para a união de processos no âmbito administrativo sancionatório. Dessa forma, enquanto nos processos judiciais que *não* dizem respeito à aplicação de sanções a reunião de processos é ditada pela segurança jurídica, no âmbito punitivo a medida relaciona-se, também, com outro valor inestimável do ordenamento jurídico, que é a tutela do direito de defesa do acusado com todos os seus consectários.

Desse modo, considerando-se a natureza dos processos administrativos que objetivam apurar e sancionar ilícitos administrativos que poderão, inclusive, ser eventualmente caracterizados como ilícitos penais, devem ser aplicados, por evidente, as normas e princípios pertinentes ao regime administrativo punitivo, advindas dos direitos processual e material penal.

Isso se justifica pela constatação de não haver, ontologicamente, diferença entre o Direito Administrativo sancionador e o Direito Penal.[24] Com efeito, em sendo o Direito

---

isto é, sem outro fornecedor que possa lhe entregar aos mesmos preços ou condições praticados pelo agente econômico participante da colusão" (ob. ult. cit., p. 294).

24. Nesse sentido, confira-se a doutrina de Luís Roberto Barroso: "Nos dois últimos séculos, com o desenvolvimento do direito público e a expansão da ação punitiva do Estado com base em seu poder de polícia administrativa, doutrina e jurisprudência passaram a perceber que, *embora em instâncias distintas, essa nova expressão do poder sancionatório do Estado* – que vai até mesmo substituindo, em muitos campos, a repressão penal clássica – *não é ontologicamente diferente do direito penal*. Ao contrário, o direito administrativo punitivo é apenas mais uma forma de manifestação do chamado poder punitivo do Estado. Sua diferenciação relativamente ao direito penal é apenas de grau ou, muitas vezes, mera opção legislativa. A lição de Nelson Hungria sobre o tema é clássica: 'Assim, não há falar-se de um ilícito administrativo ontologicamente distinto de um ilícito penal. A separação entre um e outro atende apenas a critérios de conveniência e oportunidade, afeiçoados à medida do interesse da sociedade e do Estado, variável no tempo e no espaço. A única diferença que pode ser reconhecida entre as duas espécies de ilicitude é de quantidade ou de grau; esta na maior ou menor gravidade ou imoralidade de uma em cotejo com outra. Pretender justificar um discrímen pela diversidade qualitativa ou essencial entre ambos será persistir no que Kukula justamente chama de 'estéril especulação'. A identidade essencial entre o delito administrativo e o delito penal é atestada pelo próprio fato histórico, aliás reconhecido por Goldschmidt, de que 'existem

Administrativo Punitivo e o Direito Penal manifestações do poder punitivo estatal, a conclusão a que se chega é que o regime jurídico aplicável em ambas as instâncias deve ser o mesmo, conforme se extrai da jurisprudência há muito consagrada no STJ, assim como a dos Tribunais Regionais Federais.[25]

Essa aplicabilidade das regras garantistas do Direito Penal e do Processo Penal ao Processo Administrativo punitivo é tema mais do que pacificado no STF, conforme se extrai de acórdão relatado pelo Min. Celso Mello, de cujo voto se podem extrair inúmeras referências à doutrina e a julgados do próprio STF.[26]

No mesmo sentido, leciona Fábio Medina Osório em obra específica sobre o Direito Administrativo Sancionador, que

> a mais importante e fundamental consequência da suposta unidade de *ius puniendi* do Estado é aplicação de princípios comuns ao direito penal e ao Direito Administrativo Sancionador, reforçando-se, nesse passo, as garantias individuais.[27]

---

poucos delitos penais que não tenham passado pelo estádio do delito administrativo'. Entre nós, não há razão alguma para rejeitar-se o sistema de subordinação da ação disciplinar à ação penal' (Nelson Hungria, "Ilícito administrativo e ilícito penal", *RDA – Seleção Histórica 1945-1995*) (grifos nossos)". Cf. Luís Roberto Barroso, "A prescrição administrativa no Direito Brasileiro antes e depois da Lei n. 9.873/99", *Revista Diálogo Jurídico*, vol. I, ano I, jul. 2001, Salvador (disponível em www.direitopublico.com.br/pdf_4/DIALOGO-JURIDICO-04-JULHO-2001-LUIS-R-BARROSO.pdf).

25. "A punição administrativa guarda evidente afinidade, estrutural e teleológica, com a sanção penal" (STJ, REsp 19.560-0, rel. Min. Humberto Gomes de Barros). "O Direito Penal *lato sensu* ou Direito Punitivo, é o gênero de que são espécies o Direito Criminal (Direito Penal *stricto sensu*) e o Direito Administrativo Punitivo" (TRF 2ª Região; AC 90.02.21214-3, *DJU* 14.6.1991). "O Direito Administrativo Punitivo (interno ou disciplinar, e externo) é coirmão do Direito Criminal, espécies do mesmo gênero" (TRF 2ª Região, AC 90.02.17293-1, *DJU* 14.6.1991).

26. "Processo administrativo – Restrição de direitos – Observância necessária da garantia constitucional do 'due process of law' (CF, Art. 5º, LV) – Reexame de fatos e provas, em sede recursal extraordinária – Inadmissibilidade – Recurso improvido. Restrição de direitos e garantia do 'due process of law'. (...) Cumpre ter presente, na análise da questão ora em exame, que o Estado, em tema de punições disciplinares ou de restrição a direitos, qualquer que seja o destinatário de tais medidas, não pode exercer a sua autoridade de maneira abusiva ou arbitrária, desconsiderando, no exercício de sua atividade, o postulado da plenitude de defesa, pois o reconhecimento da legitimidade ético-jurídica de qualquer medida estatal – que importe punição disciplinar ou limitação de direitos – exige, ainda, que se cuide de procedimento meramente administrativo (CF, art. 5º, LV), a fiel observância do princípio do devido processo legal, consoante adverte autorizado magistério doutrinário (Manoel Gonçalves Ferreira Filho, *Comentários à Constituição Brasileira de 1988*, vol. 1/68-69, vol. 1/176 e 180, 1989, Saraiva; Jessé Torres Ferreira Júnior, *O Direito à Defesa da Constituição de 1988*, pp. 71-73, item 17, 1991, Renovar; Edgard Silveira Bueno Filho, *O Direito à Defesa na Constituição*, pp. 47-49, 1994, Saraiva; Celso Ribeiro Bastos, *Comentários à Constituição do Brasil*, vol. 2/268-269, 1989, Saraiva; Maria Sylvia Zanella Di Pietro, *Direito Administrativo*, pp. 401-402, 5ª ed., 1995, Atlas; Lúcia Valle Figueiredo, *Curso de Direito Administrativo*, pp. 290 e 293-294, 2ª ed., 1995, Malheiros Editores, *v.g.*). A jurisprudência dos Tribunais, notadamente a do Supremo Tribunal Federal, tem reafirmado a essencialidade desse princípio, nele reconhecendo uma insuprimível garantia, que, instituída em favor de qualquer pessoa ou entidade, rege e condiciona o exercício, pelo Poder Público, de sua atividade, ainda que em sede materialmente administrativa, sob pena de nulidade do próprio ato punitivo ou da medida restritiva de direitos (*RDA* 97/110, *RDA* 114/142, *RDA* 118/99, *RTJ* 163/790, rel. Min. Carlos Velloso, Ag 306.626-MT, rel. Min. Celso de Mello, in *Informativo STF* 253/2002; – RE 140.195, rel. Min. Ilmar Galvão – RE 191.480-SC, rel. Min. Marco Aurélio – RE 199.800-SP, rel. Min. Carlos Velloso)" (STF, 2ª T., AI 241201 AgR-SC, rel. Min. Celso de Mello, j. 27.8.2002, *DJU* 20.9.2002, com alusão a trechos do voto do relator – destaques aditados).

27. Cf. Fábio Medina Osório, *Direito Administrativo Sancionador*, São Paulo, Ed. RT, 2000, p. 102.

Assim, é força convir que, para o caso de processos administrativos disciplinares, a rigor, os requisitos exigíveis para a união de processos deveriam ser aqueles previstos na esfera penal, que se contenta com muito menos que a identidade (total ou parcial) de elementos das causas.

Para o processo penal, é suficiente a existência de um nexo, um vínculo de ordem *subjetiva, objetiva, finalística* ou mesmo *instrumental (probatória)* entre as causas. Em verdade, no âmbito processual penal, a lei é expressa ao considerar (art. 76, *caput* e incisos,[28] art. 77, *caput* e incisos, do CPP[29]) diversos critérios para a conexão, o que é feito com o claro intuito de evitar decisões inconciliáveis, em cerceamento à defesa do réu ou mesmo a duplicidade de penalizações sobre um mesmo ato. Uma vez verificada – total ou parcialmente – a coincidência de partes, de causa de pedir, de objetivo, o concurso de delitos ou a necessidade de instrução probatória conjunta, faz-se necessária a reunião de causas.

Essas normas são movidas, nitidamente, pela mesma *razão de ser* das normas processuais civis atinentes à matéria, com uma particularidade: pelo fato de viabilizarem a defesa mais ampla do réu, bem como maiores possibilidades de se desvendar a realidade dos fatos relativos ao ilícito penal, a irregularidade advinda da inobservância dessas normas acarreta consequências muito mais graves no âmbito punitivo.

Por isso, a conexão é reconhecida tanto em situações similares àquelas referidas pela jurisprudência civil (identidade total ou parcial de partes, pedido ou causa de pedir), como em situações mais abrangentes, em que verificada a interdependência de condutas, a existência de um objetivo comum[30] e, principalmente, em casos em que a instrução probatória conjunta viabilize maior esclarecimento dos fatos.[31] Fala-se em conexão probatória, muito bem compreendida pelo Min. Sepúlveda Pertence no HC 67769, amparado nos ensinamentos de Xavier de Albuquerque:

> hipótese de conexão caracterizada pela interferência probatória de uma infração em outra, a qual se costuma denominar conexão probatória, conexão processual, ou ainda conexão instrumental.[32]

---

28. "Art. 76. A competência será determinada pela conexão: I – se, ocorrendo duas ou mais infrações, houverem sido praticadas, ao mesmo tempo, por várias pessoas reunidas, ou por várias pessoas em concurso, embora diverso o tempo e o lugar, ou por várias pessoas, umas contra as outras; II – se, no mesmo caso, houverem sido umas praticadas para facilitar ou ocultar as outras, ou para conseguir impunidade ou vantagem em relação a qualquer delas; III – quando a prova de uma infração ou de qualquer de suas circunstâncias elementares influir na prova de outra infração."

29. "Art. 77. A competência será determinada pela continência quando: I – duas ou mais pessoas forem acusadas pela mesma infração; II – no caso de infração cometida nas condições previstas nos arts. 51, § 1º, 53, segunda parte, e 54 do Código Penal."

30. O Supremo Tribunal Federal admite a conexão teleológica, descrita pelo Ministro Sepúlveda Pertence como a situação de "imbricação causal" entre os fatos narrados numa e noutra causa (voto proferido no HC 67.769-SP).

31. "Conflito de competência. Juízes federais. Ação penal crime continuado. Conexão instrumental. Interdependência de provas. Prevenção. 1. Tratando-se, em tese, de crime continuado, aplicando-se o princípio da economia processual e a fim de evitar-se decisões conflitantes, justifica-se a unificação de processos. 2. A reunião se dá também em relação a ação que não é conexa, desde que relacionada de alguma forma com as outras, evitando-se desnecessária reprodução probatória. 3. Tratando-se de conflito ocorrido entre juízes igualmente competentes em razão da matéria, a competência se define pelo critério da prevenção (TRF da 4ª Região, CC 9704387458-PR, 1ª Seção, rel. Gilson Dipp, *DJU* 22.10.1997, p. 88.251).

32. STF, HC 67769, rel. Min. Celso de Mello, rel. p/ Acórdão Min. Sepúlveda Pertence, 1ª T., j. 28.11.1989, *DJU* 11.9.1992, *RTJ* 142/491.

A interdependência de condutas é também considerada para a reunião de processos pela jurisprudência do CADE, citada no item anterior, muito embora não se faça referência expressa à aplicação de parâmetros referentes ao processo administrativo punitivo,[33] o que, de todo modo, denota a adoção de tais diretrizes.

Observe-se, por fim, que, à luz das considerações já expendidas, a relação de conexão ou continência, nos moldes aqui definidos, determina que toda e qualquer solução que se proponha para os casos versados nos dois processos administrativos possa ser realizada a partir de uma consideração do conjunto de práticas apuradas em ambas as sedes, tais como a celebração de acordos de leniência e compromissos de ajuste de conduta.

Conclusões

O princípio da unidade de solução deve ser aplicado sempre que se esteja diante dos mesmos fatos, de fatos similares ou, ainda, diante do mesmo conjunto de fatos, devido à necessidade de instrução e decisão conjunta. Tal decorre, sobretudo, do princípio da segurança jurídica, mas, também, da economia processual.

Quando se cogita, especificamente, da conexão ou continência nos processos administrativos punitivos, a solução de um dos processos deverá ser similar ou estará abarcada pelo outro. No último caso, não há como afastar a necessidade de coordenação das ações (*i.e.*, processamento conjunto), porque a união dos processos é o mínimo que se espera quando se está diante da possibilidade de incorrer em *bis in idem*.

Do mesmo modo, é possível que a solução consensual conjunta (acordo de leniência ou compromisso de ajuste de conduta) evite a incidência de dupla valoração (e punição) sobre um conjunto de fatos coincidentes ou *parcialmente* coincidentes.

Pode-se afirmar, inclusive, que, no caso de continência, a necessidade de solução global do caso pelo processo mais abrangente será inafastável, porquanto não se pode conceber que o próprio órgão jurisdicional ou administrativo profira decisões inconciliáveis entre si. E, no caso de solução consensual (compromisso de ajuste de conduta ou acordo de leniência), não poderá o mesmo órgão administrativo imputar solução diversa àquela que se refira à solução global, sob pena de ineficácia.

Referências bibliográficas

ARAÚJO, Fábio Caldas de. *Curso de Processo Civil*, t. I: Parte Geral. Atualizado com a Lei 13.256/2016. São Paulo, Malheiros Editores, 2016.

ARRUDA ALVIM, José Manual de. *Manual de Direito Processual Civil*. 17ª ed. São Paulo, Ed. RT, 2017.

BARROSO, Luís Roberto. "A prescrição administrativa no Direito Brasileiro antes e depois da Lei n. 9.873/99", *Revista Diálogo Jurídico*, vol. I, ano I, jul. 2001, Salvador (disponível em *www.direitopublico.com.br/pdf_4/DIALOGO-JURIDICO-04-JULHO-2001-LUIS-R--BARROSO.pdf*, acesso em 28.5.2017).

BEDAQUE, José Roberto dos Santos. *Direito e Processo: influência do direito material sobre o processo*. 5ª ed., revista e ampliada. São Paulo, Malheiros Editores, 2009.

---

33. Acórdão CADE, j. 31.8.2005, Atos de Concentração ns. 08012006641/2001-30 e 08012.008375/2002-61, rel. Conselheiro Luiz Carlos Delorme Prado.

CARNELLUTTI, Francesco. *Istituzioni del Processo Civile Italiano*. 5ª ed. Roma, Foro Italiano, 1956.

DELLORE, Luiz. "Comentário ao art. 55 do CPC/2015", in GAJARDONI, Fernando da Fonseca; DELLORE, Luiz; ROQUE, André Vasconcelos e OLIVEIRA JR., Zulmar Duarte de. *Teoria Geral do Processo. Comentários ao CPC de 2015. Parte geral*. Rio de Janeiro, Gen/Forense/Método, 2015.

FUX, Luiz. *Curso de Direito Processual Civil*. Rio de Janeiro, Forense, 2001.

LUCON, Paulo Henrique dos Santos. *Relação entre Demandas*. Brasília, Gazeta Jurídica, 2016.

MARINONI, Luiz Guilherme; MITIDIERO, Daniel. *Código de Processo Civil*. São Paulo, Ed. RT, 2008.

MOREIRA, José Carlos Barbosa. *O novo Processo Civil Brasileiro*. 26ª ed. Rio de Janeiro, Gen/Forense, 2008.

OLIVEIRA, Bruno Silveira de. "Comentário ao art. 55 do CPC/2015", in WAMBIER, Teresa Arruda Alvim; DIDIER JR., Fredie; TALAMINI, Eduardo e DANTAS, Bruno. *Breves Comentários ao novo Código de Processo Civil*. 2ª ed. São Paulo, Ed. RT, 2016.

OSÓRIO, Fábio Medina. *Direito Administrativo Sancionador*. São Paulo, Ed. RT, 2000.

PESCATORE, Matteo. *Sposizione compendiosa della procedura civile e criminale*. Turim, UTET, 1864.

REDENTI, Enrico. *Il Giudizio Civile con Pluralità di Parti*. Milano, Giuffrè, 1960.

RODRIGUES, Marcelo Abelha. *Manual de Direito Processual Civil*. 4ª ed. São Paulo, Ed. RT, 2008.

SALOMÃO FILHO, Calixto. *Direito Concorrencial: as condutas*. São Paulo, Malheiros Editores, 2007.

SILVA, Edward Carlyle. *Conexão de Causas*. São Paulo, Ed. RT, 2006.

PANORAMA ACERCA DA NOVA LEI DE MEDIAÇÃO E SEUS REFLEXOS NA ADMINISTRAÇÃO PÚBLICA

AUGUSTO NEVES DAL POZZO
ANA CRISTINA FECURI

1. Introdução. 2. Lei 13.140/2015 – O novo marco legal da mediação no Brasil. 3. Considerações finais.

1. Introdução

Os métodos consensuais de solução de conflitos vêm sendo cada vez mais utilizados em nossa sociedade e ganhando espaço em nossa legislação. Isto se deve a inúmeros fatores, cuja conjugação nos tem acarretado um Poder Judiciário abarrotado de demandas, cujo deslinde dar-se-á ao longo de um tempo extremamente dilatado – o que talvez não seja o mais adequado tanto para as partes quanto para o próprio sistema judicial. Ou seja: temos duas partes em juízo que se enfrentam ambientadas por uma cultura de combatividade, valendo-se de todos os meios permitidos pelo sistema processual para ver seu direito agasalhado pelo Poder Judiciário. Mas que vitória será essa? Passou-se a questionar: será que efetivamente a demanda ficou resolvida? Ou seu curso acabou por deflagrar outras inúmeras demandas, quiçá nem conhecidas? E o custo financeiro que a demanda representa para as partes e para o Judiciário? Isso sem falar no custo emocional para os envolvidos. Qual seu valor? Será que é possível estimá-lo?

Sendo assim, e buscando raízes em uma cultura de consensualismo, o legislador brasileiro, seguindo uma tendência de outros ordenamentos jurídicos, trouxe para o sistema jurídico pátrio a possibilidade de utilização dos métodos alternativos de solução de conflitos, pretendendo, com isso, conquistar a tão sonhada celeridade na solução das controvérsias. E o fez tanto para particulares quanto para a Administração Pública.

A utilização da arbitragem pela Administração Pública, por exemplo, passou a constar expressamente de diversos diplomas legais. A Lei de Arbitragem – de n. 9.307, de 23.9.1996 – teve sua redação alterada pela Lei 13.129, de 26.5.2015, para admitir a possibilidade de a Administração Pública direta e a indireta valerem-se deste método para dirimir conflitos relacionados a direitos disponíveis. A esta lei acrescentem-se, ainda: o art. 23-A da Lei 8.987, 13.2.1995, introduzido pela Lei 11.196, de 21.11.1995, e que disciplina o regime de concessões e permissões de serviços públicos e expressamente autoriza a possibilidade de os contratos preverem mecanismos privados de resolução de conflitos; o art. 93, XV, da Lei 9.472, de 16.7.1997 (Lei Geral de Telecomunicações/LGT); o art. 43, X, da Lei 9.478, de 6.8.1997 (lei que instituiu a Agência Nacional do Petróleo/ANP); o art. 11, III, da Lei

11.079, de 30.12.2004; e o art. 44-A da Lei 12.462, de 4.8.2011, que institui o Regime Diferenciado de Contratações Públicas/RDC, incluído pela Lei 13.190, de 19.11.2015.

A Lei 13.140, de 26.6.2015, por sua vez, passou a dispor "sobre a mediação entre particulares como meio de solução de controvérsias e sobre a autocomposição de conflitos no âmbito da Administração Pública", e a ser considerada o novo marco legal da mediação no País.

Há uma distinção doutrinária relativa aos mecanismos existentes para a solução de conflitos em heterocompositivos e autocompositivos.

Dentre os métodos heterocompositivos estão principalmente a arbitragem e a tutela jurisdicional. Denominam-se heterocompositivos pelo fato de que por meio deles um terceiro – juiz ou árbitro – decidirá o conflito, e essa decisão será imperativa para as partes.

Os métodos autocompositivos, por sua vez, são aqueles por meio dos quais as próprias partes constroem a solução para seus conflitos, seja através do consenso direto (negociação), seja com a ajuda de um terceiro interveniente e facilitador (conciliação), seja, ainda, com o apoio de um terceiro que apenas facilita o restabelecimento do diálogo entre as partes (mediação).

Há ainda outras formas autocompositivas, mas vale destacar a "transação por adesão", porquanto é uma das formas utilizadas pela Administração Pública para solucionar suas controvérsias.

A *transação por adesão* consiste em uma solução autocompositiva na qual são feitas concessões mútuas para a solução do conflito. Esse tipo de autocomposição, entretanto, não permite que as partes negociem. Por meio dela os interessados apenas se habilitam e aderem aos termos e às condições propostos com o fito de encurtar ou acabar com demandas que podem arrastar-se indefinidamente, sempre com a manifestação da Advocacia Geral da União/AGU.

Como afirma Antônio Carlos Ozório Nunes:

> Outras formas de autocomposição estão surgindo como opções interessantes, seja diretamente nas comunidades ou como políticas públicas, tais como as reuniões de justiça restaurativa, justiça terapêutica, terapia familiar comunitária, círculos de diálogo e de paz, rodas de conversas integrativas, entre outras.[1]

Roberto Pasqualin aduz:

> A autocomposição administrativa poderá compreender ferramentas inovadoras, como (i) a mediação coletiva de conflitos relacionados à prestação de serviços públicos (art. 33); (ii) a transação por adesão em controvérsias jurídicas pacificadas por jurisprudência do STF e dos Tribunais Superiores (art. 35); (iii) a resolução de conflitos entre particulares perante as agências e órgãos reguladores de certas atividades (art. 43); (iv) a composição de controvérsias jurídico-tributárias perante a Receita Federal do Brasil ou sobre a Dívida Ativa da União (art. 38).[2]

---

1. Antônio Carlos Ozório Nunes, *Manual de Mediação: Guia Prático da Autocomposição*, 1ª ed., São Paulo, Ed. RT, 2016, p. 40.

2. Roberto Pasqualin, *Mediação na Administração Pública é Alternativa para o Estado*, disponível em *https://jota.info/artigos/mediacao-na-administracao-publica-e-alternativa-para-o-estado-09102015* (acesso em 29.5.2017).

Todas essas iniciativas deverão ser detalhadas em regulamentos próprios (art. 32), que sabemos poderão trazer disposições conflitantes com a própria Lei 13.140/2015. O conflito de normas irá exigir a intervenção do Judiciário, retirando da autocomposição administrativa a virtude de ser resolvida extrajudicialmente.

Entre outras disposições da Lei 13.140/2015, é digna de registro a que criou imunidade civil, criminal e administrativa para os servidores ou empregados públicos que atuarem nas câmaras de autocomposição de conflitos.

A imunidade garantida na lei irá afastar o receio de responsabilização pessoal por decisões tomadas nessas câmaras – como se sabe, hoje, lamentavelmente, acontece –, exceto, obviamente, em casos de corrupção (art. 40).

Nesse contexto insere-se a possibilidade de utilização de meios alternativos de solução de controvérsias pela Administração Pública.

A adoção de métodos alternativos de solução de controvérsias em contratações administrativas, todavia, sempre foi objeto de muita polêmica, em razão dos pilares pelos quais se edifica o regime jurídico-administrativo: *o princípio da supremacia do interesse público sobre o privado* e o da *indisponibilidade do interesse público*. Os que advogam a impossibilidade de utilização desses meios alternativos de solução de conflitos calcam sua argumentação na violação desses princípios, mormente no tocante à indisponibilidade do interesse público.

Todavia, a despeito da robustez desse argumento, difícil de ser superado, a verdade é que precisamos ter a exata compreensão do momento atual que a nossa sociedade vive, para que, na aplicação do Direito, possamos promover sua melhor interpretação. Não que as alterações sociais teriam a força de tornar algo que é ilegal, como num passe de mágica, para algo legal. Mas tempos em que a transação de direitos indisponíveis começa a se revelar uma impetuosa realidade. Essa constatação, se analisada sob a perspectiva da transação que ocorre na esfera penal, em que se barganha um direito fundamental, como a liberdade, por benesses sancionatórias, faz-nos alertar realmente para uma nova dimensão.

Quanto a saber se essa dimensão será positiva ou negativa, curiosamente, não há elementos que possam nos socorrer para chegarmos, nesse momento, a uma derradeira conclusão, mas é preciso ficar atento a essas transformações, para que não se banalize o Direito. O Direito não pode perder seus núcleos essenciais, sob pena de seu completo perdimento. Esses elementos conformadores do Direito sempre foram pontos de partida fundamentais, intrínsecos, mesmo, ao Direito: quando começa a se perder aquilo que é nuclear, acabamos dando prevalência para o que é ancilar, para o que é acessório. E o acessório nunca pode ser mais importante do que o principal, sob pena de perdermos a essência do Direito.

No tocante à indisponibilidade do interesse público, percebe-se que a doutrina e a jurisprudência pátrias vêm se debruçando mais detidamente acerca da temática, e hoje, com respaldo no Código de Processo Civil/2015, na Lei de Mediação e na Lei da Arbitragem, é possível a utilização de meios alternativos para solução de conflitos pelo Poder Público, sendo essa uma "estratégia que pode contribuir para diminuir o volume de demandas repetitivas do Judiciário, representando economia de recursos públicos e promoção da verdadeira paz social, pois há litígios que são mais adequadamente resolvidos pela autocomposição".[3]

---

3. Maurício Morais Tonin, *Razões para o Poder Público Utilizar Meios Alternativos de Solução de Controvérsias*, disponível em https://arbitranet.com.br/por-que-o-poder-publico-deve-utilizar-meios--alternativos-de-solucao-de-controversias (acesso em 29.5.2017).

Doutrina[4] e jurisprudência[5] firmam o entendimento que sustenta a possibilidade da utilização da "arbitragem" em contratos administrativos, desde que envolvam direitos disponíveis, sob o argumento de que "indisponível" é o interesse público, e não o "interesse" da Administração.[6]

A verdade é que, a despeito desse embate, especialmente direcionado às soluções de controvérsias promovidas pelos métodos heterocompositivos, como a *arbitragem*, o fato é que no sistema autocompositivo, como a *mediação*, objeto do presente ensaio, a questão não deve ser colocada, já que não haverá decisão para dirimir o conflito, apenas uma metodologia adequada para que o Estado e os particulares envolvidos no impasse possam adquirir condições para chegar a uma composição sem ferir qualquer direito indisponível e sem abarrotar o Poder Judiciário com demandas que poderiam ser evitadas, em absoluto diálogo compartilhado, com total transparência e probidade.

2. Lei 13.140/2015 – O novo marco legal da mediação no Brasil

A mediação tem sua disciplina conformada pela Resolução CNJ-125/2010, ao que se seguiram o Código de Processo Civil/2015 (Lei 13.105, de 16.3.2015) e a denominada Lei de Mediação (Lei 13.140, de 26.6.2015).

A Lei 13.140/2015, denominada "Lei de Mediação", configura aquilo que se pode denominar de *Marco Legal da Mediação no Brasil*, e teve seu início de vigência em 23.12.2015, em razão do cumprimento do prazo de *vacatio legis* de 180 dias, contados da data de sua publicação. O diploma foi promulgado com a finalidade de dispor sobre a "mediação entre particulares como meio de solução de controvérsias e sobre a autocomposição de conflitos no âmbito da Administração Pública".

Entende-se por *mediação*, nos termos do disposto no parágrafo único do art. 1º da Lei 13.140/2015, "a atividade técnica exercida por terceiro imparcial sem poder decisório, que, escolhido ou aceito pelas partes, as auxilia e estimula a identificar ou desenvolver soluções consensuais para a controvérsia".

Maria de Nazareth Serpa traz um conceito interessante acerca do instituto da mediação. Para ela, mediação é "um processo onde e através do qual uma terceira pessoa age no sentido de encorajar e facilitar a resolução de uma disputa sem prescrever qual a solução".

O mediador atuará sem qualquer poder decisório e, preferencialmente, em casos em que houver um vínculo pretérito entre as partes, visando a auxiliá-las na compreensão das questões e na identificação da melhor solução do conflito (art. 1º, parágrafo único, da Lei 13.140/2015, c/c o art. 165, §§ 2º e 3º, do CPC).

---

4. Marçal Justen Filho, *Comentários à Lei de Licitações e Contratos Administrativos*, 17ª ed., São Paulo, Ed. RT, 2016, p. 892.

5. STJ, AgR no MS 11.308 (2005/0212763-0 – 14.8.2006), de relatoria do Min. Luiz Fux, j. 28.6.2006, *DJU* 14.8.2006, p. 251.

6. Maurício Morais Tonin anota que "não se pode confundir indisponibilidade do interesse público com disponibilidade de direito patrimonial. Por vezes a disponibilidade do direito patrimonial implica exatamente a concretização do interesse público" (*Razões para o Poder Público Utilizar Meios Alternativos de Solução de Controvérsias*, cit., disponível em *https://arbitranet.com.br/por-que-o-poder-publico-deve--utilizar-meios-alternativos-de-solucao-de-controversias* (acesso em 29.5.2017).

Não é função do mediador, portanto, propor a melhor solução para os litigantes, pondo fim ao litígio, tal como ocorre, por exemplo, na arbitragem, mas aproximar e auxiliar as partes a chegar conjuntamente a uma solução proveitosa e que coloque fim ao conflito.

Na mediação não há decisão, tal qual há na arbitragem e no processo judicial. O mediador não é juiz. Ele é simplesmente um facilitador do diálogo. Ele não decide, ele não sugere, ele apenas aplica técnicas, como, por exemplo, a da "escuta ativa", e leva as partes ao diálogo. Desse diálogo é que será obtida a solução para o conflito. Uma solução construída pelas próprias partes, e não a elas imposta ou sugerida.

Os princípios norteadores da mediação, alguns deles, elencados no art. 166 do CPC, no art. 2º da Lei de Mediação e na Resolução CNJ-125/2010, podem ser assim identificados: autonomia da vontade das partes; imparcialidade dos mediadores; independência em relação ao Judiciário; credibilidade; competência (capacitação dos mediadores); confidencialidade; diligência; boa-fé; respeito; equidade, no sentido de que as pessoas devem estar em um mesmo patamar decisório; celeridade; cooperação; informalidade; acolhimento das emoções dos mediados; respeito à ordem pública e empoderamento.

Consoante se observa dos aludidos princípios, uma questão importante se coloca, e deve ser objeto de exame. No regime jurídico-administrativo a *autonomia da vontade das partes* e a *equidade de patamar decisório* sofrem, necessariamente, as devidas adequações, especialmente em face do *princípio da supremacia do interesse público*. O administrador não tem autonomia de vontade para celebrar acordos de seu interesse; deve, sim, à luz da legalidade, celebrá-los de maneira a atender ao interesse público primário.

Além disso, a posição de verticalidade da Administração refere-se, especialmente, ao seu *status* de curadora do interesse público, nada impedindo que ela possa entender melhor as razões pelas quais o conflito foi instaurado pelo particular, dentro de um processo solene e formal de mediação, e, com isso, celebrar acordo que atenda ao interesse público. Nesse sentido, a verticalidade não pode operar como elemento de opressão estatal, mas, sim, de abertura e de diálogo, para que, ao promover a resolução do conflito, seja conferido o que é de direito para as partes interessadas, em plena harmonia com os princípios da supremacia e da legalidade.

Dentre os princípios da mediação, acima explicitados, destaca-se também o da confidencialidade, disciplinado pelo art. 30 da Lei de Mediação, que veda a divulgação de qualquer informação relativa ao procedimento de mediação a terceiros, exceto se houver disposição legal ou das partes em sentido diverso; se a informação se revelar imprescindível ao cumprimento do acordo proveniente da mediação; ou for relativa à prática de crime de ação penal pública.

O sigilo da informação alcança o mediador, as partes, seus prepostos, os advogados, os assessores técnicos e qualquer outra pessoa de confiança que tenha participado, seja de forma direta ou indireta, do processo de mediação.

Há diversas modalidades de mediação, que podem ser condensadas em três correntes: o modelo tradicional-linear de *Harvard*; o modelo transformativo de *Bush* e *Folger*; e o modelo circular narrativo de *Sara Cobb*.

Quando adotar um ou outro modelo? Dependendo do caso concreto e da formação do mediador contratado, teremos a prevalência de um ou outro modelo. Mediar e pacificar são maneiras de descobrir outra forma de resolver problemas fora da cultura do litígio. Mediar é passar da cultura do litígio para a cultura do diálogo. Pacificar é apaziguar os ânimos.

Aludimos antes que os meios alternativos de solução de controvérsias eventualmente esbarrariam no princípio da indisponibilidade do interesse público.

O art. 3º, seu *caput* e §§ da Lei 13.140/2015 previram que a mediação poderá ter por objeto a solução de conflitos que versem sobre direitos disponíveis, ou sobre direitos indisponíveis, que permitam a transação, caso em que deverá necessariamente ser homologada em juízo, após oitiva do Ministério Público, e poderá dispor sobre parte ou todo o conflito.

Direitos disponíveis são aqueles referentes ao patrimônio, em apertada síntese. São aqueles sobre os quais as pessoas podem livremente dispor. A Lei de Mediação, todavia, faz ressalva em relação à aplicação da mediação nas relações de trabalho.

O que entender por *direitos indisponíveis que admitem transação*?

Antônio Carlos Ozório Nunes assevera que "são aqueles sobre os quais o titular não pode dispor, em razão do interesse ou da finalidade pública, tais como a dignidade da pessoa humana, o direito à vida, o direito à liberdade. São os direitos fundamentais absolutos, intransferíveis e irrenunciáveis".[7]

Mas não é desses que estamos a tratar. Aqui nos interessam direitos indisponíveis e transacionáveis. Ou seja: são aqueles que, muito embora não possam ser objeto de renúncia, posto que o sistema legislativo estatuiu que não se pode abrir mão deles, é possível, no entender de Antônio Carlos Ozório Nunes, "transacionar para acertar valores, divisões de responsabilidades, entre outras questões".[8]

Eis a questão pendente e central que se pretende enfrentar: é legítima a utilização da mediação para solucionar conflitos em que um dos possíveis mediados é a Administração Pública?

Vejamos: a Lei de Mediação, consoante disposto em seus arts. 32 e ss., previu a possibilidade de autocomposição de conflitos envolvendo uma pessoa jurídica de direito público. Acerca do termo "autocomposição" importa trazer o que pensa a ilustre professora Maria Sylvia Zanella Di Pietro:

> (...) o vocábulo "autocomposição" tem sentido genérico, que abrange várias modalidades, como a resolução administrativa de conflitos (de que trata o art. 32), a mediação (referida no art. 33), a mediação coletiva de conflitos relacionados com a prestação de serviços públicos (art. 33, parágrafo único), a transação por adesão (art. 35), a composição extrajudicial de conflitos (arts. 36 e 37).[9]

E de que maneira a mediação é possível?

Nos termos do art. 32 dessa lei, os entes federados – União, Estados, Distrito Federal e Municípios – poderão implantar câmaras de prevenção e resolução administrativa de conflitos no âmbito de suas Advocacias Públicas, cuja composição e cujo funcionamento

---

7. Antônio Carlos Ozório Nunes, *Manual de Mediação: Guia Prático da Autocomposição*, cit., 1ª ed., p. 67.
8. Idem, ibidem.
9. Maria Sylvia Zanella Di Pietro, *Direito Administrativo*, 29ª ed., Rio de Janeiro, Forense, 2016, p. 1.034.

deverão ser estabelecidos por meio de regulamento específico. O regulamento deverá, ainda, estabelecer os casos que poderão ser apreciados pelas câmaras, cuja submissão, ressalte-se, será facultativa.

As câmaras terão competência para: "I – dirimir conflitos entre órgãos e entidades da Administração Pública; II – avaliar a admissibilidade dos pedidos de resolução de conflitos, por meio de composição, no caso de controvérsia entre particular e pessoa jurídica de direito público; III – promover, quando couber, a celebração de Termo de Ajustamento de Conduta", conforme previsto nos arts. 174 do CPC e 32, § 5º, da Lei 13.140/2015.

A possibilidade de as câmaras avaliarem a admissibilidade de um pedido de solução de conflito pela busca de consenso entre as partes nas controvérsias que surjam entre particulares e a Administração Pública e a de atuarem como mediadoras (art. 32, II, da Lei 13.140/2015) são as grandes novidades dessa lei, e vão ao encontro dos anseios daqueles que se relacionam com o Poder Público, na medida em que possibilitam conciliações na via administrativa.

Mas não somente. Soma-se a isto a autorização legal dada à Advocacia Pública dos entes públicos para instaurar, de ofício ou a pedido, um procedimento de mediação coletiva de conflitos afetos à prestação de serviços públicos (art. 33, parágrafo único, da Lei de Mediação), o que contribuirá de forma significativa para a diminuição das demandas no Poder Judiciário e, indubitavelmente, atenderá ao interesse da coletividade, e, por conseguinte, ao interesse público.

O deputado Fábio Trad, autor da emenda aditiva que resultou na inclusão do parágrafo único do art. 33 da Lei de Mediação, enumera as vantagens da adoção do procedimento de mediação coletiva pelo Poder Público, *in verbis*:

> Vê-se, portanto, que o procedimento de mediação coletiva apresenta diversas vantagens, dentre as quais: (1) solução dos problemas identificados de forma coletiva e célere; (2) participação dos consumidores de serviço público por meio das associações na construção da solução consensual, o que possibilita uma composição que atenda efetivamente aos interesses da população, que é a destinatária do serviço público; (3) diminuição do número de demandas judiciais; etc.[10]

Também competirão a essas câmaras, nos termos do § 5º do art. 32 da citada lei federal (e essa é mais uma atribuição de competência, além das previstas nos incisos do art. 32, em comento), a prevenção e a solução de conflitos que envolvam questões afetas ao equilíbrio econômico-financeiro de contratos celebrados entre a Administração Pública e particulares.

A mesma lei, todavia, afasta as medidas autocompositivas de solução de conflitos previstas nos incisos I e II do art. 32 quando a controvérsia jurídica versar sobre tributos administrados pela Secretaria da Receita Federal do Brasil ou créditos inscritos em Dívida Ativa da União. Também exclui da competência destas Câmaras conflitos que exijam autorização legislativa para transigir (§ 4º do artigo 32 da Lei de Mediação).

Insta frisar que, enquanto não criadas as câmaras de mediação, poderá ser adotado o procedimento comum previsto nos arts. 14 e ss. desta Lei de Mediação (mediação judicial e extrajudicial) para a solução dos conflitos.

---

10. Disponível em *http://www.camara.gov.br/sileg/integras/1276746.pdf*.

Quanto à fase procedimental propriamente dita da autocomposição de conflitos em que for parte pessoa jurídica de direito público, e independentemente do procedimento específico que venha a ser delineado pelos regulamentos que serão editados pelos entes federados, a lei federal expressamente prevê a suspensão da prescrição para os casos de instauração de procedimentos administrativos que visem à resolução consensual de conflitos administrativos, à exceção daqueles que envolvam matérias tributárias, que necessariamente observarão as disposições contidas no Código Tributário brasileiro. Exige, de outro lado, e havendo consenso entre as partes, a redução do acordo a termo, o qual será considerado título executivo extrajudicial.

A lei ainda destinou uma seção específica (arts. 35 a 40) para disciplinar os conflitos que envolverem a Administração Pública Federal direta, autárquica e fundacional.

Inova ao dispor sobre a denominada "transação por adesão" (art. 35 da Lei 13.140/2016), já salientada inicialmente, que permite àquele que assim pleitear tempestivamente e demonstrar o preenchimento dos requisitos e condições normativamente definidos a aplicação ao seu caso de entendimento já pacificado sobre a questão, de modo a garantir tratamento isonômico a situações idênticas e preservar a estabilidade das relações jurídicas (princípio da segurança jurídica).

A "transação por adesão" dependerá de autorização do Advogado-Geral da União, baseada em jurisprudência pacífica do STF ou Tribunais Superiores; ou parecer do Advogado-Geral da União, aprovado pela Presidência da República. Os requisitos e condições deverão ser definidos em resolução administrativa própria, que terá efeitos gerais e cuja formalização não implicará renúncia tácita à prescrição, nem sua interrupção ou suspensão, que continuará a correr normalmente. A "transação por adesão", todavia, implicará renúncia do interessado ao direito sobre o qual se fundamenta a ação ou o recurso eventualmente pendentes, seja de natureza administrativa ou judicial.

Será possível, ainda, a "composição extrajudicial de conflitos" que envolvam controvérsias entre órgãos ou entidades de direito público federais (art. 36 da Lei 13.140/2015), a ser promovida pela Advocacia-Geral da União, observados os procedimentos estabelecidos em ato do Advogado-Geral da União, a quem caberá, não sendo obtido consenso, a solução do litígio.

Também se encontra legalmente admitida a "composição extrajudicial" em caso de conflitos surgidos entre entes dos Estados, Distrito Federal ou Municípios, ou suas autarquias e fundações públicas, e, ainda, empresas públicas e sociedades de economia mista federais, com órgãos ou entidades de direito público federais, que optem por submetê-los ao Advogado-Geral da União.

Por força do disposto no art. 38, II, da Lei de Mediação, as empresas públicas, sociedades de economia mista e suas subsidiárias que sejam exploradoras de atividade econômica de produção, comercialização de bens ou prestação de serviços em regime de concorrência não poderão submeter seus conflitos à Advocacia-Geral da União, para fins de composição extrajudicial.

Nos termos do art. 36, § 4º, da Lei 13.140/2015, tratando-se de matéria discutida em sede de ação de improbidade administrativa ou que sobre ela já haja decisão do egrégio TCU, o acordo a ser firmado entre as partes dependerá, ainda, de anuência expressa do juiz da causa ou do ministro-relator, respectivamente.

Vale anotar, dada a importância da regra prevista no art. 40 dessa lei, que os servidores e empregados públicos que participarem do processo de composição extrajudicial do conflito não poderão ser responsabilizados pelos acordos entabulados, exceto se, por evidente, forem constatados dolo em sua conduta, fraude, percebimento de vantagens indevidas ou se restar comprovado que permitiram ou facilitaram sua recepção por terceiro, ou para tal concorreram.

Nota-se que o texto legal não somente premia a boa-fé, como tende a afastar o temor dos agentes públicos que participarem destes processos de sofrer represálias administrativas ou eventual responsabilização civil, oferecendo, portanto, maior segurança àqueles que ocuparem esta função.

Por fim, a lei, em seu art. 46, expressamente autoriza a mediação pela Internet ou outro meio de comunicação que permita a transação à distância, desde que haja consenso entre as partes, e faculta, em seu art. 43, a criação, pela Escola Nacional de Mediação e Conciliação/ENAM, no âmbito do Ministério da Justiça, de um banco de dados sobre boas práticas de mediação e a manutenção de uma relação de mediadores e de instituições de mediação.

A grande dúvida que resta é a aplicação do princípio da boa-fé por parte da Administração, já que é sabido ser ela litigante contumaz, cujos montantes devidos em caso de perda de demanda são pagos por meio de precatórios judiciais e acabam por favorecer o orçamento do ente devedor.

Em muitos momentos a Administração Pública, por escassez de recursos, vê-se obrigada a postergar suas dívidas, adotando condutas não condizentes com a boa-fé mas que, por estarem previstas em lei, são absolutamente possíveis de serem adotadas. Por outro lado, isso cria um número elevadíssimo de demandas judiciais que acabam por atolar seus servidores, que se veem abarrotados de processos cuja duração é longínqua e custosa.

Se adotada a mediação, a controvérsia poderá ser solucionada em menor espaço de tempo, liberando o servidor para demandas que exijam maior intensidade de sua capacidade laborativa. E, levando-se em consideração o interesse do administrado, certamente ele verá a possibilidade de satisfazer seu crédito, mesmo que sob a égide de uma negociação valorativa, mas em tempo muito inferior ao deslinde de uma demanda judicial. Ainda, a experiência internacional está a demonstrar ser um sucesso a utilização da mediação para solucionar conflitos envolvendo a Administração Pública. A tomar como exemplos o caso "Jiangyin" na China, o caso "Cowl" na Inglaterra e a experiência holandesa.

3. Considerações finais

É possível concluir que a utilização da mediação pela Administração Pública, como meio alternativo e consensual de solução de litígios, traz inúmeros benefícios às partes envolvidas, que podem, exemplificativamente, ser assim enumerados:

3.1 Por decorrer de um acordo entre as partes, permite solução mais célere e satisfatória da controvérsia.

3.2 Previne e reduz o número de demandas que chegam ao Poder Judiciário, inclusive por autorizar a instauração de processos para solucionar conflitos relacionados à prestação de serviços, mediante mediação coletiva (art. 32, II, c/c o art. 33, parágrafo único, da Lei de Mediação), com redução de custos significativos para as partes e para o próprio Estado.

3.3 Por existir uma abertura ao diálogo e maior flexibilidade negocial, as partes finalizam o acordo com a sensação de terem chegado a bom termo, o que, por consequência, e em regra, induz ao cumprimento espontâneo das obrigações assumidas, conferindo resultados que atendem às finalidades públicas buscadas pela Administração.

3.4 O diálogo e o consenso alcançados entre as partes permitem o restabelecimento de sua convivência harmônica.

3.5 A credibilidade, a imparcialidade e a competência do mediador, adquiridas por meio de formação adequada e permanente, a diligência nos procedimentos e o tratamento isonômico conferido às partes, somados à existência de uma lei que disciplina os métodos consensuais para a solução dos litígios, são elementos que dão maior transparência e segurança jurídica tanto ao administrador público quanto ao particular, melhorando a qualidade das relações que são por eles travadas, de maneira a atender aos anseios do interesse público e do particular, dentro dos princípios que regem o regime jurídico-administrativo.

Não resta dúvida de que a utilização da mediação pela Administração Pública representa uma mudança cultural no Brasil. Mudança saudável, tendo em vista os infindáveis conflitos que surgem no âmbito do setor público, e, por ser de grande relevância prática, trará maior agilidade na solução dos litígios, afastando as longas e desgastantes batalhas judiciais, que, além de custosas, por si sós, configuram mecanismos atentatórios ao interesse público primário.

A Administração tem o dever de agir em prol do administrado, e não contra ele. Assim, se há um instrumento jurídico, como a *mediação*, que pode contribuir para que a Administração Pública atenda ao interesse público primário, temos é que aclamá-lo com enorme ênfase. A constatação empírica do que ocorre nas inúmeras contendas administrativas pelo Brasil afora nos indica que, em verdade, o que se prestigia é muito mais o interesse público secundário do que o primário. A mediação pode funcionar como mais um instrumento relevante para fazer com que o Estado não se desvie do atendimento ao interesse público primário, em plena harmonia com os princípios basilares que informam o direito administrativo brasileiro.

Importante envidarmos nossos melhores esforços para que a mediação se afigure como um instrumento de excelência para concretização do ideal preconizado no art. 5º, XXVIII, da nossa CF, que declara solenemente que "a todos, no âmbito judicial e administrativo, são assegurados a razoável duração do processo e os meios que garantam a celeridade de sua tramitação".

Referências bibliográficas

DI PIETRO, Maria Sylvia Zanella. *Direito Administrativo*. 29ª ed. Rio de Janeiro, Forense, 2016.

JUSTEN FILHO, Marçal. *Comentários à Lei de Licitações e Contratos Administrativos*. 17ª ed. São Paulo, Ed. RT, 2016.

NUNES, Antônio Carlos Ozório. *Manual de Mediação: Guia Prático da Autocomposição*. 1ª ed. São Paulo, Ed. RT, 2016.

PASQUALIN, Roberto. *Mediação na Administração Pública é Alternativa para o Estado*. Disponível em *https://jota.info/artigos/mediacao-na-administracao-publica-e-alternativa--para-o-estado-09102015* (acesso em 29.5.2017).

SERPA, Maria de Nazareth. *Teoria e Prática da Mediação de Conflitos*. 1ª ed. Rio de Janeiro, Lumen Juris, 1999.

TONIN, Mauricio Morais. *Razões para o Poder Público Utilizar Meios Alternativos de Solução de Controvérsias*. Disponível em *https://arbitranet.com.br/por-que-o-poder-publico-deve--utilizar-meios-alternativos-de-solucao-de-controversias* (acesso em 29.5.2017).

O DIREITO À FRUIÇÃO *IN NATURA* DA CONCESSÃO PÚBLICA E SUA EXPROPRIAÇÃO INDIRETA ABUSIVA

CARLOS ARI SUNDFELD

1. Introdução. 2. O direito à fruição "in natura" da concessão e a obrigação de o concedente recompor, por prestações contratuais compensatórias, o equilíbrio que tenha sido rompido. 3. O inadimplemento da obrigação de estender o prazo do contrato que se desequilibrou não é prerrogativa do concedente, mas forma de expropriação indireta ilícita de direitos do concessionário. 4. A quitação dos débitos do concedente para com o concessionário é condição da retomada dos serviços concedidos. 5. Conclusão.

1. Introdução

Este artigo chama atenção para o problema da crescente postergação e omissão nas decisões administrativas durante a execução de contratos de concessão pública no Brasil.

Os órgãos de controle aumentaram muito, nos últimos anos, sua pressão sobre os gestores, do Executivo e das agências reguladoras, responsáveis pelos processos de decisão sobre tarifas, sobre reequilíbrio contratual e sobre extensão de prazo dos contratos. Isso influiu no aumento da percepção, por esses agentes, dos riscos de responsabilização pessoal, sobretudo pelas decisões que reconheçam direitos a concessionários, vistas como suspeitas de favorecerem o interesse privado contra o público.

Os riscos pessoais têm se mostrado verdadeiros. Ações de improbidade por suposta violação do princípio da legalidade são propostas quando o Ministério Público não concorda com a avaliação jurídica de autoridades administrativas. Tornaram-se constantes, em matéria regulatória, as recomendações, críticas públicas, advertências e punições oriundas do controle de contas, por divergências analíticas.

Com isso, houve diminuição dos incentivos para as autoridades administrativas tomarem decisões que reconheçam direitos privados: em alguns casos os processos administrativos simplesmente não andam; em outros, indeferem-se requerimentos como simples medida de cautela pessoal.

O objetivo desse artigo não é aprofundar a compreensão do fenômeno, tampouco estudar soluções para corrigi-lo. Mas ele pretende influir em uma coisa e outra, ao confrontar um verdadeiro mito jurídico, que colabora para a distorção: o de que, nas concessões, existiria discricionariedade administrativa para recusar a fruição *in natura* de direitos (direitos à tarifa, ao reajuste, ao reequilíbrio, à extensão de prazo etc.), a qual poderia ser indiferentemente substituída por indenizações, suportando o concessionário o ônus de pleiteá-las em Juízo.

Conquanto, ao menos aos teóricos gerais dos contratos, possa parecer surpreendente um mito assim ainda encontrar espaço, inclusive entre profissionais do Direito da área pública, ele tem origem remota em águas propriamente jurídicas, por certo anacrônicas, mas cuja força atual não se deve desprezar: em especial a ideia de que o interesse público jamais se amolda ao privado, nem com ele faz pactos ou se compromete – concepção da qual, no extremo, derivou, em sua época, a negativa, por parte da doutrina, do caráter contratual da concessão.[1]

Em contraposição ao anacronismo, o estudo defende que a fruição *in natura* tem de ser reconhecida como direito essencial do concessionário e, em seguida, aponta como impedir sua expropriação indireta abusiva.

2. O direito à fruição "in natura" da concessão e a obrigação de o concedente recompor, por prestações contratuais compensatórias, o equilíbrio que tenha sido rompido

A concessão é contrato de exploração econômica. A Lei Nacional de Concessões foi explícita quanto a isto: o investimento do concessionário deve ser "remunerado e amortizado *mediante a exploração do serviço ou da obra*" (Lei 8.987, de 1995, art. 2º, III).

Ela transfere ao concessionário a exploração de empreendimentos públicos, dentro de certas condições fixadas pelo pacto entre as partes (o *normal contratual*). Compõem parcela essencial dessas condições os tipos, as características e a duração das prestações a executar (os serviços delegados e outras atividades) e os tipos, os valores e a duração das prestações que o concessionário receberá (as tarifas e outras prestações pecuniárias). O *padrão contratual de normalidade*, a que as partes têm direito, somente é alcançado e mantido com a completa execução, por ambas, desse conjunto de prestações, na forma como convencionadas.

Como observa Egon Bockmann Moreira, há na concessão a *"contratualização* do interesse público estampado na norma jurídica que atribui a responsabilidade pela prestação de determinado serviço público à pessoa estatal", o que dá "feição específica ao interesse público primário posto em jogo", tornando-o diretamente dependente da "relação jurídico-administrativa da concessão".[2]

Nenhuma das partes tem o direito de descumprir o contrato, deixando de honrar as prestações a que se obrigou, na forma como se obrigou. As partes têm o direito recíproco ao normal contratual. Diz o art. 29, VI, da Lei Nacional de Concessões: "incumbe ao poder concedente cumprir e fazer cumprir (...) as cláusulas contratuais da concessão".

Por isso, as prestações são sempre devidas *in natura*, não havendo a faculdade de alguma das partes, a seu exclusivo critério, substituí-las por outras quaisquer, adiá-las para outro momento ou inviabilizá-las. A indenização posterior de prejuízos por condenação judicial (a *reparação financeira do ilícito*) nunca será substituta natural e suficiente, mas apenas a forma possível de reparação daqueles ilícitos contratuais que, por razões práticas insuperáveis, não se tenha logrado corrigir adequadamente.

---

1. Sobre esse debate, Floriano de Azevedo Marques Neto, *Concessões*, Belo Horizonte, Fórum, 2015, pp. 136 e ss.

2. *Direito das Concessões de Serviço Público – Inteligência da Lei 8.987/1995 (Parte Geral)*, São Paulo, Malheiros Editores, 2010, pp. 275-276.

E, na concessão, o padrão contratual de normalidade inclui o direito de, em caso de desajuste, o concessionário obter o reequilíbrio internamente, por meio de prestações contratuais compensatórias. Isso tudo por que, como vimos, o concessionário tem de ser remunerado "*mediante a exploração do serviço*" (art. 2º, III, da Lei Nacional de Concessões) e não por soluções extracontratuais, como seria a posterior reparação financeira do ilícito.

A violação do contrato por uma das partes dá à outra, não o simples direito a indenização reparatória posterior do ilícito, mas o direito à reposição tempestiva do padrão contratual de normalidade: a parte prejudicada pode exigir a fruição das próprias prestações ajustadas, no modo como convencionadas. Eventualmente, dependendo das circunstâncias – da duração da mora, por exemplo – isso dependerá de adaptações, na forma e medida necessárias para reconstituir o padrão contratual de normalidade, com a fruição de *prestações contratuais compensatórias* (p.ex., receitas compensatórias).

O comportamento comissivo ou omissivo do concedente, que mantenha a exploração da concessão pelo concessionário em situação anômala (de desequilíbrio), se transformaria em *expropriação indireta dos direitos contratuais do concessionário* se não fossem garantidas a este as prestações contratuais compensatórias para a reconstituição do normal contratual. Para assegurá-lo, muitas vezes será necessária a *extensão compensatória do prazo da concessão*, para que o concessionário possa auferir diretamente as receitas compensatórias suficientes.

No curso do contrato podem ocorrer outros desequilíbrios que onerem o concessionário e afetem a equação econômico-financeira: aumento de tributos, álea extraordinária, aumento dos encargos por atos de autoridade etc. Nesses casos, o concedente terá a *obrigação de rever o contrato em favor do concessionário*, não se tratando de simples faculdade. Tem também a obrigação de fazê-lo *em tempo oportuno*. E as compensações por desequilíbrio da concessão devem ser fruídas na forma de prestações contratuais, isto é, pelo recebimento direto, no curso do contrato, de *receitas contratuais compensatórias* (tarifas ou prestações econômicas equivalentes), ou pela *desoneração compensatória* de prestações a cargo do concessionário, em volume adequado.

Portanto, em qualquer caso de desequilíbrio do contrato por fatores alheios à ação do concessionário, ele tem o direito de obter do concedente compensações diretas internas ao contrato, que garantam a volta e permanência da situação de normalidade.

Nessas hipóteses, a reconstrução do equilíbrio depende sempre de alguma adaptação: ou para aumento das receitas (p.ex., por elevação das tarifas unitárias, quando viável, ou por ampliação do prazo de recebimento de tarifas, medida mais comum) ou para diminuição das despesas (redução de pagamentos do concessionário ao concedente, supressão de serviços etc.).

Mas é importante repetir: isso tem de observar as pautas daquilo que, de início, se tiver estabelecido como o padrão de normalidade da exploração do empreendimento público concedido, de modo a garantir que a compensação ocorra direta e internamente à concessão, vale dizer, "*mediante a exploração do serviço*" (art. 2º, III, da Lei Nacional de Concessão).

Diante disso, no regime da Lei Nacional de Concessão, não existe poder discricionário para, em caso de desequilíbrio em contrato de concessão, a Administração Pública concedente se recusar a corrigi-lo – correção essa, evidentemente, que deve ser feita por meio de prestações compensatórias lícitas, especialmente as previstas no próprio contrato.

O direito a essas prestações compensatórias integra o patrimônio jurídico do concessionário, cuja situação jurídica ativa, derivada da celebração da concessão, não é, em caso de desequilíbrio, limitada à exploração do serviço apenas pelo prazo inicial e apenas com as receitas previstas originalmente.

A recomposição do equilíbrio é direito subjetivo do concessionário; daí ser obrigação do concedente, segundo o art. 29, V, da Lei Nacional de Concessão, quando for este o caso, "proceder à revisão das tarifas na forma desta lei, das normas pertinentes e do contrato". E dele decorre a faculdade não só de haver certo crédito, mas de havê-lo por certa forma: a exploração da concessão, recebendo as prestações delimitadas de início e também as prestações que, a título de compensação dos desajustes, vierem a ser agregadas no curso do contrato. A recusa administrativa em viabilizar o exercício do direito de fruir as prestações contratuais compensatórias é comportamento estatal ilícito.

O sistema legal brasileiro assegurou o direito ao reequilíbrio econômico-financeiro em favor do contratado. É o que determinou a própria Constituição Federal de 1988 (art. 37, XXI), ao fixar que as obras, serviços, compras e alienações serão contratadas com "cláusulas que estabeleçam obrigações de pagamento, mantidas as condições efetivas da proposta". E também a Lei 8.666/1993, nos arts. 58, §§ 1º e 2º; 65, II, "d"; e 65 §§ 5º e 6º. O mesmo fez a Lei Nacional das Concessões, arts. 18, VIII e 23, IV, complementados pelo art. 10.

Portanto, a legislação brasileira sobre contratos públicos consagrou, em favor do contratado privado, o direito de, na execução dos contratos, não ser constrangido a suportar desajustes sem que se reponha o equilíbrio por meio de prestações compensatórias contratuais diretas e internas. Especificamente no caso das concessões, isso significa que foi banida qualquer possibilidade de o Poder Público querer que o concessionário se contente com ulteriores indenizações reparatórias do ilícito.

Aliás, do contrário a norma do parágrafo único do art. 39 da Lei Nacional de Concessões seria inconstitucional. Diz o preceito:

> Art. 39. O contrato de concessão poderá ser rescindido por iniciativa da concessionária, no caso de descumprimento das normas contratuais pelo poder concedente, mediante ação judicial especialmente intentada para esse fim. Parágrafo único. Na hipótese prevista no *caput* deste artigo, os serviços prestados pela concessionária não poderão ser interrompidos ou paralisados, até a decisão judicial transitada em julgado.

A rescisão judicial por inadimplemento do concedente é medida de proteção do concessionário, quando as violações praticadas por aquele tornarem desinteressante a continuidade da relação para este. Mas este deverá manter os serviços até o trânsito em julgado, como dispõe o parágrafo único. Ora, esse dever seria absurdo e antijurídico, transformando-se em requisição de fato sem qualquer base ou limite legal, se fosse exigido que o particular o fizesse em condições totalmente diversas daquelas que contratou.

Portanto, o dever de o particular manter o serviço tem como correlato o dever de o concedente atuar positivamente para preservar o equilíbrio constante do contrato, não possuindo a parte pública a prerrogativa de remeter a recomposição desses direitos à esfera indenizatória.

3. O inadimplemento da obrigação de estender o prazo do contrato que se desequilibrou não é prerrogativa do concedente, mas forma de expropriação indireta ilícita de direitos do concessionário

Negar ou omitir o reequilíbrio, quando devido, é sempre um ilícito contratual do concedente. E o ilícito tem de ser corrigido *in natura*, com o deferimento de prestações compensatórias diretas e internas à concessão, e assumindo-se as adaptações contratuais indispensáveis (como a dilação compensatória do prazo). A perspectiva de reparação posterior de danos por indenização judicial não é suficiente.

Mas, frequentemente, o concedente supõe que postergar ou resistir ao reequilíbrio, mantendo o concessionário em situação anômala, seria uma prerrogativa legítima sua, derivada diretamente de sua condição de Poder Público, e que o único direito do concessionário seria o de buscar em juízo a reparação de danos, por meio da indenização posterior dos prejuízos.

Isso é um equívoco.

Segundo as normais gerais das concessões no Brasil, há só uma forma de o concedente fazer a supressão unilateral legítima dos direitos, que o concessionário naturalmente tem, de explorar a concessão de acordo com o normal contratual. É a *encampação*. E esta, de acordo com a lei (art. 37), segue o regime de uma *quase-desapropriação administrativa*, cuja efetivação exige sempre indenização prévia e completa dos lucros cessantes e dos danos emergentes. Assume, portanto, a feição de autêntica substituição, a título compensatório, dos direitos do concessionário por seu perfeito equivalente – pago, não só em dinheiro, como previamente. Ademais, exige um complexo processo administrativo preparatório, com autorização legislativa específica.

Logo, se o concedente simplesmente deixa de fazer o reequilíbrio – e com isso nega, ao concessionário, as prestações compensatórias internas que lhe são devidas – comete um abuso ilegal, pois expropria indiretamente, sem as formas e as compensações exigidas para a encampação, os direitos constituídos em favor deste.[3]

Como adverte André Rodrigues Cyrino,

> o estado não pode utilizar-se do caminho mais tranquilo da regulação para evitar o procedimento exigente da desapropriação. Desapropriações travestidas de regulação consubstanciam desvio de finalidade constitucional.[4]

---

3. Sobre regulações expropriatórias na experiência norte-americana, v. *Taking Property and Just Compensation: Law and Economics Perspectives of the Takings Issue*, Nicholas Mercuro (edit.), New York, Springer Science e Business Media, LLC, 1992; e *Regulatory Takings – Law, Economics and Politics*, William A. Fischel, Cambridge, Harvard University Press, 1995.
    No Brasil, v. Gustavo Binenbojm, "Regulações expropriatórias", *Revista Justiça e Cidadania*, n. 117, 2010; disponível em: *www.editorajc.com.br/2010/04/regulacoes-expropriatorias*. André Rodrigues Cyrino, "Regulações expropriatórias: apontamentos para uma teoria", *Revista de Direito Administrativo*, vol. 267, Rio de Janeiro, set.-dez., 2014, pp. 199-235. E Luiza Vereza Batista Kalaoun, *Regulações Expropriatórias: requisitos procedimentais e parâmetros materiais de identificação*, dissertação de mestrado, Universidade Estadual do Rio de Janeiro, 2016.
    4. "Regulações expropriatórias: apontamentos para uma teoria", em *RDA – Revista de Direito Administrativo*, vol. 267, Rio de Janeiro, Fundação Getúlio Vargas, set./dez. 2014, p. 224.

O certo é que os contratos públicos, e muito especialmente os contratos de concessão, não são sinônimos de poderes incondicionados de autoridade. É verdade que, a partir da Constituição Federal, ele recebe influência de normas e princípios públicos (entre eles os da legalidade, impessoalidade, moralidade, publicidade e eficiência), além de estar sujeito, em certos casos, a regras próprias previstas na legislação, quanto às suas condições, formalidades e controle, e quanto ao seu próprio conteúdo.

Mas seria um erro aceitar como legítimo um regime de prerrogativas ilimitadas para o Poder Público contratante.[5] Como bem alerta Fernando Dias Menezes de Almeida, o regime exacerbado de prerrogativas é inaceitável, pois estimula: a) a ineficiência da Administração (p.ex., com a alteração ou rescisão unilateral abusiva de contratos); b) a geração de contratos mais onerosos (decorrente da incerteza gerada pelas cláusulas exorbitantes); c) a legitimação de práticas autoritárias (em razão de medidas unilaterais); d) um ambiente propício para desvios em relação à probidade administrativa, no curso da execução dos contratos (ao atender a interesses que nada têm a ver com sua boa execução).[6]

O excesso de prerrogativas em contratos públicos é incompatível com relações seguras e duradouras. O equilíbrio da relação entre as partes contratantes é característica essencial, a ser perseguida não só nos contratos comuns, mas também nos contratos públicos. Por isso, é inaceitável que, a partir de uma visão autoritária, se queira ver como naturais situações de prerrogativas abusivas do concedente, e muito especialmente os casos em que, por sua ação ou omissão, ele quer adiar ilicitamente a fruição de direitos do concessionário, em verdadeira expropriação indireta ilícita. A Lei Nacional de Concessões foi clara, em seu art. 29, VI: "incumbe ao poder concedente cumprir (...) as cláusulas contratuais da concessão". Logo, ele está proibido de descumpri-las, para assim promover verdadeira expropriação indireta de direitos, deixando como única alternativa ao concessionário a de lutar pela posterior reparação do ilícito.

Uma teoria, elaborada na primeira metade do século XX e amplamente reproduzida nas décadas seguintes, deixou um traço que marca até os dias de hoje as relações jurídicas contratuais da Administração Pública no Brasil com os particulares: a afirmação de um regime jurídico especial, dito de direito público. Como consequência desse regime especial, o estado teria, baseado em um poder de autoridade, alguma faculdade de alterar a extensão e as características das prestações estabelecidas nos contratos de que é contratante.[7]

5. Retoma-se aqui a análise mais ampla de Carlos Ari Sundfeld, Jacintho Arruda Câmara e Vera Monteiro, "Direitos do contrato em face da inadimplência do Poder Público contratante", em *Revista do Advogado,* vol. 131, outubro de 1986, São Paulo, Associação dos Advogados de São Paulo, pp. 31-41.

6. Fernando Dias Menezes de Almeida, "Mecanismos de consenso no direito administrativo", in Floriano de Azevedo Marques Neto e Alexandre Santos de Aragão, *Direito Administrativo e seus Novos Paradigmas*, Belo Horizonte, Fórum, 2008, p. 344.

Com efeito, o uso de amplas competências de autoridade na alteração, execução e extinção de contratos públicos pode frequentemente ser negativo. E isso acaba afastando investidores, especialmente as empresas sérias que, ao contrário das oportunistas, queiram entrar no negócio para cumprir as regras, para se pautar pelo contrato quanto a seus direitos e obrigações. Se o contratante público tudo pode, o andamento da relação contratual se torna bastante imprevisível, o que acaba afastando essas empresas sérias e atraindo empresas especialistas em ir renegociando os contratos em seu benefício até que eles se transformem em negócios completamente diferentes dos originais.

7. Isso explica, inclusive, por que grande parte da doutrina teoriza sobre a oposição entre contratos administrativos e os contratos privados celebrados pela Administração. O objetivo dela é afirmar que os

Esse poder, como explica a antiga teoria sobre o contrato administrativo, seria, assim, incompatível com o regime contratual comum. As conhecidas cláusulas exorbitantes seriam derrogatórias desse regime, fazendo surgir um direito especial aplicável aos contratos administrativos, o qual incidiria mesmo na ausência de previsão em lei ou no instrumento contratual. A existência de prerrogativas derivaria, segundo essa teoria, ou do próprio sistema jurídico, que protege as atividades públicas, ou de cláusulas estabelecidas nos próprios contratos. Nas palavras de Celso Antônio Bandeira de Mello, as prerrogativas

> tanto poderiam ser colhidas nos textos que diretamente regulem a matéria – quando existentes – como deduzidas dos princípios vetores de certas atividades públicas. Vale dizer: ou se reputam *implícitas*, seja na ordenação normativa, seja no bojo do contrato, ou estão realmente *explícitas* na lei ou em cláusula expressa no contrato.[8]

O direito especial, peculiar do regime do contrato administrativo, giraria em torno da supremacia de uma das partes (o estado), que representaria a prevalência do interesse público sobre os particulares. Como consequência, estaria legitimada a possibilidade de instabilização da relação por meio do exercício de um *poder de autoridade*, o qual se manifestaria também pela *presunção de legitimidade de seus atos*, pelo amplo *controle e fiscalização* na execução do contrato, pela possibilidade de *alteração unilateral* da extensão e características do objeto do contrato, pela possibilidade de sua *rescisão unilateral*, pela possibilidade de *ocupação provisória* de bens e serviços, pela vedação à invocação da *exceção do contrato não cumprido* pelo contratado (a não ser em alguns casos expressamente autorizados) e, finalmente, pela possibilidade de *impor sanções* ao privado. O conjunto de tais poderes é conhecido como *cláusulas exorbitantes*.[9]

Odete Medauar resume a teoria francesa do contrato administrativo, própria do início do século XX, no seguinte trecho:

> A concepção do contrato regido pelo direito administrativo acabou por firmar-se, separando-se de preceitos tradicionais da teoria do contrato privado, como a igualdade entre as partes e a intangibilidade da vontade inicial das mesmas; formou-se a teoria de um contrato diferenciado do modelo privado, de um contrato em que a Administração contratante dispõe de certas prerrogativas para assegurar o atendimento do interesse geral, sem o sacrifício dos interesses pecuniários do particular contratado. As *cláusulas exorbitantes*, assim denominadas na concepção francesa porque se distanciavam dos preceitos vigentes para os contratos privados, permitiam à Administração a modificação unilateral do contrato, desde que assegurada a equação financeira do contrato; possibilitavam a rescisão unilateral; conferiam à Administração amplo controle e acompanhamento da execução do contrato e o direito de impor sanções ao particular contratado, e impedia que este invocasse a *exceptio non adimpleti contractus* a sua favor. Com essas linhas básicas, difundiu-se a teoria do contrato administrativo na Europa ocidental continental e na América Latina, inclusive no Brasil. A partir de então e durante algumas décadas, nenhum

primeiros, porque destinados à defesa do interesse público, seriam marcados pelo sinal da autoridade, enquanto nos segundos tais poderes não apareceriam.

8. Celso Antônio Bandeira de Mello, *Curso de Direito Administrativo*, 33ª ed., 2ª tir., São Paulo, Malheiros Editores, 2017, p. 638.

9. Caio Tácito fez amplo estudo sobre a origem na literatura (especialmente francesa) das características clássicas do contrato administrativo em *Temas de Direito Público (estudos e pareceres)*, vol. 1, Rio de Janeiro, Renovar, 1997, p. 617.

elemento novo afetou as bases assentadas; os tipos contratuais, em número restrito, pouco variaram; e parecia predominar a atividade administrativa por atos unilaterais; as formas contratuais ocupavam pequena parte do panorama da Administração.[10]

A Lei Geral de Licitações e Contratações (Lei 8.666/1993) pareceu haver em alguma medida positivado essa teoria ao fixar o *regime jurídico dos contratos administrativos ordinários* em seu art. 58.[11] A mesma lei ainda tratou da parcial inoponibilidade ao estado da exceção do contrato não cumprido, regulando mais um elemento que seria típico do regime público dos contratos administrativos ordinários no art. 78, XV (todavia, segundo o dispositivo, constitui motivo para rescisão do contrato o atraso superior a 90 dias dos pagamentos devidos pelo Poder Público decorrentes de contratos administrativos).

Mas nem a velha teoria, tampouco a Lei Geral de Licitações e Contratações, reconheceram como prerrogativa da Administração a de adiar ou descumprir o ajustado bilateralmente com os particulares, ainda que alegando pretextos de interesse público. Quanto a isso não há dúvida na doutrina e na jurisprudência: *o contrato público também obriga as partes, tanto a parte privada como a pública.*

Cite-se, por todos, o administrativista Hely Lopes Meirelles. Lembra ele que "executar o contrato é cumprir suas cláusulas segundo a comum interpretação das partes no momento de sua celebração", insistindo em que isso envolve não só "à realização do objeto do contrato" como também "tudo o mais que for estabelecido no ajuste ou constar das normas legais como encargo de qualquer das partes". Para em seguida concluir:

10. Odete Medauar, *O Direito Administrativo em Evolução*, 2ª ed., São Paulo, Ed. RT, 2003, pp. 207-208.

11. "Art. 58. O regime jurídico dos contratos administrativos instituído por esta Lei confere à Administração, em relação a eles, a prerrogativa de: I – modificá-los, unilateralmente, para melhor adequação às finalidades de interesse público, respeitados os direitos do contratado; II – rescindi-los, unilateralmente, nos casos especificados no inciso I do art. 79 desta lei; III – fiscalizar-lhes a execução; IV – aplicar sanções motivadas pela inexecução total ou parcial do ajuste; V – nos casos de serviços essenciais, ocupar provisoriamente bens móveis, imóveis, pessoal e serviços vinculados ao objeto do contrato, na hipótese da necessidade de acautelar apuração administrativa de faltas contratuais pelo contratado, bem como na hipótese de rescisão do contrato administrativo."

Na verdade, o tema já era tratado dessa forma em norma federal desde o Decreto-lei 2.300, de 21.11.1986, que normatizava as licitações e contratos da Administração Pública federal, antes de ser revogado pela lei 8.666/1993. Segundo seu art. 48, o regime jurídico dos contratos administrativos conferia à Administração as prerrogativas de modificação e extinção unilateral, fiscalização e aplicação de sanções. No Estado de São Paulo, a lei 89, de 27.12.1972, também estabelecia casos de alteração unilateral do contrato pela Administração Pública (art. 48).

Como prova de que essa concepção de há muito tempo está arraigada entre administrativistas brasileiros, lembre-se que Hely Lopes Meirelles, na primeira edição de seu *Licitação e Contrato Administrativo* (São Paulo, Ed. RT, 1973, pp. 182-183), ao tratar dos contratos em que a Administração Pública é uma das partes contratantes, já se referia à "supremacia de poder para fixar as condições iniciais do ajuste" e à "presença da Administração com privilégio administrativo na relação contratual". Ambos seriam elementos tipificadores do contrato administrativo, capaz de distingui-lo do contrato privado. Conforme escreveu o autor, "Dessa posição privilegiada surgem as chamadas *cláusulas exorbitantes do direito comum* e a faculdade implícita de *alteração e de rescisão unilateral do contrato*, nos limites exigidos pelo interesse público. Tais são os traços marcantes do *contrato administrativo*, negado por alguns, mas afirmado pela imensa maioria dos publicistas modernos que reconhecem à Administração o poder de contratar no regime do direito público, bem diversificado no direito privado".

O contrato administrativo, como, de resto, qualquer contrato, deve ser executado fielmente, exercendo cada parte seus direitos e cumprindo suas obrigações. Na execução do contrato administrativo a Administração nivela-se ao particular, de modo que a cada obrigação deste corresponde um direito daquela, e vice-versa, segundo as cláusulas contratuais e as normas pertinentes.[12]

Eventuais prerrogativas administrativas só existem nos termos e limites das leis e das cláusulas contratuais. E não há, em favor da Administração, claro, qualquer prerrogativa implícita para descumprir o contratado, como se os interesses do particular fossem menores ou irrelevantes. Ela não tem a prerrogativa de fazer a expropriação indireta dos direitos constituídos em favor deste, ainda que pela simples omissão do dever de reequilibrar o contrato na forma prevista, impondo a prestação dos serviços em condições que não foram avençadas. Não há interesse público contra as normas jurídicas, ou fora delas.

Ademais, as ideias que inspiraram o velho modelo foram acolhidas apenas parcialmente na disciplina atual da concessão pública. Essa modalidade contratual é praticada no Brasil em vários setores desde o século XIX, mas só recebeu tratamento legislativo geral em 1995, com a Lei Nacional de Concessão, que deu início ao programa de privatizações.

O objetivo desta lei foi, por um lado, consolidar a concessão como instituto jurídico e, por outro, fazer importantes atualizações ou modificações pontuais de suas características, para diminuir poderes e abusos do concedente, garantindo a proteção dos investimentos privados. Espelha essa preocupação a norma óbvia, mais de uma vez lembrada neste estudo, segundo a qual "incumbe ao poder concedente cumprir e fazer cumprir (...) as cláusulas contratuais da concessão" (art. 29, VI).

Mas o principal exemplo da atualização legislativa do regime da concessão ocorreu justamente quanto à encampação, medida unilateral do concedente para extinguir os direitos contratuais do concessionário por razões de interesse público superveniente. Esta ficou condicionada à autorização legislativa específica e ao pagamento de indenização prévia e completa (art. 37).

Tentar suprimir direitos do concessionário, pela recusa ou omissão ilegal das providências necessárias para viabilizar seu exercício, é uma forma de expropriação administrativa ilícita desses direitos. E a ilicitude está na não observância do regime de quase-desapropriação que o legislador – justamente para evitar que a Administração Pública, traindo a confiança do particular, confiscasse seus capitais e direitos – desenhou para a encampação.

A recusa e a omissão de recompor o reequilíbrio – pela extensão do prazo da concessão, como é devido no caso – são puras vias de fato, medidas totalmente à margem do Direito, que o Judiciário tem de coibir, quando acionado.

4. A quitação dos débitos do concedente para com o concessionário é condição da retomada dos serviços concedidos

Não é normal que o concedente bloqueie a solução tempestiva de seus passivos financeiros para com o concessionário e, a seguir, disso se beneficie com o advento do termo contratual.

---

12. *Direito Administrativo Brasileiro*, 21ª ed., São Paulo, Malheiros Editores, 1996, p. 209; 42ª ed., atualizada até a EC 90, de 15.9.2015, São Paulo, Malheiros Editores, 2016, pp. 254-255.

O concedente está evidentemente obrigado à composição prévia de créditos e débitos. Não pode, apenas pelo advento formal do termo contratual, querer privar de imediato o concessionário da exploração do serviço, suprimindo-lhe a fonte de receitas capaz de viabilizar o recebimento dos créditos remanescentes. O estado incidiria em evidente enriquecimento ilícito se pudesse, mesmo inadimplente, tomar dos serviços e bens, implantados ou melhorados justamente à custa dos investimentos e trabalhos do concessionário, e, sem quaisquer ônus, passar a fruir das correspondentes receitas, desviando-as de sua destinação natural, que é o pagamento desses investimentos e trabalhos. O estado não pode agir assim, em evidente má-fé.

Por isso mesmo, a Lei de Concessões, tratando, tanto do fim normal do contrato pelo transcurso de seu prazo, quanto da encampação, exigiu que a composição financeira entre as partes em relação a créditos e débitos ainda pendentes fosse feita *concomitantemente à reversão dos bens e dos serviços concedidos, como condição dela* – e não depois.

Isto é muito importante: a composição financeira é condição da retomada da concessão pelo estado, não bastando o simples advento do termo contratual.

É certo que os bens, direitos e privilégios – isto é, o serviço – reverterão ao concedente quando "extinta a concessão" (art. 35, §§ 1º a 3º), mas, segundo a lei, isso depende da prévia adoção das providências exigidas pelo § 4º do mesmo art. 35. E este dispositivo foi bastante claro:

> o poder concedente, *antecipando-se à extinção da concessão*, procederá aos levantamentos e avaliações necessários à determinação dos montantes da indenização que será devida à concessionária.

Trata-se, portanto, de *providência anterior à extinção*, não posterior. Qual a razão dela?

O art. 36 o esclarece de modo cabal: "a reversão no advento do termo contratual *far-se-á com a indenização* (...)". É a indenização que faz reverterem os bens e serviços, e não o contrário. Perceba-se que a lei não disse que a reversão "dará direito à indenização", fórmula que talvez sugerisse que a indenização seria consequência, e não condição, da reversão. O texto legal foi bem outro: a reversão só ocorre *"com* a indenização". Portanto, seu pagamento é condição, não mera consequência da reversão. É a letra da lei, coerente com o dever de coibir a má-fé do concedente.

Se o concedente propositalmente postergou a solução das pendências que podiam gerar créditos para o concessionário, é evidente que não pode retomar o serviço sem resolvê-las. Até porque o meio natural de pagar pelos créditos remanescentes seria justamente estender a exploração do serviço por um período suplementar. Admitir o contrário seria autorizar que o estado assumisse passivos irresponsáveis, sem sequer medir sua capacidade de pagá-los, e traísse a confiança dos investidores privados, cinicamente lançando-os no oneroso caminho da cobrança judicial e dos precatórios.

Em suma: a retomada dos bens e serviços, mesmo no advento do termo contratual, se não compensada concomitantemente com indenização dos créditos remanescentes do concessionário seria uma supressão de direitos, uma forma de expropriação administrativa ilícita, um confisco indireto de seus capitais e direitos. Retomada pura e simples é via de fato, medida totalmente à margem do Direito, e o Judiciário tem de coibi-la, quando acionado.

5. Conclusão

A negação ou omissão, pela Administração, no reconhecimento de direito contratual de concessionário público, quando devido, é sempre um ilícito contratual, como a não homologação de reajustes ou a não recomposição do equilíbrio. Não é o caso de discricionariedade, mas de pura via de fato, produzindo a expropriação indireta de direitos constituídos.

Ademais, se o concedente propositalmente postergou a solução das pendências que podiam gerar créditos para o concessionário, não pode retomar o serviço sem resolvê-las de modo prévio e completo. Admitir o contrário, lançando o particular no oneroso caminho da cobrança judicial e dos precatórios, é autorizar o estado a fazer expropriações de fato.

Os abusos têm de ser corrigidos *in natura*, inclusive, quando for o caso, com o deferimento de prestações compensatórias diretas e internas à concessão, e assumindo-se as adaptações contratuais indispensáveis (como a dilação compensatória do prazo). A perspectiva de reparação posterior de danos por simples indenização judicial não é suficiente.

MANDADO DE SEGURANÇA E CPC DE 2015: HOMENAGEM A HELY LOPES MEIRELLES

Cassio Scarpinella Bueno

1. Considerações iniciais. 2. Mandado de segurança preventivo e repressivo. 3. Legitimação extraordinária. 4. Impetração e comunicações eletrônicas. 5. Descabimento do mandado de segurança. 6. Petição inicial e documentos de instrução. 7. Julgamento sem mérito. 8. Improcedência liminar do pedido. 9. Liminar: 9.1 Recorribilidade da decisão relativa à liminar; 9.2 Restrições à liminar; 9.3 Revogação da liminar; 9.4 Liminar e prioridade de julgamento. 10. Sentença e recursos. 11. Litisconsórcio ulterior. 12. Intervenção do Ministério Público. 13. Remessa necessária. 14. Recurso da autoridade coatora. 15. Execução provisória. 16. Suspensão de segurança. 17. Mandados de segurança impetrados originariamente nos Tribunais. 18. Publicação do acórdão. 19. Recursos para os Tribunais Superiores. 20. Prioridade de julgamento. 21. Mandado de segurança coletivo. 22. Litisconsórcio e intervenção de terceiros. 23. Embargos infringentes. 24. Honorários advocatícios e litigância de má-fé. 25. Técnicas de efetividade das decisões jurisdicionais. 26. Prazos. 27. Considerações finais.

1. Considerações iniciais

O presente artigo quer homenagear Hely Lopes Meirelles, autor essencial e de primeira grandeza de tantos temas, dentre eles o mandado de segurança, expondo algumas considerações acerca das implicações que o CPC de 2015, aprovado pela Lei 13.015, de 16.3.2015 e publicado no *Diário Oficial da União* de 17.3.2015, traz para o mandado de segurança, levando em conta a sua atual lei de regência, a Lei 12.016, de 7.8.2009.

O assunto que, em perspectiva tradicional da hermenêutica jurídica, tende a se mostrar simples considerando que "A lei nova, que estabeleça disposições gerais ou especiais a par das já existentes, não revoga nem modifica a lei anterior",[1] é, em realidade, muito mais complexo.

A uma, porque é insuficiente estudar o mandado de segurança na exclusiva perspectiva do direito infraconstitucional. É indispensável que sua compreensão como garantia constitucional – verdadeiro direito fundamental, expressamente previsto nos incs. LXIX e LXX do art. 5º da Constituição Federal – seja levada em conta como guia *suficiente* para sua compreensão como mecanismo diferenciado de tutela jurisdicional. Suficiente porque, em rigor, é despicienda legislação a seu respeito, diante do alcance que se pode extrair do § 1º do art. 5º da CF.[2]

---

1. A transcrição entre aspas corresponde ao § 2º do art. 1º do Decreto-lei 4.657/1942, atualmente denominada "Lei de Introdução às Normas do Direito Brasileiro".

2. Para tais demonstrações, tomo a liberdade de enviar o leitor interessado ao quanto escrevi em meu *Mandado de Segurança*, pp. 3-30 e, mais resumidamente, em meu *Curso Sistematizado de Direito Processual Civil*, vol. 2, t. III, pp. 39-48. Também Gregório Assagra de Almeida, Mirna Cianci e Rita Quartieri, *Mandado de Segurança*, pp. 41-46, voltaram-se ao assunto.

A duas, porque, além dos preceitos a este respeito encontrados na precitada "Lei de Introdução às Normas do Direito Brasileiro", a boa doutrina apresenta importante critério hermenêutico consistente no "diálogo das fontes", pelo qual a lei mais recente, posto ser genérica, tem aptidão de afetar a anterior, posto mais específica, na medida em que realiza mais adequadamente o bem jurídico anterior. Ecos dessa doutrina são ouvidos na jurisprudência do Superior Tribunal de Justiça acerca da execução fiscal que, em determinados pontos, entendeu que as novidades incorporadas ao Código de Processo Civil relativas à execução por quantia certa contra devedor solvente pela Lei 11.382/2006 (lei genérica mais recente) deveriam ser adotadas também na execução fiscal, por viabilizarem uma execução mais *eficiente* quando comparadas com as prescrições da Lei 6.830/1980 (lei específica mais antiga).[3]

Trata-se de perspectiva de análise que merece ser enaltecida por viabilizar o máximo aproveitamento do mandado de segurança como garantia constitucional. Assim é que a busca de uma tutela jurisdicional mais *efetiva* no plano infraconstitucional vai ao encontro do que, na perspectiva constitucional, é imposto ao mandado de segurança. Na medida em que o CPC/2015 fornece instrumentos mais efetivos de tutela de direitos, ameaçados ou violados, eles devem ser adotados, a despeito de solução diversa dada pela legislação específica. Até porque não vejo como deixar de pontuar o quão atrasada é a "nova" lei do mandado de segurança – e as exceções são poucas –, quando confrontada com as reformas que, desde a década de 1990, modificaram por completo (e estruturalmente) o Código Buzaid e, sobretudo – nem poderia ser diferente –, quando a Lei 12.016/2009 é contrastada (como deve ser) com o "modelo constitucional do mandado de segurança".[4]

Feitas essas observações iniciais, cabe esclarecer que o desenvolvimento desse artigo toma como referência a Lei 12.016/2009 e a ordem numérica crescente de seus dispositivos o que quer facilitar a leitura e a compreensão dos temas pelo leitor. Os temas abordados, de qualquer sorte, são tratados na medida em que haja alguma consideração a ser feita a partir do CPC/2015. Quando nenhuma menção é feita, o silêncio deve ser compreendido como ausência de ponto de contato ou de interesse na interseção dos temas.

2. Mandado de segurança preventivo e repressivo

O *caput* do art. 1º da Lei 12.016/2009 é basicamente a reprodução do inciso LXIX do art. 5º da CF, ocupando-se, pois, do *objeto* do mandado de segurança. Nada há de impactante com relação ao CPC/2015, à exceção da ressalva de seu cabimento quando pessoa física ou jurídica (alguém na dicção constitucional) "sofrer violação ou houver justo receio de sofrê-la".

A dicotomia, tradicional na nossa doutrina, entre um "mandado de segurança *preventivo*" e um "mandado de segurança *repressivo*"[5] encontra eco seguro no CPC/2015 porque

---

3. Tive oportunidade de voltar-me ao assunto em artigo intitulado "Algumas considerações sobre a execução fiscal e o Código de Processo Civil reformado na jurisprudência do STJ", palestra que apresentei no *VII Congresso Nacional de Estudos Tributários: Direito Tributário e Conceitos de Direito Privado*, promovido pelo Instituto Brasileiro de Estudos Tributários/IBET.

4. Para essa demonstração, v., em especial, meu *A nova Lei do Mandado de Segurança*, pp. 15-21 e "Propostas para uma nova lei para o mandado de segurança", pp. 135-148.

5. A respeito, consultar com proveito, Gregório Assagra de Almeida, Mirna Cianci e Rita Quartieri, *Mandado de Segurança*, p. 50. Também voltei-me ao assunto em meu *Mandado de Segurança*, pp. 33-34.

ele, diferentemente do CPC de 1973, disciplina, de maneira unificada, a "tutela antecipada" e o "processo cautelar", sob as vestes da "tutela provisória" em seus arts. 294 a 311.

Não que a união afinal estabelecida pelo CPC/2015 seja indene de críticas – muito pelo contrário, inclusive do ponto de vista *formal*, como quis demonstrar em outros estudos meus a respeito do tema[6] –, mas não há dúvidas de que, para os fins do mandado de segurança, aquela junção de técnicas jurisdicionais predispostas a assegurar o resultado *útil* do processo e/ou satisfazer antecipadamente um direito provável é salutar.

3. Legitimação extraordinária

Há duas (frequentemente esquecidas) regras de legitimação extraordinária na Lei 12.016/2009, regras, de resto, que apenas reproduzem o que já constava das mais antigas leis de regência do mandado de segurança.

A primeira delas encontra-se, hoje, no § 3º do art. 1º da Lei 12.016/2009:

> § 3º. Quando o direito ameaçado ou violado couber a várias pessoas, qualquer delas poderá requerer o mandado de segurança.

A segunda está no art. 3º da mesma Lei:

> Art. 3º. O titular de direito líquido e certo decorrente de direito, em condições idênticas, de terceiro poderá impetrar mandado de segurança a favor do direito originário, se o seu titular não o fizer, no prazo de 30 (trinta) dias, quando notificado judicialmente.
>
> Parágrafo único. O exercício do direito previsto no *caput* deste artigo submete-se ao prazo fixado no art. 23 desta Lei, contado da notificação.

O parágrafo único do art. 18 do CPC/2015, dispõe que "Havendo substituição processual, o substituído poderá intervir como assistente litisconsorcial". É irrecusável que o novel dispositivo deve ter aplicação para aquelas duas situações. E mais: com fundamento no art. 6º do CPC/2015, é correto entender que cabe ao magistrado, de ofício ou a requerimento, intimar o substituído para, querendo, intervenha no processo.[7]

4. Impetração e comunicações eletrônicas

O art. 4º da Lei 12.016/2009 permite a impetração do mandado de segurança por meios eletrônicos (e também por outras mais vetustas formas de comunicação). Embora o CPC/2015 não queira sobrepor-se a ou substituir a legislação específica relativa ao "processo eletrônico", porta uma série de dispositivos que disciplina especificamente a prática *eletrônica* de atos processuais. Trata-se da disciplina que consta, notadamente, de seus arts. 193 a 199 e que também merecem ser aplicados em se tratando de mandado de segurança.

---

6. "A 'revisão' do texto do novo CPC" (disponível em http://portalprocessual.com/a-revisao-do--texto-do-novo-cpc-2/, publicado em 19.2.2015) e "Ainda a 'revisão' do texto do novo CPC" (disponível em http://jota.info/ainda-sobre-a-revisao-do-novo-cpc, publicado em 14.3.2015). Mais recentemente – e de forma muito mais abrangente –, v. os comentários ao art. 1º em *Comentários ao Código de Processo Civil*, vol. 1, pp. 51-60.

7. Manifestei-me nesse sentido em meu *Manual de Direito Processual Civil*, p. 123.

Em rigor, contudo – e justamente pela preservação da Lei 11.419/2006, dedicada ao processo eletrônico – nada há naqueles dispositivos que represente verdadeira novidade e que seja, por isso mesmo, digna de destaque neste trabalho.

5. Descabimento do mandado de segurança

O art. 5º da Lei 12.016/2009 veda o cabimento do mandado de segurança quando se tratar:

    I – de ato do qual caiba recurso administrativo com efeito suspensivo, independentemente de caução;
    II – de decisão judicial da qual caiba recurso com efeito suspensivo;
    III – de decisão judicial transitada em julgado.

As hipóteses sempre mereceram ser analisadas na perspectiva da ausência de interesse de agir no sentido de ser *desnecessária* a impetração do mandado de segurança por existir outro mecanismo de controle idôneo do ato guerreado ou por não haver necessidade, ao menos momentânea, da intervenção jurisdicional.[8]

Aceitas tais considerações, é indiferente que o CPC/2015 deixe de se referir como "condição da ação" à possibilidade jurídica do pedido, limitando-se a se referir à legitimidade das partes e ao interesse processual e, mesmo assim, sem valer-se daquela expressão genérica.[9]

Até porque fossem as hipóteses dos incisos do art. 5º da Lei 12.016/2009 compreendidas como casos de "impossibilidade jurídica do pedido" e sua constitucionalidade seria seriamente posta em xeque.

O inc. II do art. 5º da Lei 12.016/2009, por sua vez, tem tudo para ser frequentemente questionado no plano teórico e prático considerando a sensível redução que o art. 1.015 do CPC/2015 introduziu no cenário do agravo de instrumento para a etapa de conhecimento do processo. É comum associar-se a pertinência do mandado de segurança contra ato judicial ao não-cabimento daquele recurso, ainda que com ares de indevida restrição do rol das interlocutórias imediatamente agraváveis pelo legislador. De minha parte, venho defendendo o descabimento generalizado do mandado de segurança contra ato judicial como sucedâneo recursal, o que não significa dizer que o rol do art. 1.015 do CPC/2015 não comporte alguma elasticidade na sua interpretação.[10] Há alguns julgados neste mesmo sentido.[11]

---

8. Para essa discussão, v. Lucia Valle Figueiredo, *Mandado de Segurança*, pp. 119-124; Sergio Ferraz, *Mandado de Segurança*, pp. 245-252; Hely Lopes Meirelles, *Mandado de Segurança*, pp. 39-57 *[v. 37ª ed., São Paulo, Malheiros Editores, 2016]*, e Gregório Assagra de Almeida, *Mandado de Segurança*, pp. 136-137. Também me voltei ao tema em meu *Mandado de Segurança*, pp. 62-73, e em meu *A nova Lei do Mandado de Segurança*, pp. 33-41.

9. V., em especial, o art. 17 do CPC/2015.

10. Para essa discussão, v. meu *Novo Código de Processo Civil anotado*, pp. 938 e 939, e meu *Manual de Direito Processual Civil*, pp. 728 e 729.

11. Assim, *v.g.*: "Mandado de Segurança. Direito processual civil. Novo CPC. Impetrante que se insurge contra decisão que homologou os honorários periciais no valor de R$ 36.027,00. Ausência dos requisitos constitucionais que autorizam a impetração do *mandamus*. Não comprovação do direito líquido e certo. Utilização do *mandamus* como sucedâneo recursal. Norma do art. 1.009, § 1º do CPC que expressa-

mente determina que a matéria indicada pelo recorrente seja analisada como preliminar em sede de apelação. Denegação da ordem. Extinção do processo, sem exame do mérito, nos termos do art. 267, VI, do CPC" (TJRJ, 2ª Câmara Cível, 0066346-69.2016.8.19.0000, Des. Paulo Sérgio Prestes dos Santos, j. 4.4.2017); "Mandado de Segurança – *Writ* impetrado contra decisão judicial insuscetível de questionamento por meio de agravo de instrumento – Rol taxativo do art. 1.015 do Código de Processo Civil – Limitação recursal que não implica falta de acesso ao Judiciário, mas nova sistemática recursal – Incabível a utilização do mandado de segurança – Inadequação da via eleita – Inconformismo que deve ser alegado em preliminar de apelação ou contrarrazões – Ausência de direito líquido e certo – Precedentes – Petição inicial indeferida – Mandado de segurança extinto, sem análise de mérito" (TJSP, 8ª Câmara de Direito Público, rel. Desa. Cristina Cotrofe, j. 29.11.2016); "Mandado de Segurança – Falta de condição da ação – Existência de recurso próprio para impugnação do ato judicial – Decisão interlocutória passível de impugnação por apelação – Nova sistemática de impugnação das decisões não agraváveis prescrita pelo Novo Código de Processo Civil – Aplicabilidade dos arts. 5º e 6º, § 5º, da Lei n. 12.016/2009 – Inteligência da Súmula n. 267 do Supremo Tribunal Federal – Ademais, sem demonstração do prejuízo evidente com infringência a direito pela impugnação remota da decisão interlocutória não agravável – Ausente decisão teratológica – Petição inicial indeferida. Mandado de segurança extinto, sem resolução do mérito" (TJSP, 33ª Câmara de Direito Privado, rel. Des. Sá Moreira de Oliveira, j. 22.8.2016); "Mandado de Segurança. Ato judicial. Decisão interlocutória. *Mandamus* recursal. Inadmissibilidade. Indeferimento da inicial. Voto vencido do relator. 1. O CPC/2015 excluiu intencionalmente recurso contra decisões judiciais interlocutórias, exceto as *numerus clausus* do art. 1.015, garantindo em contrapartida que, relativamente a elas, não se opera a preclusão, podendo ser arguidas em apelação ou contrarrazões (art. 1.009, § 1º). Isso não fere o princípio da ampla defesa (CF, art. 5º, LV), pois este não significa defesa ilimitada, mas de acordo com os meios e recursos previstos na legislação. 2. A possibilidade implícita de mandado de segurança, prevista no art. 5º, II, da Lei 12.016/2009, é para quando existe recurso, todavia, sem efeito suspensivo, e não para quando recurso não existe. Quando há recurso sem efeito suspensivo, em tese o *mandamus* é possível a fim de agregação do citado efeito. A não ser assim, passa a existir mandado de segurança recursal contra todas as decisões contra as quais descabe agravo de instrumento. A vingar esse entendimento, não só não se tem o progresso almejado pelo novo CPC, no sentido da redução dos recursos, com desobstrução das pautas nos tribunais, mas um retrocesso à época anterior à reforma do CPC/1973, mediante a Lei 10.352, de 2001, feita para acabar com a proliferação do *mandamus* objetivando efeito suspensivo. Aliás, pior, uma vez que pelo menos havia recurso, e discutia-se o efeito. Agora sequer há recurso, e quer-se que passe a existir, e com efeito suspensivo, pela via do mandado de segurança. 3. Admite-se apenas, na esteira de jurisprudência antiga, o mandado de segurança recursal nos casos de decisão teratológica, assim entendida aquela que resultou do maravilhamento do juiz, decisão aberrante, monstruosa, e mesmo assim devidamente arguida e demonstrada, desde que, além de não existir previsão de recurso, também não caiba correição parcial. 4. Descabe mandado de segurança contra decisão pela qual, em ação de conhecimento em que a impetrante insiste na realização de perícia, mas não adianta os honorários do perito (CPC/2015, art. 95), o juiz bloqueia o valor existente em conta bancária. Em tal circunstância, ostenta-se adequada a opção do juiz, no cumprimento do dever de conduzir o processo e velar pela sua duração razoável, com os meios que garantam a celeridade de sua tramitação (CPC/2015, art. 139; CF, art. 5º, LXXVIII). 5. Por maioria, indeferida a inicial do mandado de segurança" (TJRS, Mandado de Segurança 70071028708, 1ª Câmara Cível, rel. Des. Sergio Luiz Grassi Beck, red. Irineu Mariani, j. 31.1.2017); "Agravo interno. Mandado de Segurança. Indeferimento da inicial. Decisão interlocutória. Dispensa da audiência do art. 334 do CPC/2015. Hipótese de não cabimento de agravo de instrumento. Decisão interlocutória que dispensa a audiência prevista no art. 334 do CPC/2015 não pode ser atacada por meio de mandado de segurança tão somente porque não prevista entre as hipóteses autorizadoras de interposição de agravo de instrumento, constantes do rol taxativo do art. 1.015 do CPC/2015. A uma, porque a decisão do Juízo *a quo* não se reveste de caráter manifestamente ilegal, abusivo ou teratológico. A duas, porque admitir o cabimento da ação constitucional em todas as hipóteses não enquadradas em referido rol desvirtuaria por completo o objetivo do novo CPC, qual seja, a redução das hipóteses de recorribilidade em face de decisão interlocutória. Negaram provimento. Unânime" (TJRS, Agravo 70072556640, 8ª Câmara Cível, rel. Des. Luiz Felipe Brasil Santos, j. 9.3.2017), e "Mandado de segurança. 1. Mandado de segurança contra decisão interlocutória não elencada no rol do art. 1.015 do CPC. 2. Trata-se de mandado de segurança interposto contra decisão do Magistrado de 1ª instância que determinou o recolhimento da diferença de custas, sob pena de cancelamento da distribuição conforme disposto no art. 290 do CPC/2015. 3. O novo

6. Petição inicial e documentos de instrução

O art. 6º, *caput*, da Lei 12.016/2009 disciplina os requisitos da petição inicial do mandado de segurança. Seus §§ 1º e 2º viabilizam que, sendo o caso, serão requisitados os documentos que estão em poder da autoridade coatora o que, em rigor, dispensa a *necessidade* de outro mandado de segurança ou qualquer outra medida administrativa ou jurisdicional para obtê-los.

As regras encontram-se em harmonia com a solução dos arts. 396 a 404 do CPC de 2015, que permitem a formulação de pedido *de exibição* similar com a petição inicial, longe do (fictício e formalizado) ambiente cautelar do CPC de 1973.

7. Julgamento sem mérito

O § 5º do art. 6º da Lei 12.106/2009 tem a seguinte redação:

> Denega-se o mandado de segurança nos casos previstos pelo art. 267 da Lei n. 5.869, de 11 de janeiro de 1973 – Código de Processo Civil.

A remissão deve ser compreendida, doravante, como sendo feita ao art. 485 do CPC/2015. É lá que consta o rol das situações em que não haverá resolução do mérito, au-

---

ordenamento legal determinou quais são as decisões interlocutórias suscetíveis de impugnação através de agravo de instrumento, em rol taxativo estabelecido em seu art. 1.015 do CPC; 4. O entendimento de que o rol do art. 1.015 do novo CPC é taxativo encontra guarida na boa doutrina pátria, podendo ser conferida neste sentido a lição de Fredie Didier Jr., assim expressa: 'Enfim, há, na fase de conhecimento, decisões agraváveis e decisões não agraváveis. Apenas são agraváveis aquelas que estão relacionadas no mencionado art. 1.015 do CPC': 5. Com efeito, a decisão não é passível de reforma por agravo de instrumento, uma vez que não está inserida expressamente no rol do art. 1.015 do novo CPC, nem é caso de autorização por lei própria (inc. XIII do referido artigo). 6. O Código de Processo Civil reduziu o número de recursos, priorizando as decisões do juízo de 1º grau, conferindo-lhe maior credibilidade e confiança, eis que o magistrado possui melhores condições de analisar a questão, sobre todas as vertentes do processo. 7. Sendo assim, é forçoso concluir que a reforma processual, assume maior amplitude em defesa dos princípios constitucionais da garantia da celeridade e efetividade processual. 8. Destarte, admitir forma alternativa de impugnação como substitutivo de recurso, resultaria em contrariar a essência do sistema recursal adotado pela reforma processual. 9. De acordo com o art. 5º, inc. LXIX, da CF, o mandado de segurança é instrumento que visa proteger direito líquido e certo não amparado por *habeas corpus* ou *habeas data*, sempre que o responsável pela ilegalidade ou abuso de poder for autoridade pública ou agente de pessoa jurídica no exercício de atribuições do Poder Público; 10. O Juiz é considerado agente público e pode ficar sujeito a impetração de mandado de segurança se praticar ato judicial ou administrativo eivado de ilegalidade ou abusivo. Sendo assim, o ato jurisdicional, por força da garantia constitucional da independência funcional do juiz, somente excepcionalmente fica sujeito a mandado de segurança. 11. Sendo certo, que para combater o desacerto da decisão, existe um sistema recursal. 12. No caso em tela, a decisão vergastada pode ser impugnada através de preliminar de apelação, não deixando a legislação processual de oferecer ao impetrante remédio jurídico para sua insatisfação. 13. Destarte, o art. 10 da Lei do Mandado de Segurança autoriza o indeferimento da inicial, por decisão motivada, quando não for o caso de mandado de segurança ou lhe faltar algum dos requisitos legais para sua impetração. 14. Sendo assim, em razão dos argumentos acima, revela-se manifestamente inadmissível o presente *mandamus*. 15. Petição inicial indeferida, nos termos do artigo 10 da Lei n. 12.016/2009" (TJRJ, 25ª Câmara Cível, Processo n. 0053940-16.2016.19.0000, rela. Desa. Isabela Pessanha Chagas, j. 25.1.2017, *DJE* 27.1.2017). Os julgados foram objeto de pesquisa da Professora Mirna Cianci, a quem o autor agradece a sua disponibilização de público.

torizando ao magistrado o proferimento de sentença *sem* resolução de mérito, as chamadas "sentenças *terminativas*".

Importante novidade trazida pelo CPC/2015 é a *generalização* da possibilidade de o magistrado exercer juízo de retratação nesses casos após a apresentação do recurso de apelação.[12] É irrecusável que essa nova regra merece ter incidência *também* para o mandado de segurança e, consoante o caso, viabilizando o prosseguimento do processo em direção ao proferimento de decisão de mérito. Trata-se, bem entendida a regra, de uma das diversas aplicações do que a doutrina vem chamando de "princípio da primazia do julgamento de mérito".[13]

O § 6º do art. 6º da Lei 12.016/2009 autoriza nova impetração "se a decisão denegatória não (...) houver apreciado o mérito".[14]

O dispositivo sempre mereceu ser interpretado em consonância com o sistema codificado de que decisões que não analisam o mérito não transitam materialmente em julgado e, por isso, não inibem novas investidas jurisdicionais, ainda que preservada a identidade de partes, de pedido e de causa de pedir.[15]

O CPC de 2015 mantém a mesma diretriz acrescentando, apenas, que, se for o caso, o vício que justificou a extinção do processo original sem mérito deve ser suprido para autorizar a nova investida jurisdicional. É o que, com todas as letras, está escrito no *caput* e no § 1º do art. 486 do CPC/2015. Trata-se de regra correta e que deve ser prestigiada, inclusive para o mandado de segurança.

É irrecusável, outrossim, que a disciplina do CPC/2015 para as hipóteses de indeferimento *liminar* da petição inicial, constante do art. 330, aplica-se integralmente ao mandado de segurança, estando sujeito o apelo eventualmente interposto ao regime do art. 331.

8. Improcedência liminar do pedido

O art. 332 do CPC/2015 autoriza que o magistrado rejeite liminarmente o pedido formulado pelo autor, quando este contrariar:

I – enunciado de súmula do Supremo Tribunal Federal ou do Superior Tribunal de Justiça;

II – acórdão proferido pelo Supremo Tribunal Federal ou pelo Superior Tribunal de Justiça em julgamento de recursos repetitivos;

---

12. É o que se lê do § 7º do art. 485 do CPC/2015: "Interposta a apelação em qualquer dos casos de que tratam os incisos deste artigo, o juiz terá 5 (cinco) dias para retratar-se".
13. A este respeito, v. de Daniel Amorim Assumpção Neves, seu *Novo Código de Processo Civil Comentado Artigo por Artigo*, pp. 28-29. Do autor, v. seu *Manual de Direito Processual Civil*, p. 409, optando pela nomenclatura "dever-poder geral de saneamento".
14. O condicionamento da nova impetração ao "prazo decadencial", que é o de 120 dias constante do art. 23 da Lei 12.016/2009, é tão inconstitucional quanto aquela previsão. Não há como a lei, ao arrepio da Constituição, querer constranger o exercício do mandado de segurança a qualquer prazo ou limite temporal.
15. A respeito, v. Lucia Valle Figueiredo, *Mandado de Segurança*, pp. 207-212; Sergio Ferraz, *Mandado de Segurança*, pp. 306-308; Alfredo Buzaid, *Do Mandado de Segurança*, pp. 251-257; Hely Lopes Meirelles, *Mandado de Segurança*, pp. 119-121 *[v. 37ª ed., São Paulo, Malheiros Editores, 2016]*, e Mirna Cianci, *Mandado de Segurança*, pp. 202-206. Voltei-me ao assunto em meu *Mandado de Segurança*, pp. 184-185 e 189-192, e no meu *A nova Lei do Mandado de Segurança*, pp. 53-56.

III – entendimento firmado em incidente de resolução de demandas repetitivas ou de assunção de competência;

IV – enunciado de súmula de tribunal de justiça sobre direito local.

Trata-se, inequivocamente, de notório aperfeiçoamento do questionável art. 285-A do CPC de 1973 e que quer se harmonizar com o "direito jurisprudencial" tão enaltecido pela nova codificação.[16]

É irrecusável que aquele dispositivo seja aplicado ao mandado de segurança, inclusive quando se tratar de impetração originária nos Tribunais. Neste caso, aliás, é correto entender que compete ao relator atuar *monocraticamente*, o que encontra fundamento no inciso I do art. 932, em decisão sujeita ao agravo interno (art. 16 da Lei 12.016/2009 e art. 1.021 do CPC/2015).

9. Liminar

É o inc. III do art. 7º da Lei 12.016/2009 que disciplina a concessão de medida liminar em mandado de segurança, fazendo-o da seguinte maneira:

> III – que se suspenda o ato que deu motivo ao pedido, quando houver fundamento relevante e do ato impugnado puder resultar a ineficácia da medida, caso seja finalmente deferida, sendo facultado exigir do impetrante caução, fiança ou depósito, com o objetivo de assegurar o ressarcimento à pessoa jurídica.

A previsão merece ser lida com a nova disciplina do que o CPC/2015 acabou por chamar de "tutela provisória", o que viabilizará a concessão de liminares em hipóteses que vão além da ocorrência de *urgência* (*periculum in mora*). Isso porque o *caput* do art. 294 do CPC/2015 admite que também a *evidência* seja fundamento bastante para a concessão da tutela provisória, inclusive liminarmente, nas hipóteses do inc. II de seu art. 311 (art. 311, parágrafo único).[17]

Assim, sem prejuízo do disposto no art. 7º, III, da Lei 12.016/2009, a liminar em mandado de segurança poderá fundamentar-se *também* em evidência consistente em alegações de fato que puderem ser comprovadas apenas documentalmente e houver tese firmada em julgamento de casos repetitivos ou em súmula vinculante (art. 311, II, do CPC/2015). Serão situações em que a satisfação *imediata* do direito do impetrante justificar-se-á – é esse o seu traço distintivo – *independentemente* de urgência.

Não há como descartar aprioristicamente, ainda, que a liminar seja pleiteada com fundamento nos incisos I e IV do art. 311 do CPC/2015 consoante mostrem-se presentes seus pressupostos fáticos. A inviabilidade, ao menos na perspectiva do parágrafo único do art. 311, de a tutela provisória ser concedida liminarmente naqueles casos não é óbice para sua

---

16. Para essas reflexões v. Daniel Amorim Assumpção Neves, *Novo Código de Processo Civil Comentado Artigo por Artigo,* p. 588 e Susana Henrique Costa, "Comentários ao artigo 332", em *Comentários ao novo Código de Processo Civil,* pp. 524-525.

17. A falta de referência no texto ao inciso III do art. 311 do CPC/2015 se deve pela pouca probabilidade de sua ocorrência em se tratando de mandado de segurança dadas as peculiaridades do direito material disciplinados por aquele dispositivo legal.

utilidade no mandado de segurança. A despeito da inviabilidade de uma fase instrutória, a concessão de tutela provisória concedida após o estabelecimento do contraditório (colheita das informações, da oitiva da pessoa jurídica de direito público e de eventuais litisconsortes) obviará o tempo necessário para a manifestação do Ministério Público (art. 12, *caput*, da Lei 12.016/2009) e da própria prolação da sentença (art. 12, parágrafo único, da Lei 12.016/2009). Sua pertinência e utilidade são inquestionáveis, outrossim, nos casos em que a própria Lei 12.016/2009 excepciona a regra do cumprimento provisório da sentença concessiva de mandado de segurança (art. 14, § 3º, 2ª parte). Em tais situações – abstraída a flagrante *inconstitucionalidade* daquela regra –, a tutela da evidência terá aplicabilidade plena como forma de viabilizar o início do cumprimento provisório, a despeito da remessa necessária e de eventual recurso interposto.

Eventual questionamento sobre o caráter mais ou menos satisfativo (antecipatório) da medida liminar, crítica tão comum quanto equivocada,[18] também deve ceder espaço diante da unificação que o tema "tutela antecipada" e "processo cautelar" acabou por receber no CPC/2015, embora – e diferentemente do que propunham o Anteprojeto e o Projeto do Senado –, haja resquícios evidentes daquela distinção no âmbito do CPC/2015.[19]

9.1 Recorribilidade da decisão relativa à liminar

O § 1º do art. 7º da Lei 12.016/2009 prevê a expressa recorribilidade da decisão que concede ou da que nega a liminar em mandado de segurança. Recorribilidade esta que deve se dar por agravo de instrumento.

A previsão, um dos pontos altos da Lei 12.016/2009, colocou fim a tormentosa questão acerca da recorribilidade ou não daquelas decisões,[20] inclinando-se, expressa e inequivocamente, pela resposta positiva.

A regra torna-se de extrema importância diante do CPC/2015. É que nele, a recorribilidade das decisões interlocutórias depende de expressa autorização legislativa, seja ela codificada, seja ela, como aqui, da legislação extravagante. É o que se lê do inc. XIII do seu art. 1.015, segundo o qual:

> Cabe agravo de instrumento contra as decisões interlocutórias que versarem sobre: (...)
> XIII – outros casos expressamente referidos em lei.

Assim, embora seja previsível que, com o advento do CPC/2015, haja intensa polêmica sobre os limites e os contornos interpretativos do rol do art. 1.015 e, até mesmo, sobre a constitucionalidade daquela sistemática recursal, é inquestionável que, para o mandado de segurança, a recorribilidade da decisão relativa à liminar, tanto a que concede como a que a nega, está garantida pela lei específica.

---

18. Para essa discussão, v. meu *Liminar em Mandado de Segurança: um tema com variações*, pp. 81 e 82.
19. A demonstração dessa nota crítica, faço-a em meu *Novo Código de Processo Civil anotado*, esp. pp. 212-214.
20. Para esse debate, consultar Rita Quartieri, *Mandado de Segurança*, pp. 256-260. Dediquei-me ao assunto em meu *Mandado de Segurança*, pp. 104-111, e no meu *A nova Lei do Mandado de Segurança*, pp. 76-80.

Raciocínio similar merece ser aplicado para a recorribilidade das decisões monocráticas proferidas no âmbito do mandado de segurança perante os Tribunais. Também elas são recorríveis ao colegiado competente pela lei específica de regência (art. 18 da Lei 12.016/2009), previsão que se harmoniza com a ampla revisibilidade daquelas decisões pelo recurso de agravo interno previsto no art. 1.021 do CPC/2015.

9.2 Restrições à liminar

O § 2º do art. 7º da Lei 12.016/2009 veda a liminar em mandado de segurança em determinadas situações, a saber: compensação de créditos tributários, entrega de mercadorias e bens provenientes do exterior, reclassificação ou equiparação de servidores públicos e a concessão de aumento ou a extensão de vantagens ou pagamento de qualquer natureza. O § 5º do mesmo dispositivo estende as vedações "à tutela antecipada a que se referem os arts. 273 e 461 da Lei 5.869, de 11 de janeiro de 1973 – Código de Processo Civil".

O CPC/2015, antevendo discussão sobre o alcance que aquela restrição, teria diante do seu renovado sistema que acabou recebendo o nome de "tutela provisória", acabou prevendo regra similar para impedir aquelas medidas nas hipóteses fáticas já mencionadas tendo presente as novas realidades por ele incorporadas. Trata-se do art. 1.059 do CPC/2015, que tem a seguinte redação:

> À tutela provisória requerida contra a Fazenda Pública aplica-se o disposto nos arts. 1º a 4º da Lei 8.437, de 30 de junho de 1992, e no art. 7º, § 2º, da Lei 12.016, de 7 de agosto de 2009.[21]

Do ponto de vista infraconstitucional, é irrecusável que, seja pela lei específica, seja pela genérica, é vedada medida com os conteúdos já destacados. As restrições, contudo, não sobrevivem quando confrontadas, como devem ser, com o modelo constitucional do mandado de segurança – violam às escâncaras o art. 5º, XXXV, da CF – e, por isso, merecem ser afastadas, caso a caso, pelo magistrado, consequência inarredável do controle *incidental* de constitucionalidade cujas regras estão nos arts. 948 a 950 do CPC/2015.[22]

9.3 Revogação da liminar

O § 3º do art. 7º da Lei 12.016/2009 traz um lamentável efeito anexo à decisão denegatória do mandado de segurança, consistente na imediata revogação da medida liminar anteriormente concedida independentemente da fase recursal que, com a sentença, tende a ter início.

O art. 1.012 do CPC/2015 generaliza aquela previsão ao dispor, no inciso V de seu § 1º, que

> Além de outras hipóteses previstas em lei, começa a produzir efeitos imediatamente após a sua publicação a sentença que: (...) confirma, concede ou revoga tutela provisória.

---

21. Não há, menos mal, nenhuma previsão no CPC/2015 sobre as restrições temporais da liminar em mandado de segurança previstas no art. 8º da Lei 12.016/2009.
22. Para a análise mais ampla do art. 1.059 do CPC/2015, consultar meu "Tutela provisória contra o Poder Público no CPC de 2015", pp. 59-72.

Faltou, infelizmente, sensibilidade ao legislador do mandado de segurança e ao do CPC/2015 (e a referência é feita ao Projeto da Câmara, onde teve origem aquela regra), que preferiram prestigiar antiga orientação jurisprudencial do Supremo Tribunal Federal constante de sua Súmula 405 e não a sistemática legal ou casuística do efeito suspensivo do recurso interponível da sentença ou do acórdão responsável pela cassação da anterior liminar.[23]

Caberá ao impetrante nesses casos buscar, perante o Tribunal competente para o julgamento do recurso, medida que faça as vezes da liminar revogada no juízo *a quo*, ao menos para viabilizar que o acolhimento de sua pretensão recursal encontre, no mundo fático, alguma utilidade. A competência para tanto está prevista no § 3º do art. 1.012 do CPC/2015 em se tratando de recurso de apelação.[24]

9.4 Liminar e prioridade de julgamento

Em consonância com o § 4º do art. 7º da Lei 12.016/2009, o mandado de segurança em que houver concessão da liminar terá prioridade para julgamento. Tal prioridade merece ser interpretada no contexto do art. 12 do CPC/2015, importante novidade trazida por ele, ao estabelecer, ainda que "preferencial",[25] "ordem cronológica de conclusão para proferir sentença ou acórdão" com a devida (e indispensável) publicidade, exigida pelo § 1º daquele dispositivo da nova codificação. Também a publicação das decisões e sua efetivação a cargo dos serventuários da justiça devem observar aquela ordem, como se verifica do art. 153 do CPC/2015.

A preservação das preferências "legais", como é o caso do mandado de segurança, é expressamente feita pelo inciso VII daquele art. 12.

10. Sentença e recursos

O art. 10 da Lei 12.016/2009 trata da possibilidade de a petição inicial do mandado de segurança ser liminarmente indeferida, prevendo, expressamente, o cabimento de apelação para contrastar a sentença respectiva.[26]

Ponto que merece ser evidenciado diante do CPC/2015 está na aplicabilidade à apelação cabível nesta hipótese do regime *diferenciado* dos arts. 331 e dos §§ 3º e 4º do art. 332, que admitem a retratação do juízo sentenciante após a interposição do apelo, seja a hipótese de *sentença sem resolução de mérito* (v. n. 7, *supra*) ou de *improcedência liminar do pedido* (v. n. 8, *supra*), respectivamente.

---

23. Para as justificativas relativas a essa crítica, consultar meu *Liminar em Mandado de Segurança: um tema com variações*, pp. 197-199, *Mandado de Segurança*, pp. 116-118, e o meu *A nova Lei do Mandado de Segurança*, pp. 80-83.

24. Para a análise desse dispositivo, v. o meu *Manual de Direito Processual Civil*, p. 724.

25. Acréscimo feito durante a *vacatio legis* do CPC/2015 pela Lei 13.256/2016 e que, em rigor, tem aptidão de comprometer o sentido da regra original. Para essa discussão, v. meu *Manual de Direito Processual Civil*, pp. 107-110.

26. A pertinência da apelação para contrastar sentenças proferidas em mandado de segurança é também estabelecida pelo *caput* do art. 14 da Lei 12.016/2009. No CPC/2015 é o art. 1.009, *caput*, que desempenha o papel que, no Código de 1973, era do art. 513.

O § 1º do art. 10 da Lei 12.016/2009 pressupõe que o indeferimento da inicial do mandado de segurança impetrado originariamente em Tribunal dê-se monocraticamente. Prevê, por isto, o cabimento de "agravo para o órgão competente do tribunal que integre".

O CPC/2015 generaliza o cabimento do recurso de agravo que pretende *colegiar* as decisões monocráticas (singulares) proferidas no âmbito dos Tribunais, chamando-o expressamente de "agravo *interno*" (art. 994, III). Nesse caso, a nova disciplina é harmônica com a previsão da Lei 12.016/2009. O agravo interno, de qualquer sorte, precisará observar o que, doravante, consta do art. 1.021 do CPC/2015.

O art. 356 do CPC/2015 permite o julgamento antecipado *parcial* de mérito quando, não havendo outras provas além daquelas trazidas com a inicial e com a contestação, um ou mais dos pedidos ou parcela deles "mostrar-se incontroverso". A hipótese parece não alcançar o mandado de segurança pela sua própria razão de ser: não tem sentido, no âmbito do mandado de segurança – e isso desde seu "modelo constitucional" – falar-se em julgamento antecipado do mérito em contraposição à necessidade de serem produzidas provas para o enfrentamento do pedido. Não há como entender, na perspectiva constitucional do mandado de segurança, que se faça necessária fase instrutória do processo.

Pode até ocorrer de o magistrado entender que parcela do pedido reclama prova além do "direito líquido e certo" apresentado pelo autor. A situação, contudo, não guarda nenhuma relação com o precitado art. 356 e sim com a admissibilidade em parte do mandado de segurança o que já era plenamente aceito pelo sistema em vigor.

11. Litisconsórcio ulterior

O § 2º do art. 10 da Lei 12.016/2009 disciplina a hipótese de intervenção litisconsorcial em mandado de segurança.

O CPC/2015 nada trouxe de novo para o assunto, sendo lamentável que não tenham sobrevivido na sua versão final dispositivos interessantes do Projeto do Senado e do Projeto da Câmara que iam além da disciplina do instituto, determinando que o juízo desse ciência a eventuais interessados para, querendo, intervir no processo.[27]

12. Intervenção do Ministério Público

Embora exista acesa discussão sobre a necessidade de intervenção do Ministério Público em mandado de segurança, deve prevalecer o disposto no art. 12 da Lei 12.016/2009 à falta de comando que o infirme no CPC/2015.[28]

Não há dúvida, de outra parte, que a Lei 12.016/2009, mais especificamente o parágrafo único de seu art. 12, inspirou o CPC/2015 que passou a permitir que, findo o prazo que

---

27. A referência é ao § 2º do art. 116 do Projeto da Câmara, que tinha a seguinte redação: "§ 2º. O juiz deve determinar a convocação de possível litisconsorte unitário ativo para, querendo, integrar o processo".
28. É o que se extrai do *caput* do art. 178 do CPC/2015, ao estabelecer que: "O Ministério Público será intimado para, no prazo de 30 (trinta) dias, intervir como fiscal da ordem jurídica nas hipóteses previstas em lei ou na Constituição Federal e nos processos que envolvam (...)".

cabe ao Ministério Público manifestar-se, os autos sejam requisitados com ou sem parecer para que o magistrado dê andamento ao processo.[29]

Cabe também a observação que, com o CPC/2015, a nomenclatura desta modalidade interventiva característica do Ministério Público no direito brasileiro passa a ser "fiscal da ordem jurídica" e não mais "fiscal da lei".[30]

13. Remessa necessária

Questão interessante que se colocou para a doutrina e para a jurisprudência desde a limitação da remessa necessária pela Lei 10.352/2001 no CPC de 1973 foi a de decidir se as restrições àquele instituto alcançariam também o mandado de segurança.

Depois de algumas pioneiras decisões da 1ª Turma do Superior Tribunal de Justiça aplicando o então modificado sistema ao mandado de segurança – buscando a compatibilização noticiada no n. 1, *supra* – acabou por prevalecer orientação oposta, de preservação da previsão da lei específica, isto é, da sujeição da sentença concessiva do mandado de segurança à remessa necessária em quaisquer casos, independentemente das exceções codificadas.[31]

Idêntico problema se põe com relação ao CPC/2015. O seu art. 496, de forma mais ampla que os parágrafos do art. 475 do CPC de 1973, preveem hipóteses de dispensa da remessa necessária. É verificar se a atual composição do Superior Tribunal de Justiça prestigiará a lei específica (art. 14, § 1º, da Lei 12.016/2009) ou a aplicação da lei nova e genérica mas, não obstante, mais consentânea com o "modelo constitucional do mandado de segurança", a exemplo do que entendeu ser possível com relação à execução fiscal contrastada com a mais operante Lei 11.382/2006.[32]

14. Recurso da autoridade coatora

O CPC/2015 preserva a legitimidade recursal do terceiro.[33] Assim, mesmo para quem entender que a autoridade coatora age como *terceiro* no mandado de segurança,[34] é irrecusável o reconhecimento de sua legitimidade recursal, sem prejuízo, evidentemente, do que é expressamente previsto pelo § 2º do art. 14 da Lei 12.016/2009.

---

29. A referência é feita ao § 1º do art. 180 do CPC/2015.

30. A propósito, v. o *caput* do art. 178 do CPC/2015.

31. Para essa demonstração, v. meu *Mandado de Segurança*, pp. 158-161, e o meu *A nova Lei do Mandado de Segurança*, pp. 110-111. Para a jurisprudência mais recente do STJ, consultar os seguintes acórdãos: 2ª T., AgRg nos EDcl no AREsp 302.656-SP, rel. Min. Herman Benjamin, j. 15.8.2013, *DJe* 16.9.2013; 2ª T., AgRg no REsp 1.373.905-RJ, rel. Min. Herman Benjamin, j. 6.6.2013, *DJe* 12.6.2013, e 2ª T., REsp 1.274.066-PR, rel. Min. Mauro Campbell Marques, j. 1.12.2011, *DJe* 9.12.2011. Contudo, se a sentença expressamente dispensou a remessa necessária e não houve interposição de recurso, forma-se coisa julgada material, a impedir a avocação presidencial (STJ, 1ª T., RMS 44.671-MS, rel. Min. Sergio Kukina, j. 18.12.2014, *DJe* 3.2.2015). Pertinentes também as considerações de Rita Quartieri, *Mandado de Segurança*, pp. 352-355.

32. Para essa discussão, v. a indicação bibliográfica da nota de rodapé n. 3, *supra*.

33. É o que está previsto no art. 996, *caput* e parágrafo único, do CPC/2015.

34. Para a discussão sobre a posição da autoridade coatora no mandado de segurança na Lei 12.016/2009, v. do homenageado seu *Mandado de Segurança e Ações Constitucionais*, pp. 62-69 *[v. 37ª ed., São Paulo, Malheiros Editores, 2016]*. Também me voltei longamente ao tema em meu *A nova lei do Mandado de Segurança*, pp. 111-112.

15. Execução provisória

A vedação da execução provisória do mandado de segurança "nos casos em que for vedada a concessão da medida liminar" prevista no § 3º do art. 14 da Lei 12.016/2009 atrita com o "modelo constitucional do mandado de segurança".[35]

Felizmente, ela não encontra eco no CPC/2015, nem, ao menos, no seu (inconstitucional) art. 1.059.

16. Suspensão de segurança

O art. 15 da Lei 12.016/2009 disciplina a chamada "suspensão de segurança". Não há espaço, nessa sede, para tratar do instituto e do seu esdrúxulo e absolutamente injustificado mecanismo de controle de decisões jurisdicionais por critérios que, em rigor, são menos jurídicos que políticos. Menos ainda em um renovado Código que permite a recorribilidade mais que suficiente das decisões proferidas em sede de mandado de segurança, inclusive das decisões proferidas *liminarmente* – como, aliás, faz a própria Lei 12.016/2009 – e, mais do que isso, sempre acompanhada da possibilidade de cessação imediata de efeitos diante da viabilidade de concessão casuística de efeito suspensivo.[36]

A única nota que merece ser destacada aqui é que a recorribilidade da decisão presidencial que *nega* o pedido parece estar assegurada pela regra genérica já destacada (art. 1.021 do CPC/2015), restando superada, de forma harmônica, para todo o sistema, discussão que estava encerrada desde o cancelamento das Súmulas 506 do STF e 217 do STJ e que voltou à tona com o advento da Lei 12.016/2009 e da redação do *caput* de seu art. 15 que, tal qual já o fazia o *caput* do art. 4º da Lei 4.348/1964, limita-se a prever a recorribilidade da decisão que *concede* o pedido.

Em tempos de um CPC/2015, que generaliza a possibilidade de *coletivizar* o caso singular para alcançar casos similares, tem sentido fazer referência ao § 5º do art. 15 da Lei 12.016/2009.[37] A regra, contudo, em si mesma considerada, parece não sofrer nenhuma influência do Código de 2015. O que poderá ocorrer, em virtude da nova codificação, é que sejam empregadas, também no mandado de segurança, as técnicas de coletivização nele previstas, merecendo especial destaque, a esse respeito, o tão interessante quanto polêmico "incidente de resolução de demandas repetitivas", disciplinado pelos seus arts. 976 a 987.

17. Mandados de segurança impetrados originariamente nos Tribunais

As regras do art. 16 da Lei 12.016/2009 harmonizam-se completamente com as disposições do CPC/2015 e com a hipótese de o mandado de segurança ser impetrado originariamente nos Tribunais o que pressupõe previsão *constitucional*, federal ou estadual,

---

35. Para essa demonstração, v. meu *Mandado de Segurança*, esp. pp. 286-294, e o meu *A nova Lei do Mandado de Segurança*, pp. 86-88.
36. É o que se extrai, com suficiente clareza, do parágrafo único do art. 995 do CPC/2015.
37. Que tem a seguinte redação: "§ 5º. As liminares cujo objeto seja idêntico poderão ser suspensas em uma única decisão, podendo o presidente do tribunal estender os efeitos da suspensão a liminares supervenientes, mediante simples aditamento do pedido original".

do que a prática consagrou com o nome de "foro por prerrogativa" ou, mais popularmente, "foro privilegiado".

No âmbito dos Tribunais é o relator quem dirigirá o processo,[38] sendo direito dos procuradores fazer sustentação oral no julgamento respectivo.

Das decisões monocráticas proferidas no âmbito dos Tribunais, de resto, cabe agravo interno.[39] É cabível a sustentação oral em tais agravos internos, mercê da expressa previsão do § 3º do art. 937 que, felizmente, escapou do veto presidencial que fulminou a genérica previsão do inciso VII do mesmo dispositivo.

18. Publicação do acórdão

O art. 17 da Lei 12.016/2009 contém importante previsão que permite a execução do julgado em mandado de segurança a partir das notas taquigráficas mesmo sem a publicação do acórdão.[40]

A previsão foi generalizada no CPC/2015, como pode se ver de seu art. 944:

> Não publicado o acórdão no prazo de 30 (trinta) dias, contado da data da sessão de julgamento, as notas taquigráficas o substituirão, para todos os fins legais, independentemente de revisão.
>
> Parágrafo único. No caso do *caput*, o presidente do tribunal lavrará, de imediato, as conclusões e a ementa e mandará publicar o acórdão.

Em tempos de recursos tecnológicos cada vez mais comuns e acessíveis, inclusive no âmbito do Poder Judiciário, é correto entender que o cumprimento do julgado pode se dar com base em outro substrato documental, que não corresponda, propriamente, às notas taquigráficas.

19. Recursos para os Tribunais Superiores

O art. 18 da Lei 12.016/2009, ao prever o cabimento de recursos aos Tribunais Superiores a partir das impetrações originárias nos Tribunais é (e sempre foi) inócua. As hipóteses de *cabimento* dos recursos ordinário, especial e extraordinário estão previstas (taxativamente) na Constituição Federal e vinculam-se intimamente com a competência, igualmente taxativa, do Supremo Tribunal Federal e do Superior Tribunal de Justiça.

O que é passível de regulação infraconstitucional é a *disciplina* relativa àqueles recursos. Assim, para este fim, mas não para aquele, as regras relativas ao recurso ordinário (arts. 1.027 e 1.028), ao recurso especial e ao recurso extraordinário (arts. 1.029 a 1.041) trazidas pelo CPC/2015 aplicam-se integralmente para o mandado de segurança.

Cabe destacar, a este propósito, a supressão do duplo juízo de admissibilidade do recurso ordinário, que passou a ser feito exclusivamente pelo Tribunal *ad quem* e que, com

---

38. É o que está previsto no art. 932, I, do CPC/2015.
39. É o que está previsto no art. 1.021 do CPC/2015.
40. Para o tema, consultar Mantovanni Colares Cavalcante, *Comentários à nova Lei do Mandado de Segurança*, p. 241, e o meu *A nova Lei do Mandado de Segurança*, pp. 146-149.

a Lei 13.256/2016, não sobreviveu, como foi prevista originalmente pelo CPC/2015, aos recursos extraordinário e especial.[41]

20. Prioridade de julgamento

Sem prejuízo da prioridade estabelecida ao julgamento de mandados de segurança em que a liminar foi concedida (art. 7º, § 4º, da Lei 12.016/2009; v. item 9.4, *supra*), o art. 20 da Lei 12.016/2009 prescreve a prioridade para julgamento de mandado de segurança e respectivos recursos, com ressalva, apenas, do *habeas corpus*.

Não há como deixar de levar em conta esta regra na composição da "lista" de prioridades do art. 12 do CPC/2015. Máxime porque a razão de ser da preferência ao mandado de segurança é derivada diretamente do seu "modelo constitucional".[42] Ademais, cabe lembrar, aqui também, do inc. VII daquele dispositivo codificado, que se refere (e resguarda) expressamente as "preferências legais".

Sobre a maior celeridade de tramitação do mandado de segurança no âmbito dos Tribunais, cabe o destaque de que, no CPC/2015, foi suprimida a figura do revisor.[43]

A sustentação oral na apelação, no recurso ordinário, no recurso especial, no recurso extraordinário, nos embargos de divergência e, até mesmo, "no agravo de instrumento interposto contra decisões interlocutórias que versem sobre tutelas provisórias de urgência ou da evidência" é expressamente assegurada pelo art. 937 do CPC/2015. Interessante notar que o inciso VI daquele dispositivo faz expressa menção ao mandado de segurança e seu parágrafo único, em complemento, assegura o direito à sustentação oral no agravo interno interposto da decisão de relator que extinga o mandado de segurança impetrado originariamente no âmbito dos Tribunais.

21. Mandado de segurança coletivo

O CPC/2015 não traz regras diferenciadas para o "processo coletivo", razão suficiente para que se mantenham incólumes as disposições constantes dos arts. 21 e 22 da Lei 12.016/2009 e as (não poucas) discussões que ensejam.[44]

O que cabe evidenciar nesta sede é a possibilidade de o magistrado, diante de repetitivos mandados de segurança sobre determinada questão jurídica dar ciência para os legitimados impetrarem, querendo, mandado de segurança coletivo[45] ou, ainda, a depender da questão jurídica debatida em repetitivos mandados de segurança, ensejar a instauração do "incidente de resolução de demandas repetitivas", observando-se a disciplina dos arts. 976 a 987 do CPC/2015. Irrecusável também que a repetição de mandados de segurança sobre uma dada questão jurídica pode ensejar a instauração de recursos extraordinários e/

---

41. Para essa discussão, v. meu *Manual de Direito Processual Civil*, p. 746, e meu *Novo Código de Processo Civil anotado*, p. 961.
42. Para essa demonstração, v. meu *Mandado de Segurança*, pp. 193-195.
43. Para essa demonstração, v. meu *Projetos de novo Código de Processo Civil*, p. 446.
44. Para elas, v. meu *A nova Lei do Mandado de Segurança*, pp. 158-160.
45. É o que constava do art. 139, X, do Projeto da Câmara e que não prevaleceu no texto final aprovado do CPC/2015.

ou especiais perante o STF e/ou STJ, respectivamente, observando-se o que, a este respeito, dispõem os arts. 1.036 a 1.041 do CPC/2015.

A viabilidade de se converter a "ação individual" em "ação coletiva" – e, consequentemente, a conversão de um "mandado de segurança individual" em "mandado de segurança coletivo" – foi vetada, com frágil fundamentação, pela Presidente da República quando da promulgação do CPC/2015.[46]

22. Litisconsórcio e intervenção de terceiros

O art. 24 da Lei 12.016/2009 dispõe aplicar-se

(...) ao mandado de segurança os arts. 46 a 49 da Lei 5.869, de 11 de janeiro de 1973 – Código de Processo Civil.

Aqueles dispositivos, no CPC de 1973, disciplinavam o litisconsórcio. Não há espaço para se formar qualquer dúvida séria sobre a (indispensável) aplicação dos novéis dispositivos atinentes àquele instituto processual ao mandado de segurança. A única observação é que, doravante, a disciplina do litisconsórcio está nos arts. 113 a 118.

O advento do CPC/2015 não elimina, contudo, a dúvida doutrinária e jurisprudencial sobre a aplicação, ao mandado de segurança, das modalidades interventivas de terceiro, questão tão mais relevante diante da generalização, feita pelo seu art. 138, da possibilidade de intervenção do *amicus curiae*. Já defendia a pertinência daquela intervenção em trabalhos meus, não sendo óbice para ela a diretriz de celeridade típica (e constitucionalmente informada) do mandado de segurança,[47] nada havendo, à luz do precitado art. 138, a desaboná-la.[48]

Sobre o assunto, questão importante reside na novel possibilidade de o réu, em preliminar de contestação, alegar sua ilegitimidade passiva indicando quem é o legitimado para a causa (art. 337, XI, do CPC/2015). Ouvido o autor e estando concorde o magistrado, será determinada a *sucessão* processual, determinando-se a citação do indicado (art. 338 do CPC/2015) ou, até mesmo, a preservação do réu original e citação do terceiro, permitindo-

---

46. Para a discussão das razões do veto e para a análise, ainda que sucinta, daquele dispositivo, o art. 333 do CPC/2015, v. o meu *Novo Código de Processo Civil anotado*, pp. 248-250.

47. Para a discussão, v. o meu *Mandado de Segurança*, pp. 204-205, o meu *A nova Lei do Mandado de Segurança*, pp. 190-191, e, mais amplamente, meu *Amicus Curiae no Processo Civil Brasileiro*, pp. 540-543.

48. Há, contudo, julgados contrários proferidos já sob a égide do CPC/2015. Assim, *v.g.*: "*Amicus curiae* – Ementa: Agravo interno. Habilitação da Ordem dos Advogados do Brasil em mandado de segurança. Indeferimento. Natureza mandamental do feito. Pedido subsidiário de habilitação como *amicus curie*. Impossibilidade. Recurso a que se nega provimento – De acordo com decisão proferida pelo Plenário do Supremo Tribunal Federal, nos autos do MS 24.414-3, de relatoria do Min. Cezar Peluso, não se admite assistência em Mandado de Segurança. A figura da assistência não é admitida em Mandado de Segurança tendo em vista ser incompatível com o rito especial, sumário e célere da ação mandamental. Nos termos do que prescreve o art. 138 do CPC/2015, a figura do *amicus curiae* é admitida para fornecer subsídios instrutórios para a resolução da controvérsia, não se confundindo com a figura da assistência simples exatamente porque sua intervenção não se pauta na modulação de interesse em favor de qualquer das partes" (TJMG, 5ª Câmara Cível, Agravo Interno Cv 1.0000.15.067288-9/003, rel. Des. Moacyr Lobato, j. 10.2.0017, *DJE* 16.2.2017). Os julgados foram objeto de pesquisa da Professora Mirna Cianci, a quem o autor agradece a sua disponibilização de público.

-se, com isso, a formação de litisconsórcio ulterior (art. 339 do CPC/2015). Trata-se de expediente que substitui a pouco empregada nomeação à autoria do direito anterior.[49]

O tema é relevantíssimo para o mandado de segurança, ao menos para quem, como a mim me parece, que entende a autoridade coatora como ré do mandado de segurança no sistema da Lei 12.016/2009.[50] Nem sempre é fácil identificar quem, na Administração Pública, deve ser citado na qualidade de autoridade coatora. É irrecusável, nesse sentido – e para evitar desnecessárias extinções do processo sem julgamento de mérito –, que se aplique ao mandado de segurança a nova regra.[51]

23. Embargos infringentes

O art. 25 da Lei 12.016/2009 eliminou expressamente o cabimento dos embargos infringentes do mandado de segurança.

O art. 942 do CPC/2015 criou, no seu lugar, técnica de julgamento (sem natureza recursal) consistente na convocação de magistrados em número suficiente para alterar julgamento por maioria ocorrida em sede de apelação, ação rescisória quando a sentença for rescindida e agravo de instrumento que reformar decisão que julgou parcialmente o mérito.[52]

Questão interessantíssima está em saber se aquela disposição alcança o mandado de segurança. A resposta parece ser positiva porque trata-se de regra que busca o aperfeiçoamento do resultado da segunda instância recursal, última competente a reanalisar os fatos subjacentes à impetração, isto é, a existência, ou não, do "direito líquido e certo", seja na perspectiva processual como na perspectiva substancial.[53] A solução é tão mais importante

---

49. Mesmo sob a égide daquela modalidade interventiva, já me parecia possível transportá-la com sucesso para o mandado de segurança, tendo em vista a previsão do art. 63 do Código de Processo Civil de 1973. Para essa demonstração, v. meu *A nova Lei do Mandado de Segurança*, pp. 51-52 e, anteriormente, meu *Partes e Terceiros no Processo Civil Brasileiro*, pp. 237-239.

50. Para essa demonstração, v. o meu *A nova Lei do Mandado de Segurança*, esp. pp. 58-63.

51. Tão mais pertinente a afirmação do texto diante do veto que acabou prevalecendo sobre o § 4º do art. 6º da Lei 12.016/2009. De acordo com o dispositivo: "§ 4º. Suscitada a ilegitimidade pela autoridade coatora, o impetrante poderá emendar a inicial no prazo de 10 (dez) dias, observado o prazo decadencial". Para o assunto, v., ainda, meu *A nova Lei do Mandado de Segurança*, pp. 51-52.

52. É o seguinte o inteiro teor do dispositivo: "Art. 942. Quando o resultado da apelação for não unânime, o julgamento terá prosseguimento em sessão a ser designada com a presença de outros julgadores, que serão convocados nos termos previamente definidos no regimento interno, em número suficiente para garantir a possibilidade de inversão do resultado inicial, assegurado às partes e a eventuais terceiros o direito de sustentar oralmente suas razões perante os novos julgadores. § 1º. Sendo possível, o prosseguimento do julgamento dar-se-á na mesma sessão, colhendo-se os votos de outros julgadores que porventura componham o órgão colegiado. § 2º. Os julgadores que já tiverem votado poderão rever seus votos por ocasião do prosseguimento do julgamento. § 3º. A técnica de julgamento prevista neste artigo aplica-se, igualmente, ao julgamento não unânime proferido em: I – ação rescisória, quando o resultado for a rescisão da sentença, devendo, nesse caso, seu prosseguimento ocorrer em órgão de maior composição previsto no regimento interno; II – agravo de instrumento, quando houver reforma da decisão que julgar parcialmente o mérito. § 4º Não se aplica o disposto neste artigo ao julgamento: I – do incidente de assunção de competência e ao de resolução de demandas repetitivas; II – da remessa necessária; III – não unânime proferido, nos tribunais, pelo plenário ou pela corte especial".

53. Neste sentido: "Mandado de Segurança – Apelação – Ampliação da Turma Julgadora – Expressa previsão legal: art. 942, do novo Código de Processo Civil. A ampliação da turma julgadora deve ocorrer nos casos expressamente previstos no art. 942, do NCPC. Não é dado ao julgador impor limitações ao di-

na medida em que valoriza também os julgados dos Tribunais de Justiça e dos Tribunais Regionais Federais.[54]

24. Honorários advocatícios e litigância de má-fé

É incompreensível a restrição feita pelo mesmo art. 25 da Lei 12.016/2009 sobre os honorários advocatícios em sede de mandado de segurança. Tão mais lamentável diante das importantes novidades trazidas pelo CPC/2015 em relação ao tema e, mais especificamente, sobre os honorários advocatícios devidos (não sem demora) em demandas contra a Fazenda Pública (art. 85, § 3º, do CPC/2015).

Com relação à litigância de má-fé, não há, substancialmente, nenhuma novidade na nova codificação,[55] sendo certo que sua aplicação ao mandado de segurança é assegurada ainda pelo art. 25 da Lei 12.016/2009.

25. Técnicas de efetividade das decisões jurisdicionais

A Lei 12.016/2009 é silente sobre as formas de cumprimento das decisões proferidas em mandado de segurança. Limita-se, seu art. 26, a tipificar, como crime de desobediência, "... o não cumprimento das decisões proferidas em mandado de segurança, sem prejuízo das sanções administrativas e da aplicação da Lei 1.079, de 10 de abril de 1950, quando cabíveis".

Não obstante o silêncio da lei específica, é irrecusável a aplicação subsidiária do CPC/2015, quando se fizer necessária a atuação jurisdicional para implementar os comandos jurisdicionais. Para tanto, serão observadas as regras contidas nos seus arts. 497 a 499 e 536 a 538, que desempenham o mesmo papel que os arts. 461 e 461-A do CPC de 1973.[56]

26. Prazos

A Lei 12.016/2009 é silente a respeito da forma de contagem e da fluência de prazos no âmbito do mandado de segurança. A subsidiariedade do Código de Processo Civil quanto ao ponto, destarte, é indesmentível.

Quanto à contagem, não há maior questionamento quanto à necessária observância do quanto disposto no CPC/2015. Assim, por exemplo, o início da fluência do decêndio

---

reito da parte, seja ele material ou processual, quando o próprio legislador não o fez. Houvesse o legislador entendido que a sistemática não seria aplicável ao mandado de segurança, o teria incluído nos incisos do § 4º" (TJMG, 7ª Câmara Cível, Embargos de Declaração-Cv 1.0000.14.086390-3/002, rel. Des. Peixoto Henriques, j. 22.11.2016, publ. 28.11.2016).

54. O tema vem se mostrando controvertido na doutrina. Defendendo a aplicação do art. 942 é o entendimento, por exemplo, de Hermes Zanetti Jr., *Comentários ao novo Código de Processo Civil*, pp. 1.373-1.374, e Leonardo Carneiro da Cunha, *A Fazenda Pública em Juízo*, pp. 587-590. Contra é o posicionamento de Marco Antônio Rodrigues, *A Fazenda Pública no Processo Civil*, pp. 231-232.

55. A afirmação toma como base os arts. 79 a 81 do CPC/2015.

56. Para uma análise daqueles artigos, v. meu *Manual de Direito Processual Civil*, pp. 418-419, e em perspectiva comparada como CPC de 1973, meu *Novo Código de Processo Civil anotado*, pp. 467-469 e 546-555.

para a prestação das informações pela autoridade coatora pressupõe a juntada, aos autos, da notificação cumprida e assim por diante.

No que diz respeito à fluência dos prazos, há questão nova trazida pelo CPC/2015. De acordo com seu art. 219, importa distinguir os prazos materiais dos processuais. Estes, diferentemente daqueles, só fluem em dias úteis.[57]

É correto entender que os prazos *processuais* no âmbito do mandado de segurança só devem fluir em dias úteis. A celeridade derivada do seu modelo constitucional não chega ao ponto de desmerecer a opção legislativa feita pelo CPC/2015. Fosse assim, e o mesmo arcabouço normativo infirmaria a validez da regra como um todo, máxime diante do disposto no inciso XII do art. 93 da CF, quanto a ser a atividade jurisdicional ininterrupta.

O prazo decadencial para a impetração do mandado de segurança, descartada, para fins de exposição, sua patente inconstitucionalidade,[58] fluirá em dias corridos, dado o seu caráter material.[59]

27. Considerações finais

Além dos pontos de contato acima destacados entre a Lei 12.016/2009 e o CPC/2015 é inegável que toda a sistemática dos "precedentes" ou, como venho preferindo, de "direito jurisprudencial", tão enaltecidas pela nova codificação terão grande impacto no mandado de segurança, bem como, frisando o que consta do n. 16, *supra*, o incidente de resolução de demandas repetitivas, tanto mais, dada a peculiaridade procedimental do mandado de segurança, moldado desde seu "modelo constitucional", de pressupor *direito líquido e certo*, afastando, com isto – e aprioristicamente – indagações sobre os contornos fáticos, viabilizando reflexão acerca da *tese jurídica* que justifica a impetração.

Referências bibliográficas

ALMEIDA, Gregório Assagra de; CIANCI, Mirna; QUARTIERI, Rita. *Mandado de Segurança*. São Paulo, Saraiva, 2011.

BUZAID, Alfredo. *Do Mandado de Segurança*. São Paulo, Saraiva, 1989.

---

57. É a seguinte a redação daquele dispositivo: "Art. 219. Na contagem de prazo em dias, estabelecido por lei ou pelo juiz, computar-se-ão somente os dias úteis. Parágrafo único. O disposto neste artigo aplica-se somente aos prazos processuais".

58. Para essa discussão, não obstante a Súmula 632 do STF em sentido contrário, v. meu *Mandado de Segurança*, pp. 196-198, e, mais recentemente, meu *A nova Lei do Mandado de Segurança*, p. 184.

59. "Ora, se se trata de uma *perda* ou *extinção* de direito, verificável antes da existência da relação processual, a figura extintiva que mais se aproxima da espécie é a *decadência*, ainda que esta tenha sido concebida originariamente para o campo do direito material. Mas, se o que prevê a lei do mandado de segurança é a *extinção* ou a *perda do direito* de manejá-lo, tudo conspira para igualar o evento àquele que, de maneira típica, ocorre com a *decadência* no plano dos direitos materiais. Ao marcar, a lei, um tempo útil ou determinado para que o direito de impetrar mandado de segurança possa ser exercido, teria estipulado um termo especial de decadência para um direito subjetivo processual. (...) O problema de maior relevância é a *forma* com que se deva contar o prazo, já que a lei especial não tem regra própria, nem remete a outra fonte normativa para supri-la. Sendo decadencial e fluindo antes da existência de qualquer processo poderia ser ele tratado como direito processual? Ou teria de ser analisado como prazo de direito material? (Humberto Theodoro Jr., *Lei do Mandado de Segurança Comentada Artigo por Artigo*, pp. 419-420).

CABRAL, Antonio do Passo; CRAMER, Ronaldo (coords.). *Comentários ao novo Código de Processo Civil*. 2ª ed. Rio de Janeiro, Forense, 2016.

CAVALCANTE, Mantovanni Colares. *Comentários à nova Lei do Mandado de Segurança*. Obra coletiva organizada por Napoleão Nunes Maia Filho, Caio Cesar Vieira Rocha e Tiago Asfor Rocha Lima. São Paulo, Ed. RT, 2010.

CUNHA, Leonardo Carneiro da. *A Fazenda Pública em Juízo*. 13ª ed. Rio de Janeiro, GEN/Forense, 2015.

FERRAZ, Sergio. *Mandado de Segurança*. São Paulo, Malheiros Editores, 2006.

FIGUEIREDO, Lucia Valle. *Mandado de Segurança*. 6ª ed. São Paulo, Malheiros Editores, 2009.

MEIRELLES, Hely Lopes; WALD, Arnoldo; MENDES, Gilmar Ferreira. *Mandado de Segurança e Ações Constitucionais*. 32ª ed. São Paulo, Malheiros Editores, 2009. Com a colaboração de Rodrigo Garcia da Fonseca. *[V. 37ª ed., São Paulo, Malheiros Editores, 2016.]*

NEVES, Daniel Amorim Assumpção. *Novo Código de Processo Civil Comentado Artigo por Artigo*. 2ª ed. Salvador, JusPodivm, 2017.

RODRIGUES, Marco Antonio. *A Fazenda Pública no Processo Civil*. São Paulo, GEN/Atlas, 2016.

SCARPINELLA BUENO, Cassio. *A nova Lei do Mandado de Segurança: comentários sistemáticos à Lei n. 12.016, de 7.8.2009*. 2ª ed. São Paulo, Saraiva, 2010.

_____. "A 'revisão' do texto do novo CPC" (disponível em *http://portalprocessual.com/a-revisao-do-texto-do-novo-cpc-2/*, publicado em 19.2.2015).

_____. "Algumas considerações sobre a execução fiscal e o Código de Processo Civil reformado na jurisprudência do STJ", in CARVALHO, Paulo de Barros; SOUZA, Priscila de (coord.) *VII Congresso Nacional de Estudos Tributários: Direito Tributário e Conceitos de Direito Privado*. São Paulo, Noeses, 2010, pp. 175-195.

_____. "Ainda a 'revisão' do texto do novo CPC" (disponível em *http://jota.info/ainda-sobre-a-revisao-do-novo-cpc*, publicado em 14.3.2015).

_____. *Amicus Curiae no Processo Civil Brasileiro: um terceiro enigmático*. 3ª ed. São Paulo, Saraiva, 2012.

_____. "Comentários ao art. 1º", in SCARPINELLA BUENO, Cassio (coord.). *Comentários ao Código de Processo Civil*, vol. 1. São Paulo, Saraiva, 2017.

_____. *Curso Sistematizado de Direito Processual Civil: direito processual público e direito processual coletivo*, vol. 2, t. III. 4ª ed. São Paulo, Saraiva, 2014.

_____. *Liminar em Mandado de Segurança: um tema com variações*. 2ª ed. São Paulo, Saraiva, 1999.

_____. *Mandado de Segurança: comentários às Leis n. 1.533/51, 4.348/64 e 5.021/66*. 5ª ed. São Paulo, Saraiva, 2009.

_____. *Manual de Direito Processual Civil*. 3ª ed. São Paulo, Saraiva, 2017.

_____. *Novo Código de Processo Civil Anotado*. 3ª ed. São Paulo, Saraiva, 2017.

_____. *Partes e Terceiros no Processo Civil Brasileiro*. 2ª ed. São Paulo, Saraiva, 2006.

_____. *Projetos de CPC de 2015: comparados e anotados: Senado Federal (PLS n. 166/2010) e Câmara dos Deputados (PL n. 8.046/2010)*. São Paulo, Saraiva, 2014.

_____. "Propostas para uma nova lei para o mandado de segurança", in FIGUEIREDO, Marcelo (coord.). *Novos Rumos para o Direito Público: reflexões em homenagem à Professora Lúcia Valle Figueiredo*. Belo Horizonte, Fórum, 2012, pp. 135-148.

_____. "Tutela provisória contra o Poder Público no CPC de 2015", in SCARPINELLA BUENO, Cassio; MEDEIROS NETO, Elias Marques de; OLIVEIRA NETO, Olavo; OLI-

VEIRA, Patricia Elias Cozzolino de; LUCON, Paulo Henrique dos Santos (coord.). *Tutela Provisória no novo CPC*. São Paulo, Saraiva, 2016, pp. 59-72.

THEODORO JÚNIOR, Humberto. *Lei do Mandado de Segurança comentada artigo por artigo*. Rio de Janeiro, Forense, 2014.

ZANETI JR., Hermes. "Comentários ao art. 942", in CABRAL, Antonio do Passo; CRAMER, Ronaldo (coord.). *Comentários ao novo Código de Processo Civil*. 2ª ed. Rio de Janeiro, GEN/Forense, 2016.

EFEITOS PATRIMONIAIS DA SENTENÇA DO MANDADO DE SEGURANÇA

CESAR A. GUIMARÃES PEREIRA

1. Apresentação. 2. A natureza da sentença no mandado de segurança. 3. Procedimento. 4. Coisa julgada e eficácia preclusiva. 5. Efeitos patrimoniais da sentença. 6. Execução e cumprimento da sentença. 7. Conclusão.

1. Apresentação

O presente estudo destina-se a examinar a disciplina estabelecida pela Lei 12.016/2009 em cotejo com o regime anterior no que se refere aos efeitos da sentença do mandado de segurança e aos seus modos de cumprimento. Em especial, concentra-se nas alterações relevantes produzidas pela Lei 12.016/2009 e a experiência acumulada desde a sua edição.[1]

A extensa bibliografia de Hely Lopes Meirelles inclui obra clássica sobre o mandado de segurança e outras ações constitucionais. Com a sua conhecida clareza e seu senso prático, o doutrinador enfrentou o tema da eficácia da sentença do mandado de segurança em relação aos danos patrimoniais. Após fazer menção à previsão excepcional da Lei 5.021/1966 (referida abaixo), destaca o seguinte:

> Isto não significa que o mandado de segurança seja meio inidôneo para amparar lesões de natureza pecuniária. Absolutamente não. A segurança pode prestar-se à remoção de obstáculos a pagamentos em dinheiro, desde que a retenção desses pagamentos decorra de ato ilegal da Administração, como, por exemplo, a exigência de condições estranhas à obrigação do credor para o recebimento do que lhe é devido. Neste caso, o juiz poderá ordenar o pagamento afastando as exigências ilegais. O que negamos, de início, é a utilização da segurança para a reparação de danos patrimoniais, dado que o seu objeto próprio é a invalidação de atos de autoridade, ofensivos de direito individual líquido e certo.[2]

Apesar de enunciada em 1987 e sob a legislação que veio a ser revogada em 2009, a lição é atual. Corresponde à prática jurisprudencial e enuncia os critérios fundamentais que devem orientar a compreensão do tema à luz da legislação vigente desde a edição da Lei 12.016/2009.

---

1. Uma versão anterior deste estudo foi publicada em informativo eletrônico: Cesar A. Guimarães Pereira, "A eficácia da sentença do mandado de segurança segundo a Lei n. 12.016/09", *Informativo Justen, Pereira, Oliveira & Talamini*, n. 30, Curitiba, ago. 2009 (disponível em *www.justen.com.br//informativo. php?|=pt&informativo=30&artigo=912*, acesso em 2.6.2017).

2. Hely Lopes Meirelles, *Mandado de Segurança, Ação Popular e Ação Civil Pública*, 11ª ed., São Paulo, Ed. RT, 1987, p. 62. *[V. 37ª ed., São Paulo, Malheiros Editores, 2016.]*

2. A natureza da sentença no mandado de segurança

Reconhece-se que a sentença do mandado de segurança apresenta eficácias de naturezas variadas. Conforme explica Eduardo Talamini, a sentença que concede a segurança pode veicular eficácias declaratória, constitutiva, condenatória, mandamental ou executiva *lato sensu*.[3]

Afirma-se que, além da eficácia mandamental que a caracteriza de modo típico, a sentença do mandado de segurança é apta a constituir novas situações jurídicas (ou modificar as existentes) ou a condenar o Poder Público ao adimplemento de obrigações pecuniárias. O pagamento de parcelas pecuniárias vencidas após a impetração, referidas na Lei 5.021/1966, sempre foi um exemplo de eficácia condenatória – muito embora houvesse controvérsia sobre o modo de exercício do crédito correspondente.[4]

As premissas que levaram a essa construção teórica não foram alteradas pela Lei 12.016/2009. O texto legal reafirma a possibilidade de edição de uma ordem liminar (art. 7º, III), que poderá ser confirmada e substituída pela sentença (art. 7º, § 3º).[5] Repete-se a norma acerca da possibilidade de execução provisória da sentença, com as mesmas exceções antes existentes (art. 14, § 3º). O dever de cumprimento das decisões em mandado de segurança é reforçado pela expressa tipificação do descumprimento como crime de desobediência (art. 26).[6] E há, tal como no regime anterior, referência específica à possibilidade de o mandado de segurança ter por objeto o pagamento de obrigações pecuniárias posteriores à impetração (art. 14, § 4º), hipótese que pode produzir sentença contendo uma ordem para pagamento ou um título executivo de natureza condenatória.

Cabe destacar que duas leis específicas que disciplinavam a aplicação do mandado de segurança em relação a obrigações pecuniárias (Leis 4.348/1964 e 5.021/1966) foram revogadas pelo art. 29 da Lei 12.016/2009. No que se reputou necessário, o regime correspondente foi incorporado pela Lei 12.016/2009. Como se expõe adiante, essa incorporação não foi plena. As alterações legislativas implicam uma ampliação da eficácia mandamental da sentença, com a correspondente redução do seu campo de eficácia condenatória.

3. Procedimento

A Lei 12.016/2009 alterou o prazo para a prolação da sentença, ampliando-o de cinco para 30 dias (art. 12, parágrafo único).

---

3. "A efetivação da liminar e da sentença no mandado de segurança", *Revista da Faculdade de Direito da UFPR*, vol. 36, 2001, pp. 233-245 (disponível em *http://ojs.c3sl.ufpr.br/ojs2/index.php/direito/article/viewFile/1793/1490*).

4. A respeito do tema sob o regime da legislação anterior, confiram-se Marçal Justen Filho, *Curso de Direito Administrativo*, 12ª ed., São Paulo, Ed. RT, 2016, pp. 1.109-1.110; Sergio Ferraz, *Mandado de Segurança*, São Paulo, Malheiros Editores, 2006, pp. 305-310; e Marcelo Lima Guerra, "Execução de sentença em mandado de segurança", em Cassio Scarpinella Bueno, Eduardo Arruda Alvim e Teresa Arruda Alvim Wambier (coord.), *Aspectos Polêmicos e Atuais do Mandado de Segurança*, São Paulo, Ed. RT, 2002, pp. 638-647.

5. Vicente Greco Filho, *O Novo Mandado de Segurança*, São Paulo, Saraiva, 2010, p. 32.

6. Idem, ibidem, p. 62.

Uma vez concedida a segurança, a sentença deve ser encaminhada à autoridade coatora e à pessoa jurídica a que esta é vinculada (art. 13). Em casos urgentes, a comunicação da concessão da ordem deve ser feita por fac-símile ou outra forma de transmissão imediata (art. 4º e art. 13, par. único).

A Lei 12.016/2009 positivou solução que já havia sido consagrada pelas Súmulas 512, do STF, e 105, do STJ. Segundo o art. 25, não cabe no mandado de segurança

> (...) a condenação ao pagamento dos honorários advocatícios, sem prejuízo da aplicação de sanções no caso de litigância de má-fé.

A previsão expressa dessa solução faz com que eventual revisão da premissa de que o CPC não se aplica subsidiariamente ao mandado de segurança não tenha consequências em relação à sucumbência. Pode-se reconhecer a aplicação do sistema de tutela de obrigações de fazer ou não-fazer (art. 497 do CPC/2015), por exemplo, sem que isso implique a aplicação ao mandado de segurança das regras do CPC acerca dos honorários de sucumbência. Segundo Vicente Greco Filho,

> a sanção penal por desobediência não exclui a eventual sanção administrativa e, também, a aplicação das penas pela prática de crimes de responsabilidade se o crime comum também estiver capitulado da Lei n. 1.079/1950 com as modificações posteriores. No caso, as sanções são cumulativas.

Uma inovação procedimental foi introduzida pelo art. 17. Se o acórdão em mandado de segurança ou nos respectivos recursos não for publicado em até 30 dias contados da data do julgamento, será substituído pelas respectivas notas taquigráficas. A aplicação desse dispositivo envolverá definição acerca da necessidade (ou não) de todos os tribunais manterem obrigatoriamente registros taquigráficos. Além disso, caberá definir se a referida substituição é automática – como parece ser o caso – ou pressupõe provocação da parte interessada.

De qualquer modo, a regra não prevê que a decisão será considerada publicada no final do prazo de 30 dias, apenas que haverá a substituição do acórdão pelas notas. Caberá ao tribunal promover a publicação das referidas notas. Evidentemente, a publicação apenas das notas taquigráficas pode implicar incerteza quanto ao conteúdo da decisão, o que torna essa solução indesejável. A regra destina-se a impedir que acórdãos permaneçam indefinidamente sem ser lavrados e publicados.

4. Coisa julgada e eficácia preclusiva

A Lei 12.016/2009 previu regra atinente aos efeitos da denegação da segurança. Segundo o § 5º do art. 6º, "denega-se a segurança nos casos previstos pelo art. 267 (...) do Código de Processo Civil" (correspondente ao art. 485 do CPC/2015). O tema é ainda tratado no § 6º do art. 6º ("O pedido de mandado de segurança poderá ser renovado dentro do prazo decadencial, se a decisão denegatória não lhe houver apreciado o mérito") e no art. 19 ("A sentença ou o acórdão que denegar mandado de segurança, sem decidir o mérito, não impedirá que o requerente, por ação própria, pleiteie os seus direitos e os respectivos efeitos patrimoniais").

O art. 19 corresponde ao regime já existente até a edição da nova lei. A sentença denegatória poderá extinguir o processo com ou sem resolução do mérito (arts. 487 e 485 do CPC/2015, respectivamente). Se não resolver o mérito – ou seja, se a denegação se der na forma do art. 6º, § 5º, da Lei 12.016/2009 –, o pedido pode ser novamente formulado por meio de outro mandado de segurança (art. 6º, § 6º) ou mediante ação própria (art. 19).[7]

O § 5º do art. 6º poderia dar a impressão de que a denegação do mandado de segurança jamais representaria solução do mérito. Assim, a sentença denegatória jamais produziria coisa julgada material, pois a sua denegação corresponderia à extinção com base no art. 485 do CPC/2015. Porém, as demais disposições referidas acima negam essa conclusão. Nos casos em que não houver necessidade de dilação probatória adicional, a decisão do mandado de segurança resolverá o mérito e fará coisa julgada material. O § 5º do art. 6º apenas alude a uma das formas de denegação da segurança, esta sem solução do mérito.[8] Mas o dispositivo não exclui a situação de a decisão de denegação ter o conteúdo de decisão de mérito. O texto da Lei 12.016/2009 não produz qualquer alteração em relação ao regime antes existente, no que se refere aos limites da eficácia preclusiva da decisão denegatória.

5. Efeitos patrimoniais da sentença

A Lei 12.016/2009 incorporou texto já antes existente na Lei 5.021/1966, revogada. O art. 14, § 4º, prevê que

> o pagamento de vencimentos e vantagens pecuniárias assegurados em sentença concessiva de mandado de segurança (...) somente será efetuado relativamente às prestações que se vencerem a contar da data do ajuizamento.

Essa também é a orientação consagrada pela súmula STF 271:

> Concessão de mandado de segurança não produz efeitos patrimoniais em relação a período pretérito, os quais devem ser reclamados administrativamente ou pela via judicial própria.

---

7. "Assim, a questão crucial da sistemática estipulada é proteger o impetrado do *mandamus* do potencial risco de se ver privado de melhor demonstrar e provar a sua pretensão, pelo simples fato de ter se válido da via sumaríssima. Não é razoável, evidentemente, que a conclusão sobre a incerteza e suposta falta de liquidez de um direito resulte em um pronunciamento irretratável oriundo de cognição reservada calcada em prova pré-constituída e informações documentais, vedada que é a dilação probatória em sede de *writ*. Essa deve ser a compreensão quando o mandado é denegado por questões previas ou por incerteza quanto aos fatos, hipótese em que não só o pedido poderá ser renovado por outra via processual, nos termos do art. 19 da Lei 12.016/2009" (Luiz Fux, *Mandado de Segurança*, 1ª ed., Rio de Janeiro, Forense, 2010, pp. 98-99).

8. "A terminologia *in casu* é de suma importância, por isso, caso se trate das hipóteses de carência de ação (ausência das condições do direito de agir), ou, como a própria lei esclarece 'não for o caso de Mandado de Segurança', a extinção do *mandamus* dar-se-á sem análise do mérito e, por isso, poderá ser renovado. Entretanto, denega-se o Mandado de Segurança se a parte não dispuser de direito líquido e certo, e nesse caso há apreciação de *meritum causae*. A peculiaridade do *mandamus* em razão de sua essência garantista é que, o direito líquido e certo posto sinônimo de prova inequívoca pode não estar comprovado de plano, mas é possível fazê-lo pelo impetrante noutra oportunidade. Nessa hipótese, é lícito ao autor renovar o *writ* se ainda dispuser de prazo para esse fim, respeitada a decadência legal" (Luiz Fux, *Mandado de Segurança*, cit., p. 88).

O art. 5º da Lei 4.348/1964, também revogada, previa a possibilidade de o mandado de segurança versar sobre "concessão de aumento ou extensão de vantagens", entre outros pontos.

A Lei 12.016/2009 consolidou todas as regras sobre os efeitos patrimoniais da sentença do mandado de segurança. No dispositivo referido acima, que é textualmente aplicável apenas a "servidor público da Administração direta ou autárquica federal, estadual ou municipal", a lei prevê que os efeitos patrimoniais somente podem se produzir após o ajuizamento da inicial.

A Lei 12.016/2009 não reproduziu a regra do art. 1º, § 3º, da Lei 5.021/1966, segundo a qual "a sentença que implicar em pagamento de atrasados" da Administração direta ou autárquica seria objeto de liquidação e posterior execução, inclusive segundo o regime de precatórios. A ausência dessa regra – que já não constava mesmo do projeto original apresentado pelo Poder Executivo à Câmara (PL 5.067/2001) – pode produzir efeitos em relação à forma de cumprimento da sentença, como se verá adiante.

A possibilidade de o mandado de segurança envolver efeitos patrimoniais continua a ser confirmada também pelas regras atinentes à vedação de liminares. No regime anterior, tais vedações eram previstas nas Leis 4.348/1964 e 5.021/1966. Atualmente, constam do § 2º do art. 7º da Lei 12.016/2009. Também neste ponto não houve alteração significativa. Tais vedações eram usualmente afastadas pela jurisprudência em situações concretas em que os valores em risco exigiam a concessão da tutela de urgência. Não há qualquer fundamento para que a solução deixe de ser a mesma após a edição da Lei 12.016/2009.

Assim, não seria cabível extrair da parte final do § 2º do art. 7º (que veda liminares para a "(...) extensão de vantagens ou pagamento de qualquer natureza") uma proibição absoluta de liminares que acarretem o pagamento de valores em favor do impetrante.

Cabe ressaltar que a expressão final ("pagamento de qualquer natureza") deve ser interpretada em seu contexto. Diz respeito unicamente a pagamentos em favor de servidores públicos, pois compõe um trecho do dispositivo com a seguinte redação: "(...) a reclassificação ou equiparação de servidores públicos e a concessão de aumento ou a extensão de vantagens ou pagamento de qualquer natureza". Portanto, nem mesmo segundo o texto literal da lei haveria vedação a pagamentos em geral. A alusão a "pagamento" é integrada às demais ("reclassificação", "equiparação", "aumento", "vantagens"), todas atinentes a servidores públicos.[9]

Ademais, a possibilidade de o mandado de segurança (inclusive na fase de liminar) versar sobre o pagamento de valores é amplamente consagrada pela jurisprudência construída à luz da Lei 1.533/1951. Não há razão para essa orientação ser alterada após a edição da Lei 12.016/2009.

Tome-se como exemplo o REsp 736.172, julgado em 14.8.2007 e relatado pela Min. Eliana Calmon, em que a 2ª Turma do STJ adotou o seguinte entendimento:

> Processual civil e administrativo – Mandado de Segurança – Contrato administrativo – Retenção de parte do pagamento em faturas mensais – Súmulas 269 e 271/STF: inaplicabilidade.

---

9. Destaque-se que orientação similar é exposta em Hely Lopes Meirelles, atual. Arnoldo Wald, Gilmar Ferreira Mendes, *Mandado de Segurança e Ações Constitucionais*, 37ª ed., São Paulo, Malheiros Editores, 2016, p. 128.

1. Mandado de segurança impetrado contra ato administrativo que determinou a retenção de valores nas faturas mensais relativas à prestação de serviço.

2. Tendo sido impetrado o *writ* imediatamente após o ato reputado coator, não há que se falar em efeito pretérito, afastando-se igualmente o enunciado da Súmula 271/STF.

Ainda, no Ag no RMS 24685, julgado em 5.2.2013 e relatado pelo Min. Marco Aurélio Bellizze, em que a 5ª Turma adotou o seguinte entendimento:

Agravo Regimental em Recurso em Mandado de Segurança. Administrativo. Servidor público. Gratificação nova escola. Valores indevidamente pagos pela Administração Pública. Errônea interpretação de Lei. Verba recebida de boa-fé. Desnecessidade de restituição. Descontos abusivos. Cabimento da via mandamental. Afastamento da Súmula 271/STF.

1. A orientação consolidada nesta Corte Superior, inclusive em recurso especial representativo de controvérsia (REsp 1.244.182-PB), é no sentido de que os valores pagos pela Administração Pública em decorrência de interpretação deficiente ou equivocada de lei não estão sujeitos à restituição, tendo em vista a boa-fé do servidor público, que não contribuiu para a realização do pagamento considerado indevido.

2 Ante a retenção e os descontos indevidos de valores nos vencimentos de servidores públicos, o mandado de segurança é a via processual adequada para pleitear a cessação do ato abusivo, mantendo hígida a remuneração. A devolução dos recursos apropriados é mera consequência do reconhecimento da ilegalidade do ato praticado pela autoridade coatora, incapaz de desvirtuar a ação mandamental em ação de cobrança. Inaplicabilidade da Súmula 271 do STF.

3. Agravo regimental a que se nega provimento.

Há inúmeros outros julgados similares, em que se reconhece a possibilidade de discussão, em mandado de segurança e sem restrição à obtenção de ordem liminar, de direito que implica uma ordem para pagamento em favor do particular. Uma situação comum nesse sentido é a atinente à retenção de valores em contratos administrativos por conta da inscrição do contratado em registros de inadimplentes. Nessas situações, reconhece-se a possibilidade de suspensão do ato de retenção, com o consequente pagamento.

Um julgado representativo dessa orientação no STJ é o proferido no REsp 633.432 (1ª T., rel. Min. Luiz Fux, j. 22.2.2005). No mesmo sentido, o TRF-1ª Região assentou esse entendimento em diversos arestos: REOMS 2006.34.00.008107-4, 5ª T., *DJe* 24.8.2007; AMS 2003.34.00.007413-6, 5ª T., *DJe* 21.9.2007; AMS 2005.34.00.032027-6, 6ª T., *DJe* 19.5.2008; REOMS 2007.34.00.008126-0, 5ª T., *DJe* 6.6.2008; AC 2004.34.00.020221-3, 5ª T., *DJe* 27.2.2009; AMS 2007.34.00.0017017-7, 5ª T., *DJe* 27.3.2009; AMS 2007.34.00.040871-7, 5ª T., *DJe* 17.11.2015; REOMS 0071036-68.2013.4.01.3400, 5ª T., *DJe* 22.4.2016; REOMS 0059020-19.2012.4.01.3400, 5ª T., *DJe* 22.4.2016.

Deste último julgado do TRF-1ª Região, que confirmou sentença que concedera a segurança, consta o seguinte:

A retenção do pagamento pelos serviços regularmente contratados e efetivamente prestados, sob a alegação de que a empresa contratada se encontra em situação irregular perante a Fazenda Pública e/ou terceira pessoa, além de não encontrar amparo legal, configura enriquecimento ilícito da Administração Pública.

O tema é examinado por Marçal Justen Filho, para quem existem hipóteses

> (...) em que o mandado de segurança pode conduzir à determinação de que o Poder Público promova o pagamento em favor do impetrante. Assim se passa, especificamente, nos casos de mandado de segurança preventivo ou quando, de algum modo, o provimento jurisdicional se aplicar a condutas futuras da autoridade pública. Como exemplo, suponha-se que uma autoridade remeta correspondência a um particular por ela contratado prevendo que o contrato será rescindido e que o pagamento previsto para ocorrer em data futura não será realizado. Se a anunciada rescisão estiver eivada de defeito e se não existir fundamento legítimo para a negativa de pagamento, o mandado de segurança poderá resultar em sentença mandamental determinando que a rescisão não seja procedida e que o pagamento ocorra.[10]

A obra de Hely Lopes Meirelles atualizada por Arnoldo Wald e Gilmar Ferreira Mendes também ressalta que

> A segurança pode prestar-se à remoção de obstáculos a pagamentos em dinheiro, desde que retenção desses pagamentos decorra de ato ilegal da Administração – como, por exemplo, a exigência de condições estranhas à obrigação do credor para o recebimento do que lhe é devido. Neste caso, o juiz poderá ordenar o pagamento, afastando as exigências ilegais.[11]

Portanto, à luz da jurisprudência construída sob o regime da Lei 1.533/1951, mas compatível com a Lei 12.016/2009 e por esta acolhida, não há dúvida acerca do cabimento do mandado de segurança para proteger o direito líquido e certo à obtenção de um pagamento indevidamente retido por ato de autoridade. Isto não se confunde com a utilização do mandado de segurança como sucedâneo de ação de cobrança, reputada incabível pela Súmula 269 do STF.[12]

6. Execução e cumprimento da sentença

Tal como no regime anterior, a Lei 12.016/2009 consagra a possibilidade de execução provisória da sentença, exceto nos casos em que é vedada a concessão da liminar (art. 14, § 3º, c/c art. 7º, § 2º). Fora dessas situações excepcionais, a sentença que concede a segurança deve ser cumprida desde sua prolação, independentemente do duplo grau obrigatório (art. 14, § 1º) ou da pendência de apelação.

O mesmo dispositivo que prevê a execução provisória, com tais limites materiais, estabelece a possibilidade de pagamento das parcelas de remuneração de servidores públicos vencidas após a impetração (art. 14, § 4º). Segundo Vicente Greco Filho,

> O § 4º do artigo é o correspondente à revogada Lei n. 5.021/1961, e regulamenta o pagamento de efeitos pecuniários decorrentes do Mandado de Segurança. O mandado de segurança não é ação de cobrança, mas pode ter efeitos patrimoniais, em se tratando de vencimentos e

---

10. Ob. cit., p. 1.110.
11. Ob. cit., p. 129.
12. Cabe destacar nota 276 em Hely Lopes Meirelles, e atualizadores Arnoldo Wald, Gilmar Ferreira Mendes, *Mandado de Segurança e Ações Constitucionais*, 37ª ed., São Paulo, Malheiros Editores, 2016, p. 128: "em casos excepcionais, vem sendo admitida a retroatividade dos efeitos financeiros resultantes da concessão da segurança, em prestígio da efetividade da decisão judicial".

vantagens de servidores. A execução far-se-á mediante o cumprimento da sentença, nos próprios autos, quanto à parte referente aos valores vencidos, a partir da data do ajuizamento da inicial.[13]

No regime anterior, o art. 1º, § 3º, da Lei 5.021/1966 previa que o pagamento de atrasados referentes ao período posterior à impetração – os valores pretéritos já não eram passíveis de cobrança em mandado de segurança, nos termos das Súmulas STF 269 e 271 – seria feito mediante execução contra a Fazenda Pública e oportuna expedição de precatório.

A despeito disso, havia (e continua a haver) incerteza na jurisprudência.

Há precedente do STF no RE 334.279, 1ª T., rel. Min. Supúlveda Pertence, j. 15.6.2004, no qual se afirmou o seguinte:

> Precatório: exigibilidade: atrasados em mandado de segurança. Se – como assentado pelo STF – o caráter alimentar do crédito contra a Fazenda Pública não dispensa o precatório, nem a letra nem as inspirações do art. 100 CF permitiriam que o fizesse a circunstância acidental de ser ele derivado de sentença concessiva de mandado de segurança.

O mesmo entendimento foi adotado pelo STF no RMS 22.414, 2ª T., rel. Min. Celso de Mello, j. 5.2.2013:

> Recurso Ordinário em Mandado de Segurança – Aquisição, por servidor militar, de imóvel funcional administrado pelo Estado Maior das Forças Armadas (EMFA), órgão à época vinculado à Presidência da República – Imposição de multa por ocupação ilegítima (Lei 8.025/1990, art. 15, I, "e", c/c o Decreto 810/1993 e a Lei 8.237/1991) – Autuação arbitrária – Restituição dos valores indevidamente descontados – Efeitos patrimoniais devidos, contudo, somente a partir da data da impetração mandamental – Consequente exclusão de parcelas pretéritas – Súmulas 269 e 271/STF – Adoção da técnica da motivação *per relationem* – Legitimidade constitucional – Recurso de Agravo improvido.

No entanto, esse precedente não se reflete de modo unânime na jurisprudência do STJ e dos tribunais regionais e estaduais. Não se reconhece que apenas a existência do art. 100 da CF seja fundamento suficiente para que as obrigações pecuniárias objeto de mandado de segurança devam necessariamente ser exigidas mediante execução de título judicial em face da Fazenda Pública (inclusive precatório).

No âmbito do STJ, afirmam a necessidade de execução e expedição de precatório, entre outros, os seguintes arestos: ARegMS 11.840, 3ª S., rel. Min. Hamilton Carvalhido, j. 23.4.2008, *DJe* 3.11.2008; ARegREsp 761.877, 6ª T., rel. Des. Conv. Celso Limongi, j. 16.6.2009, *DJe* 1.7.2009; ARegAI 1.034.316, 6ª T., rel. Min. Nilson Naves, j. 11.9.2008, *DJe* 10.11.2008; REsp 1.522.973, 2ª S., rela. Mina. Diva Malerbi, j. 4.2.2016.

Em sentido oposto, afirmando que a execução da sentença do mandado de segurança independe (no todo ou em parte) da expedição de precatório, confiram-se os seguintes julgados do STJ: REsp 862.482, 5ª T., rel. Min. Laurita Vaz, j. 17.3.2009, *DJe* 13.4.2009; REsp 904.699, 5ª T., rel. Min. Arnaldo Esteves Lima, j. 4.12.2008, *DJe* 2.2.2009; REsp 929.819, 1ª T., rel. Min. Luiz Fux, j. 7.10.2008, *DJe* 3.11.2008; AgRg nos EDcl no Ag 814.919, 5ª T., rel. Min. Jorge Mussi, j. 10.8.2010; AgRg no REsp 1.246.593, 6ª T., rel. Min. Haroldo Ro-

---

13. Vicente Greco Filho, ob. cit., p. 40.

drigues, j. 7.6.2011; AgRg no REsp 1.204.693, 1ª T., rel. Min. Napoleão Nunes Maia Filho, j. 15.12.2011; AgRg no AREsp 434.164, 2ª T., rel. Min. Humberto Martins, j. 18.12.2014

Do primeiro deles, consta trecho que elucida o entendimento adotado, o qual reafirma a orientação amplamente consagrada de que se exige apenas ordem de pagamento para as obrigações constituídas após a existência de uma determinação judicial em favor do impetrante:

> (...) 3. O Administrado, que teve seu direito reconhecido na via mandamental, não pode ser prejudicado pela inércia do Administrador em cumprir a sentença concessiva, de modo que as parcelas vencidas após a referida sentença somente possam ser buscadas no demorado rito do precatório previsto no art. 730 do Código de Processo Civil.
>
> 4. Em face do caráter mandamental da sentença concessiva da ordem, as parcelas relativas ao período de setembro de 2001 – data da prolação da sentença concessiva – a setembro de 2002 – data do efetivo restabelecimento da vantagem – devem ser pagas por meio da inclusão em folha suplementar de pagamento, ressaltando-se que a execução poderá ser promovida nos próprios autos do *mandamus* independentemente de citação (REsp 862.482).

Percebe-se que, neste caso, admitiu-se a cobrança sem precatório em relação a parcelas posteriores à sentença, não à impetração. No segundo aresto citado acima, o entendimento adotado estendeu ainda mais o campo alheio à expedição de precatório:

> A execução de parcelas remuneratórias vencidas entre a data da impetração do mandado de segurança e a concessão da ordem não se submete ao regime de precatório previsto no art. 100 da Constituição Federal (REsp 904.699).

A disciplina da Lei 12.016/2009 introduz alteração importante ao não reproduzir a ressalva do art. 1º, § 3º, da Lei 5.021/1966. Conforme Luiz Fux,

> A nova lei, entretanto, não reproduziu a regra do § 3º do art. 1º da Lei n. 5.021/1996, segundo a qual a sentença que implicar em pagamento de subsídios atrasados da Administração direta ou autárquica seria objeto de liquidação e posterior execução, inclusive segundo o regime de precatórios. A ausência dessa regra, a qual já não constava no projeto original apresentado pelo Poder Executivo à Câmara (PL n. 5.067/2001), pode gerar controvérsia acerca da possibilidade acima, compreendendo como via judicial própria, uma nova ação de conhecimento, o que não se justifica diante da possibilidade hodierna de executar-se sentença declaratória, na forma do art. 475-N, I, do CPC [*de 1973*].[14]

O diploma expressamente suprimiu essa restrição, mantendo apenas a previsão de que é cabível a exigência, no mandado de segurança, do pagamento de parcelas pecuniárias que devam vencer após a impetração. Assim, pode-se compreender essa omissão como uma afirmação de que, em tais circunstâncias, a lei pretende que a sentença concessiva do mandado de segurança seja cumprida sem a necessidade de execução ou precatório. Haverá ordem para que o pagamento dos atrasados seja realizado – pelo menos quanto às parcelas vencidas após a existência de um provimento judicial liminar ou definitivo em favor do impetrante. Tal ordem poderá ser reforçada mediante a aplicação dos meios executivos

---

14. Luiz Fux, *Mandado de Segurança*, cit., p. 92.

previstos no art. 536, *caput* e § 1º, do CPC/2015[15] e pela qualificação do descumprimento como crime de desobediência (art. 26 da Lei 12.016/2009).

Cabe destacar que, no precedente acima referido, o STF fez derivar diretamente do art. 100 da Constituição Federal a conclusão de que a execução da porção patrimonial da sentença concessiva da segurança seria sujeita ao regime de precatórios. Essa discussão ainda não está plenamente resolvida. No entanto, no plano infraconstitucional, é possível que a partir da Lei 12.016/2009 haja uma tendência de consolidação da orientação contrária à necessidade de precatório nesses casos.

Não me parece cabível uma conclusão oposta, no sentido de que a alteração legislativa levaria à generalização do regime da execução, inclusive precatório. Isto derivaria da premissa de que o sentido da norma revogada (art. 1º, § 3º, da Lei 5.021/1966) era o de, *a contrario sensu*, eliminar a necessidade de execução mediante precatório em todos os casos, exceto naquele referido nela própria. Assim, o dispositivo não teria sido reproduzido na Lei 12.016/2009 em face da sua desnecessidade. Segundo esta visão, não haveria necessidade de se afirmar que a execução da sentença deveria ser realizada na forma do art. 910, § 1º, do CPC/2015 (ou seja, mediante precatório) porque este já seria o regime geral.

Em nossa opinião, esta orientação ignora a construção jurisprudencial e doutrinária existente sob o regime das Leis 1.533/1951 e 5.021/1966. A falta de reprodução, no texto da Lei 12.016/2009, da norma do art. 1º, § 3º, da Lei 5.021/1966, não implica uma ampliação do campo sujeito à execução mediante precatório. Sua revogação faz com que o precatório não seja exigível nem mesmo neste caso antes excepcional. Se o art. 100 da CF antes não era tido como suficiente para, por si só, submeter ao regime de precatório todas as obrigações pecuniárias declaradas em sentenças de mandado de segurança, também após a edição da Lei 12.016/2009 não basta para impor esse regime.

Argumenta-se, ainda, que a cobrança dos atrasados (parcelas vencidas após a impetração, mas antes de qualquer ordem – liminar ou sentença – determinando seu pagamento) dependeria de precatório em face de problemas orçamentários. Os valores vincendos após a edição de uma ordem seriam já devidos pela Administração e, portanto, sua cobrança não encontraria nenhum obstáculo orçamentário. Ao contrário, os atrasados não seriam objeto de um dever prévio de pagamento pela Administração, o que significa que sua cobrança dependeria de precatório para que os valores pudessem oportunamente ser incluídos em orçamento.

Esse argumento também não parece decisivo. Como já se viu acima, é possível que a liminar ou a sentença determinem (eficácia mandamental) o pagamento de certo valor para o futuro, afastando os efeitos de um ato de autoridade que o tenha ilegitimamente impedido. Neste caso, não há qualquer consideração orçamentária a se fazer, pois o dever de realizar o pagamento é preexistente ao mandado de segurança. O mesmo se passa no caso em discussão. Não há nenhuma incompatibilidade entre o art. 100 da CF e um regime que estabeleça que a sentença do mandado de segurança tenha eficácia mandamental também em relação ao pagamento dos atrasados.

---

15. Nesse sentido, Eduardo Talamini, "A efetivação da liminar e da sentença no mandado de segurança", cit., pp. 236-237.

Quando menos, deve-se reputar que a Lei 12.016/2009 não afeta o sistema anterior em relação aos atrasados vencidos durante a tramitação do feito. As parcelas devidas durante a pendência do processo e após a edição de ordem para o seu pagamento não dependem de qualquer procedimento de execução. Seu pagamento é objeto de uma ordem para a autoridade impetrada, não de um título passível de execução em face da Administração.

É ainda importante ressaltar que Cassio Scarpinella Bueno defende uma interpretação distinta para o art. 1º, § 3º, da Lei 5.021/1966, no qual via uma abertura para que houvesse o pagamento de atrasados também anteriores à impetração.[16] Conclui que, com a revogação do dispositivo legal, tais efeitos pretéritos (ou seja, anteriores à impetração) dependeriam de cobrança mediante ação própria, nos termos da Súmula 271 do STF. No entanto, propõe uma solução alternativa, consistente no reconhecimento da sentença do mandado de segurança como título executivo judicial na forma do art. 515, I, do CPC/2015.[17] As conclusões do doutrinador são assim lançadas:

> (...) é possível sustentar que o reconhecimento de que foi ilegal ou abusivo o desconto imposto ao servidor pelo Estado é suficiente para autorizar que a recomposição do direito violado se dê da forma mais ampla possível: para o futuro, na linha do que expressamente autoriza o § 4º do art. 14 da Lei 12.016/2009, ou para o passado. Para instrumentalizar a execução para o passado, é suficiente que o impetrante, obtendo o reconhecimento de seu direito pela sentença, liquide os valores respectivos (arts. 475-A a 475-H do Código de Processo Civil), executando a Fazenda nos moldes do art. 100 da Constituição Federal, com observância da disciplina do art. 730 do Código de Processo Civil.[18]

7. Conclusão

A principal peculiaridade do regime vigente do mandado de segurança (especialmente da Lei 12.016/2009) no que se refere à eficácia da sentença do mandado de segurança diz respeito aos casos em que se busca, por meio dessa medida, a concessão ou o restabelecimento de vantagens pecuniárias. É possível reconhecer que o cumprimento da sentença concessiva da segurança, no que se refere aos valores atrasados que vencerem após a impetração, não exige execução (arts. 534 e 910 do CPC/2015) nem se submete ao regime de precatório (art. 100 da CF). Sob o regime anterior, havia diversos arestos neste sentido no STJ, a despeito de existir, até a edição da Lei 12.016/2009, regra específica que impunha a expedição de precatórios em determinada hipótese de sentença relativa a atrasados (art. 1º, § 3º, da Lei 5.021/1966).

Outra característica importante do regime vigente é a adoção do mecanismo de execução da sentença do mandado de segurança em relação a parcelas anteriores à impetração, mediante o enquadramento da sentença concessiva da segurança na hipótese do art. 515,

---

16. Essa orientação é explicada em *Mandado de Segurança: comentários às Leis ns. 1.533/1951, 4.348/1964 e 5.021/1966*, 5ª ed., São Paulo, Saraiva, 2009, pp. 219-318, e é reiterada em *A Nova Lei do Mandado de Segurança*, São Paulo, Saraiva, 2010, pp. 88-89.

17. "São títulos executivos judiciais, cujo cumprimento dar-se-á de acordo com os artigos previstos neste Título: I – as decisões proferidas no processo civil que reconheçam a exigibilidade de obrigação de pagar quantia, de fazer, de não fazer ou de entregar coisa."

18. *A Nova Lei...*, cit., p. 90. Os dispositivos correspondentes do CPC/2015 são os arts. 491, § 1º, 509 e 512, 509, § 2º e 524, §§ 2º a 4º, 509, I e 510, 509, II e 511, e 509, § 4º.

I, do CPC/2015. Neste caso, a execução segue o rito dos arts. 534 e 910 do CPC/2015 e se submete à expedição de precatório (art. 100 da CF).

Por fim, permanece atual a lição de Hely Lopes Meirelles no sentido de que

> A segurança pode prestar-se à remoção de obstáculos a pagamentos em dinheiro, desde que a retenção desses pagamentos decorra de ato ilegal da Administração, como, por exemplo, a exigência de condições estranhas à obrigação do credor para o recebimento do que lhe é devido. Neste caso, o juiz poderá ordenar o pagamento afastando as exigências ilegais.[19]

O raciocínio deve receber aplicação ampliativa, dando-se efetividade à garantia constitucional do mandado de segurança para se assegurar a proteção do direito líquido e certo ainda que o dano efetivo ou potencial derivado da ilegalidade ou abuso de poder tenha natureza pecuniária.

---

19. *Mandado...*, cit., 1987, p. 62.

CORRUPÇÃO NAS LICITAÇÕES E CONTRATAÇÕES PÚBLICAS: SINAIS DE ALERTA SEGUNDO A TRANSPARÊNCIA INTERNACIONAL[1]

CRISTIANA FORTINI
FABRÍCIO MOTTA

1. Corrupção: um problema social universal. 2. Apontamentos da TI/Transparência Internacional sobre corrupção nas licitações e contratações públicas: 2.1 Riscos na preparação da licitação – 2.2 A escolha do vencedor – 2.3 Fiscalização, gestão e controle. 3. A Transparência como ferramenta de combate à corrupção e a Lei 12.527/2011. 4. Conclusão.

1. Corrupção: um problema social universal

O conceito técnico-jurídico de corrupção não é universal. Pode-se emprestar, ao sabor da opção política do País, maior ou menor amplitude ao vocábulo, incrementando ou reduzindo a lista do que se poderia enquadrar como prática corrupta.

Práticas consideradas corruptas em dado País podem ser aceitas em outros locais. O *FCPA/Foreign Corrupt Practices Act*, diploma editado nos Estados Unidos, no final da década de 1970, embora proíba a oferta e a efetiva realização de pagamentos impróprios, a *foreign official*, não condena o pagamento de dinheiro ou equivalente quando ajustado expressamente à legislação do País estrangeiro. A regra parece ignorar que, ainda que a legislação externa autorize o pagamento, a preocupação mundial deve ser a de evitar qualquer sorte de ofensa ao ambiente competitivo, pelo quê todos os esforços devem ser congregados com vistas a desestimular de forma irmanada práticas incorretas, sobretudo porque a corrupção danifica de forma mais acentuada os Países mais pobres, impedindo o bem-estar social e por vezes afetando a democracia.

A Organização para a Cooperação e Desenvolvimento Econômico/OCDE conceitua corrupção como o abuso de agentes públicos e privados para obtenção de vantagens pessoais, aludindo não apenas ao recebimento de propina, mas incluindo a menção ao nepotismo, à fraude e à captura estatal.[2]

A Transparência Internacional/TI, entidade internacional dedicada ao combate à corrupção, também menciona que, em sentido mais amplo, a corrupção relaciona-se ao abuso de poder visando a benefícios pessoais.

---

1. Pesquisa resultante do projeto de pesquisa "Corrupção nas Licitações e Contratações Públicas", financiado pela Coordenação de Aperfeiçoamento de Pessoal de Nível Superior/CAPES (Programa de Estágio Sênior no Exterior – Chamada II de 2015, regulamentado pela Portaria 37, de 21.3.2013, da CAPES).
2. OECD, *CleanGovBiz Initiative* (disponível em *https://www.oecd.org/cleangovbiz/49693613.pdf*).

A maior ou menor amplitude que se possa atribuir ao conceito não minimiza os impactos sociais nefastos que sua prática pode provocar. O aumento dos valores dos contratos celebrados por entes estatais, diante da inclusão do "custo-propina", bem como o direcionamento irracional e indevido dos recursos públicos, em detrimento das reais necessidades sociais, são exemplos que revelam que a corrupção afeta a todos, mas atinge de forma ainda mais brutal a camada economicamente mais frágil da população, porque os recursos públicos não serão alocados de forma a suprir suas carências.

O custo com a corrupção alcança cifras importantíssimas. Segundo a OCDE, a corrupção representa 5% do *GDP* global,[3] estimando-se o pagamento de mais de 1 trilhão de Dólares todos os anos, adicionando-se um custo de 25% dos contratos públicos em Países em desenvolvimento, afetando a economia e os direitos dos cidadãos.[4]

A OCDE noticia a relação entre mortalidade infantil e corrupção.[5] Não apenas a falta de recursos destinados à saúde pode promover a mortalidade (infantil ou não), mas o conluio entre agentes públicos e contratados na fase da definição do objeto e na fase da execução do ajuste pode levar à utilização de remédios inadequados ou mal produzidos.

Há de se ter em mente que os Países em que o custo-corrupção existe tendem a receber menor quantidade de investimentos, reforçando o problema social.[6] Segundo a Transparência Internacional, há outros efeitos negativos provenientes de práticas relacionadas à corrupção: (1) prejudica-se a inovação tecnológica, porque as empresas corruptas não têm

---

3. *GPD* significa *Gross Domestic Product*, expressão equivalente ao nosso PIB/Produto Interno Bruto.

4. "Corruption is one of the main obstacles to sustainable economic, political and social development, for developing, emerging and developed economies alike. Overall, corruption reduces efficiency and increases inequality. Estimates show that the cost of corruption equals more than 5% of global *GDP* (US$ 2.6 trillion, WorldEconomic Forum) with over US$ 1 trillion paid in bribes each year (World Bank). It is not only a question of ethics; we simply cannot afford such waste" (OECD. *CleanGovBiz Initiative*, disponível em *https://www.oecd.org/cleangovbiz/49693613.pdf*).

5. "Several studies provide evidence of the negative correlation between corruption and the quality of government investments, services and regulations. For example, child mortality rates in Countries with high levels of corruption are about one third higher than in Countries with low corruption, infant mortality rates are almost twice as high and student dropout rates are five times as high (Gupta *et al.*:2011). Numbers on the monetary loss due to corruption vary, but are alarming. The African Union (2002) estimates that 25% of the *GDP* of African states, amounting to US$148 billion, is lost to corruption every year. The US health care programmes Medicare and Medicaid estimate that 5% to 10% of their annual budget is wasted as a result of corruption" (OECD, *CleanGovBiz Initiative*, cit., disponível em *https://www.oecd.org/cleangovbiz/49693613.pdf*).

6. "First, bribes and drawn-out negotiations to bargain them add additional costs to a transaction. Second, corruption brings with it the risk of prosecution, important penalties, blacklisting and reputational damage. Third, engaging in bribery creates business uncertainty, as such behaviour does not necessarily guarantee business to a company; there can always be another competing company willing to offer a higher bribe to tilt the business in its favour. On the macro level, corruption distorts market mechanisms, like fair competition and deters domestic and foreign investments, thus stifling growth and future business opportunities for all stakeholders. IMF research has shown that investment in corrupt Countries is almost 5% less than in Countries that are relatively corruption-free. The World Economic Forum estimates that corruption increases the cost of doing business by up to 10% on average. Siemens, the German engineering giant, had to pay penalties of US$ 1.6 billion in 2008 to settle charges that it routinely engaged in bribery around the world. A significant negative impact of corruption on a Country's capital productivity has been proven (Lambsdorff:2003)" (OECD, *CleanGovBiz Initiative*, cit., disponível em *https://www.oecd.org/cleangovbiz/49693613.pdf*).

interesse (razão) em fazê-la ou não precisam fazê-la para se manter no mercado, enquanto as demais não se sentem estimuladas a alocar recursos para essa finalidade; (2) destroem-se os empregos, porque se afeta o ambiente competitivo, provocando o fim de empresas idôneas.

2. Apontamentos da TI/Transparência Internacional sobre corrupção nas licitações e contratações públicas

A TI sugere analisar as fragilidades das licitações a partir do exame de cinco fases. Para cada uma das fases a TI indica os aspectos mais sensíveis à pratica de ilícitos.

Como se poderá perceber, salvo algum posicionamento peculiar, o olhar da TI não destoa da visão da doutrina brasileira e das avaliações realizadas pelos nossos órgãos de controle.

2.1 Riscos na preparação da licitação

A primeira fase, no formato adotado pela TI, é dedicada à definição da demanda, menos sujeita à avaliação externa, dado que ocorre na intimidade da Administração Pública. Realmente, sabemos que a definição do objeto (e também das condições de execução e das regras de habilitação) permite, por vezes, definir de antemão o vitorioso da futura licitação ou até a impossibilidade de sua realização, conduzindo à contratação direta.

Pode-se afirmar que parte do resultado dos certames é definida prematuramente, já que, a depender das condições contidas no ato convocatório, sabe-se de antemão quem poderá participar da futura licitação e quem já estará de pronto afastado. Nos mercados em que restrito o número de atores algumas definições bastam para reduzir ainda mais a amplitude da competição e, assim, dirigir o contrato antes mesmo de se conhecerem as propostas.

Agrava a situação o fato de a fase interna, como o nome sugere, ocorrer dentro dos muros da Administração. Na maior parte dos casos sequer se sabe que a Administração está a desenhar um novo certame, revelação que se faz apenas quando da divulgação do ato convocatório. As definições e preparações ocorrem fora do alcance da luz, sem acompanhamento e participação, apesar de decisivas para o futuro da contratação.[7]

Segundo a TI, algumas posturas podem sugerir a presença de corrupção. São elas: (1) ausência de transparência no processo e na tomada de decisões, impedindo o controle e o monitoramento pelo público; (2) acesso inadequado à informação; (3) ausência de oportunidade para discussões públicas.

Os apontamentos não causam espanto. Naturalmente, a obscuridade alimenta a corrupção. A preocupação com o fornecimento de explicações para as decisões administrativas na construção do ato convocatório é crucial para que os órgãos de controle possam atuar e, substancialmente, para que os interessados compreendam o que deles se espera, facultando--lhes, se assim julgarem necessário ou conveniente, impugnar o instrumento.

---

7. Evidentemente que não se desconhece a possibilidade de a Administração Pública utilizar o procedimento de manifestação de interesse (ou instrumento equivalente), como previsto no Decreto federal 8.428/2015. Mas trata-se de ferramenta de uso limitado, a envolver, quase sempre, contratações em que estão presentes questões relativas à infraestrutura.

A TI, como o nome já sinaliza, e em sintonia com todos os estudos sobre o tema, coroa a transparência como mecanismo fundamental para a garantia de integridade dos processos. Segundo a TI, alguns aspectos podem sugerir a presença de corrupção. Entre eles, a ausência de transparência no processo e na tomada de decisões, impedindo o controle e o monitoramento pelo público e o acesso inadequado à informação, e a ausência de oportunidade para discussões públicas.

Evidentemente, a falta de transparência pode ser detectada ao longo de todo o ciclo da contratação pública, e não apenas na fase interna. A opacidade não é menos grave quando percebida no momento da escolha do vencedor ou na fase de acompanhamento contratual. Por essa razão, optou-se por abordar a transparência em tópico apartado, ao longo deste trabalho.

A TI, como já dito, destaca a relevância das discussões públicas na fase embrionária do certame. Parece-nos, entretanto, exagerado impor-se sempre oportunidade para discussões abertas ao público se tal permeabilidade implicar a necessidade de se promover, a todo tempo, a prévia realização de consultas e audiências públicas ou a imperiosidade da participação privada na edificação do ato convocatório.

A participação privada nas decisões estatais tem como "efeito colateral mais notável" a transparência da atuação administrativa, fazendo com que se coloque "às claras o que sem ela seria feito em gabinetes, a 'portas fechadas'".[8]

Mas não se pode ignorar que, a despeito das vantagens advindas da abertura de espaços de discussão prévia à confecção do ato convocatório, a maior porosidade afeta a celeridade e pode imobilizar a máquina estatal, sem embargo de outros contratempos.[9] Assim, ajustada a decisão brasileira de se fixar o dever de realizar audiência pública apenas nos casos em que se estimam gastos elevados com a futura contratação.[10] A Lei de Parcerias Público--Privadas/PPPs (Lei 11.079/2004) também exige prévia consulta pública, o que uma vez mais se justifica pela sensibilidade dos contratos de que trata a lei, seja pela natureza da atividade a ser transferida para o setor privado, seja pelos valores envolvidos.[11]

A segunda fase, como considerado pela TI, envolveria a preparação do processo e a documentação a ele relativa. Uma vez mais se está a tratar da fase doméstica, anterior à divulgação do ato convocatório. São situações a merecer atenção:[12] (1) especificações fracas que não permitam a avaliação da *performance* do contratado; (2) desvio do padrão usual de contratação; (3) publicidade limitada; (4) pré-qualificações pouco claras ou vagas; (5) tempo inadequado para a preparação das propostas; (6) exclusão de licitantes detentores de *expertise* técnica em face de detalhes menores; (7) não esclarecimento de dúvidas enviadas; (8) dúvidas não respondidas de forma escrita ou não direcionadas a todos os licitantes; (9) propostas não abertas publicamente.

8. Cristina Andrade Melo, "A participação popular nos contratos administrativos", in Onofre Alves Batista Jr., Sirlene Nunes Arêdes e Federico Nunes de Matos (coords.), *Contratos Administrativos: Estudos em Homenagem ao Professor Florivaldo Dutra de Araújo*, Belo Horizonte, Fórum, 2014, pp. 45-46.
9. Nesse sentido, Odete Medauar aponta a possibilidade de que a Administração manipule os participantes; a apropriação das decisões administrativas por forças sociais, organizadas ou não, que se mostram predominantes na participação; o emperramento da máquina administrativa; entre outros (Odete Medauar, *O Direito Administrativo em Evolução*, São Paulo, Ed. RT, 2003, pp. 233-234).
10. Art. 39 da Lei 8.666/1993.
11. Art. 10, VI, da Lei 11.079/2004.
12. A TI utiliza a expressão *red flags*, de resto muito empregada nos Estados Unidos da América, para destacar situações que mereçam maior atenção.

Analisemos os sinais de alerta.

A relação entre a fase interna e a execução contratual é de absoluta dependência. Fiscaliza-se e gerencia-se a partir dos parâmetros previstos no ato convocatório, seus anexos e no contrato. Se frágeis e/ou incompletas a definição do objeto e a forma de executá-lo, dificulta-se ou, mesmo, se inviabiliza a fiscalização. Não há como concluir pela deficiência do comportamento do contratado se não há delimitações seguras que permitam assim inferir.

As falhas na explanação da demanda administrativa podem ser propositais exatamente com o escopo de enfraquecer no futuro a fiscalização da execução contratual. Afinal, como sustentar a aplicação de reprimendas quando nebulosas as obrigações que se consideram inadimplidas? Como realmente considerar inadimplida uma obrigação?

Mudanças na maneira de licitar ou alterações na descrição da demanda podem ser sintomas de má conduta, mas não se pode pressupor que mascaram necessariamente interesses indevidos. Eventualmente, os novos arranjos visam a aprimorar a ação administrativa ou a adequar o objeto a avanços tecnológicos.

Publicidade defeituosa, por si só, também não mancha a licitação com a marca da corrupção. A despeito de a Lei 8.666/1993[13] fixar regras sobre a publicação do ato convocatório, há precedentes judiciais compreendendo ajustada a preservação do certame mesmo diante de desrespeito aos comandos legais, se apurada a ausência de prejuízo.[14] Mas, assim como os demais aspectos mencionados pela TI como sugestivos de máculas, importa analisar o contexto da licitação e suas circunstâncias.

O mesmo ocorre com o tempo disponibilizado para a entrega das propostas. A hipótese de corrupção não está eliminada, porque os prazos mínimos fixados nas leis[15] foram

13. V. art. 21 da Lei 8.666/1993. Leis outras que enveredam pela temática das licitações estabelecem regras próprias sobre publicidade do ato convocatório. No caso do pregão, o art. 4º traça regras complementadas pelas normas dos Decretos 3.555/2000 e 5.450/2005.

14. "*Ementa:* Apelação cível – Ação civil pública – Improbidade administrativa – Ausência de provas – Condenação – Impossibilidade – Licitação – Publicidade do certame – Atendimento – Não publicação em jornal de grande circulação no Estado (art. 21, III, da Lei n. 8.666/1993) – Ausência de prejuízo à Administração – Contrato administrativo – Preservação – Recurso improvido.

"A ação civil pública, por ato de improbidade administrativa, é meio usual para se atacar judicialmente as ações ou omissões administrativas que causem prejuízo ao Erário, enriquecimento ilícito ou que atentem contra os princípios da Administração Pública, nos termos da Lei n. 8.429/1992.

"Não restando demonstrada de forma cabal a prática de ato ilícito pelo requerido, passível de aplicação das sanções previstas na Lei de Improbidade Administrativa, n. 8.429/1992, impõe-se a manutenção da r. sentença que julgou improcedente o pedido inicial.

"Constatando-se que houve a necessária publicidade do certame e que a irregularidade da não publicação de aviso contendo o resumo do edital em jornal diário de grande circulação no Estado (art. 21, III, da Lei n. 8.666/1993) não comprometeu o procedimento licitatório, não importando em prejuízo à Administração Pública, há que se preservar os contratos decorrentes da licitação" (TJMG, 2ª Câmara Cível, ACi 1.0134.09.115153-7/008 – Numeração única: 1151537-63.2009.8.13.0134 (1). rela. Desa. Hilda Teixeira da Costa, j. 25.2.2014, publ. 14.3.2014, disponível em *http://www5.tjmg.jus.br/jurisprudencia/pesquisaPalavrasEspelhoAcordao.do?&numeroRegistro=3&totalLinhas=17&paginaNumero=3&linhasPorPagina=1&palavras=AUS%CANCIA%20PUBLICA%C7%C3O%20EDITAL%20JORNAL%20GRANDE%20CIRCULA%C7%C3O&pesquisarPor=ementa&pesquisaTesauro=true&orderByData=1&referenciaLegislativa=Clique%20na%20lupa%20para%20pesquisar%20as%20refer%EAncias%20cadastradas...&pesquisaPalavras=Pesquisar&*).

15. V. § 2º do art. 21 da Lei 8.666/1993 e art. 4º, V, da Lei 10.520/2002.

respeitados. As leis preveem prazos básicos que podem ser insuficientes para a formulação de propostas quando complexo o objeto.

Como leciona Carlos Ari Sundfeld:

> (...). Deveras, a demarcação de prazo entre a divulgação do edital e a entrega de propostas deve ser feita de modo a, efetivamente, permitir que os licitantes formulem suas ofertas. Não basta atender ao prazo mínimo imposto em lei se este for, no caso concreto e considerando as complexidades do certame, por demais exíguo.[16]

Para objetos mais sofisticados, maior prazo há de ser conferido, superando o mínimo determinado em lei. Informações privilegiadas, disponibilizadas antes mesmo da divulgação do ato convocatório, sobre a pretensão de licitar comprometem o ambiente competitivo, permitindo a um dos concorrentes adiantar-se em relação aos demais, preparando com maior rigor sua proposta.

Chama atenção a TI considerar que a contratação de produtos similares em blocos/lotes, e não de uma única vez junto a um só fornecedor, pode sinalizar um problema. Ao assim afirmar, não se apresentam explicações que permitissem compreender a razão da assertiva. No Direito Brasileiro, como se sabe, há regra a abordar de forma diversa o assunto. Importa citar o art. 23, § 1º, da Lei 8.666/1993.[17] Sabe-se que a intenção da regra brasileira é democratizar a participação, atraindo para o certame licitantes que, não fosse o parcelamento do objeto, não teriam condições de tomar assento na disputa.

No Direito Brasileiro a fase competitiva, assim denominada aquela em que se verifica a habilitação e se analisam as propostas, não importa a ordem cronológica empregada, obedece a uma série de regras que minimizam o risco de corrupção.[18]

E não se trata de realidade apenas brasileira.

Christopher Yukins e Gabriella Racca, ao analisarem o passo a passo para salvaguarda da integridade do procedimento licitatório, concordam com o maior grau de regulação usualmente dispensado à fase da competição, propriamente dita, destacando documentos internacionais como os da *UNCITRAL Model Law*, o *WTO Government Procurement Agreement* e o *EU Procurement Directives*.[19-20]

---

16. Carlos Ari Sundfeld, *Licitação e Contrato Administrativo*, 2ª ed., São Paulo, Malheiros Editores, 1995, p. 106.

17. Lei 8.666/1993, art. 23, § 1º: "§ 1º. As obras, serviços e compras efetuadas pela Administração serão divididas em tantas parcelas quantas se comprovarem técnica e economicamente viáveis, procedendo-se à licitação com vistas ao melhor aproveitamento dos recursos disponíveis no mercado e à ampliação da competitividade sem perda da economia de escala".

18. Com ou sem inversão de fases, as leis centrais do ordenamento jurídico brasileiro em material de licitação (Leis 8.666/1993 e 10.520/2002) oferecem um rito que, ainda que sujeito a críticas, coordena e direciona os agentes públicos envolvidos.

19. Gabriella M. Racca e Christopher R. Yukins, "Steps for integrity in public contracts", in Gabriella M. Racca e Christopher R. Yukins, *Integrity and Efficiency in Sustainable Public Contracts*, Bruxelas, Bruylant, s/d, p. 2.

20. Evidentemente que a mera existência de regras, por si só, não afasta a corrupção. É possível, ao contrário, que o excesso de regras venha a fomentá-la. Criam-se obstáculos para que as empresas, acuadas, se sintam estimuladas a removê-los, mediante propina.

Soma-se a isso a existência de uma disputa (salvo casos de conluio entre as empresas) a atrair a atenção dos próprios licitantes, atentos que estarão aos passos dados pelos seus adversários e pelos agentes públicos ao longo do processo.

Mas a mesma atenção não foi dispensada à fase preparatória do certame, quando se explicita a demanda da Administração, fixam-se as condições de participação e se estima o custo da contratação. Evidentemente, não se ignora a existência de regras a detalhar o conteúdo do projeto básico ou os alicerces básicos das compras públicas, entre outras regras.

Todavia, escaparam da atenção do legislador aspectos relativos ao conteúdo, formação e autoria do documento que encarna a demanda pública.[21]

Mais: estranhamente, não há regras nacionais a disciplinar a formação de custo nas contratações brasileiras.[22] Apesar de extremamente detalhista, a Lei 8.666/1993 não disciplina os mecanismos a serem seguidos para se estimar o custo da contratação.[23] Os agentes apoiam-se em julgados dos Tribunais de Contas e na doutrina especializada, carentes que se percebem de uma "orientação" legal. Desnecessário dizer que a ausência de leme possibilita distorções também provocadas pela corrupção.

2.2 A escolha do vencedor

Na fase três, destinada à seleção do futuro contratado, são sinais de perigo, segundo a TI: (1) condução do processo por uma só pessoa; (2) ausência de *expertise* dos membros do comitê; (3) desistência do certame por licitantes qualificados; (4) atrasos injustificáveis na seleção do licitante vencedor; (5) similitude de propostas, inclusive com os mesmos erros de digitação ou gramática.

Uma vez mais, é curioso considerar a observação inicial da TI no sentido de se diluir o poder decisório. A TI sugere que a decisão a envolver o vitorioso recaia sobre um grupo de pessoas, sujeitas a uma rotatividade, entendendo que se deveria fragmentar o processo decisório para que um grupo avalie as propostas, cabendo ao outro definir quem é o vencedor. Também se fala em *pro-active disclosure* via *website* ou outros meios, criando-se canal de solicitações do público.

A recomendação no sentido de diluir o poder decisório coincide com a opção da Lei 8.666/1993, quando, como regra,[24] as decisões sobre habilitação e análise de propostas cabem à comissão de licitação, composta por, no mínimo, três membros. No pregão, como

---

21. O Decreto federal 5.450/2005 dispõe sobre a elaboração do Termo de Referência/TR, mas, ainda que em certa medida avance com relação à Lei 10.520/2002, não resolve em definitivo a questão. Primeiro, porque federal a norma; segundo; porque, ao prever que o órgão requisitante prepare o TR, o decreto desconsidera a necessidade de participação dos agentes públicos usualmente envolvidos com as contratações públicas e que por isso acumulam conhecimento e experiência que poderiam ser úteis. Além disso, há uma série de aspectos que nem mesmo o decreto abordou. O mais importante deles é relativo à formação da estimativa do custo da contratação.
22. Na esfera federal há a Instrução Normativa 5/2014, importante diretiva para as contratações de serviços e produtos.
23. Destacam-se alguns julgados, como os Acórdãos 299/2011 e 1002/2015, ambos do Plenário do TCU.
24. No convite há a possibilidade, ainda que excepcional, de a comissão de licitação ser substituída por servidor formalmente designado, conforme preceitua o art. 51, § 1º, da Lei 8.666/1993.

se sabe, o poder está encarnado em um só agente público, que tem na comissão de apoio apenas um suporte para as decisões que lhe compete tomar.[25]

Parece razoável a descentralização das decisões na condução da licitação, considerando a redução de riscos de corrupção. Em tese, quanto maior a concentração de poder, maior o risco de corrupção.

Em princípio, no pregão, em especial na modelagem eletrônica, o risco que advém da individualização do poder é compensado pela transparência do processo e pelo fato de que se está a decidir com base em elemento objetivo, qual seja, o menor preço. No pregão eletrônico franqueiam-se ainda mais as portas da Administração aos interessados, facilitando a participação, que se dá sem deslocamento físico, medida que também auxilia o combate à corrupção.[26]

Mas é preciso lembrar que ao pregoeiro compete decidir pela habilitação, ou não, da empresa autora da melhor proposta de preço, assim como lhe é dado diligenciar quando identificar a conveniência de fazê-lo. A análise documental, em especial quando se demandam comprovações de experiência pregressa, pode abrir campo para corrupção.[27] O receio de não se vir a aceitar determinado documento pode impulsionar a tentativa de corromper.

A sugestão de rotatividade dos membros é disciplinada na Lei 8.666/1993, prevendo o art. 51, § 4º, a investidura dos membros da comissão de licitação por um ano, no máximo, vedando-se a recondução de todos.

A despeito de ser compreensível considerar uma ameaça à integridade o empoderamento indefinido temporalmente dos membros da comissão, não se pode ignorar que a rotatividade implica perda de conhecimento advindo das experiências anteriores.

2.3 Fiscalização, gestão e controle

Os alertas relativos à fase quatro, em que ocorre a implementação do contrato, surgem quando: (1) o produto comprado não esteja sendo usado ou tenha sido destinado a outra finalidade; (2) não existam instruções escritas dirigidas ao contratado; (3) não exista registro formal das avaliações da *performance*; (4) custos que ultrapassaram a expectativa não são explicados ou justificados; e (5) há falta ou baixa fiscalização para trabalhos "físicos".

Findo o certame e celebrado o contrato, restam no cenário a entidade pública e o contratado. A essa altura os demais concorrentes já não mais estarão a "atuar", embora, evidentemente, possam revelar sua irresignação com o destino da licitação, oferecendo recursos ou buscando apoio na via judicial. Ainda que se mostrem insatisfeitos com a decisão pública, sua preocupação não estará em acompanhar o comportamento da vencedora/contratada ao executar o ajuste, mas em discutir o certame. Menores a presença e controle de terceiros, maior a chance de corrupção.

A maior "intimidade" entre contratante e contratado pode propiciar ambiente favorável à corrupção, a se traduzir em elevação de valores contratuais, sem base fática e legal para

---

25. Art. 3º, IV e § 1º, da Lei 10.520/2002.
26. A maior participação mitiga a possibilidade de conluio.
27. A despeito de se destinar a bens e produtos comuns, nada obsta a que no pregão se exijam comprovações relacionadas à qualificação técnica e/ou econômico-financeira, como autorizado pelo art. 4º, XIII, da Lei 10.520/2002.

tanto, ou em negligência na efetiva fiscalização do cumprimento das obrigações assumidas pelo particular, a refletir na quantidade ou qualidade do contrato executado.

Soma-se a isso o fato de que apenas mais recentemente os órgãos de controle passaram a se dedicar com mais afinco ao tema da execução e fiscalização contratuais, uma vez mais criando balizas de forma a complementar a disciplina legal. Curiosamente, a Lei 8.666/1993 não menciona a expressão "gestão de contrato"[28] e aborda a questão da fiscalização no art. 67, mas falha ao não dissecar o conteúdo da atividade fiscalizatória, a forma e o momento da designação do fiscal e a relação entre fiscalização e gestão de contratos.[29]

Ao TCU, especialmente, coube a explicitação das tarefas e responsabilidades a cargo dos gestores e fiscais de contrato.[30] De toda sorte, a insuficiência da Lei 8.666/1993 pode e deve ser suprida por meio da edição de leis ou atos normativos por cada ente da Federação em que se disciplinem as funções de fiscal e gestor. O Município de Belo Horizonte é referência importante no assunto, em face do Decreto 15.185/2013,[31] que estabelece os contornos para cada uma das citadas atribuições.

Importante considerar que maior o desafio de conter a corrupção quando da fiscalização contratual quanto mais obscuras ou pouco delineadas forem as cláusulas contratuais ou menos estruturada for a entidade pública. A não designação de fiscal, a designação informal ou tardia e a ausência de explicação a respeito das atribuições inerentes à fiscalização são exemplos comuns de falhas que incentivam a corrupção.

A maior discricionariedade também pode favorecer a prática de atos ilícitos. A indefinição prévia da atitude a ser adotada e a pluralidade de caminhos (alguns mais penosos que outros) contribuem para o risco de corrupção. A Lei 8.666/1993, embora detalhista em grande parte do tempo, não esclarece quando se aplica cada uma das sanções descritas no art. 87. Caberá ao administrador fazer a correlação entre a infração e a pena já ao minutar o contrato, na fase interna da licitação, ou, pior, decidir qual reprimenda aplicar, quando detectada a falha, livre de qualquer referência mais precisa.

Uma vez mais cabe citar a experiência de Belo Horizonte. O Município, preocupado em padronizar comportamentos, tanto quanto possível, em especial para evitar diferentes atitudes por seus órgãos que estivessem a vivenciar a mesma situação e, evidentemente, receoso de que a indefinição legal pudesse contribuir para a não penalização e, pior, para a "compra da absolvição", editou o Decreto 15.113/2013.[32] A norma estabelece a pena a ser

---

28. A gestão de contratos, mesmo não salientada expressamente na lei, é relacionada, por exemplo, às decisões sobre alteração e rescisão contratuais, pela subcontratação e pela prorrogação do contrato. A gestão e a fiscalização contratual são atividades que se relacionam. A gestão apoia-se na fiscalização, alimenta-se dos dados e informações fornecidos pelo fiscal.

29. A Instrução Normativa 2/1998 do Ministério do Planejamento, Orçamento e Gestão reflete as recomendações do TCU em matéria de fiscalização e gestão contratuais, explicitando a diferença e a complementariedade entre as duas funções.

30. Os Acórdãos 380/2011, 230/2010 e 2.632/2007 são alguns dos importantes acórdãos do TCU sobre o tema.

31. O Decreto 15.185, de 4.4.2013, dispõe sobre a criação das funções de gestor e fiscal de contratos administrativos no âmbito da Administração direta e indireta do Município de Belo Horizonte (Atividade Legislativa, *Câmara Municipal*, disponível em *http://www.cmbh.mg.gov.br/leis/legislacao/pesquisa*).

32. O Decreto 15.113, de 8.1.2013, dispõe sobre o procedimento administrativo para a aplicação de sanções administrativas em razão de ilícitos cometidos em licitações, contratações diretas e cadastramentos

aplicada diante de infrações que descreve, servindo como norte para os administradores públicos e reduzindo a discricionariedade administrativa.

A discricionariedade administrativa pode se revelar prejudicial ao combate à corrupção, mas não se pode atribuir apenas e sempre à maior liberdade de ação a responsabilidade pelas ações desonestas.

No Brasil o passo a passo da fase competitiva (na qual a disputa efetivamente se dá) é disciplinado de forma a reduzir a discricionariedade administrativa. Há um rito preconcebido,[33] além de uma preferência pelo critério do menor preço, na tentativa de evitar subjetivismos.[34]

Mas, mesmo quando admite os critérios melhor técnica ou técnica e preço, a Lei 8.666/1993 prescreve os movimentos a serem adotados, como se pode verificar da leitura do art. 46. A lei dita cada ato a ser adotado, na tentativa de salvaguardar a imparcialidade e eliminar a subjetividade. A mesma preocupação se percebe nas decisões dos Tribunais de Contas, que adotam posição rigorosa, condenando o que consideram excessiva subjetividade e investigando os pormenores das licitações em que o elemento técnica está presente.[35]

Curiosamente, quando se examina o Direito Norte-Americano observa-se o alto grau de discricionariedade assegurado ao administrador durante todo o ciclo relativo à licitação e à contratação.

Basta verificar que as contratações negociadas são a modalidade mais empregada. Nas palavras de Daniel Gordon e Gabriella Racca:

> The US system has enormous flexibility regarding the choice of procedure. Since World II, the use of non-price evaluation criteria and the conduct of discussions (the term used for negotiations between the contracting agency and the vendors) have become more and more common. Since the 1970s, procurement officials have been essentially free to choose whether to use negotiated procedures, allowing them to consider factors other than price and to conduct discussions, or to use the "sealed bidding", under which bids are evaluated only to ensure "responsiveness", that is, conformance with the tender document (called the solicitation), with the contract generally being awarded to the bidder submitting the lowest price responsive bid, with discussions prohibited.[36]

Ainda segundo os autores, "while the conducting negotiations has advantages, it obviously is less transparent than sealed bidding, where bids are opened publicly and no discussions with vendors are permitted".

---

junto ao Sistema Único de Cadastro de Fornecedores/SUCAF realizados pela Administração direta e indireta do Município (Atividade Legislativa, *Câmara Municipal*, cit., disponível em *http://www.cmbh.mg.gov.br/leis/legislacao/pesquisa*).

33. Arts. 43 e ss. da Lei 8.666/1993.

34. O que se percebe pela aplicação limitada dos critérios melhor técnica e técnica e preço.

35. Há uma série de julgados em que se discutem os percentuais destinados à técnica em "detrimento" do preço, assim como há julgados a examinar os critérios utilizados para se aferir a técnica. Apenas para ilustrar, seguem alguns julgados do Plenário do TCU: ns. 891/2008, 1.287/2008, 2.389/2007.

36. Daniel Gordon e Gabriella M. Racca, "Integrity challenges in the EU and U.S. procurement systems", in Gabriella M. Racca e Christopher R. Yukins, *Integrity and Efficiency in Sustainable Public Contracts*, cit., pp. 122-123.

A ampla discricionariedade administrativa é revelada quando se observa que a *performance* anterior do licitante, aspecto analisado nas "contratações negociadas", que têm lugar nas licitações que não observam a modelagem *sealed bidding*, não se baseia em critério objetivo.

Daniel Gordon e Gabriella Racca comentam a subjetividade presente nas licitações negociadas, mencionando não apenas que ela é percebida quando "the past performance rating that a bidder receives can be assigned by a contracting official on a judgmental basis, without objective criteria", mas também abordando o reconhecimento de discricionariedade dos *contracting officers* de valorar mais a experiência pregressa do que o preço ou vice-versa. Os autores comentam que os mesmos fatos, envolvendo as mesmas empresas e, lógico, suas respectivas experiências podem ser analisados e julgados de distintas formas por dois agentes. Indiscutivelmente, a maior discricionariedade pode comprometer a lisura do procedimento.

Steven Feldman, explicando a análise da *performance* pregressa realizada em sede de contratações negociadas, ensina que "the contracting officer has broad latitude on to make performance assessments, which is one of the most highly discretionary tasks for agency evaluators and source selecion officials".[37]

O *FAR/Federal Acquisition Regulament*, diploma condutor das licitações e contratações federais, é um brinde à discricionariedade. São inúmeras as situações em que se reserva ao agente a escolha da decisão a ser adotada.[38]

O que, então, pode justificar a sensação que, de resto, parece ser mais que um mero sentimento, ao menos se considerarmos o *ranking* da Transparência Internacional, de que a corrupção aqui é mais alarmante do que nos Estados Unidos da América?[39]

Se as razões podem ser plurais e merecem uma investigação que ultrapassa os limites jurídicos e escapa ao propósito deste trabalho, algo que se pode considerar é o maior controle que se exerce, a despeito da larga discricionariedade. O efetivo controle, como dirá a TI, é ferramenta indispensável para a redução da corrupção.

A quinta fase, segundo a TI, é relativa às denúncias, auditorias e outras formas de controle. Evidentemente se indicam como sintomas de corrupção: (1) ausência de controle ou existência de controle inadequado ou não confiável; (2) ausência de controle parlamentar; (3) ausência de interesse de investigar denúncias anônimas; (4) não encorajamento de denúncias; (5) ausência de sistema de proteção aos denunciantes; (6) realização de auditorias superficiais ou "atrasadas"; e (7) não publicação ou publicação tardia do resultado das auditorias.

O Brasil ainda caminha lentamente em matéria de auditorias. O controle interno, mesmo exigido constitucionalmente, nem sempre está implementado e não raro carece de estrutura e independência. Como já dissemos anteriormente:

---

37. Steven W. Feldman, *Government Contracts in a Nutshell*, 6ª ed., Huntsville, West Academic, 2016, p. 293.

38. V. itens 1.108 d 2 e 3, 3.700 a e 9.402 a. Este último prevê discricionariedade para se aplicar pena: "Debarment and suspension are discretionary actions that, taken in accordance with this subpart, are appropriate means to effectuate this policy".

39. Não estamos afirmando que há maior corrupção no Brasil. Apenas nos baseamos no que diz a TI.

(...) Controladorias que se encaixem como departamentos de Secretarias, alocando-se o Controlador-Geral em posição inferior à de secretário ou de ministro e, assim, subtraindo-lhe a hierarquia não apenas jurídica, mas política, não merecem ostentar tal denominação.[40]

Stephen Kanitz argumenta que nossos mecanismos de controle são frágeis devido ao baixo número de auditores. Segundo o autor:

> Somos, sim, um País onde a corrupção, pública e privada, é detectada somente quando chega a milhões de Dólares e porque um irmão, um genro, um jornalista ou alguém "botou a boca no trombone", não por um processo sistemático de *auditoria*.
>
> As Nações com menor índice de corrupção são as que têm o maior número de auditores e fiscais formados e treinados.
>
> A Dinamarca e a Holanda possuem 100 auditores por 100.000 habitantes.
>
> Nos Países efetivamente auditados a corrupção é detectada no nascedouro ou quando ainda é pequena.
>
> O Brasil, País com um dos mais elevados índices de corrupção, segundo o *World Economic Forum*, tem somente 8 auditores por 100.000 habitantes, 12.800 auditores no total.
>
> Se quisermos os mesmos níveis de lisura da Dinamarca e da Holanda precisaremos formar e treinar 160.000 auditores.
>
> Simples. Uma das maiores Universidades do Brasil possui hoje 62 professores de Economia, mas só 1 de Auditoria.
>
> Um único professor para formar os milhares de fiscais, auditores internos, auditores externos, conselheiros de Tribunais de Contas, fiscais do Banco Central, fiscais da CVM e analistas de controles internos que o Brasil precisa para combater a corrupção.
>
> A principal função do auditor inclusive nem é a de fiscalizar depois do fato consumado, mas a de criar controles internos para que a fraude e a corrupção não possam sequer ser praticadas.
>
> Durante os anos de ditadura a auditoria foi literalmente desmontada.
>
> Para eliminar a corrupção teremos de redirecionar rapidamente as verbas de volta ao seu devido destino, para que sejamos uma Nação que não precise depender de "dedos duros" ou genros que "botam a boca no trombone", e sim de profissionais competentes com uma ética profissional elaborada.
>
> Países avançados colocam seus auditores num pedestal de respeitabilidade e de reconhecimento público que garante a sua honestidade.

O incentivo à participação privada na devolução de valores indevidamente pagos pelos cofres públicos também pode se revelar eficaz. Nos Estados Unidos da América o *False Claim Act* autoriza qualquer cidadão (informalmente chamado de "denunciante") a postular a recuperação de recursos públicos, ao fundamento de que não havia respaldo para a percepção por terceiros, garantindo-lhe parte do valor recuperado. Vê-se que o diploma está um passo à frente do que nosso ordenamento jurídico prevê. A disciplina da ação popular, mecanismo que mais se aproximaria, não prevê o incentivo financeiro direto.[41]

---

40. Cristiana Fortini e Raquel Dias da Silveira, "Perspectiva constitucional do controle interno", in Cristiana Fortini e Miriam Mabel Ivanega (coords.), *Mecanismos de Controle Interno e sua Matriz Constitucional: um Diálogo entre Brasil e Argentina*, Belo Horizonte, Fórum, 2012, pp. 25-40.

41. Estamos nos dedicando a produzir artigo específico sobre o *False Claim Act*.

A ideia de responsabilidade objetiva das empresas como efeito da prática de corrupção, a que se refere a Lei 12.846/2013, recentemente disciplinada no Brasil, também pode justificar posição menos nobre que ocupamos. Certamente por isso, adotar programas de integridade é algo com que estão habituadas poucas empresas brasileiras.

O *FCPA/Foreign Corrupt Practices Act*, diploma que repudia pagamentos de propinas a oficiais estrangeiros, data de 1977. Se a antiguidade pode ser aspecto positivo, há de se ter em mente que o *FCPA* prevê a responsabilidade da empresa apenas se provado que ela autorizou (implícita ou explicitamente) ou tinha conhecimento de atos de terceiros, como advogados ou consultores, considerados ilícitos.

A lei brasileira, ao contrário, estabelece responsabilidade objetiva, não importando se a empresa tinha, ou não, conhecimento, se havia autorizado ou demandado a prática dos atos considerados nocivos por seus colaboradores.

A existência de um sistema de integridade, de demonstração de cooperação por parte das empresas e a ausência de histórico prévio anterior no Brasil apenas servirão como balizas para a aplicação das penalidades, mas não as afastarão, segundo os ditames da Lei 12.846/2013.

Esperemos que o maior rigor da lei brasileira repercuta favoravelmente. Mas não se pode ignorar que a redução da pena, e não sua total eliminação, pode ser insuficiente para que as empresas se comprometam a efetivamente adotar medidas protetivas da integridade.

3. *A Transparência como ferramenta de combate à corrupção e a Lei 12.527/2011*

O conhecimento do que se faz e, em especial, das razões para o que se faz é crucial para garantir a lisura do procedimento e para que se possa falar em democracia.

Nesse sentido é o trabalho produzido pela organização Article 19, denominado *The Public's Right to Know: Principles on Freedom of Information Legislation*:

> Information is the oxygen of democracy. If people do not know what is happening in their society, if the actions of those who rule them are hidden, then they cannot take a meaningful part in the affairs of that society. But information is not just a necessity for people – it is an essential part of good government. Bad government needs secrecy to survive. It allows inefficiency, wastefulness and corruption to thrive. As Amartya Sen, the Nobel Prize-winning economist has observed, there has not been a substantial famine in a country with a democratic form of government and a relatively free press. Information allows people to scrutinise the actions of a government and is the basis for proper, informed debate of those actions.[42]

Stiglitz alerta que o ideal de governo aberto em um contexto de implementação de uma cultura de transparência é um fim em si mesmo, além de ser instrumento para outros objetivos caros ao Estado Democrático de Direito.[43]

---

42. Article 19, *The Public's Right to Know*, Londres, Article 19, 1999 (disponível em *http://www.article19.org/data/files/pdfs/standards/righttoknow.pdf*).

43. "Greater openness, as I have argued, can be justified on instrumental grounds, as a means to ends such as reducing the likelihood of the abuse of power. Greater openness is an essential part of good governance, but I also believe that greater openness has an intrinsic value. Citizens have a basic right to know. I have tried to express this basic right in a number of different ways: the public has paid for the

O direito de acesso à informação tem raiz no texto constitucional (art. 5º, XXXIII) e contempla o direito de receber dos órgãos e entes públicos informações de seu interesse particular, ou de interesse coletivo ou geral, nos termos de lei regulamentadora. Para além do acesso decorrente de postulação promovida pelo cidadão, é evidente que a opção republicana e os princípios vetores da atividade administrativa impõem o dever às entidades públicas de se anteciparem às solicitações, fornecendo desde logo as informações sobre os passos adotados pelos agentes públicos.[44]

A previsão constitucional não retira a importância da Lei de Acesso à Informação/LAI, Lei 12.527/2011. A lei resulta da aprovação do Projeto de Lei 219/2003, visando dar resposta a

> (...) uma tendência crescente para que os Estados modernos busquem o estabelecimento de leis que garantam ao cidadão o pleno conhecimento das ações do governo, da estrutura, missão e objetivos de seus órgãos, e sobre qual é o resultado final da equação representativa da aplicação de recursos públicos em confronto com os benefícios reais advindos à comunidade.[45]

Como previsto no referido Projeto:

> (...) o instrumento para que se atinja tal desiderato é a atribuição, a qualquer do povo, do direito de indagar e obter informações dos órgãos públicos que garantam a constante e plena sintonia com os princípios da moralidade, da publicidade, da impessoalidade, da legalidade e da eficiência. Tal direito deve ser assegurado, tanto para proteger legítimos interesses pessoais quanto para, de modo geral, estimular o correto desempenho administrativo.[46]

information; for government officials to appropriate the information that they have access to for private gain, if only for the nonmonetary return of good newspaper coverage, is as much theft as stealing any other public property. While we all recognize the necessity of collective action and the consequences of collective actions for individual freedoms, we have a basic right to know how the powers that have been surrendered to the collective are being used. This seems to me to be a basic part of the implicit contract between the governed and those they have selected to temporarily govern them. The less directly accountable a government agency is to the public, the more important it is that its actions be open and transparent. By the same token, the more independent and less directly politically accountable a government agency is, the greater the presumption for openness. Openness is one of the most important checks on the abuse of public fiduciary responsibilities. While such openness may not guarantee that wise decisions will always be made, it would be a major step forward in the ongoing evolution of democratic processes, a true empowerment of individuals to participate meaningfully in the decisions concerning the collective actions that have such profound effects on their lives and livelihoods.

"The challenge is to create a truly transparent and open government. The incentives for secrecy are great, and so too are the opportunities for evading the intent of any disclosure regulations. If formal meetings have to be open, then all decisions can be made in informal meetings. If written material is subject to disclosure, then officials will have an incentive to ensure that little is written down, and what is written down will be for the public record. Given these limitations of legalistic approaches, the emphasis must be on creating a culture of openness, where the presumption is that the public should know about and participate in all collective decisions" (Joseph Stiglitz, "Transparency in government", in World Bank Institute, *The Right to Tell: the Role of Mass Media in Economic Development*, Washington, D.C., The World Bank, 2002. p. 42).

44. Em regra, os atos praticados pelos administradores públicos devem ser revelados.
45. Justificação do Projeto de Lei 219/2003 (disponível em *http://www.camara.gov.br/proposicoes-Web/prop_mostrarintegra?codteor=115054&filename=PL+219/2003*).
46. Idem, ibidem.

Assim como a Lei Anticorrupção Empresarial brasileira não é exemplar único no mundo, mas antes envolve compromissos assumidos pelo Brasil com organismos internacionais, a LAI também se inspira em normas editadas por outros Países, algumas das quais mencionadas no Projeto de Lei.[47]

Suas regras visam a dar concretude à regra constitucional, em especial estabelecendo prazos para as respostas às solicitações dirigidas aos entes públicos, prevendo efeitos para a omissão e regulando a "qualidade" da informação, possibilitando, pois, o avançar do direito do cidadão e do dever estatal constantes do texto constitucional.

A Lei de Acesso à Informação/LAI, Lei 12.527/2011, destina-se a regulamentar o direito de acesso à informação delineado no inciso XXXIII do art. 5º, no inciso II do § 3º do art. 37 e no § 2º do art. 216 da Constituição da República, e, nesses termos, garante direito autônomo de acesso à informação (e não apenas a documentos), não obstante estabeleça também diretrizes processuais para a disponibilização de informações. Essa diretriz da LAI, no sentido de garantir amplamente o direito à informação, coaduna-se com as boas práticas internacionais de acesso à informação.

Percebe-se que a intenção da lei é municiar o cidadão para que ele possa efetivamente extrair dados que lhe possibilitem conhecer, por exemplo, as contratações realizadas, compreendendo o percurso transcorrido até sua celebração, as razões para a escolha daquele contratado, as obrigações assumidas pelas partes e o valor da contratação.

Em regra, nenhuma informação relativa às contratações públicas e ao procedimento que as antecedeu pode ser negada. Não se ignora a peculiaridade de certos contratos cujo objeto demanda cautela, como os que dizem respeito à segurança nacional. Mas a exceção serve para indicar a prevalência da regra.

Uma vez mais, a informação deve ser antecipada pelas entidades públicas, antes e de forma independente de qualquer postulação nesse sentido. A LAI reafirma o dever de divulgar, publicar atos convocatórios e seus anexos, extrato de contratos e termos aditivos, resumo de decisões administrativas, que a Lei 8.666/1993 já impunha, mas avança, porque disciplina com maior detalhamento o procedimento para os casos de resposta a pedidos formulados por particulares. Obviamente que o simples publicar de um edital não garante transparência, embora assegure publicidade. A transparência existirá se a compreensão do documento for assegurada.

Os Estados Unidos da América não são a referência ideal quando estamos a falar de acesso à informação, ainda que lá se possa detectar uma preocupação com transparência e ainda que se assegure o direito do cidadão de obter informações junto aos órgãos públicos.

Não existe um sistema que garanta a transparência ativa, tal como, se não temos na plenitude da Federação, temos de forma bem avançada no âmbito federal. Dificuldades de compreensão do que está publicado também são detectadas. E, finalmente, não é raro ouvir

---

47. A título de exemplo, foram mencionados o *Freedom Information Act* ("Ato da Liberdade de Informação") dos Estados Unidos da América; a Lei 65/1993 – Acesso aos Documentos da Administração (Administração Aberta), da República Portuguesa; a Lei 78-753 – Medidas para Melhoria das Relações entre a Administração e o Público e Diversas Disposições de Ordem Administrativa, Social e Fiscal, da República Francesa; o art. 37 da Lei 30/1992 – Regime Jurídico das Administrações Públicas e do Procedimento Administrativo Comum, do Reino de Espanha; e a Lei Federal de Transparência e Acesso à Informação Pública Governamental, promulgada no México em 10.6.2002.

daqueles que militam na área que o acesso real inexiste, dado que não há prazo para que as respostas às solicitações sejam enviadas.

Consoante informa L. Elaine Halchin:

> Although this report does not focus on transparency, several issues discussed here are related to transparency. First, while the Federal Business Opportunities (FedBizOpps) website and FPDSNG provide information about executive branch agencies' procurements, a database of federal Transforming Government Acquisition Systems: Overview and Selected Issues Congressional Research Service agencies' contracts does not exist. In 2003, GSA established a working group to examine the feasibility, challenges, and anticipated benefits of posting federal contracts online. Ultimately, the working group concluded there were insufficient data to support recommending the establishment of a central system for posting contracts online. In 2010, the Department of Defense (DOD), GSA, and the National Aeronautics and Space Administration (NASA) issued an advance notice of proposed rulemaking (ANPR) regarding posting contracts online. Comments submitted in response to the notice identified several challenges, and the matter was concluded when the agencies withdrew the ANPR. Second, transparency does not necessarily equate to comprehension. Generally, variation exists among the users of government procurement systems regarding their knowledge of government procurement and procurement data. Third, during the 113th Congress, two similar bills (H.R. 2061 and S. 994) with the same name (Digital Accountability and Transparency Act, or DATA Act) were introduced, either of which would enhance transparency of spending data, including certain procurement data. If either bill is enacted, it might have implications for FPDS-NG.[48]

A mesma crítica é feita por Daniel Gordon quando menciona que um sistema de registros das contratações públicas ainda não existe nos Estados Unidos da América. Segundo o autor, "a complete and easily accessible database system which would enable every citizen to acess all the information related to a specific contract remains an elusive-and costly-goal".[49]

4. Conclusão

Este artigo reflete parte da pesquisa que iniciei meses atrás e que se desenvolverá por um longo período. O estudo sobre a corrupção, suas raízes, sintomas e manifestações mais eloquentes há de ser acompanhado pela incessante busca de soluções.

O combate à corrupção demanda cuidados que se entrelaçam numa incessante tentativa de evitar desvios comportamentais e incentivar a adoção de práticas que possam minimizar os riscos de sua ocorrência. Evidentemente, é preciso considerar a falibilidade dos mecanismos voltados a impedir o malfeito, pelo quê ferramentas que permitam a detecção dos atos ilícitos e medidas repressivas, voltadas à punição de pessoas físicas e jurídicas, também compõem o artefato com o qual se poderá frear a corrupção.

No cenário das licitações e contratações públicas certamente não há um conjunto perfeito de ferramentas e mecanismos capazes de eliminar os desvios, mas a existência de um

---

48. L. Elaine Halchin, *Transforming Government Acquisition Systems: Overview and Selected Issues*, disponível em *https://www.fas.org/sgp/crs/misc/R43111.pdf*.

49. Daniel Gordon e Gabriella M. Racca, "Integrity challenges in the EU and U.S. procurement systems", cit., in Gabriella M. Racca e Christopher R. Yukins, *Integrity and Efficiency in Sustainable Public Contracts*, p. 126.

sistema que possa de forma harmônica contribuir para desincentivar/reduzir/detectar/punir é fundamental para sinalizar a preocupação da sociedade e do governo.

Os sinais de corrupção, segundo a Transparência Internacional, são importante informação a partir da qual podem ser repensadas as estratégias brasileiras de combate à corrupção. Todavia, mais do que textos legais que possam se somar ao arcabouço jurídico brasileiro, há questões outras que devem ser consideradas. O que se pode inferir é que a rigidez legal não foi suficiente para frear a corrupção. A sensação de descontrole e a timidez estatal em apurar o mal feito podem explicar parte dos nossos problemas.

Novos capítulos virão. Estamos apenas começando.

Referências bibliográficas

ALVES, Marília Souza Diniz. *Do Sigilo ao Acesso: Análise Tópica da Mudança de Cultura.* Belo Horizonte, Tribunal de Contas do Estado de Minas Gerais, 2012.

ARÊDES, Sirlene Nunes, BATISTA JR., Onofre Alves, e MATOS, Federico Nunes de (coords.). *Contratos Administrativos: Estudos em Homenagem ao Professor Florivaldo Dutra de Araújo.* Belo Horizonte, Fórum, 2014.

ARTICLE 19. *The Public's Right to Know.* Londres, Article 19, 1999. Disponível em http://www.article19.org/data/files/pdfs/standards/righttoknow.pdf.

ATIVIDADE LEGISLATIVA. *Câmara Municipal.* Disponível em http://www.cmbh.mg.gov.br/leis/legislacao/pesquisa.

AVELAR, Mariana Magalhães, FERREIRA, Raquel Bastos, e FORTINI, Cristiana. "Comentários à Lei de Acesso à Informação: contexto, desafios e polêmicas". In: MARQUES, NETO, Floriano de Azevedo, *et al.* (orgs.). *Direito e Administração Pública: Estudos em Homenagem a Maria Sylvia Zanella Di Pietro.* São Paulo, Atlas, 2013.

BATISTA JR., Onofre Alves, ARÊDES, Sirlene Nunes, e MATOS, Federico Nunes de (coords.). *Contratos Administrativos: Estudos em Homenagem ao Professor Florivaldo Dutra de Araújo.* Belo Horizonte, Fórum, 2014.

CANELA, Guilherme, e NASCIMENTO, Solano (coords.). *Acesso à Informação e Controle Social das Políticas Públicas.* Brasília, ANDI/Artigo 19, 2009.

CIBINIC JR., John, NASH JR., Ralph C., e YUKINS, Christopher. *Formation of Government Contracts.* 4ª ed. Washington, George Washington University, 2011.

CLÈVE, Clèmerson Merlin, e FRANZONI, Julia Ávila. "Administração Pública e a nova Lei de Acesso à Informação". *Interesse Público/IP* 79. Ano 15. Belo Horizonte, maio-junho/2013. Disponível em http://www.bidforum.com.br/bid/PDI0006.aspx?pdiCntd=96029.

FELDMAN, Steven W. *Government Contracts in a Nutshell.* 6ª ed. Huntsville, West Academic, 2016.

FERREIRA, Raquel Bastos, AVELAR, Mariana Magalhães, e FORTINI, Cristiana. "Comentários à Lei de Acesso à Informação: contexto, desafios e polêmicas". In: MARQUES, NETO, Floriano de Azevedo, *et al.* (orgs.). *Direito e Administração Pública: Estudos em Homenagem a Maria Sylvia Zanella Di Pietro.* São Paulo, Atlas, 2013.

FIGUEIREDO, Lúcia Valle. "Instrumentos da Administração consensual – A audiência pública e sua finalidade". *Interesse Público/IP* 18. Ano 5. Belo Horizonte, março-abril/2003. Disponível em http://www.bidforum.com.br/bid/PDI0006.aspx?pdiCntd=51017.

FORTINI, Cristiana, AVELAR, Mariana Magalhães, e FERREIRA, Raquel Bastos. "Comentários à Lei de Acesso à Informação: contexto, desafios e polêmicas". In: MARQUES, NETO, Floriano de Azevedo, *et al.* (orgs.). *Direito e Administração Pública: Estudos em Homenagem a Maria Sylvia Zanella Di Pietro.* São Paulo, Atlas, 2013.

FORTINI, Cristiana, e IVANEGA, Miriam Mabel (coords.). *Mecanismos de Controle Interno e sua Matriz Constitucional: um Diálogo entre Brasil e Argentina*. Belo Horizonte, Fórum, 2012.

FORTINI, Cristiana, e SILVEIRA, Raquel Dias da. "Perspectiva constitucional do controle interno". In: FORTINI, Cristiana, e IVANEGA, Miriam Mabel (coords.). *Mecanismos de Controle Interno e sua Matriz Constitucional: um Diálogo entre Brasil e Argentina*. Belo Horizonte, Fórum, 2012.

FRANZONI, Julia Ávila, e CLÈVE, Clèmerson Merlin. "Administração Pública e a nova Lei de Acesso à Informação". *Interesse Público/IP* 79. Ano 15. Belo Horizonte, maio-junho/2013. Disponível em *http://www.bidforum.com.br/bid/PDI0006.aspx?pdiCntd=96029*.

GORDON, Daniel, e RACCA, Gabriella M. "Integrity challenges in the EU and U.S. procurement systems". In: RACCA, Gabriella M., e YUKINS, Christopher R. *Integrity and Efficiency in Sustainable Public Contracts*. Bruxelas, Bruylant, s/d.

HALCHIN, L. Elaine. *Transforming Government Acquisition Systems: Overview and Selected Issues*. Disponível em *https://www.fas.org/sgp/crs/misc/R43111.pdf*.

HAYNES, Sandra G. *Ethical Occurences in Government Contracting: Principled or Corrupt?* Bloomington, Balboa Press, 2015.

IVANEGA, Miriam Mabel, e FORTINI, Cristiana (coords.). *Mecanismos de Controle Interno e sua Matriz Constitucional: um Diálogo entre Brasil e Argentina*. Belo Horizonte, Fórum, 2012.

MARQUES NETO, Floriano de Azevedo, *et al.* (orgs.). *Direito e Administração Pública: Estudos em Homenagem a Maria Sylvia Zanella Di Pietro*. São Paulo, Atlas, 2013.

MATOS, Federico Nunes de, ARÊDES, Sirlene Nunes, e BATISTA JR., Onofre Alves (coords.). *Contratos Administrativos: Estudos em Homenagem ao Professor Florivaldo Dutra de Araújo*. Belo Horizonte, Fórum, 2014.

MEDAUAR, Odete. *O Direito Administrativo em Evolução*. São Paulo, Ed. RT, 2003.

MELO, Cristina Andrade. "A participação popular nos contratos administrativos". In: ARÊDES, Sirlene Nunes, BATISTA JR., Onofre Alves, e MATOS, Federico Nunes de (coords.). *Contratos Administrativos: Estudos em Homenagem ao Professor Florivaldo Dutra de Araújo*. Belo Horizonte, Fórum, 2014.

NASCIMENTO, Solano, e CANELA, Guilherme (coords.). *Acesso à Informação e Controle Social das Políticas Públicas*. Brasília, ANDI/Artigo 19, 2009.

NASH JR., Ralph C., CIBINIC JR., John, e YUKINS, Christopher. *Formation of Government Contracts*. 4ª ed. Washington, George Washington University, 2011.

OECD. *CleanGovBiz Initiative*. Disponível em *https://www.oecd.org/cleangovbiz/49693613.pdf*.

PEREZ, Marcos Augusto. *A Administração Pública Democrática: Institutos de Participação Popular na Administração Pública*. Belo Horizonte, Fórum, 2004.

RACCA, Gabriella M., e GORDON, Daniel. "Integrity challenges in the EU and U.S. procurement systems". In: RACCA, Gabriella M., e YUKINS, Christopher R. *Integrity and Efficiency in Sustainable Public Contracts*. Bruxelas, Bruylant, s/d.

RACCA, Gabriella M., e YUKINS, Christopher R. *Integrity and Efficiency in Sustainable Public Contracts*. Bruxelas, Bruylant, s/d.

_____. "Steps for integrity in public contracts". In: RACCA, Gabriella M., e YUKINS, Christopher R. *Integrity and Efficiency in Sustainable Public Contracts*. Bruxelas, Bruylant, s/d.

SILVEIRA, Raquel Dias da, e FORTINI, Cristiana. "Perspectiva constitucional do controle interno". In: FORTINI, Cristiana, e IVANEGA, Miriam Mabel (coords.). *Mecanismos de Controle Interno e sua Matriz Constitucional: um Diálogo entre Brasil e Argentina*. Belo Horizonte, Fórum, 2012.

STIGLITZ, Joseph. "Transparency in government". In: WORLD BANK INSTITUTE. *The Right to Tell: the Role of Mass Media in Economic Development*. Washington, D.C., The World Bank, 2002.

SUNDFELD, Carlos Ari. *Licitação e Contrato Administrativo*. 2ª ed. São Paulo, Malheiros Editores, 1995.

TILLIPMAN, Jessica. "A house of cards falls: why 'too big to debar' is all slogan and little substance". *Res Gestae – Fordham Law Review* 80. 2012.

WILLIAMS-ELEGBE, Sope. *Fighting Corruption in Public Procurement – A Comparative Analysis of Disqualification or Debarment Measures*. Oxford, Hart Publishing, 2012.

WORLD BANK INSTITUTE. *The Right to Tell: the Role of Mass Media in Economic Development*. Washington, D.C., The World Bank, 2002.

YUKINS, Christopher R., e RACCA, Gabriella M. *Integrity and Efficiency in Sustainable Public Contracts*. Bruxelas, Bruylant, s/d.

YUKINS, Christopher, CIBINIC JR., John, e NASH JR., Ralph C. *Formation of Government Contracts*. 4ª ed. Washington, George Washington University, 2011.

ELEMENTOS PARA CONFIGURAÇÃO DO ATO DE IMPROBIDADE ADMINISTRATIVA

Edgar Guimarães

1. Introdução. 2. Improbidade administrativa na Lei 8.429/1992. 3. Os elementos configuradores do ato de improbidade administrativa. 4. O elemento subjetivo na formação do ato de improbidade. 5. A controvérsia relativa ao elemento do dano. 6. O entendimento jurisprudencial acerca dos elementos configuradores da improbidade administrativa. 7. Conclusões.

1. Introdução

A improbidade administrativa faz parte do grupo de inovações normativas que a Constituição de 1988 trouxe para o ordenamento jurídico brasileiro. Embora a proteção à probidade administrativa já fosse uma preocupação presente em alguns dispositivos penais e em diplomas que disciplinavam a atividade dos agentes públicos, não havia, antes do novo cenário constitucional, um dispositivo que tratasse de um regime específico de combate à improbidade administrativa.

A Constituição de 1946 foi a primeira a prever a edição de lei que tratava do sequestro e do perdimento de bens, no caso de enriquecimento ilícito, decorrente do abuso de cargo ou função pública. Em cumprimento ao comando constitucional, foi publicada a Lei 3.164/1957, que regulava o procedimento de sequestro e perda de bens adquiridos pelo servidor público em virtude da influência ou abuso da função pública. Na sequência, a Lei 3.502/1958 disciplinou o sequestro e o perdimento de bens nas hipóteses de enriquecimento ilícito oportunizado pela influência ou pelo abuso do cargo público.

A Constituição de 1967 também previu, no art. 150, § 11, a possibilidade de perdimento de bens por danos causados ao erário ou nos casos de enriquecimento ilícito obtido no exercício da função pública. O enriquecimento ilícito teve o seu escopo ampliado pelo § 11 do art. 153 da Emenda Constitucional 1, de 1969, ao dispor que o perdimento de bens se daria por danos ao erário ou no caso de enriquecimento ilícito ocorrido no exercício de cargo, função, ou emprego na Administração Pública direta ou indireta.

Mas foi somente com a Constituição Federal de 1988 que a proteção à probidade da conduta dos agentes públicos ganhou contornos de destaque. Além de consagrar o princípio da moralidade expressamente em seu texto, a Constituição ainda previu a instituição de um regime específico de combate à improbidade administrativa em seu art. 37, § 4º, cuja redação dispõe que:

> Os atos de improbidade administrativa importarão a suspensão dos direitos políticos, a perda da função pública, a indisponibilidade dos bens e o ressarcimento ao erário, na forma e gradação previstas em Lei, sem prejuízo da ação penal cabível.

Contudo, como qualquer instituto jurídico inovador, a compreensão do conceito e dos limites da improbidade administrativa incitaram dúvidas tanto na doutrina quanto na jurisprudência, mesmo após a edição da Lei 8.429/1992, que regulamentou o comando constitucional e previu as modalidades de atos de improbidade administrativa. Uma destas controvérsias consiste nos elementos necessários à configuração dos atos de improbidade administrativa.

2. Improbidade administrativa na Lei 8.429/1992

A Lei 8.429/1992, popularmente conhecida como Lei de Improbidade Administrativa/ LIA, surgiu para dar materialidade ao comando contido no artigo 37, § 4º, da CF. Seu corpo de normas além de estabelecer a forma de imposição e gradação das sanções aplicáveis aos agentes públicos ímprobos, também fixou um sistema tripartite contemplando três modalidades de atos de improbidade administrativa.

O art. 9º da Lei 8.429/1992 trata dos atos de improbidade administrativa que importam enriquecimento ilícito do agente público, no exercício da função pública. O tipo geral, disposto no *caput* do artigo, consiste em "auferir qualquer tipo de vantagem patrimonial indevida em razão do exercício de cargo, mandato, função, emprego ou atividade" nas entidades arroladas no art. 1ª da Lei. A tipicidade prevista no *caput* é esmiuçada nos 12 incisos seguintes em que se descrevem condutas específicas de enriquecimento ilícito no exercício da função pública.

O art. 10 do diploma legal diz respeito aos atos que resultam em prejuízo ao erário. O *caput* do artigo prevê o tipo geral da improbidade composto por "qualquer ação ou omissão, dolosa ou culposa, que enseje perda patrimonial, desvio, apropriação, malbaratamento ou dilapidação dos bens ou haveres" das entidades indicadas no art. 1ª da Lei de Improbidade. Na sequência, o dispositivo elenca 21 tipos específicos de condutas ímprobas lesivas ao erário.

Ainda na seara da modalidade de improbidade que resulta em dano ao erário, incumbe registrar que Lei Complementar 157/2016, que acrescentou o art. 10-A à Lei 8.429/1992, previu uma nova hipótese desta modalidade de improbidade. O novo dispositivo aduz que:

> Constitui ato de improbidade administrativa qualquer ação ou omissão para conceder, aplicar ou manter benefício financeiro ou tributário contrário ao que dispõem o *caput* e o § 1º do art. 8º-A da Lei Complementar 116/2003".

O art. 8-A da Lei Complementar 116/2003 fixa uma alíquota mínima de 2% ao Imposto sobre Serviços de Qualquer Natureza, e veda a possibilidade de concessão de qualquer forma de isenção, incentivo ou benefício tributário ou financeiro que resulte em aplicação de alíquota inferior à de 2%, excetuando-se os serviços previstos na própria legislação complementar.

Apesar de a nova disposição ter sido incluída em artigo apartado das demais hipóteses do art. 10 da Lei de Improbidade – como se fosse uma nova modalidade de improbidade – em verdade ela prevê apenas mais um tipo específico de ato ímprobo que resulta um dano ao erário. A concessão de isenção, incentivo ou benefício tributário ou financeiro fora das exceções previstas na legislação complementar diminuirá a arrecadação tributária, o que configura uma lesão aos cofres públicos.

Por fim, o art. 11 da Lei 8.429/1992 institui atos de improbidade que atentem contra os princípios da Administração Pública. Objeto de grandes controvérsias na doutrina e jurisprudência, este dispositivo prevê a modalidade de improbidade de maior abrangência, pois pode incidir sobre qualquer conduta que infrinja os princípios da Administração. Tanto o tipo geral disposto no *caput* quanto os tipos específicos, previstos nos nove incisos do artigo englobam condutas que afrontam "os deveres de honestidade, imparcialidade, legalidade e lealdade às instituições".

Embora os mencionados artigos da Lei 8.429/1992 consignem as modalidades de improbidade administrativa e prevejam, expressamente, condutas ímprobas, a lei não fixou um conceito universal de ato de improbidade administrativa capaz de enquadrar todas as modalidades de improbidade arroladas no seu corpo normativo. Essa omissão legislativa decorre, em boa parte, da dificuldade em se oferecer uma proposta conceitual de ato de improbidade que possa, a um só tempo, gozar do alcance necessário para abranger todas as situações elencadas como atos de improbidade, sem excessos ou omissões injustificáveis.

A falta de um conceito legal de improbidade administrativa cria para o operador jurídico uma grande dificuldade para se identificar os elementos constitutivos do ato de improbidade. Na tentativa de solucionar esta omissão legal e oferecer uma noção adequada de improbidade administrativa, Pedro Roberto Decomain aponta para a tendência de boa parte da doutrina de associar o conceito indeterminado disposto no art. 37, § 4º, da Constituição com a ideia de moralidade administrativa.[1] É o caso, por exemplo, de Luís Octavio Sequeira de Cerqueira:

> A improbidade administrativa constitui uma violação ao princípio constitucional da moralidade, princípio basilar da Administração Pública, estabelecido no *caput* do art. 37 da CF. Assim, a improbidade pode ser classificada como uma imoralidade administrativa qualificada, na medida em que somente as condutas tipificadas nos arts. 9º, 10 e 11 da LIA podem ser consideradas atos de improbidade administrativa.[2]

Marcelo Figueiredo segue caminho semelhante ao defender que a noção de improbidade administrativa constitui uma espécie do gênero "moralidade administrativa":

> Entendemos que a probidade é espécie do gênero "moralidade administrativa" a que alude, *v.g.*, o art. 37, *caput* e seu § 4º, da CF. O núcleo da probidade está associado (deflui) ao princípio maior da moralidade administrativa; verdadeiro norte à Administração em todas as suas manifestações. Se correta estive a análise, podemos associar, como faz a moderna doutrina do direito administrativo, os atos atentatórios à probidade como também atentatórios à moralidade administrativa. (...) A probidade é, portanto, corolário do princípio da moralidade administrativa.[3]

Maria Sylvia Zanella Di Pietro, por sua vez, leciona que, enquanto princípios, moralidade e probidade significam praticamente a mesma coisa. Todavia, quando pensada como

---

1. Pedro Roberto Decomain, *Improbidade Administrativa*, São Paulo, Dialética, 2007, p. 22.
2. Luis Otávio Sequeira de Cerqueira, *Comentários à Lei de Improbidade Administrativa*, São Paulo, Ed. RT, 2014, p. 40.
3. Marcelo Figueiredo, *Probidade Administrativa: comentários à Lei 8.429/92 e legislação complementar*, 6ª ed., São Paulo, Malheiros Editores, 2009, pp. 47-48.

ato ilícito, a improbidade tem uma compreensão muito mais ampla que a moralidade, pois abarca atos que vão além do meramente desonesto ou imoral. Nesse sentido, propugna que:

> quando se fala em improbidade como ato ilícito, como infração sancionada pelo ordenamento jurídico, deixa de haver sinonímia entre as expressões improbidade e imoralidade, porque aquela tem um sentido muito mais amplo e muito mais preciso, que abrange não só atos desonestos e imorais, mas também e principalmente atos ilegais.[4]

Importante ressaltar que a ilegalidade a que a autora faz referência quando trata dos atos ilegais, não diz respeito à legalidade estrita. A legalidade aqui compreendida é a legalidade em sentido amplo, que abarca não só a obediência à lei, mas também a observância dos princípios e valores que estão na base do ordenamento jurídico. Assim, Maria Sylvia Zanella Di Pietro conclui que o ato de improbidade não resulta apenas da lesividade ao princípio da moralidade, mas decorre de qualquer conduta do agente público que contrarie a legalidade considerada em sentido amplo:

> Vale dizer que a lesão ao princípio da moralidade ou a qualquer outro princípio imposto à Administração Pública constitui uma das modalidades de ato de improbidade. Para ser ato de improbidade, não é necessária a demonstração de ilegalidade do ato; basta demonstrar a lesão à moralidade administrativa. Concluindo: a legalidade estrita não se confunde com a moralidade e a honestidade, porque diz respeito ao cumprimento da lei; a legalidade em sentido amplo (o Direito) abrange a moralidade, a probidade, e todos os demais princípios e valores consagrados pelo ordenamento jurídico.[5]

Nota-se que, enquanto Marcelo Figueiredo e Luís Octavio Sequeira de Cerqueira associam o conceito de improbidade à noção de moralidade administrativa, Maria Sylvia Zanella Di Pietro vai além e conceitua o ato de improbidade como qualquer conduta que afronte um dos princípios regentes da Administração Pública, o que denota a existência de uma divergência na doutrina sobre o significado do termo improbidade administrativa.

Mateus Bertoncini retrata a existência de, ao menos, cinco concepções empregadas pela doutrina para compreender a ideia de improbidade administrativa.[6] A primeira, identificada como "substantiva", reconhece o ato de improbidade como sendo qualquer violação ao princípio da moralidade administrativa. A segunda, chamada de "legalista ou formal", quando o ato de improbidade deriva de uma violação à estrita legalidade.

Na concepção mista, os atos de improbidade resultam da violação simultânea dos princípios da legalidade estrita e da moralidade administrativa. Ou seja, para que o ato se constitua como ímprobo, ele deve ser, ao mesmo tempo, ilegal e imoral. O autor ainda elenca as concepções principiológica restrita e principiológica ampla ou da juridicidade. A primeira "entende o ato de improbidade como violação dos princípios do art. 37, *caput*, da CF".[7] Já, a segunda, define o ato de improbidade como "violação de todos os princípios da Administração Pública ou como atentado à juridicidade ou à legalidade em sentido amplo".[8]

---

4. Maria Sylvia Zanella Di Pietro, *Direito Administrativo*, 29ª ed., São Paulo, Forense, 2016, p. 975.
5. Idem, ibidem, pp. 991-992.
6. Mateus Bertoncini, *Ato de Improbidade Administrativa: 15 anos da Lei 8.429/92*, São Paulo, Ed. RT, 2007, p. 70.
7. Idem, ibidem.
8. Idem, ibidem.

Do exposto, é perceptível que a noção de "improbidade" lança suas estruturas com base nos deveres éticos impostos aos exercentes de funções públicas de pautar suas condutas na mais clara, absoluta e inquestionável moralidade. A improbidade, nesse cenário, constitui o desprezo pelos valores principiológicos (entre eles os de ordem moral) que devem presidir a atuação desempenhada em nome da coisa pública.

Contudo, como muito bem ressalta Marcelo Figueiredo, a proximidade dos conceitos de probidade e moralidade administrativas não resulta em uma identidade completa, pois a probidade é um aspecto, peculiar e específico, da noção de moralidade administrativa.[9] Marcio Cammarosano segue a mesma linha ao destacar que a improbidade representa uma imoralidade tipificada legalmente como tal, notadamente pelo disposto na Lei 8.429/1992. Vejamos:

> improbidade é a imoralidade administrativa especialmente qualificada, que a relação é entre conteúdo e continente, de sorte que toda improbidade constitui ofensa à moralidade administrativa, mas não basta que haja ofensa a esta para que, *ipso facto*, se tenha como caracterizada aquela.[10]

A improbidade administrativa também não se configura com a mera ilicitude da conduta praticada pelo agente público. Cesar Asfor Rocha ressalta que os atos de improbidade administrativa devem ser compreendidos de forma apartada dos atos ilícitos cometidos no exercício da função administrativa.[11] A ilicitude administrativa tem um campo compreensivo muito mais amplo do que o âmbito da improbidade administrativa, sendo o ato ímprobo uma conduta ilícita permeada por outros elementos configuradores da improbidade.

Nesta esteira, não basta que haja ofensa à moralidade ou à legalidade administrativa para que se configure um ato ímprobo, é necessário que a conduta do agente público preencha outras condicionantes dispostas na Lei de Improbidade Administrativa.

3. Os elementos configuradores do ato de improbidade administrativa

A definição de elementos gerais configuradores de todas as modalidades de atos de improbidade é tema tormentoso e que gera grandes controvérsias. A falta de um conceito geral de ato de improbidade administrativa aliado à discrepância existente entre as três modalidades de improbidade previstas na Lei 8.429/1992 leva a doutrina, na maioria das vezes, a optar por analisar os requisitos de cada uma de forma individualizada, sem enfrentar o tema de maneira ampla. Não obstante, pensamos ser possível elencar ao menos seis elementos essenciais para a configuração das três modalidades de ato de improbidade.

O primeiro requisito essencial é a existência de uma ação ou omissão infringente do ordenamento jurídico. A improbidade depende da ilicitude da atuação ativa ou manifestação omissiva do agente supostamente ímprobo. Não parece ser crível que um ato totalmente em

---

9. Marcelo Figueiredo, *Probidade Administrativa: comentários à Lei 8.429/92 e legislação complementar*, cit., p. 48.

10. Márcio Cammarosano, *O Princípio Constitucional da Moralidade e o Exercício da Função Administrativa*, Belo Horizonte, Fórum, 2006, p. 109.

11. Cesar Asfor Rocha, *Breves Reflexões Críticas sobre a Ação de Improbidade Administrativa*, Ribeirão Preto, Migalhas, 2012, p. 52.

sintonia com o arcabouço normativo possa dar ensejo a uma improbidade administrativa. Nesse sentido é o pensamento de Marcelo Harger:

> Há quem afirme que a existência de atos legais, porém eivados do vício de improbidade. Diante do conceito de improbidade já exposto, é forçoso refutar essa afirmação. Os atos legais jamais poderão ofender a lei de improbidade. A improbidade depende de ilicitude, mas nem todos os atos ilícitos serão passíveis de punição por improbidade.[12]

Cabe salientar que o conceito de ilicitude mencionado não se identifica com a concepção de legalidade estrita. O ato ímprobo pode decorrer de uma conduta que não viola a lei, em sentido estrito. É o caso, por exemplo, das situações em que um agente público recebe propina para praticar um ato que é, de fato, de sua competência ou na hipótese em que é agraciado patrimonialmente por um terceiro para que promova a dispensa de licitação em situação na qual ela realmente não era obrigatória. Nestes casos, não se configura uma transgressão à lei.

Ocorre que, nestes exemplos, a conduta do agente poderá ser enquadrada como improbidade pelo fato de afrontar os princípios e valores que regem a função administrativa. A ilicitude deve ser pensada por meio do conceito de legalidade em sentido amplo, constituindo-se não só quando o ato viole a lei, mas também quando afronte os princípios e valores incidentes sobre a atividade administrativa. Assim, para a configuração da improbidade administrativa, é imprescindível que a conduta comissiva ou omissiva do agente seja ilícita, isto é, contrarie um comando normativo disposto em uma regra ou princípio incidente sobre a função administrativa.

Entretanto, conforme assentado no primeiro ponto deste trabalho, a mera ilicitude da conduta do agente público não constitui automaticamente um ato de improbidade administrativa. É necessário também que a conduta se enquadre em um dos tipos normativos arrolados nos arts. 9º, 10 e 11 da Lei 8.492/1992. Estes três dispositivos são compostos por um tipo geral de improbidade – descrito no *caput* – e tipos específicos dispostos nos incisos de cada artigo.

O art. 9º traz em seu *caput* o tipo geral da modalidade que importa em enriquecimento ilícito, prevendo como critério material a conduta "auferir qualquer tipo de vantagem patrimonial indevida em razão do exercício de cargo, mandato, função, emprego ou atividade nas entidades" arroladas na lei.

O art. 10, por sua vez, prevê como núcleo do tipo as ações ou omissões, dolosas ou culposas, que ocasionem "perda patrimonial, desvio, apropriação, malbaratamento ou dilapidação dos bens ou haveres das entidades" objeto da Lei de Improbidade.

Já o núcleo do tipo geral previsto no *caput* do art. 11 consiste em "ação ou omissão que viole os deveres de honestidade, imparcialidade, legalidade e lealdade às instituições".

Uma eventual conduta ilícita cometida no exercício da função pública só poderá ser elevada à categoria de improbidade administrativa se dela resultar (i) uma vantagem patrimonial indevida; (ii) um dano ou lesão patrimonial à Administração Pública; ou (iii) uma infração aos deveres inerentes à atividade administrativa. Se do ato ilícito não decorrer

---

12. Marcelo Harger, *Improbidade Administrativa: comentários à Lei 8.429/92*, São Paulo, Atlas, 2015, p. 16.

nenhuma destas consequências, então se estará diante de uma mera ilicitude, reprimível com outras censuras que não as dispostas na Lei de Improbidade Administrativa.

Da premissa acima fixada é forçoso concluir que a tipicidade aparece como um elemento essencial para configuração do ato de improbidade administrativa. Francisco Octavio de Almeida Prado adota conclusão semelhante ao ressaltar que a exigência de tipicidade revela-se mais intensa em relação aos atos de improbidade administrativa do que para a configuração de outras faltas administrativas, especialmente pela gravidade das sanções passíveis de serem impostas aos agentes ímprobos.[13] No mesmo sentido é o pensamento de César Asfor Rocha que assim assinala:

> o terceiro elemento é a tipicidade entendida esta como o enquadramento perfeito da conduta pessoal do agente em algum dos itens positivados nos arts. 9º, 10 e 11 da Lei 8.429/1992, sem o que não se terá configurada a improbidade, embora se possa até falar na presença de alguma forma de ilegalidade.[14]

Outro requisito essencial para a configuração das modalidades de ato de improbidade administrativa arroladas nos arts. 9º a 11 da Lei 8.429/1992 é o sujeito passivo. A Lei de Improbidade, no seu art. 1º, indica como sujeitos passivos dos atos de improbidade a "Administração direta, indireta ou fundacional de qualquer dos Poderes da União, dos Estados, do Distrito Federal, dos Municípios, de Território, de empresa incorporada ao patrimônio público ou de entidade para cuja criação ou custeio o erário haja concorrido ou concorra com mais de cinquenta por cento do patrimônio ou da receita anual".

Já o parágrafo único acrescenta ainda as entidades que recebem "subvenção, benefício ou incentivo, fiscal ou creditício, de órgão público bem como daquelas para cuja criação ou custeio o erário haja concorrido ou concorra com menos de cinquenta por cento do patrimônio ou da receita anual". Nota-se que o diploma legal inseriu um grande número de entidades no campo de incidência da Lei de Improbidade, objetivando, com isso, como muito bem ressalta Francisco Octavio de Almeida Prado, proteger "fundamentalmente o dinheiro público, onde quer que ele se encontre".[15]

Compõem, portanto, o catálogo de sujeitos passivos da improbidade administrativa todos os órgãos integrantes da Administração direta e indireta da União, dos Estados, do Distrito Federal, dos Municípios e dos territórios, bem como os órgãos dos Poderes Judiciário e Legislativo de todos os entes federados. Somem-se a eles as empresas que não foram criadas por lei, como as empresas públicas, mas que, por alguma razão, foram incorporadas ao patrimônio público por intermédio da aquisição de ações ou quotas, e as entidades nas quais o Poder Público tenha concorrido para a criação ou custeio, ou que ainda concorra com mais de 50% do patrimônio ou da receita anual.

Os últimos sujeitos passivos são as entidades que recebem algum tipo de aporte financeiro dos cofres públicos por meio de subvenção, benefício, incentivo fiscal ou creditício, ou que o ente público tenha contribuído com qualquer valor inferior a 50% do patrimônio

---

13. Francisco Octavio de Almeida Prado, *Improbidade Administrativa*, São Paulo, Malheiros Editores, 2001, p. 59.
14. Cesar Asfor Rocha, *Breves Reflexões Críticas sobre a Ação de Improbidade Administrativa*, Ribeirão Preto, Migalhas, 2012, p. 53.
15. Francisco Octavio de Almeida Prado, *Improbidade Administrativa*, cit., p. 59.

ou da receita anual. Essas entidades arroladas pelo parágrafo único do dispositivo legal merecem um tratamento diferenciado, pois manuseiam tanto aportes públicos quanto recursos privados.

Considerando que a finalidade da Lei de Improbidade é zelar pela aplicação correta do dinheiro público, não parece fazer sentido aplicar as disposições do diploma da improbidade em situações nas quais estas entidades estejam fazendo uso somente de recursos privados. Isso significa dizer que estas entidades que recebem recursos financeiros oriundos do erário, mas que também manuseiam receitas privadas, somente se submetem à Lei de Improbidade nas situações em que manuseiam verbas públicas. Esse é o entendimento de Marcelo Harger, assim encontrado:

> É necessário esclarecer que as entidades de direito privado que recebam recursos públicos, subvenções, benefícios ou incentivos fiscal ou creditícios recebem apenas parcial proteção da lei de improbidade. Isso ocorre porque essas entidades manuseiam recursos privados e públicos. Não há sentido em submeter os recursos privados que essas entidades receberem ao regramento destinado a proteger o patrimônio público. Isso significa dizer que a lei de improbidade somente se aplica quando estas entidades manusearem recursos públicos.[16]

Ainda no tocante aos requisitos essenciais para configuração de improbidade, a Lei 8.429/1992 identifica os sujeitos ativos do ato de improbidade administrativa. O art. 1º considera como sujeito ativo o agente público, assim conceituado pelo art. 2º como sendo "todo aquele que exerce, ainda que transitoriamente ou sem remuneração, por eleição, nomeação, designação, contratação ou qualquer outra forma de investidura ou vínculo, mandato, cargo, emprego ou função" nas entidades mencionadas no art. 1º da aludida lei.

O conceito de agente público engloba servidores estatutários, empregados públicos, agentes políticos e particulares colaboradores que, no exercício da função pública, pratiquem qualquer tipo de ato ilícito tipificado na Lei de Improbidade. Há que se reconhecer também, por força do disposto no art. 1º da LIA, que integram a categoria de agente público previsto os empregados de pessoas jurídicas de direito privado que recebam receitas, subvenções, benefícios e incentivo fiscal ou creditício do Poder Público.

Além dos agentes públicos, o art. 3º da Lei 8.429/1992 inclui como sujeitos ativos do ato de improbidade administrativa qualquer particular que induza ou concorra para a prática da improbidade, ou se beneficie dos seus efeitos de forma direta ou indireta. Tanto pessoas físicas quanto pessoas jurídicas podem vir a ser responsabilizadas pelo cometimento de uma improbidade, mas, para que isso ocorra, é necessário que haja um ato de um agente público. Não é possível que os particulares, desprovidos de *múnus* público, materializem, isoladamente, um ato de improbidade. É preciso, para sua responsabilização, que eles induzam, concorram ou, ao menos, se beneficiem dolosamente da conduta ímproba cometida por um agente público.

Sobre esta última hipótese, é importante ressaltar que o particular de boa-fé em nenhuma circunstância poderá ser responsabilizado, mesmo que venha a se beneficiar, direta ou indiretamente, dos efeitos oriundos do ato de improbidade administrativa. A aplicação das sanções previstas na Lei 8.429/1992 sobre os particulares prescinde do elemento subjetivo dolo na conduta da pessoa física ou jurídica.

---

16. Marcelo Harger, *Improbidade Administrativa: comentários à Lei 8.429/92*, cit., p. 100.

Em verdade, a culpabilidade do sujeito ativo é exigida em qualquer hipótese de improbidade administrativa, consistindo no quarto requisito essencial para materialização do ato de improbidade. A exigência da verificação da culpabilidade do sujeito ativo é característica da modalidade da responsabilidade subjetiva, que se contrapõe à modalidade objetiva que dispensa a análise do plano da subjetividade do sujeito ativo.

A responsabilidade subjetiva constitui verdadeira garantia individual positivada na Constituição que impede que o Estado faça uso da sua competência sancionatória ou punitiva para reprimir o indivíduo sem que se atente para o seu plano subjetivo. Como afirma José Roberto Pimenta Oliveira, o princípio da culpabilidade é requisito constitucional de legitimação para edição de qualquer medida sancionatória estatal, inclusive as sanções previstas para os atos de improbidade administrativa.[17]

Compõem o plano de subjetividade do sujeito os elementos do dolo e da culpa. O dolo consiste na vontade consciente do agente em realizar a sua conduta em contrariedade a uma vedação normativa. No plano penal, a doutrina o divide em dolo direto, quando a vontade do agente é dirigida à realização do fato típico, e dolo eventual, que se dá nas hipóteses em que o agente não almeja diretamente a realização do tipo, mas tem consciência de que a sua conduta pode caracterizá-lo, assumindo, com isso, os riscos da produção do resultado.

A culpa, por sua vez, consiste na violação do dever de cuidado inerente à atividade realizada, configurando-se nas situações que o agente age de forma imprudente, negligente ou imperita em que se produz um resultado típico. O enquadramento do elemento subjetivo nas hipóteses de improbidade administrativa tem sido objeto de grande discussão na doutrina, especialmente em virtude da previsão do art. 10 de que a conduta culposa pode dar ensejo à improbidade administrativa. Em razão dessa divergência doutrinária, o elemento subjetivo será tratado em um tópico próprio a seguir disposto.

4. O elemento subjetivo na formação do ato de improbidade

O elemento subjetivo da conduta cumpre um papel fundamental na configuração da improbidade administrativa. É somente após a sua análise que a ação ou omissão típica do agente público ou do particular materializará uma improbidade administrativa. O problema que se constrói por trás do seu enquadramento na Lei 8.429/1992 é o de saber se a configuração de um ato de improbidade exige dolo do agente ou pode restar caracterizada nas hipóteses em que a conduta supostamente ímproba é fundada em mera culpa ou inaptidão funcional.

Ao tomar como referência as disposições legais que presidem a matéria, atentando-se para a interpretação literal dos seus termos, desde logo parece possível afirmar que as condutas descritas no art. 10 da Lei 8.429/1992 abrangem atos de improbidade tanto nos casos de dolo quanto nos casos de culpa do agente. Isso se deve ao fato de que a regra legal alude expressamente que uma ação ou omissão dolosa ou culposa que dê ensejo a prejuízo ao erário consistirá em ato de improbidade.

Em contrapartida, os casos tratados nos arts. 9º e 11 não fazem remissão à modalidade culposa, o que leva a crer que as situações de fato neles descritas somente se constituem

---

17. José Roberto Pimenta Oliveira, *Improbidade Administrativa e sua Autonomia Constitucional*, Belo Horizonte, Fórum, 2009, p. 215.

se houver a demonstração do dolo do agente na realização da conduta típica. Contudo, no plano da doutrina, a questão ganha maior complexidade, na medida em que há autores que defendem a impossibilidade da caracterização de ato de improbidade decorrente de culpa do agente, e autores que entendem ser possível a modalidade culposa, inclusive em hipóteses previstas além do art. 10 da Lei 8.429/1992.

Francisco Octávio de Almeida Prado caminha no sentido da impossibilidade de se caracterizar o ato de improbidade com base em uma conduta culposa. Na concepção do autor, todos os dispositivos tipificadores dos atos de improbidade requisitam dolo para a sua configuração, mesmo os casos estabelecidos no art. 10 da Lei 8.429/1992. Vejamos:

> Observa-se, portanto, que os atos de improbidade administrativa, ao contrário do que sucede com as faltas disciplinares, encontram-se muito mais no domínio do dolo que da simples culpa. A ideia de culpa, traduzida na imprudência, imperícia ou negligência, é incompatível com a noção de improbidade, que, pressupondo um desvio de ordem ética e merecendo uma qualificação infamante, só muito excepcionalmente poderá admitir modalidade meramente culposa. (...).
>
> A previsão do art. 10, quando alude à forma culposa, não admite que esse elemento subjetivo possa configurar o ilícito em todas as hipóteses elencadas, de atos de improbidade que causem lesão ao erário. É que muitas hipóteses, por sua própria formulação, deixam evidente a essencialidade do dolo. Isso ocorre, aliás, com a maioria das hipóteses, convindo lembrar que o vocábulo "improbidade", constante da formulação constitucional, repele a possibilidade de sancionar, como ímprobos, atos que não evidenciem um desvio ético, uma desonestidade, uma transgressão consciente a preceito de observância obrigatória.[18]

Marcelo Harger vai além ao defender a inconstitucionalidade do art. 10 da Lei de Improbidade, no trecho em que consagra a culpa como elemento suficiente para configuração de ato de improbidade. Na visão do autor, a improbidade pressupõe quebra/ruptura do dever de honestidade. Essa honestidade, por sua vez, não admite sua formação por meio de uma conduta culposa do agente, mas somente através de uma conduta dolosa.[19]

Fabio Medina Osório adota opção diversa ao sustentar a constitucionalidade dos atos de improbidade culposos. No seu entender, a própria Constituição da República já autoriza a materialização de atos de improbidade fundados exclusivamente em comportamentos culposos, na medida em que reforçou a proteção dos valores "eficiência" ou "economicidade", vinculando-os à moralidade administrativa e aos princípios constitucionais da Administração Pública.[20]

Referido autor também sustenta que a improbidade nos seus tipos culposos não engloba os simples erros cometidos pelos agentes públicos no exercício das suas funções. Não se poderia utilizar a Lei de Improbidade para punir qualquer defeito na conduta dos agentes públicos. Todavia, na sua visão, isso não exclui a possibilidade de se constituir atos de improbidade decorrentes de comportamentos profissionais gravemente culposos.[21]

Com base nestas premissas, Medina Osório aponta para a constitucionalidade da previsão da improbidade culposa do art. 10 da Lei 8.429/1992 e vai além ao sustentar que

---

18. Francisco Octavio Almeida Prado, *Improbidade Administrativa*, cit., pp. 37-38.
19. Marcelo Harger, *Improbidade Administrativa: comentários à Lei 8.429/92*, cit., p. 21.
20. Fábio Medina Osório, *Teoria da Improbidade Administrativa: má gestão pública, corrupção, ineficiência*, 2ª ed., São Paulo, Ed. RT, 2010, p. 231.
21. Idem, ibidem, pp. 231-232.

alguns tipos específicos de improbidade arrolados nos incisos do art. 11 da Lei também admitem a forma culposa. Pela sua concepção, o tipo geral previsto no *caput* do art. 11 da Lei de Improbidade só contempla modalidades dolosas, mas as situações indicadas nos incisos do dispositivo admitem condutas culposas. Vejamos:

> Entendemos que o *caput* do dispositivo constante do art. 11 a LGIA efetivamente contempla, a título de cláusula geral, apenas condutas dolosas. A transgressão ali descrita conduz, razoavelmente, a essa assertiva. É natural que assim seja, em busca de limitações mais rígidas ao direito punitivo. Porém, os incisos desse mesmo bloco normativo admitem várias condutas culposas, dentro de uma ideia de excepcionalidade e fragmentariedade, respeitadas as peculiaridades sancionatórias de cada tipo setorial e também a perspectiva de colaboração das legislações extravagantes, com inserções pontuais de condutas tipificáveis no universo do art. 11 da LGIA.[22]

José Roberto Pimenta Oliveira, por sua vez, também sustenta ser possível a configuração de improbidade administrativa fundada em conduta culposa, mas somente na modalidade prevista no art. 10 da Lei 8.429/1992.[23] Na sua concepção, a conduta tipificada no art. 9º – auferir vantagem indevida em razão da função pública – não pode decorrer de negligência, imprudência ou imperícia.

Ademais, a garantia constitucional da tipicidade não permite que o intérprete estabeleça modalidades de improbidade que fujam ao texto legal. Tal premissa afasta também a possibilidade de configuração de atos ímprobos previstos no art. 11 com base em conduta culposa. Todavia, no caso de lesão ao erário, entendido como zelo a coisa pública, o mencionado autor entende ser possível a materialização de improbidade administrativa baseada em conduta culposa do agente público, tendo o legislador optado por incluir essa hipótese no art. 10 da Lei de Improbidade.[24]

Marçal Justen Filho adota posicionamento semelhante no sentido de que as hipóteses descritas nos arts. 9º e 11 não comportam a improbidade culposa, ao passo que, excepcionalmente, a modalidade de improbidade prevista no art. 10 da lei pode se constituir mediante a culpa grave do agente.[25]

Todavia, Justen Filho ressalta que a maioria dos tipos específicos arrolados nos incisos do art. 10 exigem a presença de dolo para a configuração da improbidade.[26] É o caso, por exemplo, do inc. VIII, o qual dispõe que constituirá improbidade aquele que

> frustrar a licitude de processo licitatório ou de processo seletivo para celebração de parcerias com entidades sem fins lucrativos, ou dispensá-los indevidamente.

Na visão do autor, a hipótese em apreço pressupõe o dolo, pois a frustração da "licitude" do certame somente se configurará mediante uma conduta consciente e intencional do agente. A partir disso, conclui que a modalidade culposa de impropriedade administrativa só poderá se configurar nas hipóteses que a própria redação legal assim o dispuser, como

---

22. Idem, ibidem, p. 221
23. José Roberto Pimenta Oliveira, *Improbidade Administrativa e sua Autonomia Constitucional*, cit., pp. 275-276.
24. Idem, ibidem, p. 276.
25. Marçal Justen Filho, *Curso de Direito Administrativo*, 11ª ed., São Paulo, Ed. RT, 2016, p. 1.139.
26. Idem, ibidem, p. 1.140.

é o caso do inc. X do art. 10: "agir negligentemente na arrecadação de tributo ou renda". E mesmos nestes casos, a improbidade só restará configurada se a infração culposa do agente público produzir efeitos danosos extraordinários:

> A improbidade não se configura pela mera atuação defeituosa do agente – o que não significa reconhecer a regularidade jurídica de ações e omissões culposas. (...) Para que se configure a improbidade, é necessário que a infração produza efeitos danosos sérios e relevantes. Se a infração não prejudicar, de modo consistente, interesses, bens ou direitos da Administração, não se configura improbidade.[27]

Considerando as posições doutrinárias anteriormente colacionadas, é passível de se concluir que a configuração do ato de improbidade admite a modalidade culposa, mas somente nos tipos previstos no art. 10 da Lei 8.429/1992. Deste modo, a negligência, imprudência ou imperícia do agente no zelo com o patrimônio público poderá dar ensejo à configuração da improbidade administrativa.

Contudo, não será qualquer comportamento culposo que resultará em um ato de improbidade, ainda que tal conduta encontre previsão no art. 10 da Lei 8.429/1992. Não se pode enquadrar os simples erros funcionais ou a mera inépcia do agente como conduta ensejadora de improbidade administrativa. A improbidade culposa deve estar fundada em uma conduta culposa grave, que extrapole os limites tolerados pelo caráter falível dos seres humanos. São comportamentos que demonstram verdadeiro desdém com relação ao zelo e cuidados elementares exigidos dos agentes públicos.

Ademais, comungando do pensamento de Marçal Justen Filho, entendemos que a conduta gravemente culposa só ensejará uma improbidade administrativa se os efeitos danosos que dela decorrerem forem sérios e relevantes. Se a conduta culposa do agente não promover uma grave lesão à Administração Pública, deverá o agente recompor o erário na proporção do prejuízo a que deu causa e responder administrativamente pela sua conduta, sem que disso resulte uma punição por improbidade.

5. *A controvérsia relativa ao elemento do dano*

Alguns autores incluem como requisito geral para a configuração das três modalidades de improbidade administrativa o elemento do dano. É o caso de Maria Sylvia Zanella Di Pietro e Marcelo Figueiredo que sustentam não ser possível punir uma pessoa sem que do seu ato resulte algum tipo de dano ou lesão à Administração Pública.

A Lei de Improbidade Administrativa tratou da exigência ou não da ocorrência do dano para a configuração do ato ímprobo no inc. I, do art. 21, ao dispor que a aplicação das sanções previstas na Lei independe

> da efetiva ocorrência de dano ao patrimônio público, salvo quanto à pena de ressarcimento.

Nota-se que o dispositivo legal dispensou a demonstração da ocorrência de dano ao patrimônio público para as hipóteses do art. 9º e 11 da Lei, ressalvando apenas a modalidade de improbidade resultante de dano ao erário, na qual se terá que demonstrar a efetiva lesão ao patrimônio da Administração.

27. Idem, ibidem, pp. 1.126-1.127.

Maria Sylvia Zanella Di Pietro defende que o dispositivo mencionado, ao se utilizar da expressão "patrimônio público" fez referência ao sentido restrito do termo, que engloba somente o patrimônio econômico-financeiro da Administração.[28] Contudo, no seu entender, o instituto da improbidade administrativa visa a proteger um sentido mais amplo do termo "patrimônio público", que engloba a moralidade da Administração Pública.

Na visão da autora, além dos danos ao patrimônio econômico, a ação de improbidade administrativa também reprime condutas lesivas ao patrimônio moral da Administração Pública. Assim, a dispensa da presença de lesão ao patrimônio público, prevista no art. 21, I, da Lei 8.429/1992, apenas autorizaria que o ato de improbidade administrativa pode se caracterizar sem a ocorrência de dano econômico-financeiro ao Poder Público, mas isso não quer dizer que a configuração da improbidade prescindiria do elemento dano. No seu entender, qualquer modalidade de improbidade administrativa exige que o ato seja danoso, mesmo que a lesão ocorra no patrimônio moral da Administração.[29]

Marcelo Figueiredo adota posição semelhante no sentido de que seria um contrassenso punir o agente sem que houvesse qualquer tipo de prejuízo, mesmo moral.[30] De acordo com este autor, a Lei de Improbidade pune não somente atos dos quais decorram prejuízos materiais à Administração, mas também aqueles que resultem em alguma lesão ou violação à moralidade administrativa. Assim, ausente qualquer tipo de prejuízo ou lesão à Administração Pública, inexistiria interesse jurídico em reprimir a conduta do agente público.[31]

A existência de um dano como requisito para configuração da improbidade administrativa é questionada por Marcelo Harger. Na sua concepção a formação do ato de improbidade, independentemente da existência de dano, é possível nas hipóteses previstas nos arts. 9º e 11 da Lei 8.429/1992, sendo o elemento dano exigido somente nos tipos de improbidade elencados no art. 10 do diploma.[32]

Em que pese o respeito às posições mencionadas, entende-se que a ocorrência de dano só é exigível na modalidade prevista na art. 10 da Lei de Improbidade. O conceito amplo de patrimônio público incorporado por Maria Sylvia Zanella Di Pietro e Marcelo Figueiredo parece se assimilar com a noção de ilegalidade, pois bastaria o mero enquadramento da conduta funcional em alguma das hipóteses de improbidade para que, de forma automática, a moralidade administrativa fosse lesada, numa espécie de dano presumido.

Ademais, os termos "dano à moralidade administrativa" ou "lesão ao patrimônio moral" não possuem um conceito claramente determinado, o que dificultaria sobremaneira o trabalho do operador jurídico na tipificação da conduta do agente público nas hipóteses de improbidade. De fato, seria extremamente dificultoso definir em que situações um ato tipificado como ímprobo viola ou não a moralidade administrativa, a não ser que se parta da premissa de que a mera tipificação da conduta como ímproba já resulta em um dano à moralidade.

---

28. Maria Sylvia Zanella Di Pietro, *Direito Administrativo*, 29ª ed., São Paulo, Forense, 2016, p. 992.
29. Idem, ibidem.
30. Marcelo Figueiredo, *Probidade Administrativa: comentários à Lei 8.429/92 e legislação complementar*, 6ª ed., p. 239.
31. Idem, ibidem, pp. 238-239.
32. Marcelo Harger, *Improbidade Administrativa: comentários à Lei 8.429/92*, cit., p. 116.

Nesse aspecto, nos parece mais acertado o entendimento de José Roberto Pimenta Oliveira e Fabio Medina Osório que fazem remissão, respectivamente, à relevância da ofensa ao bem jurídico tutelado e ao desvalor do resultado da ação. Pimenta Oliveira compreende não ser qualquer ofensa à probidade administrativa que configura um ato de improbidade administrativa. No seu entender, condutas ilegais tipificadas como ímprobas podem não ser reprimidas pelo sistema de normas da Lei de Improbidade, se o seu nível de agressão aos bens jurídicos tutelados não for relevante.[33]

Fábio Medina Osório segue a mesma linha ao sustentar que o desvalor do resultado da conduta tipificada como ímproba constituiu um fator determinante para a configuração da improbidade administrativa.[34] Na visão deste autor, a conduta do agente deve se submeter a uma valorização em que o operador jurídico analisará o contexto fático que norteou o comportamento do agente, a fim de se extrair, por meio do postulado da proporcionalidade, o grau de reprovação da conduta tipificada como ímproba.[35]

Desse modo, a configuração das modalidades de improbidade administrativa irá depender do nível de reprovabilidade da conduta do agente público. Se a ponderação realizada sobre a conjuntura fática que permeou o comportamento do agente público demonstrar que a sua conduta, tipificada como improbidade pela Lei 8.429/1992, não possui uma reprovabilidade extraordinária, então não se terá constituído o ato de improbidade administrativa.

Tal conclusão deriva diretamente do princípio da insignificância, que funciona como causa de afastamento da tipificação da conduta quando os seus efeitos forem irrelevantes para a entidade afetada. Assim, concluímos que a ocorrência de dano só constitui requisito essencial para a configuração da modalidade de improbidade administrativa disposta no art. 10 da Lei 8.429/1992. O requisito geral configurador de todas as modalidades de improbidade administrativa é o grau de reprovabilidade da conduta do agente público.

Com isso, completa-se o rol de elementos configuradores dos atos de improbidade administrativa: (i) a conduta comissiva ou omissiva ilícita; (ii) a tipicidade; (iii) o sujeito passivo; (iv) o sujeito ativo; (v) o elemento subjetivo do dolo e, excepcionalmente, da culpa; e (vi) a reprovabilidade extraordinária da conduta do agente.

6. O entendimento jurisprudencial acerca dos elementos configuradores da improbidade administrativa

Os requisitos essenciais para configuração dos atos de improbidade administrativa também têm sido objeto de ampla discussão no âmbito jurisprudencial. Nos últimos anos, o Superior Tribunal de Justiça tem realizado esforços no sentido de uniformizar um posicionamento acerca da improbidade administrativa e as suas modalidades previstas na Lei 8.429/1992.

No julgamento da AIA 30-AM,[36] de relatoria do Min. Teori Albino Zavaski, a Corte Especial do Tribunal enfrentou a questão relativa à distinção entre atos meramente ilegais e

---

33. José Roberto Pimenta Oliveira, *Improbidade Administrativa e sua Autonomia Constitucional*, cit., pp. 281-282.

34. Fábio Medina Osório, *Teoria da Improbidade Administrativa: má gestão pública, corrupção, ineficiência*, cit., p. 244.

35. Idem, ibidem, p. 245.

36. AIA 30-AM, rel. Min. Teori Albino Zavaski, Corte Especial, j. 21.9.2011, *DJe* 28.9.2011.

atos ímprobos. A lide versava sobre a configuração de atos de improbidade, na modalidade prevista no art. 11 da Lei 8.429/1992, praticados pelo Presidente do Tribunal Regional do Trabalho da 11ª Região quando da edição de Portarias que determinaram o afastamento sumário de juiz substituto do exercício regular de suas funções.

No julgamento, os Ministros, de forma unânime, entenderam que o Ministério Público Federal, então proponente da ação, não cumpriu com o ônus de demonstrar o elemento dolo na conduta praticada. Sem o elemento subjetivo, as condutas relatadas na ação constituíam apenas atos eivados de ilegalidade, o que afastava a incidência das prescrições da Lei 8.429/1992.

A Corte entendeu que não é qualquer ato violador dos princípios constitucionais da Administração Pública que constitui uma improbidade administrativa. Para que a conduta ilegal seja elevada à categoria de ato ímprobo é imprescindível que estejam presentes todos os requisitos essenciais da improbidade. No que concerne ao elemento subjetivo, o Superior Tribunal de Justiça firmou entendimento de que as hipóteses descritas nos art. 9º e 11 da Lei 8.429/1992 prescindem do dolo do agente público, ao passo que a modalidade do art. 10 pode se materializar com base em um comportamento culposo grave.

No Recurso Especial 1.528.102-PR,[37] de relatoria do Min. Herman Benjamin, por exemplo, ressaltou-se que o ato de improbidade administrativa previsto no art. 11 da Lei 8.429/1992 requer a demonstração de dolo, assim entendido como a simples vontade consciente de realizar a conduta que produzirá os resultados vedados pela norma jurídica ou a simples anuência aos resultados contrários ao Direito.

Outros precedentes que incluíram este raciocínio em sua fundamentação foram: AgRg no AREsp 297.450-SP, rel. Min. Assusete Magalhães, 2ª T., j. 16.5.2017, *DJe* 23.5.2017; AgInt no AREsp 848.373-GO, rel Min. Herman Benjamin, 2ª T., j. 4.4.2017, *DJe* 24.4.2017; AgInt no REsp 1.624.885-RS, rel. Min. Og Fernandes, 2ª T., j. 16.3.2017, *DJe* 24.3.2017; AgInt no AREsp 755.082-DF, rel. Min. Sérgio Kukina, 1ª T., j. 27.10.2016, *DJe* 22.11.2016.

No caso dos atos de improbidade decorrentes de prejuízo ao erário, o Superior Tribunal de Justiça tem compreendido que a configuração da modalidade culposa só é possível quando fundada em uma culpa grave do agente. Na apreciação do AgInt no Resp 1.580.128-SP,[38] o Ministro relator Mauro Campbell Marques assentou como requisitos essenciais para configuração das condutas de improbidade arroladas no art. 10 da Lei 8.429/1992 o prejuízo ao erário e o elemento subjetivo, consistindo no dolo ou na culpa grave.

Por sua vez, no AgRg no AResp 77.103-PR,[39] de relatoria do Min. Napoleão Nunes Maia Filho, a Corte manteve o acórdão do Tribunal *a quo* que condenou um ex-prefeito por improbidade administrativa fundada em culpa grave. No caso, o agente público ímprobo, enquanto exercente do mandato de Prefeito Municipal determinou a distribuição de 6.000 exemplares da Revista Comemorativa aos 60 anos do Município, na qual se dava amplo destaque às suas gestões, fato que configurou propaganda eleitoral às custas do erário.

37. REsp 1.528.102-PR, rel. Min. Herman Benjamin, 2ª T., j. 2.5.2017, *DJe* 12.05.2017.

38. AgInt no Resp 1.580.128-SE, rel. Min. Mauro Campbell Marques, 2ª T., j. 17.11.2017, *DJe* 23.11.216.

39. AgRg no AResp 77.103-PR, rel. Min. Napoleão Nunes Maia Filho, 1ª T., j. 1.10.2013, *DJe* 24.3.2014.

Diante desse quadro fático, a Corte concluiu que mesmo que não tenha havido a intenção dolosa do agente público de se promover com a distribuição das Revistas, a situação fática levava à conclusão de que a sua conduta foi fundada em, no mínimo, uma culpa grave.

No AgInt no AREsp 413.498-DF,[40] de relatoria da Ministra Regina Helena Costa, a 1ª T. do Tribunal delineou a culpa grave como sendo "aquela que decorre de uma conduta anterior dolosa". Nota-se, portanto, que a compreensão quanto ao conceito de culpa grave se aproxima do elencado pela doutrina, no sentido de ser aquele comportamento que se aproxima, sobremaneira, de uma conduta dolosa.

Acerca dos sujeitos ativos dos atos de improbidade administrativa, a Reclamação 2.790-SC,[41] de relatoria do Min. Teori Albino Zavaski, criou uma exceção ao conceito de agentes públicos descrito no art. 2º da Lei 8.429/1992, ao assentar que os atos de improbidade administrativa praticados pelo Presidente da República não estão sujeitos às penalidades dispostas no diploma de improbidade. De acordo com o Tribunal, o inc. V, do art. 85, da CF, classifica como crime de responsabilidade os atos praticados pelo Presidente da República contra a "probidade na Administração", o que remete à conclusão de que qualquer ato de improbidade cometido pelo Presidente se submeterá ao regime sancionatório dos crimes de responsabilidade, e não ao corpo de normas da Lei 8.429/1992.

Outro ponto que mereceu análise do Superior Tribunal de Justiça foi o papel do dano na configuração das modalidades de improbidade administrativa. Nesse caso, o Tribunal construiu um entendimento no sentido de que o dano só é elemento essencial para a configuração da modalidade de improbidade prevista no art. 10 da Lei de Improbidade.

No julgamento do REsp 1.412.214-PR,[42] a Corte fixou a tese de que não há a necessidade de lesão ao patrimônio público em ato de improbidade administrativa que importa em enriquecimento ilícito. Entendeu-se, no caso, que a demonstração da incompatibilidade entre os vencimentos e o incremento patrimonial do acusado era medida suficiente para materializar o ato de improbidade, sendo dispensável a comprovação de eventual dano ao erário.

Da mesma forma, no Recurso Especial 1.192.758-MG,[43] a 1ª T. do Tribunal entendeu que o art. 11 da Lei 8.429/1992 dispensa a apuração de efetivo dano ao erário para a configuração da modalidade de improbidade ali prevista. No caso, a Corte concluiu ser incabível o não recebimento de ação de improbidade, fundamentada no art. 11 da Lei de Improbidade, com base no argumento de que não há indícios de prejuízo ao patrimônio público.

Por fim, cumpre ainda ressaltar que a reprovabilidade da conduta dos agentes ímprobos tem sido utilizada pelo Superior Tribunal de Justiça como um elemento para a realização da dosimetria das sanções previstas no art. 12 da Lei 8.429/1992, e não para a configuração do ato de improbidade administrativa. Esse foi o posicionamento adotado no REsp 1.130.198-RR,[44] de relatoria do Min. Luiz Fux, em que a 1ª T. do Tribunal assentou que a pena do agente ímprobo deve levar em conta a lesividade e a reprovabilidade da conduta praticada.

---

40. AgInt no AResp 413.498-DF, rel. Min. Regina Helena Costa, 1ª T., j. 16.3.2017, *DJe* 24.3.2017.
41. Rcl 2.790-SC, rel. Min. Teori Albino Zavascki, Corte Especial, j. 2.12.2009, *DJe* 4.3.2010.
42. REsp 1.412.214-PR, rel. Min. Benedito Gonçalves, 1ª T., j. 8.3.2016, *DJe* 28.3.2016.
43. REsp 1.192.758-MG, rel. Min. Sérgio Kukina, 1ª T., j. 4.9.2014, *DJe* 15.10.2014.
44. REsp 1.130.198-RR, rel. Min. Luiz Fux, 1ª T., j. 2.12.2010, *DJe* 15.12.2010.

7. Conclusões

As considerações lançadas ao longo deste ensaio demonstram que a identificação de elementos gerais que se aplicam às três modalidades de improbidade administrativa descritas na Lei 8.429/1992 não encontra calmaria no âmbito doutrinário. A falta de um conceito legal de ato de improbidade administrativa aliada às dessemelhanças das hipóteses de atos de improbidade são fatores que colaboram para as divergências registradas neste trabalho.

Em que pese tal contexto, entendemos ser possível identificar ao menos seis requisitos essenciais para a configuração dos atos de improbidade administrativa, são eles: (i) conduta comissiva ou omissiva ilícita; (ii) tipicidade; (iii) sujeito passivo; (iv) sujeito ativo; (v) elemento subjetivo composto pelo dolo e, excepcionalmente, pela culpa grave e; (vi) a reprovabilidade da conduta.

Neste cenário, salientamos como os elementos que mais geram controvérsias na doutrina e na jurisprudência o elemento subjetivo e a reprovabilidade da conduta. A constitucionalidade da previsão do art. 10 da Lei de Improbidade que positivou a modalidade culposa da improbidade é questionada por parcela de estudiosos da matéria. Muitos autores aludem que abrir esta possibilidade significaria reprimir o simples erro funcional ou o defeito não intencional do agente público no exercício da sua função administrativa.

Balizados na corrente doutrinária majoritária e no entendimento jurisprudencial, concluímos que a modalidade culposa é admitida pela Constituição na hipótese de improbidade decorrente de dano ao erário, mas somente nas hipóteses em que a conduta do agente ímprobo estiver fundada em uma culpa grave que, além de se caracterizar como verdadeiro desleixo com o zelo do patrimônio público, também resulta em uma lesão séria e relevante à Administração Pública. Se a conduta não gerar um dano grave ao erário, entendemos que seja o caso de punir o agente com outras medidas menos rigorosas que as sanções previstas na Lei de Improbidade.

Quanto à reprovabilidade da conduta, entendemos que a configuração das modalidades de improbidade administrativa irá depender do nível de reprovabilidade. Se a ponderação realizada sobre a conjuntura fática que permeou o comportamento do agente público demonstrar que a sua conduta, tipificada como improbidade pela Lei 8.429/1992, não possui uma reprovabilidade extraordinária, então não se terá constituído o ato de improbidade administrativa.

Por fim, afastamos as posições doutrinárias que elencam o dano como um requisito geral de materialização dos atos de improbidade, por entendermos que o conceito amplo de patrimônio público adotado por esta corrente doutrinária para se defender a existência de lesão ao patrimônio moral da Administração em todas as modalidades de improbidade identifica-se com a ideia de ilicitude. De acordo com essa concepção, o mero enquadramento da conduta do agente em algumas das hipóteses de improbidade já resultaria, automaticamente, em uma lesão ao patrimônio moral da Administração, numa espécie de dano presumido.

Ademais, a imprecisão dos termos "moralidade administrativa" ou "patrimônio moral da Administração" traria dificuldades ao operador jurídico no momento da verificação da subsunção do tipo à conduta supostamente ímproba do agente, pois sem um conceito claro não haveria como constatar se a conduta do agente está ou não lesando a moralidade da Administração. Por essa razão, concluímos que o dano constitui um elemento essencial somente para configuração da modalidade de improbidade prevista no art. 10 da Lei 8.429/1992.

Referência bibliográficas

ASFOR ROCHA, Cesar. *Breves reflexões críticas sobre a ação de improbidade administrativa.* Ribeirão Preto, Migalhas, 2012.

BERTONCINI, Mateus. *Ato de Improbidade Administrativa: 15 anos da Lei 8.429/92.* São Paulo, Editora Ed. RT, 2007.

CAMMAROSANO, Márcio. *O Princípio Constitucional da Moralidade e o Exercício da Função Administrativa.* Belo Horizonte, Fórum, 2006.

DECOMAIN, Pedro Roberto. *Improbidade Administrativa.* São Paulo, Dialética, 2007.

FIGUEIREDO, Marcelo. *Probidade Administrativa: comentários à Lei 8.429/92 e legislação complementar.* 6ª ed., atualizada e revisada. São Paulo, Malheiros Editores, 2009.

HARGER, Marcelo. *Improbidade Administrativa: comentários à Lei 8.429/92.* São Paulo, Atlas, 2015.

JUSTEN FILHO, Marçal. *Curso de Direito Administrativo.* 11ª ed., revista, atualizada e ampliada. São Paulo, Ed. RT, 2016.

OSÓRIO, Fábio Medina. *Teoria da Improbidade Administrativa: má gestão pública, corrupção, ineficiência.* 2ª ed., revista, atualizada e ampliada. São Paulo, Ed. RT, 2010.

PRADO, Francisco Octavio de Almeida. *Improbidade Administrativa.* São Paulo, Malheiros Editores, 2001.

PIMENTA OLIVEIRA, José Roberto. *Improbidade Administrativa e sua Autonomia Constitucional.* Belo Horizonte, Fórum, 2009.

SEQUEIRA DE CERQUEIRA, Luis Otávio. *Comentários à Lei de Improbidade Administrativa.* São Paulo, Ed. RT, 2014.

ZANELLA DI PIETRO, Maria Sylvia. *Direito Administrativo.* 29ª ed., revista e atualizada. São Paulo, Forense, 2016.

A NATUREZA JURÍDICA DA RESPONSABILIDADE ADMINISTRATIVA POR DANO AMBIENTAL

ÉDIS MILARÉ

1. Introdução. 2. A responsabilidade administrativa ambiental no Direito brasileiro. 3. Natureza jurídica da responsabilidade administrativa por dano ambiental. 4. Pressupostos da responsabilidade administrativa ambiental: 4.1 Conduta; 4.2 Ilicitude: 4.2.1 Identificação da ilicitude – 4.2.2 O dano ambiental diante do pressuposto jurídico da ilicitude – 4.2.3 Ilícitos de bagatela. 5. Consequências da adoção da teoria da culpa presumida: 5.1 Presunção de responsabilidade; 5.2 Inversão do ônus da prova; 5.3 Incidência das excludentes da responsabilidade. 6. Conclusão.

1. Introdução

Seguindo tendência universal, a Carta brasileira erigiu o meio ambiente à categoria de um daqueles *valores ideais da ordem social*, dedicando-lhe, a par de uma constelação de regras esparsas, um capítulo próprio que, definitivamente, institucionalizou o direito ao ambiente sadio como um dos direitos fundamentais da pessoa humana.

Com efeito, no Capítulo VI do Título VIII, dirigido à *Ordem Social*, a Constituição define o meio ambiente ecologicamente equilibrado como *direito de todos*, dando-lhe a natureza de *bem de uso comum do povo* e *essencial à sadia qualidade de vida*, e impondo a corresponsabilidade dos cidadãos e do Poder Público por sua defesa e preservação.[1]

Dentre os mecanismos capazes de conjurar o dano ambiental, proclamou, no art. 225, § 3º, da CF, que

> as condutas e atividades consideradas lesivas ao meio ambiente sujeitarão os infratores, pessoas físicas ou jurídicas, a *sanções penais e administrativas*, independentemente da *obrigação de reparar os danos causados*.

Nestes termos, resulta claro que a danosidade ambiental tem repercussão jurídica tripla, certo que o poluidor, por um mesmo ato, pode ser responsabilizado, alternativa ou cumulativamente, nas esferas penal, *administrativa* e civil.

Assim, por exemplo, a emissão de efluentes ou o carreamento de materiais para um manancial, comprometendo a fauna ictiológica e as condições sanitárias do meio ambiente, pode ensejar: *(i)* pagamento de multa de R$ 5.000,00 (cinco mil reais) a R$ 50.000.000,00 (cinquenta milhões de reais), com base no art. 62, VIII, do Dec. 6.514/2008 (âmbito administrativo); *(ii)* condenação à pena de detenção, de 1 a 3 anos, ou à de multa, ou ambas cumulativamente, com base no art. 33 da Lei 9.605/1998 (âmbito penal); e *(iii)* pagamento

---

1. Art. 225, *caput*, da CF.

de indenização ou cumprimento de obrigação de fazer ou de não fazer, com base no art. 14, § 1º, da Lei 6.938/1981 (âmbito civil).

Na esfera civil, o repúdio do ordenamento jurídico à danosidade ambiental já era uma realidade mesmo antes da entrada em vigor da Carta de 1988, porquanto a obrigação reparatória de danos, segundo a regra da responsabilidade objetiva, estava disciplinada, desde 1981, na Lei da Política Nacional do Meio Ambiente.[2]

Faltava, para a plena efetividade daquela norma constitucional programática, tratamento adequado das responsabilidades penal e administrativa, espaço este preenchido com a incorporação ao ordenamento jurídico da Lei 9.605, de 12.2.1998, que dispõe sobre sanções penais e *administrativas* derivadas de condutas e atividades lesivas ao meio ambiente.

Cuidaremos, aqui, da responsabilidade administrativa ambiental, tomando por base os dispositivos aplicáveis da referida Lei 9.605/1998, e seu regulamento, aprovado pelo Dec. 6.514/2008, bem como de outras normas do ordenamento jurídico, consideradas relevantes para a compreensão do assunto.

2. A responsabilidade administrativa ambiental no Direito brasileiro

A defesa do meio ambiente desenvolve-se simultaneamente a partir de ações de índole preventiva, reparatória e repressiva.

De fato, para a implementação da Política Nacional do Meio Ambiente, o legislador, ancorado no princípio do poluidor-pagador, elencou, ao lado de alguns instrumentos de cunho *preventivo* (por exemplo, o estabelecimento de padrões de qualidade ambiental, a avaliação de impactos ambientais e o licenciamento ambiental),[3] as "penalidades disciplinares ou compensatórias ao não cumprimento das medidas necessárias à preservação ou correção da degradação ambiental",[4] de índole eminentemente *repressiva*.

Por outro lado, a *reparação* do dano ambiental é a manifestação mais evidente do princípio do poluidor-pagador,[5] embora este também alcance medidas de cunho preventivo e repressivo, assim como os custos correspondentes à própria utilização dos recursos naturais.[6]

Neste sentido, e para fins puramente didáticos, é próprio dizer que a prevenção e a repressão – enquanto manifestações do *ius puniendi* do Estado –, colimadas, fundamentalmente, pelas esferas de responsabilidade administrativa e penal se apartam da ação reparatória civil.[7]

2. Art. 14, § 1º, da Lei 6.938/1981, *verbis*: "Sem obstar a aplicação das penalidades previstas neste artigo, é o poluidor obrigado, *independentemente da existência de culpa*, a indenizar ou reparar os danos causados ao meio ambiente e a terceiros, afetados por sua atividade (...)" (destacamos).

3. Art. 9º, I, III e IV, da Lei 6.938/1981.

4. Art. 9º, IX, da Lei 6.938/1981.

5. Art. 4º, VII, da Lei 6.938/1981.

6. Importa alertar que o princípio do poluidor-pagador não se limita à esfera civil: "Não se cuida apenas de 'reparação' dos danos causados, mas igualmente de cobrir despesas com prevenção e, em certa medida, com a repressão também (sanções administrativas e penais)" (Antônio Herman V. Benjamin, "O princípio poluidor-pagador e a reparação do dano ambiental", em Antônio Herman V. Benjamin (org.), *Dano Ambiental: prevenção, reparação e repressão*, São Paulo, Ed. RT, 1993. p. 227).

7. De fato, a eficiência no exercício das tutelas administrativa e penal dos recursos ambientais também se reflete, ainda que indiretamente, na prevenção do dano. "A fiscalização tem, em suma, dois objetivos distintos: em primeiro lugar, realizar a prevenção da ocorrência de infrações, o que se faz mediante observação dos comportamentos dos membros da sociedade; em segundo, reprimir as infrações cometidas em detrimento

Daí a importância, em matéria de tutela ambiental, da regulamentação tanto dos ilícitos administrativos quanto dos criminais, certo que a atuação dos mecanismos dessas esferas de responsabilidade *não depende, necessariamente, da configuração de um prejuízo*, podendo coibir condutas que apresentem mera potencialidade de dano aos recursos ambientais. Exemplo disso é a tipificação – como crime (art. 60 da Lei 9.605/1998) e como infração administrativa (art. 66 do Dec. 6.514/2008) – da conduta de operar atividade sem licença ou autorização dos órgãos ambientais competentes.

Na vasta principiologia do Direito Ambiental, o *princípio do controle do poluidor pelo Poder Público* aparece aqui como de maior interesse; ele materializa-se no exercício do poder de polícia administrativa, que, constatando a prática de uma infração, faz instaurar o processo de apuração da responsabilidade do agente.

A investigação de supostas infrações e a aplicação de sanções administrativas figuram entre as mais importantes expressões do poder de polícia conferido à Administração Pública. A coercibilidade é um dos atributos desse poder, externado através de *penalidades administrativas* previstas abstratamente em lei e aplicadas concretamente por agentes credenciados do Poder Público.

Isto porque, ao contrário das sanções civis e penais, só aplicáveis pelo Poder Judiciário, as penalidades administrativas são impostas aos infratores pelos próprios órgãos ou entidades da Administração direta ou indireta da União, do Distrito Federal, dos Estados e dos Municípios.

3. Natureza jurídica da responsabilidade administrativa por dano ambiental

A identificação da natureza jurídica da responsabilidade administrativa é matéria inçada de dificuldades e, bem por isso, pouco versada na doutrina e raramente discutida nos tribunais.

Deveras, como refere Vladimir Passos de Freitas,[8] conquanto se apregoe a histórica aceitação da culpabilidade no direito administrativo sancionador, são poucos os posicionamentos explícitos, em ordem a lançar luz no caminho a trilhar. Para ficarmos apenas com um dos grandes administrativistas do passado, observa-se que Seabra Fagundes, em obra clássica sobre a matéria, de 1941, passa ao largo do difícil tema.[9]

Só mais tarde sobreveio manifestação expressa de Hely Lopes Meirelles, inclinando-se pela regra da objetividade. Com efeito, incisivamente, desde há muito, sustentou o mestre:

a multa administrativa é de natureza *objetiva* e se torna devida independentemente da ocorrência de culpa ou dolo do infrator.[10]

---

do meio ambiente, utilizando-se do aparelhamento estatal repressivo, desde a polícia administrativa até a aplicação, pelo Judiciário, de penalidades cabíveis aos infratores das normas penais" (Joel Ilan Paciornik, "Tutela administrativa das águas", in Vladimir Passos de Freitas (coord.), *Águas: aspectos jurídicos e ambientais*, 3ª ed., Curitiba, Juruá, 2007, p. 144). Além disso, previu a legislação brasileira a composição da danosidade ambiental por meio de compromissos de ajustamento de conduta, tanto em processos administrativos como penais, possibilitando que o dever reparatório seja cumprido independentemente da apuração da responsabilidade civil em ação indenizatória.

8. *Direito Administrativo e Meio Ambiente*, 4ª ed., Curitiba, Juruá, 2010, p. 127.
9. *O Controle dos Atos Administrativos pelo Poder Judiciário*, Rio de Janeiro, Forense, 1941.
10. *Direito Administrativo Brasileiro*, 42ª ed., São Paulo, Malheiros Editores, 2016, p. 222, grifamos.

Mais recentemente, já sob a égide da Lei 9.605/1998, que dispôs sobre as sanções penais e administrativas derivadas de condutas e atividades lesivas ao meio ambiente, o tema passou a ser objeto de maior atenção pela doutrina especializada, com posicionamentos, aliás, bastante conflituosos.

Uma primeira corrente, ancorada no mito da responsabilidade objetiva,[11] pioneiramente defendida por Hely Lopes Meirelles, aduz que quando a Lei 9.605/1998 se referiu à infração administrativa como toda ação ou omissão que viole as regras jurídicas de uso, gozo, promoção, proteção e recuperação do meio ambiente,[12] não a condicionando a uma *voluntariedade*[13] do sujeito que as violou, acabou por estabelecer, como regra geral, a teoria da responsabilidade objetiva no âmbito administrativo-ambiental. A culpa será a exceção, nas hipóteses prefixadas no ordenamento. Perfilham esse entendimento Paulo Affonso Leme Machado,[14] Vladimir Passos de Freitas,[15] Joel Ilan Paciornik,[16] Theo Marés,[17] Flávio Dino e Nicolao Dino Neto.[18]

Em outra frente, sob a bandeira da responsabilidade subjetiva, pugna-se pela imprescindibilidade da culpa, *lato sensu*, como elemento necessário para a caracterização da infração administrativa, forte nas garantias expressas no art. 5º, LV e LVII, da CF/1988, que asseguram aos litigantes, em processo judicial ou administrativo, e aos acusados em geral, o contraditório e a mais ampla defesa, além da presunção de inocência. De tal arte, admitir-se a responsabilidade objetiva do suposto infrator, *in casu*, equivaleria a tornar letra morta ditas garantias. Entre os defensores dessa corrente, encontramos Fábio Medina Osório,[19] Heraldo Garcia Vitta,[20] Ricardo Carneiro,[21] Edilson Pereira Nobre Júnior,[22] Daniel Ferreira[23] e Regis Fernandes de Oliveira.[24]

---

11. Posição severamente vergastada por Eduardo Fortunato Bim no instigante estudo "O mito da responsabilidade objetiva no direito ambiental sancionador: imprescindibilidade da culpa nas infrações ambientais", *Revista de Direito Ambiental*, vol. 57, pp. 35, 42-45, 2010.

12. Art. 70, *caput*, da Lei 9.605/1998.

13. A voluntariedade pressupõe liberdade de opção pelo comportamento correto ou incorreto. Sem a voluntariedade, não há dolo ou culpa.

14. Paulo Affonso Leme Machado, *Direito Ambiental Brasileiro*, 24ª ed., São Paulo, Malheiros Editores, 2016, p. 376.

15. *Direito Administrativo e Meio Ambiente*, cit., p. 129.

16. "Tutela administrativa das águas", cit., p. 114.

17. "Da responsabilidade nas sanções administrativas ambientais", in Alessandra Galli (coord.), *Direito Socioambiental: homenagem a Vladimir Passos de Freitas*, Curitiba, Juruá, 2010, p. 252.

18. "Da infração administrativa", in Nicolao Dino Neto, Ney Bello Filho, Flávio Dino, *Crimes e Infrações Administrativas Ambientais*, 3ª ed., Belo Horizonte, Del Rey, 2011, p. 455.

19. *Direito Administrativo Sancionador*, 4ª ed., São Paulo, Ed. RT, 2011, p. 353.

20. *A Sanção no Direito Administrativo*, São Paulo, Malheiros Editores, 2003, pp. 35-59; ver, também, *Responsabilidade Civil e Administrativa por Dano Ambiental*, São Paulo, Malheiros Editores, 2008, p. 157.

21. "Responsabilidade administrativa ambiental: sua natureza subjetiva e os exatos contornos do princípio do *non bis in idem*", in Bruno Campos da Silva, *et al.* (coord.), *Direito Ambiental: visto por nós advogados*, Belo Horizonte, Del Rey, 2005, pp. 587-595.

22. "Sanções administrativas e princípios de direto penal", *RDA* 219/127-151, 2000.

23. *Teoria Geral da Infração Administrativa a partir da Constituição Federal de 1988*, Belo Horizonte, Fórum, 2009, em especial o Capítulo V, pp. 209-327.

24. *Infrações e Sanções Administrativas*, 3ª ed., São Paulo, Ed. RT, 2012, pp. 41-49. A propósito, em boa escrita, pondera este autor: "É necessário enfatizar que o direito, dentro da nova ordem constitucional,

De fato, segundo se extrai do art. 72, *caput*, da Lei 9.605/1998, a imposição da penalidade deve observar o disposto no art. 6º, considerando *(i)* a gravidade do fato, tendo em vista os motivos da infração e suas consequências para a saúde pública e para o meio ambiente; *(ii)* os antecedentes do infrator quanto ao cumprimento da legislação de interesse ambiental; e *(iii)* a situação econômica do infrator, em caso de multa. Então, como se dizer objetiva a responsabilidade que demanda considerações acerca da gravidade, dos motivos, das consequências etc. para o meio ambiente? Tais situações, é oportuno indagar, não seriam aferíveis apenas na seara da responsabilidade subjetiva?

Nada obstante tão discrepantes e fundadas ponderações, não se pode deixar de reconhecer que, se de um lado, a marca da objetividade pode ser entrevista na redação do art. 70, *caput*, da Lei 9.605/1998, na parte em que se satisfaz com o mero comportamento do administrado para ter por caracterizada a infração, de outro, o tom subjetivista também dela desponta, quando se refere à ilicitude, elemento sabidamente estranho à teoria objetivista.

Realmente, parece defluir do teor do dispositivo como que um compósito de cores, a sugerir a ideia de um sistema híbrido entre a responsabilidade civil objetiva (que se contenta com o comportamento dos administrados) e a responsabilidade penal subjetiva (que reclama a presença da ilicitude no comportamento).

Bem por isso, desde há muito vimos sustentando que a melhor saída seria considerar a responsabilidade administrativa ambiental informada pela teoria da culpa presumida,[25] como preconizado, p. ex., pela Lei Ambiental argentina 25.675, de 6.11.2002,[26] e pela Lei italiana 689, de 1981,[27] segundo as quais, configurado um comportamento em tese subsumível a uma proibição da norma ambiental, há de se presumir, *juris tantum*, a responsabilidade do suposto infrator, o qual poderá, pela inversão do ônus da prova, demonstrar sua não culpa. Não se desincumbindo desse ônus, a presunção se transformará em certeza, ensejando a aplicação da sanção abstratamente considerada. Vale dizer, não se exige, de plano, já no auto de infração, demonstração dos contornos da ação culposa. Para a Administração, basta a presença de indícios da violação do dever de cuidado, cabendo ao infrator comprovar a falta do elemento subjetivo ou invalidar o juízo indiciário da infração.[28]

não é um mero composto de normas e princípios, não se compraz com a responsabilização e punição sem culpa, aferida objetivamente. É evidente que a responsabilidade objetiva pode ser prevista em lei, como o foi, aliás, no Código de Defesa do Consumidor, mas é indisputável que essas exceções não invalidam a regra de que elas foram criadas em benefício do particular, da sociedade, do povo, e, não, do Estado. O argumento de que o Estado representa o interesse geral torna-se absolutamente vazio quando é utilizado para afastar direitos e garantias fundamentais" (ob. cit., pp. 41 e 42).

25. Édis Milaré, *Direito do Ambiente*, 10ª ed., São Paulo, Ed. RT, 2015, pp. 347-354.

26. O art. 29 da referida Lei dispõe: "La responsabilidad civil o penal, por daño ambiental, es independiente de la administrativa. *Se presume iuris tantum la responsabilidad del autor del daño ambiental, si existen infracciones a las normas ambientales administrativas*".

27. O art. 3º desse diploma legal estabelece que em toda violação suscetível de aplicação de uma sanção administrativa cada um é responsável por sua própria ação ou omissão consciente e voluntária, seja ela dolosa ou culposa. Mas, na Itália, o ônus da prova é invertido, competindo ao infrator demonstrar não ter agido culposa ou dolosamente. De fato, segundo acentua Pasquale Cerbo, citado por Heraldo Garcia Vitta, a interpretação jurisprudencial corrente julga suficiente, para ser irrogada a sanção, que seja integrado o fato típico do ilícito e que o comportamento seja antijurídico, "fazendo recair sobre o transgressor o ônus de provar, sucessivamente, ter agido na ausência de culpa" (*A Sanção no Direito Administrativo*, cit., p. 38).

28. Eduardo Fortunato Bim, ob. cit., p. 64.

Esse nosso pensamento é endossado por Ricardo Carneiro que, lastreado em lição de Andrés Betancor Rodríguez,[29] bem observa:

> não se deve subestimar o sempre complexo e muitas vezes obscuro problema da prova da culpa, sendo certo que a exigência quanto à demonstração de intencionalidade na conduta do agente pode impor sérios obstáculos à eficácia da tutela dispensada ao meio ambiente, comprometendo a função dissuasivo-preventiva própria da responsabilidade administrativa. Forçoso aqui reconhecer, entretanto, que as atividades utilizadoras de recursos ambientais, normalmente habilitadas por autorizações ou licenças, são geradoras de riscos ambientais, o que justifica seja de seus respectivos titulares exigido – em prestígio dos critérios afetos à lógica da prevenção – um desvelo especial em suas rotinas de gerenciamento e uma diligência qualificada no trato das normas aplicadas. E isso torna plenamente admissível a ideia de presunção de culpabilidade, a justificar seja invertido o *onus probandi* em desfavor daquele a quem se atribua a prática de irregularidade administrativa, o qual, para se eximir de responsabilidade, deve demonstrar a ausência específica do elemento subjetivo (*praesumptio iuris tantum*).[30]

Discorrendo sobre a matéria, Fábio Medina Osório, ao comparar o ordenamento jurídico pátrio com o direito espanhol, onde a presença do elemento subjetivo é requisito para a incidência da sanção administrativa, obtempera:

> Os dispositivos dos quais deflui a culpabilidade são constitucionais e limitam o Direito Punitivo como um todo. Trata-se, nesse passo, de consagrar garantias individuais contra o arbítrio, garantias que se corporificam em direitos fundamentais da pessoa humana, os quais somente resultam protegidos se houver a segurança de que as pessoas não sejam atingidas por um poder sancionador autoritário, que despreze a subjetividade da conduta e a valoração em torno à exigibilidade de comportamento diverso.[31]

O problema, diz ele, continua sendo a definição da "culpabilidade" diferenciada que se projeta no direito administrativo. E aduz:

> Nesse passo, pensamos que a teoria dos direitos fundamentais da pessoa humana pode servir de razoável caminho ao intérprete. Se a sanção administrativa atinge direitos fundamentais, parece-nos inevitável que se exija culpabilidade do autor do fato ilícito. Se, de outro lado, como ocorre com determinadas sanções, não entram em jogo, diretamente, direitos fundamentais, parece-nos possível relativizar a exigência de culpabilidade, embora, aqui, essa relativização

---

29. "En el caso de la legislación ambiental, y los supuestos que hemos inventariado, el sujeto responsable disfruta de una cualidad subjetiva determinada (situación subjetiva) o está desarrollando una actividad determinada (situación objetiva) en la que la diligencia exigida es cualificada de tal modo que la responsabilidad surge como consecuencia del mero incumplimiento de las normas que concretan el comportamiento diligente de tal sujeto tanto en su calidad subjetiva como respecto de la actividad que está desarrollando. (...) Esto significa que la responsabilidad surge a título de dolo, de culpa y, por lo que a ésta se refiere, también a título de simple inobservancia de las normas; pero en este caso, la responsabilidad sólo surge cuando el sujeto responsable se halla en una situación subjetiva u objetiva en la que es exigible un deber cualificado en el cumplimiento de las normas" (*Instituciones de Derecho Ambiental*, pp. 1.309 e 1.312, *apud* Ricardo Carneiro, "Responsabilidade administrativa ambiental: sua natureza subjetiva e os exatos contornos do princípio do *non bis in idem*", cit.).

30. Ob. e loc. cit., p. 595.

31. *Direito Administrativo Sancionador*, cit., p. 357.

não possa significar um completo esvaziamento. O que tratamos é de uma mudança mais significativa de conteúdo. Assim o é, por exemplo, no campo das sanções pecuniárias.[32]

Nesse compasso, vem à baila o princípio da livre concorrência dos direitos fundamentais, segundo o qual, na hipótese de tensão entre postulados constitucionais, deve-se buscar, com base na técnica da ponderação e recurso às máximas da proporcionalidade e da razoabilidade, a convivência entre eles, de modo a se atingir a mais ampla efetividade dos interesses envolvidos.[33]

Insiste-se, então: como resolver esse aparente conflito entre o interesse público de efetivar a punição para a boa salvaguarda do meio ambiente e os interesses patrimoniais dos particulares decorrentes da Constituição?

Para o desenlace da questão, parece-nos importante lembrar e enfatizar que a presunção da culpa do infrator, no caso, atende ao interesse maior de proteção de um bem considerado patrimônio público a ser necessariamente assegurado e protegido para usufruto da coletividade[34] e das futuras gerações – que, por sua densidade e, como direito fundamental que é, carece de um tratamento diferenciado –, cuja tutela, no entanto, não pode implicar um sacrifício a outros valores igualmente resguardados. Há que se buscar, nessa situação de tensão de princípios, a melhor convivência entre aquele de nítido colorido público e os de cunho marcadamente individual e patrimonial, como são normalmente os atingidos no âmbito do processo administrativo sancionador ambiental, em que o viés econômico está sempre presente.[35]

Este, de resto, o posicionamento do STF, segundo se colhe do voto do Min. Celso de Mello, na ADI 3.540-1:

> Concluo o meu voto: atento à circunstância de que existe um permanente estado de tensão entre o imperativo de desenvolvimento nacional (art. 3º, II, da CF/1988), de um lado, e a necessidade de preservação da integridade do meio ambiente (art. 225 da CF/1988), de outro, torna-se essencial reconhecer que a superação desse antagonismo, que opõe valores constitucionais relevantes, dependerá da ponderação concreta, em cada caso ocorrente, dos interesses e direitos postos em situação de conflito, em ordem a harmonizá-los e a impedir que se aniquilem reciprocamente. Isso significa, portanto, (...) que a superação dos antagonismos existentes entre princípios e valores constitucionais há de resultar da utilização de critérios que permitam, ao Poder Público (e, portanto, aos magistrados e Tribunais), ponderar e avaliar, *hic et nunc*, em fun-

---

32. Idem, ibidem.

33. Segundo ensina Luís Roberto Barroso, "como não existe um critério abstrato que imponha a supremacia de um (valor constitucional) sobre o outro, deve-se, à vista do caso concreto, fazer concessões recíprocas de modo a produzir um resultado socialmente desejado, sacrificando o mínimo de cada um dos princípios ou direitos fundamentais em oposição" ("Direito à informação e banimento da publicidade de cigarro", in *Temas de Direito Constitucional*, Rio de Janeiro, Renovar, 2001, p. 65).

34. Art. 2º, I, da Lei 6.938/1981. Com efeito, o meio ambiente possui em si valores intangíveis e imponderáveis que escapam às valorações correntes (principalmente econômicas e financeiras), revestindo-se de uma dimensão simbólica e quase sacral, visto que obedece a leis naturais e superiores à lei dos homens.

35. Vale anotar, a propósito, que, do rol de sanções previstas no art. 72 da Lei 9.605/1998, apenas a *advertência*, a *multa simples*, a *multa diária* e a *restritiva de direitos* seguem, como autênticas sanções administrativas, os princípios do direito ambiental sancionador, ficando de fora as chamadas medidas cautelares da Administração, para as quais "não importam, muitas vezes, a voluntariedade, o dolo, ou a culpa da pessoa" (Heraldo Garcia Vitta, *A Sanção no Direito Administrativo*, cit., p. 37).

ção de determinado contexto e sob uma perspectiva axiológica concreta, qual deva ser o direito a preponderar no caso, considerada a situação de conflito ocorrente, desde que, no entanto – tal como adverte o magistério da doutrina na análise da delicadíssima questão pertinente ao tema da colisão de direitos (...) – a utilização do método da ponderação de bens e interesses não importe em esvaziamento do conteúdo essencial dos direitos fundamentais, dentre os quais avulta, por sua significativa importância, o direito à preservação do meio ambiente.[36]

Então, a presunção relativa de culpa e consequente inversão do ônus probatório, como salientado, parece ser a receita para a harmoniosa convivência!

Com efeito, se é verdade que a lei não delega à autoridade administrativa o poder de estabelecer vedações tão rígidas, a ponto de comprometer inclusive direitos fundamentais, como é o caso da livre iniciativa, também não é menos certo que, em respeito ao Estado Democrático de Direito, não pode desconsiderar outro importante vetor, qual seja, o da proteção ao meio ambiente. Numa palavra: a repulsa à lesividade de um direito fundamental individual (livre iniciativa) não pode se sobrepor àquela decorrente de mal trato a um direito fundamental de amplo espectro social (meio ambiente).[37]

Daí ser possível, forte nessa ordem de ideias, uma interpretação em conformidade com a Constituição, principalmente se nos rendermos a importantes argumentos expostos alhures, e bem lembrados por Canotilho, quanto à gradação dos direitos fundamentais em diferentes classes, em ordem a referendar a potestade maior de uns em relação a outros.[38] De fato, segundo o princípio da unidade da Constituição, a eventual contradição entre conteúdos de normas abertas à valoração não importa na eliminação de uma delas, mas apenas uma harmonização de interesses num determinado caso concreto.

Destarte, resta claro que a responsabilidade por infrações administrativas no direito ambiental é, induvidosamente, subjetiva.[39] O receio de que tal postura venha a ser fatal à proteção do meio ambiente é plenamente conjurado pela adoção da teoria da culpa presumida, que, como exposto, torna mais cômoda e efetiva a atividade estatal sancionatória, já que se carrega ao ombro do suposto infrator todo o fardo probatório de sua inocência.

36. Tribunal Pleno, *DJe* 3.2.2006, p. 14.

37. Deveras, em caso de conflito entre o direito ao desenvolvimento e os princípios ambientais, esses devem prevalecer, dada a sua fundamentalidade para a vida: "o confronto entre o direito ao desenvolvimento e os princípios do direito ambiental deve receber solução em prol do último, haja vista a finalidade que este tem de preservar a qualidade da vida na face da terra. O seu objetivo central é proteger o patrimônio pertencente às presentes e futuras gerações" (STJ, REsp 588.022-SC, 1ª T., rel. Min. José Delgado, j. 17.2.2004, *DJU* 5.4.2004).

38. Segundo o mestre, há autores, como L. Parejo Alfonso, que falam "de direitos fundamentais, de direitos constitucionais e de determinações constitucionais". Há ainda quem, como M. Ibler, se refira a "direitos fundamentais de 1ª classe, a direitos fundamentais de 2ª classe e a direitos fundamentais de 3ª classe" (José Joaquim Gomes Canotilho, *Estudos sobre Direitos Fundamentais*, Coimbra, Coimbra Ed., 2004, pp. 184 e 186).

39. O STJ, a partir de 2012, passou a sufragar a tese de que a aplicação de penalidades administrativas não obedece à lógica da responsabilidade da esfera cível, mas à sistemática da teoria da culpabilidade: REsp 1.401.500-PR, 2ª T., rel. Min. Herman Benjamin, j. 16.8.2016, *DJe* 13.9.2016; AgRg no AREsp 62.584-RJ, 1ª T., rel. Min. Sérgio Kukina, rel. p/ acórdão Min. Regina Helena Costa, *DJe* 7.10.2015; REsp 1.251.697-PR, 2ª T., rel. Min. Mauro Campbell Marques, *DJe* 17.4.2012.

4. Pressupostos da responsabilidade administrativa ambiental

Como vimos, nos termos do art. 70, *caput*, da Lei 9.605/1998, a infração administrativa ambiental caracteriza-se como

> toda ação ou omissão que viole as regras jurídicas de uso, gozo, promoção, proteção e recuperação do meio ambiente.

Desse modo, os pressupostos para a configuração da responsabilidade administrativa podem ser sintetizados na fórmula *conduta ilícita*, considerada como qualquer comportamento contrário ao ordenamento jurídico. É dizer: a conduta ilícita como pressuposto de uma sanção administrativa não prescinde de subsunção a uma norma de direito positivo preexistente. Isto posto, examinemos dois aspectos que a fórmula encerra.

4.1 Conduta

A *conduta* pode ser imputada à pessoa física ou jurídica, de Direito Público[40] ou Privado, que tenha concorrido, por ação ou omissão, para a prática da infração.

Daniel Ferreira opta pelo termo *comportamento*, ao invés de c*onduta*:

> Preferir-se-ia dar início à estratificação do [*conceito de*] ilícito administrativo com o corrente uso do termo "conduta", o qual, todavia, será substituído pelo genérico "comportamento" e para o fim de especialmente amoldá-lo também em relação às pessoas jurídicas; para as pessoas físicas, humanas, se continuará mais bem reservando a expressão "conduta" – mesmo que, numa ou em outra oportunidade, se tome uma palavra pela outra, até porque não existe, em termos físicos, uma conduta desprovida de suporte fático (um comportamento: uma sucessão de fatos humanos tendentes à produção de um resultado final, ainda que imputável à pessoa jurídica). O que importa é frisar, *ab ovo*, que podem cometer infrações administrativas tanto as pessoas físicas como as pessoas jurídicas, sem mais aprofundadas controvérsias acadêmicas, legais ou doutrinárias – como se dá no âmbito penal.[41]

Deveras, como bem anota Fábio Medina Osório,

> somente o homem pode evitar comportamentos proibidos através da consciência e da vontade, somente ele pode receber censuras e reorientar subjetivamente seus comportamentos rumo ao ajuste com a lei. As pessoas jurídicas, por seu caráter fictício, atuam sob o domínio dos homens, em geral de uma pluralidade de vontades, sendo que, em si mesmas, não estão dotadas desses atributos humanos.[42]

E, segundo a ótica do direito punitivo, aduz que

---

40. É certo que "a polícia ambiental pode ser executada pela União, Estados, Distrito Federal e Municípios. Por outro lado, este poder que é, normalmente, exercido para limitar os direitos individuais, pode ser dirigido, também, contra as mesmas pessoas jurídicas de Direito Público. Entre elas, não há hierarquia no nosso sistema federativo. Assim, desde que uma delas esteja atuando nos limites de sua competência, firmada na Constituição Federal, as outras deverão curvar-se e obedecer" (Vladimir Passos Freitas, *Direito Administrativo e Meio Ambiente*, 4ª ed., Curitiba, Juruá, 2010, p. 146).
41. *Teoria Geral da Infração Administrativa...*, cit., pp. 233 e 234.
42. *Direito Administrativo Sancionador*, cit., p. 385.

a atuação, essa objetiva capacidade de atuar das pessoas jurídicas resulta da personalidade jurídica dessas entidades, que podem, portanto, manifestar uma específica vontade juridicamente relevante, embora fictícia, na vida de relações, sem que se identifiquem, muitas vezes, as pessoas físicas que realmente comandam e ditam essas decisões com pleno domínio dos fatos e seus desdobramentos. A pessoa jurídica, por essa realista perspectiva, atua ilicitamente, pratica fatos objetivamente proibidos pela ordem jurídica, mas não se ignora que, necessariamente, haverá uma vontade humana por trás do atuar da pessoa jurídica.[43]

Daí que, segundo a Constituição,[44] tanto o comportamento humano direto, decorrente de condutas de pessoas físicas, como o indireto, resultante de atividades de pessoas jurídicas, ostentam capacidade infratora, sujeitando-se, portanto, a respostas sancionatórias do aparelho estatal.

É dizer, para fins de responsabilidade, não se pode prescindir de um comportamento ilícito, comissivo ou omissivo, do agente,[45] praticado pessoalmente ou por meio de seus respectivos prepostos.

Nesse diapasão, orienta-se a Lei 9.605/1998, que, ao se referir, no art. 3º, *caput*, ao substantivo "decisão" (derivado do verbo *decidir*, com o sentido de determinar, deliberar, resolver) indica, como pressuposto para a punição, a prática de ação voluntária. Isto é, não se dispensa, para a efetivação da responsabilidade administrativa, a manifestação de ação culposa. Com relação à pessoa jurídica, é claro que, à míngua de comprovante anímico, por não poder expressar a sua vontade, a sua responsabilidade estará vinculada à emissão volitiva de seus dirigentes.[46] Ou, como averba Ricardo Carneiro:

> a autoria material recai sobre as pessoas físicas, porém a responsabilidade pelo ato infracional é atribuída diretamente à pessoa jurídica.[47]

4.2 Ilicitude

Com Régis Fernandes de Oliveira, podemos afirmar que "ilícito é o comportamento contrário àquele estabelecido pela norma jurídica, que é pressuposto da sanção". É a conduta contrária à devida. É o antijurídico.[48]

---

43. Idem, p. 386.
44. Art. 225, § 3º, da CF/1988.
45. Art. 70, *caput*, da Lei 9.605/1998.
46. Edilson Pereira Nobre Júnior, *Sanções Administrativas...*, cit., pp. 141.
47. "Responsabilidade administrativa ambiental...", cit., p. 594. Nesse mesmo sentido, completa Heraldo Garcia Vitta: "assim, nos entes coletivos, como são as pessoas jurídicas, exige-se o dolo ou a culpa das pessoas (físicas) encarregadas de agir por elas, ou em nome delas; as sanções que são consequências da ilicitude realizada pelas pessoas físicas recairão nos próprios entes (pessoas jurídicas)" (*A Sanção no Direito Administrativo*, cit., p. 51).
48. *Infrações e Sanções Administrativas*, cit., p. 31. Jorge Alex Nunes Athias, antes mesmo da edição da Lei 9.605/1998, ao debruçar-se sobre o instituto da responsabilidade civil em matéria ambiental, já afirmava que "a *ilicitude* é apurada apenas para o efeito de imposição de penalidades. Quanto ao dever de reparar danos, este seria independente da caracterização ou não da *infração*" ("Responsabilidade civil e meio ambiente: breve panorama do Direito brasileiro", in Antônio Herman V. Benjamin (coord.), *Dano Ambiental: prevenção, reparação e repressão*, São Paulo, Ed., RT, 1993, p. 249).

É, portanto, da essência do regime da responsabilidade administrativa ambiental a ocorrência de uma infração, vale dizer, a desobediência a normas constitucionais, legais ou regulamentares, ou, como se queira, a subsunção do comportamento do agente a um tipo emanado de qualquer esfera de poder, inclusive de condicionantes técnicas constantes de licenças ambientais.[49]

Realmente,

> o regulamento prévio se mostra, em muitos casos, imprescindível para a constatação de uma conduta como típica, antijurídica e, em especial, reprovável, porque ninguém está obrigado a adivinhar o que se entende como proibido ou obrigatório a partir de conceitos vagos, imprecisos, ambíguos ou de valor. *In casu*, o que se exige é a realização da segurança jurídica como garantia constitucional.[50]

4.2.1 Identificação da ilicitude

O comportamento ilícito, como apregoado pelo art. 70, *caput*, da Lei 9.605/1998, pode ser comissivo ou omissivo e traduzir-se na violação a qualquer disposição jurídica que tenha por objeto, direto ou indireto, o uso, o gozo, a promoção, a proteção e a recuperação dos recursos ambientais.

Importante destacar, aqui, oportuna advertência de Eduardo Fortunato Bim, segundo a qual

> somente são consideradas infrações ambientais as previstas em lei, ainda que em moldes gerais, prevendo conceitos indeterminados ou consagrando os tipos em branco, o que permitiria a integração por órgãos competentes do SISNAMA, incluindo o órgão autuador no caso de conceitos indeterminados.[51]

De fato, em determinados casos, o comportamento será considerado ilícito por amoldar-se a um dos tipos infracionais previstos, por exemplo, no Dec. 6.514/2008 ou em outras normas ambientais. Em tais situações, a sanção somente poderá incidir ante o perfeito enquadramento legal do comportamento imputado ao agente, incluindo, se for o caso, a ocorrência do resultado danoso nos termos descritos no tipo.

---

49. Discute-se, na doutrina, se a violação de condicionantes ambientais impostas nas licenças, ou nos demais atos autorizativos previstos na legislação, configura, ou não, prática de infração administrativa. À primeira vista, a Lei 9.605/1998 não estaria a permitir uma conclusão afirmativa, uma vez que estas condicionantes não se enquadram na expressão *regras jurídicas*, constante do *caput* do art. 70, ao menos não na acepção técnica do termo. Nessa linha, vale ter presente que a Lei 9.433/1997, ao instituir a *Política Nacional de Recursos Hídricos* e criar o *Sistema Nacional de Gerenciamento de Recursos Hídricos*, considerou como infração administrativa, no seu art. 49, IV, a utilização dos recursos hídricos ou a execução de obras ou serviços que neles intervenham, *em desacordo com as condições estabelecidas na outorga*. Esse também o caminho seguido pelo Dec. 42.833/2003, do Município de São Paulo, que, ao definir *infração administrativa*, assim se expressou no seu art. 8º: "Considera-se infração ambiental toda ação ou omissão que viole as regras jurídicas de uso, gozo, promoção, proteção e recuperação do meio ambiente, contidas nas leis, regulamentos e normas federais, do Estado e do Município, bem como *as exigências técnicas delas decorrentes, constantes das licenças ambientais*" (grifamos).
50. Daniel Ferreira, ob. cit., p. 368.
51. "O mito da responsabilidade objetiva no direito ambiental sancionador...", cit., p. 43.

Por exemplo, não poderá ser penalizado pela infração descrita no art. 24 do referido Dec. 6.514/2008[52] aquele que exibir os atos autorizativos exigíveis para incursões envolvendo a fauna silvestre. Ausente um dos atos administrativos necessários para o seu regular exercício, está configurada a infração. Este é um caso de infração que não exige qualquer resultado para a sua caracterização – basta o mero exercício da atividade clandestina, à semelhança de inúmeros outros tipos previstos no decreto, que visam, exatamente, à prevenção do dano.

Já, na hipótese do art. 61 do mesmo diploma,[53] a sanção somente poderá ser aplicada se – após laudo técnico elaborado pelo órgão ambiental competente, identificando a dimensão do dano decorrente da infração – restar demonstrado que a poluição *gerou efetivamente riscos ou afetou desfavoravelmente a saúde humana*, provocou a *mortandade de animais* ou a *destruição significativa da biodiversidade*. Evidentemente, estes são conceitos abertos que só poderão ser preenchidos diante de cada caso, à luz do critério da razoabilidade.

4.2.2 O dano ambiental diante do pressuposto jurídico da ilicitude

A essência da infração ambiental não é o dano em si, mas sim *o comportamento em desobediência a uma norma jurídica* de tutela do ambiente. Se não há conduta contrária à legislação posta, não se pode falar em infração administrativa.

O dano ambiental, isoladamente, não é gerador de responsabilidade administrativa; *contrario sensu*, o dano que enseja responsabilidade administrativa é aquele enquadrável como o resultado descrito em um tipo infracional ou o provocado por um comportamento omissivo ou comissivo violador de regras jurídicas. Nesse sentido, por exemplo, se uma indústria emite poluentes em conformidade com a sua licença ambiental, não poderá ser penalizada *administrativamente* na hipótese de o órgão licenciador vir a constatar, em seguida, que o efeito sinérgico do conjunto das atividades industriais desenvolvidas na região está causando dano ambiental, não obstante a observância dos padrões legais estabelecidos em norma técnico-jurídica.

Neste caso, o empreendedor não se exime da responsabilidade civil pela reparação do dano, que é, esta sim, objetiva, dispensando qualquer discussão sobre a licitude da atividade. Também, o Estado pode ser chamado a responder solidariamente, pois somente a ele cumpre definir os parâmetros a serem respeitados pelos empreendedores no desenvolvimento regular de suas atividades e certificar-se de que tais parâmetros ajustam-se às circunstâncias de tempo e lugar, a cada nova licença expedida, e, por igual, quando da renovação das licenças vencidas.

4.2.3 Ilícitos de bagatela

Não raro, comportamentos enquadráveis no tipo infracional desenhado pelo legislador não apresentam a menor relevância material, à vista de o bem jurídico sob tutela não expe-

---

52. "Art. 24. Matar, perseguir, caçar, apanhar, coletar, utilizar espécimes da fauna silvestre, nativos ou em rota migratória, sem a devida permissão, licença ou autorização da autoridade competente, ou em desacordo com a obtida.".

53. "Art. 61. Causar poluição de qualquer natureza em níveis tais que resultem ou possam resultar em danos à saúde humana, ou que provoquem a mortandade de animais ou a destruição significativa da biodiversidade".

rimentar, concretamente, qualquer agravo digno de consideração. Assim, à símile do que ocorre na seara penal, é possível aplicar no âmbito do Direito Administrativo o princípio da insignificância.

É o que ensinam Sérgio Ferraz e Adilson Abreu Dallari:

> nos parece aplicável ao processo administrativo o princípio da insignificância. Com esse rótulo se tem dito que é admissível infirmar a tipicidade de fatos que, por sua inexpressividade, configuram "ações de bagatela", despidas de relevância, traduzidas em valores lesivos ínfimos. Em casos que tais, espera-se uma certa leniência do Estado-administrador e do Estado-juiz, dando por descaracterizado o tipo infracional. Não se deve, todavia, aceitar a invocação da insignificância quando o infrator registrar reiterada conduta faltosa, já que reincidência não se harmoniza com o favor estatal.[54]

No mesmo sentido é o entendimento de Heraldo Garcia Vitta, ao apontar que

> apesar da obrigatoriedade de ser imposta a penalidade pela Administração, conforme veremos, condutas que resultem danos ínfimos, irrisórios, podem ser desconsideradas como ilícitas. Trata-se de análise teleológico-funcional da pena: se o Estado-Administração infligisse pena aos infratores dos denominados "ilícitos de bagatela", traria somente desprestígio à potestade punitiva, em vez de fazer com que os súditos se ajustassem aos padrões do ordenamento, finalidade de toda sanção administrativa.[55]

5. Consequências da adoção da teoria da culpa presumida

5.1 Presunção de responsabilidade

A natureza da responsabilidade administrativa ambiental, como dito, é de índole subjetiva, certo que, embora resultante de comportamento adverso aos regulamentares, não prescinde – ao contrário do que se dá na responsabilidade civil – do elemento *ilicitude*.

Nesse sentido, conforme expusemos e segundo se extrai do sistema posto – bastante vago, diga-se de passagem –, configurado um comportamento em tese subsumível a uma proibição da norma ambiental, há de se presumir, *juris tantum*, a responsabilidade, habilitando o agente fiscalizador a autuar, de logo, o suposto infrator. E, tratando-se a autuação de ato administrativo com presunção de legalidade, cabe a este último, pela inversão do ônus da prova – consequência lógica da presunção relativa –, demonstrar sua não culpa. Não se desincumbindo desse ônus, a presunção se transformará em certeza, ensejando a aplicação da sanção abstratamente considerada. Vale dizer, no âmbito do *ius puniendi* do Estado, enquanto na seara da responsabilidade penal há presunção de inocência do réu – em que o ônus da prova é do autor (= Ministério Público) –, na esfera administrativa há presunção de culpa do autuado, cabendo-lhe o encargo de provar a sua inocência.

5.2 Inversão do ônus da prova

O processo para a apuração de uma conduta infracional é instaurado a partir da prática de um ato administrativo: a lavratura do auto de infração. Na qualidade de ato emanado

---

54. *Processo Administrativo*, 3ª ed., São Paulo, Malheiros Editores, 2012, p. 253.
55. *A Sanção no Direito Administrativo*, cit., p. 58.

da autoridade competente, goza do atributo da presunção de legitimidade, que alcança, ao mesmo tempo, as razões de fato (*veracidade*) e os fundamentos de direito (*legalidade*) ensejadores da autuação.

Quanto à presunção de legitimidade dos atos administrativos, Celso Antônio Bandeira de Mello a descreve como

> a qualidade, que reveste tais atos, de se presumirem verdadeiros e conformes ao Direito, até prova em contrário (...). *Pela presunção de legitimidade, o ato administrativo, quer seja impositivo de uma obrigação, quer seja atributivo de uma vantagem, é presumido como legítimo.*[56]

Especificamente com relação ao ato de lavratura do auto de infração, o TRF-4ª Região já se posicionou no sentido de que

> a *autuação é ato administrativo que goza da presunção de legalidade no caso não ilidida pelo conjunto probatório*, porquanto realizada por servidor com capacidade técnica para apurar a ocorrência de dano ambiental.[57]

Portanto, em virtude desse atributo, na hipótese de se alegar a nulidade do ato, sob a eiva de ilegalidade, o ônus da prova fica com o suposto infrator, a quem incumbe desconstituir o auto de infração, demonstrando estarem ausentes os pressupostos jurídicos da responsabilidade administrativa.

Advirta-se, no entanto, que respeitar a presunção de legitimidade não significa torná-la dogma absoluto, capaz de impor ao administrado, não raras vezes, o ônus de produzir prova impossível ou diabólica de sua não culpa.

Daí não ficar o agente público desonerado do dever de motivar o seu ato, apontando, minimamente, os indícios de nexo entre o comportamento do suposto infrator e a ilicitude que se lhe está a irrogar, sob pena de se acolitar atitudes canhestras e abusos de toda ordem.[58]

5.3 Incidência das excludentes da responsabilidade

A responsabilidade administrativa pode ser afastada, regra geral, quando se configurar uma hipótese de força maior, caso fortuito ou fato de terceiro. Todavia, por força da já mencionada presunção de legitimidade do ato administrativo, *incumbe ao administrado demonstrar, perante a Administração Pública, que o seu comportamento não contribuiu para a ocorrência da infração*.[59]

---

56. Celso Antônio Bandeira de Mello, *Curso de Direito Administrativo*, 33ª ed., 2ª tir., São Paulo, Malheiros Editores, 2017, p. 431, grifo nosso.

57. TRF-4ª Reg., AgIn 97.00.407283-5-SC, rela. Juíza Marga Barth Tessler, j. 12.6.1997, *DJU* 6.8.1997, destacamos.

58. Esse o sentido dado à matéria, p. ex., pelo art. 38, §§ 3º e 4º, do novo Código Florestal (Lei 12.651/2012), que, ao cuidar da apuração da responsabilidade administrativa pelo uso irregular do fogo em terras públicas e particulares, apontou para a necessidade de a autoridade competente para fiscalização e autuação comprovar o nexo de causalidade entre a ação do proprietário ou qualquer preposto e o dano efetivamente causado.

59. "Ação de anulação de auto de infração ambiental e imposição de multa. Vazamento de substância poluente causada por acidente de trânsito *provocado por terceiro*. Responsabilidade civil objetiva pela

Suponha-se, por exemplo, que uma indústria, circunstancialmente, venha a causar poluição e impactar determinado corpo d'água, provocando a mortandade de peixes, em decorrência de um *acidente* cujos efeitos não teria sido possível evitar ou impedir (caso fortuito). Em tese, como as consequências desse evento amoldam-se aos termos do art. 62, VIII, do Dec. 6.514/2008,[60] o comportamento da empresa poderia ser considerado como típico e, portanto, ilícito.

É verdade que a pessoa jurídica responsável poderia ser compelida administrativamente à adoção de providências emergenciais para o controle da situação, incluindo mesmo a pronta mitigação do dano. Note-se que tais medidas não possuem caráter sancionatório, mas visam apenas a evitar que o dano causado ganhe dimensões tais que tornem inviável a recuperação do ambiente degradado, tendo-se em conta os princípios do *poluidor-pagador* e da *prevenção*, que regem as normas de Direito Ambiental e a regulação das atividades potencial ou efetivamente poluidoras.

A propósito, vale lembrar que não se adotar medidas de precaução em caso de risco de dano ambiental grave ou irreversível, quando assim o exigir a autoridade competente, encerra não só uma infração administrativa (art. 62, VII, do Dec. 6.514/2008), como também penal (§ 3º do art. 54 da Lei 9.605/1998).

Entretanto, autuada que fosse a empresa, coberta, no caso, por uma excludente, a sanção só poderia ser aplicada caso não conseguisse demonstrar que, de forma diligente e objetiva, havia tomado todas as medidas disponíveis e exigíveis para evitar, prevenir ou conter o dano. Isto significa que o agente deve, em um primeiro momento, antever e mensurar o perigo de dano ao ambiente, em virtude de uma eventual ocorrência de caso fortuito, força maior ou fato de terceiro, durante o desenvolvimento de suas atividades. A partir disso, deve valer-se das tecnologias existentes, visando à máxima mitigação do risco ambiental a que está sujeito.

Em situações tais, a Administração Pública somente pode penalizar o potencial infrator quando ele contribui, ainda que indiretamente, para a ocorrência da infração. É dizer, a responsabilidade administrativa somente se configurará se o fato tido como delituoso resultar da *combinação entre o comportamento culposo, omissivo ou comissivo do suposto infrator e a ocorrência de uma excludente*.

Desponta, então, a chamada *concausa* – a propósito, é bastante comum, na área ambiental, a constatação de *conduta omissiva e negligente do infrator* que, *ao juntar-se com uma hipótese de força maior*, por exemplo, *desencadeia um evento poluidor do ambiente, cujos resultados estejam descritos em um determinado tipo infracional*.

Assim, há autoria do ilícito sempre que o agente pratica ou concorre para a prática de uma suposta infração, isto é, quando se verifica uma conduta considerada ilícita por sua própria natureza e esta conduta pode ser imputada a uma dada pessoa, perfeitamente identificável. Em certos casos, porém, o comportamento em si pode estar conforme a legislação;

---

reparação dos danos que não se confunde com a decorrente de ato ilícito. Presunção de legitimidade do ato administrativo infirmada. Apelação provida" (TJSP, AC 3367125/3-00, Câmara Especial do Meio Ambiente, rel. Des. Aguilar Cortez, j. 19.4.2007, v.u., *DJe* 22.5.2007).

60. "Art. 62. Incorre nas mesmas multas do art. 61 quem: (...)

"VIII – provocar pela emissão de efluentes ou carreamento de materiais o perecimento de espécimes da biodiversidade."

no entanto, devido à ocorrência de um evento que, à primeira vista, foge ao controle do responsável, ela gera um resultado, este sim considerado ilícito pela lei ambiental. Temos exemplo disso no art. 61 do Dec. 6.514/2008, que explicita quando o efeito *poluição* será, desde logo, tido como uma infração.

Em tal contexto, caso esteja presente uma forma de excludente da responsabilidade, para que haja infração administrativa, é preciso que o fato tido como violador do ordenamento jurídico seja resultante de um comportamento culposo (negligência, imprudência ou imperícia), omissivo ou comissivo, por parte do suposto infrator, somado à ocorrência de caso fortuito, força maior ou fato de terceiro.

6. Conclusão

À luz do exposto, pondo em sinergia os ensinamentos subministrados ao longo do trabalho, pode-se concluir que a responsabilidade administrativa por dano ambiental tem natureza jurídica subjetiva, informada pela teoria da culpa presumida, no teor da qual, configurado um comportamento em tese subsumível a uma proibição da norma ambiental, há de se presumir, *juris tantum*, a responsabilidade do suposto infrator, restando a este, pela inversão do ônus da prova, a possibilidade de demonstrar sua não culpa. Não se desincumbindo desse ônus, a presunção se transformará em certeza, ensejando a aplicação da sanção abstratamente considerada.

Referências bibliográficas

ATHIAS, Jorge Alex Nunes. "Responsabilidade civil e meio ambiente: breve panorama do Direito brasileiro", in BENJAMIN, Antônio Herman V. (coord.). *Dano Ambiental: prevenção, reparação e repressão*. São Paulo, Ed. RT, 1993.

BARROSO, Luís Roberto. "Direito à informação e banimento da publicidade de cigarro", in *Temas de Direito Constitucional*. Rio de Janeiro, Renovar, 2001.

BENJAMIN, Antônio Herman V. "O princípio poluidor-pagador e a reparação do dano ambiental", in BENJAMIN, Antônio Herman V. (coord.). *Dano Ambiental: prevenção, reparação e repressão*. São Paulo, Ed. RT, 1993.

BIM, Eduardo Fortunato. "O mito da responsabilidade objetiva no direito ambiental sancionador: imprescindibilidade da culpa nas infrações ambientais", *Revista de Direito Ambiental*, vol. 57. São Paulo, Ed. RT, 2010, pp. 35, 42-45.

CANOTILHO, José Joaquim Gomes. *Estudos sobre Direitos Fundamentais*. Coimbra, Coimbra Ed., 2004.

CARNEIRO, Ricardo. "Responsabilidade administrativa ambiental: sua natureza subjetiva e os exatos contornos do princípio do *non bis in idem*", in SILVA, Bruno Campos da *et al.* (coord.). *Direito Ambiental: visto por nós advogados*. Belo Horizonte, Del Rey, 2005.

DINO, Flávio; DINO NETO, Nicolao. "Da infração administrativa", in DINO NETO, Nicolao; BELLO FILHO, Ney; DINO, Flávio. *Crimes e Infrações Administrativas Ambientais*. 3ª ed. Belo Horizonte, Del Rey, 2011.

FAGUNDES, Seabra. *O Controle dos Atos Administrativos pelo Poder Judiciário*. Rio de Janeiro, Forense, 1941.

FERRAZ, Sérgio; DALLARI, Adilson Abreu. *Processo Administrativo*. 3ª ed. São Paulo, Malheiros Editores, 2012.

FERREIRA, Daniel. *Teoria Geral da Infração Administrativa a partir da Constituição Federal de 1988*. Belo Horizonte, Fórum, 2009.

FREITAS, Vladimir Passos de. *Direito Administrativo e Meio Ambiente*. 4ª ed. Curitiba, Juruá, 2010.

MACHADO, Paulo Affonso Leme. *Direito Ambiental Brasileiro*. 24ª ed. São Paulo, Malheiros Editores, 2016.

MARÉS, Theo. "Da responsabilidade nas sanções administrativas ambientais", in GALLI, Alessandra (coord.). *Direito Socioambiental: homenagem a Vladimir Passos de Freitas*. Curitiba, Juruá, 2010.

MEIRELLES, Hely Lopes. *Direito Administrativo Brasileiro*. 42ª ed. São Paulo, Malheiros Editores, 2016.

MELLO, Celso Antônio Bandeira de. *Curso de Direito Administrativo*. 33ª ed., 2ª tir. São Paulo, Malheiros Editores, 2017.

MILARÉ, Édis. *Direito do Ambiente*. 10ª ed. São Paulo, Ed. RT, 2015.

NOBRE JÚNIOR, Edilson Pereira. "Sanções administrativas e princípios de direto penal", *RDA* 219. Rio de Janeiro, 2000, pp. 127-151.

OLIVEIRA, Regis Fernandes de. *Infrações e Sanções Administrativas*. 3ª ed. São Paulo, Ed. RT, 2012.

OSÓRIO, Fábio Medina. *Direito Administrativo Sancionador*. 4ª ed. São Paulo, Ed. RT, 2011.

PACIORNIK, Joel Ilan. "Tutela administrativa das águas", in FREITAS, Vladimir Passos de (coord.). *Águas: aspectos jurídicos e ambientais*. 3ª ed. Curitiba, Juruá, 2007.

VITTA, Heraldo Garcia. *A Sanção no Direito Administrativo*. São Paulo, Malheiros Editores, 2003.

_____. *Responsabilidade Civil e Administrativa por Dano Ambiental*. São Paulo, Malheiros Editores, 2008.

PASSADO, PRESENTE E FUTURO: ENSAIO SOBRE A HISTÓRIA DO CONTROLE JUDICIAL DA ADMINISTRAÇÃO PÚBLICA NO BRASIL

Eduardo Jordão

1. Introdução. 2. O passado (período até 1988): o progressivo avanço do controle judicial: 2.1 A importância da compreensão microscópica do ato administrativo – 2.2 Reflexões sobre o "passado" do controle judicial da Administração no Brasil. 3. O presente (1988 até os dias atuais): a convivência de dois mundos: 3.1 A proliferação das justificativas para a atuação administrativa – 3.2 A proliferação dos limites para a atuação administrativa – 3.3 Reflexões sobre o "presente" do controle judicial da Administração no Brasil. 4. O futuro (a partir dos dias atuais): o pragmatismo e o provável recuo judicial: 4.1 A atenção aos custos do controle da Administração Pública – 4.2 Os eventuais problemas do controle judicial da Administração Pública – 4.3 As consequências da virada pragmática para o controle judicial da Administração Pública.

1. Introdução

Um dos maiores administrativistas brasileiros de todos os tempos, Hely Lopes Meirelles distinguia-se de seus pares por três características principais.[1] Em primeiro lugar, conjugava e dominava como ninguém a teoria e a prática do direito administrativo, tendo-as vivenciado no exercício de diferentes funções ao longo da sua vida profissional: como professor, juiz, advogado e membro da Administração Pública. Em segundo lugar, detinha uma invejável capacidade de síntese e senso de didática, o que talvez explique a razão de, quase três décadas depois de sua morte, seu manual de direito administrativo seguir sendo um dos mais populares entre os jovens estudantes de graduação. Em terceiro lugar, e enfim, como aponta meu colega José Vicente Mendonça em outro artigo desta coletânea,[2] foi um verdadeiro visionário desse ramo do Direito, identificando suas tendências e apontando novos caminhos, tal como fez ao prolatar decisões paradigmáticas como juiz ou desbravando sub-ramos até então desertos, como o direito municipal.

Pareceu-me uma boa ideia ter em mente estas três características do Mestre para a produção da minha contribuição para a coletânea em sua homenagem. Buscando unir considerações da teoria e da prática, farei neste breve ensaio um esforço de sintetização da história do controle judicial da Administração Pública no Brasil, apontando, ao final, aquelas que me parecem as tendências para as próximas décadas para esta área do direito administrativo.

---

1. Para um relato sobre a vida de Hely Lopes Meirelles recomenda-se a leitura de Eurico Andrade Azevedo, "Retrato de Hely Lopes Meirelles", *RDA* 204/121-134, abril-junho/1996, Rio de Janeiro.
2. José Vicente Santos de Mendonça, "Direito Administrativo e inovação: limites e possibilidades", nesta mesma coletânea.

Por razões didáticas, optei por divisar três momentos históricos distintos, que rotulo como passado, presente e futuro do controle judicial da Administração Pública no Brasil. Há, naturalmente, alguma arbitrariedade e subjetividade nos marcos temporais que escolhi, assim como nos traços que identifiquei como relevantes para caracterizar cada um destes períodos e diferenciá-los dos demais. Isto, no entanto, é esperado num estudo ensaístico deste tipo, cujos méritos eventuais não estarão no relato fidedigno e objetivo da realidade de cada um destes períodos, mas na utilidade extraída das revelações produzidas por estas escolhas subjetivas. Caberá ao leitor julgar.

O primeiro período reportado abaixo, "passado", abrange os desenvolvimentos ocorridos entre o início do século passado e a promulgação da Constituição/1988. Trata-se de uma fase de progressiva dilatação da amplitude do controle judicial, que atinge gradativamente cada um dos elementos do ato administrativo, numa emulação de avanços realizados alguns anos antes no Direito Francês. Na doutrina é perceptível o otimismo relativamente generalizado com esta ampliação do controle, que se entende reforçar a proteção dos cidadãos contra os abusos (frequentes) das autoridades administrativas.

A promulgação de uma Constituição ambiciosa, prolixa e fortemente principiológica termina por produzir o fenômeno da *constitucionalização do direito administrativo*, que vai marcar sensivelmente o segundo período do meu relato histórico, que rotulo de "presente". Aqui, não me pareceu adequado focar na continuação do avanço do controle judicial. É certo que a utilização crescente de princípios constitucionais pelos tribunais lhes dá as ferramentas de que necessitavam para intervir ainda mais nas decisões das autoridades administrativas. Mas o fato é que estes mesmos princípios também são utilizados pelas próprias autoridades administrativas para justificar seus atos e escapar do controle. Eis por que o que parece ser de fato marcante neste segundo período não é o avanço ou o recuo do controle judicial, mas as incertezas flagrantes deste contexto – e as consequências institucionais que elas geram.

O terceiro período reportado abaixo – o "futuro" do controle judicial da Administração Pública no Brasil – deverá ter como traço marcante uma reação aos idealismos exacerbados que se verificam no presente. As primeiras manifestações doutrinárias neste sentido já podem ser identificadas, mas elas deverão ganhar ainda maior relevância e volume. A tendência é que se dê uma virada pragmática em todo o direito administrativo, com consequências importantes também para o âmbito do controle judicial. Na doutrina isso implicaria foco maior em estudos empíricos e em análises multidisciplinares. Na prática jurisprudencial a consequência esperada é um maior ceticismo quanto à capacidade dos tribunais (e dos juristas) de solucionar boa parte dos problemas sociais.

2. O passado (período até 1988):
o progressivo avanço do controle judicial

Um primeiro período histórico de que cuida este ensaio é aqui rotulado genericamente de "passado". Ele compreende desde as primeiras décadas do século XX até a promulgação da Constituição da República/1988. Em síntese da exposição que se fará a seguir, este período é marcado por um controle judicial cada vez mais amplo e cada vez mais intenso. Há, nas palavras do título deste item, um *progressivo avanço* do controle realizado pelos tribunais sobre a Administração Pública.

2.1 A importância da compreensão microscópica do ato administrativo

A discussão do controle judicial da Administração Pública no Direito Brasileiro segue tradicionalmente uma lógica microscópica, de análise dos elementos do ato administrativo. Assim, para examinar o que pode ou não ser controlado, o mais comum é que o estudioso ou operador do Direito parta de cada um dos elementos do ato, para cogitar do controle incidente sobre cada um deles. Faz-se, por assim dizer, uma "anatomia" do ato, examinando microscopicamente cada um dos seus elementos. Isso serve a uma análise "patológica" posterior: examinar os defeitos que levariam ao controle.

Esta não é uma opção universal. O tratamento microscópico do controle judicial, com base nos elementos do ato administrativo, é algo desconhecido nos direitos administrativos de Países de *Common Law*.[3] O fato, no entanto, é que nos Países de tradição de direito administrativo (como Brasil e França) esta compreensão microscópica do ato administrativo favoreceu o avanço progressivo que aqui se reportará. Foi justamente a ideia de elementos do ato administrativo que possibilitou que o avanço dos tribunais sobre a Administração Pública se desse de forma gradual e paulatina. Esta circunstância naturalmente reduz a força da resistência que foi oferecida institucionalmente pela Administração Pública. Cada passo específico em direção a maior controle podia parecer individualmente não tão significativo. Mas a análise histórica demonstra sua relevância.

Neste primeiro período é particularmente significativa a influência do Direito Francês, cujos avanços em direção ao maior controle da Administração Pública eram mimetizados no Direito Brasileiro com algumas décadas de atraso.

2.1.1 Os avanços do Direito Francês

Os primeiros avanços registrados no Direito Francês sobre o controle de atos administrativos discricionários se dão ainda no final do século XIX. Desde sempre o Conselho de Estado daquele País já admitia o controle dos elementos da *competência* e da *forma*, mesmo quando se tratasse de atos administrativos expedidos no exercício de competência discricionária. Em 1875, no entanto, esta instância suprema da jurisdição administrativa francesa cria a ideia de desvio de poder (*détournement de pouvoir*), que lhe permitiu estender seu controle para além da violação direta de lei, incorporando também a violação do elemento da *finalidade* do ato administrativo.[4]

A partir de 1914 o Conselho de Estado francês passou a admitir também o controle do *motivo*. No caso "Gomel", permitiu que o juiz administrativo examinasse a chamada qualificação jurídica dos fatos. Se a lei estabelecia que um vínculo paisagístico deveria ser atribuído a uma praça que tivesse "perspectiva monumental", esta avaliação sobre

---

3. O direito administrativo americano, o inglês e o canadense, por exemplo, nem conhecem a ideia de ato administrativo e de seus elementos. A forma de controle que se dá sobre as decisões administrativa é, por isso mesmo, independente de considerações deste tipo. Envolve, ao invés disso, algumas considerações institucionais mais pronunciadas, relativas à substância da decisão. Estas considerações institucionais não estão totalmente ausentes do raciocínio jurídico dos Países de tradição de direito administrativo (como o Brasil, a França e a Itália), mas ele está cristalizado na própria criação dos conceitos formalistas de vinculação e discricionariedade.

4. *Conseil d'État*, 26.11.1875, "Pariset".

se uma determinada praça constituía, ou não, uma perspectiva monumental não caberia exclusivamente à Administração Pública – também o juiz poderia fazê-la e anular um ato administrativo se não concordasse com a avaliação feita pela Administração.[5] Em 1916, no caso "Camino", o Conselho de Estado admite, então, o controle de uma segunda perspectiva do motivo dos atos administrativos, que é a exatidão material dos fatos anunciados como fundamentais para a adoção de um ato. Se a Administração toma um ato com base em um estado de coisas "x", o juiz poderia controlar a efetiva existência deste estado de coisas.[6]

Em 1961 o Conselho de Estado foi adiante e criou a ideia de erro manifesto de apreciação, para permitir um controle mínimo, limitado, sobre as escolhas discricionárias da Administração.[7] Este passo é muito importante, por se relacionar com o controle até mesmo do *objeto* do ato administrativo – último elemento que ainda permanecia livre da intervenção do juiz. A mensagem do supremo tribunal administrativo francês neste momento é a de que, embora houvesse alguma liberdade de escolha e decisão para a Administração Pública, no caso em que esta apreciação seja realizada em erro manifesto caberá a intervenção judicial.

Além disso, na década de 1970 o Conselho de Estado francês passa a aceitar, ainda – e também para aumentar o controle –, a ideia de controle de proporcionalidade e a análise de custos e benefícios de uma decisão administrativa.[8] Trata-se de um avanço adicional sobre o *objeto* do ato administrativo. Ainda que uma decisão específica seja discricionária, ela terá que passar não só pelo controle de não ser manifestamente errada, mas também de não ser desproporcional, nem de seus custos superarem suas vantagens. Para fechar o cerco à Administração Pública e ampliar o controle, o Conselho de Estado fez uso, ainda, e finalmente, dos chamados "princípios gerais do Direito", permitindo o controle sobre atos da Administração Pública mesmo na ausência de lei específica.

A este ponto já é possível notar quão revolucionária foi a atuação do Conselho de Estado ao longo do tempo: criou conceitos que permitiram o avanço do controle sobre todos os elementos do ato administrativo, mas também criou normas implícitas com base nas quais aplicaria o controle. Por qualquer ângulo de análise, o Conselho de Estado deu passos muito firmes para fechar o cerco contra a Administração e ampliar sua zona de influência. Conhecer esta história francesa é relevante porque ela influenciou drasticamente nosso modelo de controle judicial: os passos tomados autonomamente pelo Conselho de Estado francês nos chegaram alguns anos ou décadas depois.

2.1.2 O reflexo no Direito Brasileiro

Tome-se por exemplo a ideia de "desvio de poder", criada pela jurisprudência francesa em 1875. Ela foi adotada no Brasil pela primeira vez em 1941, num julgamento do TJRN.[9] O Relator do acórdão foi Miguel Seabra Fagundes, jurista que admitiu sua inspiração francesa no seu livro mais conhecido.[10] O livro em si, importante marco de doutrina do controle

---

5. *Conseil d'État*, 4.4.1914, "Gomel".
6. *Conseil d'État*, 14.1.1916, "Camino".
7. *Conseil d'État*, 15.2.1961, "Lagrange".
8. *Conseil d'État*, 28.5.1971, "Ville Nouvelle-Est".
9. TJRN, acórdão de 28.7.1948, *RF* 121/209-219.
10. Miguel Seabra Fagundes, *O Controle dos Atos Administrativos pelo Poder Judiciário*, 8ª ed., Rio de Janeiro, Forense, 2010, pp. 89-90.

judicial no Brasil, é uma evidência da influência francesa que aqui se reporta. Citações de autores e de casos de tribunais administrativos daquele País são onipresentes.

O STF seguia a mesma linha. Em dois julgamentos em 1944 importou para o País as ideias de "qualificação jurídica dos fatos" e de "exatidão material dos fatos", que haviam sido criadas pelo Conselho de Estado para permitir o controle de aspectos relativos ao motivo do ato administrativo. Num caso em que admitiu examinar os fatos que teriam levado à demissão de um servidor público, o STF deixou claro que esta análise já era feita pelo Conselho de Estado havia 30 anos.[11]

Pelo menos duas outras construções francesas foram incorporadas no direito administrativo de modo relativamente menos consistente: (i) a doutrina do "erro manifesto de apreciação", que permite um controle superficial sobre o núcleo de decisões discricionárias; (ii) e o controle baseado nos "princípios gerais do Direito", que passaram a ser ainda mais relevantes a partir da Constituição/1988, tal como será exposto mais adiante.

A deferência brasileira às construções jurídicas francesas até chegou a criar anedotas curiosas. A compreensão que Gaston Jèze tinha da jurisprudência francesa foi importada por tribunais brasileiros, dando lugar à chamada "teoria dos motivos determinantes", segundo a qual as razões que a Administração Pública enuncia para suas decisões terminam por vincular suas ações futuras.[12] A parte curiosa é que esta doutrina segue válida no Brasil, mas não expressa mais adequadamente o estado atual do Direito Francês. Na França os tribunais administrativos admitem que a Administração Pública substitua, perante o juiz, a razão que deu para uma decisão no momento de sua prolação (*théorie de substitution des motifs*).[13]

2.2 Reflexões sobre o "passado" do controle judicial da Administração no Brasil

Do relato acima se extraem algumas das principais características do passado do controle judicial da Administração Pública no Brasil. Em primeiro lugar, há uma progressão clara e unidirecional para um sempre maior controle da Administração Pública. Não é que estes movimentos se tenham dado sem resistência[14] – mas a resistência sempre vinha a ser derrotada. Não há qualquer refluxo neste período, com movimentos de retração judicial ou com a construção de teorias que a suportem. Ao contrário, há inclusão de novos elementos sob controle, criação de conceitos e doutrinas que servem de fundamento para a intervenção judicial e mesmo uma cultura geral que favorece a limitação da liberdade administrativa, como forma de evitar abusos.

Em segundo lugar, percebe-se a importância clara da ideia de elementos do ato administrativo para se permitir o avanço do controle. Esta circunstância permitiu que o avanço significativo do controle judicial se desse de forma gradual e paulatina. Naturalmente, isso termina por gerar menos resistência contra os avanços do que se verificaria se os passos fossem menos numerosos.

---

11. STF, Francisco de Assis Brasil *versus* União Federal, EACi 7.307, rel. Min. Castro Nunes, j. 20.12.1944.

12. José Vicente Santos de Mendonça, "Conceitos inventados de direito administrativo", *Revista Brasileira de Direito Público* 53, Ano 14, Belo Horizonte, Fórum, abril-junho/2016.

13. CE Sect. 6.2.2004, "Hallal", *requête* 240560, Rec. p. 48, concl. de Silva.

14. V., por exemplo, os debates no STF no caso "Francisco de Assis Brasil *versus* União Federal", EACi 7.307/1944.

Em terceiro lugar, há também uma forte influência do Direito Francês, cujos avanços terminaram mimetizados por aqui algumas décadas depois. Os próprios julgamentos do STF que realizaram cada um dos avanços deixam clara a importância do exemplo francês. A jurisprudência do Conselho de Estado é claramente dominante em relação às demais influências que o Direito Brasileiro poderia sofrer. É de lá que saem as novidades mais significativas.

Um quarto e último aspecto relevante ainda não foi retratado acima, mas merece alguma atenção. Talvez também por influência do Direito Francês, o tipo de doutrina prevalecente durante este período era teórico, dogmático e legalista. Estudos empíricos eram praticamente inexistentes. Esta circunstância impedia que se pudesse verificar na prática, por exemplo, a própria aderência concreta dos tribunais às teorias que se criavam.

No mais, neste contexto teórico, o avanço do controle judicial é considerado quase que indiscutivelmente positivo, na medida em que se revela um instrumento de proteção de direitos. Esta circunstância torna-se particularmente relevante a partir da instauração do regime militar, em que os abusos administrativos se multiplicam e inibem qualquer discurso pela retração da intervenção judicial. Há, em síntese, um verdadeiro *otimismo* em relação ao avanço do controle exercidos pelos tribunais sobre a ação da Administração Pública.

3. *O presente (1988 até os dias atuais): a convivência de dois mundos*

O que aqui designo como "presente" é um período que se inicia com a promulgação da Constituição/1988 e vai até os dias atuais. Para os objetivos do ensaio este período é marcado pela chamada "constitucionalização do direito administrativo". A simples ideia de que os diversos dispositivos constitucionais devem, também eles, reger a ação administrativa não é, em si, exatamente revolucionária.[15] Num contexto de uma Constituição ambiciosa, prolixa e principiológica como a de 1988, no entanto, ela terminou por gerar um impacto significativo no controle judicial da Administração Pública. Em especial porque a ideia de constitucionalização do direito administrativo permite o avanço final sobre a última fronteira do controle judicial, relativa ao próprio *objeto* do ato administrativo. Ela produz uma redução do espaço de liberdade da Administração (redução do mérito), na medida em que afasta algumas soluções abstratamente permitidas pelo enunciado normativo mas colidentes com determinados princípios constitucionais.

A despeito disso, contudo, não é adequado traduzir de forma unidirecional – como adicional *avanço* ou como simples *retração* do controle judicial da Administração Pública – as consequências para o controle judicial deste movimento constitucionalização do direito administrativo. A rigor, este movimento tanto (i) gera mais justificativa (e, assim, mais liberdade) para a atuação administrativa como também (ii) lhe impõe mais limites. Assim, a consequência realmente definitiva e relevante é a de que se produz um significativo comprometimento da previsibilidade e da segurança jurídica. É esta a marca do segundo período; é dela que, ao que me parece, sairá o germe para a reação futura.

15. Ainda que grandes administrativistas apontem que isso teria contribuído fortemente para a alteração da própria ideia do fundamento da atuação administrativa, do princípio da legalidade para o "princípio da juridicidade". Sobre o tema, v.: Alexandre Santos de Aragão, "A concepção pós-positivista do princípio da legalidade", *RDA* 236/51-64, abril-junho/2004; e Gustavo Binenbojm, *Uma Teoria do Direito Administrativo: Direitos Fundamentais, Democracia e Constitucionalização*, 2ª ed., Rio de Janeiro, Renovar, 2008, pp. 125-194.

3.1 A proliferação das justificativas para a atuação administrativa

A proliferação das justificativas para a atuação administrativa que é gerada pela constitucionalização do direito administrativo pode ser ilustrada com a abertura de possibilidade de atuação administrativa *praeter legem* e *contra legem*.

A atuação *praeter legem* é aquela que se dá à margem da lei, ao lado daquilo que ela prevê e sem supedâneo explícito nela. Não se trata de uma atuação que contraria a lei, mas tampouco se trata de uma atuação que se baseia nos seus termos. O fundamento da atuação, no caso, é retirado diretamente de outras fontes normativas, e em especial de normas constitucionais. Um exemplo: a Lei 8.036/1990 foi alterada em 2001 para permitir que a Caixa Econômica Federal/CEF (entidade da Administração Pública indireta) autorizasse a movimentação da conta vinculada do trabalhador no FGTS em novas hipóteses fáticas antes não previstas. Em particular, autorizou-se esta movimentação "quando o trabalhador ou qualquer de seus dependentes for portador do vírus HIV". A alteração legislativa foi bastante específica e fazia referência a apenas uma doença. A jurisprudência que domina a maior parte dos tribunais brasileiros, no entanto, é de que o rol de doenças não é taxativo e que a atuação *praeter legem* da CEF em casos de outras doenças, como hepatite crônica e lúpus, é juridicamente válida, em função da incidência do direito constitucional à saúde. Note-se que aqui se trata de entender que a Administração pode (e deve) atuar na ausência de previsão legislativa específica, mas por imposição direta de um dispositivo constitucional.

A atuação *contra legem*, esta, sim, é aquela que se dá em direta contradição com os termos de uma lei específica. Em diversas situações têm os tribunais relativizado os comandos explícitos de algum dispositivo legislativo, por entendê-los contrários a dispositivos constitucionais. Aqui também seria a Administração Pública obtendo o fundamento normativo de sua atuação diretamente da Constituição. Em alguns casos esta circunstância é relativamente pouco problemática. Tome-se o exemplo de lei que autorizar a desapropriação por utilidade pública mediante pagamento *a posteriori* de indenização em títulos da Dívida PÚBLICA. Trata-se, aqui, de dispositivo normativo que violaria *direta e explicitamente* o art. 5º, XXIV, da CF – e que poderia, assim, ser desconsiderado. É mais problemático quando a suposta contraditoriedade entre o dispositivo legislativo e a Constituição depender de uma interpretação específica de um princípio constitucional. Ainda assim, atuações *contra legem* deste tipo têm merecido a acolhida dos órgãos de controle. Num caso, o Tribunal de Contas do Estado de Minas Gerais considerou que uma compra no valor de R$ 8.415,00 poderia ser feita com dispensa de licitação, apesar de a Lei de Licitações estabelecer o limite de dispensa para compras em R$ 8.000,00 (art. 24, I).[16] A Corte Estadual de Contas entendeu que incidiam nos casos os princípios constitucionais da insignificância e da razoabilidade, afastando os termos explícitos da Lei de Licitações.

Em ambos os casos a incidência de normas constitucionais oferece justificativas para a manutenção de atos administrativos que de outro modo poderiam ser anulados. Ela constitui fundamento para que a Administração Pública escape da intervenção judicial. Assim, a constitucionalização do direito administrativo funciona, nestes exemplos, como mecanismo de redução do controle judicial. Mas este não é sempre o caso.

16. TCE/MG, Processo Administrativo 715.981, rel. Auditor Gilberto Diniz.

3.2 A proliferação dos limites para a atuação administrativa

Ao tempo em que alarga significativamente o leque de justificativas para a atuação da Administração Pública (assim lhe permitindo escapar da intervenção dos controladores), o novo princípio da juridicidade também produz o efeito contrário. É que ele também amplia na mesma medida o espectro de fundamentos para o controle da Administração. E assim abre espaço para que as diferentes decisões tomadas pelas autoridades administrativas sejam objeto de contestação judicial.

Os exemplos abundam. Via de regra, o juiz fará referência a um princípio constitucional qualquer e dele extrairá uma consequência concreta e específica contrária à ação do administrador público. Uma decisão liminar recente (e paradigmática) pode ser citada para ilustrar esta realidade. A Agência Nacional de Aviação Civil/ANAC havia publicado resolução que liberava a cobrança, pelas companhias aéreas, de bagagens despachadas. De acordo com a fundamentação da Agência, esta medida regulatória seria justa e eficiente, na medida em que, num contexto de proibição de cobrança, os custos do serviço são divididos igualmente entre todos os passageiros – e oneram aqueles passageiros que não o utilizam. Além disso, a ANAC afirmou que a medida permitiria o ingresso no mercado brasileiro de companhias de baixo custo cujo modelo de negócios envolve a cobrança de altos valores por este serviço opcional. Finalmente, ressaltou que a cobrança por bagagens despachadas só seria proibida em quatro Países: México, Venezuela, China e Rússia. A despeito destes argumentos, a resolução foi afastada liminarmente por um Juiz Federal de São Paulo. Na sua decisão o Juiz se limita a afirmar que a resolução seria juridicamente inválida porque "o Estado tem o dever de promover a defesa dos direitos e dos interesses dos consumidores". Extrai-se de um princípio abstrato uma conclusão concreta: porque o Direito Brasileiro exige a proteção ao consumidor, então, ele não permite que se cobre por bagagens despachadas.[17]

Raciocínios semelhantes são frequentes no contexto da constitucionalização do direito administrativo. Princípios de baixa densidade normativa, como o da dignidade da pessoa humana, têm sido usados para a anulação das mais diversas decisões administrativas. A constitucionalização do direito administrativo consiste, nestes casos, num mecanismo de ampliação da intervenção judicial – e, a rigor, de transferência de poder das autoridades administrativas para o Poder Judiciário.

3.3 Reflexões sobre o "presente" do controle judicial da Administração no Brasil

De acordo com o relato acima, o período aqui rotulado como "presente", ao contrário do período anterior, não é marcado por uma direção clara, de avanço ou retração do controle judicial da Administração Pública. Ao contrário, sua marca é a altíssima incerteza jurídica. Agentes administrativos e tribunais atuam num ambiente bastante fluido, em que o resultado concreto de uma ação judicial é imprevisível. No limite, é mesmo possível que o responsável pela contestação judicial da ação administrativa se valha de um princípio abstrato para fundamentar sua objeção mas que o próprio administrador faça uso do mesmo princípio

---

17. Sobre o tema, v. o meu "Cobrança por bagagem: o que diz o Direito?", *Jota/Supra* 24.3.2017 (disponível em *https://jota.info/colunas/supra/cobranca-por-bagagem-o-que-diz-o-direito-24032017*, acesso em 19.6.2017).

(interpretado diferentemente) ou de outro para defender a licitude da sua ação específica. Algumas consequências são naturalmente esperadas (e já facilmente verificadas) por força deste estado de coisas.

Em primeiro lugar, se não é possível dizer que o *controle*, em si, é ampliado neste período (já que o resultado das ações judiciais é dificilmente previsível), é, no entanto, possível afirmar que se amplia a *litigância administrativa*, com os diversos atores institucionais buscando obter do Poder Judiciário os mais distintos provimentos a que creem ter direito por força do princípio "x" ou "y". Num cenário de incertezas sobre as fronteiras do controle judicial, os interessados são *convidados* a testar os limites de suas armas. Quem tenha um interesse contrariado pela Administração é estimulado a "tentar a sorte" judicialmente. Um exemplo bastante ilustrativo desta realidade é a chamada "judicialização da saúde": cidadãos correndo ao Poder Judiciário, munidos de regras bastante abstratas, para exigir que ele determine à Administração Pública o fornecimento de determinado medicamento ou o custeio de determinado tratamento.[18]

Uma segunda consequência deste estado de coisas incerto é a ampliação da importância do jurista. Num contexto de incerteza, o jurista é entendido como uma espécie de oráculo, que estaria apto a desvendar e revelar *a específica* solução jurídica para um caso concreto. Só ele, com sua formação e cultura jurídica, poderia decifrar as consequências específicas determinadas por um princípio constitucional. Não é de se espantar, assim, que a "constitucionalização do direito administrativo" tenha recebido calorosa acolhida da doutrina administrativista – ela a empodera.

O discurso subjacente, e justificador, é o de que a manipulação de princípios constitucionais amplia a flexibilidade do Direito e, assim, permite a produção de soluções mais justas para os casos concretos. Mas ele ignora os custos desta busca pela solução ótima, além do risco de arbítrio decorrente desta flexibilidade. É neste sentido que se pode afirmar que predomina também neste segundo período uma visão pouco pragmática e bastante idealizada do controle judicial da Administração Pública. A razão aqui é diferente da idealização do primeiro período. Ali existia uma compreensão de que quanto mais controle, melhor – e todos os movimentos relevantes da jurisprudência eram no sentido de ampliação da intervenção judicial. Aqui a ideia parece ser a de que a flexibilidade normativa é que é positiva. A ampliação da litigância é mera decorrência disso.

No mais, e enfim, este período aqui denominado "presente" marca o início da queda da supremacia do Direito Francês como maior fonte de influência para o direito administrativo brasileiro. No relato que se fez acima parecem mais relevantes os influxos do Direito Italiano e do Direito Alemão. No primeiro caso são importadas as ideias de constitucionalização do Direito (que lá como aqui se iniciou no campo do direito civil) e de uso do princípio da razoabilidade (*ragionevolezza*). No segundo caso, pela ideia de princípio da proporcionalidade, ainda que aqui ele tenha sido aplicado de forma muito menos rigorosa pelos tribunais.

---

18. Sobre o tema, v. o meu "Menos é mais: o Supremo, o Judiciário e os medicamentos", *Jota/Supra* 30.9.2016 (disponível em *https://jota.info/colunas/supra/menos-e-mais-o-supremo-o-judiciario-e-os--medicamentos-30092016*, acesso em 19.6.2017).

4. O futuro (a partir dos dias atuais): o pragmatismo e o provável recuo judicial

Os traços marcantes do futuro do controle judicial no Brasil já começaram a ser esboçados no período atual, em especial a partir dos anos 2000. Eles revelam uma reação às exacerbações dos períodos passados e uma possível reorientação do direito administrativo em direção a um viés mais pragmático. Na doutrina um dos primeiros marcos desta reação surgiu com a publicação do livro *Teoria dos Princípios*, de Humberto Ávila.[19] O Professor gaúcho revelava uma preocupação com a manipulação pouco rigorosa dos princípios e sugeria uma série de critérios para organizar sua interpretação e sua aplicação. O ceticismo e o pragmatismo ali presentes ecoaram em diversas produções posteriores – notadamente no *Direito Administrativo para Céticos*, de Carlos Ari Sundfeld.[20] Mais recentemente, alguns trabalhos enfrentam diretamente esta mudança de paradigma, propugnando por um direito administrativo voltado "à resolução de problemas".[21]

Que consequências podem ser esperadas de uma orientação mais pragmática do direito administrativo para o controle judicial da Administração Pública? Fundamentalmente, esta orientação deverá gerar uma visão menos idealizada dos juízes e demais controladores. Ainda vige no Direito Brasileiro uma compreensão de que todas as suas intervenções se fazem "para melhor": o controlador atuaria para *revisar* as decisões da Administração Pública e *corrigir* seus problemas. Esta visão menos idealizada tenderá a revelar e destacar os *custos* e os *eventuais problemas* da intervenção do controlador.

4.1 A atenção aos custos do controle da Administração Pública

Na dimensão mais evidente, o controle, em si, depende do dispêndio de valores públicos relevantes, para fazer rodar a máquina institucional respectiva, seus funcionários e seu tempo. Mas os custos do controle da Administração vão além disso. Incluem, ainda, os ônus gerados ou induzidos pelo controle.

Em primeiro lugar, há os valores incorridos pela Administração Pública para adequar suas ações às determinações do controlador. Pense-se nos exemplos de liminares que ordenem o fornecimento de medicamentos específicos ou que determinem melhorias em estabelecimentos públicos. Nesta hipótese o principal problema é que frequentemente estas imposições se farão sem que o controlador tenha uma visão integral do orçamento público. Esta circunstância é fundamental para a eleição de prioridades a serem atendidas, num mundo (real) em que há escassez de recursos para satisfazer todas as necessidades públicas. No mais, ainda que o controlador tivesse esta visão do todo, não é claro que deva caber a ele, controlador, esta eleição de prioridades para uma alocação ótima dos recursos públicos.

Em segundo lugar, há os custos sociais decorrentes da postura cautelosa adotada pelo administrador, para se precaver de eventuais contestações. Não é incomum o argumento

---

19. Humberto Ávila, *Teoria dos Princípios*, 17ª ed., São Paulo, Malheiros Editores, 2016. A 1ª ed. é de 2003.

20. Carlos Ari Sundfeld, *Direito Administrativo para Céticos*, 2ª ed., São Paulo, Malheiros Editores, 2014 (2ª tir., 2017). A 1ª ed. é de 2012.

21. Leonardo Coelho Ribeiro, *O Direito Administrativo como "Caixa de Ferramentas": uma Nova Abordagem da Ação Pública*, São Paulo, Malheiros Editores, 2017.

de que exigências excessivas dos controladores frequentemente desestimulam a ação pública. Nos Estados Unidos a doutrina denuncia a ossificação administrativa resultante das severas condições impostas pelos controladores (em fenômeno ali denominado *analysis paralysis*).[22] No Brasil já é frequente a afirmação de um administrador "assombrado pelo controlador" ou da consagração de um "direito administrativo do inimigo", a prejudicar que o administrador público ouse adotar soluções menos ortodoxas mas claramente conducentes à realização do interesse público.[23]

Em terceiro lugar, e enfim, há os ônus públicos decorrentes das opções determinadas pelo controlador, muitas vezes em substituição àquelas do administrador. Em especial no caso do controle realizado sobre decisões técnicas, como a das autoridades reguladoras, os riscos econômicos de uma intervenção desinformada são significativos. Alguns Países registram casos de crises energéticas geradas por intervenções indevidas de tribunais na área de atuação dos reguladores.

Da atenção ao elemento dos custos na atividade de controle judicial da Administração resultam duas consequências fundamentais.

A primeira é a de que, de uma perspectiva econômica, o Direito não pode e não deve colocar como meta a eliminação de toda hipótese de abuso de poder. Este objetivo não é apenas faticamente irrealizável. Ele é inconveniente mesmo a partir de uma perspectiva teórica, voltada para a maximização do bem-estar social. A partir de certo patamar, a busca adicional de eliminação do abuso de poder é injustificável num cálculo de custos e benefícios. Dito claramente, o nível ótimo de abuso de poder numa sociedade será sempre maior do que zero e o desenho de diversas instituições parte implicitamente deste pressuposto.[24]

A segunda é a de que se torna necessário discutir em quais circunstâncias, de fato, o controle da Administração Pública será socialmente positivo.

---

22. A expressão foi primeiramente utilizada em Thomas O. McGarity, "Some thoughts on 'deossifying' the rulemaking process", 1992 *Duke L. J.* 1.385. Um dos mais vigorosos defensores desta ideia é Richard Pierce Jr. V. os seus: "Seven ways to deossify agency rulemaking", 47 *Admin. L. Rev.* 59 (1995); "Two problems in administrative law: political polarity on the District of Columbia circuit and judicial deterrence of agency rulemaking", 1988 *Duke L. J.* 300 (1988); "The unintended effects of judicial review of agency rules: how Federal Courts have contributed to the electricity crisis of the 1990s", 43 *Admin. L. Rev.* 7 (1991). Além dos estudos de Pierce, v., por exemplo: Stephen Breyer, *Breaking the Vicious Circle: toward Effective Risk Regulation*, Cambridge, Harvard University Press, 1993; Jerry L. Mashaw e David Harfst, *The Struggle for Autosafety*, Cambridge, Harvard University Press, 1990, pp. 224-255; Thomas O. McGarity, "The courts and the ossification of rulemaking: a response to professor Seidenfeld", 75 *Tex. L. Rev.* 525 (1997); James Skelly Wright, "Courts and the rulemaking process: the limits of judicial review", 59 *Cornell L. Rev.* 375 (1973-1974).

23. Sobre a questão, cf. artigo de Carlos Ari Sundfeld, *Chega de Axé no Direito Administrativo*, no qual coloca que: "O gestor tem de ser protegido contra os excessos de fiscalização. Do contrário, morrendo de medo de algum processo, ele cruza os braços e fica esperando a aposentadoria chegar" (disponível em http://www.sbdp.org.br/ artigos_ver.php?idConteudo=100). Cf. também, de Fernando Vernalha Guimarães, *O Direito Administrativo do Medo: a Crise da Ineficiência pelo Controle* (disponível em http://www.direitodoestado.com.br/colunistas/fernando-vernalha-guimaraes/o-direito-administrativo-do-medo-a-crise--da-ineficiencia-pelo-controle, acesso em 16.5.2017).

24. Adrian Vermeule, "Optimal abuse of power", 109 NW. U. L. REV. 673, 693 (2015).

4.2 Os eventuais problemas do controle judicial da Administração Pública

Isto porque em muitas circunstâncias poderá ser socialmente positivo *afastar* (*ou limitar*) o controle judicial da Administração Pública.

Em primeiro lugar, porque, assim como os controladores podem corrigir erros, eles também podem desfazer acertos. O controlador não é infalível. Enxergar apenas as possíveis consequências positivas da sua intervenção é adotar concepção idealizada e irrealista da sua atuação. É natural que esta visão seja popular no Direito, já que transfere poder para seus profissionais. Mas isto não significa que a solução que ela propõe seja socialmente desejável.

Em segundo lugar, porque, se a intensificação do controle reduz a possibilidade de abusos de poder perpetrados pelo administrador público, por outro lado, ela aumenta a possibilidade de abusos cometidos pelo próprio controlador. E, assim como não há razão para crer que apenas o administrador público erra, tampouco há razão para crer que ele possui o monopólio do abuso de poder.

Finalmente, num cenário em que as determinações jurídicas são cada vez mais inexatas e abertas à interpretação, é irreal supor que há respostas corretas para cada questão que é levada ao controlador. Há espaço de liberdade em grande parte das decisões tomadas pelo administrador público. E, se é assim, há um risco de que o controle veicule não a correção de decisões tomadas pela entidade controlada, mas mera substituição de suas escolhas pelas do controlador.

4.3 As consequências da virada pragmática para o controle judicial da Administração Pública

Uma eventual virada pragmática do direito administrativo, se de fato ela vier a se realizar, terá sido influenciada principalmente pela doutrina administrativista dos Países de *Common Law*, anteriormente tão negligenciada.[25] Ela poderia gerar duas consequências muito relevantes, uma na prática jurisprudencial e outra na teoria (ou doutrina) do controle judicial da Administração Pública no Brasil.

Na prática do controle judicial, a principal consequência esperada seria a adoção frequente pelos tribunais de alguma espécie de análise institucional comparativa para orientar sua intervenção. Afinal, uma discussão realista sobre controle da Administração Pública precisa admitir que (i) alguém deve poder "errar por último" e que (ii) é preciso decidir sobre quem deve decidir. Se não há critérios claros para saber qual é a resposta certa, por que a resposta do controlador deveria ser automaticamente superior à do administrador? Ao invés desta superioridade a priori do controlador, seria recomendável promover uma comparação de capacitações das instituições envolvidas (a autoridade administrativa controlada e a entidade de controle), para modular a intensidade do controle a ser aplicável nos casos concretos. A intensidade será tanto maior quanto mais bem posicionado estiver o controlador para solucionar a questão específica que lhe foi trazida. Em alguns casos será natural que o controlador se limite a verificar a razoabilidade da decisão sob sua análise.

---

25. Sobre o tema, v. o meu "Globalization and convergence in judicial review: what can we learn from the case of Brazil?", preparado para uma coletânea em homenagem ao Professor Emérito da *École de Droit de la Sorbonne*, Gérard Marcou, a ser publicada na França neste ano de 2017.

A análise institucional comparativa já é a regra em diversas jurisdições e vem ganhando a atenção também da nossa doutrina. Estes esforços iniciais, no entanto, não podem esconder a necessidade de avançar no debate a propósito dos limites deste enfoque, bem como nas dificuldades de sua operacionalidade concreta.[26] Além disso, trata-se de enfoque que ainda não tem acolhida entre os controladores – eles que, ao final, terão que tomar este passo de autorrestrição.

Quanto à teoria do controle judicial, a transformação pragmática do direito administrativo deverá impor um abandono do enfoque teórico-dogmático que hoje ainda é prevalecente. Um primeiro passo evolutivo no caso específico do controle operado pelos tribunais poderia ser a acentuação de estudos de análise jurisprudencial. Tratar-se-ia, aqui, de privilegiar a vida concreta e efetiva do direito administrativo, em detrimento do foco em construções teóricas e dissociadas de casos concretos.

Uma segunda possibilidade seria privilegiar enfoques multidisciplinares, envolvendo nos estudos jurídicos também contribuições de áreas conexas, como a Economia, a Ciência Política e a Sociologia. Aproximações multidisciplinares já começam a se destacar no domínio das licitações ou das contratações públicas, mas há espaço para que elas vicejem também na temática do relacionamento institucional entre controladores e controlados.

Terceiro, e enfim, seria possível investir maior atenção nas pesquisas empíricas, que revelarão aspectos concretos do controle da Administração Pública no Direito Brasileiro. Outras jurisdições têm produzido estudos muito interessantes, por exemplo, sobre a instrumentalização dos comandos legislativos por juízes de diferentes ideologias.[27] Mas a importação de suas conclusões para o contexto brasileiro é temerária. Precisaríamos produzir e aplicar pesquisas dentro de nosso contexto, para extrair informações que nos informariam sobre a nossa realidade, circunstância essencial para pensarmos no passo seguinte de adaptar nosso Direito.

---

26. Sobre o tema, v. o meu Controle Judicial de uma Administração Pública Complexa, São Paulo, Malheiros Editores, 2016, Capítulo 1.2.

27. V., por exemplo, William Eskridge, Jr. e Lauren E. Baer, "The *continuum* of deference: Supreme Court treatment of agency statutory interpretations from Chevron to Hamdan", 96 *Georgetown Law Journal* 1.083 (2008).

ATOS ADMINISTRATIVOS NEGOCIAIS

Egon Bockmann Moreira

1. Introdução. 2. O Direito Administrativo do ato unilateral. 3. Os atos administrativos negociais. 4. Os novos atos administrativos negociais: sua expansão. 5. Considerações finais.

1. Introdução

Dentre todos os temas-chave do Direito Administrativo, talvez o que tenha despertado maior atenção é o do ato administrativo. Sem exagero, pode-se dizer que ele é a chave de compreensão para boa parte do relacionamento entre o Estado-Administração e as pessoas privadas.

De usual tratado como manifestação unilateral da Administração Pública (afastando-se, assim, das parcerias, dos contratos e do processo), fato é que o ato administrativo possui desdobramentos e nuances, alguns sutis e nem sempre postos à luz, mas que precisam ser enfatizados. Um deles é a teorização a propósito dos atos administrativos negociais, enfrentada com desenvoltura pelo mestre Hely Lopes Meirelles – tanto em seu *Direito Administrativo Brasileiro* como em específico texto acadêmico.

Este breve artigo pretende tratar desse assunto, por meio do destaque a três aspectos básicos: *(i)* a racionalidade que a teoria do ato administrativo conferiu ao Direito Administrativo brasileiro; *(ii)* o que se pode entender por ato administrativo negocial, quais seriam suas peculiaridades e consequências; *(iii)* o recente alargamento da legislação que trata do conceito, a reforçar características próprias de um Direito Administrativo consensual e concertado.

Tudo isso com o escopo de, com reverência e humildade, demonstrar uma das grandes qualidades de Hely Lopes Meirelles: a sua sensibilidade prospectiva, decorrente da profunda erudição, da simplicidade e fina sintonia com os desafios do Direito Administrativo brasileiro.

2. O Direito Administrativo do ato unilateral

Durante muito tempo, o Direito Administrativo girou em torno do conceito de *ato administrativo*: aquela manifestação unilateral da Administração Pública, produzida *interna corporis*, mas, paradoxalmente, geradora de efeitos *externa corporis*. Esta era a forma originária de a Administração se comunicar juridicamente com as pessoas privadas; de dentro para fora, por meio da transmissão de ordens, informações e orientações.

Afinal, a palavra *ato* vem do latim *actus*: "o que se faz ou se pode fazer; ação", tornando-se a "decisão, deliberação ou determinação do poder público".[1] A Administração

---

1. Cf. Laudelino Freire, *Grande e Novíssimo Dicionário da Língua Portuguesa*, vol. I, 2ª ed., Rio de Janeiro, José Olympio, 1954, p. 859.

Pública decidia e movia-se por meio de atos administrativos; sua ação concretizava-se, sobretudo, neles. A Administração decidia e submetia as pessoas privadas a seus atos. Esse ideário irrigou as outras manifestações administrativas do Estado, chegando mesmo a desvirtuar algumas delas.

Tanto isso é verdade que havia quem negasse a existência de contratos administrativos, de tão parecidos que eram com os atos: tribunais e acadêmicos de envergadura rejeitavam denominar de contratos situações jurídicas que não se submetessem à *pacta sunt servanda* e aos princípios da igualdade e da liberdade. Logo, os pactos firmados pela Administração eram meros atos administrativos e subordinavam-se à sua lógica. Preste-se bem atenção nisso, em vista do que abaixo será dito a propósito dos atos administrativos negociais: antes, havia quem sustentasse que os contratos eram atos (e, hoje, há atos que são contratos...). Mas voltemos ao ato unilateral e sua consolidação dogmática.

Sem dúvida alguma, a ideia de ato contaminou o Direito Administrativo, sobremaneira em seus aspectos dinâmico-relacionais. Tudo – ou quase tudo – que a Administração fazia ou podia fazer era submetido ao regime jurídico dos atos administrativos. Mas, como se deu isso? Como nasceu esse ato administrativo instaurador da racionalidade de disciplina tão importante, que prescreve o relacionamento do Estado com os seus cidadãos? Há várias explicações, mas aquela que talvez seja a mais fidedigna advenha da origem jurisprudencial do conceito.

Fruto de um Direito inicialmente não legislado, as várias facetas do ato administrativo foram paulatinamente construídas pelo Conselho de Estado francês e respectiva doutrina administrativista, por meio da depuração e especialização do conceito de ato jurídico privado. Em sede de controle objetivo, a jurisdição administrativa francesa passou a definir o que deveria julgar – e como o poderia fazer. As relações jurídico-administrativas precisavam de um firme esteio que as emancipasse, pois eram autodefinidas por um órgão da própria Administração Pública. De início, quem desempenhou majoritariamente esse papel foi o ato administrativo: aquele fazer que precisava ser diferente do ato jurídico privado, em quase todos os seus requisitos e elementos. Isso é próprio de um Direito que, ao pretender se tornar exclusivo, houve de nascer e viver de exclusões. Ideia que, com o desenvolver de sua narrativa, trouxe consigo e deu novas cores à concepção bipartida do Direito (Público *vs.* Privado) e das esferas subjetivas (Administração Pública *vs.* pessoas privadas).

Assim, para se tornar administrativo (e se submeter à respectiva jurisdição especial), o ato haveria de se distinguir daquele do direito ordinário, o Civil, tornando-se a ele extraordinário e exorbitante. Aqui, uma plêiade de adjetivos desempenhou importante papel: *imperativo*; *autoexecutório* e *presumidamente legítimo*. A noção era a da supremacia pública; os sujeitos privados que interagiam com a Administração não detinham qualquer direito subjetivo em face dela. Quando muito, processualmente as pessoas eram meras colaboradoras da legalidade (controle objetivo, seco e analítico, a destrinchar o ato em seus pressupostos, elementos, requisitos, categorias, efeitos, nulidades etc. etc.). Foi sobretudo o Conselho de Estado quem deu conformação ao Direito Administrativo francês, que tanto influenciou o brasileiro.

Por isso também que o ato administrativo não necessitava nem da participação nem do conhecimento prévios nem, muito menos, da aceitação da pessoa que a ele seria submetida. Como se infere, marcante é a unilateralidade imperativa caracterizadora desse tema maior do Direito Administrativo (a contaminar toda a disciplina). Tudo muito extravagante aos atos jurídicos praticados pelas pessoas privadas, a constituir a *differentia specifica* que caracterizaria as manifestações jurídicas da Administração Pública.

Em suma, trata-se de conceito extraído daquele Direito que até então existia sozinho, o Privado (mais especificamente, o Civil), originariamente estruturado com lastro no prestígio à vontade de seus atores e respectivas cogitações quanto aos titulares (autonomia, propriedade, capacidade, transmissão etc.) e efeitos (criar, modificar ou extinguir direitos, próprios ou alheios). O conceito de ato administrativo é oriundo, por obra da doutrina e da jurisprudência (o legislador entrou depois e desempenhou papel coadjuvante), de diferenciações e antagonismos ao Direito Civil (que constituía também a lógica da Teoria Geral do Direito de então).

Não é devido a um acaso, portanto, que seja a seguinte a conceituação de ato administrativo elaborada por Hely Lopes Meirelles:

> O *conceito de ato administrativo* é fundamentalmente o mesmo do ato jurídico do qual se diferencia como uma categoria informada pela finalidade pública. Segundo a lei civil, é ato jurídico todo aquele que tenha por fim imediato adquirir, resguardar, transferir, modificar ou extinguir direitos (CC, art. 81).
>
> Partindo desta definição legal, podemos conceituar o ato administrativo com os mesmos elementos fornecidos pela Teoria Geral do Direito, acrescentando-se, apenas, a *finalidade pública* que é própria da espécie e distinta do gênero *ato jurídico*, como acentuam os administrativistas mais autorizados.
>
> *Ato administrativo é toda manifestação unilateral de vontade da Administração Pública que, agindo nessa qualidade, tenha por fim imediato adquirir, resguardar, transferir, modificar, extinguir e declarar direitos, ou impor obrigações aos administrados ou a si própria.*
>
> Esse conceito é restrito ao *ato administrativo unilateral*, ou seja, àquele que se forma com a vontade única da Administração, e que é o ato administrativo típico, que nos interessa neste capítulo.²

Ao se definir o ato administrativo como "fundamentalmente o mesmo" do ato jurídico do Direito Privado, dele se distinguindo pela finalidade cuja guarda foi imputada ao agente público, substitui-se a autonomia da vontade da pessoa pela determinação da "vontade da Administração" cumpridora da legalidade. Claro que esta "vontade" não é entendida como aquela faculdade que o ser humano tem de livremente desejar e escolher, mas algo bastante diverso, eis que circunscrita ao escopo predefinido em lei. Trata-se daquilo que Hely Lopes Meirelles chamou de "elemento primacial" na formação do ato: "o fim público desejado pelo legislador".³

---

2. *Direito Administrativo Brasileiro*, 26ª ed., São Paulo, Malheiros Editores, 2001, p. 141 (em vista de seu vínculo com o Código Civil de 1916, a citação é de edição anterior ao Código Civil atual). Note-se, portanto, que o conceito é originário da redação do art. 81 do Código Civil de 1916 ("Art. 81. Todo o ato lícito, que tenha por fim imediato adquirir, resguardar, transferir, modificar ou extinguir direitos, se denomina ato jurídico."), acrescido de especiarias administrativistas. O Código Civil atual não traz definição nem de ato nem de negócio jurídico, mas positivou conjunto de normas que revelam o conceito (sobretudo nos arts. 104 a 114, que trazem as disposições gerais do Título I – Do Negócio Jurídico" – do Livro III – "Dos Fatos Jurídicos").

3. *Direito Administrativo Brasileiro*, 26ª ed., São Paulo, Malheiros Editores, 2001, p. 144. *[V. 42ª ed., São Paulo, Malheiros Editores, 2016.]*

Com efeito, também no Brasil, sobretudo pela forte influência francesa, o ato administrativo imperava quase que absoluto. O que exigiu de nossos juristas o desenvolvimento analítico de tal disciplina com lastro na realidade e exigências concretas do Direito Administrativo nacional. A clareza da definição acima transcrita comprova o pragmatismo de seu autor: destina-se a resolver problemas e a olhar para frente, a fim de tornar mais fácil a vida do administrador público e das pessoas privadas que com ele se relacionam.

Porém, fato é que Hely Lopes Meirelles não se limitou a essa definição do ato administrativo. Ela foi o ponto de partida, como em tantas outras produções acadêmicas desse gigante do Direito Administrativo brasileiro. Como pontuou Eurico de Andrade Azevedo, toda a sua obra "é marcada pelo sentido de renovação, de mudança, de modificação para melhor".[4] Ou, nas palavras de Arnoldo Wald, para quem Hely Lopes Meirelles foi um *bom jurista*: aquele "engajado na luta constante pelo Direito, ou seja, pelo aperfeiçoamento das instituições e do ordenamento jurídico".[5]

Daí porque existe específico tema de sua autoria que merece ser estudado, não apenas no seu célebre *Direito Administrativo*, mas também em determinado artigo, quando Hely Lopes Meirelles foi além e aprimorou o conceito de *atos administrativos negociais*.[6]

3. Os atos administrativos negociais

Como o fez em tantos outros temas do Direito Administrativo (municípios; licitações; urbanismo; ações coletivas; concessões de serviço público; direitos fundamentais etc.), Hely Lopes Meirelles antecipou-se ao que hoje vivemos neste século XXI, lançando um alerta quanto aos atos administrativos:

> Muito se tem escrito sobre os atos administrativos em geral, mas pouco ou nada se tem dito, especialmente, sobre a formação, efeitos e extinção dos atos administrativos negociais, ou seja, daqueles que são expedidos a requerimento do particular interessado na realização de um negócio jurídico ou de uma atividade material dependente da aquiescência da administração pública. Tais atos formam-se, normalmente, através de um processo administrativo adequado e regular, no qual o requerente deve demonstrar a legitimidade de sua pretensão, bem como o atendimento de todas as exigências legais para o deferimento do requerido, a ser consubstanciado num alvará, num termo ou num simples despacho da autoridade competente.[7]

Note-se bem a sutileza do conceito. Ao contrário dos *atos*, mesmo na doutrina civilista os *negócios jurídicos* exigem a pluralidade de sujeitos para a geração de efeitos lícitos. Estes dependem da manifestação de vontade de todas as partes que integrem a relação jurídica – daí a bilateralidade e/ou pluralidade na formação e respectivos efeitos. Ocorre que, de usual, os negócios jurídico-administrativos são tratados na categoria dos contratos (e não na dos

---

4. "Retrato de Hely Lopes Meirelles", *Revista de Direito Administrativo – RDA* 204/132, Rio de Janeiro, FGV, abr.-jun. 1996.

5. "Prefácio", in Arnoldo Wald (coord.), *O Direito na Década de 80: estudos jurídicos em homenagem a Hely Lopes Meirelles,* São Paulo, Ed. RT, 1985, p. VIII.

6. *Direito Administrativo Brasileiro*, 26ª ed., São Paulo, Malheiros Editores, 2001, pp. 177-183 *[v. 42ª ed., São Paulo, Malheiros Editores, 2016]*; "Formação, efeitos e extinção dos atos administrativos negociais", *Revista de Direito Administrativo – RDA* 158/15-19, Rio de Janeiro, FGV, out.-dez. 1984.

7. "Formação, efeitos e extinção dos atos administrativos negociais", *Revista de Direito Administrativo – RDA* 158/15, Rio de Janeiro, FGV, out.-dez. 1984.

atos, em decorrência dos característicos acima examinados), submetendo-se às respectivas condições para sua celebração (de regra, licitações, dispensa ou inexigibilidade).

Porém, fato é que existem determinados eventos que não se encaixam com perfeição nem no conceito de ato administrativo nem no de contrato administrativo: são negócios jurídico-administrativos que podem ser qualificados como *atos administrativos negociais*. Isto é, de um Direito Administrativo que renegava os contratos administrativos (dizendo serem meros atos), estamos diante de análise que enxerga contratos efetivados por meio de atos administrativos.

Note-se que a expressão é utilizada para categorizar aqueles atos administrativos que, muitas vezes emitidos a pedido das pessoas que serão por ele afetados, geram direitos subjetivos públicos – a serem exercitados, se for o caso, em face da própria Administração Pública que praticou o ato (e mesmo de terceiros). Eles instalam determinada relação administrativa que equivale a um negócio jurídico, concretizado por meio de peculiar ato administrativo. O ato é o seu veículo, mas as suas premissas, conteúdo e efeitos equivalem aos dos negócios jurídicos.

Por conseguinte, o ato administrativo negocial é, ao mesmo tempo, unilateral em sua emissão e bilateral, senão multipolar, em seus efeitos (isso sem se falar na configuração do conteúdo e do alcance do ato, que muitas vezes exige a participação ativa da pessoa privada e/ou de terceiros). São atos que dão origem a relações jurídicas para cuja configuração concorrem as vontades da pessoa privada e a da Administração competente, que se integram no ato administrativo, fazendo-o nascer e produzir efeitos.

Daí Hely Lopes Meirelles valer-se dessa espécie de ato administrativo para unir as licenças, autorizações, permissões, vistos, protocolos, termos e mesmo alguns despachos decisórios (com algumas de suas variantes). Não são atos administrativos nem *normativos* nem *ordinatórios*, pois "praticados contendo uma *declaração de vontade do Poder Público coincidente com a pretensão do particular*, visando à concretização de negócios jurídicos públicos ou à atribuição de certos direitos ou vantagens ao interessado".[8] Tais atos administrativos negociais podem ser vinculados ou discricionários; definitivos ou precários, tudo a depender de suas premissas fático-normativas.

Daí a definição proposta por Hely Lopes Meirelles:

> *Atos administrativos negociais são todos aqueles que contêm uma declaração de vontade da Administração apta a concretizar determinado negócio jurídico ou a deferir certa faculdade ao particular, nas condições impostas ou consentidas pelo Poder Público.*
>
> Neste conceito enquadram-se, dentre outros, os atos administrativos de *licença, autorização, permissão, admissão, visto, aprovação, homologação, dispensa, renúncia* e até mesmo o *protocolo administrativo* (...).[9]

Veja-se bem: aqui, mesmo alguns atos advindos do tradicional poder de polícia administrativo precisavam ser compreendidos à luz de racionalidade consensual – o que é adverso à ideia de decisão executória unilateral, carregada de imperatividade. Ao invés de

---

8. *Direito Administrativo Brasileiro*, 26ª ed., São Paulo, Malheiros Editores, 2001, p. 177. *[V. 42ª ed., São Paulo, Malheiros Editores, 2016.]*
9. *Direito Administrativo Brasileiro*, 26ª ed., São Paulo, Malheiros Editores, 2001, p. 179. *[V. 42ª ed., São Paulo, Malheiros Editores, 2016.]*

seus antecessores (e de alguns contemporâneos), que viam no contrato administrativo um verdadeiro ato, a genialidade do mestre veio a consagrar e a divulgar entre nós o negócio jurídico estampado no ato administrativo. Todavia, este ato não era nem um ato unilateral nem um contrato bilateral, mas sim um *tertius*: o ato administrativo negocial, a irrigar de direitos subjetivos a racionalidade da Administração Pública. Assim, não seria um exagero nos valermos e adaptarmos a sábia expressão cunhada por Gomes Canotilho, em seu mais largo significado: está-se diante da *civilização do Direito Administrativo*,[10] que o torna mais cortês, mais gentil, e, simultaneamente, mais próximo do Direito Civil e do Direito Constitucional (na perspectiva dos direitos fundamentais, a serem exercidos, inclusive, em face da Administração).

Isso porque a preocupação de Hely Lopes Meirelles também dizia respeito a outro ponto bastante sensível: o *direito subjetivo* das pessoas que celebram atos administrativos negociais com a Administração Pública. "Diversamente dos outros atos administrativos, especialmente dos normativos, o ato negocial gera, em regra, direitos subjetivos para o seu destinatário" – foi o que consignou logo na abertura de seu artigo, publicado em 1984.[11] Afinal, tais atos "formam-se sempre com a participação do particular interessado na sua obtenção".[12] Por isso que os "atos administrativos negociais produzem efeitos concretos e individuais para os que deles participam, gerando direitos, obrigações e encargos recíprocos para a administração que os expede e para o particular que os recebe".[13]

Neste ponto, há significativo distanciamento da doutrina que imperava para a compreensão do ato administrativo. Afinal, se a sua construção advinha do sistema de controle objetivo, não acolhia nem cogitava de direitos subjetivos. Estes eram dispensáveis e não pautavam a racionalidade inerente ao controle de atos praticados pela Administração. Originalmente, o particular era mero colaborador no controle objetivo da legalidade – nada mais. Por isso que, por exemplo, existe entendimento dos órgãos de controle que simplesmente ignora a subjetividade de suas premissas e efeitos, descartando a participação, em regime de contraditório, dos que serão afetados pela decisão final. Controla-se o ato, de acordo com o *checklist* de seus elementos, pressupostos, requisitos etc. (e nem tanto de acordo com a violação a direitos subjetivos).

Mas o que Hely Lopes Meirelles pontificou era que, mesmo em casos de eventuais nulidades (seja em sua origem, seja na execução) ou de frustração do interesse público que autorizou sua celebração (revogação do ato), "em todos esses casos a administração deve expor os motivos de sua extinção, em procedimento regular e com oportunidade de defesa. É o princípio do *devido processo legal*, que rege toda atuação do poder público

---

10. J. J. Gomes Canotilho, "Civilização do direito constitucional ou constitucionalização do direito civil? A eficácia dos direitos fundamentais na ordem jurídico-civil no contexto do direito pós-moderno", in E. R. Grau e W. S. Guerra Filho (orgs.), *Direito Constitucional – estudos em homenagem a Paulo Bonavides*, São Paulo, Malheiros Editores, 2001, pp. 108-115.

11. "Formação, efeitos e extinção dos atos administrativos negociais", *Revista de Direito Administrativo – RDA* 158/15, Rio de Janeiro, FGV, out.-dez. 1984.

12. "Formação, efeitos e extinção dos atos administrativos negociais", *Revista de Direito Administrativo – RDA* 158/16, Rio de Janeiro, FGV, out.-dez. 1984.

13. "Formação, efeitos e extinção dos atos administrativos negociais", *Revista de Direito Administrativo – RDA* 158/17, Rio de Janeiro, FGV, out.-dez. 1984.

nos casos em que afeta ou pode afetar direito individual do particular".[14] E, em magistral conclusão:

> Não se nega à administração a faculdade de extinguir seus próprios atos quando ilegais ou contrários ao interesse público. O que se nega é a conduta arbitrária da autoridade que, a pretexto de ilegalidade ou ofensa ao interesse público, invalida ato negocial vinculado e definitivo sem possibilitar ao destinatário a demonstração da sua regularidade e a inexistência de ofensa ao interesse público.[15]

Como se constata com facilidade, Hely Lopes Meirelles estava muito à frente de seu tempo. Ao lado da hábil construção relativa à qualidade de negócio jurídico diferenciadora de específicos atos administrativos, pode-se notar sua atenção com os direitos subjetivos das pessoas privadas frente à Administração Pública e com o devido processo legal. Havia a preocupação em se conferir às pessoas privadas estatura equivalente à dos Poderes Públicos – tanto em termos negociais (a bilateralidade do ato negocial) como processuais (os particulares como parte na relação jurídico-processual, esta como condição indispensável ao ato de anulação do negócio jurídico-administrativo).

Nada disso era usual no século passado, sobretudo antes da promulgação da Constituição brasileira em 1988: nem os direitos subjetivos públicos materiais (atos negociais) nem os processuais (devido processo legal). Daí também a atualidade de Hely Lopes Meirelles: aqueles que constroem soluções para o futuro permanecem presentes por mais tempo...

4. Os novos atos administrativos negociais: sua expansão

Ocorre que, se bem notarmos, o espectro dos atos administrativos negociais se expandiu sensivelmente – quando menos desde meados da década de 1990. Quando menos, pense-se na Lei Geral de Telecomunicações (Lei 9.472/1997); na Lei do Sistema Brasileiro de Defesa da Concorrência (Lei 12.529/2011); na Lei dos Portos (Lei 12.815/2013); na Lei Anticorrupção (Lei 12.846/2013). Todos esses diplomas regulam atos administrativos negociais.

Esse alargamento de hipóteses deu-se em vários ambientes, dos quais dois merecem destaque: por um lado, os atos administrativos negociais que dizem respeito a negócios celebrados no setor público da economia (autorizações de telefonia e portos, por exemplo[16]);

---

14. "Formação, efeitos e extinção dos atos administrativos negociais", *Revista de Direito Administrativo – RDA* 158/18, Rio de Janeiro, FGV, out.-dez. 1984. Não é preciso dizer que este texto foi escrito quatro anos antes da Constituição brasileira promulgada em 1988 (que positivou expressamente, pela primeira vez em sede constitucional, o princípio do devido processo legal – art. 5º, LIV) e 15 quinze anos antes da Lei 9.784/1999, que disciplina o processo administrativo brasileiro. Em outras palavras: também aqui, Hely Lopes Meirelles estava à frente de seu tempo.

15. "Formação, efeitos e extinção dos atos administrativos negociais", *Revista de Direito Administrativo – RDA* 158/18-19, Rio de Janeiro, FGV, out.-dez. 1984.

16. Ampliar em: Egon Bockmann Moreira, *Direito das Concessões de Serviço Público*, São Paulo, Malheiros Editores, 2010, pp. 58-70; "Exploração privada dos portos brasileiros: concessão *versus* autorização", *Revista de Direito Administrativo Contemporâneo – REDAC* 0/31-45, São Paulo, Ed. RT, 2013; "Portos brasileiros e seus regimes jurídicos", in E. B. Moreira (org.), *Portos e seus Regimes Jurídicos: a Lei n. 12.815/2013 e seus desafios*, Belo Horizonte, Fórum, 2014, pp. 33-74.

por outro, os atos administrativos negociais que são celebrados em processos sancionatórios (administrativos ou judiciais), como meio de alterar a conduta da pessoa privada, ao mesmo tempo em que inibe a punição administrativa (*v.g.*, os acordos de leniência e os termos de ajustamento de conduta[17]).

A toda evidência, não se trata exatamente da mesma realidade fática analisada por Hely Lopes Meirelles nos textos acima citados, a qual antes envolve pretensões de pessoas privadas deduzidas para o exercício de determinadas liberdades (profissões; construções; porte de arma; empreendimentos privados etc.). Mas, se prestarmos atenção, mesmo algumas delas se dirigem ao uso condicionado de bens públicos e à execução de serviços públicos em sentido estrito (como a autorização e a permissão).

Isto é, quando menos desde a década de 1980, já havia tratamento acadêmico consistente a propósito de negócios jurídico-administrativos celebrados sob a forma de atos administrativos – inclusive no setor público da economia. Caso os atos administrativos negociais sejam bem manejados, muitos dos problemas que são levantados em face das recentes autorizações, dos termos de ajustamento de conduta e dos acordos de leniência poderiam ser transpostos com mais facilidade.

Constatação que permitirá compreender melhor específicos atos administrativos geradores de negócios jurídico-administrativos – que, cada vez mais e mais, habitam o nosso cotidiano.

5. Considerações finais

Ao tratar rapidamente dos *atos administrativos negociais*, este texto pretendeu destacar somente um dos muitos assuntos que Hely Lopes Meirelles desbravou para a literatura jurídica nacional. De igual modo, o escopo foi o de dar visibilidade aos desdobramentos contemporâneos de tal inovadora construção acadêmica. Ocorre que essa antecipação, essa sensibilidade quanto ao futuro, igualmente apenas revela uma das imensas qualidades detidas pelo grande mestre do Direito Administrativo brasileiro.

Isso porque, dentre tantas outras, talvez a grande virtude da obra de Hely Lopes Meirelles tenha sido a simplicidade no trato de temas complexos. Ao contrário de outros autores, que não conseguem se desgarrar de vezos acadêmicos herméticos, lançados em linguagem incompreensível aos "leigos" (e assim deles se isolam), Hely Lopes Meirelles teve o êxito que poucos conseguiram, aquilo que é o maior triunfo de um professor: levou o Direito Administrativo a todos, ampliando significativamente o número de leitores e de admiradores. Também isso, ao lado de ser sutilmente prospectivo, faça com que ele permaneça no tempo.

Igualmente, essas qualidades fizeram com que ele se tornasse um dos juristas brasileiros de maior prestígio nos Tribunais. Para se ter uma ideia, a singela pesquisa por

---

17. Ampliar em: Andreia Cristina Bagatin, "A natureza jurídica dos 'acordos' previstos pela Lei n 8.884/94", in E. B. Moreira e P. T. L. Mattos (orgs.), *Direito Concorrencial e Regulação Econômica*, Belo Horizonte, Fórum, 2010, pp. 191-216; Egon Bockmann Moreira e Andreia Cristina Bagatin, "Lei Anticorrupção e quatro de seus principais temas: responsabilidade objetiva, desconsideração societária, acordos de leniência e regulamentos administrativos", *Revista de Direito Público da Economia – RDPE* 47/55-84, Belo Horizonte, Fórum, 2014; Egon Bockmann Moreira, Andreia Cristina Bagatin, Sérgio Cruz Arenhart e Marcella Ferraro, *Comentários à Lei da Ação Civil Pública*, São Paulo, Ed. RT, 2016, pp. 370-384.

"Hely Lopes Meirelles" no Superior Tribunal de Justiça – STJ, relevou 3.028 citações em acórdãos e 6.079 em decisões monocráticas.[18] Já, a mesma pesquisa no Supremo Tribunal Federal – STF, resultou em 463 citações em acórdãos e em 1.372 decisões monocráticas.[19] São números de grande envergadura, que despontaram há mais de 47 anos – e se fazem presentes desde então.

No STF, o primeiro destes acórdãos data de maio de 1970 (RE 68.107-SP, rel. Min. Thompson Flores) e, o mais recente, de março de 2017 (MS 34.432 AgR-DF, rel. Min. Luiz Fux). O mesmo se diga do STJ, cuja mais recente citação em acórdão é datada de abril deste ano de 2017 (AgRg no RMS 37.438, rel. Min. Herman Benjamin) e, as mais antigas, todas de junho de 1989 (por exemplo, MI 12, rel. Min. Edson Vidigal; MS 99, rel. Min. Jesus Costa Lima; CC 175, Min. Athos Carneiro) – o que é de todo relevante, eis que o STJ foi inaugurado em abril daquele mesmo ano e a posse dos ministros deu-se em maio (logo, não será demais dizer que Hely Lopes Meirelles fez parte da inauguração do STJ).

O que isso importa dizer? Que, passados 27 anos do falecimento de Hely Lopes Meirelles, ele persiste atual nas mais importantes decisões dos Tribunais Superiores. Há décadas, ele faz parte do Ordenamento Jurídico brasileiro – nas leis que elaborou ou inspirou e, sobretudo, na obra que nos legou. O Direito brasileiro, em especial o Administrativo, deve muito a Hely Lopes Meirelles. A sua doutrina, qualificada por sua visão inovadora, ao lado da elegância de traduzir em palavras simples as complexidades do Direito Administrativo, sempre com preocupações de renovação pautadas pela visão de futuro, permanecem como um horizonte ideal a ser perseguido por todos nós.

Curitiba, maio de 2017

---

18. Disponível em *www.stj.jus.br/SCON/pesquisar.jsp?acao=pesquisar&novaConsulta=true&i=1 &data=&livre=hely+lopes+meirelles&opAjuda=SIM&tipo_visualizacao=RESUMO&thesaurus=null&p =true&operador=e&processo=&livreMinistro=&relator=&data_inicial=&data_final=&tipo_data=DT DE&livreOrgaoJulgador=&orgao=&ementa=&ref=&siglajud=&numero_leg=&tipo1=&numero_ art1=&tipo2=&numero_art2=&tipo3=&numero_art3=&nota=&b=ACOR&b=SUMU&b=DTXT&b=I NFJ&todas=todas*, acesso em 10.5.2017.

19. Disponível em *www.stf.jus.br/portal/jurisprudencia/listarConsolidada.asp*, acesso em 10.5.2017.

A OBRA DE HELY LOPES MEIRELLES NA FORMAÇÃO DO DIREITO ADMINISTRATIVO BRASILEIRO

FERNANDO MENEZES DE ALMEIDA

1. Apresentação. 2. Protagonismo da doutrina na formação do direito administrativo brasileiro. 3. A inserção da obra de Hely Lopes Meirelles: a produção administrativista do período entre a Era Vargas e a Constituição de 1988. 4. Aprofundamento de um exemplo: distinção entre contratos e convênios.

1. Apresentação

Com grande satisfação recebi o convite dos organizadores desta obra, para homenagear Hely Lopes Meirelles.

Não conheci pessoalmente o homenageado, que faleceu quando eu era aluno de graduação em direito. Mas – para além da referência às suas obras, que tive de meus professores, especialmente nas disciplinas afetas ao direito administrativo, ao direito municipal e ao direito urbanístico – guardo uma lembrança que bem ilustra a importância que Hely Lopes Meirelles possui para a consolidação da prática do direito administrativo no Brasil.

Assim, lembro-me de minha mãe, em sua atividade de procuradora do estado de São Paulo, por vezes trabalhando em casa em seus pareceres que essencialmente lidavam com o direito administrativo, pedindo ao filho, já estudante de direito – e, sempre professora, não perdendo a oportunidade de ensiná-lo... –, que buscasse na estante e localizasse alguma informação na Constituição, ou "no Hely".

Sim, intrigava-me que não fosse em textos de leis que se encontrassem os fundamentos necessários para a argumentação sobre o direito administrativo. E, em fins dos anos 1980 e começo dos 1990, de fato ainda era especialmente na obra de Hely Lopes Meirelles que se situavam os conceitos, as classificações, enfim, os dogmas que pautavam as soluções dos problemas jurídicos com que se deparava a Administração Pública em sua atividade.

Nessa época, o direito administrativo brasileiro era ainda eminentemente doutrinário, ante a escassez de legislação sobre a matéria, senão no tocante a aspectos das relações internas da administração (p. ex.: servidores públicos, organização administrativa).

E a obra de Hely Lopes Meirelles, no quadro da produção doutrinária brasileira, cumpria um especial papel de fornecer guia segura para pautar a atuação da Administração Pública e para conformar suas relações jurídicas com os indivíduos.

Nesse sentido, possuía uma notável originalidade, visando à realização concreta do direito administrativo e afastando-se de construções de tendência abstrata e distante da realidade nacional. E obteve grande sucesso.

2. Protagonismo da doutrina na formação do direito administrativo brasileiro

Justamente pelo ponto do papel da doutrina no direito administrativo brasileiro que gostaria de começar abordagem do objeto deste texto.[1]

O direito administrativo brasileiro foi, em sua estruturação original, marcadamente influenciado pelo direito francês, seja (no período imperial) pela ideia da jurisdição administrativa, seja (também no período republicano) por conceitos e teorias com aquela origem, ou ainda pela praxe de um direito não legislado.

Desde a República, todavia, edificou-se no Brasil um modelo de separação de poderes mais próximo do existente nos Estados Unidos da América, no tocante à relação da função administrativa com a jurisdicional – ou seja, a unidade de jurisdição como atribuição do Poder Judiciário, ao qual se submete a administração em seus litígios com os particulares e em sua interface com os comandos legais.

Contudo, o exercício da função jurisdicional dá-se no Brasil, como regra, a partir de um padrão de direito legislado e não de um direito construído jurisprudencialmente, nos moldes do *Common Law*.

Nesse contexto, no tocante à postura da doutrina, nota-se, no início da República, uma produção administrativista relativamente menos extensa do que a havida em outros ramos do direito, ou do que a do próprio direito administrativo após a década de 1930.

Themistocles Brandão Cavalcanti[2] registra esse fenômeno e o explica por duas causas principais: de um lado, a "falta de capacidade para isolar certos problemas do estado das instituições privadas"; de outro,

> a universalidade jurisdicional do Poder Judiciário ordinário (...) não favorece a construção de doutrinas estranhas à formação intelectual dos juízes educados sob a influência dos estudos romanistas e das construções jurídicas de direito privado.

Essas causas – de fato, bastante plausíveis – não impediram, ou talvez até hajam favorecido, que o direito administrativo brasileiro, tanto em termos de formulação doutrinária, como em termos de aplicação pela administração e pelos tribunais, tenha sido edificado com base em dogmas originários de direitos estrangeiros, carentes de tratamento legislativo no Brasil, mas acolhidos pelos autores nacionais.

O período posterior a 1930, seja pela "índole dos regimes", seja pela "maturidade da disciplina, depois de uma lenta e laboriosa formação doutrinária",[3] é marcado pela significativa ampliação da produção de doutrina e pelo aumento de legislação, ainda que tratando esparsamente de temas pontuais – tendência que se verifica progressivamente até os dias de hoje.

Com efeito, um estado intervencionista na vida econômica e social e, num momento mais recente, impelido a regular, sem atuar diretamente, uma grande variedade de áreas de

---

1. Aproveito neste trabalho partes de pesquisas por mim realizadas para a elaboração de duas teses, as quais resultaram nos livros *Contrato Administrativo* e *Formação da Teoria do Direito Administrativo no Brasil*, referidos na bibliografia.
2. *O Direito Administrativo no Brasil*, p. 13.
3. Themistocles Brandão Cavalcanti, *O Direito Administrativo no Brasil*, p. 19.

atividades humanas, cada vez mais tecnologicamente intrincadas, é crescentemente dependente de uma larga base normativa de direito administrativo para operar.

De todo modo, na precisa síntese feita por Maria Sylvia Zanella Di Pietro:[4]

> Na realidade, a influência da doutrina na formação do direito administrativo brasileiro foi muito grande. O direito positivo previu a unidade de jurisdição e o princípio da legalidade. Mas, pelo trabalho da doutrina, fortemente inspirada no direito europeu continental, os tribunais foram acatando e aplicando teorias e princípios não consagrados no direito positivo, senão em fase bem mais adiantada do direito administrativo brasileiro. Veja-se, por exemplo, que, em termos de contratos administrativos, de teoria dos atos administrativos, seus vícios, nulidades, revogação, convalidação, discricionariedade, responsabilidade objetiva do estado, tivemos todo um regime jurídico construído e elaborado muito antes de sua previsão legal. Muito antes de haver uma lei disciplinando os contratos administrativos (o que só foi feito de forma mais completa pelo Decreto-lei n. 2.300, de 1986), nós já aplicávamos tudo o que hoje está no direito positivo.
>
> Se for analisada a fundo a evolução do direito administrativo brasileiro, poder-se-á caminhar no seguinte sentido: trabalho da doutrina (fortemente inspirada no direito francês), acolhido pela jurisprudência e consagrado no direito positivo. Doutrina, jurisprudência e direito positivo. Esse foi o sentido da evolução.

Em suma, o direito administrativo brasileiro, durante quase todo o século XX, é antes decorrente de formulação doutrinária, consolidada jurisprudencialmente – tomando-se, na prática, as afirmações da doutrina como dogma –, do que decorrente de produção legislativa, a qual, a seu turno, quando surge, em grande medida é influenciada pelas teorias elaboradas em doutrina e acolhidas na jurisprudência.

Ora, num país como a França, em que a jurisprudência criou grande parte do direito administrativo, o modo pelo qual o Conselho de estado edificou seus institutos permitia uma abertura para sua evolução.

O modo de agir peculiar do Conselho de estado contrabalançava a tendência naturalmente conservadora da produção de direito pela via judicial, que tende a reproduzir decisões passadas, diversamente da produção legislativa (no contexto democrático), a todo o momento ligada à sensibilidade política dos representantes populares. Esse *modus operandi*, todavia, não encontrou eco na jurisdição brasileira.

Acresça-se a isso o fato de que, ao se importarem tais institutos e teorias, sendo recebidos diretamente na doutrina – cujas formulações tendem a ser dogmáticas – e sendo aplicados judicialmente, sem a intermediação política da legislação, foram eles consolidados como dogmas. Muitos desses elementos penetraram o campo legislativo apenas quando já revestidos, perante a consciência da maioria dos agentes do direito, do caráter dogmático.

Aliou-se assim o caráter dogmático da formulação doutrinária, com o caráter conservador da aplicação judicial.

Isso levou o direito administrativo brasileiro, tanto do ponto de vista normativo, como do ponto de vista do pensamento jurídico majoritário, mais do que outros ramos do direito, a caracterizar-se – mais fortemente em meados do século XX, mas também em certa medida até os dias atuais – por notas dogmáticas e conservadoras.

4. *Direito Administrativo*, p. 24.

3. A inserção da obra de Hely Lopes Meirelles: a produção administrativista do período entre a Era Vargas e a Constituição de 1988

Parece útil para a compreensão da obra de Hely Lopes Meirelles – ao lado das várias abordagens adotadas pelos outros trabalhos que integram este livro em sua homenagem – buscar compreendê-la por comparação a outras que se produziam no período.

Tomem-se como objeto de estudo obras gerais sobre o direito administrativo: aquelas que pretendem cobrir todos os temas da matéria (por contraste com monografias, que se dedicam ao aprofundamento de certo tema).

O período histórico que vai do golpe que leva Getúlio Vargas ao poder, em 1930, até a instauração da ordem constitucional hoje vigente engloba momentos políticos e sistemas constitucionais bastante diferentes entre si.

Todavia, em uma perspectiva de análise que procura vislumbrar as obras gerais sobre direito administrativo, encontra-se no período determinada homogeneidade a justificar um tratamento unificado.

A homogeneidade basicamente refere-se à conformação de um estado que – apesar de diversas concepções político-ideológicas em sucessivos governos – passa a dotar-se de mecanismos de intervenção para a realização de direitos econômicos e sociais.

São direitos que nascem nos primórdios de um período que já evoluía rumo ao autoritarismo, ainda que seu primeiro marco constitucional seja uma Constituição (de 1934) de aparência liberal-democrática, mas logo sucedida por outra (de 1937) de evidente tendência autoritária.

A abertura democrática simbolizada pelo regime da Constituição de 1946 não afastava, entretanto, a tendência de continuidade, por parte de um estado intervencionista, na busca do desenvolvimento econômico e social do País, agora voltado para a "modernidade".[5]

O regime autoritário iniciado em 1964 – progressivamente recrudescendo esse caráter até a primeira metade dos anos de 1970, seguindo-se a "distensão lenta, gradual e segura"[6] – não deixa de manter uma visão estatizante da economia, no sentido de, num sistema de livre iniciativa, lançar mão amplamente de autarquias e de empresas estatais para promover a prestação de serviços públicos e o desempenho de atividades econômicas (especialmente financeiras e voltadas à realização de obras de infraestrutura). E isso no contexto de uma centralização excessiva de poderes, seja na União em relação aos outros entes federativos, seja no Executivo em relação aos outros poderes estatais.

Enfim, os diversos regimes políticos presentes no período são marcados pela presença significativamente mais forte do estado no meio social e econômico, em movimentos

---

5. "Após 1945, o 'país do futuro' passava de 'atrasado' a subdesenvolvido (para utilizarmos duas palavras correntes na linguagem daquele longo período que se estende até 1964). Novas formas de capitalismo iam sendo implantadas aqui e ali, em lentíssima transição: a 'modernidade' instalava-se em apenas algumas regiões ou microrregiões do país. Em verdade, uma transição bastante incompleta, pois a atuação das lideranças no plano econômico-social e cultural jamais fez o país saltar fora das molduras de sua condição periférica" (Carlos Guilherme Mota, "Para uma visão de conjunto: a história do Brasil pós-1930 e seus juristas", p. 69).

6. Na expressão que marca o discurso do governo de então.

cíclicos de centralização e descentralização (federativa) e, correlatamente, de governos autoritários e governos liberal-democráticos.

Essa dinâmica da vida política, a partir de 1930, leva os administrativistas a produzirem "uma investigação de caráter mais apegado à experiência social e política", nas palavras de Miguel Reale.[7]

O direito administrativo passa a ostentar mais claramente um "conteúdo socioeconômico", pondo a técnica e a lógica jurídicas a serviço "das complexas atribuições do estado intervencionista" – ainda segundo Reale.[8]

Os autores de obras gerais, em sua maioria, são professores universitários. Mas as formas das obras passam a sofrer variações, conectadas com a finalidade que eles lhes pretendem dar. Assim, desenvolveu-se tendência de se publicarem tratados, não apenas no nome, mas na maior extensão e na proposta de abordagem enciclopédica da matéria. Seus autores também publicavam versões mais resumidas de sua obra, na forma de monografias ou cursos.

No entanto, sobretudo nos anos 1930 e 1940, surgem obras que se afastam da forma que adotam os cursos acadêmicos, dirigindo-se mais amplamente a uma abordagem do direito administrativo no contexto da edificação do novo modelo de estado.

Themístocles Brandão Cavalcanti, no prefácio da primeira edição (1936) de suas *Instituições de Direito Administrativo brasileiro*, declara a opção por abandonar "a generalidade dos sistemas adotados pelos autores estrangeiros" no tocante ao modo de estruturar sua obra, preferindo "um critério mais consentâneo com o nosso direito".

Hely Lopes Meirelles, duas décadas depois, trilhará e desenvolverá essa tendência, dando aos seus escritos a função preponderante (sem deixar de comportar uma dimensão de instrumento de ensino) de prestarem-se à compreensão do estado brasileiro e, em particular, da administração, permitindo seu funcionamento mais eficiente.

Esse último é o grande diferencial da obra de Hely Lopes Meirelles, como será destacado mais adiante.

Sistematizando o que se acaba de dizer, vislumbram-se, no período em questão, quatro principais posturas:[9]

i) obras das quais decorrem formulações teóricas propensas a suportar a realização concreta de determinado projeto político-governamental;

ii) obras ensejadoras de formulações teóricas que visam a uma neutralidade científica, transitando por um acervo de conhecimentos que se supõe de caráter universal;

iii) obras que levam a formulações teóricas tendentes a dar relevo a determinados valores acolhidos pelo direito;

iv) obras propiciadoras de formulações teóricas tendentes a facilitar um direito administrativo mais operacional, ou seja, apto a pôr em marcha a máquina estatal, qualquer que ela seja.

---

7. *100 anos de Ciência do Direito no Brasil*, p. 16.
8. *100 anos de Ciência do Direito no Brasil*, p. 17.
9. Trata-se, por óbvio, de análise feita retrospectivamente, sem com isso se atribuir a cada autor a intenção ou a consciência de adesão a uma ou outra postura.

A primeira espécie de posturas é menos frequente, ocorrendo sobretudo em momentos de rupturas revolucionárias com a ordem jurídica.

No caso concreto ora investigado, ela é mais identificada com o tempo do primeiro governo de Getúlio Vargas.

Tomem-se como exemplo as ideias presentes na obra de Djacir Menezes, professor da Faculdade Nacional de Filosofia da Universidade do Brasil, posteriormente Reitor da mesma Universidade, hoje denominada Federal do Rio de Janeiro, e responsável por cursos de direito administrativo no Departamento Administrativo do Serviço Público (DASP).

Pode-se dizer que sua obra[10] é explicitamente voltada a difundir, com perspectiva favorável, as inovações do governo Vargas, com explicações sobre as novas instituições, ainda que também sustentada com variada fundamentação em autores estrangeiros.

Destaque-se o seguinte trecho, em capítulo denominado "Estrutura do estado nacional":

> A Carta de 10 de novembro [*de 1937*] assinala, nas Américas, o primeiro diploma do novo ciclo constitucional para o Continente. É o documento político inspirado nos princípios mais avançados, tentando acomodar, dentro dos quadros jurídicos e políticos, as forças sociais a exigirem disciplinamento e controle por parte do estado.
>
> Foram condições internas, de dissenção entre organizações partidárias, habilmente exploradas por agentes internacionais, visando a objetivos estranhos ao país, que levaram o Presidente Vargas à dissolução do Legislativo e a dar à Nação, com apoio das classes armadas, o Estatuto que conferia ao estado os meios de reintegração nacional, de restauração da autoridade, no sentido de maior coesão orgânica e centralização política. São esses os motivos expostos nos consideranda que abrem a Carta de Novembro. (...)
>
> Toda a reforma administrativa, empreendida no último decênio, é sua consequência. As atividades da administração geral centralizam-se, gradativamente, em órgãos apropriados, a fim de solver as dificuldades oriundas da complexidade e funcionamento do aparelhamento incumbido de efetivar os serviços públicos. Não é possível – como acentua Spiegel – compreender toda a palpitante vida do estado dentro de leis fundamentais, numa regulamentação definitiva, e eis aí uma das causas da riqueza do moderno Direito Administrativo.[11]

A segunda espécie de posturas, visando à neutralidade científica, é a que corresponde à maioria das obras do período, seja em suas versões resumidas, seja em suas versões tratadísticas.

A estrutura de seus textos comporta, via de regra, construções que apresentam, sucessivamente, conceitos, classificações e interpretações propostos por diversos autores, nacionais e estrangeiros, mais antigos ou mais contemporâneos, organizados em correntes distintas, acrescentando-se a opinião do autor da obra que está sendo escrita, ou declarando-a coincidente com aquela de alguma das correntes apontadas.

Há uma pressuposição implícita de indiferença quanto à escolha conceitual ou interpretativa feita (quando feita), ou quanto às alternativas postas à escolha, em face das possíveis consequências políticas dessa escolha, como se a ciência jurídica lidasse com um objeto sem implicação recíproca com a realidade política. Ou mesmo uma pressuposição de indiferença quanto a essa escolha, em face da operacionalidade da máquina estatal.

---

10. *Direito Administrativo Moderno*.
11. *Direito Administrativo Moderno*, pp. 63 e 65.

Pode-se compreender que, na visão de autores dessas obras, sua função é oferecer um amplo panorama de opiniões e de possibilidades jurídicas, de modo a informar os operadores do direito e a permitir que, dominando o conhecimento, tomem decisões conforme seu juízo pessoal, sua visão de mundo e sua convicção política.

Veja-se, da obra de José Guimarães Menegale, um exemplo de um ponto característico dessa postura, a saber, a preocupação em se classificar e rotular correntes de pensamento fornecedoras de explicações para determinados fenômenos, explicações essas que têm mais relação com abstrações técnico-jurídicas do que com elementos extraídos da realidade social:

> Teorias jurídicas [*quanto à desapropriação*]. Diversas teorias formularam-se para legitimá-la juridicamente. Domina-as, antes de tudo, a preocupação de negar o caráter de violência, que primitivamente se lhe diz emprestar. A desapropriação – assentam implicitamente todas as teorias justificativas – não é um atentado, nem uma restrição odiosa ao direito de propriedade. Vejamos, no entanto, o enunciado de tais teorias, que dão à desapropriação uma base jurídica.
> 1ª. *Teoria da propriedade coletiva.*
> 2ª. *Teoria do direito público real.*
> 3ª. *Teoria da limitação jurídica à propriedade.*
> 4ª. *Teoria do domínio eminente.*
> 5ª. *Teoria da venda forçada.*
> 6ª. *Teoria de solidariedade social.*
> 7ª. *Teoria dos fins do estado.*[12]

Outros exemplos da mesma postura podem ser encontrados em José Cretella Júnior. Verifique-se o tratamento dado pelo autor às classificações do ato administrativo: após elencar mais de uma dezena de posições sustentadas por autores estrangeiros e outro tanto por autores brasileiros – e também após ressalvar a "dificuldade, mas também a importância da classificação dos atos administrativos, bem como a inestimável contribuição dos doutrinadores estrangeiros e nacionais [*para*] a procura de critério rigoroso e científico, base para classificação inatacável" – apresenta uma classificação própria, que "é uma tentativa de agrupamento panorâmico, sob a forma de sinopse, dos mais importantes tipos de atos administrativos".[13]

Ou o modo de abordar o conceito de polícia: Cretella Júnior também cita amplo panorama de definições dadas por autores estrangeiros e nacionais – mais de 30 diferentes definições – para concluir propondo uma definição, mediante o seguinte pressuposto:

> Análise minuciosa das diversas noções a respeito da polícia, quer na doutrina de outros países, quer na doutrina brasileira, permite colher dados suficientes para a elaboração de um conceito universal de polícia.[14]

Ou ainda o modo de expor teorias jurídicas para a explicação da validade dos atos praticados por funcionários de fato: "a teoria do erro comum, a teoria da investidura plausível

---

12. *Direito Administrativo e Ciência da Administração*, vol. 2, p. 101.
13. *Tratado de Direito Administrativo*, vol. II, pp. 38-48.
14. *Tratado de Direito Administrativo*, vol. V, pp. 19-31 (o trecho transcrito está na p. 30).

e a teoria da presunção de legitimidade do ato administrativo". As teorias são colhidas de diversas posições oferecidas por diferentes autores, de diferentes origens nacionais e em diferentes contextos históricos.[15]

Pode-se perceber uma certa lógica de que a coerência interna da teoria seja dada por uma abstração puramente jurídica, com um referencial universal, independente de direitos positivos.

A terceira espécie de posturas é aquela que percebe o papel da obra jurídica como voltado, em primeiro lugar, a apontar a preeminência de certo ou certos valores fundamentais – no caso, valores do direito administrativo.

Esses valores são, antes de mais nada, fruto de uma percepção dos autores quanto ao sentido finalístico do próprio direito administrativo, a partir de uma experiência do direito positivo nacional, mas transcendendo-o, com abertura para buscar as propriedades dos ordenamentos jurídicos em geral.

E esses valores não guardam conexão imediata com a eventual adesão dos autores a determinado projeto político-governamental, nem com um compromisso com a operacionalidade da máquina estatal.

Não que os autores não se preocupem com o funcionamento adequado da administração, mas não o consideram meta a ser atingida a qualquer custo, com o sacrifício dos valores em questão.

É o que se passa, por exemplo, com a noção de *relação de administração*, trabalhada por Ruy Cirne Lima,[16] em que o "poder" do administrador apresenta-se antes como "dever", distinguindo-se a "relação de administração" da "relação jurídica em geral", porque aquela "se estrutura ao influxo de uma finalidade cogente".

O valor que instrui essa concepção pode ser identificado como o valor da impessoalidade (igualdade) do direito, fruto da objetividade da vontade que caracteriza a norma jurídica no estado de direito: a decisão da administração não se pauta finalisticamente pela vontade subjetiva do administrador (ou, para falar de modo mais amplo, a decisão do estado não se pauta pela vontade subjetiva do governante), mas sim pela vontade objetivada no direito.

Outro exemplo dessa postura está na obra de Oswaldo Aranha Bandeira de Mello. Partindo da afirmação de que "a causa final de qualquer ser especifica a sua razão de existir", esclarece que a causa final nas ciências morais ou práticas – é o caso do direito – é a "meta do ato da vontade humana", na "conformidade com o bem que constitui seu objeto".[17]

No caso do direito administrativo, o objeto em questão, a ser alvo final da vontade humana manifestada em sociedade, é o bem comum:

> Para se alcançar esse bem comum, impõe-se o estabelecimento de normas gerais e abstratas prescrevendo o que entende o estado-poder como desejável para a melhor vida social, tranquila e próspera, e a atuação individual, concreta, desses preceitos, seja para realizá-los, seja para assegurar a terceiros o direito que deflui daquelas normas, concretizadas em relações entre eles, quando ameaçado ou desrespeitado.[18]

---

15. *Tratado de Direito Administrativo*, vol. IV, pp. 262-264.
16. *Princípios de Direito Administrativo*, pp. 105 e ss.
17. *Princípios Gerais de Direito Administrativo*, p. 214.
18. *Princípios gerais de direito administrativo*, p .214.

Interpretando-se essas ideias, pode-se concluir que o valor a inspirar a concepção de Bandeira de Mello também remete à legalidade: é o ato de vontade humana, objetivado no direito, em diversos escalões – desde a norma geral e abstrata, até a norma individual e concreta –, que define o bem comum e lhe dá exequibilidade.

E a quarta espécie de posturas, correspondente a um direito administrativo operacional, via de regra envolve formulações sistematizadoras da prática do direito, por vezes importando afirmações dogmáticas, tendentes não ao questionamento científico, mas à decidibilidade de problemas concretos.

A vertente de pensamento fruto desse tipo de postura tende a propor dogmaticamente – sem maior compromisso com a fundamentação científica, ou meramente explicativa, de suas razões – soluções jurídicas que, no entanto, facilitam a operação do direito.

Não que seus autores sejam refratários às opiniões alheias ou que as ignorem; nem mesmo que não tenham argumentos para sustentar suas posições (e muitas vezes os indicam sucintamente); porém, a postura dogmática prevalece e, uma vez afirmados os pontos chave do raciocínio, não se apresenta contraponto ou questionamento.

Em geral, essa postura revela, no contexto concreto da criação e aplicação do direito positivo no Brasil, forte propensão de ganhar a adesão da Administração Pública, pois lhe fornece certezas quanto à compreensão de certos dispositivos normativos, ou quanto a como atuar em face de vazios normativos.

Exemplos dessa postura podem ser encontrados na obra de Hely Lopes Meirelles, *Direito Administrativo Brasileiro*, editado pela primeira vez em 1964 e até hoje reeditado, atualizado por outros autores, tendo mesmo influenciado diretamente outras obras.[19]

Na apresentação "Ao leitor" da primeira edição, Hely Lopes Meirelles explicita seu objetivo e sua percepção sobre a teoria:

> Este livro pretende ser uma síntese do Direito Administrativo Brasileiro. Tem objetivos práticos e didáticos. Afasta-se, propositalmente, do teorismo em que vai descambando o ensino do Direito no Brasil.
>
> O Direito – para nós – é instrumento de trabalho, e não tertúlia acadêmica. É simultaneamente, teoria, realidade e vivência. (...)
>
> Não é livro para mestres, nem para os teóricos do Direito. É um modesto compêndio para estudantes e para os que se defrontam, na prática, com problemas jurídicos da Administração Pública.[20]

Mais claro impossível. O autor visivelmente critica, com expressão de evidente sentido depreciativo, o *teorismo* que faz *descambar* o ensino jurídico no Brasil.

Não nega a importância da teoria, a qual, todavia, entende deva estar conectada com a realidade e a vivência. A crítica recai – pode-se assim interpretar – sobre a "segunda espécie

---

19. Cite-se como exemplo o *Programa de Direito Administrativo*, de Valmir Pontes, professor da Escola de Administração da Universidade Federal do Ceará, publicado pela primeira vez em 1966, com "nota do autor" em que se explicitava tratar-se de resultado de aulas ministradas, nas quais foi seguida, "em linhas gerais, a orientação do livro de Hely Lopes Meirelles, *Direito Administrativo Brasileiro*, magnífico e atualizado compêndio recentemente editado em São Paulo, pela Revista dos Tribunais" (p. 9).

20. *Direito Administrativo Brasileiro*, p. 7.

de posturas" acima arrolada: a postura que tende a abordar sob forma neutra e universal as várias possibilidades de compreensão do fenômeno jurídico.

O direito tem de ser operacional – é instrumento de trabalho – permitindo *resolver os problemas jurídicos* reais, concretos, no caso, em matéria que envolva a Administração Pública.

Podem ser lembradas para ilustrar essa postura, conceituações ou classificações relativas a:[21] "entidades estatais", "autárquicas", "fundacionais" e "paraestatais" (pp. 57-58); ou "convênios" e "consórcios", bem como sua distinção quanto a contratos (pp. 353-356); ou sobre requisitos do ato administrativo (pp. 127 e ss.). Ou ainda, afirmações como:

> Os atos administrativos, qualquer que seja sua categoria ou espécie, nascem com a *presunção de legitimidade*, independentemente de norma legal que a estabeleça (p. 134).
>
> Enquanto na administração particular é lícito fazer tudo que a lei não proíbe, na Administração Pública só é permitido fazer o que a lei autoriza (p. 78).
>
> Da sua característica essencial, consubstanciada na *participação da Administração com supremacia de poder*, resultam para o contrato administrativo certas peculiaridades que os contratos comuns, sujeitos às normas do Direito Privado, não ostentam. Tais peculiaridades constituem, genericamente, as chamadas *cláusulas exorbitantes*, explícitas ou implícitas em todo contrato administrativo (pp. 189-190).

Muitas dessas afirmações são feitas independentemente da previsão em leis e configuram simplificações dogmáticas.

Essas simplificações dogmáticas, por um lado, permitem resolver problemas ante a omissão do legislador. Em muitos casos, como já mencionado no início deste texto, acabam mesmo por influenciar o conteúdo de futuras leis.

Por outro lado, elas tendem a tornar-se fonte de problemas, por servirem de arma de resistência conservadora a mudanças que venham a ser decididas legislativamente, ou por prestarem-se a usos distorcidos de quem pretenda invocar o dogma, muitas vezes fora do contexto imaginado por Hely Lopes Meirelles, usando-o simplesmente como argumento de autoridade.

4. *Aprofundamento de um exemplo: distinção entre contratos e convênios*

Tome-se por exemplo típico o caso de uma conceituação presente na obra de Hely Lopes Meirelles, produzindo consequências até os dias de hoje.

Trata-se da distinção entre convênios e consórcios e da distinção entre convênios e contratos.

São distinções que possuíram grande utilidade, na ausência de disciplina legislativa da matéria. No entanto, com o surgimento de leis a respeito, passam a ser impropriamente usadas – não por Hely, frise-se, que não tem nenhuma culpa por isso – pela doutrina para tentar impedir, ou ao menos censurar, o sentido de mudança no direito.

---

21. Extraídas de *Direito Administrativo Brasileiro*. As páginas estão, a seguir, indicadas entre parênteses.

Assim, se Hely[22] afirmava que consórcio não tem personalidade jurídica, uma lei (Lei 11.107/2005) que venha considerar consórcios públicos pessoas jurídicas é recebida como uma extravagância a ser combatida.

Ou se Hely afirmava que convênios distinguem-se de contratos, resta quase inútil a lei (no caso, a Lei 8.666/1993) ter vindo a dizer que se aplicam aos convênios, "no que couber", as regras nela previstas para os contratos: sim, porque o aplicador do direito, havendo incorporado o dogma de que "convênio não é contrato", encontrará aí o pretexto para entender que "não cabe" aplicar aos convênios o principal daquilo que o espírito da lei pretendeu aplicar.

Aprofunde-se um pouco mais o exemplo.

Para Hely Lopes Meirelles,[23] "convênio é acordo, mas não é contrato". Neste as partes têm "interesses diversos" e opostos; naquele, "os partícipes têm interesses comuns e coincidentes". Daí decorre que "no convênio a posição jurídica dos signatários é uma só, idêntica para todos, podendo haver apenas diversificação na cooperação de cada um, segundo suas possibilidades, para a consecução do objetivo comum, desejado por todos".

A afirmação de Hely corresponde à lógica do direito positivo francês – cujo Código Civil adota expressamente a noção genérica de "convention" (o que Hely diz "acordo"), da qual "contrat" é apenas um tipo específico (art. 1.101).

Mas no Brasil, além de o Código Civil não possuir norma equivalente, a doutrina que distingue contrato administrativo de convênio não apresenta tal distinção como fundada na questão gênero *versus* espécie (tomando contrato como gênero e convênio como espécie). Está sim considerando contrato e convênio como espécies paralelas, destacando como diferença específica a existência de vontades ou interesses contrapostos *versus* vontades ou interesses comuns ("convergentes").

Ora essa doutrina evoca o critério que alguns autores usam na distinção entre "contrato" e "ato-união". Todavia, centra sua atenção no aspecto da distinção que leva a consequências jurídicas secundárias – a contraposição *versus* a convergência de interesses – e não se preocupa com o aspecto que conduz a resultados juridicamente relevantes – situação jurídica subjetiva *versus* situação jurídica objetiva.

Explique-se melhor. Pode-se supor que essa distinção tenha origem – ainda que sem referência expressa – na diferenciação encontrada em clássica doutrina alemã, entre *Vereinbarung* e *Vertrag*.

Georg Jellinek,[24] considerando os atos do estado que criam direitos, aponta dois tipos gerais: aqueles cujos efeitos jurídicos decorrem de uma manifestação unilateral de vontade e aqueles cujos efeitos jurídicos decorrem de várias vontades concordantes. Estes últimos podem ser *Vertrag* (que corresponde ao que no Brasil se diz "contrato") ou *Vereinbarung* (que pode ser traduzido por "ato-união", por referência à célebre adaptação que Léon Du-

---

22. Sustentava ainda que *convênios* distinguem-se de *consórcios* na medida em que estes são acordos firmados entre entidades estatais *sempre da mesma espécie*, enquanto aqueles são celebrados entre pessoas jurídicas de espécies diferentes (*Direito Administrativo Brasileiro*, p. 356).
23. *Direito Administrativo Brasileiro*, p. 354.
24. *Sistema dei diritti pubblici subbiettivi*, p. 224.

guit[25] faz do conceito; ou, seguindo Hans Kelsen, em texto publicado em francês, pode ser traduzido por "convention-loi" ou "traité-loi"[26]).

Explica ainda Jellinek[27] que *Vereinbarung* é criação de uma "vontade unitária (...) mediante vários atos de vontade individuais", emanados de indivíduos singulares ou de órgãos de uma coletividade, visando a satisfazer interesses comuns; *Vertrag*, a seu turno, é o acordo de várias pessoas sobre a execução de prestações voltadas a satisfazer interesses contrapostos.

Adotando a distinção – contrato e ato-união –, Duguit propõe que se reserve *contrato* para situações caracterizadas pela presença de dois interesses contrapostos das partes, gerando a situação de credor e devedor. Os interesses são contrapostos (ex.: comprar e vender), senão não haveria o acordo. E tira daí, como principal consequência, do contrato decorrer uma *situação jurídica subjetiva* – uma situação

> concreta, individual, momentânea, que não foi criada pelo direito objetivo, que não existiria a cargo desse indivíduo por aplicação de uma regra qualquer de direito objetivo.[28]

E *união*, que também é espécie de *convenção* – aqui começa a dificuldade de adaptação dessa discussão ao Brasil, pois o gênero "convenção" para os franceses é traduzido na linguagem jurídica brasileira corrente como "contrato": contrato em sentido genérico – distingue-se do *contrato* (em sentido específico) por dar origem a uma regra permanente, a uma *situação jurídica objetiva*, na qual todos os interesses das partes convergem.[29]

Esse, pois, é o sentido relevante da distinção *Vereinbarung versus Vertrag*, ou união *versus* contrato: a criação de situação jurídica objetiva *versus* a criação de situação jurídica subjetiva.

Menos relevante na distinção, senão desnecessária, é a questão dos interesses convergentes ou contrapostos.

Muito oportuna a respeito é a crítica de Kelsen.[30] Mostra ele que, segundo a teoria tradicional, nas convenções com sentido material de lei (as que acima se disseram criadoras de situações jurídicas objetivas), as vontades das partes devem ter o mesmo conteúdo, pois voltadas ao objetivo de satisfazer interesses comuns, ou de exercer poderes comuns; já nas convenções com sentido de contrato (as que acima se disseram criadoras de situações jurídicas subjetivas), as vontades das partes teriam conteúdo diverso, contrapondo-se, uma vez que são voltadas ao intercâmbio de utilidades ou prestações.

Esclarece então Kelsen[31] que a distinção entre vontades convergentes ou contrapostas não guarda relação com o ponto relevante da distinção: o caráter da convenção como ato legislativo (criador de situação jurídica objetiva, na expressão de Duguit) ou como ato jurídico (criador de situação jurídica subjetiva).

---

25. *Traité de Droit Constitutionnel*, p. 374.
26. "La théorie juridique de la convention", pp. 33 e 40.
27. *Sistema dei Diritti Pubblici Subbiettivi*, p. 224.
28. *Traité de Droit Constitutionnel*, p. 329.
29. Léon Duguit, *Traité de Droit Constitutionnel*, p. 409.
30. "La théorie juridique de la convention", p. 40.
31. "La théorie juridique de la convention", p. 40.

A questão das vontades convergentes ou contrapostas é explicada por Kelsen[32] distinguindo-se convenção enquanto procedimento e convenção enquanto norma criada por esse procedimento.

Tomada a convenção como procedimento, as manifestações de vontade que levam à sua celebração têm necessariamente, sempre, o mesmo conteúdo (são convergentes, ou, como diz Kelsen, "paralelas") e se referem à totalidade do que se está a convencionar. É impreciso dizer, por exemplo, que numa compra e venda a vontade do comprador é comprar e a vontade do vendedor é vender. O modo preciso de se descrever esse fenômeno é dizer que tanto o vendedor como o comprador têm a mesma vontade, relativa às duas coisas juntas: a vontade de que o vendedor venda *e* o comprador compre.

De outro lado, tomada a convenção como o conteúdo da norma, aí sim podem ser encontradas *prestações* (e não as *vontades* manifestadas no procedimento de elaboração da convenção) convergentes ou contrapostas (ou como diz Kelsen, "paralelas ou secantes"). Aliás, apesar de ser mais comum que convenções no sentido de *Vereinbarung* (união) comportem prestações convergentes e que convenções no sentido de *Vertrag* (contrato) comportem prestações contrapostas, é também possível que a situação se inverta, ou até que determinadas obrigações e direitos valham de modo diversificado para as partes da convenção.[33]

Voltando ao caso dos convênios e contratos no Brasil, constata-se que usualmente os convênios praticados pela Administração dão margem a uma situação jurídica subjetiva de obrigações recíprocas entre as partes, em regra envolvendo prestação de serviços.

Ou seja, o convênio é, no Brasil, no mais das vezes, instrumento para a criação de situação subjetiva – ainda que envolvendo interesses convergentes – e, nesse aspecto, merece receber o mesmo tratamento jurídico do contrato (no sentido estrito que lhe dá tradicionalmente a doutrina).

E não se trata de alguma espécie de uso desviado da figura. É do direito positivo brasileiro que decorre essa constatação.

A Lei 8.666/1993, por exemplo, em seu art. 116, trabalha com a lógica de haver um objeto a ser executado e metas a serem atingidas pelo "partícipe" que recebe recursos da "entidade ou órgão repassador", mediante cronograma de desembolsos, devendo este último fiscalizar regularmente a execução do ajuste e havendo procedimento final de prestação de contas por parte daquele.

Todas essas situações são caracterizadoras de situações jurídicas subjetivas, nas quais as regras criadas aplicam-se individualmente às pessoas envolvidas, tendo um objeto concretamente definido, cuja execução conduz naturalmente ao encerramento da relação jurídica.

Em perspectiva crítica, que bem evidencia o mau uso dogmático da distinção simplificada entre convênios e consórcios, Odete Medauar[34] refuta os argumentos que a doutrina brasileira utiliza para distinguir convênios de contratos: dá exemplos de situações em que interesses convergentes são objeto de contrato e em que interesses contrapostos são objeto de convênios; mostra que nem sempre a identificação de um resultado comum leva a um

---

32. "La théorie juridique de la convention", pp. 39-41.
33. Hans Kelsen, "La théorie juridique de la convention", pp. 42-43.
34. "Convênios e consórcios administrativos", pp. 75-81.

convênio; afasta a ideia de que convênio implica exercício de competências comuns, o que não se aplicaria ao caso de convênios com particulares; demonstra que muitas vezes, ainda que não se fale em preço, o repasse de verbas em um convênio tem o sentido remuneratório; lembra, com André de Laubadère, que a colaboração é ínsita a todo contrato; identifica o sentido de reciprocidade de obrigações nos convênios – para concluir, ante a amplificação do uso de "módulos contratuais ou convencionais", "ser relevante conferir tratamento amplo à figura contratual, para abrigar fórmulas novas, adequadas a novo dinamismo e novos modos de agir da Administração. Nesse contexto se inserem os convênios e consórcios[35] administrativos".

Enfim, a distinção entre convênios e contratos, se assumida como um dogma desconectado do contexto de sua afirmação (qual seja, meramente constatar tendência de haver prestações convergentes ou prestações contrapostas em cada qual), pode levar a conclusões indesejáveis, sendo a principal delas a de que por se tratar de convênio não se aplicam as regras gerais em matéria de licitação.

Ora, na medida em que o convênio é meio para se estabelecerem situações subjetivas, porque não se valer na sua celebração – ainda que não das modalidades previstas na Lei 8.666/1993 – de instrumentos que permitam uma boa e isonômica escolha de parceiros e projetos?[36]

Mesmo se tratando de entidades sem fins lucrativos a se conveniarem, e também de situações em que a administração não perceba benefício econômico, pode haver critérios técnicos para se avaliar comparativamente a qualidade de propostas de potenciais interessados em um convênio.

É certo que podem ocorrer casos de convênios que justifiquem, por suas peculiaridades, a contratação direta. Mas isso não afasta haver, como regra geral, o procedimento competitivo de escolha.

Aliás, como fartamente acompanha-se pelos noticiários, os convênios (ou congêneres) com instituições privadas aparecem dentre as figuras mais citadas em matéria de instrumentos envolvidos em desvio de recursos públicos.

Enfim, com o desenvolvimento desse exemplo não se quer reduzir a importância que a obra de Hely Lopes Meirelles tenha tido como edificadora de um padrão de conduta da Administração Pública, senão fazer-lhe justiça, chamando atenção para consequências indesejadas de potenciais usos distorcidos de suas construções.

Uma obra que haja alcançado uma adesão amplamente majoritária pelos aplicadores do direito, como a de Hely, corre sérios riscos de ser vítima de seu próprio sucesso: suas ideias serem tomadas como dogmas e os dogmas serem usados de modo distorcido, numa aplicação "fundamentalista" indesejada pelo próprio autor.

35. Note-se que o texto citado é de 1995, portanto muito anterior ao tratamento atualmente dado pelo direito brasileiro aos consórcios públicos.
36. Esse, por exemplo, é o sentido do chamamento público, que se previu originalmente nos artigos no Decreto 6.170/2007, no tocante aos convênios em geral com entidades privadas; e que hoje se encontra na Lei 13.019/2014, sobre as parcerias da administração com entidades da sociedade civil. Aliás, independentemente da nomenclatura variada de tipos contratuais previstos nessa lei, podem todos ser ditos genericamente "convênios".

Referências bibliográficas

BANDEIRA DE MELLO, Oswaldo Aranha. *Princípios Gerais de Direito Administrativo (Introdução)*, vol. I. São Paulo, Malheiros Editores, 2007 (3ª ed., mantendo o texto da 2ª ed., de 1979).

CAVALCANTI, Themistocles Brandão. *O Direito Administrativo no Brasil*. Rio de Janeiro, Jornal do Commercio, 1947.

_____. *Instituições de Direito Administrativo Brasileiro*. 2ª ed. Rio de Janeiro, Freitas Bastos, 1938.

CIRNE LIMA, Ruy. *Princípios de Direito Administrativo*. São Paulo, Malheiros Editores, 2007 (7ª ed., revista e reelaborada por Paulo Alberto Pasqualini, a partir da edição de 1964).

CRETELLA JÚNIOR, José. *Tratado de Direito Administrativo*, vols. II, IV e V. Rio de Janeiro, Forense, 1966, 1967 e 1968.

DI PIETRO, Maria Sylvia Zanella. *Direito Administrativo*. 30ª ed. São Paulo, Atlas, 2017.

DUGUIT, Léon. *Traité de Droit Constitutionnel*, t. 1. 3ª ed. Paris, Ancienne Librairie Fontemoing & Cie., 1927.

JELLINEK, Georg. *Sistema dei Diritti Pubblici Subbiettivi* (trad. por Gaetano Vitagliano). Milão, Società Editrice Libraria, 1912.

KELSEN, Hans. "La théorie juridique de la convention", in *Archives de Philosophie du Droit et de Sociologie Juridique*, n. 1-4 (10º ano). Paris, Recueil Sirey, 1940.

MEDAUAR, Odete. "Convênios e consórcios administrativos", *Revista Jurídica da Procuradoria Geral do Município de São Paulo*. São Paulo, CEJUR – Centro de Estudos Jurídicos, 1995.

MEIRELLES, Hely Lopes. *Direito Administrativo Brasileiro*. 14ª ed. São Paulo, Ed. RT, 1989. [v. 42ª ed. São Paulo, Malheiros Editores, 2016.]

MENEGALE, José Guimarães. *Direito Administrativo e Ciência da Administração*, vol. 2. 2ª ed. Rio de Janeiro, Borsoi, 1950.

MENEZES, Djacir. *Direito Administrativo Moderno*. Rio de Janeiro, A. Coelho Branco Filho, 1943.

MENEZES DE ALMEIDA, Fernando. *Formação da Teoria do Direito Administrativo no Brasil*. São Paulo, Quartier Latin, 2015.

_____. *Contrato Administrativo*. São Paulo, Quartier Latin, 2012.

MOTA, Carlos Guilherme. "Para uma visão de conjunto: a história do Brasil pós-1930 e seus juristas", in MOTA, Carlos Guilherme e SALINAS, Natasha S. C. (coord.). *Os Juristas na Formação do Estado-Nação brasileiro: 1930-Dias atuais*. São Paulo, Saraiva, 2010.

PONTES, Valmir. *Programa de Direito Administrativo*. 2ª ed. São Paulo, Sugestões Literárias, 1968.

REALE, Miguel. *100 anos de Ciência do Direito no Brasil*. São Paulo, Saraiva, 1973.

DIREITO ADMINISTRATIVO COMO CONTROLE

FERNANDO VERNALHA GUIMARÃES

1. Introdução. 2. A formação casuística e descoordenada da legislação de direito administrativo sobre o controle. 3. Diagnóstico crítico acerca do perfil excessivamente burocrático do controle de índole preventiva. 3.1 A experiência brasileira com o "gerencialismo"; 3.2 Ineficiências derivadas de um aparelho excessivamente burocrático; 3.3 A (in)eficácia do controle eminentemente burocrático para inibir desvios. 4. O ativismo do controlador e sua visão maximalista do controle. 4.1 A indeterminação da norma e os espaços de discricionariedade capturados pelo controlador; 4.2 A desejada postura "deferente" do controlador à porção política e técnica das decisões; 4.3 A ineficiência derivada da retração do gestor público. 5. Superposição de competências e descoordenação institucional no exercício do controle.

1. Introdução

A expressão *direito administrativo como controle* é utilizada neste texto para referir um enfoque do direito administrativo como técnica de controle da atividade administrativa, com vistas a assegurar o seu atendimento a padrões de conduta adequados e eticamente aceitáveis. O direito administrativo como controle compreende tanto um controle que se poderia denominar *preventivo*, materializado na *procedimentalização* da atividade administrativa, como um controle *reativo*, que envolve um arcabouço de normas voltadas ao sancionamento de agentes públicos e privados pela prática de ilícitos. Contém-se nesta expressão, ainda, a disciplina do funcionamento dos órgãos e entidades de controles interno e externo às Administrações.

A disciplina jurídica do *processo* e da *contratação administrativa*, por exemplo, está aparelhada por padrões jurídico-burocráticos cuja finalidade volta-se, em alguma medida, à contenção de desvios de ética e de finalidade, servindo também ao objetivo de prevenir a corrupção. Da mesma forma, há diversos sistemas normativos integrados no direito administrativo voltados preponderantemente à punição de agentes públicos e privados pela prática de atos de corrupção e de outros ilícitos no âmbito de relações jurídico-administrativas. Assim se passa especialmente com o capítulo de sanções da Lei Geral de Licitações (Lei 8.666/1993), com a Lei de Improbidade Administrativa (Lei 8.429/1992) e com a Lei Anticorrupção (Lei 12.846/2013). Além disso, o direto administrativo como controle também se preocupa com as estruturas de controle, que abrangem as controladorias internas das Administrações e os órgãos e as entidades externas vocacionados ao controle.

Todo esse arcabouço legislativo e normativo, assim como as estruturas que lhe dão efetividade, estão a serviço da prevenção e do combate aos desvios. Um aparelho de controle eficaz e efetivo será aquele que consegue inibir ou eliminar o risco de práticas reprováveis associadas ao funcionamento das Administrações. Mas é evidente que o controle, a depender de sua intensidade ou qualidade, será apto a gerar efeitos deletérios à sociedade e às instituições. De uma perspectiva econômica, há custos diretos e indiretos que derivam do funcionamento dos sistemas de controle. De um prisma jurídico, as estruturas de controle sobre a atividade administrativa não podem ir a ponto de interferir na alocação de funções estatais desenhada pela Constituição.

Logo, refletir sobre os sistemas e as estruturas de controle importa considerar não apenas a sua efetividade, mas ainda as externalidades que derivam de seu funcionamento. É preciso enxergar criticamente os sistemas de controle com as lentes do pragmatismo e do realismo, com vistas a compreendê-lo como um aparelho calibrado para produzir os melhores resultados para a sociedade, a partir de uma análise que considere a sua relação de *custo-benefício*. A capacidade institucional para desempenhá-lo, assim como os efeitos diretos e indiretos que derivam de seu funcionamento são aspectos que necessariamente devem ser considerados para um diagnóstico crítico acerca do nosso sistema de controle.

O tema do direito administrativo como controle vem adquirindo maior visibilidade e relevância nos últimos meses e anos, particularmente em decorrência da revelação de escândalos de corrupção no seio das Administrações. Boa parte desses episódios esteve relacionada com equipamentos de controle próprios do direito administrativo, como o sistema de contratação administrativa. A revelação de uma enorme gama de atos gravíssimos de corrupção, propiciada pelo advento da operação lava-jato, despertou não apenas o interesse no aprofundamento do debate crítico sobre o perfil do ferramental jurídico de que dispomos para a prevenção e o combate da corrupção, mas a percepção de que o direito administrativo como controle não tem sido eficaz o suficiente para a dissuasão do comportamento infrator. Neste ambiente, sempre florescem orientações restritivas e tendencialmente formalistas para a revisão e reforma do aparelho jurídico anticorrupção. O sistema de contratação pública, por exemplo, que esteve no centro dos escândalos de corrupção, é uma das primeiras preocupações dos reformistas, que não raramente sustentam a necessidade de *densificação* de seu equipamento burocrático.

Por outro lado, é perceptível um descontentamento histórico com as ineficiências oriundas do *direito administrativo como controle*. São cada vez mais comuns reivindicações da doutrina quanto ao aprimoramento dos sistemas de controle, com vistas a dotá-los de maior equilíbrio e eficiência. Afinal, problemas relacionados à multiplicidade de estruturas de sistemas de controle e à sua descoordenação institucional; ao cunho excessivamente formalista de algumas estruturas, como o regime de contratação pública; ao cacoete das instâncias de controle em prestigiar interpretações reducionistas da discricionariedade dos agentes públicos e excessivamente ampliativas da responsabilização dos agentes públicos e privados etc. são frequentemente percebidos como patologias do sistema de controle.

Esse diagnóstico propõe a reflexão sobre o perfil dos equipamentos de controle de que dispõe direito administrativo, assim como acerca da interpretação que lhe tem sido aplicada pelas instâncias de controle. Não seria excessivo dizer que tanto a criação de leis, assim como sua interpretação pelas instâncias próprias, têm padecido da falta de uma visão pragmática e realista sobre o funcionamento dos sistemas e estruturas jurídicas de controle. A formação e a aplicação do direito, neste particular, está muito mais associada a pressupostos teóricos e racionais do que às consequências práticas derivadas. E isso tem concorrido para ensejar um controle que, de um ângulo prático, tem se revelado ineficiente e pouco funcional.

É relevante, por isso, tecer um diagnóstico realista e crítico sobre os problemas que afetam o funcionamento das estruturas de controle, com vistas a buscar ajustes legislativos e jurisprudenciais que favoreçam o seu aperfeiçoamento. Com esse objetivo, o presente texto pretende oferecer alguma contribuição sobre o assunto.

2. A formação casuística e descoordenada da legislação de direito administrativo sobre o controle

É necessário perceber, inicialmente, que a formação da legislação sobre o controle não raramente tem sido orientada por casuísmos e tem carecido de uma integração sistêmica.

Leis importantes, como a Lei 12.846/2013 (Lei Anticorrupção)[1] e a Lei 8.429/1992 (Lei de Improbidade)[2] surgiram embaladas pela comoção em torno de denúncias de corrupção. Mais recentemente, o avanço da operação lava-jato ensejou a tramitação de projeto legislativo visando ao combate da corrupção (Projeto de Lei 4.850/2016), com propostas de alteração na legislação penal e administrativa. Assim tem se passado com diversas legislações voltadas ao controle de desvios éticos e de finalidade, caracterizando aquilo que se poderia denominar de *legislação reativa* (para usar aqui a expressão de Floriano Marques Neto e Juliana B. de Palma).[3]

O problema é que essas iniciativas, inclusive pelo casuísmo que as tem originado, estão via de regra orientadas pela percepção seletiva dos casos mais sensíveis, além de carecerem de uma compreensão sistêmica do direito do controle. Como resultado, produzem-se leis que não raro pecam pelo excesso na dosimetria do controle e pela ausência de coerência e integração com outras leis que versam sobre temas equivalentes.

Essas leis acabam surgindo de modo esparso e dirigidas a atacar problemas específicos, sem uma avaliação acerca dos seus efeitos colaterais relativamente a outras legislações.

---

1. A chamada Lei Anticorrupção originou-se do Projeto de Lei 6.826/2010, encaminhado ao Congresso ainda em 2010 pelo então Ministro da Justiça Tarso Genro. Esse projeto acabou estacionado na Câmara dos Deputados até o advento dos protestos populares ocorridos em junho de 2013 – e que ficaram conhecidos como *manifestações dos 20 centavos* ou *jornadas de junho* –, quando sua tramitação ganhou velocidade impressionante, vindo a ser sancionada a Lei 12.846 já no dia 1º de agosto do mesmo ano. Aliás, neste mesmo dia, ainda fruto da comoção popular em torno dos escândalos de corrupção que começavam a se descortinar, a então Presidente da República Dilma Rousseff viria a sancionar um pacote de leis contra a corrupção, incluindo a Lei 12.850/2013, que tratava, dentre outros assuntos, do instituto da colaboração premiada.

2. Nos termos da exposição de motivos da Lei 8.429/1992, que se originou do Projeto de Lei 1.446/1991, encaminhado pelo ex-Presidente Fernando Collor, o então Ministro da Justiça, Jarbas Passarinho, salientava que: "A medida, a todos os títulos da maior relevância política e administrativa, insere-se no marco do processo de modernização do País, que Vossa Excelência vem perseguindo com obstinação e sem desfalecimentos, em ordem a resgatar, perante a sociedade, os mais gratos compromissos de campanha que, por decisão majoritária do povo brasileiro, transformam-se em plano de governo. Sabendo Vossa Excelência que uma das maiores mazelas que, infelizmente, ainda afligem o País, é a prática desenfreada e impune de atos de corrupção, no trato com os dinheiros públicos, e que a sua repressão, para ser legítima, depende de procedimento legal adequado – o devido processo legal – impõe-se criar meios próprios à consecução daquele objetivo sem, no entanto, suprimir as garantias constitucionais pertinentes, caracterizadoras do estado de Direito" (*Diário do Congresso Nacional*, Seção 1, 17.8.1991, p. 14.124, "Exposição de Motivos").

3. Floriano Marques Neto, Juliana B. de Palma, "Os sete impasses do controle da Administração Pública no Brasil", in *Controle da Administração Pública* (coord. Marcos Augusto Perez e Rodrigo Pagani de Souza), Belo Horizonte, Forum, 2017, p. 22.

Não se avalia o impacto sistêmico de certa inovação legislativa, inclusive para o fim de desonerar o controle para outros fins.

Assim, por exemplo, o surgimento de uma lei que imponha um forte incremento no grau das penas aplicáveis às práticas de corrupção associadas à contratação administrativa, ao reforçar o incentivo para a dissuasão do comportamento infrator pela perspectiva da retribuição (controle reativo), pode provocar a conveniência em se reduzir as amarras procedimentais para a produção das decisões relativas à contratação pública (controle preventivo). Trata-se de uma abordagem compensatória do controle, que persegue uma formatação eficiente do sistema como um todo. Mas uma análise desta natureza só se viabiliza a partir de uma compreensão plena do direito do controle, submetendo as propostas legislativas ao contraste com leis já existentes, no âmbito de uma avaliação pragmática que considere os efeitos das novas leis dentro do funcionamento dos regimes de controle.

A ausência desta integração e harmonização entre os regimes dedicados ao controle tem contribuído para ensejar não apenas a superposição de competências e de estruturas encarregadas do exercício do controle, ampliando o risco de conflito entre os controladores e propiciando insegurança jurídica e instabilidade institucional, mas ineficiências diversas no funcionamento do controle.

3. Diagnóstico crítico acerca do perfil excessivamente burocrático do controle de índole preventiva

Há uma percepção aparentemente generalizada acerca das ineficiências que derivam da densidade burocrática do nosso sistema de controle. Mas esse reconhecimento não necessariamente conduz à aceitação de soluções radicalmente desburocratizantes, pois a burocracia tem um papel fundamental para a garantia da correção e da retidão ética da ação administrativa. Ela é um mal necessário, ainda que se possa discutir a qualidade e a quantidade da burocracia estatal. A questão está em examinar propostas para atenuar os efeitos negativos que derivam da burocracia, sem prejudicar a sua eficácia para assegurar minimamente o atendimento a padrões éticos na manipulação do interesse coletivo.

As propostas para a desburocratização da atividade administrativa relacionam-se com o *gerencialismo*, fenômeno que retrata a tentativa de importação para a Administração Pública de boas práticas de administração e governança consagradas no mundo privado, e que vem sendo ciclicamente debatidas no país.

3.1 A experiência brasileira com o "gerencialismo"

É perceptível a existência de ciclos de desburocratização no Brasil, fruto não apenas das circunstâncias históricas, mas do progressivo incremento da complexidade das estruturas administrativas. As Administrações Públicas foram se diversificando, tornando-se cada vez mais abrangentes e complexas, gerando-se a necessidade de maior organização e coordenação de procedimentos e controles. Isso resultou num progressivo processo histórico de densificação burocrática da atividade administrativa. De tempos em tempos, no entanto, veem-se iniciativas de revisão dessas estruturas, voltadas à desburocratização. Na histórica recente, pelo menos cinco movimentos são nitidamente percebidos como iniciativas para a desburocratização das Administrações: (i) em 1956, com a criação da Comissão de Simplificação Burocrática (pelo Decreto 39.605) e da Comissão de Estudos e Projetos Administrativos (pelo Decreto 39.855); (ii) em 1967, com a reforma estrutural e gerencial provida pelo Decreto-lei 200; (iii) em 1970, com a criação da Secretaria de Modernização e Reforma Administrativa (SEMOR) do Ministério do Planejamento e Coordenação; (iv) em 1979, com a criação do Programa Nacional de Desburocratização (instituído pelo Decreto 83.740); e, finalmente, (v) em 1995, com a criação do Plano Diretor da Reforma do Aparelho do Estado (PDRAE), elaborado pelo então Ministério da Reforma do Estado e aprovado pela Câmara da Reforma do Estado.

Antes do movimento pela Administração Gerencial implementado pelo PDRAE, talvez se possa dizer que foi com o Decreto-lei 200 que se experimentaram mudanças estruturais na Administração mais aproximadas ao *gerencialismo*. Mas a aplicação do modelo criado pelo Decreto-lei 200/1967 teve, na prática, dois efeitos indesejados, como já anotei em outro estudo:

> (1) o favorecimento de práticas patrimonialistas e fisiológicas, ao se permitir a contratação de empregados sem concurso público; (2) a despreocupação com a Administração direta ou central, que teve seu núcleo estratégico enfraquecido por uma estratégia oportunista do regime militar, que, de sua parte, "em vez de se preocupar com a formação de administradores públicos de alto nível selecionados por concursos públicos, preferiu contratar os escalões superiores da administração por meio de empresas estatais (Bresser Pereira)".[4]

E foi precisamente o uso, em alguma medida, desvirtuado do modelo configurado pelo Decreto-lei 200 um dos ingredientes que contribuíram para fomentar o retorno a uma Administração centralizadora e burocratizante desenhada pela Constituição de 1988. A partir disso, viu-se a volta a um modelo burocrático e de cariz centralizador, rígido e hierárquico. No dizer de Bresser Pereira,

> a Constituição de 1988 ignorou completamente as novas orientações da administração pública. Os constituintes e, mais amplamente, a sociedade brasileira revelaram nesse momento uma incrível falta de capacidade de ver o novo. Perceberam apenas que a administração burocrática clássica, que começava a ser implantada no país nos anos 30, não havia sido lentamente instaurada. Viram que o Estado havia adotado estratégias descentralizadoras – as autarquias e as fundações públicas – que não se enquadravam no modelo burocrático-profissional clássico. Notaram que essa descentralização havia aberto espaço para o clientelismo, principalmente no nível dos estados e municípios — clientelismos esse que se acentuara após a redemocratização. Não perceberam que as formas mais descentralizadas e flexíveis de administração, que o Decreto-lei 200 havia consagrado, eram uma resposta à necessidade de o Estado administrar com eficiência as empresas e os serviços.[5]

Fato é que, já em meados da década de 90, a Administração Pública brasileira havia se tornado excessivamente ineficiente e ineficaz, particularmente pela centralidade das suas

---

4. Fernando Vernalha Guimarães, *PPP – Parceria Público-Privada*, 2ª ed., São Paulo, Saraiva, 2014, p. 239. Bresser Pereira, *Crise Econômica e Reforma do Estado do Brasil*, São Paulo, Editoria 34, 1996, pp. 274 e 275.

5. Bresser Pereira, *Crise Econômica e Reforma do Estado do Brasil*, São Paulo, Editoria 34, 1996, pp. 274 e 275.

estruturas decisórias e pelas amarras burocráticas que se fortaleceram nos anos seguintes à publicação da Constituição de 1988.

Foi a partir deste diagnóstico que se instaurou por aqui o movimento mais recente pelo *gerencialismo* na Administração Pública, com uma série mudanças estruturais e relevantes no funcionamento da Administração, levado a cabo pela execução do PDRAE.

Mas esse movimento, embora tenha produzido resultados muito favoráveis à eficiência, não alcançou na prática todos os efeitos esperados. A desburocratização do Estado – na acepção de alcançar uma governabilidade genericamente menos apegada às amarras procedimentais e dinamicamente comprometida com a preponderância dos fins sobre os meios – foi freada, entre outras razões, pela dificuldade de renovação cultural dos atores envolvidos no aparelho governamental.

Mais recentemente, percebemos algumas iniciativas isoladas na direção da flexibilização de procedimentos, como a edição do Decreto 6.932/2009, da nova legislação das empresas estatais (Lei 13.303/2016 e Decreto 8.945/2016) e do Decreto de 7.3.2017, que criou o Conselho Nacional para Desburocratização – Brasil Eficiente.

3.2 Ineficiências derivadas de um aparelho excessivamente burocrático

A despeito dos movimentos pelo *gerencialismo* na Administração Pública, não seria excessivo afirmar que o aparelho do controle acolhido pelo direito administrativo ainda é preponderantemente (e excessivamente) burocrático. Essa característica, muito visível em alguns regimes como o da contratação administrativa, tem gerado ineficiências de diversas ordens.

A densidade burocrática da regulação que pesa sobre a atividade administrativa relaciona-se com a finalidade de prevenção de desvios na manipulação do interesse coletivo. Quanto mais burocrático for o processo de formação de decisões administrativas, tanto menor será o espaço para a valoração subjetiva do agente público. A ampliação da burocracia reforça o controle prévio e propicia o monitoramento automático e permanente da formação da decisão do agente público – ou da chamada "vontade normativa". Mas ela gera custos, diretos e indiretos, que não devem ser desprezados na avaliação do perfil qualitativo e quantitativo do controle.

Por um lado, as fricções burocráticas funcionam como travas no fluxo decisório das Administrações. Quanto maior a burocracia, mais morosa será a produção das decisões administrativas. Além disso, a sofisticação burocrática demanda a manutenção de estruturas vocacionadas a proceder às análises e a conduzir os processos, o que representa custos com recursos humanos e materiais que lhe estão associados.

Por outro lado, há efeitos indiretos gerados pelo excesso de burocracia estatal. O próprio retardamento da ação estatal já é apto a gerar problemas econômicos no âmbito da sociedade e do mercado. Considerando-se, por exemplo, que o consumo estatal tem forte impacto no mercado de bens e serviços, é evidente que o retardamento do processo de contratação administrativa produz prejuízos econômicos ao seu funcionamento. Assim se passa nos casos de atraso na liberação de licenças ambientais para empreendimentos, de alvarás ao funcionamento de empresas etc. É fácil perceber as consequências econômicas negativas que se originam das travas burocráticas que podem atrasar muitas das decisões administrativas importantes para o funcionamento dos mercados e das instituições.

Para além disso, o foco preponderante sobre a cobrança de formas e procedimentos – e pouco sobre os resultados – conduz a aculturar o agente público a satisfazer-se com o atingimento de padrões formais. Os agentes públicos cada vez mais veem-se ensimesmados em suas atividades, ocupados com o objetivo de satisfazer o controle por meio da demonstração do atendimento às rotinas formais e burocráticas que lhe são impostas pela legislação e valorizadas pelo controlador. As escolhas e decisões acertadas ou eficientes que fujam aos padrões burocráticos são sempre evitadas, porquanto via de regra pouco palatáveis aos controladores.

Essa característica tem gerado efeitos deletérios a certas atividades administrativas, como a contratação pública. Neste particular, já adverti, a propósito do processo de licitação, que

> o modelo de licitação que temos operado na experiência brasileira tem se revelado oneroso e ineficiente, decorrência das características de seu aparelho, riquíssimo no estabelecimento de limites de toda a ordem para que o gestor público estruture uma licitação pública. E essa disciplina adquiriu traços ainda mais exigentes e limitativos quando interpretada e aplicada pelas instâncias de controle. Toda essa cultura do excesso de controle pela burocracia e pela forma é alimentada pela premissa de que o cumprimento daqueles ritos gerará sempre o resultado mais apropriado para o interesse coletivo. Ocorre que os custos diretamente derivados da realização material dos processos de licitação (que crescem à proporção da intensidade da burocracia) e a ineficácia dos caminhos procedimentais e formais como meio de gerar as melhores escolhas para o interesse coletivo têm posto em xeque aquela premissa. Suscita-se a discussão pela renovação do modelo atual de contratação, o que passa por desburocratizar a licitação, aproximando-a da realidade dos negócios e do próprio mercado. E aqui teremos muito a fazer. A tendência, ainda que para um futuro não tão próximo, será transitarmos de um modelo burocrático e formalista para um modelo focado no alcance de resultados. O controle não se fará tanto pelo cumprimento dos ritos, das formas e do conjunto de condições para pautar a tomada de decisão administrativa, mas pelo resultado, pelo conteúdo racional das escolhas. Para isso, será importante ampliar a transparência e reduzir a burocracia. Através da amplificação da transparência conseguiremos exercer um controle sobre a racionalidade das escolhas produzidas pela licitação, que tenderá a ser mais eficaz e legítimo – na minha visão – do que aquele operado a partir do aparelho burocrático. Aliás, esse tem funcionado em muitos casos como um instrumento de legitimação de decisões irracionais: basta que o sistema produza certo resultado para que ele esteja formalmente legitimado como o melhor resultado possível para o caso. O problema é que, na vida real, as escolhas certas muitas vezes não coincidem com os resultados apontados pelo manejo do aparelho burocrático.[6]

A ideia de um controle forte sobre os meios baseia-se numa premissa de *desconfiança* da atuação do gestor público. Neste particular, a burocracia imposta à atividade administrativa se distancia daquela de que se vale o mundo corporativo privado para prestigiar bons padrões de governança. Sob um certo ângulo, uma grande empresa privada tem dilemas muito semelhantes ao funcionamento de uma Administração: os seus executivos precisam gerenciar contratações, tomar decisões estratégicas, aplicar bem seus recursos etc., e são prestadores de contas às estruturas com poder de controle e de deliberação. E toda essa gestão é exercida pelo executivo privado a partir de um *mandato* que lhe é conferido, tal

---

6. Fernando Vernalha Guimarães, "Desburocratizando a licitação", in *Colunistas*, n. 23, 2015. Disponível em: *www.direitodoestado.com.br/colunistas/fernando-vernalha-guimaraes/desburocratizando-a--licitacao*. Acesso em: 15.4.2017.

como se passa no universo administrativo. Mas no ambiente privado, o controle é eminentemente voltado aos resultados, garantindo-se ao gestor uma boa autonomia para esse exercício. Esse mandato que lhe é outorgado está lastreado numa premissa de *confiabilidade*, cobrando-lhe fundamentalmente os resultados de sua atuação. Já, no âmbito da atividade administrativa, os controles são rigorosamente vocacionados a monitorar o cumprimento dos ritos, das formas e dos procedimentos (controle sobre os meios), o que importa na redução da autonomia do gestor. Num caso, presume-se a boa-fé do executivo privado; no outro, a má-fé do gestor público.

A eficácia do controle burocrático, por isso, atinge a formação das decisões, evitando que elas possam fugir ao roteiro desenhado ou pré-determinado pela norma. E essa preocupação com o monitoramento preventivo da formação das decisões vem em prejuízo do interesse em estimular uma gestão eficiente dos meios, o que dependeria de assegurar ao administrador uma maior liberdade de gestão.

Logo, o controle preponderantemente focado na cobrança do cumprimento dos meios e não no atingimento de resultados permite o culto ao artificialismo na construção das decisões, que nem sempre são as melhores decisões para atender aos casos concretos, mas acabam sendo *presumidas* como tais, visto que resultam do funcionamento do aparelho burocrático.[7]

3.3 A (in)eficácia do controle eminentemente burocrático para inibir desvios

Ademais disso, o aparelho eminentemente burocrático não tem sido absolutamente eficaz para inibir os desvios e a corrupção. Em muitos casos tem funcionado, inclusive, como fator para sua legitimação: cumprir o rigor formal pode produzir a sensação nos controladores de que o interesse público restou protegido. Mas a nossa experiência histórica recente, contabilizando episódios dramáticos de corrupção ocorridos no seio das contratações públicas, tem revelado que todo esse arcabouço burocrático é relativamente ineficaz ou insuficiente para inibir desvios. A dissuasão do comportamento infrator depende muito mais da efetividade e da capacidade das instituições em fiscalizar e apurar ilícitos e aplicar as penas do que dos equipamentos burocráticos de prevenção. A debilidade do aparato estatal em proceder a esta apuração, condenar os infratores e aplicar as penas correspondentes é provavelmente um dos fatores de maior repercussão prática no aumento da corrupção.

Lembre-se que, sob a teoria econômica do crime, o incentivo do infrator à prática do crime só será neutralizado pela percepção de que o seu castigo (pena), considerada a probabilidade de ser descoberto e condenado (probabilidade), será mais onerosa do que o resultado obtido com a execução do ilícito. Num cenário de pouca efetividade na apuração

---

7. Nos dizeres do PDRAE: "Na Administração Pública gerencial a estratégia volta-se (1) para a definição precisa dos objetivos que o administrador público deverá atingir em sua unidade, (2) para a garantia de autonomia do administrador na gestão dos recursos humanos, materiais e financeiros que lhe forem colocados à disposição para que possa atingir os objetivos contratados, e (3) para o controle ou cobrança *a posteriori* dos resultados. Adicionalmente, pratica-se a competição administrada no interior do próprio Estado, quando há a possibilidade de estabelecer concorrência entre unidades internas. No plano da estrutura organizacional, a descentralização e a redução dos níveis hierárquicos tornam-se essenciais. Em suma, afirma- se que a Administração Pública deve ser permeável à maior participação dos agentes privados e/ou das organizações da sociedade civil e deslocar a ênfase dos procedimentos (meios) para os resultados (fins)".

do ilícito e retribuição ao infrator, o fator probabilidade tende a reduzir-se a ponto de comprometer a eficácia do contra-incentivo à consumação do crime.

No que se refere ao controle vocacionado à prevenção, a imposição de padrões de boa governança e de estruturas técnicas para a formação de decisões pode funcionar muito melhor para formatar decisões eticamente desejáveis comparativamente à imposição de padrões excessivamente formalistas e burocráticos.

4. O ativismo do controlador e sua visão maximalista do controle

É necessário notar, ainda, que o fenômeno de densificação burocrática do aparelho de controle preventivo deve-se, em boa medida, à interpretação e aplicação do direito pelos controladores. Vale dizer: se é certo que nosso aparelho, abstratamente concebido, já veio equipado com excessivas travas burocráticas, toda essa burocracia adquiriu intensidade ainda maior quando interpretada pelo controlador.[8]

Além disso, não é difícil perceber um cacoete histórico dos controladores em prestigiar um controle amplo e interventivo sobre a atividade administrativa. É o que se poderia denominar da cultura do excesso de controle, que se inspira em uma premissa de *quanto mais controle melhor*. Mas essa concepção ignora que o funcionamento do controle gera custos diretos e indiretos;[9] e, ainda, que um controle exacerbado sobre a atividade administrativa interfere, em muitos casos, na legitimação das decisões públicas.

Logo, o exercício do controle externo sobre as decisões administrativas tem padecido de uma visão *formalista* e *maximalista*, o que vem acarretando a redução da discricionariedade do administrador e o seu apego às formas não tanto ao mérito ou ao resultado de sua atuação.

---

8. Já há, no entanto, manifestações do TCU em prol do aperfeiçoamento e desburocratização do controle. Confira-se trecho do voto da Ministra Ana Arraes, no Acórdão 1007/2016, Plenário, que tratou de auditoria operacional realizada pelo tribunal com a finalidade de avaliar, dentre outras questões, a efetividade dos controles administrativos do Ministério da Educação/MEC e do Fundo Nacional de Desenvolvimento da Educação/FNDE para a aplicação de recursos do Programa Dinheiro Direto na Escola (PDDE) e do Plano de Ações Articuladas (PAR-infraestrutura): "Dessa forma, em detrimento das propostas da unidade técnica de recomendação para que o FNDE e o MEC avaliem a conveniência de incluir termos de doação e listas de bens adquiridos nas prestações de contas, considero que é mais compatível com a lógica da política pública a implementação de mecanismos de prestação de contas mais simplificados, que estimulem o controle social em detrimento do controle burocrático tradicional. Assim, sem adentrar às filigranas de eventual regulamentação para que não haja avanço à competência dos órgãos executivos, proponho recomendar ao FNDE e ao MEC que revisem os normativos e manuais que regulamentam o PDDE a fim de que sejam definidas regras de prestação de contas que, sem descuidar da necessidade de aprimoramento do controle sobre os bens adquiridos ou produzidos, tenham por essência o controle social, a transparência, a desburocratização, a tempestividade e a priorização de controles tecnológicos".

9. Como bem apontou Eduardo Jordão, "de uma perspectiva econômica, o direito não pode e não deve colocar como meta a eliminação de toda hipótese de abuso de poder. Este objetivo não é apenas *faticamente* irrealizável. Ela é inconveniente mesmo a partir de uma perspectiva teórica, voltada para a maximização do bem-estar social. A partir de um certo patamar, a busca adicional de eliminação do abuso de poder é injustificável num cálculo de custos e benefícios. Dito claramente, o *nível ótimo* de abuso de poder numa sociedade será sempre maior do que zero e o desenho de diversas instituições parte implicitamente deste pressuposto (Cf. Vermeule, "Optimal abuse of power")" (Eduardo Jordão, "Por mais realismo no controle da Administração Pública", *Revista Colunistas*, n. 183, 2016. Disponível em: *www.direitodoestado.com.br/colunistas/Eduardo-Jordao/por-mais-realismo-no-controle-da-administracao-publica*. Acesso em: 27.4.2017).

A visão maximalista do controle foi sendo construída a partir de entendimentos jurídicos expansivos exercitados sobre os espaços indeterminados (e também pela relativização de espaços determinados) das normas jurídicas.

4.1 A indeterminação da norma e os espaços de discricionariedade capturados pelo controlador

É evidente que muitas das normas jurídicas que condicionam as condutas do administrador têm *textura aberta*, pois é impossível pré-determinar todos os caminhos e as escolhas possíveis a serem adotadas pela Administração. É inerente ao direito administrativo normas de caráter aberto e que se utilizam de termos indeterminados. Normas desta natureza propiciam o exercício de competências discricionárias pelo gestor público.

Essa discricionariedade vem sendo reduzida pelo efeito da atuação dos controladores, que têm concebido parâmetros jurisprudenciais com vistas a restringir sobremaneira a liberdade do gestor.

Num certo sentido, a criação de parâmetros vinculantes, mesmo que originados dos controladores e não diretamente das normas, pode produzir o efeito desejável de assegurar maior segurança jurídica às relações jurídico-administrativas. Trata-se de um efeito positivo que decorre da criação de orientações vinculantes pelos órgãos de controle.

O problema é que os *standards* que frequentam a jurisprudência dos controladores acabam prestigiando uma interpretação não apenas formalista e burocrática do direito, mas excessivamente restritiva da liberdade do administrador público (funcionando como um verdadeiro legislador).[10] A premissa subjacente a esses entendimentos é a de que, ao reduzir-se sobremaneira a liberdade do gestor, conduzindo-o à adoção de parâmetros rígidos e abstratamente concebidos, reduz-se o risco de desvios. Mas essa premissa, levada às últimas consequências, conduziria à paralisia da atividade pública ou à eliminação da criatividade do administrador (embora eliminasse integralmente o risco de desvios). O fato é que, amparado nesta máxima, o controlador vem imprimindo muito rigor, formalismo e redução de liberdade à atuação do gestor.

Isso se explica também pelo fato de que a uniformização desses parâmetros geralmente acaba se originando de entendimentos extraídos de casos de desvios de ética e de práticas de corrupção. São casos assim sensíveis que acabam servindo de amostragem para a configuração de parâmetros jurídicos para orientar a atuação do gestor público. Mas a generalização desses entendimentos não está sendo acompanhada de um levantamento sobre a recorrência

---

10. Um exemplo extrai-se de trecho do voto condutor do Acórdão 834/2014-TCU-Plenário, que, a propósito da contratação administrativa, consignou: "a subcontratação deve ser tratada como exceção. Só é admitida a subcontratação parcial e, ainda assim, desde que demonstrada a inviabilidade técnico-econômica da execução integral do objeto por parte da contratada, e que haja autorização formal do contratante". Ora, a avaliação acerca da conveniência da subcontratação deve ser reservada ao administrador, inclusive por se tratar de aspecto inerente à melhor estipulação do conteúdo do contrato. Admiti-la ou não, no mais das vezes, será uma avaliação relacionada à *eficiência* da contratação. Não há parâmetros legais ou normativos abstratos a guiar a opção do administrador, neste particular. Em razão disso, não é legitimo que o controlador, oferecendo um verdadeiro complemento à legislação, busque restringir o cabimento da subcontratação, exigindo, inclusive, que se demonstre "a inviabilidade técnico-econômica da execução integral do objeto por parte da contratada".

daqueles desvios na prática administrativa e da eficácia desses parâmetros como óbice à corrupção. Daí gerar-se o risco de que tais interpretações sejam excessivamente restritivas da liberdade do administrador, o que produz ineficiências diversas na atividade administrativa e gera o risco da usurpação indevida do espaço decisório do administrador pelo controlador.

Temas dotados de maior complexidade, e que admitem pluralidade de interpretações, são aqueles que têm ensejado um ativismo maior do controlador. Assim vem se passando tanto no campo da *contratação pública* (pelos tribunais de contas), como no temário da *improbidade administrativa* (pelo Ministério Público e pelo Poder Judiciário).

Assim, por exemplo, o art. 25 da Lei 8.666/1993 admite a contratação direta por inexigibilidade de licitação sempre que houver inviabilidade de competição. Em princípio, há inúmeros casos que podem (devem) originar contratações diretas, em função da inadequação do processo de licitação. Mas boa parte desses casos não tem sido palatável para os controladores, que preferem afastar a via da contratação direta e prestigiar o uso ampliado da licitação. Com isso, cria-se uma jurisprudência que delimita negativamente o uso dessa modalidade de contratação. Logo, a contratação direta por inexigibilidade de licitação é uma hipótese percebida pelo controlador como *excepcional*, cabível em hipóteses raras, e cuja transgressão conduz, inclusive, ao enquadramento em prática de improbidade administrativa – podendo derivar para o enquadramento como ilícito criminal. Essa visão restritiva da contratação direta decorre, por um lado, da ideia de que a isonomia deve sempre se sobrepor à escolha subjetiva do gestor, e, por outro, de que a liberdade de escolha conduz ao risco de corrupção. O problema é que nem a preservação da isonomia deve prevalecer em casos em que isso signifique uma solução menos eficiente à Administração (pois o objetivo desse processo é obter-se a contratação mais vantajosa para o interesse administrativo), nem se garantir escolhas subjetivas ao gestor propicia risco ampliado de corrupção para situações desta natureza.[11] Como resultado, os controladores criam parâmetros bastante restritivos para limitar o uso da inexigibilidade e dispensa de licitação, onerando a contratação pública nos demais casos.

Bem ilustra o ativismo do controle no temário da contratação direta os entendimentos historicamente restritivos acerca da contratação direta de serviços jurídicos. A recorrência de orientações excessivamente restritivas a esse respeito, com enquadramento em práticas de improbidade administrativa, levou o Conselho Nacional do Ministério Público a editar a Recomendação n. 36, de 14.7.2016, veiculando o entendimento de que

> a contratação direta de advogado ou escritório de advocacia por ente público, por inexigibilidade de licitação, por si só, não constitui ato ilícito ou improbo, pelo que recomenda aos membros

---

11. Floriano de Azevedo Marques Neto e Juliana Bonacorsi de Palma lembram que a teoria do controle no âmbito do administrativo tem sido construída a partir de certos *truísmos doutrinários*, como: "1) quanto maior a margem de liberdade conferia aos gestores públicos para atuar (discricionariedade), maior o risco de corrupção; 2) quanto maior a incidência de controle, maior a certeza de que a Administração atue dentro dos quadrantes da legalidade; 3) Instituições de controle fortes, dotadas de irrestrita independência funcional e avantajados recursos, barram a corrupção; 4) A corrupção na máquina pública é contida por meio de punições exemplares: é o efeito simbólico de sanções pesadas que constrange novas práticas delitivas e infracionais públicas" (Floriano Marques Neto, Juliana B. de Palma, "Os sete impasses do controle da Administração Pública no Brasil", in *Controle da Administração Pública* (coord. Marcos Augusto Perez e Rodrigo Pagani de Souza), Belo Horizonte, Forum, 2017, p. 30).

do Ministério Público que, caso entenda irregular a contratação, descreva na eventual ação a ser proposta o descumprimento dos requisitos da Lei de Licitação.

Diversos outros exemplos poderiam ser lembrados. O fato é que esse exercício ampliado do controle sobre temas variados do dia-a-dia das Administrações importa uma progressiva transferência de espaços decisórios do administrador para o controlador externo. Essa questão não é nova e tem suscitado esforços da doutrina com vistas a encontrar critérios que permitam demarcar a atuação do controle externo à atividade administrativa.

4.2 A desejada postura "deferente" do controlador à porção política e técnica das decisões

O problema do controle sobre a *discricionariedade* do administrador é um tema difícil e apresenta forte relação com a questão da *legitimidade democrática* e com a distribuição constitucional de funções pelos Poderes do Estado. Em muitos casos, a captura pelo controlador das escolhas técnicas ou jurídico-políticas do administrador pode significar um fenômeno de *deslegitimação* democrática pelo direito. Isso dependerá da natureza do controlador, assim como da intensidade e da abrangência desse controle.

Assim se passa porque o espaço de ação e autonomia do administrador público não está perfeitamente demarcado pelo direito. As fronteiras que o delimitam são fluidas, o que significa que sobre ele recai um controle de variada intensidade. Os princípios jurídicos conferem ao direito uma certa porosidade às impressões ideológicas do intérprete (que podem inclusive acarretar a desvalorização da força objetiva das *regras*). Os controladores, sob o pretexto de aplicar o direito (particularmente, o direito dos princípios), podem adotar entendimentos mais ou menos invasivos das escolhas típicas e próprias do administrador. A medida desse controle, tanto administrativo como judicial, consiste num dos problemas mais complexos e difíceis do direito e que tem ocupado a doutrina diuturnamente.

É útil à análise a discussão que se vem travando historicamente em torno da intensidade do controle judicial sobre a discricionariedade administrativa. Tem sido comum a afirmação de que a deferência do controlador à decisão administrativa depende da natureza da questão sob exame: (i) questões juridicamente sensíveis devem ser objeto de apreciação pelo controlador (juiz); mas (i) questões de índole política e (iii) aquelas que dependam de abordagens técnicas complexas e específicas devem ser reservadas ao administrador, quando o controlador deverá adotar uma postura *deferente*.[12] A construção desses parâmetros busca não apenas preservar a legitimação democrática das decisões administrativas, evitando a captura das escolhas políticas pelo controlador, mas está orientada pragmaticamente a alocar a competência decisória à instituição mais apta a exercê-la: faz sentido, por exemplo, que a instância melhor aparelhada para proceder a avaliações técnicas (agências reguladoras, por exemplo) tenha prevalência sobre aquela apta ao controle de sua juridicidade (juiz). Da mesma forma, o Poder Judiciário se presume melhor qualificado para o julgamento de questões juridicamente sensíveis.

Um dos autores que mais se debruçaram sobre essa temática no direito nacional foi Eduardo Jordão, que advertiu a impropriedade de se aplicar inexoravelmente esses padrões,

---

12. Aprofundar em Eduardo Jordão, *Controle Judicial de uma Administração Pública Complexa*, São Paulo, Malheiros Editores, 2016.

pois há não apenas uma dificuldade quase intransponível na identificação da *natureza da decisão administrativa*,[13] como as opções valorativas que lhe são subjacentes podem alterar-se em função de especificidades e mudanças institucionais.

Mas o reconhecimento de uma excessiva relatividade (ou *referibilidade* às características dos casos concretos) pode conduzir à ampliação da liberdade do controlador e à instabilidade do controle jurídico. Ou, ainda, a busca pela sofisticação dos critérios e procedimentos para a definição da competência para a apreciação das questões administrativas pode impor custos e dificuldades à operacionalidade do controle. Trata-se, como o próprio Eduardo Jordão[14] assinala, de um dilema que se estabelece entre a *sofisticação* e a *operacionalidade* do controle (judicial) sobre decisões administrativas.

Seja como for, as impressões que se colhem da prática do controle (extrajudicial) sobre a atividade administrativa no Brasil tendem a caracterizá-lo como um controle *maximalista*, que não raramente invade o campo das opções discricionárias (estratégicas) e das análises técnicas e próprias do administrador. Vários exemplos poderiam ser lembrados para exemplificar o alegado.

Neste particular, sem desprezar as dificuldades e as variáveis envolvidas nesta análise (como a dificuldade em se demarcar a natureza das questões ou a variabilidade da capacidade institucional dos atores), é necessário buscar alguma demarcação jurídica para alocar os espaços decisórios e preservar a autonomia de escolhas políticas e técnicas do administrador.

Tal como o sistema brasileiro de controle está desenhado e tal como ele vem operando na vida prática, é possível diagnosticar sua incapacidade de proceder análises avançadas acerca da porção técnica das decisões administrativas, assim como sua inaptidão jurídica para gerenciar as escolhas políticas do administrador.

Relativamente às decisões que se relacionam a escolhas técnicas,[15] é necessário observar que o ponto de observação do controlador não lhe permite capturar e gerenciar todas as informações e os aspectos técnicos que circundam e embasam as escolhas do administrador. Inclusive porque a estrutura dos órgãos de controle não está atualmente aparelhada para isso.

Da mesma forma, a formação das decisões de cunho político, na maioria dos casos, nasce no contexto de planejamentos públicos, que pressupõem um conjunto de estudos, dados e informações que não está plenamente acessível aos controladores.[16]

---

13. "Na maioria das vezes – ou mesmo na *totalidade* dos casos – as decisões administrativas são caracterizadas por *diferentes aspectos*, ao invés de marcadas por uma *natureza específica*. Isso significa que o reconhecimento de uma "natureza" importa, na realidade, uma operação consistente na ponderação dos *diferentes aspectos*, para identificação (ou escolha) daquele que é mais saliente" (Eduardo Jordão, *Controle Judicial de uma Administração Pública Complexa*, São Paulo, Malheiros Editores, 2016, p. 173).

14. Idem, ibidem, p. 42.

15. Essa questão é evidentemente complexa e a afirmação deve ser compreendida em termos. Há diversas situações que podem reconduzir-se à noção de *apreciação técnica* ou de *discricionariedade técnica* (embora essa sequer exista como instituto próprio do direito, como adverte Cesar Guimarães Pereira), sendo que em certos casos podem assumir *status* de legalidade, como nas hipóteses de erro nas apreciações ou juízos técnicos instrumentais a certa decisão. Aprofunde-se em Cesar Guimarães Pereira, "Discricionariedade e apreciações técnicas da Administração", *RDA* 231/256 e ss., Rio de Janeiro, Forense, 2003.

16. Um exemplo é o caso da distribuição de medicamentos, que vem sendo controlada por juízes sob a invocação do direito à saúde daqueles que ingressam em juízo. O problema é que a distribuição de medicamentos pressupõe escolhas que são realizadas em função do orçamento público. Há uma política alocativa orçamentária que é realizada pelo administrador (e pelo Legislador) e que interfere na política

Isso faz do Poder Executivo, pelo menos no atual estado de coisas, a instância mais qualificada para tomar decisões administrativas de índole técnica ou política.

É evidente, no entanto, que os controladores, dentro de suas competências próprias, não só podem como devem controlar a porção ou os aspectos de legalidade das decisões administrativas. E não se deve desprezar, como já referido, as dificuldades quanto à identificação da natureza das questões objeto do controle, sendo impossível em muitos casos demarcar com razoável precisão esses temas para o fim de melhor endereçar o controle. Mas é preciso prestigiar o acolhimento de regras instrumentais para que o controle evite usurpar funções que melhor estarão desempenhadas pelo administrador público. Neste particular, é necessário reconhecer a prevalência das opiniões e orientações do administrador relativamente a temáticas de natureza técnica ou política, só se justificado a ingerência dos controladores sob um contexto de *manifesta* contrariedade a padrões interpretativos extraídos dos conceitos normativos indeterminados (e devidamente justificados pelo controlador). Havendo tese jurídica a amparar as escolhas do administrador, não será possível que o controle as substituía por outras que lhes pareça mais adequada, mais justa ou "mais lícita".

4.3 A ineficiência derivada da retração do gestor público

Uma outra decorrência do controle maximalista é a retração do administrador público que, exposto aos riscos jurídicos de um controle avantajado e valendo-se de um instinto de autopreservação, tende a reduzir a sua esfera de atuação decisória. Isso propicia, quando não uma verdadeira paralisia na atividade administrativa, morosidades, abstenções e, especialmente, a recusa de soluções e encaminhamentos menos ortodoxos, ainda que presumidamente mais eficientes.

Com isso vem se instalando, como já referi em outro estudo, aquilo que se poderia denominar de *crise da ineficiência pelo controle*, fruto de um *direito administrativo do inimigo*:

> acuados, os gestores não mais atuam apenas na busca da melhor solução ao interesse administrativo, mas também para se proteger. Tomar decisões heterodoxas ou praticar ações controvertidas nas instâncias de controle é se expor a riscos indigestos. E é compreensível a inibição do administrador frente a esse cenário de ampliação dos riscos jurídicos sobre suas ações. Afinal, tomar decisões sensíveis pode significar ao administrador o risco de ser processado criminalmente. Como consequência inevitável da retração do administrador instala-se a ineficiência administrativa, com prejuízos evidentes ao funcionamento da atividade pública.[17]

---

de distribuição de medicamentos. Trata-se, portanto, de uma questão de índole política, que não tem como ser gerenciada adequadamente pelo juiz, ainda que retoricamente se possa aduzir um direto abstrato do cidadão à percepção de medicamentos.

17. Fernando Vernalha Guimarães, "O direito administrativo do medo: a crise da ineficiência pelo controle", *Revista Colunistas*, n. 71, 2016. Disponível em: www.direitodoestado.com.br/colunistas/fernando-vernalha-guimaraes/o-direito-administrativo-do-medo-a-crise-da-ineficiencia-pelo-controle. Acesso em: 27.4.2017. No mesmo artigo, assinalei que: "A tonificação e densificação do controle da atividade administrativa trazida com a Constituição de 88 surge como resposta à farra de desmandos e frouxidão ética do gestor público historicamente percebida como uma patologia da Administração Pública. Na esteira desse processo, o sistema de controle se renovou e se aperfeiçoou, e passou a ser cultuado como um dos pilares fundamentais da legitimação democrática. A partir disso, o culto ao controle na atividade administrativa só cresceu e se alastrou. Isso foi bom. Mas a disseminação da cultura do controle não veio acompanhada de

Ou seja: a ampliação da intensidade do controle – por ampliar, consequentemente, a exposição do gestor público a riscos jurídicos – vem encarecendo a tomada de decisões administrativas. Afora os custos derivados da necessidade de atender à demanda dos controladores por informações, justificações, manifestações, há um custo oriundo da opção pela decisão menos eficiente. É que nem sempre a opção mais segura ao gestor é a mais eficiente ao interesse administrativo. Aliás, em grande parte dos casos se passa precisamente o inverso: o receio em tomar decisões criativas e que fujam ao cardápio das opções conhecidas do controlador conduz o gestor à adoção de uma decisão ineficiente.

5. Superposição de competências e descoordenação institucional no exercício do controle

Por outro lado, o exercício do controle tem sido marcado por uma excessiva *insegurança jurídica*, que deriva tanto da (i) *ausência de uniformidade de interpretações* pelas múltiplas instâncias de controle, como da (ii) *ausência de coordenação institucional* entre os controladores, num contexto em que se verifica a superposição de competências e a multiplicidade de autoridades afetadas ao exercício do controle.

A ausência de unidade de entendimentos em torno de muitos temas relevantes do direito administrativo tem sido apontada como um dos fatores que mais contribuem para corroer a segurança e a estabilidade jurídicas, tão necessárias para assegurar um ambiente adequado para desenvolvimento dos negócios no país. Tome-se como exemplo o Ministério Público, atualmente caracterizado por uma fragmentação institucional capaz de gerar um risco ampliado de entendimentos divergentes e conflituosos. A autonomia funcional dos agentes do Ministério Público lhes confere a condição de manifestar orientações e posicionamentos independentes, o que concorre para estimular um pluralismo interpretativo[18] perigoso para a segurança jurídica.

Outro aspecto que colabora com esse quadro de instabilidade jurídica é multiplicidade de autoridades afetadas ao controle. A legislação não cuidou de demarcar objetivamente as competências ao exercício do controle, abrindo a porta para a superposição de atribuições e de decisões. Figure-se um exemplo de uma contratação direta fraudulenta cometida no âmbito de um estado, mas com recursos federais. Trata-se um fato sujeito ao controle concorrente: (i) pelo órgão estadual afetado à aplicação das sanções previstas na

---

ressalvas importantes em relação às tais externalidades negativas que dele podem derivar. Há pelo menos dois aspectos que podem ser percebidos em relação à assimilação acrítica da cultura do controle. Em primeiro lugar, disseminou-se a compreensão de que quanto mais controle, melhor, como se a dose de controle fosse indiferente ao bom funcionamento do aparelho administrativo. Em segundo lugar, prestigiou-se um equipamento essencialmente burocrático de controle, desprezando-se seus aspectos finalísticos. Isso se relacionou também ao conforto do controlador em se utilizar de um aparato que lhe oferecesse parâmetros seguros de análise e aferição".

18. A propósito dos temas relacionados à licitação, identificando propostas para melhorar a sua eficiência, Carlos Ari Sundfeld defende que "Uma maneira adequada de operar essa mudança é pela introdução de conselhos de contratação pública dentro de cada unidade da Federação. Estes órgãos teriam a finalidade de fazer padronizações (de editais, de equipamentos etc.), editar instruções, solucionar dúvidas, editar súmulas – enfim, trabalhar permanentemente na unificação de soluções" (Carlos Ari Sundfeld, "Como reformar as licitações?", in *Contratações Públicas e seu Controle* (coord. Carlos Ari Sundfeld), São Paulo, Malheiros Editores, 2013, p. 276.

Lei Anticorrupção; (ii) pelo órgão federal afetado à aplicação das sanções previstas na Lei Anticorrupção; (iii) pelo tribunal de contas regional; (iv) pelo Tribunal de Contas da União; (v) pelo Ministério Público estadual; (vi) pelo Ministério Público federal; (vii) a depender do caso, pelo CADE (Conselho Administrativo de Defesa Econômica), podendo ainda merecer a instauração de processo administrativo para sancionamento perante as autoridades regionais voltadas ao controle dos ilícitos de licitação e contratação administrativa. Como se observa, no problema formulado, interferem autoridades diversas credenciadas para o processamento e aplicação de sanções, sendo que todas elas podem ter visões diferentes sobre o mesmo fato e sobre o seu enquadramento jurídico.

Mais recentemente tem-se visto também verdadeira disputa institucional em torno de certas prerrogativas de controle. É o caso da delimitação de competência para a celebração dos acordos de leniência, disputada pela Controladoria Geral da União (CGU) e pelo Ministério Público.[19] Esses acordos têm sido ainda objeto de controle pelo Tribunal de Contas da União (Acórdão 483/2017, Plenário).

Essa confusão institucional, oriunda da superposição de competências e de indefinições relacionadas à aptidão das entidades para o seu exercício, tem sido lamentavelmente uma característica do nosso sistema de controle. Trata-se de um dos fatores mais impactantes na segurança jurídica e na estabilidade institucional exigidas para o adequado funcionamento do aparelho de controle.

---

19. Lembre-se que essa temática permeou as discussões em torno da extinta Medida Provisória 703/2015, que alterava a Lei 12.846/2015 (Lei Anticorrupção) e dispunha sobre os chamados acordos de leniência, quando se reivindicava a participação obrigatória do ministério público na formação dos acordos de leniência. A celebração destes acordos, no âmbito da regulamentação Lei Anticorrupção, está disciplinada pela Portaria Interministerial CGU/AGU 2.278, de 15.12.2016.

RESPONSABILIDADE EXTRACONTRATUAL DAS EMPRESAS ESTATAIS

Fernão Justen de Oliveira

1. Introdução. 2. O regime jurídico da responsabilidade extracontratual do Estado: 2.1 A teoria da objetivação da culpa – 2.2 Não incidência de responsabilidade – 2.3 Responsabilidade de delegatários – 2.4 Responsabilidade por omissão – 2.5 Responsabilidade do agente público. 3. As normas específicas sobre empresas estatais: 3.1 Sociedade de economia mista e empresa pública – 3.2 Incidência da Lei 13.303/2016 – 3.3 Responsabilidade principal da empresa estatal – 3.4 Responsabilidade dos administradores – 3.5 Prescrição.

1. Introdução

A influência duradoura de Hely Lopes Meirelles sobre o Direito Brasileiro, particularmente o direito administrativo, revela-se com agudeza no tema da responsabilidade do Estado. A autoridade de sua doutrina estendeu-se identicamente à abordagem das sociedades de economia mista e das empresas públicas.[1]

Os institutos relacionados à responsabilidade extracontratual das empresas estatais no Brasil evoluíram intensamente a partir da base conceitual que Hely Lopes Meirelles auxiliou a construir. Sob a égide da Constituição/1988 e da legislação dela derivada (em especial, para este tema, a Lei 13.303, de 30.6.2016), revisaram-se, por exemplo, os limites da responsabilidade objetiva do Estado, o alcance da responsabilidade dos delegatários de serviço público, os efeitos da omissão estatal, a responsabilização de servidores e de administradores de empresas estatais, o exercício do regresso em face deles, as regras de prescrição.

Esses temas e ainda outros serão adiante examinados sob amparo da doutrina e da jurisprudência atuais, na esteira da contribuição fundamental de Hely Lopes Meirelles.

2. O regime jurídico da responsabilidade extracontratual do Estado

A responsabilidade extracontratual do Estado Brasileiro está consagrada no art. 37, § 6º, da CF: "As pessoas jurídicas de direito público e as de direito privado prestadoras de

---

1. Cf.: Hely Lopes Meirelles, "Empresa pública e sociedade de economia mista: elementos distintivos", in *Estudos e Pareceres de Direito Público: Assuntos Administrativos em Geral*, vol. 4, São Paulo, Ed. RT, 1981, pp. 292-304. A ementa do parecer indica o alcance e a relevância que marcam sua investigação: "A empresa pública e a sociedade de economia mista só se distinguem realmente pela formação de seu capital – A participação de entidades paraestatais na constituição do capital de empresa pública não o torna misto – A Imprensa Oficial do Estado S/A/IMESP é empresa pública". Ainda: Hely Lopes Meirelles, "Sociedade de economia mista e Administração indireta", in *Estudos e Pareceres de Direito Público: Assuntos Administrativos em Geral*, vol. 6, São Paulo, Ed. RT, 1982, pp. 306-315.

serviços públicos responderão pelos danos que seus agentes, nessa qualidade, causarem a terceiros, assegurado o direito de regresso contra o responsável nos casos de dolo ou culpa". Variadas interpretações decorrem desse postulado constitucional, a partir da sua conjugação com as teorias da responsabilidade civil do Estado.[2]

De acordo com Marçal Justen Filho: "A responsabilidade civil do Estado consiste no dever de compensar os danos materiais e morais sofridos por terceiros em virtude de ação ou omissão antijurídica imputável ao Estado".[3] A responsabilidade ora enfocada restringe-se à responsabilidade não derivada de uma violação a contrato administrativo, mas à transgressão de dever não contratual da Administração.

Exclui-se da definição constitucional a responsabilidade extracontratual de pessoas jurídicas de direito privado, mesmo que integrantes da Administração, porém exploradoras de atividade econômica que não configure serviço público. Nesse caso, aludida entidade estará sujeita às regras de responsabilização próprias do direito privado.

2.1 A teoria da objetivação da culpa

A redação do art. 37, § 6º, da CF consagrou a responsabilidade extracontratual objetiva das pessoas jurídicas de direito público e das de direito privado prestadoras de serviço público. No entanto, a doutrina discute com intensidade como se configura e qual é o alcance da responsabilidade denominada objetiva.

De antemão, aluda-se à distinção entre responsabilidade objetiva e responsabilidade por ato lícito. Esta última apenas estará configurada em virtude de determinação explícita em lei, enquanto a responsabilidade objetiva decorre de violação do Direito pela conduta da Administração.[4] Essa premissa implica a necessidade de interpretação conforme à teoria da responsabilidade objetiva, que em tese dispensa o requisito subjetivo para que o ato caracterize responsabilidade estatal – bastando o dano derivado de ação ou omissão estatal.

---

2. "Importante recordar que são três as teorias conhecidas sobre a responsabilidade civil do Estado: teoria da culpa administrativa (exige-se a falta do serviço), teoria do risco administrativo (exige-se o fato do serviço) e teoria do risco integral (obrigação do ente estatal em indenizar todo e qualquer dano suportado por terceiro, mesmo com culpa exclusiva deste). Para a responsabilidade civil objetiva, estando presentes os requisitos, o Estado indenizará. Para tanto, a ação do agente que causou o dano deve ser comissiva, ou seja, só terá responsabilidade o Poder Público se o agente fez algo. A responsabilidade civil objetiva ocorrerá somente diante de uma ação. A teoria do risco integral não é aceita no Brasil. Há dois casos, contudo, em que se pode pensar que ela existe no ordenamento brasileiro: dano nuclear e dano de acidente aéreo decorrente de ato terrorista. Quanto à teoria da culpa administrativa ou responsabilidade civil subjetiva, para sua ocorrência é necessário o dano, a conduta, a culpa ou dolo, e o nexo causal. Se o dolo ou a culpa não estiver presente, inexistirá responsabilidade" (STJ, REsp 980.844-RS, rel. Min. Luiz Fux).

3. Marçal Justen Filho, Curso de Direito Administrativo, 12ª ed., São Paulo, Ed. RT, 2016, p. 1.188. Diversa é a responsabilidade administrativa do Estado, que "consiste na submissão da organização estatal ao dever jurídico-político de prestar informações e contas por suas ações e omissões e de corrigir as imperfeições verificadas em sua conduta" (ob. cit., p. 1.187).

4. "Não se admite que um ato jurídico conforme ao Direito, praticado pelo Estado de modo regular e perfeito, acarrete sua responsabilização civil – exceto quando essa for a opção explícita de uma lei" (Marçal Justen Filho, Curso de Direito Administrativo, cit., 12ª ed., p. 1.203).

2.1.1 Conceito jurídico de dano

A ressalva talvez mais notória à confusão entre responsabilidade por ato lícito (viável apenas por instituição por lei) e responsabilidade objetiva do Estado foi formulada por Marçal Justen Filho, que incluiu a antijuridicidade como qualidade necessária da conduta estatal para caracterizar a responsabilidade objetiva.[5]

É possível que, mais adequadamente, a antijuridicidade se identifique como um atributo do dano (ou prejuízo), não propriamente da conduta da Administração. Vale dizer: não será dano, na estrita acepção jurídica, uma diminuição de patrimônio material ou infringência a patrimônio moral desacompanhada da qualificante da ilicitude que as causou. Logo, "dano injusto" é expressão redundante – só será prejuízo o decréscimo patrimonial ou a ofensa extrapatrimonial oriundos de uma alheia conduta oposta ao Direito.[6]

2.1.2 Dever de especial diligência como critério

A antijuridicidade configuradora da responsabilidade objetiva não exige a perquirição de culpa da Administração. Por isso não se desnatura a responsabilidade objetiva em subjetiva – apenas se acresce o requisito da ilicitude, que se coliga a um dever de especial diligência da Administração.[7]

De fato, não é razoável que a prescrição de direitos na Constituição, mesmo os fundamentais, sirva de "seguro universal" para o sujeito beneficiário da norma. O reconhecimento

---

5. "É mais apropriado aludir a uma objetivação da culpa. Aquele que é investido de competências estatais tem o dever objetivo de adotar as providências necessárias e adequadas a evitar danos às pessoas e ao patrimônio. Quando o Estado infringir esse dever objetivo e, exercitando suas competências, der oportunidade à ocorrência do dano, estarão presentes os elementos necessários à formulação de um juízo de reprovabilidade quanto à sua conduta. Não é necessário investigar a existência de uma vontade psíquica no sentido da ação ou omissão causadora do dano. A omissão da conduta necessária e adequada consiste na materialização da vontade defeituosamente desenvolvida. Logo, a responsabilidade continua ainda a envolver um elemento subjetivo, consistente na formulação defeituosa da vontade de agir ou deixar de agir. (...). Adota-se o entendimento de que, ressalvadas hipóteses em que houver a solução legislativa explícita diversa, somente é possível responsabilizar o Estado quando a ação ou omissão a ele imputável for antijurídica" (Marçal Justen Filho, *Curso de Direito Administrativo*, cit., 12ª ed., pp. 1.200-1.202).

6. "Por um lado, a constatação de Marçal Justen Filho está corretíssima: o nexo causal é insuficiente para a imputação da responsabilidade civil ao Estado, ela não se exclui apenas pelas chamadas 'excludentes de nexo causal'. (...). Pela teoria tradicional, no exemplo dado por Justen Filho, a responsabilidade civil do Estado é afastada pela descaracterização da antijuridicidade do prejuízo, Quer dizer, o ferimento causado no criminoso *[pelo policial em legítima defesa]* não seria, tecnicamente, um dano ou uma lesão. Daí a pergunta: como saber se um prejuízo é antijurídico ou não?" (Ricardo Mascarenhas Martins, "Responsabilidade civil do Estado, nexo causal e imputação objetiva", in Alexandre Dartanhan de Mello Guerra, Luís Manuel Fonseca Pires e Marcelo Benacchio (coords.), *Responsabilidade Civil do Estado*, São Paulo, Quartier Latin, 2010, pp. 372-373).

7. "Comparando com as categorias usuais no Direito Brasileiro, seria a responsabilidade por *faute* igual à responsabilidade subjetiva, ou seja, responsabilidade que se verifica com a exigência – entre outros elementos – de culpa ou dolo do agente? Não exatamente. A *faute* agrega um quê de objetividade a um elemento subjetivo presente. Sim, haverá um elemento subjetivo presente porque o descumprimento da obrigação preexistente sempre terá um fundo, um resíduo de culpa, ainda que seja falta da devida atenção ao cumprimento do dever" (Fernando Menezes, "Responsabilidade civil do Estado", *Revista de Direito Administrativo Contemporâneo/ReDAC* 8/158, Ano 2, São Paulo, Ed. RT, maio/2014).

ao cidadão do direito à saúde, à educação, à segurança não importa atribuir ao Estado um dever de conduta comissiva no sentido de satisfazer, de imediato e na plenitude, a necessidade de cada qual nesses setores. O Estado estará a salvo da antijuridicidade (e, portanto, da sua responsabilização objetiva) caso comprove ter realizado condutas destinadas a impedir a consumação de danos a interesses legítimos do cidadão.[8]

2.2 Não incidência de responsabilidade

As hipóteses de não incidência da responsabilidade extracontratual do Estado são a culpa da vítima,[9] a culpa de terceiro, a força maior, o caso fortuito[10] e o exercício regular de direito do agente público.[11]

Em princípio, a não incidência da responsabilidade do Estado não se confunde com a exclusão de responsabilidade. No primeiro caso nem chegou a existir o dever de indenizar, porque faltaram os elementos configuradores da responsabilidade;[12] no segundo, supostamente, esses elementos teriam chegado a existir e, supervenientemente, desaparecido.[13] Essa questão semântica denota que a exclusão recairia, portanto, na causalidade da responsabilização extracontratual objetiva. Faltaria, portanto, o "elemento subjetivo reprovável"[14] para configurar a responsabilidade estatal.

---

8. "O critério de identificação da ilicitude da atuação estatal reside não apenas na infreação objetiva aos limites de suas competências e atribuições, mas também na observância e no respeito às cautelas necessárias e indispensáveis para evitar o dano aos interesses legítimos de terceiros. (...). Daí se afirmar que toda a ação ou omissão estatal imputável ao Estado, que configure infração ao dever de diligência no exercício das competências próprias, gerará a responsabilização civil se produzir ou der oportunidade a dano patrimonial ou moral a terceiro" (Marçal Justen Filho, *Curso de Direito Administrativo*, cit., 12ª ed., p. 1.205).

9. "O fato exclusivo da vítima será relevante para fins de interrupção do nexo causal quando o comportamento dela representar o fato decisivo do evento, for a causa única do sinistro ou, nos dizeres de Aguiar Dias, quando 'sua intervenção no evento é tão decisiva que deixa sem relevância outros fatos culposos porventura intervenientes no acontecimento' (*Da Responsabilidade Civil*, vol. II, 10ª ed., Rio de Janeiro, Forense, 1997, p. 946). Ocorre que, ao que se depreende dos autos, a menor, juntamente com sua avó, atravessaram a rodovia seguindo as regras insculpidas pelo Código de Trânsito Nacional, isto é, na faixa destinada para tanto" (STJ, REsp 1.268.743-RJ, rel. Min. Luís Felipe Salomão).

10. Alexandre Dartanhan de Mello Guerra distingue o caso fortuito "externo" como uma das hipóteses e deixa de incluir o exercício regular de direito. Para o autor, como o caso fortuito interno é o risco inerente à atividade do agente público, isso seria insuficiente para eliminar o nexo de causalidade e, então, não afastaria o dever de indenizar.

11. A negativa de aceitar o ato lícito como fundamento genérico da responsabilização objetiva do Estado conduz a admitir o exercício regular de direito como hipótese de não incidência da responsabilidade estatal.

12. "(...) as referidas hipóteses quebrarem o nexo de causalidade material (entre a conduta comissiva do Estado e o resultado de dano, porque inexistente) ou desfazerem a imputação jurídico-objetiva de dano ao Estado (pela inexigibilidade do dever de evitá-lo ou porque não se o comprova descumprido)" (Daniel Ferreira, "Responsabilidade civil do Estado por omissão", in Alexandre Dartanhan de Mello Guerra, Luís Manuel Fonseca Pires e Marcelo Benacchio (coords.), *Responsabilidade Civil do Estado*, cit., p. 63).

13. "Sinteticamente, diante da não incidência, não chegou efetivamente a existir em momento algum o dever de indenizar naquelas circunstâncias fáticas" (Alexandre Dartanhan de Mello Guerra, "Hipóteses de não incidência de responsabilidade civil do Estado", in Alexandre Dartanhan de Mello Guerra, Luís Manuel Fonseca Pires e Marcelo Benacchio (coords.), *Responsabilidade Civil do Estado*, cit., p. 314).

14. Marçal Justen Filho, *Curso de Direito Administrativo*, cit., 12ª ed., p. 1.213.

A ressalva assume relevância diante da estatura dogmática que a aplicação da responsabilidade objetiva poderia receber: como ela prescinde de apuração da culpa do Estado, nem seria cogitável investigar alguma excludente dessa culpa, afinal irrelevante para efeito positivo de responsabilização. Ocorre que as hipóteses de não incidência são anteriores à própria cogitação da responsabilização, não posteriores (como seria uma excludente) à identificação da culpa.[15]

Em verdade, a distinção soa um tanto artificial – e pode prestar-se a confirmar o acerto da teoria da objetivação da culpa. Nesse caso, bastaria observar o cumprimento do dever de especial diligência para demonstrar a ausência de conduta antijurídica ou a superveniência de alguma excludente de responsabilidade que tenha impedido a eficácia da especial diligência.

2.3 Responsabilidade de delegatários

A investigação da não incidência (ou a exclusão) de responsabilidade extracontratual do Estado tem sido aplicada largamente na apuração da responsabilização pelos delegatários das atividades originariamente a cargo do Estado, nomeadamente nas concessões de serviço público.

2.3.1 Limitação de deveres

A responsabilidade objetiva do delegatário privado de serviço público não se confunde com responsabilidade ilimitada.

Há deveres de índole constitucional que permeiam a delegação do serviço público e, por indelegáveis, são mantidos na esfera da Administração – como no clássico exemplo das atividades exercitadas mediante poder de polícia. Haverá ainda outros deveres, de extração eminentemente contratual, que poderão ser distribuídos entre as partes, de modo que o poder concedente assuma atribuições que se tornem alheias à responsabilidade do concessionário.

Tem-se disseminado, como exemplo frequente, o dever de "garantir a segurança em rodovia" – expressão que comporta múltiplas conotações e abrange circunstâncias muito diversas.[16]

---

15. "De outro, caso não se admitam excludentes, pende a tese do risco integral. Em verdade, a tendência preponderante de política legislativa é a admissão do risco administrativo. De rigor, sempre pareceu-me a teoria do risco integral um contrassenso: os tais elementos excludentes não são propriamente excludentes de responsabilidade, mas sim da própria causalidade" (Fernando Menezes, "Responsabilidade civil do Estado", cit., *Revista de Direito Administrativo Contemporâneo/ReDAC* 8/168).

16. "Assim, tem sido mantido pelo STF e pelo STJ o reconhecimento da responsabilidade da concessionária da rodovia por assaltos na rodovia fixado pelas instâncias ordinárias sob o fundamento, em regra, de que cabia à concessionária garantir a segurança dos usuários, fundamentando-se tanto no art. 37, § 6º, da CF, quanto no Código de Defesa do Consumidor. (...). Nesse sentido, as obrigações das concessionárias no que concerne à segurança pública são outras, como é o caso da celebração de convênio com a Polícia Rodoviária Federal para fins de repasse de verbas para aquisição e manutenção de equipamentos, e, ainda, a monitoração da rodovia com o dever de acionamento da Polícia, no caso de identificação de alguma ocorrência" (Estevam Palazzi Sartal e Juliana Pereira Rezende, "Alcance da responsabilidade civil da concessionária de rodovia por riscos à segurança dos usuários e limites legais de sua atuação", *Revista de Direito Administrativo Contemporâneo/ReDAC* 24/165, Ano 4, São Paulo, Ed. RT, maio-junho/2016).

O tema comporta ao menos duas ponderações mais relevantes.

A primeira remonta à limitação constitucional das prerrogativas e atribuições estatais: a manutenção da incolumidade dos usuários terá limitação no próprio exercício do poder de polícia, exercitável unicamente pelo Estado, no tocante à segurança pública. Nesse caso, a atividade possível ao concessionário será a adoção de medidas de apoio material aos órgãos competentes ou a vigilância seguida de notificação imediata de alguma ocorrência. A segunda ponderação refere-se ao alcance do exercício do dever de especial diligência, por admissão da teoria da objetivação da culpa: não será razoável imputar responsabilidade indiscriminada ao concessionário que adotou exemplarmente todas as cautelas previstas em contrato (e mesmo aquelas derivadas da sua experiência profissional, embora ausentes do instrumento contratual) para salvaguardar a segurança dos usuários – sob pena de constituí-lo em segurador universal para todo fato desviante do seu alcance e de qualquer outro prestador em sua posição.

2.3.2 Dano a não usuário

Por disposição constitucional, a pessoa jurídica de direito privado que preste serviço público sujeita-se à responsabilização objetiva[17] perante terceiros.[18] Por largo período a jurisprudência considerou que esse terceiro consistia unicamente no usuário do serviço público, perante quem o concessionário responderia objetivamente, em face da teoria do risco administrativo.[19] Logo, se o concessionário causasse dano a não usuário, seria aplicável o regime de responsabilização próprio de direito privado, com a necessidade de prova de culpa da pessoa jurídica de direito privado – ainda que prestadora de serviço público, mas não para aquela pessoa.[20]

17. "(...). Em edições anteriores, influenciados pela letra da norma constitucional, entendemos excluídas da aplicação desse princípio as *pessoas físicas* e as *pessoas jurídicas* que exerçam funções públicas delegadas, sob a forma de entidades paraestatais ou de empresas concessionárias ou permissionárias de serviços públicos. Todavia, evoluímos no sentido de que também estas respondem objetivamente pelos danos que seus empregados, nessa qualidade, causarem a terceiros, pois, como dissemos precedentemente (...), não é justo e jurídico que a só transferência da execução de uma obra ou de um serviço originariamente público a particular descaracterize sua intrínseca natureza estatal e libere o executor privado das responsabilidades que teria o Poder Público se o executasse diretamente, criando maiores ônus de prova ao lesado" (Hely Lopes Meirelles, *Direito Administrativo Brasileiro*, 19ª ed., São Paulo, Malheiros Editores, 1994, p. 560). *[V. 42ª ed., São Paulo, Malheiros Editores, 2016.]*

18. "A jurisprudência do STF com relação ao tema da responsabilidade de pessoas jurídicas de direito privado frente a terceiros não usuários é demarcada por três momentos: (a) reconhecimento da responsabilidade objetiva ampla, quando ainda não se fazia a diferenciação do terceiro como usuário ou não usuário, com o *leading case* RE 327.904; (b) adesão da tese da responsabilidade subjetiva no *leading case* RE 262.651; e (c) adesão da tese da responsabilidade objetiva com o julgamento da repercussão geral, RE 591.874" (Floriano de Azevedo Marques Neto, "A responsabilidade objetiva das concessionárias de serviço público: a jurisprudência do STF e o papel da doutrina", *Revista de Direito Administrativo Contemporâneo/ ReDAC* 0/25, Ano 1, São Paulo, Ed. RT, maio-junho/2013).

19. "(...) a teoria da *responsabilidade objetiva* da Administração, vale dizer, da *responsabilidade sem culpa*, pela só ocorrência da falta anônima do serviço, porque esta falta está, precisamente, na área dos riscos assumidos pela Administração para a consecução de seus fins" (Hely Lopes Meirelles, *Direito Administrativo Brasileiro*, cit., 19ª ed., p. 561).

20. Tal era a orientação vigorante até o ano de 2009, conforme o *leading case* representado pelo RE 262.651, rel. Min. Carlos Velloso.

No ano de 2009 o STF julgou em repercussão geral o RE 591.874 (rel. Min. Ricardo Lewandowski),[21] cujo acórdão alterou a orientação então vigorante, para interpretar que o vocábulo "terceiro" do art. 37, § 6º, da CF abrange o não usuário.[22] Com isso, o concessionário de serviço público passou a responder objetivamente também em face do não usuário.[23]

2.4 Responsabilidade por omissão

Não se ignora a orientação doutrinária que pugna pela absoluta equiparação da responsabilidade extracontratual do Estado por ato comissivo com a responsabilidade por ato omissivo.[24] Entretanto, o tema comporta distinções relevantes[25] que não são desautorizadas pela Constituição – assim como ela não expressa o vocábulo "objetiva" ao se referir à responsabilidade estatal e nem por isso deixou-se de aplicá-la.

Na outra ponta há a aplicação da responsabilidade subjetiva ao Estado nos casos de "omissão genérica", que se opõe à "omissão específica" (passível de responsabilização também subjetiva por presunção relativa de culpa pelo Estado, pois admitida prova em contrário por ele produzida), porque esta se caracteriza pelo conhecimento concreto e prévio do fato ou ato apto a causar dano, por meio de alerta tempestivo; enquanto aquela seria qualificada pela hipótese abstrata da ocorrência do dano ou, antes, da necessidade potencial ainda não satisfeita pelo Estado.[26]

---

21. Em idêntico sentido: STJ, 1ª Turma, AgR no RE 807.707-DF, rel. Min. Luiz Fux, j. 5.8.2014.

22. Essa solução já havia sido proposta pelo Min. Joaquim Barbosa, que divergiu com voto vencido em que constou a seguinte passagem: "Dessa forma, parece-me imprópria a indagação acerca dessa ou daquela qualidade intrínseca da vítima para se averiguar se no caso concreto está ou não está configurada hipótese de responsabilidade objetiva, já que esta decorre da natureza da atividade administrativa, a qual não se modifica em razão da simples transferência da prestação dos serviços públicos a empresas particulares concessionárias do serviço".

23. Destaque-se o voto vencido do Min. Marco Aurélio no sentido da não incidência de responsabilidade em face da culpa exclusiva da vítima – que de qualquer modo pode ser aplicada mesmo em caso de responsabilidade objetiva e, portanto, não influenciaria a caracterização da responsabilidade objetiva perante não usuário (disponível em *http://www.stf.jus.br/portal/cms/verNoticiaDetalhe.asp?idConteudo=112429*).

24. "A Constituição Federal, no dispositivo citado, não distinguiu as condutas comissivas e omissivas para o efeito de responsabilização do ente público. Não se vislumbram, portanto, fundamentos para que a doutrina faça distinção, após anos de aprimoramento do instituto, e considerando que desde a Constituição Federal/1946 é reconhecida a natureza objetiva da responsabilidade civil do Estado. Admitir-se a tese contrária seria entender que o legislador tivesse recuado no tempo, estabelecendo a responsabilidade objetiva apenas para os casos de conduta comissiva, vigorante nos tempos da culpa civilista no que se refere à inação estatal, com fundamento no *[art. 15 do]* revogado Código Civil/1916" (Lis Verônica de Sousa Moreira, "Responsabilidade civil do Estado por conduta omissiva", in Edimur Ferreira de Faria (coord.), *Responsabilidade Civil do Estado no Ordenamento Jurídico e na Jurisprudência Atuais*, Belo Horizonte, Del Rey, 2014, p. 93).

25. "Supor, ao pé da letra, que a omissão – no caso, omissão estatal – seja naturalmente (e não por força do estabelecimento do dever de agir) uma 'causa', no limite, acarretaria a responsabilidade do Estado por qualquer dano. Isso porque qualquer dano seria potencialmente imputável a alguma omissão do Estado; dito de outro modo, sempre seria possível supor que se o Estado (quase onipotente) houvesse adotado determinada medida, teria evitado o dano" (Fernando Menezes, "Responsabilidade civil do Estado", cit., *Revista de Direito Administrativo Contemporâneo/ReDAC* 8/168).

26. "Nesses casos *[de omissão genérica]* defende-se a aplicação da teoria da responsabilidade subjetiva, atribuindo-se à vítima o ônus de comprovar o dolo ou culpa na omissão estatal, estabelecendo o nexo de

O problema da responsabilidade por omissão restaura a cogitação acerca do dever de especial diligência. Este será transgredido quando a Administração deixar de cumprir uma norma que comande a prática de determinada conduta. Trata-se do denominado ilícito omissivo próprio, que se equipara ao ilícito comissivo – embora se mantenha no âmbito da responsabilidade subjetiva, com presunção de culpa do Estado e admitindo prova em contrário.

Mas há o ilícito omissivo impróprio, quando não existe obrigação positivada de conduta pelo Estado e por isso sua eventual falta não infringe o dever de diligência. Mesmo assim haverá potencial responsabilização subjetiva:[27] "Se existiam elementos fáticos indicativos do risco de consumação de um dano, se a adoção de providências necessárias e suficientes para impedir esse dano era da competência do agente, se o atendimento ao dever de diligência teria conduzido ao impedimento da adoção das condutas aptas a gerar o dano, então, presentes os pressupostos da responsabilização civil".[28]

Não deixa de ser curioso que o STF baralhe os fundamentos da responsabilidade objetiva e da subjetiva em casos de responsabilidade por omissão, para afinal alcançar resultado idêntico.[29] Por exemplo, em acórdão que invoca precedentes, o STJ alegou ausência de "nexo de causalidade" (elemento próprio da responsabilidade objetiva) entre a morte por disparo de arma de fogo produzido por fugitivo do sistema prisional.[30] Ora, o nexo de cau-

causalidade entre a omissão e o dano. Já, na omissão específica *[com o conhecimento prévio da ocorrência do fato ou ato]* estaríamos diante de uma responsabilidade que se encontra entre a responsabilidade subjetiva e a responsabilidade objetiva, pois se aplica a presunção de culpa estatal, invertendo-se ônus da prova em favor da vítima" (Thiago Alves Chieco, "Responsabilidade civil do Estado por omissão na atividade de policiamento ostensivo-preventivo desenvolvida pelas Polícias Militares", *Revista de Direito Administrativo Contemporâneo/ReDAC* 15/159, Ano 2, São Paulo, Ed. RT, dezembro/2014).

27. Em hipóteses de falta de planejamento sobre o gerenciamento de riscos, por exemplo: "As funções da responsabilidade civil do Estado trabalham com conceitos de reparação e compensação de danos. As catástrofes e danos irreparáveis decorrentes da má gestão de riscos exteriorizam o fato de os modelos anteriores de responsabilidade civil se esgotarem. Não se constata o seu desaparecimento, pois a evolução paradigmática e o próprio conceito da pós-modernidade possibilitam a assunção de diversos modelos coexistentes, ora em conflito, ora não. Porém, somente reparar não basta, a sociedade necessita de segurança e planejamento, tal qual necessita do desenvolvimento" (Daniel Siqueira Borda, "A responsabilidade civil do Estado à luz dos desafios impostos pela sociedade de risco", *Revista de Direito Administrativo Contemporâneo/ReDAC* 0/239, Ano 1, São Paulo, Ed. RT, maio-junho/2013).

28. Marçal Justen Filho, *Curso de Direito Administrativo*, cit., 12ª ed., p. 1.209.

29. "Assim, parece-nos que é preciso distinguir, como ensinou Oswaldo Aranha Bandeira de Mello, entre atos comissivos, nos quais a responsabilidade é objetiva, e atos omissivos, em que a responsabilidade depende de dolo ou culpa, ou seja, do descumprimento de um dever jurídico. (...).

"(...). Vale observar que, em despeito das afirmações teóricas da doutrina e jurisprudência brasileiras, na prática, as soluções que apresentam praticamente coincidem com o esquema lógico que consideramos correto, pois as decisões judiciais, embora mencionando responsabilidade objetiva nos casos de dano por comportamento omissivo, estão sempre a fundamentar-se largamente na culpa, por negligência ou imprudência do Poder Público, por deixar de acorrer tempestiva e eficientemente para impedir evento danoso a terceiros" (Celso Antônio Bandeira de Mello, *Curso de Direito Administrativo*, 33ª ed., São Paulo, Malheiros Editores, 2016, p. 225).

30. "Administrativo – Responsabilidade civil do Estado – Danos materiais e morais – Morte decorrente de 'bala perdida' disparada por menor evadido há uma semana de estabelecimento destinado ao cumprimento de medida socioeducativa de semiliberdade – Ausência de nexo de causalidade. (...). 3. No caso, não há como afirmar que a deficiência do serviço do Estado (que propiciou a evasão de menor sub-

salidade até poderia existir, pois, se o Estado tivesse mantido o encarceramento, o resultado morte por aquele disparo não teria ocorrido.[31] A questão não era essa, mas a presunção relativa de culpa do Estado por ilícito omissivo próprio, que afinal admitia prova em contrário.

2.5 Responsabilidade do agente público

As condutas que a Administração adota são derivadas de iniciativas dos servidores públicos. São os comportamentos humanos que encaminham a atividade administrativa.

O art. 37, § 6º, da CF atribui ao Estado a responsabilidade sobre os danos causados por seus agentes e lhe assegura o direito de regresso em face deles. A redação do dispositivo constitucional poderia conduzir a interpretação pela qual o Estado será responsável isoladamente perante o terceiro prejudicado pelo ato danoso praticado pelo agente público no exercício de função, enquanto este permanecerá responsável exclusivamente perante o Estado, por meio do regresso. Todavia, essa divisão estanque tem sido cada vez menos aceita: é mais frequente reputar-se que essa norma se interpreta à conveniência do terceiro inocente que sofreu o dano. Logo, será admissível o ajuizamento de ação de reparação de danos em face da Administração ou somente do servidor ou mesmo de ambos. Não é necessária a formação imediata de litisconsórcio passivo, aliás facultativo.[32]

Há duas situações sobre o tema que merecem maior aprofundamento: a responsabilidade do autor de parecer jurídico e o exercício do direito de regresso.

2.5.1 Parecerista

A responsabilização de agente público pelo proferimento de parecer jurídico mobiliza intenso debate. De um lado, argumenta-se que o legítimo exercício da profissão jurídica não

---

metido a regime de semiliberdade) tenha sido a causa direta e imediata do tiroteio entre o foragido e um seu desafeto, ocorrido oito dias depois, durante o qual foi disparada a 'bala perdida' que atingiu a vítima, nem que esse tiroteio tenha sido efeito necessário da referida deficiência. Ausente o nexo causal, fica afastada a responsabilidade do Estado – Precedentes de ambas as Turmas do STF em casos análogos." 4. Recurso improvido" (STJ, 1ª Turma, REsp 858.511-DF, rel. Min. Luiz Fux, rel. para o acórdão Min. Teori Albino Zavascki, j. 19.8.2008, DJe 15.9.2008).

31. Acórdão do STF coligido por Daniel Ferreira ("Responsabilidade civil do Estado por omissão", cit., in Alexandre Dartanhan de Mello Guerra, Luís Manuel Fonseca Pires e Marcelo Benacchio (coords.), *Responsabilidade Civil do Estado*, p. 70) sobre caso similar – latrocínio cometido por foragido – traz resultado oposto e calcado na responsabilidade objetiva: "1. A negligência estatal na vigilância do criminoso, a inércia das autoridades policiais diante da terceira fuga e o curto espaço de tempo que se seguiu antes do crime são suficientes para caracterizar o nexo de causalidade. 2. Ato omissivo do Estado que enseja a responsabilidade objetiva nos termos do disposto no art. 37, § 6º, da Constituição do Brasil" (STF, AgR no RE 573.595, rel. Min. Eros Grau, j. 24.6.2008).

32. "A propositura de ação contra o servidor não exclui, posteriormente, o ajuizamento de ação em face do Poder Público. Evidentemente que não caberá nova ação se o servidor condenado cumprir integralmente a condenação. Mas, na hipótese de o servidor adimplir apenas parte da condenação, poderá ser possível se pleitear o restante do ressarcimento em face do Estado. Ou ainda no caso de não se conseguir comprovar o dolo ou culpa do servidor, mas restar evidenciada existência efetiva de um dano. Nesses casos, é possível o ajuizamento de ação em face do Estado, visto que este responde objetivamente" (Juliane Erthal de Carvalho, "Ressarcimento de danos pelo servidor público", *Revista de Direito Administrativo Contemporâneo/ReDAC* 8/69, Ano 2, São Paulo, Ed. RT, maio/2014).

pode gerar responsabilização. De outro, a orientação jurisprudencial, inclusive do TCU, pela qual o autor de parecer jurídico deverá ser responsabilizado caso o ato de gestão amparado nesse parecer venha a causar dano ao Erário.

Reporte-se a conhecido acórdão do STF proferido em 2007 no MS 24.584-1-DF, em que o Relator, Min. Marco Aurélio, denegou a segurança, acompanhado pela maioria, para permitir ao TCU fiscalizar a atividade de advogado público que havia proferido parecer jurídico sobre contrato administrativo que havia causado dano ao Erário. Uma argumentação paralela surgiu da invocação do art. 38, parágrafo único, da Lei 8.666/1993, conforme a qual minutas de edital de licitação, contratos, acordos, convênios ou ajustes serão obrigatoriamente submetidos a exame e aprovação da assessoria jurídica da Administração. A partir disso ficou estabelecida uma distinção entre o parecer meramente opinativo e o vinculante, para efeito de responsabilização do parecerista. Apenas o parecer considerado vinculante ensejaria a responsabilização do parecerista, na medida da sua culpa.

A distinção é artificial. Não existe sequer uma identificação precisa pela jurisprudência, menos ainda por lei, que distinga o parecer vinculante do opinativo. Nem o exame prévio e a aprovação estabelecida pelo art. 38, parágrafo único, da Lei de Licitações permitem uma segura afirmação acerca da vinculação do parecer jurídico nesses casos. Aliás, mesmo essa aprovação jurídica estará sujeita à homologação derradeira pelo administrador, que poderá afinal rejeitar a minuta aprovada pelo parecer jurídico.

Tal não encaminha concluir pela irresponsabilidade do parecerista. É absolutamente possível e desejável ser investigado se houve culpa ou dolo do parecerista acerca da solução adotada pela Administração.[33] Esse é o parâmetro jurídico a ser adotado na apuração da responsabilidade do parecerista – não o caráter vinculativo ou opinativo do parecer.

2.5.2 Regresso

O exercício do direito de regresso da empresa estatal em face do servidor a si vinculado que praticou materialmente o ato lesivo suscita indagações de ao menos duas ordens.

A primeira deriva da distinção entre a responsabilidade do Poder Público por ato apenas externado por seu agente e a responsabilidade direta e personalíssima do agente. A segunda implica investigar a discricionariedade da Administração sobre o próprio exercício do direito de regresso em face do agente público.[34]

---

33. "Ao nosso ver, cremos que a responsabilidade do parecerista não está na natureza do parecer, se opinativo ou vinculante, mas na análise da sua conduta e no cumprimento dos seus deveres. Somente pode ser responsabilizado o parecerista que viola o ordenamento jurídico de modo desonesto, que busca, com o exercício de sua função, deliberadamente desviar dos fins traçados na lei" (Vera Monteiro, "Responsabilização de agente público, autor de parecer jurídico, pelo TCU: análise do posicionamento do STF", in Alexandre Dartanhan de Mello Guerra, Luís Manuel Fonseca Pires e Marcelo Benacchio (coords.), *Responsabilidade Civil do Estado*, cit., p. 1.194).

34. Indique-se que: "A competência de regresso é de exercício obrigatório, intransferível, irrenunciável, imodificável e imprescritível, nos exatos termos da moldura constitucional" (José Roberto Pimenta Oliveira, "O direito de regresso do Estado decorrente do reconhecimento de responsabilidade civil extracontratual no exercício da função administrativa", in Alexandre Dartanhan de Mello Guerra, Luís Manuel Fonseca Pires e Marcelo Benacchio (coords.), *Responsabilidade Civil do Estado*, cit., p. 1.153).

Assumindo que a responsabilidade da Administração será sempre correspondente a um ato antijurídico, caberá estimar qual foi a origem da prática do ato. De uma parte, é possível que o ato lesivo tenha sido voluntariamente decidido pelas instâncias competentes do Poder Público (como no caso de uma deliberação em assembleia-geral); de outra, pode-se cogitar que o ato tenha sido involuntariamente praticado por preposto da empresa estatal (na hipótese de um acidente automobilístico). Para efeito de regresso, o grau de culpa do servidor (dolo ou culpa *stricto sensu*) não será propriamente um critério de decisão sobre o exercício do regresso – importará mais a dissonância entre a conduta do servidor e o cumprimento das finalidades perseguidas pelo órgão que representa.

De modo que não se reputa como preciso afirmar que a condenação da Administração independe de culpa sua, enquanto a procedência do regresso carece de comprovação da culpa do agente público.[35] Assim se considera porque seria incoerente que a empresa estatal fosse condenada judicialmente pela prática de ato danoso porém intrinsecamente legítimo (cuja perquirição tornou-se irrelevante no processo, diante da aplicação da responsabilização objetiva) e na ação de regresso o servidor fosse inocentado precisamente por ter provado que praticou conduta lícita em nome da companhia.[36]

A proteção do cidadão em face das condutas estatais não pode ceder passo aos postulados jurídicos mais elementares. A investigação aprofundada do regresso permite desvendar o atingimento de resultado juridicamente esdrúxulo caso não exista disposição de mitigar os fundamentos da responsabilização objetiva do Estado, tal como praticada larga e irrefletidamente.

3. As normas específicas sobre empresas estatais

O ordenamento brasileiro acerca das sociedades de economia mista e empresas públicas foi inovado por meio da edição da Lei das Empresas Estatais, de n. 13.303/2016, que promove sua gestão responsável aliada à eficiência econômica e ao combate à corrupção.

Aludido diploma estabeleceu um regime societário mais detalhado para as empresas públicas e sociedades de economia mista, com regras diferenciadas ao seu controlador, aos administradores, à sua fiscalização interna e à fiscalização externa, pelo Estado e pela sociedade. Promoveu, ainda, alterações significativas na disciplina licitatória (com normas específicas para obras e serviços, para aquisição e alienação de bens) e no regime contratual (no tocante à formalização e à alteração dos contratos e sanções administrativas).

---

35. Logo, é problemático concordar com a conclusão disposta ao final do seguinte raciocínio: "(...). Para o êxito desta ação *[regressiva]* exigem-se dois requisitos: primeiro, que a Administração já tenha sido condenada a indenizar a vítima do dano sofrido; segundo, que se comprove a culpa do funcionário no evento danoso. Enquanto para a Administração a responsabilidade *independe da culpa*, para o servidor a responsabilidade *depende da culpa*: aquela é objetiva, esta é subjetiva, e se apura pelos critérios gerais do Código Civil" (Hely Lopes Meirelles, *Direito Administrativo Brasileiro*, cit., 19ª ed., p. 566).

36. Tanto que: "A responsabilidade extracontratual dos sujeitos administrativos por ato material ou jurídico lícito não enseja o exercício do direito de regresso" (José Roberto Pimenta Oliveira, "O direito de regresso do Estado decorrente do reconhecimento de responsabilidade civil extracontratual no exercício da função administrativa", cit., in Alexandre Dartanhan de Mello Guerra, Luís Manuel Fonseca Pires e Marcelo Benacchio (coords.), *Responsabilidade Civil do Estado*, p. 1.154).

3.1 Sociedade de economia mista e empresa pública

As empresas estatais a que se refere a Lei 13.303 consistem nas pessoas jurídicas de direito privado sob controle do Estado. Nessa categoria incluem-se as sociedades de economia mista e as empresas públicas, assim como as sociedades controladas por elas.[37]

A abrangência da Lei das Empresas Estatais alcança as sociedades de economia mista e empresas públicas constituídas por todos os entes federativos – o que decorre da autoridade de lei geral, como a Lei 13.303, editada com fundamento constitucional no art. 173, § 1º, III, e no art. 22, XXVII.[38]

Não existe distinção, para efeito de incidência da Lei 13.303, sobre o regime jurídico a que se sujeitam as atividades das empresas estatais, seja as que prestam serviço público (art. 175 da CF), seja as que exploram atividade econômica em sentido estrito (art. 173, § 1º, da CF).[39]

3.2 Incidência da Lei 13.303/2016

Os dispositivos da Lei das Empresas Estatais direcionaram-se a regulamentar o art. 173, § 1º, da CF, com destaque – para efeito deste estudo – ao § 1º e ao § 5º.[40] A Lei

---

37. "A este gênero, para distingui-los das entidades estatais, Hely Lopes Meirelles chama 'entidades paraestatais', que define como 'pessoas jurídicas de direito privado, cuja criação é autorizada por lei, com patrimônio público ou misto, para realização de atividades, obras ou serviços de interesse coletivo, sob normas e controle do Estado'. Cremos, porém, que a denominação 'empresas' estatais igualmente as diferencia das 'entidades' estatais, ou deste outro gênero da Administração Federal indireta, as autarquias" (Geraldo Peltier Badú, "Responsabilidade civil das empresas estatais e de seus dirigentes", *Doutrinas Essenciais de Responsabilidade Civil* 6/361-372, outubro/2011).

38. "Logo, as regras de governança corporativa, de transparência na gestão, de mecanismos de controle da atividade empresarial e de licitações e contratos administrativos deverão ser cumpridas pelas estatais federais, municipais, estaduais e distritais, inclusive pelas estatais criadas anteriormente à edição da Lei 13.303/2016" (Paulo Osternack Amaral, "Lei das Estatais: espectro de incidência e regras de governança", in Marçal Justen Filho (org.), *Estatuto Jurídico das Empresas Estatais: Lei 13.303/2016 – Lei das Estatais*, São Paulo, Ed. RT, 2016, p. 69).

39. "A empresa que cumule essas duas modalidades de atuação na ordem econômica será regida por qual regime jurídico? Ante todas essas razões, soa sustentável admitir que o legislador ordinário deve diferenciar entre as estatais exploradoras de 'atividades econômicas' e as prestadoras de 'serviços públicos', em dadas circunstâncias, sem que isso acarrete uma separação absoluta entre ambas as modalidades de atuação estatal direta no domínio econômico, a ponto de impedir a prescrição de regras comuns, no que parecer pertinente. (...). Portanto, pensamos não haver fundamento para afastar a aplicação integral das disposições da Lei 13.303/2016 a todas as empresas estatais, independentemente de seu objeto social ser a exploração de atividade econômica ou a prestação de serviço público" (Ubirajara Costódio Filho, "Primeiras questões sobre a Lei 13.303/2016: o estatuto jurídico das empresas estatais", *RT* 974/171-198, São Paulo, Ed. RT, dezembro/2016).

40. CF:
"Art. 173. Ressalvados os casos previstos nesta Constituição, a exploração direta de atividade econômica pelo Estado só será permitida quando necessária aos imperativos da segurança nacional ou a relevante interesse coletivo, conforme definidos em lei.

"§ 1º. A lei estabelecerá o estatuto jurídico da empresa pública, da sociedade de economia mista e de suas subsidiárias que explorem atividade econômica de produção ou comercialização de bens ou de prestação de serviços, dispondo sobre: I – sua função social e formas de fiscalização pelo Estado e pela

13.303 regulamentou a Constituição de modo que a alusão à prestação de serviço público se interpreta como referente a empresas estatais em competição com empresas privadas que explorem a mesma atividade econômica.[41] Todas as companhias controladas pelos sujeitos de direito público interno das três esferas federativas estão sujeitas à disciplina da Lei 13.303, pois a União possui competência privativa para legislar sobre as matérias relacionadas nos incisos do art. 22 da CF.

Não há competência comum nem concorrente[42] com os outros entes federativos acerca da matéria de direito societário[43] e de direito civil. Entretanto, haverá competência suplementar dos Estados, Municípios e Distrito Federal em relação à competência federal para licitações e contratos administrativos – ou seja, é admissível a edição de normas locais sobre tais temas, mas não poderão contrariar o comando geral emanado da lei federal sobre o mesmo assunto. Mais ainda, para as normas de direito econômico – que incluem a matéria de função social e fiscalização – incide a competência suplementar dos demais entes federados em relação à União.[44]

---

sociedade; II – a sujeição ao regime jurídico próprio das empresas privadas, inclusive quanto aos direitos e obrigações civis, comerciais, trabalhistas e tributários; III – licitação e contratação de obras, serviços, compras e alienações, observados os princípios da Administração Pública; (...).

"(...).

"§ 5º. A lei, sem prejuízo da responsabilidade individual dos dirigentes da pessoa jurídica, estabelecerá a responsabilidade desta, sujeitando-a às punições compatíveis com sua natureza, nos atos praticados contra a ordem econômica e financeira e contra a economia popular."

41. "Mas a previsão de serviço público exercitado por empresa estatal como uma atividade econômica é interessante. Uma quantidade relevante de estatais prestadoras de serviço público passaram a competir no mercado. Assim, por exemplo, a COPEL explora serviços de telecomunicação e compete por concessões e autorizações no mercado – exatamente como faria um agente privado. Por decorrência, essas estatais passam a ser subordinadas ao regime da Lei 13.303" (Marçal Justen Filho, disponível em *http://www.gazetadopovo.com.br/vida-publica/justica-e-direito/colunistas/marcal-justen-filho/a-nova-lei-das-antigas-estatais-50zbsobbwlhhpxuzp5s2fvmdr*, acesso em 1.8.2016).

42. Celso Antônio Bandeira de Mello ("O conceito de normas gerais no direito constitucional brasileiro", *Interesse Público*/IP 66, Ano 13, Belo Horizonte, março-abril/2011, disponível em *http://www.bidforum.com.br/bid/PDI0006.aspx?pdiCntd=72616*, acesso em 1.8.2016) explanou sobre as características da norma geral editada pela União quando houvesse a competência concorrente na hipótese do art. 24 da CF – restando a interpretação *a contrario sensu* de que a competência privativa da União produz a norma geral por excelência.

43. As regras sobre direito societário da Lei das Empresas Estatais não substituíram o regime da Lei das S/A para as empresas estatais. Entre as normas societárias de uma e de outra não há relação de subsidiariedade, mas de complementação. Não existiu substituição perfeita, mas majoritariamente o acréscimo a disposições já existentes. Assim se passa, por exemplo, com as competências do conselho de administração ou com os requisitos adicionais de qualificação do administrador da empresa estatal.

44. "Portanto, conjugados os arts. 22, I e XXVII, 24, I, e 173, *[da CF]* conclui-se: (a) a Lei 13.303/2016 tem validade nacional, sendo aplicável às empresas estatais federal, estaduais, municipais e do Distrito Federal; (b) em matéria de direito civil e comercial (arts. 1º a 26), a competência legislativa é privativa da União (CF/1988, art. 22, I); (c) em matéria de licitações e contratos (arts. 28 a 84), cabe legislação suplementar de Estados, Municípios e Distrito Federal, valendo as regras da Lei 13.303/2016 como normas gerais (CF/1988, arts. 22, XXVII); (d) em matéria de função social e fiscalização das empresas estatais (arts. 27 e 85-90), incide a competência do direito econômico (CF/1988, arts. 24, I, e 173), cabendo legislação suplementar de Estados, Municípios e Distrito Federal (CF/1988, arts. 24, I e § 2º, e 30, II)" (Ubirajara Costódio Filho, "Primeiras questões sobre a Lei 13.303/2016: o estatuto jurídico das empresas estatais", cit., *RT* 974/171-198).

3.3 Responsabilidade principal da empresa estatal

As empresas estatais estão sujeitas a dúplice regime de responsabilidade extracontratual, de acordo com a modalidade da atividade a que se dedicam. A empresa estatal que prestar serviço público submeter-se-á ao regime de responsabilidade inerente ao direito público, especificamente à responsabilidade objetiva.[45] A que explorar atividade econômica estará subordinada ao regime de direito privado, qual seja, o inerente à responsabilidade subjetiva.[46]

Em qualquer dos regimes a empresa estatal será diretamente responsabilizável pelos danos em seu nome causados a terceiros, sejam acionistas ou não. Assim se passa em face da personificação que caracteriza as sociedades, como as empresas estatais. Mais que isso, as sociedades personificadas constituem-se sob formato institucional – significa dizer que possuem uma configuração orgânica de funcionamento. Por isso, é relevante destacar que a companhia se faz presentar por seus órgãos internos,[47] cuja atividade eventualmente ilícita em nome da companhia antes a torna causadora principal dos danos porventura sofridos pelos terceiros.

Não há cabimento de invocar, em face desses terceiros, que a empresa estatal teria sido tão vítima quanto eles dos administradores da própria companhia. Esse argumento poderia ensejar, quando muito, o exercício do direito de regresso da empresa estatal em face dos administradores faltosos[48] – mas externamente perante os terceiros a companhia será a causadora direta do dano e responderá de modo principal e pessoalmente com seu patrimônio.

Tais danos indenizáveis podem ainda decorrer não somente da prática de ato ilícito pela companhia, intermediada por órgãos seus, mas de práticas equivalentes à revogação de benefícios econômicos derivados de fomento aperfeiçoado[49] ou da frustração de planejamento[50] que tenha granjeado a adesão de particulares.

---

45. Com as ressalvas necessárias acerca da responsabilidade por omissão.

46. "Quanto à responsabilidade civil das empresas estatais também há uma dicotomia: o § 6º do art. 37 da CF diz que a responsabilidade aplicável às pessoas jurídicas de direito público é a mesma que se aplica às 'pessoas de direito privado, prestadoras de serviço público'. E, segundo a mesma disposição, essa responsabilidade é objetiva, ou seja, sem culpa, enquadrando-se (segundo jurisprudência do STF e doutrina) na teoria do risco administrativo. Já, a empresa estatal que explore atividade econômica está submetida à responsabilidade subjetiva, ou seja, aquela em que se requer a demonstração da culpa ou dolo do agente causador do dano" (Toshio Mukai, "Perfil constitucional das empresas estatais: privatização e terceirização", *Doutrinas Essenciais de Direito Administrativo* 6/795-801, novembro/2012).

47. Nesse sentido, não há propriamente "representação", mas "presentação" – assim como não há "representante" do Ministério Público, mas órgão dele personificado em um promotor ou procurador ministerial.

48. Incluindo o acionista controlador e os empregados.

49. "Uma vez verificado o preenchimento de todas as condições exigidas pelo agente público fomentador, o direito de usufruir do benefício prometido passa a integrar a esfera jurídica do administrado. Assim, a eventual modificação do planejamento ou das normas indutivas deve respeitar os efeitos produzidos pelo ato anterior, não podendo simplesmente eliminar ou restringir os efeitos meramente gerados" (Mônica Bandeira de Mello Lefèvre e Isabella Moreira de Andrade Vosgerau, "Responsabilidade civil do Estado enquanto agente fomentador", *Revista de Direito Administrativo Contemporâneo/ReDAC* 2/129, Ano 1, São Paulo, Ed. RT, setembro-outubro/2013).

50. "Os planos estatais sujeitam este à responsabilidade, segundo a espécie, se imperativos ou indicativos, sendo objetiva naqueles e podendo ser objetiva, subjetiva ou contratual nestes. A natureza, o conteúdo, a forma e o regime jurídico correspondentes dispõem sobre os pressupostos e os efeitos jurídicos

3.4 Responsabilidade dos administradores

A responsabilização dos administradores da empresa estatal poderá ser deduzida em face dela própria ou dos acionistas ou ainda em face de terceiros.

Embora o art. 159 da Lei das S/A se refira a "responsabilidade civil",[51] de rigor não se trata de responsabilidade sempre extracontratual, mas usualmente derivada da nomeação dos administradores formalizada no estatuto social (no caso de gestão inaugural da companhia) ou nas atas de assembleia-geral. Logo, perante a companhia haverá responsabilidade de matriz contratual que estabelece o vínculo dessa modalidade entre ela e seus administradores.

Paralelamente, subsiste a responsabilidade extracontratual, derivada diretamente da lei, entre os administradores de companhia e o acionista dela ou terceiro. Essa modalidade deriva do art. 159, § 7º, da Lei das S/A.[52]

3.4.1 Responsabilidade pessoal

Os deveres dos administradores de sociedade anônima são especificados pela Lei das S/A nos arts. 153 a 157, que lhes atribuem deveres de diligência, probidade, lealdade e informação. São postulados que se coligam à condição de administrador e cuja violação acarreta responsabilidade pessoal.[53]

O ato regular de gestão e as obrigações contraídas em nome da companhia não implicam a responsabilização pessoal do administrador, em princípio. A tradicional separação de responsabilidade pessoal e responsabilidade societária promovida pelo art. 158, *caput*, da Lei das S/A encontra ressalva no próprio dispositivo: exceto quando proceder com culpa ou dolo (inciso I) ou com violação da lei ou do estatuto (inciso II). Nesse caso, o administrador poderá responder juntamente com a companhia perante os terceiros prejudicados. Os cinco parágrafos do art. 158 versam sobre solidariedade, conivência, concurso e eximência.[54]

A responsabilidade isolada de cada administrador em face de outro é a regra do § 1º, exceto se entre eles houver conivência ou negligência em descobrir o ato ilícito alheio ou, ainda, omissão de impedi-lo. Os prejuízos causados nessas circunstâncias serão compostos solidariamente mesmo que os deveres violados sejam atribuição alheia (§ 2º), assim como solidária será a responsabilidade do administrador que deixar de comunicar à assembleia-geral sobre o ilícito que descobriu de seu antecessor (§ 4º) ou mesmo de

---

dos planos e sob a proteção jurídica, garantais e eventuais danos anormais" (Denilson Marcondes Venâncio, "Planejamento e responsabilidade estatal", *Revista de Direito Administrativo Contemporâneo/ReDAC* 6/181, Ano 2, São Paulo, Ed. RT, março/2014).

51. Recorde-se a clássica identificação, nem sempre acolhida pela doutrina, do vocábulo "civil" como sinônimo de "extracontratual".

52. Insista-se que esse dispositivo não relega o terceiro prejudicado a buscar ressarcimento apenas do administrador. Ao contrário, perante terceiros a empresa estatal sempre será responsável pelo dano causado, sendo que a Lei das S/A estipula elementos adicionais para responsabilizar conjuntamente o administrador.

53. O raciocínio completo sobre responsabilidade pessoal do administrador de empresa estatal, tal como descrita pela Lei das S/A, está desenvolvido nos termos agora reiterados na obra coletiva coordenada por Marçal Justen Filho, *Estatuto Jurídico das Empresas Estatais: Lei 13.303/20166 – Lei das Estatais*, cit., pp. 145-147.

54. De acordo com o art. 160, outros órgãos estatutários com função consultiva ou de assessoria dos administradores responderão nos mesmos termos dispostos nos arts. 153 a 159.

terceiro que, mesmo não sendo administrador, com ele concorrer na prática do ilícito à lei ou ao estatuto (§ 5º). Exime-se de responsabilidade o administrador dissidente que apuser sua divergência em ata ou cientificar de imediato e por escrito a outro órgão da companhia (§ 1º, *in fine*)

Nas companhias abertas não vigora a solidariedade ampla entre os administradores prevista no § 2º: a responsabilidade recairá somente sobre o administrador que violar dever a ele atribuído pelo estatuto (§ 3º), exceto se o administrador sucessor deixar de informar a violação do predecessor.

3.4.2 Ação de responsabilização

A conduta do administrador que violar os deveres estipulados nos arts. 153 a 157 ou incorrer nas previsões do art. 158 pode causar prejuízo à companhia, ou a acionista ou a terceiro. O acionista e o terceiro terão à disposição a ação judicial autônoma, a ser exercitada direta e pessoalmente por cada qual em face do administrador,[55] por violação de direito subjetivo próprio. Tal lhes é garantido pelo direito constitucional de ação, apenas reforçado pela disposição expressa do § 7º do art. 159 da Lei das S/A.

No entanto, a companhia deliberará a propositura de ação judicial de responsabilidade civil em face do administrador, nos termos do art. 159, *caput*. Será preciso que a assembleia--geral delibere sobre a ação judicial contra o administrador (§ 1º), que ficará impedido e será substituído na mesma sessão (§ 2º). Se a assembleia-geral aprovar o ajuizamento e este não ocorrer dentro de três meses, qualquer acionista poderá propor a ação (§ 3º). O resultado dela será atribuído à companhia, que reembolsará as despesas do acionista, até o limite do resultado (§ 5º). Todavia, se a assembleia-geral rejeitar o ajuizamento da ação em face do administrador, ela poderá ser proposta pelo conjunto de acionistas titulares de ao menos 5% do capital social (§ 4º). O resultado será atribuído à companhia, pois se trata de ação judicial em favor dela. Não será a ação judicial referida no § 7º do art. 159.

O § 6º do art. 159 descreve as hipóteses de exclusão da responsabilidade do administrador, que depende de prova de ter agido de boa-fé e contemplando o interesse da companhia.[56]

3.5 *Prescrição*

A reparação de danos extracontratuais pelas empresas estatais sujeita-se naturalmente à regra de prescrição. No entanto, a jurisprudência não pacificou orientação sobre a norma aplicável, o que tem resultando na aplicação de prazos distintos para casos similares.

A indefinição dos tribunais não impede a identificação segura da regra aplicável. Cada uma delas contém elementos suficientes para se estimar o prazo prescricional adequado para cada qual das categorias envolvidas.

---

55. Ressalve-se novamente que o terceiro prejudicado por ato ilícito praticado por órgão da companhia em nome dela poderá ajuizar ação diretamente em face da companhia isoladamente. Nesse caso, em princípio a companhia detém direito de regresso em face do seu administrador.

56. Esta, ainda assim, permanecerá responsável por compor os prejuízos causados a terceiro.

3.5.1 O art. 206, § 3º, V, do CC

O CC/2002 estipulou, como regra geral do art. 205, o prazo prescricional de 10 anos caso não exista prazo menor fixado em lei. Em seguida, o art. 206 discrimina diversas situações excepcionando o prazo geral – dentre elas o § 3º, V, segundo o qual prescreve em 3 anos a pretensão de reparação civil. Esse dispositivo aplica-se às relações de direito privado, em face da natureza normativa da lei civil que o contém. Além disso, a alusão à espécie de reparação permite interpretação que identifica o termo "civil" com "extracontratual", nos termos tradicionais da literatura jurídica.

No entanto, existem julgados do STJ que aplicam a prescrição trienal do Código Civil em medidas judiciais envolvendo sociedades de economia mista (não necessariamente prestadoras de serviço público) acerca da repercussão indenizatória derivada de descumprimento do contrato administrativo. O critério adotado pelos acórdãos que aplicam o prazo trienal do Código Civil assenta-se na personalidade jurídica de direito privado que caracteriza as sociedades de economia mista – o que as manteria na órbita de incidência da lei civil privada acerca de prescrição.[57]

Não existe, nesse âmbito, perquirição que se aprofunde nas sutilezas derivadas do art. 37, § 6º, da CF no tocante à prestação de serviço público ou ao desenvolvimento de atividade econômica.

3.5.2 O art. 1º do Decreto 20.910/1932

Parcela discordante da jurisprudência sobre prescrição da reparação civil atinente a empresas estatais ampara-se majoritariamente na regra do art. 1º do Decreto 20.910/1932, que estabelece o prazo prescricional de cinco anos.[58]

Aludida norma refere-se expressamente à Fazenda Pública Federal, Estadual e Municipal. A discussão acerca da sua aplicabilidade deslocou-se para a natureza jurídica de sociedades de economia mista e empresas públicas[59] – que reconhecidamente não integram a Fazenda Pública.[60] Diferentemente das empresas públicas em gênero, apenas a Fazenda

---

57. "De acordo com o entendimento pacificado no STJ, as ações movidas contra as sociedades de economia mista não se sujeitam ao prazo prescricional previsto no Decreto n. 20.910/1932, porquanto possuem personalidade jurídica de direito privado, estando submetidas às normas do Código Civil" (STJ, REsp 1.145.416, *DJU* 17.3.2011).

58. Decreto 20.910/1932: "Art. 1º. As dívidas passivas da União, dos Estados e dos Municípios, bem assim todo e qualquer direito ou ação contra a Fazenda Federal, Estadual ou Municipal, seja qual for a sua natureza, prescrevem em 5 (cinco) anos contados da data do ato ou fato do qual se originarem".

59. Indiquem-se julgados que atribuem o regime jurídico da Fazenda Pública a empresas públicas que não exercem atividade econômica em sentido restrito: STF, Plenário, RE 220.906, rel. Min. Maurício Corrêa, j. 16.11.2000; STF, 2ª Turma, RE 407.099, rel. Min. Carlos Velloso, j. 22.6.2004; STJ, 2ª Turma, REsp 729.807-RJ, rel. Min. Mauro Campbell Marques, j. 3.11.2009.

60. "O mesmo STJ, em decisão de abrangência ainda maior do que a sumulada, entendeu que a redução de prazo instituída pelo art. 2º do Decreto-lei 4.597/1942 'não beneficia empresa pública, sociedade de economia mista ou qualquer outra entidade estatal que explore atividade econômica'" (*RSTJ* 65/399). Além dessas entidades da Administração Pública que não se beneficiam do regime especial de prescrição instituído pelo Decreto 20.910/1932 e Decreto-lei 4.597/1942, é possível vislumbrar ainda algumas exceções à regra geral de prescrição quinquenal das ações contra a Fazenda Pública. As ressalvas não dizem respeito a características da entidade estatal envolvida e sim a peculiaridades da ação a ser proposta" (Carlos Ari

Pública inscreve seus créditos em Dívida Ativa, dispõe de execução fiscal, está infensa à penhora, sujeita suas próprias dívidas judiciais a pagamento por precatório – dentre outros atributos que não alcançam as sociedades não integrantes da Fazenda Pública.

Não obstante, há julgados do STJ que encontraram alternativa híbrida: aplicaram o prazo quinquenal do Decreto 20.910/1932 limitadamente às sociedades de economia mista prestadoras de serviço público.[61] Muito embora nem mesmo essas sociedades estejam submetidas ao regime jurídico específico da Fazenda Pública (por não a integrarem), referidos acórdãos promoveram uma interpretação extensiva do art. 1º do aludido decreto, para alcançar apenas essa específica situação.[62]

A pretexto de atribuir destinação mais benéfica para o particular na questão da prescrição, tal equiparação entre sociedade de economia mista prestadora de serviço público e Fazenda Pública tende a fazer perpetuar outros inconvenientes. Afinal, não seria razoável escolher deliberadamente aplicar somente um dos diversos postulados de determinado regime jurídico e deixar de aplicar os demais.

3.5.3 O art. 1º-C da Lei 9.494/1997

A Lei 9.494/1997 oferece solução mais adequada e consistente do que a aplicação do Código Civil e do que o Decreto 20.910/1932, nos seguintes termos: "Art. 1º-C. Prescreverá em 5 (cinco) anos o direito de obter indenização dos danos causados por agentes de pessoas jurídicas de direito público e de pessoas jurídicas de direito privado prestadoras de serviços públicos".

Por um lado, o dispositivo torna prescindível a seleção isolada, por analogia extensiva, de certa parcela do regime jurídico, de resto inaplicável às empresas estatais. A Lei 9.494/1997 originalmente disciplinou a aplicação da tutela antecipada instituída pela Lei 7.347/1985, mas em específico seu art. 1º-C foi incluído pela Medida Provisória 2.180-35/2001, convertida em lei na ocasião. Perceba-se que, neste caso, e diferentemente da analogia espontânea da jurisprudência, a lei existente recebeu a inclusão posterior, por medida provisória, de uma regra expressamente excepcional sobre prescrição para sociedades de

---

Sundfeld, "Responsabilidade do Estado por violação de obrigação pré-contratual, o problema da prescrição", *Pareceres* 2/677-701, março/2013).

61. "Processual civil – Recurso especial – Empresa municipal responsável pela prestação de serviços públicos próprios do Estado – Equiparação à Fazenda Pública – Ação de indenização – Prescrição: Decreto n. 20.910/1932 – Termo *a quo*. 1. O art. 1º do Decreto n. 20.910/1932 fixa como termo inicial da prescrição quinquenal a data do ato ou fato que deu origem à ação de indenização. 2. O direito de pedir indenização, pelo clássico princípio da *actio nata*, surge quando constatadas a lesão e suas consequências, fato que desencadeia a relação de causalidade e leva ao dever de indenizar. 3. Tratando-se de empresa pública integrante da Administração indireta, responsável pela prestação de serviços públicos próprios do Estado, com o fim de atender às necessidades essenciais da coletividade, sem que apresente situação de exploração de atividade econômica, deve ser aplicada a prescrição quinquenal, conforme o Decreto n. 20.910/1932. 4. Recurso especial não provido" (STJ, 2ª Turma, REsp 1.196.158-SE, rela. Min. Eliana Calmon, *DJe* 30.8.2010).

62. "Não é por outra razão que nas demandas propostas contra as empresas estatais prestadoras de serviços públicos deve-se aplicar a prescrição quinquenal prevista no Decreto n. 20.910/32 – Precedentes (REsp n. 1.196.158-SE, rela. Min. Eliana Calmon, 2ª Turma, j. 19.8.2010, *DJe* 30.8.2010; AgR no AgR no REsp n. 1.075.264-RJ, rel. Min. Francisco Falcão, 1ª Turma, j. 2.12.2008, *DJe* 10.12.2008) – Recurso especial conhecido em parte e improvido" (STJ, 2ª Turma, REsp 929.758-DF, rel. Min. Humberto Martins, *DJe* 14.12.2010).

economia mista prestadoras de serviço público. Não houve a integração delas ao regime jurídico da Fazenda Pública: ao contrário, a redação do art. 1º-C torna induvidoso que a associação à regra da prescrição ocorreu de modo pontual e restritivo, exclusivamente para aquele tema referido.

Por outro lado, a norma da Lei 9.494/1997 permite o recurso ao critério de aplicação conforme a especialidade da lei, em face do Código Civil.[63] Nada importa, por esse aspecto, que o Código Civil tenha sido promulgado após a inclusão no art. 1º-C na Lei 9.494/1997, pois o critério temporal é residual em relação à hierarquia e à especialidade. Ou seja: a lei mais nova somente derroga a mais antiga se não existir entre elas alguma precedência de ordem hierárquica e, adicionalmente, a lei anterior não for especial em relação à mais recente.[64]

Reforce-se, ainda, que o dispositivo do art. 1º-C da Lei 9.494/1997 não distinguiu entre prescrição sobre responsabilidade contratual ou sobre extracontratual. Embora o texto não tenha adotado expressão tão representativa quando fez o Código Civil ("reparação civil"), a amplitude da redação do art. 1º-C não induz a aplicação restritiva a uma categoria de responsabilização do Estado – antes, a indeterminação faz presumir a aplicação ampla a ambas as modalidades, contratual e extracontratual.[65] Nem seria desarrazoado interpretar os termos da descrição legal como bastante afetos à responsabilidade extracontratual, pois alude a "indenização dos danos causados por seus agentes"[66] – muito embora, reitere-se, esse artigo comporte aplicação identicamente à responsabilidade contratual.[67]

---

63. O caráter especial da norma da Lei 9.494/1997 em face do Código Civil foi destacada no julgamento do REsp Repetitivo 1.251.993-PR como fundamento definidor do prazo prescricional quinquenal, conforme comentário de Daniel Siqueira Borda ("A prevalência do prazo prescricional quinquenal nas ações em face à Fazenda Pública: julgamento do REsp 1.251.993-PR pela sistemática do art. 543-C do CPC", *Revista de Direito Administrativo Contemporâneo/ReDAC* 1/213, Ano 1, São Paulo, Ed. RT, julho-agosto/2013).

64. "De um lado, há a fixação da especialidade do regime jurídico como critério fundamental para a definição de qual a legislação aplicável aos casos envolvendo a Administração Pública, afastando-se o critério temporal em caso de conflito aparente de normas" (Rafael Hamze Issa, "Do prazo prescricional das ações de ressarcimento contra o Estado: comentários ao acórdão do REsp 1.251.993-PR", *Revista de Direito Administrativo Contemporâneo/ReDAC* 1/244, Ano 1, São Paulo, Ed. RT, julho-agosto/2013).

65. "No regime de direito público há norma especial que lhe é equivalente. Trata-se do art. 1º-C da Lei 9.494/1997, que assim dispõe: 'Prescreverá em 5 (cinco) anos o direito de obter indenização dos danos causados por agentes de pessoas jurídicas de direito público e de pessoas jurídicas de direito privado prestadoras de serviços públicos'. Em outras palavras: a reparação civil, seja ela contratual ou extracontratual, tem prazo especial quando se tratar de pessoas jurídicas submetidas ao regime de direito público" (Luiz Rodrigues Wambier, "Prescrição: responsabilidade civil contratual das sociedades de economia mista prestadoras de serviço público", in *Pareceres: processo civil*, São Paulo, Ed. RT, setembro/2012, pp. 283-294).

66. "Em 2007, sob a relatoria da Min. Denise Arruda, a 1ª Turma do STJ decidiu, no julgamento do REsp 790.090-RR, que 'a pretensão à indenização por danos causados por agentes de pessoas jurídicas de direito público e de pessoas jurídicas de direito privado prestadoras de serviços públicos prescreve em cinco anos (Lei n. 9.494/1997)'. Em 2009 essa posição foi adotada também no âmbito da 1ª Turma, no julgamento do REsp 1.089.206-RS, em que foi relator o Min. Luiz Fux, e, mais recentemente, em outro julgado de sua relatoria decidiu-se que 'a Medida Provisória n. 2.180-35, editada em 24.8.2001, no afã de dirimir dúvidas sobre o tema, introduziu o art. 1º-C na Lei n. 9.4.94/1997 (que alterou a Lei n. 7.347/1985), estabelecendo o prazo prescricional de cinco anos para ações que visam a obter indenização por danos causados por agentes de pessoas jurídicas de direito público' (STJ, REsp 909.446-RN, *DJe* 22.4.2010)" (Luiz Rodrigues Wambier, "Prescrição: responsabilidade civil contratual das sociedades de economia mista prestadoras de serviço público", cit., *Pareceres*, cit., pp. 283-294).

67. O STJ confirmou acórdão do TJPR que aplicou o art. 1º-C da Lei 9.494/1997 nesses exatos termos, em sede de responsabilidade contratual: "Agravo de instrumento – Ação ordinária – Preliminares de falta

Com a edição da Lei 9.494/1997 a Súmula 39 do STJ, de 20.4.1992 ("Prescreve em 20 anos a ação para haver indenização, por responsabilidade civil, de sociedade de economia mista"), ficou superada, senão parcialmente derrogada – quando muito, o enunciado tornou-se aplicável unicamente às sociedades de economia mista que desempenham atividade econômica, sem prestar serviço público.[68]

Referências bibliográficas

ABREU, Rogério Roberto Gonçalves de. "A responsabilidade civil por assédio moral no serviço público". *Revista de Direito Privado* 64/145-159. Outubro-dezembro/2015.

ALMEIDA, Luciana Dayoub Ranieri de. "A responsabilidade patrimonial do Estado e a teoria do risco administrativo". *Revista de Direito Administrativo Contemporâneo/ReDAC* 14. Ano 2. São Paulo, Ed. RT, novembro/2014.

AMARAL, Paulo Osternack. "A regra de prescrição aplicável às sociedades de economia mista prestadoras de serviço público". *Informativo Justen, Pereira, Oliveira e Talamini* 5. Julho/2007 (disponível em *http://www.justen.com.br/informativo*, acesso em 31.5.2017).

_____. "Lei das Estatais: espectro de incidência e regras de governança". In: JUSTEN FILHO, Marçal (org.). *Estatuto Jurídico das Empresas Estatais: Lei 13.303/2016 – Lei das Estatais*. São Paulo, Ed. RT, 2016.

AZEVEDO, Fernando Costa de. "A proteção dos consumidores-usuários de serviços públicos no Direito Brasileiro: uma abordagem a partir do diálogo das fontes". *Revista de Direito do Consumidor* 102/123-137. Novembro-dezembro/2015.

BACELLAR FILHO, Romeu Felipe, e SCHIO, Adriana Cavalcante de Souza. "Novos aspectos da responsabilidade civil das empresas estatais no Brasil". *Sequência* 62/261-298. Julho/2011.

BADÚ, Geraldo Peltier. "Responsabilidade civil das empresas estatais e de seus dirigentes". *Doutrinas Essenciais de Responsabilidade Civil* 6/361-372. Outubro/2011.

BANDEIRA DE MELLO, Celso Antônio. *Curso de Direito Administrativo*. 33ª ed. São Paulo, Malheiros Editores, 2016.

_____. "O conceito de normas gerais no direito constitucional brasileiro". *Interesse Público/ IP* 66. Ano 13. Belo Horizonte, março-abril/2011 (disponível em *http://www.bidforum.com.br/bid/PDI0006.aspx?pdiCntd=72616*, acesso em 1.8.2016).

---

de documentos indispensáveis e ilegitimidade corretamente rejeitadas – Prescrição – Apreciação imediata – Desnecessidade de remessa ao juízo *a quo* – Análise pelo próprio Tribunal – Matéria de ordem pública – Efeito translativo do recurso – Regime jurídico de direito público – Contratação de empresa mediante procedimento licitatório para execução de obra pública – Natureza do contrato estabelecido entre as partes é de direito público – Inaplicáveis prazos prescricionais previstos pela legislação civil – Incidente *in casu* o art. 1º-C da Lei n. 9.494/1997 – Prazo prescricional de cinco anos – Suspenso pelo protocolo de recurso administrativo – Inocorrência de prescrição – Inexistente má-fé da agravante – Recurso conhecido e parcialmente provido" (TJPR, 4ª Câmara Cível, AI 440.693-5, rela. Desa. Denise Kruger Pereira, j. 8.4.2008, v.u.). No STJ: 2ª Turma, AgR nos ED no REsp 1.300.567-PR, rel. Min. Mauro Campbell Marques, *DJe* 10.6.2015.

68. "(...). Quando a sociedade de economia mista prestar serviço público, incidirá sobre ela um regime de direito público e a consequente regra de prescrição quinquenal; quando essa integrante da Administração indireta desempenhar atividade econômica, o regime a ela aplicável será o de direito privado no que tange às regras de prescrição contidas no Código Civil e em leis extravagantes de direito privado" (Paulo Osternack Amaral, "A regra de prescrição aplicável às sociedades de economia mista prestadoras de serviço público", *Informativo Justen, Pereira, Oliveira e Talamini* 5, julho/2007, disponível em *http://www.justen.com.br/ informativo*, acesso em 31.5.2017).

BENACCHIO, Marcelo, GUERRA, Alexandre Dartanhan de Mello, e PIRES, Luís Manuel Fonseca (coords.). *Responsabilidade Civil do Estado*. São Paulo, Quartier Latin, 2010.

BORDA, Daniel Siqueira. "A prevalência do prazo prescricional quinquenal nas ações em face à Fazenda Pública: julgamento do REsp 1.251.993-PR pela sistemática do art. 543-C do CPC". *Revista de Direito Administrativo Contemporâneo/ReDAC* 1. Ano 1. São Paulo, Ed. RT, julho-agosto/2013.

_____. "A responsabilidade civil do Estado à luz dos desafios impostos pela sociedade de risco". *Revista de Direito Administrativo Contemporâneo/ReDAC* 0. Ano 1. São Paulo, Ed. RT, maio-junho/2013.

CAHALI, Yussef Said. *Responsabilidade Civil do Estado*. 2ª ed., 2ª tir. São Paulo, Malheiros Editores, 1996.

CARVALHO, Juliane Erthal de. "Ressarcimento de danos pelo servidor público". *Revista de Direito Administrativo Contemporâneo/ReDAC* 8. Ano 2. São Paulo, Ed. RT, maio/2014.

CARVALHO NETO, Tarcísio Vieira de. *Responsabilidade Civil Extracontratual do Estado por Omissão*. Brasília, Gazeta Jurídica, 2014.

CAZZANIGA, Gláucia Aparecida Ferraroli. "Responsabilidade dos órgãos públicos no Código de Defesa do Consumidor". *Doutrinas Essenciais de Responsabilidade Civil* 6/443-466. Outubro/2011.

CHIECO, Thiago Alves. "Responsabilidade civil do Estado por omissão na atividade de policiamento ostensivo-preventivo desenvolvida pelas Polícias Militares". *Revista de Direito Administrativo Contemporâneo/ReDAC* 15. Ano 2. São Paulo, Ed. RT, dezembro/2014.

COSTÓDIO FILHO, Ubirajara. "Primeiras questões sobre a Lei 13.303/2016: o estatuto jurídico das empresas estatais". *RT* 974/171-198. São Paulo, Ed. RT, dezembro/2016.

FARIA, Edimur Ferreira de (coord.). *Responsabilidade Civil do Estado no Ordenamento Jurídico e na Jurisprudência Atuais*. Belo Horizonte, Del Rey, 2014.

FERREIRA, Daniel. "Responsabilidade civil do Estado por omissão". In: BENACCHIO, Marcelo, GUERRA, Alexandre Dartanhan de Mello, e PIRES, Luís Manuel Fonseca (coords.). *Responsabilidade Civil do Estado*. São Paulo, Quartier Latin, 2010.

FREITAS, Daniela Bandeira de, e VALLE, Vanice Regina Lírio do (coords.). *Direito Administrativo e Democracia Econômica*. Belo Horizonte, Fórum, 2012.

GUEDES, Filipe Machado. "As empresas estatais e o direito societário". *Revista de Direito Administrativo Contemporâneo/ReDAC* 3. Ano 1. São Paulo, Ed. RT, novembro-dezembro/2013.

GUERRA, Alexandre Dartanhan de Mello. "Hipóteses de não incidência de responsabilidade civil do Estado". in BENACCHIO, Marcelo, GUERRA, Alexandre Dartanhan de Mello, e PIRES, Luís Manuel Fonseca (coords.). *Responsabilidade Civil do Estado*. São Paulo, Quartier Latin, 2010.

GUERRA, Alexandre Dartanhan de Mello, BENACCHIO, Marcelo, e PIRES, Luís Manuel Fonseca (coords.). *Responsabilidade Civil do Estado*. São Paulo, Quartier Latin, 2010.

ISSA, Rafael Hamze. "Do prazo prescricional das ações de ressarcimento contra o Estado: comentários ao acórdão do REsp 1.251.993-PR". *Revista de Direito Administrativo Contemporâneo/ReDAC* 1. Ano 1. São Paulo, Ed. RT, julho-agosto/2013.

JACOB, Raphael Sérgio Rios Chaia, MARQUES, Heitor Romero, e SILVA, Joelma Aguiar. *A Responsabilidade Civil das Empresas Estatais*. Disponível em https://jus.com.br/artigos/29470/a-responsabilidade-civil-das-empresas-estatais (acesso em 13.4.2017).

JUSTEN FILHO, Marçal. "As empresas privadas com participação estatal minoritária". *Revista de Direito Administrativo Contemporâneo/ReDAC* 2. Ano 1. São Paulo, Ed. RT, setembro-outubro/2013.

_____. *Curso de Direito Administrativo*. 12ª ed. São Paulo, Ed. RT, 2016.

_____. *Comentários à Lei de Licitações e Contratos Administrativos*, 16ª ed. São Paulo, Ed. RT, 2014.

_____ (org.). *Estatuto Jurídico das Empresas Estatais: Lei 13.303/2016 – Lei das Estatais*. São Paulo, Ed. RT, 2016.

LEFÈVRE, Mônica Bandeira de Mello, e VOSGERAU, Isabella Moreira de Andrade. "Responsabilidade civil do Estado enquanto agente fomentador". *Revista de Direito Administrativo Contemporâneo/ReDAC* 2. Ano 1. São Paulo, Ed. RT, setembro-outubro/2013.

MARQUES, Heitor Romero, JACOB, Raphael Sérgio Rios Chaia, e SILVA, Joelma Aguiar. *A Responsabilidade Civil das Empresas Estatais*. Disponível em *https://jus.com.br/artigos/29470/a-responsabilidade-civil-das-empresas-estatais* (acesso em 13.4.2017).

MARQUES NETO, Floriano Peixoto de Azevedo. "A responsabilidade objetiva das concessionárias de serviço público: a jurisprudência do STF e o papel da doutrina". *Revista de Direito Administrativo Contemporâneo/ReDAC* 0. Ano 1. São Paulo, Ed. RT, maio-junho/2013.

MARTINS, Ricardo Mascarenhas. "Responsabilidade civil do Estado, nexo causal e imputação objetiva". In: BENACCHIO, Marcelo, GUERRA, Alexandre Dartanhan de Mello, e PIRES, Luís Manuel Fonseca (coords.). *Responsabilidade Civil do Estado*. São Paulo, Quartier Latin, 2010.

MEIRELLES, Hely Lopes. *Direito Administrativo Brasileiro*. 19ª ed. São Paulo, Malheiros Editores, 1994; 42ª ed. São Paulo, Malheiros Editores, 2016.

_____. "Empresa pública e sociedade de economia mista: elementos distintivos". In: *Estudos e Pareceres de Direito Público: Assuntos Administrativos em Geral*. vol. 4. São Paulo, Ed. RT, 1981 (pp. 292-304).

_____. *Estudos e Pareceres de Direito Público: Assuntos Administrativos em Geral*. vols. 4 e 6. São Paulo, Ed. RT, 1981 e 1982.

_____. "Sociedade de economia mista e Administração indireta". In: *Estudos e Pareceres de Direito Público: Assuntos Administrativos em Geral*. vol. 6. São Paulo, Ed. RT, 1982 (pp. 306-315).

MENEZES, Fernando. "Responsabilidade civil do Estado". *Revista de Direito Administrativo Contemporâneo/ReDAC* 8. Ano 2. São Paulo, Ed. RT, maio/2014.

MITIDIERI, Marcos D'Avino. "As organizações sociais violam a Constituição Federal?". *Revista de Direito Administrativo Contemporâneo/ReDAC* 1. Ano 1. São Paulo, Ed. RT, julho-agosto/2013.

MONTEIRO, Vera. "Responsabilização de agente público, autor de parecer jurídico, pelo TCU: análise do posicionamento do STF". In: BENACCHIO, Marcelo, GUERRA, Alexandre Dartanhan de Mello, e PIRES, Luís Manuel Fonseca (coords.). *Responsabilidade Civil do Estado*. São Paulo, Quartier Latin, 2010.

MOREIRA, Lis Verônica de Sousa. "Responsabilidade civil do Estado por conduta omissiva". In: FARIA, Edimur Ferreira de (coord.). *Responsabilidade Civil do Estado no Ordenamento Jurídico e na Jurisprudência Atuais*. Belo Horizonte, Del Rey, 2014.

MUKAI, Toshio. "Perfil constitucional das empresas estatais: privatização e terceirização". *Doutrinas Essenciais de Direito Administrativo* 6/795-801. Novembro/2012.

OLIVEIRA, Fernão Justen de. "Conflito de interesses de agentes públicos: Lei federal 12.813/2013". *Revista de Direito Administrativo Contemporâneo/ReDAC* 15. Ano 2. São Paulo, Ed. RT, dezembro/2014.

OLIVEIRA, José Roberto Pimenta. "O direito de regresso do Estado decorrente do reconhecimento de responsabilidade civil extracontratual no exercício da função administrativa". In: BENACCHIO, Marcelo, GUERRA, Alexandre Dartanhan de Mello, e PIRES, Luís Manuel Fonseca (coords.). *Responsabilidade Civil do Estado*. São Paulo, Quartier Latin, 2010.

OLIVEIRA, Rafael Carvalho Rezende. "As licitações na Lei 13.303/2016 (Lei das Estatais): mais do mesmo?". *Direito do Estado* 230. Ano 2016 (disponível em *http://www.direitodoestado.com.br/colunistas/rafael-carvalho-rezende-oliveira/as-licitacoes-na-lei-133032016-lei-das--estatais-mais-do-mesmo*, acesso em 13.4.2017).

PIRES, Luís Manuel Fonseca, BENACCHIO, Marcelo, e GUERRA, Alexandre Dartanhan de Mello (coords.). *Responsabilidade Civil do Estado*. São Paulo, Quartier Latin, 2010.

QUEIROZ, João Eduardo Lopes, e SANTOS, Márcia Walquíria Batista dos. "Responsabilidade civil do Estado decorrente dos contratos de gestão e dos contratos de programa". *Revista de Direito Administrativo Contemporâneo/ReDAC* 13. Ano 2. São Paulo, Ed. RT, outubro/2014.

REZENDE, Juliana Pereira, e SARTAL, Estevam Palazzi. "Alcance da responsabilidade civil da concessionária de rodovia por riscos à segurança dos usuários e limites legais de sua atuação". *Revista de Direito Administrativo Contemporâneo/ReDAC* 24/165. Ano 4. São Paulo, Ed. RT, maio-junho/2016.

RODRIGUES, Joanna Paixão Pinto. *A Responsabilidade das Empresas Públicas por Danos Causados a Terceiros*. Disponível em http://domtotal.com/noticia/1133902/2017/03/a--responsabilidade-das-empresas-publicas-por-danos-causados-a-terceiros (acesso em 13.4.2017).

RODYCZ, Wilson Carlos. "A responsabilidade civil das empresas privadas por danos causados na prestação de serviços públicos delegados". *Doutrinas Essenciais de Responsabilidade Civil* 6/505-546. São Paulo, Ed. RT, outubro/2011.

SANTOS, Márcia Walquíria Batista dos, e QUEIROZ, João Eduardo Lopes. "Responsabilidade civil do Estado decorrente dos contratos de gestão e dos contratos de programa". *Revista de Direito Administrativo Contemporâneo/ReDAC* 13. Ano 2. São Paulo, Ed. RT, outubro/2014.

SARTAL, Estevam Palazzi, e REZENDE, Juliana Pereira. "Alcance da responsabilidade civil da concessionária de rodovia por riscos à segurança dos usuários e limites legais de sua atuação". *Revista de Direito Administrativo Contemporâneo/ReDAC* 24/165. Ano 4. São Paulo, Ed. RT, maio-junho/2016.

SCHIO, Adriana Cavalcante de Souza, e BACELLAR FILHO, Romeu Felipe. "Novos aspectos da responsabilidade civil das empresas estatais no Brasil". *Sequência* 62/261-298. Julho/2011.

SILVA, Joelma Aguiar, JACOB, Raphael Sérgio Rios Chaia, e MARQUES, Heitor Romero. *A Responsabilidade Civil das Empresas Estatais*. Disponível em https://jus.com.br/artigos/29470/a-responsabilidade-civil-das-empresas-estatais (acesso em 13.4.2017).

SUNDFELD, Carlos Ari. "Responsabilidade do Estado por violação de obrigação pré-contratual, o problema da prescrição". *Pareceres* 2/677-701. Março/2013.

VALLE, Vanice Regina Lírio do, e FREITAS, Daniela Bandeira de (coords.). *Direito Administrativo e Democracia Econômica*. Belo Horizonte, Fórum, 2012.

VENÂNCIO, Denilson Marcondes. "Planejamento e responsabilidade estatal". *Revista de Direito Administrativo Contemporâneo/ReDAC* 6/181. Ano 2. São Paulo, Ed. RT, março/2014.

VOSGERAU, Isabella Moreira de Andrade, e LEFÈVRE, Mônica Bandeira de Mello. "Responsabilidade civil do Estado enquanto agente fomentador". *Revista de Direito Administrativo Contemporâneo/ReDAC* 2. Ano 1. São Paulo, Ed. RT, setembro-outubro/2013.

WALTER, Andrea Geraldes Cabral. *A Responsabilidade Civil das Empresas Prestadoras de Serviço Público em Face de Terceiros*. Disponível em http://www.conteudojuridico.com.br/artigo,a-responsabilidade-civil-das-empresas-prestadoras-de-servico-publico-em-face--de-terceiros,51018.html (acesso em 13.4.2017).

WAMBIER, Luiz Rodrigues. "Prescrição: responsabilidade civil contratual das sociedades de economia mista prestadoras de serviço público". In *Pareceres: processo civil*. São Paulo, Ed. RT, setembro/2012 (pp. 283-294).

MUTABILIDADE NOS CONTRATOS CONCESSIONAIS: ASPECTOS ENDOCONTRATUAIS E PROCEDIMENTAIS[1]

FLAVIO AMARAL GARCIA

1. Nota introdutória. 2. A mutabilidade endocontratual. 3. A procedimentalização da mutabilidade. 4. Breves conclusões.

1. Nota introdutória

Não é nenhuma novidade que a passagem do tempo e suas repercussões nas relações jurídicas sempre foram temas centrais no Direito. No fundo, trata-se do reconhecimento da incapacidade do ser humano em calcular e prever as contingências futuras, bem como as complexas questões que se põem em causa quando da ocorrência de fatos novos que produzem efeitos em situações jurídicas geradas no passado.

Às mutações nos contratos, sejam privados ou públicos, contrapõem-se, de um lado, a necessidade de estabilidade e segurança jurídicas que as partes intendem ao contratar e, de outro, as circunstâncias intrínsecas e extrínsecas à relação contratual que tornam inevitáveis a sua alteração.

A diferença, na pós-modernidade, está na vertiginosa aceleração com que as mudanças ocorrem, aumentando sua imprevisibilidade e tornando as relações sociais, políticas, econômicas, financeiras e, em consequência, as jurídicas, muito mais complexas, sofisticadas e erráticas do que o foram no passado. Sem dúvida, a evolução tecnológica desempenha papel fundamental nessa intensificação da mutabilidade em todos os setores da vida humana, a reclamar a construção de novos esquemas e métodos que enfrentem os desafios da força avassaladora do mundo dos fatos, que desequilibra as relações pactuadas.

Neste contexto, um dos temas mais desafiadores e complexos do Direito Administrativo contemporâneo é a delimitação de uma coordenação racional e harmônica entre o valor da *segurança jurídica* e a *mutabilidade* inerente à gestão na prestação de serviços públicos e disponibilização das infraestruturas, por meio de relações contratuais duradouras e estáveis, seja por meio de concessões ou de parcerias público-privadas.

---

1. Este artigo foi produzido em homenagem ao Grande Mestre Hely Lopes Meirelles, um dos maiores expoentes brasileiros do Direito Administrativo de todos os tempos. Atribui-se a Isaac Newton a seguinte frase: "Se consegui ver mais longe é porque estava aos ombros de gigantes". Gigantes eram os outros estudiosos que o antecederam e que produziram conhecimento acumulado, que permitiu ao grande físico fazer a diferença. A doutrina moderna do Direito Administrativo Brasileiro, que tanto avançou nas últimas quadras e vem produzindo visões prospectivas altamente inovadoras, deve demais a gigantes como Hely Lopes Meirelles. Sistematizou o Direito Administrativo como poucos, sempre enfrentando temas áridos e complexos com objetividade e clareza. Devemos muito ao gigante Hely. A sua contribuição à ciência jurídica foi enorme, assim como é enorme a minha honra em participar de um livro em sua homenagem.

A assimilação desse conceito – de que esses contratos administrativos duradouros são mutáveis por natureza – consiste em desafio a ser enfrentado, pois que não mais se revela solucionável pelos esquemas e arranjos de longa data adotados pelo Direito Administrativo.

Delimita-se *mutabilidade* a partir da sua acepção ampla: abarca desde a alteração unilateral do contrato promovida pelo ente contratante para adequar o interesse público, mas alcança, também, o fato do príncipe, o fato da administração, o caso fortuito e a força maior, as circunstâncias imprevistas, e a teoria da imprevisão. Todas lidam, historicamente, com a necessidade de adequação do contrato a uma nova realidade e a conformação do novo arranjo ao ordenamento jurídico.

Mas estes institutos, conquanto ainda úteis, atuais e ínsitos à própria compreensão da mutabilidade, devem ser reposicionados a partir da moderna dogmática que orienta a estruturação dos contratos concessionais.

Também para os lindes deste estudo, contratos concessionais, em uma acepção bastante genérica, são aqueles que demandam a colaboração dos particulares para o cometimento de tarefas e finalidades de interesse público. Trata-se de um arranjo jurídico e econômico fundamental para a viabilização e estruturação de serviços e utilidades públicas, cujas raízes históricas se confundem com o próprio surgimento do Direito Administrativo.

Assim, na perspectiva que se pretende conformar neste estudo, as características dos contratos concessionais que importam para o recorte no estudo da mutabilidade são as seguintes: (i) o aporte de recursos privados para a consecução de cometimentos públicos, com modelo de financiamento suportado pelo próprio projeto; (ii) a assunção de riscos pelo sujeito privado no desempenho das suas tarefas, com a consequente contratualização na repartição e distribuição dos riscos; (iii) o longo prazo de duração do contrato, imprescindível para a amortização dos investimentos privados alocados no objeto; (iv) a execução do contrato a partir de uma gestão privada, mas com a exclusiva e intransferível responsabilidade pública em assegurar uma execução do objeto eficiente e atrelada ao atendimento dos interesses da sociedade e dos usuários.

Sucede que os contratos concessionais na atual quadra do século XXI são conformados a partir de estruturas inteiramente distintas das concessões oitocentistas.

Modernamente, a estruturação dos contratos concessionais, com foco na consecução do resultado e na *performance* do contratado, na partilha e mapeamento dos riscos entre os contratantes, bem como na maior abertura no tocante à participação dialógica da sociedade, usuários e operadores econômicos, muda substancialmente a estruturação tradicional dos contratos administrativos no segmento da infraestrutura, criando novas bases e condições para operacionalizar juridicamente a mutabilidade com garantia de sucesso.

Reconhece-se hodiernamente que os contratos concessionais são incompletos e, consequentemente, devem ser dúcteis e flexíveis para adaptar-se às inexoráveis modificações que passam a ser inerentes à sua própria essência. Tudo isso confere uma nova e abrangente perspectiva da mutabilidade que, necessariamente, requer o manejo de estruturas contratuais-regulatórias que compreendam empiricamente a complexidade inerente a estes arranjos.

É exatamente por isso que o contrato concessional deve ocupar-se da mutabilidade, dos seus limites, causas, responsabilidades, consequências e *iter* procedimental como um dos aspectos centrais da sua regulação.

Não se trata de adivinhação ou futurologia, mas a crucial definição de regras claras, competências institucionais previamente estabelecidas e demarcadas e, sobretudo, os valores e princípios aplicáveis, não invocados de forma genérica e puramente abstrata no instrumento contratual, mas densificados em cláusulas contratuais que lhe confiram a indispensável objetividade e efetividade.

À regulação administrativa por contrato caberá estabelecer uma espécie de *devido processo da mutabilidade*, que assegure condições de depuração dos interesses públicos e privados envolvidos e que agregue, principalmente, transparência nas inevitáveis alterações que se sucederão durante a execução do ajuste.

Mas antes de abordar a procedimentalização da mutabilidade, importante destacar como a sua racionalidade integra e adere às estruturas contratuais-regulatórias dos contratos concessionais hodiernos. É a aqui denominada mutabilidade endocontratual.

2. A mutabilidade endocontratual

Contratos concessionais eficientes são aqueles que concebem sistemas de incentivo que, sem ignorar a racionalidade econômica, consigam criar condicionamentos jurídicos que materializem as finalidades públicas.

Esta circunstância torna inteiramente distintos contratos concessionais que se destinam a regular portos, aeroportos, energia, saneamento, rodovias, porquanto cada um destes setores, dentre tantos outros que podem ser objeto de relações contratuais duradouras, apresentam características que tornam impossível qualquer pretensão de uniformização das suas cláusulas e condições.

É neste cenário que a função da regulação por contrato assume uma nova dimensão, eis que intimamente conectada ao reconhecimento de que é cada vez mais difícil, senão impossível, ao legislador, distante das minúcias da realidade, das circunstâncias do momento e das sutilezas técnicas que envolvem a aplicação da lei, definir casuisticamente o elenco de interesses públicos específicos que devem ser atendidos pela Administração Pública.

Conforme ensina Egon Bockmann Moreira[2] o esperado nos contratos concessionais é a mudança. Assim, a alteração das circunstâncias técnicas, sociais, econômicas, políticas, financeiras deve ser compreendida como integrante do núcleo essencial dos contratos concessionais, sendo a mutabilidade ínsita a sua própria natureza. Ignorar essa realidade é tornar mais complexa e tormentosa a inevitável tarefa *ex post* de alteração do contrato.

Um dos paradoxos que está no âmago de qualquer contrato concessional, é o desafio de ponderar e articular racionalmente os valores da estabilidade e da mudança. Mas um olhar reflexivo e contemporâneo sobre o tema permite compreender que a noção da estabilidade pressupõe o reconhecimento da inevitabilidade da mudança. A estabilidade deve ser concebida não no seu aspecto puramente formal e estático, mas com as distintas dimensões que conectam a realidade jurídica com o substrato fático, que é, como consabido, mutável por natureza.

À primeira vista parece contraditória a assertiva, porquanto estabilidade e mudança são conceitos que se opõem logicamente. Mas quando, na regulação por contrato, a mudança

---

2. Egon Bockmann Moreira, *Direito das Concessões de Serviços Públicos*, São Paulo, Malheiros Editores, 2010.

é reconhecida a partir da sua inevitabilidade e, portanto, dimensionada e captada como uma faceta da própria estabilidade, muda-se o enfoque de uma *estabilidade estática* para uma *estabilidade dinâmica*, que melhor reflete o estado da arte dos contratos públicos que recorrem à técnica concessional.

As escolhas públicas centradas em uma *regulação contratual* sofrem, igualmente, os efeitos da aceleração das mutações econômicas, financeiras, políticas, sociais e tecnológicas. Exatamente por isso que a tecnologia contratual não é mais estática, mas aderente a uma estrutura que incorpore a mutabilidade e a flexibilidade como elementos inerentes a sua própria concepção.

Vale explicar por meio de exemplos mais concretos como isso se dá na prática.

Como se sabe, atualmente a regulação contratual é voltada precipuamente para as finalidades e resultados e menos preocupada com a definição exaustiva das obrigações e condutas do concessionário.

Em um passado não tão distante, o contrato estruturador de um projeto de relevante interesse público era um repositório de condutas e obrigações que deveriam ser cumpridas pelo concessionário. A sua nota característica era uma regulação amplamente descritiva e analítica das obrigações e deveres do parceiro privado, remanescendo pouco espaço de liberdade para o contratado inovar ou implementar os seus próprios mecanismos de gestão.

Um exemplo permite melhor compreender o ponto. Os contratos de concessão de rodovia federais no Brasil estabeleciam um conjunto de obras que o particular estaria obrigado a realizar, delimitando previamente os meios e os modos necessários para se considerar o contrato cumprido e adequado.[3]

Partia-se da premissa que ao fixar os meios e predeterminar o conjunto de obras que o contratado estava obrigado a executar, alcançar-se-iam as finalidades cogitadas. Em outros termos, o fim seria consequência do meio e do modo eleito no contrato para atingi-lo. Em sendo o meio tão importante, melhor seria que a própria Administração Pública fixasse contratualmente as regras descritivas dos encargos do contratado. As escolhas eram feitas pelo contratante e não pelo contratado.

As obras, no exemplo acima cogitado, seriam determinantes para qualificar o atendimento do interesse público, porquanto implicariam melhorias efetivas na rodovia e, por conseguinte, na qualidade do bem colocado à disposição dos usuários.

Ao fim e ao cabo, se o contratado executasse os encargos e as obrigações de meio[4] estabelecidas pelo contratante estaria exonerado de uma execução eficiente do objeto e da

---

3. Mencione-se, por exemplo, a cláusula 10.1.2 do contrato de concessão da BR 262/DF/GO/MG, que estipulava previamente o conjunto de obras que deveria ser realizado pela concessionária: "10.1.2. A Concessionária deverá realizar: (i) as obrigações de investimento constantes do PER, que incluem obras e serviços prestados nas Frentes de Recuperação e Manutenção, Frente de Ampliação de Capacidade e Manutenção do Nível de Serviço, Frente de Conservação e Serviços Operacionais, nos prazos indicados; e (ii) todas as demais obras e intervenções necessárias ao cumprimento dos Parâmetros de Desempenho e demais Parâmetros Técnicos e Escopos estabelecidos no Contrato e no PER, nos prazos indicados"(extraído do site da Agência Nacional de Transportes Terrestres – disponível em *www.antt.gov.br/index.php/content/view/5261/Concessoes_Rodoviarias.html*, acesso em 11.10.2016).

4. A distinção entre obrigações de meio e de resultado é bem delimitada pelos civilistas. Por todos, veja-se a lição de Maria Helena Diniz: "A obrigação de meio é aquela em que o devedor se obriga tão somente a usar de prudência e diligência normais na prestação de certo serviço para atingir um resultado,

própria obtenção do resultado desejado. Não se poderia atribuir ao contratado as consequências de a obra não ter atingido a finalidade pública desejada ou mesmo de eventuais deficiências técnicas na sua especificação. O seu compromisso circunscreve-se, em última análise, em cumprir diligentemente os encargos impostos pelo contratante.

Em certa medida, havia uma tênue aproximação[5] com a racionalidade do tradicional contrato de empreitada, este sim caracterizado por uma prévia definição das condições e especificações técnicas pelo ente público contratante, que disciplina minuciosamente os termos e os modos de execução do contrato.

A modelagem dos contratos concessionais calcada na descrição detalhada dos encargos e obrigações do contratado acarreta, ao ângulo da gestão contratual, algumas dificuldades operacionais e problemas de *enforcement*.

Incrementa-se sobremaneira o ônus fiscalizatório do ente público contratante, que se impõe o dever de atestar se as obrigações de meio e as suas escolhas técnicas estão sendo corretamente implementadas. Para além disso, aumenta-se a possibilidade de contencioso e de litigiosidade a partir da maior probabilidade na ocorrência de divergências técnicas a propósito do cumprimento adequado dos encargos fixados no contrato.

Essa forma de estruturar e regular o contrato submete o contratado a uma rígida forma de atuar, o que incide em uma *contradictio in terminis*, porquanto a lógica de colaboração com o setor privado pressupõe o acréscimo de eficiência que o operador econômico pode agregar na consecução das tarefas públicas submetidas a uma exploração com conotação empresarial.

Os contratos concessionais estruturados a partir da racionalidade de imposição de obrigações de meio acarretam, ainda, maiores problemas no que se refere à *mutabilidade* e ajustes necessários ao longo de sua execução.

sem, contudo, se vincular a obtê-lo. Infere-se daí que sua prestação não consiste num resultado certo e determinado a ser conseguido pelo obrigado, mas tão somente numa atividade prudente e diligente deste em benefício do credor. Seu conteúdo é a própria atividade do devedor, ou seja, os meios tendentes a produzir o escopo almejado, de maneira que a inexecução da obrigação se caracteriza pela omissão do devedor em tomar certas precauções, sem se cogitar do resultado final. (...) A obrigação de resultado é aquela em que o credor tem o direito de exigir do devedor a produção de um resultado, sem o que se terá o inadimplemento da relação obrigacional. Tem em vista o resultado em si mesmo, de tal sorte que a obrigação só se considerará adimplida com a efetiva produção do resultado colimado. Ter-se-á a execução dessa relação obrigacional quando o devedor cumprir o objetivo final. Como essa obrigação requer um resultado útil ao credor, o seu inadimplemento é suficiente para determinar a responsabilidade do devedor, já que basta que o resultado não seja atingido para que o credor seja indenizado pelo obrigado, que só se isentará de responsabilidade se provar que não agiu culposamente. Assim, se inadimplida essa obrigação, o obrigado ficará constituído em mora, de modo que lhe competirá provar que a falta do resultado previsto não decorreu de culpa sua, mas de caso fortuito ou força maior, pois só assim se exonerará da responsabilidade; não terá, porém, direito à contraprestação" (Maria Helena Diniz, *Curso de Direito Civil brasileiro*, vol. 2: *Teoria Geral das Obrigações*, 22ª ed., São Paulo, Saraiva, 2007, pp. 193-194).

5. Diz-se "tênue aproximação" porque mesmo com uma conformação descritiva das obrigações do contratado nos contratos concessionais, este modelo contratual se alicerça na ideia de que os investimentos são antecipados pelo concessionário, amortizados ao longo da execução do contrato e, por vezes, remunerados pelas tarifas pagas pelos usuários. Difere profundamente dos contratos de empreitada, quando a remuneração do contratado advém do ente contratante e não da antecipação de investimentos privados e vai sendo paga de acordo com o cronograma de execução da obra.

Isso porque a textura mais inflexível e exaustiva dos comportamentos e condutas do particular nos contratos concessionais pode acarretar a necessidade de celebração de mais termos aditivos e de alterações no conjunto de obrigações previamente pactuado.

Precificações rígidas e detalhadas, estabelecidas *ex ante*, tendem a se desatualizar com maior rapidez, considerando as circunstâncias técnicas, econômicas, financeiras, sociais e políticas que podem surgir durante a execução do contrato duradouro.

Assim, por exemplo, aquele conjunto de obrigações de meio pode não fazer mais sentido diante de uma superveniente mudança no atendimento do interesse público ou mesmo com o surgimento de uma tecnologia mais inovadora que apresente melhor relação custo/benefício.

Assim, nesta forma de estruturar as obrigações do concessionário, acaba-se por criar um indevido incentivo à pactuação de constantes alterações e sucessivas celebração de termos aditivos, o que não é desejável para nenhum dos contratantes e, muito menos, para o atendimento do interesse público, eis que se incrementa a possibilidade de indesejáveis contenciosos administrativos ou mesmo judiciais.

A regulação por contrato aponta uma tendência contemporânea na forma de estruturar o relacionamento com o operador econômico privado: o resultado como objetivo primário na delimitação das obrigações dos particulares e maior liberdade de meios conferida ao particular.

É sob a influência de uma auspiciosa e renovadora doutrina voltada à busca do resultado como objetivo maior a perseguir na atividade administrativa,[6] que, também, no campo da regulação contratual, o foco de preocupação se orienta para a concretização das finalidades, com maior flexibilização e autonomia para o operador privado definir meios, métodos, técnicas e modos de agir para atingir as metas.

O Direito Administrativo Econômico se afigura como um ramo mais voltado às normas finalísticas e não impositivas de condutas concretas, a impor que sejam mais flexíveis e dinâmicos os instrumentos normativos e contratuais viabilizadores dos interesses públicos.[7]

A partir desta perspectiva, os contratos concessionais atuais assumem feições vocacionadas à busca de resultado, com maior autonomia de meios para o concessionário.

Um exemplo de regulação contratual que se ajusta aos resultados efetivos e observa a capacidade adaptativa a realidades e fatos ainda não inteiramente cognoscíveis é o deno-

---

6. A busca pelo resultado deve orientar todo o processo de formulação da política pública. O precursor da expressão "administração por resultados" foi Massimo Severo Giannini que apresentou uma visão crítica na prevalência do exame do ato e do procedimento sem a preocupação efetiva com o resultado. Sobre o tema ver: Guido Corso, "Il risultato nella teoria dell'azione amministrativa", in Maria Immordino, Aristide Police (org.), *Principio di Legalità e Amministrazione di Risultati: Atti di Convegno*, Palermo 27-28.2.2003, Turim, G. Giappichelli, 2004, p. 97. Ver também Giancarlo Sorrentino, *Diritti e Partecipazione nell'Amministrazione di Risultato*, Nápoles, Scientifica, 2003. E, ainda, Diogo de Figueiredo Moreira Neto, *Quatro Paradigmas do Direito Administrativo Pós-Moderno: Legitimidade, Finalidade, Eficiência, Resultados*, Belo Horizonte, Fórum, 2008.

7. Neste sentido ver Joaquim Tornos Mas, "Discrecionalidad e intervención administrativa económica", in Eduardo Hinojosa Martínez, Nicolás Gonzáles-Deleito Dominguez (orgs.), *Discrecionalidad Administrativa y Control Judicial*, Madri, Civitas, 1996, pp. 394-395. Ver também Sérgio Guerra, *Controle Judicial dos Atos Regulatórios*, Rio de Janeiro, Lumen Juris, 2005, p. 217.

minado "gatilho de investimentos", utilizado nas concessões aeroportuárias[8] recentemente realizadas no Brasil e, também, em algumas concessões rodoviárias.[9]

Ao invés, por exemplo, do contrato de concessão estabelecer previamente quando e como as obras nos terminais aeroportuários deverão ser concluídas, prevê a necessidade de os investimentos serem realizados pelo concessionário apenas quando a demanda atingir um determinado patamar.

Se houver aumento da demanda ou mesmo dos níveis de tráfego inicialmente projetados, dispara-se o gatilho de investimentos e inicia-se o dever do concessionário na execução das obras que serão indispensáveis à manutenção dos níveis de serviços fixados no contrato.[10]

Como se vê, trata-se de uma tecnologia contratual que, sem determinar previamente o momento da realização dos investimentos, adequa-se a concretização do resultado e do

---

8. Veja-se o exemplo do contrato de concessão do Aeroporto Internacional do Rio de Janeiro/Galeão, que estabeleceu expressamente o mecanismo do gatilho de investimento: "corresponde ao momento no tempo indicado no Plano de Gestão da Infraestrutura/PGI em que a Demanda Prevista ensejará a obrigação de a Concessionária iniciar os investimentos com vistas à manutenção do nível de serviço, estabelecido, conforme os Parâmetros Mínimos de Dimensionamento; (...) 2.35. A cada evento de Gatilho de Investimento, a Concessionária deverá apresentar à ANAC, em até 90 (noventa) dias, o Anteprojeto dos investimentos com vistas à manutenção do nível de serviço, previstos no PGI vigente" (disponível em *www2.anac.gov. br/Concessoes/galeao_confins/*, acesso em 14.10.2016).

9. O gatilho de investimento também foi previsto no Contrato de Concessão da Rodovia Federal BR/101 – Divisa ES/RJ. Veja-se o teor da cláusula 8.4: "8.4 Obras condicionadas ao volume de tráfego. 8.4.1 As obras condicionadas ao volume de tráfego são aquelas constantes do item 3.3 do PER, e correspondem às obras e serviços de ampliação da capacidade do Sistema Rodoviário cuja execução dependerá do volume de tráfego constatado ao longo do Prazo da Concessão, na forma deste Contrato e do PER. 8.4.2 As obras condicionadas de cada um dos subtrechos do Sistema Rodoviário descritos no PER deverão estar concluídas até 12 (doze) meses contados da data em que for verificado que o VMD-Móvel do respectivo subtrecho atingiu o volume de veículos indicado na Tabela 3.1, para duplicação, e na Tabela 3.2, para faixas adicionais, constantes do item 3.3 do PER. 8.4.3 O não cumprimento da obrigação das subcláusulas anteriores sujeitará a Concessionária à aplicação das penalidades previstas neste Contrato, sem prejuízo da recomposição do equilíbrio econômico-financeiro mediante aplicação automática do Desconto de Reequilíbrio previsto na subcláusula 20.6 deste Contrato" (disponível em *www.ebpbrasil.com/ebp2014/web/conteudo_pti.asp?idioma=0&tipo=52328&conta=45&id=197869*, acesso em 14.10.2016).

10. Carlos Alvares Campos Neto explica o mecanismo do gatilho de investimento: "A partir da premissa de segurança quanto à qualidade dos serviços prestados pela concessionária ao longo da concessão, outro elemento positivo e inovador incorporado ao contrato é o chamado Gatilho de Investimento. Tal gatilho corresponde ao momento indicado no PGI em que a demanda prevista determinará a obrigação da concessionária iniciar os investimentos com vistas à manutenção do nível de serviço, estabelecido conforme os indicadores dos parâmetros mínimos de dimensionamento. Isto é, se houver crescimento da demanda ou dos níveis de tráfego acima do projetado, será disparado o Gatilho de Investimento, fazendo com que a concessionária execute as obras necessárias à garantia do nível de serviços previamente estabelecidos" (Carlos Alvares da Silva Campos Neto, *Aeroportos no Brasil: investimentos e concessões* – disponível em *http://repositorio.ipea.gov.br/bitstream/11058/6816/1/Radar_n18_Aeroportos.pdf*, acesso em 11.10.2016). Sobre o tema, manifestou-se o periódico *Valor Econômico*: "Pelo sistema de 'gatilho', a concessionária se compromete a fazer a duplicação somente no momento em que a rodovia atingir um volume de tráfego pré-estabelecido. A avaliação é de que o modelo dá mais segurança às empresas, pois o investimento na duplicação só é realizado quando a demanda da rodovia é confirmada na prática. 'É um conceito em que a da demanda determina a necessidade da infraestrutura', explicou uma fonte que participa das discussões no Ministério dos Transportes" (*Valor Econômico* – extraído de *www.valor.com.br/brasil/4021984/concessao-de-rodovias-podera-adotar-gatilho*, acesso em 10.10.2016).

atendimento do interesse público. A regulação contratual foca-se no *output*, e condiciona o início das obrigações meio (as obras) a partir de um determinado nível da demanda, tudo com vistas à manutenção da qualidade e da eficiência na prestação do serviço.

Sequer haverá necessidade de aditamento ao contrato, eis que se trata de cumprimento do objeto e não de sua alteração. É a regulação contratual reconhecendo a sua incapacidade *ex ante* em predeterminar todas as situações e obrigações do concessionário, mas antecipando futuras ocorrências, demandas, necessidades, expansões e adaptações no próprio instrumento contratual, incorporando a mutabilidade como um elemento esperado e inerente à estruturação do objeto.

A mutabilidade e a flexibilidade aderem naturalmente à estrutura do contrato, prevendo uma condição que depende da ocorrência de um evento (no caso, o nível de demanda) para disparar alterações no objeto e nas obrigações inicialmente configuradas.

Uma vez ocorrido o evento (nível de demanda), cria-se imediatamente a necessidade do concessionário de duplicar a rodovia ou construir novo terminal de passageiros no aeroporto, sem que isso gere, *a priori*, a necessidade de celebração de termos aditivos ou de negociações *ex post* entre as partes, eis que as obrigações e finalidades já estavam predeterminadas na regulação contratual *ex ante*.

Esta solução que adere à mutabilidade e à flexibilidade como um elemento intrínseco ao contrato blinda eventuais questionamentos de terceiros, eis que não se cogita de violação ao princípio da vinculação ao instrumento convocatório ou mesmo da concorrência, porquanto sabido, desde o início, que estes eventos futuros, caso ocorressem, gerariam determinadas consequências e modificações no pacto original firmado entre as partes.

Na essência, o contrato é modificado e alterado (afinal constroem-se novas pistas na rodovia ou outro terminal de passageiros no aeroporto), mas como uma decorrência imanente e própria da sua estrutura regulatória que incorpora a mutabilidade como um elemento ínsito ao próprio contrato.

Também a partilha dos riscos nos contratos concessionais – introduzida formalmente no ordenamento jurídico pátrio por ocasião da edição da Lei 11.079/2004 – pode ser categorizada como mais um exemplo de mutabilidade endocontratual.

Como se sabe, a alocação eficiente dos riscos nos contratos concessionais é, sem dúvida, um dos maiores avanços detectados nos contemporâneos contratos públicos no setor de infraestrutura.

É por meio de uma partilha adequada de riscos que se estabelece uma estrutura racional de incentivos para as partes, induzindo a adoção de comportamentos que levem em consideração a assunção de responsabilidades e, principalmente, as consequências financeiras no caso da ocorrência do evento descrito no contrato.

Assim, a ocorrência de um determinado evento, atribuído como risco a uma das partes, pode provocar uma alteração significativa na conformação original do contrato, mas sem necessidade de celebração de qualquer termo aditivo, eis que a matriz de risco já definiu de antemão que, na eventualidade daquela circunstância se concretizar, qual parte deverá assumir a suas consequências.

Assim, por exemplo, se uma cláusula determinar que a variação cambial até um determinado limite é risco do contratado, ocorrendo o evento não há, como regra, necessidade de alteração do contrato, pois a mutabilidade já foi considerada e disciplinada a partir da divisão de riscos pactuada entre as partes.

A estruturação dos contratos concessionais que leva em consideração uma racional partilha de riscos decorre, em certa medida, de um prévio e indispensável esquadrinhamento empírico dos eventos futuros que podem impactar o contrato.

Assim, a mutabilidade adere ao contrato não como uma circunstância externa a sua regulação, mas como parte fundamental integrante da sua substância. Por mais incongruente que a princípio pareça, significa que, na prática, o contrato vai mudando sem ser alterado.

3. A procedimentalização da mutabilidade

Mas nem todas as possíveis adaptações do objeto e das obrigações das partes podem ser, *ex ante*, previstas por ocasião da regulação contratual e aderentes à estrutura contratual originária.

Os *regulatory contracts* se qualificam como *incompletos*, categorização essa que decorre de relevante contribuição da *Economic Analysis of Law* para a Teoria Geral do Contrato.[11] São incompletos porque realisticamente impossibilitados de regular todos os aspectos da relação contratual, o que os torna naturalmente *inacabados* e com *lacunas*, que reclamarão uma tecnologia contratual capaz de resolver a infinidade de contingências que poderão surgir durante a sua execução.

Isto se deve ao fato de que as circunstâncias nas quais se ajustam os contratos concessionais por ocasião da sua outorga, obviamente *não se cristalizarão e perdurarão durante toda a execução do contrato*. É esta normal instabilidade das circunstâncias originalmente existentes que dita a constante necessidade de adequação e de permanente releitura do contrato à luz das variantes econômicas, sociais, políticas, administrativas ou mesmo tecnológicas, que vão se delineando no decorrer de sua execução.

Disso resulta consolidar-se nas doutrinas alienígena[12] e nacional[13] o conceito de mutabilidade, como fenômeno próprio a qualquer das formas de prestação dos serviços

11. Não é pretensão desse breve estudo avançar nas bases teóricas que alicerçam a *Incomplete--Contract Theory*. O objetivo é tão somente de enquadramento dos contratos regulatórios nessa categoria e as consequências daí decorrentes. Nas palavras de Fernando Araújo: "Numa outra abordagem teórica, o inacabamento contratual é a resposta pragmática a um contexto econômico e jurídico eivado de imperfeições e incertezas – é o fruto da constatação de que talvez não valha a pena alongar as negociações quando as resultantes estipulações não erradicariam ou cobririam eficiente os riscos subsistentes ou quando elas se tornassem insusceptíveis de desencadear reacções tutelares adequadas" (Fernando Araújo, *Teoria Econômica do Contrato*, Coimbra, Almedina, 2007, p. 151). Ver, entre outros, Ronem Avaraham, Lui Zhiyong, "Incomplete contracts with a symmetric information: exclusive *versus* optional remedies", *American Law and Economics Review*, vol. 8, n. 3, pp. 523-561, 2006).

12. Confira-se a lição de Eloisa Carbonell Porras: "Igualmente la Administración podrá introducir los cambios que exija la satisfacción de los intereses colectivos presentes en el servicio concedido. Esto, como es sabido, es consecuencia del principio de la adaptabilidad propio del régimen jurídico peculiar del servicio público, en cuanto permite que la Administración imponga aquellas modificaciones de las condiciones de prestación fijadas en el título concesional que sean precisas en función de las circunstancias del momento y la evolución de las necesidades de transporte de la población" (Eloisa Carbonell Porras, *Régimen Jurídico--Administrativo del Transporte Interurbano de Carretera*, Madri, 1993, pp. 330-335).

13. Veja-se, por todos, a lição de Marçal Justen Filho: "Em segundo lugar, não seria exagero afirmar que a mutabilidade é uma circunstância anormal na vida dos contratos administrativos comuns, mas é da

públicos, que é particularmente idiossincrásico aos contratos administrativos, pois que, em última análise, cogita-se da utilização de tais pactos exatamente para prover, com o benefício de todo o pragmatismo que se possa alcançar na interação entre Estado e mercado, o atendimento ao interesse público, tal como realmente se apresenta e não como uma ficção de formulação meramente burocrática.

Mas realisticamente falando é rigorosamente impossível prever o que poderá ser alterado nos contratos concessionais de longo prazo. Seria mera adivinhação ou futurologia. Como bem explicam Tomas Anker e Frederico Turolla,[14] a perfeita alocação de riscos é impossível eis que naturalmente sujeito aos erros de previsão, sendo provável que as partes saiam prejudicadas pela reverão das expectativas em razão da não materialização dos cenários projetados.

Pode-se dizer que as partilha de riscos nos contratos concessionais e a sua categorização como contratos incompletos são ideias que se integram e complementam.

A partilha de riscos objetiva mapear a ocorrência dos riscos possíveis de serem previstos no momento inicial da regulação por contrato. Compreenda-se risco como evento incerto, mas de possível concretização e, portanto, dotado de alguma previsibilidade. Se a circunstância se encontra no domínio da absoluta imprevisibilidade não mais se trata de risco,[15] mas de incerteza.

E é a partir daí que a concepção da incompletude dos contratos é fundamental e complementar ao risco, pois nem tudo pode ser previsto e esquadrinhado quando da conformação e estruturação do contrato concessional.

Daí porque necessário construir uma *metodologia da mutabilidade na regulação por contrato*, estruturada a partir dos *princípios da boa-fé, confiança legítima, motivação, transparência, eficiência, proporcionalidade, equilíbrio econômico-financeiro e interesse público*.

O desafio consiste na construção de mecanismos de fixação das *regras da mutabilidade* a partir dessa base principiológica, garantidora da necessária adaptabilidade às circunstâncias e contingências futuras que, para tanto, considere a realidade e lógica econômica de cada setor regulado.

Em outras palavras, se não é possível prever todos os tipos de *ocorrência* que podem afetar o contrato, pode-se cogitar de uma *regulação contratual* que explicite o modus ope-

própria inerência da concessão. Ou seja, a característica da mutabilidade não apresenta idêntica relevância nos diferentes contratos administrativos. Se é verdade que os contratos ditos de colaboração (que envolvem obras, serviços, compras) comportam alteração unilateral, é inquestionável que a mutabilidade é essencial às concessões. A diferença reflete a natureza das prestações assumidas pelas partes. Tem vínculo direto com as características do próprio serviço público" (Marçal Justen Filho, *Teoria Geral das Concessões de Serviços Públicos*, São Paulo, Dialética, 2003, p. 75).

14. Tomas Anker e Frederico A. Turolla, "Desequilíbrio econômico-financeiro em contratos de participação privada de longo prazo", artigo publicado na obra coletiva organizada por Carlos Ari Sundfeld e Guilherme Jardim Jurksaitis, *Contratos Públicos e Direito Administrativo*, São Paulo, Malheiros Editores, 2015, pp. 240 e 243.

15. Carla Amado Gomes pondera que "quando o risco ultrapassa os limites do imaginável, já estaremos, ou perante um caso de força maior, gerador de impossibilidade de cumprimento do contrato (cf. o art. 801 do CC), ou no domínio da teoria da imprevisão e da consequente alteração de circunstância, facto que pode levar à modificação do contrato ou à sua rescisão (cfr. o art. 437 do CC)" (Carla Amado Gomes, "Subsídios para um quadro principiológico dos procedimentos de avaliação e gestão do risco ambiental", *Revista Jurídica do Urbanismo e do Ambiente*, n. 17, p. 38, 2002).

randi da mutabilidade, fincada a partir dos princípios que materializem valores e assegurem transparência e legitimidade ao processo decisório de construção de soluções dialógicas e consensualmente negociadas. Pode-se aludir que o objetivo fundamental de uma metodologia própria da mutabilidade estruturada logicamente nos princípios que lhe são aplicáveis é assegurar *certa estabilidade na mudança*.

A fixação de uma metodologia procedimental que instrumentalize a mutabilidade se faz imperiosa na regulação dos contratos concessionais em razão, principalmente, da lacuna normativa que existe no ordenamento jurídico brasileiro.

Não obstante o tema seja relevantíssimo, fato é que a mutabilidade nos contratos administrativos, em especial naqueles de longo prazo, não recebeu do legislador pátrio tratamento adequado.

A Lei 8.666/1993 – que institui normas gerais de licitações e contratos – disciplina a matéria no art. 65, ao tratar da alteração unilateral ou bilateral dos contratos administrativos. As categorias do fato do príncipe, da teoria da imprevisão, do caso fortuito e da força maior podem ser identificadas nas disposições do art. 65, II, "d",[16] explicitando o conhecimento convencional da matéria em sede doutrinária e de inspiração reconhecida no Direito francês.

Não há, contudo, qualquer norma que regule como a mutabilidade do contrato se processará e quais os aspectos procedimentais que explicitarão a sua implementação.

A lacuna normativa é ainda maior quando diante das legislações que instituíram contratos concessionais, como é o caso da Lei 8.987/1995 – que trata das concessões e permissões de serviços públicos – e da Lei 11.079/2004 – que regula a parceria público-privada.

Ambos os diplomas legais se notabilizam por uma preocupação em definir os contornos jurídicos de cada um dos contratos que instituem, além de estabelecer normas sobre licitações e outros aspectos inerentes a execução e extinção destes ajustes.

Mas o que se apresenta como característica comum nos dois sistemas normativos antes referidos é o silêncio sobre a mutabilidade destes contratos, o que é bastante preocupante, já que, como dito, esses ajustes certamente serão impactados durante a sua execução com modificações de toda a ordem.[17]

Além da ausência de um regramento adequado e condizente com a mutabilidade dos contratos concessionais e suas distintas características para os demais contratos (empreita-

16. "Art. 65. Os contratos regidos por esta Lei poderão ser alterados, com as devidas justificativas, nos seguintes casos: (...) II – por acordo das partes: (...) d) para restabelecer a relação que as partes pactuaram inicialmente entre os encargos do contratado e a retribuição da administração para a justa remuneração da obra, serviço ou fornecimento, objetivando a manutenção do equilíbrio econômico-financeiro inicial do contrato, na hipótese de sobrevirem fatos imprevisíveis, ou previsíveis porém de consequências incalculáveis, retardadores ou impeditivos da execução do ajustado, ou, ainda, em caso de força maior, caso fortuito ou fato do príncipe, configurando álea econômica extraordinária e extracontratual. (*Redação dada pela Lei n. 8.883, de 1994*).

17. Para solucionar esta lacuna normativa, Guilherme Jardim Jurksaitis propõe a edição de regulamentos administrativos que fixem critérios e procedimentos específicos para a celebração de termos aditivos, tanto para contratos públicos comuns, como para contratos complexos. O referido regulamento seria editado pela autoridade competente, vinculando órgãos e entidades a ela subordinados (Guilherme Jardim Jurkasaitis, "Uma proposta para melhorar os aditamentos a contratos públicos", artigo publicado na obra coletiva organizada por Carlos Ari Sundfeld e Guilherme Jardim Jurksaitis, *Contratos Públicos e Direito Administrativo*, São Paulo, Malheiros Editores, 2015, pp. 277-294).

da, prestação de serviço, compra e venda), fato é que esta lacuna, não raro, produz como consequência a importação da racionalidade da alteração dos contratos da Lei 8.666/1993.

É o que ocorre, por exemplo, com a discussão sobre a incidência ou não do limite de acréscimo de 25%, aos contratos de concessão de serviços públicos, o que se revela um despropósito em razão, principalmente, da inexistência de aporte de recursos públicos que justifique a incidência da referida limitação.[18]

Mas se existe lacuna normativa em tema tão importante e relevante para os contratos concessionais, era de se esperar que a regulação por contrato pudesse suprir esta ausência, disciplinando, em especial, sobre a procedimentalização da mutabilidade.

O que se nota, entretanto, dos contratos concessionais contemporâneos é que, a despeito dos inegáveis avanços e modernas tecnologias contratuais, a sua disciplina sobre a forma, modo e meios de processamento da mutabilidade ainda são tímidos, não conferindo previsibilidade acerca dos procedimentos que devem ser adotados no caso de supervenientes mudanças e alterações.

À regulação administrativa por contrato caberá estabelecer uma espécie de *devido processo da mutabilidade*, que assegure condições de depuração dos interesses públicos e privados envolvidos e que agregue, principalmente, transparência no transcorrer das inevitáveis alterações que se sucederão no decorrer da execução duradoura do ajuste.

O que se propõe é que as regras de modificação dos contratos concessionais devem ser disciplinadas da forma mais detalhada possível, em especial diante da vagueza normativa que regula a matéria.

Fernando Vernalha Guimarães,[19] tratando da alteração unilateral dos contratos, explica que o procedimento é cogente ao exercício de modificação dos contratos administrativos e que podem ser identificadas três fases distintas na sua operacionalização: fase preparatória, fase instrutória e fase de conclusão.

O referido autor expõe que a fase preparatória se dá com os chamados atos de iniciativa, ou seja, quando a Administração, o contratado ou mesmo qualquer cidadão possa praticar atos que provoquem a instauração do procedimento de alteração do contrato. A fase

18. Luis Roberto Barroso, em estudo específico sobre o tema, assevera que não há fundamento para a incidência desses limites nos contratos de concessão: "Alguns dos argumentos desenvolvidos pelos autores para sustentar a inaplicabilidade do art. 65 da Lei n. 8.666/93 aos contratos de concessão são os seguintes. *Nos contratos de concessão, a mutabilidade é muito maior que a verificada em um contrato ordinário, e.g.,* de uma obra simples; os contratos de concessão *não apresentam propriamente um valor sobre o qual pudessem incidir os percentuais do art. 65*; e, ademais, *a Administração não paga ao particular qualquer remuneração.* Assim, em primeiro lugar, não haveria sobre o que incidirem os percentuais. Além disso, a preocupação da Lei n. 8.666/93 *de limitar os gastos do Poder Público com as alterações contratuais não seria pertinente, pois não é a Administração quem as custeará no âmbito de um contrato de concessão*" (Luis Roberto Barroso, "Concessão de rodovias: alterações no objeto do contrato: acréscimo de obras a pedido do Poder Público: possibilidades e limites", *Revista Tributária e de Finanças Públicas* 15/127, ano 4, jul.-set. 2006) Do mesmo modo, Floriano de Azevedo Marques Neto leciona que: "No meu entender, em sede de contrato de concessões, são absolutamente inaplicáveis os limites de acréscimo previstos no art. 65" (Floriano de Azevedo Marques Neto, "Alteração em contrato de concessão rodoviária", *Revista Tributária e de Finanças Públicas* 44/212-4, 2002).

19. Fernando Vernalha Guimarães, *Alteração Unilateral do Contrato Administrativo (interpretação de dispositivos da Lei n. 8.666/93)*, São Paulo, Malheiros Editores, 2003, pp. 206-207.

instrutória seria aquela na qual colhem-se os elementos e informações com a participação ativa dos interessados, deduzindo os interesses dos múltiplos interesses envolvidos, com a instalação do contraditório e da ampla defesa. Ao final, ocorre a fase conclusiva, quando a Administração emanará o ato decisório, acompanhado das devidas justificativas que deverão considerar todas as informações e manifestações produzidas, sopesando e confrontando todos os interesses.

Tomando a mutabilidade na acepção ampla, imperioso reconhecer que os aspectos procedimentais podem variar conforme a natureza da mutação contratual. Assim, por exemplo, o procedimento de alteração unilateral do contrato pode assumir feições distintas do procedimento para recomposição do equilíbrio econômico-financeiro do contrato.

Não se deve aludir a um procedimento único para toda alteração contratual. A mutabilidade pode se apresentar de distintas maneiras (alteração unilateral do objeto, fato do príncipe, fato da administração, recomposição do equilíbrio econômico-financeiro do contrato, mudanças subjetivas no polo ativo ou passivo da relação contratual, alterações consensuais, caso fortuito e força maior...) podendo o procedimento para cada uma destas alterações variar de acordo com as suas intrínsecas finalidades.

Não raro, o que ocorre na prática é que os contratos concessionais se limitam a apontar as causas de alteração dos contratos, sem indicar ou detalhar como se processará o *iter* da alteração.

Portanto, imperioso que os contratos concessionais se ocupem com maior grau de detalhamento sobre os prazos para as manifestações das partes, formas e meios que as partes e terceiros podem se comunicar, a publicidade das alterações, observando, em qualquer hipótese, o dever de motivar, não como uma abstração genérica, mas vinculado a efetiva ponderação e sopesamento de todos os aspectos envolvidos dos múltiplos interessados.

Outro aspecto relevante consiste no processamento em apartado de qualquer alteração contratual e não amalgamado ao processo de execução e fiscalização do contrato concessional. A prática administrativa costuma reunir no mesmo processo administrativo assuntos inteiramente distintos, não favorecendo a clareza e a exata compreensão do que está sendo objeto de discussão. A própria cláusula contratual pode determinar o processamento em apartado de eventuais e subsequentes alterações.

O procedimento de alteração dos contratos deve ser fidedigno aos fatos e manifestações dos múltiplos interessados, o que viabilizará o exercício do controle sobre a sua juridicidade. Deve haver correspondência entre o que está sendo formalizado e o mundo real.

Também os aspectos técnicos podem se revelar de fundamental importância quando, em questão, há alterações que reclamam avaliações de *experts*. Não se pode confundir os espaços das manifestações dos agentes políticos com o espaço das manifestações dos técnicos, muito menos admitir que a manifestação técnica seja forjada a partir de uma prévia tomada de decisão do agente político. Situações desta natureza podem comprometer a validade da alteração do contrato concessional.

Por derradeiro, a temática da procedimentalização da mutabilidade coloca, dentre outras, duas questões fundamentais.

A primeira é participação do administrado ativa, direta e incisiva, não mais se colocando como um destinatário passivo de uma vontade hegemônica, abstrata e unilateral do ente público, mas como um sujeito que coopera, pondera e negocia para a obtenção do melhor resultado possível em cada situação concreta.

Quando se cogita da participação do administrado na procedimentalização da mutabilidade, esta não deve se limitar à oitiva do contratado, mas dos múltiplos interessados que podem demonstrar serem legítimos detentores de pleitos e direitos subjetivos.

Mencione-se, como exemplo, uma concessão aeroportuária. Como se sabe, nestas concessões parcela expressiva da receita advém da exploração dos espaços comerciais nos aeroportos. Ora, uma alteração no contrato de concessão pode impactar inteiramente os direitos destes terceiros que se relacionam diretamente com o concessionário, a impor que as suas manifestações e pleitos sejam considerados no processamento de eventual alteração do contrato principal.

A segunda questão refere-se à publicidade do ato. A depender da magnitude da alteração do contrato concessional, seja pelo valor ou pela repercussão da alteração na sociedade, razoável cogitar da prévia publicidade das justificativas e estudos que pretendam alterar o contrato, permitindo que novas manifestações sejam produzidas a partir do conhecimento das razões que motivaram a adequação do contrato original.

Imagine-se, por hipótese, o aditamento que modifica o trajeto de uma linha de metrô e que repercuta diretamente em outros modais e na organização do espaço urbano. Não se trata de alteração de contrato cujos interesses se circunscrevam apenas ao contratante e contratado.

Muito ao contrário, pode-se deduzir o interesse dos usuários, dos concessionários de outros modais (ex: ônibus, VLT, BRT...), de associações de moradores e de outros operadores econômicos que compreendam que a alteração vulnera o princípio da livre concorrência.

Nada obsta que o próprio contrato concessional estabeleça a obrigatoriedade de realização de prévia audiência ou consulta pública para que outros interessados possam se manifestar, antes da formalização em definitivo da alteração do contrato.

Aliás, ainda que o contrato seja omisso, pode-se recorrer ao regramento contido no art. 31 da Lei 9.784/1999 – que regula o processo administrativo no âmbito da Administração Pública Federal – e que estabelece que quando a matéria do processo envolver assunto de interesse geral, o órgão competente poderá, mediante despacho motivado, abrir período de consulta pública para manifestação de terceiros, antes da decisão do pedido, se não houver prejuízo para a parte interessada.

4. Breves conclusões

A temática da mutabilidade nos contratos concessionais encerra enormes desafios. Muito já se avançou na estruturação, modelagem e regulação destes contratos. Se compararmos os contratos de concessão do primeiro ciclo, ou seja, aqueles celebrados logo após o advento da Lei 8.987/1995, com os contratos atuais, é perceptível a evolução e sofisticação das discussões.

Mas mesmo essas estruturas concessionais regulatórias modernas ainda não se ocuparam da mutabilidade como um elemento central, talvez em razão da dificuldade e da imprevisibilidade dos acontecimentos e eventos que podem impactar a sua execução.

Por isso a importância da procedimentalização no momento de promover a alteração dos contratos concessionais. Como se sabe, o eixo central da produção das decisões administrativas deixa de ser o ato (imperativo e unilateral) e passa a ser o processo (consensualizado e dialético), conforme percebido pela doutrina administrativista contemporânea.[20]

O método do Direito Administrativo contemporâneo para perquirir a vontade da Administração Pública nas mais distintas situações concretas, ponderando e observando os princípios constitucionais que a condicionam, é o do procedimento.

Diante da lacuna normativa da legislação brasileira, o que se sustenta é que o espaço para implementar esta procedimentalização é a regulação do contrato concessional.

Como dito antes, se não se sabe o que vai ser alterado – em razão da absoluta incapacidade de se fazer previsões ou prognósticos definitivos em contratos duradouros – no mínimo é desejável estabelecer o procedimento no contrato concessional que antecederá a sua alteração.

Pela via do procedimento pode-se tomar decisões imparciais (impessoalidade), prosseguir os fins da Administração Pública (finalidade), assegurar a transparência a todos os seus atos (publicidade) e ouvir previamente todas as partes envolvidas em processo (ampla defesa e contraditório).

A mutabilidade, na sua acepção mais ampla, pode comportar inúmeras dimensões, não devendo ser cogitado um procedimento único e invariável, mas distintos procedimentos funcionalizados para a obtenção do melhor resultado à luz do perfil e característica de cada uma das categorias de alteração dos contratos.

Outra conclusão a que se chega é que a mutabilidade já integra as estruturas concessionais regulatórias modernas, aderindo e incorporando a flexibilidade como um elemento ínsito a sua execução.

É o que aqui se propõe denominar de mutabilidade endocontratual, já que integrante da substância original do contrato, denotando como principal característica a mudança permanente do contrato sem a necessidade de celebração de termos aditivos.

---

20. Vasco Manuel Pascoal Dias Pereira da Silva ensina: "Trata-se, pois, de uma nova perspectiva do procedimento, enquanto 'técnica de diluição do poder e método de coordenação de organizações' (Nigro). Uma vez que é nele (e através dele) que as autoridades administrativas e os particulares manifestam os seus interesses – desse modo conformando a actuação administrativa –, daqui resulta que 'a importância do procedimento revela-se não no seu resultado final, mas na instrução que o substancia. O seu centro encontra-se na participação privada, nos nexos que venham a estabelecer entre os vários poderes públicos e entre estes e os privados, na imersão dos factos e dos interesses, na instrução complexa que, verificando os factos, apreciando os dados técnicos, permite a intensificação, a valoração, a comparação dos interesses e a definição do 'interesse público' (Nigro)" (Vasco Manuel Pascoal Dias Pereira da Silva, *Em busca do Acto Administrativo Perdido*, Coimbra, Almedina, 1996, p. 305).

Ramón Parada identifica essa mudança de perspectiva: "Hoy es un hecho claro que la actividad administrativa se desenvuelve mediante procedimientos diversos, hasta el punto que la actuación a través de un procedimiento es un principio del Derecho Administrativo contemporáneo que el artículo 105.3 de la Constitución ha recogido explícitamente: la ley regulará el procedimiento a través del cual pueden producirse los actos administrativos, garantizando cuando proceda, la audiencia del interesado. La consecuencia de esta generalización de la técnica procedimental es que el acto administrativo solitario, es decir, sin procedimiento, puede considerarse una excepción (Giannini). Por ello, el procedimiento administrativo constituye hoy la forma propia de la función administrativa, de la misma manera que el proceso lo es de la función judicial y el procedimiento parlamentario de la función legislativa" (Ramón Parada, *Derecho Administrativo I – Parte General*, 10ª ed., Madri, Marcial Pons, 1998, p. 226).

Essa moderna tecnologia contratual contribui para elevar o patamar de governança e gestão dos contratos, reduzindo drasticamente a necessidade de celebração de termos aditivos e possíveis e complexas renegociações entre as partes, tudo a contribuir para uma execução mais eficiente e escorreita dos contratos concessionais.

DIREITO CLARAMENTE DETERMINADO: A NECESSÁRIA EVOLUÇÃO DA APLICAÇÃO DO PRINCÍPIO DA MORALIDADE NOS PROCESSOS SANCIONADORES

Flavio Jaime de Moraes Jardim
Flávio Henrique Unes Pereira

Introdução. 1. A moralidade administrativa para Hely Lopes Meirelles. 2. Os problemas na compreensão do conteúdo do princípio da moralidade administrativa. 3. As consequências da positivação da moralidade administrativa. 4. O caso relativo à proibição do nepotismo. 5. O critério do direito claro e determinado. 6. Conclusão.

Introdução

Ao brilhantemente descrever Hely Lopes Meirelles, o professor Eurico de Andrade Azevedo afirmou que toda a obra do autor foi "marcada pelo sentido de renovação, de mudança, de modificação para melhor".[1] Citando o professor Arnoldo Wald, Azevedo destacou que "San Tiago Dantas fez a adequada distinção entre os juristas que se mantêm na retaguarda do Direito, dedicando-se a meras manipulações técnicas, e aqueles que estão no *front*, na frente de batalha da renovação jurídica",[2] sendo que Meirelles se insere entre os últimos.[3] De fato, o magnífico artigo escrito por Azevedo, publicado na interessante obra *Grandes Juristas Brasileiros*, foi curto para descrever todas as contribuições de Hely Lopes para o Direito nacional: estudos significativos se multiplicaram nos campos da teoria geral do direito administrativo, do direito urbanístico, do direito municipal, do mandado de segurança – dentre outros.

Tendo em vista a extensão da obra de Meirelles e o objetivo primordial comum de todo o seu trabalho apontado por Azevedo – qual seja, o de tentar sempre modificar para melhor o Direito –, uma justa homenagem ao mais admirado administrativista brasileiro do século XX somente pode ser feita mediante uma humilde tentativa de aprimorar algum instituto jurídico em relação ao qual ele tenha dedicado grandes esforços.

O tema escolhido, a despeito da enorme importância de toda a sua obra, não poderia ser outro: o *princípio da moralidade administrativa*. Segundo Eurico Azevedo, Meirelles conferiu grande "ênfase aos princípios básicos da Administração Pública",[4] tal como a moralidade. "A sistematização por ele empregada e a invocação constante do princípio para o

---

1. Eurico de Andrade Azevedo, "Hely Lopes Meirelles", in Almir Gasquez Rufino e Jaques de Camargo Penteado (orgs.), *Grandes Juristas Brasileiros*, São Paulo, Martins Fontes, 2006, p. 93.
2. Idem, ibidem.
3. Idem, ibidem.
4. Idem, p. 89.

deslinde dos mais variados problemas da Administração fizeram com que acabasse (...) por se incorporar ao próprio texto constitucional (art. 37, *caput*)".[5] Ou seja: pela leitura desse trecho percebe-se que foi graças a Meirelles que o ordenamento jurídico brasileiro positivou o princípio da moralidade e em seu livro de normas mais importante e fundamental: a Constituição Federal/1988.

Este artigo tem por escopo sugerir aprimoramentos à compreensão de alguns aspectos do conceito de moralidade administrativa. Na parte 1 será feita uma abordagem da definição ofertada por Hely Lopes Meirelles ao referido princípio na sua célebre obra *Direito Administrativo Brasileiro*. Na parte 2 serão apresentados os principais problemas relativos à compreensão do conceito e ao seu desenvolvimento no Brasil. Na parte 3 será a vez de examinar as consequências da positivação da moralidade administrativa. Na parte 4 serão abordados os precedentes jurisprudenciais que proibiram a prática do nepotismo e a argumentação utilizada pelos tribunais para justificar tais decisões. Na parte 5 analisar-se-á o critério de punição somente quando presente a violação a um direito claramente determinado. Por fim, na parte 6 o texto será encerrado com uma sintética conclusão.

1. A moralidade administrativa para Hely Lopes Meirelles

No seminal livro *Direito Administrativo Brasileiro* Hely Lopes Meirelles explica o que entende por "moralidade administrativa". O conceito é tratado em capítulo no qual o autor aborda os princípios básicos da Administração Pública, ao lado da legalidade, da impessoalidade, da finalidade e da publicidade.

Inicialmente, é fácil perceber que o autor trouxe tal princípio da obra *Précis Élémentaires de Droit Administratif*, editada em 1926, de autoria do professor francês Maurice Hauriou, a quem qualifica como "o sistematizador de tal conceito".

Segundo Meirelles, Hauriou explica que:

> (...) o agente administrativo, como ser humano dotado da capacidade de atuar, deve, necessariamente, distinguir o Bem do Mal, o honesto do desonesto. E, ao atuar, não poderá desprezar o elemento ético de sua conduta. Assim, não terá que decidir somente entre o legal e o ilegal, o justo e o injusto, o conveniente e o inconveniente, o oportuno e o inoportuno, mas também entre o honesto e o desonesto.[6]

Hely Lopes afirma que para Hauriou a moralidade administrativa não equivale à *moral comum*, mas, sim, a uma *moral jurídica*, a qual é entendida como "o conjunto de regras de conduta tiradas da disciplina interior da Administração".[7] Nessa linha, assenta também que o autor francês observa que a moral comum "é imposta ao homem por sua conduta externa; a moral administrativa é imposta ao agente público para sua conduta interna, segundo as exigências da instituição a que serve e a finalidade de sua ação: o bem comum".[8]

---

5. Idem, ibidem.
6. Hely Lopes Meirelles, *Direito Administrativo Brasileiro*, 22ª ed., São Paulo, Malheiros Editores, 1997, p. 83. *[V. 42ª ed., São Paulo, Malheiros Editores, 2016.]*
7. Idem, ibidem.
8. Idem, ibidem.

No prosseguimento dos ensinamentos sobre a moralidade, Meirelles também se apoia nos ensinamentos de outros dois autores franceses, considerados os maiores discípulos de Hauriou: Henri Welter e René Ladreit de Lacharrière.[9]

Citando trecho da obra *Le Contrôle Jurisdictionnel de la Moralité Administrative*, de 1929, Hely afirma que o primeiro autor defende que "a moralidade administrativa não se confunde com a moralidade comum; ela é composta por regras de boa administração, ou seja: pelo conjunto das regras finais e disciplinares suscitadas não só pela distinção entre o Bem e o Mal, mas também pela ideia geral de administração e pela ideia de função administrativa".[10]

Para Meirelles a opinião de Welter coincide com a defendida por Lacharrière no livro *Le Contrôle Hiérarchique de l'Administration dans la Forme Jurisdictionnel*, editado em 1938. Nesse estudo Lacharrière assevera que a moral administrativa "é o conjunto de regras que, para disciplinar o exercício do poder discricionário da Administração, o superior hierárquico impõe aos seus subordinados".[11]

Hely ainda recorre às ideias do jurista português Antônio José Brandão, para quem:

> A atividade dos administradores, além de traduzir a vontade de obter o máximo de eficiência administrativa, terá ainda de corresponder à vontade constante de viver honestamente, de não prejudicar outrem e de dar a cada um o que lhe pertence – princípios de direito natural já lapidarmente formulados pelos jurisconsultos romanos.[12]

Ainda de acordo com Brandão, "tanto infringe a moralidade administrativa o administrador que, para atuar, foi determinado por fins imorais ou desonestos como aquele que desprezou a ordem institucional e, embora movido por zelo profissional, invade a esfera reservada a outras funções, ou procura obter mera vantagem para o patrimônio confiado à sua guarda".[13] Segundo o autor, "em ambos os casos, os seus atos são infiéis à ideia que tinha de servir, pois violam o equilíbrio que deve existir entre todas as funções, ou, embora mantendo ou aumentando o patrimônio gerido, desviam-no do fim institucional, que é o de concorrer para a criação do bem comum".[14]

O último autor referido por Meirelles é Manoel de Oliveira Franco Sobrinho. Em obra de 1974, intitulada *O Controle da Moralidade Administrativa*, o autor afirma que o princípio da moralidade está intimamente ligado ao conceito de *bom administrador*, o qual é definido como "aquele que, usando de sua competência legal, se determina não só pelos preceitos vigentes, mas também pela moral comum".[15] Hely diz, destarte, que "há que se

---

9. *Apud* Marcos da Fonseca Nogueira, *O Princípio da Moralidade na Administração Tributária*, dissertação de Mestrado apresentada à Faculdade de Direito da USP como requisito parcial para a obtenção do título de Mestre em Direito Econômico e Financeiro, sob a orientação do professor Dr. Gerd Willi Rothmann (disponível em *www.teses.usp.br/.../Dissertacao_Mestrado_Direito_USP_Marcos_da_Fonseca_Nog.pdf*, acesso em 18.6.2017).

10. Hely Lopes Meirelles, *Direito Administrativo Brasileiro*, cit., 22ª ed., p. 84.

11. Idem, ibidem.

12. Antônio José Brandão, *apud* Hely Lopes Meirelles, *Direito Administrativo Brasileiro*, cit., 22ª ed., p. 84.

13. Idem, ibidem.

14. Idem, ibidem.

15. Manoel de Oliveira Franco Sobrinho, *apud* Hely Lopes Meirelles, *Direito Administrativo Brasileiro*, cit., 22ª ed., p. 84.

conhecer, assim, as fronteiras do lícito e do ilícito, do justo e do injusto, *nos seus efeitos*".[16]
E, novamente transcrevendo palavras de Franco Sobrinho, assenta que:

> [...] quando usamos da expressão "nos seus efeitos" é para admitir a lei como regra comum de medida ajustada. Falando, contudo, de *boa administração*, referimo-nos subjetivamente a *critérios morais* que, de uma maneira ou de outra, dão valor jurídico à vontade psicológica do administrador.[17]

Concluindo o subcapítulo do livro ao qual dedica para tratar da moralidade, Hely assevera que o princípio integra o Direito como "elemento indissociável na sua aplicação e na sua finalidade, erigindo-se como fator de legalidade".[18] Como reforço para essa conclusão, cita trecho de julgado do TJSP no qual aquela Corte consignou que "o controle jurisdicional se restringe ao exame de legalidade do ato administrativo; mas por legalidade ou legitimidade se entende não só a conformação do ato com a lei, como também com a moral administrativa e com o interesse coletivo".[19] Em seguida diz que a partir desse julgado pioneiro a moralidade foi consagrada pela jurisprudência.

Em nota de rodapé, Meirelles ainda faz referência a outros dois precedentes:

> O TJSP já decidiu que, pela só infringência do princípio da moralidade administrativa, é possível a anulação de ato administrativo (*RJTJSP* 135/31), bem como a anulação de lei de efeitos concretos (*RT* 673/61).

2. Os problemas na compreensão do conteúdo do princípio da moralidade administrativa

Ao cuidadosamente se examinar os escritos de Hely Lopes Meirelles sobre a moralidade não é difícil perceber que não se trata de conceito simples, facilmente maleável, com o qual, mediante um processo lógico-dedutivo, é sempre possível se operar com uma dose de certeza – alguns questionarão, inclusive, se em algum momento isso seria possível.[20]

Os próprios autores referidos por Meirelles, ao menos nos trechos por ele mencionados, apresentam ideias diversas sobre o instituto. Hauriou enfatizava a necessidade do elemento ético da conduta do administrador, da necessidade de ele distinguir o honesto do desonesto.

---

16. Hely Lopes Meirelles, *Direito Administrativo Brasileiro*, cit., 22ª ed., p. 84.
17. Manoel de Oliveira Franco Sobrinho, *apud* Hely Lopes Meirelles, *Direito Administrativo Brasileiro*, cit., 22ª ed., p. 84.
18. Hely Lopes Meirelles, *Direito Administrativo Brasileiro*, cit., 22ª ed., p. 85.
19. Idem, ibidem. O julgado foi publicado na *RDA* 89/134. A íntegra do julgado está disponível em http://bibliotecadigital.fgv.br/ojs/index.php/rda/article/view/30115/28961. O trecho citado por Hely Lopes Meirelles corresponde à ementa do acórdão. No corpo do aresto há breve menção à obra de Meirelles fazendo referência ao princípio da moralidade. O trecho do livro de Hely acabou sendo transcrito como ementa do julgado. Com relação aos fatos do acórdão, no caso, o Poder Judiciário afirmou que não poderia apreciar o mérito do pedido de anulação da aplicação da penalidade de demissão de empregado que atuara como Tesoureiro da Caixa Econômica Federal. A demissão foi decidida em virtude do descumprimento de prática interna do Banco público que vedava a emissão de cheques sem fundos, a qual, inclusive, já ensejara a punição de outros empregados.
20. Sobre a complexidade do tema e a possibilidade de se justificar racionalmente a validade dos juízes morais vale conferir o Capítulo VII de obra do autor argentino Carlos Santiago Nino, *Introdução à Análise do Direito*, São Paulo, Martins Fontes, 2010.

E, ao lado de Welter, distinguia a moralidade administrativa da moralidade comum. O trecho citado de Lacharrière não é elucidativo sobre o tema. O português Antônio Brandão também ressalta o aspecto da honestidade do administrador, inclusive colocando-a superior à ideia de eficiência administrativa. Por fim, Manoel de Oliveira Franco Sobrinho faz referência à necessidade de se determinar não só pelos preceitos vigentes, mas também pela moral comum, o que pode até mesmo se distanciar do que preconizado por Hauriou e Welter, já que estes defendiam a existência de uma moralidade jurídica distinta da moral comum.

A obra de Meirelles foi tão popular que pouco se pesquisou sobre os autores que ele citou nas fontes originais e quase não houve debate sobre o acerto, ou não, das impressões que o renomado administrativista teve do que os doutrinadores estrangeiros escreveram. José Guilherme Giacomuzzi, Professor da PUC/RS, foi um dos grandes críticos desse fato. Em um duro artigo, publicado na *Revista de Direito Administrativo/RDA*, em 2002, ele criticou severamente o artigo do autor português Antônio Brandão, do qual se valeu Hely Lopes Meirelles, qualificando-o como sendo "de uma retórica impressionantemente vazia". E prosseguiu:

> Quero chamar atenção a esse ponto com outras palavras: o importante aqui é notar que, pós-1988, salvo raras exceções, como citações em regra desconexas de frases do próprio Hauriou, muito do que se tem dito entre nós brasileiros (os únicos "privilegiados" a terem a moralidade administrativa no texto constitucional) sobre a doutrina francesa da época na qual nasceu o conceito de moralidade administrativa foi tirado do mencionado artigo de Antônio Brandão, artigo que tem, no entanto, repito, mais carências que virtudes. O artigo de Brandão parece-me mais uma colcha de retalhos – e retalhos que não sei de onde vêm.
>
> Os autores mais citados por Brandão como sendo os discípulos de Hauriou que mais teriam levado adiante a ideia da moralidade administrativa são Lacharrière e Henri Welter. Posso afirmar com uma certa dose de certeza que a obra do primeiro ninguém entre nós leu, e eu estou dentre eles. A obra do segundo, que de acordo com Brandão seria – e nisso ele está certo – a mais elaborada construção sobre a moralidade administrativa, não existe mais, hoje, nem na França. Depois de 1988, então, posso afirmar, com a mesma dose de certeza, que ela não foi consultada pela doutrina, apesar de alguns a citarem em pé de página, o que é no mínimo estranho. Até o início do ano 2000 um exemplar dessa obra de importância histórica ao menos para nós brasileiros existia, precioso, escondido numa livraria de antiguidades jurídicas bem perto do *Panthéon* em Paris. O nome da livraria: A Memória do Direito (*La Mémoire du Droit*). Sugestivo nome.[21]

Giacomuzzi prossegue seu artigo destacando as dificuldades que teve para encontrar o livro *Le Contrôle Jurisdictionnel de la Moralité Administrative*, de Henri Welter:

> Depois de três anos que passei atrás da relíquia, no intuito de tentar melhor compreender a moralidade administrativa, cheguei em meados de 2000 atrasado para comprá-la. Esse único e último exemplar havia sido adquirido havia quatro meses. Mas nada se dá por acaso na História, até na compra de livros. A obra, que foi esquecida no País de origem – e já veremos o porquê –, foi comprada por um advogado brasileiro, de São Paulo. Um erudito e educado senhor, que me fez a gentileza de emprestá-la. Tenho dúvidas de que tal obra tenha algum dia sido lida no Brasil que não pelo decano dos nossos administrativistas, o professor Caio Tácito (que soube muito bem interpretá-la – e eu não precisaria nem lembrar isso).

21. José Guilherme Giacomuzzi, "A moralidade administrativa – História de um conceito", *RDA* 230/294-295, 2002.

São exatas 513 páginas de uma tentativa hercúlea – que depois se viu fracassada – em independizar, na França, o conceito de moralidade administrativa. A obra data de 1929, ano da morte de Hauriou. Ela é importante por vários aspectos, mas eu só vou salientar um: ela representa o ápice da doutrina francesa da moralidade administrativa, mas dela o português Brandão só cita uma frase, e ainda pela metade. A frase é a seguinte: "A moralidade administrativa, que nos propomos estudar, não se confunde com a moralidade comum; ela é composta por regras da boa administração, ou seja: pelo conjunto de regras finais e disciplinares suscitadas não só pela distinção entre o Bem e o Mal, mas também pela ideia geral de administração e pela ideia de função administrativa".[22]

O Professor da PUC/RS complementa afirmando que:

(...) essa frase foi repetida dezenas de vezes na doutrina brasileira – e também na jurisprudência – como sendo a chave-mestra de um segredo. É peculiar – ia dizendo perigosa – a facilidade com que ela é encaixada em qualquer contexto fático ou mesmo jurídico. Só por isso a estou citando. É difícil, no entanto, excluir o que não caiba dentro dela, porque ela é de resto absolutamente oca e vazia de conteúdo. Numa palavra: a bela frase abriga quaisquer vontades e todos os arbítrios.[23]

Enfim, não é à toa que em debates mantidos com o Min. Moreira Alves no julgamento da MC na ADI 2.306, ocorrido em 2000, o Min. Néri da Silveira, a respeito do princípio da moralidade, tenha afirmado:

Esse princípio hoje é constitucional, cujo conteúdo caberá ao Supremo Tribunal defini-lo, dentro do nosso sistema constitucional.[24]

Outros membros do STF também abordaram o tema. O Min. Eros Grau, por exemplo, no julgamento da ADPF 144, afirmou que o fato de o texto da Constituição ter consagrado o princípio da moralidade não implica que tenha conferido uma abertura para a introdução, no sistema jurídico, de preceitos morais:

(...).
38. Mesmo em certas decisões judiciais de quando em quando surge, em discursos que desbordam da racionalidade, o apelo à moralidade como razão de decidir. Tal e qual texto normativo estariam a violar o ordenamento, ou seriam mesmo inconstitucionais, por comprometerem a moralidade ou princípio da moralidade.
39. É certo, como anotei em outra oportunidade, que a Constituição do Brasil define a *moralidade* como um dos princípios da Administração. Não a podemos, contudo, tomar de modo a colocar em risco a substância do sistema de Direito. O fato de o princípio da moralidade ter sido consagrado no art. 37 da Constituição não significa abertura do sistema jurídico para introdução, nele, de preceitos morais.
40. Daí que o conteúdo desse princípio há de ser encontrado no interior do próprio Direito. A sua contemplação não pode conduzir à substituição da ética da legalidade por qualquer outra. O exercício da judicatura está fundado no direito positivo (= a *eticidade* de Hegel). Cada litígio há de ser solucionado de acordo com os critérios do direito positivo, que não pode substituir

---

22. Idem, ibidem.
23. Idem, ibidem.
24. STF, Tribunal Pleno, ADI/MC 2.30, rel. Min. Octávio Gallotti, j. 27.9.2000, *DJU* 20.4.2001.

quaisquer outros. A solução de cada problema judicial estará necessariamente fundada na *eticidade* (= ética da legalidade), não na moralidade. Como a ética do sistema jurídico é a ética da legalidade, a admissão de que o Poder Judiciário possa decidir com fundamento na moralidade entroniza o arbítrio, nega o direito positivo, sacrifica a legitimidade de que se devem nutrir os magistrados. Instalaria a desordem. Eis então por que resulta plenamente confinado o questionamento – e dos atos legislativos – nos lindes do desvio de poder ou de finalidade. Qualquer questionamento para além desses limites apenas poderá ser postulado no quadro da legalidade pura e simples. Essa circunstância é que explica e justifica a menção a um e a outro princípio, na Constituição e na legislação infraconstitucional. A *moralidade da Administração* – e da atividade legislativa, se a tanto chegarmos – apenas pode ser concebida por referência à legalidade, nada mais.[25]

Grau, dessa forma, basicamente defendeu que os casos nos quais o princípio da moralidade deveria ser utilizado como razão de decidir deveriam ser limitados aos que discutem a ocorrência de desvio de poder ou de finalidade.

Também o Min. Teori Zavascki teve a oportunidade de se manifestar sobre o tema. No julgamento do RE 405.386-RJ ele defendeu que:

> (...) a moralidade, como princípio da Administração Pública (art. 37) e como requisito de validade dos atos administrativos (art. 5º, LXXIII), tem a sua fonte por excelência no sistema de Direito, sobretudo no ordenamento jurídico-constitucional, sendo certo que os valores humanos que inspiram e subjazem a esse ordenamento constituem, em muitos casos, a concretização normativa de valores retirados da pauta dos direitos naturais, ou do patrimônio ético e moral consagrado pelo senso comum da sociedade.[26]

Zavascki acrescentou que "a quebra da moralidade administrativa se caracteriza pela desarmonia entre a expressão formal (= a aparência) do ato e a sua expressão real (= a sua substância), criada e derivada de impulsos subjetivos viciados quanto aos motivos, ou à causa, ou à finalidade da atuação administrativa".[27]

Como se nota, na definição do conteúdo do princípio da moralidade, Zavascki aceitava a abertura do sistema jurídico para a incorporação de valores do "direito natural" ou do "senso comum da sociedade" – o que possivelmente seria combatido por Eros Grau –, mas também enfatiza que tal princípio tem aplicação quando há desvios de motivação, causa ou finalidade.

Como se esclareceu no capítulo introdutório, definir o que venha a ser o princípio da moralidade foge à pretensão deste trabalho. Conforme se mencionou, o objetivo maior é o de expor as dificuldades na conceituação do instituto tal qual definido pela doutrina e pela jurisprudência pátrias.

Marcos da Fonseca Nogueira, autor de dissertação de Mestrado defendida na Faculdade de Direito da USP sobre o tema, destacou a existência de um "temor histórico em se trazer a moralidade para o interior do Direito":

---

25. STF, Tribunal Pleno, ADPF 144, rel. Min. Celso de Mello, j. 6.8.2008, *DJe* 25.2.2010.
26. STF, 2ª Turma, RE 405.386, rela. Min. Ellen Gracie, rel. Para o acórdão Min. Teori Zavascki, j. 26.2.2013, *DJe* 25.3.2013.
27. Idem, ibidem.

Na França, iniciado com Hauriou e seguido por outros, a moralidade administrativa se firmou e veio a ser conhecida como desvio de poder.

Desde então, até os nossos dias, o desenvolvimento acerca do que vem a ser conhecido como moralidade administrativa tem como base a teoria de Hauriou. Assim, temos um século de construção teórica sobre esta temática que se comunica e tangencia com a produção feita no início do século passado por Maurice Hauriou, sendo certo de que muito pouco se conseguiu avançar, não sabemos dizer pela excelência dessa construção ou pela limitação das construções posteriores.

Ainda que seja a base das reflexões da moralidade administrativa, uma coisa é certa: as possibilidades de seu enquadramento situacional são tão vastas quanto os significados que lhe foram ofertados. E é justamente esta imprecisão a responsável pela existência do temor histórico em se trazer a moralidade para o interior do Direito.

É fato que este temor afastou-a muito tempo não somente das normas, mas também da prática administrativa, tanto que de todas as Constituições que de alguma forma nos influenciaram (Alemanha, Portugal, França, Espanha, Itália) nenhuma delas traz expressamente a palavra "moralidade administrativa", sendo somente em 1988 que uma Constituição trouxe o nome "moralidade administrativa" em seu bojo, sabidamente a da República Federativa do Brasil.[28]

Nogueira aponta, ainda, que há notícia de que a Constituição colombiana, promulgada em 1991, também tenha incorporado o princípio da moralidade. De fato, isso ocorreu por meio do art. 209 do texto constitucional:

> Art. 209. La función administrativa está al servicio de los interes generales y se desarrolla con fundamento en los principios de igualdad, moralidad, eficacia, economía, celeridad, imparcialidad y publicidad, mediante la descentralización, la delegación y la desconcentración de funciones.
>
> Las autoridades administrativas deben coordinar sus actuaciones para el adecuado cumplimiento de los fines del Estado. La Administración Pública, en todos sus órdenes, tendrá un control interno que se ejercerá en los términos que señale la ley.

Essa incorporação do princípio da moralidade ao texto constitucional na Colômbia, no entanto, tampouco se mostra livre de controvérsias.

Numa interessante tese de Doutorado em Filosofia defendida perante a Universidade do Kansas, em 2011, a professora colombiana Angela María Páez Murcia destaca que durante os trabalhos da Assembleia Constituinte colombiana foram raros os debates sobre as noções ou implicações do que viesse a ser a moralidade administrativa. Apenas no último debate acerca da redação do dispositivo constitucional sobre os direitos coletivos alguns constituintes abordaram a ambiguidade que a expressão "moralidade administrativa" apresenta. E esses constituintes manifestaram preocupações sobre a vagueza e as possíveis implicações para a atuação administrativa, mas mesmo assim aprovaram sua incorporação.[29]

Embora a autora seja entusiasta do instituto, tendo em vista que permite que cidadãos acionem o Poder Judiciário para questionar a corrupção governamental, ela nota que a Administração Pública não desenvolveu uma interpretação comum do que venha a ser a

---

28. Marcos da Fonseca Nogueira, *O Princípio da Moralidade na Administração Tributária*, cit., p. 35.
29. Angela María Páez Murcia, *Administrative Morality in Colombia*, p. 254 (disponível em https://kuscholarworks.ku.edu/bitstream/handle/1808/12305/PaezMurcia_ku_0099D_12653_DATA_1.pdf?sequence=1 – tradução livre).

moralidade administrativa, tampouco provê orientações públicas, treinamentos ou monitoramentos para auxiliar no cumprimento do princípio.[30]

Dessa forma, considerando que o objetivo deste trabalho não seja oferecer um conceito aprimorado de *moralidade administrativa*, mas apenas apontar os problemas envolvidos na definição e aplicação desse conceito, fica evidente que, a partir dos trechos de obras doutrinárias e de precedentes transcritos, existe uma enorme dificuldade de se fixar um conteúdo incontroverso para o princípio, bem como o alcance dos casos em que deva ser aplicado.

3. As consequências da positivação da moralidade administrativa

Uma das principais consequências positivas na previsão constitucional expressa do princípio da moralidade na Colômbia, segundo Angela María Páez Murcia, foi a possibilidade de um aumento do controle da população sobre os atos da Administração Pública. De fato, naquele País, tal qual ocorre no Brasil com a ação popular, os cidadãos podem questionar, perante o Poder Judiciário, atos administrativos em demandas cuja causa de pedir seja a violação ao princípio da moralidade administrativa.

A própria autora, porém, aponta a problemática da situação em seu País. Segundo ela, tendo em vista a ambiguidade da expressão "moralidade administrativa" e a ausência de um dispositivo esclarecedor no texto constitucional, a maior parte da definição do significado do instituto foi deixada para os juízes, que desenvolvem o conceito caso a caso.[31]

José Guilherme Giacomuzzi aborda de maneira crítica o emprego do conceito no texto constitucional brasileiro. Segundo ele, até a promulgação da Constituição/1988 era pacífico que o conceito de *moralidade administrativa* se confundia com o de *desvio de poder*. Isso era comum nos trabalhos dos principais administrativistas, como Maria Sylvia Zanella Di Pietro e José Cretella Jr.[32]

Porém, segundo ele, "foi aparecer o nome 'moralidade administrativa' na Constituição Federal/1988 para que a casa se desarrumasse (...). Inúmeras tentativas doutrinárias de se dar um colorido autônomo a essa nova 'moralidade administrativa' apareceram na doutrina brasileira, sempre com o intuito de distingui-la da legalidade. (...). Todas elas acabam ou dizendo o que a lei *[Lei da Ação Popular]* já diz, ou referindo, implícita ou explicitamente, que a moralidade administrativa é um sobreprincípio de Direito, mais importante que o da legalidade, englobador de vários outros: razoabilidade, proporcionalidade, interesse público, igualdade".

Prossegue Giacomuzzi assentando que "a moralidade é tudo, então, e nada. Além de arbitrária, por revelar a compreensão muito pessoal do Direito. Penso que o raciocínio acaba desmerecendo os demais princípios, sobremodo o mais forte e importante deles, o da legalidade".[33] De acordo com o autor:

30. Idem, p. iii.
31. Idem, p. 131.
32. José Guilherme Giacomuzzi, "A moralidade administrativa – História de um conceito", cit., *RDA* 230/297.
33. O autor esclarecesse que sua crítica se dá no plano das ideias. Ele diz que "descer aos fatos da vida, que nos mostrou e nos mostra diuturnamente atos administrativos eivados de desvio de finalidade (imorais segundo Hauriou, portanto) e que continuamos, mesmo com a previsão constitucional, sem conseguir frear" (José Guilherme Giacomuzzi, "A moralidade administrativa – História de um conceito", cit., *RDA* 230/297).

Alguns viram na moralidade administrativa, então, a tábua de salvação da nossa sociedade. Tudo estaria resolvido como que num passe de mágica. Aliás, essa visão "abracadabra" do Direito tem sido muito difundida entre alguns novos hermeneutas brasileiros, que interpretam o Direito como se não tivesse existido milênios de estudo sério antes deles e que veem na Constituição Federal tudo o que querem. E eles, homens de bom coração, querem muito. Basta a eles que o juiz aplique o Direito com sabedoria, valendo-se da igualdade, da razoabilidade. da proporcionalidade, e outros conceitos indeterminados. Perigosa ingenuidade.

A jurisprudência que se seguiu à Constituição Federal/1988 revela a nebulosidade e a falta de critérios racionais para apreender o real significado da moralidade administrativa. Eu começo o livro deliberadamente citando algumas dessas decisões. E pincei, claro que de propósito, algumas decisões não unânimes, nas quais se encontram as mais variadas citações sobre Moral e Direito. Aquelas frases lidas acima estão quase sempre presentes. Elas se encaixam em qualquer lugar.[34]

O grande problema de um sistema jurídico inserir um princípio vago como o da moralidade como meio de controle de atos estatais é relacionado ao *efeito de dissuasão*. Tendo em conta que servidores públicos sabem que podem ser punidos se praticarem atos que violem o princípio da moralidade, a tendência é a de que deixem de praticá-los. Isso é o aspecto positivo, indubitavelmente almejado pelo legislador constituinte.

No entanto, tal qual apontado por Giacomuzzi, diante da nebulosidade e da falta de critérios racionais da jurisprudência pós-Constituição Federal/1988 quanto ao real significado do princípio da moralidade administrativa, o efeito de dissuasão pode se ampliar para inibir os servidores públicos, diante de uma dúvida razoável e do temor de punição, de praticarem atos que poderiam promover ganhos sociais, por receio de violar o princípio da moralidade administrativa. Tal falta de ação acaba por gerar prejuízos a toda a coletividade, incrementando, especialmente, a burocracia estatal.[35]

No capítulo seguinte será analisado um caso prático sobre o tema.

4. O caso relativo à proibição do nepotismo

É fato notório que não havia vedação legal genérica para a prática do nepotismo antes de 2005. Naquele ano o Conselho Nacional de Justiça/CNJ editou a Resolução 7, proibindo a nomeação de parentes no âmbito do Poder Judiciário para cargos em comissão. Como consequência dessa edição, diversos atos de nomeação de parentes que estavam em vigor tiveram que ser desconstituídos.

Após a edição do ato, o que se viu foi uma grande proliferação de decisões liminares suspendendo os efeitos da Resolução 7. Diante desse fato, a Associação dos Magistrados Brasileiros/AMB ajuizou a ADC 12, perante o STF, pleiteando que o ato normativo fosse declarado constitucional. A Associação Nacional dos Magistrados Estaduais/ANAMAGES e o TJRJ, por outro lado, requereram ingresso na ação, na qualidade de *amici curiae*, defendendo a inconstitucionalidade da resolução.

---

34. José Guilherme Giacomuzzi, "A moralidade administrativa – História de um conceito", cit., *RDA* 230/297.

35. Sobre o tema, cf. Richard Posner, *Economic Analysis of Law*, 7ª ed., Nova York, Wolters Kluwer, 2007, p. 587.

Em 16.2.2006 o Plenário do STF apreciou a medida cautelar pleiteada na ação e a deferiu, suspendendo todos os processos que tivessem por objeto questionar a constitucionalidade da Resolução CNJ-7.

Ao abordar a inexistência de violação à Constituição Federal na edição da resolução, sob o ângulo do princípio da moralidade, o Min. Gilmar Mendes, em seu voto, asseverou que:

> A indeterminação semântica dos princípios da moralidade e da impessoalidade não pode ser um obstáculo à determinação da regra da proibição do nepotismo. Como bem anota García de Enterría, na estrutura de todo conceito indeterminado é identificável um "núcleo fixo" (*Begriffkern*) ou "zona de certeza", que é configurada por dados prévios e seguros, dos quais pode ser extraída uma regra aplicável ao caso. A vedação do nepotismo é regra constitucional que está na zona de certeza dos princípios da moralidade e da impessoalidade.
>
> Não é de hoje que o nepotismo é uma prática condenada pela sociedade brasileira. (...).
>
> Dessa forma, o ato administrativo que implique esse tipo de prática imoral é ilegítimo, não apenas por violação a uma determinada lei, mas por ofensa direta à moralidade, que atua como substrato ético da ordem constitucional. Nesse sentido, é possível afirmar que não seria necessária uma lei em sentido formal para instituir a proibição do nepotismo, pois ela já decorre do conjunto de princípios constitucionais, dentre os quais têm relevo os princípios da moralidade e da impessoalidade.[36]

Posteriormente, em 20.8.2008 o STF, ao apreciar o RE 579.951-RN, assentou que "a vedação do nepotismo não exige a edição de lei formal para coibir a prática",[37] pois a proibição decorre "diretamente dos princípios contidos no art. 37, *caput*, da CF". Na mesma assentada o Plenário aprovou a edição da Súmula Vinculante 13 do Tribunal, a qual preceitua:

> A nomeação de cônjuge, companheiro ou parente em linha reta, colateral ou por afinidade, até o terceiro grau, inclusive, da autoridade nomeante ou de servidor da mesma pessoa jurídica investido em cargo de direção, chefia ou assessoramento, para o exercício de cargo em comissão ou de confiança ou, ainda, de função gratificada na Administração Pública direta e indireta em qualquer dos Poderes da União, dos Estados, do Distrito Federal e dos Municípios, compreendido o ajuste mediante designações recíprocas, viola a Constituição Federal.

O que se verifica, assim, é que o STF entendeu que existe uma zona de certeza no princípio da moralidade administrativa (e da impessoalidade) da qual se extrai a proibição do nepotismo para todos os Poderes e em todas as unidades da Federação, em qualquer esfera. Contudo, em que pese ao fato de o Min. Gilmar Mendes ter afirmado que o nepotismo era "uma prática condenada pela sociedade brasileira", é curioso notar que, diante da proliferação de liminares que suspendiam a Resolução CNJ-7, foi preciso até mesmo o deferimento de uma cautelar em ação declaratória de constitucionalidade pelo Plenário da Corte para que tais ações fossem suspensas.

Além disso, chama bastante atenção o fato de que até mesmo uma associação de magistrados e o próprio TJRJ tenham apresentado petições de *amici curiae* sustentando a inconstitucionalidade da resolução.

---

36. STF, Tribunal Pleno, ADC/MC 12, rel. Min. Carlos Britto, j. 16.2.2006, *DJU* 1.9.2006.
37. STF, Tribunal Pleno, RE 579.951, rel. Min. Ricardo Lewandowski, j. 20.8.2008, *DJe* 23.10.2008.

É também interessante observar a distinção feita pelo STF no tocante à nomeação de parentes em cargos em comissão e em cargos políticos. Só nomeações para os primeiros são inconstitucionais e imorais, para os segundos não há vedação e, portanto, não há, *a priori*, imoralidade.

Logo, sob o ângulo de orientação normativa a respeito da constitucionalidade de tal prática, pode-se defender que havia dúvidas em relação à exata compreensão do princípio da moralidade na captura de tal conduta: até mesmo um grande número juízes e um Tribunal entendiam que a prática não era *per se* vedada.

Daí exsurge a pergunta: e se alguém tivesse nomeado um parente antes da edição da Resolução CNJ-7 – no âmbito do Judiciário – ou antes da edição da Súmula Vinculante 13 – no âmbito da Administração Pública –, tal nomeação já configuraria, por si, um ato ilícito passível de punição?

O tema, por óbvio, ainda se mostra complexo. Basta notar que existe uma situação de divergência no âmbito da 1ª Seção do STJ. A 1ª Turma possui entendimento de que não há ilicitude:

(...).
5. *In casu*, as instâncias de origem julgaram improcedente o pedido por reconhecerem que não configurava ato de improbidade administrativa a prática de nepotismo.
6. A conduta imputada ao recorrente mostra-se gravemente culposa, mas não revela o dolo específico de lesar os cofres públicos ou de obter vantagem indevida, requisitos indispensáveis à infração dos bens jurídicos tutelados pela Lei de Improbidade Administrativa, especialmente considerando que à época em que ocorreram as citadas contratações (nos anos de 2005 e 2006) não havia lei vedando o nepotismo no âmbito da Administração Pública Municipal, sendo anteriores, ainda, à aprovação do Enunciado da Súmula Vinculante 13 do STF (*DJe* 29.8.2008).
(...).[38]

Já, a 2ª Turma da Corte considera que nomeação de parentes para ocupar cargos em comissão, ainda que ocorrida antes da publicação da Súmula Vinculante 13 do STF, constitui ato de improbidade administrativa, que atenta contra os princípios da Administração Pública, nos termos do art. 11 da Lei 8.429/1992, sendo despicienda a existência de regra explícita de qualquer natureza acerca da proibição:

(...).
2. No caso, a prática de nepotismo está efetivamente configurada, e, como tal, representa grave ofensa aos princípios da Administração Pública, em especial aos princípios da moralidade e da isonomia, enquadrando-se, dessa maneira, no art. 11 da Lei n. 8.429/1992.
3. A nomeação de parentes para ocupar cargos em comissão, ainda que ocorrida antes da publicação da Súmula Vinculante n. 13 do STF, constitui ato de improbidade administrativa, que atenta contra os princípios da Administração Pública, nos termos do art. 11 da Lei n. 8.429/1992, sendo despicienda a existência de regra explícita de qualquer natureza acerca da proibição.
(...).[39]

38. STJ, 1ª Turma, REsp 1.193.248-MG, rel. Min. Napoleão Nunes Maia Filho, j. 24.4.2014, *DJe* 18.8.2014.
39. STJ, 2ª Turma, AgR no REsp 1.362.789-MG, rel. Min. Humberto Martins, j. 12.5.2015, *DJe* 19.5.2015.

5. O critério do direito claro e determinado

É dominante na jurisprudência dos Estados Unidos o entendimento de que "uma lei *[sancionatória]* deixa de atender ao que requer a cláusula do devido processo quando ela é tão vaga ou sem *standards* que deixa o público incerto sobre a conduta que proíbe ou deixa juízes e julgadores livres para decidir, sem qualquer *standard* legal fixo, o que é proibido e o que não é proibido num caso particular".[40] Nesses casos tem-se a aplicação da teoria da nulidade por vagueza *(void for vagueness)*, o que torna a norma sancionadora inconstitucional.

Não é difícil defender que a extração do que é ilícito somente com base em princípios constitucionais, como o da moralidade administrativa, poderá ensejar enorme dificuldade aos cidadãos de compreenderem, de fato, se algumas ações são ilícitas ou não.

Devido ao reconhecimento das consequências negativas que estatutos penais vagos podem ter na interferência com a liberdade dos cidadãos é que nos Estados Unidos a Suprema Corte há tempos sedimentou o entendimento de que a cláusula constitucional do devido processo legal impõe que os cidadãos tenham *fair notice* do conteúdo dos tipos penais, ou seja, sejam inequivocamente cientificados do que é proibido. Para o Tribunal, "ninguém deve ser compelido, sob o risco de ser privado de vida, liberdade ou propriedade, a especular qual é o sentido de leis punitivas. Todos possuem o direito de ser informados sobre o que o Estado impõe ou proíbe".[41] Isso reflete a função ordenadora do Direito. Sobre o tema, confira-se o que dito pela Corte no caso "Connally versus General Const. Co.", decidido em 1926:

> Que os termos de uma lei penal criadora de um novo crime devem ser suficientemente explícitos para informar aqueles que devem obedecê-la qual conduta de sua parte os renderá sujeitos às suas penalidades é um bem conhecido requisito que atende às noções ordinárias de jogo limpo e Estado de Direito seguro. E uma lei que ou proíba ou requeira a realização de um ato em termos tão vagos que homens de inteligência comum devem necessariamente adivinhar o seu conteúdo e divergir sobre a sua aplicação viola a primeira noção de devido processo legal.[42]

O caso da proibição do nepotismo representa uma situação clara em que a análise de *fair notice* deve ser efetivada. Até mesmo magistrados não acreditavam que o princípio da moralidade isoladamente poderia legitimar a proibição da nomeação de parentes para cargos em comissão, dada a ausência de lei. Como se pode exigir que o cidadão comum, sem conhecimento jurídico, concluísse pelo contrário?

Devido a essa preocupação é que nos Estados Unidos "servidores públicos somente podem ser punidos quando violarem um direito legal ou constitucional que estiver claramente determinado no momento da prática da conduta".[43]

A Suprema Corte pontua que um servidor público "somente pode ser condenado por violar um direito claramente determinado se os contornos de tal direito estiverem

---

40. "Giaccio *versus* Pennsylvania", 382 U.S. 399, 402-03 (1966) (tradução livre).
41. Theodore J. Boutros, Jr. e Blaine H. Evanson, "The enduring and universal principle of 'fair notice'", 86 S. *Cal. L. Rev.* 193, 195 (2013).
42. "Connaly *versus* General Const. Co.", 269 U.S. 385, 391 (1926) (tradução livre).
43. "City and County of San Francisco, California, et al. *versus* Sheehan", 575 US, 2 (2015). Tradução livre de: "(...) public officials are immune from suit under 42 U.S.C. § 1.983 unless they have 'violated a statutory or constitutional right that was 'clearly established' at the time of the challenged conduct'".

suficientemente definidos a tal ponto que qualquer servidor público razoável em seu lugar compreenderia que estava violando tal direito, (...) o que significa que os precedentes jurisprudenciais existentes (...) colocaram a questão legal ou constitucional fora de debate".[44]

Essa necessidade de se averiguar a possibilidade de compreensão do Direito a partir do seu estágio de desenvolvimento quando da prática do ato já vem sendo pensada também no Brasil. A título de exemplo, no Projeto de Lei do Senado 349/2015, apresentado pelo senador Antônio Anastasia, o qual tem por escopo incluir disposições sobre segurança jurídica, eficiência na criação e aplicação do direito público na Lei de Introdução às Normas do Direito Brasileiro, foi inserido dispositivo com a seguinte redação:

> Art. 28. O agente público responderá pessoalmente por suas decisões ou opiniões técnicas em caso de dolo ou erro grosseiro.
>
> § 1º. Não se considera erro grosseiro a decisão ou opinião baseada em orientação geral, ou ainda em interpretação razoável, em jurisprudência ou em doutrina, ainda que não pacificadas, mesmo que venha a ser posteriormente aceita, no caso, por órgãos de controle ou judiciais.

Um caso recente em que um tribunal brasileiro adotou um critério lógico similar ao que aplicado nos precedentes da Suprema Corte dos Estados Unidos, bem como ao que preceitua a proposta de art. 27 da Lei de Introdução do PLS 349/2015, se verificou no julgamento de representação ofertada contra o Juiz Federal Sérgio Moro em virtude da divulgação dos áudios dos ex-Presidentes Lula e Dilma Rousseff, no âmbito do TRF-4ª Região.

No caso, postulava-se a instauração de um processo administrativo disciplinar em face do referido Magistrado, porquanto ele havia tornado públicos áudios obtidos a partir de interceptação telefônica em que constavam conversas da então Presidente da República, autoridade que detinha prerrogativa de ser investigada e processada somente perante o STF. O STF, inclusive, apreciando a Rcl 23.457-PR, já havia reconhecido a ilegalidade da decisão do Juiz Sérgio Moro.

No entanto, a despeito da ilegalidade reconhecida pela mais alta Corte do País, o TRF optou por arquivar o pedido de instauração de processo administrativo disciplinar contra o magistrado. Na fundamentação do acórdão a Corte Regional assentou que o ineditismo da "Operação Lava Jato" "traz problemas inéditos e exige soluções inéditas". E acrescentou:

> Em tal contexto, não se pode censurar o Magistrado, ao adotar medidas preventivas da obstrução das investigações da "Operação Lava Jato". Apenas a partir do precedente do STF (Rcl n. 23.457) é que os juízes brasileiros, incluso o Magistrado representado, dispõem de orientação clara e segura a respeito dos limites do sigilo das comunicações telefônicas interceptadas para fins de investigação criminal.[45]

Como se percebe, o TRF-4ª Região, ao determinar o arquivamento da representação ofertada contra o Juiz Federal Sérgio Moro, procedeu justamente ao exame acerca da

---

44. Idem, ibidem. Tradução livre de: "(...) an officer cannot be said to have violated a clearly established right unless the right's contours were sufficiently definite that any reasonable official in [his] shoes would have understood that he was violating it, (...) meaning that 'existing precedent' (...) placed the statutory or constitutional question beyond debate".

45. Texto disponível em *https://www2.trf4.jus.br/trf4/controlador.php?acao=noticia_visualizar&id_noticia=12276*.

capacidade do magistrado de compreender a ilicitude do seu ato antes que fosse fixada a orientação jurisprudencial final sobre o tema da publicidade das gravações telefônicas.

Não há dúvida de que se trata de análise correta e pertinente e que deve ser efetivada em todos os casos nos quais se envolva o exame da culpabilidade de cidadãos sobre o descumprimento de preceitos normativos, especialmente nos casos de princípios vagos constitucionais, tais como o da moralidade.

Baseado nessa análise, é inconteste que a orientação jurisprudencial da 2ª Turma do STJ no sentido de que a nomeação de parentes para ocupar cargos em comissão, ainda que ocorrida antes da publicação da Súmula Vinculante 13 do STF, constitui ato de improbidade administrativa, que atenta contra os princípios da Administração Pública, não pode ser mantida.

A enorme divergência, demonstrada pela quantidade de ações e liminares, e a presença de uma Corte de Justiça como *amicus curiae* numa ação de controle abstrato sustentando que a vedação da prática, sem lei formal, era inconstitucional são evidências manifestas da incerteza do Direito aplicável ao caso.

6. Conclusão

Hely Lopes Meirelles é certamente um dos maiores administrativistas brasileiros do século XX. Sua vasta obra bem revela seu esforço em aprimorar o Direito pátrio. Sua notoriedade incontestável é prova de que logrou enorme êxito.

Coube a Hely incorporar ao Direito Brasileiro o princípio da moralidade administrativa na linguagem cotidiana do direito administrativo. Sua influência foi tão grande, que o princípio acabou positivado na Constituição/1988.

Essa positivação, contudo, não se revelou livre de polêmicas. Este trabalho apresentou diversas opiniões de autores que sustentam tratar-se de previsão deveras problemática, a qual possivelmente extravasou a abordagem que o autor dava ao princípio.

Considerando que a moralidade administrativa é conceito nebuloso e que os tribunais pátrios não têm conseguido atribuir critérios racionais para apreender seu real significado, é essencial que os juízes, ao se valerem do referido princípio na resolução dos casos, tenham ciência de que muitas vezes sua aplicabilidade a determinada situação pode representar questão controvertida e ainda não bem explicitada à população em geral.

Em casos de direito sancionatório nos quais se reconheça a violação a tal princípio é essencial perquirir se o administrador dispunha de orientação clara e segura a respeito da ilegalidade do ato que praticou, na linha dos precedentes da Suprema Corte americana e no que decidido pelo TRF-4ª Região na decisão que arquivou pedido de instauração de processo administrativo em face do Juiz Sérgio Moro.

A adoção de critério dessa natureza seguramente terá o condão de frear eventual inibição de servidores públicos de praticar determinados atos que promovam ganhos sociais mas sobre os quais haja dúvida razoável acerca da violação de tal princípio.

O aprimoramento da compreensão e da aplicação do princípio da moralidade, popularizado no País por Hely Lopes Meirelles, é certamente uma das maiores contribuições atuais que se pode almejar dar ao seu legado.

A CLÁUSULA DE *STEP-IN RIGHTS* NO CONTEXTO DAS CONCESSÕES DE SERVIÇOS PÚBLICOS

Floriano de Azevedo Marques Neto
Carlos Eduardo Bergamini Cunha

1. Introdução. 2. Diretrizes gerais acerca da cláusula de "step-in rights" e do contrato de alienação fiduciária: 2.1 Regime legal da cláusula de "step-in rights" nas Leis 8.987/1995 e 11.079/2004: 2.1.1 Diretriz normativa a respeito da cláusula de "step-in rights": obrigatoriedade de transferência a terceiro capacitado e vedação ao pacto comissório – 2.1.2 Procedimentalização e detalhamento do "step-in rights" no contrato de financiamento – 2.1.3 Exercício do "step-in rights" e comprovação da satisfação da capacidade do novo executor do contrato – 2.1.4 Possibilidade de alteração do polo passivo de contratos de concessão; 2.2 Breves linhas sobre a alienação fiduciária: 2.2.1 A conformação da propriedade do fiduciário – 2.2.2 A posse na alienação fiduciária – 2.2.3 Efeitos da alienação fiduciária de ações da concessionária como garantia do financiador. 3. Especificidades sobre a cláusula de "step-in rights" nas concessões de serviços públicos: 3.1 "Step-in rights" e o exercício do poder de controle da concessionária: 3.1.1 Exercício de controle irrestrito pelo acionamento da cláusula de "step-in rights" –3.1.2 O regime da administração temporária previsto nas Leis de Concessão e PPPs – 3.1.3 Responsabilidades advindas do exercício da função de controle – 3.1.4 Eventuais possibilidades de responsabilização do financiador pela detenção, em alienação fiduciária, de ações da companhia: 3.1.4.1 Depreciação patrimonial – 3.1.4.2 Ausência, em regra, de responsabilidade patrimonial direta – 3.1.4.3 Responsabilidade por débitos trabalhistas, ambientais e consumeristas – 3.2 Extensão da cláusula de "step-in rights" para empreendimentos que não sejam concessões – 4. Conclusão.

1. Introdução

Estivesse Hely Lopes Meirelles vivo e certamente o tema deste artigo já teria sido por ele esquadrinhado em pareceres, artigos monográficos e constaria do seu clássico manual de direito administrativo. Hely foi o administrativista por excelência, conjugando a enorme abertura para as questões práticas e a abordagem teórica apoiada na melhor doutrina, inclusive estrangeira. Nos anos de 1970 e 1980 não houve assunto da pauta do direito administrativo que ele, por acuidade teórica ou pela sua invejável atuação prática de consultor jurídico não tivesse abordado. É pena que Hely não tenha vivido para testemunhar (e ajudar a analisar, destrinchar e, talvez, criticar) as abissais transformações por que passou o Direito Administrativo nos anos de 1990. Transformações estas que ele, mesmo tendo partido no começo da década, não deixou de antecipar. Muitos temas que nós, administrativistas da virada do milênio, passamos a desafiar já haviam sido enfrentados, ainda que de forma teórica ou de *lege ferenda* por ele. Hoje em dia existem muitos autores dedicados ao direito administrativo, vários com a genialidade que tinha Hely. São, porém, muito mais numerosos os temas e os desafios. Faz falta não contarmos mais com ele para nos brindar com soluções engenhosas (Hely era de uma criatividade ímpar para solucionar problemas jurídicos) e ensinamentos claros (ele possuía um raciocínio objetivo e preciso) sobre os temas que vão surgindo por obra do legislador ou mesmo pelo desafio cotidiano da Administração Pública.

Na falta do ensinamento de Hely, tentamos neste artigo enfrentar assunto um tanto novo e não obstante bastante recorrente nos contratos públicos de infraestrutura, notadamente nas concessões de serviços públicos, sejam as tradicionais, as patrocinadas ou as administrativas. Tentaremos analisar o regime jurídico atinente à cláusula de *step-in rights* nos contratos de concessão, conforme restou introduzido no direito público brasileiro pela Lei 13.097/2015, que alterou as Leis 8.987/1995 e 11.079/2004.

Assim, o texto trará inicialmente alguns apontamentos mais gerais a respeito da cláusula de *step-in rights* e do contrato de alienação fiduciária (*Item 2*), que é um mecanismo de financiamento de projetos bastante utilizado. Em segundo lugar, trataremos de temas mais específicos que povoam o cotidiano das concessões ou mesmo que figuram entre as principais preocupações dos contratantes e dos próprios financiadores (*Item 3*), como o exercício de poder de controle pela efetivação da cláusula de *step-in rights*, seus limites legais e consequências, as responsabilidades dos administradores da empresa, a extensão do mecanismo a empreendimentos que não sejam concessões ou PPPs, entre outros. Ao final virá a conclusão (*Item 4*).

2. Diretrizes gerais acerca da cláusula de "step-in rights" e do contrato de alienação fiduciária

2.1 Regime legal da cláusula de "step-in rights" nas Leis 8.987/1995 e 11.079/2004

A chamada cláusula de *step-in rights* reflete um mecanismo que tem origem no sistema da *common law*,[1] no qual os agentes via de regra têm ampla liberdade contratual para negociar as disposições e a estrutura dos ajustes que celebram.[2] A nomenclatura representa uma simplificação da expressão "the right to step-into the shoes of",[3] demonstrando que sua finalidade é logicamente garantir que, em uma situação de inadimplemento, os financiadores possam assumir o controle e a administração da sociedade empresarial que desenvolve o projeto.

Não obstante existir entre nós de maneira informal desde a década de 1990 do século passado, o sistema de *step-in rights* restou oficialmente instituído no direito brasileiro por meio da Lei 11.079/2004, notadamente por conta do que disciplinava a redação original do inciso I do § 2º de seu art. 5º.[4] Mais tarde, com a edição da Lei 13.097/2015, restou ampliado

---

1. Cf. José Virgílio Lopes Enei, *Project Finance*, São Paulo, Saraiva, 2007, p. 235; Lucas de Moraes Cassiano Sant'Anna e Pedro Romualdo Saullo, "*Step-in rights* e o regime da administração temporária no âmbito da Lei de Concessões", *Revista Brasileira de Direito Público*, n. 49, Belo Horizonte, Fórum, abr.-jun. 2015, pp. 42-43; Maurício Portugal Ribeiro e Lucas Navarro Prado, *Comentários à Lei de PPP – Parceria Público-Privada*, São Paulo, Malheiros Editores, 2007, p. 170.

2. Cf. Luciano Benetti Timm, "Common Law e Contract Law: uma introdução ao direito contratual norte-americano", *Revista Semestral de Direito Empresarial*, n. 10, Rio de Janeiro, Renovar, jan.-jul. 2012, p. 117.

3. Cf. José Virgílio Lopes Enei, *Project Finance*, cit., p. 235.

4. Este dispositivo estabelecia que os contratos de PPP poderiam prever "os requisitos e condições em que o parceiro público autorizará a transferência do controle da sociedade de propósito específico para os seus financiadores, com o objetivo de promover a sua reestruturação financeira e assegurar a continuidade

e acrescido ao regime das concessões de serviços públicos tradicionais, com a adição do art. 27-A à Lei 8.985/1995[5] e com a inserção do art. 5-A à Lei das PPP.[6]

A norma, como se sabe, possibilita que os financiadores assumam o controle da concessionária em caso de gestão ineficiente e risco de não recebimento do crédito, buscando,

da prestação dos serviços, não se aplicando para este efeito o previsto no inciso I do parágrafo único do art. 27 da Lei no 8.987, de 13 de fevereiro de 1995".

5. "Art. 27-A. Nas condições estabelecidas no contrato de concessão, o poder concedente autorizará a assunção do controle ou da administração temporária da concessionária por seus financiadores e garantidores com quem não mantenha vínculo societário direto, para promover sua reestruturação financeira e assegurar a continuidade da prestação dos serviços. § 1º. Na hipótese prevista no *caput*, o poder concedente exigirá dos financiadores e dos garantidores que atendam às exigências de regularidade jurídica e fiscal, podendo alterar ou dispensar os demais requisitos previstos no inciso I do parágrafo único do art. 27. § 2º. A assunção do controle ou da administração temporária autorizadas na forma do *caput* deste artigo não alterará as obrigações da concessionária e de seus controladores para com terceiros, poder concedente e usuários dos serviços públicos. § 3º. Configura-se o controle da concessionária, para os fins dispostos no *caput* deste artigo, a propriedade resolúvel de ações ou quotas por seus financiadores e garantidores que atendam os requisitos do art. 116 da Lei n. 6.404, de 15 de dezembro de 1976. § 4º. Configura-se a administração temporária da concessionária por seus financiadores e garantidores quando, sem a transferência da propriedade de ações ou quotas, forem outorgados os seguintes poderes: I – indicar os membros do Conselho de Administração, a serem eleitos em Assembleia Geral pelos acionistas, nas sociedades regidas pela Lei 6.404, de 15 de dezembro de 1976; ou administradores, a serem eleitos pelos quotistas, nas demais sociedades; II – indicar os membros do Conselho Fiscal, a serem eleitos pelos acionistas ou quotistas controladores em Assembleia Geral; III – exercer poder de veto sobre qualquer proposta submetida à votação dos acionistas ou quotistas da concessionária, que representem, ou possam representar, prejuízos aos fins previstos no *caput* deste artigo; IV – outros poderes necessários ao alcance dos fins previstos no *caput* deste artigo. § 5º. A administração temporária autorizada na forma deste artigo não acarretará responsabilidade aos financiadores e garantidores em relação à tributação, encargos, ônus, sanções, obrigações ou compromissos com terceiros, inclusive com o poder concedente ou empregados. § 6º. O Poder Concedente disciplinará sobre o prazo da administração temporária."

6. Estes os dispositivos mencionados na Lei 11.079/2004: "Art. 5º. (...) § 2º. Os contratos poderão prever adicionalmente: I – os requisitos e condições em que o parceiro público autorizará a transferência do controle ou a administração temporária da sociedade de propósito específico aos seus financiadores e garantidores com quem não mantenha vínculo societário direto, com o objetivo de promover a sua reestruturação financeira e assegurar a continuidade da prestação dos serviços, não se aplicando para este efeito o previsto no inciso I do parágrafo único do art. 27 da Lei n. 8.987, de 13 de fevereiro de 1995; (...) Art. 5º-A. Para fins do inciso I do § 2º do art. 5º, considera-se: I – o controle da sociedade de propósito específico a propriedade resolúvel de ações ou quotas por seus financiadores e garantidores que atendam os requisitos do art. 116 da Lei n. 6.404, de 15 de dezembro de 1976; II – A administração temporária da sociedade de propósito específico, pelos financiadores e garantidores quando, sem a transferência da propriedade de ações ou quotas, forem outorgados os seguintes poderes: a) indicar os membros do Conselho de Administração, a serem eleitos em Assembleia Geral pelos acionistas, nas sociedades regidas pela Lei 6.404, de 15 de dezembro de 1976; ou administradores, a serem eleitos pelos quotistas, nas demais sociedades; b) indicar os membros do Conselho Fiscal, a serem eleitos pelos acionistas ou quotistas controladores em Assembleia Geral; c) exercer poder de veto sobre qualquer proposta submetida à votação dos acionistas ou quotistas da concessionária, que representem, ou possam representar, prejuízos aos fins previstos no *caput* deste artigo; d) outros poderes necessários ao alcance dos fins previstos no *caput* deste artigo; § 1º. A administração temporária autorizada pelo poder concedente não acarretará responsabilidade aos financiadores e garantidores em relação à tributação, encargos, ônus, sanções, obrigações ou compromissos com terceiros, inclusive com o poder concedente ou empregados. § 2º. O Poder Concedente disciplinará sobre o prazo da administração temporária".

com isso, promover a sua reestruturação financeira e assegurar a continuidade da prestação dos serviços concedidos.

2.1.1 Diretriz normativa a respeito da cláusula de *step-in rights*: obrigatoriedade de transferência a terceiro capacitado e vedação ao pacto comissório

Embora em sua origem a cláusula de *step-in* não tenha restrições, no direito brasileiro o único sentido de se admitir a assunção do controle da concessão pelo financiador envolve a obrigatoriedade de que se promova a sua transferência a um terceiro capacitado de forma a viabilizar o crédito. Ou seja, não parece ser admissível que o acionamento da cláusula de *step-in rights* conduza a que o financiador assuma a concessão indefinidamente ou então que toque o empreendimento até a sua conclusão. O *step-in*, desse modo, serve para que o financiador reestruture a concessão e a aliene, garantindo o retorno de seu investimento. Há dois motivos para que assim seja.

Em primeiro lugar porque é o que se extrai da própria diretriz normativa das Leis 8.987/1995 e 1.079/2004. Ora, é sabido que a figura do financiador via de regra é desempenhada por uma instituição financeira, ou seja, uma empresa especializada em intermediação financeira e que logicamente não possui expertise na condução do objeto das concessões, o que torna fundamental a sua transferência a terceiro capacitado. Embora a aprovação pelo poder concedente da cláusula do contrato de financiamento prevendo o *step-in rights* já implique em uma espécie de comprovação da satisfação transitória da capacidade do financiador (veremos com mais profundidade esse ponto adiante), o fato é que não parece ser papel do financiador executar o contrato de concessão, nem sob a atribuição de controlador da SPE. Não se pode perder de vista que uma concessão tem como escopo a prestação de serviços públicos ou a oferta de utilidades públicas à coletividade, de modo que é imprescindível que o executor do contrato se mostre absolutamente capacitado e experimentado na condução de projetos semelhantes.

E tanto o que se afirma é verdade que o próprio § 1º do art. 27-A da Lei 8.987/1995 estabelece que

> o poder concedente exigirá dos financiadores e dos garantidores que atendam às exigências de regularidade jurídica e fiscal, podendo alterar ou dispensar os demais requisitos previstos no inciso I do parágrafo único do art. 27.

Ou seja, reconhece-se que a assunção do controle por parte do financiador é temporária, necessária tão somente para preparar a companhia para posterior alienação a terceiro comprovadamente capacitado. Caso contrário a mesma Lei incorreria no absurdo de admitir que um particular incapaz, sem qualquer experiência similar, pudesse conduzir um contrato de concessão.

Em segundo lugar, diferentemente do que se dá nos países que adotam o sistema da *Common Law*, o Brasil, seguindo a tradição continental, veda o chamado pacto comissório. Como se sabe, o pacto comissório representa a situação na qual o credor fica com a coisa alienada em caso de não adimplemento da obrigação principal. Conforme veremos com mais vagar adiante, a cláusula de *step-in rights* demanda a incidência de algum tipo de garantia nas ações da SPE a fim de que, em caso de gestão temerária da companhia com risco de não satisfação do crédito, possa o financiador assumir seu controle.

Ocorre que nos termos do art. 1.428 do Código Civil, "é nula a cláusula que autoriza o credor pignoratício, anticrético ou hipotecário a ficar com o objeto da garantia, se a dívida não for paga no vencimento". Do mesmo modo, estabelece o art. 1.365 também do Código Civil que "é nula a cláusula que autoriza o proprietário fiduciário a ficar com a coisa alienada em garantia, se a dívida não for paga no vencimento". O resultado da incidência dessas regras é que, qualquer tipo de garantia que se imagine para a efetivação do *step-in rights*, e especialmente por serem as ações de uma companhia bens móveis infungíveis,[7]

> fica o credor impossibilitado de incorporar no seu patrimônio as ações objeto do contrato de garantia no caso de inadimplemento do alienante.[8]

Portanto, a aplicação da cláusula de *step-in rights* prevista nas Leis 8.987/1995 e 11.079/2004 implica que o financiador do projeto assuma o controle da companhia concessionária com a única e exclusiva finalidade de prepará-la para ser alienada a terceiro capacitado a executar o escopo da concessão.[9] É o chamado ato de *step out* em relação ao empreendimento, tradicionalmente tido como um dever do financiador.[10] Não o fazendo, ou seja, na hipótese de o financiador pretender se manter indefinidamente como titular das ações da companhia, exercendo os direitos inerentes a esses bens, então restaria configurado o pacto comissório, que é inadmitido pela lei civil.

É nessa linha também a opinião de José Virgílio Lopes Enei:

> Para não incorrer na vedação ao pacto comissório, a assunção do controle direto sobre a sociedade, via exercício dos direitos políticos próprios da ação, deveria ser obtida com o intuito limitado de preparar a sociedade para sua alienação, via venda amigável de suas ações (totalidade dela, ou bloco que garanta a maioria do capital votante). Ou seja, a assunção do controle jamais

---

7. A afirmação não é irrelevante. Em sendo as ações de uma companhia bens imóveis fungíveis, tal como entendem Modesto Carvalhosa (*Comentários à Lei das Sociedades Anônimas*, vol. 1, São Paulo, Saraiva, 1997, p. 89), Américo Luís Martins da Silva ("A bipartição do domínio no direito societário: propriedade direta e propriedade indireta", *Revista Forense – Estudos e Comentários*, vol. 334/454-462, abr.-jun. 1996) e, de certa forma, também José Edwaldo Tavares Borba (*Direito Societário*, 9ª ed., Rio de Janeiro, Renovar, 2004, pp. 207-210), o art. 1.365 do Código Civil se mostra aplicável e se faz presente a vedação a que o credor fique com ações de sociedade empresarial alienada fiduciariamente em caso de não pagamento (vedação ao pacto comissório). Por outro lado, caso fossem as ações títulos de crédito, então a operação adequada seria a cessão fiduciária (e não alienação) regulada pelo art. 66-B da Lei 4.728/1995, cuja vedação ao pacto comissório (art. 66, § 6º) restou suprimida pela alteração perpetrada pela Lei 10.931/2004.

8. Cf. Modesto Carvalhosa, *Comentários à Lei das Sociedades Anônimas*, cit., p. 284.

9. Esta parece ser também a opinião de Egon Bockmann Moreira: "Outro detalhe que surge com força no *project finance* é o *step-in-right*: o direito de ingresso do financiador na direção da SPE, caso haja descumprimento desta na execução do contrato que importe a sua fragilidade financeira (e o elevado risco de inadimplemento). A rigor, trata-se de garantia dos financiadores, a ser implementada pela instituição financeira líder, que assumirá por prazo certo o poder de controle, suprimirá os desvios e promoverá a instalação de novo dirigente na SPE. O objeto principal há de ser a preservação do projeto concessionário, por isso que se exige a supervisão por parte do poder concedente" ("Concessões de serviços públicos e *project finance*", *Revista de Direito Público e Regulação*, n. 4, Coimbra, CEDIPRE, set. 2009, p. 31).

10. Cf. Maurício Portugal Ribeiro, *Concessões e PPPs*, São Paulo, Atlas, 2011, p. 158.

poderia ser obtida com o intuito de perpetuar o financiador nessa condição, ou considerar quitado o seu crédito, sob pena de configuração de pacto comissório vedado em lei.[11]

2.1.2 Procedimentalização e detalhamento do *step-in rights* no contrato de financiamento

Em termos de procedimento, o regime instituído pelas Leis 8.987/1995 e 11.079/2004 garantem que ou o edital de licitação ou então o próprio contrato de concessão incluam dispositivo legitimando o *step-in rights* entre o concessionário e o financiador. Ou seja, pela previsão editalícia ou contratual, o poder concedente já autoriza a cláusula do *step-in* entre concessionário e financiador, admitindo prévia e expressamente a consequência do seu exercício, vale repetir, a assunção do seu controle pelo financiador para posteriormente alienar a terceiros. A existência de cláusula de *step-in rights*, portanto, a nosso ver, representa um aval prévio do poder concedente à transferência do controle da companhia caso haja a incidência de determinados eventos indicadores de gestão ineficiente do concessionário e risco de não recebimento do crédito.

Os dispositivos das Leis de Concessão e PPPs não estabelecem a necessidade de uma autorização peremptória e exaustiva das hipóteses e condições do *step-in rights* no edital ou no contrato de concessão para legitimar o seu acionamento, ainda que o maior detalhamento contribua para a segurança das partes envolvidas. O detalhamento deste processo de assunção deve constar do contrato de financiamento a ser celebrado entre financiador e concessionária, e que obrigatoriamente deve ser submetido à concordância do Poder Concedente. Algumas especificidades a respeito da procedimentalização do *step-in* devem constar expressamente do referido contrato de financiamento.

Em primeiro lugar, parece logicamente fundamental que o contrato de financiamento deva prever também expressamente a possibilidade do *step-in* do financiador do empreendimento. Ou seja, além de previsto no âmbito da concessão, o *step-in rights* deve ser também inserido no contrato de financiamento.

Em segundo lugar, é de suma importância que as hipóteses de acionamento da cláusula de *step-in rights* sejam definidas no aludido contrato, as quais devem estar lastreadas em determinadas condutas da companhia concessionária. A hipótese de acionamento óbvia é o não pagamento do financiamento devido ao financiador (aqui considerada como quaisquer condutas dos controladores da concessionária que possam comprometer a solvência da companhia e a viabilidade do pagamento do financiamento), mas diversas outras situações podem ser consideradas gatilhos para o vencimento antecipado do financiamento e, consequentemente, para o acionamento do *step-in rights*. Em qualquer caso, a modulação lastreada na proporcionalidade da conduta do controlador deve nortear a disciplina sobre o tema no contrato de financiamento, levando-se em conta que o acionamento do *step-in rights* tem como norte evitar a falência da companhia ou a rescisão do contrato com o Poder Público.

Outra questão que nos parece importante constar do contrato de financiamento é o detalhamento em si do processo de assunção do controle da companhia pelo financiador, notadamente no que se refere aos prazos e formalidades que devem ser observadas de forma a garantir a transparência e a segurança do procedimento.

---

11. *Project Finance*, cit., p. 238.

Não obstante, em caso de se admitir a hipótese de administração temporária da SPE, e em não havendo regulação específica do poder concedente, seja no âmbito do contrato de concessão ou então em ato normativo próprio, é fundamental que o contrato de financiamento trate do prazo admitido para esse evento, garantindo que haja clara demarcação a respeito dos motivos de sua deflagração, duração e causas que ensejem a sua suspensão.

Desse modo, é absolutamente fundamental que o contrato de financiamento seja submetido ao poder concedente e conte com a sua expressa anuência a respeito das diretrizes estabelecidas. Somente dessa forma o procedimento de *step-in rights* estará legitimado em relação à Administração contratante e poderá promover a devida segurança entre as partes envolvidas.

2.1.3 Exercício do *step-in rights* e comprovação da satisfação da capacidade do novo executor do contrato

Conforme afirmou-se anteriormente, a aprovação pelo poder concedente da cláusula do contrato de financiamento prevendo o *step-in rights* implica já uma espécie de comprovação da satisfação transitória da capacidade do financiador. Ou seja, ao aceitar o mecanismo devidamente detalhado no contrato de financiamento, o poder concedente reconhece que o financiador preenche as condições para figurar como controlador da companhia por determinado período de tempo. E como também se falou acima, o § 1º do art. 27-A da Lei 8.987/1995 determina ser exigível dos financiadores para fins de *step-in* apenas a comprovação da regularidade jurídica e fiscal, podendo ser dispensada a comprovação das exigências de capacidade técnica e idoneidade financeira. Na verdade, tal como aqui defendido, a disposição legal não prediz uma faculdade, mas sim uma autorização legal para que esta específica transferência de controle não demande verificação de capacidade técnica e financeira, pois ela tem caráter transitório por definição.

De fato. O motivo para a disciplina legal é que a assunção de controle da SPE pelo financiador é temporária e não envolve a substituição da companhia. Trata-se tão somente de exercício de controle temporário sobre a mesma companhia, com a mesma capacitação técnica e econômico-financeira. Como afirma Maurício Portugal Ribeiro,

a lógica do direito de assunção de controle é que o conhecimento, a tecnologia, enfim, o *know--how* necessário ao desempenho do contrato estará aportado na SPE ou, excepcionalmente, será subcontratado, de maneira que a assunção de controle da concessionária pelos seus financiadores, por si só, não modifique a qualidade técnica para executar o contrato.[12]

Por outro lado, já quando se for proceder à alienação definitiva do controle da concessão a terceiro, aí sim será necessário garantir o cumprimento de todos os requisitos de capacitação técnica, financeira, jurídica e fiscal. Afinal, não se concebe a transferência da titularidade de um contrato administrativo sem que haja certeza de que o seu escopo será eficientemente executado. E segundo estabelece o art. 27 da Lei 8.987/1995, para obter a anuência do poder concedente quanto a essa transferência, o pretendente deverá atender às exigências de capacidade técnica, idoneidade financeira e regularidade jurídica e fiscal necessárias à assunção do serviço, bem como comprometer-se a cumprir todas as cláusulas do contrato.

12. *Concessões e PPPs*, cit., p. 156.

Nesta hipótese, diferentemente da assunção transitória do controle por meio da cláusula de *step-in rights*, surge a possibilidade de o poder concedente de forma fundamentada rejeitar a escolha de determinado sucessor para o contrato. Ou seja, enquanto no caso do *step-in* a anuência do poder concedente é prévia (atrelada à anuência do contrato de financiamento), na alienação definitiva do controle a concordância é posterior, cabendo à Administração cotejar as capacidades do proponente com os requisitos de habilitação do edital e as especificidades do objeto da concessão. Todavia, a decisão que aceitar ou rejeitar determinado sucessor, como qualquer ato decisório estatal, deverá ser acompanhado da devida e suficiente fundamentação.

2.1.4 Possibilidade de alteração do polo passivo de contratos de concessão

Uma crítica que vez ou outra aparece quando se imagina a alteração da figura do contratado em um ajuste administrativo, seja uma concessão ou um contrato de empreitada, envolve a alegação de que tais negócios seriam personalíssimos (*intuitu personae*). Ou seja, afirma-se que, por conta do resultado da licitação, estes contratos somente poderiam ser executados pelo contratado original, o vencedor do certame. Assim, é possível que se alegue que o caráter personalíssimo dos contratos administrativos impede a assunção do controle da concessão pelo financiador via acionamento da cláusula do *step-in rights*, e posteriormente pelo novo contratado pós-alienação definitiva.

Este tipo de raciocínio é evidentemente improcedente e há bastante doutrina a respeito.[13] Embora não caiba aqui aprofundar o tema, deve-se ter em mente que afirmar que um contrato é personalíssimo significa reconhecer que ele somente pode ser executado por um único contratado, de acordo com suas características estritamente pessoais.[14] Um contrato que sucede um certame licitatório parte do pressuposto absolutamente óbvio de que ao menos mais de um executante há, tanto que se sujeitaram a concorrer entre si para alcançar o posto de contratado pela Administração. É o que Celso Antônio Bandeira de Mello, por exemplo, chama de pressuposto lógico da licitação, isto é, a "existência de uma pluralidade de objetos e de uma pluralidade de ofertantes".[15] Somente há licitação se houver uma pluralidade de possíveis executores, todos devidamente capacitados para executar o escopo do futuro contrato. Daí que o contrato administrativo atrela-se não à pessoa do contratado,

---

13. De nossa autoria ver, por exemplo, "A possibilidade jurídica de alteração da configuração de consórcio de empresas contratado pela Administração Pública", *Revista de Contratos Públicos*, n. 1, Belo Horizonte, Fórum, mar.-ago. 2012, pp. 141-167. Na mesma linha, entre diversos outros, ver ainda Marçal Justen Filho, "Considerações acerca da modificação subjetiva dos contratos administrativos", in Romeu Bacellar Filho *et al.* (orgs.), *Direito Administrativo Contemporâneo – Estudos em Memória ao Professor Manoel de Oliveira Franco Sobrinho*, Belo Horizonte, Fórum, 2004, pp. 185-210; Floriano de Azevedo Marques Neto, "Contratos administrativos: a possibilidade jurídica da cessão de titularidade à luz do interesse público", *Cadernos de Direito Tributário e Finanças Públicas*, n. 13, São Paulo, Ed. RT, out.-dez. 1995, pp. 191-213; e Fábio Barbalho Leite, "A licitude da cessão de contrato administrativo e operações similares e o mito do personalismo dos contratos administrativos", *RDA* 232/255-281, abril.-jun. 2003.

14. Segundo Orlando Gomes, "um contrato é *intuitu personae* quando a consideração da pessoa de um dos contraentes é, para o outro, o elemento determinante de sua conclusão. Uma das partes convém contratar somente com determinada pessoa, porque seu interesse é que as obrigações contratuais sejam cumpridas por essa pessoa" (*Contratos*, 7ª ed., Rio de Janeiro, Forense, 1979, p. 96).

15. *Curso de Direito Administrativo*, 33ª ed., 2ª tir., São Paulo, Malheiros Editores, 2017, p. 560.

mas sim à proposta vencedora da licitação, escolhida como a mais vantajosa dentro de um universo de possíveis executores do ajuste.

Portanto, o contrato administrativo que sucede uma licitação não pode ser considerado um ajuste personalíssimo. Trata-se de um contrato meramente pessoal, eis que pode ser executado por uma pluralidade de particulares.

Justamente com base nesse raciocínio é que a Lei 8.987/1995 prevê em seu art. 27 a possibilidade de que haja nas concessões a transferência da concessão ou do controle da concessionária, admitindo expressamente a inserção de terceiro estranho à relação contratual original. Entretanto, segundo visto acima, a Lei arrola como condição de obtenção da anuência do poder concedente *(i)* a demonstração de atendimento por parte da nova formação da figura do contratado às exigências habilitatórias previstas no certame e *(ii)* o comprometimento de que se irá cumprir todas as cláusulas contratuais originais não tocadas pela alteração (manutenção da identidade do contrato).

Preenchidos esses requisitos, e dentro dos limites que se discorreu acima, parece-nos inexistir margem para questionamento de uma operação nesse sentido.

2.2 Breves linhas sobre a alienação fiduciária

As garantias nas concessões e nas PPPs, como se sabe, servem para assegurar os financiadores do empreendimento, reduzindo os custos financeiros do projeto e, consequentemente, os próprios custos dos serviços para o poder concedente e para os usuários.[16] Há várias formas de garantias que podem ser utilizadas nas concessões de serviços públicos, as quais, nos termos do art. 8º da Lei 11.079/2004, podem envolver *(i)* a vinculação de receitas públicas, *(ii)* fundos especiais, *(iii)* contratação de seguro-garantia, *(iv)* garantias de organismos internacionais ou instituições financeiras, *(v)* fundos garantidores ou empresas estatais, bem como *(vi)* outras modalidades permitidas em lei.

Pois ao admitir outras formas de garantias previstas no ordenamento brasileiro, a Lei 11.079/2004 fez incidir no regime jurídico das concessões diversos outros mecanismos próprios do direito civil. A doutrina neste ponto cita os institutos da fiança, do penhor, da alienação fiduciária e da hipoteca.[17] É, contudo, a alienação fiduciária que nos preocupa no presente texto, a qual tem sido bastante utilizada no contexto de financiamentos de projetos de concessão com cláusula de *step-in rights*. O negócio aqui vislumbrado envolve a alienação fiduciária ao financiador de ações da concessionária com capacidade de garantir o seu controle, de forma a viabilizar a sua assunção em caso de inadimplência.

Com efeito, tendo sido regulamentada inicialmente pela Lei 4.728/1965, a alienação fiduciária foi introduzida no ordenamento nacional como uma medida de estímulo ao crédito,[18] valendo-se do já tradicional instituto do negócio fiduciário. Não caberia aqui

---

16. Cf. Maurício Portugal Ribeiro, *Concessões e PPPs*, cit., pp. 136-138.
17. Cf. Vitor Rhein Schirato, "Os sistemas de garantia nas parcerias público-privadas", in Floriano de Azevedo Marques Neto e Vitor Rhein Schirato (coords.), *Estudos sobre a Lei das Parcerias Público-Privadas*, Belo Horizonte, Fórum, 2011, pp. 162-170.
18. "Dentro da política de difusão do crédito direto ao consumidor, que as autoridades monetárias outorgaram às entidades financeiras, surgiu, em contrapartida, a necessidade de se colocar um instrumento legal hábil de segurança à disposição destas para que pudessem realizar suas funções e se garantirem do

logicamente reavivar o historicismo sobre a fidúcia e o tratamento jurídico a ela dispensado em sua origem ainda no direito romano. Todavia, é importante compreender os elementos do negócio fiduciário, com os quais o legislador concebeu a alienação fiduciária e a vem a aprimorando desde então. A relevância dessa compreensão surge com a necessidade em demonstrar a natureza da alienação fiduciária e por qual maneira se conformam os elementos relacionados à propriedade e à posse do bem alienado fiduciariamente em garantia.

Apenas com esses conceitos bem delineados é que se poderá compreender os limites das responsabilidades atribuídas ao financiador em caso de assunção do controle da companhia concessionária. Dessa maneira, após assentar a noção de propriedade resolúvel e a distinção entre a posse direta e a posse indireta, é necessário verificar os efeitos da alienação fiduciária na gestão da empresa cujas ações foram alienadas fiduciariamente em garantia.

2.2.1 A conformação da propriedade do fiduciário

Como indica a sua própria nomenclatura, a alienação fiduciária realmente predica a transferência da propriedade entre as partes. No entanto, as sutilezas dessa espécie negocial vão além das características usuais de uma alienação ou outra forma usual de transmissão de propriedade.

No negócio fiduciário a propriedade não é o aspecto de maior relevo no pacto estabelecido. Antes, assume-se que a sua transmissão somente é procedida como pressuposto de outra obrigação, esta sim a causa de ser de toda a relação entre as partes. O elemento essencial do negócio fiduciário é, então, a resolubilidade da propriedade, uma vez que o domínio exercido pelo adquirente fiduciário tem vigência no exato tempo necessário ao cumprimento da obrigação principal. Uma vez ultimada essa obrigação, para cujo adimplemento a transmissão da coisa era essencial, resolve-se a propriedade fiduciária e a coisa retorna ao domínio do seu proprietário original.

Numa concepção mais geral, o negócio fiduciário pode ser definido como

> o contrato ou o negócio em que se transmite uma coisa ou um direito a outrem, para determinado fim, assumindo, o adquirente, a obrigação de usar da coisa ou do direito segundo aquele escopo e, uma vez satisfeito o mesmo, de devolvê-los ao transmitente.[19]

Sobre essa característica central, a alienação fiduciária predica a transferência resolúvel da propriedade, de modo que a coisa transmitida sirva à garantia do adquirente (o credor fiduciário). Portanto, a obrigação, enquanto objetivo central do negócio, não é a transferência da propriedade ao credor fiduciário, mas sim garantir ao credor fiduciário a obrigação assumida pelo devedor fiduciário (o fiduciante).

Daí porque na alienação fiduciária a propriedade da coisa alienada em garantia para o credor fiduciário não pressupõe o uso desta para outro fim senão o de assegurar a obrigação principal assumida pelo fiduciante. Exatamente por isso é que o contrato de alienação

---

recebimento do seu crédito (...) Justifica-se, assim, ter o legislador introduzido a figura da alienação fiduciária em garantia na legislação brasileira" (Paulo Restiffe Neto, *Garantia Fiduciária*, São Paulo, Ed. RT, 1975, p. 58).

19. Cf. Arnaldo Rizzardo, *Contratos*, 13ª ed., Rio de Janeiro, Forense, 2013, p. 1.313.

fiduciária tem caráter nitidamente acessório, vinculando-se àquele em que se conformou a obrigação que, por sua vez, gerou a necessidade da garantia prestada por essa alienação.

A função de garantia da alienação fiduciária é a razão pela qual ao credor fiduciário é mitigado o exercício pleno do domínio sobre a coisa. Não se nega ser ele o proprietário do bem, mas a vinculação desse bem à garantia impede que dele se faça uso diverso daquele pactuado no contrato de alienação fiduciária. Nas palavras de Túlio Ascarelli, há uma espécie de neutralização do direito de propriedade, pois

> o adquirente pode aproveitar-se da propriedade que adquiriu apenas para o fim especial visado pelos contratantes, sendo obrigado a devolvê-la uma vez preenchido aquele fim.

E conclui:

> assim, num caso típico de negócio fiduciário, como, por exemplo, a transferência da propriedade para fins de garantia, a transmissão da propriedade é efetivamente desejada pelas partes, não porém para o fim de troca, mas para um fim de garantia.[20]

Portanto, de um lado, a propriedade do fiduciário é resolúvel na medida em que se sujeita ao adimplemento da obrigação por ela garantido, sendo, por outro, também restrita, pois o exercício do domínio é condicionado à função garantidora da coisa. É essa vinculação com a função garantidora que primeiro limita o exercício do pleno domínio pelo credor fiduciário e, também, que resolve o contrato de alienação fiduciária, quando deixa de existir, tendo em conta o adimplemento da obrigação que pretendia garantir. Daí porque conclui Arnaldo Rizzardo que, na alienação fiduciária,

> embora o fiduciário passe a ser dono dos bens alienados pelo fiduciante, a propriedade não é plena, mas restrita e resolúvel.[21]

2.2.2 A posse na alienação fiduciária

Assentada a questão da propriedade na alienação fiduciária, com a certeza quanto a sua resolubilidade, o estudo da posse nessa espécie contratual desafia maior aprofundamento. Não é o caso de revisitar toda a doutrina civilista sobre o instituto (tormentoso por si só), mas é preciso destacar de que maneira se desenvolve o exercício da posse da coisa alienada fiduciariamente, pois, a partir dessa compreensão, é possível determinar os direitos de fiduciante e fiduciário.

Com esse objetivo em vista, é possível estabelecer didaticamente que

> a posse é a exteriorização da propriedade, a visibilidade do domínio e o poder de disposição da coisa. Não é ela apenas a detenção da coisa, mas constitui a utilização econômica da propriedade, ou a manifestação exterior do direito de propriedade.[22]

---

20. *Problemas das Sociedades Anônimas e Direito Comparado*, São Paulo, Quorum, 2008, pp. 159-160.
21. *Contratos*, cit., p. 1.316.
22. Idem, p. 1.317.

Daí se ver que o critério marcante para a caracterização da posse[23] é a exteriorização do direito de propriedade, isto é, a percepção que se tem acerca daquele que efetivamente exerce sobre a coisa os direitos típicos do proprietário, sobretudo quanto à sua exploração. Conforme sintetiza Caio Mário da Silva Pereira, a

> posse, em nosso direito positivo, não exige, portanto, a intenção de dono, e nem reclama o poder físico sobre a coisa. É relação de fato entre a pessoa e a coisa, tendo em vista a utilização econômica desta.[24]

Sob essa perspectiva tem-se que a posse direta da coisa alienada fiduciariamente pertence ao fiduciante, que permanece com as prerrogativas de explorar o bem alienado em garantia. Para todos os fins, é o fiduciante quem exterioriza a propriedade da coisa alienada fiduciariamente, e é ele também quem permanece explorando economicamente esse bem. O art. 1.361 do Código Civil reconhece essa condição ao determinar, em seu § 2º que,

> com a constituição da propriedade fiduciária, dá-se o desdobramento da posse, tornando-se o devedor possuidor direto da coisa.

Já o art. 1.363 reitera essa mesma disciplina ao assegurar ao devedor fiduciário o direito de poder usar a coisa segundo sua destinação.

E ao assegurar o direito possessório ao devedor fiduciário, o § 2º do acima citado art. 1.361 traz também o desdobramento da posse, atribuindo a posse direta ao fiduciante e, por conseguinte, a posse indireta ao fiduciário. A compreensão da ideia de desdobramento da posse em direta e indireta é relevante ao estudo dos direitos possessórios na alienação fiduciária para se entender o exercício concomitante desses direitos tanto pelo fiduciante quanto pelo fiduciário. Na qualidade de titular do domínio, o fiduciário cede ao fiduciante a posse da coisa para que este possa explorá-la conforme sua destinação. A partir desse liame negocial, o fiduciário assume, então, a posição de possuidor indireto, ao passo que o fiduciante, mesmo com a tradição da coisa, permanece, por disposição legal, como possuidor direto do bem alienado fiduciariamente em garantia.

Ambos, por essa característica, possuem determinados direitos possessórios sobre o mesmo bem, inclusive podendo defender e adotar providências para a proteção possessória. Contudo, o possuidor direto

> é aquele que exerce abertamente sobre o bem os poderes inerentes à posse, de maneira especial a utilização que pressupõe a possibilidade física de emprego consoante a sua destinação ordinária.[25]

Tanto é assim que a ele é dado o direito de defender a sua posse mesmo contra o possuidor indireto (cf. Código Civil, art. 1.197).

---

23. Aqui descartados os debates havidos sobre as teorias subjetiva e objetiva da posse. Estudo de maior fôlego sobre o tema é empreendido por Orlando Gomes, *Direitos Reais*, 19ª ed., Rio de Janeiro, Forense, 2007, pp. 29-51.
24. *Instituições de Direito Civil: Direitos Reais*, vol. IV, Rio de Janeiro, Forense, 2006, p. 22.
25. Cf. Luiz Edson Fachin, *Comentários ao Código Civil*, São Paulo, Saraiva, 2003, p. 345.

O desdobramento da posse ocorre, então, como uma medida que o legislador adotou para permitir a coexistência de direitos possessórios sobre um mesmo bem. Medida esta que vem ao encontro de necessidades de uma plêiade de negócios jurídicos do ambiente empresarial, que demandam a manutenção de algum nível de poder de fato pelo titular do domínio da coisa, mesmo quando este se dispõe a transferir a posse (direta) para outrem.[26] Contudo, o possuidor direto se mantém no exercício dos direitos de uso da coisa, até porque essa condição lhe foi outorgada pelo titular do domínio, em negócio transacionado entre ambos.[27]

2.2.3 Efeitos da alienação fiduciária de ações da concessionária como garantia do financiador

Apresentados estes elementos, é possível concluir que a alienação fiduciária das ações da concessionária em garantia ao financiador não predica qualquer alteração na estrutura da companhia, da mesma forma como não retira o poder de controle da concessionária, que permanecerá na qualidade de devedora fiduciária e titular da posse direta desses ativos. Quer dizer, o simples fato de se instituir a alienação fiduciária das ações em garantia ao financiador por si só não altera a estrutura da SPE.

Indo mais além no raciocínio, com o advento do pagamento da dívida decorrente do financiamento, opera-se a extinção da fidúcia, com o retorno da integralidade da propriedade das ações à concessionária, a confusão entre posse direta e indireta. Por outro lado, em ocorrendo o inadimplemento, somente então é que a propriedade plena das ações se consolida em favor do financiador, o qual passaria a exercer plenamente os direitos de controlador da companhia.[28] Apenas nesse caso de inadimplência, portanto, é que haveria alteração na estrutura societária da concessionária.

Essa concepção se mostra totalmente aplicável à acima vista cláusula de *step-in rights*. Apenas na hipótese de inadimplemento da dívida relativa ao financiamento é que haveria a consolidação da propriedade plena das ações da companhia em favor do financiador, possibilitando a efetiva transferência do controle da sociedade. Antes disso, o financiador detém apenas a posse indireta das ações, não fazendo jus aos direitos inerentes à sua propriedade plena.

Questão que deve ficar clara é que a opção pela garantia em alienação fiduciária de ações confere uma proteção maior ao financiador, viabilizando a execução da própria ga-

---

26. Sobre esse aspecto, é relevante aqui a opinião de Orlando Gomes: "Pouco importa, porém, que a posse indireta seja uma ficção, como alguns sustentam. As necessidades do comércio jurídico justificam-na. Inúmeras situações reclamam a extensão da proteção possessória, para maior garantia de interesses legítimos. A espiritualização da posse atende a esses reclamos. Permite a concomitância do poder de fato sobre a mesma coisa, embora esvaziando o seu conteúdo quase completamente, para que coexistam outros poderes concorrentes" (*Direitos Reais*, cit., pp. 59-60).
27. É novamente Orlando Gomes quem nos ensina que "têm posse direta os titulares de direito real na coisa alheia ou de direito pessoal que importe uso ou gozo da coisa. É posse subsidiária. Quem entrega a coisa ao terceiro para lhe conferir direitos dessa natureza tem posse autônoma" (*Direitos Reais*, cit., p. 61).
28. Cf. Afrânio Carlos Camargo Dantzger, "Cessão fiduciária e alienação fiduciária de ações de sociedade anônima em operações de crédito", in Andrea Zanetti e Marina Feferbaum (coords.), *Direito dos Negócios em Debate*, São Paulo, Saraiva, 2011, p. 51.

rantia de forma mais facilitada. Ao mesmo tempo, contudo, traz um algum inconveniente, na medida em que pressupõe que o poder concedente concorde previamente com a assunção da propriedade das ações representativas do controle da companhia. Como dito acima, a alienação fiduciária, pela sua estrutura negocial, já garante a transferência do domínio das ações, ainda que dependente de condição resolutiva. Há, portanto, a transferência da titularidade das ações na sua origem, alterando de forma significativa a disciplina da assunção do controle pelo financiador e as próprias capacidades do poder concedente.

3. Especificidades sobre a cláusula de "step-in rights" nas concessões de serviços públicos

Vistos estes aspectos que podem ser tidos como mais gerais a respeito da cláusula de *step-in rights* e do contrato de alienação fiduciária, é hora de adentrar a algumas das especificidades próprias do cotidiano das concessões de serviços públicos.

3.1 "Step-in rights" e o exercício do poder de controle da concessionária

Viu-se acima que o acionamento da cláusula de *step-in rights* em um contrato de concessão deságua na assunção de controle da companhia pelo financiador do empreendimento, com a finalidade de cessar as causas que ensejam o risco de insucesso do empreendimento e de não pagamento do crédito.

De forma bastante direta, estabelecem tanto a Lei de Concessões (art. 27-A, § 3º) quanto a Lei de PPPs (art. 5º-A, I) que a assunção do controle mencionada representa

> a propriedade resolúvel de ações ou quotas por seus financiadores e garantidores que atendam os requisitos do art. 116 da Lei 6.404, de 15 de dezembro de 1976.

Portanto, o exercício do controle remete logicamente à regra disciplinada na Lei das S.A., que a esse respeito estabelece exatamente o seguinte:

> Art. 116. Entende-se por acionista controlador a pessoa, natural ou jurídica, ou o grupo de pessoas vinculadas por acordo de voto, ou sob controle comum, que:
> a) é titular de direitos de sócio que lhe assegurem, de modo permanente, a maioria dos votos nas deliberações da assembleia-geral e o poder de eleger a maioria dos administradores da companhia; e
> b) usa efetivamente seu poder para dirigir as atividades sociais e orientar o funcionamento dos órgãos da companhia.
> Parágrafo único. O acionista controlador deve usar o poder com o fim de fazer a companhia realizar o seu objeto e cumprir sua função social, e tem deveres e responsabilidades para com os demais acionistas da empresa, os que nela trabalham e para com a comunidade em que atua, cujos direitos e interesses deve lealmente respeitar e atender.

Portanto, é controlador aquele que tem o poder efetivo de ditar os desígnios da companhia, de fato ou de direito. De direito porque deve deter a maioria de votos nas deliberações de modo permanente; de fato porque deve efetivamente exercer o poder de controlar e conduzir a companhia cotidianamente.

3.1.1 Exercício de controle irrestrito pelo acionamento da cláusula de *step-in rights*

Conforme estabelecem as Leis 8.987/1995 e 11.079/2004, uma vez exercido o *step-in rights*, o financiador substitui o controlador da companhia para todos os fins. Inexiste qualquer limitação a esse direito pelo simples fato de se tratar de *step-in*, o qual logicamente pressupõe que o financiador assuma o controle, e, por conseguinte, a gestão da companhia e do negócio. Os conceitos do art. 116 da Lei 6.404/1976 são expressa e integralmente aplicáveis nesse caso.

Consequentemente, não há e nem pode haver restrições com relação à continuidade ou à forma de se conduzir o empreendimento pelo financiador. Ainda que a transferência futura a terceiros integre a própria lógica do mecanismo, as medidas adotadas pelo financiador são as próprias de quem exerce efetivo controle da companhia. Decisões estratégicas relativas ao negócio objeto do empreendimento são legítimas ao financiador em toda a sua extensão e sem qualquer distinção. O que se deve ter em mente é que se está diante de uma concessão, de modo que a diretriz elementar da condução do contrato envolve a prestação dos serviços de forma eficiente e satisfatória, dando conta do seu escopo e viabilizando o retorno do investimento realizado.

Poder-se-ia aqui cogitar a hipótese de o contrato de concessão ou mesmo o contrato de financiamento disciplinarem a questão de forma distinta, criando algum tipo de restrição ao ato de tomada de decisões por parte do financiador agora controlador. Não obstante, seria o caso até mesmo de suscitar a ilegalidade de uma disposição desse tipo, eis que confrontaria a expressa menção das Leis de Concessões e PPPs aos poderes contidos no art. 116 da Lei 6.404/1976.

De todo modo, há dois condicionamentos ao exercício do controle da concessionária pelo financiador que são incontornáveis e próprios do negócio assumido.

De um lado, ao acionar a cláusula de *step-in rights* e assumir o controle da companhia, o financiador passa a responder perante o poder concedente. Como se sabe, as concessões são logicamente contratos administrativos, os quais, como gênero, reservam ao Poder Público contratante as prerrogativas de unilateralmente alterar, rescindir, fiscalizar os ajustes, bem como sancionar seus contratados (Lei 8.666/1993, art. 58). Cumpre ainda ao poder concedente regular os serviços ou atividades objeto dos referidos contratos de concessão (Lei 8.987/1995, art. 29, I), cabendo à concessionária se submeter aos comandos impostos. Isso tudo significa que, com o acionamento da cláusula de *step-in*, o financiador se condiciona aos comandos e diretrizes impostos pelo poder concedente. Afinal, conforme ensinava Hely Lopes Meirelles:

> Toda concessão, portanto, fica submetida a duas categorias de normas: as de natureza regulamentar e as de ordem contratual. As primeiras disciplinam o modo e forma de prestação do serviço; as segundas fixam as condições de remuneração do concessionário; Por isso, aquelas são denominadas leis do serviço, e estas, cláusulas econômicas ou financeiras. Como as leis, aquelas são alteráveis unilateralmente pelo Poder Público segundo as exigências da comunidade; como cláusulas contratuais, estas são fixas, só podendo ser modificadas por acordo entre as partes.[29]

---

29. *Direito Administrativo Brasileiro*, 42ª ed., São Paulo, Malheiros Editores, 2016, p. 490.

Na teoria do direito societário esse tipo de condicionamento originado em ato praticado por agente que não compõe a sociedade tem sido chamado de controle externo, em que se verifica a existência de uma influência dominante, traduzida

> naquelas situações em que, mesmo sem a existência de controle no sentido societário, há o poder de dirigir a atividade e modificar estruturalmente a sociedade.[30]

Pois essa noção de influência dominante, embora tenha sido criada sob o contexto de estruturas organizacionais empresariais mais complexas (sócio oculto, entre outras) e até mesmo em relação a investidores, hoje tem sido reconhecida no exercício de competência normativa de órgãos reguladores setoriais e de regulação transversal,[31] podendo ser utilizado também no exercício de prerrogativas exorbitantes de Administração Pública contratante, em especial por regulação expedida pelo poder concedente.

Em segundo lugar, o outro condicionamento evidente é o relativo às responsabilidades assumidas pelos controladores retirantes. Conforme visto acima, o inc. II do § 1º, do art. 27, da Lei 8.987/1995, estabelece como requisito para a assunção de controle a necessidade de o pretendente "comprometer-se a cumprir todas as cláusulas do contrato em vigor", ou seja, efetivamente suceder nas obrigações contratuais e regulamentares do controlador retirante. E como o mencionado inciso II não foi excepcionado pelo § 1º do art. 27-A (somente o inciso I recebeu atenção), a norma vale também para o caso de incidência da cláusula de *step-in rights*.[32]

3.1.2 O regime da administração temporária previsto nas Leis de Concessão e PPPs

Segundo consta da atual disciplina da Lei Concessões e da Lei de PPPs, a par do *step--in rights* como assunção do controle da concessão pelo financiador, há também a figura da administração temporária. O tema vem tratado nos §§ 4º, 5º e 6º do art. 27-A da Lei 8.987/1995, encontrando referência idêntica no inc. II e nos §§ 1º e 2º do art. 5-A da Lei 11.079/2004.

Tais dispositivos garantem que, sem que ocorra a transferência da propriedade das ações ou quotas da sociedade, o financiador passe a exercer certos poderes de condução do negócio. Poderes esses que, por expressa previsão legal, envolvem indicar os membros do Conselho de Administração, indicar os membros do Conselho Fiscal, exercer poder de veto sobre qualquer proposta submetida à votação dos acionistas ou quotistas da concessionária e outras faculdades que se mostrem necessárias à promoção da reestruturação financeira da concessionária e assegurar a continuidade da prestação dos serviços.

Ora, o que estabelecem as Leis de Concessão e PPP é que, mesmo sem transferência de ações (de efetivação da cláusula de *step-in rights*, portanto), o financiador realmente exerça

---

30. Cf. Fábio Konder Comparato e Calixto Salomão Filho, *O Poder de Controle na Sociedade Anônima*, 5ª ed., Rio de Janeiro, Forense, 2008, p. 81.

31. Cf. Marcelo M. Bertoldi, "O poder de controle na sociedade anônima: alguns aspectos", *Revista de Direito Mercantil, Industrial, Econômico e Financeiro*, vol. 39, n. 118, São Paulo, Malheiros Editores, abr.-jun. 2000, pp. 68-69; Dalton Robert Tibúrcio, "Autorização para a transferência de controle societário na saúde suplementar", *Revista da AGU*, vol. 33, Brasília, AGU, jul.-set. 2012, pp. 112-118.

32. Cf. nesse sentido Maurício Portugal Ribeiro, *Concessões e PPPs*, cit., pp. 158-160.

o poder de controle da companhia, nos exatos termos do que estabelece o art. 116 da Lei das S.A. Ou seja, mesmo sem efetivar plenamente o *step-in*, na administração temporária é assegurado ao financiador, ainda que episódica e temporariamente, o poder efetivo de ditar os desígnios da companhia, de fato ou de direito, tanto por controlar as votações da sociedade como por concretamente conduzi-la. Portanto, o regime de administração temporária confere ao financiador o controle transitório da companhia, hipótese em que assume os riscos pela condução do negócio da mesma forma que ocorreria caso fosse acionada a cláusula de *step-in rights*.[33]

A administração temporária, neste sentido, aproxima-se da figura da intervenção, só que enquanto esta é exercida por preposto do poder concedente, aquela é exercida por mandatado do financiador. Ambos os institutos diferem também pelos propósitos, embora tenham em comum que: *(i)* o fato gerador é de certa forma algum desregramento do controlador da concessionária que ponha em risco a solvibilidade ou a prestação do serviço respectivamente; e *(ii)* se presta a depurar e sanear este desregramento, pretendendo em tese devolver a concessionária à gestão saudável.

Há, entretanto, uma diferença fundamental instituída para a administração temporária em relação ao *step-in*, traduzida na isenção do financiador em relação às obrigações pretéritas assumidas pelo controlador retirante referentes "à tributação, encargos, ônus, sanções, obrigações ou compromissos com terceiros, inclusive com o poder concedente ou empregados" (§ 5º). Quer dizer, em caso de administração temporária, o financiador assume o controle efetivo da companhia mas não se responsabiliza por passivos assumidos ou criados, preteritamente, pelo controlador retirante. Aqui vale mencionar que essa isenção de responsabilidades deve ser interpretada de forma evidentemente restritiva, no sentido de não ser admitido incluir outras obrigações ou passivos pretéritos da companhia, uma vez que, como é amplamente sabido, em hermenêutica, interpretam-se restritivamente as normas que criam situações de excepcionalidade.[34]

3.1.3 Responsabilidades advindas do exercício da função de controle

Conforme afirmado acima, a responsabilidade pelos atos de gestão no caso de acionamento da cláusula de *step-in rights* segue rigorosamente a Lei das S.A. É controlador aquele que tem o poder efetivo de ditar os desígnios da companhia, de fato ou de direito, nos termos do art. 116 da referida Lei. Justamente por isso, responde o financiador que exerce o poder de controle pelos atos praticados.

---

33. Interessante notar que a proposta legislativa que culminou na criação da figura da administração temporária foi elaborada acreditando ser possível a efetiva condução de fato e de direito dos desígnios da companhia pelo financiador sem que isso representasse poder de controle, nos termos do art. 116 da Lei das S.A. Conforme consta da exposição de motivos das emendas à MP 464/2014, sugeriu-se "a criação da figura da 'administração temporária', na qual o credor, sem assumir o controle da concessionaria ou permissionária, passaria a definir as principais diretrizes estratégicas com vistas à reestruturação da empresa e, consequentemente, a retomada da adimplência em relação às despesas financeiras" (cf. http://legis.senado.leg.br/sdleggetter/documento?dm=394169 0). O pressuposto indicado, como se vê, mostra-se absolutamente improcedente.

34. Conforme ensinava Carlos Maximiliano, "quando um ato dispensa de praticar o estabelecido em lei, regulamento, ou ordem geral, assume o caráter de exceção, interpreta-se em tom limitativo, aplica-se às pessoas e aos casos e tempos expressos, exclusivamente" (*Hermenêutica e Aplicação do Direito*, 19ª ed., Rio de Janeiro, Forense, 2010, p. 191).

Nesse contexto, é o próprio parágrafo único do mesmo art. 116 da Lei das S.A. que define o norte para a condução legítima do negócio, notadamente ao estabelecer que

> o acionista controlador deve usar o poder com o fim de fazer a companhia realizar o seu objeto e cumprir sua função social, e tem deveres e responsabilidades para com os demais acionistas da empresa, os que nela trabalham e para com a comunidade em que atua, cujos direitos e interesses deve lealmente respeitar e atender.

Logo, é desse dispositivo que deve ser extraído o sentido das condutas indevidas do controlador da companhia, todas elas resumidas no exercício do poder de controle direcionado à satisfação de seus interesses pessoais, de determinados acionistas ou então buscando prejudicar outros. Ou seja, trata-se de um efetivo desvio de poder do controlador no sentido de privilegiar seus interesses pessoais em prejuízo dos interesses da própria companhia. Conforme descrevem Fábio Konder Comparato e Calixto Salomão Filho:

> Frequentemente, no entanto, sob a invocação de interesses superiores da sociedade (análoga à invocação da razão de Estado, na esfera política), o que ocorre, na verdade, é o sacrifício dos não controladores ao capricho ou interesse pessoal dos controladores; ou a interesses que não são, propriamente, os da sociedade em questão, e sim do grupo econômico mais vasto, no qual se insere. Esse conflito de interesse pode manifestar-se pelo exercício do direito de voto em assembleia, ou por decisões tomadas em nível administrativo.[35]

Por outro lado, as condutas temerárias do controlador devem ser interpretadas à luz do que estabelece o art. 117 da Lei 6.404/1976.[36] Mostrando-se dissociadas do interesse da companhia e com a finalidade específica de prejudicar um ou demais acionistas minoritários, empregados ou investidores, tais condutas podem efetivamente configurar abuso do poder de controle da companhia.[37] A nosso ver, não basta o mero erro ou a incompetência.

---

35. *O Poder de Controle na Sociedade Anônima*, cit., p. 387.
36. Eis o teor do citado art. 117 da Lei das S.A.: "Art. 117. O acionista controlador responde pelos danos causados por atos praticados com abuso de poder. § 1º. São modalidades de exercício abusivo de poder: a) orientar a companhia para fim estranho ao objeto social ou lesivo ao interesse nacional, ou levá-la a favorecer outra sociedade, brasileira ou estrangeira, em prejuízo da participação dos acionistas minoritários nos lucros ou no acervo da companhia, ou da economia nacional; b) promover a liquidação de companhia próspera, ou a transformação, incorporação, fusão ou cisão da companhia, com o fim de obter, para si ou para outrem, vantagem indevida, em prejuízo dos demais acionistas, dos que trabalham na empresa ou dos investidores em valores mobiliários emitidos pela companhia; c) promover alteração estatutária, emissão de valores mobiliários ou adoção de políticas ou decisões que não tenham por fim o interesse da companhia e visem a causar prejuízo a acionistas minoritários, aos que trabalham na empresa ou aos investidores em valores mobiliários emitidos pela companhia; d) eleger administrador ou fiscal que sabe inapto, moral ou tecnicamente; e) induzir, ou tentar induzir, administrador ou fiscal a praticar ato ilegal, ou, descumprindo seus deveres definidos nesta Lei e no estatuto, promover, contra o interesse da companhia, sua ratificação pela assembleia-geral; f) contratar com a companhia, diretamente ou através de outrem, ou de sociedade na qual tenha interesse, em condições de favorecimento ou não equitativas; g) aprovar ou fazer aprovar contas irregulares de administradores, por favorecimento pessoal, ou deixar de apurar denúncia que saiba ou devesse saber procedente, ou que justifique fundada suspeita de irregularidade. h) subscrever ações, para os fins do disposto no art. 170, com a realização em bens estranhos ao objeto social da companhia. § 2º. No caso da alínea e do § 1º, o administrador ou fiscal que praticar o ato ilegal responde solidariamente com o acionista controlador. § 3º. O acionista controlador que exerce cargo de administrador ou fiscal tem também os deveres e responsabilidades próprios do cargo".
37. Cf. Nelson Eizirik, *et al.*, *Mercado de Capitais – Regime Jurídico*, Rio de Janeiro, Renovar, 2008, p. 382.

Deve haver dolo na conduta, no sentido de se constatar a prática antijurídica com finalidade destoada da busca pelo cumprimento do fim social da companhia. Configurar-se-ia, neste caso, a gestão temerária da companhia pelo abuso de poder de controle, ensejando a responsabilização do controlador.

Aqui vale mencionar que a responsabilização por abuso de poder de controle pode incidir no controlador pessoa física ou jurídica, conforme definição contida no *caput* do art. 116 da Lei 6.404/1976. Da mesma forma, segundo estabelece o § 2º do art. 117 da mesma Lei, "o administrador ou fiscal que praticar o ato ilegal responde solidariamente com o acionista controlador". Essa hipótese, entretanto, reflete a situação em que há a solidariedade entre a atuação temerária do controlador com a do administrador.

Mas há os casos também de responsabilização de atos de desvio de poder praticados exclusivamente pelos administradores, sem a participação conjunta do controlador da companhia. No caso, à evidência, trata-se de desvio de poder de administrar a empresa, não do poder de controle.

Via de regra, cabe ao administrador "exercer as atribuições que a lei e o estatuto lhe conferem para lograr os fins e no interesse da companhia, satisfeitas as exigências do bem público e da função social da empresa" (Lei 6.404/1976, art. 154). Há, entretanto, uma série de condutas tipificadas na Lei das S.A. como representativas de atos de desvio de poder suscetíveis de serem praticados pelos administradores, o que traduz um regime bastante mais rígido que o tratamento dispensado ao controlador.[38] Tais condutas estão previstas nos arts. 154 a 159 da Lei 6.404/1976 e, segundo a doutrina, podem ensejar responsabilização administrativa do administrador (observada internamente à sociedade), responsabilização civil (indenização por perdas e danos) e também responsabilização penal (conduta tipificada em lei como crime).[39]

Portanto, o exercício do poder de controle, reflexo da assunção do controle mediante *step-in rights* ou então via administração temporária, segue a regra da Lei das S.A. em sua integralidade, cabendo a responsabilização tanto dos controladores como dos administradores em caso de desvio de conduta e gestão temerária.

3.1.4 Eventuais possibilidades de responsabilização do financiador pela detenção, em alienação fiduciária, de ações da companhia

Outra questão que povoa as preocupações dos financiadores de projetos de concessão envolve os eventuais riscos de responsabilização pelo simples fato de o investidor possuir ações da companhia em alienação fiduciária. Como se disse acima, a celebração de um

---

38. "Existem dois critérios básicos para classificar os deveres impostos aos administradores: o sintético, segundo o qual o legislador se limita a introduzir, no texto legal, referências genéricas abstratas à obrigação de atuar de forma diligente, tendo em vista o interesse social; e o analítico, em que há uma enumeração exemplificativa dos deveres que lhes são impostos. O legislador brasileiro adotou um critério misto: se por um lado, descreve os deveres e as obrigações impostas aos administradores de maneira 'minuciosa, e até pedagógica', como esclarece a Exposição de Motivos da Lei Societária, por outro, utiliza *standards* ou referências genéricas e abstratas para estabelecer alguns desses deveres" (Nelson Eizirik *et al.*, *Mercado de Capitais – Regime jurídico*, cit., p. 395).

39. Cf. José Edwaldo Tavares Borba, *Direito Societário*, cit., pp. 406-410.

contrato de alienação fiduciária envolve efetivamente a transferência da propriedade da coisa, ainda que a posse seja desmembrada entre credor e devedor. Quer dizer, no caso de o financiador possuir em garantia ações da companhia em alienação fiduciária o torna em alguma medida integrante da sociedade.

Assim, se a companhia incorre em dívidas ou age de forma temerária, cumpre perquirir como e em qual medida tais eventos podem impactar o financiador enquanto detentor de ações em alienação fiduciária.

3.1.4.1 Depreciação patrimonial – A primeira consequência lógica de uma situação como essa é o risco de diminuição patrimonial do financiador. Ora, se há ações em alienação fiduciária, e se o gestor endivida a companhia ou diminui seu valor de mercado, o resultado óbvio será a depreciação do patrimônio do financiador. Este risco é inerente à atividade empresarial e atinge também a hipótese aqui analisada.

3.1.4.2 Ausência, em regra, de responsabilidade patrimonial direta – Não obstante, deve-se ainda cogitar do risco de responsabilidade patrimonial direta do financiador caso existam dívidas do concessionário, isto é, se as eventuais dívidas contraídas pela companhia podem ou não atingir o patrimônio do financiador, mero detentor da nua propriedade de ações objeto de alienação fiduciária. Como visto, na condição de detentor da posse direta de ações da concessionária, o financiador pode ser considerado como um acionista.

No âmbito da responsabilização das sociedades, como é amplamente cediço, a regra geral é a da autonomia patrimonial, no sentido de que os patrimônios da empresa e de seus acionistas não se confundem. Deve-se respeitar a individualidade das pessoas jurídicas ou, como é mais adequado ao caso, não confundir a pessoa empresarial da concessionária com a de seus acionistas. É justamente tendo em conta essa diretriz lógica que estabelecia o art. 20 do antigo Código Civil de 1916 que "as pessoas jurídicas têm existência distinta da dos seus membros".[40]

Como afirma Silvio Rodrigues:

> Na grande maioria dos casos, tais entes são constituídos pela união de alguns indivíduos; mas o que parece inegável é que a personalidade destes não se confunde com a daqueles, constituindo, cada qual, um ser diferente. Assim, o acionista de uma organização bancária não se confunde com esta; o sócio de um clube esportivo tem personalidade diferente da associação; o cotista de uma sociedade limitada é um ser distinto da referida sociedade.
>
> A esses seres, que se distinguem das pessoas que os compõem, que atuam na vida jurídica ao lado dos indivíduos humanos e aos quais a lei atribui personalidade, ou seja, a prerrogativa de serem titulares do direito, dá-se o nome de pessoas jurídicas, ou pessoas morais.

---

40. A bem da verdade, o dispositivo em questão não foi repetido pelo Código Civil de 2002, mas isso não significa que seus termos tenham sido revogados, ou seja, que seria legítima a confusão entre a pessoa jurídica da sociedade empresarial com a pessoa jurídica ou física de seus acionistas. De um lado, porque a obviedade indica que as pessoas jurídicas em geral têm personalidades jurídicas próprias, distintas das de seus sócios, sejam eles pessoas físicas ou jurídicas. Nesse sentido, claro é o art. 45 do Código Civil atual ao estabelecer que "começa a existência legal das pessoas jurídicas de direito privado com a inscrição do ato constitutivo no respectivo registro", indicando que são inconfundíveis as empresas com seus sócios.

Pessoas jurídicas, portanto, são entidades a que a lei empresta personalidade, isto é, são seres que atuam na vida jurídica, com personalidade diversa da dos indivíduos que os compõem, capazes de serem sujeitos de direitos e obrigações na ordem civil.[41]

De igual modo, tratando da regra do *universitas distrat a singulis*, afirma Fábio Ulhoa Coelho que,

> a pessoa jurídica não se confunde com as pessoas que a compõem. Este princípio, de suma importância para o regime dos entes morais, também se aplica à sociedade empresária. Tem ela personalidade jurídica distinta da de seus sócios; são pessoas inconfundíveis, independentemente entre si.[42]

Isso significa que o patrimônio da sociedade não se confunde com o patrimônio de seus sócios, de modo que as dívidas criadas por uns não se estendem aos outros. Ou seja, pela regra da autonomia patrimonial das empresas, as dívidas contraídas pela sociedade não podem atingir o patrimônio de seus sócios.

A exceção a essa regra é a conhecida teoria da desconsideração da personalidade jurídica (*disregard doctrine*), que tem por objetivo relativizar o conceito de pessoa jurídica e de autonomia patrimonial, admitindo a sua comunicabilidade. Há no Brasil duas teorias a respeito da desconsideração da personalidade jurídica, a teoria maior e a teoria menor. A teoria menor será analisada mais adiante no texto. Já a teoria maior vem fundamentada no art. 50 do Código Civil e tem como pressuposto a desconsideração da autonomia da sociedade empresarial nos casos em que for configurada fraude ou abuso de seus sócios, ou então quando houver confusão patrimonial entre os bens das pessoas dos sócios e os bens da pessoa da sociedade. Eis o dispositivo em questão:

> Art. 50. Em caso de abuso da personalidade jurídica, caracterizado pelo desvio de finalidade, ou pela confusão patrimonial, pode o juiz decidir, a requerimento da parte, ou do Ministério Público quando lhe couber intervir no processo, que os efeitos de certas e determinadas relações de obrigações sejam estendidos aos bens particulares dos administradores ou sócios da pessoa jurídica.

Dessa norma se extrai que apenas quando, por má-fé, dolo ou atitude temerária, uma sociedade estiver sendo utilizada para desvios de seus sócios, ao invés de dirigir-se para o exercício de suas finalidades institucionais, deve-se desconsiderar a personalidade jurídica para buscar a reparação diante de seus acionistas. A possibilidade de desconsideração da personalidade jurídica exige, assim, a comprovação de prática antijurídica da sociedade empresária, no sentido de se constatar que determinado ato que causou prejuízo teria em sua origem o desvio de finalidade ou a confusão patrimonial. De todo modo, perpetuada a desconsideração da personalidade jurídica da sociedade, seria possível acessar o patrimônio dos sócios para quitar débitos contraídos pela empresa.

Analisando a jurisprudência sobre o tema, é possível reconhecer que sempre houve alguma homogeneidade na interpretação do Poder Judiciário em relação à incidência da *disregard doctrine*. Mais recentemente, entretanto, parece ser recorrente o entendimento de

---

41. *Direito Civil*, 18ª ed., São Paulo, Saraiva, 1998, p. 66.
42. *Manual de Direito Comercial*, 14ª ed., São Paulo, Saraiva, 2003, p. 112.

que a desconsideração da personalidade jurídica de uma empresa deve atingir prioritária e exclusivamente o sócio ou administrador que causou o desvio de finalidade ou confusão patrimonial, não se estendendo aos demais sócios minoritários ou aos destituídos do efetivo poder de controle da empresa. Ou, conforme já decidiu o STJ,

> a despersonalização de sociedade por ações e de sociedade por quotas de responsabilidade limitada só atinge, respectivamente, os administradores e os sócios-gerentes; não quem tem apenas o status de acionista ou sócio.[43]

Assim, embora sempre haja riscos de que dívidas civis da sociedade recaiam sobre o patrimônio de seus sócios, há uma atual tendência dos Tribunais de, além de exigir abuso de personalidade jurídica da empresa, restringir a comunicabilidade patrimonial aos sócios que efetivamente tinham algum tipo de competência decisória.

3.1.4.3 Responsabilidade por débitos trabalhistas, ambientais e consumeristas – Por outro lado, a teoria menor da desconsideração da personalidade jurídica simplesmente ignora a existência ou não dos motivos que efetivamente geraram as dívidas perante terceiros, isto é, se houve ou não a utilização fraudulenta da companhia ou se houve ou não abuso de personalidade. Para esta teoria, a desconsideração da personalidade jurídica e a comunicabilidade dos patrimônios da sociedade e de seus sócios depende unicamente da constatação do inadimplemento com os credores. Ou seja, se houve o inadimplemento, então legitima-se a desconsideração da personalidade da empresa.

Este entendimento é comumente adotado para o direito do trabalho, o direito ambiental e o direito do consumidor.

Para os débitos de ordem trabalhista, pela relevância que se dá à proteção do trabalhador, costuma-se utilizar, por analogia, a aplicação literal do § 5º do art. 28 do Código de Defesa do Consumidor,[44] no sentido de que sempre que a autonomia patrimonial for obstáculo à satisfação do crédito trabalhista, estará autorizada a desconsideração da personalidade jurídica da companhia. Nesses casos, afirma-se que a fraude e o abuso de direito são presumíveis sempre que a autonomia patrimonial da sociedade configurar óbice à quitação dos débitos de origem trabalhista, pouco importando a existência ou não de prova por parte do credor,[45] conforme denota a recorrente jurisprudência da Justiça Trabalhista.[46]

---

43. REsp 786.345-SP, 3ª T., rel. Min. Humberto Gomes de Barros, *DJe* 26.11.2008. Na mesma linha ver, no STJ, o REsp 1.315.110-SE e, no TJSP, a Apelação 1015858-93.2013.8.26.0068 e o Agravo de Instrumento 2135047-53.2016.8.26.0000.

44. "Art. 28. O juiz poderá desconsiderar a personalidade jurídica da sociedade quando, em detrimento do consumidor, houver abuso de direito, excesso de poder, infração da lei, fato ou ato ilícito ou violação dos estatutos ou contrato social. A desconsideração também será efetivada quando houver falência, estado de insolvência, encerramento ou inatividade da pessoa jurídica provocados por má administração. (...) § 5º. Também poderá ser desconsiderada a pessoa jurídica sempre que sua personalidade for, de alguma forma, obstáculo ao ressarcimento de prejuízos causados aos consumidores."

45. Cf. José Affonso Dallegrave Neto, "A execução dos bens dos sócios em face da *disregard doctrine*", in *Inovações na Legislação do Trabalho*, 2ª ed., São Paulo, LTr, 2002, p. 309.

46. Eis um exemplo bastante de como tem decidido o Judiciário Trabalhista: "*Ementa:* Massa falida. Teoria da desconsideração da personalidade jurídica. Execução dos sócios. Uma vez decretada a falência da empresa executada, a execução do crédito trabalhista deve ser processada perante o juízo falimentar, com a habilitação do respectivo crédito, a fim de se assegurar tratamento igualitário a todos os credores

No caso dos débitos relativos à responsabilidade ambiental, a questão é ainda mais problemática. Como se sabe, a responsabilidade civil ambiental, lastreada no art. 225 da Constituição Federal, tem sido entendida como uma responsabilidade objetiva, orientada pela teoria do risco integral (que não admite excludentes), solidária (não importa sobre quem recaia) e *propter rem* (híbrida, recaindo sobre quem deu causa ao dano e acompanhando a coisa).[47] Desse modo, a responsabilidade em matéria ambiental não vê muitos empecilhos em buscar ressarcimento dos sócios por ato de sociedade conduzida por outro controlador. Novamente aqui, constatado que a personalidade empresarial se coloca como um empecilho ao ressarcimento do dano, sua desconsideração prescinde da ocorrência de qualquer ilícito.[48]

Na mesma linha vai a responsabilidade relativa a débitos decorrentes de relações consumeristas. Havendo a inadimplência, pouco importa a existência ou não de fraude, ilícito ou abuso de poder. Basta a dificuldade do ressarcimento para que a dívida recaia sobre os sócios da companhia. O fundamento do raciocínio recai, tal qual no caso trabalhista, no acima citado § 5º do art. 28 do Código de Direito do Consumidor.[49]

---

trabalhistas, como indica o art. 6º, § 2º, da Lei 11.101/05. Se constatado que a massa falida não suporta o pagamento total do crédito, é possível a retomada da execução trabalhista perante a Justiça do Trabalho em face dos sócios mediante a aplicação da teoria da desconsideração da personalidade jurídica e da aplicação do art. 28 da Lei 8.078/90" (TRT da 3ª Região, Processo 0011500-49.2004.5.03.0023 AP, 3ª T., rel. Des. Cesar Machado, j. 12.8.2013).

47. Cf. nesse sentido Sidney Guerra e Sérgio Guerra, *Curso de Direito Ambiental*, Belo Horizonte, Fórum, 2009, pp. 222-230.

48. É o que se verifica do que decidiu o STJ no REsp 984.921-SP: "Processual civil e ambiental. Ação Civil Pública. Ausência de prequestionamento. Incidência, por analogia, da Súmula 282 do STF. Função social e função ecológica da propriedade e da posse. Áreas de preservação permanente. Reserva legal. Responsabilidade objetiva pelo dano ambiental. Obrigação *propter rem*. Direito adquirido de poluir. (...) 2. Inexiste direito adquirido a poluir ou degradar o meio ambiente. O tempo é incapaz de curar ilegalidades ambientais de natureza permanente, pois parte dos sujeitos tutelados – as gerações futuras – carece de voz e de representantes que falem ou se omitam em seu nome. 3. Décadas de uso ilícito da propriedade rural não dão salvo-conduto ao proprietário ou possuidor para a continuidade de atos proibidos ou tornam legais práticas vedadas pelo legislador, sobretudo no âmbito de direitos indisponíveis, que a todos aproveita, inclusive às gerações futuras, como é o caso da proteção do meio ambiente. 4. As APPs e a Reserva Legal justificam-se onde há vegetação nativa remanescente, mas com maior razão onde, em consequência de desmatamento ilegal, a flora local já não existe, embora devesse existir. 5. Os deveres associados às APPs e à Reserva Legal têm natureza de obrigação *propter rem*, isto é, aderem ao título de domínio ou posse. Precedentes do STJ. 6. Descabe falar em culpa ou nexo causal, como fatores determinantes do dever de recuperar a vegetação nativa e averbar a Reserva Legal por parte do proprietário ou possuidor, antigo ou novo, mesmo se o imóvel já estava desmatado quando de sua aquisição. Sendo a hipótese de obrigação *propter rem*, desarrazoado perquirir quem causou o dano ambiental *in casu*, se o atual proprietário ou os anteriores, ou a culpabilidade de quem o fez ou deixou de fazer. Precedentes do STJ" (2ª T., rel. Min. Herman Benjamin, *DJe* de 11.11.2009). No mesmo sentido ver no TJMG o Agravo de Instrumento 1.0338.05.037512-4/001.

49. Vai neste sentido a jurisprudência do STJ, conforme se verifica do REsp 279.273-SP: "Responsabilidade civil e direito do consumidor. Recurso especial. Shopping Center de Osasco-SP. Explosão. Consumidores. Danos materiais e morais. Ministério Público. Legitimidade ativa. Pessoa jurídica. Desconsideração. Teoria maior e teoria menor. Limite de responsabilização dos sócios. Código de Defesa do Consumidor. Requisitos. Obstáculo ao ressarcimento de prejuízos causados aos consumidores. Art. 28, § 5º. Considerada a proteção do consumidor um dos pilares da ordem econômica, e incumbindo ao Ministério Público a defesa da ordem jurídica, do regime democrático e dos interesses sociais e individuais indisponíveis, possui o Órgão Ministerial legitimidade para atuar em defesa de interesses individuais homogêneos de consumidores, decorrentes de origem comum. A teoria maior da desconsideração, regra geral no sistema jurídico brasileiro, não pode ser aplicada com a mera demonstração de estar a pessoa jurídica

Desse modo, deve-se ter em mente que os débitos de origem trabalhista, ambiental e consumerista que eventualmente incorram à companhia concessionária podem atingir o patrimônio de seus sócios, inclusive dos financiadores detentores de ações por alienação fiduciária. Nestes casos, pela desconsideração da personalidade jurídica da empresa baseada na chamada teoria menor, dispensa-se a comprovação de prática de qualquer ilícito ou mesmo da efetiva responsabilidade de seus agentes.

3.2 Extensão da cláusula de "step-in rights" para empreendimentos que não sejam concessões

Por fim, um último tema que se mostra relevante a respeito da cláusula de *step-in rights* envolve a possibilidade ou não da sua extensão a contratos que não sejam concessões, nem de serviços públicos, nem patrocinadas e nem administrativas. Quer dizer, suscita-se aqui a possibilidade de que seja adotado o mecanismo do *step-in rights* para contratos administrativos de empreitada para obras e serviços regidos pela Lei 8.666/1993 ou mesmo para contratos atípicos regidos pela legislação geral de contratos públicos.

De acordo com tudo o que se viu acima, em concessões comuns e PPPs há a previsão expressa do *step-in* nas respectivas normas. Inexiste esse tipo de previsão na Lei 8.666/1993, o que torna pouco provável que já no edital de licitação o Poder Público insira uma cláusula de *setp-in* dos financiadores. Desconhece-se a existência de contratos de empreitada que tenham sido licitados já contendo cláusula de *step-in rights*.

De todo modo, é relevante observar que até recentemente tramitava no Congresso o PLV 1/2014 (anexado à MP 630/2013), o qual buscava inserir na Lei do Regime Diferenciado de Contratações/RDC (Lei 12.462/2011) o art. 43-A, prevendo a possibilidade de o segurador realizar a assunção dos direitos e obrigações do particular contratado em caso de execução da garantia.[50] Ou seja, cuidava-se precisamente de uma hipótese de *step-in*

---

insolvente para o cumprimento de suas obrigações. Exige-se, aqui, para além da prova de insolvência, ou a demonstração de desvio de finalidade (teoria subjetiva da desconsideração), ou a demonstração de confusão patrimonial (teoria objetiva da desconsideração). A teoria menor da desconsideração, acolhida em nosso ordenamento jurídico excepcionalmente no Direito do Consumidor e no Direito Ambiental, incide com a mera prova de insolvência da pessoa jurídica para o pagamento de suas obrigações, independentemente da existência de desvio de finalidade ou de confusão patrimonial. Para a teoria menor, o risco empresarial normal às atividades econômicas não pode ser suportado pelo terceiro que contratou com a pessoa jurídica, mas pelos sócios e/ou administradores desta, ainda que estes demonstrem conduta administrativa proba, isto é, mesmo que não exista qualquer prova capaz de identificar conduta culposa ou dolosa por parte dos sócios e/ou administradores da pessoa jurídica. A aplicação da teoria menor da desconsideração às relações de consumo está calcada na exegese autônoma do § 5º do art. 28, do CDC, porquanto a incidência desse dispositivo não se subordina à demonstração dos requisitos previstos no *caput* do artigo indicado, mas apenas à prova de causar, a mera existência da pessoa jurídica, obstáculo ao ressarcimento de prejuízos causados aos consumidores".

50. Eis o teor do dispositivo que o referido PLV 1/2014 pretendia inserir na Lei do RDC: "Art. 43-A. Nos contratos de obras e serviços de engenharia, o edital poderá exigir seguro-garantia que preveja a retomada do objeto contratual sob responsabilidade do segurador. (...) § 2º. Para retomada e conclusão do objeto contratual a que se refere o *caput*, o segurador, sem prejuízo de sua responsabilidade, poderá subcontratar a obra ou os serviços de engenharia, no todo ou em parte, desde que haja anuência do órgão ou entidade contratante. § 3º. Na hipótese de execução da garantia, o segurador assumirá os direitos e as obrigações do contratado, ficando autorizado o empenho dos créditos orçamentários necessários à conclusão das obras e serviços de engenharia em favor do segurador".

rights para os contratos administrativos de empreitada. O dispositivo, entretanto, restou efetivamente rejeitado pelo Senado Federal.

Por outro lado, tem-se igualmente discutido no Congresso, no bojo de projetos de lei para reformulação da legislação de licitação, a introdução do mecanismo amplo de *performance bond* ou a ampliação dos limites de seguro-garantia de execução de contatos para 30% ou até 100%. Nestes casos todos, embora não se fale expressamente em *step-in rights* estamos diante de mecanismos com efeitos assemelhados, que permitiriam que o garantidor assumisse a execução do objeto contratual direta ou indiretamente, assegurando a sua conclusão em caso de *default* do contratado original.

Dito isso, mesmo sem ter sido licitado já com essa previsão, parece-nos logicamente possível, desde que o Poder Público assim aceite, que o ajuste seja aditado de forma a inserir no âmbito contratual a figura do *setp-in rights*, autorizando, assim, a assunção do controle da empresa contratada pelo financiador. Ao menos três dispositivos legais distintos fundamentam a alteração.

Primeiramente, parece-nos óbvio que tal medida poderia encontrar esteio na aplicação analógica dos arts. 27 e 27-A da Lei 8.987/1995, os quais, viu-se anteriormente, preveem o mecanismo do *step-in rights*. Em se tratando ambas as figuras de contratos administrativos com financiamentos de monta, parece razoável que recebam, analogicamente, o mesmo tratamento legal.[51]

Em segundo lugar, assim como no caso das concessões, incide nesta hipótese a previsão contida no art. 78, VI, da Lei 8.666/1993, que autoriza a cessão do contrato administrativo desde que não vedada no edital e no próprio instrumento contratual.[52] Afinal, se é possível a transferência do contrato quando autorizada pelo Poder Público e não vedada no edital ou no contrato, essa cessão pode ser autorizada previamente na hipótese de assunção do controle da operação pelo financiador (*step-in rights*).

Por fim, em terceiro lugar, serve também de esteio para a medida aqui suscitada o que estabelece a alínea "a" do inc. II do art. 65 da mesma Lei 8.666/1993. O referido dispositivo autoriza a alteração do contrato administrativo, por acordo das partes, "quando conveniente a substituição da garantia de execução". Estar-se-ia, nesse caso, introduzindo uma nova cláusula contratual que tem como escopo modificar o sistema de garantias do contrato, ou até mesmo substituir a existente, majorando a proteção ao financiador e possibilitando a própria melhoria das condições de custeio do contrato. No limite, tal dispositivo demonstra que a matéria é legítima para ser objeto de alteração contratual.

Já no que se refere à figura da administração temporária, parece-nos também ser possível a sua inserção em contratos que não sejam concessões, desde que logicamente se faça expressa referência à adoção do regime do art. 27-A da Lei 8.987/1995. Aqui, todavia,

---

51. Como explica Carlos Maximiliano, "funda-se a analogia, não como se pensou outrora, na vontade presumida do legislador, e, sim, no princípio de verdadeira justiça, de igualdade jurídica, o qual exige que as espécies semelhantes sejam reguladas por normas semelhantes" (*Hermenêutica e Aplicação do Direito*, cit., p. 171).

52. O referido dispositivo estabelece o seguinte: "Art. 78. Constituem motivo para rescisão do contrato: (...) VI – a subcontratação total ou parcial do seu objeto, a associação do contratado com outrem, a cessão ou transferência, total ou parcial, bem como a fusão, cisão ou incorporação, não admitidas no edital e no contrato (...)".

não se pode usar da simples analogia com a Lei de Concessões. É essencial que as partes contratantes (particular contratado, financiador e Administração Pública) expressamente descrevam o regime de administração temporária e o incluam no bojo do contrato. Ou seja, estar-se-ia nesta hipótese diante de um regime contratual específico, escolhido pelas partes e admitido pelo Poder Público, não de mera decorrência do regime legal existente. A mera analogia se mostraria frágil e traria pouca segurança aos envolvidos.

De todo modo, embora certamente possível do ponto de vista jurídico, não se desconhece que tal posição poderá encontrar críticas diante do entendimento impreciso, mas ainda hoje recorrente, de que para a Administração se aplica um conceito de legalidade estrita, só sendo permitido a ela contratar sobre o expressamente autorizado por lei.

4. Conclusão

As análises aqui desenvolvidas estão longe de ser exaustivas. Cuidam apenas de alguns aspectos mais pontuais a respeito da cláusula de *step-in rights*, um mecanismo contratual bastante referido e utilizado no âmbito das concessões, mas que nunca recebeu um tratamento mais aprofundado ou mesmo sistematizado na doutrina administrativista, salvo alguns poucos trabalhos. A ideia aqui foi tão somente apresentar alguns conceitos teóricos desenvolvidos à luz das principais preocupações dos contratantes e financiadores de projetos de infraestrutura.

Referências bibliográficas

ASCARELLI, Túlio. *Problemas das Sociedades Anônimas e Direito Comparado*. São Paulo, Quorum, 2008.

BANDEIRA DE MELLO, Celso Antônio. *Curso de Direito Administrativo*. 33ª ed., 2ª tir. São Paulo, Malheiros Editores, 2017.

BERTOLDI, Marcelo M. "O poder de controle na sociedade anônima: alguns aspectos", *Revista de Direito Mercantil, Industrial, Econômico e Financeiro*, vol. 39, n. 118. São Paulo, Malheiros Editores, abr.-jun. 2000, pp. 62-76.

BORBA, José Edwaldo Tavares. *Direito Societário*. 9ª ed. Rio de Janeiro, Renovar, 2004.

CARVALHOSA, Modesto. *Comentários à Lei das Sociedades Anônimas*, vol. 1. São Paulo, Saraiva, 1997.

COELHO, Fábio Ulhoa. *Manual de Direito Comercial*. 14ª ed. São Paulo, Saraiva, 2003.

COMPARATO, Fábio Konder; SALOMÃO FILHO, Calixto. *O Poder de Controle na Sociedade Anônima*. 5ª ed. Rio de Janeiro, Forense, 2008.

DALLEGRAVE NETO, José Affonso. "A execução dos bens dos sócios em face da *disregard doctrine*", *Inovações na Legislação do Trabalho*. 2ª ed. São Paulo, LTr, 2002.

DANTZGER, Afrânio Carlos Camargo. "Cessão Fiduciária e Alienação Fiduciária de Ações de Sociedade Anônima em Operações de Crédito", in ZANETTI, Andrea; FEFERBAUM, Marina (coords.). *Direito dos Negócios em Debate*. São Paulo, Saraiva, 2011, pp. 43-61.

EIZIRIK, Nelson, *et al. Mercado de Capitais – Regime Jurídico*. Rio de Janeiro, Renovar, 2008.

ENEI, José Virgílio Lopes. *Project Finance*. São Paulo, Saraiva, 2007.

FACHIN, Luiz Edson. *Comentários ao Código Civil*. São Paulo, Saraiva, 2003.

GOMES, Orlando. *Contratos*. 7ª ed. Rio de Janeiro, Forense, 1979.

_____. *Direitos Reais*. 19ª ed. Rio de Janeiro, Forense, 2007.

GUERRA, Sidney; GUERRA, Sérgio. *Curso de Direito Ambiental*. Belo Horizonte, Fórum, 2009.

JUSTEN FILHO, Marçal. "Considerações acerca da modificação subjetiva dos contratos administrativos", in BACELLAR FILHO, Romeu *et al.* (orgs.). *Direito Administrativo Contemporâneo – Estudos em Memória ao Professor Manoel de Oliveira Franco Sobrinho*. Belo Horizonte, Fórum, 2004, pp. 185-210.

LEITE, Fábio Barbalho. "A licitude da cessão de contrato administrativo e operações similares e o mito do personalismo dos contratos administrativos", *RDA* 232/255-281. Rio de Janeiro, Renovar, abr.-jun. 2003.

MARQUES NETO, Floriano de Azevedo. "Contratos Administrativos: a possibilidade jurídica da cessão de titularidade à luz do interesse público", *Cadernos de Direito Tributário e Finanças Públicas*, n. 13. São Paulo, Ed. RT, out.-dez. 1995, pp. 191-213.

MARQUES NETO, Floriano de Azevedo; CUNHA, Carlos Eduardo Bergamini. "A possibilidade jurídica de alteração da configuração de consórcio de empresas contratado pela Administração Pública", *Revista de Contratos Públicos*, n. 1. Belo Horizonte, Fórum, mar.-ago. 2012, pp. 141-167.

MAXIMILIANO, Carlos. *Hermenêutica e Aplicação do Direito*. 19ª ed. Rio de Janeiro, Forense, 2010.

MEIRELLES, Hely Lopes. *Direito Administrativo Brasileiro*. 42ª ed. São Paulo, Malheiros Editores, 2016.

MOREIRA, Egon Bockmann. "Concessões de serviços públicos e *project finance*", *Revista de Direito Público e Regulação*, n. 4. Coimbra, CEDIPRE, set. 2009, pp. 25-34.

PEREIRA, Caio Mário da Silva. *Instituições de Direito Civil: Direitos Reais*, vol. IV. Rio de Janeiro, Forense, 2006.

RESTIFFE NETO, Paulo. *Garantia Fiduciária*. São Paulo, Ed. RT, 1975.

RIBEIRO, Maurício Portugal. *Concessões e PPPs*. São Paulo, Atlas, 2011.

RIBEIRO, Maurício Portugal; PRADO, Lucas Navarro. *Comentários à Lei de PPP – Parceria Público-Privada*. São Paulo, Malheiros Editores, 2007.

RIZZARDO, Arnaldo. *Contratos*. 13ª ed. Rio de Janeiro, Forense, 2013.

RODRIGUES, Silvio. *Direito Civil*. 18ª ed. São Paulo, Saraiva, 1998.

SANT'ANNA, Lucas de Moraes Cassiano; SAULLO, Pedro Romualdo. "*Step-in rights* e o regime da administração temporária no âmbito da Lei de Concessões", *Revista Brasileira de Direito Público*, n. 49. Belo Horizonte, Fórum, abr.-jun. 2015, pp. 41-52.

SCHIRATO, Vitor Rhein. "Os sistemas de garantia nas parcerias público-privadas", MARQUES NETO, Floriano de Azevedo e SCHIRATO, Vitor Rhein (coords.). *Estudos sobre a Lei das Parcerias Público-Privadas*. Belo Horizonte, Fórum, 2011, pp. 143-193.

SILVA, Américo Luís Martins da. "A bipartição do domínio no direito societário: propriedade direta e propriedade indireta", *Revista Forense – Estudos e Comentários*, vol. 334. Rio de Janeiro, Forense, abr.-jun. 1996, pp. 459-466.

TIBÚRCIO, Dalton Robert. "Autorização para a transferência de controle societário na saúde suplementar", *Revista da AGU*, vol. 33. Brasília, AGU, jul.-set- 2012, pp. 87-122.

TIMM, Luciano Benetti. "*Common Law* e *Contract Law*: uma introdução ao direito contratual norte-americano", *Revista Semestral de Direito Empresarial*, n. 10. Rio de Janeiro, Renovar, jan.-jul. 2012, pp. 107-150.

VENOSA, Silvio de Salvo. *Manual de Contratos e Obrigações Unilaterais da Vontade*. São Paulo, Atlas, 1997.

A TEORIA DO ÓRGÃO E SUAS IMPLICAÇÕES NA REPRESENTAÇÃO JUDICIAL DOS PODERES DA REPÚBLICA

GRACE MARIA FERNANDES MENDONÇA

1. Introdução. 2. A teoria do órgão no contexto da Administração Pública. 3. O âmbito de atuação da Advocacia-Geral da União na representação judicial e extrajudicial dos três Poderes da República. 4. Considerações acerca da capacidade postulatória. 5. A representação judicial dos três Poderes da República por intermédio da Advocacia-Geral da União: evolução jurisprudencial. 6. A União enquanto titular de posições jurídicas subjetivas. 7. A representação judicial de órgãos da União em situação de conflito entre órgãos do mesmo Poder ou de Poderes distintos. 8. Considerações finais.

1. Introdução

Ao longo dos tempos, a doutrina administrativista debruçou-se acerca da teoria que melhor revelasse a relação estabelecida entre a pessoa jurídica, os órgãos públicos que a integram e os agentes públicos que materialmente exprimem sua vontade.

A teoria do mandato, uma delas, tinha como pressuposto a constatação de que o agente público (pessoa física) seria o mandatário da pessoa jurídica, sendo essa a qualidade assumida ao praticar seus atos. A teoria não se sustentou em bases sólidas na medida em que não justificava quem seria a figura a outorgar o mandato,[1] já que o Estado não conseguiria exprimir sua vontade por si só.

A teoria da representação, por seu turno, posicionava o agente público como o representante da pessoa jurídica, numa relação semelhante à estabelecida entre tutor e tutelado, no qual o Estado era visto como incapaz. Sua fragilidade restou atestada pela circunstância de que não seria legitimamente admissível ao incapaz outorgar sua representação a outrem. Logo, não seria igualmente compatível com a pessoa jurídica na medida em que esta não disporia de vontade autônoma distinta daquela da pessoa física que atua como seu órgão,[2] além de dificultar o procedimento de responsabilização do ente estatal, tido como incapaz.

Diante da insuficiência dessas duas teorias em explicar a imputação dos atos praticados pelos órgãos públicos, por meio de seus agentes, ao próprio Estado, surgiu a teoria do órgão, que busca demonstrar, de modo mais consentâneo com a realidade da Administração Pública brasileira, a relação que se estabelece entre a pessoa jurídica, seus órgãos e agentes públicos.

---

1. Hely Lopes Meirelles, *Direito Administrativo Brasileiro*, 42ª ed., São Paulo, Malheiros Editores, 2016, p. 71.
2. Marçal Justen Filho, *Curso de Direito Administrativo*, 12ª ed., São Paulo, Ed. RT, 2016, p. 112.

Neste artigo, será abordada a teoria do órgão e serão apresentadas as principais implicações decorrentes de sua aplicação no tocante à representação judicial dos Poderes da República, à luz da jurisprudência mais recente do Supremo Tribunal Federal.

2. A teoria do órgão no contexto da Administração Pública

Ao discorrer sobre a Administração Pública e a estrutura administrativa, Hely Lopes Meirelles define órgãos públicos como

> centros de competência, instituídos para o desempenho de funções estatais, através de seus agentes, cuja atuação é imputada à pessoa jurídica a que pertencem.[3]

Os órgãos públicos, portanto, exprimiriam a vontade da própria Administração Pública, por meio dos atos praticados pelos agentes públicos, consistindo

> (...) nas partes atuantes do Estado, competentes para manifestar-lhe a vontade.[4]

O conceito retrata a teoria do órgão, formulada por Otto Gierke, cuja essência reside na premissa de que as pessoas jurídicas revelam sua vontade por meio de seus órgãos. Como parte integrante do corpo, o órgão não se manifesta em nome próprio, mas sim em nome do corpo do qual faz parte. Por tal razão, são desprovidos de personalidade jurídica e de vontade própria, atributos inerentes ao corpo, isto é, ao Estado.[5]

O órgão não possui vontade própria. Sendo um ente despersonalizado, ele exprime a vontade da pessoa jurídica a que pertence. O órgão é, portanto, parte da pessoa estatal, e vale-se de agentes públicos que, por meio de seus atos, exprimem a vontade do Estado. Assim, as ações do ente estatal são representadas por meio dos órgãos públicos que, por sua vez, concretizam a vontade das pessoas jurídicas através dos atos praticados por agentes públicos, pessoas físicas que os integram. O agente titulariza, portanto, a própria vontade estatal.

A nomenclatura "órgão", para fins de concepção da teoria, é considerada em uma verdadeira relação comparativa com a conformação do corpo humano em que cada órgão desempenha uma função específica. Isoladamente considerado, o órgão não tem a força de expressar a vontade do corpo, já que não tem existência distinta da pessoa, porém seu conjunto é capaz de formar a pessoa humana, esta sim dotada de vontade própria. Nesse sentido, o órgão não tem existência distinta da pessoa, do mesmo modo como a pessoa não pode existir sem os órgãos.[6]

Transpondo essa realidade para o corpo estatal, é possível afirmar que o órgão público constitui uma unidade de atuação, o qual isoladamente considerado não é capaz de revelar o todo, porquanto somente do conjunto de órgãos públicos é que se constitui a pessoa jurídica de direito público. A exemplo do que ocorre no corpo humano, cada órgão integrante

---

3. Hely Lopes Meirelles, *Direito Administrativo Brasileiro*, cit., p. 71.
4. Diogo de Figueiredo Moreira Neto, "As funções essenciais à justiça e as procuraturas constitucionais", *R. Inf. Legisl.*, n. 116, out.-dez. 1992, p. 84.
5. Hely Lopes Meirelles, *Direito Administrativo Brasileiro*, cit., p. 71.
6. Marcelo Caetano, *Manual de Direito Administrativo*, Lisboa, 1965, p. 154.

do corpo estatal é encarregado de uma missão, distinta daquela atribuída aos demais. Essa engrenagem, muito bem articulada, é que forma o corpo estatal. Quando um órgão atua, não o faz em nome próprio, senão em nome da pessoa jurídica de que faz parte.

A teoria amolda-se à realidade estrutural da Administração Pública pátria, porquanto, entre nós, os órgãos públicos são centros de competência encarregados de determinadas funções exercidas por agentes públicos, cuja atuação será sempre imputada à pessoa jurídica a que pertence.

O órgão público, portanto, caracteriza-se por ser parte de um todo, dotado de atribuições próprias. Assim, no contexto da Administração Pública brasileira, um

> Ministério é órgão, uma Delegacia Regional é órgão; uma Secretaria de Estado é órgão. No âmbito de uma autarquia, dotada de personalidade jurídica própria, como por exemplo numa Universidade estadual, o Departamento de Recursos Humanos é um órgão da autarquia.[7]

Logo, o órgão "não é dotado de personalidade jurídica e, portanto, perante o ordenamento jurídico, não se apresenta como sujeito de direitos e obrigações por si próprio". Por conta disso, é possível afirmar que sua atuação "e seus efeitos no mundo jurídico são imputados à pessoa jurídica do qual faz parte".[8]

A teoria do órgão carrega em si institutos importantes: pela *imputação*, as ações do órgão são tidas como próprias da pessoa jurídica; enquanto pela *representação*, tais ações, quando questionadas no âmbito do Poder Judiciário ou perante terceiros, serão defendidas por um corpo próprio de agentes públicos.

Nesse contexto, o Estado não dispõe de outra vontade que não seja a do próprio agente.[9] É por meio das ações praticadas pelos agentes estatais que se materializa a vontade da respectiva pessoa jurídica. A vontade e a ação do Estado, manifestada por seus órgãos,

> são constituídas na e pela vontade e ação dos agentes, ou seja, Estado e órgãos que o compõem se exprimem através dos agentes na medida em que ditas pessoas físicas atuam nesta posição de veículos de expressão do Estado.[10]

Nessa linha, cabe ressaltar que *imputação*, conforme realça Hely Lopes Meirelles, não se confunde com *representação*:

> A imputação é da atuação do órgão à entidade a que ele pertence; a representação é perante terceiros ou em juízo, por certos agentes.[11]

Assim, se na esfera federal a atuação dos múltiplos órgãos públicos é imputada à União, pessoa jurídica de direito público, a ação praticada por determinado Ministério integrante da estrutura organizacional do Poder Executivo retrata uma ação da União; os

---

7. Odete Medauar, *Direito Administrativo Moderno*, 19ª ed., São Paulo, Ed. RT, 2015, p. 71.
8. Idem, ibidem.
9. Celso Antônio Bandeira de Mello, *Apontamentos sobre os Agentes e Órgãos Públicos*, 1ª ed., São Paulo, Ed. RT, 1984, p. 70.
10. Celso Antônio Bandeira de Mello, *Curso de Direito Administrativo*, 33ª ed., 2ª tir., São Paulo, Malheiros Editores, 2017, p. 144.
11. Hely Lopes Meirelles, *Direito Administrativo Brasileiro*, cit., p. 73.

atos desempenhados no âmbito da Câmara dos Deputados ou do Senado Federal são atos exarados pela União; a atividade desenvolvida pelo Poder Judiciário Federal espelha verdadeira atuação da União.

E isso ocorre em virtude do mencionado instituto da imputação ligado à teoria do órgão. Com efeito, os atos praticados por quaisquer dos órgãos estatais devem ser atribuídos à respectiva pessoa jurídica. Por conta disso, no âmbito federal, as ações desenvolvidas pelos órgãos que compõem a União ser-lhes-ão imputadas, incluindo-se aí os órgãos que integram os três Poderes da República.

A representação, por sua vez, é instituto que dá voz à pessoa jurídica na defesa dos atos praticados por seus mais diversificados órgãos, atos esses que são exteriorizados por meio da atuação de agentes públicos. Essa representação ocorre tanto perante terceiros como no âmbito do Poder Judiciário. E a incumbência de representar a União foi confiada a um órgão público federal de estatura constitucional: a Advocacia-Geral da União.

3. O âmbito de atuação da Advocacia-Geral da União na representação judicial e extrajudicial dos três Poderes da República

O legislador constituinte originário outorgou à Advocacia-Geral da União a missão de promover a representação do Ente Central da Federação em juízo ou fora dele e de prestar consultoria e assessoramento jurídico ao Poder Executivo federal. O encargo veio retratado no art. 131 da Constituição da República, preceito revelador de verdadeira inovação do legislador constituinte de 1988.[12]

Antes do advento da atual Constituição, competia ao Ministério Público da União a representação judicial da União, e à Advocacia Consultiva da União, cujo órgão máximo era a Consultoria-Geral da República, cabiam as atividades de consultoria e assessoramento jurídico do Poder Executivo.[13]

A Constituição Federal de 1988 rompeu essa lógica ao instituir a Advocacia-Geral da União, conferindo-lhe a exclusividade da representação da União. Entendeu o constituinte originário que seria salutar a divisão das atribuições antes concentradas na figura do *parquet*. Assim, o novo ordenamento constitucional conferiu ao Ministério Público, no art. 127, a incumbência de defesa da ordem jurídica, do regime democrático e dos interesses sociais e individuais indisponíveis, remodelando seu espectro de competências, considerando a incompatibilidade da representação judicial da União em face de suas atribuições institucionais.

Por outro lado, com a efetiva criação da nova Instituição, por meio da Lei Complementar 73, de 11 de fevereiro de 1993, a Advocacia-Geral da União passou a representar judicial e extrajudicialmente a União e a exercer, com exclusividade, a consultoria e o assessoramento jurídico do Poder Executivo, conforme expresso no art. 131 da CF/1988:

> A Advocacia-Geral da União é a instituição que, diretamente ou através de órgão vinculado, representa a União, judicial e extrajudicialmente, cabendo-lhe, nos termos da lei complementar que dispuser sobre sua organização e funcionamento, as atividades de consultoria e assessoramento jurídico do Poder Executivo.

12. Uadi Lammêgo Bulos, *Constituição Federal Anotada*, 6ª ed., São Paulo, Saraiva, 2005, p. 1.145.
13. Decreto 93.237, de 8.9.1986.

O comando constitucional, como se vê, é preciso ao depositar, no feixe de atribuições da mencionada Instituição, a tarefa de promover a representação judicial e extrajudicial da União, pessoa jurídica de direito público, bem como a de prestar a consultoria e o assessoramento jurídico ao Poder Executivo.

No ponto, vale destacar o cuidado que teve o legislador constituinte originário quando situou a nova Instituição dentro do título relativo à organização dos Poderes (Título IV), todavia fora dos capítulos referentes aos três Poderes. A Constituição de 1988 "apresentou um quarto capítulo, criando um sistema integrado das funções essenciais à justiça, e institucionalizando os órgãos de sua atuação, com garantia para que fossem independentes".[14] Dentro do capítulo reservado às Funções Essenciais à Justiça, a Advocacia-Geral da União está inserida na seção designada de Advocacia Pública que, ao lado do Ministério Público e da Defensoria Pública, compõem as procuraturas constitucionais, na expressão cunhada por Diogo de Figueiredo Moreira Neto.[15]

Introduzida nesse contexto, a Advocacia-Geral da União foi erigida a Função Essencial à Justiça, com a precisa missão de representar judicial e extrajudicialmente a União, além de prestar consultoria e assessoramento jurídico ao Poder Executivo.

Dessa forma, como o legislador constituinte não fez qualquer alusão restritiva, o vocábulo "União", presente no dispositivo constitucional acima transcrito, deve ser compreendido em seu sentido técnico-jurídico, abrangendo não somente os órgãos públicos federais integrantes do Poder Executivo, como também do Poder Legislativo e do Poder Judiciário. Não por outra razão, Diogo de Figueiredo Moreira Neto afirma que

> as funções exercidas pelos três tradicionais Poderes orgânicos são as modalidades de ação do Estado, que, com maior ou menor grau de autonomia, lhes são distribuídas, com complementariedade e interdependência.[16]

Nesse sentido, o agir de determinado Poder da República na esfera federal representa o agir da União. Por conseguinte,

> a Câmara dos Deputados e o Senado Federal não são pessoas jurídicas, mas órgãos da União. Não é juridicamente possível diferenciar a União e os órgãos constitucionalmente investidos de poderes para formar e exteriorizar a vontade dela.[17]

O mesmo raciocínio serve de suporte para os órgãos integrantes do Poder Judiciário, tais como os Tribunais Superiores e o Supremo, os Tribunais Regionais Federais e o Conselho Nacional de Justiça.

Se a representação judicial e extrajudicial da União é confiada à Advocacia-Geral da União, cabe a esta Instituição exercê-la em favor dos três Poderes da República e não

---

14. Geraldo Magela da Cruz Quintão, "Unções essenciais à Justiça: da Advocacia do Estado", in Meire Lúcia Gomes Monteiro (coord.), *Introdução ao Direito Previdenciário*, São Paulo, LTR, 1998, p. 226.

15. Moreira Neto, ob. cit. Neste capítulo, há mais uma seção, composta pela advocacia privada, mas que, na visão do doutrinador, não integra as procuraturas constitucionais.

16. Diogo de Figueiredo Moreira Neto, *Curso de Direito Administrativo*, 16ª ed., Rio de Janeiro, Forense, 2014, p. 19.

17. Justen Filho, ob. cit., p. 114.

apenas do Poder Executivo, expressando uma genuína Advocacia de Estado, ou seja, de representação de todo o corpo estatal em âmbito federal.

Essa constatação, reitere-se, decorre do fato de o legislador constituinte não ter consignado qualquer apontamento de natureza restritiva quanto à representação judicial e extrajudicial da União a ser exercida pela Advocacia-Geral da União.

Nessa vertente de atuação, o legislador constitucional não limitou o alcance da representação por parte da mencionada Instituição, mas foi expresso ao confiar-lhe a defesa da União em sua integralidade, sem qualquer reserva, diferentemente, aliás, do que fez no tocante à atividade de consultoria e assessoramento jurídico, cuja delimitação foi clara no texto constitucional, cabendo-lhe assessorar juridicamente apenas o Poder Executivo federal.

O dispositivo constitucional, portanto, estabelece dois eixos inconfundíveis de atuação da Advocacia-Geral da União: i) a representação judicial e extrajudicial do Ente Central; ii) a atividade de consultoria e assessoramento jurídico do Poder Executivo. O primeiro em benefício dos Poderes Executivo, Legislativo e Judiciário; o segundo unicamente em favor do Poder Executivo.

Em suma, a Advocacia-Geral da União representa judicial e extrajudicialmente os três Poderes da República, e, no tocante à atividade de consultoria e assessoramento jurídico, atua exclusivamente no espaço de ação do Poder Executivo.[18]

Nesse sentido, quando eventualmente em jogo interesses de qualquer dos três Poderes da República ou de Órgãos federais, seja na seara judicial ou extrajudicial, a representação da União se dará por intermédio da Advocacia-Geral União – instituição considerada essencial à Justiça, que concretiza sua missão por intermédio da atuação de seus membros, agentes públicos.[19]

Essa compreensão, contudo, nem sempre foi clara, mormente diante de algum nível de obscuridade acerca da extensão de certos institutos diretamente ligados à representação, a exemplo da capacidade postulatória.

4. Considerações acerca da capacidade postulatória

Como visto, a representação judicial da União foi conferida pela Constituição de 1988 à Advocacia-Geral da União. Nessa linha, todos os órgãos que compõem o Ente Central, ao demandarem ou ao serem demandados em juízo, serão representados pela Instituição.

No ponto, vale frisar que essa aptidão dos órgãos públicos para estar em juízo (como requerentes ou como requeridos) é chamada, pela doutrina, de capacidade de estar em juízo. De acordo com Theodoro Junior, "em regra geral, a capacidade que se exige da parte para o processo é a mesma que se reclama para os atos da vida civil, isto é, para a prática dos atos jurídicos de direito material". O processualista aponta que a capacidade para figurar como

---

18. Jefferson Carús Guedes, Mauro Luciano Hauschild (coord.), *Nos Limites da História: a construção da Advocacia-Geral da União*, livro comemorativo aos 15 anos, Brasília, UNAFE, 2009, p. 88.

19. Hely Lopes Meirelles ressalta, em sua obra, que "a representação legal da entidade é atribuição de determinados agentes (pessoas físicas), tais como Procuradores judiciais e administrativos" (Hely Lopes Meirelles, *Direito Administrativo Brasileiro*, cit., p. 73).

parte na relação processual pode ser atribuída às pessoas naturais, às pessoas jurídicas e às pessoas formais (como a massa falida, o espólio e a herança).[20]

Todavia, a prática dos atos processuais, ou seja, a própria representação judicial, fica a cargo da Advocacia-Geral da União, na linha da jurisprudência do Supremo Tribunal Federal conforme será analisado no tópico a seguir. Não pode o órgão, a despeito de sua capacidade para estar em juízo, postular diretamente. E isso porque "o fato de a pessoa ter capacidade de estar em juízo não a habilita a requerer por ela mesma. Mister se faz a capacidade postulatória (...)".[21] Em outras palavras,

> não se confunde a *capacidade processual*, que é a aptidão para ser parte, com a *capacidade de postulação*, que vem a ser a aptidão para *realizar* os atos do processo de maneira eficaz.[22]

Feita essa breve distinção entre capacidade de estar em juízo e capacidade postulatória, esta última a cargo da Advocacia-Geral da União, no âmbito federal, não se pode deixar de mencionar circunstâncias que levaram a jurisprudência a reconhecer, de modo excepcional, a possibilidade de alguns órgãos públicos atuarem diretamente em juízo.

De fato, apesar de, pela teoria do órgão, os órgãos públicos serem entes despersonalizados, tais unidades podem ter prerrogativas funcionais próprias, as quais, quando contrariadas, podem comportar defesa específica e direta.

É o que ocorre em situações excepcionais configuradoras de transgressão à autonomia ou à independência dos Poderes da República. Nessa pontual hipótese, o Poder pode praticar diretamente em juízo uma série de atos processuais, no exercício da capacidade processual.

A afirmação tem amparo na jurisprudência do Supremo Tribunal Federal que reconheceu, em caráter excepcional, a possibilidade de o Poder Legislativo praticar, por intermédio de sua estrutura própria, atos processuais para a defesa de sua autonomia e independência frente aos demais Poderes.

Para a Suprema Corte, é possível a

> ocorrência de situações em que o Poder Legislativo necessite praticar em juízo, em nome próprio, uma série de atos processuais na defesa de sua autonomia e independência frente aos demais Poderes, nada impedindo que assim o faça por meio de um setor pertencente à sua estrutura administrativa.[23]

Tal compreensão havia sido externada por Victor Nunes Leal em 1949 ao analisar a situação das câmaras municipais e concluir que, embora não contem com personalidade jurídica – já que são órgãos que compõem a pessoa jurídica municipal –, esses entes despersonalizados teriam a capacidade de atuar diretamente em juízo quando estivessem sendo discutidas suas prerrogativas.

---

20. Humberto Theodoro Junior, *Curso de Direito Processual Civil*, vol. 1, 22ª ed., Rio de Janeiro, Forense, 1997, pp. 78-79.
21. Ernane Fidélis dos Santos, *Manual de Direito Processual Civil*, vol. 1, São Paulo, Saraiva, 2007, p. 37.
22. Theodoro Junior, ob. cit., p. 100.
23. ADI 1.557-DF, rel. Min. Ellen Gracie, *DJU* 18.6.2004.

(...) se o direito deve servir ao homem e não aos esquemas; se há evidente conveniência pública em abrandar as disputas políticas pelo seu progressivo enquadramento judiciário; e se há numerosos casos em que o direito positivo reconhece personalidade jurídica a interesses ou associações não dotadas de personalidade jurídica, é perfeitamente legítima a tese da personalidade judiciária das câmaras municipais, cuja compatibilidade com o nosso regime político está evidenciada pela orientação judiciarista da Constituição vigente.[24]

Essa possibilidade de atuação diretamente em juízo, por sua estrutura administrativa, contudo, revela-se, como assinalado, em caráter de exceção, sob pena de afronta direta ao próprio comando inserto no art. 131 da CF/1988, tanto que Hely Lopes Meirelles, ao discorrer sobre a legitimidade de determinados órgãos em sede de mandado de segurança, registrou o seguinte:

[*Em relação aos órgãos públicos*] despersonalizados mas com prerrogativas próprias (Mesas da Câmaras Legislativas, Presidências de Tribunais, Chefias de Executivo e de Ministério Público, Presidências de Comissões Autônomas etc.), a jurisprudência é uniforme no reconhecimento de sua legitimidade ativa e passiva para o mandado de segurança (não para as ações comuns), restrito à atuação funcional e em defesa de suas atribuições institucionais.[25]

Desse modo, a representação judicial ordinária dos Poderes da República é confiada à Advocacia-Geral da União. Em caráter excepcional, em situações marcadamente violadoras de sua autonomia e independência, o Poder da República pode promover em juízo, por sua própria estrutura administrativa, a defesa de suas prerrogativas constitucionais.

Essa capacidade de postular diretamente em juízo, entretanto, destaca a obra de Hely Lopes Meirelles, só a têm os órgãos independentes e os autônomos, visto que os demais, em razão de sua hierarquização, não podem demandar judicialmente outros órgãos.[26]

Portanto, a capacidade para a prática de atos processuais, sem a presença do órgão de representação – Advocacia-Geral da União –, por não ser a regra, exige para sua legitimação um antecedente necessário: a ocorrência de situação violadora das prerrogativas de Poder, notadamente autonomia e independência, provocada por outros Poderes da República. A necessidade de salvaguarda de valores tão elevados, imanentes ao próprio Poder, autoriza a prática de atos em juízo por intermédio de estrutura administrativa própria.

Todavia, não basta a ocorrência de afronta à autonomia e independência de um Poder, devidamente praticada por outro Poder da República, para que a defesa direta em juízo seja realizada. É preciso ainda aferir se, na situação concreta apresentada, há obstáculo real que impeça a defesa do Poder por intermédio do órgão de representação competente que, na esfera federal, como dito, é exercida pela Advocacia-Geral da União. Ausente situação configuradora de real empecilho, não se mostra legítima a atuação direta pelo órgão em juízo.

Desse modo, somente a partir da constatação da presença de duas premissas é possível reconhecer-se a legitimidade de atos processuais praticados diretamente pelo Poder, sem

---

24. Victor Nunes Leal, "Personalidade judiciária das Câmaras Municipais", in Victor Nunes Leal, *Problemas de Direito Público e outros problemas*, vol. 1, Brasília, Ministério da Justiça, 1997, p. 439.

25. Hely Lopes Meirelles, *Mandado de Segurança. Ação Popular, Ação Civil Pública, Mandado de Injunção, "Habeas Data"*, 20ª ed., São Paulo, Malheiros Editores, 1998, p. 23 [*v. 37ª ed., São Paulo, Malheiros Editores, 2016, p. 30*].

26. Hely Lopes Meirelles, *Direito Administrativo Brasileiro*, cit., p. 73.

as quais não haverá amparo constitucional para a admissão da aludida capacidade: a) se a questão se referir à defesa da autonomia e independência do Poder frente aos demais; b) se restar configurado algum óbice para o exercício da defesa judicial do Poder pelo órgão competente.

A afirmação pauta-se precisamente pelo entendimento firmado na jurisprudência do Supremo Tribunal Federal, segundo o qual cabe ao magistrado realizar juízo "acerca da legitimidade a ser feito sempre diante do caso concreto, averiguando se o órgão despersonalizado não dispõe de outro meio eficaz de fazer valer sua autonomia e independência", mormente a demonstração de obstáculo razoável para que a defesa seja realizada pelo órgão ordinariamente competente – a Advocacia-Geral da União.[27]

Fora dessas balizas, o desempenho de atos processuais diretamente pela estrutura do Poder, na seara federal, caracteriza agressão ao comando constitucional inserto no art. 131, que depositou em instituição específica – a Advocacia-Geral da União – o mister de defender os três Poderes da República em juízo.

5. A representação judicial dos três Poderes da República por intermédio da Advocacia-Geral da União: evolução jurisprudencial

A par do entendimento consolidado na jurisprudência acerca da capacidade de atuar diretamente em juízo conferida a determinados órgãos dos Poderes da República para a defesa de sua autonomia e independência,[28] a representação judicial dos três Poderes, por intermédio da Advocacia-Geral da União, tem tratamento explícito na jurisprudência do Supremo Tribunal Federal.

No julgamento da Reclamação 8.025-SP (*leading case*), *DJe* 6.8.2010, o Supremo Tribunal Federal apreciou questão de ordem importante sobre o tema. A situação fática contemplava ação promovida diretamente pelo Tribunal Regional Federal da 3ª Região, mediante atuação de advogado particular constituído pelo Presidente daquele colegiado para defesa de prerrogativa do próprio Tribunal.

Naquela assentada, o Supremo Tribunal Federal afirmou a exclusividade da representação pela Advocacia-Geral da União de todo e qualquer órgão da União, em estrita observância ao disposto no art. 131 da Constituição da República.

Assim, conforme restou consignado no *Informativo* 571 de jurisprudência do Supremo Tribunal Federal, tratando-se de órgão da União destituído de personalidade jurídica, a representação judicial do Tribunal Regional Federal da 3ª Região caberia à Advocacia-Geral da União. Eis o extrato constante do referido informativo:

> O Tribunal, por maioria, julgou procedente pedido formulado em reclamação para anular a eleição do Presidente do Tribunal Federal da 3ª Região e determinar que outra se realize. Preliminarmente, o Tribunal, após salientar que o tema da legitimidade poderia ser conhecido de ofício pelo colegiado, não havendo se falar em preclusão, afirmou a ilegitimidade da representação judicial do advogado constituído pela presidente do TRF da 3ª Região. Asseverou-se que, em se tratando de órgão da União destituído de personalidade jurídica, a representação do TRF da

---

27. RE 595.176 AgR, 2ª T., rel. Min. Joaquim Barbosa, *DJe* 3.12.2010.
28. *RDA* 15/46, 72/267, 73/287, 81/309, entre outras; *RT* 319/433, 321/523, STF, *RT* 727/81.

3ª Região caberia à Advocacia-Geral da União – AGU. Em consequência, desconsiderou-se a sustentação oral realizada pelo citado patrono constituído, admitindo, assim que o advogado da reclamante proferisse sua sustentação oral, o qual chegara ao Supremo depois da sustentação oral feita por aquele advogado.

O posicionamento foi reafirmado, mais recentemente, no julgamento do Mandado de Segurança 34.063, em que se discutia o encaminhamento pelo Presidente da Mesa do Senado Federal de projeto de lei à Câmara dos Deputados. A Advocacia-Geral da União atuou no feito apresentando as peças processuais cabíveis para a defesa das prerrogativas do Senado Federal. Não obstante, apesar da defesa consubstanciada nos autos, a Advocacia do Senado Federal, órgão integrante da estrutura administrativa daquela Casa Legislativa, também ofertou peças processuais em favor do Poder Legislativo.

Diante do quadro formado, qual seria o órgão dotado de competência constitucional e legal para atuação em juízo em nome do Poder Legislativo?

O tema foi enfrentado pelo Min. relator Edson Fachin, que, preliminarmente, destacou a natureza excepcional da capacidade postulatória autônoma. O órgão de cúpula do Poder Legislativo detém capacidade postulatória autônoma, podendo praticar atos em juízo, à luz, inclusive, da decisão tomada no julgamento da ADI 1557, de relatoria da Min. Ellen Gracie. Porém, referida excepcionalidade exige juízo expresso acerca da legitimidade a ser sempre realizado no caso concreto, com o escopo de averiguar se o órgão despersonalizado não dispõe de outro meio eficaz de defesa de sua autonomia e independência.

A afirmação do Ministro, que também se pautou pela decisão tomada pela Corte no julgamento do RE 595.176, de relatoria do Min. Joaquim Barbosa, valorizou o exame do caso concreto, a fim de comprovar, inclusive, a presença de obstáculo razoável que comprometa a defesa, caso seja realizada pelo órgão ordinariamente competente – a Advocacia--Geral da União.

Foi exatamente nessa perspectiva que o Ministro relator reconheceu que, naquela hipótese concreta, a representação judicial deveria ser realizada pela Advocacia-Geral da União, como, reitere-se, ordinariamente ocorre, uma vez constatada a adequada defesa do Poder em juízo desenvolvida nas peças processuais apresentadas pela Instituição.

O parecer do Ministério Público Federal nesse precedente é bastante elucidativo, em especial no trecho em que destaca:

> Havendo clara prescrição constitucional (art. 131) e legal (Lei Complementar 73/93) no sentido de centralizar a defesa judicial da União em apenas um órgão, e o assunto tratado no presente *mandamus* não ostentar qualquer conflito entre a União e o Senado Federal, não subsiste qualquer razão jurídica para o ingresso nesse feito da Advocacia-Geral do Senado como representante desse órgão e defensor dos atos de seus dirigentes. A própria AGU já desempenha esse papel.

O precedente revela-se determinante à luz da própria essência da teoria do órgão, porquanto a boa funcionalidade de todo o corpo estatal está diretamente relacionada ao desempenho, por cada órgão, de suas funções específicas. Essa boa articulação entre os mais diversificados órgãos públicos, sem que uns avancem no âmbito de funções do outro, é que garante um corpo estatal sadio.

6. A União enquanto titular de posições jurídicas subjetivas

Muito embora, pela teoria do órgão, a pessoa jurídica de direito público exprima sua vontade por intermédio de seus órgãos, é possível a configuração de situações que coloquem os próprios órgãos em posições antagônicas. Isso porque, apesar de destituídos de personalidade jurídica própria, o órgão público pode sim ser titular de posição jurídica subjetiva.[29]

A depender de circunstâncias concretas, a título de exemplo, é possível que, embora ausente personalidade jurídica própria, o Ministério de Meio Ambiente assuma postura técnica contrária àquela adotada pelo Ministério de Minas e Energia. Ambos, porém, integrantes da estrutura do Poder Executivo federal e, portanto, da União, pessoa jurídica de direito público dotada de personalidade jurídica.

Do mesmo modo, a contraposição de entendimentos pode ser observada, por exemplo, entre o Conselho Nacional de Justiça e determinado Tribunal Regional Federal. Ambos os órgãos despersonalizados, porém, integrantes da União, pessoa jurídica de direito público com personalidade jurídica própria.

Ainda para fins de exemplificação, é possível que, em uma situação específica, a Câmara dos Deputados tenha compreensão distinta daquela formada pelo Tribunal de Contas da União, ambos, do mesmo modo, fazendo parte da pessoa jurídica de direito público – União.

Avançando no acervo de possibilidades, o posicionamento adotado pelo Conselho Nacional de Justiça, órgão do Poder Judiciário, pode ser contrário àquele firmado pelo Tribunal de Contas da União, órgão de auxílio do Poder Legislativo, os dois integrantes da União. Ou ainda, o Ministério do Planejamento pode ter entendimento oposto ao adotado pelo Ministério Público da União – ambos fazendo parte da União.

Enfim, apesar de desprovidos de personalidade jurídica própria, os múltiplos órgãos públicos integrantes da União podem, no convívio ordinário, assumir posições jurídicas subjetivas próprias e contrapostas.

Em outros termos, é plenamente possível a configuração de conflitos entre órgãos do mesmo Poder (conflitos interorgânicos), ou mesmo conflitos entre órgãos de Poderes distintos (conflitos interpoderes).

Frente à teoria do órgão, como fica então o corpo (União) quando alguns de seus órgãos não abrem mão de sua posição jurídica? O corpo entra em colapso ou há mecanismos aptos a promover a adequada defesa dos órgãos em juízo? Como se dará a representação judicial adequada dos interesses contrapostos de Poderes da República?

Partindo do pressuposto de que todos os órgãos envolvidos integram a mesma pessoa jurídica de direito público (União), e sendo atribuição de uma única instituição a representação judicial e extrajudicial da União (Advocacia-Geral da União), como os interesses antagônicos poderão ser adequadamente defendidos em juízo, sem desrespeito às regras inerentes à capacidade postulatória?

Muitos desses conflitos, conforme acima ilustrado, instalam-se não apenas entre órgãos independentes e autônomos. Tal circunstância (independência e autonomia) acaba por facilitar a solução do problema por intermédio do simples reconhecimento da capacidade dos órgãos envolvidos de praticar diretamente em juízo atos processuais. Dessa forma, os

---

29. Justen Filho, ob. cit., p. 113.

dois órgãos em conflito poderiam, segundo a jurisprudência do Supremo Tribunal Federal, promover diretamente a defesa em juízo de suas prerrogativas.

A situação torna-se, porém, mais complexa quando não se trata de hipótese configuradora de reconhecimento da aludida capacidade, e aqui é importante relembrar os requisitos para que esta possa legitimamente ser caracterizada, à luz da jurisprudência do Supremo Tribunal Federal: a) que a questão diga respeito à defesa da autonomia e independência do Poder frente aos demais; b) que reste configurado algum óbice para o exercício da defesa judicial do Poder pelo órgão competente, isto é, pela Advocacia-Geral da União.

Ou seja, os órgãos federais de quaisquer dos Poderes da República, muito embora detenham capacidade de estar em juízo (capacidade de ser parte), não são dotados de capacidade postulatória e, portanto, precisam ser representados perante o Poder Judiciário pela Advocacia-Geral da União.

Nesse contexto, como assegurar a mais eficiente defesa em juízo de interesses contrapostos de órgãos públicos integrantes da mesma pessoa jurídica de direito público por intermédio da única instituição que detém capacidade para promover a defesa judicial da União, em especial quando não se está diante de situação configuradora da capacidade admitida pelo Supremo Tribunal Federal? Especificamente para fins da vertente enfrentada no presente texto, como equacionar, em estrita coerência com os ditames previstos na Constituição Federal, os conflitos entre Poderes da República, ausentes os pressupostos supramencionados?

O impasse vem sendo solucionado por meio de instrumento eficiente, capaz de tornar efetiva a representação judicial de interesses dissonantes de órgãos públicos integrantes da União, sem macular o comando inserto na Constituição Federal que atribui à Advocacia-Geral da União a representação judicial da União: trata-se do denominado exercício da *advocacia pública ad hoc*.

7. A representação judicial de órgãos da União em situação de conflito entre órgãos do mesmo Poder ou de Poderes distintos

O equacionamento das situações configuradoras de conflito entre órgãos do mesmo Poder (conflito interorgânicos) ou entre Poderes distintos (interpoderes) vem sendo promovido pela Advocacia-Geral da União por intermédio da denominada advocacia pública *ad hoc*.

O advogado *ad hoc* (advogado nomeado ou de exceção)[30] é aquele designado para realizar pontualmente a defesa de determinado ato ou agente em juízo. Ou seja, para aquele ato específico, a parte contará com a defesa de advogado destacado para essa finalidade.

Transpondo o instituto para a advocacia pública, é possível afirmar que o mecanismo tem valia quando se faz necessária a defesa em juízo de interesses antagônicos de órgãos integrantes da mesma pessoa jurídica de direito público (União).

30. Trata-se de advogado ou defensor nomeado pelo juiz quer seja para um determinado ato processual ou mesmo para todo o processo. A essência do conceito, portanto, reside na nomeação do defensor pelo juiz diante da ausência de defensor constituído, conforme aduz a doutrina, ao diferenciar as figuras do defensor dativo e do defensor *ad hoc*: "Se o réu não possuir defensor constituído (procurador), o juiz nomear-lhe-á um, que se chamará dativo". Por sua vez, "defensor *ad hoc* é aquele nomeado pelo juiz para a realização de determinados atos face à ausência de defensor constituído (procurador)" (Fernando Capez, *Curso de Processo Penal*, São Paulo, Saraiva, 1998, pp. 154-155).

Ora, se a Constituição da República vocacionou uma instituição específica para promover a representação judicial e extrajudicial da União, e sendo certo que os órgãos que integram a referida pessoa jurídica podem ser detentores de posições jurídicas subjetivas contrapostas que não poderão ser defendidas diretamente por estes em juízo, cabe à Advocacia-Geral da União submetê-los ao Poder Judiciário para a necessária pacificação.

Para excluir qualquer confusão no processo, eliminando situação jurídica configuradora de conflito da União contra ela própria, a denominada advocacia pública *ad hoc* tem se apresentado como mecanismo de equacionamento mais eficiente.

Por conseguinte, quando se mostre inviável a resolução consensual da controvérsia na seara administrativa, é designado um advogado público *ad hoc* para promover em juízo a defesa da posição jurídica adotada por determinado órgão público, ao mesmo tempo em que é designado outro advogado público *ad hoc* que ficará responsável pela defesa da posição fixada pelo outro órgão público igualmente integrante da União.

Nessa perspectiva, os advogados públicos designados desempenham seu mister com base na independência técnica, bem como por meio de defesa definida sob a orientação direta dos dirigentes de cada órgão público representado, de modo a assegurar a máxima transparência e lisura na condução da defesa processual.[31]

O procedimento utilizado tem se demonstrado adequado e eficiente na medida em que simultaneamente valoriza o conteúdo da Constituição da República – que atribui à Advocacia-Geral da União a tarefa de representar a União em juízo – e respeita a posição jurídica subjetiva adotada pelo órgão público, ainda que dissonante daquela defendida por outro.

A solução tem ainda a virtude de resguardar os cofres públicos federais. Isso porque, se há uma instituição formada e vocacionada à representação da União em juízo, não seria adequado admitir-se que a defesa do órgão fosse promovida por intermédio da advocacia privada.

Tal percepção, aliás, não encontraria amparo na própria Constituição Federal na medida em que é exclusiva do advogado público de carreira a representação da União, conforme assentado nos precedentes anteriormente citados. Cabe destacar, nessa linha de entendimento, trecho da manifestação exarada pelo Min. Marco Aurélio quando do julgamento da Reclamação 8.025-SP, *DJe* 6.8.2010, em que Sua Excelência questiona:

> Presidente, há um ato administrativo de Tribunal da União. Indago: quanto à representação do Tribunal, poderíamos conceber – presente a Advocacia-Geral da União, a estruturação da Advocacia-Geral da União – credenciamento de advogado estranho aos quadros respectivos? A minha resposta é negativa.

À luz do posicionamento da Suprema Corte, portanto, e salvo as situações excepcionais mencionadas, cabe aos membros da Advocacia-Geral da União a exclusividade da representação judicial da União. Nessa linha, mencione-se decisão recente proferida nos autos da Ação Direta de Inconstitucionalidade 4.070, em que o Supremo Tribunal Federal

---

31. A Portaria AGU n. 463, de 12.12.2013, garante aos órgãos públicos envolvidos o respeito à sua autonomia e à paridade de armas no processo judicial em seu art. 2º, ao consignar a independência técnica do advogado público e a sua orientação pela autoridade máxima do órgão representado.

declarou inconstitucional norma estadual que fixava a competência para cobrar as multas aplicadas pelo Tribunal de Constas local à sua respectiva Procuradoria ao invés da Procuradoria estadual.[32]

Em outra situação, a Corte Suprema foi expressa em afirmar que "O desempenho das atividades de assessoramento jurídico no âmbito do Poder Executivo estadual traduz prerrogativa de índole constitucional outorgada aos Procuradores do Estado pela Carta Federal". E isso ocorre em virtude do comando expresso no art. 132 que estabeleceu uma

> inderrogável imputação de específica e exclusiva atividade funcional aos membros integrantes da Advocacia Pública do Estado, cujo processo de investidura no cargo que exercem depende, sempre, de prévia aprovação em concurso público de provas e títulos.[33]

Sob essa ótica, o instituto da advocacia pública *ad hoc* vem sendo utilizado no âmbito dos mais diversificados processos judiciais em que são discutidos conflitos instaurados entre os órgãos integrantes da União, nas diversas instâncias e Tribunais.

No Supremo Tribunal Federal, os interesses contrapostos de órgãos públicos têm sido dirimidos mediante o respeito irrestrito ao disposto no art. 131 da CF, com a designação de advogados públicos *ad hoc*.

A título de exemplo, cita-se a Ação Cível Originária 2.148, de relatoria do Min. Gilmar Mendes, na qual a União questiona decisão exarada pelo Conselho Nacional de Justiça que determinou a concessão de ajuda de custo nos casos de remoção a pedido de magistrados e servidores do Poder Judiciário.

Merece destaque também o Mandado de Segurança 33.464, de relatoria do Min. Dias Toffoli, impetrado pela União em face de ato do Conselho Nacional do Ministério Público, qual seja a Resolução n. 117, de 7.10.2014, que determinou o pagamento de ajuda de custo para moradia (auxílio-moradia) a todos os membros do Ministério Público, considerando a tutela antecipada concedida nos autos da Ação Originária 1.773-DF e a simetria entre as carreiras da Magistratura e do Ministério Público.

Pode-se mencionar, ainda, a título de exemplo, a Ação Cível Originária 2.049, rel. Min. Luiz Fux, ajuizada pela União, questionando decisão do Conselho Nacional do Ministério Público que determinou o pagamento de quintos adquiridos por Procurador da República antes do ingresso na aludida carreira.

Outro caso que merece registro é o Mandado de Segurança 30.659, rel. Min. Roberto Barroso, impetrado pelo Tribunal Regional Federal da 5ª Região contra ato do Conselho Nacional de Justiça, consubstanciado em decisão que julgou procedente pedido de afastamento formulado por magistrado para o exercício da Presidência da Associação dos Juízes Federais da 5ª Região.

Os casos supramencionados retratam apenas alguns exemplos de êxito do uso do instituto, que acabaram por comprovar a plena aptidão do mecanismo para solver o dilema da adequada representação judicial de interesses contrapostos de órgãos integrantes da estrutura de Poderes distintos da mesma pessoa jurídica de direito público.

---

32. ADI 4.070, rel. Min. Cármen Lúcia, Plenário, j. 19.12.2016 (acórdão pendente de publicação).
33. ADI 4.881, rel. Min. Celso de Mello, Plenário, *DJU* de 25.4.1997.

Ao longo dos últimos anos, o instituto vem sendo utilizado perante o Poder Judiciário, com sucesso. No âmbito do Supremo Tribunal Federal várias ações já transitadas em julgado contaram com a atuação do advogado público *ad hoc*.

Dados atuais revelam que oito processos já transitaram em julgado perante o STF, nos quais os órgãos públicos tiveram seus interesses devidamente defendidos por meio da advocacia *ad hoc*. Hoje, em torno de 50 ações estão em andamento perante a Corte Suprema, com a presença da figura do advogado público *ad hoc*.

8. Considerações finais

A teoria do órgão concebida por Otto Gierke compreende o órgão público como uma unidade dotada de funções específicas, destituída de personalidade jurídica própria, parte integrante de determinada pessoa jurídica de direito público. É, portanto, componente instrumental de um corpo estatal.[34]

Nessa linha, o órgão atua em nome da pessoa jurídica da qual faz parte. Não se apresenta, assim, como sujeito de direitos e obrigações por si próprios, na medida em que toda a sua atuação é imputada à pessoa jurídica a que pertence.

Como o órgão público não é uma pessoa jurídica, a Câmara dos Deputados, o Senado Federal, o Conselho Nacional de Justiça, os Tribunais Regionais Federais, os diversos Ministérios, as Secretarias Federais etc. não são pessoas jurídicas, mas órgãos da União.

Nesse sentido, a manifestação de vontade da União é revelada através da atuação de seus órgãos, não sendo juridicamente possível diferenciar a União e os órgãos constitucionalmente investidos de poderes para formar e exteriorizar a vontade desta.[35]

Como desdobramento da teoria do órgão, é importante apontar a distinção entre dois institutos: a imputação e a representação. Se pela imputação a atuação do órgão é tida como ação da própria pessoa jurídica da qual faz parte; pela representação, a pessoa jurídica de direito público é defendida perante terceiros ou em juízo por determinados agentes públicos, integrantes de um órgão público constituído especificamente para esse fim, ou seja, a Advocacia-Geral da União em âmbito federal.

A Constituição Federal, em seu art. 131, atribuiu à Advocacia-Geral da União a missão de representar judicial e extrajudicialmente a União. Esse eixo de atuação não encontrou qualquer elemento restritivo acerca de seu alcance, isto é, não houve qualquer limitação por parte do legislador constituinte originário quando adotou como parâmetro os Poderes da República. Assim, compete-lhe, enquanto Função Essencial à Justiça, representar os três Poderes da República em juízo.

Esse tema, aliás, foi objeto de enfrentamento pelo Supremo Tribunal Federal no *leading case*, Reclamação 8.025, no âmbito do qual restou consolidado o entendimento acerca da competência exclusiva da Advocacia-Geral da União, justamente por se estar diante de demanda de interesse de órgão da União.

Não obstante a missão entregue a esta Advocacia-Geral acerca da representação dos órgãos integrantes da União, é possível que situações concretas coloquem os Poderes da

---

34. Moreira Neto, ob. cit., p. 18.
35. Justen Filho, ob. cit., p. 114.

República em polos opostos, sendo certo que um órgão integrante de um Poder pode assumir posição jurídica subjetiva distinta daquela compreendida por órgão de outro.

É nesse contexto de conflito entre Poderes integrantes da mesma pessoa jurídica de direito público (União) que se coloca o questionamento acerca da adequada representação em juízo, mormente considerando a reverência a ser prestada ao comando inserto no aludido art. 131 da CF.

Apesar do reconhecimento, pela Suprema Corte, da capacidade de órgãos públicos dotados de independência e autonomia constitucional praticarem certos atos em juízo, circunstância que os autoriza a promover, por sua própria estrutura, a defesa judicial de suas prerrogativas institucionais, como, aliás, também já o admitiu o Superior Tribunal de Justiça,[36] fato certo é que essa possibilidade tem caráter excepcional.

Isso porque a legitimidade do aludido instituto somente pode ser reconhecida mediante a conjugação de dois pressupostos: a) quando a questão se referir à defesa da autonomia e independência do Poder frente aos demais; b) quando restar configurado algum óbice para o exercício da defesa judicial do Poder pelo órgão competente.

Diante da ausência de qualquer um desses requisitos, a defesa deverá ser realizada pelo órgão de representação judicial da União: a Advocacia-Geral da União.

A aludida defesa, necessariamente, deverá observar o respeito irrestrito aos princípios norteadores da Administração Pública e da própria Advocacia, tais como a impessoalidade e a paridade de armas, aspectos que se tornam primordiais diante da instalação de verdadeira divergência entre posições jurídicas adotadas por Poderes integrantes da mesma pessoa jurídica de direito público.

Assim, com o escopo de manter o máximo equilíbrio e igualdade de tratamento na representação dos interesses contrapostos da União em juízo, presente conflito entre Poderes, a advocacia pública *ad hoc* tem se revelado mecanismo de equacionamento eficiente.

Por intermédio desta, são designados *ad hoc* advogados públicos – portanto, membros integrantes do quadro da Advocacia-Geral da União –, para promover a defesa dos Poderes em juízo, em qualquer instância ou tribunal.

A paridade de armas e a defesa imparcial restam devidamente resguardadas na medida em que cada advogado designado *ad hoc* terá sua atuação técnica orientada pelo próprio órgão público integrante do Poder ali representado.

Não há, no trabalho desenvolvido pelo advogado público *ad hoc*, qualquer interferência por parte de outro membro da Instituição ou mesmo de sua autoridade máxima, o Advogado-Geral da União. Toda estratégia de atuação em juízo, incluindo as teses que serão desenvolvidas, ocorrerão em consonância com a orientação expedida pelo representado.

Essa sistemática vem sendo implementada por meio de termos de cooperação firmados entre a Advocacia-Geral da União e os Poderes da República, tendo recebido ainda tratamento específico em Portaria da Instituição.[37]

---

36. Súmula 525 do STJ, segundo a qual, "A Câmara de Vereadores não possui personalidade jurídica, apenas personalidade judiciária, somente podendo demandar em juízo para defender os seus direitos institucionais".

37. Portaria AGU n. 463, de 12.12.2013.

No âmbito do Poder Judiciário pátrio, são inúmeros os casos em que a advocacia pública *ad hoc* foi manejada com sucesso, em ações inclusive acobertadas pelo manto da coisa julgada tramitadas perante o Supremo Tribunal Federal.

A advocacia pública *ad hoc*, em hipótese de conflito entre Poderes, é a solução que presta reverência à Constituição Federal, na medida em que mantém, no âmbito do próprio órgão de representação judicial da União, devidamente constituído pelo legislador constituinte originário para esse fim, a defesa dos interesses dos Poderes da República, ainda que contrapostos.

Em suma, se pela teoria do órgão os órgãos públicos são destituídos de personalidade jurídica própria, porquanto integrantes do corpo estatal – este sim dotado de personalidade jurídica própria (União) –, eventuais posições jurídicas subjetivas distintas entre órgãos públicos de Poderes da República merecerão a adequada defesa judicial por intermédio do exercício de uma advocacia de Estado, em que a posição de um órgão não venha a prevalecer frente à do outro senão por força de decisão judicial.

Assim, os conflitos poderão ser legitimamente submetidos ao Poder Judiciário brasileiro para a obtenção da necessária pacificação, através do órgão de representação judicial da União – e, portanto, dos três Poderes da República –, a Advocacia-Geral da União, sendo plenamente compatível com a ordem jurídica nacional, em especial, com os ditames constitucionais e processuais, a adoção do instituto da advocacia pública *ad hoc* para a defesa da posição de cada um dos Poderes. A sistemática conforma-se à intenção do legislador de encerrar no seio de uma única Instituição a representação judicial da União.

Os três Poderes da República contam, dessa forma, com um órgão de Estado de representação judicial devidamente preparado para promover a defesa de seus interesses, ainda quando estes se apresentam de forma contraposta aos interesses defendidos por outro Poder da República. Referido mecanismo de atuação institucional tem a virtude de manter a necessária coerência com os princípios que norteiam não apenas a Administração Pública como também o exercício da advocacia de Estado, medida que, em última análise, fortalece o próprio Estado Democrático de Direito.

Referências bibliográficas

BULOS, Uadi Lammêgo. *Constituição Federal Anotada*. 6ª ed. São Paulo, Saraiva, 2005.

CAETANO, Marcelo. *Manual de Direito Administrativo*. Lisboa, 1965.

CAPEZ, Fernando. *Curso de Processo Penal*. São Paulo, Saraiva, 1998.

GUEDES, Jefferson Carús; HAUSCHILD, Mauro Luciano (coord.). *Nos Limites da História: a construção da Advocacia-Geral da União*. Livro comemorativo aos 15 anos. Brasília, UNAFE, 2009.

JUSTEN FILHO, Marçal. *Curso de Direito Administrativo*. 12ª ed. São Paulo, Ed. RT, 2016.

LEAL, Victor Nunes. "Personalidade judiciária das Câmaras Municipais", in LEAL, Victor Nunes. *Problemas de Direito Público e outros Problemas*, vol. 1. Brasília, Ministério da Justiça, 1997, pp. 424-439.

MEDAUAR, Odete. *Direito Administrativo Moderno*. 19ª ed. São Paulo, Ed. RT, 2015.

MEIRELLES, Hely Lopes. *Mandado de Segurança. Ação Popular, Ação Civil Pública, Mandado de Injunção, "Habeas Data"*. 20ª ed. São Paulo, Malheiros Editores, 1998. *[V. 37ª ed., São Paulo, Malheiros Editores, 2016.]*

_____. *Direito Administrativo Brasileiro*. 42ª ed. São Paulo, Malheiros Editores, 2016.

MELLO, Celso Antônio Bandeira de. *Apontamentos sobre os Agentes e Órgãos Públicos*. 1ª ed. São Paulo, Ed. RT, 1984, p. 70.

_____. *Curso de Direito Administrativo*. 33ª ed., 2ª tir. São Paulo, Malheiros Editores, 2017.

MOREIRA NETO, Diogo de Figueiredo. "As funções essenciais à justiça e as procuraturas constitucionais", *R. Inf. Legisl.*, n. 116. Brasília, ano 29, out.-dez. 1992, pp. 79-102.

_____. *Curso de Direito Administrativo*. 16ª ed. Rio de Janeiro, Forense, 2014.

QUINTÃO, Geraldo Magela da Cruz. "Unções essenciais à Justiça: da Advocacia do Estado", in MONTEIRO, Meire Lúcia Gomes (coord.). *Introdução ao Direito Previdenciário*. São Paulo, LTR, 1998, pp. 226-236.

SANTOS, Ernane Fidélis dos. *Manual de Direito Processual Civil*, vol. 1. São Paulo, Saraiva, 2007.

THEODORO JUNIOR, Humberto. *Curso de Direito Processual Civil*, vol. 1. 22ª ed. Rio de Janeiro, Forense, 1997.

ASSIMETRIA REGULATÓRIA NO SETOR DE TRANSPORTE COLETIVO DE PASSAGEIROS: A CONSTITUCIONALIDADE DO ART. 3º DA LEI 12.996/2014[1]

GUSTAVO BINENBOJM

1. Introdução. 2. A intervenção estatal no domínio econômico e a possibilidade de prestação dos serviços elencados no art. 21, XII, da CF em regime de autorização – O modelo de assimetria regulatória. 3. A prestação do serviço de transporte coletivo interestadual e internacional sob o regime de autorização – Constitucionalidade do art. 3º da Lei 12.996/2014. 4. Conclusão.

1. Introdução

O objetivo deste artigo é discutir a constitucionalidade do art. 3º da Lei 12.996/2014, o qual alterou a sistemática das formas de prestação dos serviços de transporte coletivo prevista na Lei 10.233/2001. De forma específica, a nova lei passou a prever que nos casos de serviços de transporte terrestre coletivo regular interestadual e internacional de passageiros desvinculados da exploração de infraestrutura as outorgas seriam realizadas por meio de *autorização*, independentemente de licitação.

O argumento principal no sentido da invalidade da norma legal é centrado na ausência de prévia licitação, o que violaria a regra contida no art. 37, XXI, da Constituição da República bem como os termos da Lei 8.987/1995 (especialmente o disposto no art. 40 da referida lei, que prevê a exigência de licitação para as permissões de serviços públicos) e do Decreto 2.521/1998. Argumenta-se, ademais, que o transporte coletivo de passageiros deveria sempre submeter-se ao regime jurídico dos serviços públicos, o que atrairia, *a fortiori*, a aplicação da sistemática do art. 175 da CF e, de conseguinte, a necessidade de realização de certame licitatório previamente à celebração de qualquer contrato de concessão ou permissão.

De forma mais específica, a Lei 12.996/2014 alterou as formas de delegação do serviço de transporte coletivo previstas nos arts. 13 e 14 da Lei 10.233/2001, passando a prever o instrumento da *autorização* (e não mais permissão) para a outorga de transporte rodoviário coletivo regular interestadual e internacional, independentemente de licitação. Confiram-se, a propósito, os dispositivos pertinentes da Lei 10.233/2001, com as subsequentes alterações legislativas:

Art. 13. Ressalvado o disposto em legislação específica, as outorgas a que se refere o inciso I do *caput* do art. 12 serão realizadas sob a forma de: *[redação dada pela Lei 12.815/2013]* (...); IV – permissão, quando se tratar de: *[redação dada pela Lei 12.996/2014]* a) prestação

---

1. O presente artigo foi escrito como homenagem do autor ao centenário do grande publicista brasileiro Hely Lopes Meirelles. A partir de sua obra os administrativistas do País passaram a ter de concordar com suas posições ou a ter de explicar muito bem por que não o faziam.

regular de serviços de transporte terrestre coletivo interestadual semiurbano de passageiros desvinculados da exploração da infraestrutura; *[incluído pela Lei 12.996/2014]* b) prestação regular de serviços de transporte ferroviário de passageiros desvinculados da exploração de infraestrutura; *[incluído pela Lei 12.996/2014]* V – *autorização*, quando se tratar de: *[redação dada pela Lei 12.996/2014]* (...); e) prestação regular de *serviços de transporte terrestre coletivo interestadual e internacional de passageiros desvinculados da exploração da infraestrutura.* *[Incluído pela Lei 12.996/2014]*

Art. 14. Ressalvado o disposto em legislação específica, o disposto no art. 13 aplica-se conforme as seguintes diretrizes: *[redação dada pela Lei 12.815/2013]* (...); III – *depende de autorização: [redação dada pela Lei 12.815/2013]* (...); j) *transporte rodoviário coletivo regular interestadual e internacional de passageiros*, que terá regulamentação específica expedida pela ANTT; *[incluído pela Lei 12.996/2014]* (...).

Art. 43. A autorização, ressalvado o disposto em legislação específica, será outorgada segundo as diretrizes estabelecidas nos arts. 13 e 14 e apresenta as seguintes características: *[redação dada pela Lei 12.815/2013]* I – *independe de licitação*; II – é exercida em liberdade de preços dos serviços, tarifas e fretes, e em ambiente de livre e aberta competição; III – não prevê prazo de vigência ou termo final, extinguindo-se pela sua plena eficácia, por renúncia, anulação ou cassação. *[Grifos nossos]*

Embora reconheçam que o art. 21, XII, da Constituição da República autoriza o legislador a se valer dos instrumentos da concessão, permissão e *autorização*, aqueles que afirmam a inconstitucionalidade da nova sistemática legal sustentam que essa última hipótese (autorização) não seria adequada para o caso específico da delegação de serviços de transporte rodoviário interestadual de passageiros. Tais serviços só comportariam, à luz do art. 175 da CF, modelos de concessão ou permissão, precedidos de licitação.

Cumpre registrar que a controvérsia sobre a constitucionalidade do art. 3º da Lei 12.996/2014 foi submetida ao STF, por meio da ADI 5.549 (rel. Min. Luiz Fux), proposta pelo Procurador-Geral da República. No caso, discute-se, justamente, a constitucionalidade do modelo inaugurado pelo art. 3º da Lei 12.996/2014 à luz do disposto nos arts. 37, *caput* e inciso XXI, e 175, *caput*, da CF.

Como se demonstrará a seguir, o modelo adotado pelo legislador ordinário é plenamente compatível com a Constituição da República, tendo em vista a *liberdade de conformação* instituída pelo art. 21, XII, da Lei Maior, que permite expressamente a utilização do instrumento da *autorização* como forma de *consentimento administrativo* à prestação de serviços por particulares, dentre os quais se insere a alínea "e" (regulamentada pelo art. 13, V, "e", e pelo art. 14, III, "j", ambos da Lei 10.233/2001, com a redação introduzida pela Lei 12.996/2014), que versa sobre a exploração dos serviços de transporte rodoviário coletivo regular interestadual e internacional de passageiros.

Com efeito, dentro desse espaço de livre conformação aberto pelo constituinte, compete ao legislador verificar, em cada caso, qual é o instrumento mais adequado para delegar ao particular a exploração do serviço (por meio de concessão ou permissão) ou para autorizar sua exploração como atividade econômica em sentido estrito (por meio de *autorização*). Aliás, tanto é assim que o modelo de *autorização* para a delegação dos serviços descritos no art. 21, XI e XII, da CF é comum no ordenamento jurídico brasileiro e se verifica, por exemplo, no regime de telecomunicações, de energia elétrica e de portos, setores em que vigora um modelo de *assimetria regulatória*, caracterizado pela convivência harmônica entre alguns prestadores sob regime de serviço público e outros prestadores sob regime de atividade econômica em sentido estrito.

No caso específico do transporte coletivo regular interestadual de passageiros, o legislador, dentro do espaço de liberdade de conformação que lhe confere a Constituição, entendeu que deveria contemplar a possibilidade de introduzir a livre concorrência no modelo de prestação do serviço, permitindo que qualquer empresa, atendidos os requisitos de qualificação exigidos pela Agência Nacional de Transportes Terrestres/ANTT (Resolução 4.770/2015), pudesse explorá-lo como atividade econômica em sentido estrito, mediante *autorização*. Como se verá, tal previsão legislativa tem por objetivo promover maior eficiência no setor, em benefício dos usuários dos serviços, passando a conviver, em perfeita harmonia, sob regime de assimetria regulatória, com a modalidade de permissão de serviço público, estabelecida para o transporte coletivo regular interestadual *semiurbano* de passageiros.[2]

2. A intervenção estatal no domínio econômico e a possibilidade de prestação dos serviços elencados no art. 21, XII, da CF em regime de autorização – O modelo de assimetria regulatória

A intervenção estatal no domínio econômico envolve um plexo de esferas de atuação do Estado. No título da Constituição dedicado à ordem econômica, além de serem destacados seus princípios gerais (art. 170), são previstas hipóteses nas quais o Estado poderá atuar diretamente na economia por meio de empresas estatais no regime concorrencial (art. 173); regular a atividade econômico-social como agente normativo e ordenador, exercendo as funções de fiscalização, incentivo e planejamento (art. 174); atuar na prestação de serviços públicos (art. 175 e outros dispositivos específicos da CF); bem como deter o monopólio sobre atividades econômicas em sentido estrito de grande relevância nacional (art. 177). O rol, por certo, não limita as possibilidades de atuação do Estado. Outras funções, como a atividade de fomento, por exemplo, são reconhecidas pela doutrina como instrumentos importantes de atuação estatal na economia.[3]

Vista a questão sob o ângulo constitucional, é possível perceber que a Constituição brasileira concede ao Estado razoável *margem empírica de apreciação* para a escolha de instrumentos adequados de regulação à ordenação das diversas atividades econômicas.[4] A estratégia regulatória pode ensejar, por exemplo, o uso de normas prescritivas ou indutivas, a intervenção direta na ordem econômica, mediante decisões da direção das empresas estatais, a participação estatal minoritária em empresas privatizadas e a celebração de contratos e convênios administrativos.

---

2. O art. 13, IV, "a", da Lei 10.233/2001, com a redação introduzida pela Lei 12.996/2014, prevê que a prestação regular de serviços de transporte terrestre coletivo interestadual *semiurbano* de passageiros desvinculados da exploração da infraestrutura será outorgada por meio de permissão de serviço público.

3. Cf.: Gustavo Binenbojm, *Poder de Polícia, Ordenação, Regulação: Transformações Político--Jurídicas, Econômicas e Institucionais do Direito Administrativo Ordenador*, Belo Horizonte, Fórum, 2016, p. 160; José Vicente Santos Mendonça, *Direito Constitucional Econômico: a Intervenção do Estado na Economia à Luz da Razão Pública e do Pragmatismo*, Belo Horizonte, Fórum, 2014, pp. 349-413.

4. De acordo com Egon Bockmann Moreira, é possível inferir do texto constitucional atual um grau muito elevado de prestígio à racionalidade econômica – daí a alusão à *margem empírica de apreciação* – em comparação com as Constituições pretéritas, sobretudo porque o Estado Brasileiro "é constitucionalmente qualificado de 'agente normativo e regulador'" ("Qual é o futuro do direito da regulação no Brasil?", in Carlos Ari Sundfeld e André Rosilho (orgs.), *Direito da Regulação e Políticas Públicas*, São Paulo, Malheiros Editores, 2014, pp. 125-126).

A ordenação das atividades econômicas também pode ser encarada sob a ótica dos níveis de *intensidade* sobre os quais se imporá a regulação estatal. Isso envolve, em um primeiro momento, a escolha que parte do poder constituinte e do legislador ordinário sobre o grau de titularidade do Estado sobre determinados serviços; e, em um segundo momento, sobre como as variáveis para a prestação desses serviços serão ordenadas (*e.g.*, regulação de preços, de qualidade do serviço, de proteção aos consumidores e usuários, deveres de universalidade etc.).

Quanto ao primeiro ponto, há razões para que determinadas atividades sejam titularizadas pelo Poder Público, mesmo que sua prestação se dê de forma indireta (delegada a particulares). Essa titularidade, denominada pela doutrina tradicional pelo conceito de *publicatio*,[5] pode ser instituída em hipóteses em que se verifica a existência de um monopólio natural, ou até mesmo quando outras finalidades públicas a serem perseguidas pelo Estado justificam o monopólio legal sobre determinada atividade.

A existência de um *monopólio natural* pressupõe a inviabilidade ou a extrema ineficiência de instalação de mais de um produtor ou prestador de serviço no mesmo mercado.[6] A título exemplificativo, Hal Varian cita o caso das distribuidoras de gás, cujas atividades envolvem "custos fixos muito grandes – criação e manutenção de canalização para gás – e um custo marginal muito baixo para ofertar unidades extras de gás – uma vez que a canalização esteja instalada, custa muito pouco bombear gás para dentro dela".[7] O monopólio natural, portanto, é uma das justificativas relevantes para atribuir aos Estados da Federação a titularidade da exploração (direta ou por intermédio de suas concessionárias) dos serviços públicos de gás canalizado, conforme imposição expressa do art. 25, § 2º, da CF.[8-9]

5. Segundo Paulo Modesto, a *publicatio* representa a noção de titularidade pelo Estado da atividade de serviço público, com aplicação obrigatória de regime jurídico especial, sendo traço característico da concepção francesa do serviço público, profundamente arraigada no Brasil. Para detalhes, v. Paulo Modesto, "Reforma do Estado, formas de prestação de serviços ao público e parcerias público-privadas: demarcando as fronteiras dos conceitos de serviço público, serviços de relevância pública e serviços de exploração econômica para as parcerias público-privadas", *Revista Brasileira de Direito Público/RBDP* 10/10, Ano 3, versão eletrônica, Belo Horizonte, Fórum, julho-setembro/2005).

6. Os monopólios naturais caracterizam-se, em termos econômicos precisos, por tecnologias de produção que apresentam, na faixa relevante da demanda de mercado, curva de custo estritamente *subaditiva*, no sentido de que o custo de produção da soma de qualquer quantidade de bens finais é menor do que a soma do custo de produção separada desses mesmos bens finais. Em geral essa circunstância está presente em atividades econômicas cuja exploração envolve, simultaneamente, custos fixos muito altos e custos marginais pequenos. Enquanto a presença de elevados custos fixos está diretamente relacionada à manutenção e à expansão de ampla infraestrutura necessária à oferta ou ao fornecimento adequado do bem econômico, há baixos custos marginais concomitantes geralmente vinculados ao fornecimento do produto ou à prestação do serviço subjacente.

7. Hal Varian, *Microeconomia: Princípios Básicos*, Rio de Janeiro, Campus, 1999, p. 447.

8. CF:

"Art. 25. Os Estados organizam-se e regem-se pelas Constituições e leis que adotarem, observados os princípios desta Constituição.

"(...).

"§ 2º. Cabe aos Estados *explorar diretamente, ou mediante concessão*, os serviços locais de gás canalizado, na forma da lei, vedada a edição de medida provisória para a sua regulamentação" (redação dada pela Emenda Constitucional 5/1995 – grifos nossos).

9. Sobre o tema, v.: Gustavo Binenbojm, "Transporte e distribuição do gás natural no Brasil: delimitando as fronteiras entre as competências regulatórias federais e estaduais", in *Temas de Direito Administrativo e Constitucional*, Rio de Janeiro, Renovar, 2008, pp. 417-446.

Em outros casos, mesmo que não esteja presente a hipótese de um monopólio natural, a titularidade do serviço pode ser atribuída ao Estado por força de fins legítimos a serem perseguidos pelo Poder Público, tais como a universalização do acesso a determinado bem pela população, a possibilidade de controle de preços para garantir um regime tarifário módico, e até mesmo a possibilidade de impor a continuidade do serviço em favor da sociedade.

Exemplo disso, de acordo com a jurisprudência do STF,[10] é a exploração do serviço postal. Embora o regime concorrencial seja plenamente possível para a atividade, a CF, por meio do art. 21, X,[11] segundo o STF, estabeleceu um monopólio jurídico para o setor, no qual a União detém a exclusividade para sua prestação, como forma de garantir sua universalização. Dessa forma, inúmeros privilégios que não seriam admitidos em um regime de concorrência são garantidos à Empresa Brasileira de Correios e Telégrafos/EBCT como forma de criar subsídios cruzados para financiar um serviço postal deficitário, tal como ocorre, segundo o STF, com o regime de execução a que a EBCT se submete (típico da Fazenda Pública),[12] ou mesmo com a existência de imunidade tributária recíproca.[13]

Pois bem. De parte essas situações específicas, a flexibilização da titularidade estatal sobre determinada atividade, com a abertura da sua prestação a um regime de concorrência privada, pode proporcionar, com maior eficiência, as vantagens (é dizer, as externalidades positivas) objetivadas pelo regime de serviço público. É dizer: em determinados setores a concorrência, em regra, se revela mais vantajosa que a manutenção de uma atividade como serviço público exclusivo. Nesse contexto, é necessário reconhecer a crescente vantagem comparativa de *parcerias* com a iniciativa privada, pelas quais empresas não estatais passam a explorar serviços públicos e atividades econômicas antes sujeitas à exclusividade estatal.[14]

O agravamento de crises econômicas intensifica o contexto de *perda do protagonismo* do Estado em relação à prestação direta de atividades serviços relevantes à coletividade. No campo específico dos serviços públicos, a titularidade monopolística estatal perde lugar[15] e dá espaço a um regime profundamente fragmentado, sobretudo em razão do avanço tecnológico, em que os moldes tradicionais da sua execução foram revisitados.[16] E foi

---

10. STF, Tribunal Pleno, ADPF 46, rel. Min. Marco Aurélio, rel. para o acórdão Min. Eros Grau, j. 5.8.2009, *DJe* 26.2.2010.
11. CF: "Art. 21. Compete à União: (...); X – manter o serviço postal e o correio aéreo nacional; (...)".
12. STF, Tribunal Pleno, RE 220.906, rel. Min. Maurício Corrêa, j. 16.11.2000, *DJU* 14.11.2002.
13. STF, Tribunal Pleno, RE 601.392, rel. Min. Joaquim Barbosa, rel. para o acórdão Min. Gilmar Mendes, j. 28.2.2013, *DJe* 5.6.2013.
14. Gustavo Binenbojm, *Uma Teoria do Direito Administrativo: Direitos Fundamentais, Democracia e Constitucionalização*, Rio de Janeiro, Renovar, 2014, p. 20.
15. Segundo Vitor Rhein Schirato: "A prestação monopolística deixou de ser imperiosa, assim como a titularidade estatal deixou de ser vista como uma reserva compulsória e originária da atividade a um prestador (estatal ou privado), o que tem como consequência imediata a incidência de um regime diferenciado sobre a prestação da atividade, em relação à situação até então verificada" ("As concessões de serviços públicos em evolução", in *Fórum de Contratação e Gestão Pública – FCGP* 180/39, Ano 15, Belo Horizonte, Fórum, dezembro/2016). No mesmo sentido: Floriano de Azevedo Marques Neto, "A nova regulação dos serviços públicos", *RDA* 228/13, Rio de Janeiro, FGV, abril-junho/2002.
16. Nesse sentido, Almiro Couto e Silva afirma: "Nessa tarefa, dever-se-á levar em conta que, especialmente em razão dos avanços tecnológicos verificados em certos setores, as atividades econômicas agrupadas em cada um dos distintos serviços referidos nos itens XI e XII do art. 21 da Constituição não mais compõem sempre um bloco uniforme, de maneira que sua prestação mais eficiente pudesse também sempre ser realizada dentro de fôrmas idênticas, moldes tradicionais da execução direta pelo Poder Público,

justamente com o objetivo de trazer novas ferramentas ao Estado em relação às formas de intervenção no domínio econômico que a Constituição Federal /1988, em seu texto atual, prevê a figura da *autorização* como forma de delegação e consentimento para prestação de serviços atribuídos à União Federal (art. 21, XI[17] e XII).

Nesses casos, o constituinte, diferentemente de outras hipóteses previstas na Constituição,[18] preferiu não dar uma resposta definitiva sobre o regime jurídico de certas atividades. Permitiu, ao contrário, que o legislador ordinário, no âmbito de uma *liberdade relativa de conformação*, definisse, a partir de dados empíricos e de orientações políticas majoritárias, o tamanho do Estado no plano infraconstitucional. Como afirma Almiro do Couto e Silva, a opção trazida pela Carta Magna não foi uma impropriedade ou um "cochilo" do legislador constituinte, mas, sim, um forte indício de que sua intenção foi a de possibilitar maior flexibilidade à atuação da União em face de certas atividades econômicas de interesse coletivo.[19]

Embora tenha sido objeto de resistência por parte da doutrina,[20] fato é que a Constituição abandonou um modelo puramente binário (em que atividades econômicas são públicas ou privadas),[21] assumindo um sistema que, segundo Alexandre Santos de Aragão, comporta *dégradés*.[22] Isto é, "diversas formas, muitas das quais reclamam tratamento jurídico especial, ora mais severo, ora mais brando, ora com um peso maior de normas de direito público, ora com um peso maior de normas de direito privado".[23-24]

ou da delegação mediante concessão ou permissão, no velho regime de monopólio" ("Privatização no Brasil e o novo exercício de funções públicas por particulares. Serviço público 'à brasileira'?", *RDA* 230/59, Rio de Janeiro, outubro-dezembro/2002). Segundo Gustavo da Rocha Schmidt, "isso não significa – perceba- -se – que exista um mandamento constitucional proibindo, de antemão e de forma absoluta, que se atribua ao Poder Público a exclusividade na prestação de serviços públicos. Inverte-se a lógica, no entanto. Por se tratar de uma restrição à livre iniciativa, a exclusividade será admitida, apenas e tão somente, caso exista, para tanto, alguma justificativa regulatória de alta envergadura constitucional" ("O conceito constitucional de serviço público", *Revista Brasileira de Direito* Público/*RBDP* 53/79-103 (p. 98), Ano 14, Belo Horizonte, Fórum, abril-junho/2016).

17. No caso do inciso XI do art. 21 da CF, que versa sobre serviços de telecomunicação, a possibilidade de autorização para delegação desses serviços se deu após a edição da Emenda Constitucional 8/1995.

18. É o caso, por exemplo, do já citado serviço local de gás canalizado (art. 25, § 2º, da CF) e do serviço de transporte coletivo de competência municipal, cujo art. 30, V, prevê apenas as hipóteses de delegação via concessão e permissão.

19. Almiro do Couto e Silva, "Privatização no Brasil e o novo exercício de funções públicas por particulares. Serviço público 'à brasileira'?", cit., *RDA* 230/59.

20. Celso Antônio Bandeira de Mello, *Curso de Direito Administrativo*, 33ª ed., São Paulo, Malheiros Editores, 2016, pp. 718-719; Maria Sylvia Zanella Di Pietro, *Parcerias na Administração Pública*, 8ª ed., São Paulo, Atlas, 2011, p. 138.

21. Egon Bockmann Moreira, "Autorizações e contratos de serviços públicos", *Revista de Direito Público da Economia*/*RDPE* 31/1, Ano 8, versão eletrônica, Belo Horizonte, Fórum, julho-setembro/2010.

22. Alexandre Santos de Aragão, "O serviço público e as suas crises", *Interesse Público* 46/7, Ano 9, versão eletrônica, Belo Horizonte, Fórum, novembro-dezembro/2007.

23. Floriano de Azevedo Marques Neto e Rafael Roque Garofano, "Notas sobre o conceito de serviço público e suas configurações na atualidade", *Revista de Direito Público da Economia*/*RDPE* 46/68, Ano 12, Belo Horizonte, Fórum, abril-junho/2014.

24. Conforme afirma Vitor Rhein Schirato, mesmo as concessões devem adotar regimes múltiplos, adequados à realidade de cada serviço público. Segundo o autor, "ao se falar em concessão de serviços públicos nos dias atuais, não se pode falar em um arranjo único e invariável. As concessões de serviços públicos devem ser vistas de forma cambiável e maleável conforme as características de cada serviço concedido e

Esse modelo foi referendado pelo STF. Em caso específico envolvendo a regulação do serviço de telecomunicações, o STF reconheceu expressamente a possibilidade de tratamento assimétrico (isto é, em diferentes regimes) para um mesmo serviço.[25] Com efeito, no setor de telecomunicações estabeleceu-se regime de assimetria regulatória, em que atividades afins são prestadas tanto em regime de *concessão* (isto é, como serviço público, tal como ocorre com o serviço de telefonia fixa comutada) como de *autorização* (isto é, atividade privada outorgada pelo Poder Público ao particular, tal como ocorre com o serviço de telefonia móvel).[26]

Conforme afirma Egon Bockmann Moreira sobre o teor do julgamento da MC na ADI 1.668, deve-se reconhecer que, segundo o que ficou decidido, "são constitucionais as leis que disciplinam o regime de direito privado para serviços imputados à União no art. 21 da Constituição". Mais que isso: ao referendar o modelo de assimetria regulatória das telecomunicações, o STF admitiu que "é constitucional a sua outorga por meio de autorizações, sem licitação, e que cabe ao legislador ordinário e à agência reguladora setorial a definição da atividade a ser executada e como ela dever ser executada".[27]

Esse modelo assimétrico é uma realidade presente em diversos setores regulados. Aliás, não é de hoje que a autorização é um dos intrumentos legítimos que permitem ao particular explorar determinado serviço, tal como já ocorre no mencionado caso das telecomunicações. Um bom exemplo ocorre no setor de energia elétrica. A Lei 9.074/1995 inaugurou um regime de assimetria regulatória ao promover a quebra da cadeia do setor em geração, transmissão, distribuição e comercialização, passando a admitir regimes distintos de acordo com a particularidade de cada etapa da cadeia de produção de energia elétrica. Nesse sistema, "tem-se que: (i) a atividade de geração de energia elétrica pode ser sujeita aos regimes jurídicos de serviço público ou geração independente de energia elétrica; (ii) a atividade de transmissão de energia elétrica é sujeita ao regime jurídico de serviço público; (iii) a atividade de distribuição de energia elétrica é sujeita ao regime jurídico de serviço público; e (iv) a atividade de comercialização de energia elétrica não é sujeita ao regime jurídico de serviço público".[28]

---

o mercado no qual se desenvolve sua prestação. As concessões devem ser modeladas de acordo com seus objetos e não de acordo com ideologias doutrinárias que não encontram mais respaldo na realidade (se é que um dia encontraram)" ("As concessões de serviços públicos em evolução", cit., *Fórum de Contratação e Gestão Pública/FCGP* 180/40).

25. STF, Tribunal Pleno, ADI/MC 1.668, rel. Min. Marco Aurélio, j. 20.8.1998, *DJU* 16.4.2004.

26. Conforme previsto no art. 63 da Lei Geral de Telecomunicações/LGT, os serviços de telecomunicações estão sujeitos a dois regimes distintos e que coexistem: o regime público e o regime privado. No caso do público o serviço é prestado mediante concessão ou permissão, "com atribuição à sua prestadora de universalização e de continuidade" (art. 63, parágrafo único, da LGT). Já, no regime privado, disciplinado a partir do art. 131 da LGT, a exploração depende de prévia *autorização* da agência setorial (ANATEL). Sobre o conceito de "autorização vinculada", cf.: Jacintho Arruda Câmara, "As autorizações da Lei Geral de Telecomunicações e a teoria geral do direito administrativo", *Revista de Direito de Informática e Telecomunicações/RDIT* 3/55-68, Ano 2, Belo Horizonte, julho-dezembro/2007; e Rodrigo Tostes de Alencar Mascarenhas, *Direito das Telecomunicações*, Belo Horizonte, Fórum, 2008, pp. 153 e ss.

27. Egon Bockmann Moreira, "Portos brasileiros e seus regimes jurídicos", in *Portos e seus Regimes Jurídicos*, Belo Horizonte, Fórum, 2014, p. 63.

28. Vitor Rhein Schirato, "A regulação do setor elétrico brasileiro", *Revista de Direito Público da Economia/RDPE* 53/258, Ano 14, Belo Horizonte, Fórum, janeiro-março/2016.

No caso específico do serviço de *geração* de energia elétrica, em que convivem dois regimes (um público e outro privado), "o título habilitante da atividade de geração de energia elétrica será variável conforme a fonte de geração".[29] Nesse sentido, conforme previsto no art. 4º da Lei 9.074/1995, é possível a exploração do serviço de geração tanto pela concessão como pela autorização.

O mesmo ocorre no setor portuário. A Lei 12.815/2013 também criou dois regimes de outorga distintos. De um lado, há os serviços do porto organizado e das instalações portuárias nele localizadas, os quais são outorgados pelo Poder Público mediante concessão ou arrendamento de bem público (art. 1º, § 1º, da lei). Por outro lado, a exploração indireta das instalações portuárias situadas fora da área do porto organizado, submetidas a um regime tipicamente privado, se dá mediante autorização (art. 1º, § 2º, da lei).

Todos esses casos refletem o que a doutrina denomina de "assimetria regulatória". Conforme conceito proposto por Floriano de Azevedo Marques Neto, *assimetria regulatória* pressupõe "a admissão, na exploração de serviços públicos, de vários operadores submetidos a graus de incidência regulatória diferenciados".[30]

Com efeito, a assimetria regulatória tem como base, ainda, a existência de níveis variados de competição ótima para determinado serviço.[31] Há casos, como se verifica em economias de rede, em que a seleção de apenas um agente privado para prestar determinado serviço se afigura como modelo que melhor atende aos interesses sociais envolvidos no caso. Há hipóteses, todavia, em que o regime de concorrência, mediante autorização administrativa, pode substituir ou mesmo conviver em harmonia com o regime de serviço público, a depender de uma adequada regulação.

Não há dúvida, portanto, de que a prestação dos serviços elencados nos incisos XI e XII do art. 21 da CF possa se dar por meio do regime de autorização. Trata-se de medida expressamente prevista na Carta Magna, aceita pelo STF e até mesmo corriqueira na realidade regulatória brasileira. A interpretação que retira do legislador ordinário o poder de definir o nível de intensidade da presença estatal em determinada atividade tende a ser incongruente e fundacionalista,[32] pois pressupõe uma definição anacrônica de serviço público e um indesejável engessamento das formas e da intensidade da intervenção estatal na economia.

A partir de tais premissas, passa-se à análise da constitucionalidade do art. 3º da Lei 12.966/2014, que previu a possibilidade da prestação regular dos serviços de transporte coletivo interestadual e internacional sob o regime de autorização, como permite, de resto, o art. 21, XII, "e", da Constituição da República.

---

29. Idem, p. 254.

30. Floriano de Azevedo Marques Neto, "A nova regulação dos serviços públicos", cit., *RDA* 228/23.

31. Alexandre Santos de Aragão, "Serviços públicos e concorrência", *RDA* 233/332, Rio de Janeiro, julho-setembro/2003.

32. Adota-se aqui uma postura pragmática e antifundacionalista. Como já tivemos a oportunidade de destacar, o *antifundacionalismo* rejeita que o pensamento tenha algum ponto de partida ou fundação estática, perpétua, imutável, abstrata e atemporal. Neste sentido, o antifundacionalismo é um antídoto contra o fetichismo de teorias e contra a tentação de torcer os dados para adequá-los às proposições teóricas (v. Gustavo Binenbojm, *Poder de Polícia, Ordenação, Regulação: Transformações Político-Jurídicas, Econômicas e Institucionais do Direito Administrativo Ordenador*, cit., p. 53).

3. A prestação do serviço de transporte coletivo interestadual e internacional sob o regime de autorização – Constitucionalidade do art. 3º da Lei 12.996/2014

Voltando-se os olhos ao caso em exame, pode-se afirmar que o modelo adotado pelo art. 3º da Lei 12.996/2014 se insere na lógica constitucional apresentada no capítulo anterior. Vale dizer: dentro da margem de conformação estabelecida no texto constitucional, o legislador optou por criar um modelo de assimetria regulatória para os serviços de transporte coletivo de competência da União. Assim, de forma legítima, convivem em um mesmo sistema (transporte coletivo) níveis de intervenção regulatória distintos, o que se reflete, na prática, pela escolha do instrumento de outorga (concessão, permissão ou autorização).

Realmente, no caso do serviço de transporte coletivo de passageiros a situação é idêntica à dos casos referidos no capítulo anterior (telecomunicações, energia e portos), sendo admissível que o legislador (como, de fato, ocorreu) crie regimes diferenciados de outorga, considerando, para tanto, as peculiaridades de cada tipo de transporte. Explica-se.

Conforme se extrai dos arts. 12, 13 e 14 da Lei 10.233/2000, já com a redação conferida pelo art. 3º da Lei 12.996/2014, o legislador projetou um modelo de assimetria regulatória para os transportes coletivos. De início, o art. 12, I, estabelece como uma das diretrizes gerais da infraestrutura e da operação do transporte aquaviário e terrestre a descentralização das "ações, sempre que possível, promovendo sua transferência a outras entidades públicas, mediante convênios de delegação, ou a *empresas públicas ou privadas, mediante outorgas de **autorização**, concessão ou permissão*, conforme dispõe o *inciso XII do art. 21 da Constituição*" (grifos nossos).

Mais adiante, os arts. 13 e 14 destrincham os mecanismos de outorga aplicáveis para cada caso. A partir de uma leitura sistemática dos dispositivos, é possível extrair as seguintes hipóteses:

1. Concessão

(a) Exploração de infraestrutura de transporte público, precedida ou não de obra pública, e de prestação de serviços de transporte associados à exploração da infraestrutura (art. 13, I).

(b) Exploração das ferrovias, rodovias, das vias navegáveis e dos portos organizados que compõem a infraestrutura do Sistema Nacional de Viação (art. 14, I, "a"). E:

(c) Transporte ferroviário de passageiros e cargas associado à exploração da infraestrutura ferroviária.

2. Permissão

(a) Prestação regular de serviços de transporte coletivo interestadual semiurbano de passageiros desvinculados da exploração da infraestrutura (art. 13, IV, "a").

(b) Prestação regular de serviços de transporte ferroviário de passageiros desvinculados da exploração de infraestrutura (art. 13, IV, "b").

(c) Transporte rodoviário coletivo interestadual semiurbano de passageiros (art. 14, IV, "a"). E:

(d) Transporte ferroviário regular de passageiros não associado à infraestrutura (art. 14, V, "b").

3. Autorização

(a) Prestação não regular de serviços de transporte terrestre coletivo de passageiros (art. 13, V, "a").

(b) Prestação de serviço de transporte aquaviário (art. 13, V, "b").

(c) Exploração de infraestrutura de uso privativo (art. 13, V, "c").

(d) Transporte ferroviário de cargas não associado à exploração de infraestrutura ferroviária, por operador ferroviário independente (art. 13, V, "d").

(e) Prestação regular de serviços de transporte coletivo interestadual e internacional de passageiros desvinculados da exploração da infraestrutura (art. 13, V, "e").

(f) Transporte rodoviário de passageiros, sob regime de afretamento (art. 14, III, "b").

(g) Transporte ferroviário não regular de passageiros, não associado à exploração da infraestrutura (art. 14, III, "f"). E:

(h) transporte rodoviário coletivo regular interestadual e internacional de passageiros, que terá regulamentação específica expedida pela ANTT (art. 14, III, "j").

Observe-se que o legislador foi claro ao delimitar as hipóteses de concessão, permissão e autorização. E o fez de forma justificada. Veja-se que as hipóteses de *concessão* envolvem casos, em regra, que dependem de maior dispêndio de recursos pelo particular, além de envolverem obras de infraestrutura. Nesses casos, simplesmente não faz sentido a abertura para ampla concorrência, o que seria ineficiente. Até porque não faria sentido, por exemplo, a construção de diversas rodovias em um mesmo trecho. Além disso, a restrição da concorrência nesses casos pode ser importante estímulo econômico a que os particulares se interessem por investir altos recursos financeiros para desenvolver as obras de infraestrutura, cientes de que, posteriormente, poderão amortizar tais investimentos mediante exploração dos serviços com exclusividade.

Há hipóteses, ademais, em que o legislador optou pelo instrumento de *permissão*, por entender que nesses casos há elementos que justificam a criação de barreiras de entrada. A lógica, aqui, pode envolver a necessidade de estimular o delegatário a manter linhas deficitárias em conjunto com linhas superavitárias. Esse cenário seria inviável em um mercado livre, no qual as empresas tenderiam a operar tão somente as linhas superavitárias.

Essa mesma situação se verifica na concessão de serviços de transporte rodoviário municipal, em que por vezes é desejável a restrição da competição. Nesses casos, o fato de haver elevada disparidade entre linhas superavitárias e deficitárias, aliado à necessidade de universalização do serviço e à persecução de modicidade tarifária, justifica a criação de barreiras de entrada, mediante a exclusão de outros prestadores, com a criação de um modelo mais rigoroso de outorga. Em um ambiente em que se operasse a livre concorrência os agentes tenderiam a focar nos mercados mais rentáveis (fenômeno conhecido como *cherry picking*, ou seja, realizar escolhas seletivas para operar apenas nas áreas consideradas as "cerejas do bolo"[33]). Com isso, as demais áreas – justamente as mais necessitadas – ficariam desassistidas ou não seriam atendidas satisfatoriamente, muito menos a preços módicos.[34] Daí por que o

---

33. Robert Baldwin, Martin Cave e Martin Lodge, *Understanding Regulation. Theory, Strategy, and Practice*, 2ª ed., Oxford [u.a], Oxford University Press, 2012, Part I, p. 19.

34. Sobre o ponto, registra Carlos Emmanuel Joppert Ragazzo: "A hipótese de regulação de entrada para proteger monopólio natural seria das mais conflituosas. Estudiosos de *public choice* sustentam que as economias de escala já seriam o suficiente para afastar outros entrantes (ou mesmo, se alguém entrasse, a estrutura do mercado voltaria a ser de monopólio). No entanto, embora não esteja diretamente vinculada à presença de monopólio natural, quando há subsídios cruzados, é comum que exista incentivo para a entrada apenas na parte superavitária dos serviços ou produtos, o que comumente se chama de *cream skimming* ou de *cherry picking*. Novamente o exemplo do transporte urbano é especial para explicar os possíveis prejuízos do *cream skimming*. Como já explicado, em algumas metrópoles as linhas de ônibus são licitadas de maneira

legislador constitucional tomou uma decisão consciente e definiu que tais serviços necessariamente serão prestados via concessão ou permissão, caso delegados (CF, art. 30, V).[35]

Por fim, o legislador se valeu do instrumento da *autorização* para aqueles casos em que o melhor cenário (o mais eficiente, para se utilizar um conceito econômico) pressupõe ampla competitividade entre os agentes privados interessados na execução do serviço.

Na situação específica em estudo há razões suficientes para se concordar com o legislador, no sentido de que a abertura à concorrência é mais benéfica aos consumidores no caso do transporte coletivo regular interestadual e internacional de passageiros (excluídos aqueles definidos como *semiurbanos*). A propósito, foi exatamente essa a intenção do legislador, como se verifica de trecho do parecer do relator designado para se manifestar pela Comissão Mista (designada para apreciar a conversão da Medida Provisória 638/2014, que deu origem à lei):

> Os regimes de concessão e permissão como praticados nos últimos anos, via Ministério dos Transportes e ANTT, já se mostraram inadequados e de difícil operacionalização, porque suas naturezas implicam regras mais rígidas e permanentes, as quais, na prática, engessam as ações tanto do setor público como das empresas operadoras.
>
> Assim, é necessário promover mudanças de regime, passando para a autorização e remetendo à ANTT toda a tarefa de regulamentar e regular a atividade. Indubitavelmente, esse avanço será benéfico para o setor público, representado pela ANTT, para as operadoras que prestam os serviços, para os trabalhadores, que saberão sempre quais as regras setoriais, e, em último, para os usuários, que passarão a integrar o foro de discussão das formulações estratégicas da atividade. *[Pp. 07-08 do parecer]*

A questão, aliás, também foi objeto de análise perante o TRF-5ª Região. No caso, suscitou-se a constitucionalidade do art. 13, V, "e", da Lei 10.233/2001, que prevê, justamente, o instrumento da *autorização* para delegação dos serviços de transporte terrestre coletivo interestadual e internacional de passageiros desvinculados da exploração da infraestrutura (redação conferida pela Lei 12.996/2014). Naquela oportunidade, o TRF-5ª Região concluiu pela constitucionalidade do dispositivo legal, porquanto, na linha do voto do Desembargador Federal-Relator, seria "mais eficiente do ponto de vista econômico a sua prestação mediante autorização, nos moldes delineados pelo legislador no âmbito de sua liberdade de conformação. É que não se tem como mais adequada a sua prestação por um único agente privado".[36]

---

a abarcar regiões superavitárias e deficitárias. Em outros casos existe uma câmara de compensação, a fim de que seja possível manter uma tarifa equitativa em ambos os tipos de localidades. O que se vê atualmente é a entrada do transporte 'pirata' justamente nas regiões superavitárias, aproveitando-se da baixa qualidade dos serviços prestados por ônibus. Em um primeiro momento, a ideia de competição sempre seria boa. No entanto, o *cream skimming* pode vir a prejudicar a estrutura de subsídio cruzado e, em consequência, a universalização dos serviços" (*Regulação Jurídica, Racionalidade Econômica e Saneamento Básico*, Rio de Janeiro, Renovar, 2011, pp. 150-152).

35. CF: "Art. 30. Compete aos Municípios: (...); V – organizar e prestar, diretamente ou sob regime de concessão ou permissão, os serviços públicos de interesse local, incluído o de transporte coletivo, que tem caráter essencial; (...)".

36. TRF-5ª Região, Ap/Reex 32.478-PB, Processo 2004.82.00.009911-1/01, rel. Des. federal Edilson Pereira Nobre Jr., j. 26.10.2016.

Sob outro enfoque, é preciso admitir, ainda, que o modelo de autorização tende a criar um incentivo importante aos agentes econômicos. Até por conta da evolução tecnológica cada vez mais célere, um modelo de maior flexibilidade "força" os agentes a sairem de sua zona de conforto, situação comum em concorrências com prazos longos, em que os concessionários ficam em situação de conforto por décadas. Já, no modelo de autorização, como a qualquer instante pode haver novos concorrentes, o prestador do serviço terá constantes exigências advindas do próprio mercado. Assim, "confere-se ritmo mais apurado a tais setores de interesse público, sem se curvar às estruturas monopolísticas e sem permitir que haja a redução de um serviço tido constitucionalmente como público às vicissitudes dos mercados".[37]

Cumpre ressaltar que ações de flexibilização do papel do Estado na prestação de serviços não significam o abandono ou a desregulação do setor.[38] O Estado, mesmo sem deter a titularidade de determinado serviço, permanece com inúmeros deveres quanto a essas atividades. Embora em menor grau, as obrigações de natureza pública antes impostas ao delegatário por meio de instrumentos contratuais serão agora devidas pelos autorizatários, por força da intensa regulação setorial (*v.g.*, obrigações de bom tratamento aos usuários ou o dever de continuidade do serviço). A vantagem, aqui, é que, além da regulação por comando e controle, o agente terá igualmente incentivos gerados pela competição, estando exposto a riscos aos quais concessionários e permissionários não estão geralmente submetidos.

Em outros termos, o fato de se tratar de autorização ou de ser serviço submetido a um regime privado não faz com que o Estado deixe de regular e fiscalizar a atividade. Bem ao contrário, compete ao Estado regular a atuação das empresas, considerando tratar-se de serviço de interesse coletivo, o que envolve normatizar a atividade, fiscalizar o cumprimento das normas e aplicar sanções aos infratores.

Foi com esse espírito que a ANTT regulou a matéria, criando importantes barreiras de entrada e normas de qualidade relevantes para garantir a boa prestação do serviço pelos autorizatários. Nesse sentido, conforme previsto na Resolução 4.770/2015, o conceito de autorização envolve a "delegação da prestação do serviço regular de transporte rodoviário coletivo interestadual e internacional de passageiros, a título precário, sem caráter de exclusividade, exercido em liberdade de preços dos serviços e tarifas, em ambiente de competição, por conta e risco da autorizatária" (art. 2º, I).

Vê-se, pois, que a ideia de autorização envolve justamente um nicho de mercado aberto à competição, trazendo potencialmente mais benefícios aos usuários, seja no que tange ao

---

37. Egon Bockmann Moreira, "Autorizações e contratos de serviços públicos", cit., *Revista de Direito Público da Economia/RDPE* 31/8.

38. "A *desintervenção* direta do Estado na prestação de serviços públicos não significa necessariamente – e de fato não deve significar – uma desregulação econômica dessas atividades. Muito ao contrário, a utilidade atual de se considerar uma atividade como serviço público é que, se a atividade é assim considerada, ela vai ser merecedora de um regime próprio, marcado por uma série de condicionantes, de sujeições que o prestador terá que observar. (...). A qualificação da atividade como serviço público acomete ao Estado responsabilidades com relação a essas atividades (de prestar, fiscalizar ou regular tais atividades). O Estado permanece com deveres quanto a essas atividades, justamente por serem consideradas serviços públicos, em sentido amplo (tanto na concepção tradicional, como nas atividades econômicas de interesse geral ou dos serviços públicos no regime de competição)" (Floriano de Azevedo Marques Neto e Rafael Roque Garofano, "Notas sobre o conceito de serviço público e suas configurações na atualidade", cit., *Revista de Direito Público da Economia/RDPE* 46/72).

preço cobrado pelo serviço (como as empresas concorrem, há uma tendência a disputas de mercado e redução dos valores das passagens para atrair clientes) e à qualidade. Quanto a este último ponto, é evidente que a concorrência – como se verifica no setor aéreo, e.g. – exige das empresas que invistam em padrões de qualidade como forma de disputar o mercado. Além disso, a existência de competição abre um maior leque de opções aos consumidores, que podem optar, por exemplo, ora por opções mais baratas, ora por serviços mais caros mas que ofereçam padrões de qualidade maiores.

Além disso, a normativa da agência traz uma série de requisitos para que as empresas possam obter o direito de operar linhas interestaduais e internacionais. Como se extrai dos arts. 4º e 5º da resolução, qualquer interessado pode, realmente, requerer o termo de autorização da agência. No entanto, exige-se que a empresa apresente "documentos comprobatórios relativos às regularidades jurídica, financeira, fiscal e trabalhista, bem como sua qualificação técnico-profissional e técnico-operacional", os quais estão discriminados nos arts. 8º e ss. da norma. A título de exemplo, a resolução setorial traça exigências de capital social mínimo (art. 9º, I) e regularidade perante os órgãos fiscais (art. 11). Há, também, clara preocupação com qualidade técnica da empresa, sendo exigido que a transportadora apresente "atestado(s) emitido(s) por ente público, em nome da transportadora, que comprove o volume de passageiro-quilômetro produzido em serviço coletivo de transporte rodoviário de passageiros outorgado por ato ou contrato administrativo" (art. 14), bem como comprove a qualidade da frota que será utilizada no serviço (arts. 28 e ss.) e a habilitação dos seus motoristas (arts. 39 e ss.).

A resolução da ANTT traz, ainda, regras quanto à execução dos serviços, as quais passam por constante fiscalização da Agência, além de regras de continuidade na prestação do serviço (arts. 44 e ss.). A norma faz, inclusive, referência a formas de extinção da autorização e de intervenção, admitindo-se inclusive, que a agência intervenha "com o objetivo de cessar abuso ou infração contra a ordem econômica, inclusive com a estipulação de obrigações específicas para a autorização (...)" (art. 63).

Por fim, independentemente da orientação adotada acerca do conceito de serviço público, vale registrar que não se extrai do texto constitucional qualquer vedação à delegação de serviços de transporte coletivo interestadual e internacional de passageiros sem prévia licitação. Com efeito, o art. 175 da CF limita-se a exigir prévia licitação para os casos de permissão e concessão de serviços públicos, não abarcando a hipótese de autorização. Aliás, o próprio art. 37, XXI, da CF/1988 permite que o legislador afaste o dever de licitar em hipóteses específicas.

4. Conclusão

Com base no exposto ao longo deste estudo, pode-se concluir que a disciplina do art. 3º da Lei 12.996/2014 é constitucional. Com efeito, o modelo de autorização para outorga de serviços de transporte coletivo interestadual e internacional de passageiros, independentemente de licitação, não encontra óbice em nenhum preceito constitucional.

Conforme demonstrado, a CF, em seu art. 21, XII, "e", conferiu ao legislador margem de conformação para delinear, à luz das circunstâncias do caso concreto, o regime de outorga dos serviços de transporte coletivo interestadual e internacional de passageiros, admitindo-se, para tanto, a escolha dos instrumentos de concessão, permissão ou *autorização*.

Nesse sentido, o legislador optou, como ocorre em diversos outros setores regulados, por um modelo de assimetria regulatória, em que convivem de forma harmônica, de um lado, hipóteses de delegação (concessão e permissão) mediante licitação, submetidas a um regime público; e, de outro lado, hipóteses de autorização, submetidas a um regime privado. A propósito, deve-se destacar que o STF reconheceu a validade de modelo de assimetria regulatória envolvendo, justamente, serviços autorizados e concedidos.[39]

Por fim, deve-se reconhecer que há elementos econômicos que indicam que no caso de transporte coletivo regular interestadual de passageiros desvinculado de obrigações de infraestrutura o modelo mais eficiente é aquele que envolve concorrência e assimetria regulatória. A concorrência é apta, por si só, a criar estímulos aos agentes no que diz respeito a fatores de preço e qualidade, por exemplo. Isso não quer dizer, todavia, que o Estado deixe de se preocupar com a matéria. Muito pelo contrário. O serviço em questão envolve o cumprimento de rigorosas regras de controle de entrada e qualidade, como se constata, *v.g.*, pelo teor da Resolução ANTT-4.770/2015.

39. STF, Tribunal Pleno, ADI/MC 1.668, rel. Min. Marco Aurélio, j. 20.8.1998, *DJU* 16.4.2004.

"CONVÊNIO É ACORDO, MAS NÃO É CONTRATO": CONTRIBUTO DE HELY LOPES MEIRELLES PARA A EVOLUÇÃO DOS ACORDOS ADMINISTRATIVOS NO BRASIL

GUSTAVO JUSTINO DE OLIVEIRA

> "Não é de se estranhar, portanto, que tenhamos repudiado doutrinas superadas e inovado conceitos para sintonizá-los com a evolução de nossa era e com o progresso do País, pois o Direito não pode permanecer alheio nem retardatário na apresentação de soluções que dependam de suas normas e de seus princípios" (Hely Lopes Meirelles, "Apresentação", *Direito Administrativo Brasileiro*, 3ª ed., 1975).[1]

1. Contextualização e problematização. 2. "Convênio é acordo, mas não é contrato": origem e desdobramentos na obra de Hely Lopes Meirelles. 3. "Aggiornamento" do "convênio é acordo": contributo para o surgimento e a evolução dos acordos administrativos no Brasil. 4. Considerações finais.

1. Contextualização e problematização

Certamente uma das mais famosas e marcantes expressões do Mestre Hely Lopes Meirelles, a qual exsurge esculpida em sua plenitude na 7ª edição de seu *Direito Administrativo Brasileiro* (São Paulo, Ed. RT, 1979, p. 373) – amplamente reiterada e homenageada, não só em obras de distintos autores nacionais, mas também na jurisprudência do Poder Judiciário e dos Tribunais de Contas pátrios – e alçada a autêntico dogma de nosso ramo jurídico publicista é: *"convênio é acordo, mas não é contrato"*.

Nesta belíssima oportunidade que me foi conferida pelos generosos organizadores desta obra, a qual legítima e reconhecidamente celebra a vida e infinita presença de um dos maiores administrativistas brasileiros, não hesitei em optar por dignificar a sua inestimável contribuição e buscar aproximá-la do surgimento e evolução dos *acordos administrativos* como instituto jurídico distinto dos contratos administrativos em nosso país.

Assim, o ponto de partida deste modesto ensaio[2] – o qual pretende centralizar atenção e esforços em duplo escopo – é a peculiar natureza jurídica de *acordo* – e não de *contrato* – dos *convênios administrativos*, diferenciação esta da qual o jurista foi indubitavelmente o seu precursor.[3]

---

1. V. *Direito Administrativo Brasileiro*, 42ª ed., São Paulo, Malheiros Editores, 2016, "Ao Leitor", p. 12.

2. O autor agradece o apoio da diligente e competente advogada Carolina Filipini, cujo primoroso trabalho investigativo foi crucial para a realização deste ensaio.

3. Foge aos escopos definidos para este trabalho interpretar e analisar a problemática e questões específicas dos convênios administrativos na legislação brasileira. Em nosso *Contrato de Gestão* (São Paulo,

A despeito de repetida e reproduzida à exaustão, muito pouco se sabe sobre as razões que levaram o grande sistematizador do direito administrativo nacional a apartar dogmaticamente os convênios dos contratos administrativos. Eis o primeiro escopo deste trabalho, buscar a exegese original do autor, quando da construção da expressão ora em análise.

O segundo escopo deste trabalho é apresentar possíveis prospecções da contribuição do Mestre para o direito administrativo brasileiro na atualidade.

Nessa toada, é possível sustentar que como decorrência direta dessa magistral construção teórica, de um lado, o convênio foi ganhando ao longo dos anos em termos de autonomia jurídico-dogmática em relação aos contratos administrativos – convênio é acordo, e não contrato, nos ensinou o Mestre – o que de certa maneira abriu espaços consideráveis para a emergência de outros tipos de acordos administrativos no sistema administrativo brasileiro (retorno a isso mais à frente).

De outro lado, pode-se sustentar também que, por via de consequência, esta mesma distinção acabou por conferir aos convênios – e por extensão ao gênero *acordo administrativo* – perdas significativas, mormente sob a perspectiva de seus efeitos jurídicos, a um só tempo mais singelos e bem menos vinculantes quando comparados aos comumente fortes e robustos efeitos dos contratos – inclusive defensáveis judicialmente[4] – aparentemente expressando um menor *status* evolutivo enquanto categoria jurídica, do que aquele ostentado original e tradicionalmente pelos contratos administrativos.

Esta contextualização e problematização se fazem pertinentes para colocar em destaque a importância e a atualidade das lições do magistrado e juspublicista Hely Lopes Meirelles nessa seara, evidenciando assim forte motivação para que a parcela que aqui me cabe nesta justa homenagem verse sobre a relevância da sua pioneira distinção entre convênios e contratos administrativos para o direito administrativo brasileiro contemporâneo.

2. *"Convênio é acordo, mas não é contrato":* origem e desdobramentos na obra de Hely Lopes Meirelles

Hely Lopes Meirelles inicia sua valorosa contribuição doutrinária para o direito administrativo brasileiro por meio dos estudos a respeito dos problemas enfrentados pelos Municípios, elaborado no decorrer de sua atividade na Magistratura Paulista, e dos cursos sobre de Direito e Administração Municipal ministrados na Associação Paulista dos Municípios.

Ed. RT, 2008, p. 266) fizemos uma contribuição nesse sentido. Entretanto, vale ressaltar que o ordenamento jurídico vigente confere aos convênios uma tarefa precípua de formalizar cooperações interfederativas (CF, art. 241) ou interadministrativas, restando um espaço menor, embora importantíssimo, para formalizar colaborações e parcerias entre o Poder Público e entidades filantrópicas e entidades privadas desprovidas de finalidades lucrativas na área da saúde (CF, art. 199, § 1º), nos termos fixados sobretudo pela Lei federal 13.019/2014 e Decretos 6.170/2007 e 8.726/2016.

4. O Judiciário por vezes reconhece que convênios podem gerar obrigações e efeitos vinculantes para os partícipes, como ocorreu no Processo n. 053.03.008069-2, Ação de Cobrança promovida na 1ª Vara de Fazenda Pública da Comarca de São Paulo pelo Metrô de São Paulo em face do Metrô do Distrito Federal. Tratava-se de um convênio de cooperação técnica e apoio recíproco, com vigência de 60 meses, cujo valor era de R$ 6.500.000,00, em que o Metrô-SP pleiteava descumprimento de cláusulas conveniais por parte do Metrô-DF. O MM. Juiz julgou procedente em parte o pedido, e condenou o Metrô-DF a pagar ao Metrô-SP a quantia pleiteada.

Tais experiências judicantes e didáticas o levaram a escrever em 1957 o pioneiro e magnífico *Direito Municipal Brasileiro*, publicado originalmente em dois volumes pela Editora Revista dos Tribunais. Sua segunda obra de escol, *Direito de Construir*, surge em 1961, e decorre principalmente das matérias jurídicas por ele ministradas na Escola de Engenharia de São Carlos, no Estado de São Paulo, que o levaram a verificar a defasagem na construção civil voltada ao desenvolvimento urbano.

Foi sobretudo dessas obras que o Mestre extraiu suas principais construções teóricas e linhas argumentativas, sempre combinadas de grande cientificidade e forte pragmatismo, culminando no seu hercúleo esforço interpretativo e de sistematização dogmática, ainda a mais importante obra didática brasileira sobre este ramo jurídico publicístico: *Direito Administrativo Brasileiro*, cuja primeira edição foi publicada em 1964 e a 16ª edição, a última em vida, foi publicada em 1991, todas pela Editora Revista dos Tribunais *[V. Direito Administrativo Brasileiro, 42ª ed., São Paulo, Malheiros Editores, 2016]*.

Obviamente seguiu-se uma atividade profícua e de extrema qualidade como doutrinador, consagrada pela comunidade jurídica em toda a sua extensão, com inúmeros outros sucessos editoriais, cujo conjunto da obra representa o maior legado de um jurista para o direito administrativo brasileiro.[5]

No que tange especificamente ao *convênio administrativo*,[6] o Mestre debruçou-se sobre o tema atrelado ao *consórcio administrativo*, em subitem do Capítulo VI, sobre "Formas e Meios de Execução dos Serviços Municipais", em seu *Direito Municipal Brasileiro*, com a seguinte definição:

> convênios administrativos são acordos firmados por entidades públicas de espécies diferentes (Estado e Município, União e Município, etc.), para a realização de obras, serviços ou atividades da competência de uma das partes, mas de interesse recíproco (Meirelles, 1964:253).

5. Para melhor conhecer a trajetória profissional e doutrinária do portentoso Mestre, conferir especialmente Arnoldo Wald, "Prefácio", in Arnoldo Wald (coord.), *O Direito na Década de 80: estudos jurídicos em homenagem a Hely Lopes Meirelles*, São Paulo, Ed. RT, 1985, e Eurico de Andrade Azevedo, "Retrato de Hely Lopes Meirelles", *RDA* 204/121-134, Rio de Janeiro, abr.-jun. 1996 *[também incluído neste volume]*.

6. Sobre convênios administrativos, cf. especialmente Marçal Justen Filho, "Contratos entre órgãos e entidades públicas", *Revista de Direito Administrativo Aplicado*, n. 10, pp. 688-699, Curitiba, jul.-set. 1996. Trabalhos monográficos com abordagens mais contemporâneas, cf. Ubiratan Aguiar *et al.*, *Convênios e Tomadas de Contas Especiais: manual prático*, 2ª ed., Belo Horizonte, Fórum, 2005; Sidney Bittencourt, *Manual de Convênios Administrativos: comentado toda a legislação que trata da matéria*, com destaque para a IN STN n. 1/97, Rio de Janeiro, Temas e Ideias, 2005; Remilson Soares Candeia, 'Convênios celebrados com a União e suas prestações de contas", São Paulo, NDJ, 2005; Carolina Caiado Lima, *O Convênio Administrativo Colaborativo para Transferência de Recursos Públicos a Entidades Privadas sem Fins Lucrativos como Instrumento dos Mecanismos Diretos de Fomento Público*, Dissertação, São Paulo, Faculdade de Direito da USP, 2010; Thiago Marrara, "Identificação de convênios administrativos no direito brasileiro", *Revista da Faculdade de Direito da Universidade de São Paulo*, vol. 100, pp. 551-571, jan.-dez. 2005; Luiz Fernando Roberto, *Um novo Enfoque Teórico para os Convênios com Entidades Privadas*, Dissertação, São Paulo, PUC/SP, 2013; Natasha Schmitt Caccia Salinas, "Avaliação legislativa no Brasil: um estudo de caso sobre as normas de controle das transferências voluntárias de recursos públicos para entidades do Terceiro Setor", Dissertação, São Paulo, Faculdade de Direito da USP, 2008; Domingos Roberto Todero, *Dos Convênios da Administração Pública*, Dissertação, Porto Alegre, PUC/RS, 2006.

À época, o conceito foi construído com fundamento na ampliação das funções estatais e o alto custo das obras públicas, temas que clamavam, na visão do autor, por novos instrumentos e modelos de atuação governamental local ou intermunicipal, voltados à conjugação de recursos técnicos e financeiros das várias entidades interessadas na realização de suas atribuições, de modo a torná-las eficientes e econômicas (Meirelles, 1964:253).

Embora na definição de convênio administrativo o Mestre tenha se limitado ao acordo entre "entidades públicas de espécies diferentes", sua linha argumentativa faz referência à conjugação de recursos também pelas entidades paraestatais (pessoas jurídicas de direito privado). Além disso, asseverou que convênios e consórcios administrativos dependiam de autorização legislativa da Câmara de Vereadores, pois confeririam obrigações excedentes da Administração ordinária do Município e gerariam novos encargos aos signatários. Ainda, consignou que a execução e controle competiriam ao Chefe do Executivo municipal a quem caberia firmá-los, sendo possível a instituição de uma comissão, levantando as dificuldades enfrentadas à época frente à instabilidade da direção e administração dos convênios, apoiando-se em posicionamento de Vitor Nunes Leal, jurista que sugeria, em *Alguns Problemas Municipais em face da Constituição* (1960), uma "reforma constitucional com a inclusão das novas formas administrativas" (Meirelles, 1964:254-256).

Em 1964, na primeira edição do brilhante *Direito Administrativo Brasileiro*, os convênios foram reproduzidos no Capítulo VI – "Serviços Públicos":

> convênios administrativos são acordos firmados por entidades públicas de espécies diferentes (Estado e Município, União e Município etc.), para a realização de obras, serviços ou atividades da competência das partes contratantes (Meirelles, 1964:343).

Em comparação com o conceito dado no *Direito Municipal Brasileiro*, verifica-se que Hely Lopes Meirelles conferiu aos convênios a mesma definição, porém dela retirou o elemento referente aos interesses recíprocos. No mais, as ponderações para a justificativa, autorização legislativa, administração e execução dos convênios foram reproduzidas tal como constavam originalmente.

Em 1966, na 2ª ed. do *Direito Administrativo Brasileiro*, o Mestre aprimora o conceito sobre os convênios, com a inclusão dos interesses recíprocos e com a inclusão dos particulares como parte do instrumento:

> convênios administrativos são acordos firmados por entidades públicas de espécies diferentes ou entre estas e o particular, para a realização de obras, serviços ou atividades de competência de uma das partes, mas de interesse recíproco (Meirelles, 1966:335).

Na 7ª ed. do *Direito Administrativo Brasileiro*, de 1979, Hely Lopes Meirelles passa a qualificar o convênio como "novo meio de prestação de serviços afeto ao Estado",[7]

---

7. Cabe destacar que em sua dimensão legal, a Reforma Administrativa de 1967 contemplou os convênios como formas de operacionalizar a descentralização administrativa no art. 10, §§ 1º, ("b") e 5º, e mais tarde o Decreto 93.872/1986 estabeleceu algumas regras sobre o instrumento – hoje revogadas pelo Decreto 6.170/2007 – disciplinando as transferências de recursos entre os entes federados. Entende-se que a afirmação de Natasha Schmitt Caccia Salinas aplica-se aos convênios administrativos, no sentido de que "boa parte dos arranjos institucionais introduzidos pela reforma administrativa hoje são considerados indispensáveis para a organização e funcionamento da Administração Pública" ("Reforma administrativa

afastando-o em termos de natureza jurídica dos contratos administrativos, e identificando os elementos que comporiam o seu regime de cooperação associativa (partícipe pode denunciá--lo a qualquer momento; ausência de cláusula obrigatória de permanência ou sancionadora) (Meirelles, 1979:374).

Ainda nesta obra, o juspublicista homenageado afirma que o convênio é instrumento destinado "aos serviços de interesse recíproco de entidades públicas e organizações particulares realizados em mútua cooperação" (Meirelles, 1979:373) e o conceitua nos seguintes termos:

> convênios administrativos são acordos firmados por entidades públicas de qualquer espécie, ou entre estas e organizações particulares, para realização de objetivos de interesse comum dos partícipes. *Convênio é acordo, mas não é contrato* (g.n.). No contrato, as partes têm interesses diversos e opostos; no convênio, os partícipes têm interesses comuns e coincidentes. Por outras palavras: no contrato há sempre duas partes (podendo ter mais de dois signatários); uma, que pretende a contraprestação correspondente (o preço, ou qualquer outra vantagem), diversamente do que ocorre no convênio em que não há partes, mas unicamente partícipes com as mesmas pretensões. Por essa razão, no convênio, a posição jurídica dos signatários é uma só e idêntica para todos, podendo haver, apenas, diversificação na cooperação de cada um, segundo as suas possibilidades para a consecução do objetivo comum, desejado por todos (Meirelles, 1979:374).

Prosseguindo nesta obra, faz alusão à previsão sobre convênios no art. 13, § 3º da Constituição de 1967, vigente à época, e no art. 10, § 3º, "b", do Decreto-lei 200/1967, com crítica à redação de tais dispositivos que dariam a entender que os convênios seriam permitidos apenas entre as entidades estatais, mas, segundo o doutrinar, a possibilidade dos convênios seria

> ampla, entre quaisquer pessoas ou organizações públicas ou particulares que disponham de meios para realizar os objetivos comuns, de interesse recíproco dos partícipes (Meirelles, 1979:375).

Quanto à organização e execução dos convênios, defendeu a dependência de autorização legislativa e da existência de recursos financeiros para atendimento da cooperação, mas ressalvou que não haveria forma própria prevista no ordenamento pátrio. Além disso, ao salientar sobre a ausência de controle adequado dos convênios, recomendou a criação de uma entidade civil ou comercial, com finalidade específica de dar execução aos termos do convênio, de modo a dar execução ao pacto de cooperação por meio de uma pessoa jurídica (Meirelles, 1979:375).

Em 1987, na 13ª ed. do *Direito Administrativo Brasileiro*, os ensinamentos sobre os convênios administrativos permanecerem os mesmos, tal como descrito na obra de 1979. É incluída citação em nota de rodapé sobre os convênios os seguintes artigos: Fernando Santana, in *RPGE* 4/83; Aran Hatchikian Neto, in *RDP* 49-50/198; Ada Pellegrini Grinover, in

---

de 1967: a reconciliação do legal com o real", in Natasha Schmitt Caccia Salinas, Carlos Guilherme Mota (coords.), *Os Juristas na Formação do Estado-Nação Brasileiro: 1930-Dias atuais*, São Paulo, Saraiva, 2010, p. 482.). Seguiu-se (i) o art. 116 da Lei federal 8.666/1993, determinando aplicar suas disposições aos convênios, acordos, ajustes e outros instrumentos congêneres, "no que couber" e (ii) a Instrução Normativa STN n. 01/97, a qual veicula regras para disciplinar convênios que implicam transferências financeiras, e que passou a ser (erroneamente) difundida como "a Lei dos convênios". O regime jurídico-normativo geral dos convênios na esfera federal é hoje determinado pelo Decreto 6.170/2007 e regras do Decreto 8.726/2016.

RDP 6/19; Fábio Fanuchi, in *RDA* 120/507. Quanto à autorização legislativa, o doutrinador atualiza a obra com a citação de decisões do Supremo Tribunal Federal que sustentavam a inconstitucionalidade da norma que exige a autorização legislativa. Mas, no entendimento de Hely Lopes Meirelles, a autorização legislativa seria mesmo necessária, em razão dos convênios constituírem atos gravosos que extravasam os poderes normais do administrador (Meirelles, 1987:336).

Em 1989, na 14ª ed. do *Direito Administrativo Brasileiro*, os ensinamentos sobre os convênios administrativos permaneceram os mesmos, tal como descrito na obra de 1979, com as atualizações constantes no livro de 1987. Entretanto, nesta edição de 1989, atualiza seus ensinamentos sobre os convênios com a Constituição de 1988 ao afirmar que

> a Constituição de 1988 não se refere nominadamente a convênios, mas não impede a sua formação, como instrumento de cooperação associativa (Meirelles, 1989).

Ademais disso, o mestre faz alusão em nota de rodapé a célebre parecer de sua autoria sobre convênios administrativos, constante na obra *Estudos e Pareceres de Direito Público*, vol. IX, 1986, p. 101: "Contrato Administrativo – Anulação pelo Tribunal de Contas", original de 3.12.1984. Este parecer é fruto de consulta formulada por Constecca – Construções, Empreendimentos e Participações Ltda., empresa que celebrara contrato para construção e equipamento de 11 estabelecimentos da rede municipal de saúde do Município de Resende/RJ, no prazo de 18 meses. Porém, o pagamento foi suspenso pela municipalidade por depender de recursos financeiros oriundos de um convênio firmado entre o Município e a Xerox do Brasil S.A., empresa que por sua vez anteciparia o recolhimento do ISS mediante parcelas mensais que seriam destinadas aos recursos para execução da obra da consulente. Tanto o contrato quanto o convênio mencionados foram anulados pela Administração municipal, uma vez que julgados ilegais pelo Tribunal de Contas.

Diante da problemática instaurada, a consulente solicitou parecer ao Mestre sobre algumas questões, por exemplo: (1) existe impedimento jurídico à celebração de convênio entre uma pessoa jurídica de direito público e outra, de direito privado? e (2) o convênio a que se refere a consulta, entre a Prefeitura de Resende e a Xerox do Brasil S.A., tem alguma semelhança com contrato de mútuo? Quanto ao impedimento jurídico à celebração de convênio com particular, Hely Lopes Meirelles sustentou que inexistiria tal impedimento, por não ser vedado ao particular cooperar associativamente com o Poder Público para a consecução de um objetivo comum. Afirmou que o entendimento errôneo do impedimento decorreria da má redação do dispositivo atinente no Decreto-lei 200/1967 e citou jurisprudência do STF (Representação de inconstitucionalidade 1.024-GO) que reconheceu a celebração de convênios com particulares.

No que toca ao quesito sobre semelhança com o contrato de mútuo, o Mestre argumentou que não haveria semelhanças entre os institutos, apoiando-se em sua própria doutrina que diferencia o convênio administrativo do contrato administrativo. Demonstrou ainda o motivo do convênio entre o Município de Resende e a Xerox do Brasil S.A. ser convênio ao expor:

> tudo isto leva-nos a concluir que o negócio jurídico em exame é convênio e não contrato, pois inexiste prestação e contraprestação, e, o que é mais importante, os interesses dos partícipes – Prefeitura de Resende e Xerox do Brasil – não são diversos e opostos, mas conjugados a um único objetivo comum: a construção dos onze estabelecimentos enumerados na sua cláusula

1ª, dentro do prazo preestabelecido. Com efeito, não fosse o interesse da Xerox na efetivação do empreendimento público, para cuja realização está contribuindo, não haveria justificativa para antecipar o recolhimento do seu ISS, sem auferir vantagem alguma, já que os benefícios da Lei 1.272/81 – redução de 50% do ISS, com possibilidade de prorrogação do prazo de fruição inicial – independem da colaboração do beneficiário na execução dos equipamentos públicos nela previstos (cf. arts. 1º a 4º) (Meirelles, 1986:101).

Em 1991, na 16ª ed. de seu *Direito Administrativo Brasileiro* – a última edição sob os cuidados diretos do mestre, antes de seu falecimento – os ensinamentos sobre os convênios administrativos permaneceram os mesmos, sem atualização, tal como disposto na obra de 1989, embora o autor reitere uma de suas preocupações:

nossas Administrações (...) têm confundido, em muitos casos, o convênio com o contrato administrativo, realizando este em lugar e com a denominação daquele, o que dificulta a sua interpretação e execução (Meirelles, 1991:351).

Assim, as diferenças entre convênio e contrato administrativo restaram sedimentadas na obra do autor, a partir dos critérios apontados no quadro abaixo:

	CONVÊNIOS ADMINISTRATIVOS	CONTRATOS ADMINISTRATIVOS
Natureza Jurídica	Acordo	Contrato
Partes	Não há partes, mas unicamente *partícipes* com as mesmas pretensões.	Há sempre duas partes (podendo ter mais de dois signatários); uma que pretende o objeto do ajuste (a obra, o serviço etc.); outra que pretende a contraprestação correspondente (o preço, ou qualquer outra vantagem).
Interesse das partes	Os *partícipes* têm interesses comuns e coincidentes.	As partes têm interesses diversos e opostos.
Posição jurídica das partes	No convênio a posição jurídica dos signatários é uma só, idêntica para todos, podendo haver, apenas, diversificação na cooperação de cada um, segundo suas possibilidades, para a consecução do objetivo comum, desejado por todos.	A posição jurídica das partes é isonômica, porém cada qual assume direitos e obrigações em relação à outra, com a presença de cláusulas exorbitantes que conferem à Administração Pública poderes de supremacia contratual não extensíveis ao contrato privado.
Vinculação Contratual	Ausência de vinculação contratual; instabilidade institucional, aliada à precariedade de sua administração.	Existência de vinculação contratual, dotada de estabilidade.
Desistência	Qualquer *partícipe* pode denunciá-lo e retirar sua cooperação quando o desejar, só ficando responsável pelas obrigações e auferindo as vantagens do tempo em que participou voluntariamente do acordo (igualdade jurídica dos signatários).	Nos contratos, a legislação prevê hipóteses de rescisão contratual unilateral, amigável e judicial.
Cláusula Obrigatória	Não admite cláusula obrigatória da permanência ou sancionadora dos denunciantes.	O contrato vincula as partes e é possível à Administração impor sanções aos contratados.

Após a digressão doutrinária para fixar a trajetória da expressão "convênio é acordo" na obra do Mestre, buscaremos apresentar uma atualização do pensamento do autor para os dias de hoje, evidenciando a influência e a forte presença de Hely Lopes Meirelles no surgimento e evolução dos acordos administrativos no Brasil.

3. "Aggiornamento" do "convênio é acordo": contributo para o surgimento e a evolução dos acordos administrativos no Brasil

O consensualismo na Administração Pública e o novo contratualismo administrativo são dois movimentos presentes em diversos países ocidentais que retratam um novo eixo da dogmática do direito administrativo, o qual sinaliza novas rotas evolutivas do modo de administrar no Estado do século XXI.

Tradicionalmente orientado pela lógica da autoridade, imposição e unilateralidade, o direito administrativo contemporâneo passa a ser permeado e combinado com a lógica do consenso, da negociação e da multilateralidade. O modelo burocrático – baseado na hierarquia e racionalização legal das competências – passa a coexistir com outros modelos que prestigiam de modo mais acentuado a eficiência e resultados (gerencialismo) e também a democraticidade e legitimidade das relações jurídico-administrativas (nova governança pública e Administração Pública paritária).

Nesse cenário, imprescindível é enfrentar e desenvolver o instituto do acordo administrativo, como uma nova categoria jurídica do direito administrativo brasileiro, a ele conferindo tratamento normativo e dogmático adequados.

Em outra oportunidade, registramos que

o acordo administrativo visa disciplinar (i) relações entre órgãos e entidades administrativas e (ii) relações entre a Administração Pública e os particulares, empresas e organizações da sociedade civil, cujo objeto é o desenvolvimento programado de uma atividade administrativa sob um regime de cooperação ou de colaboração entre os envolvidos (bilateralidade ou multilateralidade), a partir de bases previamente negociadas, podendo o ordenamento jurídico conferir efeitos vinculantes aos compromissos eventualmente firmados (Oliveira, 2008:252).

Geralmente apresentados como novidade, no Brasil os acordos administrativos como instrumentos de ação pública disciplinados por lei remontam ao menos ao Decreto-lei 200/1967, na figura emblemática dos convênios, inicialmente previstos para selar entendimentos mantidos entre entes federativos e órgãos públicos entre si. De lá para cá, não somente os convênios tiveram ampliados seus usos – inclusive passando a disciplinar relações entre órgãos públicos e entes privados – como foram surgindo diversos outros tipos de acordos administrativos, nominados e inominados, geradores de direitos, deveres e obrigações entre órgãos e entes públicos entre si, ou entre estes e os particulares.

Sem a pretensão de elencar um rol exaustivo, eis previsões normativas sobre acordos administrativos na legislação brasileira:

a) Acordos expropriatórios previstos no Decreto-lei 3.365/1941;

b) Termos de ajustamento de condutas, nas Leis federais 6.385/1976, 7.347/1985 e 9.656/1998;[8]

---

8. Cf. Mariana Carnaes, *Compromisso de ajustamento de conduta e eficiência administrativa*, Rio de Janeiro, Lumen Juris, 2016.

c) Acordos no âmbito do CADE, segundo a Lei federal 12.529/2011;

d) Acordos de leniência, da Lei federal 12.846/2013;

e) Acordos no âmbito da mediação e autocomposição administrativa da Lei federal 13.140/2015;

f) Acordos administrativos com o Terceiro Setor, das Leis federais 9.637/1998, 9.799/1999 e 13.019/2014;

g) Protocolos de intenção da Lei federal 11.107/2005;

h) Acordos administrativos endoprocessuais e endocontratuais das Leis federais 8.666/1993, 8.987/1995, 11.079/2004;

i) Acordos administrativos com empresas no âmbito da Política Nacional de Resíduos Sólidos da Lei federal 12.305/2010;

j) Acordos ambientais interfederativos da Lei Complementar n. 140/2011.

Assim, em que pese profícua e variada previsão legislativa já a partir de 1940 até os dias de hoje, ainda pairam inúmeras dúvidas sobre os acordos administrativos, tais como: o conteúdo dos acordos é realmente negociável, ou trata-se de um "acordo por adesão"?; seus efeitos são vinculantes?; há um procedimento administrativo padrão a ser precedido pelos acordos?; os acordos criam relações jurídico-administrativas, com direitos, deveres e obrigações recíprocos?; como devem ser conduzidas as negociações prévias ao acordo administrativo? Que normas jurídicas disciplinam os diálogos público-privados mantidos entre os agentes públicos, os agentes econômicos e as organizações da sociedade civil?; o direito privado regulamenta os acordos administrativos?; são eles passíveis de revogação unilateral pela Administração?; são os acordos exclusivamente substitutivos dos atos administrativos, ou teriam funções alternativas e integrativas?; há um "espaço" dos acordos, ou persistem sendo uma opção discricionária da Administração para atos e contratos administrativos?; os acordos podem ter conteúdo sancionatório?; qual o papel e limites do Poder Judiciário na revisão jurisdicional dos acordos?

Não por outra razão, entendemos que o atual momento é pertinente para uma reflexão mais aprofundada sobre o tema, uma vez que a doutrina brasileira começa a perceber que os acordos administrativos não somente são uma realidade, mas produzem efeitos jurídicos e muitas vezes, a depender de seu substrato normativo de referência, acabam por vincular as partes de maneira mais extensa e definitiva.

Por isso, apoiado (i) na revisão bibliográfica da literatura estrangeira e brasileira sobre consensualismo, novo contratualismo, Administração Pública paritária e acordos administrativos; (ii) legislação e regulamentação normativa estrangeira e sobretudo brasileira produzida a partir da década de 1940 até os dias de hoje, bem como (iii) análise de conteúdo da jurisprudência judicial e do Tribunal de Contas da União, decidi propor para o ano letivo de 2017 a disciplina *Acordos Administrativos* no Mestrado e Doutorado Faculdade de Direito da USP.

Esta disciplina pretende contribuir para uma investigação e debate verticalizados sobre os acordos administrativos, com a finalidade de melhor compreender o instituto enquanto categoria jurídica do direito administrativo brasileiro – seus contornos, funções, limites e extensão – propondo inclusive ajustes ou inovações legislativas para melhor proteção jurídica das posições e esferas jurídicas dos envolvidos, bem como aperfeiçoamento do ordenamento jurídico para conferir melhor segurança jurídica ao instituto e a todos os envolvidos.

Em síntese, ao realizarmos este *aggiornamento* da locução clássica de Hely Lopes Meirelles – "*convênio é acordo, mas não é contrato*", percebemos que a expressão detém novos e atuais significados, podendo ser compreendida como um dos marcos doutrinários para o surgimento e a evolução dos acordos administrativos no Brasil, como categoria jurídica distinta dos contratos administrativos. Afinal, como bem destaca Odete Medauar,

> ante as transformações da sociedade e do Estado, torna-se necessário realizar uma espécie de controle de validade das concepções tradicionais, o que, na verdade, corresponde à própria ideia de ciência (Medauar, 2017:385).

4. Considerações finais

Partindo-se do caráter dinâmico e evolutivo das teorias e dos institutos jurídicos, apesar de uma trajetória ainda não muito estudada (porque eclipsada pela proeminência dos contratos administrativos), os acordos administrativos – sendo o convênio uma das suas mais conhecidas espécies – vão aos poucos encontrando seu lugar na dogmática brasileira, assim como já encontraram em outros países, a exemplo da Itália.[9]

Venho defendendo esta linha argumentativa com certa insistência desde 2005, em tese de doutoramento defendida na Faculdade de Direito da USP e que originou o livro *Contrato de Gestão* (Ed. RT, 2008), sendo possível sustentar que atualmente desponta uma teoria dos acordos administrativos, distinta da teoria dos contratos administrativos.[10] E isso certamente guarda identidade com um dos legados do Mestre Hely Lopes Meirelles, pois "*convênio é acordo, mas não é contrato*".

Com efeito, eis um tema em que a doutrina de Hely Lopes Meirelles representa uma contribuição pioneira para a evolução e desenvolvimento do direito administrativo brasileiro.

---

9. Na Itália, os acordos administrativos são disciplinados por extensa legislação, com destaque para as Leis 142/90 e 241/90, sendo que a doutrina mais contemporânea já os incorporou, inclusive em obras didáticas, ao inseri-los na temática da Administração consensual, a exemplo de Giulio Napolitano, *La Logica del Diritto Amministrativo* (Il Mulino, 2014). Para aprofundamento, cf. nosso *Contrato de Gestão* (São Paulo, Ed. RT, 2008, pp. 117-132).

10. Conforme noticiei acima, propus na Pós-graduação da Faculdade de Direito da USP – mestrado e doutorado – a disciplina "Acordos Administrativos", a qual leciono pela primeira vez no 2º semestre de 2017 com a seguinte ementa: "Burocracia, gerencialismo e nova governança pública: novas formas de administrar no Estado do séc. XXI. Consensualismo e novo contratualismo administrativo. Administração paritária, democracia e a linguagem do contrato. Atos administrativos, contratos administrativos e acordos administrativos: coexistência e autonomização. Teoria dos contratos administrativos e teoria dos acordos administrativos. Acordos administrativos, processo administrativo e o conflito na Administração. Acordos administrativos e relação jurídico-administrativa: informalismo e formalismo; adesão e negociação; efeitos vinculantes e não vinculantes. Regime Jurídico dos acordos administrativos: regime geral e regimes especiais; o direito privado e os acordos administrativos. Multifuncionalidade dos acordos administrativos. Tipologia dos acordos administrativos. Acordos organizatórios, acordos colaborativos e acordos sancionatórios. Acordos administrativos substitutivos, integrativos e alternativos. A Lei e os acordos administrativos: inter-relação, intercorrências e funcionalização; programação originária e derivada. Os acordos administrativos no Direito estrangeiro e no Direito brasileiro. Procedimentalização dos acordos administrativos. Diálogos públicos-privados e acordos administrativos. Espécies de acordos administrativos. Autotutela administrativa e poder revisional dos acordos administrativos. Acordos administrativos, confiança legítima e segurança jurídica. Os acordos administrativos, o Poder Judiciário e o TCU. Prospecções normativas e dogmáticas dos acordos administrativos no Brasil".

Da revisão literária ora apresentada, deflui-se que Hely Lopes Meirelles foi o primeiro jurista brasileiro a perceber o valor e a importância dos convênios para o direito administrativo no País, não somente como instrumentos da ação administrativa em geral, mas como espécies de um instituto jurídico de natureza jurídica distinta dos contratos administrativos, com isso antevendo linhas de transformação da atividade negocial da Administração Pública brasileira para além do instituto do contrato.

Não há dúvidas de que esta diferenciação original e autoral do Mestre pode ser qualificada como termo de referência doutrinária determinante da gênese evolutiva dos acordos administrativos no Brasil, seja sob o aspecto teórico-dogmático, seja sob os aspectos prático e pragmático que a distinção ensejou.

Embora a expressão *"convênio é acordo, mas não é contrato"* tenha exegese e significados típicos de uma era, a distinção continua a ter um valor inestimável, não somente por ecoar e reverberar em praticamente todas as obras didáticas e monográficas nacionais sobre o tema, mas sobretudo quando percebemos ter sido o Mestre o primeiro a identificar no direito administrativo pátrio esta diferença entre acordos e contratos administrativos.

Finalizando esta singela contribuição, expressamos que por estas e diversas outras razões comungamos da opinião de Arnoldo Wald, insculpida no Prefácio do livro *O Direito na Década de 80: estudos jurídicos em homenagem a Hely Lopes Meirelles* (Ed. RT, 1985):

> Sem cometer injustiça, é possível afirmar que o Direito Administrativo do nosso País no século XX se divide em dois períodos: o anterior e o posterior à obra de Hely Lopes Meirelles.

A obra de Hely Lopes Meirelles nos ensinou, nos ensina, e continuará a nos ensinar demasiadamente, pois o Mestre deixou marcas indeléveis na dogmática nacional. Sua presença é sentida ainda hoje e assim prosseguirá, certamente, por muitas e muitas gerações, inspirando todos aqueles que pretendem participar ativamente da evolução do direito administrativo brasileiro.

Referências bibliográficas

AZEVEDO, Eurico de Andrade. "Retrato de Hely Lopes Meirelles", *RDA* 204/121-134. Rio de Janeiro, abr.-jun. 1996.

JUSTEN FILHO, Marçal. "Contratos entre órgãos e entidades públicas", *Revista de Direito Administrativo Aplicado*, n. 10. Ano 3, Curitiba, jul.-set. 1996, pp. 688-699.

MEIRELLES, Hely Lopes. *Direito Administrativo Brasileiro*. São Paulo, Ed. RT, 1964. 570p.

_____. *Direito Administrativo Brasileiro*. 2ª ed. São Paulo, Ed. RT, 1966.

_____. *Direito Administrativo Brasileiro*. 7ª ed. São Paulo, Ed. RT, 1979.

_____. *Direito Administrativo Brasileiro*. 8ª ed. São Paulo, Ed. RT, 1981.

_____. *Direito Administrativo Brasileiro*. 13ª ed. São Paulo, Ed. RT, 1987.

_____. *Direito Administrativo Brasileiro*. 14ª ed. São Paulo, Ed. RT, 1989.

_____. *Direito Administrativo Brasileiro*. 16ª ed. São Paulo, Ed. RT, 1991. *[V. 42ª ed., São Paulo, Malheiros Editores, 2016.]*

_____. *Direito Municipal Brasileiro*. 2ª ed. Vol. 1. São Paulo, Ed. RT, 1964. *[V. 18ª ed., São Paulo, Malheiros Editores, 2017.]*

_____. *Estudos e Pareceres de Direito Público IX: assuntos administrativos em geral*. São Paulo, Ed. RT, 1986.

OLIVEIRA, Gustavo Justino de. *Contrato de Gestão*. São Paulo, Ed. RT, 2008.

SALINAS, Natasha Schmitt Caccia. "Reforma administrativa de 1967: a reconciliação do legal com o real", in SALINAS, Natasha Schmitt Caccia, MOTA, Carlos Guilherme (coords.). *Os Juristas na Formação do Estado-Nação Brasileiro: 1930-Dias atuais*. São Paulo, Saraiva, 2010.

WALD, Arnoldo (coord.) *O Direito na Década de 80: estudos jurídicos em homenagem a Hely Lopes Meirelles*. São Paulo, Ed. RT, 1985.

NOVOS CONTORNOS DA AUTOCONTENÇÃO JUDICIAL: DISCRICIONARIEDADE NAS FRONTEIRAS DA JUDICIALIZAÇÃO

Irene Patrícia Nohara

Considerações introdutórias. 1. Discricionariedade e arbítrio. 2. Restrição à discricionariedade com a interpretação dos princípios. 3. Judicialização da eficiência das políticas públicas. 4. Externalidades do ativismo judicial. 5. Regulamentação do controle judicial das políticas públicas e projeto que intenta limitar o decisionismo judicial. 6. Conclusões.

Considerações introdutórias

Antes de iniciar a abordagem do tema propriamente dito, gostaria de externar meu agradecimento especial aos organizadores da presente obra – Marçal Justen Filho, Cesar A. Guimarães Pereira e Arnoldo Wald –, do centenário de Hely Lopes Meirelles, pelo convite que me foi feito e enfatizar que é uma honra integrar essa tarefa conjunta no sentido de apresentar estudos que homenageiam o consagrado administrativista.

Hely Lopes Meirelles foi responsável por sistematizar, de forma didática e clara, os principais institutos do direito administrativo brasileiro. Tamanha foi sua influência na formação do pensamento da área, que sua obra, que sofre criteriosa atualização, continua sendo referência utilizada para as consultas na área jurídica mesmo décadas após seu falecimento, o que revela um grau de impacto sem precedentes.

O objeto da presente contribuição para homenagear o centenário do jurista se dá com foco em um tema muito bem desenvolvido na obra de Hely Lopes Meirelles, que se refere à diferença entre *discricionariedade* e *arbítrio*. Trata-se de indagação que tem reflexos no controle jurisdicional da Administração Pública.

Da época na qual Hely Lopes Meirelles discorria sobre o controle dos atos administrativos aos dias atuais houve muitas transformações na visão acerca dos limites e das possibilidades do controle jurisdicional da Administração Pública. O presente ensaio objetiva, portanto, analisar as transformações que se deram ao longo da década de 1990, sobretudo pela influência do aprofundamento da mentalidade inaugurada pela Constituição de 1988, que teve efeitos sobre a hermenêutica jurídica, delimitando, portanto, variadas nuanças acerca do grau de discricionariedade administrativa, a qual é comumente inspiradora da postura de autocontenção judicial (*self-restraint*).

Também será estabelecido um marco de complexidade a partir da indagação da judicialização de políticas públicas com foco na positivação do princípio da eficiência no rol de princípios do *caput* do art. 37 da CF pela Emenda Constitucional 19/1998, o que provocou novas intensidades de controle e, portanto, maior restrição à discricionariedade administrativa.

Objetiva-se, a partir de dois exemplos concretos de decisões judiciais, demonstrar que, com o potencial de questionamento da eficiência de políticas públicas, se torna mais fluida a fronteira que separa a interpretação jurídica da discricionariedade, sendo a primeira um local de responsividade do magistrado e a segunda um espaço em que se recomenda a autocontenção judicial.

Será enfatizado que atualmente existem em curso no Brasil dois projetos de leis que pretendem estabelecer parâmetros mais claros de interpretação na área do direito público, que são: o Projeto 8.058/2014, da Câmara dos Deputados, e o Projeto 349/2015, do Senado Federal. Procurar-se-á analisar as possíveis contribuições desses Projetos para combater o fenômeno do decisionismo jurídico, que frequentemente gera insegurança na aplicação do Direito.

Espera-se, portanto, resgatar esse palpitante e imorredouro tema da discricionariedade nas fronteiras da judicialização, tendo como pressuposto de análise a diferenciação feita por Hely Lopes Meirelles entre *discricionariedade* e *arbítrio*.

1. *Discricionariedade e arbítrio*

Discricionariedade sempre foi um dos temas mais árduos do direito administrativo. A propósito, enxergava Hely Lopes Meirelles pressupostos próprios a guiar a interpretação da disciplina, que são: (1) a necessidade de prevalência dos interesses coletivos diante dos individuais, dada a desigualdade jurídica da Administração em relação aos administrados; (2) a presunção (relativa) de legitimidade dos atos praticados pela Administração; e (3) a necessidade do uso de poderes discricionários pela Administração Pública para atendimento do interesse público.[1]

Poder discricionário é a prerrogativa que a Administração tem de optar, dentre duas ou mais soluções, por aquela que, segundo critérios de conveniência e oportunidade, melhor atenda ao interesse público no caso concreto. Segundo Maria Sylvia Zanella Di Pietro[2] há dois fundamentos básicos para a discricionariedade: um de ordem prática e outro de ordem jurídica.

O fundamento de ordem prática tem relação com a incapacidade de o legislador traçar com precisão todas as decisões possíveis de serem tomadas pelos agentes políticos. Do ponto de vista jurídico, por sua vez, percebe-se que a discricionariedade decorre do próprio ordenamento jurídico, que, de acordo com a estrutura escalonada, confere limites mais genéricos impostos a partir das normas de graus superiores em relação às restrições menores das de grau inferior, sendo que ainda assim estas últimas admitem variadas interpretações na sua aplicação ao caso concreto.

Celso Antônio Bandeira de Mello esclarece que a discricionariedade acompanha a limitação da mente humana, que não consegue identificar de forma objetiva todas as me-

---

1. Hely Lopes Meirelles, *Direito Administrativo Brasileiro*, 35ª ed., São Paulo, Malheiros Editores, 2009, p. 50 [*V. 42ª ed., São Paulo, Malheiros Editores, 2016*].

2. Maria Sylvia Zanella Di Pietro, *Discricionariedade Administrativa na Constituição de 1988*, 2ª ed., São Paulo, Atlas, 2001, p. 70.

didas capazes de solucionar com clareza as múltiplas situações vivenciadas no cotidiano administrativo. Nesta perspectiva, alinha-se ao entendimento de Genaro Carrió no sentido de que "não dispomos de um critério que nos sirva para incluir ou excluir todos os casos possíveis, pela simples razão de que não podemos prever todos os casos possíveis".[3]

Ademais, como a lei possui caráter genérico, isto é, ela é dotada de abstração e generalidade, é vedado, como regra geral, aos textos normativos genéricos resolver casos concretos, pois esta será a função do administrador, na sua tarefa de aplicar a lei ao caso para atingir o interesse público.

A discricionariedade não representa, portanto, um poder autônomo, dado que ela implica a liberdade de atuação dentro da moldura normativa do ordenamento jurídico. Assim, a Administração, ao praticar um ato discricionário, deve respeitar os limites da lei em que se fundamenta.

É nesse contexto de indagações que Hely Lopes Meirelles construiu uma formulação consagrada na área, que diferencia *discricionariedade* de *arbítrio*. Segundo o jurista, "discricionariedade e arbítrio são atitudes inteiramente diversas. Discricionariedade é liberdade de ação administrativa, dentro dos limites permitidos em lei; arbítrio é a ação contrária ou excedente da lei".[4]

O ato discricionário, para Meirelles, quando autorizado pelo Direito é legal e válido, diferentemente do que ocorre com o ato arbitrário, que é o ato ilegítimo e inválido. A discricionariedade é limitada também pelos princípios de Direito, pois num Estado Democrático de Direito eles possuem força normativa, sendo dotados de eficácia jurídica.

A respeito da questão da discricionariedade em face do controle judicial, enfatiza, então, Hely Lopes Meirelles que:

> Erro é considerar-se o ato discricionário imune à apreciação judicial, pois a Justiça poderá dizer sobre sua legitimidade e os limites de opção do agente administrativo, ou seja, a conformidade da discricionariedade com a lei e com os princípios jurídicos. O que o Judiciário não pode é, no ato discricionário, substituir o discricionarismo do administrador pelo do juiz. Não pode, assim, invalidar opções administrativas ou substituir critérios técnicos por outros que repute mais convenientes ou oportunos, pois essa valoração é privativa da Administração. Mas pode sempre proclamar e coibir os abusos da Administração.[5]

A partir dessa consagrada passagem da obra de Hely Lopes Meirelles pode-se abrir para as seguintes indagações: em primeiro lugar, como os princípios alteraram os limites da intepretação jurídica a partir do avanço das abordagens pós-positivistas, será problematizado, em particular, o princípio da eficiência, como eixo de análise das dificuldades em se identificar, na prática, qual o limite do discricionarismo do administrador, para que não haja, na prática, a substituição pelo discricionarismo (o que alguns autores da hermenêutica chamariam de decisionismo) judicial.

Ainda, outra indagação relevante é aquela acerca da conveniência e oportunidade dos critérios técnicos escolhidos em face de orientações finalísticas derivadas também de deter-

---

3. Genaro R. Carrió, *Notas sobre Derecho y Lenguage*, 4ª ed., Buenos Aires, Abeledo-Perrot, 1990, p. 36.
4. Hely Lopes Meirelles, *Direito Administrativo Brasileiro*, cit., 35ª ed., p. 120.
5. Idem, p. 122.

minações principiológicas positivadas no ordenamento, que limitam as escolhas adequadas do gestor público em face da ponderação feita com base no juízo de proporcionalidade, mas que, a nosso ver, nem sempre são capazes de reduzir, em todos os casos, a discricionariedade a zero, conforme orientação declarada, por exemplo, por García de Enterría,[6] o que tornaria efetivamente sindicável o mérito do ato administrativo.

Entende-se, nesse particular, que o Judiciário pode realizar o controle do ato, mesmo que discricionário, se o ato for arbitrário, isto é, se violar a legalidade, em sentido amplo, o que abarca também o controle judicial do desrespeito aos princípios, mas o controle jurisdicional será limitado, não podendo o Judiciário substituir a decisão na sua conveniência e oportunidade, sob pena de violação à separação de Poderes.

No entanto, na prática a utilização desses critérios não é tão singela, pois a indagação central é: como evitar que o juiz se imiscua no juízo de ponderação acerca da decisão mais acertada para atingir os fins determinados pela lei se os critérios de ponderação são, atualmente, no fundo, parte da interpretação judicial, e não da discricionariedade, dado que se entende que a proporcionalidade e a razoabilidade são parâmetros cotejáveis também pelo Judiciário, o que torna, *a priori*, difusa a fronteira entre interpretação judicial e discricionariedade administrativa?

Esses são alguns desdobramentos de indagações para problematizar a complexidade prática da delimitação da esfera da discricionariedade administrativa, dado que a interpretação concreta nos *hard cases*, que envolvem embates entre princípios, acompanha as vicissitudes da racionalidade do prisma da decidibilidade.

2. Restrição à discricionariedade com a interpretação dos princípios

Princípios são normas de caráter geral e elevada carga valorativa.[7] Com a Constituição de 1988 os princípios ganharam redobrada força. Ao fundar um Estado Democrático de Direito, em que o Poder Público é submetido à dignidade humana, a Constituição reforçou que o Estado, por meio de sua atuação jurídica, deve ter como conteúdo o respeito a um mínimo ético em relação aos indivíduos, sendo enfatizada a teleologia na interpretação jurídica, em detrimento do foco exclusivo na lógica.

Ainda que o foco de questionamento da fluidez da expressão "dignidade humana" seja um dos pontos levantados por aqueles que desejam maior segurança na interpretação jurídica, há um histórico e uma razão para a presença da dignidade no inciso III no art. 1º da CF.

Fundamentar o Estado Democrático de Direito na dignidade da pessoa humana tem inspiração na mesma previsão da Lei Fundamental de Bonn, que foi engendrada como reação à experiência do Holocausto, em que as pessoas foram vistas como submetidas ao Estado, em vez de o Estado ter sido enxergado da perspectiva de instrumento criado para

---

6. No sentido da restrição da discricionariedade a zero temos tanto García de Enterría como Sainz Moreno, sendo que Ramírez-Escudero, em sentido oposto, critica essa pretensão de generalização do alcance de uma única solução correta, pois na análise do caso concreto pode ser que o intérprete se depare com várias soluções, as quais nem sempre se dirigem para uma só resposta (cf. Daniel S. Ramírez-Escudero, *El Controle de Proporcionalidade de la Actividad Administrativa*, Valência, Tirant, 2004, p. 112).

7. Irene Patrícia Nohara, *Direito Administrativo*, 7ª ed., São Paulo, Atlas, 2017, p. 55.

garantir as condições de vida que consintam e favoreçam o desenvolvimento integral da personalidade humana.[8]

Saber que o Estado serve às pessoas, e não o contrário, é fundamental para que se coloquem freios à ação estatal violadora da dignidade humana e, portanto, *arbitrária*. O Positivismo, apesar de todos os avanços que proporcionou no tocante à superação de alguns pressupostos monoculturais presentes no Jusnaturalismo defendido no final o século XVIII, ainda assim não estabelecia freios de conteúdo às determinações normativas criadas por um Estado que, ao longo da década de 30 do século XX, se agigantava.

Assim, a Constituição de 1988, como produto de sedimentações valorativas provenientes de consensos obtidos após a segunda metade do século XX, revalorizou o papel dos princípios, que foram desprestigiados ao longo do século XIX e início do século XX, e enfocou os direitos e garantias fundamentais, inclusive diante de eventuais ações irrazoáveis ou arbitrárias do Estado, que doravante foi visto como Democrático.

A nova visão inaugurada pôs em xeque, inclusive, a disciplina da Lei de Introdução às Normas do Direito Brasileiro, que herdou da redação do Decreto-lei 4.657/1942 o seguinte conteúdo, presente no seu art. 4º: "Quando a lei for omissa, o juiz decidirá o caso de acordo com a analogia, os costumes e os princípios gerais de Direito".

A interpretação de tal determinação normativa leva ao aplicador a visão de que os princípios seriam servos da lei. Dentro dessa visão ultrapassada, apenas as regras presentes nas leis possuiriam caráter normativo, sendo os princípios expedientes meramente supletivos das situações de lacunas de regras legais.

Atualmente é, contudo, consensual a orientação no sentido de que os princípios não são só expedientes utilizados para suprir as lacunas das regras, mas que eles têm caráter vinculante, cogente ou obrigatório.

São características apontadas por Canotilho[9] dos princípios, entre outras, que eles possuem maior carga de abstração em relação às regras, pois os princípios possuem maior vagueza e indeterminação, uma vez que carecem de mediações concretizadoras em sua aplicação.

Tal ideia pode ser associada à formulação de Alexy[10] no sentido de que os princípios são mandamentos de otimização, que se caracterizam pelo fato de poderem ser cumpridos em diferentes graus. A medida imposta para o cumprimento dos princípios depende (a) das possibilidades reais (fáticas) extraídas de circunstâncias concretas e (b) das possibilidades jurídicas existentes.

A Hermenêutica Jurídica começou a se abrir para as interpretações que superam alguns aspectos do Positivismo legalista, que se amparava exclusivamente na subsunção. Por conseguinte, afirma Bonavides[11] que o ordenamento jurídico deixa atualmente de lado o dogma de sistema fechado, inspirado no Pandectismo, e se enriquece com uma visão mais

---

8. Conforme definição de finalidade enquanto elemento do Estado (cf. Dalmo de Abreu Dallari, *Elementos da Teoria Geral do Estado*, São Paulo, Saraiva, 1995, p. 91).

9. J. J. Gomes Canotilho, *Direito Constitucional e Teoria da Constituição*, 2ª ed., Coimbra, Livraria Almedina, 1998, p. 1.034.

10. Robert Alexy, *Teoría de los Derechos Fundamentales*, trad. de Ernesto Garzón Valdés, Madri, Centro de Estudios Políticos e Constitucionales, 2002, p. 83.

11. Paulo Bonavides, *A Constituição Aberta*, 3ª ed., São Paulo, Malheiros Editores, 2004, p. 56.

aberta e flutuante, que considera o produto da interpretação mais do prisma teleológico do que da exclusividade de um paradigma lógico.

Percebe-se também que em um sistema minimamente democrático convivem interesses amparados em princípios de conteúdos conflitantes por vezes. Assim, não rara é a situação de colisão entre princípios, por exemplo: da legalidade com a segurança jurídica, sendo o juízo de ponderação,[12] com base na proporcionalidade/razoabilidade, que oferecerá, diante das características do caso concreto, parâmetros para averiguar o peso mais relevante do princípio a ser aplicado com maior força no caso concreto. Essa força é comprovada com base no peso dos argumentos apresentados em função das particularidades dos casos concretos também, e não só no cotejo dos textos normativos – o que significa que há uma atividade de interpretação dos fatos, que torna a mera subsunção do texto insuficiente para decidir *hard cases*.

Esse fator torna mais complexa a operação interpretativa dos casos difíceis, sendo inclusive mais complicado, nesse contexto, identificar precisamente até que ponto o juiz não estaria adentrando a discricionariedade da escolha administrativa, pois ele deve também ponderar, com base na proporcionalidade e na razoabilidade, qual a decisão mais correta, diante de inúmeros fins que o ordenamento jurídico tutela no seu bojo – não só um fim extraível do ordenamento.

Neste sentido, relevante analisar que a definição de Celso Antônio Bandeira de Mello, que é bastante sofisticada também, trata da razoabilidade como um critério da interpretação jurídica, a conformar as margens de escolha que deveriam ter sido feitas:

> Discricionariedade é a margem de "liberdade" que remanesça ao administrador para eleger, segundo critérios consistentes de razoabilidade, um, dentre pelo menos dois comportamentos, cabíveis perante cada caso concreto, a fim de cumprir o dever de adotar a solução mais adequada à satisfação da finalidade legal, quando, por força da fluidez das expressões da lei ou da liberdade conferida no mandamento, dela não se possa extrair objetivamente uma solução unívoca para a situação vertente.[13]

Por conseguinte, se as escolhas forem irrazoáveis ou desproporcionais em relação aos fins determinados por lei, daí o controle judicial se faz possível. Reitere-se que o problema que se põe por vezes é que os fins de realização da vontade da lei, que inspiram, por exemplo, políticas públicas, são, em muitas hipóteses, diversos.

3. Judicialização da eficiência das políticas públicas

Vivencia-se no contexto do Estado Democrático de Direito, conforme exposto, e do chamado pós-Positivismo uma transformação na Hermenêutica Jurídica. Conforme enfatizado, com a Constituição-Cidadã houve a expansão de direitos, numa ambiência democrática, o que foi acompanhado do questionamento da subsunção enquanto método exclusivo de aplicação jurídica, em função da revalorização do caráter normativo dos princípios, o que contribuiu para certo protagonismo judicial no tocante às questões prementes da sociedade.

12. Irene Patrícia Nohara, *Limites à Razoabilidade nos Atos Administrativos*, São Paulo, Atlas, 2006, p. 43.
13. Celso Antônio Bandeira de Mello, *Curso de Direito Administrativo*, 33ª ed., São Paulo, Malheiros Editores, 2016, pp. 1.004-1.005.

A Constituição de 1988 é uma Constituição dirigente. Logo, há mais possibilidades jurídicas de questionamento judicial de políticas públicas que sejam dissonantes da pauta positivada, sendo defendida a vinculação do legislador aos fins e tarefas[14] constitucionais. Há, ainda, no art. 3º da CF a especificação de inúmeros objetivos da República Federativa do Brasil. Assim, existe a potencialidade jurídica de vinculação das políticas públicas aos objetivos constitucionais, além de haver um rol de direitos fundamentais, sendo que muitos deles vinculam o legislador.

Contudo, nem sempre o Legislativo e o Executivo atuaram no sentido de respeito e garantia dos direitos assegurados pela Constituição. Daí, em primeiro lugar, diante da omissão dos Poderes, por uma série de fatores, muitos pleitos pela garantia dos direitos vão parar no Judiciário.

Há, portanto, a faceta de concretização dos direitos fundamentais pelo Judiciário quando os demais Poderes forem omissos. Conforme expõe Marçal Justen Filho, "a organização do Estado, a separação dos Poderes, a criação de órgãos de controle se orientam a assegurar que o desenvolvimento das atividades estatais será feito de modo compatível com a preservação de direitos fundamentais".[15]

A propósito desta omissão na garantia dos direitos fundamentais existe, inclusive, o mandado de injunção como remédio constitucional, sendo remédio utilizável sempre que a falta de norma regulamentadora tornar inviável o exercício dos direitos e liberdades constitucionais e prerrogativas inerentes à nacionalidade, à soberania e à cidadania, tendo sido regulamentado pela Lei 13.300/2016. Esta lei reconheceu a possibilidade de concessão de efeitos concretistas individuais ao pleito deferido pelo Judiciário até o advento da norma regulamentadora.

Com a positivação de inúmeros princípios, a exemplo da eficiência, o que se deu pela Emenda Constitucional 19/1998, serão problematizados os possíveis impactos na delimitação do controle judicial. A propósito do tema, Hely Lopes Meirelles não se posicionou acerca da positivação desse princípio, dado seu falecimento em 1990, mas já teorizava acerca da eficiência no dever de presteza, perfeição e rendimento[16] nos deveres funcionais dos servidores públicos.

O problema da positivação da eficiência enquanto princípio veio acompanhado por uma retórica de flexibilização, tendo em vista as novas figuras de contrato de gestão ou do modelo gerencial, pautado na *performance*. Ocorre que, apesar desse desígnio de flexibilizar a burocracia, do ponto de vista da Hermenêutica, o efeito de positivação de um princípio geralmente não é no sentido de flexibilizar, mas de restringir o controle do Judiciário em relação à atuação administrativa, dado que quando existe um princípio com força normativa, denominado *eficiência*, daí as políticas públicas ineficientes ou os atos administrativos ineficientes serão doravante ilegais em sentido amplo.

Assim, há uma restrição mais pronunciada à discricionariedade administrativa, o que permite que exista tecnicamente maior judicialização de inúmeras questões que antes, no auge do Positivismo, eram consideradas como adstritas ao mérito da ação administrativa.

---

14. José Joaquim Gomes Canotilho, *Constituição Dirigente e Vinculação do Legislador*, Coimbra, Coimbra Editora, 1994, p. 169.
15. Marçal Justen Filho, *Curso de Direito Administrativo*, São Paulo, Ed. RT, 2011, p. 154.
16. Hely Lopes Meirelles, *Direito Administrativo Brasileiro*, cit., 35ª ed., p. 98.

Tal fenômeno foi acrescido ao incremento do controle judicial via ação civil pública, que começou a ser utilizada de forma mais intensiva sobretudo a partir da década de 1990.

A ação civil pública é voltada para situações em que há danos ao meio ambiente, ao consumidor, a direitos de valor artístico, estético, histórico, turístico, paisagístico ou qualquer outro interesse difuso ou coletivo, com uma tutela mandamental. O que conduziu o Judiciário a determinar, diante da Administração Pública, uma série de obrigações de fazer. Na atualidade há, portanto, possibilidade de o Judiciário impor abstenções e também condutas comissivas ao Poder Público, para assegurar determinados direitos.

Daí surge a seguinte problemática: em determinados casos, além de reconhecer a existência do direito, o Judiciário ainda estabelece parâmetros para sua garantia e/ou implementação. Logo, qual seria o limite a essa situação, pois o juiz se depara frequentemente com o seguinte dilema: cumpre, não cumpre, como cumpre? Isto é: de que forma o Poder Executivo irá cumprir a determinação para assegurar os direitos previstos no ordenamento?

Para exemplificar essa problemática serão descritos dois casos emblemáticos. Um deles foi a reintegração de escolas técnicas ocupadas por estudantes em protesto. Em maio/2016 o Juiz Luís Manuel Fonseca Pires impôs condições para o cumprimento da liminar, determinando que o Secretário de Segurança, que era o atual Ministro do STF Alexandre de Moraes, acompanhasse pessoalmente a retirada de estudantes de Escolas Técnicas Estaduais/ETECs.

O Governo do Estado impetrou mandado de segurança contra, sob o argumento de competir à Polícia Militar realizar a atividade, sendo que o Judiciário não poderia estabelecer condições para o cumprimento da medida. O mandado de segurança foi acolhido pelo Tribunal de Justiça, que entendeu que o Juiz teria extrapolado, sendo a determinação uma ingerência de um Poder sobre o outro.

Logo, o Tribunal de Justiça dispensou a exigência judicial da presença do Secretário da Segurança na reintegração da posse, dado que tal requisito não estava previsto na lei.

Será que o Juiz deveria ter sido mais contido neste caso concreto? Será que haveria necessidade de autocontenção (*self-restraint*) judicial, ou a postura de se preocupar não apenas com a preservação do patrimônio público, mas também com a maior fiscalização da integridade física dos estudantes e transeuntes, não seria uma postura dita responsiva do Judiciário?

Essas são questões bastante complexas e que adquirem grau maior de ponderações quando são permeadas também de indagações políticas. Daí que a judicialização da política é assunto sempre delicado, pois pode resvalar para a chamada politização da Justiça, ainda que os juízes não desejem esse efeito.

Por exemplo, a redução da velocidade nas Marginais gerou a queda dos acidentes com pessoas mortas e feridas em 37% em um ano, de acordo com a CET. Essa queda resultou de um programa de proteção à vida criado pela gestão do Prefeito Haddad. As máximas eram de 90, e passaram a 70, na via expressa; 70 para 60 na central; e 50 na local. No mesmo período constata-se que os atropelamentos caíram de 27 para 9. Trata-se do debate acerca do aumento da velocidade nas Marginais.

Novamente o Juiz Luís Manuel Fonseca Pires, da Fazenda Pública, que é um dos grandes autores estudiosos da discricionariedade administrativa, além de ser conhecido como

Magistrado com grandes preocupações em relação aos direitos fundamentais,[17] aceitou a plausibilidade dos argumentos, em deferimento de liminar, de que a mudança da velocidade poderia provocar um aumento do número de mortes no trânsito em São Paulo, em ação movida pela Ciclocidade (Associação dos Ciclistas Urbanos de São Paulo).

A solicitação da Associação foi algo interessante para efeitos de cidadania, pois houve a requisição da suspensão da mudança; da apresentação de estudos técnicos que justificassem a revisão dos limites máximos; e que o Programa "Marginal Segura" fosse submetido à discussão do Conselho Municipal de Trânsito e Transporte, com tempo hábil para análise e respostas a dados técnicos, depois debatidos em audiência pública, antes que aumentassem o número de mortes.

Todavia, a questão também possuía, no pano de fundo, um colorido político-ideológico. Primeiro, do ponto de vista político, havia uma promessa de campanha do Prefeito sucessor no sentido de acabar com a restrição de velocidade que foi feita pelo Prefeito anterior, sendo que eles eram Prefeitos de partidos supostamente rivais politicamente.

Tal questão, para além da seara partidária, não deixa de ser permeada por aspectos ideológicos também, no sentido de visão de mundo, sendo a bandeira do Prefeito anterior o transporte não motorizado, como as bicicletas, em contraposição aos veículos motorizados. Aliás, trata-se de visão amparada em lei, dado que a Lei de Mobilidade confere, no art. 6º, II, prioridade para os modos de transporte não motorizados sobre os motorizados.

Por outro lado, São Paulo é uma cidade sabidamente acelerada, na qual, paradoxalmente, as pessoas perdem muito tempo de vida no trânsito e desejam, portanto, chegar o mais rápido possível em casa. Logo, para aqueles que passam pelas Marginais no seu trajeto cotidiano houve um aborrecimento extra ocasionado pela restrição de velocidade, sobretudo para 50km/h para a pista local.

Some-se a esse aborrecimento (que do ponto de vista acadêmico pode ser considerado um argumento fraco, pois a segurança e a proteção à vida serão, no geral, mais fortes do que a pressa das pessoas, mas que não deixa de existir como pensamento corrente de parcela significativa da população, que nem sempre é tão ponderada nas suas conclusões) o fato de que as pessoas ainda estavam muito aborrecidas com as notícias investigativas acerca da indústria de multas, isto é, com desconfiança de que a Prefeitura estava multando não para regularizar e, consequentemente, educar no trânsito, mas com o fito de arrecadar recursos, que nem sempre se voltavam para suprir as finalidades institucionais da CET.

Houve até uma ação de improbidade ajuizada pelo Ministério Público, pautada na acusação de que havia um ânimo de multar para aumentar a arrecadação de São Paulo, para criar a indústria de multas, que foi acolhida pela Juíza Carmen Cristina Fernandez. Alegou-se que o aumento do número de radares se voltava a fins diversos dos previstos na lei, como a construção de terminais de ônibus e também de mais ciclovias. A OAB, por sua vez, acompanhou a crítica acerca da redução da velocidade.

Em suma, a opinião pública estava bastante dividida: entre os que prezam a velocidade e achavam que o fato isolado da velocidade nas Marginais não era fator único a ser combatido para que fossem diminuídos os números de acidentes, o que seria feito com melhor

---

17. Luís Manuel Fonseca Pires, *Controle Judicial e Discricionariedade Administrativa*, Rio de Janeiro, Elsevier, 2009. O administrativista trabalha dos *conceitos indeterminados* ao *controle das políticas públicas*.

sinalização e adequada fiscalização, e aqueles que se amparavam nos dados de redução dos acidentes como um fator indiciário do sucesso da política pública do Governo anterior.

Evidentemente que, do ponto de vista coletivo, deve haver um debate democrático quanto às medidas que afetarão inúmeros cidadãos. Significa dizer que os técnicos não podem decidir unilateralmente que grau de risco a sociedade deseja correr em nome do suposto progresso, conforme abordagem enfrentada, por exemplo, pelo sociólogo alemão Ulrich Beck, na clássica obra *Sociedade de Risco* (Risikogesellshaft).[18]

Um dos argumentos utilizados pelo Juiz para o deferimento da liminar que suspendia o aumento da velocidade foi no sentido de que não há qualquer prejuízo à Administração com a não alteração drástica da anterior política pública, pois seria medida voltada à prevenção, para prevenir que ocorressem mais acidentes fatais.

Contudo, apesar da ausência de prejuízo imediato à Administração, haveria o desgaste político por parte do novel Prefeito ao enfrentar a resposta negativa do Judiciário em relação a uma de suas medidas de campanha. Mas, novamente, o Tribunal de Justiça, em decisão monocrática de Flora Maria Nesi Tossi Silva, suspendeu a proibição de aumento, afastando o Judiciário do mérito sobre se o programa municipal seria mais eficiente do que o anterior no tocante à preservação da vida e da segurança dos ciclistas. A Desembargadora entendeu que a redução dos acidentes não teve como fator único a questão da velocidade.

Daí surgem indagações complexas. Será que não poderia mesmo? Se o princípio da eficiência tem caráter normativo, será que não seria apreciável pelo Judiciário em sede de interpretação? Para a maior parte da doutrina, ao menos em tese, sim.

Mas surgem outros complicadores: eficiente como, eficiente para quem, quais são os fins? Há variados fatores de eficiência a serem analisados: eficiência econômica, eficiência no sentido de diminuir acidentes, de poupar vidas, eficiência socioambiental etc. Não pode haver, por exemplo, a ponderação da eficiência para arrecadação, pois a política pública objetiva alcançar interesses públicos primários, e não secundários, do Estado, ainda mais porque multa não tem objetivo arrecadatório como os tributos.

Aqui não se objetiva dar resposta sobre a correção ou a incorreção das decisões judiciais, seja da primeira instância, no sentido de conceder liminar, ou do Tribunal, no sentido de cassar a liminar; mas se quer enfatizar que essas ponderações não são simples para quem enfrenta as características ricas a serem ponderadas pelos aplicadores da lei em cada caso concreto.

Aliás, o problema maior é que o pesquisador da área jurídica nem sempre dispõe, quando analisa os argumentos presentes nas decisões, de um relato pormenorizado dos pressupostos econômicos e políticos, dados pelo contexto fático e circunstancial do caso, para entender melhor o contexto no qual o juiz decide.

Por exemplo, quem estuda o caso "Marbury *versus* Madison", apontado como precedente do controle de constitucionalidade nos Estados Unidos, por ter sido a primeira invalidação de ato legislativo pela recém-criada Suprema Corte, decidido pelo Juiz John Marshall, pouco saberá dos conflitos políticos e das pressões enfrentadas naquele contexto; apenas verá que a lei judiciária que autorizava a expedição do *writ of mandamus* foi tida por inconstitucional, por alargar a competência fixada na Constituição para a Suprema Corte.

---

18. Ulrich Beck, *Sociedade de Risco*, São Paulo, Editora 34, 2011, *passim*.

Mas, se for para resgatar os antecedentes do caso, é importante considerar que a decisão foi influenciada pelo fato de que os Republicanos, liderados por Thomas Jefferson, haviam derrotado os Federalistas, que eram alinhados com Alexander Hamilton. No entanto, antes de deixarem o poder, os Federalistas criaram judicaturas que não pretendiam ser mantidas pelos Republicanos.

John Adams tinha nomeado Marbury para Juiz de Paz em Colúmbia, mas, estando de saída do cargo de Secretário do Estado, sob a gestão de Marshall, o Presidente Adams não tomou as providências necessárias para que Marbury e outros tomassem posse, sendo que a negligência persistiu com o novo Secretário de Estado, da gestão de Jefferson, James Madison. Ao que tudo indica, Marshall construiu esse precedente procedimental pautado na incompetência, para não adentrar o mérito do direito que existia, até porque havia uma desconfiança de que a decisão, por não interessar politicamente, da nova Suprema Corte sequer fosse respeitada, o que poderia gerar seu desprestígio.

É evidente que esses fatos com colorido político não precisam ser explicitados na decisão jurisprudencial. Todavia, não se pode negar que eles acabam influenciando o *animus decidendi* do juiz, que nem sempre é explicitado claramente. Tal tipo de indagação remete, ainda, ao seguinte questionamento: o juiz deve ser neutro?

Defendemos que não, o juiz nem pode pretender ser neutro, pois o ser humano não é neutro... Ninguém é *tabula rasa*, ou seja, cada ser humano traz a julgamento sua visão de mundo, sua ideologia, suas percepções da realidade circundante e do impacto de suas decisões para a vida social.

O que não seria adequado ao juiz, e que traria à decisão um risco de arbitrariedade (decisionismo), seria que o aplicador abrisse mão de sua imparcialidade e passasse a decidir tão somente com base em impulsos políticos, sem fundamentar racionalmente a decisão com argumentos razoáveis amparados no ordenamento.

Em suma: a neutralidade, livre de valores e ideologia, enquanto visão de mundo, é um mito, sendo, ainda, um objetivo equivocado. O juiz, enquanto ser humano que é, deve ter sua ideologia; ainda que não expresse, ela existe. Do juiz se espera, mormente, que seja imparcial em seu julgamento.

Assim, por mais que tenha sua visão de mundo, é importante que suas orientações políticas e ideológicas não o levem a emitir decisões que comprometam sua imparcialidade e, consequentemente, sua capacidade de ponderar os aspectos presentes no caso concreto diante das possibilidades interpretativas do ordenamento jurídico.

Apesar de o juiz não desempenhar função política, por não ter sido eleito para expressar o que é mais conveniente e oportuno, ele desempenha, por outro lado, parcela de soberania estatal ao prolatar a sentença.

Por conseguinte, um juiz pode analisar a constitucionalidade de regra ou, mesmo, de uma política pública em relação aos parâmetros constitucionais existentes, o que inclui princípios de conteúdo interpretativo mais aberto, desde que justifique sua decisão com argumentos intersubjetivamente razoáveis, com base, inclusive, na percepção dos efeitos negativos da decisão a ser tomada.

O juiz não exerce mandato político, tampouco a Constituição permite que o juiz desenvolva atividades político-partidárias, pois a participação do magistrado em esquemas de poder político-partidário certamente comprometeria sua independência funcional. Todavia, o juiz, enquanto cidadão, pode ter sua opinião político-partidária. O que ele não pode é se filiar a um partido político, pertencer a órgão de direção partidária ou participar de campanhas.

Mais preocupante, então, em termos de limites ao controle jurisdicional das políticas públicas, é a indagação sobre a atuação alinhada politicamente do Poder Judiciário, sobretudo quando se trata de Cortes Supremas, cuja composição é feita por nomeação oriunda do Executivo.

Note-se, contudo, que o Judiciário virou no Brasil o epicentro do debate político, principalmente a partir da "Operação Lava Jato". Tal ocorrência torna a questão de politização do Judiciário ainda mais complexa, dada a interpretação polarizada que a população extrai da situação dos vazamentos e da postura mais ativa de determinados integrantes do Judiciário, o que levanta a suspeita de parcela dos observadores acerca da imparcialidade da conduta jurisdicional no julgamento.

Se a Operação será efetivamente erga omnes ou se ela é voltada apenas a determinado foco de corrupção político-partidária, como ocorreu na "Operação Mãos Limpas" na Itália, que não foi capaz de estancar a corrupção do cenário político italiano, é algo que ainda está em aberto à análise geral.

O que não seria recomendável aos juízes, no geral, é que comecem a se importar demasiadamente com a opinião pública, pois se sabe que a opinião pública é muitas vezes instável e injusta, sendo influenciada pela mídia e por rumores que nem sempre são comprovados. Isso, pois o Judiciário representa o último bastião da busca pela justiça, não podendo jamais se embalar no ritmo cambiante e instável da opinião pública. Ora, a espetacularização da atuação judicial pela mídia é um enorme indício de possível desrespeito à noção de separação de Poderes.

Dois aspectos: os Poderes, conforme previsão constitucional, devem ser *independentes*, daí por que é interessante que haja uma autonomia que mantenha o Judiciário distante em relação aos Poderes políticos, para que não haja desconfianças de um agir articulado, sobretudo pelo caráter de persecução da Justiça, por critérios que são aplicados de forma isonômica aos jurisdicionados, mas eles também devem ser *harmônicos*. A harmonia é ameaçada quando há conflito nas cúpulas dos Poderes, o que ameaça a coexistência equilibrada desejada pela Lei Maior, sobretudo se o Judiciário começar a invalidar políticas públicas que contam com amplo consenso social sem razões suficientemente fortes, do ponto de vista argumentativo, para tanto.

4. *Externalidades do ativismo judicial*

Elival Ramos, Procurador-Geral do Estado de São Paulo, tem uma obra, que é sua tese de titularidade, acerca do ativismo judicial. Ele critica o fenômeno do ativismo e aborda a necessidade de existirem parâmetros para que não haja excessos na ausência de contenção do Judiciário. Ativismo, segundo Elival Ramos, representa "o exercício da função jurisdicional para além dos limites impostos pelo próprio ordenamento que incumbe, institucionalmente, ao Poder Judiciário fazer atuar".[19]

19. Elival da Silva Ramos, Ativismo Judicial: *Parâmetros Dogmáticos*, São Paulo, Saraiva, 2010, p. 308.

Luís Roberto Barroso também procura diferenciar o conceito de judicialização, decorrente do modelo constitucional adotado no Brasil, em relação ao ativismo judicial. O ativismo judicial é tido como uma "participação mais ampla e intensa do Judiciário na concretização dos valores e fins constitucionais, com maior interferência no espaço de atuação dos outros dois Poderes".[20]

Para Barroso o oposto da postura de *ativismo judicial* seria a *autocontenção*, conduta mediante a qual o Judiciário procura reduzir sua interferência nas ações dos outros Poderes. Ressalte-se que também nos Estados Unidos, de onde se origina esse termo *self-restraint*, de tradução "autocontenção", há doutrinadores que são mais ativistas, denominados curiosamente de "não interpretativistas", em relação aos menos ativistas, que são os "interpretativistas".[21]

Um dos pontos mais problemáticos do ativismo judicial apontados por Barroso se dá na distribuição de medicamentos e na determinação de terapias mediante decisão judicial. A concessão arbitrária – isto é, indiscriminada –, pelo Judiciário, de medicamentos e terapias não previstos põe em risco a racionalidade e a organização das políticas públicas de saúde, comprometendo, segundo Barroso, a alocação dos escassos recursos públicos.

Existem riscos sistêmicos de utilização do ativismo, pois, apesar de o juiz poder realizar a justiça do caso concreto, deve haver cautela por parte do Poder Judiciário, porquanto nem sempre é possível avaliar o impacto de determinadas decisões proferidas em processos individuais sobre as políticas públicas.

Complementando essa crítica, enfatiza Elival Ramos que na área de medicamentos, principalmente, o ativismo pode funcionar como um "Robin Hood" às avessas,[22] porque é capaz de tirar recursos de políticas públicas para fornecer a casos individuais, nem sempre de forma equânime.

Isso ocorre pois o ativismo de medicamentos e tratamentos é fenômeno mais comum nas regiões mais ricas do Estado de São Paulo, enquanto nas mais pobres faltam hospitais e tratamentos. Então, o Judiciário obriga que o Estado, em diversos casos, forneça medicamentos que não estão na lista RENAME (Relação Nacional de Medicamentos Essenciais), determinado em diversas circunstâncias que haja o fornecimento de remédios e tratamentos excessivamente custosos ou, mesmo, experimentais, o que acaba tendo um impacto negativo na política pública de saúde.

Um exemplo concreto é apontado por Maria Paula Dallari Bucci, com base nas cerca de 13 mil medidas liminares que determinavam a entrega de *fosfoetanolamina sintética* a pacientes de câncer, sendo que esta substância, propalada como pílula do câncer, não é medicamento, não tem registro na ANVISA e não havia parecer médico ou estudo científico a comprovar seu uso benéfico ou curativo.[23]

---

20. Luís Roberto Barroso, "Judicialização, ativismo judicial e legitimidade democrática", *[Syn]Thesis* 5/23, n. 1, Rio de Janeiro, 2012.

21. Os não interpretativistas, como Dworkin, defendem que os juízes invoquem valores e princípios substantivos; já, os interpretativistas não aceitam que o *rule of law* se transforme num *law of the judges* (cf. Irene Patrícia Nohara, *Limites à Razoabilidade nos Atos Administrativos*, cit., p. 59).

22. Elival da Silva Ramos, "Com a judicialização da saúde, Estado age como um Robin Hood ao contrário", *Conjur* 23.10.2016, p. 1.

23. Maria Paula Dallari Bucci, "Contribuição para a redução da judicialização da saúde: uma estratégia político-institucional baseada na abordagem das políticas públicas", in Maria Paula Dallari Bucci e Clarice Duarte Seixas (orgs.), *Judicialização da Saúde: a Visão do Poder Executivo*, São Paulo, Saraiva, 2017, p. 31.

Quanto aos aspectos que a autora considera que devem ser analisados pelo juiz antes da concessão da liminar, destacam-se: considerar a exigibilidade jurídica da Política Nacional de Assistência Farmacêutica; examinar com cuidado a matéria de fato; e conhecer as políticas públicas dos serviços de saúde.[24]

Essas também são questões que se originam de *hard cases*, dado que o Judiciário tanto pode ter uma postura de autocontenção, no sentido do reconhecimento da discricionariedade do administrador, como encontra substratos jurídicos, a depender da circunstância concreta e da disciplina legal, para o reconhecimento dos direitos, numa postura mais responsiva e preocupada com o indivíduo que necessita de tratamento, quando há fundamento para sua concessão.

Assim, alerta Maria Paula Dallari Bucci[25] que, ainda que haja necessidade de considerar as políticas públicas da perspectiva macro, o atendimento do cidadão individualmente considerado também não pode ser visto como parte menos importante do sistema, e esse fator mesmo que é ponderado pelo Judiciário.

5. Regulamentação do controle judicial das políticas públicas e projeto que intenta limitar o decisionismo judicial

Há dois projetos em trâmite que intentam estabelecer certos parâmetros para conter o ativismo. O primeiro deles é o projeto que busca regulamentar o controle de políticas públicas pelo Judiciário, e o segundo é o que propõe alterações na Lei de Introdução às Normas do Direito Brasileiro.

Primeiramente, para criar parâmetros ao controle judicial das políticas públicas, há o Projeto 8.058/2014, que foi inspirado nas sugestões feitas pelo grupo de pesquisa de Ada Pellegrini Grinover e Kazuo Watanabe. Tal Projeto intenta oferecer subsídios para uma resposta mais objetiva e alinhada do Judiciário em relação ao Poder Executivo.

O Projeto objetiva criar um processo especial de controle e intervenção em políticas públicas no Judiciário, para evitar decisões particularistas e irrazoáveis. Para isso, o Projeto prevê a reunião, independentemente de conexão, de vários processos versando sobre pedidos, diretos e indiretos, de implementação ou correção de políticas públicas, para julgamento conjunto, a fim de o juiz dispor de todos os elementos necessários para uma decisão equitativa e exequível.

O Projeto foi inspirado em experiências da Argentina, da Colômbia, da África do Sul e dos Estados Unidos, sendo orientado a provocar um diálogo e a cooperação entre Poderes estatais ao longo das fases de processo judicial que possa ter uma decisão impactante sobre alguma política pública. O diálogo serviria para calibrar as expectativas dos Poderes em relação à implementação de dada política pública.

A preocupação externada pelo art. 2º do Projeto é no sentido de que o controle de políticas públicas pelo Judiciário seja pautado na proporcionalidade, na razoabilidade, na garantia do mínimo existencial, na justiça social, no atendimento do bem comum, na universalidade das políticas públicas e no equilíbrio orçamentário.

24. Idem, p. 72.
25. Idem, p. 74.

Mínimo existencial, na concepção do Projeto, é o núcleo duro, essencial, dos direitos fundamentais sociais garantidos pela Constituição Federal, em relação ao específico direito fundamental invocado, destinado a assegurar a dignidade humana.

De acordo com o art. 6º do Projeto, ao receber a petição inicial o juiz deverá notificar o Ministério Público e a autoridade responsável pela efetivação da política pública, para que esta preste, pessoalmente, informações detalhadas acerca do planejamento e da execução da política pública; dos recursos financeiros existentes no orçamento para sua implementação; dos recursos necessários para sua correção; da insuficiência de recursos ou da possibilidade de transposição de verbas; e do cronograma necessário ao eventual atendimento do pedido.

A ideia é munir o juiz de dados mais reais, tendo em vista a política pública existente, para que tome uma decisão mais ponderada sobre os possíveis impactos do deferimento individualizado dos direitos.

Ainda, na sequência dos esclarecimentos, o juiz pode, para auxiliá-lo na formação de seu convencimento, designar audiências públicas, convocando representantes da sociedade civil e de instituições e órgãos especializados.

Como a formação da política pública deve ser vista atualmente como democrática, ou *bottom-up*, também o juiz poderá se informar, inclusive mediante a intervenção do *amicus curiae*, pessoa física ou jurídica, para que consiga tomar uma decisão não apenas legal, mas dotada de maior legitimidade, se for o caso, uma vez que, apesar de o juiz se originar de um Poder dito contramajoritário, ainda assim ele deve conhecer o que as pessoas e grupos interessados ponderam na questão que será decidida, que terá impactos em dada política pública.

Em síntese, ainda que a opinião pública não seja o critério exclusivo para emissão da decisão, é importante que o juiz coteje o que pensa a sociedade civil acerca da questão, para que não tome uma decisão técnica desafinada com o anseio geral dos futuros impactados.

Um aspecto inovador do Projeto é a previsão de cumprimento de obrigações sucessivas, abertas e flexíveis, que poderão consistir, em: cumprimento da sentença ou de decisão antecipatória da apresentação de planejamento necessário à implementação ou correção da política pública objeto da demanda, instruído com o respectivo cronograma, que será objeto de debate entre o juiz, o ente público e o autor; e determinar ao Poder Público que inclua créditos adicionais especiais no orçamento em curso ou determinada verba no orçamento futuro, com obrigação de aplicá-la na política pública requerida.

Os críticos do Projeto, a exemplo de Lênio Streck e Martônio Mont'Alverne Barreto Lima,[26] enfatizam que, se ele vingar, as Faculdades de Direito não irão formar juristas, mas bacharéis versados em políticas públicas, sendo que o Judiciário se imiscuirá demasiadamente nos demais Poderes.

Ouso, *data venia*, discordar da opinião ilustre dos mencionados juristas; como a enunciação de direitos sociais torna mais complicada a indagação dos efeitos do deferimento do provimento jurisdicional, dado que a concessão em massa de pleitos individuais terá, sim, impacto nas políticas públicas, então, seria mesmo interessante que houvesse maior conhecimento de política pública nos cursos de Direito, não obstante a função jurisdicional ainda ser do Judiciário.

---

26. Lênio Streck e Martônio Mont'Alverne Barreto Lima, "Lei das Políticas Públicas é Estado Social a golpe de caneta?", *Conjur* 10.2.2015.

Ainda, será que essa não seria uma tendência da interlocução entre direito administrativo e gestão pública, dado que a positivação da eficiência na atuação administrativa enquanto princípio, com conteúdo normativo, já não permitiria uma maior abertura do Judiciário às análises de efetividade das políticas públicas quando controladas pelo Judiciário?

Será que o Projeto não traz parâmetros relevantes para evitar o decisionismo subjetivista, desvinculado do planejamento das políticas públicas, sendo este um fator de quebra da harmonia entre Poderes? Entende-se extremamente importante que haja iniciativas no sentido de repensar a tutela deferida pelo Judiciário, para que haja harmonia entre os Poderes, sendo, no geral, elogiável a iniciativa.

Outro Projeto em trâmite, que tem preocupações distintas das do inspirado pelo grupo de pesquisas de Ada Pellegrini, é a proposta de alteração da Lei de Introdução às Normas do Direito Brasileiro, Projeto 349/2015. Trata-se de Projeto cujo cerne de preocupação gravita em torno de criar um ambiente estável para negócios celebrados com a Administração Pública, sem que os investimentos sejam afugentados pela constante utilização do *ius variandi* do Poder Público.

Preocupa-se em criar modificações legais para supostamente aumentar a segurança jurídica na interpretação. A ideia deste Projeto é estimular o consequencialismo da decisão judicial e supostamente induzir maior previsibilidade diante de um cenário variável. Intenta-se, portanto, refrear o ativismo, com estímulo de decisões que não calculam os impactos negativos em termos de desorganização das políticas públicas.

Pretende-se estimular o juiz a examinar alternativas, opções e impactos. Para tanto, há uma previsão um tanto quanto controvertida no sentido de que, "nas esferas administrativa, controladora ou judicial, não se decidirá com base em valores jurídicos abstratos sem medir as consequências práticas da decisão".

Note-se que o Código de Processo Civil, que também tem aplicação subsidiária aos processos administrativos, proíbe a invocação de conceitos jurídicos indeterminados sem que haja a explicação do motivo concreto de sua incidência. Trata-se de orientação um pouco melhor, a meu ver, do que barrar, *tout court*, a decisão com base em valores jurídicos abstratos, que não cotejem as consequências.

Pode ser que uma decisão alicerçada em dignidade humana ou em valores abstratos não considere a consequência econômica de uma medida empresarial que viole a dignidade de pessoas, tratadas como escravos, por exemplo, nas relações empresariais, mas que considere o impacto daquela violação a outros direitos fundamentais tutelados pelos tratados internacionais e pelo ordenamento jurídico. Neste caso é muito relativo afirmar que tal proteção não coteja as consequências, pois vai prejudicar uma atividade econômica, por exemplo.

Mas isso não implica permitir que, por outro lado, o Governo edite listas de empresas que supostamente empregam trabalho escravo sem que haja uma configuração minimamente plausível do que configuraria a condição análoga à de escravo, sem resguardar contraditório e ampla defesa, como já se pretendeu fazer outrora. Isso seria uma decisão arbitrária e que geraria, de forma injusta, muitos impactos nas atividades econômicas.

O problema é que o argumento valorativo possui sua relevância e pode ser útil para situações de afronta à dignidade e de respeito, por exemplo, à moralidade administrativa. Então, não se trata de barrar decisões pautadas em argumento valorativo tão somente do prisma de suas consequências, até porque isso implicaria uma vitória do argumento pragmático-econômico sobre os freios jurídico-valorativos às condutas estatais, mas o foco mais adequado seria combater a postura arbitrária do Estado quando provoca efeitos prejudiciais injustos.

O Projeto também prevê um regime de transição diante da imposição de dever ou condicionamento novo a direito ou mesmo se houver orientação ou interpretação nova, para que haja respeito à proporcionalidade e à eficiência, sem prejuízo de interesses gerais.

Diferentemente do Projeto dos processualistas, este Projeto, criado por um grupo de administrativistas, não se preocupa em estimular um acompanhamento progressivo do cumprimento dos direitos sociais contemplados em políticas públicas, em função da análise da disponibilidade orçamentária, mas em negociar o cumprimento de negócios celebrados com as autoridades administrativas, com base em compromisso de ajustamento.

Ainda, há a possibilidade de, diante de razões de segurança jurídica e de interesse geral, ser proposta ação declaratória de validade do ato, contrato ou ajuste, processo ou norma administrativa, com efeitos *erga omnes* em regime de ação civil pública.

A proposta é que, por meio dessa ação, haja a possibilidade de estabilização. Ocorre que um dos problemas da previsão dessa ação é que não houve separação entre atos concretos e atos normativos, sendo que a distinção gera a necessidade de tratamentos tecnicamente diferentes; daí fica confuso se haverá uma ação civil pública, que geralmente possui uma tutela mandamental, ou mera ação de caráter mais declaratório.

É problemático procurar criar uma ação específica, sobretudo numa alteração da Lei de Introdução às Normas no Direito Brasileiro. Se a ideia é, no fundo, criar uma espécie de ação civil pública, certo seria promover uma alteração na Lei da Ação Civil Pública, e não na lei de interpretação das normas.

Outrossim, há dúvidas sobre a eficácia dessa ação, que se pretende com efeitos erga omnes, para garantir a pretendida estabilização, ou seja, o valor da segurança jurídica. Isso se dá pois algumas irregularidades de contratos e de um processo não ocorrem somente em momento anterior, quando da celebração ou da realização da licitação, mas podem acontecer irregularidades também no curso da execução do contrato, o que não resguardaria, no fundo, o investidor da possibilidade de questionamentos futuros.

São pontos positivos desse Projeto: a enunciação de maiores restrições à responsabilização pessoal de agente por decisões ou opiniões técnicas; e a previsão de consulta popular para todos os atos normativos.

Talvez fosse mais eficaz intensificar a discussão, no âmbito da Administração, de práticas de gestão mais comprometidas com a consequencialidade, bem como incentivar a autocontenção judicial diante da discricionariedade administrativa, do que fazer a alteração na Lei de Introdução às Normas do Direito Brasileiro.

6. Conclusões

Partindo-se da clássica formulação de Hely Lopes Meirelles acerca da distinção entre *discricionariedade* e *arbítrio*, o presente escrito procurou enfocar os limites da judicialização em face do desafio de autocontenção do Poder Judiciário em relação ao controle jurisdicional dos atos administrativos.

Houve também a exposição de que, ao longo da década de 1990, diante do incremento das demandas em torno dos direitos sociais, ocorreu um impacto progressivo das decisões judiciais sobre as políticas públicas.

Na viragem hermenêutica percebe-se que a espinha dorsal do pós-Positivismo é um sistema flutuante, que se destacou da exclusividade das regras, para alçar voos a partir da estrutura fluida dos princípios. Tentou-se, então, problematizar que as mudanças na própria Hermenêutica Jurídica, com a valorização dos princípios e o reconhecimento de sua força normativa, trouxeram dificuldades na delimitação mais precisa das fronteiras entre discricionariedade e interpretação em relação à visão anterior, que enxergava o ordenamento como um sistema coerente de regras jurídicas em que os princípios eram manejados para suprir eventuais lacunas.

A positivação da eficiência estreitou ainda mais a faixa da discricionariedade administrativa, pois seu conteúdo normativo permite em tese maior controle das políticas públicas se elas se mostrarem ineficientes. Ocorre que a eficiência fornece a equação entre os meios utilizados e os fins visados. Não raro a lei contempla inúmeros fins de realização necessária, o que torna mais difícil ainda conter o Poder Judiciário. Daí houve a explicitação de que muitos dos casos submetidos ao Poder Judiciário no tocante ao questionamento de políticas públicas adquirem um colorido político como pano de fundo.

Tentou-se, então, separar a abordagem da *judicialização da política* em relação ao conceito de *ativismo judicial*, sendo ainda criticado o movimento mais recente de *politização do Judiciário*.

Objetivou-se, a partir de dois exemplos concretos de controle judicial (em reintegração de escola tomada por estudantes e na discussão do aumento das velocidades das Marginais em São Paulo), demonstrar que com o potencial de questionamento da eficiência de políticas públicas se torna mais fluida a fronteira que separa a interpretação jurídica da discricionariedade, sendo a primeira um local de responsividade do magistrado e a segunda um espaço de autocontenção judicial.

O juiz foi abordado como alguém que possui sua ideologia, no sentido de crenças e visão de mundo, sendo dele exigível que emita uma decisão com fundamentação inspirada em argumentos razoáveis extraídos tanto dos textos normativos como também dos fatos a serem interpretados. É ultrapassado, portanto, supor que o juiz, enquanto ser humano que é, alcance uma utópica e desaconselhável neutralidade. Logo, imparcialidade desejável não é sinônimo de neutralidade.

Por fim, para que o ensaio tenha também um contributo de atualidade, foram abordados dois projetos de leis que estão em curso no Brasil e que pretendem estabelecer parâmetros mais claros de interpretação na área do direito público, para que não haja insegurança jurídica e impactos negativos das decisões judiciais, que são: o Projeto 8.058/2014, com origem na Câmara dos Deputados, e o Projeto 349/2015, do Senado Federal.

Foram enfocadas as principais contribuições apresentadas pelos Projetos para combater o decisionismo jurídico. Enfatizou-se que o foco e, portanto, o objetivo dos dois Projetos são distintos, sendo que enquanto o da Câmara se preocupa com uma racionalidade comum aos Poderes, quando houver riscos de decisões judiciais que interfiram nas políticas públicas, para viabilizar soluções prontas a equacionar a reserva do possível, o Projeto 349, que pretende alterar a Lei de Introdução às Normas do Direito Brasileiro, volta-se, por seu turno, a garantir um ambiente mais seguro aos negócios firmados com o Poder Público. Para tanto, pretende criar um mecanismo jurídico de estabilização de ato, contrato ou ajuste firmado com a Administração Pública, sendo os efeitos deste mecanismo bastante duvidosos, à medida que algumas irregularidades se dão na execução dos contratos.

Espera-se, portanto, resgatar esse palpitante e imorredouro tema da discricionariedade nas fronteiras da judicialização, como forma de homenagear com estudos o centenário de Hely Lopes Meirelles.

Referências bibliográficas

ALEXY, Robert. *Teoría de los Derechos Fundamentales*. Trad. de Ernesto Garzón Valdés. Madri, Centro de Estudios Políticos e Constitucionales, 2002.

BANDEIRA DE MELLO, Celso Antônio. *Curso de Direito Administrativo*. 33ª ed. São Paulo, Malheiros Editores, 2016.

BARROSO, Luís Roberto. "Judicialização, ativismo judicial e legitimidade democrática". *[Syn] Thesis* 5/23. N. 1. Rio de Janeiro, 2012.

BECK, Ulrich. *Sociedade de Risco*. São Paulo, Editora 34, 2011.

BONAVIDES, Paulo. *A Constituição Aberta*. 3ª ed. São Paulo, Malheiros Editores, 2004.

BUCCI, MARIA Paula Dallari. "Contribuição para a redução da judicialização da saúde: uma estratégia político-institucional baseada na abordagem das políticas públicas". In: BUCCI, Maria Paula Dallari, e SEIXAS, Clarice Duarte (orgs.). *Judicialização da Saúde: a Visão do Poder Executivo*. São Paulo, Saraiva, 2017.

BUCCI, Maria Paula Dallari, e SEIXAS, Clarice Duarte (orgs.). *Judicialização da Saúde: a Visão do Poder Executivo*. São Paulo, Saraiva, 2017.

CANOTILHO, J. J. Gomes. *Constituição Dirigente e Vinculação do Legislador*. Coimbra, Coimbra Editora, 1994.

_____. *Direito Constitucional e Teoria da Constituição*. 2ª ed. Coimbra, Livraria Almedina, 1998.

CARRIÓ, Genaro R. *Notas sobre Derecho y Lenguage*. 4ª ed. Buenos Aires, Abeledo-Perrot, 1990.

DALLARI, Dalmo de Abreu. *Elementos da Teoria Geral do Estado*. São Paulo, Saraiva, 1995.

DI PIETRO, Maria Sylvia Zanella. *Discricionariedade Administrativa na Constituição de 1988*. 2ª ed. São Paulo, Atlas, 2001.

FONSECA PIRES, Luís Manuel. *Controle Judicial e Discricionariedade Administrativa*. Rio de Janeiro, Elsevier, 2009.

JUSTEN FILHO, Marçal. *Curso de Direito Administrativo*. São Paulo, Ed. RT, 2011.

LIMA, Martônio Mont'Alverne Barreto, e STRECK, Lênio "Lei das Políticas Públicas é Estado Social a golpe de caneta?". *Conjur* 10.2.2015.

MEIRELLES, Hely Lopes. *Direito Administrativo Brasileiro*. 35ª ed. São Paulo, Malheiros Editores, 2009; 42ª ed. São Paulo, Malheiros Editores, 2016.

NOHARA, Irene Patrícia. *Direito Administrativo*. 7ª ed. São Paulo, Atlas, 2017.

_____. *Limites à Razoabilidade nos Atos Administrativos*. São Paulo, Atlas, 2006.

RAMÍREZ-ESCUDERO, Daniel S. *El Controle de Proporcionalidade de la Actividad Administrativa*. Valência, Tirant, 2004.

RAMOS, Elival da Silva. Ativismo Judicial: *Parâmetros Dogmáticos*. São Paulo, Saraiva, 2010.

_____. "Com a judicialização da saúde, Estado age como um Robin Hood ao contrário". *Conjur* 23.10.2016.

SEIXAS, Clarice Duarte, e BUCCI, Maria Paula Dallari (orgs.). *Judicialização da Saúde: a Visão do Poder Executivo*. São Paulo, Saraiva, 2017.

STRECK, Lênio, e LIMA, Martônio Mont'Alverne Barreto. "Lei das Políticas Públicas é Estado Social a golpe de caneta?". *Conjur* 10.2.2015.

AS SOCIEDADES EM CONTA DE PARTICIPAÇÃO E A PARTICIPAÇÃO DE SÓCIOS OCULTOS COM SERVIÇOS

Ives Gandra da Silva Martins

Conheci Hely Lopes Meirelles no final da década de 1960, quando tivemos um bom relacionamento, tendo sido sereno conselheiro em questões de ordem pessoal e familiar para questões envolvendo os diversos ramos dos Meirelles, à época em que eu representava um deles. Era procurado sempre para aconselhamento na busca da harmonia familiar, sendo o responsável para a permanente estabilidade da tradicional e numerosa família.

Muitas vezes, conversávamos sobre questões de direito societário, mostrando que sua cultura jurídica transcendia de muito o campo do direito administrativo.

Lembro-me que, naquele período, em que eu regia a cadeira de direito tributário na Faculdade de Direito de São Carlos, em face da intervenção federal e a pedido do interventor, as lembranças que deixara na cidade onde fui juiz e professor eram trazidas, a todo momento, por alunos, professores, advogados e membros do Ministério Público.

Sua vida pública e de doutrinador coloca-o como um dos maiores expoentes na história do direito administrativo no Brasil, justificando plenamente a homenagem que meus queridos amigos e mestres Arnoldo Wald, Marçal Justen Filho e Cesar A. Guimarães Pereira prepararam para este livro a sua memória dedicada.

Meu estudo, portanto, para o livro, versará sobre tema, que vem sendo mal examinado no CARF/Conselho Administrativo de Recursos Fiscais sobre instituição de direito civil, que, a meu ver, pode ser composta, nos sócios ocultos, por participação de bens ou serviços, ou seja, as sociedades em conta de participação (SCPs). Trato do tema referente a direito civil, pois também nesta matéria Hely Lopes Meirelles era mestre.

Algumas breves considerações fazem-se necessárias.

A primeira delas diz respeito às sociedades.

O Código Civil é dividido em duas partes, a geral, com três livros, e a especial com cinco, a saber: Geral (Livro I – das pessoas; II – dos bens; III – dos fatos jurídicos), parte Especial (Livro I – direito das obrigações; II – direito da empresa; III – direito das coisas; IV – direito da família; V – direito das sucessões), havendo um livro complementar de disposições finais e transitórias.[1]

---

1. O Decreto-lei 4.657, de 4.9.1942, conhecido como Lei de Introdução ao Código Civil, com a edição do novo diploma passou a intitular-se "Lei de Introdução às normas do Direito Brasileiro". A longevidade do diploma deve-se à genialidade de seu autor, o saudoso amigo e professor Haroldo Valadão.

O Livro III da parte especial, que me interessa analisar (direito da empresa), cuida do empresário, no Título I, nele incluída a empresa individual. No Título II, sobre o qual me debruçarei, trata da sociedade, que poderá ser não personificada ou personificada (Subtítulos I e II).

A divisão dos dois subtítulos é antecedida por disposições gerais, abrangendo ambos regimes societários, que são expressos nos arts. 981 a 985.

Está o art. 981, conformador do que seja uma sociedade, personificada ou não, para o direito brasileiro, assim versado:

> Art. 981. Celebram contrato de sociedade as pessoas que reciprocamente se obrigam a contribuir, *com bens ou serviços*, para o exercício de atividade econômica e a partilha, entre si, dos resultados.
>
> Parágrafo único. A atividade pode restringir-se à realização de um ou mais negócios determinados (grifos meus).[2]

Claramente, o dispositivo define o que seja uma sociedade:

1. um contrato entre pessoas
2. que, reciprocamente, se obrigam a contribuir
3. com bens e *serviços*
4. para exercício de atividade econômica
5. partilhando os resultados, entre si.

O artigo, portanto, não oferece qualquer dúvida de que qualquer tipo de sociedade, *personificada ou não*, pode ser constituída com a contribuição de *bens ou serviços*.[3]

São disposições gerais que regem toda a disciplina jurídica das sociedades, explicitada nos demais artigos.

"Ubi lex non distinguit, distinguere non debemus". Onde a lei não distinguir, não devemos distinguir e, na conformação do art. 981, não há qualquer exceção a que as sociedades, *personificadas ou não*, possam ser constituídas por bens e serviços.[4]

---

2. No antigo Código Civil o artigo correspondente era menos claro, embora falasse em "esforços ou recursos" em vez de "bens ou serviços". Estava assim redigido o art. 1.363: "Celebram contrato de sociedade as pessoas que mutuamente se obrigam a combinar seus esforços ou recursos, para lograr fins comuns".

3. Ricardo Fiuza e Newton de Lucca assim se referem ao histórico do dispositivo: "O texto do art. 981 é o mesmo do anteprojeto original. No Código Civil de 1916, o conceito de sociedade encontrava-se definido em seu art. 1.363, que estabelecia que 'Celebram contrato de sociedade as pessoas que mutuamente se obrigam a combinar seus esforços ou recursos, para lograr fins comuns'. O Código Comercial de 1850, apesar de não conter um conceito específico para a sociedade comercial, enumerava seus elementos essenciais, ao assim dispor: 'É da essência das companhias e sociedades comerciais que o objeto e fim a que se propõem seja lícito, e que cada um dos sócios contribua para o seu capital com alguma quota, ou esta consista em dinheiro ou em efeitos e qualquer sorte de bens, ou em trabalho ou indústria' (art. 287). O conceito adotado por este dispositivo do art. 981 praticamente reproduz a definição de sociedade cooperativa, com a exceção de apenas não prever o objetivo de lucro, com o seguinte enunciado: 'Celebram contrato de sociedade cooperativa as pessoas que reciprocamente se obrigam a contribuir com bens ou serviços para o exercício de uma atividade econômica, de proveito comum, sem objetivo de lucro' (Lei 5.764/1971, art. 3º)" (*Código Civil Comentado*, 9ª ed., São Paulo, Saraiva, 2013, p. 894).

4. Leia-se em Renzo Tosi: "1147 'Ubi ex voluit dixit, ubi noluit tacuit' – Quando a lei quis falar, falou; quando não quis, calou. Esse é um 'brocardo' medieval anônimo que ainda pertence ao patrimônio

Passo, agora, a uma segunda consideração.

As sociedades não personificadas são regidas pelos arts. 986 a 996, estando o art. 986 assim redigido:

> Art. 986. Enquanto não inscritos os atos constitutivos, reger-se-á a sociedade, exceto por ações em organização, pelo disposto neste Capítulo, observadas, subsidiariamente e no que com ele forem compatíveis, as normas da sociedade simples.

Dois comandos surgem a propósito dessa norma:

1) as sociedades não personificadas serão regidas pelo disposto no capítulo mencionado em seus 11 artigos;

2) serão também regidas, no que não excepcionado no capítulo, pelas normas das sociedades simples.

Há menção clara a dois complexos de regras, no referido dispositivo, a saber: (a) normas próprias para disciplinar regime jurídico de tais sociedades e (b) todas as demais normas da sociedade simples são aplicadas a tais sociedades, desde que não sejam incompatíveis com as normas específicas.[5]

Sendo tais sociedades não personificadas, *sociedades* inseridas no Título correspondente, seu regime jurídico fica nitidamente conformado com a junção do complexo destas normas próprias e gerais, onde – repito – a contribuição de *bens e/ou serviços* pelos sócios, para composição da sociedade, é regra essencial para que existam.

Passo, agora, a uma terceira breve consideração.

O Capítulo II, do Subtítulo I, do Título II, do Livro II da Parte Especial do Código Civil é dedicado à sociedade em conta de participação, tendo o art. 991 a seguinte dicção:

---

comum do direito: pretende impedir que se faça a lei dizer o que não quis, e que dela seja feita uma interpretação – extensiva e não rigorosamente restritiva. Há semelhança em 'Ubi lex non distinguit nec nostrum est distinguere', quando a lei não faz distinções, não nos cabe fazê-las" (*Dicionário de Sentenças Latinas e Gregas*, São Paulo, Martins Fontes, 1996, p. 525).

5. Marcelo Fortes Barbosa Filho escreve: "A partir da simples conjunção de vontades, celebra-se o contrato de sociedade, mas, para a aquisição da personalidade jurídica, como ditado pelo antecedente art. 985, faz-se necessário a elaboração de um instrumento e sua inscrição nos órgãos do Registro Público de Empresas Mercantis ou perante um dos Oficiais de Registro Civil de Pessoa Jurídica, de conformidade com a natureza empresária ou simples. Antes da consecução do registro, há apenas uma relação contratual que produz efeitos exclusivamente entre aqueles que dela participaram (*inter partes*), trocando os sócios direitos e deveres similares, conjugando bens ou seu lavor e repartindo o resultado obtido sem afetar terceiros. Nesse sentido, ausente a personalidade jurídica, mesmo desejada e projetada pelos contratantes, só existirão uma sociedade-contrato, designada como sociedade em comum dotada de disciplina específica, apresentando correspondência com a antiga sociedade civil estrita, concebida para ser puramente contratual, a sociedade de fato e a irregular, estas conceituadas com base nos revogados arts. 303 e 304 do Código Comercial, não tendo sido elaborado, na primeira, nem mesmo um instrumento escrito, enquanto a segunda, apesar da existência de tal documento, não havia sido registrada. Os artigos inseridos no presente capítulo, portanto, compõem um conjunto de regras especiais, sempre aplicáveis às referidas sociedades-contrato, prevendo o legislador a aplicação subsidiária dos preceitos atinentes à sociedade simples, desde que esteja presente a compatibilidade com a ausência de personalidade jurídica" (*Código Civil Comentado – doutrina e jurisprudência*, 6ª ed., revisada e atualizada, São Paulo, Manole, 2012, p. 996).

SOCIEDADES EM CONTA DE PARTICIPAÇÃO – SÓCIO OCULTO COM SERVIÇOS

Art. 991. Na sociedade em conta de participação, a atividade constitutiva do objeto social é exercida unicamente pelo sócio ostensivo, em seu nome individual e sob sua própria e exclusiva responsabilidade, participando os demais dos resultados correspondentes.

Parágrafo único. Obriga-se perante terceiro tão somente o sócio ostensivo; e, exclusivamente perante este, o sócio participante, nos termos do contrato social.[6]

Da leitura do dispositivo, resta claro que:

1. a atividade constitutiva é exercida unicamente pelo sócio ostensivo,

2. em seu nome individual,

3. sob sua responsabilidade,

4. participando os demais sócios dos resultados correspondentes,

5. perante terceiros, quem se obriga é o sócio ostensivo, e

6. o sócio participante se obriga exclusivamente perante o sócio ostensivo, nos termos do que dispuser o contrato social.[7]

Os demais arts. 992 a 996 estão assim veiculados:

Art. 992. A constituição da sociedade em conta de participação independe de qualquer formalidade e pode provar-se por todos os meios de direito.

Art. 993. O contrato social produz efeito somente entre os sócios, e a eventual inscrição de seu instrumento em qualquer registro não confere personalidade jurídica à sociedade.[8]

Parágrafo único. Sem prejuízo do direito de fiscalizar a gestão dos negócios sociais, o sócio participante não pode tomar parte nas relações do sócio ostensivo com terceiros, sob pena de responder solidariamente com este pelas obrigações em que intervier.

6. Nelson e Rosa Nery ao conceituarem este tipo de sociedade não vedam a participação com serviços das duas classes de sócios (ostensivo e participantes): "*2. Conceito*. É sociedade regular, sem personalidade jurídica, formada com dois tipos de sócios (sócio ostensivo e sócio oculto). O sócio ostensivo assume os negócios com terceiros, em seu nome individual e com sua inteira responsabilidade; o sócio oculto (ou participante) participa com o capital, colhendo os resultados e participando das perdas do negócio. O sócio ostensivo pode ser sociedade comercial ou comerciante individual (Requião, *Curso*, vol. 1, n. 236, p. 374). A característica marcante da sociedade em conta de participação é o fato de o sócio ostensivo assumir todo o negócio em seu nome individual, obrigando-se, sozinho, perante terceiros" (*Código Civil anotado e legislação extravagante*, 2ª ed. revista e ampliada, São Paulo, Ed. RT, 2003, p. 520).

7. Clovis Beviláqua, ao comentar o art. 1.363 do antigo Código Civil que encampava os tipos de sociedades, na forma do art. 981 do atual Código lembra de sua abrangência: "O Código oferece neste artigo, os elementos de uma definição satisfatória de sociedade: é o contrato consensual, em que duas ou mais pessoas convencionam combinar os seus esforços, ou recursos, no intuito de conseguir um fim comum. É a comunhão de interesse, a cooperação para lograr um fim comum, ideal ou material, que constitui a essência do contrato da sociedade. Perante a largueza deste princípio adotado pelo Código Civil, há contrato social tanto nas sociedades civis comuns, quanto nas corporações religiosas, nas irmandades e nas sociedades literárias, científicas, recreativas ou beneficentes" (*Código Civil dos Estados Unidos do Brasil*, Rio de Janeiro, Livraria Francisco Alves, 1954, p. 88).

8. Nelson e Rosa Nery esclarecem: "*Registro do contrato*. A sociedade em conta de participação é legal, portanto, regular. Não é de sua característica a exteriorização da sociedade e dos atos societários. Não é próprio, contudo, denominá-la de oculta ou secreta, dado o cunho pejorativo dessas expressões (Brandão Lopes, *Sociedade*, n. 14, pp. 48-50). O contrato social pode ser registrado e terceiros podem ter conhecido da existência da sociedade e da identidade do sócio oculto. Isso não desvirtua a sociedade em conta de participação" (*Código Civil Anotado e legislação extravagante*, cit., p. 521).

Art. 994. A contribuição do sócio participante constitui, com a do sócio ostensivo, patrimônio especial, objeto da conta de participação relativa aos negócios sociais.

§ 1º. A especialização patrimonial somente produz efeitos em relação aos sócios.

§ 2º. A falência do sócio ostensivo acarreta a dissolução da sociedade e a liquidação da respectiva conta, cujo saldo constituirá crédito quirografário.

§ 3º. Falindo o sócio participante, o contrato social fica sujeito às normas que regulam os efeitos da falência nos contratos bilaterais do falido.

Art. 995. Salvo estipulação em contrário, o sócio ostensivo não pode admitir novo sócio sem o consentimento expresso dos demais.

Art. 996. Aplica-se à sociedade em conta de participação, subsidiariamente e no que com ela for compatível, o disposto para a sociedade simples, e a sua liquidação rege-se pelas normas relativas à prestação de contas, na forma da lei processual.

Parágrafo único. Havendo mais de um sócio ostensivo, as respectivas contas serão prestadas e julgadas no mesmo processo.

ressaltando-se, no parágrafo único do art. 993, que, sempre que o sócio participante entrar ou participar das relações do sócio ostensivo com terceiros, pode tornar-se solidário com este, nas obrigações da sociedade que intervier.[9]

Como se percebe, todos os dispositivos dão absoluta flexibilidade a este tipo de sociedade. Inclusive, esta mencionada possibilidade de o sócio oculto, não mais ostentar tal condição, participar das relações do sócio ostensivo com terceiros, o que lhe acarreta, neste caso, responsabilidade solidária com o ostensivo perante terceiros. Se nada dispuser em contrário o contrato social, a responsabilidade do sócio participante é nenhuma, na relação com terceiros. A falência do sócio ostensivo não acarreta a do sócio participante, pois a disciplina jurídica é diversa, com permanente aplicação dos regimes das sociedades simples, sempre que estes poucos dispositivos do Código Civil não dispuserem de forma diversa para este tipo de sociedade.

Da leitura de todos estes dispositivos, dois aspectos merecem especial relevância.

1) o primeiro deles é que a liberdade das relações entre os sócios é absoluta, podendo ir da não responsabilidade do sócio participante, nos atos do sócio ostensivo, até a solidariedade absoluta com este, em relação aos atos que praticar;[10] e

---

9. Marcelo Fortes Barbosa Filho esclarece: "O parágrafo único do presente artigo, por sua vez, regra a conduta do sócio participante ou oculto, frisando seu direito de fiscalização da administração dos negócios sociais, devendo o sócio ostensivo lhe prestar, periodicamente e conforme o convencionado, contas de tudo quanto realizado, o que, mediante ação própria, pode ser exigido em juízo. Em contrapartida, descabe ao sócio participante ou oculto participar de relações com terceiros, atuando diretamente nas tratativas ou na celebração de negócios, assumindo ele a função precípua de fornecedor de capital, despido de poderes de gestão. Caso tal padrão de conduta seja desrespeitado, o sócio oculto ou participante se submete a uma sanção, assumindo, junto do sócio ostensivo e em favor do terceiro credor, responsabilidade solidária pelas dívidas em cujo nascimento houver tido alguma intervenção, por menor que seja ela" (*Código Civil Comentado – doutrina e jurisprudência*, cit. p. 1.000).

10. Newton de Lucca e Ricardo Fiúza esclarecem: "A hipótese deste artigo diz respeito à constituição da sociedade em conta de participação por meio de contrato social escrito. Todavia, esse contrato somente produz efeitos entre os sócios que integram a sociedade, pois, perante terceiros, quem responde pelas obrigações sociais é o sócio ostensivo, que contrata em seu próprio nome. O contrato social da sociedade em conta de participação não pode ser levado a registro, seja na Junta Comercial, seja no cartório de Registro

2) em nenhum momento as normas especiais proíbem a formação do capital de uma sociedade em conta e participação com *serviços*.

Vale dizer, o art. 981, que diz que qualquer tipo de sociedade, personificada ou não, pode ser constituída por *bens e serviços*, não é excepcionado pelos arts. 991 a 996, que, por isso mesmo, à evidência, também admitem que a sociedade seja formada, constituída, criada, com a participação de *bens ou serviços*, pois, repito, não cabe ao intérprete restringir, onde o legislador não o fez.[11]

Assim sendo, pode uma sociedade em conta de participação ser constituída com a contribuição de serviços.[12]

Uma rápida quarta consideração.

Como os arts. 991 a 996 não proíbem a existência de sociedade por conta de participação com contribuição em serviços e como o art. 981, *aplicável a todas as sociedades, personificadas ou não, permite a participação dos sócios na constituição da sociedade com bens e serviços*, além de o regime jurídico das sociedades de conta e participação admitir o duplo regime (o especial, onde não há proibição de contribuição para formação de patrimônio com prestação de serviços, e o geral, em que há permissão expressa), mister se faz, rapidamente, tecer observações relacionadas aos arts. 997, V, 1.006 e 1.007 do Código Civil, assim redigidos:

> Art. 997. A sociedade constitui-se mediante contrato escrito, particular ou público, que, além de cláusulas estipuladas pelas partes, mencionará: (...)
>
> V – as prestações a que se obriga o sócio, cuja contribuição consista em serviços; [13]
>
> (...).

Civil das Pessoas Jurídicas. Seu arquivamento, ainda que indevido, não produzirá nenhum efeito para fins de aquisição de personalidade jurídica pela sociedade. A figura do sócio ostensivo é única, ou seja, não poderá haver mais de um sócio ostensivo, sob pena de ser desnaturado o próprio significado da conta de participação. *Quando ocorrer situação em que apareçam dois ou mais sócios ostensivos, o sócio oculto que assumir ou contratar obrigações responderá solidariamente com o sócio ostensivo em todos os atos de que participar perante terceiros*" (*Código Civil Comentado*, cit., p. 910).

11. Carlos Maximiliano lembra que: "Quando o texto dispõe de modo amplo, sem limitações evidentes, é dever do intérprete aplicá-lo a todos os casos particulares que se possam enquadrar na hipótese geral prevista explicitamente; não tente distinguir entre as circunstâncias da questão e as outras; cumpra a norma tal qual é, sem acrescentar condições novas, nem dispensar nenhuma das expressas" (*Hermenêutica e Aplicação do Direito*, Rio de Janeiro, Forense, 1979, p. 247).

12. Hamilton Dias de Souza lembra que: "deve-se lembrar a lição de Francesco Ferrara, segundo a qual o excessivo apego à letra da lei é pernicioso, mas, ainda mais grave é o perigo de que o intérprete force a exegese, encaixando no texto aquilo que gostaria que lá estivesse ou suprimindo o que contrariasse suas preferências" (*Direito Tributário 2*, São Paulo, José Bushatsky editor, 1972, p. 32).

13. É ainda Ricardo Fiúza e Newton de Lucca que interpretam o dispositivo: "Na sociedade simples, dada a sua natureza não empresarial, admite-se que um sócio contribua, apenas, com serviços ou trabalho, tal como acontecia, anteriormente, com a sociedade civil, segundo autorizava o art. 1.376, do Código Civil de 1916, e com a sociedade de capital e indústria, prevista nos arts. 317 a 324 do Código Comercial de 1850. Com a previsão feita pelo inciso V deste art. 997 ('as prestações a que se obriga o sócio, cuja contribuição consista em serviços') e sendo essa contribuição em serviços cabível em diversas sociedades, suprimiu-se a sociedade de capital e indústria do atual Código Civil, conforme esclarecido pelo Prof. Sylvio Marcondes, em sua já citada obra (*Problemas de Direito Mercantil*, São Paulo, Max Limonad, 1970, p. 148)" (*Código Civil Comentado*, cit., p. 913).

Art. 1.006. O sócio, cuja contribuição consista em serviços, não pode, salvo convenção em contrário, empregar-se em atividade estranha à sociedade, sob pena de ser privado de seus lucros e dela excluído.

Art. 1.007. Salvo estipulação em contrário, o sócio participa dos lucros e das perdas, na proporção das respectivas quotas, mas aquele, cuja contribuição consiste em serviços, somente participa dos lucros na proporção da média do valor das quotas.

Pelo primeiro, nas sociedades simples, há expressa permissão para que o capital seja formado com prestação de serviços. Pelo segundo, proíbe-se, *salvo disposição estatutária em contrário*, que o sócio cuja contribuição consista em serviços atue em atividade que não diga respeito ao objeto social da sociedade ou atue fora da sociedade em atividade paralela. Tal disposição, todavia, no elastério admitido pela lei para flexibilização deste tipo de sociedade, pode ser afastada por convenção entre as partes. Pelo terceiro, há possibilidade de participação diferenciada dos sócios, seja em função do valor de quotas, seja ainda *por disposição contratual que explicite* a forma distinta de distribuição dos lucros.[14]

Resta claro que, não só não há, em nenhum dispositivo, qualquer restrição a que sociedades em conta de participação possam ser constituídas com bens e serviços, como, por outro lado, conforma o Código Civil enorme flexibilização e elasticidade na composição destas sociedades, como na das sociedades simples, cujo regime jurídico, que lhes pertine, também é muito lato. Concluo, portanto, que as sociedades em conta de participação podem ser constituídas com bens e serviços do sócio oculto.

São Paulo, 3 de março de 2017

---

14. Maria Helena Diniz explica: "*Sociedade em conta de participação*. Direito comercial. Aquela que explora uma atividade negocial sob a firma individual de um dos participantes, apresentando sócios ostensivos, que se obrigam perante terceiros, e sócios ocultos, que só se obrigam perante os sócios ostensivos. Não é pessoa jurídica, nem tem autonomia patrimonial, nem firma ou razão social. O gerente, que é o sócio ostensivo, usa de sua firma individual, efetivando os negócios em seu próprio nome, adquirindo direitos e assumindo deveres. Tal sociedade não possui nem mesmo sede ou domicílio especial, nem pode ser declarada falida, pois somente os sócios ostensivos podem incorrer em falência" (*Dicionário Jurídico*, vol. 4, São Paulo, Saraiva, 1998, p. 402). Em nenhum momento, qualquer dos autores por mim citados, exclui, na formação da sociedade, a prestação de serviços.

RAÍZES DA REGULAÇÃO NO BRASIL

Jacintho Arruda Câmara
Filipe Natal de Gaspari

1. Introdução. 2. Contextualização histórica. 3. Intervencionistas e liberais na história da regulação no Brasil. 4. Discussão do tema. 5. Conclusão.

1. Introdução

A grande crise econômica de 1929 e o pós-Segunda Guerra Mundial são eventos críticos que servem de marco do surgimento do estado intervencionista e, por consequência, da regulação econômica mais intensa. Converge para esse período uma verdadeira revolução no papel do Estado, que, de diferentes formas, varreu o mundo.

O presente artigo pretende investigar como as mudanças experimentadas nesse período foram assimiladas pela intelectualidade jurídica brasileira da época. Para tanto, serão apresentados estudos jurídicos que, naquele contexto histórico, refletiram sobre as mudanças na atuação estatal e, especialmente, sobre as possibilidades de controle judicial dessas ações que, até então, não integravam as funções típicas do Estado. Com isso, chama-se a atenção para as bases teóricas e normativas do fenômeno da regulação no País.

O tema da regulação econômica floresceu no debate acadêmico brasileiro contemporâneo na década de 1990.[1] Isso, contudo, não significa dizer que, anteriormente, não houvesse regulação no País ou mesmo que esse fenômeno tenha passado completamente despercebido pela comunidade jurídica brasileira.[2]

Talvez a contundência do florescimento do tema tenha levado alguns estudiosos contemporâneos do País a supor que a "Reforma do Estado" da década de 1990 tenha sido o marco inicial do surgimento de um discurso sobre regulação no Brasil. O tom de novidade transpareceu em alguns trabalhos. De um modo geral, a preocupação com o presente fez com que fosse deixado de lado o resgate da história da regulação no País.[3]

---

1. Egon Bockmann Moreira afirma: "até meados da década de 1990 não havia maiores preocupações quanto ao papel do Estado como regulador da Economia. Nem tampouco se investigava a fundo o que poderia ser, para o Direito Brasileiro, a regulação econômica" [2014, p. 107]; e ainda: "No Brasil, foi depois da década de 1990 que a temática do 'direito da regulação' ficou viva e colorida" [2014, p. 109].

2. Fernando Dias Menezes de Almeida registra que o fenômeno da regulação não surgiu tão recentemente, embora considere que não havia abordagem da doutrina tradicional a respeito do tema. Confira-se: "regulação é conceito que existe há tempo, mas tradicionalmente não era concebido, pela doutrina brasileira, dentre as peças fundamentais da edificação do direito administrativo" [2006, p. 120]; ou ainda: "regulação não é conceito tradicionalmente empregado no Brasil, nem nos textos normativos, nem em estudos doutrinários de direito administrativo" [2006, p. 123].

3. A ressalva de que o fenômeno da regulação precede a onda de reforma do Estado ocorrida no Brasil mais fortemente nos anos de 1990 foi feita por Marçal Justen Filho: "o Estado de Bem-Estar Social exercia

Mas seria equivocado supor que a regulação não tenha sido assunto tratado com sistematicidade pelos pensadores brasileiros. Entre as décadas de 1960 e 1980 a intervenção do Estado na economia foi exercida predominantemente de maneira direta no Brasil. A intervenção, que era marcante, se dava por meio do Estado-empresário. Nos anos de 1990 houve a tão propagada "Reforma do Estado", com uma paulatina retirada do Estado dessa atuação direta na economia. O Estado passou a se reservar apenas o papel de regulador (criando normas sobre certos segmentos e fiscalizando sua aplicação).

Para pesquisar o fenômeno, nossos autores compreensivelmente pesquisaram referências doutrinárias de outros países que, como era de se esperar, registravam sua própria história institucional e jurídica. Com isso, nossas obras contemporâneas sobre regulação trazem, com frequência, conceitos e referências históricas dos Estados Unidos e da Europa. A alusão à experiência estrangeira é generalizada em nossa atual produção acadêmica. Os críticos do modelo denunciaram a "Reforma do Estado" como neocolonialista.[4] Seus defensores, de outro lado, nela encontraram uma oportunidade para se engajarem em discussões requintadas do além-mar.[5]

A história da regulação nos Estados Unidos da América, mais especificamente os anos de 1930, o governo Roosevelt e o *New Deal*, se transformou no grande paradigma para a narrativa do contexto regulatório brasileiro dos anos de 1990. As decisões da Suprema Corte americana passaram a ser tomadas como referência histórica para o controle judicial dos atos de regulação.[6] A preocupação com o passado da regulação é percebida pelos autores nacionais, mas não tem incluído a história brasileira sobre o assunto.[7] As referências doutrinárias nacionais não têm sido objeto das discussões dos juristas brasileiros no final do século XX e no começo do século XXI.

Uma revisão na literatura nacional, porém, indica que também existe uma relevante produção acadêmica sobre regulação concebida, no Brasil, na primeira fase da Era Vargas, entre 1930 e 1945, face às mudanças do paradigma de Estado.[8] Sob o Governo de Getúlio Vargas é possível identificar um relevante precedente brasileiro sobre a discussão a respeito da relação entre direito e economia.[9] A intervenção estatal em setores econômicos e sociais relevantes para o País também foi matéria de destaque na redemocratização em 1946.[10]

funções econômicas muito relevantes, não apenas a título de intervenção, mas também e especialmente como atuação direta em campos reservados preferencialmente para si próprio. De todo modo, é inquestionável que o Estado de Bem-Estar desempenhava função regulatória *também*" [2002, p. 18].

4. Nesse sentido, ver o ensaio "O neocolonialismo e o direito administrativo brasileiro", de Celso Antônio Bandeira de Mello [2009].

5. Nesse sentido, ver o ensaio "As vicissitudes da regulação econômica estatal: reflexão sobre as lições do direito norte-americano em comparação com o direito brasileiro", de Marcos Augusto Perez [2006].

6. Nesse sentido, ver o ensaio "Agências reguladoras, diálogos institucionais e controle", de Rafael Carvalho Rezende Oliveira [2015].

7. O profícuo ensaio "Anotações sobre a história do direito econômico brasileiro (Parte I: 1930-1956)", de Egon Bockmann Moreira [2005], desponta como uma exceção relevante nesse cenário.

8. Nesse sentido, ver, além das fontes primárias, a dissertação de mestrado de Paulo Macedo Garcia Neto, apresentada à USP, em 2008, com o título *A Influência do Realismo Jurídico Norte-Americano no Direito Constitucional Brasileiro*, relevante marco de pesquisa no campo da história do direito público brasileiro nas primeiras décadas do século XX.

9. Com essa interpretação sobre a Era Vargas, ver o trabalho "The traditional dialogue between law and economics", de José Reinaldo de Lima Lopes [2005:182-183].

10. Ver o trabalho "Quem tem medo da delegação legislativa", de Jean-Paul Veiga da Rocha [2016], sobre o histórico do tema da delegação de poderes no Brasil e sua relação com a regulação.

O diploma constitucional de 1946 procurou conjugar democracia, proteção de direitos individuais e intensa intervenção do Estado.[11]

Em face da pouca atenção à história do direito da regulação no Brasil e do forte indício da existência de um discurso sobre regulação nas décadas de 1930 e 1940, são duas as pretensões centrais deste trabalho. Em primeiro lugar, demonstrar que o discurso sobre a regulação, assim como os problemas ligados à revisão judicial dos atos das autoridades administrativas reguladoras, precede a reforma administrativa dos anos de 1990 no Brasil. Segundo, e também com esse espírito, analisar o discurso sobre regulação e controle judicial do regulador nas décadas de 1930 e 1940, a partir da análise da obra de autores consagrados ligados ao direito público.

2. Contextualização histórica

A inclinação ideológica antiliberal em voga na Era Vargas, representada pelas figuras do fascismo, do comunismo e do corporativismo, insuflou o debate sobre a regulação de setores econômicos e sociais relevantes [Costa 2006:79-82; Lopes 2012:367-372]. O pensamento de ordem corporativista, em boa medida consentâneo com o modelo de Estado ítalo-fascista, chegou com força ao Brasil na década de 1930. Ainda que não se possa dizer com assertividade que fascismo e corporativismo se equivalham, é certo que a semelhança de modelos se dava ao menos ao nível de previsão das corporações e conselhos técnicos ligados ao Estado e na forte inclinação à centralização e supressão de garantias e liberdades individuais.

De acordo com José Reinaldo de Lima Lopes [2012:371-372], na década de 1930 no Brasil, o discurso corporativista[12] apareceu na retórica política e jurídica, tendo como uma de suas principais bandeiras o fortalecimento da intervenção estatal. Para essa perspectiva ideológica, o Estado deveria disciplinar os setores políticos, econômicos e sociais relevantes da nação de acordo com os interesses da coletividade. A proposta corporativista despontava, igualmente, como nova forma de representação política, menos inclinada à proteção dos interesses individuais [Lopes 2012:371-372]. O que, de fato, importa para o corporativismo é a proteção dos setores, das classes, dos grupos que compõem o Estado. Há, por outro lado, pouco espaço para desvinculação destes da máquina estatal, encarregada de estabelecer diretivas, com força obrigatória, para todos esses grupos.

O modelo corporativista se afastava do sistema político democrático-liberal na medida em que os valores coletivos não eram representados pelas tradicionais instituições políticas da democracia (como o parlamento), mas, sim, pelas corporações e conselhos técnicos ligados a cada setor. Esse é o caso do café e do açúcar, setores brasileiros regulados nas décadas de 1930 e 1940 por autarquias com forte cunho corporativista. No caso do café,

---

11. Ver a profícua interpretação de Paulo Bonavides [1991:414-415] sobre as características da Constituição de 1946.
12. Na síntese de José Reinaldo de Lima Lopes [2012:371]: "O corporativismo transfere para os ramos executivos do Estado funções de arbitragem dos conflitos, podendo superar o dogma da autonomia da vontade, controlando os contratos e regulando setores econômicos considerados estratégicos de certos pontos de vista (...) A regulação da economia tem nestes tempos um caráter de salvação de setores inteiros da economia, e dirige-se também para o sistema monetário".

pelo Conselho Nacional do Café (1930) e, posteriormente, pelo Departamento Nacional do Café (1933),[13] no caso do açúcar, pelo Instituto do Açúcar e do Álcool (1933).[14]

Nas décadas de 1930 e 1940, no Brasil, o fenômeno de intervenção do Estado foi encampado por três constituições: 1934, 1937 e 1946. Todas elas propuseram, à sua maneira, o enfrentamento das questões econômicas e sociais do País pela máquina estatal [Cavalcanti 1958:341-342]. A Constituição de 1934 disciplinou, pela primeira vez em capítulo próprio, matérias relativas à ordem econômica. O modelo, embora preservasse inúmeros direitos individuais, tinha fortes traços corporativistas e antiliberais, o que desponta, por exemplo, no campo da regulação das relações de trabalho.

A Constituição outorgada de 1937 intensificou o sistema autoritário e intervencionista, reduzindo a atuação das instituições de controle da Administração Pública, como o Poder Judiciário.[15] Na tentativa de conciliar o modelo de Estado liberal e social [Bonavides 1991:414-415], a Carta de 1946, por sua vez, teve como promessa a redemocratização do País e a restituição de valores liberais, como a possibilidade de contraste dos atos estatais [Bonavides 1991:414]. É certo, contudo, que, mesmo com a redemocratização, parte significativa das instituições de caráter interventivo, criadas ao longo da primeira fase da Era Vargas, foi mantida [Lopes 2012:374; Fausto 2013:341-342].

Outra preocupação inerente às discussões jurídicas sobre regulação, à época, diz respeito à possibilidade de sua revisão judicial. Quando o assunto é a intervenção do Estado, uma das questões recorrentes é: qual o papel dos tribunais nesse contexto? Uma vez que a intervenção provoca restrições às liberdades dos particulares, é natural que questões regulatórias deságuem no Poder Judiciário, já que esse é institucionalmente concebido como salvaguarda das garantias e direitos individuais – cenário que se verificava, ao menos formalmente, nas décadas de 1930 e 1940 no Brasil.

A ideia de judicialização, embora tenha adquirido projeção na literatura jurídica brasileira após a Constituição de 1988, remete, em verdade, a um fenômeno mais antigo. Os seus dilemas também o são. Como foi dito, a regulação econômica e social envolve a imposição de restrições à livre iniciativa. Condiciona-se, assim, a liberdade de comércio e a liberdade de empreender aos interesses visionados pelo ente regulador. Face ao dissenso que cerca tais políticas, em função dos dilemas que cercam o binômio "restrição da liberdade" e "benefícios auferidos pelo corpo coletivo" pela regulação, é comum que os particulares se valham do instrumental jurídico para contestar as medidas adotadas pelo regulador.

A adoção de uma estrutura liberal de Estado e a previsão do modelo de jurisdição una não são novas no Brasil, assim como os conflitos a elas inerentes.[16] Estes últimos dois pres-

13. Ver abordagem da questão cafeeira de Tércio Sampaio Ferraz Jr., em *A intervenção do Estado na Economia: o caso café*, produção conjunta da Universidade de Brasília [1985] e no artigo "Análise econômica do Programa de sustentação do café 1906-1945: teoria, política e medição", de Carlos Manuel Peláez [1973].

14. Ver o livro *A defesa da produção açucareira*, de Leonardo Truda [1971], sobre a regulação do setor sucroalcooleiro no Brasil.

15. Segundo Rogério Bastos Arantes [1997:84], "a Carta outorgada de 1937 nem sequer mencionou em seus primeiros capítulos, como é de costume, a existência dos Três Poderes, quanto mais a sua separação e independência".

16. Ver o trabalho "Controle de políticas públicas pelo Poder Judiciário: breves ideais a partir do modo de estruturação da jurisdição", de Fernando Dias Menezes de Almeida e Mariana Augusta dos Santos Zago [2014], sobre o modelo de jurisdição no Brasil.

supostos vieram com a Constituição de 1891, isto é, ao tempo da proclamação da República. No entanto, só nas décadas de 1930 e 1940, com o crescimento do intervencionismo estatal, a judicialização de impugnações ao Estado-regulador tornou-se um fenômeno relevante e, como tal, objeto de debate de primeira grandeza entre juristas nacionais.

3. Intervencionistas e liberais na história da regulação no Brasil

Feita tal contextualização do ambiente institucional e político do período, segue a apresentação do pensamento de relevantes juristas da época sobre o fenômeno da regulação e de seu controle judicial. Como se verá, o discurso pode ser enquadrado em duas grandes tendências do pensamento regulatório, vale dizer, intervencionista e liberal. Além disso, em termos históricos, é possível verificar que o crescimento do discurso sobre regulação veio de par com a discussão sobre a possibilidade de controle judicial dos atos da Administração Pública.

Oliveira Vianna (1883-1951), jurista e sociólogo, foi um dos maiores expoentes do pensamento corporativista no Brasil. Ao lado de José Américo de Almeida e João Mangabeira, teve participação na redação do capítulo relativo à *Ordem Econômica e Social* da Constituição de 1934 [Bonavides 1991:287], primeira vez que a matéria seria disciplinada no País em uma seção específica da constituição. Com forte tendência antiliberal e crítica ao modelo político e econômico adotado na República Velha, a obra de Vianna exerceu influência direta na consolidação dos ideais políticos de Getúlio Vargas, tendo trabalhado inclusive como consultor jurídico do Ministério do Trabalho em seu governo [Lira Neto 2013:68 e 143].

Em 1930, publicou o livro *Problemas de Política Objetiva*, que, a despeito do nome, conjuga análise sociológica, econômica e jurídica. Sua forma de encarar o fenômeno jurídico não é hermética. Neste trabalho, faz referência à criação, ainda na década de 1920, de departamentos locais de regulação da economia brasileira a exemplo dos Institutos do Café de São Paulo e Minas Gerais, do Instituto do Açúcar de Pernambuco e do Instituto do Mate do Paraná [Vianna 1974:143]. Estes seriam autarquias técnicas, com funções regulamentares, detentoras de poderes complexos: executivos, legislativos e contenciosos[17] [Vianna 1974:145].

Em seu livro *Problemas de direito corporativo*, publicado em 1938, Vianna aprofundou a temática do dirigismo estatal.[18] O livro é permeado pelo tom de resposta às críticas que o

---

17. Nos dizeres de Vianna [1974:143-144], "é impossível negar o caráter de conselhos técnicos a estes Institutos. Pela composição dos seus quadros dirigentes, pela natureza das suas funções, pela complexidade e latitude das suas atribuições, eles se assemelham muito aos modernos conselhos europeus. Principalmente, os Institutos do Café. Estes, pela particularidade dos seus objetivos e pela força executiva das suas 'resoluções' lembram muito aproximadamente os 'gruppi di competenza' italianos. Não são legalmente órgãos consultivos do governo, como o Conselho Nacional do Trabalho ou o Conselho Superior de Comércio e Indústria; são, antes, órgãos de natureza administrativa, mas onde os fatores de competência técnica presumem-se preponderar, não só nas múltiplas atividades, como na composição dos seus corpos dirigentes".

18. A obra *Problemas de Direito Corporativo*, de Oliveira Vianna, pode ser encarada como um verdadeiro enfrentamento do tema da regulação econômica na década de 1930, em especial os capítulos "O problema da delegação de poderes" e "O papel das corporações administrativas no Estado Moderno". Vale a referência às suas palavras: "Porque, realmente, no nosso direito administrativo vigente, não são raras as corporações dotadas de faculdades normativas, faculdades que importam em uma verdadeira legislação

autor sofrera de Waldemar Ferreira[19] (1885-1964), liberal da Faculdade de Direito do Largo de São Francisco.[20] Um dos temas principais da obra é a regulação das relações laborais pela justiça do trabalho, pomo da discórdia entre os dois autores. A questão enseja, igualmente, considerações sobre um suposto novo papel do Estado, o que leva Vianna a discorrer sobre as recém-criadas corporações de direito público, cuja finalidade seria controlar e disciplinar setores econômicos relevantes do País.

Crítico do varguismo, Waldemar Ferreira anota que, na Era Vargas, seria possível identificar certa tendência "antijudiciarista" [Ferreira 1954:112]. Durante o Governo Provisório, a atuação dos tribunais foi limitada.[21] No Estado de Compromisso, a Constituição vedou que o Poder Judiciário se imiscuísse em matéria "exclusivamente política".[22] A Constituição de 1937 tampouco conferiu papel privilegiado aos tribunais. Na verdade, submeteu as decisões judiciais à revisão do Poder Legislativo. Na prática, como o parlamento ficou fechado durante a vigência da Constituição, as decisões finais do Estado seriam tomadas pelo Poder Executivo, representado pela figura de Getúlio Vargas. Oliveira Vianna procurou desenvolver considerações teóricas para legitimar o novo protagonismo do Executivo. Buscou, nesse sentido, justificar o arranjo constitucional então formulado. A base de seu raciocínio consistia em criticar o formalismo judicial. Propunha, por sua vez, que os tribunais fizessem uma "interpretação sociológica" das leis, de modo a significar os textos normativos de acordo com as necessidades sociais concretas do período.

Delegação de poderes, subversão da fórmula liberal de separação de poderes, assim como necessidade de conferir flexibilidade e concretude às decisões da Administração Pública, são alguns dos temas abordados diretamente por Oliveira Vianna. O autor ainda faz referência ao contexto regulatório estadunidense como modelo para o Brasil. Constata, por exemplo, que, nos Estados Unidos, uma vasta quantidade de atividades sociais e econômicas era regulada pela Administração Pública a fim de conferir "eficiência" e "tecnicidade" à prestação dos serviços [Vianna 1938:54]. Estes os seus dizeres:

> Realmente, uma porção considerabilíssima da vida social e econômica dos Estados Unidos – serviços públicos; circulação de veículos; seguros privados; zoneamento urbano; regulamentação e fiscalização de determinadas profissões e atividades econômicas; higiene pública; comércio bancário; empréstimos populares; esportes; florestas; energia hidráulica; explorações minerais,

delegada. Lembro apenas o Departamento Nacional do Café e o Instituto de Café de São Paulo, providos de poderes para expedir regulamentos, disciplinando a liberdade de comércio do café, regulando-lhe o transporte do interior para os portos de embarque e estabelecendo outras normas gerais" [1938:64-65].

19. Para uma problematização aprofundada do debate Waldemar Ferreira vs. Oliveira Vianna, bem como para uma análise ampla da obra de Vianna, ver a dissertação de mestrado *A Influência do Realismo Jurídico Norte-Americano no Direito Constitucional Brasileiro*, de Paulo Macedo Garcia Neto [2008:96-121]; também consultar o artigo "Idealismo e realismo constitucional em Oliveira Vianna: análise e perspectivas", de João Paulo Allain Teixeira [1997] e a dissertação de mestrado *Uma Sociologia Brasileira da Ação Coletiva: Oliveira Vianna e Evaristo de Moraes Filho*, apresentada à UFRJ, de Antonio da Silveira Brasil Jr. [2007].

20. Sobre o debate entre Oliveira Vianna e Waldemar Ferreira, ver a produção de José Reinaldo Lima Lopes [2005] e [2012].

21. Decreto 19.398/1930, art. 5º: "Ficam suspensas as garantias constitucionais e excluída a apreciação judicial dos atos do Governo Provisório ou dos interventores federais, praticados na conformidade da presente lei ou de suas modificações ulteriores".

22. Constituição de 1934, art. 68: "É vedado ao Poder Judiciário conhecer de questões exclusivamente políticas".

caça e pesca; indenizações de acidentes; conflitos de trabalho, individuais e coletivos; tudo isto está sendo administrado e regulado por estas corporações ou tribunais administrativos, paraestatais ou infra-estatais, algumas mesmo extra-estatais [Vianna 1938:55].

Tais autarquias deveriam ser dotadas, na concepção de Vianna, de amplos poderes. Essa ideia não é trivial. Isso porque sugere uma aparente aceitação da subversão do cânone liberal de separação dos poderes e uma rejeição da estrutura tradicional de Estado. A tradicional fórmula de tripartição de poderes seria incapaz de resolver os problemas da economia capitalista no período. É também possível identificar um claro rechaço, nesta obra de Vianna, à interferência do Poder Judiciário no campo das políticas econômicas e sociais do Estado. A seu ver, por seguirem um "rito rígido e complexo" [Vianna 1938:57], os tribunais não seriam habilitados para compreender e atender às necessidades dinâmicas da economia. Os conflitos envolvendo as políticas regulatórias demandariam decisões rápidas. Por isso, para Vianna, não só seria cabível a delegação de poderes legislativos às autarquias setoriais, mas também jurisdicionais [Vianna 1938:33-57].

Para Vianna, o formalismo na interpretação das leis e dos precedentes ("tradicionalismo jurisprudencial") traria obstáculos à implementação de políticas estatais [Vianna 1991:161]. A fim de justificar a sua tese, o autor lança mão de uma série de exemplos atinentes à atuação da Suprema Corte Norte-americana na revisão dos atos ligados ao *New Deal*, de Roosevelt, entre 1934 e 1937 [Vianna 1991:160-168]. Esse teria sido o caso do Código da Restauração Agrária ("A.A.A.") e da Lei de Salário Mínimo, considerados inconstitucionais durante 1934 e 1937, até que o Presidente viesse a obter, alguns anos depois, maioria na Corte [Vianna 1991:163]. Tal atitude teria sido, a seu ver, bastante negativa, tendo trancado "ao governo toda e qualquer saída para a solução da crise formidável que sacudia a sociedade americana", criando um impasse entre a Suprema Corte e a Presidência estadunidense [Vianna 1991:164].

Na prática, contudo, o que o autor procurava defender é a submissão da interpretação dos juízes ao crivo do Poder Executivo, a seu ver, o Poder mais apto para reagir dinamicamente às exigências sociais e econômicas. Ciente das necessidades políticas concretas vividas no período e da impossibilidade de modificar toda a cultura jurídica brasileira da época, bastante ligada ao modelo liberal-privatista ("clássico"), considerava adequado o rearranjo institucional empreendido pela Carta de 1937, que estabeleceu a primazia do Executivo,[23] inclusive face à possibilidade constitucional de aposentação compulsória dos membros do Poder Judiciário (art. 177, Constituição de 1937).[24]

---

23. Segundo Oliveira Vianna [1991:168]: "Evoluiu muito [*o mundo*] e evoluiu, no tocante às instituições políticas, no sentido de um autoritarismo generalizado, que vai deslocando, progressivamente, e cada vez mais acentuadamente, o centro de gravitação dos sistemas políticos, mesmo quando tipicamente democráticos, do Poder Legislativo para o Executivo, encarnado no Chefe do Estado. De modo que não há como deixar de reconhecer que os órgãos do Poder Judiciário, até então intangíveis à ação dos outros poderes, por força de prerrogativas que sempre os cobriram e ampararam, aparecem nestes regimes autoritários, inegavelmente reduzidos nestas prerrogativas, sacrificadas parcialmente à preocupação, hoje dominante, da unidade, da coesão, da integração administrativa e política do Estado".

24. Constituição de 1937, art. 177: "Dentro do prazo de sessenta dias, a contar da data desta Constituição, poderão ser aposentados ou reformados de acordo com a legislação em vigor os funcionários civis e militares cujo afastamento se impuser, a juízo exclusivo do Governo, no interesse do serviço público ou por conveniência do regime".

Como se vê, o pensamento de Vianna teve a particularidade de propor uma mudança de método na apreciação do papel da intervenção estatal. Vianna compreendia que o Estado deveria sofrer uma transformação. Desde as relações de trabalho, até no caso de setores produtivos como o café e o açúcar, o Estado deveria ser protagonista da regulação, disciplinando-os de acordo com os interesses nacionais. Ao contrário do que se poderia supor, o trabalho do autor não tem valor apenas histórico. A sua compreensão a respeito da função dos tribunais, por exemplo, na apreciação de matéria de direito público é bastante atual. Nesse sentido, desponta a sugestão de que o método de interpretação do direito privado não seria aplicável aos litígios sobre direito público [Vianna 1991:150] e a preocupação de reforçar, no caso de as políticas de Estado serem levadas aos tribunais, a necessidade de juízes considerarem os impactos concretos de suas decisões.

Assim como no caso de Vianna, o principal período histórico de desenvolvimento do pensamento de Francisco Campos (1891-1968) é a primeira fase da Era Vargas (1930-1945).[25] Campos foi autor da Constituição de 1937, o mais antiliberal diploma constitucional brasileiro. Mais tarde, na década de 1960, teria papel central na redação do AI-1, primeiro Ato Institucional do Regime Militar de 1964. Sua crítica ao suposto modelo liberal, predominante no Brasil no momento anterior ao Movimento de 1930, era mordaz. Para Campos, a "democracia de partidos" seria uma espécie de "guerra civil organizada e codificada" [Campos 1937:9]. A seu ver, o Movimento de 1930 apenas teria sido arrematado em 1937, com a decretação do Estado Novo [Campos 1937:5]. Nesse cenário, o pensamento sobre o papel do Estado aparece em primeiro plano. Repensá-lo em bases antiliberais e corporativistas: eis a sua intenção teórica primordial.

Na sua obra de legitimação do Estado Novo, *O Estado Nacional e suas Diretrizes*, o tema da regulação social e econômica é abordado no tópico atinente à "Delegação do Poder Legislativo". "A Constituição de 10 de novembro permite expressamente a delegação do Poder Legislativo", afirmava Campos de forma categórica [Campos 1937:27]. A seu ver, essa necessidade decorreria do papel cada vez mais proeminente atribuído ao Estado, encarnado essencialmente na figura do Poder Executivo, que seria encarregado de intervir para realizar o "controle da vida nacional em todas as suas manifestações" [Campos 1937:28]. O parlamento, por sua vez, seria incapaz de atender à dinamicidade requerida das ações estatais[26] [Campos 1937:30]. Em sentido próximo ao de Vianna, também em referência aos Estados Unidos, assinala que esta seria uma tendência universal.[27]

25. Para uma abordagem mais ampla da figura histórica de Francisco Campos, ver o trabalho "Um jurisconsulto adaptável – Francisco Campos (1891-1968)", de Seelaender e Castro [2010].

26. Francisco Campos [1937:30] observa: "Não só em outros países a legislação direta pelo Parlamento se mostrou impraticável. Entre nós, os seus defeitos estão patentes a todas as vistas. O processo de crivar de emendas, muitas vezes de caráter pessoal, um projeto de lei, é um processo corrente na forma parlamentar de legislação. Os grandes projetos, em que a unidade de princípios e de técnica constitui uma qualidade capital, não podiam, evidentemente, sair daquele processo senão deformados, mutilados e imprestáveis".

27. Sobre a tendência de época, Francisco Campos [1937:29]: "Daí o movimento geral em todo o mundo de retirar do Parlamento a iniciativa da legislação e de estender cada vez mais o campo da delegação de poderes. Não há hoje no mundo nenhuma obra legislativa importante que não tenha sido iniciativa do governo ou que não seja o resultado de uma delegação do Poder Legislativo. Quase toda a legislação recente na Inglaterra é feita por *Orders in Council* e *Departmental Regulations*, isto é, legislação pelo Executivo mediante delegação de poderes".

Sob essa perspectiva autorizativa de uma maior intervenção estatal, a relação do Executivo com o Judiciário teria que ser repensada. Em seu *O Estado Nacional e suas Diretrizes*,[28] Campos referia-se à relevância da delegação de poderes do Poder Legislativo e Judiciário às estruturas técnicas do Poder Executivo para que este pudesse intervir no campo social e econômico de acordo com as necessidades da época [Campos 1937:26-31]. Na obra *O Estado Nacional: sua estrutura e seu conteúdo ideológico*, de 1940, o autor ressaltava a necessidade de restringir a atuação judiciária quando o assunto eram as políticas do Poder Executivo. A seu ver, o "controle judicial da constitucionalidade das leis" era uma alternativa conservadora, capaz de inibir os avanços pretendidos pelo povo e encampados pelo Poder Executivo [Campos 1940:107].

O trabalho que Campos desenvolveu na década de 1930 para justificar a ascensão de Getúlio Vargas ao poder não é datado. Embora o contexto de redação das obras deva ser levado em consideração no momento de compreendê-las, preocupações com o protagonismo do Estado na regulação das relações sociais e econômicas e os conflitos às voltas da resposta de instituições, como o Judiciário, às ações estatais transcendem a época. De fato, a solução de Campos, de vedação à atuação do Judiciário, não seria admissível em contextos democráticos liberais. Por sua vez, as sugestões tanto de Vianna quanto de Campos demonstram que, num contexto de maior projeção do Estado na regulação da vida econômica e social, as tradicionais fórmulas de separação do poder, indelegabilidade de poderes e a própria compreensão do controle dos atos estatais devem ser repensados.

Em meio a esse ambiente de discussão teórica, de uma perspectiva liberal moderada, Antonio de Sampaio Dória (1883-1964) foi outro relevante jurista do período com participação direta no debate sobre as finalidades do Estado e sobre a atuação deste na definição das liberdades individuais na década de 1930. Tal como Waldemar Ferreira, Sampaio Dória pode ser considerado pensador de influência liberal na medida em que acreditava que "o fim primordial, o fim por excelência, o fim supremo do Estado" seria a "liberdade" [Dória 1935b:578].

Em artigo sobre as duas tendências regulatórias em conflito no período, isto é, nas palavras de Sampaio Dória, entre "liberalistas" ("redução da autoridade ao policiamento dos direitos") e "autoritaristas" ("onipotência do Estado para promover os interesses gerais") [Dória 1936:258], Dória adotava um discurso intermediário, que ele próprio denominava "liberal-social", segundo o qual o ente estatal deveria atuar para reparar as insuficiências individuais, sem suprimir as liberdades do indivíduo. Sua função seria equacionar uma "máxima liberdade individual" com o desempenho de uma "autoridade pública eficiente" [Dória 1936:257-258]. Seu posicionamento teórico se encontrava, por assim dizer, em algum lugar entre o liberalismo e o intervencionismo estatal.

Themístocles Brandão Cavalcanti (1899-1980) exerceu papel central na consolidação da dogmática do direito administrativo brasileiro, trabalhando diretamente com o tema da intervenção estatal. No âmbito da regulação e da compreensão da revisão judicial dos atos

---

28. Na conclusão de Francisco Campos [1940:63], antes da Constituição de 1937, "a vida econômica não tinha outro regulador a não ser a vontade dos fortes, isto é, daqueles que, graças à espoliação ou às conjunturas favoráveis do livre jogo econômico, lograram constituir seu feudo. A livre concorrência era uma corrida sem fim para objetivos puramente individuais"; ver também a seção sobre "Delegação do Poder Legislativo" em seu *O Estado Novo e suas Diretrizes* [1937:26-31].

do Estado, o pensamento de Cavalcanti não é, como se verá, muito distinto dos de Vianna e Campos. Ao contrário dos outros dois publicistas, porém, a associação de Cavalcanti com o regime varguista não costuma aparecer em primeiro plano – embora existisse. Cavalcanti tinha uma inclinação ao nacionalismo direitista, bastante em voga no pensamento da cúpula política de Getúlio Vargas à época [Bonavides 1991:286]. Nas suas elaborações teóricas, mais tradicional e moderado do que Vianna e Campos, Cavalcanti procurou conciliar os antigos referenciais dogmáticos do direito público com as novas tendências intervencionistas do período. O papel do Estado, impactado pelos acontecimentos da época, era uma de suas principais preocupações intelectuais.

Cavalcanti trabalhou o tema da regulação econômica e social também sob a influência do corporativismo. Tinha inclinações antiliberais. Para compreender o pensamento do autor sobre a relação entre direito e economia, são significativos o Prefácio e as glosas que fez ao trabalho *Sindicalismo, Corporativismo e Estado Corporativo*, do francês Roger Bonnard. Nestes escritos, observa que a vaga corporativista atingia frontalmente a então concepção de Estado-liberal. No Brasil, o Conselho da Economia Nacional, criado por Getúlio Vargas, seria um exemplo de instituição com esses matizes. Compreender o direito público na década de 1930 importaria dar atenção ao corporativismo. Em seus comentários, a alusão à importância da "regulação econômica" é explícita.

> O autor [*Bonnard*] faz, neste capítulo, uma distinção que, efetivamente, é do maior interesse entre a solução estatista e a corporativa, como meios diversos do Estado regular a economia, dirigindo-a de acordo com as exigências políticas e econômicas, o comércio interno e internacional [Bonnard 1938:200].[29]

A questão da judicialização das políticas de Estado mereceu a atenção de Themístocles Cavalcanti em sua monografia sobre o então recém-criado instituto do mandado de segurança. Incorporado ao ordenamento jurídico brasileiro pela Constituição de 1934, o novo instrumento processual veio para suprir a lacuna gerada pela Reforma Constitucional de 1926 à Constituição de 1891, que limitou o campo de aplicação do *habeas corpus* às causas envolvendo a liberdade de locomoção. Em "O mandado de segurança, os atos discricionários e o poder de polícia", capítulo da obra *Do Mandado de Segurança*, Cavalcanti aborda o papel do Poder Judiciário na contenção dos atos do Poder Público. O autor traz uma oposição entre a necessidade de os tribunais protegerem direitos individuais, como a liberdade, e a prerrogativa de ação do poder público em casos que demandem a sua atuação político-discricionária para garantir o interesse público. Esse seria o exemplo do exercício do poder de polícia, noção bastante ampla para Cavalcanti, havendo espaço para compreendê-la mesmo como termo equivalente à noção de regulação econômica e social.[30]

---

29. Ver os comentários de Themístocles Brandão Cavalcanti à obra *Sindicalismo, Corporativismo e Estado Corporativo* de Roger Bonnard [1938:200].

30. Segundo Themístocles Brandão Cavalcanti [1934:121], "nesta expressão [*poder de polícia*] compreendem-se todas as restituições impostas pelo poder público aos indivíduos, em benefício do interesse coletivo: saúde, ordem pública, segurança, e ainda mais os interesses econômicos e sociais". Afirmava ainda Cavalcanti [1934:127], "a subversão de condições econômicas e financeiras, o interesse social, tem justificado, na doutrina e mesmo na legislação moderna, o exercício de um amplo poder de polícia no terreno econômico".

Haveria, na visão de Cavalcanti, uma dificuldade inerente à dogmática de "sobreposição dos interesses coletivos aos interesses individuais", que levaria a doutrina a delimitar a área de ação permitida dos tribunais. A seu ver, o mandado de segurança não seria cabível em hipótese de análise político-discricionária, sendo apenas possível utilizá-lo para contestar a legalidade dos atos da Administração. Em sentido similar ao de Vianna e Campos, Cavalcanti observa que a ingerência excessiva dos tribunais no campo de ação discricionária do Poder Público poderia acarretar entraves ao bom funcionamento da Administração Pública. É o que sugere no seguinte trecho:

> Ora, do Poder Executivo depende especialmente o funcionamento de todos os serviços públicos, da saúde, da ordem pública, da segurança coletiva, da vida, da subsistência, do bem-estar social de todos os cidadãos. Como realizar essa finalidade se todos os seus atos, se toda a sua atividade sofrer a contínua fiscalização, o controle permanente do Poder Judiciário, com a sua apreciação rígida dos fenômenos jurídicos, sem a capacidade de encarar as questões administrativas por seu aspecto superiormente político, dentro das diretrizes fundamentais do Estado? [Cavalcanti 1934:115].

Cavalcanti reconhece que a ideia por ele defendida vinha na contramão da doutrina liberal brasileira do *habeas corpus* encampada por Rui Barbosa na República Velha [Cavalcanti 1934:117]. Para essa forma de vislumbrar a garantia constitucional, qualquer lesão ou ameaça de lesão a direito individual ensejaria a atuação dos tribunais, deixando o ato de ser, facilmente, "exclusivamente político". Por outro lado, a Constituição de 1934 vedava, em seu art. 68, o exame de matéria "exclusivamente política" pelos tribunais. O comentário de Cavalcanti é uma referência direta a tal dispositivo [Cavalcanti 1934:116], sendo relevante à medida que se perceba que, em relação à intervenção do Estado em terreno econômico e social, há uma tolerância maior do que se tinha, ao menos em termos de discurso, na República Velha. Está implícito nos dizeres de Cavalcanti que toda intervenção do Estado acarreta, em alguma medida, restrição de direitos. Se, ainda nesses casos, não é possível autorizar a revisão do ato pelos tribunais, é porque se reconhecia um campo maior e mais desimpedido de atuação do Estado como regulador da vida social.

O reconhecimento da importância da intervenção do Estado na economia aparece de forma direta e arrematada nos capítulos "O Estado e a ordem econômica" e "Da Liberdade Econômica", de sua obra *Princípios Gerais de Direito Público*. Cavalcanti reconhecia o fenômeno intervencionista como uma versão avançada da ideia de poder de polícia. A disciplina da liberdade econômica seria uma das maiores dificuldades do direito público moderno. Caberia ao Estado encontrar um equilíbrio entre a liberdade individual e o interesse público [Cavalcanti 1958:222]. Inclinadas à "democracia social" [Cavalcanti 1958:341], as Constituições de 1934, 1937 e 1946 teriam surgido em oposição ao modelo liberal.[31] Constatava, igualmente, que a regulação de setores econômicos relevantes seria uma tendência no Brasil à época, o que ficaria claro nos exemplos do Instituto do Açúcar e do Álcool e do Departamento Nacional do Café [Cavalcanti 1958:352]. A intervenção estatal teria por

---

31. Segundo Cavalcanti [1958:352], "Ali [*nas constituições de 1934, 1937 e 1946*] se acha previsto todo o regime econômico e comercial que pode ficar debaixo da influência do Estado – comércio exterior e interestadual – crédito – câmbio – trabalho – produção e consumo, todos sujeitos às limitações impostas pelo bem público".

finalidades "dirigir", "controlar" e "orientar" a economia, a fim de evitar desequilíbrios e manter a higidez dos mercados em tempos de crise [Cavalcanti 1958:353].

Sob a Constituição de 1946, com a redemocratização e com a retomada de boa parte dos valores liberais, como o da possibilidade real de contraste dos atos das autoridades públicas, Cavalcanti destinou parte de sua *Teoria do Estado* ao exame do papel do Poder Judiciário em face da contestação dos atos administrativos. Na seção destinada a estudar a "unidade da jurisdição", compreendida, em suas palavras, como o "monopólio do Poder Judiciário no exame dos atos administrativos e na solução de todas as relações jurídicas, impugnadas por serem contrárias às leis ou à Constituição" [Cavalcanti 1958:318], o publicista analisa os desafios que envolvem a atividade de revisão judicial dos atos políticos. O autor nota uma dificuldade inerente ao modelo de jurisdição una. Tal modelo acabaria por colocar os tribunais comuns em contato direto com o conteúdo das decisões administrativas, de sorte a suscitar embates a respeito do alcance da racionalidade dos tribunais sobre esse tipo de assunto. Ele também se indagava sobre a dificuldade de determinar na prática o que seria matéria de direito comum, econômico e administrativo [Cavalcanti 1958:320].

> A prática não aconselha a interferência do Poder Judiciário comum em esfera estranha ao exame da legalidade, porque as razões de ordem técnica, estranhas ao conteúdo jurídico do ato, merecem muito melhor solução através de organismos próprios que possam apreciar se os meios empregados pela Administração foram os mais adequados, à justiça, à oportunidade, à conveniência do ato [Cavalcanti 1958:320].

Na obra, Themístocles Cavalcanti não propõe, contudo, a modificação do sistema de jurisdição una, tampouco defende a completa impossibilidade de os tribunais se imiscuírem em matéria econômica, mas o aperfeiçoamento das estruturas de Estado encarregadas de regular setores sociais e econômicos relevantes e resolver disputas que envolvam matéria de natureza administrativa e técnica. Sugere, assim, a criação de tribunais especializados em matéria de direito administrativo ("tribunais administrativos especializados") e o fortalecimento do sistema de controles internos da Administração Pública [Cavalcanti 1958:309].

A percepção de que juízes que decidem causas com natureza distributiva devem atentar para as consequências das decisões aparecia claramente no *Manual da Constituição*, de 1946, de Themístocles Cavalcanti. Nele, o autor indica a necessidade de casos individualmente submetidos à apreciação judicial, que envolvem matéria administrativa, serem consideradas também sob o ponto de vista dos seus impactos nos sistemas sociais a que pertencem. Em comentário ao capítulo referente à Ordem Econômica da Constituição, Cavalcanti já alertava para a impropriedade de decidir casos envolvendo a ação interventiva do Estado na economia apenas por meio da análise de valores jurídicos abstratos. A seu ver, a interferência dos tribunais em matéria administrativa econômica deveria ser "excepcional" [Cavalcanti 1963:245], mas, sendo feita, os juízes não poderiam se abster de uma análise mais aprofundada dos impactos econômicos e sociais de suas decisões. A Suprema Corte norte-americana é citada como referência pelo autor, pois teria traçado, a seu ver de forma correta, os limites entre a "intervenção legítima" do Estado e a repercussão de tais medidas na esfera de direitos e garantias individuais [Cavalcanti 1963:245]. Observa, nesse sentido:

> Há certa incompreensão, a nosso ver, na análise dos casos individuais sujeitos ao seu exame [*Judiciário*], permanecendo geralmente essas decisões na esfera de apreciação dos princípios

básicos, sem atender às suas peculiaridades e às repercussões econômicas de suas decisões [Cavalcanti 1963:245].

Themístocles Brandão Cavalcanti é autor a ser estudado com maior detenção pelos publicistas brasileiros. Como foi possível perceber deste relato, Cavalcanti não era um formalista. Na mesma linha de Campos e Vianna, o autor realiza uma análise realista do papel do Estado como interventor em setores sociais relevantes, sem se descolar, contudo, de um sólido arcabouço teórico-dogmático. Em sua obra, aponta dificuldades que esse paradigma estatal intervencionista seria capaz de provocar, como o choque entre a atuação da Administração e dos tribunais. Em matéria de controle administrativo, principalmente a partir da Constituição de 1946, sua postura é mais conciliatória do que as de Campos e Vianna. A seu ver, se por um lado, os tribunais deveriam se imiscuir apenas em caráter excepcional em matéria discricionária; por outro, considerando a possibilidade de, em contextos liberais, questões regulatórias desaguarem nos tribunais comuns, sugere que, nesses casos, o Judiciário deveria atentar para os impactos de suas decisões no mundo concreto.

Foi Tito Prates da Fonseca um dos primeiros publicistas a suscitar, no Brasil, a importância de o direito administrativo discutir e estudar, nas suas palavras, o "contraste jurisdicional da Administração Pública" [Fonseca 1939:15]. É claro que sua obra não foi a primeira a abordar o tema. Exemplo disso é a monografia sobre desapropriações de Firmino Whitaker, cuja primeira edição data de 1925, trazendo uma breve reflexão sobre o papel dos tribunais na análise dos casos de desapropriação.[32] Também, nesse sentido, os exemplos de Vianna e Cavalcanti a que se fez referência anteriormente neste artigo.[33]

Contudo, em 1939, Prates da Fonseca tem em vista um paradigma de Estado distinto do que Whitaker na década de 1920. Trata-se, em contrapartida, do mesmo modelo de Estado que Themístocles Cavalcanti vislumbrava quando escreveu sobre o mandado de segurança. Como Prates da Fonseca observa, "a formação corporativa" demandava uma "adaptação jurídica" [Fonseca 1939:30]. Nesse cenário, o autor sugere a importância de se pensar a criação de "juízes e tribunais especializados em matéria administrativa". Nesse sentido:

> Ora, nos princípios constitucionais brasileiros cabe muito à vontade a instituição de juízes e tribunais especializados em matéria administrativa. É, apenas, uma competência de atribuições a ser estabelecida, em proveito do corpo político, quando se diferencia uma Justiça do Trabalho, em benefício de grupos sociais primários [Fonseca 1939:31].

No trecho, a referência de Prates da Fonseca à Justiça do Trabalho é significativa. Isso porque, como já se teve a oportunidade de dizer, a regulação das relações de trabalho

---

32. Segundo Firmino Whitaker [1926:22], "o julgamento da utilidade ou necessidade é atribuição exclusiva da autoridade desapropriante. Só perante ela as partes podem fazer reclamações, devendo a decisão proferida ser respeitada pelo Poder Judiciário".

33. O próprio Tito Prates da Fonseca [1939:15] observa a respeito da influência de Oliveira Vianna no campo da reflexão sobre direito administrativo: "Oliveira Vianna, em seu recente livro 'Problemas de direito corporativo', cuja repercussão nos meios jurídicos brasileiros é incontestável e merecida, estuda o problema da delegação de poderes, o papel das corporações administrativas, os tribunais do trabalho e sua competência normativa, os conflitos coletivos do trabalho e sua solução jurisdicional, conjunto doutrinário e positivo em antítese mais violenta com a decantada separação dos poderes do que a instituição da Justiça Administrativa".

foi um dos tópicos mais melindrosos do referido período histórico. À Justiça do Trabalho passou-se a reconhecer uma competência ampla de mediação das disputas, capaz, inclusive, de criar normas gerais para categorias inteiras por meio de instrumentos coletivos. Tanto a disciplina ampla das relações entre os trabalhadores e o patronato quanto a direção de setores econômicos relevantes do País compartilhavam de uma base marcadamente corporativista. O antigo modelo de justiça comum, fundado em bases liberais, já não seria capaz de atender as demandas decorrentes dos conflitos originados pela maior interferência estatal na vida privada.

Quando escreveu sobre a necessidade de pensar o "contraste jurisdicional da Administração Pública", Prates da Fonseca tinha em vista o fenômeno de concentração federativa e de descentralização por serviços, a criação de estruturas corporativas e de conselhos técnicos para a regulação de setores relevantes da economia pelo Estado brasileiro [Fonseca 1935]. Nesse cenário de protagonismo estatal, o tema da absorção de conflitos envolvendo o poder normativo dessas autarquias e os direitos individuais dos particulares pelo Poder Judiciário deveria ser trazido à tona. Os questionamentos de Prates da Fonseca podem ser resumidos em dois: (1) os tribunais convencionais seriam capacitados a compreender a racionalidade regulatória presente nas ações dessas estruturas de Estado? (2) as necessidades setoriais de ordem técnica seriam compreendidas pela tradicional racionalidade dos tribunais de justiça?

A discussão sobre os limites do controle judicial dos atos administrativos não teve apenas implicações teóricas. Face ao intervencionismo do Estado varguista, o Supremo Tribunal Federal foi chamado à época a julgar inúmeras impugnações à atuação do Estado-regulador. O caso da intensificação da regulação da produção cafeeira e da criação do código de águas são simbólicos nesse sentido, ambos os projetos submetidos ao crivo dos tribunais ao tempo de sua implementação. O debate entre liberais e intervencionistas chegou ao Supremo. No caso do café, essas duas posturas regulatórias ficaram evidentes nos votos dos Ministros Carlos Maximiliano e Costa Manso, que encamparam, respectivamente, uma postura intervencionista e liberal na compreensão da política de regulação do café e do seu controle pelo Judiciário.[34]

Miguel Seabra Fagundes (1910-1993) foi responsável por uma das primeiras e mais tradicionais sistematizações do tema do controle judicial dos atos da Administração Pública no Brasil. Boa parte da atual gramática relacionada ao tema encontra correspondência em seu livro *O Controle dos Atos Administrativos pelo Poder Judiciário*, cuja primeira edição data do ano de 1941. A distinção entre forma e mérito do ato administrativo já se encontra presente em tal obra [Fagundes 1957:167]. De acordo com sua teoria, não haveria espaço para que os tribunais realizassem um juízo sobre os interesses presentes na edição do ato administrativo ("mérito"). Seabra Fagundes diferencia direitos de interesses. No primeiro caso, a intervenção dos tribunais seria legítima. No segundo, não [Fagundes 1957:167]. Quanto à racionalidade, a atuação do Poder Judiciário sempre deveria ter em vista uma situação pretérita, um fato passado. A atuação da Administração Pública, por sua vez, teria por característica a observância de eventos futuros [Fagundes 1957:26]. Seus dizeres:

---

34. Nesse sentido, ver o trabalho "A regulação econômica na Era Vargas: análise da jurisprudência do STF sobre a quota de equilíbrio do café", de Jacintho Arruda Câmara e Filipe Natal de Gaspari [2016], sobre a judicialização da quota de equilíbrio na década de 1930 no Brasil.

O mérito está no sentido político do ato administrativo. É o sentido dele em função das normas da boa administração. Ou noutras palavras: é o seu sentido como procedimento que atende ao interesse público, e, ao mesmo tempo, o ajusta aos interesses privados, que toda medida administrativa tem de levar em conta. Por isso, exprime sempre um juízo comparativo [Fagundes 1957:167].

Este fragmento é bastante significativo, porque nele Seabra Fagundes aborda a relação entre mérito do ato administrativo e a atividade funcional da Administração Pública. A expressão "boa administração" não deve ser entendida num sentido meramente subjetivo. Mas, como o próprio autor observa, deve-se compreendê-la no sentido de procedimento que se adeque ao interesse público. Ainda sobre o excerto, a ideia de juízo comparativo se destaca tendo em vista os interesses desta reflexão, pois nela está contida a noção de avaliação dos meios, escolha de opções administrativas e perseguição de finalidades pela Administração Pública. No entender do autor, a atividade administrativa compreende juízos sobre "acerto", "justiça", "utilidade", "equidade", "razoabilidade" e "moralidade" de qualquer medida de caráter administrativo [Fagundes 1957:167-168]. Dessa forma, o autor distingue o conteúdo da atividade administrativa e judicial. Esta estaria relacionada a direitos e aquela a interesses.

A despeito dessas considerações de ordem restritiva, Seabra Fagundes reconhecia a possibilidade de controle judicial dos atos administrativos quanto às "finalidades" e aos "motivos" do ato. Consequência disso é o aumento do espaço de análise dos tribunais e a limitação da discricionariedade do regulador. Se a autoridade agiu "contrariando o espírito da lei", se houve uma "burla da intenção legal", o "ato será inválido" [Fagundes 1957:81]. Se o ato foi praticado com finalidade distinta daquela prevista em lei, estaria sujeito à impugnação judicial por "desvio de poder" ("détournement de pouvoir") [Fagundes 1957:79]. Os "motivos" também seriam, a seu ver, passíveis de revisão judicial, isto é, não havendo o fato ensejador do ato, este perderia a sua razão de ser, sujeitando-se à revisão pelos tribunais [Fagundes 1957:78].

Não por acaso, portanto, a obra de Seabra Fagundes foi recebida pela doutrina brasileira sobre controle como uma fonte que permitiu a implementação de novas técnicas para viabilizar a revisão dos atos administrativos pelo Poder Judiciário, embora, como se expôs, ele reconhecesse a existência de matérias imunes ao controle no elemento "mérito" do ato administrativo, refúgio da discricionariedade. Isso porque, ao postular, em sua teoria, por uma *reserva de administração* ou *reserva de regulação*, limitando-se, assim, a interferência das autoridades de controle, surge, nessa mesma linha, a possibilidade de se refletir sobre o controle e de se desenvolver teorias mais elaboradas sobre o assunto. Pode-se dizer que o tema aparece, nesse sentido, como uma espécie de Jano Bifronte, com uma face voltada para a restrição das matérias submetidas a controle e outra para o aperfeiçoamento das técnicas do próprio controle judicial, dando espaço e legitimação à sua ocorrência.

4. Discussão do tema

Fez-se um relato de como a partir da década de 1930 a dogmática do direito público brasileiro passou a encarar a ideia de judicialização de conflitos regulatórios no campo econômico. Deve-se compreender que, desde que a regulação se transformou em discurso de primeira grandeza entre nós – e isso provavelmente ocorreu entre as décadas de 1930 e 1940 no Brasil em função da onda antiliberal e corporativista –, surgiram dificuldades envolvendo o tema da judicialização. O discurso dos administrativistas elencados acima revela bem isso. Por mais antiliberal que fosse o cenário da regulação entre as décadas de 1930 e 1940 no Brasil, a verdade é que conflitos envolvendo a Administração Pública e os particulares desaguavam, como hoje, nos tribunais de justiça comuns. Essa realidade, por conseguinte, teve o condão de trazer à tona a questão atinente aos limites do conflito entre a racionalidade judicial e regulatória.

As dificuldades às voltas da condução de matéria regulatória para os tribunais não se limitam a uma rejeição de per si da interferência judicial. Como é possível perceber, há uma razão de fundo para tanto. A criação de entidades regulatórias independentes, a valorização do tecnicismo e da setorização favoreceram, ao longo do tempo, a criação de uma gramática relativamente autônoma para cada setor. Daí se sustentar a ideia de ampla delegação de poderes defendida por Vianna, no sentido de conferir prerrogativas legislativas, executivas e jurisdicionais às autarquias encarregadas da regulação. Sob essa perspectiva, a estrutura burocrática interna do conselho técnico que detém a competência para regular determinado setor econômico deveria ser capaz de exercer o controle dos seus próprios entraves regulatórios. Sob esse prisma, controladores externos, como o Poder Judiciário, passariam a ser vistos como conhecedores intrometidos e de segundo escalão em matéria setorial a cada vez que julgam conflitos envolvendo a intervenção reguladora do Estado.

A questão pode ser resumida em uma fórmula que impõe a relação entre equilíbrio setorial, garantia de direitos individuais dos particulares submetidos à regulação e disputa de interesses. Não há, como observava Cavalcanti, modelo regulatório que não importe a restrição de algum direito. Por conseguinte, em um contexto liberal, em que haja meios de contraste dessas medidas, é praticamente inevitável que estes conflitos cheguem aos tribunais. No caso do Brasil pós-proclamação da República, estes são absorvidos pelos tribunais da justiça comum.

Em face da ritualística burocrática e rígida atrelada ao Poder Judiciário de características liberais, uma saída seria afirmar que os tribunais deveriam ser postos de lado quando a matéria é regulação econômica e social. Estes não deveriam se imiscuir nas políticas confeccionadas pelo legislador e pelo administrador – no caminho trilhado pela argumentação de Vianna, Campos, Cavalcanti, Fonseca e Fagundes que se expôs anteriormente. Outra possibilidade seria admitir que a malha regulatória em contextos liberais de jurisdição una é um tecido de meia confecção, isto é, encarar o fato de que, nessas circunstâncias, toda agenda regulatória poderá envolver a atuação, para bem ou para mal, do exercício da racionalidade jurisdicional.[35]

Há um discurso implícito quando se afirma, por exemplo, que tribunais não teriam capacidade técnica para compreender as finalidades da regulação. O que normalmente se

---

35. Carlos Ari Sundfeld e André Rosilho [2014:78] analisam sobre esse ponto: "as políticas públicas, quando saem do papel e ganham vida, acabam se sujeitando a todas as controvérsias e divergências decorrentes da sua execução, que ocorrem, normalmente, em território jurídico. E seu conteúdo – ou a forma pela qual ele é estruturado – pode produzir efeitos ou impactos colaterais não desejados ou imaginados por quem as idealizou. Isso é normal. O perigo, contudo, é que a política pública de conteúdo complexo, ao cair no mundo das disputas jurídicas que podem ou não ocorrer no âmbito do Poder Judiciário, se transforme em uma incógnita. O risco é que o resultado da política seja aleatório, pouco previsível ou, pior, incontrolável".

tem em vista para o rechaço dessa interferência é a suposta falta de capacidade de o Poder Judiciário compreender as finalidades da regulação e a correlata importância da imposição de ônus aos agentes regulados. A ideia de eficiência – fundamental para a regulação – costuma ser considerada a condutora da racionalidade econômica, o que não seria, por outro lado, a lógica do direito.

Conflitos regulatórios envolvem dilemas distributivos, o que estava implícito na retórica dos publicistas elencados neste artigo.[36] A regulação impõe restrições à liberdade dos agentes a fim de preservar um ou mais interesses do grupo regulado. Logo, ao entrar no mérito dessas demandas, o Poder Judiciário inevitavelmente precisaria considerar tais circunstâncias para bem decidir. É comum, no entanto, que se desconfie da aptidão de os tribunais realizarem esse tipo de juízo, pois boa parte da dogmática jurídica foi construída ao longo do tempo às voltas da compreensão de dilemas comutativos.[37]

Em suma, se cada setor é constituído de um conjunto de regras próprias, com opções técnicas relativamente autônomas, emanadas de um ente independente, quando o tema é a judicialização, a crítica se justificaria, à primeira vista, em função da suposta dificuldade de os tribunais de justiça comuns compreenderem devidamente a gramática setorial ao serem chamados a decidir a respeito de demandas envolvendo um determinado nicho. Em face da tendência à universalização e à defesa de direitos e garantias individuais fortemente presente no raciocínio jurídico, costuma-se assumir que os tribunais não seriam verdadeiramente capazes de responder de forma adequada às demandas a eles submetidas envolvendo a regulação.

Ainda sobre o tema, tendo em vista a perspectiva intervencionista da produção acadêmica discutida neste trabalho, pode-se assinalar o reconhecimento progressivo, por parte dos autores, de uma *reserva de regulação*, espaço em que seria defesa a interferência dos órgãos de controle na atuação do Estado-regulador. Ao mesmo tempo, não obstante, a dogmática sobre controle passou a ser igualmente aperfeiçoada, possibilitando-se, assim, que as técnicas de controle se tornassem mais invasivas. Presentes na obra de Seabra Fagundes, inúmeras técnicas de controle tradicionais, tais como o "desvio de poder" e a "teoria dos motivos determinantes", foram incorporadas à gramática do direito administrativo brasileiro em tal período e ainda hoje influenciam o pensamento jurídico sobre regulação e controle.

5. Conclusão

O debate sistemático sobre as características do Estado-regulador e o seu controle pelo Poder Judiciário têm seus antecedentes na década de 1930 no Brasil. Há relevante e profícua produção doutrinária nacional sobre a matéria que merece ser revisitada. A discussão brasileira das décadas de 1930 e 1940 já estabelecia aproximações com o direito comparado (norte-americano e europeu) semelhantes às encontradas nos artigos e livros contemporâneos.

Os argumentos em favor do fortalecimento do papel do Estado-regulador, desde o período histórico em análise, apontaram o perigo da judicialização da regulação como obstáculo à consecução de interesses coletivos. Alguns desses argumentos se aproximam

---

36. Nesse sentido, ver Lopes [2005].
37. Nesse sentido, ver Lopes [2005:180-182].

de análises atuais, que consideram a judicialização dos debates regulatórios como um fator de risco à adesão de uma solução racional para o caso.

Por fim, como é possível depreender do discurso dos autores mencionados, a compreensão histórica da discussão sobre regulação e controle não pode ser dividida. Na verdade, é significativo que os debates sobre esses dois tópicos tenham ganhado projeção no mesmo momento histórico: a análise histórica sobre regulação no Brasil nas décadas de 1930 e 1940 demonstra que quanto maior o discurso intervencionista, maior a preocupação com o controle judicial do regulador.

Referências bibliográficas

ALMEIDA, Fernando Dias Menezes de [2006]. "Teoria da regulação", in *Curso de Direito Administrativo Econômico*, vol. III. São Paulo, Malheiros Editores.

ALMEIDA, Fernando Dias Menezes; ZAGO, Mariana [2014]. "Controle de políticas públicas pelo Poder Judiciário: breves ideias a partir do modo de estruturação da jurisdição", in *Direito da Regulação e Políticas Públicas*. São Paulo, Malheiros Editores.

ARANTES, Rogério Bastos [1997]. *Judiciário e política no Brasil*. São Paulo, Sumaré/ Educ/ Fapesp.

ARRUDA CÂMARA, Jacintho; DE GASPARI, Filipe Natal [2016]. "A regulação econômica na Era Vargas: análise da jurisprudência do STF sobre a quota de equilíbrio do café", *Revista de Direito Público da Economia – RDPE*, n. 54, ano 14, Belo Horizonte, abr.-jun. 2016, pp. 91-109.

BANDEIRA DE MELLO, Celso Antônio [2009]. "O neocolonialismo e o Direito Administrativo brasileiro", *Revista Eletrônica de Direito do Estado*, n. 17. Salvador, Instituto Brasileiro de Direito Público, jan.-mar. 2009, pp. 1-13.

BONAVIDES, Paulo [1991]. *História Constitucional do Brasil*. 3ª ed. Rio de Janeiro, Paz e Terra.

BONNARD, Roger [1938]. *Sindicalismo, Corporativismo e Estado Corporativo*. Rio de Janeiro, Freitas Bastos.

BRASIL JR., Antonio [2007]. *Uma Sociologia Brasileira da Ação Coletiva: Oliveira Vianna e Evaristo de Moraes Filho*. Dissertação de Mestrado apresentada à UFRJ.

CAMPOS, Francisco [1937]. *O Estado Novo e suas diretrizes*. Rio de Janeiro, Imprensa Nacional.

_____ [1940]. *O Estado Nacional: sua estrutura, seu conteúdo ideológico*. Rio de Janeiro, José Olympio.

CAVALCANTI, Themístocles Brandão [1934]. *Do Mandado de Segurança*. Rio de Janeiro, Freitas Bastos.

_____ [1958]. *Teoria do Estado*. Rio de Janeiro, Borsoi.

_____ [1963]. *Manual da Constituição*. Rio de Janeiro, Zahar.

COSTA, Emília Viotti (da) [2006]. *O Supremo Tribunal Federal e a Construção da Cidadania*. 2ª ed. São Paulo, Editora UNESP.

FAGUNDES, Miguel Seabra [1957]. *O Controle dos Atos Administrativos pelo Poder Judiciário*. 3ª ed. Rio de Janeiro, Forense.

FAUSTO, Boris [2013]. *História do Brasil*. 14ª ed. São Paulo, Edusp.

FERRAZ JR., Tércio Sampaio [1985]. "Fundamentos e limites constitucionais da intervenção do Estado no domínio econômico", in *A Intervenção do Estado na Economia: o Caso Café*. Brasília, Editora UnB.

FERREIRA, Waldemar Martins [1954]. *História do Direito Constitucional Brasileiro*. São Paulo, Max Limonad.

FONSECA, Tito Prates da [1939]. *Direito Administrativo*. Rio de Janeiro, Freitas Bastos.
FURTADO, Celso [2010]. *Formação Econômica do Brasil*. São Paulo, Companhia das Letras.
GARCIA NETO, Paulo Macedo [2008]. *A Influência do Realismo Jurídico Norte-Americano no Direito Constitucional Brasileiro*. Dissertação de Mestrado apresentada à USP.
JUSTEN FILHO, Marçal [2002]. *O Direito das Agências Reguladoras Independentes*. São Paulo, Dialética.
LOPES, José Reinado de Lima [2005]. "The traditional dialogue between law and economics", *Revista Direito GV*, Especial 1.
_____ [2012]. *O Direito na História: Lições Introdutórias*. 4ª ed. São Paulo, Atlas.
LOPES, José Reinaldo de Lima (org.); QUEIROZ, Rafael Mafei Rabelo; ACCA, Thiago dos Santos [2013]. *Curso de História do Direito*. 3ª ed. São Paulo, Método.
MENDES, Conrado Hübner [2006]. "Reforma do Estado e Agências Reguladoras: estabelecendo os parâmetros de discussão", *Direito Administrativo Econômico*. 1ª ed., 3ª tir. São Paulo, Malheiros Editores.
MOREIRA, Egon Bockmann [2005]. "Anotações sobre a história do direito econômico brasileiro (Parte I: 1930-1956)", *Revista de Direito Público da Economia – RDPE*, vol. 03, n. 11, jul.-set. 2005.
_____ [2014]. "Qual é o futuro do direito da regulação no Brasil?", SUNDFELD, Carlos Ari; ROSILHO, André (org.). *Direito da Regulação e Políticas Públicas*. São Paulo, Malheiros Editores.
NETO, Lira [2013]. *Do Governo Provisório à ditadura do Estado Novo (1930-1945)*. São Paulo, Companhia das Letras.
OLIVEIRA, Rafael Carvalho Rezende [2015]. "Agências reguladoras, diálogos institucionais e controle", *Revista de Direito Público da Economia – RDPE*, n. 49. Ano 13, Belo Horizonte, jan.-mar. 2015.
PELÁEZ, Carlos Manuel [1973]. "Análise econômica do Programa Brasileiro de Sustentação do Café – 1906-1945: teoria, política e medição", *Ensaios sobre Café e Desenvolvimento Econômico*. Rio de Janeiro, IBC.
PEREZ, Marcos Augusto [2006]. "As vicissitudes da regulação econômica estatal: reflexão sobre as lições do direito norte-americano em comparação com o direito brasileiro", *Curso de Direito Administrativo Econômico*, vol. III. São Paulo, Malheiros Editores.
SAMPAIO DÓRIA, A [1935a]. "O D.N.C perante a constituição", *Revista da Faculdade de Direito (USP)*, vol. 31, n. 2.
_____ [1935b]. "Democracia, liberdade e justiça", *Revista da Faculdade de Direito (USP)*, vol. 31, n. 4.
_____ [1936]. "Fins do Estado", *Revista da Faculdade de Direito (USP)*, vol. 32, n. 2.
SEELAENDER, Airton Cerqueira-Leite; CASTRO, Alexandre Rodrigues [2010]. "Um jurisconsulto adaptável – Francisco Campos (1891-1968)", in MOTA, Carlos Guilherme; SALINAS, Natasha Schmitt Caccia (Coord.). *Os Juristas na Formação do Estado-Nação Brasileiro (de 1930 aos dias atuais)*. São Paulo, Saraiva.
SUNDFELD, Carlos Ari; ROSILHO, André [2014]. "Direito e políticas públicas: dois mundos?", in SUNDFELD, Carlos Ari; ROSILHO, André (org.). *Direito da Regulação e Políticas Públicas*. São Paulo, Malheiros Editores.
TEIXEIRA, João Paulo Allain [1997]. "Idealismo e realismo constitucional em Oliveira Vianna: análise e perspectivas", *Revista de Informação Legislativa*, n. 135. A. 34, Brasília, jul.-set. 1997.
TRUDA, Leonardo [1971]. *A Defesa da Produção Açucareira*. Coleção Canavieira, n. 6. Rio de Janeiro, Instituto do Açúcar e do Álcool.

VEIGA DA ROCHA, Jean-Paul [2016]. "Quem tem medo da delegação legislativa?", *RDA – Revista de Direito Administrativo*, vol. 271, Rio de Janeiro, jan.-abr. 2016.

VIANNA, Francisco José Oliveira [1938]. *Problemas de Direito Corporativo*. Rio de Janeiro, José Olympio.

_____ [1974]. *Problemas de Política Objetiva*. 3ª ed. (1ª ed., 1930). Rio de Janeiro, Record.

_____ [1991]. *Ensaios Inéditos*. Campinas, Unicamp.

WHITAKER, Firmino [1926]. *Desapropriação*. 2ª ed. São Paulo, O Estado de São Paulo (1ª ed., 1925).

O REGIME JURÍDICO DAS OPORTUNIDADES DE NEGÓCIOS PARA AS ESTATAIS

JOEL DE MENEZES NIEBUHR

1. A Lei 13.303/2016. 2. As oportunidades de negócio. 3. O controle do TCU sobre a aquisição de participação acionária minoritária. 4. O controle do TCU sobre programas de desinvestimento.

1. A Lei 13.303/2016

A Lei 13.303, de 30.6.2016, versa sobre o estatuto jurídico da empresa pública, da sociedade de economia mista e de suas subsidiárias, que podem ser chamadas de empresas estatais ou apenas estatais. Parte substancial, mais da metade, da Lei 13.303/2016, do art. 27 ao art. 85, trata de licitações e contratos e exclui, em princípio, o regime tradicional de licitações, direcionado para a Administração Pública em geral, baseado na Lei 8.666/1993, na Lei 10.520/2002 (modalidade pregão) e na Lei 12.462/2012 (Regime Diferenciado de Contratações/RDC).

Essa ideia de criar um regime de licitações e contratos específico para as empresas públicas e sociedades de economia mista vem estampada no inciso III do § 1º do art. 173 da CF:

> Art. 173. (...).
>
> § 1º. A lei estabelecerá o estatuto jurídico da empresa pública, da sociedade de economia mista e de suas subsidiárias que explorem atividade econômica de produção ou comercialização de bens ou de prestação de serviços, dispondo sobre: (...); III – licitação e contratação de obras, serviços, compras e alienações, observados os princípios da Administração Pública; (...).

A Constituição Federal prevê regime especial apenas para as empresas públicas e sociedades de economia mista que exploram atividade econômica, que competem com a iniciativa privada em regime de concorrência. O texto constitucional não prevê tratamento especial para as estatais prestadoras de serviços públicos. No entanto, a Lei federal 13.303/2016 versa sobre todas as empresas públicas e sociedades de economia mista, não só as que exploram atividade econômica, porém também as que prestam serviços públicos.[1] Assim, a Lei federal 13.303/2016 vai para além do previsto no § 1º do art. 173 da CF, que dispõe

---

1. Conforme a Lei 13.303/2016: "Art. 1º. Esta Lei dispõe sobre o estatuto jurídico da empresa pública, da sociedade de economia mista e de suas subsidiárias, abrangendo toda e qualquer empresa pública e sociedade de economia mista da União, dos Estados, do Distrito Federal e dos Municípios que explore atividade econômica de produção ou comercialização de bens ou de prestação de serviços, ainda que a atividade econômica esteja sujeita ao regime de monopólio da União ou seja de prestação de serviços públicos".

apenas sobre as que exploram atividade econômica. Ela equipara e dá o mesmo tratamento para todos os tipos de empresas públicas e sociedades de economia mista.[2-3]

A Lei 13.303/2016 é vigente desde sua publicação (art. 97),[4] porém as estatais gozam do prazo de 24 meses para se adaptarem e, por conseguinte, para passarem a aplicar suas disposições (art. 91), inclusive no que tange às licitações e contratos.[5]

A Lei 13.303/2016, na prática, somente tem vigência imediata, é realmente obrigatória, para novas estatais, criadas a partir da publicação da lei, em 1.7.2016. Para as antigas, na prática, não é vigente, não é obrigatória. A vigência, pela sistemática estranha do supracitado art. 91 da Lei 13.303/2016, ficou condicionada à própria vontade da estatal, pelo menos até que se completem os 24 meses.

Esse prazo de 24 meses deve ser visto como prazo máximo. Isso significa que as estatais podem se adaptar desde logo, como lhes for conveniente, e, uma vez adaptadas, se submeterem de imediato à Lei 13.303/2016. Como percebido por Luciano Ferraz, "de acordo com a realidade de cada empresa, poder-se-ia cogitar do encurtamento do período

---

2. A constitucionalidade da Lei 13.303/2016, sob esse aspecto, está sendo questionado no STF por meio da ADI 5.624.

3. "As empresas públicas e sociedades de economia mista costumam ser classificadas em três categorias: (a) as que exercem atividade econômica em sentido estrito; (b) as que prestam serviços públicos; (c) e as que exercem atividades administrativas instrumentais. O principal propósito dessa classificação é apartar as prestadoras de serviços públicos das demais, já que elas sujeitar-se-iam a um regime especial, com maior influxo das normas e princípios de direito público, sobremodo das prerrogativas decorrentes do princípio da supremacia do interesse público.

"Sem embargo, essa classificação não é mais apropriada, pelo menos não é mais apropriada de maneira estanque e abstrata para distinguir as empresas públicas e sociedades de economia mista. Explicando melhor, é cada vez mais frequente que as empresas públicas e sociedades de economia mista desempenhem mais de uma atividade, muitas vezes a mesma entidade presta serviços públicos, realiza atividade econômica em sentido estrito e ainda desempenha atividades instrumentais para outros órgãos e entidades administrativas. São empresas públicas e sociedades de economia mista multifacetadas, que não se submetem a apenas um regime jurídico. O regime jurídico aplicável deve ser determinado em relação a cada atividade que realizam. Em termos práticos, por ilustração, uma empresa pública que presta serviços públicos e realiza atividade econômica em sentido estrito não pode transplantar as prerrogativas do regime de direito público, próprio dos serviços públicos, para as atividades econômicas em sentido estrito, sob pena de violação ao inciso II do § 1º do art. 173 da CF, que as submete, no tocante a tais atividades, ao regime jurídico das empresas privadas. Logo, o regime jurídico não deve ser definido em razão da empresa pública ou sociedade de economia mista, porém em razão da atividade desempenhada. Se a empresa pública ou sociedade de economia mista desempenha mais de uma atividade, estará sujeita a mais de um regime jurídico" (Joel de Menezes Niebuhr, *Dispensa e Inexigibilidade de Licitação Pública*, 4ª ed., Belo Horizonte, Fórum, 2015, pp. 204-205)

4. Lei 13.303/2016: "Art. 97. Esta Lei entra em vigor na data de sua publicação"

5. Lei 13.303/2016:

"Art. 91. A empresa pública e a sociedade de economia mista constituídas anteriormente à vigência desta Lei deverão, no prazo de 24 (vinte e quatro) meses, promover as adaptações necessárias à adequação ao disposto nesta Lei.

"§ 1º. A sociedade de economia mista que tiver capital fechado na data de entrada em vigor desta Lei poderá, observado o prazo estabelecido no *caput*, ser transformada em empresa pública, mediante resgate, pela empresa, da totalidade das ações de titularidade de acionistas privados, com base no valor de patrimônio líquido constante do último balanço aprovado pela assembleia-geral.

"§ 2º. *(Vetado).*

"§ 3º. Permanecem regidos pela legislação anterior procedimentos licitatórios e contratos iniciados ou celebrados até o final do prazo previsto no *caput*."

de transição prescrito pelo legislador para fins de aplicação imediata das regras da vigente Lei 13.303/2016".[6]

O prazo dado para adaptação está intimamente conectado ao prescrito no art. 40 da Lei 13.303/2016,[7] cujo teor exige das estatais a produção de regulamento de licitações e contratos de espectro abrangente e audacioso. Ora, o período de adaptação é direcionado para a construção de entendimentos sobre a nova sistemática da Lei 13.303/2016, e, nesse passo, à definição de procedimentos internos com eles compatíveis. É natural que os entendimentos firmados e os procedimentos internos construídos sejam refletidos no regulamento, para que os colaboradores das estatais tenham amplo conhecimento.

Noutro lado, como o regulamento é uma obrigação, e não mera faculdade, sua produção desvela uma das etapas, talvez a derradeira, da adaptação das estatais. Nesse sentido, a estatal somente estará adaptada em relação às normas de licitações e contratos quando tiver concluído seu respectivo regulamento.

A Presidência da República editou o Decreto federal 8.945, de 27.12.2016, que regulamenta no âmbito da União a Lei 13.303/2016. O decreto federal é dedicado, quase integralmente, às normas sobre governança das estatais. Há nele apenas um dispositivo diretamente dedicado às licitações e aos contratos, que é o art. 71, cujo teor preceitua que a Lei 13.303/2016 é autoaplicável parcialmente, com a ressalva de alguns aspectos que dependeriam de regulamento.[8]

Como dito, o Decreto federal 8.945/2016 prescreve que a Lei 13.303/2016 é parcialmente autoaplicável, o que é algo, para dizer o mínimo, inusitado. Sucede que, com força no inciso IV do art. 84 da CF, os decretos prestam-se apenas a dispor sobre a "fiel execução" da lei. Assim, não cabe ao decreto decidir se dada lei é ou não autoaplicável e muito menos eleger, meio que aleatoriamente, partes de dada lei que seriam autoaplicáveis e partes que não seriam. Por óbvio, é a própria lei quem deve estabelecer se é ou não, em parte ou integralmente, autoaplicável.

6. Luciano Ferraz, *Lei das Estatais e seu Período de Transição: Estudo de Caso em MG*, disponível em www.conjur.com.br, publicado em 17.10.2016 (acesso em 2017).

7. Lei 13.303/2016: "Art. 40. As empresas públicas e as sociedades de economia mista deverão publicar e manter atualizado regulamento interno de licitações e contratos, compatível com o disposto nesta Lei, especialmente quanto a: I – glossário de expressões técnicas; II – cadastro de fornecedores; III – minutas-padrão de editais e contratos; IV – procedimentos de licitação e contratação direta; V – tramitação de recursos; VI – formalização de contratos; VII – gestão e fiscalização de contratos; VIII – aplicação de penalidades; IX – recebimento do objeto do contrato".

8. Decreto 8.945/2016:

"Art. 71. O regime de licitação e contratação da Lei n. 13.303, de 2016, é autoaplicável, exceto quanto a: I – procedimentos auxiliares das licitações, de que tratam os arts. 63 a 67 da Lei n. 13.303, de 2016; II – procedimento de manifestação de interesse privado para o recebimento de propostas e projetos de empreendimentos, de que trata o § 4º do art. 31 da Lei n. 13.303, de 2016; III – etapa de lances exclusivamente eletrônica, de que trata o § 4º do art. 32 da Lei n. 13.303, de 2016; IV – preparação das licitações com matriz de riscos, de que trata o inciso X do *caput* do artigo 42 da Lei n. 13.303, de 2016; V – observância da política de transações com partes relacionadas, a ser elaborada, de que trata o inciso V do *caput* do art. 32 da Lei n. 13.303, de 2016; e VI – disponibilização na *Internet* do conteúdo informacional requerido no art. 32, § 3º, no art. 39, art. 40 e no art. 48 da Lei n. 13.303, de 2016.

"§ 1º. A empresa estatal deverá editar regulamento interno de licitações e contratos até o dia 30 de junho de 2018, que deverá dispor sobre o estabelecido nos incisos do *caput*, os níveis de alçada decisória e a tomada de decisão, preferencialmente de forma colegiada, e ser aprovado pelo Conselho de Administração da empresa, se houver, ou pela assembleia-geral."

E o Decreto federal n. 8.945/2016 está equivocado nesse tópico, porque a Lei 13.303/2016, na parte referente às licitações e aos contratos, não é autoaplicável. A questão, admite-se, não é muito clara, porém o fato é que o art. 91 da Lei 13.303/2016 concede o prazo de 24 meses para que as estatais se adaptem e passem a aplicar a Lei 13.303/2016. Conectado a esse prazo, o art. 40 da Lei 13.303/2016 obriga as estatais a publicarem e a manterem atualizado regulamento interno de licitações e contratos. Logo, como já frisado, uma das etapas da adaptação a que se refere o art. 91 é justamente a elaboração do regulamento previsto no art. 40. Sem o regulamento a parte de licitações e contratos da Lei 13.303/2016 não pode ser aplicada. A conclusão, não deveria ser diferente, é que essa parte da Lei 13.303/2016 não é autoaplicável, depende do regulamento exigido pelo seu art. 40.

2. As oportunidades de negócio

As empresas públicas, sociedades de economia mista e suas subsidiárias são pessoas jurídicas de direito privado (arts. 3º e 4º da Lei 13.303/2016[9]). Em que pese a serem pessoas jurídicas de direito privado, foram criadas pelo Estado, portanto pressupõem que haja nelas interesse público. Afora serem criadas, a empresa pública pertence totalmente ao Estado e a sociedade de economia mista é controlada pelo Estado, que detém a maioria das suas ações com direito a voto. Então, o regime jurídico das estatais é, em certa medida, híbrido, sofre influxos dos regimes de direito privado e de direito público.

Para harmonizar essas duas faces das empresas públicas e sociedades de economia mista, é necessário apartar suas atividades-fim das suas atividades-meio. A atividade-fim diz respeito à produção industrial, à comercialização de seus produtos e às oportunidades de negócio, que se sujeitam predominantemente ao regime de direito privado; por consequência, no que concerne a tais aspectos, disciplinados pelo direito privado, não se configura a obrigatoriedade de licitação.

Todavia, no que tange aos meios para aportar a tais finalidades (atividades-meio) incide o regime de direito público, protetor do interesse público, que impõe a obrigatoriedade de licitação. Por exemplo, para comprar novo prédio, mobília, computadores etc. é necessário proceder à licitação.

O afastamento do regime de direito público, ainda que não em sua totalidade, encontra estofo no inciso II do § 1º do art. 173 da CF, cujo teor prescreve às estatais que realizam atividade econômica "a sujeição ao regime próprio das empresas privadas, inclusive quanto aos direitos e obrigações civis, comerciais, trabalhistas e tributários".

A aplicação do regime de direito privado para as atividades-fim das estatais é professada pela doutrina. Dentre outras, confiram-se as lições de Celso Antônio Bandeira de Mello:

9. Lei 13.303/2016:
"Art. 3º. Empresa pública é a entidade dotada de personalidade jurídica de direito privado, com criação autorizada por lei e com patrimônio próprio, cujo capital social é integralmente detido pela União, pelos Estados, pelo Distrito Federal ou pelos Municípios.
"(...).
"Art. 4º. Sociedade de economia mista é a entidade dotada de personalidade jurídica de direito privado, com criação autorizada por lei, sob a forma de sociedade anônima, cujas ações com direito a voto pertençam em sua maioria à União, aos Estados, ao Distrito Federal, aos Municípios ou a entidade da Administração indireta."

(...). Se a entidade for *exploradora de atividade econômica*, suas relações negociais com terceiros, quando atinentes ao cumprimento da finalidade industrial ou comercial para que tenha sido criada, salvo alguma exceção mais adiante anotada, serão sempre regidas pelo direito privado. Assim, seus contratos não serão contratos administrativos. Sua responsabilidade, contratual ou extracontratual, estará sob a mesma disciplina aplicável às empresas privadas e o Estado não responde subsidiariamente por seus atos (conforme esclarecido no n. 64). (...).[10]

Também é o entendimento do TCU:

Com efeito, por tratar-se a BBTUR de empresa exploradora de atividade econômica, sua sujeição ao regime das empresas privadas é inquestionável. Tal circunstância, entretanto, não a subtrai *a priori* do espectro de incidência da Lei n. 8.666/1993. A aparente antinomia entre o que dispõem os arts. 37, XXI, e 173, § 1º, da CF resolve-se pelo enfoque finalístico das atividades desempenhadas por entidades dessa natureza, e de igual forma pelas sociedades de economia mista, e suas subsidiárias, quando exploradoras de atividade econômica, frise-se. Nessa linha, tal como aludiu o douto Procurador-Geral, entendeu este Plenário que o dever de licitar impõe-se tão somente às atividades-meio das paraestatais. De outra parte, em relação às atividades finalísticas destas, às quais correspondem os atos negociais, incidem as normas de direito privado, notadamente do direito comercial.[11]

A Lei 13.303/2016 incorporou essas noções, que não representam propriamente novidades. Seu art. 28 prescreve a obrigatoriedade de licitação para as estatais. Sem embargo, os incisos do § 3º do seu art. 28 afastam o regime de licitações para a comercialização de bens e serviços e para a escolha de parceiros vinculada a oportunidades de negócio. O § 4º do mesmo art. 28 define "oportunidades de negócio":

Art. 28. (...).
(...).
§ 4º. Consideram-se oportunidades de negócio a que se refere o inciso II do § 3º a formação e a extinção de parcerias e outras formas associativas, societárias ou contratuais, a aquisição e a alienação de participação em sociedades e outras formas associativas, societárias ou contratuais, e as operações realizadas no âmbito do mercado de capitais, respeitada a regulação pelo respectivo órgão competente.[12]

10. Celso Antônio Bandeira de Mello, *Curso de Direito Administrativo*, 33ª ed., São Paulo, Malheiros Editores, 2016, p. 212.
11. TCU, Plenário, Decisão 1.383/2002, rel. Min. Benjamin Zymler, *DOU* 25.10.2002.
12. O professor paranaense Bernardo Strobel Guimarães é autor de artigo que versa sobre as tais oportunidades de negócio que se apresentam às estatais, comentando as novidades da Lei federal 13.303/2016:
"Uma das grandes novidades da nova Lei das Estatais foi tentar trazer alguma disciplina às empresas e empreendimentos desenvolvidos por estatais em que a Administração não será controladora do negócio (isto é, não criarão novas estatais).
"Cuida-se de tema importantíssimo na prática, que não havia sido ainda objeto de disciplina detalhada por parte do legislador. Nada obstante a ausência de normas expressas sobre o tema, diversas estatais passaram a explorar atividades de negócio ao lado de seus objetivos primários. Isso com vistas a assegurar os mais diversos objetivos, tais como: acesso a setores estratégicos, para dispersar riscos, para promover a inovação tecnológica etc.
"A lei vem, portanto, trazer alguns subsídios para compreensão desses ajustes. O mais importante deles é reconhecer que a seleção de um parceiro para desenvolver uma oportunidade negocial não se pauta pelas regras da licitação.

O dispositivo supracitado define *oportunidades de negócio* como "a formação e a extinção de parcerias (...)". O termo "parceria" deve ser interpretado em sentido *lato*, não reduzido a eventuais *joint ventures* formadas pelas estatais com terceiros. É possível, dentro do mesmo regime jurídico, que se pretenda parceria para investimentos ou empreendimentos sem a necessidade de constituição de uma sociedade. Há outros meios legais para formatar a parceria.

Demais disso, o dispositivo inclui no conceito de *oportunidades de negócio* "a aquisição e a alienação de participação em sociedades e outras formas associativas, societárias ou contratuais, (...)". Ou seja: as oportunidades de negócio também abrangem o desfazimento de negócios e parcerias, o que representa, de modo geral, a alienação de ativos.

Diante da atual crise econômica, muitas estatais realizam processos para a alienação de ativos importantes, a fim de reduzirem suas dívidas e se capitalizarem. Esses processos de alienação de ativos, especialmente quando realizados de forma sistematizada e quando envolvem um conjunto de ativos, têm sido chamados de "desinvestimento" ou "programa de desinvestimento".

É necessário, a essa altura, contextualizar alguns dispositivos da Lei 13.303/2016, para que não se façam confusões.

O art. 28 da Lei 13.303/2016 prescreve a obrigatoriedade de licitação para as estatais, ressalvando o disposto nos seus arts. 29 e 30, que tratam, respectivamente, da dispensa e da inexigibilidade de licitação. É de mencionar que o art. 30 versa, de modo claro, sobre inexigibilidade de licitação, tanto que remete à "inviabilidade de competição", porém o legislador não utilizou a expressão "inexigibilidade", preferiu a expressão "contratação direta".[13]

"(...).
"É que nesse caso a escolha a ser promovida pela Administração, nada obstante deva ser justificada, não é passível de ser avaliada de modo objetivo. Não é à toa que no âmbito societário costuma-se empregar o termo *affectio* para aludir à vontade de os sócios estarem vinculados. Aqui, a ideia é a mesma. E isso, a toda evidência, não consegue ser aferido por meio de um julgamento objetivo – o que configura um dos pilares da noção de licitação.
"Soma-se a isso que o tipo de negociação a ser empregado nesses casos não se afeiçoa ao procedimento licitatório, em que os termos do vínculo costumam ser definidos unilateralmente pelo contratante. Não se pode no âmbito de uma parceria pretender impor formulários contratuais ao particular, como ocorre nas licitações. A fluidez do vínculo a ser celebrado reforça a percepção de que se cuida de inexigibilidade" (*As **Joint Ventures** das Empresas Estatais na Lei 13.303/2016*, Blog da Zênite, disponível em http://www.zenite.blog.br/as-joint-ventures-das-empresas-estatais-na-lei-13-30316-inexigibilidade-de-licitacao, acesso em 14.11.2016).
13. Como dito, na Lei 13.303/2016 a inexigibilidade é tratada no art. 30. No entanto, de plano, chama a atenção que o legislador, no art. 30, não utiliza diretamente a palavra "inexigibilidade". O *caput* do art. 30 prescreve que "a contratação direta será feita quando houver inviabilidade de competição, em especial na hipótese de: (...)". Ou seja: em vez de "inexigibilidade", o legislador preferiu a expressão "contratação direta".
Veja-se que a hipótese do art. 30 da Lei 13.303/2016 é, verdadeiramente, de inexigibilidade de licitação, porque o legislador refere a "inviabilidade de competição". Teoricamente, as situações de "inviabilidade de competição" são qualificadas como inexigibilidade. Essa solução teórica é consagrada nas práticas administrativas, em que a palavra "inexigibilidade" é empregada há décadas sem maiores percalços e divergências.
Sem embargo, o legislador, na Lei 13.303/2016, preferiu não utilizar a palavra "inexigibilidade", referiu a "contratação direta", o que é equivocado. Sucede que a contratação direta é gênero, que tem como espécies a dispensa e a inexigibilidade. Contratação direta ocorre sempre que a Administração firmar con-

No fim das contas, o que importa é que os casos de dispensa e de inexigibilidade estão previstos nos arts. 29 e 30 da Lei 13.303/2016. Doutro lado, as oportunidades de negócio não estão prescritas nos arts. 29 e 30 da Lei 13.303/2016, e sim nos §§ 3º e 4º do seu art. 28. Por conseguinte, afirma-se que os contratos firmados com base em oportunidades de negócio não o são com fundamento em dispensa ou inexigibilidade de licitação.

A diferença parece sutil, mas traz implicações relevantes. Sucede que a dispensa e a inexigibilidade de licitação ocorrem sob a perspectiva do direito público. São exceções à obrigatoriedade de licitação, submetidas ao direito público, devem passar pelo crivo de processos administrativos e são sujeitas, sobremodo, a todas as formalidades do direito público.[14]

As oportunidades de negócio não se enquadram em dispensa e inexigibilidade. A propósito, o § 3º do art. 28 da Lei 13.303/2016 prescreve que, em relação às oportunidades de negócio, as estatais estão "dispensadas da observância dos dispositivos deste Capítulo (...)". Trata-se do Capítulo I do Título II da Lei 13.303/2016, intitulado "Das Licitações", que dispõe sobre as regras e procedimentos sobre as licitações, dispensa e inexigibilidade, todas submetidas ao direito público. Dito de outro modo: o legislador afastou a oportunidade de negócios das regras sobre licitação e de contratação direta, das regras de processamento típicas do regime de direito público.

Então, reconhece-se que o regime de direito privado aplica-se preponderantemente para as estatais diante de suas atividades-fim, comercialização dos seus produtos ou serviços e oportunidades de negócio. Diz-se que se aplica "preponderantemente" porque sempre haverá algum influxo do direito público.

A solução, para sopesar nessas situações de atividades-fim de estatais o direito privado e o direito público, é considerar que as condições de processamento se submetem ao direito privado. Por exemplo, estatal dedicada ao segmento de energia pretende formar consórcio com empresa privada para participar de leilão promovido pela Agência Nacional de Energia Elétrica/ANEEL. Não é necessário que a estatal promova licitação, chamamento público ou quejandos. A estatal negocia com empresas que atuam no mercado, avalia os interesses, as eventuais propostas, as condições de competitividade, tudo sob as premissas de mercado, do direito privado.

---

trato sem licitação. Daí ela contrata diretamente, repita-se, sem o intermédio da licitação. A inexigibilidade é uma das espécies de contratação direta, cabível nas situações em que há inviabilidade de competição. A outra espécie é a dispensa, pertinente às hipóteses em que a competição é viável porém em que a realização da licitação, dependente da avaliação do legislador, causaria algum prejuízo ao interesse público ou a valores prestigiados pela ordem jurídica.

Pois bem, o que precisa ficar assentado é que o art. 30 da Lei 13.303/2016 trata de inexigibilidade de licitação, embora não utilize a palavra "inexigibilidade". Trata de inexigibilidade porque, conforme sua própria redação, ele somente se aplica nas situações de inviabilidade de competição. E – diga-se mais uma vez – as situações de inviabilidade de competição caracterizam inexigibilidade de licitação.

14. "Embora dispensada a licitação, nos casos acima focalizados, não está desobrigado o contratante de atender aos requisitos legais para perfeição do acordo de vontades. Destarte, deve comprovar a sua habilitação ou qualificação, bem como satisfazer outras formalidades, acaso exigidas, nos termos de direito, para concorrer à licitação e à efetivação do contrato, e, então, se considera a compra, a execução da obra ou a prestação do serviço isentas da utilização do instituto da licitação" (Oswaldo Aranha Bandeira de Mello, *Da Licitação*, São Paulo, José Bushatsky Editor, 1978, pp. 50-51).

Em que pese a isso, o ato final de formação do consórcio submete-se ao direito público e às suas instâncias de controle. É viável controlar os motivos da formação do consórcio, a finalidade e a compatibilidade com princípios de direito público que não sejam pertinentes à condição de processamento das oportunidades de negócio.

Prosseguindo com o exemplo, suponha-se que a empresa privada foi selecionada porque ofereceu propina aos gestores da estatal, e não porque ofereceu a proposta mais vantajosa ou porque propiciou as condições mais competitivas para participar do leilão. Há evidente desvio de finalidade. O controle sobre o desvio de finalidade é tipicamente de direito público.

É de notar que o afastamento do direito Público e a aplicação do regime de direito privado não são algo estranho à sistemática da Lei 13.303/2016. As estatais são pessoas jurídicas de direito privado, como já mencionado. Não se descura, nessa mesma linha, e a título ilustrativo, que o art. 68 da Lei federal 13.303/2016[15] prescreve que os contratos por ela regidos regulam-se pelos preceitos de direito privado, afastando, pelo menos em parte substancial, o regime de direito público. Fala-se que o afastamento do direito público sobre os contratos das estatais é substancial, porque ele não é total, é parcial. Há ainda influxos do direito público, como, por exemplo, a competência das estatais de aplicarem sobre os contratados sanções administrativas, como expresso no art. 83 da Lei 13.303/2016.[16]

A consequência prática é que o processo de formação da contratação no âmbito das oportunidades de negócio deve seguir modelos privados, as regras de governança de cada uma das estatais, sem a obrigação de prestar obediência às normas formais e procedimentais típicas do direito público, o que deve ser apreendido pelos órgãos de controle. O controle, nesse prisma das condições de processamento das oportunidades de negócio, deve avaliar se existem normas de governança aceitáveis, de acordo com as práticas de mercado.

O ponto é que os processos de *Mergers and Acquisitions/M&A* seguem padrões de mercado, difíceis de serem amoldados às regras de direito público, sobremodo de acordo com a concepção de que se deve sempre garantir igualdade a quaisquer interessados sob condições predeterminadas e inflexíveis, como se extrai dos princípios da isonomia e da vinculação ao edital.

A negociação no ambiente de *Mergers and Acquisitions/M&A* depende de *due diligence*, em que a empresa interessada na aquisição tem acesso a todas ou a parte relevante das informações estratégicas de negócio da empresa a ser adquirida. Não é razoável que qualquer interessado, sem provar intenção séria e firme na aquisição, tenha acesso a essas informações. Acrescenta-se que a negociação envolve diversos aspectos, cláusulas e condições, pelo quê suas bases são dinâmicas, vão se amoldando no seu transcurso. Assim,

---

15. Lei 13.303/2016: "Art. 68. Os contratos de que trata esta Lei regulam-se pelas suas cláusulas, pelo disposto nesta Lei e pelos preceitos de direito privado".

16. Lei 13.303/2016: "Art. 83. Pela inexecução total ou parcial do contrato a empresa pública ou a sociedade de economia mista poderá, garantida a prévia defesa, aplicar ao contratado as seguintes sanções: I – advertência; II – multa, na forma prevista no instrumento convocatório ou no contrato; III – suspensão temporária de participação em licitação e impedimento de contratar com a entidade sancionadora, por prazo não superior a 2 (dois) anos".

muitas decisões precisam ser tomadas de imediato e dependem de contrapartidas que são particulares, oferecidas também durante a negociação. Enfim, o ponto é que em muitas oportunidades de negócio as estatais precisam de flexibilidade negocial para conseguirem as condições mais vantajosas de mercado.

Pondera-se que é viável transacionar ativos e formular parcerias nos termos tradicionais e formais do direito público, fundados na isonomia e na vinculação ao edital. Viável é; no entanto, a depender da situação, não é vantajoso. As estatais devem avaliar as condições de cada oportunidade de negócio e decidir o melhor caminho. Pode-se entender que numa dada situação seja adequado realizar chamamento público, vinculado a edital, aberto a quaisquer interessados, em procedimento que se entroniza com o regime de direito público. Noutras situações, em face de suas peculiaridades, esse procedimento amparado em padrões predeterminados e inflexíveis pode ser extremamente desvantajoso para as estatais, pode importar, inclusive, perda da oportunidade de negócio ou perda de interessados.

Poder-se-ia alegar que as práticas de direito privado no tocante às condições de processamento das oportunidades de negócios concorreriam ou facilitariam a corrupção, dado que corruptos e corruptores estariam livres para escolher as empresas ou investidores e sob quais condições. Seria mais fácil, nesse cenário de maior liberdade, que houvesse desvios.

Em contraposição, destaca-se que, como sabido, o conjunto de formalidades procedimentais do direito público nunca deu conta de evitar a corrupção. Daí que, se os envolvidos tiverem propósitos desonestos, não são as formalidades procedimentais do direito público que darão conta de contê-los.

Ademais, goste-se ou não, deve-se aplicar a legislação, principalmente o disposto nos §§ 3º e 4º do art. 28 da Lei 13.303/2016, cujos teores prescrevem que as oportunidades de negócio não se submetem ao entabulado para as licitações e contratações diretas, reconhecendo-lhes a aplicação do regime de direito privado, pelo menos no concernente às condições de processamento.

Também, em contraposição, não se pode desconsiderar que os órgãos de controle devem investigar qualquer sorte de desvio, os motivos, a motivação e a finalidade dos atos finais, inclusive os que decidem sobre as oportunidades de negócios. A aplicação do regime de direito privado para as condições de processamento das oportunidades de negócio não significa que os atos das estatais possam ser arbitrários, baseados em motivos inexistentes ou ilegítimos ou em finalidades contrárias ao interesse das estatais. Doutro lado, os órgãos de controle, quando analisarem tais aspectos, devem cuidar para não se intrometerem no mérito das oportunidades de negócio, substituindo o juízo das estatais sobre a vantagem do negócio pelo seu próprio.[17]

Soma-se a isso que a Lei 13.303/2016 estabeleceu diversos mecanismos de controle e transparência, frisando-se a obrigatoriedade de programas de conformidade (inciso VII

17. Conforme a Lei 13.303/2016: "Art. 90. As ações e deliberações do órgão ou ente de controle não podem implicar interferência na gestão das empresas públicas e das sociedades de economia mista a ele submetidas nem ingerência no exercício de suas competências ou na definição de políticas públicas".

do art. 8º¹⁸), de gestão de risco (art. 9º¹⁹) e a ampliação dos poderes da auditoria interna (§ 3º do art. 9º²⁰).

Para Edgar Guimarães e José Anacleto Abduch Santos:

> A LRE contém significativo viés normativo direcionado ao controle, à integridade da gestão administrativa e à transparência – o que talvez se consubstancie em um de seus maiores méritos em relação ao regime anterior –, que, direta ou indiretamente, pode produzir efeitos no plano da contratações das empresas públicas e das sociedades de economia mista.²¹

É relevante que o comitê de *compliance* das estatais acompanhe de perto todas as negociações, tratativas, motivações técnicas, analise os riscos e denuncie eventuais condutas inapropriadas. Dentro desse modelo das oportunidades de negócio, pautado pelo regime de direito privado, a atuação do comitê de *compliance* passa a ser mais central.²²

3. O controle do TCU sobre a aquisição de participação acionária minoritária

Embora as condições de processamento das oportunidades de negócio sejam submetidas ao regime de direito privado, os órgãos de controle e, especialmente, o TCU não se têm furtado a apontar irregularidades em diversas operações do gênero.

Inicia-se com comentários a dois acórdãos que guardam pontos de semelhança: os Acórdãos 1.985/2015 e 1.220/2016, ambos do Plenário e ambos relatados pelo Min. Bruno Dantas. O primeiro acórdão, de n. 1.985/2016, determinou a anulação do processo de aquisição de participação acionária minoritária por parte da Empresa Brasileira de Correios e Telégrafos na empresa Rio Linhas Áreas S/A. O segundo acórdão, de n. 1.220/2016, de-

---

18. Lei 13.303/2016: "Art. 8º. As empresas públicas e as sociedades de economia mista deverão observar, no mínimo, os seguintes requisitos de transparência: (...); VII – elaboração e divulgação da política de transações com partes relacionadas, em conformidade com os requisitos de competitividade, conformidade, transparência, equidade e comutatividade, que deverá ser revista, no mínimo, anualmente e aprovada pelo Conselho de Administração; (...)."

19. Lei 13.303/2016: "Art. 9º. A empresa pública e a sociedade de economia mista adotarão regras de estruturas e práticas de gestão de riscos e controle interno que abranjam: I – ação dos administradores e empregados, por meio da implementação cotidiana de práticas de controle interno; II – área responsável pela verificação de cumprimento de obrigações e de gestão de riscos; III – auditoria interna e Comitê de Auditoria Estatutário".

20. Lei 13.303/2016:
"Art. 9º. (...).
"(...).
"§ 3º A auditoria interna deverá: I – ser vinculada ao Conselho de Administração, diretamente ou por meio do Comitê de Auditoria Estatutário; II – ser responsável por aferir a adequação do controle interno, a efetividade do gerenciamento dos riscos e dos processos de governança e a confiabilidade do processo de coleta, mensuração, classificação, acumulação, registro e divulgação de eventos e transações, visando ao preparo de demonstrações financeiras."

21. Edgar Guimarães e José Anacleto Abduch Santos, *Lei das Estatais*, Belo Horizonte, Fórum, 2017, p. 281.

22. Tais aspectos foram ressaltados pelo Min. João Augusto Riberito Nardes no voto prolatado por ocasião do julgamento que originou o Acórdão 442/2017, que será analisado em pormenor adiante. O Ministro recomendou, inclusive, a realização de *"Due diligence* de integridade de contrapartes nas operações de aquisições e desinvestimento".

terminou a anulação do processo de aquisição de participação acionária por parte da Caixa Econômica Federal e da Caixa Participações S/A na empresa CPM Braxis S/A.

Ambos os acórdãos têm o mesmo pano de fundo: aquisição de participação societária minoritária por parte de estatal. O Relator, seguindo lições da doutrina, chama de "empresas público-privadas" as sociedades privadas com participação estatal minoritária. Conforme os acórdãos, os propósitos dos Correios e da Caixa eram muito parecidos. A intenção era adquirir participação societária minoritária, acompanhada por acordo de acionistas que lhes desse algum grau de controle, para que as tais empresas pudessem ser contratadas pelas estatais sem licitação, com amparo no inciso XXIII do art. 24 da Lei 8.666/1993. Afora isso, considerando que a maioria do capital de tais empresas permaneceria privada, elas não se submeteriam ao regime de direito público, o que significa, dentre outras coisas, que não seriam obrigadas a promover licitação e concurso público, estariam livres das restrições decorrentes do regime de direito público.

Os acórdãos reconhecem que tais empresas público-privadas não se submetem ao regime de direito público. No entanto, esse parece ser o cerne das decisões do TCU, não podem ser contratadas pelas estatais que lhes são acionistas diretamente, não sendo aplicáveis o inciso XXIII do art. 24 da Lei 8.666/1993 nem a inexigibilidade de licitação, consoante preceituado pelo art. 25 da Lei 8.666/1993.

O inciso XXIII do art. 24 da Lei 8.666/1993 prevê a dispensa de licitação "na contratação realizada por empresa pública ou sociedade de economia mista com suas subsidiárias e controladas, para a aquisição ou alienação de bens, prestação ou obtenção de serviços, desde que o preço contratado seja compatível com o praticado no mercado". Os acórdãos, ao fim e ao cabo, não reconhecem que o controle pode ocorrer por meio dos acordos de acionistas que foram firmados. Portanto, as tais empresas não seriam controladas pelas estatais, o que afastaria o inciso XXIII do art. 24 da Lei 8.666/1993.

Sob essa ótica, a discussão havida nos tais acórdãos perdeu importância diante do inciso XI do art. 29 da Lei 13.303/2016, que prevê hipótese parecida de dispensa de licitação. A Lei das Estatais considera dispensável a licitação

> (...) nas contratações entre empresas públicas ou sociedades de economia mista e suas respectivas subsidiárias, para aquisição ou alienação de bens e prestação ou obtenção de serviços, desde que os preços sejam compatíveis com os praticados no mercado e que o objeto do contrato tenha relação com a atividade da contratada prevista em seu estatuto social; (...).

O inciso XI do art. 29 da Lei 13.303/2016 tomou o lugar do inciso XXIII do art. 24 da Lei 8.666/1993. A principal distinção entre eles é que o dispositivo da Lei das Estatais dispensa a licitação apenas para as subsidiárias, sem referir as controladas. E, para aclarar a situação, o inciso IV do art. 2º do Decreto federal 8.945/2016 define *subsidiária* como a "empresa estatal cuja maioria das ações com direito a voto pertença direta ou indiretamente a empresa pública ou a sociedade de economia mista". E mais: o parágrafo único do mesmo artigo afirma que dentre as subsidiárias estão as "subsidiárias integrais e as demais sociedades em que a empresa estatal detenha o controle acionário majoritário, inclusive as Sociedades de Propósito Específico".

Debatia-se, pelo menos até o advento da Lei 13.303/2016 e do Decreto federal 8.945/2016, sobre a figura da subsidiária parcial, aquela que não seria totalmente pertencente ao Poder Público. Agora a figura da subsidiária parcial foi admitida, dado que – repita-se – a subsidiária é "empresa estatal cuja maioria das ações com direito a voto pertença direta ou indiretamente a empresa pública ou a sociedade de economia mista". Dito de outro modo: a subsidiária não precisa ser integral, totalmente pertencente à estatal. A subsidiária pode ser parcial; a estatal, para tanto, deve ser a proprietária da maioria das ações com direito a voto.

Afastou-se, com isso, outra controvérsia, que era considerar, ou não, como subsidiárias empresas em que as empresas públicas ou sociedades de economia mista não tinham a maioria das ações com direito a voto, porém exerciam o controle por meio de acordo de acionistas, previsto no art. 116 da Lei 6.404/1976.[23] Em face dos conceitos expostos pelo Decreto federal 8.945/2016, é de concluir que a figura da subsidiária depende da efetiva disposição da maioria das ações com direito a voto, e não de mero acordo de acionistas. Adiciona-se que o inciso XI do art. 29 da Lei 13.303/2016 restringiu a dispensa para a contratação de subsidiária, não mais permitindo, como faz o inciso XXIII do art. 24 da Lei 8.666/1993, a contratação de mera controlada. Ao fim e ao cabo, a legislação adequou-se à jurisprudência do TCU, representada pelos Acórdãos 1.985/2015 e 1.220/2016.

É de mencionar que, especialmente no Acórdão 1.220/2016, o TCU refutou a hipótese de a estatal contratar por meio de inexigibilidade de licitação a empresa público-privada de que detém participação acionária. Entendeu que o vínculo societário não seria o bastante para justificar a inexigibilidade de licitação, que teria de ser fundamentada num dos incisos do art. 25 da Lei 8.666/1993. A matéria é controversa. Discorda-se, nesta particular, do TCU, seguindo a doutrina de Carlos Ari Sundfeld, Rodrigo Pagani de Souza e Henrique Motta Pinto:

> (...). Ao contratar "a aquisição ou alienação de bens, prestação ou obtenção de serviços" com sua "subsidiária" ou com sua "controlada", nos termos do art. 24, XXIII, a empresa estatal não faz negócio com uma estranha, é dizer, com terceira em cuja gestão não influa diretamente ou com quem não tenha vínculo societário qualificado e vinculação de objetivos. Ao contrário, a estatal firma relação contratual com alguém a que já está especialmente vinculada. Firma relação contratual com alguém que é instrumento de sua ação empresarial. Os vínculos especiais preexistentes com a potencial contratada, tanto societários como de objetivos, sugerem o que se chamou aqui de sinergia entre as empresas, afastando a exigibilidade da licitação. Eles tornam a competição inviável, por ser inadequada para contratações entre duas partes que, estando já vinculadas significativamente entre si, pretendem legitimamente realizar.[24]

---

23. Lei 6.404/1976:

"Art. 116. Entende-se por acionista controlador a pessoa, natural ou jurídica, ou o grupo de pessoas vinculadas por acordo de voto, ou sob controle comum, que: a) é titular de direitos de sócio que lhe assegurem, de modo permanente, a maioria dos votos nas deliberações da assembleia-geral e o poder de eleger a maioria dos administradores da companhia; e b) usa efetivamente seu poder para dirigir as atividades sociais e orientar o funcionamento dos órgãos da companhia.

"Parágrafo único. O acionista controlador deve usar o poder com o fim de fazer a companhia realizar o seu objeto e cumprir sua função social, e tem deveres e responsabilidades para com os demais acionistas da empresa, os que nela trabalham e para com a comunidade em que atua, cujos direitos e interesses deve lealmente respeitar e atender."

24. Carlos Ari Sundfeld, Rodrigo Pagani de Souza e Henrique Motta Pinto, "Empresas semiestatais e sua contratação sem licitação", in Carlos Ari Sundfeld (org.), *Contratações Públicas e seu Controle*, São Paulo, Malheiros Editores, 2013, p. 115.

Reconhecer a inexigibilidade de licitação significa prestigiar a capacidade de organização e definição de estratégia empresarial pelas empresas públicas e sociedades de economia mista, sobremodo para aquelas que desempenham alguma parcela de atividade econômica, atuam no mercado em concorrência com outras empresas, na forma do inciso II do § 1º do art. 173 da CF. É legítimo às empresas públicas e sociedades de economia mista criarem subsidiárias ou terem o controle sobre outras empresas justamente para que estas lhes sirvam para prestar serviços de apoio e realizar atividades complementares. Nesses termos, parece mais acertado que, no caso de subsidiária ou de controlada, a contratação dessas empresas não seja submetida ao regime das licitações, sob pena de frustrar o intento legítimo das empresas públicas e das sociedades de economia mista.

Nada obstante a controvérsia – insista-se –, o TCU, nos Acórdãos 1.985/2015 e 1.220/2016, decidiu que as tais empresas público-privadas não podem ser contratadas sem licitação pelas estatais detentoras de participação minoritária. O objetivo deste estudo não é aprofundar o debate sobre a legalidade ou ilegalidade da contratação direta. O importante é que, a pretexto desse debate, o TCU determinou a anulação das respectivas operações de aquisição acionária, sob o argumento de que os motivos externados pelas estatais seriam ilegítimos. Os motivos – repita-se – seriam centrados na possibilidade de contratação direta de tais empresas público-privadas, o que foi refutado pelo TCU.

Percebe-se, então, que o TCU, nos Acórdãos 1.985/2015 e 1.220/2016, pôs-se a controlar a legitimidade dos motivos externados pelas estatais para a aquisição das participações acionárias. Note-se que, acertadamente, o TCU, em ambos os acórdãos, não exigiu para a aquisição das participações societárias condições de processamento do regime de direito público, a realização de licitação ou dos procedimentos próprios de dispensa e inexigibilidade de licitação. Todavia, objetou os motivos das próprias oportunidades de negócio.

Com esse norte, pode-se concluir que para o TCU o processamento das oportunidades de negócio se submete ao regime de direito privado. A avaliação das vantagens do negócio, a escolha da empresa adquirida, seus termos e suas condições seguem o direito privado. No entanto, a decisão pela oportunidade de negócio, ainda que pautada pelo direito privado, constitui ato administrativo, dado que as estatais integram a Administração Pública e, nessa medida, submetem-se ao controle dos seus pressupostos de validade, dentre os quais o controle sobre a legitimidade do seu motivo.

Nas lições de Celso Antônio Bandeira de Mello, "é o exame dos motivos (...) meio hábil para contenção do administrador na esfera discricionária que lhe assista".[25] E, em complemento: "A análise dos pressupostos de fato que embasaram a atuação administrativa é recurso impostergável para aferição do direito e o juiz, nesse caso, mantém-se estritamente em sua função quando procede ao cotejo entre o enunciado legal e a situação concreta".[26]

Insista-se que se deve aplicar às oportunidades de negócio, predominantemente, o regime de direito privado, sobremodo no que tange ao seu processamento. Porém, o ato produzido por estatal sempre terá algum influxo do direito público, ainda que seja restrito ao controle dos seus pressupostos de validade não pertinentes ao processamento. Repita-se que a estatal faz parte da Administração Pública, e, desse modo, não se desvencilha totalmente do direito público. Em síntese: o processamento das oportunidades de negócios deve seguir

---

25. Celso Antônio Bandeira de Mello, *Curso de Direito Administrativo*, cit., 33ª ed., p. 1.010.
26. Idem, p. 1.011.

o direito privado. Em que pese a isso, as decisões tomadas devem prestar deferência aos pressupostos de validade dos atos administrativos, dentre os quais a existência de motivo legítimo e verdadeiro, como apontado pelo TCU.

4. O controle do TCU sobre programas de desinvestimento

O TCU, por meio dos Acórdãos 3.166/2016 e 442/2017, ambos do Plenário e relatados pelo Min. José Múcio, analisou projeto da PETROBRAS de desinvestimento, cujo teor prescreve regras e procedimentos para a alienação de ativos.

Esclareça-se que a PETROBRAS lançou sistemática de desinvestimento, em que pretende alienar ativos de monta, o que parece ser fundamental para sua recuperação, em razão de dificuldades de caixa.[27] Corretamente, o processamento da alienação dos ativos foi moldado pelas regras de direito privado, pelas práticas de mercado da iniciativa privada, sem apreço ao direito público.

O TCU, no Acórdão 3.166/2016, determinou a suspensão dos processos de alienação de ativos da PETROBRAS, porque anteviu fragilidades e riscos de prejuízos. Em razão do Acórdão 3.166/2016, a PETROBRAS reviu sua sistemática de desinvestimento, tentando adequá-la às prescrições do TCU. No Acórdão 442/2017 as adequações promovidas pela PETROBRAS foram consideradas satisfatórias, pelo quê a Corte de Contas autorizou o prosseguimento dos processos de alienação de ativos.

Em linha de síntese, no Acórdão 442/2017 ficou assentado que: (i) não é necessário autorização legislativa para a alienação de ativos; (ii) o rito estabelecido no Programa Nacional de Desestatização, conforme a Lei 9.491/1997, não é aplicável à alienação de ativos das estatais; (iii) a alienação dos ativos pode ser pautada pelo Regulamento de Licitações da PETROBRAS; (iv) a publicidade é a regra e o sigilo deve ser aprovado pela Diretoria Executiva, nos casos em que possa haver prejuízo financeiro para a PETROBRAS; (v) a escolha dos potenciais compradores deve ser pautada por critérios objetivos, razoáveis, impessoais, justificados, registrados, comprovados e divulgados ao mercado; (vi) a lista das empresas convidadas para disputar os ativos também deve ser divulgada, permitindo que outras empresas possam solicitar sua participação no processo seletivo; (vii) o processo de alienação deve ser reiniciado se houver alteração do seu objeto; (viii) as fases do processo de alienação devem ser submetidas e controladas pela Diretoria Executiva; (ix) a contratação direta de *advisers* deve ser submetida a parecer jurídico e à decisão das instâncias superiores; (x) e a divulgação de perguntas e respostas das empresas que participam do processo deve ser a regra, admitindo-se a não divulgação apenas nas situações em que houver prejuízos.

O acórdão do TCU suscita polêmicas. Para começar, o Regulamento de Licitações da PETROBRAS não poderia mais ser aplicado, uma vez que os arts. 67 e 68 da Lei 9.478/1997, que lhe emprestam fundamento de validade, foram revogados pelo inciso II

27. Extrai-se do voto-vista do Min. José Augusto Ribeiro Nardes: "De fato, do relatório apresentando por S. Exa. vê-se que o plano de desinvestimentos da PETROBRAS prevê a alienação de ativos da ordem de US$ 40 bilhões. Segundo o Plano de Negócios e Gestão da PETROBRAS 2017/2021, o montante de desinvestimento de ativos previsto para o biênio 2015-2016 era de US$ 15,1 bilhões, do qual se concretizaram US$ 13,6 bilhões. Já, para o biênio 2017-2018 a meta de vendas é de US$ 19,5 bilhões".

do art. 96 da Lei 13.303/2016.[28] Desde o advento da Lei 13.303/2016, ou a PETROBRAS aplica a Lei 8.666/1993 ou edita seu Regulamento de Licitações fundamentado na Lei 13.303/2016 e vinculado aos seus termos.

Também causou controvérsia a necessidade, ou não, de observância da Lei 9.491/1997, que disciplina o Programa Nacional de Desestatização. O Ministro-Relator considerou que o Programa Nacional de Desestatização "foi criado em um contexto em que a União almejava obter recursos de alienações de ativos e de estatais, bem como reduzir os investimentos nessas empresas, com o fim principal de diminuir o montante da dívida pública". Noutro lado, o desinvestimento da PETROBRAS teria "caráter interno, relativo às finanças da companhia, com a busca de aumento da liquidez de curto prazo e a consequente redução de sua alavancagem (...)".

O Min. Walton Alencar Rodrigues apresentou voto divergente, reputou necessária a observância do Programa Nacional de Desestatização. Destacou que os incisos I e II do art. 2º da Lei 9.491/1997 prescrevem que é abrangida pelo Programa a desestatização de empresas controladas direta ou indiretamente pela União, o que incluiria boa parte dos ativos que a PETROBRAS planeja alienar. Não houve qualquer resposta ou contraposição aos argumentos do Min. Walton Alencar Rodrigues, que, no entanto, não foram acompanhados pelos seus pares. Prevaleceu o voto do Ministro-Relator. A posição divergente, que propugnava a aplicação do Programa Nacional de Desestatização, era a correta. Realmente, a Lei 9.491/1997 não diferencia nem exclui do seu raio a alienação de ativos de empresas controladas pela União, como é o caso da PETROBRAS. A impressão é que o assunto foi varrido para debaixo do tapete, especialmente, insista-se, porque o voto divergente não foi objeto de qualquer consideração, o que soa estranho.[29]

De maneira geral, a PETROBRAS, provavelmente porque tinha pressa, para que seu programa de desinvestimento não permanecesse suspenso, acabou por ceder e adaptá-lo ao entendimento do TCU, que, repita-se, visualizou fragilidades e riscos. Em essência, essas fragilidades e riscos não passam de procedimentos absolutamente frequentes nas práticas de mercado de *Mergers and Acquisitions/M&A* e que não se harmonizavam aos padrões usualmente aplicados sob o regime de direito público, ao pressuposto de que a alienação de ativos deve ser pautada por critérios predeterminados e inflexíveis, em que se assegura a qualquer interessado a participação em igualdade de condições. Chegou-se a um meio--termo, a PETROBRAS e o TCU cederam.

Veja-se, a propósito, que o TCU concordou que a disputa pelos ativos não precisa ser franqueada a todo e qualquer interessado. Autorizou-se, desde que com as devidas justificativas, que apenas empresas previamente identificadas participem das negociações. Sem embargo, por outro lado, a PETROBRAS obrigou-se a publicar e escolher as empresas de acordo com critérios objetivos. A publicação deve ocorrer, na visão do TCU, para que outros

---

28. Lei 13.303/2016: "Art. 96. Revogam-se: (...); II – os arts. 67 e 68 da Lei n. 9.478, de 6 de agosto de 1997."

29. Convém ressalvar que, a partir do momento que a estatal aplicar a Lei 13.303/2016, não será mais necessária a observância do Programa Nacional de Desestatização para a alienação dos seus ativos. É que o inciso II do § 3º do art. 28 da Lei 13.303/2016 prescreve que a oportunidade de negócios é processada pelas regras de direito privado e, segundo o § 4º do mesmo art. 28, a alienação de participação em sociedades enquadra-se no conceito de oportunidade de negócios. As normas da Lei 13.303/2016, por serem mais novas, revogam as da Lei 9.491/1997 nesse particular, concernente à alienação de participação em sociedades.

interessados, não identificados previamente, possam apresentar-se e participar da disputa pela aquisição dos ativos. Repita-se que se chegou ao meio-termo, nem o tradicional modelo do direito público e nem as práticas usuais de mercado.

É natural às normas de governança privada exigir-se justificativas sobre os integrantes de lista fechada de empresas ou investidores convidados a negociar dada oportunidade de negócio. No entanto, é estranho à governança privada que se promova uma espécie de publicação para que terceiro não integrante da lista fechada apresente suas qualificações e participe das negociações. Também é difícil dispor de critérios estritamente objetivos, como exigido pelo TCU, para a escolha das empresas convidadas para participar da seleção. Aqui se sente com mais força o influxo do regime de direito público, decorrente da concepção tradicional do direito público sobre o princípio da isonomia, de que qualquer interessado tem acesso igual às relações jurídicas constituídas pelo Poder Público.

Outro tema destacado pelo TCU diz respeito ao compartilhamento de informações entre os participantes da negociação. No mercado privado, em síntese, o vendedor apresenta as informações, porém os interessados em comprar os ativos têm o ônus de investigá-las, o que se dá com a *due diligence*. Portanto, o interessado na compra é que reúne as informações que ele considera pertinentes, o que depende do seu grau de diligência. De modo contrário às práticas de mercado, o TCU determinou que a informação solicitada por um dos interessados deve ser repassada aos demais, salvo se a PETROBRAS demonstrar que esse compartilhamento de informações pode ser desvantajoso. A assertiva da Corte de Contas, insista-se, foi acatada pela PETROBRAS.

A compreensão sobre a vantagem ou desvantagem do compartilhamento de informações é algo muitíssimo vago, de difícil aferição objetiva. Se o acórdão do TCU for interpretado com rigor, a regra é que as informações sejam compartilhadas. O acesso à informação somente seria restrito em casos justificados – logo, excepcionais –, o que, insista-se, desborda das práticas procedimentais de mercado.

Outro tópico que se aproxima do direito público e se distancia do direito privado tem relação com a possibilidade de alterar as condições da transação no transcurso da negociação. Como dito, o modelo do direito público impõe que o processo seletivo se desenvolva sob condições predeterminadas e inflexíveis, o que deflui do princípio da vinculação ao edital e, em última instância, do princípio da isonomia. Se as condições do edital são alteradas, todos as pessoas que se submetem a ele devem ser comunicadas e deve-se conceder prazos para a reapresentação das propostas.[30] Não é isso que acontece nas práticas de mercado. As condições iniciais costumam ser dadas aos participantes sob os mesmos parâmetros. No entanto, com a dinâmica da negociação essas condições vão se adaptando e, com frequência, não permanecem as mesmas.

Por exemplo, negocia-se a compra de participação de estatal numa sociedade. No processo de *due diligence*, grupo de investidores depara-se com situação que, na avaliação

---

30. Lei 8.666/1993:

"Art. 21. (...).

"(...).

"§ 4º. Qualquer modificação no edital exige divulgação pela mesma forma que se deu o texto original, reabrindo-se o prazo inicialmente estabelecido, exceto quando, inquestionavelmente, a alteração não afetar a formulação das propostas."

dele, representa grau de risco elevado. Portanto, é natural que esse grupo de investidores proponha alguma contrapartida ao risco, alguma espécie de garantia, não prevista dentre as condições apresentadas inicialmente. Pode ser que a proposta desse grupo de investidores seja muito vantajosa. É também usual que as práticas de negociação demandem respostas rápidas, sob pena de se alterarem as condições do negócio, até mesmo em razão da macroeconomia ou do surgimento de outros ativos. Há chances concretas de se perder a proposta caso a estatal tenha a obrigação de avisar a todos os interessados da exigência do grupo de investidores acerca da garantia e tenha de conceder prazos a todos para eventual reapresentação de propostas.

Enfim, da análise dos Acórdãos 3.166/2016 e 442/2017 percebe-se uma tensão dialética entre o direito privado e o direito público, representados, respectivamente, pela PETROBRAS e pelo TCU. A PETROBRAS lançou a sistemática de desinvestimentos prevendo processamento para a alienação de ativos em conformidade com as práticas de mercado, sob as luzes do direito privado. O TCU paralisou o programa no Acórdão 3.166/2016, impondo restrições próprias do direito público. No fim do dia, a impressão é que a PETROBRAS deixou os anéis para ficar com os dedos. Preferiu alterar as bases da sistemática de desinvestimento, cedeu às percepções do TCU e abraçou o direito público, ainda que a contragosto e com o braço esticado.

De toda sorte, mesmo que com a aquiescência da PETROBRAS, a resolução final merece críticas, porque afastou, em boa medida, as práticas do direito privado, que deveriam reger o processamento das oportunidades de negócio. A bem da verdade, prevaleceram, de forma mais intensa, as práticas de mercado. Entretanto, os influxos procedimentais do direito público foram substanciais e podem gerar prejuízos à PETROBRAS. As oportunidades de negócio para as estatais não foram bem compreendidas nos Acórdãos 3.166/2016 e 442/2017 do TCU. O pior é que o modelo deve ser replicado, porque a discussão foi travada justamente no momento em que as estatais produzem seus regulamentos de licitações e contratos, como exigido no art. 40 da Lei 13.303/2016. É de supor que adotem como parâmetro o que já foi avalizado pelo TCU.

Defende-se que a alienação de ativos, por ser qualificada como oportunidade de negócios, seja regida predominantemente pelo direito privado, especialmente no tocante ao seu processamento, em consonância às práticas de mercado de *Mergers and Acquisitions/M&A*, pelo quê as restrições procedimentais decorrentes do regime de direito público não deveriam ser exigidas pelos órgãos de controle.

Florianópolis, junho/2017

A CAPITAL FEDERAL – BRASÍLIA

José Afonso da Silva

1. Introdução. 2. A cidade brasileira. 3. Cidade-Capital. 4. Brasília e a integração nacional. 5. Brasília e relações internacionais. 6. Brasília: uma utopia inacabada.

1. Introdução

O tema foi tratado de acordo com o plano que consta do sumário *supra*, procurando discutir Brasília inicialmente em função da evolução e do conceito da cidade brasileira. Depois, destacou-se um tópico para considerar a função de Brasília como Capital Federal. Aí a preocupação especialmente de definir a posição jurídica do território da Capital, ou seja, do Distrito Federal na Federação brasileira, assim como aspectos da organização jurídica da cidade mesma, com observações sobre o uso do solo e o modelo de assentamento urbano de Brasília. Voltamos, então, nossas vistas para Brasília como base de integração nacional, mostrando que, por razões políticas emergentes, a política de integração não teve o desenvolvimento esperado, assim como também não tivera a aproximação de fronteiras nem o sentido democrático da nova Capital, sonho de seus construtores.

2. A cidade brasileira

1. Brasília nasceu, na concepção do Plano-Piloto de Lúcio Costa, do gesto primário de quem assinala um lugar ou dele toma posse, pensada não apenas como *urbs* mas como *civitas*. Nasceu, na concepção de Juscelino Kubitschek, como meta-síntese, para unir o país por dentro, para servir de base a um largo programa de aglutinação nacional, no que se realça a sua função de integração nacional.[1]

2. Pode-se ver aí uma síntese, em verdade, dos modos históricos de organizar as cidades brasileiras, lembrando a ação urbanizadora da Colônia, que não fora um movimento espontâneo do povo, mas a conseqüência de uma política de povoamento do território. Então, a formação de vilas e cidades era sempre um ato oficial. Fundar povoações era um título de honra e tinha por objetivo "reunir os moradores dispersos", "o que equivalia dar um centro religioso e administrativo e uma organização policial e judiciária aos moradores sitiados naquelas solidões".[2] A *civitas*, além da metrópole, estava nos centros urbanos do litoral, onde as autoridades coloniais tinham sede. A elas – donatários, colonos e governadores gerais –

---

1. Cf. Juscelino Kubitschek, *Por que construí Brasília*, pp. 61, 88 e 313.
2. Cf. F. J. Oliveira Vianna, *Instituições Políticas Brasileiras*, vol. 1, 3ª ed., Rio de Janeiro, Record, 1974, pp. 108 e ss.

cabia fundar cidades nas regiões um pouco mais penetradas do interior,[3] num gesto primário de tomar posse da terra para integrar os povos dispersos. Enfim, o fenômeno urbano, no Brasil – já o dissemos de outra feita – vincula-se com a política de ocupação e povoamento da colônia e sua evolução liga-se estreitamente aos ciclos econômicos brasileiros.[4] Primeiro, vêm as cidades administrativas (*civitas*) do litoral (Olinda, Recife, São Vicente, Itanhaém, Vitória, Salvador, Santos, Paranaguá, Rio de Janeiro, Niterói, entre 1527 a 1573); depois, as cidades originadas de aldeamentos indígenas (Missão Nova, Missão das Almas, Santa Cruz, São Mateus, Itaboraí, São Paulo, Itapecerica, Embu, São Miguel, Sant'Ana do Parnaíba); as que tiveram origem na função militar (Salvador, Natal, Fortaleza, Manaus, Belém, Santarém, Óbidos, Castro, Avanhandava, Laguna, Desterro, Sacramento). Os ciclos da mineração e do café foram os que proporcionaram o surgimento espontâneo de cidades no interior do país. Na verdade, o ciclo da mineração deu origem a dois tipos de cidades: as que surgiram nos locais de mineração (como: Ouro Preto, Mariana, Sabará, Caeté, Queluz, São João Del Rey, Estrela do Sul, Diamantina, Congonhas do Campo; Ouro Fino, Meia-Ponte, Jaraguá, Santa Luzia, Cavalcante; Apiaí e Eldorado Paulista; Cuiabá; Lavras e Encruzilhada do Sul) e as nascidas da circulação provocada pela mineração (como: Pouso Alegre, Pouso Alto, Passa Três, Passa Quatro, Passa Vinte, Registro, Curral del Rei, Lajes, Sorocaba, Mogi--Guaçu, Feira de Sant'Ana, Malha Grande, Feira de Conquista, Casa Branca etc.). O ciclo do café responde pela origem e evolução da rede urbana de São Paulo (Campinas, Limeira, Pirassununga, Descalvado, São Carlos, Araraquara, Mogi-Mirim, Mococa, Ribeirão Preto, Marília, Bauru, Cafelândia etc.), do Norte do Paraná e da Zona da Mata em Minas.[5] Além dessas, temos as cidades planejadas de Belo Horizonte e Goiânia.

3. Cidade-Capital

3. Brasília, com sua característica de cidade inventada, realiza o simbolismo da *civitas civitatum*, na magnífica visão da Esplanada dos Ministérios que culmina na Praça dos Três Poderes, com destaque para o poder de representação popular, o Congresso Nacional, com suas duas torres e as abóbadas invertidas do plenário da Câmara dos Deputados e do Senado Federal. Sublima o simbolismo a posição dos Ministérios do Exterior e da Justiça ocupando os cantos inferiores da Praça dos Três Poderes, a indicar as duas vertentes de irradiação do poder político; de um lado, seu relacionamento com outros povos que se canaliza mediante o primeiro daqueles ministérios, e, de outro lado, a sua supremacia interna que se manifesta na manutenção da ordem jurídica sob o segundo.

4. Brasília, assim, assume uma posição jurídica específica no conceito brasileiro de cidade. Com efeito, a cidade é, hoje, no sistema brasileiro, um conceito tipicamente jurídico--político. O centro urbano, no Brasil, só adquire a categoria de cidade, quando o território sob sua influência se transforma em Município, pouco importando o número de seus habitantes ou a função que exerce. O conceito demográfico de cidade, a cidade como comunidade de dimensão e densidade populacional consideráveis, não se aplica à cidade brasileira;

---

3. Idem, ibidem, p. 109.
4. Cf. José Afonso da Silva, *Direito Urbanístico Brasileiro*, 7ª ed., 2ª tir., São Paulo, Malheiros Editores, 2015, p. 22.
5. A propósito, além de Oliveira Vianna, já citado, cf. Célson Ferrari, *Curso de Planejamento Municipal Integrado*, pp. 263 e ss.

tampouco se lhe aplica a concepção de cidade como localidade de mercado. A concepção que mais se aproxima do conceito de cidade brasileira é a da cidade como conjunto de subsistemas administrativos, comerciais, industriais e sócio-culturais, apenas porque não se concebe núcleo urbano sem profissões urbanas (como o comércio e manufaturas com suficiente diversificação) e sem a existência de camada urbana com produção, consumo e direitos próprios. Mas, no Brasil, nem todo núcleo urbano, mesmo que apresente essas características, constitui cidade. É que *cidade*, no Brasil, é a sede do Município, isto é, a sede do governo municipal, qualquer que seja a sua população. A única exigência quantitativa, para que um centro urbano adquira a categoria de cidade, é que tenha mais de 200 casas, nos termos do art. 2º, III, da Lei Complementar 1, de 9.11.1967, porque é um requisito de criação de Município. A cidade, no Brasil, portanto, tem sua característica marcante no fato de ser um *núcleo urbano, sede do governo municipal*. O nome da cidade-sede do governo municipal é também o nome do Município. Município de Campinas quer dizer que tem a cidade de Campinas como sede de seus órgãos governamentais.

5. Não será exagero se dissermos que é essa concepção que mais se aproxima da ideia de que

> Cidade e política nasceram, na tradição ocidental, como conceitos e realidades inter-relacionadas. De resto, etimologicamente as ligações são claras: *civitas* e *polis* são as raízes em distintos idiomas para expressar, ao mesmo tempo, um modo de habitar e uma forma de participar.[6]

6. Brasília é *civitas civitatum*, na medida em que é cidade-centro, pólo irradiante, de onde partem, aos governados, as decisões mais graves, e onde acontecem os fatos decisivos para os destinos do país. Mas não se encaixa no conceito geral de cidades, porque não é sede do Município. Mas é *civitas* e *polis*, enquanto modo de habitar e sede do Governo Federal. Com a Constituição de 1988, o Distrito Federal passou a ser também forma de participar, mediante o direito de eleger Deputados Federais e Senadores. Não era antes forma de participar, porque seu povo não dispunha do direito de eleger Deputados federais e Senadores.

7. Brasília tem como *função* servir de Capital da União, Capital Federal e, pois, Capital do Brasil. Serve de sede do governo federal, do governo da República Federativa do Brasil. Com a Constituição de 1988, o Distrito Federal passou a ser também forma de participar. Não era bem isso que a Constituição Federal de 1969 dizia. Seu art. 2º estatuía que o *Distrito Federal* "é a Capital da União". O Distrito Federal é o território em que se situa Brasília. Não é Estado. Não é Município. Em certo aspecto, é mais do que o Estado, porque lhe cabem competências legislativas e tributárias reservadas aos Estados e Municípios (arts. 32, § 1º, e 147). Sob outros aspectos, é menos do que os Estados, porque algumas de suas instituições fundamentais são tuteladas pela União (Poder Judiciário, Ministério Público, Defensoria Pública e Polícia: CF, art. 22, XIV e XVII).

Goza de autonomia constitucional, reconhecida no art. 32 da Constituição Federal, onde se declara que se regerá por Lei Orgânica própria, como nos Municípios. O § 1º do citado artigo prevê as áreas de competência do Distrito Federal, enquanto os §§ 2º e 3º definem as regras de eleição do Governador, Vice-Governador e Deputados Distritais. Aí temos a

---

6. Fernando Henrique Cardoso, "A Cidade e a Política: do Compromisso ao Inconformismo", in *Autoritarismo e Democratização*, Rio de Janeiro, Paz e Terra, 1975, p. 135.

base de uma autonomia que compreende, em princípio, as capacidades de *auto-organização*, *autogoverno*, *autolegislação* e *autoadministração* sobre áreas de competência exclusiva.

Pratica atos que dependem de previsão legal. Pois tem encargos a realizar. Executa obras. Presta serviços públicos. Institui tributos. Arrecada rendas. Aplica recursos. Efetua despesas. Elabora orçamentos, como qualquer outra entidade estatal. Mantém quadro de funcionários próprios, criando cargos, nomeando, fixando vencimentos, pagando, aplicando sanções disciplinares. Constrange particulares. Enfim, sua ação está também sujeita ao princípio da legalidade. Haverá, pois, que ter *leis* que rejam suas atividades e regulem matérias de sua competência. Essas leis emanam da Assembleia Distrital como órgão de seu Poder Legislativo e são executadas por seu Governador, como órgão de seu Poder Executivo.

Essas capacidades sofrem profundas limitações em questões fundamentais. Assim é que as capacidades de auto-organização e autogoverno não envolvem a organização e manutenção de Poder Judiciário, nem de Ministério Público, nem de Defensoria Pública, nem mesmo de polícia civil ou militar ou de corpo de bombeiros, que são organizados e mantidos pela União (art. 21, XIII e XIV, e art. 22, XVII), a quem cabe também legislar sobre a matéria. O governo do Distrito Federal não tem sequer a autonomia de utilização das polícias civil e militar e do corpo de bombeiros militar, porque só poderá fazê-lo nos limites e na forma que dispuser a lei federal (art. 32, § 4º). Nesse aspecto é que dissemos que a autonomia do Distrito Federal é tutelada. Nisso ele fica muito aquém dos Estados. Mas, gozando de autonomia político-constitucional, não pode mais ser considerado simples autarquia territorial, como o entendíamos no regime constitucional anterior. Parece que basta concebê-lo como uma *unidade federada* com autonomia parcialmente tutelada

8. Dentro desse território, que forma um quadrilátero de 5.814 km², é que hoje, se encontra um complexo urbano com mais de três milhões de habitantes, distribuídos em oito Regiões Administrativas: Brasília, Gama, Taguatinga, Brasilândia, Sobradinho, Planaltina, Paranoá, Jardim. Ou seja: *Brasília* no Plano-Piloto e mais sete *cidades-satélites* que distam daquela entre 13 a 43 quilômetros.

> Como ilhas de um grande arquipélago, cada um desses assentamentos se separa do Plano-Piloto por áreas de uso não urbano. É o cinturão verde que envolve a Capital Federal e abriga algumas residências oficiais, as famosas granjas do Torto e do Riacho Fundo.
>
> A impressão que se tem, ao adentrar neste cerrado monótono e bem cuidado, saindo do Plano-Piloto, é que estamos chegando a pequenas cidades do interior. Assim como a capital, todas elas também foram planejadas, com a preocupação de disciplinar a ocupação desses espaços, cuja função seria a moradia. Sem programa de sustentação econômica, as cidades satélites não tardaram a tornarem-se núcleos-dormitórios.[7]

9. O uso e a ocupação do solo em Brasília diferem fundamentalmente de outras cidades. O memorial descritivo do Plano-Piloto traçou-lhes o perfil básico. O princípio é o da setorização: setor de diversões, setores destinados ao comércio, bancos, hotéis, hospitais, autarquias, tribunais, rádio, TV etc. O setor residencial foi disposto em sequência contínua de superquadras – conjuntos de edifícios residenciais com população de cerca de três mil

---

7. Cf. Lívia Álvares Pedreira, "A discutível integração regional", in *Arquitetura e Urbanismo*, abril/1985.

pessoas – em ordem dupla ou singela, de ambos os lados da faixa rodoviária, e emoldurada por uma larga cinta densamente arborizada, em que os blocos residenciais ficam sujeitos a dois princípios gerais: gabarito máximo uniforme, de seis pavimentos e pilotis, e separação do tráfego de veículos de trânsito de pedestres. Na superquadra,

> o chão é público – os moradores pertencem à quadra, mas a quadra não lhes pertence. Não há cercas nem guardas o que a diferencia de um condomínio. Os pilotis livres e os grandes gramados propiciam áreas de lazer para as crianças. Mas as entre quadras, com exceção do comércio local, estão, na maioria, vazias até hoje. A não complementação das unidades de vizinhança, como previstas no Plano-Piloto, levou a uma carência de lazer.[8]

10. Em suma, a Cidade de Brasília é concebida e ordenada em função de dois eixos que se cruzam: I – *Eixo Rodoviário*, que tem função circulatória, concentrando-se ao longo dele os setores residenciais; II – *Eixo Monumental*, onde estão dispostos os centros cívicos, administrativos e culturais. O Eixo Monumental distribui a cidade em metade *Norte* e *Sul*, enquanto o Eixo Rodoviário define a situações a leste e oeste em cada uma dessas metades. Daí as singularidades das nomenclaturas e numerações urbanas, conforme, aliás, está descrito no Código de Edificações de Brasília (Decreto "N" n. 596, de 8.3.1967). Por aí se vê que a nomenclatura das vias públicas obedece aos seguintes critérios: I – segundo sua posição em relação ao Eixo Rodoviário e ao Eixo Monumental; II – em função das áreas a que servem ou definem.

A via que coincide em seu traço com o Eixo Rodoviário tem este nome e compõe-se das seguintes pistas: I – ER – que quer dizer Eixo Rodoviário, Pista Central; II – *ERNL E ERSL* – Pistas de tráfego local Leste, ou seja: Pistas de tráfego local a Leste do Eixo Rodoviário Norte e do Eixo Rodoviário Sul; III – ERNW e ERSW – Pistas de tráfego a Oeste do Eixo Rodoviário Norte e do Eixo Rodoviário Sul. A partir destas pistas, a nomenclatura das vias resulta da sua localização a leste ou a oeste do Eixo Rodoviário, definida pelas iniciais "L" ou "W", seguida da numeração indicativa de seu afastamento em relação ao referido eixo e da indicação "norte" ou "sul", referente à sua localização em relação ao Eixo Monumental. Assim por exemplo: W1-norte, W1-sul; W2-norte, W2-sul; L1-norte, L1-sul; L2-norte, L2--sul etc. As duas primeiras vias paralelas ao Eixo Monumental são definidas pelas iniciais "N" ou "S", de acordo com sua localização ao norte ou ao sul daquele eixo, seguidas dos números 1 ou 2, indicativos do seu afastamento, e da orientação "leste" ou "oeste", referente à sua localização em relação ao Eixo Rodoviário. Exemplo: N1-Leste, N1-Oeste; N2-Leste, N2-Oeste; S1-Leste, S1-Oeste; S2-Leste, S2-Oeste; as demais vias paralelas ao Eixo Monumental são indicadas pelos números das quadras que lhes são justapostas. A localização e endereço das residências são identificados por quadras, blocos e apartamentos. As superquadras são assinaladas por números, os blocos residenciais por letras, e finalmente o número do apartamento na forma usual, assim, por exemplo, SQS 303 – A – ap.101 (isto é: apartamento n. 101 do bloco A da Superquadra n. 303 ao Sul do Eixo Monumental); SQN 3 – Bl. L – ap. 201 (ap. 201 do bloco L da Superquadra n. 3 ao Norte do Eixo Monumental).

11. Não há rua, não há avenidas, não há praças. Há rodovias, sistema rodoviário e não sistema viário de integração entre os elementos estruturais e humanos da cidade. Existem,

---

8. Cf. Haifa Yazigi Sabbag, "Plano e realidade", *Arquitetura e Urbanismo*, abril/1985. Vale no seu aspecto geral.

ao lado disso, vias de acessos, que ligam os elementos separados. Aqui tudo contraria a concepção de Jane Jacobs, porque não há clara demarcação entre espaços públicos e espaços privados, nem olhos que vigiam as ruas, e não raro os edifícios oferecem fachadas cegas para vias. Faltando ruas, falta o contacto humano e aquele sentimento inconsciente de solidariedade que elas proporcionam e que confere confiança. Lembra J. Jacobs:

> A confiança, na rua, se estabelece através de uma larguíssima série de minúsculos contactos, cujo cenário é a própria rua. A comunicação nasce do fato de que uns e outros se detêm para tomar uma cerveja no bar, pedem a opinião de petisqueiros ou de jornaleiros, trocam impressões com outros clientes da padaria, saúdam a uns rapazes que tomam Cola-Cola, ralham com as crianças, ficam a dever uns trocados ao farmacêutico, admiram os recém-nascidos.[9]

Não se trata de fazer aqui apaixonada apologia à rua, mas de reconhecer que não se realiza na prática, a integração social que o memorial descritivo de Lúcio Costa idealizara. E se alguma integração se está conseguindo, provém ela de alteração feita pelos comerciantes nas superquadras, que o próprio Lúcio Costa admirou, em visita à Capital, observando:

> o comércio local ora abre-se para os acessos, ora para as quadras internas, ora para os dois lados. Isso dá uma sensação agradabilíssima, tão bonita.[10]

É que, como comenta Haifa Yazigi Sabbag, a

> ideia original do urbanista era suprimir a rua antiga e separar as funções que ela vinha desempenhando. As lojas deviam voltar-se para caminhos no interior dos quarteirões, apenas os fundos das casas comerciais dariam para as ruas destinadas ao tráfego de veículos. No entanto, essa disposição foi alterada pelos comerciantes e estabelecida a forma tradicional das vias, fato aceito e até louvado por Lúcio, conforme se manifestou.[11]

12. A ideia de integração social, nas superquadras, evitando estratificações, não prosperou na realidade prática de Brasília. A setorização rígida propicia segregação de atividades, o que impede encontro entre pessoas até da mesma classe social.[12] A realidade fez das superquadras ilhas dentro da supercidade que isola seus habitantes entre si e do resto do país. A convivência entre os que ficam na cidade nos fins de semana se realiza nos clubes, onde

> os funcionários que se encontram no trabalho durante a semana voltam a se encontrar... O pessoal do Banco do Brasil, no Clube do Banco do Brasil, o pessoal da Caixa Econômica no Clube da Caixa Econômica, o pessoal do SNI, todos com seus distintivos de agentes secretos no Clube do SNI.[13]

A igualdade das superquadras e sua monotonia se estendem aos hotéis, todos iguais, restaurantes, lojas, bancos, estabelecimentos comerciais que estão, segundo Sérgio Teperman,

---

9. *Apud* Françoise Choay, *El Urbanismo Utopias y Realidades*, pp. 451 e ss., especialmente p. 454.
10. Entrevista a Haifa Yazigi Sabbag, in *Arquitetura e Urbanismo*, abril/1985, p. 39.
11. Haifa Yazigi Sabbag, lug. citado.
12. Cf. Lívia Álvares Pedreira, "Na dinâmica urbana, o desafio da preservação", *Arquitetura e Urbanismo*, abril/1985, p. 50.
13. Cf. Sérgio Teperman, "Brasília ano zero", *Arquitetura e Urbanismo*, abril/1985, pp. 65-66.

vestidos com a camisa de força de seu perímetro de alvenaria e com seus ridículos pilares internos fazendo com que os espaços destinados aos mais variados tipos de atividades sejam as mesmas monótonas projeções.[14]

É uma crítica exagerada, sem dúvida, mas realça o fato de que essa "assepsia" da cidade inventada distancia seus habitantes de suas raízes culturais, não tendo deixado espaço às formas, às cores, aos costumes trazidos por todos, a partir de seus lugares de origem. O brasiliense mais idoso está agora com seus cinquenta e cinco anos de idade. Viveu quase a metade de sua vida sob o regime militar autoritário. Se nunca saiu de Brasília, estranhará qualquer outra cidade "normal", onde não existem superquadras, os edifícios são colados uns aos outros, as ruas são sinuosas, com ladeiras e sinais de trânsito. É cedo ainda para saber que efeitos psicológicos a paisagem urbana de Brasília causará sobre seus filhos. Quando seus habitantes forem compostos basicamente de seus filhos, é que se poderá sentir o tipo alegre ou triste do brasiliense. É possível que o modo inteligente de aproveitamento do sítio natural de Brasília concorra para um equilíbrio saudável do ambiente urbano. Lembramos, a propósito, algo que já escrevemos a respeito da influência da paisagem urbana sobre os habitantes da cidade:

> A *paisagem urbana* é assim a roupagem com que as cidades se apresentam a seus habitantes e visitantes. Será tão mais atraente quanto mais constitua uma transformação cultural da paisagem natural do seu sítio, e tanto agressiva quanto mais tenham violentado a paisagem natural "sem acrescentar-lhe valor humano algum" [Jorge Wilheim, *São Paulo Metrópole 65 (Subsídio para seu plano Diretor)*, p. 52.]. Uma cidade não é um ambiente de negócios, um simples mercado onde até sua paisagem é objeto de interesses econômicos lucrativos, mas é, sobretudo, um ambiente de vida humana, no qual se projetam valores espirituais perenes, que revelam às gerações porvindouras a sua memória.[15]

Em seguida, recordamos a função psicológica do traçado urbano, mencionando Brasília como exemplo:

> O traçado equilibrado da cidade concorre também para o equilíbrio psicológico de seus habitantes, visitantes e transeuntes. A multiplicidade e a diversidade de formas não devem ser exageradas, para não dificultar a orientação. "Exagerando-se, a complexidade por levar à intranquilidade e à confusão, resultante caótica", conforme Hans Mausbach. A simetria conduz ao tédio. Os quarteirões retangulares ou quadrados proporcionam, além da monotonia, os cruzamentos próximos e constantes que irritam os condutores de veículos. As linhas extensas, como Brasília, dão ao pedestre a sensação de vácuo, o sentimento de isolamento, "mas tornam-se muito atrativas, pelo contrário, para quem contempla a cidade de uma certa distância ou para o automobilista que se desloca rapidamente".[16]

4. Brasília e a integração nacional

13. O programa de mudança da Capital Federal para o interior sempre contemplava um objetivo importante, qual seja o de realizar a *integração nacional*, ligando a edificação da

---

14. Ob. cit., *Arquitetura e Urbanismo*, abril/1985, p. 66.
15. José Afonso da Silva, *Direito Urbanístico Brasileiro*, p. 302 e Bibliografia citada ao pé da página.
16. José Afonso da Silva, ob. cit., p. 305, citando no tópico final Han Mausbach, *Urbanismo Contemporâneo*, pp. 154 e 157.

nova Capital no interior do país à *abertura de estradas que se dirigissem a todos os portos do mar* (José Hipólito da Costa Furtado de Mendonça, em 1813, no *Correio Braziliense*). Alexandre José de Mello Morais, Governo Provisório de São Paulo, em 1821, também defendeu o levante de uma cidade central, no interior do Brasil, para assento da corte, da qual

> dever-se-ão logo abrir estradas para as diversas províncias e portos de mar que se comuniquem e circulem com toda a prontidão as ordens do Governo e se favoreça por elas o comércio interno do vasto Império do Brasil.

Assim também se pronunciou Varnhagem, Visconde de Porto Seguro, em 1877, afirmando que

> os governos cuja sede está no interior do país tratam mais que os outros em cuidar de facilitar as comunicações, que são as veias e artérias do Estado, que sem elas definha e morre... Ao mesmo tempo uma capital central pode distribuir com mais igualdade, em diferentes raios, sua solicitude.

14. Juscelino Kubitschek, entre os motivos que o levaram a construir Brasília, sempre considerou de relevância:

> a) a necessidade que tinha o país de *sentir* suas fronteiras com o Paraguai, a Bolívia, o Peru, a Colômbia e a Venezuela; e b) o objetivo prioritário, justificativo da construção da nova cidade: a integração nacional.[17]

Mas essa integração, como lembravam os defensores anteriores da mudança da Capital, só se daria com a abertura de estradas. Se assim já se pensava no século XIX, mais razão caberia agora na civilização do automóvel. Daí é que, ao mesmo tempo em que Juscelino Kubitschek se arrojou com audácia, energia e confiança (André Malraux) na construção da nova Capital, crescia, em seu espírito de estadista atilado e empreendedor, a ideia de que Brasília deveria constituir a base de irradiação de um sistema desbravador que iria trazer, para a civilização, um universo irrevelado, e teria, pois, de ser, forçosamente, uma metrópole com características diferentes, que ignorasse a realidade contemporânea e se voltasse, com todos os seus elementos constitutivos, para o futuro.[18] Para tanto, teria que ampliar seu plano, rasgando um cruzeiro de estradas, demandando os quatro pontos cardeais, tendo por base Brasília.[19] Ele o diz com estas palavras:

> A construção da nova capital e as frequentes viagens que eu empreendia, sobrevoando todos os quadrantes do nosso território, faziam com que se ampliasse o plano, que tinha em mente, de promover uma autêntica integração nacional. Brasília seria a base – o ponto de irradiação dessa política. Entretanto, para que esse programa tivesse êxito, teriam de ser ligadas, umas às outras, as diferentes unidades da Federação, proporcionando-lhes, por fim, acesso fácil à nova capital.[20]

Em 1958, Juscelino concentra sua atividade na solução do problema da integração nacional, como ele próprio confessa depois, o

17. Cf. *Por que construí Brasília*, p. 18 (grifamos).
18. Idem, ibidem, pp. 62-63.
19. Idem, ibidem, p. 74.
20. Idem, ibidem, p. 73.

que buscava, com essa política era reunir as diferentes unidades federativas, aproxima-las, fazê--las participar do progresso geral, em situação de igualdade com os grandes Estados. Não era possível que continuasse a existir um Nordeste que passava fome ao lado de um São Paulo, que era um exemplo de riqueza. Teria de deslocar o eixo do país, recuando o meridiano das decisões nacionais para o Oeste, de forma a situá-lo no centro geográfico do território.[21]

15. Ao terminar seu mandato na Presidência da República, Juscelino entregara Brasília a seu sucessor, Jânio Quadros, já como nova Capital do Brasil, com um conjunto extraordinário de realizações insuperáveis, inclusive o cruzeiro rodoviário, que constituía o pressuposto necessário para a integração nacional.

16. Hoje, 57 anos depois, Brasília está consolidada como capital política do Brasil. Cumpre, no entanto, questionar se se realizou a sonhada integração nacional. Pode-se admitir que Brasília atraiu as atenções para o interior do país, fez nascer estradas, permitiu ao povo brasileiro a posse de seu território. Por certo, a cidade ainda não incorporou a proposta de Lúcio Costa de vir a ser própria à especulação intelectual, capaz de tornar-se com o tempo, além de centro de governo e administração, um foco de cultura dos mais lúcidos e sensíveis do país, pois sua instalação não revigorou nem intensificou as trocas culturais entre as diversas regiões do país, até porque seus habitantes, vindos de outras partes, não encontraram, como observamos antes, ambiente propício a impregnar a cidade de seus hábitos e costumes, pois sempre que podiam voltavam a seus Estados nos fins de semana, saindo na sexta-feira e regressando na segunda ou terça. Por outro lado, durante boa parte de sua existência, os primeiros 20 anos, digamos, Brasília não era mais do que escritório político do Governo Federal, não a verdadeira capital política do país.

17. Lúcio Costa, na introdução do memorial descritivo do Plano-Piloto, observa que

> A liberação do acesso ao concurso (de escolha do projeto da nova Capital) reduziu de certo modo a consulta àquilo que de fato importa, ou seja, à concepção urbanística da cidade propriamente dita, porque esta não será, no caso, uma decorrência do planejamento regional, mas a causa dele: a sua fundação é que dará ensejo ao ulterior desenvolvimento planejado da região. Trata-se de um ato deliberado de posse, de um gesto no sentido ainda desbravador, nos moldes da tradição colonial.

Talvez esteja aqui uma das razões por que a política de integração não decorrera logicamente da construção da capital. Pois se ela não deveria ser uma simples cidade, mas um pólo de irradiação e de atração, a primeira coisa que requeria era que não tivesse um simples tratamento urbanístico de seu solo, mas que este se integrasse numa ordenação territorial mais ampla, pelo menos a nível regional, para que sua função integracionista começasse pela integração do entorno regional.

18. Mas não foi essa a causa da não efetivação da política de integração nacional. O que, na real verdade, impediu a implementação dessa política, nos termos programados por Juscelino Kubistchek, foi a crise constitucional que se seguiu ao término do mandato presidencial em consequência da renúncia de seu sucessor, Jânio Quadros, crise que desembocou no golpe de março-abril de 1964, menos de quatro anos depois da inauguração da nova Capital. Para muitos, o isolamento de Brasília facilitou o golpe. Este já fora tentado

21. Idem, ibidem, p. 111.

dez anos antes, com a morte de Getúlio Vargas, mas foi frustrado pela comoção popular, pela presença do povo nas ruas do Rio de Janeiro, então Capital Federal. Distante do povo, ilha do poder, Brasília serviu como luva, para os governos autoritários e centralizadores. O centralismo autoritário destruiu a autonomia dos Estados-membros e dos Municípios, por via de um sistema tributário que carreava, e ainda carreia, para a União, a maior parte dos recursos financeiros arrecadados, deixando aos Estados e Municípios fontes próprias de rentabilidade menos importante, complementadas por um sistema de participação na receita federal cuja liberação estivera condicionada a regras e planos do Governo da União. Mas não é só, pois, com base na doutrina da segurança nacional, tudo poderia ser feito pelos detentores do poder central, mediante atos institucionais e atos complementares que geraram uma normatividade excepcional, com base na qual o Governo Federal impôs a vigência de um bipartidarismo artificial, a eleição indireta dos Governadores dos Estados por um colégio dominado pelo partido da situação, depois de designado o nome pelo próprio Presidente da República, e ainda a declaração arbitrária dos Municípios como de interesse da segurança nacional com prefeitos nomeados, de acordo com a vontade também do Presidente da República.

Esse autoritarismo, portanto, fez sair da vontade de Brasília para os Estados e para os Municípios mais importantes, inclusive os das Capitais estaduais, verdadeiros agentes, representantes não do povo, mas das elites dirigentes do poder central, à semelhança do poder romano que enviava às províncias seus representantes com poder de *imperium*, que faziam com que nele se sintetizassem todos os direitos da república sobre as regiões conquistadas, tornando-se delas senhores absolutos. Como Roma, não se subjugava o povo ao poder central, destruía-se sua autonomia decisória, levando, através de seus prepostos, seu poder até às províncias.

Mediante imposição de textos constitucionais autoritários, como a Constituição do Brasil, votada por um Congresso Nacional coagido e delimitado pelo Ato Inconstitucional n. 4/1966, e sua Emenda n. 1/1969, que é a Constituição Federal de 1969, outorgada pela junta militar, o que se fez foi estabelecer um sistema de dominação dos Estados e Municípios. Transformou-se o federalismo em federalismo nominal, pela técnica de instituir federalismo antifederalistas, como é o *federalismo cooperativo* e o *federalismo de integração*.

Na verdade, o chamado federalismo cooperativo tem-se revelado uma técnica de centralização de poderes da União. Raul Machado adverte que a "cooperação financeira se compromete quando as discriminações caprichosas de arbítrio reclamam atos de vassalagem, certamente incompatíveis com o harmonioso convívio federativo", e acrescenta: "A cooperação financeira, na base de decisões unilaterais do Governo Federal, pode eletrocutar a autonomia".[22] O regime constitucional dos 20 anos de autoritarismo adotou um sistema tributário, cercado de normas limitadoras da capacidade financeira dos Estados e Municípios, que perderam verticalmente para uma política fiscal de tendência monetarista, sacrificando o federalismo, em prol de avassaladora dominação centralista.

Na mesma linha está a tese do *federalismo de integração* do Prof. Alfredo Buzaid, Ministro da Justiça do Governo Médici, o mais autoritário dos chamados governos revolucionários. Aparentemente a tese implementaria a política de integração nacional de que Brasília seria a base na concepção de Juscelino Kubistchek, conforme a seguinte premissa:

22. *A Autonomia do Estado-Membro no Direito Constitucional Brasileiro*, p. 308.

O Estado moderno reconheceu que devia intervir na ordem econômica, elaborando programas de aumento do produto nacional bruto, recuperação de áreas menos desenvolvidas e intensificação do desenvolvimento. A política, indissoluvelmente ligada à economia do planejamento, passa a encarar a nação em sua unidade e não como simples soma de partes distintas. O seu objetivo se concentra no plano de integração nacional.

Daí o ilustre professor extrair a base para sua doutrina, que em sequência apresenta, *in verbis*:

> Esta tendência de política legislativa dá lugar à formação de novo tipo de federalismo. A forma, que veio a receber, contém o federalismo cooperativo, porque dele recebeu importantes conquistas; mas o supera, ao atribuir à União maior soma de poderes para dirigir a política nacional. O propósito do constituinte não foi o de destruir as unidades federadas, cuja autonomia respeita, mas sim o de construir o novo Brasil, cuja grandeza depende do desenvolvimento integrado de todas as regiões. Estas não se confinam dentro dos limites territoriais de um Estado; abrangem áreas que incluem vários Estados. A esse novo tipo, que promove o desenvolvimento econômico com o máximo de segurança coletiva, ousamos denominar *federalismo de integração*.[23]

É certamente uma racionalização do sistema de dominação centralizadora que o autoritarismo implantou a partir de 1964.

19. Apesar disso, é justo reconhecer que Brasília mudou o panorama nacional. Muitos Estados se desenvolveram sob sua influência. O cruzeiro rodoviário de Juscelino e outras rodovias que, por certo, foram construídas depois encurtaram distâncias, ligaram pontos antes isolados do centro desenvolvido do país, aproximaram fronteiras.

5. Brasília e relações internacionais

20. A construção de Brasília, a par de uma "obra de redescobrimento do Brasil", despertara a atenção do Presidente Juscelino Kubitschek

> para o que estivesse ocorrendo na casa do vizinho (...), para que, juntos, reivindicássemos um lugar condigno no banquete da prosperidade mundial.[24]

À medida que se processava a consolidação de Brasília, outra questão fundamental inquietava o espírito do estadista: *a aproximação com as demais nações do continente*. O objetivo que denominou de *Aproximação da Fronteira Ocidental* levou-o a empreender a construção da rodovia Brasília-Acre com 3.335 quilômetros de extensão, dos quais cerca de 1.090 cobertos por florestas virgens, que

> constituiria uma ponta de lança para a ligação – a ser realizada numa segunda etapa do sistema rodoviário brasileiro – à Rodovia Pan-Americana, o que a transformaria num instrumento de aproximação com as demais nações do continente.[25]

---

23. Cf. Alfredo Buzaid, "Estado Federal Brasileiro", in *Conferências*, p. 128.
24. Cf. *Por que construí Brasília*, p. 112.
25. Idem, ibidem, p. 314.

E isso vincularia os dois grandes oceanos, o Pacífico e o Atlântico, com as correntes do comércio, procedentes da Europa e do continente africano, fluindo através do interior brasileiro, semeando riqueza e civilização.[26]

21. Com nova visão que lhe dão a construção da nova Capital, o redescobrimento do Brasil, a execução de seu plano de integração nacional que tinha Brasília como seu ponto de irradiação, sentiu que daí deveria também irradiar uma nova política internacional que irmanasse os povos latino-americanos, pois, confessa ele,

> sentindo na carne as consequências do descaso com que os Estados Unidos – nosso tradicional aliado – encaravam nossas reivindicações, passei a me informar sobre o que ocorreria nos demais países da América Latina.[27]

Havia ele chegado à conclusão, àquela altura, de que o

> Brasil não poderia viver voltado para dentro de si mesmo, deslumbrado com o imenso potencial das suas riquezas, exaurindo-se num ufanismo que a nada conduzia. Além das suas fronteiras, existia na América Latina, uma constelação de povos irmãos, afundados na mesma pobreza e vítimas das mesmas chagas dos desníveis sociais. E, mais adiante ainda em termos geográficos, esplendia a grande civilização ocidental – a idade de ouro do mundo.[28]

Acrescentou que havia chegado a hora de o Brasil indicar o caminho de uma nova política. Iria mobilizar o continente inteiro para "uma cruzada".[29] Faltava corporificar a ideia. Fez contacto com autoridades governamentais da América Latina. Trocou correspondência com o Presidente dos Estados Unidos, expondo franca e lealmente suas inquietações sobre a necessidade de revisão da política do hemisfério e de proceder a um exame do que se estava fazendo em favor dos ideais pan-americanos.[30] Era necessário, pois, promover a aproximação dos Estados Unidos com a América Latina, através da execução de um programa de desenvolvimento econômico multilateral.[31] Estavam, assim, lançadas as bases do que Juscelino chamou *Operação Pan-Americana.* O movimento teve repercussão. Criou-se o Banco Interamericano de Desenvolvimento (BID). Sentia-se, no entanto, que os Estados Unidos o congelavam, que não era do agrado dos defensores da tradicional política de conservar a América Latina apenas como o "quintal dos Estados Unidos".[32] A Revolução cubana foi o pretexto para torpedear a OPA.

22. A sucessão na Presidência, apesar da política externa independente seguida pelos Governos Jânio Quadros e João Goulart, acabou por não dar sequência à Operação Pan-Americana, o que veio ao encontro dos interesses dos Estados Unidos, já que o movimento ameaçava uma rebelião geral dos povos tradicionalmente submetidos à sua política. Já então se desenvolvia no Brasil a *doutrina da segurança nacional*, que era diametralmente oposta às aspirações daquele generoso movimento criado pelo Presidente Juscelino Kubits-

---

26. Idem, ibidem, p. 315.
27. Idem, ibidem, p. 112.
28. Idem, ibidem.
29. Idem, ibidem, p. 140.
30. Idem, ibidem, p. 141, "Carta a Eisenhower".
31. Idem, ibidem, pp. 153 e ss.
32. Idem, ibidem, p. 207.

chek. Elaborada nos Estados Unidos da América, a doutrina de segurança nacional sofreu no Brasil, pela Escola Superior de Guerra, um tratamento técnico-científico e político--ideológico, que contribuiu para a definição de seus elementos fundamentais e processou a *internalização* do seu conceito, no sentido de que cabia a cada Estado estabelecer as fronteiras internas do socialismo enquanto os Estados Unidos garantiriam as fronteiras internacionais. Tais conceitos estavam fundados na geopolítica da defesa da civilização ocidental, razão por que essa geopolítica não admitia senão incondicional alinhamento com os países ricos ocidentais, liderados pelos Estados Unidos. Essa doutrina fundamentou o golpe de 1964 e permeou suas bases constitucionais. Expandiu-se pela América do Sul, através de golpes e ditaduras militares, tutelares dos interesses norte-americanos, pelo que a ideia generosa de fortalecimento da unidade dos povos latinos americanos não prosperara. Só com a reconquista de regimes democratizantes é que esses povos têm procurado um contato mais íntimo entre si, convencidos de que a salvação de sua dignidade democrática e de sua soberania dependem de adoção de princípios como aqueles que nortearam a Operação Pan-Americana, com novos ingredientes que busquem realizar regime de justiça social, que ponha fim à fome e à miséria da maioria da população dos nossos países. A consciência ou até a inconsciência de que recessões econômicas, desempregos, subempregos são resultados de séculos de espoliação, e de que, por consequência, a aproximação de suas fronteiras, no interesse comum, na diversidade de situações específicas, na amizade fraterna, é a única via capaz de garantir-lhe a sobrevivência com dignidade de nações livres e soberanas.

6. Brasília: uma utopia inacabada

23. Brasília foi pensada para ser a Cidade-Capital de um Estado que deveria marcar sua presença no território nacional, não apenas com a execução de um programa formal de integração nacional, mas com a execução de reformas de base que promovessem a transformação econômica e social de um país ainda subdesenvolvido. Sua concepção como cidade democrática, onde se harmonizariam as classes numa integração social, só possível num regime de pretensão igualitária, só conseguiria realizar-se, como tal, se as lutas pela transformação social, que o otimismo do momento de sua construção preconizava, houvessem tido consequência lógica. Não tendo chegado a isso, Brasília ficou inconclusa.

24. Viveu ela, ao contrário, seus primeiros 25 anos de existência sob um regime autoritário, que buscou executar uma política econômica em sentido diametralmente oposto às transformações que, então, se postulavam. Foi daí que ela, em lugar de vir a ser uma Cidade-Capital de um país de justiça social, se transformara naquilo que Milton Santos lhe imputara:

> Cidade capital de um país subdesenvolvido que escolheu como opção de crescimento um modelo crescentemente inigualitário, Brasília somente podia ser o que ela é: ponto para onde convergiam as esperanças de toda uma Nação, mas lugar de concretização de desigualdades que não cessam de aumentar.[33]

---

33. Cf. "Ideologia da ocupação", in *Arquitetura e Urbanismo*, abril/1985, p. 80.

E para essa questão, com mais precisão, não precisa mais do que citar outra passagem do mesmo autor:

> Brasília foi concebida para ser um *havre* harmonioso entre classes, mas a realidade fez dela um *locus* privilegiado de segregação mais ou menos escondida para quem apenas circula no Plano-Piloto, mas facilmente sensível a quem alcançar uma visão de conjunto de aglomeração como um todo. Essa segregação foi estimulada pelos poderes públicos, mediante uma série de medidas que acabaram por facilitar a especulação da terra e tanger, de suas localizações iniciais, parcelas da classe média.[34]

Em outras palavras, é também a conclusão do urbanista Antônio Baltar:

> a sociedade que a habita não tem as características igualitárias e democráticas que o nosso maior urbanista imaginou poderem ser implantadas na nova capital, naquela fase da história brasileira marcada pela democracia, a audácia e o otimismo. A concepção do mestre, realmente, não se ajusta inteiramente ao elitismo que terminou predominando na ocupação humana de Brasília.[35]

É que aquela fase da história brasileira marcada pela democracia, a audácia e o otimismo foi truncada pelo autoritarismo, pelos falsos milagres brasileiros de um desenvolvimento econômico sem progresso social. Oscar Niemeyer completa com essa triste imagem da bela Capital:

> Aí, sem criticar ninguém, porque nada tem a ver com o urbanismo e a arquitetura, considero Brasília a cidade mais discriminatória deste país. Tão discriminatória que os que a construíram, nela não puderam ficar. Vivem esquecidos nas favelas das cidades-satélites, sem meios de condução adequados, longe da capital que construíram e nada em troca lhes deu.[36]

25. Mas a esperança está de volta. A Esplanada dos Ministérios, sempre distante do povo no período autoritário, quando não bloqueada pelas forças da repressão em momentos de luta pela democracia, como se deu na votação da emenda constitucional pela eleição direta do Presidente da República, floriu no limiar da Nova República, em 15.3.1985, para a posse de um governo civil, apoiado pelo povo em todo o país, embora ainda eleito pelo sufrágio do colégio eleitoral. Os brasilienses, pela primeira vez, após a inauguração da Capital, encheram o Eixo Monumental e caminharam livres e alegres cobertos por uma enorme bandeira brasileira rumo ao Congresso Nacional; de mãos dadas, subiram a rampa do edifício do Poder Legislativo, cobriram a cúpula do Senado Federal, saudaram os novos líderes no poder. Coloriram, enfim, de amarelo e verde a visão da população brasileira e os vídeos das televisões do exterior, como a dizer que, agora, temos Brasília outra vez, como no tempo de Juscelino Kubitschek, porque Brasília só se realizará por completo no Estado Democrático de Direito, que realize as mudanças estruturais que a sociedade brasileira requer, para que as distâncias sociais se encurtem, e prospere a justiça social.

26. A Constituinte, e a Constituição de 1988, que ela produziu, reservaram ao povo brasileiro novas esperanças e reinvestiu Brasília no centro das decisões democráticas, para

---

34. Idem, ibidem, p. 80.
35. Cf. "O elitismo predominou", *Arquitetura e Urbanismo*, abril/1985, p. 75.
36. Cf. "Depoimento à Arquitetura e Urbanismo", abril/1985, p. 43.

vir a ser a Cidade-Capital de um Estado moderno, voltado para o bem-estar de seu povo, um Estado, portanto, contrário a toda forma de ditadura, disposto a conjurar o sistema injusto de desigualdades brutais que infelicita a grande maioria da Nação, e que não mais aceita conviver com a miséria e a fome de milhares de brasileiros. Aí, sim, Brasília realizará a utopia dos seus sonhadores, que era ser a Capital de um país democrático e justo.

A ORIGEM E O FUTURO
DO DIREITO ADMINISTRATIVO

José Eduardo Martins Cardozo

1. O nascimento do Estado de Direito e do direito administrativo. 2. A crise do Estado de Direito e do direito administrativo: um futuro desconhecido a ser projetado.

Nem sempre os estudiosos do Direito lidam bem com a História. A formação dogmática do nosso pensamento nos induz, frequentemente, à produção de formas de reflexão assépticas do fenômeno jurídico. Estudamos as normas de direito positivo como se fossem entidades constituídas *per se*, explicáveis exclusivamente, não apenas na sua exegese, mas também na sua criação e existência, por uma presumida racionalidade interna do ordenamento a que se integram. Desse estudo afastamos, com frequência, as relações das normas jurídicas com todas as formas de poder, com a Política, com a visão ideológica dominante, e inexoravelmente, com a própria História. Estudamos o Direito, enfim, como se fosse um universo à parte, composto de "entidades normativas" dotadas de existência própria, e não como realidades culturais produzidas pelos homens, em razão das suas relações sociais e a partir das condições políticas, ideológicas e de conhecimento existentes em determinados momentos históricos da evolução das relações humanas.

A maximização coerente dessa assepsia metodológica do estudo do Direito talvez tenha se dado com o pensamento de Hans Kelsen.[1] Foi, a nosso ver, seu assumido e radicalizado compromisso com um agnosticismo axiológico metodologicamente aplicado ao estudo do fenômeno jurídico que talvez tenha permitido a muitos a percepção do equívoco de se estudar uma realidade "impura" como se fosse um objeto idealizado "puro". Sua teoria, construída com precisão cirúrgica, a partir das premissas que adota, permitiu a percepção de que importantes *obstáculos epistemológicos* precisavam ser removidos para o bom desenvolvimento da Ciência Jurídica.[2] Por ela se pode perceber que o estudo de um direito positivo "idealizado", marcado por um corte epistemológico que isola a norma do universo

---

1. V. em especial sua *Teoria Pura do Direito* (São Paulo, WFMMartins Fontes, 2012). Para a apreciação da premissa metodológica central da sua teoria e sua aplicação no campo da Hermenêutica, v., em especial o item 1 do Capítulo I dessa obra ("A 'Pureza'") e o seu Capítulo VIII ("A Interpretação").

2. O conceito de *obstáculo epistemológico* na Ciência do Direito é oriundo dos trabalhos de Bachelard (*La Formation de l'Esprit Scientifique*, 1938), bem acolhido por Michel Miaille na aplicação que faz desse conceito para a Ciência Jurídica. Por ele devemos entender o "impedimento à produção de conhecimentos científicos", não se caracterizando como "um obstáculo visível e consciente; bem pelo contrário, funciona a maior parte das vezes sem que os próprios investigadores tenham consciência dele". Segundo Miaille, no campo da Ciência Jurídica eles seriam três: "a falsa transparência do Direito ligada a uma dominação do espírito positivista"; o "idealismo profundo das explicações jurídicas, consequência de uma forma de pensamento que é em muito maior escala a das sociedades submetidas a um regime capitalista; finalmente,

real, não passa de ser uma reflexão distorcida do fenômeno jurídico, na medida em que seus estudos deveriam se limitar a observar uma purificada e estática fotografia do fenômeno normativo, editada com a utilização de um potente *Photoshop*, pelo qual se altera substantiva e arbitrariamente a realidade fotografada a ser estudada. Ao assim se proceder se estudaria sempre o Direito como se fosse uma realidade "a-histórica", quando ele é *indissociável da História*; como se fosse uma realidade socialmente "estática", quando a *dinâmica do seu movimento* é que nos explica importantes aspectos da sua própria compreensão; enfim, como se fosse uma realidade que pudesse ser *dissociada* da Política e das ideologias dominantes, quando ele sempre será por elas *determinado*, ao mesmo tempo em que, em certa medida, as *determina*.

Nisso reside a absoluta relevância da *Teoria Pura do Direito* para a Ciência Jurídica moderna. Além de outras relevantes contribuições instrumentais, Hans Kelsen, ao explicitar e radicalizar sua premissa metodológica da "neutralidade" da Ciência Jurídica, nos permitiu que ela pudesse ser negada com contundência, inclusive para quem sem sua radicalidade e sua consciência intelectual a acolhe inadvertida e implicitamente.

Essa abordagem rápida e preliminar parece aqui inteiramente oportuna. Uma premissa metodológica que negue o isolacionismo dogmático na compreensão do Direito e assuma uma dimensão dialética da sua análise, inserindo-o na sua totalidade histórica e reconhecendo seu entrelace indissociável com as realidades que com ele se interpenetram, nos parece de grande relevância para a compreensão do problema que, nesta despretensiosa reflexão, em poucas linhas, pretendemos abordar.

De fato, em um momento histórico em que o mundo passa por agudas e profundas transformações, em que as relações sociais e culturais, o exercício do poder político e o universo cultural humano se globaliza e sofre abalos frequentes, decorrentes das contradições impostas pelo ritmo de uma interação global crescente, de um desenvolvimento tecnológico que parece não ter fronteiras limitadoras e do florescimento do mundo da *Web*, que a tudo e a todos parece a cada dia mais submeter, seria patético imaginar que o mundo do Direito não viesse também a ser modificado em uma dimensão quase que imprevisível. Nem mesmo o jurista mais aferrado às tradições dogmáticas da Ciência Jurídica deve ter deixado de perceber que o mundo que ele docilmente guardava dentro dos livros de doutrina e de jurisprudência, a cada dia, ameaça ruir.

É nesse contexto que devemos refletir sobre o futuro do direito administrativo. Como será o direito administrativo do final do século XXI? Ele ainda existirá, nos moldes em que é concebido hoje? Deixará de ser um "direito administrativo nacional", para ser um "direito administrativo global", como alguns já preconizam? Ou será o velho e bom direito administrativo que hoje conhecemos, apenas com braços internacionalizados a que alguns já hoje denominam de "direito administrativo internacional" ou "direito internacional administrativo"?

Ninguém pode, porém, projetar o futuro sem analisar o passado. E muito menos sem tentar compreender o presente. De modo singelo, preliminarmente, busquemos fazer essa análise e essa compreensão. Somente depois nos arriscaremos a dar alguns passos tímidos em relação ao futuro.

uma certa imagem do saber onde a especialização teria progressivamente autorizado as compartimentações que constatamos atualmente" (*Introdução Crítica do Direito*, 3ª ed., Lisboa, Editorial Estampa, 2005, p. 37).

1. O nascimento do Estado de Direito e do direito administrativo

De acordo com a posição firmada pela maior parte dos publicistas modernos, a história do direito administrativo está umbilicalmente vinculada ao nascimento normativo e ao desenvolvimento teórico do denominado *Estado de Direito*. A questão, todavia, não é pacífica.

É fato que a expressão "Estado de Direito", utilizada por juristas e cientistas políticos em várias línguas (*Rechtsstaat, Stato di Diritto, Estado de Derecho, État de Droit*), transformou-se em expressão plurissignificativa, de conteúdo duvidoso e muitas vezes fluido, por força da deturpação político-ideológica que sofreu a partir do seu nascimento no Direito Alemão, ao longo do século XIX.[3]

Siga-se por quaisquer das visões sustentadas pelos historiadores do Direito ou cientistas políticos, um ponto parece induvidoso: é impossível discordar da afirmação de que ao final do século XVIII o mundo ocidental conheceu um novo modelo de Estado, normativamente formatado pela Constituição dos Estados Unidos da América e pelas Constituições francesas que se seguiram à revolução burguesa de 1789.[4] De fato, desde o nascimento embrionário da economia da futura sociedade capitalista no Continente europeu, notadamente a partir do século XII,[5] a questão da centralização do poder político e a delimitação do seu exercício por regras claras passou a ser uma necessidade histórica. Uma sociedade baseada na troca de mercadorias, na busca individual ou familiar da riqueza, na propriedade privada dos meios de produção, na livre iniciativa, no acúmulo do capital e na liberdade da contratação da força de trabalho sempre haverá de exigir uma ordem jurídica *previsível*, que assegure um campo de direitos intocáveis pelo poder político e respeitado pelas forças vivas da sociedade. Não há modo de produção capitalista sem a garantia da livre iniciativa e da propriedade privada. Não há sociedade capitalista que se desenvolva sem um padrão mínimo de *segurança jurídica*.

A centralização e a organização do exercício do poder político eram, são e sempre serão indispensáveis para garantia da ordem econômica e dos direitos fundamentais que asseguram a existência e o desenvolvimento da sociedade capitalista. Não menos importante, todavia, será a delimitação objetiva e segura do exercício do poder estatal e do próprio Direito para que ela possa se desenvolver. Somente um Estado e uma ordem jurídica que

---

3. A expressão "Estado de Direito" (*Rechtsstaat*), informam os historiadores, foi utilizada pela primeira vez por Robert von Mohl na obra *Die Polizeiwissenschaft nacht den Grundstäzen des Rechtsstaates* (1832-1833), embora de certo modo já tivesse introduzido seu conceito na obra *Staatsrecht des Königsreichs Würtemberg* (1829). Como afirma Danilo Zolo, seu suporte teórico foi dado, "com grande riqueza e sofisticação de instrumentos doutrinários, pela Ciência Juspublicística alemã, representada, em particular, pelos escritos de Georg Jellinek, Otto Mayer e Rudolph von Jhering" ("Introdução", in Pietro Costa e Danilo Zolo (orgs.), *O Estado de Direito*, São Paulo, Martins Fontes, 2006, pp. 11-12).

4. Não mencionamos o modelo inglês da *rule of law* em face da acalorada discussão doutrinária sobre se ele teria identificação ou não com o conceito de Estado de Direito. Essa discussão exigiria um aprofundamento de reflexão de tal ordem, que acabaria por extrapolar em muito os contornos do objeto desta singela análise.

5. Como ensina Leo Huberman, em didática exposição, a partir do século XII "a economia de ausência de mercados se modificou para uma economia de muitos mercados; e, com o crescimento do comércio, a economia natural do feudo autossuficiente do início da Idade Média se transformou em economia de dinheiro, de um mundo de comércio em expansão" (*História da Riqueza do Homem*, Rio de Janeiro, Zahar Editores, 1973, p. 43).

permitam aos atores sociais saberem de antemão o que é lícito, o que é ilícito, o que podem, devem ou não devem fazer, o que devem pagar ou não de tributos, ou, ainda, os limites admissíveis do agir público e privado de forma racional e previsível, poderia atender às necessidades dessa nova realidade econômica que irrompeu quebrando os grilhões da economia feudal e colocando em xeque a fragmentação do poder e a imprevisibilidade jurídica característica de grande parte da Idade Média.

Desse modo, podemos afirmar que não foi uma "geração espontânea", ditada por devaneios dissociados da realidade, que fez nascer na História experiências limitadoras do exercício do poder político, como as que ocorreram em solo inglês séculos antes da Revolução Francesa. Também não foi por uma clarividência desconectada dos fatos da vida social que pensadores como Locke, Montesquieu e Rousseau, dentre tantos outros, começaram a tratar do *modus* pelo qual se deveria dar o exercício do poder político. A necessidade de uma nova forma de organização desse poder, bem como de um novo Direito, impunha-se naquele momento histórico.

Um novo modelo de Estado, distinto da sociedade, inconfundível com a pessoa dos governantes, objetivamente delimitado na sua atuação por regras jurídicas, de modo a tornar o exercício do poder político algo racional, previsível, gerador de segurança para as relações econômicas e sociais, adequado a essa nova e nascente realidade histórica, tinha de nascer. Para isso, sua legitimação não mais poderia se dar por Deus ou por seres transcendentes. Sua legitimação teria que vir da própria sociedade, dos seres humanos, do povo, por meio de *leis* aprovadas por seus representantes. E nesse novo modelo a ninguém poderia ser dado estar acima das leis ou ser tratado formalmente de maneira desigual perante elas. A legalidade e a isonomia formal tinham de nascer como dogmas jurídicos indispensáveis para o florescimento da nova era capitalista, limitando monarcas, onde a República não fosse implantada, e dando previsibilidade aos comportamentos humanos e aos ajustes negociais. Era necessário dar igualdade formal a todos, para que as pessoas não fossem diferenciadas pela cor do sangue, mas apenas pela quantidade de dinheiro que possuíam em seus bolsos ou em suas contas bancárias. Impunha-se também a necessidade de garantir a propriedade, não nas formas feudais, mas nas capitalistas. Para tanto, os direitos adquiridos teriam que ser assegurados contra as leis e contra os atos de poder, com exceção daqueles que qualificassem a perpetuação das relações próprias da economia feudal. Estas, com ou sem coerência jurídica, necessitavam ser destruídas a qualquer preço, para que pudesse florescer a pujante economia capitalista.[6]

E com a somatória de iniciativas limitadoras do poder e teorizações de diferentes pensadores, ao final do século XVIII e ao início do século XIX, nasceu esse novo modelo de

---

6. V. nosso *Da Retroatividade da Lei* (São Paulo, Ed. RT, 1995). Sustentamos naquela obra que o "direito adquirido", enquanto conceito construído como ponto central de limitação contra a retroatividade das leis, não era um "direito natural", mas, sim, um produto da cultura jurídica elaborado com o objetivo de dar previsibilidade e segurança jurídica à nascente sociedade capitalista. Exatamente por isso, os autores do período incorriam em curiosas e claras contradições lógicas quando buscavam justificar, valendo-se de caudalosos rios de tinta, as razões pelas quais os novos direitos adquiridos deveriam restar intocados pelas leis novas, enquanto essa mesma regra não seria aplicável aos institutos de duração perpétuas próprios da Idade Média.

Para um estudo específico sobre as principais questões pertinentes ao direito adquirido no âmbito da intertemporalidade das leis, merece consulta a bem-posta monografia desenvolvida por Lilian Barros de Oliveira, *Direito Adquirido: uma Questão em Aberto* (São Paulo, Saraiva, 2012).

Estado, tanto no seu esboço normativo, de natureza constitucional, como no âmbito de uma teoria jurídica que o aperfeiçoasse e lhe atribuísse solidez teórica definitiva. Nasceu, segundo habitualmente se afirma, em clara negação dialética ao denominado "Estado Absoluto", ou mais especificamente à sua última etapa de desenvolvimento, a que se convencionou denominar "Estado de Polícia" (*Polizeistaat*).[7]

Divergem os autores em relação às principais características do *Estado de Direito*. Para alguns seria a adoção dos *princípios da legalidade e da tripartição dos Poderes* na concepção proposta por Montesquieu, no clássico *O Espírito das Leis*. Para outros seria o fato de assegurar *direitos fundamentais* a seus cidadãos.[8] Discute-se também se a *democracia representativa* seria ou não um dos seus elementos essenciais. E, por fim, sem prejuízo de outras características também apontadas em diferentes estudos, há ainda quem afirme que este modelo tem como pressuposto central a inexistência de qualquer poder, humano ou transcendente, que juridicamente paire acima do próprio Estado Nacional e da vontade do povo que legitimaria a ordem jurídica que dele promana. A ideia de *soberania*, assim, em todas as suas dimensões, integraria também a própria essência deste modelo de Estado.

São, assim, infindáveis as discussões postas entre os estudiosos do tema, acrescidas do desejo político de alguns de que o conceito de *Estado de Direito*, pela força retórica da sua

---

7. No denominado "Estado Absoluto" a vontade imperial do monarca se imporia aos súditos, arbitrariamente, sem a existência de limites jurídicos institucionalizados que pudessem eficazmente obstá-la. Assim, nessa particular forma de exercício estatal do poder político, a vontade do rei é a lei, as regras de definição do poder são "exíguas, vagas, parcelares e quase todas não reduzidas a escrito" (Jorge Miranda, *Manual de Direito Constitucional*, t. I, Coimbra, Coimbra Editora, 1990, p. 78).

É comum afirmar-se que o Estado Absoluto apresentaria duas fases distintas de desenvolvimento. A primeira seria formada por um modelo denominado, por alguns, de "Estado Patrimonial", em decorrência de que se caracterizaria pelo fato de que o Estado seria considerado um *bem patrimonial* do príncipe (cf. Jorge Reis Novais, *Contributo para uma Teoria do Estado de Direito*, Coimbra, Livraria Almedina, 2013, p. 26). A segunda consistiria no "Estado de Polícia" (*Polizeistaat*), existente em parte da Europa durante os séculos XVII e XVIII, e normalmente identificado como o período do "despotismo esclarecido". Sua característica consistiria, apesar da manutenção da dimensão absoluta do exercício do poder político, no "aumento da atividade administrativa e na intromissão profunda e opressiva na vida dos particulares" (Emilio Bussi, in *Rivista Trimestrale di Diritto Publico* 4/800, 1954).

De certa forma, segundo pensamos, o *Estado de Polícia* não deixou de ser um resultado direto do fortalecimento das relações capitalistas e da derrocada das relações feudais no período que antecede o nascimento do *Estado de Direito*. Deveras, como salienta Jorge Reis Novais, esse modelo caracterizou-se por uma crescente importância das normas jurídicas na "disciplina das relações entre indivíduos", embora se afirmasse o *jus politiae*, compreendido este "como o direito do Príncipe de intervir em todos os domínios no interesse do bem público em nome da *raison d'État*" (*Contributo para uma Teoria do Estado de Direito*, cit., pp. 36-37). A própria *legitimação do poder*, ao longo desse período, iniciava a ser transformada na sua concepção. Se num primeiro momento, "que se estende até princípios do século XVIII, a Monarquia afirma-se 'de direito divino', (...) numa fase subsequente, embora essa referência básica se mantenha ao nível de consciência jurídica da comunidade, vai procurar-se atribuir ao poder uma fundamentação racionalista dentro do ambiente de Iluminismo dominante". Desse modo, dentro de um processo de transformação das relações sociais, o aparelho de Estado, enquanto *Estado de Polícia*, passou a ser concebido como "uma associação para a consecução do interesse público e devendo o Príncipe, seu órgão ou seu primeiro funcionário, ter plena liberdade nos meios para o alcançar" (Jorge Miranda, *Manual de Direito Constitucional*, cit., t. I, p. 79).

8. É o caso, por exemplo, de Jorge Reis Novais. Para o autor, em sua interessante monografia a respeito do tema, o Estado de Direito seria "o Estado vinculado e limitado juridicamente em ordem à proteção, garantia e realização efectiva dos direitos fundamentais, que surgem como indisponíveis perante os detentores do poder e o próprio Estado" (*Contributo para uma Teoria do Estado de Direito*, cit., p. 26).

adoção, pudesse agasalhar regimes autoritários como o fascismo italiano, o nazismo alemão e as próprias ditaduras como as que vivemos ao longo do século XX na América Latina. Não raras vezes se sustentou na Ciência do Direito que regimes totalitários, ditatoriais e arbitrários seriam "Estados de Direito".

Não foi por acaso, assim, que a expressão "Estado de Direito", ao longo dos tempos, ganhou conteúdo fluido, incerto e, em decorrência disso, até mesmo perigoso. A tal ponto se impôs a confusão, aliás, que se tornou necessário construir a pleonástica expressão "Estado Democrático de Direito", integralmente acolhida pela nossa Constituição Federal de 1988. Com esta expressão se pretende frisar a dimensão *democrática* dessa "espécie" de um Estado de Direito, incorrendo-se, a nosso ver, de certo modo, em boa linguagem jurídica, em um aparente lapso. Dentro do que nos parece correto, uma adequada análise jurídica e histórica do conceito revela que a *real dimensão democrática* do Estado será sempre inseparável da essência do próprio conceito de *Estado de Direito*. Os que pretendem vislumbrar a possibilidade de existência desse modelo de Estado em regimes totalitários ou ditatoriais é que incorreram ou foram induzidos a incorrer em manifesto equívoco. Afinal, é desnecessário dizer que é democrático o que, na essência, democrático já deve ser.

Todavia, às vezes, no mundo da Política e do Direito, onde interesses ideológicos se sobrepõem à compreensão natural dos conceitos e à verdade dos fatos, o uso do pleonasmo deve ser visto não como um defeito, mas como uma virtude necessária. Assim o fez a Constituição Federal de 1988. E, diante da história do nosso País, permeada de autoritarismos e golpes, parece ter andado bem ao fazê-lo.

Firmadas estas rápidas considerações, devemos, agora, observar e ponderar que, de acordo com a visão dominante na doutrina pátria e na alienígena, somente com o nascimento do *Estado de Direito*, no período final do século XVIII, é que teriam sido criadas as condições substantivas para o nascimento do *direito administrativo*.

Indiscutivelmente, a grande maioria dos administrativistas registra o nascimento desse campo do Direito no dia 17.2.1800, na França, sob as bênçãos de Napoleão Bonaparte, durante o período do Consulado. Nessa data, o marco do inaugural do direito administrativo teria sido fincado no solo da Ciência Jurídica com a edição de uma lei que disciplinava a organização da Administração Pública e tratava da solução de conflitos pelo Conselho de Estado francês em questões administrativas.[9]

Nesse sentido, afirmam alguns estudiosos, o direito administrativo nasceu a partir de uma ruptura com a realidade histórica vivenciada ao longo do *Ancien Régime*. Afirma Jean Rivero, por exemplo, que a partir da Revolução de 1789 "a quase totalidade da Administração do antigo regime desaparece".[10] Embora não desconhecendo que teria sido uma obra da Monarquia francesa, a partir do século XVI, a instituição progressiva da "organização coerente, centralizada e hierarquizada" da Administração real, chega a afirmar esse ilustre publicista francês que teria ocorrido com o advento da Revolução Francesa uma "obra de destruição" desta organização. A seu ver, por força desse movimento revolucionário teria havido, "pelo menos na aparência, a tábua rasa (*table rase*), a ruptura total com o passado". Teriam subsistido "apenas os corpos administrativos especializados, devido ao seu caráter técnico".[11]

---

9. Lei de 28 Pluvioso do Ano VIII.
10. Jean Rivero, *Droit Administratif*, 13ª ed., Paris, Dalloz, 1990, p. 26.
11. Idem, ibidem.

Dentro dessa visão, a aludida lei francesa do ano de 1800 seria a expressão da busca, pelo novo Estado, da edificação de uma Administração Pública "racional, uniforme e coerente".[12] Com a Revolução Francesa teriam sido consagrados os princípios da filosofia política que passariam a ser os alicerces futuros de toda a elaboração do direito administrativo. Dentre estes merecem destaque o *primado da lei*, a *separação dos Poderes* e a *igualdade dos cidadãos*, que inclusive passaram a nortear a definição do próprio regime jurídico deste particular campo do Direito.[13]

Mas não se pode deixar de registrar que existem fortes e intensas polêmicas a respeito do momento em que nasceu para a Ciência Jurídica o direito administrativo.

Uma corrente de estudiosos afirma que este campo do Direito possuiria longa história, muito anterior ao final do século XVIII. Segundo essa visão, desde o século XI teria sido produzido em solo francês um significativo corpo de normas administrativas, apenas obscurecido pelas reformas produzidas pela Revolução Francesa e pela identificação do *Ancien Régime* como o reino do arbítrio.[14] Seria descabido, assim, a partir dessa visão, situar o nascimento do direito administrativo no período que se segue ao nascimento do *Estado de Direito*. Ele teria se dado, na verdade, em período bem anterior à Revolução Francesa, de modo a que com a erupção desta não teria existido, propriamente, verdadeira ruptura com o conjunto normativo anterior, mas apenas uma continuidade do desenvolvimento da Administração Pública organizada, em especial, ao longo do período do *Estado de Polícia*, com as devidas e necessárias adaptações impostas pela nova realidade jurídica.[15]

A questão, todavia, merece ser objeto de uma reflexão que fuja da polarização de posições e considere com mais atenção a realidade conceituada. Deveras, antes que nos aventuremos a responder à questão sobre o momento do nascimento do direito administrativo, é forçoso que se pergunte, preliminarmente: o que devemos entender por direito administrativo? Seria ele o conjunto de normas que disciplina a atividade da Administração Pública, em quaisquer das formas organizativas em que ela se constitua? Ou, ao revés, devemos entendê-lo como o campo da Ciência do Direito que estuda o exercício da função de administração pública (função administrativa) pelos órgãos do Estado?

Estas questões precisam ser previamente respondidas, por força dos sentidos que podem ser atribuídos às palavras "direito" e "administrativo".

12. Idem, ibidem.
13. Em sentido quase idêntico ensinou Rivero que "la Révolution formule *les principes de Philosophie Politique* qui resteron la base de toute l'élaboration ultérieure: le primat de la loi, la séparation des autorités administratives et judiciaires, le libéralisme politique, l'égalité des citoyens devant l'Administration, le Libéralisme économique. De cette idéologie, certaines composantes se sont estompées, notamment en matière économique, mais la plupart ont gardé leur autorité; elles fournissent au droit administratif l'éssentiel de ses principes généraux" (*Droit Administratif*, cit., 13ª ed., pp. 26-27). Exatamente por força dessa atenuação dos componentes relativos à matéria econômica, alterados nos denominados Estados de Direito, com a passagem do *Estado Liberal* para o *Estado Social*, que não mencionamos no texto acima, o "Liberalismo politico" e o "Liberalismo econômico" como alicerces do direito administrativo.
14. Cf. Jean-Louis Mestre, *Introduction Historique au Droit Administrative Français*, Paris, PUF, 1987, pp. 282-283.
15. A respeito, v. a didática síntese desse pensamento feita por Odete Medauar, *O Direito Administrativo em Evolução*, 3ª ed., Brasília, Gazeta Jurídica, 2017, pp. 5-7, em especial as opiniões de Jean-Louis Mestre, Jean-Marie Pontier, Martinez Lopes Muniz, Alejandro Nieto, Mario Nigro e Allegretti.

Como a ninguém é dado desconhecer, a palavra "direito" pode receber, tanto em linguagem corrente como em linguagem técnico-jurídica, sentidos diferentes. Sem prejuízo de outros significados que possam vir a ser aventados, por vezes a palavra "direito" é utilizada para se fazer referência a um "conjunto de normas jurídicas", enquanto em certos casos é utilizada no sentido de ramo das "Ciências Humanas" que analisa o fenômeno jurídico. Em outras palavras: seria a diferença de sentidos entre a expressão "Direito-norma" e "Direito-ciência".

Já, a palavra "administrativo" guarda inequívoca pertinência com a expressão "administrar", seja no sentido do sujeito que "administra", seja no de realidade "administrada". *Administrar* significa "gerir" ou "reger com autoridade" dada atividade, seja no mundo público, seja no mundo privado. Desse modo, quando a expressão "administrar" vem associada a um órgão ou a uma atividade estatal, por óbvio, sempre estaremos nos referindo a uma atividade de gestão ou de regência com autoridade de algo pertinente à *res publica*.[16]

Nessa medida, considerando que indiscutivelmente a expressão "direito administrativo", desde seu nascimento, tem guardado pertinência direta com o "mundo público" ou "estatal", quando discutimos a origem ou o nascimento desse campo do Direito, em princípio, poderemos falar de duas coisas completamente diferentes. Com efeito, poderemos falar do momento em que nasce o *direito administrativo* como um *conjunto de normas jurídicas* ou como um *campo da Ciência Jurídica*. Em outras palavras: (a) podemos utilizar essa expressão para fazer referência à origem histórica do "conjunto de normas jurídicas" destinadas à disciplinar a atividade ou os órgãos que exercem a gestão de bens e serviços públicos, bem como de quaisquer outras funções estatais; ou, ainda, (b) podemos utilizar essa expressão para considerar apenas a origem histórica do campo da Ciência do Direito que estuda e analisa as regras e o regime jurídico próprio da atividade ou dos órgãos e pessoas que realizam a gestão de bens e serviços públicos, bem como de quaisquer outras funções estatais.

Em larga medida entendemos que reside na falta desse esclarecimento prévio a controvérsia que muitas vezes se ergue sobre o momento temporal em que se deu o nascimento do direito administrativo. De fato, o nascimento de uma atividade de administração da *res publica* e a existência de normas jurídicas que a disciplinam não podem ser jamais confundidos com o nascimento, para a Ciência do Direito, de um dos seus ramos destinado ao estudo isolado dessa mesma atividade e das regras que a disciplinam, na busca da identificação da sua ontologia, dos seus princípios diretivos e do seu próprio e peculiar regime jurídico. São realidades distintas, que, naturalmente, não necessitam nascer no mesmo momento histórico. Não necessitam e, aliás, reconheçamos desde já, não nasceram, como procuraremos demonstrar a seguir.

---

16. Como ensina Jean Waline, na linguagem corrente, a palavra "administração" tanto pode se referir a uma *atividade* como a um órgão que exerce uma atividade (*Droit Administratif*, 23ª ed., Paris, Dalloz, 2010, p. 2). No primeiro caso estaríamos diante do sentido *material* da expressão, enquanto no segundo em face do seu sentido *subjetivo*. Naturalmente, quando se associa a palavra ao mundo público, podemos falar em *administração pública* igualmente nestes dois sentidos. Em sentido *material*, seria a função de *administrar*, ou seja, de gerir a coisa pública. Nesse caso é recomendável que a expressão "administração pública" seja inteiramente grafada em letras minúsculas. Em sentido *subjetivo*, porém, seria o conjunto de órgãos que devem exercer a função de administrar, ou seja, de gerir a coisa pública. Aqui, como chega a observar o próprio Waline, seguido de outros autores, a expressão deve ser grafada com as primeiras letras das duas palavras em maiúsculas ("Administração Pública").

Parece-nos que sempre que se defina a existência de um Estado, como forma de organização autonomizada e institucionalizada do exercício do poder político,[17] bem como, ainda, dotada do monopólio da força física em relação a um povo situado em determinado território, sempre haverá regras disciplinadoras das funções, dos órgãos e dos serviços atinentes a esta estrutura. Afinal, não há organização sem regras. Desse modo, podemos aduzir que, seja em caráter mais simplificado ou mais complexo, embrionário ou altamente desenvolvido, sempre haverá uma atividade de *administração pública* em quaisquer casos em que se configure a existência de um "Estado".

Em outras palavras: não há Estado sem uma *administração* de seus bens ou funções, como não há a possibilidade de uma "administração pública" sem a existência de um Estado, na medida em que é por meio do nascimento de um Estado que se caracteriza exercício do poder político a partir de uma estrutura "autônoma" que se destaca e não se confunde com os próprios grupos familiares e sociais.

Donde podermos concluir que no sentido de "Direito-norma" o *direito administrativo é tão antigo quanto o próprio Estado*.

É nesse sentido, ao que nos parece, que devemos compreender a afirmação de que o *direito administrativo* não nasceu no final do século XVIII, ou seja, no momento em que surgiram as primeiras experiências normativas que consolidaram o modelo de *Estado de Direito*, ou no século XIX, quando a doutrina alemã formula a teoria que o consolida. Ele é muito anterior, remontando ao nascimento do próprio Estado.

Em outra perspectiva, por aqui também se pode entender os autores que sustentam que o direito administrativo que se configura após a Revolução Francesa não deixa de ser um desenvolvimento do direito administrativo encontrado no *Ancien Régime*. Uma revolução muda o poder e as relações existentes entre as classes sociais, esmaga instituições antigas e faz nascer novas, elimina as normas vigentes e constitui outras radicalmente diversas, rompe de forma abrupta com o passado e projeta o futuro. Mas não pode eliminar, de pronto, a cultura consolidada nas mentes e no espírito de um povo. Nenhuma revolução, por mais radical que seja, consegue se desvincular do passado.

Durante todo o período em que predominou no Continente europeu o *Estado Absoluto* uma cultura de administração pública foi sendo progressivamente desenvolvida, como o gradativo nascimento das normas que a regiam e a organizavam. Na fase do *Estado de Polícia* esse desenvolvimento normativo, como já visto, assumiu proporção muito acentuada. A Revolução Francesa não tinha o poder para rasgar essa cultura administrativa, esta evolução organizativa, mesmo que politicamente assim pretendesse. Teve de incorporá-la ao novo modelo, modificando-a, adaptando-a aos novos mandamentos, aos novos princípios filosóficos e ao *Estado de Direito* que acabava de nascer.

---

17. Jorge Miranda afirma que "a institucionalização do poder significa dissociação entre a chefia, a autoridade política, o poder, e a pessoa que em cada momento tem o seu exercício; fundamentação do poder não nas qualidades pessoais do governante, mas no Direito que o investe como tal; permanência do poder para além da mudança dos titulares; e sua subordinação à satisfação de fins não egoísticos, à realização do bem comum. A permanência no tempo é, simultaneamente, expressão da permanência da comunidade política e sua garantia". Ao ver do ilustre Professor português, a "institucionalização do poder" seria uma das "características gerais" do Estado (*Manual de Direito Constitucional*, cit., t. I, p. 47).

Por isso, tem inteira razão Odete Medauar quando conclui que parece difícil sustentar, entre a realidade administrativa do antigo regime e a do pós-revolucionário, "entendimento de ruptura total, de origem a partir do nada". Afinal – afirma –, "inegável semelhança se nota entre algumas noções vigentes no Estado de Polícia e noções integrantes do direito administrativo posteriormente elaborado".[18]

O mesmo não se deve dizer em relação ao *direito administrativo* compreendido enquanto campo da *ciência do Direito*. Aqui não se deve nem falar em "ruptura", mas no nascimento de uma nova realidade propriamente dita. O modelo do *Estado de Direito* criou as condições e, de certo modo, exigiu que um novo campo da Ciência do Direito passasse a considerar a *Administração Pública* e a *função administrativa do Estado*.

Como já visto, *a tripartição das funções estatais*, na formulação proposta por Montesquieu, a submissão de todos à *lei*, enquanto norma geral aprovada por representantes do povo, e a afirmação de limites para a atuação estatal, de modo a se estabelecerem certos direitos fundamentais dos cidadãos, inclusive contra o Estado, criaram uma nova realidade jurídica que precisava ser estudada. Que função estatal seria essa que, tendo ontologia própria, se diferenciava da atividade de "julgar" os transgressores das leis, e não se confundia com a própria "lei", devendo ser realizada, *a priori*, por um Poder de Estado diferente do Legislativo? Quais as suas peculiaridades? Que princípios deveriam regê-la, nos seus poderes e nos seus limites? De que forma se poderia criar um "regime jurídico" que fizesse com que pudesse ser realizada pelo Poder Executivo, titularizado por reis ou por pessoas eleitas, com a *racionalidade*, *previsibilidade* e os *limites* exigidos pela nova realidade histórica? Como teria essa atividade os poderes necessários para que pudesse cumprir a lei, mesmo contra os interesses privados mais poderosos, e ao mesmo tempo ser limitada, para que os direitos dos cidadãos à liberdade e à propriedade privada fossem respeitados?

Era necessário que isso fosse estudado pelos jurisconsultos. Uma nova doutrina jurídica precisava ser produzida. Essa "nova" atividade, *agora necessariamente compreendida de forma isolada das outras funções estatais*, precisava ter seus princípios construídos e identificados a partir do novo modelo de Estado que se implantava pelas normas e se consolidava pela teoria que sobre ele se formulava. Nascia, assim, o *direito administrativo*, um novo campo da Ciência Jurídica destinado a estudar a função de executar leis (*função administrativa*), em dimensão diferenciada de qualquer estudo que se pudesse fazer sobre a produção das leis (*função legislativa*) e o julgamento de transgressores das leis (*função jurisdicional*).

Podemos afirmar, assim, na perspectiva do "direito administrativo ramo da Ciência Jurídica", que têm razão os estudiosos que apontam como pressupostos necessários ao seu nascimento os diferentes aspectos que integram a essência do *Estado de Direito*. Com efeito, muitos destacam a impossibilidade do surgimento deste campo do Direito sem que tivesse sido acolhido, previamente, o *princípio da tripartição dos Poderes do Estado*.[19] Outros, com igual razão, que sua origem se vincula à sujeição da atividade administrativa a normas jurídicas superiores e obrigatórias, *impostas por lei* (*princípio da legalidade*).[20]

---

18. Odete Medauar, *O Direito Administrativo em Evolução*, cit., 3ª ed., p. 9.

19. Por todos, v. as expressivas considerações de Aldo M. Sandulli no seu *Manuale di Diritto Amministrativo*, Nápoles, Jovene, 1978, p. 19.

20. V., a respeito, as observações de Zanobini, *Corso di Diritto Amministrativo*, 8ª ed., vol. I, Milão, Giuffrè, 1958, p. 38.

Desse modo, podemos dizer que, se o *direito administrativo*, compreendido como um conjunto de normas disciplinadoras da atividade de "administrar" a *res publica*, tem nascimento registrado na própria origem do Estado, o *direito administrativo*, enquanto campo da Ciência Jurídica, tem sua origem histórica no período que se segue ao final do século XVIII, com a afirmação normativa e teórica do *Estado de Direito*.

Seria descabido, todavia, imaginar que essa origem temporal distinta entre o *direito administrativo-norma* e o *direito Administrativo-ciência* viesse a qualificar alguma espécie de divórcio entre a regra jurídica disciplinadora da atividade da Administração Pública e seu estudo científico, a partir do momento em que ambos passaram a coexistir. Sendo as normas jurídicas um produto da cultura humana e os estudos científicos sobre elas uma realidade da mesma natureza, é natural que eles se integrem e se influenciem reciprocamente, de modo indissociável. As normas de *direito administrativo*, a partir do nascimento do *Estado de Direito*, passaram a ser editadas dentro desse novo modelo estatal, com submissão a seus princípios e regras, e naturalmente submetidas à influência direta dos estudos científicos que sobre elas passaram a ser elaborados. *Direito-norma* e *Direito-ciência* sempre guardam entre si uma interação dialética indissociável, própria dos objetos estudados, que sofrem a influência direta, nas suas transformações, dos estudos que sobre eles são realizados, e que por sua vez, sempre refletirão, em tempo real, as modificações dos objetos que estudam, independentemente das suas causas.

Desse modo, a partir do nascimento do *Estado de Direito* pode-se falar em uma verdadeira *unicidade de concepções* que passou a caracterizar a produção normativa e a produção doutrinária no campo do direito administrativo. As normas e os estudos partiam das mesmas premissas, dos mesmos princípios, dos mesmos valores, e, naturalmente, passaram a assumir gradativamente como próprios um mesmo regime jurídico único, que passaria a fundamentá-los e a orientá-los.

Não parece difícil constatar essa realidade. Por força da sua adequação ao modelo do Estado de Direito, é possível afirmar que o regime jurídico do direito administrativo, expresso nos seus princípios e normas e revelado por seus estudos, sempre se dá pela equação revelada pelo binômio "poder-limite". De um lado, o *poder* de garantir a possibilidade de execução do disposto em lei, a despeito dos interesses privados e dos óbices impostos pela realidade. De outro, o *limite* estabelecido ao poder, para que a liberdade dos cidadãos e os direitos que lhes são outorgados não sejam atingidos. Naturalmente, foi a partir da tensão, potencial ou real, entre "poder" e "limite" que passou a ser forjado e formulado o direito administrativo que hoje conhecemos e estudamos.[21]

---

21. Essa tensão entre "poder" e "limite", decorrente da própria dinâmica dos *Estados de Direito*, é registrada nas normas e nos estudos do direito administrativo, constituindo, pode-se dizer, a *essência* desse campo do Direito. É fato que o registro desse binômio não será sempre uniforme e linear. Em Estados mais autoritários, ou em mentalidades que padeçam do mesmo mal, a prevalência do poder se agigantará sobre os limites. Em outros, mais garantidores, a presença do limite se fortalecerá.
Exemplo interessante pode ser visto na própria Constituição brasileira de 1988. Cumprindo a missão de registrar o que *deve ser*, e atendendo aos anseios de ruptura com o regime ditatorial iniciado em 1964, no que diz respeito a Administração Pública, a nossa Lei Maior deu fortes tintas aos "limites" da ação administrativa. Sem ignorar os "poderes" do Estado, fez questão de fincar pé nas limitações ao seu exercício, consagrando princípios e fortalecendo de forma inédita na nossa história jurídica institutos administrativos limitadores.

Podemos concluir, portanto, que nos dias atuais as *normas de direito administrativo* e os *estudos do direito administrativo*, apesar do seu nascimento histórico descompassado, guardam intrínseca e indissociável ligação, amalgamada pelos princípios do denominado *Estado de Direito*. Em suas diferentes normas e estudos, a tensão contida nos termos do binômio "poder-limite" sempre se fará presente.

2. A crise do Estado de Direito e do direito administrativo: um futuro desconhecido a ser projetado

Constatada a relação de extrema pertinência entre o *direito administrativo contemporâneo* e o *Estado de Direito*, revelada tanto pelas normas que o integram em cada ordem jurídica nacional como pelos próprios estudos doutrinários que lhe são pertinentes, impõem-se, agora, que iniciemos um novo conjunto de reflexões.

A ninguém é dado desconhecer que nos dias atuais, como já se sinalizou anteriormente, o modelo do *Estado de Direito* enfrenta dura crise. Não apenas em nosso País, mas em todo o globo terrestre. Há até quem, profetizando o futuro, chegue a considerar que esse modelo de Estado não ultrapassará incólume as fronteiras do século XXI.

A bem da verdade, seria descabido imaginar que a afirmação de que o *Estado de Direito* passa por uma crise seja algo novo. Há muito se fala dessa crise e da sua possível substituição por um novo modelo de exercício organizado do poder político. Até agora, porém, ele permanece navegando por mares revoltos, sem trincas aparentes no seu casco que comprovem a premonição de que irá soçobrar em breve. Sobreviveu a regimes totalitários do século XX, apesar dos rudes golpes que recebeu, tanto à direita como à esquerda. Ultrapassou, com retoques, a transformação de *Estado Liberal* em *Estado Social*. E ainda hoje, apesar dos seus identificados defeitos estruturais e operacionais, continua a ser, ao menos nas concepções vigentes, tido e considerado como o modelo de Estado "ideal" para as sociedades capitalistas modernas.

Apesar disso, nas últimas décadas do século XX e nas primeiras do atual vários dos seus alicerces parecem indicar visível e crescente erosão do terreno em que foram edificados. O *princípio da legalidade* vem sofrendo abalos visíveis, pela invasão de outros Poderes na esfera do Poder Legislativo, em especial pelo próprio Poder Judiciário. O ativismo judicial ou a ausência de controles institucionais efetivos sobre este Poder fazem com que alguns jurisconsultos, nacionais e estrangeiros, sustentem que hoje vivemos sob a égide de uma autêntica "ditadura dos juízes". De outro lado, além do desgaste da *democracia representativa*, gerador de um óbvio distanciamento entre a "classe política" e o "povo", em decorrência de razões que precisam ser aprofundadas em estudos jurídicos e de Ciência Política mais alentados, as próprias *ordens jurídicas nacionais* parecem estar, a cada dia mais, postas em xeque. A denominada *globalização* tende a indicar a formação de uma ordem jurídica internacional que renega a clássica ideia de soberania do Estado Nacional e suscita inevitáveis problemas desacompanhados de soluções à vista. Pergunta-se, sem que se encontrem respostas fáceis ou tranquilas: qual a fonte legitimadora dessa possível ordem jurídica global em início de formação? Qual Deus ou povo a legitimará? Existirá uma "democracia global" que a legitime?

As dúvidas e as incertezas prendem-se a um momento histórico caracterizado por agudas transformações e por profundas incertezas. E é natural que o próprio *direito adminis-*

trativo se insira nesse cenário de transformações e de inquietações. Em que medida a crise do *Estado de Direito* implicará modificações nesse particular campo da Ciência Jurídica? A crise dos *princípios da legalidade* e da *separação dos Poderes* não o afetará em nada? O que se esperar do direito administrativo durante os dias atuais e em um futuro próximo, considerando-se o crescente processo de *globalização* e de formação de uma aparente *ordem jurídica internacional*?

Quaisquer respostas a estas perguntas, ou teses que possam surgir a respeito, mais uma vez, não poderão supor sua formulação à margem do desenvolvimento histórico da Humanidade, das suas disputas político-ideológicas e das suas tensões. Se o direito administrativo, na sua configuração atual, teve origem em um modelo de Estado que atendia às exigências históricas impostas pelo desenvolvimento da sociedade capitalista, por certo seu futuro estará vinculado ao que vier suceder a esse modelo de Estado e a essa mesma sociedade. Ele jamais irá pairar incólume, impávido e intocado por uma temporalidade jurídica "técnica", "neutra", que se apresente como impermeável às transformações históricas que estão ocorrendo. O direito administrativo é fruto da História. E dela – queiramos ou não – nunca se apartará.

Um exemplo da imersão histórica do direito administrativo, indiscutivelmente, pode ser encontrado nos tradicionais embates travados em torno do conceito de "serviço público". Até hoje se discute a exata dimensão que se deve dar a essa expressão, no seu sentido jurídico. Partindo-se da abrangência totalizadora da antiga *Escola do Serviço Público*, para o qual esse conceito deveria ser visto como a *raison d'être* do próprio direito público, chegou-se à tese antagônica da desnecessidade da sua própria formulação. Sob pretextos retóricos e formulações aparentemente "técnicas" e "neutras", foram – e ainda são – acalorados os debates sobre a questão. Todavia, o que nem sempre se revela é que, em larga medida, permeando esse embate jurídico-conceitual, existe um forte enfrentamento ideológico-político, determinado pelas históricas disputas sobre o papel do Estado em face da economia e da própria sociedade capitalista. De um lado, os defensores de um aparelho estatal mínimo, enxuto, buscam "emagrecer" o papel dos serviços públicos, em favor da livre iniciativa e da "mão invisível" do mercado, que a tudo harmonizaria. De outro, os defensores de um aparelho estatal robusto e apto a atuar sobre diferentes campos da vida social, sob a crença de que um Estado forte e intervencionista é peça imprescindível para a superação de desigualdades sociais.

Torna-se descabido, assim, afirmar que no *direito administrativo* ou em qualquer outro ramo das Ciências Jurídicas existam discussões jurídicas "neutras". Afinal, a própria técnica jurídica integra a realidade ideológica e política que caracteriza os momentos históricos em que é formulada e utilizada.

Por isso, a natural imersão histórica do *direito administrativo* não poderá ser ignorada agora, em face da crise que atinge o *Estado de Direito*. Ao longo desse processo de crise, e durante os debates e formulações teóricas que buscarão sua superação, estarão presentes, de forma consciente ou não, antagonismos e posições contrapostas que pretenderão antever e construir o futuro desse campo do Direito, a partir de reflexões marcadas por uma aparente "neutralidade", mas que não passarão de reflexos de uma acirrada disputa ideológico--política. Na busca de novos parâmetros para o *princípio da legalidade* ou de algo que o substitua na contenção do exercício do poder político, tendências autoritárias e democráticas se revelarão de forma aguda. Na tentativa de superação da *crise entre Poderes do Estado*, fórmulas "técnicas" surgirão para tentar solucionar o impasse do desequilíbrio entre o que deveria ser harmônico. De um lado se apresentarão os que defenderão o reequilíbrio dos Poderes por meio de um maior prestígio a instrumentos de garantia dos direitos individuais e coletivos ou de um aprimoramento das formas de legitimação popular do exercício do poder político. De outro se apresentarão os que pretendem alcançar o mesmo fim propondo a concentração do poder, seja de forma explícita ou retoricamente simulada, nas mãos das classes dominantes ou de certas corporações privilegiadas, em face da sua posição na máquina estatal.

Não há no exercício do poder político propostas de organização ou de superação de crises que possam ser "apolíticas". O "apolítico" não existe, por definição, em um "mundo político". Admitir tal possibilidade seria uma *contradictio in adjecto*.

Vislumbre-se, a respeito, a forma pela qual a internacionalização administrativa, enquanto fenômeno jurídico, vem sendo analisada pela doutrina administrativista. Inúmeros artigos e alentadas monografias já tratam da projeção do direito administrativo no plano internacional ou, mesmo, da formulação de um *direito administrativo global*.

Há quem diga, por exemplo – como o faz Manuel Balbé, Catedrático da Universidade Autônoma de Barcelona –, que "a globalização é em grande parte um produto da americanização que extrapolou seu modelo administrativo e regulador para todo o mundo", sem prejuízo de que se deva reconhecer que existe "uma globalização-europeização no sentido de que muitas das reformas e processos de integração regional e global levam muito em conta a experiência da União Europeia". Nesse sentido, afirma, "devemos reconhecer – gostemos ou não – que inicialmente a globalização é sobretudo, a americanização ... para o bem e para o mal. É certo que alguns só veem nela a parte negativa, como ocorre com os movimentos progressistas que se opõem à liberalização do comércio desregulado e sem intervencionismo administrativo. Mas é também importante recordar que a globalização-americanização tem aspectos muito positivos que estes movimentos deveriam reconhecer, descobrir e aproveitar, porque são obra de seus predecessores".[22]

Se correta essa afirmação, poder-se-á intuir que o processo de globalização poderá implicar a internacionalização do direito administrativo, a partir de uma afirmação hegemônica dos padrões jurídicos, culturais e até valorativos de uma potência mundial (Estados Unidos da América), circundada de outra (União Europeia). Nesse caso, dificilmente se poderá negar que as tentativas de construção de um direito administrativo "transnacional" ou "global" não estejam associadas a um projeto político de dominação do globo terrestre, em dimensão quase ou totalmente imperial, onde algumas potências mundiais imporão seu poder, suas normas, seus valores, sua cultura, sobre outras Nações menos favorecidas do mundo.

É indiscutível, todavia, que existe nos dias atuais um substantivo crescimento das relações internacionais e das normas que as regem. Em face disso, é absolutamente legítimo que se pergunte: onde se situará no futuro o direito administrativo que hoje conhecemos? Permanecerá contido nos Estados Nacionais ou se projetará internacionalmente, de forma definitiva, com características diferentes daquelas que hoje o caracterizam?

---

22. Manuel Balbé, "El futuro del derecho administrativo en la globalización: entre la americanización y la europeización", *Revista de Administración Pública* 174/115-276, Madri, setembro-dezembro/2007.

Agrade-nos ou não, ressalvada a hipótese de ocorrer um retrocesso no processo de internacionalização do fenômeno jurídico, tudo indica que o direito administrativo de alguma forma deverá estar vinculado a esse novo contexto, embora não se possa saber exatamente com quais características. É fato que algumas realidades fragmentadas ou tópicas, em âmbito material ou territorial isolado, já podem ser observadas e começam a ser estudadas sob esta ótica de uma nova dinâmica transnacional do *direito administrativo*. Com efeito, é de todo possível afirmar que já foram dados significativos passos para a formação de um "poder regulatório transnacional", onde se caracteriza a tentativa de "estender o direito administrativo doméstico às decisões regulatórias intergovernamentais que afetam a uma Nação", ou mesmo "o desenvolvimento de novos mecanismos de direito administrativo em nível global para enfrentar decisões tomadas e regras adotadas dentro dos regimes intergovernamentais".[23] A União Europeia talvez seja o exemplo mais forte dessa realidade nos dias atuais.

Desde a segunda metade do século XX existem formulações que já negavam ao *direito administrativo* a condição de permanecer apenas como um campo do "Direito interno". A respeito deve ser ressaltada a opinião do ilustre administrativista argentino Agustín Gordillo, que naquele período já supunha que "esta velha tradição doutrinária não revelava mais a nova realidade da notória existência no mundo de múltiplos organismos internacionais, regionais e também binacionais".[24] Desse modo, afirma, "era então já evidente o futuro evolutivo do nascente direito administrativo internacional e da internacionalização dos diferentes ramos do Direito, em uma nova ordem econômica mundial".[25]

Hoje já há quem sustente – como o faz Javier Barnes, Catedrático da Universidade de Sevilha – que o direito administrativo "para além do Estado" seria uma realidade "incontestável",[26] em face "da insuficiência do direito internacional público e do direito administrativo clássico para afrontar essa nova realidade" gerada pela formação de um espaço administrativo global.[27] Esboça-se, assim, pela primeira vez na História, uma teorização sobre a formulação de um verdadeiro *"direito administrativo global"*.

Desde o ano de 2005 – afirmam Benedict Kingsbury, Nico Krisch e Richard B. Stewart – o *direito administrativo global* teria iniciado sua rota "como um estudo acadêmico e como uma prática de enorme transcendência".[28] Apontam como centros acadêmicos que apoiaram seu desenvolvimento o Instituto de Direito Internacional e Justiça da Universidade de Nova York e o Instituto de Investigação de Administração Pública da Itália, criado

---

23. Benedict Kingsbury, Nico Krish e Richard B. Stewart, "El surgimiento del derecho administrativo global", in *El Nuevo Derecho Administrativo Global en América Latina*, Buenos Aires, Rap, 2009.

24. Afirma o ilustre administrativista que "en 1962, al definir al derecho administrativo, ya omitimos su caracterización como Derecho 'interno' quitando esta última calificación que era entonces corriente en la doctrina entonces dominante" (Agustín Gordillo, "Hacia la unidad del orden jurídico mundial", in *El Nuevo Derecho Administrativo Global en América Latina*, Buenos Aires, Rap, 2009, p. 84).

25. Agustín Gordillo, "Hacia la unidad del orden jurídico mundial", cit., in *El Nuevo Derecho Administrativo Global en América Latina*, pp. 84-85.

26. "Nota Introdutória" do Editor apresentada na obra *Hacia El Derecho Administrativo Global: Fundamentos, Principios y Ámbito de Aplicación*, de Benedict Kingsbury e Richard B. Stewart, Madri/Sevilha, Global Law Press-Editorial Derecho Global/Instituto Nacional de Administración Pública, 2016, p. 33.

27. Idem, p. 30.

28. Benedict Kingsbury, Nico Krish e Richard B. Stewart, "El surgimiento del derecho administrativo global", cit., in *El Nuevo Derecho Administrativo Global en América Latina*, p. 57.

por Sabino Cassese.[29] Sua doutrina se ocuparia de "analisar as *estruturas organizativas* de que se serve a governança global, os *procedimentos decisórios* utilizados no seio das mais variadas organizações regulatórias globais, o crescimento constante de, e o recurso a, *instrumentos que favoreçam a transparência, a participação, a motivação e o controle*; as mútuas *interações entre as organizações regulatórias globais, entre os reguladores estatais e globais, e outras variantes e fórmulas de Administrações que operam descentralizadamente e como Administrações indiretas*, e entre reguladores nacionais de diferentes Países, *as funções institucionais e de economia política que satisfazem o direito administrativo global*; os elementos propulsores e os pontos de apoio, tanto jurisprudenciais como normativos, que estão subjacentes às normas e valores que percorrem transversalmente os numerosos setores da governança global, em especial no que se refere aos procedimentos e às estruturas organizativas"[30] (grifos nossos).

A relevância da dimensão transnacional do direito administrativo tem ensejado nos dias atuais até mesmo uma discussão sobre a adequada terminologia que deve ser utilizada para rotular essa nova realidade. Em alentado estudo a respeito do fenômeno da transnacionalidade do direito administrativo, Miguel Prata Roque afirma que frequentemente os autores utilizam diferentes expressões para identificá-lo, "não raras vezes sem particular rigor ou cautela na escolha de um ou outro".[31] De fato, além da aludida referência à expressão "direito administrativo global", têm sido frequentemente utilizadas as expressões "direito internacional administrativo" ou "direito administrativo internacional" para identificar esta "internacionalização" do direito administrativo.

Cumpre, pois, que se pactue um conteúdo básico para estas expressões, com vistas a que se possa melhor expor a realidade sobre a qual pretendemos firmar algumas considerações. A respeito, observa Miguel Prata Roque que a "justaposição imediata do substantivo 'administrativo' ou 'internacional' não se afigura como desprovida de significado normativo. Tradicionalmente nos sistemas de gênese românica a associação imediata do termo 'internacional' ao substantivo-matricial 'direito' traduz uma ideia de complexo de normas de fonte internacional, e, por conseguinte, não estadual".[32] Por isso, a seu ver, a expressão "direito administrativo internacional" frequentemente seria utilizada de forma inadequada, pela sua amplitude, na medida em que abarcaria "quer o ramo jurídico da delimitação da aplicação espacial de normas e atuações jurídico-administrativas ('dimensão conflitual'), quer os regimes jurídicos relativos à organização e funcionamento das pessoas coletivas públicas de tipo internacional ('dimensão internacional institucional'), quer, ainda, as normas jurídico-administrativas de fonte institucional ('dimensão internacional substantiva')".[33]

Independentemente da distinção que pode ser levada a efeito entre um "direito administrativo internacional"[34] e um "direito internacional administrativo",[35] urge que se esta-

---

29. Idem, p. 58.
30. Idem, p. 59.
31. Miguel Prata Roque, *A Dimensão Transnacional do Direito Administrativo*, Lisboa, AAFDL, 2014, p. 464.
32. Idem, p. 465.
33. Idem, p. 470.
34. Observe-se que a expressão "direito administrativo internacional", tal como foi concebida por Lorenzo von Stein, em 1886, "descrevia um conjunto de normas jurídicas baseadas tanto em fontes internacionais como em fontes internas relacionadas todas elas com a atividade administrativa em âmbito

beleça um confronto entre estes conceitos e o que hoje parece se convencionar denominar de "direito administrativo global".

Benedict Kingsbury, Nicor Krisch e Richard B. Stewart sustentam que o *direito administrativo global* seria o campo do Direito que cobriria de forma efetiva "todas as regras e procedimentos que ajudam a assegurar a *accountability* da Administração global, e se concentra em particular nas estruturas administrativas, na transparência, nos elementos participativos, no procedimento administrativo, nos princípios de tomada de decisões fundamentadas e nos mecanismos de revisão".[36]

Fala-se, assim, de um campo do Direito – no plano normativo, ou mesmo da Ciência – que trataria das regras que disciplinariam uma "Administração Global", ou seja, uma estrutura administrativa que diga respeito, *a priori*, a todo o globo terrestre.

Se essa é a premissa da qual se parte para formular a existência de um *direito administrativo global*, temos que, a nosso ver, estamos ainda muito distantes da existência dessa realidade, tanto no plano normativo como no plano científico propriamente dito.

Assim afirmamos, em primeiro lugar, porque o *direito administrativo*, independentemente da concepção que o caracterize, pressupõe uma indissociável relação entre esse campo do Direito e o fenômeno de organização do poder político a que convencionamos denominar de "Estado". É fato que podemos falar na existência de um direito administrativo sem a existência de um *Estado de Direito*, como anteriormente já foi salientado. Sem sombra de dúvida, será um direito administrativo que terá regime jurídico substantivamente diferente daquele que temos hoje (caracterizado pelo binômio "poder-limite"), a partir da

internacional em seu conjunto. O interesse de von Stein, neste como em outros casos, consistia mais em captar e descrever a realidade da Administração Pública, e nem tanto no seu fundamento ou base jurídica" (Benedict Kingsbury e Richard B. Stewart, *Hacia el Derecho Administrativo Global: Fundamentos, Principios y Ámbito de Aplicación*, cit., p. 154)

35. Miguel Prata Roque afirma que a expressão "direito administrativo internacional" (ou "transnacional") sugere "a referência a um ramo do direito público que é caracterizado em função de um 'critério substancial' (ou do 'objeto') e não em função de um 'critério genético' (ou da 'fonte normativa'). Significa isto que a fixação do objeto de tal ramo do direito público não depende da natureza internacional ou interna da fonte normativa do qual provém, antes radicando na função que tais normas desempenham. Em síntese, o *direito administrativo internacional* (ou 'transnacional') corresponde ao conjunto de normas que visam a delimitar o âmbito de aplicação especial de normas substantivas jurídico-administrativas, independentemente da fonte normativa da qual provém as referidas normas delimitadoras. Ao contrário, o conceito de 'direito internacional administrativo' abarcará antes o complexo normativo, de fonte necessariamente internacional, que visa a regular a organização (*dimensão institucional*) e o funcionamento (*dimensão procedimental*) das pessoas coletivas públicas de âmbito internacional, bem como fixar comandos normativos substantivos de aplicação universal (*dimensão material*) que tanto podem destinar-se a regular *situações jurídicas internas*, *situações jurídicas internacionais* ou mesmo *situações jurídicas transnacionais*. Portanto, o 'direito internacional administrativo' distingue-se em função de um *critério genético* (ou 'da fonte normativa'), na medida em que o respectivo traço determinante radica no método e procedimento de produção dos respectivos comandos normativos. O epíteto 'direito internacional' abrange, por seu turno, todos os demais ramos do Direito de fonte internacional, que são automizáveis, entre si, em função do respectivo objeto específico. Daí que seja usual falar-se em 'direito internacional civil', 'direito internacional penal', 'direito internacional fiscal', 'direito internacional laboral', 'direito internacional econômico' e aí por diante" (*A Dimensão Transnacional do Direito Administrativo*, cit., p. 475).

36. Benedict Kingsbury, Nico Krish e Richard B. Stewart, "El surgimiento del derecho administrativo global", cit., in *El Nuevo Derecho Administrativo Global en América Latina*, p. 38.

sua submissão a este modelo de Estado. Ou seja: *será um outro direito administrativo*. Mas ao menos dentro das concepções a partir das quais foi estruturada a compreensão desse campo do Direito através dos tempos, todavia, parece impossível falar-se na possibilidade de existência de um "direito administrativo global", ao menos enquanto não existir, mesmo que embrionariamente, um "Estado Global" ou uma "Administração Global", cuja atuação envolva como seu território todos os Continentes e todas as porções territoriais que existem dentro do globo terrestre.

E, por mais que alguns queiram, para fins de consolidação histórica de alguma espécie de hegemonia definitiva de poder mundial, onde a cultura e as regras dos mais fortes se imporão definitiva e imperialmente aos mais fracos, isso ainda parece muito distante de acontecer. Aliás, a dimensão heterogênea que ainda hoje marca o globo terrestre quanto a questões culturais, religiosas, axiológicas, jurídicas, sociais, econômicas e democráticas parece dificultar sobremaneira até mesmo um simples esboço da formação utópica de um "Estado Global".

Não bastasse isso, nos atuais padrões culturais da Humanidade parece difícil, ainda, afirmar a existência de um "poder institucional global", sem que a inevitável pergunta sobre a *legitimação* deste mesmo poder seja feita. Deveras, afastada a hipótese de uma futura legitimação pelo exercício da força física por um dos polos globais que a todos venha a submeter – realidade pouco provável nos dias atuais –, a constituição de um "poder global" exigirá sempre uma forma de legitimação "democrática", uma vez que as formas religiosas ou transcendentais parecem definitivamente sepultadas na história da Humanidade, ao menos em grande parte do globo terrestre. Sem que uma forma de legitimação de um poder mundial global seja construída e incorporada às mentes dos povos de todo o mundo, a partir de um padrão de internalização cultural majoritariamente configurado em todos os quadrantes do globo terrestre, parece pouco provável que um poder de tal natureza possa se "impor" e "existir" de forma contínua, estabelecendo uma institucionalidade e uma governabilidade administrativa mundial.

Em segundo lugar, porque, mesmo que rompamos com a ideia de um *direito administrativo estatal*, superando-se aquilo que alguns acreditam serem dogmas positivistas historicamente condicionados, o denominado "direito administrativo global" poderá ser até assim "denominado", mas provavelmente terá quase nenhuma identidade com seu antepassado homônimo que teria dado origem ao rótulo conceitual que lhe é aplicado.

De fato, se considerarmos o *direito administrativo contemporâneo*, não se poderá falar em situação minimamente equivalente na existência um "direito administrativo global" construído sem *Estado*, sem separação de *Poderes estatais*, sem *princípio da legalidade*, sem *soberania das ordens jurídicas nacionais*, sem *legitimação do seu poder pela democracia representativa*. O que poderia restar do atual direito administrativo (se é que restará, posto que nenhuma institucionalidade poderá estar desenhada para que isso possa ser garantido) seria a manutenção de espaços de liberdade e de direitos fundamentais, impostos por uma cultura global que a tudo hegemonize, às custas do sacrifício de padrões culturais tidos como "irrelevantes" pelos "dominadores" desta nova ordem jurídica mundial.

Por outro lado, se considerarmos o "direito administrativo" constituído por normas que disciplinavam as atividades administrativas públicas dos modelos de Estado que antecederam o nascimento do Estado de Direito, também não se poderá falar, em igual sentido, de uma realidade equivalente a um suposto *direito administrativo global* constituído sem a figura de um *Estado global*. Isto porque também naquele período anterior ao Estado de Direito, como já salientado, a existência destas regras pressupunha um poder político organizado e exercido por um "Estado" em relação a um povo situado em determinado território.

Falar-se, portanto, em um direito administrativo sem um Estado, de Direito ou não, significa uma ruptura frontal com a essencialidade do conceito deste campo do Direito, ao menos na forma com que até hoje vem sendo concebido.

Desse modo, temos para nós que sustentar, hoje, a existência ou a formação em curso de um *direito administrativo global* parecer ser mais uma premonição ou uma profecia do que uma análise jurídica de uma realidade em curso. É indiscutível que hoje temos a formulação em ritmo crescente de normas de direito administrativo destinadas à regulação de questões internacionais vivenciadas por Estados Nacionais, ou mesmo destinadas à disciplina de realidades transnacionais localizadas, em maior ou menor abrangência, como acontece, por exemplo, com a União Europeia. Por isso, podemos falar, hoje, na formação, ao menos no plano normativo, de um *direito administrativo internacional* ou de um *direito internacional administrativo*. Mas, em quaisquer perspectivas, nos parece absolutamente inoportuno e equivocado que se possa afirmar, ao menos nos dias que se seguem, a existência "em si" ou mesmo a configuração meramente embrionária de um autêntico *direito administrativo global*. Uma tese desta natureza, por certo, estará apenas embasada na antevisão de um futuro ainda muito incerto e que pode vir até a não acontecer.

Se guardarmos uma analogia com o passado, talvez hoje possamos dizer que no plano da formação de um direito administrativo global ainda estejamos na fase em que a história da Humanidade caminhava para o surgimento do próprio Estado enquanto forma de exercício do poder político. As normas de *direito administrativo internacional* ou do próprio *direito internacional administrativo* hoje existem – é fato –, mas não é possível afirmar que estes campos do Direito tenham uma doutrina ou um regime jurídico próprios, distintos dos que caracterizam o *direito administrativo contemporâneo*, construído a partir de uma doutrina jurídica universalizada decorrente do nascimento do *Estado de Direito*. Seus princípios, seu regime jurídico e, de certa forma, o próprio modelo das suas regras não passam de meras projeções da cultura jurídico-administrativa construída no âmbito do direito administrativo tradicional. Existem, pois, estes ramos do Direito, como *Direito-norma*, com certa ontologia própria, na medida em que disciplinam relações jurídicas internacionais ou transnacionais. Mas não como *Direito-ciência*, por não estarem marcados por uma autonomia de princípios ou por um regime jurídico próprio, distinto do direito administrativo moderno. São apenas ramos do direito administrativo ou do próprio direito internacional, em pontos de comunhão e de intersecção fática destes dois distintos campos da Ciência Jurídica.

Somente o futuro poderá dizer, portanto, se hoje está sendo fecundado, ou não, o óvulo que poderá ensejar o nascimento de um verdadeiro *direito administrativo global*. Sendo ramo das Ciências Humanas, o Direito não dispõe de um exame laboratorial que permita comprovar, hoje, a existência real de um embrião incipiente que poderá vir a propiciar o nascimento com vida, no futuro, dessa nova realidade jurídica. O cientista do Direito, atualmente, não poderá nem mesmo ser capaz de identificar, salvo em um exercício de futurologia meramente especulativa e desapegada da realidade em curso, as principais características físicas ou genéticas deste hipotético ser em formação. Cumpre, assim, aguardar e ver. E esperar que, se corretas as premonições que hoje são feitas, elas expressem não um projeto de hegemonia política dos que querem o poder mundial para melhor explorar e oprimir outros povos mais fracos, mas a formação de uma Humanidade Global que possa viver em paz, com liberdade, com tolerância cultural e religiosa, sem discriminações, sem explorados e exploradores, sem opressores e oprimidos.

HELY LOPES MEIRELLES, O DOUTRINADOR. RECORDAÇÕES

José Emmanuel Burle Filho

Não é tarefa fácil sintetizar tudo que nosso mestre Hely fez pelo direito administrativo brasileiro, pelo nosso sistema jurídico administrativo, e os magníficos exemplos de conduta que deu ao longo da sua vida. Por outro ângulo, as qualidades e as realizações do mestre Hely são de todos conhecidas. Assim, seria redundância tratar concretamente das suas obras e pareceres. É melhor tentar falar da sua pessoa e família, de suas preocupações, de seus objetivos e do que deixou para o Brasil, como a sua visão de Nação.

Daí por que tomo a liberdade de expor lembranças e fatos da sua vida e obra, bem como se deu nossa convivência.

Conheci Hely na sua residência ainda no Ibirapuera (SP) quando lá estive em 1972, por algumas vezes, para estudar junto com seu filho José Augusto para o concurso de ingresso no Ministério Público de São Paulo, no qual nós dois fomos aprovados, daí termos ficado amigos e a minha constante lembrança de sua pessoa.

Desde logo, conversando e ouvindo os conselhos de Hely, constatei que, mesmo sendo um jurista consagrado e famoso, era pessoa simples, de fácil convívio, querendo saber de nossos estudos, estimulando-nos. Pena que o José Augusto tenha falecido precocemente, pois poderia aqui ajudar-me a relembrar outros fatos.

Durante o período compreendido entre 1.2.1987 e 5.10.1988 fui indicado pelo Conselho Superior do Ministério Público de São Paulo para, juntamente com Antônio Araldo Ferraz Dal Pozzo e Walter Paulo Sabella, respectivamente Presidente e Secretário-Geral da CONAMP – Confederação Nacional das Associações dos Ministérios Públicos Estaduais e do Distrito Federal –, coordenarmos o Núcleo de Atuação Permanente dos Ministérios Públicos Estaduais e do Distrito Federal, encarregado de acompanhar e atuar nos trabalhos da Assembleia Constituinte até a aprovação da Constituição de 1988, sem prejuízo da ampla participação das associações estaduais e das lideranças nacionais no âmbito desses Ministérios Públicos.

Nessa ocasião, por ter constatado o extraordinário efeito na ordem jurídica pátria de Hely ter inserido no livro *Direito Administrativo Brasileiro* já em 1981 o Ministério Público entre os "órgãos independentes" e seus membros como "agentes políticos", procurei-o algumas vezes, buscando seu auxílio no exame de emendas constitucionais apresentadas e por nós a serem apresentadas através de algum ou de alguns constituintes. Nessas ocasiões fui atendido com elevada atenção, e sua ajuda foi relevante para o trabalho que desempenhávamos em nome do Ministério Público. Dentre nossos objetivos estava o de inserir na Carta Magna proibição de o membro do Ministério Público exercer a Advocacia, que já existia nos Estados e no Distrito Federal, mas não na esfera do Ministério Público Federal. Esse objetivo foi alcançado, e creio que contribuiu em muito para implantar na área do Ministério Público Federal uma nova postura, como a que vemos hoje.

Nesse convívio também constatei, desde logo, que Hely era prático, objetivo e apegado à racionalização[1] dos trabalhos, tendo em conta as reais finalidades de seu livro *Direito Administrativo Brasileiro*; daí alertar, já na sua 1ª edição em 1964, antes da Revolução de 1964, que:

> Este livro pretende ser uma síntese do direito administrativo *brasileiro*. Tem objetivos práticos e didáticos. Afasta-se, propositadamente, do teorismo em que vai descambando o ensino do Direito no Brasil.
>
> O Direito – para nós – *é instrumento de trabalho,* e não tertúlia acadêmica. *É*, simultaneamente, *teoria, realidade e vivência.* Daí por que colocamos ao lado da doutrina a legislação e a jurisprudência. Não compreendemos o Direito divorciado da lei e da orientação dos tribunais.
>
> A exposição doutrinária e o Direito Comparado *só* são utilizados, por nós, *até o limite* necessário à compreensão e solução dos *problemas da nossa Administração Pública*. O que *nos preocupa é o estudo do ordenamento jurídico-administrativo* **nacional***.*
>
> Procuramos não ser prolixos no óbvio e no inútil. *Evitamos o superado e o inaplicável* ao Brasil. Não discutimos *teorias obsoletas*, nem polemizamos *questões bizantinas*. Fomos ao que *ocorre cotidianamente na nossa Administração, na nossa legislação e na nossa Justiça.*
>
> Pode não ser o melhor método para o estudo do direito administrativo. É, porém, *o mais útil e o mais consentâneo* com a realidade. *[Grifos nossos]*

E na 3ª edição, já em 1975, consignou:

> Na 3ª edição – depois de nove anos da anterior e com nove tiragens sem atualização – tivemos que reescrever quase todos os capítulos para *ajustá-los ao progresso do Direito e às substanciais modificações da nossa legislação*, seguidas das naturais variações da jurisprudência.
>
> (...) e reunimos num só capítulo os *controles da Administração.*
>
> (...) o assunto foi atingido pelas modificações da ordem jurídica interna, a partir de 1964, e pelo impacto do desenvolvimento nacional que passou a apresentar desconhecidos problemas para a Administração Pública e a pedir inéditas soluções governamentais.
>
> Não é de estranhar, portanto, que tenhamos *repudiado* doutrinas superadas e *inovado* conceitos para sintonizá-los *com a evolução de nossa era e com o progresso do País*, pois o Direito não pode permanecer *alheio nem retardatário* na apresentação de soluções que dependam de suas normas e de seus princípios. Para uma *nova realidade nacional, impõe-se um direito administrativo renovado e compatibilizado com as contemporâneas exigências e necessidades da Administração e dos administrados.* Foi o que procuramos fazer com mais meditação e experiência.

Nesses "Prefácios" nota-se que Hely sempre buscou, conseguiu e consolidou – e aí está talvez sua maior realização –, por meio das edições do *Direito Administrativo Brasileiro*, um real, profundo e sistemático "estudo do ordenamento jurídico-administrativo *nacional*".

---

1. Como exemplo de racionalização, pessoas próximas a ele contam que quando Juiz de Direito Eleitoral nas comarcas pelas quais passou, ele sempre terminava a apuração na frente, simplesmente porque designava bancários para comporem a Mesa apuradora dos votos, pois, se sabiam contar com rapidez as cédulas, sabiam com rapidez contar os votos e com segurança.

Isso era essencial para um País, como o Brasil, de dimensão continental, repleto de nuanças administrativas, culturais e sociais e, mais, com uma imensidão de leis administrativas, na medida em que, além da Constituição Federal e da legislação administrativa nacional e federal, temos as Constituições e legislações estaduais e ainda legislações de 5.570 Municípios, além do Distrito Federal.

Esse quadro nacional notoriamente deixa patente a imperiosa necessidade da existência de ordenamento jurídico-administrativo nacional sistematizado, sem conflitos, sob a égide da Constituição Federal, das Constituições Estaduais e do Distrito Federal e das Leis Orgânicas de cada Município.

Convenhamos, não era e não é tarefa fácil, mas para a busca e manutenção da concretização dessa harmonia e sistematização do regime jurídico-administrativo dos entes federativos, sem dúvida, não há como negar, reconhecer e proclamar a formidável e inestimável contribuição de Hely Lopes Meirelles.

Suas obras, estudos e pareceres atestam que ele nunca deixou de ter presente o alcance dessa finalidade de termos um direito administrativo do Brasil, ou seja, *nacional*.

O saudoso e querido amigo Eurico de Andrade Azevedo, a quem sempre rendo minhas homenagens, a meu ver, foi quem mais conhecia e conviveu com Hely, como pessoa, jurista e administrador público, além de ter sido o maior responsável pelas atualizações de suas obras.

Por isso, entendo que Eurico foi quem melhor detalhou a sua vida no trabalho "Retrato de Hely Lopes Meirelles",[2] do qual muito me servi para redigir este texto.

Nesse seu primoroso trabalho, Eurico revela que Hely sempre se preocupou em converter o ordenamento jurídico como um sistema jurídico e instrumento de trabalho, ao dizer:

> (...) começou a escrever o *Direito Municipal Brasileiro*, ao perceber que poucos estudos existiam a respeito dos problemas enfrentados pelos nossos Municípios. E passou a ministrar os cursos de Direito e Administração Municipal, patrocinados pela Associação Paulista dos Municípios, sempre preocupado em aprimorar a Administração local, como *condição básica* para a melhoria da Administração Pública brasileira.[3] *[Grifos nossos]*

O livro *Direito Municipal Brasileiro* foi lançado em 1957, em dois volumes, sendo considerado por Ovídio Bernardi "a luz oportuna e necessária cujo brilho iria resplandecer sempre com maior intensidade, dotando o País de moderno e operativo direito municipal, um dos mais avançados do mundo".[4] Esse obra, com várias edições, tem servido de permanente consulta e orientação para as Prefeituras e Câmaras Municipais, o mesmo podendo ser dito em relação aos estudiosos e profissionais que lidam com direito municipal.

No trabalho citado Eurico consignou: "Para se ter uma ideia do pioneirismo de Hely, foi esse o primeiro livro jurídico do País a ter um capítulo especial sobre 'Urbanismo e Plano Diretor'".[5]

---

2. Eurico de Andrade Azevedo, "Retrato de Hely Lopes Meirelles", *RDA* 204/121-134, Rio de Janeiro, abril-junho/1996.

3. Idem, pp. 122-123.

4. Ovídio Bernardi, in Arnoldo Wald (coord.), *O Direito na Década de 80, Estudos Jurídicos em Homenagem a Hely Lopes Meirelles*, São Paulo, Ed. RT, 1985, p. 10.

5. Eurico de Andrade Azevedo, "Retrato de Hely Lopes Meirelles", cit., *RDA* 204/128.

Nesse livro, Hely, preocupado com o crescimento das cidades de forma desordenada, devido, especialmente, ao fato de o Município não dispor de competência para legislar sobre limitações administrativas, disse, a respeito:

> O Urbanismo, no entender atual, tem em mira a ordenação espacial e racional do desenvolvimento das comunidades urbanas, em sentido integral e extensivo à cidade e ao campo. (...) interessada a todos, porque a todos intenta beneficiar com a melhoria do ambiente, da função e do organismo urbano, de modo a deter os impulsos egoísticos dos afortunados e a estender as vantagens do progresso e os recursos da Civilização a todos os membros da coletividade humana. Para a consecução de tais objetivos, impõe-se o planejamento físico das áreas de habitação e trabalho – cidade e campo –, ou seja, o Plano Diretor do Município.[6]

E encerra o Capítulo I desse livro proclamando o grande avanço: "Evoluímos, assim, da propriedade-*direito* para a propriedade-*função*".

Sempre buscando a racionalização, Hely *"termina o capítulo* ('Urbanismo e Plano Diretor') *apresentando um modelo de projeto de lei, com a devida justificativa, instituindo a Comissão do Plano Diretor do Município (...). Pois bem, além do primeiro Plano Diretor de Curitiba foi elaborado por ele,* mediante solicitação do então arquiteto Jaime Lerner (...)".[7]

No "Prefácio" da 1ª edição do livro *Direito de Construir*, o eminente professor Vicente Ráo consignou: "O maior mérito" de Hely "em seu *Direito Municipal*, o de haver sistematizado (...) os princípios doutrinários, a legislação e a jurisprudência", e, assim, "(...) o Autor nos oferece (...) um estudo completo como não há similar em nossa bibliografia jurídica".

Como as pessoas que enxergam as carências e o futuro, Hely, após criar a "Escola de Administração Municipal" no Estado de São Paulo, quando Secretário do Interior, mais tarde, querendo tornar esse ensino permanente, elaborou decreto criando o "CEPAM – Centro de Estudos e Pesquisas de Administração Municipal", dotando-o de autonomia técnica e administrativa, que serviu de modelo para outros Estados, e mais tarde transformado na *Fundação Faria Lima*. Ou seja: de órgão público transformou-se em pessoa jurídica de direito público – obviamente, com maior autonomia.

Ainda buscando racionalizar e facilitar a aplicação do ordenamento jurídico, diante da Constituição de 1967, vendo que, àquela época, cabia aos Estados organizar os Municípios, atuou vivamente no projeto de uma nova Lei Orgânica dos Municípios do Estado de São Paulo. Transformado em lei, seu conteúdo e suas normas são exemplos de racionalidade administrativa e organizacional no âmbito municipal. Essa lei foi também muito utilizada como modelo por outros Estados e, com as adaptações necessárias, para as atuais leis orgânicas de cada Município, decorrentes da autonomia municipal prevista na Carta de 1988, por isso chamadas de Constituições Municipais.

Aqui, vale registrar que Hely, como Secretário de Justiça, com sua experiência e sua visão decorrentes do exercício da Magistratura, em conjunto com uma Comissão de Procuradores de Justiça do Ministério Público de São Paulo, elaborou a primeira Lei Orgânica do Ministério Público de São Paulo, dando, assim, excelente organização à Instituição.

---

6. Hely Lopes Meirelles, *Direito Municipal Brasileiro*, 1ª ed., vol. I, São Paulo, Ed. RT, 1957, p. 380. *[V. 18ª ed., São Paulo, Malheiros Editores, 2017.]*
7. Eurico de Andrade Azevedo, "Retrato de Hely Lopes Meirelles", cit., *RDA* 204/129.

Ponto que não pode deixar de ser anotado é o referente à atenção e à preocupação de Hely com a legislação sobre licitação pública e contrato administrativo, querendo deixá-la transparente e clara, de modo a evitar proteções e ilegalidades ou, mesmo, lesão à moralidade administrativa.

Com esses objetivos instituiu uma Comissão com órgãos públicos e entidades da Administração que constantemente realizavam licitações e contratos administrativos. Desse trabalho adveio a Lei estadual 10.395, de 17.12.1970, que, a exemplo da Fundação Faria Lima, serviu de norte para leis estaduais semelhantes.

Em razão dessa sua preocupação, em 1973 lançou a 1ª edição do livro *Licitação e Contrato Administrativo*, destacando no "Prefácio" os seus objetivos:

> A ausência, entre nós, de estudos sistematizados sobre licitação e contrato administrativo e a crescente utilização desses institutos pelas Administrações animaram-nos a escrever a respeito de ambos, aproximando-os neste trabalho, dada a sua conexidade e tendo em vista que a licitação é o antecedente necessário do contrato público.
>
> Almejamos um livro prático e sintético, em que, ao lado da doutrina, tenhamos a norma aplicável e a jurisprudência existente sobre a matéria.
>
> Para tanto, ordenamos os princípios jurídicos que regem a nossa licitação, como gênero, e estudamos separadamente cada uma de suas espécies, ou seja, a concorrência, a tomada de preços, o convite, o concurso e o leilão administrativo, indicando suas finalidades, objeto e procedimento.
>
> Na segunda parte deste estudo intentamos formular a teoria geral do contrato administrativo, dando a sua conceituação e características, e estudando sucessivamente sua formalização, execução, inexecução, rescisão e consequências da inadimplência no âmbito da Administração.
>
> Pouco nos socorremos da doutrina estrangeira, por assentar-se em sistemas administrativos diferentes do nosso. Cuidamos da licitação e do contrato administrativo brasileiros, só os relacionando com os de outros Países naquilo em que coincidem com as nossas instituições.
>
> Seguimos de perto a legislação federal pertinente e invocamos com frequência a lei paulista de contratações administrativas, por ser a mais completa e avançada na matéria e termos sido o Autor do projeto inicial, que lhe deu organicidade e sistematização dentro dos mais modernos princípios de eficiência, simplificação e celeridade nos negócios públicos, reclamados instantemente pelo desenvolvimento nacional.
>
> Com esse levantamento da doutrina, da legislação e da jurisprudência, procuramos dar uma visão global do assunto, com singeleza e objetividade, aos que lidam profissionalmente com a matéria.
>
> Se o conseguimos, só o leitor dirá.

Aí Hely volta a destacar sua preocupação de transformar o livro em instrumento de trabalho dos estudiosos e aplicadores das normas sobre licitações e contratos da Administração.

E "o leitor" aprovou e entendeu plenamente esse objetivo, como atestam as sucessivas edições.

Com o falecimento de Hely essa obra foi atualizada até a 14ª edição por Eurico de Andrade Azevedo, contando, inicialmente, com a participação da Dra. Maria Lúcia Mazzei de Alencar, depois da Dra. Izabel Camargo Lopes Monteiro e, por último, da Dra. Vera Monteiro. Ante a impossibilidade de Eurico continuar essa atualização, Veralice Celidonio Lopes Meirelles convidou-me para prosseguir no trabalho de atualização objetivando sua

15ª edição, trabalho árduo, em razão de a última atualização ser de janeiro/2006 e pelo fato de, desde então, termos novas leis e decretos e importantes evoluções na jurisprudência. Aceitei sempre com a visão da relevância e importância da continuidade dessa obra.

Para essa 15ª edição, de 2010, também pela Malheiros Editores, convidei minha filha Carla Rosado Burle, com larga experiência na área, pelo exercício da Advocacia, até ingressar, por concurso, como Procuradora Municipal do Município de Praia Grande, cargo que à época desse convite já exercia por 12 anos, e nesse período ter exercido por 8 anos o cargo de Secretária de Assuntos Jurídicos do Município de Praia Grande, além de ter ministrado aulas de Direito Administrativo; e o Dr. Luís Fernando Pereira Franchini, especialista em Direito Ambiental (ESA-OAB/SP) e em Direito Contratual (CEU), que à época trabalhava comigo como advogado do Escritório Rui Celso Reali Fragoso Advogados, em São Paulo. O excesso de trabalho e as sucessivas edições em coautoria do *Direito Administrativo Brasileiro* têm obstaculizado uma nova edição do livro *Licitação e Contrato Administrativo*.

Outra notável obra com a marca de Hely Lopes Meirelles é o livro *Mandado de Segurança e Ação Popular*, editado em 1967, *[v. 31ª ed., São Paulo, Malheiros Editores, 2008 e 2009]* que reflete seus estudos como Juiz da 1ª Vara da Fazenda Federal,[8] na qual os mandados de segurança e as ações populares eram em grande número, inclusive porque ainda não havia a ação civil pública, cujo surgimento reduziu drasticamente o número das ações populares. Nessa época era intenso o debate sobre o conceito de direito líquido e certo para fins de mandado de segurança. Pois bem, nessa obra, Hely, com clareza, exatidão e concisão, dá o seguinte conceito: "Direito líquido e certo é o que se apresenta manifesto na sua existência, delimitado na sua extensão e apto a ser exercido no momento da impetração". Esse conceito foi logo acolhido e adotado, consolidando-se como referência quase unânime no exame das impetrações de mandado de segurança.

Em razão de novos institutos jurídicos no Brasil, o título dessa obra foi alterado e atualmente chama-se *Mandado de Segurança e Ações Constitucionais*. Hoje está na 37ª edição – São Paulo, Malheiros Editores, 2016. A partir da 14ª edição, com o falecimento de Hely, essa obra foi atualizada por outro grande e respeitado administrativista Arnoldo Wald, muito fiel aos ensinos de Hely, como nós. E partir da 22ª edição essa atualização contou com a participação do eminente constitucionalista e Ministro do STF professor Gilmar Ferreira Mendes. De longa data Arnoldo Wald e Gilmar Mendes são também coautores dessa obra obrigatória e indispensável nos estudos e exame de matérias relativas às ações constitucionais.

Aspecto histórico sobre as obras de Hely é registrado por Eurico Azevedo no trabalho acima referido:

> (...) por sugestão de Álvaro Malheiros, ainda editor da Revista dos Tribunais, Hely "resolve retirar do *Direito Municipal Brasileiro* toda a matéria de direito administrativo", com o objetivo "de desenvolvê-la e aprofundá-la, vindo a concretizar-se no seu *Direito Administrativo Brasileiro*, cuja 1ª edição veio a lume em 1964 e que, por ironia do destino, como ele mesmo se expressou, passou a ser considerado o 'carro-chefe' de todos os seus livros. Basta dizer que nas edições e reimpressões foram se sucedendo ao longo dos anos, estando a sair a 21ª edição, atualizada por nós, desde a sua morte em 1990. Segundo os livreiros especializados, com ex-

---

8. Naquela época não havia a Justiça Federal de hoje.

ceção dos Códigos, é a obra jurídica de maior circulação no País, com uma saída média de 20 a 30 mil exemplares por ano.[9]

Ainda no testemunho de Eurico contido nesse seu excelente e completo trabalho, Hely, ao ser indagado: "Qual o seu segredo?", disse que a resposta estava no "Prefácio" do *Direito Administrativo Brasileiro* constante de todas as edições, da 1ª em 1964 até a presente 42ª, de 2016. Por isso, propositalmente, esse segredo foi transcrito logo no início deste trabalho.

Outra peculiaridade nos objetivos e obras de Hely reside no fato de considerar o "estudo do ordenamento jurídico-administrativo nacional" essencial, inclusive e sobretudo, como ele dizia, porque a correta aplicação desse ordenamento garante e assegura o respeito à cidadania e aos direitos dos administrados, além de permitir um melhor *controle* dos princípios e das leis e da própria atividade das Administrações Públicas, objetivos imprescindíveis para a real configuração do Estado Democrático de Direito, para a indispensável segurança jurídica, para o controle dessas Administrações e para o sempre desejado e perseguido desenvolvimento político e social da nossa Nação, com moralidade administrativa e real e efetivo atendimento do interesse público.

Além dessas características marcantes de sua personalidade, Hely Lopes Meirelles tinha outra, e talvez, a meu ver, mais um motivo para a aceitação dos seus ensinamentos de direito administrativo inseridos nas suas obras, estudos e pareceres: o repúdio ao formalismo inútil – daí por que via e transformava seus ensinamentos, especialmente os inseridos em suas obras, em verdadeiros instrumentos de trabalho no dia a dia do aplicador e dos operadores do direito administrativo.

Conjugando suas obras e esses fatos com a sua vida como magistrado, como doutrinador, como jurista e como administrador público, a meu ver, podemos dizer que Hely foi como que um profeta do nosso direito administrativo nacional, que, indo além, concretizou e consolidou o que pregou. Por isso, posso atestar, foi um homem feliz e realizado. Morreu em paz, e que Deus o guarde sempre.

Considerando tudo isso, são perfeitas e exatas as palavras do consagrado professor Arnoldo Wald, sintetizando:

> Sem cometer injustiça, é possível afirmar que o direito administrativo do nosso País no século XX se divide em dois períodos: o anterior e o posterior à obra de Hely Lopes Meirelles. O seu livro marcou uma época na evolução da doutrina por sua sistemática, clareza de exposição, riqueza de informação e constante atualização, que se tornou, para o autor, uma verdadeira obrigação, perante a comunidade. O espírito de síntese, o exame das questões mais polêmicas e a vontade de apresentar soluções práticas e equitativas fizeram com que o autor pudesse oferecer, às várias gerações de magistrados, advogados, estudantes e estudiosos do Direito, critérios seguros para o julgamento das questões, a defesa dos interesses coletivos e individuais e a compreensão global do Direito e de sua função social.[10]

A Hely, pelo exemplo ao Brasil, como pessoa, como pai de querida família e como jurista, a Nação Brasileira deve agradecimentos e tê-lo como exemplo de verdadeiro brasileiro que se preocupou e quis constantemente ajudar o Brasil, nossa Pátria.

---

9. Eurico de Andrade Azevedo, "Retrato de Hely Lopes Meirelles", cit., *RDA* 204/129-130.

10. Arnoldo Wald (coord.), *O Direito na Década de 80, Estudos Jurídicos em Homenagem a Hely Lopes Meirelles*, cit., "Prefácio", p. VII.

Por todas esses fatos e características marcantes de Hely Lopes Meirelles, quando Eurico de Andrade Azevedo, Délcio Balestero Aleixo e eu iniciamos a dificílima e nobre missão de atualizadores do livro *Direito Administrativo Brasileiro*, a partir da 17ª edição (1992) e depois como coautores (a partir da 36ª edição), além da honra e orgulho na realização desse trabalho, como sempre destacamos, nele tivemos uma permanente preocupação e um objetivo maior consistentes em manter sempre que possível o pensamento original de Hely Lopes Meirelles, de seus ensinos e da sua maneira de ver o direito administrativo brasileiro como um direito de cunho efetivamente nacional.

Neste ponto, é impossível não falar e registrar Hely família, Hely esposo, Hely pai e Hely homem; aqui, permito-me dizer que, no meu sentir e ver, todas as palavras que possam falar e fazer esses registros são as de sua filha Veralice Celidonio Lopes Meirelles na sua "Homenagem" e constantes de todas as edições de livros de Hely Lopes Meirelles feitas após o seu falecimento, a seguir transcritas:

HOMENAGEM

Ao meu pai, a quem prometi editar seus livros sempre atualizados. Primeiro porque acredito que isso contribuirá para o direito público brasileiro; segundo porque essa é a forma de senti-lo vivo e ainda presente.

Meu pai, eterno professor.

Meu pai, amigo dos amigos, da família, dos empregados, dos vizinhos e até dos inimigos...

Meu pai, homem de caráter, homem de convicções, homem sem preço.

Meu pai, poeta na juventude, inteligente, vivo e espirituoso.

Meu pai, silencioso na dor, humilde nas homenagens.

Meu pai, apoio nos acertos e nos desacertos.

Meu pai, que adorava plantas e animais.

Meu pai, que acreditava no nosso País.

Meu pai, trabalhador até a morte.

A este homem, que sempre teve fé na vida, amor pelas pessoas, pelo trabalho e pelo Brasil,

Ao ser humano que muito lutou contra os seus defeitos e evoluiu,

A ele, que deixou um vazio enorme aos que o conheceram,

A ele, que tinha tanta luz e um sorriso tão doce...

O meu amor eterno.

São Paulo, agosto de 1990
VERALICE CELIDONIO LOPES MEIRELLES

UMA BREVE GENEALOGIA DO INTERESSE PÚBLICO[1]

José Guilherme Giacomuzzi

> *Pessoalmente, acho muito útil o conhecimento do desenvolvimento histórico das doutrinas. Útil porque é uma lição contínua de modéstia, apaixonante como pode ser uma viagem de descoberta que amplia nossos horizontes.* (Norberto Bobbio, *Natureza e Função da Filosofia do Direito*, 1962)
>
> *Nós, homens do conhecimento, não nos conhecemos; de nós mesmos somos desconhecidos – e não sem motivo. Nunca nos procuramos: como poderia acontecer que um dia nos encontrássemos?* (Friedrich Nietzsche, *Genealogia da Moral*, 1887)

Introdução. 1. Moralistas "versus" realistas. 2. Por que Rousseau?. 3. O que é o interesse público em Rousseau?: 3.1 A transformação da "volonté général" como conceito teológico em conceito cívico – 3.2 O inimigo materialista – 3.3 Há alguma substância na "volonté général"?. 4. O "realismo" de Jeremy Bentham. 5. O que não sustentei e o que ficou para trás. 6. Considerações finais.

Introdução

Declínio ou permanência do mito do interesse geral? Essa pergunta serviu de título para o artigo que Jacques Chevallier escreveu à coletânea de textos sobre o *intérêt général* publicada em 2016.[2] Na mesma coletânea, Maryse Deguergue aponta casos decididos pelo *Conseil d'État* em que o sentido da noção *intérêt général* é contraditório, não servindo sequer de *standard* jurídico; Deguergue afirma que juízes administrativos por vezes abusam da noção de interesse geral, fazendo dela instrumento de discricionariedade assumida; e a jurisprudência, diz a autora, não retira qualquer transcendência do interesse geral sobre o interesse dos particulares.[3] Em 2015 foi publicada a tese de Doutorado de Véronique Coq sobre a função do interesse geral na jurisprudência administrativa; trata-se, até onde tenho notícia, do mais completo estudo sobre o tema, que começa elencando várias posições doutrinárias sobre a noção de *intérêt général*, a qual terá sido apresentada, diz Coq, como "indefinível", "fluida", "mole", "imprecisa", "não encontrável", "sem conteúdo intrínseco", "sem consistência própria", "destituída de sentido" e "flutuante".[4] Isso na França, pátria mãe do direito administrativo.

---

1. Agradeço a Marçal Justen Filho pelo honroso convite para participar deste livro de homenagens. Agradeço a Wladimir Barreto Lisboa (UFRS) pela leitura de versão preliminar deste ensaio, e ao professor Brian Leiter (*Chicago Law School*) por orientações, via *e-mail*, sobre o realismo, Rousseau e Bentham.
2. [Chevallier 2016].
3. [Deguergue 2016].
4. [Coq 2015:15].

Em Portugal, País no qual a Constituição da República (1974) expressamente diz que "a Administração Pública visa à prossecução do interesse público, no respeito aos interesses legalmente protegidos dos cidadãos" (art. 266º, n. 1), Diogo Freitas do Amaral, na última edição do seu *Curso*, de 2013, abre o item referente ao "princípio da prossecução do interesse público" dizendo que se trata, "sem dúvida, de um conceito 'cuja evidência intuitiva não facilita em muito a definição'", embora, diz o autor, "há que tentar concretizá-lo o máximo possível".[5] No seu recente *Manual*, de 2013, Paulo Otero vincula a noção de interesse público à de bem comum tomista, suportando sua posição também nas encíclicas *Centesimus Annus* (1991) e *Redemptor Hominis* (1979), de João Paulo II.[6] Já, Luís Felipe Colaço Antunes, em 2001, publicou livro que inicia com longo artigo lamentando o "esquecimento do interesse público no direito administrativo", também título do estudo; esse esquecimento não seria "apenas nacional, mas atravessa*[ria]* toda a jurisprudência europeia".[7]

Inquietação parecida ocorre no Brasil há pelo menos uma geração: nunca na história deste País o interesse público foi tão debatido, atacado ou defendido na doutrina nacional. Uma vez tido por fundamento inabalável do direito administrativo brasileiro,[8] o princípio da supremacia do interesse público sobre o interesse privado foi questionado num artigo iconoclasta publicado em 1998,[9] ao qual se seguiram vários estudos sobre o tema, combatendo,[10] defendendo[11] ou reconstruindo,[12] sob vários pontos de vista, a noção de interesse público. Exponho nos dois próximos parágrafos algumas das teses sustentadas pelas correntes que poderíamos agrupar, de forma aproximativa e sem preocupação de rigor científico, entre *críticos* (os que combatem) e *clássicos* (os que defendem) da noção de interesse público.[13]

Os *críticos* partem de diversos pressupostos, sem que os autores comunguem de todas as teses e argumentos, que se dão em vários níveis; enuncio aqui, simples e livremente, algumas das críticas: o interesse público seria por demais indeterminado, inservível como princípio fundamental do direito administrativo; seria o resquício de um Estado autoritário, e portanto não Democrático; não seria único, mas, sim, múltiplo, e, portanto, um interesse haveria de prevalecer dentre os vários possíveis, o que só poderia ser decidido no caso concreto, e não fixado *a priori*, devendo-se lançar mão da proporcionalidade e da razoabilidade, que acabariam por substituir o interesse público como princípio fundamental; não se configuraria sequer como princípio jurídico, porque não extraível da Constituição Federal/88, tratando-se, "em verdade, de um dogma, até hoje descrito sem qualquer referibilidade *[sic]* à Constituição vigente";[14] seria contrário ao ordenamento jurídico brasileiro, não só mas

---

5. [Amaral 2013:43]. As aspas internas são a citação de estudo de Sérvulo Correia.
6. [Otero 2013:66-67].
7. [Colaço Antunes 2001:15].
8. V., por exemplo: [Meirelles 2016:113-114]; [Bandeira de Mello 2016:*passim*, em especial pp. 59-70]. Hely Lopes Meirelles trata como sinônimos "interesse público" e "supremacia do interesse público". Farei o mesmo neste ensaio, embora a equiparação possa ser também problematizada.
9. [Ávila 1998]. Também sustentando o pioneirismo do artigo de Ávila no debate, v. [França 2010:157].
10. V. artigos no livro organizado por [Sarmento 2005].
11. V. os seis primeiros artigos no livro organizado por [Di Pietro e Ribeiro 2010:Parte I].
12. V., por exemplo, [Borges 2006], [Fonseca Pires 2014]; nalguma medida também [França 2010].
13. Como se deduz do texto, poderíamos incluir um grupo de *reconstrutores*, que buscam uma solução de compromisso. Os reconstrutores acabam por se misturar entre críticos e clássicos.
14. [Ávila 1998:237].

também porque fruto de um juspositivismo ultrapassado, não condizente com o "neoconstitucionalismo" de princípios ou com o "pós-Positivismo" ou "pós-Modernidade", enfim com uma nova era, que garante direitos fundamentais; esses direitos fundamentais, que seriam fundados na dignidade da pessoa humana, deveriam destronar o interesse público e passar ao centro da cena do discurso administrativista; o interesse público seria, enfim, fruto de uma época ultrapassada, a do "direito administrativo do espetáculo", expressão utilizada confessadamente "com algum exagero", mas que seria necessária ao "fim das ilusões" produzidas por um Estado e um direito administrativo que, por meio de "princípios destituídos de conteúdo material", como o "interesse público" e o "bem comum", não respeitariam o indivíduo, sujeito de direitos fundamentais.[15]

Os *clássicos* também operam em vários planos. Segundo sua visão, os críticos do interesse público estariam seguindo um "modismo", por mero "intuito de mudar por mudar, malferindo axiomas que se revelam verdadeiramente imutáveis, ainda que sob o peso do passar dos tempos";[16] o interesse público na verdade protegeria e não ameaçaria os direitos individuais, devendo ser mantido como princípio jurídico, e jamais substituído por outro; a razoabilidade, apontada como novidade por "pretensos inovadores", sempre teria estado presente na aplicação do princípio da supremacia do interesse público, "porque é indispensável para a busca do equilíbrio entre o interesse individual e o interesse público";[17] o interesse público que funda o direito administrativo seria, sim, equivalente ao bem comum,[18] cuja base deveria ser tomada da filosofia aristotélico-tomista e vinculada à ideia de solidariedade social formadora da comunidade política;[19] o interesse público "propriamente dito" seria o primário, indisponível, e não o secundário (dito interesse patrimonial do Estado), disponível;[20] o interesse público não seria o somatório dos direitos individuais,[21] mas seria o "interesse do todo", "'*função' qualificada dos interesses das partes* (...) a *dimensão pública dos interesses individuais*, ou seja, dos interesses de *cada indivíduo enquanto partícipe da sociedade (entificada [sic] juridicamente do Estado)*",[22] em suma, a faceta coletiva dos interesses individuais; abandonar o interesse público como fundamento do direito administrativo seria render-se ao mercado e ao liberalismo e "fazer prevalecer o interesse econômico",[23] onde dominaria o egoísmo.

Embora cada tese e cada argumento de críticos e clássicos pudessem receber análise particular, isso ocuparia espaço que não tenho; ademais, todos são já conhecidos (e não

---

15. A expressão é de Justen Filho [2008], e todas as expressões entre aspas são retiradas do mesmo artigo. O autor vincula o uso do "bem comum" ao fascismo [2008:80]. Comparar com o português Otero [2013:64-71], que vincula o bem comum à filosofia tomista, ao pensamento da Igreja Católica, à moralidade administrativa, à boa administração e à democracia. Apontei a mudança de posição de Justen Filho sobre o fundamento do direito administrativo (do interesse público para a dignidade humana em outra obra – v. [Giacomuzzi 2011:Introdução]).

16. [Carvalho Filho 2010:67].

17. [Di Pietro 2010:100].

18. V. [Carvalho Filho 2010:76].

19. V. [Di Pietro 2010:86-97].

20. V., por exemplo: [Bandeira de Mello 2016:65-70]; [Martins 2015]; [Carvalho Filho 2010:73]; [Borges 2006].

21. V., por todos: [Carvalho Filho 2010:73].

22. [Bandeira de Mello 2016:60-61].

23. [Di Pietro 2010:85]. No mesmo sentido: [Bandeira de Mello 2016]; [Martins 2015].

se restringem aos ditos acima),[24] e não vou retomá-los neste ensaio. Pretendo enfocar um aspecto que é tratado sem muita atenção na doutrina jurídica nacional: o das diferentes filosofias moral e política que informam umas e outras posições.[25] Ensaiarei *uma breve genealogia* do interesse público. Explico as três palavras, de trás para frente.

Genealogia no sentido em que Nietzsche empregou o termo no estudo da moralidade: há várias origens diferentes e múltiplos significados possíveis a um mesmo conceito.[26] Não se trata de contar uma história cronológica do interesse público, e sim de ensaiar uma abordagem crítica de alguns dos muitos sentidos de interesse público possíveis na história das ideias, aqueles que podem estar por trás do pensamento de defensores e opositores do interesse público como fundamento do direito administrativo. A genealogia aqui ensaiada também será *breve*, por falta de espaço e, principalmente, de talento. *Uma* genealogia, porque outras são possíveis. Poderíamos retroceder aos romanos e buscar lá o sentido das noções de *res publica*, *utilitas publica* e *utilitas communis* e ver se e como a noção de interesse público com elas se relaciona; ou poderíamos explorar a dicotomia *ius publicum/ privatum*; ou, então, aprofundar a visão aristotélico-tomista de bem comum;[27] ou explorar a relação entre interesse público e soberania.[28] Meu caminho será outro.

Seguirei a pista indicada por Jacques Chevallier, que contrapõe duas espécies de interesse geral: "Nos Países anglo-saxões, e notadamente nos Estados Unidos, o interesse geral jamais foi considerado como *o produto da solitária deliberação parlamentar ou saído pronto do cérebro dos funcionários públicos*". A ironia fala por si e alerta para a base da formação do interesse público anglo-americano, na qual "encontramos necessariamente os interesses particulares, fragmentários e concorrenciais, dos membros do corpo social; convém balancear esses diversos interesses, a fim de chegar ao *melhor compromisso possível*"[29] (grifos nossos).

Ocultas nas expressões em itálico estão duas filosofias, visões de mundo diversas, as quais se refletem na compreensão do que seja o interesse público e, no limite, qual jusfilosofia estaria por trás de cada concepção do interesse público. É a genealogia dessas filosofias que ensaiarei brevemente aqui.

24. Uma resenha útil de algumas críticas à noção de interesse público encontra-se em [Campos e Just 2014:110-122]. Alguns dos principais argumentos de ambos os lados do debate encontram-se em [França 2010].
25. Claro que há uma "filosofia" comum mais ou menos defendida/criticada por ambos os lados do debate: o (neo)liberalismo. Mas o debate não traz preocupação teórica com o conceito defendido/criticado.
26. Sigo a concepção de Leiter [2015:Capítulo 5] sobre o sentido de genealogia em Nietzsche.
27. Alguns desses caminhos já foram percorridos pela doutrina brasileira, mas sem grande profundidade. V., por exemplo: [Carvalho Filho 2010] e [Di Pietro 2010]. No Direito Português, vinculando o interesse público ao bem comum tomista, v. Otero (nota 15, acima).
28. Explorando a relação *intérêt général* e *souveraineté*, v.: [Plessix 2015].
29. [Chevallier 2016:85]. A mesma dicotomia está no "Prefácio" de Benoît Plessix à tese de Coq [2015:7]. Plessix questiona, em tom provocativo e pessoal, se não seria o tempo de adaptar "a teoria geral do direito administrativo à evolução pós-moderna, de considerar a aproximação do interesse geral e dos interesses privados, de levar em conta o pluralismo social (...) talvez mesmo de dever atestar o óbito do interesse geral à francesa e de anunciar o triunfo do utilitarismo anglo-saxão num País que se nutriu no Direito Romano, no Direito Canônico e no pensamento de Rousseau para extrair a ideia de um interesse geral transcendental cujo Estado-Nação soberano seria o único depositário e o único garante".

1. Moralistas versus *realistas*

Vivemos em um mundo com cinquenta tons de cinza – também na filosofia moral e política. Mas é útil pintá-lo em menos cores: o pensamento funciona por opostos, e essa simplificação didática tem sido utilizada na história das ideias e da Filosofia para auxiliar na compreensão do mundo.[30] Como chave de leitura deste ensaio, farei uso da arquitetura que o filósofo e teórico do Direito Brian Leiter, da Escola de Direito de Chicago, ofereceu em 2012 sobre as duas principais teorias (morais) do Direito.[31] Penso que elas iluminam o debate de forma extremamente útil.

Leiter explica que o debate jusfilosófico norte-americano atual se dá entre o que chama de moralistas (representados modernamente por Ronald Dworkin, falecido em 2013) *versus* realistas (representados por Richard Posner), mas que esse debate nada tem de novo; segundo Leiter, o debate é somente a continuação de uma disputa que tem raízes na filosofia moral e política antiga e persiste até hoje: o moralista Platão *versus* o realista Tucídides, depois Nietzsche *versus* Kant, Marx *versus* Hegel, Raymond Geuss *versus* John Rawls. Vistas as coisas cruamente, a verdadeira disputa sobre a concepção de Direito dá-se entre os que partem de uma teoria sobre como as coisas *devem moralmente ser* e aqueles que partem de uma teoria de como as coisas *são na realidade*.[32] Exponho as vigas-mestras desta arquitetura, porque nelas caberá a genealogia que empreendo a seguir.

Platão tinha uma concepção de vida boa e de sociedade, e sua metafísica dava suporte a toda sua filosofia moral e política; um comportamento imoral era, para Platão, irracional, e seres racionais deveriam banir a satisfação *egoísta* de seus desejos em favor da ação justa, a qual era objeto possível de cognição racional, embora o objeto dessa cognição estivesse num mundo que transcende o mundo meramente empírico.[33]

Esse ponto é crucial, porque "talvez a doutrina mais claramente identificada com o platonismo é uma crença na existência de ideias imateriais".[34] Em suma, para a "doutrina das ideias" de Platão as ideias são metafisicamente diferentes do mundo *material* no qual conduzimos nossas vidas diárias; elas não têm forma material nem propriedades materiais, sendo perceptíveis somente pelo intelecto. Platão reconhece dois mundos, o material e o imaterial; é o "dualismo metafísico", central tanto a Platão quanto a Rousseau.

Essa metafísica platônica é acompanhada por uma ontologia. Uma coisa é falar sobre ideias ou sobre a alma, outra é falar sobre como elas são. Platão dava às ideias imateriais alguns atributos: eram constantes, invariáveis, transcendentes. Lei natural, direitos naturais, realismo moral, hoje cânones do pensamento político e jurídico do Ocidente, derivam todos do ímpeto platônico em situar normas/ideias morais fundamentais *acima* do artificial e do contingente. Essa dimensão será um componente essencial também à filosofia moral e política de Rousseau.

Metafísica e Ontologia vão de par com as dimensões política e institucional da filosofia platônica, a qual dependerá de outros elementos para atingir o Bem e a Justiça, propósitos

---

30. V., por exemplo: [Sowell 2011].
31. V.: [Leiter 2012].
32. V.: [Leiter 2012:867].
33. V.: [Leiter 2012:867-868].
34. [Williams 2007:xix]. Este e os dois parágrafos que seguem são baseados em [Williams 2007:xix-xxx].

ideais das instituições políticas, mas atingíveis somente por filósofos, que deveriam governar justamente por terem acesso a essas ideias imateriais, transcendentes. Esses outros elementos do platonismo serão a fé em Deus, a imortalidade da alma e a vontade livre.

Embora não seja central à doutrina de Platão, a fé em Deus foi um componente significativo no pensamento de Descartes, Leibniz e Malebranche, todos precursores de Rousseau. Via imortalidade da alma, ideia capital à sua doutrina, Platão separava a existência humana em material (corpo) e imaterial (alma). E a vontade livre nasce justamente desse dualismo: somente em razão do componente imaterial (alma) do humano é possível resistir à causalidade do mundo material. Não por acaso, Rousseau pactua, de alguma forma, do espírito que embala todas essas ideias, as quais culminarão na sua *volonté général*, noção colocada no centro de sua filosofia moral e política, como veremos depois.

A filosofia de Platão opunha-se ao realismo de Tucídides, o primeiro realista (que Leiter chama noutro texto de "realismo clássico").[35] Leiter sustenta que foi Nietzsche quem melhor enfatizou a oposição, no item 2 do Capítulo "O Que Devo aos Antigos" do livro *O Crepúsculo dos Ídolos*:

> Platão é entediante. (...) acho-o (...) tão impregnado de moral, tão cristão anteriormente ao cristianismo – ele já adota o conceito "bom" como conceito supremo –, que eu utilizaria, para o fenômeno Platão, a dura expressão "embuste superior", ou, se soar melhor, idealismo, antes que qualquer outra palavra. (...). Meu descanso, minha predileção, minha *cura* de todo platonismo sempre foi *Tucídides*. Tucídides (...) pela incondicional vontade de não se iludir e enxergar a razão na *realidade – não* na "razão", e menos ainda na "moral" ... Desse lamentável embelezamento e idealização dos gregos, que o jovem "de formação clássica" leva para a vida como prêmio por seu treino ginasial, disso nada cura tão radicalmente como Tucídides.[36]

Lembro aqui o ensinamento tão simples quanto profundo do espanhol Juan Carlos Iglesias-Zoido, Catedrático de Filologia Grega em obra recente sobre o legado de Tucídides na Cultura Ocidental: com seu esplêndido *História da Guerra do Peloponeso*, Tucídides iniciou a história *pragmática*, obra que não surgiu com a intenção de mostrar a erudição do autor nem de relatar as glórias de um povo, mas sim, ao contrário, nasceu da

> (...) necessidade de explicar ao mundo (e seguramente a si mesmo) alguns sucessos que comoveram a todos os seus contemporâneos e que levaram o horror da guerra e da destruição às mais altas proporções conhecidas até então. E mais, pela primeira vez que saibamos, um historiador se coloca a necessidade de que sua obra não só sirva para lavrar ata de sofrimento e dor de uma batalha, mas também para que as gerações futuras tenham um ensinamento que as ajude a contornar os perigos futuros.[37]

Tucídides – diz Iglesias-Zoido – foi consciente de que não eram úteis os modelos que estavam à sua disposição para explicar a História; tendo Heródoto como opositor em mente, Tucídides em sua obra "supõe o abandono premeditado e consciente de todo tipo de relato

---

35. V.: [Leiter 2001].
36. [Nietzsche 2006:102-103]. Minha atenção a Nietzsche foi chamada por Leiter [2012:871], mas a passagem que citei de Nietzsche é mais longa que a citada por Leiter, para quem (como para Nietzsche) Tucídides representa a quintessência do modelo realista.
37. [Iglesias-Zoido 2011:43].

mítico como meio de explicar os fatos passados".[38] Leiter lembra que para Tucídides os líderes políticos eram motivados por preocupações *egoístas* como poder, medo e riqueza – e não baseadas em uma vontade geral; eram "criaturas para quem considerações morais eram cortinas retóricas ao invés de razões para ação".[39]

Muitos séculos depois, o historiador realista Tucídides converte-se, pela obra de Thomas Hobbes (1588-1679), em modelo de pensador político.[40] Em 1629 Hobbes traduz a *História* de Tucídides do original grego ao inglês, tradução que foi "um ato em parte político".[41] Nessa tradução, que antecede o *Leviathan* (de 1651) em mais de duas décadas, Hobbes já traz o germe de seu pensamento e destaca a finalidade *pragmática* da obra, advertindo o leitor, na introdução à tradução, de que Tucídides não se perde, como outros, em digressões, mas, sim, se atém aos *fatos*, à *realidade*.[42]

É o mesmo Hobbes que, com o seu materialismo, se opõe ao dualismo platônico. Quase ao final do *Leviathan*, no Capítulo 46, cujo título sugestivo é "*f the Darkness from Vain Philosophy and Fabulous Traditions* ("Das Trevas Oriundas da Vã Filosofia e das Tradições Fabulosas"), Hobbes, após dizer que a "escola grega" (isto é, Platão e Aristóteles) foi inútil, aponta o erro "desta metafísica que, misturada com as Escrituras, passa a constituir a Escolástica", a qual prega "que há no mundo certas essências separadas dos corpos, às quais chamam *essências abstratas e formas substanciais*". Para Hobbes não há essências abstratas. "O mundo (...) é corpóreo (isto é, corpo) e tem as dimensões de grandeza (a saber, comprimento, largura e profundidade). (...). E, consequentemente, qualquer parte do Universo é corpo e aquilo que não é corpo não é parte do Universo".[43]

A quem pode se perguntar o porquê de essas "sutilezas" estarem presentes numa obra como o Leviatã, Hobbes é bastante claro:

> É com o propósito de que os homens não mais se deixem enganar por aqueles que, com a doutrina das *essências separadas*, construída sobre a vã filosofia de Aristóteles *[e Platão]*, os quiserem aterrorizar com nomes vazios, impedindo-os de obedecer às leis do seu País, tais como os homens assustam os pássaros do trigo com um gibão vazio, um chapéu ou um cajado. Pois é com esse fundamento que, quando um homem morre e é sepultado, dizem que sua alma (isto é, a sua vida) pode andar separada do corpo e é vista de noite por entre os túmulos.[44]

Minha proposta é aproveitar a estrutura arquitetônica de Leiter (agregando o materialismo e o utilitarismo ao polo realista) e, no que toca à noção de interesse público, acrescentar ao seu Panteão a oposição Jean-Jacques Rousseau (1712-1778) *versus* Jeremy Bentham (1748-1832).[45] Da filosofia desses dois autores derivam duas concepções opostas

---

38. [Iglesias-Zoido 2011:43].
39. [Leiter 2012:871].
40. [Iglesias-Zoido 2011:196].
41. [Martinich 2005:5].
42. Sobre o Tucídides de Hobbes, v.: [Iglesias-Zoido 2011:200-205].
43. [Hobbes 2003:559]. Modifiquei minimamente a tradução portuguesa com base na versão em inglês [1998[1651]:459]. Sobre o materialismo em Hobbes e seu antagonismo ao moralismo platônico, sigo [Williams 2007:27 e ss.].
44. [Hobbes 2003:561]. Na filosofia brasileira, sobre o materialismo de Hobbes, v.: [Lisboa 2015:14].
45. A oposição entre as visões de interesse público de Rousseau e Bentham está também em [Birkhead 1994].

de interesse público, que catapultam duas ideias diferentes de mundo e, no limite, de Direito (administrativo). No entanto, vou concentrar o ensaio no pensamento de Rousseau; Bentham servirá, ao fundo e no final, de contraponto. Explico brevemente no próximo item o porquê da ênfase em Rousseau e delimito a estrada a percorrer.

2. Por que Rousseau?

Há dois pontos na teoria do direito administrativo continental sobre o "interesse público" que parecem relativamente pacíficos: ele (i) inspira-se em ou se confunde com a noção de *volonté général* de Jean-Jacques Rousseau;[46] e (ii) não tem definição fácil, se alguma for possível. Em razão desse segundo consenso (dificuldade de definição), alguns administrativistas esforçam-se por encontrar uma substância palpável ao conceito de interesse público, enquanto outros, ao contrário, chegam ao ponto de propor o abandono do conceito como fundamento do direito administrativo. Na minha visão, uns e outros lançam argumentos que orbitam em torno da filosofia moral e política de Jean-Jacques Rousseau. Mas a argumentação é descuidada. Explico rapidamente, para depois elaborar melhor o assunto.

No Capítulo III do Livro II do *Contrato Social* constam duas das mais célebres frases de Rousseau sobre a vontade geral: (i) "a vontade geral é sempre reta e tende sempre à utilidade pública"; e, logo depois, (ii) "há uma grande diferença entre a vontade de todos e a vontade geral. Esta só diz respeito ao interesse comum, a outra diz respeito ao interesse privado, não sendo mais que uma soma de vontades particulares"[47] (*OC* 3:371 [80]). Para nossa decepção, essas frases ajudam pouco para a substância da noção de vontade geral, e mesmo os administrativistas clássicos, defensores do conceito de interesse público (que muitas vezes explicam o conceito com paráfrases da segunda frase acima referida), apressam-se a alertar que "dizer isto, *[que a vontade geral não é a soma das vontades particulares]* entretanto, é dizer-se muito pouco para compreender-se verdadeiramente o que é interesse público".[48]

Na verdade, a busca de construção de conteúdo ao interesse geral por parte dos administrativistas clássicos não nos levou muito longe – o que abriu flanco aos críticos. Em regra, os clássicos defensores do interesse público parecem contentar-se, na busca de substância, com uma classificação/divisão simples do interesse público entre primário e secundário, atribuída à doutrina do italiano Renato Alessi, segundo a qual só o interesse primário seria o interesse público "propriamente dito", indisponível, enquanto o secundário seria o interesse patrimonial da Administração, supostamente disponível.[49] Ainda

---

46. "Ninguém ignora a influência na história do pensamento francês: é Jean-Jacques Rousseu" [Plessix 2015:564]. V. também: [Constantinesco 2015]. Estou ciente de que há tentativas de distinção, no plano jurídico, entre as noções de interesse público e interesse geral. V.: [Deguergue 2016]. Sigo a visão dominante e trato ambas como sinônimos.

47. Doravante indicarei no texto o original das *Obras Completas/OC* de Rousseau via edição Gallimard, Œuvres Complètes, 1964. O número que segue às letras *OC* é o volume, seguido da página, e depois, entre colchetes, a página da tradução que utilizei, quando disponível. Modifiquei a tradução algumas vezes.

48. [Bandeira de Mello 2016:59].

49. [Bandeira de Mello 2016:65]. Não perceber essa divisão, que seria "algo óbvio" aos italianos, equivaleria a cometer um "equívoco muito grave de supor que o interesse público é exclusivamente um interesse do Estado".

que útil nalguma medida,[50] essa classificação só difere a explicação sobre o que seja o interesse público (primário ou propriamente dito) para um segundo momento, mas nada esclarece – e o momento não chegou até hoje. Cientes dessa deficiência, os defensores do interesse público apoiam-se no argumento referido na "Introdução" acima, segundo o qual o interesse público seria a faceta coletiva dos interesses individuais.

Ora, a base desse movimento argumentativo dos administrativistas clássicos, o qual distingue o interesse do *indivíduo* do interesse do *cidadão*,[51] lançando mão de expressões como "interesse público propriamente dito", sem qualificá-lo, ou referindo que esse interesse público não é uma soma de interesses particulares, e sim "o interesse do todo", é mera paráfrase da segunda frase de Rousseau citada acima. Mas a verdade é que avançamos pouco no que toca ao conteúdo do interesse público, ou da vontade geral.

3. O que é o interesse público em Rousseau?

A noção de *volonté général*, que Rousseau pôs no centro de sua filosofia moral e política, é "a metáfora de Rousseau de maior sucesso. Ela carrega tudo o que ele mais queria dizer".[52] Esse conceito político, usado por Rousseau por razões essencialmente filosóficas,[53] foi posto na base de instituições políticas modernas, dentre elas o direito administrativo, pelo menos o continental.

Mas o leitor de Rousseau não encontra em sua obra nenhuma definição dessa noção fundamental.[54] A pergunta a ser feita é: como compreender o pensamento que serve de base à filosofia moral e política de Rousseau – e, no limite, do direito administrativo continental – sem que haja uma ideia clara da noção principal dessa mesma filosofia, a *volonté général*? Como diz um dos maiores *scholars* em Rousseau na atualidade, David Lay Williams, entender a vontade geral de Rousseau "só se pode dar por escavação".[55] Precisamos, então, cavar mais fundo.

A genealogia que segue terá três estágios: no primeiro (item 3.1) vou expor a razão pela qual Rousseau não definiu a noção de *volonté général*; para isso elenco algumas das premissas filosóficas do pensamento moral e político de Rousseau. Depois (item 3.2) exponho brevemente contra qual filosofia Rousseau se debatia: o materialismo. Por fim (item 3.3), defendo a tese de que a vontade geral de Rousseau tinha um *conteúdo material definido*, e que esse conteúdo escancara uma jusfilosofia contrária ao Positivismo Jurídico. Nada do que sustento é original da história da Filosofia, embora possa ser desconhecido dos administrativistas.

50. A classificação oferece algum norte para a solução de problemas práticos, como, por exemplo, a possibilidade de transação/arbitragem em processos envolvendo valores patrimoniais em que a Fazenda Pública é parte. Há quem seja contrário à transação referida mesmo tratando-se de interesse público secundário. Por exemplo: [Martins 2015:Capítulo 2].
51. Embora tachando o movimento de "operação retórica", Campos e Just [2014:111] apanharam bem o cerne do argumento.
52. [Shklar 1969:184].
53. V.: [Riley 2001:127].
54. V.: [Williams 2015:219].
55. [Williams 2015:240].

O pano de fundo do que segue tem em vista o moralista Rousseau, em boa medida herdeiro de Platão, leitor do teólogo medieval Nicolas Malebranche; Rousseau, cristão à sua maneira, arqui-inimigo de Hobbes, crítico do Iluminismo francês de Diderot e, principalmente, construtor de uma teoria moral e política cuja consequência aqui relevante é a *rejeição completa* da doutrina juspositivista,[56] a qual sustenta que o Direito pode ser completamente divorciado de princípios morais – não por acaso, divórcio, esse, que se tornou o núcleo gerador da filosofia utilitarista de Jeremy Bentham. Utilitarismo cujo "avô" é o mesmo Hobbes,[57] o Hobbes materialista, precursor do juspositivismo moderno.[58]

3.1 A transformação da volonté général como conceito teológico em conceito cívico

Rousseau não definiu a noção de vontade geral, porque não era necessário que o fizesse. É que Rousseau trabalhava, na verdade, com uma noção *teológica* bem conhecida na sua época e defendida por teólogos moralistas platônicos na França do século XVII e início do século XVIII, ao largo de 70 anos (1644-1715), dentre eles Antoine Arnauld (1612-1694), aparentemente o primeiro a utilizar a expressão, Nicolas Malebranche (1638-1715), a grande inspiração de Rousseau, além de outros como Pascal, Fénelon, Bossuet, Bayle, Fontenelle e Leibniz.[59] A ideia básica era a de que a *volonté général* expressava uma espécie de vontade que Deus possuía em decidir sobre o destino dos homens; em suma, uma questão de justiça de Deus. O que o gênio de Rousseau fez foi transformar essa noção teológica em uma noção *cívica*.[60] Numa palavra: Rousseau não *inventou* a noção de *intérêt général*; ele transformou-a e "fez sua história".[61] Vejamos, embora rapidamente, como se deu essa transformação.[62]

O pensamento teológico francês do século XVII precisava responder a questões como estas: Se "Deus quer salvar a todos", como afirmou São Paulo na *1ª Carta a Timóteo*, então, Deus teria uma *volonté général* que produz a salvação universal? Tendo ou não essa vontade, por que Ele quereria *particularmente* que alguns homens não fossem salvos? Por fim, havia a questão de ser justo a Deus querer salvar uns e condenar outros. Em suma, as noções de *volonté général* e *volonté particulière* faziam parte de uma questão mais ampla acerca da justiça de Deus, questão tão antiga quanto a filosofia cristã.[63]

Foi Nicolas Malebranche (1638-1715), filósofo, teólogo e matemático francês, quem deu largo curso teológico às expressões *volonté général* e *volonté particulière* nesse con-

---

56. V.: [Williams 2015:235]. Para a dimensão histórica do jusnaturalismo de Rousseau, v.: [Dufour 2003].

57. "Sobretudo, via linha dos hedonistas franceses, Hobbes foi o avô do Utilitarismo" [Catlin 1967:3].

58. Nem Hobbes nem Bentham se diziam "positivistas". Esse discurso, claro, é nosso, a partir do século XX, e não deles. Sobre isso, v.: [Priel 2015:992-993].

59. V.: [Riley 2015:13].

60. Devo a tese e os argumentos da transformação de noção teológica em cívica a Patrick Riley [1986, 2001, 2015].

61. A frase é de Judith Shklar, *apud* [Riley 2015:3]. Veremos que está errada a seguinte afirmação de Di Pietro [2010:89]: "Foi com Rousseau que nasceu a ideia de interesse geral diverso da soma dos interesses particulares". Essa afirmação ignora a história da Filosofia, conquanto não comprometa o argumento que a autora desenvolve no artigo citado.

62. A fonte do que segue tem base em [Riley 2015], [Williams 2014 e 2015] e [Shklar 1969].

63. V.: [Williams 2015:245-247].

texto. Deus agiria, segundo Malebranche, "por meio de *volontés générales* quando age em consequência das leis gerais que ele estabelece", e "jamais age" por meio de *volontés particulières*, por vontades ad hoc e injustas, como fazem as "inteligências limitadas", cujo pensamento não é "infinito". Para Malebranche, agir em nome de interesses particulares mostra inteligência limitada, enquanto agir em nome do interesse geral mostra sabedoria. Deus age sempre com vontade geral, mesmo que na natureza nasçam crianças malformadas ou frutas podres, as quais não são *em si* queridas por Deus, que não pode ser acusado de "capricho" ou de "ignorância".[64] Há uma "ordem constante e regular" nas leis postas por Deus, o qual, como legislador, não age em nome de vontades particulares; os que assim pensam, dizia Malebranche, "imaginam que Deus a cada momento está praticando milagre em seu favor". E isso "bajula o amor-próprio, o qual relaciona tudo a ele mesmo" e "acomoda ele próprio à ignorância".[65] Essa ideia será depois recuperada por Rousseau, que irá opor a vontade geral ao egoísmo do amor-próprio.

Outro elemento importante na teoria de Malebranche sobre a vontade geral é seu platonismo, que estará na base da filosofia moral de Rousseau, com influência na noção de *volonté général*.[66] Dois pontos merecem análise, aqui: o dualismo platônico e a rejeição à teoria juspositivista do Direito (divino, no caso de Malebranche) como comando.[67] Comecemos pelo dualismo.

Como Platão (e Descartes), Malebranche separava mente e corpo. No primeiro dos *Diálogos sobre Metafísica e Religião*, de 1688, Malebranche põe na boca de Teodoro (personagem que representa o pensamento de Malebranche) as seguintes palavras: "Pois a distinção entre a alma e o corpo é o fundamento dos principais dogmas da Filosofia, entre eles o da imortalidade de nosso ser".[68] Esse dualismo possibilitava que o mundo das ideias fosse posto acima do mundo sensível. Para Malebranche seria "bem mais fácil demonstrar o mundo das ideias (...) que demostrar a existência desse mundo material". Eis a razão:

> As ideias têm uma existência eterna e necessária e o mundo corpóreo existe apenas porque Deus desejou criá-lo. Assim, para ver o mundo inteligível, basta consultar a Razão, *que contém em si as ideias inteligíveis, eternas e necessárias, o arquétipo do mundo visível, algo que os espíritos racionais ou unidos à Razão podem fazer*. Mas para ver o mundo material, ou sobretudo para afirmar que esse mundo existe – pois esse mundo é, por si mesmo, invisível –, é necessário que ele nos seja revelado por Deus, porque não podemos por intermédio da Razão necessária conhecer as deliberações de suas vontades arbitrárias.[69] *[Grifos nossos]*

O segundo ponto é a rejeição da teoria positivista do Direito como comando (divino). Para Malebranche, e depois para Rousseau, as leis de Deus não são válidas somente porque provêm de Deus; as leis de Deus não são arbitrárias nem particulares (essa seria, para Malebranche, a teoria "bizarra" de Hobbes). As leis de Deus seriam "sábias, justas e boas (...) tanto que suas vontades não são arbitrárias (...) mas porque elas são reguladas pela lei

---

64. V.: [Riley 2015:14-15]. As aspas são para citações de Malebranche, tomadas de Riley.
65. [Riley 2015:16]. As aspas são para citações de Malebranche, tomadas de Riley.
66. A base teórica sobre o platonismo de Rousseau está em [Williams 2007].
67. V.: [Williams 2015:247].
68. [Malebranche 2011:15].
69. [Malebranche 2011:18].

eterna (...) uma lei que somente pode consistir em relações necessárias imutáveis que estão entre os atributos e perfeições que Deus envolve em sua essência".[70]

Em Malebranche há uma concepção eterna e imutável de Justiça à qual mesmo Deus deve conformar-se. E a vontade de Deus, por se conformar a essa Justiça, nada tem com as injustiças particulares, as quais são causadas pelos homens, dotados de vontade livre. Quando os homens usam sua liberdade para seus prazeres particulares, contrários às leis de Deus, cada uma dessas vontades particulares é "injusta, é ingrata, é cega".[71] Como diz David Williams, não é difícil ver na noção teológica da *volonté général* de Malebranche o fundamento do discurso secularizado de Rousseau.[72] Como e por que se deu essa mudança é o próximo passo.

Analisemos as palavras da expressão *volonté général*. *Volonté* é um conceito central em toda obra de Rousseau.[73] Vontade *livre*, bem entendido. Já, no *Segundo Discurso* (1755) Rousseau identifica a vontade livre como a característica que faz do homem um ser único: ao passo que em todo animal Rousseau vê "somente uma máquina engenhosa", no homem "concorre para suas qualidades um *agente livre*. Um escolhe ou rejeita por instinto, e o outro, por um ato de liberdade". E depois Rousseau diz: "Portanto, não é tanto o entendimento quanto a sua qualidade de agente livre que confere ao homem sua distinção específica entre os animais. A Natureza comanda todos os animais, e a Besta obedece. O homem sente a mesma impressão, *mas se reconhece livre para aquiescer ou para resistir*" (*OC* 3:141, 141-142 [172-173]) (grifos nossos).

Essa vontade livre está também no centro do *Contrato Social*. Já no Capítulo 8, Livro I, Rousseau enfatiza que "a passagem do estado de natureza ao estado civil produz no homem uma mudança notável, ao substituir em sua conduta o instinto pela justiça e ao dar às suas ações a moralidade que antes lhes faltava". A partir daí, *livre* do "impulso físico", o homem, "que até então só havia considerado a si mesmo, se vê obrigado a agir com base em outros princípios e a consultar sua razão antes de ouvir suas propensões". É só então que

> (...) suas faculdades se exercem e se desenvolvem, suas ideias se ampliam, seus sentimentos se enobrecem e sua alma toda se eleva a tal ponto que, se os abusos dessa nova condição não o degradarem de pronto para abaixo daquele de que saiu, ele deveria abençoar sem cessar o feliz instante que o tirou dela para sempre e que, de um animal estúpido e obtuso, fez um ser inteligente e um homem. [(*OC* 3:364 [70])]

A *volonté* em Rousseau quer representar sua convicção de que "a associação civil é o ato mais voluntário do mundo", de que "tirar toda liberdade da sua vontade é tirar toda moralidade de suas ações" (*OC* 3:440, 356 [164, 60]).[74] Somente o homem com vontade livre age moralmente. Em Rousseau, sem vontade não há liberdade, não há determinação pessoal, não há causalidade moral, não há obrigação.[75] Daí vemos que a vontade livre não

---

70. *Apud* [Riley 1986:46]. As citações de Riley são da obra *Prémotion Physique*, de Malebranche. Williams [2015:247] cita a mesma passagem de Malebranche, sempre com base em Riley.
71. Malebranche, *Treatise on Nature and Grace*, 1992 [1680], p. 171, *apud* [Williams 2015:247].
72. [Williams 2015:247-248].
73. V.: [Riley 2001:124]; [Williams 2015:220].
74. *Do Contrato Social*, p. 164, 60 (*OC* 3:440, 356). Tomo o raciocínio a [Riley 2001:127].
75. V.: [Riley 2001:127].

é meramente um fim em si. Ela é *necessária* para que o homem implemente o pacto social, ao qual, Rousseau diz no Capítulo VI do Livro II do *Contrato Social*, damos "existência e vida ao corpo político" (*OC* 3:378 [88]); feito o pacto social, o homem não obedecerá a ninguém senão a si mesmo; é essa a essência da liberdade em Rousseau. E isso somente poderá ocorrer se o homem obedecer à lei, lei que ele, com vontade livre, produziu.

E a vontade livre deve ser também *geral*. *Général* em Rousseau quer representar, entre outras coisas, o império da lei, a educação civil que nos retira para fora de nós próprios e direciona para o bem comum, para o cidadão virtuoso de Esparta e da Roma republicana.[76] E aqui vem um ponto crucial da teoria moral e política de Rousseau: ao contrário da vontade de Deus, que era *natural* para Arnauld, Pascal, Malebranche e demais teólogos do século XVII, em Rousseau a vontade geral não é natural, e sim artificialmente *produzida* por meio da educação familiar e *cívica*.[77] Como diz Patrick Riley, "não é um acidente que a educação (doméstica e cívica) é tudo em Rousseau".[78]

No *Emílio*, o tratado da educação de Rousseau, vemos no início do Livro I a seguinte passagem: "Forçado a combater a natureza ou as instituições sociais, é preciso optar entre fazer um homem ou um cidadão, pois não se podem fazer os dois ao mesmo tempo" (*OC* 4:248 [11]). O que Rousseau faz no *Emílio* é preparar o homem para ser um *cidadão*; porque dele depende uma sociedade baseada na *volonté général*, aquela que Rousseau diz no Livro IV do *Contrato Social* ser "indestrutível" e que é "uma só" quando "provém de vários homens reunidos *[que]* se consideraram um só corpo". Esses homens são "retos e simples", vivem em "paz, união e igualdade" (*OC* 3:437 [161]). Só esses homens são virtuosos e podem agir em nome da vontade geral, e, portanto, *moralmente*; por isso Rousseau diz, no artigo sobre "Economia Política" escrito para a *Enciclopédia*, que "todo homem é virtuoso quando sua vontade particular é conforme em tudo à vontade geral" (*OC* 3:254 [119]).

Assim, a noção de *volonté général*, expressão teológica corrente na linguagem dos teólogos franceses do século XVII, que Rousseau conhecia muito bem, é transformada pelo gênio de Rousseau na noção cívica fundamental, em torno da qual os homens devem unir-se para construir uma sociedade. A *volonté général* é uma amálgama que une os homens, que os direciona para fora de si mesmos enquanto indivíduos. O indivíduo está, em Rousseau, associado ao egoísmo e ao *amour propre*.

Esse indivíduo egoísta faz escolhas autônomas em nome do interesse particular, enquanto o cidadão de Rousseau, em nome da vontade geral, faz escolhas autônomas para servir ao interesse público. O indivíduo egoísta prioriza ele próprio, enquanto o cidadão prioriza a comunidade. Enquanto o indivíduo ama ele mesmo, o cidadão ama seus concidadãos. Talvez em nenhuma outra passagem essa oposição fique mais clara do que no Livro IV do *Emílio*, quando se lê que "a diferença é que o bom se ordena relativamente ao todo, e o mau ordena o todo relativamente a ele. Este faz-se o centro de todas as coisas; o outro mede seu raio e mantém-se na circunferência" (*OC* 4:602 [441]). Como diz David Williams, "o ponto da vontade geral é fazer o 'homem bom' com base nessa medida – fazer os cidadãos orientarem a si mesmos em nome do todo, e não o oposto".[79]

---

76. V.: [Riley 2001:127].
77. V.: [Riley 2001:125].
78. [Riley 2001:126]. O argumento do parágrafo seguinte tomei de [Williams 2015:236-237].
79. [Williams 2014:24-25].

Voltemos um pouco ao nosso direito administrativo, sempre recordando o pano de fundo que propus. Não é difícil ver a razão pela qual muitos dos argumentos que nossos administrativistas clássicos empregam têm base nessa filosofia moral e política de Rousseau, que entende ser a vontade geral, ou o interesse público, uma noção (um "princípio") *necessária* para a existência da sociedade – e do direito administrativo.[80] Também não é difícil perceber que a visão moralista de Rousseau – a de um mundo com cidadãos que são educados para agir e agem em nome do interesse público, e não de indivíduos egoístas que agem em nome dos interesses particulares – é uma visão que é tudo menos *real*.

Como dito no item 1, acima, essa visão é baseada numa teoria de como o mundo *deveria moralmente ser*, e não como o mundo *realmente é*. O moralismo pressupõe que exista uma moral correta, a qual pode ser apreendida pelos homens. Assim pensavam Platão e Rousseau (e Dworkin).[81]

Entretanto, como foi dito no item 1, acima, o realismo de Tucídides opunha-se a isso, assim como o materialismo de Hobbes. Na época de Rousseau, um século depois de Hobbes, o materialismo do inglês encontrou na França alguns seguidores, todos *philosophes* do Iluminismo: Diderot, d'Holbach, La Mettrie e Helvétius.[82] Rousseau será inimigo de todos eles, não no plano pessoal (Rousseau foi por um tempo amigo pessoal de muitos, inclusive deles dependendo financeiramente), mas sim no campo das ideias. Rousseau desprezava os materialistas. Não por acaso, Bentham os tinha como modelo.[83]

O que importa à minha genealogia é notar que o administrativista clássico parece beber não das ideias de Diderot e dos enciclopedistas, mas, sim, do seu arqui-inimigo, Jean-Jacques Rousseau. É ele que oferece uma teoria, ou conjunto de ideias, que perturba a todos com maior profundidade e abala todos os alicerces.

3.2 O inimigo materialista

Rousseau, como todos, não escreve no vácuo. A doutrina de Hobbes começava a ganhar a sociedade culta e a penetrar nas conversas dos salões de Paris, estendendo-se de cidadãos a homens de Estado, de cidades a Países. Era contra *isso* que Rousseau também brigava.[84] Eis um pouco do contexto da França iluminista.

A corrente filosófico-jurídica que a partir do século XVII pretende encontrar *no homem* o direito natural não faz *tabula rasa* da herança teológica. Se Jean Domat reconhece que as "leis arbitrárias" dos homens são necessárias para o governo das sociedades modernas, ele não deixa de lembrar que essas leis humanas devem seguir os primeiros princípios que

---

80. Não é por acaso que Celso Antônio Bandeira de Mello, o mais ferrenho defensor da visão clássica, diz expressamente que as bases ideológicas do direito administrativo se encontram em Rousseau e Montesquieu [2016:48-49]. Não há, porém, nenhum aprofundamento do tema pelo autor, nem seu livro se propõe a isso.

81. Para uma abordagem interessante da visão utópica de Rousseau e sua filosofia moral e política, v.: [Carbonneau 1979].

82. V.: [Williams 2007:28]. Neste e no parágrafo seguinte derivei livremente de [Williams 2007:Capítulo 2].

83. Um pouco da história interpessoal de Rousseau e os filósofos materialistas está em [Williams 2007:54-56].

84. V.: [Williams 2007:62].

Deus pôs no mundo e devem comandar o Universo, sob pena de construir um edifício sem fundações. O pensamento de um Pothier, ou, mais tarde, de um Portalis, buscará a inspiração nesse mesmo Humanismo. E nem mesmo Hobbes recusou a ideia da lei natural divina transcendendo a lei dos homens. De alguma forma, a máxima de Santo Agostinho "lei injusta não é lei" era partilhada explicita ou implicitamente, e o caráter teológico na letra e no espírito das leis positivas era inescapável ao Humanismo nascente à época. A explicação é fácil: não há revolução intelectual ou quebra brutal de concepção de Direito possível na história do pensamento humano. Se Deus não está mais diretamente presente no Direito agora feito pelos homens, Sua lei é o fundamento da lei humana. O Humanismo jurídico conserva assim sua profunda raiz teológica, que sobrevive aos séculos: encontramo-la em Joseph de Mestre (1753-1821), em Louis De Bonald (1754-1840), em Jacques Maritain (1882-1973), em Michel Villey (1914-1988);[85] e, ainda hoje, em autores como o argentino Carlos I. Massini-Correas e o inglês John Finnis.

Quando Diderot preparava a *Enciclopédia* e, com Voltaire, D'Holbach, Helvétius e outros, falava em coro uníssimo sobre "racionalizar a lei", era a Igreja e seus dogmas que ele queria atingir. O objetivo era mais político que jurídico: destronar a lei de Deus e colocar no seu lugar a lei do homem, que reivindicava sua capacidade de iniciativa.[86] Diderot e os demais queriam construir uma política e uma moralidade sobre bases materialistas, e por isso negavam as bases da moral tradicional: Deus, a vontade livre, a alma e as ideias transcendentais. Os argumentos materialistas contribuíram para alterar as bases filosóficas do seu tempo – eles de alguma forma "iluminaram" o século XVIII, dito "das Luzes".

Dennis Diderot (1713-1784) era o mais ilustre dos materialistas franceses no Iluminismo; era também o que tinha mais amplos interesses, simbolizados na edição da *Encyclopédie*. Ecoando Hobbes, Diderot afirmava que os seres humanos eram pura matéria. Essa metafísica materialista era acompanhada por um determinismo biológico que impunha à pessoa a qualidade de bom ou mau por hereditariedade; e o único *standard* era, para ele, o prazer. Dennis Diderot era tão utilitarista quanto Jeremy Bentham.

Julian de La Mettrie (1709-1751) era médico, não filósofo. Fascinado pela obra *Descriptions du Corps Humain* (1664), de Descartes, extirpou o elemento imaterial da dualidade cartesiana ao publicar *L'Homme Machine* (1747), no qual La Mettrie sustenta que "o grande erro" da Filosofia de então era o dualismo metafísico, que pregava a existência de duas substâncias. Para La Mettrie somos somente matéria. Sua base era empírica, e não por acaso ele citava como seus adversários Leibniz, Malebranche e Fénélon – como vimos, todos heróis de Rousseau.

Claude A. Helvétius (1715-1771), cujo pai era médico na Corte, publicou anonimamente sua obra mais notória, *De l'Esprit* (1758), na qual ele busca dar fundamentos mais filosóficos à metafísica de La Mettrie, juntando empirismo e materialismo, que Helvétius pensava ser um casamento natural. Na obra, Helvétius sustenta que só há duas fontes de ideias: sensação e memória; sensação é a faculdade de perceber objetos físicos; memória é

---

85. Até aqui, este parágrafo teve inspiração em [Goyard-Fabre 2002:239-242]. A autora escreve que esses autores "radicalizam de diversas maneiras as tradições agostinianas e tomistas" e sustentam, "sem reconhecê-lo sempre", que "a lei de Deus é a Justiça mesma, portanto, o modelo de Direito que os homens constroem" [2002:342].

86. V.: [Goyard-Fabre 2002:245]. O parágrafo seguinte tem base em [Williams 2007:61].

simplesmente a continuação, enfraquecida, da sensação. Agnóstico, Helvétius também não dava qualquer espaço à existência da vontade livre.

Paul-Henry Dietrich von D'Holbach (1723-1789), o Barão D'Holbach, era autor prolífico; publicou anonimamente *Système de la Nature* (1770), no qual concordava com a metafísica de La Mettrie sobre a unidade da substância. O homem era somente o resultado de certas combinações da matéria, e as doutrinas religiosas que supunham uma substância imaterial eram, para D'Holbach, muito perigosas; substituindo a autoridade pela razão, elas contribuem para o aumento da tirania e do autoritarismo. Como Helvétius, D'Holbach unia materialismo e empirismo (que ele por vezes chamava de fatalismo) e, contra o catolicismo (D'Holbach era ateu explícito), entendia não existir a vontade livre. Matéria que é, o comportamento humano deriva somente de causas materiais, naturais enfim, que derivam da nossa composição genética. As mais importantes dessas causas são o desejo de preservar a própria vida e a promoção do interesse próprio. Tudo isso levava D'Holbach a uma ética puramente utilitarista: sem poder reconhecer a existência da vontade livre, resta-nos apelar ao que é empiricamente observável: a felicidade. D'Holbach é precursor de Bentham.

Rousseau precisava reagir. Ele entendia que poderia dar as respostas a todos os argumentos materialistas, os quais eram, dizia Rousseu nas *Reveries*, "sem fundamento" e "estéreis". Sem fundamento, porque negavam as bases da moral tradicional; estéreis, porque sua tentativa de construir um modelo protoutilitarista de moralidade prometida servia somente a propósitos "secretos e cruéis" (*OC* 1:1.022), e não ao bem genuíno da comunidade como um todo.

Baseando-se numa metafísica (existência de Deus, vontade livre, alma imaterial, ideias transcendentes) e numa epistemologia (suspeição dos sentidos e confiança no "sentimento interno") platônica, é na "Profissão de Fé Vigário Saboiano", posta no Livro IV do *Emílio*, que Rousseau quer *educar* o jovem sobre a moralidade clássica de Platão, Descartes, Leibniz, Malebranche, Fénélon e Lamy, a fim de destruir os fundamentos materialistas que então começavam a ganhar corpo.[87]

Na *Profissão de Fé*, o alvo de Rousseau são os *philosophes*: "não sou um grande filósofo e tampouco me preocupo em sê-lo" (*OC* 4:565 [372-373]) – diz o Vigário Saboiano de Rousseau no *Emílio*. Em especial, os filósofos materialistas. Para Rousseau os materialistas são como que "surdos, de fato, à voz interior que lhes grita num tom difícil de ignorar: uma máquina não pensa, não há nem movimento, nem figura que produza reflexão; alguma coisa em ti procura romper as correntes que o prendem" (*OC* 4:584 [394]). Vamos contextualizar a passagem, e para isso o melhor é dar voz direta a Rousseau, pelo quê seguirão algumas longas citações.

Nesta parte de *A Profissão de Fé* Rousseau está explicando a razão pela qual o homem não pode ser só matéria, a qual não tem vida e movimento próprios. É preciso algo superior à matéria, ao corpo, a tudo. Esse algo dá sentido e ordem ao Universo: Rousseau está falando de Deus. É Ele, em Rousseau, "o ser que quer e que pode, o ser ativo por si mesmo, o ser, enfim, qualquer que seja ele, que move o Universo e ordena todas as coisas" (*OC* 4:580 [390]). E é Deus que possibilita a existência da vontade livre.

---

87. V.: [Williams 2007:62].

"Percebo Deus por toda parte em suas obras; sinto-o em mim", dizia Rousseau. Mas Rousseau não quer raciocinar sobre a natureza de Deus. "Esses raciocínios são sempre temerários, um homem *sábio só deve entregar-se a eles a tremer, e certo de que não foi feito para aprofundá-los, pois o que há de mais injurioso para com a divindade não é não pensar nela, mas pensar mal sobre ela". É desse ser superior, e não do próprio corpo, que nasce a vontade livre, e jamais da matéria, do corpo. Essa vontade livre é que me permite "agir sobre todos os corpos que me rodeiam"* (*OC* 4:581, 582 [391]).

Essa convicção metafísica comunga com o dualismo corpo/alma. A alma, em Rousseau, foi feita por Deus à sua imagem e semelhança para ser livre, boa e feliz como Ele. Mas o homem pode usar a liberdade para qualquer fim – o mal moral ou físico não é causado por Deus, mas sim pelo homem. "Não, Deus de minha alma, nunca te censurarei por tê-la feito à tua imagem, para que eu pudesse ser livre, bom e feliz como tu", disse Rousseau. "É o abuso de nossas faculdades que nos torna infelizes e maus" (*OC* 4:587 [397]).

Essa alma, diz Rousseau, pode ter "sublimes ideias". A existência de Deus, a dualidade alma/corpo e a convicção de que da matéria nada surge permitem a Rousseau sustentar que haja um sentimento de justiça "inato ao coração humano" (*OC* 4:584 [393]). Não encontro melhor passagem, gritantemente platônica, do que esta para expressar essas ideias: "Existe, pois, no fundo das almas um princípio inato de justiça e de virtude a partir do qual, apesar de nossas próprias máximas, julgamos nossas ações e as de outrem como boas ou más, e é a esse princípio que dou o nome de consciência" (*OC* 4:598[409]).

O que é aqui crucial aos administrativistas é isto: o *Emílio* é justamente o tratado de educação de Rousseau, e é nele que o autor pretende ensinar o homem a ser *cidadão*, o cidadão que agirá não por egoísmo, por amor próprio, no seu interesse individual, mas, sim, em nome da comunidade, em nome da vontade geral, do *interesse público*. Lembremos o que foi dito no item anterior: a educação é tudo em Rousseau, e a vontade geral não é natural, mas, sim, *produzida*. Produzida pela educação. Essa educação, para Rousseau, jamais pode ser baseada nos ensinamentos dos filósofos materialistas.

Como veremos depois, os materialistas, também os franceses, foram inspiração de Bentham. Antes, porém, um último ponto sobre Rousseau: a substância do interesse público.

3.3 Há alguma substância na volonté général?

Uma das críticas mais comuns do uso do (princípio do) interesse público como fundamento do direito administrativo *é a* de que ele não teria conteúdo palpável, não teria substância. Por ser indefinível ou de difícil definição, diz a crítica, o interesse público deveria ser abandonado como princípio/noção central do direito administrativo e substituído pela noção/princípio da dignidade da pessoa humana.[88]

Essa crítica sempre me pareceu insólita. Se fosse assim, a filosofia política seria quase toda ela inútil: os conceitos de democracia e Estado de Direito, para ficarmos em dois que fundamentam a República (art. 1º da CF/1988), são tão ou mais difíceis de definir. Em filosofia política esses todos são, na clássica expressão de W. B. Gallie, "conceitos essencialmente contestados",[89] tanto quanto o é o conceito de dignidade humana, que pode

---

88. Essa é a posição conhecida de [Justen Filho 2008:*passim*].
89. [Gallie 1956].

tomar toda e qualquer forma que quisermos,[90] escondendo todos os arbítrios, aliás, como qualquer princípio jurídico.[91] Meu ponto aqui é bem específico: no meu entendimento, a crítica desconsidera por completo o pensamento de Rousseau.

A vontade geral de Rousseau é carregada de valores substantivos: justiça, bondade e igualdade. Vou expor essa tese com a brevidade do espaço que me resta. Mais uma vez, alerto que nada há de original nesse pensamento, bastante conhecido entre filósofos.[92]

Que Rousseau tenha adoração pela Justiça ninguém discute. Isso está claro no seu *corpus*. O que se discute é se ela tem algo a ver com a *volonté générale*.[93] Os formalistas veem na vontade geral de Rousseau apenas princípios formais, independentes da justiça.

Mas essa posição, por tudo o que vimos até aqui, é muito difícil de ser sustentada. Eis o porquê.

Em inúmeras passagens da sua obra Rousseau expressamente conecta justiça e vontade geral [Williams 2015:227], inclusive sugerindo que elas interdependem e explicam uma *à* outra. O exemplo pinçado por David Williams *é definitivo*: nas *Cartas Escritas da Montanha* Rousseau escreve expressamente: "O primeiro e maior interesse público *[e portanto o objeto do direito e a vontade geral] é sempre a justiça"*.[94] E a justiça em Rousseau deve ser entendida nos seus atributos metafísicos, epistêmicos e substantivos. Em termos metafísicos, a justiça *é* "universal" e "eterna".

Universal, porque *é* a mesma em todos os lugares. O *Vigário Saboiano* é claro: "Dentre tantos cultos inumanos e estranhos, dentre a prodigiosa diversidade de costumes e caracteres, encontrarás por toda parte as mesmas ideias de justiça e de honestidade, por toda parte as mesmas noções de bem e de mal" (*OC* 4:597-598 [408]).[95] E a razão provável para a justiça em Rousseau ser universal é porque ela é eterna. Ser eterna significa que não muda, que sempre foi e sempre será a mesma. Numa palavra: a justiça não é objeto de *convenção entre os homens*. No Capítulo VI do Livro II do *Contrato Social*, Rousseau escreve o seguinte: "O que é correto (*bien*) e conforme à ordem o é pela natureza das coisas e independentemente das convenções humanas" (*OC* 3:378 [88]).[96]

Em termos epistêmicos, Rousseau entende que a ideia de justiça é acessível ao ser humano por meio da consciência, já referida no item 3.2, acima.[97] No *Emílio*, escreve Rousseau que "os atos da consciência não são juízos, mas sentimentos", e "existir é sentir" (*OC* 4:599, 600 [410]).[98] E logo depois Rousseau grita:

90. O debate jusfilosófico sobre a dignidade humana é um sem-fim. Na minha visão, o jusfilósofo que mais contribuiu para a construção de um conteúdo palpável à dignidade humana é Jeremy Waldron, cujas posições sobre o tema procurei descrever noutro lugar. V.: [Perrone e Giacomuzzi 2015]. Critiquei o uso que o STF faz da dignidade humana em [Giacomuzzi 2015].

91. Critiquei a concepção de princípio em Dworkin noutro ensaio (v.: [Giacomuzzi 2014]).

92. Minha inspiração aqui é [Williams 2007, 2014, 2015].

93. V.: [Williams 2014:255; 2015:226].

94. [Williams 2014:257; 2015:228]. A frase entre colchetes é de Williams. Cito Rousseau no original: "Le premier et le plus grand intérêt public est toujours la justice" (*OC* 3:891). Um dos mistérios da doutrina jusadministrativista brasileira é jamais ter explorado essa passagem da obra de Rousseau.

95. V. também: [Williams 2014:257; 2015:228].

96. V. também: [Williams 2014:257; 2015:228].

97. V.: [Williams 2014:258; 2015:229].

98. V. também: [Williams 2014:258; 2015:229].

Consciência! Consciência! Instinto divino, imortal e celeste voz; guia seguro de um ser ignorante e limitado, mas inteligente e livre; juiz infalível do bem e do mal, que tornas o homem semelhante a Deus, és tu que fazes a excelência de sua natureza e a moralidade de suas ações; sem ti nada sinto em mim que me eleve acima dos animais, a não ser o triste privilégio de perder-me de erros em erros com o auxílio de um entendimento sem regra e de uma razão sem princípio. [(*OC* 4:600-601 [411-412])]

No *Contrato Social*, embora encontremos poucas referências explícitas à consciência, uma passagem é crucial: no Capítulo I do Livro IV podemos derivar a vontade geral do princípio da justiça enraizado na consciência: "Mesmo vendendo seu sufrágio em troca de dinheiro, ele *[o Estado] não extingue em si a vontade geral, ele a elude*" (*OC* 3:438 [162-163]).[99] Como diz David Williams, o que se passa é o seguinte: "o cidadão corrupto não elimina a consciência inata, ele empenha-se em ignorá-la".[100]

A *bondade* é outro elemento componente da vontade geral em Rousseau. É que "a justiça é inseparável da bondade". E depois, falando de Deus, o "Ser soberanamente bom", diz que "o amor da ordem que o produz se chama *bondade*, e o amor da ordem que o conserva se chama *justiça*" (*OC* 4:588, 589 [398]).[101] Ocorre que o homem destrói tudo que Deus construiu. É a frase que abre o *Emílio*: "Tudo está bem quando sai do autor das coisas *[Deus]*: tudo degenera entre as mãos do homem" (*OC* 4:245 [7]).[102]

Entra aqui a relação entre bondade e o "amor pelos cidadãos", ou fraternidade, que Rousseau entende deva existir para restaurar a ordem destruída pelo amor próprio e pelo egoísmo. Esse amor ao próximo – que Rousseau vai dizer ser "sinceramente cristão" – é *essencial para a preservação da virtude da justiça, sem a qual não há comunidade possível*.[103]

Por fim, a *igualdade*, a qual é, na verdade, o mais facilmente identificável dos elementos da justiça e, portanto, da vontade geral em Rousseau.[104] A mais clara relação entre justiça e igualdade está nas *Cartas Escritas da Montanha*, na continuação da frase já citada acima: "O primeiro e maior interesse público é sempre a justiça. Todos querem que as condições sejam iguais para todos, *e a justiça nada mais é que essa igualdade*" (*OC* 3:891).[105]

Essa não é, porém, a única passagem de Rousseau sobre igualdade. Como sabemos todos, a igualdade permeia todo o *corpus* de Rousseau: no Capítulo I do Livro II do *Contrato Social* Rousseau diz que a vontade geral "tende à igualdade", ao passo que a vontade particular "tende por natureza às preferências" (*OC* 3:367 [77]).[106] Essa igualdade deve ser também econômica, como Rousseau repetidamente escreve no *Contrato Social* e na *Economia Política*.[107]

Estão dadas acima, penso, as chaves do castelo no qual pretendemos entrar: o interesse público, ou vontade geral, é conceito riquíssimo, carregado de história e filosofias; ignorá-

---

99. V. também: [Williams 2014:259; 2015:230].
100. [Williams 2014:258; 2015:229].
101. V. também: [Williams 2014:259; 2015:230].
102. V. também: [Williams 2014:260; 2015:230].
103. V.: [Williams 2014:260; 2015:230-231].
104. V.: [Williams 2014:260; 2015:231].
105. [Williams 2014:261; 2015:231].
106. V. também: [Williams 2014:261; 2015:231].
107. V.: [Williams 2015:261].

-las é uma opção que não podemos fazer, sob pena de termos que dar razão a Nietzsche – não nos conhecemos porque nunca nos procuramos, e por isso não nos encontraremos. Creio que o debate sobre o interesse público entre administrativistas clássicos e críticos terá nessa genealogia alguma utilidade: de alguma filosofia saem nossas crenças e atitudes como operadores do Direito. Estamos já bem distantes do direito positivo, como é fácil perceber. Mas precisamos confrontar, ainda que brevemente, a posição do moralista Rousseau com a do utilitarista Bentham.

4. O "realismo" de Jeremy Bentham

Nos manuscritos de Jeremy Bentham (1748-1832) há um rascunho de carta que ele escreveria a Frederico, o Grande em 1780, no qual consta a seguinte passagem: "Mas o que eu sei bem é do meu amor pela França; pelo País dos Helvétiuses, Voltaires, e D'Alemberts – sempre excedendo o que devo à Inglaterra".[108]

Bentham era um francófilo. Durante sua vida esteve inúmeras vezes na França, que amava, como amava a língua francesa e o povo francês. Desde o início de sua carreira Bentham apelou aos *philosophes* do Iluminismo francês para construir sua doutrina. O próprio Bentham elegeu Helvétius como o fundador do utilitarismo e professava sua admiração por Voltaire, de quem traduziu obras, e D'Alembert.[109] Todos eles inimigos intelectuais de Jean-Jacques Rousseau.

Meu propósito neste item, que será bastante curto neste já longo escrito, é somente chamar a atenção para alguns pontos contrastantes entre o moralismo e o realismo, situando Bentham no polo oposto a Rousseau. Em mente devem estar as premissas materialistas postas nos itens 1 e 3.2. A essas estruturas vou aqui somente acrescer algumas ideias, e nem de longe vou dar à doutrina de Bentham a atenção que dei à de Rousseau. Vou contrapor Bentham a Rousseau aproveitando as ideias já postas neste ensaio, fazendo uso novamente de estrutura conceitual de Brian Leiter, mas agora chamando atenção em especial a uma faceta do realismo exposta pelo autor em artigo mais antigo, intitulado "Classical realism".[110]

Os realistas, segundo a leitura de Leiter, aceitam as seguintes três doutrinas: naturalismo, pragmatismo e quietismo. Por *naturalismo* deve-se entender que existem certos fatos incorrigíveis e não sedutores sobre a natureza humana e os homens, como, por exemplo, seu egoísmo; por *pragmatismo* deve-se entender que somente as teorias que fazem diferença na prática devem valer nosso esforço; por *quietismo*, que qualquer teoria normativa que não respeite os limites impostos pelos fatos sobre a natureza humana é inútil e sem sentido, e por isso é melhor nada dizer do que teorizar sobre o que não fará diferença prática.[111] Sob esses critérios, talvez Bentham não possa ser enquadrado como um realista clássico, porque, embora ele aceite o naturalismo e o pragmatismo,[112] ele defendia uma teoria moral (o utilitarismo), e portanto não partilhava do quietismo. Mas não há nenhum purismo possível

---

108. O manuscrito é citado por Emmanuelle de Champs [2015:1].

109. V.: [Champs 2015:*passim*]. A autora sustenta que o princípio da "maior felicidade para o maior número" foi uma construção de longo diálogo entre a França e a Inglaterra.

110. [Leiter 2001].

111. [Leiter 2001:245].

112. Bentham expressou sua concepção de natureza egoísta com clareza.

nessa classificação ("realista clássico" ou "moralista" ou outra); interessam os nortes que a classificação oferece, e é isso que se pretende aqui ao classificar Bentham como realista.[113]

Bentham era um reformista. Para Bentham a estrutura da *Common Law* era retrógrada e corrupta, e só uma mudança completa em todo o sistema de pensamento poderia alterar o *status quo*. A mudança que Bentham pretendia ver realizada na *Common Law* era profunda e radical: ele queria mudar o paradigma do direito consuetudinário para o direito estatutário, o Direito dos códigos. A razão para isso era essencialmente realista: havia uma nova sociedade, comercial, pluralista, individualista, não mais baseada em uma visão comunitária unida por lealdades pessoais e tradições compartilhadas.[114]

Bentham recusava a concepção segundo a qual o Direito seria a expressão dos valores comuns de uma comunidade, uma força endógena que mantinha a comunidade coesa. Isso era falso na descrição e objetável politicamente. Falso, porque os valores comuns não mais existiam; politicamente objetável, porque apelar a essas já inexistentes tradições desviava a atenção do problema real, que era a concentração de poder nas mãos das elites. Daí que Bentham pretendia uma comunidade formada por regras claras que seriam idealmente produzidas por compromisso, real ou hipotético, entre os vários interesses individuais em conflito. Esses indivíduos obedeceriam a regras comuns pela sua capacidade de articularem essas regras, e não por um apelo intrínseco a elas. O Direto é uma condição necessária da vida social para coordenar o caos da busca de objetivos individuais. Ao invés de definir uma concepção comum de bem público, o Direito define os limites da persecução do bem individual e os meios para a alteração ordenada desses limites.[115] Estamos no polo oposto a Rousseau; estamos encarando a realidade. Mas as diferenças são ainda mais profundas.

Como Hobbes, com quem, aliás, partilhava a visão de sociedade política,[116] Bentham vê na lei um comando geral de uma autoridade pública centralizada, e não algo "mais profundo", seja a natureza, sejam princípios morais. Como diz Gerald Postema, para Bentham, "se o Direito quer estabelecer e manter uma ordem social, ele deve ser capaz de exibir na face sua validade". E aqui está, penso eu, o movimento radical de Bentham: ao contrário de Rousseau, Bentham pensa que o Direito conseguirá atingir seus fins "somente se seu conteúdo e autoridade podem ser estabelecidos sem qualquer necessidade de basear-se em investigações de questões morais ou tradições históricas (ou teológicas)".[117]

É importante ter em mente o cenário no qual Bentham operava e o qual queria destruir: um Direito misterioso, "natural", guardado pela *Common Law*, ciosa das suas tradições. A atração de Bentham ao caráter artificial do Direito explica-se facilmente: transformar o Direito em comando permite as perguntas sobre *quem*, *quando* e com *qual autoridade* produziu o Direito; por trás dessas questões está claramente outro ponto crucial: o Direito é a criação da sociedade. Aparece aqui a marca do Positivismo.[118] Estamos inteiramente no polo oposto ao Jusnaturalismo (e ao Contratualismo) de Rousseau.

---

113. Brian Leiter não coloca Bentham entre os realistas (ou moralistas).
114. V.: [Postema 1986:310-312].
115. Devo toda a ideia do parágrafo até aqui a [Postema 1986:314-315].
116. V.: [Lyons 1972:358].
117. [Postema 1986:315]. Postema não faz referência a Rousseau. A referência é minha.
118. V.: [Postema 1986:315-316]. Não estou sugerindo que Utilitarismo e Positivismo andam necessariamente juntos. Podem não andar. O debate é lateral, aqui.

Nessa linha de oposição, lembro muito rapidamente dois pontos: primeiro, que a teoria moral de Bentham, o Utilitarismo (clássico), ao buscar o bem do maior número (o bem geral), se fundava também na igualdade;[119] na sociedade inglesa da época, desigual, Bentham buscava na utilidade a moral para igualar os cidadãos; sua diferença para com Rousseau, aqui, era que Bentham, avesso a abstrações, "tinha a convicção dos nominalistas, de que a sociedade é uma coleção de pessoas e não um conjunto abstrato de indivíduos".[120] Por isso, seu interesse público equivalia à soma dos interesses individuais concretos, e não a uma abstrata vontade geral. Por isso também sua utilidade era baseada na felicidade do maior número; na Inglaterra de seu tempo só a elite era feliz.

O segundo ponto a lembrar é mais evidentemente oposto a Rousseau e conhecido de todos: olhando a *realidade* que o rodeava, Bentham não tinha nenhum apreço pela ideia de "direitos", à qual se opunha como um "contrassenso em pernas de pau" (*nonsense upon stilts*), na virulenta expressão que ganhou fama no mundo desde que foi publicada em 1795. Contra Rousseau, Bentham nega terminantemente a existência do "estado de natureza"; se esse estado não existe, não existem direitos naturais, os quais serão mera abstração; esse pressuposto conduz Bentham, ao invés de opor prática e teoria, a expor as contradições internas desta. Para Bentham os direitos naturais seriam "sofismas incoerentes", inaplicáveis na prática justamente por serem incoerentes.[121]

Se atentarmos à nossa doutrina administrativista, veremos que há algum realismo dentre as principais críticas ao (princípio do) interesse público.[122] Parece-me que é essencialmente realista o espírito da crítica que se opõe ao "espetáculo" do direito administrativo quando afirma que "nenhuma ação ou omissão estatal pode legitimar-se mediante a invocação a uma regularidade puramente aparente, cuja existência se ponha numa dimensão abstrata", para continuar depois afirmando que "toda e qualquer atuação estatal, ativa ou passiva, comporta fiscalização e controle no tocante à sua efetiva consistência".[123] O problema que vejo na crítica é que ela substitui um "espetáculo" por outro: o da não menos abstrata "dignidade humana".

Também há muito de realismo – e de materialismo e utilitarismo – no mais criativo livro de direito administrativo escrito no País nesta década: *Direito Administrativo para Céticos*, de Carlos Ari Sundfeld [2017]; o título fala por si, mas estaria também apropriado se trocado por *Direito Administrativo para Realistas*. Comentar essas críticas não é minha intenção aqui, e isso tomaria um espaço do qual não disponho. Antes das considerações finais, preciso esclarecer o que eu não sustentei neste ensaio, bem como o que ficou para trás nessa genealogia.

119. V.: [Cherques 2002:295].
120. [Cherques 2002:296].
121. V.: [Binoche 2007:147].
122. O tom do debate por vezes se elevou: Celso Antônio Bandeira de Mello [2016:42-43, rodapé 23], em longa nota de rodapé, chama de "pessoas que escrevem sobre direito administrativo" – e não de administrativistas – os que são contrários à supremacia do interesse público. Essa contrariedade, segundo o autor, culminaria na adoção do modelo jurídico inglês, pintado pelo autor como inferior, porque liberal ou neoliberal. O autor parece atribuir todos os males da Modernidade ao "modelo norte-americano". V. também: [Martins 2015:74]. Encarar a realidade também era difícil a Rousseau.
123. [Justen Filho 2008:81].

5. O que não sustentei e o que ficou para trás

Não estou aqui sugerindo que o emprego jurídico da noção de interesse público deva coincidir com o que pensava Rousseau sobre a vontade geral, ou Bentham sobre a moral, ou qualquer filósofo sobre o mundo, nem que a adoção desta ou daquela filosofia deva ser explicitada em cada passo que o jurista decide tomar. Isso seria ignorar a ideia, defendida por alguns positivistas e que entendo essencialmente correta, segundo a qual a relação entre Moral e Direito é mais funcional do que se tem entendido, no seguinte sentido: o Direito importa de várias áreas (Biologia, Meteorologia, Filosofia Moral) noções que, depois, o Direito transforma, utilizando sua própria metodologia, alterando, assim, como Midas, o significado da noção importada. O significado daquela noção importada passa a ser, então, jurídico. Na base desse raciocínio está a diferença entre conceito e concepção.[124] Esse debate levaria ainda mais longe o ensaio, porque o problema toca no coração da questão central da Teoria do Direito desde sempre.

O que estou, sim, sugerindo é que na base do Direito (administrativo) está sempre uma filosofia fundamental que precisamos conhecer. Se depois o Direito vai transformar os conceitos que importou da filosofia moral e política é outro passo. O arquiteto precisa saber de onde vem o material que usa na construção de sua obra. Tentar racionalmente *construir* o conteúdo jurídico do interesse público só é possível, na minha opinião, se fizermos um esforço crítico sobre o papel que ele desempenhou na história das ideias morais e políticas. O pressuposto oculto do meu esforço é positivista: o Direito é fruto da Política, a qual é guiada por alguma filosofia. Se o interesse público tem base na *volonté général* de Rousseau, é melhor que entendamos melhor as razões pelas quais Rousseau utilizou essa noção, e qual o papel dela em sua filosofia. Daí a genealogia que empreendi aqui.

Ficaram para trás caminhos genealógicos que também seriam úteis a ampliar nosso horizonte de conhecimento. Uma genealogia das ideias dos dois maiores "construtores de catedrais" do direito administrativo francês, Léon Duguit (1859-1928) e Maurice Hauriou (1856-1929), nos levaria a trilhas interessantes: no caso de Duguit, chegaríamos, claro, a Émile Durkheim (1858-1917),[125] professor e colega de Duguit em Bordeaux e em muitos pontos herdeiro do mesmo Rousseau; no caso de Hauriou, declarada e reconhecidamente um jurista católico,[126] chegaríamos a Tomás de Aquino (1225-1274) e ao seu "bem comum", e aí temos um oceano (qual bem comum?).[127]

Como dito, o "bem comum" foi aqui tratado como sinônimo do interesse público, da vontade geral. Mas há quem os distinga,[128] e essa linha genealógica poderia ser também explorada. Mais que isso, inclusive já o foi na nossa filosofia constitucional.[129] Essa distinção talvez negasse a premissa básica deste artigo, a de que a vontade geral de Rousseau esteja no núcleo da concepção de interesse público do direito administrativo continental. A

---

124. Tomo essa lição a [Poscher 2009].
125. Sobre Rousseau e Durkheim, v.: [Wolin 2004:330-336]. Sobre a influência de Durkheim em Duguit, v.: [Blanquer e Milet 2015:64-70].
126. V.: [Blanquer e Milet 2015:315-323].
127. Há muitas concepções de bem comum, e na Filosofia do Direito o tema foi aprofundado por Murphy [2006].
128. V., por exemplo: [Douglas 1980].
129. V.: [Barzotto 2003:principalmente Capítulo 3].

concepção deveria ser a de bem comum tomista. Mas se essa distinção é acurada e o que decorreria dela são temas que não posso levar adiante aqui.

6. Considerações finais

No outono norte-americano de 2005, primavera no Hemisfério Sul, tive a oportunidade de ser aluno-ouvinte no seminário intitulado *Legal, Political, and Social Philosophy*, então ministrado pelo professor Ronald Dworkin (1931-2013) na *New York University School of Law*. Numa das aulas deveríamos debater um artigo intitulado "The problem of the public in public international law", escrito por Benedict Kingsbury, já então e ainda hoje Professor de Direito Internacional da Escola de Direito da *New York University/NYU*.[130]

Um dos pontos do debate era o conceito de "interesse público", central para a compreensão do artigo. Para a maioria dos alunos, formada por norte-americanos, havia nítida dificuldade, e talvez certo ceticismo, em compreender por que e em que medida um conceito como o de interesse público poderia ser central ao artigo em discussão, dada sua falta de concretude. Mas um aluno francês destoou da maioria: "Não compreendo", disse ele, "o porquê de tanto ceticismo. Na França o interesse público é um conceito estrutural ao sistema jurídico como um todo e fundamental ao direito administrativo em especial". O professor Dworkin interveio e pediu mais argumentos.

Convicto de que poderia, tentei ajudar. Com a concisão possível (um aluno ouvinte supostamente não deve falar), lembrei a origem romana da dicotomia público/privado, na qual o interesse público aparece no centro, sua influência no direito da tradição da *Civil Law* e sua importância na mentalidade dos juristas continentais. Ao final da aula, o professor Dworkin disse-me, em particular: "Entendi sua tese, mas é preciso uma teoria com argumentos para sustentá-la".

Hoje percebo com nitidez que minha explicação ao professor Dworkin podia até conter um germe correto, mas ela era, na sua essência, *superficial*. Doze anos depois, não consigo construir uma teoria do interesse público, menos ainda apresentar um conceito. Mas tenho a convicção de que, se minha explicação iniciasse por Rousseau, então Dworkin, um moralista, sentiria a conversa como familiar.

Como sabemos todos, ao escrever sua teoria constitucional, exposta principalmente no livro *O Direito como Liberdade*, Ronald Dworkin precisava de uma nova concepção de democracia, a fim de refutar a concepção majoritária de que a democracia correspondia à vontade da maioria, considerada somente como a contagem dos votos um a um. Para Dworkin, entendida a democracia como simples soma de cabeças, a maioria poderia oprimir os direitos da minoria. Foi essencialmente por isso que Dworkin apresentou a concepção de "democracia constitucional", que se tornou célebre pelas metáforas da orquestra e do time de futebol: uma orquestra não é uma soma de sons tocados por cada músico, mas o conjunto

---

130. Até onde sei, o artigo jamais foi publicado. Ele foi apresentado em 20.10.2005 no *colloquium* de mesmo nome do seminário referido no texto, então coordenado e conduzido pelos professores Ronald Dworkin e Thomas Nagel. O *colloquium* foi fundado em 1987 pelos mesmos professores e hoje é conduzido por Liam Murphy, Samuel Scheffler e Jeremy Waldron. Informações podem ser obtidas em *www.law.nyu.edu/centers/lawphilosophy/colloquium*. Parte da disciplina do professor Dworkin era a participação no *colloquium*. A disciplina existe até hoje na *NYU Law*, sendo agora conduzida por Liam Murphy.

harmônico de vários sons que, unidos, produzem uma única música. Não é nenhuma coincidência que o autor invocado por Dworkin para reger a metáfora tenha sido Jean-Jacques Rousseau.[131] Rousseau, o moralista, o não positivista, o que punha a *volonté général* acima das *volontés particulières,* a qual não é o resultado da soma dos sons de cada instrumento da orquestra. Se Dworkin só pegou a parte de Rousseau que lhe interessava – o que me parece evidente –, não nos importa aqui.

O que importa é que por trás da vontade geral de Rousseau e do interesse público no direito administrativo sempre haverá um quê de não palpável, de imaterial, de inexplicável pela razão, de somente apreensível (se o é) pelos sentidos. Essas noções são mais bem compreendidas por quem crê seja em Deus, seja na existência da alma, seja na justiça, seja esta o que for. É muito mais uma *esperança,* um querer –, está no plano do dever-ser. Via de regra, essas pessoas, conscientemente ou não, pressupõem tudo aquilo que Rousseau, e antes dele Platão, pressupunha. Sejam ateus ou crentes, os administrativistas clássicos, ou pelo menos a base de suas doutrinas, tendem a estar neste polo moralista, não positivista. Tendem a estar, repito.[132]

Não é nada difícil reconhecer o apelo emocional dessas ideias – elas têm um atalho direto ao coração. Como disse Bertrand Russel, mesmo críticos modernos de Rousseau reconhecem "sua imensa importância como força social. Essa importância veio principalmente por seu apelo ao coração, e aquilo que, no seu tempo, era chamado de 'sensibilidade'".[133] Penso que esse apelo ao coração está presente até hoje na mentalidade dos juspublicistas brasileiros que advogam o interesse público e sua supremacia sobre o interesse privado. Nesse mundo caótico, violento e sem sentido, é preciso agarrar-se a alguma coisa que nos una, nem que isso seja somente um ideal.

Mas também não é difícil ver que esse ideal está completamente descolado do *mundo real*. Neste Universo pluralista em que habitamos, cuja história é de massacres e guerras, com breves intervalos de relativa paz, e em especial no País perverso e cruelmente desigual em que vivemos, imaginar que existe uma ordem natural das coisas, um bem que se possa chamar de comum, um *interesse público* que possa servir como amálgama de uma Nação, tudo isso soa para muitos como uma música infantil, um sonho que habita as ideias puras. Tucídides nos contou essa história mais de 2.500 anos atrás. O Tucídides do materialista Hobbes e do utilitarista Bentham, avô e pai dos juspositivistas, que não creem que haja uma ordem natural das coisas, dos que entendem relativa a justiça, sobre a qual discordamos, haja ou não um Deus, dos que não concordam que exista uma única resposta correta às questões morais e jurídicas difíceis, ou, mesmo que ela exista, pensam que continuaremos honesta e razoavelmente discordando sobre essa resposta, e que justamente por isso precisamos de

---

131. V.: [Dworkin 1996:1-38].

132. Celso Antônio Bandeira de Mello professa o positivismo de Kelsen a cada passo de sua obra. Mas Sundfeld [2017:Capítulo 3] faz curiosa sugestão ao dizer que o uso da doutrina de Kelsen era uma estratégia que a "turma dos Perdizes" (os publicistas da PUC/SP na década de 1960-1970, dentre eles C. A. Bandeira de Mello) utilizou para, sob o manto da neutralidade, separar o Direito da Política e assim isolar-se da ditadura militar. Se foi assim, o motivo dos "Perdizes" (suponho que com exceção de C. A. Bandeira de Mello) foi também pragmático.

133. [Russel 1982:684 [1945]]. Russel afirmou haver "abundante evidência externa de que ele *[Rousseau]* era destituído de todas as virtudes ordinárias" e que, no presente, "Hitler é um produto de Rousseau; Roosevelt e Churchill, de Locke" [p. 685].

uma convenção que nos traga a ordem, uma ordem possível no mundo real que habitamos por um ínfimo momento da História. Os administrativistas críticos tendem a ser encontrados neste polo. Tendem a ser, repito.[134]

Os professores de direito administrativo costumamos sempre dizer aos alunos que nossa disciplina procura acomodar os interesses geral e particular, que o administrativo é um "Direito cujos mecanismos visam e permitem equilibrar a realização do interesse público com o respeito pelos legítimos interesses individuais".[135] Essa fórmula é correta, mas também é superficial. Ela não nos convida a escavar até onde podemos encontrar o real problema escondido nas fundações do direito administrativo, problema que diz com seu conceito-base, o interesse público. Ele envolve toda uma filosofia moral e política. Ele envolve por isso uma noção do homem, de sua relação com a Natureza, com a sociedade e, no limite, até com Deus. Isso tudo nós omitimos dos alunos, e talvez não devêssemos.

***

Não tive o prazer de conhecer o professor Hely Lopes Meirelles, que faleceu quando eu era estudante de Direito e ainda não tinha 20 anos. Li seu clássico mais conhecido, *Direito Administrativo Brasileiro*, logo que saí da Faculdade, e desde então mantenho um exemplar atualizado em minha mesa de trabalho diário. Como escreveu Hely, trata-se de um livro com "objetivos práticos e didáticos".[136] Gosto de pensar que essa leitura me mostrou um rumo independente a tomar. Trabalhando diariamente com o Direito administrativo, na Faculdade e nos fóruns, sou mais uma testemunha da enorme utilidade prática da obra de Hely, a quem aqui prestamos, nós todos, merecida homenagem.

Segui neste ensaio um caminho diverso, teórico. Se meu caminho tem alguma utilidade prática, cabe a cada leitor avaliar; na minha modesta visão, o caminho pode ser útil a ampliar horizontes, dada a centralidade da noção de interesse público ao direito administrativo. Mas também pode ser útil para que talvez um dia, quem sabe, possamos nos conhecer melhor.

Referências bibliográficas

AMARAL, Diogo Freitas do [2013]. *Curso de Direito Administrativo*. 2ª ed., vol. 2. Coimbra, Livraria Almedina.
ARAGÃO, Alexandre Santos de, e MARQUES NETO, Floriano de Azevedo (coords.) [2008]. *Direito Administrativo e seus Novos Paradigmas*. Belo Horizonte, Fórum.
ÁVILA, Humberto [1998]. "Repensando o 'princípio da supremacia do interesse público sobre o particular'". *RTDP* 24/159-180. São Paulo, Malheiros Editores.
BANDEIRA DE MELLO, Celso Antônio [2016]. *Curso de Direito Administrativo*. 33ª ed. São Paulo, Malheiros Editores.
BARZOTTO, Luís Fernando [2003]. *A Democracia na Constituição*. São Leopoldo, Unisinos.
BINOCHE, Bertrand [2007]. "Critiques des droits de l'homme". In: BINOCHE, Bertrand, e CLÉRO, Jean-Pierre (dirs.). *Bentham Contre les Droits de l'Homme*. Paris, PUF (pp. 127-227).

---

134. Muitos dos críticos do interesse público professam um neoconstitucionalismo de princípios e advogam contra o "Positivismo". Não há espaço aqui para essa abordagem.

135. [Sérvulo Correia 2016:54]. As palavras foram proferidas em conferência em Belo Horizonte em maio/2015.

136. [Meirelles 2016:11].

BINOCHE, Bertrand, e CLÉRO, Jean-Pierre (dirs.) [2007]. *Bentham Contre les Droits de l'Homme*, Paris, PUF.

BIRKHEAD, John [1994]. "Making laws more effective: Jeremy Bentham and Jean-Jacques Rousseau on good citizenship". *United States Air Force Academy Journal of Legal Studies* 5/79-96.

BLANQUER, Jean-Michel, e MILET, Marc [2015]. *L'Invention de l'État: Léon Duguit, Maurice Hauriou et la Naissance du Droit Public Moderne*. Nanterre, Odile Jacob.

BORGES, Alice Gonzales [2006]. "Supremacia do interesse público: desconstrução ou reconstrução?". *Interesse Público/IP* 37. Ano 8. Belo Horizonte, maio-junho/2006 (disponível em www.bidforum.com.br/bid/PDI0006.aspx?pdiCntd=49174, acesso em 29.5.2017).

CAMPOS, Luíza F., e JUST, Gustavo [2014]. "Transformações do discurso administrativista: a assimilação das formas argumentativas 'pós-positivistas' e as tentativas de redefinição de institutos-chave do direito administrativo". In: MARRARA, Thiago (org.). *Direito Administrativo: Transformações e Tendências*. São Paulo, Livraria Almedina (pp. 89-122).

CARBONNEAU, Thomas E. [1979]. "The implicit teaching of utopian speculations: Rousseau's contribution to the natural law tradition". *University of Puget Sound Law Review* 3/123-158.

CARVALHO FILHO, José dos Santos [2010]. "Interesse público: verdades e sofismas". In: DI PIETRO, Maria Sylvia Zanella, e RIBEIRO, Carlos Vinícius Alves (orgs.). *Supremacia do Interesse Público e outros Temas Relevantes do Direito Administrativo*. São Paulo, Atlas (pp. 67-84).

CATLIN, George E. G. [1967]. "Thomas Hobbes and contemporary political theory". *Political Science Quarterly* 82/1-13. N. 1. Março/1967.

CHAMPS, Emmanuelle de [2015]. *Enlightenment and utility: Bentham in French, Bentham in France*. Cambridge/UK, Cambridge University Press.

CHERQUES, Hermano Roberto Thiry [2002]. "A economia moral da utilidade". *Revista Brasileira de Administração Pública* 36/293-317. N. 2. Rio de Janeiro, março-abril/2002.

CHEVALLIER, Jacques [2016]. "Déclin ou permanence du mythe de l'intérêt général?". In: *L'Intérêt Général: Mélanges en l'Honneur de Didier Truchet*. Paris, Dalloz (pp. 83-93).

CLÉRO, Jean-Pierre, e BINOCHE, Bertrand (dirs.) [2007]. *Bentham Contre les Droits de l'Homme*, Paris, PUF.

COLAÇO ANTUNES, Luís Felipe [2001]. "O esquecimento do interesse público no direito administrativo". In: *O Direito Administrativo e a sua Justiça no Início do Século XXI: Algumas Questões*. Coimbra, Livraria Almedina (pp. 11-67).

CONSTANTINESCO, Vlad [2015]. "De 'N.I.M.B.Y.' à 'B.A.N.A.N.A.' ou les vicissitudes de *L'Intérêt Général*... In: *L'Intérêt Général: Mélanges en l'Honneur de Didier Truchet*. Paris, Dalloz (pp. 105-114).

COQ, Véronique [2015]. *Nouvelles Recherches sur les Fonctions de l'Intérêt Général dans la Jurisprudence Administrative*. Paris, L'Harmattan.

DEGUERGUE, Maryse [2016]. "Intérêt général et intérêt public: tentative de distinction". In: *L'Intérêt Général: Mélanges en l'Honneur de Didier Truchet*. Paris, Dalloz (pp. 131-142).

DI PIETRO, Maria Sylvia Zanella [2010]. "O princípio da supremacia do interesse público: sobrevivência diante dos ideais do neoliberalismo". In: DI PIETRO, Maria Sylvia Zanella, e RIBEIRO, Carlos Vinícius Alves (orgs.). *Supremacia do Interesse Público e outros Temas Relevantes do Direito Administrativo*. São Paulo, Atlas (pp. 85-102).

DI PIETRO, Maria Sylvia Zanella, e RIBEIRO, Carlos Vinícius Alves (orgs.) [2010]. *Supremacia do Interesse Público e outros Temas Relevantes do Direito Administrativo*. São Paulo, Atlas.

DOUGLAS, Bruce [1980]. "The common good and the public interest". *Political Theory* 8/103-117. N. 1. Fevereiro/1980.

DUFOUR, Alfred [2003]. "Rousseau entre droit naturel et Histoire". In: *L'Histoire du Droit entre Philosophie et Histoire des Idées*. Bruxelas, Bruylant (pp. 588-617).
DWORKIN, Ronald M. [1996]. *Freedom's Law: the Moral Reading of the American Constitution*. Cambridge/MA, Harvard University Press.
FARR, James, e WILLIAMS, David Lay (eds.) [2015]. *The General Will: the Evolution of a Concept*. Nova York, Cambridge University Press.
FONSECA PIRES, Luís Manuel [2014]. "Interesse público *líquido* e pós-Modernidade: a lógica do individualismo e os desafios do Estado Social no século XXI". In: MARRARA, Thiago (org.). *Direito Administrativo: Transformações e Tendências*. São Paulo, Livraria Almedina (pp. 375-389).
FRANÇA, Maria Adelaide de Campos [2010]. "Supremacia do interesse público *versus* supremacia dos direitos individuais". In: DI PIETRO, Maria Sylvia Zanella, e RIBEIRO, Carlos Vinícius Alves (orgs.). *Supremacia do Interesse Público e outros Temas Relevantes do Direito Administrativo*. São Paulo, Atlas (pp. 155-171).
GALLIE, W. G. [1956]. "Essentially contested concepts". *Proceedings of the Aristotelian Society* (pp. 167-198).
GIACOMUZZI, José Guilherme [2011]. *Estado e Contrato: Supremacia do Interesse Público Versus Igualdade. Um Estudo Comparado sobre a Exorbitância no Contrato Administrativo*. São Paulo, Malheiros Editores.
_____ [2014]. "Desmistificando os 'princípios jurídicos' de Ronald Dworkin". *Novos Estudos Jurídicos* (Online) 19/285-320.
_____ [2015]. "Dignidade humana e direito administrativo no STF: uma breve análise crítica". *Novos Estudos Jurídicos* (Online) 20/430-473.
GIACOMUZZI, José Guilherme, e PERRONE, Cláudia [2015]. "A dignidade na obra de Jeremy Waldron". *Quaestio Iuris* (impresso) 8/2.341-2.360.
GOYARD-FABRE, Simone [2002]. *Les Embarras Philosophiques du Droit Naturel*. Paris, J. Vrin.
HAGE, Jaap C., e PFORDTEN, Dietmar von der (eds.) [2009]. *Concepts in Law*. Springer.
HOBBES, Thomas [1994]. *Leviathan*. Indianápolis, Hackett Pb. Co. [1651].
_____ [2003]. *Leviatã*. Trad. de J. P. Monteiro e M. B. Nizza da Silva. São Paulo, Martins Fontes [1651].
IGLESIAS-ZOIDO, Juan Carlos [2011]. *El Legado de Tucídides en la Cultura Occidental: Discursos e Historia*. Coimbra, Centro de Estudos Clássicos e Humanísticos da Universidade de Coimbra.
JUST, Gustavo, e CAMPOS, Luiza F. [2014]. "Transformações do discurso administrativista: a assimilação das formas argumentativas 'pós-positivistas' e as tentativas de redefinição de institutos-chave do direito administrativo". In: MARRARA, Thiago (org.). *Direito Administrativo: Transformações e Tendências*. São Paulo, Livraria Almedina (pp. 89-122).
JUSTEN FILHO, Marçal [2008]. "Direito administrativo de espetáculo". In: ARAGÃO, Alexandre Santos de, e MARQUES NETO, Floriano de Azevedo (coords.). *Direito Administrativo e seus Novos Paradigmas*. Belo Horizonte, Fórum (pp. 65-85).
LEITER, Brian [2001]. "Classical realism". *Philosophical Issues* 11/244-267.
_____ [2012]. "In praise of realism (and against 'nonsense' jurisprudence)". *The Georgetown Law Journal* 100/865-893.
_____ [2015]. *Nietzsche on Morality*. 2ª ed. Nova York, Routledge.
LISBOA, Wladimir Barreto [2015]. *Movimento, Necessidade e Sistema em Thomas Hobbes*. Porto Alegre, Faculdade de Direito da UFRS.
LYONS, David [1972]. "Logic and coercion in Bentham's theory of law". *Cornell Law Review* 57/335-362.

MALEBRANCHE, Nicolas [2011]. *Diálogos sobre a Metafísica e a Religião: Primeiro Diálogo*. Curitiba, SCHLA/UFPR. Departamento de Filosofia da UFPR, Traduzindo: Textos Filosóficos na Sala de Aula [1688]).

MARQUES NETO, Floriano de Azevedo, e ARAGÃO, Alexandre Santos de (coords.) [2008]. *Direito Administrativo e seus Novos Paradigmas*. Belo Horizonte, Fórum.

MARRARA, Thiago (org.) [2014]. *Direito Administrativo: Transformações e Tendências*. São Paulo, Livraria Almedina.

MARTINICH, A. P. [2005]. *Hobbes*. Nova York, Routledge.

MARTINS, Ricardo Marcondes [2015]. "Interesse público e arbitragem". In: *Estudos de Direito Administrativo Neoconstitucional*. São Paulo, Malheiros Editores (pp. 63-81).

MEIRELLES, Hely Lopes [2016]. *Direito Administrativo Brasileiro*. 42ª ed. São Paulo, Malheiros Editores.

MILET, Marc, e BLANQUER, Jean-Michel [2015]. *L'Invention de l'État: Léon Duguit, Maurice Hauriou et la Naissance du Droit Public Moderne*. Nanterre, Odile Jacob.

MURPHY, Mark. C. [2006]. *Natural Law in Jurisprudence and Politics*. Nova York, Cambridge University Press.

NIETZSCHE, Friedrich [1998]. *Genealogia da Moral: uma Polêmica*. Trad. de Paulo César de Souza. São Paulo, Cia. das Letras (trad. de *Zur Genealogie der Moral. Eine Streitschrift*. 1887).

_____ [2006]. *Crepúsculo dos Ídolos: ou Como se Filosofa com um Martelo*. Trad. de Paulo César de Souza. São Paulo: Cia. das Letras (Trad. de *Götzen-Dämmerung oder Wie man mit dem Hammer philosophiert*. 1888).

OTERO, Paulo [2013]. *Manual de Direito Administrativo*. vol. I. Coimbra, Livraria Almedina.

PERRONE, Cláudia, e GIACOMUZZI, José Guilherme [2015]. "A dignidade na obra de Jeremy Waldron". *Quaestio Iuris* (impresso) 8/2.341-2.360.

PFORDTEN, Dietmar von der, e HAGE, Jaap C. (eds.) [2009]. *Concepts in Law*. Springer.

PLESSIX, Benoît [2015]. "Intérêt général et souveraineté". In: *L'Intérêt Général: Mélanges en l'Honneur de Didier Truchet*. Paris, Dalloz (pp. 519-528).

_____ [2016]. *Droit Administratif Général*. Paris. LexisNexis.

POSCHER, Ralf [2009]. "The hand of Midas: when concepts turn legal or deflating the Hart-Dworkin debate". In: HAGE, Jaap C., e PFORDTEN, Dietmar von der (eds.). *Concepts in Law*. Springer (pp. 99-115).

POSTEMA, Gerald J. [1986]. *Bentham and the Common Law Tradition*. Oxford, Oxford University Press.

PRIEL, Dan [2015]. "Toward classical Legal Positivism". *Virginia Law Review* 101/987-1.022.

RIBEIRO, Carlos Vinícius Alves, e DI PIETRO, Maria Sylvia Zanella (orgs.) [2010]. *Supremacia do Interesse Público e outros Temas Relevantes do Direito Administrativo*. São Paulo, Atlas.

RILEY, Patrick [1986]. *The General Will Before Rousseau: the Transformation of the Divine into the Civic*. New Jersey, Princeton University Press.

_____ [2001]. "Rousseau's general will". In: RILEY, Patrick (ed.). *The Cambridge Companion to Rousseau*. Nova York, Cambridge University Press (pp. 124-153).

_____ [2015]. "The general will before Rousseau: the contributions of Arnauld, Pascal, Malebranche, Bayle, and Bossuet". In: FARR, James, e WILLIAMS, David Lay (eds.). *The General Will: the Evolution of a Concept*. Nova York, Cambridge University Press (pp. 3-71).

ROUSSEAU, Jean-Jacques [1964]. *Œuvres Complètes*. Paris, Gallimard.

_____ [2002]. *Discurso sobre a Origem e os Fundamentos da Desigualdade entre os Homens*. Trad. de Maria Ermantina Galvão. São Paulo, Martins Fontes.

_____ [2004]. *Emílio*. 3ª ed., trad. de Roberto Leal Ferreira. São Paulo, Martins Fontes.

_____ [2011]. *Do Contrato Social*. Trad. de Eduardo Brandão. São Paulo, Penguin/Cia. das Letras.

_____ [2015]. "Economia". In: DIDEROT e D'ALEMBERT (orgs.). *Enciclopédia*. vol. 4 (*Política*), trad. Maria das Graças *et al*. São Paulo, UNESP (pp. 106-140).

RUSSELL, Bertrand [1982]. *História da Filosofia Ocidental*. Brsília, Ed. UnB.

SARMENTO, Daniel (org.) [2005]. *Interesses Públicos* Versus *Interesses Privados: Desconstruindo o Princípio da Supremacia do Interesse Público*. Rio de Janeiro, Lumen Juris.

SÉRVULO COREIA, José Manuel [2016]. "Os grandes traços do direito administrativo no século XXI". *Revista de Direito Administrativo & Constitucional* 63/45-66. Ano 16. Belo Horizonte, janeiro-março/2016.

SHKLAR, Judith N. [1969]. *Men and Citizen: a Study of Rousseau's Social Theory*. Cambridge, Cambridge University Press.

SOWELL, Thomas [2011]. *Conflito de Visões: Origens Ideológicas das Lutas Políticas*. Trad. de Margarita M. G. Lamelo. São Paulo, É Realizações Editora (trad. de *A Conflict of Visions*. 2007).

SUNDFELD, Carlos Ari [2017]. *Direito Administrativo para Céticos*. 2ª ed., 2ª tir. São Paulo, Malheiros Editores.

WILLIAMS, David Lay [2007]. *Rousseau's Platonic Enlightenment*. University Park, Pennsylvania State University Press.

_____ [2104]. *Rousseau's Social Contract: an Introduction*. Nova York, Cambridge University Press.

_____ [2015]. "The substantive elements of Rousseau's general will". In: FARR, James, e WILLIAMS, David Lay (eds.). *The General Will: the Evolution of a Concept*. Nova York, Cambridge University Press (pp. 219-246).

WILLIAMS, David Lay, e FARR, James (eds.) [2015]. *The General Will: the Evolution of a Concept*. Nova York, Cambridge University Press.

WOLIN, Sheldon [2004]. *Politics and Vision*. Expanded Edition. New Jersey, Princeton University Press.

DIREITO ADMINISTRATIVO E INOVAÇÃO: LIMITES E POSSIBILIDADES

José Vicente Santos de Mendonça[1]

1. Introdução. 2. O que pode ser a inovação no direito administrativo brasileiro. Três requisitos de cautela. 3. A lei de direito administrativo: ponte experimental imperfeita. 4. A doutrina de direito administrativo: entre o centralismo e a proposta. 5. A jurisprudência de direito administrativo: laboratório ou museu?. 6. Síntese objetiva e encerramento.

Resumo: O texto, num primeiro momento, articula o que poderia ser a ideia de inovação no direito administrativo brasileiro. Então, sugere a hipótese de que o papel representando pela lei, pela doutrina e pela jurisprudência de direito administrativo, no que toca à inovação, é ambíguo. Ora tais elementos operam como instrumentos de inovação, ora atuam como agentes de bloqueio.

Abstract: The paper opens with a tentative definition of the concept of "innovation" as applied to current brazilian administrative law. Then, it argues its main point: that brazilian administrative law statutes, authors, and legal opinions, function as both facilitators and obstacles of innovation. Therefore, given that innovation is a desired trait of complex societal systems, there should be some gain in promoting innovation from the perspective of administrative law writers, judges, and legislators.

Esperança: a habilidade de acreditar que o futuro será inconcebivelmente diferente, e inconcebivelmente mais livre. (Richard Rorty)

1. Introdução

Este artigo se propõe a analisar alguns aspectos do que poderia ser, a partir da cultura jurídica brasileira, uma ideia de inovação dentro e a partir do direito administrativo.[2] Partindo daí, o texto se pergunta se o tripé operacional da cultura jusadministrativa – lei, doutrina e jurisprudência – funciona como suporte ou como obstáculo à inovação. A hipótese do texto, que se buscará verificar em seu percurso, é a de que tais elementos desempenham função *ambígua*, ora fomentando uma cultura de inovação, ora funcionando como obstáculo a ela.

Em termos metodológicos, o texto se estrutura de maneira deliberadamente convencional: ele busca apresentar, em sua melhor forma, aspectos da dogmática de direito admi-

---

1. Agradeço aos mestrandos André Tosta, Renato Toledo e João Pedro Accioly pelas sugestões feitas a uma primeira versão deste texto.
2. Por "cultura jurídica" entenda-se o modo de se autoperceber, pensar e operar o Direito em certo grupo e certo período.

nistrativo; conteúdos legislativos; e fragmentos de decisões judiciais.[3] Então, compara-os segundo a uma noção *fuzzy* de inovação no direito administrativo. Dir-se-ia que o artigo adota abordagem descritiva (descreve características da doutrina, da legislação e da jurisprudência) e exploratória (explora as possibilidades de inovação a partir dos três elementos).

O roteiro da abordagem é simples: afora esta "Introdução", há tópico que propõe noção, necessariamente provisória e incompleta, do que poderia ser a inovação no direito administrativo (tópico 2) e, depois, tópicos sucessivos para a lei, a doutrina e a jurisprudência (tópicos 3, 4 e 5). Dentro de cada tópico a abordagem sugere as limitações e possibilidades à inovação representadas por cada elemento, trazendo exemplos que testam cada afirmação. Ao final, um tópico encerra o artigo resumindo as ideias do trabalho.

A finalidade geral do artigo é a de contribuir para o debate brasileiro sobre Direito e inovação. Como objetivo específico, busca-se, propositivamente, sublinhar aspectos, na doutrina de direito administrativo, em que convencionalismo se torna fundacionalismo; na legislação, pontos em que a lei produz resultados subótimos por excesso de timidez; e, na jurisprudência, decisões em que a adesão ao passado, mais do que garantir direitos, impede a experiência do novo.

Uma observação antes de encerrar este primeiro item. O artigo integra uma coletânea em homenagem aos 100 anos do nascimento de Hely Lopes Meirelles. A conexão entre Hely e a inovação talvez não seja das mais salientes ao leitor contemporâneo. Hely é o maior fixador do direito administrativo no Brasil, em especial a partir da edição do livro *Direito Administrativo Brasileiro* (1964).[4] Mas Hely, por tudo que tenha feito, é percebido como um jurista clássico.

Pois o fato é que Hely, em seu tempo, foi um inovador. Três exemplos. O primeiro: em 1951, como Juiz, Hely prolatou sentença que foi um dos *leading cases* para o reconhecimento do direito dos usuários nos contratos de concessão.[5] Até então muitos acreditavam que, como a concessão era firmada entre empresa e Poder Público, os usuários não poderiam reclamar direitos daquele contrato. Como se sabe, a tese não prevaleceu, e hoje até na Lei de Concessões há referência aos direitos dos usuários (por exemplo, art. 7º da Lei 8.987/1995[6]). Segundo exemplo: foi um dos pioneiros no estudo do direito municipal brasileiro, redigindo obra de referência (*Direito Municipal*, cuja primeira edição é de 1957). Terceiro exemplo: Hely deu aulas de Direito para engenheiros na Escola de Engenharia de São Carlos. Ve-

---

3. A convencionalidade de sua forma tem o propósito de torná-lo acessível também ao operador institucional do Direito (e não apenas aos acadêmicos propriamente ditos).

4. A obra encontra-se, atualmente, na 42ª edição (v. Hely Lopes Meirelles, *Direito Administrativo Brasileiro*, 42ª ed., São Paulo, Malheiros Editores, 2016).

5. Hely Lopes Meirelles, "Concessão de serviço público – Telefone – Ação do usuário – Força maior – Responsabilidade da empresa concessionária pela deficiência do serviço", RDA 25/263-273, Rio de Janeiro, janeiro/1951.

6. Lei 8.987/1995: "Art. 7º. Sem prejuízo do disposto na Lei n. 8.078, de 11 de setembro de 1990, são direitos e obrigações dos usuários: I – receber serviço adequado; II – receber do poder concedente e da concessionária informações para a defesa de interesses individuais ou coletivos; III – obter e utilizar o serviço, com liberdade de escolha entre vários prestadores de serviços, quando for o caso, observadas as normas do poder concedente; IV – levar ao conhecimento do Poder Público e da concessionária as irregularidades de que tenham conhecimento, referentes ao serviço prestado; V – comunicar às autoridades competentes os atos ilícitos praticados pela concessionária na prestação do serviço; VI – contribuir para a permanência das boas condições dos bens públicos através dos quais lhes são prestados os serviços".

rificou como o Direito estava atrasado em relação à construção civil. Escreveu *Direito de Construir* com o propósito de apresentar e atualizar o assunto. Pode-se dizer que foi autor transdisciplinar *avant la lettre*.[7]

Seu espírito, mas não necessariamente sua obra, continua atual.[8]

2. O que pode ser a inovação no direito administrativo brasileiro. Três requisitos de cautela

"Inovação" é dessas palavras em relação às quais todos parecem concordar, embora ninguém saiba muito bem o que significa. A concordância, aliás, provavelmente se faz em razão *disso*: os vasos vazios, diziam os romanos, ressoam muito.[9] Inovação é exemplo do que Perelman chama de "noção confusa".[10] Assim, antes de ingressar na formulação de noção simplificada para aplicação do termo junto ao direito administrativo (e uma noção simplificada é o melhor que se pode fazer), é interessante identificar aspectos gerais do assunto. Vai-se dedicar os próximos parágrafos a pontuar o tratamento do tema na economia e na administração.

Na *economia*, o debate sobre a economia da inovação tecnológica está consolidado. Joseph Schumpeter é a referência imediata. Sua definição de inovação merece ser citada. Uma inovação é (1) a introdução de novo bem ou nova qualidade para um bem já conhecido; (2) a introdução de método novo ou melhorado de produção; (3) a criação ou a abertura de novo mercado; (4) a conquista de nova fonte de suprimentos; (5) a melhora na organização de uma indústria, tal como a conquista de uma posição de monopólio (ou sua interrupção).[11]

A literatura de *administração* é bastante focada na noção de inovação. Não é para menos: sem inovação estima-se que os processos produtivos tendam à estagnação. Há autores da área que, ao definir a inovação, aproximam-na e distanciam-na da noção de criatividade. Existem textos que diferenciam inovação (o produto) de inovatividade (a inovação aplicada ao processo). Há quem identifique os componentes da inovação (o sujeito, as ideias, as

---

7. Todos os exemplos foram retirados de Eurico de Andrade Azevedo, "Retrato de Hely Lopes Meirelles", *RDA* 204/121-134, Rio de Janeiro, fevereiro/2015.

8. A respeito do ponto, v. José Vicente Santos de Mendonça, "Hely Lopes Meirelles, o jurista imortal", *Colunistas* 357, 2017 (disponível em *http://www.direitodoestado.com.br/colunistas/jose-vicente-santos--mendonca/hely-lopes-meirelles-o-jurista-imortal*, acesso em 30.5.2017).

9. Na verdade, estamos propondo acepção diversa da original. No sentido original, "os vasos vazios ressoam muito" significa que os tolos não conseguem ficar calados. Seja como for, em muitas línguas modernas existem provérbios que expressam o sentido indicado no texto principal. As versões brasileiras são "a caixa menos cheia é a que mais chacoalha" e, depois, "a roda pior do carro é a que faz mais barulho" (aqui, também, num sentido ligeiramente diferente). Para essa informação, cf. L. Mota, *Adagiário Brasileiro*, Belo Horizonte, 1987. Também não faltam menções literárias, como a de Henrique V, de Shakespeare: 'I did never know so full a voice issue from so empty a heart. But the saying is true: 'the empty vessel makes the greatest sound'" (*The Life of Henry the Fifth*, 4,4) (William Shakespeare, *The Complete Works*, Oxford, ed. Stanley Wells e Gary Taylor, Oxford, Oxford University Press, 1991, 1.274 pp.). Um recenseamento do uso da expressão é realizado em Renzo Tossi, *Dicionário de Sentenças Latinas e Gregas*, São Paulo, Martins Fontes, 1996, p. 17.

10. Chaïm Perelman, *Ética e Direito*, São Paulo, Martins Fontes, 2002, pp. 6-7.

11. Joseph Schumpeter, *The Theory of Economic Development: an Inquiry into Profits, Capital, Credit, Interest, and the Business Cicles*, várias edições.

mudanças) e os fatores que propiciam a inovação (*v.g.*, a existência de distritos específicos, como o Vale do Silício).[12]

Já, o debate *no Direito* é mais recente. Não vai se tratar, aqui, da inovação no mercado do Direito, ou, ainda, na academia do Direito, mas é de se ver que processos inovadores estejam ocorrendo tanto em um quanto em outro.[13] No mercado do Direito vê-se, por exemplo, o uso de robôs, em especial no contencioso de massa;[14] e na academia o processo de profissionalização científica, gerando bons e maus frutos.[15]

Pensando na Dogmática Jurídica, esta parece usualmente tratar, quando fala em inovação, de proteção a marcas e patentes, da normatização do fomento científico e tecnológico ou da regulação de novas tecnologias. Mas nada disso é assunto deste artigo.

A inovação de que vamos cuidar aqui é, numa apreensão conceitual simplificada, a engenharia de ideias a partir de conceitos, instituições e normas. É a circunstância, mais prática do que refletida, de *inventar possibilidades no mundo a partir de argumentos jurídicos*. Quando se fala, assim, em inovação no direito administrativo brasileiro se está tratando de invenções de possibilidades a respeitos de assuntos que, por tradição, se encontram afetos a tal seara (*v.g.*, contratações públicas, desapropriação, poder de polícia).

Há, contudo, que se ter cautela com o discurso da inovação junto ao Direito. Existem três pontos de atenção: *nem sempre inovar é bom*; *nem sempre o que é bom é inovador*; e *o discurso da inovação como modismo reduz a complexidade do tema*. Explica-se.

O Direito, no que tem de mais fundacional, busca conciliar os valores da segurança e da justiça. Possui, então, desde as primeiras impressões que se possa ter a seu respeito, preocupação com a estabilidade e a previsibilidade de normas, decisões, acordos. Em muitos

---

12. Para as referências, cf. a cartilha *Uma Exploração Inicial da Literatura sobre a Inovação*, Canada School of Public Service, Brasília, Escola Nacional de Administração Pública, 2006 (disponível em *http://repositorio.enap.gov.br/bitstream/handle/1/651/Uma%20explora%c3%a7%c3%a3o%20inicial%20 da%20literatura%20sobre%20a%20inova%c3%a7%c3%a3o.pdf?sequence=1&isAllowed=y*, acesso em 14.5.2017).

13. Em termos legislativos, há a Lei federal 10.973, de 2.12.2004, a chamada Lei da Inovação. Trata-se de lei que disciplina o fomento público à Ciência e à Tecnologia. Em seu art. 2º, IV, a lei define, para efeitos de aplicação em sua órbita de incidência, "inovação": é a *introdução de novidade ou aperfeiçoamento no ambiente produtivo ou social que resulte em novos produtos, processos ou serviços*.

14. Assim, por exemplo, o robô *Do Not Pay* (*www.donotpay.co.uk*), criado pelo estudante de Stanford Joshua Brower, teria obtido êxito em 160 mil contestações no Reino Unido e em Nova York. Já, o robô *IBM ROSS* atua pelo escritório nova-iorquino Baker & Hostleter na área de falências. Para uma revisão da literatura na área da inteligência artificial aplicada ao Direito, v. Trevor Bench-Capon *et al.*, "A history of AI and Law in 50 papers: 25 years of the international conference on AI and Law", *Artificial Intelligence and Law* 20.3(2012)/215-319. A notícia do robô *Do Not Pay* foi originalmente publicada em Khari Johnson, *The Do Not Pay Bot has Beaten 160.000 Traffic Tickets – and Counting* (disponível em *https://venturebeat. com/2016/06/27/donotpay-traffic-lawyer-bot*, acesso em 21.5.2017). A referência ao emprego do robô *ROSS* pode ser lida em Susan Beck, *AI Pioneer ROSS Intelligence Lands its First Big Law Clients* (disponível em *http://www.americanlawyer.com/id=1202757054564/AI-Pioneer-ROSS-Intelligence-Lands-Its-First- -Big-Law-Clients?slreturn=20170421192129*, acesso em 21.5.2017).

15. Para um diagnóstico de "relativo atraso" da pesquisa do Direito, v. Marcos Nobre, "Apontamentos sobre a pesquisa em Direito no Brasil", *Novos Estudos CEBRAP* julho/2003, São Paulo, pp. 145-154. Cf., por outro lado, o diagnóstico e a ponderação de Roberto Fragale Filho e Alexandre Veronese, "A pesquisa em Direito: diagnóstico e perspectivas", *Revista Brasileira de Pós-Graduação* 1/57-70, n. 2, novembro/2004.

casos a cultura jurídica é acusada, até, de ser *conservadora*: no estereótipo da indumentária – ternos e togas; no estereótipo da linguagem – o "juridiquês" e seus arcaísmos; no estereótipo do personagem – o jurista e seu complexo de douto.[16] Embora nem sempre a representação seja precisa, há, nela, alguma verdade.

Pois bem: diga-se, em seu favor, que *nem sempre inovar é bom*. O custo, social e pessoal, de cultura jurídica que adotasse formas radicalmente inovadoras seria alto.[17] É importante, para que trocas sejam possíveis, certo grau de permanência.[18] É nesse sentido que se identificam, em tom crítico, os fenômenos da impermanência das leis e da inflação legislativa em nosso País.[19]

E há ponto correlato: *nem sempre o que é inovador é bom*. Experimentos existem para verificar hipóteses. É natural que possam dar errado. Na dinâmica entre avanço e retrocesso de normas jurídicas e realidade, sugerida por Hesse, normas devem avançar, sem se descolar muito do real.[20] Às vezes o avanço atira em excesso para frente (e se torna inefetivo[21]), ou, simplesmente, não é bom.[22]

Os dois pontos até aqui observados conectam-se na seguinte advertência: *o discurso da inovação como modismo reduz a complexidade do tema*. O fato é que há virtudes na permanência. Além disso, nem sempre adotar posturas inovadoras acaba gerando resultados socialmente úteis. A inovação não é postura cujo valor seja absoluto: embora quase sempre desejável, há momentos em que, quando se fala do Direito, não inovar é permitir que normas e práticas se consolidem. No mundo do Direito o contrário da inovação não deve ser a estagnação, mas a inovação responsiva à qualidade do presente.

16. José Vicente Santos de Mendonça, "O fetiche do jurista e por que ele deve acabar", *Colunistas* 92, 2016 (disponível em *http://www.direitodoestado.com.br/colunistas/jose-vicente-santos-mendonca/o-fetiche-do-jurista-e-por-que-ele-deve-acabar*, acesso em 31.5.2016).

17. Em toda transição de estados há, ao menos, dois custos: o custo da transição propriamente dito e o custo da incerteza em relação ao novo estado. Talvez em razão disso há viés cognitivo, amplamente verificado a partir de experimentos, operando em nossa tomada de decisão: o viés de *status quo*. Sobre o viés de *status quo*, v. Daniel Kahneman e Richard H. Thaler, "Anomalies: the endowment effect, loss aversion, and *status quo* bias", *The Journal of Economic Perspectives* 5, 1991.

18. Há, ainda, questão correlata, que é a da percepção popular de que o administrador público não possuiria clareza em relação à condução da Administração. Em certo sentido é plausível cogitar que existam incentivos eleitorais para que o administrador *não* adote formas administrativas extremamente inovadoras, pois do contrário passaria a mensagem de que "não sabe o que está fazendo" ou de que "está realizando experimentos com o povo". Agradeço a Carlos Ari Sundfeld pelo comentário que inspirou esta nota.

19. Clayton Ribeiro Souza, "A inflação legislativa no contexto brasileiro", *Revista da AGU* 33/37-64, 2012 (disponível em *http://seer.agu.gov.br/index.php/AGU/article/view/100/383*, acesso em 31.5.2017); Juary C. Silva, "Considerações em torno da inflação legislativa", *Revista de Direito da Procuradoria-Geral do Estado da Guanabara* 1968, pp. 76-92.

20. Konrad Hesse, *A Força Normativa da Constituição*, Porto Alegre, Sérgio Antônio Fabris Editor, 1991.

21. Assim, pode-se pensar que o Estatuto da Metrópole – a Lei federal 13.089/2015 – seja bem avançado para o estado atual da cultura jurídica sobre metrópoles. Ela pode estar além do estado atual da arte nesta seara. Num exemplo mais prosaico, é de se pensar na exigência normativa de uso de cinto de segurança em viagens intermunicipais por meio de ônibus, cuja efetividade ainda é bastante reduzida.

22. É discutível se a Lei federal 6.242/1975, que regulamenta a profissão de lavador e de guardador de carro, representou boa inovação no ordenamento jurídico brasileiro. Boa ou não, o fato é que ela é inteiramente inefetiva.

3. A lei de direito administrativo: ponte experimental imperfeita

Leis estão sempre sendo substituídas por leis mais recentes. O devir legislativo não implica, necessariamente, inovação, mas pode ser mera atualização. A inovação pressupõe a invenção de possibilidades. Dito isso, é importante observar que a lei, num sistema jurídico romano-germânico, é, por excelência, o veículo das inovações. A lei é ponte para experimentos – mas ponte imperfeita, com óbvios limites. Dentre os limites vão ser indicados (a) a *velocidade subótima da lei* e (b) a circunstância de a lei representar o *ponto focal do legalismo*, cultura associada a visão reativa ao novo. Como possibilidades, aqui se vai tratar do fato de que a lei pode (a') *forçar a inovação*, além de que (b') *certos formatos legais se mostram especialmente adaptativos à inovação controlada*.[23]

(a) Em regra, a lei está atrasada em relação às demandas da sociedade. Não necessariamente por culpa do legislador. É que toda ação coletiva traz dificuldades.[24] Bloqueios de grupos de interesse, heterogeneidade que torna impossível pontos médios de acordo, equilíbrios instáveis, compromissos estabelecidos com base em conteúdos vagos: a ciência política identifica verdadeiro catálogo de problemas a afetar a ação parlamentar. A isso somam-se as características específicas do sistema político brasileiro – em especial seu multipartidarismo fragmentado –, que levam à necessidade de que autores de projetos de leis negociem extensivamente com grupos de congressistas.[25]

Além disso, o processo legislativo, de modo intencional, envolve procedimentos demorados. Assim, por exemplo, a necessidade de discussão de projetos de leis em comissões temáticas; a votação em duas Casas; a realização de audiências públicas. A ideia é a de que, com isso, possam surgir debates reflexivos.[26] A demora é arquitetada como instrumento rumo a uma deliberação de boa qualidade.[27] Mas o resultado de tudo isso podem ser leis que *não mudam porque não conseguem ser mudadas*.

Exemplo em direito administrativo de lei ultrapassada pelo tempo é a Lei Geral de Licitações e Contratos Administrativos, a Lei 8.666/1993.[28] Muito em função disso – mas

---

23. Existem aspectos mais específicos do nosso sistema constitucional que também representam limites ao experimentalismo administrativo. Talvez o maior deles seja a centralização de competências legislativas na União: não só, aliás, pelo que está escrito no art. 22 da CF, mas também pela interpretação judicial que se dá ao art. 24, com princípios da simetria e que tais limitando o legislador subnacional. Mal se tenta algo – *quando* se tenta –, e o Judiciário já declara a inconstitucionalidade do experimento local. É de se ver, aliás, que invalidar lei antes que ela possa ter mostrado seus efeitos é postura antipragmática por excelência. Sobre este último ponto, cf. Richard Posner, *Law, Pragmatism and Democracy*, Cambridge, Harvard University Press, 2003.

24. Sobre o ponto, v. o clássico Mancur Olson, *The Logic of Collective Action: Public Goods and the Theory of Groups*, Cambridge, Harvard University Press, 1971.

25. Um sistema multipartidário altamente fragmentado exige a necessidade da formação de coalizões políticas, o que impõe a realização de alianças. A aprovação de projetos de leis passa diretamente por esse equilíbrio, o que envolve negociações complexas, exigindo, consequentemente, tempo. Sobre os dilemas do presidencialismo de coalizão no Brasil, v. Abranches, "Presidencialismo de coalizão: o dilema institucional brasileiro", *Revista de Ciências Sociais* 31/5-34, n. 1, Rio de Janeiro, 1988.

26. Axel Tschentscher, André Bächtiger, Jürg Steiner e Marco Steenbergen, "Deliberation in Parliament", in *Legisprudence, Special Issue "Legislation and Argumentation"*, 2010.

27. Eric Posner e Jacob Gersen, "Timing rules and legal institutions", *Harvard Law Review* 121/565 e ss., 2007.

28. Não é o caso de ingressar, de modo específico, nas críticas à Lei 8.666/1993. Em todo caso, há razoável consenso de que ela padece de problemas, alguns causados por seu anacronismo (v.: André

também porque não se consegue revogá-la –, reduz-se progressivamente sua incidência por meio da edição de regimes paralelos de seleção e contratação pública,[29] no que talvez seja bem-acabado exemplo de *bypass* institucional.[30] A Lei 8.666/1993 é uma "lei zumbi": aplica-se pelas tabelas, possui ainda alguma força na parte de contratos, mas não morre.

(b) O problema da lei não é só sobreviver a seu tempo. A lei é, também, o *ponto focal do legalismo de direito administrativo*, ou seja, da cultura jurídico-burocrática que fetichiza o texto normativo como único espaço possível de juridicidade administrativa.[31] Compreender a legalidade, no direito administrativo, como vinculação positiva à lei – "na Administração só é permitido fazer o que a lei autoriza", escreve Hely – é, em rigor, tornar ilegal a inovação no interior da Administração. Afinal, a prática inovadora, por definição, não está prevista em lei.[32] E a verdade é que, por muito que se tenha escrito e decidido nos últimos tempos, nas trincheiras da Administração o legalismo ainda triunfa, seja porque é o que se *conhece*, seja porque é o que *conforta*. Entenda-se.

O legalismo é o que se *conhece*: é plausível cogitar que, em razão da forma como se dá a seleção de burocratas de baixo escalão – provas objetivas baseadas no conteúdo textual de leis –, há associação entre praticar o Direito e *fazer incidir a fattispecie de texto de lei*.[33] Para o técnico de nível médio encontrar-se-iam fora de sua zona de segurança epistêmica os princípios, a argumentação jurídica, a doutrina não manualística; há apenas a lei.

O legalismo é o que *conforta*: uma vez que há controle inclemente sobre atos praticados por agentes públicos, muitas vezes com base em conceitos vagos, agentes públicos dotados de menor capital político podem preferir ater-se ao texto da lei como medida de proteção pessoal. Se é para arriscar o patrimônio, o cargo ou a reputação, *fiat lex*, ainda que *pereat mundus*. O direito administrativo do medo é o direito Administrativo legalista.[34]

Independentemente de sua causa, contudo, o fato é que o legalismo dificulta a inovação. Depender de lei formal para inovar é depender do processo legislativo, que é, como se viu, lento; tomar, quase sempre, decisões macro (pois a lei, ao contrário do ato administrativo, tende a produzir efeitos mais gerais); e tomar decisões cuja terminação é difícil (revogar uma lei é mais difícil do que revogar um ato administrativo). A inovação passa a ter custo altíssimo.

Janjácomo Rosilho, "As licitações segundo a Lei n. 8.666/1993: um jogo de dados viciados", *Revista de Contratos Públicos* 2/9-38, 2012; ainda, Carlos Ari Sundfeld, "Como reformar licitações?", in *Interesse Público – Revista Bimestral de Direito Público* 54, Belo Horizonte, Fórum, 2009).

29. A respeito do ponto, v. o comentário de Renato Toledo Cabral Jr., "O futuro do regime diferenciado de contratações públicas", *Migalhas* (disponível em http://www.migalhas.com.br/dePeso/16,MI231658,21048-
-O+futuro+do+regime+diferenciado+de+contratacoes+publicas, acesso em 20.5.2017).

30. O *bypass* institucional é o recurso a nova instituição para evitar os problemas associados a instituição já existente sem, no entanto, extingui-la (v.: Mariana Mota Prado, *Institutional Bypass: an Alternative for Development Reform*, 2011). No caso da Lei 8.666/1993, exemplos de regimes alternativos são o pregão, o Regime Diferenciado de Contratações Públicas/RDC, a parceria público-privada/PPP e o regime de contratação da PETROBRAS. Hoje eles respondem por boa parte das contratações públicas no Brasil.

31. Claro que, aqui, o problema não é da lei, mas da cultura que a glorifica. Entretanto, por uma espécie de metonímia didática, optou-se por enquadrar o fenômeno junto aos problemas da lei.

32. A não ser que inovadora seja a própria prática estabelecida pela lei. Sobre esse ponto se vai escrever em seguida.

33. Essa é apenas uma cogitação. Para que possa ser afirmada de modo assertivo, far-se-ia sua verificação por meio de experimentos.

34. Fernando Vernalha Guimarães, "Direito administrativo do medo", in *Direito do Estado* 71, 2016.

A lei, contudo, não só indica limites à inovação. Há, também, possibilidades. (a') *A lei pode forçar a inovação*. Há leis que ousam para além de seu tempo, e nisso são bem-sucedidas, melhorando a sociedade nesse processo. Alguns exemplos no direito administrativo: o orçamento sigiloso, previsto no art. 6º da Lei federal 12.462/2011 – a Lei do RDC –, inovou no modo como o custo estimado das contratações públicas era divulgado.[35] Pelo regime da Lei 8.666/1993 o orçamento estimado para a contratação é divulgado no edital da licitação.[36] Tal valor pode funcionar como alavanca mental para o valor das ofertas[37] e por vezes como veículo para a formação de cartéis de preço entre licitantes.[38] Com o orçamento sigiloso tais incentivos deixam de existir.

Ainda no universo das contratações públicas, a Lei do Pregão Federal (Lei 10.520/2002) inovou positivamente no ordenamento: trouxe modalidade de licitação que em pouco tempo se tornou hegemônica, influenciando leis posteriores sobre o assunto (por exemplo, na inversão das fases de habilitação e de julgamento das propostas).[39] A lei inventou conceitos e categorias, e ao fazê-lo forçou a inovação.

Outras possibilidades de inovação trazidas pela lei têm a ver com (b') *certos formatos legais, que se mostram particularmente propícios à inovação segura*. Trata-se do formato das leis temporárias – a lei vige por certo tempo, e, então, consideram-se seus efeitos –, ou o de leis cuja vigência se associa ao resultado de certos índices (elas podem ser mantidas ou terminadas a partir do resultado). Ao impor a reanálise da norma após algum tempo, tais alternativas reduzem os riscos derivados de erros ou de efeitos não esperados. Há aqui, no entanto, pouco experimentalismo legístico. Leis não precisariam ser assuntos de *tudo ou nada*. Lamentavelmente, no Brasil elas são. Mas, se a realidade é medíocre, a possibilidade é libertadora.

4. A doutrina de direito administrativo: entre o centralismo e a proposta

Se hoje não faltam leis de direito administrativo, nem sempre foi assim. A disciplina possui origem jurisprudencial, e desde sempre contou com forte influência doutrinária. Categorias como a responsabilidade civil objetiva do Estado e a noção de serviço público foram antes decididas ou postuladas em livros do que objeto de leis. Natural que na doutrina de direito administrativo existam, também, limites e possibilidades de inovação.

---

35. Art. 6º da Lei 12.462/2011: "Observado o disposto no § 3º, o orçamento previamente estimado para a contratação será tornado público apenas e imediatamente após o encerramento da licitação, sem prejuízo da divulgação do detalhamento dos quantitativos e das demais informações necessárias para a elaboração das propostas".

36. Art. 40, § 2º, II, da Lei 8.666/1993: "§ 2º. Constituem anexos do edital, dele fazendo parte integrante: (...); II – vai-se indicar orçamento estimado em planilhas de quantitativos e preços unitários; (...)".

37. Isso ocorre de modo ainda mais evidente quando há divulgação do preço máximo a ser aceito na licitação.

38. Bruno Lira e marcos Nóbrega, "O Estatuto do RDC é contrário aos cartéis em licitação? Uma breve análise baseada na teoria dos leilões", *Revista Brasileira de Direito Público* 35, Belo Horizonte, Fórum.

39. Marçal Justen Filho, "Pregão: nova modalidade licitatória", *RDA* 221/7-45, 2000. Em rigor, o pregão já existia, antes da Lei 10.520/2002, na Lei Geral das Telecomunicações/LGT – a Lei 9.472/1997 –, como procedimento próprio de contratação da ANATEL (arts. 54 e 55). Então, a prioridade cronológica cabe à LGT. Mas o impacto veio com a Lei do Pregão. De onde se levanta a seguinte questão: quem é que inova – quem cria primeiro ou quem adota e gera impacto?

Há momentos em que a lei muda, mas a doutrina continua interpretando-a como se nada houvesse ocorrido. Trata-se da (a) *interpretação retrospectiva*. Há ocasiões em que a doutrina jusadministrativista cria categoria, e quando a lei não a adota toma-a por inconstitucional: é o peculiar fenômeno do (b) *controle doutrinário de constitucionalidade das normas de direito administrativo*. Mas, dentre as possibilidades, deve-se destacar que em textos doutrinários é possível realizar (a') *análises críticas contextualmente responsáveis* e, mesmo, (b') *cogitações de baixo custo*. Analisemos os fenômenos.

A (a) *interpretação retrospectiva* é a interpretação doutrinária que enxerga o presente com os olhos do passado. José Carlos Barbosa Moreira identificou a atividade:

> Põe-se ênfase nas semelhanças, corre-se um véu sobre as diferenças e conclui-se que, à luz daquelas, e a despeito destas, a disciplina da matéria, afinal de contas, mudou pouco, se é que na verdade mudou. É um tipo de interpretação em que o olhar do intérprete dirige-se antes ao passado que ao presente, e a imagem que ele capta é menos a representação da realidade que uma sombra fantasmagórica.[40]

É dizer: em virtude da interpretação retrospectiva, a lei nova chega mas há resistência interpretativa à sua efetividade. Conclui-se que não inova, ou inova pouco. Nos exemplos de direito administrativo, veja-se o tratamento dispensado por certos autores à figura da regulação da economia, em especial a partir da criação de diversas agências reguladoras federais nos anos 1990. Diogo de Figueiredo Moreira Neto observa que o tratamento da regulação muito se dava como se o instituto não trouxesse nada de novo em relação aos regulamentos administrativos. Sob tal premissa, a deslegalização – a lei passa parte de seu poder para o regulamento – não seria admissível, eis que o que não se admite para o regulamento não se admitiria para a regulação.[41-42]

Figure-se outro exemplo, de sutil percepção. No debate acerca do princípio da supremacia do interesse público sobre o privado, a interpretação retroativa qualifica-se como interpretação defensiva. Aqui, a interpretação defensiva baseia-se em distinções conceituais voltadas a preservar elemento tradicional do direito administrativo, ainda que adaptado a um novo paradigma.[43] Há resistência – se bem que menor – ao novo.[44]

---

40. José Carlos Barbosa Moreira, "O Poder Judiciário e a efetividade da nova Constituição", *RF* 304/152, 1988. No trecho Barbosa Moreira criticava a interpretação constitucional realizada pelos ministros do STF logo após a promulgação da Constituição de 1988.

41. "Ao persistirem nesse vício exegético, sempre 'para nada inovar', os adeptos da velha Hermenêutica, como não encontram na Constituição um dispositivo que lhes seja suficientemente confortável para fundamentar a regulação, que respeite suas características de deslegalização técnica setorial, optam por desconhecer ou desdenhar a copiosa literatura jurídica existente sobre o fenômeno da deslegalização para se conformarem em assemelhar a regulação à regulamentação, pois, afinal, esta lhes parece nitidamente presente na Carta" (Diogo de Figueiredo Moreira Neto, "A regulação sob a perspectiva da nova Hermenêutica", *Revista Eletrônica de Direito Administrativo* 8, 2008).

42. Na ADI 4.568, em que se discutia a constitucionalidade da deslegalização do reajuste e do aumento do salário-mínimo (que havia sido operada pelo art. 3º da Lei 12.382/2011), o STF, ao decidir pela constitucionalidade da norma, parece haver acolhido a deslegalização no Direito Brasileiro.

43. V., por exemplo, a posição de Luís Roberto Barroso, que fez uso de novas distinções conceituais para defender a manutenção do princípio, mesmo que com substância distinta de sua concepção tradicional (Luís Roberto Barroso, "Prefácio: o Estado Contemporâneo, os Direitos Fundamentais e a Definição da

A doutrina de direito administrativo representa limite extremo à inovação quando opera o que se vai aqui chamar de (b) *controle doutrinário de constitucionalidade das normas de direito administrativo*. Ao exercê-lo, o autor constitucionaliza sua opinião ou a de juristas do passado, e com base nisso decreta a invalidade da norma que as contraria.[45]

Exemplo notório é o da autorização administrativa. De acordo com tradicional entendimento doutrinário, autorização administrativa é ato de natureza *discricionária*.[46] Ou seja: há margem de escolha para que o Poder Público permita, ou não, que o particular desempenhe atividade. Ao lado da autorização há a licença, que, segundo lição clássica, é ato administrativo *vinculado*: se o particular preencher os requisitos legais para sua obtenção, o Poder Público deverá licenciar a atividade.[47]

O legislador da Lei Geral de Telecomunicações não pensou assim, e criou, no art. 131, § 1º, autorização vinculada.[48] Alguns entenderam que a figura era imprópria, ou, no limite, inconstitucional. Ora: embora seja desejável, por razões pragmáticas, que novos institutos criados por lei guardem alguma referibilidade com o passado,[49] isso não é razão para

Supremacia do Interesse Público", in Daniel Sarmento (org.), *Interesses Públicos "versus" Interesses Privados: Desconstruindo o Princípio da Supremacia do Interesse Público*, Rio de Janeiro, Lumen Juris, 2005).

44. Exemplo de interpretação retroativa é também aquela proposta pelo Procurador-Geral da República na ADI 4.655, em que investe contra a Lei 12.462/2011 – a Lei do RDC. Na prática, o que o Procurador-Geral da República faz, na argumentação de mérito, é constitucionalizar o regime licitatório da Lei 8.666/1993, e dizer que, como a Lei do RDC é diferente da Lei 8.666/1993, ela é inconstitucional. Interpretação retroativa não da doutrina, mas de instância interpretativa (o Ministério Público) – mas, de qualquer modo, exemplo lapidar de interpretação retroativa com pretensão de inconstitucionalizar opções legislativas inovadoras.

45. Tratando do ponto, afirma Jacintho Arruda Câmara: "Em vez de se interpretar o Direito posto e, a partir dele, revelar-se o significado dos institutos, toma-se como fonte conceitual a própria doutrina, pondo-a como paradigma a ser observado pelo legislador (mesmo que seja o constituinte originário)" ("Autorizações administrativas vinculadas: o exemplo do setor de telecomunicações", in Alexandre Santos de Aragão e Floriano de Azevedo Marques Neto (coords.), *Direito Administrativo e seus Novos Paradigmas*, Belo Horizonte, Fórum, 2008, p. 622).

46. Por todos, leia-se Oswaldo Aranha Bandeira de Mello: "Autorização é ato administrativo discricionário, unilateral, pelo qual se faculta, a título precário, o exercício de determinada atividade material, que sem ela seria vedado. A respeito, é de se recordar o porte de armas: salvo os agentes encarregados de segurança pública, ninguém mais pode trazer consigo armas sem prévia autorização da repartição policial competente. O atendimento ao pedido do interessado, entretanto, fica a critério da Administração Pública, tendo em vista considerações de conveniência e oportunidade políticas" (*Princípios Gerais de Direito Administrativo*, 3ª ed., 2ª tir., vol. I, "Introdução", São Paulo, Malheiros Editores, 2010, pp. 560-561).

47. Nas palavras de Hely Lopes Meirelles: "Licença é o ato administrativo vinculado e definitivo pelo qual o Poder Público, verificando que o interessado atendeu a todas as exigências legais, faculta-lhe o desempenho de atividades ou a realização de fatos materiais antes vedados ao particular, como, por exemplo, o exercício de uma profissão, a construção de um edifício em terreno próprio. (...)" (*Direito Administrativo Brasileiro*, 24ª ed., São Paulo, Malheiros Editores, 1999, p. 170). *[V. 42ª ed., São Paulo, Malheiros Editores, 2016, p. 213.]*

48. Art. 131, § 1º, da Lei 9.472/1997: "§ 1º. Autorização de serviço de telecomunicações é o ato administrativo vinculado que faculta a exploração, no regime privado, de modalidade de serviço de telecomunicações, quando preenchidas as condições objetivas e subjetivas necessárias".

49. Assim, pode ser útil escolher nomes parecidos para institutos que se sucedem, a fim de poder recuperar, na pesquisa histórica da doutrina e da jurisprudência, a evolução do tema.

invalidar normas que não respeitem a sugestão. De igual modo, não seria inconstitucional a criação de licenças discricionárias.[50] Opinião de autor não tem força de Constituição.[51]

Não tem força de Constituição, mas pode ser bastante útil. Ao realizar (a') *análises críticas contextualmente responsáveis*, a doutrina pode aclarar usos, identificar problemas, pautar sugestões. Fala-se, aqui, não da doutrina imediatamente dogmática, com pretensões de verdade autofundada (a "melhor doutrina"), tampouco da que só replica o entendimento dos tribunais. Está-se tratando da doutrina que busca apoio em evidências empíricas ou que ingressa em reflexões teóricas mais profundas.

Exemplo: a partir de categoria criada pelo Conselho de Estado francês – o *mérito administrativo* –, levantamentos em decisões de órgãos judiciais brasileiros podem esclarecer, para certos Cortes temporais, o nível de sua aderência.[52] Mais do que dizer que o juiz deve respeitar o mérito administrativo, cumpre saber se e em que medida isso ocorre; e, nos casos em que não, por quais motivos. Em situações que tais tem-se doutrina que ilumina, e não confunde, a prática.

Em outra análise, grupo de pesquisa da FGV/SP identificou quem é, de fato, o diretor das agências reguladoras federais. A análise levanta dados, tem um quê de sociologia das instituições, mas, elaborada por pesquisadores do Direito, fala e apela a estudantes e profissionais da área.[53] Não se trata mais de perorar de si para si; cumpre, agora, explicar, transformativamente, o mundo.

A força da doutrina está em que ela é uma (b') *cogitação de baixo custo*. Ao contrário da lei, do regulamento e da decisão judicial, ela se faz com custo tendente a zero. Daí que se mostra espaço propício à inovação. Ao lançar especulação *de lege ferenda*, o escritor está livre para ir além de onde qualquer acordo político ou decisão judicial pode. E a força da doutrina de direito administrativo não é desprezível. Ela inventa categorias o tempo

50. Vitor Rhein Schirato noticia a existência de licenças com algum grau de discricionariedade na legislação municipal de São Paulo ("Repensando a pertinência dos atributos dos atos administrativos", in Odete Medauar e Vitor Rhein Schirato (orgs.), *Os Caminhos do Ato Administrativo*, São Paulo, Ed. RT, 2011).

51. Já houve casos em que órgãos de controle atuaram com base nestas definições doutrinárias. Assim, o Ministério Público Federal ajuizou ação civil pública contra a concessão de licença ambiental para terminal marítimo na região de Itaguaí, alegando, dentre outros pontos, que a licença ambiental era inválida, porque teria que ser, necessariamente, vinculada. Vale a citação da petição inicial: "Na conhecida definição de Hely Lopes Meirelles, licença é o 'ato administrativo *vinculado* e definitivo pelo qual o Poder Público, verificando que o interessado atendeu a todas as exigências legais, faculta-lhe o desempenho de atividades ou a realização de fatos materiais antes vedados ao particular, como, por exemplo, o exercício de uma profissão, a construção de um edifício em terreno próprio'. Pela natureza vinculada, e não discricionária, desta espécie de ato administrativo, o órgão público não está, obviamente, autorizado a conceder, a seu bel-prazer, licenças para o funcionamento de atividades potencialmente poluidoras". A íntegra da peça processual pode ser obtida em *http://www.mpf.mp.br/pgr/copy_of_pdfs/acp-porto-sudeste-vila-do--engenho-1.pdf* (acesso em 31.5.2017).

52. Assim, por todas as pesquisas do gênero, cada dia mais comuns no Brasil, v. Fabrício Antônio Cardim de Almeida (coord.), *Revisão Judicial das decisões do Conselho Administrativo de Defesa Econômica*, Belo Horizonte, Fórum, 2011.

53. *Dinâmica de Nomeações das Agências Reguladoras. Escola de Direito da FGV/SP*. A íntegra do estudo pode ser obtida em *http://direitosp.fgv.br/sites/direitosp.fgv.br/files/arquivos/GRP_arquivos/grp_-_relatorio_de_pesquisa_-_nomeacao_de_dirigentes_nas_agencias_reguladoras_sponsor.pdf* (acesso em 10.5.2017).

todo.⁵⁴ Inventar é, literalmente, inovar. Ora, por vezes o conceito inventado de direito administrativo é acolhido pela lei ou por um tribunal e se torna, concretamente, o referencial normativo do assunto.

Tome-se como exemplo a noção de que *o poder de polícia só pode ser exercido por entidades dotadas de personalidade jurídica de direito público*. Essa formulação é resultado de amálgama doutrinário de várias intuições: a de que o Estado detém o monopólio da violência legítima; preocupações com a legitimidade, a isonomia e a *accountability* do exercício de sanções etc.⁵⁵ Enfim, o fato é que ao longo de séculos *se cristalizou* – talvez o verbo seja esse – a noção do monopólio público do exercício do poder de polícia, que foi, então, adotada em decisões públicas e em leis.⁵⁶

Só que tal conclusão levou a problemas. Como justificar empresa privada de "pardal" eletrônico? Como explicar vistoria veicular realizada por particular contratado pelos DETRANs? Diante disso, a doutrina driblou⁵⁷ sua própria regra, inventando a noção de *ciclo de polícia*.⁵⁸ O conceito de ciclo de polícia, afinal, veio a ser adotado pelos tribunais. O ciclo – doutrinário – se fecha: a doutrina inventa a solução, que se mostra problemática, que requer nova solução. A inovação não é caminho sem tropeços.

5. A jurisprudência de direito administrativo: laboratório ou museu?

Por fim, a jurisprudência. Ela configura limite à inovação quando (a) representa *segunda força da doutrina anti-inovação*, mas pode configurar possibilidades inovadoras, pois, às vezes, (a') *viabiliza experimentações a custo médio*. Confira-se.

A jurisprudência pode assumir papel de (a) *segunda força da doutrina anti-inovação* quando faz coisa julgada de certas opiniões de autor. Ou seja: por vezes o Judiciário pode emprestar "dentes" (na expressão de Sunstein e Holmes⁵⁹) a opiniões contrárias à inovação.

---

54. Sobre o tema, v.: José Vicente Santos de Mendonça, "Conceitos inventados de direito administrativo", in Rafael Véras Freitas, Leonardo Coelho Ribeiro e Bruno Feigelson, *Regulação e Novas Tecnologias*, Belo Horizonte, Fórum, 2017.

55. Rafael Wallbach Schwind, "Particulares em colaboração com o exercício do poder de polícia: o 'procedimento de polícia'", in Odete Medauar e Vitor Schirato (coords.), *Poder de Polícia na Atualidade*, Belo Horizonte, Fórum, 2014 (especialmente pp. 139-140).

56. No campo jurisprudencial alude-se aos seguintes julgados: STJ, 2ª Turma, REsp 817.534-MG, rel. Min. Mauro Campbell, j. 4.8.2009, e STF, Tribunal Pleno, ADI 1.717-DF, rel. Min. Sydney Sanches, j. 7.11.2002. No campo legal mencionamos o art. 4º, III, da Lei 11.079/2004 (Lei das PPPs Federais): "Art. 4º. Na contratação de parceria público-privada serão observadas as seguintes diretrizes: (...); III – indelegabilidade das funções de regulação, jurisdicional, do exercício do poder de polícia e de outras atividades exclusivas do Estado; (...)".

57. Marina Fontão Zago, "O dogma da indelegabilidade do poder de polícia defrontado com casos do Código de Trânsito Brasileiro", *Fórum Administrativo: Direito Público* 10/46-58, n. 111, Belo Horizonte, maio/2010 (disponível em: *http://dspace/xmlui/bitstream/item/5293/PDIexibepdf.pdf?sequence=1*, acesso em 5.4.2013).

58. Diogo de Figueiredo Moreira Neto, *Curso de Direito Administrativo*, 15ª ed., Rio de Janeiro, Forense, 2009, pp. 444-447.

59. Cass Sunstein e Stephen Holmes, *The Cost of Rights: Why our Liberties Depend on Taxes*. Na obra, Sunstein e Holmes afirmam que direitos subjetivos propriamente ditos possuem "dentes", isto é, são capazes de mudar concretamente a realidade.

A lei inova, a doutrina retroage, o Judiciário transita o passado em julgado. É de se ver que muitos tribunais – mas não, em regra, juízes isolados – desempenham, por formação e vocação, o papel de travas institucionais ao novo. Afinal, quando se fala da jurisprudência se está falando de ofício para o qual se dão sugestões como a seguinte, de Carlos Maximiliano:

> Fica bem ao magistrado aludir às teorias recentes, mostrar conhecê-las, porém só impor em aresto a sua observância quando deixarem de ser consideradas ultra-adiantadas, semirrevolucionárias; obtiverem o aplauso dos moderados, não *misoneístas*, porém prudentes, *doutos e sensatos*.[60]

Os exemplos são fáceis de se encontrar. Para ficar no caso do item anterior, basta ver decisões judiciais que proclamam, contra os fatos, a indelegabilidade do poder de polícia a entidades privadas.[61] Ou, em cogitação fora do direito administrativo, mas polêmica: é plausível imaginar que certos tribunais resistam se e quando houver alteração legislativa que permita uniões estáveis paralelas ao casamento, o chamado *poliamor*. Aliás, é de se ver que já hoje, com base em alguns princípios – *v.g.*, dignidade da pessoa humana, pluralidade das formas de família –, seria possível atribuir direitos a famílias não monogâmicas. Mas a jurisprudência ainda não reconhece a inovação, aqui, não meramente administrativa, mas *existencial*.[62] A ver.

Por outro lado, a jurisprudência é capaz de (a') *viabilizar inovações a custo social médio*. De fato, uma sentença ou um acórdão não têm o custo social de uma opinião doutrinária, mas também não são tão socialmente custosos quanto uma lei ou um regulamento. Decisão judicial é, em regra, decisão para um caso ou um grupo de casos.[63] Decisões judiciais são ótimas para experimentações: possuem tração (não são especulações em si mesmas inócuas, como a doutrina); seu processo deliberativo não é tão complexo como o das Casas Legislativas; incorporam uma dinâmica de revisão quase que necessária em

---

60. Carlos Maximiliano, *Hermenêutica e Aplicação do Direito*, 16ª ed., Rio de Janeiro, Forense, 1996, p. 160.

61. Por exemplo, a ADI 1.717, assim ementada: "Direito constitucional e administrativo – Ação direta de inconstitucionalidade do art. 58 e seus §§ da Lei federal n. 9.649, de 27.5.1998, que tratam dos serviços de fiscalização de profissões regulamentadas. 1. Estando prejudicada a ação, quanto ao § 3º do art. 58 da Lei n. 9.649, de 27.5.1998, como já decidiu o Plenário, quando apreciou o pedido de medida cautelar, a ação direta é julgada procedente quanto ao mais, declarando-se a inconstitucionalidade do *caput* e dos §§ 1º, 2º, 4º, 5º, 6º, 7º e 8º do mesmo art. 58. 2. Isso porque a interpretação conjugada dos arts. 5º, XIII, 22, XVI, 21, XXIV, 70, parágrafo único, 149 e 175 da CF leva à conclusão no sentido da indelegabilidade a uma entidade privada de atividade típica de Estado, que abrange até poder de polícia, de tributar e de punir, no que concerne ao exercício de atividades profissionais regulamentadas, como ocorre com os dispositivos impugnados. 3. Decisão unânime".

62. "Ser casado constitui fato impeditivo para o reconhecimento de uma união estável. Tal óbice só pode ser afastado caso haja separação de fato ou de direito. Ainda que seja provada a existência de relação não eventual, com vínculo afetivo e duradouro, e com o intuito de constituir laços familiares, essa situação não é protegida pelo ordenamento jurídico se concomitante a ela existir um casamento não desfeito (...). Diante disso, decidiu-se que, havendo uma relação concubinária, não eventual, simultânea ao casamento, presume-se que o matrimônio não foi dissolvido e prevalecem os interesses da mulher casada, não reconhecendo a união estável" (STJ, 4ª Turma, REsp 1.096.539-RS, rel. Min. Luís Felipe Salomão, j. 27.3.2012).

63. Decisões havidas em controle abstrato de constitucionalidade assemelham-se, funcionalmente, a decisões legislativas, só que negativas. Mas tais decisões não correspondem à grande maioria das decisões judiciais.

seu próprio procedimento (os recursos[64]); e seu impacto não é tão grande que dificulte a retroação, nem tão ínfimo que torne duvidosos os resultados.[65]

Louis Brandeis, Juiz da Suprema Corte americana, anotou, no caso "New State Ice Co. *versus* Liebmann", que Estados Federativos são, em comparação à União, "laboratórios": "O Estado pode, se os cidadãos assim escolherem, servir como um laboratório; e tentar experimentos sociais e econômicos sem risco para o resto do País". No Brasil, diante do centralismo federativo, sem falar na predominância de elites paroquianas em nível subnacional, a honra experimentalista não vai aos Estados. É o Judiciário o nosso laboratório da democracia.

Assim, antes que houvesse leis ou regulamentos, havia decisões judiciais concedendo pensões a cônjuges homoafetivos sobreviventes a servidores públicos.[66] Quando a lei que regulamenta a desapropriação é, quase que literalmente, peça de museu, decisões judiciais conformam-lhe, na prática, um regime mais garantista.[67] Onde a lei e a doutrina resistem, o Judiciário, por vezes, avança.

***

A jurisprudência de direito administrativo assim como a doutrina e a lei são *ambíguas* quanto à inovação: ora fomentam-na, ora são suas adversárias. É claro que nem sempre inovar é bom, e a dinâmica construtiva novo-velho-novo possui valores de segurança (a demora é garante da permanência) e de testagem (a dificuldade é garante da qualidade).

Por outro lado, inovação segura é garante de relevância. Na doutrina de direito administrativo há, então, como se viu, momentos em que convencionalismo se torna fundacionalismo; na legislação, pontos em que a velocidade subótima da lei se torna anacronismo; e na jurisprudência, decisões em que a adesão ao passado, mais do que garantir direitos, impede a experiência do novo.

6. *Síntese objetiva e encerramento*

Ao fim deste estudo, é possível apresentar suas conclusões sob a forma de síntese objetiva.

---

64. Em alguns casos, como nas decisões judiciais tiradas contra interesses significativos da Fazenda Pública, a revisão é, literalmente, necessária (cf. art. 496 do CPC).

65. Por outro lado, aspectos negativos em decisões judiciais, em comparação a decisões legislativas e administrativas: decisões judiciais só admitem argumentos apresentados sob forma jurídica (o que pode reduzir a complexidade dos elementos considerados para a decisão ou tornar insinceras as premissas nominalmente adotadas) e seu processo de revisão de última ordem (depois de quando se formou a coisa julgada) é bastante difícil. Além disso, o Judiciário possui formação menos heterogênea do que o Legislativo e o Executivo. Juízes são menos diferentes entre si do que legisladores e, em nível um pouco menor, burocratas. Tal homogeneidade acaba se espelhando no repertório argumentativo das decisões.

66. Por exemplo: TJRJ, ACi 2004.001.30635, rel. Des. Marco Antônio Ibrahim, j. 5.4.2005, e ACi 2005.001.34933, rela. Desa. Leticia Sardas, j. 21.3.2006.

67. V.: Patrícia Ferreira Baptista, *Consensualidade e Justo Preço nas Desapropriações: Novos Parâmetros à Luz do Direito Administrativo Contemporâneo*, disponível em *http://anape.org.br/site/wp--content/uploads/2014/01/TESE-20-AUTORA-PATR%C3%8DCIA-FERREIRA-BAPTISTA.pdf* (acesso em 30.5.2017).

6.1 A palavra "inovação" é daquelas em relação às quais todos parecem concordar, embora ninguém saiba muito bem o que significa. O termo, que encontra desenvolvimentos clássicos na economia e na administração, vem sendo recentemente debatido junto ao Direito. Para este texto, "inovação" é a *invenção de possibilidades no mundo a partir de argumentos jurídicos*.

6.2 Há, contudo, que se ter cautela com o discurso da inovação junto ao Direito. *Nem sempre inovar é bom*; *nem sempre o que é bom é inovador*; e *o discurso da inovação como modismo reduz a complexidade do tema*. A inovação não é postura de valor absoluto: embora quase sempre desejável, há momentos em que, quando se fala do Direito, *não inovar* é permitir que normas e práticas se consolidem. O contrário da inovação não deve ser a estagnação, mas a inovação responsiva à qualidade do presente.

6.3 Leis apresentam (a) *velocidade subótima*, não necessariamente por culpa do legislador. É que toda ação coletiva traz dificuldades. A elas somam-se características de nosso sistema político, em especial o multipartidarismo fragmentado. De resto, o processo legislativo é desenhado para que demore, de modo a gerar decisões refletidas. Em razão disso, há leis que ultrapassam seu tempo e não mudam porque não conseguem ser mudadas. O maior exemplo do fenômeno no direito administrativo é a Lei 8.666/1993, cujo apogeu já passou e que, hoje, tem sua vigência contornada por uma série de leis especiais.

6.4 A lei é, também, (b) o *ponto focal do legalismo de direito administrativo*, cultura jurídico-burocrática que fetichiza o texto da lei como único espaço de juridicidade. Se a Administração só pode agir dentro do que a lei prevê, ela não pode inovar, pois a inovação, por definição, ainda não está prevista. E, por muito do que se tenha escrito e decidido nos últimos tempos, o legalismo ainda triunfa nas trincheiras da Administração Pública – seja porque é o que o burocrata conhece, seja porque é como se protege de um sistema inclemente de controle. Ora, depender de lei formal para inovar é depender do processo legislativo, que é lento; tomar, quase sempre, decisões macro; e tomar decisões cuja terminação é difícil. A inovação passa a ter custo altíssimo.

6.5 Mas (a') *a lei pode forçar a inovação*. Há leis que ousam para além de seu tempo e, sendo bem-sucedidas, melhoram a sociedade nesse processo. Exemplos são o regime do RDC e seu orçamento estimado inicialmente "oculto", e a Lei do Pregão Federal, que inspirou legislações subsequentes.

6.6 Além disso, (b') *certos formatos legais se mostram propícios à inovação segura*, como o das leis temporárias ou o das leis cuja vigência se atrela a índices. No Brasil tais formatos ainda não são comuns, mas é possível que o sejam algum dia.

6.7 O direito administrativo consagra bastante força à sua doutrina, que dela se utiliza ora para facilitar, ora para dificultar a inovação. O fenômeno da (a) *interpretação retrospectiva* – a interpretação doutrinária que enxerga o presente com os olhos do passado – é comum. Exemplo foi o tratamento doutrinário inicial da figura da regulação pública da economia, em que ela era tomada como equivalente funcional da regulamentação. Ou, no debate sobre a superação do princípio da supremacia do interesse público sobre o privado, o uso de distinções conceituais com vistas à preservação de elementos tradicionais, ainda que adaptados a novos ares.

6.8 O (b) *controle doutrinário de constitucionalidade das normas de direito administrativo* é a prática de tomar opinião doutrinária como critério de controle de validade das normas. Na LGT o legislador criou uma autorização vinculada – contra a opinião clássica, que entendia que autorização era sempre discricionária. Alguns viram nisso uma impropriedade ou, quiçá, uma inconstitucionalidade. Ao proibir que até mesmo a lei inove contra sua vontade, a doutrina de direito administrativo atua, aqui, como obstáculo à inovação, senão ao próprio princípio democrático.

6.9 A doutrina pode, contudo, realizar (a') *análises críticas contextualmente responsáveis*, em que se despe de pretensões de verdade autofundada e passa a verificar dados ou refletir de modo aprofundado. Também ela pode servir para operar (b') *cogitações de baixo custo*, especialmente propícias à inovação.

6.10 A jurisprudência de direito administrativo atua, por vezes, como (a) *segunda força da doutrina anti-inovação*. Em certos casos a lei inova, a doutrina retroage, o Judiciário transita o passado em julgado. Pode-se ver a prática nas decisões contrárias à delegação a entes privados de parcelas do poder de polícia ou, em exemplo fora do direito administrativo, na negativa de reconhecer práticas familiares não monogâmicas.

6.11 Por outro lado, a jurisprudência é capaz de (b) *viabilizar inovações a custo social médio*. Embora apresente custo social mais alto do que uma cogitação doutrinária, uma sentença ou um acórdão são menos abrangentes do que uma lei ou um regulamento. No Brasil é até possível imaginar que seja o Judiciário – e não os entes federativos subnacionais – o "laboratório" da democracia. Assim, antes que houvesse leis ou regulamentos, havia decisões concedendo pensões a cônjuges homoafetivos sobreviventes a servidores públicos. Quando a lei que regulamenta a desapropriação se mostra atrasada, a jurisprudência atualiza-lhe os anacronismos. Onde a lei e a doutrina resistem, o Judiciário, por vezes, avança.

6.12 A jurisprudência de direito administrativo assim como a doutrina e a lei são, então, *ambíguas* quanto à inovação: ora fomentam-na, ora são suas adversárias. Na doutrina de direito administrativo há momentos em que convencionalismo se torna fundacionalismo; na legislação, pontos em que a velocidade subótima da lei se torna anacronismo; e na jurisprudência, decisões em que a adesão ao passado, mais do que garantir direitos, impede a experiência do novo.

***

O que se tratou aqui foi de identificar uma característica: a ambiguidade da tríade jusadministrativista em relação à inovação. Se se buscasse, entretanto, uma *causa* da ambiguidade na postura do direito administrativo brasileiro, provável culpado seria a educação jurídica brasileira, da forma como tradicionalmente vem sendo feita.

Nossos doutrinadores clássicos, nossos legisladores (de formação jurídica, o que corresponde à maioria) e nossos juízes foram cultivados num ambiente hierárquico, formal e formalizante, superatento a protocolos e obcecado com figuras de autoridade. É natural que não seja ambiência das mais abertas à inovação. Ao mesmo tempo, precisa-se da inovação para sobreviver. Hely inovava num mundo que morreu. Mas nós estamos construindo um mundo inconcebivelmente diferente. Um mundo, quem sabe, inconcebivelmente mais livre.

AGENTES PÚBLICOS DE LINHA DE FRENTE: A PONTA CRIADORA DO DIREITO ADMINISTRATIVO[1]

Juliana Bonacorsi de Palma

1. Introdução. 2. Os agentes públicos de linha de frente: 2.1 Os "agentes públicos de linha de frente" – 2.2 Repartições-fins e agentes públicos de linha de frente – 2.3 "Porcas e parafusos", atos administrativos e atos materiais. 3. Condições de trabalho e práticas de execução dos agentes públicos de linha de frente ensejadas pelo direito administrativo: 3.1 Rotatividade e concursos públicos – 3.2 Jogo da revogação – 3.3 Elementos de controle sobre os agentes públicos de linha de frente – 3.4 A rotina de modelos. 4. Agentes públicos de linha de frente: a ponta criadora do direito administrativo. 5. Reflexões finais.

1. Introdução

Este é um artigo que se enfronha na realidade da burocracia pública. Toma como ponto de partida o guichê, se estende por corredores espremidos entre pilhas de processos e vai até aquele que aguarda do outro lado do balcão – o *cidadão*. Quem o atende é o *agente público de linha de frente*. Por vezes este não estará exatamente atrás do balcão, mas em escolas, postos policiais, hospitais ou, mesmo, nas ruas, executando políticas públicas assistenciais e concretizando o poder de autoridade pública. Ambos são os nossos grandes personagens no texto.

Também na teoria de direito administrativo eles estão presentes. Como destinatário da decisão administrativa final, o cidadão já recebeu muitos nomes nos escritos de direito administrativo. Trata-se do insípido *administrado* ou *particular*. Os agentes públicos que lidam diretamente com os cidadãos também recebem designações específicas e atendem por diversos nomes: *servidores públicos*, *funcionários públicos* ou a famosa expressão "autoridade competente", que por um lance de descuido pode se tornar a *autoridade coatora*. O encontro entre cidadão e agente público de linha de frente é o ponto alto dos estudos teóricos, mas nossos personagens são sujeitos ocultos da *relação jurídico-administrativa*, do *ato administrativo* ou da *execução material* de decisões administrativas a que o Direito confere uma séria de garantias e mecanismos de defesa de direitos frente ao Poder Público.

Em alguma medida a desumanização do contato entre cidadãos e agentes públicos se fez necessária para viabilizar construções teóricas e normatizações. Afinal, normas são, por essência, gerais a abstratas. Por sua vez, a "Ciência" do direito administrativo demanda categorias suficientemente amplas para abarcar uma gama de situações concretas e, assim, orientar a aplicação uniforme de suas prescrições normativas. Porém, o risco da abstração é tornar irrelevante aquilo que se pretendia ser universalizante. Uma sofisticada construção

---

1. Este artigo decorre de reflexão iniciada na coluna "Agentes públicos de linha de frente: a ponta criadora do direito administrativo", na *Revista Colunistas de Direito do Estado* 113, 2016.

teórica ou uma norma bem-intencionada pode cair no ostracismo se se descolar da realidade. Estudar os agentes públicos de linha de frente – tema, este, já bastante avançado nas Ciências Políticas – pareceu-me adequado para contribuir às necessárias reflexões realistas da teoria e, assim, evitar a "tragédia dos comuns" no direito administrativo: o descolamento de ideias e normas da realidade brasileira, em si plural e complexa.

O tema parece-me apropriado para ser desenvolvido em uma obra coletiva em homenagem a Hely Lopes Meirelles. Isto porque o *realismo* era uma das principais marcas de sua leitura teórica do direito administrativo:

> O Direito – para nós – é instrumento de trabalho, e não tertúlia acadêmica. É, simultaneamente, teoria, realidade e vivência. Daí por que colocamos ao lado da doutrina a legislação e a jurisprudência. Não compreendemos o Direito divorciado da lei e da orientação dos tribunais. (...). Procuramos não ser prolixos no óbvio e no inútil. Evitamos o superado e o inaplicável no Brasil. Não discutimos teorias obsoletas, nem polemizamos questões bizantinas. Fomos ao que ocorre cotidianamente na nossa Administração, na nossa legislação e na nossa Justiça. Pode não ser o melhor método para o estudo de direito administrativo. É, porém, o mais útil e o mais consentâneo com a realidade.[2]

Realista que era, Hely Lopes Meirelles sempre reconheceu em seus escritos a figura dos agentes públicos de linha de frente, muito embora não lhes atribuísse valor jurídico.[3] Como pretendo indicar neste texto, algumas de suas interpretações normativas ou narrativas do fenômeno burocrático tomam como referência os agentes públicos de linha de frente. Podemos afirmar que o reconhecimento destes personagens por Hely Lopes Meirelles permitiu o desenvolvimento do direito administrativo como hoje o conhecemos na doutrina.

Em grande medida, sua atuação profissional explica a linha realista de observação do Direito e a atribuição de valor aos agentes públicos de linha de frente: como juiz – profissão, esta, considerada como *street-level bureaucracy* pela literatura norte-americana –, tomou contato direto com a realidade do funcionamento burocrático do Estado na ponta municipalista. Se considerarmos a execução de decisões públicas, é nos Municípios que ocorre o contato entre cidadãos e burocracia. Não por outra razão a Administração Pública é historicamente reconhecida como uma organização de âmbito municipal.[4] Tiveram gran-

---

2. Hely Lopes Meirelles, *Direito Administrativo Brasileiro*, 2ª ed., São Paulo, Ed. RT, 1966, "Prefácio". *[V. 42ª ed., São Paulo, Malheiros Editores, 2016.]*

3. Hely Lopes Meirelles também tinha a marca do *Positivismo*, porquanto tomava como as grandes fontes de desenvolvimento de suas ideias a legislação e a interpretação desta dada pelos tribunais: "A exposição doutrinária e o Direito Comparado só são utilizados, por nós, até o limite necessário à compreensão e solução dos problemas de nossa Administração Pública. O que nos preocupa é o estudo do ordenamento jurídico-administrativo nacional" ("Prefácio"). Muito embora o alerta de perfilhamento ao Positivismo tenha sido feito em seu manual, como indicação aos leitores desta específica obra, a produção acadêmica de Hely Lopes Meirelles segue à risca esta orientação. Assim, na medida em que os agentes públicos de linha de frente não eram uma categoria positivada, Hely Lopes Meirelles não os invocou nominalmente em seus trabalhos. Porém, há diversas referências a estes personagens em seus escritos ao fazer referência às repartições-fins, por exemplo, ou às possibilidades de cabimento do mandado de segurança. Esses pontos serão mais bem trabalhados ao longo do texto.

4. Cf. Diogo Freitas do Amaral, *Curso de Direito Administrativo*, 4ª ed., vol. I, Coimbra, Livraria Almedina, 2015, pp. 30-31.

de projeção suas sentenças e soluções jurídicas para problemas e impasses burocráticos municipalistas.[5]

Posteriormente Hely Lopes Meirelles assumiu importantes postos públicos dentro da burocracia, mas ainda conectado com essa realidade municipalista bastante pautada pela atuação dos agentes públicos de linha de frente. Na Secretaria de Estado do Interior no Governo Ademar de Barros respondia a inúmeras consultas feitas pelos Municípios e desenvolveu a "Prefeitura-Modelo" em Valinhos, uma escola de capacitação dos gestores públicos municipais que deu origem ao Centro de Estudos e Pesquisas de Administração Municipal/CEPAM.[6] Na Secretaria de Segurança Pública experimentou grandes desafios envolvendo os agentes públicos de linha de frente, a tal ponto que sua saída teve como pretexto um embate desta natureza: o Comandante da Polícia Militar não seguiu sua ordem de não utilizar cães pastores em uma manifestação estudantil na Praça da República; Hely Lopes Meirelles exigiu a demissão do Comandante, mas esta foi condicionada à sua saída da Secretaria de Segurança Pública.[7]

Importante registro para o presente artigo é o fato de Hely Lopes Meirelles nunca ter lecionado em uma Faculdade de Direito. Seu ambiente acadêmico era a Escola de Engenharia de São Carlos, o que lhe demandava aulas de Direito aplicadas, sem nítidas fronteiras entre os ramos do Direito. A publicação do livro *Direito de Construir*, em 1961, registra esta interdisciplinaridade exigida por uma área de acoplamento eminentemente prática do direito administrativo. É como dizia: "O Direito é instrumento de trabalho". E, como tal, Hely Lopes Meirelles se sentia na obrigação de auxiliar as autoridades públicas, os gestores públicos de órgãos de cúpula ou da média burocracia e a burocracia de baixo escalão – não descurou dos agentes públicos de linha de frente. Em retorno, os agentes públicos adotaram suas obras como referência primeira na sua atuação. No imaginário de uma mesa de trabalho em uma repartição pública, ao lado da foto da família estará uma versão da Constituição Federal, uma versão da Constituição Estadual ou da Lei Orgânica Municipal e o livro de Hely Lopes Meirelles.[8] Não se trata de gratidão, mas de utilitarismo puro, que as características de sua produção acadêmica explicam. Mesmo após seu falecimento em 1990, seu *Direito Administrativo Brasileiro*, originalmente publicado em 1964, continua a ser editado – está na sua 42ª edição.

O ano de 2017 é simbólico para o direito administrativo brasileiro. Há 100 anos nascia Hely Lopes Meirelles, há 50 anos era editado o Decreto-lei 200/1967 e há 25 anos a Lei de Improbidade Administrativa – Lei 8.429/1992 – foi editada. Esses são expoentes da atuação do agente público de linha de frente, mas que já se descolaram da realidade na burocracia brasileira: o Decreto-lei 200/1967 pela passagem do tempo; a Lei 8.429/1992 pela sua inata incompreensão da gestão pública. A proposta deste texto é apresentar esta relevante parcela dos agentes públicos brasileiros que interagem com os cidadãos e gozam

---

5. Hely Lopes Meirelles teve uma trajetória bastante diferenciada dos juristas de seu tempo, residentes em grandes metrópoles, especialmente São Paulo e Rio de Janeiro. A rica vivência municipalista nas cidades de Ituverava e de São Carlos foi determinante para a concepção da obra *Direito Municipal Brasileiro*, voltada a sistematizar os grandes temas desta realidade brasileira então carente de obras jurídicas de referência.

6. Cf. Eurico de Andrade Azevedo, "Retrato de Hely Lopes Meirelles", *RDA* 204/125, Rio de Janeiro, Renovar, abril-junho/1996.

7. Idem, p. 126.

8. Atualmente também estaria a obra *Comentários à Lei de Licitações e Contratos Administrativos*, de Marçal Justen Filho.

de grandes margens de discricionariedade administrativa na tentativa de auxiliar reformas em curso que possam tornar a ação pública mais efetiva e garantista.

2. Os agentes públicos de linha de frente

2.1 Os "agentes públicos de linha de frente"

Não se propõe aqui uma nova classificação dos agentes públicos, categoria que tradicionalmente abrange os agentes políticos, servidores públicos, empregados públicos, militares e particulares em colaboração com o Poder Público. A proposta é apresentar uma parte dos agentes públicos que compartilham essas três características básicas: (i) interagem diretamente com os cidadãos, (ii) gozam de significas margens de discricionariedade na sua atuação e (iii) suas decisões têm o potencial de impacto sobre os direitos dos cidadãos.[9]

Trata-se dos *agentes públicos de linha de frente* ou *agentes públicos de nível de rua*. Assim, temos os agentes públicos que estão do lado de dentro do guichê de repartições públicas, agentes que decidem sobre benefícios de previdência social, agentes que percorrem as casas para promover a política de combate à dengue, professores e diretores de escolas públicas, agentes de fiscalização fiscal ou de trânsito, enfermeiros e médicos de hospitais

9. Essas são as características atribuídas aos *street-level bureaucrats* por Michael Lipsky, autor que ineditamente reconheceu estes atores e criou a expressão que ganharia notoriedade mundial, *street-level bureaucracy*, para designar o modelo de Administração Pública ao qual esses agentes estariam vinculados. Ao pesquisar sobre *polícia*, Michael Lipsky constatou em 1969 que os agentes públicos de linha de frente compartilham algumas características comuns, o que justificaria a elaboração de uma teoria geral dos *street-level bureaucrats*. Naquele ano Lipsky publica o artigo *Toward a Theory of Street-Level Bureaucracy* (paper presented at University of Wisconsin, 1969, disponível em http://www.historyofsocialwork.org/1969_Lipsky/1969,%20Lipsky,%20toward%20a%20theory%20of%20street%20level%20 bureaucracy%20OCR%20C.pdf) e indica as três condições definidoras dos agentes públicos de linha de frente: (1) constante interação com os cidadãos no exercício de suas atribuições laborais; (2) significativa independência, apesar de se situarem em uma estrutura burocrática, razão pela qual terminariam por gozar de significativa discricionariedade; e (3) potencial impacto sobre a vida dos cidadãos. Desde então o autor se debruçou sobre as mais variadas áreas de serviços para colher exemplos e experiências que lhe permitissem avançar na produção de sua teoria geral dos *street-level bureaucrats*. Em 1980 Michael Lipsky publicou o livro *Street-Level Bureaucracy. Dilemmas of the Individual in Public Services*, em que sistematizou suas informações em dois fundamentais argumentos: (1) as tarefas exercidas tipicamente não são executadas de acordo com os altos critérios definidos em prévia decisão pública, pois eles carecem de tempo, recursos e informações relevantes; e (2) ainda que as áreas dos serviços sejam muito diferentes entre si, elas compartilham das características acima descritas. A grande preocupação de Lipsky é com relação aos cidadãos, buscando registrar a experiência deles ao interagirem com o Poder Público. Sua conclusão principal é que os agentes públicos de linha de frente têm profundo impacto sobre a política pública, de modo que as rotinas e as estratégias que os agentes públicos de linha de frente forjam para cumprir com suas obrigações legais terminam por modular de fato as políticas públicas. Michael Lipsky não apenas significou os agentes públicos de linha de frente na mundialmente famosa expressão *street-level bureaucracy*, mas também inaugurou uma nova agenda de pesquisa. A partir da década de 1980 floresceram estudos empíricos sobre os agentes públicos de linha de frente com a finalidade de detalhar a realidade de específicas repartições públicas e, assim, travar diálogo com o autor. Hoje os principais temas de pesquisa desenvolvidos na agenda *street-level bureaucracy* são: vieses burocráticos e impactos sobre direitos humanos; narrativa das ações dos agentes públicos de linha de frente na área criminal (cf., por todos, Issa Kohler-Hausmann, "Managerial justice and mass misdemeanors", 66 *Stan. L. Rev.* 611, 2014, *passim*); definição dos procedimentos na concessão de benefícios sociais e suas contradições; e características sociológicas dos julgamentos por juízes de nível de rua (primeiro escalão).

públicos, conselheiros de Conselho Tutelar, agentes que conduzem processos para concessão de alvarás e licenças, agentes das repartições de atendimento de imigrantes, conciliadores e mediadores públicos, bem como juízes de primeira instância. Esses são apenas alguns exemplos.

A expressão "agentes públicos de linha de frente" é uma tradução da terminologia *street-level bureaucrats*.[10] No Brasil a linha de pesquisa *street-level bureaucracy* é bem explorada no campo das Ciências Sociais em Administração Pública.[11] Nesses textos adota-se preferencialmente a tradução literal "burocracia de nível de rua". Considerando o glossário de servidores públicos, parece-me que a expressão "burocracia de nível de rua" é vazia de significado e até mesmo confusa, na medida em que não se coaduna com a gramática administrativista.

O termo "burocracia" tem no Brasil um sentido institucional e estático, fazendo alusão aos órgãos e entes administrativos. Nos Estados Unidos a expressão *bureaucracy* seguiu fiel aos escritos de Max Weber para reconhecer na burocracia um estamento formado pelo conjunto de agentes públicos. Ao pé da letra, portanto, "burocrata" poderia ser a forma mais adequada de expressar o sentido atribuído ao conceito em língua inglesa. No entanto, a prática de direito administrativo e a gestão pública não fazem uso da expressão "burocratas" para designar as pessoas físicas que exerçam cargo, emprego ou função. Preferem outras terminologias positivadas,[12] como "funcionários públicos", "servidores públicos" ou "agentes públicos". Ademais, esses são conceitos jurídicos previstos nas normas de direito administrativo. Para ser o mais abrangente possível e alcançar, inclusive, pessoas que tenham uma relação mais branda com a Administração Pública, porque não exercem cargos ou empregos públicos,[13] a melhor tradução parece ser "agentes públicos". Desse modo, utilizarei indistintamente "agentes públicos de linha de frente" ou "agentes públicos ao nível de rua".

10. Cf. nota anterior.
11. Cf.: Gabriela Spanghero Lotta, *Implementação de Políticas Públicas: o Impacto dos Fatores Relacionais e Organizacionais sobre a Atuação dos Burocratas de Nível de Rua do Programa Saúde da Família*, tese de Doutorado defendida no Departamento de Ciência Política da Faculdade de Filosofia, Letras e Ciências Humanas da USP, São Paulo, 2010; Antônio Oliveira, "Burocratas da linha de frente: executores e fazedores das políticas públicas", *Revista de Administração Pública* 46, Rio de Janeiro, FGV, novembro-dezembro/2012; e Ilza Valéria M. Jorge, *A Importância da Burocracia do "Nível da Rua" em Processos de Mudança Organizacional: o Caso do Hospital Municipal Infantil Menino Jesus*, dissertação de Mestrado apresentada ao Mestrado Profissional de Gestão e Política Públicas da FGV, 2012.
12. O glossário fundamental do pessoal da burocracia é dado, primeiramente, pela Constituição Federal de 1988, que contém diversas normas sobre agentes públicos. Em seguida, a Lei 8.112/1990 – o Estatuto dos Servidores Públicos Civis da União – apresenta o vocábulo que transita entre os gabinetes e em torno do qual se constroem as decisões judiciais. Interessante notar que a Lei 8.112/1990 traz grande número de preceitos de definição. Assim, por exemplo, os seguintes preceitos: (i) "Art. 24. Readaptação é a investidura do servidor em cargo de atribuições e responsabilidades compatíveis com a limitação que tenha sofrido em sua capacidade física ou mental verificada em inspeção médica"; (ii) "Art. 25. Reversão é o retorno à atividade do servidor aposentado: (...)"; (iii) "Art. 36. Remoção é o deslocamento do servidor, a pedido ou de ofício, no âmbito do mesmo quadro, com ou sem mudança de sede"; e (iv) "Art. 40. Vencimento é a retribuição pecuniária pelo exercício de cargo público, com valor fixado em lei".
13. São exemplos os mesários, que exercem função pública sem qualquer vínculo de trabalho com o Estado e, tipicamente, interagem com cidadãos e exercem significativas margens de discricionariedade, cujas decisões têm o potencial de impactar os direitos políticos dos cidadãos. A doutrina tradicionalmente os qualifica como "particulares em colaboração com a Administração Pública".

De fato, os agentes públicos de linha de frente são reconhecidos pelas características de sua atuação na linha de frente da Administração Pública, ou seja, na base da pirâmide hierárquica, se considerarmos o clássico desenho oitocentista da Administração. São os agentes públicos de terceiro escalão, presentes em maior quantidade e percebendo, em regra, as menores remunerações das carreiras públicas. O mais importante é o conjunto de peculiaridades no desempenho de suas atribuições.

As "condições de trabalho" importam no estudo dos agentes públicos de linha de frente na medida em que esses fatores serão determinantes na definição do "modo de executar" as decisões públicas dos escalões superiores.[14] É exatamente no modo de execução que se verificará a análise de oportunidade e de conveniência para a tomada da decisão casuística, que demande manejo do poder discricionário. Por um lado, o modo de execução será um autêntico *procedimento informal oficial* que chamo de "procedimento de execução". Sem qualquer positivação e com base em *usos e costumes*, o órgão termina por referendar requisitos e obrigações que devem ser observados pelo cidadão para que seu pedido seja contemplado. Por outro lado, as várias decisões dos agentes públicos de linha de frente tomadas com base nesses procedimentos de execução é que, de fato, modelarão a decisão pública de cúpula. Isso é particularmente mais sensível quando esta decisão for de política pública.

A *escassez de recursos* é apresentada como um dos principais fatores do ambiente de trabalho dos agentes públicos de linha de frente mesmo nos trabalhos que tomam como referência os Países desenvolvidos. Na verdade, os agentes públicos de linha de frente sempre sofrerão com falta de recursos, ou seja, trata-se de problema insolúvel. Mesmo quando mais recursos são repassados a tendência é que a demanda aumente até alcançar a oferta de recursos. Some-se a esse cenário o fato de que a prestação de serviços sociais geralmente é massificada, e leis populistas, não raras do Brasil, podem impactar significativamente os custos dos direitos.

A escassez de recursos faz da gestão pública um desafio ainda mais complexo.[15] Instiga a competição entre órgãos por recursos públicos e tende a afetar significativamente o resultado final. Porque os agentes públicos são movidos pela economia de recursos, e não pela qualidade do serviço, decisões são tomadas com essa base. De modo mais grave, a escassez de recursos força a definição de *cortes*, como a definição de prioridades de atendimento, agendas de fiscalização, trabalhos por amostragem etc. Não raro os agentes públicos de linha de frente devem tomar decisões trágicas.

14. Adotamos a metodologia de Michael Lipsky em dividir o estudo dos *street-level bureaucrats* em "condições de trabalho" (*conditions of work*) e "padrões de prática" (*patterns of practice*) (cf. *Street-Level Bureaucracy. Dilemmas of the Individual in Public Services*, updated edition, Nova York, Russell Sage Foundation, 2010, pp. 27-151).

15. No estudo da Política Nacional de Humanização dos serviços de saúde de Porto Alegre, Luciana Leite Lima e Luciano D'Ascenzi apontam como achado de pesquisa a inadequação da política à realidade de constrangimentos e limitações nas unidades de saúde. Além de implicar aumento na sobrecarga de trabalho, a escassez de recursos foi o principal problema apontado, com impactos diretos sobre o atendimento de saúde (*O Papel da Burocracia de Nível de Rua na Implementação e (Re)Formulação da Política Nacional de Humanização dos Serviços de Saúde de Porto Alegre (RS)*, Revista de Administração Pública 51/59, Rio de Janeiro, FGV, janeiro-fevereiro/2017).

Os agentes públicos de linha de frente executam tarefas com *objetivos conflitantes ou ambíguos*.[16] Na prática, há impasses reais entre atender às expectativas do cidadão, reduzir os custos no caso individual ou tornar praticável a tarefa dentro da repartição pública. Isso significaria dizer que há dificuldades em determinar o interesse público a prevalecer no caso concreto: nem as leis nem as normas internas conferem adequada orientação quanto ao resultado prático esperado do agente público de linha de frente. Aqui o cenário de incerteza pode afetar a adequada prestação do serviço.

Por fim, os agentes públicos de linha de frente trabalham com "clientes não voluntários".[17] Em regra os cidadãos não comparecem espontaneamente ou por interesse às repartições públicas, mas porque necessitam do serviço prestado pela Administração Pública. Não raro esses serviços são imprescindíveis à sua subsistência. Por outro lado, há cidadãos que são sujeitos passivo do exercício do poder de polícia e se veem obrigados a interagir com os agentes públicos de linha de frente.

Todas essas condições de trabalho são também apontadas por Michael Lipsky, para quem, devido aos problemas nas condições de trabalho, os agentes públicos de linha de frente estabelecem técnicas para cumprir com suas obrigações. Assim, fazem simplificações de demandas complexas e criam rotinas, o que pode variar de agente público para agente público e estar à mercê de vieses; também racionalizam serviços, por meio da imposição de custos ao processo (pedidos de comparecimento implicando perda de expediente de trabalho, dever de apresentação de documentos de outros órgãos etc.); imposição de filas;[18] preferência para aqueles cidadãos que tenham mais chances de se beneficiar do serviço (*creaming*); e retenção de informações.[19]

2.2 Repartições-fins e agentes públicos de linha de frente

Os agentes públicos de linha de frente são os *executores das decisões de escalão superior*. Por esta razão, associam-se esses agentes públicos à execução material. O Decreto-lei 200/1967 traz importante preceito voltado à disciplina dos agentes públicos de linha de frente:

> Art. 10. A execução das atividades da Administração Federal deverá ser amplamente descentralizada.
>
> § 1º. A descentralização será posta em prática em três planos principais: a) dentro dos quadros da Administração Federal, distinguindo-se claramente o nível de direção do de execução; (...).
>
> (...).

---

16. Cf. James Q. Wilson, *Bureaucracy. What Government Agencies Do and why they Do it*, Estados Unidos, Basic Books, 2000, pp. 34-44.

17. Idem, pp. 56 e ss.

18. Como relata Eurico de Andrade Azevedo, ganhou notoriedade a motivação da sentença de Hely Lopes Meirelles em caso envolvendo a Cia. Telefônica Brasileira julgando procedente, e de modo inédito, ação cominatória contra a concessionária, o que posteriormente viria a se tornar um *leading case*. O problema era bem nível de rua: dificuldade na obtenção de linha telefônica por cidadão na fila para aquisição da linha (cf. "Retrato de Hely Lopes Meirelles", cit., *RDA* 204/122).

19. Michael Lipsky, *Street-Level Bureaucracy. Dilemmas of the Individual in Public Services*, cit., pp. 81-125.

§ 3º. *A Administração casuística, assim entendida a decisão de casos individuais, compete, em princípio, ao nível de execução,* especialmente aos serviços de natureza local, que estão em contato com os fatos e com o público. *[Grifei]*

O Decreto-lei 200/1967 estabelece a diretriz de ampla descentralização da execução das atividades administrativas, o que pode se dar pela incumbência de unidades federadas mediante convênio, por parcerias com particulares ou "dentro dos quadros da Administração". Neste caso específico faz-se referência aos agentes públicos de linha de frente, que estariam compreendidos no chamado "nível de execução". Assim, o primeiro ponto relevante a se considerar é que o Decreto-lei 200/1967 trabalha com a lógica binária "direção *versus* execução". A diferenciação seria adequada para fins de *especialização de funções*. Assim, à direção incumbiriam as atividades de planejamento, supervisão, coordenação e controle, ao passo que a execução se responsabilizaria pelas rotinas de execução e de tarefas de "mera formalização de atos administrativos".[20]

No Decreto-lei 200/1967 os agentes públicos de linha de frente são referidos como a *Administração casuística*, que está em contato com os fatos e com o público, e, por esta razão, têm preferência na decisão frente à direção. Por função, os agentes públicos de linha de frente ouvem as mazelas, os pleitos e as angústias que ganham a forma de processo. Os agentes públicos de linha de frente são *experts* em sua área de atuação; a direção não saberia melhor. Correto afirmar que o Decreto-lei 200/1967 reconheceu os agentes públicos de linha de frente e lhes atribuiu importante papel na decisão de casos individuais – a casuística. Na mesma linha, indicou ser a *Administração local* o *locus* de excelência da execução, o que reforça a importância dos Municípios na prestação de serviços em linha de frente.[21]

A *média burocracia* não foi mencionada no Decreto-lei 200/1967, mas podemos compreendê-la como integrante da "estrutura central de direção", auxiliando o primeiro escalão nas atividades de direção daqueles que irão executar as decisões por eles tomadas. Novamente há um preceito normativo que se relaciona aos agentes públicos de linha de frente (art. 10, § 4º):

§ 4º. Compete à estrutura central de direção o estabelecimento das *normas, critérios, programas e princípios*, que os *serviços responsáveis pela execução* são obrigados a respeitar na *solução dos casos individuais* e no desempenho de suas atribuições. *[Grifei]*

O segundo escalão burocrático corresponde ao estamento formado principalmente por comissionados, servidores que exerçam funções de confiança ou servidores com destaque no funcionalismo público que estão próximos aos órgãos de cúpula mas não estão distantes

---

20. Art. 10, § 2º, Decreto-lei 200/1967: "§ 2º. Em cada órgão da Administração Federal, os serviços que compõem a estrutura central de direção devem permanecer liberados das rotinas de execução e das tarefas de mera formalização de atos administrativos, para que possam concentrar-se nas atividades de planejamento, supervisão, coordenação e controle".

21. Em seu art. 10, § 5º, o Decreto-lei 200/1967 faz expressa referência aos convênios interfederativos para execução de programas federais pelos Municípios, modelo, este, fortemente explorado com relação às políticas públicas federais, a exemplo do "Bolsa Família": "Ressalvados os casos de manifesta impraticabilidade ou inconveniência, a execução de programas federais de caráter nitidamente local deverá ser delegada, no todo ou em parte, mediante convênio, aos órgãos estaduais ou municipais incumbidos de serviços correspondentes".

dos agentes públicos de linha de frente. Estão no meio do caminho e, por esta razão, são capazes de traduzir a decisão do alto escalão para o abecedário da rotina burocrática. Seu trabalho é de *objetivação* e *revisão*. Por essência, as leis são carregadas de comandos abertos e conceitos jurídicos indeterminados, especialmente no campo das políticas públicas e da prestação de serviços públicos e sociais. As decisões regulamentares do primeiro escalão ajudam na objetivação, mas ainda assim são insuficientes na definição de comandos claros para orientar o baixo escalão. O médio escalão cumpre, assim, a importante missão de participar ativamente no desenho das políticas públicas e das decisões administrativas ao trazer parâmetros de atuação mais objetivos. Tais parâmetros são entendidos como expressões da legalidade, derivados da Hermenêutica Jurídica, considerando o contexto de aplicação. Assim, os agentes públicos de médio escalão, na qualidade de autoridades hierarquicamente superiores, controlam a gestão pública a partir desses comandos.

Na prática, a competência primária dos agentes públicos de linha de frente sofreu sérias derrocadas com o engrandecimento do médio escalão, ao mesmo tempo em que as normativas determinadas por seus órgãos causaram significativo aumento do formalismo no contato dos cidadãos com o Poder Público. A crítica é de Hely Lopes Meirelles em 1966:

> Peca, entretanto, a nossa organização administrativa pela excessiva concentração de atribuições nos órgãos de cúpula, agravada pela falta de racionalização do trabalho e de coordenação dos serviços, ineficientes e morosos, em decorrência de uma burocracia inútil e custosa, que alonga a tramitação de processos e retarda as decisões governamentais pela *subordinação das repartições-fins aos órgãos-meios*. Com essa inversão da ordem lógica dos serviços, as atividades técnicas ficam, geralmente, sujeitas às infindáveis exigências nas seções meramente burocráticas, que dominam e emperram a máquina administrativa.[22]

Hely Lopes Meirelles propõe uma descentralização efetiva, de modo a que os agentes públicos de linha de frente gozem de margens de autonomia frente aos superiores hierárquicos – os "órgãos-meios" (médio escalão) – e que o controle interno também seja racionalizado. Afinal, é esta a atribuição das repartições-fins: prestar as atividades-fins da Administração Pública. Subverter a ordem lógica dos serviços é colocar em risco as garantias individuais, pois solapadas pela ineficiência administrativa.

É interessante notar a feliz expressão adotada por Hely Lopes Meirelles para se referir aos órgãos que irão materializar a vontade administrativa por meio da prestação de serviços públicos em sentido amplo à sociedade. Nessas repartições se esgota a Administração Pública; a partir deste ponto começa o domínio do mundo privado. É pela atuação dos agentes públicos de linha de frente nas repartições-fins ou nas ruas que há o encontro entre a vontade administrativa e os direitos dos particulares. Se há uma trincheira de guerra entre Administração Pública e particulares, a repartição-fim é o fronte e o mandado de segurança é a arma. *Os agentes públicos de linha de frente são a ponta do direito administrativo.*

2.3 *"Porcas e parafusos", atos administrativos e atos materiais*

Classificações no Direito são comuns. O modo de construção teórica do direito administrativo tradicionalmente se move pela busca da definição conceitual de seus institutos. Se

---

22. Hely Lopes Meirelles, *Direito Administrativo Brasileiro*, cit., 2ª ed., pp. 39-40.

tomado como uma Ciência, o direito administrativo deve ser capaz de comportar conceitos jurídicos estáveis e definidos, que não se confundam entre si. Isso porque a determinação do conjunto de regras que incidirá em determinada situação concreta dependerá do instituto jurídico que está em cena. Assim, se determinado contrato for considerado administrativo, haverá a incidência da Lei 8.666/1993; porém, se este for um contrato privado, então, serão aplicadas as normas civilistas refratárias das prerrogativas públicas.

Na teoria do direito administrativo uma das principais tarefas do jurista é determinar a *natureza jurídica*. O método adotado é o dedutivo. Valendo-se de seu raciocínio lógico, o jurista distingue os institutos de direito administrativo entre si a partir da leitura abstrata das normas jurídicas. Para cada situação inédita o jurista realiza nova hermenêutica: resgata os critérios de classificação e delibera em qual caixa conceitual ela se encontra. Por muito tempo a doutrina cumpriu com a missão que lhe fora relegada de ser fonte de normatividade a partir da sistematização do direito administrativo.[23]

Tomemos o exemplo do *ato de execução material*. O ato material não é considerado pela doutrina como ato administrativo. Na verdade, os atos de execução material não são considerados nem como atos jurídicos, por serem atos puramente materiais da Administração Pública. Eles seriam tão somente *fatos administrativos*, amparados no domínio da técnica e que procedem à "materialização da vontade administrativa".[24] Os atos materiais não implicariam qualquer atividade decisória, o que estaria reservado, originalmente, ao Poder Legislativo (vontade legislativa) e, em um segundo momento, à *autoridade competente administrativa* assim reconhecida pela lei (vontade administrativa).

O exercício da discricionariedade administrativa ficaria restrito às autoridades públicas a quem a lei atribuiu competência decisória para fins de execução legal. Tais autoridades se encontrariam, fundamentalmente, no alto escalão da burocracia pública brasileira. Há quem na Administração Pública ministre aulas, opere pacientes em hospital, varra as ruas, colete dados em domicílio para recenseamento, dirija veículos públicos, cadastre os beneficiários do "Programa Bolsa Família", realize a biometria em cartórios eleitorais etc. Esses agentes, para a doutrina de direito administrativo, realizariam meros atos materiais.

Os atos materiais não se confundiriam com os atos administrativos, portanto. O que leva doutrinadores a endossarem essa classificação? Quais são os critérios para apartar os atos concretos dos atos administrativos, o centro do universo da teoria do direito administrativo? É vão a tentativa de vascular as normas jurídicas para encontrar algum critério. Fato é que o legislador nunca se preocupou em diferenciar atos materiais de atos administrativos; preferiu ocupar-se em estabelecer direitos, deveres, competências e procedimentos.

Os chamados atos materiais apenas podem ser compreendidos se aceitarmos o fato de que *presunções* são muitas vezes tomadas como lentes de observação da realidade por doutrinadores. Arriscaria dizer que mais vezes as presunções participaram da construção

---

23. Para uma análise crítica deste "método de trabalho" do direito administrativo, cf. Carlos Ari Sundfeld, no capítulo "Conversando sobre Direito Administrativo", in *Direito Administrativo para Céticos*, 2ª ed., São Paulo, Malheiros Editores, 2014, pp. 25 e ss.

24. Hely Lopes Meirelles, *Direito Administrativo Brasileiro*, cit., 2ª ed., p. 155. Segundo o autor: "*Fato administrativo* é toda realização material da Administração em cumprimento de alguma decisão administrativa, tal como a construção de uma ponte, o calçamento de uma rua, a abertura de uma estrada etc." (ob. cit., pp. 39-40).

teórica do direito administrativo do que critérios jurídicos positivados. Neste caso tem-se a presunção de que *o baixo escalão da burocracia pública é mero executor material das decisões tomadas pelo alto escalão*, por sua vez submisso à vontade do legislador.

Administrar é aplicar a lei de ofício. A Administração Pública é mero braço mecânico do legislador. Esses são jargões famosos no direito público, que exprimem a presunção de submissão mansa e pacífica da Administração Pública ao império da lei formal. *Apenas a lei inova na ordem jurídica*. Essas máximas colocam todo o Poder Público, e não apenas sua linha de frente, à mercê da vontade legislativa. Porém, tratando-se dos escalões públicos mais inferiores, que tipicamente exercem atos materiais, a alegoria de "braço mecânico" é ainda mais forte: esses agentes seriam verdadeiros "apertadores de porcas e parafusos".[25]

Os agentes públicos de linha de frente executam decisões tomadas em escalões superiores com interação pública e gozando de grandes margens de discricionariedade. É absolutamente indiferente se a formalização de seu exercício se faz por meio de atos administrativos, acordos, contratos ou atos de execução material. Ponto importante é reconhecer que esta atuação se deve dar no âmbito processual para viabilizar o controle.

3. Condições de trabalho e práticas de execução dos agentes públicos de linha de frente ensejadas pelo direito administrativo

A vasta literatura sobre agentes públicos de linha de frente nas Ciências Políticas compartilha uma preocupação em comum: identificar suas características e verificar em que medida eles impactam o serviço final prestado. Insere-se em uma agenda de pesquisa mais ampla, voltada a analisar as interações entre governo e cidadãos. A pesquisa empírica, aqui, é inevitável. Técnicas de observação participativa e entrevistas são as mais requisitadas neste tipo de trabalho. Ao final, as pesquisas revelam a realidade do funcionamento burocrático. Como realidade que é, sua capacidade de generalização é limitada. Assim, os traços característicos dos agentes públicos de linha de frente que passo a descrever não são universais e nem definitivos. São simplesmente os mais presentes nas diversas pesquisas empíricas sobre os agentes públicos de linha de frente.

Além dessas características gerais, convém elucidar outros fatores que refletem sobre os serviços prestados e que são em grande medida determinados pelas normas de direito administrativo ou por dogmas doutrinários compartilhados por significa parcela da comunidade jurídica.

3.1 Rotatividade e concursos públicos

Os cargos concursados geralmente exercidos pelos agentes públicos de linha de frente no Brasil padecem de alta rotatividade. Ressalvados os cargos atípicos, como juízes e defensores públicos, os agentes públicos de linha de frente são aprovados em concurso público de nível médio. Nesses tipos de cargos a rotatividade é marcadamente alta, conforme demonstra

---

25. Porém, mesmo porcas e parafusos podem ser ferramentas, ou seja, mesmo aquelas decisões mais regradas podem admitir o emprego de diferentes institutos jurídicos de direito administrativo (cf. Leonardo Coelho Ribeiro, *Direito Administrativo como "Caixa de Ferramentas"*, São Paulo, Saraiva, 2016, pp. 56 e ss.).

a pesquisa *Processos Seletivos para Contratação de Servidores Públicos*,[26] o que impacta significativamente o processo de execução. Ocorre que a falta de agentes públicos de linha de frente compromete todo o sistema de prestação de serviços, deixando áreas inteiramente desfalcadas. Por outro lado, as autoridades públicas devem iniciar todo o processo político e orçamentário para abrir novo concurso público, além de ter que se submeter ao risco de contratar agentes públicos sem concurso com base na situação de emergência ou terceirizar – ambas as soluções atualmente resistidas pelo Tribunal de Contas da União/TCU.

Outro problema decorrente da rotatividade dos agentes públicos de linha de frente corresponde à dificuldade de se criar memória institucional. Isso significa que a aprendizagem institucional é altamente limitada, limitando-se também a qualidade do serviço prestado.

A referida pesquisa empírica aponta para um comportamento oportunista dos "concurseiros", que prestam sucessivos concursos públicos, mesmo quando empossados, na expectativa de conseguir um vencimento mais rentável. Para demonstrar esse panorama, a pesquisa mencionada narra o caso da contratação de agente administrativo pelo Ministério da Saúde,[27] com 600 vagas iniciais e 2.400 vagas em cadastro de reserva. Após três anos, nenhum servidor das 600 vagas iniciais ainda permanecia no Ministério e menos de 500 das 2.400 pessoas acionadas em cadastro de reserva compareceram para tomar posse.[28] Agrava o caso o dado de que esse concurso foi o primeiro em 25 anos para satisfazer termo de conciliação firmado com o Ministério Público do Trabalho para substituir 900 temporários.

3.2 Jogo da revogação

Os agentes públicos de linha de frente executam decisões tomadas pelo alto escalão, sendo muitas delas decisões de políticas públicas. A vagueza, a ambiguidade e a imprecisão dos objetivos tornam difícil o planejamento e a mensuração dos resultados que devem ser esperados com as atividades públicas. O cenário fica ainda mais complexo considerando o *jogo da revogação* presente na vida das políticas públicas no Brasil. Ocorre que as políticas públicas não são identificadas como políticas de Estado, mas, sim, como as políticas do partido que estava no poder quando de sua criação. Assim, quando o partido rival assume o poder, revoga-se a medida anterior com base no "interesse público".

O jogo da revogação pode ensejar ainda mais incertezas sobre o modo de atuação dos agentes públicos de linha de frente. O recente caso da gincana regulatória envolvendo os extintores de incêndio exemplifica o ponto. Em 2004 o CONTRAN editou a Resolução 157 para determinar novo padrão de extintor de incêndio (com carga de pó ABC). A Resolução CONTRAN-157/2004 foi questionada em juízo pela Comissão de Defesa do Consumidor da Assembleia Legislativa do Estado do Rio de Janeiro e foi liminarmente suspensa. Apenas em 2009 a liminar foi cassada pelo TRF-2ª Região, e na sequência o CONTRAN estabeleceu a data de 1.1.2015 como prazo final para que os motoristas adequassem seus equipamentos à normativa. Em razão do aumento exponencial da demanda pelo extintor de incêndio do

---

26. Fernando de Castro Fontainha *et al.*, *Processos Seletivos para a Contratação de Servidores Públicos. Brasil, o País dos Concursos?*, Rio de Janeiro, FGV, 2014.

27. Idem, pp. 73-74.

28. A pesquisa aponta a discrepância salarial entre as instituições públicas como outro fator para a alta rotatividade: para exercer as mesmas atribuições de agente administrativo, a remuneração inicial no Ministério da Saúde é de R$ 2,9 mil, enquanto ela é o dobro no TCU.

tipo ABC e da insuficiente oferta, a pedido do Ministro das Cidades, o prazo foi adiado três vezes. Até que no dia 17.9.2015 o CONTRAN editou a Resolução 556, tornando facultativo o uso de extintor de incêndio, de qualquer especificação técnica, em automóveis.

Muito embora a alternância de políticas públicas faça parte da vida burocrática, ela causa descontinuidade na prestação dos serviços, que pode abalar a relação de confiança dos cidadãos e desestimular agentes públicos de linha de frente, em sua grande maioria bem-intencionados.[29] Com políticas sabidamente de curto prazo que os agentes públicos de linha de frente devem implementar, não raro o agente público se empenha mais ou menos no exercício de suas competências, a depender do partido a que a política pública seja atribuída ou do tempo do mandato. Geralmente o empenho pela política pública se reduz em momento próximo ao término do mandato.

3.3 Elementos de controle sobre os agentes públicos de linha de frente

A *legalidade* é um dever inescusável que vincula autoridades públicas, burocratas de médio escalão, agentes públicos de linha de frente e qualquer pessoa que atue em nome da Administração Pública. As ações e omissões dos agentes públicos de linha de frente encontram-se, portanto, subordinadas ao controle, o que variará significativamente, a depender das competências exercidas por eles. Por vezes a invalidação judicial pode alcançar as próprias decisões dos agentes públicos de linha de frente, como se verifica em grandes assuntos assistenciais, como os benefícios trabalhistas e previdenciários. Porém, considerando o panorama dos agentes públicos de linha de frente de baixo escalão, prevalece uma técnica de controle bastante particularizada, diferenciando-se daquela percebida nos escalões superiores e que tem movimentado os debates atuais sobre o tema do controle.

Estão os agentes públicos de linha de frente submetidos prioritariamente aos *processos administrativos disciplinares*.[30] Ao contrário do alto e do médio escalão, os agentes públicos de linha de frente não receiam as grandes instituições de controle da Administração Pública, nominalmente Judiciário, Ministério Público e Tribunal de Contas. Eles temem a própria Administração Pública, cujo controle interno realizado pela autoridade superior, pela comissão de sindicância ou pela Corregedoria pode ser determinante para seu destino na burocracia.[31]

O controle dos agentes públicos de linha de frente concentra-se na apuração de infrações disciplinares mais graves, geralmente envolvendo casos de corrupção. A posição de encontro direto do agente com o cidadão pode ser grande facilitador para prática ilícitas, como a compra de suas decisões (propina). Igualmente, por lidarem com casuísmos de

---

29. É o exemplo de políticas assistenciais. No Município de São Paulo, por exemplo, cite-se a controvérsia em torno da extinção do "Programa Braços Abertos" e o destino da chamada "Cracolância" (setor do Centro de São Paulo ocupado por pessoas em condição de rua viciadas em drogas).

30. Até hoje há registro de casos em que o agente público de linha de frente sofre represálias por meio de sua transferência compulsória, *a bem do serviço público*, exemplo clássico ilustrado nas doutrinas de direito administrativo.

31. Odete Medauar aponta para o aprimoramento do contato entre cidadãos e agentes públicos por meio do controle interno: "Ressalte-se, ainda, que o controle interno aparece como instrumento indispensável à aplicação de políticas gerais uniformes, à emissão de decisões coerentes no âmbito da Administração; e como instrumento de aproximação entre indivíduos e Administração Pública" (*Controle da Administração Pública*, 3ª ed., São Paulo, Ed. RT, 2014, p. 56).

massa e estarem em posição de profundo conhecimento da lógica de funcionamento da área de atuação, podem criar esquemas de corrupção de notável sofisticação. Assim, também temem a Polícia, que pode abrir investigações e desmantelar eventuais esquemas de corrupção. Repita-se o que já se afirmou: na sua grande maioria os agentes públicos de linha de frente são bem-intencionados. Porém, esses aspectos precisam ser elucidados, para melhor compreender os padrões de comportamento dos agentes públicos de linha de frente.

O controle pouco se concentra sobre a qualidade do serviço prestado, assim como sobre os vieses que enfraquecem a impessoalidade que têm por função observar. Na verdade, o controle interno legitima os cortes na prestação dos serviços, porque sensibilizado pelos fatores reais na gestão pública que levam os agentes públicos de linha de frente a tomarem decisões trágicas ou flexibilizarem valores fundamentais do direito administrativo. Nessa linha, as normas constitucionais inseridas com a Emenda Constitucional 19/1998 para promover a eficiência do funcionamento da máquina administrativa pela sistemática da avaliação periódica ainda não foram devidamente regulamentadas e implementadas.[32]

Mais recentemente os agentes públicos de linha de frente passaram a recear o controle social e a mídia. Ocorre que esses personagens estão expostos, e suas ações são tomadas na esfera pública por excelência, e não dentro de um gabinete, longe dos olhos da sociedade. Mecanismos de controle social como *ombudsman* e Ouvidorias geram o dever de averiguação interna das ações desses agentes. Caso pratiquem alguma irregularidade captada pelas lentes da mídia, a própria vida pessoal do agente público de linha de frente pode ser seriamente afetada.

3.4 A rotina de modelos

Os agentes públicos de linha de frente gozam, por definição, de grandes margens de discricionariedade. Porém, esses agentes que trabalham com processos administrativos não se sentem à vontade para exercê-la. Na verdade, clamam por mais regras, para minimizar os riscos de controle inerentes ao exercício da discricionariedade administrativa. Aqui verificamos o reflexo do problema presente nos escalões burocráticos mais elevados, em que a decisão pública a ser implementada será tomada, sobre a dinâmica de atuação dos agentes públicos de linha de frente.

Um modo de reduzir a discricionariedade largamente adotado pelos agentes públicos de linha de frente é a adoção de *modelos*. Por um lado, os modelos conferem maior previsibilidade e racionalidade à atuação administrativa. Para o preenchimento de modelos e formulários há necessária simplificação das situações complexas levadas ao conhecimento do Poder Público pelos cidadãos. A rotina de modelos é a rotina dos agentes públicos de linha de frente no âmbito das repartições públicas. A Lei Federal de Processo Administrativo expressamente determinou o dever de elaboração de modelos ou formulários padronizados para "assuntos que importem pretensões equivalentes",[33] ou seja, demandas de massa próprias dos agentes públicos de linha de frente.

---

32. Cf. art. 37, § 3º; art. 41, § 1º, III, e § 4º; art. 132, parágrafo único; e art. 173, § 1º, V, da CF. Todos esses preceitos dispõem sobre o procedimento de avaliação periódica dos agentes públicos e foram inseridos pela Emenda Constitucional 19/1998.

33. Cf. art. 7º da Lei 9.784/1999.

4. Agentes públicos de linha de frente: a ponta criadora do direito administrativo

Podemos olhar o direito administrativo de modo diferente, ampliando o espectro de análise para além das autoridades públicas de primeiro escalão. Claro que a definição legal da autoridade competente para modelar a decisão administrativa é de fundamental importância. Não há que negar esse pressuposto e nem diminuir seu papel. No entanto, é ilusória a imagem de uma decisão administrativa pronta, completa e acabada saindo do gabinete do ministro, do secretário ou da autoridade pública competente. Decisão alguma gerará efeitos imediatos logo após ser assinada.

A decisão administrativa tem um longo caminho a percorrer até de fato surtir efeitos sobre a esfera de direitos dos particulares. Dentro da burocracia, a decisão precisa ser operativa. A ela se acoplam outras decisões administrativas: regulamentos, práticas, orientações internas, modelos e costumes se embaraçam ao conteúdo decisório para torná-lo *executável*. Em geral, essas são decisões típicas do *médio escalão da burocracia*.[34]

A discricionariedade que nasce das margens de liberdade conferidas pelo legislador dificilmente – para não dizer *nunca* – será esgotada dentro da Administração Pública. Isso significa que os agentes públicos de linha de frente *manejam significativa parcela de discricionariedade administrativa*. A partir do complexo conjunto de normas, costumes, processos e referências internas, eles avaliam as alternativas legítimas e escolhem por último. Há subjetivismo, viés e predileções políticas nesta escolha, como é próprio em qualquer decisão humana. Eles limitam direitos, concedem benefícios, proíbem atividades, decidem quem receberá repasses públicos e chancelam práticas privadas a partir de grandes espaços de decisão.

No cartório eleitoral duas servidoras conversam entre si. Estão diante da mãe de um menino que nitidamente possui transtorno mental grave. É desoladora a condição do garoto, que depende da mãe para absolutamente tudo. Não fala, não reage. Ele completou 18 anos e a mãe compareceu à repartição pública para retirar o primeiro título de eleitor do jovem. A Constituição Federal determina a obrigatoriedade do alistamento eleitoral e do voto aos maiores de 18 anos, sendo facultativo aos analfabetos, maiores de 70 anos e aos jovens cuja idade esteja compreendida na faixa dos 16 aos 18 anos.[35] A incapacidade civil configura caso de perda ou de suspensão de direitos políticos.[36]

– Veja, mas ele consegue escrever o nome.

– Sim, mas ele assina porque a mãe falou para ele assinar.

– Não sei... Será que ele consegue escolher em quem votar? Ele consegue votar na cabine?

– A mãe dele está aqui, deve saber melhor como fazer com ele. Sra., você vai acompanhar o seu filho na votação?

---

34. O estudo mais completo sobre a burocracia de médio escalão foi desenvolvido pela ENAP: Pedro Cavalcante e Gabriela Lotta (orgs.), *Burocracia de Médio Escalão: Perfil, Trajetória e Atuação*, Brasília, 2015.

35. Cf. art. 14 da CF.

36. Cf. art. 15, II, da CF.

A história verídica se passou em 2013, e àquele tempo não havia qualquer súmula, norma interna ou orientação sobre como reconhecer uma incapacidade civil absoluta.[37] A Corregedoria-Geral Eleitoral (média burocracia da Justiça Eleitoral) editou o Provimento 6/2009 para dispor sobre as instruções para utilização de códigos da atualização do eleitor (Atualização da Situação do Eleitor/ASE), anotados no cadastro individual do eleitor, por gerarem efeitos jurídicos concretos. A ASE 337 cuida da suspensão de direitos políticos e traz como "data de ocorrência" da incapacidade civil absoluta a sentença, que inexistia no caso concreto, e ainda admite a declaração da incapacidade civil absoluta, o que não foi feito. As servidoras discutiam se iam recomendar a inserção, pelo juiz da zona eleitoral, do código "ASE 337 motivo/forma 1 – incapacidade civil absoluta" no sistema. Em uma pergunta: *seria reconhecido ao jovem seu direito político?*[38]

Outro exemplo é recolhido de coluna escrita sobre o tema:

> Um professor de Geografia da rede paulista de ensino, que lecione na 1ª Série do Ensino Médio, deve cobrir no 1º bimestre "as projeções cartográficas" segundo a Proposta Curricular do Estado de São Paulo. Para preparar esta aula, espera-se que o professor "interprete" o tópico a fim de delimitar o conteúdo a ser transmitido aos alunos. Deverá ensinar escala geográfica? Deverá ensinar mapa topográfico? Definido o conteúdo, o professor estipula o tempo que destinará ao assunto, considerando que, ainda no 1º bimestre, ele precisa cobrir outros três tópicos. Quantas aulas irá destinar à Cartografia? As aulas serão meramente introdutórias ou caberá algum grau de aprofundamento, considerando que esta é uma turma situada no Município de São Sebastião, Litoral de São Paulo, e a Cartografia faz parte do trabalho rotineiro de significativa parcela da comunidade que atua na área de turismo? O professor ainda precisa definir como o conteúdo será apresentado. Poderá optar por aulas expositivas ou dialogadas, como o método socrático ou aprendizado por meio de problemas. Neste caso, o aluno será o grande protagonista na sala de aula, o que contribui para o desenvolvimento de diversas habilidades de manifestação oral e aplicação concreta de conceitos abstratos. Essas habilidades não são trabalhadas em aulas expositivas. Pode-se, ainda, cogitar da realização de exercícios práticos, em que o aluno deva colorir uma carta de acordo com a escala, ou fazer uso de novas tecnologias, ensinando como manusear um programa de computador sobre Cartografia. Ou o conteúdo terá papel secundário, pois a proposta pedagógica desse professor é exatamente desenvolver as competências de leitura e de escrita.[39]

---

37. A Resolução TSE-21.538/2003 considera a "*d*ecisão judicial, certidão do juízo ou outro documento" como documentos comprobatórios de reaquisição ou restabelecimento de direitos políticos para interditos (art. 53). Por sua vez, a Resolução 23.274/2010, resultante de uma consulta de Juiz Eleitoral de Tabatinga, Amazonas, declarou a não recepção do art. 5º, II, do Código Eleitoral, pelo qual não podem se alistar eleitores "os que não saibam exprimir-se na língua nacional".

38. Em 2016 o TSE firmou orientação no sentido de que o código "ASE 337 motivo/forma 1 – incapacidade civil absoluta" não pode mais ser indicado, tendo em vista a alteração do Código Civil pelo Estatuto da Pessoa Portadora de Deficiência (Lei 13.146/2015): o art. 2º do CC reconhece apenas como absolutamente incapazes os menores de 16 anos. Como consta no voto-condutor da Ministra-Relatora, Maria Thereza de Assis Moura, "tendo entrado em vigor a Lei n. 13.146/2015, esta Justiça especializada, na via administrativa, deve se abster de promover anotações de suspensão de direitos políticos por incapacidade civil absoluta, ainda que decretada anteriormente à entrada em vigor da referida lei, nos históricos dos respectivos eleitores no cadastro, de forma a se adequar aos novos parâmetros fixados" (Acórdão 114-71.2016.600.0000, julgado por unanimidade de votos pelo TSE em 7.4.2016).

39. Juliana Bonacorsi de Palma, "Agentes públicos de linha de frente: a ponta criadora do direito administrativo", *Revista Colunistas Direito do Estado* 113, 2016 (disponível em *http://www.direitodoes-*

Os agentes públicos de linha de frente são a ponta da Administração Pública, pois suas ações impactam diretamente a esfera de direitos e o plexo de obrigações dos administrados. Porém, são *a ponta criadora do direito administrativo*, pois a execução da decisão originalmente tomada pelo alto escalão participa ativamente de sua definição. O sucesso ou o fracasso de um programa de governo ou de uma política pública dependem significativamente do modo como implementados, razão pela qual a atividade administrativa não pode ser tomada como via de mão única, mas como um ciclo que abrange os agentes públicos de linha de frente. As características da execução podem ser decisivas à formulação ou revisão de uma política pública. Talvez seja impactante a realidade de que os agentes públicos de linha de frente decidem e são os grandes formuladores das políticas públicas no Brasil.

Esta é uma dinâmica que o direito administrativo não pode desconsiderar se ainda tiver por objetivo promover aqueles valores públicos que o alçaram a ramo autônomo do direito público, notadamente a garantia de direitos dos particulares perante a Administração Pública. Dizer que as manifestações dos agentes públicos da rua são destituídas de caráter prescritivo e se configuram como meras ações concretas é incorrer em uma falácia ilusionista de como o direito administrativo de fato funciona. Torna míope o debate e afasta o direito administrativo da liderança nas reflexões sobre a burocracia política.[40]

5. Reflexões finais

Há especial atenção da doutrina administrativista à construção de *políticas públicas* que irão afetar a vida de inúmeros cidadãos, com especial atenção para custos envolvidos e efetividade dos programas. É o que se depreende, por exemplo, com relação aos debates sobre a definição de critérios gerais e abstratos de concessão de benefícios públicos na reforma da Previdência ou no desenho da Política de Diretrizes e Bases da Educação. Isso não significa que a ponta da política pública não seja objeto de estudo científico. Porém, é inconteste que a dimensão macro da construção de políticas públicas tem ganhado protagonismo na agenda de estudo dos administrativistas.

Os debates teóricos de direito administrativo também tomam como paradigma de análise a *contratualização*, destacando-se macrotemas conexos ao desenvolvimento econômico e social por meio de parcerias entre o Poder Público e particulares. Discute-se a modelagem contratual do empreendimento público para melhor prestação de um serviço público para uma coletividade. Os casos mais relevantes sobre contratações públicas analisados pelo TCU versam sobre cláusulas contratuais específicas. As grandes leis de licitações e contratos administrativos e os recentes planos editados pelo Governo para alavancar as parcerias público-privadas são tomados como referencial para as discussões teóricas e, desse modo, reproduzem a abstração e a generalidade inerente às normas para o plano teórico.

Esses são dois exemplos de como a teoria do direito administrativo se tem apoiado em parâmetros macro para a construção de suas ideias a partir de uma leitura da Administração Pública centrada no *primeiro escalão*. Estão compreendidos no primeiro escalão da burocracia pública os chefes do Poder Executivo e seus ministros e secretários (art. 76 da CF),

---

tado.com.br/colunistas/juliana-palma/agentes-publicos-de-linha-de-frente-a-ponta-criadora-do-direito--administrativo).

40. Idem, ibidem.

bem como as autoridades públicas nomeadas segundo critério de confiança e que terminam por participar ativamente da construção de políticas públicas ou da tomada de decisões que afetem significativamente a implementação dessas políticas públicas. Neste caso, estão compreendidos os dirigentes das agências Reguladoras e seus assessores diretos, que não raro fazem as suas vezes e participam com significativo grau de influência no desenho de políticas públicas, regulamentos, licitações e contratos e demais decisões com efeitos gerais.

Debatemos licitações e contratos administrativos, regulação, políticas públicas e controle à exaustão. É a pauta de hoje do direito administrativo brasileiro. Esse registro não deve ser tomado como uma crítica à agenda teórica; pelo contrário. Tem-se aqui apenas o registro da ordem de preocupações que nos motivam a dialogar sobre o direito administrativo, um verdadeiro produto de seu tempo. Nossa perspectiva de análise da Administração Pública é *de cima para baixo*, do primeiro escalão para a base da pirâmide burocrática. E, a partir deste ponto de vista, derivamos ideias sobre a organização e o funcionamento da máquina burocrática do Estado, que, em conjunto, formam a teoria do direito administrativo.

Argumento que os estudos sobre a tomada de decisão do primeiro escalão não podem se restringir ao próprio primeiro escalão, mas devem abranger também os executores dessas decisões, que são os agentes públicos de linha de frente. Ao considerar estes atores, o desenho de políticas públicas e as modelagens contratuais para prestação de serviços públicos se tornarão mais efetivos. Para o direito administrativo, pesquisas sobre os agentes públicos de linha de frente são de fundamental importância para sensibilizar os controladores e os pensadores jurídicos sobre as dificuldades reais dos gestores em exercer a função pública. Os agentes públicos devem seguir estritamente a legalidade, mas nem sempre a legalidade estará revelada. Há zonas cinzentas ou completamente desregradas, mas que demandam a atuação do gestor. Por outro lado, certas características da realidade da gestão pública podem impactar sensivelmente no tipo ideal de atuação administrativa.[41] Igualmente importante é conhecer as características dos agentes públicos de linha de frente para orientar necessárias reformas administrativas.

A promessa constitucional distributiva apenas pode ser de fato alcançada com o endereçamento de soluções para problemas concretos. O direito administrativo tem muito a contribuir nesse sentido, por possuir como missão histórica a garantia dos direitos dos cidadãos frente ao exercício de prerrogativas públicas pela Administração. Porém, sem uma perspectiva realista, qualquer iniciativa de reforma pode estar fadada ao fracasso. Considero que a estrutura normativa precisa ser substancialmente modificada. No lugar de uma descrição idealizada de como o funcionamento burocrático deve ser, as normas devem

---

41. Veja-se o exemplo da formação jurídica do agente público. Idealmente, este deve conhecer em minúcias *sua legalidade administrativa*, ou seja, o conjunto de normas que modelam seu modo de agir e alcançar o interesse público. Porém, nem sempre o agente público de linha de frente terá tal preparo, o que pode comprometer a legitimidade da função administrativa prestada. É o alerta de Hely Lopes Meirelles: "Mais uma vez insistimos nessa distinção, para que o administrador público, *nem sempre familiarizado com os conceitos jurídicos*, não converta a discricionariedade em arbítrio, como, também, não se arreceie de usar plenamente de seu poder discricionário, quando estiver autorizado e o interesse público o exigir" (grifei) ("Os poderes do administrador público", RDA 51/2, 1958). O artigo foi escrito por Hely Lopes Meirelles na condição de juiz; um agente público de linha de frente que lida diariamente com mandados de segurança e outras medidas judiciais contra atos de outros agentes públicos de linha de frente. Explica-se a visão mais realista e humanizada do funcionamento da burocracia brasileira presente na obra de Hely Lopes Meirelles.

prever institutos e dinâmicas administrativas que de fato levem a uma ação pública mais eficiente, impessoal e garantista. No lugar de um reducionismo simplificador, as normas devem proteger o agente público de linha de frente bem-intencionado, para que exerça plenamente a discricionariedade de que precisa na atuação casuística.[42] Esta é a mensagem mais clara que podemos extrair do estudo dos agentes públicos de linha de frente.

Referências bibliográficas

AMARAL, Digo Freitas do. *Curso de Direito Administrativo.* 4ª ed., vol. I. Coimbra, Livraria Almedina, 2015.

AZEVEDO, Eurico de Andrade. "Retrato de Hely Lopes Meirelles". *RDA* 204. Rio de Janeiro, Renovar, abril-junho/1996.

CAVALCANTE, Pedro, e LOTTA, Gabriela (orgs.). *Burocracia de Médio Escalão: Perfil, Trajetória e Atuação.* Brasília, ENAP, 2015.

D'ASCENZI, Luciano, e LIMA, Luciana Leite. *O Papel da Burocracia de Nível de Rua na Implementação e (Re)Formulação da Política Nacional de Humanização dos Serviços de Saúde de Porto Alegre (RS). Revista de Administração Pública* 51. Rio de Janeiro, FGV, janeiro-fevereiro/2017.

FIGUEIREDO, Beatriz Helena, FONTAINHA, Fernando de Castro, GERALDO, Pedro Heitor Barros, VERONESE, Alexandre, e WALDBURGER, Joana. *Processos Seletivos para a Contratação de Servidores Públicos. Brasil, o País dos Concursos?.* Rio de Janeiro, FGV, 2014.

FONTAINHA, Fernando de Castro, FIGUEIREDO, Beatriz Helena, GERALDO, Pedro Heitor Barros, VERONESE, Alexandre, e WALDBURGER, Joana. *Processos Seletivos para a Contratação de Servidores Públicos. Brasil, o País dos Concursos?.* Rio de Janeiro, FGV, 2014.

GERALDO, Pedro Heitor Barros, FIGUEIREDO, Beatriz Helena, FONTAINHA, Fernando de Castro, VERONESE, Alexandre, e WALDBURGER, Joana. *Processos Seletivos para a Contratação de Servidores Públicos. Brasil, o País dos Concursos?.* Rio de Janeiro, FGV, 2014.

JORGE, Ilza Valéria M. *A Importância da Burocracia do "Nível da Rua" em Processos de Mudança Organizacional: o Caso do Hospital Municipal Infantil Menino Jesus.* Dissertação de Mestrado apresentada ao Mestrado Profissional de Gestão e Política Públicas da FGV. 2012.

KOHLER-HAUSMANN, Issa. "Managerial justice and mass misdemeanors". 66 *Stan. L. Rev.* 611 (2014).

LIMA, Luciana Leite, e D'ASCENZI, Luciano. *O Papel da Burocracia de Nível de Rua na Implementação e (Re)Formulação da Política Nacional de Humanização dos Serviços de Saúde de Porto Alegre (RS). Revista de Administração Pública* 51. Rio de Janeiro, FGV, janeiro-fevereiro/2017.

LIPSKY, Michael. *Street-Level Bureaucracy. Dilemmas of the Individual in Public Services.* Updated edition. Nova York, Russell Sage Foundation, 2010.

_____. *Toward a Theory of Street-Level Bureaucracy.* Paper presented at University of Wisconsin, 1969. Disponível em *http://www.historyofsocialwork.org/1969_Lipsky/1969,%20*

---

42. É nessa linha o Projeto de Lei do Senado 349/2015, para alterar a Lei de Introdução às Normas do Direito Brasileiro e conferir segurança jurídica no mundo público. Segundo o art. 21 da proposta:

"Art. 21. A interpretação das normas sobre gestão pública considerará os obstáculos e dificuldades reais do gestor e as exigências das políticas públicas a seu cargo, sem prejuízo dos direitos dos administrados.

"Parágrafo único. Na decisão sobre a regularidade de comportamento ou sobre a validade de ato, contrato, ajuste, processo ou norma administrativa, serão levadas em conta as circunstâncias práticas que tiverem imposto, limitado ou condicionado a ação dos agentes."

Lipsky,%20toward%20a%20theory%20of%20street%20level%20bureaucracy%20 OCR%20C.pdf.

LOTTA, Gabriela Spanghero. *Implementação de Políticas Públicas: o Impacto dos Fatores Relacionais e Organizacionais sobre a Atuação dos Burocratas de Nível de Rua do Programa Saúde da Família*. Tese de Doutorado defendida no Departamento de Ciência Política da Faculdade de Filosofia, Letras e Ciências Humanas da USP. São Paulo, 2010.

LOTTA, Gabriela Spanghero, e CAVALCANTE, Pedro (orgs.). *Burocracia de Médio Escalão: Perfil, Trajetória e Atuação*. Brasília, ENAP, 2015.

MEDAUAR, Odete. *Controle da Administração Pública*. 3ª ed. São Paulo, Ed. RT, 2014.

_____. *O Direito Administrativo em Evolução*. 3ª ed. Brasília, Gazeta Jurídica, 2017.

MEIRELLES, Hely Lopes. *Direito Administrativo Brasileiro*. 2ª ed. São Paulo, Ed. RT, 1966; 42ª ed. São Paulo, Malheiros Editores, 2016.

_____. "Os poderes do administrador público". *RDA* 51. 1958.

OLIVEIRA, Antônio. "Burocratas da linha de frente: executores e fazedores das políticas públicas". *Revista de Administração Pública* 46. Rio de Janeiro, FGV, novembro-dezembro/2012.

PALMA, Juliana Bonacorsi de. "Agentes públicos de linha de frente: a ponta criadora do direito administrativo". *Revista Colunistas Direito do Estado* 113. 2016. Disponível em *http://www. direitodoestado.com.br/colunistas/juliana-palma/agentes-publicos-de-linha-de-frente-a--ponta-criadora-do-direito-administrativo*.

RIBEIRO, Leonardo Coelho. *Direito Administrativo como "Caixa de Ferramentas"*. São Paulo, Saraiva, 2016.

SUNDFELD, Carlos Ari. *Direito Administrativo para Céticos*. 2ª ed. São Paulo, Malheiros Editores, 2014.

VERONESE, Alexandre, FIGUEIREDO, Beatriz Helena, FONTAINHA, Fernando de Castro, GERALDO, Pedro Heitor Barros, e WALDBURGER, Joana. *Processos Seletivos para a Contratação de Servidores Públicos. Brasil, o País dos Concursos?*. Rio de Janeiro, FGV, 2014.

WALDBURGER, Joana, FIGUEIREDO, Beatriz Helena, FONTAINHA, Fernando de Castro, GERALDO, Pedro Heitor Barros, e VERONESE, Alexandre. *Processos Seletivos para a Contratação de Servidores Públicos. Brasil, o País dos Concursos?*. Rio de Janeiro, FGV, 2014.

WILSON, James Q. *Bureaucracy. What Government Agencies Do and why they Do it*. Estados Unidos, Basic Books, 2000.

REGIMES DA DESAPROPRIAÇÃO:
A CRÍTICA DE HELY LOPES MEIRELLES

KARLIN OLBERTZ NIEBUHR

1. A crítica de Hely Lopes Meirelles. 2. Conceito de desapropriação: 2.1 Incorporação de um bem – 2.2 No domínio público ou no domínio de delegados do Poder Público – 2.3 Mediante extinção do vínculo com o proprietário anterior e o pagamento de indenização – 2.4 Por razões de utilidade pública ou de interesse social. 3. Desapropriação por necessidade ou utilidade pública: 3.1 Casos de "utilidade pública" – 3.2 Procedimento prévio – 3.3 Fase expropriatória – 3.4 Indenização. 4. Dois casos de desapropriação por utilidade pública: a desapropriação por zona e a desapropriação urbanística: 4.1 Desapropriação por zona – 4.2 Desapropriação urbanística – 4.3 Aproximação dos institutos. 5. A desapropriação por interesse social: 5.1 O regime ordinário da desapropriação por interesse social – 5.2 A desapropriação-sanção para fins de reforma agrária – 5.3 A desapropriação por descumprimento da função social da propriedade urbana. 6. Síntese: por uma Lei de Desapropriações.

1. A crítica de Hely Lopes Meirelles

Em fevereiro/1975, na cidade de Curitiba, durante a realização do "I Congresso Brasileiro de Direito Administrativo", Hely Lopes Meirelles defendeu a necessidade de reformulação e de unificação das normas de desapropriação. Sua reflexão, que permanece pungente, foi publicada no vol. IV dos seus conhecidos *Estudos e Pareceres de Direito Público*, assim como nos *Anais* do Congresso.[1]

Hely principia por escancarar o problema, dizendo o seguinte:

> É notório que as normas de desapropriação se acham desatualizadas e dispersas em textos esparsos que dificultam o seu conhecimento e aplicação, pois surgiram originariamente no Código Civil (arts. 590, 591, 660, 708 e § 2º, 762, V e § 2º, 1.150 e 1.159, II) e depois se difundiram em 14 leis e decretos-leis especiais (Decretos-leis 3.365/1941, 4.152/1942, 7.426/1945, 9.282/1946, 9.811/1946; Leis 2.786/1956, 3.833/1960, 3.132/1962, *[leia-se Lei 4.132/1962]* 4.419/1964, 4.539/1964, *[leia-se 4.593/1964]* 4.686/1965; Decretos-leis 554/1969, 836/1969 e 1.075/1970), além de 2 decretos regulamentares (Decretos 57.419/1965 e 73.566/1974), sem se falar nos vários dispositivos insertos em diplomas regentes de outras matérias.[2]

Causa assombro que, passados 42 anos desde a reflexão de Hely, o cenário tenha se mantido praticamente o mesmo. A disciplina da desapropriação permanece espalhada em diversos diplomas.

---

1. Hely Lopes Meirelles, "Necessidade de reformulação e unificação das normas de desapropriação", in *Estudos e Pareceres de Direito Público*, vol. IV, São Paulo, Ed. RT, 1981, pp. 12-16, e *Anais do I Congresso Brasileiro de Direito Administrativo*, realizado de 24 a 28.2.1975, Curitiba, UFPR, 1976, pp. 325-328.

2. Hely Lopes Meirelles, "Necessidade de reformulação e unificação das normas de desapropriação", cit., in *Estudos e Pareceres de Direito Público*, v. IV, São Paulo: RT, 1981, p. 12.

Há o Código Civil, que disciplina questões acessórias e relacionadas à figura (arts. 31, 959, II, 1.358, 1.376, 1.387, 1.409, 1.425, V e § 2º, 1.509, § 2º, e 1.911, parágrafo único), mas que também trata das questões da tredestinação e preferência (art. 519), assim como, e naturalmente, da desapropriação como causa de perda da propriedade (art. 1.228, § 3º, e art. 1.275, V).

Quanto à legislação especial ou esparsa, continuam em vigor o Decreto-lei 3.365/1941, que trata da desapropriação por utilidade pública, com as alterações das Leis 2.786/1956 e 4.686/1965 além de diversas outras alterações supervenientes; o Decreto-lei 1.075/1970, que ainda regula a imissão provisória na posse de imóveis urbanos; e a Lei 4.132/1962, que define e disciplina os casos de desapropriação por interesse social. Foram ainda editadas outras normas: a Lei Complementar 76/1993 e a Lei 8.629/1993, que substituem o regime do Decreto-lei 556/1969, tratando da desapropriação de imóvel rural para fins de reforma agrária; e a Lei 10.257/2001 (o Estatuto da Cidade), que trata da desapropriação-sanção. Em princípio, também estão em vigor (não houve revogação expressa) a Lei 3.833/1960, que cria regime especial e regula as indenizações devidas em razão de desapropriações por utilidade pública necessárias às obras de defesa contra as secas no Nordeste (art. 1º); a Lei 4.593/1964, que disciplina a desapropriação para as obras de combate às secas no Nordeste, inclusive para execução de planos de irrigação, circunstância em que poderão ser efetuadas desapropriações por utilidade ou necessidade pública ou por interesse social (art. 4º); e os Decretos 57.419/1965 e 73.526/1974, que regulamentam esta última lei.

A profusão de normas foi tão grande, que Hely deixa passar a Lei 4.504/1964 (o Estatuto da Terra), que também disciplina, até hoje, a desapropriação por interesse social do imóvel rural, para fins de reforma agrária; e a Lei 6.766/1979 (Lei de Parcelamento do Solo Urbano), que no art. 44 contém uma previsão de desapropriação para fins urbanísticos.

Mas Hely não critica apenas o grosso emaranhado de normas. Aponta também defeitos e omissões de conteúdo normativo. Basta a referência para confirmar a atualidade e a contundência da crítica de Hely:

> Outros graves defeitos e omissões são sensíveis nas normas expropriatórias, tais como a deficiência do critério legal para depósito em caso de imissão provisória na posse; a facilidade de burla da determinação constitucional de "prévia e justa indenização em dinheiro"; o abuso na expedição de decretos expropriatórios inexequíveis, com prejuízos imensos para os proprietários atingidos, que ficam tolhidos de edificar e sem mercado para alienação do imóvel enquanto pendente a ameaça de desapropriação, que muitas vezes não se efetiva; a execução frequente de desapropriações sem recursos disponíveis para atender às condenações judiciais, o que retarda enormemente os pagamentos; a transferência indiscriminada da faculdade de executar desapropriações a entidades autárquicas e paraestatais que se excedem no uso dessa faculdade, valendo-se do poder eminente do Estado; a defeituosa conceituação da retrocessão no Código Civil, propiciando decisões contraditórias do Judiciário nos casos de não uso do bem, ou de desvio de finalidade; a imprecisa referência à desapropriação para fins urbanísticos ("execução de planos de urbanização"), permitindo a confusão pelo Executivo e Judiciário, com a desapropriação por zona; a não indenização das áreas marginais dos rios públicos, com prejuízos elevados, e até totais, das propriedades ribeirinhas.
>
> Estas são algumas amostras das falhas da atual legislação expropriatória, que está a pedir reformulação e ajustamento à ordem jurídica vigente, às exigências do bem comum e à defesa dos direitos individuais dos expropriados.[3]

3. Idem, pp. 12-13.

O tema é rico o bastante para muitas páginas de reflexão. No entanto, e em vista dos limites do presente texto, serão duas as nossas propostas: primeiro, uma tentativa de breve sistematização da disciplina da desapropriação, mediante exposição dos regimes vigentes; segundo, a consideração quanto à aproximação legal entre os institutos da desapropriação por zona e da desapropriação urbanística.

2. Conceito de desapropriação

A desapropriação consiste na incorporação de um bem no domínio público ou no domínio de delegados do Poder Público, mediante extinção do vínculo com o proprietário anterior e o pagamento de indenização, por razões de utilidade pública ou de interesse social.

A seguir serão examinados cada um dos elementos que integram esse conceito.

2.1 Incorporação de um bem

A desapropriação é causa de perda da propriedade (art. 1.275, V, do CC). Mediante a desapropriação extingue-se a propriedade do expropriado, que é incorporada ao domínio do expropriante.

A incorporação se faz por ato unilateral, não dependendo da concordância do proprietário anterior. Mas é imprescindível a instauração de um procedimento prévio, em que deve ser identificado o motivo determinante da desapropriação (utilidade pública ou interesse social, como referido a seguir), apurado o valor da indenização devida, assim como verificada a disponibilidade de recursos orçamentários para a sua efetivação.[4]

Bens privados e bens públicos poderão ser desapropriados. Quando se verificar a necessidade de desapropriar bem público que pertença ao domínio de ente da Federação distinto do expropriante, é necessário autorização legislativa. A hipótese é referida pelo art. 2º do Decreto-lei 3.365/1941: "Art. 2º. Mediante declaração de utilidade pública, todos os bens poderão ser desapropriados pela União, pelos Estados, Municípios, Distrito Federal e Territórios".

O § 2º desse mesmo dispositivo estabelece que: "§ 2º. Os bens do domínio dos Estados, Municípios, Distrito Federal e Territórios poderão ser desapropriados pela União, e os dos Municípios pelos Estados, mas, em qualquer caso, ao ato deverá preceder autorização legislativa". A redação indica que não caberia aos Municípios incorporar bens da União ao seu domínio, mediante desapropriação. No entanto, à luz da Constituição de 1988 e da igualdade entre os entes federativos, não existe razão para subsistência da vedação. A doutrina confirma que bens da União podem ser desapropriados por Municípios, desde que haja autorização legislativa de todos os entes envolvidos.

É essa a lição de Marçal Justen Filho, a seguir reproduzida:

---

4. Sobre o procedimento expropriatório e a necessidade de assegurar o devido processo legal em vista do sujeito expropriado, com as garantias inerentes, cf.: Guilherme A. Vezaro Eiras, "O instituto da desapropriação e a necessidade de realização de processo administrativo prévio e regular", *Revista de Direito Administrativo Contemporâneo/ReDAC* 0/67-86, maio-junho/2013; e Guilherme Fredherico Dias Reisdorfer, "Desapropriação e devido processo legal", *Interesse Público* 61/83-107, maio-junho/2010.

Essa diferenciação não é compatível com a Constituição de 1988, que determina que a Federação importa igualdade entre todos os entes federativos (art. 19, III). Isso não significa a impossibilidade de entes federativos desapropriarem bens públicos alheios, mas tal possibilidade deverá ser reconhecida em igualdade de condições para todos os membros da Federação. Trata-se de hipótese excepcional, que exigirá a edição de leis autorizadoras de todos os entes envolvidos. Não é compatível com a Constituição afirmar que a União é superior ao Estado-membro e ao Município, do que se extrairia o cabimento de expropriar os bens deles. Cada ente federativo tem sua autonomia consagrada, e lhe é assegurado valer-se de seu patrimônio para cumprir os seus fins. Logo, não tem cabimento afirmar que a União pode desapropriar terrenos municipais para construir uma rodovia federal, mas que o Município não tem competência para desapropriar bens federais para construir uma rodovia municipal. Ambos são dotados de competência similar, assujeitada a severos requisitos destinados a evitar o comprometimento da autonomia federativa.[5]

2.2 No domínio público ou no domínio de delegados do Poder Público

O art. 3º do Decreto-lei 3.365/1941 prevê que: "Art. 3º. Os concessionários de serviços públicos e os estabelecimentos de caráter público ou que exerçam funções delegadas de poder público poderão promover desapropriações mediante autorização expressa, constante de lei ou contrato".

Logo, o bem poderá ser incorporado tanto no domínio público, quando um ente público figurar diretamente como expropriante, como poderá ser incorporado no domínio de delegatários do Poder Público, inclusive particulares que exerçam cometimentos públicos, como é o caso dos concessionários. Nesta hipótese o bem ficará afetado ao serviço público, de modo que poderá se constituir em bem reversível, para passar a integrar o domínio público ao final da concessão.

Por um curto período vigorou a Medida Provisória 700/2015, que alterou a redação do art. 3º do Decreto-lei 3.365/1941 para permitir que a desapropriação também se fizesse "mediante autorização expressa constante de lei ou contrato", por "concessionários, inclusive aqueles contratados nos termos da Lei n. 11.079, de 30 de dezembro de 2004, permissionários, autorizatários e arrendatários" (inciso I) e por "contratado pelo Poder Público para fins de execução de obras e serviços de engenharia sob os regimes de empreitada por preço global, empreitada integral e contratação integrada" (inciso IV).[6]

Pouca ou nenhuma novidade havia com a referência aos concessionários contratados segundo a Lei 11.079/2004 (Lei das Parcerias Público-Privadas/PPPs), que nada mais são do que concessionários; ou com a referência a permissionários e arrendatários, na medida em que também são delegatários de cometimentos públicos (v. o arrendamento portuário da Lei 12.815/2013).

Inovadoras foram as menções aos autorizatários e aos contratados para obras e serviços de engenharia mediante empreitada global, integral ou contratação integrada, que, via de

---

5. Marçal Justen Filho, *Curso de Direito Administrativo*, 12ª ed., São Paulo, Ed. RT, 2016, p. 494.
6. A redação do dispositivo, alterada pela Medida Provisória 700/2015, era a seguinte: "Art. 3º. Poderão promover a desapropriação mediante autorização expressa constante de lei ou contrato: I – os concessionários, inclusive aqueles contratados nos termos da Lei n. 11.079, de 30 de dezembro de 2004, permissionários, autorizatários e arrendatários; II – as entidades públicas; III – as entidades que exerçam funções delegadas do Poder Público; e IV – o contratado pelo Poder Público para fins de execução de obras e serviços de engenharia sob os regimes de empreitada por preço global, empreitada integral e contratação integrada".

regra, não exercem cometimentos públicos, mas executam serviços privados.[7] Se a execução da desapropriação por delegatários de cometimentos públicos já provocava intensas discussões em termos de legitimidade e controle do exercício de competências expropriatórias, as discussões seriam ainda maiores se a previsão de desapropriação para suposta execução de serviços privados fosse definitivamente incorporada ao Decreto-lei 3.365/1941. Tal não ocorreu, o que nos permite dissipar, por ora, a questão.[8]

2.3 Mediante extinção do vínculo com o proprietário anterior e o pagamento de indenização

Em respeito ao direito fundamental à propriedade privada, toda desapropriação se faz com o pagamento de indenização, que substituirá o bem no domínio do expropriado, cujo vínculo com a propriedade se extinguiu.

A incorporação de bem no domínio público sem que haja correspondente indenização configura confisco. A única hipótese de confisco admitida pela Constituição é a do art. 243, que versa sobre propriedades onde forem localizadas culturas ilegais de plantas psicotrópicas, bens de valor econômico apreendidos em decorrência do tráfico ilícito de entorpecentes e drogas afins e propriedades nas quais se verifique a exploração de trabalho escravo.

2.4 Por razões de utilidade pública ou de interesse social

O art. 5º, XXIV, da CF/1988 assegura entre as garantias fundamentais individuais que "a lei estabelecerá o procedimento para desapropriação por *necessidade ou utilidade pública, ou por interesse social*, mediante justa e prévia indenização em dinheiro, ressalvados os casos previstos nesta Constituição" (grifos nossos).

Portanto, e tal como estabelecido pela Constituição, a razão para a desapropriação deve residir ou na *necessidade ou utilidade pública*, ou *no interesse social* existente na incorporação do bem. A legislação disciplina as figuras daí decorrentes. Todas as regras, a despeito de sua profusão (objeto da crítica de Hely Lopes Meirelles), devem ser referidas a uma dessas duas hipóteses ou causas de desapropriação.

Necessidade pública, enquanto causa da desapropriação, é aquela necessidade que surge quando a Administração se depara com situações de emergência para cuja solução

---

7. O desempenho de cometimentos públicos pelo autorizatário é controverso. Tradicionalmente, entende-se que o autorizatário exerce atividades privadas. No entanto, esse entendimento vem sendo superado pela construção que reconhece a "maldição do regime único", na certeira expressão do professor Floriano de Azevedo Marques Neto ("Do contrato administrativo à administração contratual", *Revista do Advogado* 107/74-82, dezembro/2009). Nesse contexto, o próprio conceito tradicional de serviço público deve ser revisto, para deixar de significar uma atividade titularizada pelo Estado, submetida ao regime de direito público em bloco, e passar a corresponder a uma atividade cuja prestação deve ser garantida pelo Estado, mesmo que sob o "regime quase privado" da autorização. Nesse sentido é indispensável a consulta à obra de Vitor Rhein Schirato, para quem "os serviços públicos são obrigações positivas impostas ao Estado pela ordem jurídica com a finalidade de satisfazer direitos fundamentais que exigem do Estado uma atuação positiva e material na ordem econômica para prestar determinado serviço ou, no mínimo, garantir sua prestação" (*Livre Iniciativa nos Serviços Públicos*, Belo Horizonte, Fórum, 2012, p. 137).

8. Para o estudo do tema do exercício de atos expropriatórios por sujeitos privados, cf. Guilherme F. Dias Reisdorfer, "Desapropriações promovidas por particulares: entre as experimentações normativas e a prática", *Revista de Direito Administrativo Contemporâneo/ReDAC* 24/41-61, 2016.

mostra-se útil e adequada a incorporação de um bem no domínio público ou de delegados do Poder Público. Utilidade pública, enquanto causa da desapropriação, é aquela que se apresenta quando a incorporação de um bem no domínio público, ou de delegados do Poder Público, mostra-se oportuna e conveniente para a consecução de um cometimento público previsto em lei. Interesse social, enquanto causa da desapropriação, é o que se impõe diante da necessidade de melhor aproveitamento de um bem para o cumprimento de sua função social.[9]

Rodapé 9: acrescentei.

Cabe desde logo fazer referência à figura da desapropriação indireta, que não se justifica por nenhuma das razões elencadas pela Constituição e consiste em construção jurisprudencial, fundamentada no art. 35 do Decreto-lei 3.365/1941 ("Os bens expropriados, uma vez incorporados à Fazenda Pública, não podem ser objeto de reivindicação, ainda que fundada em nulidade do processo de desapropriação. Qualquer ação, julgada procedente, resolver-se-á em perdas e danos"). A construção admite o apossamento fático de bem privado pelo Estado sem que haja cumprimento das exigências constitucionais e legais. Em vista da Constituição de 1988 a solução deve ser repudiada.[10]

Nesse sentido já se manifestava Hely Lopes Meirelles:

> A *desapropriação indireta* não passa de esbulho da propriedade particular e, como tal, não encontra apoio em lei. É situação de fato que se vai generalizando em nossos dias, mas que a ela pode opor-se o proprietário até mesmo com os interditos possessórios. (...).[11]

3. Desapropriação por necessidade ou utilidade pública

O regime da desapropriação por necessidade ou utilidade pública mantém-se aquele estabelecido pelo Decreto-lei 3.365/1941 – a "Lei Geral de Desapropriações",[12] aplicada para suprimento de lacunas dos demais regimes.

3.1 Casos de "utilidade pública"

O art. 5º do Decreto-lei 3.365/1941 relaciona os casos de "utilidade pública", sem fazer menção à "necessidade pública". Hely Lopes Meirelles explicava essa peculiaridade, dizendo que:

> (...). Inicialmente, o Código Civil/1916 relacionava os casos de *necessidade pública* e os de *utilidade pública*, mas essa relação foi absorvida pelo elenco mais completo do art. 5º do Decreto-lei 3.365/1941, sob a denominação única e genérica de *utilidade pública*, (...).[13]

---

9. Hely Lopes Meirelles, *Direito Administrativo Brasileiro*, 14ª ed., atualizada pela Constituição/1988, São Paulo, Ed. RT, 1989, p. 508. *[V. 42ª ed., São Paulo, Malheiros Editores, 2016.]*
10. Marçal Justen Filho, *Curso de Direito Administrativo*, cit., 12ª ed., p. 526.
11. Hely Lopes Meirelles, *Direito Administrativo Brasileiro*, cit., 14ª ed., p. 502.
12. Idem, p. 509.
13. Hely Lopes Meirelles, *Direito de Construir*, 10ª ed., atualizada por Adilson Abreu Dallari, Daniela Libório Di Sarno, Luiz Guilherme da Costa Wagner Jr. e Mariana Novis, São Paulo, Malheiros Editores, 2011, pp. 194-195. *[V. 11ª ed., São Paulo, Malheiros Editores, 2013.]*

O elenco dos casos, na redação atual, é o seguinte:

Art. 5º. Consideram-se casos de utilidade pública: a) a segurança nacional; b) a defesa do Estado; c) o socorro público em caso de calamidade; d) a salubridade pública; e) a criação e melhoramento de centros de população, seu abastecimento regular de meios de subsistência; f) o aproveitamento industrial das minas e das jazidas minerais, das águas e da energia hidráulica; g) a assistência pública, as obras de higiene e decoração, casas de saúde, clínicas, estações de clima e fontes medicinais; h) a exploração ou a conservação dos serviços públicos; i) a abertura, conservação e melhoramento de vias ou logradouros públicos; a execução de planos de urbanização; o parcelamento do solo, com ou sem edificação, para sua melhor utilização econômica, higiênica ou estética; a construção ou ampliação de distritos industriais; j) o funcionamento dos meios de transporte coletivo; k) a preservação e conservação dos monumentos históricos e artísticos, isolados ou integrados em conjuntos urbanos ou rurais, bem como as medidas necessárias a manter-lhes e realçar-lhes os aspectos mais valiosos ou característicos e, ainda, a proteção de paisagens e locais particularmente dotados pela natureza; l) a preservação e a conservação adequada de arquivos, documentos e outros bens móveis de valor histórico ou artístico; m) a construção de edifícios públicos, monumentos comemorativos e cemitérios; n) a criação de estádios, aeródromos ou campos de pouso para aeronaves; o) a reedição ou divulgação de obra ou invento de natureza científica, artística ou literária; p) os demais casos previstos por leis especiais.

A alínea "p" admite que outros casos sejam previstos pela legislação especial, tal como ocorreu com as Leis 3.833/1960 e 4.593/1964, acima referidas, tratando da desapropriação para obras de combate às secas no Nordeste.

O art. 9º do Decreto-lei 3.365/1941 prevê que: "Ao Poder Judiciário é vedado, no processo de desapropriação, decidir se se verificam ou não os casos de utilidade pública". No entanto, isso não significa que o Poder Judiciário não deva examinar a legalidade do enquadramento da desapropriação em um dos casos previstos em lei, ou que não lhe caiba examinar até mesmo o mérito do ato, na medida do que atualmente se admite que o Poder Judiciário intervenha. Assim, e na lição de Marçal Justen Filho, "o ato expropriatório pode ser controlado sob o prisma da necessidade, adequação e proporcionalidade em vista da satisfação de certo interesse coletivo".[14]

Por outro lado, o art. 9º impede, em tese, que se dê a discussão do mérito da desapropriação dentro do "processo de desapropriação". Essa previsão deve ser interpretada em conjunto com o art. 20 do decreto-lei, que sempre admitiu a discussão ampla acerca da legalidade da desapropriação pela via da "ação direta" – o que abrange, na lição de Hely, "as vias judiciais comuns e especiais, inclusive o *mandado de segurança*, tal seja a ofensa a direito líquido e certo do expropriado"; "É de advertir-se, ainda, que, se a expropriação se revelar lesiva ao patrimônio público, qualquer cidadão poderá promover sua anulação por meio de *ação popular*, com a responsabilização civil dos causadores da lesão (Lei 4.717/1965, arts. 1º, 2º e 6º)".[15]

3.2 Procedimento prévio

Toda desapropriação por necessidade ou utilidade pública deve ser antecedida de procedimento em que fiquem demonstrados (i) a utilidade pública do bem ou sua aptidão

---

14. Marçal Justen Filho, *Curso de Direito Administrativo*, cit., 12ª ed., p. 497.
15. Hely Lopes Meirelles, *Direito Administrativo Brasileiro*, cit., 14ª ed., pp. 522-523.

para atendimento de necessidades coletivas; (ii) o valor do bem, para fins de indenização; e (iii) a disponibilidade de recursos orçamentários para fazer frente ao valor da indenização, por exigência do art. 167, I e II, da CF.

O procedimento prévio se encerra com a declaração de utilidade pública do bem, mediante decreto do representante do Poder Executivo,[16] ainda que a desapropriação seja levada a efeito por delegatários (art. 6º do Decreto-lei 3.365/1941). Trata-se de declaração com efeitos constitutivos:[17] a partir dela, autoriza-se que os bens nela compreendidos sejam penetrados pelas autoridades administrativas (art. 7º), o que se supõe necessário para fins de inspeção. Também a partir da declaração o proprietário do bem sujeita-se a pleitear autorização ao poder expropriante para introdução de benfeitorias úteis (art. 26, § 2º), a fim de que haja contabilização do valor correspondente no valor da indenização.

A declaração ainda não proporciona a incorporação do bem no domínio do expropriante, mas figura como termo inicial da contagem do prazo de cinco anos para efetivação da desapropriação (art. 10).

3.3 Fase expropriatória

Com a declaração de necessidade ou utilidade pública a Administração Pública pode dar início à fase de desapropriação propriamente dita, mediante a instauração de processo administrativo e a convocação do particular para manifestação.[18] Se o particular concordar com o valor apurado para a indenização, produz-se a "desapropriação amigável". Do contrário a Administração ingressará com ação de desapropriação, e se fará a desapropriação judicial.

O processo judicial também é disciplinado pelo Decreto-lei 3.365/1941. Eventuais lacunas serão integradas pelo Código de Processo Civil.

Na desapropriação judicial admite-se a imissão provisória na posse, nos termos dos arts. 15 e 15-A do Decreto-lei 3.365/1941 e do Decreto-lei 1.075/1970, quando se tratar de imóveis urbanos. Para que haja a imissão é necessário que tenha sido declarada formalmente a urgência na utilização do bem e que a Administração deposite seu valor cadastral atualizado ou o valor estabelecido por perícia. Não basta o depósito de valor unilateralmente apurado pelo corpo técnico do ente público. Essa é a orientação do STJ estabelecida em sede de recurso repetitivo:

Recurso especial – Repetitivo – Art. 543-C do CPC *[CPC/1973]* – Desapropriação.
Imissão provisória na posse – Depósito judicial – Valor fixado pelo Município ou valor cadastral do imóvel (Imposto Territorial Urbano ou Rural) ou valor fixado em perícia judicial.
Diante do que dispõe o art. 15, § 1º, alíneas "a", "b", "c" e "d", do Decreto-lei n. 3.365/1941, o depósito judicial do valor simplesmente apurado pelo corpo técnico do ente público, sendo

---

16. "A atribuição de competência expropriatória ao Legislativo, concorrentemente com o Executivo, é uma anomalia de nossa legislação, *[art. 8º do Decreto-lei 3.365/1941]* porque o ato de desapropriar é caracteristicamente de administração. A lei que declara a utilidade pública de um bem não é normativa; é específica e de caráter individual. *É lei de efeito concreto* equiparável ao ato administrativo, (...)" (Hely Lopes Meirelles, *Direito Administrativo Brasileiro*, cit., 14ª ed., p. 513).

17. Marçal Justen Filho, *Curso de Direito Administrativo*, cit., 12ª ed., p. 504.

18. Idem, p. 507.

inferior ao valor arbitrado por perito judicial e ao valor cadastral do imóvel, não viabiliza a imissão provisória na posse.

O valor cadastral do imóvel, vinculado ao Imposto Territorial Rural ou Urbano, somente pode ser adotado para satisfazer o requisito do depósito judicial se tiver "sido atualizado no ano fiscal imediatamente anterior" (art. 15, § 1º, alínea "c", do Decreto-lei n. 3.365/1941).

Ausente a efetiva atualização ou a demonstração de que o valor cadastral do imóvel foi atualizado no ano fiscal imediatamente anterior à imissão provisória na posse, "o juiz fixará, independente de avaliação, a importância do depósito, tendo em vista a época em que houver sido fixado originalmente o valor cadastral e a valorização ou desvalorização posterior do imóvel" (art. 15, § 1º, alínea "d", do Decreto-lei n. 3.365/1941).

Revela-se necessário, no caso em debate, para efeito de viabilizar a imissão provisória na posse, que a Municipalidade deposite o valor já obtido na perícia judicial provisória, na qual se buscou alcançar o valor mais atual do imóvel objeto da apropriação.

Recurso especial improvido. *[1ª Seção, REsp 1.185.583-SP, rel. Min. Benedito Gonçalves, rel. para o acórdão Min. César Asfor Rocha, j. 27.6.2012, DJe 23.8.2012]*

A imissão provisória na posse de imóveis urbanos também encontra disciplina no Decreto-lei 1.075/1970.

3.4 Indenização

A indenização paga na desapropriação por necessidade ou utilidade pública deve ser justa, prévia e em dinheiro.

Indenização justa é aquela que ressarce integralmente o expropriado, por corresponder ao valor que ele obteria caso vendesse o bem no mercado. Dito de outro modo, indenização justa é aquela que efetivamente substitui o bem no patrimônio do expropriado. Carlos Ari Sundfeld elucida a questão:

> Entende-se como justa a indenização que deixa o expropriado indene, sem dano. Para tanto, há de corresponder ao efetivo valor do bem ou direito, de modo a representar aquilo que se obteria no mercado, e recompor os eventuais prejuízos gerados pela desapropriação.[19]

Indenização prévia é aquela que se dá antes mesmo da incorporação do bem no domínio do expropriante. A construção é um tanto retórica, uma vez que, existindo discussão judicial quanto ao valor da indenização e imissão provisória na posse, o bem (ou a posse do bem) já terá passado ao domínio público sem que tenha havido indenização integral.

Por outro lado, a demora na liquidação da íntegra do valor da indenização faz incidir correção monetária, juros compensatórios e juros moratórios. Havendo desapropriação judicial, a indenização também será integrada por valor destinado ao pagamento dos honorários advocatícios (Súmula 378 do STF).

4. Dois casos de desapropriação por utilidade pública: a desapropriação por zona e a desapropriação urbanística

Hely critica a confusão que se instaurou entre a desapropriação por zona e a desapropriação urbanística.

---

19. Carlos Ari Sundfeld, *Desapropriação*, São Paulo, Ed. RT, 1990, p. 24.

4.1 Desapropriação por zona

A *desapropriação por zona* tem fundamento no art. 4º do decreto-lei, que estabelece: "Art. 4º. A desapropriação poderá abranger a área contígua necessária ao desenvolvimento da obra a que se destina, e as zonas que se valorizarem extraordinariamente, em consequência da realização do serviço. Em qualquer caso, a declaração de utilidade pública deverá compreendê-las, mencionando-se quais as indispensáveis à continuação da obra e as que se destinam à revenda".

Ou seja: a desapropriação por zona não incide sobre um bem isoladamente considerado, mas sobre uma área delimitada. A declaração de utilidade pública dessa área deverá identificar quais setores contíguos à obra se destinam à sua continuidade e quais setores sofrerão valorização extraordinária em consequência dessa mesma obra e dos serviços que lhe são ou serão correspondentes. No primeiro caso é evidente a utilidade pública: as áreas contíguas são necessárias à própria obra ou serviço, à sua continuidade e mesmo à sua expansão. No segundo caso a utilidade pública da desapropriação é menos evidente: reside em que terrenos privados sofrerão valorização extraordinária tendo como causa uma intervenção do Poder Público; essa valorização (ou mais-valia) tem de ser recuperada pelo Poder Público, segundo o postulado da distribuição igualitária de benefícios e encargos públicos entre os sujeitos privados.

Lembre-se que dentre as diretrizes da política urbana previstas no Estatuto da Cidade figuram expressamente aquelas da "justa distribuição dos benefícios e ônus decorrentes do processo de urbanização" e da "recuperação dos investimentos do Poder Público de que tenha resultado a valorização de imóveis urbanos" (art. 2º, IX e XI, do Estatuto da Cidade). A recuperação pode se dar pela contribuição de melhoria (art. 4º, IV, "b", do Estatuto da Cidade), mas também cabe a recuperação mediante desapropriação e posterior revenda dos imóveis valorizados.

A questão da revenda atormentou a doutrina e a jurisprudência, que chegaram a questionar a existência efetiva de uma necessidade ou utilidade pública para essa modalidade de desapropriação. Revender os imóveis e "obter renda" não seria, segundo alguns, um motivo de necessidade ou utilidade pública. No entanto, não existe mais dúvida sobre a validade da revenda,[20] nem sobre a validade dessa modalidade de desapropriação, uma vez que visa à recuperação da mais-valia resultante de investimentos públicos, cujo retorno poderá, inclusive, financiar o desenvolvimento da própria obra pública. Nesse sentido, leciona Odete Medauar que o objetivo da revenda é duplo: "propiciar obtenção de recursos para auxiliar o custeio da obra e evitar situação de desigualdade acarretada pelo benefício que a supervalorização das áreas contíguas traz aos seus proprietários".[21]

Assim, por exemplo, imagine-se a construção de uma estação de Metrô. A proximidade com a nova estação poderá produzir a supervalorização dos imóveis do entorno. A causa eficiente dessa valorização consistirá no investimento do Poder Público para aproximar utilidades de transporte coletivo às pessoas residentes e usuárias da área. Para que essa valorização, financiada com recursos de toda a sociedade, não seja apropriada pelos pro-

---

20. Sobre o tema, cf. a obra indispensável de Odete Medauar, *Destinação dos Bens Expropriados*, São Paulo, Max Limonad, 1986, pp. 94 e ss.
21. Odete Medauar, *Destinação dos Bens Expropriados*, cit., p. 96.

prietários dos imóveis do entorno, cabe desde logo promover a desapropriação da zona. Uma vez valorizados os imóveis, o Poder Público produzirá sua revenda, recebendo o preço correspondente e recuperando o valor adicionado.

4.2 Desapropriação urbanística

Se a desapropriação por zona é motivada pela necessária continuidade de uma obra pública ou pela recuperação da mais-valia decorrente da intervenção pública, algo muito diferente se passa com a *desapropriação urbanística*, cujo motivo é a realização de um plano urbanístico.

No Brasil não existe legislação específica disciplinando a figura. O tema veio tratado pontualmente pelo Decreto-lei 3.365/1941, no art. 5º, "i", que prevê como caso de utilidade pública "a abertura, conservação e melhoramento de vias ou logradouros públicos; a execução de planos de urbanização; o parcelamento do solo, com ou sem edificação, para sua melhor utilização econômica, higiênica ou estética; a construção ou ampliação de distritos industriais". Também a Lei de Parcelamento do Solo Urbano (Lei 6.766/1979) trata do assunto quando estabelece, no art. 44, que: "Art. 44. O Município, o Distrito Federal e o Estado poderão expropriar áreas urbanas ou de expansão urbana para reloteamento, demolição, reconstrução e incorporação, ressalvada a preferência dos expropriados para a aquisição de novas unidades". Note-se que o dispositivo admite a desapropriação executada pelo ente federativo estadual, o que não significa que é cabível ao Estado imiscuir-se nas competências urbanísticas fundamentais do Município. Somente se admite a desapropriação urbanística pelo Estado quando houver interesse estadual e competência para a execução do plano (por exemplo, no contexto de Região Metropolitana).

A utilidade pública que fundamenta o decreto na desapropriação urbanística consiste em organizar e adequar as propriedades urbanas ao planejamento urbanístico instituído para a área em que se localizem. José Afonso da Silva sugere que a utilidade pública, nestes casos, é a *"utilidade urbanística, que é uma forma entre a utilidade pública e o interesse social"*.[22] Portanto, o Professor aproxima a desapropriação urbanística da desapropriação por interesse social.

Vitor Rhein Schirato acrescenta:

> (...) a *utilidade pública* que fundamenta a desapropriação de propriedades urbanas é a *necessidade de organização e adequação da utilização dessas propriedades* às determinações do planejamento urbanístico contemplado no Plano Diretor, seja em decorrência da alteração da utilização de propriedades urbanas que não se coadunam com o *uso* determinado pelo Plano Diretor, seja em decorrência da readequação da utilização de propriedades urbanas que respeitam formalmente o uso do Plano Diretor mas que não atendem às necessidades de qualidade de vida dos cidadãos, por não observarem as regras de salubridade pública, ordem pública, segurança pública e bem comum, inerentes às normas urbanísticas.[23]

---

22. José Afonso da Silva, *Direito Urbanístico Brasileiro*, 7ª ed., 2ª tir., São Paulo, Malheiros Editores, 2015, p. 421.

23. Vitor Rhein Schirato, "A ressurreição da desapropriação para fins urbanísticos", in Asociación Peruana de Derecho Administrativo, *Aportes para un Estado Eficiente. Ponencias del V Congreso Nacional de Derecho Administrativo*, Lima, Palestra Editores, 2012, p. 402.

Tratando-se da execução de um plano, resta evidente que também a desapropriação urbanística não incide sobre um imóvel individualmente considerado, mas sobre todos os imóveis que se encontrem abrangidos pela área ou setor objeto do plano urbanístico.[24] José Afonso da Silva explica a abrangência do instituto:

> (...) a desapropriação tradicional é de caráter casuístico e individualizado, no sentido de que atinge bens isolados para transferi-los, em cada caso, definitivamente, para o poder expropriante ou seus delegados. A desapropriação urbanística, ao contrário, é compreensiva e generalizável, atingindo áreas e setores completos, retirando os imóveis, aí abrangidos, do domínio privado, para afetá-los ao patrimônio público, para depois serem devolvidos ao setor privado, uma vez urbanificados e reurbanizados, em cumprimento ao chamado *dever de reprivatização*. (...).[25]

O Professor faz referência ao "dever de reprivatização". Significa dizer que, uma vez realizado o plano, não compete ao Poder Público manter consigo a área e as unidades urbanificadas: deve "devolvê-las" à cidade, para serem aproveitadas por moradores e usuários. A solução tradicional de "devolução" consiste precisamente na revenda das unidades; o objetivo, aqui, não será a recuperação de mais-valia decorrente de intervenção do Poder Público, tal como ocorreria na desapropriação por zona, mas a própria concretização do plano, inclusive em termos de financiamento, e a integração da área e das unidades urbanificadas no contexto urbano. Por outro lado, não se pode descartar a solução de reserva pública dos terrenos, que poderão ser aproveitados mediante concessão de uso a particulares.[26]

Também no caso da desapropriação urbanística houve discussão sobre a validade da revenda, que poderia indicar ausência de utilidade pública ou até mesmo uma espécie de tredestinação do bem – hipótese de desvio de finalidade, em que o bem expropriado é destinado a finalidade diversa daquela para a qual foi desencadeado o procedimento de desapropriação. Mas não se trata disso, uma vez que a revenda estará vinculada às prescrições do plano urbanístico que se realiza. Nesse sentido, leciona Odete Medauar:

> Na desapropriação urbanística o vínculo ao fim, existente na declaração de utilidade pública das desapropriações em geral, passa a ser o cumprimento rigoroso, a total congruência, com as prescrições do plano de urbanização, que, em outros ordenamentos, equivale à declaração de utilidade pública; no ordenamento brasileiro a declaração de utilidade pública nas desapropriações urbanísticas há de vincular-se ao plano aprovado por lei, sem possibilidade de estabelecer novo destino dos bens que serão expropriados.[27]

4.3 Aproximação dos institutos

A distinção fundamental entre a desapropriação por zona e a desapropriação urbanística foi delineada: em suma, a desapropriação por zona seria aquela do art. 4º do Decreto-lei

---

24. O descumprimento do plano urbanístico (ou da função social da propriedade urbana) por apenas uma propriedade não configura a desapropriação urbanística, mas poderá configurar desapropriação-sanção, examinada a seguir. É o que nos recorda Vitor Rhein Schirato em "A ressurreição da desapropriação para fins urbanísticos", cit., in Asociación Peruana de Derecho Administrativo, *Aportes para un Estado Eficiente. Ponencias del V Congreso Nacional de Derecho Administrativo*, p. 402.
25. José Afonso da Silva, *Direito Urbanístico Brasileiro*, cit., 7ª ed., 2ª tir., p. 411.
26. Idem, pp. 420-421.
27. Odete Medauar, *Destinação dos Bens Expropriados*, cit., p. 112.

3.365/1941, destinada à continuidade de obra pública ou a revenda; a desapropriação urbanística, por sua vez, estaria prevista no art. 5º, "i", do Decreto-lei 3.365/1941 e no art. 44 da Lei 6.766/1979 e teria por finalidade a realização de um plano urbanístico.

Ocorre que houve o acréscimo, pela Lei 12.873/2013, de um parágrafo único ao art. 4º, de modo que a confusão instaurada entre as duas modalidades de desapropriação e criticada por Hely Lopes Meirelles hoje encontra fundamento legal. Diz o parágrafo único do art. 4º que: "Parágrafo único. Quando a desapropriação destinar-se à urbanização ou à reurbanização realizada mediante concessão ou parceria público-privada, o edital de licitação poderá prever que a receita decorrente da revenda ou utilização imobiliária integre projeto associado por conta e risco do concessionário, garantido ao poder concedente no mínimo o ressarcimento dos desembolsos com indenizações, quando estas ficarem sob sua responsabilidade". Logo, tanto o art. 4º quanto o art. 5º passaram a tratar da desapropriação para urbanização e reurbanização. Portanto, houve o reconhecimento pelo legislador de que a desapropriação por zona pode apresentar utilidade urbanística.

5. A desapropriação por interesse social

A desapropriação por interesse social é objeto de disciplina mais extensa pela própria Constituição, que prevê duas hipóteses de desapropriação-sanção: a desapropriação por descumprimento da função social da propriedade rural, para fins de reforma agrária (art. 184); e a desapropriação por descumprimento da função social da propriedade urbana (art. 182, § 4º, III).

Existe, ainda, a Lei 4.132/1962, que estabelece o regime ordinário da desapropriação por interesse social.

5.1 O regime ordinário da desapropriação por interesse social

A disciplina da Lei 4.132/1962 é sucinta. O art. 5º determina a aplicação do regime da desapropriação por necessidade ou utilidade pública nos casos de omissão legal, inclusive quanto ao processo de desapropriação e à prévia e justa indenização do expropriado.

Segundo o art. 1º, "a desapropriação por interesse social será decretada para promover a justa distribuição da propriedade ou condicionar o seu uso ao bem-estar social". O interesse social reside precisamente no adequado aproveitamento do bem, de modo a que passe a cumprir sua função social. Para tanto, será necessário que o bem expropriado seja incorporado ao domínio público e posteriormente transferido a quem estiver em condições de dar-lhe a destinação social prevista (art. 4º).

Hely Lopes Meirelles esclarecia que:

> Interesse social não é interesse da Administração, mas sim da coletividade administrada. Daí por que os bens expropriados por interesse social, na maioria das vezes, o são para traspasse aos particulares que lhes possam dar melhor aproveitamento ou utilização em prol da comunidade. (...).[28]

---

28. Hely Lopes Meirelles, *Direito de Construir*, cit., 10ª ed., p. 190.

O art. 2º arrola os casos em que se considera existir interesse social apto a justificar essa modalidade de desapropriação. A redação do elenco é a seguinte:

> Art. 2º. Considera-se de interesse social: I – o aproveitamento de todo bem improdutivo ou explorado sem correspondência com as necessidades de habitação, trabalho e consumo dos centros de população a que deve ou possa suprir por seu destino econômico; II – a instalação ou a intensificação das culturas nas áreas em cuja exploração não se obedeça a plano de zoneamento agrícola; III – o estabelecimento e a manutenção de colônias ou cooperativas de povoamento e trabalho agrícola; IV – a manutenção de posseiros em terrenos urbanos onde, com a tolerância expressa ou tácita do proprietário, tenham construído sua habilitação, [sic] formando núcleos residenciais de mais de 10 (dez) famílias; V – a construção de casa populares; VI - as terras e águas suscetíveis de valorização extraordinária, pela conclusão de obras e serviços públicos, notadamente de saneamento, portos, transporte, eletrificação armazenamento de água e irrigação, no caso em que não sejam ditas áreas socialmente aproveitadas; VII – a proteção do solo e a preservação de cursos e mananciais de água e de reservas florestais; VIII – a utilização de áreas, locais ou bens que, por suas características, sejam apropriados ao desenvolvimento de atividades turísticas.

Note-se que a hipótese do inciso VI do art. 2º, que trata de áreas que sofreram valorização extraordinária em decorrência de obras e serviços públicos, não se confunde com aquela do art. 4º do Decreto-lei 3.365/1941 (a desapropriação por zona em caso de utilidade pública). A diferença reside em que, tratando-se de desapropriação por interesse social, pressupõe-se que as áreas objeto de desapropriação "não sejam (...) socialmente aproveitadas".

A desapropriação por interesse social terá início com um procedimento orientado a identificar o interesse social motivador da desapropriação, a apurar o valor da indenização e a verificar a disponibilidade de recursos orçamentários. Assim como na desapropriação por necessidade ou utilidade pública, esse procedimento prévio encerra-se com a declaração de interesse social do bem.

A partir da declaração de interesse social, cabe instaurar a fase expropriatória propriamente dita, com o chamamento do proprietário para se manifestar em processo administrativo. Se houver acordo quanto ao valor proposto, dá-se a desapropriação. Do contrário é necessário ingressar com ação judicial.

Segundo o art. 3º, o expropriante tem o prazo de dois anos, a partir da declaração de interesse social, para efetivar a desapropriação e dar início ao aproveitamento do bem. Entende-se que esse prazo pode ser renovado, a partir da emissão de nova declaração, muito embora a Lei 4.132/1962 nada diga a respeito. Faz-se aqui um paralelo com o Decreto-lei 3.365/1941, cujo art. 10 permite que se renove a declaração quando decorrido um ano do termo final do prazo decadencial. José Ailton Garcia explica a diferença:

> Enquanto nas hipótese de utilidade pública o prazo é de cinco anos, na desapropriação por interesse social é de dois anos. Essa redução decorre da necessidade *urgente* na solução das questões sociais, abrangidas no art. 2º da norma em comento.[29]

---

29. José Ailton Garcia, *Desapropriação: Comentários ao Decreto-lei n. 3.365/1941 e à Lei n. 4.132/1962* (Coleção Direito Administrativo Positivo, vol. 3), São Paulo, Atlas, 2015, p. 246.

5.2 A desapropriação-sanção para fins de reforma agrária

Compete privativamente à União desapropriar imóveis rurais que não estejam cumprindo sua função social, para fins de reforma agrária (art. 184 da CF).[30] Essa modalidade de desapropriação encontra disciplina na Lei Complementar 76/1993 e nas Leis 4.504/1964 e 8.629/1993. O regime é muito minucioso, de modo que neste trabalho só serão indicados seus pontos mais fundamentais.

O Título II da Lei 4.504/1964 (o Estatuto da Terra) trata da reforma agrária. No art. 16 estipula que "a Reforma Agrária visa a estabelecer um sistema de relações entre o homem, a propriedade rural e o uso da terra, capaz de promover a justiça social, o progresso e o bem-estar do trabalhador rural e o desenvolvimento econômico do País, com a gradual extinção do minifúndio e do latifúndio". Para alcançar esses objetivos a lei oferece medidas de promoção do acesso à terra, dentre elas a desapropriação por interesse social (art. 17, "a", da lei). O art. 18 estabelece as finalidades específicas dessa desapropriação:

> Art. 18. À desapropriação por interesse social tem por fim: a) condicionar o uso da terra à sua função social; b) promover a justa e adequada distribuição da propriedade; c) obrigar a exploração racional da terra; d) permitir a recuperação social e econômica de regiões; e) estimular pesquisas pioneiras, experimentação, demonstração e assistência técnica; f) efetuar obras de renovação, melhoria e valorização dos recursos naturais; g) incrementar a eletrificação e a industrialização no meio rural; h) facultar a criação de áreas de proteção à fauna, à flora ou a outros recursos naturais, a fim de preservá-los de atividades predatórias.

Tal como referido, a desapropriação para fins de reforma agrária incidirá sobre imóveis que não estejam cumprindo sua função social (art. 184, *caput*, da CF). A Lei 8.629/1993, no art. 9º, definiu os requisitos para se verificar o cumprimento da função social da propriedade rural:

> Art. 9º. A função social é cumprida quando a propriedade rural atende, simultaneamente, segundo graus e critérios estabelecidos nesta Lei, os seguintes requisitos: I – aproveitamento racional e adequado; II – utilização adequada dos recursos naturais disponíveis e preservação do meio ambiente; III – observância das disposições que regulam as relações de trabalho; IV – exploração que favoreça o bem-estar dos proprietários e dos trabalhadores.

---

30. Cabe desde logo afastar um preconceito criado em torno da figura da reforma agrária. Para tanto, recorre-se à lição de José Afonso da Silva:
"(...). Não se confundem *reforma agrária* e *revolução agrária*. (...). *Reforma agrária* é programa de governo, plano de atuação estatal, mediante intervenção do Estado na economia agrícola, não para destruir o modo de produção existente, mas apenas para promover a repartição da propriedade e da renda fundiária. Ao contrário, a concepção de reforma agrária que se tem postulado no Brasil, até pelas Esquerdas, e que a Constituição consagrou (art. 189), reforça o modo de produção capitalista, na medida em que se pleiteia a redistribuição da terra em favor da unidade de produção familiar – o que difunde e consolida a propriedade agrária e cria resistências a uma transformação do tipo socialista.
"(...). Seu objetivo consiste em promover o acesso à propriedade rural mediante a distribuição ou redistribuição de terras (art. 17). Não se excluem a conveniência e a importância desse tipo de reforma agrária. Mas é necessário desmistificar a falácia dos terratenentes, que, desejando manter a injusta estrutura agrária vigorante, tentam impingir a falsa concepção de que se trata de socialização ou comunização" (*Comentário Contextual à Constituição*, 9ª ed., São Paulo, Malheiros Editores, 2014, p. 758).

A lei estabelece, nos §§ do art. 6º, os graus de utilização da terra e de eficiência na exploração, para fins de certificação quanto ao aproveitamento racional e adequado. Em suma: a propriedade que não atender à sua função social, segundo os requisitos preestabelecidos, estará sujeita à declaração de interesse social e à instauração do processo de desapropriação, que segue o disposto na Lei Complementar 76/1993. O prazo de ajuizamento da ação de desapropriação é de dois anos.

A perda da propriedade será objeto de indenização justa, mas não prévia e nem em dinheiro; a indenização se dará por títulos da dívida agrária "resgatáveis no prazo de até 20 (vinte) anos, a partir do segundo ano de sua emissão, e cuja utilização será definida em lei" (art. 184, *caput*, da CF). É neste ponto que reside o caráter sancionador dessa modalidade de desapropriação: na forma de pagamento da indenização. O art. 5º, § 3º, da Lei 8.629/1993 estabelece os critérios de resgate percentual proporcional ao longo dos anos.

O resultado final da desapropriação deve ser o adequado aproveitamento da propriedade e sua justa distribuição. Haverá, portanto, a transferência dela a sujeitos privados (trabalhadores rurais) que estejam em condições de aproveitá-la.

5.3 A desapropriação por descumprimento da função social da propriedade urbana

O art. 182, § 4º, III, da CF prevê a desapropriação como providência última a ser executada no caso de propriedade urbana não edificada, subutilizada ou não utilizada, diante do insucesso das medidas de parcelamento, edificação e utilização compulsórios e de IPTU progressivo no tempo.

Essas medidas anteriores à desapropriação também têm sede constitucional (art. 182, § 4º, I e II) e foram regulamentadas pelos arts. 5º a 7º do Estatuto da Cidade. Pressupõem a edição de lei específica, que defina área do Plano Diretor na qual poderão ser aplicadas. A partir disso o Poder Público poderá obrigar o proprietário a conferir adequado aproveitamento ao seu imóvel, mediante parcelamento, edificação ou utilização do lote; se o proprietário descumprir as condições e prazos fixados, caberá sancioná-lo com o IPTU progressivo no tempo. A alíquota crescerá anualmente e no máximo duplicará por ano, até que se atinja a alíquota máxima de 15% (art. 7º, § 1º, do Estatuto da Cidade).[31]

Se após cinco anos da cobrança do IPTU progressivo no tempo o proprietário ainda não destinar o imóvel ao cumprimento de sua função social, caberá praticar a desapropriação disciplinada pelo art. 8º do Estatuto da Cidade. Trata-se novamente de uma espécie de desapropriação-sanção: o caráter sancionatório, assim como na desapropriação por descumprimento da função social da propriedade rural, reside em que a indenização não se fará previamente, nem em dinheiro, mas "com pagamento mediante títulos da dívida pública de emissão previamente aprovada pelo Senado Federal, com prazo de resgate de até 10 (dez) anos, em parcelas anuais, iguais e sucessivas, assegurados o valor real da indenização e os juros legais". Os juros serão de 6% ao ano (art. 8º, § 1º, do Estatuto da Cidade).

---

31. Para estudo do parcelamento, da edificação e da utilização compulsórios, do IPTU progressivo no tempo e da própria desapropriação por descumprimento da função social da propriedade urbana, consulte-se: Fernando Dias Menezes de Almeida, "Dos instrumentos da política urbana", in Odete Medauar e Fernando Dias Menezes de Almeida, *Estatuto da Cidade – Lei 10.257, de 1.07.2001. Comentários*, 2ª ed., São Paulo, Ed. RT, 2004, pp. 57 e ss.

O valor da indenização deve refletir o valor da base de cálculo do IPTU. Incidirá o desconto da mais-valia incorporada ao imóvel por obras do Poder Público porventura realizadas na área desde a notificação quanto à obrigação de parcelamento, edificação ou utilização compulsórios (art. 8º, § 2º, do Estatuto da Cidade). Não haverá indenização por "expectativas de ganhos, lucros cessantes ou juros compensatórios". Tal como indica Clóvis Beznos, neste ponto a lei incide em tautologia, "eis que a figura dos lucros cessantes, como tradicionalmente são concebidos por definição legal, consiste naquilo que razoavelmente se deixou de lucrar (art. 402 do CC)".[32]

O § 3º do art. 8º prevê que os títulos não terão poder liberatório para o pagamento de tributos.

A partir da incorporação do imóvel ao domínio público o Poder Público terá cinco anos para proceder ao seu adequado aproveitamento (art. 8º, § 4º), o que poderá realizar diretamente ou mediante alienação ou concessão a terceiros que se sujeitem às mesmas obrigações de parcelamento, edificação ou utilização (art. 8º, § 6º).

6. Síntese: por uma Lei de Desapropriações

O rápido exame dos regimes da desapropriação permite a retomada da crítica de Hely Lopes Meirelles: é muito difícil trabalhar com tamanha profusão normativa. O problema é ainda mais grave quando se tem em vista que as leis vigentes foram sendo remendadas (lembre-se a incorporação, pelo legislador, da confusão instaurada entre a desapropriação por zona e a desapropriação urbanística), algumas vezes com graves modificações (v. o exemplo da Medida Provisória 700/2015), e que as leis que disciplinam o instituto em grande parte são anteriores à Constituição de 1988.

Hely chegou a integrar Comissão para elaborar anteprojeto de nova Lei de Desapropriações, presidida pelo ex-Ministro do STF Antônio Gonçalves de Oliveira. O resultado do trabalho da Comissão foi entregue ao Ministério da Justiça em 1982, mas o projeto não foi levado adiante.[33]

Hoje, consultando o processo legislativo em âmbito federal, é possível localizar dezenas de projetos que se dedicam a alterações pontuais da legislação, mas apenas um que pretende dispor "sobre os casos de desapropriação por utilidade pública e interesse social" (Projeto de Lei 3.985/2015 da Câmara dos Deputados, que aguarda parecer do Relator da Comissão de Trabalho, de Administração e Serviço Público).

Passados tantos anos, está mais do que na hora de enfrentar diretamente o problema, eliminar contradições e sobreposições e editar uma Lei de Desapropriações.

Referências bibliográficas

ASOCIACIÓN PERUANA DE DERECHO ADMINISTRATIVO. *Aportes para un Estado Eficiente. Ponencias del V Congreso Nacional de Derecho Administrativo*. Lima, Palestra Editores, 2012.

---

32. Clóvis Beznos, *Aspectos Jurídicos da Indenização na Desapropriação*, Belo Horizonte, Fórum, 2010, p. 125.

33. Hely Lopes Meirelles, *Direito Administrativo Brasileiro*, cit., 14ª ed., p. 509, nota de rodapé 11.

BEZNOS, Clovis. *Aspectos Jurídicos da Indenização na Desapropriação*. Belo Horizonte, Fórum, 2010.

EIRAS, Guilherme A. Vezaro. "O instituto da desapropriação e a necessidade de realização de processo administrativo prévio e regular". *Revista de Direito Administrativo Contemporâneo/ReDAC* 0/67-86. Maio-junho/2013.

GARCIA, José Ailton. *Desapropriação: Comentários ao Decreto-lei n. 3.365/1941 e à Lei n. 4.132/1962*. Coleção Direito Administrativo Positivo, vol. 3. São Paulo, Atlas, 2015.

JUSTEN FILHO, Marçal. *Curso de Direito Administrativo*. 12ª ed. São Paulo, Ed. RT, 2016.

MARQUES NETO. Floriano de Azevedo. "Do contrato administrativo à administração contratual". *Revista do Advogado* 107/74-82. Dezembro/2009.

MEDAUAR, Odete. *Destinação dos Bens Expropriados*. São Paulo, Max Limonad, 1986.

MEDAUAR, Odete, e MENEZES DE ALMEIDA, Fernando Dias. *Estatuto da Cidade – Lei 10.257, de 10.7.2001. Comentários*. 2ª ed. São Paulo, Ed. RT, 2004.

MEIRELLES, Hely Lopes. *Direito Administrativo Brasileiro*. 42ª ed. São Paulo, Malheiros Editores, 2016.

_____. *Direito de Construir*. 11ª ed., atualizada por Adilson Abreu Dallari, Daniela Libório Di Sarno, Luiz Guilherme da Costa Wagner Jr. e Mariana Novis. São Paulo, Malheiros Editores, 2013.

_____. *Estudos e Pareceres de Direito Público*. vol. IV. São Paulo, Ed. RT, 1981.

_____. "Necessidade de reformulação e unificação das normas de desapropriação". In: *Anais do I Congresso Brasileiro de Direito Administrativo*. Curitiba, 24-28.2.1975. UFPR, 1976 (pp. 325-328); *Estudos e Pareceres de Direito Público*. vol. IV. São Paulo, Ed. RT, 1981 (pp. 12-16).

MENEZES DE ALMEIDA, Fernando Dias. "Dos instrumentos da política urbana". In: MEDAUAR, Odete, e MENEZES DE ALMEIDA, Fernando Dias. *Estatuto da Cidade – Lei 10.257, de 10.7.2001. Comentários*. 2ª ed. São Paulo, Ed. RT, 2004 (pp. 41-119).

MENEZES DE ALMEIDA, Fernando Dias, e MEDAUAR, Odete. *Estatuto da Cidade – Lei 10.257, de 10.7.2001. Comentários*. 2ª ed. São Paulo, Ed. RT, 2004.

REISDORFER, Guilherme F. Dias. "Desapropriação e devido processo legal". *Interesse Público* 61/83-107. Maio-junho/2010.

_____. "Desapropriações promovidas por particulares: entre as experimentações normativas e a prática". *Revista de Direito Administrativo Contemporâneo/ReDAC* 24/41-61. 2016.

SCHIRATO, Vitor Rhein. "A ressurreição da desapropriação para fins urbanísticos". In: ASOCIACIÓN PERUANA DE DERECHO ADMINISTRATIVO. *Aportes para un Estado Eficiente. Ponencias del V Congreso Nacional de Derecho Administrativo*. Lima, Palestra Editores, 2012.

_____. *Livre Iniciativa nos Serviços Públicos*. Belo Horizonte, Fórum, 2012.

SILVA, José Afonso da. *Comentário Contextual à Constituição*. 9ª ed. São Paulo, Malheiros Editores, 2014.

_____. *Direito Urbanístico Brasileiro*. 7ª ed., 2ª tir. São Paulo, Malheiros Editores, 2015.

SUNDFELD, Carlos Ari. *Desapropriação*. São Paulo, Ed. RT, 1990.

DIREITO ADMINISTRATIVO

Lucas Rocha Furtado

1. Surgimento do Direito Administrativo. 2. Regime jurídico administrativo: níveis de realização: 2.1 Nível constitucional: teoria geral do Direito Administrativo; 2.2 Nível legal; 2.3 Nível infralegal. 3. Regime jurídico administrativo e interesse público. 4. Interesse público: planos de realização. 5. Supremacia e indisponibilidade do interesse público.

1. Surgimento do Direito Administrativo

A clássica separação do Direito em Público e Privado deriva do Direito romano e apresenta mais de dois mil anos de história.

O Direito Administrativo, ou o regime jurídico administrativo, como frequentemente a ele nos costumamos referir, não obstante integre o grupo formado pelo Direito Público, tem pouco mais de dois séculos de existência.

A análise histórica das condições em que surgiram o Estado de Direito e o Direito Administrativo são fundamentais para que se possa compreender porque determinados institutos, como o princípio da legalidade ou o controle judicial da Administração Pública, por exemplo, são tão importantes para a formação do Estado moderno e para o exame prospectivo da relação Estado/sociedade. A partir dessa análise poderemos verificar a necessidade de constante atualização desses e de outros importantes conceitos do Direito Administrativo de modo a adaptá-los à realidade de uma sociedade muito mais complexa do que aquela em que esses institutos foram criados.

O Direito Administrativo surge para disciplinar a atividade executiva ou administrativa do Estado,[1] mas não de qualquer Estado, e sim do Estado Liberal.

O *Estado de Direito*, nascido com as revoluções liberais e inspirado na teoria da separação de poderes de Montesquieu, necessita apresentar mecanismos de contenção do poder absoluto do Estado, e esse papel cabe também ao Direito Administrativo.

Nesse contexto, são três os objetivos básicos do Estado de Direito:

1. Assegurar o exercício das liberdades individuais;

2. Reconhecer e assegurar o direito à propriedade privada; e

3. Estabelecer regras de responsabilidade patrimonial para o Estado.

O papel histórico desempenhado pelo Direito Administrativo dentro do Estado Liberal foi limitado: atuar como mecanismo dentro do sistema de freios e contrapesos entre os poderes ou funções estatais a fim de evitar interferências indevidas da função executiva do

---

1. "Indeed, what is Administrative Law about if not the control of discretion?" (B. Schwartz, *Administrative Law*, 3ª ed., Boston, 1991, p. 652).

Estado na órbita privada. Enfim, a função histórica do Direito Administrativo foi de contenção do Estado frente aos particulares e o principal instrumento para exercer esse poder de contenção foi o princípio da legalidade.

A etapa seguinte corresponde ao surgimento do *Estado Social* ou do Bem-Estar Social (*Welfare State*), consagrado inicialmente pela Constituição mexicana de 1917 e, em seguida, na Constituição de Weimar, de 1919. De mero espectador, o Estado assume posição ativa na prestação de serviços públicos a fim de assegurar à população direito à educação, à saúde, ao trabalho, à moradia, à previdência social, à proteção à maternidade e à infância (CF, art. 6º).

Vê-se, aqui, a primeira necessidade de adaptação do regime jurídico responsável pela definição das regras reguladoras do exercício desse novo amplo espectro de atividades que formava o âmbito das atribuições do Estado.

Os avanços seguintes por que o Estado passa não significam, nem podem significar, o abandono da visão e dos objetivos do Estado Social. O *Estado Democrático* traz para o ordenamento jurídico a necessidade de conformação de todas as funções do Estado aos direitos fundamentais e a incorporação do princípio democrático. De acordo com essa concepção, o Estado não é fim, mas apenas o meio para atender às necessidades de toda a população, e não apenas daquela que obtenha a maioria no Parlamento. Alain Touraine afirma que a democracia não deve ser vista como o triunfo do "universal sobre os particularismos, mas como o conjunto de garantias institucionais que permitem combinar a unidade da razão instrumental com a diversidade das minorias, o intercâmbio com a liberdade. A democracia é uma política de reconhecimento do outro".[2] Prossegue o autor: "A democracia não nasce só do Estado de Direito, mas da apelação a princípios éticos – de liberdade, de justiça".[3]

A incorporação do princípio democrático ao Estado Social e de Direito constitui salto importante a ser dado pelo ordenamento jurídico público, mas sem afastar as premissas do Estado de Direito ou do Estado Social.

Ocasionalmente afirma-se que o Estado é representante do povo, e que esse poder de representação é transferido à Administração Pública, ou, mais precisamente, aos chefes do Executivo. Essa afirmação constitui equívoco histórico. A Administração Pública não representa quem quer que seja. Ela é o instrumento de que se vale o Estado para realizar os seus fins constitucionais. A representação do povo é feita em caráter exclusivo e indelegável pelo Poder Legislativo, o que explica a importância assumida pela lei como instrumento da expressão da vontade da população.

> La Ley no es simplemente, como la Ley del Rey absoluto, un mandato general; por el contrario, es el instrumento adecuado para articular precisamente las libertades, que siendo propias del hombre son entre sí recíprocas. (...) He aquí por qué la Ley expresa la esencia misma de la democracia: la libertad, la igualdad, la auto disposición de la sociedad sobre sí misma.[4]

Como consequência do princípio democrático, a lei passa a desempenhar o papel fundamental de expressar a vontade da população e de impor o limite ao exercício da atividade

---

2. Alain Touraine, *Qu'est-ce que la Démocratie?*, Paris, Fayard, 1994, p. 11.
3. Idem, ibidem, p. 37, tradução livre.
4. Eduardo García de Enterría, *Democracia, Jueces y Control de la Administración*, Madrid, Civitas, 1995, p. 26.

executiva do Estado – daí a construção do modelo a partir do qual ao Estado somente é dado fazer o que lei autorizar. Dentro do modelo de separação dos poderes desenhado por Montesquieu, a função do Poder Executivo será basicamente a de dar executoriedade à lei parlamentar e a função do Poder Judiciário, a de verificar o cumprimento das leis pelo Executivo.

O novo salto que se cobra do Estado está ligado mais à forma como ele atua do que ao seu conteúdo. Diante da incapacidade do Estado de responder aos anseios da população, a primeira fórmula apresentada durante a década de 90 para a solução do problema foi a redução do Estado. Verificou-se a sua desqualificação como instrumento capaz de satisfazer às funções sociais ou democráticas que dele se esperava. Esta falsa percepção da incapacidade do Estado de atender às expectativas da sociedade gerou o chamado "choque de eficiência" e provocou o processo que se tornou conhecido como a "fuga do Direito Administrativo".

Em nome da eficiência, buscou-se no Direito Privado a regulação da Administração Pública, fenômeno que, ainda que sujeito a crítica, não pode ser negligenciado. Constata-se que o Regime Jurídico da Administração Pública não se restringe ao Regime Jurídico administrativo, mas também alcança o Direito Privado, utilizado, agora, com muito mais frequência para regular a atuação administrativa do Estado.

Como separar, então, o regime jurídico administrativo do regime jurídico da Administração Pública?

A resposta a esta pergunta deve ser encontrada em algumas características presentes apenas no regime administrativo, que, a rigor, jamais se afasta totalmente do Direito Público, haja vista em toda atuação da Administração Pública sempre, em alguma medida, estarem presentes regras ou princípios públicos que conferem a ela prerrogativas em face dos particulares, prerrogativas inerentes ao Direito Administrativo.

Hoje, avaliados os erros e os acertos desse "choque de eficiência", vê-se que melhor do que desqualificar o Estado como instrumento para a realização dos direitos sociais e para o atendimento das necessidades da população é dotá-lo de instrumentos capazes de exercer esse mister. Surge então o *Estado cooperativo*, que busca no setor privado o apoio necessário ao exercício de afazeres públicos. A função do Estado cooperativo é a de dotar a Administração Pública de instrumentos capazes de se relacionar com os segmentos privados empresariais e não empresariais de modo a atender, com eficiência, as necessidades da população.

Vê-se que do contexto em que surgiu o Direito Administrativo, como o segmento do Direito Público responsável pela fixação de limites ao exercício da atividade administrativa do Estado, aos dias atuais, muito já se fez e, todavia, alguns operadores do Direito Administrativo ainda continuam com a mesma visão do regime administrativo vigente no Estado Liberal.

A criação de um novo modelo para o Direito Administrativo, ou seja, a criação do novo regime jurídico administrativo não pode abandonar avanços essenciais à população verificados nos últimos 200 anos de história, sobretudo em relação aos valores sociais e democráticos. Não podemos, todavia, manter para os dias atuais, de globalização, de avanços tecnológicos, de surgimento de novas demandas sociais, a mesma visão do Direito Administrativo do Estado Liberal, ou querer que o Estado seja capaz de atender às expectativas que nele são depositadas com os mesmos instrumentos de atuação do Estado

Liberal, totalmente destoantes dos tempos e das necessidades atuais. É em torno desses novos desafios que devemos buscar construir o novo regime administrativo.

Atualmente, o Direito Administrativo segue muito a parte de princípios, bem mais que a própria legalidade administrativa.[5]

---

5. Fala-se muito em perda de importância da lei do Direito Administrativo. Em boa parte, esse fenômeno se deve à maior importância dada às normas constitucionais do Direito Administrativo, sobretudo aos princípios gerais da Administração Pública. Como exemplo desse fenômeno, vide essa decisão do STJ, AgRg no AgRg no REsp 1.261.824-SP, rel. Min. Herman Benjamin, 2ª T., j. 14.2.2012, DJe 9.5.2013:

"*Ementa:* Processual civil e consumidor. Oferta. Anúncio de veículo. Valor do frete. Imputação de publicidade enganosa por omissão. Arts. 6º, 31 e 37 do Código de Defesa do Consumidor. Princípios da transparência, boa-fé objetiva, solidariedade, vulnerabilidade e concorrência leal. Dever de ostensividade. *Caveat emptor.* Infração administrativa não caracterizada.

"1. É autoaplicável o art. 57 do Código de Defesa do Consumidor/CDC, não dependendo, consequentemente, de regulamentação. Nada impede, no entanto, que, por decreto, a União estabeleça critérios uniformes, de âmbito nacional, para sua utilização harmônica em todos os Estados da federação, procedimento que disciplina e limita o poder de polícia, de modo a fortalecer a garantia do *due process* a que faz jus o autuado.

"2. Não se pode, *prima facie*, impugnar de ilegalidade portaria do Procon estadual que, na linha dos parâmetros gerais fixados no CDC e no decreto federal, classifica as condutas censuráveis administrativamente e explicita fatores para imposição de sanções, visando a ampliar a previsibilidade da conduta estatal. Tais normas reforçam a segurança jurídica ao estatuírem padrões claros para o exercício do poder de polícia, exigência dos princípios da impessoalidade e da publicidade. Ao fazê-lo, encurtam, na medida do possível e do razoável, a discricionariedade administrativa e o componente subjetivo, errático com frequência, da atividade punitiva da autoridade.

"3. Um dos direitos básicos do consumidor, talvez o mais elementar de todos, e daí a sua expressa previsão no art. 5º, XIV, da Constituição de 1988, é 'a informação adequada e clara sobre os diferentes produtos e serviços, com especificação correta de quantidade, características, composição, qualidade e preço' (art. 6º, III, do CDC). Nele se encontra, sem exagero, um dos baluartes do microssistema e da própria sociedade pós-moderna, ambiente no qual também se insere a proteção contra a publicidade enganosa e abusiva (CDC, arts. 6º, IV, e 37).

"4. Derivação próxima ou direta dos princípios da transparência, da confiança e da boa-fé objetiva, e, remota dos princípios da solidariedade e da vulnerabilidade do consumidor, bem como do princípio da concorrência leal, o dever de informação adequada incide nas fases pré-contratual, contratual e pós-contratual, e vincula tanto o fornecedor privado como o fornecedor público.

"5. Por expressa disposição legal, só respeitam o princípio da transparência e da boa-fé objetiva, em sua plenitude, as informações que sejam 'corretas, claras, precisas, ostensivas' e que indiquem, nessas mesmas condições, as 'características, qualidades, quantidade, composição, preço, garantia, prazos de validade e origem, entre outros dados' do produto ou serviço, objeto da relação jurídica de consumo (art. 31 do CDC).

"6. Exigidas literalmente pelo art. 31 do CDC, informações, sobrepreço, condições de pagamento e crédito são das mais relevantes e decisivas na opção de compra do consumidor e, por óbvio, afetam diretamente a integridade e a retidão da relação jurídica de consumo. Logo, em tese, o tipo de fonte e localização de restrições, condicionantes e exceções a esses dados devem observar o mesmo tamanho e padrão de letra, inserção espacial e destaque, sob pena de violação do dever de ostensividade.

"7. Rodapé ou lateral de página não são locais adequados para alertar o consumidor, e, tais quais letras diminutas, são incompatíveis com os princípios da transparência e da boa-fé objetiva, tanto mais se a advertência disser respeito à informação central na peça publicitária e a que se deu realce no corpo principal do anúncio, expediente astucioso que caracterizará publicidade enganosa por omissão, nos termos do art. 37, §§ 1º e 3º, do CDC, por subtração sagaz, mas nem por isso menos danosa e condenável, de dado essencial do produto ou serviço.

"8. Pretender que o consumidor se transforme em leitor malabarista (apto a ler, como se fosse natural e usual, a margem ou borda vertical de página) e ouvinte ou telespectador superdotado (capaz de apreender

Esta tem perdido sua importância tradicional para um Direito mais aberto, recheado de princípios,[6] em que interpretação da lei, à luz de referidos princípios, permite a atualização das próprias leis que são interpretadas e aplicadas com base nesses.

A importância dos princípios na conformação do Direito Administrativo já fora apreendida pelo eterno Mestre Hely Lopes Meirelles em sua clássica obra *Direito Administrativo Brasileiro* que, ao apresentar a definição desse ramo do Direito, confere aos princípios papel essencial na conceituação:[7]

> *O conceito de Direito Administrativo Brasileiro*, para nós, sintetiza-se no *conjunto harmônico de princípios jurídicos que regem os órgãos, os agentes e as atividades públicas tendentes a realizar concreta, direta e imediatamente os fins desejados pelo Estado* (em itálico no original).

Na sequência, o saudoso Mestre explicita que o *conjunto harmônico de princípios jurídicos* representa o fundamento para se conferir caráter científico ao estudo do Direito Administrativo, visto que

> não há ciência sem princípios teóricos próprios, ordenados, e verificáveis na prática.

A confirmação do acerto da abordagem de Hely pode ser feita mediante pesquisa jurisprudencial em qualquer tribunal. Apenas um exemplo no STF:

> RE 581.488-RS: (...) É constitucional a regra que veda, no âmbito do Sistema Único de Saúde – SUS, a internação em acomodações superiores, bem como o atendimento diferenciado por médico do próprio SUS, ou por médico conveniado, mediante o pagamento da diferença dos valores correspondentes. Essa a conclusão do Plenário, que desproveu recurso extraordiná-

e entender, nas transmissões de rádio ou televisão, em fração de segundos, advertências ininteligíveis e em passo desembestado, ou, ainda, amontoado de letrinhas ao pé de página de publicação ou quadro televisivo) afronta não só o texto inequívoco e o espírito do CDC, como agride o próprio senso comum, sem falar que converte o dever de informar em dever de informar-se, ressuscitando, ilegitimamente e *contra legem*, a arcaica e renegada máxima do *caveat emptor* (= o consumidor que se cuide).
"9. A configuração da publicidade enganosa, para fins civis, não exige a intenção (dolo) de iludir, disfarçar ou tapear, nem mesmo culpa, pois se está em terreno no qual imperam juízos alicerçados no princípio da boa-fé objetiva.
"10. Na hipótese particular dos autos, contudo, a jurisprudência do STJ, considerando as peculiaridades do caso concreto sob análise, é no sentido de que o anúncio publicitário consignou, minimamente, que o valor do frete não estava incluído no preço ofertado, daí por que inexiste o ilícito administrativo de publicidade enganosa ou abusiva. Desnecessário prevenir que tal conclusão soluciona o litígio apenas e tão somente no âmbito do Direito Administrativo Sancionador, isto é, de punição administrativa imposta na raiz do poder de polícia, sem que se possa, por conseguinte, fazer repercuti-la ou aproveitá-la em eventuais processos reparatórios civis, nos quais a análise da matéria ocorre à luz de outros regimes e princípios.
"11. Agravo Regimental não provido."
6. TCU, Ac 0624/2015 ATA 10, Plenário 25.3.2015, rel. Min. Marcos Bemquerer (trecho do voto):
"(...) 11. O que se observa, portanto, é que, mesmo nos casos em que não foram apurados prejuízos diretos, não se pleiteando, por consequência, ressarcimento ao Erário, restou detectada a orquestração de esquema fraudulento, com ofensa direta ao princípio da moralidade, com nítidas evidências, também, de graves afrontas aos princípios da legalidade, impessoalidade, isonomia, probidade, competitividade, comprometendo a escolha da proposta mais vantajosa para a Administração (...)".
7. Hely Lopes Meirelles, *Direito Administrativo Brasileiro*, 42ª ed., atualizada até a EC 90, de 15.9.2015, São Paulo, Malheiros Editores, 2016, p. 42.

rio em que discutida a possibilidade de internação pelo SUS com a faculdade de melhoria do tipo de acomodação recebida pelo usuário mediante o pagamento de diferença entre os valores correspondentes. O Colegiado explicou que o SUS, conforme instituído pela Lei 8.080/1990, prevê dois eixos de ação: estabelece a prestação de serviços públicos de saúde e uma gama de atividades denominadas de ações de saúde, conforme o art. 200 da CF. É regido pelos *princípios* da: a) universalidade, como garantia de atenção à saúde por parte do sistema a todo e qualquer cidadão, por meio de serviços integrados por todos os entes da federação; b) equidade, a assegurar que serviços de todos os níveis sejam prestados, de acordo com a complexidade que o caso venha a exigir, de forma isonômica, nas situações similares; e c) integralidade, reconhecendo-se cada indivíduo como um todo indivisível e integrante de uma comunidade. Embora os serviços de saúde devam obedecer a esses *princípios*, estão limitados pelos elementos técnico-científicos, e pela capacidade econômica do Estado. Nesse contexto, possibilitar assistência diferenciada a pessoas numa mesma situação, dentro de um mesmo sistema, vulnera a isonomia e a dignidade humana. Admitir que um paciente internado pelo SUS tenha acesso a melhores condições de internação ou a médico de sua confiança mediante pagamento subverte a lógica do sistema e ignora suas premissas. Além disso, a Constituição não veda o atendimento personalizado de saúde, e admite o sistema privado. Os atendimentos realizados pela rede pública, todavia, não devem se submeter à lógica do lucro, por não ser essa a finalidade do sistema. Ainda que os supostos custos extras corressem por conta do interessado, a questão econômica ocupa papel secundário dentre os objetivos impostos ao ente estatal. A implementação de um sistema de saúde equânime é missão do Estado, que deve buscar a igualdade sempre que chamado a atuar. O Tribunal assinalou que a diferença de classes dentro do sistema também não leva a maior disponibilidade de vagas na enfermaria, porque há um limite de admissão de pessoas para cada estabelecimento, e todo paciente, mesmo em acomodações superiores, é contabilizado dentro do mesmo sistema público. Sublinhou precedentes do STF relacionados ao tema, em que garantido, em casos excepcionais, o tratamento diferenciado, a despeito da proibição de pagamento a título de complementação aos hospitais, por internação de pacientes em quartos particulares. Ocorre que os julgados dizem respeito a casos individuais, baseados na situação clínica de pacientes específicos, e grande parte deles se dera na fase de implementação do SUS. No presente caso, entretanto, se objetiva implementar a diferença de classe de modo amplo e irrestrito. Assim, embora se reconheça que o SUS ainda carece de recursos e de aprimoramento para se consagrar como um sistema que atenda às suas finalidades constitucionais e legais, deve haver esforços no sentido da promoção da igualdade de acesso, e não em sentido oposto, em clara ofensa à Constituição (RE 581.488–RS, rel. Min. Dias Toffoli, 3.12.2015).

2. Regime jurídico administrativo: níveis de realização

Vê-se que do contexto histórico em que se formou o Direito Administrativo aos dias atuais, muito foi feito e construído em relação à teoria do Estado, sobretudo no que diz respeito ao dever de realização dos *direitos fundamentais* e em relação aos princípios gerais da Administração Pública.[8]

---

8. STJ, AgRg no AREsp 592.206-SC, rel. Min. Herman Benjamin, 2ª T., j. 17.3.2015, *DJe* 6.4.2015: "*Ementa*: Processual civil. Administrativo. Improbidade administrativa. Exercício da atividade profissional em situação de impedimento legal e moral. Art. 11 da Lei 8.429/1992. Violação dos princípios da moralidade e da impessoalidade. Desnecessidade de dano material ao Erário. Comprovação da tempestividade do recurso especial em agravo regimental. Suspensão do expediente forense. Possibilidade. Ofensa ao art. 535 do CPC não demonstrada. Julgamento *extra petita* não configurado. Matéria fático-probatória. Incidência da Súmula 7/STJ. Falta de prequestionamento. Súmula 282/STF. Dissídio jurisprudencial. Alínea 'c'. Não demonstração da divergência. Ofensa a dispositivos constitucionais. Competência do STF.

O regime jurídico administrativo não se restringe, hoje, ao exame da lei. Sendo ele o ramo do Direito Público que fixa os princípios e as regras que pautam a atuação das

"1. Hipótese em que o Tribunal local consignou que a ora agravante incidiu em conduta desleal aos interesses do funcionalismo público e feriu os princípios da impessoalidade e da moralidade, ao laborar em circunstância que se sabia impedida legal e moralmente, motivo pelo qual foi enquadrada no art. 11 da Lei 8.429/1992. Consignou ainda estar presente e caracterizado o dolo na conduta da agente.

"2. A comprovação da tempestividade do Agravo em Recurso Especial em decorrência de suspensão de expediente forense no Tribunal de origem pode ser feita posteriormente, em Agravo Regimental, desde que por meio de documento idôneo capaz de evidenciar a prorrogação do prazo do recurso cujo conhecimento pelo STJ é pretendido. Precedente: AgRg no AREsp 408.287-SP, rel. Min. João Otávio de Noronha, 3ª T., *DJe* 27.5.2014.

"3. Não se configura a ofensa ao art. 535 do Código de Processo Civil [*de 1973*], uma vez que o Tribunal de origem julgou integralmente a lide e solucionou a controvérsia, tal como lhe foi apresentada.

"4. Não configurou julgamento *extra petita* a decisão do Tribunal de origem que apreciou o pleito inicial interpretado em consonância com a pretensão deduzida na exordial como um todo. Sendo assim, não ocorre julgamento *ultra petita* se o Tribunal local decide questão que é reflexo do pedido na Inicial.

"5. Ao apreciar o pleito, o Tribunal de origem afirmou, com base no contexto fático-probatório dos autos, que os elementos trazidos aos autos são capazes de atestar que: a) 'tendo a ré desenvolvido seu ofício em oportunidade que estava legalmente impedida infringiu não apenas o preceito normativo como também o moral, além do dever de imparcialidade ínsito, na regra do impedimento, de sorte a produzir trabalho sem a isenção indispensável'; b) 'a ré, no caso específico, deixou de atender ao interesse público para atender conveniência pessoal de seu parente, tentando suprimir do mundo jurídico qualquer elemento que o desfavorecesse e que desabonasse a informação de embriaguez da vítima do acidente em que se envolvera'; c) 'tendo sido desrespeitado o impedimento funcional que se impunha e constatada sua parcialidade na realização de seu labor, exsurge inegável a conduta desleal aos interesses do funcionalismo público, a impessoalidade e à imoralidade, o que configura a improbidade administrativa na modalidade de violação a princípios (art. 11 da Lei n. 8.429/92), sujeitando-a, pois, às cominações previstas no artigo 12 da Lei de Improbidade Administrativa'; e, d) 'na hipótese, exsurge inegável o dolo da agente ao ter exercido sua atividade de Perita mesmo já tendo ciência do impedimento legal e ao ter alterado data e omitido informação de *retificação de documento* no laudo que interessava seu sobrinho, peculiaridades que tornam inarredável a repreensão'. A revisão desse entendimento implica reexame de fatos e provas, obstado pelo teor da Súmula 7/STJ. Precedentes: AgRg no AREsp 481.858-BA, rel. Min. Humberto Martins, 2ª T, *DJe* 2.5.2014; AgRg no REsp 1.419.268-SP, rel. Min. Humberto Martins, 2ª T., *DJe* 14.4.2014; REsp 1.186.435-DF, rel. Min. Og Fernandes, 2ª T., *DJe* 29.4.2014.

"6. A jurisprudência do STJ, quanto ao resultado do ato, firmou-se no sentido de que se configura ato de improbidade a lesão a princípios administrativos, o que, como regra geral, independe da ocorrência de dano ou lesão ao Erário. Precedente: REsp 1.320.315-DF, rela. Min. Eliana Calmon, 2ª T., *DJe* 20.11.2013.

"7. Não se pode conhecer da irresignação contra o art. 405 do CPC, uma vez que o mencionado dispositivo legal não foi analisado pela instância de origem. Ausente, portanto, o indispensável requisito do prequestionamento, o que atrai, por analogia, o óbice da Súmula 282/STF.

"8. Com relação ao dissídio jurisprudencial, a divergência deve ser comprovada, cabendo a quem recorre demonstrar as circunstâncias que identificam ou assemelham os casos confrontados, com indicação da similitude fática e jurídica entre eles.

"9. Ressalta-se ainda que o óbice da Súmula 7 do STJ é aplicável também ao Recurso Especial interposto com fundamento na alínea 'c' do inc. III do art. 105 da Constituição da República.

"10. É inviável a discussão em Recurso Especial acerca de suposta ofensa a dispositivo constitucional, porquanto seu exame é de competência exclusiva do Supremo Tribunal Federal, conforme dispõe o art. 102, III, da Constituição. Não se pode, portanto, conhecer do apelo em relação à contrariedade aos arts. 5º, 37 e 129 da Constituição Federal.

"11. Agravo Regimental não provido."

atividades administrativas do Estado, e considerando que a função do Estado Democrático é a de "assegurar o exercício dos direitos sociais e individuais, a liberdade, a segurança, o bem-estar, o desenvolvimento, a igualdade e a justiça como valores supremos", conforme consta do Preâmbulo da Constituição Federal de 1988, todas as normas jurídicas e, em especial, as de Direito Administrativo, devem ser interpretadas a partir dessa ótica: o Estado existe para realizar o bem-estar da sociedade, para atender às necessidades da população, enfim, para ser instrumento de realização dos direitos fundamentais.[9]

Com vistas ao exame sistêmico do regime administrativo, podemos apresentá-lo em três diferentes níveis: constitucional, legal e infralegal.

Em relação aos princípios gerais da Administração Pública,[10] a quantidade de decisões judiciais indica sua importância. Por serem conceitos mais abertos, tanto podem ser utilizados por advogados, para fundamentar suas teses, ou por servidores públicos, para melhor motivar atos administrativos adotados. Neste último caso, de servidores públicos, eles são chamados muitas vezes a tomar decisões nunca antes enfrentadas. Se lei dá a solução, normalmente basta segui-la. Quando a lei não apresenta solução para caso concreto, é necessário fundamentar a solução adotada e nada mais adequado para essa justificar tal solução. Dessa forma, ainda que o ato venha ser considerado ilegal, o servidor que o adotou talvez não seja punido porque o ato está bem fundamentado. Muitas vezes o servidor é chamado a justificar a solução anos após praticá-la, e se ela não estiver bem fundamentada, o que pode ser por meio de princípios gerais da Administração Pública, ele pode ser punido.

---

9. Acerca da importância dos direitos fundamentais na formação do Direito atual e do seu papel de regulação do poder, em 19.1.2004, reunidos na Academia Católica da Baviera, em Munique, o pensador alemão Jürgen Habermas e o então Cardeal Joseph Ratzinger, Papa Bento XVI, promoveram interessante análise sobre "as bases pré-políticas e morais do Estado democrático". Seguem alguns trechos da resposta apresentada pelo então Cardeal: "A tarefa de colocar o poder sob a medida do direito remete, portanto, à pergunta seguinte: como se forma o direito e o direito deve ser constituído a fim de que seja veículo da justiça, e não um privilégio daqueles que têm o poder de estabelecer o direito? A questão de que o direito não deve ser um instrumento de poder de poucos, mas a expressão de interesse comum a todos, parece resolvido, pelo menos pelos instrumentos de formação democrática da vontade. Apesar disso, me parece, permanece ainda uma pergunta. Já que dificilmente há unanimidade entre os homens, somente às vezes permanece a delegação com instrumento imprescindível da formação democrática da vontade, outras vezes, a decisão da maioria, com o que, segundo a importância da pergunta, ordens de grandeza distintas podem ser empregadas para a maioria mas também as maiorias podem ser cegas ou injustas. A história nos mostra de maneira claríssima. Quando uma maioria, por maior que seja, reprime, com leis opressoras, uma minoria, por exemplo, religiosa ou racial, pode-se, nesse caso, ainda falar de justiça, de direito de modo geral? Os tempos modernos formulam um acervo de tais elementos normativos e diversas declarações de direitos humanos os retiram do jogo das maiorias. Agora, com a consciência presente, podemos nos dar por satisfeitos com a evidência interna desses valores. Há em vigor, portanto, valores em si, os quais decorrem da essência do ser humano e por isso são intocáveis por todos os portadores dessa essência" (*Folha de S.Paulo*, 24.4.2005, "Caderno Mais", trad. de Érika Werner).

10. Como citado acima, TCU, Ac 0624/2015 ATA 10, Plenário 25.3.2015, rel. Min. Marcos Bemquerer: "(...) 11. O que se observa, portanto, é que, mesmo nos casos em que não foram apurados prejuízos diretos, não se pleiteando, por consequência, ressarcimento ao Erário, restou detectada a orquestração de esquema fraudulento, com ofensa direta ao princípio da moralidade, com nítidas evidências, também, de graves afrontas aos princípios da legalidade, impessoalidade, isonomia, probidade, competitividade, comprometendo a escolha da proposta mais vantajosa para a Administração (...)".

2.1 Nível constitucional: teoria geral do Direito Administrativo

O primeiro nível em que se realiza o regime jurídico administrativo é no plano constitucional. É neste nível onde se forma a *Teoria Geral do Direito Administrativo*.

O Direito Administrativo é o ramo do Direito Público que estabelece as regras e os princípios de que se vale o Estado para exercer sua função administrativa.

Quando se examina a Constituição Federal de 1988, constata-se que as principais normas administrativas têm sede constitucional, e que essas normas constitucionais servem de parâmetro para todo o sistema que compreende o regime administrativo. As regras básicas relativas aos principais aspectos que compõem o Direito Administrativo – tais como: princípios gerais da Administração Pública, organização administrativa, processo administrativo, serviços públicos, incluídas as concessões e permissões, licitações e contratos administrativos, servidores públicos, entre outros – estão disciplinadas na Constituição, cabendo aos demais níveis – legal e infralegal – do Direito Administrativo papel, hoje, secundário na composição e formação do regime administrativo.

A lei que disciplina o processo administrativo no plano federal, por exemplo, Lei 9.784/1999,[11] por acaso teria opção de adotar soluções diversas daquelas que constam em seu texto? Poderia esta lei deixar de reconhecer os princípios do contraditório, da ampla defesa, da segurança jurídica, da necessidade de fixação de prazo para a Administração Pública anular seus atos, de delegação de competência, de motivação, por exemplo? O papel assumido pela lei em matéria de processo administrativo, bem como em todos os demais temas mencionados (contratos, licitações, serviços públicos etc.), é quase sempre o de tratar de aspectos formais e, salvo em alguns aspectos pontuais, pode a lei inovar sem que esteja o legislador compelido por força de normas constitucionais a adotar determinadas soluções constitucionais. Daí a necessidade de se reconhecer que o primeiro plano do regime administrativo corresponde àquele que indicamos, que compreende a Teoria Geral do Direito Administrativo.

As normas da Teoria Geral do Direito Administrativo compõem o núcleo do regime jurídico administrativo, ou, segundo o modelo kelseniano, formam o ápice da pirâmide

11. STJ, AgRg no AgRg no REsp 1.215.897-RJ, 2010/0183540-8, rel. Min. Hamilton Carvalhido, 1ª T., j. 1.3.2011, *DJe* 24.3.2011:
"*Ementa:* Agravo regimental em agravo regimental em recurso especial. Administrativo. Cumulação de pensão militar e previdenciária. Art. 54 da Lei n. 9.784/99. Precedentes.
"1. 'O direito da Administração de anular os atos administrativos de que decorram efeitos favoráveis para os destinatários decai em cinco anos, contados da data em que foram praticados, salvo comprovada má-fé' e 'Considera-se exercício do direito de anular qualquer medida de autoridade administrativa que importe impugnação à validade do ato' (art. 54, *caput* e § 2º, da Lei 9.784/99).
"2. Instaurado o processo de revisão da cumulação das pensões após decorridos mais de quinze anos da sua concessão e recebimento, permanente e continuado, resta consumado o prazo decadencial de que cuida o art. 54 da Lei n. 9.784/99. Precedentes.
"3. Conquanto se admita que o controle externo, oriundo dos Poderes Legislativo e Judiciário, não esteja sujeito a prazo de caducidade, o controle interno o está, não tendo outra função o art. 54 da Lei n. 9.784/99 que não a de impedir o exercício abusivo da autotutela administrativa, em detrimento da segurança jurídica nas relações entre o Poder Público e os administrados de boa-fé, razão pela qual não poderia a Administração Pública, ela mesma, rever as pensões concedidas há mais de cinco anos.
"4. Agravo regimental improvido."

e exigem que todas as demais normas do regime não apenas estejam de acordo com este núcleo, mas que busquem realizá-lo. Exige-se do legislador não apenas o dever de aprovar leis que não colidam com as normas do núcleo, mas que as realizem.

Questão mais teórica do que prática consiste em saber qual é o primeiro plano do regime jurídico de um país, e não apenas o regime administrativo, se são as normas constitucionais ou os direitos fundamentais. Trata-se de questão de muito pouca utilidade prática na medida em que todas as constituições democráticas modernas adotam como parte integrante e fundamental de seus textos a realização dos direitos fundamentais. Torna-se, portanto, desnecessário buscar a primazia de um sobre o outro na medida em que um – o texto constitucional – adota o outro – os direitos humanos – como parte de seu corpo – ainda que não se possa negar que estes últimos gozam de importância especial na medida em que servem de balizamento para a interpretação dos dispositivos constitucionais.

Dentro da Teoria Geral do Direito Administrativo, os princípios gerais da Administração Pública desempenham papel fundamental.

2.2 Nível legal

A lei, de acordo com o STJ,[12] que, ao menos em tese, é o instrumento democrático e que representa a vontade geral do povo, continua a desempenhar papel fundamental no regime jurídico administrativo.[13]

Muito se tem falado sobre a crise da lei. Esta crise existe, porém não se deve a essa crise a perda da importância da lei no regime administrativo. A crise da lei decorre, antes, da perda do seu caráter de abstração e de generalidade. Legisla-se para atender a questões particulares. Diante de determinado fato que tenha tido repercussão nos meios de comunicação, no dia seguinte já se aprova novo texto legal.

12. STJ, AgRg nos EDcl no RMS 38.810-SP, 2012/0163382-3, rel. Min. Benedito Gonçalves, 1ª T., j. 27.8.2013, *DJe* 5.9.2013.

"*Ementa:* Processual civil e administrativo. Agravo Regimental nos Embargos de Declaração no Recurso em Mandado de Segurança. Servidor público. Licença para tratamento de assuntos particulares. Contagem do tempo de serviço para fins de aposentadoria. Ausência de previsão legal. aplicação do princípio da legalidade.

"1. O Estatuto dos Servidores Públicos do Estado de São Paulo (Lei 10.261/68), vigente ao tempo do afastamento da servidora não considera na contagem do tempo de serviço a licença para tratamento de assuntos particulares.

"2. *In casu*, não há falar em direito líquido e certo da recorrente pois, em obediência ao princípio da legalidade insculpido no art. 37 da Constituição Federal, é vedado à Administração levar a termo interpretação extensiva ou restritiva de direitos, quando a lei assim não o dispuser de forma expressa. Precedentes: AgRg no REsp 1.231.752-PR, rel. Min. Arnaldo Esteves Lima, 1ª T., *DJe* 11.4.2011; RMS 26.944-CE, rel. Min. Laurita Vaz, 5ª T., *DJe* 21.6.2010.

"3. Agravo regimental não provido."

13. Não é objeto desse trabalho examinar as disfunções do processo democrático. Todavia, podemos apenas apresentar a grave crise por que atravessam os sistemas democráticos na medida em que os legisladores, eleitos para representar o povo, por diversas razões (submissão ao Executivo, atuação de grupos organizados ou pura e simples corrupção), afastam-se totalmente de seu papel de representação e comprometem a máxima democrática segundo a qual democracia é o governo do povo pelo povo. A salvação da democracia reside no fato de que, por pior que ela seja, por maior que seja a falta de credibilidade da população em seus representantes, ela sempre será melhor do que qualquer ditadura.

A crise da lei decorre igualmente do processo de "captura" do Poder Legislativo pelo Executivo. O legislador, que deveria agir como representante do povo e aprovar leis que limitariam a atividade do administrador, principal instrumento do sistema de freios e contrapesos da teoria da separação de poderes, diante do processo de captura, passa a aprovar somente as leis que o Executivo deseja. A prova disso está no fato de que a grande maioria das leis aprovadas pelo Parlamento é de iniciativa do chefe do Executivo.

A perda da importância da lei no Direito Administrativo não está, portanto, diretamente associada à mencionada crise do Direito. Ela se deve, em primeiro lugar, à valorização que o ordenamento jurídico confere às normas de estatura constitucional. Conforme visto no item anterior, os parâmetros básicos e definidores do regime jurídico administrativo se encontram no corpo da Constituição Federal, sobretudo quando esta estabelece de modo expresso ou implícito os princípios constitucionais que irão nortear o legislador em seu processo de criação legislativa.

O segundo fator responsável pela perda da importância da lei corresponde à tendência de valorização das normas infralegais, conforme examinaremos em seguida.

2.3 Nível infralegal

O terceiro plano do regime administrativo compreende as normas previstas em decretos, regulamentos, portarias, instruções normativas etc.[14]

Não se pretende, de modo algum, admitir inversão da hierarquia normativa. As normas infralegais devem observar estritamente o que dispõe a lei, não podendo, em hipótese alguma, contrariá-la. O aumento da importância dos textos infralegais se deve a alguns fatores de ordem mais prática do que propriamente jurídica.

As normas administrativas devem sempre estar em condições de responder de modo satisfatório às necessidades da população. Responder satisfatoriamente às demandas da população significa dizer que a Administração deve ser capaz de apresentar soluções rápidas, tecnicamente adequadas e socialmente justas. A rapidez com que surgem novas demandas sociais impede que lei formal – em função do lento processo legislativo – seja capaz de atender às necessidades da população.

14. STJ, AgRg no AREsp 493.411-MG, 2014/0067682-9, rel. Min. Humberto Martins, 2ª T., j. 5.6.2014, *DJe* 13.6.2014:
"*Ementa:* Administrativo e processual civil. Agência Nacional do Petróleo Gás Natural e Biocombustíveis/ANP. Violação do art. 535 do CPC não caracterizada. Auto de infração com base em portaria. Princípio da legalidade. Acórdão recorrido com fundamento constitucional. Competência do STF. Ausência de interposição de recurso Extraordinário. Súmula 126/STJ.
"1. É nula a sanção fundada apenas em Portaria, pois tal ato restringe-se a facilitar a aplicação e execução da lei, sob pena de ferir o princípio constitucional da reserva legal na aplicação de penalidades. Precedentes.
"2. A competência do Superior Tribunal de Justiça refere-se à matéria infraconstitucional. A discussão sobre preceitos da Carta Maior cabe à Suprema Corte, *ex vi* do art. 102 da Constituição Federal. Verifica-se que a recorrente não cuidou de interpor o devido recurso extraordinário ao Supremo Tribunal Federal, de modo a incidir a jurisprudência sedimentada por meio da Súmula 126 deste Tribunal. Agravo regimental improvido."

Algumas circunstâncias práticas demonstram a incapacidade da lei de atender às demandas da população. Tomemos o excesso de medidas provisórias que, desde a vigência da Constituição Federal de 1988, têm sido objeto de permanente crítica. Por que todos os governos editam tantas medidas provisórias? Se o Presidente da República pode enviar ao Congresso projeto de lei e solicitar a sua tramitação em regime de urgência, por que se sujeitar a críticas e editar medida provisória? A resposta é evidente: porque com a medida provisória se obtém resposta normativa imediata para a questão que reclama regulamentação, rapidez que não será encontrada na tramitação do projeto de lei.

A competência normativa conferida às agências reguladoras demonstra a necessidade de regulação técnica de determinadas matérias, outro aspecto que nem sempre se alcança com a lei. Não se pode querer, a partir dessa constatação, inferir que lei não possa tratar de questões técnicas. A rigor, observado o plano constitucional, o legislador tem ampla liberdade de criação, inclusive no campo técnico. Em muitas situações, é o próprio legislador que transfere ampla competência normativa às entidades administrativas quando confere discricionariedade técnica a entidades administrativas especializadas em determinados temas. Estas normas técnicas são editadas por unidades administrativas – especialmente por agências reguladoras – em observância ao que dispõe a própria legislação.

A discricionariedade administrativa decorre da lei. Para que algum órgão ou entidade possa exercer discricionariedade, é necessário que lei tenha conferido a essa unidade administrativa a competência necessária para o exercício dessa potestade. A discricionariedade técnica, espécie de discricionariedade administrativa, fonte da capacidade das agências reguladoras para normatizar determinadas situações, decorre diretamente da lei, o que afasta qualquer pretensão de se enxergar no aumento da importância que os textos infralegais assumem no Direito Administrativo a existência de conflito ou de crise entre o órgão ou entidade administrativa que exerce competência normativa e o Poder Legislativo.

Outra hipótese em que se verifica expressa delegação de competência ocorre quando a lei se vale da técnica de legislar em branco. Nesta situação, o legislador expressamente remete ao administrador a função de completar o conteúdo de certas leis por meio da edição de atos normativos.

Diante desse novo contexto, poder-se-ia falar em perda ou redução da importância do legislador ou do Poder Legislativo? Isto não ocorre. O que se verifica é apenas a mudança de função dos órgãos legislativos. Estes, a quem historicamente se atribuía exclusividade no processo de criação das normas de Direito Administrativo, têm esse papel reduzido, e passam a exercer a nova função na distribuição das competências do Estado. A transferência para o Executivo de parcela da competência normativa do Estado cria para o legislador novo papel, de fiscal do exercício das atividades administrativas, inclusive no que diz respeito ao exercício da competência normativa, podendo, por exemplo, sobrestar ato normativo do Executivo que extrapole os limites do poder regulamentar (CF, art. 49, V).

O legislador constituinte, ao regular a ordem econômica financeira e fixar os princípios gerais da atividade econômica, destacou o papel central da iniciativa privada nesse setor, respeitando, porém a tradição brasileira de admitir também a atuação estatal, ainda que tenha procurado restringi-la a situações excepcionais, ou, porque não dizer, excepcionalíssimas.

Coerentemente com esse caráter excepcional da atuação estatal na atividade econômica, o legislador constituinte precisou adotar mecanismos que impedissem o Estado empresário de, cedendo ao ímpeto inerente à atividade econômica concorrencial, utilizar-se das prerrogativas próprias da Administração Pública para anular e suplantar seus competidores privados.

Se o Estado empresário dedicado à atividade econômica concorrencial conservasse as potestades públicas, dificilmente haveria algo que pudesse conter arroubos hegemônicos por parte de seus agentes, tornando sua presença avassaladora e inviabilizando iniciativas privadas nas mesmas áreas.

Este é, a meu ver, o significado essencial da disposição contida no art. 173, § 1º, incs. II e III, da CF: gerar ambiente de confiança que não iniba investimentos na atividade econômica, assegurando que o setor privado não enfrentará competição injusta contra o Estado empresário.

Embora seja lugar comum a afirmação de que o estatuto próprio das empresas públicas visaria dar a elas, relativamente à licitação, condição de competitividade frente às empresas privadas, não creio que esse hipotético e potencial efeito tenha sido realmente demonstrado de forma convincente em algum lugar. Deve ser repensado o pressuposto de que a licitação, em regra, prejudica os negócios das empresas estatais, afinal, trata-se de procedimento que auxilia na contratação da proposta mais vantajosa, sendo realizado até mesmo pelas empresas privadas, ainda que cada uma a seu modo particular.

Mesmo porque, quando se sabe que o propósito das empresas estatais não é o de auferir benefícios financeiros, mas o de preencher lacunas e de fomentar o mercado, não haveria de se buscar muletas para perpetuar a atuação estatal quando esta viesse a lidar com dificuldades de enfrentar a concorrência, o que só reforçaria a convicção quanto à sua desnecessidade. Se o setor por ela explorado está maduro o bastante para superar a empresa estatal, é sinal de que esta poderia retirar-se do mercado.

Não é disso, pois, que tratam os incs. II e III do § 1º do art. 173 da CF. A finalidade principal desses dispositivos não é garantir ao Estado condição de competitividade em face do setor privado, mas, ao contrário, o de garantir que as empresas estatais não se favoreçam das chamadas cláusulas extravagantes previstas na Lei 8.666/1993, desequilibrando decisivamente, em seu benefício, a disputa comercial.

Nesse sentido, não se pode deixar de lembrar o julgamento do Supremo Tribunal Federal havido no RE 172.816-RJ, do qual cabe transcrever o seguinte excerto, notando que, na redação original do art. 173, o § 1º equivalia ao atual inc. II do § 1º:

(...)
Ementa: Desapropriação, por Estado, de bem de sociedade de economia mista federal que explora serviço público privativo da União.
(...)
7. A norma do art. 173, § 1º, da Constituição aplica-se às entidades públicas que exercem atividade econômica em regime de concorrência, não tendo aplicação às sociedades de economia mista ou empresas públicas que, embora exercendo atividade econômica, gozam de exclusividade.
8. O dispositivo constitucional não alcança, com maior razão, sociedade de economia mista federal que explora serviço público, reservado à União.
9. O art. 173, § 1º, nada tem a ver com a desapropriabilidade ou indexapropriabilidade de bens de empresas públicas ou sociedade de economia mista; seu endereço é outro; visa assegurar

a livre concorrência, de modo que as entidades públicas que exercem ou venham exercer atividade econômica não se beneficiem de tratamento privilegiado em relação a entidades privadas que se dediquem a atividade econômica na mesma área ou em área semelhante.

10. O disposto no § 2º, do mesmo art. 173, completa o disposto no § 1º, ao prescrever que "as empresas públicas e as sociedades de economia mista não poderão gozar de privilégios fiscais não extensivos às do setor privado.

Se, então, o propósito dessas disposições do art. 173 da CF é garantir o ambiente de livre concorrência, sua eficácia não depende de que seja editado o futuro estatuto jurídico da empresa pública, uma vez que, desde a promulgação da Emenda Constitucional 19/1998, decorre diretamente da inegável inconstitucionalidade da aplicação da lei geral das licitações, com as chamadas "cláusulas extravagantes" nele albergadas, às empresas públicas.

É verdade, porém, que não se pode emprestar máxima eficácia a algum princípio ou comando constitucional exigindo-se o completo sacrifício de outros. E a interpretação ora proposta implica admitir que as empresas estatais que atuam em ambiente de concorrência devem realizar suas licitações sem o apoio de uma lei específica para esse fim, ao contrário do que reza a Constituição.

Não há aí, porém, nenhuma dificuldade incontornável. A própria Constituição, que obriga a realização de licitação, inclusive pelas empresas estatais, delineia também os elementos essenciais que autorizam um procedimento a ser reconhecido como tal. Além de atender todos os princípios que regem a Administração Pública, implícitos e explícitos, a licitação das empresas estatais deverá garantir também o atendimento das exigências previstas no art. 37, XXI, às quais essas entidades se vinculam em razão de integrarem a administração pública indireta: um processo público que assegure igualdade de condições a todos os concorrentes; obrigações de pagamento que mantenham as condições efetivas da proposta; qualificação técnica e econômica limitada às exigências indispensáveis à garantia do cumprimento das obrigações.

Poder-se-ia, ainda, arguir contra a interpretação ora defendida, e que dá máxima eficácia ao propósito havido no § 1º do art. 173, o desequilíbrio na valoração das normas eventualmente conflitantes, em face da existência de outros princípios ou comandos constitucionais cuja realização seria prejudicada pela ausência de lei de licitação para as empresas estatais.

Cabe, nesse sentido, ser cogitado, em primeiro lugar, algum prejuízo para o exercício do controle externo, uma vez que a ausência de lei desguarnece a fiscalização de parâmetros objetivos para a avaliação da conduta dos gestores. Não parece, contudo, que seria impossível preservar, em face dos atos concretos assim editados, as funções essenciais do controle elencadas na Constituição Federal. O cumprimento dos objetivos fundamentais da licitação – a saber, a igualdade de condições entre todos os concorrentes, as limitações das exigências de qualificação técnica e econômica naquilo que for indispensável à garantia do cumprimento das obrigações, e a contratação por preço de mercado –, ainda poderia ser fiscalizado. Vale dizer, ademais, que essa dificuldade poderia ser atenuada mediante o estabelecimento de regulamentos objetivos pela própria entidade ou órgão licitante, que serviriam de parâmetro para a crítica do controle externo.

O prejuízo maior à realização de preceitos constitucionais, no entanto, se daria, sem dúvida alguma, no que concerne à possibilidade de obras, serviços, compras e alienações serem contratadas sem a realização de procedimento de licitação, uma vez que o art. 37, XXI, da CF, reserva esse assunto à legislação, não podendo ser objeto de mero regulamento. Se as licitações das empresas estatais não são regidas pela Lei 8.666/1993, são inaplicáveis a elas, logicamente, também as hipóteses de dispensa de licitação previstas no art. 24. Seus administradores, em princípio, estarão obrigados a licitar, não podendo dispensar o procedimento tão somente em face da incidência de uma das situações elencadas no referido artigo. A dispensa é opção política, reservada ao legislador pela Constituição, não competindo ao gestor fazer semelhante escolha, tampouco ao regulamento que venha provisoriamente disciplinar o novo estatuto licitatório.

Mas isso representa, em última instância, apenas a redução de opções de escolha segundo conveniências administrativas, não impedindo a contratação daquilo que as empresas de fato necessitarem.

A mim, não parece, nem de longe, que restrições tão modestas possam constituir obstáculo para a interpretação ora proposta.

É importante frisar isso: a inaplicabilidade da Lei 8.666/1993 não significa desobrigação das empresas estatais que atuam em atividade econômica competitiva de realizarem licitação, mas tão somente de que o procedimento obedeça aos estritos termos determinados por aquele diploma legal.[15]

É relevante, ainda, a distinção entre atividade concorrencial e não-concorrencial. Havendo concorrência, há necessidade dessa proteção especial da iniciativa privada, aplicando-se, em decorrência, o regime de Direito Privado à empresa estatal. Não havendo concorrência, ganha relevo o fato de que a empresa estatal integra a Administração Pública indireta, impondo-se a ela o regime de Direito Público.

Já se vê na jurisprudência do TCU a fixação de parâmetros norteadores das ações de fiscalização das empresas estatais segundo as condições expostas neste parecer. A Corte de Contas tem considerado que, no exercício de suas *atividades fins*, as empresas estatais estão sujeitas, em suas licitações e contratos, ao regime jurídico do Direito Privado. Esta solução lhes desobriga de observar os procedimentos e formalidades da Lei 8.666/1993, mas não de serem fiscalizadas e de terem de justificar as soluções adotadas em função de princípios constitucionais previstos no art. 37, em especial o da eficiência e o da impessoalidade. É a elas permitida, todavia, a liberdade de contratação com base no Direito Privado, sem observância rigorosa da Lei 8.666/1993, quando, de acordo com o entendimento do Tribunal, celebrarem contratos diretamente ligados às suas atividades empresariais.

Não obstante essa firme compreensão da matéria pelo TCU, parece-me inevitável ir além e admitir, como decorrência das considerações acima propostas, que a aplicação do regime jurídico do Direito Privado não pode ficar restrita apenas às atividades fins dessas empresas, devendo, igualmente, alcançar às licitações e contratações pertinentes às atividades meio.

O entendimento que iguala as empresas estatais, as sociedades de economia mista e suas subsidiárias, nas contratações ligadas às atividades meio, às demais entidades integran-

---

15. Esse entendimento é novo e disto, *maxima venia*, do adotado pelo TCU. Ante a omissão legislativa, defendíamos a aplicação a todas as estatais, inclusive à Petrobras, da mencionada Lei 8.666/1993, como advoga o TCU. Defendemos, agora, que cada empresa possa editar normativo, confirmado por decreto e que devem ser observados os princípios gerais da Administração Pública.

tes da administração pública deriva de interpretação que nega qualquer eficácia ao claro propósito contido no art. 173, § 1º, da CF, de conferir tratamento específico às primeiras.

Não é possível, a meu ver, endossar tal interpretação. Admita-se, por hipótese, que viesse a ser editada lei que, a título de atender o art. 173, § 1º, III, da CF, se limitasse a estender às entidades referidas no mencionado § 1º a mera aplicação da Lei 8.666/1993. Não acredito que pudesse ser considerada válida. Seria tida como inconstitucional por explícita afronta ao tratamento diferenciado preconizado na Constituição. Se nem mesmo a lei poderia produzir tal efeito, qual seria a razão para admiti-lo a partir de um acórdão do TCU?

Tal raciocínio, se levado para o extremo oposto, mostra-se ainda proveitoso, trazendo à tona outras condicionantes da atuação das empresas estatais. Poderia ser considerada constitucional disposição legal editada para atender o referido art. 173, § 1º, III, que atribuísse ao gestor inteira liberdade para decidir os procedimentos a serem observados nas contratações por essas entidades, decidindo em cada caso, à sua maneira, a melhor forma de atender os princípios que regem a Administração Pública?

Suponho inadmissível procedimento que, na prática, resultaria na impossibilidade de controle externo dos atos da Administração, em especial quanto à existência de impessoalidade nas decisões dos gestores. A fiscalização depende de parâmetros objetivos para avaliar a gestão, sob pena de ficar à mercê de discussões intermináveis e inconclusivas quanto às soluções adotadas mediante critérios casuísticos e subjetivos. Lei como a ora cogitada tornaria impossível a atuação do controle externo, não havendo dúvida quanto a sua inconstitucionalidade. Conforme o art. 173, § 1º, I, da CF, é dada ao estatuto jurídico da empresa pública, da sociedade de economia mista e de suas subsidiárias, a tarefa de definir a forma de fiscalização dessas entidades, mas não a autorização para impedi-la.

Tornam-se indispensáveis, nesse contexto, normas objetivas a serem obedecidas nos procedimentos de contratação, que garantam o tratamento isonômico e uniforme em todas as contratações e sua orientação pelos interesses da entidade contratante, e não dos seus dirigentes. Daí porque a necessidade ao menos de regulamentos próprios acerca da matéria.

É importante observar que a ampliação da importância normativa dos órgãos executivos tem limites bem definidos:

1. A criação de órgãos ou entidades públicas depende de lei;

2. O exercício de qualquer atribuição por parte das unidades administrativas que importe na criação de obrigações, ou na restrição ou limitação do exercício de qualquer direito ou atividade por parte de particulares depende de lei;

3. Se a Constituição Federal determina ou requer a normatização de determinada matéria por meio de lei, norma infralegal não pode regular o tema.

O exercício de atribuições por parte da Administração Pública – segunda limitação ao exercício normativo pelo Executivo – merece algumas considerações adicionais, a começar pelo fato de que as atividades administrativas estatais se dividem em duas categorias básicas:

1. prestacionais;

2. interventivas.

No exercício das suas atividades prestacionais, o Estado põe à disposição da sociedade utilidades, presta serviços, cria programas de governo etc. Ao exercer a sua potestade interventiva, o Estado, ao contrário, limita o exercício de direitos, de atividades. Se lei, por exemplo, confere a determinado órgão competências genéricas para exercer atividades prestacionais, é absurdo querer que cada uma das atividades desse órgão seja prevista em lei. Desde que haja previsão orçamentária, e o órgão possa legitimar sua atuação em competência legal genérica, ele pode desenvolver determinadas atividades – como um programa de governo – sem que isso importe em violação de qualquer preceito constitucional. Se o órgão exerce atribuições interventivas, que objetivam limitar o exercício de direitos e criar obrigações para os particulares, cada atividade ou a prática de qualquer ato depende de expressa e prévia previsão legal, afinal, o Estado não pode exigir que alguém faça ou deixe de fazer algo, salvo em virtude de lei (CF, art. 5º, II).

3. Regime jurídico administrativo e interesse público

O *Estado cooperativo* – que compreende o Estado de Direito, Social e Democrático – tem objetivos básicos que lhes são conferidos pela Constituição de cada país. No caso do Brasil, o art. 3º do texto constitucional estabelece como objetivos fundamentais da República Federativa do Brasil:

    I – construir uma sociedade livre, justa e solidária;

    II – garantir o desenvolvimento nacional;

    III – erradicar a pobreza e a marginalização e reduzir as desigualdades sociais e regionais;

    IV – promover o bem de todos, sem preconceitos de origem, raça, sexo, cor, idade e quaisquer outras formas de discriminação.

A fim de que o Estado brasileiro, ou qualquer outro sujeito a regime democrático, possa cumprir seus objetivos, é necessário que o ordenamento jurídico lhe confira determinadas *prerrogativas*,[16] e não se pode querer que a realização de tão elevados misteres seja alcançada por meio de instrumentos existentes no próprio setor privado, no mercado.

Não se pode negar, ao menos em sociedades como a brasileira, que padece de profundos problemas de desigualdades sociais, econômicas e tecnológicas, que os instrumentos do mercado não são capazes de organizar a sociedade de modo a buscar a realização dos objetivos da nossa República. Deve ser reconhecido que sem a participação dos setores privados empresariais e não empresariais o Estado não pode buscar alcançar referidos objetivos. Sem o Estado, os segmentos privados também não são capazes de se articular a fim de superar as dificuldades estruturais que fazem com que em nossa sociedade, até nos dias atuais, haja fome, pobreza, falta de assistência social, analfabetismo e diversas outras mazelas que deveriam há muito tempo ter sido eliminadas.

---

16. A questão foi enfrentada pelo STF no RE 632.853-CE, rel. Min. Gilmar Mendes, j. 23.4.2015, Tribunal Pleno, *DJe* 29.6.2015:

"*Ementa:* Recurso extraordinário com repercussão geral. 2. Concurso público. Correção de prova. Não compete ao Poder Judiciário, no controle de legalidade, substituir banca examinadora para avaliar respostas dadas pelos candidatos e notas a elas atribuídas. Precedentes. 3. Excepcionalmente, é permitido ao Judiciário juízo de compatibilidade do conteúdo das questões do concurso com o previsto no edital do certame. Precedentes. 4. Recurso extraordinário provido.

"Entendeu-se que deve existir o controle judicial dos atos da Administração Pública. Mas haveria excesso de prerrogativa do Poder Judiciário, se fosse possível rever indiscriminadamente o mérito de questões de concurso público."

Não podem ser olvidadas as preciosas lições de Hely Lopes Meirelles ao analisar os fundamentos que autorizam a atuação do Estado em busca da superação dessas desigualdades, operando por intermédio das prerrogativas conferidas pelo Direito Administrativo e sob a égide programática dos princípios gerais da atividade econômica assentados no art. 170 da Carta Magna. Assinala o Mestre que:[17]

> O *bem-estar social* é o bem comum, o bem do povo em geral, expresso sob todas as formas de satisfação das necessidades comunitárias. Nele se incluem as exigências materiais e espirituais dos indivíduos coletivamente considerados; são as necessidades vitais da comunidade, dos grupos, das classes que compõem a sociedade. O bem-estar social é o escopo da *justiça social* a que se refere a nossa Constituição (art. 170) e só pode ser alcançado através do *desenvolvimento nacional*.

As prerrogativas criadas pelo Direito Administrativo, e que constituem a sua principal característica, existem para permitir a realização dos objetivos do Estado de Direito, Social e Democrático, e essas prerrogativas estão diretamente relacionadas ao atendimento do *interesse público*.

Indiscutível que o Estado é o ente mais qualificado para a formulação e o exercício desses interesses. Não possui, todavia, a exclusividade em nenhum desses dois momentos – definição do que é o interesse público ou legitimidade para o seu exercício. O conceito de interesse público não é *metajurídico*. Não é possível admitir a existência de interesses públicos previamente definidos fora da ordem jurídica, ordem jurídica que pressupõe a observância dos direitos fundamentais, fonte de inspiração para elaboração de inúmeras regras e princípios constitucionais. O interesse público será estabelecido por meio do processo de elaboração do Direito Positivo. Cabe à Constituição Federal, como principal fonte do Direito Administrativo, e à lei identificarem o que é o interesse público, definir como se deve proceder para dar a ele executoriedade e quem possui legitimidade para, em seu nome, exercer alguma prerrogativa. De se observar, todavia, a necessidade da legislação se conformar com a Constituição que alberga em seu núcleo os direitos fundamentais.

A definição do interesse público[18] decorre, em primeiro lugar, da realização dos *direitos fundamentais* concretizados em qualquer texto constitucional moderno, inclusive na Constituição Federal brasileira de 1988. Interesse público é aquele que realiza direito fundamental.[19]

17. Hely Lopes Meirelles, *Direito Administrativo Brasileiro*, 42ª ed., atualizada até a EC 90, de 15.9.2015, São Paulo, Malheiros Editores, 2016, p. 726.
18. STF, SL 505 AgR-GO, rel. Min. Ricardo Lewandowski (Presidente), j. 18.12.2015, Tribunal Pleno: "*Ementa:* Agravo regimental. Suspensão de liminar. Ação civil pública. Ofensa ao princípio da separação dos poderes. Processo licitatório. Contratação de serviços jurídicos sem licitação. Risco de lesão à ordem e à economia não evidenciado. Precedente. Agravo ao qual se nega provimento. I – A questão controvertida refere-se à legalidade de contratação de serviços jurídicos pelo Poder Executivo municipal, sem processo licitatório, por tempo indeterminado. II – A realização de processo licitatório para contratação de servidores é obrigatória, excepcionados os casos em que for comprovado o caráter temporário do serviço a ser prestado para atendimento a necessidade de excepcional *interesse público*. Em tese, portanto, não viola o princípio da separação dos poderes ato do Poder Judiciário que determina a realização de processo licitatório previsto na Constituição Federal. III – Não comprovado o risco de lesão à economia. A contratação direta de serviços jurídicos pressupõe a existência de previsão orçamentária; logo, não há criação de novas despesas para a administração pública. IV – Agravo regimental ao qual se nega provimento".
19. Sobre o tema, Marçal Justen Filho anota: "O interesse público se perfaz com a satisfação de necessidades de segmentos da população, em um momento concreto, para realizar os valores fundamentais.

A fim de dar maior racionalidade e segurança ao sistema jurídico, cabe ao legislador definir os parâmetros para o exercício desses direitos. Não é possível inferir-se que o Estado, ao exercer a sua função executiva, seja o único titular ou o único legitimado a se utilizar de prerrogativas decorrentes desses interesses. Em inúmeras situações, o Direito Positivo, particularmente a Constituição Federal, confere ao particular a legitimidade para realizar e defender o interesse público, ainda que esse possa ser utilizado como instrumento contrário aos interesses da própria Administração Pública – o que se verifica, por exemplo, quando juiz dá provimento a ação popular para determinar a paralisação de obra pública que não observe exigências ambientais.

O Direito Positivo confere com mais frequência ao Estado prerrogativas para a realização de interesses públicos. Não é possível, todavia, inferir-se que o Estado seja o seu único titular.[20]

O interesse público é o interesse da sociedade e da população, mas voltado à realização dos valores de mais elevada hierarquia" ("Conceito de interesse público e a 'personalização' do direito administrativo", *Revista Trimestral de Direito Público*, p. 129).
20. RE 673.707-MG, rel. Min. Luiz Fux, j. 17.6.2015, Tribunal Pleno: "*Ementa*: Direito constitucional. Direito tributário. *Habeas Data*. Art. 5º, LXXII, CRFB/88. Lei n. 9.507/97. Acesso às informações constantes de sistemas informatizados de controle de pagamentos de tributos. Sistema de Conta-Corrente da Secretaria da Receita Federal do Brasil-Sincor. Direito subjetivo do contribuinte. Recurso a que se dá provimento. 1. O *Habeas Data*, posto instrumento de tutela de direitos fundamentais, encerra amplo espectro, rejeitando-se visão reducionista da garantia constitucional inaugurada pela carta pós-positivista de 1988. 2. A tese fixada na presente repercussão geral é a seguinte: 'O *Habeas Data* é garantia constitucional adequada para a obtenção dos dados concernentes ao pagamento de tributos do próprio contribuinte constantes dos sistemas informatizados de apoio à arrecadação dos órgãos da administração fazendária dos entes estatais'. 3. O Sistema de Conta Corrente da Secretaria da Receita Federal do Brasil, conhecido também como SINCOR, registra os dados de apoio à arrecadação federal ao armazenar os débitos e créditos tributários existentes acerca dos contribuintes. 4. O caráter público de todo registro ou banco de dados contendo informações que sejam ou que possam ser transmitidas a terceiros ou que não sejam de uso privativo do órgão ou entidade produtora ou depositária das informações é inequívoco (art. 1º, Lei 9.507/97). 5. O registro de dados deve ser entendido em seu sentido mais amplo, abrangendo tudo que diga respeito ao interessado, seja de modo direto ou indireto. (…) 'Registro de dados deve ser entendido em seu sentido mais amplo, abrangendo tudo que diga respeito ao interessado, seja de modo direto ou indireto, causando-lhe dano ao seu direito de privacidade. (...)', in José Joaquim Gomes Canotilho, Gilmar Ferreira Mendes, Ingo Wolfgang Sarlet e Lenio Luiz Streck, *Comentários à Constituição*, Saraiva, 1ª ed., 2013, p. 487. 6. A *legitimatio ad causam* para interpretação de *Habeas Data* estende-se às pessoas físicas e jurídicas, nacionais e estrangeiras, porquanto garantia constitucional assim aos direitos individuais ou coletivos. 7. Aos contribuintes foi assegurado constitucionalmente o direito de conhecer as informações que lhes digam respeito em bancos de dados públicos ou de caráter público, em razão da necessidade de preservar o *status* de seu nome, planejamento empresarial, estratégia de investimento e, em especial, a recuperação de tributos pagos indevidamente, *verbis*: Art. 5º. (…) LXXII. Conceder-se-á *habeas data* para assegurar o conhecimento de informações relativas à pessoa do impetrante, constantes de registros ou bancos de dados de entidades governamentais ou de caráter público considerado como um *writ*, uma garantia, um remédio constitucional à disposição dos cidadãos para que possam implementar direitos subjetivos que estão sendo obstaculizados. 8. As informações fiscais conexas ao próprio contribuinte, se forem sigilosas, não importa em que grau, devem ser protegidas da sociedade em geral, segundo os termos da lei ou da Constituição, mas não de quem a elas se referem, por força da consagração do direito à informação do art. 5º, inc. XXXIII, da Carta Magna, que traz como única ressalva o sigilo imprescindível à segurança da sociedade e do Estado, o que não se aplica no caso sub examine, verbis: Art. 5º. (…) XXXIII – todos têm direito a receber dos órgãos públicos informações de seu interesse particular, ou de interesse coletivo ou geral, que serão prestadas no prazo da lei, sob pena de responsabilidade, ressalvadas aquelas cujo sigilo seja imprescindível à segurança

Desse modo, em primeiro lugar, merece ser qualificado como público apenas aquele interesse que pela sua importância seja elevado à categoria de interesse geral, de toda a sociedade, e em cujo nome pode-se exigir limitação ou restrição de interesse privado. É certo que na elaboração das normas de Direito Administrativo, que disciplinam o exercício da função executiva do Estado, o interesse público interfere para conferir prerrogativas a determinados titulares ou impor limites ou restrições a outros. A rigor, a participação do interesse público no processo de elaboração legislativa está longe de ser exclusividade do Direito Administrativo. Afinal, não está o interesse público sempre presente na elaboração de toda e qualquer norma constitucional, ou de Direito Penal, de modo talvez ainda mais intenso do que ocorre na elaboração da norma de Direito Administrativo?

A titularidade para o exercício de interesses públicos decorre, de forma imediata, do Direito Positivo, principalmente da *lei*, e de modo mediato dos *direitos fundamentais*. Sendo decorrentes do Direito Positivo, as prerrogativas conferidas em nome de referidos interesses são exercidas nos estritos limites da lei. Além disso, possuem legitimidade para exercer prerrogativas decorrentes dos interesses públicos, no âmbito estatal, alguns órgãos independentes, como as defensorias públicas ou o Ministério Público, que postulam e zelam sistematicamente pela defesa dos interesses públicos. A ordem jurídica confere a titularidade de interesses públicos e, portanto, a legitimidade para o seu exercício aos particulares, à sociedade civil organizada – sindicatos, associações, fundações, cooperativas etc.

Em regimes democráticos, interesses públicos são interesses gerais da sociedade que se sujeitam a processo de elevação a esta categoria especial. O processo legitimado a alçar interesses gerais à categoria de interesses públicos é o processo legislativo, e a Constituição Federal e a lei são os instrumentos hábeis à declaração dos interesses públicos.

Feitos esses esclarecimentos, pode-se perceber facilmente que as prerrogativas conferidas pelo Direito Administrativo estão diretamente relacionadas à realização dos interesses públicos.

O poder do Estado de desapropriar bens, a presunção de legitimidade dos atos administrativos, a prerrogativa do Estado de exigir, por meio de atos unilaterais, determinados comportamentos positivos ou negativos dos particulares, o poder de anular ou de revogar seus próprios atos, de modificar unilateralmente seus contratos são alguns exemplos de prerrogativas que o Direito Administrativo confere à Administração Pública. Todas essas prerrogativas existem e devem ser exercidas tendo como único e exclusivo objetivo a realização do interesse público.

Poderíamos concluir que o binômio prerrogativas públicas/interesses públicos confere ao regime jurídico administrativo a sua principal característica, e esta pode ser traduzida pela seguinte expressão: *o regime jurídico administrativo se caracteriza pela realização do interesse público.*

da sociedade e do Estado. 9. *In casu*, o recorrente requereu à Secretaria da Receita Federal do Brasil os extratos atinentes às anotações constantes do Sistema de Conta-Corrente de Pessoa Jurídica-SINCOR, o Sistema Conta-Corrente de Pessoa Jurídica-CONTACORPJ, como de quaisquer dos sistemas informatizados de apoio à arrecadação federal, no que tange aos pagamentos de tributos federais, informações que não estão acobertadas pelo sigilo legal ou constitucional, posto que requerida pelo próprio contribuinte, sobre dados próprios. 10. *Ex positis, dou provimento* ao recurso extraordinário".

Em razão dessa constatação, de que é o regime administrativo que assegura os instrumentos necessários à consecução dos interesses públicos, parece ser um contrassenso a Administração Pública ir, com cada vez mais frequência, buscar no Direito Privado regras para disciplinar sua atuação.

Esse contrassenso, como dito, é aparente. Em primeiro lugar, ainda que a Administração possa servir-se do Direito Privado, há aspectos do Regime administrativo inafastáveis na atuação da Administração Pública, especialmente no que concerne à aplicação dos princípios gerais da Administração Pública. Ou seja, o Direito Privado aplicável à atividade administrativa do Estado não derroga ou afasta todo o Direito Administrativo.

Em segundo lugar, não existe contrassenso na utilização do Direito Privado pela Administração Pública, porque somente algumas atividades administrativas do Estado podem ser disciplinadas pelo Direito Privado – sobretudo aquelas prestacionais, em que a Administração não impõe sua vontade aos particulares, mas simplesmente lhes presta serviços ou lhes põe à disposição utilidades. É possível em situações como essas, de atividades prestacionais, a Administração Pública utilizar o Direito Privado, porque simplesmente não se faz necessária a utilização de qualquer prerrogativa pública para que o interesse público possa ser alcançado. Quando a Administração, diretamente ou por meio de entidade privada, presta serviços assistenciais de apoio a deficientes físicos ou mentais, por exemplo, qual a necessidade de ser utilizada qualquer prerrogativa pública? Isto não impede, no entanto, que a prestação desses serviços, ainda que tenha sido delegada a sua execução a particulares, observe padrões de moralidade, de publicidade, de impessoalidade etc., porque, como já afirmado, o Direito Privado nunca derroga totalmente o Direito Administrativo.

Quando, todavia, a Administração Pública exerce sua atividade interventiva na esfera privada – restringindo o exercício de atividades empresariais ou profissionais, condicionando o uso da propriedade privada, exercendo, enfim, o seu poder de polícia –, as normas de que ela vai valer-se são necessariamente as do regime administrativo.

4. Interesse público: planos de realização

A grande maioria da doutrina pátria segue os ensinamentos do administrativista italiano Renato Alessi, para quem o interesse público se divide em dois:

1. Interesse público primário, que corresponde ao estrito cumprimento da lei; e

2. Interesse público secundário, entendido como a necessidade de a Administração obter vantagens para si.[21]

A partir dessa separação, conclui-se que o interesse público secundário somente é legítimo na medida em que se verifique o cumprimento da lei, entendido este último como o interesse público primário.

Essas considerações são da mais alta importância para a compreensão do que é o interesse público, e, sobretudo, para quebrar a percepção de que os administradores podem tudo para obter vantagens para a Administração. O limite para a obtenção de vantagens é a

---

21. Alessi, *Sistema Istituzionale del Diritto Amministrativo Italiano*, apud Bandeira de Mello, *Curso de Direito Administrativo*, 33ª ed., 2ª tir., São Paulo, Malheiros Editores, 2017, p. 73.

lei, e, dentre as opções de agir que a lei faculte ao administrador, ele deve optar por aquela que mais benefício traga para o Estado.

Essas considerações são procedentes e necessárias para a compreensão do que é o interesse público. Entendemos, todavia, que considerações de outra ordem também possam ser aduzidas de modo a identificar com mais precisão como surgem esses interesses e como deve o administrador (ou o particular incumbido de executar tarefa pública) agir para realizá-lo.

O regime jurídico administrativo está, conforme examinamos no item anterior, diretamente relacionado à realização do interesse público, que constitui a própria razão de ser do Direito Administrativo.

O processo para a realização do interesse público deve ser examinado em *três planos sequenciais*, sob pena de se frustrarem as expectativas incorporadas no ordenamento jurídico e de ocorrerem desvios.

São os seguintes os planos em que se devem realizar os interesses públicos:

1. *Plano constitucional* – ou dos direitos humanos;

2. *Plano legal*;

3. *Plano econômico* – ou da economicidade.

O processo de elevação de determinados interesses à categoria de interesse público está diretamente relacionado à busca pela realização dos fins do Estado. No caso particular do Estado brasileiro, o exame dos seus objetivos que estão elencados no art. 3º da CF leva-nos à conclusão de que, além do desenvolvimento nacional (art. 3º, II), todos os demais estão diretamente vinculados à observância dos *direitos humanos*,[22] especialmente no que concerne à realização da dignidade da pessoa humana.

O *primeiro plano* de realização do interesse público é o da busca pela realização dos direitos humanos, sobretudo em relação ao princípio da valorização da dignidade da

---

22. Sobre o tema liberdade de imprensa, o STF se manifestou no *Informativo*, n. 807, (Rcl 21504): "*Artigo* (...). Cabe observar, ainda, que a repulsa à censura, além de haver sido consagrada em nosso constitucionalismo democrático, representa expressão de um compromisso que o Estado brasileiro assumiu no plano internacional. Com efeito, o Brasil subscreveu, entre tantos outros instrumentos de proteção internacional dos direitos humanos, a Declaração Universal dos Direitos da Pessoa Humana, promulgada pela III Assembleia Geral da Organização das Nações Unidas em 10 de dezembro de 1948. Esse estatuto contempla, em seu Artigo XIX, previsão do direito à liberdade de opinião e de expressão, inclusive a prerrogativa de procurar, de receber e de transmitir informações e ideias por quaisquer meios, independentemente de fronteiras. O direito fundamental à liberdade de expressão, inclusive à liberdade de imprensa, é igualmente assegurado pelo Pacto Internacional sobre Direitos Civis e Políticos (Artigo 19), adotado pela Assembleia Geral da ONU em 16.12.1966 e incorporado, formalmente, ao nosso direito positivo interno em 6.12.1992 (Decreto n. 592/92). Vale mencionar, ainda, por sumamente relevante, a Declaração Americana dos Direitos e Deveres do Homem, promulgada pela IX Conferência Internacional Americana, realizada em Bogotá, em abril de 1948, cujo texto assegura a todos a plena liberdade de expressão (Artigo IV). A Convenção Americana de Direitos Humanos, também denominada Pacto de San José da Costa Rica, por sua vez, garante às pessoas em geral o direito à livre manifestação do pensamento, sendo-lhe absolutamente estranha a ideia de censura estatal (Artigo 13). É interessante assinalar, neste ponto, até mesmo como registro histórico, que a ideia da incompatibilidade da censura com o regime democrático já se mostrava presente nos trabalhos de nossa primeira Assembleia Geral Constituinte e Legislativa, reunida em 3.5.1823 e dissolvida, por ato de força, em 12.11.1823. (...)".

pessoa humana. Esse é o ponto de partida para o exame do interesse público. De nada adianta o estrito cumprimento da lei, ou a obtenção de vantagens para o Estado ou para a Administração Pública se isso importa em afastamento ou o descumprimento dos direitos fundamentais. De se observar que os direitos humanos estão incorporados nos textos constitucionais e que, portanto, a interpretação e aplicação de todos os demais textos normativos infraconstitucionais devem ocorrer tendo como parâmetro os referidos direitos e os próprios princípios constitucionais.

A lei, que nos sistemas democráticos é o instrumento mais abalizado para expressar o interesse público, deve ser interpretada e aplicada tendo em vista essa superestrutura normativa. Isso evita que a lei seja simplesmente a manifestação de vontade da maioria, mas seja, desde um ponto de vista axiológico ou valorativo, o instrumento para a maioria expressar sua vontade em conformidade com limites ou parâmetros que lhes estão sobrepostos e reclamam o seu cumprimento, a sua plena realização, e não apenas a sua não infringência. Impõe-se ao legislador o dever positivo de, ao legislar, criar mecanismos para a realização dos direitos humanos.

Esse primeiro nível vincula não apenas o legislador, mas o administrador, aquele responsável pela aplicação da lei. Tomemos a hipótese de determinado agente público que, diante de infração administrativa praticada por empresa, disponha de duas opções ou sanções que poderiam ser indistintamente aplicadas: multa ou interdição de estabelecimento. A aplicação do princípio *in dubio pro libertatis*, surgido ainda nos primórdios do Estado de Direito, deve conduzir a Administração a optar pela sanção que não importe no fechamento do estabelecimento. É evidente que, se em função da infração cometida, a lei requerer a aplicação da sanção mais grave, ela deve ser aplicada. Havendo dúvida, deve-se optar pela sanção menos grave igualmente em função da aplicação do princípio da proporcionalidade.

Mais do que o cumprimento da lei – que constitui o segundo nível de realização dos interesses públicos –, o primeiro nível em que se deve buscar a realização do interesse público primário está diretamente relacionado à prevalência e à necessidade de conformação da lei e dos atos praticados pela Administração aos direitos humanos.

O *segundo plano* em que os interesses públicos devem-se realizar é no *plano legal*.

A lei, nos regimes democráticos, é a expressão de vontade da maioria representada nos parlamentos, observados os parâmetros constitucionais de realização dos direitos fundamentais. Ainda que se verifique certa perda na importância da lei na formação do regime administrativo, perda que se pode atribuir em grande parte à maior importância que se tem atribuído diretamente aos textos constitucionais, ela continua a desempenhar função da mais alta relevância no sistema jurídico administrativo. Não obstante se constate que várias das prerrogativas públicas criadas para permitir a realização dos fins do Estado decorram diretamente do texto constitucional, a função da lei, em várias situações, é a de fixar limites ou de definir a forma ou o procedimento a ser observado pelo administrador na utilização dessa prerrogativa.

Tomemos, aqui, a Súmula 473, do STF, que reconheceu à Administração Pública o poder de anular ou revogar seus atos, independentemente de intervenção judicial. O poder da Administração de anular seus próprios atos deve estar sujeito a limites. Antes mesmo da edição da Lei 9.784/1999 já era reclamada a fixação de limite temporal para a Administração poder exercer a prerrogativa de anular atos administrativos, haja vista ser incompatível com o princípio da segurança jurídica a possibilidade de o Poder Público poder exercê-la a qualquer tempo. Coube à lei a fixação do limite de cinco anos para o exercício da prerrogativa pública – art. 54 da citada Lei 9.784/1999.

Em matéria de desapropriação, a prerrogativa da Administração de invocar necessidade ou utilidade pública ou interesse social e privar alguém de sua propriedade decorre do texto constitucional (art. 5º, XXIV). Os procedimentos a serem observados pela Administração se encontram definidos em lei.

Não se pode concluir que lei não possa criar prerrogativa. Em muitas situações, a prerrogativa pública necessária à realização do interesse público não está prevista na Constituição Federal, mas é criada pela lei. Isso se verifica, por exemplo, no poder da Administração de unilateralmente rescindir seus contratos (Lei 8.666/1993, arts. 58, II, 77, 78 e 79, I).

A grande maioria das prerrogativas necessárias à realização dos interesses públicos decorre de maneira explícita (poder de desapropriar, por exemplo) ou implícita (presunção de legitimidade dos atos administrativos) da própria Constituição Federal, cabendo à lei papel secundário no processo de criação das prerrogativas públicas.

Não se pode admitir a criação de prerrogativas públicas por meio de *instrumentos infralegais*. Aceitamos que decretos, resoluções, instruções normativas etc. sejam fonte do Direito Administrativo. Falta-lhes, todavia, a capacidade de criar qualquer prerrogativa (CF, art. 5º, II). Deve-se, aqui, ter muito cuidado para que o legislador, a pretexto de conferir discricionariedade ou por meio de legislação em branco, não transfira ao Executivo o poder de criar prerrogativas públicas. Qualquer prerrogativa pública que importe em exercício de supremacia sobre particulares deve ter sido criada e definida em lei, a quem cumpre, inclusive, a fixação dos limites para o exercício da prerrogativa.

O *terceiro plano* para a realização do interesse público corresponde à *obtenção de vantagens para a Administração Pública*.[23]

Deve-se, aqui, uma vez mais, ter cuidado. A finalidade de qualquer órgão ou entidade da Administração Pública não é, jamais, a simples obtenção de lucros ou de vantagens econômicas. Mesmo no caso de empresas estatais exploradoras de atividades econômicas, a entidade existe como instrumento necessário *aos imperativos da segurança nacional ou a relevante interesse coletivo* (CF, art. 173, *caput*). Não se pode enxergar, aqui, vedação à obtenção de lucro, sobretudo em relação a essas empresas estatais. Mas ele não é o único, nem o mais importante objetivo de qualquer unidade administrativa, inclusive de uma empresa estatal. O Banco do Brasil, por exemplo, pode agir de modo a obter lucro,

---

23. STJ, AgRg na SLS 1.040-TO, rel. Min. Presidente do STJ, rel. p/ Acórdão Min. Cesar Asfor Rocha, Corte Especial, j. 29.6.2010, *DJe* 12.8.2010:

"*Ementa:* Agravo Regimental. Suspensão de liminar e de sentença. Pedido indeferido. Ausência de demonstração dos requisitos legais.

"Na linha da jurisprudência desta Corte, os temas de mérito da demanda principal não podem ser examinados na suspensão de liminar e de sentença, que se limita a averiguar a possibilidade de grave lesão à ordem, à segurança, à saúde e à economia públicas. A necessidade de contratação de servidores públicos estaduais não justifica o afastamento das normas legais, editadas para satisfazer os princípios constitucionais da moralidade, impessoalidade, legalidade, publicidade e eficiência. Os vícios apontados na decisão liminar aqui impugnada podem, se confirmados, implicar graves prejuízos aos serviços públicos a serem prestados pelos candidatos aprovados no certame defeituoso. Agravo regimental improvido."

mesmo por que existe participação de particulares em seu capital social. O Estado não pode, todavia, criar entidade pública apenas para lucrar, haja vista o lucro não constituir objetivo do Estado.

Impõe-se, todavia, aos gestores públicos a obrigação de considerar a atuação das unidades administrativas sob a ótica da economicidade.[24]

A rigor, a economicidade, compreende três diferentes aspectos: a eficiência, a eficácia e a efetividade.

O exame da *eficiência* os obriga a considerar a relação custo benefício da atuação administrativa. Deve o agente público considerar o volume de insumo necessário à produção do resultado que se busca.

O controle de *eficácia* dá relevo aos resultados. Busca-se verificar apenas se a atividade administrativa produz os resultados esperados. O exame da eficácia restringe-se tão somente aos resultados da atuação administrativa.

Em relação à *efetividade*, busca-se verificar se os resultados programados ou planejados para determinadas atividades administrativas foram alcançados.

Tomemos o exemplo de programa de governo que tenha por objetivo criar emprego para jovens. O exame da eficiência requer a ponderação de quantos recursos serão necessários para produzir determinados resultados (quantos recursos são necessários para alcançar os objetivos pretendidos?). A eficácia do programa pode ser medida examinando os resultados do programa (quantos empregos foram efetivamente criados?). E o controle de efetividade examina se os resultados projetados ou planejados foram alcançados (os empregos que o programa buscava criar foram efetivamente criados?).

Atuação vantajosa é aquela que considera os diversos aspectos da economicidade para a Administração Pública. Planejamento, definição de estratégias, fixação de metas, avaliação de metas, controle de custos, controle de resultados são os aspectos a serem considerados para que seja realizado o terceiro plano do interesse público. É evidente que dentro desse processo devem os agentes procurar, por exemplo, contratações mais vantajosas – o que não significa, necessariamente, contratações mais baratas. A *redução dos custos* é apenas uma das tarefas a ser cumprida pelos administradores para a realização do terceiro plano do interesse público.

5. Supremacia e indisponibilidade do interesse público

Nos itens anteriores, examinamos os níveis em que ocorre a realização do interesse público e vimos ainda que a principal característica do regime jurídico administrativo consiste na presença de prerrogativas necessárias à realização dos interesses públicos.

A realização do interesse público importa em dois aspectos fundamentais, que são normalmente apresentados como as características do mencionado regime, são elas:

1. Supremacia do interesse público sobre o interesse privado;

2. Indisponibilidade do interesse público.

24. *Boletim de Jurisprudência do TCU*, n. 110/2015.

Acerca da supremacia do *interesse público*, a primeira observação a ser feita é no sentido de que *não existem interesses públicos presumidos ou ilimitados*.[25] Eles somente existem após serem reconhecidos pela Constituição Federal ou por lei como tais, e necessariamente terão limites também fixados pela Constituição ou pela lei.

A segunda observação questiona a legitimidade ou o momento em que é feita a valoração acerca da necessidade de determinados interesses serem elevados à categoria de públicos e de se sobreporem a outros interesses, igualmente legítimos. Essa valoração ou definição de hierarquia de interesses é tarefa que cabe ao legislador, ou ao constituinte, e não ao administrador público. Cabe à Constituição ou à lei proceder a esse juízo de ponderação e atribuir a alguns interesses supremacia sobre outros. Realizado esse trabalho de ponderação, o legislador irá conferir a determinadas pessoas, sobretudo ao Estado, determinadas prerrogativas públicas, que extrapolam do Direito comum, prerrogativas necessárias à realização desses interesses que foram reconhecidos pelos representantes da população como os mais importantes para o País.

Coube ao legislador reconhecer, por exemplo, que a Administração Pública poderia melhor realizar os seus objetivos legais ou constitucionais se tivesse o poder de unilateralmente modificar seus contratos. Nos termos da Lei 8.666/1993, arts. 58, I, e 65, I e § 1º, é conferida à administração contratante a prerrogativa de proceder, como regra, a modificações unilaterais de até 25% do valor inicial do contrato, tanto para os aumentos quanto para

---

25. Acerca do tema – de que não pode haver prerrogativa ilimitada – vide a decisão do STF relativa a imunidade parlamentar: "(...). A essência do postulado da divisão funcional do poder, além de derivar da necessidade de conter os excessos dos órgãos que compõem o aparelho de Estado, representa o princípio conservador das liberdades do cidadão e constitui o meio mais adequado para tornar efetivos e reais os direitos e garantias proclamados pela Constituição. Esse princípio, que tem assento no art. 2º da Carta Política, não pode constituir e nem qualificar-se como um inaceitável manto protetor de comportamentos abusivos e arbitrários, por parte de qualquer agente do Poder Público ou de qualquer instituição estatal. – O Poder Judiciário, quando intervém para assegurar as franquias constitucionais e para garantir a integridade e a supremacia da Constituição, desempenha, de maneira plenamente legítima, as atribuições que lhe conferiu a própria Carta da República. O regular exercício da função jurisdicional, por isso mesmo, desde que pautado pelo respeito à Constituição, não transgride o princípio da separação de poderes. Desse modo, não se revela lícito afirmar, na hipótese de desvios jurídico-constitucionais nas quais incida uma Comissão Parlamentar de Inquérito, que o exercício da atividade de controle jurisdicional possa traduzir situação de ilegítima interferência na esfera de outro Poder da República. *O Controle do poder constitui uma exigência de ordem político-jurídica essencial ao regime democrático.* O sistema constitucional brasileiro, ao consagrar o princípio da limitação de poderes, teve por objetivo instituir modelo destinado a impedir a formação de instâncias hegemônicas de poder no âmbito do Estado, em ordem a neutralizar, no plano político-jurídico, a possibilidade de dominação institucional de qualquer dos Poderes da República sobre os demais órgãos da soberania nacional. Com a finalidade de obstar que o exercício abusivo das prerrogativas estatais possa conduzir a práticas que transgridam o regime das liberdades públicas e que sufoquem, pela opressão do poder, os direitos e garantias individuais, atribuiu-se, ao Poder Judiciário, a função eminente de controlar os excessos cometidos por qualquer das esferas governamentais, inclusive aqueles praticados por Comissão Parlamentar de Inquérito, quando incidir em abuso de poder ou em desvios inconstitucionais, no desempenho de sua competência investigatória" (*RTJ* 173/806, rel. Min. Celso de Mello).

Em suma: a observância dos direitos e garantias constitui fator de legitimação da atividade estatal. Esse dever de obediência ao regime da lei se impõe a todos – magistrados, administradores e legisladores. É que o poder não se exerce de forma ilimitada.

as supressões. Em que consiste, no caso, o que se denomina supremacia do interesse público sobre o interesse privado? Consiste no exercício, por parte do administrador, responsável pela aplicação da mencionada norma, da utilização de referida prerrogativa. A iluminada análise de Hely acerca das prerrogativas da Administração Pública na celebração e execução dos contratos administrativos permite-nos compreender a presença das cláusulas exorbitantes como instrumento para a realização do interesse público e como elemento essencial ao caráter de Direito Administrativo presente nesse tipo de contrato:[26]

> Cláusulas exorbitantes são, pois, as que excedem do Direito Comum para consignar uma vantagem ou uma restrição à Administração ou ao contratado. A cláusula exorbitante não seria lícita num contrato privado, porque desigualaria as partes na execução do avençado, mas é absolutamente válida no contrato administrativo, desde que decorrente da lei ou dos princípios que regem a atividade administrativa, porque visa a estabelecer uma prerrogativa em favor de uma das partes para o perfeito atendimento do interesse público, que se sobrepõe sempre aos interesses particulares. É, portanto, a presença dessas cláusulas exorbitantes no contrato administrativo que lhe imprime o que os franceses denominam "la marque du Droit Public" (...).

Outro exemplo, este de estatura constitucional, de exercício de prerrogativa pública corresponde ao próprio poder expropriatório do Estado (CF, art. 5º, XXIV). De um lado temos o interesse do particular de conservar sua propriedade, reconhecida pela Constituição Federal (art. 5º, *caput*) como direito fundamental. Do outro, o interesse da Administração Pública de dar ao bem finalidade de interesse social ou de necessidade ou utilidade pública. Coube à própria Constituição conferir à Administração Pública referido poder expropriatório outorgando-lhe a prerrogativa de, após o pagamento de indenização prévia, justa e, como regra, em dinheiro, independentemente de consentimento do particular, tomar-lhe sua propriedade. Mais uma vez, a ponderação acerca de quais interesses devem prevalecer sobre outros foi feita pela Constituição Federal e disciplinada por lei e resultou na prerrogativa expropriatória do Estado.

A supremacia do interesse público sobre o interesse privado consiste, portanto, tão somente, no exercício das prerrogativas públicas, prerrogativas que afastam ou prevalecem sobre outros interesses.

A realização do interesse público não se restringe, todavia, à noção de supremacia, mas alcança igualmente a *indisponibilidade do interesse público*. Não falamos em indisponibilidade do interesse público pela Administração Pública porque não necessariamente cabe apenas à Administração a legitimidade para o exercício da potestade pública.

Falar em indisponibilidade importa em cobrar do agente público ou privado responsável pelo exercício da prerrogativa fidelidade aos fins visados pelos criadores dessa prerrogativa. Conforme mencionamos, as prerrogativas são criadas pela Constituição e pelas leis. Cabe àqueles que as aplicam identificarem os fins que justificaram a criação da prerrogativa pública – e aqui nos reportamos aos três níveis de realização dos interesses públicos: constitucional, legal e econômico – e atuarem de modo a realizar referidos fins.

---

26. Hely Lopes Meirelles, *Direito Administrativo Brasileiro*, 42ª ed., atualizada até a EC 90, de 15.9.2015, São Paulo, Malheiros Editores, 2016, p. 241.

Referências bibliográficas

AMARAL, Antônio Carlos Cintra do. "Qualificação técnica da empresa na nova lei de licitações e contratos administrativos: Lei 8.666/93", *Revista Trimestral de Direito Público*. São Paulo, 2000.

ANECHIARICO, Frank; JACOBS, James B. *The Pursuit of Absolute Integrity*. Chicago, The University of Chicago Press, 1996.

ARANHA, Márcio Nunes. "Segurança jurídica *stricto sensu* e legalidade dos atos administrativos: convalidação do ato nulo pela imputação do valor de segurança jurídica em concreto à junção da boa-fé e do lapso temporal", *Revista de Informação Legislativa*, vol. 34, n. 134, Brasília, abr.-jun. 1997.

BONAVIDES, Paulo. *Curso de Direito Constitucional*. 32ª ed. São Paulo, Malheiros Editores, 2017.

BUSTOS GISBERT, R. "La recuperación de la responsabilidad política en la lucha contra la corrupción de los gobernantes: una tarea pendiente", in RODRÍGUEZ GARCÍA, Nicolás; FABIÁN CAPARRÓS, Eduardo A. (coord.). *La Corrupción en un Mundo Globalizado: análisis interdisciplinar*. Salamanca, Ratio Legis, 2004.

CANOTILHO, José Joaquim Gomes. *Direito Constitucional*. 6ª ed. Coimbra, Almedina, 1993.

_____. *Direito Constitucional e Teoria da Constituição*. 7ª ed. Coimbra, Almedina, 2003.

CARVALHO FILHO, José dos Santos. *Manual de Direito Administrativo*. 14ª ed. Rio de Janeiro, Lumem Juris, 2005.

COUTO E SILVA, Almiro. "Princípios da legalidade da Administração Pública e da segurança jurídica no Estado de Direito contemporâneo", *RDA*, n. 84. Rio de Janeiro, out.-dez. 1987.

CRETELLA JÚNIOR, José. *Dicionário de Direito Administrativo*. Rio de Janeiro, Forense, 1980.

_____. *Licitações e Contratos do Estado*. Rio de Janeiro, Forense, 1996.

DI PIETRO, Maria Sylvia Zanella. *Direito Administrativo*. 16ª ed. São Paulo, Atlas, 2003.

_____. *Parcerias na Administração Pública: concessão, permissão, franquia, terceirização e outras formas*. 3ª ed. São Paulo, Atlas, 1999.

_____. *Temas Polêmicos sobre Licitações e Contratos*. 5ª ed., 2ª tir., São Paulo, Malheiros Editores, 2006.

DINIZ, Maria Helena. *Código Civil Anotado*. 9ª ed. São Paulo, Saraiva, 2003.

FERNANDES, Jorge Ulisses Jacoby. *Contratação Direta sem Licitação*. Brasília, Brasília Jurídica, 1999.

_____. *Vade-Mécum das Licitações e Contratos*. Belo Horizonte, Fórum, 2004.

GARCÍA DE ENTERRÍA, Eduardo. *Democracia, Jueces y Control de la Administración Pública*. Madrid, Civitas, 1995.

GARCÍA DE ENTERRÍA, Eduardo; FERNANDEZ, Tomás-Ramón. *Curso de Direito Administrativo*. Tradução de Arnaldo Setti. São Paulo, Ed. RT, 1991.

GASPARINI, Diógenes. *Direito Administrativo*. 4ª ed. São Paulo, Saraiva, 1995.

HARADA, Kiyoshi. "Parceria público-privada: vinculação de receitas: instituição de fundos especiais", *Boletim de Direito Administrativo/BDA*, n. 3. São Paulo, mar. 2005.

HOLMES, Stephen; SUNSTEIN, Cass R. *The Cost of Rights*. New York, Norton, 1999.

JUSTEN FILHO, Marçal. "Conceito de interesse público e a 'personalização' do direito administrativo", *Revista Trimestral de Direito Público*, n. 26. São Paulo, 1999.

_____. *Curso de Direito Administrativo*. São Paulo, Saraiva, 2005.

_____. *Comentários à Lei de Licitações e Contratos Administrativos*. 17ª ed. rev., atual. e ampl. São Paulo, Ed. RT, 2016.

KLITGAARD, Robert. *Controlling Corruption*. Berkeley, University of California Press, 1998.

MEIRELLES, Hely Lopes. *Direito Administrativo Brasileiro*. 16ª ed. São Paulo, Malheiros Editores, 1991; 18ª ed. São Paulo, Malheiros Editores, 1993; 35ª ed. São Paulo, Malheiros Editores, 2009; 42ª ed., atualizada até a EC 90, de 15.9.2015, São Paulo, Malheiros Editores, 2016.

MELLO, Celso Antônio Bandeira de. *Curso de Direito Administrativo*. 33ª ed., 2ª tir. São Paulo, Malheiros Editores, 2017.

_____. *Elementos de Direito Administrativo*. São Paulo, Ed. RT, 1986.

MERCKL, Adolfo. *Teoría General del Derecho Administrativo*. Granada, Comares, 2004.

MOREIRA NETO, Diogo Figueiredo. "Arbitragem nos contratos administrativos", *Revista de Direito Administrativo*, vol. 209. Rio de Janeiro, jul.-set. 1997.

MOTTA, Carlos Pinto Coelho. *Eficácia nas licitações e contratos: doutrina, jurisprudência e legislação*. 10ª ed. Belo Horizonte, Del Rey, 2005.

_____. "Perspectivas na implantação do sistema de parcerias público-privadas – PPP", *Fórum de Contratação e Gestão Pública/FCGP*, vol. 2, n. 24. Belo Horizonte, dez. 2003, pp. 3.007-3.014.

MUKAI, Toshio. *Contratos Públicos*. Rio de Janeiro, Forense Universitária, 1995.

NEVADO-BATALLA MORENO, Pedro T. "Cumplimiento de la legalidad en la nueva cultura de gestión pública: propuesta y realidades en la lucha contra la corrupción", in RODRÍGUEZ GARCÍA, Nicolás; FABIÁN CAPARRÓS, Eduardo A. (coord.). *La Corrupción en un Mundo Globalizado: análisis interdisciplinar*. Salamanca, Ratio Legis, 2004.

NIETO MARTIN, Alejandro. *Corrupción en la España Democrática*. Barcelona, Ariel, 1997.

SANTAMARÍA PASTOR, Juan Alfonso. *Principios de Derecho Administrativo General*. Madrid, Iustel, 2004.

SCHMIDT-ASSMANN, Eberhard. *La Teoría General del Derecho Administrativo como Sistema*. Madrid, Marcial Pons, 2003.

SCHWARTZ, B. *Administrative Law*. 3ª ed. Boston, 1991.

SILVA, José Afonso da. *Curso de Direito Constitucional*. 40ª ed. atualizada. São Paulo, Malheiros Editores, 2017.

SOLÉ, Juli Ponce. *Deber de Buena Administración y Derecho al Procedimiento Administrativo Debido*. Valladolid, Lex Nova, 2001.

STOCO, Rui. *Tratado de Responsabilidade Civil*. 6ª ed. São Paulo, Ed. RT, 2000.

SUNDFELD, Carlos Ari. "Contratos administrativos: acréscimos de obras e serviços: alteração", *Revista Trimestral de Direito Público*, n. 2. São Paulo.

_____. *Licitação e Contrato Administrativo*. 2ª ed. São Paulo, Malheiros Editores, 1995.

TOURAINE, Alain. *Qu'est-ce la Démocratie?* Paris, Fayard, 1994.

VALLE, Vanice Lírio do. "Responsabilidade fiscal e parcerias público-privadas: o significado das diretrizes contidas no artigo 4º da Lei n. 11.079/04", *A & C: Revista de Direito Administrativo e Constitucional*, n. 19. Ano 5, Belo Horizonte, jan.-mar. 2005, pp. 201-220.

WALD, Arnoldo. "Contrato de obra pública: equilíbrio financeiro", *Cadernos de Direito Econômico e Empresarial/RDP*, n. 92. São Paulo, out.-dez. 1989.

ZANCANER, Weida. *Da Convalidação e da Invalidação dos Atos Administrativos*. 3ª ed. São Paulo, Malheiros Editores, 2008.

ZYMLER, Benjamin. *Direito Administrativo e Controle*. Belo Horizonte, Fórum, 2005.

ZYMLER, Benjamin; ALMEIDA, Guilherme Henrique de la Roque. *O Controle Externo das Concessões de Serviços Públicos e das Parcerias Público-Privadas*. Belo Horizonte, Fórum, 2005.

ESTADO DEMOCRÁTICO DE DIREITO E CONTROLE JUDICIAL DE UMA ADMINISTRAÇÃO PÚBLICA COMPLEXA – BREVES REFLEXÕES

Luiz Edson Fachin
Roberto Dalledone Machado Filho

1. Introdução. 2. As modalidades de controle na administração pública. 3. O controle judicial: 3.1 Controle judicial e complexidade – 3.2 Possíveis diretrizes para o controle judicial de uma administração complexa. 4. Conclusões, em breves indicações.

1. Introdução

É oportuna e merecedora de elogio genuíno a edição de uma coletânea de direito administrativo por ocasião do centenário de nascimento de Hely Lopes Meirelles. Um dos juristas mais influentes na tradição intelectual brasileira, o professor Hely soube aliar grande capacidade analítica e profunda preocupação com seu tempo para construir um pensamento administrativista que buscava garantir os meios necessários para o cumprimento dos fins a que se destina a administração pública.

Imbuído do mesmo senso de urgência, o presente artigo (com breves reflexões) tenta mapear, ainda que modo introdutório e singelo, alguns dos atuais impasses por que passa a teoria do controle judicial dos atos administrativos. Reconhece, inicialmente, que as exigências de concretização de direitos sociais, presentes nas democracias do século XXI, demandam, especialmente de Países em desenvolvimento, uma adequação institucional para acomodar as incertezas sobre os projetos de inclusão, ainda parcialmente definidos. Além disso, o artigo põe em evidência que a adequação institucional precisa ter em conta a complexidade da realidade social, entendida como pluralidade de racionalidades, para evitar a imposição de uma solução "não dialogada". Busca, desta forma, contribuir, ao menos em parte, no repensar sobre qual deve (ou pode) ser a função do controle judicial da administração num Estado Democrático de Direito.

O plano de exposição principia pela conceituação das modalidades de controle na administração pública, explorando a síntese recentemente desenvolvida por Schapiro. Em seguida examina o alcance do tradicional conceito de controle judicial, e em seguida aponta para as dificuldades e limitações que ele enfrenta em sociedades definidas como complexas. Por fim, o artigo busca apontar, na esteira do que se debateu no voto do RE 657.718, caminhos para que o Poder Judiciário possa reconhecer, na espacialidade própria das exigências democráticas, uma margem de apreciação para que a administração possa efetivamente garantir os direitos sociais.

2. As modalidades de controle na administração pública

Em recente artigo publicado na *Revista Direito GV*, Mario Schapiro[1] faz um mapeamento das tipologias de desvios das decisões discricionárias de um Estado ativista; o objetivo, segundo afirma o próprio autor, é contribuir para uma agenda de reforma institucional.

Ajustada ao tempo, a tipologia apresentada por Schapiro pode constituir-se no ponto de partida para os debates acerca do controle da administração pública, isso porque a organização das diversas modalidades de controle permite redefinir a tradicional compreensão do controle, calcada na definição formal das competências do Poder Judiciário, por uma mais funcional, que possa contribuir para aprimorar o debate sobre a intensidade do controle judicial da administração pública.[2]

A reconstituição desse mapa é fundamental, portanto, para os objetivos do presente estudo.

A premissa da qual parte Schapiro é a de que a teoria política do século XX passou a reconhecer como compatíveis a noção de capitalismo e de democracia, movimento marcado pela emergência de um Estado do Bem-Estar Social, de um lado, e, de outro, a burocratização dos partidos políticos. Esse processo histórico promoveu modificações institucionais nos Estados e fez com que as políticas de desenvolvimento incorporassem mecanismos de participação.

O autor reconhece que a diversidade de arranjos institucionais e os diversos graus de aprofundamento democrático não permitem que se produza uma fórmula única para prescrever quais ações os Estados devem promover. Recorrendo a Hart, sugere, então, que a tomada de decisões é marcada tanto pela ignorância dos fatos como por uma ignorância de propósitos. A busca pelo desenvolvimento capitalista e as exigências da legitimação democrática acabam por promover compromissos institucionais que garantam aos tomadores de decisões discricionariedade suficiente para a escolha dos meios e fins legitimamente fixados. Essa margem de apreciação é, com efeito, uma exigência funcional desenvolvimentista:

> Nessas circunstâncias, as ordens política e jurídica são encarregadas do processamento de um amplo contingente de demandas, que se convertem em uma agenda de escolhas e objetivos políticos pelo Estado. A tradução disso na anatomia jurídico-institucional passa pela constituição de regimes discricionários. Afinal, ante a multiplicidade e a conflituosidade de temas a serem inseridos na agenda, as normatizações legislativas tendem a padecer da ignorância dos fatos ou da indeterminação dos propósitos, de que tratava Hart [2013:661-663]. O resultado é um fortalecimento das burocracias econômicas e de seu poder de escolha, por meio dos dispositivos indutores, dos regulatórios ou dos proprietários.[3]

Se o argumento, até aqui, privilegia o desenvolvimento, o reconhecimento da compatibilidade entre democracia e economia externaliza para as funções de controle o papel da legitimação democrática. Controle é, assim, o mecanismo de delimitação dos espaços

---

1. Mario G. Schapiro, "Discricionariedade desenvolvimentista e controles democráticos: uma tipologia dos desajustes", *Revista Direito GV* 12, n. 2, maio-agosto/2016.
2. Eduardo Jordão, *Controle Judicial de uma Administração Pública Complexa: a Experiência Estrangeira na Adaptação da Intensidade do Controle*, São Paulo, Malheiros Editores/sbdp, 2016, p. 664.
3. Mario G. Schapiro, "Discricionariedade desenvolvimentista e controles democráticos: uma tipologia dos desajustes", cit., *Revista Direito GV* 12/319.

decisórios. A definição ampla do mecanismo põe em evidência não apenas a existência de diversas modalidades de controle, mas também o fato de que, fixados *ex ante*, os controles também são incentivos às tomadas de decisões. A delimitação cumpre a função de excluir da esfera pública as preferências arbitrárias, ou seja, aquelas que não se pode, racionalmente, justificar. A justificação, por sua vez, é sempre feita posteriormente, mas ela permite que o controle se realize.

Tomando de empréstimo as modalidades pelas quais a teoria realista, de matriz norte-americana, define as formas de responsabilização de agentes públicos, Schapiro classifica os tipos de controle em: democrático, incidente sobre as opções políticas; republicano, relativo à efetividade e qualidade de governo; e liberal, baseado nos direitos e garantias fundamentais.

O *controle democrático* é feito sobre a autoridade eleita e se dá por meio das eleições. No Brasil o marco regulatório tem por base a própria Constituição e as leis que regem o processo eleitoral. Também integra essa modalidade de controle o controle social, por meio da participação direta, quer por audiências públicas, quer por outras formas de participação, e por meio da liberdade de imprensa. Para esses fóruns de controle o marco regulatório está previsto na Lei 9.784/1999, que dispõe sobre o processo administrativo federal. Finalmente, ainda dentro do controle democrático, poder-se-ia mencionar a atividade de fiscalização desempenhada pelo Congresso Nacional.

Na modalidade de *controle republicano*, em que são responsabilizados tanto governantes eleitos como dirigentes burocráticos, os fóruns de controle são precisamente o poder hierárquico da administração (chamado pelo autor de "comando intraexecutivo"), decorrente dos princípios da administração pública, e os clássicos conceitos de controle interno e externo, além da própria Lei de Improbidade Administrativa.

Finalmente, na modalidade de *controle liberal*, a que se submetem todas as esferas da administração pública, o Poder Judiciário e a própria Administração, abrem-se à tutela efetiva de direitos e garantias fundamentais. Neste tipo de controle as ações típicas de tutela em face do Estado, em especial as ações de mandado de segurança, têm destaque. No âmbito da administração, por sua vez, a transparência e o direito de petição, regulados pela lei de acesso à informação, são veículos relevantes de controle.

Essa tipologia é extremamente útil ao diagnóstico dos problemas decorrentes das interações entre as diversas modalidades de controle. Quando excessivos, corre-se o risco de redução de inovações institucionais, ante o receio dos administradores. Por outro lado, quando insuficientes o risco é uma perda em *accountability* visível em particular na tendência à especialização técnica de agência reguladoras e outros órgãos independentes.

Problemas também ocorrem quando há sobreposição de controles. O exemplo possivelmente mais disfuncional é a questão da judicialização de medicamentos: não obstante os controles criados pelo legislador quando da criação do comitê de incorporação de medicamentos, ainda são comuns as decisões judiciais que, em atenção ao direito à saúde, autorizam o fornecimento de medicamento que não consta da lista oficial do Estado.

3. O controle judicial

É evidente a utilidade da tipologia apresentada por Schapiro para uma agenda de reforma. O diagnóstico apresentado é especialmente relevante caso se tenha em conta a própria dificuldade de controle, por parte do Poder Judiciário, das decisões da Administração, que, seja por competência técnica, seja por capacidade regulatória, dificilmente são apreensíveis via controle liberal.

Com efeito, a teoria liberal da democracia deixou ao Poder Judiciário um papel mais restrito de intérprete do texto legal, a revelar – na expressão de John Hart Ely – uma desconfiança em delegar-lhe poderes decisórios. Essa visão marcou a forma pela qual o controle exercido pelo Poder Judiciário foi definido. Fazendo derivar diretamente da teoria política, corolário da separação de Poderes, e iniciado pelo princípio da inafastabilidade da jurisdição, o controle judicial absorveu a capacidade de submeter ao crivo do Poder Judiciário todo e qualquer ato realizado pelos Poderes constituídos.

Nada obstante, se no início isso implicava reconhecer zonas não sindicáveis, como a teoria da irresponsabilidade dos atos de império, o papel diretivo do Estado na economia, exigindo maior discricionariedade do administrador, fez emergir novos debates acerca do alcance do controle judicial.

Na interpretação doutrinária a dimensão do controle judicial continuou formalizada na separação dos Poderes. A doutrina esquadrinha todos os elementos volitivos presentes nos atos administrativos: a competência, a finalidade, a forma, o motivo e o objeto. A detalhada definição de cada um deles permitia identificar a margem de apreciação que, por delegação do legislador, cabia ao administrador (motivo e objeto).

Esse é, sem dúvida, um dos temas mais tormentosos do direito administrativo, cuja origem remonta à forma como a experiência política francesa separou as funções típicas de Estado daquelas que poderiam se submeter ao crivo do Poder Judiciário:

> A jurisdição administrativa ou contencioso administrativo teve origem na França em virtude de uma interpretação peculiar do princípio da separação de Poderes, aliada a fatos históricos anteriores à Revolução Francesa. Por isso, Jacqueline Morand-Deviller observa não ter ocorrido por acaso a existência de um juízo administrativo autônomo, sendo consequência de uma longa evolução e de uma desconfiança em relação a juízes de direito comum, representados no mais alto nível pelos antigos Parlamentos. No *Ancien Régime*, os Parlamentos, dotados de funções jurisdicionais, passaram a invirir na Administração, editando normas que lhes pareciam suscetíveis de acabar com abusos (mescla de justiça e ação administrativa) e também proferindo censuras a medidas administrativas do monarca e mesmo recusando-as, por ocasião do registro dos decretos reais.
>
> (...).
>
> Assim, após 14.7.1789, procurou-se separar a Administração da jurisdição. Em 22.12.1789 foi editado decreto que previa o seguinte: "As administrações de departamentos e distritos não poderão ser perturbadas no exercício de suas funções administrativas por nenhum ato do Poder Judiciário".[4]

Para justificar essa separação, foram criados órgãos independentes responsáveis pelo controle específico da administração pública. O debate sobre a unidade ou duplicidade da jurisdição administrativa decorre, pois, da intensidade com que se deve fazer o controle da administração pública. A justificar a separação de esferas argumenta-se com a maior celeridade ante a especialização do órgão judicante, assim como uma maior sensibilidade da jurisdição administrativa às exigências do funcionamento da administração.

---

4. Odete Medauar, *Controle da Administração Pública*, 3ª ed., São Paulo, Ed. RT, 2014, p. 206.

Essa exigência de separação não implica, porém, nos sistemas de jurisdição una, como o caso brasileiro, uma menor deferência ao administrador: compete ao Judiciário nesse sistema realizar um controle de legalidade, presente um juízo de subsunção simples, dos demais elementos do ato administrativo que, por força de lei, seriam (ou deveriam ser) vinculados. Na própria definição de Hely Lopes Meirelles, célebre em seu clássico sobre o direito administrativo, "o que o Judiciário não pode é ir além do exame de *legalidade*, para emitir um juízo de mérito sobre os atos da Administração". Essa compreensão, em verdade, já havia sido registrada em estudo muito anterior. Quando Hely Lopes Meirelles verteu, na *Revista de Direito Administrativo/RDA* de 1976, o conceito de poder de polícia, registrou que "o poder de polícia administrativa tem atributos próprios, mas, como todo ato administrativo, fica sujeito ao controle judicial de legalidade".

Por essa senda, recolhendo tais ensinamentos aqui apenas sistematizados a partir do que já se conhece e restou exposto no pensamento de diversos autores, é possível avançar um pouco mais sobre o tema agora, sob o mesmo fim singelo de reunir ideias espargidas na doutrina.

Aos poucos, então, torna-se possível afirmar a necessidade de uma interpretação cuidadosa da discricionariedade administrativa, a exigir atos administrativos conformes às normas constitucionais de maior abertura interpretativa. Assim, o conflito de interpretação passou a depender da definição mais precisa do que estaria sendo examinado na "legalidade". Hely Lopes Meirelles, no livro sobre o *Direito Administrativo Brasileiro*, já antecipara a necessidade de maior alcance do exame feito pelo Poder Judiciário, ao defender que por "legalidade" se deve entender não só a conformação do ato com a lei, como também com a moral administrativa e com o interesse coletivo indissociáveis de toda atividade pública. Tanto é ilegal ou ilegítimo o que desatende à lei como o que violenta a moral da instituição ou se desvia do interesse público, para servir a interesses privados de pessoas, grupos ou partidos favoritos da Administração.[5]

O próprio STF, parece-nos, ao interpretar o alcance do exame de mérito, passou a entender que "os atos administrativos que envolvem a aplicação de 'conceitos indeterminados' estão sujeitos ao exame e controle do Poder Judiciário. O controle jurisdicional pode e deve incidir sobre os elementos do ato, à luz dos princípios que regem a atuação da Administração" (RMS 24.699, rel. Min. Eros Grau). Orientação ainda mais ampla é a que se observa da decisão proferida pelo Pleno do Tribunal no MS 20.999, de relatoria do Min. Celso de Mello:

> A Constituição brasileira de 1988 prestigiou os instrumentos de tutela jurisdicional das liberdades individuais ou coletivas e submeteu o exercício do poder estatal – como convém a uma sociedade democrática e livre – ao controle do Poder Judiciário. Inobstante estruturalmente desiguais, as relações ente o Estado e os indivíduos processam-se, no plano de nossa organização

---

5. Hely Lopes Meirelles, *Direito Administrativo Brasileiro*, 12ª ed., São Paulo, Ed. RT, 1986. *[V. 42ª ed., São Paulo, Malheiros Editores, 2016, p. 93.]* No mesmo sentido, Celso Antônio Bandeira de Mello: "Não haverá indevida intromissão judicial na correção do ato administrativo se o critério ou opção do administrador houverem sido insustentáveis, desarrazoados, manifestamente impróprios ante o plexo de circunstâncias reais envolvidas, resultando, por isso, na eleição de providência desencontrada com a finalidade legal a que o ato deveria servir" ("Controle judicial dos atos administrativos", *RDP* 65/37, Ano 16, São Paulo, Ed. RT, janeiro-março/1983).

constitucional, sob o império estrito da lei. A *rule of law*, mais do que um simples legado histórico-cultural, constitui, no âmbito do sistema jurídico vigente no Brasil, pressuposto conceitual do Estado Democrático de Direito e fator de contenção do arbítrio daqueles que exercem o poder.

É preciso evoluir, cada vez mais, no sentido da completa justiciabilidade da atividade estatal e fortalecer o postulado da inafastabilidade de toda e qualquer fiscalização judicial. A progressiva redução e eliminação dos círculos de imunidade do poder há de gerar, como expressivo efeito consequencial, a interdição de seu exercício abusivo. (...).

Deve-se observar que, não raro, a pretexto de adequar o controle aos princípios constitucionais, o controle judicial tornou-se disfuncional, seja pela incidência de parâmetros liberais de controle nos mecanismos republicanos e democráticos, nos termos em que se refere Schapiro, seja porque a própria primazia do Poder Judiciário passou a selecionar previamente as opções que deveriam ficar a critério do gestor público. Cumpre registrar, ainda, que a crítica da interpretação constitucional positivista, simbolizada no Brasil pelo Neoconstitucionalismo, promoveu verdadeira abertura de novos espaços de conformação da atividade judicante,[6] aportando insegurança e instabilidade aos critérios selecionados pelo administrador. Veja-se, por exemplo, o que registrou Daniel Wang acerca da litigância sobre medicamentos no Brasil:

> A litigância em assistência à saúde é resultado principalmente de demandas individuais que exigem o fornecimento de medicamentos não inclusos na política farmacêutica ou cuja dispensação não esteja contemplada na política. As Cortes brasileiras, na grande parte dos casos, decidem em favor dos demandantes, reconhecendo que o direito à saúde é um direito individual que lhes garante o acesso a qualquer tratamento prescrito por um médico, ainda que as evidências de segurança, efetividade ou de custo-benefício do tratamento não recomendem sua dispensação. O direito individual à saúde que afasta as prioridades públicas definidas pelas autoridades de saúde, como são interpretadas pela maioria dos juízes no Brasil, é incompatível com a ideia de um sistema público de saúde como um bem comum que deve ser justa e eficientemente distribuído a todos que dele necessitam.[7]

Assim, o diagnóstico feito por Schapiro e a necessidade de maior abertura ao que ele chama de "discricionariedade desenvolvimentista" acabam por esbarrar na própria definição de controle judicial ou, de forma mais ampla, na própria maneira como se debate a legitimidade da atuação do Poder Judiciário. Por essa razão, o clamor por uma abordagem doutrinária que vá além da compreensão formalista precisa enfrentar o desafio de calibrar a própria atuação das Cortes em face das necessidades da Administração.

3.1 Controle judicial e complexidade

Esse problema tem ocupado mais recentemente o STF, especialmente nas ocasiões em que, por missão institucional, tem que avaliar a compatibilidade constitucional de determinada política regulatória. Por ocasião do julgamento das ações diretas que objetivavam a declaração de inconstitucionalidade de dispositivos da Lei 12.485/2011, que dispõe sobre a

---

6. Miguel Godoy, *Devolver a Constituição ao Povo: Crítica à Supremacia Judicial e Diálogos Institucionais*, Belo Horizonte, Fórum, 2017, p. 51.

7. Daniel Wei L. Wang, "Right to health litigation in Brazil: the problem and the institutional responses", *Human Rights Law Review* 4, 2015 (disponível em *10.1093/hrlr/ngv025*, tradução livre).

televisão por assinatura, o Min. Luiz Fux, com percuciente solidez argumentativa, defendeu que na visão de marcos regulatórios setoriais o Poder Judiciário guardasse uma posição mais contida, reconhecendo, por um lado, "a vagueza das normas constitucionais invocadas como parâmetros de controle" e, por outro, "os riscos associados à intervenção judiciária sobre os marcos regulatórios desenhados pelo legislador".[8]

Posteriormente, quando do julgamento da ADI 5.062, que objetivava a declaração de inconstitucionalidade da Lei 12.853/2013, que dispõe sobre o ECAD, o mesmo Ministro propôs uma síntese entre "a construção de incentivos corretos para o aperfeiçoamento do processo político decisório com as características institucionais do Poder Judiciário".[9] Os parâmetros por ele fixados são os seguintes:

> (1) Quando as escolhas regulatórias (legislativa e administrativa) forem transparentes, no sentido de clara e minimamente justificadas, com a explicitação dos objetivos perseguidos e a identificação dos motivos determinantes, o exame judicial deve ser deferente, limitando-se a invalidar atos estatais nas hipóteses de erro manifesto, como a contrariedade frontal a regra constitucional ou a falta evidente de pertinência entre os meios eleitos e fins visados.
>
> (2) Quando as escolhas regulatórias (legislativa ou administrativa) forem opacas, no sentido de omitirem os seus motivos determinantes ou de não identificarem os objetivos perseguidos, recai sobre a medida estatal caráter suspeito, o que justifica um exame judicial mais rigoroso (escrutínio estrito).[10]

A razão dada pelo próprio Min. Luiz Fux para que o Judiciário assuma uma postura mais contida é "a real capacidade de juízes, com formação intelectual, via de regra, estritamente legalista, procederem a um exame profundo sobre a correção técnica de marcos regulatórios específicos".[11] É possível que implícito a seu argumento esteja o reconhecimento da complexidade de determinadas decisões técnicas ou democráticas tomadas pelos órgãos da Administração Pública.

O conceito de complexidade, expresso de modo arguto por Eduardo Jordão, põe em evidência a dificuldade operacional que se tem para a compreensão do direito administrativo moderno. Trata-se de indicar "as significativas alterações nas *funções* (perspectiva material) e na *estrutura* (perspectiva institucional)"[12] por que passou a Administração Pública. Por alteração nas funções quer-se chamar a atenção para as delegações feitas pelo Poder Legislativo aos diversos órgãos da Administração Pública, transferindo para a Administração as tarefas típicas de regulação e, por alteração estrutural, para a pluralidade de centros decisórios.[13] A complexidade seria, assim, traduzida pela distribuição de competências normativas a alguns órgãos da Administração e pela criação de novos órgãos que possam arrostar o desafio de inovação legislativa.

---

8. Brasil, STF, ADI 4.679, requerente: Democratas, rel. Min. Luiz Fux, julgamento ainda não concluído. Voto disponível em *http://www.stf.jus.br/arquivo/cms/noticiaNoticiaStf/anexo/ADI4679.pdf* (acesso em 9.1.2017).

9. Brasil, STF, ADI 5.062, requerentes: ABRAMUS – Associação Brasileira de Música e Artes e outros, rel. Min. Luiz Fux, Brasília, 27.10.2016.

10. Idem, ibidem.

11. Idem, ibidem.

12. Eduardo Jordão, *Controle Judicial de uma Administração Pública Complexa: a Experiência Estrangeira na Adaptação da Intensidade do Controle*, cit., p. 34.

13. Idem, ibidem.

Embora as razões expostas possam conduzir a esta leitura, não se trata propriamente de redefinir a separação de Poderes. A essa complexidade por ele definida seria preciso agregar outra mais fundamental, decorrente da própria segmentação de racionalidades ou, de modo mais apropriado à sociologia luhmanniana, da diferenciação funcional da sociedade, processo por meio do qual "os sistemas parciais são formados para exercerem funções especiais e específicas, sendo portanto distintos entre si: para a política e a administração, para a economia, para a satisfação de necessidades religiosas, para a educação, para cuidar dos doentes, para funções familiares residuais".[14]

A origem dessa diferenciação funcional é explicada em termos evolutivos. Porque os sistemas sociais são integrados por comunicações, a diferenciação funcional implica necessariamente o fechado operativo dessas comunicações, ou seja, a criação de códigos próprios para regular as comunicações. Nessa dimensão, o Direito, enquanto sistema funcional, é regulado pelo código lícito/ilícito, e é positivo, no sentido de que é apenas pelo funcionamento desse código que se consegue processar as informações por ele recebidas.[15] Disso decorre a impossibilidade, ao menos numa interpretação mais estrita da teoria, de se compatibilizar a racionalidade de outras esferas de saber, como a Economia e a Ciência, com a racionalidade jurídica.

Alguns autores ligados à matriz sociológica luhmanniana têm sustentado uma possível compatibilização da racionalidade jurídica com aquela dos demais sistemas parciais. Teubner, por exemplo, defende que, por uma "reflexividade" do Direito, seria possível defender que a diferenciação social seria normativa, isto é, o Direito enquanto sistema deveria garantir a racionalidade própria de cada sistema parcial.[16] O elemento "reflexivo" da racionalidade jurídica permitiria, dessa forma, garantir a pluralidade de sistemas parciais. Sem embargo das dificuldades teóricas que essa proposta apresenta – como, por exemplo, a necessidade de definir qual é o elemento de ligação entre um sistema e outro[17] –, a tese de Teubner chama a atenção para a difícil tarefa de se construir um diálogo entre distintas racionalidades.

A complexidade, nesse sentido, pode ser pensada a partir da dificuldade em se estabelecer uma racionalidade transversal aos demais sistemas parciais. Essa é, por excelência, a difícil tarefa envolvida no controle judicial de decisões em políticas setoriais. A delegação de atribuições e a pluralidade de instâncias legiferantes nem sempre atuam em estrita consonância com os ditames legais que as constituem. As agências reguladoras normatizam aspectos da vida que dependem de conhecimento científico quando, *v.g.*, examinam a efetividade do medicamento. Ainda nesse conjunto de atribuições, levam em conta a racionalidade econômica quando debatem os custos de determinada política pública. Finalmente, também observam a racionalidade política, uma vez que a composição dos órgãos de decisão colegiada observa critérios tanto técnicos como políticos. Noutras palavras: nos casos em que

---

14. Niklas Luhmann, *Sociologia do Direito*, Rio de Janeiro, Tempo Brasileiro, 1983, p. 173.

15. Marcelo Neves, "De la *autopoiesis* a la *alopoiesis* del Derecho", *Cuardernos de Filosofía del Derecho Doxa* 19/410, Alicante, 1996 (disponível em www.cervantesvirtual.com, acesso em 30.5.2017).

16. Gunther Teubner, "Substantive and reflexive elements in modern Law", *Law & Society Review* 17/239-286, n. 2, 1983.

17. Na linha dos textos mais recentes publicados por Teubner, esse elemento poderia ser definido como "fragmento de constituição". V.: Gunther Teubner, *Constitutional Fragments: Societal Constitutionalism and Globalization*, Oxford University Press, 2012. Para uma crítica à proposta de direito reflexivo em Teubner, v.: Marcelo Neves, *Transconstitucionalismo*, São Paulo, Martins Fontes, 2009.

se realiza um controle de ato regulatório, sem nem precisar que se cogite de uma estrutura independente como a de uma agência, há uma sobreposição de racionalidades que, não raro, são simplesmente incompatíveis.

3.2 Possíveis diretrizes para o controle judicial de uma administração complexa

O desafio do controle judicial em situações complexas parece exigir menos a adaptação na intensidade do controle do que o reconhecimento de elementos reflexivos. Com efeito, nesses casos Teubner aduz que "a atenção prática e teórica deve voltar-se às regras de procedimento que ditam as premissas, o conteúdo e as consequências das construções da realidade social".[18] Como exemplo dessa orientação Teubner cita a decisão da Corte Constitucional alemã (*Bundesverfassungsgericht*, *BverfGE* 50, 290) em que o Tribunal exigiu do Parlamento que adotasse outras medidas legislativas caso se detectasse erro nas premissas que deram causa à decisão.

A doutrina americana, por sua vez, também tem buscado definir princípios interpretativos úteis não apenas para os órgãos julgadores, mas também para os reguladores. Exemplos de orientações como essas é a invocação de princípios de responsabilidade política e de deliberação, princípios constitucionais e o princípio da proporcionalidade.[19]

Uma contribuição particularmente interessante partiu da experiência constitucional europeia. Nos termos do Tratado de Funcionamento da União Europeia/TFUE, o Tribunal de Justiça Europeu tem competência para fiscalizar a legalidade dos órgãos reguladores europeus (art. 263 do TFUE). No exercício dessa competência o Tribunal conhece de recursos que veiculem alegações de incompetência, vício de formalidade, desvio de poder ou ofensa à legalidade (art. 263, § 2º, do TFUE). Embora essas sejam as regras de competência que incumbem também aos tribunais brasileiros, no julgamento do caso "Microsoft Corp. *versus* Commission of the European Communities" (*Case* T-201/04) o Tribunal assentou que:

> O Tribunal de Primeira Instância recorda que resulta de jurisprudência constante que, embora o juiz comunitário exerça, de modo geral, uma fiscalização integral no que respeita à questão de saber se estão ou não reunidas as condições de aplicação das regras de concorrência, a fiscalização que exerce sobre as apreciações económicas complexas feitas pela Comissão deve, contudo, limitar-se à verificação do respeito das regras processuais e de fundamentação, bem como da exactidão material dos factos, da inexistência de erro manifesto de apreciação e de desvio de poder (acórdão do Tribunal de Primeira Instância de 30.3.2000, Kish Glass/Comissão, T 65/96, Colect., p. II 1.885, n. 64, confirmado em sede de recurso pelo despacho do Tribunal de Justiça de 18.10.2001, Kish Glass/Comissão, C 241/00 P, Colect., p. I 7.759; v. também, neste sentido, relativamente ao art. 81º CE, acórdãos do Tribunal de Justiça de 11.7.1985, Remia e o./Comissão, 42/84, *Recueil*, p. 2.545, n. 34, e de 17.11.1987, BAT e Reynolds/Comissão, 142/84 e 156/84, Colect., p. 4.487, n. 62).
>
> Do mesmo modo, na medida em que a decisão da Comissão seja o resultado de apreciações técnicas complexas, estas são, em princípio, objecto de uma fiscalização judicial limitada, que implica que o juiz comunitário não possa substituir a apreciação dos elementos de facto da

---

18. Gunther Teubner, "How the Law thinks: toward a constructivist epistemology of Law", *Law and Society Review* 23/752, n. 5.

19. Cass Sunstein, *After the Rights Revolution. Reconceiving the Regulatory State*, Cambridge, Harvard University Press, 2013, pp. 186-192.

Comissão pela sua (v., relativamente a uma decisão adoptada com base em apreciações complexas do domínio médico-farmacológico, despacho do Presidente do Tribunal de Justiça de 11.4.2001, Comissão/Trenker, C 459/00 P(R), Colect., p. I 2.823, ns. 82 e 83; v. também, neste sentido, acórdão do Tribunal de Justiça de 21.1.1999, Upjohn, C 120/97, Colect., p. I 223, n. 34, e jurisprudência aí referida, e acórdãos do Tribunal de Primeira Instância de 3.7.2002, A. Menarini/Comissão, T 179/00, Colect., p. II 2.879, ns. 44 e 45, e de 11.9.2002, Pfizer Animal Health/Conselho, T 13/99, Colect., p. II 3.305, n. 323).

No entanto, embora o Tribunal de Justiça reconheça à Comissão uma margem de apreciação em matéria económica ou técnica, tal não implica que se deva abster de fiscalizar a interpretação que a Comissão faz de dados dessa natureza. Com efeito, o juiz comunitário deve, designadamente, verificar não só a exactidão material dos elementos de prova invocados, a sua fiabilidade e a sua coerência, mas também verificar se estes elementos constituem a totalidade dos dados pertinentes que devem ser tomados em consideração para apreciar uma situação complexa e se são susceptíveis de fundamentar as conclusões que deles se retiram (v., neste sentido, relativamente à fiscalização das operações de concentração, acórdão do Tribunal de Justiça de 15.2.2005, Comissão/Tetra Laval, C 12/03 P, Colect., p. I 987, n. 39).

A partir da leitura desta decisão seria possível indicar que a atuação do Poder Judiciário quando no exercício do controle sobre atos complexos deve abranger não apenas a exigência de obediência às regras de procedimento, mas também: (i) indicação compreensível das razões de decidir; (ii) erro na aplicação da lei; (iii) precisão, confiabilidade e consistência dos fatos; (iv) suficiência de provas para o exame de uma situação complexa; (v) erro manifesto na apreciação dos fatos; ou (vi) abuso de poder.

Na prática, em termos gerais, o reconhecimento de situações complexas tem feito com que a superação da categoria de exame de mérito fosse feita incorporando conceitos próximos ao controle abstrato, equiparando, portanto, a atividade regulatória à criação de normas gerais e abstratas. O controle concentrado desses atos, por consequência, é de competência exclusiva do STF, obstado exorbitar do que se convencionou chamar de "reserva de administração":

> O princípio constitucional da reserva de administração impede a ingerência normativa do Poder Legislativo em matérias sujeitas à exclusiva competência administrativa do Poder Executivo. É que, em tais matérias, o Legislativo não se qualifica como instância de revisão dos atos administrativos emanados do Poder Executivo – Precedentes.
>
> Não cabe, desse modo, ao Poder Legislativo, sob pena de grave desrespeito ao postulado da separação de Poderes, desconstituir, por lei, atos de caráter administrativo que tenham sido editados pelo Poder Executivo, no estrito desempenho de suas privativas atribuições institucionais. Essa prática legislativa, quando efetivada, subverte a função primária da lei, transgride o princípio da divisão funcional do poder, representa comportamento heterodoxo da instituição parlamentar e importa em atuação *ultra vires* do Poder Legislativo, que não pode, em sua atuação político-jurídica, exorbitar dos limites que definem o exercício de suas prerrogativas institucionais.
>
> (...).[20]

Esse conceito de "cláusula de reserva de administração" tem sido empregado para reconhecer uma esfera de atuação infensa até mesmo à atuação legislativa. Outro exemplo de

---

20. STF, 2ª Turma, ED no RE 427.574-MG, rel. Min. Celso de Mello, j. 13.12.2011.

precedente nessa direção foi o que, em sede cautelar, julgou inconstitucional a lei, aprovada pelo Congresso Nacional, sobre a liberação da substância fosfoetanolamina. Ao justificar sua posição, o Min. Marco Aurélio reconheceu que substância sem registro no órgão competente pode apresentar risco à saúde, razão pela qual não se poderia autorizar sua comercialização, não obstante o fato de que a obrigatoriedade do registro decorre também de lei. Seja como for, a partir dessa ideia seria possível, por exemplo, aplicar à reserva de administração as garantias de participação e de deliberação democráticas, já reconhecidas pelo STF, no que tange ao direito subjetivo do parlamentar no âmbito do processo legislativo.[21]

Uma solução como essa tem a virtude de aderir à exigência de controle democrático das decisões complexas, não para desvirtuá-las, mas para garantir que levem em conta o acesso igualitário e universal aos bens sob cuja decisão recai a escolha distributiva.

Para isso, é imprescindível reconhecer que a incidência dos princípios constitucionais que pautam a atuação da Administração Pública à atividade regulatória do Estado exige que, para o controle da publicidade, haja indicação compreensível das razões de decidir e que não haja erro manifesto na apreciação dos fatos. A Administração, ante a incidência do princípio da legalidade, não pode incorrer em erro manifesto na aplicação da lei, nem agir em abuso de suas prerrogativas. É preciso, ademais, em virtude do princípio da proporcionalidade, que haja provas suficientes para o exame de uma situação complexa por parte da Administração Pública e que as razões de decidir sejam expostas com precisão, confiança e consistência dos fatos. Finalmente, embora não decorra explicitamente dos princípios aqui indicados, também incumbe à Administração o dever de decidir sobre a demanda regulatória que lhe é apresentada, no prazo mais expedito possível (art. 5º, LXXVIII, da CF).

Trata-se, dessa forma, de assumir uma postura mais deferente às escolhas técnicas ou democráticas tomadas pelos órgãos competentes, sem deixar que a Administração ou as entidades regulatórias deixem de prestar contas de sua atuação. Essa forma de controle, sem dúvida, complementa a antiga máxima, consagrada na doutrina, acerca da impossibilidade de controle do mérito do ato administrativo, para reconhecer que por meio das razões apresentadas em determinada política pública é possível realizar seu controle. Tal como defendido por Octávio Ferraz no campo das políticas de assistência à saúde, o controle das decisões administrativas pode identificar-se com o que o eticista Norman Daniels chamou de *accountability for reasonableness*.[22]

Essa proposta parte da premissa de que o problema do controle não se refere apenas a quem detém a competência para a tomada de decisão, mas de que forma ela é tomada. E é precisamente neste ponto que o direito à saúde, tal como definido até aqui, encontra seu correspondente prestacional por parte do Estado. De fato, em sociedades plurais há muitos desacordos sobre quais devem ser as prioridades no atendimento aos direitos sociais, e é por isso que o direito não se confunde com o atendimento universal. A impossibilidade prática de uma definição universalmente aceita não deve, porém, ser compreendida como um óbice à realização. Ao contrário, em sociedades plurais é preciso que o direito seja concretizado mediante procedimentos justos em que se permita às pessoas identificarem a legitimidade e a equidade da tomada de decisão.

21. Fernando Quadros Silva, *Controle Judicial das Agências Reguladoras: Aspectos Doutrinários e Jurisprudenciais*, Porto Alegre, Verbo Jurídico, 2014, p. 96.
22. Norman Daniels, "Accountability for reasonableness: establishing a fair process for priority setting is easier than agreeing on principles", *BMJ: British Medical Journal* 2000, 321(7.272):1.300-1.301.

4. Conclusões, em breves indicações

A síntese das razões até aqui deduzidas permitem concluir que é preciso reconhecer ao Estado o dever de dar transparência às decisões tomadas pelas agências reguladoras. A transparência deve, ainda, atingir a todos os que forem afetados pela decisão. Ademais, deve a decisão também ter fundamentos verificáveis, isto é, ainda que se discorde das razões adotadas, todos devem reconhecer como suficientes para se chegar às conclusões as razões apresentadas. Finalmente, devem os órgãos da Administração garantir o direito de recurso ou revisão por parte daqueles que direta ou indiretamente possam ser afetados pela decisão.

A rigor, esses elementos já estão positivados no Direito Brasileiro, nas cláusulas dos princípios que regem o processo administrativo no âmbito federal (Lei 9.784/1999). Interpretá-los à luz das exigências de realização dos direitos sociais os revigora de forma a permitir ao Judiciário o controle das decisões administrativas. Nesse sentido, a postura que mais se coaduna com o leiaute de uma sociedade democrática parece ser a que exige permanente diálogo entre instituições, a vigia contínua para que a promessa constitucional de fato se concretize, na esteira do sustentou Mario Schapiro:

> Seja no caso de telecomunicações, seja no de saúde, a desconfiança do funcionamento adequado dos outros Poderes e de seus mecanismos de controle pode ser um dispositivo que incentive e justifique o ativismo judicial. O ponto é que esse ativismo pode funcionar de modo competitivo ou cooperativo. Em outros sistemas jurídicos, como o inglês, diante de situações como essa, a posição do Judiciário não é a de se sub-rogar na posição de gestor público, escolhendo substantivamente a forma de alocação do recurso público, mas sim a de exigir do Executivo que comprove a razoabilidade de sua escolha (...). Seguindo esse caminho, o controle liberal não atua de modo predatório para a consistência das escolhas políticas, mas sim de modo cooperativo, com o fortalecimento de um controle republicano. Ao cobrar do Executivo os critérios de escolha, em vez de dar provimento aos pleitos individuais, o Judiciário incentiva um aprimoramento das análises de impacto e da consistência das escolhas administrativas.[23]

Nesse ponto, o controle não assume uma postura concorrente, como se o Poder Judiciário detivesse condições institucionais para realizar as políticas sociais, mas cooperativa, a fim de garantir a realização desses direitos.

Eis a reflexão que se oferta ao diálogo, reiterando cumprimentos pela iniciativa da publicação em homenagem ao centenário de nascimento de Hely Lopes Meirelles.

---

23. Mario G. Schapiro, "Discricionariedade desenvolvimentista e controles democráticos: uma tipologia dos desajustes", cit., *Revista Direito GV* 12/337.

IMPREVISÃO, INCOMPLETUDE E RISCO: UMA CONTRIBUIÇÃO DA TEORIA ECONÔMICA AOS CONTRATOS ADMINISTRATIVOS

Luiz Fux
Andréa Magalhães

1. Introdução. 2. Imprevisão, interesse público e riscos no contrato administrativo: 2.1 Interferências imprevistas e readaptação do contrato ao interesse público: quando a causa da alteração antecede a celebração do contrato – 2.2 A revisão contratual para reequilíbrio econômico e financeiro do contrato: quando a garantia constitucional se transforma em estratégia negocial. 3. Incompletude, oportunismo e custos de transação: 3.1 Racionalidade limitada, oportunismo e assimetria de informações: causas que aumentam os custos de transação "ex ante" – 3.2 Contratos incompletos, contratação integrada e soluções alternativas: incentivos para redução dos custos de transação "ex post". 4. Considerações finais.

1. Introdução

Após sagrar-se vencedor do procedimento licitatório para construção de uma refinaria de grande porte, determinado consórcio de engenharia informou à contratante que seria possível a realização de aterros sem a utilização de cal. Foi, então, firmado um aditivo contratual para supressão das 371.000 toneladas previstas detalhadamente no projeto básico. Atendendo satisfatoriamente às condições do projeto, a solução sem a utilização de cal representou uma economia de mais de trinta milhões de reais para a Administração Pública.

A aparente proatividade do contratado corresponde a um comportamento estratégico. Ao reportar o erro de planejamento, o consórcio obteve uma economia muito superior à da Administração. Em seu jogo de planilha, apresentara um preço irrisório pela cal, que sabia desde logo desnecessária, um elevado custo que previa que não precisaria arcar. Mais ainda, não houvesse a previsão indevida de cal, o desfecho da licitação seria outro. A segunda licitante mais bem classificada teria uma vantagem competitiva de quase vinte e cinco milhões de reais.

Ciente da desnecessidade de utilização da cal, o consórcio poderia ter informado a estatal a tempo de tornar o processo licitatório mais eficiente, com a correção do projeto básico na origem. Isso, entretanto, não lhe é exigível. Por sua vez, a contratante poderia ter se desincumbido a contento de seu ônus de completude e elaborado por si só um projeto básico mais eficiente. Isso, muitas vezes, não é exequível.

O caso, apreciado pelo Plenário do Tribunal de Contas da União no Acordão 791/2012, traz à luz um problema corrente nas contratações públicas. A assimetria de informações na fase interna do processo licitatório, intensificada pelo comportamento oportunista dos contratados, acarreta constantes e onerosas alterações nos contratos administrativos. Sobretudo em um contexto de superfaturamentos e suntuosos desvio de verbas, o custo da contratação pública passa a merecer redobrada atenção, justificando um olhar crítico sobre os institutos e práticas em vigor.

O problema não onera apenas os cofres nacionais. Há diversos exemplos de grandes obras, sobretudo de infraestrutura, que também resultaram em superfaturamentos em outros países. Cite-se o *Boston's Big Dig*, conhecido como *Central Artery/Tunnel Project*, cujo custo final excedeu 275%, ou US $11 bilhões, o orçamento; o Aeroporto Internacional de Denver, que representou custo de U$5 bilhões, ou 200% acima do estimado; e o *Sydney Opera House*, que excedeu em 1.400% a previsão orçamentária.[1]

A fase interna da licitação possui elevado custo de transação, sobretudo quando o objeto é complexo e as relações são de longo prazo. É custoso antever as alterações possíveis no decorrer da vigência do contrato e exaurir as contingências técnicas que possam surgir na fase executória. A par do exemplo acima, pode-se cogitar também de condições geoquímicas em contratos de extração, de especificidades normativas e burocráticas dos diversos municípios em contratos de execução nacional, do surgimento de novas tecnologias, das adversidades climáticas ou etnoambientais, dentre tantos casos possíveis. A legislação nacional parece ainda pouco sensível a esses custos.

É fato que o constituinte e o legislador cuidaram de disciplinar as alterações contratuais, zelando pela preservação da relação negocial, plena execução do contrato e manutenção de seu equilíbrio econômico financeiro. São, no entanto, previsões supervenientes às complicações já verificadas, que, assim, compõem o custo de transação *ex post*. Esse custo é informado por outras variáveis, como a repartição do risco extraordinário, a fase de execução contratual, a competitividade do mercado e a litigiosidade das partes.

Por vezes, a imprevisão traveste uma omissão estratégica dos agentes licitantes, que detêm dados relevantes para a formação do preço dos contratos. Se, de um lado, a incompletude pode ser justificada pela assimetria de informação e pela racionalidade limitada, de outro, o oportunismo se beneficia da presunção de completude dos contratos administrativos, que eleva sobremaneira os tais custos de transação. No manejo desses custos *ex ante* e *ex post*, é que a teoria da incompletude contratual parece trazer uma contribuição importante.

À luz desses elementos da teoria econômica, o presente artigo propõe uma releitura da distribuição de custos de transação nos contratos administrativos, mercê dos casos em que a imprevisão se refere a uma informação assimetricamente acessível ao licitante. Não se analisa presentemente condutas ilícitas, importa destacar, nem dos licitantes, nem da entidade contratante. Tampouco volta-se ao estudo de uma determinada espécie contratual, senão do contrato administrativo de longo prazo.

A análise se subdivide em duas partes. De início, a alteração contratual se situa nos institutos clássicos do direito administrativo, voltando-se o foco para duas causas que antecedem a celebração do contrato: as interferências imprevistas e a alteração unilateral do projeto para adequação ao interesse público. Nesse ponto, verifica-se também como o limitado poder de barganha da Administração Pública pode repercutir nos altos custos das contrações públicas. Em seguida, a alteração passa a ser abordada sob o prisma da teoria

---

1. Bent Flyvbjerg, "Policy and planning for large-infrastructure projects, problems, causes, cures", *Environment and Planning B, Planning and Design*, v. 34, n. 4, 2007. pp. 580-582.

econômica, aplicando conceitos como custos de transação, assimetria de informação, racionalidade limitada. É quando se propõe a absorção das críticas da teoria da incompletude para estabelecer métodos alternativos de preservação da equação econômico-financeira original e relativizar a distribuição do ônus inicial de informação do projeto básico, tendo como exemplo as inovações recentes da legislação específica e alguns contratos atípicos.

Sem qualquer presunção de exaustão, pretende-se tão somente que a aplicação de alguns instrumentos econômicos à matéria possa contribuir para a identificação do problema dos custos de transação nos contratos administrativos, a fim de inspirar novas abordagens e futuras propostas.

2. Imprevisão, interesse público e riscos no contrato administrativo

Como os termos contratuais obrigam as partes nos limites do avençado, a superveniência de fatos extraordinários, não previstos ou imprevisíveis, faculta à parte onerada rescindir o contrato, caso não seja restituído o equilíbrio econômico financeiro original. É como determina a teoria da imprevisão, que, com esteio na cláusula *rebus sic stantibus*, informa tanto os contratos privados quanto os públicos.

A aplicação da teoria autoriza a revisão do contrato quando houver uma causa justificadora da inexecução que onere excessivamente o contratante. O estado de imprevisão se configura quando o risco econômico é anormal, intolerável, acima do que normalmente assumidos pelo contratante.[2] Especificamente nos contratos administrativos, tal excesso toma por base as premissas editalícias, sendo, por isso, relevante definir *ab initio* a quem compete arcar com as áleas ordinária e extraordinária, bem como qual o grau de completude mais adequado para minimizar o impacto superveniente dos fatos não previstos.

Note-se a importância de o evento ser extraordinário, extracontratual e *imprevisível* – ou de consequências imprevisíveis. A ressalva é devida para afastar o locupletamento indevido do contratado por evento *deliberadamente* imprevisto, que se inseria no âmbito de certeza daquele que se beneficiou com sua omissão.

2.1 Interferências imprevistas e readaptação do contrato ao interesse público: quando a causa da alteração antecede a celebração do contrato

Contratos administrativos são, por essência, mutáveis. A mutabilidade, atributo que os caracteriza, decorre da vinculação da Administração Pública aos fins coletivos e estatais que persegue. Como o Poder Público não pode se escusar das medidas necessárias para adequar o procedimento à finalidade pública, as alterações contratuais se impõem cada vez que sobrevenha fato capaz de frustrar o objetivo da contratação.[3]

Nos termos do artigo 65, II, "d", da Lei 8.666/1993, é devida a revisão contratual na hipótese de sobrevirem fatos imprevisíveis, ou previsíveis, porém de consequências incalculáveis, retardadores ou impeditivos da execução do ajustado, ou, ainda, em caso de

---

2. Caio Tácito, "O equilíbrio financeiro na concessão de serviço público", *Revista de Direito Administrativo* 65/1-25, 1961, p. 8.

3. Marçal Justen Filho, "Ainda a questão da mutabilidade dos contratos administrativos", *Contratações públicas, estudos em homenagem ao Professor Carlos Pinto Coelho Motta*, cit.. p. 89.

força maior, caso fortuito ou fato do príncipe, configurando álea econômica extraordinária e extracontratual.

Há, ainda, outros eventos elencados pela doutrina como capazes de ensejar a revisão contratual, em nome da teoria da imprevisão.

O conteúdo semântico da imprevisibilidade é controverso. Enquanto alguns autores consideram que toda contingência é previsível, ainda que provavelmente a custo muito elevado,[4] outros entendem que a imprevisibilidade se traduz na absoluta incerteza, pois quando a distribuição do resultado num grupo de casos é conhecida, ainda que através de estatísticas ou estimativas, trata-se de mero risco.[5] Greves e chuvas, porquanto estimáveis, não comporiam a álea extraordinária.

Dentre todas as causas de revisão contratual, merecem especial relevo neste ensaio as que, embora imprevistas, antecedem a celebração do contrato, porque podem ensejar oportunismo do contratado. São essas as interferências imprevistas e a alteração unilateral do projeto para adequação ao interesse público. Por encontrarem previsão legal e aplicação jurisprudencial específica no campo do direito administrativo, essas hipóteses justificam sobremodo a mutabilidade característica dos contratos públicos.

Há muitas nomenclaturas para as interferências imprevistas, como *sujétions imprévues* e *changed conditions*, agravações ou sujeições imprevistas. Referem-se à circunstância de adversidades materiais anteriores à celebração do contrato virem à tona durante sua execução. A revelação das interferências imprevistas ocorre durante a execução do contrato, quando as obras e serviços já se encontram em andamento, porque pressupõe uma omissão nas sondagens ou a imprevisibilidade do fato em condições comuns de trabalho.[6] A descoberta, excepcional e surpreendente, não impede a execução do contrato nos termos originais, mas cria um custo muito elevado para a contraparte, sendo isso o que impõe a readequação das condições do contrato.[7]

O exemplo clássico é o de formações geológicas diversas do planejado ou da passagem subterrânea de dutos ou canalização não revelados no projeto, a obstaculizar a execução de obras.[8] Há autores que incluem nessa rubrica, ainda, inovações tecnológicas que apresentem soluções de qualidade superior àquela considerada por ocasião da licitação, inclusive com a disponibilidade de equipamentos tecnicamente mais aperfeiçoados, bem como a reivindicação política ou social que vise a preservação do meio ambiente.[9]

---

4. Jean Tirole, "Bounded rationality and incomplete contracts", *University of Toulouse*, Mimeo, 2007, p. 2, "that every contingency is foreseeable (perhaps at a prohibitively high cost), but not necessarily foreseen".

5. Frank Knight, *Risks, Uncertainty and Profits*, Cosimo, New York, 2005, p. 233, "The practical difference between the two categories, risk and uncertainty, is that in the former the distribution of the outcome in a group of instances is known(either through calculation a priori or from statistic of past experience), while in the case of uncertainty this is not true, the reason being in general that it is impossible to form a group of instances, because the situation dealt with is in a high degree unique".

6. Hely Lopes Meirelles, *Licitação e contrato administrativo*, 15ª ed., São Paulo, Malheiros Editores, 2015, p. 321.

7. Hely Lopes Meirelles, *Direito Administrativo Brasileiro*, 42ª edição. São Paulo, Malheiros Editores, 2016, p. 272.

8. Meirelles, *Direito Administrativo Brasileiro*, cit., p. 272.

9. Antônio Carlos Cintra Amaral, *Ato Administrativo, Licitações e Contratos Administrativos*, Malheiros Editores, São Paulo, 1995, pp. 128-129.

A alteração unilateral, por sua vez, ocorre para readaptar as condições contratuais ao interesse público então informado por fatos novos. Pode decorrer, de um lado, da constatação superveniente de inadequação da concepção original, como no exemplo da necessidade de toneladas de cal, ou, de outro, da verificação superveniente de eventos que evidenciem a necessidade de ajuste para melhor atingimento dos fins colimados, como a descoberta de uma nova tecnologia. Se dessa alteração unilateral decorrer um custo anormal a uma das partes, o contrato será ajustado para se restabelecer o equilíbrio anterior.

Em ambos os casos de alteração unilateral, a revisão do contrato ocorre por mudança de interesse da própria Administração, quando o interesse público exige a alteração do projeto ou dos processos técnicos de sua execução. A hipótese não se confunde, portanto, com as sujeições imprevistas, em que, como analisado, no curso da execução do contrato, são descobertas contingências materiais preexistentes, desconhecidas por ocasião da contratação.

A contratação pública, assim como as demais funções da Administração Pública, é orientada pelo interesse público. Sem se imiscuir na discussão sobre a supremacia do interesse público e a subsistência desse postulado ante outros princípios caros ao Estado Democrático de Direito, fato é que o interesse público constitui a razão de ser da Administração Pública,[10]

É por essa razão que, dentre as prerrogativas da Administração contratante, consta a possibilidade de alteração unilateral do avençado, quando a superveniência de fatos revela uma nova forma de melhor atender ao dito interesse público. Buscando conferir uma concretude maior à assertiva, pode-se dizer que a compulsoriedade da alteração para ambas as partes contratantes se impõe como medida de eficiência, que impede que a vinculação ao instrumento convocatório se traduza em finalidade em si mesma. Se a vinculação concretiza a moralidade e impessoalidade, a alteração superveniente, respeitada a intangibilidade do objeto original e outros princípios específicos, evita o desperdício de recursos públicos no desempenho de um contrato que já não se justifica.[11]

Essas condições – naturais ou artificias – não foram previstas pelas partes quando da celebração do contrato, mas não se impõe que não pudessem ter sido previstas excepcionalmente. O que se costuma atestar é que se trata de causas anteriores à celebração do contrato que não constavam nos termos originalmente negociados. Um claro exemplo consiste no surgimento de solicitações das entidades representativas da comunidade local, visando à alteração do projeto para atender a um uso mais abrangente de eventual obra ou serviço e pleiteando o reestudo do projeto executivo.[12]

---

10. Evitando a correlação direta ao interesse público, Marçal Justen Filho aponta que a mutabilidade dos contratos administrativos "é o reflexo jurídico da superposição dos interesses fundamentais, que traduzem a necessidade de o Estado promover os direitos fundamentais por meio de atuação ativa" (Marçal Justen Filho, *Comentários à lei de licitações e contratos administrativos*, cit.. p. 1.003).

11. Antônio Carlos Cintra Amaral, *Ato Administrativo, Licitações e Contratos Administrativos,* São Paulo, Malheiros Editores, 1995. p. 129. O autor complementa que "se a modificação (alteração, adaptação ou complementação) do projeto é considerada, tecnicamente, a melhor para atingir-se o 'interesse coletivo primário', há discricionariedade administrativa, ou seja, o agente público tem o poder de efetuar ou não a modificação. Se, no entanto, por motivo de técnica de engenharia, a modificação é considerada indispensável à realização desse interesse, há vinculação administrativa, ou seja, o agente público tem o dever de efetuar a modificação".

12. Estado do Rio Grande do Sul, Parecer n. 13.846: Contrato de Obras e Serviços de Engenharia n. 003/2002, celebrado pela Superintendência do Porto de Rio Grande (SUPRG) e a empresa Serveng-

Embora não se exija a imprevisibilidade, a legitimidade da alteração unilateral pressupõe que decorra de um fato descoberto ou surgido depois da instauração. Como bem objeta Marçal Justen Filho, "não teria cabimento que, firmado o contrato nos exatos termos licitados, a Administração introduzisse inovações fundadas em eventos pretéritos que já fossem conhecidos de antemão".[13] Ao menos quando se refere ao conhecimento do administrador público, tal situação violaria o princípio da obrigatoriedade da licitação, dentre outros.

Note-se que, via de regra, a elaboração do projeto básico, que delimitará os termos da licitação, cabe à Administração contratante ou a terceiro a seu mando. Por tal razão, o desconhecimento da sujeição – que a faz imprevista – depende tão somente da expertise e diligência do agente público. Isso torna possível que a interferência imprevista tenha sido plenamente prevista pelo licitante, que, assim, a considerou em sua proposta, seja inserindo no preço seja antevendo uma futura alteração contratual. Não redunda lembrar que o licitante – e não a Administração Pública – é especialista na execução do objeto da contratação, possuindo o domínio dos instrumentos disponíveis para maior acuidade do cálculo das necessidades e possibilidades do serviço ou obra. Isso inclui tecnologia, material e recursos humanos.

A legitimidade da alteração unilateral repousa na persecução do interesse público primário, mas encontra limites. Além da extraordinariedade da causa e de sua imprevisão, deve a medida respeitar a intangibilidade do objeto contratual. Isso significa que não é possível, com a retificação das condições contratuais, escusar-se da realização de um novo processo licitatório ou descaracterizar o certame já finalizado. O ponto merece uma análise mais detida.

É preciso verifica a *ratio* que ampara a proteção do objeto contratual. A vinculação ao instrumento convocatório não constitui dogma ou mero aforismo. Justifica-se em razão dos valores resguardados com a realização do certame. Assim, ao promover a licitação, a Administração contratante assegurou, sobretudo, a moralidade e a eficiência.

Todavia, a dificuldade de se delimitar o objeto de contratações mais complexas compromete o pressuposto, por reduzir-lhe a aplicação prática. Um exemplo facilita a compreensão. A contratação de um sistema de tecnologia de informação para modernização do aparato administrativo de determinado órgão envolve diversas fases, itens e subcontratações. Mesmo a delimitação das finalidades pretendidas pelo contratante constitui um desafio, em razão das especificidades técnicas do serviço. Como, então, avaliar se as alterações supervenientes atingiram o objeto contratual?

Um possível critério consiste em verificar se a dimensão da alteração é capaz de alterar a natureza do objeto. A hipótese é desenvolvida por Celso Antônio Bandeira de Melo a partir de dois exemplos. De um lado, a declaração superveniente de preservação ambiental em trecho que deveria ser cortado por estrada de cem quilômetros, exigindo um desvio de quarenta quilômetros, configuraria circunstância anômala apta a justificar o aditivo, em razão dos custos de rescisão e de nova contratação. Por outro, a mudança do projeto de um

-Civilsan S/A Empresas Associadas de Engenharia. No caso, a reivindicação dos Operadores Portuários era voltada mais especificamente para a utilização de guindastes móveis, do tipo Gottwald HMK280, em obra no cais do porto.
13. Marçal Justen Filho, *Comentários à lei de licitações e contratos administrativos*, cit., p. 1.004.

edifício de dois andares que o transforma em um de dez andares distorceria a necessidade a ser suprida com o objeto do contrato.[14]

Um outro parâmetro consiste em se observar se é viável licitar de forma autônoma o objeto da alteração contratual que se pretende introduzir no ajuste, ainda que com solução de continuidade ou alguma imprecisão,[15] Além de verificar a autonomia do excedente, a estimativa permite avaliar a economicidade do aditivo, vis-à-vis os custos de uma nova licitação. Isso porque tanto as alterações contratuais por sujeição imprevista quanto as que visam à readequação ao interesse público são admissíveis quando imperiosas para a boa execução do contrato, atendidos os princípios da eficiência, bem como os princípios da vinculação ao instrumento licitatório e a obrigatoriedade da licitação.

A par dessas balizas principiológicas, há, ainda, um importante óbice de ordem prática a ser enfrentado. Trata-se das consequências econômicas dessa alteração, cuja análise cuidadosa prestigia a economicidade, que também integra o interesse público.[16] A interferência imprevista e o acréscimo qualitativo oneram extraordinariamente o prosseguimento da execução do contrato nos moldes avençados, impondo às partes renegociarem seus termos econômicos. Passa-se, então, à etapa seguinte em que, por alteração consensual, há a revisão contratual para a recomposição da equação econômico-financeira original, caso seja essa alternativa preferível à rescisão contratual.

2.2 A revisão contratual para reequilíbrio econômico e financeiro do contrato: quando a garantia constitucional se transforma em estratégia negocial

Atualmente, a preservação da equação econômica possui estatura constitucional, ao estar expressamente prevista na expressão "mantidas as condições efetivas da proposta" do inciso XXI do artigo 37. O dispositivo, que remete à lei específica, trata de toda a contratação pública. É uma inovação da Constituição Federal de 1988, que, assim, estende o reequilíbrio econômico financeiro a todos os contratos administrativos, e não apenas aos de concessão de serviços públicos.[17]

Nada obstante, a manutenção da equação *proposta* durante toda a vigência do pactuado decorre também dos postulados constitucionais da garantia da justa remuneração do capital do contratado e da proibição do confisco da propriedade.[18]

---

14. Celso Antônio Bandeira de Mello, "Extensão das alterações dos contratos administrativos, a questão dos 25%", *REDAE-Revista Eletrônica de Direito Administrativo Econômico*, 2003, p. 5. Sem discordar das conclusões do eminente autor, é possível questionar se a legitimidade da alteração decorreria efetivamente da preservação da natureza do objeto ou de fatores outros, como a relevância da causa que ensejou a alteração ou a discrepância entre as dimensões contratada e aditada, hipótese em que o critério se traduz em mero afrouxamento do percentual legal. Ademais, a correlação proposta entre dimensão e natureza, por manter o subjetivismo da delimitação do objeto, mostra-se um instrumento de difícil disseminação.

15. Luís Roberto Barroso, "Contratos Administrativos – Limites e Possibilidade de Alteração", in Fernando Dias Menezes de Almeida, *et al.* (Orgs.), *Direito Público em Evolução. Estudos em homenagem a Professora Odete Medauar*, Belo Horizonte, Fórum, 2013, p. 428.

16. TCU, Acórdão 2.101/2010, 2ª Câmara, rel. Min. Benjamin Zymler, em cuja ementa se consignou que "2. A persecução do interesse público direcionado à contenção e à redução das despesas, não consiste em mera faculdade, mas dever do administrador público".

17. Arnoldo Wald, "O Direito da regulação, os contratos de longo prazo e o equilíbrio econômico--financeiro", *Direito Público* 8, abr.-maio-jun./2005, p. 120.

18. Caio Tácito, "O equilíbrio financeiro na concessão de serviço público", cit., p. 20.

Como visto, a álea extraordinária do contrato, capaz de ensejar a revisão contratual, é composta por causas extracontratuais, imprevistas ou imprevisíveis. Nem toda a causa superveniente de onerosidade dos encargos justifica o reequilíbrio da equação contratual, havendo aquelas que se inserem na álea ordinária ou empresarial. Esses eventos que compõem o risco empresarial competem ordinariamente ao contratado,[19] ainda que reduzam significativamente sua margem de lucros.[20] A excepcionalidade não se refere apenas às causas justificadoras da inexecução, mas também à consequência da sua alteração, notadamente a revisão das condições econômicas do contrato.[21]

Em doutrina, não é outro o magistério de Hely Lopes Meirelles, que, em sua obra sobre contratação pública, assentou que só se justifica a aplicação da cláusula *rebus sic stantibus* nos contratos públicos quando os fatos supervenientes desequilibrem totalmente a equação econômica estabelecida originalmente pelas partes. Complementa que "só em circunstâncias excepcionais e diante de eventos que alterem profundamente a conjuntura econômica ou façam escassear materiais ou mão-de-obra poder-se-á admitir a revisão das contratações administrativas com fundamento na teoria da imprevisão".[22]

Por sua vez, Arnoldo Wald complementa que o mencionado equilíbrio consiste em entender o contrato administrativo como um todo, no qual os interesses das partes se condicionam.[23] Não se preservam apenas as cláusulas financeiras do contrato, mas a relação original entre encargos e vantagens do contrato. A remuneração contrabalança as demais condições não econômicas ou mesmo não jurídicas, como prazos de início, execução e liquidação, formas de pagamento, contrapartidas adicionais, insumos e materiais, processos tecnológicos. Por isso, o equilíbrio se afere pelo balanço total de encargos e remuneração.

A partir dessa constatação, pode-se cogitar de outras formas de restabelecimento da equação econômico-financeira que não impliquem aumento de gastos para os cofres públicos. Em vez de se incorrer em hipótese de revisão contratual dos preços, a equação econômica e financeira original se restabelece pela compensação de prejuízos. Na paralisação, a Administração perde com o atraso e a isenção da multa e o contratado perde com a deterioração de equipamento e materiais e os gastos de recursos humanos. As partes podem transacionar de início, então, que, em caso de evento razoavelmente estimável, ainda

---

19. Caio Tácito, "Contrato administrativo – Alteração quantitativa e qualitativa – Limites de valor", *Revista de Direito Administrativo* 198/363-369, 1997, p. 367.

20. Importante notar que ninguém é obrigado a sacrificar sua própria subsistência em nome do adimplemento contratual, de modo que, se a álea ordinária implicar inviabilidade do negócio jurídico para uma das partes, com comprometimento da viabilidade da empresa, o desfazimento será legítimo, com os ressarcimentos de praxe. No mesmo sentido, Hely Lopes Meirelles assentou que "não se há de pedir o impossível ou a ruína econômica da empresa para dar cumprimento a um ajuste que fatos imprevisíveis e inevitáveis tornaram inexequível" (Hely Lopes Meirelles, *Licitação e contrato administrativo*. Ed. Revista dos Tribunais, 1991, p. 253).

21. Uinie Caminha, e Juliana Cardoso Lima, "Contrato incompleto, uma perspectiva entre direito e economia para contratos de longo termo", *Revista Direito GV*, v. 10, n. 1, 2014. p. 189: "Por ser o contrato deliberadamente incompleto uma estratégia contratual das partes, é imperioso aos juristas reconhecer que não é toda ocorrência de circunstâncias supervenientes e imprevisíveis a ensejar a aplicação da teoria da imprevisão".

22. Hely Lopes Meirelles, *Licitação e contrato administrativo*. Ed. Revista dos Tribunais, 1991, pp. 251-252.

23. Arnoldo Wald, *Estudos e pareceres de direito comercial*, São Paulo, Ed. RT, 1ª série, 1972, p. 91.

que incerto, como ocorre com greves ou chuvas, seja reajustado o cronograma sem multa. Pode-se transacionar também que a discussão quanto ao valor da revisão contratual não interrompe a execução do contrato.

Além disso, a estreita relação entre tempo e preço pode realinhar a equação financeira mesmo quando não há paralisação. É o caso de voluntárias alterações no cronograma de execução ou antecipação de parcela do pagamento, que compensariam o custo da alteração no projeto para o contratado sem reajustar as cláusulas remuneratórias.

Outra importante distinção é a de que o equilíbrio que se preserva na garantia constitucional é meramente convencional. Não se confunde, então, com o equilíbrio da empresa ou a justiça das prestações contratuais. Pela anuência das partes, presume-se que a proposta original estava equilibrada e é justamente essa equação que se visa a manter. Como sintetiza Marçal Justen Filho, "as partes reputam que os encargos equivalem às vantagens, o que não significa que, efetivamente, haja um equilíbrio econômico real, material, de conteúdo".[24]

Tendo isso em vista, há eventos extraordinários que não justificam a alteração do contrato, porque já foram contabilizados pelas partes na fixação do preço – ou poderiam ter sido. Essa previsão abrange não apenas erro da contratada na formulação da proposta, mas também um oportunismo em se beneficiar da assimetria de informações. Quando o evento causador de maior onerosidade era previsível e o particular não o levou em conta, os prejuízos acarretados por essa omissão deverão ser arcados pelo contratado, sem que haja rompimento do equilíbrio econômico-financeiro da contratação.[25]

Nesse sentido, o Superior Tribunal de Justiça entendeu que as perdas inflacionárias não autorizam a teoria da imprevisão, porque decorrentes da má previsão das contratadas. À ocasião, concluiu que "caso se permitisse a revisão pretendida, estar-se-ia beneficiando as apeladas em detrimento dos demais licitantes que, agindo com cautela, apresentaram proposta coerente com os ditames do mercado e, talvez por terem incluído essa margem de segurança em suas propostas, não apresentaram valor mais atraente".[26]

Há quem defenda que a tutela do equilíbrio econômico financeiro do contrato não preserva apenas os interesses patrimoniais do contratado, mas também do ente estatal.[27] É que, não houvesse a previsão de alteração consensual das condições econômicas do contrato, o particular pleitearia indenização por via judicial, a fim de se ressarcir dos danos sofridos. A reparação seria, em geral, subsequente, impedindo que a Administração avaliasse a vantajosidade de se promover a alteração do contrato ante outras alternativas, como a rescisão contratual.

A ponderação se baseia em premissas valiosas, como a necessidade de avaliar previamente a economicidade da alteração e a importância da segurança jurídica na formação do

---

24. Marçal Justen Filho, *Comentários à lei de licitações e contratos administrativos*, cit., p. 1.012.
25. Marçal Justen Filho, *Comentários à lei de licitações e contratos administrativos*, cit., p. 1.014. O autor ressalva, em seguida, que somente integram a equação econômico-financeira original os eventos previsíveis com "certeza de concretização", não sendo imputáveis ao contratado os riscos meramente estimáveis ou suspeitos.
26. STJ, 2ª T., REsp 744.446-DF, rel. Min. Humberto Martins, j. 17.4.2008, *DJe* 5.5.2008.
27. Marçal Justen Filho, *Comentários à lei de licitações e contratos administrativos*, cit., p. 1.009. O autor conclui que a previsão de manutenção do equilíbrio econômico-financeiro do contrato reduz os custos de transação, pois, "em vez de arcar sempre com o custo de eventos meramente potenciais, a Administração apenas responderá por eles se e quando efetivamente ocorrerem" (p. 1.013).

preço. No entanto, presume que a negociação entre as partes, previamente à execução – e, portanto, premida pelo cronograma –, seria menos onerosa para a Administração que a transferência para um terceiro imparcial. Essa conclusão pressupõe um alto poder de barganha do agente público e desconsidera alguns fatores que integram o custo de transação *ex post*, como a fase da execução do contrato, a racionalidade limitada sobretudo dos administradores públicos, a assimetria de informações, o custo de oportunidade e a utilidade marginal decrescente, como se verá no próximo tópico.

A segurança jurídica e a economicidade da renegociação também inspiraram o legislador a estabelecer limites quantitativos para a alteração unilateral.[28] Interessante contraponto é trazido por André Uryn, para quem o percentual máximo previsto no contrato clássico contribui para mesclar a estrutura de reembolso (*cost-plus*) com a de preço fixo, correspondendo a um modelo de incentivos. Cientes da reserva de contingência estabelecida por lei, os licitantes disputam o contrato com a inclusão de uma margem maior de aceitabilidade do montante da proposta, mas não tão maior que acarrete a maldição do vencedor.[29] Isso protegeria o Erário de condutas oportunistas como as de apropriação de economias em contratos por preço fixo ou sobrepreços em reembolsos.[30]

Prevalece, no entanto, o entendimento de que esses percentuais não se aplicam às alterações qualitativas.[31] Por todos, cite-se Antônio Carlos Cintra do Amaral, segundo o qual "a tese de que, atingido o limite legal, e surgida a necessidade de ultrapassá-lo, deve-se *sempre* rescindir o contrato, não importando o motivo que levou a essa situação, é postura irrealista, quase sempre prejudicial aos interesses sociais".[32]

A despeito de seu entendimento histórico, o Tribunal de Contas da União passou a acompanhar a doutrina, a partir de decisão paradigmática em que se admitiu que, em hipóteses muito excepcionais, alterações unilaterais nos termos contratuais possam exceder o percentual máximo estabelecido em lei. Nos termos da Decisão 215/1999, Plenário, a excepcionalidade se configura nas premissas de que a alteração decorra de fatos supervenientes que importem dificuldades não previstas ou imprevisíveis por ocasião da contratação inicial; e que a alteração seja essencial para a completa execução do objeto original do contrato, a otimização do cronograma de execução e a antecipação dos benefícios sociais e econômicos decorrentes.

Some-se, ainda, que, para que seja facultado à Administração ultrapassar os limites aludidos exige-se que, cumulativamente, *(i)* a alteração não onere a Administração mais do que eventual rescisão acrescida do custo de nova licitação, e que essa alternativa importe

28. Art. 65, §1º, da Lei 8.666/2003. As Leis 8.987/1995 e 11.079/2004 não possuem limites objetivos.
29. Em uma redução bastante simplista, o *winner's curse* ocorre quando o preço proposto é superior ao valor da coisa ou, mais especificamente, ao valor econômico que o vencedor atribui à coisa. Sendo muito frequente em leilões, a maldição do vencedor costuma refletir o grau de competitividade da disputa.
30. André Urin, *O Limite de valor da alteração qualitativa do contrato de obra pública*, Rio de Janeiro, Lumen Juris, 2016, pp. 64-67.
31. Celso Antônio Bandeira de Mello, "Extensão das Alterações dos Contratos Administrativos, a questão dos 25%", *REDAE – Revista Eletrônica de Direito Administrativo Econômico*. n. 4, 2005-2006, Salvador; Marçal Justen Filho, "Ainda a questão da mutabilidade dos contratos administrativos", *Contratações públicas – Estudos em homenagem ao Professor Carlos Pinto Coelho Motta*, cit., p. 99.
32. Antônio Carlos Cintra Amaral, *Ato Administrativo, Licitações e Contratos Administrativos*, Malheiros Editores, São Paulo, 1995, p. 131.

"sacrifício insuportável ao interesse público primário"; *(ii)* a alteração esteja em nível compatível com a capacidade técnica e econômico-financeira do contratado; e *(iii)* não ocasione a transfiguração do objeto originalmente contratado em outro de natureza e propósito diversos.

Sabe-se que a rescisão contratual por interesse público, a fim de promover nova licitação e contratação, possui elevados custos. O cálculo deve compreender a indenização de prejuízos causados ao contratado, o que inclui os custos com a dispensa dos empregados contratados especificamente para aquela obra ou serviço; o pagamento ao contratado do custo da desmobilização; os pagamentos devidos pela execução do contrato anterior até a data da rescisão; a diluição da responsabilidade pela execução da obra ou serviço; e a paralisação da prestação até o início da execução pelo vencedor do novo processo de contratação, o que atrasa o atendimento da coletividade beneficiada.[33]

Nessa fase da negociação *ex post*, torna-se de extrema importância a realização de nova cotação de preços com os concorrentes, sempre que possível. Uma primeira justificativa, mais evidente, seria de se aumentar o poder de barganha da Administração Pública *ex post*, extraindo um preço final mais baixo.

Além disso, sob uma perspectiva de efeitos externos e sistêmicos, a abertura aos concorrentes contribui para explicitar a estratégia, por vezes oportunistas, do contratado. Isso pode auxiliar a identificação de eventual conduta desleal e desestimular tal comportamento no longo prazo. Isso porque, a cotação viabiliza uma eventual sanção judicial pela configuração do superfaturamento. Já no caso da Administração, permite o afastamento da empresa de futuras licitações, seja por meio de declaração de inidoneidade, seja pela desclassificação de propostas que eventualmente já se saberão inexequíveis. É possível também sinalizar aos concorrentes a necessidade de passarem a disponibilizar aquela prestação isolada, interrompendo o fluxo de dependência que caracteriza a estratégia dos *razors-and-blades*. Nessa relação negocial, a empresa reduz o custo de uma plataforma a zero ou a valor baixo, para recuperá-lo na venda onerosa de outros itens exclusivos ou compatíveis. É o que ocorre com a lâmina de barbear, a cápsula de café expresso e o jogo de planilhas nas contratações públicas. A estratégia, no entanto, só se sustenta se o consumidor ficar preso naquela relação negocial.[34]

Assim, a cotação se mostra vantajosa mesmo nos casos em que limitada por razões fáticas ou sabidamente incapazes de infirmar a revisão contratual. Isso porque a recorrência com que o poder público contrata serviços e obras públicas torna aplicável ao processo licitatório a lógica de jogos sequenciais. O provável custo de transação *ex post* pode reduzir os custos de transação *ex ante*, ao estimular uma postura mais cooperativa do contratado.

Uma vez verificado que o aditivo constitui a melhor alternativa, não há mais que se cogitar de qualquer discricionariedade administrativa. A Administração deve promover a alteração contratual, com a corresponde revisão das cláusulas econômicas e financeiras, por ser seu dever esmerar-se em alcançar plena eficiência da prestação contratada, visando à melhor adequação técnica e operacional, compatível com a escala do negócio jurídico pactuado.[35]

---

33. TCU, Processo de Consulta TC 930.039/98-0, rel. Min. José Antônio Barreto de Macedo, Decisão publicada no *BLC* de maio/2003, pp. 343-355.

34. Randal C. Picker, "The razors-and-blades myth(s)", *The University of Chicago Law Review*, 2011, pp. 225-255.

35. Caio Tácito, "Contrato administrativo – Alteração quantitativa e qualitativa – Limites de valor", cit. p. 366.

A objetividade dessa constatação parece reduzir os custos de transação *ex post*, ao facilitar a tomada de decisão pela Administração Pública. Todavia, na comparação entre a celebração de aditivo e a rescisão contratual, desconsidera-se a concorrência e as propostas que seriam possíveis tivesse o objeto o contorno que lhe foi dado supervenientemente. Ao prestigiar o contratado em detrimento dos concorrentes, a alteração do contrato pode frustrar o objeto mediato da licitação, por resultar em uma contratação menos eficiente, econômica e impessoal para Administração Pública.[36]

Foi o que se verificou no caso da cal, apresentado na introdução deste artigo. A celebração do aditivo para a mera supressão das toneladas de cal exigidas em um projeto básico mal feito configura a hipótese menos custosa para a Administração Pública, mas não reflete o descompasso havido entre a proposta do consórcio de engenharia e aquela que poderia ter se sagrado vencedora sequer fosse necessária a alteração.

Assim, se, por um lado, a garantia constitucional promove a justa remuneração do capital e a proteção do direito de propriedade, consolidando bases estruturais para o nosso ordenamento econômico, por outro, permite que o contratado aja oportunisticamente, concebendo uma estratégia negocial em que administra a assimetria de informações na partida e fia-se na certeza de revisão das cláusulas econômicas. É o que se verifica nos jogos de planilha e outras artimanhas que resultam em superfaturamentos.

Por tal razão, a fim de se perseguir um resultado ótimo da contratação pública, convém não apenas distribuir os custos da alteração unilateral por meio dos limites legais ou jurisprudenciais para as alterações unilaterais do contrato, mas também analisar criticamente a necessidade de se estabelecer *ex ante* todos os elementos contratuais ou de imputar à Administração os riscos da incompletude contratual e o limitado poder de barganha do agente público.

3. Incompletude, oportunismo e custos de transação

Como visto, a mutabilidade do contrato administrativo o caracteriza. Embora a presunção de que contratos devem ser inicialmente completos pretenda favorecer a execução ininterrupta do pactuado, o regime jurídico-administrativo da contratação pública reconhece a incompletude do instrumento contratual e sua incapacidade de prever as condições e preferências que orientarão as partes durante toda a sua vigência, ao se admitir a alteração do contrato por contingências não identificadas prematuramente.[37]

Em contratos complexos e nos de longa duração, limites cognitivos impedem as partes de antever todas as contingências possíveis, o que torna a completude uma quimera por

---

36. Caio Tácito, "Contrato administrativo – Alteração quantitativa e qualitativa – Limites de valor", cit., p. 366. O autor refere-se especificamente à hipótese em que a alteração resulta na escolha de objeto diverso do contratado originalmente. Na síntese crítica de André Uryn, a modificação do objeto "implicaria em tese esvaziar a competição havida no certame e inviabilizar a obtenção da proposta mais vantajosa para a Administração" (André Urin, "Os Limites de Alteração do contrato de obra pública e o atual entendimento do Tribunal de Contas da União", in Sergio Guerra (Org.), *Teoria do Estado Regulador*, Juruá, 2015, pp. 141-142).

37. Marcos Nóbrega, "Contratos incompletos e infraestrutura, contratos administrativos, concessões de serviço público e PPPs", *REDAE – Revista Eletrônica de Direito Administrativo Econômico*, n. 18, maio-junho-julho/2009, Salvador. p. 11. Para o autor, a presunção de completude não se esvazia pela mutabilidade, dada a extraordinariedade das causas de alteração contratual.

vezes inconveniente. A presunção de completude, para além do que está no campo de certeza ou acessível à Administração, restringe os termos da licitação e compromete a competitividade. O mercado especializado se condensa e a concorrência, que tanto contribui para a eficiência da contratação e a modicidade do preço, resta obstaculizada.

Isso porque, na tentativa de detalhar todos os pormenores no projeto básico, o contrato se torna ainda mais complexo. Como informa um dos principais axiomas advindos da Economia, quanto menos complexo o bem ou serviço a ser contratado, maior o número de *players* no mercado passíveis de se habilitarem em uma licitação; e, por conseguinte, menor o preço a ser desembolsado pelo Estado, havendo um cenário de competição normal.[38]

Em virtude do elevado custo de obtenção das informações em jogo, pode ser mais eficiente, em determinadas situações, permitir a formação de um contrato incompleto, sem a redação de todos os riscos envolvidos. Nesses casos, os contratos completos poderiam ser um desperdício. É como aponta o economista francês Jean Tirole, ganhador do prêmio Nobel de 2014, concluindo que cabe às partes deliberar, a partir de seus próprios interesses, em que medida o detalhamento do contrato pode contribuir para sua preservação *ex post*.[39]

Há, portanto, um nível ótimo de completude inicial dos contratos administrativos, como se verá a seguir. Os contratos incompletos podem ser vistos como uma técnica de gestão dos riscos existentes em relações contratuais que transfere sua distribuição para um momento *ex post*, deixando ganhos potenciais de transação irrealizados.[40]

O relativo acolhimento da incompletude contratual pelo Direito Administrativo não se confunde com a incorporação efetiva dos pressupostos da teoria dos contratos incompletos. Isso porque, se, por um lado, a alteração unilateral do contrato administrativo por causas anteriores à celebração do termo permite a correção de rota no curso da execução, por outro, no segundo momento (*gap filling*), os elevados custos econômicos acompanham essa alteração. Assim, a mutabilidade, tal qual prevista no modelo clássico, impõe uma distribuição desigual dos riscos, que recaem, via de regra, sobre a Administração Pública, a despeito da causa ou da culpabilidade da incompletude.[41] Isso não decorre do dever de recomposição da equação econômico financeira, que apenas restabelece o avençado, mas da distribuição inicial do ônus da completude e dos custos de transação *ex ante* e *ex post*, que, não raro, permitem sobrepreços e outros superfaturamentos.

38. André Urin, "Os limites de alteração do contrato de obra pública e o atual entendimento do Tribunal de Contas da União", in *Teoria do Estado Regulador*, cit., pp. 141-142.
39. Jean Tirole, "Bounded rationality and incomplete contracts", cit., p. 2. Uma grande contribuição do economista ao tema decorre da comprovação da perspectiva de que a incompletude é um *"design* heurístico disponível", que admite a renegociação sempre que este *design* se revelar não apropriado.
40. Uinie Caminha, e Juliana Cardoso Lima, "Contrato incompleto, uma perspectiva entre direito e economia para contratos de longo termo", *Revista Direito GV*, v. 10, n. 1, 2014, p. 156.
41. Omri Ben-Sharar, "Agreeing to disagree, Filling gaps in deliberately incomplete contracts", *Wisconsin Law Review*, 2004, pp. 389-428. O autor critica as regras definitivas de preenchimento das lacunas, como a regra de imitação (*"mimicking" default rules*) e a da penalização (*"penalty" default rules*), que se valem, respectivamente, de presunções razoáveis do que seria a vontade inicial das partes ou da imposição a uma das partes de provar unilateralmente a informação. Em oposição, propõe uma regra *default* pro-réu, segundo a qual "a parte que solicita a execução de um acordo deliberadamente incompleto receberia uma opção para fazer cumprir a transação sob os termos acordados, complementada com termos que são razoavelmente mais favoráveis ao réu" (p. 390).

Mais do que admitir a incompletude do contrato administrativo e regulamentá-la, a teoria econômica pode agregar a essa equação alguns elementos objetivos que permitam uma leitura crítica do sistema de distribuição *ex ante* e *ex post* de custos e riscos que tanto onera os cofres públicos. É o caso da teoria da incompletude, dos custos de transação, da racionalidade limitada e da assimetria de informações.

3.1 Racionalidade limitada, oportunismo e assimetria de informações: causas que aumentam os custos de transação "ex ante"

A partir da superação da visão neoclássica de racionalidade plena, passou-se a considerar as limitações que impedem os agentes econômicos de absorver e processar toda a informação existente e assim perseguirem soluções ótimas. Ao lado dos custos de produção, a teoria econômica passou a valorar os custos de transação, que, ao abrangerem os custos de informação, são os principais motivos da incompletude contratual.[42]

Por custo de transação compreendem-se os custos de negociação, acompanhamento, aquisição e tratamento de informações e implementação da resultante da negociação.[43] De forma mais detalhada, custos de transação incluem "o esforço na procura de bens em mercados, a análise comparativa de preço e qualidade antes de tomar a decisão, o desenho da garantia quanto ao cumprimento das obrigações pela outra parte, a certeza do adimplemento, seguro e a tempo, as garantias que se exigem para fazer frente a eventual inadimplemento ou adimplemento imperfeito pela contraparte, a redação de instrumentos contratuais que refletem as tratativas entre contratantes e dispõem sobre direitos, deveres e obrigações".[44]

Coube a Ronald Coase constatar a relação entre os custos de transação e as instituições legais, demonstrando a importância do Direito na determinação de resultados economicamente eficientes. A tese – a que Stingler nomearia posteriormente de Teorema de Coase – foi cunhada para demonstrar a realidade sob presunções de que não há custos de transação e de que as partes possuem incentivos para negociar. Sua seminal importância para os estudos de *Law and Economics* não resulta dessa percepção da realidade, mas em como correlaciona a tomada de decisões às transações e ganhos de eficiência. O Direito pode, então, ser visto não mais como um dado fixo que influencia comportamentos, mas como um elemento valioso de promoção de barganha e de busca de resultados eficientes.[45]

Em linhas gerais, o teorema verifica que, se os custos de transação forem muito baixos, a primeira atribuição de direitos e responsabilidades pela lei provavelmente não afete significativamente a alocação de recursos. Conclui que, considerado um sistema de livre

---

42. Eric A. Posner, "Economic analysis of contract law after three decades, success or failure?", *U Chicago Law & Economics* (March 1, 2002), Olin Working Paper n. 146, p. 4.

43. Nicholas Mercuro e Steven G. Medema, *Economics and the law, from Posner to postmodernism and beyond*, 2ª ed., Princeton, Princeton University Press, 2006, pp. 113-114. Os autores complementam que o custo de transação mais relevante é o de informação, capaz de criar um comportamento estratégico que burla o mecanismo do Teorema de Coase.

44. Rachel Sztjan, "*Supply chain* e incompletude contratual", 2010, p. 4 Disponível em, *https,//www.yumpu.com/pt/document/view/12641767/supply-chain-e-incompletude-contratual-systemas-revista-de-*, acesso em, 29.6.2017.

45. Edward R. Morrison, *Coase bargaining in consumer bankruptcy*, Coase Sandor Institute for Law and Economics, 2014, p. 44.

negociação sem custo, a barganha seria o método mais eficiente de alocação de recursos, porque capaz de equilibrar as externalidades.⁴⁶ Por oposição, se os custos de transação são superiores aos ganhos esperados, não há incentivos para negociação, sendo preferível submeter-se à distribuição estritamente jurídica.

No mundo de Coase haveria um sistema de preços sem custo e uma possibilidade infinita de barganha.⁴⁷ o que evidentemente não se verifica nas contratações públicas. Talvez Coase tivesse uma visão excessivamente otimista em relação à intenção das partes em negociar. É o que aponta, dentre outros, Robert Cooter, que busca uma alternativa mitigada entre extremos.⁴⁸ Para tanto, Cooter cunhou o Teorema de Hobbes, diametralmente oposto ao de Coase, segundo o qual as externalidades não serão superadas pela barganha privada a não ser que uma força externa incentive as partes a cooperar. Ambos os teoremas, explica Cooter, são igualmente falsos e responsivos a premissas distorcidas da realidade, que é marcada pela atuação não linear de negociadores nem sempre racionais.

Contratos administrativos, em sua formulação clássica da Lei 8.666/1993, possuem natureza de contrato de adesão, dado que seus termos já são conhecidos antes mesmo da seleção da contraparte por processo licitatório. Não há, portanto, negociação. Isso não significa que não haja custos de transação *ex ante*.

A exemplo da expertise exigida na elaboração das propostas e das custosas interpelações administrativas e judiciais que não raro entravam o procedimento licitatório, esses custos compreendem não apenas os atos feitos pela Administração Pública nas fases interna e externa do processo de contratação, mas também os custos dos licitantes com assessoria especializada. Em uma negociação equilibrada, esses custos são repartidos economicamente entre as partes por meio do preço.⁴⁹

Dada a existência de custos de transação, as instituições jurídicas podem criar incentivos para a solução negocial. A aplicação de comandos legais, assim como a admissibilidade de mecanismos alternativos de solução de controvérsias, atua diretamente sobre o comportamento de agentes econômicos.

A limitação cognitiva, negada por teorias clássicas econômicas, corresponde às restrições que caracterizam a racionalidade limitada. Compreendida como "uma forma de racionalidade imperfeita que assume que as pessoas buscam maximizar o seu bem-estar, mas sujeitas a restrições cognitivas que limitam a sua capacidade de processamento mental e podem torná-lo o fator mais importante a ser economizado",⁵⁰ a racionalidade limitada é umas das razões para a incompletude contratual.

---

46. Ronald Coase, "The problem of social costs", *The Journal of Law & Economics*, v. III, out. 1960, pp. 1-44.
47. Richard Posner. *Overcoming Law*, Cambridge, Harvard University Press, 1995.
48. Robert Cooter, "The cost of Coase", *The Journal of Legal Studies*, v. 11, n. 1, jan./1982, pp. 1-33.
49. Marcos Nóbrega, "Contratos incompletos e infraestrutura, contratos administrativos, concessões de serviço público e PPPs", *REDAE – Revista Eletrônica de Direito Administrativo Econômico* 18, maio-junho-julho/2009, pp. 8 e12. O autor, no entanto, conclui que a reduzida margem de negociação dos termos contratuais resulta na economia dos custos de transação *ex ante*, o que parece atribuir pouca relevância aos altos custos da contratação pública.
50. Armando Castelar Pinheiro, *Segurança jurídica, crescimento e exportações*, Texto para Discussão n. 1.125, IPEA, Rio de Janeiro, 2005, p. 9.

Os administradores tendem a postergar os custos de transação, contando com o relacionamento entre os contratantes para a eficiência da renegociação. Os seus incentivos para acelerar as transações, em geral, são os custos de oportunidade, o tempo despendido, as taxas legais, o custo da consultoria etc. Por sua vez, o corpo jurídico das entidades costuma ser adepto de maior rigor na tentativa de evitar os percalços na execução do contrato, que podem interrompê-lo. O desenho do contrato reduz as sucumbências, assim como a incompletude do contrato responde a incentivos internos dos agentes.[51] Como o impulso dos administradores depende do *design* do pacote de incentivo e do monitoramento interno das entidades, a criação de procedimentos e hierarquias tende a contê-lo.

Mesma lógica se aplica às contratações públicas, com o agravante de que, no modelo clássico, a formulação das condições contratuais originais incumbe apenas a uma das partes e que essa parte, integrante da Administração Pública, constrange-se também pelos estímulos analisados na *public choice*. Como o administrador público possui poucos incentivos a zelar pelo patrimônio e lucratividade da entidade pública e muitos em apresentar resultados rápidos e politicamente promissores, a racionalidade limitada do agente público explica a adoção de *satisfactory decision making procedure*. Dentre os defeitos cognitivos que caracterizam o processo de elaboração das informações e se aplicam ao gestor do contrato, podem ser apontados *representativeness, faulty telescopic faculty, disposition, faulty risk- -estimation faculty* e *availability*.[52]

Nesse caso, a sua responsabilização poderia inibir essa prática, por meio da eventual condenação por órgãos de controle interno ou externo. Especificamente no caso, também as restrições legais e sanções administrativas contribuem para tolher o impulso dos administradores públicos.

Os custos de transação decorrem não apenas da racionalidade limitada das partes, mas também de seu comportamento oportunista.[53] Qualquer das partes pode "preferir escolher

---

51. Jean Tirole, "Bounded rationality and incomplete contracts", cit., p. 26. O autor sintetiza que "the contract designers are residual claimants" e "the extent of contract incompleteness depends on the firms' internal organizations".

52. "O termo *"representativeness"* refere-se à adequação limitada e relativa dos dados colhidos para formulação de um juízo. (...) Muitas vezes, os agentes preferem interromper sua pesquisa antes de haver colhido todos os dados; objetivamente, a sua decisão se baseará necessariamente em um subconjunto de dados considerados representativos. (...). O outro defeito cognitivo relevante consiste na *"faulty telescopic faculty"*, vale dizer, na incapacidade dos agentes humanos de comparar racionalmente estados do mundo presentes e futuros; e, ao comparar os custos e as vantagens atuais com as vantagens e custos futuros, os agentes tendem a dar peso reduzido aos últimos em relação aos primeiros. (...) *"Disposition"*, os agentes humanos são, muitas vezes, realisticamente otimistas; quando devem confronta-se com eventos futuros e incertos, tendem a supervalorizar as próprias probabilidades de sucesso; tendem a dar maior peso à probabilidade de se verificar um evento favorável que o contrário; (...) *"faulty risk-estimation faculty"* se evidencia que os agentes tendem a proteger-se apenas contra os riscos entendidos como muito prováveis, enquanto tendem a ignorar aqueles mais improváveis (...). Por fim, a *"availability"* refere-se ao modo pelo qual um agente arquiva dados adquiridos e imagina cenários futuros. Quando se deve efetuar um juízo sobre a possibilidade de um evento, somente se baseia naqueles cenários e naqueles dados comparáveis que estão disponíveis (*available*) na memória e na imaginação" (Ezio Guerinoni, *Incompletezza e completamento del contrato,* Milão, Giuffrè, 2007, pp. 52-53, *apud* Uinie Caminha, e Juliana Cardoso Lima, "Contrato incompleto, uma perspectiva entre direito e economia para contratos de longo termo", *Revista Direito GV*, v. 10, n. 1, 2014. pp. 173-174).

53. Marcos Nóbrega, "Contratos incompletos e infraestrutura, contratos administrativos, concessões de serviço público e PPPs", cit., p. 10.

um termo ou ocultar outro por razões estratégicas, a fim de explorar um poder de barganha superior ou uma informação assimétrica".[54]

Como a incompletude deliberada pode resultar do oportunismo da parte, o contrato poderia deixar expressamente em aberto a possibilidade de alteração superveniente dos fatos. No exemplo das condições do solo ou da superveniência de tecnologia, a imprevisão é quase previsível. O contratante, especializado na prestação do serviço contratado, tem muito mais facilidade em prever esses eventos.

Diante da assimetria de informações, o agente público deve perseguir uma situação *second best* de maximização, que admitirá algum grau de perda de utilidade em razão da vantagem informacional do contratado. O dilema eficiência versus *rent-seeking*,[55] orienta toda a negociação. A fim de prestigiar a eficiência, o administrador público pode, por exemplo, contratar uma empresa de auditoria ou uma consultoria especializada, que reduzam a assimetria. Isso, no entanto, possui um custo considerável que pode, no limite, comprometer a própria eficiência.[56]

Um exemplo facilita a compreensão. O contratante sabe que A, objeto do contrato, não corresponde exatamente às suas expectativas, mas ignora como seria a melhor alternativa, A'. Os limites cognitivos poderiam ser superáveis, mas sob alto custo. Supondo que uma das partes tenha se desincumbido do ônus de esmiuçar o objeto do contrato, essa nova descrição do objeto merecerá um preço mais elevado que compense os investimentos realizados. Esse novo preço pode, no entanto, desencorajar a contraparte a celebrar o negócio com base em A', o que tornaria a alternativa A mais atraente.[57]

Note-se que *awareness-induction information* não se confunde com a *hard information*, embora ambas correspondam a assimetrias de informações típicas da racionalidade limitada. Um exemplo de informação difícil se verifica quando as partes estão plenamente conscientes da existência das alternativas contratuais A e A', mas não têm certeza quanto aos respectivos ganhos. Para contornar esse limite cognitivo, seria possível o contrato estabelecer que caberia a uma das partes arcar com essa informação difícil e definir qual seria o modelo mais apropriado. É o que parece ocorrer quando a Administração Pública define um determinado tipo de regime contratual, dentre todas as alternativas de que dispõe a legislação.

Por sua vez, a informação indutora de conscientização revela simultaneamente o estado da natureza. Sua atribuição a uma das partes por previsão contratual é bem mais complexa. Tais informações são "abridoras de olhos", a exemplo de alguns atributos do contrato que um fornecedor de mercadoria prefere ocultar, em vez de mencionar o provável aditivo e comprometer-se com seu preço.

---

54. Eric A. Posner, "Economic analysis of Contract Law after three decades, success or failure?, *U Chicago Law & Economics* (March 1, 2002), Olin Working Paper n. 146, p. 4.

55. Por *rent-seeking* compreenda-se a "tentativa de derivar renda econômica pela manipulação do ambiente social ou político no qual as atividades econômicas ocorrem, em vez de agregar valor" (disponível em, https,//pt.wikipedia.org/wiki/Rent-seeking, acesso em, 28.6.2017). "Rent seeking is unproductive; it destroys value by wasting valuable resources (Robert D. Tollison, "The economic theory of rent seeking", *Public Choice* 152 (2012), pp. 73-82, p. 74).

56. Marcos Nóbrega, "Contratos incompletos e infraestrutura, contratos administrativos, concessões de serviço público e PPPs", cit., p. 8.

57. Jean Tirole, "Bounded rationality and incomplete contracts", cit., p. 10. O autor admite que, como resultante da hipótese delimitada, a contraparte considere investir mais em conhecimento.

Segundo Jean Tirole, é o que ocorre quando o comprador anuncia que existe um possível modelo alternativo (A') que atenderia melhor aos seus objetivos que o objeto delimitado no contrato (A). Essa mera enunciação revela que o estado da natureza é de fato que A', em vez de A, é ótimo. O autor complementa que essa informação evita que a parte conhecedora se beneficie plenamente dessa assimetria informacional.[58] O apontamento é relevante para evitar oportunismos da contraparte.

Em se tratando de contratações públicas, a previsão *ex ante* de que o interesse público poderia ser mais bem atendido com o modelo A', ainda não delineado nem conhecido, que o modelo A, estatuído no contrato, pode reduzir as chances de o contratado ocultar a informação de que já disponha e se beneficiar disso em eventual aditivo. Note-se que o contrato continua sendo incompleto, mas já com menores custos de transação *ex post*.

3.2 Contratos incompletos, contratação integrada, soluções alternativas: incentivos para redução dos custos de transação "ex post"

Além do desenho contratual e seu regramento jurídico, há diversos fatores capazes de influenciar os custos de transação. Dentre os aspectos subjetivos, figuram a racionalidade limitada e o oportunismo, que também informam os custos de transação *ex ante*. Já quanto aos objetivos, pode-se mencionar a duração do contrato, vez que contratos de longo prazo tendem a permitir alterações numerosas e imprevisíveis; o valor do contrato e os investimentos específicos, informados por sua utilidade marginal decrescente; e a complexidade do objeto, dado que, quanto mais detalhada a execução, maiores chances de alterações futuras dos elementos previstos, como o tipo de material, a quantidade, os métodos de execução e a especialização da mão-de-obra.

Em relação aos investimentos feitos, os custos de transação *ex post* são informados também pelo problema da inconsistência dinâmica e seus efeitos. Isso ocorre quando um negócio é atraente antes de feito o investimento, mas deixa de sê-lo depois, tornando a transação inviável.

Como essas transações pressupõem elevados investimentos que, frequentemente, cabem a uma das partes fazer, essa parte arca com o risco adicional de interrupção prematura da relação comercial, que levaria à perda, pelo menos parcial, do valor investido. A fim de se proteger, essa parte tentará prever todos os eventos que possam afetar a sua relação comercial, definindo remédios e ações para cada contingência. Essa estratégia, no entanto, não se viabiliza em razão da racionalidade limitada, subsistindo lacunas contratuais. É possível que, nesse cenário, a outra parte tende a aproveitar a ocorrência de uma situação imprevista para redefinir os termos da barganha a seu favor, em comportamento oportunista.[59]

É um risco que se verifica, via de regra, em contratações públicas complexas, de longo prazo e de valores vultosos. Uma vez que a Administração fez o investimento, ela se torna

---

58. Jean Tirole, "Bounded rationality and incomplete contracts", cit., p. 2. No original, "I posit that the enunciation of A' is an "eye-opener"; the very description of A' reveals that the state of nature is indeed such that A' rather than A is optimal. Put differently, a party's suggestion of contracting on A' gives the information away and prevents the knowledgeable party from fully benefiting from it".

59. Armando Castelar Pinheiro, *Segurança jurídica, crescimento e exportações*, Texto para Discussão n. 1.125, IPEA, Rio de Janeiro, 2005, p. 10.

vulnerável às demandas da contratada para renegociar o contrato, demandas feitas sob a ameaça de dissolução da relação contratual.

Por sua vez, os custos irrecuperáveis (*sunk costs*) correspondem ao custo de se recuperar os ativos investidos em outras atividades, em caso de dissolução da avença ou mudança de planos. No caso da cal hidratada, por exemplo, a impossibilidade de se reempregar toneladas de material em outra obra semelhante, caso houvessem sido compradas, eleva substancialmente o custo de transação *ex post* quando da identificação de sua desnecessidade. É o que também se verificaria em ativos fixos de uma siderurgia ou uma usina termoelétrica.[60]

A presunção de que as partes saberiam atingir por si um resultado ótimo superestima a racionalidade dos agentes, como visto. Isso não significa, contudo, que a estratégia negocial não possa ser aplicada a determinados casos excepcionais, notadamente aqueles em que ambas as partes tenham grande expertise técnica e informacional para alcançar uma resposta satisfatória. Os institutos jurídicos podem criar incentivos ou corrigir falhas, de modo a viabilizar essa negociação.

Os custos de transação *ex post* podem ser reduzidos por expressa previsão contratual do procedimento aplicável diante da superveniência de eventos extraordinários. É essa a função primordial do direito contratual,[61] mesmo em sede administrativa.

Há algumas formas de arranjo institucional que contribuem para minimizar os riscos de oportunismo.[62] Destacam-se duas: (i) a criação de uma dependência mútua entre os agentes, que, no caso dos contratos administrativos, pode se verificar pela distribuição de custos pela imprevisão com a multa de atraso no cronograma;[63] e (iii) a integração vertical, que internaliza a transação, fazendo com que a empresa atue nas duas pontas.

A integração vertical, que se costuma apontar como estratégia para redução dos custos de transação, ocorre quando diferentes processos de produção passam a ser estabelecidos por um conglomerado econômico, em vez de repartidas em múltiplas firmas. A *holding* economiza os custos que assumiria de negociação de diversos contratos e contrapartes. Aplicando o conceito nas contratações públicas, o custo de transação inicial e, em especial, a assimetria de informação se reduzem sobremaneira com a transferência à contratada do dever de elaboração do projeto básico ou do projeto de execução que caberá a ela mesma implementar, concentrando na contratada atividades que poderiam ser delegadas a consultores e auditores.

Licita-se com o projeto básico e todas as suas incompletudes e, então, se elabora o projeto de execução, concomitantemente com a execução do avençado. Essa alternativa, muitas vezes verificada, aumenta o custo de transação *ex post* da Administração Pública

---

60. Marcos Nóbrega, "Contratos incompletos e infraestrutura, contratos administrativos, concessões de serviço público e PPPs", cit., p. 6.
61. Richard Posner, "The Law and Economics of contract interpretation", *Texas Law Review*, 2004, p. 1.582.
62. Armando Castelar Pinheiro, *Segurança jurídica, crescimento e exportações*, cit., p. 12.
63. Nessa categoria poderia se inserir o contrato relacional, por meio do qual as partes convencionam renegociações periódicas, como forma de mitigar a assimetria de informações. Não é desse tipo contratual que presentemente se trata, tendo em vista alguns inconvenientes de sua aplicação em contratos complexos de longo prazo. Sobre algumas críticas, ver Marcos Nóbrega, "Contratos incompletos e infraestrutura, contratos administrativos, concessões de serviço público e PPPs", cit., p. 13.

e a possibilidade de comportamento oportunista da contraparte. O ideal seria licitar com o projeto de execução ou um projeto básico muito completo, o que nem sempre está ao alcance das partes.

A transferência do ônus de elaboração do projeto básico e/ou executivo tem sido uma tendência das reformas legislativas na matéria, sobretudo para obras de infraestrutura e contratos complexos. O Projeto de Lei 6.814/2017, que visa a alterar a Lei 8.666/1993, determina a licitação a partir de um projeto executivo, nas hipóteses de contrato de obra pública cujo projeto não seja elaborado pelo executor da obra.[64]

Na mesma linha, a Lei 13.303/2016, que institui o estatuto jurídico das estatais, prevê a contratação integrada e a semi-integrada para obras e serviços de engenharia, em que os riscos decorrentes de fatos supervenientes à contratação associados à escolha da solução de projeto básico pela contratante deverão ser alocados como de sua responsabilidade na matriz de riscos. Nessa matriz, serão definidos os riscos e as responsabilidades entre as partes a partir da listagem de possíveis eventos supervenientes impactantes no equilíbrio econômico--financeiro e do estabelecimento das frações do objeto em que haverá liberdade das contratadas para inovar. Assim, expressamente reduz-se a assimetria de informações quanto às soluções metodológicas ou tecnológicas, às obrigações de resultado e às demais soluções previamente delineadas pela contratante no anteprojeto ou no projeto básico da licitação.

A Lei 12.462/2011, que institui o Regime Diferenciado de Contratações Públicas-RDC, admite o regime de contratação integrada, em que a Administração Pública contrata não apenas a execução do objeto, mas todas as operações necessárias e suficientes para sua entrega final, tais como a elaboração e o desenvolvimento dos projetos básico e executivo, a montagem, a realização de testes e a pré-operação.

Nessa modalidade, que se aplica a e obras e serviços de engenharia, o anteprojeto pode contemplar expressamente uma matriz de alocação de riscos entre as partes, quando, então, o valor estimado da contratação poderá considerar essa taxa de risco e as contingências atribuídas ao contratado. Como consequência, na contratação integrada não se admite a celebração de termos aditivos, exceto para adequação técnica do projeto aos objetivos da contratação, ainda assim com a expressa ressalva de que não decorram de "erros ou omissões por parte do contratado".

A contratação integrada ainda encontra severas restrições. Arquitetos e engenheiros manifestaram-se contrariamente, alegando que a contratação com base em projeto básico gera baixa qualidade e aumentos de custo e de prazo.[65] Há também a crítica frequente de

---

64. Conforme esclarece o autor do texto substitutivo, a previsão de que a execução do contrato somente poderá ser iniciada quando houver projeto executivo pretende reduzir o número de "sucessivos termos aditivos com vistas a corrigir deficiências do projeto que podem ser por vezes previsíveis". Parecer da Comissão Especial do Desenvolvimento Nacional, rel. Senador Fernando Bezerra Coelho. Disponível em https://legis.senado.leg.br/sdleg-getter/documento?dm=3801317, acesso em 26.6.2017.

65. Manifestaram-se nesse sentido IAB, CAU-BR, Federação Nacional de Arquitetos e Urbanistas (FNA), Associação Brasileira de Ensino de Arquitetura (Abea), Associação Brasileira de Escritórios de Arquitetura (AsBEA) e Associação Brasileira de Arquitetura Paisagística (Abap). O documento conta com o apoio do CONFEA, da Associação Nacional dos Servidores Públicos Engenheiros, Arquitetos e Agrônomos do Poder Executivo Federal (ANSEAF), da Federação Brasileira de Associações de Engenheiros (FEBRAE) e da Associação dos Arquitetos, Agrônomos e Engenheiros Públicos de São Paulo (AEP.SP). Disponível em http://infraestruturaurbana.pini.com.br/solucoes-tecnicas/leis-normas/entidades-de-arquitetura-e--engenharia-elaboram-sugestoes-para-a-revisao-307714-1.aspx, acesso em 29.6.2017.

perda de eficiência com a especialização[66] ou de riscos de delegação excessiva de poder. Quanto a este ponto, denuncia Flavio Amaral Garcia que a mera delegação ao contratado do encargo de elaboração do projeto executivo, para que o desenvolva concomitantemente à execução da obra, "confere um poder de direção técnica da obra que, se utilizado para fins ilícitos, permite a manipulação de preços e insumos, naquilo que se convencionou denominar jogo de planilhas".[67]

A jurisprudência do Tribunal de Contas da União, tradicionalmente avessa à incompletude contratual, tem se mostrado ainda reticente à adoção do regime da contratação integrada. Exige (i) que haja real competição entre as licitantes para a concepção de metodologias e tecnologias distintas, (ii) que resultem em soluções vantajosas para o Poder Público, em relação a competitividade, prazo, preço e qualidade, (iii) que os indicadores sejam mais favoráveis que os de outros regimes de execução, especialmente a empreitada por preço global; (iv) que se quantifique as vantagens e desvantagens da utilização do regime de contratação integrada comparativamente a outras contratações já concluídas ou que haja justificativa circunstanciada no caso de impossibilidade;[68] e (v) quando possível, considere a pratica internacional para o mesmo tipo de obra.[69]

Para o TCU, a contratação integrada somente se justifica se demonstrado, em termos monetários, que os gastos totais a serem realizados com a implantação do empreendimento serão inferiores se comparados aos obtidos com os demais regimes de execução.[70] Essa justificativa econômica, no entanto, pode inviabilizar, na prática, a adoção desse regime, porque desconsidera os custos com revisão contratual de outros modelos. Ainda que o custo inicial seja mais elevado, na contratação integrada, as hipóteses, premissas, carregamentos, diretrizes, pré-dimensionamentos adotados e realizados na etapa de anteprojeto podem ser revistos e alterados pelos projetos básico e executivo. Tal alteração, no entanto, não se constitui em hipótese legalmente admitida de aditamento contratual, o qual somente é cabível em razão de alterações nos projetos solicitada pelo órgão contratante após já os haver aprovado.[71]

Uma alternativa à contratação integrada e semi-integrada que também contribui para reduzir os custos de transação *ex post* de contratos incompletos corresponde à licitação em duas etapas: o projeto básico e o projeto de execução. As duas fases podem estar vinculadas ou não. Neste último caso, contrata-se uma empresa de consultoria especializada e reparte-se com ela o risco de um projeto básico eventualmente mal feito. No primeiro, vinculam-se ambas as fases com a mesma contratada, caso em que haverá uma licitação com um anteprojeto ou projeto básico que contenha apenas os elementos essenciais para a contratação, como prazo, objeto genérico e local.[72]

66. Armando Castelar Pinheiro, *Segurança jurídica, crescimento e exportações*, cit., p. 12.
67. Flavio Amaral Garcia, "Chegou a hora – uma necessária mudança na execução de obras públicas no Brasil", *RERE-Revista Eletrônica de Reforma do Estado* n. 15, 2015, disponível em *http,//www.direito doestado.com.br/colunistas/flavio-amaral-garcia/chegou-a-hora-uma-necessaria-mudanca-na-execucao-de-obras-publicas-no-brasil*, acesso em 26.6.2017.
68. TCU, *Informativo de Licitações e Contratos* 308, de 25 e 26.10.2016.
69. TCU, *Informativo de Licitações e Contratos* 289, de 1.6.2016.
70. TCU, *Informativo de Licitações e Contratos* 253, de 28 e 29.7.2015.
71. TCU, *Informativo de Licitações e Contratos* 304, de 20 e 21.9.2016.
72. O modelo aproxima-se do *Engineering, Procurement and Construction Contracts (EPC)* do tipo *open book* ou *progressive*, embora não se trate especificamente de empreitada integral, mas tão somente da divisão das fases executórias. Heloisa Ferreira Scaramucci, *Estrutura de contratos EPC*, Edição 19, out.

A proposta vencedora será a que apresentar o melhor detalhamento em custo-benefício. A partir do resultado, o projeto básico já detalhado será reavaliado pelo poder público, que poderá optar por executar o contrato com a empresa contratada ou simplesmente não realizar. Poderá alterar as características iniciais, para elaborar uma segunda avaliação, caso os custos se revelem mais altos do que as estimativas.

Na hipótese de se celebrar contrato final com a empresa que venceu a primeira fase, não haverá riscos de revisão contratual por erros de cálculo. As poucas situações capazes de ensejar a revisão contratual serão aquelas em que a Administração altere unilateralmente os termos do contrato para adequação ao interesse público. Nesse caso, como visto, seriam alternativas tanto a previsão *ex ante* de haver outros objetos que correspondam melhor ao interesse público explicitado, quanto a delegação ao contratado do ônus de pensar essas alternativas, bem como na responsabilização do administrador como incentivo a uma atuação mais diligente.

É possível que as sugestões repercutam no preço a ser originalmente proposto. Isso porque empresas tendem a quantificar o risco, de modo que quanto menor a segurança jurídica maior o custo fixado inicialmente na proposta. Essa distorção dos preços não acomete igualmente todas as transações. Dentre os setores mais afetados, Armando Castelar Pinheiro aponta as transações que comportam contrapartidas diferidas no tempo, envolvem bens não rivais e com baixo custo marginal de produção e são muito complexas.[73]

Esse raciocínio consequencialista, no entanto, não é imperioso. Há alguns fatores capazes de irromper esse ciclo, como a existência de forte concorrência. A concorrência, aliás, é içada a uma posição protagonista, superior por vezes à própria negociação. É como aponta Joaquim Sousa Ribeiro, referindo-se à concorrência que envolve a liberdade de contratar de ambos os sujeitos da relação negocial.[74]

Valendo-se das mesmas premissas, é razoável deduzir que, com mais razão ainda, a concorrência entre os agentes nos contratos administrativos assume protagonismo na estipulação dos custos de transação, bem mais do que a possibilidade de a Administração efetivamente negociar diante dos elevados custos de transação que lhe recaem. Isso se aplica tanto à negociação *ex ante*, no procedimento licitatório, quanto à revisão contratual – situação em que a negociação se mostraria decisiva para quantificar de modo justo a álea extraordinária.

Também a situação financeira caótica incentiva os entes a negociar. É o que James Buchanan chama de o mais básico dos princípios econômicos: "quando ganhos mútuos estão presentes, as partes estarão motivadas a iniciar negociação com o intuito de capturar uma mais-valia potencialmente prevista".[75] Nesses casos, então, mais do que adjudicar o que presumidamente corresponderia ao resultado eficiente obtido pelas partes, pode o judiciário estimular a solução negocial, reduzindo os custos de transação ou equilibrando os ônus enfrentados por ambas as partes.

2012. Disponível em *http,//infraestruturaurbana.pini.com.br/solucoes-tecnicas/19/estrutura-de-contratos--epc-as-caracteristicas-e-modalidades-dos-267580-1.aspx*, acesso em, 29.6.2017.

73. Armando Castelar Pinheiro, *Segurança jurídica, crescimento e exportações*, cit., p. 9.

74. Joaquim Ribeiro, "O contrato, hoje, funções e valores", in *O Direito dos Contratos*, p. 46.

75. James Buchanan, " Good Economics. Bad Law", *Virginia Law Review*, v. 60, n. 3, mar. 1974, pp. 485-486.

O ponto merece explicação. A judicialização, por si só, não corresponde a uma medida de eficiência, senão como forma de compensação de um desequilíbrio contratual severo ou a falhas de mercado. Como destacam Uinie Caminha e Juliana Lima, a incompletude introduz a flexibilidade necessária para que o contrato possa continuamente adequar-se às mudanças das circunstâncias, de modo que as partes devem evitar a aplicação dos mecanismos judiciais de integração e interpretação quando essa completude for deliberada.[76]

No curso da execução do contrato, as partes tendem a confiar na atuação das cortes, assim como nos costumes e práticas de mercado, para assegurar o respeito à vontade negocial manifestada de início.[77] A judicialização reduziria, assim, os custos de transação na ulterior completude dos contratos, por reduzir os oportunismos.

Na via inversa, há quem identifique nos custos da decisão judicial um incentivo às partes de complementarem por si mesmas o contrato – seja na fase inicial, seja por via negocial.[78] Quando a assimetria de informação resulta em um ganho inexpressivo, o contrato tende a ser incompleto. Nesses casos, não será cabível transferir ao tribunal os custos de resolução da disputa de preços porque o benefício do principal de pagar um preço mais baixo é pequeno em relação ao custo de decisão e de erro.[79] Em vez disso, as partes tenderão a negociar um acordo fora do tribunal, e o mesmo preço será pago ao final.

Mais do que a atuação judicial, comumente alheia à lógica de eficiência, a legislação também pode distribuir esses custos. Segundo Coase, cabe à legislação a compensação dos custos de transação por meio de incentivos, de forma a estimular a livre negociação das partes. Isso pode ser feito por via regulatória, ao se combater a assimetria de informações, ou por distribuição dos riscos. Nesse segundo caso, medidas alternativas poderiam ser adotadas, como a manutenção das obras ou prestação de serviço enquanto ocorre a negociação ou o recurso à avaliação de um terceiro neutro.

A possibilidade de a contingência não ser arcada exclusivamente pela Administração não se traduz em necessária insegurança jurídica. É possível que a estipulação de meios alternativos de solução de controvérsias, como a arbitragem, contribua para atribuir ainda mais segurança ao particular, por lidar com especialistas e ter um respaldo mais célere.[80] A arbitragem constitui, assim, um meio hábil para reduzir os custos de transação e encontrar uma situação *second best* de eficiência.[81] É como admitem a Lei 11.079/2004, a Lei 8.987/1995 e a Lei 12.462/2011.

---

76. Uinie Caminha, e Juliana Cardoso Lima, Contrato incompleto, uma perspectiva entre direito e economia para contratos de longo termo", *Revista Direito GV*, v. 10, n. 1, 2014. pp. 188-190.

77. Eric A. Posner, "Economic analysis of Contract Law after three decades, success or failure?, cit., p. 4.

78. Kathryn E. Spier, "Incomplete contracts and signaling", *Rand Journal of Economics*, vol. 23, Ano 3, 1992, p. 439.

79. Os "custos de decisão" (*decision costs*) correspondem aos custos envolvidos para se encontrar o resultado, um tipo de custo enfrentado por tribunais e por cidadãos, que têm de investir recursos nesse processo, enquanto os "custos de erro" (*error costs*) envolvem a quantidade e a magnitude dos erros que possam advir de uma decisão (Cass Sunstein, *Constitutional personae, heroes, soldiers, minimalists, and mutes*. Oxford, Oxford University Press, 2015, pp xv-xvi).

80. Marcos Nóbrega, "Contratos incompletos e infraestrutura, contratos administrativos, concessões de serviço público e PPPs", cit., p. 12.

81. Marcos Nóbrega, "Contratos incompletos e infraestrutura, contratos administrativos, concessões de serviço público e PPPs", cit., p. 12.

A admissibilidade de intervenção de terceiro imparcial para dirimir eventuais conflitos, seja o Judiciário, seja a arbitragem, pode, por um lado, encarecer o contrato, em razão da eventual paralisação da execução e dos elevados custos processuais, por outro, gera mais segurança jurídica para as partes, ao combater arbitrariedades e oportunismos.[82]

Da mesma forma, a garantia constitucional de preservação da equação econômico-financeira não se traduz necessariamente em uma relação mais equitativa, ainda que da norma presumivelmente decorra uma maior segurança jurídica. Percebe-se que o regramento atual não acarreta a segurança jurídica desejada ou, ao menos, não os demais fins visados com a celebração da licitação. Isso porque, apesar do detalhado regramento legal de hipóteses de alteração do contrato administrativo, a negociação *ex post* das condições econômicas não possui suficientes balizas normativas.

4. Considerações finais

A proposta apresentada neste artigo consistiu em repensar a distribuição de custos de transação *ex ante* e *ex post* em contratações públicas, por meio da criação de incentivos que mitiguem o desequilíbrio provocado pela assimetria de informações e racionalidade limitada. Assim, a hipótese de que é possível redistribuir os custos iniciais e finais nos moldes do direito posto foi construída a partir da interpretação dos contratos e a formulação de cláusulas.

Ao longo dessa exposição, foram prestigiados inovações legislativas recentes e alguns influxos da teoria econômica. A utilização de institutos econômicos para questões jurídicas, sobretudo quando se trata de direito público, ainda provoca certa reticência. Em grande parte, a ressalva é pertinente. Os dados econômicos não devem fornecer acriticamente soluções jurídicas, vez que o Direito adota *ratio* alheia às leis do mercado.[83]

No entanto, a apropriação ponderada dessas determinantes externas, à luz de critérios e valores jurídicos, pode tornar mais eficiente a normatividade jurídica. Isso se aplica com mais vigor ainda em contratações públicas, dado que a contraparte privada tende a agir em consonância com a lógica da maximização dos lucros. Ainda que não seja essa a inspiração maior do interesse público, sabe-se que a eficiência na Administração Pública, mais do que um princípio constitucional, consiste em uma exigência de viabilização dos demais desideratos que a Constituição lhe impinge.

Assim, há alguns elementos da teoria econômica cuja aplicação pode ser de grande valia para o Direito Administrativo. A premissa de que há incompletudes deliberadas, provocadas por comportamentos oportunistas, assimetria de informações ou racionalidade limitada, pode ensejar um novo rearranjo nos negócios jurídicos celebrados pela Administração Pública.

Sabe-se que a possibilidade de as partes transigirem é bastante limitada no Direito Administrativo contratual não apenas pela dita indisponibilidade do interesse público, mas, sobretudo, por os custos de transação que envolvem o Poder Público estarem dados ou,

---

82. Uma outra medida seria pactuar a realização da transação em uma jurisdição internacional, quando possível.
83. Joaquim de Sousa Ribeiro, "O contrato, hoje, funções e valores", *Direito dos Contratos/Estudos*, 2007, pp. 35-56, p. 55.

ao menos, limitados por lei. Essa afirmação, no entanto, não deve engessar as instituições jurídicas, que assumem um papel importante ao delimitar as hipóteses e pressupostos de alteração contratual.

Não se trata de inviabilizar a alteração qualitativa ou de lhe impor limites percentuais, mas de restringir o regramento a casos de fato efetivamente supervenientes imprevisíveis, nos quais a assimetria de informações não permite oportunismos e a racionalidade limitada não provoca maiores consequências. Um exemplo ilustra o ponto. A concepção de que as sujeições imprevistas são prerrogativas do Poder Público, que correspondem ao melhor interesse público, pode resultar de uma manipulação de informações de quem mais detém capacidade de prever o imprevisto.

Assim, a teoria econômica contribui para aventar alternativas que efetivamente equilibrem financeiramente a relação contratual ao reduzir os custos de transação. O espaço de conformação da teoria da incompletude que pode ser útil para o Direito Administrativo seria o das alterações imprevistas, mas previsíveis. Essas podem ser corrigidas *ex ante* na elaboração do projeto, maiores pesquisas de mercado e transferência do ônus de informação ao contratado, de modo a minimizar as assimetrias de informação.

Já os custos *ex post* poderiam ser mais bem distribuídos por mecanismos que compensem a pressão da Administração Pública, como a previsão contratual de continuidade da execução do contrato durante a renegociação, de mecanismos alternativos de soluções de controvérsias, de preferência por alteração nas cláusulas financeiras em vez das econômicas, dentre outros tantos.

Há diversos pontos a serem desenvolvidos e aprimorados, dentre os quais se destacam a composição do custo da alteração a ser arcado pelo poder público, a dificuldade de verificação das preferências e restrições cognitivo-comportamentais do particular e a responsabilização daqueles agentes cuja desídia permitiu alterações a destempo no projeto licitado. São muitos os estudiosos aqui e alhures que se dedicam a tornar mais eficiente a contratação pública. A empreitada é desafiadora e certamente vem em boa hora.

SERVIÇOS DE INTERESSE ECONÔMICO GERAL NO BRASIL: OS INVASORES

Marçal Justen Filho

1. Entre o passado e o futuro: 1.1 Algumas advertências necessárias – 1.2 As cautelas exigidas: o risco dos extremos – 1.3 A adequação do Direito aos novos tempos – 1.4 A contínua reconfiguração dos institutos jurídicos – 1.5 A incidência dos pressupostos ao tema examinado – 1.6 O postulado fundamental: a satisfação da necessidade do usuário. 2. O cenário jurídico brasileiro: 2.1 A clássica distinção entre serviço público e atividade econômica – 2.2 A exploração dos recursos escassos. 3. O serviço público no Direito Brasileiro: 3.1 Os fundamentos da adoção do instituto do serviço público – 3.2 O regime de serviço público – 3.3 A configuração legislativa. 4. A crise do serviço público no Brasil: 4.1 A crise financeira do Estado – 4.2 O recurso ao capital privado – 4.3 O recurso à experiência privada – 4.4 A delegação de serviço público e seus problemas. 5. A despublicização parcial ou total de atividades: 5.1 A adoção da livre iniciativa – 5.2 A eliminação da exclusividade – 5.3 A incidência de um regime privatista – 5.4 A eventual competição em situação de assimetria regulatória – 5.5 A autorização estatal – 5.6 Exemplos dessas modificações – 5.7 Síntese: o processo evolutivo pretérito. 6. As inovações invasoras: 6.1 Breves considerações – 6.2 As razões do sucesso dos invasores. 7. O Direito Brasileiro e as invasões inovadoras: 7.1 As novas soluções e a ausência de comando estatal – 7.2 A necessidade de distinção entre as hipóteses – 7.3 Ainda a distinção entre serviço público e atividade econômica. 8. A competição com concessionários de serviço público: 8.1 A titularidade e a questão da exclusividade – 8.2 As situações práticas e o surgimento de competição assimétrica – 8.3 O requisito inafastável: a viabilidade do serviço público (se necessária) – 8.4 O respeito aos direitos assegurados aos antigos operadores – 8.5 A solução mais vantajosa – 8.6 As soluções invasoras e o serviço público. 9. A competição com exploradores de atividade econômica: 9.1 A rejeição aos obstáculos à livre concorrência – 9.2 Atividades econômicas subordinadas a autorização – 9.3 Inovações invasoras que necessitem de autorização – 9.4 Inovações invasoras incompatíveis com autorização existente – 9.5 As inovações dotadas de características incomparáveis. 10. O caso Uber: 10.1 A exploração profissional e contínua da atividade – 10.2 A natureza jurídica da atividade de táxi – 10.3 A regulação estatal da atividade – 10.4 A submissão do Uber ao regime jurídico brasileiro. 11. As soluções puramente virtuais: ainda o enigma da Internet: 11.1 A Lei 12.965, de 23.4.2014 – 11.2 A não estatalidade da Internet – 11.3 Ainda a distinção entre infraestrutura e conteúdo – 11.4 O desafio da elevação da capacidade – 11.5 Utilização da Internet e superação dos serviços tradicionais – 11.6 A primeira crise: a área de telefonia – 11.7 A ausência de enfrentamento formal do problema – 11.8 WhatsApp e segurança pública – 11.9 A solução do bloqueio do aplicativo – 11.10 O problema comum mundial. 12. Conclusão.

Algumas atividades, desenvolvidas a partir de modelos concebidos no estrangeiro, começaram a ser exploradas no Brasil, competindo com os prestadores de serviços de interesse econômico geral,[1] até então submetidos a um regime jurídico específico. Os exemplos

---

1. A utilização da expressão "serviço de interesse econômico geral" não é casual. A expressão difundiu-se na União Europeia, em substituição à tradicional figura do "serviço público", de modelagem francesa. *Serviço de interesse econômico geral* não é um sinônimo de serviço público. Os conceitos são distintos sob o prisma jurídico, mas apresentam alguns traços comuns. São atividades que envolvem a exploração dos recursos econômicos para satisfação de necessidades coletivas relevantes, de caráter comum a todas

mais evidentes são o Uber, o Airbnb e o WhatsApp, ainda que a questão não se restrinja a esses casos.

1. Entre o passado e o futuro

O grande desafio reside em submeter as inovações referidas ao regime jurídico brasileiro. O problema essencial é que o Direito Brasileiro não contempla categorias apropriadas para disciplinar essas hipóteses. Ou seja: a dificuldade não consiste na subsunção dos fatos ao Direito Brasileiro, mas envolve avaliar se o Direito Brasileiro – concebido segundo uma visão tradicional – prevê soluções satisfatórias para tais fatos.

1.1 Algumas advertências necessárias

A avaliação jurídica da questão deve ser enfrentada tomando em vista algumas advertências de igual importância.

1.1.1 A elevação do ritmo das inovações

Por um lado, há um acréscimo do ritmo dos problemas e das inovações. A multiplicação da população (especialmente em vista da elevação da vida média), o crescimento das cidades, o desenvolvimento das comunicações e as inovações tecnológicas são alguns dos fatores que produziram uma sociedade radicalmente diversa. As novidades envolvem aspectos positivos e outros negativos.

1.1.2 O enquadramento de inovações no âmbito da estrutura jurídica

Ocorre que o modelo jurídico foi concebido à luz de realidades sociais distintas e não acompanha o ritmo das modificações produzidas. A disciplina normativa encontra-se em constante processo de obsolescência, sempre refletindo o esforço de formular respostas para problemas que se instalaram de modo espontâneo e muitas vezes imperceptível.

1.2 As cautelas exigidas: o risco dos extremos

O tratamento jurídico desses novos fenômenos envolve dois riscos, que refletem posicionamentos contrapostos.

---

as pessoas. O direito comunitário não define o regime jurídico dos serviços de interesse econômico geral, remetendo o tema à legislação de cada Estado-membro. Portanto, o instituto do serviço público tem configuração tipicamente jurídica, identificando-se pelo regime jurídico diferenciado. Já, o serviço de interesse econômico geral é qualificado em vista do seu conteúdo propriamente dito. Adotou-se, nessa passagem, a referência a serviço de interesse econômico geral porque nem todas as inovações examinadas envolvem serviços públicos propriamente ditos. Em muitos casos trata-se de serviços de interesse coletivo, que estão subordinados a um regime regulatório diferenciado das atividades econômicas em geral. Os esclarecimentos contidos no texto permitirão um esclarecimento mais preciso sobre essa questão, que não é meramente terminológica. Para aprofundar o exame, cf. o pensamento de Mônica Spezia Justen, *A Noção de Serviço Público no Direito Europeu*, São Paulo, Dialética, 2003, e de Alexandre Santos de Aragão, *Direito dos Serviços Públicos*, 3ª ed., Rio de Janeiro, Forense, 2013, pp. 105 e ss.

1.2.1 O risco do idealismo jurídico

Uma alternativa extrema reside em recusar qualquer interferência dos fatos sobre a ordem jurídica. Nesse sentido, o operador do Direito assume a dissociação entre os mundos do ser e do dever-ser. Então, o Direito deve ser compreendido e aplicado sem subordinação à circunstância da realidade fática.

Esse enfoque conduz à recusa ao reconhecimento de práticas que não possam ser enquadradas nas categorias jurídicas vigentes. Tudo aquilo que não se subsumir à disciplina da ordem jurídica abstrata deve ser reputado como irrelevante – senão ilícito.

Essa é uma concepção que tende a ser extremamente conservadora, na acepção de impor ao futuro as concepções vigentes na tradição do passado.

1.2.2 O risco da autonomia fático-normativa

Uma concepção oposta consiste na desconsideração da heteronomia normativa. Trata-se de reputar que os fatos produzem uma normatividade bastante e suficiente, que deve ser superposta à estruturação normativa estatal. Essa visão admite a absoluta superposição das práticas efetivas da realidade. A força normativa do Direito produzido formalmente deve ser atenuada.

Segundo esse enfoque, a contradição entre o Direito posto na lei e as práticas da realidade social deve ser resolvida sempre em favor dessa última dimensão.

1.2.3 Ainda e sempre o desafio do equilíbrio

Como é usual em todos os conflitos, o grande desafio reside na formulação de solução equilibrada. Nenhuma das duas posições extremadas conduz a resultados satisfatórios. Ignorar a realidade das mudanças é muito nocivo para a vida social. Mas eliminar a força normativa do Direito formal também coloca em risco a própria sociedade.

1.3 A adequação do Direito aos novos tempos

A grande dificuldade reside, portanto, em assegurar mecanismos que permitam a constante adaptação do Direito aos novos tempos. A ordem jurídica necessita contemplar soluções para colocar um sistema normativo tendencialmente estático em conexão com as inovações existentes. Esse processo de adequação não pode comprometer a função intrínseca da ordem jurídica formal.

1.3.1 Os mecanismos formais

Muitos dos mecanismos de adequação do Direito à realidade operam no nível normativo formal. Considere-se, como exemplo, a tendência à transferência de competências normativas formais dos órgãos legislativos para outras instâncias. A regulação por agências independentes e a autorregulação por instituições não estatais são soluções formais destinadas a permitir que as exigências da realidade sejam incorporadas ao processo de produção formal de normas jurídicas.

1.3.2 A função do operador jurídico

Mas também incumbe ao operador jurídico uma atuação relevante no sentido da (re)interpretação do Direito formal. Isso significa não propriamente negar o sentido reconhecido tradicionalmente a uma norma. Não se trata de substituir a vontade normativa ou a vontade do intérprete anterior pelo intento do novo operador jurídico.

A questão está em reconhecer a abertura do Direito posto para dispor sobre novos fenômenos. A solução contemplada em vista de certa realidade não implica, de modo necessário ou ilimitado, a preservação de uma orientação normativa inalterável para o futuro.

Seguindo uma linha tradicional, trata-se de preservar o espírito do sistema, de modo que as soluções para eventos inovadores sejam compatíveis com os valores cristalizados na ordem jurídica.

1.4 A contínua reconfiguração dos institutos jurídicos

Daí se segue o fenômeno da reconfiguração dos institutos jurídicos tradicionais. Seja por força das válvulas formais de atualização da ordem jurídica, seja pela atuação dos operadores jurídicos, verifica-se uma dinâmica incontível do Direito.

1.5 A incidência dos pressupostos ao tema examinado

O estudo dos mecanismos econômicos invasores deve ser norteado pelas ponderações anteriores. Significa tanto a ausência de um enfoque absolutamente dogmático como a rejeição à incorporação destituída de crítica das novidades.

Mais ainda, trata-se de evitar um posicionamento apriorístico, favorável ou contrário às inovações. Não se busca, portanto, a mera justificação para posições favoráveis ou contrárias que tenham sido adotadas de antemão.

A intenção é estabelecer uma conexão entre os institutos inovadores e o direito público brasileiro.

1.6 O postulado fundamental: a satisfação da necessidade do usuário

De todo modo, a análise jurídica de todas essas inovações deve ser orientada pela prevalência dos direitos e interesses do usuário.

1.6.1 Ainda a satisfação de necessidades essenciais

Tal como adiante exposto, a própria criação do regime de serviço público se constitui numa solução fundada no pressuposto da melhor satisfação das necessidades individuais e coletivas.

Não cabe invocar argumentos formalistas para questionar a legitimidade de solução inovadora apta a assegurar prestações mais adequadas ou preços mais reduzidos. Deve-se examinar a questão em seu contexto mais amplo, tomando em vista a dimensão do serviço universal, em condições de isonomia.

1.6.2 A tutela aos interesses dos prestadores do serviço

Isso não significa negar direitos aos prestadores anteriores do serviço. O regime jurídico adotado para a prestação do serviço deve ser respeitado. Tais direitos poderão conduzir, inclusive, à extinção compulsória da atividade anterior, sempre mediante a observância dos requisitos legais previstos – que podem incluir até mesmo a indenização ao antigo operador do serviço.

1.6.3 A preservação e a renovação do Direito Brasileiro

Em outras palavras: a introdução de soluções inovadoras, provenientes do estrangeiro, não deve ser rejeitada de modo imediato e automático. Essas inovações são inerentes à dinâmica da sociedade e da economia. Mas também não é cabível aceitar todas as inovações sem as submeter ao crivo do Direito vigente.

Vai-se produzindo uma evolução contínua, em que o Direito vigente adquire novas características, ao mesmo tempo em que as inovações se submetem às linhas mestras da ordem jurídica. É um processo amplo, que permite a evolução socioeconômica e jurídica sem a perda do referencial contemplado no elenco dos valores fundamentais consagrados pela Nação.

2. O cenário jurídico brasileiro

De modo genérico, a satisfação de necessidades coletivas ou individuais de cunho geral implica no Direito Brasileiro a intervenção estatal. Nesse ponto há marcante distinção entre o Direito Brasileiro e o Anglo-Saxão (em cujo contexto tais experiências se desenvolveram inicialmente).

2.1 A clássica distinção entre serviço público e atividade econômica

Qualquer análise jurídica sobre a problemática envolve examinar a clássica distinção entre serviço público e atividade econômica propriamente dita.[2]

2.2 A exploração dos recursos escassos

A exploração dos recursos escassos para a satisfação de necessidades mutuamente excludentes é organizada constitucionalmente em dois grandes grupos de atividades. Existem as atividades econômicas propriamente ditas e há os serviços públicos.

2.2.1 A atividade econômica propriamente dita

Como regra, todos os recursos econômicos podem ser apropriados pelos particulares, sendo livre o desenvolvimento de qualquer atividade – respeitados os limites constitucionais e as exigências legais. Assim está previsto, de modo específico, no art. 170 e seu parágrafo

---

2. É necessário assinalar que essa distinção vai sendo superada pela evolução social espontânea e pela elevação crescente da complexidade estatal. No entanto, trata-se de diferenciação claramente consagrada na Constituição de 1988, que não pode ser ignorada e afastada de modo puro e simples.

único da CF/1988. Essa exploração econômica privada observa a livre iniciativa e a livre concorrência.

No entanto, pode ser subordinada à regulação estatal, que em muitos casos é bastante intensa. Assim se passa, por exemplo, nas atividades de fornecimento e comercialização de medicamentos e no setor bancário. Usualmente tais hipóteses exigem autorização estatal para o exercício das atividades.

O Estado pode assumir o desempenho de atividades econômicas. Tal se passa nos casos indicados no art. 173 da CF/1988. Ainda nesse caso o regime jurídico aplicável é tipicamente de direito privado.

2.2.2 O serviço público

Na disciplina consagrada pela Constituição Federal/1988 o serviço público é atividade que se vale dos recursos econômicos para satisfação de necessidades essenciais, comuns à generalidade da população, reservada à titularidade do Estado e desenvolvida sob regime de direito público.

A prestação do serviço público pode ser delegada à iniciativa privada, sem que isso afete o regime jurídico aplicável. Os instrumentos jurídicos para a delegação são, basicamente, a concessão e a permissão de serviço público.

3. O serviço público no Direito Brasileiro

No Direito Brasileiro as prestações destinadas à satisfação de necessidades individuais ou coletivas de natureza essencial foram tradicionalmente qualificadas como um serviço público.

3.1 Os fundamentos da adoção do instituto do serviço público

A solução brasileira reflete algumas circunstâncias específicas.

3.1.1 A relevância das necessidades envolvidas

O primeiro fundamento da existência do serviço público no Direito Brasileiro é a transcendente relevância dos interesses a serem satisfeitos. A ausência de satisfação de tais interesses geraria danos irreparáveis aos valores fundamentais.

3.1.2 A insuficiência dos mecanismos de mercado

O segundo pressuposto da figura do serviço público é a inadequação do modelo privado de mercado para satisfação das necessidades. Isso implica a necessidade da atuação estatal.

3.1.3 A utilização de bens públicos

Em terceiro lugar, a satisfação dos interesses coletivos envolve usualmente a utilização de bens públicos. Considere-se como exemplo a questão da energia elétrica. A geração hidráulica de energia elétrica pressupõe o uso de potenciais energéticos cujo domínio é estatal. A distribuição da energia elétrica faz-se por meio de acessões edificadas sobre vias públicas.

3.1.4 A neutralização dos efeitos do monopólio natural

Em quarto lugar, a satisfação de necessidades coletivas relevantes exige usualmente investimentos muito elevados em infraestrutura, cuja exploração apresenta retornos crescentes de escala. Isso significa, em termos econômicos, que a solução mais eficiente é a existência de um único prestador do serviço. A isso se denomina monopólio natural.[3] Na tradição brasileira os monopólios naturais são atribuídos ao Estado, para evitar abusos de poder econômico privado propiciados pela ausência de competição.

3.2 O regime de serviço público

O regime de serviço público acarreta o afastamento de postulados genéricos da livre iniciativa e da livre concorrência.

3.2.1 A titularidade estatal do serviço

O serviço público é atividade de titularidade estatal. Portanto, não incide a livre iniciativa. O particular apenas pode desempenhar a atividade de serviço público mediante um contrato de concessão ou de permissão, outorgado usualmente mediante licitação.

3.2.2 A prestação sob regime de direito público

O serviço público é sempre prestado sob regime de direito público. A relação entre o Estado (ou seu delegatário) e o usuário não se sujeita às regras próprias da atividade privada.

3.2.3 A exclusividade

Por se tratar de atividade de titularidade estatal, sua prestação se faz com exclusividade pelo Estado (ou por quem lhe faça as vezes). Somente em situações excepcionais se cogita de exploração em regime de concorrência. Ainda assim, essa concorrência se desenvolve

---

3. Monopólio natural é um conceito econômico, independente de configuração jurídica. Refere-se a hipóteses em que o desenvolvimento da atividade exige investimentos iniciais muito relevantes, cuja amortização se fará mediante a exploração por prazos longos. Em tais hipóteses o preço apropriado para amortizar os investimentos será decrescente em vista da escala dos usuários. Como decorrência, o menor preço será necessariamente obtido quando existir um único explorador do serviço. Assim se impõe porque, em tal situação, haverá o maior número possível de usuários. A implantação de competição em hipóteses de monopólio natural conduz à elevação do preço para os usuários e acarreta uma tendência inevitável ao fracasso de todos, menos um. A configuração de monopólios naturais conduz ao risco de prática de preços abusivos em virtude da posição dominante do monopolista. Por isso, tornou-se prática usual, na Europa (e no Brasil) a transformação da atividade que configure monopólio natural em um serviço público. Ressalte-se, no entanto, que essa solução não é necessária. Trata-se de decisão política, adotada no âmbito de cada ordenamento jurídico. Sobre o conceito de monopólio natural consulte-se a obra de Richard A. Posner, *Natural Monopoly and its Regulation*, Washington, Cato Institute, 1999.

no âmbito do direito público, não como uma manifestação da autonomia dos particulares na exploração de atividades econômicas.

A exclusividade sob o prisma jurídico é uma decorrência também da configuração de um monopólio natural.

3.3 A configuração legislativa

A instituição do serviço público depende de regra legal. No Brasil, diferentemente do que se passa em outros Países, a previsão de serviços públicos encontra-se na própria Constituição. De modo específico, o art. 21 especifica, em alguns dos seus incisos, um elenco de atividades consideradas como serviço público.

No entanto, a doutrina (prevalente) tem reconhecido a possibilidade de que o elenco de serviços públicos seja alterado por via da lei ordinária.

4. A crise do serviço público no Brasil

Todos os Países que consagram o instituto do serviço público enfrentaram a problemática de uma crise relevante. Tal se passou inclusive no Brasil.[4]

A experiência brasileira já vinha apontando o exaurimento do modelo econômico tradicional, que se refletia nas concepções jurídicas acima expostas.

4.1 A crise financeira do Estado

Um problema evidente relaciona-se com o esgotamento da capacidade estatal de investimento. O Estado (Brasileiro, inclusive) não dispõe de recursos suficientes para realizar os investimentos necessários em infraestrutura.

4.2 O recurso ao capital privado

A solução passou a ser o recurso ao capital privado. Especialmente num cenário de globalização econômica, surgiu uma relevante disponibilidade de capitais privados em Países desenvolvidos. Tais montantes são mais do que suficientes para assegurar a implantação de infraestruturas no âmbito dos Países mais pobres.

4.3 O recurso à experiência privada

Por outro lado, a dinâmica das atividades privadas é muito mais intensa do que a atuação dos setores públicos. Como decorrência, tornou-se indispensável ao Estado contar com o conhecimento técnico-científico dos setores privados.

---

4. Sobre o tema, cf. as obras: Pedro Gonçalves, *A Concessão de Serviços Públicos*, Coimbra, Livraria Almedina, 1999, e Dinorá Adelaide Musetti Grotti, *O Serviço Público e a Constituição Brasileira de 1998*, São Paulo, Malheiros Editores, 2003.

4.4 A delegação de serviço público e seus problemas

A solução preferencial para viabilizar o investimento privado foi a concessão de serviço público.[5] No entanto, a concessão de serviço acabou se revelando como solução muito problemática.

4.4.1 A inadequação do regime de direito público

A concessão de serviço público implica a preservação da existência do serviço público. Há apenas a delegação de sua prestação a um sujeito privado. Ocorre que em muitos casos o regime de direito público se revela como inadequado.

4.4.2 A dimensão burocrática do direito público

As grandes dificuldades relacionam-se com as questões burocráticas inerentes ao regime de direito público. O primeiro ponto envolve a exigência de licitação para a outorga. O segundo ponto refere-se à fixação da tarifa a ser cobrada. O terceiro ponto é a complexidade da regulação estatal relativamente à exploração.

4.4.3 A satisfatoriedade da atuação da iniciativa privada

Mais do que, isso constatou-se que as necessidades coletivas em muitas hipóteses poderiam ser satisfeitas de modo mais satisfatório mediante a atuação da iniciativa privada. Isso envolvia, especialmente, a exploração mais eficiente dos recursos econômicos disponíveis.

4.4.4 A reconfiguração dos limites do monopólio natural

A evolução tecnológica conduziu à dissociação (*unbundling*) de muitas atividades de serviço público. A decorrência foi o reconhecimento de que certos setores de uma atividade comportavam competição em regime de livre concorrência. Isso conduziu a reformas legislativas muito significativas, tal como se constata no tocante à energia elétrica.

5. *A despublicização parcial ou total de atividades*

Como decorrência, passou a se difundir uma iniciativa estatal de reduzir a amplitude dos serviços públicos – até o ponto de eliminá-los completamente em alguns setores.

5.1 A adoção da livre iniciativa

A primeira iniciativa foi a aplicação da livre iniciativa a certas atividades. Isso significou a ausência de titularidade própria do Estado. Como decorrência, facultou-se aos particulares o desempenho dessas atividades sem que tal implicasse uma "delegação" estatal.

---

5. Lembre-se que a expressão "concessão de serviço público" é utilizada pela legislação e pela doutrina para indicar uma pluralidade de contratações com perfis jurídicos muito distintos.

5.2 A eliminação da exclusividade

Outra decorrência foi a eliminação da exclusividade na exploração da atividade. Isso significou a possibilidade de uma pluralidade de sujeitos competirem entre si. Em grande parte dos casos, no entanto, fixou-se uma limitação quantitativa para a exploração.

5.3 A incidência de um regime privatista

As atividades passaram a ser desenvolvidas sob regime de direito privado, ainda que com incidência das regras próprias do direito do consumidor.

5.4 A eventual competição em situação de assimetria regulatória

Em muitos casos se admite a competição entre concessionários de serviço público e empresas que atuam sob regime de autorização. Essa situação é denominada de *assimetria regulatória*, para indicar a existência de regimes jurídicos diversos disciplinando a atuação dos vários competidores.

Usualmente a assimetria regulatória acarreta a destruição da empresa submetida ao regime de direito público. No entanto, existem certas situações em que as concessionárias de serviço público usufruem de benefícios competitivos muito significativos. O exemplo mais conhecido no Brasil é a telefonia fixa. Numa mesma área há atuação de uma concessionária de serviço público e de uma empresa titular de autorização. Essas últimas atuam segundo o modelo de direito privado, enquanto aquelas são submetidas ao regime de direito público.

5.5 A autorização estatal

Em todas as hipóteses acima examinadas a exploração da atividade por um particular passou a ser dependente da aprovação estatal. Em tais casos o instrumento jurídico adotado é a autorização.

5.5.1 A figura da autorização

A doutrina e a jurisprudência ainda não chegaram a um consenso sobre a figura da autorização, que se encontra referida no art. 21, XI, da CF/1988. O dispositivo prevê um elenco de serviços públicos e estabelece que sua prestação poderá se fazer por meio de concessão, permissão ou autorização. Não há disputas sobre as duas primeiras hipóteses. O problema é a autorização.

5.5.2 A autorização para a prestação de serviço público

Na tradição do direito administrativo, a autorização para um particular prestar serviço público é situação anômala e relativamente irrelevante. Envolve uma situação de precariedade e excepcionalidade, tal como se verifica em hipóteses de greve em serviços públicos ou de emergência.

É pacífico que a autorização de serviço público não é utilizável para atribuir a um particular o desempenho contínuo e permanente de uma atividade de serviço público.

5.5.3 As referências da Constituição Federal/1988 à autorização

Na CF/1988 o vocábulo "autorização" é referido não apenas no art. 21, XI e XII, mas também no art. 170, parágrafo único. Isso não significa, de modo necessário, que se trate de um mesmo e único instituto jurídico.[6]

No entanto, minha opção preferencial é a de assemelhar as duas hipóteses, reconhecendo que podem existir diversos regimes jurídicos para a autorização, mas em todos os casos existe sempre uma atividade desenvolvida sob regime privado e segundo o postulado da livre iniciativa.

5.5.4 A autorização nas hipóteses de despublicização da atividade

Ao longo das últimas décadas a autorização passou a ser prevista na lei como instrumento para a despublicização do serviço público.

A autorização não é instrumento de transferência para um particular do desempenho de atividade propriamente estatal. É um ato estatal que reconhece a titularidade pelo particular de requisitos para a exploração de uma atividade, a se fazer segundo requisitos estabelecidos pelo Estado.

5.5.5 A eventual indeterminação de prazo

Nada impede, em certas hipóteses, que a autorização seja deferida por prazo indeterminado. Trata-se de assegurar que o particular explore a atividade se e enquanto não houver alteração do regime jurídico pertinente.

5.5.6 A eventual determinação do prazo

Mas existem hipóteses em que a autorização é concedida com prazo determinado, inclusive gerando direito adquirido do particular. Tal se passa especialmente nos casos em que a atividade exige investimentos de relevo, que não podem ser desmobilizados e cuja amortização se fará mediante a exploração da atividade.

5.5.7 A outorga da autorização

A obtenção da autorização depende da comprovação do preenchimento dos requisitos necessários ao desempenho da atividade. Em muitos casos, no entanto, há a inviabilidade material ou econômica da outorga de autorização para todo e qualquer interessado. Quando assim se passa, a autorização será precedida de um procedimento licitatório. Muitas vezes o critério de seleção será econômico, envolvendo a maior vantagem para o Estado ou para o consumidor.

---

6. Aliás, não se pode excluir que o vocábulo tenha sido utilizado em sentido vulgar, destinando-se a indicar a existência de uma manifestação formal de vontade do Estado de concordância com a atuação do agente privado.

5.5.8 A regulação estatal

Em todos esses casos o regime jurídico aplicável à atividade compreende uma composição de princípios de direito público e de direito privado. As atividades despublicizadas são subordinadas a intensa regulação estatal, usualmente a cargo de agências independentes.

No entanto, existe controvérsia sobre se a autorização praticada se confunde com aquela referida no art. 170, parágrafo único, da CF/1988.

5.6 Exemplos dessas modificações

A proliferação do regime de autorizações atingiu ampla gama de serviços públicos, muito antes do surgimento das disputas sobre as figuras invasoras.

Assim, já existiam leis prevendo, há muito tempo, autorização para a prestação das seguintes atividades sob regime de direito privado:

- geração de energia elétrica;
- comercialização de energia elétrica;
- telefonia móvel e de telefonia fixa;
- construção e exploração de portos privados;
- transporte ferroviário de passageiros e de cargas;
- transporte interestadual e internacional de passageiros por via rodoviária;
- transporte municipal e intermunicipal de passageiros por via rodoviária (vans e lotações);
- aeroportos privados.

Todas essas atividades se constituíam no passado em serviços públicos, que eram explorados diretamente pelo Estado ou, quando muito, mediante concessões. Passaram a ser exploradas sob regime de livre iniciativa e livre concorrência por sujeitos titulares de autorização.

Em muitos casos o serviço público foi mantido, mas se admitiu a exploração das atividades sob regime de direito privado (mediante autorização).

5.7 Síntese: o processo evolutivo pretérito

Então, seria um equívoco reputar que o cenário jurídico brasileiro apresentava uma configuração estática e cristalizada, imutável ao longo das últimas décadas.

Independentemente de se cogitar das inovações invasoras mais recentes, o Direito Brasileiro experimentou profundas modificações ao longo das últimas duas décadas. A introdução dessas novas figuras apenas representa um desafio mais intenso e evidente de adaptação do Direito do século XX às peculiaridades propiciadas pelas circunstâncias atuais.

6. As inovações invasoras

Então, o cenário socioeconômico e jurídico tornou-se mais complexo em vista da introdução, de modo espontâneo (mas contínuo), de um conjunto de inovações, mantidas e exploradas empresarialmente e sem qualquer intervenção estatal.

6.1 Breves considerações

Essas diversas manifestações empresariais apresentam alguns traços em comum. São soluções empresariais desenvolvidas no estrangeiro a partir da liberdade de iniciativa, visando a satisfazer necessidades individuais de natureza comum, mediante a otimização de recursos econômicos e se valendo de recursos de Informática e da Internet.

6.1.1 O surgimento e a consolidação no estrangeiro

O primeiro aspecto reside em que tais iniciativas surgiram no estrangeiro e foram incorporadas à prática brasileira. Isso é relevante porque permite compreender que tais iniciativas não seguiram a tradição brasileira, nem foram influenciadas por experiências nacionais pretéritas.

Por outro lado, essas soluções foram testadas no estrangeiro. Depois de sobreviverem às exigências de mercados muito mais maduros do que o brasileiro, foram introduzidas no Brasil.

6.1.2 A satisfação de necessidades individuais, de natureza comum

As soluções invasoras são orientadas a satisfazer necessidades individuais mas que apresentam um cunho de generalidade. Dito de outro modo: as utilidades ofertadas pelos novos empreendimentos são fruíveis individualmente por uma grande quantidade de consumidores.

6.1.3 A livre iniciativa

Todas as soluções refletem a criatividade do setor privado no tocante à organização dos fatores da produção. Nenhuma dessas manifestações tem origem no Estado, nem envolve a exploração de recursos públicos propriamente ditos. Essa, aliás, e como se verá adiante, é uma das grandes controvérsias da questão no Direito Brasileiro.

6.1.4 A otimização dos recursos econômicos

Outra característica dos novos empreendimentos é a otimização de recursos econômicos. Rigorosamente, não existem a implementação de novas infraestruturas nem a alocação exclusiva e privativa de recursos econômicos. As soluções orientam-se a ampliar a rentabilidade de infraestruturas já existentes. Envolvem, por assim dizer, explorações marginais de recursos já existentes.

6.1.5 O compartilhamento de recursos econômicos

Em muitos casos verifica-se o compartilhamento de recursos econômicos de titularidade privada, para aproveitar sua ociosidade. Essa é uma decorrência da evolução socioeconômica das últimas décadas.

O progresso econômico propiciou a acumulação de vastos recursos econômicos no setor privado. Multiplicaram-se as habitações privadas, os veículos de propriedade individual, e assim por diante. Esses bens são destinados preponderantemente à satisfação das necessidades dos seus titulares. Mas há viabilidade de fruição conjunta desses recursos pelo proprietário e por terceiros, mediante uma remuneração relativamente módica.

Ou seja: surge a constatação de que necessidades coletivas podem ser satisfeitas não apenas por meio da atividade empresarial profissional, mas também pela exploração de oportunidades marginais promovida por um sujeito que não atua como profissional especializado.

Nessa linha, o exemplo mais evidente é o Airbnb, solução destinada a oferecer hospedagem a terceiros em imóveis não utilizados ou apenas parcialmente utilizados pelos seus titulares.

6.1.6 A utilização das soluções de Informática

Todas essas iniciativas apenas se tornaram viáveis em vista de novas soluções de Informática, que permitem a comunicação em tempo real entre os interessados. A utilização da Internet é fator decisivo. Mais que isso, pode-se afirmar que na maioria dos casos essas soluções dependem de aplicativos destinados a utilização em *smartphones*.

É fundamental destacar que o progresso tecnológico propiciou mecanismos de comunicação imediata entre os diversos integrantes da sociedade. Isso permitiu manifestações de exploração econômica que eram impensáveis no passado.

6.2 As razões do sucesso dos invasores

O sucesso dos invasores decorre de uma pluralidade de fatores, intimamente relacionados com as características acima expostas.

6.2.1 O aproveitamento mais eficiente dos recursos econômicos

Um aspecto fundamental reside na exploração marginal de recursos econômicos já disponíveis. As soluções inovadoras não envolvem a alocação de recursos econômicos de grande porte destinados especificamente à implantação de novos empreendimentos. Trata-se de aproveitar as ociosidades dos recursos econômicos para oferecer prestações no mercado. Isso significa uma redução significativa dos custos, o que permite a prática de preços muito mais reduzidos.

6.2.2 A ausência de obrigação de serviço universal

As soluções inovadoras não estão sujeitas à obrigação de serviço universal. Isso significa que podem escolher os mercados mais vantajosos, os horários mais satisfatórios e as condições mais interessantes para desempenho de sua atividade.

Em termos econômicos, ocorre a eliminação do subsídio cruzado, uma característica inerente ao serviço universal. O subsídio cruzado significa a prática de preços calculados em vista de custos médios. Isso significa que os serviços de maior custo e menor rentabilidade são custeados pela remuneração mais elevada proveniente de situações de menor custo e maior rentabilidade.

Portanto, o agente pode praticar o preço mais compatível com a situação específica, sem a necessidade de alocação de receitas para custeio de serviços prestados a outros usuários, em condições menos favoráveis.

6.2.3 A flexibilidade empresarial: a ausência de submissão ao Estado

Outro aspecto marcante reside na flexibilidade empresarial. Todas essas soluções inovadoras são desenvolvidas e modificadas em vista das necessidades do mercado. Isso significa a ausência de necessidade de submissão ao controle prévio do Estado.

A eliminação da burocracia permite a adequação imediata dos serviços às características da realidade. Um exemplo permite compreender essa circunstância. Os preços praticados pelo sistema Uber não dependem de aprovação prévia do Estado. Valendo-se dessa autonomia, o sistema prevê variação de preços em vista da demanda. Quanto maior a procura pelos serviços em vista do local ou do horário, tanto maior será o preço praticado. A prática de preços mais elevados representa um atrativo para a participação mais intensa dos potenciais fornecedores.

Essa flexibilidade permite a exploração mais eficiente dos recursos econômicos, eliminando ociosidades e outras ineficiências.

6.2.4 A atualidade de soluções

Outro aspecto marcante é o desenvolvimento e a incorporação contínua de soluções, acompanhando a dinâmica da evolução tecnológica. Desse modo, as operações encontram-se em permanente aprimoramento.

Assim, por exemplo, os pagamentos envolvem o uso de cartões de crédito, a predeterminação dos custos, a identificação precisa dos prestadores de serviços. Isso se processa em constante alteração, de modo a oferecer continuamente novas comodidades aos usuários.

6.2.5 O foco no usuário

As atividades inovadoras são focadas no usuário. A necessidade de capturar novos usuários conduz a um comprometimento com padrões de qualidade na prestação dos serviços. Esses serviços são orientados a assegurar o melhor serviço pelo menor preço possível.

6.2.6 Os mecanismos de *feedback*

Também por isso, as novas soluções contemplam mecanismos destinados a obter informações dos usuários relativamente aos serviços fruídos. O consumidor recebe uma "voz", fenômeno que era usualmente ignorado nas soluções tradicionais.

7. O Direito Brasileiro e as invasões inovadoras

As inovações oriundas do estrangeiro configuram exacerbação de uma tendência que, como visto, já se encontrava em curso. O modelo jurídico brasileiro clássico já passava por um processo de erosão.

7.1 As novas soluções e a ausência de comando estatal

A peculiaridade das inovações invasoras reside na ausência de orientação estatal. As novidades desenvolveram-se de modo espontâneo, a partir da criatividade da iniciativa privada. Trata-se de uma espécie de rebeldia desencadeada pelos agentes econômicos privados em face dos modelos contemplados em esquemas regulatórios estatais.

O ponto crucial da disputa reside em determinar se a implementação prática de atividades privadas, desenvolvidas sob o influxo da livre iniciativa, comporta repressão estatal sob invocação do monopólio da atividade ou da regulação correspondente.

7.2 A necessidade de distinção entre as hipóteses

Nesse ponto, é indispensável reconhecer que as inovações invasoras comportam distinções de tratamento jurídico. Embora haja pontos em comum que as identificam, nem todas elas se subordinam ao mesmo regime jurídico formal – ao menos, considerando a questão no Brasil.

Ou seja: o tratamento jurídico aplicável às diversas inovações é variável em vista do seu enquadramento nas diversas categorias vigentes no Direito Brasileiro.

7.3 Ainda a distinção entre serviço público e atividade econômica

Algumas das inovações invasoras envolvem atividades que foram, total ou parcialmente, qualificadas no Brasil como serviço público. Mas outras atividades se enquadram como uma atividade econômica em sentido próprio.

7.3.1 A prestação de serviço público

Algumas das atividades inovadoras envolvem a satisfação de necessidades coletivas segundo um modelo reservado, total ou parcialmente, como serviço público. A grande disputa, nesse caso, é a violação aos postulados fundamentais do instituto.

Se a inovação invasora for configurada como uma atuação empresarial privada conflitante com o serviço público, configurar-se-ia uma ilicitude. Afinal, o particular apenas pode desenvolver a atividade de serviço público mediante um ato formal de delegação do ente estatal dele titular.

O exemplo mais evidente dessa controvérsia é o Uber. O transporte individual de passageiros por via rodoviária é objeto da atividade de táxi, que muitos entendem enquadrar-se no regime de serviço público.

7.3.2 A exploração de atividades econômicas reguladas

Outras atividades inovadoras não envolvem disputa sobre a violação direta ao regime de serviço público. A atuação é inquestionavelmente privada. No entanto, o ponto relevante reside em que tais atividades econômicas são subordinadas a regulação estatal específica. A atividade invasora não preenche os requisitos impostos pelo Estado no exercício de seu poder de polícia. Nesses casos a controvérsia não se relaciona com a violação ao regime de serviço público, mas ao não cumprimento dos requisitos regulatório exigidos.

Assim se passa, por exemplo, com Airbnb. A atividade de hospedagem e estadia ao público em geral não se constitui em serviço público. Mas, embora atividade privada, o Poder Público impõe um conjunto de exigências (positivas e negativas) a serem atendidas pelo agente econômico que explora a atividade de modo empresarial.

Nesse caso, a controvérsia reside na subsunção das atividades de hospedagem intermediadas mediante Airbnb à hipótese da hotelaria.

7.3.3 As atividades puramente virtuais

Mas há um terceiro grupo de atividades, que não se confundem com aquelas duas hipóteses anteriores. São atividades puramente virtuais, que se desenvolvem exclusivamente no âmbito da Internet.

Essas atividades estão compreendidas no desafio que representa a qualificação jurídica da própria Internet. O exemplo mais evidente é o aplicativo WhatsApp, que permite a comunicação escrita e oral por meio de telefones móveis conectados à Internet. Esse aplicativo utiliza a infraestrutura da Internet de serviços de telecomunicação. Em grande parte os serviços ofertados pelo WhatsApp coincidem com aqueles que são objeto de serviços de telecomunicação móvel.

Nessa categoria podem ser enquadradas todas as atividades inovadoras que permitem a satisfação de necessidades exclusivamente por meio dos recursos disponibilizados pela Internet.

8. A competição com concessionários de serviço público

O desempenho por particulares de atividades qualificadas como serviço público somente é admissível quando fundado em delegação do respectivo titular. No entanto, e tal como acima apontado, o tema apresenta algumas complexidades.

8.1 A titularidade e a questão da exclusividade

Os serviços públicos são atividades de titularidade do Estado, a quem primariamente incumbe sua prestação. Daí deriva uma exclusividade – a qual comporta certas restrições.

8.1.1 O desempenho pelo Poder Público e a exclusividade

O serviço público que é desempenhado diretamente pelo ente estatal titular configura uma situação de exclusividade. Somente o referido ente estatal é investido do poder jurídico de prestá-lo.

Em tais hipóteses a exploração material da atividade de serviço público configura ilicitude altamente reprovável. Trata-se de uma usurpação da atividade estatal.

8.1.2 A eventual opção pela competição

Isso não impede, no entanto, que o ente estatal titular do serviço público opte pelo seu desempenho em situação de competição.

O que pode conduzir a situações em que o poder concedente continua a prestar o serviço mas delega sua prestação concomitante também a particulares. Assim, por exemplo, existem Municípios em que o serviço de transporte coletivo é prestado por empresas estatais e por concessionárias privadas.

Mas essa é uma situação anômala. Nas hipóteses em que é viável a competição entre prestadores do serviço público a opção mais comum é a delegação a uma pluralidade concessionários privados – sem que o ente estatal assuma qualquer atuação ativa.

8.1.3 A exigência de ato estatal de delegação

A eliminação da exclusividade na prestação do serviço público não implica legitimar a exploração da atividade por qualquer particular. Não cabe invocar a livre iniciativa como fundamento para desempenhar a atividade, eis que a incidência do regime de serviço público acarreta sua reserva para o Estado.

Portanto, o desempenho do serviço público por um particular depende da obtenção de um título jurídico adequado, consistente em uma permissão ou uma concessão de serviço público.

8.2 As situações práticas e o surgimento de competição assimétrica

É relevante assinalar que a constatação prática da insuficiência ou inadequação da prestação dos serviços sob regime de serviço público tem induzido, em certas situações, à despublicização parcial da atividade.

8.2.1 A exploração satisfatória dos serviços sob regime privado

Tem sido usual, especialmente no âmbito do transporte coletivo, a constatação da insuficiência das modelagens de serviço público. Tem ocorrido o florescimento, em muitos locais, da prestação de serviços por sujeitos privados, tal como se se tratasse de atividade econômica.

Em muitos casos os particulares conseguem oferecer serviços com maior flexibilidade de percursos e horários, com preços mais reduzidos, do que os previstos no serviço público.

8.2.2 A ilicitude original da situação

Essa situação, na origem, configura uma ilicitude, pelos motivos já apontados. Os transportes "clandestinos" representam não apenas uma violação formal à exclusividade estatal. Trata-se também de uma violação aos direitos assegurados aos permissionários e aos concessionários. Há uma frustração de receita que acarreta potencial inviabilidade da concessão ou da permissão.

Mais ainda, essa situação ilícita envolve, usualmente, grandes riscos à segurança individual e coletiva. É muito frequente que os veículos utilizados pelos clandestinos não preencham os requisitos de segurança impostos aos concessionários e permissionários. O valor mais reduzido exigido decorre, em muitos casos, da redução de custos decorrente da ausência de atendimento aos requisitos indispensáveis à segurança.

8.2.3 A legitimação de situações originalmente ilícitas

No entanto, muitas dessas situações fáticas têm sido recepcionadas pela ordem jurídica. Especialmente no âmbito dos transportes coletivos urbanos e interurbanos tem-se constatado que a eliminação dos "clandestinos" geraria sérias dificuldades para a população.

Isso conduz à alteração da disciplina jurídica. Passa-se a admitir a prestação dos serviços públicos sob regime de direito privado, em condições limitadas e com observância de requisitos indispensáveis de segurança. Isso resulta em que parcelas relevantes da população passam a ser atendidas por sujeitos privados, que atuam sem exigências de horário e percurso similares àquelas impostas aos concessionários e permissionários. Implanta-se uma situação de regulação assimétrica, em que a prestação das atividades é desenvolvida concomitantemente sob regime de serviço público e de atividade econômica propriamente dita.

8.2.4 O fundamento da solução

Essa solução fundamenta-se na concepção de que existe um fim a ser realizado, consistente no oferecimento de utilidades indispensáveis à satisfação de necessidades relevantes (inerentes à dignidade humana). A configuração de uma atividade como serviço público não se destina a assegurar ao Estado a obtenção de poder político ou de receitas. Trata-se de solução reputada como indispensável para satisfazer necessidades coletivas, que se afiguram como universais e que não podem ser atendidas mediante os mecanismos de mercado.

8.2.5 A variação do elenco de serviços públicos

Essa circunstância é relevante porque explica as razões da variação histórica do elenco de serviços públicos, tal como a variação do catálogo de serviços públicos de País para País. Ou seja: a atividade somente é configurada como serviço público por ser essa a solução jurídica que assegura a satisfação das necessidades do universo dos integrantes da sociedade. Sempre que uma necessidade relevante pode ser satisfatoriamente atendida por meio dos mecanismos de direito privado a figura do serviço público deve ser afastada.

A tese é comprovada por uma pluralidade de exemplos. Assim, tome-se em vista a questão dos alimentos e dos medicamentos. Todos os seres humanos necessitam de alimentos. A maior parte das pessoas, em algum momento da vida, depende de medicamentos. Daí não se segue que o desenvolvimento, a fabricação e a comercialização de alimentos e de medicamentos devam ser configurados como serviço público. Assim se passa porque os mecanismos de mercado propiciam a satisfação das necessidades coletivas nesse campo. Nada impede, no entanto, que uma parcela dessas atividades seja assumida pelo Estado, sempre que se verifique a insuficiência da atuação privada.

8.2.6 A conjugação de serviço público e atividade privada

Portanto, é perfeitamente possível que em certas situações a melhor solução para assegurar o atendimento à complexidade das necessidades existentes seja a conjugação dos regimes de serviço público e de exploração puramente privada.

O regime de serviço público tende a ser muito menos flexível, especialmente em vista das exigências de universalidade e de isonomia. Para generalizar o atendimento equivalente para todos os potenciais interessados é indispensável padronizar as prestações ofertadas. Pode haver casos, então, em que o serviço público não se configura como a solução apropriada para atender a certa necessidade diferenciada. A livre iniciativa pode oferecer, então, alternativas apropriadas para a satisfação dessas demandas.

8.3 O requisito inafastável: a viabilidade do serviço público (se necessária)

É necessário, no entanto, assegurar a viabilidade do serviço público. Se a exploração da atividade sob regime privado acarretar vantagens competitivas muito significativas, surge o risco de todos os usuários migrarem para o serviço privado.

8.3.1 A desnecessidade do serviço público

Se tal acontecer, estará comprovada a desnecessidade da existência do serviço público. Caberão sua extinção e a liberação da atividade.

8.3.2 Ainda a universalidade e a isonomia do serviço

O ponto mais fundamental reside, no entanto, na satisfação universal e isonômica das necessidades coletivas. Como apontado, a adoção do regime de serviço público decorre do reconhecimento de que a exploração da atividade em regime de direito privado impedirá a satisfação isonômica dos interesses da generalidade das pessoas.

O serviço público é uma solução não apenas para a existência da atividade. Mais ainda, trata-se de assegurar a universalidade e a isonomia na satisfação das necessidades.

O grande risco da introdução de soluções de mercado é a exploração seletiva das atividades. Isso significaria preservar os benefícios apenas para as parcelas já privilegiadas da população, que teriam condições econômicas e sociais de fruição das prestações por valores mais vantajosos. As populações carentes e estabelecidas em locais mais distantes não seriam atendidas – nem pelos agentes econômicos privados (por ausência de rentabilidade), nem pelo serviço público (inviabilizado pela competição seletiva).

8.3.3 A avaliação da solução mais vantajosa para a generalidade

Por isso, é indispensável um juízo de ponderação, norteado pela isonomia, orientado a avaliar a solução mais vantajosa para a generalidade da população. Até é possível que, diante da constatação da vantajosidade da solução inovadora relativamente a parcelas muito relevantes da população, sejam permitidas atividades sob regime de direito privado. Mas isso somente poderá ocorrer se não produzir a inviabilização da satisfação das parcelas mais vulneráveis e hipossuficientes da população.

8.3.4 A revisão dos modelos anteriores de serviço público

Ainda nos casos em que seja necessário preservar o serviço público, impor-se-á o dever de revisão do seu modelo. As novas soluções, desenvolvidas pela criatividade dos agentes privados, não podem ser ignoradas. As inovações apresentadas devem ser incorporadas nas práticas de serviço público, visando a assegurar sua atualidade.

Ou seja: o serviço público não pode ser concebido como um setor econômico incompatível com as inovações. A atratividade das inovações reflete, usualmente, a obsolescência das concepções até então adotadas no âmbito do serviço público.

A generalidade da população opta pelas inovações invasoras por reconhecer que o modelo praticado de serviço público é inadequado e ultrapassado. Essa constatação não pode ser ignorada.

Por isso, a eventual rejeição das inovações invasoras não pode fazer-se com a pura e simples preservação do modelo anterior de serviço público. É indispensável que esse serviço público seja atualizado e se identifique, na maior medida possível, com as inovações trazidas.

8.4 O respeito aos direitos assegurados aos antigos operadores

Em qualquer caso haverá uma questão jurídica relevante a ser solucionada: os direitos assegurados ao permissionário ou ao concessionário de serviço público.

Se foi pactuada uma relação jurídica entre Estado e particular, com prazo determinado, impondo obrigações cujo desempenho envolvia investimentos e gastos, não é cabível extinguir a relação jurídica sem adoção de providências destinadas a assegurar a indenização ao sujeito privado.

8.5 A solução mais vantajosa

Em síntese, incumbe ao Estado conceber a solução mais vantajosa e eficiente para a satisfação de necessidades coletivas. Isso deve ser desenvolvido em vista da posição dos diversos usuários, considerados em situação de isonomia.

Em certos casos a solução do serviço público é a mais satisfatória, se não a única apta a assegurar serviços universais, em situação de isonomia. Em outros casos a alternativa mais eficiente e adequada é a exploração pelos particulares em regime de direito privado.

A grande dificuldade reside na conjugação da exploração de uma mesma atividade sob dois regimes jurídicos distintos. Essa hipótese configura, usualmente, ilicitude que necessita repressão.

8.6 As soluções invasoras e o serviço público

As características das soluções invasoras não afetam qualquer das ponderações acima realizadas.

8.6.1 A submissão do agente à disciplina genérica

Uma solução inovadora, importada do estrangeiro, que envolva a prestação de serviço público apenas poderá ser desenvolvida no Brasil mediante concessão ou permissão.

A pura e simples implantação de competição pelo setor privado com o serviço público é uma ilicitude.

8.6.2 Soluções integradas ou complementares

No entanto, podem existir soluções integradas ou complementares. É perfeitamente possível que a criatividade propicie o desenvolvimento de atividades que não se enquadram, de modo perfeito e exato, nos limites do serviço público. Em outros casos trata-se de assegurar utilidades adicionais, que permitem ganhos relevantes de eficiência ou o aproveitamento de oportunidades econômicas.

Essas situações não comportam uma solução abstrata genérica. Será necessário verificar as características do caso concreto.

8.6.3 A inovação revolucionária e a extinção do serviço público

Não se pode eliminar, no entanto, a possibilidade de inovações revolucionárias, dotadas de originalidade tão significativa que acarretem a obsolescência radical do serviço público.

Se tal vier a ocorrer, a única alternativa é a submissão à realidade. Caberá promover a extinção do serviço público, cercada de providências destinadas a assegurar eventuais indenizações a concessionários e permissionários atingidos.

9. A competição com exploradores de atividade econômica

A introdução de inovações é inerente à própria competição econômica. Portanto, e como regra, as inovações invasoras que versem sobre atividades econômicas privadas não demandam maiores questionamentos.

9.1 A rejeição aos obstáculos à livre concorrência

No entanto, não é incomum que o operador econômico antigo pretenda invocar a necessidade de intervenção estatal para preservar a própria posição no mercado. Isso configura violação aos postulados do livre mercado e prática incompatível com a ordem jurídica.

Por isso, o Estado não pode intervir para proteger o agente econômico privado que se sente ameaçado pela introdução de soluções inovadoras.

Mais precisamente, a "ameaça" ao agente econômico privado anterior consiste no oferecimento pelo competidor de soluções mais baratas e (ou) de melhor qualidade para os usuários. Não se admite que o Estado seja instrumentalizado para beneficiar os agentes econômicos que não dispõem de condições ou vontade para competir com as inovações.

9.2 Atividades econômicas subordinadas a autorização

Por outro lado, muitas atividades econômicas privadas são desempenhadas sob regime de autorização. Quando assim se passa, a licitude da exploração depende da comprovação do preenchimento pelo particular dos requisitos pertinentes e do atendimento às formalidades necessárias à obtenção da autorização.

9.3 Inovações invasoras que necessitem de autorização

As inovações invasoras que versem sobre atividades que no Direito Brasileiro dependem de autorização não poderão ser exploradas sem o atendimento às exigências legais previstas.

9.4 Inovações invasoras incompatíveis com autorização existente

A questão apresenta especial relevância nas hipóteses em que a inovação invasora propiciar conflito insuperável com atividade econômica preexistente, desenvolvida mediante autorização já concedida. O problema torna-se mais evidente nos casos em que existir um número limitado de potenciais operadores, tendo sido outorgado o número máximo de autorizações compatível com a atividade.

Em tal hipótese a exploração da atividade por via da inovação invasora configura infração ao Direito vigente. Mais precisamente, as características da atividade inovadora não se afiguram como suficientes para justificar a infração aos direitos assegurados aos anteriores operadores.

9.5 As inovações dotadas de características incomparáveis

Mas não se pode eliminar a possibilidade de que uma inovação apresente vantagens muito superiores àquelas oferecidas pelos antigos operadores. São os casos em que a inovação invasora permite uma satisfação muito melhor das necessidades, com redução relevante dos custos para os usuários.

A hipótese assemelha-se ao caso examinado do serviço público tornado obsoleto. Mas existem limites muito menos rigorosos no caso da atividade econômica objeto de autorização.

A autorização usualmente é concedida sem prazo determinado – o que permite sua revogação a qualquer tempo. No entanto, nem sempre assim se passa. Em muitos casos a autorização é outorgada com prazo certo, cuja observância se constitui em direito assegurado ao titular. Em tais casos, e se for constatado o indispensável acolhimento da novidade invasora, para assegurar aos usuários a obtenção de vantagens incomparáveis, caberá promover a extinção da autorização aos operadores anteriores – sempre assegurando a eles a indenização apropriada.

10. O caso Uber

As considerações anteriores são relevantes para examinar o caso Uber.

10.1 A exploração profissional e contínua da atividade

É indispensável uma distinção inicial entre o desempenho profissional e contínuo da atividade e sua prestação esporádica.

10.1.1 A atuação esporádica e não profissional

É cabível afirmar a irrelevância de atividades esporádicas ou não profissionais, mesmo que remuneradas, no âmbito do transporte individual de passageiros. Tais atividades podem ser desenvolvidas sem o preenchimento de requisitos formais perante o Poder Público. O contrato de transporte, nesse caso, envolve apenas a vontade das partes, sem intervenção estatal.

10.1.2 A atuação profissional e empresarial

Diverso é o tratamento jurídico para a exploração profissional e contínua, de cunho empresarial, da prestação de serviços. Se o sujeito se dedica a uma atividade como sua profissão, exercitando atos jurídicos de conteúdo homogêneo e em massa, com intenção lucrativa, o regime jurídico aplicável é diverso e muito mais rigoroso.

Anote-se que tal distinção é aplicada genericamente no âmbito das atividades econômicas. Está na própria essência do direito empresarial e é aplicada em uma pluralidade de atividades. Assim, nada impede que alguém recorra a um amigo para obter um empréstimo. Mas a reiteração da atividade de empréstimos é qualificada como reservada a instituições financeiras. Exercitar o mútuo de modo profissional e contínuo sem preencher os requisitos exigidos configura ilicitude. O mesmo se passa com o contrato de seguro.

Não é distinto o tratamento para os serviços de transporte individual de passageiros mediante o uso de automóveis. O sujeito que é contratado de modo excepcional para levar alguém até certo local não desempenha serviço de táxi. O aspecto relevante é a continuidade, o profissionalismo e a estruturação empresarial da atividade.

10.2 A natureza jurídica da atividade de táxi

Um dos temas mais controvertidos na doutrina e na jurisprudência envolve a natureza jurídica da atividade de transporte individual de passageiros.[7] Adoto entendimento, há muito, de que serviço de táxi constitui atividade econômica sujeita a autorização.[8] Até posso admitir que em certas condições o serviço de táxi poderia ser qualificado legislativamente como um serviço público. Essa é uma questão a ser definida no âmbito municipal.

No entanto, e como regra, existe apenas atividade econômica privada, sujeita à observância de certos pressupostos, entre os quais a obtenção de autorização estatal.

10.2.1 A solução difundida

Usualmente o serviço de táxi é atividade econômica privada, desenvolvida sob regime de autorização. Assim se passa porque o Município não assume a obrigação de fornecer transporte rodoviário individual para a totalidade da população, desempenhando a atividade em regime de direito público. As necessidades de deslocamento individual no âmbito municipal são satisfeitas por meio de transportes coletivos – que se configuram, frequentemente, como serviço público.

---

7. Existe uma análise incomparável de José Guilherme Giacomuzzi, "O serviço de táxi é serviço público? Em torno de conceitos e da esquizofrenia no direito administrativo brasileiro" (encaminhado à publicação na *RDA*). O trabalho evidencia, de modo cabal e irrefutável, que o táxi não se constitui em serviço público no Direito Brasileiro (e na generalidade dos Países, aliás).

8. Nesse sentido, cf. também: Daniel Sarmento, in *Revista Brasileira de Direito Público/RBDP* 50/9-39, Ano 13, Belo Horizonte, julho-setembro/2015.

Cabe ao operador de táxi desenvolver suas atividades segundo os postulados de direito privado. O relacionamento entre o taxista e o passageiro não se caracteriza como prestação de serviço realizada pelo próprio Município. É um serviço privado, ainda que intensamente regulado.

10.2.2 Os modelos de prestação de serviço

Até por isso, sempre se admitiu que o serviço de táxi não era incompatível com a existência de "táxis executivos". A expressão era utilizada para indicar operadores que ofereciam serviços com outras características. Isso envolvia veículos mais luxuosos e confortáveis, ausência de obrigatoriedade da prestação do serviço e autonomia para a fixação do preço.

10.3 A regulação estatal da atividade

A natureza privada da atividade não é incompatível com uma regulação estatal intensa. Tal como exposto acima, a atuação regulatória estatal varia de intensidade em vista de valorações políticas e da defesa de interesses públicos e privados.

10.3.1 A limitação do número de operadores

Um dos aspectos relacionados com a regulação envolve a delimitação quantitativa máxima dos prestadores de serviço. Tal como já apontado, admite-se a fixação de um número máximo de agentes econômicos privados em situações diferenciadas. Isso pode resultar, inclusive, em procedimentos seletivos para outorga das autorizações. Apenas para lembrar, são adotados procedimentos licitatórios para outorga de autorizações em telefonia móvel, que é atividade que não configura serviço público.

Mais recentemente, a fixação de limites a novos operadores foi adotada no âmbito dos portos privados.

A fixação do número máximo de operadores envolve, em alguns casos, limites inerentes à ordem física. Ainda assim, em quase todas as hipóteses há uma valoração estatal quanto à viabilidade econômica do serviço.

A fixação de limite quantitativo máximo de operadores deve ser acompanhada de critérios objetivos de seleção entre os interessados. Isso pode resultar, inclusive, em soluções aleatórias, sempre que se reputar inconveniente a escolha fundada em oferta de maior valor em favor do Poder Público.

10.3.2 A submissão da operação a uma autorização estatal

A proteção aos interesses dos usuários justifica a exigência de autorização estatal prévia para o desempenho da atividade. O sujeito interessado em prestar o serviço deverá comprovar o preenchimento de certos requisitos, destinados inclusive a assegurar o controle sobre a identidade e a idoneidade do prestador.

Os motivos anteriormente expostos podem conduzir à fixação de um limite máximo de autorizações.

10.3.3 A fixação de parâmetros de qualidade da atuação

Outro aspecto regulatório relevante envolve o estabelecimento de padrões qualitativos do desempenho do serviço, tal como a observância de condições mínimas de segurança do veículo e de exigências no tocante à qualificação dos motoristas.

10.3.4 A determinação dos preços máximos

Embora a liberdade de concorrência implique uma margem de autonomia para a fixação dos preços máximos praticados, não existe impossibilidade jurídica do estabelecimento de limites máximos. Tal se verifica, por exemplo, na telefonia móvel e nos serviços de transporte coletivo interestadual e internacional por via rodoviária. A competição desenvolve-se por meio de reduções de preços e variações no tocante à qualidade – inclusive no tocante às condições de pronto atendimento aos usuários.

10.3.5 O controle da regularidade da atuação

A situação de poder que é assumida pelo operador do serviço também autoriza a instauração de mecanismos de controle quanto à regularidade da sua atuação. Isso pode envolver procedimentos conduzidos por autoridades estatais para identificar e reprimir violações aos direitos dos usuários, resultando, inclusive, na caducidade da autorização em caso de infrações graves.

10.3.6 Ainda a ausência de direito adquirido a regime jurídico

Enfim, a existência de um regime regulatório específico não produz o nascimento de direito adquirido à sua manutenção. Tal como se passa de modo genérico, as regras pertinentes ao desempenho de atividades e exploração de empreendimentos podem ser alteradas por razões de conveniência e oportunidade.

Portanto, não existe obstáculo constitucional à modificação das regras sobre a exploração de serviços de transporte individual de passageiros. Os operadores anteriores dos serviços de táxi não dispõem de garantia contra a alteração das condições da prestação do serviço.

10.4 A submissão do Uber ao regime jurídico brasileiro

As considerações anteriores conduzem ao reconhecimento de que o sistema Uber pode ser adotado no âmbito do Direito Brasileiro, observados certos pressupostos.

10.4.1 A disciplina da atuação do Uber

Não se afigura cabível a tese de que a atividade econômica de transporte individual de passageiros, por não configurar serviço público, estaria aberta a qualquer interessado. Mais precisamente, essa solução apenas poderia ser defendida se houvesse a alteração da disciplina regulatória vigente.

No atual sistema jurídico, o Uber oferece alternativa de atuação contínua e empresarial para a prestação de serviços de transporte individual. Essa prática apenas pode ser admitida quando antecedida da obtenção de uma autorização estatal.

Se não for assim, ter-se-á de convir com a autonomia para todo e qualquer sujeito assumir essa atividade. Tal solução não é reputada como compatível com o Direito vigente.

10.4.2 A constatação extraída da prática

O sucesso obtido pelos operadores vinculados ao Uber evidenciou a inadequação do regime jurídico até então vigente. A generalidade das pessoas reputa que as condições de operação do Uber são mais adequadas do que as praticadas no sistema de táxis.

10.4.3 A alteração da regulação vigente

A operação do Uber pode exigir a adequação da regulação existente. A exigência da autorização prévia e a fixação de instrumentos de controle estatal sobre a atividade de transporte têm sido reputadas como essenciais até o presente.

Até é possível que a experiência do Uber demonstre a desnecessidade de tais mecanismos jurídicos. No entanto, e até a alteração dessa disciplina, continuam vigentes as regras anteriores. Portanto, é indispensável que os operadores do sistema Uber obtenham autorização, o que envolve, inclusive, a comprovação do preenchimento dos requisitos pertinentes.

10.4.4 A questão fática da "reserva de mercado"

É evidente que não se pode ignorar a questão fática da organização dos interessados para preservar uma posição de mercado. Isso pode traduzir-se na dificuldade da aprovação das alterações regulatórias destinadas a disciplinar a atividade dos operadores do Uber. Nesse cenário, o bloqueio fático da alteração regulatória seria o instrumento para impedir o acesso de novos operadores ao mercado.

Essa é uma questão cuja solução é complexa e que se encontra em aberto no Direito Brasileiro. É relevante assinalar, no entanto, que essa dificuldade alcança não apenas o caso Uber.

11. *As soluções puramente virtuais: ainda o enigma da Internet*

Rigorosamente, e como já apontado, todos os invasores são viabilizados pela existência da Internet. Portanto, e sob certo ângulo, a discussão sobre os invasores é também uma disputa sobre a Internet.

11.1 A Lei 12.965, de 23.4.2014

A Lei 12.965/2014 disciplinou as atividades relacionadas com a Internet. Consagrou postulados fundamentais e previu algumas soluções para conflitos de interesses. No entanto, o diploma não cogitou das dificuldades técnicas que muitas das suas determinações implicam.

11.2 A não estatalidade da Internet

Nos diversos Países a Internet é qualificada como uma atividade privada. A evolução socioeconômica e política tem acarretado, com o passar do tempo, uma utilização cada vez mais intensa da Internet para assegurar a satisfação de direitos fundamentais.

11.2.1 O acesso à Internet como direito fundamental

As utilidades providas por meio da Internet tornaram-se indispensáveis à realização do pleno potencial dos indivíduos, tal como permitem novas soluções em diversas dimensões da existência humana – inclusive no âmbito econômico.

11.2.2 A não estatalidade da Internet

Apesar da relevância da Internet, as propostas de sua estatização são repudiadas generalizadamente como incompatíveis com os valores democráticos fundamentais. A Internet desenvolveu-se como uma rede de comunicações concebida e implantada fora da órbita estatal. A ausência de intervenção estatal é reputada como indispensável para evitar a utilização desse sistema para fins políticos.

11.3 Ainda a distinção entre infraestrutura e conteúdo

Um tema relevante no tocante à Internet consiste na diferenciação entre infraestrutura e conteúdo.

11.3.1 A questão da infraestrutura

A operação da rede mundial de computadores depende da existência de um conjunto de instalações e infraestruturas, que permitem a transmissão de mensagens à distância. Essa infraestrutura em muitos Países é de titularidade estatal ou sua operação configura um serviço público.

A transmissão de sinais e de mensagens, por meio das quais a Internet opera, faz-se por meio de fios telefônicos e pelos espectros de radiofrequência utilizados usualmente para telefonia móvel. Em tais hipóteses a operação da Internet envolve o aproveitamento de infraestruturas de titularidade de empresas titulares de concessão de serviço público (telefonia fixa) ou de autorização estatal (telefonia móvel e algumas hipóteses de telefonia fixa).

Mas há outras soluções tecnicamente distintas. É possível a utilização da infraestrutura de energia elétrica – o que envolve a atuação de concessionárias de serviços públicos específicos.

Também é viável a utilização de espectros de radiofrequência diversos daqueles apropriados para telefonia móvel. Isso pode demandar autorização estatal.

Mas se afigura que a solução mais eficiente é o cabo de fibra ótica. A implantação propriamente dita de tais equipamentos não envolve concessão de serviço público, nem implica a obtenção de uma autorização. Essa solução implica investimentos muito significativos, os quais vão adquirindo viabilidade em vista da difusão dos serviços de Internet.

Isso significa que é perfeitamente possível que a atividade de Internet venha, no futuro, a ser ofertada como uma atividade econômica privada, sem qualquer conexão com serviços públicos ou com atividades objeto de autorização.

11.3.2   A questão do serviço de provimento de Internet

Mas a existência da Internet não se reduz a essa dimensão de infraestrutura. Existe um conjunto de programas, tipicamente privados, que permitem a transmissão e o arquivamento de mensagens, a conexão de equipamentos e a execução de tarefas. O provimento de serviço de Internet é usualmente configurado como uma atividade econômica privada.

11.3.3   A questão dos conteúdos

Outro aspecto inconfundível relaciona-se com os conteúdos oferecidos por meio da Internet. Essa atuação pode apresentar uma pluralidade de composições, cuja configuração depende da própria natureza do conteúdo.

11.3.4   A pluridimensionalidade regulatória

As considerações anteriores evidenciam a pluridimensionalidade regulatória da Internet. Existem aspectos muito distintos, que envolvem atividades inconfundíveis – ainda que, para o usuário final, as diversas dimensões sejam irrelevantes ou fruídas de modo indistinto.

11.4   *O desafio da elevação da capacidade*

Tem ocorrido extraordinário incremento do tráfego de mensagens na Internet. Isso exige a ampliação das infraestruturas. O aumento da demanda exige investimentos muito significativos para assegurar o acesso de um número crescente de usuários e a garantia de tráfego de mensagens cada vez mais complexas, em tempo cada vez mais reduzido.

11.5   *Utilização da Internet e superação dos serviços tradicionais*

A utilização da Internet permite a satisfação de necessidades coletivas que eram objeto de serviços de interesse coletivo específicos.

11.5.1   O fenômeno da convergência tecnológica

Uma das manifestações mais evidentes desse fenômeno envolveu a telefonia fixa. Essa atividade, que costumava ser disciplinada como serviço público, passou a ser substituída por soluções que se valem da Internet. As ligações telefônicas, especialmente de longa distância, podem ser substituídas pelo uso da Internet – com redução radical de custos. A utilização da Internet para comunicação de voz à distância tornou obsoleta a solução tradicional da telefonia fixa, que já se encontrava em crise, em vista da implantação da telefonia móvel.

Mas a utilização da Internet colocou em risco inclusive o próprio serviço de telefonia móvel.

Anote-se que, de modo geral, a operacionalização da Internet dependia de infraestruturas pertinentes à telefonia fixa e à telefonia móvel. Ou seja: as operações em que consiste a Internet dependiam originalmente da utilização dos recursos destinados a promover a telefonia fixa e a telefonia móvel.

11.5.2 A canibalização dos serviços "principais"

O acesso à Internet permitiu uma inversão radical, eis que acabou por canibalizar os modelos de telefonia fixa e de telefonia móvel. A evolução técnica e econômica vem conduzindo à implantação de novas infraestruturas destinadas preponderantemente à transmissão de dados atinente à internet. Essas infraestruturas são utilizadas apenas marginalmente para os serviços de telecomunicações tradicionais.

Assim, a infraestrutura destinada aos serviços de Internet pode ser utilizada para os serviços de telefonia, de rádio e de televisão. Passou-se a aludir a uma convergência tecnológica para indicar a fruição de infraestruturas comuns para o fornecimento de serviços até então reputados como intrinsecamente diversos.

11.6 A primeira crise: a área de telefonia

A situação acima descrita conduziu a uma crise econômica dos serviços de telefonia (especialmente fixa, mas também móvel).

11.6.1 O atendimento às necessidades por solução alternativa

A natureza privada da Internet conduziu à inviabilização empresarial da manutenção e ampliação dos serviços de telefonia fixa. As necessidades até então satisfeitas por meio desses serviços passaram a sê-lo por meio da Internet. Essa situação produziu duas ordens de efeitos na dimensão jurídica.

11.6.2 A obsolescência das outorgas tradicionais

O primeiro problema residiu na obsolescência total ou parcial das figuras da concessão de telefonia fixa e da autorização para telefonia fixa e móvel. As garantias de exclusividade e de publicidade do regime jurídico de exploração dessas atividades foram superadas pelas circunstâncias fáticas.

As mesmas necessidades podem ser satisfeitas por meio da Internet, o que conduziu à radical redução da importância (econômica, inclusive) dos serviços públicos e privados de telefonia. Logo, os modelos jurídicos perderam sua relevância – tendência que tende a se agravar com o passar do tempo.

11.6.3 A dificuldade regulatória

O segundo aspecto juridicamente relevante relaciona-se com a dificuldade de exercício da competência regulatória estatal. Os modelos tradicionais de telefonia caracterizavam-se ou pela titularidade pública (concessões) ou pela subordinação a uma autorização.

A utilização dos recursos da Internet para telecomunicações não envolve qualquer controle estatal específico. Em grande parte dos casos o acesso se faz mediante um aplicativo, solução que dificulta a identificação por sujeito externo da autoria ou do conteúdo da mensagem.

Logo, é praticamente inviável impor condições ou requisitos quanto à operação desses aplicativos. Mais precisamente, o único modo de controlar a exploração de tais aplicativos consistiria em impor regras atingindo o uso da própria Internet – ainda que por parte do titular do aplicativo.

11.7 A ausência de enfrentamento formal do problema

As dificuldades acima expostas não despertaram nenhuma reação formal do Estado Brasileiro ao longo dos anos, especialmente em vista da dificuldade de adoção de medidas práticas concretas.

11.7.1 A ausência de providências jurídicas quanto às inovações

A ordem jurídica brasileira ignorou as práticas atinentes à telefonia. Não foram implementadas medidas reconhecendo sua existência. Sob certo ângulo, esses programas foram tratados como uma manifestação da autonomia privada, não suscetíveis de interferência estatal.

11.7.2 A deterioração das concessões de telefonia fixa

Não houve adoção de providências nem mesmo no tocante à deterioração das concessões de telefonia fixa. Reputou-se que a obsolescência dessas atividades refletia uma evolução natural e incontrolável do mercado, indissociavelmente relacionada com o progresso tecnológico. Portanto, os titulares de concessão de serviço público de telefonia fixa nunca cogitaram nem lhes foi propiciada defesa contra as soluções inovadoras mais eficientes produzidas pelas novas tecnologias.

11.7.3 A cumulação das infraestruturas

É relevante assinalar determinada circunstância que reduziu a dimensão conflitiva do problema. As atividades de telefonia fixa e de telefonia móvel eram desenvolvidas basicamente pelas mesmas empresas no Brasil. Portanto, as infraestruturas necessárias às operações da Internet encontravam-se basicamente[9] na titularidade de tais empresas. Como decorrência, os eventuais prejuízos sofridos na atividade de telefonia fixa podiam ser compensados, de algum modo, pela elevação de receitas propiciada pela Internet e pela telefonia móvel.

11.7.4 A implantação de novas infraestruturas totalmente privadas

As circunstâncias até induziam que essas mesmas empresas passassem a cogitar de realizar os investimentos em fibra ótica necessários aos novos estágios da Internet. Essas infraestruturas seriam enquadradas, no entanto, como totalmente privadas.

---

9. Tomando em vista a circunstância, acima referida, de que as soluções mais difundidas para a transmissão dos sinais envolviam a utilização das infraestruturas de telefonia fixa e móvel.

11.7.5   A remessa dos interessados à competição direta

Em síntese, o posicionamento do Estado Brasileiro relativamente aos conflitos produzidos pelas inovações invasoras no âmbito de telefonia remeteu os interessados à competição direta.

Segundo esse enfoque, os efeitos negativos sobre os planos de negócio de telefonia fixa e de telefonia móvel devem ser equacionados por meio dos mecanismos próprios da iniciativa econômica. O eventual insucesso do sujeito titular de concessão ou de autorização não atribuirá a ele qualquer direito, mesmo que tal tenha decorrido da introdução dessas soluções inovadoras.

11.8   WhatsApp e segurança pública

Ocorre que as ditas soluções inovadoras apresentam potencial utilização para fins aptos a colocar em risco a segurança pública.

11.8.1   A utilização dos meios de comunicação para fins ilícitos

Todos os meios de comunicação à distância podem ser instrumentalizados para violação a regras jurídicas. Essa situação já era largamente conhecida no tocante aos serviços de telefonia.

11.8.2   Os meios de controle quanto às soluções tradicionais

As soluções tradicionais de telefonia comportavam controle por diversas vias. O monitoramento de ligações e a gravação de comunicações eram alternativa tecnicamente possível. O Direito previu a solução de interceptações mediante autorização judicial.

11.8.3   As inovações invasoras e a dificuldade técnica da interceptação

Ocorre, no entanto, que certos aplicativos propiciam comunicação criptografada cuja interceptação é extremamente problemática – senão inviável.[10] Tais aplicativos podem ser utilizados por criminosos para a organização de práticas ilícitas, incompatíveis com a segurança pública.

Essa dificuldade é ainda mais intensa em vista de recursos que permitem o apagamento automático de mensagens depois de lidas, em período de tempo predeterminado.

11.8.4   O aplicativo como uma solução de conteúdo

Anote-se que o aplicativo envolve uma solução atinente ao conteúdo da Internet. Trata-se de aproveitamento dos recursos disponíveis para assegurar certas soluções para

---

10. Ressalte-se que o problema do uso da Internet para fins ilícitos não se restringe aos aplicativos de comunicação. Tem-se aludido à *Deep Web* para indicar conteúdos de acesso muito complexo e criptografados, que não se encontram indexados e que comportam utilização inclusive para fins criminosos. Sobre a questão, cf. as informações disponíveis em *https://pt.wikipedia.org/wiki/Deep_web*.

os usuários. O modo de funcionamento dos aplicativos independe do controle dos operadores de infraestrutura. Nem é viável exercitar poderes de repressão sobre o operador de infraestrutura para obter acesso ao aplicativo.

11.9 A solução do bloqueio do aplicativo

Uma das soluções práticas cogitadas é o bloqueio do funcionamento do aplicativo. Essa determinação é extremamente problemática, em vista do princípio da proporcionalidade.

11.9.1 Os efeitos danosos sobre o conjunto dos usuários

Por um lado, o bloqueio do funcionamento do aplicativo gera efeitos danosos sobre uma imensa maioria de usuários. Um contingente de milhões de pessoas tem seus interesses afetados em decorrência da impossibilidade de utilização do aplicativo. A providência acarreta danos não apenas aos operadores do aplicativo, mas a todos os seus usuários.

Tais usuários não dispõem de condições para atender às exigências nem para prestar as informações exigidas pela autoridade pública. Portanto, sofrem uma restrição a seus interesses sem ter concorrido para a prática da irregularidade e sem ter a possibilidade de adotar conduta apta a satisfazer as exigências da autoridade.

11.9.2 A necessidade de bloqueio de todos os aplicativos

Sob outro prisma, o bloqueio do aplicativo apenas poderia conduzir a algum resultado útil se fosse impedida a migração dos usuários para outros aplicativos. Então, o sancionamento impediria a continuidade da utilização de uma solução de Internet para fins ilícitos.

No entanto, a solução também é incompatível com a proporcionalidade. Implica a assunção pelo Estado do controle da Internet. Essa opção pode gerar efeitos negativos mais graves do que as ilicitudes combatidas.

11.9.3 A oneração restrita ao titular do aplicativo

Como decorrência, qualquer providência envolvendo a utilização indevida ou reprovável de aplicativos apenas poderá ser admitida quando versar exclusivamente sobre o respectivo titular. Em face do princípio da proporcionalidade, apenas a empresa titular do aplicativo pode ser sujeitada a alguma providência repressiva.

Cabe, então, desenvolver soluções que assegurem que tais providências não acarretem danos aos demais usuários. Mas tais alternativas são muito problemáticas, em face da dificuldade de sua execução prática.

11.10 O problema comum mundial

O tema tem despertado intenso debate nos diversos Países do mundo, especialmente em vista de práticas terroristas.

11.10.1 Os efeitos da criminalidade e do terrorismo

Os recursos da Internet viabilizam práticas ilícitas e reprováveis. Muitos Países têm revisto a concepção tradicional de sigilo de comunicações e de correspondências, passando a monitorar o tráfego de informações realizadas pela Internet, de modo generalizado e sem depender da existência prévia de indícios de ilicitude.

A questão foi objeto de intenso debate nos Estados Unidos da América ao longo dos últimos anos. Muitas revelações propiciadas por Edward Snowden indicaram o monitoramento do Governo Estadunidense sobre as comunicações telefônicas e via Internet, envolvendo inclusive dignitários estrangeiros.

Outra polêmica relacionou-se com o acesso a informações disponíveis em aparelhos telefônicos de autores do atentado terrorista de San Bernardino (Tashfeen Malik e Syed Farook). É possível que tais informações envolvessem inclusive mensagens trocadas por meio de aplicativos. Como se sabe, o Governo Americano pretendeu exigir o desbloqueio de aparelho telefônico *iPhone*, mas o fabricante (Apple) recusou-se a fornecer a solução.

11.10.2 A dificuldade do combate interno isolado

A utilização dos recursos da Internet para a prática de ilícitos exige tomadas de posição conjuntas dos diversos Países, inclusive em vista da superação dos limites nacionais para a prática criminosa.

Assim se passa inclusive em virtude da eliminação da base territorial nacional da operação dos aplicativos. As características da Internet permitem que aplicativos implantados e operados a partir do território de determinado País sejam utilizados generalizadamente pelos sujeitos estabelecidos ao redor do mundo. Isso dificulta a implementação de sancionamento ou o exercício do poder de polícia no âmbito de um País determinado.

12. Conclusão

A evolução tecnológica e as novas circunstâncias socioeconômicas e políticas propiciam novas utilidades para os indivíduos e as empresas. Isso pode ser utilizado para a realização de valores positivos, mas também pode ser instrumentalizado para comprometer a ordem pública e lesar direitos e interesses que merecem proteção.

A ordem jurídica necessita produzir as soluções que permitam assegurar a utilização dos novos recursos para promover os valores fundamentais e para combater os usos reprováveis.

Esse desafio, se não é pequeno, não é diverso daquele que acompanha a Civilização Humana. A trajetória do ser humano compreende produzir instrumentos que são utilizados para o Bem e para o Mal.

Referências bibliográficas

ARAGÃO, Alexandre Santos de. *Direito dos Serviços Públicos*. 3ª ed. Rio de Janeiro, Forense, 2013.

GIACOMUZZI, José Guilherme. "O serviço de táxi é serviço público? Em torno de conceitos e da esquizofrenia no direito administrativo brasileiro". *RDA* (no prelo).

GONÇALVES, Pedro. *A Concessão de Serviços Públicos*. Coimbra, Livraria Almedina, 1999.

GROTTI, Dinorá Adelaide Musetti. *O Serviço Público e a Constituição Brasileira de 1998*. São Paulo, Malheiros Editores, 2003.

JUSTEN, Mônica Spezia. *A Noção de Serviço Público no Direito Europeu*. São Paulo, Dialética, 2003.

POSNER, Richard A. *Natural Monopoly and its Regulation*. Washington, Cato Institute, 1999.

SARMENTO, Daniel. In: *Revista Brasileira de Direito Público/RBDP* 50/9-39. Ano 13. Belo Horizonte, julho-setembro/2015.

O COMBATE À CORRUPÇÃO: FALTAM INSTRUMENTOS JURÍDICOS?

MARCELO FIGUEIREDO

1. Introdução. 2. A Lei 12.846, de 1º.8.2013: uma visão geral. 3. As principais novidades da lei. 4. A responsabilidade objetiva. 5. Os atos lesivos à Administração Pública e as sanções. 6. O processo administrativo. 7. A disputa e a competência para agir e punir. 8. O acordo de leniência. 9. A busca da ética.

Sinto-me extremamente honrado em ter recebido convite do professor e amigo Marçal Justen Filho para colaborar na coletânea em homenagem ao saudoso Prof. Hely Lopes Meirelles.

Tive a oportunidade de conhecê-lo *pessoalmente* há algum tempo em seu escritório de advocacia. Já o conhecia como doutrinador desde os bancos acadêmicos.

Éramos vizinhos de edifício no centro antigo de São Paulo (Rua Senador Paulo Egydio). À ocasião, eu e Carlos Ari Sundfeld, sócios, usualmente o encontrávamos nos elevadores. Ele sempre solícito, com uma simplicidade tocante. Inegável sua contribuição para o direito administrativo brasileiro não só por tantas obras que nos legou como também pela visão pragmática que detinha, fruto de sua larga experiência como operador do Direito, magistrado, administrador público etc.

Em boa hora os colegas Arnoldo Wald, Marçal Justen Filho e Cesar A. Guimarães Pereira tomam essa importante iniciativa.

1. Introdução

É inegável que a corrupção, além de muito antiga, atualizou-se e sofisticou-se com as novas tecnologias da modernidade. Por ser um fenômeno mundial com vários tentáculos, mereceu a atenção das organizações internacionais.

A corrupção, como o câncer, debilita o organismo, enfraquece-o e drena suas energias.[1] O Estado perde recursos públicos já escassos que deveriam ser carreados nas prioridades orçamentárias e no fortalecimento do Estado Social e Democrático de Direito.

Dentre as Convenções mais importantes sobre o tema estão: (a) a Convenção Internacional contra a Corrupção (CICC) e (b) a Convenção da Organização para a Cooperação e o Desenvolvimento Econômico (OCDE),[2] de 1997, ambas ratificadas pelo Brasil, que as

---

1. O Banco Mundial (BIRD) estima que mais de US$ 1 trilhão seja gasto ao ano em propinas e considera que a corrupção é o maior obstáculo ao crescimento econômico e social de qualquer País.

2. Em 2010, a OCDE produziu um documento voltado à implementação de programas de integridade nas empresas visando a prevenir e detectar casos de suborno transnacional, denominado *Good Practice*

internalizou em seu Código Penal; (c) a Convenção da Corrupção de Funcionários Públicos Estrangeiros em Transações Comerciais Internacionais, também já internalizada no Brasil;[3] (d) a Convenção Interamericana contra a Corrupção, de 1996 (Convenção da OEA); (e) a Convenção Penal do Conselho Europeu contra a Corrupção, de 1999; (f) a Convenção Civil do Conselho Europeu contra a Corrupção, de 1999; e, por fim, (g) a Convenção da ONU sobre a Corrupção, de 2003.

Nas últimas décadas, em todo o mundo, seja porque as novas gerações tenham se conscientizado de que o melhor caminho é o da honestidade, seja porque a repressão internacional procura alcançar a todos, (indivíduos, empresas, Estados, agências, empresas públicas etc.), independentemente das fronteiras ou das leis nacionais, seja porque se percebeu que o risco econômico e penal envolvido é cada vez maior, o estado de coisas do passado tende a ser alterado paulatinamente.

Também é corrente a opinião de que entre o combate à corrupção e a criatividade do homem para *o mal* temos a lendária corrida entre a lebre e a tartaruga. Uma jamais alcançará a outra. Mas devemos persistir e encontrar caminhos para desestimular cada vez mais as lebres, ou as raposas.

2. *A Lei 12.846, de 1º.8.2013: uma visão geral*

Nesta ambiência, no Brasil, veio à tona a Lei 12.846, de 1º.8.2013,[4] popularmente conhecida como *Lei Anticorrupção* ou, ainda, *Lei da Empresa Limpa*.[5]

Sabe-se que a Lei procura atender ao compromisso assumido pelo Brasil no ano 2000 perante a Organização para a Cooperação e Desenvolvimento Econômico[6] (OCDE), ao ratificar a Convenção sobre o combate da corrupção de funcionários públicos estrangeiros em transações comerciais internacionais.

Mais uma Lei ao lado de dezenas de outras que procuram, em larga medida, o mesmo objetivo por caminhos diferentes: como já anunciamos no título deste trabalho, ela é mais uma Lei de combate à corrupção, como muitas outras havidas no passado.

Como toda lei, necessitará dos esforços de todos, especialmente de seus aplicadores, e sobretudo, do sistema de justiça e da Administração Pública dos Estados[7] para que tenha real eficácia.

Guidance on Internal Controls, Ethics and Compliance. Nele são estabelecidas 12 boas práticas que as empresas devem considerar para assegurar que seus programas de integridade sejam implementados com o objetivo de prevenir e detectar, de forma efetiva, práticas de suborno.

3. Decreto 3.678, de 30.11.2000.
4. Que entrou em vigor em 29.1.2014, 180 dias após sua publicação.
5. Regulamentada pelo Decreto 8.420, de 18.3.2015.
6. A Lei nasce de um projeto enviado pelo Executivo Federal em 2010. Um de seus objetivos era o de atender a um acordo firmado pelo Brasil, com a OCDE, no qual os 36 sócios da entidade se comprometeram a criar legislações de combate ao suborno em países estrangeiros. O Projeto de Lei 6.826/2010, de autoria do Deputado Federal Carlos Zaratini, demorou a ser votado por falta de acordo inicial no Parlamento.
7. No Estado de São Paulo veio à tona o Decreto 60.106, de 29.1.2014, que disciplina a aplicação, no âmbito da Administração Pública estadual, da Lei Federal 12.846, de 1º.8.2013. No Município de São Paulo, o Decreto 55.107, de 13.5.2014, também regulamenta no âmbito do Poder Executivo, a Lei Federal em tela.

O Direito e a Lei podem pouco quando seus aplicadores têm os olhos voltados ao passado diante do novo.

O Brasil ainda tem uma mentalidade jurídica muito *formalista*, ligada, muitas das vezes, ao rigor formal dos *procedimentos* que não raro valem mais do que a realização do direito material e da justiça.

Às vezes, há farta prova para a condenação em atos de corrupção, mas uma visão excessivamente formalista anula todo um processo, por exemplo, a *contaminação de prova* ou por uma parte de prova emprestada de outro procedimento, o que põe por água abaixo todo o arsenal jurídico contemporâneo para a condenação efetiva dos atos de corrupção.

Quantas vezes não vemos um notório agente político ou empresário, corrupto, fugir das barras do Tribunal por ser idoso, ou por ter seu processo julgado extinto pela existência de prescrição,[8] e outros exemplos lamentáveis baseados em uma visão e um sistema que prestigia o formalismo garantista estéril.

É preciso que não haja *impunidade* no enfrentamento da corrupção, do contrário, forma-se um círculo vicioso e não virtuoso que desestimula a sociedade, que também passa a não respeitar a lei ou, pior, achar que o crime compensa.

3. As principais novidades da lei

Vejamos suas principais novidades:

1) Cria a *responsabilidade objetiva* administrativa e civil de *pessoas jurídicas* pela prática de atos contra a Administração Pública nacional e estrangeira.

Novidade? Em termos.

Não podemos afirmar que eram ausentes instrumentos para anular atos lesivos ao patrimônio público antes da Lei.

Ainda que se considere presente um dissenso em saber se basta a afirmação de que o ato é *ilegal* ou *ilegítimo* e também lesivo, ou se bastaria esta última condição, sempre coube ação popular para tal efeito.

Pessoalmente, sempre defendemos a posição de que descabe dispensar o requisito da ilegalidade na análise da conduta submetida à anulação por ação popular. Ilegalidade somada à lesividade. Como se sabe, há condutas, ainda que lesivas, legais.

Por que trago esses exemplos? Por duas razões. Primeiro, parece-me que em nossa tradição mais valeria utilizar-se do conhecido conceito de *lesividade presumida*, previsto no art. 4º, da Lei 4.717/1965, associando-o à responsabilidade dos réus que praticam atos contra a Administração Pública, nacional ou estrangeira.[9]

---

8. Sobre a prescrição, consulte-se o nosso, Marcelo Figueiredo, "A prescrição na Lei de Improbidade Administrativa", na obra, *Improbidade Administrativa – Temas Atuais e Controvertidos*, Coord. Min. Mauro Campbell Marques, Rio de Janeiro, Gen/Forense, 2017, pp. 209 e ss.

9. Nos EUA, desde 1977, existe o *Foreign Corrupt Practice Act* (FCPA) com sanções penais e civis para empregados, administradores e representantes de empresas que pratiquem atos de corrupção no exterior, realizados diretamente pelas matrizes das empresas americanas ou por suas subsidiárias em qualquer país. No Reino Unido temos o *UK Bribery Act*, de 2010, com modificações sucessivas até 2013, com o mesmo espírito. Nos EUA, a redução das sanções para empresas com estrutura de *compliance* já é prevista no *Foreign Corrupt Practices*, onde se prevê a redução de 95% da multa no caso de a companhia comprovar

Já o § 2º do art. 3º da Lei 12.846/2013 estabelece:

os dirigentes ou administradores somente serão responsabilizados por atos *ilícitos na medida de sua culpabilidade.*

É dizer que no *caput* do art. 1º alude-se à *responsabilidade objetiva da pessoa jurídica* e, mais adiante, a seus dirigentes por atos ilícitos na medida de sua culpabilidade.

A pergunta intuitiva e primária é inevitável. É possível que os dirigentes não tenham praticado *nenhum* ato ilícito, serem, portanto, "inocentes", e ainda assim remanescer a responsabilidade objetiva da pessoa jurídica pelas mesmas condutas?

4. *A responsabilidade objetiva*

Ou ainda, em outro giro: como se caracteriza a responsabilidade da pessoa jurídica?[10] É vinculada à responsabilidade da pessoa física? Aparentemente a resposta ou a intenção legal é negativa diante das duas possibilidades de responsabilização.

Há realmente uma responsabilidade *objetiva* das empresas no direito penal em face da realidade constitucional brasileira?

Sinceramente não vemos como separar, quer na dogmática do Direito, quer na análise global e individual das condutas tidas como corruptas, a figura dos dirigentes e administradores centrais de uma empresa e a própria pessoa jurídica.

Ou no mesmo raciocínio ao contrário: é possível afirmar que o descumprimento de normas em uma empresa (multinacional, de grande ou médio porte) implica a automática responsabilização de seus dirigentes? A lógica elementar responde pela negativa.

É claro, podemos pensar em uma adesão forte a um sistema de responsabilidade empresarial (*compliance*)[11] à pessoa jurídica, mas daí a separar completamente tais figuras – a empresa de seus dirigentes e gestores – vai larga distância.

que tem um programa de conformidade eficaz e fez o possível para evitar ilícitos. Aqueles que cooperarem com as investigações ou informarem voluntariamente a descoberta de um caso de corrupção envolvendo seus funcionários também estarão sujeitos a sanções menores. A lei americana permite redução de até dois terços do valor da multa e retirada das demais punições.

10. Modesto Carvalhosa sobre o tema ensina: "Assim, para a configuração do delito de corrupção da pessoa jurídica deve haver uma relação entre a conduta comissiva pura ou comissiva omissiva da pessoa jurídica e a conduta comissiva pura ou comissiva omissiva do agente público no exercício de suas funções e atribuições, políticas, judiciárias, administrativas e de promotoria pública. Despreza-se a verificação, por impossível, do elemento subjetivo da intenção, por se tratar de elemento psicológico que inexiste no caso para o julgamento de pessoa jurídica no devido processo penal-administrativo. (...) Desse modo, a presente Lei instituiu ilícitos formais ou de mera conduta, ao admitir a aplicação das sanções em face das pessoas jurídicas". Na obra, *Considerações sobre a Lei Anticorrupção das Pessoas Jurídicas*, São Paulo, Thomson Reuters/Ed. RT, 2015, p. 52.

11. A expressão ou termo de origem na língua inglesa significa ou tem origem em "comply: to obey a rule, an order". Como explica Elias Marques de Medeiros Neto, José Marcelo Menezes Vigliar e Paulo Henrique dos Santos Lucon: "Significa ato ou procedimento para assegurar o cumprimento das normas reguladoras de determinado setor. Nos âmbitos institucional e corporativo, compreende um conjunto de comportamentos para fazer cumprir as normas legais e regulamentares, as políticas e as diretrizes estabelecidas para o negócio e para as atividades da instituição ou empresa, bem como para evitar, detectar e tratar qualquer desvio ou inconformidade que possa ocorrer" (*Migalhas*, 27.11.2013).

A filosofia da lei parece partir de outras experiências e modelos jurídicos que possam avaliar com relativa segurança e certeza como a empresa opera, seus fluxos de comando, seu mercado, o grau de divisão de competências internas entre seus dirigentes, enfim um diagnóstico preciso e minucioso da gestão empresarial.

A outra solução seria formular padrões genéricos de administração de fora para dentro de maneira que as empresas pudessem aderir a fórmulas e modelos pré-concebidos de *compliance*, individualizando cada operação comercial ou empresarial de modo a facilitar a detecção de atos ilícitos individuais ou empresariais.

Será possível e desejável que a atividade empresarial, com toda a sua complexidade, possa aceitar (de bom grado ou não), uma autorregulação ética que diminuísse ao máximo todo e qualquer risco de má gestão? Isso é possível?

Não tenho respostas a essas questões.

Renato de Mello Jorge Silveira e Eduardo Saad-Diniz[12] trazem alguma luz a esse debate. Afirmam:

> Na tentativa de dar utilidade desenhada ao sistema de *criminal compliance,* alguns modelos de solução têm sido imaginados. Dentre muitos três são de destaque. Um primeiro diria respeito a um sistema de certificação dos programas de *compliance*, mormente por órgãos ou institutos independentes. Existiria, assim, a avaliação do programa por quesitos elaborados pelo órgão certificador. A grande dúvida sobre esse sistema seria de sua credibilidade, uma vez que poderia ser visto, a olhos judiciais, com as lentes de um cliente frente a uma certificadora, tornando-a próxima de uma auditoria. Um segundo exemplo diria respeito a uma estandardização setorial. Determinadas empresas de um certo ramo se reúnem e estabelecem suas normas de conduta, fixando sua *lex artis*. Embora frequentes, os problemas sentidos aqui guardam proximidade com os de uma autorregulação interna, e podem bem ser ignorados judicialmente. Seria o caso explícito italiano, onde a lei determina que os programas podem ter por base os códigos formulados por associações representativas, que venham a garantir as exigências estipuladas, e que devem ser enviados ao Ministério da Justiça para avaliação. Por fim, um terceiro grupo de soluções poderia ser visto na externalização e independência das pessoas que desenham, implantam e supervisionam a concepção interna de *compliance*, como seria o caso de antigos profissionais de mercado, professores universitários ou especialistas no assunto.
>
> Sem dúvida, esse procedimento parece fornecer certa independência de atuação na gestão do cumprimento normativo, podendo, talvez, resultar melhores frutos ao *compliance* do amanhã, sendo o preferido de Nieto Martín.

Sobre o tema dos deveres de *compliance* como critérios de aferimento da culpabilidade da pessoa jurídica e como sistema de garantias, sugerimos a obra de Leandro Sarcedo.[13]

5. Os atos lesivos à Administração Pública e as sanções

O Capítulo II da Lei 12.846/2013, referente aos atos lesivos à Administração Pública nacional ou estrangeira contempla o art. 5º, *caput*, cuja redação assim está posta:

---

12. Renato de Mello Jorge Silveira e Eduardo Saad-Diniz, *Compliance, Direito Penal e Lei Anticorrupção*, São Paulo, Saraiva, 2015, p. 155.

13. Leandro Sarcedo, "Compliance e responsabilidade penal da pessoa jurídica – construção de um novo modelo de imputação baseado na culpabilidade corporativa", São Paulo, LiberArs, 2016.

Art. 5º. Constituem atos lesivos à Administração Pública, nacional ou estrangeira, para os fins desta Lei, todos aqueles praticados pelas pessoas jurídicas mencionadas no parágrafo único do artigo 1º, que atentem contra o patrimônio público nacional ou estrangeiro, contra princípios da Administração Pública ou contra os compromissos internacionais assumidos pelo Brasil, assim definidos:

I – prometer, oferecer ou dar, direta ou indiretamente, vantagem indevida a agente público, ou a terceira pessoa a ele relacionada;

II – comprovadamente, financiar, custear, patrocinar ou de qualquer modo subvencionar a prática dos atos ilícitos previstos nesta Lei;

III – comprovadamente, utilizar-se de interposta pessoa física ou jurídica para ocultar ou dissimular seus reais interesses ou a identidade dos beneficiários dos atos praticados;

IV – no tocante a licitações e contratos:

a) frustrar ou fraudar, mediante ajuste, combinação ou qualquer outro expediente, o caráter competitivo de procedimento licitatório público;

b) impedir, perturbar ou fraudar a realização de qualquer ato de procedimento licitatório público;

c) afastar ou procurar afastar licitante, por meio de fraude ou oferecimento de vantagem de qualquer tipo;

d) fraudar licitação pública ou contrato dela decorrente;

e) criar, de modo fraudulento ou irregular, pessoa jurídica para participar de licitação pública ou celebrar contrato administrativo;

f) obter vantagem ou benefício indevido, de modo fraudulento, de modificações ou prorrogações de contratos celebrados com a Administração Pública, sem autorização em lei, no ato convocatório da licitação pública ou nos respectivos instrumentos contratuais; ou

g) manipular ou fraudar o equilíbrio econômico-financeiro dos contratos celebrados com a Administração Pública;

V – dificultar atividade de investigação ou fiscalização de órgãos, entidades ou agentes públicos, ou intervir em sua atuação, inclusive no âmbito das agências reguladoras e dos órgãos de fiscalização do sistema financeiro nacional.

§ 1º. Considera-se Administração Pública estrangeira os órgãos e entidades estatais ou representações diplomáticas de país estrangeiro, de qualquer nível ou esfera de governo, bem como as pessoas jurídicas controladas, direta ou indiretamente, pelo poder público de país estrangeiro.

§ 2º. Para os efeitos desta Lei, equiparam-se à Administração Pública estrangeira as organizações públicas internacionais.

§ 3º. Considera-se agente público estrangeiro, para os fins desta Lei, quem, ainda que transitoriamente ou sem remuneração, exerça cargo, emprego ou função pública em órgãos, entidades estatais ou em representações diplomáticas de país estrangeiro, assim como em pessoas jurídicas controladas, direta ou indiretamente, pelo poder público de país estrangeiro ou em organizações públicas internacionais.

Aqui novamente a lei coloca a pessoa jurídica em evidência como agentes ativos dos atos lesivos à Administração Pública nacional ou estrangeira. Serão passíveis de ser sancionadas pela Lei se atentarem contra o patrimônio público nacional ou estrangeiro, contra os princípios da Administração Pública ou contra os compromissos internacionais assumidos pelo Brasil.

Os diversos incisos e parágrafos do dispositivo não inovam a ordem jurídica se considerarmos que tais condutas hoje já são amplamente previstas em diversos diplomas legais, como o Código Penal, a Lei de Improbidade Administrativa, a Lei de Licitações e Contratações Públicas e a Lei de Lavagem de Capitais, dentre outras.

A novidade aparente está exatamente no *caput* do art. 5º, ao prever atos lesivos à Administração Pública estrangeira, e organizações internacionais, o que confirma a tendência à internacionalização ou mundialização da criminalização de condutas contra a corrupção formando-se uma rede necessária com a consequente colaboração entre os Estados, em parte já cimentada na ordem jurídica internacional por meio de várias Convenções que versam sobre o tema.

O Capítulo III da Lei 12.846/2013, alusivo à responsabilidade administrativa, tenta clarificar as modalidades de sanções às pessoas jurídicas consideradas responsáveis pelos atos lesivos com as seguintes sanções:

a) multa de 0,1 a 20% do faturamento bruto do último exercício anterior ao da instauração do processo, nunca inferior à vantagem auferida;

b) publicação *extraordinária* da decisão condenatória;

c) sanções aplicadas isolada ou cumulativamente, de acordo com as peculiaridades do caso concreto e com a gravidade e natureza das infrações;

d) manifestação jurídica elaborada pela AGU ou pelo órgão de assistência jurídica ou equivalente, do ente público;

d) reparação do dano causado;

e) multa alternativa de R$ 6.000.00 a R$ 60.000.00 (seis a sessenta milhões de reais).

Como já analisado em trabalho anterior,[14] há poucas novidades em relação à modalidade de sanções previstas, quer quanto à necessidade de fundamentação (constitucional e legal), quer quanto à possibilidade de sanção em bloco (isoladas ou cumulativas), de acordo com a gravidade e natureza das infrações.

Em relação à multa parece-me que a variação entre o mínimo e o máximo é muito elástica e exagerada. Evidente que para uma empresa de pequeno ou médio porte a multa no valor máximo implicará sua quebra.

Dir-se-á que o princípio da proporcionalidade resolveria a questão. A solução não é tão simples porque é preciso uma interpretação sistemática e equilibrada (combinada) com o art. 7º da Lei.

Remetemos aqui o leitor às nossas considerações sobre estes temas.

Nada obstante ter havido significativos avanços na aplicação do princípio da *proporcionalidade* pelo Poder Judiciário, sobretudo no STJ, na fixação das penas, levando-se em conta a necessária análise pormenorizada das condutas dos agentes ímprobos, e aqui dos produtores, autores ou coautores do ato de corrupção, ainda há certa incompreensão nesse tema, com alguns julgados dos Tribunais de Justiça, sobretudo, renitentes à aplicação desse princípio, o que configura injustiça na aplicação das penas.

A obrigação da reparação integral do dano não é nenhuma novidade, apenas dá cumprimento ao art. 37, § 5º, da Constituição Federal.

---

14. Marcelo Figueiredo, *Probidade Administrativa, Comentários à Lei 8.429/92 e legislação complementar*, 6ª ed., São Paulo, Malheiros Editores, 2009.

A verdade, entretanto, é que no Brasil a reparação de danos segue a lógica da *responsabilidade objetiva*, enquanto a punição, seja na esfera penal ou na esfera administrativa, sempre foi dependente da *culpabilidade*.

Por fim, avançou-se no art. 7º da Lei ao detalhar de forma mais prudente e minuciosa todos os elementos que devem ser considerados na aplicação das sanções. Já apontávamos na redação original da Lei de Improbidade Administrativa (LIA) a insuficiência dos critérios lá estampados e seu paulatino ajuste ao devido processo legal considerado em seu caráter substancial.

6. O processo administrativo

Os arts. 8º, 9º,10, 11, 12 e 13 da Lei 12.846/2013 têm a seguinte redação:

Art. 8º. A instauração e o julgamento de processo administrativo para apuração da responsabilidade de pessoa jurídica cabem à autoridade máxima de cada órgão ou entidade dos Poderes Executivo, Legislativo e Judiciário, que agirá de ofício ou mediante provocação, observados o contraditório e a ampla defesa.

§ 1º. A competência para a instauração e o julgamento do processo administrativo de apuração de responsabilidade da pessoa jurídica poderá ser delegada, vedada a subdelegação.

§ 2º. No âmbito do Poder Executivo federal, a Controladoria-Geral da União – CGU terá competência concorrente para instaurar processos administrativos de responsabilização de pessoas jurídicas ou para avocar os processos instaurados com fundamento nesta Lei, para exame de sua regularidade ou para corrigir-lhes o andamento.

Art.9º. Competem à Controladoria-Geral da União – CGU a apuração, o processo e o julgamento dos atos ilícitos previstos nesta Lei, praticados contra a Administração Pública estrangeira, observado o disposto no Artigo 4 da Convenção sobre o Combate da Corrupção de Funcionários Públicos Estrangeiros em Transações Comerciais Internacionais, promulgada pelo Decreto 3.678, de 30 de novembro de 2000.

Art. 10. O processo administrativo para apuração da responsabilidade de pessoa jurídica será conduzido por comissão designada pela autoridade instauradora e composta por 2 (dois) ou mais servidores estáveis.

§ 1º. O ente público, por meio do seu órgão de representação judicial, ou equivalente, a pedido da comissão a que se refere o *caput*, poderá requerer as medidas judiciais necessárias para a investigação e o processamento das infrações, inclusive de busca e apreensão.

§ 2º. A comissão poderá, cautelarmente, propor à autoridade instauradora que suspenda os efeitos do ato ou processo objeto da investigação.

§ 3º. A comissão deverá concluir o processo no prazo de 180 (cento e oitenta) dias contados da data da publicação do ato que a instituir e, ao final, apresentar relatórios sobre os fatos apurados e eventual responsabilidade da pessoa jurídica, sugerindo de forma motivada as sanções a serem aplicadas.

§ 4º. O prazo previsto no § 3º poderá ser prorrogado, mediante ato fundamentado da autoridade instauradora.

Art. 11. No processo administrativo para apuração de responsabilidade, será concedido à pessoa jurídica prazo de 30 (trinta) dias para defesa, contados a partir da intimação.

Art. 12. O processo administrativo, com o relatório da comissão, será remetido à autoridade instauradora, na forma do art. 10, para julgamento.

Art. 13. A instauração de processo administrativo específico de reparação integral do dano não prejudica a aplicação imediata das sanções estabelecidas nesta Lei.

Parágrafo único. Concluído o processo e não havendo pagamento, o crédito apurado será inscrito em dívida ativa da fazenda pública.

Aqui é possível constatar alguns possíveis questionamentos na previsão legal. Ao atribuir-se a competência à CGU,[15] para instaurar o contencioso administrativo de apuração da responsabilidade[16] pelos atos ilícitos, surge *um grave problema* que, mais cedo ou mais tarde, visitará o Judiciário.

As sanções aqui previstas, em uma norma declaradamente de cunho *penal* são atribuídas a um órgão que não tem na estrutura constitucional brasileira competência para apurar e aplicar sanções sem a intervenção do Judiciário.

Do mesmo modo, a genérica previsão segundo a qual o processo administrativo será decidido pela autoridade máxima de cada órgão não atende a nenhum critério vinculado aos agentes competentes para a instauração válida de um processo administrativo, sobretudo quando está diante de normas de direito administrativo *sancionador* relacionadas com normas de direito penal.

O processo administrativo, já o disse bem a boa doutrina brasileira e estrangeira, é um instrumento de garantia dos administrados em face de outros administrados e, sobretudo, da própria administração.

Sobre ele devem recair, forçosamente, os princípios da administração, quer para estruturá-lo, quer para dar-lhe execução, não importa se de cunho tributário, administrativo, ou de outra natureza.

Os princípios da igualdade, moralidade, impessoalidade, publicidade, motivação, eficiência, o contraditório e a ampla defesa devem estar assegurados.

Sérgio Ferraz e Adilson Abreu Dallari[17] ensinam:

> Seria total e absurdamente inútil o processo administrativo se inexistisse para os litigantes a garantia de imparcialidade na tomada da decisão. Do administrador-julgador há, pois, de se exigir, como condição de *capacidade subjetiva*, a inexistência de condições que, direta ou indiretamente, sejam suscetíveis de prejudicar a isenção que há de marcar sua atuação em face dos direitos e interesses contrapostos (ainda quando entre tais direitos e interesses figurem aqueles de que titular a própria Administração). Incumbe sublinhar: a) sequer é necessário que tais condições afetem, efetivamente, o conteúdo da decisão; basta que sejam em tese suscetíveis de fazê-lo; b) tão indeclinável é o dever de imparcialidade que a simples suposição, em tese, de que, mesmo indiretamente, possa ser ela comprometida há de conduzir o administrador-juiz a

---

15. De modo algum fazemos qualquer reparo à excelência técnica e à expertise dos membros da CGU. Não é esse o ponto. A questão é de competência, matéria de ordem pública na ordem jurídica constitucional brasileira.

16. Ainda que se considere que é exclusiva a competência do Ministério Público para promover a responsabilização, a lei peca ao não exigir um diálogo ou uma audiência entre seus membros e as demais autoridades fiscalizadoras como o TCU, por exemplo, para avaliar os vários aspectos envolvidos na conduta tida por corrupta. A independência de atuação do MP não deveria impedir que houvesse esse diálogo, pois muitas vezes o promotor solitário toma a iniciativa de ajuizar determinada medida sem conhecer os complexos detalhes da organização administrativa e as provas eventualmente já produzidas e disponíveis nos diversos segmentos da Administração Pública brasileira nos diversos níveis da federação brasileira.

17. Sérgio Ferraz e Adilson Abreu Dallari, *Processo Administrativo*, São Paulo, Malheiros Editores, 2001, p. 106; 3ª ed., São Paulo, Malheiros Editores, 2012, p. 167

afastar-se dessa atuação. A Lei 9.784/99 elenca situações de incapacidade subjetiva absolutas e relativas (arts. 18 e 20).

Mais não é necessário dizer sobre o tema. Talvez só a lembrança de que toda e qualquer decisão da Administração Pública, por mais elevada que seja sua autoridade, deve ser sempre possível de revisão, ou de homologação pelo Poder Judiciário[18] em um Estado Democrático de Direito.

Recorde-se, finalmente, que é lição corrente extraída do direito constitucional sancionador que toda e qualquer pena ou sanção imposta pela administração devem ser controladas em sentido amplo, pelo Poder Judiciário.

Ademais, como corolário do devido processo legal, temos inúmeras consequências de ordem processual que por certo se aplicam ao processo administrativo de qualquer espécie.

Assim, por exemplo, a impossibilidade de sanção pelo mesmo órgão que inicia e instrui o procedimento;[19] a interdição de *reformatio in pejus*, o direito amplo à defesa, com todos os recursos a ela inerentes, o direito à prova, o direito de ser ouvido por um juiz ou julgador imparcial, o direito à presunção de inocência, o direito à irretroatividade de normas sancionadoras ou punitivas, à determinação de uma quantidade máxima de penas e sanções administrativas, de acordo com a proporcionalidade, dentre outras.

Superada essa questão há outras.

Já se vê no cotidiano brasileiro diversos questionamentos envolvendo questões similares.

7. A disputa e a competência para agir e punir

Já há forte reação dos tradicionais órgãos de controle administrativo, como os Ministérios Públicos, os Tribunais de Contas de um lado, e outros órgãos coadjuvantes de apuração e investigação do ilícito, como por exemplo, a Polícia Federal, reivindicando "fechar acordos de *delação premiada*"[20] ou para fazer acordos de leniência. Ou até, como já foi feito no passado, competência dos Ministérios do Executivo (como a Transparência), antiga CGU, para realizar tais acordos.[21]

---

18. Recorde-se ainda que segundo o art. 21 da Lei em tela, nas ações de responsabilização judicial, será adotado o rito previsto na Lei 7.347, de 24.7.1985. O procedimento para a aplicação das sanções do art. 19 é o da ACP.

19. Não é o que se vê na Lei, onde o processo administrativo será decidido pela autoridade máxima do órgão que o instaurou.

20. Compartilhamos o entendimento de Pierpaolo Bottini sobre o instituto da "delação premiada". Perguntado pelo jornal *Folha de S.Paulo* sobre o instituto respondeu: "A delação é uma opção legítima daquele que praticou um crime e se vê envolvido em uma investigação. Então, a partir do momento em que há um acervo probatório contra essa pessoa, ela tem todo o direito de optar por uma delação. É o que as pessoas estão fazendo. Havia uma resistência muito grande, inclusive de boa parte dos advogados, em fazer a colaboração premiada, mas isso não existe mais. Ou pelo menos não com a intensidade que existia" (*Folha de S.Paulo*, 26.5.2017, p. A8).

21. É preciso recordar que não há como confundir os órgãos de controle interno de combate à corrupção, como a Controladoria Geral da União, o CNJ e o CONAMP, os Tribunais de Contas, dos órgãos de investigação em larga escala, as Polícias e o Ministério Público. Paralelamente também encontramos outros órgãos que trabalham em setores específicos, como a CVM, a AGU, a ABIN, o COAF etc.

O Tribunal de Contas da União chegou a editar a Instrução Normativa n. 74, em fevereiro de 2015, para disciplinar a participação do órgão nos acordos de leniência.

Já o Ministério Público Federal ajuizou ação junto ao Supremo Tribunal Federal questionando a atuação exclusiva da Polícia Federal sem intermediação do Ministério Público. O argumento central do Ministério Público, que me parece bem *razoável*, é singelo. Ele é o detentor do *jus puniendi estatal*. Sendo assim, somente a ele caberia realizar qualquer tipo de "transação" prevista na legislação penal contemporânea, como é o caso do acordo de leniência.

Superada (e resolvida) a questão da competência, em tese, é saudável a previsão constante no art. 8º e seguintes, ao contemplar a instauração de processo administrativo para apurar responsabilidade de *pessoa jurídica*, embora aqui, novamente caibam as observações feitas no início do trabalho.

Superadas aquelas observações e, sobretudo, as dúvidas de ordem dogmática e pragmática, valem as advertências da prática da advocacia empresarial pública.

A Administração Pública brasileira, nos mais diversos níveis federativos e considerada não só a organização vertical, mas também horizontal, inúmeras empresas estatais controladas pelo Estado, na União, nos Estados e nos Municípios em geral são avessas à instauração de processos de responsabilização de seus agentes.

Dir-se-á que o problema não se põe, na medida em que o art. 1º da Lei em foco tem a Administração Pública como lesada. A Lei dispõe afinal sobre a responsabilidade objetiva, civil ou administrativa de

pessoas jurídicas pela prática de *atos contra a Administração Pública, nacional ou estrangeira*.

É verdade. Contudo perguntamos: quando há uma íntima conexão entre a conduta da empresa pública e a empresa privada, verdadeiro conluio entre agentes públicos e privados para a prática da corrupção, não há também a necessidade imperiosa da abertura de processo administrativo no âmbito da Administração para apurar responsabilidades? Parece-nos que a resposta é afirmativa.

Sendo assim, louve-se a possibilidade da lei e exija-se da Administração Pública e de seus agentes idêntico comportamento.

A nota que faço tem como fundamento a quase inexistência de ações de responsabilidade por ato de improbidade administrativa ajuizadas no Brasil por *pessoas jurídicas estatais lesadas*, apesar da abertura da LIA nesse sentido. Esse dado fala por si.

Inicialmente destaca-se a possibilidade efetiva do *jus puniendi* e todo o seu aparato aos atos de corrupção de funcionários públicos *estrangeiros*, praticados direta ou indiretamente por *empresas sediadas no Brasil*.

Assim, as diversas empresas brasileiras que operam em território estrangeiro podem ser atingidas e responsabilizadas no Brasil. O foco mais intenso será, evidentemente, apurar em território nacional tais práticas corrompidas ainda que praticadas em parte ou integralmente no exterior.

As medidas previstas no dispositivo, tais como: possibilidade de medidas judiciais necessárias para a investigação, busca e apreensão,[22] suspensão do ato impugnado, prazo fatal e sua *excepcional prorrogação*[23] para a conclusão dos trabalhos são compatíveis com a estrutura da Lei.

O art. 14 contempla a *desconsideração da pessoa jurídica* sempre que utilizada para facilitar, encobrir ou dissimular a prática de atos ilícitos ou para provocar confusão patrimonial entre ela e seus dirigentes.[24]

Aqui revela-se uma vez mais a interconexão ou, se quisermos, a necessária apuração tanto das condutas dos dirigentes e administradores (pessoas físicas) como jurídicas (pessoas jurídicas), a que já fizemos alusão.

8. O acordo de leniência

O Capítulo V da Lei traz em seu título "Do acordo de leniência", cujos artigos têm a seguinte redação:

Art. 16. A autoridade máxima de cada órgão ou entidade pública poderá celebrar acordo de leniência com as pessoas jurídicas responsáveis pela prática dos atos previstos nesta Lei que colaborem efetivamente com as investigações e o processo administrativo, sendo que dessa colaboração resulte:

I – a identificação dos demais envolvidos na infração, quando couber; e

II – a obtenção célere de informações e documentos que comprovem o ilícito sob apuração.

§ 1º. O acordo de que trata o *caput* somente poderá ser celebrado se preenchidos, cumulativamente, os seguintes requisitos:

I – a pessoa jurídica seja a primeira a se manifestar sobre seu interesse em cooperar para a apuração do ato ilícito;

II – a pessoa jurídica cesse completamente seu envolvimento na infração investigada a partir da data de propositura do acordo;

III – a pessoa jurídica admita sua participação no ilícito e coopere plena e permanentemente com as investigações e o processo administrativo, comparecendo, sob suas expensas, sempre que solicitada, a todos os atos processuais, até seu encerramento.

§ 2º. A celebração do acordo de leniência isentará a pessoa jurídica das sanções previstas no inciso II do art. 6º e no inciso IV do art. 19 e reduzirá em até 2/3 (dois terços) o valor da multa aplicável.

§ 3º. O acordo de leniência não exime a pessoa jurídica da obrigação de reparar integralmente o dano causado.

§ 4º. O acordo de leniência estipulará as condições necessárias para assegurar a efetividade da colaboração e o resultado útil do processo.

---

22. Vide Emerson Garcia e Rogério Pacheco Alves, "Improbidade Administrativa", 8ª ed., São Paulo, Saraiva, 2015.

23. Aqui é preciso atenção. Não se pode imaginar ausência de prazo para finalizar processo administrativo ou prorrogação indefinida.

24. Sobre o tema, vide Cesar Ciampolini Neto e Walfrido Jorge Warde Jr., "A teoria histórica da disciplina da responsabilidade dos sócios e os precedentes em matéria de desconsideração da personalidade jurídica", na obra, coordenada pelos mesmos autores, *O Direito de Empresa nos Tribunais Brasileiros*, São Paulo, Quartier Latin, 2010.

§ 5º. Os efeitos do acordo de leniência serão estendidos às pessoas jurídicas que integram o mesmo grupo econômico, de fato e de direito, desde que firmem o acordo em conjunto, respeitadas as condições nele estabelecidas.

§ 6º. A proposta de acordo de leniência somente se tornará pública após a efetivação do respectivo acordo, salvo no interesse das investigações e do processo administrativo.

§ 7º. Não importará em reconhecimento da prática do ato ilícito investigado a proposta de acordo de leniência rejeitada.

§ 8º. Em caso de descumprimento do acordo de leniência, a pessoa jurídica ficará impedida de celebrar novo acordo pelo prazo de 3 (três) anos contados do conhecimento pela Administração Pública do referido descumprimento.

§ 9º. A celebração do acordo de leniência interrompe o prazo prescricional dos atos ilícitos previstos nesta Lei.

§ 10. A Controladoria-Geral da União – CGU é o órgão competente para celebrar os acordos de leniência no âmbito do Poder Executivo federal, bem como no caso de atos lesivos praticados contra a Administração Pública estrangeira.

Art. 17. A Administração Pública poderá também celebrar acordo de leniência com a pessoa jurídica responsável pela prática de ilícitos previstos na Lei 8.666, de 21 de junho de 1993, com vistas à isenção ou atenuação das sanções administrativas estabelecidas em seus arts. 86 a 88.

Não é o caso de discutir a circunstancial polêmica ou cabo de força instalado pelas entidades acima enunciadas para determinar quem é o competente para instaurar, acompanhar, "penalizar", e monitorar os acordos de leniência. Cedo ou tarde o STF dirá sobre o direito e a competência dos agentes competentes para as atribuições lá previstas.

Os acordos de leniência em si também não são novidade no Direito brasileiro.[25] A Lei de Defesa da Concorrência (n. 12.529/2011) e algumas legislações estrangeiras, o autorizam com empresas acusadas da prática de atos lesivos que colaborem com as investigações e no respectivo processo administrativo, podendo reduzir em até dois terços o valor da multa aplicada.

No aspecto substancial notamos algumas inconveniências no "acordo de leniência" embora possamos compreender as razões de quem o tenha formulado.

Ele nada mais é em uma expressão simples do que uma *autodeclaração*, (incriminação) voluntária de culpa por infringência a valores preservados na Constituição e nas leis nacionais e nas Convenções Internacionais.

Assemelha-se à já conhecida (e combatida) *delação premiada*.

25. Recordem-se a Lei 8.884/1994, a Lei 10.149/2000, a Portaria MJ n. 849/2000, a Lei 11.482/2007. A diferença talvez desses casos para os novos trazidos pela nova lei esteja nos procedimentos. O procedimento e a condenação dos agentes no âmbito criminal nessa legislação anticoncorrencial eram totalmente independentes das investigações realizadas na esfera penal ou administrativa. Sempre foi normal no Brasil a independência das esferas, administrativa e criminal, podendo dizer que essa é a tradição do direito brasileiro. Questão totalmente diversa é a possibilidade da transação penal com pessoas físicas e agora jurídicas denunciadas, com possibilidade inclusive de não aplicação da lei penal, de penas criminais em razão dos resultados da transação, ou hoje dos "novos acordos de leniência". Há vantagens inclusive em seguir esta tradição, segundo me parece, pois, pode haver em tese, absolvição na esfera penal e condenação na esfera administrativa com imposição de multas, ressarcimento de danos causados, e outras sanções associadas. Recorde-se finalmente do art. 29 da Lei que ressalva a possibilidade da aplicação de penalidades decorrentes da Lei de Improbidade (LIA) e da Lei 8.666/1993 e Lei 12.462/2011 o que no entendimento de Vicente Greco (ob. cit.) é absolutamente inconveniente, porque gera problemas de competência, procedimentais, prescricionais e outros.

Vê-se um forte ambiente de dúvidas e incertezas sobre a chamada cooperação ou acordo de leniência. Afinal, a proibição de leniências cumulativas gera um estímulo a uma verdadeira corrida pelo primeiro acordo, o que pode reforçar a traição entre os infratores e a própria credibilidade da transação.

De *lege ferenda* sugere-se reformar a lei em vários pontos. Dentre outros, para possibilitar ao menos mais de um acordo de leniência, dois no máximo, em um prazo que as autoridades especializadas entendam justo. Isso poderia melhor equilibrar a conflituosa relação entre os envolvidos e fazer prevalecer a verdade material nesse instrumento.

É preciso também, a meu juízo fazer um tipo de interpretação conforme ao princípio da *razoabilidade*, para impedir a aplicação das sanções previstas no art. 19 para aquele acordo de leniência homologado e sacramentado.

Afinal, não há sentido em partir para a empresa ou seus responsáveis que dispõem-se a revelar práticas ilícitas ou corrupção de boa-fé e ao mesmo tempo ameaçá-los com as duríssimas sanções previstas no art. 19 da Lei, ainda que a mesma preveja a aplicação isolada ou cumulativa de suas penas.

Como aspectos substanciais positivos apontamos a possibilidade da continuidade regular de suas atividades (conforme o caso). Tome-se o exemplo de várias empresas no Brasil e no exterior que, voluntariamente detectam problemas graves envolvendo atos de corrupção e procuram as autoridades responsáveis com vistas à realização desses acordos.

Parece-me positiva a ideia de sancionar a empresa (para aqueles que a admitem) e seus gestores e, paralelamente não decretar o seu fim, permitindo que continue a gerar riquezas e desenvolvimento.

Uma das críticas mais ácidas feitas nos últimos escândalos de corrupção envolvendo grandes corporações foi exatamente essa. A virulência de algumas autoridades que em última análise não se importavam com as riquezas, empregos e expertises acumuladas por elas ao longo dos anos, paralisando-as ou sufocando a economia do País.

Parece-me em princípio saudável não impedir que as empresas possam continuar seus negócios e atividades mesmo envolvidas em atos de corrupção, observadas as cautelas do sistema para prevenir a destruição de provas, o bloqueio de depoimentos etc.

Afinal também aqui é preciso separar o joio do trigo. Há casos e casos de corrupção com diferentes consequências. Há casos de reincidência, há casos de colaboração voluntária antes de qualquer apuração, e assim por diante.

Do mesmo modo a só existência da Lei e de suas duras sanções, é preciso reconhecer, desencadeou um movimento das principais grandes companhias do País em busca de orientação sobre como implementar programas para avaliar riscos e combater a corrupção.

Esse um aspecto positivo que desencadeará nas principais companhias do País – espera-se – uma *cultura* ética e de compromisso com os valores da responsabilidade empresarial. Aliás, espera-se que as empresas possam aprovar seus Códigos de Ética ou de Conduta incorporando tais valores virtuosos.

9. A busca da ética

As empresas devem se preocupar com a ética na realização de seus negócios. O ideal seria não só que cada uma delas tivesse um Código de Ética,[26] como também, que em seus

---

26. Recordem-se o Decreto 1.171, de 22.6.1994, que aprovou o Código de Ética Profissional do Servidor Público Civil do Poder Executivo Federal; o Decreto da Presidência da República de 26.5.1999,

relacionamentos comercias e empresariais exigissem de seus parceiros de negócios, fornecedores e prestadores de serviço idêntico comportamento ético.

É certo que não há um regramento padrão a respeito da melhor ou mais adequada estrutura do que deva ser um programa de *compliance*.

Há sim o Decreto 8.420, de 18.3.2015, que regulamentou a Lei 12.846/2013, cujo Capítulo IV oferece as linhas orientativas de estruturação no âmbito da pessoa jurídica, do que denominou *programa de integridade* (art. 41), assim entendido como um "conjunto de mecanismos e procedimentos internos de integridade, auditoria e incentivo à denúncia de irregularidades e na aplicação efetiva de códigos de ética e de conduta, políticas e diretrizes com o objetivo de detectar e sanar desvios, fraudes, irregularidades e atos ilícitos praticados contra a Administração Pública nacional ou estrangeira".

Previu ainda o citado Decreto, ao considerar como parâmetros para avaliação de um efetivo programa de *compliance* (art. 42):

> I – o comprometimento da alta direção da pessoa jurídica, incluídos os conselhos, evidenciado pelo apoio visível e inequívoco ao programa; II – padrões de conduta, código de ética, políticas e procedimentos de integridade, aplicáveis a todos os empregados e administradores, independentemente de cargo ou função exercidos; III – padrões de conduta, código de ética e políticas de integridade estendidas, quando necessário, a terceiros, tais como, fornecedores, prestadores de serviço, agentes intermediários e associados; IV – treinamentos periódicos sobre o programa de integridade; V – análise periódica de riscos para realizar adaptações necessárias ao programa de integridade; VI – registros contábeis que reflitam de forma completa e precisa as transações da pessoa jurídica; VII – controles internos que assegurem a pronta elaboração e confiabilidade de relatórios e demonstrações financeiros da pessoa jurídica; VIII – procedimentos específicos para prevenir fraudes e ilícitos no âmbito de processos licitatórios, na execução de contratos administrativos ou em qualquer interação com o setor público, ainda que intermediada por terceiros, tal como pagamento de tributos, sujeição a fiscalizações, ou obtenção de autorizações, licenças, permissões e certidões; IX – independência, estrutura e autoridade da instância interna responsável pela aplicação do programa de integridade e fiscalização de seu cumprimento; X – canais de denúncia de irregularidades, abertos e amplamente divulgados a funcionários e terceiros, e de mecanismos destinados à proteção de denunciantes de boa-fé; XI – medidas disciplinares em caso de violação do programa de integridade; XII – procedimentos que assegurem a pronta interrupção de irregularidades ou infrações detectadas e a tempestiva remediação dos danos gerados; XIII – diligências apropriadas para contratação e, conforme o caso, supervisão, de terceiros, tais como, fornecedores, prestadores de serviço, agentes intermediários e associados; XIV – verificação, durante os processos de fusões, aquisições e reestruturações societárias, do cometimento de irregularidades ou ilícitos ou da existência de vulnerabilidades nas pessoas jurídicas envolvidas; XV – monitoramento contínuo do programa de integridade visando seu aperfeiçoamento na prevenção, detecção e combate à ocorrência dos atos lesivos

que criou a Comissão de Ética Pública para revisar as normas que dispõem sobre a conduta ética na Administração Pública Federal, elaborar e propor a instituição do Código de Conduta das Autoridades, no âmbito do Poder Executivo Federal, o Código de Conduta da Alta Administração Federal por ele veiculada; o Decreto 6.029, de 1º.2.2007, que institui o Sistema de Gestão da Ética do Poder Executivo Federal; a Lei 12.527, de 18.11.2011, que regula o acesso de informações previsto na CF; e a Lei 12.813, de 16.5.2013, que dispõe sobre o conflito de interesses no exercício de cargo, emprego do Poder Executivo Federal e impedimentos posteriores ao exercício do cargo ou emprego. Por fim a Resolução n. 10, de 29.9.2008, que estabelece normas de funcionamento e de rito processual para as Comissões de Ética instituídas pelos Decretos 1.171/1994 e 6.029/2007.

previstos no art. 5º da Lei 12.846, de 2013; e XVI – transparência da pessoa jurídica quanto a doações para candidatos e partidos políticos. § 1º. Na avaliação dos parâmetros de que trata este artigo, serão considerados o porte e especificidades da pessoa jurídica, tais como: I – a quantidade de funcionários, empregados e colaboradores; II – a complexidade da hierarquia interna e a quantidade de departamentos, diretorias ou setores; III – a utilização de agentes intermediários como consultores ou representantes comerciais; IV – o setor do mercado em que atua; V – os países em que atua, direta ou indiretamente; VI – o grau de interação com o setor público e a importância de autorizações, licenças e permissões governamentais em suas operações; VII – a quantidade e a localização das pessoas jurídicas que integram o grupo econômico; e VIII – o fato de ser qualificada como microempresa ou empresa de pequeno porte.

Para mais detalhes da política de *compliance*, sugerimos consultar a obra de Vicente Greco Filho e João Daniel Rassi.[27]

É hora de recolher as velas.

O Brasil dispõe de um grande arsenal de sucessivas Leis que procuram combater a corrupção.

A antiga Lei da Ação Popular, a Lei da Ação Civil Pública, a Lei de Improbidade, a Lei de Lavagem de Dinheiro, a Lei do Mercado de Capitais, a Lei de Contratações Públicas, a Lei de Responsabilidade Fiscal, a Lei da Ficha Limpa, só para mencionar algumas relacionadas *direta ou indiretamente* com a matéria e, agora, a Lei Anticorrupção.

Sem dúvida não nos faltam Leis. Dispomos ainda de diversos regimes de responsabilidade, de diversas esferas de responsabilização, para o bem (combate à corrupção) ou para o mal (dispersão de esforços em vários órgãos e agentes), dizem alguns. De todo modo, é preciso não esmorecer. O combate à corrupção é tarefa permanente para o aperfeiçoamento do homem e das sociedades.

---

27. Vicente Greco Filho e João Daniel Rassi, *O Combate à Corrupção e Comentários à Lei de Responsabilidade de Pessoas Jurídicas*, São Paulo, Saraiva, 2015, pp. 79 e ss.

DA EXTENSÃO DO CONTROLE JUDICIAL DA ADMINISTRAÇÃO PÚBLICA EM FACE DO PRINCÍPIO DA MORALIDADE ADMINISTRATIVA

Márcio Cammarosano

1. Introdução. 2. Noção de Estado e de Direito. 3. O Estado Brasileiro. 4. Do controle judicial. 5. Das normas jurídicas: regras e princípios. 6. Do princípio constitucional da moralidade administrativa. 7. Legalidade, moralidade e probidade. 8. Da extensão do controle judicial da moralidade administrativa.

1. Introdução

O tema da moralidade administrativa é de permanente atualidade, em face inclusive do reconhecimento da normatividade dos princípios, dentre eles exatamente este, objeto agora de nossas considerações, com o objetivo de relacioná-lo com o controle da Administração Pública.

Do princípio constitucional da moralidade administrativa temos nos ocupado há muitos anos, especialmente ao ensejo de nossa tese de Doutorado.[1]

O tema tem sido por nós revisitado,[2] mesmo porque, consagrada constitucionalmente, a moralidade não tem sido, via de regra, adequadamente distinguida da legalidade em sentido estrito, de um lado, e da probidade, de outro.

A busca de maior precisão conceitual nessa matéria é de grande relevância, evitando equívocos na aplicação de normas constitucionais e legais em vigor, dentre elas as pertinentes à ação popular e à ação de improbidade administrativa.

Releva notar também que não pode haver consistente estudo da moralidade administrativa sem prévia adoção de um conceito de Direito, imperativo de ordem metodológica impostergável.

---

1. Márcio Cammarosano, *O Princípio Constitucional da Moralidade e o exercício da Função Administrativa*, Belo Horizonte, Fórum, 2006.

2. Márcio Cammarosano, "Moralidade administrativa", in Adilson Dallari, Carlos Valder do Nascimento e Ives Gandra da Silva Martins (coords.), *Tratado de Direito Administrativo*, vol. 1, São Paulo, Saraiva, 2013, pp. 256-275; Márcio Cammarosano e Flávio Henrique Unes Pereira, "O elemento subjetivo na improbidade administrativa: por uma responsável motivação das decisões judiciais", *RSTJ* 241/577-603, Ano 28, Brasília, janeiro-março/2016; Márcio Cammarosano, "O princípio constitucional da moralidade administrativa", in Celso Fernandes Campilongo, Álvaro de Azevedo Gonzaga e André Luiz Freire (coords.), *Enciclopédia Jurídica da PUC/SP*, Tomo *Direito Administrativo e Constitucional* (Vidal Serrano Nunes Jr., Maurício Zockun, Carolina Zancaner Zockun e André Luiz Freire, coords. de tomo), 1ª ed., São Paulo, PUC/SP, 2017 (disponível em *https://enciclopediajuridica.pucsp.br/verbete/65/edicao-1/principio-constitucional--da-moralidade-administrativa,-o*).

Nesse sentido, permitimo-nos esboçar aqui o conceito de Direito que adotamos, para em seguida apreciar a relação deste com a moral, bem como com a improbidade, para, a final, tratar da extensão do controle da Administração Pública à luz do princípio da moralidade administrativa.

2. Noção de Estado e de Direito

Estamos com aqueles que concebem o Estado como um ente organizado, isto é, uma organização dotada de personalidade jurídica, nos termos de dada ordem normativa.

Nota característica essencial de um Estado é a soberania, que Ataliba Nogueira, em sala de aula, dizia consistir no "poder incontestável de querer coercitivamente e fixar competência".

O Estado implica a reunião de três elementos constitutivos – quais sejam: *povo*, *território* e *governo soberano* –, apresentando-se independente na ordem internacional, autodeterminando-se.

Em rigor, não há como conceber uma sociedade organizada a não ser por normas que compõem um ordenamento jurídico.

Nessa ordem de raciocínio, convém esclarecer melhor no que consiste o Direito de que estamos a falar.

Para esse efeito, parece-nos oportuno trazer à colação algumas reflexões a respeito das palavras ou termos e dos conceitos.

A língua portuguesa, como a falada no Brasil, é nosso idioma oficial, instrumento de comunicação, por excelência, entre a maioria esmagadora dos que aqui vivem.

Nosso vocabulário comum, a exemplo do que ocorre com qualquer idioma, compreende palavras ou termos, expressões verbais de conceitos que, por sua vez, são representações mentais de objetos.

Polissêmicas são as palavras que têm vários significados, que expressam verbalmente dois ou mais conceitos, como a palavra *manga*, que diz respeito a uma fruta tropical mas também pode significar parte de uma peça de vestuário. Este ou aquele sentido pode ser identificado em face do contexto em que a palavra é utilizada.

Já, quanto aos conceitos, há os dotados de precisão e os imprecisos ou vagos, cujos limites denotativos não são exatos, ostentando, em termos de alcance significativo, zona de certeza positiva, de certeza negativa e zona de penumbra. Assim, quando se imputa a alguém a qualidade de *bom* moço, pode haver divergências quanto à pertinência, ou não, da atribuição daquela qualidade a esta ou àquela pessoa, consoante se adote uma posição mais rígida ou menos rígida quanto aos atributos que sejam necessários identificar em alguém para reputá-lo merecedor da mencionada qualificação.

Quando dizemos que a Ciência do Direito tem este como seu objeto de estudo, já estamos utilizando a palavra "direito" em princípio polissêmica, em um dos sentidos que ela comporta, ainda que remanesça certa vagueza do conceito que a palavra "direito", no contexto acima, esteja a expressar.

Com efeito, diante da assertiva de que a Ciência do Direito tem este como objeto de estudo, cabe perguntar: mas que objeto é esse? Exatamente, no que consiste? Como defini-lo? Enfim, o que se entende por direito, o que é o direito?

Essa pergunta tem ensejado, ao longo da História, respostas diversas, respostas que não são absolutamente coincidentes, ainda que nuclearmente se reconheça um mesmo sentido básico, sem embargo de variações mais ou menos relevantes.

É que, não havendo no mundo da Natureza algo que se possa identificar como sendo passível de ser designado por uma só palavra que expresse um sentido único e preciso, porque se trata de um objeto cultural, uma criação do ser humano e com sua historicidade, as pessoas podem propor uma ou mais definições do que se dispõe a reconhecer como sendo Direito.

Destarte, se não houver acordo entre as pessoas em utilizar a palavra "direito" num só sentido, idêntico, é que o direito para um pode não ser o direito para outro.

Não se trata de dizer quem está certo ou errado, porque os sentidos parcialmente diferenciados expressam opções pessoais de cada qual quanto ao sentido que se quer atribuir a uma mesma palavra enquanto expressão verbal de um conceito do mundo da cultura. Trata-se de eleger e definir algo como objeto que se decida estudar, dando-lhe uma denominação, um rótulo.

Quando alguém diz que uma lei, mesmo que promulgada por quem tinha competência para fazê-lo, como órgão de Estado – competência, essa, que lhe seja atribuída por outra norma do mesmo Estado –, não constitui ou não integra o Direito se for consagradora de injustiça extrema, intolerável, de acordo com o que se tenha como padrão de justiça, está, em rigor, propondo que referida lei não seja qualificada como Direito, e, assim, que não seja considerada como norma que se deva obedecer ou dar cumprimento. Exclui-se, assim, do conceito de Direito o que se considera não merecer essa qualificação, de sorte que, não sendo Direito, não deve ser obedecido. O conceito, então, é valorativo. Reconhece-se a existência de uma prescrição formulada, posta por alguma autoridade legiferante, legítima ou não, mas SE propõe que, avaliada pelo observador como consagradora de injustiça extrema ou intolerável, não se considere como prescrição que integre o Direito, razão pela qual não deve ser respeitada, aplicada, cumprida.

Como usualmente se entende que o que se denomina Direito consubstancia, *prima facie*, normas que prescrevem o que *deve ser*, com a característica de serem dotadas de coercibilidade garantida pelo Estado, os que negam que seja Direito a norma que padeça do vício de ser extremamente ou intoleravelmente injusta, em rigor, o fazem propondo: (a) que a norma viciada não seja qualificada como dotada de juridicidade, que não seja Direito; (b) que, não sendo Direito, o que prescreve como *dever-ser* não deve ser considerado como um *dever-ser legítimo*, e, portanto, não deve ser respeitada; (c) não valendo como Direito, os que lhe derem aplicação poderão ser por isso responsabilizados quando essa ordem intoleravelmente injusta for substituída por outra.

Resumindo: os que assumem essa posição só qualificam como Direito a ordem normativa do comportamento humano dotada de coercibilidade desde que não seja extrema ou intoleravelmente injusta. E nessa ordem de raciocínio poder-se-ia também negar juridicidade a normas extremamente afrontosas à moral.

As normas assim viciadas, não sendo Direito, não deveriam ser respeitadas, cumpridas ou aplicadas, não obstante estejam prescrevendo que, diante de tal ou qual situação, deve ser este ou aquele comportamento. Preocupam-se os que assim pensam, antes de tudo, com a prevalência da justiça, ou, melhor, do que consideram justo, correto, moral.

Mas outras pessoas podem adotar outra posição, qual seja, qualificar como sendo Direito uma dada ordem normativa dotada de coercibilidade garantida pelo Estado, independentemente de ser ela consagradora ou não de injustiça extrema ou intolerável moralmente. Assim, podem as mesmas pessoas dizer que essa ordem normativa pode ser objeto de estudo tal como se apresenta posta, designando-a *Direito*. Mas, como se trata de ordem normativa intoleravelmente injusta, imoral, impõe-se, falando mais alto, o dever moral de não lhe dar cumprimento ou aplicação, sob pena de, no futuro, sob outra ordem normativa, virem a ser responsabilizados os que a tenham acolhido por terem sido instrumentos de injustiça extrema, preteritamente praticada.

Os partidários de ambas as posições sabem, todavia, que dada ordem normativa dotada de coercibilidade, mesmo padecendo de vício de injustiça intolerável, sendo ou não qualificada como Direito, não deixa de existir e ser eficaz, na medida em que os detentores dos poderes de Estado onde esteja em vigor mantiverem o monopólio da força institucionalizada. E sabem também que em tal Estado cabe a aplicação de sanções aos que descumprirem a ordem normativa posta, pouco importando que assim tenham agido por não a considerarem Direito ou porque, mesmo qualificando-a como sendo Direito, tiverem-na por intoleravelmente injusta, imoral, preferindo observar exigências de justiça ao invés da ordem normativa injusta mas eficaz – cientes, todavia, das sanções a que se sujeitam por desafiar o poder constituído.

Em rigor, ordens normativas consagradoras de injustiça intolerável devem ser repudiadas, sejam ou não designadas mediante utilização da palavra ou termo "direito", não obstante nem sempre haja consenso a respeito do que é justo ou injusto, moral ou imoral, e até mesmo quanto ao injusto ou imoral, quando é tolerável ou não.

De qualquer forma, se e quando referida ordem extremamente injusta for extinta, como fruto de consenso ou uso vitorioso das forças opositoras, será a nova ordem normativa que prescreverá a aplicação ou não de sanções aos que à ordem injusta preteritamente deram aplicação.

3. O Estado Brasileiro

Estabelecido, pois, que Direito, como objeto de estudo da Ciência do Direito, é a ordem normativa do comportamento humano dotada de coercibilidade, garantida pelo Estado, inclusive, se necessário for, pelo uso da força institucionalizada daquele que detém o monopólio, ordem, essa, cuja juridicidade independe dos juízos de valor que a respeito dela se possa fazer, continuemos esta nossa caminhada, considerando desde já o Estado Brasileiro.

O Brasil está, como Estado, constituído nos termos da Constituição promulgada em 5.10.1988.

Somos, quanto à forma de Estado, uma Federação; quanto à forma de governo, uma República; quanto ao sistema de governo, adotamos o presidencialismo; quanto ao regime político, uma democracia.

Constituído como um Estado de Direito Democrático, segue-se a submissão do próprio Estado à ordem jurídica que o consubstancia, à Constituição da República e às leis produzidas pelos órgãos com competência para editá-las, sempre respeitosas àquela nossa Lei Maior.

Mas de nada adiantaria prescrever a submissão do Estado, do governo e governantes, no sentido amplo da expressão, à ordem jurídico-normativa se não existissem mecanismos de controle garantidores da efetiva obediência ao Direito posto.

E mecanismos de controle é o que não falta. Há o controle recíproco entre os Poderes de Estado, Legislativo, Executivo e Judiciário, consoante o sistema em vigor de freios e contrapesos. Há os Tribunais de Contas, Corregedorias, Controladorias, Ministério Público, Advocacia Pública e outros.

Há imperativos constitucionais de sistemas de controle interno e externo da Administração Pública, de todas as esferas de governo e órgãos de poder.

Mas nesta oportunidade propomo-nos, procedendo a cortes metodológicos, centrar nossa atenção no controle judicial da Administração Pública em face do princípio constitucional da moralidade administrativa.

4. Do controle judicial

Consoante nossa ordem constitucional, ao Poder Judiciário, independente dos demais Poderes de Estado (art. 2º da CF), cabe aplicar as leis em geral, compondo conflitos de interesses caracterizados por pretensões resistidas, decidindo-os a final, em caráter definitivo. As decisões que não comportam mais recursos fazem coisa julgada.

Acolhe nossa Lei Maior o princípio da universalidade da jurisdição, sendo que a lei não excluirá da apreciação do Poder Judiciário lesão ou ameaça a direito, sejam eles quais forem (art. 5º, XXXV).

Variadas são as ações passíveis de serem manejadas por variados legitimados ativamente, a título de controle. Ações ordinárias, ação popular, ação civil pública, mandado de segurança individual ou coletivo, mandado de injunção, *habeas data*, *habeas corpus*, ação de responsabilidade por improbidade administrativa, ações penais e outros instrumentos de variada natureza.

E é sabido que, considerando a dicotomia controle de legalidade e controle de mérito, no sentido de conveniência e oportunidade dos atos administrativos e ações governamentais em geral – que comporta discussões mais complexas, inclusive no que concerne à vinculação e à discricionariedade –, o controle da Administração Pública deve cingir-se ao controle da legalidade, ainda que legalidade em sentido amplo. Controle da legalidade ou da juridicidade, como preferem dizer muitos, à luz das regras e princípios, espécies de normas jurídicas.

Por certo, como sabemos, é também controle de legalidade dizer o Judiciário, se e quando provocado por quem tenha legítimo interesse para agir, se neste ou naquele caso assiste ou não competência discricionária ao administrador público, não bastando que este simplesmente alegue dispor dessa competência, o que pode ser ou não correto à luz do Direito em vigor e das circunstâncias do caso concreto. E também é controle de legalidade dizer o Judiciário se o administrador público, mesmo dispondo, em tese, de competência discricionária, desbordou ou não dos limites dela no caso concreto, mesmo porque a competência discricionária tem limites extraíveis das regras e dos princípios aplicáveis à espécie.

5. Das normas jurídicas: regras e princípios

Não se discute que normas jurídicas comportam variadas classificações, tantas quantas forem úteis, consoante critérios hábeis a identificar espécies cujo conhecimento instrumentalize adequadamente melhor conhecimento do Direito para efeito de sua aplicação.

Destarte, uma das classificações é a que aparta normas jurídicas em regras e princípios.

Não obstante as discussões e divergências quanto às notas características essenciais que diferenciam regras e princípios como espécies do gênero *normas* e, portanto, quanto à própria definição de princípios, prescrições há que, indubitavelmente, costumam ser apontadas como regras e outras como princípios, até mesmo em face do texto da Constituição da República.

Como exemplo de *regra* pode-se apontar o disposto no art. 37, III, da nossa Lei Maior, que prescreve: "o prazo de validade do concurso público será de até 2 (dois) anos, prorrogável por uma vez, por igual período". Como exemplos de *princípios* consideremos o disposto no art. 37, *caput*, que reza: "A Administração Pública direta e indireta de qualquer dos Poderes da União, dos Estados, do Distrito Federal e dos Municípios obedecerá aos princípios de legalidade, impessoalidade, moralidade, publicidade e eficiência e, também, ao seguinte: (...)".

Ambos os dispositivos transcritos consubstanciam prescrições dotadas de generalidade e abstração. Têm como destinatários categorias de pessoas, e não uma só que esteja de plano individualizada, e supõem situações-tipo passíveis de reprodução ao longo do tempo, ensejando tantas incidências quantas forem as situações que ocorrerem e que às hipóteses de incidência normativa se subsumirem.

A diferença substancial, parece-me, é a de que a regra prescreve, como mandamento, comportamento que especifica. Assim, em face do art. 37, II, da CF, ao ser realizado um concurso público, o prazo de validade deve ser fixado observado o limite máximo de dois anos, prorrogável uma vez, por igual período. Há, portanto, indicação tipológica da hipótese de incidência normativa (realização de concurso público) e prescrição de como deve proceder a autoridade competente na matéria em termos de fixação de prazo de validade do mesmo (mandamento).

Já, princípios não especificam o tipo ou tipos de hipótese de incidência normativa, que podem ser os mais variados, de amplo espectro, indetermináveis previamente, e o que a norma prescreve é de amplíssima abrangência, em razão mesmo da utilização de termos que expressam conceitos vagos, de amplíssima e imprecisa denotação.

Em razão mesmo dessas características, situações há que implicam, em tese, incidência convergente de dois ou mais princípios que levariam, cada qual, isoladamente considerado, a soluções diferentes, impondo-se, por isso mesmo, considerar recíprocos condicionamentos principiológicos ou, não raro, a preponderância de um deles, descartando-se os demais, recorrendo-se à decantada *ponderação*. Exemplos de maior incidência plúrima convergente de princípios encontramos em questões ambientais, em face de exigências de desenvolvimento e sustentabilidade a serem conjugadas.

Convergências principiológicas são também frequentes no que concerne a certas atividades da Administração Pública.

Em decorrência dessas características é que se pode dizer que princípios são mandamentos de otimização,[3] comportando ponderação.

A propósito, tanto princípios como regras podem estar ou não no mesmo nível hierárquico. Se dado princípio e certa regra forem constitucionais, estarão no mesmo nível hierárquico. Havendo conflito, a regra há de ser considerada exceção ao princípio.

O que determina hierarquia entre normas jurídicas, sejam elas regras ou princípios, é a posição ocupada na estrutura do ordenamento jurídico. Uma norma é hierarquicamente superior a outra quando esta encontra naquela seu fundamento jurídico de validade, consoante a pirâmide kelseniana.

Tendo o Brasil uma Constituição rígida, assim entendida aquela que só pode ser alterada mediante processo legislativo mais dificultoso do que o estabelecido para a elaboração de outras espécies normativas, estas, se estiverem em desacordo com a Lei Maior, se a tiverem precedido não foram por ela recepcionadas; se tiverem sido editadas após a Constituição vigente, padecerão do vício de inconstitucionalidade.

De qualquer forma, princípios jurídicos são normas, consubstanciando prescrições dotadas de coercibilidade. Prestam-se também, quando menos, à interpretação das leis, devendo ser adotada aquela que mais prestigia os princípios, e não a que os amesquinhe; servem à colmatação de lacunas e condicionam o exercício de competências discricionárias.

Portanto, o reconhecimento da normatividade de princípios não é, em absoluto, incompatível com uma concepção positivista metodológica do Direito, desde que se esteja a falar de princípios jurídicos, e não de princípios outros, como exigências de moral e de justiça não agasalhadas, explícita ou implicitamente, pelo Direito posto, em vigor no tempo e em dado território.

Destarte, quando se fala em controle da Administração Pública pelo Judiciário, em face de princípios a que deve se submeter, esses princípios são apenas aqueles que se possa reconhecer como dotados de juridicidade, à luz do Direito posto, evidentemente. O fato de haver princípios informando esta ou aquela ordem normativa do comportamento humano, como ordens morais, não faz deles, *ipso facto*, princípios jurídicos.

São jurídicos apenas os princípios que o ordenamento jurídico posto formula ou acolhe, explícita ou implicitamente, e nos termos em que os acolhe, razão pela qual dada exigência moral pode ser encampada pelo Direito em termos menos amplos do que se reconhece enquanto princípio moral, apenas. E normas morais pode haver que sequer tenham sido juridicizadas, donde o brocardo *non omne quod licit honestum est*.

Exemplos disso há à mão cheia, como o princípio da veracidade, por força do qual virtuoso é quem fala a verdade, e não quem mente, merecendo aquele encômios e este, censura. Todavia, o Direito posto no Brasil, não obstante proíba mentira de testemunhas, criminalizando-as, não proíbe a do réu, que ao ser interrogado pode faltar com a verdade sem ser por isso sancionado.

Outro exemplo é o tratamento dispensado pelo Direito posto ao aborto. A moral católica apostólica romana proíbe o aborto em quaisquer circunstâncias. Já, em face da legislação

---

3. Cf. Robert Alexy, *Teoria dos Direitos Fundamentais*, 2ª ed., 5ª tir., trad. de Virgílio Afonso da Silva, São Paulo, Malheiros Editores, 2017, p. 90.

e da jurisprudência em vigor o aborto constitui crime, salvo quando a gravidez é resultante de estupro, quando não há outro meio para salvar a vida da parturiente (conforme disposto no art. 128 do CP) ou tratando-se de feto anencéfalo.[4] Também não se considera aborto a interrupção da gravidez até o terceiro mês de gestação.[5]

Esses são apenas dois exemplos, no Brasil, de acentuada discrepância entre exigências de certa ordem moral e do Direito.

Em alguns Estados da Federação Norte-Americana ainda vige a pena de morte, incompatível para nós com valores morais que muitos professam lá mesmo e em vários outros Estados.

Em outros Países pune-se barbaramente a infidelidade da mulher, permite-se o casamento entre adultos e crianças, privam-se contingentes populacionais e minorias de direitos que deveriam ser assegurados a todos, em flagrante violação aos imperativos da dignidade da pessoa humana.

Sem embargo, na medida em que se reconhece a existência de princípios jurídicos, e dentre eles os que condicionam a validade da atuação da Administração pública, não se pode deixar de reconhecer que, à luz deles, cabe controle da Administração Pública pelo Judiciário.

Se assim é, como conciliar a tese da coercibilidade só de regras e princípios jurídicos, como sendo apenas eles a condicionar a validade dos atos comissivos e omissivos da Administração Pública, com a inserção na Constituição da República Federativa do Brasil, e de forma expressa, do princípio da moralidade administrativa? Estaria ela a juridicizar padrões morais de comportamento que supostamente prevaleçam na sociedade? Em que medida é admissível sua invocação, e em que termos, para o controle judicial da Administração Pública? Esse controle não se restringe mais à legalidade, comportando também o controle mediante invocação de normas sacadas diretamente desta ou daquela ordem moral de comportamento?

6. Do princípio constitucional da moralidade administrativa

A Constituição de 1988 contém dois dispositivos de significativa relevância quanto à moralidade administrativa.[6] São eles os arts. 5º, LXXIII, e 37, *caput*, que rezam:

---

4. STF, Plenário, ADPF 54-DF, rel. Min. Marco Aurélio, j. 12.4.2012, *DJe* 30.4.2013.

5. STF, 1ª Turma, HC 124.306-RJ, rel. para redação do acórdão Min. Luís Roberto Barroso, j. 29.11.2016, *DJe* 17.3.2017.

6. Releva notar que nos anos 30 do século passado houve a inserção no Direito Brasileiro do princípio da moralidade administrativa, mediante o Decreto 19.398/1930, de *equivalência constitucional* apontada por Caio Tácito. Através dele instituiu-se o controle de contratos administrativos, a ser exercido de forma discricionária pelo chefe do Poder Executivo (art. 1º), nos seguintes termos: "Art. 7º. Continuam em inteiro vigor, na forma das leis aplicáveis, as obrigações e os direitos resultantes de contratos, de concessões ou outras outorgas, com a União, os Estados, os Municípios, o Distrito Federal e o Território do Acre, salvo os que, submetidos à revisão, contravenham ao interesse público e à moralidade administrativa". No período compreendido entre 1931 a 1934 contratos de concessão foram submetidos à revisão e anulação com base no dispositivo citado (*ex vi* dos Decretos 19.912/1931, 19.843/1931, 21.606/1932, 24.212/1934 e 24.326/1934). Da análise dos decretos anulatórios extrai-se que a moralidade administrativa, enquanto *categoria normativa*, servira de instrumento de controle *a posteriori*, permitindo-se inferir que adquiriu o

Art. 5º. Todos são iguais perante a lei, sem distinção de qualquer natureza, garantindo-se aos brasileiros e aos estrangeiros residentes no País a inviolabilidade do direito à vida, à liberdade, à igualdade, à segurança e à propriedade, nos termos seguintes: (...); LXXIII – qualquer cidadão é parte legítima para propor ação popular que vise a anular ato lesivo ao patrimônio público ou de entidade de que o Estado participe, à moralidade administrativa, ao meio ambiente e ao patrimônio histórico e cultural, ficando o autor, salvo comprovada má-fé, isento de custas judiciais e do ônus da sucumbência; (...).

(...).

Art. 37. A administração pública direta e indireta de qualquer dos Poderes da União, dos Estados, do Distrito Federal e dos Municípios obedecerá aos princípios de legalidade, impessoalidade, moralidade, publicidade e eficiência (...).

Leitores mais apressados desses dispositivos há que não se dão conta, ou não se dão ao trabalho, ou não reconhecem nessa matéria a imprescindibilidade de uma exegese comprometida com imperativos de ordem sistemática, que postulam a composição das normas constitucionais sob perspectiva unitária.

O sentido e o alcance dos preceitos constitucionais transcritos, especialmente no que concerne à moralidade administrativa ou moralidade simplesmente, hão de ser fixados pelo intérprete em consonância com outras exigências da nossa Lei Fundamental, em especial as concernentes ao *Estado de Direito Democrático* e à *segurança* como valores supremos proclamados já no "Preâmbulo" da Constituição de 1988, reafirmados mais detalhadamente ao longo das linhas e entrelinhas dos artigos que a compõem.

Democracia e segurança jurídica são irmãs siamesas, de sorte que não se pode cogitar de uma sem a outra.

Em um País como o nosso, que adota o sistema do Direito legislado por excelência, em que "ninguém será obrigado a fazer ou deixar de fazer alguma coisa senão em virtude de lei" (art. 5º, II, da CF), cabendo a órgão do Poder Legislativo dispor a respeito de todas as matérias de competência dos entes federados, a Constituição e as leis em geral é que prescrevem, fundamentalmente, o que é obrigatório, proibido ou facultado.

Clássica é a lição de Miguel Reale quando professa:

> De todas as formas de experiência humana, o Direito é a que mais exige forma predeterminada e certa em suas regras. Não se compreende o Direito sem um mínimo de legislação escrita, de certeza, de tipificação da conduta e de previsibilidade genérica. Isto porque o Direito, ao facultar-lhe a possibilidade de escolha entre o adimplemento ou não de seus preceitos, situa o obrigado no âmbito de uma escolha já *objetivamente* feita pela sociedade, escolha, esta, revelada através de um complexo sistema de *modelos*. Mesmo nos Países onde vigora o Direito costumeiro, como é o caso da Inglaterra, as normas jurisdicionais e consuetudinárias revestem-se de categorias formais; a diferença que existe como referência à tradição romanística não está na certeza da juridicidade, que a todos os sistemas acomuna, mas sim no que tange ao processo ou à gênese dos preceitos. O Direito, portanto, exige *predeterminação formal*, sendo o *modelo*

sentido dado pela formulação francesa, remetendo-se o controle pela moralidade administrativa ao desvio de finalidade, afronta à boa-fé da Administração e o uso da simulação e da fraude (conforme demonstrado em dissertação de Mestrado, sob minha orientação, por Wassila Caleiro Abbud, *O Princípio da Moralidade Administrativa: Aspectos de Controle na Atividade Contratual da Administração Pública*, dissertação (Mestrado em Direito), Faculdade de Direito da PUC/SP, São Paulo, 2016, pp. 33-35 e 90-98).

legal a expressão máxima dessa exigência, o que explica seu êxito em confronto com as demais espécies de modelo jurídico.[7]

Mais adiante, continua Reale: "não existe, na esfera moral, a predeterminação formal das regras ou dos órgãos destinados a declarar seu conteúdo rigoroso, como se verifica no mundo jurídico, onde a tipicidade não deve ser vista apenas nos domínios do direito penal".[8] E logo depois arremata:

> A Moral, fundada na espontaneidade e insuscetível de coação, pode dispensar a rigorosa tipicidade de seus imperativos, que, aliás, não devem, por sua natureza, se desdobrar em comandos casuísticos. O Direito, ao contrário, disciplinando e discriminando "classes de ações possíveis", deve fazê-lo com rigor, numa ordenação a mais possível lúcida de categorias e *modelos normativos* (...).[9]

Por certo que o Direito é influenciado por preceitos de ordem moral, recolhidos aqui e acolá pelo legislador, que os seleciona e com eles trabalha com frequência, elaborando textos jurídico-normativos como melhor lhe aprouver, como representante do povo e, assim, legitimado a legislar.

Assim, não faria sentido que a Constituição democrática de 1988, comprometida com a segurança jurídica que postula predeterminação formal do Direito, quisesse tirar com a mão esquerda o que assegurou com a direita, incorporando ao mundo jurídico, e com *status* constitucional, padrões morais de comportamento supostamente prevalentes na sociedade.

Não fora a *relatividade* da moral e sua *mutabilidade,* características historicamente comprováveis, assim como a inquestionável ausência de predeterminação formal de seus preceitos, desprovidos de maior tipicidade, padrões morais de comportamento ensejam, *ipso facto*, variadas projeções concretas.

Com efeito, permitimo-nos invocar uma vez mais Reale, que professa: "É certo que o Poder consagra a norma e a torna efetivamente obrigatória, mas a obrigatoriedade do direito positivo não resulta, a nosso ver, da incognoscibilidade dos valores do justo, e sim da relatividade de suas possíveis projeções concretas".[10] E acrescenta o autor:

> Consoante observa Max Scheler, a relação entre os valores e as normas tem como consequência um fato básico para a Ética em geral, bem como para a história das ideias morais: "Todos os imperativos e normas podem *variar*, embora se reconheçam os *mesmos valores*, não só ao longo da História, como nas diversas comunidades; podem inclusive ser variáveis, contendo os mesmo princípios ideais de *dever-ser*. (...) essa possibilidade de variação nos imperativos, que contém os mesmos valores (inclusive quando se expressam em iguais princípios de *dever-ser* ideal), acentua-se em certas circunstâncias, a tal ponto que podem se basear em valores iguais imperativos que expressam coisas opostas".[11]

Impõe-se, destarte, ao intérprete da Constituição de 1988 esforçar-se por conciliar os dispositivos concernentes à moralidade administrativa com as exigências fundamentais de

---

7. Miguel Reale, *Filosofia do Direito*, 16ª ed., São Paulo, Saraiva, 1994, p. 709.
8. Idem, ibidem.
9. Idem, p. 710.
10. Idem, p. 558.
11. Idem, ibidem.

segurança jurídica. E nesse esforço convém recordar a origem desse conceito – moralidade administrativa – e o conteúdo jurídico-normativo que dele se deve extrair.

Como se sabe, a ideia de moralidade administrativa, seu conceito mesmo, deve-se à doutrina francesa de meados do século XIX, tendo sido por ela responsáveis, especialmente, Hauriou, Welter e Lacharrière.

Prestou-se a moralidade administrativa, à época, à justificação da criação, pelo Conselho de Estado, da figura do desvio de poder para efeito de controle dos atos expedidos no exercício de competência discricionária. Esses atos seriam, em rigor, inatacáveis do ponto de vista da legalidade, que, à época, tinha um sentido muito mais estrito do que aquele que hoje se lhe atribui.

Para Hauriou – e isto já afirmamos em estudos anteriores[12] – a moralidade administrativa não era outra coisa senão o espírito geral da lei administrativa, espírito, esse, que se imporia, como se impõe, aos administradores como o dever de agir pelo bem do serviço. A noção de violação da lei, que ensejava controle de legalidade, não se aplicava aos casos de desvio de poder, de excesso de poder ao ensejo do exercício de competência discricionária, pois implicaria abusar da noção de violação da lei.

Portanto, o fundamento do controle do exercício de competência discricionária, da apreciação pelo Conselho de Estado de recursos contra atos eivados de desvio de poder, repousaria não na noção de legalidade, mas na noção de moralidade administrativa.

Em rigor, nem à época da construção da teoria da moralidade administrativa ela esteve associada a exigências da moral comum, ao que a sociedade entende como moralmente correto.

Marcello Caetano[13] considera, mesmo, abandonada a doutrina da moralidade administrativa, porque já acautelada pela lei nos termos por ela estabelecidos, e que "no direito administrativo, como em qualquer outro ramo do Direito, a moral só vale na medida em que, sendo recebida pela norma jurídica e como conteúdo desta, passe a beneficiar a sanção peculiar da ordem jurídica em lugar de ficar limitada às suas sanções peculiares (reprovação de consciências)".

José Guilherme Giacomuzzi,[14] por sua vez, informa que o próprio Welter, um dos teóricos da moralidade administrativa, que pretendeu "independentizar a ideia de moralidade, dando-lhe conteúdo e autonomia próprios, diversos da legalidade", já em 1929 dizia que a doutrina francesa não tinha em boa conta o signo "moralidade administrativa", e que ele próprio concordava com o fato de que a legalidade, se entendida em senso lato, poderia, em verdade, abranger aquilo que ele considera como controle da moralidade. E continua Giacomuzzi: "(...). Ora, se um fiel discípulo de Hauriou – e justamente aquele que mais desenvolveu a ideia de moralidade – assevera, ao final de exaustivo estudo, que a legalidade, se estendida sua noção, tem a capacidade de abranger a moralidade administrativa, não é de admirar que a cultura jurídica francesa, acostumada a tratar com a 'bitola' e sob

---

12. Márcio Cammarosano, "Moralidade administrativa", cit., in Adilson Dallari, Ives Gandra da Silva Martins e Carlos Valder do Nascimento (coords.), *Tratado de Direito Administrativo*, vol. 1, pp. 267-269.

13. Marcello Caetano, *Princípios Fundamentais do Direito Administrativo*, Rio de Janeiro, Forense, 1977, p. 178.

14. José Guilherme Giacomuzzi, *A Moralidade Administrativa e a Boa-Fé da Administração Pública*, 2ª ed., São Paulo, Malheiros Editores, 2013, pp. 115-116.

o signo da legalidade, resolva trilhar o mesmo caminho, sem abandonar seu *significante*, tendo o trabalho único de aumentar-lhe o *significado*. Numa palavra, desenvolveu-se a *ideia* de moralidade sob o *signo – alargado* e, mais que isso, *interiorizado* – da legalidade administrativa".

Giacomuzzi, para quem todos os vícios do ato administrativo passíveis de serem embutidos em um suposto "controle da moralidade administrativa", estavam ou se alocaram no controle da legalidade, tanto na França como no Brasil, indaga:

> O que se passou, então, com a ideia de moralidade administrativa em seu País de origem?
>
> Exsurge simples a resposta, que só recordo: foi "engolfada" pelo instituto do desvio de poder e encontra-se embebida no controle *interno* da legalidade, algo que – vale lembrar – Welter já indiretamente vaticinara. Legalidade, dizia ele, "entendido o senso largo da palavra".[15]

Entre nós, cabe invocar o que Hely Lopes Meirelles,[16] eminente por todos os títulos e de saudosa memória, diz a respeito da moralidade administrativa, reportando-se a Hauriou e Welter. Diz Hely:

> A *moralidade administrativa* constitui, hoje em dia, pressuposto da validade de todo ato da Administração Pública (CF, art. 37, *caput*). Não se trata – diz Hauriou, o sistematizador de tal conceito – da *moral comum*, mas sim de uma *moral jurídica*, entendida como "conjunto de regras de conduta tiradas da disciplina interior da Administração". (...).[17]

E mais adiante afirma:

> (...). A moral comum, remata Hauriou, é imposta ao homem para sua conduta externa; a *moral administrativa* é imposta ao agente público para sua conduta interna, segundo as exigências da instituição a que serve e a finalidade de sua ação: o bem comum.
>
> Desenvolvendo o mesmo conceito, em estudo posterior, Welter insiste que "a moralidade administrativa não se confunde com a moralidade comum; ele é composta por regras de boa administração, ou seja: pelo conjunto das regras finais e disciplinares suscitadas não só pela distinção entre Bem e Mal, mas também pela ideia geral de administração e pela ideia de função administrativa". Tal conceito coincide com o de Lacharrière, segundo o qual a moral administrativa é o "conjunto de regras que, para disciplinar o exercício do poder discricionário da Administração, o superior hierárquico impõe aos seus subordinados".[18]

Portanto, há tempos vimos sustentando que o princípio da moralidade administrativa inserto na Constituição/1988 é princípio jurídico. Não está reportado direta e imediatamente à moral comum, padrões morais que supostamente prevalecem na sociedade – de resto, não inventariados, muito menos suas variáveis projeções concretas. Está reportado, sim, a valores morais juridicizados – e como juridicizados –, dentre eles os da boa-fé, da confiança, da lealdade às instituições, da veracidade e outros mais.

---

15. Idem, pp. 118-119.
16. Hely Lopes Meirelles, *Direito Administrativo Brasileiro*, 10ª ed., São Paulo, Ed. RT, 1984 – transcrição anterior, portanto, à Constituição de 1988 e por ela, evidentemente, não influenciada.
17. Idem, p. 61. *[V. 42ª ed., São Paulo, Malheiros Editores, 2016.]*
18. Idem, pp. 61-62. *[V. 42ª ed., São Paulo, Malheiros Editores, 2016.]*

7. Legalidade, moralidade e probidade

Acreditando já haver precisado o que entendemos por moralidade administrativa, enquanto princípio jurídico, costumamos dizer que sua ofensa se caracteriza como violação à ordem jurídica, como invalidade agravada pela concomitante ofensa a valores morais juridicizados. Sem violação ao Direito posto não há ofensa à moralidade administrativa. Pode haver, assim, invalidade não agravada ou agravada por desvio também ético-jurídico.

Por outro lado, se não há como confundir mera invalidade com imoralidade administrativa, que é um *plus* com relação àquela, também não se confundem moralidade e probidade. Enquanto a imoralidade administrativa é invalidade agravada nos termos já assinalados, improbidade é invalidade especialmente qualificada pelo agir com gravíssimo desvio ético-jurídico, que pressupõe móvel viciado.

A Constituição da República vale-se das expressões "probidade" e "improbidade" administrativa nos arts. 14, § 9º, 15, V, 37, §§ 4º e 5º, e 85, V.

Atos de improbidade administrativa ensejam aplicação de sanções as mais severas, inclusive perda e suspensão de direitos públicos, entre outras. E atos do Presidente da República atentatórios à probidade na Administração configuram crime de responsabilidade.

Destarte, o legislador ordinário não é absolutamente livre para tipificar como improbidade administrativa o que melhor lhe convier, mas apenas comportamentos gravíssimos, reveladores de desonestidade, fraude, eivados, portanto, de má-fé, de dolo, sem o quê não se pode falar em gravíssimo desvio ético-jurídico.

Qualificar como improbidade ofensas à ordem jurídica decorrentes de erro, inadvertência, inabilidade, informadas não pela má-fé, mas pela boa-fé, desborda dos limites da razoabilidade, ínsita na cláusula do devido processo legal no sentido substantivo da expressão. Desse vício se ressente a previsão no art. 10 da Lei de Improbidade Administrativa (Lei 8.429/1992) de improbidade na modalidade culposa, verdadeiro destempero legislativo comprometedor de sua constitucionalidade.

Mas é certo que atos e omissões qualificáveis como improbidade administrativa configuram antes ofensa à moralidade administrativa, ensejando controle mediante instrumentos previstos para ambas as modalidades de ofensa à ordem jurídica.

Fixados, enfim, os sentidos e os alcances das expressões "legalidade", "moralidade" e "probidade", ainda que em apertada síntese, falta dizer alguma coisa quanto ao controle judicial da moralidade administrativa.

8. Da extensão do controle judicial da moralidade administrativa

Já cuidamos, no início deste trabalho, de deixar consignado que a Administração Pública brasileira está sujeita a variados mecanismos de controle, interno e externo, de legalidade e de mérito, no sentido administrativo do termo, que diz respeito fundamentalmente a juízos de conveniência e oportunidade que informam a atuação dos agentes públicos em geral, no exercício de competência discricionária, sempre nos termos e limites do ordenamento jurídico, compreensivo de regras e princípios.

Um desses princípios, a condicionar o exercício da função administrativa, é o da moralidade administrativa.

Toda e qualquer violação da ordem jurídica que implique ofensa a valores morais juridicizados caracteriza atentado à moralidade administrativa, passível de correção também pelo Judiciário, uma vez provocado por quem tenha legitimidade para agir.

Pode haver ofensa à moralidade administrativa por ação ou omissão, ao ensejo de exercício de competência vinculada ou discricionária.

Com efeito, e a título de exemplo, o agente público que efetua lançamento ou aplica multas a um contribuinte mas ao arrepio das normas que regem a matéria, consciente da falta de amparo legal para sua atuação, está violando a lei a pretexto de exercício de competência vinculada. Mesmo que assim proceda tendo, por hipótese, como escopo último carrear aos cofres públicos maior soma de dinheiro para melhor atendimento das necessidades coletivas, estará atuando com desvio de finalidade, violando valores morais juridicizados como os da confiança e da boa-fé, em prejuízo indevido do contribuinte.

Também estará incorrendo em desvio de finalidade, com ofensa a valores morais juridicizados, a autoridade que, a pretexto de exercício de competência discricionária, submete bem à força expropriatória mal disfarçando que o que a move é o interesse inconfessável de perseguir um adversário ou inimigo, ainda que a desapropriação esteja em tese fundada em um dos permissivos legais.

Nessas hipóteses – e a maior ou menor dificuldade quanto à prova do elemento subjetivo do agente é outra questão – há ofensa à moralidade administrativa, de sorte que – e esta é significativa inovação da Constituição/1988 – não apenas o titular do direito violado tem legitimidade para pleitear em juízo a anulação do ato, como também qualquer cidadão, com fundamento no art. 5º, LXXIII, da Constituição da República.

É certa, pois, a ampliação feita pela Constituição/1988 quanto ao cabimento da ação popular, na medida em que a só ofensa à moralidade administrativa é o quanto basta para que cidadãos brasileiros dela possam lançar mão.

Por outro lado, sendo a moralidade administrativa moral jurídica, não reportada direta e imediatamente à moral comum, não assiste a quem quer que seja o direito de ver proclamada a invalidade do exercício de função administrativa sustentando, tão somente, que se trata de ato ou omissão imputável a agente público censurável à luz desta ou daquela concepção moral comum, ou em face de valores morais, salvo os juridicizados, e nos termos em que juridicizados, que se tenham como prevalentes – efetiva ou supostamente – na sociedade.

O Judiciário não está autorizado a sentenciar senão aplicando o Direito posto, e não as regras ou princípios que a Magistratura ou quem quer que seja gostaria que estivessem postos como Direito, sob o argumento de se tratar de imperativo de moral comum ou de justiça. A tanto não há quem esteja autorizado, mormente os que não sejam titulares de competência legislativa, ainda que eventualmente tenham perdido a confiança nas soluções jurídico-normativas.

Referências bibliográficas

ABBUD, Wassila Caleiro. *O Princípio da Moralidade Administrativa: Aspectos de Controle na Atividade Contratual da Administração Pública*. Dissertação (Mestrado em Direito). Faculdade de Direito da PUC/SP. São Paulo, 2016.

ALEXY, Robert. *Teoria dos Direitos Fundamentais*. 2ª ed., 5ª tir., trad. de Virgílio Afonso da Silva. São Paulo, Malheiros Editores, 2008.

CAETANO, Marcello. *Princípios Fundamentais do Direito Administrativo*. Rio de Janeiro, Forense, 1977.

CAMMAROSANO, Márcio. "Moralidade administrativa". In: DALLARI, Adilson, MARTINS, Ives Gandra da Silva, e NASCIMENTO, Carlos Valder do (coords.). *Tratado de Direito Administrativo*. vol. 1. São Paulo, Saraiva, 2013 (pp. 256-275).

_____. "O princípio constitucional da moralidade administrativa". In: CAMPILONGO, Celso Fernandes, FREIRE, André Luiz, e GONZAGA, Álvaro de Azevedo (coords.). *Enciclopédia Jurídica da PUC/SP*. Tomo *Direito Administrativo e Constitucional* (Vidal Serrano Nunes Jr., Maurício Zockun, Carolina Zancaner Zockun e André Luiz Freire, coords. de tomo). 1ª ed. São Paulo, PUC/SP, 2017 (disponível em *https://enciclopediajuridica.pucsp.br/verbete/65/edicao-1/principio-constitucional-da-moralidade-administrativa,-o*).

_____. *O Princípio Constitucional da Moralidade e o Exercício da Função Administrativa*. Belo Horizonte, Fórum, 2006.

CAMMAROSANO, Márcio, e PEREIRA, Flávio Henrique Unes. "O elemento subjetivo na improbidade administrativa: por uma responsável motivação das decisões judiciais". *RSTJ* 241/577-603. Ano 28. Brasília, janeiro-março/2016.

CAMPILONGO, Celso Fernandes, FREIRE, André Luiz, e GONZAGA, Álvaro de Azevedo (coords.). *Enciclopédia Jurídica da PUC/SP*. Tomo *Direito Administrativo e Constitucional* (Vidal Serrano Nunes Jr., Maurício Zockun, Carolina Zancaner Zockun e André Luiz Freire, coords. de tomo). 1ª ed. São Paulo, PUC/SP, 2017 (disponível em *https://enciclopediajuridica.pucsp.br/verbete/65/edicao-1/principio-constitucional-da-moralidade-administrativa,-o*).

DALLARI, Adilson, MARTINS, Ives Gandra da Silva, e NASCIMENTO, Carlos Valder do (coords.). *Tratado de Direito Administrativo*. vol. 1. São Paulo, Saraiva, 2013.

FREIRE, André Luiz, CAMPILONGO, Celso Fernandes, e GONZAGA, Álvaro de Azevedo (coords.). *Enciclopédia Jurídica da PUC/SP*. Tomo *Direito Administrativo e Constitucional* (Vidal Serrano Nunes Jr., Maurício Zockun, Carolina Zancaner Zockun e André Luiz Freire, coords. de tomo). 1ª ed. São Paulo, PUC/SP, 2017 (disponível em *https://enciclopediajuridica.pucsp.br/verbete/65/edicao-1/principio-constitucional-da-moralidade-administrativa,-o*).

GIACOMUZZI, José Guilherme. *A Moralidade Administrativa e a Boa-Fé da Administração Pública*. 2ª ed. São Paulo, Malheiros Editores, 2013.

GONZAGA, Álvaro de Azevedo, CAMPILONGO, Celso Fernandes, e FREIRE, André Luiz (coords.). *Enciclopédia Jurídica da PUC/SP*. Tomo *Direito Administrativo e Constitucional* (Vidal Serrano Nunes Jr., Maurício Zockun, Carolina Zancaner Zockun e André Luiz Freire, coords. de tomo). 1ª ed. São Paulo, PUC/SP, 2017 (disponível em *https://enciclopediajuridica.pucsp.br/verbete/65/edicao-1/principio-constitucional-da-moralidade-administrativa,-o*).

MARTINS, Ives Gandra da Silva, DALLARI, Adilson, e NASCIMENTO, Carlos Valder do (coords.). *Tratado de Direito Administrativo*. vol. 1. São Paulo, Saraiva, 2013.

MEIRELLES, Hely Lopes. *Direito Administrativo Brasileiro*. 10ª ed. São Paulo, Ed. RT, 1984; 42ª ed. São Paulo, Malheiros Editores, 2016.

NASCIMENTO, Carlos Valder do, DALLARI, Adilson, e MARTINS, Ives Gandra da Silva (coords.). *Tratado de Direito Administrativo*. vol. 1. São Paulo, Saraiva, 2013.

PEREIRA, Flávio Henrique Unes, e CAMMAROSANO, Márcio. "O elemento subjetivo na improbidade administrativa: por uma responsável motivação das decisões judiciais". *RSTJ* 241/577-603. Ano 28. Brasília, janeiro-março/2016.

REALE, Miguel. *Filosofia do Direito*. 16ª ed. São Paulo, Saraiva, 1994.

O MUNDO QUE HELY NÃO VIU: GOVERNANÇA DEMOCRÁTICA E FRAGMENTAÇÃO DO DIREITO ADMINISTRATIVO. DIÁLOGO ENTRE A TEORIA SISTÊMICA DE HELY E OS PARADIGMAS ATUAIS DO DIREITO ADMINISTRATIVO

Marcos A. Perez

1. Hely e suas contribuições à sistematização do direito administrativo brasileiro. 2. A redemocratização do País, a globalização econômica e os novos paradigmas do direito administrativo. 3. O mundo que Hely não viu: 3.1 Diálogo e participação – 3.2 Intervenção e regulação econômica, fomento e concessões – 3.3 Transparência – 3.4 Controle e racionalidade decisória. 4. Dialogando com Hely. 5. Fragmentação ou ressistematização.

1. Hely e suas contribuições à sistematização do direito administrativo brasileiro

Quando, em 1986, ainda estudante, eu comecei a trabalhar com o direito administrativo e, um pouco mais tarde, já como advogado, utilizava o livro *Direito Administrativo Brasileiro* de Hely Lopes Meirelles como se fosse um código, uma compilação legal. Muitas vezes eu revisito esses meus dias iniciais na profissão de advogado, para tentar entender os motivos que me levavam – e que seguramente levaram muitos outros profissionais – a encarar o que Hely dizia como se lei fosse.

Tento explicar o que acontecia por meio da força da doutrina ou da teoria, enquanto fonte do direito administrativo no Brasil,[1] especialmente nessa época em que a Constituição/1988 ainda estava em sua gestação, ou nos primeiros anos que se seguiram à sua promulgação.

Mas essa explicação não me satisfaz plenamente. Afinal, muitos outros doutrinadores havia; toda uma geração de administrativistas que escreveram suas obras a partir dos anos 1950 ainda vivia e produzia seus escritos,[2] mas seguramente ninguém se arriscaria, como muito eu fiz com a obra de Hely, a lê-los e interpretá-los como se ditassem um conjunto de normas.

Arrastando essa dúvida, recentemente conversei como um velho amigo, com quem convivo desde então, o qual conseguiu enfim me mostrar a peça que faltava para que eu

---

1. Cf. Fernando Dias Menezes de Almeida, *Formação da Teoria do Direito Administrativo no Brasil*, São Paulo, Quartier Latin, 2015, pp. 106-107.
2. Dentre muitos outros, posso citar Caio Tácito, Seabra Fagundes, Diogo de Figueiredo Moreira Neto, José Cretella Jr., Lafayette Pondé, Manoel de Oliveira Franco Sobrinho.

compreendesse plenamente a importância de Hely para o direito administrativo brasileiro: Hely foi um sistematizador.

Ora, a partir das necessidades que sentia diante do exercício da função de magistrado e com um talento inequívoco para isso, Hely recortava, colava e ordenava. Conciliava a parca produção legislativa e jurisprudencial brasileira em matéria de direito administrativo com a doutrina nacional e estrangeira e, assim, manejava tudo com clareza e didatismo. Melhor dizendo: Hely recortava os fragmentos da legislação e da jurisprudência em matéria administrativa e os sistematizava com a cola da doutrina nacional e estrangeira. O resultado era melhor e mais claro do que o que tínhamos de fato em nossa legislação, pois, ao manejar o ordenamento jurídico positivo, Hely lhe dava a coerência sistêmica necessária para sua aplicação prática, na ambição de tornar o direito administrativo um "instrumento de trabalho".[3]

Daí a força de sua doutrina! No sistema jurídico recortado por Hely as estruturas da Administração Pública e seus poderes eram coerentes: "disciplina", "hierarquia", "polícia" e "autoridade pública" eram expressões decorrentes de uma lógica de organização do Estado. O mesmo acontecia com o serviço público e com o poder de polícia; com os atos e contratos administrativos; com a Administração indireta, parestatal e com os servidores públicos. Ainda que lhes faltasse regulamentação precisa e coerente, Hely explicava, sistematizava e lhes dava sentido.

Hely, sob a inspiração de Hauriou,[4] assentou o direito administrativo brasileiro sob a pedra angular da autoridade pública, construindo-o como um direito de prerrogativas estatais e de poderes exorbitantes, e recortava o ordenamento legal e regulamentar de modo a torná-lo sistematicamente coerente com esses pressupostos.

2. A redemocratização do País, a globalização econômica e os novos paradigmas do direito administrativo

De certo modo, a sensação de coerência ou de segurança que tínhamos em relação ao direito administrativo – que era reforçada a partir da leitura das lições sistematizadoras de Hely – começou a acabar com a promulgação da Constituição/1988.

A Constituição/1988, embalada pelos ventos da redemocratização do País, renovou uma agenda iniciada nos anos 1950 e interrompida pelo golpe militar de 1964,[5] relativa à reforma da Administração Pública no Brasil. Referida agenda tinha dois objetivos básicos: (1) de um lado, a ampliação das funções socioeconômicas do Estado; (2) de outro, a ampliação dos mecanismos republicanos de controle da Administração.

Observe-se que já em seu art. 3º, ao estabelecer os objetivos fundamentais da República Federativa do Brasil, o Texto Fundamental de 1988 destacou um conjunto de objetivos

---

3. Cf. Fernando Dias Menezes de Almeida, *Formação da Teoria do Direito Administrativo no Brasil*, cit., p. 254.

4. Cf. Hely Lopes Meirelles, *Direito Administrativo Brasileiro*, São Paulo, Ed. RT, 1991, p. 91. *[V. 42ª ed., São Paulo, Malheiros Editores, 2016.]*

5. Sobre esse tema, com mais profundidade e crítica, vale consultar Luiz Carlos Bresser-Pereira, "Burocracia pública e Estado no Brasil", *Revista Eletrônica sobre a Reforma do Estado* 11, Salvador, 2007, disponível em *http://www.direitodoestado.com/revista/RERE-11-SETEMBRO-2007-BRESSER%20PEEREIRA.pdf* (acesso em 5.6.2017).

que perpassa necessariamente toda a atividade da Administração: (i) liberdade, justiça e solidariedade; (ii) desenvolvimento nacional; (iii) erradicação da pobreza e redução das desigualdades; (iv) promoção do bem de todos e a igualdade na mais ampla acepção.

Não é demais dizer que, mesmo que nada mais estatuísse a CF, o referido art. 3º, por si só e logo de início, imporia à Administração a realização concreta de um número imenso de ações afirmativas, de atuações concretas, de prestações ou funções voltadas à realização dos objetivos enunciados.

Mas a Constituição não para por aí. Seu texto é repleto de programas a serem concretizados pela Administração: tais como a função social da propriedade (art. 5º, XIV) e as reformas agrária e urbana (arts. 182 e 184); a conservação do meio ambiente (art. 23, VI, e art. 225); o registro e a proteção de patentes e o estimulo à inovação tecnológica (art. 5º, XXIX, art. 23, V, e art. 218); a defesa do consumidor e da livre concorrência (art. 5º, XXXII, e art. 170, IV); os direitos sociais à educação, à saúde, à alimentação, ao trabalho, à moradia, ao transporte, ao lazer, à segurança, à previdência social, à proteção da maternidade e da infância, à assistência aos desamparados (art. 6º), todos concretizados por meio de serviços atribuídos ao Estado (*e.g.*, arts. 194, 196, 201, 203, 205, 215).

E não é só. No plano da intervenção na economia a Constituição ainda cria programas relativos à implantação e à manutenção de serviços públicos industriais e comerciais nacionais, dentre os quais: ferrovias; transporte aéreo e aeroportos; energia; telecomunicações; correios (todos previstos no art. 21), além de preconizar a possibilidade da criação de empresas estatais para a intervenção direta em mercados ou setores econômicos considerados essenciais (art. 173, *caput* e § 1º) e da edição de políticas de fomento (art. 174). Como se isso não bastasse, a Administração regula e emite a moeda (art. 21, VII) e regula os mercados em geral, na perspectiva de adequá-los aos valores e interesses republicanos defendidos pela Constituição (art. 174).

Se, por um lado, é inequívoco o incremento da agenda socioeconômica a cargo da Administração, observe-se que também não resta dúvida sobre o fato de o constituinte/1988 ter ampliado em muito os controles das distintas e numerosas atividades que deveriam vir a ser desempenhadas pela Administração.

Nesse plano de raciocínio encontram-se: o direito de receber informação dos órgãos públicos (art. 5º, XXXIII); o direito de petição (art. 5º, XXXIV); a inafastabilidade da jurisdição e sua duração razoável (art. 5º, XXXV e LXXVIII); o devido processo legal e o contraditório (art. 5º, LIV e LV); e todos os chamados remédios constitucionais: *habeas corpus*, *habeas data*, mandado de segurança, mandado de injunção e ação popular (art. 5º, LXVIII e ss.). Nesse mesmo sentido tem-se a autonomização dos órgãos de controle, como o Ministério Público (art. 127, *caput* e § 1º), que no Brasil possui função correcional da Administração Pública, e os Tribunais de Contas (art. 71), órgãos de fiscalização externa, ligados ao Legislativo, mas com funções extremamente amplas e, em grande parte, coincidentes com as atribuições do Ministério Público.

Fato é que se assiste a partir de 1988 a vários movimentos institucionais: (1) de um lado, há uma intensa produção legislativa, como já era de se esperar, a tentar realizar os programas constitucionais;[6] (2) de outro há um reposicionamento do Judiciário, pressionado

---

6. Aos poucos se vai notar que essa produção legislativa, ainda que volumosa, não enfrenta muitos temas importantes, acaba tendo um apego excessivo a normas genéricas, com baixo grau de concretude,

pela sua clientela a tomar atitudes em relação à execução pela Administração da vasta pauta que a Constituição deflagrou e, consequentemente, a um crescente avanço sobre a discricionariedade administrativa; (3) por fim, há um intenso empoderamento dos chamados órgãos independentes ou autônomos de controle, que, utilizando-se ou não do Judiciário, colocam em prática, cada vez com menos limite, os largos e genéricos poderes que a Constituição lhes conferiu, na tentativa de assumir para si a tarefa de organizar tanto as prioridades como os meios de execução e os objetivos da pauta delegada para a Administração Pública.

Como salientam Floriano de Azevedo Marques Neto e Juliana Bonacorsi de Palma:

> Desde a promulgação da Constituição/1988 o Brasil vivencia um movimento de "ampliação do controle da Administração Pública". (...) instituições foram criadas com a única e exclusiva finalidade de verificar a lisura nos gastos orçamentários e checar a legalidade no exercício das competências públicas (...) instituições já consolidadas no panorama político brasileiro foram reconfiguradas praticamente por completo para efetivar com maior força o ideal de controle (...) em prol da probidade administrativa, do interesse público, da ética pública e de outros valores tão relevantes quanto juridicamente indeterminados, são compiladas impressões em forma de instrumentos jurídicos, para satisfazer em grau máximo o ideal de controle.[7]

Ocorre, então, uma desenfreada pulverização do direito administrativo, que passa a ser pautado por uma legislação fragmentada ou dispersa, extensa, assistemática e excessivamente principiológica;[8] por um Judiciário pressionado por distintos grupos de interesse; e, afinal, por órgãos autônomos (como, por exemplo, os Tribunais de Contas e o Ministério Público), também fragmentados em função de sua estrutura federativa, mas principalmente sedentos pelo exercício do poder político.[9]

Mesmo a doutrina, que durante tempos conseguiu, por meio da interpretação – como acima se disse –, ligar os fragmentos de uma legislação parca e falha na perspectiva de formação de um sistema jurídico de direito administrativo, já não consegue mais desempenhar esse papel, dado o grau de especialização que a cada novo diploma legal se requer, dado o fenômeno da "concorrência normativa"[10] e a impossibilidade de responder com teorias universalizantes, como a da autoridade pública ou a do serviço público, qual a razão de existir do direito administrativo, qual eixo em torno do qual o mesmo gravitaria, seja enquanto um sistema de normas, seja como um regime jurídico exorbitante.

À fragmentação junta-se a complexidade da sociedade: com a multiplicação dos grupos organizados de interesse, com a explosão das redes sociais; sobrecarga da segurança e a

---

acaba, muitas vezes, preferindo normatizar por meio de princípios do que de regras – mas esse é um outro problema, do qual não cuidaremos, infelizmente, aqui, por se desviar demais dos objetivos do presente ensaio.

7. Floriano de Azevedo Marques Neto e Juliana Bonacorsi de Palma, "Os sete impasses do controle da Administração Pública no Brasil", in Marcos Augusto Perez e Rodrigo Pagani de Souza (orgs.), *Controle da Administração Pública*, Belo Horizonte, Fórum, 2017, pp. 21-22.

8. Cf. Carlos Ari Sundfeld, *Direito Administrativo para Céticos*, 2ª ed., 2ª tir., São Paulo, Malheiros Editores, 2017, pp. 173 e 189.

9. Cf. Floriano de Azevedo Marques Neto e Juliana Bonacorsi de Palma, "Os sete impasses do controle da Administração Pública no Brasil", cit., in Marcos Augusto Perez e Rodrigo Pagani de Souza (orgs.), *Controle da Administração Pública*, p. 25.

10. Cf. Carlos Ari Sundfeld, *Direito Administrativo para Céticos*, cit., 2ª ed., 2ª tir., p. 253.

complexidade da economia; com a globalização, a desindustrialização, a preponderância do chamado capitalismo financeiro e suas constantes crises; e, por fim, a complexidade criada pelo incrível progresso dos meios de comunicação e da tecnologia da informação. Como diz Bauman em referência direta a Castells:

> (...) o mundo se une hoje numa série de redes sobrepostas: de bolsas de valores, canais de televisão, computadores e Estados. As redes são locais de "fluxo" – de poder, capital, informação –, um processo não mais essencialmente sujeito a coerções espaciais e temporais. A experiência dos usuários da Internet dá a essa definição o arcabouço cognitivo essencial. Vivemos, diz Castells, numa sociedade de classes sem classes, num "cassino eletrônico global" no qual o capital e o poder escapam para o hiperespaço da pura circulação e já não estão incorporados às classes "capitalista" e "dirigente".[11]

Enfim, a redemocratização brasileira e o fato de neste mesmo período, a partir da década de 1980, o mundo ter se alterado tão profunda e rapidamente produziram um largo cardápio de mudanças no direito administrativo brasileiro.

3. O mundo que Hely não viu

Hely nos deixou em 1990, e as últimas edição de seu *Direito Administrativo Brasileiro*, ainda sem as atualizações que vieram posteriormente a fazer seus revisores, deram-se em 1989 e 1991 (esta, obviamente, póstuma), e já repercutiam os primeiros ecos da Constituição/1988 e da modernização do direito administrativo mundo afora.[12]

A partir de então, muitos fatores já existentes ou supervenientes passaram a induzir o direito administrativo à mudança. Na verdade, induziam-nos a uma grande viagem que ainda não teve fim e que compreende não um caminho retilíneo à frente, mas avanços, recuos, desvios e superações.

3.1 Diálogo e participação

Um desses fatores decorre da já mencionada pauta constitucional de direitos dos administrados (pessoas físicas e jurídicas que se relacionam com a Administração), por um lado, e de funções positivas, ações afirmativas e atividades prestacionais a serem executadas pela Administração Pública, por outro. De fato, essa pauta constitucional vai catalisar a mobilização de grupos de interesse, os quais vão amplificar o volume das críticas sobre a ineficiência e, por vezes, sobre a omissão da Administração em concretizá-la. Outra crítica, diretamente a esta relacionada e igualmente amplificada pela ação dos grupos de interesse, é a de que haveria excessivo distanciamento entre a Administração e as necessidades concretas da sociedade e do mercado, distanciamento, este, que seria um dos fatores de ineficiência da máquina estatal.

Essas críticas vão pressionar o legislador e o administrador público à criação e ao incremento de instrumentos de participação e diálogo, voltados justamente a possibilitar que

---

11. Zygmunt Bauman, *Em Busca da Política*, Rio de Janeiro, Zahar, 2012 (versão *Kindle*, pos. 896-901).

12. Para o presente estudo utilizamos duas edições do *Direito Administrativo Brasileiro*: a primeira, anterior à Constituição/1988, 12ª ed., de 1986, e a segunda, posterior a 1988, 16ª ed., de 1991.

os administrados possam diretamente influenciar na formação da vontade e das políticas públicas, bem como colaborar no seu planejamento e na sua execução.

Como disse em outra oportunidade:

> Dentro desse novo modelo, com vistas voltadas à eficiência das múltiplas atividades administrativas inerentes ao Estado de Bem-Estar, encontram-se, em permanente referência, os institutos de participação popular na Administração Pública. Instrumentos de colaboração entre a sociedade e a Administração, de abertura da Administração e, afinal, de busca de consentimento e adesão dos administrados, cada vez mais necessária para a plena realização dos objetivos da função administrativa.
>
> (...).
>
> No terreno específico do direito administrativo, os institutos de participação popular podem ser considerados instrumentos necessários à efetivação do objetivo primacial do Estado de Direito, isto é, são ferramentas voltadas à efetividade dos direitos fundamentais, Nesse sentido, os institutos de participação popular destinam-se ao aperfeiçoamento dos controles sobre as atividades desenvolvidas pela Administração Pública.[13]

A partir desse impulso, a Constituição e a legislação vão criar, em distintas situações, a possibilidade e, muitas vezes, a obrigatoriedade do emprego de audiências públicas ou consultas públicas, dentre outros mecanismos de participação, diálogo ou estreitamento das distâncias que tradicionalmente existiam entre a Administração e a sociedade. O emprego desses mecanismos geralmente vai se dar como forma de instrução da decisão administrativa (como ocorre em alguns processos de tomada de decisão que exigem relatórios de impacto e integram a participação ao procedimento voltado à medição deste impacto), mas também não é incomum que a função desses mecanismos esteja voltada ao auxílio da Administração no controle das atividades que realiza diretamente ou delega (por meio de concessão, por exemplo) a terceiros.

3.2 Intervenção e regulação econômica, fomento e concessões

De outra sorte, há muitos fatores de mudança associados ao ambiente econômico – que também sofreu grandes modificações desde a edição da Constituição/1988 –, eis que fortemente dominado pela globalização e pelo liberalismo financeiro.

Ora, a chamada globalização econômica[14] passou a reclamar maior competitividade e maior produtividade dos atores econômicos locais caso estes desejassem sobreviver e prosperar. Ocorre que uma parte significativa dessa competitividade depende de maior eficiência da Administração na prestação de serviços públicos; bem como na aceleração da implantação, ampliação ou modernização de infraestruturas públicas voltadas a dar suporte e proporcionar maior produtividade e competitividade à iniciativa privada. De fato, não há economia que se torne produtiva, competitiva e, consequentemente, se desenvolva no mundo atual sem que a Administração direta ou indiretamente proveja e regule uma série de atividades, tais como telecomunicações; energia; rodovias, portos, aeroportos, ferrovias – entre muitas outras.

---

13. Marcos Augusto Perez, *Administração Pública Democrática: Institutos de Participação Popular na Administração Pública*, Belo Horizonte, Fórum, 2004, pp. 54 e 66.

14. Para a compreensão do fenômeno da globalização econômica, bem como para uma análise crítica de suas consequências, v.: Joseph E. Stiglitz, *Globalization and its Discontents*, Nova York, Norton, 2002.

No Brasil e mundo afora passam a se multiplicar os mecanismos de fomento econômico,[15] tais como os favores fiscais, o apoio financeiro ou creditício, os subsídios a atividades estratégicas ou inovadoras, o direcionamento de compras – entre outras muitas formas de apoio ou ajuda governamentais. Dessa forma, uma atividade estatal até então solenemente ignorada pelo direito administrativo passa a ocupar grande espaço na legislação e nos orçamentos públicos e, consequentemente, a chamar a atenção dos tratadistas e estudiosos do direito administrativo.[16]

Multiplicam-se, além disso, formas de atração do capital privado para a realização de investimentos em serviços e infraestruturas públicas. Há uma explosão contratual: concessões de variados tipos são realizadas, parcerias público-privadas/PPPs no sentido mais amplo da expressão passam a ser consideradas prioritárias para que a Administração possa, com maior rapidez possível, eliminar o déficit prestacional existente, seja na implantação, seja na modernização ou na ampliação de serviços e infraestrutura públicos.

Para que se faça mínima ideia da difusão das chamadas PPPs ao redor do mundo, vale verificar os números relativos tão somente a alguns setores: serviços educacionais; saneamento e limpeza pública; saúde e transporte coletivo. Na Grã-Bretanha, talvez o País que mais experiência desenvolveu em torno das PPPs, noticia-se atualmente 116 projetos na área de saúde; 166 em serviços de educação; além de muitas dezenas nas áreas de transporte, habitação, limpeza urbana, iluminação de ruas e corpo de bombeiros.[17] Outros Países europeus, como França e Portugal, também se têm utilizado da PPP para serviços públicos, tais como hospitais, assistência médica, museus, teatros e educação infantil.[18] A Índia é outro exemplo de intensa utilização das PPPs com projetos na área de educação e desenvolvimento habitacional urbano,[19] o mesmo ocorrendo com a Austrália em projetos de construção de novas escolas, serviços de saúde, hospitais e saneamento,[20] e, já no continente americano, com o Canadá em setores como tratamento de água, resíduos sólidos, habitação e transporte público.[21]

No Brasil, além da das formas gerais de concessão reguladas pela Lei 8.987/1995 (atualmente denominada concessão comum, ou concessão de serviço público precedida ou

---

15. Cf.: Didier Linotte e Raphaël Romi, *Services Publics et Droit Public Économique*, Paris, Éditions du Juris-Classeur, 2003, pp. 485-521; e Cass R. Sunstein e Richard H. Thaler, *Nudge: Improving Decisions about Helth, Wealth, and Happiness*, Nova York, Penguin Books, 2009, pp. 105-228.

16. Cf. Floriano de Azevedo Marques Neto, "Noções gerais sobre o fomento estatal", in Maria Sylvia Zanella Di Pietro (org.), *Funções Administrativas do Estado, Tratado de Direito Administrativo*, vol. 4, São Paulo, Ed. RT, 2015, pp. 405-428.

17. The European PPP Expertise Centre, *PPP Units and Related Institutional Framework*, junho/2012, disponível em http://www.eib.org/epec/resources/publications/epec_uk_england_public_en.pdf (acesso em 15.2.2016).

18. Cf. : Olivier Raymundie, *Gestión Déléguée des Services Publics en France et en Europe*, Paris, Le Moniteur, 1995, pp. 66 e 89; e Diogo Freitas do Amaral *et al.*, *Estudos sobre Concessões*, Coimbra, Livraria Almedina, 2002, p. 51.

19. Disponível em http://mhupa.gov.in/User_Panel/UserView.aspx?TypeID=1414 e http://mhrd.gov.in/model_school (acesso em 27.4.2017).

20. "NSW Projects – Projects which have been awarded", *NSW Government – The Treasury*, disponível em http://www.treasury.nsw.gov.au/ppp/nsw_projects (acesso em 15.2.2016).

21. Project Map, *PPP Canada* (disponível em http://www.p3canada.ca/en/about-p3s/project--map/?q2=D0BBFAE6-2DBA-4808-A96B-7AB6A3ABD65A (acesso em 16.2.2016).

não de obra pública) e pela Lei 11.079/2002 (concessão patrocinada e concessão administrativa), criaram-se diversas outras formas específicas de concessão, setoriais, como ocorre, por exemplo, com a concessão de TV a cabo (Lei 8.977/1995); a concessão de serviços de telecomunicações (Lei 9.472/1997); a concessão de serviços de energia elétrica (Lei 9.427/1996); o arrendamento portuário (Lei 10.233/2001 e Lei 12.815/2013); a concessão florestal (Lei 11.284/2006); o contrato de programa (Lei 11.107/2005); e a franquia postal (Lei 11.668/2008). Hoje há centenas e centenas de contratos de delegação de gestão ou concessão celebrados no Brasil, em todos os níveis da Federação.

Além disso, no terreno das parcerias em sentido amplo, o Brasil ainda vai criar as chamadas empresas "semiestatais",[22] companhias em que o Estado participa como acionista minoritário e que são formadas com dois objetivos básicos: (1) buscar a ajuda ou a parceria ativa da iniciativa privada para o desenvolvimento de setores de apoio à Administração (exemplo disso ocorre nos serviços de correios, regulados pela Lei 12.490/2011) ou (2) fomentar a iniciativa privada a investir em setores estratégicos, mediante partilha do risco de capital (o que tem ocorrido mais amiúde nas parcerias dos setores de aeroportos e elétrico).

No intuito de que esse novo ambiente de cooperação entre o setor público e a iniciativa privada se forme sem a criação de assimetrias econômicas que desviem essas atividades do interesse público, uma outra atividade até então pouco cuidada e estudada pelo direito administrativo passa a assumir grande relevância: a regulação econômica.

Nesse caso, por meio da produção de normas, o Legislativo ou a Administração (esta agindo, algumas vezes, através das chamadas agências reguladoras independentes[23]) voltam-se a condicionar o exercício da liberdade de iniciativa empresarial, inclusive na prestação de serviços públicos, à observância de uma série de objetivos de ordem pública,[24] tais como: a preservação do livre mercado e a defesa dos direitos consumidor; o incremento da competição de mercado, inclusive na prestação de serviços públicos, impulsionando a livre formação dos preços e tarifas e a maior qualidade dos produtos e serviços oferecidos ao público; a preservação do meio ambiente; a proteção da saúde; a redução de desigualdades econômicas, raciais, de gênero – entre outras.

Observe-se que a influência do processo de globalização econômica no desenvolvimento da regulação também se dá diante da necessidade de conformação dos diferentes mercados locais às práticas correntes nas economias mais desenvolvidas, de modo a impedir que a baixa intensidade normativa local crie uma espécie de *dumping* ou, melhor dizendo, que assimetrias regulatórias favoreçam as economias menos reguladas em detrimento das mais reguladas.[25] Isso explica a grande pressão das economias mais desenvolvidas sobre as economias menos desenvolvidas pelo avanço da regulação local da proteção do meio

---

22. A denominação é usada por Carlos Ari Sundfeld e Rodrigo Pagani de Souza no artigo "Empresas semiestatais", *Revista de Direito Público da Economia/RDPE* 36/75-99, Ano 9, Belo Horizonte, Fórum, outubro-dezembro/2011.

23. Cf. Odete Medauar, *O Direito Administrativo em Evolução*, Brasília, Gazeta Jurídica, 2017, pp. 330-344.

24. Cf. Marcos Augusto Perez, *O Risco no Contrato de Concessão de Serviço Público*, Belo Horizonte, Fórum, 2006, pp. 85-89.

25. Cf. Marc Landy e Loren Cass, "U.S. environmental regulation in a more competitive world", in. Pietro S. Nivola (org.), *Comparative Disadvantages? Social Regulations and the Global Economy*, Washington D.C., Brookings Institution Press, 1997, pp. 203-241.

ambiente, que geralmente impõe maiores custos à produção; da regulação concorrencial, especialmente nos aspectos *antidumping*; e, por fim, das normas anticorrupção. Tudo com o objetivo de que, tanto quanto possível, o ambiente global dos negócios seja pautado por normas uniformes.

A nova onda ainda se utiliza, porém de forma subsidiária, da intervenção estatal direta. O Estado continua a poder intervir subsidiariamente na economia por meio da criação de empresas sob seu controle, e efetivamente o faz. Mas há um cerco cada vez mais estreito em torno dessa forma de intervenção, tornando-a tão cercada de cuidados especiais e controles[26] que se acaba por priorizar as formas de intervenção indireta: a regulação e o fomento, em detrimento da criação de empresas controladas pelo Estado.

3.3 Transparência

Nos últimos anos a celeridade do desenvolvimento tecnológico, especialmente dos meios de comunicação e das tecnologias da informação, gerou a possibilidade concreta de uma interação muito maior do que sempre existiu entre os administradores públicos e os administrados.

Além disso, o mundo do consumo e da informação digitais fez com que a sociedade se acostumasse e passasse a exigir uma velocidade muito grande na resposta de suas demandas. Em suma, o consumidor – que, com alguns toques em seu telefone móvel, consegue não só todas as informações relativas ao mais novo lançamento da *Apple*, mas adquiri-lo, para que seja entregue em algumas horas em sua casa, ou o que consegue em segundos baixar em seu *Kindle* o novo livro de seu autor preferido, assim que lançado – não tem qualquer tolerância com a lentidão e com a falta de informação na satisfação de suas demandas: vivemos, enquanto consumidores, no mundo e na era do "aprendizado rápido".[27]

O transporte dessa realidade virtual do consumo para o plano das relações políticas entre o Estado e a sociedade deve ser visto com certas reservas; afinal, o individualismo e a solidão do consumo são em grande medida incompatíveis com a necessidade de formação de um espaço social para a deliberação dos temas políticos. Observe-se que a deliberação política é naturalmente coletiva; compartilhada com pessoas e grupos que possuem diferentes opiniões e tendências; obviamente negociada e, assim sendo, não gera, normalmente, satisfação imediata. Ao contrário disso, o convívio coletivo impõe muitas vezes restrições à vontade individual, restrições de ordem ética, legal ou relacionadas ao processo de deliberação democrático, centrado na vontade da maioria: os desejos imediatos do cidadão não necessariamente serão encontrados na vontade da lei ou nas políticas do Estado, uma vez que são necessariamente filtrados ou mediados pelas instituições deliberativas.[28]

Porém, ainda que não se possa identificar toda a relação do Estado com a sociedade como uma relação de consumo, há que se reconhecer que o cidadão-consumidor contemporâneo não possui qualquer tolerância para com a ineficiência e a lentidão da Administração, ainda mais quando estas vêm cercadas pelo segredo ou pela opacidade.

---

26. Cf. Alexandre Santos de Aragão, *Empresas Estatais*, Rio de Janeiro, Forense, 2017, pp. 315-378.
27. Cf. Zygmunt Bauman, *A Ética é Possível num Mundo de Consimidores?*, Rio de Janeiro, Zahar, 2011 (versão *Kindle*, pos. 2.340).
28. Cf. Cass R. Sunstein, *Republic.com 2.0*, Princeton, Princeton University Press, 2007, p. 33.

Há cada vez menos espaço, reitere-se, para o sigilo e para a falta de informação, hoje vistos não só como elementos associados à ineficiência da atuação administrativa, na perspectiva do cidadão-consumidor, mas como fatores causadores de uma indesejável zona de sombras nas relações entre a sociedade e o Estado, sombras que incentivariam a corrupção e a manutenção de relações impróprias entre agentes públicos e segmentos privilegiados da sociedade e principalmente do mercado.

É assim que a legislação brasileira e a de outros Países vêm consagrando a transparência em duas acepções básicas: (i) a transparência passiva, consubstanciada no direito do administrado de obter perante a Administração, em prazo razoável, informações que sejam de seu interesse direto ou do interesse coletivo e difuso; (ii) a transparência ativa, correspondente ao dever da Administração de realizar ações afirmativas voltadas à comunicação pública das políticas, dos programas e dos gastos públicos, de modo a incentivar a consciência política e a cidadania ativa.[29]

3.4 Controle e racionalidade decisória

Outros vetores da transformação, além de dialogar em termos de influência com os já citados, têm especial relação com a inflação das tarefas constantes da agenda administrativa.

É que, ao estender sua atuação para um domínio gigantesco de funções (já mencionei aqui, exemplificativamente, serviços de saúde, previdência, educação, cultura, segurança pública, correios, telecomunicações, energia, saneamento, transportes, a intervenção direta e indireta na economia – entre muitas outras atribuições estatais), a Administração passa a se defrontar com a multiplicação das formas de controle.

A complexidade desse tema traz desafios muito grandes para o direito administrativo, que, acostumado a tratar o controle a partir da ótica da estrita legalidade ou, caso se prefira, da legalidade formal ou externa, passa a enfrentar a necessidade crescente de contenção do abuso de poder em seus diferentes modos de manifestação em domínios de atuação dos mais variados. Aparentemente, os modos de controle tradicionais precisam também se transformar, se ampliar e se adaptar aos novos ventos que impulsionam a Administração.

Atividades como o fomento ou como a regulação não se amoldam perfeitamente ao controle formal de legalidade, exigindo formas de controle especiais, que conjugam a racionalidade processual (na geração das decisões), controle de legalidade material ou interna (a partir de elementos mais abrangentes como o motivo e a finalidade, que, na medida em que se ampliam, acabam por realizar um controle sobre a conveniência e a oportunidade das decisões de caráter discricionário) e controle de resultados (sem implicações imediatas sobre a validade das decisões tomadas).

Mesmo em relação ao tradicional controle de legalidade há uma ampliação conceitual. Da legalidade agora participam os princípios gerais de direito administrativo. Moralidade, bom governo, razoabilidade e proporcionalidade passam a ser diretrizes importantes para a verificação da legalidade dos novos tempos, vista em grande angular. A legalidade interna

---

29. Cf. Irène Bouhadana, "Transparency and open government: which possible convergence?", in Irène Bouhadana, William Gilles e Russel Weaver (orgs.), *Transparency in the Open Government Era*, Paris, Les Éditions IMODEV, 2015, pp. 5-13.

das decisões, mais notadamente o motivo e a finalidade, passa a ser conjugada com mais acuidade, de modo a se examinar em que medida o administrador conseguiu expressar os fundamentos e os objetivos de suas decisões; se nesse caminho de construção da decisão administrativa os fundamentos se compatibilizam com os objetivos; se não há um erro evidente de fundamentação, tanto do ponto de vista fático quanto do ponto de vista jurídico; se há concatenação lógica entre os fatos e o direito estruturadores da decisão; e, por fim, se houve um compromisso efetivo da autoridade administrativa na busca da verdade material, inclusive do ponto de vista de sua sustentabilidade técnica, enquanto fundamento para a decisão tomada.[30]

Particularmente no Brasil um fenômeno se soma a esse movimento de transformação e ampliação do controle: a majoração da autonomia de órgãos de controle externo e interno da Administração, como ocorre com o Ministério Público, os Tribunais de Contas e as Controladorias ou Corregedorias administrativas. Com isso, dissemina-se, de modo consciente ou inconsciente, o conflito entre diferentes organismos estatais, na medida em que são fortalecidos órgãos de características *sui generis* em relação ao tradicional princípio da separação de Poderes, órgãos, em verdade, exteriores à própria separação e que, embora munidos do poder de controlar, são mal controlados, uma vez que não participam do sistema de freios e contrapesos inerente ao referido princípio constitucional. Sem freios e contrapesos, e com uma série de prerrogativas excessivamente genéricas e imprecisas, não é preciso ir muito distante para se imaginar que esses órgãos de controle tendam ao cotidiano abuso de poder. De qualquer sorte, não há dúvida de que esse *empoderamento* dos órgãos de controle autônomos brasileiros faz parte do movimento de alargamento geral dos mecanismos de controle sobre a Administração.

A inflação das funções administrativas faz surgir, ainda, o interesse crescente pelo modo de produção ou, melhor dizendo, pela maior racionalidade das decisões administrativas. Os processos decisórios ou processos administrativos não contenciosos passam, então, a ser normatizados e estudados, na medida em que se entende que a uniformidade procedimental, a admissão do contraditório (aqui expresso nos mecanismos de diálogo e de participação dos administrados na formação da decisão) e a maior dedicação das autoridades administrativas à fundamentação de suas decisões tendem a gerar maior eficiência e menor contestação jurisdicional.

Como esclarece Odete Medauar:

> Na concepção atual, o processo administrativo configura não apenas meio de atendimento de requisitos de validade do ato administrativo; além disso, propicia o conhecimento do que ocorre antes que o ato faça repercutir, sobre os indivíduos, os seus efeitos, permitindo verificar, por conseguinte, como se realiza a tomada de decisões, e assim contribui para conferir-lhe maior grau de objetividade. Em contraponto à visão estática da atividade administrativa (...) focaliza o ato no seu "formar-se" e nos seus vínculos instrumentais.[31]

Nesse contexto, edita-se no Brasil a Lei 9.784/1999, influenciada por uma série de diplomas legais estrangeiros, dentre os quais é importante citar a lei norte-americana (APA)

---

30. Cf. Marcos Augusto Perez, "Controle da discricionariedade administrativa", in Marcos Augusto Perez e Rodrigo Pagani de Souza (orgs.), *Controle da Administração Pública*, Belo Horizonte, Fórum, 2017, pp. 74-80.
31. Odete Medauar, *O Direito Administrativo em Evolução*, cit., p. 289.

de 1946; as leis espanholas de 1958, 1992 e 1999; as leis alemãs de 1976 e 1996; a lei italiana de 1990 – entre muitas outras.

Importante dizer, por fim, que todos esses vetores da transformação do direito administrativo mutuamente se influenciam, não são fenômenos isolados. Diálogo, participação, transparência, intensificação do controle, valorização dos processos decisórios e o incremento de parcerias e intervenções estatais na economia são parte de um mesmo movimento transformador, que aproximam a sociedade, os agentes econômicos (o mercado) e o Estado, movimento que rompe o muro que teoricamente isolava esses atores e tenta buscar por meio da interação regulada dos mesmos ou, caso se prefira, da governança democrática a concretização dos objetivos constitucionais mencionados na parte inaugural deste artigo e, enfim, a satisfação do interesse público.

4. Dialogando com Hely

Muito embora não tenha presenciado todo esse movimento transformador do direito administrativo no Brasil posteriormente à edição da Constituição/1988, Hely já antevia alguns traços que esboçavam esse devir.

Talvez um dos pontos em que Hely mais caminhou neste sentido tenha sido na compreensão da importância que assumiriam atualmente a finalidade e a motivação como elementos de controle dos atos administrativos. Hely – neste caso não sozinho, é bem verdade, pois muito se apoiava nos ensinamentos de Caio Tácito e de Seabra Fagundes – tentava aprofundar a aplicação da teoria do desvio de poder, no caso do princípio da finalidade, e da clássica tese francesa dos "motivos determinantes", para destacar o motivo como um dos elementos formadores da "legalidade interna" dos atos administrativos. Dizia: "O que o princípio da finalidade veda é a prática de ato administrativo sem interesse público ou conveniência para a Administração, visando unicamente a satisfazer interesses privados, por favoritismo ou perseguição dos agentes governamentais, sob a forma de desvio de finalidade".[32] E completava:

> Pela motivação, o administrador público justifica a sua ação administrativa, indicando os fatos que ensejam o ato e os preceitos jurídicos que autorizam a sua prática.[33]

Em 1981, em seus celebrados *Estudos e Pareceres*, Hely, moderníssimo, avança na aplicação dos *motivos determinantes* e do *desvio de finalidade* em desapropriações, ampliando de maneira clara o campo do controle da invalidade dos atos administrativos. No estudo de um caso concreto, constatando que havia erro evidente de fundamentação de fato e de direito em determinados decretos de utilidade pública para fins de desapropriação Hely diz:

> Essa realidade fática e jurídica invalida totalmente os decretos expropriatórios (...) tornando nula a declaração de utilidade pública (por falta de embasamento legal válido).[34]

---

32. Hely Lopes Meirelles, *Direito Administrativo Brasileiro*, cit., 16ª ed., p. 81.
33. Idem, p. 175.
34. Hely Lopes Meirelles, *Estudos e Pareceres de Direito Público*, vol. VII, São Paulo, Ed. RT, 1983, p. 302.

Porém, ante a falta de um apoio maior na legislação e na doutrina brasileiras da época, Hely – até de forma contraditória – isentava os atos discricionários tanto do dever de motivação quanto, decorrentemente, de controle por meio da falta de motivo. Dizia: "Claro está que, nos atos oriundos do poder discricionário, a justificação será dispensável, bastando apenas evidenciar a competência para o exercício desse poder e a conformação do ato com o interesse público (...)".[35] Nesse ponto, o futuro desenvolvimento do tema vai claramente contrariar as concepções de Hely, na medida em que se passa a admitir que um dos mais importantes meios de controle da discricionariedade administrativa é justamente a observância dos deveres de motivação e, como já se disse, de os fundamentos da decisão administrativa possuírem consistência fática, técnica e jurídica, de modo a se compatibilizarem os fundamentos com os objetivos do ato e se concatenar logicamente os fatos e o direito estruturadores da decisão, sem erros evidentes ou substanciais de fato ou de direito.

Outro ponto bastante interessante dos escritos de Hely, na perspectiva da discussão proposta neste artigo, encontra-se no reconhecimento da importância do processo administrativo, enquanto figura jurídica que possibilita a racionalidade, a legitimação e o controle prévio das decisões administrativas. Nesse ponto Hely não ignora a existência do processo e do procedimento administrativos. Para ele, "processo é o conjunto de atos coordenados para a obtenção de decisão sobre uma controvérsia no âmbito judicial ou administrativo (...)",[36] enquanto o procedimento administrativo "é a sucessão ordenada de operações que propiciam a formação de um ato final objetivado pela Administração. É o *iter* legal a ser percorrido pelos agentes públicos para a obtenção dos efeitos regulares de um ato administrativo principal".[37]

Se há o reconhecimento da figura do processo como caminho a ser percorrido para a tomada de determinada decisão, há, entretanto, claro afastamento da ideia de um processo decisório não contencioso, o que se nota tanto pela vinculação do conceito de processo ao de "controvérsia" ou lide, como acima demonstrado, como também por meio da classificação que realiza dos tipos de processos administrativos: "(...) permitimo-nos dividir os processos administrativos em quatro modalidades (...): processo de expediente; processo de outorga, processo de controle e processo punitivo".[38] Os chamados processos de expediente aproximam-se, de certo modo, do que atualmente se denomina processos não contenciosos, mas, na fala de Hely, se dão "por provocação do interessado ou por determinação interna da Administração (...) não geram, nem alteram, nem suprimem direitos dos administrados, da Administração ou de seus servidores".[39]

Hely reconheceu a figura do processo administrativo e lhe deu grande importância, especialmente em seus últimos escritos, mas não chegou a desenvolvê-la a ponto de traçar seu desenvolvimento futuro. Na verdade, Hely reconhece o caráter inicial dos seus estudos, no que era acompanhado por toda a doutrina nacional que lhe era contemporânea:

> A verdade é que, entre nós, o processo administrativo não tem merecido os estudos teóricos necessários à sua compreensão doutrinária e à sistematização metodológica que, naturalmente, informaria a legislação e aprimoraria os julgamentos internos da Administração.[40]

---

35. Hely Lopes Meirelles, *Direito Administrativo Brasileiro*, cit., 16ª ed., p. 175.
36. Idem, p. 578.
37. Idem, p. 133.
38. Idem, p. 585.
39. Idem, p. 585.
40. Idem, p. 579.

Quanto à transparência administrativa, outra matéria extremamente importante no direito administrativo atual, Hely não chega a cuidar do tema com essa denominação. Segue a doutrina tradicional e a literalidade do texto constitucional para cuidar do *princípio da publicidade*. Embora revele uma visão estreita sobre a publicidade: "Publicidade é a divulgação oficial do ato para conhecimento público e início de seus efeitos externos"[41] – na 12ª edição de seu *Mandado de Segurança*[42] passa a tratar do *habeas data*, reconhecendo que o instituto, previsto como um dos remédios constitucionais para a defesa dos direitos fundamentais, teria sido inspirado no chamado *FOIA/Freedon of Information Act*, de 1974), justamente a lei norte-americana que notoriamente vem influenciar boa parte da legislação editada mundo afora, mais recentemente, sobre a transparência e o direito à informação, inclusive a Lei 12.527/2011, brasileira. O que prova que também nesse tema Hely se encontrava com "antenas ligadas", atento aos desdobramentos que ocorreriam no futuro.

Ainda no tocante às questões tangentes ao controle da Administração, Hely vai tratar dos Tribunais de Contas e vai claramente constatar uma tendência de ampliação de seu espectro de atuação, conformando-os como órgãos *sui generis* que executam funções independentes e, ao mesmo tempo, auxiliam o Legislativo. Diz:

> No controle externo da administração financeira e orçamentária é que se inserem as principais atribuições de nossos Tribunais de Contas, como órgãos independentes, mas auxiliares dos Legislativos e colaboradores dos Executivos.[43]

De qualquer sorte, já enxergava certa tendência dos Tribunais de Contas ao abuso de poder e veiculava uma clara preocupação com esse excesso. É o que o leva, em 1989, por exemplo, às seguintes afirmações:

> O acórdão do Tribunal de Contas, neste e em todos os casos em que considere ilegítima a contratação de obra, compra ou serviço pela Administração centralizada, descentralizada ou autárquica, seja inicial ou decorrente de aditamento, não tem eficácia de título executivo contra o particular contratado, nos termos do § 3º do art. 71 da Constituição da República. É assim porque as decisões dos Tribunais de Contas (...) no que concerne à imputação de débito ou multa só podem afetar particulares que derem causa a perda, extravio ou outra irregularidade de que resulte prejuízo ao Erário Público, relativamente a "bens ou valores de que tenham gestão" (cf. art. 71, II) (...). De qualquer modo, a decisão (...) ao examinar as contas (...) não poderia constituir a Consulente em débito, mormente por quantia líquida e certa, já que a Consulente não foi parte no processo (...) não teve oportunidade de exercer os direitos ao "contraditório" e à "ampla defesa" que a Constituição da República garante (...).[44]

O abuso de poder é absolutamente claro no caso analisado, e Hely importava-se em construir uma interpretação do texto constitucional que impedisse o exercício excessivo

---

41. Idem, p. 81.
42. Hely Lopes Meirelles, *Mandado de Segurança, Ação Popular, Ação Civil Pública, Mandado de Injunção, Habeas Data*, 12ª ed., São Paulo, Ed. RT, 1989, p. 183. *[V. Hely Lopes Meirelles, Arnoldo Wald e Gilmar Ferreira Mendes, Mandado de Segurança e Ações Constitucionais, 37ª ed., São Paulo, Malheiros Editores, 2016.]*
43. Hely Lopes Meirelles, *Direito Administrativo Brasileiro*, cit., 16ª ed., p. 599.
44. Hely Lopes Meirelles, *Estudos e Pareceres de Direito Público*, vol. XI, São Paulo, Ed. RT, 1991, p. 221.

das prerrogativas das Cortes de Contas em geral quando estas viessem a atuar na análise de contratos.

Sem a mesma preocupação crítica, Hely também cuidou, no longínquo 1976, muito antes da vigência da Constituição/1988, da ampliação dos poderes autônomos do Ministério Público, tese que viria a se consagrar no atual Texto Magno e que, como já se disse, influenciaria fortemente a conformação atual do controle da Administração:

> De nossa parte, inclinamo-nos para a solução encontrada pelo constituinte/1946, porquanto entendemos, com Wilson Accioli, que o Ministério Público deve permanecer equidistante dos Poderes do Estado (...) o simples fato de a Constituição se ocupar do Ministério Público, traçando diretrizes para a sua organização e concedendo garantias a seus membros, lhe dá foros de instituição estatal, desvinculada dos três Poderes (...).[45]

No terreno da intervenção estatal na economia, Hely reconhecia os instrumentos básicos que hoje são usados. Havia em seus escritos clara predileção pelo estudo das formas diretas de intervenção, provavelmente por força da época em que foram elaborados, e não havia qualquer reconhecimento da atividade de fomento ou de planejamento como funções a serem desempenhadas pela Administração. Porém Hely já reconhecia a importância da regulação econômica, como derivação da função de polícia administrativa:

> Modernamente se tem distinguido a "polícia administrativa geral" da "polícia administrativa especial", sendo aquela a que cuida genericamente da segurança, da salubridade e da moralidade públicas, e esta de setores específicos da atividade humana que afetem bens de interesse coletivo, tais como a construção, a indústria de alimentos, o comércio de medicamentos, o uso das águas, a exploração das florestas e das minas, para as quais há restrições próprias e regime jurídico peculiar.[46]

Ainda encarando os fundamentos da intervenção do Estado na economia como modalidade usual de exercício da função administrativa de polícia, Hely reforçava que:

> A competência para intervir na propriedade e atuar no domínio econômico não se distribui igualmente entre as entidades estatais (...). Aos Estados e Municípios só cabem as medidas de polícia administrativa, de condicionamento do uso da propriedade ao bem-estar social e de ordenamento das atividades econômicas, nos limites das normas federais.[47]

Observe-se que, de modo muito interessante, Hely partia da ideia de que os fundamentos que possui o Estado para intervir na propriedade são exatamente os mesmos que, em gênero, lhe autorizam a intervir no mercado ou, melhor dizendo, no domínio econômico. A partir disso, Hely prenuncia a relevância da repressão ao abuso do poder econômico, enquanto tarefa da Administração:

> O domínio econômico, como todo domínio, gera poder para os seus detentores. Esse "poder econômico" há de ser utilizado normalmente para assegurar a todos existência digna, conforme

---

45. Hely Lopes Meirelles, *Estudos e Pareceres de Direito Público*, vol. IV, São Paulo, Ed. RT, 1981, p. 342.
46. Hely Lopes Meirelles, *Direito Administrativo Brasileiro*, cit., 16ª ed., p. 110.
47. Idem, p. 495.

ditames da justiça social (...). Quando o uso desborda em abuso, a própria Constituição impõe a sua repressão (...).[48]

Em mais uma antecipação das atuais tendências de transformação no âmbito específico da intervenção econômica, Hely ainda tratou da função administrativa de preservação do meio ambiente. É comovente ver como Hely, como lhe era usual, esforçou-se na sistematização do tema, atribuindo-lhe conceitos e tecendo ligações com os temas tradicionais do direito administrativo, para lhe dar um sentido jurídico mais amplo do que a escassa legislação da época fazia: "A proteção ambiental" – escrevia Hely – "visa à preservação da Natureza em todos os elementos essenciais à vida humana e à manutenção do equilíbrio ecológico, diante do ímpeto predatório das Nações civilizadas que, em nome do desenvolvimento, devastam florestas, exaurem o solo, exterminam a fauna, poluem as águas e o ar (...). Viu-se, assim, o Estado Moderno, na contingência de preservar o 'meio ambiente' para assegurar a sobrevivência das gerações futuras (...)".[49] Embora genéricas, suas lições são ainda hoje de absoluta contemporaneidade.

Dois pontos derradeiros chamam a atenção nos escritos de Hely, ambos em pareceres do início da década de 1980. Um deles é a admissão da participação acionária minoritária do Estado em empresas privadas e a sustentação da ideia de que essa participação não torna a empresa objeto desse investimento uma integrante da Administração indireta. Por meio desse estudo, Hely acaba por antever um fenômeno que vai se disseminar muito mais à frente: a participação de entes estatais no capital de empresas como forma de fomento, ou, melhor, como forma de indução da economia ou de intervenção econômica indireta:

> O Poder Público não pode impor normas administrativas a uma sociedade anônima que não esteja sob o seu controle nos termos da legislação específica das sociedades anônimas.[50]

Por fim, em outro parecer, Hely celebrava a edição do Decreto 84.701/1980, da chamada desburocratização, que, em seu comentário, promovia uma "simplificação documental",[51] antecipando outra tendência mais recente: a de simplificação administrativa.

A bem da verdade, seria possível avançar ainda muito na pesquisa sobre a obra de Hely, ver como seu pensamento evoluiu de seus primeiros escritos até os últimos; ver como seus atualizadores imprimiram, ou não, um tom pessoal ao contínuo e valioso trabalho de revisão de sua obra; notar se esses atualizadores conseguiram preservar o instinto de abertura para o futuro que a obra de Hely possuía e, mais ainda, sua função sistematizadora.

Meu foco, entretanto, na exiguidade deste espaço, foi um diálogo com o Hely tardio, nos momentos finais de sua vida, contemporaneamente à chamada "transição democrática" do País e ao início da vigência da Constituição/1988, que tanto impulsionou, como já demonstrei acima, as transformações do direito administrativo entre nós.

Um diálogo que permitiu, ao menos como um esboço, como um traçado de linhas, revelar que o pensamento de Hely, ao mesmo tempo em que tentava influenciar a realidade

---

48. Idem, p. 539.
49. Idem, p. 493.
50. Hely Lopes Meirelles, *Estudos e Pareceres de Direito Público*, cit., vol. VII, p. 225.
51. Hely Lopes Meirelles, *Estudos e Pareceres de Direito Público*, vol. VI, São Paulo, Ed. RT, 1982, p. 12.

jurídica daquele momento histórico, era fortemente influenciado pelas inovações constitucionais e, principalmente, pelo vento forte que, em todas as partes do Planeta, impulsionava o direito administrativo para a mudança.

5. Fragmentação ou ressistematização

Mas a reflexão feita ao longo deste artigo conduz a uma questão final: é desejável que o processo de fragmentação do direito administrativo no Brasil tenha continuidade?

De certo modo, muito do esforço feito por Hely no sentido da sistematização e da aplicação prática do direito administrativo se contrapõe à atual tendência de fragmentação desse ramo jurídico.

Minha resposta é enfaticamente negativa. Impossível dar segurança jurídica ao aplicador do Direito e ao administrado com o grau de fragmentação que hoje existe no direito administrativo brasileiro. Contemporaneamente, essa fragmentação dificulta até mesmo o conhecimento puro e simples da legislação, quanto mais sua interpretação, se não sistêmica, ao menos coerente.

Alguns administradores públicos agem, por vezes, fundados em processos decisórios altamente sofisticados, procurando com grande seriedade fundamentos de todos os tipos para a decisão administrativa, ao mesmo tempo em que há uma profusão de decisões tomadas, Brasil afora, sem qualquer respaldo fático ou jurídico, apegadas à ideia antiga e superada de que a discricionariedade da Administração lhe faculta decidir sem motivar.

Não se faz um uso uniforme das possibilidades de diálogo ou de participação, que para alguns não só são indesejáveis, como se traduziriam em perigosa aproximação da Administração com interesses privados, supostamente pecaminosos por sua própria natureza.

O processo administrativo, regra em alguns órgãos, inclusive nos processos não contenciosos, é simplesmente ignorado na grande maioria das vezes, deixando o administrado à mercê de decisões arbitrárias, desproporcionais, ou sem que sejam precedidas de análise de custo-benefício.

Os órgãos de controle não raro possuem concepções diversas sobre um mesmo tema, e não somente se decidem diferentemente as mesmas causas, o que faz com que o comportamento de um administrador público considerado, por exemplo, legal em Minas Gerais seja considerado ilegal no Rio de Janeiro, ou vice-versa, como também se permite que o mesmo órgão de controle modifique suas concepções, passando a tratar como ilegal um comportamento que anteriormente considerava legal, sem qualquer preocupação com a coerência (ínsita a qualquer sistema de precedentes) ou com a segurança jurídica.

Esses são meros exemplos – muitos outras poderiam ser pontuados – das dificuldades geradas pela excessiva fragmentação do direito administrativo entre nós. De qualquer sorte, parecem-me suficientes para que eu me manifeste em favor da ressistematização.

Fundamental que, sob inspiração de Hely – o jurista homenageado por esta obra –, o direito administrativo brasileiro tente se transformar em um terreno de maior segurança jurídica, de maior coerência, de maior sistematicidade e, consequentemente, de melhor utilização prática; que se tente, enfim, reduzir o grau de fragmentação hoje existente. Como cumprir essa missão é uma questão a que não responderei aqui, mas que deve futuramente engajar todos que entre nós desejam o aprofundamento das liberdades públicas e o cumprimento dos desígnios que a Constituição impõe ao direito administrativo contemporâneo.

Bibliografia

ALMEIDA, Fernando Dias Menezes de. *Formação da Teoria do Direito Administrativo no Brasil*. São Paulo, Quartier Latin, 2015.

AMARAL, Diogo Freitas do, et al. *Estudos sobre Concessões*. Coimbra, Livraria Almedina, 2002.

ARAGÃO, Alexandre Santos de. *Empresas Estatais*. Rio de Janeiro, Forense, 2017.

BAUMAN, Zygmunt. *A Ética é Possível num Mundo de Consumidores?*. Rio de Janeiro, Zahar, 2011 (versão *Kindle*).

_____. *Em Busca da Política*. Rio de Janeiro, Zahar, 2012 (versão *Kindle*).

BOUHADANA, Irène. "Transparency and open government: which possible convergence?". In: BOUHADANA, Irène, GILLES, William, e WEAVER, Russel (orgs.). *Transparency in the Open Government Era*. Paris, Les Éditons IMODEV, 2015 (pp. 5-13).

BOUHADANA, Irène, GILLES, William, e WEAVER, Russel (orgs.). *Transparency in the Open Government Era*. Paris, Les Éditions IMODEV, 2015.

BRESSER-PEREIRA, Luiz Carlos. "Burocracia pública e Estado no Brasil". *Revista Eletrônica sobre a Reforma do Estado* 11. Salvador, 2007 (disponível em *http://www.direitodoestado. com/revista/RERE-11-SETEMBRO-2007-BRESSER%20PEEREIRA.pdf*, acesso em 5.6.2017).

CASS, Loren, e LANDY, Marc "U.S. environmental regulation in a more competitive world. In: NIVOLA, Pietro S. (org.). *Comparative Disadvantages? Social Regulations and the Global Economy*. Washington D.C., Brookings Institution Press, 1997 (pp. 203-241).

DI PIETRO, Maria Sylvia Zanella (org.). *Funções Administrativas do Estado, Tratado de Direito Administrativo*. vol. 4. São Paulo, Ed. RT, 2015.

GILLES, William, BOUHADANA, Irène, e WEAVER, Russel (orgs.). *Transparency in the Open Government Era*. Paris, Les Éditons IMODEV, 2015.

LANDY, Marc, e CASS, Loren. "U.S. environmental regulation in a more competitive world'. In: NIVOLA, Pietro S. (org.). *Comparative Disadvantages? Social Regulations and the Global Economy*. Washington D.C., Brookings Institution Press, 1997 (pp. 203-241).

LINOTTE, Didier, e ROMI, Raphaël. *Services Publics et Droit Public Economique*. Paris, Éditions du Juris-Classeur, 2003.

MARQUES NETO, Floriano de Azevedo. "Noções gerais sobre o fomento estatal". In: DI PIETRO, Maria Sylvia Zanella (org.). *Funções Administrativas do Estado, Tratado de Direito Administrativo*. vol. 4. São Paulo, Ed. RT, 2015.

MARQUES NETO, Floriano de Azevedo, e PALMA, Juliana Bonacorsi de. "Os sete impasses do controle da Administração Pública no Brasil". In: PEREZ, Marcos Augusto, e SOUZA, Rodrigo Pagani de (orgs.). *Controle da Administração Pública*. Belo Horizonte, Fórum, 2017.

MEDAUAR, Odete. *O Direito Administrativo em Evolução*. Brasília, Gazeta Jurídica, 2017.

MEIRELLES, Hely Lopes. *Direito Administrativo Brasileiro*. 12ª ed. São Paulo, Ed. RT, 1986; 16ª ed. São Paulo, Ed. RT, 1991; 42ª ed. São Paulo, Malheiros Editores, 2016.

_____. *Estudos e Pareceres de Direito Público*. vol. IV. São Paulo, Ed. RT, 1981; vol. VI. São Paulo, Ed. RT, 1982; vol. VII. São Paulo, Ed. RT, 1983; vol. XI. São Paulo, Ed. RT, 1991.

_____. *Mandado de Segurança, Ação Popular, Ação Civil Pública, Mandado de Injunção, Habeas Data*. 12ª ed. São Paulo, Ed. RT, 1989.

_____. *Mandado de Segurança e Ações Constitucionais*. 37ª ed. São Paulo, Malheiros Editores, 2016.

NIVOLA, Pietro S. (org.). *Comparative Disadvantages? Social Regulations and the Global Economy.* Washington D.C., Brookings Institution Press, 1997.

PEREZ, Marcos Augusto. *Administração Pública Democrática: Institutos de Participação Popular na Administração Pública.* Belo Horizonte, Fórum, 2004.

_____. "Controle da discricionariedade administrativa". In: PEREZ, Marcos Augusto, e SOUZA, Rodrigo Pagani de (orgs.). *Controle da Administração Pública.* Belo Horizonte, Fórum, 2017.

_____. *O Risco no Contrato de Concessão de Serviço Público.* Belo Horizonte, Fórum, 2006.

PEREZ, Marcos Augusto, e SOUZA, Rodrigo Pagani de (orgs.). *Controle da Administração Pública.* Belo Horizonte, Fórum, 2017.

RAYMUNDIE, Olivier. *Gestión Déléguée des Services Publics en France et en Europe.* Paris, Le Moniteur, 1995.

ROMI, Raphaël, e LINOTTE, Didier. *Services Publics et Droit Public Economique.* Paris, Éditions du Juris-Classeur, 2003.

SOUZA, Rodrigo Pagani de, e PEREZ, Marcos Augusto (orgs.). *Controle da Administração Pública.* Belo Horizonte, Fórum, 2017.

SOUZA, Rodrigo Pagani de, e SUNDFELD, Carlos Ari. "Empresas semiestatais". *Revista de Direito Público da Economia/RDPE* 36/75-99. Ano 9. Belo Horizonte, Fórum, outubro/dezembro/2011.

STIGLITZ, Joseph E. *Globalization and its Discontents.* Nova York, Norton, 2002.

SUNDFELD, Carlos Ari. *Direito Administrativo para Céticos.* 2ª ed., 2ª tir. São Paulo, Malheiros Editores, 2017.

SUNDFELD, Carlos Ari, e SOUZA, Rodrigo Pagani de. "Empresas semiestatais". *Revista de Direito Público da Economia/RDPE* 36/75-99. Ano 9. Belo Horizonte, Fórum, outubro/ dezembro/2011.

SUNSTEIN, Cass R.. *Republic.com 2.0.* Princeton, Princeton University Press, 2007.

SUNSTEIN, Cass R., e THALER, Richard H. *Nudge: Improving Decisions about Helth, Wealth, and Happiness.* Nova York, Penguin Books, 2009.

THALER, Richard H., e SUNSTEIN, Cass R. *Nudge: Improving Decisions about Helth, Wealth, and Happiness.* Nova York, Penguin Books, 2009.

THE EUROPEAN PPP EXPERTISE CENTRE. *PPP Units and Related Institutional Framework.* Junho/2012. Disponível em *http://www.eib.org/epec/resources/publications/ epec_uk_england_public_en.pdf* (acesso em 15.2.2016).

WEAVER, Russel, BOUHADANA, Irène, e GILLES, William (orgs.). *Transparency in the Open Government Era.* Paris, Les Éditons IMODEV, 2015.

O MANDADO DE SEGURANÇA ANTES E DEPOIS DE HELY LOPES MEIRELLES

MARCUS VINICIUS FURTADO COÊLHO

1. Introdução. 2. A origem do mandado de segurança. 3. A evolução do mandado de segurança. 4. A relevante contribuição de Hely Lopes Meirelles. 5. Considerações finais.

1. Introdução

O mandado de segurança é um direito fundamental que encontra fundamento no art. 5º, LXIX, da CF/1988. Cuida-se do remédio voltado à proteção judicial do "direito líquido e certo" do indivíduo diante de ilegalidade ou abuso de direito praticados por autoridade pública ou por agente de pessoa jurídica no exercício de atribuição do Poder Público. Ao longo do século XX o fortalecimento do Estado e sua crescente atuação nas esferas socioeconômicas deixaram evidente a necessidade de formular um instrumento jurídico que, em tempo hábil e de forma efetiva, resguardasse o cidadão em conflito com o Estado. Por ser instituto verdadeiramente brasileiro, o *writ* desenvolveu-se sobretudo a partir de discussões jurisprudenciais e doutrinárias – e entre seus principais estudiosos estava Hely Lopes Meirelles.

Para abordar a influência desse jurista nos contornos de tão importante remédio jurídico será importante, antes, analisar a evolução do mandado de segurança na ordem jurídica brasileira, passando das primeiras discussões em torno da instituição até a regulamentação nos textos constitucionais ao longo da história do Brasil. Assim, o primeiro tópico cuidará da origem histórica do mandado, tratando de institutos similares no Direito Comparado e das discussões sobre a "doutrina brasileira do *habeas corpus*". Com o *writ* recepcionado pela Carta/1934, o segundo tópico versará sobre as diversas disciplinas que o instituto recebeu até a promulgação da Constituição/1988. Por fim, antes das considerações finais serão trazidas algumas das contribuições doutrinárias de Hely Lopes Meirelles à conformação atual do direito administrativo, e em particular do mandado de segurança.

2. A origem do mandado de segurança

O mandado de segurança é o instrumento judicial por meio do qual a pessoa jurídica ou física bem como o órgão com capacidade processual ou universalidade reconhecida por lei para a proteção de direitos individuais ou coletivos buscam junto ao Poder Judiciário a tutela de direito líquido e certo ameaçado ou violado por ilegalidade ou abuso de direito cometido por qualquer autoridade pública. O agigantamento do Estado, com a crescente intervenção na esfera econômica e social a partir de meados do século XX, deixou evidente a insuficiência das técnicas tradicionais do direito privado para restabelecer o equilíbrio nos conflitos entre a Administração Pública e o cidadão.

Assim, a tutela das garantias e liberdades individuais não mais poderia depender de "simples proclamações platônicas",[1] demandando a criação de remédios jurídicos de direito público aptos a prevenir ou reparar, efetiva e tempestivamente, os atos abusivos da Administração Pública. Segundo Alfredo Buzaid, Ministro da Justiça e do STF, o mandado de segurança é o meio apto a "resolver, de modo pronto e eficaz, determinadas situações jurídicas, sem precisar percorrer o longo caminho do processo ordinário, com seus prazos dilatados e seu complicado sistema de recursos".[2]

No Direito Comparado há determinados mecanismos que possuem semelhanças com o mandado. Na doutrina nacional, contudo, persiste a controvérsia sobre as fontes históricas da ação constitucional. Para alguns cuida-se de instituto verdadeiramente brasileiro, cuja origem está intrinsecamente ligada à história da defesa dos direitos fundamentais[3] e cujo desenvolvimento não foi pautado em qualquer instituto estrangeiro.[4] Para outros há antecedente do mandado de segurança no direito monárquico de Portugal. De acordo com Marcello Caetano, por exemplo,[5] nosso *writ* remeteria às "seguranças reais" a que faziam referência as *Ordenações Filipinas* do século XVIII.

Nos Estados Unidos o remédio contra os abusos estatais surgiu com a criação de meios práticos e eficazes de tutela dos direitos individuais. Inspirado no *mandamus* do Direito Inglês, que fora instituído para proteger os funcionários demitidos ou removidos ilegalmente por ato administrativo, o *writ* norte-americano era a medida utilizada para a proteção contra atos públicos e particulares. Em Portugal as apelações extrajudiciais guardavam certa semelhança com o mandado de segurança, pelo quê foram por muitos consideradas fonte histórica do remédio brasileiro,[6] com a distinção de seu objeto ser examinado apenas em sede recursal. Outro remédio constitucional voltado à proteção de direitos subjetivos frente a ilegalidades e arbitrariedades é o *juicio de amparo* mexicano, ação mediante a qual o particular questiona no Poder Judiciário ato de autoridade eivado de inconstitucionalidade. A evolução do *juicio de amparo* seria o instrumento pelo qual o povo mexicano não permitiria que "ilegalidades da autoridade pública aniquilassem os direitos individuais sempre proclamados pelos povos civilizados".[7]

Assim como no México, a evolução da sociedade no Brasil implicou a evolução do sistema de proteção contra os abusos da Administração Pública. Antes do advento do mandado de segurança, já no Brasil República, o único meio jurídico de resguardo das liberdades individuais era o *habeas corpus*. Sob a forte influência do modelo inglês da *Habeas*

---

1. Arnoldo Wald, "O mandado de segurança e o Estado de Direito", *Revista de Informação Legislativa* 63/90, Ano 16, Brasília, julho-setembro/1979.
2. Alfredo Buzaid, "Do mandado de segurança", *RDA* 44/26, Rio de Janeiro, 1956.
3. Idem, ibidem.
4. João Maria Othon Sidou, *Do Mandado de Segurança*, 3ª ed., São Paulo, Ed. RT, 1969, p. 43.
5. Marcello Caetano, "As origens luso-brasileiras do mandado de segurança", *RF* 252, Rio de Janeiro, 1975.
6. Cândido de Oliveira Neto, "Mandado de segurança", in J. M. de Carvalho Santos, *Repertório Enciclopédico de Direito Brasileiro*, vol. 32, Rio de Janeiro, Borsói, 1956, p. 255.
7. Alfredo Buzaid, "*Juicio de amparo* e mandado de segurança", *Revista da Faculdade de Direito da USP* 56/195-196, n. 1, São Paulo, 1961.

Corpus Act de 1679 e de 1816, o remédio heroico foi inserido no ordenamento brasileiro a partir do suporte jurídico instituído com a Constituição/1824, cujo art. 179, VIII, assegurou o direito de liberdade e vedou a prisão arbitrária.[8] Após os trabalhos constituintes, o País dedicou-se à elaboração de toda a legislação criminal, em razão da revogação das *Ordenações Filipinas* pela nova Lei Fundamental e também pela necessidade de funcionalizar o aparato punitivo do Estado.[9] Vieram, nesse esforço, o Código Criminal/1830 e o Código de Processo Criminal/1832.

Os arts. 183 e 184 do CCriminal garantiam aos indivíduos o direito de postular a concessão de *habeas corpus* para evitar a prisão e o constrangimento ilegal, apesar de não trazerem quais os requisitos e as condições em que o pedido poderia ser impetrado. Em realidade, o *habeas corpus* era tratado de passagem pelo Código quando este dispunha sobre a punição de juízes e oficiais de justiça que não concedessem a ordem ou retardassem sua execução. A instituição definitiva do *habeas corpus* só viria com a edição do Código de Processo Criminal/1932, que disciplinava o instrumento ao longo dos arts. 340 a 350. Em particular, determinava o primeiro que "todo o cidadão, que entender que ele ou outrem sofre prisão ou constrangimento ilegal em sua liberdade, tem o direito de pedir ordem de *habeas corpus* em seu favor".

Com a proclamação da República veio a Constituição/1891, influenciada em boa medida pelo Liberalismo. Ao tempo em que o novo texto previa extensa declaração de liberdades e garantias individuais, consagrava tão somente uma única garantia ativa a ser instrumentalizada em caso de iminente perigo de violência ou coação por ilegalidade e abuso de poder.[10] Ao lado da inexistência de remédios jurídicos para a tutela de outros direitos, a omissão do dispositivo constitucional sobre o direito de ir e vir e a liberdade de locomoção, bem como prisão e constrangimento ilegal, permitiu a interpretação expansiva das hipóteses de cabimento do *habeas corpus*. Bem lecionou Ruy Barbosa que: "Desde que a Constituição não particularizou os direitos que, com o *habeas corpus*, queria proteger contra a coação ou contra a violência, claro está que o seu propósito era escudar contra a violência e coação todo e qualquer direito que elas podia tolher e lesar nas suas manifestações".[11] E, assim, fala, com a propriedade de quem foi o artífice da primeira Constituição Republicana, que "o *habeas corpus* hoje se estende a todos os casos em que um direito nosso, qualquer direito, estiver ameaçado, manietado, impossibilitado no seu exercício pela intervenção de um abuso de poder ou de uma ilegalidade".[12]

---

8. Constituição/1824, art. 179, VIII: "VIII. Ninguem poderá ser preso sem culpa formada, excepto nos casos declarados na Lei; e nestes dentro de vinte e quatro horas contadas da entrada na prisão, sendo em Cidades, Villas, ou outras Povoações proximas aos logares da residencia do Juiz; e nos logares remotos dentro de um prazo razoavel, que a Lei marcará, attenta a extensão do territorio, o Juiz por uma Nota, por elle assignada, fará constar ao réo o motivo da prisão, os nomes do seu accusador, e os das testemunhas, havendo-as".

9. Mônica Ovinski de Camargo, "O *habeas corpus* no Brasil Império: liberalismo e escravidão", *Revista Sequência* 49/86, Florianópolis, dezembro/2004.

10. Constituição/1891, art. 72, § 22: "§ 22. Dar-se-ha o *habeas corpus* sempre que alguém soffrer ou se achar em iminente perigo de soffrer violencia por meio de prisão ou constrangimento illegal em sua liberdade de locomoção".

11. Ruy Barbosa, in *Obras Completas de Ruy Barbosa*, vol. 20, t. 4, Rio de Janeiro, 1893, p. 143.

12. Ruy Barbosa, *República: Teoria e Prática*, Petrópolis/Brasília, Vozes/Câmara dos Deputados, 1978, p. 173.

A ampliação das hipóteses de impetração do remédio heroico foi protagonizada pela "doutrina brasileira do *habeas corpus*", que encontrou em Ruy Barbosa um de seus principais nomes, ao lado de Pedro Lessa, então Ministro do STF. Ambos os doutrinadores defendiam, mesmo que por fundamentos próprios, que o Poder Judiciário deveria conhecer dos *habeas corpus* para realizar o controle judicial de atos políticos que implicassem lesão a toda e qualquer garantia individual. No conturbado período da Primeira República o STF serviu de arena para a delimitação do escopo de ação do *habeas corpus*.[13]

O marco inicial da doutrina brasileira do *habeas corpus* foi a série de pedidos impetrados por Ruy Barbosa em razão da decretação de estado de sítio pelo Presidente Floriano Peixoto em 1892 e da revolta armada do Navio Júpiter em 1893. No primeiro, tombado sob o n. 300, a ordem foi denegada pelo STF. Mas no HC 406 a ordem foi concedida para assentar a possibilidade da análise da legalidade dos atos do Executivo por meio da impetração de *habeas corpus*.[14] De forma gradual, o Supremo consolidou o entendimento de que, nos termos do voto vencido do Min. Piza de Almeida no julgamento do HC 300, "o *habeas corpus* aplica-se à proteção da liberdade individual em sentido amplo e não ao caso restrito de não se poder ser preso e conservado em prisão por ato ilegal".

Em que pese a que o Tribunal tenha admitido a ampliação das hipóteses de impetração do *habeas corpus* ao longo dos 10 primeiros anos do século XX, foi a partir de 1907 que o Supremo delineou melhor os contornos da utilização abrasileirada do *writ*, com a nomeação de Pedro Lessa.[15] Para o Ministro, reconhecer que o instituto remetia à tutela da liberdade de locomoção em nada prejudicava a utilização expansiva do *habeas corpus*, uma vez que tal direito seria pressuposto ao exercício de outras garantias individuais: "Limita-se a coação ilegal a ser vedada unicamente à liberdade individual, quando esta tem por fim próximo o exercício de um determinado direito".[16] Assim seria, por exemplo, no caso do jornalista que é proibido de comparecer à redação do jornal para escrever os artigos e do entregador que é proibido de circular pela cidade para vender o jornal.

Por fim, a doutrina brasileira do *habeas corpus* foi vítima do próprio sucesso.[17] Com a revisão constitucional de 1926 o *writ* foi substancialmente limitado por meio de alterações inseridas no art. 72 da Constituição/1891. Mesmo diante da resistência da jurisprudência, que manteve o entendimento de Pedro Lessa quanto à liberdade de locomoção viabilizar o exercício de outros direitos, a nova redação do § 22 não deixou maior espaço: "Dar-se-á o *habeas corpus* sempre que alguém sofrer ou se achar em iminente perigo de sofrer violência por meio de prisão ou constrangimento ilegal em sua liberdade de locomoção". Ao omitir "coação" e acrescer "liberdade de locomoção", sob os argumentos de restaurar o sentido

---

13. Cf. Luiz Henrique Boselli de Souza, "A doutrina brasileira do *habeas corpus* e a origem do mandado de segurança: análise doutrinária de anais do Senado e da jurisprudência histórica do Supremo Tribunal Federal", *Revista de Informação Legislativa* 177, Ano 45, Brasília, janeiro-março/2008.
14. Arnoldo Wald, *Do Mandado de Segurança na Prática Judiciária*, 4ª ed., Rio de Janeiro, Forense, 2003, pp. 21-22.
15. Carlos Bastide Horbach, *Memória Jurisprudencial: Pedro Lessa*, Brasília, STF, 2007, p. 78.
16. Pedro Lessa, *Do Poder Judiciário*, Brasília, Senado Federal, 2003, p. 285.
17. Luiz Henrique Boselli de Souza, "A doutrina brasileira do *habeas corpus* e a origem do mandado de segurança: análise doutrinária de anais do Senado e da jurisprudência histórica do Supremo Tribunal Federal", cit., *Revista de Informação Legislativa* 177/80.

ortodoxo do instituto e reprimir os exageros da construção jurisprudencial, o *habeas corpus* voltou-se exclusivamente à locomoção.[18]

Desamparados os demais direitos fundamentais, a lacuna deveria ser preenchida por outro instituto que protegesse o direito individual diante de ilegalidade ou abuso de poder. Para responder a "como dar remédio àquelas coações e ameaças provindas dos Poderes Públicos quando a liberdade de locomoção não fosse o direito de condição",[19] surgiria o mandado de segurança, remédio apto a suprir o vácuo representante e a necessidade imperiosa do instrumento com tal envergadura protetiva.

3. A evolução do mandado de segurança

No mesmo ano em que a impetração do *habeas corpus* foi restringida a casos de direito de locomoção, o então Deputado por Minas Gerais Gudesteu Pires apresentou um Projeto que criava o "mandado de proteção", cujo formato remetia àqueles institutos semelhantes ao *habeas corpus*, quais sejam: o *mandamus* inglês, o *writ* norte-americano e o *amparo* mexicano. Porém, o Projeto não prosperou, e a ordem jurídica seguiu carente de um remédio jurídico que resguardasse direitos e liberdades individuais contra os atos ilegais da Administração Pública. Antes disso, em 1922, o Min. Muniz Barreto, sem sucesso também, sugeriu a adoção legislativa de remédio semelhante ao *amparo*.[20]

Em 1934, por ocasião dos trabalhos constituintes, um grupo de juristas reuniu esforços para instituir medida judicial definitiva e eficaz para a garantia destes direitos, através de um rito sumário e célere capaz de assegurar a proteção destas modalidades. A Comissão responsável pela preparação do Anteprojeto Constitucional, sob a presidência do Min. Afrânio Mello, tratou da questão do mandado de segurança como garantia de direito individual. Segundo o Relator da proposta, João Mangabeira, "toda pessoa que tiver um direito incontestável ameaçado ou violado por ato manifestamente ilegal do Poder Executivo, poderá requerer ao Poder Judiciário que a ampare com mandado de segurança".[21] Indo adiante, o Projeto dispunha que o mandado de segurança deveria ser examinado em até setenta e duas horas, depois de ouvida a autoridade coatora.

Possuindo redação mais sintética após as alterações propostas, o teor do "Projeto Mangabeira" foi preservado em sua essência e em seus exemplos quando incorporado ao texto da Constituição/1934, cujo inciso 33 do art. 113 determinou a concessão de mandado para a defesa "de direito certo e incontestável, ameaçado ou violado por ato manifestamente inconstitucional ou ilegal de qualquer autoridade".[22] A previsão de que o *writ* seria processa-

---

18. Cândido de Oliveira Neto, "Mandado de segurança", cit., in J. M. de Carvalho Santos, *Repertório Enciclopédico de Direito Brasileiro*, vol. 32, p. 259.
19. Francisco Cavalcanti Pontes de Miranda, *História e Prática do Habeas Corpus*, 7ª ed., t. I, Rio de Janeiro, Borsói, 1972, p. 235.
20. Alfredo Buzaid, "Do mandado de segurança", cit., *RDA* 44/29.
21. Rogério Lauria Tucci, *Do Mandado de Segurança Contra Ato Jurisdicional Penal*, São Paulo, Saraiva, 1978, p. 19.
22. Constituição/1934, art. 113, inciso 33: "33) Dar-se-á mandado de segurança para defesa do direito, certo e incontestável, ameaçado ou violado por ato manifestamente inconstitucional ou ilegal de qualquer autoridade. O processo será o mesmo do *habeas corpus*, devendo ser sempre ouvida a pessoa de direito público interessada. O mandado não prejudica as ações petitórias competentes".

do no rito do *habeas corpus*, ao lado da referência a "direito certo e incontestável", denota a influência determinante da vertente nacional do *habeas corpus*, ainda que a criação da ação constitucional também remetesse aos interditos possessórios e aos institutos do Direito Comparado – *writ, mandamus* e *juicio de amparo*.[23] O instituto seria depois regulamentado pela Lei Ordinária 191/1936, que tomou o cuidado de preservar suas características de sumariedade, mandamentalidade e especificidade. Com a simplicidade do procedimento, a natureza mandamental da decisão judicial a conceder a ordem e a especificidade do bem de vida requerido, o mandado de segurança mostra-se apto a tutelar efetiva e eficazmente os direitos do cidadão.

Com o advento do golpe que levou à instauração do Estado Novo, um novo texto constitucional foi outorgado. Reflexo das inspirações autoritárias, a Carta não reservou assento ao mandado de segurança, o que é de todo compreensível, em razão do momento histórico enfrentado pelo País, marcado pelo recrudescimento da repressão política e do aparato militar. O *writ*, porém, continuou vigendo enquanto remédio infraconstitucional. O Decreto-lei 6/1937 restringiu as hipóteses de cabimento em relação à legitimidade passiva, excluindo o Presidente da República, os Ministros de Estado, os Governadores e os Interventores.[24] Seriam igualmente excluídos do âmbito do *writ*, mas por meio do Decreto-lei 96/1937,[25] casos envolvendo atos da Administração do Distrito Federal – restrições, essas, consolidadas pelo Código de Processo Civil/1939, que dispensou ao mandado de segurança um capítulo específico.

O mandado de segurança foi restaurado em sua devida abrangência e hierarquia constitucional com a promulgação da Constituição Federal/1946, cuja norma deixou de referir os pesados termos de "direito certo e incontestável" ou "ato manifestamente inconstitucional ou ilegal", para tratar nos termos mais brandos "direito líquido e certo" e "ilegalidade ou abuso de poder".[26] Mais do que mero detalhe, a nova redação permitiu que o emprego do *writ* crescesse, ao lhe imprimir "caráter bem mais rotineiro e geral, e amplitude mais coerente com a natureza do interesse que ele pode defender".[27]

Ao nível infraconstitucional o instituto foi regrado pela Lei 1.533/1951, que alterou as normas do Código de Processo Civil relativas ao mandado de segurança em atenção ao espírito liberal da Constituição/1946. Após a Lei 1.533 vieram as Leis 2.770/1956, que suprimiu a concessão de liminares na liberação de mercadorias, bens e coisas advindas do Estrangeiro, 4.166/1962, 4.348/1964, que estabeleceu os prazos para liminares e permitiu a suspensão de liminar ou sentença concessiva da segurança por ato da presidência do tribunal

---

23. Carlos Mário Velloso, "As novas garantias constitucionais", *RDA* 177/17, Rio de Janeiro, julho-setembro/1989.

24. Decreto-lei 6/2937, art. 16: "Art. 16. Continua em vigor o remédio do mandado de segurança, nos termos da Lei n. 191, de 16 de janeiro de 1936, exceto a partir de 10 de novembro de 1937, quanto aos atos do Presidente da República e dos Ministros de Estado, Governadores e Interventores.

25. Decreto-lei 96/1937, art. 21: "Art. 21. Contra os atos da Administração do Distrito Federal só caberão os recursos judiciais admitidos contra atos da Administração Federal; excluído o mandado de segurança contra atos do Prefeito, a partir da data da Constituição".

26. CF/1946, art. 141, § 24: "§ 24. Para proteger direito líquido e certo não amparado por *habeas corpus*, conceder-se-á mandado de segurança, seja qual for a autoridade responsável pela ilegalidade ou abuso de poder".

27. Kátia Toríbio Laghi Laranja e Adriana Pereira Campos, "Mandado de segurança", *Revista Ágora* 2/21, 2005.

a que competir conhecer do recurso, 4.862/1965, que alterou o prazo de vigência da medida liminar concedida em desfavor da Fazenda Nacional, e 5.021/1966, que dispôs acerca do pagamento de vencimentos e vantagens pecuniárias a servidor público por força da sentença nos autos do *writ*.[28] A legislação posterior à Lei 1.533/1951 engendrou uma involução da matéria ao restringir e deturpar o mandado de segurança, transformado em verdadeira ação ordinária.[29] Para Hely Lopes Meirelles as mudanças seriam inconstitucionais, por desrespeitarem o princípio da igualdade entre as partes no processo judicial.[30]

A Constituição/1967 manteve em linhas gerais o enunciado do dispositivo da Carta/1946, apenas qualificando como "individuais" os direitos ali amparados.[31] Em que pese às tentativas de restringir o cabimento do remédio a casos em que estivessem ameaçados ou lesados direitos de natureza exclusivamente individual, retirando do seu escopo direitos políticos, trabalhistas e sociais, prevaleceu o entendimento de que uma leitura neste sentido não seria fiel à elaboração da norma constitucional pelo Congresso e ao sentido da categoria "direitos individuais" no direito público.[32] A redação da Carta/1946 foi restaurada pela Emenda Constitucional 1/1969, inclusive com a supressão da referência a direito líquido e certo individual.[33]

No âmbito do texto constitucional do regime militar foram editadas as Leis 6.014/1973 e 6.071/1974. Com o pretexto de adequar o Código de Processo Civil/1939, foram previstos o recurso de apelação em face da sentença que negasse ou concedesse a segurança, resguardando a execução provisória, e o pedido de suspensão da execução de decisão que concedesse a segurança. Entretanto, tais investidas do legislador ordinário contra o mandado de segurança, especialmente no que toca a extensão e concessão de liminar, foram recebidas com receio pela doutrina e pela jurisprudência, relutante em aceitar limitações ao poder geral de cautela do magistrado.[34]

A Constituição Federal/1988, honrando seu espírito democrático e humanista, elevou o mandado de segurança à condição de garantia fundamental. Na forma do inciso LXIX do art. 5º,[35] o *writ* é remédio competente para "proteger direito líquido e certo, não amparado

---

28. Carlos Mário Velloso, "As novas garantias constitucionais", cit., *DA* 177/17.

29. Arnoldo Wald, "O mandado de segurança e o Estado de Direito", cit., *Revista de Informação Legislativa* 63/92.

30. Hely Lopes Meirelles, *Mandado de Segurança e Ação Popular*, 5ª ed., São Paulo, Ed. RT, 1978, p. 43. *[V. Hely Lopes Meirelles, Arnoldo Wald e Gilmar Ferreira Mendes, Mandado de Segurança e Ações Constitucionais, 37ª ed., São Paulo, Malheiros Editores, 2016.]*

31. CF/1967, art. 150, § 21: "§ 21. Conceder-se-á mandado de segurança, para proteger direito individual líquido e certo não amparado por *habeas corpus*, seja qual for a autoridade responsável pela ilegalidade ou abuso de poder".

32. M. Seabra Fagundes, "A nova Constituição e o mandado de segurança", *RDA* 89/1-2, Rio de Janeiro, 1967.

33. CF/1969, ART. 153, § 21: "§ 21. Conceder-se-á mandado de segurança para proteger direito líquido e certo não amparado por *habeas corpus*, seja qual for a autoridade responsável pela ilegalidade ou abuso de poder".

34. Hely Lopes Meirelles, *Mandado de Segurança e Ações Constitucionais*, 34ª ed., São Paulo, Malheiros Editores, 2012, p. 148.

35. CF/1988, art. 5º, LXIX: "LXIX – conceder-se-á mandado de segurança para proteger direito líquido e certo, não amparado por *habeas corpus* ou *habeas data*, quando o responsável pela ilegalidade ou abuso de poder for autoridade pública ou agente de pessoa jurídica no exercício de atribuições do Poder Público; (...)".

por *habeas corpus* ou *habeas data*, quando o responsável pela ilegalidade ou abuso de poder for autoridade pública ou agente de pessoa jurídica no exercício de atribuições do Poder Público". São pressupostos constitucionais do instituto: (i) o direito líquido e certo não amparado por *habeas corpus* ou *habeas data*, entendido enquanto "o que se apresenta manifesto na sua existência, delimitado na sua extensão e apto a ser exercitado no momento da sua impetração";[36] e (ii) ato praticado por autoridade pública ou agente de pessoa jurídica no exercício de atribuições públicas, o que foi delimitado por Hely Lopes Meirelles como "toda manifestação ou omissão do Poder Público ou de seus delegados, no desempenho de suas funções ou a pretexto de exercê-las".[37]

Da leitura do dispositivo constitucional extrai-se que as hipóteses de cabimento do mandado de segurança foram determinadas por exclusão – em outras palavras, será cabível quando não estiver em risco a liberdade de locomoção –, o que deverá ser objeto de tutela em *habeas corpus* – ou o acesso a informações ou a correção de dados –, os quais deverão ser requeridos via *habeas data*. Os três *mandamus*, ao lado da ação popular, da ação civil pública e do mandado de injunção, integram o seleto rol dos remédios constitucionais de defesa e efetivação dos direitos constitucionalmente garantidos.

Em relação ao mandado de segurança a Constituição Federal/1988 inovou em dois sentidos. Primeiro, quando dispõe sobre a possibilidade de pedido e concessão de mandado de segurança coletivo. Partidos políticos com representação no Congresso e organizações sindicais, entidades de classe ou associação legalmente constituída há um ano poderão impetrar o *writ* para defender em juízo os interesses representativos da totalidade ou de parte dos seus filiados e associados, mas não os interesses de um ou de uma parcela dos integrantes.[38] Segundo, trazendo a previsão expressa do cabimento de mandado de segurança preventivo.[39] A leitura conjunta do art. 5º, LXIX, da Lei Fundamental com o inciso XXXV do mesmo dispositivo, que estabelece o princípio da inafastabilidade da jurisdição,[40] admite o cabimento de mandado de segurança diante de ato concreto de autoridade pública que possa ameaçar o direito do postulante.

No ano de 2009 a antiga e remendada Lei 1.533/1951 foi substituída pela Lei 12.016, "que conseguiu consolidar e modernizar a nossa legislação na matéria, dando-lhe maior harmonia e coerência, além de reunir, num único diploma, matérias que se encontravam esparsas em vários textos legislativos de épocas distintas".[41] A legislação enfrentou com sucesso a difícil tarefa de conciliar os princípios do Estado Democrático de Direito e as exigências de um País em constante transformação, especialmente no que diz respeito à garantia do devido processo legal e da celeridade processual. Para além de modernizar, a lei buscou simplificar o rito do mandado de segurança, devolvendo-lhe a natureza de ação sumária, com toda a "agilidade de verdadeiro comando de medida de execução imediata contra a Administração, que era assemelhado ao *habeas corpus*, sem as dificuldades práticas

---

36. Hely Lopes Meirelles, *Mandado de Segurança e Ações Constitucionais*, cit., 34ª ed., p. 36.
37. Idem, p. 33.
38. Idem, pp. 130-131.
39. Carlos Mário Velloso, "As novas garantias constitucionais", cit., *RDA* 177/18.
40. CF/1988, art. 5º, XXXV: "XXXV – a lei não excluirá da apreciação do Poder Judiciário lesão ou ameaça a direito; (...)".
41. Arnoldo Wald, "Prefácio da 34ª Edição", in Hely Lopes Meirelles, *Mandado de Segurança e Ações Constitucionais*, cit., 34ª ed., p. 9.

de andamento que caracterizam os outros processos judiciais".[42] Entre outras mudanças, admitiu-se a utilização de inovações técnicas a fim de atender a casos de extrema urgência, impetração do *mandamus* contra ato disciplinar, admissão no processo da pessoa jurídica de direito público a que pertence a autoridade coatora, o agravo de instrumento contra decisão de piso que concede ou nega medida liminar e a substituição do acórdão pelas notas taquigráficas quando não publicada a decisão dentro do prazo de 30 dias.[43]

Para completar a evolução do mandado de segurança no ordenamento jurídico, a Lei 13.105/2015 promulgou o novo Código de Processo Civil. Em que pese a que a Lei 12.016/2009 seja norma especial, pelo quê se sobreporia ao Código, mudanças foram trazidas e controvérsias foram ventiladas pelo advento do diploma processual. Dentre as discussões, a aplicabilidade do art. 219 do CPC/2015[44] ganhou especial destaque, em razão da substancial diferença que provocaria no cômputo do prazo decadencial de 120 dias para a impetração do *writ*. A maioria da doutrina entende que o prazo fixado pelo art. 23 da Lei 12.016/2009[45] deverá ser contado em dias corridos, não só em dias úteis, vez que o prazo da Lei do Mandado de Segurança não possui natureza processual, tratando do direito potestativo de utilizar o *mandamus*.[46] Os demais prazos relacionados à prática de ato processual nos autos do mandado de segurança estão disciplinados pelo Código/2015, a exemplo dos 5 dias para despacho, dos 10 para decisão interlocutória e dos 30 dias para sentença.[47] Uma segunda inovação trazida pelo Código é a possibilidade de condenação do sucumbente ao pagamento da verba em sede de mandado de segurança, nos termos do § 1º do art. 85[48] do diploma processual. A lei especial disciplina o rito apenas na fase de conhecimento, e a partir da prolação de sentença ou do acórdão passa a viger o Código de Processo Civil/2015.[49] Portanto, cabe o pagamento dos honorários em sede recursal e em sede de cumprimento de sentença.

A história do mandado de segurança no ordenamento jurídico brasileiro é prova da sua relevância como instrumento de proteção do cidadão frente ao Estado. Enquanto as Constituições democráticas de 1934, 1946 e 1988 tomaram o cuidado de incorporá-lo aos textos como garantia do cidadão, as Constituições autoritárias trilharam o caminho contrário: quando não rebaixaram a hierarquia do *writ* de constitucional para ordinário,

---

42. Hely Lopes Meirelles, *Mandado de Segurança e Ações Constitucionais*, cit., 34ª ed., p. 156.
43. Idem, pp. 158-165.
44. CPC/2015: "Art. 219. Na contagem de prazo em dias, estabelecido por lei ou pelo juiz, computar--se-ão somente os dias úteis".
45. Lei 12.016/2009: "Art. 23. O direito de requerer mandado de segurança extinguir-se-á decorridos 120 (cento e vinte) dias, contados da ciência, pelo interessado, do ato impugnado".
46. Fernando da Fonseca Gajardoni, Luiz Dellore, André Vasconcelos Roque e Zulmar Duarte de Oliveira Jr., *Teoria Geral do Processo: Comentários ao CPC de 2015*, São Paulo, Método, 2015, p. 690.
47. Marcelo Pacheco Machado, *Novo CPC: Mandado de Segurança e Prazos para o Juiz*, disponível em https://jota.info/colunas/novo-cpc/ainda-sobre-prazos-no-novo-cpc-mandado-de-seguranca-e-prazos--para-o-juiz-14092015#_ftn5 (acesso em 1.6.2017).
48. CPC/2015, art. 85, § 1º: "§ 1º. São devidos honorários advocatícios na reconvenção, no cumprimento de sentença, provisório ou definitivo, na execução, resistida ou não, e nos recursos interpostos, cumulativamente".
49. Hélio Vieira da Costa e Zênia Cernov, *Com Novo CPC, Judiciário Deve Autorizar Honorários de Sucumbência em MS*, disponível em www.conjur.com.br/2015-ago-26/cpc-justica-autorizar-honorarios--sucumbencia-ms.

prejudicaram a agilidade que lhe é intrínseca. Coube ao legislador constituinte de 1988 e ao legislador ordinário de 2009 restaurarem o mandado de segurança em sua plenitude, devolvendo e garantindo ao indivíduo um remédio judicial eficaz e efetivo em face dos abusos da Administração Pública.

4. A relevante contribuição de Hely Lopes Meirelles

Hely Lopes Meirelles foi um jurista do seu tempo, permanecendo atual no quadrante hodierno. Nascido na cidade paulista de Ribeirão Preto em 1917, frequentou a tradicional Faculdade de Direito do Largo de S. Francisco, e logo após a graduação em 1942 militou na Advocacia. Em dezembro/1949 Hely deu início à sua carreira na Magistratura Estadual, assumindo a comarca de Ituverava. No interior não só de São Paulo, mas de todo o País, os interesses àquela época muitas vezes eram impostos à força, sobretudo quando diziam respeito aos possuidores das terras. Tanto é que, em uma ocasião, o jovem Juiz Hely Lopes Meirelles foi baleado gravemente por um rico fazendeiro que não se conformou em ter a prisão preventiva decretada.[50] Além de Ituverava, Hely exerceu a judicatura nas cidades de São Carlos e de São Paulo. O vasto conhecimento sobre o regime jurídico dos Municípios, aliado à percepção da total ausência de estudos sobre os problemas municipais, levou à redação do seu *Direito Municipal Brasileiro*, que já passou de 15 edições. É também de sua autoria o livro *Direito de Construir*, surgido das aulas ministradas no Curso de Engenharia da Universidade de São Carlos.

Com sua aposentadoria no Tribunal de Alçada Civil, após 30 anos de serviço, Hely Lopes Meirelles foi chamado para participar do Governo do Estado de São Paulo. Mas, em vez da Secretaria de Justiça, decidiu assumir a chefia da Secretaria do Interior, que seria "a oportunidade de pôr em prática seus ensinamentos de direito municipal".[51] Assim fez, por exemplo, ao instituir o Centro de Estudos e Pesquisas de Administração Municipal, concentrando em um órgão autônomo os cursos ofertados pela Secretaria nas áreas de direito tributário, financeiro e urbano, e minutar o Anteprojeto da Lei Orgânica dos Municípios. Participaram da gestão nomes à época promissores e hoje renomados dentro do Direito Brasileiro, como José Afonso da Silva e Adilson Abreu Dallari.

Da Secretaria do Interior Hely Lopes Meirelles foi convocado para a Secretaria de Segurança Pública, tornando-se o único Secretário de Segurança no Brasil na época. Após se indispor com o Comandante da Polícia Militar, o jurista foi demitido daquela Pasta, mas tão logo seria nomeado para a Secretaria de Justiça. Seu principal objetivo à frente da nova Pasta foi elaborar um Projeto de Lei de Licitações e Contratos Administrativos para que o Estado pudesse obter as melhores propostas a partir de um procedimento rápido e transparente.[52] A Lei estadual 10.395/1970, nascida do Anteprojeto de Hely, tornou-se a principal referência legislativa, influenciando não só as outras legislações estaduais, mas também lei federal. A "Exposição de Motivos" do Decreto-lei 2.300/1986, que instituiu uma nova disciplina global sobre as licitações e os contratos da Administração Pública, destacou a decisiva e fundamental importância das contribuições de Hely Lopes Meirelles.

---

50. Eurico de Andrade Azevedo, "Retrato de Hely Lopes Meirelles", *RDA* 204/122, Rio de Janeiro, abril-junho/1996.
51. Idem, p. 124.
52. Idem, pp. 126-127.

Após o governo de Abreu Sodré, Hely dedicou-se à Advocacia e ao Magistério, realizando a atualização dos livros já publicados. O *Direito Administrativo Brasileiro*, principal obra, surgiu do *Direito Municipal Brasileiro*, que consistia em dois volumes – dos quais o primeiro versava exclusivamente sobre direito administrativo. Trata-se do verdadeiro cânone do direito administrativo nacional, como reconheceu Arnoldo Wald, também jurista brasileiro de primeira grandeza: "O seu livro marcou uma época na evolução da doutrina por sua sistemática, clareza de exposição, riqueza de informação e constante atualização".[53] O sucesso desse manual em particular, dentre tantas obras, deve-se à concepção do Direito como instrumento de trabalho, pelo quê se fazia indispensável unir teoria, realidade e vivência na busca pela análise e solução dos problemas da Administração Pública pátria: "Não compreendemos o Direito divorciado da lei e da orientação dos tribunais" – escreveu Meirelles na "Nota ao Leitor" da 1ª edição do livro.[54] Hoje, *Direito Administrativo Brasileiro* encontra-se na 42ª edição, publicada 26 anos após seu falecimento em 1990.

A circunstância de a doutrina administrativista de Hely Lopes Meirelles seguir na condição de referência teórica é a prova de que "o direito administrativo do nosso País no século XX se divide em dois períodos: o anterior e o posterior à obra de Hely Lopes Meirelles".[55] A abordagem inovadora conferida aos princípios básicos da Administração Pública, utilizando sistematicamente as categorias da legalidade, moralidade, finalidade e publicidade na resolução de problemas práticos, levou à positivação dos princípios no enunciado do *caput* do art. 37 da CF: "A Administração Pública direta e indireta de qualquer dos Poderes da União, dos Estados, do Distrito Federal e dos Municípios obedecerá aos princípios de legalidade, impessoalidade, moralidade, publicidade e eficiência (...)". Para Meirelles os quatro comandos são os "sustentáculos da vida pública. Relegá-los é desvirtuar a gestão dos negócios públicos e olvidar o que há de mais elementar para a boa guarda e zelo dos interesses sociais".[56]

Além, foi mérito de Hely Lopes Meirelles desfazer a confusão existente à época nos tribunais sobre a invalidação de atos administrativos. Ao discorrer sobre o ponto,[57] Hely delineou as fronteiras entre a revogação, que consiste na supressão discricionária de ato legítimo pela Administração por motivos de conveniência ao interesse público, e a anulação, que é a declaração pela Administração ou pelo Judiciário da invalidade de ato ilegítimo ou ilegal. Ao passo que a primeiro opera efeitos *ex nunc*, a segunda possui efeitos *ex tunc*, retroagindo às suas origens. Tal distinção foi cristalizada pelo STF no enunciado da Súmula 473.[58] Também cabe destacar a importante contribuição ao estudo do contrato

---

53. Arnoldo Wald, "Prefácio", in Arnoldo Wald (coord.), *O Direito na Década de 80: Estudos em Homenagem a Hely Lopes Meirelles*, São Paulo, Ed. RT, 1985, p. 10.

54. Hely Lopes Meirelles, *Direito Administrativo Brasileiro*, 1ª ed., São Paulo, Ed. RT, 1964.

55. Arnoldo Wald, "Prefácio", cit., in Arnoldo Wald (coord.), *O Direito na Década de 80: Estudos em Homenagem a Hely Lopes Meirelles*, p. 8.

56. Hely Lopes Meirelles, *Direito Administrativo Brasileiro*, 15ª ed., São Paulo, Ed. RT, 1990, p. 85.

57. Hely Lopes Meirelles, "Revogação e anulação de ato administrativo", *RDA* 75/31-35, Rio de Janeiro, janeiro/1964.

58. STF: "Súmula 473. A Administração pode anular seus próprios atos, quando eivados de vícios que os tornam ilegais, porque deles não se originam direitos; ou revogá-los, por motivo de conveniência ou oportunidade, respeitados os direitos adquiridos, e ressalvada, em todos os casos, a apreciação judicial".

administrativo, consolidados na obra *Licitação e Contrato Administrativo*,[59] especialmente na delimitação dos contornos da teoria da imprevisão frente ao reajustamento de preços no contrato administrativo e na atualização monetária incidente sobre as parcelas devidas pela Administração Pública – o que hoje encontra respaldo no art. 5º da Lei 8.666/1993.[60]

Dentre outras inovações, as ideias de Hely Lopes Meirelles também foram um divisor de águas na evolução do mandado de segurança. Quando ainda exercia a função de Juiz da Fazenda Nacional em São Paulo o autor escreveu o célebre artigo intitulado "Problemas do mandado de segurança",[61] com a finalidade de analisar objetivamente as principais controvérsias em torno do *writ*, seja quando da impetração ou da teorização: a investigação sobre o mandado de segurança foi posteriormente publicada na forma de livro em 1967. "Desde então mudaram o mundo, o Brasil e o Direito, mas o livro de Hely, referente ao mandado de segurança, continua sendo profundamente atual."[62]

Coube à Hely Lopes Meirelles assentar por definitivo as controvérsias em torno da "pedra de toque"[63] do *writ*: o direito líquido e certo. Introduzida na jurisprudência do STF a partir de voto vencido do Min. Pedro Lessa nos autos do HC 3.539, a categoria relacionava-se à ideia de prova constituída e de rapidez na solução do conflito de interesses:

> Cumpre-lhe verificar se o direito que o paciente quer exercer, e do qual é a liberdade física uma condição, um meio, um caminho, é um direito incontestável, se não há uma controvérsia sobre esse direito, que deve ser dirimida em outro processo. Esta investigação se impõe ao juiz, porquanto o processo do *habeas corpus* é de andamento rápido, não tem forma nem figura de juízo, e conseguintemente não comporta o exame nem a decisão de qualquer outra questão judicial, que lhe queira anexar, ou que nele se pretenda inserir. Desde que esteja apurada a posição jurídica inquestionável, a situação legal bem manifesta, de quem é vítima de uma coação, que constitui o único obstáculo ao exercício de um direito líquido, não é lícito negar o *habeas corpus*.

A qualificação do direito a ser protegido como "certo, líquido e incontestável" já exprimia com certa precisão as exigências do Tribunal para conhecer do *habeas corpus* impetrado em virtude de ilegalidade ou abuso de poder praticado por autoridade quando estivesse ameaçado ou cerceado direito outro que a liberdade de locomoção.[64] Contudo, em virtude da redação aberta do pressuposto, ainda pairavam controvérsias. Da previsão do mandado de segurança pela Constituição/1934 em diante, diversos doutrinadores debruçaram-se em torno do alcance do "direito líquido e certo",[65] a exemplo de Carlos Maximiliano, Alfredo Buzaid e Sérgio Ferraz.

---

59. Hely Lopes Meirelles, *Licitação e Contrato Administrativo*, 15ª ed., São Paulo, Malheiros Editores, 2010.

60. Lei 8.666/1993, art. 5º, § 1º: "§ 1º. Os créditos a que se refere este artigo terão seus valores corrigidos por critérios previstos no ato convocatório e que lhes preservem o valor".

61. Hely Lopes Meirelles, "Problemas do mandado de segurança", *RDA* 73/38-56, Rio de Janeiro, janeiro/1963.

62. Arnoldo Wald, "Prefácio da 34ª Edição", cit., in Hely Lopes Meirelles, *Mandado de Segurança e Ações Constitucionais*, cit., 34ª ed., p. 7.

63. Celso Agrícola Barbi, *Do Mandado de Segurança*, 11ª ed., Rio de Janeiro, Forense, 2006, p. 51.

64. Themístocles Brandão Cavalcanti, *A Constituição Federal Comentada*, vol. 3, Rio de Janeiro, Konfino, 1949, p. 208.

65. Cf. Adhemar Ferreira Maciel, "Direito líquido e certo: 'pedra de toque' do mandado de segurança", in Maria Fernanda de Carvalho Pereira e Raquel Dias da Silveira (coords.), *Advocacia nos Tribunais: Homenagem a Aristóteles Atheniense*, Belo Horizonte, Del Rey, 2012.

Mas coube a Hely Lopes Meirelles pacificar a divergência ao assim definir:

> *Direito líquido e certo* é o que se apresenta manifesto na sua existência, delimitado na sua extensão e apto a ser exercitado no momento da impetração. Por outras palavras, o direito invocado, para ser amparável por mandado de segurança, há de vir expresso em norma legal e trazer em si todos os requisitos e condições de sua aplicação ao impetrante: se sua existência for duvidosa, se sua extensão ainda não estiver delimitada, se seu exercício depender de situações e fatos ainda indeterminados, não rende ensejo à segurança, embora possa ser defendido por outros meios judiciais.[66]

Quando a Lei 12.016/2009 e a Constituição/1988 se referem a direito líquido e certo, ambos os diplomas exigem que o interesse a ser tutelado pelo *mandamus* reúna todos os requisitos necessários ao seu conhecimento e exercício quando da impetração. Sendo indispensável a comprovação posterior do direito em instrução probatória, não há falar na sua liquidez e certeza. Assim, pacificou-se tanto na jurisprudência quanto na doutrina o entendimento de que direito líquido e certo é aquele que pode ser provado de plano por provas pré-constituídas e fatos documentados trazidos junto da inicial.

A contribuição de Hely Lopes Meirelles ao Direito Brasileiro, em especial ao administrativo, e, em particular, à adequada interpretação e a evolução do mandado de segurança é de superlativa importância. Um jurista de seu tempo para todos os tempos.

5. Considerações finais

As ideias de Hely Lopes Meirelles permanecem atuais porque foram essenciais à conformação do mandado de segurança – em específico – e do direito administrativo – no geral. Devido à particularidade de ser instituto típico do Direito Brasileiro, forjado na *práxis* forense, o mandado de segurança sujeitou-se a um processo de evolução sujeito a evoluções e involuções do qual participaram diversos sujeitos: magistrados, advogados e doutrinadores. Na figura de Hely Lopes Meirelles reuniram-se os três. No exercício de cada uma dessas funções, um único compromisso: o desenvolvimento do *writ* como instrumento de defesa do cidadão diante do Estado. Ao criticar as restrições promovidas sobre o *mandamus* durante o regime ditatorial e ao delinear o pressuposto básico para sua impetração, Hely Lopes Meirelles contribuiu de maneira ímpar à efetividade deste remédio judicial, que é *conditio sine qua non* do Estado de Direito, protetivo dos direitos do cidadão ante o arbítrio e o abuso estatais.

Referências bibliográficas

AZEVEDO, Eurico de Andrade. "Retrato de Hely Lopes Meirelles". *RDA* 204. Rio de Janeiro, abril-junho/1996.
BARBI, Celso Agrícola. *Do Mandado de Segurança*. 11ª ed. Rio de Janeiro, Forense, 2006.
BARBOSA, Ruy. In: *Obras Completas de Ruy Barbosa*. vol. 20, t. 4. Rio de Janeiro, 1893.
_____. *República: Teoria e Prática*. Petrópolis/Brasília, Vozes/Câmara dos Deputados, 1978.
BUZAID, Alfredo. "Do mandado de segurança". *RDA* 44. Rio de Janeiro, 1956.

---

66. Hely Lopes Meirelles, *Mandado de Segurança e Ações Constitucionais*, cit., 34ª ed., p. 38.

_____. "*Juicio de amparo* e mandado de segurança". *Revista da Faculdade de Direito da USP* 56. N. 1. São Paulo, 1961.

CAETANO, Marcello. "As origens luso-brasileiras do mandado de segurança". *RF* 252. Rio de Janeiro, 1975.

CAMARGO, Mônica Ovinski de. "O *habeas corpus* no Brasil Império: liberalismo e escravidão". *Revista Sequência* 49. Florianópolis, dezembro/2004.

CAMPOS, Adriana Pereira, e LARANJA, Kátia Toríbio Laghi. "Mandado de segurança". *Revista Ágora* 2. 2005.

CARVALHO SANTOS, J. M. de. *Repertório Enciclopédico de Direito Brasileiro*. vol. 32. Rio de Janeiro, Borsói, 1956.

CAVALCANTI, Themístocles Brandão. *A Constituição Federal Comentada*. vol. 3. Rio de Janeiro, Konfino, 1949.

CERNOV, Zênia, e COSTA, Hélio Vieira da. *Com Novo CPC, Judiciário Deve Autorizar Honorários de Sucumbência em MS*. Disponível em *www.conjur.com.br/2015-ago-26/cpc--justica-autorizar-honorarios-sucumbencia-ms*.

COSTA, Hélio Vieira da, e CERNOV, Zênia. *Com Novo CPC, Judiciário Deve Autorizar Honorários de Sucumbência em MS*. Disponível em *www.conjur.com.br/2015-ago-26/cpc--justica-autorizar-honorarios-sucumbencia-ms*.

DELLORE, Luiz, GAJARDONI, Fernando da Fonseca, OLIVEIRA JR., Zulmar Duarte de, e ROQUE, André Vasconcelos. *Teoria Geral do Processo: Comentários ao CPC de 2015*. São Paulo, Método, 2015.

GAJARDONI, Fernando da Fonseca, DELLORE, Luiz, OLIVEIRA JR., Zulmar Duarte de, e ROQUE, André Vasconcelos. *Teoria Geral do Processo: Comentários ao CPC de 2015*. São Paulo, Método, 2015.

HORBACH, Carlos Bastide. *Memória Jurisprudencial: Pedro Lessa*. Brasília, STF, 2007.

LARANJA, Kátia Toríbio Laghi, e CAMPOS, Adriana Pereira. "Mandado de segurança". *Revista Ágora* 2. 2005.

LESSA, Pedro. *Do Poder Judiciário*. Brasília, Senado Federal, 2003.

MACHADO, Marcelo Pacheco. *Novo CPC: Mandado de Segurança e Prazos para o Juiz*. Disponível em *https://jota.info/colunas/novo-cpc/ainda-sobre-prazos-no-novo-cpc-mandado--de-seguranca-e-prazos-para-o-juiz-14092015#_ftn5* (acesso em 1.6.2017).

MACIEL, Adhemar Ferreira. "Direito líquido e certo: 'pedra de toque' do mandado de segurança". In: PEREIRA, Maria Fernanda de Carvalho, e SILVEIRA, Raquel Dias da (coords.). *Advocacia nos Tribunais: Homenagem a Aristóteles Atheniense*. Belo Horizonte, Del Rey, 2012.

MEIRELLES, Hely Lopes. *Direito Administrativo Brasileiro*. 1ª ed. São Paulo, Ed. RT, 1964; 15ª ed., São Paulo, Ed. RT, 1990; 42ª ed. São Paulo, Malheiros Editores, 2016.

_____. *Licitação e Contrato Administrativo*. 15ª ed. São Paulo, Malheiros Editores, 2010.

_____. *Mandado de Segurança e Ação Popular*. 5ª ed. São Paulo, Ed. RT, 1978.

_____. *Mandado de Segurança e Ações Constitucionais*. 34ª ed. São Paulo, Malheiros Editores, 2012.

_____. "Problemas do mandado de segurança". *RDA* 73/38-56. Rio de Janeiro, janeiro/1963.

_____. "Revogação e anulação de ato administrativo". *RDA* 75/31-35. Rio de Janeiro, janeiro/1964.

MEIRELLES, Hely Lopes, MENDES, Gilmar Ferreira, e WALD, Arnoldo. *Mandado de Segurança e Ações Constitucionais*. 37ª ed. São Paulo, Malheiros Editores, 2016.

MENDES, Gilmar Ferreira, MEIRELLES, Hely Lopes, e WALD, Arnoldo. *Mandado de Segurança e Ações Constitucionais*. 37ª ed. São Paulo, Malheiros Editores, 2016.

OLIVEIRA JR., Zulmar Duarte de, DELLORE, Luiz, GAJARDONI, Fernando da Fonseca, e ROQUE, André Vasconcelos. *Teoria Geral do Processo: Comentários ao CPC de 2015*. São Paulo, Método, 2015.

OLIVEIRA NETO, Cândido de. "Mandado de segurança". In: CARVALHO SANTOS, J. M. de. *Repertório Enciclopédico de Direito Brasileiro*. vol. 32. Rio de Janeiro, Borsói, 1956.

PEREIRA, Maria Fernanda de Carvalho, e SILVEIRA, Raquel Dias da (coords.). *Advocacia nos Tribunais: Homenagem a Aristóteles Atheniense*. Belo Horizonte, Del Rey, 2012.

PONTES DE MIRANDA, Francisco Cavalcanti. *História e Prática do Habeas Corpus*. 7ª ed., t. I. Rio de Janeiro, Borsói, 1972.

ROQUE, André Vasconcelos, DELLORE, Luiz, GAJARDONI, Fernando da Fonseca, e OLIVEIRA JR., Zulmar Duarte de. *Teoria Geral do Processo: Comentários ao CPC de 2015*. São Paulo, Método, 2015.

SEABRA FAGUNDES, M. "A nova Constituição e o mandado de segurança". *RDA* 89. Rio de Janeiro, 1967.

SIDOU, João Maria Othon. *Do Mandado de Segurança*. 3ª ed. São Paulo, Ed RT, 1969.

SILVEIRA, Raquel Dias da, e PEREIRA, Maria Fernanda de Carvalho (coords.). *Advocacia nos Tribunais: Homenagem a Aristóteles Atheniense*. Belo Horizonte, Del Rey, 2012.

SOUZA, Luiz Henrique Boselli de. "A doutrina brasileira do *habeas corpus* e a origem do mandado de segurança: análise doutrinária de anais do Senado e da jurisprudência histórica do Supremo Tribunal Federal". *Revista de Informação Legislativa* 177. Ano 45. Brasília, janeiro-março/2008.

TUCCI, Rogério Lauria. *Do Mandado de Segurança Contra Ato Jurisdicional Penal*. São Paulo, Saraiva, 1978.

VELLOSO, Carlos Mário. "As novas garantias constitucionais". *RDA* 177. Rio de Janeiro, julho-setembro/1989.

WALD, Arnoldo. *Do Mandado de Segurança na Prática Judiciária*. 4ª ed. Rio de Janeiro, Forense, 2003.

_____. "O mandado de segurança e o Estado de Direito". *Revista de Informação Legislativa* 63. Ano 16. Brasília, julho-setembro/1979.

_____. "Prefácio". In: WALD, Arnoldo (coord.). *O Direito na Década de 80: Estudos em Homenagem a Hely Lopes Meirelles*. São Paulo, Ed. RT, 1985.

_____. "Prefácio da 34ª Edição". In: MEIRELLES, Hely Lopes. *Mandado de Segurança e Ações Constitucionais*. 34ª ed. São Paulo, Malheiros Editores, 2012.

_____ (coord.). *O Direito na Década de 80: Estudos em Homenagem a Hely Lopes Meirelles*. São Paulo, Ed. RT, 1985.

WALD, Arnoldo, MEIRELLES, Hely Lopes, e MENDES, Gilmar Ferreira. *Mandado de Segurança e Ações Constitucionais*. 37ª ed. São Paulo, Malheiros Editores, 2016.

O DIREITO ADMINISTRATIVO DA CRISE

Maria Sylvia Zanella Di Pietro

1. Introdução. 2. O direito administrativo nas origens. 3. O desenvolvimento do direito administrativo. 4. A crise do direito administrativo no âmbito da União Europeia. 5. A crise do direito administrativo no Brasil. 6. Influência do Direito Alemão na constitucionalização do direito administrativo brasileiro. 7. Impacto das crises sobre as características originais do direito administrativo.

1. Introdução

De uns anos para cá a palavra "crise" passou a ser uma constante nas conversas, na mídia, nos estudos jurídicos, filosóficos, sociológicos, nas teses, nos congressos.

No Brasil realmente vivemos uma época de crises: crise moral e ética sem precedentes (que talvez esteja na base de todas as demais crises), crise financeira, crise política, crise social, crise de eficiência. São crises que afetam toda a sociedade, todas as instituições públicas e privadas, bem como toda a classe política. Em resumo, atingem o próprio povo e o próprio Estado. E, evidentemente, essas crises produzem impactos consideráveis no mundo do Direito. O que ora interessa é tratar do impacto das crises sobre o direito administrativo.

Pode-se dizer que o direito administrativo na União Europeia vem passando por profundas transformações em decorrência da formação de um Direito Europeu, com força normativa sobre os Países-membros, prevalecendo inclusive sobre as Constituições internas de cada qual. Formou-se um *direito administrativo europeu*, constituído por regras e princípios próprios, emanados dos órgãos integrantes da Comunidade, com profundos reflexos sobre o direito administrativo interno, levando alguns a preverem o fim do direito administrativo tradicional ou a criação de um novo direito administrativo. As transformações começaram a intensificar-se a partir dos anos 1970.

No Brasil as transformações maiores e mais sensíveis começaram talvez na década de 1990, posteriormente à Constituição/1988, e se intensificaram no segundo decênio do século XXI. Essas mudanças são decorrência das inúmeras crises que têm afetado o mundo jurídico. E também são intimamente relacionadas com a *globalização* (que favorece a influência do Direito estrangeiro sobre o Direito interno), o *Neoliberalismo* (que fortalece os princípios da ordem econômica, favorece a privatização e a formação de um direito administrativo econômico e incentiva a procura por institutos do direito privado) e o *Neoconstitucionalismo* (responsável pela constitucionalização dos vários ramos do Direito, principalmente do direito administrativo, com reflexos sobre o princípio da legalidade, a discricionariedade administrativa, o controle judicial, e responsável, ainda, pela ideia de centralidade da pessoa humana e a valorização dos direitos fundamentais, com a consequente rejeição ao velho princípio da supremacia do interesse público).

No Direito Brasileiro tenta-se resolver as crises criando novas leis e alterando a Constituição. Por conta dessas crises, inúmeras leis têm sido promulgadas desde a Constituição/1988, como a Lei de Licitações e a Lei de Improbidade Administrativa (voltadas para a moralização da atuação administrativa), as Leis de Processo Administrativo Federal, Estaduais e Municipais (que favorecem a instituição do devido processo legal na esfera administrativa), a Lei de Concessões e a Lei de Parcerias Público-Privadas (que constituem um reflexo da formação de um direito administrativo econômico, com a busca de maior eficiência e de recursos privados para a execução de serviços tradicionalmente prestados pelo Estado), as parcerias com o Terceiro Setor (também voltadas em grande parte para a ideia de eficiência e de privatização do regime jurídico utilizado na prestação de serviços sociais não exclusivos do Estado), além das emendas à Constituição, feitas com o fim de proceder à chamada reforma administrativa e à reforma previdenciária (que atendem, em grande parte, à necessidade de resolver ou abrandar a crise financeira que o Estado vem enfrentando desde longa data). Para citar medidas mais recentes, aprovadas ou propostas já no governo de Michel Temer, pode-se falar na Lei Anticorrupção, na Lei das Estatais, na lei que impõe teto de gastos públicos, na proposta de nova Lei de Licitações, na proposta de nova reforma da previdência, dentre outras medidas, todas voltadas também para o combate à corrupção e à crise financeira.

Para falar sobre o impacto das crises (ou da crise) no direito administrativo, imaginei o seguinte: apontar as características com que nasceu e se desenvolveu esse ramo do Direito, para depois demonstrar como as mesmas foram afetadas pela crise.

2. O direito administrativo nas origens

O direito administrativo começou a formar-se em fins do século XIX na França, pelo trabalho dos órgãos de jurisdição administrativa, especialmente seu órgão de cúpula, o Conselho de Estado francês. Por isso mesmo, nasceu como *direito não legislado*. O autor francês Georges Vedel ressalta o fato de que o direito administrativo francês é em grande parte não legislativo, porque formulado pelo juiz. Diz o autor que nesse ramo do Direito o repúdio ao Código Civil e ao direito privado e a imensidão de lacunas legislativas levaram o juiz a fazer verdadeiramente o direito. Sua função não era só a de interpretar o direito positivo, como fazia o juiz comum, mas também preencher, por suas decisões, as lacunas da lei.[1] Segundo Vedel, quatro princípios essenciais informam o direito administrativo francês:[2] o da *separação das autoridades administrativa e judiciária*, que determina as matérias para as quais os tribunais judiciais são incompetentes; o das *decisões executórias*, que reconhece à Administração a prerrogativa de emitir unilateralmente atos jurídicos que criam obrigações para o particular, independentemente de sua concordância; o da *legalidade*, que obriga a Administração Pública a respeitar a lei; e o da *responsabilidade do Poder Público*, em virtude do qual as pessoas públicas devem reparar os danos causados aos particulares.

A essas características acrescente-se outra: o direito administrativo nasceu como um conjunto de *normas referidas a um sujeito, a Administração Pública*. E nasceu como um ramo *derrogatório do direito privado*, sendo assim definido por parte da doutrina francesa.

---

1. Georges Vedel, *Droit Administratif*, Paris, PUF, 1964, p. 57.
2. Idem, p. 53.

Ainda se aponta como característica do direito administrativo, em suas origens, a ideia de que o *regime jurídico administrativo* é constituído por uma série de *prerrogativas* reconhecidas à Administração Pública, como a capacidade de exercer o poder de polícia, o poder de autoexecutar suas decisões (*privilège du préalable*) sem ir a juízo. Essas prerrogativas e outras colocaram a Administração Pública em posição de supremacia sobre o particular, em nome da ideia de que *o interesse público prevalece sobre o individual*.

Em contrapartida às prerrogativas, a *lei*, nas origens do direito administrativo, era utilizada como instrumento para proteger a liberdade individual. Entendia-se que ela resultava da vontade geral do povo, representada pelo Parlamento, e se limitava a estabelecer princípios essenciais destinados a proteger os direitos do cidadão, não regulando todas as atividades da Administração Pública. Por isso mesmo, havia larga dose de *discricionariedade*, não como poder jurídico, mas como poder político, herdado do Estado de Polícia.

O reconhecimento de prerrogativas à Administração Pública, de um lado, e sua submissão à lei, de outro, permitiram falar nos binômios autoridade/liberdade, prerrogativas/sujeição, como características do direito administrativo desde as suas origens. Conforme o modelo de Estado adotado em cada País e em cada período da História, a balança pendeu para o lado da autoridade ou para o lado da liberdade.

Não há dúvida de que a elaboração inicial do direito administrativo se deve ao trabalho jurisprudencial do Conselho de Estado francês, que acabou por inspirar todos os Países cujo Direito se enquadra no sistema de base romanística. Nesse sistema inseriu-se o direito administrativo brasileiro, em suas origens.

3. O desenvolvimento do direito administrativo

O direito administrativo experimentou considerável desenvolvimento no século XX: cresceu a máquina administrativa, aumentou o rol dos serviços públicos, o poder de polícia estendeu-se para todas as áreas da vida em sociedade, cresceu a intervenção estatal nos domínios econômico e social. O princípio da legalidade estendeu-se para todas as atividades administrativas, com a consequente redução da discricionariedade, que passou a ser um poder jurídico, porque exercida nos limites da lei.

O regime jurídico do direito administrativo foi se desenvolvendo com base nos binômios prerrogativas/sujeições, autoridade/liberdade. Para garantir a autoridade e a consecução do interesse público, foram reconhecidos à Administração Pública prerrogativas e privilégios de que não usufruem os cidadãos. Para proteger os direitos individuais, foram idealizadas restrições a serem observadas pela Administração Pública, limitadoras de sua autoridade.

Inúmeros institutos foram elaborados. Em trabalho publicado anteriormente[3] apontamos o duplo aspecto do direito administrativo, demonstrando que, no sentido de garantir prerrogativas às autoridades administrativas, o direito administrativo idealizou os atos administrativos com atributos de presunção de legalidade e veracidade, imperatividade e autoexecutoriedade; elaborou a teoria dos contratos administrativos, com suas cláusulas exorbitantes; estruturou as funções de polícia administrativa e de intervenção, com tudo o

---

3. Maria Sylvia Zanella Di Pietro, "Existe um novo direito administrativo?", in Maria Sylvia Zanella Di Pietro e Carlos Vinícius Alves Ribeiro (coords.), *Supremacia do Interesse Público e outros Temas Relevantes do Direito Administrativo*, São Paulo, Atlas, 2010, pp. 1-9.

que isso envolve de imposição de restrições ao exercício de direitos individuais, de fiscalização, de repressão, de punição. Isto tudo sem falar nas prerrogativas de que usufruem as entidades públicas quando assumem a posição de *partes* em processos judiciais.

E também demonstramos, no mesmo artigo, que o direito administrativo, em benefício dos direitos dos cidadãos, formulou toda uma teoria do equilíbrio econômico-financeiro do contrato, de que constituem aplicação as teorias da imprevisão, do fato do príncipe, do fato da Administração, cujo objetivo é o de proteger os direitos do particular que contrata com a Administração Pública e equilibrar a posição de desigualdade entre as partes nos contratos administrativos; criou o conceito de serviço público de titularidade do Estado, a partir da ideia de que determinadas atividades, por atenderem a necessidades essenciais da coletividade, não serão prestadas com o caráter de universalidade, continuidade, isonomia, independentemente do intuito especulativo, se deixadas à livre iniciativa; elaborou as teorias do desvio de poder e dos motivos determinantes, que ampliaram os requisitos de validade dos atos administrativos, possibilitando ao Judiciário ampliar o controle sobre os atos administrativos, pelo exame dos fins e dos motivos (pressupostos de fato e de direito); criou e desenvolveu a teoria da responsabilidade civil do Estado, até chegar à teoria da responsabilidade objetiva, em benefício do cidadão.

Foi esse o direito administrativo que estudamos na Faculdade e que foi sendo ensinado nos livros, aplicado na prática da Administração Pública e reiteradamente invocado por magistrados para fundamentação de suas sentenças judiciais. Foi esse o direito administrativo ensinado pelos especialistas na matéria, dentre eles Hely Lopes Meirelles.[4]

4. A crise do direito administrativo no âmbito da União Europeia

Talvez se possa dizer que nos Países-membros da União Europeia as grandes transformações do direito administrativo começaram a ocorrer nos últimos 30 anos do século XX e continuaram evoluindo neste século. E isto ocorreu exatamente como consequência da formação da União Europeia, na qual houve o encontro dos sistemas de base romanística e do *Common Law*, que produziram influências recíprocas, dando origem ao chamado *direito comunitário europeu*, que se coloca acima da legislação interna de cada membro, inclusive das respectivas Constituições.

Muitas obras têm sido escritas por doutrinadores europeus para demonstrar a evolução do direito administrativo nos últimos anos por força da formação da União Europeia. Neste

---

4. A homenagem que hoje se presta a ele é das mais justas, pelo importante papel que desempenhou na sistematização e divulgação do direito administrativo. Hely Lopes Meirelles conseguiu reunir em uma obra – o seu *Direito Administrativo Brasileiro* – todo o conteúdo do direito administrativo, divulgando-o entre estudantes e profissionais da área jurídica, pela maneira simples e clara com que expunha os vários temas, mesmo os mais complexos, sempre enriquecendo sua obra pela citação de legislação e jurisprudência atualizadas. Ele conhecia o direito administrativo na teoria (já que era um estudioso desse importante ramo do Direito) e na prática (já que desempenhou relevantes funções dentro da Administração Pública). Foi profundo conhecedor da matéria de licitações e contratos, tendo participado da elaboração de projetos de leis nessa área e publicado importante obra sobre o assunto. Sua coletânea de pareceres, em vários volumes, ainda hoje serve de norte para a tomada de decisões administrativas e judiciais. Seu livro foi a minha Bíblia quando me preparei para o concurso de Procurador do Estado e quando passei a ministrar as primeiras aulas na carreira do Magistério. Seus ensinamentos tiveram grande influência em meus estudos de direito administrativo.

artigo serão mencionados quatro autores, que bem demonstram o sentido das transformações e que permitem concluir a influência que o Direito Europeu continua a exercer sobre o direito administrativo brasileiro: Jacqueline Morand-Deviller, da França, Sabino Cassese, da Itália, e Eva Nieto Garrido e Isaac Martín Delgado, da Espanha.

No que diz respeito ao direito administrativo francês, Jacqueline Morand-Deviller[5] aponta as principais alterações que vêm ocorrendo por conta da chamada crise. Quanto às *fontes do Direito*, ela menciona a explosão das fontes normativas, que enfraquece a imagem de um Direito essencialmente pretoriano, porque hoje os órgãos de jurisdição administrativa têm que obedecer às normas emanadas da União Europeia, como tratados, recomendações, pareceres, regulamentos e diretivas (que constituem novas fontes do Direito); ela aponta, ainda, a *complexidade das fontes do Direito*, nacionais e estrangeiras, a *constitucionalização do direito administrativo*, o surgimento das *fontes contratuais*. Quanto ao *conteúdo*, a autora menciona o reconhecimento dos direitos subjetivos no contencioso de legalidade, o surgimento de um *direito público europeu*, a *unificação dos direitos fundamentais*, o *crescimento do direito público econômico*, a *progressão da consensualidade*, a *objetivação da responsabilidade da Administração Pública*.

Ainda no âmbito da União Europeia, cabe mencionar a substituição do serviço público pelo serviço de interesse econômico geral, o abrandamento das cláusulas exorbitantes dos contratos administrativos, a força crescente das fontes internacionais do Direito.

O autor italiano Sabino Cassese, em interessante obra sobre a origem e a evolução do direito administrativo,[6] faz um apanhado do *direito administrativo atual*, apontando as seguintes características:

(a) *Internacionalização* do direito administrativo, que significa atribuir a esse ramo do Direito um âmbito de aplicação que ultrapassa os limites da Administração Pública de cada Estado-membro da União Europeia; forma-se o *direito administrativo europeu*, que deixa de ser o ramo do Direito que disciplina a Administração Pública de cada País para compor-se por regras e princípios com força obrigatória para todos os Estados-membros daquela Comunidade; além da sujeição a normas comuns emanadas dos órgãos que compõem a estrutura da União Europeia, existe uma aproximação entre os Direitos filiados a sistemas jurídicos diversos: há o encontro de Direitos filiados ao sistema de base romanística e de Direitos filiados ao sistema da *Common Law*. E ocorrem influências recíprocas entre ambos. Surgem instituições comuns a todos os ordenamentos jurídicos: agências reguladoras (ou autoridades administrativas independentes, no Direito Europeu), atividade de regulação, privatização, participação do cidadão no processo administrativo, exigência de motivação, tutela jurisdicional dos direitos do cidadão frente à Administração Pública.

(b) Mudança na forma de entender a *supremacia do interesse público*: esta deixa de ser vista como um atributo permanente, aplicável em qualquer situação, e se transforma em privilégio que deve ser concedido por lei. Assim, "a supremacia e unilateralidade são substituídas pelo *consenso* e pela *bilateralidade*".

---

5. Jacqueline Morand-Deviller, *Cours de Droit Administratif*, 13ª ed., Paris, LGDJ, 2013, p. 10.
6. Sabino Cassese, *Il Diritto Amministrativo: Storia e Prospettive*, Milão, Giuffrè, 2010, traduzido para o Espanhol com o título de *Derecho Administrativo: Historia e Futuro*, Sevilha, Instituto Nacional de Administración Pública e *Global Law Press*-Editorial Derecho Global, 2014. É a versão espanhola que será mencionada neste artigo.

(c) *Crise na diferenciação entre o direito administrativo e o direito comum*. Mas Sabino Cassese observa que não ocorre a substituição do direito administrativo pelo direito privado. Este prevalece como *forma*, não como *matéria*. Ainda que se utilizem formas de direito privado, as situações jurídicas e os atos praticados estão dominados pelo sujeito público e, portanto, pela vontade pública. Não se igualam as posições da Administração Pública e do cidadão.

Eva Nieto Garrido e Isaac Martín Delgado[7] também apontam as características atuais do direito administrativo europeu, elaborado por força da formação da União Europeia. No Capítulo 2º, Eva Nieto Garrido, depois de realçar que as modificações ocorreram de forma mais intensa na última década, "que é quando mais intensamente se desenvolvem os direitos que limitam o exercício de poderes da Administração europeia",[8] menciona especificamente o *direito fundamental à boa administração*, o *direito de acesso aos documentos* e a *proteção de dados de caráter pessoal*, todos eles previstos na Carta de Direitos Fundamentais da União.

Por sua vez, o direito à boa administração abrange três outros direitos: o *direito de toda pessoa de ser ouvida* antes de qualquer medida que a afete desfavoravelmente; o *direito de toda pessoa de ter acesso ao expediente administrativo* que afete seus interesses, dentro do respeito aos interesses legítimos da confidencialidade e do segredo profissional e comercial; o direito de exigir que a *Administração Pública motive suas decisões*, o que é essencial para a defesa dos que foram afetados pela decisão administrativa.

O *direito de acesso aos documentos* é considerado essencial ao direito de defesa e aparece ligado aos princípios da transparência e da participação, que são uma decorrência do caráter democrático da União Europeia.

Por sua vez, o *direito à proteção de dados de caráter pessoal*, como explica a autora,[9] "está regulado na Carta de Direitos Fundamentais da União dentro do título dedicado às liberdades, junto com o direito à liberdade e à segurança, o respeito à vida privada e familiar, o direito de contrair matrimônio e constituir uma família e a liberdade de pensamento, de consciência e de religião, entre outras". O art. 8 da Carta de Direitos Fundamentais da União assim estabelece: "1. Toda pessoa tem direito à proteção dos dados de caráter pessoal que lhe concirnam. 2. Estes dados se tratarão de modo leal, para fins concretos e sobre a base do consentimento da pessoa afetada ou em virtude de outro fundamento legítimo previsto pela lei. Toda pessoa tem direito a aceder aos dados que a concirnam e à sua retificação. 3. O respeito destas normas ficará sujeito ao controle de uma autoridade independente".

Todos esses direitos constituem limitação ao poder normativo dos órgãos da União Europeia, que deverão "respeitar o seu conteúdo essencial e o princípio da proporcionalidade nas limitações estabelecidas ao seu exercício".[10]

Como se verifica pelos doutrinadores citados, são traços característicos do *direito administrativo europeu*: a internacionalização, a maior aproximação entre o direito administrativo e o direito privado, a constitucionalização do direito administrativo, a instituição

---

7. Eva Nieto Garrido e Isaac Martín Delgado, *Derecho Administrativo Europeo en el Tratado de Lisboa*, Madri, Marcial Pons, 2010.
8. Idem, pp. 59 e ss.
9. Idem, p. 81.
10. Idem, p. 82.

de procedimentos de atuação da Administração Pública (em que sejam asseguradas a transparência, a participação dos cidadãos), o direito de ser ouvido, o direito à informação, a consensualidade, a legitimidade atividade dos cidadãos no recurso de anulação junto ao Tribunal de Justiça da União Europeia.

5. A crise do direito administrativo no Brasil

No Brasil as mudanças maiores começaram na década de 1990, portanto após a Constituição/1988, e se intensificaram a partir do segundo decênio do século XXI, em grande parte sob inspiração do direito comunitário europeu e do Direito Norte-Americano. Embora não se possa falar em *internacionalização do direito administrativo* (já que o direito administrativo brasileiro constitui ramo do Direito interno, limitado às fronteiras do País), ocorreram transformações muito semelhantes às que no direito administrativo dos Países-membros da União Europeia resultaram dessa internacionalização:

(i) Desenvolvimento do devido processo legal, com a criação das leis de processo administrativo.

(ii) Democratização da Administração Pública, com a adoção do princípio da transparência, que abrange a exigência de motivação, o direito de acesso à informação, o direito à informação sobre dados de interesse pessoal e à sua retificação, o direito de defesa e contraditório, com todos os recursos a ele inerentes.

(iii) A aproximação do regime jurídico privado.

(iv) Constitucionalização do direito administrativo, com elevação dos princípios da Administração Pública para o nível constitucional, dando nova amplitude ao princípio da legalidade e ao controle judicial dos atos administrativos.

(v) Reconhecimento da centralidade da pessoa humana, com maior peso dos direitos individuais em detrimento das prerrogativas da Administração Pública.

Note-se que no Brasil se fala muito em *fuga para o direito privado*, usando expressão adotada como título de livro de Maria João Estorninho.[11] Mas tenho realçado que a submissão ao direito privado nunca pode ser total, porque o direito privado é sempre parcialmente derrogado por normas de direito público. Sabino Cassese fala no surgimento de um *direito misto*, porque combina normas do direito público e do direito privado. Tenho utilizado a expressão "direito privado administrativo",[12] em oposição a "direito público administrativo", e "direito administrativo em sentido amplo" (para designar o direito privado derrogado por normas de direito público) e "direito administrativo em sentido estrito" (como ramo autônomo do direito público). São expressões antigas, já adotadas por autores franceses e italianos na metade do século passado, demonstrando que o direito civil nunca foi inteiramente derrogado pelo direito administrativo.

Outro dado a realçar com relação ao momento atual do direito administrativo é a *maior aproximação entre o direito administrativo e o direito constitucional*. Esse dado realça um grande paradoxo do direito administrativo: ao mesmo tempo em que se fala em *fuga para o direito privado*, também se aponta a *constitucionalização do direito administrativo*.

---

11. Maria João Estorninho, *A Fuga para o Direito Privado. Contributo para o Estudo da Atividade de Direito Privado da Administração Pública*, Coimbra, Livraria Almedina, 1999.
12. Maria Sylvia Zanella Di Pietro (org.), *Direito Privado Administrativo*, São Paulo, Atlas, 2013.

A constitucionalização ocorreu por diferentes formas, das quais duas são especialmente relevantes:

(a) De um lado, a elevação para o nível constitucional de matérias que eram da legislação ordinária, inclusive os princípios do direito administrativo.

(b) De outro lado, os reflexos que os preceitos constitucionais (especialmente os princípios e os direitos fundamentais) produzem sobre praticamente todos os ramos do Direito, especialmente do direito administrativo.

Essa constitucionalização do direito administrativo produziu relevantes consequências:

(a) Busca de maior equilíbrio entre as prerrogativas do Poder Público e os direitos individuais.

(b) Ampliação da legalidade, que passou a abranger a *lei* e o *Direito*.

(c) Redução da discricionariedade pela aplicação dos princípios.

(d) Crescimento do consensualismo, com o objetivo de reduzir as prerrogativas autoritárias do Poder Público: substituição de atos unilaterais, imperativos, autoexecutórios, por acordos, a exemplo do que ocorre nos Termos de Ajustamento de Conduta e nos Acordos de Leniência.

(e) Mudança na posição do cidadão, que deixa de ser visto como "administrado" e passa a ser visto como sujeito de uma série de direitos perante a Administração. E esses direitos se fortalecem com a legislação sobre direito administrativo e com as emendas à Constituição.

(f) Instituição de um procedimento a que se submete a Administração, garantindo ao cidadão o acesso ao processo administrativo, o direito de intervir e defender-se no processo administrativo. É a processualização do direito administrativo, que veio para garantir a observância do devido processo legal.

6. Influência do Direito Alemão na constitucionalização do direito administrativo brasileiro

Em matéria de constitucionalização do direito administrativo brasileiro não se pode deixar de realçar a influência do Direito Alemão, especialmente por dispositivos inseridos na Lei Fundamental de Bonn, de 1949, e pela interpretação adotada pela jurisprudência do Tribunal Constitucional da Alemanha.

O art. 1º daquela Lei contempla os direitos fundamentais, incluindo entre os mesmos a dignidade da pessoa humana. A Constituição brasileira/1988 também valorizou os direitos fundamentais, e logo no art. 1º incluiu a dignidade da pessoa humana entre os fundamentos do Estado Democrático de Direito. Essa valorização dos direitos fundamentais e da dignidade da pessoa humana inspirou a ideia de *centralidade da pessoa humana*, em oposição à ideia de supremacia do interesse público.

As consequências dessa valorização dos direitos fundamentais foram:

(a) A rejeição ao princípio da supremacia do interesse público. E:

(b) A judicialização das políticas públicas, especialmente nas áreas da saúde e educação.

O segundo dispositivo da Lei Fundamental de Bonn relevante para a constitucionalização do direito administrativo é o art. 20, pelo qual "o Poder Legislativo está vinculado à ordem constitucional; os Poderes Executivo e Judicial obedecem à lei e ao direito". Na expressão "Direito" estão incluídos os valores, os princípios, os fins previstos de forma expressa ou implícita na Constituição.

Essa submissão da Administração Pública à lei e aos princípios gerou a *constitucionalização dos princípios do direito administrativo*. A consequência foi a ampliação do princípio da legalidade, que em sentido estrito abrange os atos legislativos propriamente ditos, e em sentido amplo inclui os valores e princípios de natureza constitucional.

Em sentido estrito a legalidade corresponde ao conceito tradicional do princípio e designa as matérias em que a Administração Pública deve obediência à lei; abrange as matérias de reserva de lei, por força de dispositivos da própria Constituição, como a exigência de lei para criação de cargos e empregos públicos, bem como para definição do regime jurídico dos servidores (art. 61, § 1º, II, "a" e "c"); para a fixação e alteração da remuneração e subsídios dos servidores públicos (art. 37, X); para a imposição de deveres e obrigações (art. 5º, II); para a criação de autarquias (art. 37, XIX).

Em sentido amplo a legalidade abrange todos os princípios que adquiriram valor constitucional, seja os previstos expressamente, como os do art. 37, *caput*, seja os considerados implícitos, como os da segurança jurídica, razoabilidade, interesse público, motivação.

Vale dizer que os princípios ganharam *forma normativa*, às vezes prevalecendo sobre a própria lei.

Mudou também a maneira de encarar os princípios, sob influência de Ronald Dworkin e Robert Alexy. Mudou a forma de distinguir entre *princípios* e *regras*. A diferença não é de grau ou quantitativa, mas lógica ou qualitativa. Enquanto as regras contemplam uma solução única que deve ser cumprida exatamente como prevista, os princípios seriam *mandamentos de otimização*, que podem ser aplicados de diferentes maneiras, conforme as circunstâncias de cada caso. Ocorrendo conflito entre princípios, deve ser aplicada a *técnica da ponderação*, pela qual se decidirá qual princípio deve ter peso maior.

As consequências da constitucionalização dos princípios foram a ampliação do princípio da legalidade, a redução da discricionariedade administrativa e a consequente ampliação do controle judicial sobre os atos praticados pela Administração Pública.

7. Impacto das crises sobre as características originais do direito administrativo

Na parte inicial deste trabalho foram apontadas algumas das características do direito administrativo em suas origens: caráter autoexecutório das decisões administrativas; a existência de prerrogativas da Administração Pública, que a colocam em posição de supremacia sobre o administrado, em nome da ideia de que os interesses públicos prevalecem sobre o interesse particular; a submissão da Administração Pública à lei (entendida em sentido restrito, como ato exclusivo do Parlamento); o reconhecimento do direito administrativo como regime jurídico derrogatório do direito civil.

Depois de toda a evolução pela qual passou o direito administrativo, pode-se afirmar que essas características permanecem, em maior ou menor grau.

No que diz respeito às *decisões executórias*, ainda existem em grande quantidade, embora haja o reconhecimento de que nem todos os atos da Administração Pública têm esse atributo: somente o possuem aqueles atos em que haja previsão legal de autoexecutoriedade e aqueles praticados em situações de urgência, para evitar danos maiores ao interesse público.

O *princípio da legalidade* passou por profunda alteração. Não é mais o Parlamento o único que edita regras jurídicas para a Administração Pública. Embora não ocorra no Brasil a internacionalização do direito administrativo, como ocorreu na União Europeia, hoje a Administração Pública submete-se a uma infinidade de regras postas pelo Poder Executivo, agências reguladoras, Ministérios etc.

Mas a legalidade como requisito de validade de determinadas categorias de atos administrativos, especialmente os restritivos de direitos, continua presente, com força total e fundamento na própria Constituição.

A *responsabilidade do Estado* não se alterou, continuando a existir, inclusive com fundamento constitucional. É curioso que, nesse tema, o Direito Brasileiro, que se inspirou nas várias teorias elaboradas pela jurisdição administrativa francesa (teoria dos atos de gestão, teoria da culpa civil, teoria da culpa do serviço público e teoria da responsabilidade objetiva), passou na frente do Direito Francês, onde só agora é apontada a *objetivação* da responsabilidade,[13] prevalecendo durante longos anos a teoria da culpa do serviço público. No Direito Brasileiro essa objetivação da responsabilidade é adotada em âmbito constitucional desde a Constituição/1946. No âmbito da legislação ordinária ocorreu antes disso, logo no início do século XX.

A procura pelo *regime jurídico de direito privado* intensificou-se nos últimos anos, como consequência do crescimento do direito administrativo econômico, o qual, por sua vez, se desenvolveu em decorrência dos objetivos de natureza econômica que estiveram presentes nas origens da União Europeia. A afirmação de que o direito administrativo é o ramo derrogatório do direito civil nunca foi inteiramente verdadeira, porque os órgãos da jurisdição administrativa sempre tiveram que se socorrer do direito civil, já que o direito administrativo era apenas incipiente e pouco legislado quando o Conselho de Estado francês passou a exercer função jurisdicional propriamente dita (em 1870). O correto, hoje, é afirmar que o direito administrativo apenas em parte derroga o direito civil, porque existem inúmeras relações jurídicas em que a Administração Pública utiliza institutos do direito civil, ainda que os derrogando parcialmente por normas de direito público.

Veja-se que a expressão "fuga para o direito privado", hoje apontada como uma das tendências atuais do direito administrativo, foi utilizada por Fritz Fleiner no começo do século XX,[14] quando o direito administrativo ainda estava em sua fase inicial de evolução.

O que existe hoje, indubitavelmente, é uma procura maior por institutos do direito privado: gestão de serviços públicos por empresas privadas por meio dos contratos de concessão de serviços públicos, na modalidade tradicional e sob a forma de concessão patrocinada ou concessão administrativa (parcerias público-privadas/PPPs); parcerias com entidades do Terceiro Setor para prestação de serviços não exclusivos do Estado; preferência pelo pessoal terceirizado em detrimento do servidor público; aproximação entre o regime previdenciário

---

13. Cf Jacqueline Morand-Deviller, *Cours de Droit Administratif*, cit., 13ª ed., p. 10.
14. Conforme Maria João Estorninho, no livro *A Fuga para o Direito Privado. Contributo para o Estudo da Atividade de Direito Privado da Administração Pública*, cit. Logo na primeira página de sua obra a autora esclarece que a expressão "fuga para o direito privado" se deve a Fritz Fleiner, sendo utilizada em sua obra *Institutionen des Deutschen Verwaltungsrechts* (8ª ed., Tübingen, Mohr, 1928, p. 326).

do servidor e o do trabalhador privado. Em relação aos contratos administrativos em geral, as chamadas cláusulas exorbitantes, previstas na Lei 8.666, de 21.6.1993, especialmente no art. 58, continuam a existir em sua inteireza. Existe um abrandamento no Projeto de Lei do Senado 559/2013, em que não mais se prevê o poder de alteração e rescisão unilateral por motivo de interesse público. Também não se mantém no Projeto a norma do art. 62, § 3º, que manda aplicar o regime da lei, especialmente o art. 58, aos contratos regidos predominantemente pelo direito privado, no que couber.

Quanto às *prerrogativas* da Administração, continuam a existir, embora de forma mais equilibrada em relação aos direitos individuais, especialmente em decorrência da aplicação aos processos administrativos do devido processo legal, com o direito de defesa e contraditório, direito de recorrer, enfim, poder de participar do processo. Essa processualização do direito administrativo contribuiu para equilibrar os dois lados do regime jurídico administrativo: o das prerrogativas e o dos direitos individuais. É utopia imaginar que a Administração Pública, por utilizar o direito privado, vai deixar de ter prerrogativas. Ela atua como autoridade pública. Ela não é e não pode ser igual ao particular. Ela é dotada de prerrogativas de autoridade, especialmente em matéria de poder de polícia, de intervenção, de fomento.

Quanto à *supremacia do interesse público*, após todas as controvérsias que o tema suscitou a respeito da sua subsistência como *princípio do direito administrativo*, é incontestável que existem inúmeras hipóteses de previsão legal, inclusive e principalmente na Constituição, em que o próprio direito positivo autoriza a aplicação da supremacia do interesse público em detrimento de direitos individuais. Apenas é discutível que a supremacia do interesse público tem a natureza de *princípio*, segundo a concepção de Dworkin e Alexy. O que não se pode negar é que em inúmeras situações essa supremacia existe e tem que ser aplicada.

A verdade é que cada uma das características com que foi construído o direito administrativo nas origens foi se modulando, se adaptando às novas necessidades, às mudanças do modelo de Estado e às crises todas pelas quais passamos. O direito administrativo foi se renovando, se modernizando, mas se mantendo de pé, apesar das vozes que preconizam seu fim.

O direito administrativo sempre foi um ramo caracterizado por paradoxos, como apontamos no texto, já mencionado, que escrevemos sob o título "Existe um novo direito administrativo?". O que se verifica com relação ao direito administrativo é a presença de forças opostas, algumas a favor da autoridade, enquanto outras favorecem os direitos individuais como limites à autoridade do Poder Público. Em algumas matérias verifica-se a preferência pela aplicação do direito privado, enquanto em outras busca-se maior aproximação do direito constitucional. Conforme afirmamos no aludido texto, todos os paradoxos e contradições do direito administrativo estão ligados ao paradoxo maior, que é os binômios autoridade/liberdade, interesse público/direito individual: o direito administrativo sempre abrigou e vai continuar abrigando institutos, teorias e princípios que protegem o interesse público e que exigem a outorga de poderes e prerrogativas à Administração Pública, especialmente em matéria de poder de polícia, regulação e intervenção; ao mesmo tempo, o direito administrativo sempre abrigou e vai continuar abrigando institutos, teorias e princípios que protegem os direitos do cidadão frente ao Poder Público, especialmente o princípio da legalidade, hoje ampliado pela incorporação de inúmeros outros princípios e valores que integram a legalidade em sentido amplo, como a moralidade, a segurança jurídica, a reserva do possível, a razoabilidade – dentre tantos outros.

É compreensível que no Direito Europeu se fale em crise do direito administrativo, pelo fato de que o Direito interno de cada membro da União Europeia teve que se colocar em posição hierárquica inferior ao direito administrativo europeu. O mesmo não pode ser dito em relação ao direito administrativo brasileiro, que não experimentou o fenômeno da apontada internacionalização, mantendo-se como ramo do Direito referido à Administração Pública.

Como concluímos no artigo já mencionado, os temas fundamentais do direito administrativo continuam sendo objeto de estudo e tratados em praticamente todos os manuais pertinentes a esse ramo do Direito, inclusive no Direito Europeu. O direito administrativo renova-se e se enriquece pela ampliação de seu objeto de estudo. Mas o binômio que sempre caracterizou esse ramo do Direito – autoridade/liberdade – continua presente. No momento atual do seu desenvolvimento, pende para o lado da liberdade, em decorrência da constitucionalização do direito administrativo e da consequente valorização dos direitos individuais. O Direito humaniza-se, mas não perde as características originais inerentes ao exercício da autoridade e ao próprio conceito de Estado.

Bibliografia

CASSESE, Sabino. *Derecho Administrativo: História y Futuro.* Sevilha, Global Law Press--Editorial Global e Instituto Nacional de Administración Pública, 2014.

_____. *Il Diritto Amministrativo: Storia e Prospettive.* Milão, Giuffrè, 2010.

DELGADO, Isaac Martín, e GARRIDO, Eva Nieto. *Derecho Administrativo Europeo en el Tratado de Lisboa.* Madri, Marcial Pons, 2010.

DI PIETRO, Maria Sylvia Zanella. "Existe um novo direito administrativo?". In: DI PIETRO, Maria Sylvia Zanella, e RIBEIRO, Carlos Vinícius Alves. *Supremacia do Interesse Público e outros Temas Relevantes do Direito Administrativo.* São Paulo, Atlas, 2010 (pp. 1-9).

_____ (org.). *Direito Privado Administrativo.* São Paulo, Atlas, 2013.

DI PIETRO, Maria Sylvia Zanella, e RIBEIRO, Carlos Vinícius Alves. *Supremacia do Interesse Público e outros Temas Relevantes do Direito Administrativo.* São Paulo, Atlas, 2010.

ESTORNINHO, Maria João. *A Fuga para o Direito Privado. Contributo para o Estudo da Atividade de Direito Privado da Administração Pública.* Coimbra, Livraria Almedina, 1999.

FLEINER, Fritz. *Institutionen des Deutschen Verwaltungsrechts.* 8ª ed. Tübingen, Mohr, 1928.

GARRIDO, Eva Nieto, e DELGADO, Isaac Martín. *Derecho Administrativo Europeo en el Tratado de Lisboa.* Madri, Marcial Pons, 2010.

MORAND-DEVILLER, Jacqueline. *Cours de Droit Administratif.* 13ª ed. Paris, LGDJ, 2013.

RIBEIRO, Carlos Vinícius Alves, e DI PIETRO, Maria Sylvia Zanella. *Supremacia do Interesse Público e outros Temas Relevantes do Direito Administrativo.* São Paulo, Atlas, 2010.

VEDEL, Georges. *Droit Administratif.* Paris, PUF, 1964.

O USO REMUNERADO DA FAIXA DE DOMÍNIO POR CONCESSIONÁRIA DE SERVIÇOS PÚBLICOS NA VISÃO DO STJ

MAURO LUIZ CAMPBELL MARQUES

Introdução. 1. Classificação dos bens públicos. 2. Conceito de faixa de domínio e suas implicações. 3. Do uso remunerado x uso gratuito do bem público. 4. Da jurisprudência do STJ. 5. Das perspectivas legislativas quanto ao tema. 6. Considerações finais.

Introdução

O presente artigo tem o propósito de analisar a possibilidade de cobrança pelo uso não convencional, por parte de outras concessionárias de serviço público, da faixa de domínio de rodovias sob concessão.

Para tanto, levam-se em consideração conceitos a respeito da classificação de bens públicos, especificamente quanto à faixa de domínio e suas implicações quanto ao uso remunerado ou gratuito.

Além disso, com espeque no magistério jurisprudencial do STJ, procura-se traçar o estágio atual em que discussão vem sendo tratada nessa Corte uniformizadora.

Finalmente, sob ótica perspectiva, busca-se desenhar um possível quadro de evolução legislativa e seus impactos na Administração e eventuais desdobramentos jurisprudenciais.

1. Classificação dos bens públicos

A classificação de bens públicos encontra repouso no Código Civil/2002, caderno jurídico que codificou regras gerais tanto de direito privado quanto de direito público, ficando, pois, a cargo de normas especiais de direito administrativo a tutela de casos específicos, não amparados pela lei civil.[1]

1. A razão de ter a codificação civil disciplinado normas gerais quanto ao regime de bens públicos foi didaticamente traçada na "Exposição de Motivos" do Anteprojeto do Código: não há razão para considerar incabível a disciplina dessa matéria no âmbito da lei civil. Não se trata de apego a uma concepção privatista do direito administrativo que está bem longe das conhecidas posições do autor desta exposição, mas reflete, antes de mais nada, a compreensão da Filosofia e da Teoria Geral do Direito contemporâneo, as quais mantêm a distinção entre direito público e privado como duas perspectivas ordenadoras da experiência jurídica, considerando-os distintos mas substancialmente complementares e até mesmo dinamicamente reversíveis, e não duas categorias absolutas e estanques. Abstração feita, porém, desse pressuposto de ordem teórica, há que considerar outras razões não menos relevantes, que me limito a sumariar. A permanência dessa matéria no Código Civil, além de obedecer à linha tradicional de nosso Direito, explica-se: (1) por ser grande número dos princípios e normas fixados na Parte Geral de larga aplicação nos domínios

Adotando as mesmas premissas ideológicas encartadas no Código Civil/1916[2] quanto à reunião em um único instrumento normativo de elementos de direito civil e de direito administrativo, o Código Civil/2002 classificou os bens públicos em três grupos, a saber: de uso comum, de uso especial e de uso dominical ou dominial.[3] Os dois primeiros referem-se a bens de domínio essencialmente público, e o último, não obstante pertencer a pessoas jurídicas de direito público, aos bens de domínio privado do Estado.

O critério dessa classificação tem como parâmetro a destinação ou afetação dos bens. Os de uso comum do povo, por lei ou natureza, terão, em regra, destinação coletiva; os de uso especial subsidiarão a Administração no exercício de suas atividades-fins, entre eles a prestação de serviços públicos; e, por último, os dominicais. Estes, por não possuírem destinação pública direta, já que se enquadram no patrimônio privado da Administração, são regidos, com ressalvas, por normas de direito privado.

O objeto do presente trabalho exige do intérprete o enquadramento da faixa de domínio em uma das categorias propostas pelo art. 99 do CC/2002. Isso porque, uma vez estabelecida tal premissa, as demais questões que circundam seu uso e os custos dele decorrentes serão

---

do direito público, em geral, e do administrativo, em particular, como o reconhece, entre tantos outros, o mestre Guido Zanobini, um dos mais ardorosos defensores da autonomia dogmática de sua disciplina (cf. *Novissimo Digesto Italiano*, vol. V, p. 788); (2) por melhor se determinarem os conceitos de personalidade e bens públicos e privados quando postos em confronto uns com os outros, dada sua natural polaridade; (3) por inexistir um Código de Direito Administrativo, ainda de incerta elaboração, sendo o Código Civil, sabidamente, a lei comum que fixa os lineamentos lógico-normativos da experiência jurídica; (4) por resultarem da disciplina feita várias consequências relevantes na sistemática do Código, a começar pela atribuição ao Território, erigido à dignidade de pessoa jurídica, de uma série de direitos antes conferidos à União; (5) por serem aplicáveis as normas do Código Civil às entidades constituídas pelo Poder Público em função ou para os fins de seus serviços sempre que a lei que as instituir não lhes der ordenação especial, o que se harmoniza com o que determina o art. 170, § 2º, da Constituição/1969, segundo o qual "na exploração, pelo Estado, da atividade econômica, as empresas públicas e as sociedades de economia mista reger-se-ão pelas normas aplicáveis às empresas privadas" ("Exposição de Motivos" do Anteprojeto do Código, Mensagem 160, de 10.6.1975, pp. 39-10).

2. A funcionalidade da codificação e sua reunião em um único instrumento normativo foi defendida por Clóvis Beviláqua, a saber. "As codificações, além de corresponderem às necessidades mentais de clareza e sistematização, constituem, do ponto de vista social, formações orgânicas do direito, que lhe aumentam o poder de precisão e segurança, estabelecendo a harmonia e a recíproca elucidação dos dispositivos, fecundando princípios e institutos, que, no isolamento, se não desenvolveriam suficientemente, contendo, canalizando e orientando energias, que se poderiam prejudicar, na sua ação dispersiva. Por isso, apresentam-se na história do direito, como fase normal da evolução, que, partindo da fluidez inicial das ordenas mais ou menos arbitrárias, das sentenças de várias inspirações, e dos costumes, vai em busca de formas definidas, firmes e lúcidas, que traduzem, melhor, as exigências, cada vez mais apuradas, da consciência jurídica, e, melhor, disciplinem os interesses dos indivíduos e dos agrupamentos sociais." (*Código Civil dos Estados Unidos do Brasil, Comentado por Clóvis Beviláqua*, 11ª ed., atualizada por Achilles Beviláqua, e Isaías Beviláqua, Rio de Janeiro, Livraria Francisco Alves, 1956, p. 9).

3. CC/2002:

"Art. 99. São bens públicos: I – os de uso comum do povo, tais como rios, mares, estradas, ruas e praças; II – os de uso especial, tais como edifícios ou terrenos destinados a serviço ou estabelecimento da Administração Federal, Estadual, Territorial ou Municipal, inclusive os de suas autarquias; III – os dominicais, que constituem o patrimônio das pessoas jurídicas de direito público, como objeto de direito pessoal, ou real, de cada uma dessas entidades.

"Parágrafo único. Não dispondo a lei em contrário, consideram-se dominicais os bens pertencentes às pessoas jurídicas de direito público a que se tenha dado estrutura de direito privado."

examinadas com maior precisão técnica, notadamente os estudos quanto à possibilidade de cobrança pelo seu uso efetivo.

De início, é possível registar que, em regra, caso a faixa de domínio tenha natureza de bem de domínio essencialmente público, o uso consentâneo com sua vocação natural se dará de forma gratuita. Outrossim, sua utilização de forma especial e com propósitos específicos poderá ensejar contraprestação pecuniária estabelecida por via legal.

A esse respeito, trago valorosa lição do festejado mestre Hely Lopes Meirelles segundo o qual "*uso comum do povo* é todo aquele que se reconhece à coletividade em geral sobre os bens públicos, sem discriminação de usuários ou ordem especial para sua fruição. É o uso que o povo faz das ruas e logradouros públicos, dos rios navegáveis, do mar e das praias naturais. Esse *uso comum* não exige qualquer qualificação ou consentimento especial, nem admite frequência limitada ou remunerada, pois isso importaria atentado ao direito subjetivo público do individuo de fruir os bens de *uso comum do povo* sem qualquer limitação individual. Para esse uso só de admitem regulamentações gerais de ordem pública, preservadoras da segurança, da higiene, da saúde, da moral e dos bons costumes, sem particularizações pessoais ou categorias sociais. Qualquer restrição ao direito subjetivo de fruição, como a cobrança de pedágio nas rodovias, acarreta a especialização do uso e, quando se tratar de bem realmente necessário à coletividade, só poderá ser feita em caráter excepcional".[4]

Outrossim, ao se defender a possibilidade de referido bem se enquadrar na categoria bens de domínio privado do Estado, não obstante também sujeitar a pretensa utilização às regras do titular da propriedade, em *ultima ratio*, não seria demais prever não só seu uso remunerado, como, observadas as exigências legais, a hipótese, inclusive, de sua alienação. Tomando tais balizas como norte, os argumentos que se seguem visam a classificar, dentro da premissa "bem público", a faixa de domínio.

2. Conceito de faixa de domínio e suas implicações

Faixa de domínio pode ser definida como "base física sobre a qual assenta uma rodovia, constituída pelas pistas de rolamento, canteiros, obras de arte, acostamentos, sinalização e faixa lateral de segurança, até o alinhamento das cercas que separam a estrada dos imóveis marginais ou da faixa do recuo".[5]

Do Anexo I da Lei 9.503/1997 – Código de Trânsito Brasileiro – se extrai a seguinte definição: "superfície lindeira às vias rurais, delimitada por lei específica e sob responsabilidade do órgão ou entidade de trânsito competente com circunscrição sobre a via".

Tem-se, pois, que a faixa de domínio pode ser entendida como conjunto de áreas destinadas a construção e operação da rodovia, e, assim como esta, dada sua destinação específica prevista na citada lei, é classificada como bem de uso comum do povo.

---

4. Hely Lopes Meirelles, *Direito Administrativo Brasileiro*, 39ª ed., São Paulo, Malheiros Editores, 2013, p. 591. *[V. 42ª ed., São Paulo, Malheiros Editores, 2016.]*

5. Departamento Nacional de Estradas de Rodagem/Diretoria de Desenvolvimento Tecnológico/Divisão de Capacitação Tecnológica, *Glossário de Termos Técnicos Rodoviários do DNIT*, Rio de Janeiro, 1997 (disponível em *www.dnit.gov.br*, acesso em 25.5.2017).

Dentro desse prisma, exsurge certo que, assim como ocorre com o uso da rodovia, qualquer restrição ao direito subjetivo de fruição só terá ensejo caso acarrete benefícios maiores à coletividade. Dessa forma, do mesmo modo como a cobrança de pedágio em rodovias se justifica em caráter excepcional, a cobrança pelo uso da faixa de domínio também poderá ser aventada desde que, além de prévia regulamentação – repita-se –, haja uso com interesses particulares e destoantes de sua vocação natural.

3. Do uso remunerado x uso gratuito do bem público

A questão que se coloca está em saber se é legal a cobrança pelo uso da faixa de domínio em face de concessionárias de serviços públicos de energia elétrica, distribuição de gás canalizado, prestação de serviços de telecomunicações e de saneamento.

Como é cediço, os serviços públicos concedidos acima demandam uma série de investimentos, entre eles: instalação de postes, passagens subterrâneas de estrutura para serviço de água e esgoto etc. Muitos desses, para vencer longas distâncias, necessitam realizar obras na faixa de domínio. Contudo, não obstante tratar-se de bem público, nessa hipótese seu uso não seria eventual, mas permanente e com vista a atender ao interesse específico da empresa concessionária.

E mais. Discussões à parte quanto a características da prestação de serviço público, a utilização da faixa por outras concessionárias de serviço publico poderá ensejar limitações quanto ao seu uso normal, e, como tal, há um custo a ser liquidado.

Diante dessas considerações, indaga-se: o uso da faixa de domínio, quando efetivado por concessionária de serviço público para realização do objeto da delegação, é gratuito ou oneroso?

A questão é mais complexa do que parece, pois há duas premissas que precisam ser diferenciadas. A primeira, quando a rodovia permanece sob a administração direta do ente que tem a titularidade do bem. A segunda, quando o bem público está sob a administração de concessionária de rodovia que o tem como objeto do serviço a ser prestado.

Na primeira hipótese há relação direta entre o titular do bem público de uso comum do povo e a concessionária que busca sua utilização. Assim sendo, a receita oriunda de possível cobrança, caso fosse possível sua instituição, teria natureza essencialmente tributária, compreendida nos conceitos de tributos, na modalidade taxa, cujas hipóteses de incidência deitam premissas no art. 78, II, do CTN. É com esse foco que, no tópico a seguir, será examinada a jurisprudência do STJ nos casos de cobranças efetuadas pelo ente titular da via.

Na segunda premissa, cujo uso envolve bem público administrado sob delegação – objeto deste trabalho –, o tema muda de viés, passando a ser examinado sob o prisma de contribuição devida pelo seu uso compartilhado, cuja natureza é de receita contratual, e não tributária.

Antes de avançar quanto ao ponto, algumas ponderações a respeito do uso convencional do serviço delegado – *in casu*, a administração da rodovia – facilitam a compreensão da questão. Exsurge certo que o objeto da concessão rodoviária é a conservação e a administração de determinada rodovia, cuja contraprestação cobrada do usuário é feita mediante pedágio, cuja finalidade é custear a conservação da via.

Não obstante parcela considerável da doutrina tributária defender a ideia de que referida cobrança teria natureza de taxa, o STF, na ADI 800-RS, julgada em 11.6.2014,[6] exarou entendimento no sentido de que pedágio é tarifa (espécie de preço público), em razão de não ser cobrado compulsoriamente de quem não utilizar a rodovia; ou seja, é uma retribuição facultativa paga apenas mediante o uso voluntário do serviço.

Ocorre que o uso da faixa de domínio sob concessão por outras concessionárias de serviço público não se assimila ao uso remunerado mediante pedágio. Isso porque o uso objetivado não atende à vocação natural do bem – ou seja, o direito de tráfego eventual –, mas, sim, um uso não convencional, no sentido de dele se valer de forma permanente, podendo, inclusive, alterar-lhe a forma ou reduzir-lhe o uso.

Na hipótese, há o claro envolvimento de duas pessoas jurídicas de direito privado que, não obstante sejam concessionárias de serviço público, fazem típico negócio de natureza privada, destoante dos serviços públicos prestados por cada qual.

É bem verdade que a negociação visa a otimizar a prestação dos serviços que lhes foram delegados. Contudo, enquanto pactuantes, submetem-se às regras de direito privado, uma vez que não está em jogo a prestação do serviço público propriamente dito, mas, sim, sua otimização. A relação jurídica travada ocorre somente entre as partes – concessionárias –, não envolvendo, de forma direta, os usuários do serviço.

Com essas observações, o que se tem na espécie é uso compartilhado de infraestrutura, no qual a utilização da faixa de domínio mostra-se como mais vantajoso pela outra concessionária (que não a de rodovia). Tal vantagem explica-se pelo fato de, não obstante haver meios alternativos de realização das obras, além de mais burocráticos, são consideravelmente mais caros, a exemplo da instituição de servidões de passagem sobre bens privados que margeiam as estradas.

Em parecer sobre o tema, encomendado pela Associação Brasileira de Concessionárias de Rodovias, Eros Roberto Grau não só considerou legal, como também constitucional, a cobrança, por concessionária de rodovia, pelo uso das faixas de domínio das rodovias às demais concessionárias de serviços públicos de energia elétrica, distribuição de gás canalizado, prestação de serviços de telecomunicações e de saneamento. Segundo o autor, a questão não encerra uma relação de intercâmbio entre as concessionárias que participam do compartilhamento de infraestrutura, mas, sim, uma relação de comunhão de escopo, sendo esse entendido como o objeto comum. Defende que:

> Os interesses dos contratantes correm paralelamente, há identidade de objetivos no uso compartilhado da infraestrutura; ambos perseguem um escopo comum em termos de otimização de recursos, mútua redução de custos operacionais e mútua disponibilidade de outros benefícios aos usuários dos serviços prestados.[7]

---

6. Disponível em *www.stf.jus.br*, acesso em 25.5.2017: "Tributário e constitucional – Pedágio – Natureza jurídica de preço público – Decreto n. 34.417/1992, do Estado do Rio Grande do Sul – Constitucionalidade. 1. O pedágio cobrado pela efetiva utilização de rodovias conservadas pelo Poder Público, cuja cobrança está autorizada pelo inciso V, parte final, do art. 150 da Constituição/1988, não tem natureza jurídica de taxa, mas sim de preço público, não estando a sua instituição, consequentemente, sujeita ao princípio da legalidade estrita. 2. Ação direta de inconstitucionalidade julgada improcedente" (Tribunal Pleno, ADI 800, rel. Min. Teori Zavascki, j. 11.6.2014, Acórdão Eletrônico, *DJe* 125, divulg. 27.6.2014, publ. 1.7.2014).

7. Eros Roberto Grau, "Remuneração pelo uso da faixa de domínio de rodovias, taxa de uso e ocupação do solo e espaço aéreo e RE 581.947" (parecer), *RTRF-4ª Região* 89/13-233, Ano 26, Porto Alegre, 2015.

Diante da presença de um escopo comum, a cobrança em tela seria possível e não teria natureza jurídica de taxa/preço público, mas, sim, de contribuição a cargo de cada partícipe da relação de compartilhamento.

Soma-se a isso o fato de que o art. 11 da Lei 8.987/1995 faz clara previsão de que bens dados em concessão podem ser utilizados para a produção de receitas alternativas, complementares ou acessórias, tendo em vista favorecer a modicidade das tarifas. Confirma--se, pois, o acolhimento da lógica negocial, na qual os interesses econômicos envolvidos precisam ser equacionados da forma mais justa possível, com o propósito não só de manter a saúde financeira das concessionárias envolvidas, como também para permitir que em todas elas – diante do compartilhamento do escopo – haja expressiva redução das tarifas cobradas ao consumidor final, em razão da redução dos custos operacionais.

A cobrança pela utilização desses bens por parte de concessionárias de serviços públicos, também na visão de Celso Antônio Bandeira de Mello, vai ao encontro da lógica preconizada na Lei 8.987/1995:

> Entretanto, se, conforme ocorreu entre nós, o Poder Público entende de colocar tanto a prestação de serviços quanto as obras rodoviárias em regime de concessão e se a lei estabelece a previsão de receitas alternativas complementares à exploração rodoviária, com o fito de favorecer a modicidade de tarifas, isto significa que foi, de direito, acolhida uma lógica negocial, em que se abrem portas para o ingresso de um conjunto de interesses econômicos a serem compostos.[8]

Prossegue:

> Às prestadores de serviço público não foi outorgado pelo concedente – ou ao menos não o foi explicitamente – direito algum à gratuidade do uso especial de bens de uso comum e nem há lei alguma que o estabeleça, ao passo que às concessionárias de obras foi expressamente outorgado o direito de exploração do bem, assim como o que decorre do art. 11 da Lei 8.987/1995, isto é: fonte de receitas alternativas, complementares ou acessórias em vista de favorecer modicidade das tarifas. Quanto às entidades públicas que estejam afetas às rodovias, também têm em seu prol, além do dispositivo citado, os poderes inerentes à qualidade de titulares ou de gestores do bem.
> (...).
> Logo, não será o fato de estar em pauta a passagem de equipamentos instrumentais à realização de um interesse público o que justificaria o direito a alguma gratuidade, porquanto os pagamentos que fossem versados em contrapartida desta utilização também podem ser vistos como revertendo em favor do interesse público, isto é, da modicidade do pedágio.

Conclui-se que, assim como o serviço público prestado pelas concessionárias envolvidas não tem características de gratuidade, o uso da infraestrutura desenvolvida e mantida por outra concessionária, não obstante tenha forma de cobrança diversa, também não o terá.

Isso posto, como ilação lógica, extraível da legislação de regência, tem-se que não só é permitida a remuneração, como esta não terá qualidade de tarifa – fonte principal de remuneração da concessionária na prestação dos serviços delegados (pedágio) –, mas de contribuição ou, na dicção literal art. 11 da Lei de Concessões, de receita alternativa.

---

8. Celso Antônio Bandeira de Mello, "Legitimidade e natureza jurídica da cobrança de concessionária de serviço público pela utilização subterrânea das faixas de domínio de rodovias dadas em concessão", in Associação Brasileira de Concessionárias de Rodovias/ABCR, *Uso da Faixa de Domínio por Concessionárias de Serviços Públicos*, São Paulo, ABCR, 2005 (*Coletânea de Decisões e Pareceres Jurídicos*).

4. Da jurisprudência do STJ

A jurisprudência do STJ também deve ser analisada tomando por base duas vertentes: a primeira, quando a cobrança pelo uso da faixa de domínio for realizada por concessionária de serviço público que administra a via em desfavor de outra concessionária; a segunda, quando tal cobrança for feita pelo ente público titular do serviço em desfavor de outra concessionária, hipótese em que a administração da via estaria sendo feita de forma direta pelo ente estatal.

Quanto à primeira configuração, no julgamento do REsp 975.097-SP, em contenda envolvendo a Cia. de Saneamento Básico do Estado de São Paulo/SABESP e a concessionária Ecovias dos Emigrantes S/A, o STJ foi demandado a se posicionar sobre a possibilidade de utilização das faixas de domínio de rodovia sob regime de concessão, para a execução de obras de manutenção e expansão de redes de água e esgoto, sem a contraprestação pecuniária exigida pela concessionária recorrente.

Assentou-se o entendimento de que o art. 11 da Lei 8.987/1995 elenca a possibilidade de a concessionária de serviço público obter receitas acessórias e a cobrança pelo uso da faixa de domínio enquadrar-se-ia em tal modalidade. Para tanto, deve-se observar a regra ínsita no art. 18, XIV, de tal lei, ou seja, desde que haja expressa previsão de tal cobrança no contrato de concessão firmado entre ela e o poder concedente.

Esse precedente aplica-se às hipóteses de concessões atreladas aos serviços de água e esgoto, pois, conforme se demonstrará adiante, o art. 11 é insuficiente para resolver a celeuma em relação a todos os serviços públicos delegados. Isso porque cada um deles tem um arcabouço jurídico que lhe é peculiar, o que demanda do operador do Direito uma interpretação sistêmica entre eles. Colhe-se do acórdão no recurso referido a seguinte ementa:

Administrativo – Concessão de rodovia estadual – Prequestionamento e aplicabilidade apenas do art. 11 da Lei n. 8.987/1995 – Instalação de dutos subterrâneos – Exigência de contraprestação de concessionária de saneamento básico – Possibilidade – Necessidade de previsão no contrato de concessão – Art. 11 da Lei n. 8.987/1995.

1. O único artigo prequestionado e que se aplica ao caso é o art. 11 da Lei n. 8.987/1995.

2. Poderá o poder concedente, na forma do art. 11 da Lei n. 8.987/1995, prever, em favor da concessionária, no edital de licitação, a possibilidade de outras fontes provenientes de receitas alternativas, complementares, acessórias ou de projetos associados, com ou sem exclusividade, com vistas a favorecer a modicidade das tarifas.

3. No edital, conforme o inciso XIV do art. 18 da citada lei, deve constar a minuta do contrato, portanto o art. 11, ao citar "no edital", não inviabiliza que a possibilidade de aferição de outras receitas figure apenas no contrato, pois este é parte integrante do edital.

4. No presente caso, há a previsão contratual exigida no item VI, 31.1, da Cláusula 31, *in verbis*: "Cobrança pelo uso da faixa de domínio público, inclusive por outras concessionárias de serviço público, permitida pela legislação em vigor".

5. Violado, portanto, o art. 11 da Lei n. 8.987/1995 pelo Tribunal de origem ao impor a gratuidade – Recurso especial conhecido em parte e provido.[9]

---

9. STJ, 1ª Seção, REsp 975.097-SP, rela. Min. Denise Arruda, rel. para o acórdão Min. Humberto Martins, j. 9.12.2009, *DJe* 14.5.2010 (disponível em *www.stj.jus.br*, acesso em 25.5.2017).

Em relação ao uso remunerado da faixa de domínio por concessionária de energia elétrica, a 1ª Seção do STJ, no julgamento dos EDv no REsp 985.695-RJ, reafirmou o entendimento, em voto com a seguinte ementa:

> Administrativo – Processual civil – Embargos de divergência – Concessão – Rodovia – Distribuição de energia elétrica – Cobrança pelo uso de faixa de domínio – Art. 11 da Lei n. 8.987/1995 – Possível desde que prevista no contrato – Caso sob análise – Prevalência da disposição legal – Manutenção do entendimento da 1ª Seção explicitado no acórdão-paradigma – Provimento.
>
> 1. Cuida-se de embargos de divergência interpostos contra acórdão que consignou não ser possível – no caso – a cobrança de concessionária de distribuição energia elétrica pelo uso da faixa de domínio de rodovia concedida, em razão da existência do Decreto n. 84.398/1980.
>
> 2. É trazido paradigma da 1ª Seção no qual foi apreciado caso similar, quando se debateu a extensão interpretativa do art. 11 da Lei n. 8.987/1995 (Lei de Concessões e Permissões) e a possibilidade de cobrança pelo uso de rodovia por outras empresas concessionárias.
>
> 3. No acórdão-paradigma está firmado que o art. 11 da Lei n. 8.987/1995 autoriza a cobrança de uso de faixas de domínio, mesmo por outra concessionária de serviços públicos, desde que haja previsão no contrato de concessão da rodovia, em atenção à previsão legal.
>
> 4. Deve prevalecer o entendimento firmado pela 1ª Seção, que se amolda com perfeição ao caso: "Poderá o poder concedente, na forma do art. 11 da Lei n. 8.987/1995, prever, em favor da concessionária, no edital de licitação, a possibilidade de outras fontes provenientes de receitas alternativas, complementares, acessórias ou de projetos associados, com ou sem exclusividade, com vistas a favorecer a modicidade das tarifas. (...) No presente caso, há a previsão contratual exigida no item VI, 31.1, da Cláusula 31" (REsp n. 975.097-SP, rela. Min. Denise Arruda, rel. para o acórdão Min. Humberto Martins, 1ª Seção, j. 9.12.2009, DJe 14.5.2010).
>
> Embargos de divergência providos.[10]

Referido julgado é consideravelmente relevante. Ao acolher os embargos de divergência opostos pela concessionária da Rodovia Presidente Dutra S/A contra acórdão da 1ª Turma do STJ, a 1ª Seção solucionou controvérsia pontual quanto ao tema, em relação às concessionárias de energia elétrica.

Notadamente quanto à cobrança de concessionária de distribuição de energia elétrica pelo uso da faixa de domínio de rodovia concedida, as Turmas da Corte registravam entendimentos diversos no sentido da existência de impeditivo legal, qual seja, a vedação expressa elencada no arts. 1º e 2º do Decreto 84.398/1980. Tais dispositivos impediriam a existência de quaisquer ônus à concessionária de energia elétrica em casos de ocupação de faixas de domínio de rodovias e de terrenos de domínio público por linhas de transmissão, subtransmissão e distribuição de energia elétrica.

Sem maiores explicações quanto aos critérios de julgamento adotados – não recepção do dispositivo legal pela ordem constitucional vigente ou critério da especialidade de uma norma em detrimento da outra –, concluiu-se que não há como prevalecer o teor do Decreto 84.398/1980 em detrimento do art. 11 da Lei 8.987/1995.

Desde então, no que diz respeito à cobrança efetuada pelas concessionárias de energia elétrica, assim como pelas de água e esgoto, esse tem sido o entendimento da STJ quanto

---

10. STJ, 1ª Seção, EREsp 985.695-RJ, rel. Ministro Humberto Martins, j. 26.11.2014, DJe 12.12.2014 (disponível em www.stj.jus.br, acesso em 25.5.2017).

ao tema. Entendimento – registra-se – que encontra oposição em parcela considerável da doutrina.[11]

Nas hipóteses em que a controvérsia está circunscrita ao debate acerca da legalidade da exigência de valores pela utilização de faixas de domínio das rodovias sob a administração direta do ente estatal outro foi o entendimento do STJ. Nessa situação, a questão central foi examinada sob o prisma da legalidade da exação tributária, em nada se aproximando, pois, da possibilidade de obtenção de receitas alternativas, tal como na primeira hipótese.

No REsp 1.246.070-SP, em controvérsia acerca da utilização de faixas de domínio das rodovias sob administração do Departamento de Estradas de Rodagem/DER para passagem de dutos e cabos de telecomunicações, sagrou-se vencedora a tese no sentido de ser ilegal qualquer tipo de cobrança.

O fundamentado adotado, ao que parece seguindo linha defendida por respeitável parcela da doutrina administrativista, dentro da qual Maria Sylvia Di Pietro,[12] foi no sentido de que referida cobrança não se enquadraria nem no conceito de preço público, nem no de taxa. No primeiro caso, pelo fato de que a utilização do bem reverteria em favor da sociedade, e no segundo por não haver serviço público prestado ou poder de polícia exercido.

Na referida hipótese, repita-se, a Corte não examinou a cobrança efetuada por concessionária, mas, sim, por ente público que administrava diretamente a via. Inexistindo concessão, a questão não estaria, pois, abarcada pelo art. 11 da Lei 8.987/1995. Assim, em resumo, a cobrança teria natureza jurídica de tributo na modalidade taxa e, dadas as circunstâncias fáticas que não permitiriam o perfeito enquadramento da cobrança a caracterizar a exação, aquela estaria revestida de flagrantes ilegalidades. Colhe-se do acórdão a seguinte ementa:

> Administrativo – Recurso especial – Bens públicos – Uso de solo, subsolo e espaço aéreo por concessionária de serviço público (implantação de dutos e cabos de telecomunicações, por exemplo) – Cobrança – Impossibilidade.
>
> 1. Cinge-se a controvérsia no debate acerca da legalidade da exigência de valores pela utilização de faixas de domínio das rodovias sob administração do DER para passagem de dutos e cabos de telecomunicações ou de outros serviços públicos essenciais prestados pela recorrente.
>
> 2. É pacífico o entendimento desta Corte Superior no sentido de que a cobrança em face de concessionária de serviço público pelo uso de solo, subsolo ou espaço aéreo é ilegal (seja para a instalação de postes, dutos ou linhas de transmissão, por exemplo) porque (i) a utilização, neste caso, reverte em favor da sociedade – razão pela qual não cabe a fixação de preço público – e

---

11. Em sentido oposto, Maria Sylvia Zanella Di Pietro diz: "Note-se que o art. 11 da Lei 8.987/1995, ao permitir a previsão de fontes de receitas alternativas, acessórias ou complementares, deixou expresso que o objetivo é o de favorecer a modicidade das tarifas. Ora, seria irrazoável, por contrariar o intuito do legislador, permitir que, para favorecer a modicidade das tarifas de rodovias, fossem elevadas as tarifas de água, luz, gás e telefone (...). A conclusão é, portanto, no sentido de que não tem fundamento jurídico a remuneração das concessionárias de serviços públicos que se utilizam das faixas de domínio das rodovias para a instalação de equipamentos indispensáveis à prestação de serviços públicos" ("Cobrança de remuneração pela ocupação de faixas de domínio por outras concessionárias de serviços públicos", in *Temas Polêmicos sobre Licitações e Contratos*, 5ª ed., 3ª tir., São Paulo, Malheiros Editores, 2006, p. 360).

12. STJ, 2ª Turma, REsp 1.246.070-SP, rel. Min. Mauro Campbell Marques, j. 3.5.2012, *DJe* 18.6.2012 (disponível em *www.stj.jus.br*, acesso em 23.5.2017).

(ii) a natureza do valor cobrado não é de taxa, pois não há serviço público prestado ou poder de polícia exercido – Precedentes.

3. Recurso especial provido.

Em questão similar – bem de uso comum do povo pertencente a Município – nesse mesmo sentido assim se assentou a jurisprudência do STF. Nos autos do RE 581.947-RO,[13] julgado sob a sistemática da repercussão geral, o STF firmou entendimento de que o Município não pode cobrar taxa das concessionárias de serviço público em razão da instalação de equipamentos necessários à prestação do serviço em faixas de domínio público de vias públicas (bens públicos de uso comum do povo).

O tema que enseja maiores controvérsias, não só doutrinárias como judiciais, é o elencado na primeira hipótese, ou seja, cobrança do uso da faixa de domínio por quem detém a delegação da rodovias. Pelo que se extrai dos precedentes, salvo exceção feita ao serviço público de energia elétrica, quando a questão foi examinada não só pela ótica do art. 11 da Lei 8.987/1995, como também pela do Decreto 84.398/1980, em todos os outros casos que envolviam apenas delegatárias de serviço público o STJ limitou-se ao exame da aplicabilidade de dispositivos da Lei de Concessões.

Em síntese, assentou-se que, havendo previsão no contrato de concessão, tal cobrança seria possível na qualidade de outras receitas alternativas, tal como previsto no mencionado art. 11 da Lei 8.987/1995. A cobrança, por sua vez, não teria natureza de preço/taxa, mas, sim, de receita indenizatória, ficando a cargo da concessionária, dentro de parâmetros previstos no contrato de concessão, estabelecer as regras para sua cobrança.

Ao que parece, o STJ, no tocante às cobranças levadas a efeito por concessionários, não obstante fundamentar seu posicionamento apenas no art. 11 da Lei 8.987/1995,[14] terminou por legitimar os argumentos favoráveis à cobrança, ou, como Eros Grau convencionou chamar de "comunhão de escopo", a saber:

(a) Os bens operacionais são transferidos por meio do contrato de concessão, e, como tal, é possível sua exploração comercial, no ponto, regida pelo direito privado (art. 25, § 8º, da Lei n. 8.987/1995).

(b) A cobrança pela exploração comercial da faixa de domínio é fonte de receita adicional, instituída em complementaridade à modicidade tarifária. Uma vez prevista no contrato de concessão, integrará a estrutura econômica do negócio.[15] E:

13. STF, Tribunal Pleno, RE 581.947, rel. Min. Eros Grau, j. 27.5.2010, Repercussão Geral – Mérito, Tema 261 – Cobrança de taxa de ocupação do solo e do espaço aéreo por poste de transmissão de energia elétrica, *DJe* 159, divulg. 26.8.2010, publ. 27.8.2010, *Ement.* vol. 02412, pp. 01113, *RT* 904/169-177 (disponível em *www.stf.jus.br*, acesso em 23.5.2017).

14. "Art. 11. No atendimento às peculiaridades de cada serviço público, poderá o poder concedente prever, em favor da concessionária, no edital de licitação, a possibilidade de outras fontes provenientes de receitas alternativas complementares, acessórias ou de projetos associados, com ou sem exclusividade, com vistas a favorecer a modicidade das tarifas, observado o disposto no art. 17 desta Lei. Parágrafo único. As fontes de receita previstas neste artigo serão obrigatoriamente consideradas para a aferição do inicial equilíbrio econômico financeiro do contrato."

15. Tércio Sampaio Ferraz Jr., quanto ao tema, assim se manifestou: "O desprendimento econômico, os acertos políticos, na prestação do serviço vigente no passado, foram os grandes responsáveis pela ineficiência do Estado. Daí por que a força motriz da economia e agora também dos serviços públicos passa

(c) A implantação da faixa de domínio gera custos para a concessionária de rodovias; sendo assim, a utilização gratuita por outras concessionárias representaria uma apropriação indevida desses valores.

5. Das perspectivas legislativas quanto ao tema

A questão ainda não recebeu do STJ uma resposta satisfatória, a ponto de dispensar maiores discussões em torno do tema em um futuro próximo. Entre elas, as respostas às seguintes indagações: Existindo diploma normativo posterior à Constituição Federal e apto a afastar referida cobrança, prevalece o art. 11 da Lei de Concessões? Se referidos diplomas forem posteriores ao contrato de concessão, é possível sua retroação a ponto de alcançar contrato em vigência? Se sim, como se configuraria o equilíbrio econômico-financeiro do contrato com a perda dessa possível receita?

Tal preocupação existe e é grave, haja vista que o ordenamento jurídico tem registrado novos diplomas normativos que visam a isentar determinados serviços do pagamento citado. Tal circunstância, em caso de desacordo entre os entes envolvidos, ensejará controvérsias visando a dirimir possível conflito aparente de normas.

A exemplo, a Lei Geral das Telecomunicações/LGT, apesar de não se referir precisamente à utilização da faixa de domínio, em seu art. 73[16] faz clara previsão no sentido do direito das prestadoras de serviços de telecomunicações à utilização de postes, dutos, condutos e servidões pertencentes ou controlados por outras prestadoras de serviços de telecomunicações ou de outros serviços de interesse público, de forma não discriminatória e a preços e condições justos e razoáveis.

---

a ser dada primordialmente pela racionalidade privada na alocação de recursos. É esta racionalidade que permitirá ao Estado alcançar a melhor prestação de serviços, resultado pelo qual responde e do qual se beneficiam os usuários. E esta racionalidade baseia-se no lucro, o que pressupõe a obtenção de receitas. Isto é incompatível com privilégios de gratuidade. (...). Existe uma intenção firme do Estado, dentro do novo modelo, em permitir que todos os bens e recursos públicos sejam aproveitados, de tal forma que retornem ao administrado, sob a forma de redução de tarifas. Essa nova mentalidade é particularmente expressa no art. 11 da lei, que permite (se é que não exige) a exploração de toda e qualquer forma de receita alternativa, tendo em vista a redução de tarifas. (...). Portanto, como sintetizou com argúcia Marçal Justen Filho, no novo modelo de concessões a racionalidade empresarial deve estar presente em sentido amplo, não somente para o serviço objeto da concessão, mas na administração e exploração de todos os bens concedidos, de forma que também quanto a bens não diretamente relacionados ao serviço, *e.g.*, as margens da rodovia, não cabem mais antigos privilégios ou gratuidades" ("Antinomia do art. 11 da Lei de Concessões de Serviços Públicos com normas do Decreto 84.398/1980 que estabelecem antigas regalias típicas do modelo de generosidade na prestação do serviço público", pp. 60-62, in Associação Brasileira de Concessionárias de Rodovias/ABCR, *Uso da Faixa de Domínio por Concessionárias de Serviços Públicos*, Biblioteca Digital – Editora Fórum, p. 28 de 38, disponível em *http://www.bidforum.com.br/bid/PDIprintcntd.aspx?pdiCntd=83819 2*).

16. LGT:
"Art. 73. As prestadoras de serviços de telecomunicações de interesse coletivo terão direito à utilização de postes, dutos, condutos e servidões pertencentes ou controlados por prestadora de serviços de telecomunicações ou de outros serviços de interesse público, de forma não discriminatória e a preços e condições justos e razoáveis.

"Parágrafo único. Caberá ao órgão regulador do cessionário dos meios a serem utilizados definir as condições para adequado atendimento do disposto no *caput*."

Estabelecendo normais gerais para implantação e compartilhamento da infraestrutura de telecomunicações, o art. 12 da Lei 13.116, de 20.4.2015,[17] avança um pouco mais e trata a questão de forma mais específica. Desde então, tem-se clara previsão no sentido de que não será exigida contraprestação, em razão do direito de passagem, em faixas de domínio, ainda que esses bens ou instalações sejam explorados por meio de concessão ou outra forma de delegação. Preservando contratos já firmados, o dispositivo traz expressa regra de exceção no sentido de que aquelas cujos contratos decorram de licitações anteriores à data de promulgação da norma não seriam atingidas por tal exação.

Observa-se, pois, que a parte final do *caput* do artigo, ao fim e ao cabo, confirma os precedentes do STJ na interpretação conferida ao art. 11 da Lei 8.987/1995.

Interessa fazer referência à justificativa que acompanhou o Projeto que culminou na Lei 13.116/2005. Em resumo, a proposição legislativa justificou a medida em razão das inúmeras ingerências do Poder Público que atrapalham a expansão das redes de telecomunicações do País. Dada a diversidade de leis locais cumulativas e específicas, a expansão do sistema esbarrava em dificuldades de toda ordem – entre elas a cobrança pelo uso da faixa de domínio para instalação de antenas –, o que demanda constantes intervenções do Poder Judiciário, dificultando ainda mais a presteza dos serviços de telecomunicações.[18]

Assim como ocorreu com os serviços de telecomunicação, outros serviços delegados também poderão ser agraciados com normas de igual natureza. E, assim ocorrendo, a demanda a ser submetida ao STJ receberá outros contornos jurídicos, porquanto a Corte será instada a pacificar eventual conflito aparente de normas.

Controvérsias doutrinárias à parte – não obstante sua grande relevância para o desenvolvimento do debate –, envolvendo temas como a possibilidade ou não de uso remunerado de bem de uso comum do povo, seu uso compartilhado com repartição de custos, impacto na modicidade das tarifas e equilíbrio econômico-financeiro dos contratos de concessão envolvidos, não serão importantes para a solução da celeuma.

Isso porque a questão resolver-se-á sob outro prisma. Demandará da Corte Superior de Justiça não um exame principiológico das questões, mas, sim, um julgamento que solucione aparente antinomia entre a Lei de Concessões e novos diplomas legislativos que, ao menos em tese, poderiam regular a questão com maior especificidade.

Mas essa é, sem dúvida, uma tarefa para o futuro.

---

17. Lei 13.116/2015:
"Art. 12. Não será exigida contraprestação em razão do direito de passagem em vias públicas, em faixas de domínio e em outros bens públicos de uso comum do povo, ainda que esses bens ou instalações sejam explorados por meio de concessão ou outra forma de delegação, excetuadas aquelas cujos contratos decorram de licitações anteriores à data de promulgação desta Lei.

"§ 1º. O disposto no *caput* não abrange os custos necessários à instalação, à operação, à manutenção e à remoção da infraestrutura e dos equipamentos, que deverão ser arcados pela entidade interessada, e não afeta obrigações indenizatórias decorrentes de eventual dano efetivo ou de restrição de uso significativa.

"§ 2º. O direito de passagem será autorizado pelos órgãos reguladores sob cuja competência estiver a área a ser ocupada ou atravessada."

18. Acesso em 25.5.2017, *www2.camara.leg.br*, Projeto de Lei 4.107, de 2012 (*http://www.camara.gov.br/proposicoesWeb/prop_mostrarintegra?codteor=1253358&filename=Avulso+-PL+5013/2013*).

6. Considerações finais

Nosso objetivo consistiu no exame da evolução da jurisprudência do STJ quanto ao tema proposto e na demonstração de que a celeuma, embora com novos contornos, ainda pode ser levada à apreciação da Corte.

Sendo a Ciência Jurídica mutável, não é demais imaginar que, assim como ocorreu com os serviços de telecomunicações, novos diplomas normativos venham a isentar outros serviços públicos delegados de pagamento, a qualquer título, pelo uso da faixa de domínio.

Com essas considerações, é certo que, nos termos da legislação em vigor, a jurisprudência do STJ, não obstante não seja a mais abrangente, cumpriu seu papel, dando ao tema a interpretação cabível consoante a norma que lhe foi submetida. Novos avanços jurisprudenciais exigem prévia atuação legislativa do Parlamento, porquanto é esse o poder a quem a Constituição Federal/1988 conferiu a prerrogativa não só de eleger as normas que melhor representam os anseios da coletividade, como também de alterá-las na medida exigida pela evolução da ordem vigente.

Referências bibliográficas

ASSOCIAÇÃO BRASILEIRA DE CONCESSIONÁRIAS DE RODOVIAS/ABCR. *Uso da Faixa de Domínio por Concessionárias de Serviços Públicos*. São Paulo, ABCR, 2005 (*Coletânea de Decisões e Pareceres Jurídicos*).

BANDEIRA DE MELLO, Celso Antônio. "Legitimidade e natureza jurídica da cobrança de concessionária de serviço público pela utilização subterrânea das faixas de domínio de rodovias dadas em concessão". In: ASSOCIAÇÃO BRASILEIRA DE CONCESSIONÁRIAS DE RODOVIAS/ABCR. *Uso da Faixa de Domínio por Concessionárias de Serviços Públicos*. São Paulo, ABCR, 2005 (*Coletânea de Decisões e Pareceres Jurídicos*).

BEVILÁQUA, Clóvis. *Código Civil dos Estados Unidos do Brasil, Comentado por Clóvis Beviláqua*. 11ª ed., atualizada por Achilles Beviláqua e Isaías Beviláqua. Rio de Janeiro, Livraria Francisco Alves, 1956.

DI PIETRO, Maria Sylvia Zanella. "Cobrança de remuneração pela ocupação de faixas de domínio por outras concessionárias de serviços públicos". In: *Temas Polêmicos sobre Licitações e Contratos*. 5ª ed., 3ª tir. São Paulo, Malheiros Editores, 2006.

_____. *Temas Polêmicos sobre Licitações e Contratos*. 5ª ed., 3ª tir. São Paulo, Malheiros Editores, 2006.

FERRAZ JR., Tércio Sampaio. "Antinomia do art. 11 da Lei de Concessões de Serviços Públicos com normas do Decreto 84.398/1980 que estabelecem antigas regalias típicas do modelo de generosidade na prestação do serviço público". In: Associação Brasileira de Concessionárias de Rodovias/ABCR. *Uso da Faixa de Domínio por Concessionárias de Serviços Públicos*. São Paulo, ABCR, 2005 (*Coletânea de Decisões e Pareceres Jurídicos*).

GRAU, Eros Roberto. Parecer: "Remuneração pelo uso da faixa de domínio de rodovias, taxa de uso e ocupação do solo e espaço aéreo e RE 581.947". *RTRF-4ª Região* 89/13-233. Ano 26. Porto Alegre, 2015.

_____. "Uso do subsolo de faixas de domínio de rodovias vias públicas por empresas concessionárias de serviços públicos: servidão administrativa, direito restritivo de passagem e preço. Falsa 'privatização de serviço público'". *RTDP* 27/75-88. São Paulo, Malheiros Editores, julho-setembro/1999.

MEIRELLES, Hely Lopes. *Direito Administrativo Brasileiro*. 39ª ed. São Paulo, Malheiros, 2013; 42ª ed. São Paulo, Malheiros Editores, 2016.

VARIAÇÕES SOBRE UM TEMA DE HELY: MORALIDADE ADMINISTRATIVA

ODETE MEDAUAR

1. Nota prévia. 2. Moral/Ética e Direito. 3. Moralidade administrativa. 4. A moralidade administrativa nas palavras de Hely Lopes Meirelles. 5. Da raiz às árvores. 6. Conclusão.

1. Nota prévia

Com muita honra e gosto participo desta obra coletiva dedicada, merecidamente, a homenagear o centenário do nascimento de Hely Lopes Meirelles.

Guardo marcantes (e boas) lembranças das inúmeras conversas com Hely, em seu escritório na R. Senador Paulo Egídio, n. 72, em frente à Faculdade de Direito do Largo de S. Francisco, pois, jurista famoso, recebia, de modo acolhedor, jovens estudiosos do direito público, seus admiradores, que o visitavam, encantados.

Lembro perfeitamente da sua cordialidade, lhaneza, sorriso gentil, sem arrogância alguma, sem ares superiores, sem exibição dos amplos conhecimentos (embora os tivesse). E recordo o momento em que abria seu caderno de endereços, de capa escura, para confirmar ou obter os dados do visitante (endereço, telefone).

Tive a alegria de ser indicada por Hely para elaborar o relatório brasileiro sobre *La Competence Générale de la Commune*, que expus no Congresso Internacional de Direito Comparado, Seção IV – Direito Administrativo, realizado entre 29.8 e 3.9.1982, em Caracas/Venezuela, suscitando indagações dos presentes, em razão da autonomia municipal historicamente consagrada. Ao retornar visitei Hely para agradecer a indicação e contar sobre o evento, seus assuntos e participantes.

Guardo, como preciosidade, livros que me ofereceu, com generosas dedicatórias, em sua bonita letra, e o carimbo com seu nome, tendo abaixo: advogado, endereço e telefone do seu escritório.

Sobre suas obras, pode-se afirmar, sem dúvida, que foi pioneiro na sistematização de temas e preceitos incidentes sobre o Município e sua administração, com seu livro *Direito Municipal brasileiro*, 1ª edição de 1967, onde figuravam, em vanguarda, itens sobre o Urbanismo e Plano Diretor, fortemente associados às funções municipais.

Municipalista e preocupado em propiciar norte a prefeitos, vereadores e servidores municipais, foi responsável pela criação, em 1968, do CEPAM/Centro de Estudos e Pesquisas de Administração Municipal, mais tarde Fundação Prefeito Faria Lima (hoje extinta).

Seu pioneiro *Direito de Construir*, publicado em 1961, resultou das aulas ministradas na Escola de Engenharia de São Carlos, da USP, possibilitado sua leitura não só a estudiosos do Direito, mas sobretudo a engenheiros e arquitetos, em virtude da redação clara e direta (características do estilo de escrever de Hely).

Sem esgotar a menção a outras publicações e à inestimável atuação em vários projetos legislativos, gostaria de ressaltar elementos da 1ª edição do seu *Direito Administrativo Brasileiro*, de 1964 (consultada na Biblioteca da Faculdade de Direito do Largo de S. Francisco):

(a) Ao tratar do processo administrativo disciplinar, insistiu no direito de ampla defesa e na motivação do ato sancionador, sob pena de nulidade (pp. 425 e 428, respectivamente), antecipando-se à previsão constitucional desses direitos (CF/1988, art. 5º, LV).

(b) Ao discorrer sobre a concessão de serviço público, já anteviu os direitos dos usuários (p. 325).

(c) Diversamente dos manuais da época, cuidou do regime jurídico do petróleo, das florestas e da fauna (pp. 470, 472 e 476, respectivamente).

Chama atenção, em especial, nessa 1ª edição de 1964, o Capítulo II, denominado "Administração Pública e seus Princípios" (pp. 53-59). Aí figuram pioneiras considerações de Hely sobre a *moralidade administrativa*, em várias passagens, revelando-se de plena atualidade no presente cenário brasileiro, como se perceberá por suas transcrições adiante (na acentuação atual).

Lembrando uma das *Variações sobre um Tema de Paganini*, a bela *Variação sobre o 24º Capricho* composto por Paganini para violino solo, adaptada para piano por Sergei Rachmaninoff, e em homenagem a Hely, serão expostas "variações" sobre a moralidade administrativa, hoje princípio explícito listado na Constituição/1988.

2. Moral/Ética e Direito

Os ensinamentos de alguns Mestres sobre o Direito e a Moral/Ética merecem ser expostos, de modo breve.

Para Norberto Bobbio, "o caráter específico do ordenamento normativo do Direito em relação a outras formas de ordenamentos, tais como a moral social, os costumes, os jogos e outros, consiste no fato de que o Direito recorre, em última instância, à força física para obter o respeito das normas" (*Dicionário de Política*, verbete "Direito", 3ª ed., vol. I, Brasília, UnB, 1991, p. 349). No texto, Bobbio traça uma das diferenças habitualmente indicadas entre Direito e Moral/Ética.

Por sua vez, Miguel Reale preleciona sobre o Direito e a Moral na sua obra *Lições Preliminares de Direito* (25ª ed., São Paulo, Saraiva, 2000, pp. 41-57), de cujo capítulo se ressaltam os trechos a seguir: "Existem atos jurídicos lícitos que não o são do ponto de vista moral"; "Há, portanto, um campo da Moral que não se confunde com o campo jurídico. O Direito, infelizmente, tutela muita coisa que não é moral" (p. 43). "Existe, entre o Direito e a Moral, uma diferença básica, que podemos indicar com esta expressão: *a Moral é incoercível e o Direito é coercível*. O que distingue o Direito da Moral, portanto, é a coercibilidade" (p. 46). O mestre Miguel Reale utiliza um exemplo extraído de sua experiência profissional para clarear a diferença: um casal de idosos, com cerca de 80 anos, estava em situação de insuficiência econômica, tendo um filho abastado, o qual não admitia que seus prepostos ou a esposa prestassem auxílio aos seus pais; mediante ação no Judiciário o filho foi obrigado a pagar prestação alimentícia e o fez de modo inconformado (p. 45); comenta

Miguel Reale: "O cumprimento da sentença satisfaz ao mundo jurídico, mas continua alheio ao campo propriamente 'moral' da conduta do filho" (p. 46).

De seu lado, Tércio Sampaio Ferraz Jr. discorre igualmente sobre Direito e Moral, na *Introdução ao Estudo do Direito* (7ª ed., São Paulo, Atlas, 2007), de onde se extraem as seguintes notas: "Ambos são elementos inextirpáveis da convivência, pois se não há sociedade sem Direito também não há sociedade sem Moral. Inobstante, ambos não se confundem e marcar a diferença entre eles é uma das grandes dificuldades da Filosofia do Direito" (p. 326). "(...) as sanções morais nunca são conteúdo de seus preceitos, ao passo que as normas jurídicas são caracterizadas por prescreverem expressamente suas sanções" (p. 337). "É possível implantar um direito à margem ou até contra a exigência moral de justiça. (...) Todavia, é impossível evitar-lhe a manifesta percepção da injustiça e consequente perda de sentido. Aí está a força" (p. 339 – o autor se refere à força da moralidade).

Os três renomados autores assinalam a diferença entre Direito e Moral/Ética, sabendo-se que, por vezes, os campos se revelam entrelaçados ou próximos em determinadas situações. É viável, no entanto, cogitar de uma inserção da moralidade/ética administrativa no âmbito jurídico e no rol das exigências nas medidas e condutas do agente público, incluídos os agentes políticos, e sua controlabilidade, ante a consagração constitucional daquela entre os princípios da Administração Pública.

Alexandre Santos de Aragão aponta uma das características do "Neoconstitucionalismo" na cena do direito público: "(...) progressiva erosão das antes nítidas fronteiras entre Direito, Moral e Política, com um Direito que se moraliza através dos seus princípios" (*Curso de Direito Administrativo*, 2ª ed., GEN/Forense, 2013, p. 54).

3. Moralidade administrativa

Uma das vertentes da Moral/Ética no âmbito do direito administrativo encontra-se no princípio da moralidade administrativa. Variam s suas formulações nas vozes doutrinárias.

No entender de Marçal Justen Filho este princípio "exige que a atividade administrativa seja desenvolvida de modo leal e assegure a toda a comunidade a obtenção de vantagens justas. Exclui a aplicação do provérbio de que o fim justifica os meios (...). Não é válido desenvolver a atividade administrativa de modo a propiciar vantagens excessivas para os cofres públicos ou para os cofres privados" (*Curso de Direito Administrativo*, 11ª ed., São Paulo, Ed. RT, 2015, p. 203).

Por sua vez, Diogo de Figueiredo Moreira Neto afirma o seguinte: "Para que o administrador pratique uma *imoralidade administrativa*, basta que empregue seus poderes funcionais com vistas a *resultados divorciados do específico interesse público* a que deveria atender" (*Curso de Direito Administrativo*, 16ª ed., GEN/Forense, 2014, p. 102).

Para José dos Santos Carvalho Filho "o princípio da moralidade impõe que o administrador público não dispense os preceitos éticos que devem estar presentes em sua conduta. Deve não só averiguar os critérios de conveniência, oportunidade e justiça, mas também distinguir o que é honesto do que é desonesto" (*Manual de Direito Administrativo*, 31ª ed., GEN/Atlas, 2017, p. 22).

Esta autora inclina-se pela concepção de Hauriou, que aventa a moralidade como o conjunto de regras de conduta extraídas da disciplina geral da Administração. Lesando a moralidade administrativa, "a decisão, em geral, destoa do contexto e do conjunto de regras de conduta extraídas da disciplina geral norteadora da Administração" (*Direito Administrativo Moderno*, 20ª ed., São Paulo, Ed. RT, 2016, pp. 152-153). O mesmo se aplica à conduta do agente público.

4. A moralidade administrativa nas palavras de Hely Lopes Meirelles

4.1 Ao expor sobre conceito, natureza e fins da Administração Pública, Hely se refere à moralidade em alguns pontos. "Como tal, impõe-se ao administrador público a obrigação de cumprir fielmente os preceitos do direito e da moral administrativa que regem a sua atuação" (*Direito Administrativo Brasileiro*, cit., 1ª ed., p. 55). *[V. 42ª ed., São Paulo, Malheiros Editores, 2016.]* No parágrafo seguinte reitera que "na administração pública, essas ordens e instruções estão concretizadas nas leis e regulamentos administrativos, e complementadas pela moral da instituição. Daí o dever indeclinável do administrador público de agir segundo os preceitos do direito e da moral administrativa, porque tais preceitos é que expressam a vontade do titular – o povo – dos interesses administrados (...)" (p. 55). Em seguida: "Os fins da administração pública se resumem num único objetivo: o bem comum da coletividade (...). Ilícito e imoral será todo ato administrativo que não for praticado no interesse da coletividade" (p. 55). Como se verifica, Hely bem ressalta a imposição ao agente público do cumprimento de aspectos legais e morais na sua gestão, quer nos atos editados, quer na sua conduta.

4.2 Estudando o princípio da legalidade, Hely não se restringe à exigência de observância das normas jurídicas norteadoras da atividade administrativa, mencionando também o cumprimento da moralidade administrativa, nos seguintes dizeres: "Além de atender à legalidade e à finalidade, o ato do administrador público deverá conformar-se com a moralidade administrativa, ou seja, com os preceitos internos da boa administração. A 'boa administração' é a que se reveste de legalidade e probidade administrativa" (p. 57). Ao mencionar a "boa administração" Hely se antecipa, em mais de três décadas, à ascensão do princípio/direito da boa administração, que se difundiu após ser incluído como direito fundamental na Carta dos Direitos Fundamentais da União Europeia, de 2000, art. 41.

E prossegue Hely, no mesmo parágrafo: "Os romanos já distinguiam o *probus administrator* do *improbus administrator*. Aquele era o que agia em defesa da *res publica*, este o que dilapidava e malbaratava em benefício próprio e de seus favoritos" (p. 57).

No último parágrafo do item *legalidade* novamente é ressaltado o atendimento da moralidade: "A administração, por isso, deve ser orientada pelos princípios do Direito e da Moral, para que ao legal se junte o honesto e o *conveniente* aos interesses sociais. Desses princípios é que o direito público extraiu e sistematizou a teoria da *moralidade administrativa*" (p. 57).

4.3 Expressiva do pensamento e modo de ser de Hely se apresenta a primeira frase do item dedicado à moralidade: "A *moralidade administrativa* constitui hoje em dia pressuposto da validade de todo ato da Administração Pública" (p. 58).

Hely menciona a noção e considerações de Hauriou a respeito da moralidade administrativa, citando, em nota de rodapé 4 da p. 58, a edição de 1926 da obra *Précis Élémentaire de Droit Administratif*, pp. 197 e ss., deste autor. Elenca, ainda, duas obras em francês, ambas dos anos 30 do século XX. E invoca o autor português António José Brandão, no artigo "Moralidade administrativa", publicado na *RDA* 25/454 e ss. (nota de rodapé 7, p. 59). A citação dos autores estrangeiros demonstra que Hely talvez não tivesse encontrado tratamento da matéria na doutrina brasileira.

Trazendo à colação António José Brandão, na p. 59, Hely escolheu o trecho em que se encontra, no vernáculo, a conhecida expressão latina com a qual Ulpiano definiu o Direito: *Honeste vivere, neminem laedere, suum cuique tribuere* ("viver honestamente, não prejudicar ninguém, dar a cada um o que é seu").

E reitera: "O certo é que a moralidade do ato administrativo, juntamente com a sua legalidade e finalidade, constituem pressupostos de validade, sem o qual toda atividade pública será ilegítima" (p. 59).

5. Da raiz às árvores

Certo é que a pregação de Hely, desde a referida 1ª edição, de 1964, como raiz, se expandiu em árvores no ordenamento brasileiro.

Algumas "árvores" podem ser exemplificadas.

Na Constituição/1988: (a) a explicitação do princípio da moralidade a nortear a atividade dos Poderes Públicos (art. 37, *caput*); (b) a moralidade administrativa como um dos objetos da ação popular (art. 5º, LXXIII); (c) no art. 37, § 4º, se prevê que os atos de improbidade importarão a suspensão dos direitos políticos, a perda da função pública, a indisponibilidade dos bens e o ressarcimento do Erário, na forma da lei, sem prejuízo da ação penal cabível.

Na legislação infraconstitucional: (a) Lei de improbidade Administrativa – Lei 8.429, de 2.6.1992; (b) Lei Anticorrupção – Lei 12.846, de 1.8.2012, em que o princípio da moralidade administrativa alcança o setor privado, por atos praticados contra a Administração Pública; (c) no âmbito constitucional-eleitoral, a Lei Complementar 135, de 4.6.2010 ("Ficha Limpa"), que altera a Lei Complementar 64, de 18.5.1990, para incluir hipóteses de inelegibilidade que visam a proteger a probidade administrativa e a moralidade no exercício do mandato.

6. Conclusão

No texto deste artigo se expressa "pró-memória" da moralidade administrativa tratada pioneiramente por Hely Lopes Meirelles (e efetivada em sua atuação nos cargos exercidos), em sua homenagem.

DISPOSIÇÕES CONSTITUCIONAIS TRANSITÓRIAS NA REFORMA DA PREVIDÊNCIA: PROTEÇÃO DA CONFIANÇA E PROPORCIONALIDADE

PAULO MODESTO

Introdução: a previdência é "mobile". 1. Primeira Parte: Segurança jurídica e disposições transitórias: 1.1 Relevância das disposições transitórias para a segurança jurídica; 1.2 Disposições transitórias e relações complexas de longa duração; 1.3 Disposições transitórias e princípio da proteção da confiança no Supremo Tribunal Federal. 2. Segunda Parte: Princípios do regime previdenciário, proteção da confiança e proporcionalidade: 2.1 Contributividade e equidade no financiamento da previdência social brasileira; 2.2 Duas sucessões normativas, duas necessárias transições. 3. Terceira Parte: Análise crítica das disposições transitórias na PEC 287/2016: 3.1 Principais disposições transitórias da PEC 287/2016: 3.1.1 Principais variáveis – 3.1.2 Idade mínima – 3.1.3 Cálculo do benefício. 3.2 Conclusão.

"O tempo vinga-se das coisas que se fazem sem a sua colaboração"
(Eduardo Couture)

"O legislador que deseja operar grandes mudanças deve aliar-se ao tempo, este verdadeiro auxiliar de todas as mudanças úteis, o químico que amalgama os contrários dissolve os obstáculos e cola as partes desunidas"
(J. Bertham)

Introdução: a previdência é "mobile"

Em *Rigolleto*, conhecida ópera de Giuseppe Verdi, o Duque de Mântua explica que as mulheres são inconstantes e imprevisíveis, tal qual uma pluma que flutua ao vento ("La donna è mobile, qual piuma al vento"). O relato do duque segue de forma cruel: a mulher, afirma, muda sempre seu discurso e seu pensamento e, apesar de ter um rosto amável e gentil, no choro ou no riso, é apenas uma dissimulação ("muta d'accento e di pensiero, sempre un'amabile leggiadro viso, in pianto o in riso, è menzognero"). A narrativa do Duque de Mântua, velho sedutor, é completamente injusta ao tratar das mulheres, por sua generalização e cinismo, mas talvez sintetize bem a avaliação que qualquer observador atento faria da previdência dos agentes públicos nos últimos dezoito anos no Brasil.

Desde 1998, a previdência dos agentes titulares de cargo público foi alterada por sucessivas emendas constitucionais (EC 20/1998, EC 41/2003, EC 47/2005, EC 70/2012, EC 88/2015), normas infraconstitucionais e um número expressivo de atos regulamentares. Essas modificações foram acompanhadas por proclamações oficiais de insustentabilidade do modelo de proteção social vigente e da premente necessidade de reformá-lo. Essa cadeia de emendas constitucionais promoveu a *ampliação do esforço contributivo* dos futuros e atuais agentes (ampliação da carreira contributiva) e *alterações na forma de cálculo e nos parâmetros de acesso e gozo dos benefícios*. As emendas constitucionais aprovadas se autoproclamavam *reformas paramétricas*, voltadas supostamente apenas a ajustar o financiamento e os benefícios em bases mais equitativas, solidárias e sustentáveis. Mas essa descrição não é completamente exata, pois as sucessivas emendas constitucionais também propiciaram a *parcial ruptura do regime de repartição simples e do vínculo de solidariedade intergeracional* que, ao menos desde 1993 (EC 3), é estrutural na previdência dos agentes públicos. De qualquer sorte, ao lado dessas mudanças, para atenuar a extinção de direitos e a quebra de expectativas, foram aprovadas também diversas *regras de transição*.

A nova proposta de reforma da previdência social, sintetizada na PEC 287/2016, destinada tanto a agentes públicos quanto a empregados em geral – segue programa normativo semelhante. Por enquanto, o debate em torno da *nova proposta de reforma do sistema previdenciário* tem se concentrado na dimensão econômica e na discussão sobre a existência ou não do alardeado déficit do regime geral de previdência social e dos regimes próprios de previdência social. Limitado a esse aspecto, trata-se de debate improdutivo porque cada uma das vozes em confronto emprega parâmetros de cálculo próprios, incluindo ou excluindo receitas ou despesas passadas ou a consideração de parte do valor presente de despesas futuras para fundamentar a sua orientação. É também uma abordagem binária e simplificadora, pois há problemas de equidade e equilíbrio atuarial – equilíbrio de longo prazo – do sistema previdenciário que não encontram resposta em uma simples análise da receita-despesa ou de financiamento atual dos regimes.

O presente texto é uma tentativa de colaborar para *ampliar o debate para além da dimensão fiscal*, sem qualquer pretensão de negá-la, e propõe uma *alternativa ao discurso meramente descritivo das mudanças propostas no regime de previdência próprio dos titulares de cargo efetivo*, tratando apenas incidentalmente das alterações no regime geral da previdência e nos benefícios da assistência social. Pretende destacar o relevo jurídico do princípio da proteção da confiança, da proporcionalidade e da equidade como exigências impositivas a serem levadas à sério pelo reformador constitucional, nomeadamente através da previsão de *disposições transitórias razoáveis, equitativas e sustentáveis*.

Para estruturar essa trilha argumentativa, com a objetividade possível, esquematizei o trabalho em quatro partes:

(a) uma primeira, voltada a analisar o papel e o alcance das disposições transitórias para o princípio da segurança jurídica, percebido à luz da dinâmica das sucessões normativas, em particular nas relações jurídicas de formação complexa e de longa duração, abordagem aplicável a qualquer dos regimes de previdência social;

(b) uma segunda parte, ainda predominantemente conceitual, dedicada a considerações sobre a aplicação dos princípios da proporcionalidade e da proteção da confiança em reformas previdenciárias, salientando peculiaridades da matriz constitucional do sistema previdenciário brasileiro e do regime próprio de previdência dos titulares de cargo público efetivo;

(c) uma terceira parte, voltada à aplicação dos conceitos anteriores à proposta de emenda constitucional em debate no Congresso Nacional (PEC 287/2016), sob olhar crítico e propositivo e, por fim,

(d) uma quarta e última parte, dedicada a apresentar alternativas às disposições transitórias da PEC 287/2016, com foco na sustentabilidade financeira, social e jurídica da relação previdenciária, respeitosa às exigências de proporcionalidade, proteção à confiança e equidade inerentes à dimensão material do Estado de Direito.

1. Primeira Parte: Segurança jurídica e disposições transitórias

1.1 Relevância das disposições transitórias para a segurança jurídica

A moderna doutrina do direito constitucional tem ressaltado a importância das disposições de transição, que disciplinam *situações de passagem*, ora para ressaltar a importância de ser estabelecido "modelo de transição racional e razoável",[1] ora para entender inconstitucional a modificação pelo poder reformador de normas transitórias, considerando-se o ato das disposições constitucionais transitórias "exaurível em sua aplicação mesma", "insuscetível de se perpetuar no tempo" e insuscetível de mudança.[2]

O direito transitório é a tradução técnica do propósito de conciliar o passado com o futuro. Transitório é o passageiro, no sentido de provisório, mas é também o excepcional, porque se distingue da regulação que se pretende comum ou permanente. O direito transitório dedica-se a *atenuar os efeitos da sucessão normativa* e a *disciplinar o tempo jurídico*, não o tempo natural, servindo para conciliar o tempo jurídico com o tempo natural, protegendo a confiança do cidadão na previsibilidade da ordem jurídica.[3] Preordena-se a reger, em *caráter provisório, preventivo e excepcional, problemas relativos à intertemporalidade*, com emprego de técnicas como as cláusulas de vigência, retroatividade, ultratividade, efeito imediato, recepção, prazos temporários, proteção dos direitos adquiridos e proteção das situações jurídicas implementadas pelo cidadão.[4] Cabem também nas disposições transitórias normas de organização de efeitos instantâneos.[5]

---

1. Luis Roberto Barroso, "Constitucionalidade e legitimidade da Reforma da Previdência (ascensão e queda de um regime de erros e privilégios)", in Paulo Modesto (org.), *Reforma da Previdência: análise e crítica da Emenda Constitucional n. 41/2003*, Belo Horizonte, Fórum, 2004, p. 108.

2. Carmem Lúcia Antunes Rocha, "Natureza e eficácia das Disposições Constitucionais Transitórias", in Eros Roberto Grau e Willis Guerra Filho (org.), *Direito Constitucional: estudos em homenagem a Paulo Bonavides*, São Paulo, Malheiros Editores, 2001, p. 405. A censura da autora salienta a reforma das normas de transição aprovadas pelo poder constituinte originário pela competência reformadora, sempre poder derivado. Porém, na sequência, também destaca a instabilidade derivada de "sobremodificação dispositiva", isto é, "emendas que vieram para mudar o que já tinha sido objeto de mudanças anteriores (hipótese, por exemplo, da prescrição do art. 71), transformando-se, enfim, aquele ato constitucional transitório em permanente, mutante, instabilizador jurídico e sem qualquer concatenação de matérias ou adequação aos princípios e propostas que o processo constituinte de 1987-1988 formulara" (idem, ibidem, p. 406).

3. Sobre as formas do tempo jurídico, por todos, François Ost, *O Tempo do Direito*, trad. Élcio Fernandes, São Paulo, Edusc, 2005. Segundo Ost, "em um regime de *Rule of Law* prevalece um contrato tácito, no fim do qual os governados só obedecerão enquanto as autoridades respeitem, elas mesmas, as regras que adotaram (princípio 'patere legem quam ipse fecisti'). Este contrato gera de uma parte e de outra 'expectativas legítimas', expectativas normativas: estamos, doravante, no direito de esperar das autoridades que respeitem sua palavra, do mesmo modo que elas mesmas podem contar com a nossa colaboração cívica. Uma ordem jurídica não é analisada, então, como a projeção da vontade unilateral e instantânea do soberano; deve ser compreendida, antes, como um sistema durável de interações e de compromissos recíprocos baseados na confiança" (ob. cit., p. 205).

4. O tempo natural é irreversível; o tempo jurídico é manipulável, pois o direito pode calibrar tanto a contagem do tempo quanto os efeitos do tempo transcorrido para fins jurídicos. É dizer: o direito não faz voltar o tempo natural, mas pode alterar as suas consequências ou a forma de reconhecimento do seu valor relativo para o próprio direito. Nada impede que normas revogadas permaneçam regendo os efeitos

No domínio temporal, o direito persegue duas finalidades tendencialmente conflitantes: por um lado, a *estabilização das expectativas*, a garantia da segurança no planejamento pessoal, social e econômico e, por outro, a *inovação e adaptação da sociedade à evolução histórica e às circunstâncias*. Se o cidadão, a administração ou as empresas não puderem calcular as consequências no futuro de suas decisões e comportamentos no presente, a autoridade será negada e a coesão social será impossível. Se o bloqueio à adaptação normativa for absoluto, por igual, a sociedade duvidará de sua própria capacidade de responder aos desafios do futuro. Nesse domínio conflitivo, as disposições transitórias permitem a criação de *pontes temporais*, critérios de decisão ou normas especiais de passagem, assegurando a consideração dos fatos passados (com seus efeitos), sem recusar a nova disciplina normativa. Essas disposições podem ter *caráter formal ou material*. Podem cuidar apenas de precisar a norma aplicável, a antiga ou a nova, a determinado conjunto de situações jurídicas. Podem, porém, estabelecer também uma disciplina material própria, distinta tanto da disciplina anterior quanto da nova disciplina normativa. No primeiro caso, por óbvio, teremos *disposições transitórias formais*; no segundo, *disposições transitórias materiais*.

Em qualquer caso, as disposições transitórias, por serem excepcionais, inadmitem interpretação ampliativa ou extensiva. Produzidas, disciplinam *situações destinadas ao exaurimento*, cuja interpretação deve evitar a frustração da boa-fé de seus beneficiários e das expectativas legitimamente protegidas. É fundamental, nessa matéria, a ponderação de interesses, valores e bens jurídicos e a formulação de juízos sobre eventuais situações de ultratividade da norma revogada. Para além dessa consideração isolada, *as disposições transitórias também devem ser compreendidas à luz da cadeia normativa a que se vinculam e considerar a sucessão no tempo de alterações acumuladas no regime normativo em foco*, especialmente quando gravosas, pois *restrições excessivas podem ser ministradas em gotas, ocultando a violação do princípio da proporcionalidade*.

Deve também frisar-se que as disposições transitórias submetem-se a testes de *coerência, equidade e completude*. Haverá *lacuna normativa* em eventual emenda aprovada se houver ausência de disposições transitórias necessárias (parece plausível cogitar aqui de eventual inconstitucionalidade por omissão parcial ofensiva a direito fundamental) e, sem embargo disso, eventual presença de disposições transitórias insatisfatórias (eventual inconstitucionalidade por omissão parcial de natureza axiológica).[6] A contradição e a in-

---

no futuro de situações jurídicas implementadas durante o tempo em que essas normas estavam em vigor, a preservar no futuro uma vigência material, embora tenham perdido a vigência formal. Exemplo: a conversão, pelas normas transitórias da Emenda Constitucional 20/1998, do tempo de serviço ficto implementado até a data de sua promulgação como tempo de contribuição no novo regime previdenciário obrigou, após a entrada em vigor da EC 20/98, a consideração, pelo aplicador, das normas de reconhecimento de tempo ficto preexistentes.

5. Luis Roberto Barroso classifica, de forma percuciente, as disposições transitórias em três espécies distintas: (I) *Disposições transitórias propriamente ditas* (regulam provisoriamente relações, com vigência temporária, muitas vezes com expressa previsão de condição resolutiva ou termo); (II) *Disposições de efeitos instantâneos e definitivos* (em regra, normas de caráter organizatório que se exaurem ao surtirem efeito); (III) *Disposições de efeitos diferidores* ("regras que sustam a operatividade da norma constitucional por prazo determinado ou até a ocorrência de um determinado evento") (cf. *O Direito Constitucional e a Efetividade de suas Normas*, 3ª ed., Rio de Janeiro, Renovar, 2008, pp. 411 e ss.).

6. O cabimento da aplicação do conceito de inconstitucionalidade por omissão parcial para emendas constitucionais é aqui sugerido, mas não pode ser explorado nos limites da economia do texto. Sobre os

completude de normas transitórias ou a identificação de situações de iniquidade manifesta podem ensejar *censura jurisdicional*. Nada disso é resolvido no simples debate econômico ou fiscal.

A necessidade de disposições transitórias em mudanças normativas de largo alcance é expressão do *princípio da segurança jurídica*, indicador relevante da prevalência da substância sobre a forma no estado material de direito.

A relevância das disposições de transição – e o cabimento da análise sobre a sua omissão em sede de controle de constitucionalidade – não escapou a J. J. Gomes Canotilho:

> No plano do direto constitucional, o princípio da proteção da confiança justificará que o Tribunal Constitucional controle a conformidade constitucional de uma lei, analisando se era ou não *necessária* e *indispensável* uma disciplina transitória, ou se esta regulou, de forma *justa, adequada e proporcionada*, os problemas resultantes da conexão de efeitos jurídicos da lei nova a pressupostos – posições, relações, situações – anteriores e subsistentes no momento da sua entrada em vigor.

A Constituição – como destacou Rogério Ehrhardt Soares – pretende ser "a ordem legítima da comunidade política", a garantir "uma ordem que não vale pela ordem, mas pelo que contém dum ideal de justiça". A Constituição é convocada – em uma sociedade plural – a servir como "fator de integração, uma força motivadora social, uma bandeira de aglutinação do corpo coletivo".[7]

De outra parte, a relevância das disposições transitórias para a proteção da confiança legítima evidencia a fragilidade teórica de circunscrever os domínios da aplicação do direito intertemporal apenas ao binômio direito adquirido/expectativa de direito.[8] É de rejeitar, no estágio atual do saber jurídico, a lógica redutora do tudo ou nada.

conceitos de lacuna normativa, ontológica e axiológica, consulte-se Maria Helena Diniz, *As Lacunas no Direito*, 2ª ed., São Paulo, Saraiva, 1989, pp. 85-97; Victoria Iturralde Sesma, *Lenguaje Legal y Sistema Jurídico*, Madrid, Tecnos, 1989, pp. 147-212; e Karl Engisch, *Introdução ao Pensamento Jurídico*, 6ª ed., trad. Batista Machado, Lisboa, 1988, pp. 275-361; e, do mesmo autor, *Metodologia da Ciência do Direito*, 2ª ed., trad. Jose Lamego, Lisboa, Fundação Calouste Gulbenkian, 1989, pp. 447 e ss.

7. Rogério Ehrhardt Soares, "O conceito ocidental de Constituição", *Revista de Legislação e Jurisprudência*, Coimbra, 1986, ano 119, pp. 36 ss. Essa compreensão não obriga a aceitação de uma leitura dirigente, programático-estatal da Constituição, "caminho de ferro social e espiritual através do qual vai peregrinar a subjectividade projectante" (J. J. Gomes Canotilho, *"Brancosos" e a Interconstitucionalidade: itinerários dos discursos sobre a historicidade constitucional*, 2ª ed., Coimbra, Almedina, 2008, pp. 106 e ss.). A Constituição consagra uma ordem mínima e dialógica de valores, aberta à história e ao pluralismo, de patente vocação libertária e intertemporal, refratária tanto ao essencialismo estático de qualquer ideologia passageira quanto a uma compreensão exclusivamente procedimental de seu programa.

8. Sobre o tema da segurança jurídica na doutrina brasileira, em suas múltiplas dimensões, Humberto Ávila, *Teoria da Segurança Jurídica*, 4ª ed., São Paulo, Malheiros Editores, 2016; Almiro do Couto e Silva, *Conceitos Fundamentais do Direito no Estado Constitucional*, São Paulo, Malheiros Editores, 2015; Elival da Silva Ramos, *A Proteção aos Direitos Adquiridos no Direito Constitucional Brasileiro*, São Paulo, Saraiva, 2003; José Adércio Leite Sampaio, *Direito Adquirido e Expectativa de Direito*, Belo Horizonte, Del Rey, 2005; R. Limongi França, *A Irretroatividade das Leis e o Direito Adquirido*, 4ª ed., São Paulo, Ed. RT, 1994; José Eduardo Martins Cardozo, *Da Retroatividade da Lei*, São Paulo, Ed. RT, 1995; Maria Coeli Simões Pires, *Direito Adquirido e Ordem Pública*, Belo Horizonte, Del Rey, 2005; Carmen Lúcia Antunes Rocha (org.), *Constituição e Segurança Jurídica: direito adquirido, ato jurídico perfeito e coisa julgada. Estudos em homenagem a José Paulo Sepúlveda Pertence*, Belo Horizonte, Fórum, 2004; Claudia Toledo,

Em diversas matérias, com destaque para a previdência social, não basta proteger quem alcançou todos os requisitos para a fruição de um *direito subjetivo de aquisição progressiva* (direito adquirido), sendo devido resguardar, com adequado grau de proporcionalidade, agentes em processo de formação do direito almejado. Não se trata de tutelar simples expectativa de direito, mas de *reconhecer valor jurídico ponderado para situações jurídicas que se encadeiam no curso do tempo, à semelhança de degraus de aquisição paulatina de requisitos para obtenção da situação subjetiva final, e que não podem ser equiparadas à situação dos novos entrantes do regime, sob pena de fraudar expectativas legítimas*. Numa palavra: a relação previdenciária é um *processo*, comportando situações jurídicas intermediárias, cujo valor jurídico não se mede sem consideração do princípio da proporcionalidade e da equidade.

A retroatividade é conceito sutil. Em geral, as normas possuem *eficácia imediata e efeitos prospectivos*, projetando-se a colher *fatos futuros* (realizados integralmente após o início de sua vigência formal) ou *parcelas dos fatos pendentes* que tenham lugar a partir de sua entrada em vigor (*rectius:* efeitos pendentes ou futuros de fatos passados). Em decorrência, a retroatividade (*lato sensu*) é percebida como *efeito jurídico anormal* e classificada em *graus* conforme a intensidade de interferência das novas regras no curso ordinário do tempo jurídico (*retroatividade máxima, média e mínima*).[9]

Direito Adquirido e Estado Democrático de Direito, São Paulo, Landy, 2003; Carlos Young Tolomei, *A Proteção do Direito Adquirido sob o Prisma Civil-Constitucional*, Rio de Janeiro, Renovar, 2005; Rafael Valim, José Roberto Pimenta Oliveira, Augusto Neves Dal Posso (coord.), *Tratado sobre o Princípio da Segurança Jurídica no Direito Administrativo*, Belo Horizonte, Fórum, 2013.

9. Não há consenso na doutrina brasileira quanto a extensão dos conceitos de retroatividade máxima, média e mínima, e sequer acordo sobre a validade da divisão tricotômica. Para José Eduardo Martins Cardozo devem ser reconhecidos dois graus de retroatividade: "retroatividade máxima, ou de segundo grau, sempre que uma norma apresentar tanto sua hipótese, como seu preceito, voltado a uma ação retroativa"; b) "retroatividade mínima, ou de primeiro grau, quando só a sua hipótese, ou apenas o seu preceito, sejam isoladamente responsáveis pela projeção de seus efeitos pretéritos" (José Eduardo Martins Cardozo, ob. cit., pp. 276-277). Fez sucesso a classificação tricotômica de Matos Peixoto: a) retroatividade máxima (grave ou restituitória) é aquela que "devolve as partes ao *statu quo ante*", pois ataca a coisa julgada, atos jurídicos perfeitos e fatos consumados (ex. "decreto de Alexandre III que, em ódio à usura, mandou os credores restituírem os juros recebidos"); b) retroatividade média: "quando lei nova atinge os efeitos pendentes de ato jurídico verificados antes dela" (ex. Decreto 22.626, de 7.4.1933 (lei da usura), o qual limitou a taxa de juros e se aplicou aos contratos existentes, inclusive os ajuizados; c) retroatividade mínima (temperada ou mitigada), "quando lei nova atinge apenas os efeitos dos atos anteriores produzidos após a data em que ela entra em vigor" (ex. "no Direito Romano, a lei de Justiniano, c. 4,32, 27 pr.), que, corroborando disposições legislativas anteriores, reduziu a taxa dos juros vencidos após a data de sua obrigatoriedade" (*apud* Elival da Silva Ramos, *A Proteção aos Direitos Adquiridos no Direito Constitucional Brasileiro*, ob. cit., pp. 35-36). No Supremo Tribunal Federal, a distinção tricotômica de Matos Peixoto foi adotada explicitamente em diversos julgados, inicialmente pelo Min. Moreira Alves: "*Ementa:* Pensões especiais vinculadas a salário mínimo. Aplicação imediata a elas da vedação da parte final do inc. IV do art. 7º da Constituição de 1988. Já se firmou a jurisprudência desta Corte no sentido de que os dispositivos constitucionais têm vigência imediata, alcançando os efeitos futuros de fatos passados (retroatividade mínima). Salvo disposição expressa em contrário – e a Constituição pode fazê-lo –, eles não alcançam os fatos consumados no passado nem as prestações anteriormente vencidas e não pagas (retroatividade máxima e média). Recurso extraordinário conhecido e provido" (RE 140.499-GO, rel. Min. Moreira Alves, *DJU* 9.9.1994). Cf., também, RE 168.618-PR, rel. Min. Moreira Alves, j. 6.9.1994, 1ª T., *DJU* 9.6.1995: "*Ementa:* Foro especial. Prefeito que não o tinha na época do fato que lhe é imputado como crime, estando em

É preciso especial cautela na análise de sucessões normativas. *O caráter retroativo e o retrospectivo de uma nova norma pode ser expresso ou não.* Em matéria previdenciária essa questão assume feições sensíveis. Uma nova condição de elegibilidade de benefício em razão da idade, por exemplo, pode importar uma *ressignificação de todo o tempo contributivo transcorrido*. Noutro dizer: a nova norma pode alterar, de forma desproporcional, o significado relativo do tempo contributivo acumulado se for realizada como simples operação aritmética. Pode afigurar-se eventual *retrospectividade ilegítima*.[10] A falta de manutenção em disposições transitórias do valor relativo do tempo transcorrido pode ser considerada ofensiva à segurança jurídica, por seu caráter abrupto e desarrazoado, uma vez que norma anterior, que estabelecia um "arco temporal" com início e fim delimitados, assegurava uma previsibilidade para o acesso a benefícios que não deve ser desconsiderada.

Celso Antônio Bandeira de Mello, com vigor e clareza, destaca a necessidade de atribuir-se valor jurídico ponderado ou proporcional a fatos passados:

> (...) Os fatos pretéritos, mas que se encartam em situações ainda em curso, podem e devem ser tratados de maneira a se lhes reconhecer a significação jurídica que tiveram em face da regra precedente, sem com isso afrontar-se a regra nova ou negar-lhe imediata vigência. *Basta compatibilizá-los de sorte a atribuir a tudo que passou o valor jurídico que lhe correspondeu até o tempo da sobrevinda da nova lei e atribuir a tudo que transcorrerá a partir desta* última *os efeitos que resultam de seu tempo de império.* Vale dizer: reconhece-se – o que é incontendível – a força modificadora da regra nova em relação ao regime anterior, sem, com isto, fazer-se *tabula rasa* da disciplina pretérita.
>
> (...)
>
> Afinal: aplica-se sempre a lei do tempo. Aos fatos transcorridos, deferem-se a significação e expressão que possuíam ao lume da regra sob cujo império se efetivaram. Por não se terem exaurido, entende-se que os eventos remanescentes, em continuação, hão de se consumar e definir segundo os critérios do novo diploma. A dizer: fica a globalidade da situação disciplinada

curso a ação penal quando da promulgação da atual Constituição que outorgou aos Prefeitos foro especial (art. 29, X, da CF). A Constituição tem eficácia imediata, alcançando os efeitos futuros de fatos passados (retroatividade mínima). Para alcançar, porém, hipótese em que, no passado, não havia foro especial que só foi outorgado quando o réu não mais era Prefeito – hipótese que configura retroatividade média, por estar tramitando o processo penal –, seria mister que a Constituição o determinasse expressamente, o que não ocorre no caso. Por outro lado, não é de aplicar-se sequer o princípio que inspirou a Súmula 394. Recurso extraordinário não conhecido".

10. Sobre o conceito de retrospectividade, conferir Jacques Héron, *Principes du Droit Transitoire*, Paris, Dalloz, 1996, pp. 107 e ss. No direito brasileiro, Carlos Young Tolomei, *A Proteção do Direito Adquirido sob o Prisma Civil-Constitucional*, ob. cit., pp. 54-66; Elival da Silva Ramos, *A Proteção aos Direitos Adquiridos no Direito Constitucional Brasileiro*, ob. cit., pp. 37-47. A retrospectividade é a antítese da ultratividade. Em princípio, a retrospectividade identifica espécie de efeito imediato da regra nova, vocacionado a instalar modificação na repercussão jurídica de fatos anteriores à vigência da nova regra e cujos efeitos se prolongam ou projetam em período posterior à sucessão normativa. Quando há ultratividade, a nova regra autoriza que a regra antiga prolongue a sua vigência material para reger efeitos posteriores ao início da vigência formal da regra nova, que assim inibe, total ou parcialmente, a incidência imediata da nova regulação sobre determinada situação jurídica. Ao contrário da opinião comum, a garantia dos direitos adquiridos não protege a situação jurídica tutelada da retroatividade, mas da retrospectividade, isto é, da aplicação imediata da regra nova mais gravosa a consequências jurídicas de fatos passados ainda não exauridas ou que se destinam a produzir efeito no futuro.

pelos paradigmas decorrentes da norma atual, que, entretanto, recebe os fatos pretéritos segundo a qualificação, *o valor relativo*, que lhes emprestava a norma antiga.

(...)

Em razão disto, recursar aos fatos passados o relevo que um dia tiveram perante uma norma equivale a recusar-lhes a única densidade que possuíam perante o Direito. Em uma palavra equivale a desconstituir a juridicidade, a expressão *de jure*, que fazia deles um elemento do universo jurídico. Em outros termos, negar o valor que então possuíam é pura e simplesmente fazer *retroagir* a nova regra, sem o que seria impossível infirmar o alcance que dantes possuíam[11] (grifos do autor).

É certo que a segurança jurídica não imuniza apriorística e completamente agentes das reformas constitucionais. Mesmo o direito adquirido, que pode ser resultante da incidência de normas infraconstitucionais variadas, não impede transformações no regime jurídico constitucional e alterações no modo de fruição de vantagens anteriores. Porém, *o princípio da segurança jurídica é mais abrangente do que a garantia dos direitos adquiridos e pode servir de parâmetro autônomo de controle de constitucionalidade, inclusive em face de emendas constitucionais, quando afetado o seu núcleo essencial.*

Sobre a *inadequação da lógica do tudo/ou/nada* da garantia dos direitos adquiridos em face das emendas constitucionais, escrevi há mais de uma década trabalhos empregando argumentos de *natureza sistemática*. Em especial, o fato inconteste, percebido pela doutrina universal, segundo o qual, ao ascender os escalões da ordem jurídica, das normas individuais e concretas às normas de maior hierarquia, *o processo de produção normativo torna-se progressivamente mais exigente e as limitações materiais impostas às normas produzidas progressivamente menos exigentes.* Essa *lógica de funcionamento do sistema jurídico seria subvertida* se normas produzidas com *maior dificuldade processual* do que as leis (as emendas constitucionais) estivessem submetidas a *restrições materiais equivalentes* as aplicadas às normas legais. Ademais, a imutabilidade de direitos subjetivos de qualquer origem (e não simplesmente da norma constitucional de garantia), imunizaria situações subjetivas derivadas de atos concretos e normas infraconstitucionais, tornando incerta a extensão das cláusulas de eternidade, a cristalizar eventualmente gravíssimas injustiças sociais. É óbvio que este argumento não autoriza que normas distintas das leis, produzidas com menores exigências de ordem processual, sejam consideradas imunes à cláusula de garantia dos direitos adquiridos simplesmente por não serem leis. O argumento sugerido, de natureza sistemática, informa exatamente o contrário. Por outro lado, o fato de elementos sistemáticos indicarem que a voz "lei" no art. 5º, XXXVI, da CF, não se dirigir às emendas constitucionais não autoriza a compreensão de que em outras disposições, referentes a outros campos temáticos da lei fundamental, a voz "lei" também não alcance as emendas à constituição. Emprestar a compreensão do art. 5º, XXXVI, para outras disposições é

---

11. Celso Antonio Bandeira de Mello, "Parecer", in Paulo Modesto (org.), *Reforma da Previdência: análise e crítica da Emenda Constitucional n. 41/2003*, ob. cit., pp. 438, 439 e 441. Ver, também, "Direito Adquirido e o Direito Administrativo: uma nova perspectiva", in Bandeira de Mello, *Grandes Temas de Direito Administrativo*, São Paulo, Malheiros Editores, 2009, pp. 26 e ss. Trata-se de orientação sagaz e criativa, cuja repercussão prática em sede de disposições transitórias exploro na terceira parte deste trabalho.

subscrever *argumento analógico* (analogia), o que somente é legítimo realizar perante situações de idêntica *ratio legis*.[12-13]

Sem embargo disso, também destaquei há mais de dois lustros que essa compreensão sistemática da garantia dos direitos adquiridos, que muitos consideram restritiva, não afastava a possibilidade de *censura às emendas constitucionais com fundamento no princípio da segurança jurídica*.[14]

Associava-me nesse aspecto à trilha aberta por Daniel Sarmento, que ressaltava os *riscos para o princípio democrático* da "maximização das cláusulas pétreas", empregando instrumental da teoria da argumentação, em especial a ponderação de valores, aplicada no Brasil inclusive para a relativização da coisa julgada. Para Sarmento,

> (...) os direitos adquiridos não são, nem aqui nem em nenhum outro país do mundo inteiro, um limite para o constituinte derivado. Sujeitar as emendas à Constituição ao acatamento incondicionado de todos os direitos adquiridos no passado é, na nossa opinião, fazer pouco do direito de cada geração de construir seu próprio caminho, mas é também, e acima de tudo, eternizar no tempo um *status quo* rebelde às dimensões transformadoras que, por imperativo constitucional, devem estar presentes no direito brasileiro.[15]

Essa mesma orientação não impede, como destacou também Sarmento, a utilização do princípio da segurança jurídica, previsto no art. 5º, *caput*, da Constituição, como

> parâmetro material para a aferição da validade das emendas à Constituição. Mas não se tratará, aqui, de uma análise de lógica formal, pautada pela lógica do "tudo ou nada", à moda das subsunções. Para afastar uma emenda, por ofensa à segurança jurídica, será necessário demonstrar não apenas que se trata de um atentado gravíssimo contra o núcleo essencial deste princípio, mas também que, numa argumentação jurídica aberta aos valores, esta restrição não tem como ser racionalmente justificada por uma necessidade impostergável de proteção ou promoção de algum interesse constitucional digno de tutela.[16]

---

12. Paulo Modesto, "Reforma da Previdência e Regime Jurídico da Aposentadoria dos Titulares de Cargo Público", in Paulo Modesto (org.), *Reforma da Previdência: análise e crítica da Emenda Constitucional n. 41/2003*, ob. cit., pp. 89-90, nota de rodapé. Conferir ainda, de minha autoria, "Reforma Administrativa e direito adquirido", *RDA* 211/79-94, jan.-mar. 1998; *RTDP* 18/165-178, 1997.

13. Interpretação alternativa e inteligente foi assumida pelo Min. Sepúlveda Pertence, no voto-condutor do MS 24875 (Tribunal Pleno, j. 11.5.2006, *DJU* 6.10.2006, pp. 00033, *RTJ* 00200-03, pp. 01198), decidido por seis votos a cinco, a partir da distinção entre "direito adquirido de envergadura constitucional" (modalidade qualificada de direito adquirido) e "direitos adquiridos sem estatura constitucional". Somente os primeiros, extraídos diretamente do texto constitucional (*v.g.*, a garantia da irredutibilidade), poderiam ser oponíveis às emendas constitucionais. Sobre essa decisão, com considerações divergentes, v. Rodrigo Brandão, *Direitos Fundamentais, Cláusulas Pétreas e Democracia*, Rio de Janeiro, Renovar, 2008, pp. 326-330. Cf., ainda, José Paulo Sepúlveda Pertence, "O Controle de Constitucionalidade das Emendas Constitucionais pelo Supremo Tribunal Federal: crônica de jurisprudência", in Paulo Modesto, Oscar Mendonça (coord.), *Direito do Estado: novos rumos*, t. 1, São Paulo, Max Limonad, 2001, pp. 23-44.

14. Paulo Modesto, "Reforma da Previdência e Regime Jurídico da Aposentadoria dos Titulares de Cargo Público", ob. cit., p. 90.

15. Daniel Sarmento, "Direito Adquirido, emenda constitucional, democracia e a Reforma da Previdência", in Marcelo Tavares (org.), *A Reforma da Previdência Social: temas polêmicos e aspectos controvertidos*, Rio de Janeiro, Lumen Juris, 2004, p. 42.

16. Daniel Sarmento, ob. cit., p. 43. Ver, também, do mesmo autor, "Direito Adquirido, Emenda Constitucional, Democracia e Justiça Social", *Revista Eletrônica sobre a Reforma do Estado (RERE)*, n. 12,

É exatamente essa *compreensão material do princípio da segurança jurídica* que justifica o relevo das disposições transitórias e revela ao mesmo tempo a insuficiência e a inadequação da garantia dos direitos adquiridos quando aplicada às emendas constitucionais. A segurança jurídica convoca o *subprincípio da proteção à confiança*[17] e a *exigência de proporcionalidade e razoabilidade em sucessões normativas*,[18] sobretudo quando em causa relações jurídicas de longa duração, assegurando a transição equitativa e racional do sistema jurídico e social, a valorização da democracia e da justiça intergeracional, sem sucumbir à "petrificação do direito", a sedução absoluta pela "medusa dos direitos adquiridos",[19] álibi para a manutenção indisfarçada e sem limite do *status quo*.

1.2 Disposições transitórias e relações complexas de longa duração

Nas relações jurídicas complexas de longa duração, quer no direito público, quer no direito privado, a aplicação do princípio da proteção da confiança é reforçada.

No direito privado, os *contratos relacionais*, a exemplo dos contratos de aposentadoria complementar, seguro-saúde privados e contratos bancários, por serem de execução longa e intrinsecamente incompletos, inclusive sem prazo final estipulado, podem colocar o consumidor em estado dependência ou cativalidade, a ponto de considerar-se ilegítima a ruptura unilateral imotivada, o que não ocorre nos contratos de execução imediata. Alteradas as circunstâncias, as partes devem procurar meios para, de boa-fé, assegurar o equilíbrio durante todo o contrato, com mínima intervenção de terceiros, inibindo-se condutas oportunistas e a assimetria de informação.[20]

No direito público não é diferente. O transcurso do tempo produz consequências estabilizadoras quando associado à boa-fé dos interessados e deve ser considerado, mesmo

---

Salvador, Instituto Brasileiro de Direito Público, dez.-jan.-fev. 2008 (disponível em www.direitodoestado. com/revista/RERE-12-DEZEMBRO-2007-DANIEL%20SARMENTO.pdf, acesso em 10.3.2017).

17. "Há essencialmente duas grandes correntes que procuram explicar o fundamento do princípio da proteção da confiança: a corrente dos civilistas e a dos constitucionalistas. A primeira tenta situá-lo no Direito Privado, mais especificamente no princípio oriundo do Direito Civil da boa-fé objetiva. A segunda busca revelar as raízes do princípio da proteção da confiança em algum instituto específico do Direito Público (princípio do Estado Social de Direito, direitos fundamentais, Estado de Direito etc.). Embora haja divergências entre os adeptos desta última corrente quanto ao mais adequado fundamento do princípio da proteção da confiança no Direito Público, tem predominado a ideia de que ele seria derivado do princípio do Estado de Direito e da segurança jurídica"(Valter Shuenquener de Araújo, *O Princípio da Proteção da Confiança: uma nova forma de tutela do cidadão diante do Estado*, Niterói, Impetus, 2009, pp. 33 e ss.).

18. "O movimento, por mais paradoxal que isso possa ser, é condição da estabilidade, tal qual um passeio de bicicleta: o ciclista que para, cai. O patinador que desliza sobre a fina camada de gelo, se parar, afunda. Portanto, o que o Direito não pode é ser modificado de maneira frequente, brusca e drástica; ele deve, porém, adaptar-se à nova realidade, sob pena de ser um freio à própria atividade econômica. Busca-se, na verdade, a segurança do movimento" (Humberto Ávila, *Teoria da Segurança Jurídica*, 4ª ed., ob. cit., pp. 142-143).

19. João Carlos Loureiro, *Adeus ao Estado Social? A Segurança Social entre o Crocodilo da Economia e a Medusa dos "Direitos Adquiridos"*, Coimbra, Coimbra Editora, 2010, pp. 15, 117-138, 272-274.

20. Ronaldo Porto Macedo Júnior, *Contratos Relacionais e Defesa do Consumidor*, 2ª ed., São Paulo, Ed. RT, 2007; Cláudia Lima Marques, *Contratos no Código de Defesa do Consumidor: o novo regime das relações contratuais*, 5ª ed., São Paulo, Ed. RT, 2006. Sobre a teoria dos contratos incompletos, por todos, cf. Fernando Araújo, *Teoria Econômica do Contrato*, Coimbra, Almedina, 2007, pp. 147 e ss.

quando houver irregularidade jurídica no ato público originário. Escrevi onze anos atrás sobre o tema e recordo aqui o essencial.

Em direito, e em especial no direito administrativo, é equivocado identificar ilegalidade e invalidez. A ilegalidade (no sentido amplo de irregularidade normativa) encerra um juízo de constatação, verificação ou conhecimento sobre uma específica relação entre normas (*relação sintática*): diz respeito à desconformidade de uma norma inferior em face de uma norma superior de observância obrigatória. Traduz *juízo descritivo*, segundo o qual norma inferior contraria norma superior, ou invade esfera própria de aplicação de norma especial, segundo o disposto em norma superior. A ilegalidade, a inconstitucionalidade, ou qualquer outra espécie de irregularidade jurídica, considerada neste sentido descritivo, encerra asserção presumidamente lógica (embora, por óbvio, também inevitavelmente axiológica). Mas a invalidez, reversamente, decorre de uma decisão jurídica, traduz um *juízo normativo*, adotado apenas a partir de uma ponderação entre o valor da legalidade/irregularidade e o valor da estabilidade das relações jurídicas, ou o valor de outro princípio jurídico reconhecido pelo sistema. A invalidez de um ato somente é decretada após uma *avaliação de sua necessidade* (isto é, decorre de um juízo sobre uma relação sintático-semântico-pragmática: norma-realidade normada-utente da norma).

O juízo de invalidez normativa pressupõe o juízo de irregularidade da norma, mas nem toda irregularidade jurídica importa em invalidez. Há irregularidades não invalidantes, ou, no mesmo dizer, ilegalidades não invalidantes. São inúmeras as situações em que o ordenamento preserva a norma editada irregularmente como válida (irregularidades formais sem prejuízo, normas referentes a situações consolidadas, atos de funcionários de fato ou atos cuja decretação de invalidez importaria grave dano a princípios relevantes do ordenamento). Mais do que isso: o ordenamento encarrega-se de prever diversos mecanismos de preservação e correção de normas ilegais, ou irregulares: a convalidação, a conversão e a estabilização de normas ilegais. Neste diapasão, pode-se afirmar que a *invalidez é uma forma de sanção da ilegalidade e não um efeito lógico necessário da irregularidade normativa*.

A validade é uma qualidade contrafática. *As normas valem até que sejam invalidadas*. Não há invalidez (ausência de obrigatoriedade de norma jurídica) automática. *Toda invalidez reclama decretação*. É impróprio, portanto, tratar da invalidez como consequência normativa em sentido semelhante à consequência presente nas relações fáticas. Não há causalidade entre a irregularidade na composição do suposto normativo e a invalidez como consequência. A relação é de imputação, não de causalidade. Trata-se de consequência que exige valoração e decisão; não se contenta com o simples conhecimento. Não há invalidez como dado original e ontológico de qualquer norma. A invalidez é qualidade atribuída, derivada de um juízo de ponderação que excede a mera apreciação da norma de forma isolada.

No direito administrativo, a decretação de nulidade ou de invalidez de qualquer ato administrativo é cada vez mais percebida como último remédio, medida excepcional, que não deve ser empregada senão em situações limites, dado que os atos administrativos produzem consequências que alcançam a um número significativo de sujeitos e não apenas a um ou dois litigantes, como ainda é comum em demandas na área cível. A decretação da nulidade de um concurso para professor, por exemplo, importa grave incerteza quanto à própria viabilidade da matrícula de dezenas de alunos em semestres sucessivos, enquanto se arrastam os litígios sobre a demanda.

Como bem destacou Almiro do Couto e Silva há alguns lustros:

> A invariável aplicação do princípio da legalidade da Administração Pública deixaria os administrados, em numerosíssimas situações, atônitos, intranquilos e até mesmo indignados pela conduta do Estado, se a este fosse dado, sempre, invalidar seus próprios atos – qual Penélope, fazendo e desmanchando sua teia, para tornar a fazê-la e tornar a desmanchá-la – *sob o argumento de ter adotado uma nova interpretação e de haver finalmente percebido, após o transcurso de certo lapso de tempo, que eles eram ilegais, não podendo, portanto, como atos nulos, dar causa a qualquer consequência jurídica para os destinatários.*
>
> Se há relativamente pouco tempo é que passou a considerar-se que *o princípio da legalidade da Administração Pública, até então tido como incontrastável, encontrava limites na sua aplicação, precisamente porque se mostrava indispensável resguardar, em certas hipóteses, como interesse público prevalecente, a confiança dos indivíduos em que os atos do Poder Público, que lhes dizem respeito e outorgam vantagens, são atos regulares, praticados com a observância das leis.*[21]

Por isso, em direito administrativo, em que os conflitos afetam amplamente terceiros e podem romper com a presunção de validade dos atos emanados do Poder Público, a validez não deve ser percebida como um dado intrínseco da norma, mas como uma *propriedade sistêmica, um atributo reconhecido à norma enquanto for compatível com os valores tutelados pelo ordenamento*. Essa compatibilidade pode não se romper mesmo diante situações de ilegalidade. A questão, frise-se novamente, não é apenas lógica ou sintática. Por essa razão, com rigor e elegância, escreveu Margarita Baladiez Rojo:

> la invalidez es la calificación que debe otorgarse no ya cuando exista un desajuste estructural entre el acto y la norma, sino cuando el Derecho considera que ese desajuste estructural no debe ser protegido. Literalmente, un acto inválido es aquel que no vale, y no todos los actos en los que existe un desajuste estructural son actos que carezcan de valor para el Derecho. Siempre se ha aceptado que existen ilegalidades que no son más que meras irregularidades sin efecto invalidante alguno.[22]

No direito brasileiro, encarecendo o princípio da boa-fé e da segurança jurídica, Weida Zancaner identificava autênticas "barreiras ou limites ao dever de invalidar".[23]

Esse efeito estabilizador do transcorrer do tempo associado à boa-fé dos interessados não vale apenas para resguardar os efeitos jurídicos de atos jurídicos irregulares, com fundamento no princípio da confiança legítima, mas também *deve iluminar a compreensão dos efeitos jurídicos de atos e fatos jurídicos válidos*, resguardando-os – ao menos no seu valor relativo – contra investidas radicais do legislador ou da administração, ainda que não conformem propriamente um direito adquirido.[24]

---

21. Almiro do Couto e Silva, "Princípios da Legalidade da Administração Pública e da Segurança Jurídica no Estado de Direito contemporâneo", *Revista de Direito Público*, n. 84, out.-dez. 1987, pp. 46-47.

22. Margarida Baladiez Rojo, *Validez e Eficacia de los Actos Administrativos*, Madrid, Marcial Pons, 1994, p. 54.

23. Weida Zancaner, *Da Convalidação e Invalidação dos Atos Administrativos*, São Paulo, Ed. RT, 1990, pp. 57 e ss.

24. Javier Garcia Luengo, *El Principio de la Protección de la Confianza en el Derecho Administrativo*, Madrid, Civitas, 2002, denomina a invocação do princípio em causa como limite à liberdade de configuração do legislador como "proteção da confiança em abstrato".

É relevante destacar que o princípio da proteção da confiança – como vertente subjetiva da segurança jurídica – recebeu desenvolvimento inicial na Alemanha exatamente em decisão do Superior Tribunal Administrativo de Berlim, de 14.11.1956, acompanhada em seguida por acórdão do Tribunal Administrativo Federal (BVerwGE), de 15.10.1957, sobre a anulação de vantagem prometida à viúva de um funcionário, caso se transferisse de Berlim Oriental para Berlim Ocidental, o que ocorreu. Segundo narra Almiro do Coutro e Silva, a viúva "percebeu a vantagem durante um ano, ao cabo do qual o benefício lhe foi retirado, ao argumento de que era ilegal, por vício de competência, como efetivamente ocorria. O Tribunal, entretanto, comparando o princípio da legalidade com o da proteção à confiança, entendeu que este incidia com mais força ou mais peso no caso, afastando a aplicação do outro".[25]

É certo que não há direito adquirido a regime jurídico para os titulares de cargo público. Nenhum agente tem direito à imutabilidade do quadro normativo abstrato regente da relação estatutária. A mudança, entretanto, não deve ser violenta ou surpreendente. Em matéria previdenciária, por exemplo, o próprio legislador tem previsto transições progressivas: quando da alteração do benefício de aposentadoria por idade, cuja carência era de 60 contribuições antes da Lei 8.213/1991 e passou a ser 180 contribuições mensais, o art. 142 da nova lei previu uma tabela progressiva de carência, evitando penalizar quem já estava inscrito no RGPS/Regime Geral de Previdência Social antes da mudança normativa.

O mesmo caráter paulatino, gradual, da norma de transição foi assegurado pela EC 20/1998, no seu art. 5º, concedendo o prazo de dois anos, a contar da sua entrada em vigor, para que a nova exigência de paridade entre a contribuição da patrocinadora, no regime de previdência privada, e a contribuição do segurado começasse a valer. O mesmo prazo de dois anos foi concedido também, pelo art. 6º, para que as entidades fechadas de previdência privada patrocinadas por entidades públicas revisassem seus planos de benefícios.

Noutro dizer: o Poder Público não pode legitimamente surpreender o cidadão de forma abrupta, adotar comportamentos contraditórios que frustrem legítimas expectativas decorrentes de comportamentos e decisões dos próprios agentes estatais, subverter a previsibilidade objetiva do cidadão quanto ao conjunto de seus direitos e deveres, sem adotar regras de transição razoáveis, progressivas e equitativas. *Essa confiança é reforçada quando o Poder Público exige obrigações do cidadão, fixa prazos e programas temporais, induzindo a crença na seriedade de compromisso normativos de transição, e merece proteção acrescida quanto maior for a gravidade das alterações propostas.* São exigências do princípio da segurança jurídica, fundamento subjacente ao Estado de Direito, enunciado no art. 1º da Lei Fundamental, que não se aplica apenas a atos concretos, mas também a atos normativos.[26]

---

25. Almiro do Couto e Silva, *Conceitos Fundamentais do Direito no Estado Constitucional*, cit., p. 50.
26. Sobre a aplicação da proteção da confiança legítima no âmbito da função normativa da administração, inclusive em sede de reparação patrimonial, cf. Patrícia Baptista, "A tutela da confiança legítima ao exercício do poder normativo da Administração Pública. A proteção das expectativas legítimas dos cidadãos como limite à retroatividade normativa", *Revista Eletrônica de Direito do Estado – REDE*, n. 11, jul.-ago. 2007 (disponível em *www.direitodoestado.com.br*, acesso em 10.3.2017); Guilherme Carvalho e Souza, *A Responsabilidade do Estado e o Princípio da Confiança Legítima: a experiência para o direito brasileiro*, Rio de Janeiro, Lumen Juris, 2014; Federico Castillo Blanco, *La Protección de Confianza en el Derecho Administrativo*, Madrid, Marcial Pons, 1998; Ana Raquel Gonçalves Muniz, *A Recusa de*

A ausência ou inadequação grave de normas de transição pode caracterizar, à luz do caso concreto, uma autêntica *patologia normativa*, a exigir atuação da jurisdição constitucional para preservar a confiabilidade da ordem jurídica.

1.3 Disposições transitórias e princípio da proteção da confiança no Supremo Tribunal Federal

O princípio da confiança tem sido invocado pelo Supremo Tribunal Federal em múltiplas situações.

À semelhança de outros países, também no Brasil, o princípio da confiança ora assume o papel de suporte para a tutela de pretensões individuais, sua dimensão subjetiva, ora de norma diretriz para a proteção de valores transindividuais, sua dimensão objetiva. Na dimensão subjetiva, o princípio da confiança funciona como suporte para estabilizar situações irregulares longamente toleradas,[27] impedir decisões públicas em contradição com atos anteriores,[28] ampliar a atuação de interessado no processo adminis-

---

Aplicação de Regulamentos pela Administração com Fundamento em Invalidade, Coimbra, Almedina, 2012, pp. 636-661.

27. "*Ementa:* Ato administrativo. Terras públicas estaduais. Concessão de domínio para fins de colonização. Área superiores a dez mil hectares. Falta de autorização prévia do Senado Federal. Ofensa ao art. 156, § 2º, da Constituição Federal de 1946, incidente à data dos negócios jurídicos translativos de domínio. Inconstitucionalidade reconhecida. Nulidade não pronunciada. Atos celebrados há 53 anos. Boa-fé e confiança legítima dos adquirentes de lotes. Colonização que implicou, ao longo do tempo, criação de cidades, fixação de famílias, construção de hospitais, estradas, aeroportos, residências, estabelecimentos comerciais, industriais e de serviços etc. Situação factual consolidada. Impossibilidade jurídica de anulação dos negócios, diante das consequências desastrosas que, do ponto de vista pessoal e socioeconômico, acarretaria. Aplicação dos princípios da segurança jurídica e da proteção à confiança legítima, como resultado da ponderação de valores constitucionais. Ação julgada improcedente, perante a singularidade do caso. Votos vencidos. Sob pena de ofensa aos princípios constitucionais da segurança jurídica e da proteção à confiança legítima, não podem ser anuladas, meio século depois, por falta de necessária autorização prévia do Legislativo, concessões de domínio de terras públicas, celebradas para fins de colonização, quando esta, sob absoluta boa-fé e convicção de validez dos negócios por parte dos adquirentes e sucessores, se consolidou, ao longo do tempo, com criação de cidades, fixação de famílias, construção de hospitais, estradas, aeroportos, residências, estabelecimentos comerciais, industriais e de serviços, etc." (STF, ACO 79, rel. Min. Cezar Peluso, j. 15.3.2012, *DJe* de 28.5.2012, *RTJ* 110-02).

28. "*Ementa:* Recurso extraordinário. Repercussão geral. Concurso público. Previsão de vagas em edital. Direito à nomeação dos candidatos aprovados. (...) O dever de boa-fé da Administração Pública exige o respeito incondicional às regras do edital, inclusive quanto à previsão das vagas do concurso público. Isso igualmente decorre de um necessário e incondicional respeito à segurança jurídica como princípio do Estado de Direito. Tem-se, aqui, o princípio da segurança jurídica como princípio de proteção à confiança. Quando a Administração torna público um edital de concurso, convocando todos os cidadãos a participarem de seleção para o preenchimento de determinadas vagas no serviço público, ela impreterivelmente gera uma expectativa quanto ao seu comportamento segundo as regras previstas nesse edital. Aqueles cidadãos que decidem se inscrever e participar do certame público depositam sua confiança no Estado administrador, que deve atuar de forma responsável quanto às normas do edital e observar o princípio da segurança jurídica como guia de comportamento. Isso quer dizer, em outros termos, que o comportamento da Administração Pública no decorrer do concurso público deve se pautar pela boa-fé, tanto no sentido objetivo quanto no aspecto subjetivo de respeito à confiança nela depositada por todos os cidadãos. (...)" (STF, RE 598.099, rel. Min. Gilmar Mendes, Tribunal Pleno, j. 10.8.2011, com Repercussão Geral, *DJe*-189, 3.10.2011).

trativo de controle[29] ou recusar a anulação extemporânea de ato jurídico favorável ao particular.[30]

Em sua dimensão objetiva, também chamada abstrata, o princípio da confiança oferece suporte à vedação da aplicação imediata da lei nova a situações pendentes (retroatividade mínima, inautêntica ou, mais precisamente, retrospectividade),[31-32] viabiliza a ultratividade

29. "*Ementa:* Mandado de Segurança. Ato do Tribunal de Contas da União. Competência do Supremo Tribunal Federal. Negativa de registro a aposentadoria. Princípio da segurança jurídica. Garantias constitucionais do contraditório e da ampla defesa. (...) A inércia da Corte de Contas, por mais de cinco anos, a contar da aposentadoria, consolidou afirmativamente a expectativa do ex-servidor quanto ao recebimento de verba de caráter alimentar. Esse aspecto temporal diz intimamente com: a) o princípio da segurança jurídica, projeção objetiva do princípio da dignidade da pessoa humana e elemento conceitual do Estado de Direito; b) a lealdade, um dos conteúdos do princípio constitucional da moralidade administrativa (*caput* do art. 37). São de se reconhecer, portanto, certas situações jurídicas subjetivas ante o Poder Público, mormente quando tais situações se formalizam por ato de qualquer das instâncias administrativas desse Poder, como se dá com o ato formal de aposentadoria. 4. A manifestação do órgão constitucional de controle externo há de se formalizar em tempo que não desborde das pautas elementares da razoabilidade. Todo o Direito Positivo é permeado por essa preocupação com o tempo enquanto figura jurídica, para que sua prolongada passagem em aberto não opere como fator de séria instabilidade intersubjetiva ou mesmo intergrupal. A própria Constituição Federal de 1988 dá conta de institutos que têm no perfazimento de um certo lapso temporal a sua própria razão de ser. Pelo que existe uma espécie de tempo constitucional médio que resume em si, objetivamente, o desejado critério da razoabilidade. Tempo que é de cinco anos (inc. XXIX do art. 7º e arts. 183 e 191 da CF; bem como art. 19 do ADCT). 5. O prazo de cinco anos é de ser aplicado aos processos de contas que tenham por objeto o exame de legalidade dos atos concessivos de aposentadorias, reformas e pensões. Transcorrido *in albis* o interregno quinquenal, a contar da aposentadoria, é de se convocar os particulares para participarem do processo de seu interesse, a fim de desfrutar das garantias constitucionais do contraditório e da ampla defesa (inc. LV do art. 5º). 6. Segurança concedida" (STF, MS 25.116, rel. Min. Ayres Britto, Tribunal Pleno, j. 8.9.2010, *DJe*-027, 10.2.2011, Ement vol-02461-01).

30. "Servidor público. Funcionário. Aposentadoria. Cumulação de gratificações. Anulação pelo Tribunal de Contas da União – TCU. Inadmissibilidade. Ato julgado legal pelo TCU há mais de cinco anos. Anulação do julgamento. Inadmissibilidade. Decadência administrativa. Consumação reconhecida. Ofensa a direito líquido e certo. Respeito ao princípio da confiança e segurança jurídica. Cassação do acórdão. Segurança concedida para esse fim. Aplicação do art. 5º, LV, da CF e art. 54 da Lei federal 9.784/1999. Não pode o TCU, sob fundamento ou pretexto algum, anular aposentadoria que julgou legal há mais de cinco anos" (STF, MS 25.963, rel. Min. Cezar Peluso, j. 23.10.2008, *DJe* de 21.11.2008).

31. "Quando do advento da LC 118/2005, estava consolidada a orientação da Primeira Seção do STJ no sentido de que, para os tributos sujeitos a lançamento por homologação, o prazo para repetição ou compensação de indébito era de dez anos contados do seu fato gerador, tendo em conta a aplicação combinada dos arts. 150, § 4º; 156, VII; e 168, I, do CTN. A LC 118/2005, embora tenha se autoproclamado interpretativa, implicou inovação normativa, tendo reduzido o prazo de dez anos contados do fato gerador para cinco anos contados do pagamento indevido. (...) A aplicação retroativa de novo e reduzido prazo para a repetição ou compensação de indébito tributário estipulado por lei nova, fulminando, de imediato, pretensões deduzidas tempestivamente à luz do prazo então aplicável, bem como a aplicação imediata às pretensões pendentes de ajuizamento quando da publicação da lei, sem resguardo de nenhuma regra de transição, implicam ofensa ao princípio da segurança jurídica em seus conteúdos de proteção da confiança e de garantia do acesso à Justiça. (...) Reconhecida a inconstitucionalidade art. 4º, segunda parte, da LC 118/2005, considerando-se válida a aplicação do novo prazo de cinco anos tão somente às ações ajuizadas após o decurso da *vacatio legis* de 120 dias, ou seja, a partir de 9.6.2005" (STF, RE 566.621, rela. Min. Ellen Gracie, j. 4.8.2011, *DJe* 11.10.2011, com repercussão geral RE 732.370 AgR, rela. Min. Cármen Lúcia, j. 22.4.2014, 2ª T., *DJe* de 6.5.2014).

32. "O art. 3º da Portaria Normativa MEC 21/2014 alterou a redação do art. 19 da Portaria Normativa MEC 10/2010, passando a exigir média superior a 450 pontos e nota superior a zero nas redações do Exame

da norma revogada,[33] a manutenção de responsabilidade pública por instituições criadas cuja extinção enseja quebra de expectativas,[34] a sustação de efeitos de mudança interpretativa de órgãos públicos, inclusive da própria jurisdição[35] e, por fim, impõe a previsão de disposições transitórias razoáveis em processos de sucessão normativa ou de mutação jurisdicional.[36]

Nacional do Ensino Médio (ENEM), como condição para a obtenção de financiamento de curso superior junto ao Fundo de Financiamento ao Estudante de Ensino Superior (FIES). O art. 12 da Portaria Normativa MEC 21/2014 previu que as novas exigências entrariam em vigor apenas em 30.3.2015, muito embora as inscrições para o FIES tenham se iniciado em 23.2.2015, conforme Portaria Normativa 2/2015. Previu-se, portanto, uma norma de transição entre o antigo e o novo regime jurídico aplicável ao FIES, possibilitando-se que, durante o prazo da *vacatio legis*, os estudantes se inscrevessem no sistema com base nas normas antigas. Plausibilidade jurídica da alegação de violação à segurança jurídica configurada pela possibilidade de ter ocorrido aplicação retroativa da norma nova, no que respeita aos estudantes que: (i) já dispunham de contratos celebrados com o FIES e pretendiam renová-los; (ii) requereram e não obtiveram sua inscrição no FIES, durante o prazo da *vacatio legis*, com base nas regras antigas. Perigo na demora configurado, tendo em vista o transcurso do prazo para renovação dos contratos, bem como em razão do avanço do semestre letivo. Cautelar referendada para determinar a não aplicação da exigência de desempenho mínimo no ENEM em caso de: (i) renovações de contratos de financiamento; (ii) novas inscrições requeridas até 29.3.2015" (STF, ADPF 341 MC-REF, rel. Min. Roberto Barroso, j. 27.5.2015, *DJe* de 10.8.2015).

33. "É devida a restituição da diferença do Imposto sobre Circulação de Mercadorias e Serviços (ICMS) pago a mais, no regime de substituição tributária para a frente, se a base de cálculo efetiva da operação for inferior à presumida. Com base nesse entendimento, o Plenário, por maioria, deu provimento ao recurso extraordinário e reconheceu o direito da recorrente de lançar em sua escrita fiscal os créditos de ICMS pagos a maior, nos termos da legislação tributária do Estado de Minas Gerais, respeitado o lapso prescricional de cinco anos previsto na Lei Complementar 118/2005. (...) O Plenário observou, ainda, não haver autorização constitucional para cobrar mais do que resultaria da aplicação direta da alíquota sobre a base de cálculo existente na ocorrência do fato gerador. Assim, uma interpretação restritiva do § 7º do art. 150 da Constituição, com o objetivo de legitimar a não restituição do excesso, representaria injustiça fiscal inaceitável em um Estado Democrático de Direito, fundado em legítimas expectativas emanadas de uma relação de confiança e justeza entre fisco e contribuinte. Desse modo, a restituição do excesso atende ao princípio que veda o enriquecimento sem causa, haja vista a não ocorrência da materialidade presumida do tributo.(...) Por fim, o Plenário, por maioria, modulou os efeitos do julgamento. Dessa forma, esse precedente poderá orientar todos os litígios judiciais pendentes submetidos à sistemática da repercussão geral e os casos futuros oriundos de antecipação do pagamento de fato gerador presumido, tendo em conta o necessário realinhamento das administrações fazendárias dos Estados-membros e de todo o sistema judicial. No entanto, em vista do interesse social e da segurança jurídica, decidiu que se preservem as situações passadas que transitaram em julgado ou que nem sequer foram judicializadas" (STF, RE 593.849, rel. Min. Edson Fachin, j. 19.10.2016, *Informativo* 844, com repercussão geral).

34. "Estado – Responsabilidade – Quebra da confiança. A quebra da confiança sinalizada pelo Estado, ao criar, mediante lei, carteira previdenciária, vindo a administrá-la, gera a respectiva responsabilidade" (STF, ADI 4.429, rel. Min. Marco Aurélio, Tribunal Pleno, j. 14.12.2011, *DJe*-053, 14.3.2012, *RT*, vol. 101, n. 920, 2012, pp. 630-655).

35. "Recurso Extraordinário. Repercussão geral. Reeleição. Prefeito. Interpretação do art. 14, § 5º, da Constituição. Mudança da jurisprudência em matéria eleitoral. Segurança jurídica. (...). Mudanças radicais na interpretação da Constituição devem ser acompanhadas da devida e cuidadosa reflexão sobre suas consequências, tendo em vista o postulado da segurança jurídica. Não só a Corte Constitucional, mas também o Tribunal que exerce o papel de órgão de cúpula da Justiça Eleitoral devem adotar tais cautelas por ocasião das chamadas viragens jurisprudenciais na interpretação dos preceitos constitucionais que dizem respeito aos direitos políticos e ao processo eleitoral. Não se pode deixar de considerar o peculiar caráter normativo dos atos judiciais emanados do Tribunal Superior Eleitoral, que regem todo o processo eleitoral. Mudanças na jurisprudência eleitoral, portanto, têm efeitos normativos diretos sobre os pleitos eleitorais, com sérias repercussões sobre os direitos fundamentais dos cidadãos (eleitores e candidatos) e partidos políticos. No âmbito eleitoral, a segurança jurídica assume a sua face de princípio da confiança

Essa última aplicação é a que mais interessa no momento. Não para ampliar essa sumária resenha jurisprudencial, mas para destacar observações relevantes – feitas a modo de *obter dictum* – contidas em julgado da Corte Maior sobre a Emenda Constitucional 41/2003, na ADI 3.105, impetrada pela Associação Nacional dos Membros do Ministério Público (CONAMP).

Neste importantíssimo julgamento, questionava-se o art. 4º, da EC 41/2003, referente à cobrança de contribuição previdenciária dos agentes inativos e dos agentes que, embora em atividade, possuíam os requisitos para requerer a aposentadoria. A controvérsia central envolvia a aplicação da garantia dos direitos adquiridos (CF, art. 5º, XXXVI) para assegurar aos agentes referidos o direito ao não pagamento da contribuição previdenciária autorizada por emenda à Constituição. Ao final, por sete votos a quatro, prevaleceu o voto-divergente do Min. Cezar Peluso, que sustentou a natureza tributária da contribuição previdenciária, a inexistência de direito adquirido oponível à tributação estatal, a inexistência de bitributação e a presença do dever, em regime de solidariedade, de assegurar o equilíbrio atuarial

para proteger a estabilização das expectativas de todos aqueles que de alguma forma participam dos prélios eleitorais. A importância fundamental do princípio da segurança jurídica para o regular transcurso dos processos eleitorais está plasmada no princípio da anterioridade eleitoral positivado no art. 16 da Constituição. O Supremo Tribunal Federal fixou a interpretação desse art. 16, entendendo-o como uma garantia constitucional (1) do devido processo legal eleitoral, (2) da igualdade de chances e (3) das minorias (RE 633.703). Em razão do caráter especialmente peculiar dos atos judiciais emanados do Tribunal Superior Eleitoral, os quais regem normativamente todo o processo eleitoral, é razoável concluir que a Constituição também alberga uma norma, ainda que implícita, que traduz o postulado da segurança jurídica como princípio da anterioridade ou anualidade em relação à alteração da jurisprudência do TSE. Assim, as decisões do Tribunal Superior Eleitoral que, no curso do pleito eleitoral (ou logo após o seu encerramento), impliquem mudança de jurisprudência (e dessa forma repercutam sobre a segurança jurídica), não têm aplicabilidade imediata ao caso concreto e somente terão eficácia sobre outros casos no pleito eleitoral posterior. (...)" (STF, RE 637.485, rel. Min. Gilmar Mendes, Tribunal Pleno, j. 1º.8.2012, *DJe* 21.5.2013, com repercussão geral).

36. *"Ementa:* Mandado de Segurança – (...) Competência normativa do Tribunal Superior Eleitoral – O Instituto da 'consulta' no âmbito da Justiça Eleitoral: natureza e efeitos jurídicos – (...) Fidelidade partidária – A essencialidade dos partidos políticos no processo de poder – Mandato eletivo – Vínculo partidário e vínculo popular – (...) Revisão jurisprudencial e segurança jurídica: a indicação de marco temporal definidor do momento inicial de eficácia da nova orientação pretoriana. (...) Os precedentes firmados pelo Supremo Tribunal Federal desempenham múltiplas e relevantes funções no sistema jurídico, pois lhes cabe conferir previsibilidade às futuras decisões judiciais nas matérias por eles abrangidas, atribuir estabilidade às relações jurídicas constituídas sob a sua égide e em decorrência deles, gerar certeza quanto à validade dos efeitos decorrentes de atos praticados de acordo com esses mesmos precedentes e preservar, assim, em respeito à ética do Direito, a confiança dos cidadãos nas ações do Estado. – Os postulados da segurança jurídica e da proteção da confiança, enquanto expressões do Estado Democrático de Direito, mostram-se impregnados de elevado conteúdo ético, social e jurídico, projetando-se sobre as relações jurídicas, inclusive as de direito público, sempre que se registre alteração substancial de diretrizes hermenêuticas, impondo-se à observância de qualquer dos Poderes do Estado e, desse modo, permitindo preservar situações já consolidadas no passado e anteriores aos marcos temporais definidos pelo próprio Tribunal. Doutrina. Precedentes. – A ruptura de paradigma resultante de substancial revisão de padrões jurisprudenciais, com o reconhecimento do caráter partidário do mandato eletivo proporcional, impõe, em respeito à exigência de segurança jurídica e ao princípio da proteção da confiança dos cidadãos, que se defina o momento a partir do qual terá aplicabilidade a nova diretriz hermenêutica. – Marco temporal que o Supremo Tribunal Federal definiu na matéria ora em julgamento: data em que o Tribunal Superior Eleitoral apreciou a Consulta n. 1.398-DF (27.3.2007) e, nela, respondeu, em tese, à indagação que lhe foi submetida. (...)" (STF, MS 26.603, rel. Min. Celso de Mello, Tribunal Pleno, j. 4.10.2007, *DJe*-241, 19.12.2008, Ement vol-02346-02).

do sistema previdenciário (ADI 3105, rel. Min. Ellen Gracie, rel. p/ Acórdão: Min. Cezar Peluso, Tribunal Pleno, j. 18.8.2004).

Não pretendo analisar em detalhe o tema da contribuição dos inativos aqui, pois dele tratei em trabalho anterior, no qual apresentei entendimento divergente tanto da posição assumida pelo STF na ADI 3105 quanto da corrente radical da garantia dos direitos adquiridos, que advogava a não incidência tributária para os servidores aposentados ou com direito à aposentação e a possibilidade de exigência do tributo para os demais servidores ativos. Em sentido diametralmente oposto, sustentei a possibilidade de instituição da contribuição, mas excluí do dever de contribuir na inatividade os novos servidores que, por ingressarem após a EC 41/2003, no momento da aposentadoria não poderão usufruir do direito à paridade, "causa suficiente" (ou razão legitimante) para a contribuição na inatividade.[37]

Fixado o objeto da controvérsia, destaco breve trecho do voto do Min. Gilmar Mendes na ADI 3105, pronunciado após a recusa da aplicação da gramática dos direitos adquiridos ao caso, fecundo em sugerir parâmetros de controle de constitucionalidade mais abrangentes, cabíveis inclusive para a proteção de *direitos em processo de formação*, calçado na existência ou não de adequadas cláusulas transitória em emendas constitucionais:

> É bem verdade que, em face da insuficiência do princípio do direito adquirido para proteger tais situações, a própria ordem constitucional tem-se valido de uma ideia menos precisa e, por isso mesmo mais abrangente, que é o *princípio da segurança jurídica enquanto postulado do Estado de Direito*.
>
> Embora de aplicação mais genérica, o princípio da segurança jurídica traduz a proteção da confiança que se deposita na subsistência de um dado modelo legal (*Schutz des Vertrauens*).[38]
> 48. *A ideia de segurança jurídica tornaria imperativa a adoção de cláusulas de transição nos casos de mudança radical de um dado instituto ou estatuto jurídico*. Daí porque se considera, em muitos sistemas jurídicos, que, *em casos de mudança de regime jurídico, a ausência de cláusulas de transição configura uma omissão inconstitucional*.

---

37. Paulo Modesto, "Reforma da Previdência e Regime Jurídico da Aposentadoria dos Titulares de Cargo Público", in Marcelo Figueiredo, Valmir Pontes Filho (org.), *Estudos de Direito Público em Homenagem a Celso Antônio Bandeira de Mello*, São Paulo, Malheiros Editores, 2006, pp. 612 e ss. Em fórmula de síntese, sustentei na ocasião: "Desvinculada do direito à paridade, a contribuição previdenciária do servidor aposentado ou do pensionista deve ser considerada inconstitucional, por falta da causa suficiente que a legitimaria e, consequentemente, por ausência plena de razoabilidade. Não é, portanto, qualquer aposentado ou pensionista que pode ter o seu benefício tributado por contribuição previdenciária, mas exclusivamente aquele que goza de provento ou pensão variável segundo o direito à paridade e, consequentemente, pode usufruir de benefício mutável em termos reais ao longo do tempo acima do valor limite do RGPS. Nesta hipótese, somente nesta hipótese, será legítima a instituição de contribuição sobre proventos e pensões, com vistas a manter *equitativa a participação do agente no custeio do sistema* (art. 194, parágrafo único, V, da CF), *solidário o regime de repartição simples* (art. 40, CF) e *sustentável a mutação real do benefício assegurado pelo direito à paridade* (art. 195, 5º, da CF). Essa interpretação é que melhor se harmoniza com o sistema constitucional, pois explica porque a lei fundamental veda expressamente a incidência de contribuição sobre os proventos do regime geral de previdência (art. 195, II), cujos benefícios não são mutáveis e, uma vez definidos, sofrem apenas atualização monetária (art. 201, § 4º)". Sobre a exigência de "causa suficiente" para legitimar a contribuição previdenciária, espécie tributária de caráter vinculado, cf. STF, ADI 2.010 MC, rel. Min. Celso de Mello, Tribunal Pleno, j. 30.9.1999, *DJU* 12.4.2002, pp. 00051.

38. Christoph Degenhart, *Staatsrecht I*, 14ª ed., Heidelberg, 1998, pp. 128 e ss. (referência constante do voto).

Nessa linha, afirma Canotilho que "o princípio da proteção da confiança justificará que o Tribunal Constitucional controle a conformidade constitucional de uma lei, analisando se era ou não necessária e indispensável uma disciplina transitória, ou se esta regulou, de forma justa, adequada e proporcionada, os problemas resultantes da conexão de efeitos jurídicos da lei nova a pressupostos – posições, relações, situações anteriores e subsistentes no momento da sua entrada em vigor".[39]

É certo que não há, aqui, uma omissão quanto ao estabelecimento de cláusulas de transição, o que certamente não impede o exame da constitucionalidade dessas mesmas cláusulas sob uma outra perspectiva. (grifos nossos).

Trata-se de orientação com a qual concordo integralmente e que substitui, com maior latitude, a inadequada conversão de situações jurídicas individuais infraconstitucionais em cláusulas de eternidade constitucional, irreversíveis e imodificáveis. *O controle jurisdicional fundado na segurança jurídica enquanto princípio geral, refratário a qualquer pretensão de aplicação binária, convoca o subprincípio da proteção da confiança e autoriza a realização ponderada e equitativa dos direitos fundamentais para um conjunto muito mais abrangente de situações dignas de tutela.* Resguarda-se um amplo conjunto de situações jurídicas, a partir de uma metódica estruturada e aberta a valores, extirpando-se a província dos desprotegidos constitucionais, dos que apenas expectam, porque não cumpriram completamente as exigências de um processo de múltiplas etapas.

A Constituição, percebida diacronicamente, é essencialmente um compromisso intergeracional. É diploma normativo concebido para proteger direitos e interesses das atuais e futuras gerações. E suas cláusulas, por isso mesmo, devem ser interpretadas sob o prisma da sustentabilidade da própria comunidade intergeracional. (ver, por exemplo, STF, ADPF 101, Min. Cármen Lúcia, Tribunal Pleno, j. 24.6.2009, *RTJ* 224-01).

Seria absurdo conceber a existência de ordens jurídicas indiferentes à sobrevivência do próprio homem e de si mesmas, vocacionadas apenas a valorizar uma "ética de proximidade" ou a convivência de contemporâneos, alheias à preservação da vida, da natureza e das próprias instituições constitucionais.[40] Normas constitucionais que tutelam a democracia promovem a dignidade da pessoa humana, a cidadania, o desenvolvimento nacional não são dirigidas apenas aos contemporâneos e podem ser compreendidas à luz da *justiça intergeracional*. Em uma perspectiva abrangente, à luz da comunidade intertemporal, não pode ser qualificada de democrática uma decisão tomada hoje que não seja reversível democraticamente pelas futuras gerações. A política ultrapassa (ou deve ultrapassar) a dimensão de mero diálogo entre representantes e representados imediatos, para internalizar a consideração dos interesses das futuras gerações. Não se trata de leitura moral de textos constitucionais, mas de compreensão alargada de direitos e deveres constitucionais.[41]

Para usar uma metáfora proposta por Eduardo Giannetti, pode-se afirmar que o direito e as instituições públicas devem superar a *miopia temporal* (atribuição de valor demasiado ao que está perto de nós no tempo) sem recair na *hipermetropia temporal* (atribuição de

---

39. José Joaquim Gomes Canotilho, *Direito Constitucional*, 5ª ed., Coimbra, Almedina, 1991, p. 384.
40. Raffaele Bifulco, *Diritto e Generazioni Future: problemi giuridici della responsabilità intergenerazionale*, Milano, Franco Angeli, 2008, pp. 69-70.
41. Paulo Modesto, "Uma introdução à Teoria da Justiça Intergeracional e o Direito", *Revista Colunistas de Direito do Estado* (on-line) (disponível em https://goo.gl/8n8TGg, acesso em 15.3.2017).

um valor excessivo ao amanhã, em prejuízo das demandas e interesses correntes).[42] Essa moderação pode e deve ser realizada por normas e instituições públicas, inclusive pela justiça constitucional, a quem cumpre avaliar a *razoabilidade das disposições de transição* e o *grau de frustação de expectativas legítimas*.[43]

2. Segunda Parte: Princípios do regime previdenciário, proteção da confiança e proporcionalidade

2.1 Contributividade e equidade no financiamento da previdência social brasileira

Encarecer a proteção da confiança não é sacar do coldre um princípio retórico. *Previdência é essencialmente projeção do futuro e sua preparação paulatina através da transferência de parte da renda atual para assegurar uma reposição de renda no futuro*. O direito à segurança social é o único direito fundamental exigente de contribuição individual específica. Há nele evidente caráter patrimonial, sendo cabível inclusive invocar o instituto da proibição do enriquecimento sem causa, quando desrespeitado o *princípio constitucional da equidade no financiamento do custeio* (CF/1988, art. 194, V) *e da contrapartida* (CF/1988, art. 195, § 5º). O caráter contributivo do sistema previdenciário é hoje evidente, pois o critério para acesso à aposentadoria e pensão é o tempo de contribuição e não mais o tempo de serviço. O cálculo dos benefícios – salvo incapacidade ou regra de transição asseguradora de paridade – é a média das bases de contribuição.

É certo que o sistema previdenciário dos titulares de cargo efetivo, antes e depois das Emendas Constitucionais 20/1998, 41/2003, 47/2005, 70/2012 e 88/2015, caracteriza-se ainda predominantemente pelo regime de financiamento baseado na repartição simples, acrescido de aportes orçamentários. Por este modelo não há formação de uma poupança individual ou coletiva, pois os recursos apurados com a contribuição dos agentes ativos e a cargo dos respectivos entes estatais são imediatamente transferidos para o pagamento dos benefícios atuais dos aposentados e pensionistas. O sistema funciona como uma *complexa cadeia de financiamento*, que enlaça gerações diferentes, segundo o princípio da solidariedade intergeracional. A atual geração em atividade financia os proventos da geração anterior e guarda a expectativa de ter os seus proventos financiados pelas futuras gerações. No regime de repartição simples há transferência de renda entre gerações.

Por isso, a todo rigor, no regime de repartição simples, os agentes públicos em atividade não contribuem para a própria aposentadoria ou para a correspondente pensão, mas para a *solvabilidade do sistema previdenciário próprio*. Neste regime, a contribuição individual

---

42. Eduardo Giannetti, *O Valor do Amanhã: ensaio sobre a natureza dos juros*, São Paulo, Companhia das Letras, 2005, pp. 12-13.

43. No plano administrativo, a transição normativa deve igualmente ser ponderada, proporcional e pouco traumática. No Projeto de Lei 349/2015, de autoria do Senador Augusto Anastasia, em curso no Congresso Nacional, inspirado diretamente em sugestão normativa dos Professores Carlos Ari Sundfeld e Floriano de Azevedo Marques, esses vetores estão prestigiados. No seu art. 23, prescreve-se: "Art. 23. A decisão administrativa, controladora ou judicial que, com base em norma indeterminada, imposer dever ou condicionamento novo de direito, ou fixar orientação ou interpretação nova, deverá prever um *regime de transição*, quando indispensável para que a submissão às exigências se opere de modo proporcional, equânime e eficiente, e sem prejuízo aos interesses gerais. (...)".

atual não mantém correlação imediata ou precisa com o correspondente benefício futuro e financia apenas o pagamento dos benefícios previdenciários atuais do sistema. A constatação desse vínculo intergeracional explicita a primeira grande dificuldade de reformar o regime previdenciário dos agentes públicos titulares de cargo efetivo. É necessário reformar a previdência própria sem perder de vista a garantia de alguma equidade entre gerações (equidade intergeracional), sem soluções simplistas e rupturas que atribuam a uma única geração o encargo de manter o sistema em funcionamento. Neste contexto, reformar a previdência obrigatória dos titulares de cargo efetivo significa alterar um pacto de gerações e redistribuir benefícios e encargos entre gerações distintas, com equidade e proporcionalidade, sem soluções simples, binárias ou populistas.[44]

É próprio do regime de repartição simples constituir modelo de financiamento solidário, pois somente ele oferece garantia na inatividade a agentes que, em regime de capitalização individual, não conseguiriam acumular o suficiente para adquirirem o direito a uma aposentadoria digna. Esse fato não significa, no entanto, ao contrário do que se difunde, que a lógica do sistema de repartição simples importe na geração de constantes desajustes. No regime de repartição simples, que desconhece contas ou reservas individuais, a solidariedade inerente ao regime permite que os participantes do sistema se beneficiem das contribuições dos que o integravam, mas que por qualquer motivo deixaram de nele se aposentar, ou faleceram antes de alcançar as condições de aposentadoria, sem assegurar a terceiros benefícios previdenciários, ou fizeram gozo de benefícios por pouco tempo. *A solidariedade do sistema, no entanto, encontra limites. Não é equitativo admitir a repartição de sacrifícios excessivamente diferenciada, sem causa justificante, ou o enriquecimento sem causa do Estado com a simples invocação do princípio da solidariedade e caráter não estritamente sinalagmático do sistema.*

O regime de repartição rege-se pelo princípio da solidariedade (CF/1988, art. 40, *caput*) e da equidade (CF/1988, art. 194, V), mas dentro de uma mesma geração deve haver equidade no financiamento e contrapartida entre benefícios e encargos securitários (CF/1988, art. 195, § 5º).

Equidade no financiamento não é apenas proporcionalidade da contribuição por faixas salariais ou consideração especial da capacidade contributiva. É certo que significa, em uma primeira dimensão, equidade de cargas em face dos demais indivíduos em situação equivalente, mas em uma segunda dimensão pode ser percebido também em termos inter-

---

44. "As culpas pelo déficit do sistema previdenciário são, na sua maior porção, invisíveis e diluídas ao longo do tempo. Não é fácil distribuí-las adequadamente, nem haveria grande proveito em fazê-lo. É certo que os servidores públicos, chamados a pagar a maior parcela da conta que não fechou, não são os responsáveis. São vítimas. O Estado, portanto, não deve ser indiferente nem arrogante em relação às suas legítimas expectativas. É preciso fazer uma transição civilizada, ainda que dura. Mas há uma dificuldade adicional, no Brasil, em qualquer debate que afete o *status quo*, vale dizer, as distribuições de poder e de riqueza na sociedade. Uma certa retórica vazia, demagógica, torna-se aliada da inércia, e tudo permanece como sempre foi, mantendo-se a apropriação privada do espaço público. A criação de um país decente, fundado em pressupostos igualitários, tem de enfrentar as seduções do populismo, escuso sob o qual se protege, pelos séculos afora, a classe dominante brasileira e seus aliados no estamento burocrático. Diante de qualquer ameaça aos seus privilégios, organizam-se bravamente e fazem discurso de esquerda. Assim é porque sempre foi" (Luís Roberto Barroso, *Temas de Direito Constitucional*, vol. III, Rio de Janeiro, Renovar, 2005, pp. 549-550).

temporais ou intergeracionais. Na primeira dimensão, *ninguém deve ser obrigado a ser mais solidário do que os demais integrantes do sistema em situação equivalente*. Na segunda, no tocante à solidariedade intergeracional, *uma geração não deve transferir para futuras gerações encargos desproporcionais* ou assumir encargos desproporcionais em relação a gerações passadas. Tampouco pode desresponsabilizar-se em relações a gerações passadas ou futuras. O complexo equilíbrio dessa equação é dado pelas *disposições transitórias*.

No regime de repartição simples da previdência específica dos titulares de cargo efetivo não é prevista a possibilidade de resgate de valores de contribuição individual por aquele que se desliga do cargo antes de completar o período de aquisição, nem direito a benefício proporcional diferido (*vesting*) ou autopatrocínio, bem como inexiste a possibilidade de transferência de valores depositados para outro plano de benefícios (portabilidade). As contribuições realizadas pelos agentes ativos financiam imediatamente o pagamento de proventos e benefícios dos que já se encontram aposentados ou são seus beneficiários, independentemente da incerteza sobre se algum benefício futuro será pago ao atual contribuinte do sistema, o valor nominal deste benefício ou a duração no gozo do eventual benefício. No sistema de repartição do setor público brasileiro, há imediata apropriação das contribuições individuais por parte do grupo social e eventual dispêndio com benefícios futuros dos atuais filiados ao sistema. De qualquer modo, a variável crucial para a solvabilidade de qualquer regime de repartição simples é que a taxa de crescimento de sua base de filiados ativos, ou de sua base de financiamento, seja mantida equilibrada em relação à taxa de crescimento de seus beneficiários ou da despesa requerida pelos respectivos benefícios. Se a taxa de crescimento da base for mantida constante, não há desequilíbrio; caso contrário, o desequilíbrio será crescente. O que os economistas afirmam é que a base de filiados ativos é hoje decrescente e permanecerá decrescente, causando grave desequilíbrio, o que imporia nova calibração nas regras do sistema.

O que se oculta do debate é que, além do componente demográfico e da situação de crise no mercado de trabalho, *a base de financiamento dos regimes de previdência social tem sido reduzida nos últimos anos também por decisões unilaterais do próprio Poder Público*. Não trato aqui do gravíssimo problema da substituição da base de cálculo da contribuição previdenciária patronal (chamada impropriamente de desoneração), que retirou centenas de bilhões de reais dos cofres da União desde 2011.[45] Não trato da incorporação inconsti-

---

45. A denominada "desoneração" no Programa "Brasil Maior" (Governo Dilma) não significou a liberação ou isenção do pagamento da contribuição patronal, mas uma redução brutal dos valores a recolher, pois as contribuições deixaram de incidir sobre a folha salarial para incidir sobre a receita bruta das empresas, com redução da alíquota de 20% para 2% ou 1%, conforme a atividade. Essa renúncia fiscal foi intensificada a partir de 2011, mediante a edição da Medida Provisória 540, de 2.8.2011, convertida na Lei 12.546, de 14.12.2011, e ampliada por alterações posteriores (Lei 12.715/2012, Lei 12.794/2013 e Lei 12.844/2013). Na prática, deu-se a criação de um novo tributo, a Contribuição Previdenciária sobre a Receita Bruta (CPRB) e aplicação de uma alíquota *ad valorem* de 1% ou 2%, a depender da atividade, do setor econômico e do produto fabricado, sobre a receita bruta mensal. Posteriormente, em 2015, a Lei 13.161/2015 alterou alíquotas e autorizou a "desoneração facultativa", assegurando às empresas a possibilidade de escolher a melhor base de cálculo para a incidência da contribuição (sobre a folha de pagamento ou sobre a receita bruta). Centenas de bilhões de reais deixaram de ser recolhidos pelo Governo Federal ano após ano, tendo o Tesouro a partir de dezembro de 2012 iniciado a compensação do RGPS, ampliando o gasto primário. Os valores de renúncia fiscal, segundo estudo da ANFIP, que incluem as contribuições previdenciárias e outras, apenas em 2015 totalizaram o montante de 4,9% do PIB ou R$ 282,4 bilhões, "quantia maior do que

tucional de grande contingente de empregados originalmente filiados ao regime geral para o regime previdenciário próprio dos titulares de cargo público durante o Governo Collor, seguido de abrangentes pareceres internos da administração e comportamento semelhante em vários estados.[46] Esses temas já foram bastante explorados na literatura crítica até aqui produzida. Destaco algo mais duradouro e estrutural, que tem passado despercebido. Recordo que a EC 41/2004, explorando trilha aberta pela EC 20/1998, facilitou a *instituição de planos de previdência complementar dos servidores públicos efetivos*, que permitem ao Poder Público conter no valor do teto de benefícios do regime geral da previdência (atualmente em R$ 5.531,31) o valor da aposentadoria dos novos titulares de cargo efetivo, da nova geração de servidores, que ingressou no serviço público após a instituição dos planos de previdência complementar.

Esses planos já foram instituídos na União Federal (Lei 12.618, de 30.4.2012 – Funpresp-Exe, Funpresp-Leg, Funpresp-Jud) e em diversos Estados da Federação, a saber:

a soma de tudo o que foi gasto, na esfera federal, com Saúde (R$ 93 bilhões), Educação (R$ 93,9 bilhões), Assistência Social (R$ 71 bilhões), Transporte (R$ 13,8 bilhões) e Ciência e Tecnologia (R$ 6,1 bilhões)". Cf. Claudio Alberto Castelo Branco Puty e Denise Lobato Gentil (org.), *A Previdência Social em 2060: as inconsistências do modelo de projeção atuarial do governo brasileiro*, Brasília, ANFIP/DIEESE; Plataforma Política Social, 2017, p. 48 (disponível *http://plataformapoliticasocial.com.br/wp-content/uploads/2017/03/Doc-3_final-redes.pdf*, acesso em 15.3.2017).

46. Na administração federal, em virtude do Parecer GM 30, de 4.4.2002, publicado no *DOU* 65, de 3.4.2003, do Advogado-Geral da União, aprovado pelo Presidente da República e *dotado de força vinculante para a Administração Federal*, estão incluídos no regime previdenciário específico dos titulares de cargos público não apenas os servidores efetivos, mas também os servidores que não ingressaram por concurso público, estabilizados pela disposição transitória do art. 19 do ADCT, bem como todos os demais servidores não efetivos, transferidos do regime de emprego para o regime de cargo pela lei instituidora do regime jurídico único na União (Lei 8.112/1990). Segundo o Parecer, estão excluídos do regime próprio unicamente os servidores indicados no art. 40, § 13, da Constituição Federal, com a redação dada pela Emenda Constitucional n. 20/1998, isto é, o "servidor ocupante, exclusivamente, de cargo em comissão declarado em lei de livre nomeação e exoneração bem como de outro cargo temporário ou de emprego público". O Parecer, que resolveu conflito de interpretação entre o Ministério da Previdência e o Ministério do Planejamento, recebeu a seguinte ementa: "Direito Previdenciário. Regime próprio de previdência social. Servidores Públicos. Vinculação de servidores beneficiados pela estabilidade especial conferida pela Constituição de 1988 ao regime próprio de previdência social. Vinculação que independe da condição de efetividade. Conflito de competência e de interpretação entre o Ministério de Assistência e Previdência Social e o Ministério do Planejamento, Orçamento e Gestão". Guardo reservas em relação às conclusões do parecer. Na prática, o entendimento adotado esvaziou completamente a utilidade do disposto no § 1º, do art. 19, do ADCT, que reza: "O tempo de serviço dos servidores referidos neste artigo será contado como título quando se submeterem a concurso para fins de efetivação". A aprovação do parecer, por igual, consolidou no tempo os efeitos do inconstitucional art. 243 da Lei 8.112/1990, que converteu unilateralmente todos os ocupantes de emprego da administração centralizada e autárquica em titulares de cargos públicos na data da promulgação da Lei 8.112/1990, independentemente do campo próprio de aplicação do art. 19 do ADCT. Registro o fato e a divergência, com o máximo respeito, impressionado que o Parecer vinculante tenha passado sem registro até aqui na doutrina jurídica especializada e entre economistas que estudam o funcionamento do regime próprio de previdência social. Sobre a inconstitucionalidade do art. 243, *caput*, da Lei 8.112/1990, conferir, por todos, Celso Antônio Bandeira de Mello, *Curso de Direito Administrativo*, 33ª ed., 2ª tir., São Paulo, Malheiros Editores, 2017, pp. 261 e 276. Saliento, porém, que a questão não tem contornos unicamente acadêmicos. Em agosto de 2003, o Procurador Geral da República ajuizou perante o Supremo Tribunal Federal a ADI 2.968-1-DF, de relatoria do Min. Cezar Peluso, cujo pedido é exatamente a declaração de inconstitucionalidade do art. 243, *caput*, da Lei 8.112/1990. O processo aguarda julgamento até hoje.

1. São Paulo (Lei 14.653, 23.12.2011 – SP-PREVCOM)
2. Rio de Janeiro (Lei 6.243, de 21.5.2012 – RJPREV)
3. Espírito Santo (LC 711, de 2.9.2013 – PREVES)
4. Rondônia (Lei 3.270, de 5.12.2013 – PREVRO)
5. Pernambuco (LC 258, de 13.12.2013 – FUNAPREV)
6. Minas Gerais (LC 132, de 7.1.2014 – PREVCOM-MG)
7. Bahia (Lei 13.222, de 12.1.2015 – PREVBAHIA)
8. Rio Grande do Sul (LC 14.750, de 15.10.2015 – RS-PREV)
9. Santa Catarina (LC 661, de 2.12.2015 – SCPREV)
10. Goiás (Lei 19.179, de 29.12.2015 – PREVCOM-GO)

Há também a lei aprovada para o Estado do Ceará (LC 123, de 16.9.2013), mas sem plano instituído até o momento. O Município de São Paulo também debate projeto de instituição da previdência complementar municipal, projeto apresentado pelo atual gestor, João Dória, depois de duas tentativas frustradas de aprovação do mesmo projeto na gestão do ex-prefeito Fernando Haddad.

Somente na União, estudos informam que 186.512 servidores públicos efetivos federais ingressaram entre 1.1.2004 até 31.12.2011 e são candidatos diretos a compor a base do plano de previdência complementar instituído, pois não gozam da garantia da integralidade e paridade na fixação dos proventos de inatividade. E os números estão defasados e subestimados.

Há nesse movimento de instituição dos planos de previdência complementar para os titulares de cargo público uma *ruptura do regime de financiamento solidário e das bases vigentes do regime de repartição simples*. Onde foram instituídos os planos de previdência complementar os servidores novos deixaram de contribuir com alíquotas incidentes sobre a totalidade da respectiva remuneração e passaram a contribuir para os respectivos regimes próprios tendo a alíquota da contribuição aplicada sobre o valor limite fixado como teto de benefícios do regime geral da previdência social. *O que deixa de ser arrecadado com os novos servidores agrava o desequilíbrio dos regimes próprios e deixa sem financiamento equivalente os benefícios da geração anterior, sem que essa diferença seja reconhecida pelo Poder Público ou mesmo calculada.* O Poder Público – adiante – terá reduzido o valor da despesa com a aposentadoria dos seus agentes, mas enquanto o momento de jubilação não ocorre, o regime próprio sofre agravamento contínuo de seu financiamento.

Em termos exemplificativos, para dar número e visibilidade a essa transformação silenciosa das bases de financiamento do regime próprio, pondere-se a seguinte situação: servidor efetivo que percebe o teto de retribuição (R$ 33.763,00) contribuirá para o RPPS pela aplicação de alíquota de 11% (como regra) incidente sobre a totalidade da retribuição, o que importará em *R$ 3.713,93 mensais*. Se receber em atividade a mesma retribuição, mas for vinculado ao plano de previdência complementar dos servidores, contribuirá para o RPPS no montante de 11% sobre R$ 5.531,31, referência equivalente ao atual teto de benefícios do INSS, totalizando contribuição mensal de *R$ 608,44*. A diferença mensal apurada será de *R$ 3.105,49*, que deixará de financiar os proventos da geração anterior. Além disso, quando este mesmo agente efetivo requerer a inatividade, por estar limitado ao teto do RGPS, não contribuirá para o RPPS, o que ocorreria caso mantivesse vínculo exclusivo com o regime próprio, embora na inatividade a contribuição incida sobre os valores que excedem ao teto de benefícios do INSS, o que se traduziria em contribuição de inatividade para o RPPS equivalente a R$ 2.497,04. Portanto, seja na atividade, seja na inatividade, o servidor público que perceba mais do que R$ 5.531,31, ao aderir ao plano de previdência complementar, automaticamente estará em alguma medida a romper a cadeia de financiamento solidário inerente ao regime próprio instituído desde 1993 na União, com a EC 3, de 17.3.1993.

Trata-se de uma *alteração estrutural* no modo de financiamento do regime próprio decorrente de decisões políticas do Poder Público que desfalcam de recursos os regimes próprios – sem nexo com riscos demográficos – e afetam a sua sustentabilidade pelo estoque de aposentadorias já concedidas e de benefícios futuros a serem concedidos. Trata-se de *desequilíbrio que não é correto deixar de contabilizar para o Poder Público e simplesmente contabilizar como déficit do sistema*, sobrecarregando de responsabilidades os servidores vinculados. Trata-se do *efeito da transição* ou *custo de transição* de um regime de previdência exclusivamente fundado na repartição simples para um regime de dois pilares, sendo o segundo pilar representado pelo regime de capitalização, com contas individualizadas, mantidas pelos segurados nos planos de previdência complementar ofertados pelo Poder Público.

Segundo Flavio Martins Rodrigues,

> a maior dificuldade da passagem do regime de repartição para o regime de capitalização está no custo da transição, pois pode significar que uma determinada geração pague duas vezes pelo regime previdenciário: uma vez por força do custeio dos benefícios devidos à geração já aposentada e uma segunda vez para a acumulação com vistas a seu próprio benefício futuro.[47]

Já advertia para esse risco desde 2004:[48]

> Nos termos da EC 41/2003 os novos ocupantes de cargo efetivo, bem como os titulares de cargo efetivo empossados antes da Emenda que optarem pelo novo regime permanente de aposentadoria, deixarão de contribuir para o regime de repartição simples sobre os valores de remuneração que excedam aos limites do RGPS. Trata-se de uma ruptura no regime de *solidariedade intergeracional* que fundamenta o sistema vigente, o que sujeitará os atuais ocupantes de cargo público a responderem por alíquotas de contribuição maiores e a benefícios menores em futuro não muito distante. A dualidade de regimes permitirá, inclusive, eventual *competição* entre regimes de financiamento, com adoção de alíquotas menores no regime de capitalização e

---

47. *Fundos de Pensão dos Servidores Públicos*, Rio de Janeiro, Renovar, 2002, p. 12. É equivocado também atribuir ao regime de repartição simples o papel de redistribuidor regressivo de renda. Como bem assinalam estudiosos da matéria, "Não deve prosperar a pecha imposta ao regime de repartição simples de que ele, inevitavelmente, ensejará redistribuição regressiva de renda, em prol de determinado grupo. Na verdade, não é necessariamente o instrumento de financiamento que vai determinar a regressividade ou não do sistema, mas sim, as variáveis do modelo. No caso de um sistema de capitalização, por exemplo, é possível, por meio de isenções ou subsídios para beneficiar um grupo em detrimento de outro, ensejar uma redistribuição às avessas" (Carlos Mauricio Figueiredo, Leovegildo Mota, Marcos Nóbrega, Ricardo Souza, *Previdência Própria dos Municípios: gestão, desafios e perspectivas*, Recife, 2002, p. 24).

48. Paulo Modesto, "Regime da Previdência e Regime Jurídico da Aposentadoria dos Titulares de Cargo Público", Paulo Modesto (org.), *Reforma da Previdência: análise e crítica da Emenda Constitucional n. 41/2003*, cit., pp. 104-105.

maiores no regime de repartição simples como instrumento de estímulo à migração de financiadores de um para outro regime. *A EC 41/2003 não estabeleceu alíquota mínima de contribuição no regime de capitalização, de natureza complementar, diversamente do que estabeleceu para o regime de repartição simples próprio dos titulares de cargo efetivos no* âmbito *da Federação.*

A exigência de equidade no financiamento do custeio e de contrapartida convoca abertamente o princípio da proporcionalidade e impõe, nesse contexto, um *tratamento diferenciado nas regras de transição para todos os servidores dos regimes previdenciários próprios anteriores à instituição dos planos de previdência complementar, colhidos pelas modificações estruturais do regime de financiamento do sistema próprio, sendo discriminatório e violador do princípio da proteção da confiança e da proporcionalidade a equiparação da situação jurídica desse grupo àquela dos novos entrantes do regime próprio, pelo singelo critério de se encontrarem abaixo de uma determinada faixa etária.* Esse tratamento diferencial deve considerar as contribuições feitas e ainda institutos distintos da aposentadoria, como a pensão, pois se esses agentes forem enquadrados em regra de limitação do valor da pensão, serão igualmente induzidos a migrar em massa para os planos de previdência complementar, pois os aderentes desses planos estarão cobertos contra a redução do valor da pensão no tocante ao montante que exceda ao teto de benefícios do INSS.

2.2 Duas sucessões normativas, duas necessárias transições

Carmelo Mesa-Lago[49] classifica as reformas previdenciárias em dois tipos:

a) *reformas não-estruturais ou paramétricas;* e

b) *reformas estruturais.*

As reformas estruturais são aquelas que

> modificam radicalmente o sistema público, seja substituindo-o completamente por um sistema privado, seja introduzindo um componente privado como complemento ao público, seja criando um sistema privado que concorra com o público.[50]

As reformas paramétricas são aquelas que apenas incrementam a idade de aposentadoria ou atualizam as condições de elegibilidade dos benefícios ou sua forma de cálculo. Cuidam de atualizar o sistema público, de repartição simples e benefício definido, visando ao seu fortalecimento no longo prazo, sem incrementar o sistema privado, de capitalização individual, adesão voluntária e contribuição definida e benefício não definido.

A classificação é tecnicamente correta, porém é estática. Talvez não seja equívoco considerar que, por força de sucessivas emendas constitucionais no sistema público de previdência social, reformas paramétricas podem adquirir um efeito de ruptura, por acumulação. É o que, penso, encontra-se em vias de ocorrer no Brasil.

A Emenda 20/1998 permitiu como faculdade a instituição de regimes fechados de previdência complementar pelas unidades da federação para os titulares de cargo efetivo,

---

49. Carmelo Mesa-Lago, "A Reforma Estrutural dos Benefícios de Seguridade Social na América Latina: modelos, características, resultados e lições", trad. Carmen Cacciacarro, in Vera Schattan P. Coelho (org.), *A Reforma da Previdência na América Latina*, Rio de Janeiro, FGV, 2003, p. 229.

50. Idem, ibidem.

planos sob gestão de entidade constituídas pela Administração Pública, tendo o efeito prático imediato de promover a equiparação do valor limite de benefícios do RPPS ao teto de benefícios do RGPS para todos os novos entrantes. A efetiva implantação dependia da publicação de lei complementar federal, cujo projeto foi apresentado em março de 1999 (PLP 9/1999), mas nunca foi votado. A EC 41/2003 afastou a necessidade de lei complementar federal, ficando a cargo de cada ente federativo, por lei ordinária de iniciativa do respectivo Poder Executivo, instituir o regime de Previdência Complementar, que permaneceu facultativa. Somente então, como vimos, diversos regimes fechados de previdência complementar foram instituídos. Na nova proposta de emenda constitucional da previdência (EC 287/2016) cessa a facultatividade, sendo imposto – ao arrepio da autonomia federativa – a todos os entes da federação a instituição de regimes fechados, de gestão própria ou a partir da adesão a planos multipatrocinados.

Ao lado disso, promove-se a flexibilização do direito ao abono de permanência, amplia-se a quebra do direito à aposentadoria integral e paritária para um maior segmento dos servidores ativos, incrementa-se o percentual de perda do valor da pensão por morte e proíbe-se o acúmulo de aposentadoria e pensão: todas medidas que incentivam fortemente a migração em massa dos atuais servidores ativos para os planos de previdência complementar, com vistas a reduzir o efeito dessas medidas restritivas à faixa contida no valor do limite teto do RGPS. Algumas dessas alterações supostamente "paramétricas" reforçam a *transformação estrutural do sistema previdenciário*, acelerando a migração de agentes do regime de repartição simples público para um regime misto, em parte público e solidário e em parte de adesão facultativa para o beneficiário, de capitalização, caráter privado e contribuição definida.[51]

As considerações anteriores devem servir de advertência para a necessidade de distinguir, diante do caráter estrutural da presente reforma, seja percebida de forma isolada ou em conjunto com as emendas anteriores, *dois conjuntos distintos de normas de transição:*

a) *normas de transição referentes a situações jurídicas subjetivas;*

b) *normas de transição referentes a alterações objetivas do regime de previdência.*

As normas de transição atinentes a situações jurídico-subjetivas, ou *simplesmente normas de transição jurídico-subjetivas*, que podem ser formais ou materiais, devem definir a norma aplicável ou estabelecer norma provisória especial para cobrir a situação subjetiva dos indivíduos com vínculo em trânsito entre a vigência da norma anterior e a vigência da nova norma mais gravosa.

As *normas de transição referentes às alterações objetivas, ou normas de transição jurídico-institucionais*, promovem a alteração progressiva de normas permanentes (em intervalos temporais) e tratam das repercussões das novas regras no funcionamento e organização do sistema, realizando uma *ponte entre o direito objetivo anterior e posterior*. No caso das

---

51. Não desconheço que o impacto dessa transformação será desigual na Federação. Nos municípios será quase nula, pois a baixa remuneração média da maioria dos municípios inviabiliza, na prática, a instituição da previdência complementar ou não significará qualquer redução expressiva da base de contribuições do regime próprio municipal (se ele existir). Reconheci essa diferença prática no prefácio que escrevi para o livro resultante da tese de doutoramento de Marcos Nóbrega, publicada em 2006, com ampla análise sobre esse aspecto da previdência dos agentes públicos após a EC 41/2003. Cf. Marcos Antônio Rios da Nobrega, *Previdência dos Servidores Públicos*, Belo Horizonte, Del Rey, 2006.

reformas previdenciárias é frequente que seja disciplinado o agravamento em escalas no tempo de exigências ou condições de elegibilidade de benefícios e a disciplina dos efeitos sistêmicos das novas normas no financiamento e cobertura de direitos assegurados e em via de extinção no novo regime.

As *normas de transição jurídico-subjetivas* têm recebido atenção e suscitado polêmica; as *normas de transição jurídico-institucionais* permanecem ausentes do debate nacional.

As normas de transição jurídico-subjetivas cuidam de disciplinar a situação de grupos de servidores, esclarecendo o regime jurídico aplicável para cada situação individual; as normas de transição objetivas devem zelar pelas regras de compensação entre regimes, o antigo e o novo, contabilização de passivos, e outros aspectos institucionais de relevância.

Essas noções e os conceitos operacionais serão de parâmetros para a análise e uma primeira avaliação das medidas contempladas na Proposta de Emenda Constitucional n. 287/2016. É o que se propõe fazer a seguir.

3. Terceira Parte: Análise crítica das disposições transitórias na PEC 287/2016

3.1 Principais disposições transitórias da PEC 287/2016

3.1.1 Principais variáveis

O núcleo de reformas previdenciárias do regime próprio dos titulares de cargo público, quanto à situação jurídica dos participantes, é sempre a calibragem de duas variáveis:

a) condições de elegibilidade dos benefícios (idade mínima, tempo de contribuição, valor da contribuição, entre outros);

b) regime de fruição dos benefícios (valor do benefício, tempo do benefício, extinção do benefício).

Ao lado disso, são também editadas regras para assegurar outras fontes de financiamento adicionais à contribuição dos participantes, a compensação entre regimes ou sistemas previdenciários e a forma de administração e regulação do sistema.

As regras de transição dizem respeito sempre a algumas variáveis. É interessante avaliar ao menos o critério reitor que norteou a concepção das regras principais. Não é possível avaliar todas, mas apenas talvez aquelas que dizem mais de perto com alterações relevantes da proposta.

3.1.2 Idade mínima

A PEC 287/2016 prevê como regra permanente para a aposentadoria voluntária a idade mínima de *65 (sessenta e cinco) anos, com 25 (vinte e cinco) anos de contribuição*, tanto para homens quanto para mulheres, desde que cumprido tempo mínimo de *10 (dez) anos de efetivo exercício no serviço público* e *5 (cinco) anos no cargo efetivo* em que se dará a aposentadoria, tendo como benefício máximo o limite do RGPS (R$ 5.531,31).

Atualmente, no regime próprio de previdência social dos titulares de cargo público civil, a regra permanente estabelece *60 (sessenta) anos para homens* ou *55 (cinquenta) anos de idade para mulheres*, para proventos integrais, ou *65 (sessenta e cinco) anos para homens* e *60 (sessenta) anos para mulheres*, para aquisição do direito à aposentadoria com proventos proporcionais ao tempo de contribuição. De qualquer sorte, além da idade, exige-se, nos dois casos, *10 (dez) anos de efetivo exercício no serviço público* e *cinco anos no cargo efetivo* em que se dará a aposentadoria. Exigem-se também *35 anos de contribuição*, para o homem, e *30 anos de contribuição* para mulheres, para viabilizar a aposentadoria integral.

Regime Próprio de Previdência Social (RPPS) – Titulares de Cargo Efetivo Civil	
Regra permanente – art. 40, § 1º, CF	**Regra permanente da PEC 287/2016**
Aposentadoria Voluntária:	Aposentadoria Voluntária:
35 anos contribuição, homem; 30 anos contribuição, mulher	25 anos de contribuição
10 anos de efetivo exercício, 5 anos cargo	10 anos de efetivo serviço, 5 anos cargo
60 anos, homem; 55 anos, mulher	65 anos de idade, homem e mulher
Forma de cálculo: aplicação da média aritmética simples das 80% maiores remunerações/bases de contribuição a partir de julho/1994	Forma de cálculo: correspondentes a 51% da média das remunerações/bases de contribuição, acrescido de 1 (um) ponto percentual para cada ano de contribuição, até o limite de 100% (ex. 51%+25anos=76%)
Teto do benefício: limitado ao valor da remuneração do último cargo efetivo	Teto do benefício: limite do RGPS – R$ 5.531,31 (valor atual)
Redução de 5 anos idade mínima e tempo de contribuição para (a) professor(a) comprove exclusivo tempo em ensino infantil, fundamental e médio (art. 40, § 5º)	
Aposentadoria Proporcional	Revogado
10 anos de efetivo exercício, 5 anos cargo	
65 anos, homem; 60 anos, mulher	
Forma de cálculo: proventos proporcionais ao tempo de contribuição calculados com base na média aritmética simples das 80% maiores remunerações/bases de contribuição a partir de julho/1994	

No entanto, também no regime próprio dos agentes civis, atualmente ao lado da regra permanente existem normas gerais de caráter transitório, provenientes das Emendas Constitucionais 41 e 47, ensejando a divisão dos agentes em diversos grupos distintos. Nesse conjunto não considerarei a situação dos agentes que adquiriram o direito à aposentadoria antes da EC 20/1998 ou da EC 41/2003. Para facilitar a compreensão, esquematizarei a situação dos servidores civis da União, a partir dos seguintes marcos temporais:

a) data da promulgação da EC 20/1998 (15.12.1998);

b) data da promulgação da EC 41/2003 (19.12.2003);

c) data da promulgação da EC 47/2005 (5.7.2005),

d) data da publicação da Lei 12.618, de 30.4.2012, que criou três planos de previdência complementar, aqui simplificado pela sigla RPC.

Assim, teremos o seguinte quadro geral para as aposentadorias civis no RPPS da União:

1) ingressantes antes da EC 20/1998 (antes de 16.12.1998):

1.1) *aposentadoria antecipada com redução no valor do provento e sem direito à integralidade e paridade (art. 2º, EC 41/2003)*:

homens: idade mínima: *53 anos; 5 anos no cargo; 35 anos de contribuição*; período adicional de contribuição (pedágio) equivalente a, no mínimo, *20%* do tempo que, em 16.12.1998, faltava para atingir o tempo de contribuição estabelecido nessa regra de transição; *5% de redução* do valor do provento por cada ano antecipado em relação à regra permanente do art. 40 (redução máxima atual: 35%);

mulheres: idade mínima: *48 anos; 5 anos no cargo*; *30 anos de contribuição* período adicional de contribuição (pedágio) equivalente a, no mínimo, *20%* do tempo que, em 16.12.1998, faltava para atingir o tempo de contribuição estabelecido nesta regra de transição; *5% de redução* do valor do provento por cada ano antecipado em relação à regra permanente do art. 40 (redução máxima atual: 35%);

situação especial: acréscimo de 17% no tempo efetivo anterior para fins de cálculo do pedágio para magistrado, membro do Ministério Público, do Tribunal de Contas, ou professor, homens, e 20%, se professora, nesses últimos dois casos desde que servidor se aposente exclusivamente com o tempo de efetivo exercício de magistério;

forma de cálculo: aplicação da média aritmética simples das 80% maiores remunerações/ bases de contribuição a partir de julho/1994.

1.2) *aposentadoria com idade mínima móvel, direito à integralidade e à paridade* (art. 3º, EC 47/2005);

homens: idade mínima: *60 anos*, com possibilidade de redução de um ano inteiro por cada ano que exceda o tempo mínimo de contribuição estabelecido nessa regra de transição; 25 anos de efetivo serviço público; 15 anos de carreira; 5 anos no cargo; idade mínima resultante de redução, relativamente aos limites do art. 40, § 1º, inc. III, "a", da CF, de um ano de idade para cada ano de contribuição que exceda a condição mínima exigida nesta hipótese (vide art. 3º, EC 47/2005);

mulheres: idade mínima: *55 anos*, com possibilidade de redução de um ano inteiro por cada ano que exceda o tempo mínimo de contribuição estabelecido nessa regra de transição; *5 anos no cargo*; *30 anos de contribuição* período adicional de contribuição (pedágio) equivalente a, no mínimo, *20%* do tempo que, em 16.12.1998, faltava para atingir o tempo de contribuição estabelecido nesta regra de transição; *5% de redução* do valor do provento por cada ano antecipado em relação à regra permanente do art. 40 (redução máxima atual: 35%);

situação especial: acréscimo de 17% no tempo efetivo anterior para fins de cálculo do pedágio para magistrado, membro do Ministério Público, do Tribunal de Contas, ou professor, homens, e 20%, se professora, nesses últimos dois casos desde que servidor se aposente exclusivamente com o tempo de efetivo exercício de magistério.

2) ingressantes antes da EC 41/2003, mas após a EC 20/1998 (art. 6º, EC 41/2003):

2.1) *aposentadoria integral e com direito à paridade*

homens: idade mínima: *60 anos*, homem; *55 anos, mulher*; *35 de contribuição, homem*; *30 anos de contribuição*, mulher; *20 anos de efetivo serviço público*; *10 anos de carreira*; *5 anos no cargo*;

3) ingressantes após a EC 41/2003 e antes da instituição do regime de previdência complementar, que não manifestaram opção por ingressar no regime complementar:

> *aposentadoria calculada sobre as médias das bases de contribuição*; 60 anos, homem; 55 anos, mulher; 35 anos contribuição, homem; 30 anos contribuição, mulher; 10 anos de efetivo exercício, 5 anos cargo;
>
> *forma de cálculo*: aplicação da média aritmética simples das 80% maiores remunerações/ bases de contribuição a partir de julho/1994, *não sujeita ao limite de benefícios do RGPS.*

4) ingressantes após a EC 41/2003, após a instituição do regime de previdência complementar ou que manifestaram opção por ingressar no regime de previdência complementar:

> *aposentadoria calculada sobre as médias das bases de contribuição*; 60 anos, homem; 55 anos, mulher; 35 anos contribuição, homem; 30 anos contribuição, mulher; 10 anos de efetivo exercício, 5 anos cargo;
>
> *forma de cálculo*: aplicação da média aritmética simples das 80% maiores remunerações/ bases de contribuição a partir de julho/1994, *limitada ao valor do teto de benefícios do RGPS.*

Outras situações de transição poderiam ser registradas, porém algumas perderam vigência (*v.g.*, o art. 8º, da EC 20/1998 *foi revogado* pela EC 41/2003 e seu conteúdo transposto, com várias alterações, para o art. 2º da EC 41) e outras são muito específicas, comprometendo a economia do texto (*v.g.* acréscimo do art. 6-A na EC 41/2003 pela EC 70/2012, alterando a forma de cálculo dos servidores aposentados por invalidez ou que venham a se aposentar por invalidez, consoante os marcos temporais da emenda).

O que preocupa é a falta de técnica do legislador reformador, que *altera e suprime regras de transição através de novas regras de transição posteriores*, ou *adiciona retroativamente regras de transição no texto de emendas anteriores*, rompendo sem cerimônia com garantias mínimas de previsibilidade do direito positivo, elemento inerente à segurança jurídica, especialmente relevante no direito transitório. *As disposições transitórias – como normas excepcionais e provisórias – cumprem o papel de pacificar e conciliar expectativas em sucessões normativas, assentando em marcos temporais precisos o planejamento de indivíduos, agentes públicos e econômicos.* Se não há certeza sobre a vigência no tempo de normas constitucionais transitórias, como é possível projetar o futuro? Por isso, caracteriza *forma qualificada de deslealdade normativa* a alteração *retroativa* (aditiva, modificativa ou revogadora) ou *retrospectiva* (sobretudo em relações de longa duração) de norma constitucional transitória.

Na nova Proposta de Emenda Constitucional 287/2016 a *deslealdade normativa* é novamente praticada e de *modo agravado*. Os agentes públicos que ingressaram antes de 16.12.1998 e, por isso, atualmente estão resguardados pelas disposições transitórias dos arts. 2º e 6º, da EC 41/2003, e art. 3º, da EC 47/2005, serão *divididos em dois grupos radicalmente distintos*: a) grupo com 50 anos completos, homem, e 45 anos completos, mulher, na data da promulgação da emenda; b) grupo de indivíduos que, embora tenham ingressado antes da EC 20/1998, há 19 anos, não atendem ao requisito etário de corte de 50 anos, homem, ou 45 anos, mulher, na data da promulgação da nova emenda. *Todas as normas transitórias anteriores são revogadas expressamente* (vide art. 23 da PEC 287, que revoga art. 9º e 15, da EC 20/1998, e os arts. 2º, 6º e 6º-A, da EC 41/2003 e o art. 3º, da EC 47/2005).

Para o primeiro grupo uma nova norma transitória é prevista, com requisitos semelhantes aos previstos no art. 6º, da EC 41/2003 e do art. 3º, da EC 47/2005, acrescido de *nova exigência: período adicional de contribuição de 50%* (cinquenta por cento) do tempo que, na data de promulgação da nova emenda, faltaria para atingir os limites de tempo de contribuição atualmente estabelecidos nas normas de transição do art. 6º, da EC 41/2003 e do art. 3º, da EC 47, isto é, 35 anos de contribuição para homem, ou 30 anos de contribuição, para as mulheres, assegurados para este primeiro grupo o *direito à integralidade e paridade* (art. 2º, *caput* e incisos, da PEC 287/2016). É também assegurado aos servidores que ingressaram antes da EC 20/1998, desde que tenham ingressado em *cargo efetivo* até 16 de dezembro de 1998, a possibilidade de *redução da idade mínima* estabelecida na nova regra de transição (*60 anos, homem; 55 anos, mulher*) em um dia de idade para cada dia de contribuição que exceda o tempo mínimo de contribuição exigido (*35 anos, homem; 30 anos, mulher*) (art. 2º, § 1º, da PEC 287/2016). É dizer: *altera-se situação transitória de implementação iniciada ou em curso com nova exigência*, ampliando a carreira contributiva e, com isso, ressignificando o tempo de contribuição anterior, em moldura normativa que revoga as disposições transitórias anteriores.

Mas o segundo grupo de agentes públicos em situação de transição sofre ainda *maior quebra de expectativas*: mesmo tendo ingressado há mais de 19 anos atrás, confiado em normas de transição da EC 20/1998, EC 41/2003, EC 47/2005, por não atenderem ao *novo critério etário* são praticamente equiparados aos novos entrantes do sistema previdenciário dos titulares de cargo efetivos, isto é, têm todas as situações transitórias anteriores desconsideradas, salvo a não sujeição, no cálculo do benefício, ao valor-teto do regime geral de previdência social, na hipótese de terem ingressado em cargo efetivo antes da EC 41/2003 ou antes da instituição do correspondente regime de previdência complementar e não terem feito a opção por este último regime (art. 3º, *caput* e § 1º, da PEC 287). Aqui a ruptura com o passado é frontal e radical, pois esses agentes, em alguns casos, poderão ser obrigados a ampliar a carreira contributiva em percentual muito superior ao percentual de 50% de aumento do tempo contributivo faltante, previsto na própria PEC 287. É fácil demonstrar.

Figure-se o exemplo de duas mulheres nascidas no mesmo dia, mas em anos diferentes, que coincidentemente tenham ingressado na magistratura federal no mesmo concurso e tomado posse no dia 15.12.1996, com quatro anos cada uma de tempo de serviço público anterior em cargo de menor exigência de escolaridade. A primeira magistrada, que podemos chamar de Joana, na data da posse, possuía 24 anos (nascimento em 14.12.1972). A segunda magistrada, que designaremos por Maria, na mesma data possuía 23 anos de idade (nascimento em 14.12.1973). Em 15.12.1998, data da promulgação da EC 20, as duas contavam 6 anos de tempo de serviço público (2.190 dias) e este tempo foi convertido em tempo de contribuição (total: 2.190 dias). Se a PEC 287 for aprovada e promulgada como emenda constitucional em 15.12.2017 com a redação atual, a situação de ambas será a seguinte: Joana contará 45 anos de idade e 9.125 dias de tempo de contribuição (25 anos); Maria contará 44 anos de idade e os mesmos 9.125 dias de tempo de contribuição (25 anos). Como o critério de elegibilidade da regra de transição nova é exclusivamente etário (50 anos, homem, 45 anos, mulher), a primeira magistrada será enquadrada no art. 2º da nova Emenda e a segunda será enquadrada no art. 3º da eventual Emenda.

No primeiro caso, para Joana, a regra transitória estabelece o acréscimo de 50% do tempo contributivo faltante para a aposentadoria. Na data figurada, em 15.12.2017, a magistrada deve observar a idade mínima estabelecida e computar o limite etário em escala móvel, optando ou não por reduzir um dia de idade mínima para cada dia de contribuição que exceda ao período da carreira contributiva exigida. Portanto, serão duas operações simples. Verificar o tempo faltante puro, na suposta data da promulgação da nova emenda, que nada mais é do que a aplicação da regra de transição do art. 6º, da EC 41/2003, incorporada e modificada pela nova regra de transição, aplicar a *escala de idade mínima móvel* (anteriormente prevista na EC 47/2005) e, ao final, realizar a segunda operação: o acréscimo de 50% do tempo contributivo previsto no art. 2º da PEC 287/2016. Embora a nova regra discipline esse cálculo em dias, o que favorece o participante, para fins didáticos e maior clareza empregarei na tabela abaixo, contando o tempo contributivo em anos:

1ª. Operação – cálculo do tempo faltante sem acréscimo

Data	Idade real no momento	Tempo de contribuição	Idade mínima móvel
2017	45 anos	25	55
2018	46 anos	26	55
2019	47 anos	27	55
2020	48 anos	28	55
2021	49 anos	29	55
2022	50 anos	30	55
2023	51 anos	31	54
2024	52 anos	32	53
2025	53	33	52

Mantidas as normas de transição da EC 41/2003 e EC 47/2005, e aplicada a escala móvel pura, Joana precisaria permanecer contribuindo até 2025, acrescentando *8 anos ao tempo contributivo reunido até 15.12.2017*. Aplicando-se o percentual de 50% sobre esse tempo faltante, *serão acrescidos 4 anos ao seu tempo contributivo, totalizando 12 anos, ou 4.380 dias, para viabilizar a sua aposentadoria*.

2ª. Operação – acréscimo de 50% do tempo contributivo

Data	Idade	Período adicional faltante decrescente	Tempo contributivo total
2025	53 anos	4	33
2026	54 anos	3	34
2027	55 anos	2	35
2028	56 anos	1	36
2029	57 anos	0	37

Se a PEC 287/2016 for convertida em emenda em 15.12.2017, Joana completará todos os requisitos de aposentadoria em *2029, com 57 anos de idade e 37 anos de contribuição*. Essas datas serão calculadas na data da eventual promulgação da emenda. A sua aposentadoria será ainda composta com *direito à integralidade e paridade*.

Para a segunda magistrada, Maria, com todas as condições de elegibilidade idênticas, salvo um ano de idade, *a situação será completamente diferente*: ela precisará alcançar *65 anos (o que ocorrerá no ano de 2038)*, após carreira contributiva de *46 anos contínuos* e na aposentadoria *não gozará da integralidade ou paridade*. Ao invés de acrescentar *4 anos e totalizar exigência de 12 anos ao tempo contributivo faltante em 2017*, como Joana, Maria terá de contribuir mais *21 anos a partir do final de 2017, tendo um acréscimo imprevisto de 9 anos a mais na carreira contributiva comparativamente a Joana e um conjunto completamente diverso de direitos*. Essa é a *estimativa otimista*, pois a partir do *quinto ano de vigência da emenda* (art. 22 da PEC 287/2016), a idade mínima estabelecida para a aposentadoria voluntária será atualizada em um ano para cada ano inteiro de acréscimo na *média nacional única de expectativa de sobrevida* (§ 22º, do art. 40, da Constituição, previsto na PEC 287/2016), o que deve agravar ainda mais a situação de Maria, que poderá ter ao longo do tempo a idade mínima deslocada para 67, 68, 69 ou 70 anos de idade. O cálculo de sua aposentadoria será proporcional ao tempo contributivo final, a partir da aplicação do percentual de 51% (cinquenta e um por cento) sobre a média de sua base de contribuição, acrescido de um ponto percentual para cada ano constante de sua carreira contributiva, até o limite de 100% (cem por cento) da média (PEC 287/2016, art. 1º). Isso na prática significa que, se não for elevada a idade mínima nos próximos vinte e um anos, algo de baixa probabilidade, Maria faria jus a aposentadoria equivalente a 98,2% da média de sua retribuição (51%+ 46%= 97%), terá o reajuste do valor final obtido atualizado segundo os índices oficiais de inflação e, se ultrapassar o teto do regime geral de previdência, permanecerá contribuindo na inatividade sobre a parcela que exceder ao valor de referência (CF/1988, art. 40, § 18).

O exemplo concreto de aplicação é eloquente para demonstrar:

a) *a desproporcionalidade do esforço contributivo adicional exigido em situações de tempo contributivo idêntico* (violação do princípio da igualdade e da proporcionalidade em sentido estrito, na vertente da proibição do excesso);

b) *a arbitrariedade do corte etário simples como critério reitor único da regra de transição* (violação da proporcionalidade, sob a vertente da adequação ou idoneidade);

c) *a inadequação das regras transitórias estabelecidas para promover a necessária consideração da carreira contributiva anterior e reforçar a confiança no sistema de forma menos onerosa* (violação da proporcionalidade, na vertente necessidade ou indispensabilidade).

O critério de idade como critério único de corte em norma de transição é *critério manifestamente inadequado* quando é realizado de forma abrupta e sem consideração proporcional da carreira contributiva cumprida. Maria Gema Quintero Lima, autora do mais profundo e abrangente estudo sobre o direito transitório da seguridade social realizado na Espanha, escreveu sobre o requisito de idade:

Así como el requisito de carencia respondía a una obligación del sujeto protegido del nivel contributivo, el ostentar una determinada edad no responde a ninguna obligación con el sistema de seguridad social; es una característica personal, irreversible e invariable del sujeto protegido.[52]

E arrematou:

Cuando el legislador introduzca *ex novo* un requisito positivo o negativo de edad, tanto respecto de prestaciones ya existentes, cuanto como consecuencia natural del diseño de un nuevo tipo de prestación, debería considerar que es posible que haya sujetos que aún no han alcanzado esa edad, en el primer caso, o que la han alcanzado en el segundo, pero respecto de los que se ha podido actualizar la situación de necesidad. En estos casos, de nuevo, cabría emplear algún género de fórmula transitoria de aplicación paulatina del requisito de edad; acompañada o no de alguna de las manifestaciones del mecanismo de la contraprestación. Y al margen, en todo caso de que, cuando se trate de nuevas prestaciones que incluyen un requisito positivo de edad, el legislador haya de valorar la posibilidad de aplicar con efecto inmediato las nuevas previsiones. Ha de hacerlo en el sentido de homologar las situaciones anteriores, e incorporar al supuesto de hecho de esas nuevas normas a aquellos sujetos que hubieran alcanzado esa edad antes del punto cero.[53]

A elevação da idade mínima é uma necessidade em todos os regimes de previdência social no mundo, devido à confluência de dois fenômenos aparentemente irreversíveis de nosso tempo: a elevação da longevidade média dos indivíduos e o decréscimo das taxas de natalidade. Essa confluência obriga a *calibragem periódica dos sistemas previdenciários*, independentemente da existência de déficits ou superávits financeiros momentâneos da seguridade, cuja fixação a cada período segue também variáveis instáveis (taxa de desemprego, urbanização, imigração, emigração, informalidade, entre outras) e apresentam margens de erro de projeção. Porém, a elevação do parâmetro etário deve ocorrer de modo progressivo, sem transições abruptas, como em quase todas as reformas previdenciárias realizadas nos últimos trinta anos. Em Portugal, por exemplo, houve alteração da idade mínima para a aposentadoria das mulheres em 1993, passando a aposentadoria dos 62 para os 65 anos, mas o salto de três anos não foi imediato: fixou-se período de transição iniciado em 1994, começando em 62 anos e 6 meses, acrescentando-se em seguida a cada ano civil mais 6 meses ao limite mínimo do ano anterior (cf. n. 2 do art. 103 do DL 329/1993, de 25 de setembro).

A PEC 287/2016 não disciplina para a aposentadoria voluntária nos regimes próprios de previdência social uma *rampa etária*, mas um *salto etário abrupto*, um agravamento repentino e surpreendente de cinco anos para os homens e de dez anos para as mulheres, sem crescimento anual progressivo. Anote-se, porém, que a própria PEC estabeleceu o que denomino *rampa etária* na elevação da idade mínima necessária para o acesso ao benefício previsto no inciso V do *caput* do art. 203 da Constituição, cujo incremento será "gradual de um ano a cada dois anos, até alcançar a idade de setenta anos" (art. 19 da PEC 287/2016).

A idade mínima deve ser calibrada, inclusive para acompanhar o aumento da longevidade dos indivíduos, mas sua elevação deve ser progressiva, acomodando as expectativas

---

52. Maria Gema Quintero Lima, *Derecho Transitorio de Seguridad Social*, Madrid, La Ley, 2006, p. 490.
53. Maria Gema Quintero Lima, ob. cit., pp. 490-491.

dos segurados, sem sobressaltos. Não há fórmula pronta para isso. Uma proposta sugerida pelo ex-ministro José Cechin, no debate da FGV/RJ de 20.2.2017, relativa a idade da aposentadoria voluntária no texto permanente da Constituição poderia ser um ponto de partida para o debate. Sugere o ex-ministro a adoção da idade mínima, em 2017, para ambos os regimes de previdência social, de 60 anos para homens e 55 para mulheres, com elevação de mais 1 ano a cada dois anos durante 10 anos e, na sequência, 1 ano a cada 4 para as mulheres e 1 ano a cada 8 para os homens, durante 16 anos, de modo a reduzir a diferença do período contributivo de homens e mulheres para 3 anos após um longo período de transição. Trata-se aqui de *transição objetiva*, ou *jurídico-institucional, transição do próprio referencial etário permanente*, sem dispor sobre a situação dos servidores atualmente em atividade e que ainda não completaram os requisitos para a aposentação.

	2017	2019	2021	2023	2025	2027	2031	2039	2043
Mulheres	55	56	57	58	59	60	61	63	64
Homens	60	61	62	63	64	65	65	66	67

No domínio das regras de transição jurídico-subjetivas, *regra de transição no parâmetro etário para os atuais servidores*, permito-me sugerir como disposição transitória para os regimes próprios de previdência social não apenas a *extensão da regra do art. 2º, da PEC 287/2016, com elevação da carreira contributiva em 50% do tempo faltante para todos os servidores que ingressaram antes da instituição da previdência complementar*, ou da nova emenda, o que vier antes, mas a *universalização do pedágio contributivo para todos os agentes públicos, civis e militares, políticos ou administrativos*, pois nada há de impróprio na exigência de acréscimo do tempo contributivo que infirme a especificidade dos respectivos regimes próprios de previdência ou inatividade.

Se o aumento da longevidade beneficia a todos, e sobretudo os mais jovens, o pedágio contributivo também dever colher a todos, sem exceções, sem corte etário discriminatório, mas também sem preventiva exclusão de funções ou carreiras profissionais no serviço público. O critério deve ser previdenciário – o ingresso em regime de capitalização e a retirada parcial desses agentes da contribuição ao regime de repartição simples – não elementos de natureza pessoal ou profissional, sem nexo com o aporte contributivo.

A aplicação uniforme do pedágio para todos os servidores e agentes, sem exclusões, preserva a equidade do sistema e premia a proporcionalidade do esforço contributivo – favorecendo os que contribuíram por mais tempo para manter a solvabilidade do sistema –, sem desconstituir situações específicas, preservando o nexo de proporcionalidade de que também gozam hoje os servidores que aderem ao regime de previdência complementar. Explico-me utilizando o exemplo do FUNPRESP (Lei 12.618, de 30.4.2012).

O § 1º do art. 3º, da Lei 12.618/2012, assegurou aos servidores que optaram por aderir ao regime da previdência complementar, após certo período de vinculação ao regime próprio de previdência social,

> o direito a um benefício especial calculado com base nas contribuições recolhidas ao regime de previdência da União, dos Estados, do Distrito Federal ou dos Municípios de que trata o

art. 40 da Constituição Federal, observada a sistemática estabelecida nos §§ 2º a 3º deste artigo e o direito à compensação financeira de que trata o § 9º do art. 201 da CF, nos termos da lei.

Esse benefício especial – inconfundível com o provento assegurado pelo regime próprio de previdência social até o valor-teto do regime geral e também com a renda mensal do regime de previdência complementar resultante dos valores aportados – consiste valor atualizado

> equivalente à diferença entre a média aritmética simples das maiores remunerações anteriores à data de mudança do regime, utilizadas como base para as contribuições do servidor ao regime de previdência da União, dos Estados, do Distrito Federal ou dos Municípios, atualizadas pelo Índice Nacional de Preços ao Consumidor Amplo (IPCA), divulgado pela Fundação Instituto Brasileiro de Geografia e Estatística (IBGE), ou outro índice que venha a substituí-lo, correspondentes a 80% (oitenta por cento) de todo o período contributivo desde a competência julho de 1994 ou desde a do início da contribuição, se posterior àquela competência, e o limite máximo a que se refere o *caput* deste artigo, na forma regulamentada pelo Poder Executivo, multiplicada pelo fator de conversão (art. 3º, § 2º, da Lei 12.618/2012).

Sem entrar em maiores detalhes técnicos, cumpre observar que esse *benefício especial* nada mais faz do que reconhecer a diferença existente entre a forma de contribuição prevista no regime geral (sobre faixas limitadas ao teto máximo) e a forma de contribuição ao regime próprio de previdência dos agentes públicos (incidente sobre a totalidade da retribuição). Na medida em que a opção ao regime de previdência reduzirá o valor do benefício ao teto do regime geral no regime próprio, o legislador da União deliberou devolver, corrigido monetariamente e a partir de fórmula de cálculo que fixou, o valor de diferença, cobrado a maior, do servidor em consideração à redução do valor do benefício futuro. Evita assim o legislador incidir em *enriquecimento sem causa*, pois, como dissemos, *segurado algum deve ser mais solidário do que o outro em equivalente situação*. Para a mesma situação na cadeia contributiva, deve ser assegurado o mesmo benefício; para o mesmo benefício, o mesmo esforço contributivo; para benefícios diversos, esforço contributivo proporcional. É também uma aplicação prática do *caráter bifronte do art. 195, § 5º, da CF*. Se o agente, por opção, encarta-se em regime que lhe subtrai benefício para o qual contribuiu, o sistema previdenciário disso não se aproveita, pois equaliza as diferenças, devolvendo ao servidor o esforço contributivo adicional, sem o qual ele ficaria desigualado, reconhecendo-lhe um benefício especial específico.

A mesma diretriz de *igualdade na solidariedade* deve ser reconhecida no regime próprio de previdência social. Exigir de duas titulares de cargo público que ingressaram na mesma carreira, no mesmo dia, com período contributivo idêntico ao sistema, que tenham regimes radicalmente distintos de transição e esforço contributivo radicalmente distinto, benefícios distintos, após sujeição idêntica a sucessivas regras de transição, é violar claramente o princípio da igualdade e da proporcionalidade, prestigiado pelo sistema previdenciário, inclusive no regime de previdência complementar. É *desatender, às avessas, o princípio da contrapartida, previsto no art. 195, § 5º, da CF, pois se suprime benefício, sem redução da correspondente fonte de custeio, e sem observar a proporcionalidade e igualdade da restrição*. Por outro lado, excluir desde logo da transição qualquer agente público, civil ou militar, da simples incidência de pedágio contributivo, *elemento de calibração neutro em relação à especificidade de qualquer subdomínio do regime próprio*, é reduzir o impacto do ajuste contributivo e sobrecarregar alguns em favor de outros, sem fundamento constitucional convincente, violando também o princípio da solidariedade e a repartição equitativa das cargas públicas.

3.1.3 Cálculo do benefício

A mesma orientação deve nortear as regras de transição quanto ao cálculo do benefício. Quem no sistema previdenciário contribuiu para financiar a aposentadoria integral deve ainda poder atingi-la, ainda que seja em um horizonte dilatado, em razão das sucessivas emendas constitucionais e da continua calibração do sistema. Quem já ingressou sem contribuir sobre a totalidade da remuneração, mas apenas sobre fração dos seus vencimentos, rompendo com a solidariedade abrangente do regime de repartição, deve ser colhido em regra de transição distinta.

A contribuição obrigatória institui a bilateralidade e convoca o sistema previdenciário a resguardar uma equilibrada contrapartida ao valor pago ao longo de toda a carreira contributiva do filiado. O tempo de efetiva contribuição é critério adequado de isolamento de grupos de transição, não a simples faixa etária, embora este elemento também possa ser teoricamente considerado. *Reformas devem intensificar a relação entre contribuição e prestação e reforçar o princípio da contributividade. Reformas apenas de redução de gasto social com prestações não são reformas previdenciárias, mas apenas ajustes fiscais.*

Por isso, valem aqui também as críticas formuladas ao critério etário, empregado como divisor de águas único para as regras de transição jurídico-subjetivas também quanto ao cálculo do benefício previdenciário. Não é preciso repeti-las aqui, para economia do texto, pois quanto foi dito já expressa o essencial para esta primeira abordagem sobre o critério reitor adotado nas regras de transição da PEC 287/2016.

3.2 Conclusão

A previdência é hoje um direito fundamental sob ataque. Vítima de profecias demográficas catastróficas, cujas margens de erro são omitidas, da ausência de reservas constituídas pelo Poder Público, de evasão tributária e de egoísmos geracionais, de fraudes de contribuintes, empresas e governos, de retiradas indevidas de recursos, é manipulada sem constrangimentos pelo poder reformador a cada novo governo. É preciso reformá-la? Não tenho dúvida. O aumento da despesa previdenciária é real em face do PIB, o envelhecimento da população é fato, a produtividade do trabalhador ativo é baixa, a natalidade decresce, os benefícios de alguns regimes são de valor elevado para padrões internacionais, há pouco incentivo para o aumento do número de contribuintes ativos e tudo isso conspira contra a sustentabilidade do regime de repartição simples e solidariedade intergeracional em que atualmente ainda se baseia tanto o regime geral quanto o regime próprio de previdência social. Mas nada disso autoriza a ausência de disposições transitórias progressivas, equilibradas, razoáveis e sustentáveis. Tampouco autoriza que reformas estruturais sejam feitas sem adequada *análise de impacto normativo*.[54]

---

54. Sobre avaliação de impacto normativo, consulte-se Carlos Blanco de Morais, *Guia de Avaliação de Impacto Normativo*, Coimbra, Almedina, 2010.

Na verdade, a reforma previdenciária proposta pela *PEC 287/2016 tem foco exclusivo no gasto, na despesa previdenciária e em sua redução.* Omite-se de estabelecer normas sobre a gestão previdenciária, o incremento da efetividade da cobrança das contribuições previdenciárias (receita), a recuperação dos créditos e dívidas previdenciárias, aperfeiçoamentos na transparência das projeções atuariais e na compensação entre os sistemas previdenciários, inclusive o reconhecimento expresso da repercussão no custeio do início de transformação estrutural do regime próprio, de simples regime de repartição em regime misto, com amplo conjunto de servidores estimulado a aderir à previdência complementar. É uma proposta incompleta, desequilibrada, a exigir amplos aperfeiçoamentos no Congresso Nacional. Em matéria de disposições transitórias, como visto, cuida de estabelecer *severas disposições de transição referentes a situações jurídico-subjetivas*, mas, padece ao mesmo tempo de lacuna normativa inconstitucional, omitindo-se de prever as necessárias *disposições de transição referentes a alterações jurídico-objetivas do regime de previdência.* Falta-lhe uma previsão adequada de *rampa etária para o próprio regime permanente* e regras de reconhecimento dos custos de transição do regime unitário de repartição simples para o regime misto, que combina repartição e capitalização com intensidade crescente, reduzindo as receitas do regime próprio. Falta-lhe equilíbrio, proporcionalidade no ajuste das *regras de transição de situações jurídico-subjetivas*, sem corte arbitrários, desproporcionais, que quebram a confiança dos filiados ao sistema em situação equivalente.

A consideração atenta da PEC 287/2016, ou a sua avaliação na cadeia de alterações constitucionais recentes (EC 20/1998, EC 41/2003, EC 47/2005, EC 70/2012 e EC 88/2015), revela que os sistemas de previdência social, tanto o próprio quanto o geral, passam por transformações estruturais e não apenas por ajustes paramétricos. Quando essas mudanças ocorrem, e um novo paradigma progressivamente se estabelece, é preciso *explicitar as transferências intergeracionais*: transformar a dívida previdenciária implícita decorrente da transição em dívida explícita, reconhecida, contabilizada e de algum modo disciplinar o seu financiamento. É *omissão inconstitucional a ausência de disposições transitórias atinente à gestão objetiva da própria sucessão de regime.* A ausência de clareza sobre o custo da transição aumenta a percepção de risco do país e de insegurança das atuais e futuras gerações na viabilidade e previsibilidade do sistema de proteção social. A chamada dívida previdenciária implícita (DPI), o valor atual das obrigações de longo prazo, incluindo os benefícios que estão sendo pagos e os futuros, deve ser explicitado em transições normativas de maior extensão. Nos países em que o sistema público de repartição é substituído pelo regime privado, toda a DPI torna-se explícita de forma imediata; se o regime misto é implantado de forma progressiva, a DPI torna-se explícita para o sistema privado no momento da adesão do participante, que inclusive compensa o antigo filiado ao regime próprio com benefício especial, mas é postergado no sistema público.[55]

Porém, diante da torrente de mudanças, e a insegurança dos filiados que permanecem exclusivamente no regime próprio, é fundamental explicitar a DPI de todo o sistema público, para que em poucos anos não tenhamos nova reforma da previdência, sob o argumento de novo crescimento da despesa, natural consequência da redução do montante da contribuição dos novos servidores.

55. Cf. Carmelo Mesa-Lago, "A Reforma Estrutural dos Benefícios de Seguridade Social na América Latina: modelos, características, resultados e lições", cit., p. 245.

A demografia não explica tudo, inclusive porque há diversos benefícios previdenciário de risco, que não estão diretamente associados a fatores demográficos e sim a insuficiências do próprio Poder Público ou do mercado (acidentes nas estradas, retração econômica, fraudes administrativas, desonerações sem reposição etc.). Mas o problema tampouco é apenas contábil. A impressionante judicialização brasileira no tema da desaposentação mostra que o brasileiro se aposenta em idade ativa, de forma ainda precoce, em especial nas aposentadorias urbanas por tempo de contribuição, de valor mais elevado e maior tempo de sobrevida.

Previdência exige previsibilidade e segurança jurídica, tutela reforçada da confiança, sob pena de incentivar a informalidade e a desfiliação. A blindagem jurídica não pode ser frágil, sectária, submetida à lógica do tudo ou nada, e normas fundamentais não devem ser alteradas por um debate parlamentar abstrato e retórico realizado em poucos meses.

A previdência social é um seguro coletivo, que reclama financiamento equitativo e racionalidade na sua gestão. Debatê-la com ânimo sereno, sem maniqueísmos, pode ser um passo decisivo para compreender a complexa lógica social e jurídica que a sustenta e a forma mais simples de dificultar a tomada de decisões precipitadas pelo legislador, contrárias aos valores sociais e éticos que ele mesmo proclama defender e fundamentais para construção de um efetivo Estado Democrático de Direito. Reformas previdenciárias devem apresentar *sustentabilidade financeira, jurídica, ética e social*, nunca visar apenas ao corte de despesas, como se a previdência não cumprisse papel destacado de redistribuição da riqueza e não atendesse a um compromisso intergeracional.

As disposições transitórias são um *lugar de concertação e de temperança*. A temperança como a *sabedoria do tempo*, de que nos fala poeticamente François Ost, como

> a justa medida de seu desenrolar, a mistura harmoniosa de seus componentes e, do mesmo modo que a alternância das estações (as Horas) torna os climas temperados, a temperança na cidade – a justa dosagem da continuidade e da mudança – garante o equilíbrio das relações sociais.[56]

Deve ser assim também – com boa dose de sabedoria do tempo – o debate sobre a previdência social.

---

56. François Ost, *O Tempo do Direito*, cit., p. 17.

DEVER DE COERÊNCIA NA ADMINISTRAÇÃO PÚBLICA: PRECEDENTES ADMINISTRATIVOS, PRAXE ADMINISTRATIVA, COSTUMES, TEORIA DOS ATOS PRÓPRIOS E ANALOGIA

Rafael Carvalho Rezende Oliveira

1. Introdução. 2. Autovinculação administrativa. 3. Fundamentos do dever de coerência na Administração Pública. 4. A releitura das fontes do Direito Administrativo. 5. Instrumentos para efetivação do dever de coerência administrativa: 5.1 Precedentes administrativos; 5.2 Praxe administrativa; 5.3 Costumes; 5.4 Teoria dos atos próprios ("nemo potest venire contra factum proprium"); 5.5 Analogia. 6. Conclusões.

1. Introdução

É uma grande honra e motivo de orgulho participar desta obra em homenagem ao saudoso professor Hely Lopes Meirelles que, mesmo após sua partida em julho de 1990, influencia as antigas e novas gerações do Direito Administrativo.

Sem dúvida, trata-se de justa homenagem ao professor que sempre procurou apresentar uma visão pragmática ao Direito Administrativo, aproximando a teoria e a prática com didática e elegância. Inspirado por suas experiências profissionais como magistrado e administrador público, o jurista Hely Lopes Meirelles escrevia para o mundo real e para a solução de seus problemas. Ao apresentar a sua obra de referência, *Direito Administrativo Brasileiro*, Hely afirmou:

> O Direito – para nós – é instrumento de trabalho, e não tertúlia acadêmica. É, simultaneamente, teoria, realidade e vivência.

No presente ensaio abordaremos a necessidade de coerência na atuação administrativa que representa um enorme desafio para a sociedade contemporânea, fortemente marcada por incertezas, riscos e constantes mudanças.

A velocidade das transformações tecnológicas, que impactam os indivíduos, não é acompanhada pelo ritmo do Direito, que demora a compreender e lidar com a nova realidade, agora incompatível com velhos dogmas jurídicos. Basta mencionar os desafios oriundos do processo de transformações tecnológicas diruptivas, tal como ocorre nos casos do *Uber*, da *Netflix* etc.

No atual cenário, o desafio é a busca da coerência no ambiente de caos. Não se trata de exigir, pura e simplesmente, a petrificação da ação estatal, uma vez que a coerência não significa imutabilidade.

Em verdade, o caminho é a atuação estatal coerente com as promessas firmes, interpretações e com os próprios atos passados, com o objetivo de gerar previsibilidade para os cidadãos e, desta forma, proteger as legítimas expectativas geradas, sem proibir, contudo, as mudanças, adaptações e evoluções que são necessárias para que o Direito se mantenha conectado com as necessidades da sociedade.

É verdade que a exigência de coerência absoluta por parte das pessoas representa utopia. Afinal de contas, as pessoas são imperfeitas e a incoerência é uma característica inerente à natureza humana.

O objetivo, aqui, é estabelecer as premissas para que a Administração Pública seja coerente em suas promessas, interpretações e atos que afetam direitos e expectativas legítimas dos administrados, com a fixação de instrumentos e consequências jurídicas para os casos de atuações contraditórias.

2. Autovinculação administrativa

No contexto do Estado Democrático de Direito, a Administração Pública está subordinada não apenas às leis, mas também aos princípios jurídicos, naquilo que se convencionou denominar de princípio da juridicidade.[1] É possível afirmar, atualmente, que o fundamento do Direito Administrativo é a efetivação dos direitos fundamentais, o que demonstra a impossibilidade de atuações administrativas completamente livres, caprichosas e autoritárias.[2]

Nesse contexto, a vinculação da Administração Pública relaciona-se não apenas com os atos externos, provenientes de outros Poderes (leis e decisões judiciais), mas, também, com os seus próprios atos administrativos (individuais e normativos) e práticas administrativas.

Por esta razão, quanto à origem, a vinculação administrativa pode ser dividida em duas espécies:[3]

a) heterovinculação (ou vinculação externa): a vinculação decorre de atos externos à Administração Pública (ex.: Constituição, leis e decisões judiciais); e

b) autovinculação (ou vinculação interna): a vinculação decorre dos próprios atos e condutas da Administração (ex.: atos administrativos individuais e normativos, praxe administrativa, promessas administrativas, contratos).[4]

---

1. Sobre a expressão, vide: Paulo Otero, *Legalidade e Administração Pública: o sentido da vinculação administrativa à juridicidade*, Coimbra, Almedina, 2003, pp. 381-382.

2. Sobre a importância dos direitos fundamentais para o Direito Administrativo, vide: Marçal Justen Filho, *Curso de Direito Administrativo*, 10ª ed., São Paulo, Ed. RT, 2014, p. 163; Rafael Carvalho Rezende Oliveira, *Curso de Direito Administrativo*, 5ª ed., São Paulo, Método, 2017, p. 4.

3. Paulo Otero, ob. cit., pp. 381-382.

4. Segundo Alexandre Aragão: "A teoria das autolimitações administrativas constitui, na verdade, um conjunto de instrumentos diversos, mas complementares, que visam a assegurar a razoabilidade, a coerência e a isonomia no tratamento conferido pela Administração Pública aos cidadãos, em uma expressão do Estado Democrático de Direito e do devido processo legal substancial, que vedam as iniquidades estatais" (Alexandre Santos de Aragão, "Teoria das autolimitações administrativas: atos próprios, confiança legítima e contradição entre órgãos administrativos", in *Revista Eletrônica de Direito Administrativo Econômico*, n. 14, Salvador, IBDP, maio-jul. 2008, p. 2, disponível em *www.direitodoestado.com/revista/redae-14--maio-2008-alexandre%20aragao.pdf*, acesso em 10.2.2016).

No Brasil, a concepção de heterovinculação administrativa possui ampla aceitação, notadamente pela consagração dos princípios constitucionais da legalidade e da separação de poderes (ou funções), com a previsão de freios e contrapesos (*checks and balances*).

Não é novidade a afirmação de que a atuação administrativa encontra-se submetida à lei, razão pela qual qualquer atividade administrativa ilegal deve ser, em regra, objeto de invalidação. É verdade, contudo, que a concepção de legalidade oitocentista, típica do Estado Liberal pós-revolucionário, tem sofrido mutações nos últimos anos para adequar-se à nova realidade imposta pelo neoconstitucionalismo e pelo pós-positivismo.[5]

Dessa forma, a atuação administrativa submete-se ao controle de legalidade (juridicidade) exercido pelo Poder Judiciário (art. 5º, XXXV, da CF) e pelo Poder Legislativo (art. 49, V, da CF), inclusive com o auxílio dos Tribunais de Contas (art. 70 da CF).

Por outro lado, o estudo da autovinculação administrativa não recebeu no Brasil, com honrosas exceções, a necessária atenção da doutrina e da jurisprudência.

É preciso, portanto, desenvolver esse tópico, uma vez que a ideia de que as pessoas não podem atuar de forma contraditória e incoerente deve ser aplicada não apenas ao setor privado, mas, também, ao setor público.

Não é razoável conceber que a Administração Pública exerça suas atividades de forma aleatória e irracional, o que acarretaria insegurança jurídica e colocaria em risco a efetividade dos direitos fundamentais. A previsibilidade gerada pela atuação administrativa coerente é uma exigência do Estado Democrático de Direito, bem como dos princípios da segurança jurídica, da razoabilidade e da isonomia.

A ideia da autovinculação administrativa (*Selbstbindung*) surge na Alemanha no século XIX, inicialmente atrelada ao princípio da igualdade no âmbito da aplicação administrativa da lei, com o objetivo de evitar o cometimento de arbitrariedades no exercício da discricionariedade administrativa.[6]

Posteriormente, a ideia de autovinculação administrativa foi conectada, também, com o princípio da proteção da confiança legítima, protegendo os cidadãos contra caprichos e arbitrariedades do Poder Público, notadamente no campo das promessas estatais descumpridas ou da revogação arbitrária de atos administrativos.[7]

A autovinculação administrativa não acarreta benefícios apenas para os particulares. A própria Administração Pública aufere vantagens com a sua atuação coerente e não contraditória, tais como: a celeridade da resposta às demandas repetitivas; a redução da

---

5. Em razão dos limites do presente trabalho, não é possível aprofundar os termos "neoconstitucionalismo" e "pós-positivismo", razão pela qual remetemos o leitor para outra obra: Rafael Carvalho Rezende Oliveira, *A Constitucionalização do Direito Administrativo: o princípio da juridicidade, a releitura da legalidade administrativa e a legitimidade das agências reguladoras*, 2ª ed., Rio de Janeiro, Lumen Juris, 2010.
6. Hartmut Maurer, ao tratar da autovinculação administrativa no Direito Alemão, afirma que a Administração infringe o princípio da igualdade quando se desvirtua de sua prática administrativa sem fundamento jurídico justificador (Hartmut Maurer, *Direito Administrativo Geral*, Barueri, Manole, 2006, p. 706). Atualmente, a autovinculação é reconhecida, com algumas peculiaridades em relação à concepção alemã, no âmbito da União Europeia (Silvia Díez Sastre, *El Precedente Administrativo: fundamentos y eficácia vinculante*, Madri, Marcial Pons, 2008, pp. 176-181 e 210-220).
7. Sobre a aplicação do princípio da proteção da confiança legítima no Direito Administrativo, vide: Rafael Carvalho Rezende Oliveira, *Princípios do Direito Administrativo*, 2ª ed., São Paulo, Método, 2013, pp. 163-189.

litigiosidade; a diminuição das incertezas, dos riscos e dos custos das relações jurídico-administrativas; e a maior aceitação dos particulares às suas decisões e, por consequência, o reforço da legitimidade de sua atuação.[8]

A autovinculação administrativa pode decorrer de atividades ou de condutas administrativas diversas, tais como os atos administrativos normativos, os atos internos, as práticas administrativas continuadas, os atos individuais, as promessas administrativas etc.

Em razão das diversas possibilidades de autovinculação, a doutrina tem apresentado classificações distintas para a autovinculação administrativa. Silvia Díez Sastre, por exemplo, apresenta três classificações sobre o instituto, a partir de três critérios, a saber:[9]

1) Classificação quanto à estrutura:

1.a) autovinculação relacional: trata-se da autovinculação que decorre dos atos administrativos normativos e da prática administrativa, exigindo-se tratamento idêntico entre casos semelhantes, em razão do princípio da igualdade; e

1.b) autovinculação não relacional: relaciona-se com os princípios da boa-fé e da proteção da confiança que demanda coerência dentro da mesma relação jurídica, inexistindo, aqui, a necessidade de comparações entre relações jurídico-administrativas envolvendo pessoas diversas.

2) Classificação quanto ao tempo e ao espaço:

2.a) autovinculação horizontal: ocorre a partir de atos administrativos editados em processos e momentos distintos; e

2.b) autovinculação vertical: envolve atos editados dentro do mesmo processo administrativo ou da mesma sequência espacial e temporal.

3) Classificação quanto à evolução do conceito de autovinculação:

3.a) autovinculação em sentido estrito: encontra fundamento no princípio da igualdade, aplicando-se o mesmo tratamento jurídico aos casos semelhantes; e

3.b) autovinculação em sentido amplo: fundamenta-se não apenas no princípio da igualdade, mas, também, nos princípios da boa-fé e da proteção da confiança para proteger as pessoas contra os caprichos e a incoerência do Estado, seja no tratamento isonômico entre pessoas em situações fático-jurídicas semelhantes, seja na proteção da boa-fé e da confiança jurídicas dos administrados em relação às promessas, aos atos e às práticas administrativas.

Outra classificação, apresentada por Paulo Modesto, divide a autovinculação administrativa nos seguintes grupos:[10]

1) autovinculação involuntária (ou não intencional): a Administração encontra-se vinculada aos seus precedentes, ou seja, ao escolher uma decisão dentre as possíveis no exercício da competência discricionária deve considerar-se vinculada à referida decisão em casos análogos, mantendo o seu padrão decisório.

---

8. De forma semelhante, vide: Paulo Modesto, "Autovinculação da Administração Pública", *Revista Eletrônica de Direito do Estado*, n. 24, Salvador, Instituto Brasileiro de Direito Público, out.-dez. 2010, p. 7 (disponível em *www.direitodoestado.com.br*, acesso em 12.1.2016).

9. Silvia Díez Sastre, *El Precedente Administrativo: fundamentos y eficácia vinculante*, Madrid, Marcial Pons, 2008, pp. 190-191.

10. De forma semelhante, vide: Paulo Modesto, "Autovinculação da Administração Pública", *Revista Eletrônica de Direito do Estado*, n. 24, Salvador, Instituto Brasileiro de Direito Público, out.-dez., 2010, p. 7 (disponível em *www.direitodoestado.com.br*, acesso em 12.1.2016).

2) autovinculação deliberada (ou intencional): é vedado à Administração atuar contra os seus próprios atos (teoria dos atos próprios). Neste caso, duas decisões lícitas da mesma Administração Pública não podem ser contraditórias entre si perante determinado particular. Ao contrário da autovinculação involuntária, aqui não é necessária a invocação de casos análogos.

2.a) unilateral: *concreta*: a partir da teoria dos atos próprios, é vedado à Administração atuar contra os seus próprios atos, ou seja, duas decisões lícitas da mesma Administração Pública não podem ser contraditórias entre si perante determinado particular; *abstrata*: os atos administrativos normativos autovinculam o órgão editor até o momento de sua eventual revogação.

2.b) bilateral (ou convencional): A Administração deve respeitar os direitos e as obrigações oriundos de acordos, contratos e outros atos consensuais.

Tradicionalmente, a autovinculação mantém relação intensa com a discricionariedade administrativa, funcionando como uma contenção de eventuais arbítrios por parte dos agentes públicos que exercem escolhas e valorações administrativas a partir da legislação.[11]

Vale dizer: a função principal da autovinculação é limitar a discricionariedade administrativa a partir dos princípios da igualdade, da boa-fé e da proteção da confiança legítima. A margem de liberdade reconhecida pelo legislador ao administrador público para eleger o melhor caminho administrativo na satisfação do interesse público não significa um cheque em branco para adoção de medidas desproporcionais, desiguais e contrárias à boa-fé. É necessário garantir que a atuação administrativa seja coerente e não contraditória no Estado Democrático de Direito.

Apesar de sua ligação inicial com a atuação administrativa discricionária, a ideia de autovinculação, posteriormente, foi alargada para abranger, não livre de controvérsias doutrinárias, as atuações vinculadas, as atividades prestacionais e as relações de sujeição especial envolvendo a Administração Pública e os administrados.

Por fim, é oportuno destacar que a autovinculação não significa o engessamento administrativo e deve ser concebida de forma relativa (e não absoluta). Isto porque a autovinculação envolve a tensão entre a busca de continuidade e de previsibilidade da ação administrativa, por um lado, e a necessidade de inovação e de flexibilidade por parte da Administração para atender às mutações sociais, tecnológicas, políticas, econômicas e culturais.[12]

Nos casos devidamente motivados, a Administração pode alterar a sua interpretação sobre determinadas normas jurídicas, aplicando-se, em regra, a nova orientação aos casos futuros semelhantes, com o objetivo de resguardar a segurança jurídica e a boa-fé dos administrados.

3. Fundamentos do dever de coerência na Administração Pública

Conforme destacado anteriormente, o Estado Democrático de Direito pressupõe coerência na atuação estatal, afigurando-se indesejada a conduta contraditória nas relações jurídicas com os cidadãos.

---

11. Silvia Díez Sastre, *El Precedente Administrativo: fundamentos y eficácia vinculante*, Madri, Marcial Pons, 2008, pp. 203-206.

12. Johann-Cristian Pielow, "Integración del ordenamiento jurídico: autovinculaciones de la Administración", in Guillermo Andrés Muñoz, Jorge Luis Salomoni, *Problemática de la Administración Contemporánea: una comparación europeo-argentina*, Buenos Aires, Ad-Hoc, 1997, p. 51.

Em consequência, nos processos administrativos ou nas relações jurídicas semelhantes, ainda que envolvam particulares diversos, a Administração deve aplicar tratamento isonômico e coerente.

É possível afirmar que o dever de coerência administrativa fundamenta-se, ao menos, nos seguintes princípios constitucionais:

a) princípio da igualdade: os casos semelhantes envolvendo particulares diversos devem ser tratados de forma isonômica, sendo vedada a discriminação desproporcional entre pessoas que se encontram em situações fáticas e jurídicas similares;

b) princípios da segurança jurídica, boa-fé e proteção da confiança legítima: a previsibilidade, a lealdade e a coerência da ação administrativa, com a dispensa de tratamento uniforme aos casos semelhantes, garante segurança jurídica e protege a boa-fé e as expectativas legítimas dos particulares;

c) princípios da razoabilidade e proporcionalidade: o respeito aos seus próprios precedentes evita a prática de arbitrariedades administrativas;

d) princípio da eficiência: a atuação coerente da Administração tem o potencial de desestimular a litigância administrativa e a judicialização da questão decidida, bem como de agilizar a atividade administrativa.

Além dos argumentos constitucionais, a necessidade de coerência e previsibilidade nas atividades administrativas é uma imposição da legislação infraconstitucional.

Nesse sentido, por exemplo, em âmbito federal, o art. 2º, parágrafo único, XIII, da Lei 9.784/1999, dispõe que a interpretação da norma administrativa deva ser realizada da forma que melhor garanta o atendimento do fim público a que se dirige, "vedada aplicação retroativa de nova interpretação".

A partir da norma em comento, é possível perceber a preocupação do legislador federal com respeito às interpretações administrativas que foram implementadas para resolver casos passados, impedindo a retroatividade de novas interpretações, resguardando a autoridade dos precedentes já editados.

É preciso destacar que, a partir da interpretação sistemática do ordenamento jurídico, a vedação da retroatividade da nova interpretação administrativa fundamenta-se na necessidade de proteção da boa-fé e da confiança legítima do administrado, que não pode ser surpreendido com a alteração da interpretação da Administração. Por esta razão, entendemos que nada obsta a retroatividade da nova interpretação administrativa desde que esta seja favorável aos administrados.[13]

A preocupação com a coerência na ação administrativa, evitando mudanças repentinas e sucessivas de interpretação, pode ser encontrada, ainda, no art. 50, VII, da Lei 9.784/1999, que exige a motivação, com indicação dos fatos e dos fundamentos jurídicos, dos atos administrativos que "deixem de aplicar jurisprudência firmada sobre a questão ou discrepem de pareceres, laudos, propostas e relatórios oficiais".

Mencione-se, ainda, o Código de Processo Civil (CPC/2015) que consagrou a teoria dos precedentes judiciais, com adaptações do seu modelo originário da *Common Law*,

---

13. No mesmo sentido: Rafael Valim, O *Princípio da Segurança Jurídica no Direito Administrativo Brasileiro*, São Paulo, Malheiros Editores, 2010, p. 97.

bem como a necessidade de uniformização jurisprudencial, o que impacta, inclusive, nos processos administrativos. Isto porque o art. 15 do CPC/2015 dispõe que "na ausência de normas que regulem processos eleitorais, trabalhistas ou administrativos, as disposições deste Código lhes serão aplicadas supletiva e subsidiariamente".

4. A releitura das fontes do Direito Administrativo

A expressão "fonte" traduz a ideia de ponto de partida. As fontes são os meios e as formas de revelação do Direito.

Superada a concepção positivista do Direito, as fontes do Direito Administrativo não se resumem às normas formais oriundas do Estado ou dos detentores do poder político, admitindo-se a elaboração de fontes extraestatais (ex.: direito consuetudinário, autorregulação, *lex mercatoria* etc.).[14]

A globalização (econômica e jurídica), a constitucionalização do Direito, a especialização de funções e a descentralização do poder, entre outros fatores, acarretaram a crise das fontes estatais e nacionais, produzidas no seio do Estado soberano. O Direito não é produto exclusivo do Estado, mas também da sociedade e do mercado.

Por essa razão, a interpretação e a aplicação do Direito Administrativo devem levar em consideração a realidade social e econômica, bem como as consequências advindas da decisão administrativa.

É possível afirmar, destarte, que o Direito não se resume ao legalismo, existindo, portanto, uma pluralidade de fontes na atualidade.[15] Em razão dos impactos tecnológicos e do desenvolvimento de setores da economia, é possível encontrar, no interior do próprio Estado, uma pluralidade de subsistemas jurídicos (teoria dos ordenamentos setoriais), pautados por princípios, conceitos e estruturas hierárquicas específicas de cada setor (ex: telecomunicações, energia etc.).[16]

Em virtude do fenômeno da constitucionalização do direito, percebe-se, atualmente, a crescente centralidade constitucional da teoria das fontes do Direito, bem como a marginalização da legalidade formal.[17]

---

14. O direito consuetudinário é mencionado, por exemplo, no art. 376 do CPC/2015: "A parte que alegar direito municipal, estadual, estrangeiro ou consuetudinário provar-lhe-á o teor e a vigência, se assim o juiz determinar". Sobre a importância da *lex mercatoria* no "Direito Administrativo global", vide: Benedict Kingsbury, Nico Krisch, Richard B. Stewart, "The emergence of Global Administrative Law", *Law and Contemporary Problems*, vol. 68, ns. 3 e 4, North Carolina, Duke University School of Law, 2005, pp. 17 e 29.

15. Pietro Perlingieri, *Perfis do Direito Civil: introdução ao direito civil constitucional*, 3ª ed., Rio de Janeiro, Renovar, 2002, p. 8; Federico Sorrentino, *Le Fonti del Diritto Italiano*, Padova, Cedam, 2009, pp. 1-25.

16. Nesse sentido: Alexandre Santos de Aragão, "Teorias pluralistas das fontes de direito: *lex mercatoria*, ordenamentos setoriais, subsistemas, microssistemas jurídicos e redes normativas", *RTDC* 36/3-36, 2008; Floriano de Azevedo Marques Neto, "Direito das telecomunicações e ANATEL", in *Direito Administrativo Econômico*, São Paulo, Malheiros Editores, 2006, p. 301.

17. Paulo Otero, *Legalidade e Administração Pública: o sentido da vinculação administrativa à juridicidade*, Coimbra, Almedina, 2003, pp. 22 e 179. Sobre a constitucionalização do Direito Administrativo, vide: Rafael Carvalho Rezende Oliveira, *A Constitucionalização do Direito Administrativo: o princípio da juridicidade, a releitura da legalidade administrativa e a legitimidade das agências reguladoras*, 2ª ed., Rio de Janeiro, Lumen Juris, 2010.

Não é por outra razão que a lei perdeu a sua centralidade – outrora existente sob a perspectiva positivista – no estudo das fontes do Direito para conviver com outras fontes intra e extraestatais.

Para os fins do presente estudo, verifica-se que o dever de coerência estatal produz consequências no catálogo das fontes do Direito Administrativo que passa a contar com os precedentes administrativos, que serão estudados a seguir. As fontes do Direito Administrativo, atualmente, são: a lei (juridicidade), a doutrina, a jurisprudência, os costumes e os precedentes administrativos.[18]

5. Instrumentos para efetivação do dever de coerência administrativa

5.1 Precedentes administrativos

O precedente administrativo pode ser conceituado como a norma jurídica retirada de decisão administrativa anterior, válida e de acordo com o interesse público, que, após decidir determinado caso concreto, deve ser observada em casos futuros e semelhantes pela Administração Pública.[19]

O precedente administrativo pode surgir da prática reiterada e uniforme de atos administrativos em situações similares.

Todavia, é oportuno esclarecer que a reiteração de decisões em casos semelhantes não é uma condição necessária para a criação do precedente, ainda que esse fator contribua para maior estabilidade do ordenamento e confiança dos administrados. Em verdade, uma única decisão administrativa pode ser considerada precedente administrativo a ser seguido em casos semelhantes, em razão do princípio da igualdade e de outros princípios que serão indicados no tópico seguinte.[20]

A partir do conceito sugerido, é possível retirar algumas características básicas dos precedentes administrativos, a saber:

18. Rafael Carvalho Rezende Oliveira, *Curso de Direito Administrativo*, 5ª ed., São Paulo, Método, 2017, pp. 21-26.
19. De acordo com Luis M. Díez-Picazo: "El precedente administrativo es, por tanto, aquella actuación pasada de la Administración que, de algún modo, condiciona sus actuaciones presentes exigiéndoles un contenido similar para casos similares" (Luis M. Díez-Picazo, "La doctrina del precedente administrativo", *Revista de Administración Pública* (RAP), n. 98, Madri, maio-ago. 1982, p. 7). José Ortiz Díaz, por sua vez, apresenta a seguinte definição de precedente administrativo: "la norma de derecho objetivo inducida de dos decisiones al menos de la administración activa, en el ejercicio de sus facultades discrecionales, vinculante para el administrador ante supuestos idénticos, excepto los casos en que razones de oportunidad y conveniencia derivadas de la valoración del interés público exigen trato de desigualdad de los administrados ante la Administración" (José Ortiz Díaz, "El precedente administrativo", *Revista de Administración Pública (RAP)*, n. 24, Madri, set.-dez. 1957, p. 102).
20. De forma semelhante, José Ortiz Díaz afirma: "Supone, como queda dicho, una aplicación concreta del principio de igualdad ante la Administración, de donde se deduce que *bastaría un solo precedente, para que pueda invocarse la autoridad del mismo*, ya que la aplicación de la igualdad no depende de un criterio cuantitativo, sino, por el contrario, cualitativo" (grifo nosso) (José Ortiz Díaz, "El precedente administrativo", *Revista de Administración Pública* (RAP), n. 24, Madri, set.-dez. 1957, p. 103). No mesmo sentido: Jaime Orlando Santofimio Gamboa, "La fuerza de los precedentes administrativos en el sistema jurídico del derecho positivo colombiano", *Revista de Derecho de la Universidad de Motevideo*, vol. 10, n. 20, 2011, p. 152.

a) os precedentes administrativos são normas jurídicas com caráter vinculante ou obrigatório, o que demonstra que são fontes do Direito Administrativo, cujo descumprimento acarreta consequências jurídicas;

b) os precedentes administrativos pressupõem decisão administrativa concreta, válida e de acordo com o interesse público, razão pela qual se exclui da sua conceituação, em princípio, os atos regulamentares (ou normativos) e as decisões ilegais;

c) a força vinculante dos precedentes administrativos se aplica aos casos futuros, que serão decididos pela Administração Pública, o que pressupõe identidade objetiva (situações fático-jurídicas semelhantes) e subjetiva (decisões provenientes da mesma entidade administrativa) entre os casos.

A exigência de coerência no exercício da atividade estatal, que justifica a necessidade de respeito aos precedentes, aplica-se aos processos jurisdicional, legislativo e administrativo.

É possível, portanto, aplicar, com as devidas adaptações, as ideias subjacentes à teoria dos precedentes judiciais aos processos administrativos, cujas decisões seriam qualificadas como precedentes administrativos que devem ser observados em processos administrativos futuros e semelhantes, garantindo-se, desta forma, tratamento isonômico entre particulares e a proteção da boa-fé e da confiança legítima.[21]

Ainda que os processos judicial e administrativo possuam peculiaridades, o que justifica cautela na transposição de institutos, certo é que, em qualquer atuação estatal, impõe-se o dever de coerência no tratamento dos particulares.

O estudo da teoria dos precedentes administrativos tem sido intensificado nos países que adotam o sistema de dualidade de jurisdição, especialmente pelo fato de que o contencioso administrativo segue uma lógica semelhante ao processo judicial. O órgão responsável pela jurisdição administrativa, que não integra a estrutura do Judiciário, possui elevada autonomia em relação à Administração Pública, que é parte no conflito de interesses. Vale dizer: tal como ocorre no processo judicial, no contencioso administrativo existe um juiz (administrativo) que não é parte interessada no processo.[22]

Em consequência, nesses países, os processos submetidos ao contencioso administrativo e à jurisdição comum ou ordinária são semelhantes, o que justifica, em grande medida, a aplicação dos mesmos princípios e da mesma lógica, inclusive da teoria dos precedentes.

Por outro lado, nos países que adotam o sistema de unidade de jurisdição, com a consagração do princípio da inafastabilidade de controle jurisdicional, tal como ocorre no Brasil (art. 5º, XXXV, da CF), as diferenças entre os processos administrativos e judiciais

---

21. De acordo com Pedro Moniz Lopes: "Fazendo um claro apelo aos congêneres precedentes judiciais e ao princípio geral do *stare decisis*, o precedente administrativo surge como o maior símbolo da padronização decisória formadora, per se, de uma normatividade própria ou, sendo caso disso, através da criação do substrato factual necessário para suscitar a previsão da norma da tutela da confiança" (Pedro Moniz Lopes, *Princípio da Boa-Fé e Decisão Administrativa*, Coimbra, Almedina, 2011, p. 328).
22. Na França, por exemplo, a dualidade de jurisdição é representada pelo Conselho de Estado (*Conseil d'État*) e pela Corte de Cassação (*Cour de Cassation*), responsáveis, respectivamente, pela jurisdição administrativa e pela jurisdição comum. Os conflitos de competência entre as duas Cortes são resolvidos pelo Tribunal de Conflitos. Registre-se, ainda, que o Conselho de Estado francês exerce a função consultiva, com a expedição de recomendações (*avis*), e a função contenciosa por meio de decisões (*arrêts*) sobre conflitos envolvendo a juridicidade das atividades administrativas.

são marcantes, mas esse fator não impede a adoção da teoria dos precedentes administrativos com as necessárias adaptações.

A possibilidade de instauração de processos administrativos de ofício, a atribuição da tarefa de julgar o conflito à Administração Pública, que é parte do processo, e a possibilidade de revisão da decisão administrativa final pelo Judiciário são algumas características dos processos administrativos que não são encontradas nos processos judiciais.

Talvez por essa razão, sem desconsiderar outros fatores relevantes, o legislador e os operadores do direito em geral tenham demorado a reconhecer a importância do processo administrativo para a promoção e a defesa dos direitos fundamentais.

Em âmbito federal, apenas na década de 1990 foi elaborada a Lei de Processo Administrativo (Lei 9.784/1999), com o objetivo de limitar e condicionar os poderes das autoridades administrativas e proteger os indivíduos contra eventuais arbitrariedades.[23] Da mesma forma, outros Entes federados promulgaram suas respectivas leis sobre processo administrativo.[24]

A processualização da atividade administrativa é uma tendência do Direito Administrativo pátrio, especialmente pelos seguintes fundamentos: a) legitimidade: permite maior participação do administrado na elaboração das decisões administrativas, reforçando, com isso, a legitimidade da atuação estatal; b) garantia: confere maior garantia aos administrados, especialmente nos processos punitivos, com o exercício da ampla defesa e do contraditório; c) eficiência: formulação de melhores decisões administrativas a partir da manifestação de pessoas diversas (agentes públicos e administrados).[25]

A crescente importância do direito processual administrativo no Brasil justifica a aplicação, com as devidas adaptações, de normas típicas do processo judicial aos processos administrativos, com o objetivo de garantir a aplicação dos princípios e dos direitos fundamentais aos indivíduos em geral (jurisdicionados ou administrados).

As diferenças entre os processos judicial e administrativo exigem, evidentemente, adaptações da teoria dos precedentes, oriunda do sistema da *Common Law*, à função administrativa exercida por entidades da Administração Pública, especialmente em países que adotam o sistema da unidade de jurisdição, assim como ocorre no Brasil.

Em razão disso, não se pode admitir a aplicação automática da teoria anglo-saxônica dos precedentes judiciais ou da teoria dos precedentes administrativos, elaborada em países que adotam o sistema do contencioso administrativo, ao ordenamento jurídico brasileiro.

23. De acordo com Carlos Ari Sundfeld, a lei geral de processo administrativo não regula apenas os processos administrativos em sentido estrito, mas toda a atividade decisória da Administração, abrindo caminho para a construção do direito processual administrativo brasileiro (Carlos Ari Sundfeld, "Processo e procedimento administrativo no Brasil", in *As Leis de Processo Administrativo (Lei Federal 9.784/99 e Lei Paulista 10.177/98)*, São Paulo, Malheiros Editores, 2006, pp. 19 e 33).

24. Mencionem-se, exemplificativamente, as seguintes leis estaduais: Sergipe (LC 33/1996); São Paulo (Lei 10.177/1998); Pernambuco (Lei 11.781/2000); Goiás (Lei 13.800/2001); Minas Gerais (Lei 14.184/2002); Rio de Janeiro (Lei 5.427/2009) etc. Da mesma forma, alguns Municípios promulgaram suas respectivas leis: São Paulo (Lei 14.141/2006), Natal (Lei 5.872/2008); Porto Alegre (LC 790/2016) etc.

25. Odete Medauar, *A Processualidade no Direito Administrativo*, 2ª ed., São Paulo, Ed. RT, 2008, pp. 65-74; Rafael Carvalho Rezende Oliveira, *Curso de Direito Administrativo*, 5ª ed., Rio de Janeiro, Método, 2017, p. 346.

Nesse contexto, surge a necessidade de investigar a teoria dos precedentes administrativos à brasileira, compatível com as características da Administração Pública e do ordenamento jurídico pátrio.

O estudo da teoria dos precedentes administrativos no Brasil possui relevância no atual estágio de evolução do Direito.

Em primeiro lugar, a partir da ideia de que a juridicidade da ação administrativa não depende apenas do respeito ao princípio da legalidade, mas, também, dos demais princípios constitucionais, expressos e implícitos, verifica-se que a ação estatal deve ser pautada, por exemplo, pela efetividade da segurança jurídica, da boa-fé, da proteção da confiança legítima, da igualdade, dentre outros princípios, o que demonstra a necessidade de coerência na atuação da Administração, o que pode ser garantido a partir do respeito aos seus próprios precedentes.

Em segundo lugar, a inflação legislativa, a textura aberta dos princípios jurídicos, a crescente utilização de conceitos legais abertos ("indeterminados"), bem como a baixa densidade normativa de determinadas leis, demonstram a crescente importância da atividade administrativa na interpretação do ordenamento jurídico e na definição dos direitos e deveres dos administrados.

Nesse contexto, as ponderações e as interpretações empreendidas pela Administração Pública em casos semelhantes não podem ser contraditórias entre si, sob pena de violação aos primados do Estado Democrático de Direito.

O estudo dos precedentes administrativos tem se intensificado nos últimos anos nos países ibero-americanos, tais como: Espanha,[26] Argentina,[27] Uruguai,[28] Colômbia,[29], Peru,[30]

26. Silvia Díez Sastre, *El Precedente Administrativo: fundamentos y eficacia vinculante*, Madri, Marcial Pons, 2008; José Ortiz Díaz, "El precedente administrativo", *Revista de Administración Pública*, n. 24, Madri, Centro de Estudios Constitucionales, set.-dez. 1957, pp. 75-116; Luis Díez-Picazo, "La doctrina del precedente administrativo", *Revista de Administración Pública*, n. 98, Madri, Centro de Estudios Constitucionales, mai.-ago. 1982, pp. 7-46.

27. Héctor A. Mairal, *La Doctrina de los Actos Propios y la Administración Pública*, Buenos Aires, Depalma, 1994; Guillermo L. Comadira, "Los precedentes administrativos", in *AAVV, Cuestiones de Acto Administrativo, Reglamento y otras Fuentes de Derecho Administrativo*, Buenos Aires, RAP, 2009, pp. 321-434; Miriam M. Ivanega, "Los precedentes administrativos en el Derecho argentino", in Jaime Rodríguez-Arana Muñoz, Miguel Ángel Sendín García, Alejandro Pérez Hualde *et al.* (coord.), *Fuentes del Derecho Administrativo: tratados internacionales, contratos como regla de derecho, jurisprudencia, doctrina y precedente administrativo*, Buenos Aires, RAP, 2010, pp. 67-80.

28. Augusto Durán Martínez, "El precedente administrativo", in Jaime Rodríguez-Arana Muñoz; Miguel Ángel Sendín García; Alejandro Pérez Hualde *et al.* (coords.), *Fuentes del Derecho Administrativo: tratados internacionales, contratos como regla de derecho, jurisprudencia, doctrina y precedente administrativo*, Buenos Aires, RAP, 2010, pp. 679-698.

29. Jesús David Londoño Bedoya, "El precedente administrativo en el ordenamiento jurídico colombiano", *Revista Summa Iuris*, vol. 2, n. 2, Medellín, jul.-dez. 2014, pp. 195-216; Jaime Orlando Santofimio Gamboa, "La fuerza de los precedentes administrativos en el sistema jurídico del derecho positivo colombiano", *Revista de Derecho de la Universidad de Montevideo*, vol. 10, n. 20, 2011, pp. 127-154.

30. Víctor S. Baca Oneto, "¿Son el precedente y la doctrina fuentes del Derecho Administrativo?", in Jaime Rodríguez-Arana Muñoz; Miguel Ángel Sendín García; Alejandro Pérez Hualde *et al.* (coords.), *Fuentes del Derecho Administrativo: tratados internacionales, contratos como regla de derecho, jurisprudencia, doctrina y precedente administrativo*, Buenos Aires, RAP, 2010, pp. 639-652; Alberto Cairampoma

Bolívia,[31] Nicaragua,[32] Guatemala,[33] Venezuela[34] etc. No Brasil, salvo raras exceções, o estudo dos precedentes administrativos ainda é embrionário.[35]

A aplicação da teoria dos precedentes administrativos depende do cumprimento dos seguintes requisitos: a) identidade subjetiva: o precedente é oriundo da mesma Administração Pública responsável por aplicá-lo ao caso atual, não havendo necessidade de identidade subjetiva em relação ao administrado; b) identidade objetiva: semelhanças entre o precedente e o caso atual; c) legalidade do precedente: não é admissível a perpetuação de decisões ilegais; e d) inexistência de justificativa relevante e motivada para alteração do precedente: o precedente administrativo não pode acarretar o congelamento ou a imutabilidade absoluta do entendimento administrativo, especialmente pela necessidade de adequação da ação administrativa às transformações legislativas, sociais, econômicas, entre outros fatores.[36]

A inaplicabilidade do precedente ao caso atual pode ocorrer, de forma motivada, em duas situações: a) *distinguishing*: quando o administrador demonstrar diferenças

Arroyo, "La regulación de los precedentes administrativos en el ordenamiento jurídico peruano", *Derecho PUCP*, n. 73, 2014, pp. 483-504.

31. José M. Serrate Paz, "Diversas fuentes del Derecho Administrativo", in Jaime Rodríguez-Arana Muñoz; Miguel Ángel Sendín García; Alejandro Pérez Hualde, *et al.* (coords.), *Fuentes del Derecho Administrativo: tratados internacionales, contratos como regla de derecho, jurisprudencia, doctrina y precedente administrativo*, Buenos Aires, RAP, 2010. pp. 99-119.

32. Miguel Ángel Sendín García; Karlos Navarro Medal, "Las otras fuentes del ordenamiento jurídico administrativo nicaragüense: tratados internacionales, jurisprudencia, precedente administrativo y doctrina", in Jaime Rodríguez-Arana Muñoz, Miguel Ángel Sendín García *et al.* (coords.), *Fuentes del Derecho Administrativo: tratados internacionales, contratos como regla de derecho, jurisprudencia, doctrina y precedente administrativo*, Buenos Aires, RAP, 2010. pp. 559-575.

33. Hugo H. Calderón Morales, "Fuentes del derecho administrativo: los tratados, los contratos, la jurisprudencia, incidencia de la doctrina, los precedentes, los decretos de emergencia y los decretos leyes de facto", in Jaime Rodríguez-Arana Muñoz; Miguel Ángel Sendín García; Alejandro Pérez Hualde *et al.* (coords.), *Fuentes del Derecho Administrativo: tratados internacionales, contratos como regla de derecho, jurisprudencia, doctrina y precedente administrativo*, Buenos Aires, RAP, 2010, pp. 479-505.

34. Allan R. Brewer-Carías, "Notas sobre el valor del precedente en el Derecho Administrativo, y los principios de irretroactividad y de la irrevocabilidad de los actos administrativos", in Jaime Rodríguez--Arana Muñoz; Miguel Ángel Sendín García; Alejandro Pérez Hualde *et al.* (coords.), *Fuentes del Derecho Administrativo: tratados internacionales, contratos como regla de derecho, jurisprudencia, doctrina y precedente administrativo*, Buenos Aires, RAP, 2010, pp. 737-747.

35. Mencione-se exemplificativamente: Gustavo Marinho de Carvalho, *Precedentes Administrativos no Direito Brasileiro*, São Paulo, 2013; Thiago Marrara, "A boa-fé do administrado e do administrador como fator limitativo da discricionariedade administrativa", *Revista de Direito Administrativo*, vol. 259, Rio de Janeiro, jan.-abr. 2012, pp. 207-247; Luís Manuel Fonseca Pires, "A estabilidade como atributo do ato administrativo", in Rafael Valim; José Roberto Pimenta Oliveira; Augusto Neves Dal Pozzo (coords.), *Tratado sobre o Princípio da Segurança Jurídica no Direito Administrativo*, Belo Horizonte, Fórum, 2013, pp. 295-309; Paulo Modesto, "Legalidade e autovinculação da Administração Pública: pressupostos conceituais do contrato de autonomia no anteprojeto da nova lei de organização administrativa", in Paulo Modesto (coord.), *Nova Organização Administrativa Brasileira*, Belo Horizonte, Fórum, 2009, pp. 113-169; Alexandre Santos de Aragão, "Teoria das autolimitações administrativas: atos próprios, confiança legítima e contradição entre órgãos administrativos", *Revista Eletrônica de Direito Administrativo Econômico (REDAE)*, n. 14, Salvador, Instituto Brasileiro de Direito Público, mai.-jul. 2008, pp. 1-15 (disponível em *www.direitodoestado.com/revista/REDAE-14-MAIO-2008-ALEXANDRE%20ARA-GAO.pdf*, acesso em 18.10.2013).

36. De forma semelhante: Luis M. Díez-Picazo, "La doctrina del precedente administrativo", *Revista de Administración Pública (RAP)*, n. 98, Madri, maio-ago. 1982, pp. 18-28.

substanciais entre o caso atual e o precedente que justifiquem a adoção de solução jurídica diversa; e b) *overruling*: quando o administrador demonstrar, por exemplo, uma das seguintes justificativas: b.1) o precedente apresentou interpretação equivocada da legislação; b.2) as alterações econômicas, sociais ou políticas justificam nova orientação para o atendimento do interesse público; b.3) as consequências práticas oriundas do precedente se mostram contrárias ao interesse público; e b.4) a norma utilizada no precedente é ilegal ou inconstitucional.

5.2 Praxe administrativa

A praxe administrativa é a atividade interna, reiterada e uniforme da Administração Pública na aplicação das normas e atos jurídicos.[37]

A praxe administrativa não se confunde com os precedentes administrativos. Enquanto os precedentes envolvem decisões administrativas em casos concretos e que devem ser respeitadas em casos semelhantes, a praxe administrativa envolve a atividade de rotina interna da Administração.[38]

Outra diferença que pode ser mencionada refere-se ao fato de que o precedente não exige reiteração de decisões administrativas no mesmo sentido, sendo suficiente uma decisão administrativa para que esta seja considerada precedente a ser observado em casos semelhantes. A praxe administrativa, assim como os costumes, pressupõe a reiteração uniforme de condutas internas da Administração.

De qualquer forma, as referidas diferenças não são tão significativas, uma vez que as duas hipóteses refletem comportamentos administrativos que repercutem nos interesses dos cidadãos.[39]

5.3 Costumes

Os costumes revelam o comportamento reiterado e constante do povo, encontrado em determinado espaço físico e temporal, que possui força coercitiva. Existem dois elementos

---

37. A relevância da praxe administrativa foi demonstrada na obra de Hely Lopes Meirelles. Segundo o autor: "A prática administrativa vem suprindo o texto escrito, e, sedimentada na consciência dos administradores e administrados, a praxe burocrática passa a suprir a lei, ou atua como elemento informativo da doutrina" (Hely Lopes Meirelles, *Direito Administrativo Brasileiro*, 42ª ed., São Paulo, Malheiros Editores, 2016, p. 50).
38. De forma semelhante, Ortiz Díaz afirma: "A nuestro juicio, puede marcarse una diferencia entre el 'precedente' y las prácticas administrativas. Estas últimas constituyen meras normas usuales de carácter y eficacia puramente interna para la administración, derivadas de principios de técnica administrativa o de buena administración, que los funcionarios siguen en el desarrollo de su actividad, estilo corriente de proceder de éstos. (...) El precedente, por el contrario, es algo más; implica la resolución sustantiva de la Administración sobre cuestiones sometidas a la misma y generadora de derechos e intereses para los particulares" (José Ortiz Díaz, "El precedente administrativo", *Revista de Administración Pública (RAP)*, n. 24, Madri, set.-dez. 1957, pp. 79-80).
39. Rafael Carvalho Rezende Oliveira, *Princípios do Direito Administrativo*, 2ª ed., São Paulo, Método, 2013, pp. 57-58, nota 34. Nesse sentido: Juan Carlos Cassagne, *Derecho Administrativo*, t. I, 8ª ed., Buenos Aires, Abeledo-Perrot, 2006, p. 208.

inerentes aos costumes: a) elemento objetivo: repetição de condutas; e b) elemento subjetivo: convicção de sua obrigatoriedade.[40]

Os costumes podem ser divididos em três espécies: a) *secundum legem*: é o previsto ou admitido pela lei; b) *praeter legem*: é aquele que preenche lacunas normativas, possuindo caráter subsidiário, conforme previsão contida no art. 4ª da Lei de Introdução às Normas do Direito Brasileiro; e c) *contra legem*: é o que se opõe à norma legal.

A consagração do costume como fonte autônoma do Direito Administrativo não é livre de polêmicas. De um lado, alguns autores sustentam a impossibilidade do denominado "Direito Administrativo consuetudinário", uma vez que a sua observância depende do seu acolhimento pela lei, como ocorre, por exemplo, no Direito Tributário (art. 100 do CTN).[41] De outro lado, parcela da doutrina afirma que os costumes devem ser considerados como fontes apenas quando criam direitos para os particulares perante a Administração, sendo vedada a instituição de deveres em razão do princípio da legalidade.[42]

Entendemos que, ressalvado o costume *contra legem*, o costume é fonte autônoma do Direito Administrativo.[43]

A releitura do princípio da legalidade, com a superação do positivismo, a textura aberta de algumas normas jurídicas e a necessidade de consideração da realidade social na aplicação do Direito demonstram que os costumes devem ser considerados como fontes do Direito Administrativo.

Assim como ocorre com os precedentes administrativos e as praxes administrativas, os costumes são formados por indução, ou seja, a norma jurídica é retirada a partir de casos concretos.[44]

Não obstante algumas semelhanças, é possível destacar, ao menos, três diferenças entre os costumes e os precedentes. Em primeiro lugar, os costumes decorrem de condutas reiteradas da sociedade, o precedente administrativo revela a prática uniforme de atos administrativos, caracterizando atividade interna da Administração despida, em regra, da

40. Sobre os costumes no Direito Administrativo, vide: Rafael Carvalho Rezende Oliveira, *Curso de Direito Administrativo*, 5ª ed., São Paulo, Método, 2017, pp. 24-25. Os costumes, em determinados sistemas jurídicos, apresentam normatividade superior (ex.: Direito Romano clássico e *common law* inglês) ou igual às leis (Direito canônico). Todavia, após a instituição do regime constitucional, prevalece a ideia de que os costumes são inferiores às leis. Não é possível o *consuetudo contra legem*, mas apenas o *consuetudo praeter legem* e, excepcionalmente o *consuetudo secundum legem*. Nesse sentido: Juan Alfonso Santamaría Pastor, *Principios de Derecho Administrativo General*, vol. I, Madri, Iustel, 2004, p. 154.

41. Diogo de Figueiredo Moreira Neto, *Curso de Direito Administrativo*, 15ª ed., Rio de Janeiro, Forense, 2009, p. 75.

42. Nesse sentido: Augustín Gordillo, *Tratado de Derecho Administrativo*, t. I, 7ª ed., Belo Horizonte, Del Rey, 2003, pp. VII-45.

43. Nesse sentido: Juan Carlos Cassagne, *Derecho Administrativo*, t. I, 8ª ed., Buenos Aires, Abeledo-Perrot, 2006, pp. 206-208; Luiz de Castro Neto, *Fontes do Direito Administrativo*, São Paulo, CTE Editora, 1977, pp. 80-90. Registre-se que os costumes são considerados fontes do Direito Constitucional (ex.: possibilidade de promulgação de partes de Propostas de Emendas Constitucionais, que já foram aprovadas nas duas Casas do Congresso Nacional, sem prejuízo do exame das outras partes que ainda não foram objeto de deliberação final). Nesse sentido: Gilmar Ferreira Mendes, Inocêncio Mártires Coelho, Paulo Gustavo Gonet Branco, *Curso de Direito Constitucional*, 2ª ed., São Paulo, Saraiva, 2009, pp. 21-22.

44. José Ortiz Díaz, "El precedente administrativo", *Revista de Administración Pública (RAP)*, n. 24, Madri, set.-dez. 1957, pp. 78.

convicção de obrigatoriedade de sua observância pelos agentes públicos. Vale dizer: enquanto os costumes possuem origem nas práticas sociais, os precedentes administrativos relacionam-se com os atos estatais (atos administrativos).

Em segundo lugar, tal como ocorre com os precedentes judiciais, os precedentes administrativos podem surgir a partir de uma única decisão administrativa, cuja *ratio decidendi* vinculará a Administração Pública nos casos futuros semelhantes. Já os costumes não decorrem de fato social isolado, mas de práticas sociais reiteradas, conforme assinado anteriormente.[45]

Em terceiro lugar, os costumes são considerados direitos não escritos e os precedentes, por seu turno, originam-se de decisões administrativas escritas e formais.[46]

Por outro lado, ao exigir a reiteração de comportamentos no mesmo sentido, os costumes se assemelham à praxe administrativa.[47] Todavia, os institutos não se confundem: enquanto os costumes decorrem de condutas sociais, a praxe pressupõe condutas administrativas. Outra diferença deriva da formação dos institutos: os costumes derivam de manifestações não escritas; a praxe administrativa envolve, normalmente, enunciados escritos.

5.4 Teoria dos atos próprios ("nemo potest venire contra factum proprium")

A teoria dos atos próprios (*nemo potest venire contra factum proprium*), no campo do Direito Administrativo, tem por objetivo principal evitar atuações contraditórias e desleais nas relações jurídico-administrativas, com violação aos princípios da proteção da confiança legítima e da boa-fé.[48]

Os requisitos da teoria dos atos próprios são:[49] a) identidade subjetiva e objetiva: o ato anterior e o ato posterior emanam da mesma Administração e são produzidos no âmbito da

---

45. Luis M. Díez-Picazo, "La doctrina del precedente administrativo", *Revista de Administración Pública*, n. 98, Madri, maio-ago., 1982, p. 44.

46. José Ortiz Díaz, "El precedente administrativo", *Revista de Administración* Pública, n. 24, Madri, set.-dez. 1957, p. 77.

47. Não há consenso na utilização das expressões. Paulo Otero diferencia os costumes administrativos, as praxes administrativas (práticas ou usos administrativos) e os precedentes administrativos. Os costumes administrativos são condutas administrativas reiteradas que, adquirindo *opinio juris vel necessitatis*, conduzem à formação de normas consuetudinárias "*made in* Administração Pública". As praxes administrativas seriam normas de condutas uniformes ou de trato intra-administrativo genérico, de eficácia interna dos órgãos e agentes públicos, desprovidas de *opinio juris vel necessitatis*, cujo descumprimento não permite o controle judicial. O precedente administrativo, por sua vez, envolve uma prática habitual de resolução de casos semelhantes ou interpretação e aplicação das mesmas normas (Paulo Otero, *Legalidade e Administração Pública: o sentido da vinculação administrativa à juridicidade*, Coimbra, Almedina, 2003, pp. 783-789).

48. O Enunciado 362 da IV Jornada de Direito Civil do CJF dispõe: "Art. 422. A vedação do comportamento contraditório (*venire contra factum proprium*) funda-se na proteção da confiança, tal como se extrai dos arts. 187 e 422 do Código Civil". Sobre a distinção entre o *nemo potest venire contra factum proprium* e figuras afins (renúncia tácita, proibição de alegação da própria torpeza, *exceptio doli, tu quoque* e a *Verwirkung* ou *suppressio*), vide: Anderson Schreiber, *A Proibição de Comportamento Contraditório*, 3ª ed., Rio de Janeiro, Renovar, 2012, pp. 169-193.

49. Sobre o tema, vide: Pedro José Jorge Coviello, *La Protección de la Confianza del Administrado*, Buenos Aires, Abeledo-Perrot, 2004, p. 412; Jesús González Pérez, *El Principio General de la Buena Fe en el Derecho Administrativo*, 4ª ed., Madri, Civitas, 2004, pp. 226-244; Héctor Mairal aponta, ainda, um

mesma relação jurídica;[50] b) a conduta anterior é válida e unívoca: capaz de gerar a confiança (expectativa legítima) na outra parte da relação jurídica; e c) atuação contraditória: incompatibilidade do ato posterior com o ato anterior.[51]

É possível mencionar alguns exemplos de aplicação da teoria dos atos próprios no Direito Administrativo, tais como: nulidade da imposição de multa de trânsito por irregularidade no veículo, constatada em fiscalização realizada pela Secretaria de Trânsito na saída do pátio do DETRAN, logo depois de o veículo ser vistoriado e devidamente licenciado; imposição ao Município de proceder ao loteamento dos imóveis alienados pelo próprio Ente municipal aos particulares, sendo descabida a pretensão de anulação dos contratos de compra e venda.[52]

A principal diferença entre a teoria dos atos próprios e os precedentes administrativos, segundo parcela da doutrina, reside nas relações jurídicas em que as referidas teorias são aplicadas.[53] De um lado, os precedentes vinculam as futuras decisões administrativas em casos semelhantes, mas envolvendo particulares diversos. De outro lado, a teoria dos atos próprios determina que a Administração não pode contrariar o ato anterior (ato próprio) em relação ao mesmo particular. Em outras palavras: enquanto os precedentes pressupõem relações jurídicas semelhantes, envolvendo diferentes particulares, a teoria dos atos próprios é aplicável às relações sucessivas envolvendo o mesmo particular.

Entretanto, as diferenças entre a teoria dos atos próprios e a teoria dos precedentes administrativos não podem ser consideradas de forma absoluta, notadamente pela semelhança

---

quarto requisito: a inexistência de norma que autorize a atuação contraditória (Hector A. Mairal, *La Doctrina de los Propios Actos y La Administración Pública*, Buenos Aires, Depalma, 1988, pp. 6-7).

50. Não pode haver contradição entre as atuações de órgãos distintos, integrantes da mesma entidade administrativa. Todavia, a aplicação da teoria em relação aos atos de entidades administrativas distintas, com personalidade jurídica própria, seria, em princípio, vedada, tendo em vista a autonomia e a ausência de relação hierárquica. Sobre as inúmeras questões envolvendo o requisito da identidade subjetiva, vide: Laureano López Rodó, "Presupuestos subjetivos para la aplicación del principio que prohíbe ir contra los propios actos", *Revista de Administración Pública (RAP)*, n. 9, set.-dez. 1952, pp. 11-53.

51. Anderson Schreiber aponta quatro requisitos para o *venire contra factum proprium*, a saber: a) um *factum proprium*, isto é, uma conduta inicial; b) a legítima confiança de outrem na conservação do sentido objetivo desta conduta; c) um comportamento contraditório com este sentido objetivo (e, por isto mesmo, violador da confiança); e d) dano, ou, no mínimo, um potencial dano a partir da contradição (Anderson Schreiber, *A Proibição de Comportamento Contraditório*, 3ª ed., Rio de Janeiro, Renovar, 2012, p. 132). De forma semelhante, vide: Judith Martins-Costa, *A Boa-Fé no Direito Privado*, São Paulo, Ed. RT, 2000, p. 466).

52. REsp 141.879-SP, rel. Min. Ruy Rosado de Aguiar, 4ª T., *DJU* 22.6.1998, p. 90.

53. Nesse sentido, Díez-Picazo sustenta: "Sin embargo, la doctrina de los actos propios en concreto, esto es, independientemente de su fundamento, no es aplicable al problema que ahora nos ocupa. Se trata de una técnica que opera dentro de una misma relación jurídica. Constituye un límite impuesto por la buena fe al ejercicio de una potestad, desde el momento en que el titular de ésta, con su conducta, ha suscitado en la otra parte de la relación jurídica la confianza razonable de que no ejercitará dicha facultad o de que la ejercitará de otro modo. Por el contrario, cuando hablamos del precedente administrativo, aludimos por definición a relaciones jurídicas distintas. Es evidente que nos referimos a lo que sucedió en un caso anterior, en una relación jurídica precedente. Además, a diferencia de lo que sucede en materia de actos propios, quien alega el precedente no suele ser la misma persona con respecto a la cual dicho precedente se produjo; es más, como se ha visto, si es la misma persona, se plantea un problema de aplicación del principio de igualdad" (Luis M. Díez-Picazo, "La doctrina del precedente administrativo", *Revista de Administración Pública (RAP)*, n. 98, Madri, maio-ago. 1982, p. 16).

entre os fundamentos principiológicos e os efeitos dessas teorias. As referidas teorias podem ser inseridas na "teoria das autolimitações administrativas" e fundamentam-se nos princípios da igualdade, da boa-fé, da segurança jurídica e da proteção da confiança legítima.[54]

5.5 Analogia

O ordenamento jurídico possui lacunas, pois não é possível ao legislador antecipar e englobar nas normas jurídicas toda a complexidade inerente à vida em sociedade.

A existência de lacunas não justifica, todavia, a inaplicabilidade do Direito. Nesse sentido, é imperiosa a utilização de instrumentos de integração do sistema jurídico para suprir as eventuais lacunas, tais como a analogia, os costumes e os princípios gerais de Direito (art. 4º da LINDB).[55]

A analogia decorre da máxima *ubi eadem legis ratio, ibi eadem legis dispositio*, ou seja, onde existe a mesma razão, deve ser aplicada a mesma disposição, o que decorre do princípio da igualdade. Existem duas espécies de analogia:

a) analogia legal ou *legis*: aplica-se a regra que regula caso semelhante ao caso não regulado por regra alguma; e

b) analogia jurídica ou *iuris*: busca-se no sistema jurídico (e não em dispositivo específico) a norma que será aplicada ao caso não normatizado.[56]

Enquanto a analogia *legis* busca regra existente aplicável a caso semelhante, a analogia *iuris* procura nos princípios gerais de Direito a solução para integração da lacuna.[57]

Tanto a analogia *legis* quanto a analogia *iuris* podem ser utilizadas para a superação de lacunas no Direito Administrativo.[58] No entanto, a legitimidade da utilização da analogia depende do respeito ao princípio federativo, bem como da necessidade de prestigiar a autonomia desse ramo do Direito. Por essa razão, a analogia deve ser feita, preferencialmente, com normas jurídicas de Direito Administrativo, sobretudo com base nas normas editadas pelo Ente Federado respectivo ou com base nas normas gerais ou constitucionais, devendo ser evitada a aplicação analógica de normas de Direito Privado.[59] Ex.: aplicação

---

54. De forma semelhante, vide: Alexandre Santos de Aragão, "Teoria das autolimitações administrativas: atos próprios, confiança legítima e contradição entre órgãos administrativos", *REDE*, n. 4, out.-dez. 2006, p. 234.

55. Em sentido semelhante, o art. 108 do CTN dispõe: "Na ausência de disposição expressa, a autoridade competente para aplicar a legislação tributária utilizará sucessivamente, na ordem indicada: I – a analogia; II – os princípios gerais de direito tributário; III – os princípios gerais de direito público; IV – a equidade".

56. Norberto Bobbio, *Teoria Geral do Direito*, 3ª ed., São Paulo, Martins Fontes, 2010, p. 306.

57. Carlos Maximiliano, *Hermenêutica e Aplicação do Direito*, 18ª ed., Rio de Janeiro, Forense, 1999, pp. 210-211; Oswaldo Aranha Bandeira de Mello, *Princípios Gerais de Direito Administrativo*, vol. I, 3ª ed., São Paulo, Malheiros Editores, 2007, p. 417.

58. É importante notar que alguns autores admitem apenas a analogia *legis*, refutando a utilização da analogia *iuris*, uma vez que a criação de uma norma analógica a partir de todo o sistema jurídico contraria o sistema rígido de reserva legal da ação do Estado. Nesse sentido: Diogo de Figueiredo Moreira Neto, *Curso de Direito Administrativo*, 15ª ed., Rio de Janeiro, Forense, 2009, p. 123.

59. Em sentido semelhante: Flávio de Araújo Willeman; Fernando Barbalho Martins, *Direito Administrativo*, vol. 6, Rio de Janeiro, Lumen Juris, 2009, p. 5. Por essa razão, o STJ não admitiu a aplicação, por analogia, do instituto da recondução previsto no art. 29, I, da Lei 8.112/1990 a servidor público estadual

analógica do art. 21 da Lei 4.717/1965, que estabelece o prazo prescricional de cinco anos para propositura da ação popular, à ação civil pública.[60]

Por fim, a analogia não pode ser utilizada para fundamentar a aplicação de sanções ou gravames aos particulares, especialmente no campo do poder de polícia e do poder disciplinar.[61]

A analogia, portanto, não deve ser confundida com os precedentes.

Não obstante a aplicação dos precedentes administrativos se insira em casos sucessivos e semelhantes, isto não quer dizer que se trata da aplicação do método da analogia em sentido estrito. Isto porque os precedentes pressupõem decisão prévia da Administração e a analogia, por sua vez, revela instrumento de integração do ordenamento jurídico nos casos de lacuna.[62]

Ademais, enquanto a analogia não pode ser utilizada na aplicação de sanções administrativas, com o intuito de prejudicar os administrados, a teoria dos precedentes, que deve envolver a interpretação e a aplicação de determinada norma legal, não encontra óbice na sua incidência, que pode envolver a administração prestacional ou sancionadora.

6. Conclusões

Conforme demonstrado no presente ensaio, o dever de coerência administrativa é uma exigência do Estado Democrático de Direito que não tolera uma Administração Pública imprevisível e contraditória.

Ninguém deve ficar preso ao passado, mas as alterações de posicionamentos nas interpretações e decisões estatais devem ser acompanhadas dos respectivos motivos e não devem surpreender os administrados, com a restrição ou a supressão de seus direitos ou a frustração de suas expectativas legítimas.

A coerência absoluta na atividade administrativa – e na atividade humana em geral – é utopia, mas não significa que devemos ficar inertes ao problema.

Em consequência, o Direito Administrativo contemporâneo apresenta ferramentas relevantes para a efetivação da coerência na atuação dos agentes públicos, com destaque para teoria dos precedentes administrativos, a praxe administrativa, os costumes, a teoria dos atos próprios e a analogia.

---

nos casos de omissão na legislação estadual (STJ, 2ª T., RMS 46.438-MG, rel. Min. Humberto Martins, *DJe* 19.12.2014, *Informativo de Jurisprudência do STJ*, n. 553). O mesmo STJ utilizou a analogia com as normas do Direito Administrativo, e não do Direito Civil, para fixar o prazo de cinco anos para tomada de contas especial pelo TCU (REsp 1.480.350-RS, rel. Min. Benedito Gonçalves, *DJe* 12.4.2016, *Informativo de Jurisprudência do STJ*, n. 581).

60. STJ, 2ª Seção, REsp 1.070.896-SC, rel. Min. Luis Felipe Salomão, *DJe* 4.8.2010, *Informativo de Jurisprudência do STJ*, n. 430).

61. Nesse sentido: Juan Carlos Cassagne, *Derecho Administrativo*, t. I, 8ª ed., Buenos Aires, Abeledo-Perrot, 2006, p. 214; Oswaldo Aranha Bandeira de Mello, *Princípios Gerais de Direito Administrativo*, vol. I, 3ª ed., São Paulo, Malheiros Editores, 2007, p. 415. Ademais, a analogia não poderá resultar na exigência de tributo não previsto em lei, conforme vedação contida no art. 108, § 1º, do CTN.

62. Luis M. Díez-Picazo, "La doctrina del precedente administrativo", *Revista de Administración Pública (RAP)*, n. 98, Madri, maio-ago. 1982, p. 17.

É natural, no campo público e privado, a evolução e a alteração de opiniões, mas não a atuação contraditória sem justificativa razoável e fundamentada. Afinal de contas, como disse Millôr Fernandes, "o coerente é o sujeito que nunca teve outra ideia".

REABILITAÇÃO DE EMPRESAS DECLARADAS INIDÔNEAS PELA ADMINISTRAÇÃO PÚBLICA

Rafael Wallbach Schwind

1. Revisitando os "clássicos". 2. A obra de Hely Lopes Meirelles. 3. O pensamento de Hely Lopes Meirelles sobre o cancelamento da declaração de inidoneidade e a reabilitação de empresas: 3.1 Os efeitos da declaração de inidoneidade – 3.2 Decorrências práticas – 3.3 O cancelamento da declaração de inidoneidade e a reabilitação de empresas – 3.4 As considerações sobre cancelamento de declaração de inidoneidade na obra de Hely Lopes Meirelles – 3.5 Ausência de previsão legal expressa acerca da possibilidade de cancelamento da declaração de inidoneidade – 3.6 Conclusão parcial. 4. A noção de "self-cleaning" no direito comunitário europeu: 4.1 O conceito de "self-cleaning" – 4.2 O "self-cleaning" e a probidade nas relações público-privadas – 4.3 A aplicação das medidas de "self-cleaning" de acordo com a Diretiva 2014/24. 5. A compatibilidade da noção de "self-cleaning" com o Direito Brasileiro: 5.1 A questão do cancelamento da declaração de inidoneidade e a reabilitação de empresas – 5.2 O reconhecimento de efeitos jurídicos à instituição de mecanismos de integridade – 5.3 Os acordos de leniência – 5.4 Conclusões: a compatibilidade da noção de "self-cleaning" com o Direito Brasileiro. 6. Encerramento.

1. Revisitando os "clássicos"

É muito interessante ler – e ainda mais instigante *reler* – um autor reconhecidamente "clássico".

Revisitando os "clássicos", por vezes nos deparamos com ideias que até hoje são inovadoras, ainda que não as tenhamos apreendido em toda sua potencialidade numa primeira leitura.[1]

Não concebo um estudioso do direito administrativo que deixe de ler as obras de Mário Masagão, Themístocles Brandão Cavalcanti, Miguel Seabra Fagundes, José Horácio Meirelles Teixeira, Caio Tácito, Oswaldo Aranha Bandeira de Mello, Ruy Cirne Lima, José Cretella Jr., dentre outros – apenas para ficar entre autores brasileiros. As obras desses autores demonstram uma evolução interessantíssima da doutrina nacional que se dedica ao estudo do direito administrativo e do direito público em geral.

1. Penso que a dificuldade de se apreender toda a potencialidade de uma obra doutrinária acontece com ainda mais intensidade em relação aos escritos que costumamos ler em cursos de Graduação. Nessa época, salvo raríssimas exceções de alunos brilhantes, ainda não temos capacidade de apreender toda a sagacidade de certas considerações. Notamos sua qualidade, mas certamente não constatamos todas as suas virtudes. Como o *Direito Administrativo Brasileiro* de Hely Lopes Meirelles geralmente é uma das portas de entrada ao estudo do direito administrativo para os alunos de Graduação, penso que a obra seja alvo dessa circunstância – que é atribuível inteiramente à incapacidade momentânea da maioria dos leitores de Graduação, e não a qualquer característica da obra em si.

2. A obra de Hely Lopes Meirelles

Um desses autores "clássicos" cuja obra é de conhecimento obrigatório – para se dizer o mínimo – é Hely Lopes Meirelles.

Em setembro/2017 completam-se 100 anos desde o nascimento de Hely – o homenageado neste livro idealizado por Arnoldo Wald, Marçal Justen Filho e Cesar Pereira.

Hely Lopes Meirelles foi, talvez, o autor que consolidou com maior rigor o que entendemos por direito administrativo em nosso País. Seu livro *Direito Administrativo Brasileiro*, que teve sua 1ª edição publicada no ano de 1964, é uma obra transformadora. Trata-se de leitura obrigatória até os dias de hoje.

O rigor na escrita, o pragmatismo do autor, refletido em sua preocupação com a resolução de problemas concretos, e a simplicidade na exposição – que de nenhum modo significa superficialidade – impressionam-me muito.

Se Hely não tivesse escrito seu *Direito Administrativo Brasileiro*, certamente o direito administrativo no Brasil seria outro, tamanha a influência daquela obra. De pouquíssimos escritos se pode dizer o mesmo.

O fato é que as obras de Hely Lopes Meirelles são um verdadeiro roteiro para aqueles que se propõem ao estudo do direito administrativo no Brasil.

Além do *Direito Administrativo Brasileiro*, Hely publicou os livros *Direito de Construir*, *Direito Municipal Brasileiro*, *Licitação e Contrato Administrativo*, *Mandado de Segurança*, bem como mais de uma centena de estudos e pareceres reunidos em 11 alentados volumes.

Cada um desses escritos é uma aula não só de direito público – Hely não restringiu suas meditações ao direito administrativo, como se sabe –, mas também de concisão e de lógica de argumentação.

Por tudo isso, é inegável que a influência de Hely Lopes Meirelles se faz presente nas gerações que se seguiram.

Para alguns doutrinadores a obra de Hely Lopes Meirelles teria perdido força diante de autores e escritos mais "modernos". Não penso assim.

Hely Lopes Meirelles é daqueles doutrinadores que faziam observações perspicazes de maneira concisa, direta, sem exageros nem pirotecnias. Preocupava-se com o mundo real, com problemas concretos. Seus textos, produzidos com absoluto rigor, merecem ser revisitados sempre que possível. Ao fazer isso, tenho certeza de que o leitor poderá se surpreender com ideias que são transformadoras até hoje – como a que é objeto deste artigo.

3. O pensamento de Hely Lopes Meirelles sobre o cancelamento da declaração de inidoneidade e a reabilitação de empresas

Um dos assuntos tratados por Hely Lopes Meirelles de forma muito concisa e perspicaz diz respeito ao cancelamento da declaração de inidoneidade e à reabilitação de empresas declaradas inidôneas pela Administração Pública.

3.1 Os efeitos da declaração de inidoneidade

Muito possivelmente a preocupação de Hely com a possibilidade de haver a reabilitação de empresas declaradas inidôneas pela Administração Pública deriva de seu pensamento pragmático. Para ele, o Direito "não foi inventado para atrapalhar a Administração", de acordo com depoimento de Adilson Abreu Dallari a Carlos Ari Sundfeld.[2]

Como se sabe, a declaração de inidoneidade de uma empresa para participar de licitações e estabelecer relações contratuais com a Administração Pública pode gerar uma série de problemas práticos insolúveis.

De um lado, a declaração de inidoneidade pode representar uma espécie de "pena de morte" para a empresa punida, que fica impedida de celebrar contratos com a Administração Pública por muitos anos – ou até mesmo indefinidamente. Ainda que essa empresa em tese possa estabelecer relações comerciais com agentes privados, isso nem sempre é viável. Basta pensar, por exemplo, nas empresas que se especializam em contratações apenas para a Administração Pública, inclusive porque muitos fornecimentos são de interesse apenas do Estado. Ou, então, na situação em que empresas privadas se recusam a estabelecer relações contratuais justamente com empresas declaradas inidôneas pela Administração Pública, o que por vezes é uma decorrência direta da aplicação de seus programas de integridade (*compliance*).

De outro lado, a declaração de inidoneidade tem a potencialidade de gerar problemas graves até mesmo para a Administração Pública. Ao declarar uma empresa inidônea, a Administração restringe o número de possíveis contratados, o que em tese pode reduzir as chances de obter propostas mais vantajosas, que representem uma economia significativa aos cofres públicos. Isso é especialmente preocupante em setores estratégicos e de competitividade restrita, em que pouquíssimas empresas (por vezes apenas uma) conseguem atender às necessidades da Administração Pública. No limite, a declaração de inidoneidade pode impedir totalmente o suprimento de certas carências da Administração Pública.

3.2 Decorrências práticas

Diante dos efeitos concretos da declaração de inidoneidade, chega-se a três importantes conclusões.

3.2.1 A ponderação dos efeitos práticos da declaração de inidoneidade

A primeira conclusão é que, ao declarar uma empresa inidônea, a Administração Pública deve ao menos ponderar os efeitos práticos dessa penalidade.

---

2. Carlos Ari Sundfeld, *A Ordem dos Publicistas*, disponível em *http://www.direitodoestado.com/revista/REDE-1-JANEIRO-2005-CARLOS-ARI-SUNDFELD.pdf* (acesso em 10.5.2017). Esse artigo de Carlos Ari Sundfeld, aliás, é um dos escritos mais curiosos para quem se interessa por conhecer a origem e a história dos mais importantes autores do direito público nacional. Adilson Abreu Dallari afirma, por exemplo, ter aprendido com Hely que "parecer jurídico com mais de três páginas 'não presta', pois 'parecer tem que ser lido por analfabeto'" (cit.), e que, no final da década de 1960 e início da década de 1970, Hely encarnava um projeto de *racionalização* da Administração Pública (e, acrescento eu, do direito administrativo): "o Direito público se apresentava, então, como instrumento de superação da 'politicagem', a base do poder dos líderes municipais em toda a história brasileira" (cit.). Essa elite urbana formada pelos juristas da época queria superar o Estado clientelista, e o direito público era o seu instrumento para tanto. Naquele contexto, foi Hely o grande responsável pela criação do CEPAM/Centro de Estudos e Pesquisas de Administração Municipal (não por acaso, Hely escreveu seu *Direito Municipal Brasileiro* na mesma época), e muitos dos seus escritos surgiram de experiências e discussões com enfoque prático: o *Direito de Construir*, por exemplo, é o resultado de aulas dadas por Hely como Professor de Direito na Escola de Engenharia de São Carlos – cf. Eurico de Andrade Azevedo, "Hely Lopes Meirelles", in Almir Gazquez Rufino e Jaques de Camargo Penteado (orgs.), *Grandes Juristas Brasileiros*, São Paulo, Martins Fontes, 2003, p. 84.

Isso não significa que a penalidade deva obrigatoriamente deixar de ser aplicada caso gere efeitos negativos. Dada sua gravidade, é muito provável que a declaração de inidoneidade realmente gere efeitos negativos em todos os casos. No entanto, deve haver uma ponderação desses efeitos, que inclusive podem ser muito negativos para a própria Administração Pública.

3.2.2 Aplicação do princípio da proporcionalidade

A segunda conclusão é a de que a declaração de inidoneidade somente deve ocorrer em casos extremos – por aplicação direta do princípio da proporcionalidade.

Não se pode vulgarizar a declaração de inidoneidade. Existem diversas outras penalidades e medidas que são igualmente eficazes sem causar efeitos deletérios incontornáveis aos contratados e à própria Administração Pública.

3.2.3 A duração da punição: os motivos determinantes da aplicação da penalidade

A terceira conclusão é a de que a declaração de inidoneidade só deve permanecer vigente enquanto perdurarem os motivos que conduziram à aplicação dessa penalidade.

Se a empresa penalizada estiver apta a demonstrar para a Administração Pública que alterou radicalmente suas práticas e tomou medidas eficazes para garantir que as condutas irregulares do passado não mais ocorrerão no futuro, parece ser mais adequado *cancelar* a penalidade ou reconhecer que o particular se *reabilitou*, de modo que o interessado possa voltar a participar de licitações públicas.

3.3 O cancelamento da declaração de inidoneidade e a reabilitação de empresas

A questão do cancelamento da declaração de inidoneidade e da reabilitação das empresas declaradas inidôneas é o objeto deste artigo.

Em uma primeira vista, tem-se a impressão de que tais ideias seriam inadvertidamente benevolentes em favor de empresas que praticaram atos reprováveis. Note-se que a declaração de inidoneidade é aplicável não apenas em função de descumprimentos contratuais, mas também em decorrência da prática de fraude fiscal e atos ilícitos extremamente graves (conforme estabelece o art. 88 da Lei 8.666/1993).

No entanto, o cancelamento da declaração de inidoneidade ou a reabilitação da empresa penalizada nos casos em que ela realmente tomou providências para impedir a futura prática de atos ilícitos podem ser instrumentos para o estabelecimento de novas práticas nas licitações públicas. Não se deixa simplesmente de aplicar uma punição grave. Contudo, permite-se que ela seja afastada se o particular efetivamente se empenhar na adoção de boas práticas. O cancelamento da penalidade ou a reabilitação da empresa penalizada passam a ser, portanto, instrumentos para estabelecer novos patamares de ética e probidade nas relações público-privadas.

3.4 As considerações sobre cancelamento de declaração de inidoneidade na obra de Hely Lopes Meirelles

Longe de ser uma novidade, a tese de que a declaração de inidoneidade pode ser cancelada já era defendida por Hely Lopes Meirelles há algumas décadas.

Primeiramente, Hely defendia que a declaração de inidoneidade era uma penalidade excepcional, que só poderia ser aplicada a situações extremas. Segundo ele: "O que caracteriza a *inidoneidade* é o dolo ou a reiteração de falhas do profissional ou da empresa. O erro é uma contingência humana e, quando não há má-fé ou reincidência decorrente de culpa grave, deve ser punido com penalidade mais branda que a *declaração de inidoneidade*, que pode acarretar a ruína do infrator".[3]

Já se observava no pensamento de Hely, portanto, uma preocupação com os efeitos práticos que a declaração de inidoneidade poderia gerar – no caso, a "ruína do infrator".

Hely também observava que a declaração de inidoneidade tinha uma função de proteção da Administração Pública em face de agentes que não observavam as regras do direito. Para ele: "A norma legal que a consigna atribui a competência para a aplicação dessa grave sanção administrativa, em regra, exclusivamente aos ministros de Estado e aos chefes de Executivo Estadual e Municipal, a fim de ampliar a incidência de seus efeitos, *resguardando a Administração contra os maus contratados*".[4]

Portanto, a declaração de inidoneidade não busca apenas a penalização do infrator. Seu objetivo final, e talvez até mesmo o mais importante, é a proteção da Administração Pública em face de empresas que não observam as normas jurídicas.

Com base nessas premissas de que a declaração de inidoneidade (i) pode levar à ruína no infrator e (ii) serve para resguardar a Administração Pública frente a contratados que não observavam as normas legais, Hely Lopes Meirelles defendia justamente a possibilidade de cancelamento da declaração de inidoneidade caso fossem adotadas certas medidas.

Nesse sentido, na 16ª edição de seu *Direito Administrativo Brasileiro*, publicada logo após seu falecimento, Hely sustentava o seguinte:

> A derradeira observação é a de que a *declaração de inidoneidade* exige oportunidade de defesa e admite *cancelamento*, desde que afastada a diretoria, a equipe técnica ou o profissional responsável pelas falhas contratuais e técnicas, pois, cessada a causa, devem cessar os efeitos da sanção. Mesmo a pessoa física atingida pela sanção poderá reabilitar-se demonstrando o seu bom desempenho posterior perante outras Administrações, porque são contra a índole do Direito as interdições administrativas perpétuas.[5-6]

---

3. Hely Lopes Meirelles, *Direito Administrativo Brasileiro*, 16ª ed., 2ª tir., São Paulo, Ed. RT, 1991, p. 220. *[V. 42ª ed., São Paulo, Malheiros Editores, 2016.]*

4. Idem, pp. 220-221.

5. Idem, p. 221.

6. Redação muito similar, apenas excluindo a possibilidade de cancelamento da declaração de inidoneidade aplicada a uma pessoa física, constava do livro *Licitação e Contrato Administrativo*, de Hely Lopes Meirelles. Segundo ele: "A derradeira observação é a de que a *declaração de inidoneidade* exige oportunidade de defesa e admite *cancelamento*, desde que afastada a diretoria, a equipe técnica ou o profissional responsável pelas falhas contratuais e técnicas, pois, cessada a causa, devem cessar os efeitos da sanção. Além do mais, são contra a índole do Direito as interdições administrativas perpétuas" (*Licitação e Contrato Administrativo*, 7ª ed., São Paulo, Ed. RT, 1987, p. 219). *[V. 15ª ed., São Paulo, Malheiros Editores, 2010.]*

Portanto, Hely Lopes Meirelles há muito tempo já defendia que a declaração de inidoneidade poderia ser cancelada. Para tanto, a empresa deveria afastar as pessoas responsáveis pelas falhas que conduziram à aplicação da penalidade (diretores, equipe técnica ou o profissional responsável). Com isso, deixariam de estar presentes as razões que conduziram à aplicação da penalidade. E, estando cessada a causa que levou à declaração de inidoneidade, a sanção não deveria mais prevalecer, uma vez que não se deve admitir a aplicação de penalidades perpétuas.

O mesmo se aplicaria às pessoas físicas, mas, nesse caso, caberia a elas demonstrar seu bom desempenho perante outras Administrações – lembre-se aqui que, de acordo com Hely Lopes Meirelles, a declaração de inidoneidade só gerava efeitos perante a Administração que aplicou a penalidade.[7]

3.5 Ausência de previsão legal expressa acerca da possibilidade de cancelamento da declaração de inidoneidade

É interessante notar que a possibilidade de cancelamento da declaração de inidoneidade não era prevista expressamente nas normas existentes à época em que Hely Lopes Meirelles defendeu essa possibilidade.

O Decreto-lei 2.300/1986, que tratava das licitações públicas – e que, inclusive, foi elaborado mediante propostas do próprio Hely[8] –, estabelecia o seguinte (já com a redação parcialmente alterada pelo Decreto-lei 2.360/1987):

> Art. 73. Pela inexecução total ou parcial do contrato a Administração poderá, garantida prévia defesa, aplicar ao contratado as seguintes sanções: I – advertência; II – multa, na forma prevista no instrumento convocatório ou no contrato; III – suspensão temporária de participação em licitação e impedimento de contratar com a Administração, por prazo não superior a 2 (dois) anos; IV – declaração de inidoneidade para licitar ou contratar com a Administração Federal, enquanto perdurarem os motivos determinantes da punição ou até que seja promovida a reabilitação, perante a própria autoridade que aplicou a penalidade.
>
> § 1º. Se a multa aplicada for superior ao valor da garantia prestada, além da perda desta, responderá o contratado pela sua diferença, que será descontada dos pagamentos eventualmente devidos pela Administração ou cobrada judicialmente.
>
> § 2º. As sanções previstas nos incisos I, III e IV deste artigo poderão ser aplicadas juntamente com a do inciso II, facultada a defesa prévia do interessado, no respectivo processo, no prazo de 5 (cinco) dias úteis.
>
> § 3º. A sanção estabelecida no inciso IV é de competência exclusiva do Ministro de Estado, facultada a defesa do interessado no respectivo processo, no prazo de 10 (dez) dias da abertura de vista.
>
> Art. 74. As sanções previstas nos incisos III e IV do artigo anterior poderão também ser aplicadas às empresas ou profissionais que, em razão dos contratos regidos por este Decreto-lei: I – praticarem, por meios dolosos, fraude fiscal, no recolhimento de quaisquer tributos;

---

7. Segundo Hely Lopes Meirelles: "A inidoneidade, a nosso ver, só opera efeitos em relação à Administração que a declara, pois que sendo uma restrição a direito não se estende a outras Administrações" (*Licitação e Contrato Administrativo*, cit., 7ª ed., p. 218).

8. Conforme Carlos Ari Sundfeld, *A Ordem dos Publicistas*, cit., disponível em *http://www.direito doestado.com/revista/REDE-1-JANEIRO-2005-CARLOS-ARI-SUNDFELD.pdf* (acesso em 10.5.2017).

II – praticarem atos ilícitos, visando a frustrar os objetivos da licitação; III – demonstrarem não possuir idoneidade para contratar com a Administração, em virtude de atos ilícitos praticados.

Portanto, o Decreto-lei 2.300/1986 estabelecia expressamente apenas a figura da reabilitação dos contratados declarados inidôneos pela Administração – e, ainda assim, sem detalhar quais seriam os requisitos para se promover essa reabilitação. Mas Hely admitia também o cancelamento da declaração de inidoneidade nos casos em que o particular afastasse as pessoas envolvidas nas falhas contratuais e técnicas, justamente porque, ao serem tomadas tais providências, não estariam mais presentes os "motivos determinantes da punição".

3.6 Conclusão parcial

Diante do exposto até aqui, fica claro que existe há muito tempo no ordenamento jurídico brasileiro uma preocupação com o incentivo à adoção de novas práticas nas licitações públicas. Em vez de simplesmente se penalizar o contratado que praticou irregularidades, admite-se que ele adote medidas concretas que acabem por afastar a aplicação da penalidade.

Ainda que incipiente, essa ideia já era observada por Hely Lopes Meirelles. Cabe agora aprofundá-la e ampliar sua aplicação. Para tanto, entendemos que é interessante fazer algumas considerações sobre a noção de *self-cleaning* existente no direito comunitário europeu.

4. A noção de self-cleaning *no direito comunitário europeu*

A ideia de reabilitação de empresas impedidas de celebrar contratos com a Administração Pública tem relação direta com a noção de *self-cleaning* proveniente do direito comunitário europeu.

4.1 O conceito de self-cleaning

O direito comunitário europeu prevê a possibilidade de sancionamento de licitantes que cometeram irregularidades. Uma dessas penalidades consiste no afastamento das empresas, de modo que elas não possam mais participar de licitações públicas. Há hipóteses de afastamento que são mandatórias e outras que são discricionárias. No entanto, além de prever a possibilidade de afastamento de licitantes, admite-se também a figura do *self-cleaning*.

A ideia geral do *self-cleaning* é que um agente econômico poderá readquirir o direito de participar de licitações e de firmar contratos com a Administração Pública caso demonstre que adotou medidas efetivas para assegurar que os atos irregulares praticados no passado não mais ocorrerão no futuro.

O racional do conceito de *self-cleaning*, portanto, consiste em permitir uma espécie de redefinição da conduta futura das empresas condenadas, de forma que elas sejam reabilitadas a participar de licitações e firmar contratos com a Administração Pública caso tomem determinadas medidas.[9] Algo, como se vê, muito próximo à ideia de reabilitação ou de cancelamento da declaração de inidoneidade propugnada por Hely Lopes Meirelles.

---

9. Sobre o assunto, cf.: Roman Majtan, "The self-cleaning dilemma: reconciling competing objectives of procurement processes", *George Washington International Law Review* 45/291-347, 2013.

O *self-cleaning* parte da ideia de que existe uma forma alternativa para se lidar com situações que conduziriam em tese à exclusão de um licitante. Em vez de se promover sua exclusão, o que seria potencialmente danoso em termos concorrenciais[10] e sociais, estabelece-se que as autoridades adjudicantes têm o dever de avaliar se os interessados adotaram certas medidas que, em última análise, tenham sido eficazes em restabelecer sua confiabilidade perante a Administração Pública.

Portanto, a exclusão de uma penalidade em razão da adoção de medidas de *self--cleaning* é baseada em razões de "public interest (including public health), national security, emergencies and the economic consequences of impact of disqualification".[11] Sope Williams-Elegbe menciona diversos casos de afastamento do impedimento de contratar em função da necessidade pública de manter os fornecimentos das empresas responsáveis pela ilicitude, como os casos "MCI World Com.",[12] "Boeing" e "IBM".[13] Este último caso é especialmente revelador: a IBM teve suspenso em 2008 seu direito de licitar nos Estados Unidos; oito dias depois a penalidade foi encerrada "due to the disruption the government would have faced if the disqualification had remained in effect for longer".[14]

4.2 O self-cleaning e a probidade nas relações público-privadas

Poder-se-ia dizer que a noção de *self-cleaning* acabaria encorajando os agentes econômicos à prática de ilícitos, uma vez que as medidas de autossaneamento[15] seriam uma solução fácil em caso de constatação de ilegalidades. No entanto, tem-se muito claro no direito comunitário europeu que a realização das medidas de *self-cleaning* requer um investimento muito grande de tempo e de recursos para sua execução, sem nenhuma garantia prévia de que elas venham a ser aceitas no futuro pelas autoridades adjudicantes. Assim, a admissão do *self-cleaning* não encorajaria as empresas a praticarem atos ilícitos. Apenas incentivaria tais agentes a reconhecerem que praticaram ilegalidades e a adotarem medidas que impeçam que elas ocorram novamente no futuro.[16]

Entende-se, inclusive, que as medidas de *self-cleaning* contribuem para a percepção dos cidadãos de que as licitações são o modo mais legítimo em regra de se realizar contratações públicas. Isso porque tais medidas se destinam justamente a garantir que os

---

10. Sobre os aspectos concorrenciais envolvidos, cf.: Christopher R. Yukins, "Mandatory disclosure: case study in how anti-corruption measures can affect competition in defense markets", *GW Legal Studies Research Paper* 2015-14, abril/2015, disponível em *http://www.ssrn.com/abstract=2600676* (acesso em 9.5.2016).
11. Sope Williams-Elegbe, *Fighting Corruption in Public Procurement: a Comparative Analysis of Disqualification or Debarment Measures*, Oxford, Hart Publishing, 2012, pp. 266-267.
12. Idem, p. 252.
13. Idem, p. 258.
14. Idem, ibidem.
15. A utilização do termo "autossaneamento" nesse sentido pode ser vista em: Cesar A. Guimarães Pereira e Rafael Wallbach Schwind, "Autossaneamento (*self-cleaning*) e reabilitação no direito brasileiro anticorrupção", *Revista de Direito Administrativo Contemporâneo* 20, Ano 3, São Paulo, Ed. RT, setembro-outubro/2015.
16. Sue Arrowsmith, Hans-Joachim Priess e Pascal Friton, "Self-cleaning – An emerging concept in EC public procurement law?", in Hermann Pünder, Hans-Joachim Priess e Sue Arrowsmith (orgs.), *Self--Cleaning in Public Procurement Law*, Köln, Wolters Kluwer, 2009, p. 25.

procedimentos licitatórios sejam realizados de forma idônea, com empresas confiáveis, que dispõem de mecanismos efetivos para impedir que ilícitos cometidos no passado se repitam novamente no futuro.

Partindo-se dessa conclusão inicial de que as medidas de *self-cleaning*, desde que efetivas e compatíveis com cada caso concreto, são suficientes para garantir que haja maior integridade nos procedimentos de contratações públicas, entende-se no direito comunitário europeu que as autoridades adjudicantes dos Estados-membros não podem excluir de seus procedimentos os agentes econômicos que tenham adotado medidas adequadas de autossaneamento. A exclusão desses interessados mesmo quando as medidas de *self-cleaning* tenham sido bem-sucedidas seria uma violação direta ao princípio da proporcionalidade.[17]

4.3 A aplicação das medidas de self-cleaning de acordo com a Diretiva 2014/24

A ideia de *self-cleaning* é derivada de concepções doutrinárias que foram se desenvolvendo no âmbito da União Europeia. Sua positivação, contudo, ocorreu pela primeira vez com a edição da Diretiva 2014/24 (portanto, apenas há três anos).

4.3.1 Objetivo do *self-cleaning*

A Diretiva estabelece que as medidas de *self-cleaning* tomadas pelo interessado destinam-se a "demonstrar a sua fiabilidade não obstante a existência de uma importante causa de exclusão". Portanto, o *self-cleaning* destina-se justamente a proporcionar um benefício ao infrator que conseguir demonstrar sua confiabilidade perante o Poder Público.

4.3.2 O âmbito de aplicação do *self-cleaning*

A Diretiva estabelece que o *self-cleaning* deve ser levado em consideração em qualquer das situações referidas nos ns. 1 e 4 do art. 57º. Isso significa que o autossaneamento dos interessados se aplica aos casos de exclusões mandatórias (n. 1) e também aos de exclusões discricionárias (n. 4).

4.3.3 Inaplicabilidade aos casos em que há decisões judiciais

A Diretiva, contudo, ressalva que um agente que tenha sido excluído, "por decisão transitada em julgado, de participar em procedimentos de contratação pública ou concessão não pode recorrer" ao *self-cleaning* "durante o período de exclusão resultante dessa decisão nos Estados-membros onde esta produz efeitos".

Assim, no caso de o agente econômico ser penalizado pelo Poder Judiciário com a suspensão do direito de participar de procedimentos de contratação pública por determinado período, essa penalidade não poderá ser afastada em razão da adoção de medidas de *self-cleaning*.

---

17. Idem, p. 27.

Apesar da inaplicabilidade do *self-cleaning* aos casos de exclusões por decisão judicial, o condenado continua incentivado a adotar medidas para seu autossaneamento, a fim de que possa reconquistar a condição de agente econômico confiável. O mero decurso do prazo da suspensão aplicada pelo Poder Judiciário não resolve sua situação. De todo modo, ainda que o agente adote medidas de *self-cleaning* adequadas, deverá observar o prazo de suspensão que foi fixado por decisão judicial transitada em julgado.

A restrição da Diretiva, contudo, enfrenta críticas. Albert Sánchez Graells, por exemplo, defende que o *self-cleaning* deveria se aplicar também às exclusões determinadas em decisões judiciais, ainda que isso representasse um exame ainda mais rigoroso (e difícil) das medidas a serem implementadas. Segundo ele, ao menos uma cláusula de escape deveria ter sido prevista na Diretiva, por questões de interesse público (o que pode ser o caso em mercados altamente concentrados e especializados), de modo que a penalidade fosse afastada se o agente econômico tomasse as medidas adequadas. De todo modo, o doutrinador defende que os Estados-membros deveriam explorar alternativas para desenvolver um sistema mais consistente e orientado à competitividade, uma vez que se deve dar o devido valor ao *self-cleaning*.[18]

4.3.4 O conteúdo das medidas de *self-cleaning*

O conteúdo efetivo das medidas de *self-cleaning* dependerá de cada caso concreto, devendo-se levar em consideração a gravidade da conduta praticada, sua duração, sua recorrência, seu impacto econômico e a adequação das medidas adotadas pela empresa à luz das peculiaridades do caso em questão.[19]

O aspecto central é que as medidas de *self-cleaning*, em todos os casos, devem tornar o mais difícil possível a recorrência dos atos delituosos. Não se trata de instituir a impunidade, e sim de exigir a adoção de medidas eficazes que permitam restaurar a confiança que se espera de uma empresa séria.

Em regra, essa confiabilidade das empresas de modo a poderem voltar a participar de licitações será alcançada por meio de quatro medidas concretas que são previstas expressamente na Diretiva.

4.3.4.1 Esclarecimento dos fatos

Um dos requisitos que a Diretiva 2014/24 prevê para o autossaneamento da empresa é o de que ela deve provar que "esclareceu integralmente os fatos e as circunstâncias através de uma colaboração ativa com as autoridades responsáveis" pela investigação. É evidente que essa colaboração com as investigações deve ser a mais eficiente possível.

---

18. Albert Sánchez Graells, *Public Procurement and the EU Competition Rules*, 2ª ed., Oxford, Hart Publishing, 2015, pp. 295-296.
19. Como ensina Sope Williams-Elegbe, "the kinds of rehabilitation measures that will be considered adequate will depend on the approach of the jurisdiction to rehabilitation and the purpose of disqualification, since rehabilitation measures may not be appropriate in a jurisdiction where the purpose of disqualification is punitive" (*Fighting Corruption in Public Procurement – A Comparative Analysis of Disqualification or Debarment Measures*, cit., p. 261).

Há dois interessantes precedentes da Alemanha em que se optou pela realização de auditorias especiais por contadores públicos ou terceiros independentes.[20] Mas em regra não é obrigatório que haja um auditor independente. O fundamental é que a empresa colabore efetivamente com as autoridades encarregadas das investigações.

4.3.4.2 Reparação dos danos

O segundo requisito das medidas de *self-cleaning* é o de que o interessado "deve provar que ressarciu ou que tomou medidas para ressarcir eventuais danos causados pela infração penal ou pela falta grave".

Há uma preocupação, portanto, com que o interessado recomponha os prejuízos que causou com sua atuação irregular. O ressarcimento não é importante apenas para aqueles que foram diretamente prejudicados. É relevante também para que a empresa recupere sua confiabilidade. Se o interessado não promover o ressarcimento dos danos que causou, terá sido beneficiado indevidamente.

Note-se, contudo, que a regra não prevê que o ressarcimento deve necessariamente ser prévio à reabilitação da empresa. Admite-se também que a empresa prove que "tomou medidas para ressarcir" eventuais danos.

A Diretiva também não esclarece qual a extensão do ressarcimento – por exemplo, se basta o ressarcimento da Administração Pública, se concorrentes eventualmente prejudicados terão de ser ressarcidos, se acionistas minoritários também o dever ser – e assim por diante.

O ressarcimento apenas será exigido para o autossaneamento do interessado nos casos em que o agente econômico efetivamente causou um dano. Na ausência de danos não há o que ressarcir.

4.3.4.3 Medidas de pessoal

A Diretiva estabelece também que o interessado deverá provar que tomou "medidas concretas (...) de pessoal adequadas para evitar outras infrações penais ou faltas graves".

Isso significa que a empresa será obrigada a desligar seus acionistas, executivos e empregados que tiveram relação com a prática de atos delituosos. Esse desligamento deverá ocorrer de forma imediata e de modo a que as pessoas que forem desligadas compreendam o motivo de tal ato.

4.3.4.4 Medidas estruturais e organizacionais

A quarta medida para a reabilitação do agente econômico consiste em provar que "tomou as medidas concretas técnicas, organizativas (...) adequadas para evitar outras infrações penais ou faltas graves".

Isso significa que, além de lidar com o ressarcimento de prejuízos que causou no passado e de prever medidas de pessoal no presente, o interessado deverá estabelecer medidas

---

20. Corte de Apelação de Düsseldorf, decisão de 9.4.2003 – Verg 66/02; e Corte Regional de Berlim, decisão de 22.3.2006 – 23 O 118/04.

voltadas para o futuro. As autoridades contratantes somente considerarão que as medidas de *self-cleaning* são suficientes se forem adotadas medidas estruturais e organizacionais pela companhia, as quais deverão se voltar à prevenção da ocorrência de atos delituosos similares no futuro.

Há uma grande variedade de medidas cabíveis. Podem compreender, por exemplo, a realização de treinamentos *in-house* com membros de seus quadros de funcionários e colaboradores e a formulação de regras internas de conduta que se destinem à prevenção da ocorrência de atos delituosos – as quais deverão igualmente contemplar sanções em caso de transgressão. Essas regras internas de conduta podem, por exemplo, estabelecer padrões de comportamento que sejam adotados pelos funcionários nos casos de haver algum contato suspeito. Inserem-se aqui, portanto, os programas de *compliance*.

Outras medidas de organização da empresa podem envolver, por exemplo, o estabelecimento de um sistema duplo de controle e até mesmo a previsão de um rodízio de empregados em seus quadros – ao menos nos departamentos em que o pessoal tenha maior probabilidade de se envolver com atos de corrupção.

Há também a possibilidade de se adotarem outras medidas preventivas, tais como o estabelecimento de um responsável pelo *compliance* (*compliance officer*), interno ou externo à empresa, e a nomeação de um *ombudsman*, que poderá ser acionado por eventuais delatores de práticas criminosas.

4.3.5 Critérios para a avaliação das medidas de *self-cleaning*

A Diretiva 2014/24 estabelece que "as medidas tomadas pelos operadores econômicos são avaliadas tendo em conta a gravidade e as circunstâncias específicas da infração penal ou falta cometida". Não há, portanto, um modelo-padrão de medidas de *self-cleaning* que seria aceitável em todos os casos.

Em geral, quanto mais graves os atos ilícitos que foram cometidos pelo agente econômico, mais abrangentes deverão ser as medidas de *self-cleaning* para que a empresa efetivamente volte a ser considerada um operador confiável. A gravidade dos atos é um indício de que são necessárias medidas mais drásticas de autossaneamento.

As medidas de *self-cleaning* também serão o resultado direto das circunstâncias específicas da infração ou falta cometida. Isso ocorre porque há uma grande variedade de condutas que podem levar um agente econômico a ser excluído dos procedimentos de contratação pública. Algumas consistem em meras faltas na execução de obrigações contratuais ou legais. Outras são práticas criminosas. Mesmo entre essas últimas existem diversas condutas diferentes que podem conduzir à exclusão do agente econômico. Sendo assim, é evidente que o conteúdo das medidas de autossaneamento deverá levar em conta quais foram efetivamente as circunstâncias em que o agente praticou os atos irregulares.

4.3.6 O direito a uma análise motivada das medidas adotadas

A Diretiva ainda estabelece que: "Caso as medidas sejam consideradas insuficientes, o operador econômico recebe uma exposição dos motivos dessa decisão".

Portanto, existe um dever de motivação do ato de análise das medidas de *self-cleaning*. A autoridade competente para analisar as medidas adotadas pelo agente econômico não poderá rejeitá-las de modo não fundamentado.

Além de se tratar de uma questão de transparência,[21] a exposição dos motivos da decisão que analisou as medidas de *self-cleaning* não deixa de ter um efeito pedagógico.

5. A compatibilidade da noção de self-cleaning com o Direito Brasileiro

Compreendida a noção de *self-cleaning*, cabe, agora, verificar de que modo ela poderia ser aplicada no Direito Brasileiro.

5.1 A questão do cancelamento da declaração de inidoneidade e a reabilitação de empresas

De modo geral, o sistema punitivo relacionado aos contratos administrativos no Brasil não se preocupa com a reabilitação das empresas nem com a instituição de novas práticas no relacionamento público-privado.

Em regra, as normas estabelecem apenas prazos máximos para as proibições de participar de licitações e de celebrar contratos com a Administração Pública.

É o caso, por exemplo, das seguintes leis: (1) Lei 8.429 (Lei de Improbidade Administrativa) – estabelece no art. 12 a possibilidade de impedimento à celebração de contratos com a Administração Pública por períodos que podem variar de 3 a 10 anos; (2) Lei 8.443/1992 (Lei do TCU) – prevê no art. 46 a possibilidade de vedação a contratações públicas por até 5 anos; (3) Lei 10.520/2002 (Lei do Pregão) – estabelece em seu art. 7º a vedação à celebração de contratos por até 5 anos; (4) Lei 12.529/2011 (Lei do CADE) – prevê no art. 38, II, a vedação à celebração de contratos com a Administração por prazo não inferior a 5 anos.

Todas essas leis têm preocupações que são de natureza estritamente punitiva. Pretende-se apenas punir o particular que cometeu atos graves e incompatíveis com o Direito. Não há nenhuma preocupação com a reabilitação de empresas ou com a possibilidade pelo menos de se cancelar a penalidade se o infrator instituir novas práticas.

Tal sistemática é no mínimo bastante questionável. Ainda que se admitam pretensões punitivas em certa medida, não se pode afirmar que o simples decurso do tempo fará com que sejam instituídas novas práticas. Ao que parece, ao serem estabelecidos apenas limites temporais máximos, parte-se do pressuposto de que, atingido o marco temporal estabelecido na decisão, o particular estará novamente apto a celebrar contratações com o Poder Público – ainda que não tenha tomado absolutamente nenhuma providência para adotar práticas adequadas ao Direito.

Não se pode deixar de observar, aí, certa "hipocrisia" nessa sistemática baseada apenas em limites temporais. É evidente que o simples decurso do tempo não fará com que as relações público-privadas sejam alçadas a novos patamares de probidade.

Como se não bastasse, o enfoque meramente punitivo leva a alguns problemas sérios.

---

21. Sobre a aplicação do princípio da transparência nos procedimentos de contratação pública da União Europeia, cf.: Peter Trepte, *Public Procurement in the EU*, 2ª ed., Nova York, Oxford, 2007, pp. 15-27.

De um lado, possibilita a ruína do infrator ainda que ele se empenhe em criar novas práticas para demonstrar que voltou a ser um licitante probo e confiável. Acima já se fez referência a isso.

De outro lado, o enfoque estritamente punitivo dá ensejo a mecanismos destinados a contornar a punição – e a fazer com que permaneçam as mesmas práticas equivocadas e inaceitáveis. Refere-se aqui, por exemplo, a criação de novas pessoas jurídicas pelos acionistas de uma empresa punida, com a posterior transferência de acervo técnico à nova pessoa jurídica, que não terá nenhuma penalidade aplicada contra si.[22]

Contudo, a Lei 8.666/1993 acaba destoando dessa sistemática com propósitos meramente punitivos.

É verdade que a Lei 8.666 prevê um prazo máximo de até dois anos para a suspensão do direito de licitar e contratar com a Administração Pública (art. 87, III). Para essa penalidade o simples decurso do prazo fixado permitirá o retorno da empresa infratora ao mercado de contratações públicas.

No entanto, não é exatamente essa sistemática de pretensão meramente punitiva que se verifica em relação às declarações de inidoneidade. De fato, o art. 87, IV, estabelece que a declaração de inidoneidade permanecerá gerando efeitos "enquanto perdurarem os motivos determinantes da punição *ou* até que seja promovida a reabilitação perante a própria autoridade que aplicou a penalidade, que será concedida sempre que o contratado ressarcir a Administração pelos prejuízos resultantes e após decorrido o prazo da sanção aplicada com base no inciso anterior".

O emprego da conjunção "ou" pelo dispositivo é bastante claro. A declaração de inidoneidade permanece aplicável enquanto perdurarem os motivos que determinaram a punição "ou" até que a empresa obtenha sua reabilitação. A reabilitação somente pode ser requerida pela empresa após dois anos da aplicação da penalidade, conforme prevê o art. 88, § 3º. No entanto, em relação ao cancelamento da penalidade (que ocorre sempre que deixarem de estar presentes os motivos que determinaram a punição) esse prazo não se aplica. Isso porque existem claramente duas hipóteses distintas: cancelamento da penalidade e reabilitação.

Em ambas as hipóteses, de todo modo, a lei se ocupa da aplicação de novas práticas no relacionamento público-privado.

Se os motivos determinantes da punição deixaram de existir – por exemplo, porque a empresa demitiu todos os envolvidos nos atos irregulares, criou um sistema de *compliance* eficiente e instituiu mecanismos de controle mais severos –, não há razão para que ela permaneça declarada como inidônea. Uma empresa nessa situação recuperou sua confiabilidade e pode ter a penalidade cancelada pela autoridade que a aplicou. E isso pode acontecer inclusive em menos de dois anos da declaração de inidoneidade.

Em relação à reabilitação ocorre algo similar. Em tese, a declaração de inidoneidade prevista na Lei 8.666/1993 pode se estender indefinidamente. Entretanto, passados dois

---

22. É evidente que a criação de novas pessoas jurídicas e a transferência de acervo técnico não são atos irregulares. Pelo contrário. Em muitos casos trata-se de medidas absolutamente legítimas. Além disso, a pessoa jurídica não se confunde com seus sócios. No entanto, não há dúvidas de que tais medidas em certos casos podem servir justamente para contornar penalidades que foram aplicadas pela Administração Pública. Demanda-se, no mínimo, a existência de cautela na apuração em cada caso concreto.

anos de sua aplicação, o particular poderá requerer sua reabilitação. No processo de reconhecimento de análise de sua reabilitação ele deverá comprovar a adoção de algumas providências. A única exigida pela lei é, na verdade, o ressarcimento da Administração pelos prejuízos causados. Mas, a rigor, a lei poderia ter estabelecido condições mais abrangentes, que dissessem respeito não apenas à reparação de danos, mas também à instituição efetiva de novas práticas de probidade e transparência no relacionamento com o Poder Público.

Como se vê, a sistemática punitiva prevista na Lei 8.666, especialmente em relação à declaração de inidoneidade, aproxima-se da noção de *self-cleaning* do direito comunitário europeu. De um lado, admite-se o cancelamento da penalidade se os motivos determinantes da punição deixarem de estar presentes – e eles podem deixar de estar presentes justamente se a empresa infratora adotar mecanismos similares aos do *self-cleaning*. De outro lado, permite-se a reabilitação de empresas após dois anos se elas ressarcirem a Administração Pública pelos prejuízos causados.

É verdade que a Lei 8.666 foi tímida ao estabelecer essas possibilidades. Repetiu o Decreto-lei 2.300/1986, quase que inteiramente nos mesmos termos, com poucas evoluções. De todo modo, já contém pelo menos uma porta de entrada à noção de *self-cleaning* no Direito Brasileiro, que precisa, em meu entendimento, ser expandida e melhor utilizada.

5.2 O reconhecimento de efeitos jurídicos à instituição de mecanismos de integridade

Outra ferramenta que passou a ser prevista mais recentemente no ordenamento jurídico brasileiro e permite que se dê concreção à noção de *self-cleaning*, ou autossaneamento, é a criação de mecanismos de integridade.

O art. 7º, VIII, da Lei Anticorrupção (Lei 12.846/2013) estabelece que serão levadas em conta na aplicação de sanções "a existência de mecanismos e procedimentos internos de integridade, auditoria e incentivo à denúncia de irregularidades e a aplicação efetiva de códigos de ética e de conduta no âmbito da pessoa jurídica".

Isso significa que certas penalidades podem ser reduzidas ou até mesmo afastadas integralmente se a empresa infratora adotar mecanismos de integridade.

É claro que esses mecanismos devem ser efetivos. Não basta a instituição de mecanismos de integridade apenas formais, que sirvam exclusivamente para dar uma imagem de transparência e probidade. Eles devem ser eficazes e trazer resultados práticos.

De todo modo, o que importa para os fins a que se propõe este breve ensaio é a conclusão de que os mecanismos de integridade são justamente uma forma de se dar concretude à noção de *self-cleaning*. Trata-se de mecanismo pelo qual as empresas declaradas inidôneas podem demonstrar que voltaram a ser confiáveis a ponto de retornar ao mercado de contratações públicas. Dependendo do conteúdo dos programas de integridade, não fará mais sentido que a empresa permaneça com a declaração de inidoneidade.

5.3 Os acordos de leniência

Os acordos de leniência também podem ser mecanismos para a aplicação da noção de autossaneamento.

Até recentemente apenas a legislação antitruste previa a possibilidade de celebração de acordos de leniência. Entretanto, essa possibilidade foi ampliada pela Lei Anticorrupção.

De fato, a Lei 12.846/2013 estabelece em seu art. 16 que a autoridade máxima de cada órgão ou entidade pública poderá celebrar acordo de leniência com as pessoas jurídicas responsáveis pela prática de atos de corrupção – os quais podem levar à impossibilidade de celebrar contratos com a Administração Pública. Para tanto, as empresas deverão colaborar efetivamente com as investigações e o processo administrativo, sendo que dessa colaboração deverão resultar (1) a identificação dos demais envolvidos na infração, quando couber, e (2) a obtenção célere de informações e documentos que comprovem o ilícito sob apuração.

Perceba-se a similaridade dessas previsões com a noção de autossaneamento. Conforme demonstrado acima, um dos elementos para um *self-cleaning* efetivo é justamente a colaboração do infrator para o esclarecimento dos fatos ocorridos. O acordo de leniência tem justamente esse objetivo: buscam-se a identificação dos envolvidos e a obtenção célere de informações.

Além disso, o § 1º do art. 16 da Lei 12.846/2013 ainda estabelece outros requisitos cumulativos que devem estar presentes para a celebração de um acordo de leniência. Ao menos dois deles têm relação direta com a noção de *self-cleaning*: a pessoa jurídica deverá (1) cessar completamente seu envolvimento na infração investigada e (2) admitir sua participação no ilícito, cooperando plena e permanentemente com as investigações e o processo administrativo, comparecendo, sob suas expensas, sempre que solicitada, a todos os atos processuais, até seu encerramento.

Portanto, os acordos de leniência são uma ferramenta vocacionada à aplicação da noção de autossaneamento no Direito Brasileiro. Caberá às autoridades competentes utilizar esse mecanismo com efetividade, realmente estabelecendo mecanismos necessários e suficientes à instituição de novos patamares de probidade na relação entre a iniciativa privada e o Poder Público. Há, certamente, um amplo espaço de discricionariedade e também de mecanismos de consensualidade administrativa que precisa ser bem utilizado. Do contrário os objetivos buscados com essas medidas não serão alcançados.

5.4 Conclusões: a compatibilidade da noção de self-cleaning com o Direito Brasileiro

Diante do exposto acima, é possível enumerar as seguintes conclusões:

5.4.1 O Direito Brasileiro admite o afastamento do impedimento à realização de contratações com a Administração Pública quando o particular adotar determinadas providências relacionadas à adoção de novas práticas de probidade no relacionamento público-privado.

5.4.2 Em alguns dispositivos a possibilidade de afastar o impedimento à celebração de contratações com a Administração Pública é mais explícita. Em outros, menos. De todo modo, existe inequivocamente uma preocupação do ordenamento jurídico nacional com a criação de novas práticas.

5.4.3 Em decorrência dos pontos enumerados acima, conclui-se que a noção de *self-cleaning*, tal como contemplada no direito comunitário europeu, é plenamente compatível com o Direito Brasileiro.

5.4.4 Há a necessidade, contudo, de tornar as regras sobre o *self-cleaning* mais claras e abrangentes, para que o instituto seja aplicável na medida em que realmente contribua para a adoção de práticas mais transparentes e probas no relacionamento dos particulares com o Poder Público.

5.4.5 Ademais, é necessário que as autoridades envolvidas empreguem suas competências com sabedoria e parcimônia. As exigências para o autossaneamento de empresas infratoras devem ser efetivas na busca de maior probidade nas relações público-privadas. Por outro lado, não podem estabelecer obrigações de impossível cumprimento, uma vez que nessa hipótese a empresa não se preocupará em adotar aqueles mecanismos.

5.4.6 Todos os pontos mencionados acima somente serão possíveis se for superada a visão estritamente punitiva que normalmente permeia a compreensão das penalidades aplicadas a licitantes e contratados.[23] Tais penalidades não podem mais ser vistas como meros mecanismos de punição. Deve-se compreendê-las como mecanismos orientadores e incentivadores de novas condutas que permitirão alçar as relações do Poder Público com a iniciativa privada a patamares mais elevados de transparência e probidade.

5.4.7 É imprescindível que os particulares contem com maior segurança jurídica na aplicação de mecanismos de *self-cleaning*. A pluralidade de autoridades envolvidas, muitas vezes com competências sobrepostas, gera insegurança. Se um acordo de leniência que contenha compromissos de autossaneamento de uma empresa puder ser questionado – ou simplesmente "desfeito" – por qualquer outra autoridade, a qualquer momento, apenas por discordar do seu conteúdo, não haverá ambiente propício à aplicação da noção de *self--cleaning* no Direito Brasileiro.

5.4.8 Por fim, certamente serão enfrentados muitos desafios no controle da discricionariedade das autoridades envolvidas. As autoridades deverão observar, por exemplo, o princípio da isonomia. Não deverão exigir mecanismos mais severos de autossaneamento de uma empresa em comparação com outras sem que haja elementos que efetivamente conduzam a esse tratamento diferenciado. Por outro lado, não se deve comprometer a flexibilidade necessária. A burocratização e a busca de critérios absolutizantes na aplicação do *self-cleaning* são contraproducentes.

6. *Encerramento*

Minhas conclusões acerca do assunto tratado neste ensaio foram relacionadas acima. Cabe-me agora retomar as lições de Hely Lopes Meirelles que serviram de inspiração a este breve estudo. E o faço referindo-me a um evento que ocorreu há algumas décadas e que me parece muito representativo.

Quando era Juiz Auxiliar nas Varas Cíveis da comarca de São Paulo, Hely Lopes Meirelles proferiu sentença pioneira num caso envolvendo a Cia. Telefônica Brasileira, na década de 1950.

Segundo narra Eurico de Andrade Azevedo acerca do caso: "Havia uma enorme dificuldade na obtenção de telefone e um dos inscritos na fila propôs ação cominatória contra a

---

23. Para uma contundente crítica às pretensões meramente punitivas, consulte-se: Jessica Tillipman, "A house of cards falls: why 'too big to debar' is all slogan and little substance", *Fordham Law Review Res Gestae* 80/49-58, 2012 (disponível em http://www.fordhamlawreview.org/assets/res-gestae/volume/80/49_Tillipman.pdf, acesso em 30.10.2015).

Companhia para a obtenção do serviço. Com base na doutrina e na jurisprudência estrangeiras – pois até então não se admitia entre nós a ação do usuário contra o concessionário – Hely julgou procedente a ação, firmando o princípio de que o usuário do serviço público concedido tem ação direta contra o concessionário, para constrangê-lo a prestar o serviço, sob pena de lhe pagar as perdas e danos ou a multa correspondente, cominada na sentença".[24]

A sentença de Hely Lopes Meirelles, confirmada pelos Tribunais Superiores, tornou-se *leading case* em relação ao reconhecimento de direitos dos usuários nos contratos de concessão de serviço público – o que veio a ser positivado em 1995 (portanto, *mais de 40 anos depois*) com a edição da Lei 8.987, que dispõe sobre a concessão de serviços públicos.

Em relação ao cancelamento das declarações de inidoneidade e à reabilitação de empresas declaradas inidôneas penso que ocorre algo similar.

Ainda à luz do Decreto-lei 2.300/1986 Hely Lopes Meirelles já defendia a possibilidade do cancelamento da declaração de inidoneidade caso a empresa infratora afastasse os envolvidos nas irregularidades, uma vez que, cessada a causa que levou à aplicação da penalidade, deveriam cessar os efeitos da sanção.

Hely argumentava também que a penalidade em questão não podia representar verdadeira pena de morte à empresa punida. Isso porque, segundo ele, são contra a índole do Direito as interdições administrativas perpétuas.

No entanto, ao que parece, as considerações do doutrinador acerca do cancelamento da declaração de inidoneidade e da reabilitação de empresas ainda não tiveram a mesma repercussão que experimentou sua sentença no caso da Cia. Telefônica Brasileira.

Decorridos mais de 30 anos desde o escrito de Hely, penso que suas considerações sobre a possibilidade de cancelamento da penalidade de declaração de inidoneidade merecem reflexão mais aprofundada. É necessário dar prosseguimento às considerações do doutrinador, examinando o instrumental já existente no nosso direito positivo e desenvolvendo-o mais e melhor. O fato é que estamos diante de uma questão muito séria – evidenciada pelos inúmeros casos de corrupção nas licitações públicas –, e a abordagem ocupada meramente com a punição não tem sido eficaz. Ainda mais no contexto atual do País, deve-se aproveitar o momento para estabelecer uma nova cultura nas relações do Poder Público com a iniciativa privada.

Tendo em vista o pragmatismo que orienta os escritos do homenageado na presente obra, é imprescindível evoluir com o estudo da reabilitação das empresas acusadas de corrupção em licitações públicas – tal como aconteceu com o *self-cleaning* no direito comunitário europeu, por exemplo –, de modo a que se possam estabelecer novas práticas e uma nova cultura nas relações público-privadas.

Referências bibliográficas

ARROWSMITH, Sue, FRITON, Pascal, e PRIESS, Hans-Joachim. "Self-cleaning – An emerging concept in EC public procurement law?". In: ARROWSMIT Sue, PRIESS, Hans-Joachim, e PÜNDER, Hermann (orgs.). *Self-Cleaning in Public Procurement Law*. Köln, Wolters Kluwer, 2009.

---

24. Eurico de Andrade Azevedo, "Hely Lopes Meirelles", cit., in Almir Gazquez Rufino e Jaques de Camargo Penteado (orgs.), *Grandes Juristas Brasileiros*, pp. 72-73.

ARROWSMIT Sue, PRIESS, Hans-Joachim, e PÜNDER, Hermann (orgs.). *Self-Cleaning in Public Procurement Law*. Köln, Wolters Kluwer, 2009.

AZEVEDO, Eurico de Andrade. "Hely Lopes Meirelles". In: PENTEADO, Jaques de Camargo, e RUFINO, Almir Gazquez (orgs.). *Grandes Juristas Brasileiros*. São Paulo, Martins Fontes, 2003.

GRAELLS, Albert Sánchez. *Public Procurement and the EU Competition Rules*. 2ª ed. Oxford, Hart Publishing, 2015.

MAJTAN, Roman. "The self-cleaning dilemma: reconciling competing objectives of procurement processes". *George Washington International Law Review* 45/291-347. 2013.

MEIRELLES, Hely Lopes. *Direito Administrativo Brasileiro*. 16ª ed. 2ª tir. São Paulo, Ed. RT, 1991; 42ª ed. São Paulo, Malheiros Editores, 2016.

_____. *Licitação e Contrato Administrativo*. 7ª ed. São Paulo, Ed. RT, 1987; 15ª ed. São Paulo, Malheiros Editores, 2010.

PENTEADO, Jaques de Camargo, e RUFINO, Almir Gazquez (orgs.). *Grandes Juristas Brasileiros*. São Paulo, Martins Fontes, 2003.

PEREIRA, Cesar A. Guimarães, e SCHWIND, Rafael Wallbach. "Autossaneamento (*self-cleaning*) e reabilitação no direito brasileiro anticorrupção". *Revista de Direito Administrativo Contemporâneo* 20. Ano 3. São Paulo, Ed. RT, setembro-outubro/2015.

PRIESS, Hans-Joachim, ARROWSMIT Sue, e PÜNDER, Hermann (orgs.). *Self-Cleaning in Public Procurement Law*. Köln, Wolters Kluwer, 2009.

PÜNDER, Hermann ARROWSMIT Sue, e PRIESS, Hans-Joachim (orgs.). *Self-Cleaning in Public Procurement Law*. Köln, Wolters Kluwer, 2009.

RUFINO, Almir Gazquez, e PENTEADO, Jaques de Camargo (orgs.). *Grandes Juristas Brasileiros*. São Paulo, Martins Fontes, 2003.

SCHWIND, Rafael Wallbach, e PEREIRA, Cesar A. Guimarães. "Autossaneamento (*self-cleaning*) e reabilitação no direito brasileiro anticorrupção". *Revista de Direito Administrativo Contemporâneo* 20. Ano 3. São Paulo, Ed. RT, setembro-outubro/2015.

SUNDFELD, Carlos Ari. *A Ordem dos Publicistas*. Disponível em *http://www.direitodoestado.com/revista/REDE-1-JANEIRO-2005-CARLOS-ARI-SUNDFELD.pdf* (acesso em 10.5.2017).

TILLIPMAN, Jessica. "A house of cards falls: why 'too big to debar' is all slogan and little substance". *Fordham Law Review Res Gestae* 80/49-58. 2012 (disponível em *http://www.fordhamlawreview.org/assets/res-gestae/volume/80/49_Tillipman.pdf*, acesso em 30.10.2015).

TREPTE, Peter. *Public Procurement in the EU*. 2ª ed. Nova York, Oxford, 2007.

WILLIAMS-ELEGBE, Sope. *Fighting Corruption in Public Procurement: a Comparative Analysis of Disqualification or Debarment Measures*. Oxford, Hart Publishing, 2012.

YUKINS, Christopher R. "Mandatory disclosure: case study in how anti-corruption measures can affect competition in defense markets". *GW Legal Studies Research Paper* 2015-14. Abril/2015 (disponível em *http://www.ssrn.com/abstract=2600676*, acesso em 9.5.2016).

CONCEITOS JURÍDICOS INDETERMINADOS E DISCRICIONARIEDADE ADMINISTRATIVA: REVISITANDO O TEMA

REGINA HELENA COSTA

1 Apresentação. 2. A linguagem jurídica. 3. Os conceitos jurídicos. 4. Aspectos da contemporânea concepção de discricionariedade: 4.1 Discricionariedade e legalidade – 4.2 Discricionariedade e interpretação – 4.3 Limites da discricionariedade – 4.4 Localização da discricionariedade. 5. Relação entre conceitos jurídicos indeterminados e discricionariedade. 6. Nossa opinião. 7. Controle judicial da discricionariedade resultante de conceitos jurídicos indeterminados. 8. Conclusões.

1. Apresentação

Em 1988 tivemos oportunidade de publicar artigo na Revista da Procuradoria-Geral do Estado de São Paulo intitulado "Conceitos jurídicos indeterminados e discricionariedade administrativa", originário de monografia apresentada no ano anterior, no curso de Mestrado em Direito do Estado da PUC/SP, na disciplina ministrada pelo professor Celso Antônio Bandeira de Mello.[1]

Por se tratar de tema inexplorado na doutrina pátria à época, tal estudo ganhou repercussão no meio acadêmico, sendo mencionado por especialistas da disciplina.[2]

Passados 30 anos da elaboração daquela monografia, e diante do honroso convite para participar desta obra coletiva em homenagem ao professor Hely Lopes Meirelles, ocorreu-nos, a partir desse mesmo estudo, revisitar o tema, que ainda se apresenta tão palpitante.[3]

É retomando a reflexão sobre assunto de tamanhos interesse e aplicação prática que desejamos prestar singela homenagem ao notável precursor dos estudos de direito administrativo no Brasil.

---

1. Regina Helena Costa, "Conceitos jurídicos indeterminados e discricionariedade administrativa", *Revista da Procuradoria-Geral do Estado de São Paulo* 29/79-108, São Paulo, 1988. No ano seguinte o mesmo trabalho foi publicado na revista *Justitia* 51/34-54 (n. 145, janeiro-março/1989), do Ministério Público do Estado de São Paulo.

2. Maria Sylvia Zanella Di Pietro honra-nos com citação e transcrição em seu destacado *Discricionariedade Administrativa na Constituição de 1988* (3ª ed., São Paulo, Atlas, 2012, p. 115). Expoente da nova geração de Mestres do direito administrativo, Irene Patrícia Nohara noticia que nosso trabalho foi o primeiro a tratar do tema de conceitos jurídicos indeterminados e discricionariedade administrativa no Brasil ("Conceitos jurídicos indeterminados e delimitação concreta da discricionariedade administrativa no pós-Positivismo", *Revista da Procuradoria-Geral do Estado de São Paulo* 7/168, São Paulo, janeiro-junho/2010).

3. O presente texto estampa, essencialmente, o original de 1988, com alguns acréscimos e alterações.

2. A linguagem jurídica

Para introduzirmos a análise do tema, relevante relembrarmos alguns aspectos concernentes à linguagem jurídica.

Consoante ensina Sainz Moreno, a relação entre o Direito e a linguagem é de vinculação essencial: não existe o Direito sem a linguagem, da mesma maneira que não existe pensamento fora da linguagem.[4]

É sabido que a linguagem do Direito é uma linguagem natural, distinta das linguagens formalizadas, abrigando termos imprecisos e equívocos. Contudo, é necessário seja desse modo, uma vez que o Direito traz regras de disciplina social de condutas concretas e, portanto, sua linguagem deve ser acessível às pessoas comuns.[5]

Tanto assim é que o próprio direito positivo abriga expressamente o princípio segundo o qual a ignorância das leis não escusa o seu cumprimento, inserto no art. 3º da Lei de Introdução às Normas do Direito Brasileiro. Desse princípio deriva outro, qual seja, o da inteligibilidade da linguagem jurídica, a significar que esta deve ser compreensível a todos os destinatários de suas normas, e não somente pelos especialistas em aplicá-las. Assim, as normas devem falar, o máximo possível, a mesma linguagem daqueles por ela obrigados.

Em face dessa realidade é que se afirma que a linguagem jurídica[6] não se distingue fundamentalmente da linguagem ordinária, pelo quê se fala em "uso jurídico da linguagem ordinária".[7] Desse modo, a imprecisão e a equivocidade dos conceitos encontráveis na linguagem cotidiana transportam-se à linguagem jurídica.

Sainz Moreno entende que o caráter específico da linguagem jurídica consiste em que o significado dos termos que utiliza, procedentes, em sua maior parte, da linguagem ordinária, sofre, por sua incorporação a um vocabulário jurídico, certa mutação em seu significado originário. E atribui essa mutação a duas causas: sua reiterada utilização em raciocínios jurídicos, pelo número e pela maneira como os demais conceitos que com ele coexistem cobrem o campo de referência, e, às vezes, pelas características da relação intersubjetiva que opera e, em segundo lugar, em certas ocasiões, pela delimitação do significado de certos termos mediante uma definição legal.[8]

De qualquer modo, vale salientar que a imprecisão dos conceitos utilizados pelas normas jurídicas é uma característica da linguagem do Direito.

Para a adequada compreensão do que virá a seguir, mister aprofundarmos a própria noção de conceito jurídico.

---

4. Sainz Moreno, *Conceptos Jurídicos, Interpretación y Discrecionalidad Administrativa*, 1ª ed., Madri, Editorial Civitas, 1976, p. 97.
5. Cf. Genaro Carrió, *Algunas Palabras sobre las Palabras de la Ley*, Buenos Aires, Abeledo-Perrot, 1971, pp. 13-23.
6. Cf. Sainz Moreno, *Conceptos Jurídicos, Interpretación y Discrecionalidad Administrativa*, cit., 1ª ed., p. 98.
7. Idem, p. 101.
8. Idem, p. 102.

3. Os conceitos jurídicos

Conceito ou termo para o mestre Goffredo Telles Jr. é o "último elemento lógico daqueles em que se decompõe a argumentação", sendo, pois, um elemento indecomponível, do ponto de vista lógico.[9]

Adverte Sainz Moreno que as palavras "conceito" e "termo" são utilizadas indistintamente, salvo quando, de forma excepcional, é necessário refletir a diferença que existe entre "significado" e "significante", caso em que os "conceitos" – significado – se expressam mediante "termos" – significante.[10] Existe, pois, entre a palavra (significante) e a coisa (realidade objetiva ou coisificação semântica) um elemento intermediário, que é o "significado". Neste é que se situa o conceito. Logo, o conceito é o significado do termo.[11]

Assim, sob o prisma material, o conceito é o núcleo irradiador de um significado, isto é, é o elemento demonstrador de algo, consoante o aspecto que nos interessa. Também é preciso lembrar que todo conceito tem uma compreensão – conotação –, pela qual transparece o conteúdo formal do característico do termo, e uma extensão – denotação –, mediante a qual se revela a propriedade que o termo tem de ser aplicável a vários objetos.[12]

Com relação aos conceitos jurídicos, há que se atentar, primeiramente, para o fato de que tal denominação se emprega no sentido de conceito utilizado por uma norma jurídica, pelo quê, para nós, parece cabível também a expressão "conceito legal".[13]

Os conceitos jurídicos diferenciam-se dos demais conceitos em razão da natureza peculiar de seu objeto. Não se referem a uma coisa; seu objeto, diversamente, relaciona-se a uma significação. Eros Grau destaca essa particularidade:

> O "objeto" do conceito jurídico não existe "em si"; dele não há representação concreta, nem mesmo gráfica. Tal objeto só existe "para mim", de modo tal, porém, que sua existência abstrata apenas tem validade, no mundo jurídico, quando a este "para mim", por força de convenção normativa, corresponde um – seja-me permitida a expressão – "para nós". Apenas e tão somente na medida em que o "objeto" – a significação – do conceito jurídico possa ser reconhecido uniformemente por um grupo social poderá prestar-se ao cumprimento de sua função, que é a de permitir a aplicação de normas jurídicas, com um mínimo de segurança e certeza. (...).[14]

O objeto do conceito jurídico, assim expressado, é uma significação atribuível a uma coisa, estado ou situação, e não a coisa, estado ou situação. Em razão disso, os conceitos jurídicos apresentam duas características básicas: sua não correspondência com a realidade e a constante mutabilidade de sua compreensão.

---

9. Goffredo Telles Jr., *Tratado da Consequência*, 2ª ed., São Paulo, José Bushatsky Editor, 1962, pp. 95-96.
10. Sainz Moreno, *Conceptos Jurídicos, Interpretación y Discrecionalidad Administrativa*, cit., 1ª ed., p. 191.
11. Idem, p. 41.
12. Cf. Leonardo van Acker, *Elementos de Lógica Clássica Formal e Material*, 2ª ed. São Paulo, Revista da Universidade Católica de São Paulo, 1971, p. 15.
13. Cf. Sainz Moreno, *Conceptos Jurídicos, Interpretación y Discrecionalidad Administrativa*, cit., 1ª ed., p. 191.
14. Eros Grau, "Notas sobre os conceitos jurídicos", *RDP* 74/218-219, São Paulo, Ed. RT.

Os conceitos jurídicos quase sempre divergem do real, por constituírem criação cultural, que frequentemente se vale da ficção em função da aplicação de um juízo de valor. Por isso, Eros Grau afirma serem os conceitos jurídicos "signos de predicados axiológicos".[15]

Clássico é o exemplo citado por Engisch a respeito do conceito de "filho".[16] A distinção entre filiação legítima e ilegítima, que não existe do ponto de vista biológico, pode existir para o Direito, a ela atrelando consequências relevantes.

Quanto à mutabilidade de sua compreensão, esta se justifica pela influência do aspecto temporal e do aspecto espacial. Vale dizer: o significado comportado pelo conceito pode sofrer alterações consoante o tempo e o espaço nos quais é apreendido.

Exemplo excelente para ilustrar este traço marcante dos conceitos jurídicos é o conceito de "direito de propriedade". Historicamente o direito de propriedade, tido como absoluto e incontestável na Roma Antiga, contemporaneamente é entendido com uma série de limitações, dentre as quais uma das mais relevantes é a função social da propriedade. Outrossim, é notório que a conotação do direito de propriedade nos Países capitalistas não corresponde à significação a ele atribuída nos Países socialistas. Nesse caso, temos diversas significações que servem às diversas ideologias que informam a compreensão de todos os conceitos.

Postas, em linhas gerais, algumas notas sobre os conceitos jurídicos, interessa-nos mais de perto cuidar dos chamados conceitos jurídicos indeterminados, para podermos analisar, adiante, em que hipóteses podem eles ensejar a atuação do "poder discricionário".

Sainz Moreno, autor de monografia na qual analisa a relação existente entre os conceitos indeterminados e a discricionariedade administrativa, ao apreciar a problemática em foco ensina que a origem da noção de "conceito indeterminado" se encontra, possivelmente, no direito privado, onde a aplicação de expressões como "boa-fé" e "vícios ocultos" obriga o juiz a realizar um "peculiar trabalho de concreção". Porém, salienta que é no âmbito do direito público, em especial no direito administrativo, que tais conceitos dão lugar a problemas peculiares, distintos dos que se originam em outros ramos do ordenamento jurídico. Isso porque não se trata apenas de resolver certos problemas de interpretação e aplicação, mas também de estabelecer as razões pelas quais o poder judicial pode revisar as decisões que, nesta matéria, tomou a Administração Pública.[17]

Assim, conveniente referir brevemente sobre o que poderíamos chamar de "teoria geral da indeterminação dos conceitos jurídicos", analisando sua natureza, sua função e estrutura.

No âmbito jurídico deve-se entender por conceitos indeterminados aqueles cuja realidade a que se referem não aparece bem definida, cujo conteúdo e extensão não estão delimitados precisamente.[18]

A indeterminação, comum aos conceitos das mais diversas naturezas, é considerada, como vimos, uma das características das linguagens não formalizadas. Nem sempre se deve considerar a indeterminação dos conceitos como uma imperfeição ou vício da linguagem cotidiana, senão como uma de suas propriedades que permite cumprir a função de expressar

---

15. Idem, p. 219.
16. Engisch, *Introdução ao Pensamento Jurídico*, 3ª ed., Lisboa, Fundação Calouste Gulbenkian, 1972, p. 13.
17. Sainz Moreno, *Conceptos Jurídicos, Interpretación y Discrecionalidad Administrativa*, cit., 1ª ed., pp. 191-221.
18. Cf. Karl Engisch, *Introdução ao Pensamento Jurídico*, cit., 3ª ed., p. 173.

e valorar condutas, relações e objetos materiais. Esse é o pensamento de Sainz Moreno, para quem a vaguidade dos termos somente se constituirá numa imperfeição quando o objetivo seja alcançar resultados exatos – o que não é o mesmo que resultados verdadeiros.[19]

Prossegue esclarecendo que a função normativa dos conceitos jurídicos lhes atribui uma natureza instrumental, permitindo ao legislador optar entre expressões cujo grau de precisão seja maior ou menor. Enfatiza que, qualquer que seja o conceito empregado pelo legislador, este busca sempre um resultado concreto, adequado ao fim da norma, e não "qualquer resultado". Merecem transcrição as palavras com as quais o autor conclui a respeito:

> Así, la función positiva que cumple la indeterminación de los conceptos jurídicos no es la de crear vacío normativo dentro de cuyos límites cualquier decisión sea válida, sino, por el contrario, dar a la norma la holgura necesaria para que, siendo más adaptable a la realidad, el resultado de su aplicación pueda ajustarse con mayor exactitud a la solución que la norma preconiza, al "espíritu y finalidad de aquélla", como dice el art. 3º del CC. La indeterminación de los conceptos, por si sola, no tiene, pues, otro alcance jurídico que el de hacer posible la más exacta aplicación de la norma.[20]

No que tange à estrutura dos conceitos jurídicos indeterminados, fala-se em núcleo fixo (*Begriffkern*), ou "zona de certeza", e halo conceitual (*Begriffhof*), ou "zona de dúvida". No núcleo do conceito temos dados prévios e seguros; no halo conceitual, região que rodeia o núcleo, há dúvida, vale dizer, não existe uma certeza prévia, cuja determinação exige estender a ideia nuclear do conceito.

O conceito, portanto, comporta dois limites: o limite de certeza positiva, que se consubstancia nas margens de seu núcleo, e o limite de certeza negativa, cujos lindes delimitam o que se exclui do conceito, desbordando do halo conceitual.[21]

4. Aspectos da contemporânea concepção de discricionariedade

Passemos, então, à apreciação de alguns aspectos da discricionariedade, indispensáveis ao estudo a que nos propusemos.

4.1 Discricionariedade e legalidade

Com o advento do Estado de Direito a grande discussão surgida no âmbito do direito administrativo, que com aquele floresceu, foi a da sobrevivência, ou não, da discricionariedade. A questão era colocada nos seguintes termos: como conciliar aquela "liberdade" atribuída à Administração com a observância do princípio da legalidade?

---

19. Sainz Moreno, *Conceptos Jurídicos, Interpretación y Discrecionalidad Administrativa*, cit., 1ª ed., p. 192. Segundo o autor: "La verdad o falsedad de las proposiciones no depende de la precisión o imprecisión de los términos, sino de la adecuación entre éstos y el objetos al que se aplican" (p. 193).
20. Sainz Moreno, *Conceptos Jurídicos, Interpretación y Discrecionalidad Administrativa*, cit., 1ª ed., p. 194.
21. Cf.: García de Enterría e Fernández, *Curso de Derecho Administrativo*, 2ª ed., t. I, Madri, Editorial Civitas, 1977, p. 274; e Sainz Moreno, *Conceptos Jurídicos, Interpretación y Discrecionalidad Administrativa*, cit., 1ª ed., pp. 197-198.

Após muitos anos de acesos debates, a discricionariedade – antes vista como resquício da arbitrariedade do monarca que deveria, por qualquer meio, ser eliminada – passou a ser considerada, modernamente, como verdadeira necessidade, apta a habilitar a Administração Pública a melhor cumprir sua finalidade.

Na atualidade não mais se contesta que a discricionariedade administrativa se abrigue dentro da lei, não se confundindo com a arbitrariedade, situada fora de seus limites.

Didática a definição de discricionariedade cunhada por Celso Antônio Bandeira de Mello:

> (...): "A margem de liberdade conferida pela lei ao administrador a fim de que este cumpra o dever de integrar com sua vontade ou juízo a norma jurídica, diante do caso concreto, segundo critérios subjetivos próprios, a fim de dar satisfação aos objetivos consagrados no sistema legal".[22]

Desdobrando os elementos dessa definição, encontraremos as notas básicas da discricionariedade:

(1) Trata-se de uma porção de liberdade de escolha de eleição entre sinais de uma solução possível em tese, ainda que, diante do caso concreto, só uma possa ser aplicada.[23]

(2) Tal liberdade é sempre conferida pela lei, mesmo que de forma implícita. E:

(3) Ao administrador cabe exercer sua apreciação subjetiva com o fito de buscar a vontade legal, sempre tendo em vista o melhor atendimento ao interesse privilegiado pela norma.

Cuida-se, portanto, de especial forma de atuar da Administração Pública, quer por ter havido uma impossibilidade prática absoluta de a lei prever objetivamente o modo de satisfazer o interesse a que visava, quer por ter a lei considerado a situação do administrador mais apta a identificar o melhor modo de fazê-lo. Se assim não fosse teria recorrido à vinculação, traçando por completo a conduta a ser adotada pelo administrador.

Nesse sentido a lição de Renato Alessi:

> (...) la discrezionalità non costituisce una potestà particolare dell'Amministrazione, sibbene semplicemente un modo di essere della potestà di azione giuridica conferita dalla legge, nei modi che si son visti, all'Amministrazione: modo di essere cioè, che si riferisce all'imprecisione dei limiti posti alla potestà di azione conferita in guisa, cioè, di consentire una sfera di apprezzamento dell'opportunità dell'azione in relazione al pubblico interesse.[24]

Outro administrativista italiano, Filippo Satta, bem demarca a razão de ser entre atividade administrativa discricionária e vinculada:

---

22. Celso Antônio Bandeira de Mello, *Curso de Direito Administrativo*, 33ª ed., São Paulo, Malheiros Editores, 2016, p. 444.

23. Celso Antônio Bandeira de Mello explica que, perante as circunstâncias fáticas reais, a discricionariedade será sempre menor e poderá desaparecer, porquanto poderá ocorrer que somente um compromisso seja, indubitavelmente, capaz de preencher a *finalidade* legal ("Controle judicial dos atos administrativos", *RDP* 65/33, São Paulo, Ed. RT).

24. Renato Alessi, *Sistema Instituzionale del Diritto Administrativo Italiano*, 3ª ed., Milão, Giuffrè, 1960, p. 203.

Como è noto la distinzione fra attività amministrativa discrezionale e vincolata viene svolta dalla premessa che all'Amministrazione sia attribuito in via generale un potere di valutazione delle circonstanze e degli interesse loro collegati, al fine di scegliere tra le possibili la soluzione più vantaggiosa per l'"interesse pubblico": e si considera che in determinati casi la legge procede direttameme a questa scelta dell'optimum, lasciando quindi all'Amministrazione solo il compito di accertare i pressupposti per l'applicazione della norma.[25]

4.2 Discricionariedade e interpretação

Ainda, para que se bem apreenda a exata natureza da discricionariedade, impende enfatizar que com ela não se confunde a interpretação da norma jurídica a ser aplicada.

Com efeito, "interpretar" significa realizar uma operação lógica de conhecimento, de intelecção, mediante a qual, no dizer de Celso Antônio Bandeira de Mello, "se desvenda uma realidade objetiva que, bem por isso, é externa ao intérprete e antecipadamente fornecida a ele".[26]

Diversamente, como apontado, no exercício da discricionariedade caberá ao agente, após efetivar o processo cognoscitivo mencionado, integrar a norma a ser aplicada mediante apreciação própria, com o objetivo de atingir a vontade legal.

Assim, o exercício da discricionariedade sucede à interpretação da norma cuja aplicação se pretende.

Oportunos os dizeres de André Gonçalves Pereira acerca desse ponto:

> Reduzir a discricionariedade à simples formulação de um juízo é afinal negar o próprio poder discricionário, reconduzir todo o poder à vinculação – e pôr-se em contradição manifesta com o direito positivo.
>
> E a contraprova desta afirmação pode ser encontrada na impossibilidade de apreciação jurisdicional de certos elementos do ato discricionário, que se não compreenderia se nele houvesse apenas uma operação intelectual de interpretação do Direito e de determinação de seu conteúdo, pois de tudo o que é interpretação e aplicação da norma conhece naturalmente o tribunal.[27]

Também Emilio Betti, após enfatizar a necessidade de distinguir-se a figura da discricionariedade de fenômenos afins, aponta os caracteres distintivos da interpretação, que ressaltam a antítese com a discricionariedade: a univocidade, ao menos teoricamente, da solução encontrada,[28] a previsibilidade e a rigorosa controlabilidade do resultado, por ser a interpretação uma apreciação de caráter vinculado.[29]

Portanto, o exercício da discricionariedade – sujeito à prévia interpretação da norma jurídica em questão, que sempre é revisível, em última análise, pelo Poder Judiciário – não

---

25. Filippo Satta, *Introduzione ad un Curso di Diritto Amministrativo*, Pádua, CEDAM, 1980, p. 213.
26. Celso Antônio Bandeira de Mello, *Curso de Direito Administrativo*, cit., 28ª ed., p. 379.
27. André Gonçalves Pereira, *Erro e Ilegalidade no Acto Administrativo*, Lisboa, Edições Ática, 1962, pp. 217-218.
28. O autor adverte que tal univocidade é apenas teórica, devido ao fenômeno ineliminável ao qual denomina "direito controvertido" (Emilio Betti, *Interpretazione della Legge e degli Atti Giuridici – Teoria Generale e Dogmatica*, 2ª ed., Milão, Giuffrè, 1971, pp. 154-155).
29. Emilio Betti, *Interpretazione della Legge e degli Atti Giuridici – Teoria Generale e Dogmatica*, cit., 2ª ed., pp. 161-162.

se reduz à concreção de um único resultado, mas à escolha de um diante de uma pluralidade de resultados possíveis em tese, sendo que nessa opção, se efetuada dentro de seus limites, a ingerência do Judiciário não é lícita.[30]

A nosso ver, a essência da distinção reside num único elemento, sempre presente na discricionariedade e ausente na interpretação: a vontade do agente aplicador da norma. Enquanto na interpretação a vontade do intérprete é irrelevante, porquanto seu objetivo é, utilizando-se de critérios preexistentes, precisar a vontade legal, na discricionariedade a norma declara que a vontade do agente será a vontade da lei, o que justifica, por si só, a multiplicidade de alternativas possíveis in abstracto.

4.3 Limites da discricionariedade

Delicada e não menos difícil é a questão dos limites da discricionariedade.

Para Queiró os limites da discricionariedade administrativa são os da própria lei, isto é, o limite é a legalidade, e só a legalidade.[31] Sem contestar a veracidade dessa assertiva, os doutrinadores têm procurado melhor identificar esses limites.

Oswaldo Aranha Bandeira de Mello assevera que os limites dos poderes discricionários "encontram-se nos motivos determinantes do ato jurídico e no fim com que é praticado, tendo em vista a preocupação do seu agente e a razão de ser do próprio instituto jurídico. (...)".[32]

Já, Renato Alessi apresenta limites formais e substanciais à discricionariedade administrativa. Os primeiros estão consubstanciados nas prescrições relativas à forma e à formalidade da atividade discricionária, bem como à competência, e os segundos constituem-se na indicação do grau mínimo de interesse público cuja concreção explica o poder discricionário de ação conferido à Administração.[33]

Celso Antônio Bandeira de Mello, por sua vez, aponta como limitações ao exercício da discrição administrava os motivos e a finalidade indicados na lei, bem como a causa do ato, entendida esta como a relação de adequação entre os pressupostos do ato e o seu objeto, tendo em vista aquela finalidade. Acrescenta que, por paradoxal que pareça, os mesmos fatores que podem gerar imprecisão – os pressupostos legais justificadores do ato e a finalidade normativa – engendram igualmente os pontos de demarcação da discricionariedade.[34]

Genericamente, pode-se dizer que a baliza, o parâmetro, da atuação discricionária reside, exatamente, no respeito ao princípio da razoabilidade da solução adotada. Quando da apreciação dos fatos justificadores do ato há que se verificar a proporcionalidade entre estes e o ato administrativo a ser praticado.

---

30. Acrescenta o Mestre italiano que, "se la discrezionalità ha la sua sede naturale nell'attività amministrativa, l'apprezamento interpretativo ha la sua sede per eccelenza nell'attività giurusdizionale. Il che non esclude che discrezionalità sia preparatta e accompagnata di apprezamenti interpretativi, e che in via eccionale sia deferita ala funzione giurisdionale una discrezionalità di apprezamento" (Emilio Betti, *Interpretazione della Legge e degli Atti Giuridici – Teoria Generale e Dogmatica*, cit., 2ª ed., p. 161).

31. Afonso Rodrigues Queiró, "A teoria do desvio do poder em direito administrativo", *RDA* VII/55.

32. Oswaldo Aranha Bandeira de Mello, *Princípios Gerais de Direito Administrativo*, 3ª ed., 2ª tir., vol. I, São Paulo, Malheiros Editores, 2010, p. 486.

33. Renato Alessi, *Sistema Istituzionale del Diritto Amministrativo Italiano*, cit., 3ª ed., pp. 203-204.

34. Celso Antônio Bandeira de Mello, *Curso de Direito Administrativo*, cit., 33ª ed., pp. 1.005-1.009.

A razoabilidade com a proporcionalidade nela contida são medidas em relação ao interesse público específico. A razoabilidade deve ser tomada como aquilo que a sociedade pode admitir como uma das soluções possíveis para o caso concreto; é o padrão social a respeito de certas condutas, e, portanto, só pode ser aferida em função da realidade, de um contexto determinado. Envolve, assim, os motivos, o fim e a causa do ato.

4.4 Localização da discricionariedade

Ainda, façamos algumas ponderações sobre a problemática da localização dos conceitos jurídicos indeterminados na estrutura lógico-normativa da discricionariedade.

Segundo Celso Antônio Bandeira de Mello, que nos oferece original esquematização a respeito, a discricionariedade poderá residir, inicialmente, na hipótese, no mandamento ou na finalidade da norma jurídica a ser implementada. Assim, verificados determinados pressupostos de fato (os motivos da doutrina francesa), o administrador poderá praticar certo ato, tendo em vista a finalidade indicada pela lei. Também admite o Mestre que a lei poderá conferir discrição ao administrador no que tange à forma do ato ou ao momento de sua prática.[35]

Interessa saber, pois, em quais pontos da estrutura da norma jurídica atributiva de discricionariedade poderão alojar-se os conceitos indeterminados.

Consoante o mesmo autor, primeiramente, na hipótese da norma, que, ao descrever os fatos autorizadores ou exigentes de certo comportamento da Administração, pode se utilizar de conceitos fluidos, imprecisos. E, em segundo lugar, na finalidade da norma, quando esta for expressada mediante conceitos plurissignificativos. Neste último caso, salienta que a liberdade administrativa reflui sobre os motivos, contidos na hipótese da norma.

Temos para nós, porém, que não se esgotam nessas as possibilidades de localização de conceitos jurídicos indeterminados na estrutura da norma jurídica. Vislumbramos também a hipótese de utilização desses conceitos no mandamento da norma, ainda que sua ocorrência seja rara.

Karl Engisch, ao analisar os conceitos indeterminados, ensina que eles podem aparecer nas normas jurídicas não somente na chamada "hipótese", como, ainda, na "estatuição". E exemplifica com o § 231 do CPP alemão: "O juiz-presidente pode tomar, relativamente ao acusado que compareceu em juízo, 'as medidas apropriadas' para evitar que ele se afaste para longe".[36]

Cremos que em direito administrativo a mesma situação pode ocorrer. Para tanto, basta que a norma jurídica, ao facultar um comportamento à Administração Pública, se expresse genericamente a respeito do em que possa consistir esse comportamento. Portanto, a nosso ver, os conceitos indeterminados poderão localizar-se em qualquer um dos três segmentos da estrutura da norma jurídica atributiva da discricionariedade.

5. Relação entre conceitos jurídicos indeterminados e discricionariedade

Ao atingirmos o ponto nuclear deste estudo, examinaremos, a priori, o que a doutrina entende como fundamento da discricionariedade. Isso porque, como veremos, a proble-

---

35. Idem, p. 1.000.
36. Karl Engisch, *Introdução ao Pensamento Jurídico*, cit., 3ª ed., p. 174.

mática da relação entre os conceitos jurídicos indeterminados e a discrição administrativa encontra suas raízes na própria razão de ser da discricionariedade.

García de Enterría e Tomás-Ramón Fernández apontam genericamente como fundamento da discricionariedade a indeclinabilidade da necessidade de apreciação de circunstâncias singulares de estimação da oportunidade concreta no exercício do poder público.[37]

Já, Renato Alessi entende que a discricionariedade funda-se na ideia da imprecisão da determinação do interesse público necessário a legitimar o uso do poder de ação por parte da Administração Pública.[38]

Pensamos que Celso Antônio Bandeira de Mello, calcado nas lições de Afonso Rodrigues Queiró, apresenta, sinteticamente, melhor esquematização do que possa ser o fundamento da discricionariedade. Após afirmar que existe uma incompatibilidade lógica absoluta entre discricionariedade e objetividade,[39] o autor aponta quatro fundamentos para aquela, os quais, a seu ver, não são excludentes:

(a) O deliberado intento legal de conferir à Administração Pública certa liberdade para decidir-se no caso concreto, haja vista sua posição privilegiada para identificar o melhor modo de satisfazer o fim indicado pela lei.

(b) A impossibilidade material de o legislador prever todas as situações, pelo quê se confere à Administração Pública uma forma de atuar mais maleável consoante as circunstâncias do caso concreto.

(c) A inviabilidade jurídica, no regime da tripartição do Poder, da supressão da discricionariedade, o que obrigaria o legislador a despir-se dessa qualidade, interferindo na generalidade característica da lei, para adentrar o campo da individualização, próprio da área administrativa. E:

(d) A impossibilidade lógica de obstar à discricionariedade, uma vez que a lei, ao manipular conceitos, não pode desprezar, como visto, aqueles passíveis de certa indeterminação, plurissignificativos.[40]

Diante de tal colocação, que aceitamos in totum, podemos inferir que a discricionariedade, em cada caso, sempre surge de certa carência de determinação da vontade legal, que por qualquer uma daquelas razões, ou por todas elas, não precisou, exaustivamente, todo o iter a ser percorrido pelo administrador no seu dever de satisfazer o interesse público por ela indicado.

E, se assim é, mais fácil torna-se a compreensão da polêmica criada em torno da relação entre os conceitos jurídicos indeterminados e a discricionariedade. Aqueles possuem algo em comum com esta: certa indeterminação dos termos legais que a eles se referem.

Não podendo prescindir a lei de utilizar-se de conceitos indeterminados (a impossibilidade lógica antes mencionada), temos que o emprego destes pelas normas jurídicas pode ensejar a atuação discricionária. Resta saber, porém, se sempre assim acontece. Para tanto, forçoso discorrer brevemente a respeito da doutrina alemã relativa aos conceitos jurídicos indeterminados e das posições antagônicas dos professores García de Enterría e Afonso Rodrigues Queiró.

37. Eduardo García de Enterría e Tomás-Ramón Fernández, *Curso de Derecho Administrativo*, cit., 2ª ed., t. I, p. 267.
38. Renato Alessi, *Sistema Istituzionale del Diritto Amministrativo Italiano*, cit., 3ª ed., p.201.
39. Celso Antônio Bandeira de Mello, *Curso de Direito Administrativo*, cit., 33ª ed., pp. 445-447.
40. Idem, pp. 997-998.

A teoria dos conceitos jurídicos indeterminados, apesar de ainda provocar debates na atualidade, vem sendo discutida há mais de um século.

Os primeiros estudos sobre seu conteúdo partiram de dois professores austríacos, Edmund Bernatzik e Friedrich Tezner, que publicaram seus trabalhos em 1886 e 1888, respectivamente, formulando opiniões contrárias sobre o assunto. Desde essa época o tema ganhou grande impulso, principalmente na Alemanha, haja vista a enorme quantidade de obras publicadas até hoje nesse País, cada qual apresentando novas proposições.[41]

Como esclarece Martin Bullinger, a doutrina alemã da discricionariedade desenvolveu-se, em vários aspectos, de modo diferente relativamente a concepções jurídicas estrangeiras, encontrando-se ainda atualmente em complexo processo de transformação. Ameaçada de atrofiamento nos 20 anos que se seguiram à II Guerra Mundial, ressurgiu com a ideia de imprescindibilidade da possibilidade de criação livre da Administração Pública. Para essa evolução, explica ele, contribuiu de modo decisivo a jurisprudência do Tribunal Constitucional Federal.[42]

García de Enterría e Tomás-Ramón Fernández nos lembram que a teoria dos conceitos jurídicos indeterminados, em sua concepção alemã (*Unbestimmter Rechtsbegriff*), numa primeira formulação, reconhecia no halo conceitual uma "margem de apreciação" (*Beuerteilungsspielraum*) em favor da Administração, como primeira aplicadora do conceito. Esse ponto, muito debatido, devido ao seu grande interesse prático, consiste em saber se é facultado à Administração, no exame do caso concreto, considerar presentes os pressupostos de fato ensejadores da aplicação do conceito utilizado pela lei, tornando sua decisão, neste passo, isenta de controle judicial.

Em outras palavras: trata-se de verificar se a chamada "margem de apreciação" daria lugar ao exercício da discricionariedade. García de Enterría e Tomás-Ramón Fernández refutam a hipótese, nos seguintes termos:

> Tal margen de apreciación no da entrada a la libre voluntad de la Administración (si tal fuese se trataría de una discrecionalidad), sino de un ámbito puramente cognoscitivo e interpretativo de la ley en su aplicación a los hechos; supone reconocer la dificultad de acercarse de forma totalmente exacta a la solución justa y, todo lo más, el otorgamiento a la Administración del beneficio de la duda.[43]

A doutrina alemã não aceita a isenção de controle judicial das decisões administrativas fundadas na "margem de apreciação" da Administração Pública no que se refere aos conceitos indeterminados. Propugna, ao contrário, pela possibilidade de o juiz revisar a aplicação inicial do conceito jurídico indeterminado feita pela Administração, apreciando sua adequação à lei. Assim, o juiz pode vir a reduzir a "zona de incerteza" e reconduzir o caso concreto a uma das zonas de certeza, a positiva ou a negativa, o que faz diante de todo problema interpretativo.[44]

---

41. Cf. Sainz Moreno, *Conceptos Jurídicos, Interpretación y Discrecionalidad Administrativa*, cit., 1ª ed., pp. 221-234.
42. Martin Bullinger, "A discricionariedade da Administração Pública", *Revista de Ciência Política* 30/3 e ss., n. 2, Rio de Janeiro, FGV, abril-junho/1987.
43. Eduardo García de Enterría e Tomás-Ramón Fernández, *Curso de Derecho Administrativo*, cit., 2ª ed., t. I, p. 274.
44. Idem, p. 275.

Tal orientação foi adotada em Espanha por Sainz Moreno.[45]

O entendimento de Bullinger bem espelha o pensamento da doutrina alemã a respeito da discricionariedade e da mencionada "margem de apreciação" na aplicação dos conceitos jurídicos indeterminados:

> Discricionariedade, nesta forma, novamente alargada, não significa o mesmo que indeterminação e abertura de uma lei. A concretização de preceitos legais de valor, assim como sua aplicação ao caso concreto, constitui, em maior ou menor medida, um fenômeno normal da aplicação do Direito e fica, assim, reservada à última instância judicial, seja no direito civil, no direito penal ou no direito administrativo.
>
> Apenas se verifica discricionariedade, num aumento quantitativo ou qualitativo, se for atribuído à Administração o poder e a responsabilidade para o preenchimento de decisões-padrão (*Leitentscheidungen*) legais ou afins e para a concretização de programas de atuação, assim como para a emissão de normas jurídicas.
>
> A ideia de um puro espaço de livre apreciação (*Beuerteilungsspielraum*) deve ser, na medida do possível, abandonada ou limitada àqueles casos em que a decisão, devido à sua alta, subjetivamente, não é judicialmente exequível. Os tribunais administrativos devem reconhecer à Administração a primazia na apreciação, no caso das provas de exame (*Prüfungsemscheidunger*).
>
> O espaço livre da discricionariedade em sentido próprio é apenas controlável pelo tribunal nos seus contornos exteriores (...).[46]

Entende-se, pois, na Alemanha que a aplicação dos conceitos jurídicos indeterminados é questão totalmente distinta da referente à discricionariedade, ainda que alguns autores a admitam relativamente a certos conceitos.[47]

A distinção mais simples e mais didática entre conceitos jurídicos indeterminados e discricionariedade é, a nosso ver, a formulada por Sainz Moreno: existe discricionariedade quando a autoridade administrativa pode escolher entre várias decisões, de modo que, na vontade do legislador, qualquer uma delas é juridicamente admissível e tem o mesmo valor; existe um conceito jurídico indeterminado, por sua vez, quando somente uma decisão é juridicamente admissível.[48]

Advoga essa tese García de Enterría, a quem se atribui a introdução em Espanha da teoria dos conceitos jurídicos indeterminados, em face do impacto provocado pela publicação de artigo seu, sob o título "La lucha contra las inmunidades del poder en el derecho administrativo; poderes discrecionales, poderes de gobierno, poderes normativos", na *Revista de Administración Pública* 38, em 1962.[49] Posteriormente, em 1975, reafirmou seu entendimento com a edição do *Curso de Derecho Administrativo*, em colaboração com Tomás-Ramón Fernández.

---

45. Sainz Moreno, *Conceptos Jurídicos, Interpretación y Discrecionalidad Administrativa*, cit., 1ª ed., p. 273.

46. Bullinger, "A discricionariedade da Administração Pública", cit., *Revista de Ciência Política* 30/22.

47. É o caso de Ekkehart Stein, citado por Sainz Moreno (*Conceptos Jurídicos, Interpretación y Discrecionalidad Administrativa*, cit., 1ª ed., p. 249), e de Ernst Forsthoff (*Tratado de Derecho Administrativo*, Madri, Instituto de Estudios Políticos, 1958, pp. 120 e ss.), cujo pensamento analisaremos adiante.

48. Sainz Moreno, *Conceptos Jurídicos, Interpretación y Discrecionalidad Administrativa*, cit., 1ª ed., p. 234.

49. *Apud* Sainz Moreno, *Conceptos Jurídicos, Interpretación y Discrecionalidad Administrativa*, cit., 1ª ed., p. 272.

Para Enterría, em suma, o essencial do conceito jurídico indeterminado é que à indeterminação de seu enunciado não corresponde uma indeterminação de suas aplicações, as quais só permitem uma "unidade de solução justa" em cada caso. Portanto, tertium non datur: ou se dá ou não se dá o conceito; ou há boa-fé ou não há; ou o preço é justo ou não é – exemplifica.

Já, o exercício da discricionariedade permite, por seu turno, uma pluralidade de soluções justas, ou seja, uma opção entre soluções igualmente válidas para o Direito.

Quando falamos em conceitos jurídicos indeterminados, trata-se de interpretação e aplicação da lei, o que faculta ao juiz fiscalizar a aplicação desse conceito para saber se foi atingida a única solução justa que aquela permite. E, portanto, um processo regrado, no qual não interfere a vontade do aplicador do conceito. No caso da discricionariedade, porém, o juiz não pode fiscalizar a entranha da decisão discricionária, pois, seja qual for seu conteúdo, se foi produzida dentro dos limites da remissão legal à apreciação administrativa, é necessariamente justa.[50]

Cumpre também mencionarmos, ainda que sucintamente, o entendimento perfilhado pelo consagrado Afonso Rodrigues Queiró, que defende tese diametralmente oposta.

Em clássico trabalho denominado "A teoria do desvio de poder em direito administrativo", o autor sustenta magistralmente a existência da discricionariedade como decorrência do emprego, pela lei, de conceitos jurídicos indeterminados, em trecho assim expresso:

> Por sua vez, a norma é obra de um legislador; e seria insensato negar que a este legislador é impossível, material e logicamente impossível, para muitíssimas hipóteses, transmitir ao agente mais do que ordens e enunciar os fatos com conceitos de caráter em certa medida vago e incerto, de tal maneira que o agente ao executar essas ordens e interpretar esses conceitos deve fixar-se, devendo agir em uma dentre várias interpretações possíveis destes últimos (...) o agente desenvolve primeiro uma atividade interpretativa, e, visto como a norma realmente, por impossibilidade logico-natural, não consegue tudo regular em forma absolutamente especificada e detalhada, a atividade interpretativa do agente administrativo, socorrida de todos os meios que indique uma correta teoria da interpretação das leis administrativas, chega a um ponto em que não tem mais que verificar a incerteza da vontade legal. No fim de contas, decorrido o processo interpretativo, fica sempre ao órgão um campo circunscrito de liberdade quanto à determinação da sua competência, e, portanto também do conteúdo do seu agir.
>
> A interpretação defronta-se com duas espécies terminológicas e conceituais: conceitos de significação definível e conceitos de significação exata indeterminada. Estes últimos são mais corretamente designáveis por "plurissignificativos", pois comportam um número limitado de significações igualmente possíveis, e não um número indefinido delas.[51]

Prossegue o autor esclarecendo que a lei, ao atribuir a um órgão determinado uma função, refere-se a fatos e situações que pertencem ao mundo da natureza (da casualidade) ou ao da cultura (do valor). Para se referir aos primeiros a lei recorre a conceitos unissignificativos, prestados por qualquer das Ciências baseadas no valor teorético verdade e que, portanto, pressupõem o princípio casualista, as categorias de espaço e tempo ou o conceito de número

---

50. Idem, pp. 270-272.
51. Afonso Rodrigues Queiró, "A teoria do desvio de poder em direito administrativo", cit., *RDA* VI/55-56.

(quantidade). São os conceitos da Ciências empíricos-matemáticas, de contornos absolutamente individualizáveis, com valor objetivo e universal, cuja interpretação conduz a uma única e verdadeira formulação. São também chamados de conceitos teoréticos, e quando a lei os emprega não deixa espaço à discricionariedade; às dúvidas eventualmente existentes são solucionadas mediante a utilização dos processos de Hermenêutica administrativa.

Logo, para o autor a discricionariedade fica circunscrita aos conceitos de valor utilizados pela norma jurídica, aos conceitos práticos (não teoréticos).[52] E arremata:

> O conceito de poder discricionário resume-se nisto: trata-se de uma faculdade de escolher uma entre várias significações contidas num conceito normativo prático relativo às condições de fato do agir administrativo, escolha feita sempre dentro dos limites da lei.[53]

Em síntese, duas são as conclusões fundamentais que extrai a respeito da discricionariedade: (1) quando a lei emprega conceitos teoréticos, unissignificativos, há vinculação; se ela faz uso de conceitos práticos, plurissignificativos, há discricionariedade; e (2) a discricionariedade somente pode existir em razão da utilização, pela lei, de conceitos práticos.

6. Nossa opinião

Diante do exposto, é tempo de tecermos nossas considerações a respeito do assunto.

Preliminarmente, parece-nos que os entendimentos apontados – a doutrina alemã, a posição de García de Enterría e a orientação proposta por Queiró – oferecem soluções demasiadamente simples à imensamente complexa questão da relação entre os conceitos jurídicos indeterminados e a discricionariedade. Todas essas leituras, cada uma radical a seu modo, proclamam uma solução unívoca que, a nosso ver, não se ajusta perfeitamente à realidade.

Vejamos, inicialmente, a doutrina alemã. Em sua concepção mais extremada, acaba por eliminar a existência da discricionariedade quando se cuida de interpretar e aplicar conceitos indeterminados. Interessante notar que essa doutrina, que num primeiro momento propugnava pela existência da "margem de apreciação" a favor da Administração, que nada mais era que um verdadeiro reduto de discricionariedade, caminhou para o extremo oposto, passando a sustentar que o problema da aplicação de conceitos jurídicos indeterminados é totalmente independente do da discricionariedade, reduzindo-a a quase nada.

Em nosso sentir, endossa essa posição, em parte, García de Enterría ao afirmar que a aplicação de um conceito jurídico indeterminado conduz a uma única solução justa, enquanto a discricionariedade pressupõe a existência de ao menos duas alternativas possíveis para o Direito.

Entendemos que tal raciocínio é apenas parcialmente válido; provavelmente será verdadeiro com relação a alguns casos. Todavia, cremos existirem situações em que a indeterminação do conceito jurídico, por não poder ser totalmente eliminada pelo uso de interpretação, remanesça conferindo breve margem de liberdade à Administração para preencher a significação daquele.

---

52. Idem, pp. 60-63.
53. Idem, pp. 77-78.

Não se trata, efetivamente, de propugnar pela defesa da "margem de apreciação" da Administração, como concebida pela decana doutrina alemã. Trata-se, isto, sim, de admitir que em alguns casos a interpretação não será suficiente para afastar a indeterminação do conceito, e a Administração Pública, como primeira aplicadora deste, poderá optar entre mais de uma significação possível, sempre tendo como guia o princípio da razoabilidade.

Nunca é demais lembrar a lição de André Gonçalves Pereira: "a discricionariedade começa onde acaba a interpretação (...)".[54] Assim, a discricionariedade poderá ter sua fonte já na própria delimitação do conceito, ainda que venha a residir também, de outro modo, na estrutura da norma jurídica.

Em breve passagem do seu Curso, Celso Antônio Bandeira de Mello abraça o mesmo entendimento:

> Afirma-se, isto sim – e tão só –, que, por força da relativa indeterminação de conceitos, irredutíveis a uma objetividade completa, alguma discrição remanesce para o administrador também no que respeita à finalidade.
>
> Isso porque, além de toda interpretação possível, restará, afinal, muitas vezes, embora nem sempre, um campo nebuloso onde não há como desvendar um significado milimetricamente demarcado para os conceitos práticos.[55]

Também Queiró manifesta-se no mesmo sentido, fazendo-o em termos peremptórios em trecho de seu estudo que tornamos a transcrever:

> No fim de contas, decorrido o processo interpretativo, fica sempre ao órgão um campo circunscrito de liberdade quanto à determinação da sua competência, e, portanto, também do conteúdo do seu agir.[56] [Grifo nosso]

Do pensamento de Queiró não aceitamos tal assertiva, por ser feita em termos absolutos, ou seja, por afirmar que do manuseio, pela lei, de conceitos jurídicos indeterminados sempre decorrerá discricionariedade. Outrossim, divergimos de Queiró porque se infere de sua exposição que a discricionariedade somente pode existir em função de conceitos indeterminados. Ora, como é sabido, comum é a hipótese de eleição entre soluções perfeitamente determinadas pela lei.

A saudosa professora Lúcia Valle Figueiredo admite que nem sempre a utilização de conceitos indeterminados pela lei conduz, necessariamente, à discricionariedade:

> (...) todo conceito é finito, e, por assim ser, há nele um núcleo de certeza positiva, como também ao contrário, há núcleo de certeza negativa (isto é, determinada coisa não pode ser) e há, ainda, zona intermediária, faixa cinzenta, diante da qual vai se colocar o problema.

4. Interpretação e discricionariedade

No primeiro momento, após a interpretação, ter-se-á ainda de verificar a subsunção, e, portanto, só depois é que se vai colocar "alguma" discricionariedade. Não se deveria dizer

---

54. André Gonçalves Pereira, *Erro e Ilegalidade no Acto Administrativo*, cit., p. 217.
55. Celso Antônio Bandeira de Mello, *Curso de Direito Administrativo*, cit., 33ª ed., p. 1.003.
56. Afonso Rodrigues Queiró, "A teoria do desvio de poder em direito administrativo", cit., *RDA* VI/56.

"alguma", "pouca" ou "muita" discricionariedade, mas, só para que se tenha uma convenção de palavras, diria "alguma" discricionariedade.

Vimos que, diante de determinado conceito, há, inicialmente, problema de interpretação. Interpretado o conceito, teremos subsunção. Na subsunção verificar-se-á a premissa menor, o fato; a premissa maior, a norma geral ou o conjunto de normas.

Esta é a grande questão, pois pode acontecer de não ser a suficiente e se tenha de usar premissas maiores complementares ou adicionais, exatamente para que se consiga fazer a subsunção. Note-se e enfatize-se: é possível haver apenas subsunção, mesmo diante de conceitos imprecisos, onde tertium non datur, consoante afirma Enterría. Ou se dá ou não se dá o conceito. (...).

(...). A existência de conceitos não unívocos não quer dizer, necessariamente, que haja competência realmente "discricionária" dentro das comportas angustas que a legalidade demarca.[57]
[Grifos nossos]

Dessarte, para nós, a menção a conceitos indeterminados pela lei pode ou não conduzir à atribuição de liberdade discricionária à Administração Pública. Pensamos que a solução à questão somente pode ser fornecida casuisticamente, considerado o tipo de conceito empregado pela norma.

Se não, vejamos. Os conceitos jurídicos indeterminados podem ser classificados em conceitos de experiência e conceitos de valor. E, conforme pretendemos demonstrar, quando se tratar de conceitos de experiência o administrador, após socorrer-se do processo interpretativo, torna preciso o conceito, não lhe restando qualquer margem de liberdade de escolha de seu significado. Quando estivermos diante de conceitos de valor, diversamente, caberá àquele, terminada a interpretação, uma vez restando ainda um campo nebuloso do conceito que esta não foi suficiente para eliminar, definir o conceito por intermédio de sua apreciação subjetiva, que outra coisa não é que a própria discricionariedade.

Vale registrar, a respeito desse ponto, a crítica lançada por Irene Patrícia Nohara, para quem "o conceito jurídico indeterminado pode, ou não, conferir discricionariedade, e o critério para essa verificação não se pauta na natureza do conceito, mas na sua disciplina legal aliada à aptidão que os fatos possuem para comprovar a realidade normatizada".[58]

Concordamos que, a par das normas aplicáveis a cada caso, os fatos que irão compor a decisão jurídica são, igualmente, submetidos à interpretação; no entanto, tal realidade, a nosso ver, não invalida a relevância da identificação da natureza dos conceitos jurídicos indeterminados – se conceitos de experiência ou de valor – como critério para efeito de indicação da existência de discricionariedade.

Assim pensamos com fundamento em lições que direcionam a tal conclusão, como segue.

García de Enterría e Tomás-Ramón Fernández, ao justificarem a utilização de conceitos de experiência ou de valor pela lei pelo fato de que as realidades por eles referidas não

---

57. Lúcia Valle Figueiredo, *Curso de Direito Administrativo*, 9ª ed., São Paulo, Malheiros Editores, 2008, pp. 217-218 e 227; e "Discricionariedade: poder ou dever?", in Celso Antônio Bandeira de Mello (org.), *Curso de Direito Administrativo*, São Paulo, Ed. RT, 1986, pp. 127-128 e 134.

58. Irene Patrícia Nohara, "Conceitos jurídicos indeterminados e delimitação concreta da discricionariedade administrativa no pós-Positivismo", cit., *Revista da Procuradoria-Geral do Estado de São Paulo* 7/180.

admitem outro tipo de determinação mais precisa, enunciam como exemplos dos primeiros a incapacidade para o exercício de suas funções, a premeditação e a força irresistível, e dos segundos a boa-fé, o standard de conduta do bom pai de família e o justo preço.[59]

Para Sainz Moreno os conceitos de experiência referem-se a objetos sensíveis e a determinadas realidades espirituais, enquanto os conceitos de valor relacionam-se a sentimentos ou desejos. Adverte o autor que não há diferença substancial entre ambos e que em grande número de hipóteses a aplicação do conceito exigirá tanto comprovar a existência de certos dados como também valorá-los, pelo quê rejeita a possibilidade de submetê-los a trato jurídico distinto. Assim, menciona a hipótese de conceitos de experiência que tenham um halo valorativo e conceitos de valor que tenham um núcleo de experiência.[60]

Reconhecemos parcial razão ao jurista espanhol quando afirma que várias serão as situações-limite nas quais os conceitos a serem aplicados não poderão ser classificados rigidamente. Entretanto, parece-nos que tal classificação não é despida de utilidade, vez que na maioria dos casos servirá como guia na verificação da existência de discricionariedade.

Alguns autores – a nosso ver, com acerto – aceitaram essa distinção, edificando teorias que parecem responder às dúvidas acerca da relação entre conceitos jurídicos indeterminados e discricionariedade.

Em Espanha, Manuel Martin González[61] afirma, em síntese, não se poder falar indistintamente de conceitos jurídicos indeterminados que remetem a uma experiência ou a um valor, pois, se, em sentido lógico, em ambos os casos existe uma indeterminação, em sentido jurídico é completamente distinta a forma de sua determinação. Os conceitos de valor se determinam ou completam pela própria vontade do órgão que tem de aplicá-los; não há, portanto, possibilidade de controle posterior sobre essa valoração.

Os conceitos que remetem à experiência, por sua vez, são determinados indiretamente pela comprovação dessa experiência, e, em consequência, são suscetíveis de revisão, porque a apreciação do resultado da experiência não é um problema de valoração, mas de interpretação jurídica.

Esta teoria distancia-se do entendimento tradicional a respeito do assunto, de que os conceitos indeterminados sempre ensejam discricionariedade, e busca uma solução para a antes mencionada "margem de apreciação", porquanto, em princípio, os conceitos indeterminados não atribuem à Administração a faculdade de resolver discricionariamente a aplicação do conceito, mas somente nos casos dos chamados conceitos de valor.

Semelhante é o pensamento do publicista alemão Ernst Forsthoff, que distingue entre conceitos que se referem a fatos, situações e circunstâncias empíricas e conceitos de valor.[62] As operações lógicas necessárias para dar conteúdo concreto aos primeiros não constituem um exercício de faculdade discricionária, mas, sim, processo típico de interpretação. Todos esses conceitos têm que ser determinados em sua significação concreta partindo do contexto

---

59. Eduardo García de Enterría e Tomás-Ramón Fernãnde, *Curso de Derecho Administrativo*, cit., 2ª ed., t. I, p. 271.
60. Sainz Moreno, *Conceptos Jurídicos, Interpretación y Discrecionalidad Administrativa*, cit., 1ª ed. pp. 204-205.
61. *Apud* Sainz Moreno, *Conceptos Jurídicos, Interpretación y Discrecionalidad Administrativa*, cit., 1ª ed., pp. 278-283.
62. Ernst Forsthoff, *Tratado de Derecho Administrativo*, cit., pp. 123-130.

em que se encontram e com efeitos normativos, vale dizer, têm que ser determinados por meio de interpretação.

Outra é a situação, segundo o autor, quando se cuida de conceitos de valor. Adverte que em princípio é evidente que na relação com os conceitos de valor como tais, na atitude frente a eles, não é dada nenhuma faculdade discricionária. Em outras palavras, quer significar que somente existirá tal faculdade quando houver necessidade de escolha, de tomada de decisão. E ensina que "de igual manera que la luz cobra sólo calor cuando entre en contacto con la materia; así, también, hablando metafóricamente, sucede con los valores, que sólo cobran calor en relación con un material empírico".[63]

Desse modo, para Forsthoff a liberdade discricionária é, pois, a eleição de um comportamento no marco de uma realização de valores.

Acreditamos, realmente, que o melhor entendimento parta desta orientação. Isso porque não se pode equiparar a determinação de conceitos de experiência ou empíricos com o preenchimento de significação dos conceitos de valor. No primeiro caso procede-se por meio de interpretação, processo que é vinculado a critérios preexistentes e no qual a vontade do agente é irrelevante. Na segunda hipótese, diversamente, essa operação não é suficiente para delinear o conteúdo do conceito. É preciso mais: é a vontade do agente, mediante critérios próprios, pessoais, que conduzirá à significação do conceito.

Luciano Ferreira Leite faz consideração nesse sentido:

> É de se ressalvar, contudo, que nem todos os conceitos indeterminados estão abrangidos pela discricionariedade; neste campo estão apenas aqueles cuja indeterminação não possa ser teoricamente determinável, ficando à mercê da determinação subjetiva individual. No entanto, se os pressupostos referidos contiverem conceitos de valor, os critérios a serem adotados pelas autoridades administrativas serão sempre necessariamente discricionários.[64]

Por certo que tanto a interpretação quanto a valoração envolvem uma apreciação do agente. O que as distingue, essencialmente, são os critérios utilizados para proceder a essa apreciação: aquela emprega critérios objetivos, externos, anteriores à apreciação que se realiza; esta se vale de critérios subjetivos, próprios do agente, que, diante da situação fática que lhe é posta, deve decidir qual a melhor alternativa para o caso concreto.[65]

Do exposto, acreditamos que, por serem determináveis de maneira diversa, os conceitos de experiência e de valor devem ser tratados distintamente, porquanto as consequências dessa determinação são também diferentes.

As situações-padrão, entendemos, são, assim, adequadamente apreciadas a partir da análise da natureza dos conceitos, constituindo sua identificação critério válido para a verificação da existência de discricionariedade.

Advirta-se, por outro lado, que o que se acaba de afirmar não pode ser tomado em termos absolutos : é preciso remarcar a possibilidade de casos-limite, segundo os quais

---

63. Idem, p. 126.
64. Luciano Ferreira Leite, *Discricionariedade Administrativa e Controle Judicial*, São Paulo, Ed. RT, 1981, p. 57.
65. Karl Larenz enfatiza que o que caracteriza o juízo de valor é uma tomada de posição pessoal do julgador, pois este só pode decidir de acordo com sua própria consciência axiológica pessoal (*Metodologia da Ciência do Direito*, 2ª ed. Lisboa, Fundação Calouste Gulbenkian, 1969, pp. 324-325).

conceito de experiência, no caso concreto, poderá ensejar discricionariedade e, de outro lado, conceito de valor que, na situação específica, não a oportunize.[66]

De todo modo, para nós a consequência principal da determinação desses dois tipos de conceitos está no controle judicial que possa ser exercido. Tal controle será exercido diferentemente quer se esteja diante de conceitos de experiência, quer se esteja frente a conceitos de valor.

7. Controle judicial da discricionariedade resultante de conceitos jurídicos indeterminados

Com efeito, se o legislador optar pela utilização de conceitos de experiência, determináveis mediante interpretação, o controle judicial usualmente é amplo, exatamente por caber ao Judiciário, como função típica, interpretar o alcance das normas jurídicas, para sua justa aplicação.

Diversa será situação se se tratar de conceitos de valor, cuja significação é preenchida por meio da apreciação subjetiva do órgão administrativo. Nesse caso, o controle judicial, como regra, é apenas um controle de contornos, de limites, pois se assim não fosse se estaria substituindo a discricionariedade administrativa pela judicial, o que é vedado em nosso ordenamento jurídico.

Não se pode olvidar, porém, a ocorrência de hipóteses nas quais, apesar de a lei permitir opção entre duas ou mais alternativas de conduta da Administração Pública, restar, diante da situação concreta, apenas um comportamento possível, que, portanto, se torna compulsório.

Nestas situações cabe ao Judiciário, se outra tiver sido a solução adotada, substituí-la pela única admissível in concreto.

Luciano Ferreira Leite, uma vez mais, esclarece:

> O controle amplo, compreendendo atos decorrentes de atividade discricionária, não significa que possa o Judiciário, nas hipóteses referidas, modificar os critérios subjetivos que nortearam esses atos, operando uma substituição à vontade administrativa, através de eleição de outros critérios. Tal procedimento acarretaria irremissível violação ao princípio constitucional da tripartição dos Poderes. O que cabe ao Judiciário verificar, em sua atividade de controle dos atos administrativos baseados na discricionariedade dos agentes, é se a escolha levada a efeito pela Administração se manteve nos lindes do razoável, não transbordando os limites a que está sujeita pelo ordenamento jurídico positivo.[67]

Veja-se, pois, a importância fundamental do princípio da razoabilidade, ao qual nos referimos precedentemente.[68] Tem ele o condão de nortear a apreciação subjetiva do agente para uma solução que seria aceitável pela sociedade. Em outras palavras: esse princípio funciona como uma regra de experiência idônea a balizar a valoração procedida pela administração Pública.

---

66. Nesse sentido, aliás, a advertência de Maria Sylvia Zanella Di Pietro (*Discricionariedade Administrativa na Constituição de 1988*, cit., 3ª ed., pp. 118-119).

67. Luciano Ferreira Leite, *Discricionariedade Administrativa e Controle Judicial*, cit., p. 74. No mesmo sentido: Celso Antônio Bandeira de Mello, "Controle judicial dos atos administrativos", cit., *RDP* 65/37.

68. Cf. item 4 deste trabalho.

Saliente-se que a doutrina registra uma tendência de aproximação da discricionariedade à teoria dos conceitos jurídicos indeterminados, com o fito de submeter ao controle judicial decisões que anteriormente se considerariam ditadas na esfera da discricionariedade.

Entretanto, cremos que a citada aproximação tem chegado a extremos, a ponto de englobar casos típicos de discricionariedade na seara da teoria dos conceitos jurídicos indeterminados.

Exemplo flagrante desse excesso está no entendimento de que o conceito de interesse público só permite, em sua aplicação, uma única solução justa.

Desse modo, convertem-se todos os poderes discricionários em regrados, uma vez que o legislador sempre outorga discricionariedade à Administração para que esta alcance um interesse público. O núcleo da discricionariedade está, realmente, na possibilidade de apreciação da melhor solução para o atendimento do interesse público, o que demonstra, por si, estar afastada a hipótese de vinculação do comportamento da Administração.[69]

Por derradeiro, calham, a título de arremate, as palavras de Celso Antônio Bandeira de Mello:

> A interpretação do sentido da lei, para pronúncia judicial, não agrava a discricionariedade, apenas lhe reconhece os confins; não penetra na esfera de liberdade administrativa, tão só lhe declara os contornos; não invade o mérito do ato nem se interna em avaliações inobjetiváveis, mas recolhe a significação possível em função do texto, do contexto e da ordenação normativa como um todo, aprofundando-se até o ponto em que pode extrair razoavelmente da lei um comando certo e inteligível.
>
> A discricionariedade fica, então, acantonada nas regiões em que a dúvida sobre a extensão ou sobre o alcance da vontade legal é ineliminável.[70]

8. Conclusões

Diante das considerações efetuadas, destacamos as seguintes conclusões:

8.1 A nota distintiva fundamental entre a discricionariedade administrativa e a interpretação é a relevância da vontade do agente aplicador da norma naquela e a ausência de apreciação subjetiva nesta.

8.2 O princípio da razoabilidade funciona como parâmetro da atuação discricionária, traduzindo-se no padrão social a respeito de certas condutas aferíveis em função de um contexto determinado.

8.3 Os conceitos jurídicos indeterminados podem alojar-se em qualquer dos três segmentos da estrutura lógico-normativa da discricionariedade (hipóteses, mandamento e finalidade). Para que se localizem no mandamento da norma basta que esta, ao facultar um comportamento à Administração, se expresse genericamente a respeito do que possa vir a ser esse comportamento.

---

69. Cf.: García de Enterría e Tomás-Ramón Fernández, *Curso de Derecho Administrativo*, cit., 2ª ed., t. I, p. 273; e Sainz Moreno, *Conceptos Jurídicos, Interpretación y Discrecionalidad Administrativa*, cit., 1ª ed., pp. 313 e ss.

70. Celso Antônio Bandeira de Mello, *Curso de Direito Administrativo*, cit., p. 1.007.

8.4 A característica comum aos conceitos jurídicos indeterminados e à discricionariedade é a relativa indeterminação dos termos legais que se referem a ambos.

8.5 O emprego pela lei de conceitos indeterminados pode ou não conduzir à atribuição de liberdade discricionária à Administração. A resposta somente pode ser fornecida casuisticamente, diante da análise das circunstâncias fáticas e considerado o tipo de conceito utilizado pela norma, que se revela critério válido para tal fim nas situações-padrão.

8.6 Os conceitos de experiência ou empíricos são determináveis mediante interpretação, e, portanto, não conferem, como regra, margem de liberdade ao administrador.

8.7 Os conceitos de valor só são determináveis mediante a escolha, pelo administrador, de uma entre as várias significações possíveis em tese, conferindo a este, como regra, verdadeira discricionariedade.

8.8 Como consequência, no caso de conceitos de experiência usualmente o controle judicial é amplo, exatamente por caber ao Judiciário, como função típica, interpretar o alcance e o sentido das normas jurídicas, para sua justa aplicação.

8.9 Por outro lado, diante de conceitos de valor e, portanto, em regra, diante de discricionariedade, o controle judicial é apenas um controle de contornos, de limites, sob pena de, se assim não for, substituir-se a discricionariedade administrativa pela judicial.

Maio/2017

Bibliografia

ACKER, Leonardo van. *Elementos de Lógica Clássica Formal e Material*. 2ª ed. São Paulo, Revista da Universidade Católica de São Paulo, 1971.

ALESSI, Renato. *Sistema Istituzionale del Diritto Amministrativo Italiano*. 3ª ed. Milão, Giuffrè, 1960.

BANDEIRA DE MELLO, Celso Antônio. "Controle judicial dos atos administrativos". *RDP* 65/27-38. São Paulo, Ed. RT.

_____. *Curso de Direito Administrativo*. 33ª ed. São Paulo, Malheiros Editores, 2016.

_____ (coord.). *Curso de Direito Administrativo*. São Paulo, Ed. RT, 1986.

BANDEIRA DE MELLO, Oswaldo Aranha. *Princípios Gerais de Direito Administrativo*. 3ª ed., 2ª tir., vol. I. São Paulo, Malheiros Editores, 2010.

BETTI, Emilio. *Interpretazione della Legge e degli Atti Giuridici – Teoria Generale e Dogmatica*. 2ª ed. Milão, Giuffrè, 1971.

BULLINGER, Martin. "A discricionariedade da Administração Pública". *Revista de Ciência Política* 30/3-23. N. 2. Rio de Janeiro, FGV, abril-junho/1987.

CARRIÓ, Genaro R. *Algunas Palabras sobre las Palabras de la Ley*. Buenos Aires, Abeledo-Perrot, 1971.

COSTA, Regina Helena. "Conceitos jurídicos indeterminados e discricionariedade administrativa". *Revista da Procuradoria-Geral do Estado de São Paulo* 29/79-108. São Paulo, 1988; *Justitia* 51/34-54. N. 145. Ministério Público do Estado de São Paulo, janeiro-março/1989.

DI PIETRO, Maria Sylvia Zanella. *Discricionariedade Administrativa na Constituição de 1988*. 3ª ed. São Paulo, Atlas, 2012.

ENGISCH, Karl. *Introdução ao Pensamento Jurídico*. 3ª ed. Lisboa, Fundação Calouste Gulbenkian, 1972.

FERNÁNDEZ, Tomás-Ramón, e GARCÍA DE ENTERRÍA, Eduardo. *Curso de Derecho Administrativo*. 2ª ed., t. I. Madri, Editorial Civitas, 1977.

FIGUEIREDO, Lúcia Valle. *Curso de Direito Administrativo*. 9ª ed. São Paulo, Malheiros Editores, 2008.

_____. "Discricionariedade: poder ou dever?". In: BANDEIRA DE MELLO, Celso Antônio (coord.). *Curso de Direito Administrativo*. São Paulo, Ed. RT, 1986.

FORSTHOFF, Ernst. *Tratado de Derecho Administrativo*. Madri, Instituto de Estudios Políticos, 1958.

GARCÍA DE ENTERRÍA, Eduardo, e FERNÁNDEZ, Tomás-Ramón. *Curso de Derecho Administrativo*. 2ª ed., t. I. Madri, Editorial Civitas, 1977.

GRAU, Eros Roberto. "Notas sobre os conceitos jurídicos". *RDP* 74/217-221. São Paulo, Ed. RT.

LARENZ, Karl. *Metodologia da Ciência do Direito*. 2ª ed. Lisboa, Fundação Calouste Gulbenkian, 1969.

LEITE, Luciano Ferreira. *Discricionariedade Administrativa e Controle Judicial*. São Paulo, Ed. RT, 1981.

NOHARA, Irene Patrícia. "Conceitos jurídicos indeterminados e delimitação concreta da discricionariedade administrativa no pós-Positivismo". *Revista da Procuradoria-Geral do Estado de São Paulo* 7/167-193. São Paulo, janeiro-junho/2010.

PEREIRA, André Gonçalves. *Erro e Ilegalidade no Acto Administrativo*. Lisboa, Edições Ática, 1962.

QUEIRÓ, Afonso Rodrigues. "A teoria do desvio de poder em direito administrativo". *RDA* VI/41-78 e VII/52-80.

SAINZ MORENO, Fernando. *Conceptos Jurídicos, Interpretación y Discrecionalidad Administrativa*. 1ª ed. Madri, Editorial Civitas, 1976.

SATTA, Filippo. *Introduzione ad un Corso di Diritto Amministrativo*. Pádua, CEDAM, 1980.

TELLES JR., Goffredo. *Tratado da Consequência*. 2ª ed. São Paulo, José Bushatsky Editor, 1962.

MECANISMOS DE PREVENÇÃO E COMBATE À CORRUPÇÃO: AS LEIS ANTICORRUPÇÃO E OS CÓDIGOS DE ÉTICA NO ÂMBITO DOS MUNICÍPIOS BRASILEIROS

REGINA MARIA MACEDO NERY FERRARI

1. Introdução. 2. Ética e Moral. 3. Mecanismos de prevenção e combate à corrupção. 4. O controle da ética e da moralidade no seio da entidade municipal brasileira.

1. Introdução

É no universo do exercício do poder no Estado que se concentra o núcleo desta análise, uma vez que desde os primórdios da Humanidade as relações entre indivíduos se deram visando ao poder, isto é, a uma relação de dependência, quando alguém quer algo que depende da vontade de outro.

Hannah Arendet publicou, em 1951, *Origins of Totalitarianism*, quando abordou que o poder implica, necessariamente, a existência de duas ou mais pessoas e que a Política pressupõe a legitimação do poder.

Como ponderou Michel Foucault, o poder deve ser analisado como algo que circula e que se exerce em rede, no qual os indivíduos, ao mesmo tempo em que o exercem, sofrem sua ação. O homem cede seu direito em troca de proteção e, por sua vontade, dá origem ao Estado como uma sociedade organizada para realizar seus fins, o bem comum de seus membros, o que significa que cada um de nós é também titular de certo poder.[1]

Criado o Estado, passa a deter um poder soberano, na qualidade de autoridade suprema no grupo, que não é algo natural, mas é uma prática social que se estabelece com a arte de governar, limitando a liberdade do indivíduo e controlando suas ações.

O tema proposto encontra-se embasado em conceitos jurídicos, políticos, ideológicos e filosóficos; porém, considerando que a entidade estatal nada mais é que uma comunidade organizada pela ordem jurídica nacional, é nela que vamos fixar e limitar nossas considerações.

O Estado aparece como uma sociedade politicamente organizada; como ponderou Kelsen, "toda organização é uma ordem e esta ordem é o Direito".[2]

---

1. Michel Foucault, *Microfísica do Poder*, 22ª ed., organização e tradução de Roberto Machado, Rio de Janeiro, Graal, 2006, pp. 12 e ss.
2. Hans Kelsen, *Teoría General del Derecho y del Estado*, México, Imprenta Universitaria, 1950, p. 191.

A sociedade estatal é um produto cultural, é uma criação do homem, e caracteriza, como disse Luis Legaz y Lacambra, uma realidade complexa da existência humana, que não se define pelos valores religiosos, éticos, que possa realizar, mas pelo Direito; e isto não porque se confunda ou identifique com ele, mas por ser uma comunidade jurídica, pois não há Estado sem Direito.[3]

Como pessoa jurídica, nada mais é do que um mero conceito, uma abstração, que, em decorrência de sua personalidade criada pelo Direito, atua quando faz leis, dita atos administrativos ou emite uma sentença.

É o poder do Estado que o diferencia de todas as outras pessoas jurídicas, individuais ou coletivas, públicas ou privadas. Este poder de mandar, obrigar a um comportamento, lhe é concedido pelo povo, através de sua Constituição

Necessário entender o que se tem por Constituição, para compreender o poder do Estado, na medida em que é ela que fundamenta o sistema jurídico normativo, estruturado hierarquicamente, e representa seu mais alto nível, sua Norma Fundamental.

A Constituição organiza o Estado, determina suas funções e as competências de seus órgãos, bem como a relação entre eles, as formas, os limites e as competências de seus órgãos, os direitos fundamentais, a garantia de tais direitos – isto é: é a Lei Magna da organização do Estado e da vida nacional.[4]

Corresponde a um padrão valorativo ideal, que, como direito positivado, não é só norma, mas também é realidade – o que leva o interprete, ao aplicá-la, a ter em mente que encontra sentido em certos valores, em certos fatos que representam seu objetivo real, na medida em que existem os que proporcionaram sua produção.

Pinto Ferreira já disse que "os textos legislativos constitucionais são uma fotografia em miniatura da paisagem social", refletem um sistema de valores, estribado em princípios filosóficos, jurídicos e políticos, que limitam e determinam o modo de ser concebido o poder no Estado, e que contêm as aspirações da sociedade.[5]

O Estado Democrático de Direito surge quando a Constituição passa a impor a todos, àqueles que governam e aos governados, o respeito integral a ela e às leis, na condição de representantes da vontade do povo, e não do governante. Diante de tal cenário, é preciso que sejam superadas adversidades quando praticadas por seus agentes, políticos, delegados, servidores, etc.

Com tais características deve promover a justiça social e influir na realidade, tendo como objetivo um comportamento ético e moral por parte de todos, principalmente daqueles que servem e atuam em nome do Estado.

2. Ética e Moral

A palavra "Ética" é derivada do grego *ethos* e significa "modo de ser", "caráter", e está relacionada às atitudes dos indivíduos, à forma como interagem uns com os outros, representando o conjunto de valores que norteiam a conduta humana na sociedade.

---

3. Luis Legaz y Lacambra, *Filosofia del Derecho*, Barcelona, Casa Editorial, 1953, p. 648.
4. José Horácio Meirelles Teixeira, *Curso de Direito Constitucional*, Rio de Janeiro, Forense Universitária, 1991, p. 45.
5. Luiz Pinto Ferreira, *Princípios Gerais do Direito Constitucional Moderno*, 5ª ed., t. 1, São Paulo, Ed. RT, 1971, p. 65.

Segundo De Plácido e Silva, a Ética pode ser definida como a "Ciência da Moral", que, por sua vez, diz respeito aos costumes, regras, tabus, convenções, estabelecidos em uma sociedade, para assinalar "o que é honesto e virtuoso, segundo os ditames da consciência e os princípios da Humanidade", ou seja: representa o conjunto de princípios morais que devem ser respeitados na vida em sociedade e no exercício de uma profissão.[6]

Ética e Moral são conceitos relacionados entre si, em que pese a terem sentidos distintos. A Ética está fundamentada em valores morais que devem orientar o comportamento humano em sociedade.

No dizer de Kant, está centrada na noção de dever, e o conceito de moralidade, como princípio, é geral e se sobrepõe aos princípios morais particulares.

Seu ponto de partida é o conceito de boa vontade, que significa a vontade moralmente boa. Dizer o que é bom não depende de qualquer condição subjetiva, na medida em que o sujeito seja capaz de julgar o que é e fazer distinção entre o moralmente bom, útil e agradável, pois o moralmente bom é considerado como um dever.[7]

A Moral é resultado dos valores socialmente aceitos e passíveis de serem questionados pela Ética, em busca do justo. É possível uma ação moral ou imoral sem qualquer reflexão ética, como existir uma reflexão ética de uma ação moral ou imoral. Por exemplo: uma pessoa roubar um remédio para salvar uma vida é um comportamento imoral que pode ser justificado eticamente.

Conforme José Afonso da Silva: "(...). A lei pode ser cumprida moral ou imoralmente. Quando sua execução é feita, por exemplo, com intuito de prejudicar alguém deliberadamente, ou com o intuito de favorecer alguém, por certo que se está produzindo um ato *formalmente legal*, mas *materialmente* comprometido com a moralidade administrativa".[8]

Assim, quando se fala em Código de Ética se quer dizer as regras morais que buscam uma conduta ética. As normas morais, por sua vez, são cumpridas a partir da convicção íntima da pessoa, que age de acordo com os costumes e valores de certa sociedade; já, a Ética é a parte da Filosofia que estuda a Moral, que questiona as regras morais.

A conduta ética é a realização de um comportamento conforme valores e princípios morais, os quais são fruto do padrão cultural vigente.

3. *Mecanismos de prevenção e combate à corrupção*

Antes de qualquer coisa, ao tratar de mecanismos de prevenção e combate à corrupção é preciso registrar a posição de Celso Antonio Bandeira de Mello, ao dizer que "o objetivo da composição das figuras infracionais e da correlata penalização é intimidar eventuais infratores, para que não pratiquem os comportamentos proibidos ou para induzir os administrados a atuarem na conformidade de regra que lhes demanda comportamento positivo. Logo, quando a sanção é prevista e depois aplicada, o que se pretende com isto é tanto

---

6. De Plácido e Silva, *Vocabulário Jurídico*, vol. 1-2, Rio de Janeiro, Forense, 1982, p. 223, e vol. 3, p. 210.

7. Guido Antônio de Almeida, "Introdução", in Immanuel Kant, *Fundamentação da Metafísica dos Costumes*, São Paulo, Discurso Editorial/Barcarolla, 2009, pp. 20-36.

8. José Afonso da Silva, *Curso de Direito Constitucional Positivo*, 40ª ed., São Paulo, Malheiros Editores, 2017, pp. 679-680.

despertar em quem sofreu um estímulo para que não reincida, quanto cumprir uma função exemplar para a sociedade".[9]

Considerando a superioridade hierárquica da Constituição, toda interpretação jurídica deve ser constitucional, isto porque todas as suas normas são dotadas de imperatividade, o que leva o intérprete, antes de aplicar uma norma, a verificar se é com ela compatível, porque, se não for, não deverá de incidir.

Na seara do Neoconstitucionalismo e da constitucionalização do direito administrativo existe no texto constitucional vasta disciplina voltada para a Administração Pública, inclusive com a determinação de princípios que devem ser por ela respeitados – o que significa dizer que a lei deixa de ser o fundamento maior da atuação administrativa, para se tornar apenas um daqueles princípios instituídos pela Constituição.

A Constituição Federal brasileira de 1988 reconhece a importância da Moral como valor ético-social e da família, que se impõe, por exemplo, aos meios de comunicação social (art. 221, IV, da CF) e a torna um bem indenizável (art. 5º, V e X, da CF), segundo José Afonso da Silva, quando determina que: "(...). A moral individual sintetiza a honra da pessoa, o bom nome, a boa fama, a reputação que integram a vida humana como dimensão imaterial. Ela e seus componentes são atributos sem os quais a pessoa fica reduzida a uma condição animal de pequena significação".[10]

Do mesmo modo, a Lei Fundamental brasileira previu, no *caput* de seu art. 37, os princípios que devem nortear o atuar da Administração Pública, e dentre eles relacionou o princípio da moralidade, que impõe aos seus agentes a conformidade com os princípios éticos.

A moralidade da Administração Pública não está restrita a distinguir o Bem e o Mal, na medida em que deve também atingir seu fim, isto é, sempre atender ao bem comum.

Além disso, ainda está protegida pelo art. 5º, LXXIII, da CF, pois prevê a possibilidade de propositura de ação popular para anular "ato lesivo ao patrimônio público ou de entidade de que o Estado participe, à moralidade administrativa, ao meio ambiente" etc.

Celso Antônio Bandeira de Mello cita Jesús González Pérez para ressaltar que o princípio da moralidade compreende em seu âmbito os chamados princípios da lealdade e da boa-fé, e registra o pensamento do Professor espanhol ao anotar que "a Administração haverá de proceder em relação aos administrados com sinceridade e lhaneza, sendo-lhe inderdito qualquer comportamento astucioso, eivado de malícia, produzido de maneira a confundir, dificultar ou minimizar o exercício por parte dos cidadãos".[11]

O art. 85, V, da CF aceita como hipótese de crime de responsabilidade do Presidente da República atentar contra a probidade na Administração; e, depois de relacionar a moralidade como um dos princípios impostos à atuação da Administração Pública, no § 4º do art. 37, reconhece que os atos de improbidade administrativa dos servidores públicos "importarão a suspensão dos direitos políticos, a indisponibilidade dos bens e o ressarcimento ao Erário, na forma e gradação previstas em leis, sem prejuízo da ação penal cabível".

---

9. Celso Antônio Bandeira de Mello, *Curso de Direito Administrativo*, 33ª ed., São Paulo, Malheiros Editores, 2016, p. 878.
10. José Afonso da Silva, *Curso de Direito Constitucional Positivo*, cit., 40ª ed., p. 203.
11. Celso Antônio Bandeira de Mello, *Curso de Direito Administrativo*, cit., 33ª ed., 123.

É necessário registrar que "a improbidade revela a qualidade do homem que não procede bem, por não ser honesto", aquele que é incorreto por transgredir as regras da lei e da moral e dos bons costumes, com propósitos maldosos ou desonestos.[12]

O CP brasileiro, que data de 1940, em vigor até os dias de hoje, com as correções necessárias, em seu Capítulo XI, nos arts. 312 a 327, criminaliza diversas condutas prejudiciais à Administração Pública, praticadas tanto por agentes públicos como por particulares. São atos que, por sua vez, violam a Ética e a moralidade e, nos termos do conceito acima registrado, caracterizam improbidade

A corrupção, como ato de oferecer algo para obter alguma vantagem, com o efeito de favorecer um e prejudicar outro, é tida pelo Código Penal como crime, que prevê que tal ação comporta dois lados: o da corrupção passiva e e o da ativa. No art. 317 define como corrupção ativa "solicitar ou receber, para si ou para outrrem, direta ou indiretamente, ainda que fora da função ou antes de assumi-la, mas em razão dela, vantagem indevida, ou aceitar promessa de tal vantagem".

Já, no art. 333 considera como corrupção ativa "oferecer ou prometer vantagem indevida a funcionário público, para determiná-lo a praticar, omitir ou retardar ato de ofício".

Por sua vez, a Lei 8.429/1992 e suas alterações dispõem sobre as sanções aplicáveis aos agentes públicos nos casos de enriquecimento ilícito no exercício de mandato, de cargo, emprego ou função na Administração Pública direta, indireta e fundacional e dá outras providências.

No art. 4º prevê que "os agentes públicos de qualquer nível ou hierarquia são obrigados a velar pela estrita observância dos princípios de legalidade, impessoalidade, moralidade e publicidade no trato dos assuntos que lhes são afetos"; e no art. 6º dispõe que: "No caso de enriquecimento ilícito, perderá o agente público ou terceiro beneficiado os bens e valores acrescidos em seu patrimônio".

O art. 10 define como atos de improbidade administrativa aqueles que importam enriquecimento ilícito e os que causam prejuízo ao Erário; e o art. 11 considera os que atentam contra os princípios da Administração Pública, quando praticados por pessoa natural, agente público, mesmo quando pessoas jurídicas sejam as beneficiárias do "ato ímprobo" e estejam, ainda, sujeitas a sanções pela atuação de dita improbidade praticada pelo agente público.

É importante anotar que a Lei 8.429/1992 trata de matéria de natureza civil e nacional, e ao prever sanções de natureza civil não exclui a possibilidade de aplicação das penais e administrativas.

Como se disse, nem todo ato antiético caracteriza um ato de improbidade ou um crime contra a Administração, mas toda improbidade, todo crime de corrupção, ativa ou passiva, é antiético e imoral. E tanto isto é verdade que, ao lado dos instrumentos legais já relacionados, existem códigos de ética não só voltados para o comportamento de agentes públicos, como também para os empregados das empresas, públicas e privadas e, ainda, para determinar o comportamento ético de profissionais, como por exemplo: advogados, médicos, psicólogos, enfermeiros etc.

O Decreto 1.171/1994, do Presidente da República, editou o Código de Ética do Servidor Público Civil do Executivo Federal, e no Capítulo I, Seção I, II, determinou: "O servidor

---

12. De Plácido e Silva, *Vocabulário Jurídico*, cit., vol. 1, pp. 431-432.

público não poderá jamais desprezar o elemento ético em sua conduta. Assim, não terá que decidir somente entre o legal e o ilegal, o justo e o injusto, o conveniente e o inconveniente, o oportuno e o inoportuno, mas, principalmente, entre o honesto e o desonesto, consoante as regras contidas no art. 37, *caput* e § 4º, da Constituição Federal". Porém, não é fácil conceituar o que seja "moral administrativa", na medida em que comporta valores sujeitos a limitação, o que dependerá da análise do caso concreto.

Em 1.8.2013 surge outra lei, a de n. 12.846, a qual "dispõe sobre a responsabilidade administrativa e civil de pessoas jurídicas pela prática de atos contra a Administração Pública, nacional ou estrangeira, por atos de corrupção e fraude em licitações e contratos administrativos", e no inciso VIII de seu art. 7º prevê a necessidade da "existência de mecanismos e procedimentos internos de integridade, auditoria e incentivo à denúncia de irregularidades e a aplicação efetiva de códigos de ética e de conduta no âmbito da pessoa jurídica".

Tais mecanismos e procedimentos internos de integridade, como a aplicação efetiva de código de ética e de conduta no âmbito da pessoa jurídica, dizem respeito à função de *compliance*, termo anglo-saxão cujo sentido é agir de acordo com uma regra, com um comando, e representa o dever de cumprir e fazer cumprir os regulamentos internos e externos a ela impostos.

Segundo a "Exposição de Motivos" desSa lei, conhecida como "Lei Anticorrupção", "tem por objetivo suprir uma lacuna existente no sistema jurídico pátrio no que tange à responsabilização de pessoas jurídicas pela prática de atos ilícitos contra a Administração Pública, em especial por atos de corrupção e fraude em licitações e contratos administrativos".

Mas o que se tem, aqui, por *corrupção*? Segundo Ubirajara Custódio Filho, "corromper é influenciar a conduta de alguém, por meio de vantagem ou recompensa, com vistas a obter, desse sujeito, dada prestação indevida, de interesse do próprio corruptor ou de terceiros".[13]

A corrupção atualmente é um problema mundial, e envolve desde os governos até empresas públicas e privadas e, infelizmente, o cidadão comum. Isto sem falar que apresenta também um caráter multifacetado. Entre nós, remonta, conforme relata Ubirajara Custódio Filho, aos tempos coloniais, e seu combate ainda é insuficiente e ineficiente.[14]

Isto, entre nós, acontece em todos os níveis da Federação, o que, em razão da extensão do território brasileiro e da sua repartição de competências constitucionalmente prevista, apresenta caráter quase endêmico.

Porém, em que pese a estas diversas leis terem como objeto a proteção da Administração Pública, é preciso ressaltar que são distintos os conceitos de improbidade, corrupção e de crimes contra a Administração Pública, o que pode levar uma pessoa, ao cometer uma fraude à licitação, ser punida na esfera administrativa, pelo órgão a que pertence, na esfera criminal por crime contra Administração e também na cível, por improbidade administrativa.

O Decreto-lei 201, de 27.1.1967, define os crimes de responsabilidade dos prefeitos municipais, sujeitos a julgamento pelo Poder Judiciário, e define, no art. 4º, as infrações político-administrativas, sujeitas à apreciação da Câmara dos Vereadores.

---

13. Ubirajara Custódio Filho, Mateus Bertoncini e José Anacleto Abduch Santos, *Comentários à Lei 12.846/2013: Lei Anticorrupção*, São Paulo, Ed. RT, 2014, p. 11.
14. Idem, p. 14.

Como se vê, a relação de legislações até aqui analisadas, destinadas a direcionar a atuação da Administração Pública e de todos os que ocupam cargos ou empregos públicos, é apenas exemplificativa, pois neste momento não cabe uma análise exaustiva. E, só para não ser completamente omissa, cabe citar, ainda, a lei que disciplina a ação popular, a qual, conforme constitucionalmente prevista no inciso LXXIII do art. 5º, admite: "qualquer cidadão é parte legítima para propor ação popular que vise a anular ato lesivo ao patrimônio público ou de entidade de que o Estado participe, à moralidade administrativa, ao meio ambiente e ao patrimônio histórico e cultural, ficando o autor, salvo comprovada má-fé, isento de custas judiciais e do ônus da sucumbência".

A moralidade administrativa, aqui referida, não é meramente subjetiva, pois tem conteúdo jurídico a partir das regras e princípios da Administração. Assim, quando se fala em uma atuação imoral da Administração ela está associada à violação da validade do ato administrativo.

4. O controle da ética e da moralidade no seio da entidade municipal brasileira

O art. 1º da CF/1988 proclamou que: "A República Federativa do Brasil, formada pela união indissolúvel dos Estados, Municípios e do Distrito Federal, constitui-se em Estado Democrático de Direito"; e seu art. 18 reza que: "A organização político-administrativa da República Federativa do Brasil compreende a União, os Estados, o Distrito Federal e os Municípios, todos autônomos, nos termos desta Constituição".

Ao declarar que nossas entidades federativas são dotadas de autonomia quis dizer que, dentro de suas competências, constitucionalmente previstas, possuem a capacidade de gerir seus próprios negócios, observando também os princípios previstos na Constituição Federal.

Tal repartição consiste na atribuição a cada ente federativo parcial de competências que lhe sejam próprias, de modo que a interferência de um na esfera de outro caracteriza violação da Lei Fundamental. Assim, o Estado Federal exige a existência de uma Suprema Corte com jurisdição nacional e de um mecanismo de intervenção federal, "como procedimento assecuratório da unidade física e da identidade jurídica da Federação".[15]

Nos termos da atual Lei Fundamental do Estado Brasileiro, o Município, na qualidade de entidade territorial político-administrativa, é dotado de autonomia política, administrativa e financeira, com capacidade de auto-organização por meio de Carta própria, conforme previsto nos arts. 18, 29, 30 e 34, VII, "c".

Sua autonomia realiza-se mediante quatro capacidades: (1) capacidade de auto--organização, pela elaboração de sua Lei Orgânica, verdadeira Constituição Municipal, que determina a vida do Município, observados os limites constitucionalmente previstos nas Constituições Federal e Estadual; (2) capacidade de autogoverno, pela eletividade do chefe do Executivo e dos membros do Legislativo Municipal; (3) capacidade normativa própria, pela elaboração de leis municipais sobre áreas reservadas à sua competência exclusiva ou concorrente; (4) capacidade de autoadministração, para manter e prestar serviços públicos de interesse local.

15. Paulo Gustavo Gonet Branco, *Curso de Direito Constitucional*, 6ª ed., São Paulo, Saraiva, 2011, p. 832.

Conforme Hely Lopes Meirelles: "No que concerne às atribuições mínimas do Município, erigidas em princípios constitucionais garantidores de sua autonomia (...), constituem 'um verdadeiro direito público subjetivo, oponível ao próprio Estado (União), sendo inconstitucionais as leis que, de qualquer modo, o atingirem em sua essência'".[16]

É importante registrar a lição de Cretella Jr., quando ponderou, já em 1975, que "bem pouco poderia fazer o Município que tivesse autonomia política e administrativa e, por outro lado, não dispusesse da respectiva autonomia financeira, que lhe possibilitasse a realização de obras, trabalhos públicos, bem como a organização, execução, funcionamento e manutenção dos serviços locais".[17]

A Constituição Federal/1988 em um primeiro momento elevou a receita municipal, não só pela arrecadação de tributos de sua competência mas, especialmente, por transferências intergovernamentais. Entretanto, no período entre 1995 a 2002 surgiu uma nova etapa, onde se viu a União aumentar sua parcela financeira na partilha federativa, com a criação de tributos não partilháveis com os outros entes da Federação.

Entre 2003 e 2010 vive-se a etapa definida como de "coordenação federativa", na qual o Governo Federal passa a ter mais controle sobre a instituição de políticas públicas, muito embora respeite as autonomias municipais e estaduais, na medida em que reconhece que não estariam obrigadas a aderir às políticas por ela formuladas, o que, no fim, foi especialmente esvaziado, pois sua adesão seria a forma de receber parcela dos fundos, previstos para sua formulação.

A cooperação, entre as diversas esferas federativas no campo das competências administrativas necessita estar embasada nos princípios da subsidiariedade e da solidariedade, isto é, a atuação do Governo Federal e dos Governos Estaduais deve prevalecer sobre a dos Municipais só na hipótese de não poderem executar, com eficiência, políticas públicas. Porém, nosso legislador constituinte não se ateve à heterogeneidade existente entre nossas entidades municipais ao prever que, ao lado de competências privativas, existem outras, compartilhadas entre todos, União, Estados-membros e Municípios, o que propiciou que poucas se beneficiassem, e a cooperação pretendida passou a ser entendida como competição.[18]

Dos 5.565 Municípios brasileiros só mais ou menos 5% deles contam com população superior a 100 mil habitantes, o que permite dizer que poucos têm condições de desfrutar, significativamente, de sua autonomia financeira quando existe a condição de aumento de suas receitas em decorrência do maior volume de arrecadação de tributos.

É forçoso reconhecer que em nosso País existem formas distintas de exercício da autonomia municipal. Nas Regiões Sul e Sudeste "ela se manifesta por meio do protagonismo dos atores locais, interessados em comandar o processo de formulação de políticas em face das demandas territoriais locais". Nas demais Regiões a "municipalização" faz parte da estratégia de distribuir serviços que se tornam direitos sociais, como forma de alcançar um padrão mínimo dos direitos de cidadania, tais como: saúde, educação e moradia.[19]

---

16. Hely Lopes Meirelles, *Direito Municipal Brasileiro*, 18ª ed., atualizada por Giovani da Silva Corralo, São Paulo, Malheiros Editores, 2017, pp. 94-95.
17. José Cretella Jr., *Direito Municipal*, São Paulo, Universitária de Direito, 1975, pp. 93-94.
18. Ângela Penalva dos Santos, "Autonomia municipal no contexto federativo brasileiro", *Revista Paranaense de Desenvolvimento* 120/214, janeiro-junho/2011.
19. Idem, p. 228.

Cabe ressaltar, ainda, que, frente a tal situação, nosso Município não deixa de ser ente federativo dotado de autonomia, pois continua com competências próprias previstas na Constituição Federal, mas expõem o problema da concretização da norma constitucional, analisado por Friedrich Müller, ao afirmar que sua normatividade é obtida no decurso de sua consolidação, o que significa a propriedade dinâmica de influenciar a realidade a ela relacionada (*normatividade concreta*), a qual, por sua vez, é influenciada e estruturada pela realidade (*normatividade materialmente determinada*).[20]

Tratando do respeito à ética e à moralidade administrativa no seio do Município, sem considerar o universo de aplicação do Código Penal, cabe perguntar: A lei que prevê sanções para o ato ímprobo cometido por agentes públicos tem aplicação no seio dos Municipios? A Lei Anticorrupção obriga Estados, Distrito Federal e Municípios? Qual o universo de aplicação dos códigos de ética no que tange aos servidores municipais?

Aqui é preciso ressaltar que a União pode atuar no interesse geral da Federação bem como em seu interesse próprio, como os outros demais entes parciais, ou seja, como os Estados têm competência para agir no interesse regional, compete aos Municípios só operar no interesse local.

Quando a União legisla, pela atuação do Congresso Nacional, pode criar uma lei nacional, isto é, regrar as ações da Federação como um todo, quando, então, as ordens federativas parciais se acham subordinadas à ordem jurídica total, ou seja, tal lei se impõe à observância de todos, da União, dos Estados, do Distrito Federal e dos Municípios.

Em outros momentos o mesmo Congresso Nacional pode criar uma lei federal, que se circunscreve a certas matérias e estabelece uma conduta a ser observada só pela própria União, na qualidade de ente jurídico parcial, como, por exemplo, a Lei 8.112/1991, só dispõe sobre o regime jurídico dos servidores públicos civis da União, de suas autarquias e das fundações públicas federais.

Portanto, nem toda lei criada pela União é nacional, no sentido de estar em vigor e de obrigar a todos e aos demais entes federados. Como pondera Geraldo Ataliba, o órgão encarregado de criar a lei é o mesmo, o fruto de sua ação é formalmente idêntico, embora substancialmente diverso. São leis que "o Congresso edita enquanto órgão do Brasil – Estado Federal" e leis da pessoa jurídica União.[21]

O art. 22 da CF/1988 prevê as matérias sobre as quais compete à União legislar privativamente, quando o Parlamento Nacional edita as leis nacionais. O § 1º do citado art. 22 relaciona dentre elas aquelas que tratam sobre "direito civil, comercial, penal, processual, eleitoral, agrário, marítimo, aeronáutico, espacial e do trabalho".

Portanto, sobre estas e as demais descritas no art. 22 o Congresso Nacional cria leis nacionais, o que leva a identificar como desta espécie a Lei de Improbidade Administrativa, Lei 8.429/1992, e a Lei Anticorrupção, Lei 12.846/2013.

A Lei 12.846/2013 foi regulamentada, no nível federal, pelo Decreto 8.420/2015, para vigorar no nível federal, e não nacional. E é oportuno registrar que Celso Antônio Bandeira

---

20. Friedrich Müller, *apud* Marcelo Neves, "Concretização constitucional 'versus' controle dos atos municipais", in Eros Roberto Grau e Sérgio Sérvulo da Cunha (coords.), *Estudos de Direito Constitucional em Homenagem a José Afonso da Silva*, São Paulo, Malheiros Editores, 2003, p. 568.

21. Geraldo Ataliba, *Leis Nacionais e Leis Federais no Regime Constitucional Brasileiro: Estudos Jurídicos em Homenagem a Vicente Ráo*, São Paulo, Resenha Universitária, 1976, pp. 132-133.

de Mello conceitua o "regulamento" como fonte secundária do Direito, o *"ato geral e (de regra) abstrato, de competência privativa do chefe do Poder Executivo, expedido com a estrita finalidade de produzir as disposições operacionais uniformizadoras necessárias* à execução de lei, *cuja aplicação demande atuação da Administração Pública"*.[22]

O Município, conforme a atual Constituição Federal brasileira, encontra-se no mesmo nível dos demais entes federativos parciais, daí "seu direito administrativo ter a mesma força e qualidade que o federal e o estadual" – o que significa dizer que ao legislar sobre as matérias para ele reservadas constitucionalmente o faz como fruto de sua autonomia, e não existe hierarquia entre sua legislação e as leis federais, as estaduais e as distritais.[23]

Considerando o conceito de regulamento apresentado por Celso Antônio Bandeira de Melo, acima registrado, sendo a Lei 12.846/2013 lei nacional, pode ser regulamentada, em todos os níveis da Federação, desde que se atenham ao rol de competências que lhes foram asseguradas pela Constituição Federal/1988.

Ubirajara Custódio Filho pondera que a Lei Anticorrupção, a Lei 12.846/2013, não tem um enquadramento único, na medida em que contém regras que tratam sobre matérias diversas, e responde à seguinte pergunta: como classificar a Lei 12.846/2013 em face da repartição de competências estabelecida na Constituição Federal/1988? "A resposta mais correta parece ser a de considerar a Lei Anticorrupção uma lei nacional", considerando "as diversas competências para legislar sobre responsabilidade civil (art. 22, I), para cuidar de assuntos internacionais (arts. 49, I, e 84) e para legislar sobre assuntos de interesse predominantemente nacional, nos casos de omissão do texto constitucional".[24]

Cabe observar que em nosso País é comum encontrarmos leis e até emendas à Constituição que tratam em seu bojo de diversas matérias, o que não quer dizer que isto comprometa sua identificação como lei nacional ou federal.

Ditas leis não podem invadir as competências reservadas aos Estados e aos Municípios, inclusive aquelas que dizem que compete aos Municípios legislar sobre matérias de interesse local, mesmo levando em conta que o combate à corrupção é matéria de interesse nacional.

Assim, o que impõe considerar a legislação de combate à corrupção como uma lei nacional é a predominância do interesse a ser protegido, conforme foi aceito pelo STF nas ADI 2.606-SC e 3.112-DF.

Ubirajara Custódio Filho também considera que se trata de uma lei nacional, de vigência automática no âmbito da União, Estados, Municípios e Distrito Federal, pois reconhece que: (1) o combate à corrupção é assunto de interesse nacional; (2) é privativa da União a competência para legislar sobre responsabilidade da União (art. 22, I, da CF); (3) compete privativamente à União legislar sobre licitações e contratos administrativos (art. 22, XXVII, da CF); (4) a ela compete legislar sobre assuntos relacionados a compromissos internacionais assumidos pelo Governo Brasileiro; (5) é vedado aos outros entes federativos parciais inovar a respeito.[25]

---

22. Celso Antônio Bandeira de Mello, *Curso de Direito Administrativo*, cit., 33ª ed., p. 355.

23. Geraldo Ataliba, *Leis Nacionais e Leis Federais no Regime Constitucional Brasileiro: Estudos Jurídicos em Homenagem a Vicente Ráo*, cit., p. 156.

24. Ubirajara Custódio Filho, Mateus Bertoncini e José Anacleto Abduch Santos, *Comentários à Lei 12.846/2013: Lei Anticorrupção*, cit., p. 29.

25. Idem, p. 38.

A Federação Brasileira é composta de diversos entes parciais, os quais possuem como núcleo de sua autonomia o poder jurídico para exercer as funções legislativa, executiva e judiciária; em que pese a seus Municípios não terem competência jurisdicional, entretanto, sobre direito administrativo nossa Lei Fundamental não estabeleceu nenhuma regra genérica de competência.

Romeu Felipe Bacellar Filho ensina que a matéria de direito administrativo não se encontra nem na exclusiva e privativa competência da União (arts. 21 e 22), nem na competência concorrente da União, dos Estados, Distrito Federal e Municípios (art. 24), nem na comum da União, dos Estados, Distrito Federal e Municípios (art. 23), muito menos na competência privativa municipal, pois a Constituição Federal/1988 ora a insere na competência legislativa da União, como a desapropriação (art. 22, II), ora na comum (art. 23, XI), ora na concorrente (art. 24, XVI), ora na exclusiva da União (art. 21, VI).[26]

Bacellar Filho pondera, ainda, que é inviável distribuir a competência legislativa em matéria de processo administrativo levando em conta apenas o critério federativo e a autonomia de seus entes parciais, pois se em certos casos podem editar normas sobre processo administrativo em seu âmbito territorial, em outros isto compete só à União, como na hipótese das normas gerais de licitações e contratos. Porém, afirma que a competência para legislar sobre processo administrativo disciplinar de servidores públicos será do ente a quem a Constituição atribui a competência para "legislar sobre direito administrativo material".[27]

Considerando que a capacidade de autoadministração integra a autonomia de todos os entes federativos parciais e sendo a Lei Anticorrupção uma lei nacional, compete a eles apenas regulamentá-la, para sua adequada aplicação, na medida em que são, no dizer de Oswaldo Aranha Bandeira de Mello, simples "técnicas pertinentes à vida *interna corporis* dos organismos administrativos", de modo que são normas diretamente coercitivas para o comportamento dos agentes públicos e, de modo reflexo, aos particulares interessados, que sofrem as consequências de suas normas.[28]

Firmada a posição acerca da natureza de lei nacional, compete tanto à União como aos Estados, Municípios e ao Distrito Federal regulamentá-la, no que se fizer necessário para sua aplicação.

Nessas regulamentações ficara determinada, por exemplo, a competência para instauração e julgamento dos seus processos administrativos, normas sobre seu respectivo procedimento, prazos, critérios para dimensionar as sanções e destinação dos valores arrecadados pela imposição de multas, uma vez que o art. 24 da lei apenas indica que serão destinados preferencialmente aos órgãos ou entidades públicas lesados, cadastro de pessoas jurídicas punidas, condições e efeitos dos acordos de leniência etc.

Só em 18.3.2015 a União regulamentou a Lei 12.846/2013, e deu os contornos jurídicos para a responsabilização daqueles que vierem a praticar atos ilícitos.

26. Romeu Felipe Bacellar Filho, *Processo Administrativo Disciplinar*, 4ª ed., São Paulo, Saraiva, 2014, pp. 89-90.
27. Idem, pp. 86-90.
28. Oswaldo Aranha Bandeira de Mello, *Princípios Gerais de Direito Administrativo*, 3ª ed., 2ª tir., vol. I, São Paulo, Malheiros Editores, 2010, p. 360, *apud* Sílvio Luís Ferreira da Rocha, *Manual de Direito Administrativo*, São Paulo, Malheiros Editores, 2013, pp. 272-273.

Pense-se na hipótese de que, em um Município, uma empresa pretenda fechar um acordo de leniência. Ora, sem a devida regulamentação não pode saber a quem encaminhar a proposta. O importante é que se unifique a competência em um único órgão para negociação e especificação dos parâmetros dos acordos, pois esses, em que pese a beneficiarem as empresas, são de interesse do Poder Público.

Aqui é importante ressaltar que, conforme determinou a Lei 12.846/2013, em seu art. 7º, VIII, no âmbito dos Estados e Municípios também deverá ser levada em consideração, no momento de determinar a sanção devida, "a existência de mecanismos e procedimentos internos de integridade, auditoria e incentivo à denúncia de irregularidades e a aplicação efetiva de códigos de ética e de conduta no âmbito da pessoa jurídica", como forma de incentivar a criação de sistemas de integridade ou *compliance*, ou seja, de um mecanismo para evitar ou reprimir os atos lesivos à Administração Pública.

Para Renato Almeida dos Santos: "Discutir *compliance* é compreender a natureza e a dinâmica da corrupção e da fraude nas organizações, independentemente de seu ramo de atividade".[29]

Prever e disciplinar o sistema de integridade ou *compliance* no interior das pessoas jurídicas é competência da União, como detentora do interesse nacional, cabendo aos Estados e Municípios complementar a lei, naquilo que lhes couber. Assim, tal regulamentação representa um dos instrumentos para prover a segurança jurídica no que tange à aplicação da Lei Anticorrupção.

O primeiro Estado a regulamentar a lei foi o de Tocantins, em 13.12.2013, antes mesmo da sua entrada em vigor em janeiro/2014. E se no âmbito de nossos Estados-membros e Municípios de grande e médio portes ela já foi regulamentada, não existe esta comprovação nos pequenos, que, infelizmente, não têm condição de fazê-lo, a não ser copiar daqueles que já a fizeram.

Porém, cabe registrar que, em decorrência da capacidade de autoadministração municipal, a eles compete estabelecer códigos de ética para seus servidores, o que, se é comum nos grandes e médios Municípios brasileiros, nos pequenos não faz parte de seu universo, o que não significa que suas Administrações desconheçam patrões éticos.

Como se vê, afirmar e considerar que a corrupção no Brasil corre solta não significa não termos mecanismos de controle. Mas por que vemos este cenário deprimente? Por falta de controle no exercício do poder, que, como diz Maria Sylvia Zanella Di Pietro, existe "para assegurar que a Administração atue em consonância com os princípios que lhe são impostos pelo ordenamento jurídico, como os da legalidade, moralidade, finalidade pública, publicidade, motivação, impessoalidade; em determinadas circunstâncias abrange também o controle chamado de mérito, e que diz respeito aos aspectos discricionários da atuação administrativa".[30]

A essência do Estado Democrático de Direito, sem a qual ele não pode existir, repousa em dois requisitos, ou seja: no Poder estatal e no controle de seu exercício, para que não

---

29. Renato Almeida dos Santos, *Compliance como Ferramenta de Mitigação e Prevenção da Fraude Organizacional*, disponível em <www.cgu.gov.br/concursos/Arquivos/6_Concursos de Monografias/2- -Lugar-profissionais.pdf, apud José Anacleto Abduch Santos, Mateus Bertoncini e Ubirajara Custódio Filho, *Comentários à Lei 12.846/2013: Lei Anticorrupção*, cit., p. 187.

30. Maria Sylvia Zanella Di Pietro, *Direito Administrativo*, 24ª ed., São Paulo, Atlas, 2011, p. 735.

deixe de existir para aqueles que o exercem e para o povo, na qualidade de real detentor do Poder no Estado, constate que a finalidade estatal é atender suas necessidades.

Resta saber se será efetivo o devido controle da observância da Lei Anticorrupção, para mudar a percepção de que, no Brasil, só os corruptos tem um lugar ao sol e para que, a partir de agora, as empresas que subornarem agentes públicos, que fraudarem licitações podem, além de sofrerem outras sanções, virem a ser multadas, em até 20% de seu faturamento.

O respeito à ética é cultural, é uma questão de observância de princípios, dos valores mais importantes para uma sociedade, o que levou pessoas, como o Min. Carlos Ayres Britto, a dizerem: "Não tenho metas ou objetivos a alcançar, Tenho princípios e, na companhia deles, nem me pergunto aonde vou chegar".

Referências bibliográficas

ALMEIDA, Guido Antônio de. "Introdução". In: KANT, Immanuel. *Fundamentação da Metafísica dos Costumes*. São Paulo, Discurso Editorial/Barcarolla, 2009.

ATALIBA, Geraldo. *Leis Nacionais e Leis Federais no Regime Constitucional Brasileiro: Estudos Jurídicos em Homenagem a Vicente Ráo*. São Paulo, Resenha Universitária, 1976.

BACELLAR FILHO, Romeu Felipe. *Processo Administrativo Disciplinar*. 4ª ed. São Paulo, Saraiva, 2014.

BANDEIRA DE MELLO, Celso Antônio. *Curso de Direito Administrativo*. 33ª ed. São Paulo, Malheiros Editores, 2016.

BERTONCINI, Mateus, CUSTÓDIO FILHO, Ubirajara, e SANTOS, José Anacleto Abduch. *Comentários à Lei 12.846/2013: Lei Anticorrupção*. São Paulo, Ed. RT, 2014.

BRANCO, Paulo Gustavo Gonet. *Curso de Direito Constitucional*. 6ª ed. São Paulo, Saraiva, 2011.

CRETELLA JR., José. *Direito Municipal Brasileiro*. São Paulo, Universitária de Direito, 1975.

CUNHA, Sérgio Sérvulo da, e GRAU, Eros Roberto (coords.). *Estudos de Direito Constitucional em Homenagem a José Afonso da Silva*. São Paulo, Malheiros Editores, 2003.

CUSTÓDIO FILHO, Ubirajara, BERTONCINI, Mateus, e SANTOS, José Anacleto Abduch. *Comentários à Lei 12.846/2013: Lei Anticorrupção*. São Paulo, Ed. RT, 2014.

DI PIETRO, Maria Sylvia Zanella. *Direito Administrativo*. 24ª ed. São Paulo, Atlas, 2011.

FOUCAULT, Michel. *Microfísica do Poder*. 22ª ed. Organização e tradução de Roberto Machado. Rio de Janeiro, Graal, 2006.

GRAU, Eros Roberto, e CUNHA, Sérgio Sérvulo da (coords.). *Estudos de Direito Constitucional em Homenagem a José Afonso da Silva*. São Paulo, Malheiros Editores, 2003.

KANT, Immanuel. *Fundamentação da Metafísica dos Costumes*. São Paulo, Discurso Editorial/Barcarolla, 2009.

KELSEN, Hans. *Teoría General del Derecho y del Estado*. México, Imprenta Universitaria, 1950.

LACAMBRA, Luis Legaz y. *Filosofía del Derecho*. Barcelona, Casa Editorial, 1953.

MEIRELLES, Hely Lopes. *Direito Municipal Brasileiro*, 18ª ed., atualizada por Giovani da Silva Corralo. São Paulo, Malheiros Editores, 2017.

MEIRELLES TEIXEIRA, José Horácio. *Curso de Direito Constitucional*. Rio de Janeiro, Forense Universitária, 1991.

NEVES, Marcelo. "Concretização constitucional 'versus' controle dos atos municipais". In: CUNHA, Sérgio Sérvulo da, e GRAU, Eros Roberto (coords.). *Estudos de Direito Consti-*

tucional em Homenagem a José Afonso da Silva. São Paulo, Malheiros Editores, 2003 (pp. 566-588).

PINTO FERREIRA, Luiz. *Princípios Gerais do Direito Constitucional Moderno*. 5ª ed., t. 1. São Paulo, Ed. RT, 1971.

ROCHA, Sílvio Luís Ferreira da. *Manual de Direito Administrativo*. São Paulo, Malheiros Editores, 2013.

SANTOS, Ângela Penalva dos. "Autonomia municipal no contexto federativo brasileiro". *Revista Paranaense de Desenvolvimento* 120/209-230. Janeiro-junho/2011.

SANTOS, José Anacleto Abduch, BERTONCINI, Mateus, e CUSTÓDIO FILHO, Ubirajara. *Comentários à Lei 12.846/2013: Lei Anticorrupção*. São Paulo, Ed. RT, 2014.

SILVA, De Plácido e. *Vocabulário Jurídico*. vols. 1, 2 e 3. Rio de Janeiro, Forense, 1982.

SILVA, José Afonso da. *Curso de Direito Constitucional Positivo*. 40ª ed. São Paulo, Malheiros Editores, 2017.

LIMITAÇÕES ADMINISTRATIVAS SOBRE A ARTE
(EXERCÍCIO DO PODER DE POLÍCIA
– VISÃO EM PARALAXE)

REGIS FERNANDES DE OLIVEIRA

1. Introdução. 2. Liberdade artística. Desconstruindo a arte. O que é arte? 3. Breve divagação sobre a história da arte. Profanação do sagrado. 4. A criação literária. 5. As limitações de polícia do art. 220 da Constituição Federal em relação ao pensamento. Direito de resposta. 6. O § 2º do art. 220 da Constituição Federal. 7. Limitações administrativas (o antigo poder de polícia) sobre a arte. 8. Direito absoluto? 9. Proteção à obra de arte e o direito do autor. 10. Limitações: dignidade da pessoa humana; direito de personalidade; agressões étnicas; preconceitos religiosos; preconceitos de gênero. Apreensão da obra de arte. Imposição da cultura oficial. 11. O Estado como promotor e incentivador da produção artística. Políticas públicas. Manipulação. 12. Limitação administrativa (exercício do poder de polícia) reversa (em paralaxe). Desvio de poder. 13. Teoria das paixões e o direito. 14. Conclusões.

1. Introdução

Em feliz momento a Malheiros Editores resolveu homenagear um dos grandes autores e, porque não dizer, o iniciador do direito administrativo no Brasil, que foi Hely Lopes Meirelles. Tive oportunidade de ter convivência bastante estreita com o mestre. Era eu escrevente da 2ª Vara dos Feitos da Fazenda Nacional e o magistrado Hely era o juiz titular da 1ª Vara. Ambas se localizavam no terceiro andar do Fórum João Mendes Jr.

Ali era eu encarregado do setor de naturalizações (que se processavam na 2ª Vara e eram entregues, em solenidade, pelo Juiz da 1ª Vara). O titular da 2ª Vara era Francis Selwyn Davis, igualmente brilhante magistrado.

Quando o ilustre e saudoso professor Hely Lopes Meirelles foi Secretário de Justiça do governo Abreu Sodré, duas de minhas nomeações (já como juiz) foram feitas por ele. Saudades dos tempos em que os juízes tinham tal porte. Enorme cultura, vivência excepcional, dignidade, estatura de diplomata e firmeza jurídica.

Fiquei enormemente emocionado ao receber o convite para participar desta homenagem que lhe é feita. Não só por isso, mas também por partilhar do evento com juristas do mais alto porte do direito administrativo de hoje e também de outras áreas.

Escolhi o tema "O Poder de Polícia Administrativa sobre a Arte" porque tenho me dedicado, na pós-graduação da USP, a pensar na arte como sujeita a intervenções do Estado e do Estado sendo influenciado pela arte. São temas que, normalmente, não são tratados em universidades e muito menos pela doutrina. Daí meus dois polos de atração: homenagear um saudoso "amigo" e "desconstruir" (Derrida) alguns conceitos direito/arte.

O Estado se constitui através da dominação. Pensou-se originário de pacto. Houve grandes discussões sobre sua origem. Diz-se que o Estado nasce de pacto em que os indivíduos *cedem* ou *abrem mão* de seus direitos para constituir um ente que sobrepaira sobre a sociedade e disciplina seus comportamentos. Outra versão afirma que de nada se abre mão, apenas da segurança.

Tais pactos não existem. O que há é que, como diz Freud, "a civilização nasce com a repressão" (*Mal-Estar na Civilização*). É que, originariamente, tribos dominavam tribos; modernamente povos dominam povos e impõem seus costumes, religiões e normas de controle. Assim, cria-se uma relação de subordinação.

O direito já não mais se afigura como garantidor de direitos, mas como *acordos* ou *pactos* de subordinação da grande massa a uma minoria dominante.

Os Estados modernos estabelecem normas escritas (Constituição) ou convencionais (seguidores da *Common Law*) e através delas disciplinam o comportamento dos indivíduos e das pessoas jurídicas. Afirmam que pactuaram normas. Em verdade, um grupo submeteu outro.

Vejamos como a Constituição estabeleceu princípios e regras.

2. Liberdade artística. Desconstruindo a arte. O que é arte?

É preciso assentar algumas bases teóricas para que possamos reconstruir o exercício do poder de polícia em relação às liberdades públicas consagradas na Constituição da República.

Dispõe o inc. IX do art. 5º da Constituição: "É livre a expressão da atividade intelectual, artística, científica e de comunicação, independentemente de censura ou licença". O texto está vinculado ao inc. IV do mesmo artigo que dispõe: "É livre a manifestação do pensamento, sendo vedado o anonimato". Ambos constituem alicerces de uma sociedade livre.

Como diz a letra da música de Lupicínio Rodrigues, "e o pensamento parece uma coisa à toa, mas como é que a gente voa quando começa a pensar" ("Felicidade"). O pensamento não pode ter peias. É uma das maiores dimensões humanas. Mas, o dispositivo não está se referindo ao *pensamento em si*. Fala do pensamento exteriorizado.

Em seguida vem a expressão da *atividade intelectual e artística* como outras vertentes da liberdade. A primeira alcança a manifestação de qualquer ideia. A *artística* retrata a produção de artes plásticas (pintura e escultura), arquitetura, literatura (incluindo poesia), dança, música etc. Tal ocorre quando o homem se desprende de suas formalidades e vida em comum para, literalmente, *voar*. É aí que o pensamento cria asas e alcança alturas inimagináveis.

Clive Bell tem como ponto de partida dos sistemas estéticos a "experiência pessoal de uma emoção particular" e entende por obra de arte "objetos que provocam esta emoção".[1] Importante: não há validade objetiva. Paul Valéry ao estudar a dança, afirma que "é uma arte dos movimentos humanos, daqueles que podem ser *voluntários*".[2] Umberto Eco diz que a experiência estética "é feita de atitudes pessoais, de contingências do gosto, da sucessão de estilos e critérios formativos".[3]

---

1. Clive Bell, *Arte*, Lisboa, Edições Texto e Grafia, 2009, p. 22.
2. Paul Valéry, *Degas – Dança – Desenho*, São Paulo, Cosac Naify, 2015, p. 27.
3. Umberto Eco, *A Definição da Arte*, Lisboa, edições 70, 1972, com cópia para Martins Fontes, 1984, p. 26.

Arthur C. Danto entende que "é uma obra de arte quando o arcabouço institucional do *mundo da arte* assim o considera".[4] Assim, a diferença entre uma obra de arte e a coisa comum é *convencional*.

Para Hegel, a arte é uma necessidade do espírito.[5]

Inúmeros autores se debruçaram sobre o tema. Alguns analisaram a pintura, outros a escultura, a música etc. De qualquer forma, a arte tem toda uma história de manifestação de sensibilidade, de pensamento, de emoções que transformam o mundo real em mundo místico. Tira-nos do solipsismo, transporta-nos para o contato com o mundo, constata o outro e cria uma emoção. Muitos dizem que é a busca do belo, mas tal posição é superada. O feio também tem seu sentido estético. A dicotomia belo/feio não é referência para a arte.

Arte é emoção, sentimento, espanto, mas que propicia prazer através dos sentidos. Arte não tem definição, por se constituir em extroversão dos sentimentos.

A arte não pode ter, por consequência, qualquer limitação. Tanto que a Constituição Federal estabelece que sua expressão independe de censura ou licença.

Devemos ter, dentro dos comportamentos disciplinados pelo direito, em relação à produção artística, uma nova leitura sobre o relacionamento Estado/artista/obra. Faz-se uma espécie de *aggiornamento*, ou seja, uma peça que é produzida e exibida em determinado período de tempo nem sempre é compreendida se forem alterados alguns pontos substanciais.

Uma peça de Shakespeare ambientada no tempo vitoriano e exibida sem mulheres e com conteúdo bastante típico da época – *Hamlet*, por exemplo – é adaptado para uma situação atual – tio que trai o irmão com sua mulher e se apropria de sua fortuna em detrimento do filho. A situação é atemporal e levada ao palco em dias modernos pode se passar num bairro da capital paulista, por exemplo. O patrimônio da mulher pode representar o reino da Dinamarca.

A solução jurídica pode ser alterada de uma situação para outra. As normas podem ser diversas, mas o fato é atemporal.

Determinada situação que operava forte reação social (o nu, por exemplo, em época conservadora) em determinado momento, hoje nada significa. O burlesco em certa época tinha graça e provocava o riso; em outro, causa revolta.

É por isso que Jacques Derrida busca a *desconstrução* das situações. É importante não ter uma interpretação única de determinada produção artística. Fatos que ocorreram na Grécia antiga de quem somos herdeiros apenas são importantes enquanto situados naquele momento histórico.

A *desconstrução* do filósofo francês passou a ser identificada com a descoberta das incompatibilidades e das ambiguidades das assertivas propostas pelos autores. Desconstruir não é buscar o sentido do texto, mas perquirir de possíveis desvios (*dérive*) que pode conter. Tal posição nos obriga a repensar o significado do conteúdo. Devemos procurar o *buio*, o obscuro, o que o texto procurou dizer e o oculto que contém.

---

4. Arthur C. Danto, *A Transfiguração do Lugar-Comum – uma filosofia da arte* São Paulo, Cosac Naify, 2010, p. 39.

5. G. W. F. Hegel, *Estética – Textos Seletos*, São Paulo, Ícone, 2012, p. 29.

Procedendo-se assim, o texto pode assumir outro significado que talvez o autor tenha pensado, mas não tenha logrado expressar. É a *franja residual* que ficou escondida sob o pensamento manifestado.

Ocorre que a manifestação do pensamento pode agredir o outro e, pois, é imprescindível que o direito discipline tais situações. Como disse Sartre "o inferno são os outros". Com todos temos que conviver, o que nos angustia.

Pode-se afirmar, então, que não se pode definir arte como já o tentaram fazer inúmeros autores. O que vale é a busca estética do prazer. Arte é o que nos comove, o que nos delicia ou nos deixa espantados. A arte provoca reações. Cada qual reage de uma forma diante da obra de arte. A pessoa capta seu sentido, reage, gosta ou não, mas exprime um sentimento.

Para melhor compreender o que se vem dizendo, passemos em vista uma minúscula história da arte.

3. Breve divagação sobre a história da arte. Profanação do sagrado

Na Antiguidade, Platão, em *A República*, Livro X, entende que o marceneiro faz uma mesa; o pintor a pinta. Ambos copiam a ideia de mesa. Diz que "todos os poetas, a partir de Homero, são imitadores de imagens da virtude e também de tudo o mais sobre o que versam seus poemas e que não atingem a verdade" (601a). Werner Jaeger afirma que "as coisas que os sentidos nos transmitem são reflexos das ideias, isto é, as cadeiras ou as mesas são reflexos ou imitações da ideia ou da mesa, que é sempre única".[6]

Aristóteles (*A Poética*) segue o mestre, mas faz ressalva em relação à literatura como criação.

De qualquer maneira, ambos entendiam que a arte era produto da *technè*, ou seja, atividade fundada num saber. Só que a arte era a imitação da imitação (*arte mimética*). Ambos entendiam a arte como imitação da imitação. Se a natureza é imitação da ideia e se a arte é imitação da natureza, a arte é imitação da imitação.

Essa ideia prevaleceu até tempos modernos.

Hegel (*Cursos de Estética*) foi quem resolveu dar uma reviravolta em tal compreensão. Entendia o ser humano como finito, mas a arte tem *criação estética*, isto é, não é mera imitação, mas criação. Segundo o dicionário Houaiss, estética significa o que é percebido pelos sentidos. Já não se copia alguma coisa. Cria-se através da sensibilidade.

A arte é, pois, produção humana (não mimese). O belo está acima da natureza. É produção da *liberdade do pensamento humano*. A arte é produto do trabalho mental. Não é mero produto da racionalidade. É, pois, fenômeno social.

A arte não é imitação. É produto da *liberdade do homem*. A liberdade é construção social. Como o homem vive em sociedade, a arte é compreensão do *outro*.

O autor não reproduz, simplesmente, a realidade. Se assim fosse, pode ser *bela*, mas não retrataria o que é de mais íntimo do ser humano, que é seu espírito criativo. É ato de compreensão sobre si mesmo e sobre o mundo.

---

6. Werner Jaeger, *Paideia: a formação do homem grego*, trad. Artur M. Pereira, 4ª ed., São Paulo, Martins Fontes, 2001, p. 982.

A arte mantém-se livre em relação a seus fins e aos meios de produção. Não se vincula a valores postos. Por vezes, retrata os valores *impostos*, seja pela sociedade, seja por regimes políticos. Mas, essa é arte inautêntica (ainda que retrate o belo). Muitas vezes, o ato de criação se coloca como crítico e como contraposto aos valores impostos na sociedade. Nesse sentido ela é *revolucionária*.

Hegel nos dá três concepções de arte. A primeira, é que a arte é atividade humana. A segunda, que é obra de produção sensível dirigida ao ser humano. E, por fim, a arte possui uma finalidade em si mesma.

A arte não é inspiração da divindade. Situa-se no homem. Por vezes é produto da sociedade; mas, por vezes a ela não se liga, extravasando, de muito, os sentimentos.

No mais das vezes, retrata paixões, ou seja, os sentimentos humanos.

Em notável livro, Will Gompertz afirma que "arte é sempre, em certa medida, uma tentativa de criar ordem a partir do caos".[7]

Em verdade, a arte está dentro do artista. Para alguns (Duchamps),

o trabalho de um artista não era proporcionar prazer estético – *designers* podiam fazer isso – mas afastar-se do mundo e tentar compreendê-lo ou comentá-lo por meio da apresentação de ideias sem nenhum propósito funcional além de si mesmas.[8]

Como disse anteriormente, pode haver, através da arte, o rompimento de barreiras. Nesse sentido, Manet foi o grande revolucionário. O objetivo não só dos impressionistas, como também dos modernos é o de chocar e provocar. Revoluções estéticas.

O escritor e o poeta quebram barreiras de formas.

Mario Vargas Llosa, em *La Civilización del Espectáculo*, discorre sobre cultura, afirmando que ela é produto de crenças, conhecimentos, linguagens, costumes, usos, e resumem tudo que um povo diz, faz, teme ou adora.[9] É algo que mantém viva a comunicação do conhecimento.

O "é proibido proibir" da rebeldia de 1968 na França, que se espalhou por todo o mundo, significa a amplitude da liberdade. Inclusive a criativa.

A arte produz a profanação do sagrado. Este, segundo Giorgio Agamben, é o que está fora do alcança dos homens. O conhecimento sagrado é privilégio de poucos. Dele se utilizam para o domínio. Dizem que as grandes civilizações se extinguiram porque passaram a assassinar os que detinham o conhecimento. O sacerdote, em certo sentido, detinha o conhecimento do tempo, das chuvas, dos vulcões e predizia sua ocorrência. Quando a população percebeu que esse conhecimento não mais era útil a eles, mataram-nos e, com isso, o conhecimento acabou e com ele iniciou-se o fim das civilizações.

O profano traz o sagrado para o meio dos homens.

A arte não tem limites. Pode, por vezes, representar o belo em si. Estaria o belo no objeto ou no que irá conhecer a obra? É um conhecimento objetivo? Ou subjetivo? Existe um conceito sobre a arte como representação estética? O objeto é que é belo ou depende da percepção sensitiva de quem o vê?

---

7. Will Gompertz, *Isso é arte?*, Rio de Janeiro, Zahar, 2013, p. 353.
8. Idem, ibidem, p. 27.
9. Mario Vargas Llosa, *La Civilización del Espectáculo*, Montevideo, Alfaguara, 2012, p. 66.

Em suma, o conceito de arte está sempre aberto para aceitar diversas concepções.

Na literatura, o escritor cria um fato. Pode decorrer de sua própria experiência, mas é um fato que dará a dimensão do humano ou do espiritual. De qualquer maneira, é sempre uma criação intelectual e sensitiva.

4. A criação literária

Um dos textos a respeito do assunto é de Antonio Candido,[10] em que analisa a relação entre obra e ambiente, a dialética com a realidade, fatores sociais, psíquicos, estéticos, religiosos, econômicos, linguísticos etc.

O autor se indaga se exerce o escritor uma função social. É ou deve ser um crítico dos costumes, da religiosidade, da política, do sistema econômico? A obra exerce uma função política? Educativa? Precisa exprimir originalidade? Qual a influência da obra sobre o leitor e do leitor sobre o autor? Temos o exemplo de *Werther*, de Goethe, em que jovens começaram a se suicidar após a leitura do texto.

O autor adquire consciência da obra quando da reação de terceiros (poderosa influência da crítica sobre a obra). O público é condição do autor conhecer-se a si próprio. Antigamente, o escritor era um marginal, no sentido de não ter papel social definido. Não havia a *profissão* de escritor.

Na origem: há influência do nacionalismo (Tomás Antonio Gonzaga: *Marília de Dirceu* e *Cartas Chilenas* – Fanfarrão Minésio – crítica ao sistema político da época); de glosadores, pregadores (Padre Anchieta, Padre Vieira), de indianistas (indigenistas) (José de Alencar: *O Guarani*, e Gonçalves Dias; de abolicionista (Castro Alves: *Navio Negreiro*), do ciclo do açúcar (José Lins do Rego), da seca (Graciliano Ramos).

O *subjetivo do autor*: sua religiosidade, sua inspiração, seus amores, seus desencantos, seus sonhos, sua realidade política.

Os grandes autores – obras teatrais: Shakespeare (*Hamlet, Macbeth*; ciclo histórico: *Ricardo III, Henrique VIII*); poesia: Goethe (*Fausto*); Cervantes (*Don Quijote*); Camões (*Os Lusíadas*); Rabelais, Proust, Camus, Sartre etc.

Todas indagações são válidas. Até que ponto pode o direito interferir na criação literária e, mais amplamente, artística?

Pode o direito impor limitações à criação de pintores, escultores, arquitetos, literatos e poetas?

5. As limitações de polícia do art. 220 da Constituição Federal em relação ao pensamento. Direito de resposta

Dispõe o art. 200, *caput*:

> A manifestação do pensamento, a criação, a expressão e a informação, sob qualquer forma, processo ou veículo não sofrerão qualquer restrição, observado o disposto nesta Constituição.

---

10. *Literatura e Sociedade*, São Paulo, Publifolha, 2000.

Surge, pois, uma primeira restrição à liberdade de pensamento e criação, qual seja, o que a Constituição estabelecer.

A liberdade de pensamento inclui o direito de mantê-lo em esfera íntima. A calar-se (inc. LXIII do art. 5º da CF). Em relação ao preso, tal direito provém do tempo bíblico, quando Cristo é questionado perante o Sinédrio e "guardava silêncio" (Mateus, 26.63).

Obrigatoriamente, exteriorizado o pensamento, deve ser identificado seu autor (é vedado o anonimato – inc. IV do art. 5º da CF).

Em relação à manifestação do pensamento, surge o direito de resposta, tal como disposto no inc. V do art. 5º da Constituição Federal: "É assegurado o direito de resposta, proporcional ao agravo, além da indenização por dano material, moral ou à imagem".

Isso em relação ao pensamento. Mas, o que nos interessa examinar é a liberdade de criação e quais os limites que podem ser impostos pelo Poder Público.

6. O § 2º do art. 220 da Constituição Federal

A Constituição dispôs também sobre a *criação*, mas sobre ela não explicitou se há ou não restrições.

Em primeiro lugar ressalte-se que é vedada qualquer censura, seja prévia ou posterior. O texto é bastante claro:

> É vedada toda e qualquer censura de natureza política, ideológica e artística.

A dicção é claríssima. Em termos de comunicação de qualquer ideia política, ideológica ou artística, não pode o Estado instituir qualquer barreira. Nem o particular *pode pretender restringir a liberdade garantida.*

Estamos nos referindo à *comunicação* social que é produzida e que pode sair dos lindes referenciais de determinada cultura para atingir terceiros. Aí, impõem-se restrições à individualidade e também à dignidade de cada qual. Avancemos, no entanto, para as limitações que podem ser impostas à atividade artística.

7. Limitações administrativas (o antigo poder de polícia) sobre a arte

O exercício de limitações administrativas é corriqueiro entre os autores e incide sobre o direito de propriedade e de liberdade. Não cuidaremos do primeiro. O que nos interessa é a criação artística como instrumento de liberdade humana.

Hely Lopes Meirelles definia o *poder de polícia*:

> é a faculdade de que dispõe a Administração Pública para condicionar e restringir o uso e gozo de bens, atividades e direitos individuais, em benefício da coletividade ou do próprio Estado.[11]

Acrescenta que, em linguagem menos técnica, pode dizer que

---

11. *Direito Administrativo Brasileiro*, 42ª ed., São Paulo, Malheiros Editores, 2016, Capítulo III, n. 7.1, p. 152.

é o mecanismo de frenagem de que dispõe a Administração Pública para conter os abusos do direito individual.[12]

Recentemente, a doutrina tem mudado a expressão "exercício de poder de polícia" para utilizar "limitações administrativas". Entende-se que ela, por não ter um conteúdo preciso e alcançar diversos comportamentos da Administração Pública perde sua utilidade. Como sabemos, as designações buscam abarcar um conteúdo preciso. Ocorre que nem sempre isso ocorre. Por atingir diversas situações seu uso torna-se desnecessário e confunde.

Clóvis Beznos discute tal aspecto de não mais utilizarmos a expressão *poder de polícia* que mais confunde que auxilia. No entanto, entende que se deve continuar com o sintagma.[13]

O que se diz é que a expressão *poder de polícia* contém tantos significados e abarca tantas significações que se torna expressão inútil. Como diz Genaro R. Carrió,

> nadie puede negar que estas fórmulas verbales son claramente aplicables a algunos supuestos de hecho, claramente inaplicables a otros, y dudosamente aplicables a casos atípicos, anómalos o marginales.[14]

Os juristas nem sempre se dão conta disso. Quando acham que encontraram (*eureca*) a solução para o conteúdo de um conceito, festejam. Sem saberem que estão dando significado a um conceito sem que isso corresponda à realidade.

Daí falarmos em *antigo poder de polícia* porque o rótulo, ainda que útil para certas situações, não o é para outras, o que dificulta a compreensão. Diga-se o mesmo do sintagma *direito adquirido*. Em cada vez que sobre ele se medita o conceito, se adapta a uma situação disciplinada por uma lei, ora por outra ou por terceira. Unir todas as situações sob a mesma palavra pode confundir, ao invés de esclarecer. Daí porque se prefere falar em *limitações administrativas*.

Não nos percamos por rótulos. O que importa indagar é se pode o Poder Público impor restrições ou limitações à produção artística. O direito ao exercício dos direitos culturais é amplamente garantido (art. 215 da CF). Dispõe o art. 215:

> O Estado garantirá a todos o pleno exercício dos direitos culturais e acesso às fontes da cultura nacional, e apoiará e incentivará a valorização e a difusão das manifestações culturais.

Dá a entender que as garantias se desenvolvem apenas em relação à cultura nacional. O texto fala em fontes da cultura nacional (*caput*) para em seguida referir-se às culturas populares, indígenas e afro-brasileiras (§ 1º). E prossegue cuidando da cultura nacional. O art. 216 igualmente se refere ao patrimônio cultura brasileiro.

O art. 216-A parece ter reconhecido o equívoco e passa a cuidar dos direitos culturais em geral. Toda produção cultural está albergada pelo dispositivo.

Temos, pois, a garantia da livre manifestação artística e também cultural *latu senso*. O § 3º do art. 220 é que vai dispor que compete à lei federal

---

12. Idem, ibidem, p. 153.
13. *Poder de Polícia*, São Paulo, Ed. RT, 1979, pp. 46-60.
14. *Notas sobre Derecho y Lenguaje*, Buenos Aires, Abeledo Perrot, 1973, p. 43.

I – regular as diversões e espetáculos públicos, cabendo ao Poder Público informar sobre a natureza deles, as faixas etárias a que não se recomendem, locais e horários em que sua apresentação se mostre inadequada.

José Afonso da Silva anota com precisão:

Há *diversões públicas* que não entram na noção de *espetáculo público* – embora, em certo sentido, os espetáculos públicos sejam também formas de divertimento. Os parques de diversões, certas casas de divertimentos e brinquedos eletrônicos, por exemplo, fornecem diversões públicas.[15]

Não se trata de proibição nem de censura. São limites de advertência. Mas, são limitações – espécie de censura classificatória.

O espetáculo público é toda manifestação em todos os sentidos. Atenhamo-nos no espetáculo artístico. Aqui, a manifestação é livre e independe de censura e licença.

O inc. II do § 3º do art. 220 dispõe que compete à lei federal

II – estabelecer os meios legais que garantam à pessoa e à família a possibilidade de se defenderem de programas ou programações de rádio e televisão que contrariem o disposto no art. 221, bem como da propaganda de produtos, práticas e serviços que possam ser nocivos à saúde e ao meio ambiente.

Não há censura, observe-se. A lei estabelecerá *meios legais* para permitir à pessoa e à família a "possibilidade de se defenderem" de programas de rádio e televisão que possam ser "nocivos à saúde e ao meio ambiente".

As normas limitativas são admitidas por força da *supremacia geral* que o Estado exerce sobre todos os indivíduos. Ao entrarem em relação específica com o Estado, já não há se falar mais em exercício do poder de polícia, porque haverá um texto normativo a disciplinar a situação. Assim, servidores públicos, concessões, permissões etc. inadmitem o exercício do poder de polícia. Há regramento próprio.

De qualquer forma, há a imposição de uma *abstenção*.

No geral, pois, não há qualquer possibilidade de interferência na esfera íntima de artistas para impor-lhes qualquer restrição criativa. Afirma Sartre que "o homem está condenado a ser livre".[16] É grande verdade, porque a todo instante somos chamados a decidir. A cada minuto. A todo instante temos que fazer opções.

Num regime autoritário, as coisas são decididas e não nos resta muita opção, salvo a rebelião, o confronto, a luta política etc. Em regime democrático, seja pessoalmente, seja em família, seja como cidadão, temos que decidir permanentemente.

Para permitir a convivência em sociedade é que intervém o Estado. Independentemente de indagarmos sobre sua origem, características e poderes, o que importa, para o texto, é que o Estado impõe restrições, limitações, obrigações e deveres a todos. Tal nos permite

---

15. *Comentário Contextual à Constituição*, 9ª ed., atualizada, São Paulo, Malheiros Ediotres, 2014, p. 846.

16. *O Existencialismo* é um *Humanismo*, Petrópolis, Vozes, 2010, p. 33.

conhecer o que pode e o que não pode ser feito. O permitido, o proibido e o obrigatório, já que outra hipótese não há.

Hely Lopes Meirelles identifica os *atributos* do poder de polícia como: discricionariedade, autoexecutoriedade e coercibilidade. Tais características destinam-se a outorgar a tal atividade administrativa a força necessária para que ela execute seus próprios atos. Sabidamente, os atos administrativos gozam da presunção de legalidade. Aliado tal atributo a outros descritos pelo mestre, tem-se bem a ideia do que é o poder de polícia ou se pode ter noção da robustez das limitações impostas ao administrado.

Evidente está que todas as possibilidades do exercício do poder de polícia (que impõe *limitações* ao direito de propriedade e ao direito de liberdade, cujas características estão garantidas na Constituição e delimitadas na lei) somente se relizam mediante lei. Esta é a única força que pode traçar o figurino das limitações. Seus contornos devem se encontrar expressamente previstas em preceito normativo de caráter legal. Daí que em relação à arte, a delimitação fica restrita, porque a criação artística em toda sua grandeza não pode ter restrições.

Em relação à arte, objeto de nossa indagação sobre os limites de ação do Estado, resta uma primeira conclusão: não é possível ao Estado impor qualquer limitação ao processo criativo.

8. Direito absoluto?

A doutrina nega a existência de direitos absolutos, quais sejam, intocáveis e indevassáveis por qualquer atuação particular ou do Estado. Não se pode, realmente, falar em direito absoluto, diante da própria flexibilidade dos direitos albergados no sistema normativo. Ademais, mesmo as denominadas cláusulas pétreas são passíveis de reajustamento. O direito acompanha o tempo ou os costumes alteram os direitos.

O direito é movido por emoções. Por mais que o Iluminismo tentasse converter todas as ações em realizações da razão, as emoções ainda são incontroláveis. Até os computadores mais modernos que venceram Boris Kasparov e logram criar máquinas poderosas que passam a substituir os seres humanos, as emoções subsistem.

O direito é fruto de situações. Os interesses momentâneos vão instituindo normas. Maiorias efêmeras dirigem o Parlamento. Crises sociais, políticas e econômicas vão dirigindo as manobras internas no Congresso Nacional. Interesses são conformados a situações novas e, pois, direitos são alterados.

O ordenamento normativo contém um plexo de direitos, poderes, obrigações e deveres. Todos devem ser exercidos dentro de parâmetros traçados e delimitados pelo próprio sistema de normas.

O problema é a fluidez dos interesses e direitos que cedem ante outros interesses e direitos que vão surgindo no seio da coletividade. Mudanças.

9. Proteção à obra de arte e o direito do autor

Se não há censura admitida pelo ordenamento normativo, em que situação pode haver limitação à produção artística? A obra de arte tem proteção legal, com amparo ao direito do autor. O inc. XXVII dispõe:

Aos autores pertence o direito exclusivo de utilização, publicação ou reprodução de suas obras, transmissível aos herdeiros pelo tempo que a lei fixar.

Em complementação, dispõe o inc. XXVIII que

são assegurados, nos termos da lei: a) a proteção às participações individuais em obras coletivas e à reprodução da imagem e voz humanas, inclusive nas atividades desportivas; b) o direito de fiscalização do aproveitamento econômico das obras que criarem ou de que participarem aos criadores, aos intérpretes e às respectivas representações sindicais e associativas.

O direito é *exclusivo* do autor na utilização, publicação e reprodução de suas obras. A criação intelectual não pode ficar subordinada ao mercado. Evidente que o autor tem interesse em sua divulgação. A busca da notoriedade satisfaz à vaidade do criador.

A restrição é imposta, pois, aos que buscam usufruir dos direitos patrimoniais da obra de arte.

10. Limitações: dignidade da pessoa humana; direito de personalidade; agressões étnicas; preconceitos religiosos; preconceitos de gênero. Apreensão da obra de arte. Imposição da cultura oficial

A liberdade não está fora das regras jurídicas. É delimitada pelo ordenamento. A norma exceptiva à proteção deve ser expressa. Pode-se dizer que a amplitude da liberdade esbarra nos fundamentos da República Federativa do Brasil, tal como previsto nos incisos do art. 1º da Constituição Federal. A produção artística, eventualmente, pode agredir a *dignidade da pessoa humana*. Podemos imaginar uma produção artística (romance, peça de teatro ou escultura) que agrida especificamente a imagem de alguém ou uma pessoa. A exposição a ridículo ou em situação grotesca ou ilegal (consideramos a possibilidade de alguém pintar, com a fisionomia de pessoa pública furtando algum objeto ou em plena cena sexual em posição grotesca).

Sendo possível a colocação da pessoa a ridículo, cabe providência indenizatória. Mas, para que não prossiga a agressão à dignidade da pessoa, cabe ao Poder Judiciário, imediatamente, proteger a intimidade da pessoa. Haverá, em tal circunstância, um confronto de "princípios". A liberdade da *expressão artística* colide com a *inviolabilidade da intimidade* protegida pelo inc. X do art. 5º. Teríamos, então, um conflito de normas constitucionais inseridas no mesmo artigo. Isto é, o inc. IX estaria brigando com o inc. X, ambos de idêntico dispositivo.

Como sair do confronto normativo? Nem precisamos invocar Alexy. Qual o valor que adquire maior intensidade no caso concreto? Descabidas são considerações teóricas para relevar a maior força da *intimidade*. Esta não pode ser exposta a público (até pode, mas não com a intensidade almejada), com gravame à pessoa colocada em ridículo em benefício da obra de arte.

No embate entre dois *valores* albergados pelo sistema normativo, urge esclarecer, no caso concreto (nunca em tese) qual o que prevalece diante da realidade fática. A *expressão artística* entra em confronto com a *intimidade* de alguém. O que prevalece? Apenas a análise da situação é que poderá nos dar o caminho para a solução. Não há decisão *a priori*.

Não está excluída a defesa da obra de arte. Ela pode ser produzida. Pode ser exposta, descabendo um juízo de restrição da Administração Pública, com o que se admitiria não a discricionariedade, mas o arbítrio do agente público. No caso, apenas o Poder Judiciário, em cumprimento ao inc. XXXV do mesmo artigo, é que poderá intervir no conflito para solucioná-lo. No caso, poderá o juiz, objetivando resguardar a intimidade da pessoa, determinar a suspensão da exibição da obra de arte, para, ao final, sopesados os valores albergados no sistema, determinar qual o interesse prevalecente.

A *dignidade da pessoa humana*, então, figura como uma primeira limitação ao direito da liberdade de expressão artística.

Caberia pensar sobre atos que envolvam agressões étnicas, religiosas, de gênero ou patrióticas. A representação estética de quadros ou esculturas que incitem a discriminação de valores mencionados pode sofrer restrição administrativa? Imaginemos que um pintor retrate refugiados sírios, iraquianos ou líbios e os coloque em ridículo. Da mesma forma, religiosas muçulmanas em seu xador banhando-se em praias europeias. Podemos pensar em gays em situação de desconforto. Caberia ao Estado intervir e limitar as manifestações artísticas?

Novamente teremos confrontos. O direito à liberdade religiosa (inc. VI do art. 5º) em confronto com a liberdade artística. Há o repúdio a racismo (inc. VIII do art. 4º) que pode colidir com a criação artística.

Em tais hipóteses, prevalece a limitação administrativa de resguardar os direitos através de *omissão*. O Estado não pode agir para prejudicar qualquer manifestação artística. São os denominados *direitos de primeira geração*. São *direitos negativos* que impõem ao Estado a inação. Ele não precisa nem deve agir. Outros direitos exigem a manifestação do Estado. São os *direitos positivos*. É Isaiah Berlin quem fala em *liberdade negativa e positiva*.

Em verdade, o conflito apenas ocorre no caso concreto. O discurso teórico tem dificuldades inerentes ao uso não teorético das palavras. O direito se vale de palavras imprecisas, isto é, que não têm, nem podem ter, um conteúdo absolutamente delimitado. Ao se falar em *direitos de personalidade, direitos humanos, agressões étnicas, preconceitos religiosos, preconceito de gênero etc.*, há uma real imprecisão linguística. Não são conceitos teóricos ou precisos. Seu conteúdo fica ao sabor de circunstâncias momentâneas. Nem há se falar em precisões terminológicas. É que as próprias palavras variam de sentido, em face do tempo e do espaço. Nem por outro motivo é que Pierre Bourdieu escreveu um livro cujo rótulo é *O que falar quer dizer*.

Naturais, pois, são os confrontos que surgem no dia a dia entre os valores albergados pelo sistema normativo.

Qualquer norma sublegal editada pelo administrador será ilegal. Qualquer lei que invada a intimidade da criação artística será inconstitucional. Descabe ao órgão executivo dispor, em regulamento ou qualquer outra norma, sobre a legalidade ou legitimidade da produção artística. Caso o fizesse estaria limitando e a ele descabe instituir normas que instituam obrigações originárias. A saber, sob a Constituição, o legislador é livre para instituir obrigações ou deveres em nível primário. Os comportamentos se legitimam por força da edição legal. Em outro escalão, não cabe expedição de norma restritiva.

Se nem mesmo ao legislador é permitida a edição de norma restritiva da liberdade artística, não será ao administrador efetuar qualquer discriminação.

Apreensão da obra de arte. Poder-se-ia cogitar da possibilidade de a Administração Pública, por ato seu e atendendo a algum interesse político, determinar a não exibição da obra de arte ou sua apreensão?

Desnecessária previsão específica para impedir tal comportamento por parte do Estado. Está implícito (veja-se o § 2º do art. 5º da CF) que o comportamento restritivo por parte da autoridade pública é vedado.

Após o período repressivo da ditadura militar nasceu o movimento de liberdade. Daí o "é proibido proibir" que surgiu da resistência francesa por parte dos estudantes, em 1968, já entediados com as restrições que lhes eram impostas. No Brasil o movimento "diretas já" seguiu o mesmo sentido de vedação a limitações.

A liberdade artística é irreverente. Há um quê de desprezo pelas formalidades, pela hipocrisia das elites, pela obediência a trâmites convencionais, por restrições burguesas etc. O artista não tem compromissos com a sociedade. Ao contrário, sua função é desorganizar, é inovar, é fundamentar-se em critérios ainda não utilizados, é transformar, é agredir. O artista é um eterno inconformado. Comum, pois, que descumpra etiquetas. A subversão é--lhe inata. O instinto revolucionário é sua característica. Os cânones não lhe são parâmetros.

Em suma, o artista é um ser em constante busca do prazer estético. Em permanente conflito com as coisas postas. Quase todos são desconectados com a sociedade em que vivem. Van Gogh, apenas para dar um exemplo, não se amoldava em nenhum padrão de comportamento. O artista vive em um "mundinho" quase exclusivo. Sem regras. Sem regulamentos.

Em regra, não está preocupado na obediência às convenções. Ao contrário, para ser um grande artista não pode atentar para tais coisas. Tem que ter asas próprias para criar. Há que ser um Dédalo. Um Shakespeare. Um Cervantes. Um Dali. Um Guimarães Rosa. Criar é seu lema e seu objetivo.

Evidente que em seu processo criativo o artista pode comportar-se de tal forma que venha a agredir a moral média da sociedade. Em sua individualidade, *seus* "direitos" entram em embate com outros, da sociedade. Pode, então, com ela entrar em conflito e, pois, há de existir um órgão julgador para evitar que o confronto se consume ou que seja de duração continuada.

Preventivamente, descabe ao Poder Público impor qualquer limitação. Instado pelo ofendido, eventualmente, pode querer impedir a exibição da obra ou tirá-la de circulação etc. Não pode fazê-lo, evidentemente. A única possibilidade é que o ofendido vá a juízo. Não o Estado, porque lhe faltaria legitimidade para fazê-lo.

Poder-se-á pensar na possibilidade de o Estado ingressar com alguma ação cautelar ou preparatória de outra, principal, no caso de antever ou pretender evitar dano à moral social ou evitar algum tumulto com a exposição da obra etc. Em tal hipótese cabe ao Poder Judiciário decidir a respeito. Eventualmente, caso entenda configurada agressão a alguém, a uma etnia, a uma religião etc., pode tomar providência para evitar a consumação de dano.

Poderia o Estado tomar providências acauteladoras para impedir a consumação da exposição da obra?

O Poder Público poderá, diante de acontecimento dramático e tendo em vista prevenir tumulto ou grave ameaça social determinar a prévia apreensão de obra de arte? Entendemos que não. É que o juízo de valor do eventual dano que uma obra de arte possa causar não é aferível pela Administração Pública, porque descabe a ela impor qualquer censura preventiva ou desconstitutiva.

Imaginemos que haja divulgação de que uma exposição de obras de arte tenha como objetivo agressão racial ou étnica. O Poder Público ainda não conhece o teor das obras, nem seu conteúdo (podemos pensar em exposição que exporá a ridículo a raça negra ou a religião judaica). A apreensão das obras a serem expostas (filmes, esculturas, pinturas etc.) será censura prévia. Evidentemente descabida.

Suponhamos que tais obras já tenham sido mostradas pela imprensa através de reportagens na grande mídia, sendo que seus autores ainda guardem segredo de seu exato conteúdo visual ou redacional. Seria cabível a prévia apreensão das obras ou a interdição de sua exibição?

Continuamos entendendo que não.

Imposição de cultura oficial. É comum, na história da civilização, que Estados tenham tentado interferir na produção artística impondo determinado modo de ver as coisas. No Impressionismo francês, o Estado mantinha o "Salão Oficial" através do qual convidava artistas para exposição. Courbet se recusou a expor. Manet apresentou obra e foi recusada. Os impressionistas foram rejeitados. Fundaram o "Salão dos Recusados". A saber, o Estado procurou ditar a arte clássica como padrão único.

Na Alemanha de Hitler fez-se a mesma coisa com a exposição sobre "Arte degenerada". Na União Soviética, Stalin fez o mesmo com artistas contemporâneos (Rodchenko, por exemplo), obrigando-os a produzir obras que enaltecessem o sistema comunista.

Vê-se, pois, que, tirando o primeiro exemplo, os dois últimos provieram de regimes ditatoriais. Percebe-se que a arte tem muita força no sentido de influenciar as pessoas, de motivá-las. Isso se vê, claramente, com as letras produzidas no Brasil no tempo da ditadura militar, tais como "Para não dizer que não fazer de flores" de Geraldo Vandré, "Cálice" e "Apesar de você" de Chico Buarque. Letras profundamente engajadas. Victor Jara, na ditadura chilena, terminou assassinado. Todos afrontaram a ditadura com sutileza e inteligência.

Evidentemente, regimes fortes buscam dominar a arte. Atua sobre elas o que se denomina *exercício do poder de polícia*. Nas hipóteses mencionadas, os Estados buscam controlar a produção artística, para que ela não interfira em seus desígnios.

Impõe-se, então, a *neutralidade*, a saber, o Estado não pode agir no sentido de reprimir qualquer atividade criativa. Em tese, embora saibamos que não é assim, o Estado, por seus agentes, deve abster-se de qualquer atitude restritiva da criação artística. Mas, não é isso que ocorre. Os agentes políticos tentam, sob rótulo de "ideologia", inventar fundamento para interferir em obras que possam destratar, hostilizar ou agredir o governante. É comum. É que os homens agem, em tais hipóteses, motivos por paixões, como se verá.

Uma das intervenções cabíveis é o papel de incentivador da arte.

11. *O Estado como promotor e incentivador da produção artística. Políticas públicas. Manipulação*

O Estado deve garantir "o pleno exercício dos direitos culturais" (art. 215 da CF). Cabe-lhe, pois, não apenas abster-se de interferir na produção cultural e artística, como também lhe cabe incentivar, através de patrocínios, que todos se sintam estimulados em sua atividade criativa.

Como estabelece o art. 216-A, ficou instituído

> um processo de gestão e promoção conjunta de políticas públicas de cultura, democráticas e permanentes, pactuadas entre os entes da Federação e a sociedade, tendo por objetivo promover o desenvolvimento humano, social e econômico com pleno exercício dos direitos culturais.

O Estado deve, pois, ser incentivador e indutor das atividades culturais, dentre as quais a produção artística.

Deve instituir *políticas públicas* de incentivo. Estabelecer previsão de recursos suficientes para estímulo da produção cultural, o que fez através da denominada Lei Rouanet (Lei 8.313, de 23.12.1991). Daí traçar a forma e os instrumentos adequados para que tais recursos sejam destinados à plena capacitação de autores e produtores, artistas de toda ordem que produzem obras (teatro, dança, pinturas, músicas, esculturas) que possam despertar o interesse popular e que levem a população a participar

Evidente está que os recursos destinados às realizações culturais podem ser manipulados pelo governo. Dependendo do poder ideológico que governa as verbas serão destinadas a um ou outro artista alinhado com a estrutura governamental. É um tipo de limitação imposta pelo administrador. Artistas de reconhecido mérito, mas não alinhados com o governo não receberão patrocínio de qualquer espécie. Outros, subalternos à linha econômica e ideológica, serão amplamente amparados.

São desvios de poder (de competência), isto é, o agente busca atingir finalidades não amparadas pelo sistema normativo. Mas, fá-lo em detrimento tortuoso que objetiva finalidades menos nobres. O Estado não deveria privilegiar um ou alguns em detrimento de outros. Mas, o que ocorre é o inverso. Os governantes manipulam interesses e amparam artistas cooptados pela ideologia de plantão.

Uma coisa é a inexistência de limitação que possa ser imposta. Outra, é o incentivo que é dado e manipulado pelo governante.

12. Limitação administrativa (exercício do poder de polícia) reversa (em paralaxe). Desvio de poder

Não há limites possíveis que possam ser impostos, salvo aqueles já delineados (dignidade da pessoa humana, motivos de etnia etc.). Mas, será lícito indagar: o incentivo a artistas alinhados com o sistema em detrimento de outros não é forma oblíqua de limitação?

O Estado é dirigido por seres humanos com todas suas virtudes e defeitos. Quem assume o poder tende a afastar os inimigos ou adversários e beneficiar os amigos. No seio destes podem existir pessoas do mais alto padrão cultural – escritores, pintores, teatrólogos, cineastas etc. Todos possuem sua dimensão ideológica. Ora, na medida em que o governo quer "ajudar os amigos" e desprestigiar inimigos, os agentes políticos destinam os recursos que têm à disposição não para perseguir desafetos, mas para privilegiar quem é ligado ao governo ou se predispõe a produzir obras que estejam sintonizadas com os interesses do governo.

Evidente está que o artista que criar uma obra com críticas ao governo não receberá qualquer incentivo. Secam as torneiras. Outro que é *amigo* da ideologia dominante terá todas as facilidades de patrocínio.

Nem por outro motivo é que a denominada Lei Rouanet foi dirigida e destinada a auxiliar apenas aqueles autores (em sentido amplo) que eram ligados ao governo. O problema está, exatamente, nas *ações positivas do Estado*. É aí que podem surgir deturpações de toda ordem. É sempre o ser humano agindo com seus instintos, suas más intenções e seus desvios de conduta.

O direito administrativo a isso rotula *desvio de poder*, ou seja, utilizar competência própria para atingir finalidade diversa. A saber, competência para liberar verbas o agente tem, o problema é que as utiliza não para atingir interesse público (divulgação cultural), mas para prestigiar alguns em detrimento de outros.

Pode-se dizer que se institui uma *limitação de polícia* através da má destinação das verbas públicas que são manipuladas. É o equivocado ou ilegal uso das receitas que buscam incentivar artistas cooptados pelo governo e desconsiderar outros não alinhados ideologicamente com o governo.

Dir-se-á, então, que há *desvio de poder*. Ocorre que a não destinação adequada, correta e legítima dos recursos para o atingimento de finalidades públicas redunda em ilegal e mau exercício do poder de polícia. Não se o exerce através de limitação constitucional, mas, por alquimia, *limita-se* a atividade.

Com tal providência, limitado fica o exercício das atividades artísticas daqueles que não integram a *entourage* que cerca os agentes políticos. Não se precisa ser amigo do rei, mas amigo do amigo do rei. Os assessores que são orientados em apenas liberar recursos para aqueles que ajudaram nas eleições, aqueles que são apaniguados dos deputados e senadores que estão votando com o governo; aqueles que divulgam, nos *shows*, o nome do governante ou do que desempenha o poder; aqueles que estão sintonizados com os agentes políticos. Aos demais, como se diz na gíria jurídica, "os rigores da lei". Os pedidos formulados para patrocínio público são indefectivelmente recusados. As alegações são as mais pueris ou a de falta de recursos. Aos apaniguados, recursos ilimitados.

Para deixar bem claro o raciocínio: Se simplesmente destino recursos com objetivos subjetivos (ideológicos, por exemplo, o agente político se desvia do poder que exerce). Mas, com tal comportamento (daí a reflexão, melhor dizendo da paralaxe, ou seja, desvio aparente do objeto quando se muda a posição de observação) o que ocorre é o exercício reverso do poder de polícia. É que há efetiva imposição *de limitação* ao exercício dos direitos dos demais autores. É a *visão em paralaxe* (Slavoj Zizek).

Vê-se bem que o desvirtuamento da ação política leva a uma limitação reversa do exercício do poder de polícia, ou seja, limita-se a ação artística pela deturpação da ação política. É o que decorre das emoções, dos sentimentos, das pulsões e das paixões, como se passa a analisar.

13. Teoria das paixões e o direito

O direito tem sido visto, desde há muito, a partir de Kant e de Kelsen, como um conjunto de princípios e regras que disciplina o comportamento humano. Se fosse somente isso, qualquer conjunto seria direito e confundido com a lei. O estado de legalidade, mas não o de legitimidade. Tal acréscimo significa que se pode falar em norma boa ou má, de forma a garantir os direitos mais íntimos e sagrados do homem. Não se confundindo o conceito de legalidade (estrito advento de leis) com o de legitimidade (conjunto de leis que garante o estado de direito pelo enobrecimento e valorização do homem), a modernidade busca garantir a inviolabilidade dos denominados direitos humanos.

O que se busca aqui é uma ideia de direito que possa se adaptar aos nossos tempos. Não há inovação, uma vez que retirei de diversos autores a visão de que o direito como dimensão cultural só pode ser analisado à luz dos sentimentos humanos.

Desde Freud (antes dele também, mas é o pai da psicanálise) o homem é visto como um ser pulsional, isto é, cheio de sentimentos que vão do amor ao ódio. O homem não nasce à imagem do criador. O homem é o que é. Cada qual é diferente do outro. A humanidade é, pois, absolutamente desigual. Tornar a todos iguais é irreal. Tratá-los de forma igual também não é real. Pode ser romântico ou cristão, mas não reconhece, em cada qual, as desigualdades de que são formados.

O *id* freudiano é um desconhecido que tem toda sorte de impulsos. Com a repressão nasce a civilização. A repressão recai sobre os impulsos, para torná-los passíveis de convivência. O homem que cede a seus sentimentos pode agredir a moral média, que é fruto, dizem, de consenso. Daí a repressão para que se enquadre nos padrões éticos vigentes.

Como não se consegue reprimir os impulsos através de controle interno do próprio ser humano, a sociedade o faz. Daí podem nascer o recalcado e o neurótico. Para o equilíbrio, surgem códigos de valores e a crença em outro mundo. A comparação com valores ideais é que vai servir de contraste para o domínio dos humanos.

Se pensarmos o ser humano apenas como humano, tem ele a substância igual a tudo na terra. Tudo é substância. Cada animal, vegetal ou as demais coisas, cada uma tem sua substância. Assim, a evolução vai alterando as coisas e, inclusive, o homem. A natureza tem sua alteração constante e disforme. O mundo é o caos e prossegue com o caos. Cada coisa existe por si mesmo.

Se for assim, o ser humano é tocado pelo mundo e o toca a todo instante. Vive, pois, em constante alteração. A cada minuto já não é mais o mesmo, como diria Heráclito, filósofo grego. Como veio ao mundo, tem que viver. Não pode renunciar à vida. Se acreditar em um mundo superior (de ideia, de deuses ou de deus etc.), então passa a vida a buscar esse outro mundo e fazer por merecê-lo. Daí ser obediente a padrões de comportamentos que lhe são ditados não por sua vida, mas pela vida dos outros. Esta são as normas editadas pela Igreja ou pelo Estado e que devem ser cumpridas.

Se imaginar que tem que viver, deve manter-se cheio de vida. No entanto, é movido por seus apetites, desejos e vontades. É natural que o homem queira aquilo que manda seus sentimentos. O desejo é sua própria essência. Como não quer sofrer, busca alegria. Quando passa frio, busca o calor. Quando quer ter as coisas, assume o consumismo (própria dos dias atuais).

De qualquer maneira, se não assumir um mundo ideal (alguma religião) vê-se massacrado pela vida. Fica só (a vida lhe dá náusea – Sartre). Então, pode ter sentimentos contraditórios e sentir o pessimismo à Schopenhauer. É que o homem não consegue refrear os afetos, como afirma Spinoza.

Diante de tal perspectiva (de se sentir só, de ter desejos que ficam reprimidos, de eventualmente não crer na religião e num mundo pós-morte) é que o homem se junta em sociedade. Não da maneira romântica pensada por Hobbes, Rousseau e Locke. O pacto social não decorre do movimento anímico de todos, em determinada ocasião, ao efetuarem uma renúncia de sua natureza para conviver em sociedade. O Estado não nasce de tal maneira. Ao contrário, o Estado nasce de conflitos, de conquistas, da guerra.

Não há uma ruptura do homem na natureza com o homem civilizado, de forma de um era o selvagem e passa a ser o civilizado em golpe estratégico de inteligência. Ao contrário, as tribos de outrora eram guerreiras que impunham a dominação sobre as outras. Quem era mais forte vencia e impunha seu modo de vida. Nascem estados, costumes, morais etc. Era a lei do mais forte. Daí Hobbes ter dito que "o homem é o lobo do homem". Grande verdade.

Como se pode entrever, o direito não mais é visto como mero conjunto de normas, mas como instrumento de dominação. O poder, que no estado de natureza era o direito de matar, passa a ser o direito de manter-se vivo. O poder no estágio primário era a força bruta e passa a ser dominação disfarçada.

O Estado, em tal situação, não mais é apenas decomposto em seus elementos (território, povo e governo), mas visto como o estado-governante, isto é, aquele que titulariza interesses dos outros. É que os conquistou. A conquista pode ter ocorrido na Idade Média ou em decorrência das Grandes Guerras, pela força que se materializa em tratados. Modernamente, o Estado significa o domínio do vencedor que impõe suas regras. Ou é a mera imposição da vontade do vencedor ou a vontade dos fracos que se organizam para dominar o mais forte. É o que se vê nas grandes comunidades de países que se organizam (União Europeia, Alca, tigres asiáticos) para dominar ou resistir à força econômica dos outros (China).

O direito passa a significar a maneira "civilizada" de regulamentar a guerra (parodiando Clausewitz). Daí por que o Estado é o titular da violência. Exatamente para poder impor seus valores (aqueles que a classe dominante quer). A lei não é a expressão da vontade comum e imposta à obediência de todos. É simplesmente a concretização da não violência.

O homem em estado natural tem seus impulsos, como se viu e não abre mão deles. Simplesmente se submete (*pactum subjectionis*) ao mais forte ou o mais forte que sucumbe ante a união dos fracos. Clausewitz afirmou que a guerra não passa da política continuada por outros meios.

A relação jurídica hoje outra coisa não significa senão a relação de dominação-sujeição. Toda lei reflete uma dessas relações. Seja condominial, seja familiar, contratual, tributária, penal etc. Todo relacionamento é impositivo e prevê sanções para o descumprimento do preceito.

Como é importante que a população não sinta tal sujeição, instituiu-se a violência simbólica (Bourdieu), isto é, as pessoas podem votar, ser votadas, sujeitam-se ao salário mínimo, recebem vencimentos incompatíveis, não têm saúde ou ensino de qualidade, mas pensam que serão satisfeitas e que seus filhos alcançarão tais bens. Vivem com liberdade (ainda que a sociedade não seja democrática), pensam que as instituições estão funcionando a contento, mas não têm uma sociedade democratizada e de pleno amparo aos anseios. Ficam na ilusão.

Ocorre que se não se mantiverem como rebanho (expressão de Nietzsche) sofrerão repressão. Se começarem a fazer passeatas de reivindicação, sentirão o peso dos cassetetes. Se buscarem alterar a ordem política, serão reprimidas. Têm que se comportar.

Veja-se, pois, que a ordem é manter o rebanho unido através do direito. Neste sentido é que se diz que o direito é mera dominação através de códigos de persuasão. Nem por outro motivo é que a política outra coisa não significa senão a captação da vontade através de signos (liberdade, honestidade, direitos humanos, igualdade etc.), ainda que estes nunca se realizem.

O poder então é alcançado por aqueles que possuam a melhor estratégia (valores, códigos, mensagens midiáticas etc.) de conquista.

Se é assim, como se aceitar que o direito nas escolas seja dado como era nos séculos anteriores? Mera repetição de lições vetustas, desconectadas com a vida real, com a vida vivida nas ruas ou descoberta nos bastidores.

Como disse Marcuse, nossa civilização "em termos genéticos, está fundada na supressão dos instintos". É verdade. Grande verdade. É o homem que vem sendo reprimido e iludido com o valor de sua posição social, de sua família, de sua segurança etc. É o homem que se deixa marcar na porteira, com o ferro da igualdade para integrar o grande gado humano.

Em suma, o direito formal é importante e deve ser estudado para se compreender a estrutura do Estado e seu desenvolvimento, inclusive no Judiciário, que é o mais importante dos órgãos institucionais de repressão. No entanto, não se pode olvidar que o direito não é apenas a estrutura, mas a essência, isto é, a gênese da dominação dos instintos.

A guerra existe em todos os atos sociais e jurídicos e é o instrumento da dominação. Em tal passo, o direito funciona também como instrumento de dominação, porque mantém subjugados homens e mulheres que não venceram a guerra. O vencedor impõe sua verdade (Nietzsche) e suas regras bem como as sanções em caso de infração. As ideologias, neste passo, são fortes modos de captação da vontade ou da sensibilidade das pessoas. Servem de estratégias para obtenção do poder.

Daí ser importante que os alunos das faculdades não se limitem a estudar o direito na forma convencional. Importante questionar os professores sobre os assuntos do dia a dia e os professores passarem a ter a obrigação de não dar apenas o direito formal aos alunos. A lide que aí se instaura é questão de dominação (o professor sabe mais que o aluno e o domina). Foucault ensinava que o problema é de estratégia. Seja dos professores que buscam dominar o aluno (através de seu conhecimento repetitivo de doutrina e jurisprudência ou dos códigos) seja dos alunos que devem utilizar a mesma estratégia (a busca do saber e a união dos mais fracos para dominar o mais forte) para que o professor saia do texto e sinta a vida.

O homem busca a alegria em contato com o mundo. Este nem sempre é amigo. Por vezes prepara decepções, dor, tristeza. O homem busca superar tais desencontros não pela fuga ou pela ilusão, mas pelo enfrentamento das tristezas, fazendo assim a intensa a vida.

O direito é paixão. É o direito vivido nas ruas, nos cárceres, nos laboratórios, na família, no comércio, nas discussões, no parlamento, no executivo, no Judiciário. O direito é tudo isso.

Da mesma forma, dessacralizou-se o mito para a introdução de outro ente sagrado, ou seja, o dinheiro. Este é que comanda a sociedade, hoje. Como deixar seu estudo, em todas as suas formas, de lado? Não sob o aspecto da leitura dos contratos, dos tratados, do direito cambial, mas da estrutura de dominação que está por trás. O dinheiro comanda as grandes corrupções. O dinheiro seduz a tudo e todos. Como desconhecer, hoje, este poderoso instrumento de dominação?

Veja-se como tudo é paixão (no sentido amplo da palavra em relação aos instintos) que deve imperar na análise do fato jurídico que enseja a incidência da norma. Não apenas do ângulo da subsunção, mas do aspecto do que está hipostasiado no fato empírico.

O direito, pois, não deve ser visto como mera forma. É guerra, dominação, poder e estratégia. Assim deve ser ensinado nas escolas e deve ser analisado nos contratos e tribunais. O direito é, pois, regido pelas paixões humanas e de tal modo deve ser analisado nas universidades.

Vê-se, pois, que as paixões são aqui tomadas em seu mais amplo sentido, como todos os sentimentos que invadem o ser humano ou estão dentro dele. O ser humano é formado de maneira maniqueísta. Tem perante si o *bem* e *mal*. O bem nele se reflete através dos bons sentimentos; o mal pelos maus afetos.

O ser humano não é racional. Não é razão que nele decide nem é ela um centro controlador de todos os afetos que dentro dele se digladiam.

Nele preponderam os sentimentos, bons ou maus. Na primeira ordem podemos identificar: o amor, a solidariedade, a coragem, a temperança, sobriedade etc. Na segunda, temos a ira, inveja, cobiça etc.

Não podemos rotular, como o fizeram autores do passado, de doenças. É que tais sentimentos são o que são. Manifestam-se no interior do ser humano. Mas não são doenças.

O amor, principal sentimento do bem, desdobra-se em outros como a solidariedade, a compreensão, a bondade, a comiseração etc. O amor é sempre em relação a outro. O amor por si próprio é narcisismo. Tal afeto é sempre intersubjetivo.

O amor exacerbado converte-se em paixão (outro rótulo que significa a perda do bom senso e da modicidade). Esta, neste sentido, é fulgurante e efêmera. Explode em eflúvios de afetos e apaga-se com a mudança do humor.

O mal revela-se através de diversos comportamentos. A ira é o desejo da vingança. O ódio, a insânia, a raiva, o medo, a avareza, a cobiça etc. são manifestação do mal.

Podemos contrapor o amor ao ódio. O bom e o mau sentimento. Ambos têm suas variantes.

Para efeito desse estudo basta dizer que o homem não tem o controle de seus sentimentos. Podemos ficar na lição de Spinoza que entende existir o que rotula de *conatus*, isto é, a vontade de viver. Esta seria a essência do homem. Ele balança entre a *esperança* e o *medo*. A saber, a esperança é sentimento futuro de que nada de mau ocorrerá. O medo pode se desdobrar em medo do futuro e do passado. O medo do passado assombra pela possível repetição do mal. O do futuro busca impedir que alguma coisa de ruim aconteça.

Entre os dois o ser humano balança. A ação dependerá de que afeto prevalecer no conflito interno do homem.

Estes sentimentos se refletem no direito e na arte. No governo quando da tomada de decisões. Na arte quando de sua elaboração e também no contato que pode ter o artista com a estrutura governamental.

A proteção ao artista, a subvenção de sua arte, o auxílio para aquisição de materiais bem como para exposições e a própria compra das obras fazem parte do emotivo. Depois de o nome do artista estar consolidado e suas obras terem sido aferidas pelo mercado, já não haverá tanta margem de manobra para manipulação das compras. Antes, no entanto, tudo é possível. O patrocínio a um artista por parentesco com governantes ou mera simpatia pode levar não apenas à compra de obras, mas também da montagem de exposições.

Igualmente servirá de criação de toda sorte de transtornos e prejuízos para a dignidade do artista. Perseguições, críticas duras na mídia por críticos vinculados ao governante, tudo pode ser deliberado em repúdio a alguém.

O que se quer deixar claro é que os sentimentos, mais que tudo, entram no relacionamento humano para o bem ou para o mal. Depende do governo.

É hora de apresentarmos uma síntese e concluir.

14. Conclusões

Vê-se que o direito não é apenas uma conexão de normas dentro de determinado ordenamento. Nem apenas a ligação delas com a realidade. Isso é apenas parte do todo. As paixões movimentam a prática dos atos e contratos jurídicos. Toda ação administrativa é movimentada por seres humanos. Estes são prenhes de sentimentos, afetos, ódios, em suma, paixões.

Por primeiro, as paixões influenciam intensamente a prática de atos administrativos. Os financiamentos propiciados pelo Ministério da Cultura com base na Lei Rouanet são manipulados em favor dos alinhados aos governantes. Estes dominam, ao menos por determinado período de tempo, as verbas e delas dispõem de acordo com seus interesses e suas tendências ideológicas.

Ao se falar em exercício reverso do poder de polícia (visão em paralaxe) não se está intentando criar coisa nova. Simplesmente, fazendo uma *desconstrução* do quanto se diz sobre o que se denomina poder de polícia. Primeiro, utilizando a *limitação administrativa* que tem conteúdo mais adequado de restrição ao exercício de direitos. Segundo, trazendo para a discussão as paixões que tanto influenciam a tomada das decisões de toda ordem, especialmente as políticas. Terceiro, entendendo que a criação artística não tem limite. É o que dispõe a Constituição a respeito. Quarto, há alguma possibilidade de limitação diante de direitos de outros. No confronto, o que se pode detectar apenas no caso concreto e pela análise dos fatos, é qual o direito que deve prevalecer.

A sequência do raciocínio é que pode nos dar o caminho a seguir na superação de eventuais conflitos que surjam entre o direito do artista e o do outro (que igualmente ganha proteção legal).

Não se trata, exatamente, do abuso de poder. A estrutura do raciocínio é mais perspicaz. A saber, as verbas correspondentes ao Ministério da Cultura e dos fundos destinados ao amparo da arte (mecenato oficial) são desviadas, não com sutileza ou esquemas previamente viciados. O destino dos recursos ampara artistas, poetas, espetáculos teatrais, apresentações de peças, óperas etc. Só que ao invés de amparar indiscriminadamente todos os artistas (de todas as artes) os recursos são manipulados, impondo restrições aos que forem de política diversa da oficial. Tal comportamento cria *limitação* (exercício do poder de política reverso) aos demais artistas.

Em sendo assim, ocorre o que se pode rotular de limitação reversa. Criam-se empeços à liberdade artística, impõem-se abstenções (autoexecutoriedade, coercibilidade e discricionariedade) aos que adotam doutrina e credo político diverso da estrutura ou do grupo dominante.

Termina-se o trabalho prestando profunda e carinhosa homenagem a um dos grandes autores do direito administrativo, seu iniciador, seu propagador e, indiscutivelmente, um grande jurista, juiz, político e doutrinador do mais alto quilate.

HELY LOPES MEIRELLES E O DIREITO RETRIBUTIVO DOS SERVIDORES PÚBLICOS

RICARDO DIP

1. Um breve acercamento, empírico ainda o seja, da jurisprudência da Seção de Direito Público do TJSP – que aqui se toma à conta de bom exemplo, pelo paradoxal defeito que se apresenta em seu vulto quantitativo[1] – permite reconhecer, com segurança, o vistoso relevo que se concede à doutrina administrativista de Hely Lopes Meirelles, cuja predominância na referência expressa dos julgados dessa Seção é de todo manifesta, num cotejo, ademais, que só pode dignificar as lições do Mestre paulista, quando pensemos em seu convívio jurisprudencial com valiosos outros autores de nossos tempos, muitos dos quais, ainda e felizmente, sobrevivos.[2]

2. Boa mostra[3] desta prevalecente recepção da doutrina de Hely Lopes Meirelles pode recolher-se no domínio do *direito retributivo dos servidores públicos*, capítulo importante do gênero "direito da função pública" e que o autor versou, sobretudo (mas não só), no Capítulo VII (item 5.4) de sua obra fundamental, *Direito Administrativo Brasileiro*.[4]

Demarca-se o *direito da função pública* em ser o segmento jurídico regulador das relações público-funcionais estabelecidas entre a Administração Pública (*latiore sensu*) e pessoas físicas que lhe prestam trabalho com caráter de subordinação e continuidade.[5]

Esse segmento compreende normas organizatórias, funcionais e relacionais, de todas elas emergindo – ou podendo emergir – a regulação retributiva dos servidores públicos.

---

1. São atualmente 18 suas Câmaras (sem contar as Reservadas ao Meio Ambiente), cada qual delas com 6 desembargadores, algumas ainda com o aporte de juiz substituto.

2. Pensemos, a título exemplificativo, nos consagrados nomes de Celso Antônio Bandeira de Mello, Celso Ribeiro Bastos, Diógenes Gasparini, Edmir Netto de Araújo, José dos Santos Carvalho Filho, Lucas Rocha Furtado, Marçal Justen Filho, Maria Sylvia Zanella Di Pietro, Odete Medauar, Sílvio Luís Ferreira da Rocha. Não custa acrescentar que a doutrina de Hely Lopes Meirelles é, ainda à origem, contemporânea de autores notáveis – assim, *v.g.*, Francisco Campos, Manoel de Oliveira Franco Sobrinho, Miguel Seabra Fagundes, Oswaldo Aranha Bandeira de Mello.

3. A um pequeno capítulo desta importante obra coletiva não convinha a dimensão de um tratado, tal o exigiria percorrer toda a contribuição de Hely Lopes Meirelles à jurisprudência do Tribunal de Justiça de São Paulo.

4. Aqui compulsada na 34ª ed. São Paulo, Malheiros Editores, 2008 (atualização de Eurico Andrade Azevedo, Délcio Balestero Aleixo e José Emmanuel Burle Filho). *[V. 42ª ed., São Paulo, Malheiros Editores, 2016.]* V., ainda, do mesmo autor, o *Direito Municipal Brasileiro* (16ª ed., São Paulo, Malheiros Editores, 2008, pp. 607 e ss.). *[V. 18ª ed., São Paulo, Malheiros Editores, 2017.]*

5. Cf., *brevitatis causa*: Ana Fernandes Neves, "O direito da função pública", in Paulo Otero e Pedro Gonçalves (coords.), *Tratado de Direito Administrativo Especial*, vol. IV, Coimbra, Livraria Almedina, 2010, p. 431.

Embora seja muito mais frequente falar-se em sistema (ou direito) *remuneratório* do servidor público,[6] melhor parece o emprego do termo "sistema (ou direito) *retributivo*",[7] ainda que não se recuse a maior importância que tem a contraprestação pecuniária no plexo dos direitos retributivos do servidor público.

3. Podem conceituar-se os direitos retributivos do servidor público como a contraprestação pelo trabalho prestado por pessoa física, em regime de subordinação e continuidade, à Administração Pública.

Essa contraprestação, de que o servidor é *accipiens*, pode ser patrimonial e metapatrimonial (direito ao ofício – inclusivo do direito à primeira sede e à mobilidade –, direito ao exercício funcional, direito à progressão na carreira) e ainda dividir-se em contraprestação fixa e continuativa, ou ainda eventual e variável.

Entre as não patrimoniais contam-se ainda, por exemplo, as retribuições de lazer (repouso semanal, férias, licença-prêmio), o assento para o núcleo familiar, o direito de reunião domiciliar da família. Já, quanto às monetárias, alistam-se o vencimento, bônus, anuênios, biênios, triênios, quinquênios, indenizações de viagem, de mudança, vários adicionais, diversas gratificações, auxílios de alimentação e de transporte, prêmios etc.

A diversidade no Brasil das fontes normativas correspondentes – federal, estadual, distrital e municipal – acarreta uma tendência de variedade nos termos legislativos adotados nesta matéria, e este ponto foi felizmente versado por Hely Lopes Meirelles já em um estudo que, em 1964, publicou a *Revista de Direito Administrativo/RDA*, editada pela FGV, num artigo intitulado "Vencimentos e vantagens dos servidores públicos".[8-9]

4. Nesse referido estudo, começa Hely Lopes Meirelles por distinguir duas acepções na palavra "vencimento".[10] Uma, de cariz restrito, significando "a retribuição pecuniária devida ao funcionário pelo efetivo exercício do cargo, correspondente ao padrão fixado em lei". Todavia, ao mesmo vocábulo "vencimento" não é estranho um sentido amplificado, correspondente à "soma do padrão com as vantagens pecuniárias auferidas pelo servidor, a título de adicional ou gratificação".[11]

Quando o legislador "pretende restringir o conceito ao padrão do funcionário, emprega o vocábulo no singular" (vencimento)"; diversamente, quando almeja abranger "também as vantagens conferidas ao servidor usa o termo no plural" (vencimentos)".[12]

Avisado, possivelmente, das repetidas instabilidades textualísticas nas variadas normativas, nosso autor, nas páginas posteriores de seu *Direito Administrativo Brasileiro*, preferiu antes aconselhar o uso numericamente distinguido do termo, no singular e no plural, do

---

6. Assim o refere Hely Lopes Meirelles no *Direito Administrativo Brasileiro*, cit., 34ª ed., p. 482.
7. V.: Ramón Parada, *Derecho Administrativo II – Organización y Empleo Público*, 21ª ed., Madri/Barcelona/Buenos Aires, Marcial Pons, 2010, p. 520; Pietro Virga, *Il Pubblico Impiego Doppo la Privatizzazione*, 2ª ed., Milão, Giuffrè, 1995, p. 157.
8. In *RDA* 77/13 e ss., Rio de Janeiro, FGV, julho-setembro/1964.
9. Será esse estudo o de que se valerá, principalmente, este nosso pequeno artigo.
10. O vocábulo corresponde ao *stipendio* da terminologia italiana "(...) costituisce il corrispettivo principale della prestazione resa dell'impiegato" (Virga, *Il Pubblico Impiego Dopo la Privatizzazione*, cit., 2ª ed., p. 158).
11. Hely Lopes Meirelles, "Vencimentos e vantagens dos servidores públicos", cit., *RDA* 77/13.
12. Idem, ibidem.

que adverti-lo nas letras legislativas: "Quando o legislador pretender restringir o conceito ao padrão do cargo do servidor, *deverá* empregar o vocábulo no singular *–vencimento*; quando quiser abranger também as vantagens conferidas ao servidor, *deve usar* o termo no plural –vencimentos"[13] (grifos nossos).

O Estado "não firma contrato com seus servidores", senão que "para eles estabelece unilateralmente um regime de trabalho e de retribuição por via estatutária".[14] Neste espectro estatutário avulta a *percepção de vencimentos* pelo exercício público-funcional, percepção que é "regra da Administração brasileira, que desconhece cargo sem retribuição pecuniária".[15]

Cabem à *lei* – observada a regência estatutária, e não por meio de contrato na relação público-funcional – a fixação inicial e o aumento dos *vencimentos* (assim, no plural), o que inclui as *vantagens pecuniárias* diversas do padrão (vencimento). Constituem elas "acréscimos do estipêndio do funcionário, concedidos a título definitivo ou transitório".[16]

Essas vantagens podem dividir-se em acréscimos pelo decurso do tempo de serviço (*ex facto temporis*) – adicionais de vencimento; pelo desempenho de funções especiais (*ex facto officii*) – adicionais de função; em virtude de razões anormais de realização do serviço público (*propter laborem*) – gratificações de serviço; ou em razão de condições pessoais do servidor (*propter personam*) – gratificações pessoais.[17]

O adicional, em princípio, adere ao vencimento – embora só em parte caiba admiti-lo quanto ao adicional *ex facto officii*[18] –, ao passo em que gratificações são contingentes.[19]

Exemplificam-se as vantagens pecuniárias *ex facto temporis* com os anuênios, biênios, triênios, quinquênios, sexta-parte – adicionais que são devidos para sempre, porque sua causa é o fato pretérito (já, pois, consumado) do exercício funcional ao largo de dado tempo assinado em lei. Trata-se de vantagem correspondente a um serviço já prestado (adicional *pro labore facto*), o que justifica a permanência de sua inclusão no direito remuneratório do servidor.[20] *Adicional por tempo de serviço* – diz Hely Lopes Meirelles – é "o acréscimo pecuniário que se adita definitivamente ao padrão do cargo, em razão exclusiva do tempo de exercício estabelecido em lei para o auferimento da vantagem".[21] Por ser resultante de trabalho já efetuado – *pro labore facto* –, essa vantagem incorpora-se ao vencimento "e o acompanha na disponibilidade e na aposentadoria",[22] configurando adicional com caráter

---

13. Hely Lopes Meirelles, *Direito Administrativo Brasileiro*, cit., 34ª ed., p. 488.
14. Hely Lopes Meirelles, "Vencimentos e vantagens dos servidores públicos", cit., *RDA* 77/14.
15. Idem, p. 15: pode haver *função gratuita*, assim a honorífica, mas *não cargo gratuito*.
16. Hely Lopes Meirelles, "Vencimentos e vantagens dos servidores públicos", cit., *RDA* 77/17.
17. Idem, pp. 17-18.
18. "Todo *adicional de função* é, por natureza, vantagem pecuniária *pro labore faciendo*, de auferimento condicionado à efetiva prestação do serviço nas condições estabelecidas pela Administração. Daí por que não se incorpora automaticamente ao vencimento, mas deve integrá-lo para efeitos de disponibilidade ou aposentadoria se no momento da passagem para a inatividade remunerada o funcionário estava exercendo o cargo ou a função com o período de carência consumado" (*Direito Administrativo Brasileiro*, cit., 34ª ed., p. 497).
19. Hely Lopes Meirelles, *Direito Administrativo Brasileiro*, cit., 34ª ed., p. 496.
20. Hely Lopes Meirelles, "Vencimentos e vantagens dos servidores públicos", cit., *RDA* 77/18-199.
21. Idem, p. 21.
22. Idem, ibidem.

de vantagem pessoal, "um direito adquirido para o futuro", "irretirável do funcionário, precisamente porque representa uma contraprestação de serviço já feito".[23]

O *adicional de função* – vantagem monetária *ex facto officii* – é acréscimo pecuniário vinculado a determinados cargos ou funções que, para seu bom desempenho, exigem "um regime especial de trabalho, uma particular dedicação ou uma especial habilitação de seus titulares".[24] Exemplos são os adicionais de tempo integral, dedicação plena e nível universitário. Esse adicional "é, por natureza, vantagem pecuniária *pro labore faciendo*, de auferimento condicionado à efetiva prestação do serviço nas condições estabelecidas pela Administração".[25] Disso resulta que não se incorpore, *ipso facto*, ao vencimento.

Diversamente, há vantagens monetárias modais – ou condicionais –, que correspondem a trabalho ainda em via de prestação (*pro labore faciendo*), ou em que se reconhecem as condições pessoais do servidor (*propter personam*), de tal sorte que, cessando o trabalho, desaparecendo o fato ou a situação que lhe deu causa, "*deve cessar o pagamento de tais vantagens, sejam elas* adicionais de função, gratificações de serviço *ou* gratificações em razão das condições pessoais do servidor".[26]

Em resumo, tal o diz nosso autor nas páginas do *Direito Administrativo Brasileiro*, há *vantagens irretiráveis do servidor* – assim, as *vantagens pessoais subjetivas*: as adquiridas pelo efetivo desempenho da função (*pro labore facto*) ou pelo transcurso do tempo de serviço (*ex facto temporis*) – e outras que não são irretiráveis, por dependerem de um trabalho a prestar-se (*pro labore faciendo*), ou porque prestado sob determinadas condições (*ex facto officii*), ou em virtude de anomalia do serviço (*propter laborem*) ou em razão das condições individuais do servidor (*propter personam*).[27]

5. A atualidade do relevo não só teórico, mas prático-prático, das lições consagradas por Hely Lopes Meirelles no domínio do direito retributivo dos servidores pode avaliar-se por uma discussão recorrente de nossos tempos: a do reajuste vencimental.

Já de si albergando complexidades, o *discrímen* entre "vencimento" e "vencimentos" – tal o ensinou Hely Lopes Meirelles – não se confina, ainda agora – e talvez se possa mesmo dizer: *sobretudo agora*, em que frequentes nas leis são as confusões terminológicas[28] –, ao campo das enunciações de nomes, senão que muito se reclama sindicável no âmbito da realidade das coisas.

Com efeito, o problema capital não é o da designação da contrapartida pecuniária – se vencimento ou vencimentos, se adicional, se gratificação –, não é de *nomen*, é antes de *numen*, é de conceito a haurir-se da realidade.

Denominado embora de gratificação ou adicional, se dado "acréscimo" remuneratório não é vantagem monetária acrescida de *modo acidental*, mas reajustamento retributivo, exatamente porque se agrega ou inere ao *vencimento* (assim, no singular, correspondendo ao padrão assinado em lei), *integra-o*, passa a ser "vencimento".

23. Idem, ibidem.
24. Idem, p. 22.
25. Idem, ibidem.
26. Idem, p. 19.
27. Hely Lopes Meirelles, *Direito Administrativo Brasileiro*, cit., 34ª ed., p. 488.
28. Idem, p. 495; também nota de rodapé 158.

O STF brasileiro já enfrentou, em várias ocasiões, o tema de "gratificações" desta sorte, reconhecendo-lhes o caráter *genérico*, motivo pelo qual entendeu pertinente sua absorção na substância do padrão vencimental.[29]

Tal se lê em julgados da Corte Suprema federal, o problema jurídico neste âmbito não pode ficar à mercê de rótulos – "Os dribles ao art. 40, § 4º, *[atual § 8º]* da CF hão de ser coibidos, sob pena de o preceito vir a ser totalmente esvaziado"[30] –, nem esvair-se por meio da legislação infraconstitucional – "Pouco importa (...) a lei ordinária prever que uma parcela, por natureza, remuneratória não é remuneratória. A ordem natural das coisas tem uma força insuplantável".

6. Assim é que os pilares do direito retributivo dos servidores públicos no Brasil são ainda os solidados pelas lições passadas por Hely Lopes Meirelles, que os ensinou de modo tão seguro a ponto de, sem excesso algum nesta afirmação, não haver praticamente doutrinador pátrio – e bem haja que os temos com notória grande envergadura e autoridade – que lhe desconsidere costumeiramente essas lições.

Também a jurisprudência pretoriana ecoa a voz magisterial de Hely Lopes Meirelles, e quando, pela sobriedade tão propícia aos bons julgados, não o faça de modo explícito, deixa ao menos luzir-lhe o vestígio da doutrina.

Não é por gratuidade, pois, não é por exageração alguma, que se pode dizer, com justificado júbilo, que Hely Lopes Meirelles é o nosso Trotabas, é o Zanobini do lado de cá do Atlântico.

---

29. Cf., *brevitatis studio*: STF, AgR no Ag 440.870, AgR no Ag 446.724, AgR no Ag 505.221, AgR no Ag 422.141.
30. STF, RE 195.092.

A TRADICIONALIDADE E OS REQUISITOS ESTABELECIDOS PELO STF COMO FUNDAMENTOS CONSTITUCIONAIS DOS PROCESSOS ADMINISTRATIVOS DE DEMARCAÇÃO DAS TERRAS INDÍGENAS

ROBERTA JARDIM DE MORAIS
RAFAELLA DORTAS

1. Introdução. 2. O art. 231 da CF e o requisito da tradicionalidade para criação das terras indígenas. 3. As condicionantes estabelecidas pelo STF. 4. O processo administrativo de criação e ampliação da TI Barra Velha. 5. O processo de ampliação da TI Barra Velha. 6. O processo de criação da TI Comexatibá. 7. A proposta da criação da TI Comexatibá como forma de ampliação da TI Barra Velha. 8. Da afronta à Constituição Federal e às diretrizes do STF: 8.1 Não há ocupação permanente – 8.2 A utilização para suas atividades produtivas, a imprescindibilidade em relação à preservação dos recursos ambientais necessários a seu bem-estar e a necessidade em relação à sua reprodução física e cultural não estão demonstradas – 8.3 A proposta da criação da TI Comexatibá afronta precedente do STF. 9. Conclusões.

1. Introdução

Nos tempos que correm o tema da demarcação de terras indígenas tem merecido grande atenção da sociedade em geral, isso porque acaba por ensejar conflitos diretos com pessoas físicas e jurídicas, de direito público e privado, que há muito detêm a posse e, mesmo, títulos de propriedade de tais áreas, tendo nelas desenvolvido atividades econômicas e estabelecido centros urbanos.

Em conformidade com o ordenamento jurídico nacional, a demarcação de terras indígenas é fundada em processo conduzido pela Administração Federal, que detém competência constitucional para demarcar e proteger as terras tradicionalmente ocupadas pelos indígenas. O órgão responsável pela condução de tais processos é a Fundação Nacional do Índio/FUNAI.[1]

Com efeito, a condução de tais processos deve orientar-se pela Constituição da República, a hermenêutica do STF e, logicamente, pelos princípios que regem a Administração. Cabe destacar que, como relata Hely Lopes Meirelles, o processo administrativo está sujeito ao princípio da legalidade objetiva, traduzindo-se na exigência de que "seja instaurado com base e para preservação da lei".[2]

---

1. Criada pela Lei 5.371/1967.
2. Hely Lopes Meirelles, *Direito Administrativo Brasileiro*, 42ª ed., São Paulo, Malheiros Editores, 2016, p. 822.

A respeito da interpretação da Constituição Federal pelo STF, cabe trazer duas abordagens. A primeira delas é que compete ao STF aplicar a Lei Maior, que não se apresenta como um artifício automático no caso das demarcações das terras indígenas. Nesse sentido:

> Cumpre atentar, ainda, para o fato de que quando a lei não redefine conceitos e noções utilizados na linguagem corrente, ou quando não especifica o conteúdo exato das expressões que utiliza, isto significa que encampa e absorve a significação comum, usual, que a palavra tem no uso diuturno, leigo. Em tais casos, ao intérprete e ao Judiciário incumbe partir da significação central corrente do termo e correlacioná-la com os objetivos da norma e do instituto jurídico a que ela se reporta, a fim de determinar seu alcance, tal como se faz usualmente no mecanismo habitual de comunicação humana; isto é: capta-se a significação das palavras em função do contexto em que estão utilizadas.[3]

Ainda, a interpretação do STF traduzida neste caso como as 19 condicionantes para demarcação de terras indígenas é também vista como forma de controle judicial dos procedimentos demarcatórios ("atos administrativos"). Cabe ao Judiciário verificar se o ato administrativo foi praticado em conformidade com a legislação aplicável ao caso – Constituição Federal, Lei federal 6001/1973, Decreto 1.775/1996, Portaria do Ministério da Justiça 2.498/2011. Faltando com o princípio da legalidade, a Administração comete ilegalidade passível de invalidação.[4]

A finalidade do presente artigo é trazer à luz o caso prático, qual seja, o processo administrativo de criação da Terra Indígena/TI Cahy/Pequi (antiga denominação da atual TI Comexatibá), com vistas a demostrar como a FUNAI vem conduzido tal processo em afronta direta à Constituição Federal, especificamente no que diz respeito ao elemento da *tradicionalidade*, expressamente previsto no art. 231 da Carta Magna, às diretrizes estabelecidas pelo STF e aos princípios que regem o processo administrativo.

2. O art. 231 da CF e o requisito da tradicionalidade para criação das terras indígenas

A bem ver, o art. 231 da CF dispõe:

> Art. 231. São reconhecidos aos índios sua organização social, costumes, línguas, crenças e tradições, e os direitos originários sobre as terras que tradicionalmente ocupam, competindo à União demarcá-las, proteger e fazer respeitar todos os seus bens.
>
> § 1º. São terras *tradicionalmente* ocupadas pelos índios as por eles habitadas em caráter permanente, as utilizadas para suas atividades produtivas, as imprescindíveis à preservação dos recursos ambientais necessários a seu bem-estar e as necessárias à sua reprodução física e cultural, segundo seus usos, costumes e tradições.
>
> § 2º. As terras tradicionalmente ocupadas pelos índios destinam-se à sua posse permanente, cabendo-lhes o usufruto exclusivo das riquezas do solo, dos rios e dos lagos nelas existentes. *[Grifo nosso]*.

---

3. Celso Antônio Bandeira de Mello, "Controle judicial dos limites da discricionariedade administrativa – Exame dos motivos ou pressupostos do ato – A noção da 'causa' como requisito de legalidade", in *Pareceres de Direito Administrativo*, 1ª ed., 2ª tir., São Paulo, Malheiros Editores, 2015, p. 60.
4. Hely Lopes Meirelles, *Direito Administrativo Brasileiro*, cit., 42ª ed., p. 93.

Nesse passo, tem-se que o constituinte estabeleceu como condição central para a criação de terras indígenas o critério da *tradicionalidade* da ocupação. Tal critério subdivide-se em quatro outros, a serem avaliados no âmbito do processo administrativo de criação, para caracterização de determinada porção de terras como sendo indígena: (i) o caráter *permanente*; (ii) a utilização para suas *atividades produtivas*; (iii) a imprescindibilidade em relação à *preservação dos recursos ambientais necessários a seu bem-estar*; e (iv) a necessidade em relação à sua *reprodução física e cultural*.

Sobre o tema da *tradicionalidade* da ocupação, o STF, em brilhante voto do Min. Celso de Mello, proferido durante o julgamento do ROMS 29.087-DF, traz, com precisão, a interpretação adequada da expressão "tradicionalmente ocupam", estampada no art. 231 da Carta Magna, esclarecendo que a posse deve ser verificada quando da promulgação da Constituição/1988, ou seja, em 5.10.1988, *verbis*.

> *O Sr. Min. Celso de Mello* (Presidente): Cabe observar, desde logo, que o exame da presente causa faz instaurar discussão em torno de temas impregnados do mais alto relevo constitucional, a começar por aquele que se refere à questão da terra, analisada sob a perspectiva dos povos indígenas.
>
> Não obstante a centralidade de que se reveste a questão pertinente às relações que os povos indígenas mantêm com a terra, é preciso ter presente que o art. 231 da Constituição – ao reconhecer aos índios direitos sobre as terras *"que tradicionalmente ocupam" – estabeleceu, de maneira bastante precisa, quanto ao fato da ocupação indígena, um marco temporal que, situado em 5.10.1988, atua como aquele "insubstituível referencial"* a que aludiu, em seu voto, na Pet n. 3.388-RR, o eminente Min. Ayres Britto.
>
> *Isso significa que a proteção constitucional estende-se às terras ocupadas pelos índios, considerando-se, no entanto, para efeito dessa ocupação, a data em que promulgada a vigente Constituição, vale dizer, terras por eles já ocupadas há algum tempo, desde que existente a posse indígena no momento da vigência de nossa Lei Fundamental*, tal como assinalou, no julgamento da Pet n. 3.388-RR o seu eminente Relator, ao fazer referência ao "marco temporal da ocupação": "Aqui, é preciso ver que *a nossa Lei Maior trabalhou com data certa: a data da promulgação dela própria (5.10.1988) como insubstituível referencial para o reconhecimento, aos índios, dos direitos sobre as terras que tradicionalmente ocupam. Terras que tradicionalmente ocupam, atente-se, e não aquelas que venham a ocupar. Tampouco as terras já ocupadas em outras épocas, mas sem continuidade suficiente para alcançar o marco objetivo do dia 5.10.1988.* Marco objetivo que reflete o decidido propósito constitucional de colocar uma pá de cal nas intermináveis discussões sobre qualquer outra referência temporal de ocupação de área indígena. Mesmo que essa referência estivesse grafada em Constituição anterior. É exprimir: *a data de verificação do fato em si da ocupação fundiária é o dia 5.10.1988, e nenhum outro*". (...).
>
> Extremamente precisa, a esse respeito, a observação que o saudoso Min. Menezes Direito fez no voto que então proferiu naquele julgamento, enfatizando a necessidade de prestigiar-se a segurança jurídica e de superar as "dificuldades práticas de uma investigação imemorial da ocupação indígena":
>
> "(...). *Em primeiro lugar, as terras indígenas são terras ocupadas pelos índios. Não terras que ocuparam em tempos idos e não mais ocupam; não são terras que ocupavam até certa data e não ocupam mais. São terras ocupadas pelos índios quando da promulgação da Constituição/1988*. O marco para a determinação da ocupação indígena (5.10.1988) decorre do próprio sistema constitucional de proteção aos direitos dos índios, que não poderia deixar de abranger todas as terras indígenas existentes quando da promulgação da Constituição, sob pena de ensejar um desapossamento ilícito dos índios por não índios após sua entrada em vigor. Isso chegou a

ocorrer após a Constituição/1946, mesmo tendo ela assegurado o direito deles sobre suas terras. A mesma razão pode ser extraída do voto do Min. Victor Nunes Leal no julgamento do RE n. 44.585 (*DJU* 11.10.1961). A correta extensão da proteção iniciada pela Constituição/1988 exige, pois, que a presença dos índios seja verificada na data de sua promulgação (...). A ocupação é, portanto, um fato a ser verificado. Em segundo lugar, as terras indígenas são terras ocupadas tradicionalmente pelos índios. Para José Afonso da Silva, tantas vezes citado neste processo, *ao contrário do que prevalecia nas Constituições anteriores, o advérbio "tradicionalmente"* não deve ser entendido como referente a uma *ocupação desde tempos mais que pretéritos, uma ocupação imemorial: 'Terras tradicionalmente ocupadas não revela aí uma relação temporal. Se recorrermos ao Alvará de 1.4.1680, que reconhecia aos índios as terras onde estão tal qual as terras que ocupavam no sertão, veremos que a expressão "ocupadas tradicionalmente"* não significa ocupação imemorial. Não quer dizer, pois, terras imemorialmente ocupadas, ou seja, terras que eles estariam ocupando desde épocas remotas que já se perderam na memória e, assim, somente estas seriam as terras deles' (...).

"Cuida-se ao mesmo tempo de uma presença constante e de uma persistência nessas terras. *Terras eventualmente abandonadas não se prestam à qualificação de terras indígenas, como já afirmado na Súmula n. 650 deste STF*. Uma presença bem definida no espaço ao longo de certo tempo e uma persistência dessa presença, o que torna a habitação permanente outro fato a ser verificado.

"Proponho, por isso, que se adote como critério constitucional não a teoria do indigenato, mas, sim, a do fato indígena. *A aferição do fato indígena em 5.10.1988 envolve uma escolha que prestigia a segurança jurídica e se esquiva das dificuldades práticas de uma investigação imemorial da ocupação indígena*. Mas a habitação permanente não é o único parâmetro a ser utilizado na identificação das terras indígenas. Em verdade, é o parâmetro para identificar a base ou núcleo da ocupação das terras indígenas, a partir do qual as demais expressões dessa ocupação devem se manifestar."

Não obstante todas essas considerações, *a União Federal e a FUNAI não podem atuar em desconformidade com os requisitos que esta Suprema Corte fixou no julgamento da Pet n. 3.388-RR, particularmente aquele que se refere ao marco temporal de 5.10.1988, data em que promulgada a vigente Lei Fundamental da República*, tal como expressamente posto em realce no próprio acórdão plenário que julgou aquela causa: "11. *O conteúdo positivo do ato de demarcação das terras indígenas. 11.1 O marco temporal de ocupação. A Constituição Federal trabalhou com data certa – a data da promulgação dela própria (5.10.1988) – como insubstituível referencial para o dado da ocupação de um determinado espaço geográfico por essa ou aquela etnia aborígene; ou seja, para o reconhecimento, aos índios, dos direitos originários sobre as terras que tradicionalmente ocupam*".

O eminente Min. Gilmar Mendes, em seu douto voto-vista proferido no presente julgamento, observou que deixou de ser respeitado esse marco temporal de ocupação, pois, como assinalou em sua manifestação, a terra em questão ("Guyraroká") já não era habitada há várias décadas pela comunidade indígena Guarani Kaiowá: "Após precisa análise, verifico que o relatório de identificação e delimitação da terra indígena Guyraroká, elaborado pela FUNAI, indica que a população Kaiowá residiu na terra reivindicada até o início da década de 1940 e que, a partir dessa época, as pressões dos fazendeiros que começam a comprar as terras na região tornaram inviável a permanência de índios no local (fls. 26). Vê-se, pois, que o laudo da FUNAI indica que há mais de 70 anos não existe comunidade indígena e, portanto, posse indígena. (...) *a configuração de terras 'tradicionalmente ocupadas' pelos índios, nos termos do art. 231, § 1º, da CF, já foi pacificada pelo STF, com a edição da Súmula n. 650, que dispõe: 'Os incisos I e XI do art. 20 da Constituição Federal não alcançam terras de aldeamentos extintos, ainda que ocupadas por indígenas em passado remoto*". No RE n. 219.983, precedente dessa Súmula, o Min. Nelson Jobim destacou, em relação ao reconhecimento de terras indígenas, que: *"Há um dado fático necessário: estarem os índios na posse da área. É um dado efetivo em que se leva em conta o conceito objetivo de haver a posse. É preciso deixar claro, também, que a palavra 'tradicionalmente' não é posse imemorial, é a forma de possuir; não é a posse no sentido da comunidade branca, mas, sim, da comunidade indígena. Quer dizer, o conceito de posse é o conceito tradicional indígena, mas há um requisito fático e histórico da atualidade dessa posse, possuída de forma tradicional"* (RE n. 219.983, j. 9.12.1998). Mesmo preceito foi seguido no julgamento do caso Raposa Serra do Sol, em 19.3.2009.

Cabe registrar, finalmente, de outro lado, que eventuais necessidades, presentes ou futuras, das comunidades indígenas em geral poderão (e deverão) ser atendidas pela União Federal, que dispõe, para tanto, de outros instrumentos administrativos, especialmente a desapropriação, para equacionar questões pertinentes à localização dos povos indígenas naqueles casos em que não se comprovar a ocupação do espaço geográfico, por determinada etnia, na data de 5.10.1988, erigida, pelo STF, como 'insubstituível referencial' para efeito de reconhecimento, em favor dos índios, dos direitos originários sobre as terras que tradicionalmente ocupam. Sendo assim, e com estas considerações, peço vênia ao eminente Relator para, acompanhando a divergência manifestada pelos eminentes Mins. Gilmar Mendes e Carmen Lúcia, dar provimento ao presente recurso ordinário. É o meu voto. *[Grifamos]*

No mesmo sentido o acórdão do ilustre Min. Gilmar Mendes, demonstrando que o STF já tem entendimento pacificado sobre o marco da ocupação:

Demarcação de terras indígenas. O marco referencial da ocupação é a promulgação da Constituição Federal/1988 – Necessidade de observância das salvaguardas institucionais – Precedentes. 1. A configuração de terras tradicionalmente ocupadas pelos índios, nos termos do art. 231, § 1º, da CF, já foi pacificada pelo STF, com a edição da Súmula n. 650, que dispõe: "Os incisos I e XI do art. 20 da Constituição Federal não alcançam terras de aldeamentos extintos, ainda que ocupadas por indígenas em passado remoto". 2. A data da promulgação da Constituição Federal (5.10.1988) é referencial insubstituível do marco temporal para verificação da existência da comunidade indígena, bem como da efetiva e formal ocupação fundiária pelos índios (RE n. 219.983, *DJU* 17.9.1999; Pet. N. 3.388, *DJe* 24.9.2009). 3. Processo demarcatório de terras indígenas deve observar as salvaguardas institucionais definidas pelo STF na Pet n. 3.388 (Raposa Serra do Sol). 4. No caso, laudo da FUNAI indica que, há mais de 70 anos, não existe comunidade indígena e, portanto, posse indígena na área contestada. Na hipótese de a União entender ser conveniente a desapropriação das terras em questão, deverá seguir procedimento específico, com o pagamento de justa e prévia indenização ao seu legítimo proprietário. 5. Recurso ordinário provido para conceder a segurança. *[2ª Turma, RMS 29.087, rel. Min. Ricardo Lewandowski, rel. para o acórdão Min. Gilmar Mendes, j. 16.9.2014]*

A corroborar o que ora se aduz, vale trazer à baila, também, trecho do Parecer AGU/SRG-01/2009, *verbis*:

Aliando o transcrito com as observações e referências precedentes, já comentadas, com os registros efetuados no relatório (Portaria n. 14/1996) respectivo, *afere-se que a ocupação indígena no Parque Nacional do Descobrimento constitui um processo que a FUNAI classifica como "retomada", toda posterior à Constituição Federal de 1988, à criação do Parque Nacional do Descobrimento e à instituição do Projeto de Assentamento Cumuruxatiba, demonstrando a falta de atendimento, neste registro, de uma das condições elencadas como centros concêntricos.* Há outros dados jurídicos que corroboram o exposto: as datas de ajuizamento das ações de reintegração de posse pelo INCRA e pelo IBAMA, sucedido pelo ICMBio, que culminam com a inauguração deste processo de conciliação pela Procuradoria Regional da União da 1ª Região, instada pelo Ministério Público Federal.

O anterior limite fixado pelo STF no inegável precedente da TI Raposa Serra do Sol, pelo marco de posse indígena na data da promulgação do Diploma Máximo, indicam sobre a impossibilidade de se manter a sobreposição de interesses entre os estudos para a demarcação da TI Comexatibá com o Parque Nacional do Descobrimento, razão para que se entenda a necessidade de sua exclusão, sem que se possa deixar de tratar, no mesmo passo, da existência de estudos para ampliação do Parque do Descobrimento em área que remanesceria nos estudos da FUNAI. Agrego, finalmente, que o entendimento contempla a previsão contida na Súmula n. 650 do STF: "Os incisos I e XI do art. 20 da Constituição Federal não alcançam terras de aldeamentos extintos, ainda que ocupadas por indígenas em passado remoto".

Nesse passo, vale também transcrever julgado mais recente do Pretório Excelso. Confira-se:

Conforme entendimento consubstanciado na Súmula n. 650/STF, o conceito de "terras tradicionalmente ocupadas pelos índios" não abrange aquelas que eram possuídas pelos nativos no passado remoto. (...). Renitente esbulho não pode ser confundido com ocupação passada ou com desocupação forçada, ocorrida no passado. Há de haver, para configuração de esbulho, situação de efetivo conflito possessório que, mesmo iniciado no passado, ainda persista até o marco demarcatório temporal atual (vale dizer, a data da promulgação da Constituição/1988), conflito que se materializa por circunstâncias de fato ou, pelo menos, por uma controvérsia possessória judicializada.[5]

Em outras palavras: a Constituição Federal garante aos povos indígenas o direito originário apenas sobre as terras que tradicionalmente ocupam, não se estendendo para toda e qualquer área sobre as quais seus antepassados remotos, um dia, supostamente ocuparam ou perpassaram.

Neste passo, a Súmula 650 do STF, aprovada em sessão plenária do dia 24.9.2003, corrobora com o entendimento acerca da ocupação em aldeamentos extintos, *verbis*:

Súmula 650. Os incisos I e Xi do art. 20 da Constituição Federal não alcançam terras de aldeamentos extintos, ainda que ocupadas por indígenas em passado remoto.

De fato, não pairam dúvidas de que a CF, em seu art. 231, veio reconhecer as terras indígenas por eles ocupadas no marco de 1988!

3. As condicionantes estabelecidas pelo STF

Além do requisito da *tradicionalidade*, acima estampado, no julgamento da Pet 3.388-RR o STF, ao julgar parcialmente procedente o pedido formulado na ação popular – para declarar a validade da Portaria 534, de 13.4.2005, do Ministro de Estado da Justiça, que demarcou a TI Raposa Serra do Sol e o Decreto de 15.4.2005, que a homologou –, fixou parâmetros jurídicos para o futuro, declarando 19 diretrizes para atuação administrativa na especialidade indígena, dentre as quais aquela que veda expressamente a ampliação de terras indígenas já demarcadas. Confira-se:

5. STF, 2ª Turma, ARE/AgR 803.462, rel. Min. Teori Zavascki, j. 9.12.2014, *DJe* 12.2.2015.

1. O usufruto das riquezas do solo, dos rios e dos lagos existentes nas terras indígenas pode ser relativizado sempre que houver como dispõe o art. 231 (§ 6º, da CF) o relevante interesse público da União na forma de lei complementar.

2. O usufruto dos índios não abrange o aproveitamento de recursos hídricos e potenciais energéticos, que dependerá sempre da autorização do Congresso Nacional.

3. O usufruto dos índios não abrange a pesquisa e a lavra das riquezas minerais, que dependerá sempre de autorização do Congresso Nacional, assegurando aos índios participação nos resultados da lavra, na forma da lei.

4. O usufruto dos índios não abrange a garimpagem nem a faiscação, devendo, se for o caso, ser obtida a permissão da lavra garimpeira.

5. O usufruto dos índios não se sobrepõe ao interesse da Política de Defesa Nacional. A instalação de bases, unidades e postos militares e demais intervenções militares, a expansão estratégica da malha viária, a exploração de alternativas energéticas de cunho estratégico e o resguardo das riquezas de cunho estratégico a critério dos órgãos competentes (o Ministério da Defesa, o Conselho de Defesa Nacional) serão implementados independentemente de consulta a comunidades indígenas envolvidas e à FUNAI.

6. A atuação das Forças Armadas da Polícia Federal na área indígena, no âmbito de suas atribuições, fica garantida e se dará independentemente de consulta a comunidades indígenas envolvidas e à FUNAI.

7. O usufruto dos índios não impede a instalação pela União Federal de equipamentos públicos, redes de comunicação, estradas e vias de transporte, além de construções necessárias à prestação de serviços públicos pela União, especialmente os de saúde e de educação.

8. O usufruto dos índios na área afetada por unidades de conservação fica sob a responsabilidade imediata do Instituto Chico Mendes de Conservação da Biodiversidade.

9. O Instituto Chico Mendes de Conservação da Biodiversidade responderá pela administração da área de Unidade de Conservação, também afetada pela terra indígena, com a participação das comunidades indígenas da área, que deverão ser ouvidas, levando em conta os usos, as tradições e costumes dos indígenas, podendo, para tanto, contar com a consultoria da FUNAI.

10. O trânsito de visitantes e pesquisadores não índios deve ser admitido na área afetada à Unidade de Conservação nos horários e condições estipulados pelo Instituto Chico Mendes.

11. Deve ser admitido o ingresso, o trânsito, a permanência de não índios no restante da área da terra indígena, observadas as condições estabelecidas pela FUNAI.

12. O ingresso, trânsito e a permanência de não índios não pode ser objeto de cobrança de quaisquer tarifas ou quantias de qualquer natureza por parte das comunidades indígenas.

13. A cobrança de tarifas ou quantias de qualquer natureza também não poderá incidir ou ser exigida em troca da utilização das estradas, equipamentos públicos, linhas de transmissão de energia ou de quaisquer outros equipamentos e instalações colocadas a serviço do público tenham sido excluídos expressamente da homologação ou não.

14. As terras indígenas não poderão ser objeto de arrendamento ou de qualquer ato ou negócio jurídico que restrinja o pleno exercício do usufruto e da posse direta pela comunidade indígena.

15. É vedada, nas terras indígenas, a qualquer pessoa estranha aos grupos tribais ou comunidades indígenas a prática da caça, pesca ou coleta de frutas, assim como de atividade agropecuária extrativa.

16. As terras sob ocupação e posse dos grupos e comunidades indígenas, o usufruto exclusivo das riquezas naturais e das utilidades existentes nas terras ocupadas, observado o disposto nos arts. 49, XVI, e 231, § 3º, da Constituição da República, bem como a renda indígena gozam de

plena imunidade tributária, não cabendo a cobrança de quaisquer impostos taxas ou contribuições sobre uns e outros.

17. É vedada a ampliação da terra indígena já demarcada.

18. Os direitos dos índios relacionados às suas terras são imprescritíveis e estas são inalienáveis e indisponíveis.

19. É assegurada a efetiva participação dos entes federativos em todas as etapas do processo de demarcação.

Acerca da força vinculante das diretrizes estabelecidas no julgamento da Pet 3.388-RR, o Min. Luís Roberto Barroso, quando da apreciação dos embargos de declaração, esclareceu que o instrumento da demarcação, previsto no art. 231 da CF, não poderia ser empregado em sede de revisão administrativa, para ampliar terras indígenas já reconhecidas, sob pena de insegurança jurídica quanto ao espaço adjacente,[6] *verbis:*

VI.5 Vedação à ampliação das áreas demarcadas

(...). Prevaleceu a ideia de que a demarcação das terras indígenas não poderia permanecer em aberto, por acarretar consequências gravíssimas para terceiros – em particular a privação de direitos de propriedade sem indenização, ressalvadas apenas as benfeitorias de boa-fé (CF/1988, art. 231, § 6º). A questão comporta, contudo, três esclarecimentos.

Em *primeiro* lugar, afirmou-se que o instrumento da *demarcação* previsto no art. 231 da Constituição não pode ser empregado, em sede de revisão administrativa, para ampliar a terra indígena já reconhecida, submetendo todo o espaço adjacente a uma permanente situação de insegurança jurídica. Nada disso impede que a área sujeita a uso pelos índios seja aumentada por outros instrumentos previstos no Direito. Os próprios índios e suas comunidades podem adquirir imóveis, na forma da lei civil (Lei n. 6.001/73, arts. 32 e 33). Nessa qualidade, terão todos os direitos e poderes de qualquer proprietário privado (CF/1988, art. 5º, XXII). A União Federal também pode obter o domínio de outras áreas, seja pelos meios negociais tradicionais (como a compra e venda ou a doação), seja pela desapropriação (CF/1988, art. 5º, XXIV). (...).

Em *segundo* lugar, o acordão embargado não proíbe toda e qualquer revisão do ato de demarcação. O *controle judicial*, por exemplo, é plenamente admitido (CF/1988, art. 5º, XXXV) – não fosse assim, a presente ação jamais poderia ter sido julgada no mérito, já que seu objeto era justamente a validade de uma demarcação. A limitação prevista no acórdão alcança apenas o exercício da *autotutela administrativa*. Em absoluta coerência com as razões expostas, assentou-se que a demarcação de terras indígenas "*não abre espaço para nenhum tipo de revisão fundada na conveniência e oportunidade do administrador*" (Min. Menezes Direito, fls. 395). Isso porque a inclusão de determinada área entre as "terras tradicionalmente ocupadas pelos índios" não depende de uma avaliação puramente política das autoridades envolvidas, e sim de um estudo técnico antropológico. Sendo assim, a modificação da área demarcada não pode decorrer apenas das preferências políticas do agente decisório.

O mesmo não ocorre, porém, nos casos em que haja vícios no processo de demarcação. A vinculação do Poder Público à juridicidade – que autoriza o controle judicial dos seus atos – impõe à Administração Pública o dever de *anular* suas decisões quando ilícitas, observado o prazo decadencial de cinco anos (Súmula n. 473/STF; Lei n. 9.784/1999, arts. 53 e 54).

Nesses casos, em homenagem aos princípios do devido processo legal, do contraditório e da ampla defesa (CF/1988, art. 5º, LVI e LV), a anulação deve ser precedida de procedimento administrativo idôneo, em que se permita a participação de todos os envolvidos (Lei n. 9.784/1999,

---

6. STF, Pet 3.388-4-RR, rel. Min. Carlos Britto, *DJe* 25.9.2009.

arts. 3º e 9º) e do Ministério Público Federal (CF/1988, art. 232; Lei Complementar n. 75/1993, art. 5º, III, "e"), e deve ser sempre veiculada por decisão motivada (Lei n. 9.784/1999, art. 50, I e VIII). Ademais, como a nulidade é um vício de origem, fatos ou interesses supervenientes à demarcação não podem dar ensejo à cassação administrativa do ato. Esses pontos foram bem sintetizados no voto do Min. Gilmar Mendes (...).

Em *terceiro* lugar, e por fim, independentemente do que se observou acima, é vedado à União rever os atos de demarcação da TI Raposa Serra do Sol, ainda que no exercício de sua autotutela administrativa. Recorrendo novamente às palavras do Min. Gilmar Mendes: "Como bem salientado pelo Min. Menezes Direito, o procedimento demarcatório que redundou na demarcação da TI Raposa Serra do Sol não poderá ser revisto, considerando que a sua correção formal e material foi atestada por este STF" (fls. 782). Essa orientação também contava com a adesão, *e.g.*, do Min. Carlos Ayres Britto (Relator).

Embora discordasse da condicionante em caráter geral, S. Exa. explicitamente observou que estava "de pleno acordo" com sua aplicação ao caso concreto decidido pelo Tribunal (fls. 848).

No mesmo sentido trecho do já citado julgado do STJ:

Direito administrativo e constitucional – *Impossibilidade de remarcação ampliativa de terra indígena*. A alegação de que a demarcação da Terra Indígena não observou os parâmetros estabelecidos pela Constituição Federal/1988 não justifica a remarcação ampliativa de áreas originariamente demarcadas em período anterior à sua promulgação. O STF, no julgamento da Pet n. 3.388-RR (Caso Raposa Serra do Sol), ao estabelecer as denominadas "salvaguardas institucionais", estipulou que "é vedada a ampliação da terra indígena já demarcada" (Salvaguarda XVII). Em que pese à ausência de eficácia vinculante formal desse julgado, observa-se que o STF entendeu que "os pressupostos erigidos naquela decisão para o reconhecimento da validade da demarcação realizada em Roraima decorreriam da Constituição da República, pelo quê tais condicionantes ou diretrizes lá delineadas haveriam de ser consideradas em casos futuros, especialmente pela força jurídico-constitucional do precedente histórico, cujos fundamentos influenciam, direta ou indiretamente, na aplicação do Direito pelos magistrados aos casos semelhantes" (RMS n. 29.542-DF, 2ª Turma, *DJe* 13.11.2014).

(...).

Nesse amplo contexto, cabe ao STJ analisar as questões pertinentes às demarcações de terras indígenas com os olhos voltados para as diretrizes fixadas pelo STF, até mesmo em homenagem aos princípios da razoável duração do processo e da segurança jurídica. *Desse modo, caso se constate que o procedimento de remarcação está fundamentado unicamente na circunstância de a demarcação originária não haver sido feita em consonância com o art. 231 da CF/1988, não há como deixar de reconhecer o desatendimento à Salvaguarda XVII estabelecida pelo STF* no julgamento da Pet n. 3.388-RR. *[STJ, MS 21.572-AL, rel. Min. Sérgio Kukina, j. 10.6.2015, DJe 18.6.2015]*

Conforme já restou esclarecido pela Suprema Corte, a despeito de o Brasil não adotar o sistema da *Common Law*, as diretrizes fixadas para delimitação das terras indígenas decorrem da própria Constituição e apresentam-se como de repercussão geral. Confira-se:

VI.1 Validade e natureza das condicionantes incorporadas ao acórdão

O *Parquet* suscita uma questão prejudicial acerca das condições incorporadas ao dispositivo do acordão por proposta do Min. Menezes Direito. Segundo a Dra. Déborah Macedo Duprat de Britto Pereira, Procuradora-Geral da República então em exercício, "não cabe ao STF, a partir de *obiter dictum* lançado em voto proferido em sede de processo subjetivo, traçar parâmetros abstratos de conduta, máxime em contexto em que os mesmos não foram sequer objeto de discussão no curso da lide". (...). Por fim, alega que condições definidas em caráter geral e abstrato só poderiam ser impostas, a partir de casos concretos, pela via das súmulas vinculantes. Mas isso, de todo modo, não seria viável na hipótese, porque inexistiriam reiteradas decisões do Tribunal sobre o tema ou risco de multiplicação de processos sobre essa matéria.

Passo a examinar o ponto. Embora o acordão me pareça bastante claro neste aspecto, é fato que *as chamadas condicionantes* a ele incorporadas vêm gerando alguma polêmica. Por conta disso, convém fazer alguns esclarecimentos. Para tanto, sequer é necessário debater a limitação do Tribunal à condição de "legislador negativo". Embora instigante, o debate seria irrelevante para o caso em exame. Não é difícil observar por quê.

As condições em tela são elementos que a maioria dos Ministros considerou pressupostos para o reconhecimento da demarcação válida, notadamente por decorrerem essencialmente da própria Constituição. Na prática, a sua inserção no acórdão pode ser lida da seguinte forma: se o fundamento para se reconhecer a validade da demarcação é o sistema constitucional, a Corte achou por bem explicitar não apenas esse resultado isoladamente, mas também as diretrizes desse mesmo sistema que conferem substância ao usufruto indígena e o compatibilizam com outros elementos igualmente protegidos pela Constituição.

Na esteira da proposta do Min. Menezes Direito, *a maioria entendeu que não era possível pôr fim ao conflito fundiário e social que lhe foi submetido sem enunciar os aspectos básicos do regime jurídico aplicável à área demarcada. Nesse sentido, as condições integram o objeto do que foi decidido e fazem coisa julgada material. Isso significa que a incidência das referidas diretrizes na Reserva da Raposa Serra do Sol não poderá ser objeto de questionamento em outros processos.* (...).

Essa circunstância, porém, não produz uma transformação da coisa julgada em ato normativo geral e abstrato, vinculante para outros eventuais processos que discutam matéria similar. No atual estado da arte, as decisões do STF não possuem, sempre e em todos os casos, caráter vinculante. Não se aplica, no Brasil, o modelo de *stare decisis* em vigor nos Países de *Common Law*, no qual as razões de decidir adotadas pelos tribunais superiores vinculam os órgãos inferiores. Embora essa regra admita exceções, entre elas não se encontram as sentenças e acórdãos proferidos em sede de ação popular, ainda que emanados deste Tribunal.

Dessa forma, a decisão proferida na Pet n. 3.388-RR não vincula juízes e tribunais quando do exame de outros processos relativos a terras indígenas diversas. Como destacou o Min. Carlos Ayres Britto, "a presente ação tem por objeto tão somente a TI Raposa Serra do Sol" (fls. 336). Vale notar que essa linha já vem sendo observada pelo Tribunal: foram extintas monocraticamente várias reclamações que pretendiam a extensão automática da decisão a outras áreas demarcadas (...).

Apesar disso, *seria igualmente equivocado afirmar que as decisões do STF se limitariam a resolver casos concretos, sem qualquer repercussão sobre outras situações. Ao contrário, a ausência de vinculação formal não tem impedido que, nos últimos anos, a jurisprudência da Corte venha exercendo o papel de construir o sentido das normas constitucionais, estabelecendo diretrizes que têm sido observadas pelos demais juízos e órgãos do Poder Público de forma geral. Nas palavras da Min. Carmen Lúcia, em decisão monocrática (Rcl n. 4.708-GO): "Precedente, no Direito Brasileiro, não pode ser o que a doutrina aproveita ao cuidar dos sistemas de* **Common Law***. Conquanto já não se creia que o sistema de* **Civil Law** *possa ser tido como o modelo que cobre, com todo rigor, o sistema jurídico brasileiro, é certo que o "leading case" não tem, aqui, as consequências vinculantes para os juízes daquele primeiro sistema. O papel de fonte do Direito que o precedente tem, naquele, não é desempenhado pelo precedente no Direito Brasileiro, salvo nos casos constitucional ou legalmente previstos, como se dá com as ações constitucionais para o controle abstrato. Mas também é certo que o precedente judicial – julgado anterior sobre a matéria não substituído ou desautorizado por entendimento sobre* *aplicação de norma jurídica em sentido contrário exarado pelo Supremo Tribunal – influi, direta ou indiretamente, na aplicação do Direito pela jurisdição inferior.* O precedente serve, no sistema brasileiro, apenas como elemento judicial orientador, inicialmente, para a solução dos casos postos a exame. E ponto de partida não é ponto de chegada. Não se faz inexorável a decisão proferida por ter tido outra em determinado sentido".

É apenas nesse sentido limitado que as condições indicadas no acordão embargado produzem efeitos sobre futuros processos, tendo por objeto demarcações distintas. *Vale dizer: tendo a Corte enunciado a sua compreensão acerca da matéria, a partir da interpretação do sistema constitucional, é apenas natural que esse pronunciamento sirva de diretriz relevante para a as autoridades estatais – não apenas do Poder Judiciário – que venham a enfrentar novamente as mesmas questões.* O ponto foi objeto de registro expresso por parte do Min. Cézar Peluso (fls. 543 e 545): "(...) *a postura que esta Corte está tomando hoje não é de julgamento de um caso qualquer, cujos efeitos se exaurem em âmbito mais ou menos limitado, mas é autêntico caso-padrão, ou* leading case, *que traça diretrizes não apenas para solução da hipótese, mas para disciplina de ações futuras e, em certo sentido, até de ações pretéritas, nesse tema. Parece-me, daí, justificada a pertinência de certos enunciados que deixem claro o pensamento da Corte a respeito. Isso vale, principalmente, em relação às novas demarcações, que envolvem um complexo de interesses, direitos e poderes de vários sujeitos jurídicos, seja de direito público, seja de direito privado, envolvendo, basicamente, questões de segurança nacional no sentido estrito da expressão*" (...).

Isto é: *embora não tenha efeitos vinculantes em sentido formal, o acordão embargado ostenta a força moral e persuasiva de uma decisão da mais alta Corte do País, do que decorre um elevado ônus argumentativo nos casos em se cogite de superação das suas razões.*

Com efeito, é possível afirmar serem as diretrizes dotadas de repercussão geral, pois seus efeitos têm o condão de ultrapassar a esfera jurídica das partes litigantes para atingir toda uma coletividade.

Essa transcendência, todavia, como ensina Carreira Alvim, não significa dizer que a questão deva, obrigatoriamente, interessar a todos os brasileiros; é suficiente que esses efeitos repercutam na esfera jurídica de um número considerável de pessoas ou de um segmento da sociedade; assim, a questão pode possuir expressão meramente local. É exatamente o caso que se apresenta.[7]

Entendidas as condições e OS requisitos consolidados pela Constituição Federal acerca da criação e ampliação das terras indígenas, passa-se à avaliação do processo administrativo da Ti Comexatibá, com vistas a demonstrar como a FUNAI vem deixando de observar tais salvaguardas, em afronta direta à Carta Magna.

Para tanto, será necessário passar os olhos também sobre os processos de criação e ampliação da Ti Barra Velha.

4. O processo administrativo de criação e ampliação da TI Barra Velha

A TI Barra Velha, homologada por meio do Decreto 396, de 24.12.1991, compreende uma área de 8.627,4590ha (oito mil, seiscentos e vinte e sete hectares, quarenta e cinco ares

---

7. José Eduardo Carreira Alvim, "Alguns aspectos dos recursos extraordinário e especial na reforma do Poder Judiciário (Emenda Constitucional n. 45/2004)", in Teresa Arruda Alvim Wambier *et al.*, Reforma do Judiciário: Primeiras Reflexões sobre a Emenda Constitucional n. 45/2004, São Paulo, Ed. RT, 2005, p. 325.

e noventa centiares) e perímetro de 71.741,00m (setenta e um mil, setecentos e quarenta e um metros), tendo sido na ocasião caracterizada como área de ocupação tradicional e permanente do grupo indígena Pataxó.

O processo de delimitação, demarcação e homologação da TI Barra Velha teve como motivação as disputas fundiárias iniciadas pelo processo em torno da criação do Parque Nacional do Monte Pascoal, uma vez que a dita Unidade de Conservação acendeu o debate acerca da posse e usufruto legítimo da terra indígena, alegadamente do uso tradicional, uma vez ter sido criada exatamente sobre o suposto território tradicional e permanente dos Pataxó.[8]

Nos termos do art. 8º, III, da Lei federal 9.985, de 18.7.2000,[9] as Unidades de Conservação de Proteção Integral limitam sobremaneira a intervenção humana, tendo em vista se prestarem à conservação da biodiversidade existente em determinada localidade, *in casu*, a Mata Atlântica. Assim, ao estabelecer uma área de cunho preservacionista, que restringe o desenvolvimento das mais diversas atividades, a criação do Parque Nacional do Monte Pascoal teve como consequência direta o desagrado aos interesses dos índios que há muito habitavam aquela área.

Se o Monte Pascoal começou a ser protegido como um monumento desde 1943, o Parque só foi efetivamente criado e instituído como uma Unidade de Conservação através do Decreto federal 242/1961. Este prolongamento da intervenção estatal gerou, manteve e prolongou boa parte dos conflitos fundiários na região dos Pataxó. Daí que, a partir de então, tiveram início inúmeras tratativas entre as lideranças Pataxó e o Governo Federal, com vistas ao destacamento de uma parcela do Parque Nacional do Monte Pascoal para contemplar a TI Barra Velha, território *tradicional* dos índios Pataxó. Assim, em 1965, o antigo Instituto Brasileiro de Desenvolvimento Florestal/IBDF reservou uma área de 210ha ao uso da comunidade Pataxó, dentro dos limites do Parque Nacional.

A TI Barra Velha, reconhecida pela FUNAI por meio da Portaria 1.393/E, de 1.9.1982, teve sua delimitação homologada através do Decreto 396/1991, com superfície de 8.627ha e perímetro de 71km, tendo sua área devidamente matriculada no Cartório de Registro de Imóveis de Porto Seguro e na Delegacia do Patrimônio da União/BA.[10] Configurando-se, assim, um ato jurídico perfeito, em todas as suas dimensões e implicações.

Depreende-se, portanto, que a área do Parque Nacional do Monte Pascoal é, em verdade, o grande território de perambulação dos índios Pataxó.

A corroborar o que ora se aduz, cumpre destacar que a Comunidade Indígena Pataxó da Região do Monte Pascoal propôs a Ação Possessória 1999.33.01.000888-6 em face do Instituto Brasileiro de Meio Ambiente e dos Recursos Naturais Renováveis/IBAMA, com vistas a retomar suas terras tradicionais, quais sejam, aquelas que integram o Parque Nacional do Monte Pascoal.[11]

A relevância da TI Barra Velha como área tradicional dos Pataxó, portanto, faz com que conflitos persistam até os tempos hodiernos entre FUNAI, IBDF/IBAMA e ICMBio.

---

8. "Carta S/N", in *Processo FUNAI/BSB-2.556/1982*, p. 470.
9. Norma que institui o Sistema Nacional de Unidades de Conservação da Natureza/SNUC.
10. "Informação n. 016/DEID", in *Processo FUNAI/BSB-2.556/1982*, p. 791.
11. Decisão liminar proferida em 2.9.1999.

5. O processo de ampliação da TI Barra Velha

Logo após a demarcação da TI Barra Velha, e antes mesmo da publicação do seu decreto homologatório, os Pataxó e a FUNAI deram início a um movimento para pleitear a alteração de seus limites, tendo em vista não ter sido anexada, quando da demarcação da referida Terra Indígena, qualquer área de mangue. O pleito justificava-se em razão de, no entender dos Pataxó, a mariscagem representar complementação alimentar de grande importância e ainda porque o mangue era tradicionalmente usado em suas atividades de coleta.[12]

Ademais, os índios entendiam que teriam sido prejudicados em razão de a eles só ter sido dirigida parcela parcial do Parque Nacional do Monte Pascoal, constituído, como já visto, exaustivamente sobre seu território tradicional.

Importante ressaltar que, considerando a impossibilidade de se destacar aos Pataxó a totalidade de seu território tradicional, passou-se a buscar novas áreas alternativas para alocá-los. Cabe destacar, entretanto, que *não se tratava de território tradicional, mas, sim, uma área passível de solucionar questão sociopolítica*.

Nos termos do "Relatório Circunstanciado de Revisão de Limites da Terra Indígena Barra Velha do Monte Pascoal", a área reivindicada pelos Pataxó para ampliação da TI Barra Velha incide nos Municípios de Porto Seguro, Prado, Itabela e Itamaraju e é composta por 12 aldeias, sendo elas: Barra Velha, Meio da Mata, Cassiana, Boca da Mata, Bugigão, Guaxuma, Trevo do Parque, Pé do Monte, Aldeia Nova, Corumbazinho, Águas Belas e Craveiro, todos no Estado da Bahia.

Mais uma vez, *reforçando que a área tradicional dos Pataxó é a área do Parque Nacional de Monte Pascoal*, vale destacar que as aldeias Barra Velha, Bugigão, Meio da Mata, Boca da Mata e Pé do Monte se encontram no âmbito dos limites de tal Parque Nacional.

As demais aldeias são muito recentes, a saber: a Trevo do Parque,[13] datada de 2005; a Corumbazinho,[14] de 1998; e a Guaxumá,[15] de 2000. Vale destacar o processo de retomada dos Pataxó resumido pelo Antropólogo da Associação Nacional de Ação Indigenista/ANAÍ,

---

12. "Informação n. 088/DID/DGPI/1983".

13. "Em 2005, o INCRA deu início ao processo desapropriação de uma área de 1.800ha do imóvel denominado Fazenda Cruz do Ouro, sendo que 300ha incidem sobre a área em estudo para revisão de limites da TI Barra Velha. Após várias reuniões entre lideranças do Movimento dos Sem Terra, lideranças Pataxó e representantes do INCRA e da FUNAI de Itamaraju, foi acertado que os 300ha não seriam utilizados para o assentamento, ficando liberados para os índios do Trevo do Parque. Em troca, os Pataxó não paralisariam o processo de desapropriação dos restantes 1.500ha, localizados do outro lado da BR-101. Atualmente vivem na Aldeia Trevo do Parque 33 famílias" (cf. Leila Sílvia Burger Sotto-Maior, "Relatório Circunstanciado de Revisão de Limites – Terra Indígena Barra Velha do Monte Pascoal", p. 16, in *Processo FUNAI/BSB-2.556/1982*, p. 1.220-1.473).

14. "(...). Por volta de 1998, após anos de pressão e perda territorial, os Pataxó que viviam em Corumbazinho retomaram uma área que foi declarada de interesse para Reforma Agrária" (cf. Leila Sílvia Burger Sotto-Maior, "Relatório Circunstanciado de Revisão de Limites – Terra Indígena Barra Velha do Monte Pascoal", p. 87, in *Processo FUNAI/BSB-2.556/1982*, pp. 1.220-1.473).

15. "E, por fim, as Aldeias Guaxumá e Nova, localizadas em imóveis que foram ocupados pelos Pataxó durante as festividades dos 500 anos do descobrimento (ano 2000), como forma de demonstrar toda a indignação quanto à lentidão do processo de regularização fundiárias das terras indígenas do Extremo Sul da Bahia" (cf. Leila Sílvia Burger Sotto-Maior, "Relatório Circunstanciado de Revisão de Limites – Terra Indígena Barra Velha do Monte Pascoal", cit., p. 17, in *Processo FUNAI/BSB-2.556/1982*, pp. 1.220-1.473).

José Augusto Laranjeiras Sampaio, mencionado no "Relatório Preliminar de Fundamentos Fáticos para Contestação Administrativa da Terra Indígena Comexatibá".

O "Resumo do Relatório Circunstanciado de Revisão dos Limites da Terra Indígena Barra Velha" foi publicado no *DOU* de 29.2.2008, conforme Despacho 4, de 27.2.2008, subscrito pelo então Presidente da FUNAI, ao aprovar as conclusões objeto do "Resumo" que reconhece os estudos de identificação da TI Barra Velha de ocupação do Grupo Pataxó, localizada nos Municípios de Itamaraju, Porto Seguro e Prado, no Estado da Bahia. Publicado o Relatório de Ampliação da TI Barra Velha, foram apresentadas as manifestações previstas no Decreto 1.775/1996, e até o presente momento não foi homologada a referida ampliação.

6. O processo de criação da TI Comexatibá

O processo de criação da TI Cahy/Pequi (antiga denominação da atual TI Comexatibá) teve início por meio da Portaria 964/2004/PRES, para realizar levantamento preliminar das pendências fundiárias referentes à presença Pataxó na região do Extremo Sul da Bahia. Em 29.11.2006, por meio da Portaria 1.455/2006/PRES, foi constituído o Grupo Técnico, composto por antropólogos, para realizar os estudos de identificação e delimitação da referida Terra Indígena.

Conforme se infere da parte introdutória do "Relatório Circunstanciado de Identificação e Delimitação – Terra Indígena Comexatibá (Cahy/Pequi)",[16] os estudos conduzidos por determinação da Portaria 1.455/2006/PRES foram paralisados em 2009, em virtude do Termo de Arbitragem 005/CCAF/CGU/AGU-VIW da Câmara de Conciliação e Arbitragem da Administração Federal-CCAF/AGU, tendo sido retomados em 2010.

Nesse ponto, vale abrir um parêntese para elucidar do que se trata o mencionado Processo de Conciliação. Com efeito, referido processo foi deflagrado em razão de a Procuradoria-Geral da União da 1ª Região, em 7.12.2004, ter encaminhado para apreciação do Procurador-Geral o relato da situação de controvérsia administrativa configurada no âmbito do AI 2003.01.00.031604-2, cujos autos consignavam a FUNAI e a União no polo ativo e o Instituto Nacional de Colonização e Reforma Agrária/INCRA no polo passivo. Dito recurso foi interposto com o escopo de reformar a decisão liminar proferida em favor do INCRA nos autos da Ação Possessória 2002.33.01.001782-0, com o intuito de proteger sua posse sobre a Fazenda Três Irmãos, localizada no Município de Prado/BA, em face da ocupação pelos índios Pataxó.

Observe-se, desde logo, que na área na qual se pretende delimitar a TI Comexatibá existem diversos assentamentos rurais formais que seriam diretamente impactados.

Desse modo, a área que se pretende destinar à TI Comexatibá (Cahy/Pequi) se sobrepõe não apenas ao Parque Nacional do Descobrimento, mas também a assentamentos rurais em situação de vulnerabilidade, em ofensa direta a interesses coletivos.

Com efeito, conforme se verifica, a ocupação indígena do Parque Nacional do Descobrimento constitui um processo caracterizado como "retomada" das terras ditas indígenas, toda posterior à Constituição Federal/1988, à criação do Parque Nacional do Descobrimento

---

16. In *Processo FUNAI/BSB-08620.015374/2014-48*, pp. 331-462.

e à instituição do Projeto de Assentamento Cumuruxatiba. Fechando-se o parêntese, retoma-se a narrativa.

Passados mais de 10 anos da publicação da portaria da FUNAI que instituiu o Grupo de Trabalhos, foi publicado no *DOU* em 27.7.2015 o "Despacho do Presidente" 42, que aprova as conclusões do "Relatório Circunstanciado de Identificação e Delimitação – Terra Indígena Comexatibá (Cahy/Pequi)", e reconhece a delimitação da TI Comexatibá, nos termos do § 7º do art. 2º do Decreto 1.775/1996. Referido decreto prevê, por óbvio, a possibilidade de manifestação dos interessados para o fim de pleitear indenização e/ou para demonstrar vícios, totais ou parciais, do relatório que deu origem à demarcação da Terra Indígena. É nessa etapa de apresentação das manifestações que se encontra o referido processo administrativo cujos atos se pretende ver anulados.

7. A proposta da criação da TI Comexatibá como forma de ampliação da TI Barra Velha

A bem ver, conforme já é possível depreender, a TI Comexatibá nada mais é do que a ampliação da TI Barra Velha, coincidente e resultado de um processo de ampliação e fortalecimento do poderio indígena, principalmente por envolver população que recentemente passou a se identificar como indígena, da mesma etnia, qual seja, Pataxó, que, conforme restou exaustivamente demonstrado, tem como território tradicional originalmente identificado pelo processo demarcatório de Barra Velha.

Na verdade, o que se pretende, seja por meio do processo de ampliação da TI Barra Velha, seja por meio do processo de criação da Comexatibá, é a ampliação da "aldeia-mãe" – TI Barra Velha –, formando-se um território indígena único na Região Sul do Estado da Bahia.

Como já dito, tais propostas surgem não de um contexto histórico de ocupação tradicional, mas, sim, de uma tentativa do Poder Público de buscar uma solução para problemática há muito discutida no contexto nacional, do apossamento das terras tradicionais dos Pataxó pelo Parque Nacional do Monte Pascoal.

Afaste-se, desde logo, o raciocínio equivocado exposto nos Relatórios Circunstanciados que instruem os processos da FUNAI, de que seria possível justificar a presença tradicional dessa etnia indígena em todo o Sul e Extremo Sul do Estado da Bahia. Isso porque as passagens de trechos e relatos históricos mencionados não são precisas e demonstram claramente tratar-se de passagens esparsas e ocasionais; e não de residência permanente dessa etnia! Tal afirmação pode ser confirmada pelo fato de a grande maioria das aldeias situadas nas áreas de ampliação ter sido constituída ao fim do século XX e no decorrer do século XXI,[17] não sendo possível, portanto, falar-se em território tradicionalmente ocupado.

---

17. A maioria das aldeias foi formada no fim e ao longo da segunda metade do século XX (entre a diáspora e 2001, contemplando as retomadas Pataxó durante as festividades dos 500 anos do descobrimento e nos primeiros anos do século XXI, até aproximadamente 2005, tal processo é conhecido como a retomada dos Pataxó – cf. Leila Sílvia Burger Sotto-Maior, "Relatório Circunstanciado de Revisão de Limites – Terra Indígena Barra Velha Monte Pascoal", pp. 15-18, in *Processo FUNAI/BSB-2.556/1982*, pp. 1.220-1.473, e Leila Sílvia Burger Sotto-Maior, "Relatório Circunstanciado de Identificação e Delimitação – Terra Indígena Comexatibá (Cahy-Pequi)", pp. 367-368, in *Processo FUNAI-08620.015374/2014-48*, pp. 331-462).

Acrescente-se a isso o fato de a todo momento se fazer referência à TI Barra Velha no processo demarcatório da TI Comexatibá, como se uma só fossem. Além disso, as áreas das Terras Indígenas são limítrofes, o que demonstra que a patente "divisão" em duas Terras Indígenas foi feita unilateralmente pela FUNAI, apenas para facilitar sua aprovação.

Conforme se depreende, é nítido que, em verdade, trata-se de uma grande porção de área dita "indígena", composta por diversas Terras Indígenas "independentes". Na prática, todas elas formam uma só. Tal constatação é reforçada também pelo fato de os índios pertencerem à mesma etnia, o que é largamente confirmado no processo de criação da TI Comexatibá.

Ora, o que se verifica é que a própria TI Comexatibá foi reivindicada no bojo dos estudos desenvolvidos para ampliação da TI Barra Velha, onde ambas foram definidas como o "grande território histórico" dos Pataxó. Ou seja, trata-se de uma única Terra Indígena!

No mesmo sentido, o ex-Presidente da FUNAI deixa claro que a TI Barra Velha era a "aldeia-mãe" e que a partir dela houve o dispersamento das famílias Pataxó. Esta informação reforça sobremaneira a tese ora sustentada: a TI Comexatibá é mera extensão da TI Barra Velha, e foi cindida pela FUNAI apenas para facilitar sua aprovação.

Fica claro que as duas Terras Indígenas do Sul da Bahia representam um território único para esses indígenas, todos da mesma etnia Pataxó, e que suas demarcações são tratadas e definidas conjuntamente pelas mesmas pessoas.

Observe-se, a propósito, que o cerne do Processo de Conciliação 00410.006126/2004-06, da Câmara de Conciliação e Arbitragem, diz respeito justamente à sobreposição de interesses indígenas, ambientais e fundiários. Nesse contexto, a ampliação da TI Barra Velha e a demarcação da TI Comexatibá pela FUNAI são tratadas também de forma conjunta pela Advocacia-Geral da União, na tentativa de harmonizar os interesses da FUNAI, do INCRA, IBAMA e ICMBio, *verbis*:

> Faço um parêntese para esclarecer que os estudos em andamento para a demarcação da TI Comexatibá e para a ampliação da TI Barra Velha, pela FUNAI, implicam a sobreposição com Projetos de Assentamento já executados pela Superintendência do INCRA e com os Parques Nacionais, respectivamente, Monte Pascoal e Descobrimento, tutelados pelo ICMBio.[18]

No bojo do referido Processo de Conciliação foi exarado o Parecer AGU/SRG-01/2009, cuja ementa é a que segue:

> I – A Câmara de Conciliação e Arbitragem da Administração Federal é competente para a coordenação dos trabalhos conciliatórios pertinentes e para a solução, por arbitragem, da controvérsia jurídica concernente à sobreposição de interesses agrários, indígenas e ambientais decorrentes da existência de estudos perante a FUNAI para a ampliação da TI Barra Velha e para a demarcação da TI Comexatibá, na mesma região onde estão instalados Projetos de Assentamentos Agrários e dois Parques Nacionais, respectivamente Monte Pascoal e Descobrimento, Extremo Sul do Estado da Bahia.
>
> II – São novos os paradigmas para matéria indígena, conforme o entendimento do STF no caso das TIs Raposa Serra do Sol.

---

18. *Processo FUNAI-08620.015374/2014-48*, p. 91.

III – A preservação ambiental no Extremo Sul da Bahia, remanescente da Mata Atlântica da Região Nordeste do País pressuposto de reprodução física, social, cultural e econômica humana, em especial indígena.

IV – Indicativos de situações administrativas passíveis de adequação aos princípios inscritos no art. 37 da Constituição Federal.

Infere-se, portanto, que, a despeito de se tratar de processos administrativos distintos, a ampliação da TI Barra Velha e a criação da TI Comexatibá são uma tentativa de estabelecimento de um grande e único território Pataxó, com o intuito de ampliar a "aldeia-mãe", qual seja, a TI Barra Velha, que teve seu território ocupado pelo Parque Nacional do Monte Pascoal, acabando por cercear a atuação dos índios, por se tratar de Unidade de Conservação de Proteção Integral.

Daí que, além de ambos os processos nitidamente se caracterizarem como uma tentativa de ampliação da TI Barra Velha, a motivação não se funda em critérios de *tradicionalidade*, mas, sim, em critérios essencialmente ideológicos, para fim de instalação de uma Terra Indígena em contrariedade aos balizamentos constitucionais do STF e aos preceitos normativos que condicionam a atividade pública. Se assim ocorrer, emergirá o poder-dever de anular o ato.

8. Da afronta à Constituição Federal e às diretrizes do STF

Como se verificou da narrativa acima, os processos administrativos em testilha vêm sendo conduzidos pela FUNAI em nítida afronta ao critério da tradicionalidade e também às chamadas salvaguarda institucionais. Vejamos

8.1 Não há ocupação permanente

A "Parte II – Habitação Permanente" do "Relatório Circunstanciado de Identificação e Delimitação – Terra Indígena Comexatibá (Cahy/Pequi)" tem o escopo de comprovar o atendimento, pela TI Comexatibá, do requisito constitucional da *permanência*. Para tanto, utiliza-se de conceitos, dados históricos de uso e ocupação, bem como referência a lugares antigos.

Nesse passo, elucida o documento que na TI Comexatibá há locais como lugares antigos, sítios antigos ou históricos, referentes a áreas abandonadas, onde viviam famílias indígenas, lugares sagrados e encantados, lugares para caça e para pesca, dentre outros, que, nos termos do referido "Relatório Circunstanciado", "fazem parte do conjunto de elementos que organizam o espaço vivido dos Pataxó".[19]

Ressalta-se aqui, desde já, que a premissa utilizada pelo "Relatório Circunstanciado" para demonstrar a permanência mostra-se equivocada, pois, ao conceituar a *permanência*, *o laudo utilizou-se da definição de ocupação sem, contudo, se preocupar com sua extensão no tempo*, em afronta ao que determina a Carta da República.

A corroborar tal assertiva, vale mencionar que o ICMBio, ao impugnar o referido "Relatório Circunstanciado", nos termos do Decreto federal 1.775/1996, registra que as

---

19. Leila Sílvia Burger Sotto-Maior, Relatório Circunstanciado de Identificação e Delimitação – Terra Indígena Comexatibá (Cahy-Pequi), p. 56, in *Processo FUNAI 08620.015374/2014-48*, pp. 331-462.

ocupações na área foram iniciadas tão somente no ano de 2003 e que antes disso as aldeias existentes na região integravam exclusivamente a TI Barra Velha.

Pois bem. Ao trazer dados históricos sobre os Pataxó, o "Relatório Circunstanciado" busca caracterizá-los como seminômades, mas, a despeito disso, centra-se nos registros de Wied-Neuwied para tentar trazer supostos locais de ocupação permanente, como aldeias, plantas cultivadas. Todavia, *o que se constata dos documentos acostados aos autos é que os Pataxós acabaram apenas por "perambular" pela região.*

A propósito, faz-se necessário esclarecer a distinção entre "perambulação" e "ocupação", interpretando-se corretamente a norma constitucional, a fim de coibir injustiças na demarcação de áreas que, efetivamente, não foram "ocupadas" pelos índios, mas que foram meramente objeto de "perambulação".

Segundo essa hermenêutica, a "ocupação" existe quando determinada tribo indígena se estabelece em área delimitada, tendo nela sua morada tradicional, duradoura, em caráter permanente (como estabelece o § 1º do art. 231 da CF), construindo moradias duráveis, minimamente organizadas, exercendo ali suas atividades de subsistência (na agricultura e na criação de animais), desenvolvendo suas tradições, seus costumes, nela enterrando seus mortos, podendo seus membros entrar e sair livremente.

No entanto, quando o tema é terras indígenas não é essa a regra. Até pela própria cultura, que desconhece o instituto da posse, os índios costumavam perambular por áreas extensas sem, no entanto, nelas se fixar. Por tal razão, é importante não confundir, nos processos demarcatórios, ocupação permanente com aquela eventual, decorrente da mera perambulação indígena, consoante advertiu o jurista Miguel Reale em artigo publicado no jornal *O Estado de S. Paulo*, do qual se reproduzem os seguintes trechos:

> Na demarcação das terras tradicionalmente ocupadas pelos índios, entendendo-se como tais as por eles ocupadas em caráter permanente (§ 1º do art. 231 da CF), têm havido evidentes abusos e concessões, estendendo-se em demasia as áreas imprescindíveis à preservação dos recursos ambientais necessárias à sua produção física e cultural, segundo seus usos, costumes e tradições (...). Tudo depende do entendimento a ser dado à expressão "ocupação em caráter permanente", a qual tem sido largamente compreendida, a partir-se da afirmação de que se trata de gente nômade, acostumada a percorrer imensos territórios, o que nos conduz a exageros manifestos, confundindo-se a ocupação permanente com ocupação eventual.[20]

Com efeito, vale destacar que os Pataxó estiveram ausentes de diversas Aldeias da região de Comexatibá, tendo retornado, com *o processo de "retomadas", ao final da década de 1990, ou seja, após a edição da Constituição/1988.*

Desse modo, mesmo que em algum período remoto os Pataxó tenham habitado as áreas que hoje se pretende delimitar como TI Comexatibá, o que se admite apenas por amor à argumentação, tendo em vista a fragilidade dos argumentos trazidos pelas antropólogas, a verdade é que, *até o ano 2000, tais índios não se encontravam em tais locais.*

Daí que, evidentemente, não há que se falar na posse tradicional dos Pataxó na região de Comexatibá, tendo em vista que os relatos das "retomadas" na região têm início apenas nos anos 2000.

---

20. Miguel Reale, artigo publicado no jornal *O Estado de S. Paulo* de 25.6.1992.

Daí que não se verifica o processo de ocupação permanente, não havendo, portanto, que se falar em TI Comexatibá, isso porque inexiste o direito tradicional dos povos indígenas.

Depreende-se, portanto, que não restou comprovado pelo "Relatório Circunstanciado" em comento que os Pataxó tradicionalmente ocupam a área que se pretende delimitar na TI Comexatibá, não atendendo, portanto, ao requisito imposto pelo art. 231 da CF. Por tal razão, é impraticável dar seguimento ao processo administrativo de criação da TI Comexatibá, por representar afronta direta à Constituição Federal.

8.2 *A utilização para suas atividades produtivas, a imprescindibilidade em relação à preservação dos recursos ambientais necessários a seu bem-estar e a necessidade em relação à sua reprodução física e cultural não estão demonstradas*

Na "Parte III – Atividade Produtiva" do "Relatório Circunstanciado de Identificação e Delimitação – Terra Indígena Comexatibá (Cahy/Pequi)", a equipe de antropólogos tenta demonstrar, sem sucesso, que a área em comento, equivalente a inacreditáveis 21.129ha, localizada no Sul da Bahia, incluindo Interior e Litoral, é necessária para o desenvolvimento das atividades produtivas dos Pataxó.

Para bem analisar a questão, *cumpre destacar, desde logo, que se está a falar de um contingente de 732 pessoas que seriam supostamente beneficiadas com a demarcação e homologação da TI Comexatibá, a qual, repise-se, equivale a 21.129ha.*

Trata-se, pois, de uma destinação de terras absolutamente irreal e desproporcional, tendo em vista a ausência de lógica entre a vasta dimensão da área demarcada e o pequeno número de índios supostamente beneficiados!

Com efeito, vale mencionar que o constituinte deixou claro que as terras tradicionalmente ocupadas são as terras *efetivamente* utilizadas para suas atividades produtivas. A Carta da República não contemplou as áreas que potencialmente podem ser utilizadas ou que foram utilizadas no passado, mas apenas aquelas que *efetivamente* se utilizam e que se mostram necessárias para as atividades produtivas indígenas.

Com efeito, a despeito do entendimento esposado pelo Min. Ayres Brito, por ocasião da Pet 3.388-RR, de que o princípio da proporcionalidade, quando aplicado ao tema da demarcação das terras indígenas, ganha um conteúdo peculiarmente extensivo, não há que se dizer, sob pena de ofensa a cláusula pétrea da Carta Magna, que *a razoabilidade deve deixar de ser observada quando da aplicação de tal princípio pela Administração Pública*.

Nesse sentido, Egon Bockmann Moreira preleciona: "O princípio da proporcionalidade determina que a aplicação da lei seja *congruente com os exatos fins por ela visados*, em face da situação concreta. É descabido imaginar que a Constituição autorizaria condutas que submetessem o administrado para além do necessário, ou inapropriadas à perseguição do interesse público primário ou, ainda, detentoras de carga coativa desmedida. Já, a razoabilidade tem lastro em análise lógica para descobrir se a relação entre a finalidade normativa e a conduta administrativa é racionalmente clara. *Determina a exclusão de atos imprudentes, bizarros e contrários ao bom-senso*".[21]

---

21. Egon Bockmann Moreira, "Processo administrativo e princípio da eficiência", in Carlos Ari Sundfeld e Guillermo Andrés Muñoz (coords.), *As Leis de Processo Administrativo*, 1ª ed., 2ª tir., São Paulo, Malheiros Editores, 2006, p. 331.

Daí que *a destinação da área de 21.129ha para assegurar o desenvolvimento das atividades produtivas de 732 pessoas é medida que afronta nitidamente os princípios da razoabilidade e da proporcionalidade.* Assim, também por tal motivo verifica-se que tal processo deve ser arquivado, por ofender, de forma evidente, os princípios que orientam a Administração Pública, bem como um dos requisitos previstos no § 2º do art. 231 da Carta Magna.

8.3 A proposta da criação da TI Comexatibá afronta precedente do STF

Como restou evidenciado, *a delimitação e a homologação da TI Comexatibá tratam-se, na verdade, de uma tentativa de ampliação da "aldeia-mãe" dos Pataxó, qual seja, a TI Barra Velha, no afã de se formar um território único da Pantribo Pataxó, com área total equivalente a aproximadamente 150.000ha.*

Como já restou analisado, o STF veda, por meio da Diretriz 17, a ampliação de terra indígena já demarcada, a exemplo da TI Barra Velha.

Ora, se a TI Comexatibá é nítida e cristalinamente uma ampliação da TI da Barra Velha, sua delimitação é contrária às diretrizes traçadas pelo Excelso Pretório, caracterizando-se como ação administrativa que encontra empecilho no ordenamento jurídico pátrio.

Infere-se, assim, que, por afrontar jurisprudência consolidada do STF, a presente proposta de delimitação da TI Comexatibá, por se tratar de nítida ampliação da TI Barra Velha, merece ser rechaçada e anulada por esse MM Juízo.

9. Conclusões

Infere-se, portanto, que o processo administrativo de criação da TI Comexatibá afronta diretamente o requisito da tradicionalidade consagrado pela Carta Magna e as salvaguardas determinadas pelo STF.

Com efeito, o que se está a fazer é deturpar o processo administrativo de delimitação de terra indígena, para que seja utilizado como solução de um problema sociopolítico e fundiário, de assentamentos indígenas que restaram prejudicados por outros interesses públicos e coletivos, especialmente a criação de uma Unidade de Conservação de Proteção Integral no seu território tradicional.

A solução, portanto, deveria perpassar por uma doação ou desapropriação de terras na tentativa de atender a eles, e não utilizar-se, para tanto, de forma absolutamente deturpada, de processo determinado no art. 231 da CF, pois, como dito, não há que se falar em tradicionalidade e permanência de ocupação indígena na área em que a TI Comexatibá fora demarcada.

Não se pode admitir que o processo administrativo de criação de terras indígenas seja utilizado de forma deturpada pela FUNAI, violando direitos constitucionalmente assegurados dos proprietários e possuidores de terras inseridos dentro dos supostos limites da terra TI Comexatibá. Trata-se de afronta inafastável ao princípio constitucional da segurança jurídica, um dos pilares do arcabouço normativo que rege nosso País.

Referências bibliográficas

ANJOS FILHO, Robério Nunes dos. "Breve balanço dos direitos das comunidades indígenas: alguns avanços e obstáculos desde a Constituição de 1988". *Revista Brasileira de Estudos Constitucionais/RBEC* 8. Ano 2. Belo Horizonte, outubro-dezembro/2008 (disponível em *http://www.bidforum.com.br/bid/PDI0006.aspx?pdiCntd=56008*, acesso em 21.4.2017).

BANDEIRA DE MELLO, Celso Antônio. "Controle judicial dos limites da discricionariedade administrativa – Exame dos motivos ou pressupostos do ato – A noção da 'causa' como requisito de legalidade". In: *Pareceres de Direito Administrativo*. 1ª ed., 2ª tir. São Paulo, Malheiros Editores, 2015 (pp. 55-64).

_____. *Curso de Direito Administrativo*. 33ª ed. São Paulo, Malheiros Editores, 2016.

_____. *Pareceres de Direito Administrativo*. 1ª ed., 2ª tir. São Paulo, Malheiros Editores, 2015.

CARREIRA ALVIM, José Eduardo "Alguns aspectos dos recursos extraordinário e especial na reforma do Poder Judiciário (Emenda Constitucional n. 45/2004)". In: WAMBIER, Teresa Arruda Alvim, *et al*. *Reforma do Judiciário: Primeiras Reflexões sobre a Emenda Constitucional n. 45/2004*. São Paulo, Ed. RT, 2005.

CARVALHO, Edson Ferreira de. "A tutela jurídica das terras indígenas no ordenamento jurídico brasileiro". *Fórum de Direito Urbano e Ambiental/FDUA* 29. Ano 5. Belo Horizonte, setembro-outubro/2006 (disponível em: *http://www.bidforum.com.br/bid/PDI0006.aspx?pdiCntd=37936*, acesso em 21.4.2017).

JUSTEN FILHO, Marçal. *Curso de Direito Administrativo*. 11ª ed. São Paulo, Ed. RT, 2015.

MEIRELLES, Hely Lopes. *Direito Administrativo Brasileiro*. 42ª ed. São Paulo, Malheiros Editores, 2016.

MILARÉ, Édis. *Direito do Ambiente*. 10ª ed. São Paulo, Ed. RT, 2015.

MOREIRA, Egon Bockmann. "Processo administrativo e princípio da eficiência". In: MUÑOZ, Guillermo Andrés, e SUNDFELD, Carlos Ari (coords.). *As Leis de Processo Administrativo*. 1ª ed., 2ª tir. São Paulo, Malheiros Editores, 2006 (pp. 320-341).

MUÑOZ, Guillermo Andrés, e SUNDFELD, Carlos Ari (coords.). *As Leis de Processo Administrativo*. 1ª ed., 2ª tir. São Paulo, Malheiros Editores, 2006.

SANTOS FILHO, Roberto Lemos dos. *Apontamentos sobre o Direito Indigenista*. Curitiba, Juruá, 2012.

SILVA, José Afonso da. "Demarcação de terra indígena". *Interesse Público/IP* 52. Ano 10. Belo Horizonte, novembro-dezembro/2008 (disponível em *http://www.bidforum.com.br/bid/PDI0006.aspx?pdiCntd=56164*, acesso em 21.4.2017).

SUNDFELD, Carlos Ari. *Direito Administrativo Ordenador*. Malheiros Editora, 1993.

_____. *Fundamentos de Direito Público*. 5ª ed., 7ª tir. São Paulo, Malheiros Editores, 2017.

_____, e MUÑOZ, Guillermo Andrés (coords.). *As Leis de Processo Administrativo*. 1ª ed., 2ª tir. São Paulo, Malheiros Editores, 2006.

VILLARES, Luiz Fernando. *Direito e Povos Indígenas*. Curitiba, Juruá, 2009.

WAMBIER, Teresa Arruda Alvim, *et al*. *Reforma do Judiciário: Primeiras Reflexões sobre a Emenda Constitucional n. 45/2004*. São Paulo, Ed. RT, 2005.

SERVIÇO SOCIAL AUTÔNOMO. "SISTEMA S"

Roberto Rosas

1. Preparava-me para a apresentação da tese de doutorado na Faculdade Nacional de Direito, hoje Faculdade de Direito da Universidade Federal do Rio de Janeiro, em 1967, sem tema acertado, ou melhor, muitos temas, nenhum fixado. Fui a São Paulo, e visitei Hely Lopes Meirelles em seu escritório da Rua Senador Paulo Egídio, junto à Faculdade de Direito do Largo de São Francisco. Prontamente acertou dia e horário, e recebeu-me como se fosse velho amigo. Foi a ocasião, pedir sugestão ao mestre sobre o tema para tese de doutorado. Vários, mas, finalmente – abuso de poder. Parti para o escrito, e finalmente fui aprovado,[1] e o mestre honrou-me com a inclusão dessa tese na bibliografia do *Direito Administrativo Brasileiro*,[2] esse poderoso livro, um clássico. Como diz Ítalo Calvino, o escritor italiano – clássicos são aqueles livros dos quais se ouve: estou relendo, e nunca lendo. Todos releem o *Direito Administrativo* de Hely.

Bastou uma infindável amizade sempre do lado dele, a alegria de receber os jovens, mas ombreá-los como se fossemos iguais, sempre alegre e otimista olhando com amor, na leitura do poema de Machado de Assis ("Bons Amigos"):

> Há pessoas que choram por saber que as rosas têm espinhos
> Há outras que sorriem por saber que os espinhos têm rosas.

2. Outro assunto ligou-me a Hely, por circunstâncias profissionais, aprofundamos o tema "Sistema S" (Serviços Sociais Autônomos); e o respeito dele a esse grande serviço, pouco estudado. Aqui, volto como homenagem, principalmente no aspecto da contribuição ao Sistema S, sempre arguido, e até, com desejo de partilha, ou até apropriação da arrecadação. Hely dedicou-se ao tema.[3]

3. Destaque-se, desde já, a importância do tema na precisa decisão do Superior Tribunal de Justiça, no REsp. 431.347, rel. Min. Luiz Fux,[4] e a decisão do Supremo Tribunal Federal ao entender que as entidades do Sistema S têm natureza de direito privado (RE 789.874, rel. Min. Teori Zavascki). E mais, lembre-se da Súmula 499 do STJ: "As empresas prestadoras de serviços estão sujeitas às contribuições ao SESC e SENAC, salvo se integradas noutro serviço social."

---

1. V. *Abuso de Direito e Abuso do Poder*, São Paulo, Malheiros Editores, 2011.
2. Agora em sua 42ª ed., em coautoria de José Emmanuel Burle Filho e Carla Rosado Burle, São Paulo, Malheiros Editores, 2016, p. 940 e, no corpo da obra, p. 122.
3. *Direito Administrativo Brasileiro*, cit., p. 481.
4. *Revista Dialética de Direito Tributário* 89/225-226.

Transcreva-se o decidido no RE 789.874:

Ementa: Administrativo e constitucional. Serviços Sociais Autônomos vinculados a entidades sindicais. Sistema "S". Autonomia administrativa. Recrutamento de pessoal. Regime jurídico definido na legislação instituidora. Serviço Social do Transporte. Não submissão ao princípio do concurso público (art. 37, II, da CF). 1. Os serviços sociais autônomos integrantes do denominado Sistema "S", vinculados a entidades patronais de grau superior e patrocinados basicamente por recursos recolhidos do próprio setor produtivo beneficiado, ostentam natureza de pessoa jurídica de direito privado e não integram a Administração Pública, embora colaborem com ela na execução de atividades de relevante significado social. Tanto a Constituição Federal de 1988, como a correspondente legislação de regência (como a Lei 8.706/93, que criou o Serviço Social do Trabalho – SEST) asseguram autonomia administrativa a essas entidades, sujeitas, formalmente, apenas ao controle finalístico, pelo Tribunal de Contas, da aplicação dos recursos recebidos. Presentes essas características, não estão submetidas à exigência de concurso público para a contratação de pessoal, nos moldes do art. 37, II, da Constituição Federal. Precedente: ADI 1864, rel. Min. Joaquim Barbosa, *DJe* de 2.5.2008. 2. Recurso extraordinário a que se nega provimento.

4. Em 1946, o Decreto-lei 8.621 atribuiu à Confederação Nacional do Comércio o encargo de

organizar e administrar, no território nacional, escolas de aprendizagem comercial, as quais manterão também, cursos de continuação ou práticos e de especialização para os empregados adultos do comércio, não sujeitos à aprendizagem (art. 1º e parágrafo único).

Já no seu artigo 4º, é instituída uma contribuição de valor correspondente a 1% sobre o montante da remuneração paga aos empregados pelos estabelecimentos comerciais para o custeio dos serviços.

Vale a pena reiterar que esses serviços prestam contas ao Tribunal de Contas da União, por força do disposto no parágrafo único do art. 38.

5. Dispõe o § 3º, do art. 202, contido na Seção III "Da Previdência Social" da CF, que:

Art. 202. O regime de previdência privada, de caráter complementar e organizado de forma autônoma em relação ao regime geral de previdência, será facultativo, baseado na constituição de reservas que garantam o benefício contratado, e regulado por lei complementar.

(...)

§ 3º. *É* vedado o aporte de recursos a entidade de previdência privada pela União, Estados, Distrito Federal e Municípios, suas autarquias, fundações, empresas públicas, sociedade de economia mista e *outras entidades públicas*, salvo na qualidade de patrocinador, situação na qual, em hipótese alguma, sua contribuição normal poderá exceder a do segurado.

Realmente, a mesma Constituição Federal não poderia se referir aos serviços sociais autônomos no art. 240 como "entidades privadas" e no § 3º do art. 202 como "outras entidades públicas", sob pena de violação de qualquer regra de hermenêutica. Com efeito, os serviços sociais autônomos só podem ter uma classificação, *qual seja, são entidades privadas.*

Neste caso não deve ser admitido o indevido alargamento de interpretação, já que os termos utilizados pelo constituinte são excludentes entre si e conduziriam a insustentável dualidade de Constituições, que considerariam os serviços sociais autônomos em categorias distintas, conforme a vontade do intérprete!

Nem caberia, sequer, a alegação de que haveria conflito de interpretação entre tais dispositivos constitucionais, que pudesse merecer a aplicação da denominada ponderação de valores ou ponderações de interesses, visto que tal técnica só poderia ser utilizada para se "estabelecer um peso relativo de cada um dos princípios contrapostos", na lição sempre precisa de Luís Roberto Barroso.[5]

Não se verifica qualquer conflito entre normas, posto que não há contradição alguma! Cada dispositivo cuida de pessoas distintas e que não devem ser confundidas, sob pena de violação do sistema constitucional vigente.

Por sua vez, os arts. 1º e 7º, da Lei Complementar 108, publicada em 29.5.2001, que dispõe sobre a relação entre a União, os Estados, o Distrito Federal e os Municípios, suas autarquias, fundações, sociedades de economia mista e "outras entidades públicas" e *suas respectivas entidades fechadas de previdência complementar*, determinam que:

> Art. 1º. A relação entre a União, os Estados, o Distrito Federal e os Municípios, inclusive suas autarquias, fundações, sociedades de economia mista e empresas controladas direta ou indiretamente, enquanto patrocinadores de entidades fechadas de previdência complementar, e suas respectivas entidades fechadas, a que se referem os §§ 3º, 4º, 5º e 6º do art. 202 da Constituição Federal, será disciplinada pelo disposto nesta Lei Complementar.
> (...)
> Art. 7º. A despesa administrativa da entidade de previdência complementar será custeada pelo patrocinador e pelos participantes e assistidos, atendendo a limites e critérios estabelecidos pelo órgão regulador e fiscalizador.
> Parágrafo único. É facultada aos patrocinadores a cessão de pessoal às entidades de previdência complementar que patrocinam, desde que ressarcidos os custos correspondentes.

A exigência de inclusão de paridade contributiva deve ser observada especificamente nos casos em que haja aporte de recursos a entidade de previdência privada pela União, Estados, Distrito Federal e Municípios, suas autarquias, fundações, empresas públicas, sociedade de economia mista e *outras entidades públicas*.

Extrai-se, destarte, que o SENAC e o SESC, assim como o SENAI e o SESI, são dotados das seguintes características: *são entidades paraestatais dotadas de personalidade jurídica de direito privado, e destinatárias de delegação outorgada, mediante lei*.

O próprio Superior Tribunal de Justiça já se pronunciou quanto à natureza da SENAC e do SESC, em demanda que versava sobre a obrigatoriedade das empresas prestadoras de serviços contribuírem para essas entidades, conforme se infere pelo trecho extraído da ementa do Recurso Especial 431.347-SC, transcrito *in verbis*:

> Tributário. Contribuição para o Sesc e Senac. Entidade hospitalar. Entidade Vinculada à Confederação cuja integração é pressuposto da exigibilidade da exação. Recepção do art. 577 CLT e seu Anexo pela Constituição Federal. Contribuição compulsória concretizadora da cláusula pétrea de valorização do trabalho e dignificação do trabalhador. Empresa comercial. Autoquali-

---

5. *A Nova Interpretação Constitucional: ponderação, direitos fundamentais e relações privadas*, Rio de Janeiro, Renovar, 2003, p. 32.

ficação, mercê dos novos critérios de aferição do conceito. Verificação de ocorrência de violação da Lei à luz do Princípio de Supradireito determinando a aplicação da norma aos fins sociais a que se destina, à luz de seu resultado, regras maiores de hermenêutica e aplicação do Direito.

1. As empresas prestadoras de serviços médicos e hospitalares estão incluídas dentre aquelas que devem recolher, a título obrigatório, contribuição para o SESC e para o SENAC, porquanto enquadradas no plano sindical da Confederação Nacional do Comércio, consoante a classificação do art. 577 da CLT e seu anexo, recepcionados pela Constituição Federal (art. 240) e confirmada pelo seu guardião, o STF, a assimilação no organismo da Carta Maior.

2. Deveras, dispõe a Constituição da República Federativa do Brasil, em seu art. 240, que: "Ficam ressalvadas do disposto no art. 195 as atuais contribuições compulsórias dos empregadores sobre a folha de salários, *destinadas às entidade privadas de serviço social* e de formação profissional vinculadas ao sistema sindical".

Em outro julgado, o Supremo Tribunal Federal, analisando o SEBRAE – que também é um serviço social autônomo –, concluiu que o fato da entidade receber e aplicar contribuições parafiscais *não transforma a mencionada entidade de direito privado em autarquia*, posto que não corresponde à noção constitucional de autarquia, que deve ser criada por lei específica, nos termos da ementa transcrita *in verbis*:

> Competência: Justiça comum: ação popular contra o SEBRAE: L. 4717/65(LAP), art. 20, f; CF, art. 109, IV; Súmula 516. 1. O SEBRAE não corresponde à noção constitucional de autarquia, que, para começar, há de ser criada por lei específica (CF, art. 37, XIX) e não na forma de sociedade civil, *com personalidade de direito privado, como é o caso do recorrido*. Por isso, o disposto no art. 20, f, da L. 4717/65 (LAP), para não se chocar com a Constituição, há de ter o seu alcance reduzido: *não transforma em autarquia as entidades de direito privado que recebam e apliquem contribuições parafiscais*, mas, simplesmente, as inclui no rol daquelas – como todas as enumeradas no art. 1º da LAP – "a proteção de cujo patrimônio se predispõe a ação popular". 2. *Dada a patente similitude da natureza jurídica do SESI e congêneres* à do SEBRAE, seja no tocante à arrecadação e aplicação de contribuições parafiscais, seja, em consequência, quanto à sujeição à fiscalização do Tribunal de Contas, aplica-se ao caso a fundamentação subjacente à Sumula 516/STF: "O Serviço Social da Indústria – SESI – está sujeito à jurisdição da Justiça Estadual" (rel. Min. Sepúlveda Pertence, j. 3.2.2004).

Em síntese, ainda que a natureza da contribuição parafiscal pudesse ser classificada por alguns como tributo, exclusivamente em face da obrigatoriedade de seu pagamento, não é por isso que passaria a ser definida incondicionalmente como recurso público ou receita pública, já que paga por uma categoria de contribuintes em benefício do próprio segmento que se busca fomentar.

As contribuições do Sistema S, dadas as suas finalidades,

> têm a natureza das *contribuições sociais*, mas de *características especiais*, seja por sua autonomia em relação ao Sistema Tributário Nacional e ao Sistema de Seguridade Social, como estruturados pela Constituição, seja porque a respectiva receita *não constitui entrada no Tesouro Nacional*, sendo *vinculada tanto a determinadas entidades, como a determinadas despesas*.

Afinal, a compulsoriedade é para delegação de arrecadação de uma receita para *fins privados* definidos em lei. O fato de a finalidade privada merecer reconhecimento público de sua relevância não afasta a ideia de *receita privada* incentivada por meio de tributos.

Salientamos, ainda, que o art. 37, XIX, da Constituição Federal limita a criação de entidades na Administração Pública, ao dispor que:

> somente por lei específica poderá ser criada autarquia e autorizada a instituição de empresa pública, de sociedade de economia mista e de fundação, cabendo à lei complementar, neste *último* caso, definir as *áreas* de sua atuação.

6. Para a obtenção dos recursos necessários à subvenção da atividade privada de interesse coletivo ou geral, no presente caso, o Estado retira *compulsoriamente* recursos do setor privado para restituir aos cidadãos sob forma de ações privadas desenvolvidas pelo Sistema S com esses mesmos recursos. Essa é a lógica das *contribuições*, que a distingue dos demais tributos. Por isso, diz o art. 149 da CF:

> Compete exclusivamente *à* União instituir contribuições sociais, de intervenção no domínio econômico e de interesse das categorias profissionais ou econômicas, como instrumento de sua atuação nas respectivas *áreas,* observado o disposto nos arts. 146, III, e 150, I e III, e sem prejuízo do previsto no art. 195, § 6º, relativamente às contribuições a que alude o dispositivo.

Assim sendo, não obstante, tenha o Estado instituído as contribuições ao Sistema S, estas *são pagas integralmente pelo setor privado*, não ocorrendo nenhuma hipótese de subvenção, ainda que de parcela mínima, por parte do governo, ou qualquer outra entidade pública, constituindo-se o Estado, via INSS, mero intermediário.

7. Recursos públicos representam o conjunto de dinheiro, bens e serviços que pertencem à Administração Pública. É esse conjunto que deve receber tratamento orçamentário e destinação política traçada nas Leis de meios. As receitas arrecadadas pelo "Sistema S" *não integram o patrimônio público* e nem se submetem a decisões políticas quanto à sua aplicação, já que definidas pelo próprio Legislador Constituinte nos termos da legislação criadora acolhida pelo art. 240 da Lei Maior.

Na clássica lição de Hely Lopes Meirelles,[6] os serviços sociais autônomos são aqueles instituídos por lei, com personalidade de Direito Privado, para ministrar assistência ou ensino a certas categorias sociais ou grupos profissionais, sem fins lucrativos. Continua o mestre destacando que tais entes são paraestatais, de cooperação com o Poder Público, com administração e patrimônio próprios, revestindo a forma de instituições particulares convencionais (fundações, sociedades civis ou associações) ou peculiares ao desempenho de suas incumbências estatutárias. Cita como exemplos desses entes os diversos serviços sociais da indústria e do comércio (SENAI, SENAC, SESC, SESI), com estrutura e organização especiais, genuinamente brasileiras.

Ainda na lição do mestre paulista:

> Essas instituições, embora oficializadas pelo Estado, *não integram a Administração direta nem a indireta*, mas trabalham ao lado do Estado, sob seu amparo, cooperando nos setores, atividades e serviços que lhes são atribuídos, por considerados de interesse específico de determinados beneficiários (ob. cit.).

---

6. *Direito Administrativo Brasileiro*, cit., p. 481.

Diogo de Figueiredo Moreira Neto também explica:

> Os serviços sociais autônomos são entes paraestatais, organizados para fins de amparo, de educação ou de assistência social, comunitária ou *restrita a determinadas categorias profissionais, com patrimônio e renda próprios*, que, no caso da União, pode ser auferida por contribuições parafiscais, tudo obedecendo a parâmetros constitutivos instituídos por lei, que lhes confere delegação legal no campo do ordenamento social e do fomento público.
>
> Instituídas sob *modelo totalmente privado*, como associações civis, eles se distinguem do gênero por essa delegação legal que as vincula à prestação de serviços de interesse público, no campo do ordenamento social e do fomento público social e, exclusivamente no caso da União, pela delegação legal para auferirem receita arrecadada impositivamente – contribuições sociais para custeio dos serviços delegados.
>
> Quanto às contribuições, que constituem receita dessas paraestatais, até constitucionalmente previstas em benefício das delegatárias da União (art. 149), devem ser instituídas por lei, inclusive quanto à fixação de alíquotas, e incidir, estritamente, sobre as categorias diretamente ligadas aos respectivos campos de atividade das paraestatais, obedecendo, rigorosamente, às condicionantes dos arts. 146, III, e 150, I e III, e sem prejuízo ao previsto no art. 195, § 6º, todos da Carta Magna.[7]

Na mesma esteira, Diógenes Gasparini:

> Essas entidades, entes privados de cooperação da Administração Pública, sem fins lucrativos, genericamente denominadas *serviços sociais autônomos*, foram criadas mediante autorização legislativa federal, mas não prestam serviços públicos, *nem integram a Administração Pública federal direta ou indireta*, ainda que dela recebam reconhecimento e amparo financeiro. Exercem, isto sim, atividades privadas de interesse público. São dotadas de patrimônio e administração próprios. Não se subordinam à Administração Pública Federal, apenas se vinculam ao Ministério cuja atividade, por natureza, mais se aproxima das que desempenham, para *controle finalístico* e *prestação de contas*. São associações, sociedades civis ou fundações criadas segundo o *modelo ditado pelo Direito Privado*, mas delas distinguem-se pelo poder de exigirem contribuições de certos obrigados (industriais e comerciante), instituídas por lei conforme o previsto no art. 149 da Lei Magna.[8]

José dos Santos Carvalho Filho consigna igualmente:

> Apesar de serem entidades que cooperam com o Poder Público, *não integram o elenco das pessoas da Administração Indireta*, razão por que seria impróprio considerá-las pessoas administrativas.[9]

Também a jurisprudência do e. Supremo Tribunal Federal, em recente julgamento, analisando o SEBRAE (que também é um serviço social autônomo) *concluiu que o fato da entidade receber e aplicar contribuições parafiscais não transforma a mencionada entidade de direito privado em autarquia, posto que não corresponde à noção constitucional de autarquia, que deve ser criada por lei específica* (RE 366.168).

---

7. *Curso de Direito Administrativo*, 14ª ed., Rio de Janeiro, Forense, 2005, p. 267 (os grifos não são do original).

8. *Direito Administrativo*, 9ª ed., São Paulo, Saraiva, 2004, p. 404 (grifos nossos).

9. *Manual de Direito Administrativo*, 13ª ed., Rio de Janeiro, Lumen Juris, 2005, p. 436 (grifos nossos).

Verifica-se, pois, *que se revela pacífica a não integração dos serviços sociais autônomos no sistema da Administração Pública, seja direta, ou indireta*. Realmente, não podem ser assim considerados pela singela razão de não terem sido incluídos no sistema formal da Administração indireta.

8. A natureza e as atividades do Sistema S, reconhecido pelas normas legais já mencionadas, foram confirmadas, *com a edição da Constituição Federal de 1988, pelo art. 240*:

> Art. 240. Ficam ressalvadas do disposto no art. 195 as atuais contribuições compulsórias dos empregadores sobre a folha de salários, destinadas **às entidades privadas de serviço social** e de formação profissional *vinculadas ao sistema sindical* (grifos nossos).

Este *reconhecimento constitucional reafirma a natureza dessas entidades e as distancia de qualquer liame com a Administração* – posto que vinculadas a sindicatos, que possuem personalidade jurídica de direito privado, caracterizada pela gestão privada.

A estas entidades privadas de serviço social são determinadas as obrigações de aplicar os recursos que recebem, por imposição legal, das empresas comerciais e prestadoras e serviço, com estrita observância da missão para qual foram instituídas, e, ainda, prestar contas desta aplicação, de forma finalística, aos órgãos de controle.

Como entidades privadas que são, não estão sujeitas à hierarquia administrativa. Suas receitas são próprias e suas despesas, de natureza privada, são destinadas às atividades privadas de interesse público, conforme já salientado anteriormente. Portanto, suas despesas estão sujeitas aos critérios de razoabilidade a serem verificados concretamente e não em decorrência da aplicação por extensão ou analogia de normas destinadas exclusivamente ao Poder Público.

Não transmuda a natureza do Sistema S o fato de receber as contribuições instituídas pelo art. 149 da Constituição Federal, necessárias à manutenção da atividade privada que desempenha, consoante o já citado acórdão do e. Supremo Tribunal Federal (RE 366.168-SC).

Embora a contribuição parafiscal revele a natureza de tributo, porque há obrigatoriedade no seu pagamento, não pode ser definida, incondicionalmente, como recurso público ou receita pública, já que paga por uma categoria de contribuintes em benefício do próprio segmento que se busca fomentar. A compulsoriedade decorrente da lei que fixa uma finalidade não tem o condão de transmudar a natureza das entidades em referência para o fim de incluí-las no rol de "entidades públicas".

Não podem essas contribuições ser classificadas como "recursos públicos", posto que em nenhum momento chegam a integrar o patrimônio público e, portanto, sequer poderiam se submeter às decisões políticas quanto à sua aplicação, uma vez que possuem destinação específica integralmente disciplinada pelo art. 240 da Lei Maior.

O mesmo se diga com relação à classificação de "receitas públicas", já que tais valores não ingressam nos cofres ou patrimônio públicos, para depois receberem uma vocação orçamentária. Tais verbas apenas transitam pela máquina administrativa, por força da prestação do serviço de arrecadação que, nos termos da Lei 8.212/1991 é realizada pelo INSS, mediante remuneração, mas não têm a destinação orçamentária típica da receita pública, cuja aplicação é definida nas leis previstas no art. 165, da CF.

Constata-se, pois, que tais valores são privados, já que recolhidos de um determinado setor privado para serem geridos por entidade privada em benefício de categoria específica, consubstanciando um interesse público, ainda que não gerido no espectro do aparelho estatal.

Conclui-se, pois, que os serviços sociais autônomos ostentam personalidade jurídica de direito privado, não tendo os recursos que recebem o condão de transmudar sua natureza, a fim de enquadrá-los na Administração Pública.

9. O Sistema S não pode ser classificado em nenhuma das categorias da Administração Pública, posto que não é autarquia, fundação, empresa pública, sociedade de economia mista e sequer outra entidade pública.

Tal enquadramento encontra barreira no inc. XIX do art. 37 da CF, que limita a criação de entidades na Administração Pública.

No mesmo diapasão é o art. 4º do Decreto-lei 200/1967 (dispõe sobre a organização da Administração Federal, estabelece diretrizes para a Reforma Administrativa e dá outras providências) que, taxativamente, enumera as pessoas que integram a Administração Pública.

Sendo assim, não só resta claro que os serviços sociais autônomos não integram a Administração Pública como também merece ser desconsiderado qualquer argumento que pretendesse classificá-los como "outras entidades públicas" a fim de submetê-los ao mesmo tratamento do Poder Público.

Em primeiro lugar não ostentam personalidade jurídica de direito público, como já salientado acima: são pessoas de direito privado, pelo que seria *contra legem* classificá-los assim.

Em segundo, não é o fato de as atividades desempenhadas pelos serviços sociais autônomos revelarem inegável interesse público que demanda sua classificação como "entidade pública", já que nem todo interesse público deve ser confiado exclusivamente ao Estado.

Ademais, a lei que cuidou da criação de tais entidades nunca as definiu como "outras entidades públicas", até porque foram criadas pelo setor privado para serem geridas pelo setor privado – no caso, as Confederações Sindicais. Nunca, também, exigiu a submissão ao regime jurídico dos órgãos públicos e dos integrantes da Administração Pública indireta.

Assim, por revelarem perfil jurídico singular, merecem tratamento próprio, descabendo sua sujeição a normas constitucionais e legais dirigidas incisivamente a pessoas da Administração Pública, devendo apenas ser excepcionadas as regras que expressamente assim consignarem.

Portanto, sem regra excepcional, estão tais entidades fora do âmbito de incidência das normas dirigidas à Administração Pública.

ÉTICA PÚBLICA E MORALIDADE ADMINISTRATIVA NO ESTADO DEMOCRÁTICO DE DIREITO

ROMEU FELIPE BACELLAR FILHO

1. A justa homenagem ao professor Hely Lopes Meirelles. 2. A ética na Administração Pública. 3. O princípio constitucional da moralidade administrativa e sua relação com a ética pública. 4. O Estado Democrático de Direito e os princípios consectários.

1. A justa homenagem ao professor Hely Lopes Meirelles

Quando acadêmico de Direito, tive o privilégio de conhecer o professor Hely Lopes Meirelles, no início da década de 1970. Posteriormente, por ocasião do 1º Congresso Brasileiro de Direito Administrativo, para honra minha, estreitamos nossas relações, a ponto de me permitir afirmar que me considerava seu amigo.

Bondoso, generoso, humilde, atencioso e íntegro, o professor Hely personificava um dos mais significativos exemplos de excelência da espécie humana. Guardo com carinho os exemplares de seu *Direito Administrativo Brasileiro*, na época a mais completa e prestigiada obra editada sobre a matéria, que me era enviada, a cada nova edição, com enternecedoras dedicatórias.

Os ensinamentos do professor Hely serviam de valioso subsídio não só para trabalhos de estudantes de Direito, mas também orientavam decisões judiciais, inclusive do STF. A mais singela pesquisa haverá de encontrar no repertório de súmulas do mais alto Tribunal da República verbetes extraídos da prodigiosa obra do inesquecível doutrinador.

Para homenageá-lo, nada melhor do que tratar de um tema que, a um só tempo, combina com sua conduta pessoal e profissional e ainda retrata um dos assuntos sobre os quais o professor Hely lançou ensinamentos pioneiros: a ética pública e a moralidade administrativa.

Ao escrever sobre temas como ética pública e Estado Democrático de Direito o autor deve estar imbuído da consciência de que, embora conservando independência própria, o pensamento desafetado da individualidade não se escraviza à sua vontade. Deve, pois, elevar-se à altura do fenômeno sociológico, pois a abordagem não haverá de retratar o trabalho de uma inteligência apenas.

Muito embora seja possível examinar individualmente a abrangência de seus postulados e a extensão de seus respectivos conceitos num Estado que ostente a condição de "Democrático de Direito", os temas em epígrafe são interdependentes.

A *ética* significa o estudo do agir humano, da conduta humana relacionada ao próprio fim do homem como indivíduo. O *Estado Democrático de Direito*, assim definido no "Preâmbulo" de nossa Constituição, é destinado a assegurar o exercício dos direitos sociais e individuais, a liberdade, a segurança, o bem-estar, o desenvolvimento, a igualdade e a justiça como valores supremos de uma sociedade fraterna, pluralista e sem preconceitos, fundada na harmonia social e comprometida, na ordem interna e internacional, com a solução pacífica das controvérsias.

2. A ética na Administração Pública

No Brasil existem dezenas de textos que são conducentes a prescrever comportamentos éticos, em praticamente todas as áreas de atuação. Os Conselhos Regionais das profissões em seus respectivos regulamentos, descrevem, com alguma minudência, as regras que orientam os comportamentos éticos, notadamente nos capítulos concernentes a deveres e proibições.

Relativamente à Administração Pública são múltiplos os textos legais atinentes à temática (estatutos de servidores civis e militares, estatutos dos professores, secundados por códigos de ética, etc.).

Com efeito, as atitudes éticas tornam-se cada dia mais raras. Aristóteles dizia que a distinção entre o homem e o animal reside na racionalidade, na vida racional. Contudo, a razão não basta. São necessários o desejo, a educação, o hábito, a memória de exercitar uma virtude.

A virtude é a nossa maneira de ser e agir humanamente, considerando que a humanidade – entendida como um valor – consiste em nossa capacidade de agir bem. Nesta linha, Montaigne sustentava que "não há nada mais belo e legítimo do que o homem agir bem e devidamente (...). É a própria virtude".[1]

Assim, a virtude – repete-se desde a Grécia Antiga – é uma disposição de fazer o bem. Como espécie do gênero virtude temos a ética.

Temos retratado a ética como uma semente que, incorporando valores ínsitos, plantada no homem desde a sua infância, ao germinar, produz um indivíduo ético na idade madura. Este indivíduo, ao exercer uma função pública, haverá de trasladar para o ofício ou cargo as regras comportamentais éticas apreendidas.

Em nosso País, diferentemente das sete Constituições anteriores, a atual é fruto da participação de todos os segmentos da sociedade. Reconheça-se que, mesmo impregnada por determinados vícios, a Carta centra-se na pessoa humana, daí ser cognominada de "Constituição-cidadã". A dignidade do ser humano foi erigida a fundamento do Estado Democrático de Direito: seu principal destinatário é o homem em todas as suas dimensões, como bem acentua o mestre Canotilho.[2] O agir estatal e o agir do cidadão em face do Estado e dos seus semelhantes não podem perder de vista – mormente na tratativa de um tema dessa importância – a base antropológica comum que deflui da Constituição: o princípio da dignidade do ser humano, principal justificativa para a existência de qualquer norma.

Como se sabe, o Brasil é uma República Federativa composta pela União Federal, por 26 Estados e mais de 5.500 Municípios. Existem regras comportamentais direcionadas à

---

1. *Apud* André Comte-Sponville, *Pequeno Tratado das Grandes Virtudes*, São Paulo, Martins Fontes, 1995, p. 9.

2. José Joaquim Gomes Canotilho, *Direito Constitucional*, 6ª ed., Coimbra, Livraria Almedina, 1995, p. 347.

Administração Pública e seus agentes, emanadas dessas entidades federativas, através de leis federais, estaduais e municipais. O ponto fundamental, no entanto, não se reduz ao ordenamento jurídico positivo em si, mas, sobretudo, à sua efetividade e à concretude das sanções em face de atitudes comportamentais reprováveis. O Estado que impõe regras de conduta deve zelar pelo cumprimento de suas prescrições. Se isto não ocorre, incrementa-se a ideia da impunidade, fomenta-se o comportamento agressivo ao princípio constitucional da moralidade e seus desdobramentos.

O princípio da moralidade, aplicado ao campo da Administração Pública, ao incorporar conteúdo ético, incide justamente na esfera do anseio de certeza e segurança jurídica, mediante a garantia da lealdade e da boa-fé tanto da Administração Pública que recepciona os pleitos, instrui e decide, quanto do destinatário de seus atos.

No plano legislativo, o art. 2º, IV, da Lei 9.784/1999 exige da Administração Pública, nos procedimentos administrativos, "atuação segundo padrões éticos de probidade, decoro e boa-fé". Os incisos I do art. 3º e II do art. 4º da mesma Lei 9.784/1999 consagram, respectivamente, como direito dos administrados o de "ser tratado com respeito pelas autoridades e servidores, que deverão facilitar o exercício de seus direitos e o cumprimento de suas obrigações", e, ao mesmo tempo, como dever o de "proceder com lealdade, urbanidade e boa-fé".

A esse propósito, é oportuno lembrar José Manuel Sérvulo Correia:

> Nos nossos dias, o dinamismo intrínseco do princípio fundamental do Estado de Direito manifesta-se através de duas facetas inter-relacionadas. Uma dessas vertentes é aquela que poderemos denominar "capacidade irradiante" do princípio: o confronto do seu núcleo essencial com as realidades sociopolíticas permite deduzir princípios secundários que vêm engrossar a auréola que rodeia a sua estrutura nuclear. É, por exemplo, o caso do princípio da protecção da confiança dos cidadãos, que a Constituição portuguesa não menciona expressamente mas que o Tribunal Constitucional de Lisboa infere do preceito que proclama o Estado de Direito.[3]

Concorda-se com Allegretti, para quem a degeneração moral da ação pública não se reduz a um problema de pessoas ou de comportamentos ético-políticos, mas também de adequada reforma da estrutura institucional, nesta incluída a administrativa.

Cônscio da contradição existente entre a rigidez das regras e a ausência de cobrança de cumprimento, o constituinte brasileiro de 1988 produziu profundas transformações na estrutura e no funcionamento de alguns órgãos de controle, destacando-se a elevação do Ministério Público à categoria de instituição constitucional autônoma, com prerrogativas, entre outras, para formular juízos (promoção do inquérito civil e da ação civil pública, visando à proteção do patrimônio público, meio ambiente e outros interesses difusos e coletivos – art. 129 da CF), quase um Poder do Estado, enfim. Com efeito, o Ministério Público não se subordina ao Poder Executivo e não deve obediência ao Poder Judiciário. Sua atuação é timbrada pela autonomia, servindo à sociedade e sendo súdito da lei e da justiça.

De outro lado, a partir da Constituição/1988 foram editadas diversas leis de cunho nacional, merecendo especial referência a Lei de Improbidade Administrativa (Lei 8.429/1992), que impõe aos infratores penas de rigor adequado, tais como, além da cons-

---

3. José Manuel Sérvulo Correia, *Contencioso Administrativo e Estado de Direito: Conferência*, Maputo, Cia. de Moçambique, 1993, p. 13.

trição do patrimônio, perda de direitos políticos e demissão do cargo, sem prejuízo das sanções penais a que estiverem sujeitos. A já aludida Lei de Processo Administrativo (Lei 9.784/1999), a Lei de Licitações e Contratos Administrativos (Lei 8.666/1993), o Código de Proteção e Defesa do Consumidor (Lei 8.078/1990) e a Lei de Responsabilidade Fiscal (Lei Complementar 101/2000), entre outras, ampliando a legitimação de pessoas e entidades, contêm dispositivos de balizamento ético e moral.

Tratando especificamente da conduta ética dos servidores públicos civis da União, das autarquias e das fundações públicas, a Lei federal 8.027, de 12.4.1990, serve de importante paradigma para Estados e Municípios, regulando a atuação funcional e rememorando as obrigações do servidor para com a Administração e o público, que é o único e fundamental destinatário de seus elevados misteres. Como consequência dessa legislação, a Presidência da República, através do Decreto 1.171 de 22.6.1994, fez veicular Código de Conduta Ética, cujas prescrições, hauridas notadamente da doutrina, impõem regras deontológicas, de sorte a estipular que a dignidade, o decoro, o zelo, a eficácia e a consciência dos princípios morais são os primados maiores que devem nortear a atuação do servidor público, seja nas atribuições do cargo ou fora dele, já que refletirão o exercício da vocação do próprio poder estatal. Os atos e comportamentos dos servidores devem ser direcionados para a preservação da honra e da tradição dos serviços públicos, não se permitindo nenhuma espécie de desprezo ético em suas respectivas atitudes.

Não se deve, contudo, deslembrar que mais forte que o poder das leis é o exemplo dignificante. Uma Administração Pública como aparelhamento integrado por agentes éticos faz espargir atuação idônea, que, irradiando bons exemplos, oferece resultados conducentes a implementar força evocativa significativamente maior do que as palavras da lei. Os bons exemplos – tal como pedra arremessada em lago plácido – desenham círculos concêntricos dinâmicos que evoluem de modo benfazejo e incessante para as bordas.

Somando-se ao que foi dito, não se deve perder de vista que a certeza da sanção diante de conduta reprovável é elemento de extremada importância. Nada impõe maior atenção ao indivíduo do que a sombra do cadafalso! O exemplo do arremesso da pedra ao lago pode dar-se em sentido inverso. A convicção da impunidade, como epidemia que se alastra de forma impiedosa, convulsiona, desarmoniza, subverte e anarquiza a Administração Pública. A ordem jurídica só se afirma quando há o pleno cumprimento das normas em geral, cujo conteúdo para a Administração Pública é sagrado. A inobservância das regras, mormente as de cunho ético-moral, acarreta corrupção, arbitrariedade e truculência procedimental.

A profissionalização do servidor público, a instituição e o fomento de escolas de Administração Pública, a exemplo do que ocorre na Espanha, haverão de propiciar uma preparação intelectual e, sobretudo, deontológica dos operários públicos.

A desprezar-se a ética estaríamos sepultando a esperança e cometendo uma atrocidade comparável ao "apagar do arco-íris", na feliz construção do escritor, ator e compositor brasileiro Mário Lago, de iluminada existência.

3. O princípio constitucional da moralidade administrativa e sua relação com a ética pública

Antecipando-se em muitos anos à atual Constituição, o professor Manoel de Oliveira Franco Sobrinho publicava em 1974 ensaio monográfico tratando do controle da moralidade administrativa, com destaque para a imprescindibilidade do agir administrativo pautado em padrões éticos.[4]

Na mesma linha, o professor Hely Lopes Meirelles, citando o professor Manoel de Oliveira Franco Sobrinho, concordava com a tese do Mestre paranaense, aduzindo que "a *moralidade* do ato administrativo juntamente com a sua *legalidade* e *finalidade* constituem pressupostos de validade sem os quais toda atividade pública será ilegítima".[5] Afirmava que "a *moralidade administrativa integra o Direito* como elemento indissociável na sua aplicação e na sua finalidade, erigindo-se em fator de legalidade"[6] – posição que já defendia desde antes da promulgação da Constituição/1988 e que, mercê do brilhantismo com que era sustentada por seu autor, foi recepcionada pela nova ordem constitucional, com a inclusão da moralidade como princípio da Administração Pública no *caput* do art. 37.

Na doutrina estrangeira a primeira menção à moralidade administrativa vem de Maurice Hauriou, que a conceituou como um "conjunto de regras de condutas tiradas da disciplina interior da Administração".[7] Tal conceito, reiteradamente citado nos melhores tratados doutrinários, tem orientado gerações de juristas. É certo que os procedimentos dos agentes públicos, distinguindo seus atos pelo respeito às posturas éticas e morais, vão sedimentando, ao longo dos anos, elenco de regras a orientar e disciplinar a atividade administrativa.

A moral administrativa não guarda estrita compatibilidade com a chamada moral comum. Esta – diz Hauriou – é imposta ao homem para sua conduta interna; já, a moral administrativa é imposta ao agente público para sua conduta externa, segundo as exigências da instituição a que serve e a finalidade de sua ação: o bem comum.[8] No mesmo influxo sustenta Jaime Rodríguez-Arana Muñoz: "La ética pública se circunscribe a la conducta de los agente públicos de acuerdo con la recta razón y teniendo como referencia la realización del bien común".[9] Não há dúvida, portanto, quanto à íntima conexão entre a noção de interesse público e o princípio constitucional da moralidade administrativa: este tem como razão de ser a condução da Administração Pública ao bem comum.

Uma das facetas do princípio da moralidade administrativa consiste na exigência de um comportamento ético, honesto e probo por parte da Administração. É possível sustentar, nessa linha, que a afirmação da moralidade administrativa como princípio da Administração Pública juridiciza a ética na atividade administrativa. Introduz o conceito de boa administração,[10] da moral administrativa especializada em face da moral comum. Parafraseando o Min. Marco Aurélio, "o agente público não só tem que ser honesto e probo, mas

---

4. Manoel de Oliveira Franco Sobrinho, *O Controle da Moralidade Administrativa*, São Paulo, Saraiva, 1974.
5. Hely Lopes Meirelles, *Direito Administrativo Brasileiro*, 17ª ed., São Paulo, Malheiros, 1992, p. 84. *[V. 42ª ed., São Paulo, Malheiros Editores, 2016.]*
6. Idem, p. 85.
7. Maurice Hauriou, *Précis Élémentaire de Droit Administratif*, Paris, Recueil Sirey, 1926, pp. 197 e ss.
8. Idem, ibidem.
9. Jaime Rodríguez-Arana Muñoz, *La Dimensión Ética*, Madri, Dykinson, 2001, p. 281.
10. Carlos Ari Sundfeld, "Procedimentos administrativos de competição", *RDP* 83/114, São Paulo, Ed. RT, julho-setembro/1987.

tem que mostrar que possui tal qualidade. Como a mulher de César".[11] No mesmo sentido já se manifestou o Min. Celso de Mello.[12]

Não há como oferecer discordância à posição de Jesús González Pérez segundo a qual a ética do homem público e da mulher pública deve ser a mesma ética para todos os homens e mulheres ao manterem relações com a Administração Pública.[13] Com efeito, não se pode concordar com aqueles que defendem que a ética pública, levando em conta a reta razão e os interesses públicos, circunscreve-se tão somente à conduta dos agentes públicos. Como bem aponta o professor Jaime Rodríguez-Arana Muñoz, a ética pública é dever imposto não só à Administração Pública e seus agentes, mas também a quem quer que se relacione com o Poder Público.[14]

O comportamento ético é, portanto, um *dever* de toda pessoa humana,[15] marcando, em definitivo, as pautas de conduta: dignidade do administrador e dignidade do cidadão. Conforme já dissemos acima, temos retratado a ética como uma semente que, incorporando valores ínsitos, plantada no homem desde sua infância, ao germinar, produz um indivíduo ético na idade madura, e este indivíduo, ao exercer uma função pública, haverá de trasladar para o ofício ou cargo as regras comportamentais éticas apreendidas.[16]

Além do dever de conduta ética, honesta e proba, outra faceta do princípio da moralidade, que muitas vezes queda olvidada por parcela da doutrina, reside na dimensão relativa à previsibilidade e à segurança jurídica.

A atuação da Administração Pública deve ser sempre marcada por uma pauta previsível, não havendo lugar para ciladas, rompantes ou açodamentos, a caracterizar uma "administração de surpresas". Submissa ao princípio da legalidade, conformadora da segurança jurídica, haverão de ser prestigiados a irretroatividade legal de preceitos mais gravosos, a previsão de regras de transição, a coisa julgada, a preclusão, a decadência, a usucapião, o direito adquirido e a vedação de aplicação retroativa de nova interpretação.[17] Do contrário não há como se falar em interesse público.

11. Brasil, STF, 2ª Turma, RE 160.381-SP, rel. Min. Marco Aurélio, *RTJ* 153/1.030.
12. "Não foi por outro motivo que o Plenário do STF, ao analisar a extensão do princípio da moralidade – que domina e abrange todas as instâncias do poder –, proclamou que esse postulado, enquanto valor constitucional revestido de caráter ético-jurídico, condiciona a legitimidade e a validade de quaisquer atos estatais: 'A atividade estatal, qualquer que seja o domínio institucional de sua incidência, está necessariamente subordinada à observância de parâmetros ético-jurídicos que se refletem na consagração constitucional do princípio da moralidade administrativa. Esse postulado fundamental, que rege a atuação do Poder Público, confere substância e dá expressão a uma pauta de valores éticos sobre os quais se funda a ordem positiva do Estado. O princípio constitucional da moralidade administrativa, ao impor limitações ao exercício do poder estatal, legitima o controle jurisdicional de todos os atos do Poder Público que transgridam os valores éticos que devem pautar o comportamento dos agentes e órgãos governamentais" (STF, MS 24.458-DF, rel. Min. Celso de Mello, j. 18.2.2003, *DJU* 21.2.2003).
13. Jesús González Pérez, *La Ética en la Administración Pública*, Madri, Civitas, 2000, p. 40.
14. Jaime Rodríguez-Arana Muñoz, *La Dimensión Ética*, cit., p. 281.
15. A Lei 9.784, de 29.1.1999, que regula o processo administrativo no âmbito da Administração Federal, no art. 2º, parágrafo único, IV, impõe a todos uma "atuação segundo padrões éticos de probidade, decoro e boa-fé".
16. Romeu Felipe Bacellar Filho, "Ética pública e Estado Democrático de Direito", *Revista Iberoamericana de Derecho Público y Administrativo* 3/58, San José, Las Asociaciones y el Instituto, 2003.
17. Previsão constante do art. 2º, XIII, da Lei 9.784/1999.

O cidadão, ao dar início às solenidades que antecedem o exercício de uma atividade lícita e ao se empenhar moral e financeiramente com o projeto dela decorrente, tem, de acordo com o princípio da moralidade, a certeza de um direito. A certeza do direito representa, pois, para o cidadão, uma visão confiante e antecipada do acolhimento de seu desejo ou de sua pretensão, uma vez cumpridos os requisitos exigidos, mercê do conjunto de regras estatuídas no ordenamento jurídico posto.

Tratando-se de Administração Pública, mostra-se inconcebível o desacolhimento de um pleito devidamente amparado em regra legal, não só pela frustração desse vínculo de confiança no império da lei estabelecida, mas, sobretudo, porque ao Estado não se permite inobservar o conjunto de regras por ele mesmo estabelecido. Por essa razão, o princípio da moralidade administrativa incide justamente na esfera do anseio de certeza e segurança jurídica, mediante a garantia da lealdade e da boa-fé da Administração Pública, essenciais à concretização do interesse público. Daí por que tratar conjuntamente dos princípios da moralidade, da segurança jurídica e da boa-fé, eis que, embora sejam dotados de autonomia e se caracterizem por conteúdos próprios, seus fundamentos e efeitos jurídicos ostentam inequívoca aproximação.

Celso Antônio Bandeira de Mello entende que o princípio da segurança jurídica "não pode ser radicado em qualquer dispositivo constitucional específico. É, porém, da essência do próprio Direito, notadamente de um Estado Democrático de Direito, de tal sorte que faz parte do sistema constitucional como um todo".[18]

Os princípios da segurança jurídica e da proteção da confiança legítima estão inobjetavelmente interligados, conforme atesta José Joaquim Gomes Canotilho.[19] Para o alcance do desiderato colimado pelo Mestre lusitano não se pode olvidar a ideia de previsibilidade, que consiste no prévio conhecimento pelos interessados das intenções da Administração.

Não é raro na seara administrativista a *segurança jurídica*, a *proteção à confiança* e a *boa-fé* serem tratadas como institutos análogos. O tema é aclarado por Jesús González Pérez:

> Realmente no existe una clara diferencia entre el principio de confianza legítima y de la buena fe. A veces se considera este una implicación de aquél y, por lo general, se invocan indiscriminadamente en relación con situaciones idénticas para producir los mismos efectos. En el ámbito del derecho administrativo, el principio de buena fe ha permitido otorgar al administrado una protección similar a la que ha otorgado fuera de nuestro ordenamiento jurídico el principio de confianza legítima. Quizás, después de muchos esfuerzos, puedan, extremando la pulcritud de conceptos, encontrar esferas a las que no llega la protección del principio de la confianza legítima y sí el de la buena fe, y esferas a las que no llega la protección de este, pero sí el de aquél.[20]

18. Celso Antônio Bandeira de Mello, *Curso de Direito Administrativo*, 33ª ed., São Paulo, Malheiros Editores, 2016, p. 127. Em sentido contrário, José Roberto Vieira entende presente expressamente tal princípio, seja por sua menção no "Preâmbulo" da Constituição, seja pela menção, no *caput* do art. 5º, sob a forma de direito fundamental ("Princípios constitucionais e Estado de Direito", *RDTributário* 14/98, n. 54, São Paulo, Ed. RT, outubro-dezembro/1990).

19. "O homem precisa de segurança para conduzir, planificar e conformar autónoma e responsavelmente a sua vida. Por isso, desde cedo se consideravam os princípios da segurança jurídica e da protecção da confiança como elementos constitutivos do Estado de Direito" (José Joaquim Gomes Canotilho, *Direito Constitucional e Teoria da Constituição*, Coimbra, Livraria Almedina, 2000, p. 256).

20. Jesús González Pérez, *El Principio General de la Buena Fe en el Derecho Administrativo*, Madri, Civitas, 2004, pp. 68-69.

A conjunção de todos esses elementos – moralidade, boa-fé, proteção da confiança legítima e lealdade – leva, necessariamente, à noção de Estado Democrático de Direito.

4. O Estado Democrático de Direito e os princípios consectários

Já afirmamos em outra sede que, se é certo, como proclama Diogo Freitas do Amaral,[21] que a presença de uma Constituição já não é, necessariamente, sinônimo de limitação do poder, podendo constituir-se em forma de legitimação do arbítrio estatal, mostra-se sumamente importante tratar cuidadosamente de temas que antecedem sua existência e que se afirmam em seus comandos, sendo certo que a instituição de um Estado Democrático de Direito é um dos assuntos a merecer especial atenção.

Conforme antes asseverado, o agir estatal não pode ignorar – na tratativa do tema – a base antropológica comum que deflui da Constituição: o princípio da dignidade do ser humano, principal justificativa para a existência de qualquer norma.

A par das diversas alterações que imediatamente fez espargir, a Constituição Federal/1988 é precursora de significativas alterações no tratamento litúrgico até então outorgado às matérias reguladas pelo direito administrativo, pois, especialmente ancorada nos princípios da moralidade e da impessoalidade (art. 37, *caput*), não descurou das questões alusivas às condutas de agentes públicos de todos os níveis (art. 37, § 3º, I e III, § 4º, § 7º – entre outros).

A Lei Fundamental, em disciplina constitucional administrativa – bem o diz Clèmerson Merlin Clève –, traz novos arsenais jurídicos para alteração do quadro tradicional de um "direito administrativo autoritário", marcado pela pouca atenção dispensada aos direitos e garantias fundamentais, integrantes do patrimônio do cidadão-administrado. Afeiçoado à visão da legalidade a qualquer custo, com desconsideração a outros valores (como, por exemplo, o contido no princípio da confiança), o administrador atuou, por muito tempo, coberto pelo manto da incontestabilidade do interesse público. Afinal, nem tudo que é legal pode ser, *ipso facto*, considerado moral ou ético.

Não se trata de inovação, mas de recepção dos reclames da doutrina, a qual construiu, desde cedo, vias alternativas para elidir a aplicação mecânica da legalidade. Francisco Campos, ao enfocar esta problemática, já asseverava que o Poder Público não é um poder irresponsável e arbitrário, que somente se limita e se vincula pelos seus próprios atos.[22] Acima de tudo, não pode arrogar-se o privilégio de surpreender a boa-fé em seu relacionamento com os destinatários de sua atuação.

A expressão "poder", estigmatizada durante o período ditatorial, encontra-se, portanto, melhor entendida como prerrogativa. Caso o administrador público utilize suas prerrogativas além dos limites que a lei lhe confere ou pratique desvio da finalidade pública, ter-se-á o abuso por excesso ou por desvio de finalidade, respectivamente.

Todo exercício de mando – há que se ter consciência – implica dose de sujeição, de coerção. Contudo, a função não se autorrealiza, configura instrumento de trabalho adequado à realização das tarefas administrativas através de atendimento às aspirações coletivas. Bem

---

21. Diogo Freitas do Amaral, *Curso de Direito Administrativo*, vol. 1, Coimbra, Livraria Almedina, 1992, pp. 79-80.

22. Francisco Campos, *Direito Administrativo*, vol. 1, Rio de Janeiro, Freitas Bastos, 1958, pp. 70-71.

por isso que antes da Constituição Federal/1988 percorreu-se longo caminho para a sedimentação da compreensão finalista de Administração Pública: aparelhamento constituído pelo Estado para satisfação do bem comum. Conforme lição do inolvidável Manoel de Oliveira Franco Sobrinho: "O bem comum não foge ao Direito. De certa maneira é condição da justiça, como princípio e fim ao mesmo tempo, justificando, no sistema político, o equilíbrio entre os Poderes, e contendo o Estado nas suas atividades, em razão da lei e das garantias que ele mesmo assegura".

O princípio geral que domina toda a atividade estatal, exercida através da Administração Pública, é o bem comum. A Administração Pública – notadamente ao manejar os chamados poderes administrativos – não pode objetivar interesses particulares. A afronta a esse preceito convulsiona e desacredita a ação administrativa. Afinal a existência da Administração Pública só tem sentido em função de uma justa e equitativa distribuição entre os cidadãos dos direitos e encargos sociais. As elevadas e numerosas tarefas administrativas não resultariam exitosas sem a imposição de princípios de atuação capazes de oferecer garantias exigíveis de um Estado justo e igualitário. Defeso, portanto, tratamento privilegiado ou discriminatório aos destinatários dos atos da Administração.

Juarez Freitas defendia, logo após a promulgação da Carta Constitucional/1988, um redesenho do Estado Brasileiro, "mais por força dos imperativos da realidade do que por motivações de cunho ideológico". Sustenta o autor que a Administração Pública deve ser inserida nesta reengenharia, já que "profundas imposições de realidades cambiantes" estão a exigir uma era nova também para a Administração Pública.[23]

Para Rafael Maffini não é fácil conceituar o que seja "Estado de Direito – ou suas variantes histórico-filosóficas 'Estado Liberal de Direito', 'Estado Social de Direito', 'Estado Democrático de Direito', 'Estado de Justiça de Direito'".[24] Há, contudo, uma indiscutível relação entre os princípios antes referidos e o Estado de Direito.

Considere-se que o Estado Democrático de Direito é expressamente previsto na Constituição Federal.[25] A aludida previsão não afasta seu caráter principiológico, sendo reconhecido como um sobreprincípio,[26] em função do alcance que lhe é reconhecido e sua absoluta incidência sobre os demais princípios.

Relativamente ao conteúdo jurídico de Estado de Direito e a posição do STF, Rafael Maffini[27] lembra decisões que o consagram, desde a observância da ordem jurídica, constitucional ou infraconstitucional, e a estrita observância do princípio da legalidade nas ações

---

23. Juarez Freitas, *Estudos de Direito Administrativo*, 2ª ed., São Paulo, Malheiros Editores, 1997, pp. 36-37.
24. Rafael Maffini, *Princípio da Proteção Substancial da Confiança no Direito Administrativo Brasileiro*, Porto Alegre, Verbo Jurídico, 2006, p. 40.
25. CF: "Art. 1º. A República Federativa do Brasil, formada pela união indissolúvel dos Estados e Municípios e do Distrito Federal, constitui-se em Estado Democrático de Direito e tem como fundamentos: (...)".
26. Rafael Maffini, *Princípio da Proteção Substancial da Confiança no Direito Administrativo Brasileiro*, cit., p. 41.
27. O autor aponta que até 31.8.2005 foram encontradas 17 ocorrências com a expressão "Estado de Direito" e outras 31 com a expressão "Estado Democrático de Direito", sendo que em vários casos eram coincidentes (Rafael Maffini, *Princípio da Proteção Substancial da Confiança no Direito Administrativo Brasileiro*, cit., p. 41).

estatais, como fundamento da divisão de Poderes e da efetivação de direitos e garantias fundamentais e a sua íntima relação com o princípio da segurança jurídica.

Exatamente nesta perspectiva, é imperioso considerar que o tema "Estado Democrático de Direito" requer em sua apreciação uma revisita aos princípios constitucionais explícitos e implícitos da Carta Constitucional. Ausente o princípio da legalidade, não há Estado de Direito. Como já referido, a legalidade não pode merecer uma aplicação mecânica, sem observância a outros princípios que emergem da Constituição. Os princípios explícitos da presunção de inocência, do juiz natural, do devido processo legal, do contraditório, da ampla defesa (art. 5º, LVIII, LIII, LIV e LV), da moralidade, da impessoalidade, da eficiência e da publicidade (art. 37, *caput*) têm presença obrigatória num Estado Democrático de Direito. De igual modo, os princípios implícitos da razoabilidade, da proporcionalidade, da segurança das relações jurídicas, da confiança, da boa-fé e da lealdade, entre outros, formam com os anteriormente aludidos a base axiológica desse Estado.

Importa neste trabalho, examinar a inserção dos princípios da segurança das relações jurídicas, da confiança, da boa-fé e da lealdade no universo do Estado Democrático de Direito.

Princípios, para José Joaquim Gomes Canotilho, "são ordenações que se irradiam e imantam o sistema de normas; começam por ser a base de normas jurídicas, e podem estar positivamente incorporados, transformando-se em normas-princípios".[28]

Dentre as funções mais importantes dos princípios destaca-se a orientação ao legislador na elaboração de leis adequadas e necessário indicativo para a correta interpretação do ordenamento jurídico.

Celso Antônio Bandeira de Mello entende que o princípio da segurança jurídica "não pode ser radicado em qualquer dispositivo constitucional específico. É, porém, da essência do próprio Direito, notadamente de um Estado Democrático de Direito, de tal sorte que faz parte do sistema constitucional como um todo".[29] E complementa:

> (...) a ordem jurídica corresponde a um quadro normativo proposto precisamente para que as pessoas possam se orientar, sabendo, pois, de antemão, o que devem ou o que podem fazer, tendo em vista as ulteriores consequências imputáveis a seus atos. O Direito propõe-se a ensejar uma certa estabilidade, um mínimo de certeza na regência da vida social. Daí o chamado princípio da "segurança jurídica", o qual, bem por isto, se não o mais importante dentre todos os princípios gerais de Direito, é, indisputavelmente, um dos mais importantes entre eles. (...).[30]

Como princípio, a confiança é proclamada por diversos ramos do conhecimento, posto que reduz a chamada insegurança estratégica, essa entendida como a "condição em que se encontra um indivíduo diante de uma situação cujas consequências não são determinadas exclusivamente pela sua conduta, mas dependem do agir de outros sujeitos".[31]

---

28. José Joaquim Gomes Canotilho e Vital Moreira, *Fundamentos da Constituição*, Coimbra, Coimbra Editora, 1991, p. 49.

29. Celso Antônio Bandeira de Mello, *Curso de Direito Administrativo*, cit., 33ª ed., p. 127. Em sentido contrário, José Roberto Vieira entende presente expressamente tal princípio, seja por sua menção no "Preâmbulo" da Constituição, seja pela menção, no *caput* do art. 5º, sob a forma de direito fundamental ("Princípios constitucionais e Estado de Direito", cit., *RDTributário* 14/98).

30. Celso Antônio Bandeira de Mello, *Curso de Direito Administrativo*, cit., 33ª ed., pp. 127-128.

31. Judith Martins-Costa, "Princípio da confiança legítima e princípio da boa-fé objetiva. Termo de Compromisso de Cessação (TCC) ajustado com o CADE. Critérios de interpretação contratual: os 'sistemas

Judith Martins-Costa menciona que a proteção jurídica da confiança foi inicialmente apontada pela sociologia como fator de redução da complexidade social e, por isso, determinante para a orientação de condutas, cabendo ao sistema normativo a garantia das expectativas geradas nas interações sociais.[32]

Em excelente trabalho, Marcelo Ribeiro Losso destaca que no âmbito do Direito se pode dizer que a confiança é um valor jurídico como a ordem, o bem comum, o interesse social e a segurança, dentre outros, que o ordenamento jurídico busca preservar. Ressalta o jovem autor a dificuldade de delimitar confiança, para efeitos jurídicos, o que já foi apontado por Manuel Frada:

> (...) a confiança não é, em Direito, um tema fácil. As dificuldades que ele coloca transcendem em muito a necessidade de delimitação de seu âmbito, já de si problemática. Não existe definição legal de confiança a que possa socorrer-se e escasseiam-se referências normativas explícitas a propósito. O seu conceito apresenta-se fortemente indeterminado pela pluralidade ou vaguidade de empregos comuns que alberga, tornando difícil traçar com ele as fronteiras de uma investigação jurídica.[33]

E remata: "o valor – confiança – deve ser protegido nas relações em geral. Dentre os vários princípios vinculados a essa proteção podem-se citar o da proteção à confiança, da segurança jurídica, do Estado de Direito, da boa-fé, da moralidade, da legalidade etc."[34]

Judith Martins-Costa já anteriormente sustentava que o princípio da confiança liga-se, fundamentalmente, com a proteção das expectativas; e, ainda, como justificativa ou explicação para a vinculabilidade dos negócios jurídicos, advertindo que essa confiança é uma *confiança adjetivada*, a confiança *legítima*, também chamada expectativa legítima.[35]

A inobjetável relação entre os princípios da segurança jurídica e da proteção é atestada por José Joaquim Gomes Canotilho:

> O homem precisa de segurança para conduzir, planificar e conformar autónoma e responsavelmente a sua vida. Por isso, desde cedo se consideravam os princípios da segurança jurídica e da protecção da confiança como elementos constitutivos do Estado de Direito.[36]

Para o alcance do desiderato colimado pelo Mestre lusitano, não se pode olvidar a ideia de previsibilidade, que consiste no prévio conhecimento pelos interessados das intenções da Administração.

---

de referência extracontratuais' ('circunstâncias do caso') e sua função no quadro semântico da conduta devida. Princípio da unidade ou coerência hermenêutica e 'usos do tráfego'. Adimplemento contratual", *RT* 852/96, n. 95, São Paulo, Ed. RT, outubro/2006.

32. Idem, ibidem.

33. Manuel A. Carneiro da Frada, *Teoria da Confiança e Responsabilidade Civil*, Coimbra, Livraria Almedina, 2004, p. 17.

34. Marcelo Ribeiro Losso, *O Princípio da Proteção à Confiança nas Relações Contratuais Entre o Estado e o Agente Privado*, dissertação (Mestrado), Curitiba, PUC/PR, 2008, 188 fls.

35. Judith Martins-Costa, "Princípio da confiança legítima e princípio da boa-fé objetiva. Termo de Compromisso de Cessação (TCC) ajustado com o CADE. Critérios de interpretação contratual: os 'sistemas de referência extracontratuais' ('circunstâncias do caso') e sua função no quadro semântico da conduta devida. Princípio da unidade ou coerência hermenêutica e 'usos do tráfego'. Adimplemento contratual", cit., *RT* 852/96-97.

36. José Joaquim Gomes Canotilho, *Direito Constitucional e Teoria da Constituição*, cit., p. 256.

A atuação da Administração Pública deve ser sempre marcada por uma pauta previsível, não havendo lugar para ciladas, rompantes ou açodamentos, a caracterizar uma "administração de surpresas". Submissa ao princípio da legalidade, conformadora da segurança jurídica, haverão de ser prestigiados a irretroatividade legal de preceitos mais gravosos, a previsão de regras de transição, a coisa julgada, a preclusão, a decadência, a usucapião, o direito adquirido e a vedação de aplicação retroativa de nova interpretação.[37]

Também se ocupando do assunto, Maria Zanella Di Pietro ressalta ao tratar do princípio da segurança jurídica:

> A segurança jurídica tem muita relação com a ideia de respeito à boa-fé. Se a Administração adotou determinada interpretação como a correta e a aplicou a casos concretos, não pode depois vir a anular atos anteriores, sob o pretexto de que os mesmos foram praticados com base em errônea interpretação. Se o administrado teve reconhecido determinado direito com base em interpretação adotada em caráter uniforme para toda a Administração, é evidente que a sua boa-fé deve ser respeitada. Se a lei deve respeitar o direito adquirido, o ato jurídico perfeito e a coisa julgada, por respeito ao princípio da segurança jurídica, não é admissível que o administrado tenha seus direitos flutuando ao sabor de interpretações jurídicas variáveis no tempo.[38]

Boa-fé, segurança jurídica e proteção à confiança são ideias que pertencem à mesma constelação de valores, na feliz expressão de Almiro do Couto e Silva.[39]

Em geral, a boa-fé admite duas acepções: uma em sentido objetivo e a outra em sentido subjetivo. É Judith Martins-Costa quem, de modo admirável, esclarece:

> A expressão "boa-fé subjetiva" denota "estado de consciência", ou convencimento individual a cobrar *[a parte]* em conformidade ao direito *[sendo]* aplicável, em regra, ao campo dos direitos reais, especialmente em matéria possessória. Diz-se "subjetiva" justamente porque, para a sua aplicação, deve o intérprete considerar a intenção do sujeito da relação jurídica, o seu estado psicológico ou íntima convicção. Antiética à boa-fé subjetiva está a má-fé, também vista subjetivamente como a intenção de lesar a outrem.
>
> Já, por "boa-fé objetiva" se quer significar – segundo a conotação que adveio da interpretação conferida ao § 242 do CC alemão, de larga força expansionista em outros ordenamentos, e, bem assim, daquela que lhe é atribuída nos Países da *Common Law* – modelo de conduta social, arquétipo ou *standard* jurídico, segundo o qual "cada pessoa deve ajustar a própria conduta a esse arquétipo, obrando como obraria um homem reto: com honestidade, lealdade, probidade". Por este modelo objetivo de conduta levam-se em consideração os fatores concretos do caso, tais como o *status* pessoal e cultural dos envolvidos, não se admitindo uma aplicação mecânica do *standard*, de tipo meramente subsuntivo.[40]

A boa-fé e a lealdade, como instrumentos processuais garantidores da moralidade administrativa no exercício da competência disciplinar, substanciam elementos objetivos

---

37. Previsão constante do art. 2º, XIII, da Lei 9.784/1999.
38. Maria Sylvia Zanella Di Pietro, *Direito Administrativo*, 17ª ed., São Paulo, Atlas, 2004, p. 85.
39. Almiro do Couto e Silva, "O princípio da segurança jurídica (proteção à confiança) no direito público brasileiro e o direito da Administração Pública de anular seus próprios atos administrativos: o prazo decadencial do art. 54 da Lei do Processo Administrativo da União (Lei n. 9.784/1999)", *Revista Eletrônica de Direito do Estado* 2/2, Salvador, abril-junho/2005 (disponível em http://www.direitodoestado.com/revista/REDE-2-ABRIL-2005-ALMIRO%20DO%20COUTO%20E%20SILVA.pdf, acesso em 27.2.2007).
40. Judith Martins-Costa, *A Boa-Fé no Direito Privado*, 1ª ed., 2ª tir., São Paulo, Ed. RT, 2000, p. 411.

capazes de definir métodos e formas práticas de comportamento administrativo. A boa-fé como contraponto da má-fé revela comportamento do agente isento de reprovabilidade, isto é, com a crença de que está agindo conforme o Direito ou, pelo menos, na mais pura ignorância e, portanto, com a confiança de que a atitude não possa ser contrária ao ordenamento jurídico.

A boa-fé, assim, incorpora o valor ético da confiança. Retrata a integração do ordenamento a regras ético-materiais, de fidelidade, crença e confiança.[41] Neste passo, imprescindível lembrar, com Jesús González Pérez:

> Confianza, legítima confianza de que no se le va a imponer una prestación cuando sólo superando dificultades extraordinarias podrá ser cumplida. Ni en un lugar en que, razonablemente, no cabía esperar. Ni antes de que lo exijan los intereses públicos ni cuando ya no era concebible el ejercicio de la potestad administrativa. Confianza, en fin, en que el procedimiento para dictar el acto que dará lugar a las relaciones entre Administración y administrado, no va adoptar una conducta confusa y equívoca que más tarde permita eludir o tergiversar sus obligaciones. Y en que los actos van a ser respetados en tanto no exijan su anulación los intereses públicos.[42]

Na esteira desse pensamento, Celso Antônio Bandeira de Mello entende que os princípios da lealdade e da boa-fé – considerados princípios fundamentais do procedimento administrativo – estão compreendidos no âmbito do princípio da moralidade da Administração Pública.[43]

A boa-fé e a lealdade têm um fértil campo de atuação no direito administrativo, podendo manifestar-se: (a) no exercício de poderes e faculdades com relação ao tempo, exigindo-se a fixação de prazos adequados para cumprimento da prestação, vedando a imposição de obstáculo resultante de comportamento desleal;[44] (b) no estabelecimento de uma atuação procedimental leal em que a Administração e o cidadão se relacionem de forma clara, a partir de capítulos e pontos numerados que não revelem uma pauta imprevisível; (c) no dimensionamento do procedimento a partir de um formalismo moderado, a fim de evitar a sucessiva e interminável possibilidade de oposições; (d) na convalidação das nulidades sanáveis: os erros de procedimento devem ser corrigidos imediatamente.[45]

---

41. Jesús González Pérez, *El Principio General de la Buena Fe en el Derecho Administrativo*, cit., pp. 45-46.

42. Idem, p. 59.

43. Celso Antônio Bandeira de Mello, *Curso de Direito Administrativo*, cit., 33ª ed., p. 123. Para Juarez Freitas o princípio da confiança ou da boa-fé resulta da junção dos princípios da moralidade e da segurança das relações jurídicas (*O Controle dos Atos Administrativos e os Princípios Fundamentais*, 5ª ed., São Paulo, Malheiros Editores, 2013, pp. 80-81).

44. Jesús González Pérez, *El Principio General de la Buena Fe en el Derecho Administrativo*, cit., p. 102. A fixação de prazo adequado para o cumprimento dos atos administrativos processuais recebeu proteção no § 2º do art. 26 da Lei 9.784/1999, que, embora não tenha caráter principiológico, pode ser aplicado subsidiariamente no processo administrativo disciplinar, na hipótese de ausência de regra específica: "A intimação observará a antecedência mínima de 3 (três) dias úteis quanto à data de comparecimento".

45. Com razão, Juarez Freitas sublinha a íntima relação do princípio da confiança ou boa-fé para solver o problema da imprescritibilidade e da eventualíssima não decretação de nulidade dos atos administrativos, ambos em correlação temática, com o intuito de fixar limites à cogência anulatória de atos maculados por vícios originários (*O Controle dos Atos Administrativos e os Princípios Fundamentais*, cit., 5ª ed., p. 83).

A boa-fé e a lealdade humanizam a relação entre a Administração e o destinatário de seus atos, sem que isto implique "quebra do princípio da impessoalidade".[46] Assim, se um dos pilares do Estado Democrático de Direito é a fixação de um regime jurídico administrativo, com a Constituição/1988 restou identificada a presença de um regime jurídico constitucional-administrativo, fundado nos princípios antes arrolados.

A supremacia da Constituição, sobre todas as normas, impõe que o processo de produção legislativa e interpretação do direito administrativo seja levado a cabo conforme aqueles princípios constitucionais. Segundo Clèmerson Merlin Clève:

> (...) a compreensão da Constituição como norma, aliás, norma dotada de superior hierarquia; a aceitação de que tudo que nela reside constitui norma jurídica, não havendo lugar para lembretes, avisos, conselhos ou regras morais; por fim, a compreensão de que o cidadão tem acesso à Constituição, razão pela qual o Legislativo não é o seu único intérprete, são indispensáveis para a satisfação da supremacia constitucional.[47]

Já há algum tempo abandonou-se a ideia de que as garantias fundamentais concretizadoras da igualdade e do respeito à pessoa humana encerram concepções abstratas de conteúdo programático, a exemplo de um manual de aspirações ou, mesmo, de um protocolo de intenções.

Nunca é demais insistir: a interpretação das leis brasileiras citadas no presente trabalho não pode descurar de se submeter ao princípio vetor de nossa ordem constitucional – a dignidade da pessoa humana –, nem da existência de um núcleo mínimo dele emanado, que se revela na plena submissão a princípios éticos e morais, a garantir, entre outros, a sobranceira existência de um Estado Democrático de Direito.

Referências bibliográficas

AMARAL, Diogo Freitas do. *Curso de Direito Administrativo*. vol. 1. Coimbra, Livraria Almedina, 1992.

BACELLAR FILHO, Romeu Felipe. "Ética pública e Estado Democrático de Direito". *Revista Iberoamericana de Derecho Público y Administrativo* 3. San José, Las Asociaciones y el Instituto, 2003.

BANDEIRA DE MELLO, Celso Antônio. *Curso de Direito Administrativo*. 33ª ed. São Paulo, Malheiros Editores, 2016.

CAMPOS, Francisco. *Direito Administrativo*. vol. 1. Rio de Janeiro, Freitas Bastos, 1958.

CANOTILHO, José Joaquim Gomes. *Direito Constitucional*. 6ª ed. Coimbra, Livraria Almedina, 1995.

_____. *Direito Constitucional e Teoria da Constituição*. Coimbra, Livraria Almedina, 2000.

_____, e MOREIRA, Vital. *Fundamentos da Constituição*. Coimbra, Coimbra Editora, 1991.

CLÈVE, Clèmerson Merlin. *A Fiscalização Abstrata de Constitucionalidade no Direito Brasileiro*. São Paulo, Ed. RT, 1995.

---

46. Jesús González Pérez, *El Principio General de la Buena Fe en el Derecho Administrativo*, cit., p. 150.

47. Clèmerson Merlin Clève, *A Fiscalização Abstrata de Constitucionalidade no Direito Brasileiro*. São Paulo, Ed. RT, 1995, p. 27.

COMTE-SPONVILLE, André. *Pequeno Tratado das Grandes Virtudes*. São Paulo, Martins Fontes, 1995.

CORREIA, José Manuel Sérvulo. *Contencioso Administrativo e Estado de Direito: Conferência*. Maputo, Cia. de Moçambique, 1993.

COUTO E SILVA, Almiro do. "O princípio da segurança jurídica (proteção à confiança) no direito público brasileiro e o direito da Administração Pública de anular seus próprios atos administrativos: o prazo decadencial do art. 54 da Lei do Processo Administrativo da União (Lei n. 9.784/1999)". *Revista Eletrônica de Direito do Estado* 2/2. Salvador, abril-junho/2005 (disponível em *http://www.direitodoestado.com/revista/REDE-2-ABRIL-2005-ALMIRO%20 DO%20COUTO%20E%20SILVA.pdf*, acesso em 27.2.2007).

DI PIETRO, Maria Sylvia Zanella. *Direito Administrativo*. 17ª ed. São Paulo, Atlas, 2004.

FRADA, Manuel A. Carneiro da. *Teoria da Confiança e Responsabilidade Civil*. Coimbra, Livraria Almedina, 2004.

FRANCO SOBRINHO, Manoel de Oliveira. *O Controle da Moralidade Administrativa*. São Paulo, Saraiva, 1974.

FREITAS, Juarez. *Estudos de Direito Administrativo*. 2ª ed. São Paulo, Malheiros Editores, 1997.

_____. *O Controle dos Atos Administrativos e os Princípios Fundamentais*. 5ª ed. São Paulo, Malheiros Editores, 2013.

HAURIOU, Maurice. *Précis Élémentaire de Droit Administratif*. Paris, Recueil Sirey, 1926.

LOSSO, Marcelo Ribeiro. *O Princípio da Proteção à Confiança nas Relações Contratuais Entre o Estado e o Agente Privado*. Dissertação (Mestrado). Curitiba, PUC/PR, 2008.

MAFFINI, Rafael. *Princípio da Proteção Substancial da Confiança no Direito Administrativo Brasileiro*. Porto Alegre, Verbo Jurídico, 2006.

MARTINS-COSTA, Judith. *A Boa-Fé no Direito Privado*. 1ª ed., 2ª tir. São Paulo, Ed. RT, 2000.

_____. "Princípio da confiança legítima e princípio da boa-fé objetiva. Termo de Compromisso de Cessação (TCC) ajustado com o CADE. Critérios de interpretação contratual: os 'sistemas de referência extracontratuais' ('circunstâncias do caso') e sua função no quadro semântico da conduta devida. Princípio da unidade ou coerência hermenêutica e 'usos do tráfego'. Adimplemento contratual". *RT* 852/87-126. N. 95. São Paulo, Ed. RT, outubro/2006.

MEIRELLES, Hely Lopes. *Direito Administrativo Brasileiro*. 17ª ed. São Paulo, Malheiros Editores, 1992; 42ª ed. São Paulo, Malheiros Editores, 2016.

MOREIRA, Vital, e CANOTILHO, José Joaquim Gomes. *Fundamentos da Constituição*. Coimbra, Coimbra Editora, 1991.

MUÑOZ, Jaime Rodríguez-Arana. *La Dimensión Ética*. Madri, Dykinson, 2001.

PÉREZ, Jesús González. *El Principio General de la Buena Fe en el Derecho Administrativo*. Madri, Civitas, 2004.

_____. *La Ética en la Administración Pública*. Madri, Civitas, 2000.

SUNDFELD, Carlos Ari. "Procedimentos administrativos de competição". *RDP* 83. São Paulo, Ed. RT, julho-setembro/1987.

VIEIRA, José Roberto. "Princípios constitucionais e Estado de Direito". *RD* 14/95-104. São Paulo, Ed. RT, outubro-dezembro/1990.

A EXECUÇÃO DE TÍTULO EXTRAJUDICIAL CONTRA A FAZENDA PÚBLICA NO CPC DE 2015

SERGIO BERMUDES

1. O Código de Processo Civil de 2015. 2. Dicotomia. 3. Títulos executivos. 4. Ação e defesa. 5. Embargos da Fazenda Pública. 6. Recursos. 7. Coisa julgada e ação rescisória.

1. O Código de Processo Civil de 2015

O novo Código de Processo Civil trouxe ao direito processual positivo brasileiro repetições e alterações do diploma anterior, bem como inovações. Discute-se ainda, como sempre se fará, sobre a necessidade da lei de substituição do Código de Processo Civil, revogado pela Lei 13.105, de 16 de março de 2015. Sustentam opiniões contrárias à substituição do anterior Código de Processo Civil (Lei 5.869, de 11 de janeiro de 1973) pelo código, vigente a partir de 18 de março de 2016 (art. 1.041). O próprio CPC de 2015 socorre os seus opositores. A maioria dos artigos, ou simplesmente repetem, literalmente, ou alteram, anodinamente, o diploma de 1973. Dentre muitos, veja-se este exemplo, a um só tempo de repetição e de modificação, ambas as duas irrelevantes, se não se quiser dizer que houve, uma *reformatio in pejus*: o art. 262 do código anterior dizia que "o processo civil começa por iniciativa da parte mas se desenvolve por impulso oficial", ao passo que o art. 2º do atual reza que "o processo começa por iniciativa da parte mas se desenvolve por impulso oficial, salvo as exceções previstas em lei". Concorda-se com a supressão do adjetivo *civil*, que qualificava o substantivo *processo*, no texto ab-rogado porque o Código de Processo Civil regula a função jurisdicional civil, embora, muitas vezes, o adjetivo contribua para a compreensão exata do nome, que o antecede. A referência às execuções previstas em lei, posto que não errônea, é desnecessária pelo princípio lógico, antes de ser jurídico, consoante o qual a regra geral cede à exceção. Reprove-se, entretanto, a substituição da adversativa *mas*, do art. 262, pela conjunção coordenativa aditiva *e*. As conjunções adversativas, como está nos léxicos, indicam contraste, oposição. No caso do art. 2º do novo Código, melhor seria a manutenção da palavra *mas*, para dar ideia de situações diferentes. A regra é o começo do processo por iniciativa da parte; a exceção, contrária a esse princípio, são os casos em que o juiz pode começar de ofício o processo, independentemente da vontade da parte.

2. Dicotomia

O Código de Processo Civil de 1973 tratava da execução por quantia certa contra a Fazenda Pública, na Seção III do Capítulo IV do Título II do seu Livro II (arts. 730 e 731). Não distinguia a execução por quantia certa fundada em título judicial da calcada em título extrajudicial.

O novo Código de Processo Civil, entretanto, distingue uma execução da outra. Cuida do cumprimento da sentença que reconhece a exigibilidade de obrigação de pagar quantia certa pela Fazenda Pública, nos arts. 534 e 535. É, contudo, no art. 910 e seus três parágrafos que ele regula a execução de título extrajudicial, distinguindo, cada espécie, tratada separadamente.

Tanto no velho quanto no atual Código, deu-se tratamento especial à execução por quantia certa contra a Fazenda Pública. As outras modalidades da execução, como a execução para a entrega de coisa, ou de fazer ou não fazer, caem nas disposições comuns regentes da execução, nelas incidindo porém normas aplicáveis à Fazenda, nos processos executivos em geral.

Enquanto o anterior art. 730 falava, indistintamente, em execução por quantia certa, o vigente art. 910 disciplina a execução por quantia certa fundada em título extrajudicial. Títulos extrajudiciais são os enumerados no art. 784 do atual CPC e também "todos os demais títulos aos quais, por disposição expressa, a lei atribuía força executiva", como preceitua o inciso VIII do dispositivo, talvez superfluamente, pois não é esse item que torna executivo o título definido noutras leis, senão nestas mesmas.

3. Títulos executivos

Principia o art. 910 da lei vigente, falando em execução fundada em título extrajudicial, enquanto o art. 730 do Código revogado se referia à execução por quantia certa. Já na sua literalidade, os dois artigos, novo e velho, voltam-se para a execução contra a Fazenda Pública, porém o anterior aludia à execução por quantia certa, enquanto o vigente trata, genericamente, da execução de título extrajudicial. Veja-se que, entre eles, títulos há que não têm por objeto quantia certa, mas, sim, bens distintos, como se verifica, *v.g.*, nos incisos II e IV do art. 784.

É certo que o § 1º do art. 910 dispõe que "não opostos embargos ou transitada em julgado a decisão que os rejeitar, expedir-se-á precatório ou requisição de pequeno valor em favor do exequente, observando-se o disposto no art. 100 da Constituição Federal". Examinada, todavia, essa norma, à luz do *caput* do artigo, onde se fala, genericamente, em título extrajudicial, não, porém, em título extrajudicial de pagar quantia certa, chega-se à conclusão de que essa norma apenas cuida do procedimento de uma das espécies de execução de título extrajudicial, sem excluir as demais, constantes também de títulos da mesma natureza, como a de entregar algo. Suponha-se, por exemplo, que, por escritura pública de transação certa prefeitura municipal, ou uma unidade federada, se obrigou a entregar a um transator determinada coisa. Assim, há que se interpretar a terceira oração do art. 910 como norma específica referente à execução fundada em título executivo extrajudicial de quantia certa, sem que essa regra exclua a execução de título extrajudicial que contenha obrigação diversa da de pagar.

4. Ação e defesa

Como toda a execução, também a que se funda em título extrajudicial, não importa o executado, é uma ação – ação executiva, ação executória, ação de execução, ou, pura e simplesmente, execução. A propositura dessa ação desencadeia uma série de atos que, no conjunto, do primeiro ao último, formam um processo, que se conclui por uma sentença terminativa, que o extingue sem julgamento de mérito, ou definitiva, esta última a sentença que julga extinto o processo (art. 925), nos casos previstos no art. 924, cujo transito em julgado entrega a prestação jurisdicional, compondo a lide, consubstanciada na pretensão do exequente, que quer a satisfação do seu crédito e a resistência do executado devedor que não cumpriu a obrigação constante do título.

Tomado o substantivo no seu sentido mais amplo, dir-se-á que a defesa do executado faz-se no próprio processo de execução, como ainda noutro processo, acessório deste e dele decorrente.

O § 3º do art. 910 manda aplicar à execução de título extrajudicial contra a Fazenda Pública os arts. 534 e 535, os dois integrantes do Capítulo V, do Título II, do Livro I, da Parte Especial do novo Código, dedicada ao cumprimento da sentença que reconheça a exigibilidade de obrigação de pequena quantia certa pela Fazenda Pública.

A citação da Fazenda Pública, ordenada no art. 910, angulariza a relação processual executiva, porque integra a executada no processo, o que também ocorre pelo seu comparecimento espontâneo (art. 239, § 1º). Parte no processo, a Fazenda poderá, por exemplo, arguir, dentro dele, a inépcia da inicial, como a ausência da cártula, expressão material do título, a falta de procuração e quaisquer outras questões suscetíveis de sanação ou de extinção do processo, sem falar na exceção de pré-executividade. Todas essas alegações constituem defesa e podem ser formuladas por petição, independentemente de embargos. Múltipla é a atividade do órgão jurisdicional, no âmbito do processo, no qual, *v.g.*, a ele pode promover a autocomposição, como previsto no art. 139, V.

5. Embargos da Fazenda Pública

A defesa da Fazenda faz-se, principalmente, por meio de embargos, que ela oporá, no prazo de trinta dias, que não se duplica, mesmo se, cumuladas execuções contra duas fazendas públicas (*v.g.*, Município e Estado), forem as devedoras representadas, por duas procuradorias diferentes. O art. 229 não incide quanto ao prazo para a oposição dos embargos, que constituem uma ação e não simples manifestação. Entretanto, na rara hipótese, aqui considerada, o art. 229 se aplicará, analogicamente, e os prazos se contarão em dobro para todas as suas manifestações, no processo dos embargos.

Se se permite o *obiter dictum*, se dirá que são tempestivos os embargos opostos antes do início do trintídio. Esdrúxulos julgados houve que, sabendo a apedeutismo e malvadez, ignorando a realidade brasileira, deram por intempestivos atos processuais praticados antes do início do respectivo prazo. O entendimento neles manifestado levou ao § 4º do art. 218 do Código de 2015, conforme o qual "será considerado tempestivo o ato praticado antes do termo inicial do prazo". Seriam intempestivos os embargos do art. 910, opostos antes da citação da Fazenda Pública, que os opõe depois que essa comunicação for ordenada, porém ainda não efetivada? O direito não tutela o absurdo.

O § 2º do art. 910 dispõe ainda que, nos embargos, a Fazenda poderá alegar qualquer matéria que lhe seria lícito deduzir no processo de conhecimento. Pode-se extrair desse parágrafo que os embargos constituem uma ação cognitiva, posto que acessória, ajuizada com o fim de obter a declaração da ineficácia do título com a consequente extinção do processo executivo.

Processo de conhecimento, a Fazenda pode suscitar, na inicial dos embargos, a exceção, como direito de invocar a prestação jurisdicional, em qualquer das suas modalidades. Processo de conhecimento embora, os embargos do devedor, como são os do art. 910, constituem defesa. A referência do § 3º ao art. 534 é algo demasiada, cabendo, todavia, a remissão ao art. 535.

A impugnação permitida no art. 535 é restrita, só se admitindo que nela se suscitem as matérias referidas nos seus incisos. Essas, e quaisquer outras, podem contudo ser objeto dos embargos da Fazenda, como estatui a norma do § 2º do art. 910. Entenda-se, todavia, que a matéria dos embargos tem que se compatibilizar com a natureza deles, que constituem uma ação acessória e incidental. Assim, não cabe reconvenção, já que os embargos não constituem uma contestação, nem se admite, no processo dos embargos, a intervenção de terceiros.

6. Recursos

Atendidos os respectivos pressupostos, admitem-se recursos, tanto no processo de execução de título extrajudicial quanto no processo dos embargos do art. 910.

No processo de execução, cabe agravo de instrumento de todas as decisões interlocutórias, como reza o parágrafo único do art. 1.015, que fala, indistintamente, em decisões interlocutórias, sem aludir aos incisos do dispositivo. Por igual, cabe agravo de instrumento de qualquer decisão interlocutória proferida nos embargos da Fazenda porque, sendo eles um apêndice da execução, um processo acessório de natureza incidental, constituem, com a execução, um todo, incidente, então, o parágrafo único do mencionado artigo. Note-se que esse parágrafo concede agravo de instrumento das decisões proferidas no cumprimento da sentença, que execução é, constituindo, na essência, embargos do devedor a impugnação permitida pelo art. 535. Injustificável seria admitir-se o agravo no processo de cumprimento de sentença, e não permitir-se o agravo nos embargos do art. 910, ontologicamente idênticas as defesas que em ambos se deduzem.

Tanto da sentença, terminativa ou deferitiva, proferida no processo de execução quanto a que é dada no processo de embargos da Fazenda cabe apelação. O *caput* do art. 1.009 do novo Código aplica-se, mas não incide o seu § 1º que, aliás, com a oração condicional, "se a seu respeito não importar agravo de instrumento", afasta a incidência desse parágrafo.

A apelação da sentença extintiva do processo da execução (art. 925) terá efeito suspensivo (art. 1.012, *caput*). Não, porém, a apelação da sentença que extingue sem julgamento do mérito, ou julga improcedentes, os embargos do executado (art. 1.012, § 2º, III). Faltando norma que a despoja do efeito suspensivo, a apelação o produz, quando interposta da sentença que julgar procedentes os embargos (*rectius*, os pedidos neles formulados). O legislador cochilou no ponto. Obviamente, os embargos de declaração (art. 1.022) são sempre admissíveis, como os demais recursos previstos na lei e na Constituição, atendidos os respectivos pressupostos.

7. Coisa julgada e ação rescisória

O § 1º do art. 910 do Código de Processo Civil de 2015 alude à falta de oposição dos embargos, que, entretanto, não é revelia, nos termos em que a define o art. 344.

A falta dos embargos do art. 910 é um fato processual que torna inexistentes os embargos, constituindo apenas uma das condições da expedição do precatório ou da requisição, mencionados no § 1º do art. 910. A outra condição da expedição do precatório ou da requisição, como está no mesmo parágrafo, é o trânsito em julgado da decisão (*rectius*, da sentença, decisão monocrática ou acórdão) que rejeitar os embargos. A apelação dessa sentença não produz efeito suspensivo, conforme o inciso II do art. 1.012. Não cabe, entretanto, falar em cumprimento provisório da sentença (art. 520), inexistente no caso. Condicionando o § 1º a expedição do precatório ou requisição ao trânsito em julgado da decisão que rejeitar os embargos, que é pronunciamento de mérito, produtor de coisa julgada material, nos termos do art. 502, não se admitirá o cumprimento provisório do julgado.

O § 1º do art. 910 só cuidou da sentença que rejeita os embargos, sem contudo aludir à sentença terminativa, que os extingue sem julgamento do mérito. Essa decisão cabe, entretanto, na restrição do parágrafo. Se apenas se permite a expedição e a requisição no trânsito em julgado da sentença de improcedência dos embargos, ela, *a fortiori*, será admitida perante o trânsito em julgado da sentença terminativa, de extinção do processo, sem juízo de mérito.

É indiscutivelmente sentença de mérito a decisão que julga procedentes ou improcedentes os embargos. Transitadas em julgado, qualquer das duas produz a coisa julgada material (arts. 487, I, e 502).

Por igual, é também de mérito a sentença do art. 925, que produz a extinção do processo nas situações previstas nos três itens do art. 794. Essa sentença compõe a lide objeto do processo de execução, que não se instauraria se, voluntariamente, o executado – no caso, a Fazenda Pública – houvesse satisfeito o crédito consubstanciado no título.

De mérito essas sentenças, elas, uma vez transitadas em julgado, podem ser desconstituídas pela ação rescisória, regulada nos arts. 966 e seguintes do Código de Processo Civil de 2015.

POR UMA NOVA (E DIFERENTE) LEI DE LICITAÇÕES

SERGIO FERRAZ

1. Introdução. 2. Hely: virtudes; revolução no direito administrativo brasileiro. 3. Críticas ao Projeto de Lei 559/2013 da Câmara dos Deputados. Um novo modelo que proponho para a Lei de Licitações e Contratos. 4. A Lei 13.303/2016 e suas novidades. 5. O novo contrato administrativo brasileiro. Anexo: Anteprojeto de Lei de Licitações e Contratos Públicos.

1. Introdução

Estou escrevendo (em parceria com o professor Dr. Amauri Feres Saad, titulado pela PUC/SP) um *Tratado de Direito Administrativo Brasileiro* (com o primeiro tomo já em vias de conclusão e com lançamento provável no primeiro semestre/2017). Nesse primeiro tomo, em certo momento procedi a uma enunciação farta de nomes brasileiros importantes para a história de nosso direito administrativo, com destaque agora (para o que interessa ao presente trabalho) aos autores que a partir do século 20 engalanaram a galeria dos juristas nacionais. Depois de extensa nominata com mais de 50 indicações pessoais (necessariamente incompleta, por óbvio), lancei um particular memento, com vistas à bibliografia administrativista, voltada para a segunda metade daquele último século:

> Mas, para que houvesse um novo direito administrativo no País era necessário que algum autor talentoso e inspirado "arrumasse a casa": separando o joio do trigo (isto é, agrupando o núcleo temático particular de nossa disciplina) e traçando a linha temporal da matéria, desde nossas origens, até os dias presentes; em suma, sistematizando o direito administrativo brasileiro. Foi com esse propósito, e com esse nome, que o inolvidável Hely Lopes Meirelles lançou, em 1964, sua obra assim intitulada, até hoje imprescindível (...).

O *Direito Administrativo Brasileiro* de Hely, ao surgir, criou verdadeiro abalo sísmico na paisagem de nossa disciplina. É que, depois dos monumentais Pimenta Bueno e Visconde de Uruguai, no século XIX, nossa literatura jurídica administrativista só conheceu, a rigor, um tratadista, isto é, um trabalho que se apresentasse como inteiramente abrangente da disciplina: o *Tratado de Direito Administrativo* de Themístocles Cavalcanti, aliás em sua 1ª edição, em 1936, aparecendo com o título *Instituições de Direito Administrativo*. Mas a presença cada vez mais marcante do Estado e de suas autarquias a partir da era getulista fizera surgir ampla bibliografia, da maior importância, é verdade, de imenso valor também, mas onde apareciam amalgamadas ao direito administrativo, ao gosto de cada autor, Filosofia do Direito, Ciência da Administração, Economia Política, Sociologia Jurídica, Teoria do Estado etc. Foi um período fervilhante de criatividade, em que *Manuais, Cursos, Instituições, Introduções ao Direito Administrativo*, não obstante a mescla acima apontada, vinham a lume como obras algumas de grande valor e fundamentais mesmo, algumas como ensaios pioneiros ou inovadores, algumas de grande fôlego e vocação de virem a se cristalizar como tratados – tudo isso ao lado de monografias profundas e indispensáveis. Mas a mescla substantiva, antes mencionada, confundia o trabalho de identificação do núcleo particularizador de nossa disciplina, o que se refletia até mesmo na designação da cadeira em muitas Faculdades de Direito.

Mas, repita-se, chega Hely e "arruma a casa". E não só: amplia as fronteiras, até então aparentemente demarcadas, do direito administrativo, nelas alocando o regime jurídico das cidades e do meio ambiente, salientando a importância do administrado e a necessidade de controle e contenção da atividade administrativa, equacionando as pautas do direito de construir, tudo isso num momento institucional marcado de profundo autoritarismo. Permitam-me uma última exteriorização de meu particular entusiasmo: não só foi ele um verdadeiro sistematizador da disciplina e de seu conteúdo, como também um ensaísta de fôlego em todos os quadrantes da matéria, como sobejamente mostram todos os títulos integrantes de sua bibliografia, com ênfase em seus notáveis pareceres coligidos em 11 preciosos volumes. E o retrato se arremata com mais um louvor: Hely estava sempre pronto a receber e a ensinar quem o procurasse, para conhecê-lo ou para aprender, invariavelmente disposto a acolher os mais jovens, que para o estudo do direito administrativo despertaram com sua obra, ou que a ele se dedicaram aprofundadamente após lerem seus escritos ou após entrarem em contato com sua amigável e cativante personalidade.

2. Hely: virtudes; revolução no direito administrativo brasileiro

No n. 204 da acatada *Revista de Direito Administrativo/RDA*, o eminente Eurico de Andrade Azevedo, colaborador de Hely por toda a vida, apresentou importante retrato biográfico e bibliográfico de nosso saudoso homenageado. E ali destacou, dentre suas excelsas qualidades de jurista, o horror ao formalismo inútil.

Essa marca distintiva do pensamento de Hely se apresentou de maneira notável no tratamento normativo que ele outorgou à temática da licitação por ele traçada no Decreto-lei 200, de 25.2.1967 (sabidamente de sua autoria, em caráter preponderante), diploma em que regulou a matéria com cerca de 20 artigos, extensão suficiente para dar os preciosos contornos e regramentos jurídicos que tema administrativista tão relevante requeria. E a mesma busca pela concisão clara e suficiente se estampou em posteriores trabalhos a respeito de licitação e contratos, que redigiu seja para a Administração Federal, seja para a do Estado de São Paulo. Esse poder de síntese e clareza timbra também seus fundamentais textos doutrinários sobre licitação e contrato administrativo, em todas as obras de Hely (inclusive, e mais notavelmente ainda, na sua monografia específica, *Licitação e Contrato Administrativo*, tantas vezes reeditada). A explicação para esse modelo de metodologia irretocável reside, certamente, em algumas notas fundamentais da obra de Hely, em especial a preocupação com a improbidade administrativa, o controle da atividade administrativa e o respeito à pessoa do administrado. Hely sempre esteve ciente de que a lei não muda as pessoas, de que o preceito normativo não inibe as fraudes, de que a legislação enxundiosa apenas amplia as brechas para quem deseje apropriar-se da coisa pública.

Com o advento, em 1993, da Lei 8.666, ainda hoje o diploma fundamental regente das licitações e contratações administrativas e dos processos e procedimentos que as devem anteceder, de tal sorte se revelou preocupada com a prevenção à desonestidade que considerou imprescindível aparelhar-se não só como *lei* (conjunto de regras básicas e coercitivas de conduta, sob pena de deflagração de vários tipos de sancionamento), mas também assumiu a postura de autêntico *regulamento* (estabelecendo minudências e formalidades exageradas, engessadoras da atuação dos protagonistas dos pactos administrativos, mas abrindo malhas amplas para manobras deletérias, fraudadoras das finalidades da lei). Contraste-se esse panorama com a advertência de Hely, em seu *Direito Administrativo Brasileiro* (25ª ed., São Paulo, Malheiros Editores, 2000, p. 255), *[v. 42ª ed., São Paulo, Malheiros Editores, 2016]* ao falar sobre os princípios da licitação:

> Procedimento formal, entretanto, não se confunde com "formalismo", que se caracteriza por exigências inúteis e desnecessárias.
>
> (...).
>
> A regra é a dominante nos processos judiciais: não se decreta a nulidade onde não houver dano para qualquer das partes – *pas de nullité sans grief*, como dizem os franceses.

Com especial importância para a presente homenagem a Hely, ganha relevo lembrar outra passagem da obra de onde extraída a citação *supra*, passagem, essa, na qual nosso saudoso Mestre, com precisão, superando a arcaica dúvida sobre a existência, ou não, da categoria conceitual *contrato administrativo*, afirma sua existência, destaca suas peculiaridades, mas o encarta na categoria jurídica *contrato*, ancorada no direito privado (ob. cit., p. 199).

3. Críticas ao Projeto de Lei 559/2013 da Câmara dos Deputados. Um novo modelo que proponho para a Lei de Licitações e Contratos

Com esse norte em mente, estive a meditar, aprofundadamente, sobre o Projeto de Lei em tramitação no Congresso Nacional pelo qual se pretende substituir inteiramente a Lei 8.666/1993. Tratava-se, originariamente, do Projeto de Lei 559/2013 que, após caminhada longa, foi por fim enviado à Câmara dos Deputados, onde tomou o número de Projeto de Lei 6.814/2017. Não há condição ou prudência em fazer previsões sobre o sequenciamento de sua trajetória, em razão das crises institucionais que têm prejudicado o andamento das iniciativas legislativas no País. Mas, adquira ele ou não celeridade na tramitação, o País estará mal servido: o Projeto de Lei 6.814 veicula uma proposta de regramento do contrato administrativo no mínimo tão repleta de defeitos como a Lei 8.666/1993. Provavelmente é até pior que o diploma ora vigente. Trata-se de um "código" também com mais de 100 artigos e de feição a um tempo legal e regulamentar. Formalismos excessivos e supérfluos, o patamar axiológico da desconfiança na decência de todos os envolvidos nas licitações e nos contratos, o engessamento das iniciativas de simplificação nas licitações e nos contratos, as malhas largas para a passagem da corrupção, as modificações desarrazoadas – todas essas, e muitas outras, são máculas irremissíveis, a tisnarem a (quem sabe?) futura Lei de Licitações e Contratos Administrativos. E essa é uma falha não apenas gritante e indesejável, porém, sobretudo, totalmente inexplicável, conforme se passa a evidenciar.

É que entre a Lei 8.666/1993 e o presente momento foram editados um novo Código Civil e a chamada Lei das Estatais (Lei 13.303/2016). E, daí, inevitável se tornou a modificação da concepção dos contratos administrativos e seu regime jurídico. Tal dado, aliás, foi expressamente tomado em conta pela Lei 13.303, que, disciplinando a contratação das empresas estatais, transformou substancialmente a *ratio* e a arquitetura de tais pactos, aproximando-os notavelmente da teoria geral dos contratos e das pautas do direito privado. Ora, mais de 80% dos contratos administrativos são concertados com as empresas públicas e as sociedades de economia mista. Foge, então, a qualquer juízo lógico que se pretenda urdir manter dois regimes contratuais paralelos mas com profundas diversidades entre si, segundo se contrata com a Administração direta (o que acontece cada vez menos) ou com a Administração indireta (o que acontece na quase totalidade dos casos).

Atento a essas realidades, ousei sugerir ao Instituto dos Advogados de São Paulo/IASP a apresentação ao Congresso Nacional de um Substitutivo completo ao Projeto de Lei lá em curso, sobre licitações e contratos. Fiel à lição de Hely, da busca da simplicidade e do combate aos formalismos inúteis, optei por uma estrutura normativa sem detalhamentos excessivos e rígidos, que podem tolher a Administração Pública, impedindo-a de adotar, em cada caso concreto, as melhores soluções procedimentais. Assim, redigi um Anteprojeto que representa contraponto radical ao que está em curso no Legislativo, concretamente comprovando que um outro modelo é possível. E meu alvitre foi permanentemente iluminado pela busca da eficiência da Administração Pública, fundado na convicção de que a licitação não deve ser um fim em si mesma, mas mero instrumento à disposição da Administração para que persiga o melhor e mais eficiente cometimento de suas competências.

O Anteprojeto em questão segue como anexo a este texto. Oxalá se afeiçoe ele ao magistério de Hely. Nesse intento de fidelidade ao Mestre, seguem algumas meditações a título de embasamento teórico à minha sugestão normativa.

4. A Lei 13.303/2016 e suas novidades

A Lei 13.303/2016 impõe notável modificação da descrição do conteúdo do relacionamento contratual-administrativo, em seu art. 68:

> 68. Os contratos de que trata esta Lei regulam-se pelas suas cláusulas, pelo disposto nesta Lei e pelos preceitos de direito privado.

Agora não há mais matrizes leoninas de preceitos de direito público e fontes meramente subsidiárias de direito privado. O que há é um plexo de pilares da mesma estatura, conformados pelas cláusulas contratuais, pelos preceitos da própria Lei 13.303/2016 e pelos *preceitos de direito privado*. E tais preceitos são nitidamente expostos nos arts. 421 a 425 do CC: liberdade de contratar, probidade e boa-fé presumidas de contratante e do contratado, interpretação de cláusulas ambíguas em favor do contratado, vedação à estipulação de cláusulas que estipulem a renúncia antecipada do contratado a direitos resultantes da natureza do negócio e liberdade para a estipulação de pactos (complementares ou suplementares) atípicos.

A liberdade de contratar, no contrato administrativo, significa para o contratado não só a liberdade de celebrar o ajuste e de escolher o contratante, mas também a de discutir o conteúdo do regulamento contratual, no que toca às garantias do contratado. Conforme se há de ver, o campo das chamadas "cláusulas exorbitantes" ou dos "poderes extroversos" da Administração não tem mais, no presente, a mesma elasticidade de antanho: também aqui o *pacta sunt servanda* é um princípio vetorial. Em suma, o contrato administrativo não é incompatível com os princípios da boa-fé objetiva, do equilíbrio econômico-financeiro entre as prestações (daí os instrumentos da lesão, do reequilíbrio, da revisão e da resolução) e da função social do contrato; bem antes, a eles se submete.

A boa-fé, não obstante sua longa tradição, no Direito Brasileiro, como princípio contratual (CComercial, art. 131, não mais vigente, derrogado que foi pelo Código Civil/2002), adquiriu em nosso diploma civil formalização expressa, no seu art. 422. Segundo ele, exige--se de *todos os contratantes* uma lealdade permanente de conduta contratual, comprometida não só com os interesses particulares da parte, mas também com os objetos comuns e recíprocos do contrato.

No sentido acima exposto, a boa-fé objetiva anda de braços dados com a *probidade*, que mais não é senão a honestidade no agir.

A interpretação das cláusulas ambíguas em favor do contratado é um mecanismo de equalização dos poderes contratuais, atuando como contrapeso à realidade do poderio (estatal) do contratante. Nesse sentido, a regra do art. 423 do CC comparece como viabilização contratual do princípio constitucional da igualdade. O mesmo se dá com o art. 424 do CC, de indiscutível aplicação ao contrato administrativo.

Por último, a previsão da formação livre de contratos atípicos é um valioso meio de "desengessamento" das relações contratuais com a Administração Pública. E mais: trata-se de simples consagração do princípio da realidade, que se justifica supinamente com a genial formulação de Pontes de Miranda:

> O tráfico jurídico não só tipiciza ou corrige o tipo. Por vezes, suscita tipos novos, ou negócios jurídicos atípicos. A vida muda. Embora os princípios permaneçam, mudam-se as estruturas e conteúdos de negócios jurídicos. *[Tratado de Direito Privado, vol. XXXVIII, p. 366]*

É com atenção a tais novas realidades que se deve estudar o estatuto contratual assentado na Lei 13.303/2016.

5. *O novo contrato administrativo brasileiro*

Na forma da Lei 8.666/1993, o estatuto jurídico dos contratos administrativos, incluídas as empresas estatais, tinha como coluna vertebral a incidência obrigatória das chamadas "cláusulas exorbitantes", expressão tradicionalmente entendida como um elenco de *poderes* conferidos à Administração contratante exclusivamente, que resultavam numa posição, para ela, de indiscutível supremacia na operação do pacto. Residiam tais cláusulas, sobretudo:

(a) *No artigo 65, I*, que atribuía à Administração considerável poder de alteração unilateral do pacto, dela exigindo apenas "as devidas justificativas". *No mesmo artigo, § 1º*, determinava-se ao contratado a *obrigação* de aceitar, nas mesmas condições contratuais originárias, "acréscimos ou supressões que se fizessem nas obras, serviços ou compras, até 25% (vinte e cinco por cento) do valor inicial atualizado do contrato, e, no caso particular da reforma de edifício ou de equipamento, até o limite de 50% (cinquenta por cento) para os seus acréscimos".

(b) *No parágrafo único do art. 66-A e no art. 67*, que atribuíam à Administração o dever de fiscalização permanente da execução do contrato.

(c) *Nos arts. 77 e 79* atribuía-se à Administração, em numerosos casos ali indicados, o poder de rescisão unilateral do contrato (rescisão administrativa). Inexistia campo para iniciativa unilateral extintiva por parte do contratado.

(d) *Nos arts. 81 e 86 a 88* ficava atribuído à Administração o poder unilateral de aplicar penalidade administrativa, nas hipóteses em tais artigos elencadas.

Essa ampla gama de poderes ancorava-se, por certo, na consideração da própria Lei 8.666, em seu art. 54, de se regerem os contratos administrativos primordialmente "pelos preceitos de direito público".

Tal panorama, como reiteradamente expressamos até aqui, foi profundamente modificado na Lei 13.303, que vinculou as matrizes dos contratos administrativos das estatais ao direito privado, o que atrai fortemente para a regência de tais contratos o Código Civil. E nestes impera o princípio *pacta sunt servanda*. Por isso mesmo, por exemplo, alterações contratuais somente são admissíveis se consensuais, conforme, aliás, expressa dicção da Lei 13.303, em seu art. 72, repetida no *caput* do art. 81; até mesmo os acréscimos ou supressões contratuais, impositivos no regime da Lei 8.666, aqui somente prevalecem se consentidos pelo contratado.

O privilégio administrativo do rompimento unilateral do pacto também deixa de existir no regime da Lei 13.303, passando a matéria a ser regida pelos arts. 475 a 480 do CC, com o quê: (a) a faculdade resolutiva assiste a ambas as partes contratantes, no caso de inexecução parcial ou total do pacto; (b) a exceção do contrato não cumprido pode ser invocada por qualquer das partes; (c) a onerosidade excessiva pode ser brandida por qualquer dos contratantes, conduzindo, conforme cada caso, à resolução ou à modificação equilibradora.

No que diz respeito ao poder de fiscalizar a execução do contrato, o direito privado reconhece seu exercício tanto a contratantes quanto a contratados.

Deixamos por último a temática do sancionamento contratual interno. A Lei 13.303/2016 dele cuida exclusivamente sob o ângulo do poder administrativo, nos arts. 82 a 84. Mas com o balizamento do contrato administrativo das estatais pelo direito privado, com a ênfase que outorguei à liberdade contratual também do contratado no desenho do conteúdo do contrato e das recíprocas obrigações, nada impede a estipulação de cláusulas penais na forma dos arts. 408 a 416 do CC, com o quê a faculdade de deflagrar sanções administrativas poderá também, segundo o pactuado, ocorrer em favor do contratado.

Enfim, o contrato administrativo das estatais assume, com a Lei 13.303, um caráter cooperativo, colaborativo, assim amoldando-se inteiramente aos paradigmas da boa-fé e da probidade, que haverão de balizar sua existência e seus efeitos.

ANEXO

É com ênfase nos parâmetros antes dissertados que se oferece o Anteprojeto em anexo, inteiramente fiel às lições de nosso inolvidável Hely Lopes Meirelles.

ANTEPROJETO DE LEI DE LICITAÇÕES E CONTRATOS PÚBLICOS

Sérgio Ferraz

SUBSTITUTIVO N. ...

Regulamenta o art. 37, XXI, da Constituição Federal, institui normas gerais para licitações e contratos da Administração Pública e dá outras providências.

O PRESIDENTE DA REPÚBLICA

Faço saber que o Congresso Nacional decreta e eu sanciono a seguinte Lei:

TÍTULO I – DAS DISPOSIÇÕES GERAIS

Art. 1º. A Administração Pública direta e a indireta, de todos os Poderes e de todas as pessoas jurídicas de direito público dotadas de capacidade política, incluídos fundos e entidades controladas, observarão, em seus processos e procedimentos seletivos de contratação, os princípios balizadores de suas atividades, explícitos ou implícitos, reconhecidos na Constituição da República e demais normas de cunho axiológico.

§ 1º. As entidades e órgãos da Administração indireta e da Administração descentralizada poderão editar normas de licitação, observados os princípios referidos no *caput*.

§ 2º. As unidades administrativas sediadas fora do território nacional observarão esta Lei, exceto quando suas disposições forem manifestamente incompatíveis com as peculiaridades locais, o que será motivadamente justificado em processo administrativo.

§ 3º. Nas contratações que envolvam recursos estrangeiros, as normas brasileiras poderão ser afastadas, motivadamente, se tal providência for imprescindível à celebração dos contratos.

Art. 2º. Esta Lei se aplica às contratações que envolvam compras, serviços, obras e atos de disposição de bens públicos, ressalvados os contratos que sejam objeto de legislação específica.

Art. 3º. As autoridades e agentes, encarregados de qualquer etapa da licitação, aplicarão em sua atividade as mesmas cautelas e os mesmos tirocínios que os agentes privados utilizam em suas contratações, buscando sempre o resultado mais adequado, técnica e economicamente, à escolha do contratado mais apto à satisfação do concreto interesse público em jogo na seleção.

Parágrafo único. Para obtenção do resultado prescrito no *caput*, poderão as autoridades e agentes construir modalidades licitatórias além das que previstas legalmente, combiná-las e adotar livremente as formalidades que considerem adequadas e necessárias para a real consecução do interesse público colimado.

Art. 4º. A inexistência fática do objeto ou do serviço buscado pela Administração Pública não é entrave a que se promova a seleção do contratado, desde que motivadamente comprovada, pelo agente público ou autoridade competente, a necessidade da inovação, em prol do interesse público.

Parágrafo único. Nos casos deste artigo, a pesquisa do contratado poderá restringir-se às pessoas físicas ou jurídicas notoriamente reconhecidas, pelo mercado ou pela Administração, como capazes da inovação buscada, ainda que só uma exista, devendo tal restrição ser motivadamente declarada no processo administrativo.

Art. 5º. As modalidades de licitação, sua condução, seu procedimento, seus critérios de julgamento, as margens de preferência para produtos e serviços nacionais, as garantias exigíveis aos contratados e o cálculo dos valores estimados da contratação serão estabelecidos em regulamento, não se admitindo sigilo para qualquer desses dados.

§ 1º. Não se abrirá licitação, nem se procederá a qualquer contratação, sem o devido planejamento, que detalhará o interesse público determinante, as condições necessárias de execução e a disponibilidade orçamentária.

§ 2º. A Administração poderá contratar sem licitação, por prazo determinado, serviço de empresa ou profissional especializado, para assessorar os responsáveis pela condução da licitação, devendo a escolha do contratado ser motivada no processo administrativo.

§ 3º. Poderá ainda a Administração, após ampla e detalhada divulgação do contrato que deseja realizar, assinalar prazo para que os interessados formulem sugestões para o edital de licitação e para o instrumento contratual. A Administração explicitará fundamentadamente, no processo administrativo, as razões da aceitação ou da rejeição das sugestões.

Art. 6º. Os atos praticados no processo licitatório são públicos, ressalvadas as hipóteses de informações cujo sigilo seja imprescindível à segurança da sociedade e do Estado, lançando-se no processo administrativo a fundamentação da decisão pelo sigilo.

Art. 7º. A Administração poderá convocar audiência pública, presencial ou à distância, na forma eletrônica, sobre proposta de especificações para bens ou serviços que pretenda licitar.

Art. 8º. O instrumento convocatório poderá contemplar matriz de alocação de riscos entre o contratante e o contratado, hipótese em que o valor estimado da contratação poderá considerar taxa de risco compatível com o objeto da licitação e as contingências atribuídas ao contratado, de acordo com metodologia predefinida pela entidade contratante.

Art. 9º. Os agentes dos órgãos de assessoramento jurídico da Administração, que opinem em licitações e contratações administrativas, não são passíveis de responsabilização por suas opiniões de aspecto estritamente jurídico, ressalvadas a hipótese de dolo, fraude ou erro grosseiro, de apuração exclusiva pelo órgão correcional da respectiva instituição jurídica.

Art. 10. Os orçamentos elaborados pela Administração e os preços praticados nos contratos administrativos, de qualquer natureza, e seus aditivos deverão refletir os preços de mercado, entendidos como aqueles praticados, em circunstâncias semelhantes, entre agentes privados.

§ 1º. As circunstâncias a serem levadas em consideração para a identificação dos preços de mercado são a qualidade, dimensões, quantidade e complexidade do produto ou serviço contratados, os riscos assinalados ao particular, inclusive o de inadimplência da Administração, o regime de execução, a sazonalidade, a disponibilidade do produto ou serviço no mercado, as condições de frete ou entrega, entre outros.

§ 2º. O preço constante da proposta apresentada em regular procedimento licitatório ou resultante de negociação entre as partes, em caso de contratação direta, é intangível, não podendo ser alterado unilateralmente nem pela Administração contratante, nem pelos órgãos de controle.

TÍTULO II – DA LICITAÇÃO

Art. 11. A habilitação é a fase em que é verificado o conjunto de informações e documentos necessário e suficiente para demonstrar a capacidade do licitante de realizar o objeto da licitação, dividindo-se em:

I – jurídica;

II – técnica;

III – fiscal, social e trabalhista; e

IV – econômico-financeira.

§ 1º. Poderá ser exigida dos licitantes a declaração de que atendem aos requisitos de habilitação, respondendo o declarante pela veracidade das informações prestadas, na forma da lei.

§ 2º. Será exigida a apresentação dos documentos de habilitação apenas pelo licitante vencedor, exceto quando a fase de habilitação anteceder a de julgamento.

§ 3º. Em qualquer caso, os documentos relativos à regularidade fiscal somente serão exigidos em momento posterior ao julgamento das propostas, apenas em relação ao licitante mais bem classificado.

§ 4º. A submissão do licitante vencedor a regimes de recuperação judicial, ou similares, não importa falta de habilitação econômico-financeira, desde que idônea e cabalmente comprovado o cumprimento das condições estipuladas por tais regimes.

Art. 12. Encerradas as fases de julgamento e habilitação, e exauridos os recursos administrativos, o processo licitatório será encaminhado à autoridade superior, que poderá:

I – determinar o retorno dos autos para saneamento de irregularidades que forem supríveis;

II – anulá-lo, no todo ou em parte, por vício insanável;

III – revogá-lo por motivo de conveniência e oportunidade; ou

IV – adjudicar o objeto e homologar a licitação.

TÍTULO III – DA CONTRATAÇÃO

Art. 13. Os contratos administrativos regem-se, além do que disposto nesta Lei, pelo Código Civil e pelas previsões editalícias, aplicando-se supletivamente, no que couber, o disposto nas Leis n. 8.666, de 21 de junho de 1993, e n. 13.303, de 30 de junho de 2016, ou suas eventuais modificações.

Art. 14. Na celebração, interpretação e execução dos contratos serão presumidas, até prova cabal em contrário, a boa-fé e a probidade de contratantes e contratados. Adotar-se-á, ainda, o princípio da liberdade de formas, facultando-se aos licitantes o oferecimento de sugestões sobre o contrato, as quais serão fundamentadamente, e de maneira expressa, admitidas ou não, de tudo se fazendo a devida documentação no processo administrativo.

§ 1º. A previsão do art. 476 do Código Civil pode ser invocada tanto pelos contratantes como pelos contratados.

§ 2º. Quando o interesse público ou dos administrados, devidamente fundamentado, justificar a alteração unilateral do contrato pela Administração, os custos motivada e comprovadamente realizados, referentes às modificações técnicas ou tecnológicas correlatamente arcadas pelo contratado, lhe serão ressarcidos à medida que efetivados.

§ 3º. Levar-se-á em conta, para todos os fins, na aferição da execução dos contratos, o princípio do adimplemento substancial das obrigações pactuadas.

Art. 15. Celebrar-se-á o contrato, sem prévia licitação, nos casos em que inviável a competição, em especial nos casos de:

I – fornecimento de bens ou prestação de serviços que, em razão da estrutura do respectivo mercado, só possam ser demandados de um único fornecedor;

II – serviço público em regime de monopólio;

III – contratação de profissional do setor artístico, diretamente ou através de empresário exclusivo, desde que consagrado pela crítica especializada ou pela opinião pública;

IV – contratação de serviços técnicos profissionais especializados, quando tiverem natureza singular e forem realizados por profissionais ou empresas de notória especialização;

V – objetos para os quais devam ou possam ser contratados todos os potenciais interessados;

VI – objetos singulares ou únicos;

VII – aquisição ou locação de imóvel cujas características de instalações e localização tornem necessária sua escolha.

Art. 16. Os casos de dispensa de licitação serão os contemplados nas Leis n. 8.666, de 21 de junho de 1993, e n. 13.303, de 30 de junho de 2016, e suas eventuais modificações.

Art. 17. O regulamento, a ser editado pela União, pelos Estados, pelo Distrito Federal e pelos Municípios, conforme o caso, poderá dispor sobre procedimentos auxiliares das contratações e das licitações.

Art. 18. A duração dos contratos será a prevista no edital, devendo-se observar, no momento da contratação e a cada exercício financeiro, a disponibilidade dos créditos orçamentários.

Art. 19. As sanções administrativas, aplicáveis aos contratos administrativos, observarão o disposto na Lei n. 13.303, de 30 de junho de 2016.

Art. 20. Aplicam-se às licitações e contratos administrativos as normas de direito penal contidas nos arts. 89 a 99 da Lei n. 8.666, de 21 de junho de 1993.

Art. 21. Os preceitos ainda vigentes da Lei n. 8.666, de 1993, e da Lei n. 13.303, de 2016, ou de suas análogas alterações, no que não colidentes com o que aqui estipulado e com a regulamentação a ser editada nos termos do art. 17 desta Lei, aplicar-se-ão supletiva e subsidiariamente aos seus termos.

Art. 22. Esta Lei entra em vigor na data de sua publicação.

São Paulo, abril de 2017

INTEGRAÇÃO METROPOLITANA E A PRESTAÇÃO DE SERVIÇOS PÚBLICOS DE INTERESSE COMUM

Sérgio Guerra

1. A repartição de competência e o princípio da predominância do interesse. 2. A função de serviço público e a partilha de competências constitucionais: 2.1 Os serviços públicos de competência da União, dos Estados e Municípios. 3. A instituição de regiões metropolitanas pelo Estado para a execução de função pública (serviço público) de interesse comum. 4. A instituição e organização das regiões metropolitanas no Supremo Tribunal Federal: os limites para atuação dos Estados e Municípios. 5. Conclusão.

Com o advento da Constituição Federal de 1988, o Estado brasileiro passou a ter uma organização política peculiar, formada pela união indissolúvel dos Estados-membros e Municípios. Os Municípios passaram a se organizar por meio de leis orgânicas próprias, subordinadas aos preceitos da Constituição Federal e aos princípios estabelecidos na Constituição do respectivo Estado.

A Constituição de 1988, sob essa premissa da autonomia municipal, fixou como princípios correlatos e garantidores o poder de auto-organização, a eletividade de seus governantes, a decretação de tributos e a destinação das rendas municipais, e, ainda, o poder de legislar em assuntos de interesse local.

Não obstante a autonomia municipal, e sua competência para legislar sobre matéria de interesse local, o Estado-membro pode instituir regiões metropolitanas, aglomerações urbanas e microrregiões, constituídas por agrupamentos de municípios limítrofes, para integrar a organização, o planejamento e a execução de funções públicas de interesse comum.

Região metropolitana

é aquela constituída pelos Municípios que gravitam em torno da cidade grande, formando com ela uma unidade geoeconômica, com recíprocas implicações nos seus serviços urbanos e interurbanos. Quando isto ocorre, há necessidade de que tais serviços sejam planejados e executados em conjunto, para que possam efetivamente atender à comunidade interessada, o que só se torna possível com a criação da autoridade metropolitana.[1]

Do exame do permissivo constitucional (art. 25, § 3º), verifica-se que o fundamento constitucional da região metropolitana reside, essencialmente, na prestação de serviços comuns aos Municípios integrantes de uma mesma comunidade socioeconômica, aqui denominada "integração metropolitana".

---

1. Eurico de Andrade Azevedo, "Instituição de regiões metropolitanas no Brasil", *RDP* 2/191-200, São Paulo, out.-dez. 1967.

Nesse contexto, desponta o princípio da predominância do interesse, adotado como fundamento para se operar a repartição das competências constitucionais entre as pessoas jurídicas de direito público interno e a partilha das competências constitucionais entre os entes federados para prestar ou conceder e regular o serviço público.

O presente artigo visa a examinar a instituição de regiões metropolitanas, pelo Estado, para a execução de funções públicas de interesse comum, abordando aspectos acerca da idealização, surgimento e evolução das regiões metropolitanas que contaram com as inestimáveis contribuições do Professor Hely Lopes Meirelles.

Para tanto, serão abordados o seu conceito, o disciplinamento e o posicionamento jurisprudencial sobre o poder concedente dos serviços públicos nas regiões metropolitanas, notadamente após a decisão do Supremo Tribunal Federal na ADI 1.842-RJ. O exame desses aspectos envolvendo as fontes da região metropolitana no direito constitucional e administrativo brasileiros possibilitam uma melhor compreensão da importância desse instituto.

1. A repartição de competência e o princípio da predominância do interesse

A repartição de competência é essencial à definição jurídico-política da federação. Nesse sentido, o mecanismo para se alcançar essa repartição de competências entre os entes federativos, delineada na Constituição, opera-se com fundamento no princípio da predominância do interesse. À União caberão matérias e questões de predominante interesse geral, nacional. Aos Estados tocarão as matérias e assuntos de predominante interesse regional e, aos Municípios, concernem os assuntos de interesse local.

A repartição de competências entre União, Estados, Distrito Federal e Municípios baseia-se nos interesses diretamente envolvidos na exploração e consequente prestação e regulação dos serviços públicos.

O interesse determinante na atribuição de competência para a prestação de um determinado serviço público não é estático, haja vista a transformação dos interesses dos entes políticos ao longo dos tempos. O predominante interesse nacional atrai, por si só, os serviços públicos que carecem de soluções amplas e de escala.

> Demandam, por isso, um tratamento juspolítico integrador e centralizador, hoje absolutamente imprescindível para que possam ser atendidos os referidos princípios regedores dos serviços públicos, a saber: a sua necessária generalidade, como forma de eliminar as desigualdades, obedecendo a um princípio fundamental da Constituição (art. 3º, III), o seu permanente aperfeiçoamento, tanto em termos de extensão como de qualidade, e, não menos importante, em termos econômicos, a sua modicidade, para que o consumidor seja pouco onerado em troca de um bom serviço.[2]

O interesse estadual (comum) institui-se em sede constitucional em oposição ao interesse municipal (local), pois o seu traço característico está, justamente, no interesse comum dos municípios da região. Com base nesse preceito, alguns critérios podem ser fixados para a identificação dos problemas atraídos para o interesse estadual.

2. Diogo de Figueiredo Moreira Neto, *Mutações do Direito Administrativo*, 2ª ed., Rio de Janeiro, Renovar, 2001, p. 239.

Assim serão de competência do órgão metropolitano: a) os problemas que não possam ser resolvidos por um município isoladamente, sem a participação dos demais, como, por exemplo, o sistema viário principal; de nada adianta um município construir uma grande avenida para o trânsito rápido se ela não tiver continuação no município vizinho; b) os problemas que dependam de instrumentos legais ou financeiros, que os municípios da região, isoladamente ou em conjunto, não possuem, subordinando-se ao Estado ou à União; c) os problemas que só podem ser solucionados mediante a organização de um sistema integrado da região, como, por exemplo, o trânsito; d) os problemas cuja solução condicione o desenvolvimento global da região metropolitana, como, por exemplo, o controle do solo.[3]

Comentando o art. 25 da CF, Diogo de Figueiredo Moreira Neto esclarece a distinção entre o interesse comum e o local:

> Como o dispositivo está atualmente inserido no art. 25, que elenca competências estaduais, no Capítulo III, Da Organização do Estado, a leitura sistemática não nos deixa dúvida de que o interesse comum nele considerado é aquele que transcende o municipal e passa a ser considerado estadual. Por ser distinto e oposto do interesse local, o interesse comum deverá apresentar aspectos antípodas daquele. Com efeito, se se aplicar a tabulação acima organizada, encontraremos como elementos característicos do interesse comum estadual: 1. que apresenta predominância regional; 2. que se externaliza às cidades e às vilas; 3. que não está isolado; 4. que não está territorialmente limitado ao município; 5. que tem repercussão externa ao município; 6. que transcende das relações de vizinhança; 7. que é simultaneamente oposto a local e nacional; e 8. que está estabilizado por uma definição legal específica.[4]

Segundo o texto constitucional vigente, tratando-se de interesse predominantemente local, caberá ao Município o exercício das atividades relativas aos serviços públicos em geral. A esse respeito, dispõe o art. 30, inciso V, da Constituição, em textual:

> Art. 30. Compete aos Municípios: (...) V – organizar e prestar, diretamente ou sob regime de concessão ou permissão, os serviços públicos de interesse local, incluído o de transporte coletivo, que tem caráter essencial.

Será de competência municipal a prestação dos serviços públicos em geral, apenas quando esses serviços restarem caracterizados como de predominante interesse local. Conforme lição de Adilson de Abreu Dallari

> a competência do Município é a mais insegura de todas, uma vez que repousa num elemento totalmente abstrato, qual seja o peculiar interesse local.[5]

Em artigo específico acerca da instituição de regiões metropolitanas no Brasil, Eurico de Andrade Azevedo assinala, em posicionamento contrário, que a fórmula do peculiar interesse, encontrada na Constituição para definir a competência do município, é de rara sabedoria. Isto porque, sendo uma fórmula abstrata, permite que se concretize no tempo e no espaço em função da predominância do interesse em jogo. Em outras palavras, a com-

---

3. Eurico de Andrade Azevedo, "Instituição de regiões metropolitanas no Brasil", cit., p. 195.
4. Diogo de Figueiredo Moreira Neto, *Mutações do Direito Administrativo*, cit., p. 246.
5. Adilson de Abreu Dallari, "O uso do solo metropolitano", *RDP* 14/285.

petência pode variar e varia no decorrer do tempo em consequência da predominância dos interesses regionais e nacionais sobre os locais, ou destes sobre aqueles.[6]

O fundamento para a competência local reside no entendimento de que a Administração municipal é geralmente a mais apta para a organização e a prestação de serviços locais em razão de sua proximidade com a comunidade citadina, destinatária final dos serviços. E esse interesse local, a que se refere a Carta vigente, em sucedâneo à expressão "peculiar interesse", consagrada nas Constituições anteriores, pressupõe a autossuficiência municipal, ou seja, a capacidade plena do Município para a correspondente prestação dos serviços públicos, em atendimento às necessidades dos consumidores finais.

A esse respeito, Hely Lopes Meirelles concluiu em obra clássica sobre o assunto, que

> Peculiar interesse não é interesse exclusivo do município; não é interesse privativo da localidade; não é interesse único dos munícipes. Se se exigisse essa privatividade, essa unicidade, bem reduzido ficaria o âmbito de Administração local, aniquilando-se a autonomia de que faz praça a Constituição. Mesmo porque não há interesse municipal que não seja reflexamente da União e do Estado-membro, como também não há interesse regional ou nacional, que não ressoe nos municípios como partes integrantes da federação brasileira através dos Estados a que pertencem. O que define e caracteriza o peculiar interesse, inscrito como dogma constitucional, é a predominância do interesse do município sobre o do Estado ou da União.[7]

A manifestação de Ubirajara Costódia Filho, com arrimo nas lições de Celso Ribeiro Bastos, ajuda a elucidar a questão:

> O conceito-chave utilizado pela Constituição para definir a área de atuação do Município é o de interesse local. Cairá, pois, na competência municipal tudo aquilo que for de seu interesse local. É evidente que não se trata de um interesse exclusivo, visto que qualquer matéria que afete uma dada comuna findará de qualquer maneira, mais ou menos direta, por repercutir nos interesses da comunidade nacional. Interesse exclusivamente municipal é inconcebível, inclusive por razões de ordem lógica: sendo o Município parte de uma coletividade maior, o benefício trazido a uma parte do todo acresce a este próprio todo. Os interesses locais dos Municípios são os que entendem imediatamente com suas necessidades imediatas, e, indiretamente, em maior ou menor repercussão, com as necessidades gerais.[8]

2. A função de serviço público e a partilha de competências constitucionais

Os serviços públicos caracterizam-se por serem estatais, ou seja, a sua titularidade não pode ser transferida à iniciativa privada, embora a sua execução, em determinadas hipóteses, possa sê-lo por delegação. De acordo com Renato Alessi, os serviços públicos, em sentido estrito, compreendem as atividades da Administração voltadas a buscar uma utilidade para os particulares, tanto de natureza jurídica, como de ordem econômico-social. Dividem-se

---

6. Eurico de Andrade Azevedo, "Instituição de regiões metropolitanas no Brasil", cit., pp. 191-200.
7. Hely Lopes Meirelles, *Direito Municipal Brasileiro*, 7ª ed., São Paulo, Malheiros Editores, 1994, p. 64; 18ª ed., São Paulo, Malheiros Editores, 2017, p. 114.
8. Ubirajara Costódia Filho, *As Competências do Município na Constituição Federal de 1988*, São Paulo, Celso Bastos Editor, 1999, p. 78.

em serviços prestados *uti universi*, como o caso da iluminação pública, e *uti singuli*, como no caso dos transportes públicos.[9]

Sendo estatais, os serviços públicos não se confundem com as atividades econômicas privadas, livres à iniciativa privada. A Constituição de 1988 indicou alguns serviços de exclusiva titularidade estatal e que alguns serviços públicos podem ser considerados *não privativos*; isto é, alguns serviços públicos podem, ao mesmo tempo, ser considerados atividades econômicas livres à iniciativa privada. É, por exemplo, o caso da saúde e da educação.[10]

A Constituição Federal de 1988 prevê, em seu art. 175, a delegação de serviços públicos por meio de concessão ou permissão, e algumas de suas especificidades. A concessão comum[11] corresponde à forma descentralizada da prestação de serviço público, que se cristaliza através de um contrato administrativo por meio do qual o Poder Público competente (Poder Concedente) transfere a um particular (Concessionário) a sua execução, sob sua regulação, mediante o pagamento de tarifas pelos usuários. Trata-se de espécie de contrato administrativo, de natureza especial, que assegura à Administração Pública a utilização de prerrogativas, tradicionalmente conhecidas como "cláusulas exorbitantes",[12] além de especificidades quanto à remuneração em contraprestação ao serviço prestado, seja por tarifas, seja por receitas alternativas.

Ademais, a concessão de serviço público, regida pela Lei 8.987/1995, envolve a transferência para o particular de todos os custos de operação e riscos do investimento,

---

9. Renato Alessi, *Instituciones de Derecho Administrativo*, t. II, Barcelona, Bosch, 1970, p. 364.

10. "Art. 196. A saúde é direito de todos e dever do Estado, garantido mediante políticas sociais e econômicas que visem à redução do risco de doença e de outros agravos e ao acesso universal e igualitário às ações e serviços para sua promoção, proteção e recuperação. (...) Art. 199. A assistência à saúde é livre à iniciativa privada. § 1º. As instituições privadas poderão participar de forma complementar do sistema único de saúde, segundo diretrizes deste, mediante contrato de direito público ou convênio, tendo preferência as entidades filantrópicas e as sem fins lucrativos. § 2º. É vedada a destinação de recursos públicos para auxílios ou subvenções às instituições privadas com fins lucrativos. § 3º. É vedada a participação direta ou indireta de empresas ou capitais estrangeiros na assistência à saúde no País, salvo nos casos previstos em lei. § 4º. A lei disporá sobre as condições e os requisitos que facilitem a remoção de órgãos, tecidos e substâncias humanas para fins de transplante, pesquisa e tratamento, bem como a coleta, processamento e transfusão de sangue e seus derivados, sendo vedado todo tipo de comercialização. (...) Art. 205. A educação, direito de todos e dever do Estado e da família, será promovida e incentivada com a colaboração da sociedade, visando ao pleno desenvolvimento da pessoa, seu preparo para o exercício da cidadania e sua qualificação para o trabalho. (...) Art. 209. O ensino é livre à iniciativa privada, atendidas as seguintes condições: I – cumprimento das normas gerais da educação nacional; II – autorização e avaliação de qualidade pelo Poder Público."

11. As concessões de serviços públicos, regidas pela Lei 8.987/1995, passaram a ser denominadas "concessões comuns" pela Lei 11.079/2004, que disciplinou as Parcerias Público-Privadas como concessões patrocinadas e administrativas: "Art. 1º. Esta Lei institui normas gerais para licitação e contratação de parceria público-privada no âmbito dos Poderes da União, dos Estados, do Distrito Federal e dos Municípios. (...) § 3º. Não constitui parceria público-privada a *concessão comum*, assim entendida a concessão de serviços públicos ou de obras públicas de que trata a Lei no 8.987, de 13 de fevereiro de 1995, quando não envolver contraprestação pecuniária do parceiro público ao parceiro privado".

12. Essa expressão sofre críticas por parte de alguns doutrinadores. Sobre a crítica ao uso dessa expressão nos tempos atuais, ver Egon Bockmann Moreira, *Direito das Concessões*, São Paulo, Malheiros Editores, 2010, p. 377.

sendo facultado à Administração Pública o direito de alterar, unilateralmente, determinadas condições regulamentares do contrato[13] e, especialmente, promover a sua regulação.

O serviço público deve ser prestado à generalidade da população, de forma contínua, regular, eficiente e atual, com segurança, cortesia e preocupação com universalização e modicidade da tarifa cobrada como contraprestação. Esses princípios encontram fundamento no antes citado art. 175, inc. IV, da Constituição Federal de 1988, que exige que os serviços públicos sejam prestados de forma "adequada", a qual é então detalhada na também antes mencionada Lei 8.987, de 13.2.1995, cujo art. 6º, § 1º, dispõe: serviço adequado é o que satisfaz as condições de regularidade, continuidade, eficiência, segurança, atualidade, generalidade, cortesia na sua prestação e modicidade das tarifas.

A estrutura que define a repartição de competências constitucionais entre os entes federativos, como dito, opera-se com fundamento no princípio da predominância do interesse. Nesse sentido, a Constituição Federal enumera os serviços públicos a serem prestados pelo ente federado, por si ou por terceiros, nos termos do art. 175 da Constituição Federal.

2.1 Os serviços públicos de competência da União, dos Estados e Municípios

Os Estados-membros constituem instituições típicas do federalismo clássico, pois são os mesmos que dão a estrutura conceitual dessa forma de Estado. Nos termos do art. 21, § 1º, da CF, aos Estados são reservadas todas as competências remanescentes, ou seja, aquelas que a Constituição não tenha vedado expressamente.

Marcos Juruena Vilella Souto destaca, acerca da competência estadual, com arrimo em Manoel Gonçalves Ferreira Filho, que

> a doutrina, muitas vezes, tem demonstrado certa vacilação em precisar quais seriam os limites rigorosos desta competência remanescente dos Estados-membros, reconhecendo, mesmo, que, em termos reais, seria das mais reduzidas, seja em extensão, seja em importância. Dessa maneira, numa primeira aproximação do preceito constitucional em comento, passou-se a considerar que estariam excluídas do âmbito da competência dos Estados todas aquelas matérias atribuídas de modo restritivo à competência da União e dos Municípios.[14]

Porém, é extensa a lista de serviços públicos que os Estados podem – e devem – prestar diretamente ou transferir para terceiros, mediante concessão ou permissão. Com efeito, as

---

13. "As cláusulas mutáveis são as que disciplinam as condições de execução da prestação ao particular. A prestação do objeto do contrato sujeita-se a modificações qualitativas e quantitativas, deliberadas unilateralmente pela Administração. A esta cabe poderes não reconhecidos usualmente nos contratos privados, relacionados inclusive com a extinção do contrato sem caracterizar-se inexecução culposa da outra parte. Esses poderes também permitem à Administração imiscuir-se nas atividades necessárias e relacionadas com a execução da prestação por parte do particular. Seriam mutáveis as cláusulas atinentes a: a) definição quantitativa do objeto; b) definição qualitativa do objeto; c) condições de execução da prestação; d) fiscalização da atividade do contratado para execução da prestação, inclusive nas etapas anteriores ao adimplemento; e) vigência do contrato, com a possibilidade de sua extinção, inclusive antecipadamente, independente de inadimplemento de outra parte" (Marçal Justen Filho, *Teoria Geral das Concessões de Serviço Público*, Curitiba, Dialética, 2003. p. 165).

14. Marcos Juruena Vilella Souto, *Desestatização, Privatizações, Concessões e Terceirizações*, 4ª ed., Rio de Janeiro, Lúmen Jures, 2001, p. 144.

competências da União estão elencadas no art. 21, enquanto que aos Municípios competem as concessões e permissões dos serviços públicos de interesse local. Assim é que à União compete explorar, ou conceder, os serviços de telecomunicações, serviço postal e aéreo; radiodifusão sonora e de sons e imagens; energia elétrica; aproveitamento energético dos cursos d´água; navegação aérea e infraestrutura aeroportuária; transporte ferroviário e aquaviário entre portos brasileiros, fronteiras nacionais e os que transponham limites de Estados e Territórios; transporte rodoviário interestadual e internacional de passageiros; serviços portuários. Além disso, compete à União instituir sistema nacional de gerenciamento de recursos hídricos e definir critérios de outorga de direitos de seu uso; instituir diretrizes para o desenvolvimento urbano, inclusive habitação, saneamento básico e transportes urbanos; e estabelecer princípios e diretrizes para o sistema nacional de viação.

Aos Estados, compete, expressamente, a prestação dos serviços públicos de distribuição de gás canalizado, e toda e qualquer competência que não tenha sido atribuída à União, nem seja estritamente de interesse local (poderes remanescentes). São eles: transporte ferroviário, exceto quando competente a União, transporte metroviário; Transporte rodoviário intermunicipal; Transporte aquaviário, exceto quando for de competência da União, nos termos do art. 21, XII, "d", da CF. Cumpre destacar que aos Estados-membros compete, ainda, mediante lei complementar, instituir regiões metropolitanas, aglomerações urbanas e microrregiões, constituídas por agrupamentos de Municípios limítrofes, para integrar a organização, planejamento e a execução de funções públicas de *interesse comum*.

Aos Municípios compete a prestação dos serviços de interesse local (art. 30, V, CF), que

> deve ser entendido como predominante e não exclusivo, para efeito da caracterização da competência em cada caso, máxime se considerarmos as alterações tecnológicas, sempre incidentes na evolução dos serviços públicos que são capazes de transformar, em pouco tempo, um serviço tipicamente local num serviço que poderá vir a ser prestado eficientemente em escala regional ou, mesmo, nacional.[15]

Sob a competência municipal, tem-se, ainda, como inovação na Constituição de 1988, as atividades administrativas de interesse comum (art. 23), a exemplo do saneamento básico, objeto da ADI 1.842-RJ, adiante examinada, quando da edição de Lei Complementar para a criação de região metropolitana pelo Estado do Rio de Janeiro.

3. *A instituição de regiões metropolitanas pelo Estado para a execução de função pública (serviço público) de interesse comum*

Atento ao fato de que o Município não é um ente isolado e autossuficiente, notadamente considerando que há situações que determinam a predominância do *interesse comum* de um conjunto de Municípios, o Constituinte de 1988 consagrou, paralelamente ao princípio da autonomia municipal constante dos arts. 18 e 29, limites ao exercício dessa autonomia.

E isso se deve ao fato, como leciona Marcos Juruena Villela Souto, que

---

15. Diogo de Figueiredo Moreira Neto, *Mutações do Direito Administrativo*, cit., p. 328.

em algumas situações, a divisão espacial descentralizada da prestação desses serviços, afetos que se encontram, por disposição expressa, às municipalidades, poderia causar inconvenientes insuperáveis pelos Municípios, isoladamente, ainda mais se contemplados os Estados-membros, em que se concentram grandes densidades populacionais, gerando uma interpenetração econômica entre municípios limítrofes, chegar-se-ia, inelutavelmente, à conclusão de que, em vez de prestar, adequadamente, tais serviços, reputados essenciais pelo constituinte, ter-se-ia, isto sim, estabelecido um verdadeiro e completo caos na sua exploração.[16]

Com efeito, com vistas à integração de funções públicas de *interesse comum*, foi conferida aos Estados-membros a competência para a instituição, mediante lei complementar, de regiões metropolitanas, constituídas por agrupamentos de Municípios limítrofes. A previsão constitucional concernente às regiões metropolitanas remete à Constituição do Brasil, de 24.1.1967.[17]

A matéria relativa às regiões metropolitanas não figurava no projeto constitucional, então de iniciativa do Presidente da República, submetido ao Congresso Nacional em 1966, tendo ingressado apenas no sítio constitucional sob a forma de emenda aditiva ao texto (Emenda n. 848), por iniciativa do Senador Eurico Rezende.

A seguinte motivação foi apresentada:

> As regiões metropolitanas constituem hoje em dia uma realidade urbanística que não pode ser desconhecida das administrações modernas, nem omitida do planejamento regional. Por regiões metropolitanas entende-se aqueles municípios que gravitam em torno da grande cidade, formando com esta uma unidade socioeconômica, com recíprocas implicações nos seus serviços urbanos e interurbanos. Assim sendo, tais serviços deixam de ser de exclusivo interesse local, por vinculados estarem a toda a comunidade metropolitana. (...) Eis porque a emenda propõe o reconhecimento constitucional dessa realidade, possibilitando a unificação dos serviços intermunicipais de regiões metropolitanas, subvenção estadual e federal se necessário para o pleno atendimento da imensa população que se concentra nessas regiões. Nações civilizadas já adotaram essa técnica administrativa, com excelentes resultados, como é o caso de Toronto, Londres e Nova Delhi.[18]

Hely Lopes Meirelles, o nosso homenageado, foi o autor do "Projeto de reforma da Constituição Federal, no setor municipal", projeto este que foi solicitado pelo Ministério da Justiça em 1965 e inspirou a Emenda Eurico Rezende. Raul Machado Horta assinala que o texto primitivo do projeto do Professor Hely Lopes Meirelles foi modificado nos seguintes pontos: 1) limitou à União a competência para estabelecer regiões metropolitanas; 2) tornou a lei complementar federal o instrumento formal de criação da região; 3) eliminou a figura da administração unificada, de caráter intermunicipal; 4) a solução proposta por Hely Lopes Meirelles incluía a região metropolitana no setor constitucional reservado aos municípios, como parte do todo.[19]

---

16. Ob. cit., p. 145.
17. Na Constituição Federal de 1937, o art. 29 já anunciava a futura criação das regiões metropolitanas, ao estabelecer: "Os municípios da mesma região podem agrupar-se para a instalação, exploração e administração de serviços públicos comuns. O agrupamento, assim constituído, será dotado de personalidade jurídica limitada a seus fins. Parágrafo único. Caberá aos Estados regular as condições em que tais agrupamentos poderão constituir-se bem como a forma de sua administração".
18. *Anais da Constituição de 1967*, publicação do Senado Federal, vol. 6, t. II/913-914, Brasília, 1970.
19. "Regiões metropolitanas e Direito Constitucional Brasileiro", *RDP* 29/12.

A aludida emenda aditiva ao texto, proposta pelo Senador Eurico Rezende, veio a se traduzir na disposição contida no § 10 do art. 157 da Constituição de 1967, com o seguinte teor:

> Art. 157. (...) § 10. A União, mediante lei complementar, poderá estabelecer regiões metropolitanas, constituídas por Municípios que, independentemente de sua vinculação administrativa, integrem a mesma comunidade socioeconômica, visando à realização de serviços de interesse comum.

Bem se vê que a competência para a instituição de regiões metropolitanas era então atribuída à União, ao contrário do que dispõe o texto constitucional vigente. Com a Emenda Constitucional n. 1, de 17.10.1969, que modificou a Constituição de 1967, a matéria constante do § 10 de seu art. 157 passou a ser objeto de dispositivo próprio, o art. 164, o qual, com mínimas alterações formais, apresentava a seguinte redação:

> Art. 164. A União, mediante lei complementar, poderá, para a realização de serviços comuns, estabelecer regiões metropolitanas, constituídas por municípios que, independentemente de sua vinculação administrativa, façam parte da mesma comunidade socioeconômica.

Na Carta em vigor, relativamente à competência dos Estados-membros para a instituição de regiões metropolitanas, dispõe o § 3º do art. 25, *in verbis*:

> Art. 25. Os Estados organizam-se e regem-se pelas Constituições e leis que adotarem, observados os princípios desta Constituição. (...) § 3º. Os Estados poderão, mediante lei complementar, instituir regiões metropolitanas, aglomerações urbanas e microrregiões, constituídas por agrupamentos de municípios limítrofes, para integrar a organização, o planejamento e a execução de funções públicas de interesse comum.

Do exame do § 3º do art. 25, acima citado, verifica-se que o fundamento constitucional da região metropolitana reside, essencialmente, na realização de serviços comuns aos Municípios integrantes de uma mesma comunidade socioeconômica. Trata-se, na verdade, do reconhecimento constitucional de uma realidade, qual seja, a impossibilidade de os Municípios poderem executar, isoladamente, determinadas funções públicas, as quais deixam de ser de exclusivo *interesse local*, por serem pertinentes a toda a comunidade metropolitana.

Arnoldo Wald teve a oportunidade de observar, com arrimo no magistério de José Afonso da Silva:

> De acordo com as circunstâncias e a evolução econômica, técnica e social, determinados campos de atuação deixam de ser próprios aos particulares para se transformarem em área de atuação estatal e, do mesmo modo, ocorrem mutações entre as faixas de responsabilidade e as atribuições da União, do Estado e do Município. (...) É o que já salientava o Prof. José Afonso da Silva, em estudo publicado no *Boletim Informativo do SENAM* (n. 17/22), intitulado "Normas urbanísticas da legislação federal", no qual esclarecia que: "Sucede que a dinâmica social e as mutações econômicas modificam constantemente a dimensão dos interesses. Aquilo que em determinado momento histórico é de interesse tipicamente local, amanhã pode transcender as raias municipais, para abranger um círculo mais amplo, como é o fenômeno urbano de nossos

dias, que, dada a função das cidades, ou de cada cidade em particular, vincula várias cidades, influindo mutuamente, umas em outras, com repercussões naturais na vida das várias comunidades envolvidas no processo".[20]

Nessa linha de compreensão, vale aduzir, também, a posição de Caio Tácito:[21]

> A lei complementar estadual, instituidora da região metropolitana, afirma a íntima correlação de interesses que, em benefício do princípio da continuidade, da produtividade e da eficiência torna unitária e coordenada, em entidade própria, segundo a lei complementar, a gestão de serviços e atividades originariamente adstritos à administração local. (...) O agrupamento de municípios, gerado em lei complementar específica (antes federal e, agora, estadual), exprime um grau de afinidade e de necessária unidade operacional que sobrepõe aos serviços locais a continuidade de serviços comuns a serem integrados em uma administração única.

Nas Regiões Metropolitanas o *interesse metropolitano*, ou seja, as necessidades comuns dos Municípios agrupados, resta predominante e sobrepõe-se ao *estrito interesse local*, o que conduz, como de natural obviedade, a prestação de tais serviços públicos à órbita da competência comum. Discorrendo acerca da peculiaridade metropolitana, Sérgio Ferraz[22] é taxativo ao reconhecer

> que não pode o município, quando caracterizada a peculiaridade metropolitana, invocar a peculiaridade municipal – em consequência, na área do serviço comum, a atuação municipal terá de cingir-se, obrigatoriamente, ao planejamento metropolitano.

A esse propósito, há que se ressaltar que com a instituição da região metropolitana, o Município não tem a sua autonomia diminuída, pois continua com a competência para atuar no âmbito de todas as atividades que forem de seu *interesse local* ou "*peculiar interesse*", isto é, de seu interesse predominante.

Com efeito, não há que se cogitar de qualquer usurpação de competência ou violação à autonomia municipal, por parte da lei complementar instituidora de região metropolitana, até mesmo porque, conforme precisa observação de Caio Tácito, esta encontra também fundamento em norma constitucional.

> A avocação estadual de matéria ordinariamente municipal não viola a autonomia do Município na medida em que se fundamenta em norma constitucional, ou seja, em norma de igual hierarquia. É a própria Constituição que, ao mesmo tempo, afirma e limita a autonomia municipal.[23]

Com essas bases, a questão a se verificar consiste nos limites da atuação do Estado e dos Municípios na prestação dos serviços públicos objeto da integração metropolitana.

---

20. Arnoldo Wald, "As áreas metropolitanas", *Revista de Direito Público* 22/172.
21. Parecer "Saneamento Básico – Região Metropolitana – Competência Estadual", *RDA* 213/324.
22. "As regiões metropolitanas no Direito Brasileiro", *Revista de Direito Público* 37-38/22.
23. Ob. cit., p. 324.

4. A instituição e organização das regiões metropolitanas no Supremo Tribunal Federal: os limites para atuação dos Estados e Municípios

Na esteira do dispositivo constitucional (art. 164, EC 1/1969), a Lei Complementar 14, de 8.6.1973, instituiu as regiões metropolitanas de São Paulo, Belo Horizonte, Porto Alegre, Recife, Salvador, Curitiba, Belém e de Fortaleza.

Essa norma consagrou em seu art. 5º um elenco de serviços comuns que reputou de interesse metropolitano, conforme sustenta o Professor Raul Machado Horta:

> A região metropolitana encontra na pluralidade de municípios a sua base constitutiva e nos serviços comuns a esses municípios a finalidade constitucional de sua criação. Os serviços metropolitanos não são serviços públicos locais. Esses pertencem aos municípios, por norma constitucional imperativa, dentro de sua autonomia administrativa (art. 15, n. II, "b" da Emenda Constitucional n. 1). Os serviços da região metropolitana são serviços públicos regionais, como a Lei Complementar os identificou na relação não exaustiva dos serviços comuns: saneamento básico, uso do solo metropolitano, transportes e sistema viário, produção e distribuição de gás combustível canalizado, aproveitamento dos recursos hídricos e controle da poluição ambiental.[24]

Por outro lado, essa lei veio a regulamentar a forma de representação da região metropolitana,[25] enfrentando, em parte, algumas questões suscitadas pela doutrina acerca da organização geral, sendo objeto de algumas críticas.[26]

---

24. "Regiões metropolitanas e Direito Constitucional Brasileiro", *RDP* 29/16.
25. "Art. 2º. Haverá em cada região metropolitana um Conselho Deliberativo e um Conselho Consultivo, criados por lei estadual. § 1º. O Conselho Deliberativo constituir-se-á de 5 (cinco) membros de reconhecida capacidade técnica ou administrativa, nomeados pelo Governador do Estado, sendo um deles dentre os nomes que figurem em lista tríplice feita pelo Prefeito da Capital e outro mediante indicação dos demais Municípios integrantes da região metropolitana. § 2º. O Conselho Consultivo compor-se-á de um representante de cada Município integrante da região metropolitana sob a direção do Presidente do Conselho Deliberativo. § 3º. Incumbe ao Estado prover, a expensas próprias, as despesas de manutenção do Conselho Deliberativo e do Conselho Consultivo. Art. 3º. Compete ao Conselho Deliberativo: I – promover a elaboração do Plano de Desenvolvimento integrado da região metropolitana e a programação dos serviços comuns; II – coordenar a execução de programas e projetos de interesse da região metropolitana, objetivando-lhes, sempre que possível, a unificação quanto aos serviços comuns; Parágrafo único. A unificação da execução dos serviços comuns efetuar-se-á quer pela concessão do serviço a entidade estadual, que pela constituição de empresa de âmbito metropolitano, quer mediante outros processos que, através de convênio, venham a ser estabelecidos. Art. 4º. Compete ao Conselho Consultivo: I – opinar, por solicitação do Conselho Deliberativo, sobre questões de interesse da região metropolitana; II – sugerir ao Conselho Deliberativo a elaboração de planos regionais e a adoção de providências relativas à execução dos serviços comuns. Art. 5º. Reputam-se de interesse metropolitano os seguintes serviços comuns aos Municípios que integram a região: I – planejamento integrado do desenvolvimento econômico e social; II – saneamento básico, notadamente abastecimento de água e rede de esgotos e serviço de limpeza pública; III – uso do solo metropolitano; IV – transportes e sistema viário, V – produção e distribuição de gás combustível canalizado; VI – aproveitamento dos recursos hídricos e controle da poluição ambiental, na forma que dispuser a lei federal; VII – outros serviços incluídos na área de competência do Conselho Deliberativo por lei federal. Art. 6º. Os Municípios da região metropolitana, que participarem da execução do planejamento integrado e dos serviços comuns, terão preferência na obtenção de recursos federais e estaduais, inclusive sob a forma de financiamentos, bem como de garantias para empréstimos. Parágrafo único. É facultado ao Poder Executivo federal, incluir, entre as diretrizes e prioridades a que alude o art. 25, § 1º, alínea "a" da Constituição, a participação dos Municípios na execução do planejamento integrado e dos serviços comuns da região metropolitana."

Com o advento da Constituição Federal de 1988 foi transferida para os Estados--membros a competência para a instituição de regiões metropolitanas. No entanto, a Lei Complementar 14/1973 permaneceu, na visão do STJ, em vigor nesse novo cenário normativo por recepção constitucional, que compatibiliza a legislação precedente ao estatuto constitucional posteriormente promulgado.

Esse foi o entendimento do Superior Tribunal de Justiça por ocasião do julgamento, em 21.9.1994, do Recurso Ordinário em Mandado de Segurança 314-0-MG, com a seguinte ementa do acórdão proferido pela 1ª Turma daquele Tribunal:

> Constitucional. Administrativo. Instituição de regiões metropolitanas. Transferência da competência da União para os Estados. Lei Complementar n. 14/73. No sistema jurídico--constitucional brasileiro, a promulgação de uma constituição não acarreta, *ipso facto*, a ineficácia da legislação preexistente, derrogando só aquela que, com ela, se mostre incompatível. O conferimento pela atual Carta da República, aos Estados, da competência para instituir as regiões metropolitanas (art. 25, § 3º), não afasta, só por si, a vigência da Lei Complementar n. 14/73. As regiões metropolitanas criadas sob o império da legislação anterior continuam a existir, salvante a hipótese de os Estados, por via de Lei Complementar, formalmente elaborada, resolverem extingui-las ou alterar-lhes a Constituição (principio da continuidade da ordem jurídica precedente, no que atende a nova ordem constitucional). É princípio do direito pátrio de que a lei somente será revogada por outra subsequente. Enquanto não editada a Lei Complementar Estadual disciplinando a criação, organização e funcionamento das regiões metropolitanas, continua a vigorar a Lei Complementar n. 14/73, que regula a matéria. Recurso ordinário improvido. Decisão indiscrepante.[27]

---

26. As críticas podem ser conferidas em Eros Roberto Grau, *Direito Urbano – regiões metropolitanas, solo criado, zoneamento e controle ambiental, projeto de lei de desenvolvimento urbano*, São Paulo, Ed. RT, 1983, pp. 13-14.

27. Colhe-se, por oportuno, do voto do relator, Min. Demócrito Reinaldo, o seguinte: "É certo que a Lei Complementar 14/73, que criou as Regiões Metropolitanas, decorreu da competência, atribuída à União para legislar sobre a matéria pelo art. 146 da Constituição Federal de 1967, com a Emenda 1/69. É, ainda, induvidoso, que o § 3º do art. 25 da Constituição de 1988 transferiu aos Estados a faculdade de instituir, mediante lei complementar, essas regiões constituídas de municípios limítrofes para a organização e execução de funções públicas de interesse comum. Nem por isso, no entanto, pode-se considerar como tendo sido automaticamente revogada a legislação pretérita (LC 14/73), que disciplinava a matéria. No sistema jurídico-constitucional brasileiro, a promulgação de nova Constituição não acarreta *ipso facto*, a ineficácia (ou revogação) da legislação preexistente, derrogando só aquela que, com ela, se mostre incompatível (REsp 35.571-0, 1ª Turma). Destarte, por não conflitar com a Carta Política de 1988, a Lei Complementar 14/73 continua em vigor, no pertinente à criação das Regiões Metropolitanas, a respectiva organização e funcionamento. É o conhecido princípio da recepção. Entender ao contrário – a revogação pura e simples da legislação passada – estabelecer-se-ia o caos: a mera descontinuidade da ordem jurídica, com consequências imprevisíveis. (...) *In caso* inexiste conflito entre a legislação em que se estribaram as Resoluções atacadas, tendo a Lei Complementar 14/73 sido inteiramente recepcionada pela nova ordem constitucional. A previsão, na atual Carta da República (art. 25, § 3º), do cabimento aos Estados, da competência para instituir as Regiões Metropolitanas, não afasta, por si, a vigência da Lei Complementar 14/74. Estabelecido fica, desde logo, que a criação de outras regiões (metropolitanas) só é possível mediante lei complementar estadual. Entretanto, as Regiões Metropolitanas instituídas sob o império da legislação anterior continuam a existir, salvante a hipótese de os Estados por via de lei complementar formalmente elaborada, resolverem extingui-las, ou alterar-lhes a constituição, com o acréscimo ou a exclusão de algum município. Ademais, o art. 25, § 3º, da Constituição Federal, de que faz escudo o recorrente, no afã de alcançar o desiderato, é daquelas regras a que os juristas denominam de eficácia contida. Essa norma constitucional não tem vigência imediata, dependendo por assim dizer, de regulamentação. (...)".

Posteriormente, tramitou perante o Supremo Tribunal Federal a ADI 1.842-5, requerida em 9.6.1998 pelo Partido Democrático Trabalhista/PDT, contra preceitos da Lei Complementar 87, de 16.12.1997, editada pelo Estado do Rio de Janeiro. Essa normativa institui a região metropolitana composta pelos Municípios do Rio de Janeiro, Belford Roxo, Duque de Caxias, Guapimirim, Nilópolis, Niterói, Nova Iguaçu, Paracambí, Queimados, São Gonçalo, São João de Meriti, Seropédica e Tanguá.

A mencionada Lei criou, ainda, a Microrregião dos Lagos, integrada pelos Municípios de Araruama, Armação dos Búzios, Arraial do Cabo, Cabo Frio, Iguaba Grande, São Pedro D'Aldeia, Saquarema e Silva Jardim. No caso, a norma transferia a titularidade do Poder Concedente para a prestação de serviços públicos de interesse metropolitano ao Estado do Rio de Janeiro, em especial a competência para o saneamento básico.

O relator do caso em substituição ao Min. Maurício Corrêa foi o Min. Luiz Fux, sendo relator do acórdão o Ministro Gilmar Mendes. Nesse julgado, o STF pontuou algumas questões que de certa forma trazem algum direcionamento sobre os limites do Estado na criação e organização das regiões metropolitanas no que se refere à prestação e delegação dos serviços públicos de interesse comum.

A decisão do STF na ADI 1.842-RJ adotou, em grande parte, a doutrina de Alaôr Caffé Alves, ao preconizar que

> a autonomia dos municípios metropolitanos, ao ser modificada quanto ao conteúdo ou matérias sobre as quais é exercida, não corresponde à ideia de que antes existia uma autonomia ampla e que, depois, com a criação da região metropolitana, da aglomeração urbana ou da microrregião, viesse a ser restringida, diminuindo-lhe o campo de atuação. Não é o que juridicamente ocorre, visto que se os municípios metropolitanos deixam de ter plena e exclusiva atuação sobre determinadas matérias, porque estas passam, pela exigência e natureza das coisas, a ser tratadas a nível regional, ganham, contudo nova responsabilidade de caráter regional, pois terão que participar e decidir, em conjunto, com outros entes político-administrativos, sobre a mesma matéria, agora em nível regional.[28]

Em suma, a manifestação do STF foi assim posta: 1. a lei que transfere a titularidade de Poder Concedente ao Estado é inconstitucional; 2. o caráter compulsório dos Municípios é constitucional, mas não esvazia a autonomia constitucional; 3. a competência para a prestação de serviços públicos é comum para o saneamento básico; contudo, aquelas funções que extrapolam os limites dos municípios passam a ter interesse metropolitano; 4. a participação dos Municípios nos serviços públicos afetos à Região Metropolitana pode ser voluntária, por meio de consórcio ou convênio, ou compulsória nos termos da lei complementar que instituir a Região Metropolitana; 5. o Poder Concedente na Região Metropolitana será do Estado e dos Municípios, com participação não paritária e de acordo com as peculiaridades do serviço, sem o predomínio de um dos entes federados.

---

28. Alaôr Caffé Alves, "Regiões metropolitanas, aglomerações urbanas e microrregiões: novas dimensões constitucionais da organização do Estado brasileiro", *Revista de Direito Ambiental*, n. 21, São Paulo, ano 6, 2001, p. 73.

5. Conclusão

O princípio geral que norteia a repartição de competência entre as entidades componentes do Estado Federal é o da predominância do interesse, segundo o qual à União caberão aquelas matérias e questões de predominante interesse nacional, ao passo que aos Estados tocarão as matérias e assuntos de predominante interesse regional, e aos Municípios concernem os assuntos de interesse local.

O interesse determinante na atribuição de competência para a prestação de um determinado serviço público não é estático, haja vista a transformação dos interesses dos entes políticos ao longo dos tempos, como ocorreu com os serviços de eletricidade, distribuição de gás canalizado, telefônicos, transportes de massa e tantos outros que vão, ao longo do tempo, alcançando mais e mais comunidades brasileiras, carecendo, portanto, de soluções de escala.

Instituída pelo Estado uma região metropolitana, aglomeração urbana ou microrregião, os serviços públicos ali previstos devem ser prestados de forma integrada. Nesses casos, os Municípios integrantes da respectiva região metropolitana, aglomeração urbana ou microrregião, não serão os titulares para a prestação daquele serviço público em seu espaço territorial, pois o mesmo foi elevado ao interesse comum (e não mais local). O Estado, isoladamente, também não será o Poder Concedente exclusivo. O Poder Concedente dos serviços públicos na região metropolitana será compartilhado pelo Estado-membro e Municípios integrantes sem o predomínio de um dos entes federados.

Por outro lado, na hipótese de não existência de lei complementar, ainda que existam fatores técnicos que recomendem ou justifiquem a prestação do serviço público de forma interligada, a titularidade desses serviços deve ser, do ponto de vista jurídico, tratada de forma individual. Desse modo, uma vez instituída a região metropolitana, aglomeração urbana ou microrregião, não poderão os Municípios integrantes da mesma tergiversarem com vistas à sua não participação, sob pena de violar o disposto no art. 25, § 3º, da CF. Com efeito, não cabe aos Municípios emitir juízo de valor ou de conveniência, uma vez que, juridicamente, encontram-se submetidos à norma constitucional, dotada de comando imperativo e superior.

Desnecessário acentuar que se houver exorbitância na lei complementar que criar a região metropolitana, ou seja, se a mesma extrapolar os limites da competência estadual, tal norma estará inquinada de inconstitucionalidade, por usurpação e invasão da competência administrativa do Município, conforme decidido – ainda que sem uma uniformidade integral dos votos dos senhores ministros – na ADI 1.842-RJ.

Referências bibliográficas

ALESSI, Renato. *Instituciones de Derecho Administrativo*, t. II. Barcelona, Bosch, 1970.

ALVES, Alaôr Caffé. "Regiões metropolitanas, aglomerações urbanas e microrregiões: novas dimensões constitucionais da organização do Estado brasileiro", *Revista de Direito Ambiental*, n. 21. Ano 6. São Paulo, 2001, p. 73.

AZEVEDO, Eurico de Andrade. "Instituição de regiões metropolitanas no Brasil", *Revista de Direito Público*, n. 2. São Paulo, out.-dez. 1967, pp. 191-200.

COSTÓDIA FILHO, Ubirajara. *As Competências do Município na Constituição Federal de 1988*. São Paulo, Celso Bastos Editor, 1999.

DALLARI, Adilson de Abreu. "O uso do solo metropolitano", *RDP* 14.

FERRAZ, Sérgio. "As Regiões Metropolitanas no Direito Brasileiro", *Revista de Direito Público* 37/38.

GRAU, Eros Roberto. *Direito Urbano – regiões metropolitanas, solo criado, zoneamento e controle ambiental, projeto de lei de desenvolvimento urbano.* São Paulo, Ed. RT, 1983.

HORTA, Raul Machado. "Regiões metropolitanas e Direito Constitucional Brasileiro", *RDP* 29.

JUSTEN FILHO, Marçal. *Teoria Geral das Concessões de Serviço Público.* Curitiba, Dialética, 2003.

MEIRELLES, Hely Lopes. *Direito Municipal Brasileiro.* 7ª ed. São Paulo, Malheiros Editores, 1994; 18ª ed., São Paulo, Malheiros Editores, 2017.

MOREIRA, Egon Bockmann. *Direito das Concessões.* São Paulo, Malheiros Editores, 2010.

MOREIRA NETO, Diogo de Figueiredo. *Mutações do Direito Administrativo.* 2ª ed. Rio de Janeiro, Renovar, 2001.

SILVA, José Afonso da. *Curso de Direito Constitucional Positivo.* 15ª ed. São Paulo, Malheiros Editores, 1998; 40ª ed. São Paulo, Malheiros Editores, 2017.

SENADO FEDERAL. *Anais da Constituição de 1967.* vol. 6, t. II/913-914. Brasília, 1970.

SOUTO, Marcos Juruena Villela. *Desestatização, Privatização, Concessões e Terceirizações.* 4ª ed. Rio de Janeiro, Lumens Júris, 2001.

TÁCITO, Caio. Parecer "Saneamento Básico – Região Metropolitana – Competência Estadual", *Revista de Direito Administrativo* 213/324.

WALD, Arnoldo. "As áreas metropolitanas", *Revista de Direito Público* 22/172.

DURAÇÃO DE CONVÊNIOS ADMINISTRATIVOS: ASPECTOS GERAIS E O CASO DOS CONVÊNIOS DE REGULAÇÃO DE SERVIÇOS DE SANEAMENTO BÁSICO POR CONSÓRCIO PÚBLICO

THIAGO MARRARA

1. Introdução. 2. Identificação de convênios. 3. Critérios materiais: 3.1 Bilateralidade e cooperação – 3.2 Tipo das obrigações: dar, fazer e não fazer – 3.3 Vantagens econômicas e natureza pecuniária das obrigações – 3.4 Características indiretas. 4. Critérios pessoais: 4.1 A natureza jurídica dos partícipes e seus objetivos institucionais – 4.2 A imprescindibilidade de objetivos idênticos, comuns ou complementares – 4.3 Pessoalidade no cumprimento das obrigações. 5. Natureza jurídica. 6. Estruturação do regime jurídico dos convênios. 7. Disciplina dos prazos na legislação: 7.1 Disciplina da duração dos convênios na Lei 8.666/1993 – 7.2 Prazos na Lei 11.107/2005 – 7.3 Prazos de convênios na Lei 11.445/2007. 8. Disciplina dos prazos na doutrina e na jurisprudência. 9. Conclusões.

1. Introdução

Hely Lopes Meirelles foi um dos grandes estudiosos dos convênios e dos consórcios, bem como da realidade municipal brasileira. Embora não tenha vivido a chegada da legislação de consórcios como entes interfederativos, a contribuição teórica de Meirelles se faz sentir até hoje na matéria em questão, sobretudo por ter subsidiado fortemente a construção de um regime jurídico para os chamados módulos de cooperação administrativa, cuja realidade não se harmoniza à lógica dos preceitos regentes dos contratos administrativos com função instrumental (ou seja, contratos de fornecimento de bens e serviços ao Estado).

Nesse singelo estudo em homenagem ao saudoso administrativista buscar-se-á pontualmente responder às seguintes indagações:

Qual é o prazo de duração de convênios administrativos *no direito brasileiro?*

Esses ajustes se submetem às limitações do art. 57 da Lei de Licitações ou existe discricionariedade para definir o termo final?

Com o intuito de esclarecer essas questões, parte-se da caracterização teórica dos convênios, momento em que serão retomadas algumas considerações publicadas em estudo anterior sobre o tema.[1] Apontam-se, em seguida, considerações sobre a natureza jurídica e o regime jurídico desses instrumentos e, enfim, cuida-se da disciplina do prazo de duração com suporte na legislação de licitações e contratos, de consórcios e de saneamento básico, assim como na doutrina e na jurisprudência.

---

1. Cf. Thiago Marrara, "Identificação de convênios administrativos no Direito Brasileiro", *Revista da Faculdade de Direito da USP* 100/551 e ss., São Paulo, USP, 2005.

2. Identificação de convênios

Inúmeras são as definições do convênio administrativo na literatura jurídica pátria. Nas diversas explicações identificadas e, especialmente, no rol traçado por Maria Sylvia Zanella Di Pietro para distingui-lo do contrato administrativo em sentido estrito (que aqui também se chamará de *módulo convencional instrumental*), empregam-se critérios que se deixam classificar em dois blocos: um relativo ao conteúdo das obrigações contidas no ajuste (critérios materiais) e outro concernente aos partícipes, ou seja, à natureza jurídica e às finalidades das pessoas que o celebram (critérios pessoais).[2]

Referidos blocos de critérios, examinados em mais detalhes nos próximos itens, apresentam três grandes utilidades, quais sejam: (i) a de resumir os elementos essenciais de um convênio; (ii) a de fornecer subsídios para que se responda se os convênios são espécies de contratos administrativos instrumentais e, portanto, se devem ou não se sujeitar às normas limitativas da Lei de Licitações, por exemplo, no que se refere a prazos máximos de duração; e (iii) a de oferecer um método para que se verifique, em relação a um ajuste concreto, rotulado como "convênio", se estão presentes as características que justificarão o regime jurídico diferenciado ou, pelo contrário, se o qualificativo "convênio" é utilizado indevidamente. Considerando que na Administração Pública brasileira nem sempre o nome da forma contratual condiz com seu conteúdo, esse método torna-se fundamental para identificar os ajustes cooperativos.

3. Critérios materiais

Os critérios materiais de identificação dos convênios administrativos levam em conta seu conteúdo. Eles envolvem o exame: (i) do caráter bilateral e cooperativo do ajuste; (ii) do tipo de obrigações contratuais; (iii) das vantagens econômicas; e (iv) de características indiretas.

3.1 Bilateralidade e cooperação

À luz da teoria geral dos negócios jurídicos, a bilateralidade implica a existência de direitos e obrigações para ambas as partes. A comutatividade, por outra via, sugere a contraposição dos interesses das partes, de modo que a prestação por uma equivale à contraprestação da outra.[3] Aparentemente, a comutatividade assemelha-se à chamada reciprocidade obrigacional. Todavia, é incabível afirmar que elas sempre revelam um jogo de vantagem e desvantagem.

De modo geral, os convênios administrativos envolvem a união de esforços de dois ou mais entes em busca de um resultado comum de interesse de ambos os partícipes.[4] Trata-

---

2. A escolha desses critérios no presente trabalho foi influenciada pelas exposições de Marçal Justen Filho, *Curso de Direito Administrativo*, 10ª ed., São Paulo, Ed. RT, 2014, p. 469, e de Maria Sylvia Zanella Di Pietro, *Direito Administrativo*, 30ª ed., São Paulo, GEN-Forense, 2017, p. 389.

3. Edmir Netto de Araújo, *Curso de Direito Administrativo*, 5ª ed., São Paulo, Saraiva, 2010, p. 725; Marçal Justen Filho, *Curso de Direito Administrativo*, cit., 10ª ed., p. 468; e Orlando Gomes, *Obrigações*, Rio de Janeiro, Forense, 1999, pp. 9 e ss.

4. Di Pietro esclarece que "no convênio busca-se um resultado comum que deverá ser usufruído por todas os partícipes (...) as vontades nos convênios somam-se em busca do interesse comum" (*Direito Administrativo*, cit., 30ª ed., p. 390).

-se de um "contrato cooperativo", tal como o de sociedade no direito privado,[5] razão pela qual as vantagens e desvantagens de todos os contratantes não são contrapostas, mas, sim, equivalentes.

Hely Lopes Meirelles também frisava esse aspecto cooperativo, ou de trabalho conjunto, embora dissesse que, com base nele, o convênio não seria contrato, mas, sim, acordo, o que justificaria seu regime especial. Nas suas palavras, "no convênio, a posição jurídica dos signatários é uma só, idêntica para todos, podendo haver apenas diversificação na cooperação de cada um, segundo suas possibilidades, para a consecução do objetivo comum, desejado por todos".[6]

Em recente tese de Livre-Docência sobre o tema, aprovada na Faculdade de Direito da USP, Fernando Dias Menezes de Almeida reforçou a doutrina consagrada ao inserir o convênio, ao lado de inúmeros outros instrumentos (*e.g.*, contrato de programa, termo de parceria, contrato de repasse e consórcio), no abrangente grupo dos módulos convencionais de cooperação, o qual, em sua visão, submete-se a regime próprio e, por isso, deveria ser objeto de legislação única, diferente da aplicada ao grupo dos módulos instrumentais.[7] Assim como Hely Lopes Meirelles, Menezes de Almeida entende que a natureza cooperativa coloca os convênios em regime distinto, mas isso não obsta à natureza contratual desses instrumentos, contanto que, por óbvio, a expressão "contrato" seja tomada em sentido amplo – não, pois, como equivalente aos poucos contratos instrumentais da Lei 8.666/1993.

Apesar de certas nuanças, sobretudo acerca da distinção entre contratos e acordos, resta evidente que no Direito Brasileiro as obrigações constantes de um convênio administrativo devem se caracterizar pela bilateralidade, resultante da soma de esforços de todos os partícipes, e pela cooperação em busca da consecução de metas e ações finais comuns.[8] Daí por que não haveria espaço para se falar em prestação e contraprestação, mas tão somente em prestações conjuntas direcionadas a um fim de interesse de todos os partícipes. Disso não resulta, porém, um empecilho ao reconhecimento da natureza recíproca das obrigações previstas nesses ajustes.

3.2 Tipo das obrigações: dar, fazer e não fazer

Como espécie da família dos módulos convencionais de cooperação, conforme se demonstrará adiante, o convênio administrativo admite perfeitamente obrigações de dar e fazer, mas a princípio não deve comportar obrigações de não fazer.

---

5. F. C. Pontes de Miranda explica que "a finalidade comum está na base do contrato de sociedade. Não há a prestação e a contraprestação" (*Tratado de Direito Privado*, t. XXXVIII, Rio de Janeiro, Borsói, 1972, p. 12). Prossegue o autor afirmando que "nos negócios plurilaterais ninguém contrapresta. Todos prestam" (p. 64).

6. Hely Lopes Meirelles, *Direito Administrativo Brasileiro*, 18ª ed., São Paulo, Malheiros Editores, 1993, p. 354. *[V. 42ª ed., São Paulo, Malheiros Editores, 2016.]*

7. Fernando Dias Menezes de Almeida, *Contrato Administrativo*, São Paulo, Quartier Latin, 2012, p. 240.

8. Leon Frejda Szklarowsky sustenta que nos convênios "as pretensões são sempre as mesmas, variando apenas a cooperação entre si, de acordo com as possibilidades de cada um, para a realização de um objetivo comum" ("Convênios, consórcios administrativos, ajustes e outros instrumentos congêneres", *Revista do TCU* 29/75, n. 75, 1998).

Não obstante sejam usuais nos convênios, as obrigações de dar e de fazer não poderão ser previstas além do necessário à consecução do interesse comum dos partícipes. Todo comportamento e todas as transferências de bens ou de valores entre os partícipes destinados a gerar vantagens econômicas sem correlação com o objetivo da cooperação serão ilegais, implicando enriquecimento ilícito, de uma parte, e desvio de finalidade, de outra.

Em outras palavras: o que se está a dizer é que as obrigações se alinham e se limitam à finalidade cooperativa que justifica e norteia o ajuste. Desde que respeitada a finalidade pactuada e considerando-se que, por essência, os convenentes perseguem objetivos institucionais idênticos, comuns ou complementares e, por reflexo, o convênio administrativo surge como meio para atingi-los, é possível afirmar que, quanto maior forem a cooperação e a união de esforços (geralmente por obrigações de fazer e dar), melhores serão os resultados obtidos (objetivos do convênio).

As obrigações de não fazer, no entanto, afiguram-se primariamente incompatíveis com esse caráter construtivo ou sinérgico dos convênios administrativos, haja vista que consistem ou em omissões ou, no mínimo, em atos de tolerância, revelando-se como uma autorrestrição para o sujeito passivo da obrigação.[9] Sendo assim, a inclusão de obrigações negativas em convênios administrativos é inconcebível, a princípio. Se necessárias, obrigações de não fazer assumirão caráter excepcional e, em todo caso, deverão se harmonizar plenamente com os objetivos do ajuste e, indiretamente, com a razão de existir dos partícipes.

3.3 Vantagens econômicas e natureza pecuniária das obrigações

Diversos autores elegeram a ausência de benefícios ou vantagens econômicas dos partícipes como característica marcante do convênio administrativo, o que chegaria, inclusive, a justificar a inaplicabilidade das normas sobre os contratos administrativos em sentido estrito sobre eles.[10] Essa conclusão parece correta, mas a afirmação inicial merece reparos.

A ausência de benefício econômico nos convênios administrativos é puramente ilusória. Vantagens econômicas nem sempre significam ganhos contábeis. Todo lucro é vantagem econômica, mas nem toda vantagem econômica é lucro. Por essa razão, melhor seria dizer, como o faz Maria Sylvia Zanella Di Pietro, que no convênio não se deve cogitar de *remuneração* para os partícipes. Explique-se.

Nada impede no ordenamento jurídico a presença de cláusulas que prevejam a transferência de valores pecuniários necessários à concretização do ajuste.[11] Desse modo, não será ilícito que um convenente transfira recursos financeiros para compensar os custos que o outro partícipe assumir em virtude da cooperação e que de outra maneira não serão compensados. Quando se fala de inadequação da remuneração quer-se dizer que o convênio simplesmente não deverá prever repasse de valores outros que não os necessários para

---

9. Orlando Gomes, *Obrigações*, cit., p. 40. Sobre obrigações administrativas em geral, cf. Manoel de Oliveira Franco Sobrinho, *Obrigações Administrativas*, Rio de Janeiro, Forense, 1983, pp. 25 e ss.

10. Neste sentido, escreveu Justen Filho que "o convênio não produz benefícios econômicos ou vantagens econômicas para nenhuma das partes, o que afasta a aplicação das regras genéricas sobre contratação administrativa" (*Curso de Direito Administrativo*, cit., 10ª ed., p. 470). Não se aceita, aqui, essa asserção.

11. Maria Sylvia Di Pietro, *Direito Administrativo*, cit., 30ª ed., p. 390, e Leon Frejda Szklarowsky, "Convênios, consórcios administrativos, ajustes e outros instrumentos congêneres", cit., *Revista do TCU* 29/75.

a cobertura dos custos (não compensados) de um partícipe para viabilizar a cooperação. Afinal, o escopo do convênio não é promover o enriquecimento de nenhum partícipe, mas, sim, viabilizar seus interesses comuns.

Reitere-se, pois, que inexiste motivo para se negar a existência ou a validade de cláusulas com conteúdo pecuniário, geralmente denominadas como cláusulas financeiras. Não há nada na lógica dos convênios que se incompatibilize com o repasse de recursos entre partícipes, gerando-se benefícios econômicos para um ou todos eles, desde que na proporção exigida para a consecução dos fins previstos no ajuste. Tanto é assim que a Lei de Licitações, ao tratar do assunto, exige que o convênio venha acompanhado de um plano de trabalho do qual constem, entre outras coisas, cláusulas acerca da aplicação dos recursos financeiros e do cronograma de desembolso (art. 116, § 1º, IV e V, da Lei 8.666/1993).

Inaceitável, como dito, seria apenas a existência de cláusulas de preço, remuneração ou qualquer outra que revelasse o intuito de lucro ou enriquecimento para qualquer uma das partes. Exatamente por esse mesmo motivo, todos os recursos financeiros e bens envolvidos nos convênios se vincularão exclusivamente às finalidades nele previstas, como manda, de modo expresso, o art. 116, § 5º, da Lei de Licitações. Pela mesma lógica, quando da conclusão, denúncia, rescisão ou extinção do convênio estipula a mesma lei que os saldos financeiros remanescentes serão devolvidos ao partícipe repassador dos recursos (art. 116, § 6º).

3.4 Características indiretas

O caráter cooperativo do convênio determina sua arquitetura contratual, atraindo tipos de cláusulas "mais amigáveis", marcadas por alto grau de consensualidade e de flexibilidade. Disso decorre a inadequação de diversas regras de direito administrativo e direito privado a estes ajustes, sobretudo as criadoras de poderes exorbitantes para uma parte contratual e as que impõem restrições típicas dos contratos instrumentais, como os de prestação de serviços, de obras e de fornecimento de bens.

A título de ilustração, a previsão de termos de ajustamento bem como as cláusulas de mediação e arbitragem no tocante à solução de controvérsias que possam surgir durante a execução das obrigações são muito mais coerentes ao espírito do convênio do que cláusulas de foro ou regras sancionatórias em favor de um ou outro partícipe. Nesta lógica, também são incompatíveis com os convênios quaisquer modalidades de cláusulas penais, garantias ou arras, poderes de intervenção ou ocupação.

Além disso, a natureza cooperativa dos convênios administrativos ainda tem o poder de repelir cláusulas de permanência obrigatória, cláusulas de proibição de inclusão de novos partícipes que possam colaborar devidamente com a consecução do objetivo nele previsto,[12] assim como cláusulas de prazo que se revelem injustificáveis diante da cooperação almejada, sobretudo naqueles convênios firmados somente entre entes estatais – como consórcios públicos de regulação, de um lado, e Municípios titulares de serviços de saneamento básico, de outro.

---

12. Edmir Netto de Araújo, *Curso de Direito Administrativo*, cit., 5ª ed., p. 729; Maria Sylvia Zanella Di Pietro, *Direito Administrativo*, cit., 30ª ed., p. 390; e Hely Lopes Meirelles, *Direito Municipal Brasileiro*, 12ª ed., São Paulo, Malheiros Editores, 2001, p. 398. *[V. 18ª ed., atualizado por Giovani da Silva Corralo, São Paulo, Malheiros Editores, 2017.]*

4. Critérios pessoais

Pessoais são os critérios que tomam por base a natureza e o papel das pessoas, físicas ou jurídicas, que celebram um convênio de cooperação com o Estado. Dos critérios que levam em conta o fator subjetivo, é preciso examinar: (i) a natureza jurídica dos partícipes e seus objetivos institucionais; (ii) a imprescindibilidade de objetivos idênticos, comuns ou complementares; e (iii) a pessoalidade no cumprimento das obrigações pactuadas no convênio.

4.1 A natureza jurídica dos partícipes e seus objetivos institucionais

No tocante à natureza jurídica dos partícipes, cabe indagar, em primeiro lugar, se eles devem apresentar características específicas, ou seja, se os convênios podem ser assinados somente por pessoas que apresentem determinada natureza jurídica. Em segundo lugar, é preciso verificar se, para além da natureza jurídica, os partícipes devem perseguir objetivos institucionais necessariamente idênticos.

Quanto ao primeiro aspecto, não existe no ordenamento jurídico pátrio, nem mesmo implicitamente, vedação para que qualquer pessoa jurídica, de direito público ou privado, celebre convênio administrativo. Vale dizer: não há limitações para a celebração de convênio em razão da natureza jurídica dos partícipes. Por isso, são concebíveis os convênios entre:

• Entes estatais, de direito público ou de direito privado, da mesma espécie. São exemplos desta modalidade aqueles firmados entre duas ou mais agências reguladoras, bem como os convênios entre Municípios.[13]

• Entes estatais de diferente espécie e/ou distinto nível político, como um convênio celebrado entre o Município e uma associação estatal (consórcio) para a regulação de serviços de saneamento ou entre a União e alguns Municípios para o desenvolvimento econômico de certa região.[14]

• Entes estatais nacionais e entes estrangeiros, como um convênio firmado entre uma fundação de fomento à pesquisa no Brasil e uma organização internacional.

• Entes estatais, de direito público ou privado, e entes não estatais, nacionais ou estrangeiros, tal qual o acordo firmado entre uma agência reguladora brasileira e uma universidade estrangeira com o objetivo de cooperar no desenvolvimento de recursos humanos ou da pesquisa.

Embora não se relacionem diretamente com o objeto do estudo, que envolve convênio entre uma associação estatal de direito público e Municípios titulares de serviços de saneamento, breves considerações adicionais necessitam ser registradas no tocante a convênios com pessoas jurídicas que perseguem fins lucrativos e a convênios com pessoas físicas.

---

13. Antes da Lei de Consórcios de 2005 referidos ajustes entre entidades com a mesma natureza eram considerados, por parte da doutrina, como consórcios, e não convênios. Nesse sentido, cf. Odete Medauar, "Convênios e consórcios administrativos", *Boletim de Direito Administrativo/BDA* 11/452, n. 8, 1995. Cf. também Hely Lopes Meirelles, *Direito Municipal Brasileiro*, cit., 12ª ed., p. 399.

14. Esse último exemplo de convênio aparecia na CF/1967, em seu art. 13, § 3º, e atualmente está previsto no CTN, em seu art. 83, e no Decreto-lei 200/1967, no art. 10. Cf. Maria Sylvia Zanella Di Pietro, *Parcerias na Administração Pública*, São Paulo, Atlas, 2002, p. 191.

Não há empecilho legal, *a priori*, para a celebração de convênio com pessoa jurídica de direito privado que tenha intuito lucrativo. A predominância das atividades lucrativas, por exemplo, das empresas não as impossibilita de praticar outras de caráter cooperativo com a Administração Pública, principalmente com a popularização das estratégias de responsabilidade social. Na maioria das vezes o ganho econômico com a celebração do convênio é indireto para o partícipe privado, tal como a melhoria da imagem da organização. E esse ganho indireto não prejudica a utilização do convênio, a não ser quando a colaboração seja nociva ao interesse juridicamente tutelado de outros entes privados, por exemplo, por afetar as condições de concorrência. Se isso ocorrer, mais adequada será a utilização da figura do contrato administrativo em sentido estrito, devidamente precedido de procedimento licitatório. Como o convênio de um ente privado com a Administração não pode servir para beneficiar alguns agentes de mercado em detrimento de outros, a ponderação das implicações concorrenciais deve preceder a escolha da Administração pela celebração de convênio ou, em alternativa, de um contrato administrativo instrumental (contrato de prestação de serviço) ou de um instrumento concessório.

A classificação apresentada anteriormente omite convênios com pessoas físicas. Conquanto no direito positivo não exista tal limitação expressa, o convênio é dispensável ou inadequado nesta hipótese, pelo fato de existirem outros mecanismos jurídicos que permitem a colaboração de pessoas físicas com a Administração Pública. São deles exemplos os contratos de doação e, mais atualmente, os termos para exercício de serviço voluntário para fins científicos, culturais, educacionais, cívicos ou assistenciais (Lei 9.608/1998). Ademais, em muitos casos a colaboração de pessoas físicas prescinde de qualquer instrumento bilateral, sendo aceita ou até mesmo determinada por mero ato administrativo.

4.2 A imprescindibilidade de objetivos idênticos, comuns ou complementares

A categorização dos diversos arranjos demonstra que a possibilidade de celebração de convênios administrativos não é limitada pela natureza jurídica ou política do partícipe. Essencial para caracterizar um verdadeiro convênio é a presença de objetivos institucionais que justifiquem a cooperação, a despeito da personalidade de direito público ou privado dos partícipes. E esses objetivos não necessitam ser sempre idênticos. Na prática, o convênio se justificará tanto por objetivos idênticos quanto por objetivos comuns ou meramente complementares – contanto que sejam, sempre, lícitos.

Os partícipes apresentam *objetivos idênticos* notadamente quando apresentam a mesma natureza jurídica e igual finalidade institucional por força de lei ou da Constituição, tal como ocorre com os entes políticos (pessoas jurídicas de direito público, como os Municípios e os Estados) ou as empresas públicas ou sociedades de economia mista incumbidas da execução de um ou mais serviços de saneamento (pessoas jurídicas estatais de direito privado na forma de sociedade).

Em contraste, os *objetivos comuns* indicam que os partícipes partilham determinadas finalidades, ou seja, não há uma sobreposição completa, uma identificação de todos os seus escopos institucionais. Isso se verifica, por ilustração, nos convênios entre uma agência de fomento à pesquisa e uma universidade pública ou em um convênio entre uma agência reguladora de saneamento e outra de águas. Igual situação se vislumbra na relação de um

Município, competente para serviços de saneamento, com um consórcio dedicado exclusivamente à regulação nesse setor.

Enfim, os *objetivos complementares* apontam que as finalidades dos partícipes não se identificam nem se sobrepõem em qualquer aspecto. Ainda assim, a competência de um deles se mostra imprescindível ou extremamente útil para a boa execução da competência do outro, o que, ao final, passa a justificar o instrumento de cooperação. A despeito dos objetivos institucionais distintos, o convênio será adequado para todos os partícipes, por facilitar, aprimorar ou melhorar o exercício de suas atividades, de modo a incrementar sua eficiência. Exemplos disso são os convênios de cooperação entre uma entidade privada sem fins lucrativos (voltada à proteção do ambiente ou da ordem urbanística de certa região) e uma entidade pública competente para a prestação ou regulação de serviços de saneamento básico.

4.3 Pessoalidade no cumprimento das obrigações

Tento em vista que a consecução de objetivos idênticos, comuns ou complementares pressupõe soma de esforços, a pessoalidade na execução das obrigações torna-se uma característica natural dos convênios administrativos. Os conveniados se unem em razão da comunhão de propósitos e do reconhecimento recíproco da capacidade e vantajosidade de trabalharem em conjunto, do que deriva a necessidade de que eles mesmos executem as obrigações. É por essa relação personalizada que, a princípio, se afasta a exigência de qualquer tipo de procedimento licitatório como requisito de escolha, por uma entidade estatal interessada, dos partícipes na celebração de convênio de cooperação.

A pessoalidade ou natureza personalíssima das obrigações constantes de um convênio administrativo redunda, de outra parte, na inadmissibilidade relativa, ou *a priori*, de regras de cessão ou subcontratação de obrigações neste tipo de instrumento.[15] Não pode o convênio ser celebrado, sem licitação, com o intuito de beneficiar uma entidade terceira, não partícipe, que não detenha as características pessoais que justificaram a cooperação. Passível de subcontratação ou cessão afiguram-se apenas as obrigações não essenciais, acessórias, não relacionadas à competência dos partícipes, que compõem o núcleo e o próprio fundamento da cooperação. Assim, ainda que a predominância de obrigações personalíssimas se revele essencial e inafastável, não descaracterizará o convênio a execução de "atividades-meio" por outras pessoas jurídicas em razão de cláusula de subcontratação, cessão ou por trabalhadores terceirizados.

Em síntese: as obrigações dos convênios administrativos presumem-se todas personalíssimas, salvo a possibilidade de adimplemento por terceiros de obrigações procedimentais simples, não determinantes, para as quais a presença dos partícipes não se revele justificável ou imprescindível e, obviamente, desde que não se gerem custos extraordinários desnecessários. Mesmo cumprindo tais requisitos, é prudente que haja menção expressa, no corpo do instrumento de convênio, sobre a ausência de pessoalidade em relação a certas obrigações.

---

15. Neste mesmo sentido: Marçal Justen Filho, *Curso de Direito Administrativo*, cit., 10ª ed., p. 484. Escreve o autor paranaense que "(...) há certas contratações em que as características pessoais do contratado são essenciais para o desempenho satisfatório da função administrativa. Nesses casos, haverá contrato administrativo *intuitu personae*"; "(...) os contratos administrativos personalíssimos são pactuados mediante um procedimento específico e não admitem cessão ou subcontratação (...)".

5. Natureza jurídica

A enumeração de critérios identificadores dos convênios administrativos demonstra que esses ajustes não se confundem com os chamados módulos convencionais instrumentais, de que são exemplos os contratos de prestação de serviços ou de fornecimento de bens, ambos regidos pela Lei 8.666/1993. Referidos critérios evidenciam, portanto, a necessidade de construção de um regime jurídico adequado ao papel e à finalidade do convênio e de outros ajustes que se encaixem na categoria dos módulos de cooperação administrativa.

No entanto, os critérios anteriormente detalhados, por si sós, não logram esclarecer qual é o bloco de legalidade que sobre eles se aplica e tampouco respondem se, e em que medida, os prazos da Lei 8.666/1993 relativos aos contratos instrumentais também limitam a duração de convênios. Por isso, no intuito de mapear as regras e os princípios que regem os convênios, que formam seu regime jurídico, inclusive no tocante aos prazos, cumpre discutir se eles são contratos administrativos nos termos da Lei 8.666/1993 e se o reconhecimento da natureza contratual os submete automaticamente às restrições desta mesma lei.

Há, basicamente, três posições doutrinárias sobre o assunto no Brasil: a que considera os convênios uma espécie de ato administrativo complexo, a que os trata como contratos administrativos e a que sustenta haver uma categoria própria de contrato administrativo que os abrange e, simultaneamente, retira-os do regime geral dos contratos instrumentais, como os de prestação de serviços da Lei 8.666/1993.

Com suporte no conceito de ato conjunto do Direito Alemão (*Gesamtakt*), elaborado por Otto Friedrich von Gierke e, mais tarde, difundido no direito administrativo pelos italianos, Diogo de Figueiredo Moreira Neto desenvolveu uma teoria brasileira do ato administrativo complexo.[16] Ao lado dos contratos administrativos, tais atos seriam espécies do gênero "atos administrativos plurilaterais".

Em poucas palavras, os atos administrativos complexos exigiriam a manifestação de vontade de duas entidades, "cada uma delas com sua respectiva personalidade jurídica" (complexidade subjetiva), e que produziriam efeitos cumulados (complexidade objetiva), mas voltados a interesses comuns.[17] No entanto, diferentemente do que se entendeu na Itália, Moreira Neto pretendeu incluir atos praticados conjuntamente por pessoas jurídicas de direito público e privado, sem caráter estatal ou paraestatal, como espécies de atos administrativos complexos, ampliando o conceito originário de complexidade subjetiva. Em última instância, isso autorizaria incluir os convênios administrativos como exemplos do conceito.[18] Esta linha de entendimento foi igualmente seguida por Edmir Netto de Araújo.[19]

---

16. Diogo de Figueiredo Moreira Neto, *Curso de Direito Administrativo*, Rio de Janeiro, Forense, 2005, pp. 185 e ss.

17. Nas palavras de Moreira Neto, o ato administrativo complexo seria o "concurso de manifestações de vontade autônomas em que, conforme a espécie, uma delas, várias ou todas emanam da Administração Pública, tendo por objeto comum a constituição de uma relação jurídica de coordenação de vontades, nas modalidades de cooperação ou de colaboração, visando a um resultado de interesse público, comum às partes acordantes e de competência, pelo menos, de uma delas" (*Curso de Direito Administrativo*, cit., p. 186).

18. Para o Moreira Neto, "convênio é o ato administrativo complexo em que uma entidade pública acorda com outra ou com outras entidades, públicas ou privadas, o desempenho conjunto, por cooperação ou colaboração, de uma atividade de competência da primeira" (*Curso de Direito Administrativo*, cit., p. 189).

19. Edmir Netto de Araújo, *Curso de Direito Administrativo*, cit., 5ª ed., p. 729: "Convênios e consórcios são incluídos, por certos doutrinadores, na categoria de atos complexos, com o quê concordamos (...)".

Existe aí, porém, um problema insuperável: a ampliação da complexidade subjetiva exigiria que o direito administrativo autorizasse a prática de atos administrativos por pessoa jurídica de direito privado sem qualquer caráter estatal ou paraestatal e – o que é mais complicado – sem qualquer relação com o exercício de função administrativa.

Fora isso, afigura-se questionável empregar novos conceitos científicos quando se constata que outros conceitos consagrados ainda são úteis para explicar a realidade analisada. Apropriado foi o alerta de Jean Rivero sobre a frequência e o perigo de termos insuficientemente precisos no direito administrativo.[20] E, a negar a utilidade do conceito que empregou, o próprio Moreira Neto reconhece que, "por serem os atos administrativos complexos e os contratos administrativos espécies do mesmo gênero, o pacto, os seus elementos são os mesmos que foram estudados no contrato administrativo".[21] Não há, pois, motivo para que se busque em outras categorias jurídicas um corpo de regras e princípios que a dos contratos administrativos já oferece aos convênios, respeitando suas peculiaridades materiais e subjetivas.

Hely Lopes Meirelles, Maria Sylvia Zanella Di Pietro e José Cretella Jr. sustentam que convênios não são contratos administrativos. Contudo, advirta-se que, ao fazerem esta afirmação, os autores buscam simplesmente justificar que eles não podem ser submetidos ao regime de meros contratos de prestação de serviços, por duas razões centrais. A uma, a presença de interesses coincidentes dos partícipes nos convênios é incompatível com a exigência de interesses opostos típica dos contratos instrumentais (obras, bens e serviços). A duas, os partícipes, diferentemente das partes de um contrato tradicional, estão em idêntica posição jurídica, ainda que cada uma colabore na medida de suas forças para a realização do objetivo negociado.[22] Com isso, os doutrinadores referidos desejam salientar que não se pode igualar o convênio a um mero contrato de prestação de serviços, cujo regime é marcado por prerrogativas e poderes que não se harmonizam com ajustes de finalidade cooperativa.

Marçal Justen Filho e Odete Medauar seguem linha distinta ao sustentarem que convênios são contratos. Medauar considera problemático afirmar que os convênios são espécie distinta do contrato administrativo em razão ou dos "resultados comuns" buscados pelos partícipes ou do critério de competências comuns das partes ou da ausência de cláusulas de remuneração nestes instrumentos, haja vista que estas características podem estar presentes em outras espécies de contratos administrativos, como nos de concessão de serviço público.[23]

Se bem examinadas, todas as manifestações doutrinárias convergem no sentido de que os convênios assumem traços que não justificam equiparar seu regime jurídico ao dos contratos instrumentais, sobretudo o de prestação de serviço previsto na Lei 8.666/1993 – contratos, estes, que se caracterizam por restrições e prerrogativas típicas de direito administrativo. Dizendo de outro modo: tanto os defensores da teoria do convênio como ato complexo quanto os que não o consideram contrato não divergem do posicionamento

---

20. Jean Rivero, *Curso de Direito Administrativo Comparado*, São Paulo, Ed. RT, 1995, pp. 56 e ss.
21. Diogo de Figueiredo Moreira Neto, *Curso de Direito Administrativo*, cit., p. 187.
22. Meirelles sustentava que "convênios administrativos são acordo firmados por entidades públicas de qualquer espécie, ou entre estas e organizações particulares, para realização de objetivos de interesse comum dos partícipes". Não se trataria de contrato, senão mero acordo, pois há interesses coincidentes e não opostos, como nos contratos (Hely Lopes Meirelles, *Direito Municipal Brasileiro*, cit., 12ª ed., p. 397.
23. Odete Medauar, "Convênios e consórcios administrativos", cit., *BDA* 11/455.

dos autores que os consideram contratos. As diferenças doutrinárias, na verdade, são mais terminológicas, de rótulo, que propriamente de conteúdo. Em todos os posicionamentos há um ponto comum: que é a imprescindibilidade de se conferir aos convênios um regime mais flexível e diferenciado – exatamente o que prescreve o art. 116 da Lei 8.666/1993.

Para solucionar a confusão doutrinária baseada mais em aspectos formais que em diferenças reais, é bastante útil retomar os avanços doutrinários mais recentes em matéria contratual. De acordo com a nova tipologia construída na tese de Fernando Dias Menezes de Almeida, Titular de Direito Administrativo da USP, é preciso considerar que a complexidade das relações da Administração Pública exige, hoje, que se atribua ao contrato administrativo uma definição ampliada, capaz de absorver, ao menos, quatro grandes grupos, cada qual com diferentes lógicas e regimes.

Dentro dos módulos necessários para a criação de situação jurídica, há três grandes grupos contratuais: (i) os módulos convencionais de cooperação (de que são exemplos os convênios); (ii) os módulos convencionais de concessão; e (iii) os módulos convencionais instrumentais (de que são exemplos os contratos de prestação de serviços). Além deles, há um quarto grupo, chamado de módulos convencionais substitutivos de decisão unilateral da Administração Pública, no qual se encaixam, por exemplo, os compromissos de cessação de prática infrativa.[24]

A partir da teorização de Menezes de Almeida, "contrato administrativo há de ser compreendido como elemento pertencente ao gênero próximo *contrato*, porque comunga da mesma essência do contrato enquanto categoria jurídica geral; e como possuidor da diferença específica *administrativo*, porque sofre potencialmente a incidência do regime de direito público autoexecutório inerente à ação administrativa, acompanhado, em distintos graus, de prerrogativas de ação unilateral. *E o critério da incidência desse regime há de ser o objeto contratual, e não a simples presença da Administração na relação. Há que se buscar na natureza do objeto contratual a razão de ser do regime*"[25] (grifos nossos).

Como se verá nos itens seguintes, essa classificação contemporânea é a que melhor reflete a complexa legislação brasileira sobre a matéria. A definição de contrato administrativo contida no art. 2º da Lei 8.666/1993 não afirma que o conceito pressuponha interesses contrapostos, mas tão somente obrigações recíprocas.[26] Como as obrigações recíprocas não são sinônimas de interesses contrapostos, indicando, simplesmente, a existência de bilateralidade contratual, os convênios e ajustes semelhantes de natureza cooperativa se enquadram, sem grandes questionamentos, na definição legal. Isso revela que o art. 2º, *caput*, da lei toma o contrato administrativo em sentido amplíssimo, de sorte a englobar inúmeras espécies convencionais, desde as instrumentais, passando pelas concessórias, até as cooperativas. No entanto, ao contrário do art. 2º, o corpo da Lei 8.666/1993 – e aqui está a fonte das confusões doutrinárias – não pretende disciplinar todos os contratos, senão apenas os englobados no módulo instrumental.

---

24. Fernando Dias Menezes de Almeida, *Contrato Administrativo*, cit., pp. 236 e ss.
25. Idem, p. 355.
26. Pelo art. 2º, parágrafo único, da Lei 8.666/93, contrato é "todo e qualquer ajuste entre órgãos ou entidades da Administração Pública e particulares, em que haja um acordo de vontades para a formação de vínculo e a estipulação de obrigações recíprocas, seja qual for a denominação utilizada".

Justamente por ser o conceito de contrato extremamente amplo e pelo fato de a Lei 8.666/1993 se concentrar na disciplina dos contratos instrumentais (como os de prestação de serviços e fornecimento de bens), o Congresso Nacional reputou essencial inserir nessa mesma lei um dispositivo que deixasse evidente a necessidade de se respeitarem as peculiaridades dos módulos cooperativos, garantindo-lhes um regime próprio. Não é outra a função do art. 116 do diploma em debate, segundo o qual os convênios se submetem às normas contidas na Lei 8.666/1993 somente naquilo que for compatível com sua natureza e sua função. Se os convênios não fossem uma espécie de contrato administrativo nos termos do art. 2º da Lei e se não houvesse a necessidade de colocá-los sob regime especial, não teria o legislador criado a norma de exceção constante do art. 116.

Em síntese: tanto a doutrina contemporânea quanto a Lei Geral de Licitações tomam os convênios como uma espécie de contrato administrativo ao mesmo tempo em que reconhecem a necessidade de se afastar a pretensão de submetê-los automaticamente ao regime jurídico dos contratos instrumentais, que nem sempre se adapta à função cooperativa daqueles ajustes. É esse conceito abrangente, complexo e atual de contrato administrativo que permite negar a pretensão de unicidade e universalidade do regime previsto na lei geral de 1993. Nesta visão, a expressão "contrato administrativo" há que ser compreendida como uma categoria de instrumentos celebrados pela Administração Pública sem um regime jurídico padrão ou estrutural.

6. Estruturação do regime jurídico dos convênios

Considerando-se que os convênios são contratos administrativos na acepção ampla do termo,[27] cabe à União definir suas normas gerais, por força do art. 22, XXVII, da Constituição da República, respeitadas as competências dos Estados e Municípios para complementá-las. Isso não significa que todas as normas da Lei de Licitações e Contratos Administrativos sejam aplicáveis aos convênios, por força do já discutido art. 116, *caput*.[28] Na verdade, uma análise desse dispositivo permite extrair duas conclusões fundamentais: a primeira é a de que o regime dos convênios se caracteriza pela complexidade, pois abrange um núcleo duro (de observância obrigatória) e outro flexível; e a segunda, de que, por força dessa flexibilidade, os poderes e as limitações da Lei 8.666/1993 não se estendem automaticamente aos convênios (art. 116, *caput*).

O núcleo duro do regime dos convênios retrata o conjunto de normas previstas no próprio art. 116 e que disciplinam aspectos essenciais desses ajustes – normas, essas, que têm natureza geral e somente poderão ser afastadas por normas especiais editadas pelo Congresso Nacional. Melhor dizendo: por força do art. 22, XXVII, da CF, uma norma de observância obrigatória do art. 116 não poderá ser modificada ou extirpada por deliberação municipal ou estadual, nem por norma interna da Administração Pública de

---

27. Se os convênios fossem atos administrativos complexos, como prega Moreira Neto, nem as normas gerais sobre contratação, editadas pela União por força do art. 22, XXVII, da Constituição da República, se lhes aplicariam. Não seria possível interpretar extensivamente o citado dispositivo constitucional, contrariando o princípio federativo (*Curso de Direito Administrativo*, cit., pp. 164-165).

28. Lei 8.666/1993: "Art. 116. Aplicam-se as disposições desta Lei, no que couber, aos convênios, acordos, ajustes e outros instrumentos congêneres celebrados por órgãos e entidades da Administração".

qualquer ente federativo. Nada impede, todavia, que seja excepcionada por outra norma legal proveniente do Congresso – *e.g.*, uma norma contida na Lei de Saneamento Básico ou na Lei de Consórcios.

O núcleo duro do art. 116 da Lei 8.666/1993 abrange, em apertada síntese: (i) o dever de aprovação prévia de plano de trabalho com o conteúdo mínimo legal (§ 1º);[29] (ii) o dever de dar ciência do convênio ao Legislativo (§ 2º); (iii) o dever de observar o plano de aplicação aprovado como condição de liberação de parcelas, salvo nas hipóteses legais (falta de comprovação, desvio de recursos, omissão quanto a medidas saneadoras – § 3º); (iv) o dever de gerir os saldos de convênio conforme a lei (§§ 4º e 5º); e (v) o dever de devolução dos saldos remanescentes em caso de conclusão, denúncia, rescisão ou extinção do convênio (§ 6º).

Para além dos deveres que compõem o assim chamado "núcleo duro" do regime nacional de convênios (normas que, como dito, somente serão excepcionadas por outras leis editadas pelo Congresso), as demais cláusulas contratuais desses instrumentos cooperativos se sujeitarão a regime bastante flexível. Em outros termos: tudo aquilo que não compuser o conteúdo mínimo obrigatório nos termos do art. 116 estará dentro da margem de discricionariedade dos partícipes, salvo quando houver norma legal em contrário, por exemplo, em lei específica.

Reitere-se: a parcela flexível do regime jurídico dos convênios abrange todos os aspectos não tratados no art. 116 e não impostos por lei específica. Na falta de imposição legal geral ou especial, por decorrência, caberá à Administração Pública a decisão de elaborar e modelar o conteúdo do convênio. Ao fazê-lo, de acordo com sua discricionariedade, poderá agir de forma criativa, ou seja, prever soluções inovadoras para cada ajuste a despeito de previsão legal ou, se conveniente, poderá resgatar as normas dos contratos instrumentais. A decisão por qualquer das duas opções competirá somente à Administração.

7. Disciplina dos prazos na legislação

Dados os traços marcantes e as finalidades que permitem identificar os convênios administrativos e diferenciá-los de contratos instrumentais, chega o momento de verificar se os prazos previstos para os contratos de prestação de serviços (isto é, contratos instrumentais) nas normas nacionais de licitações e contratos se estenderão aos convênios, tomando como base de análise os firmados entre os Municípios titulares de serviços de saneamento básico e consórcios reguladores desse setor.

---

29. Lei 8.666/1993, art. 116, §§ 1º e 2º:

"§ 1º. A celebração de convênio, acordo ou ajuste pelos órgãos ou entidades da Administração Pública depende de prévia aprovação de competente plano de trabalho proposto pela organização interessada, o qual deverá conter, no mínimo, as seguintes informações: I – identificação do objeto a ser executado; II – metas a serem atingidas; III – etapas ou fases da execução; IV – plano de aplicação dos recursos financeiros; V – cronograma de desembolso; VI – previsão de início e fim da execução do objeto, bem assim da conclusão das etapas ou fases programadas; VII – se o ajuste compreender obra ou serviço de engenharia, comprovação de que os recursos próprios para complementar a execução do objeto estão devidamente assegurados, salvo se o custo total do empreendimento recair sobre a entidade ou órgão descentralizador.

"§ 2º. Assinado o convênio, a entidade ou órgão repassador dará ciência do mesmo à Assembleia Legislativa ou à Câmara Municipal respectiva."

Para solucionar o problema é necessário tecer e superar indagações prévias, quais sejam: (i) O art. 116, ao fixar normas nacionais obrigatórias, trata de prazo de duração de convênio? (ii) A legislação de saneamento e de consórcios cria normas especiais sobre o assunto? (iii) Na eventual ausência de norma expressa sobre prazos para os convênios de regulação de saneamento na legislação especial, os prazos do art. 57 da Lei 8.666/1993 se tornarão obrigatoriamente aplicáveis, ou a Administração Pública ainda terá discricionariedade para definir o termo final?

Com o objetivo de solucionar as três indagações centrais, as considerações subsequentes se nortearão pela legislação aplicável (Lei 8.666/1993, Lei 11.107/2005, Decreto 6.017/2007, Lei 11.445/2007 e Decreto 7.217/2010), pela doutrina brasileira e por manifestações jurisprudenciais.

7.1 Disciplina da duração dos convênios na Lei 8.666/1993

A primeira questão (sobre a existência de um prazo nacional obrigatório) é relativamente simples, uma vez que se deixa solucionar por análise textual do art. 116 da Lei 8.666/1993. Como demonstrado, um dos deveres que constituem o núcleo duro dos convênios nacionais consiste na elaboração de plano de trabalho que contenha as cláusulas mínimas apontadas pela lei geral. Sob essa perspectiva, exige-se que o plano, entre outras coisas, apresente metas a serem atingidas, delineie as etapas ou fases da execução, trace um cronograma de desembolso e preveja *início e fim da execução do objeto* (art. 116, § 1º, VI).

A partir do referido inciso, algumas conclusões iniciais podem ser construídas, quais sejam: (i) a Lei Geral de Licitações e Contratos não fixa prazos mínimos ou máximos; (ii) o art. 116 não faz qualquer remissão aos prazos do art. 57, referentes a contratos instrumentais; (iii) exige, porém, que o convênio tenha data de início e prazo para conclusão; (iv) além do termo final, é necessário que preveja prazos para conclusão de fases e atingimento de metas; (v) a lei geral tampouco trata especificamente de prorrogação de convênio, e, portanto, não impede sua renovação por tempo indeterminado, desde que haja ainda motivo para a cooperação, sempre respeitada a norma de fixação de termo final.

A interpretação das normas nacionais revela existir enorme flexibilidade no tocante à duração dos convênios, do que se depreende uma margem de discricionariedade primária do ente público que os celebra para fixar seu termo final. A discricionariedade aqui reconhecida, note-se bem, não afasta a necessidade de um mínimo de planejamento, daí a obrigatoriedade de se fixar um termo final. De modo algum, porém, a lei impossibilita a modificação do termo final e a renovação indefinida do ajuste.

Dada a inexistência de uma norma geral nacional que restrinja a duração dos convênios, resta apurar se a Lei de Consórcios ou a Lei de Saneamento, por sua relação com os convênios entre consórcios reguladores e titulares de serviços de saneamento, contêm alguma norma especial que reduza a discricionariedade aqui afirmada. Afinal, como se esclareceu, na ausência de uma norma limitativa da lei geral, a margem de escolha garantida aos partícipes na elaboração do ajuste cooperativo somente poderia ser excluída por outra lei editada pelo Congresso Nacional. Não havendo restrição explícita ou qualquer remissão expressa aos prazos do art. 57, então, a discricionariedade de fixação do termo final restará intocada.

7.2 Prazos na Lei 11.107/2005

A Lei 11.107/2005 define os consórcios "estatais" com personalidade de direito público interno e de direito privado como associações interfederativas. Ao regê-los, prevê um grupo amplo de instrumentos contratuais, desde o contrato de consorciamento (de natureza político-administrativa), passando pelos contratos de programa e pelos contratos de rateio, além de tratar da figura dos convênios administrativos.

Cumpre verificar com mais detalhes como o convênio se insere no contexto de cooperação interfederativa e se a lei ou seu decreto regulamentar disciplinaram os prazos e a duração desse tipo de ajuste e, de alguma forma, limitaram-nos ou os vincularam aos prazos do art. 57 da Lei 8.666/1993, que trata dos contratos instrumentais.

Na Lei 11.107/2005 os convênios foram objeto de um conjunto amplo e esparso de dispositivos. Em breve panorama, a disciplina legal aponta que:

(a) O convênio funciona como acordo cooperativo que poderá ser amplamente empregado pelo consórcio (art. 2º, § 1º, I) e também como um sucedâneo dos contratos de consorciamento para fins de gestão associada de tarefas administrativas (como a regulação de saneamento), com a diferença de que os conveniados não disporão dos mesmos direitos e deveres dos entes consorciados na gestão da associação estatal.

(b) A União está autorizada a celebrar convênios com os consórcios para viabilizar a descentralização e a prestação de políticas públicas em escalas adequadas (art. 14), norma, porém, que não deve ser lida como impeditiva de que Estados e Municípios também o façam.

(c) O convênio de cooperação serve de base para a celebração, sem licitação, de contrato de programa entre o ente conveniado (ou uma entidade da sua Administração indireta) e o consórcio (art. 13, § 5º, cumulado com o art. 24, XXVI, da Lei 8.666/1993).

(d) O contrato de programa poderá perdurar ainda que seja extinto o convênio de cooperação que autorizou a gestão associada de uma determinada função administrativa (art. 13, § 4º), salvo se o ente estatal que celebrou o contrato deixar de ser parte da Administração indireta do nível político conveniado, caso, por exemplo, de uma empresa estatal que venha a ser privatizada (art. 13, § 6º). E:

(e) Os convênios firmados anteriormente à edição da Lei 11.107 não serão atingidos por suas normas (art. 19).

A Lei 11.107 em nenhum momento estipula prazos de duração dos contratos de consórcio, contratos de programa ou para convênios.

Em relação aos contratos de consórcio, impõem-se tão somente a previsão de prazo e a duração (art. 4º, I), mas não há qualquer tipo de limitação temporal, nenhuma regra de prazo mínimo ou máximo, nem normas sobre prorrogação. O Decreto 6.017/2007, ao tratar do assunto, flexibiliza ainda mais a exigência legal, sem qualquer prejuízo, ao consagrar a possibilidade de consorciamento com prazo indeterminado (art. 5º, I). Essa norma, embora não trate dos convênios explicitamente, é fundamental para a estruturação de seu regime jurídico. Afinal, considerando-se possível atribuir ao convênio, em alguns casos, finalidade análoga à do contrato de consórcio, não há razão para sujeitá-lo a limitações temporais que não existem para este contrato.

Já, os contratos de programa, de acordo com a lei (art. 13, § 1º, I), deverão "atender à legislação de concessões e permissões de serviços públicos e (...) à de regulação dos serviços a serem prestados". Esse dispositivo é de especial importância, pois afasta completamente dos contratos de programa a lógica dos contratos instrumentais da Lei 8.666/1993, aproximando-os aos ajustes de longo prazo de delegação de serviços – tratados pela doutrina como verdadeiros contratos relacionais.[30] Reforça essa lógica o fato de que a Lei de Consórcios (art. 13, § 2º), ao reger o conteúdo obrigatório mínimo dos contratos de programa, não faz qualquer alusão aos prazos ou à duração do ajuste.

Por sua vez, o decreto regulamentar repete a norma de submissão dos contratos de programa ao regime dos módulos concessórios quando prescreve que: "Os contratos de programa deverão, no que couber, atender à legislação de concessões e permissões de serviços públicos e conter cláusulas que estabeleçam: I – o objeto, a área e o prazo da gestão associada de serviços públicos, inclusive a operada por meio de transferência total ou parcial de encargos, serviços, pessoal e bens essenciais à continuidade dos serviços (...)" (art. 33). Em contraste com a lei, o decreto exige a previsão de um prazo, mas novamente silencia sobre sua fixação, revelando, com isso, que ele será semelhante ao que preveem as leis de delegação de cada setor. Em outras palavras, os prazos seguirão o modelo dos contratos de longo prazo.

No que se refere especificamente aos convênios, com base nos quais também podem ser firmados contratos de programa, novamente silencia a Lei de Consórcios. Dela não consta qualquer prazo de duração. O decreto, a esse respeito, tampouco contém normas. Na verdade, a grande contribuição desse ato regulamentar resume-se a oferecer uma definição do convênio como "pacto firmado exclusivamente por entes da Federação, com o objetivo de autorizar a gestão associada de serviços públicos, desde que ratificado ou previamente disciplinado por lei editada por cada um deles" (art. 2º, VIII). Para além da definição e de outros dispositivos que reproduzem o conteúdo da Lei 11.107, inexiste norma a limitar a duração ou as prorrogações de convênios de cooperação celebrados pelos consórcios com titulares de serviços de saneamento ou com os entes da sua Administração indireta.

Da análise da Lei de Consórcios resulta que o contrato de rateio configura o único ajuste cujo prazo é expresso em norma legal. Por força da referida lei, esse contrato deverá ser formalizado em cada exercício financeiro por prazo não superior ao das dotações que os suportam, com exceção daqueles que tenham por objeto exclusivamente projetos consistentes em programa e ações contempladas em plano plurianual ou a gestão associada de serviços públicos custeados por tarifas ou outros preços públicos (art. 8º, § 1º). Essa norma é reforçada pelo decreto regulamentar (art. 16).

7.3 Prazos de convênios na Lei 11.445/2007

Convém reiterar que, conforme a Lei 8.666/1993, os convênios devem ser acompanhados de plano de trabalho com termo inicial e final, mas não há indicação de norma nacional sobre o prazo de duração desses ajustes. Daí por que se revelou necessário verificar se alguma lei especial prevê prazo de duração, considerando especificamente o convênio de prestação de atividades de regulação firmado entre um consórcio estatal com personalidade de direito público interno e um titular de serviços de saneamento básico.

---

30. Cf. Floriano de Azevedo Marques Neto, *A Concessão como Instituto do Direito Administrativo* (tese de titularidade). São Paulo, Faculdade de Direito da USP, 2013, p. 217.

O exame da Lei 11.107 revelou não haver qualquer prazo aplicável para esses ajustes. Ademais, demonstrou que: (i) o regime aplicável aos contratos de programa para gestão associada de funções administrativas deve se aproximar ao dos módulos concessórios, que prevê contratos de longo prazo, e não ao dos módulos instrumentais da Lei 8.666/1993 (que prevê contratos de reduzida duração); e (ii) existem prazos específicos somente para os contratos de rateio, pois são estes os instrumentos que viabilizam as relações financeiras entre os consórcios e aqueles que se beneficiam de suas atividades (quer na qualidade de consorciado, quer como mero conveniado).

Para concluir o exame das leis especiais pertinentes ao caso, resta verificar se as normas regentes da Política Nacional de Saneamento Básico, de alguma forma, tratam da questão, ou seja, se elas expressamente impõem prazos para os convênios que tenham por objeto a regulação do serviço público em debate.

Dispõe o art. 23, § 1º, da Lei 11.445/2007 que "a regulação de serviços públicos de saneamento básico poderá ser delegada pelos titulares a qualquer entidade reguladora constituída dentro dos limites do respectivo Estado, explicitando, no ato de delegação da regulação, a forma de atuação e a abrangência das atividades a serem desempenhadas pelas partes envolvidas". Note-se, porém, que nem este dispositivo nem qualquer outro da Lei de Saneamento estabelecem um prazo específico para o ajuste de cooperação e delegação regulatória.

Na verdade, é o Decreto 7.217/2010 que, ao regulamentar a Lei 11.445/2007, explicita (i) que o ajuste a ser utilizado para a relação de cooperação regulatória será o convênio e (ii) que os partícipes deverão prever cláusula de duração desse instrumento contratual. Vale a transcrição de seu art. 31:

> Art. 31. As atividades administrativas de regulação, inclusive organização, e de fiscalização dos serviços de saneamento básico poderão ser executadas pelo titular: I – diretamente, mediante órgão ou entidade de sua Administração direta ou indireta, inclusive consórcio público do qual participe; ou *II – mediante delegação, por meio de convênio de cooperação, a órgão ou entidade de outro ente da Federação ou a consórcio público do qual não participe, instituído para gestão associada de serviços públicos.*
>
> § 1º. O exercício das atividades administrativas de regulação de serviços públicos de saneamento básico poderá se dar por consórcio público constituído para essa finalidade ou ser delegado pelos titulares, explicitando, no ato de delegação, *o prazo de delegação, a forma de atuação e a abrangência das atividades a ser desempenhadas pelas partes envolvidas. [Grifos nossos]*

A partir da norma regulamentar transcrita, observa-se que ao convênio foi atribuído o papel de reger a cooperação no campo da regulação de saneamento básico e que a relação contratual entre o titular do serviço e o consórcio regulador deverá se submeter a um termo final. Nesse particular, o decreto alinha-se ao que manda a Lei 8.666/1993. E, também em consonância com a lei geral, o decreto confere aos partícipes a decisão de estabelecer, conforme um juízo de conveniência e oportunidade, qual será o prazo e como se darão as prorrogações. Isso porque a legislação de saneamento exige um termo final mas não prevê qualquer prazo máximo para os convênios, nem vincula esses ajustes às determinações do art. 57 da Lei 8.666/1993.

Com suporte na análise empreendida, em suma, comprova-se que os convênios de regulação de saneamento necessitam prever um termo final definido discricionariamente pelos partícipes. Esse tipo de contrato cooperativo não está adstrito aos prazos máximos do art. 57, pois as normas gerais e obrigatórias do art. 116 da Lei 8.666/1993 bem como as normas especiais da Lei 11.107/2005 e da Lei 11.445/2007 não preveem qualquer limite de duração, nem fazem remissão a qualquer outro dispositivo legal de caráter restritivo. Fora isso, a Lei de Consórcios sugere que os convênios acompanhem temporalmente os contratos de programa, que, por sua vez, guiam-se pela lógica dos módulos concessórios (de longo prazo). Ainda pela Lei de Consórcios, a restrição de prazo é intensa e relevante somente no tocante aos contratos de rateio, pois estes, sim, são ajustes com impacto financeiro e que, por conseguinte, necessitam guardar intenso vínculo com o planejamento orçamentário.

8. Disciplina dos prazos na doutrina e na jurisprudência

A doutrina e a jurisprudência brasileiras reforçam a discricionariedade da Administração Pública no tocante à fixação de prazos de convênios. O reconhecimento de uma margem de escolha quanto à duração dos ajustes em debate assenta em dois argumentos centrais: (i) os convênios não se compatibilizam com cláusulas de permanência compulsória, de modo que a restrição de prazos, para eles, desempenha irrelevante função; e (ii) o art. 116 da Lei 8.666/1993 (Lei Geral de Licitações e Contratos) não submete os convênios ao regime dos contratos instrumentais, a não ser no que couber, e não contém qualquer remissão ao art. 57.

A incompatibilidade de normas de permanência obrigatória é sustentada por grande parte da doutrina especializada. Nesse sentido posicionam-se Maria Sylvia Zanella Di Pietro,[31] Hely Lopes Meirelles[32] e Edmir Netto de Araújo.[33]

O STJ também já manifestou referido entendimento ao decidir que "o vínculo jurídico existente nos convênios não possui a mesma rigidez inerente às relações contratuais, daí por que o art. 116, *caput*, da Lei n. 8.666/1993 estabelece que suas normas se aplicam aos convênios apenas 'no que couber'. Diante disso, *tem-se como regra a possibilidade de cada pactuante denunciar livremente o convênio, retirando-se do pacto*. Entretanto, se essa atitude causar prejuízos materiais aos outros convenentes, é cabível a aplicação de sanções, a serem estabelecidas, via de regra, no próprio instrumento de colaboração".[34]

Igual entendimento, salvo no tocante ao sancionamento, reproduz-se na jurisprudência administrativa, como revela o seguinte trecho de decisão do Tribunal de Contas de Santa Catarina: "*A liberdade de ingresso e retirada dos partícipes de convênio é traço característico dessa cooperação associativa e, por isso mesmo, não admite cláusula obrigatória da permanência ou sancionadora dos denunciantes*. Qualquer partícipe poderá denunciá--lo e retirar a sua cooperação quando o desejar, só ficando responsável pelas obrigações e auferindo as vantagens do tempo em que participou voluntariamente do acordo".[35]

---

31. Maria Sylvia Zanella Di Pietro, *Direito Administrativo*, cit., 30ª ed., p. 390.
32. Hely Lopes Meirelles, *Direito Administrativo Brasileiro*, 30ª ed., São Paulo, Malheiros Editores, 2005, p. 398. *[V. 42ª ed., São Paulo, Malheiros Editores, 2016.]*
33. Edmir Netto de Araújo, *Curso de Direito Administrativo*, cit., 5ª ed., p. 729.
34. STJ, 2ª Turma, ROMS 30.634, rel. Min. Castro Meira, *DJe* 28.6.2010.
35. Tribunal de Contas de Santa Catarina, Processo CON/TC-0279100/88, Parecer 502/98, origem: Câmara Municipal de São Francisco do Sul, rel. Antero Nercolini, data da sessão: 14.12.1998.

A última parte do trecho acima transcrito, em verdade, repete o art. 12 do Decreto federal 6.170/2007.[36] Entretanto, é preciso observar que não vale para os convênios celebrados com consórcios públicos o entendimento de que, em caso de denúncia, o ente que se retirar ficará responsável somente pelas obrigações do tempo em que participou do acordo. Por força da Lei de Consórcios, "o contrato de programa continuará vigente mesmo quando extinto o consórcio público ou o convênio de cooperação que autorizou a gestão associada de serviços públicos" (art. 13, § 4º). De um lado, essa norma confirma que a retirada poderá ocorrer a qualquer tempo; de outro, ela afasta qualquer argumentação no sentido de que a extinção do convênio ensejaria, automaticamente, a extinção das obrigações assumidas pelo convenente no contrato de programa com o consórcio – contrato que, como dito, continuará vigente até extinção consensual ou extinção natural por decurso do prazo ou perda do objeto.

Sem prejuízo da ressalva quanto à continuidade de obrigações do contrato de programa baseado no convênio de cooperação para regulação de saneamento por consórcio, fato é que a existência de flexibilidade de retirada do convênio torna a presença de prazos rígidos completamente desnecessária. Isso justifica o silêncio do art. 116 em relação a um prazo taxativo para todo e qualquer tipo de convênio. Explica, ainda, o fato de o art. 116 não fazer qualquer remissão ao art. 57 da Lei 8.666/1993 – artigo que trata dos prazos dos contratos instrumentais (como o de prestação de serviços). A natureza cooperativa e flexível dos convênios é o que igualmente justifica o silêncio do decreto que regulamenta a Lei de Saneamento no tocante ao tema em debate. Como se demonstrou, assim como a Lei Geral de Licitações, o decreto regulamentar exige um termo final para os convênios de regulação de saneamento mas não fixa limites de prazos ou de prorrogações.

Agregue-se a isso que a inaplicabilidade de prazos limitativos para convênios é reafirmada pela doutrina e pela jurisprudência no Brasil. Segundo Luciano Elias Reis, autor de uma das principais monografias sobre o assunto, "os convênios não estão adstritos à regra do art. 57 da Lei 8.666/1993, todavia não podem ser formalizados com data de vigência indeterminada. Tal raciocínio ampara-se na segurança jurídica e no controle dos atos administrativos".[37] Nesse sentido também se manifestam Guilherme Henrique de La Rocqua Almeida[38] e Marcelo Pollini Venâncio.[39]

Na jurisprudência administrativa há posicionamentos vários a corroborar esse entendimento. A Súmula 67 do Tribunal de Contas de Minas Gerais, por exemplo, dispõe que *"o prazo de vigência dos convênios celebrados entre entidades de direito público pode ser superior a 5 (cinco) anos,* mas está adstrito à execução do respectivo objeto, sempre determinado e previsto no plano de trabalho" (grifos nossos).

---

36. Decreto 6.170/2007: "Art. 12. O convênio poderá ser denunciado a qualquer tempo, ficando os partícipes responsáveis somente pelas obrigações e auferindo as vantagens do tempo em que participaram voluntariamente do acordo, não sendo admissível cláusula obrigatória de permanência ou sancionadora dos denunciantes".

37. Luciano Elias Reis, *Convênios Administrativos: Instrumento Jurídico Eficiente para o Fomento e o Desenvolvimento do Estado*, Curitiba, Juruá, 2013, p. 101.

38. Guilherme Henrique de La Rocqua Almeida, *Controle das Transferências Financeiras da União*, Belo Horizonte, Fórum, 2008, p. 162.

39. Marcelo Pollini Venâncio, "O prazo de vigência dos convênios firmados entre a Administração Pública e entidades privadas sem fins lucrativos e a aplicabilidade do art. 57 da Lei n. 8.666/1993", *Âmbito Jurídico* 66, XII, julho/2009 (disponível em *www.ambito-juridico.com.br/site/index.php?n_link=revista_artigos_leitura&artigo_id=6432*, acesso em março/2017).

Já, o Tribunal de Contas de Santa Catarina assim decidiu: "O período de vigência do convênio pode ser compatível com os prazos estabelecidos no plano de trabalho previamente aprovado pelo convenente, *ainda que abrangendo exercícios financeiros distintos*, em atendimento aos princípios constitucionais da eficiência (art. 37, *caput*, da CF), *não se aplicando a regra do art. 57, incisos I e II, da Lei federal n. 8.666/1993*, sendo, porém, obrigatória a fixação de prazo de vigência (§ 3º do art. 57 da Lei federal n. 8.666/1993)"[40] (grifos nossos).

Reitere-se, pois, que a característica mais horizontal, o conteúdo cooperativo e a flexibilidade que marcam os convênios no tocante à retirada dos partícipes e à sua extinção tornam esses acordos incompatíveis com as limitações de prazo do art. 57 da Lei 8.666/1993. Isso significa que o ordenamento jurídico faculta aos partícipes basear-se nos prazos desse dispositivo legal ou eleger outros prazos que lhes pareçam mais convenientes e harmoniosos com o tipo de cooperação que o convênio, em cada caso concreto, instrumentalizar.

Sem prejuízo da discricionariedade assinalada, em matéria de saneamento, especificamente, é ideal que os convênios sejam de longo prazo, ou seja, acompanhem a lógica dos contratos de programa entre o titular do serviço e o consórcio. Afinal, nesse contexto setorial, os convênios, como sucedâneos dos contratos de consórcio, servem de fundamento para a celebração dos contratos de programa, os quais, por determinação legal, espelham-se no regime dos módulos concessórios, cuja característica básica é a longa duração. Fora isso, é preciso reiterar que, na relação entre consórcios e entes que se beneficiam de seus serviços, é o contrato de rateio que tratará de questões financeiras – daí por que a legislação lhe impõe prazos rígidos e articulados com a legislação orçamentária.

9. Conclusões

9.1 Hoje, a expressão "contrato administrativo" é ampla e abarca diversos módulos convencionais com regimes jurídicos distintos. Os convênios são contratos administrativos destinados à cooperação entre entes estatais ou privados. Assim, embora se afirme que convênios se encaixem na definição de contratos da Lei 8.666/1993, isso não significa que seu regime jurídico equivalha ao dos módulos instrumentais tratados nesta mesma lei (como os contratos de prestação de serviços).

9.2 O regime especial dos convênios, como espécie de módulos convencionais de cooperação, é reconhecido pelo art. 116 da Lei 8.666/1993, dispositivo que exige, como requisito para sua celebração, um plano de trabalho que contenha termo final, mas em nenhum momento fixa prazos máximos ou restringe a possibilidade de prorrogação do ajuste. Ademais, o art. 116 não contém remissão ao art. 57 da Lei 8.666, que trata exclusivamente dos prazos dos contratos instrumentais.

9.3 A doutrina e a jurisprudência administrativas, a seu turno, ressaltam que o convênio, como instrumento contratual de finalidade cooperativa, marca-se por regime flexível, razão pela qual não há cabimento em sujeitá-lo à limitação rígida de prazos constante do art. 57 da Lei 8.666/1993. O ajuste, porém, deverá ter um termo final – sem prejuízo de modificações ou prorrogações.

---

40. Tribunal de Contas de Santa Catarina, Processo COM-04/03646740, Parecer COG-268/04, Decisão 2.492/2004, origem: Secretaria de Estado da Fazenda, rel. Cons. Otávio Gilson dos Santos, data da sessão: 8.9.2004.

9.4 Na ausência de um prazo máximo ou limites de prorrogação no art. 116 e diante do reconhecimento da inaplicabilidade do art. 57, ambos da Lei 8.666/1993, mostrou-se necessário verificar se existe alguma norma que trate da questão especificamente no tocante aos convênios para regulação de serviços de saneamento básico por consórcios públicos. Após exame da legislação, comprovou-se que nem a Lei de Consórcios e seu decreto regulamentar nem a Lei de Saneamento e seu decreto regulamentar estipulam prazos de duração ou restringem a possibilidade de prorrogação dos convênios.

9.5 A Lei de Saneamento aponta o convênio como instrumento para a delegação da tarefa regulatória ao consórcio, e a Lei de Consórcios prevê que o convênio será a base para o contrato de programa entre o ente conveniado e o consórcio regulador. No entanto, essas leis não estabelecem prazos para sua duração.

9.6 Diante dessa lacuna, e considerando-se que os convênios servem de base para a celebração de contratos de programa – os quais, por força da Lei de Consórcios, seguem o regime dos módulos concessórios –, os convênios deverão, na medida do possível, alinhar-se temporalmente aos contratos de programa e, com isso, viger por médio ou longo prazo. Essa conclusão se reforça pela constatação de que os aspectos financeiros da relação do conveniado com o consórcio não serão regidos diretamente pelo convênio, mas, em verdade, pelo contrato de rateio – esse, sim, um contrato limitado quanto à duração, em virtude de seu impacto financeiro-orçamentário.

ANÁLISE CRÍTICA DO SUBSTITUTIVO AO PROJETO DE LEI 3.729, DE 2004

Toshio Mukai

I – O presente texto trata do último Substitutivo, dentre outros, do Projeto de Lei 3.729, dispondo sobre Normas Gerais de Licenciamento Ambiental. Cria uma Lei Geral de Licenciamento Ambiental, tendo como objetivo definir parâmetros gerais que devem ser cumpridos por empreendedores no caso de obras com risco ambiental. A medida não excluiu a competência de Estados e Municípios em elaborar normas específicas para que o licenciamento se adapte à realidade local.

Temos um Projeto de Lei que, a rigor, em se tratando de disciplinar superiormente (normas gerais), que faz parte da fase preventiva do exercício do poder de polícia administrativa, recai, como ensinam Hely Lopes Meirelles e Celso Antônio Bandeira de Mello, na competência privativa de cada ente federativo, conforme o critério espacial (ou seja, de localização do empreendimento ou da atividade).

E, sendo assim, embora, nesse caso haja possibilidade de se socorrer das normas gerais da competência concorrente (art. 24 da CF), o certo é que a questão do licenciamento ambiental fica muito bem, se aplicada a competência privativa, porque a matéria de poder de polícia, as restrições legais de polícia administrativa caem muito melhor na competência privativa do ente local, regional ou nacional que vá expedir a licença ambiental, porque tais restrições estão a proteger o meio ambiente de que se trata, ou seja: quem pode mediante a licença ambiental, melhor averiguar se, expedindo-se a licença em determinado caso, não se estará degradando o meio ambiente.

Por isso, entende-se que, expedida a licença com observância dos princípios da precaução, da legalidade, da proporcionalidade e da sustentabilidade, estar-se a observar de perto o interesse público difuso.

II – Entretanto, não se pode negar que a matéria ambiental, inclusive a questão da licença ambiental, está prevista entre aquelas que compõem as matérias enquadradas na competência concorrente.

> Art. 24. Compete à União, aos Estados e ao Distrito Federal legislar concorrentemente sobre:
> (...)
> VII – florestas, caça, pesca, fauna, conservação da natureza, defesa do solo e dos recursos naturais, proteção do meio ambiente e controle da poluição;
> (...).

Dizem Lucas de Souza Lehfeld, Nathan Castelo Branco de Carvalho e Leonardo Isper Nasif Balbin:

Quanto à competência legislativa, em matéria ambiental, ela é concorrente à União, Estados, e ao Distrito Federal. Nos termos do art. 24 da CF, essas unidades da Federação podem legislar concorrentemente sobre produção e consumo (inc. IV); florestas, caça, pesca, etc.; e responsabilidade por dano ao meio ambiente, ao consumidor, a bens e direitos de valor histórico, estético, artístico, paisagístico (inc. VII).[1]

E mais a frente, os referidos autores completam:

> Como se trata de competência legislativa concorrem com o próprio dispositivo constitucional, em seus parágrafos, delimita o âmbito de atuação de cada unidade da Federação.

Os Municípios também possuem competência legislativa suplementar, embora não estejam contemplados no art. 24. Isso em razão da matéria ambiental ser de interesse local. O art. 30, II, da CF, nesse sentido, resolve tal pendência, atribuindo aos Municípios competência "suplementar a legislação federal e a estadual no que couber".

Entretanto, o Projeto de Lei, em sua Ementa, diz que

> Institui a Lei Geral de Licenciamento Ambiental, dispõe sobre a avaliação estratégica e altera a Lei 8.987, de 13 de fevereiro de 1995.

Quer isso dizer que todas as suas normas são gerais, superiores às demais normas de competência privativa do exercício do poder de polícia.

Entendemos nós que as normas gerais somente terão cogência, enquanto não tornarem as normas de polícia administrativa (licenciamentos e sanções) inócuas.

O referido Projeto de Lei trata apenas de normas gerais (com base no art. 24 da CF) de licenciamento ambiental. Ora, em especial, quando estudamos a matéria do poder de polícia, estamos no campo das competências privativas, ou seja, tanto no campo das licenças (preventivas) como no das sanções (repressivas), estamos integralmente no âmbito do exercício do poder de polícia administrativa.

Portanto as normas gerais constantes do presente Projeto de Lei jamais poderão impedir, atrasar, criar embaraços para que os entes federativos possam licenciar e aplicar sanções com normalidade.

E aqui, como veremos adiante, as competências são privativas em princípio, podendo haver normas gerais que não as substituam.

III – Como o presente projeto de Lei se denomina "Lei Geral de Licenciamento Ambiental", estabelece normas gerais para o licenciamento de atividades e empreendimentos utilizadores de recursos ambientais, efetiva ou potencialmente poluidores, ou capazes, sob qualquer forma, de causar degradações do meio ambiente, previsto no art. 10, da Lei 6.938/1991, e institui avaliação ambiental estratégica (AAE).

Sem fazer referência ao art. 24 da Constituição, o Projeto de Lei em análise diz que suas normas são gerais, numa amplitude e generalidade que não se atém ao art. 24 da CF.

---

1. Na obra conjunta intitulada *Código Florestal Comentado e Anotado – artigo por artigo*, Rio de Janeiro, Gen/Método, 2013, p. 15.

Na Constituição Brasileira atual há três tipos de competências dos entes federados: a privativa, a concorrente, a comum (arts. 21 e 22 – União; art. 25 – Estados; art. 30 – Municípios; art. 23 – competência comum; art. 24 – competência concorrente).

Na nossa obra *Direito Ambiental Sistematizado*, destacamos as "competências privativas" e, em seguida, analisamos as competências para o exercício do poder de polícia dos entes federados, principal competência privativa dos entes referidos antes.[2] Após, analisamos as competências comuns (art. 23) e, finalmente, analisamos a competência concorrente.

Finalmente, no item "3", efetuamos o delineamento e o detalhamento das competências constitucionais dos entes federativos em matéria ambiental (competências da União, dos Estados, e dos Municípios, e, em cada um deles, temos as competências privativas, concorrentes e comum).

Conforme consta da nossa obra, o item "2", "Competências Privativas da União" trata daquelas elencadas no arts. 21 e 22 da CF.

As do art. 21 são de ordem administrativa, e as do art. 22, de ordem legislativa. As competências da União são enumeradas, assim como as do Município (art. 30), referidas ao interesse local (I). As competências do art. 30 são elencadas em nove incisos.

Já o Estado membro tem a competência denominada remanescente, nos seguintes termos: "Art. 25, § 1º – São reservadas aos Estados as competências que não lhes sejam vedadas por esta Constituição". Significa, portanto, que aquilo que não for de competência federal ou municipal, pertence à do Estado.

Dentre as competências privativas, encontramos aquelas referentes ao exercício do poder de polícia do Poder Público.

Em nossa obra citada fizemos um amplo estudo sobre essa matéria: o subitem 2.1.1 foi intitulado "Análise jurídica das competências constitucionais em matéria ambiental".

Limitamo-nos, neste subitem, ao estudo do poder de polícia ambiental: 2.1.1.1 – Poder de Polícia fase preventiva (licenças) e repressiva (sanções). Infrações e sanções. Previsto em lei. Princípio federativo.

Bem, vejamos um aspecto importantíssimo na ação ambiental.

Elemento fundamental nas condições de validade do ato licenciador ou sancionador em termos de meio ambiente, ou mesmo em relação a qualquer setor da atividade, é a competência do agente.

Contudo, Hely Lopes Meirelles dispõe que:

As *condições de validade do ato de polícia* são as mesmas do ato administrativo comum, ou seja, a *competência*, a *finalidade* e a *forma*, acrescidas da *proporcionalidade da sanção* e da *legalidade dos meios* empregados pela Administração.[3]

Quanto à competência, o saudoso mestre lecionou:

Competência – Para a prática do ato administrativo a *competência* é a condição primeira de sua validade. Nenhum ato – discricionário ou vinculado – pode ser realizado validamente sem que o agente disponha de poder legal para praticá-lo.

2. Cf. 10ª ed., Rio de Janeiro, Forense, 2016, Cap. II, subitens 2.1 e 2.1.1.1 respectivamente.
3. *Direito Administrativo Brasileiro*, 42ª ed., São Paulo, Malheiros Editores, 2016, p. 164.

Entende-se por *competência administrativa* o poder atribuído ao agente da Administração para o desempenho específico de suas funções. A competência resulta da lei e por ela é delimitada. Todo ato emanado de agente incompetente, ou realizado além do limite de que dispõe a autoridade incumbida de sua prática, é inválido, por lhe faltar um elemento básico de sua perfeição, qual seja, o poder jurídico para manifestar a vontade da Administração. Daí a oportuna advertência de Caio Tácito de que "não é competente quem quer, mas quem pode, segundo a norma de Direito" (Caio Tácito, *O Abuso de Poder Administrativo no Brasil*, Rio, 1959, p. 27).[4]

Maria Sylvia Zanella Di Pietro nos adianta que o exercício do poder de polícia compreende as medidas preventivas (licenças etc.) e as repressivas (sanções etc.).[5]

Portanto, somente quem pode licenciar pode sancionar, porque as duas medidas estão umbilicalmente ligadas uma à outra.

E como somos uma Federação, o poder de polícia se distribui entre a União, o DF, os Estados e os Municípios, Hely Lopes Meirelles asseverou a seguinte regra:

Em princípio, tem competência para policiar a entidade que dispõe do poder de regular a matéria. Assim, os assuntos de interesse nacional ficam sujeitos a regulamentação e policiamento da União; os de interesse regional sujeitam-se às normas e à polícia estadual, e os de interesse local subordinam-se aos regulamentos edilícios e ao policiamento administrativo municipal.

Todavia, como certas atividades interessam simultaneamente às três entidades estatais, pela sua extensão a todo o território nacional (*v.g.*, saúde pública, trânsito, transportes etc.), o poder de regular e de policiar se difunde entre todas as Administrações interessadas, provendo cada qual nos limites de sua competência territorial. A regra, porém, é a exclusividade do policiamento administrativo; a exceção é a concorrência desse policiamento.[6]

Celso Antônio Bandeira de Mello entende essa questão, da seguinte maneira: "o critério fundamental está no dizer que é competente para dada medida de polícia administrativa quem for competente para legislar sobre a matéria".[7]

Em termos de competências privativas e normas concorrentes, para discernirmos quais delas, previstas em leis federais ou estaduais, seriam, embora baixadas como sendo gerais, de cunho privativo, e quais delas seriam efetivamente normas gerais, necessitamos ter, antecipadamente, alguns critérios práticos e técnicos que possam guiar os nossos passos.

Assim, as "competências privativas" devem se caracterizar pelo fato de que as normas ditas gerais sejam: de cunho desigual para situações específicas diferenciadas; embora normatizadas de forma geral, suas aplicações concretas não incidem sobre situações especialmente diferenciadas, sendo que incidem de certa forma para a União, de outra forma para os Estados e ainda, de outra forma para os Municípios; as referidas "normas gerais" não se adequam à hipótese de incidirem somente para os Estados, ou somente para União, ou somente para os Municípios, porque, nesse caso, perdem a generalidade, pois não se aplicam igualmente à União, aos Estados e aos Munícipios.

É que, como disse o saudoso Hely Lopes Meirelles:

---

4. Idem, p. 175.
5. *Direito Administrativo*, 20ª ed., São Paulo, Atlas, "5. Poder de Polícia", pp. 10 e ss.
6. *Direito Administrativo Brasileiro*, 42ª ed., São Paulo, Malheiros Editores, 2016, p. 152.
7. *Curso de Direito Administrativo*, 33ª ed., 2ª tir., São Paulo, Maçheiros Editores, 2017, p. 874.

Normas gerais de defesa e proteção da saúde são aquelas regras e prescrições federais impostas tanto à União como ao Distrito Federal, aos Estados-membros e Municípios, objetivando orientar a polícia sanitária nacional, num sentido unitário e coeso, que possibilite a ação conjugada e uniforme de todas as entidades estatais em prol da salubridade pública. A *generalidade* da norma não é a do conteúdo da regra, mas a da sua extensão espacial. Nada impede, portanto, que a União, ao editar normas sanitárias gerais, especifique providências e medidas higiênicas e profiláticas, especialize métodos preventivos e curativos; imponha ou proíba o uso de determinados medicamentos ou substâncias medicinais; fiscalize a fabricação, importação e distribuição de produtos e insumos que ponham em risco a saúde da comunidade; estabeleça determinado processo de saneamento ou exija requisitos mínimos de salubridade para as edificações e demais atividades que se relacionem com a higiene e segurança das populações.[8]

Não pode ser considerada norma geral aquela que pretende incidir somente sobre o Estado – membro ou somente sobre o Município.

Finalmente, à evidência, não pode ser efetivamente norma geral, aquela que torna especificamente uma norma que se faz incidir, p.ex., no Município, quando este teria condições efetivas de legislar sobre esse assunto, em forma de norma local.

IV – Passemos agora, às análises críticas (somente sobre as disposições que estão a merecê-las) das disposições do Projeto de Lei 3.729/2004 (substitutivo); evidentemente, em se tratando apenas de um artigo sobre o projeto, não há espaço para aqui tecermos comentários sobre todo o projeto.

Iniciamos falando das normas críticas pelos primeiros dispositivos do Projeto – Substitutivo.

O art. 1º autodenomina o Projeto (ou a futura Lei) como "Lei Geral de Licenciamento Ambiental", expressão não condizente com o que ele representa, pois não existe uma lei geral de licenciamento ambiental porque existem, segundo as competências privativas dos diversos entes federativos – 27 Estados, a União e os mais de 5.000 Municípios, no Brasil –, mais de 5.000 leis que disciplinam o licenciamento ambiental.

O que este projeto representa são normas gerais sobre licenciamentos ambientais, que procuram dar certa uniformidade de tratamento para as licenças ambientais. Por isso também este artigo manda que sejam observadas as atribuições (competências licenciatórias dos diversos órgãos e utilidades ambientais) previstos na LC 140, de 2011 (inc. I do art. 1º).

No inciso II o projeto cria a "avaliação ambiental estratégica – AAE", que é "realizada pelos órgãos e entidades da União, dos Estados, do Distrito Federal e dos Municípios integrantes do sistema ambiental, responsáveis pela formulação de políticas, planos ou programas governamentais".

Essa avaliação ambiental estratégica – AAE – é definida pelo inciso V do art. 2º:

> Instrumento de apoio à tomada de decisão, que subsidia opções estratégicas de longo prazo, promove e facilita a integração dos aspectos ambientais com os aspectos socioeconômicos, territoriais e políticos, nos processos de planejamento e formulação de políticas e programas governamentais.

Trata-se de um instrumento novo para dar correção à política de desenvolvimento sustentável.

8. *Direito Administrativo Brasileiro*, cit., pp. 166-167.

O § 3º do art. 1º traz outra novidade:

> O licenciamento ambiental deve prezar pela participação pública, transparência e controle social, pela preponderância do interesse público, pela celeridade e economia processual, pela prevenção do dano ambiental e pela análise integrada dos impactos ambientais.

Trata-se uma regra que segue as obrigatórias participações sociais, durante a elaboração do Plano Diretor e durante a execução do Plano.

O art. 2º traz diversas definições, como "área de influência afetada (ADA)"; "área de influência", "autoridade envolvida", autoridade licenciadora.

O inc. VI define o que sejam condicionantes ambientais; o inc. VII, define o empreendedor: pessoa física ou jurídica, de direito público ou privado, responsável por atividades ou empreendimentos sujeitos ao licenciamento ambiental.

Nos incisos VIII a XXI do art. 2º, o Projeto nos traz várias definições, tais como estudo prévio de impacto ambiental (EIA), licença ambiental, licença ambiental por adesão ou compromisso (LAC) (novidade do projeto); licença ambienta única (outra novidade); licenças tradicionais (de instalação, de operação, licença de operação corretiva, que igualmente são novidade); licença prévia; licença ambiental; relatório de controle ambiental (RCA); relatório de impacto ambiental (RIMA); termo de referência (TR).

O Capítulo 2 do Projeto trata Das disposições gerais do "Lincenciamento Ambiental".

O art. 3º, embora exaustivo e longo, merece ser transcrito porque aborda todas as situações que são objetivo da licença ambiental:

> Art. 3º. A localização, a construção, a instalação e a operação de atividade ou empreendimento utilizador de recursos ambientais, efetivas ou potencialmente causador de poluição ou outra forma de degradação do meio ambiente, estão sujeitas a prévio licenciamento ambiental perante a autoridade licenciadora integrante do Sisnama, sem prejuízo das demais licenças e autorizações exigíveis.

Aí estão as situações que sujeitam os empreendedores a licenciar ambientalmente o que pretendem empreender. A parte final da disposição, por não dizer respeito ao meio ambiente, não pode condicionar as suas obtenções para a obtenção da licença ambiental.

O § 1º reza:

> Os órgãos colegiados deliberativos do Sisnama definirão as tipologias de atividades ou empreendimentos sujeitos ao licenciamento ambiental.

Quando comentamos a LC 140/2011, criticamos a criação das tipologias, porque, para criá-las, a Lei unia órgãos colegiados federais, estaduais e até municipais, rompendo com o regime federativo.

Se a presente norma pretende o mesmo, será absolutamente inconstitucional. Se tal se der, também os § 2º e 3º serão inconstitucionais.

O art. 4º indica os tipos de licenças ambientais passíveis de existência:

I – licença prévia (LP); II – licença de instalação (LI); III – licença de operação (LO); IV – licença ambiental única (LAU); V – licença por adesão e compromisso (LAC); e VI – licença de operação corretiva (LOC).

Como novidades, o Projeto traz os "subsídios" para a emissão das licenças ambientais:

I – EIA ou demais estudos ambientais, conforme TR definido pela autoridade licenciadora, para a LP; II – projeto básico ambiental ou similar, acompanhado dos elementos de projeto de engenharia e relatório de cumprimento das condicionantes ambientais, conforme cronograma físico, para a LI; III – relatório de cumprimento das condicionantes ambientais, conforme cronograma físico, para a LO; IV – estudo ambiental e elementos de projeto de engenharia, para a LAU; V – RCE, para a LAC; ou 24 VI – RCA, para a LOC.

O art. 5º estabelece prazos para as emissões das licenças ambientais, observados os prazos de validade da LP (de no mínimo três anos e máximo de seis anos).

O prazo de validade da LI e da LP aglutinada à LI do procedimento básico (LP/LI) será de no mínimo três anos e de no mínimo seis anos.

O inciso III fixa outro prazo de cinco anos de validade da LAU, da LO, da LI.

O § 2º é característico e constitucional quando diz que o prazo máximo de validade das licenças previstas no inciso III serão determinadas pela autoridade licenciadora, de forma justificada, e não poderão ser emitidas por período indeterminado.

Essa fixação de prazos por lei federal para as licenças ambientais são absolutamente inconstitucionais, pois que não pode o legislador federal, a pretexto de ditar normas gerais, querer determinar ao executivo estadual ou Municipal, executar o poder de polícia administrativa ambiental, que obedeça a prazos licenciatórios estabelecidos fora do ente autor do exercício do poder de polícia administrativa. Trata-se de um avanço inconstitucional nas atribuições do poder de polícia ambiental dos Estados e Municípios.

O art. 6º trata da renovação da licença ambiental, o que somente o órgão licenciador pode determinar, quanto às condições da renovação e quanto ao prazo para o pedido da renovação. No caso, foi fixado inconstitucionalmente pelo projeto o prazo para o pedido de renovação da licença com uma antecedência mínima de cento e vinte dias da expiração do prazo anterior, o que é absolutamente inconstitucional.

O § 1º estabelece condições para as renovações das licenças, o que somente o ente federativo expedidor da licença poderia impor. É também inconstitucional § 1º.

O § 2º dispõe sobre renovação automática, hipótese que somente poderá ser prevista por lei do órgão licenciador sendo, portanto, inconstitucional.

O art. 7º diz que certas atividades ou empreendimentos não estão sujeitos a licenciamento ambiental.

Não pode haver renúncia em relação ao exercício do poder de polícia administrativa. É a lição excelsa do ínclito Celso Antônio Bandeira de Mello.

Com efeito, se ao estudarmos o poder de polícia aprendemos que ele é inerente ao Poder Público ele é irrenunciável.

Este, pelo só fato de ser Poder Público já o contém como uma característica irretirável dele, evidentemente, não é possível se retirar, para algumas situações, nem por lei, o exercício do poder de polícia administrativa. Quanto mais uma lei federal obrigar os Estados e os Municípios a renunciarem ao Poder de Polícia. Isto é impossível, juridicamente.

O § 6º é inconstitucional. O licenciador jamais poderá efetuar uma declaração como a ali prevista.

O art. 8º dispõe que o gerenciamento dos impactos ambientais e fixação de condicionantes das licenças ambientais devem atender às prioridades que indica nos incisos I, II e III. O § 1º dispõe que as condicionantes ambientais devem ser acompanhadas de fundamentação técnica por parte de autoridade licenciadora.

O § 2º traz uma novidade:

> Atividades ou empreendimentos com áreas de influência sobrepostas total ou parcialmente podem, a critério da autoridade licenciadora, ter as condicionantes ambientais executadas de forma integrada, desde que definidas as responsabilidades por seu cumprimento.

O § 4º traz a seguinte regra:

> Após a emissão do parecer técnico conclusivo para emissão da licença requerida, será aberto prazo de 15 (quinze) dias para contestação, pelo empreendedor, das condicionantes previstas, devendo a autoridade licenciadora se manifestar em até 30 (trinta) dias.

Trata-se da caracterização do contraditório e da ampla defesa.

O § 5º prevê que o empreendedor, de forma fundamentada, poderá solicitar a revisão ou a prorrogação do prazo dos condicionantes.

O § 7º traz uma norma perigosa para o empreendedor:

> O descumprimento de condicionantes das licenças ambientais, sem a devida justificativa técnica, sujeitará o empreendedor à aplicação das sanções penais e administrativas previstas na Lei 9.605, de 12.02.1998, e seu regulamento, sem prejuízo da obrigação de reparar os danos causados.

As condicionantes deverão ser sempre cumpridas; e quando não for possível, a justificativa é de rigor.

O art. 9º realmente é uma norma geral verdadeira e estabelece condições aptas ao aperfeiçoamento do EIA, devendo, através de processos tecnológicos mais rigorosos do que os atuais, alcançar:

I – redução de prazos de análise;

II – dilação de prazos de revogação da LO, LI/LO ou LAU;

III – simplificação do procedimento de licenciamento; ou

IV – outras medidas cabíveis, a critério do órgão colegiado deliberativo do Sisnama.

Parágrafo único. As medidas previstas no *caput* poderão ser estendidas, com justificativa técnica, para atividade ou empreendimentos que:

I – possuam seguros, garantias ou fianças ambientais quando do requerimento das licenças ambientais previstas no § 4º; ou

II – assegurarem melhoria das condições de saneamento ambiental.

O art. 10 dispõe que a autoridade licenciadora poderá modificar as condicionantes ambientais e as medidas de controle e adequação, suspender ou cancelar uma licença expedida, observado o devido processo e o direito de defesa, quando ocorrer:

I – descumprimento de condicionantes ambientais ou normas legais que comprometa a finalidade ambiental;

II – omissão ou falsa descrição de informação determinantes para a emissão da licença;

III – superveniência de graves riscos ambientais e de saúde; ou

IV – ocorrência de acidentes ou impactos negativos imprevistos.

O art. 11 dispõe que o licenciamento ambiental independe da certidão de uso, parcelamento e ocupação do solo urbano, ou autorização e outorgas de órgãos não integrantes do Sisnama, sem prejuízo do atendimento, pelo empreendedor, da legislação aplicável a esses atos administrativos.

É o que antes dissemos em relação a outro dispositivo.

A Seção 2 trata "Dos Procedimentos de Licenciamento Ambiental".

Nesta Seção II, o Projeto deverá legislar normas gerais, isto é, acima das competências privativas do poder de polícia administrativa, cujo exercício, pelos entes federativos, se resume em duas fases: a preventiva e a repressiva.

Vejamos. O art. 12 diz que o licenciamento ambiental poderá ocorrer pelo procedimento com EIA, no caso de atividade ou empreendimento potencialmente causador de significativa poluição ou outra forma de degradação ambiental ou pelo procedimento simplificado nos demais casos.

§ 1º. O procedimento a ser utilizado será definido pela relação de relevância ambiental da área de implantação da atividade ou empreendimento com o seu potencial poluidor/degradador em termos do regulamento.

O § 2º dispõe:

O grau de relevância ambiental será classificado a partir de mapas elaborados conforme metodologia estabelecida no regulamento, considerando remanescentes de vegetação nativa, áreas úmidas e de recarga de aquíferos, áreas relevantes para espécies ameaçadas de extinção, endêmicas e migratórias. Áreas antropizadas, áreas críticas de poluição, áreas urbanas, terras indígenas e quilombolas, tipos de ambientes marinhos e outros atributos ambientais.

O § 4º determina que os Estados, o Distrito Federal e os Municípios elaborarão e publicarão mapa das áreas de relevância ambiental, repetidas as disposições desta Lei e a metodologia estabelecida no regulamento.

O § 5º dispõe que o Ministério do Meio Ambiente e os Municípios elaborarão e publicarão mapa com as áreas de relevância ambiental em nível nacional que será respeitado como parâmetro mínimo nos mapas dos demais entes federativos.

Trata-se de uma novidade do Projeto, útil para uma melhor visão das realidades ambientais a serem protegidas.

O § 6º dá um prazo de validade de cinco anos para esses mapas.

O § 11º dispõe que poderá ser exigido LIA, independente da classificação estabelecida na forma deste artigo, para atividades e empreendimentos cuja natureza e porte caracterizam, por si só, potencial de significativa poluição ou outra forma de degradação do meio ambiente, do SISNAMA (inconstitucional).

O art. 13 traz outra novidade: O procedimento de licenciamento ambiental com EIA será trifásico, com emissão sequencial de LP, LI e LO.

O § 1º completa:

> Excepcionalmente, poderão ser aplicáveis duas licenças no procedimento com EIA, quando:
> I – a LI ou LO forem incompatíveis com a natureza da atividade ou empreendimento, nos termos de ato dos órgãos colegiados deliberativos do Sisnama [*outra vez?*]; ou
> II – a atividade ou empreendimento estiver incluso em política, plano ou programa governamental que tenha objeto de AAE, previamente aprovada pelos órgãos central, seccionais ou locais do Sisnama, em suas respectivas esferas de competência.

O § 2º traz uma inconstitucionalidade:

> § 2º. Até que seja publicado o ato previsto no inciso I do § 1º, a autoridade licenciadora poderá, de forma motivada, decidir quanto à dispensa de licença específica.

A dispensa de licença jamais pode se dar, porque ela representa o exercício preventivo do poder de polícia. E este, como vimos, é irrenunciável.

O § 3º também é inconstitucional porque admite a possibilidade de dispensa parcial do conteúdo do EIA.

O art. 14 traz outra novidade:

> A atividade ou empreendimento não sujeito ao EIA será submetido ao licenciamento ambiental pelo procedimento simplificado, podendo ser:
> I – bifásico;
> II – em fase única; ou
> III – por adesão e compromisso.
> Parágrafo único. A critério da autoridade licenciadora, a atividade ou empreendimento sujeito a licenciamento ambiental pelo procedimento simplificado poderá ser objeto de emissão de LP, LI e LO, ouvido o empreendedor.

O art. 15 traz a seguinte observação:

> O procedimento bifásico aglutina duas licenças em uma única licença e será aplicado nos casos em que as características da atividade ou empreendimento sejam compatíveis com esse procedimento, conforme avaliação da autoridade licenciadora.

O § 1º completa:

> A autoridade licenciadora definirá na emissão do TR as licenças que poderão ser aglutinadas, podendo ser a LP com a LI (LP/LI) ou a LI com a LO (LI/LO).

O § 2º dispõe que a autoridade licenciadora estabelecerá o estado ambiental pertinente que subsidiará o licenciamento ambiental pelo procedimento bifásico.

O art. 16 explica o procedimento em fase única: avalia em uma única etapa a viabilidade ambiental e autoriza a instalação e operação ou empreendimento com a emissão da LAU.

O parágrafo único diz que a autoridade licenciadora definirá o estudo ambiental pertinente que subsidiará o licenciamento ambiental pelo procedimento em fase única.

O art. 17 concede explicações sobre o procedimento por adesão e compromisso, que poderá ser aplicado desde que sejam conhecidas as características ambientais da área de implantação e as condições de instalação e operação da atividade e empreendimento, e sejam conhecidos e mensurados previamente os seus impactos ambientais negativos.

O § 1º completa:

> Serão consideradas atividades e empreendimentos passíveis de licenciamento ambiental pelo procedimento por adesão e compromisso aqueles definidos em ato específico dos órgãos colegiados deliberativos do Sisnama.

A Seção 3 trata "Do Licenciamento Ambiental Corretivo". O art. 18 dispõe sobre essa novidade:

> Art. 18. O licenciamento ambiental corretivo voltado à regularização de atividades ou empreendimentos que iniciaram a operação até 22 de julho de 2008 sem licença ambiental ocorre pela expedição de LOC, sem prejuízo, quando couber, da manifestação de autoridades envolvidas.

O § 1º completa:

> Caso haja manifestação favorável ao licenciamento ambiental corretivo pela autoridade licenciadora, deverá ser firmado termo de compromisso entre ela e o empreendedor anteriormente à emissão da LOC.

O § 2º diz que o termo de compromisso estabelecerá os critérios e procedimentos e as responsabilidades de forma a promover o licenciamento ambiental corretivo.

O § 4º diz que se aplicam ao licenciamento ambiental corretivo, no que couber, a disposição do art. 79-A da Lei 9.605, de 12.2.1998.

O § 5º contém numa norma de resguarda para quem assinar o termo de compromisso: não impede a aplicação de sanções para quem descumprir o próprio termo.

A Seção 4 trata "Do EIA e demais Estudos Ambientais".

O art. 19 dispõe que

> A autoridade licenciadora deverá elaborar Termo de Referência (TR) padrão para o EIA e demais estudos ambientais, específico para cada tipologia de atividade ou empreendimento.

O § 4º do art. 19 dispõe que a autoridade licenciadora terá o prazo máximo de 30 dias para disponibilização do TR ao empreendedor, a contar da data do requerimento.

O art. 20 indica o que o EIA deve contemplar em sua elaboração, nos seus itens I a VIII. E o art. 21 dispõe que todo EIA deve gerar um Rima (relatório de impacto ambiental) com o conteúdo mínimo indicado nos itens I a VIII do próprio artigo.

O art. 22 dispõe que nos casos de atividades ou empreendimentos localizados na mesma área de influência, a autoridade licenciadora poderá aceitar estudo ambiental para o conjunto, dispensando a elaboração de estudos específicos para cada atividade ou empreendimento, sem prejuízo das medidas de participação previstas na Seção 6.

O art. 23 dispõe que, independentemente da titularidade do licenciamento, no caso de implantação de atividade ou empreendimento na área de influência de outro já licenciado, poderá ser aproveitado o diagnóstico ambiental constante no estudo ambiental anterior, desde que adequado à realidade da nova.

O § 2º adianta: à autoridade licenciadora cabe estabelecer o prazo de validade dos dados disponibilizados para fins do disposto neste artigo.

O art. 24 estabelece uma condição essencial para elaboração dos estudos ambientais: deve ser confiada a equipe habilitada nas respectivas áreas de atuação e registrada no Cadastro Técnico Federal de Atividades e Instrumentos de Defesa Ambiental.

A Seção 5 trata "Da Disponibilização de Informações ao Público".

O art. 25 reza que

> O pedido de licenciamento ambiental, sua aprovação, rejeição ou renovação serão publicados no jornal oficial, bem como em periódico regional ou local de grande circulação, ou em meio eletrônico de comunicação mantido pela autoridade licenciadora.
>
> § 1º. Em caso de aprovação ou renovação, deverão constar da publicação o prazo de validade e a indicação do endereço eletrônico no qual o documento integral da licença ambiental possa ser acessado.

A Seção 6 trata "Da Participação Pública".

O art. 28 dispõe que

> A atividade ou empreendimento sujeito ao licenciamento ambiental pelo procedimento com EIA deve ser objeto de audiência pública, com pelo menos uma reunião presencial antes da decisão final sobre a emissão da LP.

O § 1º dispõe que na audiência pública deverá ser apresentada à população a área da influência da atividade do empreendimento, o conteúdo da proposta em análise e do seu respectivo RIMA, diminuindo dúvidas e recolhendo dos presentes às críticas e sugestões a respeito.

O § 2º estatui:

> Antes da realização da reunião presencial prevista no *caput*, o empreendedor deve disponibilizar o Rima conforme definido pela autoridade licenciadora.

O § 4º dispõe que as conclusões e recomendações da audiência pública não vinculam a decisão da autoridade licenciadora e serão motivadamente rejeitadas ou acolhidas.

O § 5º traz outra etapa:

Além do previsto no *caput* deste artigo, será realizada consulta pública por meio da *internet*:
I – antes da decisão final sobre a emissão da LP, se houver requerimento do Ministério Público ou de 50 ou mais cidadãos; e
II – em outras situações que, motivadamente, a autoridade licenciadora julgar pertinentes.

O § 6º diz que consulta pública prevista no § 5º deve durar, no mínimo, 15 dias e, no máximo, trinta dias.

O § 7º dispõe que a autoridade licenciadora poderá realizar reuniões e consultas participativas com especialistas e interessados.

A Seção 7 trata "Da Participação das Autoridades".

O art. 30 dispõe que a participação das autoridades envolvidas no licenciamento ambiental ocorrerá nas seguintes situações: I – Funai: quando na área de influência existir terra indígena (...); II – FCP: quando na área de influência existir terra quilombola, reconhecida por Relatório Técnico de Identificação e Delimitação (RTID) publicado; e III – autoridades recompensáveis pelo patrimônio histórico e cultural: quando na área de influência existirem bens culturais formalmente acautelados. O parágrafo único acrescenta que as definições do *caput* serão observadas sem prejuízo das normas específicas sobre descoberta fortuita de quaisquer elementos de interesse arqueológico e pré-histórico.

O art. 31 determina que

A autoridade licenciadora deverá solicitar a manifestação das autoridades envolvidas no prazo máximo de 30 dias do recebimento do estudo ambiental, planos, programas e projetos relacionados à licença ambiental.

O § 1º diz que

A autoridade envolvida apresentará manifestação conclusiva para subsidiar a autoridade licenciadora no prazo máximo equivalente à metade do prazo concedido para a autoridade licenciadora contado da data de recebimento da solicitação.

O § 2º dispõe que

A ausência de manifestação da autoridade envolvida no prazo estabelecido no § 1º não obsta o andamento do processo de licenciamento, nem a expedição da licença ambiental.

Muito bem fez o projeto, mesmo porque a intervenção da autoridade envolvida pode vir a ser dada em momento posterior.

A Seção 8 trata "Dos Prazos Administrativos". Os arts. 32 a 36 dispõem sobre esse assunto.

Como já dissemos e questão dos prazos para o exercício do poder de polícia é de competência privativa dos entes exercentes do poder de polícia e, portanto, não podem ser objeto de normas gerais, e se o projeto o faz, são inconstitucionais aqueles prazos fixados, nos arts. 32 a 36, porque fazem as vezes dos entes federativos, Estados, Distrito Federal e Municípios.

Os prazos referidos, se são para as questões de licenciamentos ambientais (fase preventiva do poder de polícia) e fere as questões atinentes à aplicação de sanções (fase repressiva do poder de polícia) de ordem privativa dos entes federativos competentes para o exercício do poder de polícia, sendo absolutamente inconstitucionais.

Assim sendo, os itens I, II, III, IV, V do art. 32 são absolutamente inconstitucionais, posto que fazem as vezes dos Estados, Distrito Federal e Municípios em matérias privativas, constitucionalmente, desses entes.

O prazo de 15 dias previsto no § 2º também é inconstitucional pelas mesmas razões.

O § 3º, igualmente, como dá à emissão de licença com prazo de vigência ultrapassado, extinção e, inconstitucionalmente instaure competência supletiva de licenciamento, nos termos do § 3º do art. 14 da LC 140/2011, também, em suas duas partes são inconstitucionais: a primeira parte, porque extingue o poder de licenciar dos demais entes federativos; a segunda parte, como afirmarmos quando comentamos a LC 140/2011, afirma que a Constituição de 1988 inadmite qualquer competência supletiva ou subsidiária dos entes federativos.

O § 4º também é inconstitucional porque fala em competência supletiva, que a Constituição não admite.

O art. 33 não é inconstitucional porque vigora acima das regras concretas do licenciamento ambiental, não estabelecendo prazos sobre ele.

Já o § 1º estabelece um prazo de quatro meses para que o empreendedor atenda às exigências de complementação, contado do recebimento da respectiva notificação, podendo esse prazo ser prorrogado, a critério de autoridade licenciadora, desde que justificado pelo empreendedor.

É um prazo de cumprimento do exercício do poder de polícia. Portanto esse prazo de quatro meses é inconstitucional. Da mesma forma, o § 2º é inconstitucional.

O § 3º, como dispõe sobre o arquivamento do processo a que se refere o § 2º, que não impede novo protocolo com o mesmo teor e não fala em prazos, é constitucional.

O art. 34 reza o seguinte:

> O processo de licenciamento ambiental que ficar sem movimentação durante 2 (dois) anos sem justifica formal, mediante notificação prévia ao empreendedor, poderá ser arquivado.

Trata-se de uma norma geral real.

O art. 35 praticamente retira o que o § 1º do art. 13 da LC 140/2011 já legislara.

O art. 36, na sua parte final é inconstitucional quando diz que "respeitados os prazos máximos previstos no art. 32" (porque este prazo é inconstitucional).

A Seção 9 trata "Das Despesas do Licenciamento".

O art. 37 dispõe que

> Correrão às expensas do empreendedor as despesas relativas:
>
> I – à elaboração dos estudos ambientais requeridos no licenciamento ambiental;
>
> II – à realização de reunião presencial de audiência pública ou outras reuniões ou consultas realizadas no licenciamento ambiental;

III – ao custeio de implantação, operação, monitoramento e eventual readequação das condicionantes ambientais, nelas considerados os planos, programas e projetos relacionados à licença ambiental expedida;

IV – à publicação dos pedidos de licença ambiental ou sua renovação, inclusive nos casos de renovação automática previstos no art. 6º;

V – às cobranças previstas no Anexo da Lei 6.938, de 3 de agosto de 1981, incluído pela Lei 9.960, de 28 de janeiro de 2000, naquilo couber; e

VI – às taxas e preços estabelecidos pelas legislações federal, estadual, distrital ou municipal.

O § 1º é muito importante para os empreendedores. Diz:

Os valores alusivos às cobranças do Poder Público relativos ao licenciamento ambiental devem guardar relação de proporcionalidade com o custo e a complexidade dos serviços prestados e estar estritamente relacionados ao objeto da licença.

O § 2º adianta:

A autoridade licenciadora deverá publicar os itens de composição das cobranças referidas no § 1º.

O § 3º é ilegal porque diz que devem ser realizados pelos órgãos do SISNAMA, sem pagamento de taxas ou outras despesas, os atos para a *emissão de declaração de não sujeição ao licenciamento ambiental das atividades ou empreendimentos, nos termos do art. 7º*.

Como nos referimos, não pode haver dispensa de licenciamento ambiental, porque os entes federativos não podem renunciar ao exercício do poder de polícia administrativa.

O Capítulo III cuida "Da Avaliação Ambiental Estratégica". Trata-se da maior e melhor novidade do presente Projeto de Lei.

O art. 38 dispõe:

A Avaliação Ambiental Estratégica (AAE) tem como objetivos identificar as consequências, conflitos e oportunidades de propostas de políticas, planos e programas governamentais, considerando os aspectos ambientais, e assegurar a interação entre políticas setoriais, territoriais e de sustentabilidade ambiental no processo de tomada de decisão em tempo hábil.

Parágrafo único. A AAE será realizada pelos órgãos responsáveis pela formulação e planejamento de políticas, planos e programas governamentais, ou conjuntos de projetos estruturantes, de desenvolvimento setorial ou territorial.

O art. 39 dispõe que a realização da AAE não exime os responsáveis de submeter as atividades ou empreendimentos que integram às políticas, planos e programas ao licenciamento ambiental.

§ 1º. Os resultados do AAE poderão conter diretrizes para, se for o caso, orientar o licenciamento ambiental.

§ 2º. A AAE não poderá ser exigida como requisito para o licenciamento ambiental e sua inexistência não observará ou dificultará o processo de licenciamento.

O Capítulo IV trata das "Disposições Complementares e Finais".

O art. 40 inicia a parte final do Projeto de Lei, dizendo que

> Os estudos de viabilidade de uma atividade ou empreendimento poderão ser realizados em quaisquer categorias de unidades de conservação de domínio público prevista na Lei 9.985, de 18 de julho de 2000, mediante autorização prévia do órgão gestor da unidade.
>
> Parágrafo único. A interferência da realização dos estudos nos atributos da unidade de conservação deverá ser a menor possível, reversível e mitigável.

O art. 41 dispõe sobre a interferência da Funai.

O art. 42 dispõe que

> Em caso de situação de emergência do estado de calamidade pública decretada por estados, municípios, ou pelo Distrito Federal, as ações de resposta imediata ao desastre poderão ser executadas independentemente de licenciamento ambiental.

Evidentemente, a dispensa imediata do licenciamento ambiental só pode ser efetuada pelo ente federativo onde foi decretada a emergência ou a declaração de calamidade pública; mas, ao depois, quando possível, há que ser providenciada a licença ambiental.

O § 1º diz:

> O executor deverá apresentar à autoridade licenciadora, no prazo máximo de 10 (dez) dias [*ou outro estabelecido pelo* órgão *onde houve a emergência ou a calamidade*] da data de conclusão de sua execução, informações sobre as ações de resposta empreendidas.

O art. 43 dispõe que

> Aplica-se subsidiariamente a Lei 9.784, de 29 de janeiro de 1999, aos atos administrativos disciplinados por esta Lei.

Finalmente, os últimos artigos dispõem:

> Art. 44. As regras desta Lei serão aplicadas sem prejuízo das disposições legais sobre:
>
> I – a exigência de EIA consoante a caracterização da vegetação como primária ou secundária em diferentes estágios de regeneração; e
>
> II – a ocupação e a exploração de apicuns e salgados.
>
> Art. 45. Esta Lei entra em vigor após decorridos 180 (cento e oitenta) dias de sua publicação oficial.
>
> Art. 46. Revoga-se o parágrafo único do art. 67 da Lei 9.605, de 12 de fevereiro de 1998.

A INTERPRETAÇÃO DO DIREITO ADMINISTRATIVO

VALMIR PONTES FILHO

O Direito é um só, como objeto da sua particular ciência (a Ciência do Direito), mas tal não importa afirmar que inexistam *modelos* distintos, adotados quando se trata de operacionalizar essa atividade científica.

De acordo com a doutrina de Tércio Ferraz Jr., por exemplo, segundo o *modelo analítico*, "(...) dado conflito hipotético e uma decisão hipotética, a questão é determinar as suas condições de adequação: as possibilidades de decisão para um possível conflito (...). Neste caso, a Ciência do Direito aparece como uma sistematização de regras para a obtenção de decisões possíveis"; o *modelo hermenêutico*, por outro lado, "(...) vê a decidibilidade do ângulo de sua relevância significativa. Trata-se de uma relação entre a hipótese de conflito e a hipótese de decisão, tendo em vista o seu sentido. Pressupõe-se, aqui, que o ser humano é um ser cujo agir tem um significado (...) a Ciência do Direito, neste caso, se assume como atividade interpretativa, construindo-se como um sistema compreensivo do comportamento humano"; já o *modelo decisório*, de acordo com o jusfilósofo citado, "(...) encara a decidibilidade como busca das condições de possibilidade de uma decisão hipotética para um conflito hipotético. Estabelece-se uma relação entre a hipótese de decisão e a hipótese de conflito, procurando-se determinar as condições dessa relação para além da mera adequação formal entre conflito e decisão. O ser humano, aqui, apresenta-se como um ser dotado de funções, isto é, um ser que se adapta, por contínua evolução e transformação, às exigências do seu ambiente. Segue a concepção da Ciência do Direito como uma investigação das normas de conveniência, *estando* a norma encarada como um procedimento decisório, constituindo-se, então, o pensamento jurídico, como um sistema explicativo do comportamento humano, enquanto regulado por normas".[1]

Pois bem. De tais considerações se extrai que todos os mencionados *modelos* buscam, por meio de sua função heurística, o que seu objeto de estudo tem de relevante. Enquanto o *modelo analítico* dá maior importância à função organizatória (por agir a nível sintático: norma-norma) e o *modelo hermenêutico* privilegia a função avaliativa (por agir a nível semântico: norma-conteúdo), o *modelo decisório*, que age a nível pragmático (norma--agente), confere mais valia à função previsão. O primeiro deles, portanto, elege como fim primordial a busca de uma "unidade" das normas na variação de seus conteúdos, ou seja, a procura daquilo que todas têm em comum (é dizer, da sua essência, apesar da variação dos respectivos conteúdos). Essa postura formalista importa uma tendência à sistematização e classificação dos fenômenos jurídicos e à separação bem nítida entre o que é e o que não é

---

1. In *A Ciência do Direito*, São Paulo, Atlas, 1977, pp. 47-48.

jurídico – ou do que interessa ou não à Ciência do Direito – de forma a isolar-se a "matéria jurídica" da social, econômica ou política, por exemplo.

Corolário natural dessa posição "analítica" – inspirada fundamentalmente em Hans Kelsen – vem a ser, na opinião de alguns, a tentativa de oferecimento de regras para a *standartização* de casos em que é possível a aplicação de uma norma jurídica. E esta assim o será (jurídica) justamente por fundamentar-se em regra jurídica superior, até que se chegue, por dedução lógica, a uma regra fundamental, que não está posta, mas *pressuposta* e que tem um sentido lógico-transcendental e um sentido jurídico. Comum, portanto, a acusação de que o adepto do positivismo jurídico é alguém despreocupado com o acolhimento da realidade social, em constante mutação. Com efeito, apesar de admitir (numa consideração extrajurídica) que ela é elaborada em razão de um fato social, o jurista kelseniano entende que a norma jurídica é norma *válida*, ou seja, aquela elaborada pela autoridade competente e segundo o modo estabelecido pela norma jurídica superior, resultando daí a afirmação de que sem *validade* não há *juridicidade*. Falar-se em "norma jurídica inválida" (ou em "lei inconstitucional") vem a ser uma contradição nos próprios termos!

Há, entretanto, a plena viabilidade de, mantendo sua fidelidade ao pensamento de Kelsen, o juspositivista admitir: a) que o ato de interpretar/aplicar o Direito (a norma e o sistema em que se encarta) não envolve tão só um ato de *conhecimento*, mas, de igual modo um ato *volitivo*,[2] por meio do qual é dado ao exegeta a oportunidade de escolha – dentre duas ou mais interpretações possíveis – daquela que mais lhe pareça adequada à situação problemática a demandar resposta; e essa escolha da solução "melhor", ou "mais justa" se dará, obviamente, em consonância com a mutante realidade social; b) que, demais disso, o acolhimento do método *tópico* de interpretação jurídica,[3] impõe – sem que isso signifique rompimento com o esquema teórico do Mestre de Viena, repita-se – o agasalhamento da tese de que é absolutamente adequado pensar-se antes do problema (escolhendo, nele um *topos* ou vários *topoi*, a partir do(s) qual(is) o raciocínio jurídico irá desenvolver) para, no passo seguinte, buscar-se no sistema normativo a regra (ou as regras), principiológica ou não, capaz de fornecer a solução com ele (problema) mais consentâneo;[4] caso, num primeiro momento, a tentativa for frustrante (na avaliação do intérprete/aplicador), deve ele voltar ao problema e recorrer novamente ao sistema, num "movimento" circular e contínuo, até que a resposta institucionalizada lhe pareça boa ou satisfatória.

Dessa forma, abandona-se o clássico "dedutivismo", puro e simples, sem que haja desapreço à consideração de que o Direito é um sistema escalonado de normas válidas, voltado à regulação da conduta do homem em sociedade, que não pode ser confundido com a mera conduta em si (objeto da preocupação da Sociologia Jurídica, *v.g.*) ou com o conjunto das decisões judiciais (embora cada sentença possa ser tida como uma norma jurídica válida, mas *individual*).

As críticas ao positivismo, assim, já parecem menos substanciosas.

---

2. É exatamente Hans Kelsen, no último capítulo de sua impecável *Teoria Pura do Direito*, que assim o afirma.

3. Tal como retomado por Teodor Viehweg, em seu "Tópica e Jurisprudência", e explicado, com habitual maestria, por Paulo Bonavides (*Curso de Direito Constitucional*, 32ª ed., São Paulo, Malheiros Editores, 2017, pp. 499 e ss.).

4. Vale observar, todavia, que essa busca não pode ser aleatória, ou capaz de ir além do ordenamento jurídico-positivo, sob pena de agressão ao superprincípio da *segurança das relações jurídicas*.

Cabe, a esta altura, e diante das considerações até aqui expendidas, examinar a questão das *lacunas* no Direito. Elas, afinal, existem ou não?

Com apoio nos ensinamentos de Maria Helena Diniz,[5] pertinente vem a ser a lembrança de que, passada a fase do "sistema irracional", em que era comum o recurso à opinião mais velha e sábia (*échevins*) para solucionar os conflitos ou preencher os "vazios" não solucionáveis pelo costume, bem como superada o momento em que o Rei, monopolizador que era das funções estatais (legislativa, executiva e jurisdicional, segundo o tradicional entendimento), tratava ele mesmo de colmatar esses "vazios" e de dar resposta aos conflitos emergentes, chegou-se à época em que o princípio da "separação dos poderes"[6] ganhou a importância e o prestígio merecidos. Com efeito, embora aceitando o poder político como *uno* e *incindível*, já Aristóteles e Locke haviam advertido para existência de *funções diversas* desse poder. Montesquieu foi quem, afinal, exteriorizando o pensamento antiabsolutista dominante na época, formulou sua teoria do exercício dessas funções por órgãos distintos, independentes uns dos outros, embora harmônicos.

Admitindo-se a interpretação dessas funções e erigindo-se uma fórmula de equilíbrio entre os órgãos (ou "Poderes"), por meio de um sistema de *freios e contrapesos*, chegou-se à concepção do Estado de Direito democrático. Neste, é certo que todas as vezes em que sua (do Estado) vontade se manifesta, o faz por meio dos atos legislativos, jurisdicionais, administrativos (ou executivos) e "de Governo".[7] Sob tal enfoque e admitindo-se a hipótese de existência das lacunas jurídicas, a qual função competiria o encargo de "eliminá-las"?

Autores há, com Santi Romano, que negam a existência de lacunas, com o argumento de que o que não estiver regulado pelas normas do ordenamento é irrelevante para o Direito. Hart e Ross entendem, por sua vez, que a lacuna existe, mas ao nível da jurisdição, e não do ordenamento. O que importa, segundo eles, é o trabalho do juiz sobre um "caso concreto", ocasião em que a omissão legal é apresentada ao magistrado encarregado da decisão requerida. Para outros, como José Vilanova, Aftalión e Garcia Olano, não há que se falar em lacunas sequer no âmbito da jurisdição, simplesmente pelo fato de que os juízes, ao editarem suas sentenças, as preenchem.

Não se pode assim entender, todavia. O problema da lacuna não se resolve no âmbito da jurisdição, já que a norma individual, produzida pela autoridade judiciária, só se aplica à *espécie*[8] em julgamento, persistindo a "omissão" da norma geral, a lacuna legal. Os juízes não "eliminaram" as lacunas, mas só as preenchem, em cada caso.

---

5. V. *As Lacunas no Direito*, São Paulo, Ed. RT, 1981.

6. Essa expressão, como sabido, contém uma imprecisão técnica, na medida em que se entende que o que se "separam" são as *funções* estatais e os *órgãos* encarregados de exercê-las, segundo um dado ordenamento jurídico-constitucional positivado, em dado local e época; assim, entre nós e à luz da Constituição de 1988, não se pode falar em função exclusiva de um órgão (ou "Poder"), já que, *v.g.*, o Executivo legisla (quando edita medidas provisórias) e o Legislativo exerce a jurisdição (quando o Senado julga o Presidente da República pela prática de crimes de responsabilidade).

7. O eminente juspublicista Celso Antônio Bandeira de Mello bem assinala que não há confundir entre *ato administrativo* (praticado a nível infralegal, é dizer, com supedâneo na lei) e *ato de governo* (que se pratica a nível imediatamente infraconstitucional, sem intermediação de lei, como, p. ex., o de decretação da intervenção federal em Estado-membro).

8. Cuida-se de evitar o emprego da expressão "caso concreto", pois esta pressupõe, tradicionalmente, a existência de um conflito de interesses entre pessoas (intersubjetivo); não se pode olvidar, porém, a pos-

Tem-se como razoável e prudente admitir seja o *ordenamento jurídico* – composto que é de *normas* (de conduta e de competência) e de *princípios* (que, afinal, são normas principiológicas) – dotado da característica da *plenitude*, na medida em que as condutas humanas[9] são, invariavelmente, objeto das prescrições normativo-jurídicas: tais condutas proibidas serão, enfim, proibidas, obrigatórias ou, em último caso, permitidas (expressa ou implicitamente[10]). Assim, e desde que no sistema (ou ordenamento) sempre se encontrará uma resposta para o conflito, pode-se dizer que nele não há lacunas.

Isso não significa dizer, porém, que não haja lacunas na "lei". Ou, com maior precisão, nas normas jurídicas isoladamente consideradas, bastando, para tanto, que se constate a existência de uma dada conduta simplesmente não regulada normativamente.[11] Tais omissões, ou falhas,[12] podem (e devem!) ser preenchidas no momento em que se exerce a jurisdição, em relação à espécie em julgamento, uma vez que ao juiz descabe eximir-se de dar uma resposta ao conflito sob o argumento de que "falta lei" sobre o assunto. Serão eliminadas pela via legislativa, enfim, com a edição de nova norma que venha a tratar especificamente do tema.

Mas também podem ser colmatadas (e não eliminadas em definitivo) pela via do controle da constitucionalidade por omissão, o qual dispõe de dois ancilares instrumentos: o *mandado de injunção* e a *ação direta de inconstitucionalidade por omissão*, ambos previstos no Texto Supremo em vigor. Por meio deles se deseja evitar que a falta de uma norma subconstitucional inviabilize a eficácia de uma norma da própria Constituição ou uma garantia por ela assegurada, circunstância em que a omissão legislativa se mostra inconstitucional.

No primeiro caso, a autoridade judiciária, desde que para tanto provocada, poderá e deverá "legislar" para o caso concreto, "produzindo" a norma bastante à solução do caso que lhe foi submetido pelo requerente. Só uma posterior elaboração legislativa, todavia, será capaz de pôr fim à omissão existente. No segundo, o órgão competente do Judiciário (o Supremo Tribunal Federal) limitar-se-á – uma vez havendo declarada a inconstitucionalidade por omissão de medida para tornar eficaz norma constitucional – a dar "ciência" ao Poder (órgão) competente para a "adoção das providências necessárias" e, em se tratando de órgão Executivo, para fazê-lo em 30 dias (CF, art. 103, § 2º).

Eis que, se a omissão for do Poder Legislativo – por não ter produzido a regra demandada – este tomará conhecimento da decisão judicial, mas sem que lhe tenha sido assinalado prazo para fazê-lo. Ou o dispositivo sequer chega a ser uma norma jurídica, por faltar-lhe a condição essencial do estabelecimento de sanção para a hipótese de descumprimento da prescrição – ou a regra é omissa, ou seja, lacunosa. Há, portanto, uma lacuna na regra da Constituição que visa a evitar que as lacunas legais existam. No mínimo curiosa essa

---

sibilidade de a *espécie* envolver um *conflito normativo* (entre a lei e a Constituição, por exemplo), ocasião em que se deflagrará o controle jurisdicional da constitucionalidade.

9. Estas sim, destinatárias das regras do Direito.

10. Neste último caso, dir-se-á que essas condutas se inserem no campo do lícito.

11. Aluda-se, por exemplo, à prática, hoje de certo modo difundida, de uma mulher fértil "alugar" seu corpo para abrigar e desenvolver óvulo de outra, fecundado *in vitro*. Dir-se-á que tal conduta é lícita (porque não obrigatória nem proibida), mas a lei não responde com clareza à questão de saber-se quem é a mãe: a que teve o óvulo fecundado ou a que deu à luz a criança.

12. As chamadas *lacunas técnicas*, ou *normativas*, que não se confundem com as chamadas "lacunas axiológicas" (a relevarem a falta de uma lei "melhor" ou mais "justa"), que não podem ser, de fato, consideradas como tais.

situação! A não ser que se entenda que se a Mesa do Congresso (ou o Presidente, no caso de se tratar de iniciativa legislativa privativa sua), em prazo "razoável", não cuidar de deflagrar o processo legislativo correspondente, esteja a cometer crime de responsabilidade, por descumprimento de ordem judicial. Essa construção interpretativa, porém, pode parecer ousada em demasia.

COMO O ESTADO PODE CELEBRAR CONTRATO DE IMPACTO SOCIAL/CIS?

VERA MONTEIRO
ANDRÉ ROSILHO

1. Introdução. 2. O que é contrato de impacto social/CIS?. 3. Quais são as características essenciais do CIS?. 4. Como enquadrar o CIS na legislação contratual brasileira vigente?: 4.1 Contrato de prestação de serviço (Lei 8.666/1993 e Lei 12.462/2011) – 4.2 Concessão administrativa (Lei 11.079/2004) – 4.3 Contrato de gestão (Lei 9.637/1998) – 4.4 Termo de parceria (Lei 9.790/1999) – 4.5 Termo de colaboração e termo de fomento (Lei 13.019/2014). 5. Conclusão.

1. Introdução

Hely Lopes Meirelles conhecia de perto problemas e desafios do cotidiano do Estado. Professor, Magistrado e Administrador Público (exerceu os cargos de Secretário de Estado do Interior, de Segurança Pública e da Justiça), dedicou boa parte da sua vida profissional a compreender a ação administrativa e a buscar maneiras de viabilizá-la na prática. Sua visão sobre o Direito é produto direto da sua trajetória.

Para Hely, Direito era "instrumento de trabalho, e não tertúlia acadêmica", produto da combinação de "teoria, realidade e vivência". Por enxergá-lo dessa maneira, fez clara opção em suas obras por ignorar o que chamou de "teorias obsoletas" e "questões bizantinas", indo diretamente ao que lhe interessava verdadeiramente: compreender o que "ocorre cotidianamente na nossa Administração, na nossa legislação e na nossa Justiça". Avaliava ser esse o método "mais útil e o mais consentâneo com a realidade". Para evitar eventual frustração de algum leitor desavisado, alertava: não escrevia para "mestres, nem para os teóricos do Direito". "Não servirá aos doutos", dizia. Segundo ele próprio, seu objetivo era mais "modesto": queria simplesmente elaborar "compêndio para estudantes e para os que se defrontam, na prática, com problemas jurídicos de Administração Pública".[1]

Hely tinha duas grandes marcas (virtudes, na visão destes autores). De um lado, o apego à realidade, à experiência concreta. Procurava fugir de idealizações tão comuns a nós, juristas. De outro, a busca por soluções para desafios da Administração Pública. Para ele, o Direito deveria ser antes de qualquer coisa instrumento de ação do Estado, veículo para a realização do interesse público.

Para celebrar o centenário de Hely, o presente artigo toma por objeto tema de vanguarda no direito administrativo contemporâneo – o contrato de impacto social/CIS – e sobre

---

1. Excertos extraídos das notas escritas pelo autor na 2ª edição do *Direito Administrativo Brasileiro*, São Paulo, Ed. RT, 1966, *[v. 42ª ed., São Paulo, Malheiros Editores, 2016]* e na 1ª edição do *Direito de Construir*, São Paulo, Malheiros Editores, 1961. *[V. 11ª ed., São Paulo, Malheiros Editores, 2013.]*

ele lança olhar inspirado no autor homenageado: pragmático, calcado na realidade, voltado a desvendar as características típicas desse instrumento contratual inovador e os contornos do Direito a ele aplicável. Todo o esforço tem por objetivo último contribuir para que o CIS seja viável e operacional à Administração Pública brasileira.

Para tanto, o artigo encontra-se dividido em três partes. Na primeira, explicita o modelo de negócios que está na origem do CIS e a função e a razão de ser deste instrumento contratual. Na segunda, coloca em evidência as características centrais desse tipo de avença. Por fim, no terceiro tópico, expõe o modo pelo qual o CIS poderia ser moldado a partir das normas atualmente em vigor e os desafios e pontos de atenção inerentes a esse exercício.

Parafraseando Hely, o texto não se destina propriamente a "mestres" ou "teóricos", mas a profissionais do Direito em geral (atuantes na academia, na iniciativa privada ou no Estado) interessados em dar vida a contrato com o potencial de revolucionar a participação da iniciativa privada em projetos sociais de interesse público no Brasil.

2. O que é contrato de impacto social/CIS?

O engajamento da iniciativa privada em projetos sociais no Brasil se dá quase que exclusivamente via filantropia – isto é, via doação (de recursos financeiros ou humanos, de materiais, de infraestrutura etc.). Circunscreve-se, assim, a ações que não geram retornos financeiros diretos. No âmbito da filantropia a premissa é a de que gastos sejam feitos a fundo perdido.

É natural que esse tipo de engajamento social (doação sem retorno financeiro direto) envolva número relativamente baixo de atores (apenas aqueles dispostos a abrir mão de lucro, ou de parcela dele, em prol de interesses socialmente relevantes). O mercado é primordialmente movido pela expectativa de ganhos econômicos, havendo uma limitação intrínseca a modelo de apoio a iniciativas de cunho social exclusivamente baseado em filantropia.

O CIS quer ampliar as possibilidades de engajamento da iniciativa privada em projetos sociais para além dos limites da benemerência. Quer atrair para projetos sociais de interesse público atores privados que não têm interesse em fazer filantropia. A ideia é que esses sujeitos (que visam primordialmente ao lucro) passem a enxergar em projetos sociais verdadeiras oportunidades de negócio, incorporando-os a seus portfólios. O objetivo do CIS é viabilizar, no Brasil, *investimentos de impacto social*. É atrair capital privado que busca retorno financeiro via projeto público com potencial para gerar impacto social efetivo.

Investimentos dessa natureza não se confundem com filantropia. Não envolvem doação pura e simples, mas a criação de estímulos econômicos para o mercado investir em atividades socialmente relevantes por sua conta e risco (por exemplo, educação e segurança pública). Investimentos de impacto social pressupõem a possibilidade de remuneração de capital privado alocado em projetos sociais, gerando, a um só tempo, valor social (a ser auferido pela coletividade como um todo) e valor pecuniário (a ser auferido pelo investidor privado).

O CIS, em linhas gerais, é *contrato público* a ser firmado com agente privado que fica responsável pela prestação de serviço de impacto social (serviço já prestado pelo Estado, mas que pode se beneficiar com o engajamento da iniciativa privada), no qual são previstos pagamentos públicos condicionados ao atingimento de metas de resultados pelo contratado. Admite alguma flexibilidade na definição da intervenção social para, diante dos resultados obtidos, viabilizar eventuais adaptações nas atividades sociais prestadas. É a segurança nessa estrutura contratual que estimula o investimento privado em negócio de natureza social com fins lucrativos. Em suma, CIS é *contrato de resultado social*, celebrado entre o Poder Público e a iniciativa privada. A inspiração para esse modelo contratual são os *social impact bonds*/SIBs.[2]

A premissa desse tipo de contrato é a de que as intervenções possam simultaneamente gerar: (1) *impacto social positivo* (isto é, aprimoramento de atividades e serviços sociais já prestados pelo Estado); (2) *retorno financeiro ao investidor privado* (que auferirá lucro apenas na hipótese de sucesso de intervenções sociais, o que justifica que o contrato autorize o investidor a ter governança sobre o contrato); (3) *economia ao Poder Público* (que poderá ter custos reduzidos em caso de sucesso de intervenções sociais).

Um detalhe importante: as normas jurídicas em vigor não preveem o tipo contratual "CIS". É evidente que a edição de lei federal sobre o tema (definindo objeto, escopo e características do CIS) traria mais segurança jurídica a esse tipo de investimento de impacto social. Mas sua ausência, por si só, não o inviabiliza. É que o ordenamento jurídico brasileiro já prevê contratos administrativos que, em maior ou menor medida, podem viabilizar o uso da sua "fórmula de negócios". Ou seja: enquanto gênero de um tipo de investimento social, ele poderá ser concretamente materializado por meio de diferentes espécies de contratos disponíveis na nossa Administração Pública (Federal, Estadual e Municipal).

3. Quais são as características essenciais do CIS?

O CIS formaliza relação entre Poder Público e pessoa jurídica/PJ, *com ou sem fins lucrativos*, para a realização de atividade em área de interesse social. O objetivo, em síntese, é que a PJ, por meio de uma *intervenção* (leia-se: realização de alguma atividade contratualmente definida), ajude a aprimorar serviço já prestado pelo Poder Público.

---

2. Segundo dados da *Social Finance UK*, até fevereiro/2017 foram lançados mundialmente 74 investimentos de impacto passíveis de serem classificados como *social impact bonds*/SIBs. Além disso, consta que há mais de 70 projetos em desenvolvimento com potencial para início de execução nos próximos anos.

Os 74 SIBs já em execução foram lançados nos seguintes Países: Alemanha, Austrália, Áustria, Bélgica, Canadá, Coréia do Sul, Escócia, Estados Unidos da América, Finlândia, França, Holanda, Índia, Inglaterra, Israel, Nova Zelândia, País de Gales, Peru, Portugal, Suécia e Suíça. Há notícia, ainda, de que em abril/2017 a Colômbia celebrou um *SIB*. Nos próximos anos, potencialmente, surgirão *SIBs* na África do Sul, Argentina, Bélgica, Brasil, Camarões, Chile, Costa Rica, Dinamarca, Equador, Espanha, Estônia, Irlanda, Itália, Japão, México, Marrocos, Moçambique, Noruega, Palestina e Uganda.

A intervenção social costuma acontecer em um dos seguintes segmentos: desenvolvimento de autonomia profissional, habitação, bem-estar familiar, educação, saúde, ressocialização de presidiários e meio ambiente/sustentabilidade. Os tipos de intervenção variam conforme o problema social enfrentado, a realidade local e os recursos levantados para o projeto. Citamos três exemplos: (i) para reduzir a reincidência de egressos do sistema prisional, foi-lhes oferecido apoio psicológico e auxílio na busca de empregos após saírem do cárcere (Peterborough, Inglaterra, início em 2010, com duração de 7 anos. Investimento privado: U$ 5.000.000,00); (ii) para reduzir a evasão no ensino superior de alunos com dificuldades econômicas e de aprendizado, foi-lhes oferecido apoio pedagógico e financeiro (Tel Aviv e Haifa, Israel, início em 2015, com duração de 8 anos. Investimento privado: U$ 2.100.000,00); (iii) para auxiliar na economia de pequenos cultivadores de café, foi-lhes oferecido apoio para desenvolver técnicas de plantio que tornassem suas safras mais resistentes e variadas, bem como ajuda para expandirem suas relações comerciais (Peru, início em janeiro/2015, com duração de 1 ano. Investimento privado: U$ 110.000,00) (dados disponíveis em *www.socialfinance.org.uk*).

Esse aprimoramento é constatado a partir do alcance de metas preestabelecidas no contrato, referenciadas em marcos correspondentes a avanços sociais concretos e mensuráveis, de modo que sua adequada execução efetivamente traga impactos sociais positivos. São exemplos de metas: redução do índice de reprovação escolar, redução do índice de reincidências de ex-detentos e redução do número de pessoas com determinada doença.

Os impactos sociais positivos decorrem de eventual melhora de serviço já prestado pelo Poder Público. Para aferi-los, portanto, o ideal é que haja um "grupo de controle" por meio do qual se possa comparar os resultados de determinada atividade social antes e depois do início da intervenção pactuada com o parceiro privado.

O CIS inova na medida em que se trata de contrato que não necessariamente gera despesas ao Erário. É que a PJ contratada pelo Poder Público busca financiamento junto ao mercado para executar a intervenção, sendo remunerada pelo Poder Público apenas se alcançar as metas pactuadas. Ou seja: se as metas não forem alcançadas, poderá não haver custos para o Poder Público decorrentes de obrigação contratual. Esse alcance de metas é aferido por avaliador independente, conforme estipulado no CIS.

Estima-se a partir da experiência internacional (com *SIBs*) que CISs tenham entre dois e sete anos de duração. Os pagamentos, caso sejam devidos, deverão ser feitos periodicamente (isto é, na medida em que as metas contratuais forem alcançadas). O prazo de duração relativamente curto do CIS se justifica, pois, de acordo com a experiência internacional, financiadores costumam não estar propensos a assumir riscos nesse tipo de investimento por prazos mais dilatados. O valor máximo que a Administração se propõe a desembolsar em razão da intervenção é fixado no contrato, e normalmente leva em conta três fatores: orçamento público disponível; custo que a intervenção tem para a contratada; e impactos sociais efetivamente gerados.

O CIS pode gerar economia de recursos públicos na hipótese de as metas contratuais efetivamente serem alcançadas (produzindo-se, com isso, impactos sociais positivos). É o que ocorreria, por exemplo, no caso de intervenção no sistema prisional que resultasse em efetiva e substancial diminuição de reincidências criminais. Nesse caso, o Poder Público possivelmente pouparia recursos, por conta da redução do número de detentos.

À luz do Direito Brasileiro, e diante da experiência internacional com os *SIBs*, essa seria a possível dinâmica entre os principais atores envolvidos em um CIS:

• *Poder Público*: contrata PJ (uma sociedade de propósito específico/SPE ou não) para aprimorar serviço que já presta em área social. É parte do CIS (como contratante), sujeito de direitos e obrigações (lembrando que o dever de pagar só surge na hipótese de as metas contratuais serem efetivamente alcançadas).

• *Contratada*: PJ com ou sem fins lucrativos contratada para auxiliar o Poder Público a melhorar a prestação de um serviço em área social a partir de uma intervenção específica a ser contratualmente definida. É parte do CIS, sendo sujeito de direitos e obrigações. A ela compete captar recursos para executar a atividade social descrita pelo contrato. Tem a responsabilidade de formalizar relação jurídica com o investidor social. A intervenção objeto do CIS pode ser feita única e exclusivamente pela própria contratada ou, então, com a colaboração de terceiros subcontratados. Dois importantes alertas: (i) o ordenamento jurídico brasileiro *veda* a subcontratação total; e (ii) o contrato poderá exigir que a escolha do subcontratado seja aprovada pelo Poder Público antes da sua formalização.

• *Investidor social*: agente do mercado que investe no modelo de negócios instituído por meio de CIS. O investidor social tem *expectativa de retorno financeiro do capital investido*. Aporta recursos financeiros para viabilizar a execução do contrato na expectativa de que, se a contratada receber remuneração do Poder Público (isto é, na hipótese de alcançar as metas fixadas no CIS), reaverá o investimento realizado. Possui governança sobre o contrato. Não é parte do CIS. Trava relação jurídica diretamente com a contratada.

• *Avaliador independente*: terceiro, contratado pelo parceiro privado ou pelo Poder Público, para avaliar o alcance de metas de forma isenta, sem interesses vinculados ao Poder Público, à contratada ou aos investidores sociais. Não é parte do CIS, ainda que esse contrato deva convencionar diretrizes sobre quem será essa figura. Para que a aferição seja feita da maneira mais acurada e transparente possível, é necessário que o avaliador tenha amplo acesso aos dados do serviço prestado pelo Poder Público e da intervenção executada.

• *Beneficiários*: destinatários do serviço prestado pelo Poder Público, definidos como população-foco da intervenção. Não são partes do CIS.

O CIS, portanto, corresponde à relação contratualizada entre o Poder Público e a PJ responsável pela intervenção na atividade social. Confira-se o esquema abaixo:

Dinâmica do Contrato de Impacto Social

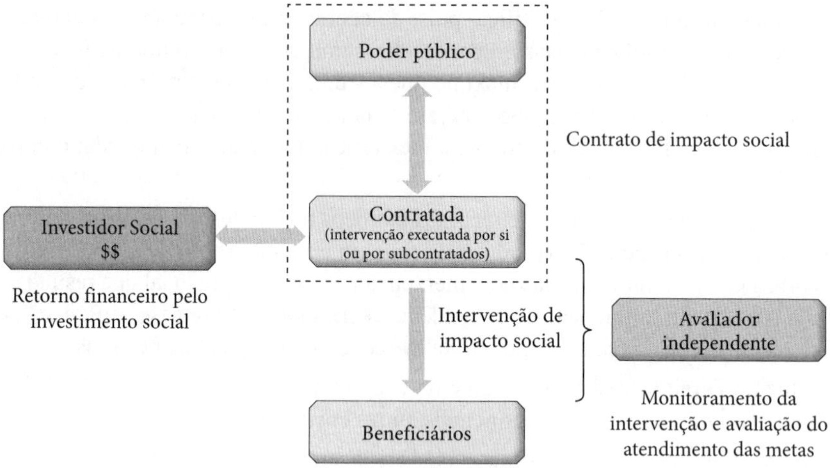

Figura 1 – Fonte: elaboração própria

Note-se que a lógica de funcionamento do CIS parte de um contrato principal (CIS) que enseja uma rede de relações jurídicas acessórias, cada uma delas formalizada por instrumento jurídico próprio (contratos privados).

4. Como enquadrar o CIS na legislação contratual brasileira vigente?

Neste tópico são analisados os arranjos contratuais previstos pela legislação vigente que podem ser adotados pelo Poder Público para absorver integral ou parcialmente a estrutura contratual do CIS. Essa análise envolve contratos de prestação de serviço (baseados na Lei 8.666/1993 e na Lei 12.462/2011), contrato de concessão administrativa da Lei 11.079/2004 e contratos com o Terceiro Setor (Lei 9.637/1998, Lei 9.790/1999 e Lei 13.019/2014) e é feita, principalmente, a partir dos seguintes aspectos das referidas espécies contratuais: (i) *necessidade de licitação para seleção do contratado*; (ii) *prazo máximo de execução contratual*; (iii) *possibilidade de remuneração por resultado*; (iv) *necessidade de vinculação de orçamento, pelo Poder Público, antes de contratar*; (v) *possibilidade de o Poder Público oferecer garantia contratual*; (vi) *possibilidade de subcontratação*.

4.1 Contrato de prestação de serviço (Lei 8.666/1993 e Lei 12.462/2011)

4.1.1 Sobre o contrato de prestação de serviço e o enquadramento do CIS

Ao optar por formalizar o CIS por meio de um contrato de prestação de serviço, o Poder Público pode fazê-lo com base em dois diplomas legais: a Lei 8.666/1993 – Lei de Licitações – e a Lei 12.462/2011 – o Regime Diferenciado de Contratações/RDC.

A Lei de Licitações é uma lei geral de contratações públicas, podendo ser aplicada às várias situações em que o Poder Público busca contratar serviço ou obra e comprar ou alienar bens. Já, o RDC pode ser utilizado para os mesmos objetos, mas apenas quando a contratação almejada estiver inserida em um dos contextos previstos na lei (art. 1º). No caso do CIS, o RDC somente é cabível se a intervenção contratada ocorrer no âmbito da segurança pública (inciso VII) ou em ações de órgãos e entidades dedicados à ciência, à tecnologia e à inovação (inciso X).[3]

As principais diferenças entre a Lei de Licitações e o RDC estão no procedimento licitatório para escolha do contratado: o RDC surgiu como reação ao modelo excessivamente burocrático e moroso da Lei de Licitações, levando o dinamismo do pregão – modalidade de licitação para compra de bens e serviços comuns, prevista na Lei 10.520/2002 – a contratações de objeto complexo, desde que insertas em seu âmbito de incidência.[4]

Frise-se que a experiência do Poder Público com o RDC ainda é limitada (haja vista que o diploma é relativamente recente), não tendo sido utilizado em toda a extensão em que é permitido.[5] No entanto, o TCU tem visto com bons olhos seu emprego pela Administração Pública. Já, a Lei de Licitações, como é notório, tem ampla utilização, sendo o principal diploma normativo sobre o tema desde sua edição, em 1993.

4.1.2 Procedimentos para seleção da contratada: licitação e contratação direta pelo art. 24, XIII, da Lei 8.666/1993

Quando o CIS é viabilizado na forma de contrato de prestação de serviço, há dois caminhos para seleção do contratado: (i) a licitação, nos moldes da Lei de Licitações ou do RDC; (ii) a contratação direta, se a contratada for brasileira, sem fins lucrativos, com

---

3. O CIS parece não se encaixar nos demais contextos de aplicação do RDC porque esses ou dizem respeito a eventos esportivos – Copa do Mundo de 2014 e Olimpíadas de 2016 –, ou tratam de contratos que têm como único objeto a execução de obras e serviços de Engenharia.

4. De um modo geral, a eventual vantagem de celebrar CIS por meio do RDC estaria exclusivamente na existência de procedimento licitatório simplificado. A expressa autorização no RDC para a celebração de contrato com remuneração por resultado não é, em si, uma vantagem, já que, mesmo sem previsão expressa, esse modelo remuneratório não é proibido no contrato da Lei 8.666/1993.

5. Na esfera federal tem-se notícia da utilização do RDC apenas no âmbito da INFRAERO e do Departamento Nacional de Infraestrutura de Trânsito/DNIT.

inquestionável reputação ético-profissional, e desde que seja incumbida, no seu estatuto, da pesquisa, do ensino ou do desenvolvimento institucional ou seja instituição dedicada à recuperação social do preso (art. 24, XIII, da Lei 8.666/1993).

Na licitação podem participar da competição PJs com e sem fins lucrativos. Nos moldes da Lei de Licitações, em razão do valor de o CIS muito possivelmente ser superior a R$ 650.000,00, a modalidade utilizada será sempre a *concorrência* (art. 23, II, "c"). O procedimento acontece da seguinte forma: há a publicação do edital (art. 40); depois, são analisados os requisitos de habilitação dos interessados (art. 43, I), momento no qual, dentre outras coisas, a PJ deve comprovar sua aptidão técnica para executar o serviço contratado, mediante certidões que atestem que já realizou serviços similares de complexidade tecnológica e operacional equivalente ou superior (art. 30, § 3º); abre-se, então, prazo para recurso pelas inabilitadas (art. 43, II); no momento seguinte fazem-se o julgamento e a classificação das propostas apresentadas, com base nos critérios previstos no edital (art. 43, III); novamente, abre-se prazo para recurso; ao fim, há a homologação do certame e a adjudicação do objeto (art. 41, VI).

Quanto aos critérios de julgamento, a lei permite que sejam utilizados o *menor preço*, a *melhor técnica* e a combinação *técnica e preço* (art. 45, § 1º, I, II e III). Apesar de o CIS potencialmente vir a tratar de serviço essencialmente técnico, o julgamento baseado exclusivamente no critério "melhor preço" talvez seja o mais adequado, por envolver menor grau de complexidade operacional (órgãos de controle tendem a preferir critérios de julgamento mais objetivos). Além disso, não é compatível com o CIS que a forma de prestação dos serviços seja definida como resultado da licitação, pois é da sua lógica que o contratado tenha alguma liberdade para atingir os resultados contratualizados (consideradas, obviamente, as regras definidas no instrumento).

Já, a licitação nos moldes do RDC segue em parte a da Lei de Licitações. O dinamismo que traz ao certame é decorrência de duas características similares às do pregão: há a chamada *inversão de fases*, ocorrendo primeiro julgamento e classificação das propostas para depois passar-se à habilitação dos licitantes (art. 12, IV e V); e há fase recursal única (art. 12, VI). Tais características trazem celeridade ao procedimento. Quanto aos critérios de julgamento, o RDC admite, além daqueles previstos na Lei de Licitações, o chamado *maior retorno econômico* (art. 18, V), utilizado exclusivamente para o *contrato de eficiência* – um contrato de prestação de serviço que pode incluir a realização de obras e o fornecimento de bens, com o objetivo de proporcionar economia ao Poder Público, na forma de redução de despesas correntes, sendo o contratado remunerado com base em percentual da economia gerada (art. 23, § 1º).[6]

Necessário dizer que a abertura da licitação, em ambos os casos – Lei de Licitações e RDC –, fica condicionada à elaboração de um termo de referência pelo Poder Público, contendo informações básicas a respeito do certame, do empreendimento e do contrato.

---

6. Lembrando que, por mais que o contrato de eficiência pareça estar bem adequado à proposta do CIS, da forma como a legislação vige hoje, ele somente pode ser utilizado se o CIS tratar de ações nos âmbitos da segurança pública ou da ciência, tecnologia e inovação. É que nesses casos a legislação permite que sejam contratadas por meio do RDC "ações", caracterização na qual pode se encaixar o objeto do CIS. Para os outros casos há expressa menção à contratação de "obras e serviços de Engenharia", não envolvendo a execução de serviços que não dessa natureza – é o caso do uso do RDC no setor educacional, por exemplo (art. 1º, § 3º).

O outro caminho para se contratar a prestação de serviço é a contratação direta, com base na dispensa de licitação prevista no art. 24, XIII, da Lei 8.666/1993. A hipótese somente é possível quando o contratado for PJ brasileira, sem fins lucrativos, com inquestionável reputação ético-profissional, incumbida regimental ou estatutariamente da pesquisa, do ensino ou do desenvolvimento institucional. Nesse caso deve haver pertinência entre o objeto do contrato e o objeto social da PJ.[7] Contudo, adverte-se que, ainda que a escolha da contratada esteja motivada robustamente, a contratação direta sempre trará riscos ao gestor público junto a órgãos de controle.

Por fim, vale dizer que o início da licitação ou do procedimento para contratação direta é sempre condicionado à existência de prévio empenho de recursos orçamentários que assegurem o pagamento das obrigações contratuais (art. 7º, § 2º, III, da Lei 8.666/1993).

4.1.3 Características contratuais relevantes para o CIS

Segundo a legislação, o contrato de prestação de serviço pode ter no máximo cinco anos de duração (art. 57, II, da Lei 8.666/1993). Porém, se a contratação for feita com base na dispensa de licitação há a possibilidade de haver sucessivas renovações contratuais enquanto perdurarem os motivos da dispensa – o que, na prática, significa um conjunto de contratações sem prazo máximo predefinido.

Quanto à remuneração, tanto a Lei de Licitações quanto o RDC permitem sua vinculação ao desempenho. Para o RDC, inclusive, é dito que tal remuneração será calculada com base em metas, padrões de qualidade, critérios de sustentabilidade ambiental e prazo de entrega do objeto do contrato (art. 10).

Frise-se, ainda, que, a despeito de não haver vedação legal à dação de garantias pelo Poder Público em contratos de prestação de serviços, essa não é uma prática comum. Nesta mesma categoria está a possibilidade de o contrato prever a figura do verificador independente (contratado pelo Poder Público ou pelo setor privado). Não é prática comum, mas não há proibição na lei (assim como se faz nos contratos de obra, que normalmente preveem terceiros no acompanhamento do contrato – o certificador e o fiscal de obra).

Já, a subcontratação é admitida desde que autorizada pelo Poder Público, em cada caso, e mantida a responsabilidade da contratada pela concepção, direção e pelo gerenciamento do serviço (art. 72 da Lei 8.666/1993).

4.1.4 Pontos de atenção

Tratando-se de contratos de prestação de serviços (com licitação ou na hipótese de dispensa do art. 24, XIII), deve-se considerar que a legislação exige descrição objetiva e pormenorizada do objeto contratado, em tese dificultando a realização de adaptações relativas ao *modo* de execução do contrato, mesmo que voltadas a aprimorar a qualidade da intervenção. Ou seja: há certo engessamento da avença e, portanto, menor margem de liberdade para correções ou ajustes de percurso. Contudo, o CIS poderia ser comparado a

---

7. Nesse sentido também entendem Fernando Vernalha Guimarães e Egon Bockmann Moreira. *Licitação Pública – a Lei Geral de Licitação – LGL e o Regime Diferenciado de Contratações – RDC*, 2ª ed., São Paulo, Malheiros Editores, 2015, p. 487.

um contrato de gerenciamento de serviços (exemplo: manutenção predial), perfeitamente possível de ser contratado pela Lei 8.666/1993.

Além disso, a necessidade de licitação nos moldes da Lei 8.666/1993 torna imprevisível o tempo da contratação. Há possibilidade de ser feita a contratação direta (art. 24, XIII, da Lei 8.666/1993), mas órgãos de controle, em especial o TCU, exigem justificativa detalhada dos motivos para não licitar (não raro taxando-os de insuficientes). Existe, ainda, o risco de órgãos de controle questionarem a pertinência entre o objeto social da PJ e a intervenção contratada.

4.2 Concessão administrativa (Lei 11.079/2004)

4.2.1 Sobre a concessão administrativa e o enquadramento do CIS

A Lei 11.079/2004 – Lei de Parcerias Público-Privadas/PPPs regulamenta a concessão administrativa, na qual o Poder Público contrata a prestação de um serviço, que pode ou não ser precedido de obra, do qual é usuário direto ou indireto, arcando integralmente com a remuneração da contratada (art. 2º, § 2º).

Ressalte-se que a concessão comum não é alternativa viável para a estruturação de CIS (prevista pela Lei 8.987/1995), pois nela a remuneração do concessionário é essencialmente suportada por usuários de serviço público, mediante cobrança de tarifa, e por receitas acessórias decorrentes da exploração de bens. O fato de não envolver contraprestação de usuários torna essa fórmula contratual incompatível com o CIS.

4.2.2 Procedimento para seleção da contratada

A concessão administrativa sempre deve ser precedida de licitação na modalidade concorrência (art. 10), havendo a possibilidade de inversão das fases de habilitação e julgamento de propostas (art. 13). Quanto aos critérios de julgamento, pode ser adotada a menor contraprestação do Poder Público pelo serviço (art. 12, II, "a"), ou a menor contraprestação combinada com a melhor técnica de execução do serviço (art. 12, II, "b").

A abertura do certame fica condicionada: (i) à demonstração de que as despesas criadas ou aumentadas não afetarão metas de resultados fiscais (art. 10, I, "b"); (ii) à elaboração de estimativa do impacto orçamentário-financeiro nos exercícios em que vigore o contrato (art. 10, II); e (iii) à estimativa do fluxo de recursos públicos suficientes para o cumprimento contratual (art. 10, IV).[8] É importante mencionar que para a concessão administrativa é obrigatório que a vencedora da licitação – que pode ter ou não fins lucrativos – constitua uma SPE para celebrar o contrato (art. 9º).

A União somente pode utilizar concessão administrativa quando a soma das despesas de caráter continuado derivadas do conjunto de concessões já contratadas não tiver excedido, no ano anterior, 1% da receita corrente líquida do exercício e as despesas anuais dos

---

8. Destacamos essas exigências por dizerem respeito à disponibilidade de recursos para contratação da concessão administrativa. No entanto, há outras condicionantes dispostas no art. 10 e seus incisos, como, por exemplo, a submissão da minuta de edital e de contrato a consulta pública (inciso VI) e a obtenção de licença ambiental prévia ou de expedição das diretrizes para o licenciamento ambiental do empreendimento, sempre que o objeto do contrato exigir (inciso VII).

contratos vigentes, nos 10 anos subsequentes, não excedam a 1% da receita corrente líquida projetada para os respectivos exercícios (art. 22).

No caso dos demais entes federativos esse limite é maior. Eles só poderão se valer desse instrumento contratual quando a soma das despesas de caráter continuado derivadas do conjunto das parcerias já contratadas não tiver excedido, no ano anterior ao da contratação, a 5% da receita corrente líquida do exercício (ou se as despesas anuais dos contratos vigentes nos 10 anos subsequentes não tiverem excedido a 5% da receita corrente líquida projetada para os respectivos exercícios). É o que dispõe o art. 28 da Lei 11.079/2004.

Para concessão administrativa há ainda possibilidade de o Poder Público promover Procedimento de Manifestação de Interesse/PMI visando a receber propostas de interessados e avaliar a possibilidade de abrir licitação para celebrar o contrato (art. 3º). No caso do CIS essa seria uma chance de consultar o mercado sobre sua disposição para investir nesse modelo de investimento social. Essa possibilidade não existe nos contratos de prestação de serviços (sejam os da Lei 8.666/1993 ou do RDC).

4.2.3 Características contratuais relevantes para o CIS

Primeira característica a ser mencionada é a de que a concessão administrativa tem prazo mínimo de 5 anos e máximo de 35 anos (art. 5º, I). Outra importante exigência legal é a de que o valor do investimento da contratada não pode ser inferior a R$ 20.000.000,00 (art. 2º, § 4º, I). Esclareça-se, também, que o contrato não pode ter por objeto apenas a execução de obra, tendo de adicionalmente envolver a prestação de serviços (art. 2º, § 4º, III).

A concessão administrativa é o único arranjo contratual em que a legislação reconhece expressamente a possibilidade de o Poder Público oferecer garantia ao contratado para o caso de inadimplemento, deixando para o edital especificar a forma de garantia que será concretamente adotada (art. 11, parágrafo único). A concessão administrativa permite a remuneração por resultado, nos termos do contrato, e a subcontratação, mantida a responsabilidade da contratada perante o Poder Público pela concepção, direção e gerenciamento do serviço (art. 3º).[9]

O contrato em comento pode prever mecanismo comumente denominado de *step--in rights*. Referido mecanismo autoriza a transferência do controle ou a administração temporária da SPE aos seus financiadores e garantidores com quem não mantenha vínculo societário direto, com o objetivo de promover sua reestruturação financeira e assegurar a continuidade da prestação do serviço (art. 5º, § 2º, I).

---

9. Sobre a remuneração por resultado, a título de exemplo, mencione-se a concessão administrativa licitada pelo Estado de Minas Gerais que propõe vincular parte da contraprestação paga pelo Poder Público ao alcance de metas pela contratada. Conhecido como "PPP Rota Lund", o contrato concede à iniciativa privada a gestão de três Unidades de Conservação Ambiental e adota remuneração com parcelas fixa e variável para os impactos sociais positivos que o projeto traga – como o aumento de emprego e renda nas regiões vizinhas às unidades de conservação. A parcela fixa é calculada com base na tarifa proposta na licitação pela licitante vencedora; já, a parcela variável é calculada conforme índices de desempenho trazidos no contrato. A fórmula utilizada para calcular a remuneração total a partir das parcelas fixa e variável está prevista no Edital da Concorrência 26/2014, do Estado de Minas Gerais. Seu "Anexo VI" detalha como o cálculo é feito, e o "Anexo IV" detalha como devem ser analisados os indicadores de desempenho (tudo disponível em *www.ppp.mg.gov.br*).

4.2.4 Pontos de atenção

Por meio desse arranjo contratual há a possibilidade de a SPE contratada pelo Poder Público ser constituída por consórcio entre o investidor privado e a PJ que executará a intervenção social. Destaque-se, ainda, que a concessão administrativa é o único arranjo contratual em que a lei expressamente autoriza o Poder Público a dar garantia por inadimplemento seu, além de autorizar o mecanismo do *step-in rights*.

Contudo, além de a lei exigir investimento mínimo de R$ 20.000.000,00[10] e prazo contratual mínimo de cinco anos (tais números são superiores aos verificados na experiência internacional com contratos similares ao CIS), não há no Brasil experiência de concessão administrativa cujo objeto seja exclusivamente uma intervenção social, tampouco de sua celebração com PJ sem fins lucrativos.

4.3 Contrato de gestão (Lei 9.637/1998)

4.3.1 Sobre o contrato de gestão e o enquadramento do CIS

O diploma normativo que regulamenta o contrato de gestão em nível federal é a Lei 9.637/1998 – Lei das OSs. O contrato de gestão é o arranjo contratual que formaliza relação entre o Poder Público e uma organização social/OS, cujo objetivo é fomentar e executar atividades nas áreas de ensino, pesquisa científica, desenvolvimento tecnológico, proteção e preservação do meio ambiente, cultura e saúde (art. 5º). Se o CIS estiver enquadrado em alguma dessas áreas é possível viabilizá-lo por meio de um contrato de gestão.

OS é uma qualificação jurídica atribuída a PJ privada sem fins lucrativos que atua em uma das áreas previstas na lei e manifesta interesse em obtê-la, a fim de se beneficiar de medidas de fomento estatal, como o repasse de recursos orçamentários. Mesmo quando qualificada como OS, a PJ não integra a Administração indireta; é entidade não estatal. Como contrapartida pelo recebimento de benefícios a título de fomento, ela celebra com o Poder Público, por intermédio do Ministro de Estado ou autoridade supervisora da área correspondente à atividade fomentada (art. 6º, parágrafo único), um contrato de gestão, que lhe fixa metas e indicadores de qualidade e produtividade, com base nos quais passa a ter seu desempenho constantemente avaliado (art. 7º, I).

A OS deve possuir um conselho de administração (art. 3º) para, entre outras coisas, fixar o âmbito de atuação da entidade, aprovar sua proposta de orçamento e seu programa de investimentos, designar e dispensar membros da diretoria, fiscalizar o cumprimento das diretrizes e metas definidas e aprovar os demonstrativos financeiros e contábeis, com o auxílio de auditoria externa (art. 4º e incisos).

4.3.2 Procedimento para seleção da OS

A lei não prevê procedimento específico para seleção de OS para celebrar contrato de gestão. Nesse sentido, cabe dizer que o Poder Público não tem o dever de realizar licitação.

---

10. No Brasil investimentos em concessões têm sido entendidos como sinônimo de *Capital Expenditure*/CAPEX (isto é, investimento em bens físicos, em infraestrutura etc.). Gastos com simples prestação de serviços, ainda que alcancem a soma de R$ 20.000.000,00, poderão não configurar "investimento mínimo" para fins de concessão administrativa.

No entanto, o TCU já se posicionou algumas vezes afirmando que sempre que possível e viável deve ser feito *chamamento público*[11] que garanta isonomia entre interessados, observando critérios de impessoalidade.[12]

4.3.3 Características contratuais relevantes para o CIS

A celebração do contrato de gestão exige que o Poder Público empenhe previamente recursos do orçamento público suficientes para que sejam assegurados os repasses das obrigações contratuais, assegurando à OS liberações financeiras de acordo com o cronograma de desembolso disposto no contrato (art. 12, § 1º). Não há autorização expressa para que o Poder Público dê garantias específicas ao privado para caso de inadimplemento seu.

Também relacionado ao repasse de recursos, não há qualquer impeditivo na lei para que esteja atrelado a resultados. O modelo é, inclusive, ajustado à ideia de que repasses do Poder Público para a OS dependem da avaliação de metas e de indicadores de qualidade.

A lei exige que a OS, até 90 dias depois de firmado o contrato de gestão, edite regulamento simplificado de compras com procedimentos que adotará para a contratação de obras e serviços, bem como para compras com emprego de recursos provenientes do Poder Público (art. 17).

Quanto à vigência do contrato de gestão, a lei não estabelece prazo máximo ou mínimo. Porém, diz que em caso de descumprimento das disposições contratuais o Poder Público, após processo administrativo em que são assegurados ampla defesa e contraditório, poderá desqualificar a PJ como OS – o que leva à consequente extinção do contrato de gestão (art. 16, *caput* e § 1º). Na prática, o Poder Público arroga para si a competência de rescindir o contrato a qualquer momento, por razões de interesse público, o que inviabiliza relações contratuais juridicamente estáveis.

É admitida a subcontratação, mas há um limite: a contratada não pode delegar a concepção, direção e o gerenciamento do serviço.

4.3.4 Pontos de atenção

Diversos entes da Federação, entre Estados e Municípios, têm suas próprias leis sobre qualificação jurídica de PJ sem fins lucrativos. É importante atentar a que essas leis podem ter especificidades próprias para a outorga desse título.

---

11. *Chamamento público* é um tipo de procedimento administrativo competitivo, sem rito geral específico, em que particulares manifestam interesse em contratar com o Poder Público e apresentam suas qualificações. O Poder Público, então, faz sua escolha, sempre motivada. Atente-se para o fato de que o chamamento público não é uma licitação, e não está sujeito às normas que tratam do tema.

12. "A escolha da organização social para celebração de contrato de gestão deve, sempre que possível, ser realizada a partir de chamamento público, devendo constar dos autos do processo administrativo correspondente as razões para sua não realização, se for esse o caso, e os critérios objetivos previamente estabelecidos utilizados na escolha de determinada entidade, a teor do disposto no art. 7º da Lei n. 9.637/1998 e no art. 3º c/c o art. 116 da Lei n. 8.666/1993" (TCU, Plenário, Acórdão 3.239/2013, rel. Min. Walton Alencar Rodrigues).

4.4 Termo de parceria (Lei 9.790/1999)

4.4.1 Sobre o termo de parceria e o enquadramento do CIS

A lei que prevê o termo de parceria é a Lei federal 9.790/1999 – Lei das OSCIPs –, regulamentada pelo Decreto federal 3.100/1999. O termo de parceria é o instrumento passível de ser firmado entre o Poder Público e uma PJ privada sem fins lucrativos qualificada como organização da sociedade civil de interesse público/OSCIP. Tal qualificação é dada pelo Ministério da Justiça, mediante requerimento da PJ interessada (art. 5º).

O termo de parceria é destinado à formação de vínculo de cooperação entre as partes, para o fomento e a execução de atividade em uma das várias áreas de interesse público previstas na lei (art. 9º).[13] Se o CIS estiver enquadrado em alguma dessas áreas, é possível viabilizá-lo por meio de um termo de parceira. O procedimento para sua celebração está previsto no decreto federal acima referido.

A relação contratual formalizada entre Poder Público e OSCIP em termo de parceria é muito semelhante à formalizada com uma OS em contrato de gestão. Há poucas diferenças entre esses arranjos contratuais, sendo uma delas a de que na OSCIP não há necessidade de haver representantes do Poder Público no seu conselho ou diretoria.

4.4.2 Procedimento para seleção da OSCIP

O Decreto federal 3.100/1999 prevê procedimento específico de seleção de OSCIP para formalização de termo de parceria, chamado *concurso de projetos* (art. 23, *caput* e § 1º). O procedimento não deve ser confundido, no entanto, com a modalidade de licitação da Lei 8.666/1993 também chamada concurso de projetos. O concurso de projetos destinado à escolha de OSCIP não é licitação, mas um chamamento público.

O decreto prevê casos em que o Poder Público, mediante decisão motivada, pode dispensar o concurso de projetos (art. 23, § 2º): emergência ou calamidade pública, tendo o termo prazo máximo e improrrogável de 180 dias (inciso I); realização de programas de proteção a pessoas ameaçadas (inciso II); quando o projeto, atividade ou serviço objeto do termo de parceria já for realizado adequadamente pela mesma entidade há mais de cinco anos e cujas contas tenham sido aprovadas (inciso III). Ressalve-se, porém, que, caso um concurso de projetos já tenha sido instaurado, é vedado ao Poder Público celebrar termo de parceria para o mesmo objeto fora do concurso iniciado (art. 23, § 3º).

Para o concurso de projetos o Decreto 3.100/1999 ainda fixa informações mínimas que deverão constar do edital (art. 25 e incisos); diz que a OSCIP deve apresentar projeto

---

13. As áreas são: assistência social; cultura, defesa e conservação do patrimônio histórico e artístico; educação gratuita; saúde gratuita; segurança alimentar e nutricional; defesa, preservação e conservação do meio ambiente e promoção do desenvolvimento sustentável; voluntariado; promoção do desenvolvimento econômico e social e combate à pobreza; experimentação, não lucrativa, de novos modelos socioprodutivos e de sistemas alternativos de produção, comércio, emprego e crédito; promoção de direitos estabelecidos, construção de novos direitos e assessoria jurídica gratuita de interesse suplementar; promoção da ética, da paz, da cidadania, dos direitos humanos, da democracia e de outros valores universais; estudos e pesquisas, desenvolvimento de tecnologias alternativas, produção e divulgação de informações e conhecimentos técnicos e científicos; estudos e pesquisas para o desenvolvimento, a disponibilização e a implementação de tecnologias voltadas à mobilidade de pessoas, por qualquer meio de transporte.

expondo a técnica de execução da atividade (art. 26); e traz critérios para a decisão do Poder Público (arts. 27 e 28). O julgamento deve ser feito por comissão composta, no mínimo, por um membro do Poder Público, um especialista no tema objeto do termo de parceira e um membro do Conselho de Políticas Públicas no qual está inserido o projeto, se houver (art. 30).

Apesar de haver um procedimento de seleção relativamente bem detalhado previsto para selecionar OSCIP, é bom reafirmar: na prática o procedimento não é substancialmente distinto do chamamento público utilizado para selecionar OS.

4.4.3 Características contratuais relevantes para o CIS

A celebração do termo de parceria exige do Poder Público vinculação orçamentária prévia, prevista em cronograma de repasses (art. 15 do decreto). Caso expire a vigência do termo de parceria sem o adimplemento total do Poder Público, o termo pode ser prorrogado (art. 13, § 1º, do decreto). Não há autorização expressa para que o Poder Público ofereça garantia para caso de inadimplemento. Vale ainda dizer que, como no contrato de gestão, o Poder Público pode rescindir o termo de parceria a qualquer momento, por interesse público.

No que diz respeito aos recursos, sua vinculação a resultados é perfeitamente compatível com o termo de parceria e com as exigências de um cronograma de repasses financeiros e avaliações periódicas que devem ser feitas para avaliar o cumprimento do objeto (art. 11 da lei).

Quanto ao prazo, o termo de parceria não está sujeito a um prazo máximo ou mínimo. A única referência normativa ao tema é que o decreto permite que seja celebrado por período superior ao do exercício fiscal (art. 13).

Há a possibilidade de subcontratação de parcela do objeto, desde que o contratado permaneça responsável perante o Poder Público pela concepção, direção e gerenciamento do serviço.

Mencione-se, por fim, que a lei exige que a OSCIP publique, em até 30 dias após assinado o termo de parceria, regulamento próprio para contratação de obras e serviços, bem como para compras com recursos provenientes do Poder Público (art. 14).

4.4.4 Pontos de atenção

Tal como no caso do contrato de gestão, Estados e Municípios também podem ter legislação específica sobre o tema, que deve ter suas especificidades observadas, quando for o caso.

4.5 *Termo de colaboração e termo de fomento (Lei 13.019/2014)*

4.5.1 Sobre o termo de colaboração, o termo de fomento e o enquadramento do CIS

Chama-se *parceria voluntária* a relação contratualizada entre Poder Público e organização da sociedade civil/OSC[14] com base na Lei nacional 13.019/2014 – Lei das Parcerias

---

14. Não é exigida qualquer qualificação jurídica especial da OSC para que ela possa celebrar contrato com base na Lei de Parcerias, diferentemente do que ocorre no contrato de gestão (PJ deve ser OS) e no termo de parceria (PJ deve ser OSCIP).

Voluntárias,[15] que foi regulamentada pelo Decreto federal 8.726/2016. Pode ser viabilizada por meio do termo de colaboração, do termo de fomento e do acordo de cooperação. Entre as OSCs que podem celebrar referidos termos estão PJs sem fins lucrativos, inclusive as já qualificadas como OSs e OSCIPs que, ao celebrarem termo de colaboração, termo de fomento ou acordo de cooperação, se sujeitam ao regime da Lei de Parcerias.

Para formalizar o CIS pode ser utilizado termo de colaboração ou termo de fomento, visto que ambos permitem que o Poder Público faça repasses financeiros – o acordo de cooperação, por sua vez, é destinado a parcerias voluntárias que não envolvam transferência de recursos, ficando excluído do panorama de instrumentos jurídicos passíveis de serem utilizados para a modelagem de CIS. Ressalte-se que o que diferencia o termo de colaboração do termo de fomento é quem propõe a parceria: no primeiro, o próprio Poder Público; no segundo, a OSC (art. 2º, VII e VIII, da lei). A despeito de serem instrumentos contratuais distintos, o regime jurídico a eles aplicável é o mesmo.

A lei diz que o termo de colaboração/fomento é celebrado para a consecução de finalidades de interesse público (art. 1º), mas não especifica áreas de atuação.

4.5.2 Procedimento para seleção da OSC

A celebração do termo de colaboração/fomento depende de chamamento público prévio (art. 24 da lei), composto por quatro fases: divulgação do edital (art. 26 da lei); análise, ordenação e julgamento das propostas (art. 27 da lei); verificação do cumprimento das exigências de normas de organização interna da OSC e das certidões de regularidade e existência jurídica (art. 28 da lei); homologação e divulgação do resultado (art. 27, § 4º, da lei).

O chamamento público, vale dizer, pode ou não ser precedido do chamado Procedimento de Manifestação de Interesse Social/PMI Social, instrumento por meio do qual OSC, movimentos sociais e cidadãos podem apresentar propostas ao Poder Público para que este avalie a possibilidade de realizar chamamento público objetivando a celebração de termo de colaboração/fomento (art. 18 da lei).

Porém, há hipóteses em que o chamamento público não será necessário. Para o CIS, chamam a atenção dois casos: (i) quando o objeto consistir em atividades voltadas ou vinculadas a serviços de educação, saúde e assistência social, desde que executadas por OSC previamente credenciada pelo órgão gestor da respectiva política (art. 30, VI, da lei); (ii) em razão da natureza singular do objeto ou se a finalidade almejada somente puder ser alcançada por OSC específica (art. 31 da lei).

Em todo caso, a OSC deve possuir tempo mínimo de existência para celebrar a parceria, variando de acordo com o ente federativo com o qual está contratando: se for a União, a OSC deve possuir, no mínimo, três anos; se for Estado ou Distrito Federal, dois anos; se for Município, um ano (art. 33, V, "a", da lei). Além disso, deve ter experiência prévia com o objeto da parceria ou objeto de natureza semelhante (art. 31, V, "b", da lei), bem como capacidade técnica e operacional para desenvolver as atividades (art. 31, V, "c", da lei).

---

15. Atenção ao fato de essa ser uma lei *nacional*, sendo suas disposições aplicáveis a União, Estados, Distrito Federal e Municípios.

4.5.3 Características contratuais relevantes para o CIS

A celebração do termo de colaboração/fomento exige do Poder Público prévio empenho de recursos orçamentários, que obedecerão a um cronograma de desembolso (art. 33 do decreto). Contudo, da mesma forma que no contrato de gestão e no termo de parceria, não há previsão normativa de garantia por eventual inadimplência do Poder Público.

Apesar de o Poder Público poder rescindir o termo de colaboração/fomento a qualquer tempo (como é típico em contratos do chamado Terceiro Setor), a lei prevê a necessidade de o Poder Público comunicar essa intenção à OSC com antecedência mínima de 60 dias, cabendo ao contrato prever as respectivas condições, sanções e delimitações claras das responsabilidades (art. 42, XVI, da lei).

O termo de colaboração/fomento pode viger por prazo máximo de 10 anos (art. 21, parágrafo único, do decreto), já contabilizada eventual prorrogação. Além disso, diferentemente do que se vê no contrato de gestão e no termo de parceria, não há exigência expressa de que a OSC contratada edite regulamento próprio para compras.

Permite-se a subcontratação, desde que o contratado permaneça responsável perante o Poder Público pela concepção, direção e gerenciamento do serviço.

4.5.4 Pontos de atenção

Apesar de o termo de colaboração/fomento possuir regime muito semelhante aos do contrato de gestão e do termo de parceria, há possíveis vantagens na sua escolha: (i) a lei não exige que a contratada edite regulamento próprio de compras; (ii) a PJ não precisa de qualificação jurídica especial para celebrar o contrato; e (iii) há poucas experiências reais com esse contrato – ineditismo justificado pelo recente início de vigência da lei –, o que pode deixar controladores mais "abertos" a um uso inovador desse instrumento.

5. Conclusão

Este artigo sustenta que o Direito nacional dispõe de contratos públicos típicos aptos a viabilizar a implementação no Brasil de investimento de impacto social nos moldes do CIS. Para tanto, é preciso levar em consideração as características legais de cada qual.

A avaliação sobre qual arranjo contratual utilizar deve ser feita em face das características do caso concreto, levando-se em conta suas peculiaridades e os desafios de gestão do ente federativo que pretende lançar o negócio de impacto social.

Os seguintes arranjos contratuais foram listados pelo artigo: (1) contrato de prestação de serviços com licitação prévia (da Lei 8.666/1993 e do RDC); (2) contrato de prestação de serviços com dispensa de licitação (art. 24, XIII, da Lei 8.666/1993); (3) concessão administrativa (Lei 11.079/2004); (4) contrato de gestão (Lei 9.637/1998); (5) termo de parceria (Lei 9.799/1999); e (6) termo de colaboração/fomento (Lei 13.019/2014).

Foram destacadas as seguintes peculiaridades de cada qual: (1) necessidade de procedimento de seleção do contratado; (2) prazo de vigência; (3) valor do investimento; e (4) natureza jurídica da PJ a ser contratada.

Assim, e diante dessas variáveis, propõe-se o seguinte roteiro de perguntas a serem avaliadas em cada caso concreto pelos estruturadores do projeto para o fim de auxiliar na identificação do tipo contratual mais adequado para implementar o investimento social:

1. Qual o valor estimado investimento social?

2. Qual o prazo pretendido para a intervenção social?

3. É necessário assegurar ao particular a vigência do contrato por certo prazo mínimo?

4. Deseja-se fazer procedimento de seleção do contratado?

5. Há preferência por PJ com ou sem fins lucrativos?

Respondendo a elas o gestor será capaz de vislumbrar os modelos contratuais mais adequados à sua demanda.

A leitura do arranjo jurídico mais ajustado às características do contrato que se pretende implementar também deve levar em conta práticas e decisões políticas do ente público contratante. No caso do Estado de São Paulo, por exemplo, há entendimento informal de que um diretor de OS não pode ganhar acima do teto constitucional, a despeito de a OS não pertencer à estrutura da Administração Pública (e, portanto, de não estar formalmente sujeita ao teto remuneratório constitucional). Informações desse tipo (que em regra só são obtidas por meio de diálogo com o Poder Público) podem impactar significativamente a escolha do arranjo jurídico mais adequado à implementação de CIS. De modo semelhante, ouvir o mercado também pode ser útil para saber quais espécies contratuais deixam potenciais investidores mais propensos a participar de investimentos sociais dessa natureza. Nesse sentido, procedimentos como o PMI (quando cabível) e a consulta pública podem servir como "termômetro" de intenções de investimentos.

Apesar de mudanças legislativas não serem rigorosamente necessárias para a implementação de CIS no Brasil, reconhece-se que a aprovação de lei federal específica sobre o tema traria mais segurança jurídica a esse tipo de investimento social. Em norma própria seria possível institucionalizar e padronizar esse tipo de contrato.

REVISITANDO OS PODERES DO ADMINISTRADOR PÚBLICO

Vitor Rhein Schirato

1. A importância de Hely Lopes Meirelles para o direito administrativo brasileiro. 2. Nosso objetivo com esse texto. 3. A noção de "poder" para Hely Lopes Meirelles. 4. Poder vinculado (ou regrado) e poder discricionário. 5. Poder hierárquico. 6. Poder disciplinar. 7. Poder regulamentar. 8. Poder de polícia. 9. Considerações finais.

1. A importância de Hely Lopes Meirelles para o direito administrativo brasileiro

Poucos doutrinadores tiveram importância tão capital para o direito administrativo brasileiro quanto Hely Lopes Meirelles. A razão desta afirmação não decorre apenas da vasta e completa obra do autor, que abarcou a integralidade do direito administrativo de seu tempo e ainda consolidou outros temas de forma autônoma (como, por exemplo, o direito municipal e o direito de construir). Decorre da relevância da obra publicada para a consolidação do direito administrativo e de suas vigas-mestras no Brasil.

Realizando-se uma análise brevíssima da evolução doutrinária do direito administrativo no Brasil, vê-se um percurso um tanto tortuoso. Isso ocorre porque no direito administrativo não havia (e ainda não há) um código de referência, como ocorre em relação a outros ramos do Direito, como o direito civil e o direito comercial, e tampouco havia um Conselho de Estado, como no caso francês.

A construção do direito administrativo como ramo autônomo da Ciência Jurídica dependeu, em enorme medida, da produção doutrinária. Nesse sentido, vê-se que a sistematização do direito administrativo como ramo autônomo do Direito teve na obra de Themístocles Brandão Cavalcanti um ponto importantíssimo, na medida em que esse autor foi o responsável por iniciar a difusão, entre nós, dos institutos basilares do direito administrativo delineados pela doutrina francesa – e que até hoje constituem temas fundamentais desse ramo da Ciência Jurídica.[1]

---

1. Essa afirmação decorre do teor da obra *Instituições do Direito Administrativo*, publicada originalmente em 1936, que apresentou uma teorização do direito administrativo a partir das lições francesas da mesma época, rompendo-se com a tradição vigente até então, de influência do Direito Norte-Americano. Como bem cita Fernando Menezes Dias de Almeida, Themístocles Brandão Cavalcanti estrutura o direito administrativo como um ramo da Teoria Geral do Estado, o que o aproxima definitivamente da escola francesa, eis que a gênese da teoria francesa do direito administrativo, envolta na ideia de serviço público, nada mais é do que uma escola de estudo da Teoria Geral do Estado. Sobre o tema, cf.: *Formação da Teoria do Direito Administrativo no Brasil*, São Paulo, Quartier Latin, 2015, p. 248.

Mas, sem qualquer prejuízo à importância de Themístocles Brandão Cavalcanti, coube a Hely Lopes Meirelles um papel fundamental na consolidação das lições iniciais do direito administrativo de matriz francesa.

Em primeiro lugar, porque a forma de sistematização adotada por Hely Lopes Meirelles foi facilmente aceita como referência para o direito administrativo, eis que era simples, completa, profunda e de fácil consulta. E, em segundo lugar, porque a obra de Hely Lopes Meirelles é prenhe de inegável viés prático, em função da destacada carreira do autor no exercício de diversos cargos públicos e privados diretamente envolvidos com o direito administrativo, o que sempre possibilitou sua invocação na solução de problemas cotidianos, principalmente em tempos de baixa normatização desse ramo como eram aqueles até os anos de 1990.

Sobre o tema, concordamos plenamente com a classificação apresentada por Fernando Dias Menezes de almeida, segundo a qual a obra de Hely Lopes Meirelles seria daquelas "propiciadoras de formulações teóricas tendentes a facilitar um direito administrativo mais operacional, ou seja, apto a pôr em marcha a máquina estatal, qualquer que ela seja".[2]

Assim é que temos enorme orgulho e satisfação em participar da presente obra coletiva destinada a homenagear Hely Lopes Meirelles. Não se trata apenas de homenagear um grande autor de direito administrativo. Trata-se de homenagear alguém que foi um dos maiores responsáveis por amoldar esse ramo do Direito no Brasil e, pois, por apresentar algumas das lições mais importantes que tivemos a oportunidade de receber em nossa trajetória acadêmica.

2. Nosso objetivo com esse texto

A doutrina do direito administrativo no Brasil apresenta, a nosso ver, e com a máxima vênia, um considerável problema. Há pouco diálogo entre os doutrinadores. As citações feitas nas obras científicas são destinadas, em geral, a ratificar um raciocínio, como forma de se trazer um argumento de autoridade, a apresentar uma visão para elaboração de posterior crítica, a fim de se trazer à luz tese e antítese, ou simplesmente para demonstração de erudição.

Falta, segundo nosso sentir, um diálogo no sentido de procurar expor e entender o pensamento de um autor e com ele interagir, apresentando pontos que podem ser contrapostos, atualizados ou até mesmo reassentados.

E é exatamente isso que pretendemos com o presente estudo. Escolhemos um texto clássico[3] de autoria do professor Hely Lopes Meirelles, denominado "Os poderes do admi-

---

2. Fernando Dias Menezes de Almeida, *Formação da Teoria do Direito Administrativo no Brasil*, cit., pp. 252-253.

3. Dizemos que esse texto seria "clássico" porque é um dos mais definitivos no delineamento e na sistematização das atividades empreendidas pela Administração Pública no manejo de suas potestades, utilizando-se o termo de Eduardo García de Enterría e Tomás-Ramón Fernández (*Curso de Derecho Administrativo*, 14ª ed., vol. I, Madri, Thompson Civitas, 2008, pp. 451-452). O conteúdo e a forma de exposição adotados por Hely Lopes Meirelles no texto "Os poderes do administrador público" são tão relevantes que formaram parcela de grande relevo na sistematização do ensino do direito administrativo, como se depreende do programa atualmente utilizado para ensino da disciplina na Faculdade de Direito da USP (cf. *https:// uspdigital.usp.br/jupiterweb/obterDisciplina?sgldis=DES0311&verdis=1*).

nistrador público",[4] para com ele dialogar, apontando quais das lições lá contidas ainda se mostram pertinentes, o que poderia ser revisto em função da inevitável evolução do direito administrativo e o que é de se sublinhar no pensamento do autor que possa ter tido papel decisivo na formação do direito administrativo no Brasil.

Assim, para concluir o propósito que pretendemos, passaremos por todos os pontos do texto original do homenageado, apresentando os comentários que nos parecem pertinentes para demonstrar a importância de Hely Lopes Meirelles para o direito administrativo brasileiro.

Esperamos, pretendendo apresentar um diálogo acadêmico, prestar a justa homenagem que o autor merece.

3. A noção de "poder" para Hely Lopes Meirelles

O texto "Os poderes do administrador público" inicia com a apresentação da noção de poder utilizada pelo autor. Em suas palavras:

> Para bem realizar a Administração Pública, ou seja, a satisfação dos interesses sociais, o administrador é investido pela entidade estatal a que serve – União, Estado-membro, Município – de poderes consentâneos e proporcionais aos encargos que lhe são cometidos.[5]

Apenas essa noção de poder apresentada pelo autor já contém uma riqueza tão grande que renderia, sozinha, um trabalho monográfico completo, eis que apresenta diversos pontos de grande relevo para o direito administrativo. Todavia, como temos o objetivo de perpassar por todo o texto em comentário, cingiremos nossas observações aos pontos que se nos afiguram mais interessantes.

Em primeiro lugar, há que ser destacada a ideia *instrumental* do conceito de poder. Hely Lopes Meirelles não apresenta um poder como um dom ou faculdade da Administração Pública, manejado conforme as concepções individuais do administrador público. Bem ao contrário, o poder tem um caráter instrumental, eis que se vincula ao alcance de uma finalidade específica: "a satisfação dos interesses sociais".

Nesse sentido, a noção de poder empregada por Hely Lopes Meirelles aproxima-se da ideia de função apresentada por Sabino Cassese, na medida em que ambas partem do pressuposto de que a ação da Administração Pública somente tem lugar de ser caso seja voltada ao alcance de uma finalidade específica.[6]

---

4. O texto foi publicado originalmente no vol. 51 da *Revista de Direito Administrativo/RDA*, no ano de 1958 (Rio de Janeiro, Renovar, pp. 1-18). Posteriormente foi incluído na *Seleção Histórica* da mesma revista, publicada no ano de 1995 (Rio de Janeiro, Renovar, pp. 327-343).

5. Hely Lopes Meirelles, "Os poderes do administrador público", cit., *RDA – Seleção Histórica*, p. 327.

6. Em consonância com o que já afirmamos em diversos trabalhos, Sabino Cassese definiu Administração Pública como uma função. Segundo as palavras do autor: "(...) a administração é considerada, enquanto tal, função. Quer-se dizer, desta forma, que a administração é instituída para cuidar dos interesses gerais e que, portanto, deve estar, na sua globalidade, em uma 'relação de congruência' com os fins públicos. O ordenamento, portanto, assegura a funcionalização da administração em todos os seus aspectos: a organização, os meios (pessoal, patrimonial e financeiro) e a atividade" (*Istituzioni di Diritto Amministrativo*, 2ª ed., Milão, Giuffrè, 2006, p. 23 – tradução nossa).

Embora nos dias de hoje possa ser considerada óbvia a colocação de Hely Lopes Meirelles acerca da vinculação dos poderes do administrador público a uma finalidade de caráter coletivo, sua aposição ao tempo da publicação original do texto analisado demonstra a atualidade do pensamento do autor e sua visão clara de que a Administração Pública não é um fim em si próprio, mas um meio para que algo seja realizado.

Em segundo lugar, importante destacar que Hely Lopes Meirelles expressamente condiciona o exercício dos poderes do administrador público à ideia de *proporcionalidade*. Porém, a proporcionalidade mencionada pelo autor não é utilizada em seu sentido contemporâneo de sopesamento de valores e interesses que se colocam no caso concreto – o que será mais adiante detalhado. É mencionada no sentido clássico desenvolvido no Direito Prussiano de *vedação ao excesso*.[7] Isso implica, segundo a noção de poder utilizada pelo autor, que o limite do manejo de determinado poder é o necessário ao atingimento de sua finalidade, sendo interditado ao administrador público empregar qualquer poder para além de tal necessidade.

Embora a menção da existência de uma vedação ao excesso seja muito louvável, sobretudo considerando-se o momento da evolução do direito administrativo em que se insere o texto comentado, na atualidade a ideia de proporcionalidade quer indicar muito mais do que simplesmente a imposição de um limite ao manejo de um poder. Como se consignará em maiores detalhes, sobretudo ao se comentar o poder de polícia, a ideia de proporcionalidade implica o dever de consideração, ponderação e sopesamento de todos os interesses e valores que se coloquem em um caso concreto, determinando à Administração, mais do que um limite, um dever positivo de ação.[8]

Em terceiro lugar, merece destaque a ideia apresentada por Hely Lopes Meirelles de que os poderes do administrador público não advêm de seus próprios poderes, mas, sim, são investidos por outra fonte, externa à Administração Pública, que são os entes estatais dentro de cujas estruturas se encontra o administrador público. Em que pese a não ser claro neste enunciado, parece-nos evidente que o autor está a se referir à legalidade como fonte instituidora e delimitadora dos poderes do administrador público.

Giandomenico Falcon expressamente coloca a aceitabilidade dos poderes do administrador público na ideia de legalidade, eis que apenas a legalidade poderá prevê-los e discipliná-los, bem assim evitar que os poderes do administrador público possam ser moldados conforme circunstâncias casuísticas e sejam, pois, usados com generalidade e uniformidade a todos os que se encontrem em uma mesma posição jurídica.[9]

Por fim, *em quarto e último lugar*, importante notar a identificação do pensamento de Hely Lopes Meirelles com a escola do poderio público francesa, capitaneada por Maurice Hauriou. Essa concepção fica evidente a partir do momento em que o autor situa a gênese

---

7. Cf. Otto Mayer, *Derecho Administrativo Alemán*, 2ª ed., t. II, trad. da edição francesa de 1904 de Horacio H. Heredia e Ernesto Krotoschin, Buenos Aires, Depalma, 1982, pp. 31 e ss.

8. Sobre o tema, cf., entre outros: Johannes Masing, "Der Rechtsstatus des Einzelnen im Verwaltungsrecht", in Wolfgang Hoffmann-Riem, Eberhard Schmidt-Assmann e Andreas Voßkuhle (orgs.), *Grundlagen des Verwaltungsrechts*, vol. I, Munique, C. H. Beck, 2008, pp. 37 e ss.

9. Giandomenico Falcon, *Lezione di Diritto Amministrativo*, vol. I (*L'Attività*), 4ª ed., Pádua, CEDAM, 2016, pp. 8-9.

dos poderes do administrador público na ideia de *soberania nacional*.[10] Ou seja: por mais instrumentais que sejam os poderes do administrador público, serão esses sempre manifestados de forma verticalizada, em uma relação jurídica impositiva.

Essa ideia, como procuraremos destacar, apresenta-se em diversas passagens do texto original, ao comentar especificamente cada um dos poderes do administrador público, ao se deixar claro que o manejo desses poderes se dá a partir de uma relação de imposição por parte da Administração Pública e sujeição por parte dos cidadãos.

Talvez, em grandes linhas e como procuraremos demonstrar nesse trabalho, seja esse ponto do pensamento do autor homenageado que demande maior revisão, em função das evoluções que se verificaram no direito administrativo.

4. Poder vinculado (ou regrado) e poder discricionário

Os poderes vinculado e discricionário são apresentados por Hely Lopes Meirelles de forma separada, como duas forças antagônicas, que representam dois poderes distintos. Aqui, em função dos comentários que temos a tecer sobre a visão do autor, unificaremos ambos em um mesmo tópico.

Em linhas muito gerais, Hely Lopes Meirelles conceitua o poder vinculado como "aquele que o direito positivo – a lei – confere à Administração Pública para a prática de ato administrativo, determinando o conteúdo, o modo e forma de seu comprimento". O traço marcante do poder vinculado, segundo o pensamento do autor, é o fato de que a lei regula inteiramente o conteúdo do ato produzido, de forma que o administrador público "fica, inteiramente, preso ao enunciado da lei, em todas as suas especificações".[11]

De forma oposta, o poder discricionário "é o que o Direito concede à Administração de modo explícito ou implícito, para a prática de atos administrativos com liberdade na escolha de sua conveniência, oportunidade ou conteúdo". Ainda segundo o autor, a ideia de discricionariedade seria uma "liberdade de ação administrativa, dentro dos limites permitidos em lei".[12]

Segundo a visão do autor, a distinção fundamental entre o poder vinculado e o discricionário seria a liberdade de ação que é conferida quanto ao segundo e que não seria conferida quanto ao primeiro. Ou seja: enquanto o poder vinculado seria simplesmente a prática de um ato plena e completamente disciplinado por lei, o poder discricionário conferiria alguma liberdade de ação no que toca à conveniência e à oportunidade da prática do ato.

O primeiro ponto a ser destacado é que os conceitos acima consolidaram-se de forma muito intensa no direito administrativo brasileiro. Em que pese a haver vários pontos de evolução a serem notados e comentados, ainda há parcela significativa da doutrina que repete os conceitos apresentados como se ainda fossem integralmente atuais e passíveis de aproveitamento em sua inteireza.[13]

---

10. Diz, textualmente, o autor que "esses poderes, conquanto originários da mesma fonte – a soberania nacional (...)" (cf. Hely Lopes Meirelles, "Os poderes do administrador público", cit., *RDA – Seleção Histórica*, p. 327).

11. Hely Lopes Meirelles, "Os poderes do administrador público", cit., *RDA – Seleção Histórica*, p. 327.

12. Idem, p. 328.

13. Por todos, cf.: Maria Sylvia Zanella Di Pietro, *Direito Administrativo*, 29ª ed., São Paulo, Atlas, 2016, pp. 254-255.

De nossa parte, reconhecemos a importância dos conceitos apresentados pelo autor na exata medida em que foram de enorme valia para a apartação de meios de ação da Administração Pública. Da mesma forma, parece-nos de grande relevo a fonte mediata da discricionariedade identificada pelo autor: a "impossibilidade de o legislador catalogar, na lei, todos os atos que a prática administrativa apresenta".[14]

Contudo, parece-nos, os conceitos de discricionariedade e vinculação tratados no texto em diálogo merecem alguns comentários atualizadores.

Em primeiro lugar, não entendemos caber classificar discricionariedade ou vinculação como *poderes*, eis que não o são. É bem verdade que Hely Lopes Meirelles faz a ressalva de que os "poderes" discricionário e vinculado aplicam-se sobre a extensão e a liberdade dos poderes do administrador público. Contudo, a própria definição de poder analisada no tópico 2 deste estudo demonstra, a nosso ver, a incompatibilidade entre as ideias de poder, discricionariedade e vinculação.

A nosso sentir, discricionariedade ou vinculação são formas de exercício de um poder administrativo (ou, como preferimos, de uma *função* administrativa). É dizer: não há vinculação ou discricionariedade consideradas autonomamente, despedas de uma função. Vinculação e discricionariedade são, pois, formas de relação entre o exercício de uma função e a lei que a cria.[15]

Destarte, se fôssemos nós fazer uma dissertação acerca dos poderes (ou funções, como preferimos) da Administração Pública, não incluiríamos discricionariedade ou vinculação, na medida em que essas são formas de exercício de outras funções. Tanto é assim que todas as funções da Administração Pública poderão ser discricionárias ou vinculadas, variando apenas em função da norma que houver criado a função em questão e da disciplina imposta à ação do administrador público.

Todavia, ao que nos parece, a inclusão de discricionariedade e vinculação no rol de poderes do administrador público não seria o ponto mais relevante a ser observado. O aspecto mais relevante a ser ressaltado refere-se ao esvaecimento da separação rígida entre discricionariedade e vinculação.

Segundo o pensamento de Hely Lopes Meirelles, o "poder" vinculado seria completamente apartado do "poder" discricionário. No primeiro, como já ressaltado, o administrador público não teria qualquer liberdade de ação em relação ao ato a ser praticado. Deveria praticar um ato com o conteúdo previamente disciplinado por lei, na forma da lei e no momento em que a lei determinar. Em oposição, o segundo contaria com a previsão de um espaço de liberdade para o administrador atuar, ou seja, a lei não esgotaria todas as possibilidades de atuação, concedendo ao administrador um campo de apreciação para a tomada de decisão.

Entretanto, o cenário atual é muito distinto daquele analisado por Hely Lopes Meirelles, o que traz consideráveis alterações à configuração das ideias de vinculação e discricionariedade nos dias atuais, por desmontar os pressupostos adotados pelo autor na construção de seu pensamento.

---

14. Hely Lopes Meirelles, "Os poderes do administrador público", cit., *RDA – Seleção Histórica*, p. 329.

15. Entendimento semelhante é esposado por Floriano Peixoto de Azevedo Marques Neto ao sistematizar os poderes do administrador público ("Poderes da Administração Pública", in Marcelo Figueiredo (org.), *Novos Rumos para o Direito Público – Reflexões em Homenagem à Professora Lúcia Valle Figueiredo*, Belo Horizonte, Fórum, 2012, p. 225).

Em suma descrição, o pensamento de Hely Lopes Meirelles parte de um pressuposto de legalidade que não se coaduna com o atualmente existente. Segundo a concepção do autor, a Administração Pública vincula-se à lei e dela recebe comandos expressos acerca de como agir, quando agir e por que agir. Há uma ideia estrita de legalidade, segundo a qual existe uma relação binária entre lei e Administração Pública, na qual a Administração recebe da lei comandos que deve cumprir. Ora esse comando exaure por completo a ação administrativa, ora confere uma capacidade ao administrador público para apreciar o caso subjacente e *escolher* a melhor decisão, entre mais de uma cabível. Contudo, em nenhuma hipótese a Administração Pública poderá atuar fora do contexto da lei.[16]

Nessa visão, a lei, considerada de forma estrita, exerce papel fundamental sobre a Administração Pública, pois determina quando deve atuar e como deve atuar. A lei, portanto, é a única fonte de ação da Administração Pública e contém uma descrição pormenorizada dos parâmetros de aceitabilidade dessa atuação, seja delimitando-a detalhadamente, seja conferindo um espaço restrito de atuação para a escolha da melhor solução para o caso concreto, em função da impossibilidade de o legislador prever todas as circunstâncias do caso concreto, como argumenta o próprio autor.

Na atualidade essa construção há que ser revista e atualizada e, segundo nosso sentir, a atualização deve ser feita em função de três fatores distintos: (i) a vinculação direta da Administração Pública à Constituição que passou a existir; (ii) a modificação do relacionamento entre Administração Pública e lei, em função de alterações no conteúdo das leis no contexto atual; e (iii) a multiplicação das fontes do direito administrativo.

Passemos a analisar, detidamente, cada um desses fatores, para deles extrair os pontos que impelem alguma revisão na proposta original de Hely Lopes Meirelles.

No que se refere à constitucionalização do direito administrativo, tem-se um processo no qual a vinculação primária da Administração Pública, no contexto atual, passa a ser o texto constitucional, e não mais a lei. Segundo a lógica de legalidade contida no pensamento de Hely Lopes Meirelles, a Constituição vincula o legislador, que deverá editar leis consonantes com seu conteúdo, seja naquilo que se refere a processo legislativo, seja no que se refere ao conteúdo normativo, ao passo que o legislador vincula o administrador público, a partir da edição de leis infraconstitucionais. Não há, nesse raciocínio, vinculação direta da Administração pela Constituição.

Ocorre, contudo, que a estrutura dos textos constitucionais da atualidade não permite mais a aceitação desse modelo bipartido de vinculação. O conteúdo das normas constitucionais passa a ter eficácia direta contra a Administração Pública, vinculando-a sem a necessidade de lei infraconstitucional.

A razão para tanto é muito simples: seguindo o modelo da Constituição alemã de 1949 (art. 1º), a Constituição Federal/1988 expressamente determina que os direitos fundamentais terão aplicação direta e imediata, não demandando sua trasladação para leis infraconstitucionais para irradiar seus efeitos (art. 5º, § 1º). Por conseguinte, as normas constitucionais que consagram direitos fundamentais passam a vincular diretamente a Administração Pública, sem a necessidade de leis infraconstitucionais entre o texto constitucional e o ato administrativo.

16. Hely Lopes Meirelles, "Os poderes do administrador público", cit., *RDA – Seleção Histórica*, p. 328.

Ao mesmo tempo em que a Administração Pública passa a estar vinculada diretamente pela Constituição, há uma completa alteração na relação entre a Administração Pública e a lei, a qual é derivada de dois motivos distintos, que serão expostos com a brevidade possível, para evitar maiores desvios em relação ao tema principal de nosso trabalho.

De um lado, com a consolidação do Estado Social, há um aumento significativo das ações que são impostas às pessoas estatais a fim de se atender adequadamente a todas as demandas sociais juridicamente relevantes. Essa realidade passa a tornar cada vez mais impossível que o legislador seja capaz de disciplinar abstratamente todos os campos de ação do Estado, notadamente naqueles que não há o emprego da autoridade estatal, mas o desenvolvimento de atividades prestacionais ou de fomento. As chaves legislativas que vinculam a Administração Pública passam a ser genéricas, constantes de diretrizes que impõem finalidades a serem alcançadas, com textos de baixa densidade normativa.[17]

De outro lado, a ampliação e a consolidação da ideia de democracia vividas após a II Guerra mundial fazem com que ascendam ao exercício dos poderes políticos todos os setores da sociedade, criando considerável heterogeneidade na formação dos órgãos legislativos.[18] Como consequência, o alcance de consensos no processo legislativo torna-se muito mais complexo e difícil, tornando os textos normativos muito mais fluidos e genéricos.

Sumarizando essa situação, Sabino Cassese, com a precisão que lhe é única, pontua que o atual momento do direito administrativo faz com que a Administração Pública ganhe capacidade de atuação para além de disposições legais previamente colocadas. Nas palavras do autor, "hoje, a disciplina da Administração Pública não é mais normativa, mas composta, em primeiro lugar, de atos de autonomia (e não de heteronomia), e, em segundo lugar, de leis gerais".[19]

Adicionalmente – e, sem dúvidas, em consequência dos fatores mencionados acima –, há uma considerável multiplicação das fontes do direito administrativo, que retiram da lei parlamentar o papel de protagonismo que lhe é atribuído por Hely Lopes Meirelles. Como muito bem anota Eberhard Schmidt-Assmann, a posição do centralismo da lei parlamentar antes existente é substituída por uma organização das fontes do direito administrativo muito baseada em diferentes camadas e diferentes regimes jurídicos das fontes do direito administrativo.[20]

Assim, embora o próprio Hely Lopes Meirelles enxergue uma pluralidade de fontes do direito administrativo (como, inclusive, ainda trataremos no presente estudo), sua visão de pluralidade é muito distinta daquela existente hoje, eis que não mais baseada no centrismo da lei parlamentar.

Como resultado, a ação administrativa é disciplinada por diferentes fontes, algumas provenientes da própria Administração Pública, outras impostas de fora para dentro da Administração Pública; algumas típicas de direito administrativo, outras provenientes de

---

17. É o que ocorre, por exemplo, com a ideia de políticas públicas que guiam a ação administrativa a partir de formulações normativas com caráter de diretrizes. Sobre, o tema, cf., entre outros: Maria Paula Dallari Bucci, *Direito Administrativo e Políticas Públicas*, São Paulo, Saraiva, 2002, pp. 241 e ss.

18. Sobre o tema, cf.: Massimo Severo Giannini, *Diritto Amministrativo*, 2ª ed., vol. I, Milão, Giuffrè, 1988, pp. 48 e ss.

19. Sabino Cassese, *Il Diritto Amministrativo: Storia e Prospettive*, Milão, Giuffrè, 2010, p. 443.

20. Eberhard Schmidt-Assmann, *Verwaltungsrechtliche Dogmatik*, Tübingen, Mohr Siebeck, 2013, p. 34.

outros sistemas, como o direito privado.[21] Destarte, a Administração Pública acaba disciplinada, nos dias atuais, por uma ampla variedade de normas, que vão desde a Constituição até normas infralegais editadas pela própria Administração Pública.

Como consequência dessa ressignificação da ideia de legalidade, em comparação com os pressupostos adotados por Hely Lopes Meirelles, a dicotomia discricionariedade/vinculação acaba por ser fortemente ameaçada, não sendo mais claramente possível demarcar, muitas vezes, quais atos são, de fato, discricionários e quais são vinculados.

Expliquemo-nos. A redução da densidade normativa das leis parlamentares tem como consequência evidente o aumento significativo da discricionariedade administrativa, eis que aumenta a lassidão do texto e reduz a certeza e a direção das normas que se aplicam à Administração, aumentando significativamente o campo de apreciação subjetiva prévio a uma decisão e, também, a quantidade de decisões possíveis à luz do caso concreto.[22]

Por outro lado, a vinculação direta da Administração Pública à Constituição e o aumento das fontes do direito administrativo fazem com que o campo de vinculação também seja consideravelmente ampliado, eis que há uma gama muito maior de dispositivos normativos que se aplicarão na disciplina da ação do administrador público. Esse cenário ainda é reforçado pela enorme normatividade que passam a ter os princípios jurídicos na normatização da Administração Pública, sejam aqueles princípios tradicionais previstos no *caput* do art. 37 da CF, sejam outros princípios previstos em leis específicas, sejam os próprios direitos fundamentais, cujos enunciados têm forte carga principiológica.[23]

Pois bem. Diante do cenário atual demonstrado, o que se acaba por perceber é que a distância entre discricionariedade e vinculação foi em muito reduzida se comparada à perspectiva adotada por Hely Lopes Meirelles. Se há um aumento sensível das funções manejadas com certa discricionariedade, há o aumento do nível de vinculação, em função do crescimento de normas que, direta ou indiretamente, pautam a ação administrativa.

Portanto, o que se verifica na atualidade é a quase inexistência de funções completamente discricionárias e completamente vinculadas. As ações discricionárias serão sempre objeto de algum nível de vinculação decorrente de uma norma aplicável sobre a Administração Pública. Simultaneamente, as ações vinculadas terão um nível de discricionariedade, porque sua aplicação nunca será plenamente automática, pelo constante dever de cumprimento direto de normas constitucionais que se aplicam diretamente sobre

---

21. Idem, pp. 34-35.
22. Nesse sentido, deve ser mencionado que a discricionariedade deixa de se restrita aos casos em que a lei opta por legar ao administrador público a capacidade de tomar a decisão "a" ou "b" diante da ocorrência de determinada hipótese normativa, que é a fórmula mais tradicional. Passa a haver também a discricionariedade de escolha de meios a partir de fins previamente colocados, o manejo de poder normativo e, principalmente, o aumento considerável do emprego de conceitos jurídicos indeterminados nos textos legais (inclusive como um dos mecanismos a permitir o alcance, pelo Parlamento, de consenso na formação dos textos legais), os quais, embora contidos na hipótese de incidência normativa (e não na consequência, como é típico da discricionariedade), geram a capacidade de manejo de uma discricionariedade. Sobre o tema, cf. nosso "Discricionariedade e poder sancionador: uma breve análise da proposta de regulamento da ANATEL", *Revista Brasileira de Direito Público/RBDP* 23/104-106, Belo Horizonte, Fórum, outubro-dezembro/2008.
23. Sobre o papel e a ação dos princípios, cf., entre outros: Eberhard Schmidt-Assmann, *Verwaltungsrechtliche Dogmatik*, cit., pp. 47-49.

a ação administrativa. Daí por que a estrutura anunciada por Hely Lopes Meirelles, embora fundamental para a construção do direito administrativo brasileiro, há que ser revista.[24]

5. Poder hierárquico

Segundo definição apresentada por Hely Lopes Meirelles:

> (...) o poder hierárquico é o de que dispõe o Executivo para distribuir e escalonar as funções de seus órgãos e serviços, estabelecendo relação de subordinação entre os servidores de seu quadro administrativo.[25]

Os objetivos do poder hierárquico, consoante o pensamento do autor, seriam: *ordenar, coordenar, controlar e corrigir* a atividade administrativa. Ou seja: de um lado, presta-se para alocar tarefas entre os diferentes agentes públicos, buscando maior eficiência; por outro lado, manejar uma capacidade de controle (no sentido de comando), típica das relações hierarquizadas, para corrigir eventuais falhas.

As ideias de poder hierárquico e de hierarquia apresentadas pelo autor em discussão são ainda em grande parte pertinentes, eis que *parcela* da Administração Pública permanece estruturada de forma piramidal, baseada em relações hierarquizadas, como preconizadas pela administração bonapartista.

Contudo, uma observação de atualização parece muito relevante dentro da ideia de diálogo que ora buscamos: o perfil organizativo da Administração Pública foi consideravelmente alterado desde a edição do texto em análise até os dias atuais. A unidade de organização administrativa baseada na hierarquia e na subordinação não mais existe na totalidade da Administração Pública e é constantemente desafiada.[26]

Como bem anota Sabino Cassese, há na atualidade uma divisão na organização da Administração Pública entre *política e administração*, no âmbito da qual há determinadas funções administrativas que são desempenhadas por agentes infensos a determinações políticas (autoridades independentes) e há uma segregação entre direção e controle, de um lado, e gestão, de outro, a partir da qual a atuação política ficaria com a direção e o controle, ao passo que a gestão ficaria a cargo de dirigentes públicos de carreira.[27]

À observação que ora nos interessa realizar, a existência de autoridades independentes é mais relevante, *eis que opera uma verdadeira quebra na ideia de organização hierárquica da Administração Pública*. É dizer: para assegurar que determinadas parcelas da organização administrativa funcionarão de forma independente, buscando a realização de fins públicos gerais fixados em lei e sem influências da inconstância política, *parcela da Administração*

---

24. Há amplíssima literatura sobre esse câmbio. A título meramente exemplificativo, cf.: Odete Medauar, *Direito Administrativo em Evolução*, 3ª ed., Brasília, Gazeta Jurídica, 2016, pp. 239 e ss.; Gustavo Binenbojm, *Uma Teoria do Direito Administrativo. Direitos Fundamentais, Democracia e Constitucionalização*, Rio de Janeiro, Renovar, 2006, p. 39; Alexandre Santos de Aragão, *Curso de Direito Administrativo*, 2ª ed., Rio de Janeiro, Forense, 2013, p. 164.

25. Hely Lopes Meirelles, "Os poderes do administrador público", cit., *RDA – Seleção Histórica*, p. 330.

26. Cf. Eberhard Schmidt-Assmann, *Verwaltungsrechtliche Dogmatik*, cit., pp. 137 e ss.

27. Sabino Cassese, *Il Diritto Amministrativo: Storia e Prospettive*, cit., pp. 443-445.

Pública é constituída de autoridades independentes, que não se subordinam hierarquicamente a qualquer outra autoridade administrativa, processando-se a substituição da tradicional Administração piramidal narrada por Hely Lopes Meirelles pela Administração policêntrica descrita por Sabino Cassese.[28]

Destarte, as ideias atinentes ao poder hierárquico permanecem, em grande medida, a nosso ver, aplicáveis a uma parcela da Administração Pública. Contudo, não mais existem em relação a uma segunda parcela, que passa a ser dotada de considerável independência da cúpula do Poder Executivo para melhor desempenhar suas funções atribuídas por lei.

6. Poder disciplinar

Nas palavras de Hely Lopes Meirelles, "o poder disciplinar é o que confere ao administrador público a faculdade discricionária de reprimir as infrações funcionais de seus subordinados, no âmbito administrativo". Ainda de acordo com o autor, o poder disciplinar é correlato ao poder hierárquico, havendo como distinção o fato de que o segundo serve para alocar e distribuir atribuições e o primeiro presta-se a responsabilizar os servidores faltosos.[29]

No que se refere ao conceito apresentado, poucas ressalvas devem ser feitas em relação ao poder disciplinar, eis que ainda hoje, segundo nos parece, refere-se à capacidade de que é dotado o administrador público para apurar e apenar faltas cometidas por servidores públicos no exercício da função. Também no que se refere à correlação entre poder disciplinar e poder hierárquico não há muito o que se retocar, dado que, em geral, o poder disciplinar é aplicado de forma vertical dentro da estrutura piramidal (de parcela) da Administração Pública.

Não obstante a completude e a precisão do conceito apresentado por Hely Lopes Meirelles, parece-nos haver algumas importantes observações a serem apresentadas em função da evolução havida no direito administrativo nas últimas décadas. A primeira concerne à relação existente entre poder disciplinar e lei e a segunda concerne à existência de traços consensuais e diretivos no manejo do poder disciplinar. É o que passaremos a expor.

No que se refere ao primeiro ponto destacado, deve-se ressaltar o caráter discricionário do poder disciplinar defendido pelo autor em análise. Segundo seu pensamento, o poder disciplinar é marcado por *discricionarismo*, "no sentido de que não está vinculado a prévia definição da lei sobre a infração funcional e a respectiva sanção". Portanto, de acordo com o entendimento descrito, o poder disciplinar prescinde de um rol prévio de infrações e respectivas sanções na lei, cabendo ao administrador público identificar uma infração e aplicar a pena que melhor aprouver para o sancionamento do caso concreto.[30]

Segundo nos parece, esse entendimento deve ser revisto. O motivo do nosso posicionamento é a necessidade de garantia de segurança jurídica no manejo de qualquer parcela do poder sancionador da Administração Pública, incluindo-se, evidentemente, o poder disciplinar.

No atual cenário de evolução dos direitos fundamentais, especialmente no que se refere ao conteúdo garantístico dos direitos de defesa de *status* negativo, não se pode imaginar que

---

28. Sabino Cassese, *Le Basi del Diritto Amministrativo*, 9ª ed., Milão, Garzanti, 2000, p. 190.
29. Hely Lopes Meirelles, "Os poderes do administrador público", cit., *RDA – Seleção Histórica*, p. 331.
30. Idem, ibidem.

o particular fique às escuras acerca de quais atitudes suas podem ser sancionadas e quais as respectivas sanções cabíveis. É parte fundamental da afirmação dos direitos individuais em face do Estado que haja a definição prévia de quais são as condutas consideradas ilícitas, bem como a qual sancionamento referidas condutas estão sujeitas.

Destarte, não se pode imaginar que o administrador público possa gozar de margem de discricionariedade para (i) identificar um evento de descumprimento obrigacional por parte de um particular e (ii) para aplicar a penalidade que melhor couber para o caso concreto, pois referida margem de discricionariedade *levaria, invariavelmente, a uma enorme insegurança jurídica*.

Assim é que nos parece que o entendimento do caráter discricionário do poder disciplinar apresentado por Hely Lopes Meirelles deve ser revisto, eis que é fundamental haver a previsão em lei do regime disciplinar dos servidores públicos, o qual deverá prever quais condutas constituem infrações disciplinares, bem assim quais as respectivas sanções podem ser aplicáveis.[31]

Não obstante, é imperioso mencionar que o poder disciplinar contempla alguma dose de discricionariedade. Ocorre, contudo, que a discricionariedade existente em relação ao poder disciplinar aplica-se a outros pontos do manejo de tal poder, quais sejam, a proporcionalidade na dosimetria da sanção e a capacidade de substituir a sanção por acordos que prevejam algum tipo de prestação mais vantajosa.

A cada caso concreto em que se verifique a ocorrência de infração disciplinar prevista no diploma normativo pertinente manejará o administrador público um tanto de discricionariedade na fixação da sanção cabível, visto que deverá procurar proporcionalidade entre a sanção aplicada e a conduta infratora. Ao mesmo tempo, poderá o administrador público, a partir de um juízo discricionário, optar por substituir a sanção por outra prestação, consoante acordo que vier a ser celebrado com o servidor faltoso.[32]

Ademais, ainda há um ponto que impende a revisão do delineamento do poder disciplinar apresentado por Hely Lopes Meirelles, consistente em seu caráter exclusivamente repressivo. Segundo o pensamento do autor, o poder disciplinar consiste na capacidade de o administrador público punir o inferior hierárquico pelo cometimento de infrações funcionais. Ou seja: o poder disciplinar seria unicamente a capacidade de sancionar.

Contudo, nos dias atuais há outras formas de exercer o poder disciplinar, incentivando condutas dos servidores públicos, ao invés de apenas punir desvios. Não se quer dizer com isso que o poder disciplinar haja perdido seu caráter sancionador e autoritário. Contudo, quer-se dizer que não é apenas esse o caráter do poder em discussão.

Além de poder sancionar eventuais faltas, o poder disciplinar, atualmente, contempla também a capacidade de o administrador público criar incentivos e prêmios para obter dos servidores públicos a conduta mais interessante para a coletividade. É o que ocorre, por

---

31. Sobre o tema, cf. nosso "Legalidade e tipicidade no exercício da função sancionadora pela Administração Pública", in Asociación Peruana de Derecho Administrativo (org.), *Derecho Administrativo: Hacia un Estado Más Confiable*, Lima, Thomson Reuters, 2016, pp. 722 e ss.

32. Nos dias atuais é farta a literatura sobre a possibilidade de substituição de sanção administrativa por outra prestação por meio de acordos consensuais. A título exemplificativo, cf., entre outros: Juliana Bonacorsi de Palma, *Sanção e Acordo na Administração Pública*, São Paulo, Malheiros Editores, 2015, pp. 148 e ss.

exemplo, com a instituição de métodos de promoções e bonificações atreladas ao desempenho do servidor público.³³

Portanto, do ponto de vista conceitual, as ideias de Hely Lopes Meirelles permanecem em parte válidas no que se refere ao poder disciplinar. Contudo, sua materialização no caso concreto deve ser revista, em função do papel atribuído pelo autor à discricionariedade do administrador que maneja referido poder. Da mesma forma, ainda se deve complementar com a inclusão de mecanismos não estritamente sancionadores e autoritários, como os sistemas de promoções e bonificações, que visam ao alcance de condutas desejáveis dos servidores públicos tanto quanto o manejo do poder sancionador.

7. Poder regulamentar

Segundo Hely Lopes Meirelles, o poder regulamentar é exclusivo do Poder Executivo e consiste na capacidade de editar atos regulamentares para "explicar o modo e forma da execução da lei (*regulamento de execução*), ou prover situações não previstas em lei (*regulamento autônomo ou independente*)".³⁴

Na visão do autor o poder regulamentar consiste na capacidade que o chefe do Poder Executivo detém de editar regulamentos para garantir o fiel cumprimento das leis. Em parte seu entendimento converge com parcela da doutrina, na medida em que (i) pugna pelo papel dos regulamentos de explicitação do conteúdo de uma lei e redução da discricionariedade do administrador ao aplicá-las, (ii) entende que o poder regulamentar é exclusivo do chefe do Poder Executivo e (iii) afirma ser o regulamento inferior à lei na hierarquia das normas.³⁵

Contudo, o autor diverge da doutrina por muito tempo majoritária no que se refere à existência dos regulamentos autônomos, que seriam aqueles detentores da capacidade de trazer normatização para além do texto das leis, inovando na ordem jurídica, eis que o entendimento majoritário caminha(va) no sentido de que não cabe a regulamentos inovar originariamente na ordem jurídica.³⁶

Em nossa visão, o entendimento do autor em discussão deve ser objeto de poucas observações. Em primeiro lugar, porque o poder regulamentar permanece previsto de forma expressa em nosso texto constitucional com os mesmos contornos delineados no texto em debate no que se refere à capacidade que o chefe do Poder Executivo detém de editar atos regulamentares para garantir o fiel cumprimento das leis (art. 84, IV, da CF). E, e segundo lugar, porque concordamos haver espaço normativo para regulamentos que criem normas *ex novo*, para além da mera regulamentação de obrigações criadas por lei, seja no caso dos

---

33. Cf., nesse sentido, o disposto no § 7º do art. 39 da CF, segundo o qual: "§ 7º. Lei da União, dos Estados, do Distrito Federal e dos Municípios disciplinará a aplicação de recursos orçamentários provenientes da economia com despesas correntes em cada órgão, autarquia e fundação, para aplicação no desenvolvimento de programas de qualidade e produtividade, treinamento e desenvolvimento, modernização, reaparelhamento e racionalização do serviço público, inclusive sob a forma de adicional ou prêmio de produtividade".

34. Hely Lopes Meirelles, "Os poderes do administrador público", cit., *RDA – Seleção Histórica*, pp. 334-335.

35. Celso Antônio Bandeira de Mello, *Curso de Direito Administrativos*, 33ª ed., São Paulo, Malheiros Editores, 2016, p. 355 e ss.

36. Idem, pp. 357-358.

regulamentos autônomos de organização administrativa (art. 84, VI), seja no caso de outros atos normativos inovadores.[37]

Apenas nos parece interessante acrescentar que o poder normativo da Administração Pública não se restringe ao poder regulamentar, como se poderia depreender do texto ora analisado. É praticamente cediço nos dias atuais que a Administração Pública como um todo (e não apenas o chefe do Poder Executivo) dispõe do poder de editar normas jurídicas *ex novo*, desde que haja autorização legal para tanto. É o que ocorre, por exemplo, com relação aos casos de *deslegalização*, em que a lei opta por transferir a regulação de determinada matéria para atos normativos da Administração Pública. Trata-se de mais uma faceta da evolução da ideia de legalidade que já mencionamos no tópico 4 deste trabalho.[38]

8. Poder de polícia

As considerações doutrinárias expostas por Hely Lopes Meirelles acerca do poder de polícia são a tal ponto complexas que mereceriam uma monografia especialmente dedicada à sua análise. Contudo, como não dispomos de tamanho espaço, apresentaremos comentários pontuais sobre os temas que se nos afiguram mais relevantes.

Para o autor, "poder de polícia é a faculdade discricionária que se reconhece à Administração Pública de restringir e condicionar o uso e o gozo dos direitos individuais, especialmente os de propriedade, em benefício do bem-estar geral".[39]

O primeiro ponto a ser destacado do conceito apresentado pelo autor refere-se à correção do fundamento primordial do poder de polícia. Explicitando mais detalhadamente sua concepção, o autor afirma que "o poder de polícia é mecanismo de frenagem empregado pela Administração Pública para deter o uso antissocial dos direitos individuais".[40]

É clara, na nossa opinião, a ideia do autor de que o poder de polícia é mecanismo que busca assegurar o equilíbrio na sociedade, por meio da imposição de restrições ao exercício de certos direitos. Tal visão opõe-se à ideia que se cristalizou no direito administrativo brasileiro de que o poder de polícia seria fruto de uma *supremacia* da Administração Pública, segundo a qual muitas vezes o manejo de uma capacidade autoritária torna-se um fim em si próprio ou decorre da eleição de *um* interesse público que autoriza restrições a qualquer direito, sem a necessidade de um diálogo fundamentador.

Pensar no poder de polícia como mecanismo de restrição de direitos individuais para assegurar a harmonia e o equilíbrio da sociedade coaduna-se com a visão mais atual e, a nosso ver, acertada sobre o tema, eis que o poder de polícia nada mais é do que uma intervenção estatal que busca coibir excessos e desequilíbrios para garantir uma coexistência

---

37. Deve-se destacar que essa posição já foi aceita pelo STF, que firmou jurisprudência no sentido de que o decreto pode ir além de simplesmente regulamentar obrigações previstas em lei e criar obrigações *ex novo*. V., nesse sentido, a ADI/MC 3.090-DF, relatada pelo Min. Gilmar Mendes e julgada em 11.10.2006.
38. Sobre o tema, cf., entre diversas outras fontes, nosso "As agências reguladoras independentes e alguns elementos da Teoria Geral do Estado", in Floriano de Azevedo Marques Neto e Alexandre Santos de Aragão (coords.), *Direito Administrativo e seus Novos Paradigmas*, 2ª ed., Belo Horizonte, Fórum, 2016, pp. 499 e ss.
39. Hely Lopes Meirelles, "Os poderes do administrador público", cit., *RDA – Seleção Histórica*, p. 335.
40. Idem, ibidem.

ordenada e pacífica da sociedade. Valendo-nos das lições de Friedrich Schoch, o poder de polícia é o meio necessário para assegurar o papel do Estado de congregação da paz e da ordem.[41]

Como consequência, ao que nos parece, pensar no poder de polícia como mecanismo de busca do equilíbrio remete muito mais à ideia de *proporcionalidade* do que à ideia de *supremacia*, o que demonstra o acerto da posição de Hely Lopes Meirelles em comparação com outras posições que se consolidaram no direito administrativo brasileiro.

A razão para tanto é simples: ao se falar em manejo do poder de polícia como mecanismo de restrição de direitos individuais para o fim de se buscar um equilíbrio na sociedade, pressupõe-se uma ideia de que o manejo de tal poder deverá decorrer de uma análise da situação fática subjacente e da aplicação de restrições na exata medida do necessário para encontrar o equilíbrio. Trata-se de visão diametralmente oposta àquela que pugna uma supremacia, na medida em que esta visão pressupõe que já haja um interesse público predefinido como supremo que autoriza a imposição de quaisquer restrições, sem, necessariamente, se proceder a uma análise do caso concreto.

Diante dessas considerações, parece-nos cabível concluir que o substrato do conceito de poder de polícia apresentado por Hely Lopes Meirelles é absolutamente correto e mais apropriado do que outros conceitos que vieram a ser desenvolvidos ao longo do tempo. Apenas há que se acrescentar que a visão do autor poderia ser atualizada tendo-se como ponto de partida os direitos fundamentais e todas as suas implicações jurídicas, eis que esses direitos são o norte das relações jurídicas entre Estado e cidadãos.

O segundo ponto relevante a ser analisado é o *caráter discricionário* do poder de polícia defendido por Hely Lopes Meirelles. Segundo o autor, as manifestações do poder de polícia em sua totalidade seriam discricionárias, seja no tocante à análise de conveniência e oportunidade quanto ao manejo das competências inerentes ao poder, seja no tocante à definição de qual medida tomar, dentre todas as possíveis, após ter escolhido manejar referidas competências.

Muito embora essa visão tenha se consolidado até os dias atuais no Brasil,[42] parece-nos imperiosa sua revisão, pois o poder de polícia é por demais complexo para ser catalogado como discricionário ou vinculado em todas as hipóteses.

Com o crescimento do Estado e, consequentemente, do direito administrativo, há inegável aumento dos casos em que a Administração Pública é chamada a arbitrar conflitos existentes na sociedade, devendo impor restrições aos direitos individuais para encontrar um equilíbrio. Assim, as manifestações do poder de polícia avolumam-se tanto em quantidade quanto em diversidade, o que torna quase impossível que sejam determinadas características uniformes presentes em todos os casos.

Por conseguinte, como já tivemos a oportunidade de propor em estudo anterior, o poder de polícia poderá ser tanto discricionário quanto vinculado, a depender da competência prevista na legislação aplicável, bem como poderá comportar diferentes formas de manejo

---

41. Friedrich Schoch, "Polizei- und Ordnungsrecht", in Friedrich Schoch (org.), *Besonderes Verwaltungsrecht*, 15ª ed., Berlim, De Gruyter, 2013, p. 128.
42. Entre outros, cf.: Maria Sylvia Zanella Di Pietro, *Direito Administrativo*, cit., 29ª ed., pp. 158-159.

de discricionariedade, desde aquela atinente ao encontro de qual medida tomar diante das circunstâncias do caso concreto até aquela atinente à escolha quanto ao manejo, ou não, da própria competência.[43]

No que se refere aos limites do poder de polícia, Hely Lopes Meirelles afirma serem aplicáveis os direitos individuais constitucionalmente assegurados. Ou seja: segundo o pensamento do autor, não poderia haver a incidência do poder de polícia para além do quanto assegurado constitucionalmente para os direitos individuais.[44]

Em primeiro lugar, é importante mencionar que, do ponto de vista da Teoria Geral do Estado, o pensamento do autor é irrepreensível, haja vista que o fundamento do poder de polícia é parcela de liberdade de que os cidadãos abrem mão em prol do equilíbrio e da segurança coletivas. Ainda se deve mencionar que a ideia de que os limites advêm dos próprios direitos a serem tutelados permanece plenamente pertinente, eis que o poder de polícia é manejado limitando-se direitos individuais para, efetivamente, garanti-los.

Ao que nos parece, apenas seria possível agregar ao pensamento do autor, a dar maior concretude e aplicabilidade a suas ideias, o fundamento das ações estatais nos direitos fundamentais. É dizer: nos dias atuais a teoria traçada pelo autor seria ainda mais completa e precisa se esteada nas concepções hodiernas acerca dos direitos fundamentais e sua forma de aplicação no direito administrativo.

Isso ocorre pois o limite corretamente identificado por Hely Lopes Meirelles ao poder de polícia torna-se muito fluido se deixado apenas a uma discricionariedade sem critérios da Administração Pública. Segundo o quanto pugnado pelo autor, os direitos individuais seriam a barreira da incidência do poder de polícia, cabendo à Administração Pública manejar sua discricionariedade até o limite imposto por referidos direitos. Contudo, não há clareza de qual seria esse limite.

E é exatamente em relação a este ponto que a teoria dos direitos fundamentais faz considerável diferença, eis que apresentará dois elementos fundamentais para parametrizar o manejo de eventual margem de discricionariedade pela Administração Pública: a ideia atual de *proporcionalidade* e a imposição de uma restrição ao poder de restringir (*schrank--schrank*) ínsita aos direitos fundamentais, existente em função de seu mínimo essencial.

No que concerne à proporcionalidade, todas as ações da Administração Pública no bojo do poder de polícia demandam que seja observada a teoria das três camadas de restrição dos direitos fundamentais, segundo a qual se deve perquirir se a medida estatal é

---

43. Sobre o tema, cf.: Vitor Rhein Schirato, "O poder de polícia é discricionário?", in Odete Medauar e Vitor Rhein Schirato (coords.), *Poder de Polícia na Atualidade*, Belo Horizonte, Fórum, 2014, pp. 27 e ss.

44. Textualmente, afirma o autor: "Os Estados modernos, como o nosso, inspiram-se nos princípios de liberdade e nos ideais de solidariedade humana. Daí o equilíbrio entre a fruição dos direitos individuais e as exigências do bem comum. Através de imposições do Estado, o indivíduo cede parcelas mínimas de seus direitos à comunidade, e esta lhe retribui o benefício em segurança, ordem, moralidade e salubridade públicas, propiciadoras do bem-estar geral. Para a dosagem dessas concessões individuais em favor da comunidade, o Estado utiliza-se desse poder discricionário, que é o poder de polícia administrativa. Tal poder, entretanto, não é arbitrário, absoluto, ilimitado. Ao revés, é condicionado pelos princípios constitucionais que definem os direitos e garantias individuais, como mínimos legais a serem observados pelo próprio Estado" ("Os poderes do administrador público", cit., *RDA – Seleção Histórica*, p. 338).

adequada, necessária e proporcional em sentido estrito ao fim que se pretende alcançar.[45] Ou seja: uma restrição imposta a um direito fundamental deve se comprovar proporcional não apenas pela vedação ao excesso, mas também pelas ideias de necessidade, adequação e proporcionalidade em sentido estrito, que nada mais são que a proporção entre a medida adotada e o fim que visa a alcançar.

Já, no que se refere ao mínimo essencial dos direitos fundamentais, tem-se a ideia de que qualquer restrição imposta a um direito deste jaez deverá respeitar um mínimo inviolável, que concerne ao ponto essencial do direito e não pode ser objeto de restrições pela ação estatal.

Sendo assim, parece-nos claro que as ideias do autor em discussão são ainda hoje muito pertinentes, devendo apenas ser complementadas por desenvolvimentos do Direito atual, apresentados pela jurisprudência e pela doutrina na exata medida em que vão se apresentando conflitos entre ações estatais e os direitos fundamentais. Destarte, os direitos individuais são, de fato, fonte e limite do manejo do poder de polícia, apenas devendo ser fixada a ideia de que o ponto de restrição a ser admitido é aquele encontrado após exame de proporcionalidade (na vertente atual de adequação, necessidade e proporcionalidade em sentido estrito) e com respeito ao mínimo essencial dos direitos em tela.

Outro ponto a ser destacado na construção do autor acerca do poder de polícia refere-se ao poder sancionador que lhe é inerente. Assim como já anotado acerca do poder disciplinar, o autor enxerga o poder sancionador como essencialmente discricionário, não havendo uma lista de condutas sancionáveis e nem das respectivas sanções, o que faz ser cabível à Administração Pública identificar referidas condutas e aplicar a sanção que melhor convier.

Exatamente pelos mesmos motivos que já expusemos acerca do poder disciplinar, não nos parece mais aceitável a posição do autor. Em respeito à necessidade de segurança jurídica e da consequente previsibilidade da ação estatal, é fundamental que a estruturação do poder de polícia contenha uma relação das condutas consideradas ilícitas bem como das respectivas sanções que lhes podem ser correspondentes, em caso de transgressão. Também como já assentamos, qualquer margem de discricionariedade somente poderá ser admissível em relação à dosimetria da sanção e à possibilidade de substituição da respectiva sanção por outra prestação, nos termos de acordo consensual entre as partes.

Ademais, Hely Lopes Meirelles elenca três condições de validade dos atos emanados do poder de polícia: competência e finalidade, proporcionalidade e legalidade.[46] Muito embora sejam todas condições ainda válidas e exigíveis, sem qualquer sombra de dúvida, alguns comentários merecem ser expostos.

No que tange à necessidade de competência e finalidade pouco há que se acrescentar ao que o autor aponta, eis que todas as ações empreendidas por um administrador público devem estar dentro de seu plexo de competências fixado por lei e somente podem ser manejadas para a finalidade prevista em lei. Trata-se de conceitos tão elementares, que nem muito há que se discutir.

45. Sobre o tema, no Direito Brasileiro, cf.: Virgílio Afonso da Silva, *Direitos Fundamentais – Conteúdo Essencial, Restrições e Eficácia*, 2ª ed., 4ª tir., São Paulo, Malheiros Editores, 2017, 2009, pp. 169-178.

46. Hely Lopes Meirelles, "Os poderes do administrador público", cit., *RDA – Seleção Histórica*, pp. 339-340.

Já, no que tange à ideia de proporcionalidade, é importante retomar discussão já mencionada no terceiro tópico deste estudo. Hely Lopes Meirelles, corretamente, menciona a proporcionalidade como condição de validade dos atos do poder de polícia. Nada mais correto. Contudo, a noção de proporcionalidade apresentada pelo autor não corresponde, na integralidade, àquela hoje em voga no direito administrativo, eis que o autor menciona a ideia de proporcionalidade como uma *vedação ao excesso*, o que, como já dito, é apenas parte da ideia de proporcionalidade.

E, no que se refere à ideia de legalidade, parece-nos haver – com o respeito necessário ao autor – certa confusão quanto ao papel da lei no poder de polícia – o que seria, em verdade, certa confusão acerca das fontes normativas do poder de polícia. Em primeiro lugar, o autor admite que poder de polícia pode advir simplesmente de regulamentos editados pela Administração Pública, sem a necessidade de fixação prévia em lei. Ao mesmo tempo, afirma o autor que o poder de polícia somente pode ser manejado a partir de instrumentos assegurados e previstos em lei.

Ou seja: há, no nosso sentir, certa contradição no pensamento do autor, eis que, por um lado, demanda lei para disciplinar os instrumentos que podem ser manejados no âmbito do poder de polícia mas, por outro, não demanda lei para disciplinar as restrições a serem impostas aos direitos individuais a partir do mesmo poder. E, mesmo no que concerne à necessidade de lei para disciplina dos meios a serem empregados para o manejo do poder de polícia, enxerga o autor uma amplitude da ideia de legalidade, não a resumindo à lei parlamentar, mas nela incluindo também outros valores e princípios.

A nosso ver, a ideia de legalidade no manejo do poder de polícia deveria ser revista, a partir de uma melhor estruturação das fontes de tal poder. Segundo nosso entendimento, o poder de polícia deve ter, em regra, uma primeira etapa normativa, na qual deve ser prevista a restrição a ser imposta aos direitos individuais, suas finalidades e sua extensão. Em casos específicos em que não se possa delimitar, *a priori*, de forma precisa, qual é a restrição a ser imposta, deve haver a criação de uma competência de manejo do poder de polícia, com delimitação clara de suas finalidades e sua extensão (por exemplo, é o que acontece na atribuição de competência genérica às autoridades do Estado para a tomada de ações necessárias à preservação da ordem pública em casos de grandes aglomerações de pessoas).[47]

Ainda nesta etapa normativa deverão ser previstos os meios a serem empregados pela Administração Pública na realização do poder de polícia, as sujeições que são impostas aos cidadãos (por exemplo, no curso de procedimentos de fiscalização por parte da Administração Pública) e as sanções cabíveis em caso de descumprimento das normas de polícia. Note-se que, segundo entendemos, não há necessidade de lei parlamentar para a disciplina desses temas, mas, sim, de norma jurídica produzida sob os auspícios da lei.

Como consequência, o manejo do poder de polícia pela Administração Pública pressupõe a existência de uma norma jurídica que o crie e discipline. Divergimos, portanto, do autor em discussão porque não nos parece viável nos dias atuais imaginar que o poder de polícia possa ter bordas normativas tão fluidas como as que ele apresenta. Ainda que tratemos dos casos extremos de tomadas de decisões concretas para a preservação da or-

---

[47]. Cf. Friedrich Schoch, "Polizei- und Ordnungsrecht", cit., in Friedrich Schoch (org.), *Besonderes Verwaltungsrecht*, 15ª ed., pp. 168 e ss.

dem e da salubridade públicas, é fundamental que haja uma regra de competência que dê previsibilidade e limite para o ato da Administração Pública.

Por derradeiro, ainda cabe mencionar que a evolução por que passou o direito administrativo nesses quase 60 anos desde a publicação do texto em discussão trouxe novos e importantes elementos para a construção do poder de polícia. É caso da possibilidade de celebração de acordos para seu manejo, tanto em relação à produção do ato de polícia quanto em relação à substituição de eventual sanção, bem como a necessidade de processualização de qualquer ato que venha a ser produzido na fase sancionatória de referido poder. São temas já consolidados, mas ainda na efervescência do atual direito administrativo.

9. Considerações finais

O texto em diálogo foi (e ainda é) fundamental na estrutura que se adotou para sistematizar o direito administrativo brasileiro, para o quê sua didática e sua clareza têm contribuição fantástica. Todavia, ao focar em capacidades que manifestam uma capacidade extroversa da Administração Pública (verdadeiras potestades), passa a ideia de que o direito administrativo de Hely Lopes Meirelles seria voltado ao autoritarismo, protegendo-se a visão do Estado contra uma posição de sujeição dos particulares.

A utilização pelo autor da expressão "poderes do administrador público", a nosso ver, não denota uma visão autoritária do direito administrativo. Demonstra uma visão do direito administrativo em um momento da História no qual as ações administrativas seriam em sua maior parte potestades. Considerando-se as enormes preocupações de limitação, vinculação a uma finalidade e proporcionalidade no exercício de tais poderes, arriscaríamos dizer que hoje Hely Lopes Meirelles não falaria em "poderes", mas, sim, em "funções", termo que parece mais apropriado para o momento atual.

Assim, como dito, procuramos, com este texto, fazer uma homenagem a Hely Lopes Meirelles por meio da identificação de quais pontos de sua obra permanecem ainda atuais e o que poderia ser revisitado. Não o fizemos com a intenção de apresentar objeções ao pensamento do autor – e nem ousaríamos fazê-lo. Fizemo-lo para demonstrar que os pontos a serem revistos no pensamento de Hely Lopes Meirelles não se devem a concepções equivocadas, mas a uma evolução inevitável e inerente a qualquer ciência humana.